# 今日北大

*邓小平*

1987年10月，邓小平同志为《北京大学年鉴》的前身《今日北大》题写书名。

# 北京大学年鉴

PEKING UNIVERSITY YEARBOOK

2023

《北京大学年鉴》编委会  编

图书在版编目(CIP)数据

北京大学年鉴 . 2023 /《北京大学年鉴》编委会编 . 
北京：商务印书馆，2024. -- ISBN 978-7-100-24337-7

Ⅰ. G649.281-54

中国国家版本馆 CIP 数据核字第 2024EQ8083 号

权利保留，侵权必究。

## 北京大学年鉴（2023）

《北京大学年鉴》编委会　编

商　务　印　书　馆　出　版
（北京王府井大街36号　邮政编码 100710）
商　务　印　书　馆　发　行
北京虎彩文化传播有限公司印刷
ISBN　978-7-100-24337-7

2024 年 8 月第 1 版　　　　开本 787×1092　1/16
2024 年 8 月北京第 1 次印刷　印张 46¾　插页 17

定价：500.00 元

| 重大事件 |

10月16日，中国共产党第二十次全国代表大会开幕，习近平代表第十九届中央委员会向大会作报告。全校各二级单位集体收看二十大开幕会，实现3万4千多名师生党员全覆盖。图为校领导集体收看。（李香花 摄）

7月31日，中国共产党北京大学第十四次党员代表大会在百周年纪念讲堂开幕。（宋柏凝 摄）

7月31日，中央政治局委员、北京市委书记蔡奇出席中国共产党北京大学第十四次党员代表大会并讲话。（李香花 摄）

| 重大事件 |

10月24日，北京大学召开学习传达党的二十大精神大会。（李香花 摄）

11月10日，北京大学举行学习贯彻党的二十大精神中央宣讲团报告会，中央宣讲团成员尹艳林作宣讲报告。（李香花 摄）

1月4日，北京大学召开党史学习教育总结会议。（刘月玲 摄）

1月30日,国际奥委会主席巴赫前往国家会议中心OFA办公室参观交流,亲切接见北京大学冬奥会和冬残奥会志愿者,为"冰新一代"献上新春祝福。(校团委 供)

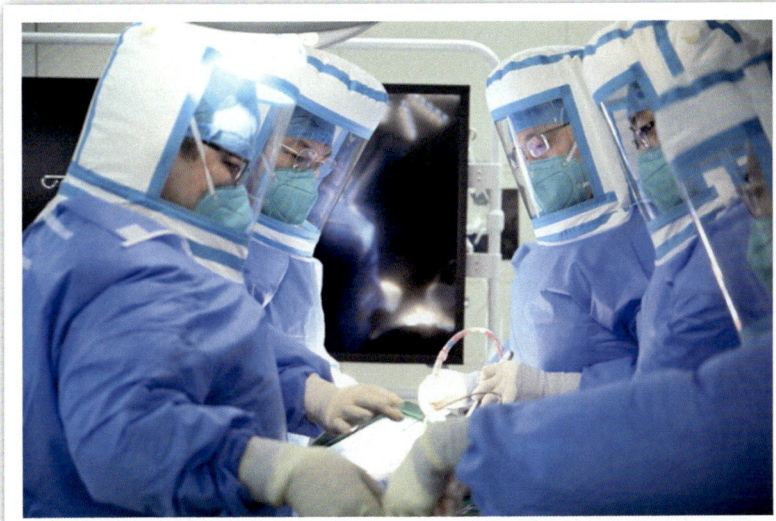

1月至2月,北京大学在京附属医院派出900余名医疗服务保障人员参与冬奥志愿服务工作,6家附属医院成为冬奥保障定点医院。图为北京大学第三医院崇礼院区完成冬奥会首例脊柱骨折手术。(宣传部 供)

1月至2月,北京大学共有630名志愿者、57名冬奥赛时实习生、15名开幕式演出人员参与冬奥会和冬残奥会。图为北大志愿者工作中。(宣传部 供)

| 重大事件 |

4月8日,北京冬奥会、冬残奥会总结表彰大会在人民大会堂举行。北京大学第三医院、北京大学冬奥志愿服务团队、北京大学第三医院崇礼院区获"北京冬奥会、冬残奥会突出贡献集体"称号。(第三医院 供)

4月9日,北京大学2022年北京冬奥会、冬残奥会医疗保障人员表彰大会在百周年纪念讲堂举行。(黄大无 摄)

4月15日,北京大学北京2022年冬奥会冬残奥会志愿者工作总结表彰大会在邱德拔体育馆举行。(宋柏凝 摄)

| 教学科研 |

2月19日，集成电路高精尖创新中心在北京揭牌成立。该中心由北京市政府批准、北京市教委立项成立，依托北京大学、清华大学共同建设。（宣传部 供）

3月10日，"中华文明国家文物基因库"揭牌仪式在北京大学举行。（宣传部 供）

3月17日，作为"数字人文年"重要活动，北京大学首届数字人文作品展开幕。（刘月玲 摄）

| 教学科研 |

4月8日,社会学系举行重建40周年庆祝活动。(周伟 摄)

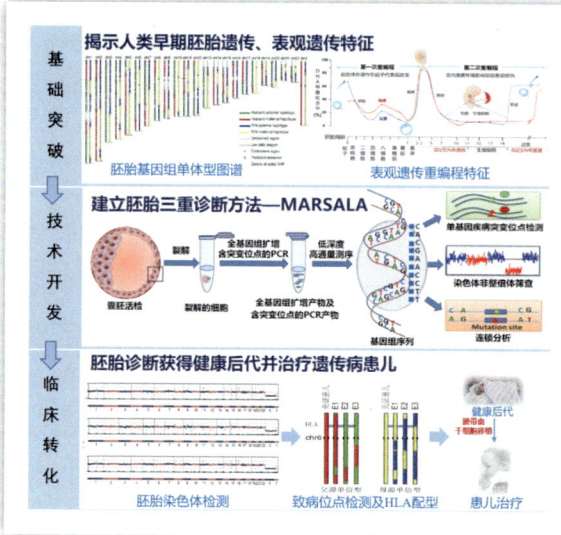

4月17日,北京大学第三医院乔杰院士带领的生殖医学团队与生命科学学院生物医学前沿创新中心谢晓亮、汤富酬团队合作的研究成果入选中国21世纪重要医学成就。图为成果示意图。(宣传部 供)

4月24日,马克思主义学院建院三十周年大会暨第九届全国高校马克思主义学院院长论坛举行。(曹倩倩 摄)

| 教学科研 |

5月3日,北京大学考古100年、新中国考古专业教育70年纪念大会在英杰交流中心举行。(曹倩倩 摄)

5月6日,环境科学与工程学院"巅峰使命2022"珠峰大气与人体健康科考分队队员在珠峰大本营合影。(环境科学与工程学院 供)

6月25日,经济学院与校报合作推出110周年院庆专刊;9月,《光明日报》《人民日报》先后刊登北大经济学院110周年整版专题报道。(经济学院 供)

| 教学科研 |

7月6日,第29届国际数学家大会开幕,北大6位教师、8位校友受邀作报告,数学科学学院举办线下专场活动。(数学科学学院 供)

7月24日,全国出版学科共建工作会在北京大学举办,全国出版学科共建工作联络处揭牌。(刘月玲 摄)

9月6日,北京大学物理学科卓越人才培养计划2022级开班式举行。(曹含笑 摄)

9月24日,北京大学对外汉语教学70周年暨对外汉语教育学院建院20周年庆祝大会举行。(宣传部 供)

9月28日,北京大学香港特别行政区政府高级公务员公共管理硕士2022年开学典礼举行。首期14名学员于9月入学报到。(张诗琪 摄)

10月,由北大习近平新时代中国特色社会主义思想研究院提供学术支持,王选计算机研究所和新华社联合开发的"习近平新时代中国特色社会主义思想智能问答学习平台"上线。(宣传部 供)

| 教学科研 |

11月3日,"十三五"国家重大科技基础设施——多模态跨尺度生物医学成像设施工程竣工仪式在怀柔科学城举行。(曹倩倩 摄)

11月4日,举办第一期"北京大学临湖智库沙龙"。(李香花 摄)

11月6日,北京大学口腔医(学)院建院80周年高峰论坛举行。(王迪 摄)

11月6日,开辟马克思主义中国化时代化新境界——学习贯彻党的二十大精神理论研讨会在北京大学举行。(原磊 摄)

11月12日,北京大学哲学系创立110周年庆祝大会在英杰交流中心举行。图为杨辛先生、楼宇烈先生的系庆题词。(曹倩倩 摄)

11月16日,跨学科护理期刊INR首刊发行仪式在北京大学举行。(宣传部 供)

| 教学科研 |

11月20日,"国家精神疾病医学中心"揭牌仪式在第六医院举行。(白杨 摄)

11月26日,为庆祝北大医学办学110周年,举行北大医学高质量创新发展论坛。(黄大无 摄)

| 教学科研 |

12月，工学院张信荣团队成果"大型二氧化碳制冷及其跨临界全热回收关键技术与应用"荣获北京市科学技术进步一等奖。研究成果应用于2022年北京冬奥会国家速滑馆、国家冰上训练中心以及冷库、商超、人工造雪等多个领域与行业。（葛书闻 摄）

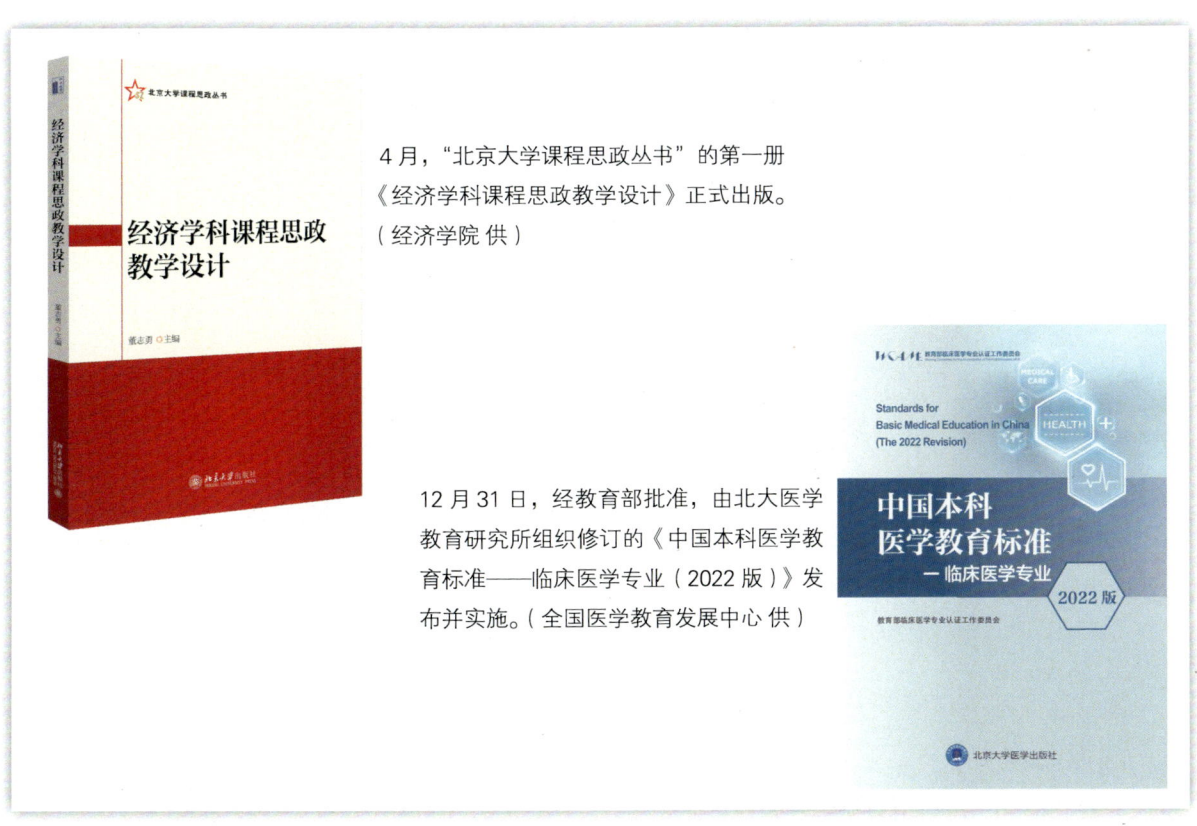

4月，"北京大学课程思政丛书"的第一册《经济学科课程思政教学设计》正式出版。（经济学院 供）

12月31日，经教育部批准，由北大医学教育研究所组织修订的《中国本科医学教育标准——临床医学专业（2022版）》发布并实施。（全国医学教育发展中心 供）

北京大学年鉴（2023）　13

| 社会服务与联络 |

4月29日,大北农国际集团董事长邵根伙博士向北京大学捐赠仪式举行。(教育基金会 供)

6月,北京大学人民医院石家庄医院正式揭牌。(张明杰 摄)

6月24日,北京大学与密云区人民政府签署怀密医学中心项目建设协议。(黄大无 摄)

| 社会服务与联络 |

7月4日,九坤投资(北京)有限公司捐资设立北京大学九坤教育发展基金。(教育基金会 供)

7月9日,北京大学第一医院太原医院签约及揭牌仪式举行。(第一医院 供)

7月12日,第八批医疗人才"组团式"援藏医疗队员欢送会在医学部举办。(黄大无 摄)

## 社会服务与联络

7月,北京大学人民医院怀来院区正式开诊。(田竞冉 摄)

8月14日,校领导率团赴烟台考察,并出席北京大学–万华化学战略合作签约暨联合研究中心揭牌仪式。(西鹏 摄)

8月19日,校领导率团访问福建,与福建省委主要领导展开座谈。(西鹏 摄)

| 社会服务与联络 |

8月19日,北京大学第一医院宁夏妇女儿童医院正式揭牌成立。(第一医院 供)

11月26日,"北京大学百洋医学科技创新与成果转化基金"捐赠签约仪式在医学部举行。(医学部校友办 供)

12月,北大各家附属医院坚持"人民至上,生命至上",优化流程、扩容资源、增加力量,积极应对疫情防控和医疗救治的新压力、新挑战。广大医护人员日夜奋战、拼搏奉献,图为第一医院院领导与专家组在急诊召开疫情防控调度会。(医学部 供)

# 国际交流与合作

7月8日,新中国北大来华留学教育70周年纪念展启幕仪式与纪念大会举行。(刘月玲 摄)

11月6日,北京大学第十九届国际文化节举办。(国际合作部 供)

11月18日,由北京大学、北京市教育委员会和韩国崔钟贤学术院联合主办、联合国教科文组织支持的第十九届北京论坛在钓鱼台国宾馆开幕。(黄静雯 摄)

| 师生活动 |

4月23日,校运动会开幕式上1522名教职工展演大型团体操《同心追梦》。(朱博雅 摄)

5月3日,五四青春诗会在静园草坪举行。师生以真挚的朗诵和深情的演奏向五四英烈致敬,向建团百年献礼。(校团委 供)

5月4日,建校124周年校庆系列活动为校友提供校园线上游览服务。(张莹、赵琥 供)

| 师生活动 |

5月11日,北大医学办学110周年系列活动——北京大学"5·12国际护士节"表彰大会举行。(黄大无 摄)

6月28日,北京大学2022年本科生毕业典礼暨学位授予仪式举行。(宋柏凝 摄)

7月,"力行计划"研究生暑期社会实践团走进福建省宁德市。(校团委 供)

| 师生活动 |

9月1日,校党委书记郝平以"传承报国志,助推复兴梦,做青春奋进的北大人"为题,为全体2022级本科新生讲授"北大第一课"。(刘月玲 摄)

9月1日,校长、研究生院院长龚旗煌以"研在北大,志在家国——新时代北大研究生的使命担当"为题主讲研究生新生开学第一课。(李香花 摄)

9月4日,北京大学2022年开学典礼在五四体育场举行。(李香花 摄)

| 师生活动 |

2022年秋季学期开学，校领导到新校区看望新同学。（王天天 摄）

10月，开展"踔厉奋进新时代，师生共迎二十大"国庆系列活动。校领导和同学们一起参加晨跑。（校团委 供）

10月26日，"喜庆二十大，厚道百十载"——北大医学办学110周年师生大步走活动举行。（医学部工会 供）

| 师生活动 |

11月10日,第45届国际大学生程序设计竞赛全球总决赛上,北大代表队获金牌,名列全球第二名。(宣传部 供)

11月26日,由110余名师生共同绘制的"百十北医历史画卷"作品在医学部展出。(医学部团委 供)

12月24日,未名湖冰场如约开放,师生尽享冰上乐趣。(刘璐怡 摄)

# 管理服务与后勤保障

1月8日,英杰交流中心阳光厅,北京大学第七届教职工代表大会第四次会议、第十九次工会会员代表大会第四次会议举行。(王天天 摄)

3月16日,"史家关钥,学术津梁——邓广铭藏书捐赠仪式暨邓广铭先生诞辰115周年纪念活动"在北大古籍图书馆举行。(宋庆生 摄)

3月16日,第三医院健康医学中心楼正式启用。(魏威 摄)

| 管理服务与后勤保障 |

5月4日,"严复与北京大学——严复任北京大学校长110周年纪念展"开幕。(张鑫 摄)

7月14日,首届"北京大学参政议政服务发展同心奖"表彰仪式在英杰交流中心举行。(李香花 摄)

8月2日,北京大学圆明园校区交接仪式举行。(王东隅 摄)

# 管理服务与后勤保障

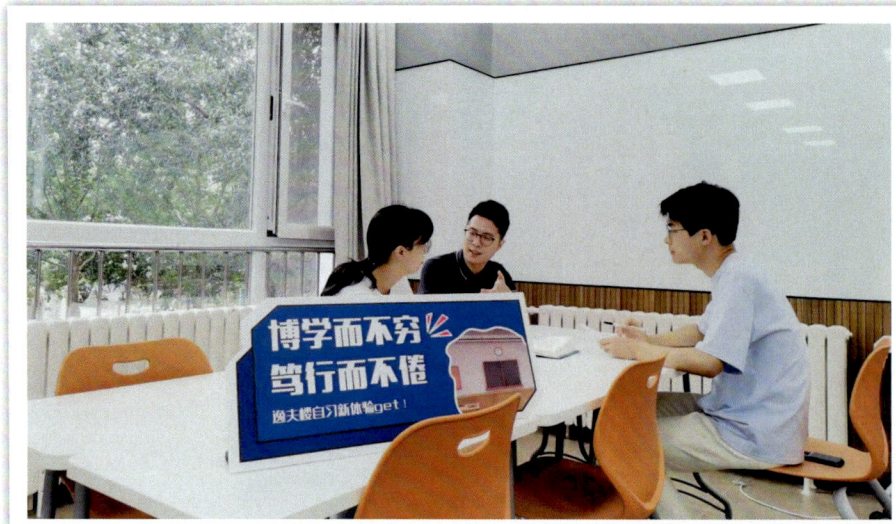

8月,升级后的医学部逸夫楼智慧教室启用。(孙波 摄)

8月,作为校园环境综合整治的重要一环,恬园草坪投入使用。(王宪辉 摄)

8月,改造后的医学部风雨操场。(胡婷 摄)

| 管理服务与后勤保障 |

9月,北京大学博雅银龄领航团被授予北京教育系统老党员先锋队。(张慧君 摄)

9月,改造后的万柳学思堂投入使用。(郭舒娅 摄)

10月26日,北京大学淑范医学图书馆正式重新启用。(黄大无 摄)

| 管理服务与后勤保障 |

2022年，北京大学坚持把师生员工生命健康摆在最重要位置，稳妥有序做好各项工作。图为学生志愿者在医护人员指导下为师生服务。（刘璐怡 摄）

2022年，北京大学推进燕南园环境整修和老房改造，古老名园呈现崭新面貌。（李香花 摄）

2022年，北京大学医学科技楼全面投入使用。（黄大无 摄）

# 《北京大学年鉴（2023）》编辑委员会

主　　任：郝　平　　龚旗煌
副 主 任：乔　杰　　陈宝剑　　王　博　　顾　涛　　孙庆伟　　宁　琦
　　　　　董志勇　　张　锦　　方　方　　姜国华　　朴世龙　　任羽中
委　　员：肖　渊　　王新强　　陈斌斌　　余　浚　　蒋广学　　刘　鹏
　　　　　曹冠英　　张新平　　陈　磊

# 《北京大学年鉴（2023）》编辑部

主　　编：孙庆伟　　任羽中
副 主 编：王新强　　陈斌斌　　刘　鹏　　陈　磊
顾　　问（按姓氏笔画为序）：
　　　　　王奇生　　刘云杉　　张久珍　　张　藜
执行主编：刘　鹏　　曹冠英　　侯　乐　　徐聪颖
编　　辑（按姓氏笔画为序）：

| | | | | | |
|---|---|---|---|---|---|
| 王天天 | 王可欣 | 王艳新 | 文云昊 | 方晓晖 | 龙　昊 |
| 田祎娴 | 冯　路 | 曲一铭 | 刘　钊 | 刘佳亮 | 刘语潇 |
| 汤继强 | 孙启明 | 李东辉 | 李　彤 | 李　豪 | 杨凌春 |
| 杨　超 | 肖正康 | 吴雨佳 | 张子瑞 | 张钰菁 | 张璐瑶 |
| 陈亚岚 | 林靖欣 | 周　然 | 胡　婷 | 钟兆雯 | 侯勇企 |
| 耿晓强 | 原　帅 | 钱　群 | 徐沛琳 | 黄昱程 | 彭湘兰 |
| 蒋晓涛 | 喻　伟 | 傅翰文 | 蔡璃澜 | 廖　舟 | 谭心怡 |
| 谭楚妤 | 鞠　晓 | 魏明烜 | 魏　巍 | | |

# 编辑说明

《北京大学年鉴》是全面、客观、系统记述北京大学发展基本情况的大型专业性工具书，汇辑了北京大学一年内各方面、各层次的重要资料和数据。

《北京大学年鉴（2023）》是北京大学建校以来的第二十五本年鉴，反映了北京大学2022年度在教学改革、学科建设、科学研究、社会服务、对外交流等方面的发展进程和最新成就。

本年鉴以文章和条目为基本体裁，以条目为主，文字力求客观准确、简明扼要。全书共分特载，专文，综述，机构与干部，学部、院系及实体研究机构，教育教学，科研管理，党政管理与群团工作，后勤管理与保障，社会服务与联络，医院，其他单位，人物，党发、校发文件目录，表彰与奖励，毕业生名单，附录等基本栏目。

本年鉴主要收录各单位2022年1月1日至12月31日期间发生的重大事件，部分内容依据实际情况，在时限上略有延伸。统计图表附在相关内容之后。本年鉴所刊内容由各单位确定专人负责提供，并经本单位领导审定。读者可以通过书前目录、书口梯标检索相关资料。

《北京大学年鉴（2023）》由北京大学党委办公室校长办公室组织编写，在编写过程中，得到了各有关单位和部门的大力支持，在此谨表示衷心感谢。由于年鉴内容繁杂，众手成书，难免存在错漏之处，欢迎读者批评指正。

《北京大学年鉴》编辑部
2023年12月

# 目 录

## 特 载

北京大学深入学习贯彻党的二十大精神 …………… 002
 融入伟大复兴 谱写崭新篇章——北京大学师生深入
 学习贯彻党的二十大精神 …………………………… 002
 北京大学召开党委常委会 专题传达学习党的
 二十大精神 …………………………………………… 004
 北京大学召开学习传达党的二十大精神大会 ……… 005
 用党的二十大精神统一思想和行动——学习
 贯彻党的二十大精神中央宣讲团在北京大学宣讲 …… 006
中国共产党北京大学第十四次党代会 ……………… 007
 中国共产党北京大学第十四次党员代表大会召开 …… 007
 扎根中国大地 奋进时代征程加快中国特色世界
 一流大学建设步伐——在中国共产党北京大学第十四次
 党员代表大会上的报告 ……………………………… 011
郝平同志任北京大学党委书记 龚旗煌同志任校长 …… 025
北京大学2022年北京冬奥会、冬残奥会保障和
志愿服务工作 …………………………………………… 026
 国际奥委会主席巴赫与北京大学冬奥志愿者亲切
 交流 …………………………………………………… 026
 北京大学2022年北京冬奥会、冬残奥会医疗保障
 人员表彰大会 ………………………………………… 027
 北京大学2022年北京冬奥会、冬残奥会志愿者工作
 总结表彰大会 ………………………………………… 027

## 专 文

传承北大精神，谱写青春华章——在北京大学
2022年毕业典礼上的讲话 …………………………… 030
做强国有我的新青年——在北京大学2022年
开学典礼上的讲话 ……………………………………… 032
加快建设中国特色世界一流大学 以优异成绩
迎接党的二十大胜利召开 …………………………… 034
走好新时代高水平人才自主培养之路的思考
与实践 ………………………………………………… 037

## 综 述

2022年发展概况 ……………………………………… 042
2022年大事记 ………………………………………… 046
2022年基本数据 ……………………………………… 054

## 机构与干部

| | |
|---|---|
| 学校领导机构……………………………060 | 教职工代表大会执行委员会……………063 |
| 校务委员会………………………………060 | 学部负责人………………………………063 |
| 学术委员会………………………………061 | 各院、系、所、中心负责人……………064 |
| 学科建设委员会…………………………062 | 机关各部门、工会、团委负责人………067 |
| 专业技术职务评审委员会………………062 | 直属、附属单位负责人…………………069 |
| 学位评定委员会…………………………062 | 各民主党派和归国华侨联合会负责人…071 |

## 学部、院系及实体研究机构

**理学部**

数学科学学院
- 【发展概况】……………………………074
- 【学习贯彻党的二十大精神】…………075
- 【多位教师在 ICM2022 作报告】………075
- 【启动"智华楼"修缮工程】……………075
- 【国家自然科学基金委"科学计算与机器学习"基础科学中心立项】……………075
- 【举办第 29 届国际数学家大会线下专场活动】……075
- 【加强期刊建设】………………………075
- 【疫情防控工作】………………………075

物理学院
- 【发展概况】……………………………076
- 【学习贯彻党的二十大精神】…………078
- 【启动北京大学物理学科卓越人才培养计划】……078

化学与分子工程学院
- 【发展概况】……………………………078
- 【傅鹰先生诞辰 120 周年座谈会暨北京大学胶体化学学科发展论坛举行】……080
- 【唐有祺先生逝世及相关悼念活动】…080
- 【吴凯/周雄团队在规整碳化铁表面乙烯聚合的动态可视化观测取得进展】……080
- 【新药开发项目实现专利转让】………080

生命科学学院
- 【发展概况】……………………………081
- 【试行等级制成绩评定方式】…………083
- 【获教育部第二届"提问与猜想"活动一等奖】……083
- 【推进混合式教学】……………………083
- 【一课程获评北京高校就业创业金课】……084
- 【疫情期间实验室安全保障与亟需耗材供应】……084

城市与环境学院
- 【发展概况】……………………………084
- 【学习贯彻二十大精神】………………086
- 【建设国土空间规划专业】……………086
- 【北大地理学科建立 70 周年及建院 15 周年庆祝活动】……086
- 【服务北京冬奥会、冬残奥会】………086

地球与空间科学学院
- 【发展概况】……………………………086

心理与认知科学学院
- 【发展概况】……………………………088
- 【认真学习贯彻党的二十大精神】……090
- 【服务北京冬奥会、冬残奥会】………090
- 【全面推进一流科研工作】……………090

北京天然气水合物国际研究中心
- 【发展概况】……………………………090

**信息与工程科学部**

信息科学技术学院
- 【发展概况】……………………………091

计算机学院
- 【发展概况】……………………………093
- 【人工智能学术月活动开幕式及第一期学术讲座】……095
- 【举办 1024 计算机文化艺术节】………095

电子学院
　【发展概况】……095
集成电路学院
　【发展概况】……097
　【参观北京大学昌平200号校区和昌平新校区】……098
　【建设集成电路高精尖创新中心】……098
　【建设国家集成电路产教融合平台】……099
　【启动"未名·芯论坛"系列讲座活动】……099
智能学院
　【发展概况】……099
　【"冰雪项目交互式多维度观赛体验技术与系统"助力"科技冬奥"】……101
　【智能学科建设20周年大会】……101
工学院
　【发展概况】……101
　【北京2022年冬奥会和冬残奥会工学院志愿者工作总结表彰大会】……105
　【一项目获"北京市科学技术进步一等奖"】……105
　【纪念周培源先生诞辰120周年系列活动】……105
　【一团队获日内瓦国际发明特别展金奖】……105
　【学院2022年思政实践课程】……105
环境科学与工程学院
　【发展概况】……106
　【深度参与"巅峰使命2022"珠峰科考】……107
　【成立党团先锋队参与疫情防控】……108
　【举行世界地球日主题夜奔庆祝环境学科建设五十周年】……108
未来技术学院
　【发展概况】……108
　【推进科研成果转化基地工作】……109
　【多模态跨尺度生物医学成像设施竣工】……109
王选计算机研究所
　【发展概况】……109
　【参与设计北京冬奥会、冬残奥会专用字体】……111
　【"习近平新时代中国特色社会主义思想智能问答学习平台"上线运行】……111
软件工程国家工程研究中心
　【发展概况】……111

软件与微电子学院
　【发展概况】……112
材料科学与工程学院
　【发展概况】……114
　【开展材料学科工程创新教育】……115
　【推进产学研合作】……115
　【北京大学万华楼奠基仪式】……115
　【2022年北京大学"博雅材思"全国博士生论坛】……116
前沿计算研究中心
　【发展概况】……116
　【亚线性算法研究取得进展】……116
　【发布跨平台开源框架TensorLayerX】……117

# 人文学部

中国语言文学系
　【发展概况】……117
　【现代中国人文研究所成立大会】……118
　【《语言学论丛》期刊创刊号发布会】……118
　【谢冕学术思想暨中国新诗研究国际研讨会】……118
历史学系
　【发展概况】……119
　【中国古代史研究中心成立四十周年】……119
考古文博学院
　【发展概况】……120
　【学科建立百年系列活动】……122
　【中华文明国家文物基因库建设】……122
　【助力中华文明探源】……122
　【获北京市高等教育教学成果奖二等奖】……122
　【举办考古暑期课堂】……123
　【学习习近平总书记在安阳殷墟考察重要讲话精神专题讲座】……123
　【学院外国考古的教学探索与实践】……123
哲学系（宗教学系）
　【发展概况】……123
　【哲学系创立110周年庆祝大会】……126
　【110周年系庆-高端讲座和学术活动】……126
　【学习贯彻党的二十大精神】……126
　【北京冬奥会、冬残奥会志愿服务工作】……126

外国语学院
  【发展概况】……126
艺术学院
  【发展概况】……130
  【获2022年度国家社科基金艺术学重大项目立项】……131
  【昆曲、古琴艺术海外交流传播】……132
  【"学院奖"学生短片评选展映】……132
对外汉语教育学院
  【发展概况】……132
  【对外汉语教学70周年暨学院建院20周年庆祝大会】……134
  【首都海外华文教育联盟成立仪式暨2022海外华文教育论坛】……134
  【学习贯彻党的二十大精神】……134
歌剧研究院
  【发展概况】……134
  【"中国·国际歌剧论坛"举行及原创歌剧《青春之歌》上演】……135
儒藏编纂与研究中心
  【发展概况】……135
  【《儒藏》"精华编"已出版240册】……136

# 社会科学学部
国际关系学院
  【发展概况】……136
法学院
  【发展概况】……140
  【举办第十五届BESETO法学年会】……143
  【举办首届"数字与法治"系列论坛】……144
  【开展"24小时"法学生国际化素养提升计划】……144
  【开设法律硕士专业学位"国际仲裁"项目】……144
  【继续推进"北京大学-香港大学法学双学士项目"】……144
信息管理系
  【发展概况】……144
  【北京大学出版学科建设座谈会】……146
  【首届全国出版学科共建工作会】……146
  【2022级本科生"信念引领青春路"主题班会暨第二班主任见面会】……146
  【两专业分别入选国家级一流本科专业建设点及北京市一流本科专业建设点】……146
社会学系
  【发展概况】……147
  【社会学系重建40周年庆祝活动】……148
  【一项成果获北京市教育教学成果奖】……148
  【签约北京大学乡村振兴研究与实践基地】……148
政府管理学院
  【发展概况】……149
  【新增MPA政府运行保障管理方向】……151
  【举行北京大学香港特别行政区政府高级公务员公共管理硕士2022年开学典礼】……151
  【"政观二十大，解码关键词"师生同心共读二十大专题活动】……151
  【首发利益政治学系列研究英文成果】……151
  【国家治理研究院入选"CTTI 2022年度高校智库百强榜"】……152
  【两项案例作品获评首届中国十大示范"主题案例"】……152
  【北大公共治理论坛"党的二十大与中国式现代化治理"】……152
  【国家治理论坛"治理现代化的比较研究"国际研讨会】……152
马克思主义学院
  【发展概况】……152
  【学习贯彻党的二十大精神】……154
  【加强马克思主义理论学科建设】……154
  【举行建院三十周年大会暨第九届全国高校马克思主义学院院长论坛】……154
  【持续推进《马藏》编纂与研究工程】……154
  【推出习近平新时代中国特色社会主义思想概论数字课程】……155
教育学院
  【发展概况】……155
  【"数字与教育"系列活动】……157
  【冬奥志愿者分享会】……158
  【全面开展党的二十大精神学习活动】……158

【赴山东省潍坊市开展暑期实践活动】……158
【赴延庆成人教育中心调研】……158
【举行学习科学与未来教育前沿论坛】……159

### 新闻与传播学院
【发展概况】……159

### 体育教研部
【发展概况】……160
【加强党组织建设】……162
【一活动入选"健康校园"最佳实践】……162

### 新媒体研究院
【发展概况】……162
【首届未来媒体研究论坛】……164

### 中国政治学研究中心
【发展概况】……164
【《马克思主义历史考证大辞典》中文版编译项目】……164
【"政治、法律与社会"本科联合培养项目】……165
【中国政府治理创新数据库】……165

### 国际战略研究院
【发展概况】……165

## 经济与管理学部

### 经济学院
【发展概况】……166
【学习贯彻党的二十大精神】……170
【学院庆祝建院（系）110周年】……170
【推进智库工作】……170
【推进思政课程建设】……170
【举办高端讲学系列讲座】……170
【打造高水平学术交流平台】……170
【举办第五届"中国百所大学经济学院院长论坛"暨"百所经院人才招聘会"】……171

### 光华管理学院
【发展概况】……171
【学习贯彻党的二十大精神以及北大第十四次党代会精神】……173
【统筹推进"有组织的科研"】……173
【推进独特数据库和交叉学科平台建设】……173
【特色人才工作建设】……173

【《经济管理学刊》创刊】……174
【助力乡村振兴促进教育普惠】……174

### 人口研究所
【发展概况】……174
【马寅初先生诞辰140周年纪念暨共同富裕与人口发展学术研讨会】……175
【承办第十九届北京论坛分论坛】……175
【协办第十六届中国残疾人事业发展论坛】……175
【探索中国特色时间银行研究应用落地及国际交流】……175
【举办第五届"京港澳台"夏令营】……176

### 国家发展研究院
【发展概况】……176
【第七届国家发展论坛】……179
【"国家发展学"一级交叉学科博士学位授权点申请】……179
【全球发展学术研究工作】……180

### 新结构经济学研究院
【发展概况】……180
【"新结构经济学虚拟教研室"发展规划会】……181

## 医学部

### 基础医学院
【发展概况】……181
【全球首个整合素受体显像药物临床III期试验结果发布】……183
【北大医学部（泰州）医药健康产业创新中心建设工作座谈会】……183

### 药学院
【发展概况】……183
【北京大学智慧（AI）药物平台建设项目获批】……185
【一成果入选2021年度国内十大医学科技新闻】……185
【一论文获2022年北京市优秀博士学位论文奖】……185
【获2022年北京高等教育"本科教学改革创新项目"】……185
【北京冬奥会、冬残奥会各项志愿服务工作】……185

公共卫生学院
【发展概况】……186
【入选国家高水平公共卫生学院建设名单】……187
【"学科交叉，创新发展"公共卫生前沿论坛】……187
【举办校友返校活动】……188

护理学院
【发展概况】……188
【国际英文期刊《跨学科护理研究》创刊】……189
【获首批"科创中国"创新基地称号】……189
【入选教育部首批虚拟教研室建设试点项目】……190
【首届"2022北京大学-澳门理工大学国际护理教育论坛"】……190

医学人文学院
【发展概况】……190
【第四届北京大学清明论坛】……192
【纪念程之范教授百年诞辰展】……192

医药卫生分析中心
【发展概况】……192
【保障疫情期间测试服务】……193
【分析中心顺利搬迁至科技楼新实验室】……193

中国药物依赖性研究所
【发展概况】……193
【牵头推进重大脑疾病临床研究】……195
【牵头申报并获批国家自然科学基金委基础科学中心】……195

全国医学教育发展中心
【发展概况】……195
【获2022年北京市高等教育教学成果一等奖】……196
【医学教育共享学习平台正式上线】……196
【中国高等教育学会医学教育专业委员会第六届理事会换届大会暨2022年学术年会】……196
【构建全国"医学生培养与发展指数"指标体系】……197
【《中华医学教育杂志》第三届编辑委员会成立大会】……197

实验动物科学部
【发展概况】……197
【医学科技楼实验动物平台启动】……197
【改善基础实验设备】……198
【建立多功能实验动物平台】……198
【成立胚胎移植室】……198

中国卫生发展研究中心
【发展概况】……198
【举办2022年疫苗经济学前沿学术论坛】……199
【韩启德到中心视察指导工作】……199

医学信息学中心
【发展概况】……199
【临床医生执业能力评价模型】……200
【北京市医院感染监测数据分析与管理】……200

健康医疗大数据国家研究院
【发展概况】……200
【《健康数据科学导论》教材出版】……201
【与北京大学人民医院签署战略合作协议】……202

精准医疗多组学研究中心
【发展概况】……202
【血清/尿液蛋白组学解析新冠肺炎全过程】……202
【开发图谱级单细胞数据高效聚类算法Secuer】……202
【利用空间多组学技术解析肿瘤内空间异质性】……202

跨学部生物医学工程系
【发展概况】……203
【揭示TCF1如何协调表观遗传决定ILC祖细胞的谱系发育命运】……204

医学技术研究院
【发展概况】……204
【国家自然项目申报辅导会顺利召开】……205
【组织召开北京市智慧医疗高精尖学科专题研讨会】……205
【实现病毒受体结合域的体内示踪】……205
【《创新北京》栏目报道医研院最新脑科学研究成果】……205
【承办海淀医疗卫生人才周活动】……205
【联合共建北京市重点实验室学术年会成功举办】……205

国际癌症研究院
【发展概况】……206
【癌症整合组学前沿科学中心通过教育部专家论证】……206
【北京大学国际癌症研究院2022论坛】……206

【肿瘤前沿国际研讨会】……………………206
北京大学-云南白药国际医学研究中心
　【发展概况】………………………………206
　【2022医药创新和科技前沿论坛】………207
宁波海洋药物研究院
　【发展概况】………………………………207
　【获批设立浙江省博士后工作站】………208
　【一团队获第七届中国创新挑战赛（宁波）主场赛解决方案优胜奖】………………………208
　【庆祝北大医学办学110周年系列活动】……208
　【承办第十届长三角海洋医药论坛暨第八届浙江省海洋药物学术年会】………………………208
公众健康与重大疫情防控战略研究中心
　【发展概况】………………………………209
　【一团队获第十二届钱学森城市学（卫生健康）金奖】………………………………………210
　【研究总结我国新冠防控策略与措施】……210

## 其他教学科研机构

元培学院
　【发展概况】………………………………210
北京国际数学研究中心
　【发展概况】………………………………211
　【数学"四大"期刊发表量创新高】………212
前沿交叉学科研究院
　【发展概况】………………………………213
　【协同成都市高新区管委会共建新型研发机构】……214
　【签署两项校地合作协议】………………215
　【开展"我为同学跑次腿"互帮互助活动】……215
燕京学堂
　【发展概况】………………………………215
　【留学生来华工作】………………………216
现代农学院
　【发展概况】………………………………217
　【纪录电影《大国粮仓》在北京大学首映】……219
　【邵根伙博士捐资设立北京大学大北农现代农学发展基金】………………………………………219
　【学院党总支部赴云南开展红色实践活动】……219
　【举办北京大学首届现代农学文化节】……219

【举办"第一届北京大学现代农学论坛"】……220
【发布《县域数字乡村指数（2020）》】……220
【建言献策保障国家粮食安全和生物育种产业化研究】………………………………………220
科维理天文与天体物理研究所
　【发展概况】………………………………220
　【中国空间站工程巡天望远镜北京大学科学中心项目报告厅改造项目完成】……………………222
中国教育财政科学研究所
　【发展概况】………………………………222
　【完成非义务教育阶段免费教育及资助政策研究】………………………………………223
　【开展高校"双一流"学科建设相关研究】……223
　【推进财政所数据中心建设】……………223
　【完成全国教育信息化和学生资助调查】……224
　【启动"北京大学教育财政与政策优秀青年学者&实践者支持计划"】…………………………224
中国社会科学调查中心
　【发展概况】………………………………224
　【数据用户服务】…………………………226
　【承办"2022年度论坛：数字与人文纵横谈"】……226
生物医学前沿创新中心
　【发展概况】………………………………226
　【破译出新冠病毒新变异株的受体结合能力和免疫逃逸能力图谱】………………………………226
　【首次开发出环状RNA疫苗技术平台】……226
海洋研究院
　【发展概况】………………………………227
　【举行海洋研究院专场学术报告会】……227
　【举行"五四"学术研讨会：数字经济与海洋】……227
　【新华网国际大洋发现计划第397航次"船-岸连线"科普直播】……………………………………227
　【研究院博士后南海-北大西洋海上视频连线】……227
人文社会科学研究院
　【发展概况】………………………………227
　【邓广铭诞辰115周年学术纪念展】………230
　【大型开放性学术出版项目"文研馆"】……230
　【"文研六周年"系列学术活动】…………230

习近平新时代中国特色社会主义思想研究院
 【发展概况】……………………………234
 【推出"习近平新时代中国特色社会主义思想智
  能问答学习平台"】……………………236

人工智能研究院
 【发展概况】……………………………236
 【北京大学武汉人工智能研究院获批成立】……237
 【获批成立三个全国重点实验室】……………237
 【一研究成果在《科学·机器人学》杂志发表】……237

## 深圳研究生院
 【发展概况】……………………………237
 【深入学习二十大精神】……………………241
 【推进校区国际化建设】……………………241

信息工程学院
 【发展概况】……………………………241
 【IEEE 2941 标准工作组获 IEEE SA 新兴
  技术奖】………………………………242
 【一项目入围 2022 年度"戈登贝尔新冠
  特别奖"】……………………………242

化学生物学与生物技术学院
 【发展概况】……………………………243
 【第十四届"晨兴"化学生物学前沿论坛】……243
 【"陶术之夜" 2022 新年师生联欢会】……………243
 【"2022 年科技活动周暨全国科技工作者日"
  线上科普活动】………………………244

环境与能源学院
 【发展概况】……………………………244
 【一成果在《自然-通讯》上发表】……………245

城市规划与设计学院
 【发展概况】……………………………245

 【多位老师入选 2022 年全球前 2% 顶尖科学家
  榜单】…………………………………246
 【中国地理信息产业协会智慧国土工作委员会
  成立】…………………………………246
 【一中心获批深圳市人文社会科学重点研究
  基地】…………………………………246
 【举办第十四届深圳学术年会——"AI for Urban
  Science"】………………………………247
 【一课题组在《自然-植物》合作发文】…………247

新材料学院
 【发展概况】……………………………247
 【一成果在《自然》上发表】………………248
 【学院测评中心获 CNAS 认可证书】…………248
 【一人入选中国化学会会士】………………248
 【获深圳研究生院首枚五四奖章】……………248

汇丰商学院
 【发展概况】……………………………249
 【两名校友获评"深圳十大杰出青年"】………250
 【纪念北大商学教育 120 周年暨商科发展论坛】……251
 【启动深圳前海中英研究院】………………251

国际法学院
 【发展概况】……………………………251
 【助力冬残奥会筹备工作】…………………253
 【一研究课题获国家社科基金项目立项】………253
 【获评三项校级荣誉】……………………253
 【设立"年利达助学奖学金"和"格雷教授学生
  发展基金项目"】……………………253

人文社会科学学院
 【发展概况】……………………………253

# 教育教学

## 本科生教育
 【发展概况】……………………………256
 【北京大学 38 项教学成果获北京市教学
  成果奖】………………………………258

 【举办教育部虚拟教研室建设经验交流会】………258
 【举办"午间 100 分"师生座谈会】……………258

## 医学本科生教育
 【发展概况】……………………………272

【新时代本科医学教育高质量发展论坛】……273
【临床医学专业器官系统课程教学工作会】……274
【强化本科生科研创新能力培养】……274

### 研究生教育
【发展概况】……274
【启动实施国家急需高层次人才培养专项】……276
【实现校本部与医学部研究生课程网上互选】……276
【进一步优化博士生导师选聘工作】……276
【推进卓越工程人才培养】……276
【《北大研究生教育》创刊】……276

#### 医学研究生教育
【发展概况】……287
【北大医学办学110周年暨研究生教育80周年系列活动】……288
【一项目获北京市高等教育教学成果一等奖】……288

### 教务长办公室
【发展概况】……288
【牵头开展《北京大学面向2030人才培养行动计划》编制工作】……290
【首次设立北京大学劳动月】……290
【完善思政课和课程思政建设长效工作机制】……290
【牵头完成北京大学首批课程思政示范项目认定】……290
【推进人工智能助推教师队伍建设试点项目】……290

### 继续教育
【发展概况】……290
【完成《北京大学非学历继续教育管理办法》修订】……291
【成立北京大学继续教育工作委员会】……291

#### 继续教育学院
【发展概况】……291
【完成空间移交搬迁工作】……292
【推进北大学堂在线教育项目】……292

#### 医学继续教育
【发展概况】……292
【参与筹办北大医学办学110周年系列活动】……293
【新冠肺炎疫情防控工作】……294

#### 医学继续教育学院
【发展概况】……302

### 留学生与港澳台学生教育
【发展概况】……303

#### 医学部留学生与港澳台学生教育
【发展概况】……303

### 教师教学发展中心
【发展概况】……303
【中西部高校新入职教师教学能力提升项目开班仪式在北京大学举行】……305
【"面向未来：高等教育与数智化发展"国际研讨会】……305
【第三届"北京大学－密歇根大学"教与学研讨会】……306

# 科研管理

### 理工医科科研管理
【发展概况】……308
【深入学习贯彻党的二十大精神】……310
【巩固基础研究竞争优势】……310
【持续强化创新基地建设支撑】……310
【推进中俄数学中心建设】……311
【完善科研管理服务机制】……311
【统筹"北京大学昌平产教研融合创新中心"相关工作】……311
【推进新工科交流和宣传工作】……311

#### 医学科研管理
【发展概况】……333
【颁发青年科技人才类奖励】……334
【举办北大医学办学110周年系列学术交流活动】……334

#### 《北京大学学报（自然科学版）》
【发展概况】……334
【自然语言处理与中文计算国际学术会议

【论文组稿】……………………………335
《北京大学学报（医学版）》
　　【发展概况】……………………………335
　　【出版"北大医学办学110周年纪念专辑"】……336
　　【入选《世界期刊影响力指数（WJCI）报告（2021 STM）》】……………………336

## 人文社科科研管理
　　【发展概况】……………………………336
　　【推进"数字与人文年"工作】…………338
　　【国家社科基金项目立项取得新突破】……338
　　【创办"北京大学临湖智库沙龙"】……338
《北京大学学报（哲学社会科学版）》
　　【发展概况】……………………………342
　　【围绕党建思政主题策划选题】…………342
　　【召开期刊发展高层论坛】………………343

# 党政管理与群团工作

## 党政综合管理
　　【发展概况】……………………………346
　　【学习宣传贯彻党的二十大精神】………347
　　【新冠疫情防控综合协调工作】…………347

## 督查与信访
　　【发展概况】……………………………347
　　【中央巡视整改工作】……………………348
　　【高校一些领域腐败风险专项整治整改工作】……348
　　【基础教育合作办学相关问题整改工作】……348
　　【涉疫诉求接诉即办工作】………………348

## 标识管理
　　【发展概况】……………………………348

## 法律事务
　　【发展概况】……………………………349

## 医学部党政综合管理
　　【发展概况】……………………………349
　　【做好常态化疫情防控工作】……………350
　　【北大医学办学110周年系列活动】……350

## 纪检监察工作
　　【发展概况】……………………………350
　　【疫情防控监督工作】……………………352
　　【加强新时代廉洁文化建设】……………352

## 医学部纪检监察工作
　　【发展概况】……………………………353
　　【开展疫情防控专项监督检查】…………354
　　【医学部纪委第十二次纪委（扩大）会议】……354

## 组织工作
　　【发展概况】……………………………355
　　【完成学校第十四次党代会组织工作】……356

## 医学部组织工作
　　【发展概况】……………………………356

## 宣传工作
　　【发展概况】……………………………357
　　【冬奥会专题传播】………………………359
　　【"咱们：看见身边的光"特别策划传播】……359
　　【持续做好科研报道】……………………359

## 医学部宣传工作
　　【发展概况】……………………………359
　　【北大医学办学110周年宣传工作】……361

## 统战工作
　　【发展概况】……………………………361
　　【深入开展学习宣传贯彻党的二十大精神系列活动】……362
　　【贯彻落实学校第十四次党代会精神】……362
　　【海淀区领导到北京大学调研统战工作】……362
　　【第十届民建北大"城市发展论坛"举行】……362
　　【首届"北京大学参政议政服务发展同心奖"表彰仪式举行】……363

## 医学部统战工作
　　【发展概况】……………………………363
　　【民革北京大学医学部支部成立大会】……364
　　【民盟北京大学医学部第七届委员会换届大会】……365

【医学部第七次归侨侨眷代表大会】……365
【民盟北京大学医学部委员会学习贯彻二十大精神报告会】……365
【农工党北京大学委员会二十大精神主题学习活动】……365

## 学生工作
【发展概况】……366
【学习贯彻党的二十大精神】……367
【深化第二班主任制度】……367
【2022年学生工作系统表彰大会】……367

### 学生就业指导服务中心
【发展概况】……368

### 青年研究中心
【发展概况】……369
【网络思政建设】……369

### 学生资助中心
【发展概况】……369
【燕园起航计划】……370
【燕园领航学生发展支持计划】……370

### 学生心理健康教育与咨询中心
【发展概况】……371
【特色"心"教育系统工程】……372
【"心晴防护网"】……372
【学生心理委员】……372
【驻楼辅导员】……372
【院系定制心理服务】……372

### 医学部学生工作
【发展概况】……373
【围绕二十大开展医学生主题教育】……374
【疫情防控系列工作】……374
【开展医学新生职业精神教育系列活动】……374
【成立医学预科新生宣讲团】……375
【医学预科"一站式"学生社区建设】……375

## 保卫工作
【发展概况】……375
【冬奥服务保障】……377
【完成学校第十四次党代会安保任务】……377
【"4·15全民国家安全教育日"系列宣传教育活动】……377
【组织开展2022年度消防疏散救援演练】……377

### 医学部保卫工作
【发展概况】……377
【疫情防控工作】……379

## 政策法规研究
【发展概况】……379
【完成北京大学第十四次党代会报告起草相关工作】……379
【以教育评价改革为重点持续推进综合改革】……380

## 巡视工作
【发展概况】……380
【学习贯彻党的二十大精神】……381
【推进中央巡视常态化整改】……381
【中央巡视工作领导小组办公室副主任罗礼平一行来校调研】……381

## 学科建设
【发展概况】……381
【完成新一轮"双一流"建设方案编制工作】……383
【《北京大学实体研究机构管理办法》修订工作】……383
【学术委员会换届工作】……383
【学部班子换届聘任工作】……384
【2021年度"双一流"监测数据填报工作】……384

### 理学部学科建设
【发展概况】……384

### 信息与工程科学部学科建设
【发展概况】……385
【支持碳中和研究院建设】……386
【持续推进新工科建设】……387

### 人文学部学科建设
【发展概况】……387

### 社会科学学部学科建设
【发展概况】……388
【社会科学基础人才培养项目（严复班）】……388

### 经济与管理学部学科建设
【发展概况】……388
【举办国家基金优秀学者大讲堂】……389

【协助推进学术评价】……389

## 医学部学科建设
【发展概况】……389
【启动新医科内涵式高质量发展建设】……389
【启动北大医学科技创新全生命周期人才培养计划】……390
【一平台获批"十四五"中央预算内投资储备-优质医学院校项目支持】……390

## 人事管理
【发展概况】……390
【抗击新冠肺炎疫情工作】……393

### 医学部人事管理
【发展概况】……395

## 离退休工作
【发展概况】……398
【持续开展各项评选工作】……399

### 医学部离退休工作
【发展概况】……399
【关爱帮扶空巢独居老同志】……400

## 财务工作
【发展概况】……401
【"校园缴费平台"全新升级】……403
【持续推进科研拨款分配"线上一体化"开发】……403
【加强科研项目监督管理】……403
【智能财务报告正式上线】……403
【开展资产出租出借情况摸底工作】……403
【落实个人所得税最新政策】……403
【"双线"报销保运行】……403
【智能报销系统上线】……403

### 医学部财务工作
【发展概况】……403

## 对外交流
【发展概况】……405
【学习贯彻党的二十大精神和习近平总书记回信贺信精神】……406
【北大来华留学教育70周年系列活动】……406
【举办北京论坛（2022）】……406
【北京大学第十九届国际文化节】……407

### 医学部对外交流
【发展概况】……407
【对接国家"一带一路"倡议系列举措】……407
【"北京大学医学部-澳门理工大学护理书院"项目】……407
【国家级国际联合研究中心建设】……408

## 实验室与设备管理
【发展概况】……408
【推动昌平新校区公共平台建设工作】……409
【实现实验室安全分类分级管理】……410
【搭建实验教学资源共享平台】……410
【加强各校区实验室安全管理】……410
【开展安全为主题的联合党建活动】……410

### 医学部实验室与设备管理
【发展概况】……414
【优化报废仪器设备处置流程】……415
【举办实验室安全海报评选活动】……415
【医学部仪器设备采购管理系统启动】……415
【继续推动大型仪器共享管理平台建设】……415

## 网络安全与信息化管理
【发展概况】……415
【虚拟货币"挖矿"动态清零】……416

### 计算中心
【发展概况】……417

### 医学部网络安全与信息化管理
【发展概况】……420

## 审计工作
【发展概况】……421

### 医学部审计工作
【发展概况】……423

## 昌平新校区管理
【发展概况】……423
【完成冬奥志愿者驻地保障工作】……424
【2022年迎新系列活动】……425
【校领导到新校区调研】……425
【2022级研究生新生开学第一课】……425
【推进智慧校园建设】……425
【万华楼奠基仪式举行】……425

## 怀柔科学城校区（科技创新研究院）工作
【发展概况】…………………………425
【多模态跨尺度生物医学成像设施工程竣工仪式】…………………………426

## 创新创业工作
【发展概况】…………………………426
【入选首批国家级创新创业学院建设单位名单】……427
【创新创业示范基地参与2022全国双创周活动】…427
【第八届"互联网+"大学生创新创业大赛获佳绩】…………………………427
【在首届"京彩大创"赛事中包揽冠亚季军】……428

## 工会与教代会工作
【发展概况】…………………………428
【第七届教职工代表大会第四次会议】……429

### 医学部工会工作
【发展概况】…………………………429
【做好工会服务保障工作同心抗疫情】……431
【创新线上工作模式】………………431

## 共青团工作
【发展概况】…………………………431
【服务保障北京2022年冬奥会和冬残奥会】……432
【庆祝中国共青团成立100周年系列活动】……432
【学习贯彻党的二十大精神】………432
【校园疫情防控】……………………432
【开展乡村振兴青年志愿先锋计划】……433
【举行杜富国先进事迹报告会】……433
【开设《创新创业大讲堂》公选课】……433
【开展国庆主题教育晚会】…………433
【开展"奋进新征程·永远跟党走·喜迎二十大"思政实践课程】…………………………433

### 医学部共青团工作
【发展概况】…………………………434
【北京冬奥会冬残奥会系列活动】…435
【北大医学办学110周年系列活动】……435

## 机关党建
【发展概况】…………………………435
【线上线下结合召开机关党代会】…436
【机关交流沟通系列活动】…………437
【机关党员干部积极参加志愿服务】……437
【开展党的二十大报告学习测试】…437

## 后勤党建
【发展概况】…………………………437
【开展二十大主题教育实践】………438
【开展后勤系统等服务保障单位的2022年评优表彰工作】…………………………439

## 直属单位党建
【发展概况】…………………………439

## 产业系统党建
【发展概况】…………………………441

# 后勤管理与保障

## 总务工作
【发展概况】…………………………444
【深入学习宣传贯彻党的二十大精神】……447

### 会议中心
【发展概况】…………………………447
【疫情防控工作】……………………448
【圆明园校区运行管理】……………449

### 餐饮中心
【发展概况】…………………………449
【冬奥餐饮保障】……………………450
【毕业美食专享】……………………450
【时食健康饮食】……………………450
【"校园农场"建设】………………450
【校园美食文化节】…………………450
【"松林包子铺"回归】……………450

### 动力中心
【发展概况】…………………………450
【第十四次党员代表大会保障工作】……451

【疫情保障专班】……451
【智能化改造】……451
【锅炉供暖大修】……451
【燕南园环境提升】……451
【昌平新校区保障】……452
【催缴水电欠费】……452
【职工技能大赛】……452

公寓服务中心
【发展概况】……452
【万柳园区疫情防控】……453
【万柳学思堂改造升级】……453

校园服务中心
【发展概况】……456
【疫情防控工作】……458
【推进品质校园建设】……458

医学部总务工作
【发展概况】……458

【校园环境提升改善】……459
【"接诉即办"工作】……459
【全力保障疫情防控】……459

房地产管理
【发展概况】……460
【房地产收回工作】……461
【旧有住房配售工作】……461
【校园空间拓展工作】……461
【燕南环境提升工作】……461

基建工作
【发展概况】……463

肖家河项目建设
【发展概况】……465

医学部基建工作
【发展概况】……466
【医学部图书馆项目通过验收】……467
【医药科技园区建设】……467

# 社会服务与联络

## 国内合作
【发展概况】……470
【校领导率团赴山东推进省校合作】……471
【"乡村振兴千万带头人培养计划"第二期启动】……471
【校领导率团赴福建看望在闽青年人才并推进省校合作】……472
【北大定点帮扶弥渡县调研督导会议】……472

首都发展研究院
【发展概况】……472
【"北京大学首都发展月月谈"论坛】……474
【北京大学首都发展新年论坛】……474

医学部国内合作
【发展概况】……474
【推进怀密医学中心建设】……475

## 科技开发
【发展概况】……476

【知识产权管理】……477
【加强异地科研机构管理】……477
【做好各项国家试点工作】……478
【建设北京大学上海临港国际科技创新中心】……478

## 校办产业管理
【发展概况】……488
【全国首个钢铁行业变压吸附供氧团体标准发布】……488
【北大法宝合规义务库荣获2022智慧检务创新产品】……488
【北大科技园创新应用场景项目】……488

医学部产业管理
【发展概况】……489
【中国泛癌种早筛早诊队列PANDA研究项目】……490
【首届创新转化大赛总决赛暨校企联合研发平台集体签约仪式】……490
【中国首个核医学诊断1类新药临床Ⅲ期试验结

果发布会】…491

## 出版工作
【发展概况】…491
【《儒藏》"精华编"（中国部分）282册全部出版】…492

## 筹资与基金管理
【发展概况】…492
【基金会获中国慈善榜两项荣誉】…494
【邵根伙捐资设立大北农现代农学发展基金】…494
【小米捐资设立创新公益基金和博雅青年学者项目】…494
【联合必和必拓启动"碳与气候"博士研究生未名学者项目】…495

【北京论坛（2022）社会价值分论坛成功举办】…495
【九坤投资捐资设立北京大学九坤教育发展基金】…495

## 校友工作
【发展概况】…498
【北京大学123周年校庆系列活动】…499
【毕业季系列活动】…499
【第九届北京大学北美校友代表大会】…500
【《北大校友信息》二十大校友代表言论专辑】…500

## 医学部校友工作与基金管理
【发展概况】…500
【北医杰出校友论坛及相关评选表彰】…501
【校友回家主题月活动】…501

# 医　院

## 医院管理
【发展概况】…504
【第二届北京大学青年医师评选及颁奖活动】…505
【各附属医院冬奥会、冬残奥会医疗保障工作】…505
【推进医学部职工便捷就医工作】…505
【提升医学部部医院管理能力和服务水平】…505
【公费医疗报销便捷化】…506

## 第一医院
【发展概况】…507
【完成冬奥保障任务】…509

## 人民医院
【发展概况】…509
【推动建设紧急医学救援基地】…511
【通州院区病房启用及国家医学中心建设】…511
【积极推进学生/学员同岗同酬】…511

## 第三医院
【发展概况】…511
【入选高质量发展试点单位】…513
【国家自然科学基金项目破百】…513
【荣获"冬奥、冬残奥"突出贡献集体】…513

## 口腔医院
【发展概况】…513

【举办建院80周年系列活动】…515
【医院第四次党代会召开】…515
【服务保障北京冬奥】…515
【三亚分院入选国家区域医疗中心建设项目】…515
【国家工程研究中心揭牌】…516

## 肿瘤医院
【发展概况】…516
【一重大研究计划集成项目成功获批】…518
【肢端和黏膜黑色素瘤研究取得新成果】…518
【首次揭示"食管癌前病变进展"的基因组学早期预警标志物】…518
【牵头一项国际多中心、Ⅲ期临床试验】…518

## 第六医院
【发展概况】…518
【国家精神疾病医学中心落户第六医院】…520
【基础科学中心项目获批立项】…520
【入选首批临床研究国家级质量评价和促进中心】…520
【国家卫生健康委精神卫生学重点实验室获评优秀】…520

## 深圳医院
【发展概况】…520
【门急诊楼扩建项目封顶】…522
【成立智慧医院研究院和超算中心】…522

【深圳市新华医院项目主体结构封顶】……522
首钢医院
　　【发展概况】……522
　　【圆满完成冬奥和冬残奥会医疗保障工作】……523
　　【获批"国家科技部人类遗传资源保藏行政许可"】……523
国际医院
　　【发展概况】……523

【优化诊疗服务】……525
【成立医教研联盟】……525
滨海医院
　　【发展概况】……525
　　【建设生态城医院】……527
校医院
　　【发展概况】……528

# 其他单位

## 图书馆
　　【发展概况】……532
　　【北京大学2022年阅读文化节】……533
　　【邓广铭藏书捐赠仪式暨邓广铭先生诞辰115周年纪念活动】……534
　　【组建馆员志愿者队伍】……534
　　【获2022年高校知识产权信息服务中心联盟优秀案例一等奖】……534
　　【在线召开2022年高校图书馆发展论坛】……534
　　【研究制定《北京大学图书馆章程》】……534

## 医学图书馆
　　【发展概况】……537
　　【新馆建设】……537
　　【北大医学百年教材数字化及资源的长期保存】……538

## 档案馆
　　【发展概况】……538
　　【全校文书档案员培训会】……540
　　【"历史无声，档案有痕——北京大学档案馆馆藏档案精品展"】……540
　　【与外国语学院签署外国语言文学学科史档案编研合作协议】……540

## 医学部档案馆
　　【发展概况】……540
　　【北大医学办学110周年相关工作】……541

## 校史馆
　　【发展概况】……541
　　【严复任北京大学校长110周年纪念展】……542
　　【邓广铭诞辰115周年学术纪念展】……542

## 燕园街道办事处
　　【发展概况】……543
　　【学习宣传贯彻党的二十大精神】……543
　　【承泽园社区入选2022年度"全国示范性老年友好型社区"】……544
　　【疫情防控与服务保障】……544
　　【推进接诉即办相关工作】……544

## 燕园社区服务中心
　　【发展概况】……544

## 附属中学
　　【发展概况】……545
　　【召开教师干部大会】……547
　　【召开暑期战略研讨会】……547
　　【成立教师发展中心及建立学科长制度】……547
　　【学科竞赛取佳绩】……548
　　【获北京市基础教育教学成果奖一等奖】……548
　　【师生共赴"天空课堂"第三课】……548

## 附属小学
　　【发展概况】……548
　　【一教师担任北京冬奥会开闭幕式分场导演】……549
　　【一教师出版专著《为学生架设攀升的阶梯》】……549

## 附属幼儿园
　　【发展概况】……549
　　【新馨园合作办园签约仪式】……550

【获评教育部—联合国儿基会"海淀区示范基地园"】……550

【70周年园庆系列活动】……550

# 人　物

在校院士名录……552
哲学社会科学领域专业技术一级教授……553
具有正高级职称的教师及专业技术人员名单……553
2022年逝世人员名单……579
2022年授予的名誉教授名单……587

# 党发、校发文件目录

2022年部分党发文件目录……590
2022年部分校发文件目录……593

# 表彰与奖励

**集体和教师奖励**……598
　2022年北京大学获北京市优秀教师奖名单……598
　2022年北京大学获北京市优秀教育工作者奖名单……598
　2022年北京大学获北京市高等学校教学名师奖名单……598
　2022年北京大学获北京市高等学校青年教学名师奖名单……599
　2022年北京大学获北京市教育教学成果奖名单……599
　2022年北京大学入选北京高校优秀本科育人团队名单……601
　2022年北京大学入选北京高校优质本科教材课件名单……601
　2022年北京大学获北京高校"优质本科课程"名单……602
　北京大学2022年度教学成就奖名单……602
　北京大学2022年度教学卓越奖名单……602
　北京大学2022年度优秀教学团队奖名单……602
　北京大学2022年度教学优秀奖名单……603
　北京大学2022年度教学管理奖名单……604
　2022年北京大学优秀教材名单……605
　2022年北京大学入选北京市课程思政示范课程、教学名师和团队名单……606
　2021年北京大学课程思政示范课程名单……606
　2022年北京大学获国家杰出青年科学基金资助名单……609
　2022年北京大学获国家优秀青年科学基金资助名单……609
　北京大学荣获2021年度北京市科学技术奖名单……610
　北京大学获2022年度"高等学校科学研究优秀成果奖（科学技术）"名单……611
　北京大学2022年度获批北京市杰青项目名单……612
　北京大学获"何梁何利基金科学与技术进步奖"名单（2021年和2022年）……612
　北京大学获2022年度"科学探索奖"名单……612
　北京大学获2022年达摩院青橙奖名单……612
　北京大学获2022年度科技新星名单……613
　北京大学2021—2022学年优秀德育奖名单……613
　北京大学2021—2022学年优秀班主任标兵名单……614
　北京大学2021—2022学年优秀班主任名单……614
　2021—2022学年度北京大学九坤优秀辅导员获奖名单……616
　北京大学获2022年首都劳动奖章名单……616

北京大学获全国三八红旗手名单 …………… 617
北京大学获北京工会职工暖心驿站名单 …… 617
北京大学工会工作特别贡献奖名单 ………… 617
北京大学工会工作贡献奖名单 ……………… 618
2021年度北京大学模范工会主席名单 ……… 618
2021年度北京大学优秀工会干部名单 ……… 619
2021年度北京大学优秀工会积极分子名单 … 620

**教师奖教金** …………………………………… 622

**学生奖励** ……………………………………… 628
2022年度北京市优秀博士学位论文奖 ……… 628
2022年度北京市优秀博士学位论文提名奖 … 628
2022年度北京市优秀导师 …………………… 629
2022年度北京市优秀导师团队 ……………… 629
2022年度北京大学优秀博士学位论文（99篇） … 630
2022年北京大学获北京市普通高等学校优秀毕业生
名单（春季） ………………………………… 633
2022年北京大学获北京市普通高等学校优秀毕业生
名单（夏季） ………………………………… 633
2022年北京大学优秀毕业生名单（春季） … 635
2022年北京大学优秀毕业生名单（夏季） … 636
2021—2022学年北京大学获北京市三好学生名单 … 640
2021—2022学年北京大学获北京市优秀学生干部
名单 …………………………………………… 641
2021—2022学年北京大学获北京市先进班集体
名单 …………………………………………… 641
"北京大学学生年度人物·2022"获奖名单 … 642
"北京大学学生年度人物·2022"提名奖学生名单 … 642
2021—2022学年北京大学"示范班集体"获奖
名单 …………………………………………… 643
2021—2022学年北京大学"先进班集体"获奖
名单 …………………………………………… 644
2021—2022学年北京大学"示范学生宿舍"获奖
名单 …………………………………………… 647

# 毕业生名单

**本科生毕业生名单** …………………… 680　　**研究生毕业生名单** …………………… 699

# 附　录

**校历** …………………………………… 724

# 全书表目录

| 表 5-1 | 北京大学燕京学堂 2021 级学生国籍分布 | （217） |
| 表 5-2 | 年度荣誉讲座"逝者如斯——百年考古回顾" | （231） |
| 表 5-3 | 2022 年"文研讲座"汇总表 | （231） |
| 表 5-4 | 2022 年"文研论坛"汇总表 | （232） |
| 表 5-5 | 2022 年"未名学者讲座"汇总表 | （232） |
| 表 5-6 | 2022 年"静园雅集"汇总表 | （232） |
| 表 5-7 | 2022 年"文研读书"汇总表 | （233） |
| 表 5-8 | 2022 年"文研纪念"汇总表 | （233） |
| 表 5-9 | 2022 年"文研课程"汇总表 | （233） |
| 表 5-10 | 2022 年"邀访学者论坛"汇总表 | （233） |
| 表 5-11 | 2022 年"文研经典阅读"汇总表 | （234） |
| 表 6-1 | 2022 年北京大学本科核心课程目录 | （258） |
| 表 6-2 | 2022 年北京大学本科专业目录 | （264） |
| 表 6-3 | 2022 年北京大学通识教育核心课目录 | （268） |
| 表 6-4 | 2022 年北京大学教材建设立项名单 | （269） |
| 表 6-5 | 2022 年北京大学课程思政教材建设立项名单 | （271） |
| 表 6-6 | 2022 年北京大学数字化教材建设立项名单 | （271） |
| 表 6-7 | 2022 年北京大学教材研究与建设基地遴选结果 | （271） |
| 表 6-8 | 2022 年北京大学老教授调研组名单 | （271） |
| 表 6-9 | 2022 年北京大学在校研究生统计（双证） | （277） |
| 表 6-10 | 2022 年北京大学学位授权点一览表 | （278） |
| 表 6-11 | 2022 年北京大学学位授予情况一览表 | （286） |
| 表 6-12 | 2022 年北京大学住院医师规范化培训基地和专业基地（含协同单位） | （294） |
| 表 6-13 | 2022 年北京大学专科医师规范化培训基地和专科基地（含协同基地） | （295） |
| 表 6-14 | 2022 年各医院在培住院医师情况表 | （295） |
| 表 6-15 | 2022 年各医院在培专科医师情况表 | （295） |

| 表6-18 | 2022年专培中期考核/住培第二阶段考核情况表（考生类别） | （296） |
|---|---|---|
| 表6-17 | 2022年专培中期考核/住培第二阶段考核情况表（各医院） | （296） |
| 表6-18 | 2022年专培中期考核/住培第二阶段考核情况表（各专科） | （297） |
| 表6-19 | 2022年专培结业考核（3年）情况表（各医院） | （298） |
| 表6-20 | 2022年专培结业考核（3年）情况表（各专科） | （298） |
| 表6-21 | 2022年参加北京市住培结业考试情况表（各医院） | （299） |
| 表6-22 | 2022年参加北京市住培结业考试情况表（各专业） | （300） |
| 表6-23 | 2020—2021年北京大学/医学部继续教育奖项列表 | （301） |
| 表6-24 | 2022年国内访问学者及学科骨干接收情况 | （301） |
| 表6-25 | 2022年进修生培养情况 | （301） |
| 表6-26 | 2022年国家级和市级继续医学教育项目等短期培训班情况 | （302） |
| 表7-1 | 国家研究中心 | （312） |
| 表7-2 | 国家重大科技基础设施 | （312） |
| 表7-3 | 国家重点实验室 | （312） |
| 表7-4 | 国家工程研究中心 | （312） |
| 表7-5 | 国家工程实验室 | （312） |
| 表7-6 | 省部共建国家重点实验室 | （312） |
| 表7-7 | 国家产教融合创新平台 | （313） |
| 表7-8 | 国家野外科学观测研究站 | （313） |
| 表7-9 | 国家临床医学研究中心 | （313） |
| 表7-10 | 国家国际科技合作基地 | （313） |
| 表7-11 | 国家医学中心 | （313） |
| 表7-12 | 教育部前沿科学中心 | （313） |
| 表7-13 | 国家级协同创新中心 | （313） |
| 表7-14 | 教育部重点实验室 | （314） |
| 表7-15 | 教育部工程研究中心 | （314） |
| 表7-16 | 教育部国际合作联合实验室 | （314） |
| 表7-17 | 教育部野外科学观测研究站 | （314） |
| 表7-18 | 国家卫生健康委员会重点实验室 | （314） |
| 表7-19 | 北京高校高精尖创新中心 | （315） |
| 表7-20 | 北京市交叉研究平台 | （315） |
| 表7-21 | 北京实验室 | （315） |
| 表7-22 | 北京市重点实验室/工程技术研究中心 | （315） |
| 表7-23 | 北京市国际科技合作基地 | （316） |
| 表7-24 | 北京市临床医学研究中心 | （317） |
| 表7-25 | 北京市工程研究中心 | （317） |
| 表7-26 | 其他省部级研究基地 | （317） |
| 表7-27 | 广东省、深圳市重点实验室 | （317） |

| 表7-28 | 北京大学2022年度理工医科在研科研项目数分类统计 | （318） |
|---|---|---|
| 表7-29 | 北京大学2022年度理工医科科研项目到校经费 | （319） |
| 表7-30 | 北京大学2016—2022年到校科研经费分类统计 | （320） |
| 表7-31 | 北京大学2022年度理工科新批科研项目 | （321） |
| 表7-32 | 北京大学2022年度医科新批科研项目 | （322） |
| 表7-33 | 北京大学2022年度获批国家自然科学基金项目 | （323） |
| 表7-34 | 北京大学医科2022年度获批国家自然科学基金项目和经费 | （324） |
| 表7-35 | 北京大学2022年度获批国家自然科学基金重点项目 | （325） |
| 表7-36 | 北京大学2022年度获批国家自然科学基金重大项目 | （325） |
| 表7-37 | 北京大学2022年度获批国家自然科学基金国家重大科研仪器研制项目 | （326） |
| 表7-38 | 北京大学2022年度获批国家自然科学基金重大研究计划项目 | （326） |
| 表7-39 | 北京大学2022年度获批国家自然科学基金重点国际合作项目 | （327） |
| 表7-40 | 北京大学2022年度获批的国家重点研发计划、科技创新2030项目 | （327） |
| 表7-41 | 2022年度北京大学发表的SCI论文统计（第一作者/通讯作者） | （329） |
| 表7-42 | 北京大学2022年度出版的理工医类著作统计 | （329） |
| 表7-43 | 北京大学本部2022年度主办的理工类国际学术会议和研讨班情况统计（9项） | （330） |
| 表7-44 | 北京大学医学部2022年度主办的医学类国际学术会议和研讨班情况统计（26项） | （330） |
| 表7-45 | 北京大学理工医科2022年度获得国家重点研发计划国际合作重点专项项目（13项） | （331） |
| 表7-46 | 北京大学理工科2022年度获得其他国际（地区）合作项目（23项） | （332） |
| 表7-47 | 北京大学医学部2022年度获得的其他国际（地区）合作项目（14项） | （332） |
| 表7-48 | 《北京大学学报（自然科学版）》文献计量指标 | （335） |
| 表7-49 | 2022年北京大学文科纵向课题立项名单 | （338） |
| 表7-50 | 2022年北京大学文科虚体研究机构变更名单 | （341） |
| 表8-1 | 2022年校本部全职人员分布表 | （394） |
| 表8-2 | 2022年校本部全职人员职称分布表 | （394） |
| 表8-3 | 2022年校本部中国籍教师民族分布表 | （394） |
| 表8-4 | 2022年校本部教师学历分布表 | （394） |
| 表8-5 | 2022年校本部全校增员分布表 | （394） |
| 表8-6 | 2022年校本部增员来源及学历分布表 | （394） |
| 表8-7 | 2022年校本部录用应届毕业生分布表 | （395） |
| 表8-8 | 2022年校本部引进人员（非应届生）分布表 | （395） |
| 表8-9 | 2022年校本部减员分布表 | （395） |
| 表8-10 | 2022年医学部教职工基本情况一览表 | （398） |
| 表8-11 | 2022年医学部教师队伍专业技术职务、年龄结构统计表 | （398） |
| 表8-12 | 2020年至2022年医学教师队伍学历结构统计表 | （398） |
| 表8-13 | 2022年医学部专业技术职务申报及通过情况 | （398） |
| 表8-14 | 2022年北京大学实验室基本情况一览表 | （410） |
| 表8-15 | 2022年北京大学新增40万元以上大型仪器设备一览表 | （412） |

| 表号 | 标题 | 页码 |
|---|---|---|
| 表 9-1 | 2022年公寓服务中心学生公寓基本情况一览表 | (454) |
| 表 9-2 | 2022年教师公寓、博士后公寓基本情况一览表 | (455) |
| 表 9-3 | 2022年万柳公寓基本情况一览表 | (455) |
| 表 9-4 | 2022年北京大学房屋基本情况汇总表（不含医学部、大兴校区） | (462) |
| 表 9-5 | 2022年北京大学土地基本情况汇总表（含昌平、医学部、大兴） | (462) |
| 表 10-1 | 2022年北京大学签订的进款技术合同统计表 | (478) |
| 表 10-2 | 2022年度科技开发部技术合同到款 | (479) |
| 表 10-3 | 2022年度北京大学签订的100万元以上技术合同 | (480) |
| 表 10-4 | 2022年技术入股项目表 | (486) |
| 表 10-5 | 北京大学2022年专利申请受理、授权情况统计表 | (486) |
| 表 10-6 | 北京大学2022年院系专利统计表 | (486) |
| 表 10-7 | 2022年北京大学在运行异地科研机构表 | (487) |
| 表 10-8 | 2022年北京大学校级社会捐赠讲席教授及博雅青年学者奖项目 | (495) |
| 表 10-9 | 2022年北京大学校级社会捐赠奖教金项目 | (495) |
| 表 10-10 | 2022年北京大学校级社会捐赠奖学金项目 | (496) |
| 表 10-11 | 2022年北京大学校级社会捐赠助学金项目 | (497) |
| 表 11-1 | 北京大学十家附属医院医疗数据统计表（2022年1月至12月） | (506) |
| 表 11-2 | 北京大学附属医院医护人员数据统计表（2022年1月至12月） | (506) |
| 表 12-1 | 北京大学图书馆2022年度新增文献资源统计 | (535) |
| 表 12-2 | 2018年至2022年北京大学图书馆读者服务总体情况统计 | (535) |
| 表 12-3 | 2022年度图书馆开展校园文化建设系列活动统计表 | (535) |

# 北京大学深入学习贯彻党的二十大精神

## 融入伟大复兴 谱写崭新篇章
## ——北京大学师生深入学习贯彻党的二十大精神

*《光明日报》（2022年10月31日05版）*

10月24日下午，北京大学办公楼礼堂，"北京大学学习传达党的二十大精神大会"现场，气氛热烈，座无虚席。

"党的二十大吹响了迈向第二个百年奋斗目标的冲锋号，发出了加快建设中国特色世界一流大学的动员令。我们要更加紧密地团结在以习近平同志为核心的党中央周围，自觉把思想和行动统一到党的二十大精神上来，自信自强、守正创新，踔厉奋发、勇毅前行，在中国式现代化道路中走出一条建设中国特色、世界一流大学的新路，在党的旗帜引领下奋力谱写北大助推民族复兴的崭新篇章。"北京大学党委书记郝平表示。

党的二十大报告在北京大学师生中引起强烈反响。近日，多种形式的学习活动正在北大校园开展，学习贯彻党的二十大精神热潮涌动起来……

党的二十大代表、北京大学校长龚旗煌说："我们要坚持为党育人、为国育才，全面提高人才自主培养质量，发挥国家战略科技力量作用，聚天下英才而用之，当好助推中国式现代化的创新策源地。"

**振奋人心 师生学习讨论热潮不断**

10月16日，中国共产党第二十次全国代表大会开幕当天，北京大学师生早早地来到教室、会议室，等待收看开幕会的现场直播。全校80余家院系单位组织了3.4万多名师生党员通过网络、电视等渠道认真聆听和学习党的二十大报告。

马克思主义学院全体本科生集体收看完开幕会后，以小组形式开展学习讨论，畅谈学习体会。2021级本科生马馨悦语气中流露出兴奋与坚定，也讲出了青年学子心声："面对时代之问，我们要有'在场'的自觉、'入场'的担当，为全面建设社会主义现代化国家、全面推进中华民族伟大复兴而团结奋斗。"

党的二十大报告中重申科教兴国战略，具有特殊的时代深意。国家发展研究院党委书记雷晓燕与师生党员全程观看开幕会。她和研究院的老师们特别关注创新与人才培养："作为科研工作者，我们自身就是科技和创新的主体，要增强自主创新能力，集聚力量进行科学攻关，产出高质量、符合国家发展需求的研究成果；作为教育工作者，我们更是要着力健全拔尖创新人才培养和选拔机制，提升人才培养的能力，还要聚天下英才而用之。"

"扛起新使命，做时代新人。"集成电路学院2022级博士生郭资政在交流发言中多次提到"使命"二字，"集成电路是当代国际科技竞争的前沿领域，是民族复兴的战略科技支撑。做集成电路领域的探路者、开拓者和攀登者，是我们这代'建设者'的使命。"

**学深悟透 行动指南入脑入心**

翻开《习近平书信选集》第一卷，首先映入眼帘的，是2013年5月2日习近平总书记给北京大学考古文博学院二○○九级本科团支部全体同学的回信。习近平总书记在回信中勉励当代青年珍惜韶华、奋发有为，勇做走在时代前面的奋进者、开拓者、奉献者。

党的二十大报告指出："全党要把青年工作作为战略性工作来抓，用党的科学理论武装青年，用党的初心使命感召青年，做青年朋友的知心人、青年工作的热心人、青年群众的引路人。"在党的创新理论宣传教育中，北大始终把青年学生摆在重要位置，悉心教育青年、引导青年。

党的二十大开幕当天，一场别开生面的线上座谈会上，北京大学新闻与传播学院、生命科学学院和石河子大学生命科学学院百余名青年学生相聚云端，共同学习党的二十大报告。北大生命科学学院学生陆支劢在课余时间一直参加科普志愿服务工作，"当代中国青年施展才干的舞台无比广阔，科普工作也是我们可以从身边做起的事情"。石河子大学生命科学学院学生王海楠表示，生命科学研究要胸怀"国之大者"，笔下有祖国的森林草原、江河湖泊……真诚而热烈的交流激励青年们思考如何更好地将"小我"融入"大我"。

收看党的二十大开幕会后，北京大学习近平新时代中国特色社会主义思想研究院立即组织召开学习会，院长王浦劬教授作了《在新征程上全面贯彻习近平新时代中国特色社会主义思想》的报告。党的二十大闭幕第二天，研究院邀请全国13家习近平新时代中国特色社会主义思想研究院（中心）的专家学者围绕党的二十大精神进行深入学习研讨，努力将研究阐释党的二十大精神不断推向新的学术高度。

新征程呼唤新作为。10月20日，在北京大学医学优秀共产党员代表座谈会上，老、中、青三代党员回忆初心故事、交流奋斗感悟。口腔医院修复科主任医师陈立回顾了过去两年的援藏工作经历，北大医学援藏医疗队不仅为百姓看病，还带去先进的设备和技术理念，留下一支"带不走的医生队伍"。陈立说："党的二十大报告多次提到'人民'，这正是我们援藏医疗工作的初心。今后要继续'撸起袖子加油干'，为边疆地区人民群众带去更高质量的医疗服务。"

**勇毅前行　谱写北大融入民族复兴新篇章**

如何把党的二十大报告作出的决策部署贯彻落实到实践中，北大师生在思索，也在践行。

党的二十大报告就"全面提高人才自主培养质量，着力造就拔尖创新人才，聚天下英才而用之"作出明确部署。近年来，北大坚持面向国家战略需求，形成高水平人才培养体系，优化人才培养布局，不拘一格探索超常规人才培养方式，完善基础研究人才、高层次复合型人才等高水平人才的本土化成长路径。同时，持续深化人事制度改革，近五年有700多名顶尖学者和优秀青年人才选择加入北大。

在北京大学学习传达党的二十大精神大会上，学校党委要求全面巩固和深化学校"人才战略年"成果，持续建设我国高校中的人才"第一梯队"。郝平说："作为高水平研究型大学，北京大学是造就拔尖创新人才的摇篮、重要的国家战略科技力量、发展先进思想文化的重要阵地和高水平人才的集聚高地，在以中国式现代化全面推进中华民族伟大复兴的进程中肩负重任、大有可为。"

北京怀柔科学城内，北京大学参与的多项"国之重器"正在落地建设中。过去五年间，北大不断增强原始创新能力，瞄准重大问题进行有组织科研攻关。"在当今的大科学时代，科学范式在变革，新一代人才的成长环境也在变化。"中国科学院院士、北大未来技术学院教授、国家生物医学成像科学中心主任程和平说，"我们要按照习近平总书记的要求和指引，把生物医学成像大设施建设成国际一流的科学研究及技术研发基地，在支撑国家高质量发展的道路上'不松劲、不歇脚'。"

加快构建中国特色哲学社会科学体系，积极建构中国自主的知识体系，为全社会更加坚定"四个自信"贡献智慧和力量，北京大学考古文博学院院长沈睿文充满信心："在全面建设社会主义现代化国家新征程上，北大考古将进一步凝练中华文明基因、阐发优秀传统价值、讲好中华文明故事，增强文化自信，为建设文化强国贡献力量。我们要团结起来，主动创新学科建设模式，进一步深挖内涵式发展。"

"学习贯彻党的二十大精神，基础是深入理解精神实质，关键在于狠抓落实。当前，北京大学发展的中心任务就是要在党的领导下，加快建设中国特色世界一流大学，为发展中国式现代化、全面推进中华民族伟大复兴作出新贡献。我们要把党的二十大精神和习近平总书记关于教育工作的重要论述紧密结合起来，按照党的二十大的部署要求，进一步落实好学校第十四次党代会的各项部署，开辟建设中国特色世界一流大学的新境界。"龚旗煌表示。

（本报记者　晋浩天　本报通讯员　王钰琳　靳　戈）

# 北京大学召开党委常委会　专题传达学习党的二十大精神

10月24日上午，北京大学在办公楼103会议室召开党委常委会，专题传达学习党的二十大精神。校党委书记郝平主持常委会并作相关部署，党的二十大代表、校长龚旗煌对大会精神进行传达。

郝平介绍了党的二十大的基本情况和重要意义。他指出，中国共产党第二十次全国代表大会的胜利召开，是党和国家政治生活中的一件大事，大会全面系统总结了过去五年的工作和新时代十年的伟大变革，对以中国式现代化全面推进中华民族伟大复兴作出了一系列战略部署，其中特别对科教兴国战略、人才强国战略、创新驱动发展战略予以高度重视，为北京大学落实立德树人根本任务，加快建设中国特色世界一流大学，指明了前进方向，提供了根本遵循。

郝平指出，学习贯彻党的二十大精神，是当前和今后一段时期最重要的政治任务，也是北大扎根中国大地、加快建设中国特色世界一流大学的必然要求。他强调，学校党委、学校领导班子要重点抓好几个方面的工作：一是要带头学深悟透党的二十大精神，坚决捍卫"两个确立"，坚持用习近平新时代中国特色主义思想指导办学治校各项工作。二是要重点抓好习近平新时代中国特色社会主义思想研究阐释，有力服务新时代党的理论创新工作。三是要紧密围绕党的二十大作出的关于教育、科技、人才等重大部署，加快建设中国特色世界一流大学，全方位服务中国式现代化。四是要扎实推进新时代党的建设新的伟大工程，确保党始终是学校发展的坚强领导核心和最可靠的主心骨。

郝平强调，学校党委、各位班子成员要始终牢记"打铁必须自身硬"，带头抓好学习宣传贯彻新党章的各项工作，坚持以党的政治建设为统领，模范执行党委领导下的校长负责制，推进全面从严治党向纵深发展，坚持以提升组织力为重点，确保北大始终成为坚持党的领导的坚强阵地，坚决办好让党中央放心、让人民满意的大学。

龚旗煌结合参加党的二十大和现场聆听大会报告的心得体会，对党的二十大精神进行传达。他指出，习近平总书记代表第十九届中央委员会向大会作的报告，高屋建瓴、统揽全局，在我国进入全面建设社会主义现代化国家新征程的关键时刻，科学谋划了未来党和国家事业发展的目标任务和大政方针，明确宣示了党在新征程上举什么旗、走什么路、以什么样的精神状态、朝着什么样的目标继续前进，为我们奋力谱写全面建设社会主义现代化国家崭新篇章提供了系统的行动指南和根本遵循。

龚旗煌指出，在党中央的坚强领导下，高等教育面貌发生了格局性变化，从大众化阶段迈入普及化阶段，高等教育质量实现跃升，"双一流"建设取得突破性进展。这些成就的取得，根本在于以习近平同志为核心的党中央坚强领导，根本在于习近平新时代中国特色社会主义思想科学指引。习近平同志高度关心北大发展，到中央工作以来，曾6次到北大考察，两次亲自主持召开师生座谈会，7次给北大师生校友回信、致贺信，为北大加快创建中国特色世界一流大学提出了明确的办学指导思想。

龚旗煌强调，北大作为高等教育战线的排头兵，当前发展的中心任务就是要在党的领导下，领跑中国特色世界一流大学建设，为发展中国式现代化、全面推进中华民族伟大复兴作出新贡献。要按照党的二十大的工作要求，进一步落实好学校第十四次党代会的各项部署，开辟建设中国特色世界一流大学的新境界；要坚持教育优先发展，为党育人、为国育才，培养听党话、跟党走，有理想、敢担当、能吃苦、肯奋斗的堪当民族复兴重任的青年学生；要坚持科技自立自强，主动对接国家战略目标和战略任务，建设国家科技战略力量；要坚持人才引领驱动，深化人才发展体制机制，以北大为窗口，倾心引才，精心用才，吸引和培养更多学术大师、战略科学家、科技领军人才、青年科技人才；要坚持以马克思主义和习近平新时代中国特色社会主义思想为指引，推动哲学社会科学高质量发展，构建中国特色、中国风格、中国气派的学科体系知识体系。

会上，乔杰、陈宝剑、王博、张平文、顾涛、孙庆伟、宁琦、董志勇、张锦等校领导结合主要业务及分管工作，汇报了学习党的二十大精神的心得体会，对学校下一步学习贯彻党的二十大精神的事宜进行研讨。

党委宣传部部长任羽中汇报了学习宣传党的二十大精神工作安排。相关职能部门负责人列席会议。

（融媒体中心）

# 北京大学召开学习传达党的二十大精神大会

2022年10月24日下午，北京大学召开学习传达党的二十大精神大会。校党委书记郝平主持会议并就深入学习贯彻党的二十大精神进行部署，党的二十大代表、二十届中央候补委员、校长龚旗煌传达党的二十大精神。大会主会场设在修葺一新的办公楼礼堂，在医学部、百周年纪念讲堂、昌平新校区、软件与微电子学院、深圳研究生院等地设立分会场。教育部高校党建联络员、清华大学原党委副书记、纪委书记韩景阳同志到会指导，学校党政班子成员，学校党委委员、纪委委员，校务委员会副主任，各学部负责人，学校第十四次党代会代表，各院系、职能部门、群团组织、直属附属单位、独立实体研究机构负责人，院士代表以及全国和北京市人大代表、政协委员，民主党派校级组织和侨联负责人等各方面同志和代表千余人共同参会。

郝平简要介绍了党的二十大召开的基本情况。他指出，中国共产党第二十次全国代表大会是在全党全国各族人民迈上全面建设社会主义现代化国家新征程、向第二个百年奋斗目标进军的关键时刻召开的一次十分重要的大会。党的二十大报告汇聚了全党全国各族人民的智慧和力量，是指引我们向第二个百年奋斗目标奋勇进军的纲领性文献。二十届一中全会的选举结果体现了全党意志，反映了全国各族人民心愿，表明了我们党兴旺发达、充满朝气、富有活力，以习近平同志为核心的党中央必将团结带领全国各族人民开拓中国特色社会主义更为广阔的发展前景。

龚旗煌结合参会过程和心得体会，从党的二十大的基本情况和重大意义、党的二十大报告的起草情况和主要内容、深入学习贯彻党的二十大关于科教兴国的重要部署等方面全面系统地传达了党的二十大精神，并就"以党的二十大精神为指引，加快建设中国特色世界一流大学"进行具体部署。

回顾党的二十大的各项重要议程后，龚旗煌表示，党的二十大"是一次高举旗帜、凝聚力量、团结奋进的大会"，党的二十大作出的各项决策部署、取得的各项成果，必将对全面建设社会主义现代化国家、全面推进中华民族伟大复兴，对夺取中国特色社会主义新胜利发挥十分重要的指导和保证作用。我们要深刻认识党的二十大和党的二十大报告的重大意义。第一，党的二十大科学谋划了未来5年乃至更长时期党和国家事业发展的目标任务和大政方针，对坚持以中国式现代化全面推进中华民族伟大复兴具有重大的政治意义、理论意义、实践意义，是党和国家事业发展史上一个划时代的里程碑，是迈向中华民族伟大复兴的重要一步。第二，党的二十大报告充分体现了大国大党的大历史观和大时代观，是马克思主义中国化时代化的最新成果，是全面推进中华民族伟大复兴的纲领性文献。第三，党的二十大进一步丰富发展了习近平新时代中国特色社会主义思想，极大推动了马克思主义中国化时代化。

龚旗煌介绍了党的二十大报告的起草情况和主要内容，并从五个方面传达了党的二十大精神：第一，要牢牢把握过去五年工作和新时代十年伟大变革的重大意义；第二，要牢牢把握习近平新时代中国特色社会主义思想的世界观和方法论；第三，要牢牢把握以中国式现代化推进中华民族伟大复兴的使命任务；第四，要牢牢把握以伟大自我革命引领伟大社会革命的重要要求；第五，要牢牢把握团结奋斗的时代要求。

龚旗煌带领全体参会同志共同学习了党的二十大报告关于科教兴国的重要论述和部署，以及对青年成长成才的殷切期望。党的二十大报告把"实施科教兴国战略，强化现代化建设人才支撑"专门作为一个独立章节，强调了教育、科技和人才三位一体，进一步凸显了教育、科技、人才在现代化建设全局中的战略定位，进一步彰显了党中央对于教育、科技、人才事业的高度重视，提出了很多重大思想观点、重大判断、重大举措。龚旗煌强调要深刻把握党中央对科教兴国战略的重大部署，站在全面推进中华民族伟大复兴全局的高度来谋划和推动北大的工作。

龚旗煌强调，我们要把党的二十大精神和习近平总书记关于高等教育以及北大工作的重要论述精神紧密结合起来，按照党的二十大的工作要求，进一步落实好学校第十四次党代会的各项部署，开辟建设中国特色世界一流大学的新境界。一是要全面落实立德树人根本任务，培养堪当复兴重任的时代新人。二是要全面融入国家创新体系，创造实现自立自强的前沿科技。三是要紧密对接人才强国战略，建设引领国家发展的高素质教师队伍。四是要坚持马克思主义指导地位，加快构建中国特色哲学社会科学学科体系、学术体系、话语体系。

郝平指出，根据中央和上级党组织的部署，学校党委坚持把迎接学习贯彻党的二十大精神作为贯穿全年的最重要的工作主线，作出了一系列工作安排。党的二十大胜利开幕后，全校上下迅速掀起了学习贯彻大会精神的热潮，形成了浓厚的学习氛围，各单位在努力学深悟透、切实用党的二十大精神指导党的建设和"双一流"建设上都取得了积极成效。

郝平强调，学习贯彻党的二十大精神，是当前和今后一段时期最重要的政治任务，也是北大扎根中国大地、加快建设中国特色世界一流大学的必然要求。全校各级党组织、各单位要坚持把学习贯彻党的二十大精神作为贯穿各项工作的核心主题，聚焦党的二十大报告和党章作出的一系列新规定新要求，努力在学懂弄通做实上狠下功夫，把学习贯彻党的二十大精神与贯彻落实习近平总书记关于高等教育和北大工作的重要论述精神紧密结合起来，与贯彻落实学校第十四次党代会的工作部署紧密结合起来，推动学校事业高质量发展，为以中国式现代化全面推进中华民族伟大复兴作出北大的时代贡献。

郝平代表学校党委就学习贯彻党的二十大精神提出要求：一是要始终牢记"两个确立"，更加紧密地团结在以习近平同志为核心的党中央周围；二是要深刻把握马克思主义中国化时代化的思想伟力，深入推进习近平新时代中国特色社会主义思想研究阐释工作；三是要聚焦中国式现代化的重大部署，在服务国家战略中加快建设中国特色世界一流大学；四是要坚持以人为本、以师生为本，进一步推动学校发展成果由师生共享；五是要持续推进新时代党的建设新的伟大工程，确保党始终是学校发展的坚强领导核心和最可靠的主心骨。

郝平强调，党的二十大吹响了迈向第二个百年奋斗目标的冲锋号，发出了加快建设中国特色世界一流大学的动员令。让我们更加紧密地团结在以习近平同志为核心的党中央周围，自觉把思想和行动统一到党的二十大精神上来，自信自强、守正创新，踔厉奋发、勇毅前行，在中国式现代化道路中走出一条建设中国特色、世界一流大学的新路，在党的旗帜引领下奋力谱写北大助推民族复兴的崭新篇章。

（融媒体中心）

## 用党的二十大精神统一思想和行动
## ——学习贯彻党的二十大精神中央宣讲团在北京大学宣讲

学习贯彻党的二十大精神中央宣讲团报告会 11 月 10 日在北京大学办公楼礼堂举行。中央宣讲团成员、中央财经委员会办公室副主任尹艳林作宣讲报告，北大 400 余名师生现场参会。北京大学党委书记郝平主持报告会。

尹艳林结合党的二十大报告，从新时代十年伟大变革的里程碑意义、马克思主义中国化时代化的精神实质、中国式现代化的丰富内涵和本质要求、全面建设社会主义现代化国家的目标任务等六个方面的深刻认识，作了系统梳理和深入阐释。

尹艳林还为师生们解读了党的二十大报告在经济建设、科教人才、社会建设、生态文明建设等方面作出的一系列战略部署。"我们要认真学习领会党的二十大精神，全面贯彻习近平新时代中国特色社会主义思想，牢记空谈误国、实干兴邦，坚定信心、同心同德，埋头苦干、奋勇前进，为全面建设社会主义现代化国家团结奋斗！"他说。

宣讲现场，师生们专注聆听。北大历史学系本科生文云昊说："作为一名在校大学生，我会珍惜时代机遇，在新时代广阔赛道上奋力奔跑，交出优异的青春答卷。"

（融媒体中心）

# 中国共产党北京大学第十四次党代会

## 中国共产党北京大学第十四次党员代表大会召开

2022年7月31日上午，中国共产党北京大学第十四次党员代表大会在北京大学百周年纪念讲堂隆重开幕。中央政治局委员、北京市委书记蔡奇出席并讲话。他强调，要深入贯彻习近平总书记关于高等教育的重要论述，深入贯彻习近平总书记在北京大学考察时的重要讲话精神，立足"两个大局"，心怀"国之大者"，全面实施党的教育方针，持续推进"双一流"建设，努力在中国特色、世界一流大学建设上立标杆、作表率。

当前，北京大学全体党员、干部和师生员工正在深入学习习近平总书记在省部级主要领导干部"学习习近平总书记重要讲话精神，迎接党的二十大"专题研讨班上的重要讲话精神。以这次党代会为契机，全校师生员工将更加深刻地领悟"两个确立"的决定性意义，坚决把思想和行动统一到习近平总书记重要讲话精神上来，统一到党中央决策部署上来，以实际行动迎接党的二十大胜利召开。

这次党代会，是在我国开启全面建设社会主义现代化国家新征程，全市人民深入学习贯彻北京市第十三次党代会精神之际召开的一次重要会议，对于北大奋力谱写建设中国特色世界一流大学新篇章，更好服务首都发展和国家战略，为中华民族伟大复兴作出新的贡献，具有重大而深远的意义。

大会的主题是：坚持以习近平新时代中国特色社会主义思想为指引，深入贯彻落实习近平总书记关于教育和北大工作的重要论述精神，赓续北大红色血脉，坚持守正创新，扎根中国大地，奋进时代征程，加快中国特色世界一流大学建设步伐，为全面建设社会主义现代化国家而努力奋斗。

百周年纪念讲堂内雄伟庄严、气氛热烈，主席台上方悬挂着"中国共产党北京大学第十四次党员代表大会"的会标，由镰刀和锤头组成的中国共产党党徽在十面红旗映衬下熠熠生辉。"扎根中国大地，奋进时代征程，加快中国特色世界一流大学建设步伐"的条幅悬挂在二楼眺台上。

出席大会的领导嘉宾有北京市委原副书记、中央党校原常务副校长、北京大学党委原书记汪家镠，教育部党组成员、副部长孙尧，科技部党组成员、副部长、国家外国专家局局长李萌，人民日报社副总编辑崔士鑫，新华社党组成员、副社长张宿堂，中央广播电视总台党组成员、副台长王晓真，北京市委常委、教育工委书记夏林茂，北京市委常委、秘书长赵磊等。应邀出席本次大会的还有清华大学党委书记邱勇、中国人民大学党委书记张东刚、北京师范大学党委书记程建平、中国农业大学党委书记姜沛民、北京航空航天大学党委书记赵长禄、北京理工大学党委书记张军等23所兄弟院校的党政负责同志。

来自中央纪委、中央组织部、中央宣传部、教育部等中央和国家机关相关部门负责同志，北京市委、市政府相关部门，海淀区委、怀柔区委、密云区委的负责同志出席会议。大会还收到了83家兄弟院校及有关单位发来的贺信。

学校历届老领导，学校十三届"两委"委员、全国人大代表、全国政协委员，民主党派、侨联主要负责人，无党派人士代表，以及在校师生代表，离退休老党员代表，校友代表，应邀出席大会。韩济生院士、郭应禄院士、武兆令教授、马克垚教授、王义遒教授、杨芙清院士、胡壮麟教授、童± 君院士、闵开德教授、王阳元院士等多位德高望重的老同志也应邀出席大会。

参加本次党代会的300名代表，是从全校65个选举单位、3万余名党员中层层选拔出来的，具有广泛的代表性和先进性。代表中，教师和专业技术人员等一线代表占59.7%，各级领导干部代表占25.3%，学生代表占8%，离退休代表占7%。其中，女代表占48%；年龄在50岁以下的代表占54%。

上午9点30分，大会在庄严的国歌声中开幕。北京大学党委副书记、校长龚旗煌主持会议。

蔡奇在讲话中代表中共北京市委对中国共产党北京大学第十四次党员代表大会召开表示祝贺。他说，北京大学是我国高等教育的一面旗帜，自建校以来，始终与民族共命运、与时代同进步。过去五年，北京大学持续深化综合改革，积极推进现代大学制度建设，坚持立足北京、服务北京、融入北京，为首都经济社会发展提供了强大智力支撑。

蔡奇强调，新征程上，希望北京大学在坚持社会主义办学方向上作表率。把旗帜鲜明讲政治放在第一位，始终坚持办学正确政治方向，扎根中国大地办大学，带头坚持和捍卫"两个确立"，增强"四个意识"、坚定"四个自信"、做到"两个维护"。加强马克思主义学习研究宣传，推动党的创新理论进教材、进课堂、进头脑。坚持不懈培育和弘扬社会主义核心价值观，坚决守好意识形态阵地。在落实立德树人根本任务上作表率。坚守为党育人、为国育才的初心使命，把思想政治工作贯穿教育教学全过程，深化思政课改革创新，不断增强思政工作感染力、实效性。优化学科布局，探索创新型人才培养的"北大路径"。深化师德师风建设，打造世界一流师资队伍。在服务新时代首都发展上作表率。立足自身优势，在加强"四个中心"功能建设、"五子"联动融入新发展格局、超大城市治理等方面积极作为，深度参与国际科技创新中心建设，辐射带动北京市属高校发展，为推动新时代首都发展作出应有贡献。在加强学校党的建设上作表率。压实管党治党、办学治校主体责任，坚持和完善党委领导下的校长负责制，以钉钉子精神抓好党的政治建设，把党的领导落实到办学治校全过程各方面。毫不松懈抓好常态化疫情防控，确保校园安全。北京市委、市政府将一如既往关心支持北京大学发展，全力创造良好发展环境和条件。

蔡奇寄语北大青年师生，牢记初心使命，赓续红色血脉，在奋斗中释放青春激情、追逐青春理想，以青春之我、奋斗之我，在推进中华民族伟大复兴的历史进程中续写新篇章、再创新辉煌，以实际行动迎接党的二十大胜利召开。

孙尧受教育部党组书记、部长怀进鹏委托，代表教育部党组向大会的召开表示热烈祝贺。他指出，自学校第十三次党代会以来，北京大学党委坚持以习近平新时代中国特色社会主义思想为指导，把习近平总书记到北大考察重要讲话和回信贺信精神作为办学治校的根本遵循，全面贯彻党的教育方针，坚定社会主义办学方向，学校党的领导不断加强，立德树人成果丰硕，"双一流"建设成效显著，服务经济社会发展成绩突出，走出了一条新时代扎根中国大地、建设中国特色世界一流大学的新路，为高等教育事业和国家经济社会发展作出了重要贡献。

新时代赋予新使命。北京大学是中国高校的标杆，更要有心怀"国之大者"的使命担当，有民族复兴舍我其谁的豪迈气概，把握大势，乘势而上，引领发展，为民族为国家为人民作出新的更大贡献。孙尧代表教育部党组对北京大学提出了几点希望：希望北大坚持党的全面领导，牢牢把握办学正确政治方向；坚持全面深化改革，加快推进中国特色世界一流大学建设；坚持以政治建设为统领，全面加强学校党的建设。孙尧希望北京大学在新一届党委的坚强领导下，不断推动各项工作高质量发展，以实际行动迎接党的二十大胜利召开。

郝平代表学校第十三届党委作题为《扎根中国大地，奋进时代征程，加快中国特色世界一流大学建设步伐》的工作报告。报告共分四个部分：接续奋斗进入世界一流大学行列的五年、在新征程上坚决扛起新的光荣使命、奋力谱写建设中国特色世界一流大学新篇章、持续推进新时代党的建设新的伟大工程。

郝平在报告中指出，党的十八大以来，在以习近平同志为核心的党中央坚强领导下，新时代的北大人发扬"爱国、进步、民主、科学"的光荣传统，全面贯彻党的教育方针，开创了党的建设和"双一流"建设新局面。学校第十三次党代会以来的五年，是北大一百二十多年发展历程中具有里程碑意义的五年。北大紧紧围绕总书记提出的三项基础性工作，坚持一年一个主题，推动学校各项事业欣欣向荣，在重要国际可比指标上达到世界一流水平，学校党委被党中央授予"全国先进基层党组织"称号。

郝平指出，五年来，我们不断加强党对学校的全面领导，确保党中央决策部署落地生根、开花结果，形成生动实践；坚定扛起管党治党主体责任，开辟党的建设新局面；坚持为党育人、为国育才，落实立德树人根本任务，培养了一批"德才均备、体魄健全"、堪当民族复兴重任的时代新人；坚持实施人才强校战略，建设了一支具有世界一流水平的高素质教师队伍；优化学科布局，建构中国自主的知识体系，发挥了重要的创新策源地作用；不断提升对经济社会发展的贡献度，有力助推高水平对外开放；坚持"北大医学"的理念，促进校本部和医学部深度融合，推动医学发展取得新突破；始终坚持以师生为本，全力推动学校发展成果惠及全体师生，确保师生获得感成色更足、幸福感更可持续。

郝平强调，五年来，北大有力应对一系列风险挑战，全校师生迎难而上、攻坚克难，不断升华北大人的精神境界，取得了突出成绩。特别是近两年多来，面对新冠肺炎疫情这场艰苦卓绝的历史大考，在以习近平同志为核心的党中央坚强领导下，北大与全国人民风雨同舟、众志成城，全力以赴抗击疫情，慎终如始抓好常态化疫情防控，在国家和首都疫情防控阻击战中彰显了北大精神、贡献了北大力量。

郝平指出，成绩的取得来之不易，是以习近平同志为核心的党中央坚强领导和亲切关怀的结果，是一代代北大先辈和学校历届党委团结带领师生员工接续奋斗的结果，是上级党政各主管部门和各方面关心指导、帮助支持的结果。经过持续奋斗，今天的北大已经站在了迈向更高质量发展阶段的新起点上。我们要迎难而上、敢于斗争、敢于胜利，推动北大在中国特色社会主义办学道路上行稳致远。

郝平指出，历经一百二十多年的不懈奋斗，特别是在中国特色社会主义新时代的奋力拼搏，我们深刻认识到：必须坚持发挥党的领导这一最大政治优势和制度优势；必须坚持服务国家发展的根本导向；必须坚持落实立德树人根本任务；必须坚持自立自强，坚持走中国特色社会主义教育发展道路；必须坚持面向全球开放办学，不断增强国际影响力；必须坚持走内涵式发展道路。这些宝贵经验是奋斗历史的精华，也是开创未来的法宝。我们要用好历史财富，与时俱进丰富发展。

郝平指出，今后五年，是在党的二十大精神指引下全面建设社会主义现代化国家的五年，是北大加快中国特色世界一流大学创建步伐、有力推动民族复兴进程的五年。我们要扛起新使命、奋进新征程，深入贯彻习近平总书记殷切嘱托，始终牢记"两个确立"，坚决做到"两个维护"；不断从百年党史、红色校史中汲取智慧和力量；准确把握新发展阶段、新发展理念、新发展格局对北大提出的时代要求；坚持科学的指导思想；锚定目标矢志奋斗，解放思想、综合施策、求真务实、久久为功，在中国特色世界一流大学建设方面展现更大担当和作为，为坚持以中国式现代化推进中华民族伟大复兴，作出北大的时代贡献。今后五年，要持续深化综合改革，创新体制机制，扎实推进新一轮"双一流"建设，抓好八个方面重点工作：全面创新卓越人才培养体系，打造世界一流师资队伍，全力建设一流学科群，构建高水平科研创新体系，全方位推进开放办学，持续推进中国特色大学治理体系和治理能力现代化，建设新时代品质校园，大力提升资源配置效益，奋力谱写建设中国特色世界一流大学新篇章。

郝平强调，北大与党有着深厚历史渊源，抓好党的建设是办学治校的根本所在，党的建设与"双一流"建设是紧紧融为一体的。我们要全力做好迎接党的二十大胜利召开和学习宣传贯彻二十大精神工作，引导全校党员干部和师生员工坚决把思想和行动统一到党中央重大决策部署上来，全面贯彻落实新时代党的建设总要求，弘扬伟大建党精神，以党的自我革命引领建设中国特色世界一流大学，确保党始终是北大各项工作的坚强领导核心和最可靠的主心骨，坚决办好让党中央放心、让人民满意的大学。紧扣"两个维护"根本任务加强政治建设，不断提高政治判断力、政治领悟力、政治执行力；提升组织力，增强党组织政治功能；加强领导班子和干部队伍建设；推进全面从严治党向纵深发展；推动宣传思想工作高质量发展；扎实抓好安全稳定工作；强化统战群团工作，持续推进新时代党的建设新的伟大工程。

郝平最后强调，追求一流是一个永无止境、不断超越的过程，服务国家是一项永不停歇、不懈奋斗的事业。把北大建成中国特色世界一流大学，是民族复兴伟业的必然要求，是实现第二个百年奋斗目标的时代召唤。我们的使命无比光荣，责任无比重大！让我们更加紧密地团结在以习近平同志为核心的党中央周围，以更加优异的成绩、更加昂扬的姿态迎接党的二十大胜利召开，为实现中华民族伟大复兴再立新功、再谱新篇！

会上，中国共产党北京大学第十三届纪律检查委员会向北京大学第十四次党代会作了书面工作报告。同时，党费收缴、管理和使用情况的报告以书面形式提请大会审议。

2022年8月1日下午，中国共产党北京大学第十四次党员代表大会选举大会和闭幕会在英杰交流中心阳光厅举行。闭幕会由龚旗煌同志主持，选举大会由陈宝剑同志主持。随后，召开新一届党委委员第一次全体会议和新一届纪委委员第一次全体会议。中组部、北京市委组织部、市委教育工委有关同志到会指导。

选举大会表决通过了大会选举办法和中共北京大学第十四届委员会委员、纪律检查委员会委员候选人名单，以及监票人、总监票人名单，宣布了计票人和总计票人名单。

选举大会前，参加本次党代会的代表分为18个小组，传达学习了上级领导讲话精神，审议讨论了学校上一届党委、纪委工作报告，以及党费收缴、管理和使用情况的报告，讨论了党委、纪委工作报告决议（草案）和大会选举办法（草案），并酝酿了党委、纪委委员候选人建议名单，推选了监票人。

在总监票人主持下，大会选举产生了中国共产党北京大学第十四届委员会和中国共产党北京大学第十四届纪律检查委员会。郝平等29人当选新一届校党委委员，顾涛等15人当选新一届纪委委员。

闭幕会上，与会代表表决通过了《中国共产党北京大学第十四次党员代表大会关于中国共产党北京大学第十三届委员会工作报告的决议》和《中国共产党北京大学第十四次党员代表大会关于中国共产党北京大学第十三届纪律检查委员会工作报告的决议》。

党代会提案工作委员会主任顾涛向大会作提案工作报告。截至7月31日，大会共收到党代表提案60件，共有464人次的党代表参与提案工作。提案涉及党建和思政工作、学科建设和人才队伍建设、人才培养、国际交流与合作、校园管理与服务、离退休工作、附属医院建设等多个方面。顾涛表示，本次大会的提案质量高、关注问题准、覆盖范围广、案由鲜明、案据充分、建议具体，针对性、可操作性强，充分体现了学校党代表参政议政的政治能力、履职尽责的精神面貌，展现了学校党代表的高度责任感和庄严使命感，是正确行使民主权利、忠实履行代表义务的生动体现，为干事创业营造了良好氛围。提案工作委员会将进一步审议代表提案，提出立案建议，报学校党委讨论，确定正式立案，明确承办单位并督促落实。

郝平同志致大会闭幕词。他指出，这次党代会高举习近平新时代中国特色社会主义思想伟大旗帜，认真贯彻落实习近平总书记关于教育和北大工作的重要论述精神，在以习近平同志为核心的党中央高度重视和亲切关怀下，在中组部、北京市委和教育部党组的领导和支持下，经过全体代表和与会同志的共同努力，圆满完成各项议程，取得了丰硕成果。这是一次不忘初心、牢记使命的大会，是一次继往开来、团结奋进的大会，是一次统一思想、凝心聚力的大会，是一次求真务实、开拓创新的大会。

郝平指出，在开幕会上，中央政治局委员、北京市委书记蔡奇同志作了重要讲话，充分肯定了北大的办学成绩，并希望北大在坚持社会主义办学方向、落实立德树人根本任务、服务新时代首都发展、加强学校党的建设等方面作表率。这为我们进一步服务首都发展和国家战略，提供了重要指导。通过这次会议，进一步动员、凝聚了全校党员和广大师生员工的智慧与力量，从思想上、政治上、组织上为北大今后一个时期的发展奠定了坚实基础，提供了坚强保证，必将在北大发展史上产生重大而深远的影响。

郝平指出，大会通过的党委工作报告，认真总结了过去五年北京大学取得的突出成绩，客观分析了存在的差距与不足；深刻总结了北大的奋斗历程和光荣传统，总结了六条必须始终坚持的宝贵经验，深入阐述了新时代的新形势新机遇新挑战，明确了学校未来五年乃至更长一个时期的发展战略和总体思路，提出了七个方面的奋斗目标，对扎实推进新一轮"双一流"建设提出了八个方面重点工作任务，对持续加强新时代党建和思想政治工作作出了七个方面的重要部署。

大会通过的纪委工作报告，总结了五年来学校纪委的工作，充分肯定了在学校党委领导下，纪委忠诚履行党章赋予的责任，深入开展党风廉政建设和反腐败斗争，锲而不舍落实中央八项规定精神，严明政治纪律和政治规矩，把纪律挺在前面，净化党内政治生态的显著成绩。大会期间，各位代表以高度的政治责任感和历史使命感，充分发扬民主，忠实履行职责，积极建言献策，共商发展大计，展现出坚强的党性原则和良好的精神风貌。

郝平强调，本次大会是学校在以实际行动迎接党的二十大胜利召开的关键时刻召开的一次重要会议，全校各级党组织要迅速行动起来，组织开展形式多样的学习贯彻活动，把思想和行动统一到学校党委的决策部署上来，营造良好氛围，推动全校迅速兴起学习贯彻会议精神的热潮。

新时代呼唤新使命，新使命开启新征程。郝平要求全校党员和师生员工更加紧密地团结在以习近平同志为核心的党中央周围，坚持以习近平新时代中国特色社会主义思想为指引，以永不懈怠的精神状态和一往无前的奋斗姿态，奋力实现学校第十四次党代会确定的目标任务，以更加优异的成绩迎接党的二十大胜利召开。

闭幕会后，中国共产党北京大学第十四届纪律检查委员会第一次全体会议和中国共产党北京大学第十四届委员会第一次全体会议分别在英杰交流中心星光厅、月光厅召开，会议选举产生了中国共产党北京大学第十四届委员会常务委员会委员和书记、副书记，中国共产党北京大学第十四届纪律检查委员会书记、副书记。

郝平发表了讲话。他首先代表新一届党委对全体党员的信任和支持表示衷心的感谢。他指出，过去五年里，学校党委深入贯彻落实党的十九大精神，坚持以习近平总书记对教育和北大工作的重要论述精神为指引，全面贯彻党的教育方针，聚焦人才培养、科学研究、社会服务、文化传承创新、国际交流合作等重要职能，推动学校各项事业高质量内涵式发展。经过长期奋斗，北大各项事业欣欣向荣，在重要国际可比指标上达到世界一流水平，向党和人民交出了合格答卷。学校上一届党委班子在任职期间，兢兢业业、勤勉工作，为学校改革发展倾注了大量心血，作出了重要贡献。

郝平表示，他深感责任重大、使命光荣，他将与各位党委常委、党委委员团结在一起，紧紧围绕在以习近平同志为核心的党中央周围，牢记习近平总书记的谆谆教诲，始终坚持党的事业高于一切，始终做到忠诚干净担当，全力以赴完成好学校第十四次党代会确定的各项目标任务，绝不辜负党和人民的期望，绝不辜负北大全体党员和师生员工的信任和希望。

郝平代表新一届学校党委常委会，就抓好下一阶段的工作提出要求：第一，始终牢记"两个确立"，坚决做到"两个维护"，以实际行动迎接党的二十大胜利召开。第二，切实加强领导班子自身建设，做到党政同心、遵规守纪、履职尽责、担当作为。第三，坚持服务国家发展，高质量推进新一轮"双一流"建设。第四，落实好党的知识分子政策和党中央的人才战略部署，不断激发全校师生员工的积极性、主动性、创造性。第五，带头落实全面从严治党主体责任，不断加强党建和思想政治工作。

郝平指出，学校第十四次党代会开启了北大改革发展的新篇章，全校党员和师生员工要更加紧密地团结在以习近平同志为核心的党中央周围，同舟共济、奋发有为，全面完成学校第十四次党员代表大会确定的目标任务，以更加优异的成绩迎接党的二十大胜利召开。

（融媒体中心）

# 扎根中国大地　奋进时代征程
# 加快中国特色世界一流大学建设步伐
## ——在中国共产党北京大学第十四次党员代表大会上的报告

2022 年 7 月 31 日

郝　平

同志们：

现在，我代表中国共产党北京大学第十三届委员会向大会作报告。

7月26日至27日，省部级主要领导干部"学习习近平总书记重要讲话精神，迎接党的二十大"专题研讨班在京举行，习近平总书记在开班式上发表了十分重要的讲话，科学分析了当前国际国内形势，深刻阐述了过去5年工作和新时代10年的伟大变革，深刻阐释了新时代坚持和发展中国特色社会主义的重大理论和实践问题，深刻阐明了未来一个时期党和国家事业发展的大政方针和行动纲领，具有很强的政治性、理论性、指导性，对于全党深刻领悟"两个确立"的决定性意义，进一步增强"四个意识"、坚定"四个自信"、做到"两个维护"，具有十分重要的意义。北大全体党员、干部和师生员工要认真学习领会，坚决把思想和行动统一到习近平总书记重要讲话精神上来，统一到党中央决策部署上来，以召开学校第十四次党代会为契机，科学谋划、认真抓好改革发展稳定各项工作，以实际行动迎接党的二十大胜利召开。

中国共产党北京大学第十四次党员代表大会是在我国开启全面建设社会主义现代化国家新征程，全市人民深入学习贯彻北京市第十三次党代会精神之际召开的一次重要会议，对于北大奋力谱写建设中国特色世界一流大学新篇章，更好服务首都发展和国家战略，以更加优异的成绩迎接党的二十大胜利召开，意义十分重大。今天，蔡奇书记莅临大会，并将发表重要讲话，我们要认真学习领会，坚决贯彻落实。

这次大会的主题是：坚持以习近平新时代中国特色社会主义思想为指引，深入贯彻落实习近平总书记关于教育和北大工作的重要论述精神，赓续北大红色血脉，坚持守正创新，扎根中国大地，奋进时代征程，加快中国特色世界一流大学建设步伐，为全面建设社会主义现代化国家而努力奋斗。

## 一、接续奋斗进入世界一流大学行列的五年

党的十八大以来，在以习近平同志为核心的党中央坚强领导下，新时代的北大人发扬"爱国、进步、民主、科学"的光荣传统，全面贯彻党的教育方针，开创了党的建设和"双一流"建设新局面。

2018年5月2日，习近平总书记在北大考察时发表重要讲话，对北大的工作给予高度评价，作出一系列重大部署。总书记指出："近年来，北大继承光荣传统，坚持社会主义办学方向，立德树人成果丰硕，双一流建设成效显著，服务经济社会发展成绩突出，学校发展思路清晰，办学实力和影响力显著增强，令人欣慰。"这是对北大全体党员、干部和师生员工的极大鼓舞与鞭策。面向未来，总书记强调，"高校只有抓住培养社会主义建设者和接班人这个根本才能办好，才能办出中国特色世界一流大学"，并提出了建设世界一流大学必须抓好的三项基础性工作，即"坚持办学正确政治方向""建设高素质教师队伍""形成高水平人才培养体系"。总书记还对北大学子和广大青年提出了"爱国、励志、求真、力行"的四点希望。这些重要论述是我们扎根中国大地，培养时代新人，加快创建中国特色世界一流大学极为重要的指导思想和根本遵循。

学校第十三次党代会以来的五年，是北大一百二十多年发展历程中具有里程碑意义的五年。面对错综复杂的外部环境、艰巨繁重的发展任务，尤其是百年变局和世纪疫情带来的严峻挑战，我们紧紧围绕总书记提出的三项基础性工作，坚持一年一个主题，全力提升本科生和研究生教育质量，强化人才队伍建设，以"数字与人文"为抓手促进学科交叉融合，推动学校各项事业欣欣向荣，在重要国际可比指标上达到世界一流水平，学校党委被党中央授予"全国先进基层党组织"称号。当前，北大已经进入世界一流大学行列，我们初步实现了几代北大人的光荣梦想，向党和人民交出了合格答卷。

——五年来，我们不断加强党对学校的全面领导，确保党中央决策部署落地生根、开花结果，形成生动实践。

我国高校是党领导下的社会主义高校，党的领导是做好我国高等教育工作的根本保证和最大优势。北大党委始终坚

持社会主义办学方向，把学习贯彻新时代党的创新理论作为首要政治任务。实施党委常委会"首要议题"制度，第十三届党委召开常委会243次，安排学习贯彻习近平总书记重要讲话、重要指示批示精神和党中央决策部署的议题281个，党委理论中心组开展集体学习87次，扎实推动习近平新时代中国特色社会主义思想进学术、进学科、进课程、进培训、进读本、进头脑。

深入开展党内集中教育。推动"两学一做"学习教育常态化制度化，高质量开展"不忘初心、牢记使命"主题教育和党史学习教育，推进"百年中共党报党刊史（多卷本）""中国共产党百年思想进程与马克思主义中国化历史性飞跃"等重大研究项目，出版《五四精神》《李大钊年谱》《百年辉煌：中国共产党思想历程》等重要学术著作，成立中共党史研究中心、中华人民共和国史研究中心、五四运动研究中心，深入挖掘学校红色资源，用红色文化立根、铸魂、打底色，引导师生赓续红色血脉、坚定理想信念。

坚持党委领导下的校长负责制。修订党委常委会会议、校长办公会议议事规则，制定学校《专题会议工作规则》，修订《督查工作办法》，增强执行力；指导45个院系及6家附属医院修订党委会会议议事规则和党政联席会议议事规则，完善院系党组织工作体制和运行机制，推动附属医院落实党委领导下的院长负责制，确保北大始终成为坚持党的领导的坚强阵地。

推进新时代党的创新理论研究阐释工作。成立马克思主义理论学科建设与发展委员会，出台《北京大学关于加强新时代马克思主义学院建设的实施方案》，设立习近平新时代中国特色社会主义思想研究院，设置"习近平新时代中国特色社会主义思想"二级学科，开展"中国特色社会主义制度'以人民为中心'的立场研究""习近平新时代中国特色社会主义经济思想研究"等重大课题研究，推进包括《马藏》编纂与研究工程、举办世界马克思主义大会等在内的"六马工程"，出版《新时代马克思主义经典文献精学导读丛书》《大局：知名学者共论中国新发展》等重要著作，创办《国家现代化建设研究》学术期刊。

坚持标杆标准，深入推进中央巡视整改。完成十八届中央巡视整改任务。在十九届中央巡视整改工作中，已完成集中整改期内的全部任务，各项中长期整改措施持续稳步推进。开展八轮校内巡视，在十三届党委任期内完成对59个二级党组织、156个二级单位的巡视全覆盖。通过巡视整改，着力解决了一批重点难点问题，党对学校的领导得到全面加强，巡视整改工作已经成为推动北大高质量发展的重要引擎。

在深学、细照、笃行中，全校党员、干部和师生员工充分认识中国特色社会主义进入新时代的丰富内涵，深刻领悟"两个确立"的决定性意义，进一步增强"四个意识"，坚定"四个自信"，做到"两个维护"。

——五年来，我们坚定扛起管党治党主体责任，开辟党的建设新局面，为事业发展提供根本政治保障。

抓好学校党建工作，是办学治校的基本功。北大党委坚持以党的政治建设为统领，坚决贯彻落实新时代党的组织路线，不断提升基层党建质量。全校现有党支部1428个，党员34,162人，五年来发展党员9839人，创历史新高。推进教师党支部书记"双带头人"培育工程，落实基层党委书记抓党建述职评议制度，实施党支部书记轮训和组织能力提升计划。全面加强选人用人工作，"一报告两评议"的满意度持续提高。完成全校"三定"工作，制定《二级单位职能配置、内设机构和人员编制方案》。修订《中层领导人员选拔任用工作办法》，制定《关于进一步激励干部新时代新担当新作为的若干措施》，夯实选人用人制度基础。五年来共完成班子换届、组建、整体调整101个，任命中层干部852人次，累计输送46位干部到校外单位任职，选派121名干部人才参加援疆援藏、对口支援、定点扶贫等工作，处级以上干部参加培训达75,000余人次。

全面从严治党体制机制更加完善。细化校领导班子成员全面从严治党责任清单，制定《基层党委落实全面从严治党主体责任清单示范文本》。制定《北京大学落实〈中国共产党问责条例〉的若干措施》，健全党内问责统筹协调机制。落实中管高校纪检监察体制改革部署，进一步健全纪检监察工作体系，建立执纪执法贯通机制，调整完善纪委内设机构、充实工作力量配备，执纪执法能力显著增强。新设6个二级纪检机构，充分发挥基层纪检委员作用，监督整体效能不断提升。建立下级党组织书记向纪委全会述责述廉制度。自中央纪委国家监委直接考核以来，学校纪委连续两年获评"优秀"。

宣传思想工作有声有色、卓有成效。强化正面宣传引导，在重要时间节点组织一系列充满正能量的活动，推出一系列师生和社会公众喜闻乐见的好作品，营造了正气充盈、奋发向上的良好氛围。成为教育部首批试点建设的融媒体中心，打造覆盖30个头部平台的融媒体矩阵，形成全球传播新格局。北大微信公众号获评全国"走好网上群众路线百个成绩突出账号"，是唯一一家受到中央网信办通报表扬的高校。

统战群团工作更加凝心聚力。构建一纵五横"大统战"工作格局，组织民主党派成员和无党派人士深入学习贯彻习近平总书记关于加强和改进统一战线工作的重要思想。制定基层统战工作指标，推进统战工作重心下移，有组织、有计划地培养使用党外代表人士，积极搭建参政议政平台，关心港澳台籍代表人士和优秀青年师生骨干，开展首届"同心奖"评选表彰活动，进一步团结党外代表人士、党外知识分子服务国家、首都和学校发展。坚持教代会提案工作"三会两评一化"制度，五年来教代会代表围绕学校事业发展和教职工关心的问题提出182件提案，参与代表1663人次；经审理立案96件、转为建议79件，评出优秀提案12件、提案办理奖15个；提案工作委员会积极推进答复落实，提案和建议的答复率达到100%。深入推进"教职工之家"创建活动，帮扶困难教职工，开展主题文化体育活动，丰富教职工精神文化生活。

和谐安定的发展局面持续稳固。学校党委坚持稳字当头，不断增强应对风险、迎接挑战、化险为夷的能力。压实意识形态工作责任制，意识形态领域向上向好的形势不断巩固。安全应急处置机制、重大安全隐患排查治理机制不断完善，实验室安全管理和保密工作体系进一步健全。坚决推进校企改革，收回了燕园大厦、方正大厦等作为教学科研用房，对校办产业进行全面清理规范，推动校办产业更好服务学校教学科研和科技成果转化。

——五年来，我们坚持为党育人、为国育才，落实立德树人根本任务，培养了一批"德才均备、体魄健全"、堪当民族复兴重任的时代新人。

培养社会主义建设者和接班人，是我们党的教育方针，是坚持社会主义办学方向必须长期抓好的根本任务。五年来，北大共培养19,888名本科毕业生、41,752名研究生毕业生。我们坚持以树人为核心，以立德为根本，把思想政治教育贯穿人才培养全过程。成立思政课建设领导小组和工作小组，制定思政课创优行动工作方案，逐步构建了"立体化、专题式、多样态"的思政课教学体系，推动思政课程与课程思政协调发展、同向发力。开设《习近平新时代中国特色社会主义思想概论》等思政"金课"以及49门"四史"课程，积极参与编写马工程教材；学校有3门课程被评为国家级课程思政示范课程，8门课程被评为北京市课程思政示范课程，学校评选出校级课程思政示范课程66门、示范院系8个，开展课程思政教师培训和课程思政教学研究，出版北京大学课程思政丛书（第一册）——《经济学科课程思政教学设计》。用好社会大课堂，讲好"大思政课"，构建北大思政实践课程模式，建设286个思政实践课教育基地。打造研究生新生骨干"1000+"领航培养计划、力行计划，大力加强研究生思想政治教育。建设马克思主义理论本科专业和"大钊班"本科项目，完善马克思主义理论人才培养体系，着力培养具有坚定政治信仰和深厚学术素养的青年马克思主义者。

坚持"以本为本"，建立高水平本科教育体系。开展了以"加强基础、促进交叉、尊重选择、卓越教学"为理念的一系列本科教育改革。将基础学科优势转化为育人优势，将数学、物理学、化学、力学、生物科学、历史学、考古学、哲学、中国语言文学、基础医学10个A+学科纳入"强基计划"，2020年至今共招收"强基计划"学生2670人；开展数学英才班、物理学科卓越人才培养计划等项目；建设19个基础学科拔尖学生培养基地，居全国高校首位；实施"3+X"本研贯通培养方案，进一步畅通基础学科人才培养本土化路径。启动计算机专业"101计划"，牵头推进全国教学改革试点。坚持建课程促教学，建设精品视频课、通识核心课、小班研讨课等优质课程。通过"学部内自由转专业""全校自由选课"等教学管理制度，"新生指导""导师制"等学业支持体系，为学生开展跨学科学习提供多样化平台。设立教学成就奖、教学卓越奖、教学优秀奖等系列奖项，激励和规范教师对教学工作的投入。大力推进教材建设，在首届全国教材建设奖评选中，荣获全国教材建设先进集体。

坚持以学生成长成才为中心，推动研究生教育高质量发展。加快高层次人才自主培养，面向国家急迫需求，扩大实施数学、医学、应急管理等关键领域急需人才支持计划，启动集成电路、公共卫生、国际新闻传播、考古学、核科学与技术、关键软件等国家高层次紧缺人才培养专项；促进科教融合和产教融合，率先与昌平、鹏城、合肥等国家实验室联合开展博士生培养，设立培养应用型领军人才的"前沿工程博士专业学位"项目，启动国家工程硕博士培养改革试点招生；完善交叉学科布局，增列交叉学科门类下集成电路科学与工程、国家安全学等一级学科，自主设置数据科学与工程、整合生命科学、纳米科学与工程、人工智能等交叉一级学科，大力培养具有学科交叉融合背景的复合型人才。深化研究生教育综合改革，改革博士生资助体系，促进资源统筹配置，结构有序调整，设置岗位奖学金、校长奖学金、未名学者奖学金，激发学生科研积极性；加强研究生培养全过程管理，细化培养环节，建立符合学科特点的创新成果综合评价机制，严格学位授予审核，提升培养质量；实施"研究生教育创新计划""全球视野研究生学术交流支持计划"，打造跨学科、国际化的综合培养平台；强化导师选聘管理，开展博士生导师招生资格年度审核，强化研究生导师培养第一责任人职责。进一步发掘招生计划管理、资助体系改革、导师队伍建设和研究生培养等重点工作之间的内在关系，构筑起"过程管理—培养成效—高水平导师队伍—招生计划投入"相互联系的研究生教育正向反馈机制。我校研究生教育进入以质量文化为核心的内涵式发展阶段。

深入推进"五育并举""三全育人"。制定《关于进一步加强新时代体育工作的实施办法》《关于切实加强新时代美育工作的实施细则》《关于全面加强新时代劳动教育的实施方案》，持续开展"爱乐传习"、青春诗会、青春长跑等品牌活动，深化体教融合，推进以文化人，弘扬劳动精神，促进学生全面发展。加强专职辅导员等学生工作队伍建设，创设"双班主任""驻楼辅导员""生活辅导员"等制度，抓好"开学第一课"等新生入学教育。大力拓展就业岗位和渠道，加强对困难学生的资助，做好学生心理健康教育和疏导。深化共青团和学生会组织改革，学校团委获评全国五四红旗团委，完善学生社团管理体系，对青年的引领力不断增强。

通过扎实有力的思想政治工作，开展高质量的教育教学，北大学生的精神面貌更加昂扬向上，创新能力、实践能力不断提升。一批拔尖学生在全国大学生数学竞赛、国际计算机学会学生科研竞赛等重大赛事中取得优异成绩。5000多人次积极参与庆祝中华人民共和国成立70周年、庆祝中国共产党成立100周年系列活动，北大学子进一步增强了爱党爱国情怀，再次喊响"团结起来、振兴中华"的时代强音，发出"请党放心、强国有我"的铿锵誓言，自觉成为有理想、有本领、有担当的时代新人。

——五年来，我们坚持实施人才强校战略，建设了一支具有世界一流水平的高素质教师队伍。

建设政治素质过硬、业务能力精湛、育人水平高超的高素质教师队伍是大学建设的基础性工作。我们深入落实中央人才工作会议精神，进一步健全党管人才的体制机制，成立人才工作领导小组，召开全校人才工作会议，通过"人才战略年"出台了新时代人才强校战略的二十条措施，完善师资队伍建设的顶层设计和工作举措。

形成教师思想政治和师德师风建设长效机制。加强学校党委对师德师风建设的统一领导，成立教师工作委员会，加强党委教师工作部和院系教师工作小组建设。完善教师职业操守和学术道德制度体系，健全教职员工管理制度，将政治标准和师德师风要求贯穿教师入职、培训、教学科研和社会服务各环节。制定《北京大学教师培训体系》，完善新任教师入职培训和青年教师年度培训制度，开设国情研修班，加强对教师的思想引领。新时代以来，北大教师发扬优良传统，涌现了一批以德立身、以德立学、以德施教的教师楷模，环境科学与工程教师团队、东方语言文化教师团队先后入选"全国高校黄大年式教师团队"。

师资人事制度体系进一步完善。创新人才评价体系，坚决"破五唯"，率先探索实施同行评价、代表作评价等新制度，形成更加科学的人才评价导向。深化教师聘任制度改革，健全教师职位分类管理体系，积极推进新老教学科研核心队伍的人事体系并轨，打造研究技术系列、专职研究岗、博士后等复合型科研人才梯队，形成规模适度、结构优化的师资人才队伍。

五年来，北大新增"两院"院士14人、国家高层次人才特殊支持计划人才（除青年拔尖人才外）77人、青年拔尖人才48人、国家杰出青年基金获得者92人、基金委优秀青年科学基金获得者73人、长江学者特聘教授和特岗学者60人、青年长江学者75人；引进700多名优秀人才，其中90%为中青年人才，70%为海外人才。学校现有全职教学科研人员3700余人，规模达近十年新高，约1200人入选各类高端人才计划，人才优势得到巩固，有力服务世界重要人才中心和创新高地建设。

——五年来，我们优化学科布局，建设国家战略科技力量，助力高水平科技自立自强，建构中国自主的知识体系，发挥了重要的创新策源地作用。

当前，新一轮科技革命和产业变革突飞猛进，科学研究范式正在发生深刻变革。北大充分发挥基础研究深厚、学科交叉融合的优势，努力成为基础研究的主力军和重大科技突破的生力军。

推动基础学科与应用学科协调发展，学科布局更加均衡、完整。在首轮"双一流"建设中，把62%的中央专项经费投向基础学科，守护好北大学科根基。适应国家战略发展需要，制定新工科建设规划，确立"以科学促工程"的建设路径，完成信息科学技术学院重组，成立集成电路学院、计算机学院、电子学院、智能学院，以及材料科学与工程学院、未来技术学院等新机构。完善医学学科体系，北大医学六个一级学科均入围"双一流"建设。成立现代农学院，加强农学相关学科建设。

大力促进学科交叉融合，涵养创新活力的重要源泉。重点布局和建设临床医学+X、区域与国别研究、碳中和核心科学与技术、"数智化+"等前沿交叉学科领域。通过集群聘任、项目引导等措施，吸引和培养一批真正有兴趣的学者主动进行学术转向，逐步带动学科结构、机构的调整与设置。建设了人工智能研究院、碳基电子学研究中心、生物医学前沿创新中心、大数据分析与应用技术国家工程实验室、国际机器学习中心、能源研究院、区域与国别研究院、博古睿研究中心、出土文献与古代文明研究所等跨学科研究机构。

坚持以马克思主义为指导，加快构建中国特色哲学社会科学体系。做强传统优势学科，推动中华优秀传统文化创造性转化、创新性发展，以数字人文等领域为重点，推进新文科建设。建设人文社会科学研究院、现代中国人文研究所、文学讲习所等机构，大力推进《儒藏》编纂与研究工程、古文字与中华文明传承发展工程等重大基础性学术工程，推出北京大学人文学科文库、中华文明国家文物基因库、中华文明传播史、北大中国史、比较经济史、中华人民共和国经济史、政治通鉴、语言接触与族群演化专项、丝绸之路重大考古发掘与丝路文明传承、"海上丝绸之路与郑和下西洋"及其沿线地区的历史和文化研究、亚洲文明研究等重大项目，进一步推进国家发展研究院、新结构经济学研究院、国家治理研究院、国际战略研究院、首都发展研究院等机构建设，形成了一批具有北大特色、理论深度和政策影响力的高水平智库成果，积极探索构建中国自主的知识体系。

建立健全有组织的科研攻关机制，取得一系列突破性成果。聚焦国家重大需求，凝练科研攻关方向，组建高水平科研团队，积极承担国家科研项目，五年来学校获批国家重点研发计划重点专项项目134项、国家自然科学基金项目3497项、国家社科基金项目342项，作为第一完成单位获得国家科学技术奖18项（其中有技术发明奖一等奖2项）。形成系统化、多层次的创新平台，加快建设"多模态跨尺度生物医学成像设施"等重大科学设施，在集成电路、纳光电子、塞罕坝生态系统、口腔医学等领域方向新认定11个国家级平台，推动国家重点实验室重组工作，完成实体化建设，学校现有国家级科研创新基地37个、省部级重点实验室和工程中心120个、教育部人文社科重点研究基地12个、教育部哲学社会科学实验室1个（首批），建成8个校级大型仪器设备公共平台，为取得重点领域创新突破提供有力支撑。积极服务融合发展战略，入选教育部首批融合示范高校，碳基电子入选科技委首批科技重点实验室，科技经费连年大幅持续增长，人均科研经费位居高校前列，规划建设先进技术大厦。以云-端融合系统的资源反射机制及高效互操作技术、数字视频编解码、原子钟、碳基集成电路、新结构微纳电子器件、国产自主中央处理器、爆轰发动机、未来基因诊断、微型双光子显微成像、激光加速器、新一代干细胞技术、血液病治疗"北京方案"、急性肾衰竭临床防治等为代表的重大原始创新成果和颠覆性技术不断涌现。

——五年来，我们紧密对接北京"四个中心"建设和国家创新驱动发展战略，不断提升对经济社会发展的贡献度，有力助推高水平对外开放。

世界一流大学都是在服务自己国家发展中成长起来的。作为在京高校，北大坚持立足首都、辐射全国、面向世界，为构建新发展格局作出新贡献。

积极服务首都发展。结合北京城市战略定位，参与建设北京量子信息科学研究院、北京脑科学与类脑研究中心、北京石墨烯研究院、北京大数据研究院、北京碳基集成电路研究院、北京集成电路产教融合基地、北京通用人工智能研究院等一批新型研发机构，推动世界主要科学中心和创新高地建设。加强与北京市在文物保护、红色资源开发利用、优秀传统文化传播等方面的合作，为北京中轴线申报世界文化遗产提供重要咨询意见，继续办好"国子监大讲堂"等品牌活动，成立"北京大学—圆明园研究中心"，助力北京建设全国文化中心。充分发挥各附属医院的医疗资源优势，以托管、共建等方式，促进北京相关区县医院发展。全方位服务北京冬奥会、冬残奥会，1600多名师生和医护人员参与志愿服务和医疗保障工作，附属医院为北京、延庆、张家口三赛区提供全覆盖全过程医疗保障；多项高科技成果助力科技冬奥、绿色冬奥，二氧化碳制冰技术将温室气体转化为高效资源，打造了"冬奥历史上最快的一块冰"；北大有3个集体荣获党中央国务院表彰，塑造了"冰新一代"群像，展现了新时代北大人的青春风采。

助力创新型国家建设。与全国26个省（直辖市、自治区）及新疆生产建设兵团签署战略合作协议，共建了北京大学长三角光电科学研究院、北京大学信息技术高等研究院、北京大学重庆大数据研究院、北京大学现代农业研究院等一批新型研发机构。扎根粤港澳大湾区，扎实办好深圳研究生院，建设了材料化学基因组学、人居环境科学与技术、电子科学与技术、应用经济学等特色鲜明的优势学科，产出了一批与区域战略性支柱产业、新兴产业紧密结合的创新成果，打造了助力区域基础研究与科技突破的"南国燕园"。科技成果转化扎实推进，五年来签署技术合同3649项，合同额累计47.78亿元，比前五年总额增长131%。继续教育克服各种困难，举办培训项目5000余个。

对口支援与定点扶贫工作成效显著。牵头18所高校协同开展援疆援藏工作，对口支援的石河子大学、西藏大学、山西大学等均有学科入选新一轮"双一流"建设名单。云南省弥渡县退出贫困县序列，在中央定点扶贫工作考核中，北大连年被评为"好"的最高等次。牵头建设高校教育帮扶联盟，启动"乡村振兴千万带头人培养计划"，打造全国乡村振兴品牌项目。五年来共派出109名研究生支教团志愿者，奉献西部教育事业。

服务中央港澳台工作大局，坚持"一国两制"，推进祖国统一。推动与港澳台高校的交流合作，与香港大学、香港中文大学建立联合本科双学位项目，牵头成立"京港大学联盟"。做好港澳台学生培养，围绕港澳台社会情况、"一国两制"等打造国情教育金课，设立"读懂中国"国情实践项目，培养"爱国爱港""爱国爱澳"、拥护祖国统一的力量。

加快和扩大教育对外开放。加强学校党委对外事工作的全面领导，成立教育对外开放领导小组，制定《北京大学国际发展战略》。贯彻落实习近平总书记给南南合作与发展学院首届硕士毕业生以及北大留学生们的回信精神，做强"留学北大"品牌，办好南南合作与发展学院、燕京学堂，创办"未来领导者"项目，加强留学生思政教育，建设"中国概况"课程，开展"知·行计划"教学实践。拓展全球合作和开放办学布局，与约70个国家和地区的近400所大学和研究机构建立合作关系，与多所世界一流大学开展全面战略合作；成立北京大学芝加哥中心，建设了北大汇丰商学院英国校区，与剑桥大学合作推进深圳前海中英研究院建设，在马拉维、缅甸、格鲁吉亚建立教学科研基地；作为创始成员学校，推动成立国际研究型大学联盟、环太平洋大学联盟、东亚研究型大学联盟等世界大学联盟。建设学生海外交流体系，与50多个国家和地区的200余所大学和研究机构建立学生交换项目。融入国际创新网络，牵头成立中俄数学中心、中国—东盟高校医学联盟等高水平合作机构，牵头推进"亚洲校园"建设，加入"一带一路"智库合作联盟。推动国际学术交流，举办世界哲学大会、世界艺术史大会、世界汉语研讨会、北京论坛等重大国际学术会议。加强国际一流师资建设，邀请数十位诺贝尔奖获得者、图灵奖获得者等顶尖学者来校讲学授课。加强中国文化传播，依托孔子学院和孔子课堂开展中外学术交流活动。近年来，北大在世界大学排行榜中的排名稳步提高，国际声誉和影响力进一步提升。

**——五年来，我们坚持"北大医学"的理念，促进校本部和医学部深度融合，推动医学发展取得新突破。**

新世纪之初，组建新的北京大学是党和国家的重大决策部署，为拓宽北大学科结构、改革医学教育奠定了基础。经过二十多年的持续努力，特别是新时代以来的大力推进，校本部和医学部融合发展的良好态势已经形成，有力发挥了北大学科门类齐全的综合优势。

进一步理顺体制机制，推动重点领域贯通融合。统筹推进校本部与医学部招生工作，有力保障志愿报考医学专业的生源质量。进一步共享教学资源，校本部通识教育课程、专业课程等向医学部本科生开放。围绕临床研究的热点难点问题，通过联合项目、共建新体制研究中心、集群聘任、新医科—新工科交叉合作论坛等举措，促进医学与其他学科的交叉融合，已合作产出一批标志性成果。统筹做好党的建设和干部工作，推动校本部和医学部干部交流任职，加强党建和思想政治工作的一体推进。

全面开展医学教育教学改革。发挥全国医学教育标杆示范效应，成立全国医学教育发展中心、医学"双一流"建设联盟。深入探索新时代医学教育新范式，打破基础医学、临床医学、口腔医学、药学、公共卫生、护理学、医学人文等学科界限，完善以"医学基础综合"+"器官系统课程"的培养模式。参与高水平公共卫生学院的顶层设计，自主设置"公共卫生应急管理"二级学科，获批教育部、国家卫生健康委"高层次应用型公共卫生人才培养创新项目"。深化医教协同，实现在临床场景开展医药护技专业基础教学，努力培养扎根中国大地、服务人民、具备国际视野、爱党爱国、充满人文情怀的优秀医学人才。

持续提升医学创新能力。以重要系统性疾病研究为导向，建设基础医学学科群。促进医学研究与临床的交叉融合，打破学校实验室到临床研究病房之间的学科界限。主动对接国家重大传染病防控体系建设，搭建传染病防控技术和政策学科平台，快速形成北大医学公共卫生安全学科发展高地。建设了公众健康与重大疫情防控战略研究中心、健康医疗大数据国家研究院、全球健康发展研究院、精准医疗多组学研究中心、生物统计系、跨学部化学生物学中心和宁波海洋药物研究院、国家癌症研究院、跨学部生物医学工程系、医学技术研究院等一批高水平科研基地，打造协同创新平台与攻关人才团队。建设高水平医学智库，为国家医学与健康科技发展战略、深化医改和疾病防控提供决策参考，积极承担国家医学科技伦理制度建设工作，开展医学新技术应用等热点问题相关科技伦理研究。

大力加强附属医院建设。北大各附属医院是我国医疗战线的重镇，为服务健康中国战略贡献了中坚力量。学校党委制定《北京大学加强附属医院党的建设工作实施方案》，推动医院党建与业务深度融合。加强附属医院的交叉学科平台和科研队伍建设，推进临床医院教师队伍分系列管理，激发附属医院科研潜力。以6家附属医院为依托单位，获批建设了3个国家医学中心、5个国家临床医学研究中心和6个国家区域医疗中心。五年来直属附属医院门急诊和住院服务量6100余万人次，支援西部和欠发达地区医疗以及"服务百姓健康行动"全国大型义诊等活动效能不断增强，将北大医学的"厚道"精神书写在祖国大地。

同志们，五年来，北大取得的突出成绩，是在有力应对一系列风险挑战中取得的，全校师生迎难而上、攻坚克难，不断升华北大人的精神境界。特别是近两年多来，面对新冠肺炎疫情这场艰苦卓绝的历史大考，在以习近平同志为核心的党中央坚强领导下，北大与全国人民风雨同舟、众志成城，全力以赴抗击疫情，慎终如始抓好常态化疫情防控，在国家和首都疫情防控阻击战中彰显了北大精神、贡献了北大力量。

2020年，在疫情防控最吃紧的关键阶段，北大派出400多人的援鄂医疗队，圆满完成北大医学历史上阵容最强、规模最大、人数最多、作战时间最长的救援任务。习近平总书记回信勉励北大援鄂医疗队全体"90后"党员，高度评价他们"不畏艰险、冲锋在前、舍生忘死，彰显了青春的蓬勃力量，交出了合格答卷"。北大有3个集体、15名个人荣获党中央表彰。学校还有8位专家参加全国新冠肺炎疫情专家组，28名师生奋战在国家疾控中心数据分析第一线，63名医护人员支援小汤山、佑安医院和地坛医院。学校组织了10支科研团队，在应急防控、临床救治、流行病学、病毒检测、治疗药物等领域开展科研攻关，多个项目取得突破性进展。2022年4月以来，在京8家附属和教学医院累计派出近6万人次支援北京核酸采样，累计采样约6000万人次，为首都疫情防控做出积极贡献。

疫情发生以来，学校党委坚持把师生员工生命安全和健康摆在最重要位置，成立了疫情防控工作领导小组，先后设立21个专项工作组，建立了全覆盖的工作体系，筑牢疫情防控屏障。建立健全常态化核酸检测机制，累计检测约180万人次，核酸检测教职工志愿者累计2000余人次、学生志愿者12,000余人次。持续推进疫苗接种，师生疫苗接种率约98%。通过一系列扎实有效的工作，坚决守住了校园零感染的底线。附中、附小、幼儿园也认真贯彻落实北京市和学校的工作部署，扎实做好校园防疫工作，有序推进复学复课，有力保障了青少年学生身体健康和生命安全。

在抗击疫情的斗争中，学校各方面力量无私奉献、连续奋战、守望相助。加强在线课程及录播、直播教学环境建设，开展了北大历史上应用规模最大、覆盖范围最广的在线教学实践。自疫情以来，全校300余间公共教室积累的课堂录播涉及1.5万门课程，总时长超过42万小时，校内学生日均访问量达4000人次。通过"云端"进行科研指导，积极完善在线办公平台，建立全校视频会议系统，运用人工智能、大数据等新技术促进管理服务保障提质升级，确保了疫情期间"不停课、不停学、不停研"。

经过这段不平凡历程的洗礼，全校党员干部和师生员工经受了深刻的思想淬炼、政治历练和实践锻炼，伟大的抗疫精神必将激励新时代的北大人不惧风雨、勇挑重担，唱响以青春之我创建青春之国家、青春之民族的豪迈乐章！

**同志们，北大的事业是全体师生共同的事业，北大发展的成果必须由师生共享。五年来，学校始终坚持以师生为本，切实解决师生最关心最直接最现实的利益问题，全力推动学校发展成果惠及全体师生，确保师生获得感成色更足、幸福感更可持续。**

肖家河教工住宅完成入住，2582名教师喜迁新居；开展腾退住房二次配售和集中调配教师公寓工作，改善约900名教师居住条件。

建设昌平新校区，显著拓展了办学空间，首批改造工程正式启用。完成学校东门、图书馆东楼改造，家园食堂、成府园食堂、实验设备2号楼、国家发展研究院大楼、医学科技楼、医学部综合体育馆等投入使用。

"品质校园"建设成效突出。推进"湖光山色塔影建设工程"，加强校园环境美化与整治，全校违章建筑基本清零。加快推进校园道路建设，用好地下空间，停车难问题得到缓解。丰富菜品种类，提升膳食品质，为师生提供安全、优质餐饮服务。

面对经济下行压力，坚决落实"保基本、守底线"要求，确保人员待遇稳定。五年来，教育基金会总收入60.62亿元，其中捐赠收入43.88亿元，有力支持了事业发展。

全力加强便捷就医。2018年3月以来，组织82名附属医院医疗专家到校医院出诊，完成出诊单元约1700个，服务师生约24,000人次。从体制机制、经费支持、预约挂号等多方面改进转诊工作，增加教职工转诊合同医院，扩大转诊试点人群范围，建设便捷报销平台系统，医院转诊、就医报销等师生长期关注的问题得到全面解决。

关爱离退休老同志，校园周边家属楼加装电梯40余部，全面推进适老化改造的社区道路整治工程。北大被评为全国离退休工作先进集体、中国关工委先进集体，畅春园社区被评为全国示范性老年友好型社区。

建设校级数据共享平台、一站式网上办事大厅和智慧场馆，让数据多跑路、师生少跑腿。

心系世界各地的北大人，成立校友会党支部，推动校友活动品牌化系列化，精心策划并推进校友服务项目，举办"薪火班"等特色活动，加强对选调生等基层校友的关心支持。

通过一系列暖人心、聚人心的工作，全校师生心往一处想、劲往一处使，干事创业的热情充分激发，汇聚起北大继往开来、再创辉煌的磅礴力量！

同志们，上述成绩的取得来之不易，是以习近平同志为核心的党中央坚强领导和亲切关怀的结果，是一代代北大先辈和学校历届党委团结带领师生员工接续奋斗的结果，是上级党政各主管部门和各方面关心指导、帮助支持的结果。在此，我代表北大第十三届党委，向上级部门和各级领导，向学校的老领导、老同志、老专家，向全校党员干部、师生员工和海内外校友，向各民主党派和无党派人士，向兄弟高校以及所有关心支持北大的同志们、朋友们，致以衷心的感谢和崇高的敬意！

经过持续奋斗，今天的北大已经站在了迈向更高质量发展阶段的新起点上。在看到成绩的同时，我们更要始终保持忧患意识、强化奋斗担当，决不能有丝毫的骄傲自满，更不能躺在过去的功劳簿上固步自封。要清醒认识到，我们的工作与中央要求、与党和人民的期待相比还有差距和不足。主要是：

——对如何在中国特色社会主义条件下创建世界一流大学的规律研究不够深入，在构建高水平人才自主培养体系等方面仍需持续探索；

——有组织的科研机制不够完善，在服务国家战略、能够引领经济社会发展的标志性成果产出方面尚有提升空间，"领跑"作用发挥不够显著；

——教育评价和学术评价改革不够深入，还没有紧密结合不同学科的规律，建立起具有中国特色、北大特点、符合学科特征的分类评价体系；

——治理体系和治理能力不能充分适应高质量发展需要，现代大学制度体系已经建立，制度执行力有一定增强，但仍有一些薄弱环节；

——全面从严管党治校仍需进一步加强，"严"的主基调虽已确立，但"宽松软"现象没有彻底根除，"四风"问题一定程度上还存在；

——学校党建工作发展不平衡，一些制约基层党建的难点问题还没有得到有力破解。

我们要继续深入学习贯彻习近平总书记关于教育和北大工作的重要论述精神，直面矛盾、迎难而上，凡是关系服务国家战略的工作、凡是关系立德树人根本任务的工作、凡是关系学校改革发展稳定大局的工作、凡是关系师生员工切身利益的工作，必须马上就办、办就办好。对深层次、结构性问题，要深入调查研究，拿出科学对策，敢于斗争、敢于胜利，推动北大在中国特色社会主义办学道路上行稳致远。

**二、在新征程上坚决扛起新的光荣使命**

教育兴则国家兴，教育强则国家强。没有哪一项事业像教育这样影响甚至决定着接班人问题，影响甚至决定着国家长治久安，影响甚至决定着民族复兴和国家崛起。

高等教育是一个国家发展水平和发展潜力的重要标志。在近代中国救亡图存、立志复兴的奋斗历程中，北京大学作为中国第一所国立综合性大学，从创办之日起就肩负着兴学图强的历史重任，确立了"为各省之表率、万国所瞻仰"的办学理想，按照"规模当极宏远，条理当极详密"的目标，为中国现代高等教育的发展奠定基础、确立范本。

在中国人民上下求索、英勇斗争的觉醒年代里，北京大学作为新文化运动的中心和五四运动的策源地，最早在我国传播马克思主义思想，也是我们党在北京早期革命活动的历史见证地，在建党过程中具有重要地位，作出重要贡献。中国共产党的主要创始人和一些早期著名活动家，正是在北大工作或学习期间开始阅读马克思主义著作、传播马克思主义的，并推动了中国共产党的建立。这是北大的骄傲，也是北大的光荣。

这些与祖国和人民同心奋斗的历史，铸就了北大与我们党血脉相连的红色基因，锻造了北大"爱国、进步、民主、科学"的光荣传统和"常为新"的精神品格。长期以来，北京大学广大师生始终与祖国和人民共命运、与时代和社会同前进，在各条战线上为我国革命、建设、改革事业作出了重要贡献，在创建中国特色世界一流大学、引领国家现代化进程中起到了重要的先锋作用。

当前，世界百年未有之大变局加速演进并与世纪疫情相互叠加，中华民族伟大复兴进入关键时期，新一轮科技革命和产业变革深入发展，全球地缘政治格局发生重大变化，这些新形势对教育、科技、人才、国际交流等工作带来许多新机遇新挑战。站在时代变革的路口，北大既要增强定力，也要主动应变，才能在变局中开辟新局，在奋进中再谱新篇，在赓续红色血脉中争取更大光荣。

面向未来，要走得长远、走得稳健，就不能忘记来时的道路。历经一百二十多年的不懈奋斗，特别是在中国特色社会主义新时代的奋力拼搏，我们积累形成了六条历史经验：

要走出一条建设中国特色、世界一流大学的新路，必须坚持发挥党的领导这一最大政治优势和制度优势，不断深化党建和思想政治工作，为事业发展提供根本政治保障；

必须坚持服务国家发展的根本导向，始终牢记办学初心，始终扎根中国大地办大学，融入国家现代化建设的大格局、大潮流；

必须坚持落实立德树人根本任务，为党育人、为国育才，把立德树人的成效作为检验学校一切工作的根本标准；

必须坚持自立自强，坚持走中国特色社会主义教育发展道路，建立健全办学治校的根本制度、基本制度、重要制度，树立先进的办学理念，不断增强教育自信、办学自信；

必须坚持面向全球开放办学，胸怀大局、自信包容，着力构建北大风格、中国特色、世界一流的国际智识高地和学术共同体，不断增强国际影响力；

必须坚持走内涵式发展道路，面向国家对优质高等教育的迫切需要，推进"有机增长、动态平衡"，聚焦结构调整，深化综合改革，形成以质量提升为核心、办学规模与质量提升协调推进的建设道路。

这些宝贵经验是奋斗历史的精华，也是开创未来的法宝。我们要用好历史财富，与时俱进丰富发展，不断推动北大在根脉的传承中守正创新，在时代的变革中勇毅前行，在奋进的大潮中乘势而上！

今后五年，是在党的二十大精神指引下全面建设社会主义现代化国家的五年，是北大加快中国特色世界一流大学建设步伐、助推中华民族伟大复兴的五年。我们必须以更加饱满的激情、更加昂扬的姿态，胸怀中华民族伟大复兴的战略全局和世界百年未有之大变局，扛起新使命、奋进新征程，要坚持把国家和民族发展放在自己力量的基点上、把中国发展进步的命运牢牢掌握在自己手中，在领跑中国特色世界一流大学建设方面展现更大担当和作为，为坚持以中国式现代化推进中华民族伟大复兴，作出北大的时代贡献。

**扛起新使命、奋进新征程**，要深入贯彻习近平总书记殷切嘱托，始终牢记"两个确立"，坚决做到"两个维护"。习近平同志到中央工作以来，6次到北大视察，2次亲自主持召开师生座谈会，7次给北大师生校友回信、致贺信，为北大加快创建中国特色世界一流大学指明了方向，提出了明确的办学指导思想。北大在新时代取得的工作成效，根本在于以习近平同志为核心的党中央坚强领导，根本在于习近平新时代中国特色社会主义思想科学指引。习近平总书记在北大作出的"扎根中国大地办大学"、建设"第一个北大"、抓好"三项基础性工作"等一系列重要论述，是对高等教育规律的深刻洞察，是北大发展的总纲领总遵循。我们要全面把握、融会贯通、坚决落实，深入领会教育是国之大计、党之大计的战略定位，旗帜鲜明讲政治，充分认识党中央抓高等教育的深刻政治考量和深远战略眼光，把总书记的殷切期盼转化为干事创业的强大动力，全面深入贯彻落实习近平总书记重要讲话、重要指示批示精神和党中央关于高等教育的决策部署，在思想上政治上行动上同以习近平同志为核心的党中央保持高度一致。

扛起新使命、奋进新征程，**要不断从百年党史、红色校史中汲取智慧和力量**。一百年来，我们党在推动民族复兴的奋斗历程中，积累了弥足珍贵的历史经验。北大是中国共产党的重要发祥地，也是伟大建党精神的重要孕育地。正是在党的引领下，北大在充满曲折与艰辛的奋斗历程中能够克服重重困难，为我国革命、建设、改革事业不断作出新贡献，成为推动国家现代化的重要先锋力量。在新征程上，我们要自觉从百年党史中传承红色基因，加强党对学校的全面领导，始终坚持办学正确政治方向，弘扬"爱国、进步、民主、科学"的光荣传统，坚定不移办好中国特色社会主义大学。

扛起新使命、奋进新征程，**要心怀"国之大者"，准确把握新发展阶段、新发展理念、新发展格局对北大提出的时代要求**。2018年5月2日，习近平总书记在北大强调，"今天，党和国家事业发展对高等教育的需要，对科学知识和优秀人才的需要，比以往任何时候都更为迫切。"作为科技第一生产力、人才第一资源和创新第一动力的重要结合点，大学的战略地位越来越突出，承担的社会职能更加多元、更加关键。北大作为我国高校的标杆，必须想国家之所想、急国家之所急、应国家之所需，发挥更加突出的创新策源地作用，要脚踏实地，要注重学术成果的现实应用，以高深学问解答时代之题，以经世致用彰显学府风范。

扛起新使命、奋进新征程，**要坚持科学的指导思想**。今后五年，学校工作的总要求是：高举中国特色社会主义伟大旗帜，学懂弄通做实习近平新时代中国特色社会主义思想，全面贯彻党的教育方针，落实《国民经济和社会发展第十四个五年规划和2035年远景目标纲要》以及《关于深入推进世界一流大学和一流学科建设的若干意见》，聚焦"四个服务"，围绕"四个面向"，以党的领导为基石，以国家战略为引领，以立德树人为根本，以队伍建设为核心，以学科交叉为突破，以综合改革为动力，坚持走内涵式发展道路，坚持标杆标准，推动北大实现新的跨越式发展，办好人民满意的教育。

扛起新使命、奋进新征程，**要锚定目标矢志奋斗**。今后五年，北大要面向国家2035年远景目标，领跑中国特色世界一流大学建设，在全面建设社会主义现代化国家新征程中交出更加优异的答卷：

——**治理效能有新提升**。党的领导进一步加强，党的建设不断深化，风清气正的政治生态持续巩固。民主治校、依法治校体制机制更加健全。管理服务体系更加高效。资源配置效率不断提升。校园和谐稳定局面持续稳固。

——**人才培养有新成效**。本科生教育跻身世界一流前列，研究生教育奋力向世界一流前列冲刺，成为培养前沿科技领域战略科学家、哲学社会科学领军人才和卓越工程师的重要基地，为党和国家培养更多德智体美劳全面发展的社会主义建设者和接班人。

——**师资队伍有新气象**。汇聚一批世界顶尖科学家、战略科学家，储备一支国际一流的青年人才队伍，形成能够引领科技创新和思想文化潮流的世界级师资队伍。

——**学科建设有新高度**。完善基础学科和应用学科协调发展的学科体系，健全学科深度交叉融合机制，推动若干学科进入世界顶尖行列，一批学科进入世界一流前列，扩展学科高原，打造学科高峰群。

——**科研创新有新突破**。立足高水平科技自立自强，不断增强原始创新能力，解决一批关键核心技术"卡脖子"难题，充分发挥国家战略科技力量作用；担当"探路者、开拓者、攀登者"角色，打造文化传承创新引擎，产生推动中国和世界发展的新知识、新思想、新理论、新方案。

——**开放办学有新拓展**。深度融入新发展格局，扎根北京、面向全国，推动国内合作模式优化升级；融汇全球、贡献世界，全方位深化国际交流合作，推进更高水平更高质量的对外开放，将优质国内国际资源融入发展全过程全领域。

——**校园建设有新面貌**。打造较为充足的战略空间，建成一批重要基础设施。建设宁静和谐、环境优美、资源节约的绿色校园、人文校园、品质校园、健康校园、智慧校园。民生福祉持续改善。

实现以上目标，我们有决心、有信心、有基础、有能力，也必须付出持续而艰苦的努力。全校上下要以知重负重、直面挑战的昂扬斗志，靠实干、靠拼搏赢得美好未来。**要解放思想**，发扬北大"常为新"的光荣传统，敢于打破惯性，勇于先行先试，善于开拓创新。**要综合施策**，强化系统观念，加强全局谋划、一体推进，统筹好改革发展稳定，做到全校一盘棋。**要求真务实**，践行党的群众路线，把调查研究做得更深更实，狠抓执行力建设，扑下身子把工作抓到位、抓到底。**要久久为功**，涵养"功成不必在我"的境界，强化"功成必定有我"的担当，按照学校"十四五"规划、新一轮"双一流"建设方案等部署，坚持一张蓝图绘到底，使我们的工作经得起历史检验。

### 三、奋力谱写建设中国特色世界一流大学新篇章

今后五年，要坚持以习近平新时代中国特色社会主义思想为指引，不断完善党对学校全面领导的制度体系，坚持把党的领导落实到办学治校全过程各方面，坚持社会主义办学方向，持续深化综合改革，创新体制机制，扎实推进新一轮"双一流"建设。

#### （一）全面创新卓越人才培养体系

"为谁培养人、培养什么人、怎样培养人"始终是教育的根本问题。古今中外，每个国家都是按照自己的政治要求来培养人的，我国社会主义教育就是要培养社会主义建设者和接班人。

在国际形势不确定性增加、社会思潮更加多元多样的背景下，要坚持用习近平新时代中国特色社会主义思想铸魂育人，坚决落实立德树人根本任务，因时因势做好思想政治工作。把思政课改革创新摆在首位，打造精品思政课程，深挖专业课程的思政资源，结合北大光荣革命传统，深入开展党史、新中国史、改革开放史、社会主义发展史、中华民族发展史教育以及形势政策教育、爱国主义教育。完善思政实践课程设计与考核评价机制，继续推动"鸿雁计划""力行计划"等暑期专项实践活动，丰富实践育人的形式和内容。按照1:350的师生比，配齐建强专职思政课教师队伍，培育能把道理讲准、讲深、讲透、讲活的思政课教师。继续高度重视辅导员、班主任等学生工作队伍建设。充分研判新冠肺炎疫情等因素的影响，加强学生职业生涯规划与就业指导，千方百计保障学生高质量充分就业，建设发展型学生资助体系，加强心理健康课程建设和心理咨询辅导服务，加强创新创业教育，在学生从"成长"到"长成"的过程中，增强思想政治工作的感染力和实效性。

我国有各项事业发展的广阔舞台，完全能够源源不断培养造就大批优秀人才，完全能够培养出大师。北大要有这样的决心、这样的自信。

深入推进本科人才培养内涵式发展。进一步推进完全学分制、弹性学制、本研贯通等个性化培养方案，打造通识教育与专业教育紧密结合的高质量课程体系。全面落实本科生导师制，加强对学生的全方位指导。深化本科教育教学改革，把计算机专业"101计划"等打造成教改示范项目，探索人才培养的新理念、新内容、新方法。深入推进强基计划、拔尖计划，扎实办好数学英才班、物理学科卓越人才培养计划等项目，形成基础学科人才自主培养的北大方案，推动基础学科与跨学科人才培养领跑式发展。

全面提升研究生培养质量。以"服务需求、提高质量"为主线，聚焦"理想信念、学术前沿、创新能力、全球视野"，完善研究生分类培养与管理，优化调整基础学科和交叉学科的学科结构、硕士生和博士生的层次结构、学术型和专业型的类型结构。加强学术规范和诚信教育，健全学位论文质量把控机制，加强导师队伍建设和职业规范管理，发挥导师第一责任人作用，强化研究生培养全过程管理，着力培养创新型、复合型、高层次领军人才。

持续优化育人生态。推进体育教学改革，培养学生终身锻炼习惯；完善美育教育，提高学生审美和人文素养；广泛开展劳动教育，教育引导学生崇尚劳动、尊重劳动；把国家安全教育、生态文明教育、公共卫生教育、法治教育等融入育人各环节。深化教学环节改革，完善引导和激励机制，进一步促进教师投入教学，全面发展教师教学能力；以数智化教学体系支撑卓越人才培养，深入推进5G、虚拟现实、人工智能、大数据等新技术教学应用，优化智慧教学环境，夯实数字化资源体系，创新教学方法，扩大优质资源开放。细化学业帮扶举措，完善学业指导长效机制。改进学生评价体系，探索过程考核与结果考核相结合，知识考核与能力考核相结合的综合素质测评方案。加强教材建设与管理，强化对教材建设的政治把关，积极编写吸纳新知识、新思想、新观念的好教材，建设数字化教材等新形态教材，完善境外教材选用管理机制。

#### （二）打造世界一流师资队伍

教师队伍素质直接决定着办学能力和水平，专家学者是办学治校的主体力量、第一资源。我们要聚天下英才而用之，聚焦战略科学家、领军人才和创新团队、青年人才队伍等群体，打造思想政治坚定、师德师风优良、规模有机增长、质量拔尖、结构合理的一流师资队伍，全面筑牢高水平人才集聚高地，持续建设我国高校中的人才"第一梯队"。

健全人才引育机制。建立全球学者数据库，健全快速响应和精准引才机制，对院系急需紧缺的高端人才实行"一事一议""一人一策"，未来五年每年引进100名左右拔尖人才。深入落实青年人才学术发展指导制度，着重解决青年人才在启动经费、办公和实验空间、研究生名额等方面的困难，支持青年人才挑大梁、当主角。扩大博雅博士后等优秀博士后规模，加强专职科研人员队伍建设。推进"高端外国专家引进计划""大学堂顶尖学者讲学计划"等海外引智工程。

优化人事管理服务体系。坚持把师德师风作为人才评价的第一标准，严肃对待师德师风、医德医风问题，惩治学术腐败，把教师、临床医生等人才队伍的思想政治素质和师德、医德考评作为党组织发挥政治功能的重要抓手，加强师德师风、医德医风先进典型的宣传推介，健全以创新能力、质量、实效、贡献为导向的人才评价体系，引导教师做学生为学、为事、为人的大先生。完善"预聘—长聘"制，严格把关长聘职位聘任评估。深入推进分类评价，持续推动交叉学科人才兼聘，为教职工提供更加多元的发展通道。

加大对人才的资源投入。建立更具全球竞争力的薪酬福利体系，根据国家社保改革及配套工资调整的进展，优化待遇结构。健全院系人力资源核算体系，强化院系人员经费预算管理，加强动态激励。

### （三）全力建设一流学科群

在新一轮"双一流"建设中，国家在北大、清华进行学科建设的放权改革试点，全面赋予学校自主设置建设学科、评价周期等权限，鼓励探索办学新模式。这是对学校过去一个阶段办学成绩的充分肯定。在建设方案中，北大提出了49个一流学科建设名单，我们要充分用好学科建设自主权，解放思想、打破常规、主动作为，坚持集群式发展，推动学科重组与整合，巩固提升传统优势学科，大胆创新学科体系，形成学科建设新面貌。

建优建强马克思主义理论学科体系。马克思主义是我们立党立国的根本指导思想，也是我国大学最鲜亮的底色。作为中国最早传播马克思主义的发祥地，北大要继续深入推进马克思主义理论学科领航计划，进一步打造中国和世界马克思主义的学习中心、研究中心和传播中心。推动马克思主义理论与马克思主义哲学、政治经济学、科学社会主义、中华人民共和国史、中共党史党建等学科协同发展，全面推进党史研究和党的创新理论研究。深入研究阐释习近平新时代中国特色社会主义思想，为推进马克思主义中国化时代化、发展21世纪马克思主义作出新贡献。

深化基础学科建设。基础学科是北大的四梁八柱，基础研究是创新的源头活水。要完善对基础学科的持续稳定支持机制，以"十年磨一剑"的韧劲，围绕宇宙演化、全球变化、物质科学、生命起源、意识本质等前沿科学问题开展基础理论研究，推进重点基础研究基地建设，建成若干国际领跑学术高地，不断增强"从0到1"的原始创新能力。

推进应用学科整体发展。工程科技进步和创新是推动人类社会发展的重要引擎，加强应用学科建设是北大扎根中国大地、服务国家战略的必然要求。要坚持以新工科、新医科、新农科为重点，围绕计算机、电子信息、集成电路、人工智能、航空航天、新材料、新能源、环境、核科学、医药健康等关键领域，抢占学术前沿，加强应用基础研究，力争取得重大技术突破与应用成效。加强产学研融合基地建设，推进学校和地方、重点行业企业协同创新，积极营造以攻克"卡脖子"技术、颠覆性技术以及系统工程为目标的学术氛围。

加快构建中国特色哲学社会科学学科体系、学术体系、话语体系。当今世界的快速变化和新时代中国特色社会主义的发展，提出了大量理论和实践新课题，需要更好回答中国之问、世界之问、人民之问、时代之问。北大要在研究解决事关党和国家全局性、根本性、关键性的重大问题上拿出真本事、取得好成果。重点布局一批对文化传承创新有重大影响的学科，支持"冷门绝学"，发挥人文社会科学研究院等跨学科平台作用，更加注重涵育学术生态，激活原创性思想，提倡有思想的学问、有学问的思想，继续加强数字人文等新文科建设；围绕经济建设、国家治理、法治建设、社会发展、中国特色大国外交等领域，立足中国实际，强化理论创新，坚持用中国理论阐释中国实践，用中国实践升华中国理论，进一步探索和阐释中国式现代化道路；开展战略性、前瞻性、前沿性基础研究，支持数据库建设与调查类研究，推动产生中国特色、中国风格、中国气派的原创性学术成果，培育世界一流、中国特色的北大学派，为建构中国自主的知识体系作出新的时代贡献。

用好学科交叉融合"催化剂"。不同学科之间的交叉融合、兼容并包往往能孕育出新的科学前沿，也最有可能产生重大科学突破。要继续建设好理学、信息与工程、人文、社会科学、经济与管理、医学等6个综合交叉学科群，遴选并启动1-2个大科学项目。持续推进临床医学+X、区域与国别研究、碳中和核心科学与技术、"数智化+"等前沿交叉领域建设。做强具有传统优势的交叉学科，推进地球与行星科学、国家安全学、国际新闻传播等交叉学科建设，开展与经济社会发展密切相关的新兴领域研究，高度关注新兴学科的产生，不断形成新的学科增长点。

推动北大医学继续引领中国医学发展。倍加珍惜"面向人民生命健康"所赋予的历史使命，促进校本部和医学部各学科交叉融合、优势互补，通过联合项目、集群聘任等手段，整合北大与医学相关的所有学科协同发展。理顺临床医学建设体制机制，开展前沿医学科技创新研究和成果转化。

各附属医院是"双一流"建设的重要力量，是落实北大办学使命的重要方面军，是北大整体发展中不可或缺的组成部分，要倍加珍惜北大这块"金字招牌"，不断提升"医术精湛、医德高尚、医者仁心"的美誉度。进一步加强学校党委对附属医院的领导与支持，建设世界一流的研究型医院，形成学校与附属医院一体发展、一流医院与一流学科互为支撑的新格局。推动附属医院进入高质量发展路径，打造医疗服务高效、医院管理精细、医患体验满意的高水平医院，进一步构建高质量发展新体系，引领高质量发展新趋势，提升高质量发展新效能，激活高质量发展新活力，建设高质量发展新文化，为中国公立医院高质量发展起到示范引领作用。

### （四）构建高水平科研创新体系

高校是重要的国家战略科技力量，也是文化传承创新的主阵地。北大必须坚持"四个服务"，围绕"四个面向"，在科研范式、组织模式等方面锐意改革创新，产出更多原创性、引领性、颠覆性的重大科研成果。

改革攻关机制，坚持有组织的科研与自由探索统筹推进，打造多层次的有组织科研体系。结合国家重大需求，布局一批重点领域和重大项目，增强"揭榜挂帅"能力。建立以学校科研和学科布局为依托、以服务国家战略为导向的团队组织管理机制。面向行业或企业的重要问题，打通从基础到应用的全链条合作途径，在重大领域基础研究中发挥关键组织作用。进一步服务融合发展战略。完善首席研究员制，尊重学者学术志趣，维护宽松的学术环境。

深度融入国家和区域创新体系。积极参与国家实验室建设。聚焦战略前沿与核心科学问题，立足重大科技突破和重大战略高地，继续推进国家重点实验室重组工作。提升文科实验室建设水平，推进教育部哲学社会科学实验室建设与培育，开展探索性、开创性、技术性文科实验。深化对中华文明的研究阐释，推动中华优秀传统文化传承与创新，推进世界文明研究，努力产生新思想、新理论。推动学校布局培育的项目列入国家自然科学基金、国家社科基金、国家重点研发计划、国家科技重大专项等重点研究计划。进一步加强智库建设，健全智库专职研究人员队伍，构建北大智库共同体。与地方、企业共建新型科研机构，加强知识产权管理服务，推进专业化技术转移机构队伍和能力建设，进一步推动科技成果转化，努力成为产学研协同创新体系中的枢纽性节点。

提升学术管理服务质量。优化学术评价体系，坚决破除"五唯"，完善分类学术评价制度，杜绝"一刀切"评价。科学设置评价周期，突出中长期导向，鼓励持续研究和长期积累。实施科研"精准管理"，切实减轻科研人员负担。弘扬科学家精神，营造潜心研究、崇尚创新、严谨求实、诚实守信的学术氛围。

## （五）全方位推进开放办学

面对复杂严峻的国际形势，我们既要做好应对外部环境变化的思想准备和工作准备，也必须坚定不移面向社会、面向世界开放办学，以扎实有效的社会服务，更高水平的对外开放，在融入新发展格局中不断增强办学活力。

紧密对接国家和区域战略布局。加强与京津冀及雄安新区、中西部地区、长江流域经济带、粤港澳大湾区等区域合作，优化科研基地布局与管理。发挥国家医学中心、国家临床医学研究中心、国家区域医疗中心的引领和辐射作用，完善优质医疗资源布局。扎实做好服务乡村振兴和对口支援工作。提升继续教育质量，服务学习型社会建设。

全力服务首都高质量发展。紧密围绕北京市第十三次党代会的部署，对标北京率先基本实现社会主义现代化的奋斗目标和推动新时代首都发展的根本要求，积极融入北京"四个中心"建设和"五子联动"格局，组织高水平人才队伍和优质资源投入新型科研机构建设，建好首都发展研究院等高端智库，围绕建设具有首都特点的现代化经济体系、疏解非首都功能、构建有效的超大城市治理体系等重点工作提供新思路、新方案，为建设国际一流的和谐宜居之都贡献北大力量。

推进国际化人才培养。深入学习贯彻落实习近平总书记重要指示精神，推动来华留学教育内涵式发展，继续办好南南合作与发展学院等育人平台，培育具有北大底蕴、中国情怀、国际视野的创新型引领型人才。建设国际暑期学院，吸引国际优秀学生，涵育优质学位生源。创办更多高质量的海外学习交流项目，增加学生赴海外交流的广度、深度和频度，加强学生海外交流设计引导和管理服务，提升学生的国际理解力和全球塑造力，培养了解中国、关怀世界的未来政治、经济、文化和社会组织领导者。

健全国际协同创新体系。完善全球战略合作伙伴布局，积极筹建和参与国际大学联盟，加强与"一带一路"国家高校和科研机构的合作交流。发挥北京论坛等学术平台作用，加强出版国际化和多语种翻译推介，鼓励学者总结中国经验，传播中国声音，贡献中国智慧。推动师生"走出去"，加强外国专家工作，加大力度鼓励海外学者"走进来"，形成更加紧密的人才和学术交流纽带。

## （六）持续推进中国特色大学治理体系和治理能力现代化

治理体系和治理能力是大学发展的重要基础。我们要紧密结合我国独特的历史、独特的文化、独特的国情，进一步完善治理结构，优化治理方式，发挥各类主体力量，推动学校治理更加科学高效。

健全管理运行机制。充分发挥学校党委"把方向、管大局、作决策、抓班子、带队伍、保落实"的作用，在巩固院系党委的政治核心作用基础上，稳步向院系、向一线放权。健全和维护以学术委员会为核心的学术管理体系。优化职能部门职责体系和组织架构，明确服务清单、责任清单，实现精干高效。

坚持民主治校。组织党代会、教代会、学代会以及民主党派、无党派人士、离退休教职工等代表参与有关事项的决策、审议和评议，完善师生员工参与民主决策、民主管理和民主监督的渠道和机制。

推进依法治校。健全校内规范性文件制定发布机制，完善师生权益保护救济机制和纠纷解决机制，完善合同管理制度，加强风险防控体系建设。

优化办学布局。在更高水平上，持续推动校本部和医学部深度融合。推进昌平新校区建设。推动深圳研究生院扎根粤港澳大湾区，密切与鹏城实验室的协同创新，扎实办好深圳前海中英研究院等高水平合作办学机构，探索新型国际化办学模式。继续办好软件与微电子学院。根据中央和北京市部署，推进雄安新区校区、怀密医学中心的论证、规划与建设工作。

**（七）建设新时代品质校园**

全面提升基础设施质量。美化优化师生交流场所和活动空间，营造更加宁静、更有品质的校园环境。统筹地下空间建设与管理，形成规范化、系统化的地下空间利用和发展格局。加强校园文物和历史建筑保护。推动绿色建筑和既有建筑节能改造，开展可再生能源利用试点。

深化智慧校园建设。运用信息化手段创新工作机制，推动校务数据共享平台、管理制度与运行机构建设。加快教学科研管理、文献保障和信息服务、实验室建设与管理、后勤服务保障等系统的智慧转型；全面建成综合性、创新型、智能化、标杆位的大学图书馆；全面提升实验室仪器设备使用效率和开放共享度；大力推进档案数字化工作，保管、利用好档案资源，特别是蕴含党的初心使命的红色档案，充分发挥档案工作存史资政育人作用。

加强民生服务保障。做好离退休工作和关心下一代工作，不断完善养老和医疗保障体系。持续加强师生便捷就医工作，保障转诊便捷、号源充足，优化报销流程，提供优质医疗服务。办好附中、附小、幼儿园，为教职工子弟提供优质基础教育。完善校友工作体系，构建校友永远的精神家园。

**（八）大力提升资源配置效益**

优化存量资源。坚持"过紧日子"，科学安排预算，量入为出、勤俭节约，硬化预算执行约束。根据院系和学科发展情况，实行资源重组或再配置。推进重心下移，把政策和资源向院系倾斜。

实施差异化支持。对进展良好、成效明显的学科，加大支持力度。资源配置增量优先支持冲击世界顶尖的学科。专业设置、招生计划、创新平台等资源向重点领域、特色方向倾斜。加强重大科研项目资源保障，在人员编制、专职研究人员聘用、研究生名额、学科建设经费、科研用房等方面建立动态激励机制。

完善资源筹措体系。拓宽筹资渠道，积极争取地方政府、社会和企业资源，提升资源汲取力度和运营能力。推进校办产业体制改革，加强国有资产管理。

加强资源使用监督评价。构建事前绩效评估、过程执行监控、事后绩效评价的全过程监督评价体系。健全内部审计制度，确保资源配置和管理更加透明。

**四、持续推进新时代党的建设新的伟大工程**

北大与党有着深厚历史渊源，抓好党的建设是办学治校的根本所在，党的建设与"双一流"建设是紧紧融为一体的。我们要深刻认识"两个确立"对新时代党和国家事业发展、对推进中华民族伟大复兴历史进程的决定性意义，全力做好迎接党的二十大胜利召开和学习宣传贯彻二十大精神工作，引导全校党员干部和师生员工切实把思想和行动统一到党中央重大决策部署上来，全面贯彻落实新时代党的建设总要求，弘扬伟大建党精神，不断提高党的建设质量，以党的自我革命引领建设中国特色世界一流大学，确保党始终是北大各项工作的坚强领导核心和最可靠的主心骨，坚决办好让党中央放心、让人民满意的大学。

（一）**紧扣"两个维护"根本任务加强政治建设，不断提高政治判断力、政治领悟力、政治执行力。**党的政治建设是党的根本性建设，加强政治建设是北大党委落实新时代党的建设总要求、提高党的建设质量的首要任务。1977年，北大在给党中央的报告中最早提出试行党委领导下的校长负责制。作为这项制度的首倡者，北大要模范执行党委领导下的校长负责制，坚持"首要议题"制度，第一时间学习贯彻习近平总书记重要讲话、重要指示批示精神和党中央决策部署，切实做到党管办学方向、党管干部人才、党管意识形态和领导改革发展，把正确的政治方向、价值导向贯穿办学治校、育人育才全过程。深入贯彻《中共中央关于加强党的政治建设的意见》，落实学校党委《关于加强党的政治建设的若干措施》，打好党的政治建设攻坚战。建立"不忘初心、牢记使命"的制度，发扬五四精神、红楼精神，推进党史学习教育常态化长效化，加强对红色资源的保护和研究利用，引导党员干部和师生员工坚定信仰、矢志奋斗。

（二）**提升组织力，增强党组织政治功能。**基层党组织是党在高校全部工作和战斗力的基础，必须建成坚强的政治核心和战斗堡垒。要坚决落实《中国共产党普通高等学校基层组织工作条例》《普通高等学校院（系）党委会会议和党政联席会议议事规则示范文本》，发挥党组织在重大事项上的先行把关作用。加强附属医院、实体研究机构、校办企业、异地办学机构等单位党建工作，确保党组织在各类机构中坚决履行政治责任。坚持做好基层党委书记抓党建工作述职评议考核，压实主体责任。推动党支部标准化、规范化建设，提升组织生活质量，让支部生活"党味"更浓。提升基层党务工作队伍能力，持续推进"双带头人"工程。高质量做好党员发展工作，加强对学术带头人、青年教师的思想引领，做好学生党员的培养发展和教育管理。

（三）**加强领导班子和干部队伍建设。**北大的高质量发展需要坚强的领导集体，需要高素质的干部队伍，需要"关键少数"发挥好表率作用。要自觉按照社会主义政治家、教育家的标准，进一步提升校领导班子管党治党、办学治校能力，强化理论武装、提高政治能力、练就过硬本领、养成良好作风，做到党政同心、遵规守纪、履职尽责、担当作为，充分发挥管党治校"领头雁"作用。落实新时代好干部标准，突出讲担当、重作为的导向，让想干事者有机会、能干事者有舞台。严格执行《党政领导干部选拔任用工作条例》，严守选人用人规矩和程序。大力优化干部梯队建设，培养使用优秀年轻干部，推动干部多岗位、多业务历练。完善"新一体两翼"干部培训体系。在全校进一步巩固风清气正、团结和谐的政治生态和良好氛围。

（四）推进全面从严治党向纵深发展。全面从严治党是一场伟大的自我革命，管党治校贵在从严，必须常抓不懈、紧抓不放，决不能有松劲歇脚、疲劳厌战的情绪，学校党委要坚决扛起主体责任。深入贯彻落实习近平总书记重要指示精神和中央巡视反馈意见，以钉钉子精神抓好长期整改任务落实，从体制机制上研究解决深层次问题，当好整改标杆。紧紧围绕压实主体责任、强化监督责任和建设廉洁文化、净化政治生态，完善全面从严治党各项制度，坚决破除高校和专家"特殊论"。深化纪检监察体制改革，充分支持和保障纪检监察机构依法履职，进一步理顺和优化校内纪检监察体制，有计划增设二级纪检机构。推进政治监督具体化常态化，强化同级监督、一把手监督、重点领域和重要岗位日常监督。深化运用"四种形态"，健全党风廉政建设责任倒查机制，以正视问题的勇气和刀刃向内的坚定，推进反腐败斗争，用"全周期管理"方式，实现"三不腐"同时发力、同向发力、综合发力。推进内部巡视改革，健全巡视整改监督机制，明确工作规则、巡视要点、指标体系。坚持把师德师风建设纳入全面从严治党工作体系，健全党委统一领导、党政齐抓共管、教师自我约束的长效机制。

（五）推动宣传思想工作高质量发展。宣传思想工作肩负着举旗帜、聚民心、育新人、兴文化、展形象的使命任务，北大是孕育思想、传播理论的重镇，是宣传思想工作的前沿阵地，必须自觉把责任扛在肩上。高举马克思主义、中国特色社会主义旗帜，深入开展理论武装、舆论引导、思想教育、文化建设等各项工作，把社会主义核心价值观融入办学治校各方面，引导全体党员、干部和师生员工自觉践行。继续深化融媒体中心建设，加强正面宣传报道力度，做好海外传播，推广具有北大特色的校园文化品牌，充分展现北大历史底蕴与时代风貌。提升舆情应对能力，完善工作预案，及时回应师生和社会关切。

（六）扎实抓好安全稳定工作。当前，世界格局加速演变，意识形态领域斗争复杂，对高校安全稳定工作带来前所未有的风险和挑战。我们要始终保持"时时放心不下"的政治警觉，深刻认识北大政治稳定、政治安全的重大意义，贯彻总体国家安全观，严格落实意识形态工作责任制，强化阵地管理，与各种错误思潮作坚决斗争，打好主动仗、占领制高点，切实做到守土有责、守土尽责。坚持"党政同责、一岗双责、齐抓共管"，加强校门管理和校园巡查，严格实验室、食堂、宿舍等关键部位管理，完善保密管理责任体系，建立健全校园急救体系，筑牢各类防线。扎实抓好常态化疫情防控，切实维护广大师生健康和校园安全稳定大局。

（七）强化统战群团工作。北大是中国共产党最早的活动基地，也是党的统战工作的传统阵地和重要窗口，与多个民主党派有着深厚的历史渊源。北大的统一战线汇聚了一大批高级知识分子和中青年骨干，要进一步巩固大统战格局，注重发挥基层党委在统战工作中的基础性作用，加强党外代表人士队伍建设，扎实做好新时代民族宗教工作和港澳台侨工作，共同画好最大同心圆。

认真倾听教职工心声和诉求，为教职工服好务、办好事，是落实党的知识分子政策、走好党的群众路线的必然要求。要扎实推进二级教代会建设，拓宽民主管理和监督渠道。持续提升工会组织吸引力，推进全员入会，为教职工提供普惠性、常态性、精准性的服务，更充分地调动好、发挥好教职工积极性，进一步汇聚同心同德、团结奋进的强大合力。

青年工作事关党的事业后继有人这一根本大计。今年是中国共青团成立100周年，北大不仅是中国共产党最早的活动基地，也成立了中国共青团最早的地方组织，在党的青年工作上形成了光荣传统，积累了宝贵经验。我们要深入学习贯彻习近平总书记关于青年工作的重要论述精神，准确把握新时代青年工作的要求与任务，着力提升共青团的组织力、引领力、服务力，团结引领北大青年以实现中华民族伟大复兴为己任，自觉听从党和人民召唤，争当伟大理想的追梦人，争做伟大事业的生力军，让青春在祖国和人民最需要的地方绽放绚丽之花！

各位代表、同志们：

追求一流是一个永无止境、不断超越的过程，服务国家是一项永不停歇、不懈奋斗的事业。把北大建成中国特色世界一流大学，是民族复兴伟业的必然要求，是实现第二个百年奋斗目标的时代召唤。我们的使命无比光荣，责任无比重大！

让我们更加紧密地团结在以习近平同志为核心的党中央周围，铭记昨天的筚路蓝缕，扛起今天的使命担当，奔向明天的伟大梦想，以更加优异的成绩、更加昂扬的姿态迎接党的二十大胜利召开，为实现中华民族伟大复兴再立新功、再谱新篇！

# 郝平同志任北京大学党委书记 龚旗煌同志任校长

日前，中央批准：郝平同志任北京大学党委书记，不再担任北京大学校长职务；龚旗煌同志任北京大学校长（副部长级）、党委副书记；邱水平同志不再担任北京大学党委书记职务，另有任用。

6月17日下午，北京大学召开教师干部大会。中央组织部副部长、中央编办主任李小新同志到会宣布中央决定并讲话，教育部党组书记、部长怀进鹏同志，北京市委常委、组织部部长孙梅君同志出席会议并讲话。郝平同志主持会议。

中央组织部干部三局、教育部人事司、北京市有关部门负责同志；北京大学领导班子成员，近年退出班子的老同志，教授代表，各单位、各部门主要负责人，民主党派、教代会和学生代表等参加会议。

（融媒体中心）

# 北京大学2022年北京冬奥会、冬残奥会保障和志愿服务工作

2022年北京冬奥会、冬残奥会分别于2月4日至20日、3月4日至13日举行。北京大学八家在京附属医院——第一医院、人民医院、第三医院、口腔医院、第六医院、首钢医院、国际医院、肿瘤医院派出902名医疗服务保障人员参与到本次冬奥志愿服务工作中，六家附属医院成为冬奥保障定点医院。经北京冬奥组委选拔，北京大学共有630名志愿者、57名冬奥赛时实习生、15名开幕式演出人员参与本次冬奥会和冬残奥会。全体北大师生用实际行动完成了党和国家交给北大的这项重大政治任务，收到了来自北京冬奥组委、北京冰立方场馆、共青团北京市委、奥林匹克大家庭等23个单位发来的感谢信。4月8日上午，北京冬奥会、冬残奥会总结表彰大会在人民大会堂隆重举行。中共中央总书记、国家主席、中央军委主席习近平出席大会并发表重要讲话。北京大学第三医院、北京大学冬奥志愿服务团队、北京大学第三医院崇礼院区获"北京冬奥会、冬残奥会突出贡献集体"称号。

# 国际奥委会主席巴赫与北京大学冬奥志愿者亲切交流

在2022年北京冬季奥运会即将开幕之际，1月30日中午，国际奥委会主席巴赫前往国家会议中心奥林匹克大家庭助理（Olympic Family Assistant，以下简称OFA）办公室参观交流。巴赫对北京大学奥林匹克大家庭助理志愿者们为保障北京2022年冬奥会顺利举办作出的贡献表示感谢，高度赞扬志愿者们所作出的贡献。巴赫为志愿者们送来虎年的新春祝福，"像老虎一样充满斗志、充满力量、充满勇气、充满快乐。"

在巴赫一行进入OFA办公室后，北京冬奥奥林匹克大家庭助理项目组项目经理杨丽介绍了OFA的基本情况。北京大学奥林匹克大家庭助理志愿者分布在国家会议中心和五洲皇冠，其中在国家会议中心的志愿者共有69人，剩余20名志愿者在五洲皇冠。目前志愿者们已经完成了多阶段的志愿岗位培训，正式上岗。巴赫观看了OFA前期培训和踏勘的视频，对志愿者们的高度热情和认真细致的态度表示赞扬。

在引领员的指引下，巴赫前往展示区参观。展示区摆放有参与OFA工作的五所高校的手牌和周边文创产品。北京大学冬奥志愿者、哲学系2020级硕士生屈文鑫带领巴赫参观了志愿者同学们书写的春联，介绍了春联的美好寓意，巴赫还跟她学习了"一起向未来"的中文发音。对此，巴赫说："你们从事的工作值得自豪，也将从中深刻地体会到'一起向未来'的意义。"

随后巴赫前往照片墙，查看每一位OFA的照片，并与在场的OFA亲切交流。巴赫说，今年冬奥会开幕式将会非常精彩，同学们将有段难忘的经历和体验。每一位冬奥志愿者都是从超过一百万冬奥志愿者申请人中脱颖而出的，也许工作有时很辛苦，但这段经历值得享受和感到自豪。

巴赫为志愿者们带来一场精彩的演讲。他指出，OFA的工作将与奥运会的参与者进行直接交流，对于这届奥运会的成功至关重要。通过你们，人们能够互相交流，通过你们的眼睛，人们感受到微笑，通过你们的态度，人们感受到中国人民的热情好客，通过你们的工作，人们体会到中国效率和中国活力。巴赫特别强调"团结"，团结在一起，展示出在现实世界中我们的共同点、我们所共有的多于分歧和不同，这就是奥运会的意义。对于志愿者来说，这不仅是OFA大家庭间的团结，也是与全世界人民团结在一起，创造出奥运精神的氛围。

演讲结束后，北京大学冬奥志愿者、心理与认知科学学院2021级博士生周娜为巴赫送上为其现场创作的人物肖像速写。巴赫表示感谢，称赞周娜很有天赋。在了解到周娜的专业是心理学后，巴赫表示，心理学就是需要懂得去鼓励他人，给人阳

光与温暖。

最后，巴赫举起"一起向未来"横幅，与志愿者们合影留念。

（融媒体中心）

## 北京大学 2022 年北京冬奥会、冬残奥会医疗保障人员表彰大会

4月9日上午，北京大学2022年北京冬奥会、冬残奥会医疗保障人员表彰大会在百周年纪念讲堂举行，深入学习贯彻习近平总书记重要讲话精神，对获得荣誉的集体和表现突出的个人进行表彰。国家卫健委卫生应急办公室二级巡视员李珣，北京冬奥组委运动会服务部部长于德斌等领导嘉宾，校领导班子成员、医学部、附属医院领导班子成员以及相关职能部门负责人，学生代表参加大会。

北京冬奥会、冬残奥会期间，北京大学八家在京医院、累积近1000人次参与到医疗保障工作中，六家附属医院成为冬奥保障定点医院。作为"中国冰雪医疗卫生保障定点医院"，北大医学各附属医院全力以赴、配合流畅，用实际行动为冬奥医疗保障交上了满意答卷。

郝平宣读了表彰决定。为深入学习贯彻习近平总书记2022北京冬奥会、冬残奥会重要讲话精神，学校决定对在2022北京冬奥会、冬残奥会医疗保障工作中作出突出贡献的医疗保障队员予以表彰和奖励，授予胡跃林等351名医疗保障人员"北京大学2022北京冬奥会、冬残奥会医疗保障先进个人"称号，授予王艳华等206名医疗保障队员"北京大学2022北京冬奥会、冬残奥会医疗保障优秀个人"称号。郝平号召全校师生向受表彰同志学习，发扬北京大学"敢为天下先"的优良传统，坚守北大医学"厚道"品德，为北京大学"双一流"建设、为实施健康中国战略贡献力量。

乔杰介绍了北大冬奥医疗保障工作情况。冬奥期间，北大医学作为全国唯一参与北京、延庆、张家口全部三个冬奥赛区的医疗保障单位，以完备的救治体系、丰富的医疗保障经验为冬奥提供了全方位、高效、及时的医疗保障。北大医学人用高度的职业素养和敬业精神书写了"大国医疗"的中国力量和中国自信，为北大医学、为祖国赢得了荣誉。冬奥、冬残奥医疗保障工作推动了京津冀区域医疗协同和均衡发展，也成为北大医学乘势而上的历史机遇和未来公立医院高质量发展的坚实基础。北大将运用好这些宝贵经验财富，"砥砺再出发"，迎接北大医学办学110周年，以优异成绩向党的二十大献礼。

来自八所附属医院的医护人员代表深情讲述了冬奥会、冬残奥会期间参与服务保障工作的故事，重温了工作中的难忘瞬间与深切感悟。

北大医院张梦杰、郭新月，国际医院张雁凯讲述了在首都体育馆参与救治的经历，分享了见证中国代表团夺得首金的激动时刻。北医三院吕扬讲述了团队以坚贞不渝的信念和精湛的医术，为延庆赛区身受重伤的运动员施行手术，并得到患者肯定的难忘经历。北医三院杨渝平讲述了在崇礼赛区"与时间赛跑"，用直升机转运、抢救受伤运动员的经历。北医三院胡跃林，口腔医院叶红强、邹晓英讲述了在延庆冬奥村通过完善诊疗流程、制定个性化服务方案改善运动员医疗体验的故事。人民医院党育回顾了国家雪车雪橇中心医疗保障团队赛前细致筹备，赛场上以专业技能守护运动员安全完赛的经历。首钢医院牛鹏飞讲述了在首钢大跳台等场馆与团队成员坚守岗位，高效完成闭环内感控及救治工作的故事。口腔医院姚娜、肿瘤医院杨娇楠、北医三院怀伟讲述了与队友们凝心聚力，以精湛技术和良好的沟通技巧顺利完成救治任务的故事。口腔医院接壁朦、北医三院梅宇、北大六院高兵玲讲述了团队通过先进的临床设备和细致入微的心理服务为冬奥医疗保驾护航的故事。一首诗朗诵《冬奥有我 请党放心》讲述了北大人的医者初心，真挚的话语道出了北医人心底的坚守与身为医者坚定的信仰。

## 北京大学 2022 年北京冬奥会、冬残奥会志愿者工作总结表彰大会

4月15日下午，北京2022年冬奥会冬残奥会北京大学志愿者工作总结表彰大会在2008年北京奥运会乒乓球比赛场馆——北京大学邱德拔体育馆举行。北京市委常委、教育工委书记夏林茂，国家游泳中心场馆运行团队主任张杰，北京冬奥组委志愿者部副部长张秀峰等领导嘉宾出席大会。校领导班子成员，以及各相关职能部门代表、志愿者来源院系代表、参与北京冬奥冬残奥志愿服务保障工作的全体师生参加大会。

会议伊始，全体与会人员共同观看视频《冰新一代 共向美好未来：北京大学志愿者的冬奥记忆》，一幅幅动人画面带

领现场观众重温冬奥盛会。大会在雄壮的国歌声中正式开始。

郝平宣读《北京大学关于表彰北京2022年冬奥会、冬残奥会志愿者工作突出贡献集体和突出贡献个人的决定》，向受到表彰的集体和个人表示热烈的祝贺，并勉励师生再创佳绩，坚守北大人与家国同频共振的优良传统，弘扬忠诚、担当、奉献的品质，以实际行动迎接党的二十大胜利召开。

在欢快的乐曲声中，与会领导嘉宾为受表彰的集体和个人代表颁奖，场内的志愿者师生共同佩戴上冬奥"雪花"纪念徽章，再次回忆冬奥的美好瞬间。

在"北大'冰新一代'与北京冬奥"讲述环节中，北大科技冬奥教师代表、学生志愿者代表、各驻地和工作组教师代表、校内保障志愿者"飞虎队"成员代表、保安和餐饮工作人员代表分享了参与冬奥服务保障的幕后故事，再现志愿工作的精彩瞬间，传递胸怀大局、自信开放、迎难而上、追求卓越、共创未来的北京冬奥精神。

北京大学教职工合唱团、北京大学学生合唱团、北京大学附属幼儿园代表共同唱响2022年北京冬奥会开幕式主题歌《雪花》，"千万雪花，竞相开放，万千你我，汇聚成一个家"。

2022年北京冬残奥会冠军、中国轮椅冰壶队运动员陈建新、闫卓与北大志愿者代表共同点亮雪花装置，见证北京大学冬奥志愿者宣讲团正式成立，讲述冬奥故事，弘扬冬奥精神，充分发挥北京冬奥的热量，激发"请党放心，强国有我"的巨大能量。

表彰大会在全场合唱《歌唱祖国》和集体大合影中落幕。

专　文

# 传承北大精神，谱写青春华章
## ——在北京大学 2022 年毕业典礼上的讲话

（2022 年 6 月 28 日）

郝 平

尊敬的各位来宾、各位老师，亲爱的同学们：

大家上午好！

2018 年，在北大建校 120 周年之际，同学们走进了燕园，从此你们的人生便与国家和民族的命运更加紧密地联系在一起了。

那一年，习近平总书记在北大考察时，对广大青年提出了"爱国、励志、求真、力行"的期望。

四年来，同学们勤于学习、勇于实践，培养了北大人的情怀、使命和担当，在新中国成立 70 周年之际再次喊响了"团结起来、振兴中华"的时代强音，在党的百年华诞时发出了"请党放心、强国有我"的铿锵誓言，传承了"爱国、进步、民主、科学"的精神，茁壮成长。

特别是近两年半以来，大家积极应对新冠疫情带来的严峻考验，不断塑造和升华你们人生的境界。

今天，同学们将从燕园出发，希望你们今后无论走到哪里，都要把疫情"大考"带来的磨练作为一生的精神财富，写好人生新的篇章。

在这里，我提出四个方面的期望，与大家共勉：

**首先，希望大家带着"以天下为己任"的使命意识和担当精神，主动思考和解决时代提出的课题。**

青年的命运，从来都是同时代紧密相连。

当今时代极其复杂，人类正处于百年未有之大变局，气候变化、区域冲突、传染疾病流行等全球性问题突出，给我们带来严峻挑战。

在疫情的冲击下，北大的老师们始终践行着大学的使命。5 月 9 日，随着疫情形势的变化，全校 4000 多门课程的教学立即转入线上。老师们全身心投入，熟练运用信息化教学手段，在云端授课，进行毕业辅导。我和龚旗煌校长到文史楼了解在线教学情况时，看到很多老师面对着空无一人的教室，在黑板上奋笔疾书，讲课仍然那么富有激情，那些场景至今令人难忘。

大学的科学研究紧紧围绕人类面临的共同挑战而展开。当得知疫情防控要求封闭校门的时候，200 多名老师和科研人员第一时间选择留宿在校内，他们在实验室和办公室里打起了地铺，一干就是几十天。生命学院的吴虹院长说，他们想的最多的，是"无论如何重大科研项目不能停下，大家的毕业实验不能中断"。北大的老师们用自己的行动诠释了"为人师表""教书育人"的高尚品德和对学术的敬业精神。

当前，新一轮科技革命和产业变革深入发展，这既是挑战，也是大有可为的机遇。同学们在这样的时代背景中走上工作岗位，或者投入更高阶段的学术事业，大家不论从事什么工作，都要始终关注人类社会发展所面临的重大问题与挑战，不负时代赋予的责任与使命。

**第二，希望大家践行勇于奉献的精神，用辛勤的付出，为国家和民族复兴贡献力量。**

青春的价值在于奉献。疫情之下的校园，温暖的关心与互助从未缺席，我们的师生志愿者和各个岗位的劳动者用最暖心的守护，为大家的学习生活提供了有力的保障，给我们上了一堂生动的大思政课。

比如，这轮疫情发生后，学校每天要为数万名师生员工做核酸检测。在人手极为缺乏的情况下，仅仅两天时间，就有几百名老师报名做志愿者，其中包括学院的书记、院长和知名学者；在学生志愿者招募信息发布后，短短一小时内报名人数就接近千人。

外国语学院书记李淑静教授说，"作为老师要义不容辞的冲在前面，舍小家为大家，一定要保护好学生！"真挚的话语，传递的是无私忘我的情怀与精神。

的确，不论是身处校内还是校外的老师和同学，都能充分理解、支持、配合北京市和学校的防疫政策，学校也始终牵挂着大家，尽全力去回应大家的需求。

各附属医院和校医院的医生护士、学工老师和各楼生活辅导员、后勤员工和保安员，日夜坚守在工作岗位上，第一时间为大家排忧解难，提供各种帮助与服务。正因为有了这样的守望相助，同学们才能顺利完成学业。

一个人要实现自己的人生价值，不仅仅是得到了什么，更重要的是看为国家、民族和社会创造了什么、奉献了什么。同学们要把自己的命运与国家和民族的命运紧密地联系在一起，做一个勇于奉献、无悔付出的人，让自己的青春理想更加闪光。

**第三，希望大家培育团结互助的精神，把个人的奋斗融入团队、融入集体。**

团结协作是中华民族复兴的力量源泉，也是人类发展进步的前提与基础。

今年年初，我们国家举办了一届精彩、非凡、卓越的冬奥盛会，体现了中华民族的自信与担当，让"更快、更高、更强、更团结"的精神得到广泛传播。

在这期间，有1600多名北大师生和医务人员参与保障工作，服务于北京、延庆、张家口三个赛区，值守在8个场馆，其中就有在座的许多同学。大家团结一心、通力合作，出色完成了各项任务。

刚才，北大博士生、航天员王亚平向同学们发来了祝贺视频，她也谈到了团队合作互助的重要性，她说，胜利的取得，依靠的是密切配合，彼此支持。团结协作就能汇聚出强大的中国力量。正是有了中国航天人和各个方面的齐心协力，我们国家才能圆梦苍穹、探索宇宙。

在即将启程的新的人生征程中，同学们要始终牢记，做任何一项工作，都离不开集体的智慧和团队的团结合作。只有把个人汇入集体、将小我融入大我，才能不断超越自我，取得事业上的成功。

**最后，希望大家保持开拓创新的精神，努力成为国家建设的栋梁。**

创新是引领发展的第一动力，大学是培养创新人才的摇篮。

120多年前，京师大学堂就提出了"造就通才"的办学纲领，要为民族复兴培养栋梁之材。

120多年来，一代代北大人用青春的力量激荡起国家富强的澎湃春潮，有力推动着现代化的进程。

在庆祝中国共青团成立100周年大会上，习近平总书记指出，中华民族始终有着"自古英雄出少年"的传统。这也是对新一代北大人的殷切期望。

在今年国际计算机学会学生科研竞赛全球总决赛中，学校图灵班的郭资政同学，凭借在芯片设计自动化领域的创新成果，荣获本科生组全球第一名。他毕业后将进入集成电路学院攻读博士学位。

刚才发言的毕业生代表吴清玉同学，在很多数学大赛中取得优异成绩，与合作者在有限元研究领域取得了重要进展，受到同行的高度关注。

在他们身上，充分体现了北大人追求卓越的创新精神，彰显了北大青年勇当栋梁的远大志向。

同学们正值最美好的年华，你们人生的黄金时期将贯穿实现第二个百年奋斗目标的全过程。希望你们不惧风雨、勇挑重担，用青春的智慧和汗水创造出优异的成果，努力成为国家建设的栋梁！

同学们：

北大是你们青春的见证，也是永远的精神家园，在北大收获的精神财富，也将是你们未来发展的不竭动力。

今年学校把刻有你们每一个人名字的印章作为毕业礼物送给你们，就是希望同学们铭记北大人的庄严承诺，服务人民，建设祖国，造福世界。

大家今天就要从北大起航，驶向新的广阔天地，希望你们自觉当好北大精神的传承者、弘扬者，牢记党的教诲，立志民族复兴，不负韶华，不负时代，不负人民，为中华民族的伟大复兴而不懈奋斗！

再次祝贺同学们顺利毕业！北大永远是你们温暖的家园！

谢谢大家！

## 做强国有我的新青年
## ——在北京大学 2022 年开学典礼上的讲话

（2022 年 9 月 4 日）

龚旗煌

同学们、老师们、来宾们：

大家上午好！

今天，我们隆重举行 2022 年新生开学典礼。首先，我代表全校师生员工，祝贺各位新同学圆梦北大，开启人生新的篇章，北大欢迎你们！

同学们，从进入燕园的那一刻起，"北大人"就是你们最闪亮的青春印记，你们的人生也与北大的光荣和使命紧紧相连。看着朝气蓬勃的你们，我不禁想起 1979 年，我入学时的情景。那时中国大地处处涌动着改革开放的春潮，我们那代年轻人特别希望学得一身本领，早日投身祖国的建设。经过四十多年的奋斗，我们已经全面建成小康社会，吹响了建设社会主义现代化强国的冲锋号。未来二三十年，中国梦的宏伟篇章将由你们来书写，北大"以天下为己任"的接力棒已经交到了你们手中。

1898 年，在民族危亡之际，北大应运而生，扛起了兴学图强、培育栋梁的重任。长期以来，北大始终与祖国和人民共命运、与时代和社会同前进，在民族复兴的史册上镌刻了"爱国、进步、民主、科学"的奋斗篇章。如今的北大，一批优势学科达到世界一流水平，形成了通识教育和专业教育紧密结合的人才培养体系，拥有一支卓越的教师队伍，产生了一批推动时代发展的科技创新成果和先进思想理论，在国家现代化建设中发挥了重要的先锋作用。这种"使中国向着好的，往上的道路走"的精神底蕴，引领着一代代北大青年在所处的时代条件下谋划人生、创造历史。

习近平总书记指出，实现中国梦是一场历史接力赛，当代青年要在实现民族复兴的赛道上奋勇争先。1981 年，北大青年在燕园喊出了"团结起来、振兴中华"的时代强音；40 年后，在 2021 年党的百年华诞之际，北大青年在天安门广场发出了"请党放心、强国有我"的青春誓言，这是新时代北大人的奋斗坐标。作为燕园的新主人，希望大家抱定宗旨、砥砺前行，跑好青春奋斗的接力赛，做强国有我的新青年。

**做新青年，要爱国明志，坚定为国求学的信念。**

青年时期是人生最闪光的阶段。只有把青春融入服务国家、造福人民的主旋律，青春的光谱才会更广阔，青春的光芒才能更闪亮。

我国半导体物理的一代宗师黄昆先生，一生不为名利，只为报效国家、振兴中华。1951 年，他舍弃了在国外发展的大好机遇，满腔热忱地回到深爱的祖国。在北大物理系任教期间，他参与制定了新中国第一个科学技术发展远景规划，主持创建了中国第一个半导体物理专业，全身心投入立德树人工作，为中国信息产业培养了第一批拔尖人才，为创立和发展中国半导体教育与科技事业、从无到有地建设中国半导体工业体系作出了开创性贡献。今天，他的爱国奉献精神始终是北大精神的一面旗帜，引领着北大师生努力解决国家面临的"卡脖子"难题。

同学们在踏入北大后，都立下了为国家、为人民奉献青春的誓言。来自西藏的平措旺扎同学是医学部临床医学专业的新生，他出生于医学世家，很早就立志行医济世、救死扶伤。在目睹了北大援藏医疗队帮助患有眼疾的老人重获光明后，他更加坚定了用医学专业知识帮助家乡人民的志向。

希望同学们自觉将北大人的家国情怀融进血液、化作行动，把助推国家发展作为学习的动力，把为人民谋幸福、为民族谋复兴作为毕生的追求。

**做新青年，要求真务实，学好担当重任的本领。**

古人说："学须静也，才须学也。"近年来，学校完成了图书馆东楼和一批教学楼的改造，在昌平启用了新校区，最近还建成了东侧门大草坪，营造了宁静优美的校园环境和潜心治学的良好条件，希望大家倍加珍惜在北大的学习时光。

求真学问、练真本领，要有"勤奋、严谨、求实、创新"的治学精神。北大历史学系原系主任邓广铭先生将"博学于文，行己有耻"作为毕生的信条，在学术事业上深耕求索、成就卓越，被誉为"二十世纪海内外宋史第一人"。随着对史料的不断发掘和思考，他对一生中最重要的六部著作进行了反复修订、大幅增补甚至彻底改写。其中，《岳飞传》改写过两次，前后历时近四十年，《王安石》一书也在四十多年间修订和改写了三次。希望大家努力追求这种精益求精的学术境界，带着强烈的求知欲和探索心，在勤奋学习、刻苦钻研中练就过硬本领。

大家在北大学到的本领，是建设国家的基本功，所以在学业上一定要求真务实，来不得半点虚假。作为一名北大学生，维护诚信精神和科学的尊严是你们义不容辞的责任。希望同学们始终端正治学态度，老老实实做学问，勤勤恳恳下功夫，这样才能不虚度大学时光，学到真正的本事。

**做新青年，要砥砺精神，磨练百折不挠的品格。**

成功的背后，是艰辛的努力；人生的光彩，是逆境的打磨。只有具备顽强的意志、坚毅的品格，才能不断攀登人生新的高峰。

中国航天员王亚平是我国第一位"太空教师"，迈出了中国女性舱外太空行走的第一步。她也是大家的学姐，是北大新闻与传播学院的硕士毕业生，目前正在心理与认知科学学院攻读博士。在叩问苍穹的路上，她一次次挑战自我、挑战极限。在离心机项目训练时，身体要承受 8 个 G 的过载，以至于脸会变形，呼吸非常困难。在进行出舱活动水下训练中，她要在 10 米深的水下，持续训练五六个小时。正是带着这份永不言弃的坚韧，她才能心怀凌云志、飞天摘星辰。

我们也有不少新同学克服种种困难，战胜了疫情冲击等挑战，以顽强的毅力追逐梦想，不仅取得了优异的学习成绩，还成为生活的强者。希望大家今后不论遇到任何挫折，都要不畏艰难、勇毅前行，在每一次困难和挑战中磨练自己的志气、骨气、底气，不断塑造更加优秀的自己。

**做新青年，要兼容并包，涵养海纳百川的胸怀。**

大学是"囊括大典，网罗众家"的学府。同学们在北大不仅要学习知识，也要培养"有容乃大"的气度，做到正视自己、欣赏他人、心怀世界，不断提升人生的境界。

正视自己，是自我完善的前提。过去，大家习惯了名列前茅，但在北大，可能会感到更大的竞争压力。希望同学们调整好心态，不要因为一时的成绩排名而气馁，要一步一个脚印地做好积累，在厚积薄发中追求卓越，努力取得新突破。

欣赏他人，是团结合作的基础。大家从五湖四海相聚在北大，这是难得的缘分，在前进的道路上，同学是志同道合的伙伴。北大汇聚了中国乃至世界上最优秀的学生，希望大家相互学习，善于发现和吸纳他人的优点与强项，在取长补短中共同进步。

心怀世界，是引领时代的底色。1916 年，李大钊先生在其著名的《青春》一文中提出，青年要"为世界进文明，为人类造幸福"。当今世界正处于百年未有之大变局，更需要促进文明的和谐与共同繁荣。北大是中外交流的重要桥梁，北大的同学，不论是中国学生还是留学生，都是连接中国与世界的纽带。希望同学们结成伙伴、增进友谊，在真诚交流中了解彼此的文化，更好地读懂中国、读懂世界，推动国际社会迈向更加美好的明天！

同学们：

时间之河川流不息，青春使命一脉相承。再过一个多月，党的二十大即将胜利召开，为实现第二个百年奋斗目标、实现中华民族伟大复兴的中国梦擘画新蓝图、开启新征程。大家在最美好的年华进入北大，接过了新时代北大人的接力棒。我衷心祝福大家在北大历练成长、不断进步，在强国之路上奋力奔跑，在复兴伟业中挺立潮头，跑出新一代北大青年的最好成绩！

谢谢大家！

# 加快建设中国特色世界一流大学 以优异成绩迎接党的二十大胜利召开

《中国新闻发布》（2022年第10期）

郝 平

2018年5月2日，习近平总书记在北京大学考察时深刻指出，世界一流大学都是在服务自己国家发展中成长起来的，国家发展同大学发展相辅相成，我们要在国家发展进程中办好高等教育。

北京大学从1898年创办至今，在建设世界一流大学的道路上已经奋斗了120多年。这120多年里，北大的命运、北大的发展始终与国家和民族的振兴紧密相连。我们深刻认识到，建设世界一流大学的梦想和目标，只有在党的领导下、在社会主义制度中才能实现。当前，我们要加快建设中国特色世界一流大学，就必须牢记习近平总书记的嘱托，坚持扎根中国大地办大学，全面融入民族复兴进程，努力实现高质量内涵式发展。

**一、建设世界一流大学，培养世界一流的国家栋梁之才，是近代中华民族的伟大梦想，是挽救民族危亡的深刻认识**

北大的创办与近代中国的历史有着紧密联系，她是民族救亡图存中孕育而生的中国近代史上第一所国立最高学府，开创了中国最早的文科、理科、社科、农科、医科、工科，诞生了中国最早的现代学制，标志着中国现代高等教育的开端。1840年鸦片战争后，面对深重的民族危机，一批有识之士逐渐认识到，除了学习西方的科学文化知识、学习西方的科学精神，解放思想观念是更为根本的，进而提出必须要创办新式学堂，培养人才，走教育兴国的道路。在戊戌变法的改革纲领《明定国是诏》中，创办京师大学堂的内容占了三分之一篇幅。《京师大学堂章程》开篇就明确了"激发忠爱、开通智慧、振兴实业、端正趋向、造就通材"的宗旨和纲领，提出了远大的办学理想和目标。康有为、梁启超起草的《奏拟京师大学堂章程》中也提到，大学堂"为各省之表率、万国所瞻仰""规模当极宏远，条理当极详密"。

《奏拟京师大学堂章程》提出的目标很宏伟，但是在当时的历史条件下，京师大学堂屡遭挫折，以致一度停办，使得这个目标不可能实现。1900年，京师大学堂被八国联军中的德、俄侵略军占为兵营，校舍、书籍、设备严重毁坏，大学堂被迫停办长达两年之久。1902年1月，战事平息后，清政府下令恢复京师大学堂，但并没有对大学堂给予充分的投入。

**二、世界一流大学的建设，必须融入民族复兴的伟大进程，成为民族发展进步的历史推动者**

教育兴则国家兴，教育强则国家强。高等教育是一个国家发展水平和发展潜力的重要标志。辛亥革命后，中华民族谋求复兴的历程进入了新的一页，也给北大和中国高等教育的发展带来了新的转机。

1912年，蔡元培先生主持制定了近代中国高等教育的第一个法令——《大学令》，规定"大学以教授高深学术、养成硕学闳材、应国家需要为宗旨"，这鲜明体现了蔡先生把大学建设融入国家发展的办学思想。

1916年蔡元培先生出任北京大学校长后，坚持"循思想自由原则，取兼容并包主义"的办学理念，邀请了陈独秀、李大钊、胡适、刘半农、钱玄同、鲁迅等许多有新思想的学者和一批留学回来的科学家到北大任教；毛泽东同志也于此时在北大图书馆工作。一大批北大师生成为新文化运动的主将，在中国掀起了思想解放的潮流，沉重打击了统治中国2000多年的传统礼教，启发了人们的民主觉悟，推动了现代科学在中国的发展，为马克思主义在中国的传播和五四运动的爆发奠定了思想基础。

在此期间，建设世界一流大学始终是北大的办学目标。1918年，在北大建校20周年之际，蔡元培先生在校庆纪念会的演讲中说："本校二十年之历史，仅及柏林大学五分之一，莱比锡大学二十五分之一，苟能急起直追，未尝不可与为平行之发展。"德国的柏林大学、莱比锡大学代表了当时的世界最高水平，所以蔡元培校长在1918年就提出，中国的大学要急起直追，要和这些大学"平行发展"，要达到世界一流水平。虽然当时中国积贫积弱，大学没有好的历史机遇和发展条件，但蔡先生提出的重要观点，充分表达了北大建设世界一流大学的雄心壮志。

五四运动后，学习、研究和宣传马克思主义成为进步思想界的主流，而北大就是最重要的阵地。习近平总书记指出："中国共产党的主要创始人和一些早期著名活动家，正是在北大工作或学习期间开始阅读马克思主义著作、传播马克思主义的，并推动了中国共产党的建立。这是北大的骄傲，也是北大的光荣。"1917年俄国十月革命胜利后，李大钊先生深刻认识到这场革命的划时代影响，率先在北大高高举起马克思主义旗帜，发起成立了北京大学马克思学说研究会、北京大学社会主义研究会等革命团体。从1920年起，他在北大史学系、经济系、法律系和政治系先后讲授"唯物史观""社会主义与社会运动"等课程，开启了中国大学开展马克思主义理论教育的先河。

正是李大钊等一批革命家的艰辛努力，使马克思主义在中国得到广泛传播，大批先进青年接受马克思主义并走上革命道路，为中国共产党的成立作了思想上和干部上的准备。1920年，李大钊等同志在北大成立了中国北方第一个共产主义小组，向全国输送核心骨干，"南陈北李，相约建党"。可以说，在马克思主义的广泛传播和中国共产党的创建中，北大都作出了不可磨灭的历史贡献，在我们党的发展史、中华民族的发展史上都写下了浓墨重彩的一笔。与此同时，北大真正发生根本性的变化，真正找到解决中国问题的出路，正是与中国共产党的诞生紧紧联系在一起的。中国共产党成立后，北大师生在党的领导下，以强烈的历史主动性和担当精神融入民族复兴的伟大进程，成为民族发展进步的历史推动者。

### 三、世界一流大学的建设，只有在中国共产党领导下，有社会主义制度的保障，坚持社会主义办学方向，才能健康稳步快速发展

服务民族复兴是建设世界一流大学的题中之义，最根本就是要加强党对高校的全面领导，保证办学的政治方向。北大的发展历史说明，只有在中国共产党的领导下，高等教育才能将自身的发展与国家和民族的命运紧密联系在一起，真正肩负起"教育救国""科教兴国"的使命。

新中国成立后，党和国家大力发展教育事业，北大建设世界一流大学的事业取得了长足发展。1952年，为适应国家建设需要，全国高校进行了院系调整。国家对北大的发展十分重视，将北大定位为综合性大学，全面加强建设。经过院系调整后的北大，大步迈出建设世界一流大学的步伐。1959年，中共中央首批确定16所国家重点大学，北京大学名列其中。历届学校领导和几代北大人都怀着赶超世界先进水平的雄心壮志，接续奋斗、砥砺前行。

改革开放以来，北大迅速拨乱反正，自觉融入中华民族伟大复兴的进程之中。1981年，北大师生率先喊出"团结起来，振兴中华"的口号，这是百年中国的主旋律，也是改革时代的最强音。

这一时期，北大人继续在思想理论和科技创新上作出了许多开创性的成果，引领时代发展。在思想理论领域，1978年胡福明校友作为主要起草人，发表了《实践是检验真理的唯一标准》，拉开了解放思想的序幕；厉以宁教授关于经济体制改革特别是股份制改革的建议，成为改革过程中思想理论的利器。在科技创新领域，王选先生主持研制成功的汉字激光照排系统，使中国印刷业告别铅与火、跨入光与电的新时代；徐光宪先生开展的稀土分离理论及其应用研究，使中国实现了由稀土资源大国向稀土生产大国、出口大国的飞跃。

20世纪80年代中期，国务院将北京大学等10所大学列入国家重点建设项目，所需经费由国家直接补助，并纳入国家"七五"计划。在这样的背景下，1986年8月，北大召开全校中层干部大会，在讨论"北大应办成什么样的大学"这一主题时，丁石孙校长明确提出："我们的目标，应该是把北京大学办成全世界第一流的大学。"1994年7月，北大第九次党代会正式提出了"创建世界一流的社会主义大学"的建设目标。

1998年北大百年校庆之际，中央启动了"985工程"，创建世界一流大学成为国家战略。2000年，在国家的决策部署下，北大与北京医科大学合并组建为新的北京大学，学校的综合实力进一步增强，事业发展不断迈上新台阶。

2014年5月4日，习近平总书记在北大考察时强调："党中央作出了建设世界一流大学的战略决策，我们要朝着这个目标坚定不移前进。"

20多年来，特别是新时代以来的十年，在党和国家的大力支持下，北大坚持社会主义办学方向，坚持扎根中国大地办大学，在建设中国特色世界一流大学上取得了一系列新进步新突破，为国家现代化建设作出了突出贡献。针对国家在关键核心技术上面临的"卡脖子"难题，北大的专家学者大力攻关，形成了云—端融合系统的资源反射机制及高效互操作技术、数字视频编解码、原子钟、碳基集成电路等一大批重大原始创新成果和颠覆性技术。在思想文化和理论创新方面，北大组织开展了《儒藏》编纂与研究工程、古文字与中华文明传承发展工程等重大基础性学术工程，推出北京大学人文学科文库、中华文明国家文物基因库、中华文明传播史、北大中国史、比较经济史、中华人民共和国经济史、政治通鉴、语言接触与族群演化专项、丝绸之路重大考古发掘与丝路文明传承等重大项目，进一步推进国家发展研究院、新结构经济学研究院等机构建

设，形成了一批具有北大特色、理论深度和政策影响力的高水平智库成果，积极探索构建中国自主的知识体系。

**四、扎根中国大地，奋进时代征程，加快中国特色世界一流大学建设步伐**

党的十八大以来，党中央和国务院对高等教育重点建设作出新部署，统筹推进世界一流大学和一流学科建设。2015年10月，国务院印发《统筹推进世界一流大学和一流学科建设总体方案》，将"211工程""985工程"等重点建设项目统一纳入"双一流"建设。2022年1月，教育部、财政部、国家发展改革委印发《关于深入推进世界一流大学和一流学科建设的若干意见》，"双一流"建设从2015年开启的"统筹推进"阶段迈入"深入推进"新阶段。

以习近平同志为核心的党中央高度重视北大的发展建设。习近平总书记两次到北大考察并亲自主持召开师生座谈会，发表重要讲话，七次给北大师生校友回信、致贺信，为北大加快创建中国特色世界一流大学指明了方向，提出了明确的办学指导思想。北大在新时代取得的工作成效，根本在于以习近平同志为核心的党中央坚强领导，根本在于习近平新时代中国特色社会主义思想科学指引。

2018年5月2日，习近平总书记在北大考察时指出："近年来，北大继承光荣传统，坚持社会主义办学方向，立德树人成果丰硕，双一流建设成效显著，服务经济社会发展成绩突出，学校发展思路清晰，办学实力和影响力显著增强，令人欣慰。"这是对我们的极大鼓舞与鞭策。面向未来，总书记指出，"高校只有抓住培养社会主义建设者和接班人这个根本才能办好，才能办出中国特色世界一流大学"，并提出了建设世界一流大学必须抓好的三项基础性工作，即"坚持办学正确政治方向""建设高素质教师队伍""形成高水平人才培养体系"。

2021年4月，习近平总书记在清华大学考察时强调，坚持中国特色世界一流大学建设目标方向，为服务国家富强民族复兴人民幸福贡献力量。2022年4月25日，习近平总书记在中国人民大学考察时进一步强调，要坚持党的领导，坚持马克思主义指导地位，坚持为党和人民事业服务，落实立德树人根本任务，传承红色基因，扎根中国大地办大学，走出一条建设中国特色、世界一流大学的新路。这些重要论述是我们加快创建中国特色世界一流大学极为重要的指导思想和根本遵循。

在新时期探索建设中国特色世界一流大学的征程中，北京大学积累形成了六条主要经验：一是必须坚持发挥党的领导这一最大政治优势和制度优势，不断深化党建和思想政治工作，推进党建和思想政治工作向纵深发展，为事业发展提供根本政治保障；二是必须坚持服务国家发展的根本导向，始终牢记办学初心，始终扎根中国大地办大学，融入国家现代化建设的大格局、大潮流，自觉履行国家战略科技力量的使命担当，加强产学研深度融合，促进科技成果转化，发展社会主义先进文化，服务经济社会发展；三是必须坚持落实立德树人根本任务，为党育人、为国育才，把立德树人的成效作为检验学校一切工作的根本标准，内化到大学建设和管理各领域、各方面、各环节，切实提高人才培养质量，培养造就一批拔尖创新人才；四是必须坚持自立自强，坚持走中国特色社会主义教育发展道路，建立健全办学治校的根本制度、基本制度、重要制度，树立先进的办学理念，不断增强教育自信、办学自信；五是必须坚持面向全球开放办学，胸怀大局、自信包容，进一步拓展多边合作网络，持续推进与国外高水平大学和顶尖科研机构的实质性合作，着力构建北大风格、中国特色、世界一流的国际智识高地和学术共同体，不断增强国际影响力；六是必须坚持走内涵式发展道路，面向国家对优质高等教育的迫切需要，推进"有机增长、动态平衡"，聚焦结构调整，深化综合改革，形成以质量提升为核心、办学规模与质量提升协调推进的建设道路。

当前，世界百年未有之大变局加速演进并与世纪疫情相互叠加，中华民族伟大复兴进入关键时期。站在时代变革的路口，北京大学将坚持以习近平新时代中国特色社会主义思想为指导，深刻领悟"两个确立"的决定性意义，增强"四个意识"，坚定"四个自信"，做到"两个维护"，心怀"国之大者"，深刻领会习近平总书记关于建设中国特色、世界一流大学的重要论述，牢记嘱托，矢志担当，一步一个脚印，加快建设中国特色世界一流大学，为推动民族复兴作出新的时代贡献，为全球高等教育发展贡献中国智慧、提供中国方案，以实际行动迎接党的二十大胜利召开！

# 走好新时代高水平人才自主培养之路的思考与实践

《国家教育行政学院学报》（2022年第5期）

龚旗煌

人才是国之元气，是实现民族复兴最重要的战略力量。习近平总书记在中央人才工作会议上强调，我们必须增强忧患意识，更加重视人才自主培养，加快建立人才资源竞争优势。这一重要论述是立足百年未有之大变局所作出的科学判断，是对当前国际竞争格局的深刻洞察。当今世界，不论是科技硬实力的竞争还是文化软实力的竞争，归根结底是人才竞争。回顾工业革命以来的世界发展史，要建设科技强国、文化强国，必须同时建设教育强国和人才强国，在拔尖人才培养上形成强大的"造血"能力。

我国拥有世界上规模最大的高等教育体系，有各项事业发展的广阔舞台，完全能够源源不断培养造就大批优秀人才，完全能够培养出大师。高校作为培养高水平人才的桥头堡和主阵地，必须切实增强教育自信、办学自信，围绕"培养什么人、怎样培养人、为谁培养人"这一根本问题，科学把握新时代新形势对人才的新要求，锚定人才培养的着眼点、发力点，打造高水平人才培养体系，加快培养国家急需的紧缺人才，坚定不移走好人才自主培养之路。

## 一、新时代高水平人才自主培养的新形势、新要求

明确历史方位才能找准前进方向，把握时代大势才能赢得战略主动。当今世界，百年未有之大变局深刻演进，新一轮科技革命和产业变革深入发展，国际力量对比深刻调整，全球疫情持续演变，中华民族伟大复兴处于关键阶段，我国发展仍然处于重要战略机遇期这些新形势都对人才培养工作提出了新任务新要求。

**1. 新一轮科技革命呼唤领军型人才**

在科研活动和创新活动中，拔尖创新人才的作用非常突出。正如哈佛大学前校长康南特（J.B.Conant）所说："在每一个科学领域里，决定性因素是人，科学事业进步的快慢取决于第一流人才的数目。"历史上，意大利、英国、法国、德国和美国能够相继成为世界科技中心，正是因为每个国家都拥有一大批领军型科学家。进入21世纪以来，全球科技创新进入空前密集活跃的时期，新一轮科技革命和产业变革正在重建世界的创新创造版图、重塑全球的经济社会结构、重构人类的生产生活方式。与以往的科技革命不同，新一轮科技革命更具颠覆性、突破性，是一场从科学到技术再到产业的全链条全周期革命，呼唤着基础学科的重大原始创新，也呼唤着更多颠覆性技术、标志性产品的诞生和普及。同时，它也是一场科技管理、制度、观念乃至文化的全方位全要素革命，既需要各学科各领域的创新，也需要自然科学、工程科学、医学、人文社会科学等各个学科的深度交叉融合，通过更加多元的视角来探索世界、发掘真理、引领发展。在前几次科技革命浪潮中，我国没能及时抓住历史机遇；在当前这轮科技革命中，如何培养出领军型人才、推动我国抓住这次重大的战略机遇，是新时代人才培养工作的重要课题。

**2. 逆全球化浪潮重构人才合作竞争格局**

全球化促进了商品与资本的流动、科技与文明的进步和各国人民间的友好交往，为全球经济增长和繁荣发展提供了强劲动力。但近年来，保护主义、单边主义不断抬头，特别是新冠肺炎疫情发生以来，"新冷战"的论调死灰复燃，逆全球化的浪潮愈加汹涌。一方面，面对日益复杂精细的社会分工和人类命运的共同挑战，需要更大范围、更宽领域、更深层次、更加紧密的国际人才合作。此次发生的新冠肺炎疫情就是一次全球性挑战，各国不仅要做好国内防控，及时分享疫情信息，还需要加强病毒检验监测、药物和疫苗研制等卫生手段的技术合作和共享。另一方面，日趋激烈的国际冲突加剧了国际人才竞争，一些国家实施"人才封锁"战略，阻碍了正常的国际学术合作和人才交流。自中美战略竞争加剧以来，美国国会制定多项法

案，通过缩短计划学习航空、机器人和先进制造业的中国留学生的签证期限，加强对中国学者和学生参与敏感项目研究的审查暂时中止关键敏感领域的中国学者赴美学术交流等方式干扰阻断中美人才培养与交流渠道。人才合作与竞争两个方面的矛盾不断深化、愈发尖锐，使高水平人才的自主培养更加紧迫。如何应对这种新格局，是新时代人才培养工作的重大挑战。

**3. 中华民族伟大复兴需要强大人才支撑**

作为社会发展的先进代表，人才在政治经济、社会、文化、生态等国家治理的各个方面都发挥着引领、示范、创新、推动的作用，影响着国家治理水平和现代化进程，人才发展与国家发展进步具有天然的内在统一性。当前，中华民族伟大复兴已经进入不可逆转的历史进程。在我国进入新发展阶段、贯彻新发展理念、构建新发展格局的进程中，经济社会发展取得了一系列历史性突破，科技领域积累了一系列历史性成就，但重大原创性科技成果缺乏、底层基础工艺能力不强、关键核心技术受制于人、国际治理体系参与不足、国际话语权掌握不够等局面还没有得到根本性的改变。千秋伟业，人才为先。中国比历史上任何时期都更加接近实现中华民族伟大复兴的宏伟目标，也比历史上任何时期都更加渴求人才。如何满足国家高质量发展的新需求，是新时代人才培养工作的核心目标

面对新形势提出的新要求，高校必须国家之所想、急国家之所急、应国家之所需，聚焦党和国家的战略部署和现实需要，瞄准高水平人才自主培养的"靶点"，加快培养具有崇高理想、爱国情怀、世界眼光、创新能力，堪当民族复兴重任的时代新人。

## 二、聚焦立德树人根本任务，培养社会主义建设者和接班人

立德树人是教育的根本任务。2018年，习近平总书记在北京大学考察时深刻指出："古今中外，每个国家都是按照自己的政治要求来培养人的，世界一流大学都是在服务自己国家发展中成长起来的。我国社会主义教育就是要培养社会主义建设者和接班人。"浇花浇根、育人育心，高校应构建思想政治理论课、综合素养课程、专业课程三位一体的高校思政课程体系，发挥思政课的"群舞中领舞"作用，实现所有高校课程的"共舞中共振"效应。北京大学在育人工作中始终坚持社会主义办学方向，把思想政治工作贯穿立德树人全过程，教育引导学生扣好人生第一粒扣子。

**1. 坚持政治性和学理性相统一，倾力打造富有时代特征、体现北京大学气派、彰显中国特色的思政课**

思政课是落实立德树人根本任务的关键课程，是加强思想政治教育的主阵地。北京大学开设了"习近平新时代中国特色社会主义思想概论"等精品思政课程，切实用新时代党的创新理论教育引导学生。创设由校领导为本科新生、研究生新生主讲"开学第一课"制度，加强入学教育，为学生在校学习开好头、起好步党的历史是最生动、最有说服力的教科书。作为新文化运动的中心、五四运动的策源地和中国共产党最早的活动基地，北京大学深入挖掘充分运用红色校史、红色资源，开设"百年党史专题""马克思主义经典著作研读"等特色思政课程，充分发挥党史育人功能；为留学生与港澳台籍研究生群体专门开设"中国概况"课程，推进思政教育全覆盖。

**2. 坚持价值塑造、知识传授与能力培养相统一，扎实推进课程思政，发挥如盐入水、润物无声的作用**

我国高校的学科专业是在推动民族复兴的历史进程中逐步创立并发展起来的，各个学科都有一批服务国家发展的先进人物和事迹，每门专业课程都有值得深入挖掘的思政育人资源。只有每门课程都守好一段渠、种好责任田，促进专业课程与思政课同向同行、协同育人，才能全方位提升思政育人成效。北京大学在全体教师中开展课程思政培训，树牢课程思政意识提高课程思政能力，做到"教育者先受教育"加强思政课程与课程思政的协调衔接，以课程思政为抓手，做到育人和育才相贯通；结合不同学科专业特点，分类推进课程思政，做到因课制宜、因事而化、因时而进、因势而新；做好课程思政示范专业和课程的宣传推广，展现出课程思政的理念、方法和效果，做到竖起一个、带动一批、影响一片。

**3. 坚持通识教育和专业教育相统一，塑造学生的完全人格，提升学生的人文与科学素养**

经济、科技的快速发展对人才的综合素质提出了更高要求，以往聚焦专业教育的培养模式已经难以充分满足社会多元化的需要，人才培养过程中必须坚持通识教育和专业教育的紧密结合。北京大学建立以"经典阅读和研讨式教学"为特征的通识核心课程体系，从人类文明及其传统，现代社会及其问题，艺术与人文数学、自然与技术四个方面帮助学生理解世界文化的丰富性和多样性，深入思考每个人都置身其中的现实社会，提升审美情趣、想象力和鉴赏力，认识科学技术的发展历程和前沿方向促进学生全面成长，从人类文明的优秀成果中汲取营养，进一步树立正确的世界观、人生观价值观。

**4. 坚持课堂教育与社会实践相统一，让学生在田野间锤炼品质、增长才干**

在产业结构不断优化、社会竞争日趋激烈的今天，实践能力与劳动意识的培养将有利于大学生的全面发展和健康成长。习近平总书记在全国教育大会上强调，要在学生中弘扬劳动精神，教育引导学生崇尚劳动、尊重劳动。北京大学扎实推进劳动教育，制定了《北京大学关于全面加强新时代劳动教育的实施方案（试行）》。自2021级本科生起，学校将劳动教育纳入培养方案，规定本科阶段劳动教育不少于32学时，同时将劳动素养纳入学生综合素质测评体系；规定每个学生

每学年应参加不少于一周的劳动实践；打造理论学习和实践锻炼相结合的劳动教育体系，一体培养学生的劳动观念劳动能力、劳动精神、劳动习惯、劳动品质；整合校内外优质资源，举办马克思主义学院博士研究生全国巡回讲师团、"基层治理"、"国际组织人才培养"、"力行计划"暑期社会实践等证书项目和活动，搭建综合性培养平台，强化学思践悟、促进知行合一。

### 三、聚焦高水平科技自立自强，培养高层次创新型人才

习近平总书记在中央人才工作会议上强调"实现我们的奋斗目标，高水平科技自立自强是关键。"高水平科技自立自强，是立足新发展阶段、贯彻新发展理念、构建新发展格局的应有之义，对赢得新一轮科技革命的主动权、实现第二个百年奋斗目标具有重要意义，是国家发展的战略支撑。打造一支高层次科技人才队伍，是新时代人才培养工作的重要使命。北京大学坚持遵循创新型科技人才培养规律，增强人才自主培养能力，努力为高水平科技自立自强提供坚实的人才支撑。

**1. 坚持面向国家战略需求，不断优化人才培养布局**

响应国家战略需求是高等教育人才培养的根本指向。北京大学立足高水平研究型大学定位，加快推进研究生结构优化：设立"前沿工程博士专业学位"项目，推动工程科学技术创新和战略管理创新，加快培养国家急需的工程科技领军人才；改革资源配置方式，对基础学科和国家急需关键领域的应用型学科给予招生计划增量支持，将博士招生计划分配向学术活跃、研究前沿、指导效果好的导师和团队倾斜

**2. 坚持不拘一格，探索超常规人才培养方式，打造基础学科的人才"珠峰"**

基础学科在现代学科体系中具有先导性根本性作用，是国家创新发展的源泉。北京大学通过开展物理学科卓越人才培养计划、数学英才班、强基计划"博雅学堂"和"未名学者"计划等一系列基础学科人才培养项目，实施一系列突破性措施，不断提高基础学科人才培养的层次和水平。创新招生方式，在国内顶尖的高中设立人才共育基地，推动拔尖创新人才的早期发现和培养，促进基础教育与高等教育有机衔接。注重通过中长期考核，深入全面地考察学生的综合素质，对于志向高远、在基础学科领域有突出特长和发展潜力的优秀生源，通过单独途径进行招录。聘请资深教授担任基础学科人才培养项目的导师、班主任，为学生提供引领、指导和帮助，充分发挥以才育才作用。将科学研究、学科建设和人才培养深度融合，落实学校各类重点实验室等科研实验平台向基础学科人才培养项目学生全面开放，全员开展本科科研。根据学生的学习基础和研究兴趣为每名学生量身定做一套课程学习指南，每学期基于学生的实际学习进展动态调整，实现个性化培养。强化国际化培养，密切与世界一流大学和科研机构的联系，邀请顶尖科学家前来讲学或进行学术交流，积极派出学生赴海外参加学术会议，开展交换学习、联合培养和合作研究，鼓励学生在国际化的学术环境中拓宽视野。打造"3+X"本研贯通式培养，鼓励专业基础突出的学生通过免修考试来完成基础课程模块的学习；增设荣誉课程，采取讲课和自学相结合、课程修习和科研训练相结合、基础和前沿相结合的模式，激发学生学习的主观能动性实现本科和研究生课程的有机衔接。

**3. 坚持产学研用一体，畅通人才培养、实用的本土化成长路径**

实行科教产融合协同育人，是推动教育链与产业链、创新链无缝对接，打通高等教育人才培养"最后一公里"的重要路径。北京大学鼓励人才流动，推动基础学科的优秀毕业生到本校的国家急需紧缺学科专业或其他高水平大学、科研机构进行深造；与各行业的龙头企事业单位开展联合培养，落实《加快推进急需高层次人才培养行动方案（2021—2025）》，陆续启动相关专业专项培养工作；加强与各类国家级科研单位合作，发挥怀柔科学城等重大项目平台的人才培养功能；实施高层次应用型人才培养模式改革，开展跨院系联动招生，支持优秀学生利用创新成果进行创业，培养能推动国家和行业技术进步、产业升级和战略管理水平提升的领军人才。

### 四、聚焦世界学术前沿，培养具有学科交叉融合背景的复合型人才

习近平总书记指出："重大原始创新成果往往萌发于深厚的基础研究，产生于学科交叉领域，大学在这两方面具有天然优势。"学科交叉融合往往是新的学科增长极和创新生长点的催化剂。美国著名教育家伯顿·R.克拉克（Burton R.Clark）曾阐述了交叉学科的重要性，"如果许多在操作层次上相互分离的群体富有意义地联结起来，形成更大的团体，那么在操作上他们就能实现更大的具有跨学科性质的目的"。北京大学坚持"不在最前沿就是落后"，聚焦重大研究问题，充分发挥学科齐全的传统优势，优化促进学科交叉融合的体制机制，实现"厚基础、宽口径、强交叉"的人才培养目标。

**1. 大力推进学科交叉平台建设**

成立元培学院、燕京学堂、现代农学院、未来技术学院、前沿交叉学科研究院等一批跨学科类人才培养的实体机构。坚持问题导向，设立"区域与国别研究""临床医学+X""碳中和核心科学与技术""数智化+"等学校层面的学科交叉平台，加强跨院系、跨学科、跨学部的协同合作。

**2. 积极推动交叉学科专业设置**

充分用好自主权，设置数据科学与工程、整合生命科学、纳米科学与工程等交叉一级学科和材料与化工硕士、资源与环境博士专业学位类别；开设政治学、经济学与哲学，外国语言与外国历史，化学＋材料科学工程，人工智能，医学影像技术，教育与文明发展，"严复班"等本科专业和教育项目。

**3. 创新学科交叉背景下的人才培养模式**

面向交叉学科人才培养，北京大学成立交叉学科学位评定分委员会，规范和促进交叉学科人才培养工作；建立多层次跨学科人才培养模式，设置40余个本科生双学位及辅修专业，实行双学位及辅修的专业课程与同专业主修课程同质要求、同质管理，要求各院系本科必修有本科生开放，为学生提供多样化的跨学科学习选择。

### 五、聚焦"四个自信"，培养体现中国特色、中国风格、中国气派的哲学社会科学人才

习近平总书记深刻指出："社会大变革的时代，一定是哲学社会科学大发展的时代。"当代中国正经历着中国历史上最为广泛而深刻的社会变革，也正在进行着人类历史上最为宏大而独特的实践创新。这必将给理论创造、学术繁荣提供强大动力和广阔空间。北京大学以为中国学术开宗立派、为中华文明创造新生、为世界发展贡献智慧为使命，以深化新文科建设为抓手，不断开拓哲学社会科学人才培养新局面。

**1. 大力加强支持保障，让冷门不冷、绝学不绝**

"冷门绝学"虽然小众，但却关乎中华文明大课题。北京大学对文史哲等基础学科，强化"3+X"本研贯通式培养，研究生在保障型奖学金之外设置奖优型奖学金，让他们能够潜心学业、安心从研。对小众专业招生、小众课程开设等予以支持，促进相关专业持续稳步发展确保后继有人、薪火相传，形成愈发紧密的学术共同体。

**2. 努力构建本土话语体系，让中国青年读中国教材、学中国理论、续中国实践**

高校理论工作者应当扎根中国大地，回应中国问题，创新中国特色哲学社会科学理论体系和话语体系，用中国理论支撑高水平人才培养。北京大学强化哲学社会科学领域的教材编写工作，为哲学社会科学人才培养工作奠定坚实基础；开办"新结构经济学实验班""多语种国际化卓越外语人才拔尖学生培养""高素质复合型国际关系涉外人才培养创新与实践"等项目，加快培养对中华文明有深刻认识、对世界文化有充分理解、对人类文明面临的根本性问题有独特见解的高层次人才。

**3. 坚持"科技为人文赋能，人文为科技赋值"，以数字人文建设为哲学社会科学人才培养注入新的活力**

科技与人文是车之两轮、鸟之双翼，应当相互促进、相互融合，共同助力哲学社会科学人才培养。北京大学举办应用语言学（中文信息处理）、计算艺术、健康传播专业硕士等培养项目，招收理工科背景的学生到文科院系深造，促进以文治理、以理兴文；建设语言学实验室（首批教育部哲学社会科学实验室）、中华文明国家文物基因库、健康医疗大数据国家研究院、人工智能艺术创新与应用实验室等平台，不断提升文科学生的数字素养和科技思维，积极培育新时代哲学社会科学的工程师。

高水平人才自主培养能力是一流大学的重要标志。面向实现第二个百年奋斗目标的伟大进程，我国高校应围绕立德树人根本任务，主动适应党和国家事业发展需要，积极构建一流大学体系，加快实现战略科学家、基础研究人才和高层次复合型人才的高水平自主培养，为2035年基本实现社会主义现代化提供人才支撑为2050年全面建成社会主义现代化强国打好人才基础。

综　　述

# 2022年发展概况

北京大学创办于1898年，初名京师大学堂，是中国第一所国立综合性大学，也是当时中国最高教育行政机关。辛亥革命后，于1912年改为现名。

北京大学是新文化运动的中心和"五四"运动的策源地，在中国最早传播马克思主义和民主科学思想，是中国共产党最早的活动基地之一，为民族的振兴和解放、国家的建设和发展、社会的文明和进步做出了不可替代的贡献，在中国走向现代化的进程中起到了重要的先锋作用。爱国、进步、民主、科学的传统精神和勤奋、严谨、求实、创新的学风在这里生生不息、代代相传。

1917年，著名教育家蔡元培出任北京大学校长，他"循思想自由原则，取兼容并包主义"，对北京大学进行了卓有成效的改革，促进了思想解放和学术繁荣。陈独秀、李大钊、毛泽东以及鲁迅、胡适等一批杰出人才都曾在北京大学任职或任教。

1937年卢沟桥事变后，北京大学与清华大学、南开大学南迁长沙，共同组成长沙临时大学。不久，临时大学又迁到昆明，改称国立西南联合大学。抗日战争胜利后，北京大学于1946年10月在北平复学。

中华人民共和国成立后，全国高校于1952年进行院系调整，北京大学成为一所以文理基础教学和研究为主的综合性大学，为国家培养了大批人才。据不完全统计，北京大学的校友和教师有400多位两院院士，中国人文社科界有影响的人士相当多也出自北京大学。

改革开放以来，北京大学进入了一个前所未有的大发展、大建设的新时期，并成为国家"211工程"重点建设的大学之一。1998年5月4日，在北京大学百年校庆之际，国家主席江泽民题词："发扬北京大学爱国进步民主科学的优良传统 为振兴中华做出更大贡献"，并在庆祝大会上发出了"为了实现现代化，我国要有若干所具有世界先进水平的一流大学"的号召。北京大学积极响应号召，适时启动"创建世界一流大学计划"（"985计划"），自此开启了北京大学建设发展的新篇章。

2000年4月3日，原北京大学与原北京医科大学合并，组建了新的北京大学。原北京医科大学的前身是国立北京医学专门学校，创建于1912年10月26日，并于1946年7月并入北京大学。1952年在全国高校院系调整中，北京大学医学院脱离北京大学，独立为北京医学院。1985年更名为北京医科大学，1996年成为国家首批"211工程"重点支持的医科大学。两校合并进一步拓宽了北京大学的学科结构，为促进医学与人文社会科学及理科的结合，改革医学教育奠定了基础。

近年来，在"211工程"、"985工程"和"双一流"建设的支持下，北京大学进入了一个新的历史发展阶段，在学科建设、人才培养、师资队伍建设、教学科研等各方面都取得了显著成绩，为将北大建设成为世界一流大学奠定了坚实的基础。今天的北大已经成为国家培养高素质、创造性人才的摇篮、科学研究的前沿和知识创新的重要基地和国际交流的重要桥梁和窗口。

2022年，北京大学设有55个院系，133个本科专业；设有12个学科门类，覆盖除军事学外的所有学科门类，目录内博士学位授权一级学科52个，目录外博士学位授权交叉学科4个，博士学位授权二级学科259个，目录内博士专业学位授权类别8个，硕士学位授权二级学科278个，目录外参照二级学科管理的硕士交叉学科1个，目录内硕士学位授权专业学位类别29个，目录外硕士专业学位授权类别2个。博士后科研流动站49个，其中博士后研究人员出站721人、进站974人、在站2842人。博士硕士生导师3300人，硕士生导师1147人；中科院院士98人、工程院院士30人。"双一流"建设学科49个，国家级一流本科专业建设点87个，北京市级一流本科专业建设点24个，北京高校重点建设一流专业7个，北京高校高精尖学科3个。学校由教育部举办，为综合性大学。拥有教室375间，其中网络多媒体教室358间。数字终端78,230台，其中学生终端53,752台、教师终端24,475台。数字资源量中电子图书3,051,608册、电子期刊81,149册、学位论文4,209,149册、音视频36,750.8小时。国家重点实验室14个，国家研究中心1个，国家工程研究中心5个（国家工程技术研究中心4个、国家工程实验室1个），国家临床医学研究中心5个，国家野外科学观测研究站2个。北京实验室1个，北京高精尖创新中心3个，北京重点实验室45个。网址：www.pku.edu.cn。

2022年，北京大学坚持以习近平新时代中国特色社会主义思想为指导，深刻领悟"两个确立"的决定性意义，增强"四个意识"、坚定"四个自信"、做到"两个维护"，深入学习宣传贯彻党的二十大精神。10月16日，全校80余家二级单位集体收看二十大开幕会，实现3万4千多名师生党员全覆盖。10月24日，举行全校学习传达党的二十大精神大会，千余名师生代表线上线下共同参会。11月10日，举行学习贯彻党的二十大精神中央宣讲团报告会，中央宣讲团成员尹艳林作宣讲报告。全年累计举行200多场学习研讨会，马克思主义学院、习近平新时代中国特色社会主义思想研究院举办"全面建设社会主义现代化国家学术研讨会"等多场理论研讨会。推进《新时代中国特色社会主义理论与实践丛书》的编撰和出版。第一时间上线专题网站，累计发布相关新闻225篇。举办"喜庆二十大 奋进新时代——北京大学改革发展十年成果图片展"。举办干部研讨班、中青年骨干研修班、教师党支部书记"双带头人"培训示范班、"新时代国家发展与党的建设"专题研讨班等系列集中培训。围绕党的二十大重要部署制定任务分解方案，在党的建设、立德树人、学科建设、科技创新、师资队伍建设等方面逐项细化任务举措，以党的二十大精神引领学校党的建设和"双一流"建设。

7月31日至8月1日，北京大学召开第十四次党代会，系统总结发展成就和办学经验，明确发展战略和总体思路，选举产生新一届学校党委、纪委。持续推动党史学习教育常态化制度化，持续开展学生党支部"永远跟党走"主题党课，推进"百年中共党报党刊史（多卷本）"等重大研究项目，出版《红楼：北京大学与中国共产党的创建》等学术著作。深入推进中央巡视常态化整改工作，强化巡视整改成果运用。开展首届"同心奖"评选表彰活动。

积极服务保障北京冬奥会、冬残奥会。8家在京附属医院派出902名医疗服务保障人员参与冬奥志愿服务工作，6家附属医院成为冬奥保障定点医院。北大共有630名志愿者、57名冬奥赛时实习生、15名开幕式演出人员参与冬奥会和冬残奥会。收到来自北京冬奥组委、冰立方场馆等23个单位发来的感谢信。北京大学冬奥志愿服务团队、第三医院崇礼园区、第三医院三个集体荣获冬奥会、冬残奥会"突出贡献集体"称号。

## 一、疫情防控

2022年，学校落实上级部署，统筹疫情防控、校园建设和管理服务，不断健全运行保障支持系统。科学精准做好开学返校组织、校门管理、核酸检测、健康驿站建设和物资储备等一系列工作。适时调整教学科研模式，通过线上线下相结合的方式，保质保量完成教学和重点科研任务。统筹做好对学生、教职工、其他出入校人员的管理，及时掌握师生员工身心状态，全力满足其合理诉求。

2022年底，在疫情形势最吃紧的时刻，各部门、各院系，特别是各附属医院和校医院合作构筑校园疫情防控和医疗保障防线。学校稳妥推动工作重心从"防感染"向"保健康 防重症"转变，重点做好离退休教职工的疫苗接种、药品保障和重症治疗等工作，对出现相关症状师生进行医疗救治和服务关怀。

## 二、人才培养

提升人才自主培养质量。制定《领导班子带头抓思政课建设工作办法》《北京大学全面推进"大思政课"建设实施方案》等政策文件，进一步完善以习近平新时代中国特色社会主义思想为核心内容的思政课课程群。继续开展课程思政示范项目建设，批准6个示范院系、5项教材立项，8门课程入选北京市课程思政示范课程；出版"北京大学课程思政丛书"第一册。上线一批高水平艺术、体育类课程，完成北京大学劳动实践管理平台建设，确定5月为"北京大学劳动月"并制定实施方案，拓展学生劳动教育的形式和内容。把握教育数字化契机，加强软硬件支撑，全面升级在线教学系统、丰富在线学习资源。巩固和加强教材阵地建设，全年教材立项65个，其中数字化教材建设立项7个；评审确定5个教材研究与建设基地；获得首届全国教材建设奖全国优秀教材（高等教育类）26项，北京高校优质本科教材课件5项。获得北京市教学成果奖38项，北京市教学名师和青年教学名师7人。附中、附小以及附属幼儿园不断强化办学特色、提升办学质量，促进各学段教育更好衔接。

探索完善拔尖创新人才的选拔和培养模式。圆满完成物理学科卓越人才培养计划首次招生，聘请33位"两院"院士担任科学指导委员会委员，持续做好数学英才班招生培养工作。持续推进"基础学科拔尖学生培养计划"，三年来共获批19个拔尖计划2.0基地（其中2022年新增6个），覆盖所有基础学科，数量居全国第一。深入实施"强基计划"，做好首批学生本研转段衔接的准备工作。立项本科教改项目116个，结题通过项目104个，其中10个项目获得结题优秀；申报49个教育部产学合作协同育人项目，已有32个项目签署了协议；牵头建设17个国家级试点虚拟教研室，5个项目获得北京高等教育"本科教学改革创新项目"立项。立项本科生科研训练项目620项，评出"未名学士"50人。强化本科通识教育，2022年共开设通识教育核心课程102门次。

持续加强研究生招生录取、教学培养、学位授予等全过程质量管理。克服疫情困难，圆满完成2023年硕士研究生考试组考工作。持续开展"研究生教育创新计划"，全年组织实施81项活动，搭建全方位、跨学科、高层次的研究生综合培养平台和创新培养体系。获评北京市优秀博士学位论文16篇、提名11篇；获评北京市优秀研究生指导教师8人、团队4个。高效完成年度"关键领域急需人才支持计划""工程硕博士培养改革专项支持计划"招生工作；启动实施考古学、核科学与技术、关键软件、人工智能、国际仲裁等国家急需高层次人才培养专项；获批建设数理化生4个国家高层次人才培养中心；稳步推进"前沿工程博士专业学位项目"，设立卓越工程师学院，培育更多具有跨学科背景和行业领军能力的工程技术人才。加强专业学位研究生培养管理，贯彻分类培养理念，制定修订培养方案。

## 三、学科建设与科学研究

积极承担国家重大科研任务。2022年共获批国家自然科学基金项目845项，经费10.23亿元，整体呈现基础项目稳步增长、重大类型项目增量显著、医学领域项目申报量持续扩大的向好态势。在国家重点研发计划支持的重大基础研究和应用基础研究领域继续保持竞争优势，共牵头申报国家重点研发计划166项、科技创新2030-新一代人工智能10项；已获批科技部国家重点研发计划74项，项目数居全国第一，国拨经费10.05亿元。先后两次召开全校国重工作交流会，持续推动国重实体化建设进程；全力开展新国重申报工作，前两批各领域已获批新建9个全国重点实验室，其中牵头新建4个（微纳电子器件与集成技术、多媒体信息处理、血管稳态及重构、女性生育力促进），位居全国第一。强化产学研用深度融合，全年理工科横向科研合同数量、合同额、到款额均创历史新高。成功举办北大医学办学110周年学术高峰论坛。

持续加强哲学社会科学研究，构建自主知识体系。2022年获批国家社科基金重大项目立项9项，为2020年以来最高，年度项目立项44项，部分学科立项数居全国前列。成立中共党史党建研究中心，推进语言学实验室实体化建设。《儒藏》《马藏》编纂工作持续推进，《当代中国马克思主义研究》《传统文化研究》成功创刊。成立北京大学智库工作委员会，进一步理顺和优化智库工作机制。"数字与人文年"成果丰硕，"数字与人文专项支持计划"两批共资助17名学者，举办了一系列高水平的学术交流、成果展示活动。

完善科研管理服务机制，加强科技奖励与成果管理。针对"揭榜挂帅"项目配套管理、科研资金管理、专利管理等工作完善相关制度文件，为高质量开展科研活动提供有力支撑。落实中央"放管服"精神，坚持以"精细化"服务为导向，营造有利于科研人员潜心研究的良好氛围，进一步释放创新创造活力。全年共发表SCI论文17000余篇，有68项科研成果发表在《科学》《自然》《细胞》三大期刊上。北大10余项高科技成果助力科技冬奥、绿色冬奥；组织开展"梦天"实验舱载荷中冷原子柜实验任务；"FAST精细刻画活跃重复快速射电暴""揭示新冠病毒突变特征与免疫逃逸机制"2项成果入选科技部组织评比的2022年度中国科学十大进展；"世界首例高通量测序单基因遗传病和染色体异常筛查试管婴儿"获评"中国21世纪重要医学成就"。19项成果获评教育部高等学校科学研究优秀成果奖（科学技术）；10项成果获评北京市科学技术奖。6位北大教师受邀在第29届国际数学家大会上作报告，生物医学前沿创新中心研究员曹云龙入选《自然》杂志2022年度十大人物。

优化学科布局。在教育部第五轮学科评估中，北大优势学科数量和占比均位居榜首。学校把握教育部赋予的学科建设自主权，充分论证并出台了新一轮"双一流"建设方案，明确了1+49（38）+6+4的学科布局，深入推进5项改革重点任务，提出要做优传统优势基础学科，做强国家战略急需学科，做实新型交叉学科，打造面向未来的中国特色哲学社会科学体系，大力推进新工科、新文科、新医科、新农科建设，持续推进"临床医学+X"、区域与国别研究、碳中和核心科学与技术、"数智化+"等重大交叉学科项目，为学科实力的持续提升打下坚实基础。2022年新增行星科学本科专业以及化学（环境化学方向）、政治与行政学（数字治理方向）2个本科专业方向，恢复逻辑学专业；增设"国家发展学"一级交叉学科、"生物与医药"硕士专业学位类别，自主设置相关二级学科和专业领域。深化交叉学科创新平台建设，支持昌平临时动物设施启动、电镜平台仪器设备升级和临床化学生物学平台建设等创新平台项目。首次实施新工科交叉专项项目，年度立项30项；继续推进"临床医学+X"青年专项项目，年度立项43项。确立北大医学"5+7"顶尖学科发展方向，持续推进北京大学智慧药物平台、临床医学高等研究院、医学高端仪器平台等一批高水平科技创新平台的建设。

高质量完成"双一流"监测数据年度填报工作。总结各学科的重要建设进展，修订《北京大学实体研究机构管理办法（试行）》，进一步加强实体研究机构管理。加强学部建设，发挥学部在学科建设、学术咨询与评价、人才培养、学术交流等方面的作用。

## 四、人才队伍建设

持续加大引才育才工作力度。2022年全校（含医学部）新入职202名学术带头人和优秀青年人才，其中教研系列161人、研究技术系列36人、教学系列5人，着重引进的一批"80后"优秀青年学者已在教学科研岗位上发挥重要作用。完善博雅博士后项目，全年遴选283名资助候选人；加强研究技术系列人才队伍建设，新聘任38名专职研究岗位人员。学校全年设立人才启动项目近400项，在经费整体持续缩减的情况下，保持了人才启动经费稳定且比例略有增长。针对以博士后为主体的青年人才加大引进力度，大幅提升薪酬待遇，并在住房条件、聘用或晋升政策等方面予以倾斜，为其营造良好的科研环境和生活环境。优化非全职教师聘任机制，吸引国内外高层次人才在北大开展交流合作。2022年，学校共11人入选文科一级教授；83人入选国家自然科学基金优秀青年科学基金项目（海外）等海外高层次人才系列项目；29人入选国家杰出青年基金；11人入选国家优秀青年科学基金；18人入选青年拔尖人才，杰青人数再创历史新高并位居全国第一。9人获北京市优秀教师；4人获第十七届中国青年科技奖，2人获第十八届中国青年女科学家奖。

持续优化人才评价机制，加强师德师风建设。在强调高质量学术论文代表作的同时，鼓励探索学术代表作形式的多样化，从学术质量、学术影响、社会贡献等多维度进行综合学术评价；探索重大科研任务团队评价办法，鼓励和支持人才承担重大团队任务。修订教师校外兼职管理办法，规范教师合理兼职，激活教师的工作积极性和主动性。出台《北京大学关于加强教师思想政治和师德师风建设的若干措施》，完善制度体系建设；将新时代师德规范内容全面纳入各类教职工培训工作中；在招聘引进、职称评审、考核聘用等教职工管理全过程开展师德师风考核和评估，并将其作为首要要求和第一标准，对违反师德师风行为"零容忍"。

## 五、社会服务

持续深化校地合作，积极服务国家和区域发展战略。与多个地方政府、企事业单位和兄弟高校开展密切交流互访，推动共建高水平新型研发机构和联合实验室，促进北大创新链与地方产业链深度融合；出台《北京大学异地科研机构管理办法（试行）》，推动异地科研机构规范管理、高质量发展。与北京、上海多个国家实验室开展战略合作，参与构建国家战略科技力量。继续定点帮扶云南省弥渡县，年度帮扶主要数据指标全部达到或超过预期。进一步加大对对口支援高校的工作力度，助力中西部高等教育事业发展。修订《北京大学非学历继续教育管理办法》，引导办学单位提升品位、强化质量、塑造品牌。各附属医院持续改善医疗条件、提供更高品质的医疗服务，2022年十家附属医院床位数12675张，门急诊总诊疗人次1950余万，出院人次64万，平均住院日降低至8.5天。

## 六、交流合作

做好留学生招生、培养与管理工作。面向全球多渠道开展宣讲，广揽国际优秀生源，不断改善留学生生源国别结构、提高生源质量；分批做好留学生返华返校，千余名留学生回到燕园。大力开拓国际暑期学院、预科实验班和交换进修生培养，实现非学历教育与学历教育有机衔接。先后举办"全球视野下的中国研究"国际青年学生学者论坛、新中国北大来华留学教育70周年纪念大会以及相关活动，恢复举办北京大学国际文化节。及时灵活调整学生海外学习派出工作，保持海外学习项目的生命力，提升学生参与的积极性，派出学生数量稳步恢复。积极打通对外渠道、搭建有效平台、开放实习岗位并争取基金支持，推动国际组织人才培养。

与国外高校建立校际合作。牵头筹建数智教育发展国际大学联盟，提升北大在全球高等教育治理体系中的地位；积极参与国际研究型大学联盟相关工作。中俄数学中心、中国—东盟公共卫生科技合作中心等重大国际性科研平台建设取得新进展。全年获批13个重点研发计划国际合作重点专项，创"十三五"以来新高。继续深化与海外知名高校和科研机构的合作，签订各类国际合作项目36项，总经费6700余万元。北大—哈佛数字人文博士后等多个国际合作项目深入推进；与芝加哥大学、伦敦大学学院等知名高校进一步拓展合作领域。以线上线下相结合的方式，成功举办第十九届"北京论坛"；依托孔子学院，与海外院校合作建立多个交叉学科建设平台。

做好港澳台相关工作。正式实施"北京大学香港高级公务员公共管理硕士项目"，为香港特别行政区培养具有强烈爱国爱港意识和公共管理专业知识的复合型领导人才。加强面向港澳台学生的国情教育，举办"读懂中国"系列活动。成功举办第八届中华文化论坛。

## 七、校园建设与资源保障

重点项目取得新进展。新校区完成全部73栋建筑物交接手续，有序推进楼宇和空间装修改造、设施设备购置等工作，启动昌平200号校园先进技术综合科研大楼建设工程。多模态跨尺度生物医学成像设施完成基建施工并举办竣工仪式，为顺利开放运行打下坚实基础。怀密医学中心明确选址及规划条件。按期收回朗润园158号院闲置用房。深化校园环境综合整治成效，顺利完成东侧门附近空间的改造利用，恬园草坪成为学校新的标志性景观。推进燕南园环境整修和老房改造，古老名园呈现崭新面貌。松林食堂修缮完成重新开放。淑范医学图书馆完成改造扩建并重新启用。推进燕园街道民生工程，做好家门口的暖心服务，加强养老驿站建设运营。

逐项落实燕园大厦、理科楼群、勺园行政区等十项重大空间调配工作。完成两轮肖家河人才房配售工作，完成旧有住房配售，开展教师公寓调配工作，为教职工改善居住条件。分阶段腾退校内地下集体宿舍空间，600余名后勤员工、保安员逐步搬迁至圆明园校区地上宿舍居住。实施"博雅悦龄"项目，为离退休教职工提供精准精细服务。持续提升校医院、附属医院诊疗水平，推出更多方便师生和社区居民就医的新举措。推进"平安校园"建设，聚焦重点领域，强化值班值守和巡逻巡查，进一步提升应急处置能力，维护校园安全稳定。

拓展财源，推进预算管理一体化建设。申请并妥善使用设备购置财政贴息贷款，不断完善办学项目收入分配管理，有效盘活科研项目结余资金。紧扣学校发展的中心任务拓展筹资渠道、完善筹资布局、严控投资风险。

# 2022年大事记

## 1月

**1月4日** 召开党史学习教育总结会议,教育部党史学习教育高校第一巡回指导组组长程天权等出席。

**同日** 召开新冠疫情防控暨寒假工作部署会。

**同日** 与白俄罗斯国立大学召开线上会议,双方以及来自中白两国政府机构的代表就中白科教交流分享经验。

**1月5日** 与芝加哥大学召开线上会议,就开展务实合作进行深入交流。北京大学芝加哥中心揭牌仪式在线举行。

**1月6日** 召开党委理论学习中心组(扩大)会,再次学习党的十九届六中全会精神。十九届中央委员、中央宣讲团成员、中央党史和文献研究院院长曲青山作专题辅导报告。

**1月7日** 中国首个核医学肿瘤显像诊断1类新药 $^{99m}$Tc-3PRGD2 临床III期试验结果发布会在医学部举行。

**同日** 会议中心2021年工作总结暨勺园建园40周年大会举行。

**1月8日** 第七届教职工代表大会第四次会议、第十九届工会会员代表大会第四次会议举行,补选第七届教代会执委会委员、第十九届工会委员会委员。

**1月8日至15日** 首届冬季运动会举行。

**1月11日** 2021年度两岸交流十大新闻揭晓,由北京大学主办、中华全国台湾同胞联谊会合办、北京大学台湾研究院承办的第七届中华文化论坛入选。

**同日** 北京大学十三届党委常委会第207次会议审议并同意成立北京大学物理学科卓越人才培养计划领导小组及其工作组、招生工作小组。

**同日** 《大学与学科》交叉学科研讨会暨专刊发布会在北大举行。

**1月12日** 校领导班子召开党史学习教育专题民主生活会,会议主题是大力弘扬伟大建党精神,坚持和发展党的百年奋斗历史经验,坚定历史自信,践行时代使命,厚植为民情怀,勇于担当作为,团结带领人民群众走好新的赶考之路。

**1月13日** 北京大学第1045次校长办公会议审议并同意授予吉姆·麦克唐纳"北京大学名誉教授"荣誉称号。

**1月19日** 中国教育国际交流协会国际艺术教育专业委员会在北大成立,旨在培养中华文化艺术国际传播高素质人才,服务全国各级各类艺术院校和艺术教育机构国际交流与合作能力的提升。

**1月20日** 北京冬奥会、冬残奥会北大志愿者出征仪式在邱德拔体育馆举行。

**1月22日** 北京大学十三届党委常委会第209次会议审议并通过了2022年"物理学科卓越人才培养计划"招生方案。

**1月25日** 王亚平从太空给北大学生回信。

**1月28日** 《半导体学报》发布第二届"中国半导体十大研究进展"评选活动结果。北大集成电路学院、物理学院研究成果等三个项目入选十大研究进展。

**1月30日** 国际奥委会主席巴赫前往国家会议中心OFA(奥林匹克大家庭助理)办公室参观交流。巴赫对北大奥林匹克大家庭助理志愿者们为保障北京冬奥会顺利举办作出的贡献表示感谢。

**1月30日、31日** 校领导分别带队深入校医院、燕园街道各社区、燕园派出所、快递网点,走访慰问坚守在工作一线的干部职工、志愿者、两新就业群体和在校师生,并对春节期间各项保障工作进行检查和督导。

**1月** 北大8家在京附属医院派出902名医疗服务保障人员参与冬奥志愿服务工作,6家附属医院成为冬奥保障定点医院。学校共有630名志愿者、57名冬奥赛时实习生、15名开幕式演出人员参与冬奥会和冬残奥会。

## 2月

**2月4日** 北京第二十四届冬季奥林匹克运动会开幕式在国家体育场隆重举行。北大中国文字字体设计与研究中心参与设计北京冬奥会、冬残奥会专用字体。

**2月9日** 郝平、乔杰一行到北医三院崇礼院区,调研院区冬奥医疗保障工作和国家区域医疗中心建设进展,并召开座谈交流会。

**2月10日** 第二十二届吴阶平-保罗·杨森医学药学奖正式揭晓。第十二届全国政协副主席、中国科学技术协会名誉主席、北大前沿交叉学科研究院院长、科学技术与医学史系主任韩启德院士获吴杨奖特殊贡献奖,另一位获奖的北大人是来自中国药物依赖性研究所的时杰教授。

**2月16日** 2021年度国家社会科学基金中华学术外译项目立项名单公布,北大获立8项,其中重点项目4项,立项总数与重点项目立项数均居全国高校第一。此外,北大学者的一批优秀成果被列入2021年度国家社科基金中华学术外译项目推荐选题目录。

**同日** 召开2022年春季学期疫情防控工作会议。

**同日** 北京大学第1046次校长办公会议研究了"数字与人文"年相关筹备情况。会议指出,要以数字与人文年为契机,充分发挥北大的综合性学科优势和深厚人文底蕴,加快构建中国特色哲学社会科学体系,促进科技与人文的深度融合、理论与实践的协同创新。

**2月18日** 召开2022年寒假战略研讨会,认真学习贯彻习近平总书记在中央全面深化改革委员会第二十三次会议上的重要讲话精神,紧密结合《关于深入推进世界一流大学和一流学科建设的若干意见》,就把握放权改革契机、确定北大自主建设学科、全力推进"双一流"高质量建设进行研讨，并对新学期有关工作进行部署。

**2月19日** 集成电路高精尖创新中心在北京揭牌成立。北大为共建高校之一。

**2月20日** 被业界誉为"集成电路设计国际奥林匹克盛会"的第69届国际固态电路会议（International Solid-State Circuits Conference, ISSCC）采取线上会议形式举办，北大集成电路学院黄如、叶乐团队研发的"硅基片上一体化集成的高能效电容型感知芯片及其验证原型机"成果，获"2021年度ISSCC最佳演示奖"（2021 ISSCC Demo Award），为该奖项的国内首次获奖。

**2月23日** 北京大学十三届党委常委会第211次会议审议并原则通过了北京大学"数字与人文"年工作方案，同意成立北京大学"数字与人文"领域建设委员会及其专家委员会。

**2月25日** 2021年度基层党组织书记抓基层党建述职评议考核在英杰交流中心阳光大厅举行。

**2月27日** 值张传玺先生逝世周年纪念日和诞辰95周年纪念日，张传玺先生纪念座谈会在北大举行。

**2月** 北京市教育工作委员会下发《关于公布青少年党史学习教育创新案例评选结果的通知》，北大"初心薪火相传 使命永担在肩——北京大学庆祝中国共产党成立100周年主题展览"和"'恰是百年风华'为名湖畔党史学习教育"荣获"北京教育系统青少年党史学习教育创新案例"。

## 3月

**3月2日** 北京大学十三届党委常委会第212次会议审议并原则通过《北京大学新一轮"双一流"建设放权改革工作方案》和《北京大学"双一流"建设高校整体建设方案》。

**3月3日** 召开2022年深化全面从严治党暨强化师德师风建设工作会议。

**3月4日** 北大医学学科发展研讨会召开。

**3月9日** 北京大学第1049次校长办公会议审议并原则通过了《北京大学职务科技成果披露管理办法》。

**3月10日** "中华文明国家文物基因库""考古年代学联合实验室"揭牌仪式暨座谈会在北大举行。

**3月11日** 北京大学十三届党委常委会第213次会议审议并调整了北京大学人才工作领导机构。

**同日** 召开疫情防控工作会议，传达近期上级疫情防控工作专题会议精神，部署新学期疫情防控工作。

**3月14日** 纪念邓拓同志诞辰110周年，邓拓同志的女儿、国务院参事邓小虹女士将自己珍藏多年的邓拓北京大学聘书及相关图书资料捐赠给北大。捐赠仪式在校史馆举行。

**3月15日** 北京大学十三届党委常委会第214次会议审议并通过了《北京大学领导班子带头抓思政课建设工作办法》。

**同日** 召开疫情防控工作视频会，传达习近平总书记关于疫情防控工作重要指示精神和上级决策部署。

**3月16日** 大思政课集体备课研讨会第一期"马克思主义中国化新的飞跃暨习近平总书记'3·18'重要讲话发表三周年研讨会"召开。

**同日** "史家关钥，学术津梁——邓广铭藏书捐赠仪式暨邓广铭先生诞辰115周年纪念活动"举行。

**3月17日** 北大首届数字人文作品展开幕式在全球大学生创新创业中心举行。

**3月23日** 北京大学第1051次校长办公会议审议并同意将圆明园校区纳入学校统筹管理使用。

**3月24日** 吉姆·麦克唐纳爵士北京大学名誉教授授予仪式暨北京大学–思克莱德大学在线会议举行。

**3月24日至26日** 第51期干部研讨班开班式与集中培训举行。

**3月26日** 杰出的西域历史语言学家、北京大学外国语学院段晴教授因病于北京逝世，享年68岁。

**3月29日** 北京大学十三届党委常委会第216次会议审议并同意成立国家重点实验室重组工作领导小组、党委教师工作委员会。

**3月30日** 北京大学第1052次校长办公会议审议并通过新修订的《北京大学仪器设备采购管理办法》《北京大学仪器设备招标投标管理办法》《北京大学进口科教用品管理办法》。

**3月31日** 举行《国家现代化建设研究》创刊号发布座谈会。

**3月** 在国家原子能机构首届季度论坛上，北大获批成为国家原子能机构放射性药物研制与临床转化中心，是本次唯一一家获得授牌的高等院校。

## 4月

**4月7日** 社会学系重建40周年。

**4月8日** 北京冬奥会、冬残奥会总结表彰大会在人民大会堂隆重举行。中共中央总书记、国家主席、中央军委主席习近平出席大会并发表重要讲话。北京大学第三医院、北京大学冬奥志愿服务团队、北京大学第三医院崇礼院区获"北京冬奥会、冬残奥会突出贡献集体"称号。当天下午，北京大学召开十三届党委常委会第217次会议，传达学习了习近平总书记的重要讲话精神。

**4月9日** 北大北京冬奥会、冬残奥会医疗保障人员表彰大会在百周年纪念讲堂举行，深入学习贯彻习近平总书记重要讲话精神，对获得荣誉的集体和表现突出的个人进行表彰。

**4月12日** 北京大学十三届党委常委会第218次会议审议并原则通过了第十四次党员代表大会筹备工作组织机构及职责分工方案。

**4月15日** 北京冬奥会、冬残奥会北京大学志愿者工作总结表彰大会在邱德拔体育馆举行。

4月17日　中国医学科学院发布《中国21世纪重要医学成就》。第三医院乔杰院士带领的生殖医学团队与生命科学学院生物医学前沿创新中心谢晓亮、汤富酬团队合作的研究成果入选。

4月20日　北京大学第1054次校长办公会议审议并同意国际关系学院设立国家安全学系。

4月21日　全国高等院校古籍整理研究工作委员会采取线上线下结合的方式，在北大召开落实《关于推进新时代古籍工作的意见》座谈会。

4月22日　北京新一轮本土新冠疫情爆发，北大医护人员迅速投身于疫情防控工作，截至5月21日，累计派出30,000余人次支援核酸采样、累计采样5500万人次。

同日　北大"数字与人文"教师培训系列启动。

4月23日　北大第29届体育文化节暨2022年春季运动会开幕式举行。

同日　召开"北京大学国家安全学学科建设研讨会暨国际关系学院国家安全学系成立大会"。

4月24日　北大医学办学110周年系列学术活动"新医科-新工科交叉合作论坛"于医学部科技楼报告厅和线上同步举行，线上参会人员达4600人次。

同日　马克思主义学院举行建院三十周年大会暨第九届全国高校马克思主义学院院长论坛。

4月27日　北大理学部、信息与工程科学部、人文学部、社会科学学部、经济与管理学部班子换届聘任会在英杰交流中心举行。

4月28日　党委宣传部联合艺术学院，在教务长办公室的大力支持下，共同发起《咱们：看见身边的光》特别策划，为44组、54名北大一线服务人员拍摄人物肖像照。5月1日，《咱们：看见身边的光》人物肖像照展开幕。

4月29日　香港特区政府高级公务员公共管理硕士项目签约仪式举行。

同日　大北农国际集团董事长邵根伙捐资设立北京大学大北农现代农学发展基金，支持北京大学现代农学院教育事业发展。

4月　第十三届北京大学"班级五·四奖杯""学生五·四奖章"揭晓。

## 5月

5月2日　在习近平总书记2018年考察北京大学4周年之际，在五四青年节和北京大学建校124周年前夕，深入学习贯彻习近平总书记关于北京大学工作重要论述精神座谈会举行。

5月3日　"诗诵百年青春志 领航时代新征程"北大2022年五四青春诗会在静园草坪举行。

同日　北京大学考古百年、新中国考古专业教育七十年纪念大会在英杰交流中心举行。

同日　124周年校庆系列活动之外国及港澳台专家学者交流会在临湖轩举行。

5月4日　"五四薪火耀红旗，青春百年启新篇"北大庆祝建团100周年暨迎接党的二十大主题升旗仪式在静园草坪举行。

同日　校史馆、档案馆主办的"严复与北京大学——严复任北京大学校长110周年纪念展"线上开幕。郝平为京师大学堂匾额揭幕。

同日　昌平新校区举办"劳动月"主题活动，集中开展劳动主题教育、劳动实践和劳动成果展示等活动。

5月5日　由43名医护人员组成的北京大学第一医院支援小汤山方舱医院第一批医疗队集结出征医疗队。

5月8日　第九届北大北美校友代表大会举行。

5月10日　北京大学十三届党委常委会第222次会议审议并原则通过思政课专职教师队伍建设方案。

同日　郝平、龚旗煌到第二教学楼、理教和文史楼调研在线教学开展情况。

5月11日　北大医学办学110周年系列活动——"5·12国际护士节"表彰大会在医学部会议中心礼堂举行。

5月19日　为切实做好肖家河家属区的疫情防控工作，经学校党委批准，北京大学肖家河家属区临时党总支成立。

5月20日　由经济学院、人口研究所联合主办的马寅初先生诞辰140周年纪念暨"共同富裕与人口发展"学术研讨会在线上举行。

5月22日　首届"中国化学会生命化学奖"获奖名单公布。北大药学院张礼和院士获中国化学会生命化学成就奖，生命科学学院伊成器教授获中国化学会生命化学青年创新奖。

5月24日至25日　国际研究型大学联盟（International Alliance of Research Universities，IARU）2022校长年会线上线下同步举行。郝平、王博在线出席年会，郝平作发言。

5月28日　"加强和改进国际传播工作，展示真实立体全面的中国——新时代国际新闻传播人才培养与学科建设专题研讨会"在线上召开，研讨会由北京大学和中国日报社联合主办。

5月28日至6月1日　推出"护燕归航，安全返乡"暖心送站服务，为离京学生提供免费送站服务，并在多校区、多园区提供摆渡车服务。

## 6月

6月1日　北京大学第1059次校长办公会议审议并同意成立预算管理一体化实施工作领导小组，办公室设在财务部。

6月13日　数学科学学院数学英才班交流会暨首届英才班毕业座谈会举行。

**6月16日** 北大2022届毕业生代表座谈会在英杰交流中心月光厅举行。

**6月17日** 召开教师干部大会。中央组织部副部长、中央编办主任李小新到会宣布中央决定并讲话。郝平同志任北京大学党委书记，不再担任北京大学校长职务；龚旗煌同志任北京大学校长、党委副书记；邱水平同志不再担任北京大学党委书记职务，另有任用。

**同日** 为纪念新中国北大来华留学教育70周年及习近平总书记给北大留学生重要回信一周年，展示留华青年学生学者风采和来华留学教育发展成就，北京大学与教育部中外语言交流合作中心联合举办首届"全球视野下的中国研究"国际青年学生学者论坛。

**6月18日** 北大2022年研究生毕业典礼暨学位授予仪式在五四体育场举行，典礼采取线上线下相结合的形式，线上通过燕云直播平台进行直播。

**6月21日** 北京大学十三届党委常委会第231次会议审议并同意成立碳中和研究院，为独立类实体研究机构；同意成立中共党史党建研究中心，挂靠马克思主义学院；同意语言学实验室实体化建设，挂靠中国语言文学系。

**6月24日** 北京大学、密云区人民政府怀密医学中心项目建设协议签约仪式举行。

**同日** 北大理工科科研工作会议在国际关系学院秋林报告厅召开。

**6月28日** 北大2022年本科生毕业典礼暨学位授予仪式以线上线下相结合的形式在邱德拔体育馆举行。

**6月29日** 云南省副省长张治礼一行访问北大。龚旗煌在临湖轩会见张治礼一行。

**同日** 北京大学第1063次校长办公会议审议并通过了《北京大学专利工作管理办法》；同意成立北京大学出版研究院，为虚体研究机构，挂靠信息管理系，张久珍担任负责人；同意成立北京大学青藏高原研究中心，为虚体科研机构，挂靠前沿交叉学科研究院，朱彤担任负责人。

**6月** "第二届北京高校教师教学创新大赛"评选结果揭晓，公共卫生学院王胜锋副教授参赛团队的《流行病学》荣获一等奖，第三医院周非非副教授参赛团队的《肌骨系统（三）退行性疾病》荣获三等奖。

## 7月

**7月1日** 2022年"光荣在党50年"纪念章颁发仪式暨党员老同志座谈会在英杰交流中心举行。

**同日** 院士代表座谈会在英杰交流中心举行。会议听取10位院士代表对学校推进新一轮"双一流"建设的意见建议。

**同日** 郝平、龚旗煌等校领导与来自各院系的教师代表座谈，围绕学校的"双一流"建设进行交流。

**7月2日** "七一勋章"获得者、李大钊同志之孙、安徽省政协原副主席李宏塔一行访问北大。郝平在临湖轩会见李宏塔一行。

**7月4日** 九坤投资（北京）有限公司捐资设立北大九坤教育发展基金捐赠仪式在临湖轩举行。

**7月6日** 由国际数学联盟主办的第29届国际数学家大会于线上开幕。北大教师鄂维南、朱小华、章志飞、丁剑、董彬、刘毅在第29届国际数学家大会上作报告。

**7月7日至8日** 北京大学哲学社会科学院系、理科及跨学科院系党委书记代表座谈会先后在英杰交流中心举行。

**7月8日** 中国共产党优秀党员、著名历史学家、北京大学历史学系教授祝总斌先生因病于北京逝世，享年92岁。

**同日** "要看银山拍天浪，开窗放入大江来——新中国北大来华留学教育70周年纪念展"启幕仪式与纪念大会在百周年纪念讲堂举行。

**7月9日** 由北大港澳研究院主办、香港北大之友协办的"增强动能 由治及兴——学习习近平主席有关香港回归祖国25周年重要讲话研讨会"举行。

**7月12日** 党委理论学习中心组扩大会在燕园大厦召开，传达学习北京市第十三次党代会精神。

**同日** 通过线上线下相结合的方式召开2022年春季学期总结暨暑期工作部署会。

**7月14日** 首届"北京大学参政议政服务发展同心奖"表彰仪式在英杰交流中心举行。

**同日** 科研工作座谈会在英杰交流中心月光厅召开。

**同日** 统战系统"喜迎二十大，奋进新时代"座谈会在英杰交流中心举行。

**7月15日** 第十七届中国青年女科学家奖颁奖典礼在京举行。北大物理学院技术物理系、核物理与核技术国家重点实验室研究员杨晓菲、材料科学与工程学院副院长、教授周欢萍获评中国青年女科学家奖，物理学院凝聚态物理与材料物理研究所、人工微结构和介观物理国家重点实验室助理研究员刘灿入选2020年度未来女科学家计划。

**7月24日** 由国家新闻出版署主办、北京大学承办的首届全国出版学科共建工作会在北大英杰交流中心举行。北大与中国出版集团、北京印刷学院与中国出版协会等线下线上签署合作协议，五家出版研究院、出版学院和全国出版学科共建工作联络处揭牌。

**7月27日** 与新西兰八所大学代表于线上举行了《关于北京大学新西兰中心继续运作的谅解备忘录》签署仪式。

**7月30日** 中国共产党北京大学第十四次党员代表大会预备会议在英杰交流中心阳光厅召开。郝平、龚旗煌等校领导班子成员出席会议，第十四次党员代表大会党代表参会。

**7月31日** 中国共产党北京大学第十四次党员代表大会在百周年纪念讲堂开幕。中央政治局委员、北京市委书记蔡奇出席大会并讲话。校党委书记郝平代表学校第十三届党委作题为《扎根中国大地，奋进时代征程，加快中国特色世界一流大学建设步伐》的工作报告。

## 8月

**8月1日** 中国共产党北京大学第十四次党员代表大会选举大会和闭幕会在英杰交流中心举行。随后，召开新一届党委委员第一次全体会议和新一届纪委委员第一次全体会议。中组部、北京市委组织部、市委教育工委有关同志到会指导。

**8月2日** 圆明园校区交接仪式在燕园大厦举行。

**8月6日** 北京大学中国语言文学系教授、著名比较文学家、古典文献学家、中国日本学家、中国共产党党员严绍璗同志因病于北京逝世，享年82岁。

**8月7日** 著名历史学家、北京大学历史学系吴宗国教授，因病于北京逝世，享年89岁。

**8月14日至15日** 郝平率团访问山东，拜会山东省委主要领导，就进一步深化省校合作交流洽谈，并赴济南、烟台等地推动有关合作事宜。

**8月16日** 北大与能源基金会签署合作备忘录，合作开展一系列研究和实践，助力建设中国碳中和社会治理体系。

**8月18日** 中华日本学会2022年年会暨"邦交正常化50周年：中日关系回顾与展望"学术研讨会在北京大学举行。

**8月19日至22日** 龚旗煌率团访问福建，拜会福建省委主要领导，参加福建省引进青年人才座谈会，召开北大在闽青年人才座谈会，并赴福州、莆田、南平等地看望引进生和推动校地合作。

**8月23日** 纪检监察巡视系统工作座谈会举行。

**8月24日** 美国气象学会公布2023年各奖项获奖名单，北大物理学院长聘副教授李婧获Henry G. Houghton奖，这是该奖项自1990年设立以来，首次颁发给来自中国科研单位的提名人，李婧也是第二位获得该奖的华人科学家。

**8月23至24日** 龚旗煌赴贵州参加2022"中国-东盟教育交流周"开幕式，并在首届高校助推区域经济社会高质量发展论坛上作主旨报告。

**8月25日** 东侧门草坪启用仪式在东侧门内广场举行。

**8月25日至26日** 2022年暑期战略研讨会在英杰交流中心举行。

**8月27日** 由历史学系、中国古代史研究中心共同主办的北京大学中国古代史研究中心四十周年纪念会在英杰交流中心举行。

**8月28日** "纪念周培源先生诞辰120周年座谈会"在中关新园举行。

**8月29日** "纪念周培源先生诞辰120周年系列活动——北京大学力学专业建立70周年庆祝会"举行。

**同日** 邓广铭诞辰115周年学术纪念展开幕式暨邓广铭手稿资料捐赠仪式在校史馆举行。

## 9月

**9月1日** 郝平以"传承报国志，助推复兴梦，做青春奋进的北大人"为题，为全体2022级本科新生讲授"北大第一课"。

**同日** 举行2022年研究生新生开学第一课暨培养说明会。龚旗煌主讲研究生新生开学第一课。

**同日** 举办疫情防控的大思政课，课程采用线上和线下相结合的方式。国家卫健委新冠疫情医疗救治专家组成员、全国抗击新冠肺炎疫情先进个人、北京大学疫情防控专家组组长、北京大学第一医院教授李六亿为全体2022级本科、研究生新生授课。

**同日** 郝平、龚旗煌到新校区调研。

**9月2日** 地质博物馆燕园大厦展厅开展仪式举行。

**9月4日** 2022年开学典礼在五四体育场隆重举行。

**9月6日** 物理学科卓越人才培养计划2022级开班式在英杰交流中心阳光厅举行。

**9月8日** 国家自然科学基金委员会公布2022年度自然科学基金集中接收申请项目评审结果，北大获批各类项目723项，创历年同期新高，多个类别项目数量取得历史突破。

**同日** 2022年教师节庆祝大会在英杰交流中心举行。

**同日** 国家机关事务管理局党组书记、局长王永红一行到访北大，郝平、龚旗煌在临湖轩会见王永红一行。

**9月9日** 召开全校中层干部大会，总结回顾上学期工作，部署新学期重点工作。

**同日** 马克思主义学院2022级本科生"燕园启航，共话初心"主题班会在理科5号楼301会议室举行。校党委书记、马克思主义学院2022级本科生第二班主任郝平出席主题班会。

**同日** 2022级新生代表座谈会举行。

**9月10日** 叶企孙师表奖设立仪式暨首届颁奖典礼在物理学院举行。

**同日** 2022年港澳台学生迎新暨中秋联欢会举行。

**9月13日** 傅鹰先生诞辰120周年座谈会暨北大胶体化学学科发展论坛举行。

**9月14日** 北京大学十四届党委常委会第6次会议审议并原则通过了《北京大学疫情防控专项工作组设置优化调整方案》。

**同日** 北京大学第1069次校长办公会议审议并原则通过了《北京大学教师校外兼职管理办法（修订稿）》。

**9月15日** 第四届"科学探索奖"名单公布，50位青年科学家上榜，其中包括7位北大人。"90后"校友王光宇成为最年轻获奖人。

**9月16日** 举办"八一勋章"获得者杜富国先进事迹报告会，引领北大青年学习英雄事迹、弘扬英雄精神。

**同日** 首届"京彩大创"北京大学生创新创业大赛总决赛暨颁奖典礼举行。代表北京大学参加总决赛的4支团队分获冠亚季军，其中，"面向跨尺度、大规模分子体系的AI for Science计算平台"项目获得冠军，"火星人智能物联网及编程系统"项目以及"骨科内植物未来技术平台"项目并列获得亚军，"多用途水-空跨界质航行器"项目获得季军。北京大学获得最佳组织奖。

**9月17日** 由电子学院主办的"北京大学量子精密测量与冷原子物理学术研讨会暨王义道先生90华诞庆祝会"举行。

**同日** 北大智能学科建设20周年大会举行。

**9月21日** 2022年北京高校"优质本科课程"和"优质本科教材课件"遴选结果揭晓，北大章复熹教授主讲的《应用随机过程（实验班）》等六门课程被评为北京高校"优质本科课程"，乔杰教授主编的《女性生殖系统与疾病（第2版）》等五项教材课件被评为北京高校"优质本科教材课件"。

**9月23日** 与北京理工大学签署战略合作协议。

**同日** 与伦敦大学学院召开在线交流会。

**9月23日至25日** 2022年新任教职工岗前培训举行。郝平、龚旗煌看望新任教职工并讲授"入职第一课"。顾涛讲授"工作人员纪法要求与廉政风险防范"。

**9月24日** 北京大学对外汉语教学70周年暨对外汉语教育学院建院20周年庆祝大会在英杰交流中心举行。

**9月25日** 北京大学现代中国人文研究所成立大会举行。

**9月26日** 2022年阿里巴巴全球数学竞赛公布获奖名单，77位获奖者脱颖而出，其中有35位北大人，总数位居全球高校第一。

**9月28日** 北京大学香港特别行政区政府高级公务员公共管理硕士2022年开学典礼在政府管理学院举行。典礼在北京和香港分别设立会场，以网络视频会议方式同步进行。

**同日** 北大医学办学110周年系列活动——北大医学首届创新转化大赛总决赛暨校企联合研发平台集体签约仪式以线上线下相结合的方式举行。

**同日** 国家自然科学基金基础科学中心项目立项结果公布，北大医学3个项目同时获批，占基金委生命科学部和医学科学部该项目立项总数的3/4，创历史最好成绩。

## 10月

**10月1日** "喜迎二十大 奋进新时代——北京大学改革发展十年成果图片展"开展。深入学习贯彻党的二十大精神专题网站上线。

**10月4日** 北京大学十四届党委常委会第10次会议审议并原则通过了《北京大学全面推进"大思政课"建设实施方案》。

**10月6日** 艺术学院丁宁等七位教师当选北京市高校教学名师和青年教学名师，数量位居北京市第一。

**10月13日** 北京大学—芝加哥大学联合论坛于线上开幕。论坛以"应对气候与能源的挑战"为主题。

**10月16日** 全校80余家各院系、职能部门、直属附属单位组织集体收看二十大开幕会，实现3万4千多名师生党员全覆盖。

**10月18日** 第一体育馆足球草坪修缮后重新启用。

**10月20日** 北京市教育委员会、北京市人力资源和社会保障局、北京市财政局联合发布《关于表彰北京市教育教学成果奖的决定》。北大作为第一完成单位的38项教学成果获得表彰，获奖总数及获特等奖数量位居北京市高校第一。

**10月24日** 北京大学十四届党委常委会第12次会议专题传达学习党的二十大精神。

**同日** 召开学习传达党的二十大精神大会。

**10月25日** 教育部直属系统召开传达学习党的二十大精神大会。教育部党组书记、部长怀进鹏全面传达了党的二十大会议总体情况、大会报告主要精神、党章修正案和党的二十届一中全会精神。会议以视频方式召开，北京大学在英杰交流中心设立分会场，校领导班子成员、校党委委员、纪委委员以及各单位党政主要负责人在分会场参加会议。

**10月26日** 北京大学十四届党委常委会第13次会议审议并原则通过优化新校区初创阶段管理机制方案。

**10月28日** 北京大学第1073次校长办公会议审议并原则通过了《北京大学研究生基本学术规范及管理办法》。

**10月29日** 由第六医院参与主办的北大医学办学110周年北京大学神经精神科创建80周年学术活动——北京大学首届神经精神学科融合高峰论坛线上举行。

**同日** "马克思主义与全面建设社会主义现代化国家新征程——学习宣传党的二十大精神学术研讨会"举行。活动由北京大学马克思主义学院、中国高等教育学会马克思主义研究分会、云南大学马克思主义学院联合主办。活动全程以线上形式进行，来自全国各地的近7000名师生参会学习。

**10月31日** 学习宣传贯彻党的二十大精神工作交流会暨2022年度第3次基层党组织书记会议在英杰交流中心举行。

## 11月

**11月1日** 北京大学—无锡市人民政府全面合作协议暨北京大学长三角未来技术生命健康研究院和北京大学无锡电子设计自动化研究院项目云签约仪式在英杰交流中心举行。

**11月2日** 举办"燕园金秋里，丰收青春时"第一届现代农学文化节。

**同日** 学校新任职干部集体谈话在百周年纪念讲堂举行。

**11月3日** "十三五"国家重大科技基础设施——多模态跨尺度生物医学成像设施工程竣工仪式在怀柔科学城举行。

**11月3日至5日** 北京大学第52期干部研讨班、第13期中青年骨干研修班、2022年教师党支部书记"双带头人"培训示范班、2022年"新时代国家发展与党的建设"专题研讨班举办开班动员会并赴新校区开展集中培训。

**11月4日** 校领导班子成员来到图书馆参观"喜庆二十大 奋进新时代——北京大学改革发展十年成果图片展"。

**同日** 第一期"临湖智库沙龙"在临湖轩举行。新结构经济学研究院院长、世界银行原高级副行长兼首席经济学家林毅夫教授作主题报告。

**同日** 由北大中国语言文学系、中国语言学研究中心《语言学论丛》编辑部主办的《语言学论丛》期刊创刊号发布会举行。

**11月5日** 北京大学—林肯研究院城市发展与土地政策研究中心成立十五周年庆典在北京大学英杰交流中心举行。

**11月6日** 北大第十九届国际文化节在百周年纪念讲堂广场举行。该届国际文化节以"同世界·共梦想·和未来"为主题。

**同日** 举办"开辟马克思主义中国化时代化新境界——学习贯彻党的二十大精神理论研讨会"。

**同日** 由中国语言文学系主办的"谢冕学术思想暨中国新诗研究国际研讨会"在博雅国际酒店举行,40余位专家学者出席研讨会。

**11月8日** 我国著名化学家、教育家、中国科学院院士、中国晶体与结构化学奠基人之一、北京大学化学与分子工程学院教授、中国共产党党员唐有祺先生,因病于北京逝世,享年103岁。

**同日** 校友张益唐教授以视频方式作学术报告,与北大数学师生分享他围绕朗道-西格尔零点猜想所做的研究工作。

**11月9日** 北京市委教工委举办北京高校学习宣传党的二十大精神师生宣讲团首场宣讲会。北大在博雅学堂报告厅设立分会场,师生党员集中观看网络直播,开展集体学习。

**11月10日** 第45届国际大学生程序设计竞赛全球总决赛(ICPC World Finals)在孟加拉国达卡市举办,北大代表队获得金牌,名列全球第二名。

**同日** 学习贯彻党的二十大精神中央宣讲团报告会在办公楼礼堂举行。中央宣讲团成员、中央财经委员会办公室副主任尹艳林作宣讲报告,北大400余名师生现场参会。

**11月12日** 在温州举行的2022世界青年科学家峰会开幕式上,第十七届中国青年科技奖揭晓并举行颁奖仪式。北大北京国际数学研究中心长聘副教授方博汉、地球与空间科学学院教授田晖、物理学院研究员冯旭、材料科学与工程学院教授周欢萍等4人入选。

**同日** 哲学系创立110周年庆祝大会在英杰交流中心举行。

**11月13日** 第八届中华文化论坛在北京以线上线下相结合的形式举行。本次论坛由北大主办,中华全国台湾同胞联谊会合办,论坛主题为"中华文化建设与人类文明新形态"。

**11月15日** 2022年新工科文化周拉开帷幕。

**11月16日** 启动疫情防控应急预案,在学校党委指挥下疫情防控各工作组有序开展工作,并及时向师生员工发布《情况通报》。

**11月18日** 由北京大学、北京市教育委员会和韩国崔钟贤学术院联合主办,联合国教科文组织支持的第十九届北京论坛——"北京论坛(2022)"在钓鱼台国宾馆隆重开幕。本届论坛主题为"文明的和谐与共同繁荣——共创人类文明的未来:信任、对话与合作"。

**同日** 中国物理学会成立90周年纪念大会在南方科技大学举行。大会公布了首批中国物理学会终身贡献奖获得者名单,10位物理学名家获此殊荣,其中包括周光召、赵凯华、陈佳洱、王乃彦、甘子钊、杨国桢、杜祥琬、赵光达8位北大人。

**11月20日** 国家精神疾病医学中心启动仪式暨首届高质量发展论坛在第六医院开幕。

**11月21日** 发展中国家科学院(TWAS)第16届学术大会暨第30届院士大会在杭州召开。经大会选举,增选50位发展中国家科学院院士。北大博雅讲席教授朴世龙、乔杰当选发展中国家科学院院士。

**11月22日** 北京大学十四届党委常委会第17次会议审议并同意自主设置"国家发展学"博士学位授权一级交叉学科,按有关程序报批;同意在学校疫情防控工作领导小组下成立疫情防控工作专班,并明确学校疫情防控19个专项工作组在学校疫情防控工作领导小组和工作专班的领导下开展工作。

**11月24日** 2021年度北京市科学技术奖揭晓,北大作为第一完成单位荣获项目奖10项,其中一等奖2项,二等奖8项。

**11月26日** 北大医学高质量创新发展论坛以线上直播的方式举行。

## 12月

**12月2日** 北大医学办学110周年学术高峰论坛以线上直播的方式举行。

**12月6日** 共议数智时代的教与学:耶鲁—中国大学校长交流会以线上线下结合方式举行。耶鲁大学校长苏必德(Peter Salovey)教授、北京大学校长龚旗煌院士发表视频致辞。

**同日** 北京大学十四届党委常委会第21次会议审议并原则通过了《北京大学实体研究机构管理办法(修订稿)》。

**12月7日** 北京大学第1077次校长办公会议审议并同意调整成立北京大学继续教育工作委员会,作为学校继续教育工作的决策机构。

**12月8日** 首届中俄同类大学联盟论坛在线上举行。北京大学作为中俄综合性大学联盟中方牵头单位应邀参会,校长龚旗煌在全体会议环节代表中俄综合性大学联盟发言。

**12月9日** 北京大学民盟组织成立70周年纪念大会在英杰交流中心举行。全国人大常委会副委员长、民盟中央主席丁仲礼以视频讲话方式向北大民盟组织成立70周年致贺。

**12月14日** 召开全校离退休工作系统线上工作会议,

要求各单位要积极主动作为，千方百计为老同志办实事办好事，要与属地、社区、医疗养老机构等密切配合，共同守护好老同志的生命健康。

**12月20日至22日** 校医院的医护人员赴燕园街道所辖的中关园等6个社区，为60岁以上老龄人口进行新冠疫苗接种服务。

**12月21日** 中国共产党优秀党员，著名经济学家，杰出的金融学家，中国股份制改革和资本市场建立与发展的积极倡导者和重要贡献者，党和国家优秀教育工作者，北京大学光华管理学院创始副院长曹凤岐教授，因病于北京逝世，享年77岁。

**12月22日** 龚旗煌与英国皇家工程院院长、思克莱德大学校长吉姆·麦克唐纳（Jim McDonald）爵士举行线上会议，探讨两校合作事宜并签署协议。

**12月23日** 召开教职工疫情防治与服务保障工作专题会。

**12月24日** 第五届"中国百所大学经济学院院长论坛"暨"百所经院人才招聘会"在经济学院举行。

**12月27日** 党委理论学习中心组召开学习会，主题是深入学习贯彻党的二十大精神和习近平总书记重要讲话精神，继承和发扬党的优良革命传统和作风，弘扬延安精神。

**同日** 北京大学十四届党委常委会第22次会议审议并通过了《北京大学非学历继续教育管理办法（修订稿）》《北京大学异地科研机构管理办法（试行）》；原则通过了《北京大学离退休人员疫情防治专班工作方案》，同意成立北京大学离退休人员疫情防治专班。

**12月28日** 北京大学第1078次校长办公会议审议并原则通过了《北京大学基建工程领域廉政风险防控细则（试行）》《北京大学基本建设工程变更管理办法》；同意北大科协秘书处由科学研究部调整至创新创业学院。

**同日** 召开全校中层干部大会，对本学期和一年来的工作进行总结，并对寒假前后各领域的工作进行部署安排。

**12月31日** 联合国教科文组织总干事奥德蕾·阿祖莱和龚旗煌共同签署"全球健康与教育"教席协议，在北大设立"全球健康与教育"教席，教席主持人由北大儿童青少年卫生研究所马迎华教授担任。北大成为全球第三个设立该教席的高等院校，同时也是国内首个设立儿童青少年健康教育教席的高校。

**同日** 郝平、龚旗煌分别带队慰问坚守岗位的师生员工，送上新年祝福。

# 2022 年基本数据

(截止时间 2022 年 12 月 31 日)

**总体数据**

(一) 校园面积　　　　　　　　　　　　　　　　　　　　2,751,117.87 平方米
　　　　　　　　　　　　　　　　　　　　　　　　　　　　(约 4127 亩)
　　　　　　其中,绿化用地面积　　　　　　　　　　　　1,233,576 平方米
　　　　　　　　　　　　　　　　　　　　　　　　　　　　(约 1850 亩)
　　　　　　　　　运动场地面积　　　　　　　　　　　　153,389 平方米
　　　　　　　　　　　　　　　　　　　　　　　　　　　　(约 230 亩)
(二) 校舍建筑面积　　　　　　　　　　　　　　　　　　3,299,184.1 平方米
(三) 固定资产总额　　　　　　　　　　　　　　　　　　2,141,256.84 万元
　　　　　　其中,教学科研仪器设备资产值　　　　　　　920,956.73 万元
(四) 图书馆藏书　　　　　　　　　　　　　　　　　　　837.5298 万册
(五) 电子图书(含期刊、论文)　　　　　　　　　　　　 734.1906 万册

**教职工情况(单位: 人)**

(一) 教职工数(不包含博士后)　　　　　　　　　　　　12,698[1]
　　　　　　　　　　　专任教师数　　　　　　　　　　 3784
　　　　　　其中,按职称划分:
　　　　　　　　　　　　正高级　　　　　　　　　　　 1668
　　　　　　　　　　　　副高级　　　　　　　　　　　 1683
　　　　　　其中,按学历划分:
　　　　　　　　　　　　博士学历　　　　　　　　　　 3457
　　　　　　其中:
　　　　　　　　中国科学院院士　　　　　　　　　　　 95[2]
　　　　　　　　中国工程院院士　　　　　　　　　　　 30[3]
　　　　　　　　发展中国家科学院院士　　　　　　　　 38
　　　　　　　　哲学社会科学领域一级教授　　　　　　 11
　　　　　　　　北大哲学社会科学资深教授　　　　　　 10
　　　　　　　　北大博雅讲席教授　　　　　　　　　　 89
　　　　　　　　北大博雅特聘教授　　　　　　　　　　 433
　　　　　　　　北大博雅青年学者　　　　　　　　　　 496
　　　　　　　　北大人文讲席教授　　　　　　　　　　 4
　　　　　　　　国家海外高层次人才引进计划入选者　　 65
　　　　　　　　国家海外高层次人才引进计划青年项目　 350
　　　　　　　　国家高层次人才特殊支持计划入选者　　 106
　　　　　　　　"青年拔尖人才计划"入选者　　　　　　104
　　　　　　　　"长江学者奖励计划"特聘教授、特岗学者　218
　　　　　　　　"长江学者奖励计划"青年学者　　　　　 86
　　　　　　　　百千万人才国家级人选　　　　　　　　 73

|  |  |
|---|---|
| 国家杰出青年基金获得者 | 345 |
| 国家基金委创新群体 | 52 |
| 国家基金委优秀青年基金 | 191 |
| 当代教育名家 | 3 |
| 博士生导师 | 3300 |
| 行政人员 | 1601 |
| 教辅人员 | 2716 |
| 工勤人员 | 2005 |
| 科研机构人员 | 2072 |
| （二）附属医院临床教师 | 5281 |
| （三）离退休人员 | 7304 |

### 学生情况（单位：人）

|  |  |
|---|---|
| （一）在校学生 [4] | 46,970 |
| 其中：共产党员 | 14,993 |
| 少数民族 | 4441 |
| 华侨港澳台 | 752 |
| 其中：本科生 | 16,544 |
| 一年级 | 4093 |
| 二年级 | 4010 |
| 三年级 | 3887 |
| 四年级 | 3929 |
| 五年级及以上 | 625 |
| 硕士研究生 | 16,651 |
| 一年级 | 6099 |
| 二年级 | 7062 |
| 三年级及以上 | 3490 |
| 博士研究生 | 13,775 |
| 一年级 | 3582 |
| 二年级 | 3179 |
| 三年级 | 3305 |
| 四年级 | 2322 |
| 五年级及以上 | 1387 |
| （二）成人教育学生 | 1200 |
| （三）网络本专科学生 | 7917 |
| （四）外国留学生 | 3339 |
| 其中：本科生 | 1477 |
| 硕士研究生 | 979 |
| 博士研究生 | 332 |
| 培训 | 551 |

### 博士后人数（单位：人）

|  |  |
|---|---|
| 在站人数 | 2842 |
| 累计进站人数 | 12,368 |

### 学科情况（单位：个）

|  |  |
|---|---|
| 本科专业 [5] | 133 |
| 博士学位授权一级学科点 | 56 |
| 硕士学位授权一级学科点 | 56 |
| 国家一流学科 | 49 |
| 省级一流学科 | 7 |
| 博士后流动站 [6] | 49 |
| 全球前1%的学科（美国"基本科学指标数据库"ESI的统计）[7] | 22 |

### 教学科研（单位：个）

| | |
|---|---|
| 直属院系[8] | 55 |
| 国家研究中心[9] | 1 |
| 国家重点实验室[10] | 10 |
| 国家工程实验室[11] | 1 |
| 国家工程研究中心[12] | 5 |
| 定期公开出版的专业刊物 | 36 |
| 直属附属医院[13] | 6 |

1. 教职工总数包括专任教师、教辅人员、行政人员、工勤人员、科研机构人员、其他附设机构人员，不包含离退休人员和博士后。
2. 其中人事关系在本校的中国科学院院士50人。
3. 其中人事关系在本校的中国工程院院士13人。
4. 包括：普通本专科学生、硕士研究生、博士研究生，不包含在职研究生、成人教育、网络教育及外国留学生（单列）。
5. 本科专业名录（133个）：
   哲学；逻辑学；宗教学；经济学；经济统计学；资源与环境经济学；财政学；金融学；保险学；国际经济与贸易；法学；知识产权；政治学与行政学；国际政治；外交学；国际事务与国际关系；政治学、经济学与哲学；社会学；社会工作；人类学；科学社会主义；马克思主义理论；汉语言文学；汉语言；古典文献学；应用语言学；英语；俄语；德语；法语；西班牙语；阿拉伯语；日语；波斯语；朝鲜语；菲律宾语；梵语巴利语；印度尼西亚语；印地语；缅甸语；蒙古语；泰语；乌尔都语；希伯来语；越南语；葡萄牙语；意大利语；新闻学；广播电视学；广告学；编辑出版学；历史学；世界史；考古学；文物与博物馆学；文物保护技术；外国语言与外国历史；数学与应用数学；信息与计算科学；物理学；应用物理学；核物理；化学；应用化学；化学生物学；天文学；地理科学；自然地理与资源环境；人文地理与城乡规划；地理信息科学；大气科学；地球物理学；空间科学与技术；地质学；地球化学；古生物学；生物科学；生物技术；生物信息学；生态学；整合科学；心理学；应用心理学；统计学；应用统计学；理论与应用力学；工程力学；材料科学与工程；材料化学；能源与动力工程；电子信息工程；通信工程；微电子科学与工程；集成电路设计与集成系统；电子信息科学与技术；能源与环境系统工程；机器人工程；计算机科学与技术；软件工程；智能科学与技术；数据科学与大数据技术；勘查技术与工程；航空航天工程；核工程与核技术；核化工与核燃料工程；环境工程；环境科学；生物医学工程；城乡规划；基础医学；临床医学；口腔医学；预防医学；药学；医学检验技术；医学实验技术；医学影像技术；口腔医学技术；护理学；信息管理与信息系统；大数据管理与应用；工商管理；市场营销；会计学；财务管理；人力资源管理；公共事业管理；行政管理；城市管理；图书馆学；艺术史论；广播电视编导；人工智能。
6. 博士后流动站名录（49个）：
   测绘科学与技术、大气科学、地理学、地球物理学、地质学、电子科学与技术、法学、工商管理、公共管理、核科学与技术、化学、环境科学与工程、计算机科学与技术、教育学、考古学、理论经济学、力学、马克思主义理论、软件工程、社会学、生物学、生物医学工程、世界史、数学、天文学、统计学、图书情报与档案管理、外国语言文学、物理学、心理学、新闻传播学、信息与通信工程、艺术学理论、应用经济学、哲学、政治学、中国史、生态学、中国语言文学、材料科学与工程、基础医学、药学、公共卫生与预防医学、临床医学、口腔医学、生物学、护理学、中西医结合、医学技术。
7. 进入ESI前1%的学科名录（22个）：
   物理、化学、材料科学、工程、临床医学、数学、地球科学、植物和动物科学、生物学与生物化学、环境科学/生态学、社会科学、药学与毒理学、计算机科学、神经科学和行为科学、分子生物学与遗传学、精神病学/心理学、经济学与商学、农业科学、免疫学、多学科、微生物学、空间科学。
8. 院系名录（55个）：
   理学部（7个）：数学科学学院、物理学院、化学与分子工程学院、生命科学学院、城市与环境学院、地球与空间科学学院、心理与认知科学学院。
   信息与工程科学部（12个）：信息科学技术学院、工学院、软件与微电子学院、环境科学与工程学院、王选计算机研究所、软件工程国家工程研究中心、材料科学与工程学院、未来技术学院、集成电路学院、计算机学院、电子学院、智能学院。
   人文学部（7个）：中国语言文学系、历史学系、考古文博学院、哲学系（宗教学系）、外国语学院、艺术学院、对外汉语教育学院。
   社会科学学部（9个）：国际关系学院、法学院、信息管理系、社会学系、政府管理学院、马克思主义学院、教育学院、新闻与传播学院、体育教研部。
   经济与管理学部（4个）：经济学院、光华管理学院、人口研究所、国家发展研究院。
   医学部（5个）：基础医学院、药学院、公共卫生学院、护理学院、医学人文学院。
   跨学科类（3个）：元培学院、燕京学堂、现代农学院。
   深圳研究生院（8个）：信息工程学院、化学生物学与生物技术学院、环境与能源学院、城市规划与设计学院、新材料学院、汇丰商学院、国际法学院、人文社会科学学院。
9. 国家研究中心（1个）：

北京分子科学国家研究中心。

10 国家重点实验室（10个）：
人工微结构和介观物理国家重点实验室、湍流与复杂系统国家重点实验室、核物理与核技术国家重点实验室、蛋白质与植物基因研究国家重点实验室、天然药物及仿生药物国家重点实验室、膜生物学国家重点实验室（北大分室）、环境模拟与污染控制国家重点实验室（北大分室）、区域光纤通信网与新型光通信系统国家重点实验室（北大实验区）、省部共建肿瘤化学基因组学国家重点实验室、微米／纳米加工技术国家级重点实验室。

11 国家工程实验室（1个）：
大数据分析与应用技术国家工程实验室。

12 国家工程研究中心（5个）：
电子出版新技术国家工程研究中心、软件工程国家工程研究中心、视频与视觉技术国家工程研究中心、口腔生物材料和数字诊疗装备国家工程研究中心、大数据分析与应用技术国家工程实验室。

13 直属附属医院（6家）：
第一医院、人民医院、第三医院、口腔医院、肿瘤医院、第六医院。

# 机构与干部

## 学校领导机构

**中共北京大学第十四届委员会**

书　　　记　郝　平
副 书 记　龚旗煌
常务副书记　陈宝剑
副 书 记　顾　涛　宁　琦
常　　委　郝　平　龚旗煌　乔　杰　陈宝剑　王　博　张平文（12月免）　顾　涛　孙庆伟　宁　琦
　　　　　　董志勇　张　锦
委　　员　（按姓氏笔画为序）
　　　　　　马玉国　王逸鸣　王　博　王新强　方　方　户国栋　宁　琦　朱树梅　乔　杰　任羽中　仰海峰
　　　　　　刘晓光　孙庆伟　孙智利　肖　渊　张念梅　张　锦　陈宝剑　陈斌斌　周永胜　郝　平　姜国华
　　　　　　姜　辉　顾　涛　徐善东　龚旗煌　董志勇　魏中鹏

**北京大学**

校　　　长　郝　平（6月免）　龚旗煌（6月任）
常务副校长　乔　杰
副 校 长　王　博　陈宝剑（7月免）　张平文（12月免）　黄　如（1月免）
　　　　　　孙庆伟（1月任）　宁　琦（7月任）　董志勇（7月任）　张　锦（7月任）
秘 书 长　孙庆伟（兼）
教 务 长　龚旗煌（兼，7月免）　王　博（兼，7月任）
总 务 长　董志勇（兼）

**中共北京大学第十三届纪律检查委员会**

书　　　记　顾　涛（兼）
副 书 记　张庆东　胡少诚　张莉鑫
委　　员　（按姓氏笔画为序）
　　　　　　马化祥　王建六　吴中海　张庆东　张莉鑫　张晓黎　金昌晓　周有光　胡少诚　胡新龙　顾　涛
　　　　　　郭　雳　唐士其　薛　冬

（党委组织部）

## 校务委员会

主　任　郝　平
副主任　陈宝剑　顾　涛　宁　琦　于鸿君　詹启敏　刘玉村　安钰峰（兼秘书长）　叶静漪　田　刚　陈建龙

（党委组织部）

# 学术委员会

**校学术委员会**
主　任　郝　平
副主任　龚旗煌　王　博　詹启敏　田　刚　谢晓亮
委　员　（以姓氏笔画为序）
　　　　于鸿君　方　方　方精云　申　丹　朱苏力　朱良志　乔　杰　刘玉村　刘国恩　汤　超　孙熙国　吴云东
　　　　张平文　张　驰（学生）　张远航　张宏权　张　静　赵　辉　俞可平　饶　毅　夏定国　高　文　席振峰
　　　　黄　如　黄晓军　曹文轩　屠鹏飞　彭小瑜　彭练矛　董　强　韩鸿宾　程和平　童天阳（学生）　谢　宇
　　　　詹思延

**理学部学术委员会**
主　任　谢晓亮
副主任　沈　波　高毅勤　朴世龙
委　员　（以姓氏笔画为序）
　　　　丁　剑　于　翔　史宇光　刘　瑜　刘小博　刘忠范　刘鸿雁　苏彦捷　肖云峰　吴　凯　宋晓东　胡永云
　　　　席振峰　鄂维南　蒋争凡　谢心澄　颜学庆　魏春景　瞿礼嘉

**信息与工程科学部学术委员会**
主　任　高　文
副主任　张远航　魏悦广　张　兴
委　员　（以姓氏笔画为序）
　　　　王亚沙　王志军　王启宁　王建祥　刘濮鲲　杨　越　张世秋　陈向群　郑　玫　郝一龙　胡　敏　查红彬
　　　　夏定国　倪晋仁　郭宗明　席建忠　崔　斌

**人文学部学术委员会**
主　任　申　丹
副主任　李四龙　王立新　吴晓东
委　员　（以姓氏笔画为序）
　　　　王　建　王一丹　王中江　付志明　李　洋　李道新　杨德峰　吴小红　吴杰伟　张　弛　陈保亚　荣新江
　　　　彭小瑜　韩水法　褚　敏　漆永祥　潘建国

**社会科学学部学术委员会**
主　任　张　静
副主任　文东茅　王正毅　陈瑞华
委　员　（以姓氏笔画为序）
　　　　王延飞　王丽萍　王余光　王浦劬　王锡锌　刘　燕　刘云杉　刘爱玉　刘德寰　孙代尧　邱泽奇　张小明
　　　　张海滨　陈开和　陈晓宇　金安平　郇庆治　康沛竹　董进霞

**经济与管理学部学术委员会**
主　任　周黎安
副主任　张　辉　刘晓蕾　徐晋涛
委　员　（以姓氏笔画为序）
　　　　马　浩　卢　海　李力行　杨汝岱　沈俏蔚　宋新明　秦雪征　翁　翕　锁凌燕

**医学部学术委员会**
主　任　詹启敏
副主任　刘玉村　张　强　孔　炜
委　员　（以姓氏笔画为序）
　　　　于　欣　王　俊　王　辉　王建六　方伟岗　邓旭亮　叶新山　司天梅　刘忠军　李若瑜　李明子　李铁军
　　　　沈　琳　张大庆　张宏权　周利群　赵明辉　段丽萍　修典荣　姜玉武　郭　军　郭　岩　黄晓军　韩晶岩
　　　　韩鸿宾　詹思延　霍　勇

**深圳研究生院学术委员会**
主　任　张　锦
副主任　谭文长　杨　震　吴云东
委　员　（以姓氏笔画为序）
　　　　王鹏飞　朴世龙　张远航　张盛东　赵鹏军　胡振江　倪晋仁　席振峰　彭练矛　葛云松　程和平　潘　锋
　　　　Mark Feldman

（学科建设办公室）

## 学科建设委员会

主　任　郝　平
副主任　龚旗煌
委　员　（以姓氏笔画为序）
　　　　王　博　王新强　申　丹　乔　杰　张平文　张　静　陈宝剑　周黎安　高　文　谢晓亮

（学科建设办公室）

## 专业技术职务评审委员会

主　任　郝　平　龚旗煌
副主任　乔　杰
委　员　（以姓氏笔画为序）
　　　　王　博　云　虹　方　方　宁　琦　刘克新　孙庆伟　吴艳红　张平文　张　锦　陈宝剑　陈建龙　林久祥
　　　　姜国华　夏红卫　顾　涛　董志勇

（人事部）

## 学位评定委员会

**第十二届校学位评定委员会委员名单**
主　席　龚旗煌
副主席　乔　杰　王　博
委　员　（以姓氏笔画为序）
　　　　万　有　方　方　宁　琦　刘小博　孙庆伟　杜晓勤　张立飞　陈　兴　周飞舟　周德敏　郝卫东　段丽萍
　　　　段慧玲　姜国华　贺灿飞　郭传瑸　黄铁军　董志勇　燕继荣　潘剑锋　瞿礼嘉

（研究生院）

## 教职工代表大会执行委员会

**第七届教职工代表大会执行委员会**
主　任　龚旗煌
副主任　张宝岭　周永胜　张大成　宋春伟　傅郁林（女）
委　员　（以姓氏笔画为序）
　　　　万　有　吕万良　朱树梅（女）　刘穗燕（女）　李连发　宋春伟　张　勇　张大成　张庆东　张宝岭
　　　　陈建立　周永胜　宗秋刚　赵冬梅（女）　龚旗煌　阎　云（女）　董秀芳（女）　傅郁林（女）　潘义生

（工会）

## 学部负责人

**理学部**
主　任　谢晓亮
副主任　吴　凯（4月免）　沈　波　高毅勤（4月任）　朴世龙（4月任）

**信息与工程科学部**
主　任　黄　如（4月免）　高　文（4月任）
副主任　张远航　任秋实（4月免）　魏悦广（4月任）　张　兴（4月任）　程　旭（4月任）

**人文学部**
主　任　申　丹
副主任　李四龙　王立新　廖可斌（4月免）　吴晓东（4月任）

**社会科学学部**
主　任　张　静
副主任　关海庭（4月免）　汪建成（4月免）　文东茅　王正毅（4月任）　陈瑞华（4月任）

**经济与管理学部**
主　任　于鸿君（4月免）　周黎安（4月任）
副主任　平新乔（4月免）　刘国恩（4月免）　张志学（4月免）　金　李（4月免）　张　辉（4月任）　刘晓蕾（4月任）
　　　　徐晋涛（4月任）

**医学部**
主　　　任　乔　杰
党委书记　陈宝剑
副　主　任　段丽萍　王维民　肖　渊　刘晓光　张新祥（兼，4月免）　王嘉东　孙智利（兼，4月任）
党委常务副书记　徐善东
党委副书记　朱树梅　张莉鑫
纪委书记　张莉鑫
主任助理　范春梅

（学科建设办公室、党委组织部）

## 各院、系、所、中心负责人

| | | |
|---|---|---|
| 数学科学学院 | 党委书记 | 胡　俊 |
| | 院长 | 陈大岳 |
| 物理学院 | 党委书记 | 刘雨龙 |
| | 院长 | 高原宁 |
| 化学与分子工程学院 | 党委书记 | 马玉国（9月免） |
| | | 裴　坚（9月任） |
| | 院长 | 陈　兴 |
| 生命科学学院 | 党委书记 | 刘德英（4月免） |
| | | 石长翼（4月任） |
| | 院长 | 吴　虹 |
| 城市与环境学院 | 党委书记 | 彭　建 |
| | 院长 | 贺灿飞 |
| 地球与空间科学学院 | 党委书记 | 李培军 |
| | 院长 | 张立飞 |
| 心理与认知科学学院 | 党委书记 | 谢晓非 |
| | 院长 | 方　方 |
| 信息科学技术学院（本科生学院） | 党委书记 | 魏中鹏（9月免） |
| | | 严敏杰（9月任） |
| | 院长 | 侯士敏 |
| 集成电路学院 | 党委书记 | 王　源 |
| | 院长 | 蔡一茂 |
| 计算机学院 | 党委书记 | 熊校良 |
| | 院长 | 胡振江 |
| 电子学院 | 党委书记 | 冯梅萍 |
| | 院长 | 彭练矛 |
| 智能学院 | 党委书记 | 吴玺宏 |
| | 院长 | 朱松纯 |
| 工学院 | 党委书记 | 孙智利（11月免） |
| | | 宋　洁（11月任） |
| | 院长 | 段慧玲 |
| 王选计算机研究所 | 直属党支部书记 | 赵东岩 |
| | 所长 | 汤　帜 |
| 软件与微电子学院 | 党委书记 | 张光红 |
| | 院长 | 吴中海 |
| 环境科学与工程学院 | 党委书记 | 李振山 |
| | 院长 | 朱　彤 |
| 材料科学与工程学院 | 党委书记 | 邹如强 |
| | 院长 | 张　锦（9月免） |
| | | 邹如强（9月任） |
| 未来技术学院 | 党委书记 | 朱怀球（4月任） |
| | 院长 | 肖瑞平 |
| 软件工程国家工程研究中心 | 主任 | 张世琨 |

| 中国语言文学系 | 党委书记 | 贺桂梅 |
| --- | --- | --- |
| | 主任 | 杜晓勤 |
| 历史学系 | 党委书记 | 徐 健（3月免） |
| | | 何 晋（3月任） |
| | 主任 | 王奇生 |
| 考古文博学院 | 党委书记 | 陈建立 |
| | 院长 | 沈睿文 |
| 哲学系/宗教学系 | 党委书记 | 束鸿俊 |
| | 主任 | 仰海峰 |
| 外国语学院 | 党委书记 | 李淑静 |
| | 院长 | 陈 明 |
| 艺术学院 | 党委书记 | 雷 虹 |
| | 院长 | 彭 锋 |
| 对外汉语教育学院 | 党委书记 | 汲传波（12月免） |
| | | 查 晶（12月任） |
| | 院长 | 赵 杨 |
| 歌剧研究院 | 院长 | 彭 锋 |
| 国际关系学院 | 党委书记 | 初晓波 |
| | 院长 | 唐士其 |
| 法学院 | 党委书记 | 郭 雳 |
| | 院长 | 潘剑锋 |
| 信息管理系 | 党委书记 | 张久珍 |
| | 主任 | 张久珍 |
| 社会学系 | 党委书记 | 查 晶（12月免） |
| | | 任羽中（12月任） |
| 社会学系/社会学人类学研究所 | 主任/所长 | 周飞舟 |
| 政府管理学院 | 党委书记 | 李海燕 |
| | 院长 | 燕继荣 |
| 马克思主义学院 | 党委书记 | 孙蚌珠 |
| | 院长 | 仰海峰 |
| 教育学院 | 党委书记 | 阎凤桥（4月免） |
| | | 张晓黎（4月任） |
| | 院长 | 阎凤桥 |
| 新闻与传播学院 | 党委书记 | 陈 刚（1月免） |
| | | 唐金楠（1月任） |
| | 院长 | 陆绍阳（1月免） |
| | | 陈 刚（1月任） |
| 体育教研部（4月撤销直属党支部、成立党委） | 直属党支部书记 | 安钰峰（1月免） |
| | | 钱俊伟（1月任，4月免） |
| | 党委书记 | 陈征微（4月任） |
| | 主任 | 钱俊伟 |
| 经济学院 | 党委书记 | 崔建华 |
| | 院长 | 董志勇 |
| 光华管理学院 | 党委书记 | 马化祥 |
| | 院长 | 刘 俏 |

| 人口研究所 | 所长 | 陈　功 |
| --- | --- | --- |
| 国家发展研究院 | 党委书记 | 余淼杰（8月免） |
| | | 雷晓燕（9月任） |
| | 院长 | 姚　洋 |
| 元培学院 | 党委书记 | 吴艳红（9月免） |
| | | 李　喆（9月任） |
| | 院长 | 李　猛 |
| 先进技术研究院 | 院长 | 程　旭（12月免） |
| | | 乔　宾（12月任） |
| 燕京学堂 | 院长 | 董　强 |
| 现代农学院 | 院长 | 刘春明 |
| 深圳研究生院 | 党委书记 | 谭文长 |
| | 院长 | 张　锦 |
| 北京国际数学研究中心 | 主任 | 田　刚 |
| 前沿交叉学科研究院 | 党委书记 | 霍晓丹 |
| | 院长 | 韩启德（3月免） |
| | | 汤　超（3月任） |
| 科维理天文与天体物理研究所 | 所长 | Luis Chi Ho |
| 中国教育财政科学研究所 | 所长 | 王　蓉 |
| 中国社会科学调查中心 | 主任 | 张志学 |
| 生物医学前沿创新中心 | 主任 | 谢晓亮（3月免） |
| | | 张泽民（3月任） |
| 海洋研究院 | 院长 | 周力平 |
| 人文社会科学研究院 | 院长 | 邓小南 |
| | 常务副院长 | 渠敬东 |
| 习近平新时代中国特色社会主义思想研究院 | 院长 | 王浦劬 |
| | 常务副院长 | 孙熙国 |
| 人工智能研究院 | 院长 | 朱松纯 |
| 全球健康发展研究院 | 院长 | 刘国恩 |
| 碳中和研究院 | 院长 | 朴世龙（10月任） |
| 基础医学院 | 党委书记 | 万　有 |
| | 院长 | 万　有 |
| 药学院 | 党委书记 | 徐　萍（10月免） |
| | | 焦　宁（10月任） |
| | 院长 | 周德敏 |
| 公共卫生学院 | 党委书记 | 郝卫东 |
| | 院长 | 詹思延 |
| 护理学院 | 党委书记 | 陆　虹 |
| | 院长 | 尚少梅 |
| 医学人文学院 | 党委书记 | 王　玥 |
| | 院长 | 周　程 |
| 第一医院 | 党委书记 | 潘义生（4月免） |
| | | 姜　辉（4月任） |
| | 院长 | 刘新民（10月免） |
| | | 杨尹默（10月任） |
| 人民医院 | 党委书记 | 赵　越（12月免） |

|  |  | 王建六（12月任） |
|---|---|---|
|  | 院长 | 姜保国（1月免） |
|  |  | 王　俊（1月任） |
| 第三医院 | 党委书记 | 金昌晓 |
|  | 院长 | 乔　杰 |
| 口腔医院 | 党委书记 | 周永胜 |
|  | 院长 | 郭传瑸 |
| 肿瘤医院 | 党委书记 | 朱　军 |
|  | 院长 | 季加孚（5月免） |
|  |  | 李子禹（5月任） |
| 第六医院 | 党委书记 | 陈斌斌 |
|  | 院长 | 陆　林 |

（党委组织部）

## 机关各部门、工会、团委负责人

| 党委办公室校长办公室 | 主任 | 孙庆伟（7月免） |
|---|---|---|
|  |  | 王新强（7月任） |
| 国内合作委员会办公室 | 主任 | 康　涛 |
| 督查室（信访办公室） | 主任 | 余　浚 |
| 网络安全和信息化委员会办公室 | 主任 | 蒋广学 |
| 政策法规研究室 | 主任 | 任羽中（9月免） |
|  |  | 吴　旭（9月任） |
| 党委政策研究室 | 主任 | 任羽中（兼，9月免） |
|  |  | 吴　旭（兼，9月任） |
| 纪委办公室 | 主任 | 张庆东（兼） |
| 监察室（4月撤销） | 主任 | 张庆东（兼，4月免） |
| 党委巡察办公室（1月更名，党委巡视办公室） | 主任 | 胡少诚（兼） |
| 党委组织部 | 部长 | 宁　琦（8月免） |
|  |  | 陈宝剑（兼，8月任） |
|  | 常务副部长 | 霍晓丹（4月免） |
|  |  | 吴艳红（9月任） |
| 党委宣传部 | 部长 | 任羽中 |
|  | 常务副部长 | 唐金楠（1月免） |
| 党委统战部 | 部长 | 张晓黎（4月免） |
|  |  | 王　博（兼，4月任，8月免） |
|  |  | 宁　琦（兼，8月任） |
|  | 常务副部长 | 魏中鹏（4月任） |
| 学生工作部、人民武装部 | 部长 | 王逸鸣 |
| 保卫部 | 部长 | 赵冠英 |
| 保密委员会办公室 | 主任 | 冯支越 |
| 党委教师工作部 | 部长 | 方　方 |
| 教务部 | 部长 | 傅绥燕 |
| 教务长办公室 | 主任 | 孙　华（9月任） |

| | | |
|---|---|---|
| 科学研究部 | 部长 | 谢　冰 |
| 学科建设办公室 | 主任 | 王新强（7月免） |
| | | 陈　鹏（7月任） |
| 社会科学部 | 部长 | 强世功 |
| 研究生院 | 院长 | 龚旗煌（兼） |
| | 常务副院长 | 姜国华 |
| 继续教育部 | 部长 | 刘力平（4月免） |
| | | 张西峰（4月任） |
| 人事部 | 部长 | 方　方 |
| 师资人才办公室 | 主任 | 方　方 |
| | 常务副主任 | 贾爱英 |
| 离退休工作部 | 部长 | 马春英 |
| 财务部 | 部长 | 张新祥（4月免） |
| | | 孙智利（4月任） |
| 国有资产管理委员会办公室 | 主任 | 张新祥（4月免） |
| | | 孙智利（兼，4月任） |
| 后勤财务核算中心 | 主任 | 张新祥（4月免） |
| | | 孙智利（兼，4月任） |
| 国际合作部 | 部长 | 夏红卫（4月免） |
| | | 李　昀（9月任） |
| 总务部 | 部长 | 张西峰（4月免） |
| | | 张胜群（4月任） |
| 房地产管理部 | 部长 | 陈　杰 |
| 实验室与设备管理部 | 部长 | 刘克新 |
| 基建工程部 | 部长 | 白利明（10月免） |
| | | 李　钟（10月任） |
| 审计室 | 主任 | 周有光 |
| 内部控制管理办公室 | 主任 | 周有光（兼） |
| 校办产业管理委员会办公室 | 主任 | 张佳利（9月免） |
| | | 李宇宁（9月任） |
| 产业技术研究院/科技开发部 | 院长/部长 | 姚卫浩 |
| 怀柔科学城校区筹建办公室 | 主任 | 李　航（10月免） |
| | | 贺　飞（10月任） |
| 昌平新校区管理委员会办公室 | 主任 | 殷雪松（4月免） |
| | | 李　航（4月任） |
| 工会 | 主席 | 安钰峰 |
| | 常务副主席 | 张宝岭 |
| 团委 | 书记 | 户国栋 |
| 校友工作办公室 | 校友会执行副会长 | 邓　娅 |
| | 主任 | 李文胜 |
| 机关党委 | 书记 | 刘旭东 |
| 后勤党委 | 书记 | 胡新龙（4月免） |
| | | 张念梅（4月任） |
| 校办产业党工委 | 书记 | 李宇宁（6月任） |

**医学部**

| | | |
|---|---|---|
| 党委办公室、主任办公室 | 主任 | 陈斌斌 |
| 纪委、监察室 | 主任 | 刘江平（纪委副书记） |
| 党委组织部、党校 | 部长 | 朱树梅（兼，4月免） |
| | | 王军为（4月任） |
| 党委宣传部 | 部长 | 焦　岩 |
| 党委统战部 | 部长 | 王军为 |
| 学生工作部、武装部 | 部长 | 丁　磊 |
| 研究生院 | 常务副院长 | 徐　明 |
| 教育处（学生工作部、武装部） | 处长 | 刘　虹 |
| 人事处/人才服务与培训中心 | 处长 | 戴　清（12月免） |
| | | 丁　磊（12月任） |
| 离退休工作处 | 处长 | 郭艾花（3月任） |
| 科学研究处 | 处长 | 王坚成 |
| 学科建设办公室 | 主任 | 王坚成（4月免） |
| | | 徐　明（4月任） |
| 国际合作处 | 处长 | 孙秋丹 |
| 医院管理处 | 处长 | 张　骞 |
| 继续教育处 | 处长 | 姜　辉 |
| 设备与实验室管理处 | 处长 | 沈如群 |
| 保卫处 | 处长 | 沈　鹏 |
| 审计室 | 主任 | 安　宇 |
| 计划财务处 | 处长 | 冯丹妹 |
| 总务处 | 处长 | 王运生 |
| 基建工程处 | 处长 | 余　也 |
| 产业管理办公室/技术转移办公室 | 主任 | 吕廷煜（4月免） |
| | | 潘义生（4月任） |
| 国内合作委员会办公室 | 主任 | （空缺） |
| 工会 | 主席 | 朱树梅 |
| | 常务副主席 | 刘穗燕 |
| 团委 | 书记 | 陈　磊 |
| 机关党委 | 书记 | 郭艾花（4月免） |
| | | 郭　琦（4月任） |
| 后勤党委 | 书记 | 赵成知 |
| 产业党总支 | 书记 | 陈　娟（4月免） |
| | | 吕廷煜（4月任） |

（党委组织部）

## 直属、附属单位负责人

| | | |
|---|---|---|
| 直属单位党委 | 书记 | 董晓华 |
| 图书馆 | 党委书记 | 郑清文 |
| | 馆长 | 陈建龙 |
| 档案馆、校史馆 | 馆长 | 余　浚 |

| | | |
|---|---|---|
| 计算中心 | 主任 | 张　蓓 |
| 教师教学发展中心 | 主任 | 孙　华 |
| 教育基金会 | 秘书长 | 李宇宁 |
| 出版社 | 党委书记 | 王明舟（4月免） |
| | | 夏红卫（4月任） |
| | 社长 | 马建钧 |
| | 总编辑 | 张黎明（12月免） |
| | | 汲传波（12月任） |
| 校医院 | 党委书记 | 朱建华 |
| | 院长 | 云　虹 |
| 首都发展研究院 | 院长 | 李国平 |
| 燕园街道党工委 | 书记 | 杨学祥（4月免） |
| | | 胡新龙（4月任，10月免） |
| | | 姜晓刚（10月任） |
| 燕园街道办事处 | 主任 | 杨兴文 |
| 附属中学 | 党委书记 | 王亚章 |
| | 校长 | 马玉国（3月任） |
| 附属小学 | 党委书记 | 尹　超（兼） |
| | 校长 | 尹　超 |
| 会议中心 | 主任 | 张胜群（8月免） |
| | | 胡新龙（8月任） |
| 餐饮中心 | 主任 | 姚静仪 |
| 动力中心 | 主任 | 李　钟（10月免） |
| | | 于　虹（10月任） |
| 公寓服务中心 | 主任 | 姜晓刚（12月免） |
| | | 李　杨（12月任） |
| 校园服务中心 | 主任 | 张丽娜 |
| 燕园社区服务中心 | 主任 | 张兴明（兼） |
| 特殊用房管理中心 | 主任 | 姜晓刚（兼，12月免） |
| | | 李　杨（兼，12月任） |
| 继续教育学院 | 党总支书记 | 李　胜 |
| | 院长 | 章　政（4月免） |
| | | 杨学祥（4月任） |

**医学部**

| | | |
|---|---|---|
| 医学图书馆 | 馆长 | 张大庆 |
| 医学部网络安全与信息化技术中心 | 主任 | 种连荣（1月免） |
| | | 戴　清（1月任） |
| 医药卫生分析中心 | 主任 | 吴　明（兼，4月免） |
| | | 王嘉东（兼，4月任） |
| 学报（医学版）编辑部 | 主任 | 曾桂芳 |
| 中国药物依赖性研究所 | 所长 | 陆　林 |
| 医学部实验动物科学部 | 主任 | 吴　明（兼，1月免） |
| | | 万　有（兼，1月任） |
| 中国卫生发展研究中心 | 常务副主任 | 孟庆跃 |
| 医学信息学中心 | 常务副主任 | 胡永华 |

| | | |
|---|---|---|
| 医学继续教育学院 | 院长 | 张海澄 |
| 医学部精准医疗多组学研究中心 | 主任 | 黄超兰（3月免） |
| | | 乔 杰（兼，4月任） |
| 心血管研究所（挂靠基础医学院） | 所长 | 董尔丹 |
| 全国医学教育发展中心/医学教育研究所 | 主任 | 詹启敏 |
| | 常务副主任/所长 | 王维民 |
| 医学部档案馆 | 副馆长（主持工作） | 王红涛 |
| 跨学部生物医学工程系 | 常务副主任 | 邓旭亮 |
| 系统生物医学研究所（挂靠基础医学院） | 所长 | 尹玉新 |
| 健康医疗大数据国家研究院 | 院长 | 詹启敏 |
| 医学部医学技术研究院 | 院长 | 詹启敏（兼，4月免） |
| | | 韩鸿宾（4月任） |
| 国际癌症研究院 | 院长 | 詹启敏 |
| 北京大学-云南白药国际医学研究中心 | 院长 | 詹启敏 |
| 公众健康与重大疫情防控战略研究中心 | 主任 | 李立明 |

（党委组织部）

## 各民主党派和归国华侨联合会负责人

**中国国民党革命委员会北京大学支部委员会（9月换届）**
主 任 委 员　王启宁
副主任委员　李美仙　罗　炜

**中国民主同盟北京大学委员会**
主 任 委 员　李　玮
副主任委员　宋春伟　楼建波　李少华　王彦晶　唐志尧　颜学庆　伊成器
秘 书 长　朱江玲

**中国民主建国会北京大学委员会**
主 任 委 员　陈效逑
副主任委员　孙卫玲　熊跃根　徐景龙　庄洪卿

**中国民主促进会北京大学委员会（1月换届）**
主 任 委 员　程乐松
副主任委员　陈旭光　刘爱玉　陆　军　李新征
秘 书 长　周昌令（11月任）

**农工民主党北京大学支部委员会**
主 任 委 员　刘富坤
副主任委员　陈变珍　裴剑峰

**中国致公党北京大学支部委员会**
主 任 委 员　王若鹏
副主任委员　刘阳生　张向英

**九三学社北京大学委员会**
主 任 委 员　沈兴海
副主任委员　夏壁灿　郭召杰　张　研　王　旭

**北京大学归国华侨联合会**

主　　席　周力平

副主席　龚旗煌　曲振卿　吴　跃

秘书长　江　岚

**医学部**

**中国国民党革命委员会北京大学医学部支部（4月成立）**

主 任 委 员　时　杰

**中国国民党革命委员会北大医院支部**

主 任 委 员　涂　平

副主任委员　郑　波

**中国民主同盟北京大学医学部委员会（4月换届）**

主 任 委 员　田　华

副主任委员　叶颖江　张卫光　吴　楠　汪　欣　陈小贤

**中国民主建国会北京大学医学部支部**

主 任 委 员　李海丽

副主任委员　马庆春

**中国民主促进会西城区医卫联合支部**

主 任 委 员　刘兆平

**中国民主促进会北京大学人民医院支部**

主 任 委 员　高承志

**中国农工民主党北京大学委员会**

主 任 委 员　邓旭亮

副主任委员　熊　辉　朱继红　肖文华　姚云峰　沈如群　刘富坤

**中国致公党北京大学医学部支部**

主 任 委 员　陈仲强

**中国致公党北大医院支部（9月换届）**

主 任 委 员　张宪生

副主任委员　周常青

**中国致公党北大人民医院支部（8月换届）**

主 任 委 员　李剑峰

副主任委员　李　卫　王鲁雁

**九三学社北京大学第二委员会**

主 任 委 员　屠鹏飞

副主任委员　昌晓红　阙呈立　崔　涛　李子健　唐志辉　伊　鸣　万巧琴

**医学部归国华侨联合会（4月换届）**

主　　席　孔　炜

副 主 席　黄河清　林剑浩　方　海

（党委统战部）

# 学部、院系及实体研究机构

# 理学部

## 数学科学学院

【发展概况】 组织结构。数学科学学院下设四个系：数学系、概率统计系、信息与计算科学系和金融数学系；拥有"'数学及其应用'教育部重点实验室"等多个研究机构；"中俄数学中心""北京大学统计科学中心""教育部高校数学研究与高等人才培养中心""北京大学网络空间安全研究院"也挂靠在学院。

学科建设。2022年，学院共有2个一级学科：数学、统计学，均设有博士后流动站。5个本科专业：数学与应用数学、信息与计算科学、统计学、应用统计学（生物统计方向）以及数据科学与大数据技术专业。5个博士专业：基础数学、计算数学、概率论与数理统计、应用数学、统计学，全部被评为重点学科。

队伍建设。2022年，学院共有教学科研人员167人，其中事业编制教授28人，副教授23人，讲师4人，新体制教授31人，教学教授1人，长聘副教授6人，助理教授14人；访问助理教授4人；博士后56人。2022年通过招聘、调入、内部调整，新增教研系列教师6人，访问助理教授1人，博士后26人；减离教师4人，访问助理教授1人，博士后17人；逝世2人。数学学科现有中科院院士9人，国家重大人才计划特聘教授11人，青年学者4人，国家杰出青年科学基金获得者31人，优秀青年科学基金获得者12人。2022年，鄂维南、朱小华、章志飞、丁剑和数学中心董彬、刘毅在第29届国际数学家大会上作报告，鄂维南成为大陆第三位一小时大会报告人；张平文获何梁何利奖（2021年度）并就任武汉大学校长；李若获中国工业与应用数学学会吴文俊应用数学奖；鄂维南获ICIAM麦克斯韦奖；丁剑入选国家级人才计划讲席教授；郭帅获评国家杰出青年科学基金。

多位教师担任重要职位。张平文任武汉大学校长（副部长级）、党委副书记；田刚连任民盟中央副主席；陈松蹊当选中国工业与应用数学学会会士；艾明要、陈松蹊、丁剑、吴岚当选中国概率统计学会理事，其中陈松蹊任理事长，艾明要任常务理事。

人才培养。2022年，学院共招收本科生211人，硕士研究生61人，博士研究生91人。本科生毕业206人，硕士研究生毕业95人，博士研究生毕业57人。另有双学位毕业21人，辅修毕业2人。2021—2022学年第二学期开设本科生课程82门，研究生课程52门。2022—2023学年第一学期开设本科生课程88门，研究生课程52门。数学英才班招生规模和范围进一步扩大，2022年招收98人；启动博士研究生拔尖计划；启动大数据专业硕士招生；与俄罗斯著名高校合作开设8门线上课程。3项教学成果获得"北京市教学成果奖"，其中田刚牵头的"建设世界一流数学人才培养高地——北京大学基础数学拔尖人才培养创新与实践"获特等奖；《应用随机过程》入选2022年北京高校"优质本科课程"重点建设课程。

科研工作。2022年，学院科研经费拨款总计10,464.61万元；在研项目145项，新批准项目47项。出版专著3部；授权专利8项；发表论文310篇，其中SCI收录论文254篇，在线发表论文36篇，发表EI论文14篇，其他论文6篇。刘若川和肖梁分别在代数数论、算术代数几何领域取得原创性突破；张平文主持的"科学计算与机器学习"基础科学中心项目立项；多项国家重点研发计划、青年项目获批。李若团队在通用型科学计算软件研发方面取得突破；张平文团队成果入选"智慧冬奥2022天气预报示范计划"。

学术交流。2022年，学院共接待访问学者64人次，其中学校主请的国外访问学者4人次，学院聘请国外访问学者60人次。共举办综合报告6次；学院讨论班报告38次（其中，几何与拓扑讨论班11次，应用数学讨论班10次，概率和统计讨论班17次）；其他学术报告（老师个人举办、学术午餐会、金融数学系及统计中心报告）200余次。

党建工作。学院共有教职工党员153人，设教工党支部7个。有在校学生党员170人，设学生党支部8个。9月，组建2022级硕士生党支部；12月，2个学生党支部完成换届工作。2022年学院共发展党员43人（29名本科生，4名硕士研究生，9名博士研究生，1名教职工），共有20名预备党员转为正式党员（11名本科生，8名博士研究生，1名教师）。10月16日，全体师生共同观看二十大开幕会并深入学习二十大精神。

宣传工作。2022年，学院官网各版块上传新闻稿件共计74篇，制作更新主页焦点图10余幅。建立胡德焜先生、谢衷洁先生纪念网站。学院官微发送推送159篇，图文总阅读量80万余次，共计2万余人次转发分享。北京大学新闻网报道和学院有关新闻45篇，北大官方微信平台报道和学院有关新闻17篇。继续推进中国科协-北京大学联合采集项目"张恭庆学术成长资料采集"，项目已完成直接采访10次，间接采访11次，形成张恭庆先生年表19,000余字，长编74,000余字，扫描整理学术成果百余页。

工会工作。学院工会共有在职会员312人。2022年，举办"'薪火相传'——感谢从教三十年教师暨2022年新教师欢迎会"；举办"踔厉奋发向未来——中国共产党二十大报告知识问答"；为迎接北大数学学科成立110周年，筹办"印象数学110周年"系列活动，并已开展首期"运动篇"。

学生工作。贯彻落实党的二十大精神，强化党团班组织建设。党委书记多次讲党课，学习教育活动覆盖本、硕、博全体学生，48个党团班支部共开展活动340余次。签约建立4个思政实践基地，派出21支寒暑假实践团，完成11项课题调研。"一号院系服务队"累积志愿服务时长3500余小时。15名师生参与北京冬奥会、冬残奥会赛事服务保障工作。持续开展"数学一小时"科普讲座、"赴饭空间"、学术午餐会、科研展示会等活动。76人获第十三届全国大学生数学竞赛北京赛区预赛一等奖；1组同学获全国大学生数学建模竞赛全国一等奖；329人获年度奖励，305人获年度奖学金，吴清玉获2022年北京大学"五·四奖章"，登上《中国大学生》杂志封面。

毕业去向。2022届本科毕业生206人，其中，保研94人，出国出境深造59人，就业创业17人，考研13人，其他23人。2022应届学术硕士研究生毕业30人、专业硕士研究生毕业65人，共计95人，其中，深造24人，就业71人。应届博士研究生毕业57人，其中，国内工作52人，出国工作5人。

（任燃、杨扬、梁岚、袁燕、徐婷、董子静）

【学习贯彻党的二十大精神】 10月16日，全体师生共同观看二十大开幕会并热议大会。学院党委认真落实中央及学校部署，将学习宣传贯彻党的二十大、学校第十四次党代会精神作为首要政治任务。遵循整体把握、全面系统的原则，重要节点师生共学、集体研讨，针对师生特点形成有特色的学习方案。学院通过党政联席会、党委会、党委理论学习中心组学习、全院大会、系所中心总结会等多种形式开展学习；通过党支部、团支部、班级层层压实，全面覆盖；通过专家解读、党委书记上党课等形式深入解读；通过组织座谈会，充分交流学习感想体会；通过组织二十大精神知识问答检验学习初步成果。党政班子成员、党委委员、广大师生党员结合自身实际情况，对教学、科研、双一流建设、疫情防控等多个主题深入学习，做到师生全覆盖。

（梁岚）

【多位教师在ICM2022作报告】 学院教师鄂维南、朱小华、章志飞、丁剑及北京国际数学中心教师董彬、刘毅在第29届国际数学家大会上作报告。鄂维南成为大陆第三位一小时大会报告人，作题为"A Mathematical Perspective on Machine Learning"的报告；朱小华作题为"Kähler-Ricci flow on Fano manifolds"的报告；章志飞作题为"Hydrodynamic stability at high Reynolds number and Transition threshold problem"的报告；丁剑作题为"The Liouville quantum gravity metric"的报告。

（徐婷）

【启动"智华楼"修缮工程】 5月1日，数学大楼"智华楼"改造工程于正式启动。建设总投资约7000万元，总计修缮建筑面积10,720平方米，建筑结构为砖混和框架等多种形式。修缮工程完成后，智华楼建筑地上5层，含139间办公室，24间公共空间（包括阶梯教室、会议室、多功能厅、报告厅等）；另有地下空间约300平米。智华楼1层为公共空间，包含礼堂、图书馆、阶梯教室、报告厅、多功能厅及学生活动空间；2层为行政办公区域及会议空间；3、4、5层为学院教师办公区域及8间教室。2018年9月，学院通过学校基建工程部与设计单位充分沟通，对总体设计、楼宇功能、规模控制、材料选用进行了优化设计。2021年10月，确定最终方案。智华楼改造理念致力于为师生提供优雅、宁静、便利、舒适的工作学习环境，服务师生的日常教学、科研及休憩。2022年，学院与校基建工程部、设计公司、监理公司、建筑公司每周定期召开修缮工程监理例会，听取相关工程进度、工程质量及安全问题等工作的汇报，截至2022年底工程进展过半，计划于2023年6月竣工，2023年秋投入使用。

（刘青青、任燃）

【国家自然科学基金委"科学计算与机器学习"基础科学中心立项】 张平文院士主持的国家自然科学基金委"科学计算与机器学习"基础科学中心项目获得立项。8月29日，项目现场考察会在北京大学举行。国家自然科学基金委副主任谢心澄院士、专家组组长袁亚湘院士等18人来北京大学考察。考察团与项目组成员、相关科技管理部门人员进行分组访谈，考察依托单位科研条件和支撑情况，一致同意通过现场考察。

（徐婷）

【举办第29届国际数学家大会线下专场活动】 7月6日至14日，国际数学家大会首次线上举办。学院开设线下专场，直播大会开幕式、菲尔兹奖报告、1小时大会报告以及北大教师报告等大会活动。杨磊老师为师生带来大会报告的引导性介绍。不同研究方向的师生定制了专属"节目单"，共同观看该领域的多场报告。应师生需求，学院加设数论等直播分会场，为师生提供深度研讨环境。

（徐婷）

【加强期刊建设】 2022年，英文期刊 Frontiers of Mathematics 改由北大主办。该刊主要刊登纯粹数学和应用数学方面具有突出思想方法的高水平原创英文论文，关注数学各领域的前沿与热点，反映数学研究的最新成果。学院与 Springer 公司签订期刊合作协议，与 Mathematical Sciences Publishers 公司签订 EditFlow 投审稿系统合同，组建编委队伍。Frontiers of Mathematics 于2023年1月正式出版，接续高等教育出版社的《中国数学前沿（英文）》期刊，并延续其SCI收录。

（杨凤霞、钮凯福）

【疫情防控工作】 2022年，学院严格按照学校决策部署防疫工作，院党委、院行政领导班子成员带头坚守岗位，全面动员，全面部署，加强疫情防控，扎实做好人员管理、核酸检测、物资保障、人文关怀等工作。19名教职工加入教职工志愿者服务队。校内疫情突发期间，学院领导及教职工第一时间驻守校内，保障防疫物资供应充足；IT办公室为老师配备数位屏，保障线上教学；各项科研及行政工作平稳进行。

学生防疫工作保障重要节点不缺位，常态工作无盲点。书记、院长带头，多轮次、全覆盖走宿舍、访工位，送慰问、督卫生；辅导员24小时在线，重要节点全员在岗，闭环驻校值班值守80余天。建立"辅导员-班主任-班级-宿舍-个人"的精准关怀网，设立专项补贴，提供防疫物资包；每日召开防疫委员例会，定期召开年级大会，传达沟通政策，纾解焦虑情绪。充分展现党员先锋队和青年突击队风采，先后有298人次学生参与学校整体防疫志愿服务工作，累计服务时长达448小时。

（董子静、柴亦林）

# 物理学院

【发展概况】 组织结构。物理学院现设11个系、所、中心和4个行政办公室。2022年完成凝聚态物理与材料物理研究所行政班子调整工作。

学科建设。学院承担4个一级学科（含14个二级学科）和4个本科专业建设，拥有1个国家级实验教学示范中心，2个国家重点实验室，1个前沿科学中心，1个协同创新中心，2个省部级重点实验室，2个校级公共平台和2个校地共建新型研发机构。"核物理"专业入选2021年度国家级一流本科专业建设点。10月，经校学位评定委员会审议，同意"物理学"一级学科下自主设置"复杂与生命系统物理"目录外二级学科，同意"电子信息"专业学位类别下自主设置"光电信息工程"等目录内专业领域。

队伍建设。截至2022年底，学院有全职在编教职员工308人（包括：教学科研人员219人，其中教授90人，老体制副教授43人、副研究员2人、讲师1人，新体制教学研究系列长聘副教授35人、助理教授38人，教学教授1人，研究技术系列研究员4人、副研究员4人、助理研究员1人；实验技术系列人员71人；行政人员16人；工人2人）；博士后159人，劳动合同制职工70人。学校委派专职辅导员5人、选留学生干部2人和派驻财务3人。通过招聘、调入新增教学科研人员10人、行政人员1人，博士后59人，劳动合同制职工22人；因退休、离职、调出减离教学科研人员7人、行政职员1人，博士后55人，劳动合同制职工13人。现有中国科学院院士13人（含退休6人）；"长江学者奖励计划"特聘教授16人、青年学者5人；"万人计划"杰出人才1人、国家级教学名师1人、科技创新领军人才10人、青年拔尖人才8人；长江学者青年项目5人，国家杰出青年基金获得者55人，国家优秀青年科学基金项目负责人21人，以及科技部重点领域创新团队1个，NSFC基础科学中心1个、创新研究群体2个。新增国家杰出青年科学基金获得者7人、国家自然科学基金优秀青年科学基金项目（海外）入选者4人、北京市杰出青年科学基金获得者1人。

教学工作。2022年，学院共招收本科生258人，其中首批"北京大学物理学科卓越人才培养计划"61人，"强基计划"110人，保送生8人。本科毕/结业169人，其中授予学士学位164人，暂结业4人。12人获得物理学双学位，4人获得辅修毕业证书。8位同学获评北京大学未名学士，31人获评未名物理学子荣誉学位，2人获评北京市普通高等学校优秀本科生毕业设计（论文）。开设本科课程337门次，《理论力学》获评北京高校优质本科教材课件（教材类），《理论力学》《广义相对论》获评北京大学优秀教材；5门课程入选北京大学"课程思政示范课程"。刘川获北京市优秀教师称号；刘玉鑫获北大教学成就奖；6人获北大教学优秀奖。李铮、K. Benedikt获评北京市普通高等学校优秀本科生毕业设计（论文）优秀指导教师。获选教育部拔尖计划2.0研究课题2项，获选北大本科教学改革项目立项3项；入选北大本科生科研训练项目110项。

2022年，学院共招收研究生289人，其中硕士生37人，博士生252人。169人获得博士学位，32人获得硕士学位；2人获评北京市优秀博士学位论文，9人获评北京大学优秀博士学位论文。开设研究生课程171门次。龚旗煌、张宏昇获评北京市优秀博士学位论文指导教师，1个团队获评北京市优秀研究生指导教师团队。创设并启动实施"北京大学物理学院博士生培优计划"；承担北大研究生教育质量提升改革项目"针对国家急需高层次人才培养的核科学与技术学科课程体系建设"，遴选研究生核心课程40门。

学院共有122位教师参与开设"综合指导课"，累计时长达2578学时。举办全国物理学科优秀学生暑期学校（理论物理）、中国空间站巡天望远镜星系科学暑期学校、优秀大学生暑期夏令营、第九届"PFUNT"五校联盟博士生学术论坛、第二十届北京大学物理学院钟盛标研究生学术论坛、第七届北京大学物理学院兴诚本科生学术论坛等学术活动。

科研工作。2022年，获批国家重点研发计划项目10项，课题18个，国家自然科学基金重大项目2项、重点项目8项、重大研究计划项目（集成）2项、国家重大科研仪器研制项目1项、理论物理专款研究项目（重点）1项、原创探索计划项目3项；签署横向合同51项。学院师生作为第一作者或通讯作者发表SCI论文约690篇，其中在 Science、Nature 及子刊、Physical Review Letters/X、Science Advances、The Proceedings of the National Academy of Sciences 等顶级期刊发表论文68篇；申请专利50项，授权发明专利87项、实用新型专利4项。获批与广东省气象局共建中国气象局龙卷风重点开放实验室；获2021年度北京市自然科学奖二等奖1项、第七届中国科协优秀科技论文1项、中国光学学会光学科技一等奖（基础研究类）1项、中国电子学会自然科学三等奖1项和日内瓦国际发明展览会金奖1项。截至2022年底，学院在用仪器设备总计24,000余台，总价值14余亿元。年度新购置仪器设备 1500 余台，价值 7000 余万元。电子光学与电子显微镜实验室、基础物理国家级实验教学示范中心获评北京大学实验室工作先进集体，5 人获评先进个人。

何子山、胡永云、肖云峰分别当选美国天文学会、美国气象学会和国际光学工程学会会士；冯旭获中国青年科技奖；赵丽宸入选北京市科技新星计划；肖云峰获 2021 年度北京市杰出青年中关村奖；江颖获第十八届霍英东教育基金会高等院校青年科学奖；刘玉鑫、许秀来分获中国物理学会 2021—2022 年度吴有训物理奖和饶毓泰物理奖；徐仁新、吴学兵获中国天文学会 2012—2021 年突出贡献奖；刘文静等 3 人获中国光学学会第十一届饶毓泰基础光学奖；何琼毅、马仁敏获中国光学学会王大珩光学奖中青年科技人员奖；江颖、李柯伽获腾讯基金会科学探索奖；邵立晶获阿里巴巴达摩院青橙奖。王剑威获亚太物理学会联合会－亚太理论物理中心杨振宁奖；李婧获美国气象学会 Henry G. Houghton 奖；孟杰获德国亚历山大·洪堡基金会洪堡研究奖。

合作交流及宣传工作。学院组织北京大学物理学院学术讲坛 5 场及国际光日、纪念希格斯粒子发现十周年、诺贝尔物理学奖解读专场；组织北京大学格致论坛 5 场，创设"科普对话"子栏目并完成首期网络视频制作；组织希格斯物理研讨会、首都前沿学术成果报告会（高能物理领域）、青少年高校科学营北京大学分营等国内外学术活动。获批科技部外国青年学者研究基金项目 1 项，执行北京大学海外名家/学者讲学计划项目 5 项。学院获评北京大学 2022 年度引智工作先进单位。

学院官方微信公众号"北大物理人"年推文 280 余篇，粉丝逾 2.2 万人，阅读量近 58 万人次。在北京大学新闻网发表各类稿件 111 篇，在北京大学科学研究部发布研究进展 63 篇。许甫荣、曲音璇拍摄作品《在北大物理学院做核物理研究是一种什么样的体验？》获中国科协"科学也偶像"短视频征集活动最佳拍摄视频奖。学院获首批中国物理学会科普教育基地认定。

党建工作。2022 年，学院党委组织师生观看党的二十大开幕会，以专题讲座、实地参观考察、集中学习研讨等形式组织学习党的二十大精神和学校第十四次党代会精神主题活动 16 次；汇编党委会会议、党政联席会议学习资料 12 期；落实党委会会议和党政联席会议首要议题制度，第一时间学习传达习近平总书记讲话精神。规范执行党委会会议和党政联席会议议事规则，完善学院运行决策机制；举办院领导接待日和座谈会，畅通党政班子联系群众渠道；完善教师思想政治和师德师风考核评估制度，党委会年度审议各类评估事项 76 人次；发展党员 86 名（含 2 名青年教师），71 名预备党员按期转正；组织 22 名教职工党员参加学校疫情防控志愿服务。现代光学研究所教师党支部获评第三批全国党建工作样板支部培育创建单位；郭佳琦获评北京大学十佳学生党支部书记，龚欢欢获评北京大学十佳团支书，乔舸获评北京大学学生会组织标兵。

工会及离退休工作。截至 2022 年底，学院有离退休教职工 376 人；年度新增退休 6 人，减员 17 人；完成学院第三届教职工代表大会执委会、第五届工会委员会换届工作。工会举办"国庆颂歌·喜迎二十大"主题摄影比赛活动，开展"居家办公要开心"线上运动与居家生活展示活动；教工羽毛球二队荣获北京大学教职工羽毛球锦标赛甲组冠军。

学院把关心关爱离退休老同志作为年末疫情防控工作重点，召开离退休教师帮扶专项工作会议；成立由学院党政主要领导牵头，党委委员、各系、所、中心负责人和党支部书记及有关人员组成的专门工作组和应急工作小组；摸清底数建立台账，畅通联系渠道，多途径采购和寄送药品等防疫物资，邀请校医院专家及时指导，帮助脆弱群体平稳度过流行期。

学生及院友工作。学院 14 个党支部，75 个团支部通过线下线上主题研讨、知识竞答等形式深入学习二十大精神，活动覆盖全院 1900 余名学生党员、团员，加强党建引领、党团共建。2019 级本科 1 班获北京大学"班级五·四奖杯"，2019 级大气系研究生班、2021 级本科 5 班获评北京大学示范班集体，2020 级本科 1 班、2021 级本科 2 班和 3 班获评北京大学先进班集体；594 名学生获各类奖励荣誉，其中 48 人获得国家奖学金，280 人获得校级奖学金，64 人获得院级奖学金，19 人获评北京市普通高校优秀毕业生。

高乐耘获教育部拔尖计划 2.0 第二届"提问与猜想"活动一等奖，杨翰彬等获第十三届中国大学生物理学术竞赛一等奖，教育部第二届"提问与猜想"活动一等奖，康亚城获第五届全国大学生天文创新作品竞赛一等奖；方一奇、韩猛、戴天祥获中国光学学会王大珩光学奖学生奖，韩猛获评中国光学学会郭光灿光学优秀博士学位论文，傅杨、肖杰获中国物理学会高能物理分会第 12 届晨光杯青年优秀论文一等奖，王姝婧获亚洲核物理联合会-亚太物理学会联合会等离子体物理分会青年科学家奖。在北京大学第二十届"挑战杯"学术科创竞赛中，获正赛特等奖 5 项、一等奖 7 项。

学院新增 3 个思政实践基地。2022 年暑期，12 位学院领导、老师带领 200 余名同学，组建 7 支团队分赴河南新乡、甘肃酒泉、江苏南通等六省七市开展思政实践活动。2022 年度，参与志愿服务的学生超过 700 人次，志愿服务时长超过 5000 小时。23 名学生志愿者和 1 名赛时实习生参与北京冬奥会、冬残奥会服务保障工作，3 名教师参与志愿者保障工作。

院友会组织理事会年度会议、校友亲子游学科普活动、张岑优秀科研奖学金捐赠仪式和叶企孙师表奖设立仪式暨首次颁奖仪式。

其他工作。完成学院图书馆、物理西楼思源多功能厅升级改造及物理北楼非机动车棚安装；组织学院师生开展消防疏散演习，完成物理楼和加速器楼园区 2000 多具灭火器检测。疫情防控期间，审批各类出入校，其中学生 207,892 人次，教职工3664人次，校外人员6642人次。学院获评北京大学2021年度安全管理先进单位，4人获评先进个人。

（孙　琰、张志科、高子晴、肖　黎、吴桃李、戴　倩、
宣梦雨、肖　庆、张　帆、孙嘉琪、商庆军）

【学习贯彻党的二十大精神】 学院党委深入学习贯彻习近平新时代中国特色社会主义思想和二十大精神，组织师生集体收听收看二十大开幕会和第二十届中央政治局常委同中外记者见面会。积极参加学校组织的报告会和网络专题学习。制定实施方案，组织学院领导班子集体学习和多场专题讲座。

10月26日，党的二十大代表、校长龚旗煌结合参会经历和心得体会，带领学院师生重点学习了党的二十大报告中"实施科教兴国战略，强化现代化建设人才支撑"的重要论述和对"加快建设教育强国、科技强国、人才强国"全面而系统的部署。11月3日，联合学校科研部邀请孙昌璞院士作"战略科学家培养之我见"的主题报告。11月7日，邀请学校纪委监督检查室主任李伟以"教职工纪法要求与廉洁风险防范"为题作报告。11月10日，邀请北京大学习近平新时代中国特色社会主义思想研究院常务副院长孙熙国教授以"用中国式现代化推进中华民族伟大复兴"为题解读二十大报告。11月11日，邀请学校团委博士生讲师团成员喻伟讲解二十大党章中的"变"与"不变"。11月13日，邀请彭湃烈士孙女彭洁女士讲述彭湃烈士和彭士禄院士两代人忠于理想的故事。11月19日，邀请党的二十大代表、中央气象台首席预报员张芳华结合气象科技发展历程讲解二十大精神。

（肖　庆）

【启动北京大学物理学科卓越人才培养计划】 北京大学物理学科卓越人才培养计划（下称"物理卓越计划"）于2021年12月启动。2022年1月28日，发布招生简章，明确选拔对象及报名条件为"身心健康、品学兼优，对物理学科怀有强烈兴趣，表现出突出的物理学潜质和特长，有志于从事物理科学研究的优秀中学生；国内主要招收初中三年级至高中三年级的学生；海外主要招收九年级至十二年级或具有同等学力的学生"，致力于为党为国培养家国情怀与国际视野、创新精神与实践能力兼具的领军人才，以及未来引领中国高水平科技自立自强乃至世界物理学和相关领域发展的学术大师。该计划定制特色课程体系和培养方案，采用小班制和导师制的专门化管理模式，实施中学-本科-研究生贯通培养；组建由33名院士参与的科学指导委员会，主持创设"名师面对面"。

教育部领导对"物理卓越计划"高度重视。2022年4月2日，教育部党组书记、部长怀进鹏到物理学院调研基础学科拔尖人才培养工作，听取高原宁院长汇报。9月6日，教育部党组成员、副部长翁铁慧出席2022级开班式，要求通过实施"物理卓越计划"探索创新型高层次人才培养的"北大路径"。入学后的专业测评表明，首批入选的61名学生在互动式学习、主动式学习、充分学习、内部学习动机、深层次学习方面的分数均高于同级其他学生；2022—2023学年秋季学期的课程成绩零人次不及格，超四成学生的平均学分绩点位列同级258人的前30%。

（马文君）

# 化学与分子工程学院

【发展概况】 基本情况。化学与分子工程学院现有无机化学、分析化学、有机化学、物理化学和理论与计算化学5个研究所，高分子科学与工程、化学生物学和应用化学3个系，并设有化学基础实验教学中心和北京大学分析测试中心。学院与中国科学院化学研究所共同组建北京分子科学国家研究中心。同时，北京大学合成与功能生物分子中心、软物质科学与工程中心、纳米化学研究中心和北京核磁共振中心等4个校级交叉科学研究中心挂靠在学院。学院还受中国化学会和高等学校化学教育研究中心委托，负责编辑出版《物理化学学报》和《大学化学》两份刊物。学院于2017年成立北京大学分子工程苏南研究院，并于2016年牵头成立北京石墨烯研究院，搭建前沿研究成果的转化桥梁，推动战略性新兴产业发展。

队伍建设。截至2022年底，学院共有教职员工192人（2022年度入职3人，退休2人，调离1人），其中专任教师128人，教授69人，副教授56人，课题组长75人，中国科学院院士10人，长江学者奖励计划特聘教授27人。学院以学科规划为指导，2022年度从海内外引进助理教授1人，3人获国家自然科学基金委杰出青年基金项目资助（刘志博、刘剑、贾桂芳），3人获国家自然科学基金委优秀青年基金项目资助（樊新元、周雄、朱戎）。2022年，新入站博士后55人，在站总人数146人。1人入选全国博管会创新人才支持计划，2人入选全国博管会国际交流引进项目，29人入选北京大学博雅博士后，2人获北京大学优秀博士后奖，21人入选北京分子科学国家研究中心博士后项目（BMS Junior Fellow）。3人获2021年度中国博士后科学基金特别资助，12人获中国博士后科学基金面上资助。16人获2022年度国家自然科学基金委青年基金项目，2人获面上项目。多位老师获京博科技卓越奖（刘忠范）、第四届MDPI"屠呦呦奖"（雷晓光）、Horace S. Isbell Award（陈兴）、科学探索奖（雷晓光）、药明康德生命化学研究奖（吕华）等个人奖项。

科研工作。2022年度，学院获批科技部重点研发计划项目3项，课题9项，批准额度约9500万；获批国家自然科学基金项目47项，其中原创探索计划1项、重点项目2项、重大研究计划2项，国家杰出青年科学基金3项，国家优秀青年基金2项，批准总额度约4800万元；发表SCI论文882篇，其中第一作者及通讯作者单位论文581篇；申请专利43项，获授权专利90项。获北京市科学技术奖二等奖（2021

年度）1项。签订横向合作合同40项，合同额15,635万元，到校经费2997万元。整合谱学中心推进多项成像与谱学技术平台建设并开展物质结构、反应机理、动力学以及化学生物学研究；分子材料与纳米加工平台启用"高度自治的合作共享"平台管理模式；启动"临床化学生物学"平台建设，支撑化学生物学发展。学院举办线上线下学术交流活动50余场，国际会议2场。在USNEWS全球大学排名中，化学学科综合排名第12位；QS全球大学化学专业排名第12位。学院规划确定未来十年学科发展理念，建设人工智能赋能的下一代计算化学和新化工两个学科增长点。

**本科生培养**。2022年度，共录取本科生167人，其中留学生4人、港澳台学生1人；实际入学本科生165人，其中，128名强基计划学生，占学生总数近77%，留学生3人；离校本科生148人，其中143人获毕业证书和学士学位证书，1人毕业无学位，4人暂结业。往届生7人补授学位，10人结业换发毕业证书和学位证书，1人结业换发毕业证书。2022年继续推进"强基计划"和"拔尖计划2.0"人才培养体系建设；完善课程体系，推进教学改革和课程建设和跨学科、交叉人才培养实践与探索。3人获"2022年北京大学教学优秀奖"（刘岩、吕华、王婕妤），获2021年北京市高等教育教学成果奖二等奖1项，获"全国大学生创新实验大赛"全国一等奖1项，华北赛区一等奖2项，获拔尖学生线上书院第二届"提问与猜想"一等奖1项。

**研究生培养**。2022年度，共录取研究生新生154人，其中计划内博士生146人，专项科研博士计划招生6人，大设施科研博士项目1人，数学中心项目1人，无留学生及港澳台学生。121名研究生获得博士学位，2名研究生获得硕士学位。完成2022级申请考核制研究生复试及2023级博士生免试推荐录取工作，推荐免试研究生录取中双一流高校生源占推免总数100%。举办2022年全国优秀大学生夏令营。加强研究生培养过程管理和学位授予监督，落实培养环节责任，系所牵头组织博士生年度考核，完善博士生年度考核制度。强化导师责任制度，完成新聘任博士生导师备案、博导招生资格审核、跨专业博导资格审核等工作。完成博士生导师定期评价等工作。修订博士生导师库，明确导师招生资格和年限相关要求。修订研究生培养方案及《化学学院研究生管理文件汇编》，化学生物学系修订博士生综合考试及中期考核规定。试行博士二年级分专业后重新二次分配培养计划方案。2人（吴凯、朱戎）获2021—2022年度北京大学研究生教学优秀奖。

**党建工作**。截至2022年底，学院有30个党支部，其中在职教工党支部10个、离退休教工党支部5个、学生党支部15个；党员754名，其中在职教工党员213名、离退休教工党员117名、学生党员350名、出国保留组织关系74名。2022年，新发展党员44名，其中发展在职教工1名、劳动合同制职工1名、学生42名；转正党员59名；递交入党申请书113人。完成16个党支部的换届；配合学校党委完成了北京大学出席党的二十大代表候选人、北京市党代会代表候选人、北京大学两委委员候选人推荐提名工作；召开学院党员代表大会，选举产生马玉国、王菲、赵美萍、王保怀、张莉、李昭玥6名同志为学院出席北京大学第十四次党代会代表。学院党委通过党委理论中心组、党委扩大会议、党组织书记讲党课、党支部集中学习交流、参观实践等多形式、多渠道组织党员学习党的二十大精神。组织41名党员、团员担任冬奥志愿者，开展"化迎冬奥"系列活动，组织志愿者专访、实践活动等50余次。学生党支部以学习党的二十大精神为主线，开展"青春共学二十大"系列活动，全年开展理论学习、主题绘画、主题征文、创意作品征集、实践活动累计70余次，强化党员先锋模范作用，组建党员先锋队参与校园疫情防控工作，累计组织400人次党员、团员担任志愿者。学校扎实推进优化改革，充实党课学习资料库，按照梯次配置完善理论阅读资料体系，组织微党课录制，创新党校试题命制。

**学生工作**。2022年度，学院组织4场评奖评优答辩，评选校级奖励326人、校设与院设奖学金273人、集体奖励4项；校、院助学金发放惠及58人，临时困补106人次，实现本科家庭经济困难学生资助全覆盖。共147名本科生、122名研究生毕业，整体就业率99.3%、博士生就业率100%。发放防疫药包97份，组织防疫志愿者270人次，平稳进入疫情防控新阶段。42名志愿者参与保障北京冬奥会和冬残奥会，组织召开志愿者出征仪式、总结表彰大会，录制祝福视频、寄送物资礼包、颁发嘉奖令；组织"低碳迎冬奥"新年跑、"冰上时间"滑冰体验等主题教育活动，推出11期冬奥志愿者专访。暑假组织学生赴山东烟台、江苏如东、江苏常熟开展思政实践，走入化工企业、院士纪念馆开展现场教学。围绕学习贯彻二十大、北京第十三次党代会和北大第十四次党代会精神，集体观看党的二十大开幕会，赴中共党史展览馆、北大红楼等爱国主义教育基地以及科兴生物、中石化润滑油公司等重点用人单位开展实践，组织"青春献礼二十大"主题征文、"喜庆二十大、共绘爱国情"手绘体验等特色党团活动。获2022年春季学期党团日主题活动"优秀组织奖"。

**社会服务**。学院依托与地方政府共建的校外产学研合作平台，缩短技术应用从实验室到市场的时间周期，充分挖掘自身资源，服务地方经济发展。北京大学分子工程苏南研究院建成91人研发团队，正在开展21个应用项目研发。衍生孵化8家成果转化公司，已累计孵化38家。累计完成融资达3.2亿元。北大先锋公司年度新增销售合同额约11.5亿元，预计营业收入约6.5亿元，税前利润约1.1亿元。北京石墨烯研究院已形成近300人规模的人才团队，发表高水平论文202篇，申请专利270余项，并陆续推出了A3尺寸超洁净石墨烯薄膜等20余种产品。石墨烯玻璃纤维复合材料在尖端武器上获得应用并实现批量供货。获得民政部全国先进社会组织称号，获批"专精特新"高科技企业称号。

**基础设施建设。** 截至2022年底，完成化学楼E区8项工程的招标工作；组织E区工程质量检查，提出700余条整改意见，逐条督促落实整改。在学院南门安装人脸识别系统，联合物理学院在技物楼门口安装人脸识别系统。完成化学楼B、D区暖气改造工作，D区强电系统改造工作，E区至B、D区弱电过路管预埋工作；更换试剂库老化防爆设备，加装废液暂存柜遮阳棚等工作。

**安全管理。** 动态调整疫情期间化学楼的安保措施，购进防护口罩2万只、抗原检测盒5000个，审批院外人员10,334人次。通过播放视频、举办讲座等多种形式展开安全教育工作，组织全院师生和后勤保障人员等710人次进行安全知识培训；组织消防疏散演习1次，共计882名楼内师生参加；组织多次危险废弃物泄漏、盗抢、火灾等突发事件的处置演练。修订"化学学院疫情防控应急预案"，更新"化学学院疫情防控规定"等规章制度。

**工会工作。** 截至2022年底，学院共有工会小组14个，会员430人。工会组织教职工体检，完成女职工安康互助保险续保和参保，维护"母婴室"、"教职工之家"；组织"爱心基金"募捐，筹集善款13,830元；组织慰问春节值班及防疫值守教职工3次，生病员工10人，生育员工6人。获2022年校运动会团体总分第四名（院系排名第一）。组织参与校教职工羽毛球赛、乒乓球赛等，组织开展趣味运动会、亲子游学等学院特色活动8次。李彦荣获"全国三八红旗手"称号；杜福胜获选北京大学"模范工会主席"；获选"优秀工会干部"4名、"优秀工会积极分子"4名，获选校工会"好新闻"文字类一等奖、三等奖各1项，图片类二等奖1项。

**校友与基金工作。** 2022年度，学院招募成立"北京大学化学与分子工程学院校友联谊会理事会秘书处"，组织"毕业生时光胶囊"仪式、短信拜年、校友集体捐赠等活动。截至12月31日，共有3018人通过校友小程序实名认证，北大化学人公众号累计关注人数从2033升至3127人。学院新签订捐赠协议8份，新设立基金项目3项，包括邢其毅-钱存柔奖励基金、黄子卿物理化学奖教基金等。截至12月31日，共有项目125项，其中18个基金项目在2022年获得了新注资。

**信息化建设。** 2022年度，学院组织开展网络安全自查，与学校计算中心、网信办建立风险监测联动机制，及时完成备案、年审及风险整改并反馈。配合学校完成网络安全宣传教育、攻防演练和竞赛答题等活动。1人荣获网络安全工作先进个人。学院南北门增加无线AP和网络节点，补充增加监控设备和增加数据保存时长，减少学院公用设施盲区。优化安全检查助手app，解决安全检查中的问题；推进新楼建设中综合布线项目及多媒体设备安装项目的实施。

（赵美萍、王芊越、贠琳、李玲、牛林、戚莉、徐一方、刘宇、王菲、时征、关妍、高杨）

**【傅鹰先生诞辰120周年座谈会暨北京大学胶体化学学科发展论坛举行】** 9月13日上午，傅鹰先生诞辰120周年座谈会暨北京大学胶体化学学科发展论坛在北京大学化学与分子工程学院A204报告厅举行。中国胶体与界面化学专业委员会原主任、傅鹰先生弟子马季铭教授，刘忠范院士、席振峰院士、张锦院士、房喻院士、俞书宏院士，以及来自唐先生曾任职过的高校代表，与学院师生齐聚一堂，追忆傅鹰先生爱国爱科学的高尚品德与崇高风范，学院院长陈兴主持座谈会。张锦、黄建滨、马季铭、郝京诚、谢兆雄、魏子栋、刘磊等表达对傅鹰先生的追思，刘忠范受姚建年院士委托代为宣读中国化学会致辞，阎云作"胶体化学在北京大学"主题报告。北京大学胶体化学学科发展论坛由来鲁华主持，房喻、刘鸣华及俞书宏分别作报告。

（王芊越）

**【唐有祺先生逝世及相关悼念活动】** 唐有祺先生因病于11月8日逝世，享年103岁。9日，学院发布讣告，在学院A区一楼设立灵堂缅怀唐有祺先生。14日上午，唐有祺先生遗体告别仪式在北京八宝山殡仪馆东礼堂举行。社会各界人士前来凭吊祭拜唐有祺先生。学界同仁及社会各界人士纷纷发来了唁电、信函和挽联，向唐有祺先生逝世致以哀思。学院同时在线上建立缅怀网站，学校师生通过微博、微信等形式深切缅怀唐有祺先生。

（王芊越）

**【吴凯/周雄团队在规整碳化铁表面乙烯聚合的动态可视化观测取得进展】** 乙烯聚合分为自由基聚合和配位聚合两种，其中配位聚合链增长遵循Cossee-Arlman机理，即乙烯插入到金属催化中心与聚乙烯链连接的金属-碳键之间，实现持续的单体聚合。乙烯聚合的Phillips催化剂在没有烷基铝作为引发剂的情况下如何实现链引发，依然是困扰着学术界的基础问题。吴凯/周雄团队与中科合成油技术股份有限公司李永旺团队合作，利用表面合成动态可视化技术，首次以直观的影像形式在分子尺度展示规整碳化铁表面乙烯聚合的反应过程，阐明乙烯聚合的分子插入链增长和分子异构化链引发等关键步骤，加深对乙烯聚合机理的认识。相关研究成果以《表面乙烯聚合乙烯插入机制的可视化》（Visualization of On-surface Ethylene Polymerization through Ethylene Insertion）为题，于3月11日发表在《科学》（Science）杂志。

（李玲）

**【新药开发项目实现专利转让】** 学院雷晓光教授和生命科学学院吴虹教授课题组经过多年深入科研合作，发现一类关键的调控蛋白可以促进成纤维细胞的活化，是纤维化疾病发生发展的一个重要驱动因素；进一步通过理性设计、化学合成、药学评价等一系列探索性研究，开发出一种针对该药物靶标具有高成药性的小分子抑制剂，并且在多种纤维化疾病，特别是肺纤维化疾病动物模型评价中表现出良好的治疗效果，有望成为用于治疗相关纤维化疾病的"first-in-class"

源头创新药物。2月17日，北京大学与浙江星浩澎博医药有限公司签订技术转让协议，将该成果相关专利（申请）转让给浙江星浩澎博医药有限公司，包括入门费、里程碑支付和销售额提成。

（李 玲）

# 生命科学学院

【发展概况】 组织结构。学院现有2个国家重点实验室（蛋白质与植物基因研究国家重点实验室、膜生物学国家重点实验室），1个教育部重点实验室（细胞增殖与分化教育部重点实验室），1个国家实验教学示范中心（生物学国家级教学示范中心），5个国家重点学科（植物学、动物学、细胞生物学、生理学、生物化学与分子生物学），8个博士学科点（植物学、动物学、生理学、细胞生物学、生物化学与分子生物学、生物物理学、生物学[生物信息学]、生物学[生物技术]）。另有凤凰国家蛋白质平台北京平台和北京大学实验动物中心挂靠学院。4月，学校任命石长翼为生命科学学院党委书记、委员，免去刘德英的生命科学学院党委书记、委员职务。

队伍建设。2022年，学院新入职教职工6人，学校其他单位调入1人，退休3人，调出2人，新进站博士后37人，出站48人，退站5人。截至年底，学院在职教职工162人，其中教授和研究员76人，副教授和副研究员22人，讲师和助理研究员9人，工程技术系列和行政人员共55人；在站博士后共计117人，学院劳动合同制职工（含派遣）共计141人。遇赫、郑鹏里、张莹、梁希同、杨晓旭和朱盼6人入选国家级青年人才计划，陈建国获嘉里集团郭氏基金树人奖教金，张蔚获黄廷方/信和青年杰出学者奖，胡家志、王青松和肖俊宇获兴证全球奖教金杰出青年奖，顾红雅获中国工商银行奖教金优秀教师奖，杜立颖、范六民、刘轶群、王诗瑶、韦玉生、谢夏青、杨国昊、于翔、张丽君、张研、赵珺获生命科学学院东宝奖教金。吕植获第四届北京市大中小幼教师讲述我的育人故事活动特等奖。申辉获2022年博新计划资助；朱盛获2022年国际交流引进项目资助；曹智杰等15人获第十三批博雅博士后项目资助；王姝婷等7人获第十四批博雅博士后项目资助；璩良、武照伐等2人获北京大学2022年优秀博士后奖。熊亮、陆琪、孙耀宇等3人获生命科学学院第四批逸夫博士后项目资助；李晴晴、孟浩巍等2人获拜耳博士后基金、罗斌获BI博士后基金。

本科生培养。2022年招收本科生141人，其中全国生物奥林匹克竞赛金牌保送生8人，强基计划生源94人。本科毕业94人，暂结业换毕业证3人。截至2022年底，学院在籍本科生494人。2022年，学院"生理学"被认定为北京市课程思政示范课程。共开设科研前沿类课程6门，科研实践类课程6门，科研规范与毕业论文类课程6门，综合实验类课程3门。学院于2021—2022年春季学期开始，在部分课程中推荐使用等级制成绩评定方式。学院积极响应学校号召开展混合式教学工作，共开设混合式教学课程36门，混合模式包括在线资源和线下授课的混合，实验课和理论课的混合，以及教师授课和学生讨论的混合。2022年，学院本科生张梓荗、唐皓轩的"探究转录因子有丝分裂期染色体滞留的分子机制及抑制性调控"项目在教育部第二届"提问与猜想"活动中，荣获一等奖。高歌主讲的《生物信息学方法》课程被评为2022年北京高校"优质本科课程"。辛广伟的作品"转基因果蝇品系的构建"在2021年全国高校生命科学类微课教学展示交流活动中荣获优秀微课一等奖。许崇任荣获生命科学学院第三届陈守良教书育人荣誉讲座基金。瞿礼嘉、苏都莫日根荣获生命科学学院2022年度郑昌学教学优秀奖。

研究生培养。2022年学院招收博士生100人；硕士毕业生15人，博士毕业生82人；截至2022年底，在校博士研究生611人。2月，学院组织2018级博士生统一中期考核，共有85名博士生参加、85人通过考核。8月，学院组织2020级博士生统一资格考试，共有84名博士生参加、82人通过考核。8月，学院组织2021级博士生的统一年度考核，共有87名博士生参加、26人成绩优秀、59人成绩合格、2人成绩不合格。6月和8月，学院举办了两轮"全国优秀大学生夏令营"活动，预录取103名学生为2023级研究生。

科研工作。2022年，学院科研经费到账总数约1.46亿元，其中纵向科研经费约1亿元，横向科研经费约0.46亿元。学院在研科研项目237项，申请获批国家级项目33项，国家自然科学基金结题项目32项。新获批项目中，杜鹏获杰青基金资助，高宁、焦雨铃、王世强获批国自然重点项目，王世强获批国自然重大研究计划集成项目。杜鹏、李毓龙、陆剑获批重点研发计划项目首席科学家，胡家志、李晟、吕植、张研、郑晓峰获批课题负责人，李毓龙、伊成器获批北京市基金重点研究专题项目。2022年学院新增横向项目情况见附表。以生命科学学院为第一作者或通讯作者单位发表的论文被SCI收录236篇，平均影响因子15.9，其中的突出成果见附表。伊成器教授荣获第八届中国化学会-英国皇家化学会青年化学奖、首届中国化学会生命化学青年创新奖；杜鹏研究员荣获2022年度顾孝诚讲座奖；孔道春教授荣获2021年度北京大学生命科学学院杰出科研奖；陆剑教授主持研究成果"新冠病毒谱系划分及进化动态分析体系的建立及应用"，肖俊宇研究员、苏晓东教授参与研究成果"重症危重症新冠肺炎精准诊治临床策略的建立与应用"分别荣获2021年度北京市科学技术奖科技进步奖二等奖。

学术交流。学院线上线下并举，确保国际学术交流活动的顺利进行。继续打造品牌讲座——生命科学学院学术系列讲座，2022年成功组织16场线下讲座。邀请到美国科学院院士Chen Xuemei教授、中国科学院院士邵峰研究员等国内外知名学者来访。学院成功举办"2022年勃林格殷格翰-北大联合网络研讨会""2022年勃林格殷格翰博士后出站仪式"和"2022年拜耳-北大-清华联合网络研讨会",成功举办"2022年北大医学孤独症研讨会——病因学与家庭支持"。9月5日至9日,生命科学学院第八届"学术周"活动圆满举行。

科技开发与合作。2022年,学院继续深化与启东市地方政府和拜耳、勃林格殷格翰等知名医药企业的合作。"生科-启东创新基金"共支持9项专利培育基金项目和2项专利转化基金项目,资助总金额1420万元。与强生(中国)投资有限公司签署"2022北大杨森框架协议"。李毓龙、刘君、肖俊宇、张莹获评"拜耳学者奖",李晴晴、孟浩巍获评"拜耳博士后"奖;张哲获评"勃林格殷格翰青年研究员奖",罗斌获评"勃林格殷格翰博士后奖"。

平台建设工作。2022年度,学院公共仪器中心在博雅辑因公司的大力支持下,建立了"北京大学-博雅辑因基因编辑高通量筛选平台",为用户提供用于Cas9介导的全基因组敲除质粒文库和细胞载体文库。中心技术队伍也不断壮大,截至2022年底共有29人,其中专职人员11人(9人为出站博士后),合同制人员11人,在站博士后2人,实习生5人;14人具有博士学位,6人具有硕士学位。2022年中心一位在职技术人员晋升为高级工程师。国家蛋白质科学研究(北京)设施北京大学分中心在教育部运行费的支持下,年内用户依托各平台仪器共发表研究论文90余篇,其中 *Cell* 3篇,*Nature* 3篇。支持国家重点科研任务110余项。分中心同时为清华大学、复旦大学、上海科技大学、香港浸会大学、军科院、中科院等96家单位提供技术服务。总机时达71,380小时,其中共享机时达10,307小时。年内为用户举办技术培训共计146场次。1月上旬,北大分中心克服疫情带来的种种困难,成功举办国家蛋白质科学研究(北京)2021年度学术年会,线上参会人数达2600多人,为历届年会之最。2022年度北大分中心为全国用户设立6项开放课题,金额总计110万元。

党建工作。学院党委共有党支部24个,其中在校学生党支部13个,在职教工党支部9个,离退休党支部1个,另有出国就读就业临时党支部1个;共有党员805名,其中在职党员222名,离退休党员70名,学生党员356名,出国临时党支部党员157名。学院共发展党员47人,其中教职工党员3人,学生党员44人。学院党委于4月至6月先后完成现代农学院农业经济管理与行政联合党支部、现代农学院分子农学教工党支部、生物医学前沿创新中心党支部整合改组工作。11月,学院党委制定《生命科学学院学习宣传贯彻党的二十大精神实施方案》并在全院师生范围贯彻实行。暑假期间,学院党委组织教工党支部党员代表赴雄安新区开展红色教育实践活动,现代农学院党总支组织党员代表赴云南开展红色实践学习。细胞生理遗传党支部获评2022年北京大学样板党支部。

网信工作和宣传。11月学院综合管理平台建设项目通过学校审批立项。2022年学院开展线上线下网站管理员培训和网络安全宣传,保障学院各网站系统安全运行。年内中英文官网共发布文章384篇,点击率由2022年的2,507,876次增加到3,022,707次。"北大生科"微信公众号发表图文推送95篇,订阅量由15,257人增长到17,625人。

楼宇维护与管理工作。学院整合安全管理模式,于2022年打通楼宇办、设备办管理合署办公,有序高效统筹学院安全工作。对金光楼和王克桢楼的老旧电路进行专项检查;金光楼和吕志和楼配电室增设监控器,加强配电设施安全运行监控及巡逻力度;更换金光楼通风橱破损水管;完成老生物楼西配楼和标本馆地下室漏水维修、金光楼南侧屋面防水维修、吕志和楼西侧永久防汛工程;"安全知识进组会"宣讲活动覆盖学院所属楼宇。对学院所属楼宇进行绿植鲜花美化提升,对金光楼、吕志和楼、王克桢楼裙楼进行外墙清洗。疫情封校期间,在各个楼宇紧急配备淋浴设施和洗衣设备;组建在校PI特别安全巡检小组,由学院值班和在岗领导、留校PI、留校学生防疫安全员和职能办公室工作人员组成,紧抓安全工作不放松。开发安全巡检APP,框架已搭建完成。

实验室设备与安全管理。统一为实验室配备小型危化品柜,并编制《生科院小型危化品柜安全使用注意事项》;配备气瓶指示牌,并制定《生科院气瓶使用安全管理规定》;为试剂架统一加装栏杆;完成可卡因(麻醉药品和精神药品)审批与采购手续;改造升级细胞间安防报警设施;组织备案实验室培训、检查、信息上报、风险评估、检测与演练工作,新增1个BSL-2备案申请;生物安全委员会定期召开例会并研究制定生物安全规范性文件6个,即《生科院蚊子研究安全管理要求》《生科院对生物学实验用四氧化锇的安全管理细则》《生科院对生物学实验用叠氮化钠的安全管理细则》《生科院对化学反应实验用叠氮化钠的安全管理细则》《生科院对化学反应实验用氧化汞的安全管理细则》《生科院头足类动物研究生物安全管理要求》。灭菌中心特种设备通过国家部门定期检验;灭菌中心特种设备及剧毒品库安防设施纳入维保管理。

工会和离退休工作。2022年3月至4月学院工会陆续组织了"春季健身徒步走"暨校运会"预热健身强体月"活动,9—11月份组织了"秋季健身徒步走"暨"喜迎二十大,永远跟党走"活动,12月份组织了"新《工会法》知识竞答"等活动。12月,学院工会为离退休教职工送去抗原检测试剂盒和药品,为离退休老师送去新年祝福和学院的关怀。截至2022年底,学院共有离退休教职工166人,其中离休干部2人。胡适宜、丁明孝等2人荣获北京大学第二届离退休教职工学术特别贡献奖;丁明孝、许崇任等2人获评北京大学2022年老有所为先进个人。

校友与社会合作工作。2月至4月举办首期"生命真知"中学生高校实验室项目。7月举办第六季"生命情怀"暑期营。11月，学院校友会第十一届北大生科北美校友年会在美国得克萨斯州大学西南医学中心举行，共有300余北美校友与社会友人与会，创下了该会议2009年创始以来的最大与会人数记录。12月，第八届北京大学生命科学全球产业高峰论坛在线举行，共有4.7万人在线参会，同比增加343%。第八、九季校友医师健康咨询共集结全国24家医院的71名校友医师，在线发起32个科室，为390户师生校友家庭提供健康咨询。校友医研结合沙龙（全年5期）为学院多个实验室与校友所在医院打造临床科研合作契机。

基金工作。2022年，学院收到捐赠超过4000万元。其中逸夫基金会第四笔捐赠4000万元，博雅辑因发展基金200万元；收到丁友玲生命科学奖教金100万元，校友尊师基金50万元，博思实验教育基金6万元，星光纪念基金4万元。学院到账总资产4.49亿元，其中不动本3.49亿元。

学生工作。2022年上半年，2021级研究生党支部和现代农学院学生党支部分别获得北京大学"请党放心 强国有我"学生党团日联合主题教育活动二等奖。暑期，116名2021级本科生组建6支思政实践课程团队，通过线上、线下方式深入山东潍坊、江苏启东、陕西秦岭、河南洛阳、上海浦东、北京等地开展调研，并在江苏启东、山东潍坊、陕西秦岭等地设立了思政实践教育基地。5月，举办第十一届北京大学生物交叉学科学术论坛，逾50万师生通过线上观看会议；组织"生物多样性"主题线上游园会、标本馆志愿讲解。秋季学期，开展迎新工作和"初入生科"系列讲座和实践教育活动20余场；本科生学业辅导计划共计开设12门课程，聘请18位辅导员，开展小班朋辈辅导，有近350位学员参与；与图书馆联合筹办"大美课堂——生物之美"系列活动。2017级研究生3班、2018级研究生4班获得"北京大学示范班集体"荣誉，胡若成荣获"北京大学五四奖章"。举办第84期"展望事业，探讨人生"系列讲座，全年共计发布300余条招聘信息，组织15场线上线下企业定向宣讲会。20名同学在北京两家单位圆满完成《生物产业实习实践》；吴虹、唐平主持的《生命科技前沿与产业创新》课程获评北京高校就业创业金课；举办12次生涯就业相关讲座；举办"爱学习"、"昌平生命科学园"等开放日参观活动。通过"暖春行动"、"敲门计划"等措施对家庭经济困难、心理障碍等重点关注毕业生一对一沟通与咨询，全方位帮助毕业生顺利就业。学院李雪阳等博士生参与的"大猫谷"项目获第八届中国国际"互联网+"大学生创新创业大赛红旅赛道金奖，赵亚冉"未名拾光"项目获得主赛道一等奖；陈智雅的医养结合探索与实践项目获三等奖。组建由专职辅导员、心理咨询师、学生心理委员、第二班主任、本科班级辅导员（研究生或专任教师）、本科班专业辅导员（专任教师）、研究生班主任（专任教师）和实验室安全员共同组成的身心健康团队，坚持全员参与心理育人工作，多方共同引导学生发展。导师和实验室管理员参与心理健康教育培训累计88人次，覆盖53个实验室。坚持全过程心理育人工作，把握学生心理成长的关键节点，在研究生招生夏令营、新生入学、毕业求职季等时期主动开展心理测评，对接中心开展心理讲座、工作坊。完成整体学生心理状况摸排4次。组织心理会商5次。全年召开5次经济情况认定会、5次线上家访会和研究生囤材奖（助）学金评审会，完成32名本科生、4名研究生新生的经济情况认定。谢夏青获得2022年度北京大学学生心理健康教育工作先进个人。王黛芳获得2022年度北京大学学生心理健康教育工作先进新人。杨国昊获得2022年度北京大学学生资助工作先进个人。丛秉乾获得2022年度北京大学学生资助工作优秀新人。

（杨 泉）

【试行等级制成绩评定方式】 学院于2021—2022学年春季学期开始，在学院开设的专业核心课、专业选修课、学术规范和毕业论文课程中，推荐使用等级制成绩评定方式。等级制成绩评定方式旨在引导学生正确对待学业，培养专业兴趣、树立未来目标，避免唯成绩论造成的内卷压力，主要试用于学院2020级（含）之后的本科生。2022年，学院共有38门课程的54个班次试行等级制（ABCDF）成绩评定方式，学院奖学金评审工作也已经开始使用优良率替代GPA排名，让同学们逐渐以平常心看待成绩评定。

（赵文迪）

【获教育部第二届"提问与猜想"活动一等奖】 学院本科生张梓苿、唐皓轩的"探究转录因子有丝分裂期染色体滞留的分子机制及抑制性调控"项目在教育部第二届"提问与猜想"活动中，荣获一等奖。"提问与猜想"活动旨在引导学生面向世界科技前沿、面向经济主战场、面向国家重大需求、面向人民生命健康，发现和提出原创性问题、应答挑战性问题，以思维创新、方法创新、理论创新探索未知世界。为探究"有丝分裂期染色体滞留"的机制，张梓苿、唐皓轩在学院宋艳老师的带领下开展"转录因子有丝分裂期染色体滞留的分子机制及抑制性调控"的研究。该课题组通过系统筛选，发现一系列有丝分裂期染色体滞留的转录因子，并试图通过细致的结构域定位与功能性回补寻找普适的分子机制。此外，领域研究普遍认为有丝分裂滞留能力是蛋白内在的性质，然而通过筛选，该课题组意外发现有丝分裂滞留存在抑制性调控。

（赵文迪）

【推进混合式教学】 为创新教与学模式，强化对学生的能力与素质培养，提升教学效果，学院积极响应学校号召开展混合式教学工作。共开设混合式教学课程36门，混合模式包括在线资源和线下授课混合，实验课和理论课混合，以及教师授课和学生讨论混合。9月30日，学院召开混合式教学研讨会，学院副院长王世强老师主持会议，教务部洪星星、冯雪松、冯菲老师，学院混合式教学课程40余位任课教师，和本科生教务相关老师共同参加了此次会议。学院张研老师分享了混合式教学在《高级神经生物学》课程中的应用初探。该课程强调使用网上科技学习与传统教学的融合，将两种学习课程用于教学设计中。通过结合两种学习方法的优点，有效加强了学生们的学习效率。学院王青松老师以《生物化学实验》课程为例，具体介绍了理论课和实验课的混合教学模式。此课程通过线上的1个基础实验与1个综合实验的教学，配合线下课堂实验教学，来实现混合式实验教学模式。

（赵文迪）

【一课程获评北京高校就业创业金课】 学院吴虹、唐平主持的《生命科技前沿与产业创新》课程获评北京高校就业创业金课。该课程将思政教育融入专业教学，推动学生了解生物产业基础、学习前沿理论的应用转化、促进学生专业认同、孵化培育学生创业项目，并使学生感受国家战略指导下的行业发展脉搏，承接新时代青年在生命健康领域的使命担当。学院17级博士研究生赵亚冉运用课程所学，创立未名拾光公司，专注消费健康领域的合成生物学材料创新平台，入围第八届中国国际"互联网＋"大学生创新创业大赛一等奖。

（唐平）

【疫情期间实验室安全保障与亟需耗材供应】 5月、11月，北京市对高校的防疫要求持续升级，受封校政策影响，实验室安全管理面临着前所未有的挑战。学院组织在校PI组建特别安全巡检小组，针对大多数实验室负责人及安全管理员不在岗的情况，发动留校PI开展安全检查，消除安全隐患；联合楼宇办、物业定期开展平台／实验室急需物资液氮、二氧化碳配给工作，为科研运行提供必要支撑；紧急设置实验室废弃物应急暂存场所，保障实验废弃物安全处理处置。

（赵钰、刘硕）

# 城市与环境学院

【发展概况】 组织结构。城市与环境学院以地理学为主体，包含生态学、环境科学、城乡规划等多个相关学科，具有理、工、文多学科交叉的综合优势。城市与环境学院设有城市与区域规划系、城市与经济地理系、生态学系、环境学系、自然地理与自然资源系、历史地理研究所；拥有地理学国家理科基础科学人才培养基地、地表过程分析与模拟教育部重点实验室、环境与生态国家级实验教学示范中心、国土空间规划与开发保护自然资源部重点实验室和塞罕坝国家级野外科学观测研究站等国家级和省部级平台。

学科建设。学院拥有地理学、生态学两个国家一级重点学科，均入选拔尖计划2.0，拥有自然地理和人文地理两个国家二级重点学科。五个本科专业：自然地理与资源环境、人文地理与城乡规划、环境科学、生态学、城乡规划。新增两个本科专业：环境健康、国土空间规划。六个硕士研究生专业：自然地理学、人文地理学、环境科学、生态学、地理学（历史地理学）、国土空间规划。六个博士研究生专业：自然地理学、人文地理学、地理学（环境地理学）、地理学（历史地理学）、生态学、国土空间规划。

队伍建设。2022年，学院有全日制教研系列教师84人，其中教授40人、长聘副教授9人、副教授16人、预聘副教授和助理教授16人、讲师2人、副研究员1人；博士后研究人员97人；教辅和行政人员13人；非全日制聘用2人。2022年入职50人，其中教师7人、博士后43人；退休2人；去世2人。2022年，推荐10位国内外优秀青年依托城市与环境学院和生态中心申报"海外优青"项目，其中7人入选；推荐7人申请国家基金委"杰青"项目，其中2人获批。截至2022年底，学院有中科院院士6人（含外籍院士1人、双聘院士2人）、海外高层次讲席教授2人、长江学者特聘教授11人、国家杰出青年基金获得者21人、"四青"人才22人。

教学工作。截至2022年底，学院共有本科生367人（含港澳台和留学生），另有元培学生5人、双学位学生29人。2022年招收本科生89人，其中生态学强基计划学生30人，环境科学类19人、城市规划类40人；毕业86人。2022年开设本科理论课109门，开设暑期实习实践课程10门，共计119门课程。截至2022年底，学院共有博士研究生310人、硕士研究生187人。2022年招收博士生78人、硕士生64人；毕业110人，其中博士生48人、硕士生62人；结业9人，其中博士生8人、硕士生1人；获得博士学位49人、双证硕士学位63人。专业设置方面，2022年共设置博士招生专业6个，除自然地理学、人文地理学、生态学、地理学（环境地理学）、地理学（历史地理学）5个原有专业外，增设国土空间规划专业；设置硕士招生专业6个，分别为自然地理学、人文地理学、生态学、环境科学、国土空间规划和地理学（历史地理学）。课程教学方面，2021—2022学年第二学期开设研究生课程35门，2022—2023学年第一学期开设研究生课程44门。

人才培养工作。2022年，学院持续推进本科教学改革。一是强化一流专业建设。通过开展一流本科课程、通识核心课、慕课等方式，打造优质课程，推动"人文地理与城乡规划""环境科学""自然地理与资源环境""生态学"四个国家级一流专业建设。依托地理学、生态学基础学科拔尖人才培养基地，深入开展拔尖计划2.0，全面提升人才培养质量。获得北京市教学名师、北京大学教学卓越奖等多项教学奖励。二是加强思想政治教育。将思想政治教育贯穿人才培养全过程，开展课程思政建设，申报北京大学思政示范课程2门。采用教学实习与思政教育融合的培养模式，实施"知行·同行"计划。三是创新开展实践教育。充分运用现代信息手段，联合全国多所高校，牵头组织开展"国土空间规划"虚拟教研室建设。采用地理学野外实习实践与劳动教育相结合的模式，建立劳动教育课程模块。拓展校外实习实践基地，新建北京大学环境科学野外实习基地。四是深化教育教学改革。开展教学培养方案修订、教学改革项目申报实施，2022年度申报教学改革项目5项，涉及课程建设、课程思政、科研实践等方面。结合国家战略需求，推进实施"国土空间规划""环境健康"两个交叉专业。积极开展新文科建设，实施"人文地理与城乡规划专业实习实践教学改革与课程体系建设"。

2022年，学院积极开展研究生教学工作，重视科研训练和实践教学。2022年度研究生共发表和接收的一作论文192篇，其中134篇发表于国外刊物、58篇发表于国内刊物；125篇发表在核心刊物，123篇被SCI收录。积极鼓励研究生参与国家与地方政府的政策咨询活动，通过导师承接国家科技支撑等纵向课题、参与地方政府规划编制等横向课题，指导学生学以致用。2022年立项"研究生教育创新计划"4项，1位教师获研究生教学优秀获奖，2位博士生获2022年北京大学必和必拓"碳与气候"博士研究生未名学者奖学金，4位博士生获评2022年北京大学优秀博士学位论文，1位博士生毕业生获"2022年北京市优秀博士学位论文奖"，8位博士生获2022年第二届"林超青年学者"称号。研究生学术交流更加多元，2022年国家留学基金委资助17名同学出国联合培养。

科研工作。2022年，学院科研成果丰富，成果的数量、质量和国际影响力稳步提升。共获批国家自然科学基金委项目30项，在研项目共计204项（经费额在200万人民币以上的有50项），在研经费约5.45亿元。2022年底发表SCI/SSCI论文288篇、中文核心期刊论文89篇。在陆地生态系统碳汇、生物多样性与生态系统功能研究方面取得重大突破，相关成果发表在 Nature 正刊2篇、Science 正刊2篇，在 Nature 及 Science 子刊、PNAS 等16篇。出版著作4部，其中英文著作1部。在科研人才建设方面，方精云院士当选欧洲科学院外籍院士，朴世龙院士当选发展中国家科学院院士；胡斆研究员入选美国地球物理联合会自然灾害青年科学家；林坚教授入选自然资源部高层次科技创新人才工程（国土空间规划行业）科技创新团队；戴林琳、刘涛研究员入选青年科技人才；谢凝高教授荣获中国城市规划学会"终身成就奖"，多名教师荣获中国地理学会科技奖励。

合作交流。2022年，学院聚焦国际学术前沿，开展博雅讲坛系列学术讲座活动，邀请五位院士开展前沿学术讲座。召开年度战略研讨会，针对学科建设任务提出新思路、新举措。有力推进"有组织"的科研活动，举办3场项目申报交流会议。此外，举办3场城环工作坊系列活动，促进学术资源整合和人才培养。

学生工作。学院关注每个学生的成长和发展机会，坚持全员协同育人，形成多维育人合力。党政领导率先垂范，积极参加各类学生活动，与学生保持密切联系。形成"新生抓适应，中间抓规划，毕业抓方向"的全过程育人工作体系。2022届毕业生198名，整体就业率达97%。学院获2017—2021年度北京高校德育工作先进集体荣誉。

党建工作。学院党代表向北京大学第十四次党代会提出提案2件，分别是关于"建议北大东门外园区实施统一规划和管理"以及"建议设立院系学生思政工作专项经费项目"的提案。学院多次召开会议传达学习北大第十四次党代会精神，要求全院师生把思想和行动统一到党代会精神上来，把智慧和力量凝聚到落实党代会部署要求上。2022年，学院共发展学生党员55人，已完成全部信息入库。

安全工作。学院全面落实安全工作责任制，针对土木工程、装饰装修、水电、实验室设备设施、消防设备等方面隐患问题进行认真排查，立行立改。解决消防中控系统的临时授权问题，完成新楼年度消电检工作。落实网络安全工作，配合学校进行网络安全风险漏洞整改，及时向全院师生宣传贯彻网络安全知识，通过实战提升师生网络安全防范意识，对师生邮箱开展钓鱼邮件测试，强化师生安全风险防范意识。2022年，学院被学校网信办指定为网络安全建设工作试点单位。

工会工作。学院积极组织教职工参加羽毛球赛、足球赛等各类体育活动。组织70多位教职工参加北大2022年春季运动会，在全校62支教工参赛队伍里勇夺团体总分第6名；派出3支代表队共28人参加学校教职工羽毛球锦标赛，在全校55支队伍里夺得乙组冠军，成功晋级甲组。在不同节日举办特色活动，例如"三·八"节举办女教职工城环新楼定向健步走活动；教师节和中秋节举办"匠心润桃李 团圆要有你"主题活动。

疫情防控。2022年，学院严格按照学校常态化防控政策要求，制定校外园区防控方案，及时调整各类人员出入园区规则，督促师生进行离出京报备，按时进行核酸检测，做好各项台账统计，实现师生位置和健康情况实时掌握。提前储备应急物资，包括口罩、酒精等消毒物资，方便食品、洗漱包、毯子、行军床等生活物资，在大楼封控期间全面保障师生生活。经多方协调，学院于11月完成园区闸机与校内数据联动，提升园区进出安全和审批效率，实现疫情防控管理与校内同步。随着疫情防控政策的转变，学院提前采购了N95口罩、抗原、药品等物品，为师生服务。

校友及筹资工作。2022年，学院收到校友实物捐赠价值100万元，资助学生善款20万元。根据疫情变化动态调整工作思路，依托校友数据库管理和维护现有7957条信息在"云端"继续为校友服务。积极组织开展校友活动，强化校友联络。在北大地理学科建立70周年暨学院建院15·周年之际，举办"虎年新春云团圆"、校庆院庆云游燕园、历届毕业生合影征集等活动，加强与校友之间的联系。设计并发放12张电脑桌面台历、校庆、中秋、春节等节日电子贺卡5万余次。

（于佳鑫、赵　敏、宫彦萍、刘　萍、赵卡娜、许文君、汪　淼、尹燕平、谭卓立、张璐瑶、宋宛儒）

【学习贯彻二十大精神】 10月16日至22日，中国共产党第二十次全国代表大会在北京顺利召开，学院组织师生在新楼报告厅同步收看二十大开幕会和闭幕会；第一时间组织领导班子、党委委员和支部书记学习二十大报告、学习贯彻习近平总书记重要讲话；组织召开"行经山河湖海、勇担时代使命"——《论坚持人与自然和谐共生》专题座谈会；在北大校报开设"城环师生学习二十大报告"系列专版，刊登师生学习二十大心得；党委书记和院长亲自带队，和师生党员赴北京展览馆参观"奋进新时代"主题成就展。各支部通过集中学习、研讨、参观等活动，在师生中掀起学习贯彻党的二十大精神热潮，把党的二十大精神转化为推动工作的强大动力。

（刘　萍）

【建设国土空间规划专业】 6月，学院完成国土空间规划专业2023年招生专业目录设置，明确设立三个方向，分别为国土空间治理与规划、城市与区域规划和城乡发展与空间规划（在深圳研究生院招生与培养）。9月完成国土空间规划专业第一届（2023级）推免生招生工作，共录取推免硕士生6人。国土空间规划专业硕士、直博生、硕博连读生、普博生培养方案已在专业申报时初步拟定。学院将于2023年4月新生入学前再次修订2023级研究生培养方案并报地理学学位委员会审议，修订重点为课程设置和考核标准。

（林　坚）

【北大地理学科建立70周年及建院15周年庆祝活动】 2021年，城市与环境学院新大楼建成，以北大地理学为核心的学科群也迁至新大楼进行科研与教学活动。2022年，喜迎北京大学地理学科建立70周年、城市与环境学院建院15周年，院史展览馆也已完成筹建；依拓复刻的中国地学会会址碑于12月立于新楼园区，以承续北大地学文脉；侯仁之先生铜像雕塑完成，即将落成；《北京大学地理学科建立70周年暨北京大学城市与环境学院建院15周年纪念文集》和《城环家谱》相继印刷出版。原定于12月3日至4日举行的"七秩笃行·城奏新章"主题庆典活动，因疫情原因推迟至2023年上半年举办。

（刘　萍）

【服务北京冬奥会、冬残奥会】 学院始终牢记立德树人根本任务，学院领导带头全程参与对接冬奥会和冬残奥会志愿服务工作。学院共输送8位冬奥测试赛志愿者、17位冬奥会和冬残奥会正式赛志愿者、2位冬奥会开幕式演员，参与人员数量和比例在全校名列前茅。组织全体同学观看冬奥会开闭幕式，并以此契机积极举办学习冬奥精神、宣传冬奥图谱等活动共计20余次。冬奥会和冬残奥会结束后，学院特别举办"北京2022年冬奥会冬残奥会北京大学城市与环境学院总结表彰大会"，以弘扬志愿服务活动中展现出的冬奥精神和城环精神。学院还通过新媒体等平台积极宣传冬奥会和冬残奥会，"北大城环"公众号发布冬奥主题推送67篇，累计阅读量破万；举办"云端迎冬奥，一起向未来——21天打卡挑战"和"城环庆冬奥，共青迎百年活动"等院级打卡活动；积极挖掘冬奥遗产，推出"城环冬奥志愿者专访系列"9篇和"速来！城小环冬奥志愿记"等演绎类作品2篇，深入刻画"北大冰新一代"，在院内形成良好宣传氛围，真正做到"用好冬奥遗产 引领青年思想"。

（谭卓立、宋宛儒）

## 地球与空间科学学院

【发展概况】 组织结构。地球与空间科学学院成立于2001年10月26日，由原地质学系、地球物理学系的固体地球物理专业和空间物理专业、遥感所和城市与环境学系地理信息系统专业组成。地质系创办于1909年，地球物理系创办于1959年，遥感所创办于1983年。地球与空间科学学院设7个研究所：大陆动力学与资源工程研究所，史前生命与环境研究所，矿物、岩石、矿床学研究所，地球化学研究所，理论与应用地球物理研究所，空间物理应用技术研究所，遥感与地理信息系统研究所；2个挂靠类实体研究机构：能源研究院、北京天然气水合物国际研究中心；1个教育部重点实验室：造山带与地壳演化教育部重点实验室；1个教育部工程中心：地球观测与导航工程中心；2个北京市重点实验室：矿物环境功能北京市重点实验室、空间信息集成与3S工程应用北京市重点实验室。

学科建设。学院现设有5个本科生专业：地质学、地球化学、地球物理学、空间科学与技术和地理信息科学；10个硕士研究生专业和10个博士研究生专业：构造地质学、矿物学岩石学矿床学、材料与环境矿物学、古生物学与地层学、地球化学、固体地球物理学、空间物理学、地图学与地理信息系统、石油地质学、摄影测量与遥感；并设有4个博士后流动站：地质学、地球物理学、测绘科学与技术和地理学，1个国家理科基础科学人才培养基地：地质学，3个国家基金委创新群体：日地空间高能带电粒子的加速、传输及效应研究，变质作用与造山带演化，断裂带物理学，3个国家级重点学科：构造地质学、固体地球物理学、地图学与地理信息系统，1个国家级重点培育学科：矿物学、岩石学、矿床学，1个北京市重点学科：空间物理学。

队伍建设。顺利完成高层次人才信息核查工作共38人次；完成CJ到岗核查工作共3人次；李文博、孙作玉、张海明、李梅、张贵宾、乐超、覃建旗7人获得北京大学奖教金；李文博晋升研究员；张南、唐铭顺利通过Tenure评估。2022年10月15日，在人文学苑李兆基会议室成功组织了2022年青年学者研讨会，为近年入职的青年教师搭建互相交流的平台。学院在校领导、各研究所所长及近几年入职的青年教师40多人参加了此次会议，14位老师做会议邀请报告，另有3位老师做经验分享。

**科研工作。** 学院科研经费年到账1.96亿元，较去年增长0.42亿元，创历史新高。获批国家自然科学基金项目38项，其中鲁安怀获批重大研究计划，沈冰获批重大项目课题；沈冰、王玲华获评国家杰出青年基金，任华忠获评国家优秀青年科学基金；宗秋刚、马坚伟获批重点项目，沈佳恒获批重点国际项目。马坚伟、宋晓东、沈冰、李明松4位老师获批4个科技部重点研发项目资助。学院教师以第一或通讯作者发表SCI论文323篇，出版专著5本、授权专利39项。中国科学院院士金之钧被评为俄罗斯科学院院士，刘瑜团队获得"北京市自然科学二等奖"，田晖获得"中国青年科技奖"，马坚伟获得"中国地球物理科学技术进步奖"。受疫情影响，国际交流活动较少，办理教职工因公出访17人次，4位台湾中央大学的交换生在校就读。

**教学工作。** 本科教学围绕双一流建设，开展了拔尖2.0培养基地和一流本科专业建设、强基计划人才培养工作，并进行了跨学科、交叉人才培养和创新性实验、实践教学探索，配合学校开展了课程思政建设。对野外实习课程进行建设，对课程大纲进行较大修改。针对于新生适应性和专业引导方面，通过新生年、本科学术年、导师制、课程辅导等措施，取得了良好效果，本科学生的专业思想趋于稳定，转院比例明显下降。研究生教学方面，2022年学院招收硕士研究生56人，博士研究生112人。共54人获硕士学位、1人获重申硕士学位资格。毕业博士生95人、2人重申博士学位资格，共97人获博士学位。共有13名同学申报联合培养项目。研究生课程新开课8门，课程立项2人获资助，研究生创新计划申报3项，研究生教学奖获奖1人。校长奖学金评定27人获批；学业奖学金发放163人，专项学业奖学金发放29人，专项奖助学金获奖9人，博士岗位奖学金评定410人。将硕士生的年度审核加入研究生管理系统中，同时将硕士和博士各个培养环节的时间节点按照不同类型匹配至学生的个人门户，使研究生在进行年度审核时能明确知道自己各个培养环节应完成的时间节点。

为响应学院建设"地球与行星科学"学科方向的号召，针对本科生培养体系进行了相应的修订，强化了学生对于数理化生等基础学科的素质，更加重视对学生课内实践和野外实践能力的培养，推动学科交叉融合。对相关核心基础课进行了重建，建设"行星地球科学"、"地球系统演化"、"行星物质科学"、"行星表面过程"等新课，在国内高校教育体系中均属首创。申请开设崭新的"行星科学"本科专业，2022年底通过学校教指委的审批，上报教育部备案。

学院地球化学方向、地球物理、空间物理三个专业列入强基招生计划。2022年对强基计划培养模式进行了进一步细化，包括：1.实施和完善阶段性考核和动态进出方案；2.进一步完善院内强基班专业分流方案与个性化培育方案；3.完成从新生导师到学业导师的过渡；4.保障政策与激励机制的顺利实行。

**党建和教师工作。** 1.认真学习贯彻党的二十大精神。组织师生党员、团员300余人集体观看了党的二十大开幕式直播。二十大召开后，充分利用理论中心组、党委扩大会、党校团校等学习平台，通过书记讲党课、座谈交流和教育培训、主题观影等形式，多次进行二十大精神的集体学习与讨论；以北京大学基层党建创新立项、教工党支部主题党日活动和学生党团日活动为抓手，全院掀起了积极学习并紧密结合各方面工作贯彻落实党的二十大精神的热潮。2.学院党政领导班子严格执行中央、北京市和学校纪委的相关规定，强化和落实学院党委抓作风建设的主体责任，加强作风建设。深化"一岗双责"，落实全面从严治党主体责任。3.注重基层党组织建设，重点加强对基层党支部工作的指导与监督，坚持党委委员联系支部机制，定期与党支部书记开展谈心谈话，按时换届，配齐、配强党支部委员，定期召开党支部书记会议。实施教师党支部书记"双带头人"培育工程。4.成立北京天然气水合物国际研究中心党支部、能源研究院党支部，加强对挂靠实体研究机构的管理。高君宇学生党支部入选北京大学党建工作样板支部创建名单。严格规范入党程序，认真履行入党手续。2022年共发展党员54人，预备党员转正74人。5.注重舆论导向，做好宣传工作，加强课堂及各类思想文化阵地管理，为学院发展营造良好氛围。2022年北京大学新闻网发布学院相关稿件28篇。6.在人才引进、聘期考核、职称职级晋升、教师评奖评优、课程评奖等各项工作中，严格规范地执行师德师风评估流程。2022年全年共完成129人次的师德师风考察报告，其中党委正式谈话94人，政审49次。认真做好人才风险评估、教材专审工作。7.主动发挥党组织的引导凝聚作用，通过谈话调研等形式有针对性地开展教育引导工作，最大程度化解师生矛盾。疫情严重期间，召开全体教师会，引导教师调整教学科研方式。召开老体制教师座谈会，征求对学院工作的意见和建议。8.形成学院党员领导联系党外代表人士的机制，重大决策主动征求党外代表人士意见，发挥他们在学院建设中的作用；同时向学校和北京市积极推荐优秀的民主党派教师。9.完成日常保密审查、考核、评估、上报等工作。接受学校BM检查2次，参加学校教育培训2次；组织学院BM检查2次，督促BM自查4次，组织学院BM教育培训4次。

**学生工作。** 按照固本培基的工作思路，抓党建、抓队伍、抓班团、抓个体，有力推动学生思想政治工作高质量发展。1.抓党建，夯实战斗堡垒基础。将党建融入学生工作各方面、各环节，院党委委员深度参与学生党支部建设，按专业纵向构建党团班协同联动机制。学院高君宇学生党支部入选北京大学党建工作样板支部，支部书记荣获北京大学"十佳党支书"。2. 抓队伍，护好思政工作基础。成立融媒体中心、学生就业发展中心、文化体育中心。目前各级学生干部超过350人，占比学院总人数超过35%。成立研究生特色团支部69个，以组织的形式加强学院与研究生的联络。3. 抓班团，筑好基层建设基础。健全学生管理体制，定期召开专业交流会、班主任辅导员会议；班主任、辅导员每学期与学生进行3次以上深度访谈，党委副书记定期召开沟通交流会。开展8轮宿舍走访慰问活动。重点关注研究生电子档案建设。疫情防控关键时期，每日召开全院学生大会。4. 抓个体，巩固专业思想认同。举办"仰望星空"系列讲座、学术午餐会、"学术之星"评选、"师者"访谈、研究生学术沙龙、天地人文化节等活动，增强学生专业认同感。加强课程辅导班建设、"一对一"辅导员选配、学生生涯规划指导等工作，针对困难学生完成两轮线上寻访，累计化解处理21起危机干预事件。学生转出人数较前两年大幅下降，学院学生的认同感、归属感、获得感不断加深。

工会工作。学院现有工会会员255人，其中事业编制会员230人，合同制会员25人。关心关爱职工，在疫情防控期间，采购口罩向全院教职工发放；组织召开疫情防控服务人员座谈会；开展会员生日、生病住院等事项的关怀慰问；坚持为教职工预定邱德拔体育馆羽毛球训练场地；开展健康体检工作，全院共有230名教职工参加健康检查。积极组织参加学校运动会及团体操表演及各类比赛活动，协助会员完成节日线上慰问选购、女工互助保险、京卡办理等福利工作；向三名困难职工送温暖，慰问科研、管理骨干2人；组织教职工进行爱心基金捐赠，共募集爱心基金7600元。

离退休工作。学院现共有离退休人员162人。核对2022年16人的政府特殊津贴信息，并通知老同志查收长寿补助，为28位70岁以上的整岁老人寄送蛋糕卡。开展"离退休教职工学术成果评选表彰活动"、"离退休教职工学术贡献奖评选表彰活动"、"老有所为先进个人评选活动"等。评选出4位特别贡献奖人选、1位学习之星、1位健康之星、2位乐为之星，并上报学校。积极落实学校各项防疫工作，分两次共为156位在京离退休老同志采购物资包及防疫药品健康包。

行政工作。在疫情防控背景下，行政人员齐心协力，保证学院教学、科研、管理工作正常运转。重视安全消防工作，配合学校进行安全检查，督促院内各单位进行整改，定期检查和维护安全设备。2022年学院新购置仪器473台，价值金额873万元；购置新家具79件，总价值金额为54万；报废老旧仪器近1000余台，报废家具500余件。

学院大楼改扩建工作。完成理科三号楼内研究生、行政人员、教学实验中心搬迁工作，主体人防建设方案正式获得国家人民防空办公室批准，完成平面功能施工设计方案；完成理科三号楼东连廊改建工程，并通过北京市住房和城乡建设委员会、学校基建工程部、学院验收。

（许梅兰、孙权、王静、聂晶晶、夏菁、陈云超、叶咸惠、赵静贤、刘心怡、黄紫歆、王昱博、孙荣双、孟丹、赵欣、石思思）

# 心理与认知科学学院

【发展概况】 组织结构。心理与认知科学学院设四个学系，分别为脑与认知科学系、管理与社会心理学系、临床与健康心理学系和发展与教育心理学系，同时学院也是行为与心理健康北京市重点实验室和麦戈文脑科学研究所的依托单位。学院设有学术委员会、学位委员会、聘任委员会、伦理及身体保护委员会、教学委员会、博士后委员会等专业委员会，实现民主决策。学院组织机构及委员会详情见附表。

学科建设。学院的发展定位是"依托北京大学综合学科优势，基于国际前沿研究基础，建设世界一流心理学科"，其中基础心理学是教育部重点学科、北京市特色专业和北京市一级重点学科，新世纪以来获批国家理科基础科学研究和教学人才培养基地，是大陆地区首个进入ESI（Essential Science Indicators）世界排名前1%的心理学科，在教育部第四轮全国高校学科评估中被评为A+，入选教育部"双一流学科"建设名单。

教学工作。2022年学院获得学士学位本科生53人（含留学生2人），获心理学双学位53人，心理学辅修毕业生11人；硕士研究生毕业58人（另结业1人）；博士研究生毕业29人（另结业6人）；同等学力获硕士学位54人；夜大毕业333人，其中158人获得学士学位。入学专业硕士34人（含留学生1人，港澳台生2人）；博士研究生36人（含港澳台生2人）；本科生39人（含留学生3人），双学位学生89人。继续教育短训班共招收学员759人。截至2022年底，学院在校学生共计475人，其中本科生168人，硕士研究生150人，博士研究生157人。另有国内进修教师访问学者2人，双学位232人。苏彦捷的《发展心理学专题》课程获评北京市课程思政示范项目。学院获评校级课程思政示范院系，并获批校级课程思政示范课程3门和示范课程建设项目4项。学院教师获批校级教材建设立项4项，获评校级优秀教材2项。研究生教育方面，获评校级研究生课程建设4项、研究生教育质量提升改革项目1项、专业学位研究生案例教学示范课程及课程案例库建设项目2项。邵枫和罗欢指导的学生分别荣获北京市普通高等学校优秀本科生毕业设计（论文）和优秀博士学位论文奖。

科研工作。1. 科研论文：4月，方方、韩世辉和周晓林入选世界著名出版公司爱思唯尔（Elsevier）2021年中国高被引学者榜单、心理学榜单。2022年，学院在国内外期刊共发表科研论文156篇，其中以学院师生为第一作者或通讯作者发表的SCI和SSCI收录期刊论文以及EI顶级会议论文121篇，以学院师生为第一作者或通讯作者发表在SCI和SSCI高水平期刊以及EI顶级会议上文章40篇。2.科研基金：学院获得科技部科技创新2030——"脑科学与类脑研究"重大项目资助，其中方方作为项目负责人牵头一项项目，7位老师（鲍平磊、陈立翰、罗欢、纳家勇治、余聪、周阳、朱露莎）作为课题负责人。学院获得国家自然科学基金资助，其中韩世辉获得重点项目，9位老师获得面上项目支持，3位老师获得青年科学基金。苏彦捷作为子课题负责人参与教育部哲学社会科学研究重大课题攻关项目。2022年学院累计获批纵向经费1亿1695万元，创历史新高；多位老师主持军委、部委和企事业单位各类项目18项，共计承担经费1373.75万元。此外，2位老师获批北京大学临床+X青年专项项目，3位老师获批北京大学新工科交叉专项项目，4位老师获得学院小米基金专项首批资助，陈立翰获得唐仲英基金会项目资助，姜佟琳获批教育部产学合作协同育人项目。2位博士后获中国博士后科学基金第71批面上资助；米青天获第4批中国博士后科学基金特别资助（站前）；杨佳获第15批中国博士后科学基金特别资助（站中）。

交流合作。2022年4月，学院联合六所国内知名院校成功举办"国际心理与认知科学联合论坛（博士生论坛）"。9月，管理与社会心理学系联合中国社会心理学会应用社会心理学专业委员会成功举办"应用心理学抗疫在线论坛"。7月，学院研究员李健和伦敦大学学院（UCL, University College London）教授Samuel Solomon, Patrick Haggard组织第二届PKU-UCL暑期学校在线开展，该项目不仅提升两校心理学专业学生的科研能力，而且为两校后续开展兼具国际视野与中国意识的创新型人才培养奠定基础。7月，由学院教授甘怡群和研究员周广玉发起的健康心理学国际学术论坛成功举办，该论坛的主题为《心理学视角下的大健康》。8月，学院举办"发展性阅读障碍名家讲坛"系列讲座，活动由学院副教授孟祥芝和原香港理工大学教授黎程正家主持，深圳市学习困难关爱协会协办。

党建工作。1.党员人数：2022年学院设党支部6个，其中学生党支部4个，离退休党支部1个，教工党支部1个。中共党员210人，其中学生党员151人，教工党员47人，离退休党员12人。2022年学院发展中共党员50人，预备党员转为正式党员5人。2.学习贯彻党的二十大精神：学院党委和各支部把迎接党的二十大、学习贯彻党的二十大精神作为重大政治任务。党的二十大报告首次将教育、科技、人才工作单独成章进行一体部署，突出了教育的基础性、战略性支撑地位，明确了实施科教兴国战略的目标要求。3.全面领会北京大学第十四次党代会精神：中国共产党北京大学第十四次党员代表大会在党的二十大召开前的重要时间节点举行，是全校政治生活中的一件大事。学院党委和各支部积极开展专题学习会、主题宣传等活动，组织学院师生主动学习北京大学第十四次党代会精神。9月30日，学院党委书记谢晓非传达大会会议精神，就十四次党代会党委工作报告进行深入讲解。

人事工作。截至12月31日，学院在职教职工111人。其中，教学科研人员58人，行政教辅人员10人，在站博士后29人，劳动合同制职工14人。教学科研人员包括教授14人（其中外籍1人，教学教授1人），长聘副教授11人（其中外籍1人），预聘副教授1人，预聘助理教授11人，副教授14人，讲师4人，助理研究员3人。11月，学院聘任考核委员在听取在岗职工述职的基础上，公平公正地进行2022年度考核，其中方方、韩世辉、纳家勇治、王征、张昕、赵心6位老师年度考核结果为优秀。

2022年，学院广纳全球杰出人才，持续打造国际一流团队，引进2位教研系列教师：研究员符仲芳（临床与健康心理学）的主要研究方向是使用低强度心理干预如数字化远程自助干预来弥补当下专业心理健康服务的缺口，开发并检验针对常见心理问题（如抑郁、焦虑）的低强度干预方案；研究员詹稼毓（脑与认知科学）专注于人类高级视觉认知的信息加工机制，探索人类视觉认知相关问题的信息加工基础、加工原理以及大脑中的动态信息处理过程，其研究具有高度的跨学科融合性和临床应用性。

行政工作。学院领导班子紧抓疫情防控工作，全力筑牢校园疫情防控安全线。积极动员全体教师并以党支部为单位成建制参与到校园疫情防控志愿服务活动中，科学有序助力防控工作。根据学校整体规划，王克桢楼18、19层空间改造（约1240.28平方米）工作顺利完成，发展与教育心理学系整体搬迁进入新的办公和实验空间。

荣誉奖励。学院党委荣获2022学年度北大基层党建创新立项重点项目；本科党支部荣获2022学年度北大基层党建创新立项普通项目；方方、罗欢、蔡鹏等获得教育部自然科学一等奖；苏彦捷、方方、邵枫获得北京市高等教育教学成果一等奖；周阳荣获黄廷方信和青年学者奖；邵枫荣获兴证师德优秀奖；臧寅垠荣获蔡元培美育奖；童佳瑾荣获中国工商银行奖教金；李欣荣获北大嘉里集团优秀辅导员奖；李芳敏荣获民生银行奖教金；彭玉佳入选中国心理学会第七届青年人才托举工程。学院获评"北京大学学生就业工作先进单位"和"北京大学资助工作先进单位"；本科生党支部获评北京高校红色"1+1"三等奖、北京大学党建工作样板支部；2019级本科班获评第十三届北京大学"班级五·四奖杯"。

社会服务。由学院发起，北京大学教育基金会立项并由旗下北京大学培典书院全球英才教育基金资助的北京大学全球精英人才A计划（简称"北大A计划"）项目旨在面向青少年拔尖创新人才进行选拔与培养，该公益项目已进入第五年。经过春季全国海选，暑期开展优秀中学生夏令营，100多位中学学员交流学习和体验北大精神，后续每月持续开展导师组会、学习小组、学长团等指导活动，对中学生进行个性化指导和长期追踪。截至2022年"北大A计划"有89位营员考入高等学府，其中考入北大清华共有19位。

（李芳敏、蔡　鹏、韩　颖、李朋丽、吕　楠、
李　欣、杜婉莹、王　森、赵　心）

【认真学习贯彻党的二十大精神】　学院党委和各支部把迎接党的二十大、学习贯彻党的二十大精神作为重大政治任务。在党的二十大召开前，学院党委召开专题会议，对认真组织学习党的二十大精神作出部署安排。10月16日上午10时，学院党委组织全体党员师生分别在王克桢楼1113室和第二教学楼107室集中收看党的二十大开幕会盛况，认真聆听学习习近平同志所作的报告。10月23日上午，中国共产党第二十届中央委员会第一次全体会议举行，新当选的中共中央总书记习近平和中央政治局常委同中外记者见面，习近平总书记代表中国共产党第二十届中央委员会致辞。学院组织党员师生线上线下集中收看第二十届中央政治局常委同中外记者见面会直播，线下师生在王克桢楼1113室和1206室共同认真聆听习近平总书记发表的重要讲话。

学院党委组织教工党支部第一时间开展座谈会议，并且邀请专家开展主题讲座，组织党员学习讨论。本硕博党支部开展知识竞赛、主题班会、共建活动等多元形式的活动，通过专题学习、交流研讨和宣传阐释掀起学习二十大精神的热潮，引领学院师生提高思想认识，切实把思想和行动统一到二十大重要精神上来。党的二十大代表、校长龚旗煌院士作为第二班主任参加2019级本科生班学习党的二十大精神主题班会，和党的二十大代表、体育教研部2021级硕士研究生丁宁一起，带领同学们学习党的二十大精神，认识党的二十大的重大意义，并分享全程参加党的二十大的心得体会。

（王　森、杜婉莹）

【服务北京冬奥会、冬残奥会】　在北京冬奥会、冬残奥会期间，学院共选派18名同学承担服务保障任务，冬奥志愿者人数位列全校各院系第十一位。学院精心选拔、组织学生志愿者积极参与培训，7人次参与冬奥测试赛提高志愿服务水平。学院组成冬奥工作保障专班，党委书记与院长牵头作为专班负责人，召开冬奥志愿者动员会、座谈会，切实调动学院教学、科研、学工、党团资源做好保障服务。通过组织冬奥线上知识竞答、集体观影、主题征文、三行情诗、志愿者出征前专访、"我的冬奥故事"工作纪实报道等活动，在实践教学中统一学生思想、凝聚思政课教育共识、升华主题。

（杜婉莹）

【全面推进一流科研工作】　7月，由心理学院、麦戈文脑研究所和北京市行为与健康重点实验室组织的第二届"心青年"科学论坛顺利举办，国内外15位年轻学者作学术报告，并进行深入的沟通和交流。8月，学院举行科研交叉研讨会。由学院研究员李健主持，彭玉佳、王征、易莉、李圭泉、罗欢5位老师作合作经验分享，并和参会老师进行深入交流。10月，学院举行新体制科研交流会，促进院内的学术交流合作。方方、罗欢、李健等10位老师分享自己近期的科研进展，整合科研力量，实现由内到外的交叉融合与协同创新。

（蔡　鹏）

## 北京天然气水合物国际研究中心

【发展概况】　组织结构。北京天然气水合物国际研究中心（简称"水合物中心"，下同）为北京大学校属学术实体机构，由北京大学和自然资源部中国地质调查局联合建设。水合物中心秉持"需求导向、引领创新、软硬结合、交叉融合、突出特色"的宗旨，主要从事天然气水合物基础物性、天然气水合物系统特征、天然气水合物调查技术及数据解释、天然气水合物开发有关技术、水合物产业化开发经济评价等研究，为天然气水合物产业化开发提供关键支撑。

队伍建设。2022年，水合物中心共有院士1人，讲席教授1人，副教授1人，副研究员1人，助理研究员4人，特聘副研究员2人，在站博士后4人，合同制行政人员3人。其中，博士后刘晓强获得国家自然科学基金青年基金项目资助及中国博士后科学基金面上资助。

中国地质调查局-中国地质科学院（简称"地科院"，下同）下设的水合物分中心在地科院京区实验基地已经完成600平方米的科研空间建设，包括原位监测实验室、微生物实验室和超净实验室，均已投入使用。

教学工作。水合物中心尚未获批研究生招生名额，目前联合学校相关院系对博士研究生进行联合培养，2022年毕业博士研究生5人、硕士研究生3人，在读博士研究生15人，在读硕士研究生5人。博士研究生李媛媛获北京大学国家奖学金、北京大学博士研究生校长奖学金及北京大学三好学生，博士研究生李臻超获兴业银行奖学金及北京大学三好学生，博士研究生饶诗杭获广药王老吉奖学金及北京大学三好学生，博士研究生钱安娜北京大学CASC奖学金及北京大学三好学生，博士研究生史世元获首都高校射箭锦标赛男子团体银牌，硕士研究生谢凌璐获北京大学国家奖学金、专项学业奖学金、北京大学学术创新奖及北京大学三好学生。

2022年，水合物中心承担本科生课程《固体力学基础》、《海洋地质学》，主持本科生课程《区域地质实习》，并开设了研究生课程《海洋地质学》和《岩石物理》。

科研工作。2022年水合物中心在研各类科研项目共计19项：其中国家自然科学基金面上项目1项，国家自然科学基金青年基金4项，中国博士后科学基金面上资助项目1项，在研项目科研经费总额约1643万元。共发表学术论文38篇，其中SCI收录论文32篇；已申请并受理美国发明专利1项。

水合物中心围绕天然气水合物产业化开发的安全、长期、高效、稳定生产的需求，在天然气水合物储层物理场动态变化、力学响应、地球化学环境变化等方面开展相关研究工作，为我国水合物第三次试采工程提供支撑。其中，首次利用分布式光纤声波传感（DAS）实现了海上拖缆高密度地震数据采集，该光纤拖缆地震数据采集系统为海上地震采集提供了一种新的技术方案，提高了海底地质体成像的分辨率。该系统完全自主研发，具有完全自主知识产权，有望实现国外同类系统的国产替代。

交流合作。国内合作交流方面，由自然资源部广州海洋地质调查局牵头的天然气水合物勘查开发国家工程中心已经于2022年正式挂牌，水合物中心作为核心共建单位之一，为我国天然气水合物勘探开发提供技术支撑与保障。

为服务国家碳中和目标，水合物中心与地科院共同申请了自然资源部"碳封存与地质储能工程技术创新中心"（简称"工程中心"，下同），致力于水合物封存二氧化碳等研究，工程中心于2022年获得批复，教授卢海龙为该工程中心的副主任并兼任首席科学家。

中国石油集团海洋工程有限公司（简称"中石油海洋公司"，下同）为我国两次海域水合物试采的施工单位，是我国南海天然气水合物试采工程核心单位之一。2022年水合物中心召开中石油-水合物中心研讨会，计划共建联合创新体，在天然气水合物基础研究、开发监测等方面开展合作研究。

水合物中心积极参与各项展会，寻求与国内相关单位之间的合作，在2022年中国海洋经济博览会上，水合物中心展出重要研究成果以及具有自主知识产权的光纤压力传感器、光纤压力解调仪和高清分布式光纤声监测（HD-DAS）系统。

国际合作交流方面，水合物中心获批了科技部2022年度国家外国专家项目，邀请土耳其伊斯坦布尔科技大学教授Memet Namik Çağatay和法国海洋开发研究院研究员Livio Ruffine来访，促进水合物中心与其所在科研机构的合作与交流。

社会服务。水合物中心教授卢海龙积极参与海洋有关科技活动：担任教育部长江学者评审委员、讲座教授、国家海洋实验室重点项目评审委员、广东省海洋实验室评审委员，出任中国科学院广州天然气水合物重点实验室、自然资源部天然气水合物重点实验室、南方科技大学广州市界面科学深圳市重点实验室、深圳技术大学广州市海洋能源与环境深圳市重点实验室学术委员。水合物中心副教授何涛为中国地球物理学会岩石物理专业委员会委员。

另外，水合物中心教授卢海龙承担"北京青少年科技后备人才计划"和"北京青少年科技后备人才计划拔尖培养计划"任务，吸引优秀中学生进实验室开展科研工作2项。

（古利娟、赵晓明）

# 信息与工程科学部

## 信息科学技术学院

【发展概况】 组织结构。信息科学技术学院（本科生学院）现有本科生1600余人，拥有电子信息科学与技术、集成电路设计与集成系统、计算机科学与技术、智能科学与技术等10个本科专业。学院本科生教学主要由本学院和电子学院、计算机学院、集成电路学院、智能学院承担，另有王选计算机研究所、人工智能研究院等参与共建单位的教师承担。学院本科生基础实验教学由学院基础实验教学所承担，该所包含一个"计算机国家级实验教学示范中心"和一个"电子信息科学基础北京市级教学示范中心"。

2022年，学院完成了党政班子调整：党委书记严敏杰、院长侯士敏、副院长陆俊林、王润声、邓斌、副书记贾方健。

党建工作。2022年上半年学院党委围绕学习贯彻党的十九届七中全会精神，下半年围绕学习贯彻党的二十大精神，开展专题学习报告会、主题党团日、党委书记讲党课、领导班子专题学习研讨等活动。学院党委完成校党委布置的党的二十大代表推荐提名工作，北京市第十三次代表大会代表推荐提名工作、北京大学第十四次党员代表大会党员代表的选举工作、北京大学第十四次党员代表大会党委委员、纪委委员的推荐提名工作。

学院党委继续落实《中国共产党支部工作条例（试行）》《中国共产党党员教育管理工作条例》等党内法规加强党组织建设和党员发展工作情况，加强学院党委政治核心作用和基层党支部建设。2022年发展党员78名、转正党员24名、7个党支部完成换届。

学院党委完成防疫工作部署，并为弥渡中小学购置学习用品、教具、图书，改善办学条件、提升校园文化建设，服务弥渡乡村振兴。

学院党委成立工会筹备小组，组织教职员工参加学校运动会、学院乒乓球、羽毛球等活动，慰问关心教职员工，保障教职员工身心健康。

人才培养。2022年，学院重新修订党政联席会议事制度和党委会议事制度，调整成立信息科学技术学院教学指导委员会、调整设置学院各行政办公室。同时按照学校学科规划及人才培养目标确定工作思路，布局学生培养教育、教学课程改革和师资人才队伍建设。学院获批五个一流本科专业建设点，并获得在本科生学院授课教师的职称晋升本科教学评价权。

在学生培养方面，探索北大信息学科特色的书院制本科生人才培养模式，提炼出北大信息学科特色的培养目标，在书院培养模式中做好一站式学生管理和教学管理，探索中国特色北大道路的书院制人才培养之路。

2022年学院共录取429人，其中电子信息科学类85人，计算机科学与技术类195人（含留学生24人），强基计划应用物理学专业59人，强基计划信息与计算科学专业90人。实际报到420人，9名留学生未报到。

修订学院招生简章与招生宣传材料，加强"图灵班"、"智班"和"强基计划"的招生工作。修订完善培养方案，分别与智能学院、计算机学院联合研讨，全新改版或修订相关专业的本科培养方案。制定"智能科学与技术专业实验班（智班）"培养方案，并细化强基计划学生考核方案和进出机制。

建设新一代计算机学科拔尖本科生培养基地——"未名学者计算机科学基地"。创办"智能科学与技术专业实验班（智班）"。

3门课程申报北京大学慕课立项，2门课程申报北京大学通识教育课程，6门课程申报北京大学专业劳动教育课程，2门课程申报北京大学课程思政示范课程。5个项目获批北京大学2022年本科教学改革项目。16门课程分别获批首批国家级线上、线下和线上线下混合式一流本科课程建设项目。3门课程获北京大学慕课立项（2021），1门课程获批北京大学课程思政示范课程，1门课程获批北京大学课程思政示范课程建设项目。10项本科生科研训练项目获优秀结题项目。

获市级教学成果二等奖2项；校级教学成果特等奖1项，一等奖3项，二等奖1项。1名任课教师获教学卓越奖；1个教学团队获优秀教学团队奖；3名任课教师获教学优秀奖；2名教师获教学管理奖。

5支学生参赛队伍参加第46届国际大学生程序设计竞赛亚洲区（东区）决赛，并全部获得金牌。学院张勤健老师担任本次参赛队伍教练；1名同学获北京市优秀本科毕业论文；7名同学获北京大学未名学士荣誉称号。1名学生获国际计算机学会ACM2022年度学生科研竞赛（SRC）决赛本科生组的全球第一名，并获北京大学学生最高荣誉"北京大学学生五四奖章"。

**学生工作。**学院党委结合信息学科特点，以党的二十大召开、共青团建团百年为契机，围绕"请党放心，强国有我"主题，以党建带团建，通过"广泛学"、"带头学"、"集中学"和"交叉学"等多种形式开展系列党团日联合主题教育活动。学院24名学生预备党员如期转正，78名学生新发展入党。

选派25位志愿者和一名新业务工程师服务2022北京冬奥会。暑假组织10支团队共401名学生，23位带队老师和辅导员，分赴全国9个省市开展思政实践课程，新洽谈建立7家思政实践课程教育基地。在疫情防控期间，选拔培养117名党团员防疫专员，夯实"最后一米"疫情防控战线。

审议认定127名贫困生，为5名同学申请学校和院系临时困难补助。发起"信心行动"，为全学院学生开展计算概论A到C的课程辅导。"信科电脑小队"持续提供免费维修和咨询服务。连续举办10期"知存讲座"与"信科E席谈"青年学术沙龙，每期参与人数均在200人以上。

系统开展本科生科研活动和系列学科竞赛，统筹北大"新工科"创新大赛、信息安全综合能力竞赛、北大程序设计竞赛、北大黑客马拉松、首届技术创新挑战赛等赛事，立体化打造北京大学"新工科"竞赛平台，以赛促学、以赛促研，学生累计参与3000人次。邀请名企技术专家来校举办"星空演讲"，与华为公司合作开展"华为智能基座"学生科创社团。组织新生同上一堂"体育课"，发起举办"焕然E新"大型户外素质拓展。

完成学院网站改版。2022年共提交21次学生工作周报，院系风采近50篇、一线观察110余篇；疫情防控特殊阶段完成每日工作简报60余篇。举办以"喜庆二十大，奋斗新工科，逐梦新征程"为主题的新工科文化日，2100余名师生到场观摩体验，北大新闻网、新华社等媒体宣传报道，网络浏览量60余万次。联动北大官微、官网，对接新华社、《人民日报》两大主流媒体公众号，对学院本科生国际竞赛取得的金牌奖项进行的宣传报道，阅读量均10万+。邀请优秀青年科研人才开展"顶会之路"主题沙龙，有效树立青年榜样形象。深度采访北大图灵班、智班的优秀学生，对他们的科研故事、学习经验、理想追求、奋斗努力进行广泛宣传。

组织参加各类心理专业培训、督导等65次，心理会商8次，开展团体辅导活动10余次，一对一心理健康辅导350人次，累计覆盖学生860人次；为全院400余名新生组织"大学新生的压力面对"心理调适主题讲座；创新性开展心理减压团体活动10余次，覆盖学生百余人；处理各类危机事件66起。

开展"E路相伴，职等你来"主题系列活动，举办"E往职前"职业规划系列沙龙活动，开展线上行业知识讲座和"E职在现场"企业参访活动等，并通过学院就业工作群、专用邮箱、公众号等信息发布平台，发布招聘实习和宣讲信息800余条，全方位为毕业生提供就业帮助。

加强学工队伍建设，举办班主任和学生兼职辅导员考核述职交流大会，为学院40余位班主任老师和46位兼职辅导员提供展示工作成效的平台。

**科研合作。**截至2022年12月，学院签署科技开发—技术服务、技术开发项目2个，共计合同额15万元。在国内合作方面，学院与阿里巴巴、百度、华为、腾讯、亚马逊、北京知存科技有限公司等企业深度交流，并邀请领域专家分享和介绍信息技术学科和产业发展热点以及前沿话题，帮助同学提升专业认同、增进专业认知，寻找未来感兴趣的发展方向。

**毕业就业。**2022年应毕业408人，实际毕业395人，毕业获得双证393人；结业可在1至2年换证9人；大专4人。就业率超过95%。

（董晓晖、贾方健、杨琦）

# 计算机学院

【发展概况】 组织结构。学院设有5个研究所和2个中心，包括：软件研究所、网络与信息系统研究所、系统结构研究所、计算语言学研究所、数字媒体研究所和高能效计算与应用中心、前沿计算研究中心（挂靠类实体研究机构）；5个科研基地，包括视频与视觉技术国家工程研究中心、高可信软件技术教育部重点实验室、计算语言学教育部重点实验室、微处理器及系统教育部工程研究中心、北京市虚拟仿真与可视化工程技术研究中心。

学科建设。承担计算机科学与技术和软件工程两个国家双一流建设重点学科建设。其中，计算机科学与技术一级学科包括计算机系统结构、计算机软件与理论、计算机应用技术3个二级学科，重点发展理论计算机科学、系统结构与高能效计算、视频编码与视觉大数据、大数据管理与分析、自然语言处理、计算社会学等关键领域。

党建工作。把学习党的二十大、北京大学第十四次党代会精神和习近平总书记关于高等教育以及北大工作的重要论述精神结合起来，通过建设学习型、服务型、创新型党组织，以高质量党建促有组织科研，在师德师风、疫情防控、服务冬奥等方面积极发挥基层党组织战斗堡垒作用。共有391名党员（含144名教工，247名学生），设15个支部（含6个教工支部，9个学生支部），发展党员53名（含1名青年长江学者）、转正党员12名。

学习党的二十大精神，建设学习型党组织。号召各支部建设学习型党组织，组织开展党的二十大和学校第十四次党代会的学习活动，开展党史学习教育；组织师生收看党的二十大开幕会，举行深入学习贯彻党的二十大精神专题报告会，邀请马克思主义学院副院长、党的理论创新研究中心主任宇文利领学党的二十大精神；召开由学院班子、各学科带头人、系、所、实验室负责人和青年骨干教师参加的北京大学第十四次党代会专题学习会。

以国家需求促有组织科研，建设创新型党组织。承担北京高校党建研究会重点研究课题和北京大学党建重点研究课题"高校基层党建对有组织科研的推动作用研究"。教工第一党支部获评"北京大学党建工作样板支部"。教工第四党支部书记马思伟获2022年"科学探索奖"。疫情期间，成立以教授王腾蛟等党员师生为核心成员的临时党支部，王腾蛟获评"北京大学优秀共产党员标兵"，该团队被国家科技部授予"全国科技系统抗击新冠肺炎疫情先进集体"称号。

立足双校区确保安全稳定，建设服务型党组织。坚持"以人为本，以师生为本"，组织学院班子成员、导师、班主任、辅导员多轮次走访新校区学生宿舍、实验室，开展"走进学生心中"系列暖心活动，及时掌握师生在特殊时期的需求，积极协调相关单位，解决师生困难。

师德师风明确红线一票否决。严格落实《北京大学关于加强教师思想政治和师德师风建设的若干举措》，成立师德师风评估委员会，2022年开展调研谈话45人次，在人才引进、职称晋升、人才项目评审等工作中严格执行《教师思想政治和师德师风评估工作程序》，明确"师德师风一票否决"，并在教师座谈会等场合开展典型案例教育。

在疫情防控中擦亮党员先锋底色。严格落实学校防疫政策，制定学院《疫情防控方案》和《应急处置预案》，成立学院疫情防控专组；动员党员师生带头常态化参与校园核酸、抗原检测志愿服务。5月，成立计算青年志愿先锋队，截至12月5日，先锋队持续战斗超200天，上岗志愿者400人次，服务时长600小时。12月，召开各所负责人会议，关心关爱阳性师生，为离退休教师发放血氧仪，为危重教师第一时间协调医院，力争抢救病情危重师生，尽全力挽救生命。

在服务冬奥中展现计算青年风采。授予高文等11名师生计算机学院北京2022年冬奥会冬残奥会特殊贡献奖，授予6名同学"相约北京"系列冬季体育测试活动特殊贡献奖及"相约北京·昆泰"2021年世界轮椅冰壶锦标赛特殊贡献奖。

"以本为本"创新本科生思政课。与信息学院共同承担信科本科生必修课《思想道德与法治》教学，举办"喜迎二十大·祖国家乡颂"、王选院士先进事迹报告会等活动。

队伍建设。截至2022年底，共有事业编制教职工118人，其中教学科研人员109人：包括教研系列教授19人、教授/研究员19人、长聘副教授11人、副教授/副研究员28人、研究技术系列研究员6人、预聘副教授1人、助理教授18人、研究技术系列副研究员1人、讲师/助理研究员5人、研究技术系列助理研究员1人；实验技术系列4人；管理职员5人。2022年，引进助理教授3名，2人晋升教授，1人晋升长聘副教授，2人晋升研究技术系列研究员，1人入选"万人计划"青年拔尖人才，2人入选国家自然科学基金优秀青年科学基金项目（海外）项目。现有中国科学院院士4人、中国工程院院士3人、博雅讲席教授2人、讲席教授4人、长江学者（含特岗）7人、国家杰出青年科学基金获得者12人、长江学者青年项目4人、"万人计划"青年拔尖人才5人、国家级青年项目入选者13人、国家自然科学基金优秀青年科学基金获得者5人。

教学工作。2022年共招收220名研究生，其中硕士研究生80人，博士研究生140人。在校硕士生203人、博士生467人，研究生总人数670人。2022届毕业博士生53人、硕士生56人，授予博士学位49人、硕士学位56人。3名同学获北京大学优秀博士学位论文，1篇博士学位论文获得2022

年北京市优秀博士学位论文。

开设53门计算机专业课程,为研究生授课2232课时,其中双校区互动课堂32门,教师不少于2/3的时间在新校区授课,优先保障新校区学生的听课效果。学院90%以上专任教师参与承担本科生教学工作,承担本科生课程220余门,为本科生上课7397课时。包括计算机科学与技术、软件工程、数据科学与大数据技术等专业必修和选修课,及全校计算机必修课、信息学院基础课等。参与申报2021年度研究生教育质量提升改革项目,申报题目为《计算机学院研究生双校区教育改革方案》,努力推进研究生培养方案改革、研究生助教管理方案改革,促进双校区研究生管理改革工作在新校区落地,实现多校区融合贯通。

牵头组织教育部计算机领域本科教育教学改革试点计划(101计划),在33所"拔尖计划2.0"高校的积极参与下,500余名骨干教师参与。在课堂提升方面,207位教师(516人次)进行了355门课的听课活动;在课程建设方面,233位老师组成12门核心课程建设团队,完成知识点体系建设和教案初步撰写工作;在教材建设方面,以76位老师为主体的教材编写团队合作建设31本主教材,同时来自项目内外23所高校的33位资深专家组成评审专家委员会基本完成规划教材的评审工作。

牵头组织计算机科学图灵班、计算机科学拔尖计划2.0未名学者基地等本科教学改革计划。本科生在导师指导下共发表A类期刊和会议论文30篇,2018级"图灵班"本科生郭思政获得2022年ACM本科生研究竞赛全球第一名,学院牵头获2022年北京市高等教育教学成果二等奖1项。

**科研与交流工作。** 立项承担国家级、省部级纵向科研项目32项;国家自然科学基金获批12项,含重点项目1个,重大科研仪器项目1个,共计获批金额总计1549万元;科技部项目及课题17项,获批金额总计12,980万元;签署横向合同,含技术开发,技术咨询,技术服务及联合实验室58项,共计合同金额10,049.02万元。纵向到款经费6628.22万元,横向到款经费8655.62万元,科研经费到款总计(含社科类,不含J口)15,283.84万元。共发表论文319篇,其中SCI论文134篇、EI论文242篇、CCF-A类231篇;获授权专利100项,出版专著3部、软件著作权7个,获各类奖项32项。谢涛当选欧洲科学院外籍院士、ACM Fellow、CCF会士,金芝当选IEEE Fellow,刘譞哲、郝丹当选ACM杰出会员。在国内外学术组织任职64人次,参与国内外订制标准6项,学院教师在40份国内外重要期刊担任负责人,承担1项国外重大设计与展演任务。

举办"计算与交叉科学专家指导委员会"成立暨第一次会议,北京大学——中兴通讯基础软件技术联合实验室2022年度"基础软件前沿技术探索"学术沙龙,大师讲堂,系列活动,计算圆桌系列活动,在新工科办组织的科研沙龙中谢涛/黄铁军先后担任主讲嘉宾。

**外事和留学生工作。** 现有4名外籍在职教师、6名客座教授、4名访问讲席教授。2022年,引进2名外籍客座教授,目前在华外专共3人。

高等学校学科创新引智计划(111计划—"高可信软件技术学科创新引智基地"),新增包括牛津大学Jeremy Gibbons教授等7名专家组成员,基地顺利通过第一期(2016—2021)评估,并获得第二期(2022—2026)支持;充分利用网络实现线上线下教育的深度融合,在"云端"重塑教育形态,2022年共举办了14场海外专家讲座。

进行亚洲大学联盟线上宣讲,500人在线观看,夏令营200人报名,100人参与,70人提交学习报告;1人参与实习生项目,为期三个月,已成为2023年博士申请人。克服疫情影响,留学生人数相比去年增长。申请硕士32人、博士7人,复试硕士21人、博士4人,录取硕士12人、博士3人,实际报到硕士7人、博士3人,所有录取的博士生均获华为卓越留学生资助。春季学期毕业留学生博士2人。目前18人(共20个留学生)已在中国境内,其中,暑期及秋季学期共入境11人。秋季学期举行线上迎新会,为新生进行课程介绍。疫情期间,发放爱心包裹至留学生,留学生之间互帮互助,两校区之间互相走访学习,开展科研活动。

**学生工作。** 2022年,新增210名2022级新生入驻新校区,共有339人住宿新校区。成立首届研究生会、学生党建工作中心、新媒体中心等学生组织,成立团校、兼职辅导员、博士生讲师团队伍。

结合双校区运行特点,立足计算机学科特色,开展系列实践育人工作。2022年暑期,组建2支社会实践团队赴江西景德镇、安徽宿州开展主题实践;抓牢劳动育人工作,五一劳动节期间,院长胡振江、党委书记熊校良带领30余名学生与龚旗煌、董志勇等校领导一同参加新校区劳动实践育人活动。组织双校区三会场近300名师生党员集体观看党的二十大开幕会;制定学习宣传和贯彻落实党的二十大精神工作实施方案,通过举办专家讲座、党团支部共学、参访交流学习等形式,学习宣传贯彻党的二十大精神。举办冬奥会冬残奥会志愿者出征仪式、总结表彰大会,开展冬奥知识竞赛、冰雪运动体验等系列迎接冬奥活动。联合艺术学院举办"计艺相通"昌平新校区文化艺术节;举办"计算献礼二十大,扬帆奋进新征程"1024计算机文化艺术节。组织开展新生教育活动,校党委副书记、副校长宁琦赴迎新点看望迎新师生,迎新季开展"欢迎新同学"新生趣味运动会。院青协组织"志愿网维""计算机小队"等特色品牌志愿服务。

职业生涯引导方面,成立以学院党委副书记为组长、学工办全员参与的就业工作小组,从新生阶段开展全程化生涯规划教育和指导。组织召开毕业生大会暨毕业教育动员会,整合岗位信息,拓展就业资源,已经与腾讯、蔚来、天立和鸿盈科等多家企业签订共建人才培养及就业实习实践基地协议;立足专业特色,开设"计算校友谈"、"计算青年说"等专访栏目、举办"新时代，新青年，新工科"、"计算职通车"系列讲座，联合航天二院、空天院等单位开展主题交流会，邀请军工领域毕业生、选调生座谈分享，开展"公考冲刺"培训讲座，增强国防军工领域、基层和西部地区岗位就业教育引导。前往腾讯北京总部、华为北研所、安徽和江西等地高新技术公司及乡镇基层开展京内外实践参访。在学院首届毕业典礼上，09届院友、北京航天飞行控制中心火星探测任务总师崔晓峰发言。

关心关爱重点学生方面，建立"党委副书记-专职辅导员/教务员-学生骨干"为成员的心理工作队伍，两位专职辅导员担任驻楼辅导员，建立心理关注学生台账；协同心理中心开展3次心理会商、重点台账人员实时状态摸排，100%完成新生心理健康网络测评和各项工作任务；开展探索"心辰大海"主题心理卡牌辅导，"抗疫同心，暖心同行"隔离学生保障关怀线上交流会等活动。形成院长、党委书记参加的新校区师生沟通会制度。制定《计算机学院学生临时困难补助发放管理办法》，为2名学生发放临时困难补助；联合南方航空公司，为新生入学报到提供免费机票，超过20名新生获得免费机票支持；秋季学期，完成10名家庭经济困难学生的经济情况认定工作，在学院层面为经济困难学生发放困难补助，1名经济困难学生获得学校助学金，9名经济困难学生获评闵材奖学金。

2022年，共计422人参与素质综合测评，147人次获得个人年度奖励，84人次获得校级、院级奖学金，25人次获得研究生专项学业奖学金。组织召开国家奖学金、五四奖学金、学术创新奖评审会，其中，11人获得国奖、2人获得五四奖学金、5人获得学术创新奖。

离退休工作。现有离退休教职工59人，其中90岁以上5人，80岁至90岁16人，中共党员28人。耿紫云荣获北京大学第二届离退休学术"杰出贡献奖"。关注重点人群，为3位长期卧病不能自理和7位身体或生活上有困难的老同志申请学校的专项补助，为8位80岁以上的老同志发放慰问金。教师节前，院党委、离退休党支部到家中探望3位90岁高龄老同志。

（熊校良、崔　斌、郭　耀、魏　朋、
马思伟、周明辉、孙晓昆、刘旭东）

【人工智能学术月活动开幕式及第一期学术讲座】 2022年4月29日上午，在北京大学124周年校庆之际，计算机学院举办"献礼二十大，强国新征程——人工智能学术月"开幕式和讲座第一期，分享北大计算机领域的最新前沿成果。

第一期学术讲座邀请图灵奖获得者、北京大学访问讲席教授、前沿计算研究中心主任约翰·霍普克罗夫特（John Hopcroft）和中国工程院院士、北京大学博雅讲席教授、信息与工程科学部主任高文主讲。开幕式及讲座采取线上线下相结合形式进行。线上通过北大官方抖音、快手、视频号、微博、bilibili 5个平台进行同步直播，近20万人次线上观看。线下会场由计算机学院院长胡振江主持，党委书记熊校良，党委副书记魏朋、马思伟，副院长崔斌、郭耀、师生代表30余人参加。

（黄　浩）

【举办1024计算机文化艺术节】 为庆祝党的二十大胜利召开，计算机学院在百周年纪念讲堂广场举办"计算献礼二十大，扬帆奋进新征程"1024计算机文化艺术节。活动集学科成果展览、沉浸互动体验、舞台文艺汇演于一体，设置"爱国、励志、求真、力行"四大主题区，全面介绍北大计算机学科的发展历程、重大成果、科研动态以及丰富多彩的学生活动，集中展示计算机学院成立一年来取得的成果。10月30日上午10:24，1024计算机文化艺术节正式启动。北京大学党委常委、副校长、中国科学院院士张锦，科学研究部部长谢冰，学生工作部人民武装部部长王逸鸣，新工科建设办公室主任韦宇，计算机学院院长胡振江出席仪式，学院党政班子成员及师生代表共同参加本次活动。仪式由计算机学院党委副书记魏朋主持。

（魏　朋）

# 电子学院

【发展概况】 组织机构。2021年11月12日，北京大学电子学院正式成立，其前身可追溯到1958年创立的北京大学无线电电子学系。学院辖四个研究所和一个中心，分别是物理电子学研究所、量子电子学研究所、应用电子学研究所、信息与通信研究所和北京大学碳基电子学研究中心（校级实体研究机构，挂靠学院）。另外，学院有5个公共平台和一个实验中心，分别是区域光纤通信网与新型光通信系统国家重点实验室、纳米器件物理与化学教育部重点实验室、移动数字医院系统教育部工程研究中心、新闻出版广电总局"同轴宽带网络工程技术研究中心"、固态量子器件北京市重点实验室和电子信息科学基础实验中心（北京高等学校实验教学示范中心）。

学院班子成员包括：院长彭练矛，书记冯梅萍，副院长兼副书记王兴军，副院长王延辉、魏贤龙，副书记王一涵。2022年学术委员会成员包括：主任刘濮鲲，副主任彭练矛、陈章渊，委员侯士敏、郭弘、陈景标、余少华、陈清、李红滨、宋令阳、夏明耀、张志勇、冯梅萍。2022年聘任委员会成员包括：主任彭练矛，委员冯梅萍、刘濮鲲、王兴军、王延辉、魏贤龙、王一涵。

学院官网：https://ele.pku.edu.cn/；官方微信公众号：PKU电子学人。

学科建设。学院包含两个一级学科和六个二级学科（研究方向），两个一级学科为电子科学与技术和信息与通信工程；六个二级学科（研究方向）包括物理电子学、电路与系统、电磁场与微波技术、电子科学与技术（量子电子学）、通信与信息系统和信号与信息处理。其中，电子信息科学与技术入选教育部高等学校特色专业，电子科学与技术入选教育部首批世界一流大学和一流学科建设。

队伍建设。2022年，学院招聘引进助理教授5人，助理研究员3人，博士后科研人员20人，劳动合同制人员15人。完成了4位助理教授的中期评估和2022年度通用岗位级别晋升。截至2022年底，学院有教职员工215人，其中教授/研究员48人，副教授/副研究员40人，讲师/助理教授1人，博士后科研人员39人，劳动合同制人员61人，其他人员26人。其中，院士/双聘院士5人，长江学者6人，国家杰出青年基金获得者10人，国家优秀青年科学基金获得者8人，IEEE Fellow 2人，973计划/国家重大科学研究计划/重点研发计划首席科学家12人，"百千万人才工程"国家级人选3人，北京市高等学校教学名师奖获得者2人。

教学工作。截至2022年底，学院共有学生348人，其中硕士研究生95人，博士研究生253人。2022年，招收博士研究生83人，毕业博士研究生42人；招收硕士研究生44人，毕业硕士研究生32人。学院教师2021—2022学年第二学期承担本科生课程49门，研究生课程24门；2022—2023学年第一学期承担本科生课程40门，研究生课程33门；2022—2023学年第二学期承担本科生课程44门，研究生课程27门。

科研工作。2022年度，学院到账科研经费共计5.235亿元，其中先进技术研究院项目到款4.159亿元，科学研究部项目到款0.946亿元，科技开发部项目到款0.130亿元。新增科技部重大专项2项（总经费5.1亿元，其中中央财政经费2.4亿元，其他经费2.7亿元）、国家重点研发计划项目4项（常规2项，青年2项）、国家自然科学基金项目17项（国家杰出青年科学基金2项，国家自然科学基金优秀青年科学基金项目（海外）2项，国家自然科学基金重点项目2项，其他11项）、国防科技173重点项目3项。

学院以第一单位在 Nature、Science 期刊（含子刊）发表论文4篇，其中 Nature 正刊1篇、Nature 子刊2篇、Science 子刊1篇；6人入围爱思唯尔2021"中国高被引学者"（彭练矛、张志勇、徐洪起、陈清、宋令阳、程翔）；1篇论文获 IEEE 通信学会2021年亚太地区杰出论文奖（宋令阳）；1篇论文获 IET Communications 2021年度唯一最佳论文奖（程翔）；1项成果获2022年度教育部高等学校科学研究优秀成果一等奖（王延辉）；1项成果获2021年度中国电子学会科学技术一等奖（宋令阳）。王兴军-常林科研团队在世界上首次报道了由集成微腔光梳驱动的新型硅基光电子片上集成系统，为下一代片上光电子信息系统提供了全新的研究范式和发展方向。彭练矛-张志勇带领的碳基科研团队以碳纳米管网络薄膜为半导体材料，构建了包含柔性传感器、传感界面电路和存储阵列的集成表皮电子系统。陈徐宗-周小计科研团队与合作者历时11年研制的超冷原子柜于2022年10月31日15时37分随梦天实验舱搭载长征五号B遥四运载火箭在中国文昌航天发射场发射升空，开启超冷原子物理科学实验。

2022年度，学院获批国家JS科研重点实验室——碳基技术实验室；区域光纤通信网与新型光通信系统国家重点实验室已按学校要求完成实体化，在原依托单位北京大学和上海交通大学的基础上，增加合作单位华为技术有限公司，打通产学研创新全链条产业链，拟建成"光传输与光计算全国重点实验室"。

合作交流。2022年度，学院举办前沿学术论坛22期，邀请来自电子领域的22名知名专家学者或行业精英作报告，2300余名师生参与。在"北京大学海外名家讲学计划"和"北京大学海外学者讲学计划"的支持下，邀请休斯敦大学、巴黎萨克雷大学、新加坡南洋理工大学、哥伦比亚大学等8所高校的8名海外专家学者开展线上讲座共计19场，640余名师生参加。

学生工作。2022年，学院跨海淀、昌平双区双校区运行。为确保127名研究生新生顺利入住昌平（马池口）新校区，学工老师与学生骨干成员提前进驻新校区、策划迎新工作及一系列教育活动，帮助新生尽快适应新校区新生活。日常学生管理工作中，组织学生常规座谈，联合昌平新校区相关职能部门解决学生诉求，如暖气异响、施工噪音过大、食堂菜品单一、班车通勤等，服务好保障好学生日常学习、科研和生活。

学生日常思想政治与管理服务中，组织开展党员组织生活与实践活动，如学习党的二十大精神、组织党支部学习《党的二十大文件汇编》《二十大党章修正案学习问答》等理论学习读本；邀请马克思主义学院专家学者和博士生讲师讲授"二十大精神与青年使命担当"专题讲座；开展"喜迎二十大，永远跟党走，奋进新征程"主题党日活动和"请党放心，强国有我"学生党团日联合主题教育活动，组织微党课竞讲评比、观看红色影视剧、参观北京共产党历史展览馆、参加"新时代奋斗者情景故事会"劳动教育活动，理论结合实践，让党的先进理论入脑、入心、入行。

学院2022届毕业生共计74名，就业率100%，其中超半数以上毕业生到央企、国企、民企、三资企业及其他企业等单位就业，如中国电信、国信证券、华为、中兴、百度等，共40名占比54.06%；参加国防军工、选调生工作的毕业生共16名，占21.62%；10名毕业生到了中等教育单位和高等教育单位工作，如广西民族大学、北京市十一学校等，占比13.51%；8名毕业生选择到政府机关和事业单位及科研院所单位就职，如中央网信办、鹏城实验室等，占比10.81%。在毕业生就业工作方面，开展"新时代、新青年、新工科"就业系列讲座，邀请各领域优秀校友、资深HR对新工科职业发展前景进行全面介绍、举办选调生院友专题交流会、"职业发展剧透营"线上课、一对一加强对弱势困难学生的就业帮扶，引导学生转变就业观念，树立服务国家发展战略的就业思想，帮助学生做好职业规划，助力职业发展，促进毕业生顺利就业。

离退休工作。2022年底，学院离退休人员96人，其中90岁以上3位，85岁以上有26位，80岁以上52位。2022年全年书记冯梅萍、主管离退休工作副院长王延辉等带队上门探望年龄偏大的离退休教职员工二十余人次。教师节和春节两节学院组织慰问。疫情期间，学院为离退休人员送去血压计、血氧计、医疗药品物资等。另，周治平获得第二届北京大学离退休教师学术贡献奖中的特别贡献奖。

获奖与荣誉。2022年度，学院教职员工获奖与荣誉：李斗获北京大学教学优秀奖，丁雪芹获北京大学教学管理奖，解晓鹏获北京大学2021—2022学年优秀班主任，谭云华老师获北京大学优秀德育奖等。

另外，2022年学院落实学校和上级部门要求的疫情防控工作，筑牢学院疫情防线，协同配合，攻坚克难，做好运行保障工作，确保教学、科研工作平稳进行，以及日常行政管理服务、实验室安全、网络安全工作、党建、师风师德、昌平新校区建设与入驻等工作平稳有序开展。

（王延辉、鲁 伟）

## 集成电路学院

【发展概况】 组织机构。学院设立4个系：集成微纳电子系、集成电路设计系、设计自动化与计算系统系、集成微纳系统系。2021年12月，成立中共北京大学集成电路学院委员会，任命王源为党委委员、书记，张舒为党委委员、副书记；同时，任命蔡一茂为集成电路学院院长。2022年4月任命王玮、刘晓彦、鲁文高为副院长，刘军华为党委委员、副书记。

学科建设。2022年，学院新增3个国家和省部级科研基地，包括微纳电子器件与集成技术全国重点实验室，集成电路高精尖创新中心和北京集成电路产教融合基地。微米纳米加工技术国家级重点实验室通过科工局首批重组论证，成为第一批的国防科技类的全国重点实验室。学院继续建设北京大学国家集成电路产教融合创新平台、微电子器件与电路教育部重点实验室、集成电路科学与未来技术北京实验室；设立无锡北京大学电子设计自动化研究院，另与计算机学院共同建设浙江省北大信息技术高等研究院。

队伍建设。截至2022年底，学院有事业编教职工92人，其中教学科研人员66人，工程实验技术系列21人、工人1人，行政管理职员4人。2022年，引进（已入职）教研系列助理教授4人、预聘副教授1人、研究技术系列助理研究员1人；新增国家杰出青年基金获得者1人、重点研发计划项目负责人3人；晋升长聘教授1人；聘请北大客座教授1人。

在站博士后38人，进站12人，出站5人。获批北大博雅博士后3人，博士后科学基金面上项目2人。新增与阿里巴巴云计算（北京）有限公司联合培养博士后。劳动合同制人员36人，新聘9人，续聘5人，离职7人。聘用劳务派遣人员2人。退休2人，调入1人，调出1人。

2022年，学院成立人才工作小组、人才引进工作小组、教师工作小组、博士后工作领导小组等，制定学院人才发展战略。

教学工作。2022年，学院在校生共267人（博235、硕32），其中2022级研究生（105人）从"微电子学与固体电子学"专业转入"集成电路科学与工程"专业。学院启动"集成电路科学与工程"一级学科招生，面向集成微纳电子、集成电路设计、电子设计自动化与计算系统、集成微纳系统四个学科方向。共计726人通过夏令营、推免、硕博连读、申请考核制报名，有效报名530人，进入复试211人，拟录取博士研究生88人，硕士研究生11人（拟统考录取7人）。授予硕士学位8人、博士学位29人。

学院制定研究生培养方案、《硕博连读管理规定》、《年度考核方案》、《研究生培养质量管理委员会职责》、《博士研究生综合考试方案》、《博士研究生选题报告实施办法》。梳理完善研究生课程体系，开设课程41门，其中21门在昌平新校区授课，新增选修课8门。

2022年，获北京大学优秀博士学位论文（1篇）、北京市优秀博士学位提名奖（1篇）、北京市优秀研究生指导教师团队、北京大学教学优秀奖（2人）、北京市高等教育教学成果二等奖/北京大学教学成果一等奖。

评定博士生校长奖学金（10名）、专项学业奖学金（5名）、闳材奖学金（4名）、博士生岗位奖学金（227名）、硕士生学业奖学金（32名）、聘任思政助教8人次、课程助教40人次；安排37名毕业生答辩、学位论文送审、审核答辩材料、组织学科评议组会议、学位分会。

为拓展学生视野，学院组织开展"芯"学者说主题沙龙会，邀请学院的优秀青年教师，分享个人经历，引导同学们认清当前科技发展形势、敢于迎接挑战、承担新时代重任。2022年学院举办两场"芯"学者说沙龙活动。

科研工作。学院承担国家级、省部级、科技开发等各类科研项目171项；签署技术服务、技术咨询、技术转让合同43项，2022年到账经费合计2.39亿元。获批国家自然科学基金重大研究计划战略研究项目1项、重大项目1项，科技部重点研发计划项目4项（含两个青年科学家项目）、科技委173项目1项，签订联合实验室项目1项，技术转让1项。

学院申请专利95项，授权专利83项；发表SCI检索论文86篇，11篇论文入选IEDM 2022、5篇论文入选ISSCC

2022、6 篇论文入选 IEEE MEMS 2022, 6 篇论文入选 DAC 2022, 高水平论文入选数量名列全国前列；作为第二参与单位获 2022 年度华夏医学科技奖二等奖，入选北京市科技新星计划 1 人，获第十八届中国青年女科学家奖 1 人，电子设计自动化大会 DAC 40 岁以下优秀创新者奖 1 人。

"后摩尔时代微纳电子学科创新引智基地"项目团队邀请海外专家开展学术报告 5 场，总计 200 余人参加。启动未名·芯论坛系列讲座，举办 11 期，受众 2000 余人次。1 人担任 IEEE MEMS 2022 大会共主席、1 人担任 MicroTAS 2022 大会共主席。

党建工作。学院有教职工党员 52 人、在校学生党员 123 人。设教工党支部 3 个、学生党支部 4 个。2022 年新发展党员 19 人，预备党员转正 5 人。

学院党委理论中心学习组织专题学习 8 次，党委书记讲党课 6 次，教工和学生党支部开展党的二十大精神学习 17 次。组织广大教职工学习冬奥精神、习近平给南京大学的回信精神、北京市第十三次党代会、北京大学第十四次党代会精神等。组织 12 名党员参加组织部、教师工作部举办的培训学习。开展支部委员培训，提升党支部组织力，落实"三会一课"制度，并通过党委领导班子联系基层党支部、党支书年度述职等制度推进党支部工作。完成学校第十四次党代会、北京市第十三次党代会的代表推荐工作。加强师德师风建设，建立教师工作小组，开展青年教师座谈会、老中青教师交流会、党史/党建教育等多种活动。严格落实谈话制度，完成思想政治和师德师风考察 39 次。高度重视人才安全工作，落实人才安全常态化风险排查。新成立学院关工委，开展关心下一代工作。

学生工作。2022 年，新入学研究生 105 名，含硕转博 3 名；学院毕业研究生 37 名，就业率 100%，其中 2 名毕业生加入选调生行列。共计 63 人次获得个人年度奖励、28 人次获得校级奖学金，其中 6 人获国奖、五四等评审制奖学金，1 人获中国青少年科技创新奖，3 人获电子学会集成电路奖学金，1 人获校级优秀德育奖，2 人获校级优秀班主任。微电子系统集成芯片班获校级先进班集体、优秀团支部。

学院成立党的二十大精神宣讲团，定期组织党支书及支委培训会，组织集体学习专题党课，并开展创新性实践学习活动；疫情防控期间，学院第一时间成立了"芯"星之火志愿团，参与志愿服务 300 余人次，1 名学生获评北京大学百佳志愿者；北京冬奥会、冬残奥会期间，学院共有 3 名学生参与开幕式和赛事服务保障工作。

学院共计 103 名研究生新生入驻昌平新校区。举办首届新生训练营；组织学生创作"莫斯电龙"表情包、"芯青年"主题院刊、文创纪念品、院衫等。学工办每月召开心理专项工作会商，及时宣传相关心理知识和心理中心的相关活动，完成 273 名学生一对一谈话全员覆盖。

工会与离退休工作。学院工会立足人文关怀，落实职工直系亲属去世津贴，生育津贴，独生子女一次性津贴申请及保险事宜，包括计划生育、家庭意外险及教职工未成年子女互助保险。为教职工发放福利慰问品并送上节日祝福组织教职工参加校运动会，乒乓球比赛、羽毛球比赛，为教职工做好后勤保障工作。学院现有离退休人员 54 人，其中 80 岁以上 10 人。今年新增 2 人，离世 3 人。组织开展查体 1 次、老年意外伤害保险办理 1 次、申请困难补助 3 人、全体节日慰问 2 次、协助办理后事 3 次、开展教职工综合情况调查工作、建立完善离退休教职工健康台账等工作。组织线上观看和学习专题报告等 2 次。

（涂　成、詹　雅、金莲玉、王凌越、王　媛、高雪明）

【参观北京大学昌平 200 号校区和昌平新校区】 为坚定理想信念，赓续红色血脉，10 月 3 日上午，北京大学集成电路学院开展了"喜迎二十大，昌平再出发"主题党团日活动，组织在昌平 200 号校区学习和生活过的退休老党员张天义老师、洪秀花老师、甘学温老师、莫邦燊老师在学院青年师生党员的陪同下，参观北京大学昌平 200 号校区和昌平新校区。党委书记王源、党委副书记张舒、青年教师党员代表、团委书记王凌越、学生党支书以及入党积极分子代表等 20 余人参与活动。

昌平 200 号承载着北京大学集成电路学院的历史与记忆。1976 年，电子仪器厂半导体车间在王阳元院士的带领下，研制成功了我国第一块硅栅 N 沟道 1024 位 MOS 随机存储器，实现了 NMOS 硅栅工艺零的突破，有力推动了我国微电子产业的发展。此项研究和 150 机系统、多层印制电路板一起，获得了 1978 年的全国科学大会奖。作为那个年代的"超级工"，昌平 200 号留下了共和国创建半导体事业的最早脚步，成为国家记忆里的难忘一页。学生代表怀着对前辈的尊敬和钦佩之情，向退休老党员们献花，送上重阳节的满满祝福。本次"喜迎二十大，昌平再出发"党日活动，通过退休老党员的讲述，更加了解了老一辈微电子人筚路蓝缕的艰苦奋斗历程。

（郭欣蕊）

【建设集成电路高精尖创新中心】 2 月 19 日，集成电路高精尖创新中心在北京揭牌成立。该中心由北京市政府批准、北京市教委立项成立，依托北京大学、清华大学共同建设，对于加速创新链、产业链、人才链融合，支撑北京集成电路产业可持续高质量发展具有突出意义。中心主任由黄如院士和尤政院士共同担任。

中心联合北京市集成电路产业重点单位开展深度合作，在北京市双"1+1"项目和北京集成电路产教融合基地的配套支持下，围绕先进逻辑工艺技术、先进存储器技术、MEMS 传感技术、新一代 EDA 技术以及晶圆级芯片及系统制造技术组织力量攻关，并与中芯国际、北方集成电路创新中心、存储器研究院、赛莱克斯（北京）等北京集成电路领域龙头企业紧密合作，取得丰硕研究成果。2022 年产生了以杂质分凝等技术为代表的多项技术向大规模集成生产平台成功转移、转化；基于新型氧化物半导体的新型无电容动态随机存储器件保持时间处于国际领先水平；基于后烘物理机制的深度光刻仿真算法，实现了100倍以上效率提升，处于国际领先水平；嵌入式微流体冷却技术实现单芯片1000W量级的散热能力，在航天等重点领域开展应用验证；高精度压力传感器、高过载MEMS开关等多项成果实现产业转化。

2022年，中心引进教研系列预聘副教授1人、助理教授4人、研究技术系列助理研究员1人，晋升长聘教授1人；毕业研究生36人，95%进入集成电路产业。中心主任黄如院士牵头获得北京市优秀研究生指导教师团队。2022年，中心在体制机制建设、科研进度与成果、共建单位协同合作、人才引进、研究生培养等层面取得系列进展，为下一步工作奠定坚实基础。2023年2月25日，中心通过里程碑成果考核会。

（詹雅）

【建设国家集成电路产教融合平台】 为更好地服务集成电路人才培养专项，高水平建设北京大学国家集成电路产教融合创新平台（以下简称平台），3月11日，平台与概伦电子签署软件捐赠合作协议，概伦电子向平台提供NanoDesigner、NanoSpice、NanoYield EDA软件各5套以供使用；4月，北京大学与概伦电子签署合作协议，双方共建EDA创新联合实验室，5月11日，联合实验室揭牌仪式在北京大学微纳电子大厦和概伦电子北京恒通园办公室同步举行，该联合实验室将贯彻落实国家产教融合的方针，结合双方的产业优势与科研实力，促进EDA技术创新发展和推动国产EDA全流程解决方案的建设和推广，培养更多高精尖的产业人才。6月14日，平台与算能科技公司开展了人工智能相关课程设计，平台与算能公司在基于TPU的深度学习实践课程和基于RISC-V的SOC实践课程等方面开展课程设计与实训。7月至9月，平台作为主办单位联合南京集成电路培训基地、新思科技、华大九天、紫光展锐等单位举办2022年第二届全国大学生芯片设计暑期学校。截至2022年底，已完成对北大本科及研究生、其他高校学生以及企业工程技术人员实训1430人次。此外，参加赛莱克斯（北京）牵头的工信部制造专项，开展面向压电打印头和微流控芯片的CMOS兼容MEMS工艺协同攻关。

2022年，平台完成投资5565.11万元，累计完成投资27,862.21万元，购置工艺、测试、EDA等设备、软件92台套，形成1300人/年的人才培养能力，学院支撑集成电路领域产教融合人才培养能力显著增强。

（孙琪）

【启动"未名·芯论坛"系列讲座活动】 聚焦集成电路领域科技前沿，紧跟全球产业动态，加强国际学术交流与合作，为广大师生营造学术研究氛围，启动"未名·芯论坛"系列讲座活动，截至2022年底举办11期，线上线下受众人数共计2000余人次。7月15日，"未名·芯论坛"系列讲座第一期举行。学院名誉院长王阳元院士，黄如院士，长江存储科技有限责任公司资深副总裁、研发工程中心负责人霍宗亮博士，院长蔡一茂，党委书记王源，副院长刘晓彦、鲁文高，党委副书记刘军华、张舒出席论坛。霍宗亮作题为"Unleash Scaling Potential of 3D NAND with Innovation Xtacking Architecture"的专题讲座。论坛由院长蔡一茂主持，线下线上同步进行，在校师生、校友、各界嘉宾共400余人参会。

（汪宇辰）

# 智能学院

【发展概况】 组织结构。1985年，北京大学以数学系、计算机系、无线电系为主体，以学科交叉为特色，成立了信息科学中心。依托信息科学中心，1988年成立了北京大学第一个国家重点实验室——视觉与听觉信息处理国家重点实验室，2002年创办了我国第一个智能科学系，2003年在国内率先设立"智能科学与技术"本科专业，并于2004年开始招收本科生。2007年成功增列智能科学与技术专业硕士、博士点，在人工智能领域形成全球最早的本、硕、博完整人才培养体系。2021年12月，依托原智能科学系，正式成立北京大学智能学院，朱松纯教授担任创院院长。在学校的支持下，智能学院作为北京大学智能学科建设的主阵地，通过整合校内智能学科共建单位多方力量，"智能科学与技术"被列入北京大学"双一流"建设学科。分别依托元培学院和信息学院两个本科生学院，打造"北大通班""北大智班"，建设国际领先的本硕博贯通的课程体系和人才培养方案。2022年10月，以智能学院、人工智能研究院、王选计算机研究所等为主体，北京大学联合北京通用人工智能研究院申报"跨媒体通用人工智能全国重点实验室"成功获批，探索通用人工智能新理论、新范式、新平台。2022年11月，北京大学武汉人工智能研究院成立，智能学院与北京大学智能学科共建单位共同投入力量，建设国家智能社会治理实验综合基地。

2022年，学院完成领导班子组建工作。2021年12月学校成立了中共北京大学集成电路学院委员会，任命王源为党委委员、书记，任命张舒为党委委员、副书记，同时，任命蔡一茂为集成电路学院院长。2022年4月任命王玮、刘晓彦、鲁文高为副院长，刘军华为党委委员、副书记。

队伍建设。截至2022年底，智能学院有全职教职员工62人，包括：教学科研人员32人，其中教授16人，老体制副教授6人、副研究员1人、讲师1人，新体制教研系列长聘副教授2人，助理教授5人，新体制研究系列研究员1人，工程实验技术系列人员2人；行政人员2人。博士后11人，劳动合同制14人，学校委派专职辅导员1人。2022年通过招聘、调入、内部调整，新增教学科研人员4人，博士后2人，劳动合同制7人；因退休、离职、调动，减少教学科研人员2人、行政职员1人。有中国工程院院士1人（含退休院士1人），长江特聘教授2人，国家高层次人才特殊支持计划百千万工程领军人才2人，国家杰出青年基金获得者3人，优秀青年科学基金获得者3人。

**教学工作。** 2022年，学院联合信息科学技术学院（本科生学院）设立智能科学与技术专业实验班共招收本科生28人，其中保送生1人；智能科学与技术专业2022年本科生毕业及结业共计74人，其中毕业获双证70人，结业3人，专科毕业1人。1位同学获得智能科学与技术专业双学位。智能学院开设本科课程66门次，1位老师获得北京市教学成果二等奖。智能学院招收研究生97人，其中硕士研究生31人，博士研究生66人；授予硕士学位26人（含专业硕士学位0人）、博士学位25人。学院开设研究生课程38门次。举办线上"优秀大学生暑期夏令营"。

**科研工作。** 2022年学院组织校内学科优势力量与北京通用人工智能研究院联合申报"跨媒体通用人工智能全国重点实验室"并成功获批；2022年度机器与感知教育部重点实验室评估工作获评优秀（连续3次优秀）；陈宝权教授牵头承担的国家重点研发计划"科技冬奥"重点专项"冰雪项目交互式多维度观赛体验技术与系统"项目相关成果作为"科技冬奥"成果亮相国家"十三五"科技创新成就展，项目参与了冬残奥会冰球比赛全程转播工作，并受到奥林匹克广播服务公司（OBS）技术总监高度评价；学院师生共发表期刊与国际会议论文200余篇，作为第一作者及通讯作者发表SCI论文90余篇，申请专利16项，授权发明专利22项。学院获批国家自然科学基金项目总计9项，其中专项项目1项，联合基金项目1项，面上项目7项；作为课题负责人获得科技部科技创新2030项目1项；学院与国内科研机构或企业建立了多个联合实验室，并参与了相关产业技术创新战略联盟的筹建与管理工作，包括与阿里妈妈共建"北大-阿里妈妈人工智能创新联合实验室"、与上海弘玑信息技术有限公司共建"超级自动化联合实验室"、与芜湖辛巴网络科技有限公司（奇瑞控股）共建"智能机器人与无人驾驶联合实验室"；学院与两个校外合作平台——北京通用人工智能研究院、武汉通用人工智能研究院建立深度交流合作。

**学术荣誉。** 陈宝权团队获得2022年计算机图形领域顶会ACM SIGGRAPH（Association for Computing Machinery, Special Interest Group for Graphics，美国计算机协会图形图像特别兴趣组）2022最佳技术论文荣誉提名奖；刘利斌与陈宝权团队获得2022年计算机图形领域顶会ACM SIGGRAPH Asia 2022最佳技术论文奖；谭营荣获2022年北京市自然科学二等奖（第一获奖人）；罗定生荣获北京大学"人工智能、机器人与伦理"跨学科、大交叉课程建设探索奖；罗定生荣获北京大学教学成果一等奖；罗定生获教育部-华为智能基座"栋梁之师"荣誉；罗定生荣获北京大学2021—2022学年优秀德育奖；罗定生指导学生获北京大学第30届"挑战杯"五四青年科学竞赛一等奖1项；王立威荣获"北京大学本科生科研训练"优秀指导教师奖；袁晓如荣获《芳翰流形-流变》第九届中国可视化与可视分析大会（ChinaVIS 2022）"中华古籍数字人文创意"赛道二等奖；袁晓如荣获《经籍览观》第九届中国可视化与可视分析大会（ChinaVIS 2022）"中华古籍数字人文创意"赛道三等奖；袁晓如荣获《芳翰流形-形韵》第九届中国可视化与可视分析大会（ChinaVIS 2022）"中华古籍数字人文创意"赛道提名作品。

**合作交流。** 组织学术论坛，智能学科自9月起举办"智能学科前沿论坛"系列学术讲座，每期邀请一位在人工智能及相关领域做出重要贡献的专家、学者，2022年成功举办6期；获批北京大学海外学者讲学计划1项，袁晓如于7月成功举办线上学术讲座，邀请国外5位知名教授作报告；林宙辰作为程序共同主席，承办模式识别领域重要会议ICPR 2022；北京大学承办第十三届国际群体智能会议（ICSI' 2022），谭营担任大会主席。9月17日组织召开2022全国人工智能院长论坛。

**党建工作。** 学院党委成立于2021年12月29日，现有教工党支部1个，学生党支部5个。2022年发展党员11名，其中1名教学科研教师；10名预备党员按期转正；成立学院教师工作小组，制定《智能学院教师思想政治和师德师风建设工作体制机制》；党委会审议通过各类人才师德师风评估事项30人次；制定《二十大学习工作方案》，开展二十大主题学习活动40余场。

**学生工作。** 加强党建引领，开展院长书记讲党课及创新实践学习活动；2021级机器感知班获北京大学示范班集体荣誉称号。评选校级个人奖励57项，集体奖励3项，33人获得奖学金，其中校级奖学金（含国奖）28项，院级奖学金5项。

**宣传工作。** 截至2022年底，学院微信公众号全年共发布推文134篇，总阅读量突破十万，其中《新时代智能学科的定位与发展——"2022人工智能院长论坛"会议综述》和《〈焦点访谈〉新征程上，科教兴国还需人才支撑》等多篇推文的阅读量过千。学院官网（中/英网站）进行升级换代，突出了人才培养、学术交流、科研成果三个板块，并在2023年元旦正式上线。学院组织学科宣传稿件写作及发表，包括《北京大学建设智能学科的探索与实践》、《新时代智能学科的定位与发展》和《新时代智能学科的定位与发展——"2022人工智能院长论坛"会议综述》。

**疫情防控工作。** 每日向教职人员转发各类疫情防控工作通知、动态，确保疫情防控信息、政策落实落位。建立教职工《进出京台账》，详细记录教职工进出京具体情况，细化计划离返京和实际离返京时间，精准动态掌握人员行动轨迹。对应每位教职人员进返京情况设立个人档案，内容涵盖离京申请、京外行程、返京健康宝、行程码截图、风险评估等多项信息。

坚持将核酸检测作为疫情防控工作的重要抓手,督促教职人员按时完成周期和定期检测。重点关注应检人员,对于即将逾期的人员,进行电话、短信提示,有效提高检测完成率。

学院购入防疫物资,如食品、药品、消毒用品、N95口罩等,并设立物资管理员,负责物资日常存储和封控时期的调配使用。通过制定《智能学院疫情防控工作预案》,不断夯实疫情防控工作基础。

其他工作。实验室与设备管理:学院现有仪器设备总计2231台。2022年新购置仪器设备103台。离退休工作:12月,学院成立了离退休人员疫情防治工作专项工作组,书记、院长任组长,院班子成员和工作人员为组员,专人对接关心关怀老同志身体状况,"一对一"联络离退休老师并开展慰问工作,在防疫物资紧张的情况下,通过多方协调筹措,为每位离退休老师邮寄抗原检测试剂和N95口罩,切实把学院对老同志们的关心关怀落到实处。工会工作:10月10日成立智能学院工会筹备组,推进成立工会组织工作。校友工作:9月14日成立北京大学校友会智能学院分会筹备组,9月15日召开北京大学智能学院院友会成立筹备座谈会,推进成立北京大学校友会智能学院分会。安全管理:制定《智能学院安全保卫工作管理制度》《智能学院主管安全保卫工作负责人职责》《智能学院安全员职责》《智能学院实验室安全防火管理规定》《智能学院安全教育培训制度》《智能学院火灾事故应急预案》《智能学院实验室安全守则》等7项安全管理制度。

(吴桂晶、冯　姣、金丝雨、邢少颖、吴　扬、薛彦凤、姜　涛、任　静、张　玺、赵继良)

【"冰雪项目交互式多维度观赛体验技术与系统"助力"科技冬奥"】 由学院陈宝权教授牵头承担的国家重点研发计划"科技冬奥"重点专项"冰雪项目交互式多维度观赛体验技术与系统"项目于2019年10月获批准立项,总经费1909万元。该项目由北京大学牵头,鹏城实验室、北京大学深圳研究生院、优酷信息技术(北京)有限公司、深圳创维数字技术有限公司、清华大学、北京航空航天大学、中国联合网络通信集团有限公司、北京歌华有线电视网络股份有限公司联合承担。

该项目面向2022年北京冬奥会和冬残奥会科技保障重大需求,针对冰雪运动特点,围绕VR/360节目拍摄、内容生成、8K视频流高效编解码、自适应传输和交互式VR呈现等关键技术开展研究,开发交互式多维度观赛体验系统,使终端用户可以选择任意位置和方向观看比赛,突破以往只能被动观看电视导播画面的局限。北京冬奥会期间,该成果作为科技冬奥项目代表性成果之一,在北京冬奥村"北京小屋"展出,获得近千人次国内外运动员及官员的参观与体验。

北京冬残奥会期间,项目团队受国际奥林匹克转播服务公司(OBS)邀请,参与国家体育馆冬残奥冰球比赛项目的现场转播,共服务16场比赛,比赛时长约32小时,累计提供200余段精彩瞬间的回放,其中17段被OBS公共转播信号采用,通过广播电视和网络直播传播至全世界。该系统将精彩回放视频生成与传输的时长,从当前国际主流系统的几分钟提升到几秒,受到了OBS工程技术总监伊西多罗·莫瑞诺(Isidoro Moreno)的高度认可。

(邢少颖)

【智能学科建设20周年大会】 9月17日下午,北京大学智能学科建设20周年大会在中关新园群英厅举行。会议总结智能学科20年建设经验,推动智能学科蓬勃发展。2002年,北京大学成立全国首个智能科学系,最早设立智能科学与技术专业,成为全球智能学科的诞生地。2022年9月13日,教育部发布《研究生教育学科专业目录〔2022〕》,智能科学与技术正式成为交叉学科门类中的一级学科。北京市委常委、教育工委书记夏林茂,教育部教师工作司司长任友群,北京市科委主任许强,科技部高新司副司长梅建平,北京大学党委书记郝平、副校长张锦,智能学院党委书记吴玺宏,智能学院院长朱松纯等领导嘉宾参加会议。会上,张锦、任友群及朱松纯分别就北大智能学科的发展历史、未来展望和开展有组织的科研,坚持"为机器立心,为人文赋理"的价值追求为主题发表演讲。会议对北京大学智能学科建设历程中作出杰出贡献的功勋模范人物迟惠生、陈堃銶、何新贵、唐世渭、肖建国进行了表彰并由夏林茂、郝平授予杰出贡献奖牌,会议同时举行了北京大学2022级通用人工智能实验班开班仪式和北京大学2022级智能科学与技术实验班开班仪式。会上,金光集团向北京大学捐赠成立"人工智能研究院黄奕聪基金"。

大会由北京大学主办,ACM中国、中国人工智能学会教育工作委员会、北京通用人工智能研究院协办,北京大学智能学院、北京大学人工智能研究院、北京大学王选计算机研究所承办。

(张　玺)

## 工学院

【发展概况】 组织结构。2022年4月8日,学校免去朱怀球的工学院党委副书记、委员职务。11月22日,学校任命宋洁为工学院党委书记,免去孙智利的工学院党委书记、委员职务。12月27日,任命杨越为工学院副院长,免去宋洁的工学院副院长职务。

工学院现有5个系:力学与工程科学系、能源与资源工程系、航空航天工程系、工业工程与管理系、机器人与先进制造系。

**队伍建设**。2022年有教职工132人，其中教研系列93人。有院士1人、双聘院士7人、长江特聘教授8人，国家杰出青年基金获得者15人，万人领军人才3人，青年长江4人，海外高层次人才计划青年项目26人，青年拔尖3人。劳动合同制在职员工54人，2022年新入职7人，离职14人，续签13人。青年人才10人入职。3人依托工学院申报国家基金委青年基金（海外）获批，2人申报长江讲席教授获批，1人申报火炬计划获批。

张信荣晋升为教授，吕鹏宇获得青年拔尖人才计划。段慧玲获宝钢优秀教师特等奖、全国三八红旗手称号，魏悦广获国华杰出学者奖，宋洁获系统科学与系统工程青年科技奖，王勇获嘉里集团郭氏基金树人奖教金，周超获中国工商银行奖教金优秀教师奖，杨延涛获黄廷方/信和青年杰出学者奖，陈默涵获北京银行奖教金，徐克获正大奖教金。

在站博士后73人，新入站28人、出站26人、退站2人。2人获北京大学优秀博士后奖，2人入选博士后创新人才支持计划，16人入选北京大学博雅博士后项目，4人获中国博士后基金第69批面上资助，4人获中国博士后基金第69批面上资助。

**党建工作**。2022年，工学院党委共有党员795人，其中学生党员661人，教职工党员134人，离退休党员40人。共有党支部25个，包括8个教职工党支部，16个学生党支部和1个离退休党支部。2022年新发展党员89人。

2022年，工学院党委带领学院领导班子全面、系统、深入地学习贯彻习近平新时代中国特色社会主义思想，认真学习贯彻党的二十大精神。学院党委组织学院全体党员认真收听收看中国共产党第二十次全国代表大会开幕会，以及中国共产党第二十届中央政治局常委同中外记者见面会，第一时间召开学习传达党的二十大精神大会，并组织了一系列参观学习活动，邀请党校专家开展了题为《新时代新征程坚持和发展中国特色社会主义的政治宣言和行动纲领》的专题讲座，解读二十大报告精神。同时，学院党委健全理论学习中心组学习制度，不定期开展理论学习活动，邀请校内外专家针对热点和共性问题进行专题讲座，辅导学习。

2022年，工学院党委召开学院党员代表大会，选举出北京市第十三次党代会代表1名，出席中共北京大学第十四次党员代表大会代表5人。

2022年，工学院党委在人才引进、职称晋升、考核评优、奖项申报等工作中，共进行思想政治和师德师风评估117人次。

2022年，工学院党委完成各类人员、干部考察9人次，申报困难党员帮扶5人，恢复党组织关系1人，处理各类信访事宜3件，申报党建创新立项7项。

**科研工作**。2022年，受疫情影响，工学院共举办学术报告会58场，其中17场报告人来自境外（线上）。新申请专利超过108项，授权专利超过75项。新获批科研项目178项，获批经费2.7亿元，其中国家重点研发计划青年项目2项，国家自然科学基金重大项目和课题各1项，重点、联合重点和重大研究计划重点共6项。2022年到校科研经费1.63亿元。全年发表SCI、EI、中文维普检索论文1128篇（76篇中文文章），一作或通讯作者第一署名单位为工学院文章556篇（其中455篇SCI，410篇EI），一作或通讯作者SCI文章平均影响因子为5.781。在 Science 和 Nature 子刊上发表15篇文章（3篇一作或通讯作者）。11人入选爱思唯尔中国高被引学者榜单。

2022年，工学院科研领域重要进展，如：大型跨/亚临界$CO_2$直膨式制冷及全热回收关键技术；球面四边形剪纸的相容性理论；T细胞免疫功能在减少新冠肺炎患者死亡中的关键作用；流体纽结研究；基于地球立体剖分网格GeoSOT-3D理论的无人机室内航迹规划算法；有限变形相场理论模型；海洋湍流中跨尺度的双向能量传输；力学微环境诱导细胞上皮-间质表型转化研究；微藻油脂代谢转录调控；任意正负泊松比和正剪应力耦合的力学超材料；仿自然生长的材料无序微结构研究；仿生水下机器人的智能控制；能精确预测代谢分工微生物群落组装的理论框架等。陈帜课题组博士生毛润泽领衔DeepFlame战队荣获"先导杯"计算应用大赛 AI for Science 一等奖；宋洁团队荣获2022年华人学者管理科学与工程国际年会"最佳管理实践奖"；刘进被聘为国际知名SCI期刊 Algal Research 的副主编；工学院获批成立IEEE工业应用学会北京大学学生分会；吴建国课题组荣获"2022年运筹与管理科学年会质量与可靠性方向最佳论文奖"；《人民日报》刊载喻俊志教授文章：仿生机器鱼走向实际应用。

强化科研平台建设。继续推进湍流国家重点实验室实体化重组；加强海洋科学与工程学科布局，与崂山（国家）实验室联合成立"海洋流体力学与工程联合实验室"；联合北京大学南昌创新研究院成功举办"数字经济发展研讨会""工业软件赋能产业数字化""中俄数学中心力学与数学前沿学术研讨会"等论坛；工学院申报的"北京大学周培源科学家精神教育基地"入选全国首批"科学家精神教育基地认定名单"；工学院入选"2021—2025年全国科普教育基地"首批认定名单。

学科建设方面，完成力学"双一流"学科的放权改革工作方案和动态监测数据填报工作；学科建设主体在力学一级学科，包括流体力学、固体力学和一般力学与力学基础三个教育部二级重点学科、以及工程力学二级学科；以力学学科为牵引，积极发展相关工程科学前沿交叉研究，包括控制科学与工程、生物力学与医学工程、航空宇航科学与技术、先进制造与机器人、能源与资源工程、工业工程与管理方向。

**教学工作**。2022年在校本科生543人，硕士生198人，博士生471人。2022年本科新生154人，其中，留学生3人，港澳台学生1人；硕士新生119人，博士新生150人，其中，留学生1人（保留入学资格），港澳台学生1人。2022年本科新生137人（含留学生7人）；硕士新生137人，（含港澳台学生2人）；博士新生163人（含留学生8人）。2019级73人获得免试推荐研究生资格。12名来自校本部和医学部的学生申请工学院双学位学习。

2021级本科生顺利完成专业选择，力学强基生中，理论与应用力学方向34人，工程科学计算方向22人，航空航天工程方向12人，能源与环境系统工程方向5人，生物医学工程方向7人，材料科学工程方向7人；工科试验班中，理论与应用力学专业3人，工程力学专业1人，航空航天工程专业7人，机器人工程专业21人，能源与环境系统工程专业2人，生物医学工程专业7人，材料科学与工程专业5人。2021级共计17人经过选拔进入周培源力学班。

2018级本科毕业生共计86人。其中80人毕业并获学士学位，1人专科毕业，2人毕业无学位，3人暂结业。往届结业生3人换发毕业证和学位证，2人补授学位。105名硕士毕业生中，104人毕业并获得学位，1人结业；107名博士毕业生中，103人毕业并获学位，1人毕业未获得学位，3人结业。

2022年开设本科课程176门，研究生课程109门。本科共计20门课程开放给清华大学学生选课。

2022年共计6个本科教改立项获得学校批准。2021年立项的7个项目完成结题。2022年设工学院教改立项，共计15项获得资助，其中7项评为工学院教改一等奖，4项评为工学院教改二等奖。

"渗流和多孔介质中的热质传输暑期学校"和"前沿工程科学讲堂"两个项目获得"2022年"研究生教育创新计划"立项支持。2020年度立项的2个研究生课程建设项目（黄建永、励争）完成结题。2021年度立项的4个研究生课程建设项目（袁子峰、王雪峰、李忠奎、何冠楠）完成中期报告。

航空航天工程本科专业获批教育部办公厅"2021年度国家级一流本科专业建设点"。

2022年共1名本科生赴境外出访，7人次研究生申请出访或交流。5名研究生申请"国家建设高水平大学公派研究生项目"获得批准。

2022年本科生科研立项共计45项，共有49名工学院本科生参与课题研究。2021年立项的24个项目顺利结题，3个项目暂缓结题。2018级帅郁（指导教师：史一蓬、章志飞）、谈任飞（指导教师：王龙）荣获"北京大学本科生科研优秀项目奖"；王衍之（指导教师：宋洁）、孙宗元（指导教师：杨剑影）、梁馨元（指导教师：陈默涵）、朱振宇（指导教师：郭少军）荣获"北京大学工学院本科生科研训练"优秀项目奖。

1篇本科毕业论文荣获"2022年北京市普通高等学校优秀本科生毕业设计（论文）"（个人类）：刘映竹（2018级理论与应用力学专业，导师：李忠奎）。9篇毕业论文荣获2022年度北京大学工学院优秀本科毕业论文奖：刘映竹（导师：李忠奎）、帅郁（导师：史一蓬、章志飞）、王霆浩（导师：陈正）、曹宇曦（导师：王金枝）、李嘉晟（导师：王前）、杨仲一（导师：周超）、陈彦润（导师：周欢萍）、李佳明（导师：吴晓磊）、郑博（导师：戴志飞）。5篇博士学位论文荣获"2021年北京大学优秀博士学位论文：章盛祺（指导教师：陈十一）、刘文斌（指导教师：段慧玲）、汪毅卿（指导教师：陈正）、许涛（指导教师：段志生）、张帆（指导教师：宋洁）。

2018级本科生王霆浩荣获2022年度北京大学"未名学士"荣誉称号。2019级本科生苏豪荣获2022年中国力学学会全国徐芝纶力学优秀学生奖。

《新工科国际化创新人才培养体系建设》（段慧玲等）荣获2021年度北京市高等教育教学成果一等奖。史一蓬、杨延涛荣获北京大学2022年教学优秀奖（本科部分）；吴建国荣获北京大学2022年教学优秀奖（研究生部分）。《材料力学》教学团队荣获2022年北京大学优秀教学团队（成员：励争、王建祥、易新、毛晟、陈建霖、周文灵）。材料力学（第三版）（殷有泉、励争）获得"2022年度北京大学优秀教材"，机器人学基础实验教程（上、中、下）（王启宁）、工程CAD基础及开发技术（李水乡）、基础燃烧学（陈正）获批2022年北京大学教材建设立项。王龙荣获"2022年北京市优秀研究生指导教师"，魏悦广荣获"2022年北京市优秀研究生指导教师团队"。

2022年9名来自北京建筑大学的大二本科生来工学院开始进行为期两年的交流学习。2020年来校交流的顾元琦（工大）、段羽佳（工大）、程梁（工大）、李小龙（建大）荣获北京大学2021—2022学年"双培计划"学习优秀奖。2021年来校的王天义（建大）荣获北京大学2021—2022学年双培计划"学习之星"奖。

2022年共接收"中西部高等学校青年骨干教师国内访问学者"4人、国内访问学者6人、新疆特培项目访问学者1人。上一学年来校的国内访问学者9人及进修教师1人顺利完成结业。

7月6日至8日，工学院举办"2022年全国优秀大学生线上夏令营"，来自全国62余所高校的313名同学参加此次活动。

**交流合作。** 3月24日，在工学院的积极推动下，北京大学授予英国皇家工程院院长吉姆·麦克唐纳爵士名誉教授，北大和思克莱德大学签署合作MOU。

2022年，顺利实施美国工程院"重大挑战学者培养计划（Grand Challenges Scholar Program，简称GCSP）"，从学科交叉、科研创新、创业实践、全球视野、社会服务五个方面全面培养具有国际视野全方位发展的新工科人才。6月工学院毕业典礼上对本科毕业生中选拔出的5名表现突出者，授予北京大学·德稻重大挑战学者（GC Scholars）荣誉称号，颁发美国工程院院长签名信及北京大学·德稻重大挑战学者奖金（GCSP Fellowship）。

开设线上Globex项目，这是全校唯一工科类国际暑期交流项目。共邀请来自7所高校的知名学者开设7门英文课程，涵盖3大主题：工程与科学（5门）、创新与创业（1门）以及中国相关主题（1门），吸引来自中国香港、澳门地区以及美国、加拿大、澳大利亚、英国、新加坡18所高校的230位学生线上参与。

开设工学院高端国际讲堂特色代表项目"工程科学国际讲堂（Engineering Science Seminar）"共邀请14名全球工程和科学教育领域顶尖专家学者（包括院士8名）在线讲学，内容涉及力学、航空航天、能源、先进制造、优化控制、工业工程管理等多个学科前沿，每场参加人数100—300余人。

产学研工作。2022年，完成产学研交流标准对外交流材料的梳理，制作完成2022年版产学研成果手册并印刷100册，梳理了学院科研成果、横向项目及专利分布情况；梳理北大产学研及国内合作相关重要制度7项，并通过学院网站向教师进行宣传；在新教师入职后第一时间建立联系，了解科研成果的成熟度，引导年轻教师了解国家需求及产业需求，与科研办公室共同组织交流平台（工学讲堂及工程科学论坛）。

推动北京大学南昌创新研究院建设，促进工学院与南昌院协同发展。团队建设日趋完善，已建成94人的核心运营与业务团队；2位专家入选江西省"双千计划"人才；科研立项实现从无到有，全年共获2项省级科研项目和1项省"03专项"。坚持聚焦服务北大科研成果走出去，7月完成第二批项目遴选入驻。成果转化取得新进展，2月成果转化平台公司注册成立；5月首个孵化企业南昌十沣揭牌成立；11月北大南昌院与北大创业训练营签署战略合作协议，共建南昌院众创空间。发挥北大特色优势，服务地方经济社会发展取得新进展：服务江西"双一号工程"，成立数字经济研究中心，举办数字经济系列论坛；推动北京冬奥会跨临界二氧化碳制冰技术在江西落地。增强党建引领，北大南昌院基层党组织获批成立，并作为唯一科研单位参与江西铜产业链党委。2022年，北大南昌院共签订各类技术合作项目11项，项目金额共计约1000万元。

院企合作方面，加强北大-京东方联合创新研究院的管理，并和京东方团队确定了项目遴选及管理流程；2022年，首次尝试以开放课题形式遴选项目，第一批开放课题发布立项4项。11月底，第二批开放课题定向发布10个课题。通过开放课题的申报和遴选，为京东方技术需求部门和北大各相关领域的技术团队提供了高效的对接途径，加速项目落地。

与新奥集团组织多轮交流，包括与王玉锁主席会面，推动包括能源大数据及产业物联网方向的合作。其中在产业物联网领域的合作已初步达成共识，推进北大-新奥先进传感器实验室建设。

与顺义航空发动机研究院签订两项课题合作，推动建立联合实验室（UTC）；与航材院签订四项科研合作项目，涉及复合材料仿真软件、叶片力学性能分析、预应变对镍基高温合金蠕变行为分析、铝合金纳米析出相原子结构计算等多个领域，项目总经费约400万元。同时，与航材院联合申请了工信部重大专项"材料和工艺设计的多尺度仿真软件"。依托航发联合体，申报青托项目一人。

组织与机械总院及下属相关研究所进行了多轮技术对接，初步具备签订战略合作协议的基础。联合实验室建设方案已获得机械总院认可；推动双方联合聘用高端人才，组织孙钰院士与机械总院对接，探讨未来制造国家实验室方案；科研项目合作陆续展开，本年度共同申请基金委重点项目一项。

此外，2022年也陆续组织二十余场与企业/科研院所的交流对接，包括航天创新院、雄安集团、自然资源部先驱公司、鄂尔多斯集团、KJ装备部5720厂、强生集团、北汽集团、京津冀协同创新中心、小米集团、航天五院、燕京汽车、安科院、佰仁医疗、十沣公司等。

专业学位教育工作。2022年招生138人，全部学生学费收入2100余万元；毕业70余人；开设课程近60门；年度审核博导30余人，新遴选工程博导2人，新遴选硕导12人。7月启动中组部工程硕博士培养专项，首批博士研究生已于9月入学，与北京协同创新院联合培养。首届工业软件班学生赴南昌研究院实习，标志着工业软件班实习实践正式开始。举办MEM项目创办十周年庆祝活动、首届北大—清华工程博士联合学术论坛、机械工程博士生新生交流座谈会。

2020级MEM学生李仁星（天普新能源公司总经理，全国青联委员，北京市人大代表）发起成立的未来碳中和研究院，在10月科普基地评选中，天普"碳中和科普基地"入选首批区级科普基地。工学院MEM学生代表北京市参加首届中国工程管理案例大赛并获得二等奖。

校友与基金管理。搭建院友数据库平台，数据库中存储13,611名院友信息；组办北京大学工学院院友会"携院友们走进科学家的精神世界"主题活动；组织举办2012级工学院工程管理硕士入学10周年纪念与表彰大会；组织院友会集体观看二十大开幕式、闭幕式；邀请杰出院友出席工学院开学典礼和毕业典礼并致辞。黄源浩院友创办"奥比中光"企业上市；丁刚毅、张凯二位院友在北京冬奥会上做出巨大贡献；院友吴立新院士履新担任崂山实验室主任，并荣获"齐鲁杰出人才奖"。开展"工行天下"业界导师项目活动，共邀请20名业界导师，学院40名学生参加。

设立"周培源科学家精神项目""武际可公益科普项目""重大挑战学者挑战项目""工学院愿景讲席教授、奖教金"；办理相关项目入账工作。2022年共计接收入捐赠款782万元。

宣传工作。2022年完成新闻类、专题类报道共110篇，并通过北大新闻网及微信公众号、工学院官网及微信公众号进行推送。推出《师说 | 青年教师专访》《冬奥对话》《云

端教学新天地》等系列专访，与北大融媒体中心合作联合拍摄3位学院教师（黄琳、魏悦广、张信荣）纪录片《北大之光》。

联合学生工作办公室，召开第一次"学科科普短视频策划"会议。参与首批"全国科普教育基地"和"北京大学周培源科学家精神教育基地"申请工作，并完成基地申请视频3个。

完成8月27日至30日纪念周培源先生诞辰120周年系列活动共8个会议的组织筹备、落实及相关宣传工作。

学生就业。2022年工学院毕业生总数为285人（不含外国留学生和硕转博学生），其中就业210人，占总人数的73.7%，主要以民营企业、国有企业、高等教育单位和科研设计单位为主，部分同学选择在党政机关、中初等教育单位、事业单位任职；境内升学62人，占总人数的21.8%，其中选择在北京大学继续攻读55人，中国科学院大学4人，清华大学2人，浙江大学1人；境外升学13人，约占4.6%，其中选择去往美国高校深造的有10人，加拿大1人，澳大利亚1人，中国香港1人。

截至11月16日工学院毕业生总体就业率100%，总体毕业去向呈现出多元化特征。

（朱　峰、李咏梅、陈　斌、朱若珊、闫　静、步晓光、
陈　斌、邵金燕、张珊珊、李晓蓉、赵　妮）

【北京2022年冬奥会和冬残奥会工学院志愿者工作总结表彰大会】4月17日，学院在工学院一号楼210会议室举行北京2022年冬奥会和冬残奥会志愿者工作总结表彰大会。工学院党委书记孙智利，北京大学团委副书记鞠晓，工学院党委副书记陈威，工学院学工办主任、团委书记步晓光，工学院学工办副主任、团委常务副书记刘威，伊照、尹子馨，工学院学工办副主任、团委副书记王若飞出席本次大会。工学院各党支部党员、团支部团员在线上、线下同步参与。会议由步晓光主持。参会人员共同观看北京大学冬奥志愿者回顾视频。参与服务北京冬奥的工学院学生代表向大家分享他们眼中的冬奥精神与冬奥故事。鞠晓、孙智利为参与冬奥志愿工作的同学们颁发嘉奖证书，向克服重重困难，忠诚履行岗位职责，圆满完成志愿工作的志愿者表示感谢，向参与北京冬奥各条战线的北大工学人的辛勤付出致以崇高的敬意。

（张赫宇）

【一项目获"北京市科学技术进步一等奖"】2022年12月，2021年度北京市科学技术奖揭晓，工学院张信荣教授项目：大型二氧化碳制冷及其跨临界全热回收关键技术与应用荣获"北京市科学技术进步一等奖"。我国制冷、供热需求大，传统采用氟利昂及氨工质制冷、供热，其大规模使用带来气候变暖、安全事故、低效高耗等问题。张信荣团队提出并发展出大型二氧化碳制冷及其跨临界全热回收关键技术；建立$CO_2$流动、传热稳定性、特性以及跨临界热力学循环优化设计的基础理论；研制出喷射器等关键部件以及构建了跨临界$CO_2$直膨制冷、制冰及全热回收和新型$CO_2$复叠式大型制冷系统。研究成果创新性应用于2022年北京冬奥会国家速滑馆、国家冰上训练中心以及冷库、商超、人工造雪等多个社会公益性领域与行业。习近平总书记给予高度评价："国家速滑馆二氧化碳制冰技术世界领先，实现了低碳化、零排放。"该项目推动了我国低碳、清洁制冷、制热及相关领域技术自主、高质量发展。该成果发表论文120篇，出版英文专著2部，授权发明专利33项，制定和参与各类标准9项。

（葛书闻）

【纪念周培源先生诞辰120周年系列活动】8月29日上午，"纪念周培源先生诞辰120周年系列活动——北京大学力学专业建立70周年庆祝会"在中关新园群英厅举行。北京大学副校长王博、原常务副校长王义遒，中国力学学会副理事长魏悦广院士，以及兄弟院校代表、北大力学专业退休教师代表和师生齐聚一堂，共同追忆北大力学人栉风沐雨、砥砺前行的光辉事迹，探讨和展望北大力学学科的发展规划。庆祝会由工学院院长段慧玲和工学院副院长陈正主持。8月27日下午举行北京大学"新工科人才培养路径研讨会"，教务部部长傅绥燕教授为会议致辞。8月29日下午举行了"继往开来-流体力学研讨会""力学学科建设交流会""力学史与方法论专业委员会'周培源与中国力学'专题研讨会"三个平行会议。8月30日，学院还举办了"纪念周培源先生诞辰120周年—力学青年学术研讨会"系列活动，旨在搭建青年学者沟通交流平台，深入交流研讨专业课题，共享前沿科技进展，以青年教师的学术担当致敬老一辈科学家。

（高雷、黄硕）

【一团队获日内瓦国际发明特别展金奖】3月28日，学院宋洁教授，何冠楠助理教授以及博士生金瑞杨，本科生张育恒的项目在日内瓦国际发明展中获金奖，成为学院在该展会中收获的首项金奖。项目旨在为海量异构数据接入环境下储能及分布式电源的分散控制决策提供解决技术策略。团队提出的储能辅助优化调频技术协助南方电网公司开发的储能系统已成功应用于中国南方电网下的广东南沙、韶关、平海地区，显著提高了调频综合性能，储能的全寿命周期收益提升约12%，增强了储能在电网调频市场的竞争优势，进一步稳定了地区电网频率，为电网系统安全稳定做出重要贡献。研究成果已获得中国授权发明专利4项，美国专利1项，软件著作权1项，在 Nature Energy, Nature Communications, IEEE Transactions on Smart Grid, IEEE Transactions on Engineering Management 等国际高水平期刊上发表论文30余篇。日内瓦国际发明展创办于1973年，截至2022年已成功举办48届，是全球举办历史最长、规模最大的发明展之一。

（金瑞杨）

【学院2022年思政实践课程】2022年暑假，为了进一步推动理论小课堂与实践大课堂相结合，培养同学们积极正确的实践意识，树立同学们对社会的责任感，工学院派出1个实

践团队在线上进行实践考察，8个实践团队分别前往兰考、包头、沈飞、淄博、盐城、广灵、宣城、宁乡各地进行实践考察，走进田间地头、工厂车间、龙头企业、科研院所、红色遗址、伟人故居等地。在亲身感受经济、政治、生态等各方面蓬勃发展的同时，体会脚踏实地、实干敢干、攻坚克难的精神，为今后生活注入不竭的精神动力。10月3日下午，学院2022年思政实践课程成果汇报会于学院一号楼210室举行。学院党委副书记陈威，工学院团委书记、学工办主任步晓光，学院团委常务副书记、学工办副主任伊照、尹子馨、刘威、王显宁，校团委社会实践部副部长王则予及思政实践团随团助教以及成员代表参加此次会议。由段慧玲院长带队的兰考县实践团获得"2022年首都大学生社会实践优秀团队"荣誉称号。

（步晓光）

# 环境科学与工程学院

【发展概况】 组织结构。环境科学与工程学院现有4个系，包括环境科学系、环境工程系、环境管理系、环境健康系；独立或共建10个科研基地：环境模拟与污染控制国家联合重点实验室、大气环境污染检测先进技术与装备国家工程实验室、水沙科学教育部重点实验室、城市大气化学与健康效应创新引智基地、区域污染控制国际合作联合实验室、国家环境保护河流全物质通量重点实验室、国家环境保护大气臭氧污染防治重点实验室、环境工程国家计量认证实验室、北京市新型污水深度处理工程技术研究中心、区域大气污染控制北京市国际科技合作基地。

学科建设。学院建成环境科学-工程-健康-管理全链条学科体系，布局大气复合污染与区域联合控制、水污染控制与流域综合治理、环境污染与人体健康、环境管理与全球环境治理等学科方向。现有5个本科专业方向：环境科学（自然方向）、环境科学（管理方向）、环境工程、环境科学（大数据方向）、化学（环境化学方向）；5个硕士专业：环境科学、环境工程、大气物理学与大气环境、环境健康、环境管理；4个博士专业：环境科学、环境工程、环境健康、环境管理；1个环境科学与工程博士后流动站。编制《北京大学环境科学与工程学科放权改革方案》。北京大学生态/环境学科 ESI（Essential Science Indicators，基本科学指标数据库）在国内高校中率先进入全球前1‰并升至0.3‰，QS排名全球第16。

筹备北京大学环境学科创建50周年大会、第十一届中国环境院所长论坛暨2022高校环境科学与工程类专业发展战略研讨会，发出《推动人与自然和谐共生，共建清洁美丽世界》倡议书。举办首届全国环境博士后论坛。

队伍建设。截至2022年底，学院有教学科研人员63人，工程技术系列9人，博士后64人，事业编制职员5人，合同制51人。2022年入职36人，包括教研系列2人，博士后28人，合同制6人。减离33人，包括博士后出站19人，退站1人；合同制离职12人，退休1人。

有基金委创新群体3个、黄大年式教师团队1个、科技部重点团队2个、中国科学院院士2人、中国工程院院士2人、国务院参事1人、美国地球物理联合会会士1人、海外高层次人才引进创新项目1人、长江学者2人、国家杰出青年基金获得者7人、国家高层次人才特殊支持计划领军人才2人、长江学者青年项目2人、国家优秀青年科学基金获得者6人、国家高层次人才特殊支持计划青年拔尖人才3人、海外高层次人才引进青年项目11人、教育部新（跨）世纪优秀人才7人、国家环境保护专业技术领军人才3人及青年拔尖人才7人。

综合管理。学院完善制度建设，制定或修订院发文管理制度2项，内部管理规定5项。夯实疫情防控日常运行和应急处置工作，制订《学院疫情防控工作方案》和《学院疫情应急处置预案》。通过学科50年大事记、老照片长廊、摄影作品展、师生风采、名家题词、五层连廊休闲吧等形式进行环境大楼文化建设。配合学校完成昌平大气环境模拟实验基地基建和环境风洞设备招标，推进现场施工。

教学工作。截至2022年底，学院有学生452人，其中本科生142人（含留学生8人），硕士生56人（含留学生17人），博士生254人。2022年招收本科生49人，硕士生27人，博士生59；本科生毕业25人，结业1人，肄业1人；硕士生毕业18人；博士生毕业46人，结业1人。开设本科生课程57门，包括专业必修课15门、专业选修课35门、全校通选课4门、全校公选课3门；研究生课程67门（新开英文课程4门），其中必修课37门、选修课30门。

新增化学专业（环境化学方向）作为强基计划化学类培养方案之一。1门课程通过校劳动教育课程审核，2本教材《环境监测实验》《环境微生物实验教程》出版，2个项目获教务部教改立项。1人获评市首俯优秀研究生指导教师，2人获校教学优秀奖。1人获市优秀博士学位论文提名奖。1人获评市优秀本科毕业论文。线上举办第九届全国优秀大学生夏令营及3项校级创新项目。

科研工作。在研项目210余项，到校科研经费8000余万元。发表SCI论文240篇，授权专利30项，获批软件著作权8项，出版专著6部。环境健康团队牵头完成的"空气污染全组分暴露表征及健康效应机制：从科学认知到政策建议"及学院参与完成的"大气重污染硫酸盐快速形成的化学原理"2项成果入选年度中国生态环境十大科技进展。

1人获环境化学终身成就奖；1人获中国青年女科学家奖；1人获基金委优秀青年基金资助；1人获中国环境科学学会青年科学家奖金奖；4人入选科睿唯安年度高被引科学家。

深度参与第二次青藏科考及"巅峰使命2022"珠峰科考，推动成立北京大学青藏高原研究中心；推动成立中国环境科学学会环境暴露科学专委会，协助成立中国可持续发展研究会环境与生命健康专委会，发起空气-气候-健康集成研究计划（ARCH）。

**交流合作。**学院国际卓越班培养本科生13人，中英硕士双学位项目培养2021级学生7人，录取2022级推免生5人和留学生9人。推动与德国马普所、瑞士少女峰高山研究站、于利希研究中心的合作。与英国思克莱德大学新设中英可持续发展交流合作项目。邀请15位外籍专家举办18场讲座；聘用1名美籍专家英文授课。改版英文网站及英文宣传册。

北大-金山环保新型碳源联合实验室等多项校企合作落地，与深圳能源环保股份有限公司签署低碳联合实验室合作协议；举办多场产学研座谈会；推进与天地人环保等企业在工业固废领域的合作。

**党建工作。**学院现有教职工党员100人，其中教职工49人，博士后42人，合同制9人，退休教师17人。设教工党支部4个，退休党支部1个。在校学生党员205人（本科生17人，硕士生20人，博士生168人）；设学生党支部11个。2022年发展党员27人（本科生6人，硕士生7人，博士生12人，教职工2人），预备党员转正33人（本科生12人，硕士生3人，博士生18人）。8个党支部换届。2名学生在珠峰科考期间递交入党申请书，获《光明日报》报道。

通过集中观看开闭幕式、党委书记讲党课、博士生宣讲团、党团骨干领学等，开展"学思践悟"二十大主题教育；组织理论学习，集体学习34次，覆盖全体师生；开创"环启新声""环葆初心"学习专栏，阅读量超7000人次。

明确党委委员指导对接党支部的主要工作任务。获批北大党建重点研究课题1项，党建创新立项4项。组织校第十四次党代会代表等各类提名选举。筹备发起首届全国环境学科党建论坛。

11名师生在北京冬奥会、冬残奥会中提供服务保障，超200名师生奉献在防疫志愿一线。本科生联合党支部、2020级博士生第二党支部分别获评首都高校红色"1+1"示范项目二等奖、优秀奖。

加强融媒体中心建设，掌握意识形态宣传阵地主动权。组织领导班子民主生活会。落实党风廉政建设主体和监督责任。

**工会工作。**学院现有工会会员172人，其中事业编制131人，合同制41人。开展领导班子民主测评。邀请校医院举办公费医疗转诊座谈；举办居家家庭日及疫情防控知识竞答；关心慰问一线防控工作人员和志愿者。开展猜灯谜迎中秋活动。发放节日、生日福利及生病生育慰问。组织教职工参加文体活动及日常训练。推进绿色校园建设。举办"薪传五十载，筑梦启新征程"第四届摄影大赛、"我和北大环境学科共庆生"草坪集体生日会。"追寻五十载学科风采，献礼党的二十大"楼宇文化建设获校工会示范活动立项。

**学生工作。**举办"学术珠峰助力计划"学业辅导、学术报告会、院长书记茶座等30余项学术交流活动。开展PKU-air空气质量检测、"学长的火炬"图书循环等志愿服务，引导学生服务燕园及周边社区建设，志愿服务达1332小时，获校优秀青年工作项目。在首钢大跳台举行"请党放心，强国有我"主题党团日，在五四操场举行"强身健心，勇担使命"世界地球日主题夜奔，参与404人。组织暑期社会实践，开展生态文明建设科普宣传，获校优秀青年调研成果、第八届"寻找全国大学生百强暑期社会实践团队"优秀实践团队、镜头中的"三下乡"优秀报道团队、全国大学生网络展示活动优秀作品、"好年华 聚福州"研学活动调研报告优秀奖。

**安全工作。**开展院级实验室安全检查15次，安排安全督察主任值守，组建学生安全管理团队。开设全体新生环境实验室安全必修课。与保卫部和实验室与设备管理部开展联合党建，包括：党员争先示范·共建安全校园、安全文化宣传教育周、环境安全服务周与攻坚周、疫情防控背景下的消防安全管理模式探索、综合安全演练、校园室内空气质量检测。组织参加全国大学生网络安全知识答题；邀请保卫部进行电信防诈培训。

**校友工作。**组建院友会秘书处工作组，动态更新院友通讯录；通过院友会微信公众号宣传学院重大进展，征集院友贺词；开展"环聚五十载·携手踏征程"圆明园金秋之旅；举办毕业生与在校生座谈会；北京大学环境校友奖助学金25万元到账并执行。

**毕业生去向。**2022年本科生毕业27人，就业3人，出国出境留学6人，国内深造18人。硕士生毕业18人，出国出境留学2人，就业16人。博士生毕业47人，博士后入站7人，出国出境8人，就业30人。

（占子玉、崔嘉楠、江 颍、王荣婧、杨贺媛、吴竺轩、吕 丽、李 丽、李天宏）

**【深度参与"巅峰使命2022"珠峰科考】** 5月"巅峰使命"珠峰科考期间，中科院院士、学院院长朱彤带领珠峰大气与人体健康科考分队，首次大规模对珠峰不同海拔活动的科考队员展开集中研究，获得高山生理适应数据，为深度解析高原生理适应机制、改善高原人民生命健康提供重要依据，有助于解开珠峰地区"臭氧与人体健康科学关系之谜"；首次在珠峰地区释放自主研发的臭氧探空气球，探空高度最高达到39.1公里，获取珠峰上空大气里珍贵的化学成分数据，了解青藏高原珠峰地区大气的演变规律。

为响应学校关于"将青藏高原相关研究培育为新阶段学科增长点，作为服务国家战略的双一流学科进行建设"的总体要求，6月学院推动成立北京大学青藏高原研究中心，由朱彤院士担任中心主任。中心成立以来，已连续组织召开多场不同主题的青藏高原研究讨论会，成功承办第二次青藏科考"地质演化与人类适应"专题学术交流会等，相关工作吸引全校诸多学科的关注与参与。中心为全校研究者提供涉藏事业及文理工医综合研究与全面合作的开放平台。

（朱彤、刘永、崔嘉楠）

【成立党团先锋队参与疫情防控】 2022年，学院组建青年学生党团先锋队，投身北京大学疫情防控第一线。先锋队由来自各年级不同专业方向的32名本科生和53名研究生组成，以学生党员、预备党员以及入党积极分子为主体，横向上设置组织策划、综合协调、教育宣传三个工作组，紧密合作，高效推动学院层面各项防疫工作的策划、开展和落实；纵向上在各个班级设立防疫小队，落实每日核酸检测摸排工作，将防疫工作精准至个人。双向队伍紧密结合，共同构建起精准、高效、全面的防疫工作体系。在具体分工上，组织策划组负责意见收集、沟通反馈以及定期走访慰问活动；综合协调组负责防疫相关通知发布、跟进督促、团队建设与后勤保障；教育宣传组负责开展防疫知识、政策宣传，展示各班防疫风采。自成立以来，党团先锋队先后完成核酸检测秩序维护、闭环班车引导、食堂引导和楼宇垃圾分类引导等多项志愿服务任务，上岗100余人次，服务5000余人次。同时，党团先锋队负责每日督促并收集同学们的核酸检测情况，关心同学们日常学习生活中所遇到的困难，并积极反映大家生活学习及防疫工作的意见和建议，协助学院老师发放防疫物资。

（李杨、吕丽、许人杰）

【举行世界地球日主题夜奔庆祝环境学科建设五十周年】 2022年正值北京大学环境学科创建五十周年，为宣传"珍爱地球，人与自然和谐共生"的世界地球日主题，同时深入推进学院体育育人和心理健康教育，4月26日，学院联合北大体委在五四操场举行"强身健心，勇担使命"世界地球日主题夜奔。活动由环境科学与工程学院原创MV《我们的风景》开场，并以环境保护主题歌曲组成四个篇章循序推进。此次夜奔活动以世界地球日（4月22日）和世界环境日（6月5日）的日期为依据设置4.22km和6.5km两个打卡点，参与师生的夜奔里程每达6.5km，学院就将通过中国绿化基金会的"百万森林计划"向甘肃民勤的锁边生态林捐赠一株梭梭树，助力增加森林碳汇。活动累计参与人次破千，捐赠里程人数达200余人，捐赠梭梭树160余棵。

（李杨、吕丽、许人杰）

# 未来技术学院

【发展概况】 学科规划。未来技术学院以北京大学生物医学工程学科建设为方向，在"基础-工程技术-临床"的框架下，确定生物医学成像、分子医学新药创制、精准医学、智慧医疗四大学科方向，制定5年和10年的学科发展目标。2022年生物医学工程学科入选北京大学新一轮双一流建设学科名单。

队伍建设。2022年学院事业编制职工61人、博士后55人、劳动合同制职工43人；有34位学术带头人，包括1位中科院院士、2位海外高层次人才引进计划特聘专家、14位海外高层次人才引进计划青年人才、4位长江特聘教授、14位国家杰出青年基金获得者、1位科技部"创新人才推进计划"中青年科技创新领军人才、7位国家优秀青年基金获得者、2位青年拔尖人才、1位北京市杰出青年获得者、1位入选美国霍华·休斯医学研究所国际研究学者。熊敬维获聘教授，陈雷通过学校Tenure评估。

获奖情况。刘颖获"全国三八红旗手"称号、第二十四届茅以异科学技术奖—北京青年科技奖；罗金才获中华医学科学技术奖一等奖；席鹏入选国际先进材料学会会士（Fellow of IAAM）；熊敬维获兴证全球奖教金师德优秀奖；陈良怡获北京大学曾宪梓优秀教学奖；陈雷获北京大学教学优秀奖；陈晓伟作为创新课程团队成员的两个项目分别获得北京大学教学成果特等奖、北京大学教学成果一等奖；陈雷获2022年度国家杰出青年基金；刘贝获优秀青年科学基金（海外）；6人入选北京大学博雅博士后计划；陈良怡团队获首届全国颠覆性技术创新大赛总决赛优胜奖。

课程建设和学生培养。生物医学工程学科一级学科（代码0831）课程建设架构基本完成。自设"生物学（分子医学）"二级学科（代码071022）。开设生物与医药专业（0860），设立必修课4门，选修课4门。

启动"未来技术实验班"培养方案设计，规划生物医学工程专业本科教学培养的进一步改革。建立生物与医药工程博士培养体系，完成首批8名企业定向非全日制生物与医药工程博士招生工作，于9月入学。获批增列全日制生物与医药专业工程硕士和工程博士学位授权点。全面启动2023年生物与医药专业学位招生工作，包括非全日制专业博士20名、全日制专业博士16名以及全日制专业硕士8名。

学生工作。2022年学院完成原属工学院学籍学生的学籍转入工作。截至12月31日，学院有博士生230人。学院分子医学研究所共有17名博士研究生和2名硕士研究生毕业。学院累计有101人次获得各级各类奖学金或荣誉称号。

学院积极开展学生事务性工作。一是通过成立学生党建工作中心，上大思政课，深入学习贯彻党的二十大精神，充分激发基层党团组织活力；二是做好学生管理与服务，打造一系列聚合力品牌活动。例如：组织Best Bench最美实验台活动，"来材杯"第一届篮球赛等。学院公众号五个宣传板块保证学生工作宣传，共推出推文108篇。

科研工作。学院新发表论文116篇，其中第一作者和/或责任作者文章81篇，包括 Nature 1篇、Cell Research 1篇、Circulation 1篇、Signal Transduction and Targeted Therapy 3

篇、Cell Discovery 1 篇、Advanced Materials 2 篇、Cell Metabolism 1 篇、Nature Cell Biology 1 篇、Science Robotics 1 篇、Cell Stem Cell 1 篇、Circulation Research 2 篇、Light-Science & Applications 3 篇、Molecular Cell 1 篇、Nucleic Acids Research 1 篇、Neuron 1 篇、ACS Nano 1 篇、Nature Communications 7 篇。影响因子 10 以上的文章 41 篇。新增申请专利 18 项，授权专利 19 项。获批纵向课题 37 项，包括主持国家自然科学杰出青年基金 1 项、基金重大项目 2 项、基金重大研究计划 1 项、仪器项目 2 项、面上项目 2 项、重点项目 1 项、青年科学基金 5 项、科技部重点研发计划 9 项、科技创新 2030 重大项目 2 项、北京市科委 2022 年中央引导地方科技发展专项 1 项、北京市自然科学基金-海淀原始创新联合基金 1 项、北京大学国际战略合作伙伴项目基金 4 项、临床医学 +X 专项 3 项、新工科交叉专项 3 项。

学术交流和国际合作。充分发挥 CFT-IMM Seminar 讲座特色品牌和组织优势，学院组织不同层级学术报告，营造学术氛围。2022 年度共组织 57 场线上或线下学术讲座，报告人多来自国内外各领域的知名专家教授、学科领头人，进一步加强学院与国内外学术同行的学术交流。

学院通过北京大学-佐治亚理工大学-埃默里大学联合博士学位项目，加强三校在博士生培养、教授科研、临床医学等方面合作。2022 年，3 名毕业生（2 名为美方学生）顺利获取三校联合学位，2 名中国学生获得留学基金委创新项目奖学金；项目研究生委员会、招生委员会成员与佐治亚理工学院项目负责人就线上学生活动、线上年会、双方资源共享及扩大项目宣传等方面进行深入交流。

学院与澳门科技大学就再生、人工智能等方面开展实质性的合作交流；发挥《NEJM 医学前沿》的影响力，组织多次国际论坛，服务国家在临床研究方面学术交流、人才培养与文化建设的迫切需求。

党建工作。学院关注提高全体教师的思政水平，推进教职工理论学习常态化长效化，出台制定《未来技术学院党委学习贯彻党的二十大精神工作方案》，学习贯彻党的二十大精神；通过与"三会一课"、主题党日相结合，开展主题突出、特色鲜明、形式多样的学习活动，使干部群众做到学习"三覆盖"。

学院坚持理顺机制，增强教师思政的针对性，加强对教师引进、学术活动、师德师风考核等过程的政治把关；着力解决教师实际问题，强化权益保障与人文关怀，按照学校有关规定，及时为符合条件的青年教师申请周转住房、解决子女入托入学等问题，开展疫情防控期间教职工关心关爱活动。

安全管理和疫情防控。学院高度重视实验室安全和疫情防控工作。在实验室安全方面，组建安全管理委员会，坚持预防为主、责任到人、强化教育的安全管理原则，通过消防演习等安全培训和安全教育，增强全体师生的安全意识及自我防护能力。本年度未发生大的安全事件，但全院师生仍然时刻保持警觉状态，安全工作常抓不懈。

由正职领导担任组长的学院疫情防控工作小组根据不同阶段制定工作方案，执行和落实教育部、北京市和学校的最新疫情防控要求。在师生日常防疫、临时出入管理、配合排查管控、学生情绪疏导、外籍教师服务等工作中结合学院实际开展具体工作，保障防疫与科研工作协同并进。

宣传工作。学院进一步建立健全新闻宣传工作制度体系，加强对中英文网站、微信公众号、学院宣传 LED 大屏等的日常管理，牢牢掌握意识形态领域的主动权和话语权。2022 年新闻稿件、公众号推文数量、质量提升，图文发表数量共计 80 余篇，总阅读量超过十万次。向学校融媒体中心报送新闻稿件 22 篇，完成学工部、保卫部、学生就业中心等相关部门下发的专题宣传任务。

（江嘉韵）

【推进科研成果转化基地工作】 学院围绕生命健康产业核心要素，规划设计未来技术生命健康产业研究院。经过与多省市的交流，确定江苏省无锡市作为新建转化基地落地点。11 月 1 日，在北京大学与无锡市全面合作协议云签署仪式上，"北京大学长三角未来技术生命健康研究院"（简称"研究院"）获得签署。研究院的目标是聚焦生物医药"卡脖子"技术，培育重大原创成果，打造生命健康领域国际顶尖科学及工程化研发平台、孵化基地、人才实习与培训基地和生物医药领域核心技术策源地。

（江嘉韵）

【多模态跨尺度生物医学成像设施竣工】 2022 年，多模态跨尺度生物医学成像设施（简称"成像设施"）进入全速建设阶段。作为成像设施运行管理实体机构，国家生物医学成像科学中心启动了各项"软件"准备工作：4 月组织 30 名 PI 及学生作为"先遣队"提前入驻成像设施；6 月以"推动技术创新、引领产业发展"为宗旨，牵头组建"全国生物医学成像科技创新联盟"；10 月成立科学项目部，面向全国科技界征集大科学计划和课题合作，探索有组织科研的研究新范式；5 月开通微信公众号，通过新媒体发布成像设施相关新闻、建设进展，提高业内知晓度，扩大成像设施的社会影响；11 月 3 日，成像设施在怀柔科学城竣工。新华网、北京日报、科学网等均第一时间报道。同期举办的第二届怀柔论坛，共有专家学者和企业代表 200 余人参会，与会专家为成像设施建设提供建议，凝聚共识。

（江嘉韵）

# 王选计算机研究所

【发展概况】 组织结构。王选计算机研究所（简称"王选所"，下同）建有电子出版新技术国家工程研究中心、中国文字字体设计与研究中心、新闻出版智能媒体技术重点实验室、网络与信息安全中关村开放实验室、媒体融合生产技术与系统国家重点实验室北京大学基地等5个科研基地。

**学科建设**。截至2022年底王选所有一级学科为计算机科学与技术，二级学科为智能科学与技术。研究方向主要包括图形图像处理技术与数字出版应用、认知计算与知识服务技术、跨媒体智能处理与分析技术、数字文档处理技术、信息安全技术，建有硕士、博士培养点及博士后流动站。

**队伍建设**。截至2022年底王选所有教学科研人员25人，其中事业编制教授2人、研究员5人、副教授6人、副研究员3人，教研系列教授1人、长聘副教授1人、助理教授5人、研究技术系列助理研究员2人；工程技术系列5人；博士后2人；事业编制行政岗2人；合同制20人。2022年入职7人，包括教研系列3人、研究技术系列2人、博士后1人，合同制1人。减离4人，包括博士后出站1人，事业编退休3人。在人才计划方面，积极申报各类人才计划共7人次，其中2人获得国家级人才计划青年项目称号。

**教学工作**。截至2022年底王选所有学生150人，其中硕士研究生73人，博士研究生77人。2022年毕业硕士18人，博士8人；新入学硕士研究生27人，博士研究生26人。2022年开设本科生课程16门，研究生课程11门。

**科研工作**。在研项目共计104项，到账经费2795.823万元，其中纵向科研经费1791.286万元，包含国家自然科学基金252.937万元，国家重点研发计划795.189万元，国防项目415.61万元，教育部及其他省市、部委专项327.55万元；横向经费1004.537万元。

发表学术论文106篇，其中会议论文86篇，期刊论文20篇，影响因子最高的为24.314，SCI论文48篇（包含期刊论文17篇，会议论文31篇），CCF A类会议论文41篇。获得国内发明专利授权31项，申请并被受理的国内发明专利27项。

研究所相关科研成果如下。字形计算方向提出了一种内容感知的文字标志图像生成方法，通过融合文本语义和视觉特征信息，使用双判别器的网络结构和一种可微分拼接模块，实现对内容感知的文字布局的合理生成。该项工作发表在国际顶级会议CVPR 2022。多媒体方向针对无监督跨媒体检索问题，提出了一种无监督语义指导的跨媒体检索方法，利用物体识别、实体抽取等手段提取图像和文本中的语义概念代替传统的标注信息，通过图像-文本细粒度语义对齐建立图像中实体与文本片段的细粒度关联关系，实现无监督条件下的跨媒体检索。该项工作发表于IEEE TCYB 2022。机器智能方向在神经网络的基础模型的研究上，实现视觉领域首个面向电子商务领域的基础模型（foundation model），基于字节跳动公司提供的上亿弱标注图文数据，提出基于样例的特征表征及其训练策略，应用于电商下游计算任务。数字版权方向针对自动驾驶场景多模态多视角感知任务，提出BEV特征融合框架BEVFusion，该框架对现有单模态3D检测器具有较强兼容性，相关工作发表在NeurIPS 2022。文本挖掘方向针对各类文本生成任务所依赖的基础语言模型与解码算法进行创新，在业界首次提出基于依存关系的语言模型、基于关系约束的文本解码算法以及词性指导的采样策略与解码算法，能够应用于各类文本生成任务。信息安全方向在漏洞挖掘方面陆续发现和提交报送安全漏洞十多项；对基于微软.Net框架开发的大型应用，基于补丁分析技术进行对比挖掘，提高1-day漏洞利用时效。

**奖励与荣誉**。"国产自主版式文档处理关键技术及产业化应用"获2022年北京市科技进步奖二等奖。信息安全方向组织学生联合参加国内外多项CTF安全攻防大赛，其中在被誉为网络信息安全界世界杯"Defcon CTF"2022全球总决赛中获得第12名。博士生宋思捷的博士学位论文获得2022年北京市优秀博士学位论文奖。博士生汪文靖获微软亚洲研究院2022"微软学者"奖学金。本科实习生杜毕安获2022年北京市优秀毕业生。

**科研基地**。电子出版新技术国家工程研究中心2022年申请14项PCT国际专利。

中国文字字体设计与研究中心与中央美术学院合作，在方正魏碑字体的基础上进行再设计，共同为北京冬奥会和冬残奥会设计开发了一套专用字体，广泛应用于冬奥形象传播中，如场馆、火炬传递、海报及电子媒介中。

新闻出版智能媒体技术重点实验室的"版面理解技术及其产业化"项目入选2022年出版业科技与标准创新示范项目科技创新成果。

媒体融合生产技术与系统国家重点实验室北京大学基地与新华社合作开发基于思想理论的智能问答项目——学习知识云。

**成果转化**。协同创新中心结合本单位的自身规划与安排，组织研发团队开发，形成可转化的应用成果，从而进行科研成果的应用和转化。

1月28日，协同创新中心完成文宝写稿机器人项目1.0的研发并上线，后续完成产品功能规划和原型设计工作、系统总体设计及主框架代码搭建、前端UI制作和实现、自动摘要SDK的封装和集成等工作，完成50万条改写算法语料收集。

**交流合作**。师生参加国际学术会议60余人次，邀请专家进行线上报告或学术交流10场，承办或协办学术会议2次。

**党建工作**。以传承王选精神为党建工作着力点，与教学科研互融共促。2022年申报了以"发扬'顶天立地'创新精神，着眼卡脖子问题，助推媒体融合战略—探索以党建引领'产学研'服务国家战略"为主题的党建创新立项，以身边榜样力量激励师生自觉践行科学家精神。以王选纪念陈列室为教育基地，进行师德师风和学生思政教育。

加强组织建设，做好党建工作。开好"三会一课"，加强人才引进培养与干部梯队建设，落实"以党建促业务、以业务强党建"理念。

疫情防控。坚持"疫情防控常态化"的原则，积极落实学校疫情防控的各项政策，及时向全所师生传达学校发布的疫情防控政策调整细节，细化各类人员的相关要求，及时更新台账，盘点并更新防疫物资，制定应急预案，保证王选所的正常运行。

工会工作。工会会员共计54人，其中事业编制会员34人，劳动合同制会员20人。积极配合校工会相关工作，做好福利发放、合同制会员入会、宣传稿件的撰写、青年教师交流等工作，组织策划各类文体活动、荣休会、生日慰问等，调动师生积极参加学校和王选所的各项活动，创造交流和沟通的平台，增强凝聚力。2022年共组织参加校级活动7次，策划所内活动17次。

毕业生去向。2022年，共有8名博士生、18名硕士生毕业。博士毕业生中有2人到加拿大滑铁卢大学、加拿大亚马逊做博士后，3人分别到山东大学、北京交通大学、西南大学工作，3人就职于华为等国内知名IT企业。

硕士毕业生中有2人到国内高校读博深造，1人就职于Shopee（新加坡），5人选择到阿里巴巴、腾讯、华为等国内知名互联网企业就业，7人选择了字节跳动、美团、小米、蚂蚁、亚马逊等国内互联网创新企业，3人就职于国内公务员、军队或事业单位。

王选纪念陈列室。由中国印刷技术协会、北京市科学技术协会推荐，申报由中国科学技术协会等七部委评选的全国"科学家精神教育基地"，入选并授牌。

王选纪念陈列室2022年接待参观18场，共282人。应邀参加科学家精神进校园活动以及论坛、沙龙、研讨会等，共作报告9场。

参与中国科协、中央电视台等平台系列视频报道的策划制作和录制。撰写《王选画传》，为北大新闻网、北大公众号、王选所网站、王选所公众号撰写、审改报道近40篇，策划"二十四节气：王选文萃"特色栏目，被多家公众号转载。

（鞠　莉）

【参与设计北京冬奥会、冬残奥会专用字体】中国文字字体设计与研究中心（简称"字体中心"，下同）是国家语委科研机构，成立于2005年，是对中国文字（包括汉字和少数民族文字）进行字体设计制作技术研究与字体设计制作开发的专业机构，由教育部语言文字信息管理司与北京大学合作共建，由北京大学王选计算机研究所和北京北大方正电子有限公司共同承担具体工作。2019年8月，字体中心和中央美术学院联合致函北京冬奥组委，志愿为北京冬奥会和冬残奥会设计开发一套专用字体。冬奥组委复函，正式委托工作任务。北京冬奥会专用字体设计项目于2019年9月启动，字体中心和中央美术学院成立专项科研教学小组，历时2年，经历了汉字研究及方案设计和拉丁文字体设计两个阶段，共同完成奥运专用汉字及拉丁文的字体设计。2021年9月17日，北京2022年冬奥会和冬残奥会主题口号正式对外发布——"一起向未来"（"Together for a Shared Future"）。在此次发布会上，冬奥会设计专用字体也首次亮相。以冬奥口号——"一起向未来"为代表的专用汉字设计成为营造北京冬奥氛围的重要元素，广泛应用于冬奥形象传播，如场馆、火炬传递、海报及电子媒介，也成为北京冬奥会视觉形象景观的特色之一。2022年2月4日晚，在奥运会开幕式的各代表团入场环节，入场引导牌上亮起的代表团名称字体，是经字体中心的字体专家在方正魏碑字体的基础上进行再设计的专用字体。

（鞠　莉）

【"习近平新时代中国特色社会主义思想智能问答学习平台"上线运行】9月28日，在党的二十大召开之际，王选计算机研究所和新华社媒体融合生产技术与系统国家重点实验室联合开发，北京大学习近平新时代中国特色社会主义思想研究院提供学术支持的"习近平新时代中国特色社会主义思想智能问答学习平台"正式上线运行。

平台是北京大学与新华社战略合作的重要成果之一，由媒体融合生产技术与系统国家重点实验室北京大学基地组织实施。自2021年底开始，研究所和习研院组建了联合工作组，深入新华社一线，围绕习近平新时代中国特色社会主义思想开展了知识体系梳理、知识图谱构建、人工智能问答系统研发等为期10个月的工作，在2022年度完成4个重大迭代版本开发和交付后，正式上线运行。平台融合了王选所人工智能和自然语言处理核心技术、习研院的研究成果，构建习近平经济思想的专家知识体系设计和大型讲话原文知识库，包括智能问答、知识检索、问答社区、内容推荐、用户中心等功能模块，面向广大党员干部、各行业从业者和人民群众提供系统性、权威性、互动性、实践性和实用性的思想理论知识服务，为广大基层党员干部群众学习理解习近平新时代中国特色社会主义思想提供权威的智能问答学习平台。

（鞠　莉）

# 软件工程国家工程研究中心

【发展概况】组织结构。软件工程国家工程研究中心（以下简称"中心"）自1996年设立以来，一直以"针对计算机软件工程开发环境（CASE），软件产品的测试和维护、标准和规范、质量保证和应用集成等技术进行工程化开发，形成具有自主版权的先进软件工程开发环境，为我国软件产业的发展提供标准化、实用化的软件开发平台，提高软件开发效率，推动软件产业的形成和发展"为主要任务，开展科研和教学等工作。

中心下设三个研究室：软件安全与知识计算研究室、大数据技术研究室、智能计算和感知研究室；中心设有学术委员会：杨芙清院士任主席，张世琨、吴中海、谢冰任委员；中心行政班子：主任张世琨，副主任王亚沙、孙基男；中心聘任委员会：主席张世琨，委员苗莉、王平、吴中海、王亚沙、孙基男。

抗疫工作。2022年，在学校疫情防控领导小组领导下，中心防控工作小组积极响应学校疫情防控工作。日常防控时期，及时将学校各部门相关通知转发给中心所有专任教师、行政教辅、博士后、聘用人员，以便了解掌握相关政策动态，配合疫情期间各项工作开展。疫情高风险时期，实行中心领导住校轮班制，减少教职员工返校往来次数，降低交叉感染几率。疫情低风险时期，及时进行中心教职员工流调情况统计，把好预约入校和出京审核关，严格遵守"非必要不出京出境""非必要不入校""谁审批、谁负责"政策。保障前期疫情防控成效，进一步做好新型冠状病毒防疫，落实学校对新学期相关工作的部署。积极推动落实核酸检测工作，实时掌握员工健康状态，使疫情对教学科研工作的影响降到最低。

科研工作。中心作为软件工程"双一流"学科建设承担单位，开展MOOC、案例分析、专题研讨等多种形式的教育教学改革，发展软件工程、大数据、网络空间安全、区块链、物联网等学科方向，构建学术能力和工程实践素质综合提高的研究生人才培养体系。在软件安全与知识计算领域，深入研发智能源代码/二进制代码自动漏洞扫描工具、软件成分分析与同源漏洞检测工具、开源软件许可证合规性检测工具、软件资产安全监控平台、分布式文件系统安全组件、统一访问控制框架等，广泛应用于信创、航空航天、船舶、核电、金融等多个重要领域；在知识计算方面，研究大规模多模态预训练、知识抽取、自动问答、内容生成，取得系列创新性成果，在混型知识的组织体系、融合机理与应用交互方面形成全栈工具集，成果应用于中央组织部、司法部、最高人民法院等多个中央国家部委与省部级大型智能应用系统；相关研究成果发表在ASE、NeurIPS、AAAI、MM、VLDB、EMNLP等软件工程和人工智能顶级学术会议，申请和授权多项发明专利。大数据技术领域：在领域知识增强的高维数据学习方法上取得重要进展，形成面向健康医疗、社会治理和国家安全等领域的系列创新性应用技术成果。其中，牵头国家重点研发计划前沿科技创新项目，带领中科院信工所、北京理工大学、福州大学等大数据与人工智能专家组成的研究团队，将成果应用国家安全领域并取得显著效果。在IJCAI、WWW、AAAI、Web Conf等国际顶级学术会议发表多篇长文，申请和授权多项发明专利。智能计算与感知领域：在复杂网络异常态势分析领域取得重要研究进展，建立了一套以动态因果分析为核心优势的技术成果，服务于字节跳动、IBM Cloud等大型信息基础设施管理；复杂网络上首达时间、口令安全强度、抗猜测口令钱包及抗泄漏身份认证研究取得重要研究进展，成果达到国际领先水平；大规模分布式软件系统智能运维技术成功应用于中兴、阿里、中国工商银行等数据中心和商业云系统，取得了显著应用效果，达到国际先进水平；在TDSC、TIFS、TKDE等国际顶级学术会议期刊发表多篇长文，申请和授权多项发明专利。

中心2022年到校科研经费2175万元，人均121万元。其中，牵头国家重点研发计划项目3项（包括2022年新获批项目1项，总经费1800万元）、课题7项，国家自然科学基金面上项目5项，与企业合作建设联合实验室5个。发表学术论文共93篇，其中CCF A类22篇，CCF B类36篇，获全国普适计算学术会议（PCC 2022）最佳论文奖。获得发明专利授权40项，登记软件著作权11项，申请发明专利53项（其中国际专利1项），共计104项。

教学工作。2022年，中心获北京市教学成果一等奖共2项，分别是《产教深度融合的创新型软件工程技术领军人才培养体系探索与实践》（个人排名第2、3、4、8）、《新理念 新模式 新途径——支撑和引领产业发展的高层次软件人才培养体系》（个人排名第3）。

队伍建设。中心2022年有专职教师18人，其中教授/研究员8人，副教授/副研究员9人，助理研究员1人。合同制员工5人。

（孙基男、蓝枝芳、续 颖）

## 软件与微电子学院

【发展概况】 党建工作。学院党委把党建工作摆在头等重要位置，聚焦党建工作提质增效。2022年学院共召开党委会10次，党员代表大会1次，参加北大党委理论学习中心组（扩大）学习会5次，选举3名代表参加北大第十四次党代会。学院党委积极发展党员，严把党员"入口关"、筑牢党员"思想关"、抓好党员"质量关"，确保发展党员工作高质量推进。学院师生全年递交入党申请书277份，参加并通过初级党课培训243人，总体结业率为100%，培训数量与结业质量再创新高。发展党员63名，其中教工1名，学生62名。

学院纪委切实发挥监督执行、促进发展作用，在落实上级重大决策部署、三重一大事项集体决策与执行、疫情防控、招生工作、学生综合素质测评及评奖评优、后勤修缮招标等方面做实做细日常监督。在纪法教育方面，在年度重要时节及时转发上级纪律要求，在招生复试、师德师风领域加强工作纪律和警示教育，持续举办以"崇廉修德 实现抱负"为主题的毕业生廉洁教育工作，编发《软微纪先锋》宣教简报，通过企业微信向学院全体师生员工进行推送。

**学生工作。** 学院上半年开展"请党放心，强国有我"学生党团日联合主题教育活动 189 次，取得校级奖励。学院党委组织学生党支部书记年度述职评议会，分别从支部概况、工作清单、工作亮点、存在问题与建议四个方面进行述职，强化学生党支部建设。开展以"牢记嘱托勇毅前进，青年学子矢志担当"为主题的支部书记讲党课活动，师生党员代表和党员积极分子约 300 人相聚线上参加活动。

学院全年共举办素质教育与前沿技术系列讲座 23 场，开展素质教育实践活动 392 次。学生积极参加年度素质综合测评，共 33 名同学获得国家奖学金，103 名同学获得其他校级奖学金，227 名同学获得三好学生标兵、优秀学生干部、社会工作奖、学习优秀奖等校级奖励。

**招生情况。** 2022 年学院录取新生 867 人，其中硕士生 729 人，第二学士学位本科生 100 人，博士生 38 人。在录取的工程硕士生中，推荐免试生占比 26.62%，本科为双一流高校毕业的占比 85% 以上。2022 年全国硕士研究生统一考试报考学院的人数为 2811 人，统考录取率为 20.27%。第二学士学位考生 1151 人，录取率 8.69%。

**就业情况。** 2022 年，学院共毕业学生 1000 名，其中博士毕业生 17 人，硕士毕业生 913 人，第二学士学位毕业生 70 人。截至 2022 年 8 月 31 日，毕业生就业落实率为 97.55%。2022 年，学院有 78 名毕业生积极响应国家号召，赴 19 个省市参加基层选调工作。

**高层次人才培养。** 为加快推动特色化示范性软件学院和国家集成电路产教融合创新平台建设，学院承担教育部关键软件和集成电路领域国家急需高层次人才培养专项。3 月，学院与中国电子、中国电科、中国船舶、浪潮集团、华为、阿里、腾讯、奇安信等 8 家企业签署高层次人才培养合作协议。7 月，学院承担中组部下达的工程硕博士培养改革专项任务，首批与京东方、摩尔线程、国药集团、科兴生物、谊安医疗联合培养工程硕博士，第二批与中关村实验室、浦江实验室、鹏城实验室联合培养全日制工程博士，共录取 11 名专项工程博士生和 16 名专项工程硕士生。7 月，学院面向关键软件与高端芯片人才培养专项，举办优秀大学生夏令营，报名人数 1971 人，经过材料初审、文献阅读、线上面试最终遴选出 103 位优秀营员。

**教学改革。** "产教深度融合的创新型软件工程技术领军人才培养体系探索与实践"教学成果获北京大学教学成果一等奖、北京市高等教育教学成果一等奖、推荐国家级高等教育（研究生）教学成果奖。学院与英特尔、百度、腾讯、阿里等企业新承担教育部产学合作协同育人项目 9 项，26 名 2021 级学生加入第二批"北大-阿里云新工科特色班"。学院多门课程获批北京大学研究生课程建设、新思路教学 2.0、案例教学示范课程及案例库建设、数字化教程建设立项；学院建立完善任课教师自查、系复核、教指委审议的教材三级审查机制，在学校组织的教材审查和排查工作中，累计审查教材、教辅超过 100 余本，做到"凡选必审"。

**产学研协同。** 学院深化产教融合、科教融汇，围绕基础软件、高端芯片等关键领域卡脖子难题和前沿技术问题，组织产学研协同攻关。承担国家和省部级科研项目，以及与华为、腾讯、阿里、联想等企业合作的产学研项目 50 多项，取得若干高水平研究成果，发表 CCF A 类国际期刊会议论文 10 多篇，CCF B 国际期刊会议论文 30 多篇，CCF A 类中文期刊论文 10 多篇。操作系统研究室数联网课题组项目"基于数字对象架构的数联网及大数据互操作技术"入选世界互联网大会领先科技成果。大数据技术研究室安全课题组项目"分布式文件系统沙箱机制和 HarmonyOS 多账号隔离和访问控制技术"顺利通过华为公司的验收，受到华为专家的高度评价。学院与北京八分量信息科技有限公司成立"区块链与隐私计算联合实验室"，开展校企协同创新研究。

**队伍建设。** 学院继续推进人才计划专项，聚焦"双一流"建设目标，建立以实际学术贡献为主的人才评价体系，坚持立德树人根本，突出教育教学实绩，重点考察代表性成果的水平。学院积极开展"师德师风建设"教育，全力弘扬老一辈科学家精神，加强作风和学风建设，积极推进教师研修，促进教师思想政治素质、师德师风、教书育人、教育教学能力的提升。

**规章制度。** 学院修订完善《学院党委议事规则》《学院党政联席会议事规则》《学院教职员工考核等级评定办法》《教职员工考勤管理规定》等多个文件；执行新《会计档案管理办法》，进一步规范财务制度，加强原始票据的审核工作，对原有的会计核算流程进行梳理，加强内部流程控制，逐步做到零现金库存管理。财务核算完全通过财务综合信息服务系统进行处理，保证数据的准确性，方便数据查询。

**信息化建设。** 学院网络与信息化建设以规范管理、加强服务为重点，规范校园信息网络的建设、管理、运行和服务，确保校园网络健康、有序发展。在出入校报备流程的基础上，升级更新大兴校区出入校报备信息系统；进一步完善校园视频监控系统管理维护，基本上做到公共区域无死角；新开发二学位选课系统，优化软微新生助手、教室预约等小程序，为师生学习和生活提供信息化手段。

**疫情防控。** 学院加强疫情防控工作组织领导，修订完善疫情防控工作方案，动态调整应急处置预案，制定《疫情防控工作总体工作方案》《应急处置工作方案》《"十混一阳性"、初筛阳性应对处置工作方案》，完善网格化管理体系，健全网格化联络图，严把"校门关"。

**安全稳定。** 学院每周组织公共区域和宿舍安全检查，强化师生消防安全意识，定期组织消防应急处置和逃生演练。针对快递包裹随意堆放、占道现象严重的问题，学院协同属地联合开展专项整治，重新设置快递寄取流程，做好快递员引导，实行错峰分拣，确保校园周边卫生整洁，师生通行顺畅。

# 材料科学与工程学院

**【发展概况】** 组织机构。9月，学校发文任命邹如强为材料科学与工程学院院长，张锦不再兼任院长职务。4月，学校任命周欢萍为材料科学与工程学院副院长，分管学院科研工作。

党建与思想政治工作。2022年是学院党委"基层党组织建设强化年"，学院党委深入开展党的二十大精神学习系列活动，组织师生集中收看党的二十大开幕会、第二十届中央政治局常委同中外记者见面会，举办学习党的二十大精神专题辅导报告会；认真学习贯彻北京市第十三次党代会、北京大学第十四次党代会精神，赴山东万华化学集团和中石化胜利油田，重走总书记路线，见证"国之重器"发展之路；研读《习近平谈治国理政》第四卷等，把学习成效转化到具体工作中。

新确定入党积极分子2人，教职工中党员比例超过70%；成立4个教职工党支部和5个学生党支部；开展党委书记讲党课活动、支部评议考核和民主评议党员工作，形成长效机制。认真开展意识形态和师德师风专题教育，举办党风廉政建设专题讲座、师德警示教育活动，在人才引进、职称晋升等重大问题上严把政治关，落实党组织书记作为第一责任人的作用，严格审查程序，认真开展思想政治和师德师风考察。

师资队伍建设。学院坚持人才强院、引育并举。建立资深教师与新入职青年教师"传帮带"结对制度。组建由院士牵头、资深教授引领、青年人才为主体的高水平研究大团队，聚合跨院系跨学科力量，融通校内外资源，发挥好各类创新基地和平台的人才整合作用。2022年，学院完成2名中国科学院院士和1名中国工程院院士的双聘工作；1人晋升博雅特聘教授，2人晋升长聘副教授；引进7名教师，包括教授1人、助理教授6人；7人获批海外优青项目；完善行政管理服务团队，多名职员陆续招聘到岗。

截至2022年底，学院共有在职教职工71人（含双聘和待入职），其中：全职教学科研人员32人，包括教授15人、长聘副教授3人、预聘制副教授1人、助理教授12人、研究技术系列1人；工程技术系列4人；行政管理服务人员22人，包括事业编制3人、院聘合同制7人、课题组聘合同制10人、其他聘用2人；非全职教学科研人员8人；待入职助理教授5人。另有博士后76人，退休人员2人。学院教师中，两院院士4人，长江特聘教授5人，杰青13人，"四青"人才21人，总体人才比例在全校各院系和兄弟高校材料学院中位居前列。王前获"北京市优秀教师"称号；雷霆获北京大学第21届青年教师教学基本功比赛理工组一等奖，邹如强获评北京市优秀博士学位论文奖优秀指导教师。

教育教学。优化人才培养指导议事机制，制定教学委员会章程并在教务部备案，做好分学位委员会审核工作。召开学院教学委员会会议3次，修订22级本研培养方案，审定新开课15门，组织1人教学试讲、2人届满评估、1人教授晋升教学评估。本科生培养方面，获批北大首个"化学+材料"本科双主修学位项目，开设交叉融合课程。开展2次招生宣讲，吸引来自工学院、化学院、信科学院的同学积极参与。举办本科创新人才培养研讨会，邀请校内10余家单位探讨新工科背景下"材料+"人才培养方案。毕业本科生19人。

研究生培养方面，获批材料与化工专业学位硕士点，承接中组部卓越工程师后备人才项目。举办材料与化工博士专业学位培养研讨会，邀请14家校内外单位相关专家参与研讨，提出北大特色工程创新教育的新范式。《彤程材料科学论坛》影响力持续提升，选课覆盖北清本硕博，线上听众超300万人次。举办"博雅材思"全国博士生学术论坛，23所高校近百名博士生现场参会。录取2022级研究生54名，2023级推免生31名。毕业研究生67人。学生中2人获动力电池创新竞赛全国金奖、7人获"互联网+"双创大赛北京赛区一等奖、2人获北京市优秀毕业生等奖项。

学生工作。强化思政引领内核，紧扣党的二十大召开等重大时间节点，结合"请党放心，强国有我"主题教育活动，开设专题学习报告，组织集体参观中国共产党历史展览馆等活动。超十分之一的学生提交入党申请书，8名同学成为预备党员。推出"材料强国""材料这十年"精品党课和"材料前沿"实践参访；启动"材料学院学术十杰"评选活动，推出"学术新材"和"人物"专栏，开设多场"学术技能交流荟"培训。累计服务时长达1500多小时。3名同学获评"北京大学百佳青年志愿者"，学院团总支获评"北京大学青年志愿者优秀组织单位"。深入拓展就业、心理和资助工作，推出"栋梁之材"系列就业沙龙、"新时代，新青年，新工科"就业系列讲座等，毕业生实现100%的就业率；创设"实验室心理委员"工作队伍，推出"心材计划"，开设多场讲座；在校园封闭时为校内学生送上水果和防疫物资，为校外学生寄送餐饮大礼包；策划"材料跃动"系列活动，组织"趣味飞花令"等活动丰富学生课余生活。学院就业、资助工作小组成员袁苗苗获评学生就业、资助工作先进个人。持续深化师生交流，推出"榜样的力量"师生交流会品牌活动和"课题组专访"栏目。22名心理委员覆盖全院所有实验室。在楼宇突发疫情时，16名楼宇防疫专员第一时间配合完成楼内疫情排查工作。

学科建设。学院按照"建大团队、搭大平台、接大任务、出大先生"思路，全面推动学科建设。2022年学科排名我校居全球ESI第17位（前1.4‰），U.S. News第6位，QS第15位。实现燕园本部与深研院新材料学院南北融合发展。加强国际引领性和国内"卡脖子"重要领域的前瞻性布局，重点布局新兴材料、绿色能源材料、光电与显示材料、生物医用材料以及结构功能一体化复合材料等五大特色学科方向。成立由学院负责建设的两个校级平台"北京大学材料加工与测试校级公共平台"和"北京大学工程训练中心校级实验教学平台"。截至2022年底，学院拥有1个国家级重点实验室、1个国家级质检中心和9个省部级重点实验室/中心。

科学研究。2022年，学院新增科技部重点研发计划牵头项目/课题2项、科技部国际合作项目3项。获批基金委国家重大科学仪器设备研制项目1项、联合基金重点2项、面上项目6项、青年基金10项、国际（地区）合作与交流项目1项；获批北京市杰出青年基金1项，北京市基金重点项目1项。累计新批复纵向科研经费1.35亿元；新增横向课题17项，新增横向合同金额33,694万元；新到账经费3.02亿元。2022年学院师生发表学术文章300余篇，其中《自然》2篇；新申请/授权专利50余项。周欢萍获"中国青年女科学家奖"和"中国青年科技奖"，3人通过教育部高等学校科学研究优秀成果奖一等奖答辩，雷霆获北京市杰出青年科学基金资助；邹如强、郭少军、占肖卫、侯仰龙、潘锋、郑玉峰、周欢萍、梁子彬等9人次入选2022科睿唯安全球高被引科学家名单，赵晓续入选《麻省理工科技评论》2022年度亚太区"35岁以下科技创新35人"榜单。学院10余人担任教育部、科技部、基金委和军委科技委等重大项目立项组长、指南专家和评审专家，6人担任国际知名学术期刊主编、副主编，10余位教师担任国内外30余个知名学术期刊的（顾问）编委。

交流合作。学院进一步深化与政府、科研院所、新型研发机构、行业龙头企业的交流合作，与万华、彤程等行业龙头企业签署项目合作协议，共建产学研联合创新平台。设置产学研合作和筹资工作岗位；组织教师多次参与合作企业的项目申报；依托"前沿工程博士项目"和"卓越工程师后备人才培养项目"开展校企联合培养；签约产学研合作协议金额3亿元，年度累计到账总金额1.3亿元。聘请1名A类外籍、1名港澳台专家开展工作；推进1项北京市国际科技合作基地工作；学院作为2022年度北京大学唯一推荐单位，完成"111计划"引智基地申报答辩；13人参加22个国际会议并作大会报告、邀请报告。

综合事务。严格落实学校疫情防控工作各项要求，抓好常态化防控，及时宣导防疫政策，对校外人员申请入校进行审核把关，做好师生员工离京报批，适时动态调整各类会议、活动举办方式。建设学院文化宣传栏，制作课题组及实验室展板，完成学院英文网站与教师个人主页网站搭建与上线工作。成立网络安全工作小组。健全和完善实验室安全管理体系，制定学院实验室应急预案、消防安全管理条例、辐射安全与防护管理相关制度等；开展多轮实验室安全检查，组织安全培训及应急演练；建立完善实验室安全责任体系，落实实验室安全责任书签订，建立安全隐患台账。完成昌平新校区材料学院大楼设计工作；推进材料加工与测试公共平台、工程训练中心规划设计。9月23日，北京大学万华楼举办奠基仪式。组织教职工参加学校各项文体活动，5月以年度双周教师午餐会活动申报基层工会示范活动立项，获批资助3000元。

（刘金成、袁苗苗、高嵩、刘丽丽、吕爽、彭君怡、吕佳、李伟娜、王冠一、罗晶、吕舟、刘文）

【开展材料学科工程创新教育】 学院面向国家战略需求及新工科建设需要，开展材料学科工程创新教育。2022年获批北大首个"化学+材料"本科双主修学位项目。8月举办本科创新人才培养研讨会，邀请校内10余家单位探讨新工科背景下"材料+"人才培养方案。2022年获批"材料与化工"专业学位硕士点，9月承接中组部"卓越工程师后备人才"项目。9月举办材料与化工博士专业学位培养研讨会，邀请14家校内外单位相关专家参与研讨，提出北大特色工程创新教育的新范式。2021年9月学院新开设工程创新教育课程"彤程材料科学论坛"，围绕工程科学技术创新和战略管理创新，邀请活跃在材料及相关领域的国际顶尖学者和知名企业家开展跨学科、跨领域交流报告。

（雷霆、吕爽、吕佳）

【推进产学研合作】 2022年，学院不断探索产学研合作的新模式。学院与彤程集团筹建北大-彤程新材料研发中心，鼓励本科生技术创新创业。学院彤程发展基金项目已累计到账5000万元，其中协议捐赠1500万元用于北大-彤程新材料研发中心的建设，已到账300万元。学院牵头对接万华化学集团，与企业深入推进产学研合作和人才培养。北京大学与万华化学签署3亿元合作协议，共建联合研究中心，北大万华楼已奠基；北大-万华联合研究中心北大总部进入装修设计阶段，烟台分部实验室开始装修；累计到账金额1亿元，签约科技开发项目合同2个。全面对接中铝产业链和创新链，围绕产业关键核心技术和前沿问题加强合作。2022年底学院与中铝集团的战略合作项目谈判已进入实质阶段，双方已于12月初成立中铝集团-北京大学合作筹备组。在学校相关部门领导下，由材料学院牵头，学校九大相关院系科研副院长等组成跨部门、跨院系的中铝-北大协同工作小组，发布指南，开展合作项目遴选工作，截至2022年12月19日，中铝-北大合作筹备组共收到来自8个院系所提交的共计71份项目申请书。

（雷霆、吕爽、吕佳）

【北京大学万华楼奠基仪式】 9月23日，材料科学与工程学院于建院两周年之际，在昌平新校区举行北京大学万华楼奠基仪式。烟台市委副书记、市长郑德雁，市政协副主席、市发展改革委主任王松杰，市政府秘书长王文锋，市政府副秘书长王语堂；万华化学集团股份有限公司党委书记、董事长廖增太，集团常务副总裁、中央研究院院长华卫琦；彤程新材料股份有限公司董事长张宁，黑龙江省石墨谷产业集团股份有限公司董事长方振辉，京东方科技集团股份有限公司副总裁李新国；北京大学副校长、中国科学院院士张平文，北京大学副校长、总务长董志勇，北京大学能源研究院院长、中国科学院院士金之钧以及学校相关职能部门及院系负责人，材料学院师生代表等参加仪式，共同见证历史性时刻。大会由北京大学副校长、深圳研究生院院长、材料科学与工程学院院长、中国科学院院士张锦主持。仪式最后，郑德雁、廖增太、张宁、张平文、董志勇、张锦、金之钧等为万华楼挥铲奠基。北大万华楼设计总建筑面积约30,500平方米，地上5层，地下1层，使用功能主要为科研用房及办公用房，包括各类实验室、研究室、学术报告厅、会议室、科学办公室及行政办公室。

（刘金成、彭君怡）

【2022年北京大学"博雅材思"全国博士生论坛】 9月23日至25日，2022年北京大学"博雅材思"全国博士生论坛在北京大学成功举办。论坛由北京大学材料科学与工程学院、深圳研究生院主办，中国材料研究学会纳米材料与器件分会协办，为材料学院建院两周年系列活动之一。论坛由开幕式、三个主题分论坛、闭幕式暨颁奖仪式组成，与会嘉宾和来自全国23所高校和科研院所的博士生们围绕新材料领域的前沿研究进展进行深入讨论，在不同观点的碰撞和交流中收获知识和见闻。大会邀请中国科学院化学研究所韩布兴院士、中国科学院化学研究所李永舫院士、中国石油大学徐春明院士，以及华南理工大学的马於光院士为与会者作专题报告。9月24日至25日，主题分论坛在英杰交流中心举行。由特邀嘉宾作主旨报告，90篇入围论文的作者进行口头报告。随后进行颁奖环节。论坛共产生20个优秀报告奖和22个优秀海报奖，与会校领导及学院领导为获奖学生颁发荣誉证书。

（雷霆、吕爽、吕佳）

## 前沿计算研究中心

【发展概况】 组织结构。前沿计算研究中心（Center on Frontiers of Computing Studies, CFCS，以下简称"中心"）于2017年12月成立，为学校新体制实体科研机构，挂靠计算机学院运行。中心立足国际计算机学科前沿，与世界顶尖高校及科研机构建立密切的交流与合作关系，在计算理论如博弈论、信息论、量子信息与密码学、前沿计算方法如可视计算、仿真计算与人工智能以及计算与机器人、经济、艺术和体育等多个领域的交叉方向开展前沿探索，创立具有国际一流影响力的计算科学研究中心，形成跨领域、交叉融合的计算应用支撑中心。中心实行主任负责制，主任约翰·霍普克罗夫特（John Hopcroft）、高文，副主任邓小铁、王亦洲。中心下设招聘委员会，2022年招聘委员会调整，新一届名单：约翰·霍普克罗夫特（John Hopcroft）、高文、邓小铁、王亦洲、黄铁军、孔雨晴、董豪、程宽、袁晓、姜少峰、李彤阳、王鹤、刘天任。

队伍建设。2022年，中心共有全职教学科研人员9人，其中，讲席教授1人、新体制研究员（助理教授）8人；兼职讲席教授4人（外籍）、联合聘任3人，在站博士后9人，劳动合同制4人。中心现有院士5人（含联合聘任1人、兼职聘任3人）。新体制研究员中，国家级人才项目入选者5人。

交流合作。6月，中心在线举办理论计算日，邀请来自美国、以色列、新加坡、中国香港等地多位理论计算领域活跃的专家学者，介绍在算法、复杂性、编码、密码学等理论计算机科学的主要分支上的最新进展；8月，协办第三届国际理论计算机联合大会（International Joint Conference on Theoretical Computer Science-Frontier of Algorithmic Wisdom, IJTCS-FAW），主题覆盖理论计算科学中备受关注的前沿领域，由来自海内外近百位知名专家和青年学者展示和分享各领域的最新研究成果和前沿发展动向；12月，在线举办具身计算日，邀请来自中国、美国、新加坡等地多位具身智能领域活跃的专家学者，介绍在机器人操纵、导航、抓取等具身智能前沿问题上的最新进展。2022年，邀请并组织国内外专家学者专场学术报告共计36次，分享最新科研成果。

科研工作。2022年，中心承担国家自然科学基金项目、企业合作项目等共8项，共计到账经费814万元；发表论文63篇，含中国计算机学会推荐A类期刊/会议论文32篇，SCI论文38篇；申请专利1项。2022年，由中心讲席教授邓小铁指导其博士生陈昱蓉等完成的论文获计算经济学领域国际顶级会议WINE 2022最佳学生论文奖。中心教师在人工智能领域荣获4项奖励，分别是：教辅《机器学习系统：设计和实践》教育突出贡献奖（获奖人董豪）、世界人工智能大会青年优秀论文奖（获奖人王鹤）、GAIAA学术之星奖（获奖人王鹤）、ICLR机器人挑战赛无额外标注赛道冠军（获奖人董豪）。

教学工作。2022年，中心共开设课程26门。其中，本科生课程20门、研究生课程6门，有2门为英文授课；指导本科生毕业论文36人次，12人获评优秀毕业论文，1人获评信息科学技术学院2018级本科生"十佳"优秀毕业论文。

学生工作。2022年，中心共有在读博士研究生33人，其中，2022年入学博士研究生14人。2022年，中心研究生班级荣获北京大学计算机学院优秀团支部称号。2022年，中心组织"图灵班"学生科研训练等相关工作；承办首届北京大学图灵学生科研论坛，搭建跨领域、跨年级的多元化学术交流与科研展示平台，鼓励思维碰撞，启发创新思想，促进科研合作，培养学生在科研中展示、报告与交流的能力。

（邓小铁、杨韫利、李睿）

【亚线性算法研究取得进展】 2022年7月，第63届IEEE计算机科学基础年度研讨会（the 63rd IEEE Symposium on Foundations of Computer Science, FOCS 2022）公布了论文接收名单，中心姜少峰课题组有两篇关于亚线性算法的论文入选。这是北京大学首次同一个课题组有 2 篇论文入选 FOCS 会议，同时也是中心连续第二年有成果被该会议接收。

入选论文 The Power of Uniform Sampling for Coresets 给出了一个全新的、主要基于均匀采样的、针对聚类问题的构造核心集的框架。相比先前的基于重要性采样的方法，这种均匀采样方法能处理带容量的聚类、公平聚类等聚类问题的重要变种，得到了第一个不依赖于数据大小 n 和数据维数的针对公平聚类的核心集；该框架第一次将数据所在度量空间的 VC 维与核心集大小联系了起来，放宽了先前重要性采样对于带权 VC 维的要求，因此简化、加强了所有已知的非欧氏空间上的核心集结果，并首次得到在 Wasserstein distance 度量上不依赖于数据大小的核心集；算法框架实现简单，具有较大应用潜力。入选论文 Streaming Facility Location in High Dimension via Geometric Hashing 创新性地提出一种称为 consistent hashing 的新几何哈希方法，并将其与重要性采样方法结合，在两轮和随机顺序数据流模型上均得到了常数近似比，本质上优于基于 tree embedding 的传统方法。

（姜少峰）

【发布跨平台开源框架 TensorLayerX】 2022 年 5 月，中心助理教授董豪带领的 TensorLayer 团队发布跨平台开源框架 TensorLayerX。TensorLayerX 是一个多后端深度学习框架，使用纯 Python 代码开发，通过对多后端的 Python 接口进行封装，兼容 TensorFlow、Pytorch、PaddlePaddle、MindSpore 等国内外主流深度学习计算引擎作为计算后端，用户可以在各类操作系统和 AI 硬件上使用相同代码进行开发。TensorLayerX 提供了一套兼容多个框架的深度学习开发统一 API，再由各后端框架的底层程序负责调用硬件计算，使得开发者可以无视后端框架和硬件平台进行深度学习开发。

（董 豪）

# 人文学部

## 中国语言文学系

【发展概况】 组织机构。中国语言文学系（以下简称中文系）下设 9 个教研室，1 个研究所。3 个挂靠轻实体机构：文学讲习所、现代中国人文研究所和语言学实验室。2 个教育部人文社会科学重点研究基地：中国古文献研究中心和中国语言学研究中心。教育部全国高等院校古籍整理工作委员会秘书处挂靠中文系。

队伍建设。中文系有教学科研人员 101 人，其中新引进教学科研人员 6 人：李荣飞、胡琦、路杨、樊迎春、雷瑭洵、程梦稷。预聘副教授陆胤通过 Tenure 评估考核，助理教授高翼、李子鹤通过中期考核。博士后入站 8 人、延期 2 人，出站 9 人，2 名博士后获得面上资助，1 人获优秀博士后奖。

学科建设。先后举办"新世纪以来《燕行录》整理与研究论坛""中国近代日记文献叙录、整理与研究学术论坛""'使行录'与东亚学术文化交流研讨会""礼学文本的成立、经典化与诠释研讨会""中日古典学交流与融通工作坊"，主办"东亚汉籍收藏、研究及整理出版学术研讨会"、围绕"古典学研究前沿与规范""作为方法的文献学"等主题举办学术讲座 20 余场。

漆永祥《燕行录千种解题》（三卷本）、杜晓勤《唐代文学的文化视野》（两卷本）、张剑《晚清日记中的世情、人物与文学》、陆胤《国文的创生：清季文学教育与知识衍变》、陈晓明《中国当代文学批评史》、周兴陆《文士精神与文论传统》、汪锋《白语方言发声的变异与演化》、周韧《汉语韵律语法研究的音节-语义视野》、何九盈《古汉语词义丛谈》、蒋绍愚《唐宋诗词的语言艺术》等论著先后出版。

《语言学论丛》期刊创刊号发布会举行，发布会宣告《语言学论丛》正式由辑刊转为期刊，完成教育部"童语同音"计划师资培训项目。

中国语言学研究中心在教育部人文社科重点研究基地评估中获评"优秀"，在全部参与测评的 105 个基地研究为主类高校人文社会科学重点研究基地中，中国语言学研究中心位于第 9 名。

教学工作。2022 年新入学本科生 122 人，硕士研究生 71 人，博士研究生 66 人。截至 2022 年 12 月，在读本科生 575 人，硕士生 200 人，博士生 309 人，另有中文双学位学生 132 人。陆胤荣获 2022 年首都劳动奖章，钱志熙荣获 2022 年北京大学教学成就奖，现代汉语教学团队获得 2022 年北京大学优秀教学团队奖。此外，由宋亚云、杜晓勤、贺桂梅、陈平原、袁毓林、吴晓东、刘玉才、詹卫东、金锐、程苏东等 10 位老师完成的成果"新文科背景下北大中文系拔尖创新学生培养模式的改革与实践"获评北京市教育教学成果一等奖和北京大学教学成果特等奖。

科研工作。2022 年，中文系教师发表论文 340 余篇，出版专著 34 部，编著教材 8 部，古籍整理、译著及其他 14 部，多位教师在《中国社会科学》《文学评论》《北京大学学报》《中国语文》《文学遗产》等刊物发表学术论文。本年度获批各类科研项目 30 余项，其中国家社科基金重点项目、一般项目、青年项目共 7 项；获得国家社科基金重大项目 2 项。李零荣获"思勉原创奖"，臧力荣获"鲁迅文学奖"；程苏东荣获"霍英东青年科学奖"，《严家炎全集》获得第十届春风悦读榜年度致敬奖。

党建工作。2022 年中文系党委把学习贯彻党的二十大精神、学习贯彻习近平总书记重要讲话和指示批示精神、学习贯彻学校第十四次党代会精神作为首要任务与重点内容，先后组织开展主题学习10余次，各支部组织集体学习、主题党团日活动100余场次，党委书记讲党课2次，全系学生党员集中学习2次，校团委宣讲团宣讲2次，各支部组织主题参观、走访9次。注重读好原典，购买发放党的二十大报告、《中国共产党章程》等书籍1300余册。落实党委主体责任，组织举办30余次党委会、30余次党政联席会。提升学生党员发展质量，发展预备党员69名，其中本科员43名。完成基层党建创新立项4项。加强阵地建设，落实意识形态工作责任制，获评本年度北大党委宣传部"宣传工作突出贡献奖"。完善思想政治教育品牌建设，党委书记贺桂梅继续主持开设"认识中国的方法"课程，暑期派出6支实践队伍，积极引导学生参与社会实践和志愿服务，16位同学参与北京冬奥会和冬残奥会志愿服务。坚持党管人才，完成10位拟引进、晋升教师的谈话与评估程序。

学生工作。全年举行各类学生骨干会议40余次，党委书记、系主任深入宿舍开展座谈会及走访8次，学工办走访宿舍20余次。注重班风学风建设，20本、21硕获评北京大学示范班集体。突出榜样感召，上好"模范学习课"。其中退伍老兵2020级本科生王心仪被评为"北京青年榜样"年度人物，2名学生获评北京市优秀学生干部、北京市优秀三好学生。开展生涯规划教育，一对一完成毕业生深度访谈约计1010人次，开展3场就业政策说明会、8场"就业面面观"系列讲座、2场"职场细细谈"系列人物访谈，推出15期"就业信息汇"。认真落实困难学生资助工作，为5名学生申请临时困难补助，为2022级本科新生王馨瑶制定帮扶方案。重视学生心理健康教育和疏导，开展院系定制活动1次、新生心理座谈会1次、各层级心理会商18次。扎实做好国防宣传教育工作，2020级本科生胡雅洁参军入伍，完成21名新生男生兵役登记，兵役登记达100%，适龄青年登记率达100%。

疫情防控。组建教师防疫志愿者队伍，10余名教师服务校园核酸抗原检测工作；组建以学生党员为主的防疫委员队伍，召集94位学生防疫委员参与校园防疫工作。为学生发放口罩、饭盒、端午节慰问券等物资约计4500人次，宿舍走访约计20次。11月以来，筹措防疫物资与应急药品，为在职教职工、离退休老同志寄送200余份防疫物资包；为隔离学生、发热学生配送三餐、药品与必要物资约计300人次；与90岁以上教师一对一沟通慰问，了解需求；开通24小时离退休联络电话，随时为离退休教师提供帮助；协调学校与院系资源，帮助重症教师郭锡良、李家浩等入住海淀医院、北医三院。

（徐梓岚）

【现代中国人文研究所成立大会】9月25日，北京大学现代中国人文研究所成立大会举行。校党委书记郝平、副校长孙庆伟，中文系主任杜晓勤、党委书记贺桂梅、教授钱理群及校内有关院系的学者代表，人文社会科学研究院院长邓小南，哈佛大学东亚系教授王德威，中央文史研究馆副馆长冯远，中国现代文学馆馆长李敬泽，商务印书馆党委书记、执行董事顾青等出席大会。北京大学博雅讲席教授、中央文史研究馆馆员陈平原担任现代中国人文研究所所长，中文系长聘副教授王风担任副所长。郝平与陈平原共同为现代中国人文研究所揭牌。郝平向陈平原、王风颁发聘书。会议上半场由贺桂梅主持。孙庆伟、陈平原、冯远、李敬泽、钱理群、邓小南、王德威、杜晓勤先后致辞。大会下半场由王风主持。下半场的首个环节是研究所与商务印书馆的合作签约仪式，顾青发表致辞。陈平原为研究所学术委员会委员颁发聘书后，进入下半场的学界代表发言环节。中文系教授洪子诚、中文系教授李零、中央文史研究馆馆员仲呈祥、中国艺术研究院研究员田青、台湾"中央研究院"院士王汎森分别发言。最后，在陈平原的主持下，与会学者进行了圆桌座谈，就现代中国人文学术的研究与发展建言献策。

（刘文欣）

【《语言学论丛》期刊创刊号发布会】11月4日下午，由中文系、中国语言学研究中心《语言学论丛》编辑部主办的《语言学论丛》期刊创刊号发布会在中关新园1号楼集贤厅举行。37名与会代表齐聚一堂，围绕《语言学论丛》创刊的重要意义以及期刊出版的相关经验，进行了广泛深入的交流和讨论。北京大学副校长孙庆伟、中文系教授陆俭明、中国社会科学院语言研究所研究员江蓝生、商务印书馆副总编辑余桂林、北京大学出版社社长马建钧、中文系党委书记贺桂梅教授、中文系主任杜晓勤教授、《语言学论丛》副主编陈保亚教授和郭锐教授，以及学界和出版界代表等先后致辞。中文系副主任程苏东主持会议。发布会宣告了《语言学论丛》正式由辑刊转为期刊。《语言学论丛》创刊于1957年，是中文系编辑的不定期同人论集；2002年第26辑起，改由中国语言学研究中心承办，每年2辑，定期出版，实行双向匿名审稿制；2021年，国家新闻出版署批准北京大学创办《语言学论丛》期刊。

（王小溪）

【谢冕学术思想暨中国新诗研究国际研讨会】11月6日，由中文系主办的"谢冕学术思想暨中国新诗研究国际研讨会"在博雅国际酒店中华厅举行，40余位专家学者出席研讨会。谢冕先生是著名当代文学研究学者，新诗理论家、批评家、教育家，是中国诗歌批评、新诗史和诗歌理论研究领域的引领性标志性人物，对当代诗歌创作和百年中国新诗研究作出了重大贡献。2022年是谢冕先生90岁华诞，校党委书记郝平出席并代表学校向谢冕先生献花，中国作家协会副主席李敬泽、北京大学副校长孙庆伟、中国当代文学研究会会长白烨等到场并致辞。

谢冕先生向所有参会人员表达了真挚的感谢。他追忆了1916年李大钊于《新青年》上发表的《青春》一文，文中呼吁的青春中国远景是他毕生的追求与梦想。谢冕先生认为他个人的青春从中年开始，因此格外珍惜这迟到的青春，希望所拥有的日子都充满清和明白的青春之气，希望自己是永远的"19岁"，愿人们都"进前而勿顾后，背黑暗而向光明"，永远"青春万岁"！

（马晓炎、王思远）

# 历史学系

【发展概况】 组织结构。历史学系设立有中国史、世界史两个一级学科博士点和硕士点，历史学、世界史两个国家级一流本科专业建设点。拥有1个教育部人文社科重点研究基地，10个教学科研实体，1个博士后流动站，20多个虚体研究机构，2个藏书30多万册并有珍本、善本等特藏的专业图书馆。2022年，历史学系建成"一系四体"新格局，"四体"指的是挂靠历史学系的四个实体教研机构：中国古代史研究中心、西方古典学中心、中华人民共和国史研究中心、出土文献与古代文明研究所。2022年，历史学系学术委员会人员调整，名单如下：主任：荣新江；副主任：欧阳哲生、黄春高；委员：王元周、王立新、王奇生、叶炜、张帆、金以林（中国社会科学院）、罗新、郭润涛、晏绍祥（首都师范大学）、何晋、昝涛、董经胜。

队伍建设。截至2022年底，历史学系共有教学科研人员63人，其中老体制教授18人，副教授3人，新体制教授17人，长聘副教授9人，预聘副教授1人，助理教授15人。另有博士后14人，访问讲席教授1人，客座讲席教授2人，兼职教授1人，客座教授1人。共有行政教辅人员15人，包括事业编制8人，劳动合同制7人。历史学系入职8人，包括教授2人，预聘副教授1人，助理教授3人，行政人员2人。退休11人。共有一级教授2人，长江学者特聘教授8人，青年长江学者1人，国家级教学名师4人，国家高层次人才特殊支持计划5人，"新世纪百千万人才工程"6人，博雅荣休教授4人，博雅讲席教授2人，博雅特聘教授9人。

教学科研。截至2022年底，共有学生591人，其中本科生270人，硕士研究生119人，博士研究生202人。招收本科生60人，其中普通入学28人，强基计划29人，留学生3人。招收研究生82人，其中硕士生44人，博士生38人。2022届本科毕业生71人，研究生毕业生73人，其中硕士生36人，博士生37人。在职教师共出版著作类学术成果51部，发表论文、学术评论等200余篇，其中发表于核心期刊70篇，新增科研立项13项。邓小南主持的教育部基地重大项目"7—16世纪的信息沟通与国家秩序"获优秀结项；"纲鉴易知录评注"获国家社科基金重大委托项目。

交流合作。通过北京大学海外名家访学计划，邀请荷兰、日本的4位学者进行讲座或授课；通过北京大学海外学者讲学及研究计划，邀请欧美及台湾的20位学者举办21场讲座；接收国内进修教师、访问学者2人次。历史学系教师联合人文学部主办学术会议6次，参与线上国际学术会议4人次，赴港澳台地区学术交流1人次；古地理与古文献研究中心承办北京论坛"中国古代都城与东亚城市的发展"分论坛。24名学生出境交换学习，接收交换生1名。

党建工作。截至2022年底，系党委共有党员307人，其中含在职教职工党员46人，离退休教职工党员47人，学生党员172人，保留党组织关系42人。设教职工党支部3个，学生党支部6个。系党委围绕学习宣传贯彻落实党的二十大精神这一核心任务开展系列活动，如开展"红心遍四海，初心历山河"主题实践活动，与明十三陵管理中心共建思想政治实践课教育基地；参观访问中国共产党历史展览馆；聚焦北京冬奥故事和冬奥精神，组织"冬奥梦燃情中国梦，新征程召唤新青年"主题交流会，邀请清华大学、中国人民大学开展三校联合学习交流活动等。10月31日，系党委、政策法规研究室党支部、党委巡视办公室党支部举行联学交流会，集体学习党的二十大精神，系党委书记何晋作"发挥学科优势，传承中华优秀传统文化，推进文化自信自强"主题报告。

工会工作。截至2022年底，系工会共有会员90人，其中事业编制会员85人（含博士后14人），劳动合同制会员5人。系工会关注国内疫情形势，关心教职工身心健康、生活需求，购买发放口罩等防疫物资，为重病教职工申请"爱心基金"，组织教职工参加校运动会、乒乓球赛等文体活动。

学生工作。系团委、学生会、青协先后举办寒假读书打卡活动、"青携彩虹，伴你成长"线上支教活动、"乐启今秋"中秋歌会、"环历燕园，一见倾新"定向越野活动等。6月，系团委荣获2021年度红旗团委。组织开展第十八届研究生"史学论坛"、"笔底千年"五四本科生学术节，深入促进与兄弟院校学生间的学术交流。9月，在学生心理健康教育与咨询中心支持下，历史学系成立二级心理咨询室，为本系学生提供心理咨询服务。获评北京大学学生心理健康教育工作先进单位。本科生徐伟喆在2021—2022学年获得第五届全国高校大学生讲思政课比赛本科组一等奖、第十一届全国大学生口述史成果交流赛一等奖。

社会服务。9月，历史学系为响应社会需求，传播正确的历史文化知识，正式入驻抖音短视频平台。阎步克、邓小南等名师的课程视频作为首批资源上线。不到3个月的时间，"北大历史"抖音账号累计粉丝数量超过60万。

（张素霞）

【中国古代史研究中心成立四十周年】 北京大学中国古代史研究中心成立于1982年，是教育部人文社会科学重点研究基地。2022年8月，为庆祝中心成立四十周年，公众号"北京大学中国古代史研究中心"陆续刊发回忆纪念文章20余篇，并推出回顾中心四十年发展历程的线上展览。8月27至28日，中国古代史研究中心与历史学系共同主办中国古代史研究中心成立四十周年纪念会议。27日上午，近百位海内外学者及中心师生参加了会议开幕式，北京大学副校长王博、中心原主任马克垚、美国亚利桑那州立大学荣休教授田浩（Hoyt C. Tillman）、台湾中央研究院历史语言研究所荣休研究员黄宽重、日本中央大学文学部教授妹尾达彦、中国社会科学院古代史研究所所长卜宪群及北京大学历史学系主任王奇生等嘉宾先后致辞，对中心成立四十周年表示诚挚祝贺。中心老一辈教师代表张希清、李孝聪、李开元、臧健、王小甫等特邀发言，回忆中心开拓发展的艰辛历程。27日中午，中心邀请与会学者在校史馆参观"邓广铭先生诞辰115周年学术纪念展"，历史学系教授邓小南进行现场讲解，回顾了中心创始人邓广铭先生的治学道路及学术贡献。27日下午至28日，中心组织了七场学术研讨会，来自北京大学、复旦大学、中国社会科学院等高校与研究机构的19位学者作专题报告。

（孙润泽）

# 考古文博学院

【**发展概况**】 组织机构。考古文博学院共设考古学系和文化遗产学系两系，分辖旧石器考古教研室、新石器商周考古教研室、历史时期考古教研室、外国考古教研室、科技考古教研室，博物馆与文化遗产教研室、古代建筑教研室、文物保护教研室。学院建有国家级考古实验实践教学示范中心、国家级考古虚拟仿真实验教学中心、教育部全国人文社会科学重点研究基地中国考古学研究中心和北京大学赛克勒考古与艺术博物馆；拥有陶瓷考古与艺术研究所、震旦古代文明研究中心、宗教考古研究所、中国古代玉器暨玉文化研究中心、文化遗产保护研究中心、公众考古与艺术中心、世界文博发展研究中心和丝绸之路考古研究中心8个虚体科研机构。联合国教科文组织亚太地区世界遗产培训和研究中心（北京）挂靠在学院。

学科建设。学院现有考古学一级学科点。设有考古学、文物与博物馆学、文物保护技术、考古学（文物建筑方向）、外国语言与外国历史（考古学方向）共5个本科生专业。设有考古学专业、文物与博物馆硕士专业学位共2个专业。拥有考古学专业博士后流动站。

5月3日，学院与国家文物局、中国社会科学院考古研究所共同举办"北京大学考古百年、新中国考古专业教育七十年"纪念大会暨学术报告会，出版《北京大学考古百年（1922—2022）》及学术专刊，出品《我们的考古日记》学科宣传片。

制定新一轮"双一流学科建设方案"。2022年公布的"QS世界大学学科排名"中，北京大学考古学科位列12名。

队伍建设。学院共有教学科研人员44人，其中教授16人，副教授8人，新体制长聘副教授5人，预聘副教授4人，助理教授11人。事业编制行政教辅人员17人，博士后8人，劳动合同制人员21人，学校委派专职辅导员1人，学校选留学生干部1人。2022年教研系列教师3人入职，在岗国家级人才计划入选者8人。

综合管理。学院重视安全管理工作，调整安全管理体系，在安全管理委员会下设消防、实验室、学生、网络4个工作组，开设《实验室安全教育》课程，重做红五楼后院防水工程，更换应急照明指示电路。提升教学科研硬件设备与环境，更换教室中控和音响，会议室添置平板电视，更换多功能厅课桌椅、粉刷考古楼等。制度建设上，修订《考古文博学院实验室安全卫生管理制度》《考古文博学院学生素质综合测评实施细则》《考古文博学院年度考核办法（试行）》《北京大学考古文博学院专项岗位绩效奖励实施办法》，制定《北京大学考古文博学院教研系列教授返聘办法》等规章制度。设计并发布学院院徽。

教学工作。2022年，学院共招收本科生47人，硕士研究生27人，博士研究生18人；本科生毕业38人，硕士研究生毕业24人，博士研究生毕结业24人；开设本科课程73门，研究生课程42门。出版《田野考古学》《旧石器时代埋藏学》教材。学院临淄田野考古实习基地建成投入使用，学院42名本科生、研究生和国家文物局2022年田野考古实践训练班19名学员在临淄完成田野考古学习。文物保护技术专业11名本科生在校内与中国国家博物馆完成为期1个月的专业实习。与中国国家博物馆、故宫博物院等20家文博单位签署《考古学国家急需高层次人才培养合作协议》。研究生暑期学校完成冶金实验考古（福建安溪、云南拿渡）、古代制瓷工艺（江西景德镇）两个课程教学，举办文化遗产保护联合工作坊、"铁器文明与科学保护"博士生论坛。在福建安溪举办北京大学2022年优秀中学生暑期课堂。完成本科教学审核评估工作。

秦大树等完成的"国际视野下的陶瓷考古人才培养体系创新与实践"获得北京市教育教学成果奖二等奖。文物与博物馆学专业入选省级一流本科专业建设点。王凤歌毕业论文《龙门石窟中小型窟龛护棚遗迹调查与研究》获北京市普通高等学校优秀本科生毕业设计（论文）。杨哲峰获评北京市优秀教师。邓振华获北京大学第二十一届青年教师教学基本功比赛（人文社科类）一等奖、最佳教学演示奖及优秀教案奖。

科研工作。2022年在研项目108项，其中纵向项目46项（包括科技部重点研发计划5项、国家社科基金重大项目2项、社科基金项目13项、国家自然科学基金6项、教育部重大专项1项、教育部其他项目5项、北京市社科、科委、国家民委项目5项、国家博士后科学基金项目1项、文物局等其他学科建设和纵向合作项目8项），政府部门企事业单位委托项目62项，入账科研经费总计2019.33万元。完成不可移动文物保护勘察设计甲级资质、可移动文物保护修复资质日常管理、年度检查等工作。举办"万年以前的'全球化'系列活动：早期现代人的扩散、交流与适应"2022年举办北京论坛分论坛、"考古所见丝绸之路上的贸易与科技交流"北京大学人文论坛及第四届"历史考古青年"论坛。继续牵头、承担中华文明探源工程项目第五期。

2022年出版学术期刊有《古代文明》第16卷、《考古学研究》第13至15卷、《自然与文化遗产研究》6期、《古代文明研究通讯》总第92至95期，出版学术专著（含再版）24部，编著、译著4部，发表学术论文260余篇，申请专利8项。

2022年学院主持参与四川稻城皮洛遗址、新疆吉木乃通天洞遗址、山东临淄桐林遗址、四川广汉三星堆祭祀区遗址、宁夏盐池张家场遗址、新疆轮台县卓尔库特古城遗址、重庆合川涞滩二佛寺、山西临汾霍州窑遗址、福建安溪青洋下草埔冶铁遗址、北京圆明园澹泊宁静遗址等十余项田野考古发掘工作。与四川省文物考古研究院等单位联合发掘的四川稻城皮洛遗址、四川广汉三星堆遗址祭祀区发掘项目获2021年度全国十大考古新发现。北京大学中国考古学研究中心在教育部组织的重点研究基地测评工作中（2015—2020）获得优秀基地。

**合作交流。**2022年考古文博学院邀请英国、意大利学者开设《世界考古学》《亚洲考古：从铁器时代到公元7世纪》等外国考古课程，邀请国内外专家开展《中华文明探源的北大实践》《纪念宿白先生诞辰一百周年——石窟寺考古》《秦汉考古与文明》《纪念世界遗产公约50周年活动——"考古遗址的发展与未来"》《日本建筑的保存修理》等系列专题讲座。

落实国家文物局与北京大学的战略合作协议。3月10日，与国家文物局共建的中华文明国家文物基因库在北京大学挂牌。与云冈石窟研究院共同举办第二期佛教考古培训班，完成国家文物局田野考古领队培训班培训任务。完成国家文物局委托的《加速器质谱碳十四测年工作调研报告》。

联合国教科文组织亚太地区世界遗产培训与研究中心（北京）指导的乌兹别克斯坦旅游项目入选联合国全球南南及三方合作优秀案例。

**党建工作。**学院共有党员182人，其中在职教职工党员39人，离退休教师党员19人，学生党员111人，组织关系暂存高校学生13人。发展党员31人，包括本科生24人，硕士生2人，博士生5人。学院党委设教工党支部2个，离退休党支部1个，学生党支部3个。坚持"支部建在考古队上"优良传统，9月设立山东临淄考古实习临时党支部1个。

学院党委以多种形式学习贯彻党的二十大精神。搭建线上学习平台，组织党员参观"喜迎二十大，奋进新时代——北京大学改革发展十年成果图片展"，集体收看二十大开幕会、记者见面会等。邀请二十大代表方勤、殷墟博物馆何毓灵主讲专题党课。与北京大学社会科学部党支部、经济学院、元培学院共同举行学习二十大精神主题党团日活动与共建座谈会，学生党支部举办"百年新征程 飞扬正青春"主题嘉年华。

组织学院师生党员加入学校核酸检测志愿服务队伍。组建4支暑期思政实践团，在山东长岛、福建漳州、北京及线上开展实践。教工党支部和中国社会科学院考古研究所行政联合党支部举行主题党日活动，交流、讨论党建工作与业务工作相融合的工作路径和抓手。学习贯彻《北京大学关于加强教师思想政治和师德师风建设的若干举措》，成立学院教师工作小组，履行好主体责任，完成教师思想政治和师德师风评估工作。

**学生工作。**结合北京冬奥、建团百年、党的二十大等重要时事节点，组织系列主题教育和党团日活动，专题学习习近平总书记就中共中央政治局第三十九次集体学习中华文明探源工程研究成果重要讲话。贯彻落实学校疫情防控部署及学生出入校、出入京相关政策，摸排学生基本情况，建立学生台账。重视新生入学教育，帮助新生了解考古学科。对2022级新生进行一对一寻访摸排，建立经济困难新生台账，配备高年级成长成才帮扶队伍，针对性解决困难生生活、学业、心理等多方面问题，促进学生全面发展。立足学科特色与现实需求，学院党政领导担任求职导师，打造高质就业工作体系。建立长效陪伴辅导机制，守好心理健康安全防线。开展"拾零原野"第十一届考古文化月活动。

**博物馆工作。**举办"北京大学考古100年考古专业70年特展""旅途与想象：馆藏中国题材版画展暨唐纳德·斯通教授纪念展"，并为两场展览制作线上VR展览与语音导览。筹备"比邻天涯：北京大学藏古代外销瓷特展"。接待校内师生观众4000余人次，组织专场教育活动，志愿者服务时长750小时。9月参加"第九届中国博物馆及相关产品与技术博览会"，并获得组委会颁发的"弘博奖—优秀展示奖"。

接收唐纳德·斯通（Donald David Stone）遗赠文物，包括版画16幅、画轴12幅，完成藏品入藏登记工作。对博物馆文物进行清点、拍照、整理、核查、数字化等工作，整理馆藏响堂山石窟拓片1箱共计174件组。配合山西博物院"且听凤鸣——晋侯鸟尊的前世今生"展览，借展青铜器2件。讲授文物与博物馆学专业本科生实习课程。

**信息工作。**2022年采购图书835种1064册；中文报刊86种664册；入藏外文期刊44种184册，至2022年底已编目文献71,398册，馆藏电子资源累积达1103种619G。初步完成张政烺捐赠资料的整理工作，登记数据共计3256条，完成1972年以前实习报告扫描和1957年邯郸实习资料部分录入工作。整理出版《北京大学考古百年（1922—2022）》，设计印制考古文博学院2022年度报告、2023学院年周历。

维护学院官网，更新新闻动态、信息资料等板块信息，基本完成全院教师个人情况及科研成果更新。

（施文博、王小溪、周融荣、陈全星、商晨雯、陈　冲）

【学科建立百年系列活动】 5月3日，学院举办"北京大学考古百年、新中国考古专业教育七十年"纪念大会，系统梳理、总结北大考古学科发展经验。借此契机，结合新一轮"双一流学科建设方案"，规划学科未来，确定学院建设重点和突破点。学校主要领导、相关校领导、国家文物局党组成员解冰、考古司司长闫亚林、中国博物馆协会理事长刘曙光等领导和嘉宾参加大会。大会采取线下与线上相结合的方式举行。校长郝平代表学校向考古文博学院全体师生校友表示热烈祝贺，向全国考古学界同仁对北大考古的支持表示感谢。国家文物局党组书记、局长李群发来贺信，代表国家文物局向北京大学和北京大学考古文博学院的全体师生致以热烈祝贺和诚挚问候。考古文博学院院友樊锦诗先生发来贺信，她希望考古文博学院能为国家培养更多的品学兼优、真才实学、踏实肯干的青年才俊。考古文博学院院长沈睿文代表学院作工作汇报。

同时，5月学院还举办"北大考古百年考古专业教育七十年"专题展、4月出版《北京大学考古百年（1922—2022）》《考古学研究（十三）——北京大学考古百年考古专业七十年论文集》，5月出品《我们的考古日记》学科宣传片，以多种方式展现北大考古百年历程和教研成果。

4月学院设计并发布院徽。院徽中心的图标取自商代青铜器铭文。上部为"册"字，代表史册典章；下部为"耒"字，代表田野工作。徽识寓意北大考古坚持"授业于田野之间，树人于实践之中"的育人理念，在田野中寻求真知，考古释中华，把论文写在祖国大地上。

（施文博）

【中华文明国家文物基因库建设】 3月10日，北京大学校长郝平，国家文物局副局长宋新潮为"中华文明国家文物基因库"揭牌。这是国家文物局和北京大学充分发挥各自优势，进一步落实国家文物局与北京大学战略合作协议的重要举措。考古文博学院依托现有或拟布局的教学基地，启动建设山东、陕西、宁夏、河南、福建、云冈、太原等7处基因库分库。分库基本涵盖中华文明发展核心地区，兼顾"一带一路"、石窟寺、古代建筑等学科特色，所涉文物资源丰富、门类齐全，为中华文明国家文物基因库大数据中心建设提供坚实基础。9月，启动中华文明国家文物基因库"考古大数据中心"建设，先后完成基因库存储系统、沉浸式教室的硬件采购和安装工作。7个分库数据将汇集于考古大数据中心，集中展示，以促进学科转型，提升考古学教研方式，探索遗产活化利用模式。

（王书林）

【助力中华文明探源】 2021年，"中华文明探源研究"进入第五阶段，被列入国家重点研发计划项目，中国社会科学院考古研究所陈星灿研究员与北京大学考古文博学院张弛教授担任项目执行专家组组长，下设八个课题，北大张弛、吴小红、秦岭负责其中三个课题，多位师生承担了多项子课题，是探源研究的中坚力量。

2022年底，"中华文明探源研究"完成了中期考核，取得重要进展及成果。张弛负责的"长江流域文明进程研究"课题，在安徽凌家滩遗址、湖南鸡叫城遗址、浙江良渚古城遗址、湖北石家河城址等遗址有重要新发现，对长江中下游聚落、墓葬、农业等方面文明进程产生新认识。吴小红负责的"中华文明起源进程中的年代学研究"课题对重点遗址的关键时间节点有了新的认识，并尝试采用不同测年技术探索关键遗存的绝对年代，如明确了三星堆祭祀坑的年代为商代晚期，且几个祭祀坑年代大致相当。秦岭负责的"中华文明起源进程中的生业、资源与技术研究"课题与16家文博单位合作，整合生业经济和手工业经济发展特点。文明起源关键阶段，生业经济反映出明显的区域差异，并在文明化进程中有不同的演进模式，稻作农业发展是推动长江流域复杂社会进程并造成区域差异的主要原因。手工业经济专门化是各地区文明起源进程中的主要表现，而跨区域资源技术的整合是龙山到二里头阶段逐步形成更为广域复杂社会的重要原因和表现。

陈建立主持申请的国家重点研发计划项目"中国古代金属物料产地溯源方法研究"得到立项，成为中华文明探源工程新立项目之一。

（秦　岭）

【获北京市高等教育教学成果奖二等奖】 2022年，考古文博学院陶瓷考古教学团队秦大树、崔剑锋、丁雨、杨哲峰、刘未等完成的教学成果"国际视野下的陶瓷考古人才培养体系创新与实践"荣获北京市高等教育教学成果二等奖。

北京大学于1985年在全国高校中首创陶瓷考古课程，经过师生不断努力和创新，创建陶瓷考古学科方向。北京大学陶瓷考古教学体系是由多元的课堂教学、国际化的田野考古实践和世界领先的陶瓷考古综合科研构成的有机整体。在教学实践中，北大陶瓷考古教学团队突破传统教学局限，构建系统性综合性陶瓷考古知识体系，课程体系包括陶瓷考古、工艺技术、文物保护等内容。课程追踪最新研究成果，引领学生将研究视野由物质文化史推进到政治史、经济史、社会史、美术史等多维度研究层面，推动陶瓷考古取得大量高质量研究成果，师生累积发文600余篇。北京大学陶瓷考古方向注重田野实践对人才培养的基础性作用，持续开展具有国际视野的田野教学实践活动，先后带领学生在全国数百余处窑址展开考古工作，并对丝绸之路沿线韩国、日本、越南、印尼、伊朗、埃及、肯尼亚、法国、匈牙利十余处国家和地区展开陶瓷调研。为给学生提供更好的学习环境，北大陶瓷考古方向与国内外文博机构合作，在关键窑址地点建设教学实习基地，开展合作发掘与研究。在综合性、立体化的教学设计中，北京大学陶瓷考古方向为国家培养大批工作在陶瓷考古一线的优秀人才。

（丁　雨）

【举办考古暑期课堂】 7月17日至23日，北京大学2022年优秀中学生暑期课堂（考古学）在福建泉州安溪举办。此次考古暑期课堂共有来自全国各地190名高中生参加。暑期课堂以参观考察和讲座交流为主要学习形式。在5天的密集学习中，同学们一边学习考古学基本知识和研究方法，建立对考古学的正确认识；一边感受宋元泉州作为世界海洋商贸中心的繁荣，体会海上丝绸之路所反映的中华民族自强不息、勇于开拓、兼容并蓄的精神追求。

2022年度研究生暑期学校课程包括冶金实验考古、古代制瓷工艺两个子课程。8月1日至7日和8月9日至15日冶金实验考古课程先后在福建安溪下草埔冶铁遗址及云南弥渡白子国、南诏国等遗址举办，来自国内外高校的73名学生参加。在实验考古过程中，学员了解并体验古代冶铁生产的流程，增进对块炼铁冶炼技术的认识，并认识到手工业生产组织的形成方式及其重要作用。8月7日至8月15日古代制瓷工艺课程在江西景德镇举办，来自国内外20余所高校的40名学生参加。课程有效融合文博文物资源与高校人才资源，进一步提升陶瓷文化交流合作水平，为御窑遗址申报世界文化遗产营造良好舆论氛围。

7月21日至8月11日，联合国教科文组织亚太地区世界遗产培训与研究中心（北京）和北京大学考古文博学院联合举办2022年文化遗产保护联合工作坊。7月21日至7月28日开展线上课程学习；7月31日至8月11日，工作坊学员到福州开展实地调研，并在工作坊老师的指导下撰写万余字图文并茂的调研报告。

（赵增煜）

【学习习近平总书记在安阳殷墟考察重要讲话精神专题讲座】 10月28日，习近平总书记考察河南安阳殷墟遗址并发表重要讲话，高度肯定考古工作和中华文明探源工程的深远意义。为深入学习贯彻总书记重要讲话精神，11月3日晚，学院举办"传承文明根脉 奋进崭新征程"专题讲座，邀请中国社会科学院考古研究所研究员、长期坚守殷墟发掘一线的安阳工作站副站长何毓灵座谈分享。北京大学党委常委、副校长孙庆伟，学院院长沈睿文，党委副书记曹蓓，团委书记张润芝，团委副书记陈全星出席会议，"时代楷模柴生芳"学生联合党支部全体党员参加会议，会议由学院党委书记陈建立主持。何毓灵详细回忆习近平总书记到殷墟考察的全过程，在殷墟博物馆，总书记仔细观摩青铜器、玉器、甲骨文等出土文物；在车马坑展厅，总书记察看商代畜力车实物标本和道路遗迹。学院以总书记重要讲话精神为根本遵循，积极投身中国考古学学科体系、学术体系、话语体系、育人体系的建设和完善，为中国考古学的接续奋斗培养生力军。

（阮可欣、吴琪瑶）

【学院外国考古的教学探索与实践】 2017年，考古文博学院增设外国语言与外国历史（考古学）方向，结合专业建设及学院在外国考古领域的前瞻布局，2022年共开设两门新课，推动学院外国考古教学与科研走向纵深发展。

2022年春季，依托北京大学同伦敦大学学院（UCL, University College London）组建的"中国文化遗产保护与考古学国际中心（ICCHA）"合作平台，学院邀请UCL考古学院10位教授为学生讲授为期四个月的"世界考古学"课程。课程由26讲和2次讨论课组成，分上、下两大板块。第一板块主题为人类起源到早期农业社会，包括早期人类与现代人扩散、狩猎采集与广谱革命、动植物驯化及新旧大陆各地的新石器化进程等。第二板块主题为文明和国家起源，包括国家起源理论的探讨，早期城市在西亚、欧洲、南亚和非洲的出现，贸易和人口流动，帝国的扩张与崩溃等。课程内容丰富，不仅是外国语言与外国历史（考古学方向）专业本科生必修课，也是研究生学习的有益补充。

11月，学院新开设"亚洲考古：从铁器时代到公元7世纪"课程。课程由魏正中教授主持，共8讲，邀请8名在亚洲各地区长期从事考古工作的专家讲授。课程范围为历史时期到前伊斯兰时期亚洲若干地区（印度、巴基斯坦、阿富汗、高加索地区、伊朗和中亚诸国）的考古工作概况与未来发展方向，及主讲人自身考古工作经历等。课程被纳入北京大学"全球课堂"项目，吸引中国、日本、意大利、美国等各国院校的学生，累积听课人次达千余人，实现线上、线下教育的深度融合。课程讲授内容已纳入外国语言与外国历史（考古学方向）专业教材出版规划。

（秦　岭、方笑天）

# 哲学系（宗教学系）

【发展概况】 学科建设。2022年，哲学系（宗教学系）设有2个一级学科：哲学和科技史。有8个二级学科，哲学学科包括：马克思主义哲学、中国哲学、外国哲学、逻辑学、伦理学、美学、宗教学；科技史学科包括：科学技术哲学。2002年，马克思主义哲学、中国哲学、外国哲学、美学4个学科被评为国家重点二级学科。2007年，北大哲学被定为国家重点一级学科。

队伍建设。在职教职工66名，其中教学科研人员57名，行政教辅人员9名。教学科研人员中，教授30名（含外籍人文讲席教授1名），副教授14名（含长聘副教授10名），助理教授13名（含外籍教师4名）。新引进3名教师，6名教师退休，1名教师获聘长聘教授，2名教师获聘长聘副教授。在站博士后共28名。另有劳动合同制员工6名。

教学工作。在读本科生244人，其中留学生12人，港澳生3人。休学3人，停学1人，在读哲学双学位本科生

49人。本科毕业生61人，其中哲学专业57人（含3名留学生），宗教学专业4人，1人暂结业换发双证。另双学位毕业生7人。招收本科新生62人，实际注册61人（含强基计划招生41人），有1人（留学生）放弃入学资格，1名学生保留入学资格。目前实际在读60人。招收双学位30人。接收转入5人，1人平转，4人降级转入，转出2人。获得保研推免资格28人，推免成功25人（3人直博）。目前在读博士研究生190人，硕士研究生146人。博士新生45人，实际注册44人，1人保留入学。硕士新生50人，实际注册47人，其中1人因疫情原因无法到校，1位台湾学生和2位留学生放弃入学。1月批次博士毕业生1人，授博士学位1人。7月批次应届博士毕业生47人，毕业并获得博士学位的45人，结业2人。重新申请并获得博士学位的2人。1月批次结业硕士1人。7月批次应届硕士48人，毕业并获得硕士学位的46人，2人结业。医学部获得硕士学位1人，同等学力申请并获得硕士学位1人。

**学科建设**。2022年新开专业课16门，大班授课小班讨论课程15门，开设的讨论班合计117个，平行课3门，常年开设课程1门（哲学导论），英文授课课程7门，为古典班开设1门课程，为"思想与社会"项目开设1门课程；新申报通识核心课1门（政治哲学）；组织申报学校本科教学改革项目，《科学哲学导论》申报本科重点课程建设项目。

**跨学科项目**。两项跨学科项目"古典语文学""思想与社会"完成2022年招生及日常教学管理。"古典语文学"项目招收20人。"思想与社会"项目招收23人。

**队伍建设**。刘哲获北京市高等学校青年教学名师奖；先刚获北京大学教学卓越奖；"经典、语言与跨学科相融合的新人文拔尖人才培养北大模式"（李四龙主持）获北京市教学成果奖特等奖；杨立华《中国哲学十五讲》获北京高校优质本科教材课件；张志刚《宗教学是什么》（第二版）、姚卫群《佛教基础三十讲》获评北京大学优秀教材。秋季学期进修教师入学14人。完善访问学者导师数据库。

**人才培养**。春季学期开设课程65门，秋季学期开设课程61门，共开设126门。修订培养方案，严格培养环节。根据专业培养的要求，修订2022级硕博士研究生培养计划，逐一落实各专业和方向的课程设置、综合考试、开题、预答辩等环节的具体规定；每位研究生均落实一个培养计划，将学生在校期间需要完成的学习和科研任务打印成册，并发放给学生。强化导师主责意识，明确导师是研究生培养的第一责任人。博士生年度审核继续实施2021年制定的年度审核方案和实施细则，线下和线上审核相结合。做好毕业生论文评阅答辩工作，完成优秀博士论文的评选，3篇博士论文被评选为北京大学优秀博士论文。完成研究生学业奖学金、岗位奖学金等的评定。

**科研工作**。发表科研成果193项。其中，期刊论文152篇，会议论文3篇。专著5部，译著8部，编著或教材8部，章节2篇。报纸及其他科研成果15项。科研新增纵向项目14项。其中国家社科基金项目5项（含重大项目1项，重点项目1项，其他项目3项）。北京市社科基金重点项目1项，教育部人文社科青年基金项目1项。教育部人文社科基地项目7项。

**学术会议及对外交流情况**。受疫情影响，大多数线下国际会议取消，4月和8月共举办了2场线上线下相结合的国际会议。两次国际会议主题分别为"人工智能基础与应用：跨学科视角中的人工智能""为行星世界国际治理建构'最小限度道德'"，来自国际及港澳台地区共计47位学者参加会议。

开展33场线上单次或系列讲座。主讲人来自13个国家的世界著名高校或研究机构。4至12月，举办"哲学系110周年系庆——周五哲坛系列讲座"，共28讲；5月举办"古代印度的语言与实在"讲座；10至12月举办"哲学系110周年系庆——走向未来的哲学教育"系列讲座4讲。3月举行国家社科基金重大项目开题报告会；4月举办第一场"社会·文化·心灵"学术沙龙——中国哲学史上的天道性命；6月，王颂带队赴平潭调研；9月举行"西方哲学教学经验交流会暨赵敦华、尚新建、叶闯教授荣休会"；11月，"哲学中国的未来之路——北京大学哲学系110周年主题学术报告会"举行，"早期道家哲学的新路径"国际学术研讨会举行，科技哲学教研室开展"科技创新治理体系现代化建设"社会调研活动；12月举行"庄子人间世"国际学术研讨会、中国哲学的返本与开新——《中国哲学概论》学术研讨会、第十九届齐文化节暨齐文化与稷下学高峰论坛。

为庆祝建系110周年，举办系列高端讲座如下："马哲论坛"11讲、"宗教学名家"系列讲座14讲、外国哲学研究所"风华"专场系列讲座、"周五哲坛"系列讲座27讲、庆祝逻辑学教研室成立70周年系列讲座7讲，开展哲学会饮4讲、"社会·文化·心灵"系列讲座4讲、中国哲学新青年沙龙7期、"科技与社会"讲座，"人类命运关怀的历史存照"："科学与人生观论战"百年回眸、"精神的大分流——德国古典哲学与现象学"系列讲座。

哲学系教师出访共1人（中国澳门），本科生出访3人，研究生出访19人。本科生出访人数同比上一年减少57%，而研究生出访人数则同比增加46%。

**党建工作**。现有党员280人，其中正式党员245人，预备党员35人；学生党员187人，教职工党员93人（含博士后、合同制）。现有党支部14个，其中教职工党支部5个，学生党支部8个、离退休教师党支部1个。2022年共发展党员30人，其中有1人是教职工。

做好中共北京大学第十四次党员代表大会的推荐提名工作，专题学习会议精神。做好动员部署会、完成各阶段推荐提名、选举工作。举行党委扩大会专题学习北京大学第十四次党代会精神。

推进内部巡视整改，落实全面从严治党。推动内部巡视整改可视化、智能化，做好落实全面从严治党主体责任工作。配合党委巡视办建设巡视整改管理系统。认真梳理问题，总结内部巡视整改的特色做法，起草《内部巡视整改落实情况说明》。认真履行全面从严治党主体责任，扎实推进党风廉政建设和反腐败工作，切实加强领导班子和干部队伍建设，全面提高党的建设质量。

理论学习与培训方面，由党政班子成员、党委委员、团委书记、专职组织员组成的理论学习中心组对习总书记的重要讲话精神和党的新精神新政策进行广泛学习；举办党的理论培训班"党委书记讲党课"，积极开展党支部书记培训活动。5 名教职工党支部书记和 8 名学生党支部书记先后进行工作述职，党委委员根据述职及平时工作情况，确定各支部考核等次。2 个学生党支部完成换届工作，新成立 2 个学生党支部。为入党积极分子、预备党员、新转正党员开设党的知识培训班、党性教育读书班、党的理论培训班、政治素养提升班，进行党的理论知识培训。

在困难党员帮扶补助工作的基础上，深入开展走访慰问；做好"光荣在党 50 年"纪念章颁发工作；组织开展以"致力共同富裕·强国复兴有我"为主题的"共产党员献爱心"在线捐献活动。

做好基层党建宣传工作，撰写《哲学系党委理论学习中心组专题学习党的二十大精神》等新闻报道，积极向学校新闻网及相关部门投稿。支持党外人士活动，发挥参政议政作用，邀请民主党派参加党内活动，协助做好各级政协委员拟任人选的考察工作等。加强保密纪律，提升保密意识，就保密工作展开自查自评。

做好党支部和党员管理工作，组织召开民主生活会。起草党委工作计划及总结报告，负责党内半年统计、年度统计工作，维护梳理"党内信息管理系统"和"党员 E 先锋"两库基础数据，做好干部教育培训情况统计，做好党委文书归档工作，做好档案专项审核工作及材料补充工作，做好困难党员帮扶工作，进一步抓好师德师风建设，深刻认识加强师德师风建设的重要性紧迫性，做好教材教辅排查整改工作。

学生工作。打造过硬专职辅导员队伍，联动班主任、第二班主任开展日常工作，加强系内专兼职辅导员力量，继续完善党团班队伍建设，不断优化学生骨干层次体系。

疫情防控方面，严格落实疫情防控常态化管理，健全常态化防控机制，努力做到全员在岗，确保 7×24 小时备勤，切实保护学生生命健康安全；及时向学生传达学校会议精神及相关工作需求，解决学生就医、就业、学业等必要事由；针对新生入学报到和在校生返京返校具体情况，落实核酸检测等相关防疫政策，组织新生进行疫苗接种，做好学生个人疫情安全防护教育宣传工作；引导学生有序进行寒假离校返乡；储备口罩、抗原、常见药品等防疫物资，最大限度做好学生健康保障工作。

评奖评估方面，组织开展 2 次校级和 1 次系级评奖评优工作，协助完成"怀云论文奖""宋文坚逻辑学奖学金""研究生专项学业奖学金""闵材奖学金"等专项奖励奖学金评审工作。评定"北京市普通高等学校优秀毕业生"8 人，"北京大学优秀毕业生"27 人；评定本硕博各 1 人获张岱年奖学金；开展除新生外其他在校学生 2021—2022 学年学生素质综合测评工作，在此基础上完成奖励奖学金评选，141 人次获校级奖励，80 人次获校级奖学金。

学生思政教育方面，注重做好三全育人，坚持全员育人、全程育人、全方位育人，把学生思想政治教育融入方方面面，做好毕业生出校门前的最后教育和新生入学的第一次思政教育。

教育宣传方面，主要依托班级微信群、系主页和"北大哲学人"公众号发布学生工作信息，2022 年由系团委主管的"北大哲学人"公众号共发布 400 余篇推送，在系内外产生良好反响。严肃对待信息发布准确性、及时性、有效性，针对相关发布和报送内容建立严格的审核机制，做到严肃与活泼相结合。

国防教育方面，高度重视学生的国防教育工作，坚持从思想引领、组织建设和成长帮扶三个方面持续发力，鼓励学生投身国防事业。受疫情持续影响，2021 级本科生和 2022 级本科生新生军训工作延期举行，通过辅导员谈心谈话、退伍老兵宣传等方式补足军训思想政治教育课程，为志愿参军的学生提供一对一咨询。

就业方面，成立就业工作领导小组，将就业工作作为党政联席会的常设主题，统筹毕业生就业工作。紧密围绕"立德树人"根本任务，健全就业指导服务体系，有的放矢开展就业指导。第一时间建立 2022 届和 2023 届毕业生微信沟通群，对就业有困难的学生制定"一人一策"，开展一对一专项帮扶。2022 届毕业生共 149 人，就业率为 95.97%。

学生资助方面，优化资助工作机制，完善成长发展档案，搭建坚实育人平台。高度重视资助育人工作，成立学生资助工作领导小组，定期摸排调研学生家庭经济情况。2021—2022 学年度，完成 21 名本科生、9 名研究生家庭经济情况认定，2022—2023 学年度秋季学期，完成 23 名本科生、9 名研究生家庭经济情况认定，切实做到应助尽助。注重从根本上提高经济困难学生的综合素质，增强学生自身的竞争力、创造力，为他们创造更多的机会，积极配合学生资助中心搭建资助与育人相结合的资助体系平台，不断推进各项学生资助工作再上新台阶。

学生心理教育方面，高度重视学生心理健康教育工作，形成由专职心理工作小组、班主任、兼职辅导员和心理委员组成的多层次队伍体系。继续坚持精致化育人，扎实开展"一对一""面对面"深度辅导，不断夯实"谈心谈话"看家本领。充分利用好学生心理健康教育与咨询中心提供的各类资源，面向全体在读同学开展了系列定制活动。

（张　岩）

【哲学系创立110周年庆祝大会】 11月12日上午,"北京大学哲学系创立110周年庆祝大会"在英杰交流中心阳光厅举行。庆祝大会上,播放了北京大学哲学学科110年发展历程的纪念视频,展现了哲学学科在现代中国的发展历史,也呈现了北大哲学与时代同行的思想历程。校党委书记郝平教授代表学校致辞,海内外院校哲学学科代表、系友代表分别致辞,系主任仰海峰最后进行工作报告。校领导、相关院系和职能部门领导,校内哲学系友,哲学系师生代表共同在现场参加庆祝大会,来自国务院哲学学科评议组的专家、教育部高等学校哲学类专业教学指导委员会的专家、全国各高校哲学院系代表、部分哲学系友等以线上形式参加大会。纪念大会之后举行了以"哲学中国的未来之路"为主题的学术报告会,报告会分别邀请了北京大学博雅讲席教授赵敦华,清华大学文科资深教授、中国哲学史学会会长陈来,教育部高等学校哲学类专业教学指导委员会主任、南京大学哲学系教授张异宾,国务院哲学学科评议组共同召集人、复旦大学哲学学院教授吴晓明等四位学者作主题报告。

哲学系各学科还举办多场系列高端讲座、学术活动及庆祝活动。在《光明日报》和北京大学微信公众号发表了由赵敦华、王中江、韩水法、仰海峰、张梧等学者撰写的"北京大学哲学系110周年系庆系列特稿";在系官网110周年特辑"哲学记忆"发布由哲学学者和海内外系友撰写的纪念文章。

(张 岩)

【110周年系庆-高端讲座和学术活动】 2022年,举办多场高端讲座和学术活动。"走向未来的哲学教育"系列讲座,邀请全球不同学科背景的哲学教育名家纵论哲学教育在当代面临的挑战和应对之策。2022年为宗教学专业恢复招生40周年,宗教学教研室于9月起开始举办"宗教学名家"系列讲座14讲,共154,000余人通过各类途径观看了讲座。9月17日,正式启动"庆祝北京大学哲学系建系110周年暨马哲论坛"系列高端讲座,共同聚焦马哲研究的前沿问题,讲座以线上形式举行11讲,每场均吸引了500余师生参会。2022年亦为逻辑学教研室成立70周年,逻辑学科推出了系列逻辑前沿报告。科学技术哲学教研室组织师生前往北京市怀柔区,开展"科技创新治理体系现代化建设"社会调研活动。外国哲学研究所"周五哲坛"系列讲座重新启动,全年共举办讲座27场,其中邀请一些国际哲学名家和知名学者举办专题讲座多场;2022年秋季学期,北京大学外国哲学研究所"风华"系列讲座推出为期一年的"哲学系110周年系庆"外哲所学者专场。

(张 岩)

【学习贯彻党的二十大精神】 1月,系党委深入做好北京大学出席党的二十大代表推荐提名工作。12月,起草《中共北京大学哲学系委员会关于深入学习宣传贯彻党的二十大精神的方案》,稳步推进党的二十大精神的学习与宣传。组织师生集体收看党的二十大开幕直播,收看中共第二十届中央政治局常委同中外记者见面会,组织系党委会、党政联席会、理论中心学习组、各党支部、培训班专题学习二十大精神。

注重对学生的培养教育,在学生工作办公室配合实施下,2022年在全系学生中持续开展"请党放心、强国有我"学生党团日联合主题教育活动;指导学生党支部持续推进"两学一做"学习教育常态化制度化、党史学习教育常态化长效化;组织系列主题宣讲活动,制作专题献礼片《走近革命前辈,领悟百年风雨》,第一时间转发并组织学习中央决议文件。截至2022年12月底,哲学系共8个学生党支部、11个学生团支部在系党委、团委和学工办的指导下,重点围绕党的二十大,累计开展学生党团日联合主题教育活动102次,形成活动感想125篇,实现所有党团支部100%全覆盖。

(张 岩)

【北京冬奥会、冬残奥会志愿服务工作】 2022年,系学工办、团委积极响应学校号召,组织动员全系师生积极参与冬奥志愿服务。哲学系共有15名青年师生直接参与北京冬奥会、冬残奥会的组织与志愿服务工作。成立哲学系冬奥会、冬残奥会志愿者临时党支部、临时团支部。自临时党团支部成立以来,支部成员辛勤付出,以强烈的责任感、使命感、荣誉感,完成志愿服务工作任务。3月份以来,冬奥会、冬残奥会志愿服务工作陆续结束,临时党团支部继续弘扬奉献、友爱、互助、进步的志愿精神,累计开展13场冬奥精神主题宣讲,向各党团班、党的知识培训班、学生党性教育读书班、党的理论培训班、政治素养提升班等宣讲冬奥精神。4月8日上午,组织学生收看北京冬奥会、冬残奥会总结表彰大会直播,并集体学习习近平总书记在北京冬奥会、冬残奥会总结表彰大会上的重要讲话精神。

(张 岩)

# 外国语学院

【发展概况】 机构设置。2022年外国语学院(简称"外院",下同)设阿拉伯语言文化系、朝鲜(韩国)语言文化系、德语语言文学系、东南亚语言文化系、俄罗斯语言文学系、法语语言文学系、南亚学系、日本语言文化系、西班牙葡萄牙意大利语言文学系、西亚语言文化系、亚非语言文学系、英语语言文学系、世界文学研究所、外国语言学及应用语言学研究所、翻译硕士专业学位教育中心、语言中心共计12系2所2个中心。现有32个研究机构,1个教育部人文社科研究基地(北京大学东方文学研究中心),1个"国家外语非通用语种本科人才培养基地",1个"外语非通用语种文科类实践教育基地",11个教育部区域和国别研究培育基地/备案中心。

学科建设。学院党政联席会牵头编制《外国语言文学学科放权改革方案》，明确了北京大学外国语言文学学科的2025、2030建设目标：至2025年，本学科在教学和科研方面继续保持国内顶尖、世界一流地位；至2030年，本学科将推动外国文学研究、外国语言研究进入世界一流顶尖学科，推动翻译研究、国别与区域研究、比较文学与跨文化研究进入世界一流前列。形成具有中国特色的文化交流与传播范式，以国际化、本地化、多样化的形式"讲好中国故事"，打通文化传播的"最后一公里"。提出了建设任务：在国家与学校的大力支持下，本学科将努力做到"一个全面"，解决"两个卡脖子难题"，实现"三个突破"。在2022年QS世界大学专业排名中，本学科覆盖的"英语语言文学"名列第42名，"现代语言"名列第12名，参与建设的"语言学"名列第14名、"古典文学"名列第14名，居世界前列。2022年度绩效评估中，本科教学绩效评估为A+、研究生教学绩效评估为A、科研绩效评估为A、综合管理绩效评估为A+。

设有英语、俄语、法语、德语、西班牙语、葡萄牙语、日语、阿拉伯语、蒙古语、朝鲜语、越南语、泰国语、缅甸语、印尼语、菲律宾语、印地语、梵语巴利语、乌尔都语、波斯语、希伯来语、意大利语21个本科语种专业。除意大利语专业外，其他20个语种专业均为国家级一流本科专业。与元培学院、历史学系共建有外国语言与外国历史专业；与元培学院、考古文博学院联合开设外国语言与外国历史专业——外国考古方向。现有1个一级学科博士点，11+1个二级学科博士点（1个与中文系合建），1个应用型硕士学位点，1个博士后流动站。2017年起，设立国别和区域研究二级学科，招收硕博士研究生。

**队伍建设**。截至2022年12月31日，学院共有在职教职工232人，劳动合同制职工12人，离退休教职工207人，外国语言文学博士后流动站在站博士后12人。专职教师215人中，有正高级职称/学术头衔109人（含老体制教授46人、教学教授6人、长聘副教授16人、预聘副教授2人、助理教授39人）、副高级职称72人（含老体制副教授68人、教学副教授4人）、讲师34人。现有"全国高校黄大年式教师团队"1个，"长江学者奖励计划"特聘教授2人、青年学者3人，北京大学哲学社会科学领域专业技术一级岗位（国家专设特级岗位）1人，"百千万人才工程"国家级人选2人，跨世纪人才2人，新世纪人才6人。进一步深化人事制度和人才发展体制机制改革，充分激励教师内驱发展的创新潜能，已形成一支结构合理、优势明显的教学科研梯队。2022年引进教授1人，长聘副教授1人，助理教授7人，教学讲师1人；退休7人；博士后进站4人、出站4人；教研系列方面，3位老体制副教授晋升长聘副教授，2位助理教授通过Tenure评估晋升长聘副教授，1位老体制讲师获聘助理教授；教学系列方面，2位老体制副教授晋升教学教授，1位老体制讲师晋升教学副教授。

**教学工作**。截至2022年12月，学院有学生1347人，其中本科生844人、硕士研究生342人、博士研究生161人。录取本科生212人（含外语类高中保送生89人，高考录取122人，港澳台生1人，其中少数民族16人）。录取硕士研究生125人，其中学术型硕士研究生76人（含港澳台生1人），专业型硕士研究生49人，其中英语笔译方向24人、日语笔译方向9人（含港澳台生1人）、日语口译方向16人；录取博士研究生33人（含留学生1人、港澳台生1人）。本科生毕业173人，授予学士学位171人，结业1人，大专毕业1人，往年结业2人。2022年辅修毕业4人。研究生毕业148人，其中，博士研究生39人，硕士研究生109人；结业8人，其中博士研究生7人，硕士研究生1人。获得博士学位39人、双证硕士学位109人。王菁的《由"眼"至"灵"：夏多布里昂游记中的"记忆"问题》和叶芳芳的《跨语言的想象与重写——中国古代女性诗歌俄译文本研究》荣获北京大学优秀博士生论文。李睿恒的《伊拉克库尔德问题研究（1958—2003）》荣获北京优秀博士论文提名奖。

开设本科生课程528门，新开课36门；开设研究生课程302门，新开课15门，全部参与学校课程评估。大学英语新开两门C级别课程和两门B级别课程，分别为《19世纪英国女性作家经典作品选读》《西方古典文化：影视与文本》《美国英语语调和听说语法》和《美国英语语音与听说词汇》；语言中心新开4个语种的一带一路项目公共语言课程，分别为《公共梵语》《公共古典藏语》《公共普什图语》和《公共荷兰语》。春季学期大学英语安排44门课程164个班，选课学生人数达到4299人；语言中心研究生安排23门课程51个班，选课人数为1131人；本科生安排17门课程21个班，选课人数为263人。秋季学期大学英语安排44门课程159个班，选课学生人数达到5172人；语言中心研究生安排27门课程64个班，选课人数为2088人，本科生安排23门课程28个班，选课人数为713人。

林丰民的《阿拉伯报刊文选（一）》入选北京大学课程思政示范课程，大学英语教研室的《英语阅读》课程获北京高校优质本科课程立项。2022年度立项"研究生教育创新计划"4项："从边疆看周边"国别和区域研究系列调研项目（吴杰伟）、第二届"百年大变局下的国别和区域研究"（施越）、全国研究生"东方文学与文明互鉴"暑期学校（林丰民）、北京大学外国语言文学研究生论坛（王丹）。成功申报2022年北京大学本科教学改革项目9项、北京大学思政教材建设项目2项，数字化教材建设项目1项，获批教材建设项目10项，3套教材获得北京大学优秀教材称号。

希伯来语专业获批为国家级一流本科专业建设点。2项成果入选北京市教育教学成果奖，宁琦等10位老师完成的"国别和区域研究复合型人才分层分类培养体系的创新与实践"项目荣获一等奖，李淑静等36位老师完成的"以学生成长为中心的大学英语专题化、模块化、多样化课程体系建设"荣获二等奖。申丹荣获2022年北京市优秀教师，王爱华、刘红中、李宛霖、岳远坤、樊星荣获2022年北京大学教学优秀奖，叶恩红荣获2022年北京大学教学管理奖。

赴国外交流学生85人次，本科生58人次，研究生27人次，超过6个月的长期出访39人次，学生通过国家公派和校际交流项目的支持赴境外22个国家和地区学习。继续拓展国际交流渠道，与东京外国语大学续签了交流合作协议。

完善2022级招生专业本科生培养方案，修订2023年招生专业泰语、印尼语、梵语巴利语、希伯来语、越南语培养方案。本科生科研训练项目立项22项，短期18项，结题12项。创新交叉学科人才培养模式，开展特色本科项目："多语种国际化卓越外语人才拔尖学生培养实验班"，德语、日语方向招生28人，在读学生34人，日语、俄语、德语、西班牙语方向完成项目结业19人，全部在国内外继续深造；启动北京大学外国语学院——北京大学新闻传播学院"外国语言与国际传播"项目，招生11人；启动北京大学"中文——英文杰出人才培养"项目，招生14人；启动北京大学"国别和区域研究"项目，招生11人；外国语言与外国历史专业招生5人。

完善2022级招生各专业研究生培养方案。加强导师队伍建设，按照教育部和学校要求，完成50位博士研究生导师的遴选及年度招生资格审核工作。经外国语言文学分委员会评定，琴知雅增补为博士生指导教师，范晶晶、陈飞、李宛霖、王斯秧、章文、王帅增补为硕士生指导教师，另有孙建军等9名教师具备博导资格（新体制教师）。4月，完成研究生指导教师的遴选及年度招生资格审核工作，50位博导获得2023年研究生导师招生资格；完成2022年研究生指导教师遴选：王斯秧、李宛霖、陈飞、郑萱4人获得博士生导师招生资格，卢炜、张慧玲2人获得硕士生导师招生资格。

5月21日，举办第十四届北京大学外国语言文学研究生论坛，来自国内外高校的近200名硕士、博士研究生参加本次论坛。收到来自国内外127所高校500余位研究生的571篇投稿，涵盖东方语言文学文化、西方语言文学文化、外国语言学及应用语言学、国别与区域研究、翻译理论与实践五大研究方向，参与人数及投稿论文篇数均创历史新高。出于疫情防控的需要，本届论坛采取全程线上参会的形式，共设置16个分论坛会场，每个分会场的参会同学在云端实时交流与互动。评选出获奖论文一等奖21篇（硕14篇、博7篇），二等奖37篇（硕27篇、博10篇），三等奖53篇（硕35篇、博18篇）。10至11月成功举办北京大学"使命与担当"英语演讲比赛，共有1400余名同学参加比赛，元培学院李卓宜和外国语学院汪栎宬2位同学荣获大赛特等奖。11月19日承办2022年度北京市非英语专业研究生英语演讲比赛决赛，经过选拔，来自29所大学的18名选手成功进入决赛，围绕主题"Self-Reliance and Globalization（自力更生与全球化）"在云端展开精彩演讲。大赛最终评选出特等奖3名、一等奖6名、二等奖9名。

科研工作。学院获省部级以上项目18项，纵向经费到账超过380万元，其中凌建侯教授的"俄罗斯诗学学派研究"获国家社科基金重大项目。获得国家社科基金一般项目2项、青年项目1项、教育部项目2项、中国侨联项目1项、博士后科学基金面上资助项目3项、国家社科基金优秀博士论文出版项目2项。此外，2022年3月获2021年国家社科基金中华学术外译项目6项（重点项目2项、一般项目4项）。2022年横向项目立项9项，横向经费到到账90余万元。

据不完全统计，2022年学院教师的成果共计316项，其中出版学术专著13部，译著25部，编著及教材29部，研究咨询报告10篇。在国内外学术刊物及著作中发表论文239篇。

获伊朗第29届国际图书奖1项，获第十届春风悦读榜"金翻译家奖"1项，获中国翻译协会的翻译文化终身成就奖1项。

受疫情影响，国际、国内学术研讨会采用线上线下结合的方式举行。据不完全统计，学院共主（合）办国际（含境外、双边）学术研讨会、国内学术研讨会、论坛、工作坊、报告会、讲座等交流活动150余场。

交流合作。来华全职外教23人，含19位外籍专任教师（Z岗），1位外籍博士后，3位事业编制教师。其中，12位来自叙利亚、巴基斯坦、伊朗、埃及等11个"一带一路"国家，占比超50%。在线远程授课外籍专家29人次，其中，11人次来自缅甸、菲律宾、蒙古国等7个"一带一路"国家。

签署国际协议。3月，与北大基金会共同和意大利驻华使馆文化处签订协议，约定意方提供15,000欧元支持意大利语课程建设，并已落实经费执行。8月，与韩国财团就2022—2023学年选派韩籍专家赴北京大学开展工作事宜签订协议，并落实相关工作。10月，与日本东京外国语大学就学术交流及学生交换事宜签订协议。

国际交流活动。4月，法语系董强、秦海鹰携法语系学生参加北京法国文化中心"龚古尔文学奖中国之选"，投票选举参选作品。10月，菲律宾驻华使馆与菲律宾语专业共同主办电影展映活动，使馆代办欧帝诺出席致辞。11月，外国戏剧与电影研究所携手瑞士驻华使馆举办"2022瑞士戏剧工作坊"，组织国内高校学者主题研讨，瑞士作家贝尔格与国内学者线上对谈，开展贝尔格名剧《世界必将与我一起烟消云散》线上剧本研读活动。11月，伊朗驻华使馆文化参赞阿巴斯阿里·瓦法伊到访，与波斯语专业师生座谈，围绕中伊文化交流、学术互鉴、波斯语人才培养等主题交流。

国际荣誉。3月，法语系段映虹获法兰西共和国"学术棕榈"骑士勋章。3月，西亚系沈一鸣的译著《春园》（贾米原著，商务印书馆，2019年）获伊朗第29届国际年度图书奖。5月，葡萄牙语专业王渊获"世界葡萄牙语日"致敬表彰。10月，英语系申丹入选斯坦福大学第4期2022全球前2%顶尖科学家榜单。

**党建工作**。截至2022年12月，学院有党员667名，其中教职工党员119名，学生党员436名，离退休党员112名。设有党支部35个，其中教职工党支部13个，学生党支部18个，离退休党支部4个。按照"控制总量、提高质量"的指导思想，发展党员121人（其中含青年海归教师1人），转正95人。围绕基层党建工作中代表性、前瞻性的实际问题，申报党建研究重点课题1项、完成北京大学课程思政示范院系建设立项，组织党支部申报党建创新立项7项。积极开展学习宣传贯彻党的二十大精神系列活动。先后举办"以党的二十大精神及习近平外交思想为指引，全面推进中国特色大国外交"专题辅导报告、"加强和改进国际传播工作，铸就社会主义文化新辉煌"学习研讨会、"讲好中国故事的翻译理论与实践"研讨会等活动，结合业务实际，推动党的二十大精神落地落实。在高端翻译人才培养和国际传播能力建设方面争当排头兵。与中央党史和文献研究院第六研究部签署共建协议，创建"高端翻译人才培养基地"；高度重视思政教育人体系建设，学院多位教师参加教育部委托重大项目——高等学校外语类专业"理解当代中国"系列教材编写。以党建引领志愿服务先锋力量。北京冬奥会冬残奥会期间，学院派出52名师生投入到各场馆的服务保障中，另有19个语种的42名师生参与多语种新闻稿件的翻译和校对工作；累计有超过100人次教职工志愿者、超过280人次学生志愿者参与校园疫情防控，志愿服务时长超600小时。

**行政工作**。每周举行一次党政联席院务会，对"三重一大"事项集体研讨决策，全年共举行党政联席院务会47次。

优化服务流程，推行服务新举措，顺应实际情况对工作方式进行持续的升级迭代。1月6日，举办"我为师生办实事"行政业务交流会，探讨如何为老师们提供坚实有力的服务支撑。7月8日，举行"远程办公之我见"行政业务研讨会，探讨在防疫形势下，如何进行线上线下办公快速切换，确保各项工作和服务顺利进行。10月7日，行政团队举行存档及数据管理工作专题交流会，对存档工作细则和要求进行了详细说明和培训。学院被评为"北京大学2022年度年鉴工作先进集体"。

在学院官网完善"规章制度""思政实践""外院数据"等栏目，新建博士岗位管理系统，开发外国语言文学研究生论坛网站和北京大学佛学典籍与艺术研究中心中英文网站，改版学院网站"师资队伍"栏目和北京大学非通用语基地网站，在网络安全宣传周期间，组织教师和学生开展了一系列学习和宣传活动。获得"北京大学2022年度网络安全工作先进单位"称号。

学院高度重视院内外宣传，对内发布学院月报9期，通过网站随时发布最新动态，官微"北京大学外国语学院"关注人数23,532人，已发布510条教学科研信息。

**工会工作**。学院工会委员会设有16个工会小组、会员459人（含保留工会会籍的离退休人员204人）。3月11日举行外院教职工大会暨课程思政建设会议，党政班子成员、全体教师、行政工作人员参加会议。参加田径运动会、羽毛球赛、乒乓球赛赛事，自主开展工间操、毽球比赛、跳绳比赛、大步走、同心鼓、瑜伽课堂等活动，2022年六一儿童节期间组织防疫知识线上答题，12月举办"冬季健身周，健康大步走"活动，共计有226位老师参加。在三八妇女节、教师节、新年等节日，向全体工会会员发送节日贺卡。春节期间走访劳动模范和获得多项荣誉成果的离退休教师。规划设计落成了工会之家"工会历史照片墙"。院工会深化"教职工之家"建设项目获批2022年度基层工会示范活动立项。

在第二十一届青年教师教学基本功大赛中，尹旭、章文、杨梦、梅华龙、王渊、周海燕、单荣荣获奖。在"好新闻"评选中，张冬梅、刘迪南、冯一帆、张一宁获奖。北京大学工会授予倪丽慧2021年度北京大学模范工会主席的称号，授予张冬梅、李宁、张一宁、潘桂英2021年度优秀工会干部称号，授予林琼2021年度工会工作特别贡献奖。

**继续教育**。全面落实北京市和北京大学疫情防控要求，暂停面向校外人员开展线下培训工作。依托学院的学术和教学资源，主动服务国家战略，与解放军、公安部委托单位深化合作。与解放军委托单位合作完成涉及7个语种，以"对象国国情文化及中国国防政策专业外语表达"为主题的慕课建设工作。3月荣获"2020—2021年度北京大学继续教育精品项目奖"，参与该项目越南语教学的谢昂老师荣获"2020—2021年度北京大学继续教育教学优秀奖"。

依托北大外语学科及孔子学院平台，参与开展"人文交流 文明互鉴"——北京大学中外人文交流论坛暨首届北京大学孔子学院学术文化季系列活动。2022年，以线上、线下相结合的方式参与主办了"北京大学——开罗大学 北京大学中埃人文论坛暨第五届中阿文明对话会""北京大学中澳人文论坛暨纪念中澳建交五十周年人文交流论坛第一期""北京大学——格拉纳达大学孔子学院中西人文论坛第三期：西语世界的早期汉学研究——从第一部译为西方语言的中国古籍说起""北京大学孔子学院中外人文论坛第18期暨中澳人文论坛第二期：中澳环境治理""北京大学孔子学院中外人文论坛第19期暨中日人文论坛第四期"共五场活动。

完成成人学历继续教育项目往期学员的信息查询、证明开具收尾服务工作。完成"2022年非学历教育对照检查整改工作"的数据申报工作。

**学生工作**。18个学生党支部、57个学生团支部开展党史学习教育514次，组织学习党的二十大报告精神101次。组织开展"请党放心，强国有我"学生党团日联合主题教育活动116次。举办多语种学习《习近平谈治国理政》和党的二十大报告读书会43场，邀请东南亚系主任史阳为领读人培训。邀请马克思主义学院宋朝龙、王久高等专家授课，解读党的二十大报告。发展接收119名中共预备党员，推荐187名积极分子和160名发展对象。52名师生参与冬奥会冬残奥会志愿服务及后勤保障工作，42名师生参与冬奥新闻稿件的翻译校对工作。成立冬奥志愿者宣讲团，宣讲覆盖54个党团支部。开展新生教育系列活动15次，专场美育教育1次，毕业教育系列活动4场。开展院系定制心理健康辅导4次，全年辅导心理关注学生40余人，处理危机12次。组织9个思政实践团，覆盖205名选课学生，31人次教师、17名助教参与带队。开展优秀选调生分享会、简历制作讲座和职业生涯规划讲座等15场多种形式的就业培训。开展征兵政策宣讲会，3名同学参军入伍。邀请孙建军、周荇、贾岩等专任教师开展圆桌谈系列讲座，创新思政课程与课程思政新形式。第30届挑战杯获得正赛特等奖3项。第31届挑战杯立项39项，立项数连续两年保持高位。北大杯羽毛球队、女排、女篮荣获冠军；新生杯辩论队荣获冠军、乒乓球队荣获季军；秋季运动会中，杨蕊嘉夺得女子跳绳金牌，陈佳琪夺得女子百米银牌，张蕴泽夺得男子铅球银牌，郭靖夺得女子铅球铜牌。

毕业生去向。2022届毕业生320人中就业168人，国（境）内升学78人，国（境）外留学53人，3名博士毕业生入站开展博士后研究。

媒体传播。"北大外院人"微信公众号共发布文章557篇，总阅读量736,093次，关注人数25,723人。开设北大外院人视频号，发布原创视频3个，累计阅读量1.5万。投稿《学生工作周报》《北大团内信息》528篇（幅）。

（张冬梅、倪丽慧、张琳娜、祝洁琼、陈　静、谭胜方、冯一帆、张一宁、伍昕钰、岳琛琛）

# 艺术学院

【发展概况】　组织机构。艺术学院设4个系：艺术理论系、艺术史系、艺术管理系、艺术教育系，设8个虚体科研机构和研究基地：北京大学文化产业研究院、北京大学影视戏剧研究中心、北京大学昆曲传承与研究中心、北京大学曹雪芹美学艺术研究中心、北京大学民族音乐与音乐剧研究中心、北京大学书法教育与研究中心、中国文联文艺评论研究基地、文化部国家对外文化交流基地，1个挂靠实体研究机构：中国画法研究院。

学科建设。学院承担1个一级学科、2个本科专业、3个专业领域的艺术硕士和1个博士专业建设，拥有艺术学一级学科博士后流动站。"艺术史论专业""广播电视编导"专业均入选国家一流本科专业建设点。

队伍建设。截至2022年底，学院有教职员工66人，包括教学科研人员28人，其中教授11人，老体制副教授2人，新体制教研系列长聘副教授4人，助理教授8人，教学系列教学教授2人，客座讲席教授1人；事业编制行政人员7人，劳动合同制15人，博士后16人。通过招聘和调入，新增教学科研人员4人，博士后7人；3名教授退休，3名博士后出站。1名助理教授通过Tenure评估，1名老体制副教授晋升教学教授，4名助理教授完成中期考核。学院现有长江学者特聘教授项目4人，长江学者海外讲席项目1人，长江学者青年项目1人，中组部国家高层次人才"万人计划"哲学社会科学领军人才1人、青年拔尖人才1人。

教学工作。2022年，学院共招收本科生38人，硕士研究生68人，博士研究生19人；本科毕业54人，硕士研究生授予学位84人，博士研究生授予学位19人。

学院开设研究生课程76门，本科课程111门，其中外教全英文授课本科课程2门，新开设"浪漫主义时代的欧洲音乐""颗粒艺术"美育课程2门，4门公选课程被认定为全校通选课。1人获北京市高等教育教学成果二等奖，4人获北京市学校美育改革创新优秀案例征集评选活动（甲类）一等奖1项，2人获（甲类）二等奖2项；1人获第十八届北京市高等学校教学名师奖；2人获北京大学教学优秀奖，1人获北京大学教学管理奖。2022年度"本科生科研训练"立项4项，2门课程获本科教学改革立项、2门课程获研究生课程建设立项。

本科毕业生线上毕业展、颗粒艺术课程作品展顺利举行，完成研究生学位授权点合格评估，提交"学位授权点建设年度报告"。完善艺术硕士各专业开题细则和开题规范，突出和强化实践培养特色。加强博士生培养过程管理，制定《博士生综合考试办法》《博士生年度审核办法》《艺术学院优秀博士论文评选办法》。

科研工作。2022年，学院师生作为第一作者及通讯作者发表论文193篇，其中A&HCI论文7篇、CSSCI论文46篇；出版著作6本，编著教材2本、研究咨询报告6本、科普读物1本；新增纵向与横向在研项目共30项，其中国家社会科学基金项目艺术学重大项目2项，一般项目2项，中央其他部门社科专门项目9项，省、市、自治区社科基金项目1项，地、市、厅、局等政府部门项目4项，企事业单位委托项目12项，国家艺术基金项目1项。举办国内外学术会议17个，其中承办北京大学主办的国际会议2个。申请实用新型专利8项，外观设计专利2项。

交流合作。组织中国文艺评论（北京大学）基地揭牌仪式暨"文艺评论的历史感与现实性"学术研讨会、中国教育国际交流协会国际艺术教育专业委员会成立大会暨首届国际艺术教育交流与合作研讨会、第十九届中国文化产业新年论坛、"数字化与中国电影"国际学术论坛、2022第一届"中国电影理论发展高峰论坛"暨"当下中国电影的理论探索与学派建设"学术论坛、首届中国抚州文创生态大会暨第十八届中国文化产业新年论坛"迈向2035：文化强国与新发展格局"、艺术振兴与精神共富学术研讨会、第七届北京大学国际音乐剧研讨会等大型学术活动。在线举办"数字化与中国电影"国际学术论坛、"2022北京大学艺术学国际博士生学术论坛"等国际学术会议。完成国家艺术基金资助项目音乐剧《大钊先生》《红梅花开》、北京文化艺术基金资助项目《小鸟天堂》的创作与演出实践。

**党建工作。** 学院有党员159人，其中正式党员137人，预备党员22人；教工党员27人、学生党员127人、离退休教工党员5人。新发展党员20人，其中青年教师2人、本科生9人、硕士生5人、博士生4人，完成预备党员转正14人。设教工党支部1个，学生党支部4个，顺利完成支部换届工作。各支部围绕党的二十大精神、北京市第十三次党代会、学校第十四次党代会精神、总书记关于教育的重要论述和给北大的重要指示批示精神、习近平总书记乡村振兴重要讲话等主题开展各类教育活动和特色党课。

以"学精神 悟原理 导学术"党课品牌活动为抓手，邀请知名专家开展"二十大报告解读：中国式现代化的文明价值与世界意义"讲座，组织"艺术振兴与精神共富"学术研讨会等各类交流活动10余次。继续做好党委委员一对一联系党支部工作，班子定期与师生谈心谈话、坚持每学期进课堂。完成学院课程思政建设方案，打造"中国电影史""中国美术通史"等精品课程，推进"大思政"建设。带领学生赴山西"感悟红色圣地，弘扬太行精神"、赴四川"乡村艺术扶贫与文化创新"开展思政实践。开展"艺心向党：请党放心，强国有我"主题党团日活动40余次，组织"描绘党的精神谱系"学生文艺微党课14次。

学院党委申报课题获北京大学党建研究课题立项支持，本科生联合党支部研究项目获北京大学基层党建创新立项支持。学院教师撰写专著、编剧作品入选中宣部第十六届精神文明建设"五个一工程"2项。1人获第五届"全国中青年德艺双馨文艺工作者"称号，1人获北京大学首届"北大参政议政服务发展同心奖"，1人获评北京大学十佳学生党支部书记，本科生联合党支部获北大学生党团日联合主题教育活动二等奖。

**工会及离退休工作。** 学院有在职会员61人，其中事业编制会员35人，合同制职工会员12人，博士后会员14人。学院工会组织爱心募捐工作，组织参观学习、健身活动和健康体检工作。

学院有退休教师12人。年底学院开展退休教师专项慰问和送温暖活动。抗疫期间，学院成立离退休人员防疫工作专门小组，开设24小时应急服务热线，为退休老师寄送抗疫用急需物资。

**学生工作。** 完善《艺术学院学生素质综合测评实施细则》《艺术学院学生兼职辅导员工作条例》等制度办法，继续落实新生值班制度、新生结对子制度。压实疫情防控责任，涉疫学生一人一账，开展7轮次宿舍走访慰问。设计制定25项新生入学教育活动，线上与线下结合组织开学典礼和毕业典礼，组织策划"学院奖"评选工作，打造艺术学院颗粒艺术实验室和北京大学第二届颗粒艺术展。顺利完成《美育赋能以大学生自我发展为中心的精准资助研究》课题，连续4年实现100%就业，获评2021—2022学年学生资助工作先进单位。一批优秀学生个人获北大十佳学生党支部书记、优秀学生干部标兵等奖励，先进集体获北大示范班集体、示范学生宿舍等。

**艺术团工作。** 北京大学学生艺术总团累计参加校内外各类演出50余场。交响乐团参加由中央电视台主办的《领航》北京高校系列快闪活动，弦乐四重奏参与临湖轩迎接外宾表演，并在中国大学校长联谊会"情归祖国"云上音乐会上演出。舞蹈团原创作品《脊梁》登上北京大学"五四青春诗会"舞台，舞蹈团参加学校教师节表彰大会表演舞蹈《青山远黛》。民乐团在北京大学"五四青春诗会"表演《印象国乐·大曲》，为北京大学2022年暑期学堂开营仪式录制节目《龙腾虎跃》，参加"胡琴名家荟萃"音乐会及第十九届北京论坛开幕式。合唱团在"第十一届新时代中国青年经济论坛"开幕式表演《我们依然在路上》，在北京大学光荣在党表彰大会表演《我爱你中国》和《唱支山歌给党听》曲目，参加教师节表彰大会表演《半个月亮爬上来》和《感谢》等曲目。

（李婷婷、解 明、孙 黎、耿炜娜、<br>高晨昱、李志华、颜 丽）

【**获2022年度国家社科基金艺术学重大项目立项**】 6月29日，全国艺术科学规划领导小组办公室公布2022年度国家社科基金艺术学重大项目立项名单，共18项，艺术学院李道新教授担任首席专家的"中国特色电影知识体系研究"（22ZD10）和唐宏峰任研究员担任首席专家的"中国式现代化背景下艺术理论发展研究"（22ZD04）获得立项。

9月23日上午，"中国特色电影知识体系研究"开题论证会举行，首席专家李道新表示本课题将从中国特色电影学科体系、学术体系、话语体系、创新机制与评价机制等五个角度，构建"三位一体，两翼共振，平台融合"的中国特色电影知识体系。子课题负责人北京大学艺术学院李洋教授、北京师范大学艺术与传媒学院陈刚副教授、中国电影艺术研究中心檀秋文编审、北京大学艺术学院邱章红教授、北京电影学院国家电影智库刘正山研究员分别汇报。评审专家高度肯定课题重大的理论价值、学术价值和创新价值，一致同意通过此项目开题。

9月23日下午，"中国式现代化背景下艺术理论发展研究"开题论证会举行，首席专家唐宏峰表示本课题的核心价值意义在于论证和确认"中国式现代化艺术理论"，建构中国式现代化道路的艺术之途，以中国式现代化艺术学树立中国学科自信，建构中国现代艺术理论的话语体系。子课题负责人北京大学艺术学院彭锋教授、北京航空航天大学人文社会科学学院石天强教授、东南大学艺术学院卢文超教授、中国文联文艺评论中心徐粤春主任分别陈述研究思路，评审专家一致同意其通过其项目开题。

（高晨昱）

【昆曲、古琴艺术海外交流传播】 自2022年6月起，北京大学艺术学院、北京大学昆曲传承与研究中心联合北京大学汉语国际推广工作办公室，在线上举行多次对外文化交流活动，包括中外人文论坛系列、《视野中国·昆曲》《音韵中国》系列、"国际中文教育+昆曲（古琴）类"海外课程项目等。6月27日、12月7日，与英国谢菲尔德大学联合主办两期中英人文交流论坛，论坛主题为"群鸟跨越重重大海——中英古典音乐的召唤与融流"与"莎士比亚与汤显祖"，共有数千名观众观看直播。11月5日，与开罗大学联合主办"中埃人文论坛——弦音下的中国世界：古琴雅集云端赏析"，为首次在线上举行中外古琴音乐会，受到广泛好评。11月18日，"弦音下的中国叙事——首期北京大学、厦门大学、德国特里尔古琴雅集云端赏析"在云端和线下同步举办，海内外200余名古琴爱好者共襄音乐盛会。6月至7月，在圆明园、正乙祠、法海寺、北大鹿岛联合拍摄《视野中国·昆曲》《音韵中国》系列视频，通过"昆曲（古琴）+古建"的方式对外传播中华优秀传统文化。视频作为孔子学院宣传片在海外展示。2022年，成功申请教育部语合中心资助项目——国际中文教学实践创新示范课《国际中文教育+经典昆曲赏析》实践课、国际中文教学实践创新成果报告《国际中文教育+古琴经典艺术赏析》。

（陈　均、王亮鹏）

【"学院奖"学生短片评选展映】 5月至8月，学院开展"学院奖"学生短片评选展映活动。活动以"艺象再启，光影青春"为主题，以戏剧影视文学方向本科生及电影、广播电视方向艺术硕士为参赛主体，面向全校学生征集优秀短片作品参评。大赛收到参评作品30余份，作品涵盖剧情短片、纪录片、电影史电影、定格动画及私人影像等多种影片体裁和类型，题材丰富，描绘家庭亲情、动人爱情、真挚友情，镜头对准冬奥热点、社会公益、非遗传承，探讨互联网治理，关注社会发展议题，书写励志奋斗，充分体现了北大学子的广博视野和创作才华。经评选，共有9部优秀作品获评12项大奖，6月26日，学院于英杰交流中心举行了颁奖仪式。

为进一步展现北大学生的创作风采，7月27日至8月4日，学院于网络平台举办"学院奖"优秀作品展映活动，通过一站式播映平台，结合网络直播及点播方式，将26部历届优秀作品呈现给广大观众。导演刁亦男、五百，中国文联电影艺术中心电影理论研究处处长王纯，北京师范大学影视戏剧系主任陈刚，中国电影导演协会副会长王红卫，北京电影学院教授吴冠平教授，中央戏剧学院影视戏剧系主任高雄杰等校外专家学者受邀与影片主创、学院教师一同作影片创作交流讲座。展映活动共吸引逾70,000人次参加。

（高　琰）

# 对外汉语教育学院

【发展概况】 组织结构。对外汉语教学始于1952年10月"北京大学外国留学生中国语文专修班"。1984年10月，在原"外事处汉语教研室"的基础上，成立"对外汉语教学中心"（简称"汉语中心"），教学对象主要是非学历教育的汉语进修生。1995年4月，以汉语中心和留学生办公室为基础，成立"北京大学海外教育学院"。1999年学院进行体制改革，海外教育学院建制撤销，汉语中心挂靠国际合作部。2002年6月29日，"北京大学对外汉语教育学院"在汉语中心的基础上成立。学院自1986年开始招收硕士研究生，2006年开始招收博士研究生。

学院设置长期及特殊项目教研室、短期及预科项目教研室，负责语言生日常教学及管理；设置研究生教研室，负责研究生教学和管理；设置汉语及应用、习得与测试、文化与跨文化交际、课程与教师发展四个研究室，负责组织不同方向的科研工作；设置综合办公室、信息技术服务中心和资源建设中心，为教学科研提供服务。学院的虚体机构名称为"北京大学汉语教学研究中心"。学院运行由党政班子负责，同时设立学术委员会、教学指导委员会（研究生教学分委会、留学生教学分委会）、岗位聘任委员会和薪酬委员会，负责相关专项业务。

学科建设。学院一级学科为中国语言文学，二级学科为语言学及应用语言学。博士点为语言学及应用语言学、汉语国际教育专业博士，硕士点为汉语国际教育专业硕士。学院主办的品牌学术活动主要有"世界汉语研讨会""北京大学国际汉语讲坛""对外汉语教学暑期高级研讨班""对外汉语教学研究生学术论坛"等。学院主办学术刊物有《汉语教学学刊》，每年出版两期。

队伍建设。12月，学院有专任教师51人，其中老体制教研系列37人（教授8人，副教授25人，讲师4人），新体制教研系列10人（长聘副教授4人，预聘副教授1人，助理教授5人），新体制教学系列4人（教授2人，副教授1人，讲师1人）；另有博士后2人，院聘合同制语言讲师5人，国际中文教育专职教师5人，行政教辅人员9人（其中劳动合同制人员5人）；以及离退休人员34人。

3月，学院举行人才工作专题系列会议。6月，学院人才工作小组成立，出台《对外汉语教育学院人才发展战略》，为学院未来人才工作指明方向；修订《对外汉语教育学院青年教师发展指导工作实施办法》，加强对青年教师的学术指导和教学指导。11月，学院通过学校精准支持队伍建设项目评估，启动第二轮精准支持。经个人申请和学院评审，20位老体制教师获得第二轮支持。学院成立教师工作小组，进一步完善教师思想政治和师德师风建设工作体制机制。

教学工作。2022年共完成911人次、13,097课时的教学任务,开设89个教学班级;其中春季学期学生总数为323人,秋季学期学生总数为528人,暑期学校学生总数为60人。本科项目共录取新生13人,在读学生30人。3月28日启动首届外籍专家中文教学工作,为6所兄弟院系15位外籍专家提供线上中文教学课程,共计268学时。

举办教研室会议,围绕"语言类直播课程的技术升级""讲好当代故事"主题组织教学讲座和研讨。本科留学生公选课《当代中国》《中国概况》入选北大"全球课堂"项目。新增面向校际交流学生的《基础汉语》课程。将"理解当代中国"元素逐步融入各课程体系。4月20日,举办留学生线上谷雨诗会——联合国中文日主题活动。4月至5月,举办留学生在线汉语大赛。10月至11月,举办"携手同一世界 共享和合未来"北京大学留学生演讲比赛。全年为留学生举办24个中文社区活动。

12月,学院在校研究生总数为156人,其中硕士生112人(内地学生76人,外籍学生35人,港澳台学生1人);博士生44人,其中学术博士生40人(内地学生30人,留学生10人),专业博士生4人(内地学生3人,留学生1人)。

2022年共录取硕士研究生48人(内地学生24人,港澳台生1人,留学生23人),入学报到共43人(内地学生24人,港澳台学生1人,留学生18人)。2022年共录取博士研究生13人,包括学术博士生11人(含少数民族骨干计划学生1人,留学生3人),专业博士生2人(含留学生1人),报到入学13人。

汉语国际教育专业硕士毕业并获得学位35人,语言学及应用语言学博士毕业并获得学位7人,首届汉语国际教育方向教育博士专业学位研究生毕业并获得学位3人。严格学位论文质量关,首次增加博士论文送审前把关环节,4篇硕士论文评阅意见及答辩意见均为优秀,被评为本年度优秀硕士学位论文。

5月举办第十二届东亚汉语教学研究生论坛暨第十五届对外汉语教学研究生学术论坛,参会人数共计376人。

**科研工作**。2022年学院学术成果共44项,包括36篇期刊论文、3篇正式出版的论文集论文、2本专著、3本编著。2022年科研项目立项3项,在研项目共10项。

1月,学院首次举办"新年论坛"。2022年是北京大学对外汉语教学70周年和对外汉语教育学院建院20周年,举办了多场大型学术活动。6月举办北京大学第三届世界汉语研讨会,9月举办"首都海外华文教育联盟成立仪式暨2022海外华文教育论坛",10月举办"第七届中国教育语言学高端论坛"。举办北大人文讲座3讲、北大国际中文教育讲坛4场、学术沙龙多场。学院教师参加科研活动共69人次,包括参加学术会议45人次、讲学培训(含讲座等)24人次。其中,在学术会议中作主旨报告20人次。此外,在2022年国际中文教育交流周期间,学院参与筹备、承办多项重要活动。

**交流合作**。外派教师9人,其中,校际交流项目3人(韩国梨花女子大学、美国狄金森大学、西班牙格拉纳达大学),孔子学院7人(日本立命馆孔子学院、以色列耶路撒冷希伯来大学孔子学院、德国柏林自由大学孔子学院、英国伦敦大学学院IOE孔子学院、埃及开罗大学孔子学院、白俄罗斯国立大学孔子学院、泰国清迈大学孔子学院)。

**社会服务**。7月4日至15日线上举办"对外汉语教学暑期高级研讨班",320多名学员参加,19位专家学者授课。7月至8月举办国外本土中文教师研修班(线上),为期两周,学员159人。20多名师生参与教育部2022年港澳教师普通话能力提升培训班,为期四周,学员178人。

**党建工作**。学习贯彻北京市第十三次党代会、北京大学第十四次党代会精神,具体形式包括党政班子成员集体学习、党代表传达、党委书记领学,以及教职工党支部联合集体学习。

学院发展新党员8名,5名预备党员转正。学院现有党员142名,其中在岗职工42名,学生党员48名,离退休党员23名,组织关系仍在学校的毕业生党员29名。3月,获批2021—2022学年度基层党建创新立项重点项目、普通项目各1项。获批北京大学2022年度党建研究课题普通类别立项1项。2022年9月15日,2022级硕士生党支部成立。9月24日,离退休党支部完成换届。

**宣传工作**。2022年,向学校新闻网投稿15篇,其中教学科研类7条,党建思政工作8条。学院网站发布通知公告33条和新闻稿52篇。学院微信公众号发布通知公告25条和新闻稿38篇,总阅读量119,631。"汉语学刊"微信公众号共发布10篇学刊相关信息,总阅读量3169。

**行政工作**。学院举办建院20周年庆祝活动,行政人员参与宣传片制作、人员邀请、会场安排、网络直播、志愿服务、疫情防控等各方面的工作。协助完成汉语大赛和演讲比赛视频制作、汉教英雄会录制;为科研、行政、宣传、工会等设计PPT和海报;继续建设数字化档案;为没有拍摄肖像照的老师进行补拍。配合线上线下教学,及时补充纸质和电子版教材;采购教师推荐用书113本。整理统计学院自2004年以来近800名毕业生院友的所在单位、联系方式等个人信息。学院院友会理事会选举更新,修订理事会章程并上报北大校友会备案。

**学生工作**。学工组组织师生代表,完成博士生、硕士生素质综合测评办法修订,并使用新测评办法落实奖励奖学金评审工作。完成困难生认定及助学金评审工作,确保程序的合理与规范。推进学生服务管理工作,了解学生需求,以"导向、定向、去向"为核心进行全程就业指导,关心学生成长与发展。在学生心理排查和心理辅导方面,构建学工组—班长—寝室长三级联动机制,直接联系服务引领学生,密切关注学生的思想及心理状况,积极和学校心理咨询中心沟通,及时了解学生最新心理动向,全年零心理危机。面对疫情，坚持每日台账梳理及学生离返京、出入校审核等。面对政策调整变化，发挥学工组-班主任-学生骨干的三级联动作用，及时举行班主任及骨干会议，班主任举行各班班会，对政策进行解释沟通，安抚学生情绪，及时了解学生需求，给学生提供切实帮助。

（詹成峰、陈 汐、丁也涵、郭素琴、李 洋、魏宝良、张珊珊、张 莹）

【对外汉语教学70周年暨学院建院20周年庆祝大会】 9月24日上午，北京大学对外汉语教学70周年暨北京大学对外汉语教育学院建院20周年庆祝大会在英杰交流中心阳光大厅举行。教育部中外语言交流合作中心党委书记、主任马箭飞，北京市侨联党组书记严卫群，北京语言大学校长刘利，北京市侨联副主席李登新，北京大学副校长王博、孙庆伟，原世界汉语教学学会会长、北京大学陆俭明教授等出席大会。世界汉语教学学会会长钟英华、名誉校董方李邦琴、校友代表泰国公主诗琳通分别发表视频致辞。来自兄弟院校、校内其他单位的嘉宾，以及学院师生、离退休人员、校友代表共200人现场参会。1300余名海内外校友、师生和社会各界朋友通过网络平台在线观看大会。院党委书记汲传波主持大会，院长赵杨作工作汇报。

20年来，学院围绕中文作为第二语言的习得与认知研究，开展中文本体、文化与跨文化交际以及教学法与教师发展研究，学科建设不断取得进步。与此同时，学院积极融入学位教育，为全校本科留学生开设"学术汉语写作"等课程，承担燕京学堂的中文教学任务，为兄弟院系硕博留学生开设"基础汉语"课程。学院与教育学院合作创办国际中文教育本科教育项目，形成了包括本科项目、硕士、"语言学及应用语言学"博士、"国际中文教育"专业博士学位的全系列人才培养体系。2014年学院研发了全球第一门汉语教学慕课"基础汉语"，注册学习人数突破百万。学院有17门慕课在美国的商业慕课平台上线，注册总人数超过两百万。2018年学院举办首届"世界汉语研讨会"，至2022年已举办三届，吸引了全世界国际中文教育领域同仁的关注与参与。

（詹成峰）

【首都海外华文教育联盟成立仪式暨2022海外华文教育论坛】 9月18日，首都海外华文教育联盟成立仪式暨2022海外华文教育论坛在北京大学中关新园群英厅举行。中国侨联文化交流部部长刘奇，北京市侨联党组书记严卫群，北京市侨联主席荣洋，教育部中外语言交流合作中心党委副书记宋永波，北京大学副校长董志勇，海淀区委常委牟晓春，北京市侨联兼职副主席、海淀区侨联主席石岳等出席。北京市侨联副主席李登新主持。

18日下午，联盟举办以"新时代海外华文教育高质量发展"为主题的2022海外华文教育论坛。赵杨主持。来自首都高校的四位教授作主题报告。北京大学资深教授陆俭明作"必须重视和加强汉语书面语教学"报告。中国人民大学国际文化交流学院教授李泉作"新时代海外华文教育的大目标：华文书面语教学与研究"的报告。北京师范大学国际中文教育学院教授冯丽萍作"从传承语的研究谈对华文教育的思考"的报告。北京大学对外汉语教育学院教授辛平作"华文教学的新特征"的报告。

（张 莹、王梓寒）

【学习贯彻党的二十大精神】 学院认真落实上级部门关于学习宣传贯彻党的二十大精神的统一部署，及时发放学习材料，组织学院党委理论学习中心组、师生党支部等开展专题学习。第一时间传达学习大会精神，原原本本学习党的二十大报告，并结合学科特色进行系列学习与交流研讨。

10月16日上午，学院80名师生集中收看了党的二十大开幕直播。10月23日，教职工党支部组织前往工业转型典范首钢园参观学习。10月24日中午，学院党委理论学习中心组（扩大）集体学习二十大精神。11月1日，举行学生党支书会，与支书沟通学习贯彻落实二十大精神相关安排。11月4日上午，行政党支部集体学习党的二十大精神并座谈。11月11日，博士生党支部、2020级、2021级硕士生联合党支部开展"讲好中国故事，凝聚奋进力量——学习贯彻党的二十大精神"主题党日共建活动。11月11日，学院2020级、2021级硕士生联合党支部开展"喜庆二十大，力行担重任"集体学习活动。11月11日下午，院党委书记汲传波为2022级新生党员和第35期党的知识培训班学员讲授主题党课，学习宣传二十大精神。11月16日下午，学院党委举办学习党的二十大精神辅导报告，89名师生在线参加学习。

（张 莹）

## 歌剧研究院

【发展概况】 组织概况。歌剧研究院成立于2010年1月，由国家特色学科立项建立，是中国第一所以歌剧表演、创作和研究为专业的高等教学科研机构，致力于创建独立、系统、完整的歌剧学学科和歌剧教学科研体系，培育杰出歌剧专业人才。2022年，学院领导班子换届，彭锋担任院长。

学科建设。作为国家首批深化专业学位研究生教育综合改革试点学院之一，歌剧研究院以"创新特色发展、教学实践融合、对标国际一流"为核心发展路径，开设戏剧（歌剧艺术）专业，招收全日制艺术硕士，设4个研究方向：歌剧表演、歌剧史论、歌剧制作与管理、音乐剧表演。

队伍建设。截至2022年，歌剧研究院有教职工17人，其中专职教师5人（教授3人，副教授2人），劳动合同制教师12人（艺术指导3人）。此外，院聘兼职教学科研人员11人（教授4人，副研究员1人，讲师1人，助教1人，排练指挥1人，钢琴艺术指导3人）。

教学工作。截至2022年底，在校硕士研究生22人，毕业硕士研究生51人。开设研究生课程21门，本科生公选课6门。歌剧研究院的教学围绕应用型人才培养展开，课程设置密切联系舞台创作与实践，鼓励学生广泛参加艺术实践活动，并定期组织汇报演出以检验教学成果。

王晨副教授获"北京大学教学优秀奖"；院党支部书记兼副院长李鸿副教授获北京大学第二十一届青年教师教学基本功比赛"优秀指导教师奖"；孙冰慧获北京大学第二十一届青年教师教学基本功比赛"三等奖"（人文社科类）。

科研工作。学院在音乐戏剧领域创作研究专著一部，待出版教材三本。两部中国原创剧目在继续创作中。举办第五届"北大歌剧论坛"。

党建工作。学院党支部隶属直属单位党委，现有党员12人，其中教工党员7人，学生党员5人。本年度新发展党员2人，均为学生党员。另有学生入党积极分子9人。2022年共组织支部活动17次。

团建工作。学院团支部隶属直属单位团委，有学生团员20人。2022年共组织团支部集体学习9次，举行支部大会5次，支部活动11次。全年支部内每周青年大学习完成情况均位列直属单位团委第一名。

学生工作。学院按照学校要求，遵循公开、公正、公平的原则圆满完成年度评奖、评优工作。评出三好学生标兵1名，三好学生2名，优秀学生干部1名，社会工作奖1名，学习优秀奖1名，先进班集体1个，国家奖学金1名，北京大学五四奖学金1名，北京大学一等奖学金1名，北京大学二等奖学金1名，科学实践创新奖2名，专业学位专项学业奖学金2名，2020级硕士班于本年度获评北京大学"示范班集体"。完善优化歌剧研究院奖励奖学金评选细则，制定颁发歌剧研究院学生临时困难补助办法。

毕业生去向。学院共有毕业生5人（含留学生1人），其中4人已落实工作，工作单位分别为中央民族大学、北京市德圣中学、山东省烟台大学、河南省西亚斯学院，另1人拟继续升学。

（祁景谋、郑景华、任晔、孙冰慧、李振宇、荀卓）

【"中国·国际歌剧论坛"举行及原创歌剧《青春之歌》上演】1月12日至13日，歌剧研究院与中演在线（北京）文化传媒有限公司合作的"中国·国际歌剧论坛"暨第五届"北大歌剧论坛"在北京天桥艺术中心大剧场举行，其中学院原创的歌剧《青春之歌》也一同上演。

"中国·国际歌剧论坛"以建设世界歌剧发展命运共同体为理想，以"后疫情时代的歌剧"为主题，旨在解决在疫情常态化新形势下歌剧艺术在创作方式、演出形式、新技术推动、跨界融合、商业模式等方面的问题。论坛分为线下和线上两种方式。此次论坛是后疫情时代的全球首次歌剧论坛。

20世纪50年代，作家杨沫以亲身经历为素材，创作了《青春之歌》这部半自传体小说。学院的主创团队通过对女主人公林道静的成长故事，构筑了革命历史的经典叙事，也揭示出知识分子成长道路的历史必然性。歌剧《青春之歌》由唐建平作曲，曹勇、王晓岭、甲丁、李长鸿编剧，以"青春、爱国与选择"为主题，号召青年不虚度青春、为理想和信仰奋斗，启发当今青年们将个人命运选择同国家民族发展结合起来。

（荀卓、任晔）

## 儒藏编纂与研究中心

【发展概况】《儒藏》编纂与研究中心是2004年6月成立的实体性研究单位，挂靠哲学系，是为教育部哲学社会科学研究重大课题攻关项目《儒藏》工程专门成立的组织编纂与研究机构。现由王博教授任中心主任。成立之初，中心名称为"北京大学《儒藏》编纂中心"，2009年10月更名为"北京大学《儒藏》编纂与研究中心"。中心依托北京大学深厚的文化底蕴和优秀的学术传统，整合北京大学丰厚的人文学科资源，联合国内及韩日越三国近百家高校和学术机构，启动《儒藏》工程，致力于儒家文献的整理与研究。

《儒藏》工程是我国建国以来人文社科领域最大的一项基础性学术文化工程；也是中国人文学界迄今规模最大的一项国际学术合作和文化交流项目。工程旨在以现代的学术眼光和技术手段，既对儒学文献进行全面整理，又对儒家文化进行深入研究，参考《佛藏》、《道藏》，将儒家的典籍文献集大成地编纂成为一个独立的文献体系，嘉惠学林，涵育未来世界的文化生机，以期为更好地继承和弘扬我国以儒家文化为主干的优秀传统文化做出新贡献。工程由汤一介任首席专家，季羡林任首席总编纂，汤一介、庞朴、孙钦善、安平秋任总编纂。

《儒藏》中心有在编专职编纂人员8人（其中研究员2人，副研究员6人），在编行政人员1人，合同制行政工作人员2人，合同制编纂人员3人，聘任全职校内退休教授8人，校外兼职教授1人、审稿专家1人，聘任全职校内财务人员1人，站内博士后1人。

2004年，北京大学设立交叉学科"儒家思想与儒家经典"方向，由北京大学《儒藏》编纂与研究中心主办，挂靠哲学系、中文系招收硕士、博士研究生，并由《儒藏》中心统筹安排。《儒藏》中心聘请文、史、哲学科的著名学者共同担任导师，对博士生实行导师负责和集体指导相结合的培养方式，提供有利于诸学科融汇交叉的课程安排和学习形式，以《儒藏》编纂工作的需要和培养要求，学生入学后，统一选修中国哲学专业、中国古典文献学专业和中国古代史专业的课程，并完成一定数量的《儒藏》精华编书稿的校点或审稿工作。截至2022年底，"儒家思想与儒家经典"方向已毕业博士84名，在读博士生24名。

（杨韶蓉）

**【《儒藏》"精华编"已出版240册】**《儒藏》工程的实施分为两步，第一步先编纂《儒藏》"精华编"，在充分总结"精华编"经验的基础上，再编纂《儒藏》全本。"精华编"包括中国、韩国、日本、越南四个部分，其中中国部分是主体，共计282册。截至2022年5月，《儒藏》"精华编"中国部分510种（传世文献458种，出土文献52种）、282册全部整理完成，已由北京大学出版社出版，《儒藏》"精华编"数字化平台已上线试运行，"精华编"单行本也将在两年内完成出版。这标志着《儒藏》"精华编"主体部分已全部完成，"精华编"收官，《儒藏》工程全面进入一个新阶段。

（杨韶蓉）

# 社会科学学部

## 国际关系学院

**【发展概况】** 国际关系学院由6个系和3个研究所组成，管理着10余个科研中心。学院现有在职教学科研人员54人，其中教授26人，副教授18人，助理教授9人，副研究员1人。学院现有4个本科、10个硕士和7个博士专业对外招生。2022年入学本科新生124人，其中留学生48人，截至2022年12月，在修国关双学位184人。2022年新入学硕士研究生154人，博士研究生30人，毕业硕士研究生133人，博士研究生20人。招生规模特别是研究生、留学生数量呈逐年递增趋势。

党建工作。2022年，学院党委坚持以习近平新时代中国特色社会主义思想为指导，紧紧围绕立德树人根本任务，以高度的政治自觉、思想自觉和行动自觉，认真学习、宣传、贯彻、落实党的二十大精神，将全面贯彻落实习近平新时代中国特色社会主义思想与新时代党的组织路线紧密结合起来，持续引导党员增强"四个意识"、坚定"四个自信"、做到"两个维护"，做实做细做强党建工作。

加强政治引领，夯实思想根基。2022年，学院召开党委会、学工专项会、师生党支部书记会等各项会议十余次，专题研究党的二十大学习宣传贯彻工作，精心策划各项工作和活动安排，形成《踔厉奋进二十大，笃行不怠新征程"：学习党的二十大精神系列活动实施方案》，建立长期稳定的学习宣传贯彻党的二十大精神的体制机制，切实增强政治引领，筑牢思想堡垒，通过理论学习与专业研讨相结合的方式统筹部署。

完善长效机制，筑牢基层堡垒。2022年，学院共有72名入党积极分子发展入党，94名预备党员转正。在2021年学生党支部纵向改革的基础上，学院党建工作已形成紧密连接、密切联动的格局，2022年进一步完善长效机制，筑牢基层堡垒，通过"师生连结""朋辈连结""多方连结"的"三连结"，促进上下贯通聚合力，推进内外党建机制融通，不断增强国关基层党支部的凝聚力和向心力。

创新活动形式，聚力提高质效。学院党委探索理念创新、载体创新、方法创新，丰富新时代党建品牌，不断打造符合自身实际、时代特色的党建载体和阵地，形成一批有特色内涵、有推广价值、有辐射成效的党建活动。学院党委立足"请进来""走出去""支部轮流上阵""以老带新"等模式，通过开展多层次、多维度、多形式的活动学习宣传贯彻党的二十大精神，形成师生共学、部门联学的良好氛围，确保学习活动不断走深走实。

教学工作。建设国家级一流本科专业。学院"国际政治"和"外交学"两个本科专业入选国家级一流本科专业建设点。专业基础课"国际政治概论"入选首批国家级一流本科课程，专业核心课"国际政治经济学"完成并提交国家级一流本科课程的申请。2022年，学院进一步完善专业课程体系和人才培养体系，加强思政教育、劳动教育的内容。在课程建设方面，配合教育部设立"国家安全学"一级学科，开设并重点建设本科生专业基础课"国家安全学导论"。在教材建设方面，王逸舟教授编写的《国际政治概论》教材出版修订版并在课堂教学中使用。在师资力量方面，学院引进从英国牛津大学、美国布朗大学、德国曼海姆大学获得博士学位的青年学者，加入国家安全学、比较政治学、国际组织和欧盟研究等领域的教学工作。

推进新文科改革与实践项目。2022年，学院逐步推进新文科项目的教改措施。具体包括：（1）在保持专业覆盖面广等传统特色的前提下，推进课程体系的交叉性和复合性，促进政治学与经济学、外交史与外交理论、安全研究与博弈论等学科之间的交叉与融合；（2）围绕北京大学"全球课堂"项目，完善国际化课程体系，努力建设全英文授课的专业课程，包括"中国与国际组织""本土视野下的中国外交与国际事务""中国政治与公共政策"等；（3）突出人才培养特色，通过"国际组织与国际公共政策""国际政治与国际金融"等跨学科项目和其他本硕连读项目、本科双学位项目等进一步突出跨学科教学和复合型人才培养的特色。

申报和完成北京大学教育改革项目。2021年至2022年学院获拨付四个一年期教改项目，其中重点课程建设项目三个，教材研究项目一个，均顺利完成。具体包括：（1）"探索基于问题式学习模式的全球治理人才培养模式"（董昭华）；（2）"中华人民共和国对外关系课程教学及学生培养创新实践探索"（赫佳妮）；（3）"'社会科学定量方法'教学中的人工智能建模与超级计算机应用"（罗杭）；（4）"中外国际组织英文教材内容体例比较研究"（刘莲莲）。2021年至2022年获拨付三个一年期教改项目，其中重点课程建设项目两个，课程思政项目一个，均在顺利推进过程中。具体是：（1）"国家安全学博弈实验辅助教学"（祁昊天）；（2）"中华人民共和国对外关系参与性课程与多媒体教学探索"（吕晓宇）；（3）"'中苏关系及其对中国社会发展的影响'课程思政创新"（项佐涛、戴惟静）。

加强课程思政工作。学院召开课程思政建设工作会议，围绕《高等学校课程思政建设指导纲要》展开认真学习和深入讨论，制定课程思政建设方案。2022年，学院入选北京大学课程思政示范院系。"世界社会主义概论""中国政治概论"两门课程入选北京大学课程思政示范课程，"中国改革与世界经济""'一带一路'沿线政治经济与国际关系概况"两门课程入选北京大学课程思政示范课程建设项目。

举办中学生暑期课堂。7月，学院时隔三年再次举办全国中学生暑期课堂。活动期间，来自全国各地的200多名学员与北大国关的老师们和学长学姐们结下深厚的情谊。

启动"国际政治与国际金融"跨学科本科联合培养项目。为培养既通晓国际政治理论、历史与现实，又掌握经济学、金融学前沿知识的跨学科、复合型、国际化高端人才，国际关系学院和汇丰商学院启动"国际政治与国际金融"跨学科本科联合培养项目。经选拔考试，第一批18名学生于9月开始在汇丰商学院学习。

建设"国家安全学"一级学科。学院成立国家安全学系，以此为依托建设"国家安全学"一级学科。2022年，学院启动国家安全学专业博士生招生，9月首批招收4名优秀学生（暂时置于国际关系专业国际安全与战略研究方向）。4月举办"北京大学国家安全学学科建设研讨会暨北京大学国际关系学院国家安全学系成立大会"，邀请国内20余所高等院校和科研机构的80余名专家学者通过线下线上相结合方式参会。

完善博士生学位论文评阅和修改流程。学院继续实施新设立的博士生培养年度审核制度、博士生延期制度，并在此基础上，制定和实施新的博士生学位论文评阅和修改流程。新流程将博士生学位论文评阅和修改的启动日期提前到毕业学期之前的一个学期。要求学生在这个学期完成论文初稿提交、导师初审、院内资格评审，以及预答辩等程序；充分利用假期时间修改论文；在进入毕业学期后，完成匿名评审、专家审核修改情况、答辩、提交学位分会等程序。新流程将确保学生有充足的时间修改和完善论文，有利于督促学生合理安排时间，进一步提升论文的完成度和质量。

科研和保密工作。举办大型学术会议，打造高端交流平台，有效提升学术影响力。2022年，学院围绕当下国际形势，积极举办各类形式的大型学术研讨会，不断打造高端交流平台，有力提升学院学术影响力。在学院层面组织的主要学术研讨会包括：北京大学国家安全学学科建设研讨会暨北京大学国际关系学院国家安全学系成立大会、"邦交正常化50周年：中日关系回顾与展望"学术研讨会和北京论坛（2022）国际关系分论坛——"全球安全治理：理论与实践"等。与此同时，学院各科研机构、基地与中心也积极举办或协办各种高水平学术研讨会，主要包括：第八届中华文化论坛、北京大学中外人文交流研究基地与CGTN共同举办大国外交论坛等。

学术成果丰硕，立项再传捷报，论文发表形势喜人。2022年，学院获得国家社会科学基金重大专项2项，项目负责人分别为张清敏、祁昊天。获得其他国家级项目立项2项、结项2项，1项国社科重大项目中期检查评审结果为优秀。2022年，学院教师的学术出版情况稳步推进，获得丰硕成果，共出版专著（英文版）1部、译著1部、编著3部、合著1部。有7篇发表在SSCI期刊上，29篇发表在CSSCI期刊上（仅含独立作者、第一作者与通讯作者）。

智库建设与社会服务连创佳绩。2022年，学院共有56篇北大智库要报用稿，位列全校第一。在通过各类渠道上报的决策咨询信息中，共反馈有39篇决策咨询信息被中央有关部门采纳，决策咨询报告多次得到党和国家领导人批示。目前已收到来自政府部门及国际机构的感谢信14封。学院不断创新对外合作形式，接待中联部、公安部、科技部等多个部委单位考察来访，形成与相关单位紧密支持的长效合作机制。

《国际政治研究》杂志。2022年来稿量为300余篇，1期至6期共发表文章40篇。出版图书《区域国别研究：历史、理论与方法》。组织策划"美国的全球同盟体系与同盟战略""国外国家安全研究：理论、议题与方法（一、二）"三个专题，从2022年第六期将开始设立"国家安全研究"新栏目。举办"国外的国家安全研究：理论、议题和方法"、第十五届"全国国际关系、国际政治专业博士生学术论坛"等学术会议。2022年，杂志继续得到国家社科基金资助，资助额度为40万元。

图书馆工作。2022年，学院图书馆为师生提供每周65小时，学期末81小时的不间断的开馆服务。截至2022年10月共订购中文图书612种、中文期刊104种，外文图书877种；采收学位论文178人/381册；完成中外文编目3105册。采购与编目数量均居全校分馆之首。与校图书馆合作完成《参考资料》剪报4985册、《参考资料》合订本1414册的扫描、上传和装订工作。向档案馆提交2021年文书档案归档案卷36件，涵盖学院教务、学生工作、国际交流等方面。

国际交流与合作。继续深化国际联合办学项目，培育国际化人才。学院与国外18所高校执行学位项目或学期交流项目，与近30所高校保持着密切的交流关系。秋季学期，学院共有不同层次的全日制中外在校生1033人，包括国际学生357人。秋季学期，学院国际办学项目录取学生共计81

名。"国际关系与公共政策"硕士项目和"促进当代亚洲社会的文明对话与文化智识培养"本科项目成功入选教育部"亚洲校园"第三期行动计划并正式启动学生互派。学院积极推动学院与早稻田大学社会科学学院、高丽大学政经学院签署本科生交换协议，与新加坡国立大学李光耀公共政策学院签署硕士交换协议。

提升在线工作能力，创新在线教学管理模式。2022年，硕士层面的国际办学项目课程共计17门。2022年春季学期，国际项目10门课程采取线上、线下授课方式；2022年秋季学期，国际项目7门课程采用线上、线下混合式教学方式。学院为分布在世界各地的30名国际项目学生组织6场在线答辩和5场在线开题，确保学生顺利毕业和升学。

对接国家战略，强化国际组织人才和"一带一路"沿线国家人才培养。学院与日内瓦高等国际关系与发展研究学院共同建设的3+2联合培养项目成功入选教育部国家留学基金委"国际组织后备人才培养项目"第二期资助计划。学院积极探索面向"一带一路"国家的"东方项目"的课程建设和学位建设，服务于国家发展战略。

积极开展"亚洲校园"中国秘书处各项工作。2022年，秘书处上线"亚洲校园"中国秘书处官网，全面推介"亚洲校园"中国秘书处概况及各子项目概况，不定期发布各子项目动态。11月，秘书处面向中日韩东盟院校成员，成功举办"亚洲校园"项目专员赋能计划，来自中日韩及东盟70所院校的约120位代表在线上参加此次活动。

推进科研国际协同创新，打造国际学术共同体。2022年，学院共举办六期"北大-早大合作研究交流会"，主题包括"全球政治背景下国际社会经济关系的变革""汉字·汉语研究的新发展""风险社会中的风险管理与保险"等。依托于交流会这一跨国合作研究的国际学术平台，两校2021年至2022年的共同研究的阶段性成果《理解亚太区域发展进程》英文论文集出版发行。

推动教师国际交流，强化师资队伍的国际化建设。依托"北京大学战略合作伙伴项目"，促进学院教师与世界一流大学开展学术交流和合作研究，建立北京大学-牛津大学和平和冲突研究实验室项目、北京大学-汉堡大学"国际法和国际关系"前沿交叉研究系列讲座和工作坊研究项目等。

加强高端国际学术交流，传播中国声音和中国方案。学院依托"北京论坛国际关系'全球安全治理：理论与实践'分论坛""北大-哈佛中美关系系列研讨会"等双边交流机制，"北大—东大—首尔大-新国大院长论坛"等四边交流机制，以及与普林斯顿大学、东京大学、首尔国立大学和新加坡国立大学定期轮流主办的"五校论坛"，举办多场国际学术交流研讨会。

**学生工作**。2022年，学院从三个"破壁"着力深耕党支部纵向改革成效：（1）打破本硕博壁垒，兼顾支部本、硕、博同学学业发展、就业思考与研究志趣基础上，指导开展学业交流、亚投行总部参访、选调生政策指导等"务实性"党团日活动，解决本硕博群体差异化需求；（2）打破师生壁垒，以专业为基础建立学生支部、教工支部定向联络表，开展如大运河参访、通州参访、香山参访、黑庄户共建等特色师生党建活动，将专业探索融入党建实践；（3）打破党团班壁垒，探索跨行政单位一体化建设模式，在党团横向交流基础上打通纵向交流渠道。任命18名党团联络员，确保每个团支部和党支部都有联络节点。

学院党委明确"五位一体"思政育人队伍建设，将院领导、专任教师、行政干部、第二班主任、学工辅导员有效整合开展学生思政教育工作。2022年，学工队伍抢抓北京冬奥会、建团一百年等思政教育关键节点，讲好有国关专业特色的大思政课。继续打造洞明书屋、博诚教授茶座等品牌活动。在京举办的冬奥会及冬残奥会上，2020级博士生托马（乍得籍）、2021级本科生马丁（塞尔维亚籍）走上冬奥会开幕式舞台，代表世界青年走出风采。在闭幕式上，2018级本科生李嘉馨被选为志愿者代表。

自2022年5月至12月，学院共组织学生参与志愿服务34次，共220人次参与校园志愿服务，包括核酸检测，学习区、宿舍楼、食堂区域引导等工作，志愿服务时长达到500小时，为落实学校防疫工作、打造安全校园环境、保障师生健康做出重要贡献。

2022年，学院重视资助工作，强化精准资助，关爱困难学生，完成家庭经济困难学生寻访、新生绿色通道迎接、家庭经济情况评议与认定、助学金申请与分配、拓轩助学教基金管理、受资助学生培养等工作，深入践行资助育人。学院共寻访30位家庭经济困难学生，学工办联合各班级班主任、辅导员、班委共开展6次家庭经济情况认定，共有78位同学通过家庭经济情况认定，其中有65位同学获助学金，总额达79.7万元。针对学生不同阶段遇到的心理问题，开展团体辅导、心理讲座等，推出"爱国关心理"方案，2022年共举办四次活动。

学院充分发掘同学特长，充分发挥每位同学的优势，致力于打造文化体育品牌，深化文体育人。成功举办"'新'心相印，情融国关"新生晚会。积极参与新生杯、北大杯系列赛事，学院各体育代表队积极组织训练备赛，取得北大杯男足亚军，秋季运动会甲组总分第九名等优异成绩。学院为中外青年搭建活动平台，以传统品牌活动为抓手，策划包括"外交零距离""外交面对面""中秋节文化活动"等多个专题活动。

**行政服务**。做细疫情防控工作：科学、精准、人性。制度建设：常态化疫情防控以来，学院根据北京市及学校的具体要求，始终坚持科学精准防疫，及时制定更新相关细则，因时因势不断调整优化防控措施，核酸检测坚持应检尽检，检测完成人数在学校整体位于前列。

学院积极开展国关家园建设计划，优化楼宇建设和办公空间,对网络升级改造,提升管理服务水平,落实安全责任制,排查整改安全隐患,强化底线思维,打造安全安心的办公环境。2022年,学院行政中心共组织四场行政职员培训讲座,邀请党委宣传部、教师教学发展中心、融媒体中心、计算中心网络安全室、中文系等部门业务负责人及相关领域专家讲座授课,促进职员深入岗位核心,不断提升专业技能。

继续教育、基金会、财务工作。继续教育。继续教育受到疫情管控政策影响没有开放校内办学,2022年主要采用网络授课和校外办学。主要工作如下:(1)以线上教学的方式,接续与泰国法政大学项目;启动2023年欧洲语言文化项目和泰国法政大学项目的立项招生工作;(2)以线上教学方式完成或正在进行北京大学-战略支援部队信息工程大学、北京大学-路孚特(中国)科技有限公司、朝阳区团委等培训项目;(3)完成北京大学北京市国家治理青年人才培养计划培训班(第5期),交付第6期项目的绝大部分课程,开启第7期的立项;交付北京大学—北京市科协"星辰计划"培训班(第1期);开展北京大学国际"科技+"研修班(第1期)的教学工作,开启第2期的招生;(4)开启几项具有国关专业优势和品牌影响力的社招项目,如北京大学全球变局下的科创领军者研修班、北京大学国际视野下的农业农村发展研修班等;(5)与学校相关职能部门合作,开展一系列首创活动,如与继续教育部、基金会、财务部探索公益性基金支持培训项目的可行路径;与财务部探索面向特定培训项目售卖课程的合规路径。

基金会工作。盘活已有基金的使用,积极筹措新项目。2022年度捐赠项目有:(1)未来奖学奖教金项目;(2)茅台栋梁青年交流基金项目;(3)秋林学术发表奖励项目;(4)小米集团定向捐助的教室修缮款;(5)高阳奖教金。

财务工作。遵守规则,稳中有序,适当增量。财务工作保证学院71、62、73项目的充分使用,协助老师们完成经费报销;与财务部协商三个国际办学项目的收入分配方案。同时,结合学院的实际,在唐士其院长的建议下,经办公会批准适量增加合同制员工的收入。

院友工作。毕业生院友服务工作。学院重视毕业生院友服务工作,打造院友互助平台。2022年,学院完成选调生工作地院友通讯录制作并发放到2022届毕业的选调生(重庆、浙江、福建、山东、四川、吉林、辽宁共计16人)手中。

赴地方开展院友活动。学院高度重视地方院友工作,与各地院友紧密联系、组织一系列高质量院友活动,充分利用暑期思政社会实践团与贵州、河北、青海等当地院友交流座谈。

院友沙龙活动。为加强院友间相互交流促进,学院创立品牌项目"国关院友沙龙",沙龙覆盖政治、经济、文化等多个领域,目前已成功举办38期。

班级云聚会。学院2008级本科毕业十周年讲座沙龙顺利举行。本次沙龙讲座的主题是"我们这十年,建功新时代",参会同学围绕毕业十年内大家就职的不同行业领域进行了心得体会分享。

良性互动助力学院发展建设。院友捐赠。学院凝聚一批长期关心学校、学院发展的优秀院友群体,捐助各类项目,助力学院建设。包括:(1)贵州茅台销售有限公司捐赠100万元设立"北京大学国际关系学院栋梁青年交流基金项目",用于支持留学生青年人才培养和交流实践工作;(2)院友邵宝华捐赠50万元用于奖励教学科研中表现突出的教师和行政管理中有突出表现的行政人员;(3)小米基金会捐资进行智慧教室改造工程并捐赠小米旗下配套设备用以提升学院学生学习和课外活动空间智能化水平;(4)院友会副秘书长秦力洪捐赠68万元用于支持双一流建设。

学生培养。学院通过鼓励学生参与院友工作,通过组织院友参与学生活动,提升学生组织协调工作方面的能力,增强院友学院文化认同感,提升院友凝聚力。(1)职发中心院友茶话会。学院团委学生职业发展中心与院友办公室合作,组织开展"院友茶话会"系列活动,以职业专题分享的形式,为院友与学生的沟通提供平台;(2)院友导师计划。学院建立"院友导师计划"的长效职业发展辅导机制,进一步整合学生学院与生涯发展指导、院友交流、实习见习、能力培训等资源,为学生职业发展和生涯规划奠定良好基础。

组织召开会议。在校院友午餐会是院友会每年的重要活动之一,已连续举办近20年,成功举办第五届院友理事会第三次会长扩大会议,会议采用线上线下相结合的方式召开。院友会理事代表、院友代表40余人出席此次会议。

工会工作。打造暖心工程,汇聚温暖力量。学院工会加强人文关怀,在继续发挥品牌"生日汇"、爱心之家建设等暖心工程的基础上,创新性开展"瑜"悦身心,健康生活瑜伽课堂、"LINK你我、网罗天下"国关网球训练比赛,以及"喜迎二十大、祖国新风貌"教职工摄影、文体汇展等系列精彩活动。

创设品牌赛事,丰富文体活动。学院工会积极参与学校工会各项文体赛事活动,包括"迎冬奥"定向健步走、女教职工定向健步走、教师节校园定向活动;年度全校教职工网球、羽毛球团体锦标赛;学校运动会团体操表演和各项体育赛事,均斩获佳绩。2022年,学院工会创新开展文体活动模式,打造更多师生互通互联渠道,建立品牌性体育赛事,包括"师生运动会""飞盘大战""师生谊网球赛"等。

贴心服务会员,搭建良好交流沟通平台。学院工会贴心服务广大教职员工,推出系列秋游参观活动,在实践中开展红色主题教育。按照防疫工作及各相关工作要求,经过精心筹备,院工会于10月8日组织全院教职工代表赴怀柔开展"喜迎二十大、祖国新风貌"主题秋游活动。2022年,学院工会慰问参与疫情防控工作社区志愿者和一直坚持在一线驻守的教职工。

2022年,学院工会获得系列荣誉。(1)学院工会被评为北京大学"模范教职工之家";(2)学院工会成员姜璐、许亮获得"北京大学优秀工会积极分子"称号;(3)学院向校工会申报的服务保障类"瑜悦身心、健康生活——教职工午间瑜伽课堂"和校园文化类"LINK你我,网罗天下——北大国关工会网球队系列活动"两个立项获得北京大学2022年度基层工会示范活动立项。

(庄俊举、初晓波、归泳涛、董昭华、张海滨、<br>张昕扬、祝诣博、项佐涛、闫 岩)

## 法学院

【发展概况】 组织机构。法学院现任院长潘剑锋,副院长郭雳、朴文丹、薛军、车浩;党委书记郭雳,党委副书记杨晓雷、路姜男。

学科建设。法学院现有10个法学博士专业和12个法学硕士专业。1988年首批国家重点学科评选中,法理学和国际法学被评为国家重点学科;2001年,法理学、宪法与行政法学、经济法学、刑法学成为国家重点学科。2007年,北京大学成为全国三个首批法学学科获得法学一级国家重点学科的院校之一。2017年,入选教育部"双一流建设学科"。2020年完成法学一流学科第一轮建设周期的建设任务。2021年编写《法学一流学科建设方案(2021—2025)》,第二轮建设周期启动。2022年1月,提交《北京大学法学一流学科放权改革方案》。

队伍建设。2022年,法学院引进助理教授3名(分别为国际法张康乐、法律史张一民、刑法张梓弦);进站5名博士后(分别为知识产权法、国际法、国际经济法、社会法四个专业方向)。在编教师83人,包括教授46人,长聘副教授/副教授24人,讲师/助理教授13人;在站博士后7人。有长江学者9人,跨(新)世纪人才15人、全国十大杰出青年法学家6人,马克思主义理论研究和建设工程首席专家3人,百千万人才工程入选者3人,国家"万人计划"青年拔尖人才3人。陈兴良、朱苏力被聘为哲学社会科学领域专业一级岗教授。贺剑、阎天、张智勇、张骐、李启成、刘东进获2022年北京大学奖教金。

教学工作。截至2022年12月,法学院共有学生2005人,含本科生716人,法学硕士研究生170人,"中国法"项目硕士研究生27人,全日制法律硕士(法学)研究生224人,非全日制法律硕士(法学)研究生94人,法律硕士(非法学)研究生544人,博士研究生230人。

2022年招收新生600人,含本科生152人,法学硕士研究生74人,"中国法"项目硕士研究生13人,全日制法律硕士(法学)研究生113人,非全日制法律硕士(法学)研究生32人,法律硕士(非法学)研究生160人,博士研究生56人。

2022年毕(结)业学生691人,含本科生170人、法学硕士研究生84人、"中国法"项目硕士研究生4人、全日制法律硕士(法学)研究生85人、非全日制法律硕士(法学)研究生67人、法律硕士(非法学)研究生222人、博士研究生59人。

2022年接收来自其他院系的本科转专业学生10人,校级交换生8人,访问学者13人。

2022年,鉴于疫情防控形势要求,法学院继续革新招考方式,保障研究生招生工作顺利进行。春季学期,法学硕士统招复试、博士"申请-考核"招生复试以及港澳台、留学生复试继续以双机位的方式进行在线面试,法律硕士则采取远程线上笔试的形式,云端考试与监考井然有序。秋季学期,2023年度硕士研究生推免招生探索线上线下相结合的考试制度,为北大本院和本校学生开辟笔试考场、面试会议室以及提供考试设备;针对校外考生,采用易考系统进行远程在线笔试和监考,效果良好。另外,法律硕士(非法学)推免的录取加入了法律基本知识的考察,保证学生入学后听课水平的统一性。招生工作做到了招录公开透明,原则性和灵活性相结合,对考生公开公正。

2021—2022学年第二学期,开设本科生课程42门,研究生课程113门,其中本科生和硕士生合上课程18门;2022—2023学年第一学期,开设本科生课程39门,研究生课程105门,其中本科生和硕士生合上课程13门。

2022年,学院继续优化培养方案课程体系,持续开展法学教育供给侧改革"大课堂"建设。第一课堂中,课程思政建设逐步完善,建成了以《习近平法治思想概论》《马克思主义法理学》为主要阵地,以《模拟法庭》《法律诊所》为实践基地,以《劳动法与社会保障法》等传统专业课程为理论基地的课程方阵,发挥课程联动效果,提高课程思政建设的整体性和协调性;继续开展"第二课堂"读书会,2022年立项37个,总计已立项156个;多年级开展本科生导师制的"第三课堂",截止目前,共有65名教师、318名学生参与。

稳步推进法律硕士"涉外律师"项目,不断完善涉外律师项目教学计划,完成了2022级招生选拔,于2022年暑期安排项目2020级和2021级学生到联合培养单位实习。新设法律硕士"国际仲裁"项目,拟定国际仲裁项目实施方案与教学计划,与中国国际经济贸易仲裁委员会、深圳国际仲裁院及北京仲裁委员会等联合培养单位洽谈签约,2023年开始招生。持续开展教师教学经验系列交流活动,举办案例教学沙龙2场,聚焦鉴定式案例教学法、研讨型案例教学法。

陈兴良教授获评2022年北京市优秀研究生指导教师。张智勇教授指导的博士论文《论经济数字化背景下市场国征税权基础的构建》(李晓蓉)获2022年北京市优秀博士学位论文奖。《法律诊所》课程入选2022年度"北京大学课程思政示范课程"。

2022年度罗德奖学金（Rhodes Scholarships）于12月8日公布获奖榜单。法学院2021级法学硕士章晓涵成为第八批获得该奖的四位中国罗德学者之一，是第5位获得该奖的学院学生。学院成为自2015年罗德奖学金进入中国大陆/内地以来获奖学生人数最多的境内高校院系。

记录法学院教学改革成果的十卷本"北大法学教育改革丛书"是"法学教材研究与建设基地"的阶段性成果，包括《北大阶梯讲座》《北大法学私塾》《北大法学沙龙》《北大法学教室》等。已出版的《北大法学初阶》《北大法学进阶》分别获评2021年、2022年法律出版社"年度十大好书"。2022年第二批教材基地支持的教材立项也陆续启动，共14位老师参加。

法学院自2019年秋季学期开始为博士生专门开设《法学研究与论文写作》系列课程，作为教学人才培养的重要板块。2022年，该课程通过线上和线下相结合的方式共举办11场讲座，先后邀请了中国人民大学法学院副教授尤陈俊、上海社会科学院法学研究所研究员姚建龙、中国社会科学院法学研究所研究员支振锋、中国社会科学院法学研究所副研究员李强、清华大学法学院教授何海波、北京大学法学院教授王锡锌、中国社会科学杂志社总编室副主任刘鹏、《华东政法大学学报》主编马长山、武汉大学法学院教授秦前红、西北政法大学刑事法学院教授付玉明等国内多所法学院校资深教师暨各大法学期刊资深编辑担任主讲嘉宾，为法学院博士生讲授法学研究与论文写作方法。

科研工作。完善制度、平台建设。2022年，学院制定《法学院关于国家社科基金、教育部社科类基金、北京市社科基金的结余资金使用办法》，修订《法学院学术著作出版资助计划》，持续更新《科研项目相关业务办理指南》。继续建设"学术出版平台""学术发表平台""学术交流平台""国家级课题预研平台（院设科研项目）""智库平台"等多元学术平台，助力学科建设。

承担重要科研项目。2022年，学院教师获得科技部国家重点研发计划"社会治理与智慧社会科技支撑"重点专项1项，国家社会科学基金、北京市社会科学基金各2项。在研课题进展良好，5项国家社会科学基金提交结项（含1项重大项目）；4项国家级、省部级课题获得结项，其中1项国家社会科学基金结项等级"优秀"。

学术产出。2022年，学院教师发表报刊文章300余篇，出版新版专著18部、再版专著11部。7月，曾经入选"1978—2014年影响中国十大法治图书"的《法治及其本土资源》（苏力）第4版在北京大学出版社出版，同期再版的还有苏力教授所著《送法下乡：中国基层司法制度研究》（第3版）、《制度是如何形成的》（第3版）、《走不出的风景：大学里的致辞，以及修辞》（第2版）。10月，陈瑞华教授英文专著 Models of Criminal Procedure System（《刑事诉讼的制度模式》）由国际学术出版集团施普林格（Springer）出版。

科研获奖。车浩、薛军、常鹏翱、蒋大兴的科研成果分别荣获"第八届钱端升法学研究成果奖"；王锡锌、彭錞的科研成果分别荣获"第三届应松年行政法学优秀成果奖"。章永乐参与采写的新闻作品《美国的"国"究竟在哪里》获评"新华社2022年上半年社级优秀新闻作品"。《论我国地理标志成果保护模式》（易继明、秦洋）荣获"CTTI 2022年度智库优秀成果特等奖"。

学术出版平台。2018年，法学院制定"学术著作出版资助计划"，作为学院有组织科研的长期举措。经过学术委员会遴选，利用学科建设经费，与北京大学出版社合作出版"北大法学文库"系列，持续资助学院教师学术出版。2018至2022年，共有14部著作获得资助，在"北大法学文库"中出版（2022年内出版3部）：《物权法释论》《普通法的司法解读》《和谐劳动关系法律建构若干重大问题研究》《刑法总论问题论要》《区域贸易安排中的所得税问题研究》《信息网络传播权问题研究》《追寻刑法的理想》《主权财富基金的监管因应与治理改革》《信赖之债》《司法案例的使用方法研究》《案例评析与法律评注：从民法学写作切入》《中国环境风险规制的法理与方法：以环评为中心的考察》《网络空间争议解决的制度分析》《中国住房保障法律制度：路径依赖与创新》。

学术发表平台。2022年，由法学院主办、或由教师主编的学术刊物共计近二十种。《中外法学》收录CSSCI来源期刊；《北大法律评论》《金融法苑》《刑事法评论》《行政法论丛》《私法》《网络法律评论》《中德私法研究》《法律和社会科学》收录CSSCI来源集刊。《法律书评》作为全国法学领域内专业书评类刊物，以"开放的批评与阅读"为主旨，弘扬和鼓励中国学术界尤其是法学界的学术批评。此外，英文刊物 Peking University Law Journal 持续向世界传播中国声音。11月，《北大法律评论》第22卷（第1辑）出版，以"纪念《送法下乡》初版二十周年"为专题，邀请《送法下乡》的作者苏力教授与侯猛教授、陈柏峰教授等学者撰文，探讨如何寻找法律研究的"田野"。

学术交流平台。2022年，在遵守疫情防控要求的前提下，"博雅公法论坛""博雅私法讲座""社会法论坛""经济法论坛""企业法律风险系列论坛""青年教师学术工作坊"等日常学术交流正常推进。9月28日至30日，"变革时代国际经贸法律规则发展与改革"研讨会召开。11月5日，法学院主办的第十五届BESETO法学年会以线上方式举行。

智库平台。法学院设有1个国家级研究基地，6个省部级研究基地，40个虚体研究机构，规模全校第一。4月，学院成功申报国家级"涉外法治研究基地"；9月，与国家市场监管总局联合设立"数字经济监管研究基地"。

智库贡献。2022年，北大法学在服务国家发展战略、新兴产业、重大区域发展规划等重要领域持续贡献专家智慧，为推动全面依法治国、国家安全现代化、区域协调发展、实施科教兴国、人才强国等战略建言献策。2022年，学院专家为《环境法典》《国家公园法》《青藏高原生态保护法》《原子能法》《强制执行法》《社会信用体系建设法》《公司法》《国家赔偿法》《行政复议法》《体育法》《慈善法》《反不正当竞争法》《企业破产法》等三十余部法律法规、部门规章，及司法解释的制定和修改提供专家意见，国际私法团队配合最高人民法院开展民事诉讼法涉外编立法修改课题研究，推进法治中国建设。2022年，学院专家积极为首都、特区、自贸港的建设贡献力量，参与《北京市住房租赁条例》起草，为《北京市数字经济促进条例》提供专家意见，参与《北京市城市更新条例》立法调研；为北京、上海金融法院的司法工作提供专家建议，担任上交所科创板上市委主任委员，为深交所完成注册制改革报告，运用专业知识服务于创新驱动战略；担任海南自由贸易港立法咨询委员会委员、海南涉外民商事法庭专家委员会委员、深圳经济特区研究会特约研究员、雄安新区党工委管委会法律顾问等智囊身份。为服务知识产权强国战略，北大知识产权团队承担国家重要委托课题《地理标志保护模式研究》，专项研究成果对国家地理标志保护工作产生积极影响，得到国家知识产权局高度评价，入选"CTTI 2022年度智库优秀成果特等奖"。北大港澳法律问题研究团队持续为促进港澳长期繁荣稳定贡献专家智慧。国际经济法专家为最高人民法院法官介绍联合国司法系统的组织架构，传授国际组织司法职位竞选经验，开展多方面针对性培训。此外，学院教师在"第五届中非法学院院长论坛"发言，在金融街论坛、构建21世纪金融体系中美研讨会上做主题报告，应邀参加"第11届中美司法与人权研讨会"等重要国际性会议，助力"一带一路"建设，为推动构建人类命运共同体持续贡献专家力量。2022年，学院专家兼任海峡两岸法学交流促进会、海峡两岸关系法学研究会、全国港澳研究会、中国法学会网络与信息法学研究会等全国性学术机构的重要职务。2022年，法学院共计向学校提交智库稿件32篇，5篇获得上级采纳，收到来自全国人大、全国政协、中央纪委国家监委、最高人民法院、外交部、教育部、国家体育总局、中央广播电视总台、北京市委统战部、中国法学会等重要部门感谢采纳函30余份。

**图书资料建设**。法律图书馆拥有4000平方米馆舍空间，600个阅览席位，馆藏法律专业文献资源丰富，为师生提供法律文献与信息服务。2022年，图书馆订购及受赠中文法律图书2484种，2601册；外文法律图书341种，405册；中文期刊报纸219种；外文期刊109种；续订HeinOnline、Westlaw、Lexis Advance、律商网、牛津法律在线（含EPIL、RIL、IC等专库）、威科法律（含Kluwer IEL国际法律百科、Kluwer Arbitration仲裁、威科人力资源、威科先行法律信息库等专库）、BeckOnline、月旦知识库、北大法宝、法意科技等15种法律专业数据库。收藏法学院学士学位论文4164篇，硕士学位论文12,128篇，博士学位论文1290篇，共计17,582篇。

**合作交流**。2022年，法学院积极利用国际资源，努力提升国际声誉和影响力，位列QS世界大学法学专业排名第33位。学院升级打造"北大-众达中国全球化与法治人才培养计划2022"，选拔全国25所法学院的158名学生参与。学院创设"'24小时'法学生国际化素养提升计划"，该计划从国际化理念、外语素养、留学海外、职场技能等四个维度，连续开展24期1小时交流会，由学界导师、实务专家、资深校友、优秀学生共同参与。学生国际交流项目逐渐恢复，14名学生赴美国、比利时、澳大利亚、日本等国家交换学习；5名学生赴海牙常设仲裁法院、亚洲基础设施投资银行、联合国国际法委员会、难民事务高级专员公署和开发计划署实习。学院接收来自杜克大学等学校的8名国际交换生。学院创建多个专题全球论坛项目，围绕"全球视野下的隐私与数据保护法"创办首届北大法学院"数字与法治"系列论坛，围绕国际金融机构、国际行政法等主题举办"聚焦国际组织"系列讲座。全球教席"云课堂"顺利开展，12位全球教席学者举办了16场讲座，校内外20余名学者参与，两万余人获益。此外，台湾地区"中研院"法律所研究员、法实证研究中心主任张永健和加州大学洛杉矶分校法学院教授、埃米特气候变化与环境研究所联合主任王立德（Alex Wang）应邀担任"Global & Comparative Law"系列课程项目主讲嘉宾。学院代表积极参加"第十二届海峡两岸法学院校长论坛"，并作题为《新时代法治人才培养的融合模式》的主题发言，展现了学院涉外法治人才培养的突出成果。

**党建工作**。学院党委共有教职工党员161人，其中在职98人，离退休63人，教工党支部9个。在校学生党员616人（本科生122人，硕士生384人，博士生110人），学生党支部26个。2022年发展党员144人（本科生76人，硕士生67人，博士生0人，教师1人），204名预备党员转正（本科生77人，硕士生114人，博士生12人，教师1人）。学院组织学生参加北京大学第38、39期学生党性教育读书班，第34期党的知识培训班，第2期党的理论培训班，第2期政治素养提升班，组织教师参加北京大学第22、23期教职工党性教育读书班。学院党委带领全院师生认真学习贯彻党的二十大精神与学校第十四次党代会精神，共开展460余次参访、实践、讲座等主题教育学习活动，完成24次党委理论中心组学习活动。各党支部开展"请党放心，强国有我"系列主题党日活动，学院获优秀组织奖。7个学生支部申报并完成北京大学基层党建创新立项。制定《落实意识形态工作责任制实施细则》，严格落实意识形态工作责任制。建成以《习近平法治思想概论》《马克思主义法理学》为主要阵地，以《模拟法庭》《法律诊所》为实践基地，以《劳动法与社会保障法》等为理论基地的课程思政方阵。学院党委及党委书记郭雳同时获评学校党委宣传部"宣传工作突出贡献奖"。

管理服务。2022年，学院行政教辅人员38人，其中事业编制14人，合同制24人；2022年新入职2人（不包括专职辅导员和各中心外聘人员）。学院进一步加强与完善安全管理工作，3月，法学院首次荣获"北京大学安全标准化建设先进单位"。9月，组织学院教职员工反恐演练、消防演习；11月，与学校保卫部等单位在百年讲堂举办校园安全联合党建活动。行政管理服务团队认真贯彻落实学校疫情防控会议精神，向200余名教职员工及时传达学校的疫情防控要求，加大工作力度，努力担负疫情防控、安全保障以及各项综合服务工作，在尽力不停止学院正常工作的情况下，实现全院疫情的有效防控，在疫情常态化的情况下，为学院教学科研、人才培养等工作正常运营提供有效保障。

在法学院官网和校友会公众号推出"不忘初心 砥砺前行"——校友风采系列专访报道，共计报道法学院校友专访8篇；联合中国光华科技基金会开设院庆专题"无法不爱118"公开小额募捐项目；组织540名校友开展2022年"北大法马"线上跑活动；协助北京大学内蒙古校友会成立法学专业委员会；参与组织2002级本科生校友入学20周年纪念活动和2008级本科生校友毕业10周年纪念活动暨2008级本科校友奖学基金成立仪式；联动校友资源支持在校生暑期实践团赴各地实践，与当地校友开展座谈与参观活动。法学院继续教育持续丰富拓展"法商人才"高端培训体系，深耕"法宝学堂"智慧法学教育平台，践行公益、服务社会，形成了线上与线下相结合的成熟运营模式，助力法律人终身学习，打造法律职业共同体，构建中国特色社会主义法治生态圈。2022年共举办15期培训班，其中系统委托7期，院系独立招生7期，公益项目1期，培训学员千余人；其中，"北京大学民法典配套司法解释高级研修班"荣获北京大学继续教育精品项目奖励，薛军老师荣获"北京大学继续教育教学优秀奖"。学院备案管理网站23个，公共微信平台20个，各类信息系统8套；学院官网年度发布中文新闻公告272篇，英文34篇，微信平台发布新闻211篇。

工会工作。2022年，法学院工会会员129人，其中事业编制103人，劳动合同制26人。全年主要活动包括：组织教师参加校运动会、团体操表演、教职工羽毛球比赛。新组建了男子教师篮球队和足球队，已有的教师太极拳初级班和高级班坚持定期活动。组织青年教师教学基本功比赛，参赛老师做了充分的准备，因为疫情学校将比赛环节推迟。组织国庆、中秋和元旦慰问品线上选购、生日福利慰问活动，以及教职工之家建设等。

学生工作。动员组织26个学生党支部、38个学生团支部、41个班级开展聚焦学习宣传贯彻党的二十大，学习贯彻落实总书记重要讲话精神，举办二十大精神、习近平法治思想专题学习活动67场，开展"请党放心 强国有我"学生党团日联合主题教育活动623场。7个学生支部申报并完成北京大学基层党建创新立项。2022年评定校设及院设奖学金74项，获奖610人次，总额488.91万元；院设助学金16项，资助149人次，总额110.5万元。2022届毕业生整体就业率97.65%。累计组织89次专场招聘宣讲会，就业微信平台发布招聘、实习信息6200条。

法学院团委向党组织推荐优秀团员158人成为入党积极分子。32名学生志愿者完成北京2022年冬奥会和冬残奥会服务任务。院长潘剑锋、党委书记郭雳带队组织156名本科生分赴辽宁沈阳、青海海北、福建福州、河南焦作、江西九江、河北保定开展暑期思政实践。

17件作品分获北京大学第30届"挑战杯"五四青年科学奖、跨学科课外学术科技作品与特别贡献奖，学生团队作品《数字社会治理中的就业形态的劳动保障路径——试析互联网配送平台的劳动关系界定及权益保护》作为北京大学唯一入选第十七届"挑战杯"全国大学生课外学术科技作品竞赛终审答辩的作品斩获二等奖。2021级法学硕士章晓涵获2022年度罗德奖学金。由法学院师生组成的北京大学代表队荣获第20届杰赛普（Jessup）国际法模拟法庭比赛全国一等奖、第20届亚太地区红十字国际人道法模拟法庭竞赛冠军、第20届"贸仲杯"国际商事仲裁模拟仲裁辩论赛冠军。

"青春故事讲给党听"民法典宣讲团新增50名志愿者，完善20个宣讲主题，共开展25次宣讲活动，吸引6000余名师生、群众参与，获北京市教委主办的第九届北京市师生法治教育作品征集活动三等奖。"北大杯"赛事中，男足夺得甲组桂冠，男篮荣获乙组冠军，慢投棒垒队荣获季军，女篮勇夺乙组亚军，羽毛球队获第五名，乒乓球队获团体第四名。羽毛球队获2022年"新生杯"赛事冠军。

（粘怡佳、黄　晨、乔玉君、王　桔、陈志红、
李媛媛、刘武铭、鲁昕鑫、杜雪娇、董膑羽、
张双根、史　诗、徐晓颖、王玉雪）

【举办第十五届BESETO法学年会】 11月5日，由北京大学法学院主办的第十五届BESETO法学年会以线上方式成功举行。BESETO法学年会作为北京大学法学院、国立首尔大学法学院、东京大学大学院法学政治学研究科交流合作的重要平台，自2007年起，由三校轮值举办。本届年会以"Digital Transformation and Platform Accountability（数字化转型与平台责任）"为主题，包含三场集中研讨、六个学术报告。第一研讨环节"Platform Accountability and Government Regulation（平台责任与行政监管）"，由东京大学後藤元（Gen Goto）教授担任主持，首尔大学朴尚哲（Sangchul Park）助理教授发表学术报告"Ancien Regimes Impeding Rationalization of East Asia's Platform Regulatory Framework: with a Focus on Telecom Regulations and Unfair Business Practices（阻碍东亚平台监管框架合理化的旧制度：聚焦电信法规与不公平商业惯例）"，北京大学法学院戴昕教授发表学术报告"Marginal versus Structural Approaches to Platform

Responsibilities（平台责任的边际进路与结构进路）"。第二研讨环节"Platform Accountability and Competition Policy（平台责任与竞争政策）"由北京大学法学院彭錞助理教授担任主持，东京大学西蒙·范德沃尔（Simon Vande Walle）教授发表学术报告"Digital Platforms and EU Competition Law: Failure and Now a New Approach?（数字平台与欧盟竞争法：失灵与当下的新路径？）"，北京大学法学院胡凌副教授发表学术报告"Platform Subcontract in China（中国的平台发包制）"。第三研讨环节"Platform Accountability and Labor Law（平台责任与劳动者保护）"由首尔大学全钟益（Jongik Chon）教授担任主持，东京大学Takashi Araki教授发表学术报告"Worker Protection in the Era of Platform Economy（平台经济时代的劳动者保护）"，首尔大学崔淑焕（Sukhwan Choi）副教授发表学术报告"Digital Transformation and Various Types of Workers（数字化转型与各类劳动者）"。本届年会研讨聚焦数字化转型时代的法律应对，各国学者从本土经验和比较法视角出发，就相关的公法、私法问题进行了全面、深入的讨论，就强化对数字化转型造成的平台权力膨胀加强法律规制，达成基本共识，并贡献了大量富有洞见的具体制度建设和操作方案。

（李淄君、张琳汾、徐佳鑫、高泽欣）

【举办首届"数字与法治"系列论坛】 2022年9月起，法学院以"全球视野下的隐私与数据保护法"为主题举办了首届"数字与法治"系列论坛，邀请了日本明治大学、美国乔治·华盛顿大学、挪威奥斯陆大学、美国乔治城大学、美国康奈尔大学等高校的知名学者举办了五场系列讲座，讨论内容包括"日本个人信息保护立法的转变""论隐私权的局限""自动化决策的法律规制""平台、隐私权和隐私治理"和"场景完整性理论"等。活动还邀请了多位国内知名法律学者、实务人士担任活动评议嘉宾。论坛吸引校内外师生、校友以及诸多社会友好人士千余人参与。

（李媛媛）

【开展"24小时"法学生国际化素养提升计划】 为推进法学院培养通晓并能塑造国际规则、从容处理涉外法律事务、自如参与国际合作与竞争的卓越法律人才的战略目标，法学院于秋季学期开展了"'24小时'法学生国际化素养提升计划"。计划围绕法学生必备的国际化素养核心要求，从国际化理念、外语素养、留学海外、职场技能等四个维度，连续开展24期1小时交流会，由学界导师、实务专家、资深校友、优秀学生共同参与，全面提升法学生的国际化素养。11月2日，该计划的首场交流会举行。截至2022年12月，学院已举办多场交流会，美国哥伦比亚大学法学院研究生学位课程办公室执行主任吉尔·卡萨尔（Jill M. Casal）、英国爱丁堡大学法学院副教授张芮侨，英国高伟绅律师事务所北京代表处人力资源经理李佳瑶、北大法学院教授楼建波、长聘副教授戴昕、副教授陈一峰、助理教授左亦鲁和彭錞等学界导师、实务人士担任主讲嘉宾就"如何让HR对我的CV情有独钟？""英国、美国学法的那些事儿"等话题与学院师生进行了深度交流。

（李媛媛）

【开设法律硕士专业学位"国际仲裁"项目】 法学院自2022年秋季启动法律硕士专业学位国际仲裁项目，依托北京大学多学科优势，借助北京大学法学院丰富的师资力量，培养具有理论底蕴和实务能力的国际仲裁领域法律人才。项目以"厚基础、高能力"为国际仲裁法律人才的培养特色。在基础素养方面，结合北京大学多学科背景及其宝贵的教育资源，关注国际仲裁领域的交叉学科和通识教育，在政治学、社会学、经济学、马克思主义理论、外国语言等综合领域加强学识底蕴的养塑，夯实国际仲裁法律人才的综合基础素质。在专业能力方面，法学院国际法专业长期注重立足于中国现实的理论研究，在国际投资法、国际税法、海商法、国际商事仲裁、国际金融法等领域均有丰富的研究和教学经验；民事诉讼法专业长期注重商事争议解决的理论研究，在仲裁法学、证据法学、司法制度、强制执行法学等领域具有丰富的研究和教学经验。此外，法学院大量专业课程长期采用中英文结合授课或者英文授课的方式，通过强化学生的英文阅读水平和表达及写作能力，致力于培养熟悉国际仲裁业务并具有处理国际仲裁法律实务能力的法律人才。2023年下半年开始从2023级法律硕士（非法学）学生中选拔学员。

（陈岩）

【继续推进"北京大学-香港大学法学双学士项目"】 北京大学于2019年启动"北大-港大法学双学士项目"，旨在培养精通大陆法系和英美法系知识、具有复合型知识结构和高端专业实践能力的优秀法律人才。首批北大学生于2022年春季赴港，首批港大学生于2022年春季来京。截至2022年12月，完成了2020级北大学生的终选工作，确定了6位将要赴港攻读的学生；完成了2021级北大学生的初选工作。以在线会议形式参加了2021级、2022级港大学生的选拔，还在线参与了港大为香港中学生举办的宣讲活动。

（费海伲）

# 信息管理系

【发展概况】 组织机构。信息管理系现任党委书记、系主任张久珍，党委副书记张妙妙；副系主任张鹏翼、徐扬。

学科建设。信息管理系承担1个一级学科和3个本科专业建设，图书馆学专业、信息管理与信息系统专业入选国家级一流本科专业建设点；大数据管理与应用专业入选北京市一流本科专业建设点；图书馆学人才培养模式研究改革虚拟教研室成功入选首批虚拟教研室建设试点名单。

信息管理系设有3个教研室、6个研究室、1个研究所，挂靠有4个虚体中心、1个虚拟教研室。2022年成立北京大学出版研究院（挂靠信息管理系），张久珍任研究院院长。

**队伍建设**。截至2022年12月，信息管理系有全职教职工49人，包括：教学科研人员32人，其中资深教授1人，教授10人，副教授5人，新体制长聘副教授7人，预聘制副教授1人，助理教授8人，在站博士后9人；行政人员5人；劳动合同制3人。退休返聘1人，选留学生干部1人。2022年通过招聘、调入，新增引进教研系列教师3人、进站博雅博士后3人、行政人员1人、劳动合同制1人；因退休、调动、离职，减少教学科研人员3人、行政人员1人、劳动合同制1人。

**教学工作**。截至2022年12月，信息管理系共有学生374人，其中本科生253人，硕士研究生64人，博士研究生57人；2022年招生101人，含本科生59人，硕士研究生28人，博士研究生14人。组织成人高等学历教育学生毕业49人，获得学士学位5人，其中2022年1月批次毕业25人，获得学士学位1人；2022年7月批次毕业24人，获得学位4人。

2022年，信息管理系共开设本科课程67门，研究生课程42门。本科教改项目结项4项。

2022年，信息管理系召开4次教学指导委员会会议，讨论培养方案和教学计划的论证制定、修订和完善研究生培养方案和管理规定；制定博士生招生分配方案，确定了博士生年审制度；制定研究生双导师实施方案。完成二到四年级博士生年审工作；讨论双导师制度的细节，完善博士生培养的过程管理。优化研究生课程结构。修订图书馆学和编辑出版学研究生培养方案，组织教学研讨和座谈，优化课程结构。

信息管理系开展产学研创新教学合作模式，建设实习实践基地共计2个，新增4家机构及互联网企业集团达成实践教学合作关系。2022年，信息管理系初步完成本科生实验和实践教学平台建设，通过改造教学空间、购置设备搭建教学平台，开展线上直播和混合课程录制方式。开设《信管第一课》，梁兴堃、徐扬、夏汇川等教师带领学生赴百度、百分百开展学习交流；赴贵州开展思政实践，与南航贵州公司共建思政课教育基地；赴江苏盐城开展主题为"数据引领时代，信息共创未来"的思政实践课活动。

继续教育工作方面，2022年信息管理系向继续教育部申报培训班5个，其中2个社会招聘项目（暂未开班），2个委托培训项目（暂未开班），1个中宣部培训项目，共计学员60人次；完成访问学者项目3人；9月招收新疆、西藏特培访问学者1人。

**科研工作**。2022年，信息管理系教师发表学术文章104篇，其中中文索引论文（CSSCI）26篇，索引会议论文（EI/ISTP/ISSHP）4篇，索引会议论文（SCI/SSCI/A&HCI）13篇，中英文学术论文8篇；出版图书（编著、译著和古籍整理类著述）3部。获得科研项目立项13项，课题总经费近300万元。

2022年，信息管理系获得教学成果系列奖项4项；邱韫哲获年度华人学者管理科学与工程国际年会"最佳管理实践奖"；黄文彬获北京大学教学优秀奖；刘畅获北京大学教学成果二等奖；夏汇川获第二十八届中国竞争情报年会论文一等奖。

教师获发明专利2项，其中王军获"一种两阶段的长文本相似度计算方法"专利；王翩然获"一种基于学龄前儿童任职的绘本信息表示与组织方法及装置"专利。

**合作交流**。2022年，信息管理系举办近50场交流分享活动；邀请15位业界专家参与学术研讨及创业经验交流分享；邀请5位海外知名学者参与研讨交流；支持20余位学生参加国际或国内重要学术会议（线上）。信息管理系组织大型学术会议活动5场：7月24日举行首届全国出版学科共建工作会，北京大学与中国出版集团、北京印刷学院与中国出版协会等线下、线上签署合作协议；7月29日举办第一届全国信息资源管理博士后论坛，围绕"面向未来的信息资源管理：变革、先导、担当"主题进行线上研究成果展示；7月30日，举办教育部首批虚拟教研室建设项目"图书馆学人才培养模式研究改革虚拟教研室"；7月30日，举办第十五届全国图书馆学博士生学术论坛线上会议；7月31日举办围绕"智能情报分析与服务"2022年全国情报学博士生专题线上学术会议。

**党建工作**。中国共产党信息管理系委员会下设8个党支部，其中教工党支部2个，离退休党支部1个，学生党支部4个，临时党支部1个。共有党员198人，其中在职教职工党员28人，离退休教师党员23人，学生党员117人，组织关系暂存高校学生30人。2022年发展党员36人，其中本科生28人，硕士生5人，博士生3人。23名预备党员转为正式党员，包括本科生18人，硕士生4人，博士生1人。

2022年，系党委共组织包括线上专题学习、理论培训、学习重要讲话精神在内的13次主题党日活动；成立疫情防控学生党员先锋队；开展"传承红色基因，奋进强国梦想"主题线上联学联建活动；全系师生共同学习贯彻党的二十大精神主题党课；从社会学专业视角出发，就"新时代扶贫""革命老区建设"两个主题传达党的二十大精神。

**学生工作**。2022年，毕业学生112人，其中本科生毕业66人，硕士研究生毕业28人，博士研究生毕业18人。2022年，信息管理系17名同学获评北京大学优秀毕业生称号，17名同学获评北京市普通高等学校优秀毕业生。

2022年，信息管理系组织教学指导委员会修订《北京大学信息管理系学术素质综合测评实施细则》，补充完善《北京大学信息管理系学生心理危机预防与干预手册》《北京大学信息管理系辅导员工作手册》和《北京大学信息管理系班主任工作手册》，进一步规范学生管理制度建设及工作安排。

2022年，信息管理系举办超过10次学生事务联系会和班主任工作交流会，创新学工模式，推进"全员学工全员育人"建设，12个班级由专任教师担任班主任，占比高达86%；3月至12月，院系组织信管"家"文化系列活动，组织本科生、研究生参加培养方案及教学计划研讨交流会，师生共议学业发展上遇到的问题和对培养方案和教学计划的建议。

图书资料建设。截至2022年12月，信息管理系图书馆拥有藏书10,205册，订购外文期刊4种；收藏信息管理系学士学位论文986篇，硕士学位论文743篇，博士学位论文285篇，共计2014篇。

工会工作。信息管理系工会现有在职会员48人，其中事业编制会员38人，劳动合同制会员2人，博士后会员8人。全年主要活动包括：参加校运动会、羽毛球比赛、校全民健步走、女工活动、献爱心慰问活动、退休教职工活动等。

系庆工作。2022年是信息管理系建系75周年，全年开展系庆学术系列活动近40场，其中包括"信管开讲啦"、交互式信息检索、编辑出版前沿讲座、信息素养概论、用户研究专题、媒体与社会、信息系统分析与设计、情报学前沿、人类信息行为研究、信息计量学等10个主题专场学术交流活动；组织"信念"读书会活动两场，由6位信息管理系青年教师作为领读人，组织以图书、人文与社会及信息、算法与技术的读书会，为学生分享主题书目；组织"信言"系列教授茶座；组织"IM青教半月谈"系列活动；组织office hour活动，由专任教师与学生开展31场线下座谈活动。

（张久珍、张妙妙、张鹏翼、徐扬、化柏林、李派、吴施雨、顾晓光、邓佳佳、余方博、常雅芳、张凯）

【北京大学出版学科建设座谈会】 3月28日下午，北京大学出版学科建设座谈会在临湖轩举行。中宣部出版局副局长李一昕，中国出版集团副总经理陈永刚，咪咕文化科技有限公司党委书记、总经理刘昕，上海世纪出版集团总裁阚宁辉，北京印刷学院党委书记高锦宏，北京师范大学新闻传播学院教授万安伦，武汉大学人文社会科学研究院院长方卿，中国人民大学新闻学院教授周蔚华，北大王选计算机研究所所长汤帜，以及出版学界业界相关专家就北大出版学科建设进行座谈交流。信息管理系党委书记、系主任张久珍、中宣部干部局、中国印刷博物馆有关同志，以及北大信息管理系教授、出版学科带头人王余光，北大新闻与传播学院院长陈刚，北大出版社社长马建钧，北大社会科学部部长强世功等专家学者参加座谈。座谈会由北京大学党委常委、副校长王博主持。

（李派、吴施雨）

【首届全国出版学科共建工作会】 7月24日下午，在中宣部的指导和教育部的支持下，由国家新闻出版署主办、北京大学承办的首届全国出版学科共建工作会在北大英杰交流中心阳光厅举行。中宣部副部长张建春，中国出版协会理事长邬书林，中宣部原副秘书长郭义强，教育部学位管理与研究生教育司司长洪大用，北京大学党委书记郝平、校长龚旗煌、副校长王博、副校长张平文，共建单位代表，关心出版学科建设的地方管理部门、出版单位和高等院校的负责人，以及北大有关院系和职能部门的负责人和师生代表以线上线下相结合的方式参加会议。会议由王博主持。

会议现场，张平文和中国出版集团有限公司党组成员、中国出版传媒股份有限公司董事、副总经理于殿利分别代表北京大学和中国出版集团签署合作协议，五家出版研究院、出版学院和全国出版学科共建工作联络处揭牌。联络处设在北京大学，由北大信息管理系党委书记、系主任张久珍担任负责人。

全国出版学科共建工作会后，专家学者在英杰交流中心月光厅进行了主题研讨。研讨会由北京大学出版研究院副院长、信息管理系长聘副教授李世娟主持。万安伦作了题为"三元素·三属性·'三原一方'与出版学科建设"的主旨发言，华东师范大学副校长雷启立、武汉大学人文社会科学研究院院长方卿、中国人民大学新闻学院教授周蔚华、南京大学信息管理学院教授张志强、北京大学王选计算机研究所副教授高良才分别作题为"打破边界，培养卓越出版人才""中国特色出版学学科建设的理论思考""从出版的本质属性看出版学学科建设""中国特色出版学学科的国际借鉴""数字出版的历史、现状与未来"的主题发言，与会师生进行交流研讨。

（李派、吴施雨）

【2022级本科生"信念引领青春路"主题班会暨第二班主任见面会】 9月16日下午，信息管理系2022级本科生"信念引领青春路"主题班会暨第二班主任见面会举行。校党委副书记、纪委书记、信息管理系2022级本科生第二班主任顾涛，信息管理系党委书记、系主任张久珍，信息管理系党政班子成员，2022级本科生班主任，系学工办成员及带班辅导员，2022级全体本科生出席主题班会。班会由信息管理系党委副书记张妙妙主持。

会议现场，张久珍教授介绍信息管理系75年历史的深厚积淀、图情学科发展及信息管理系目前的建设情况。2022级本科生2班班主任闫蒲介绍本年级新生基本情况和信管结合院系特色组织的新生教育活动。顾涛对2022级本科新生作五点寄语，鼓励同学们树立专业自信；根据时代发展特征、国家建设需要、结合自己的兴趣特长审慎选择大专业下的细分领域，并不断地去挖掘、深耕、探索；重视榜样的力量，树立远大理想；传承北大传统中代代相承的家国情怀；强健体魄，关注身心健康。

（李派、张凯）

【两专业分别入选国家级一流本科专业建设点及北京市一流本科专业建设点】 2022年6月，教育部办公厅发布《关于公布2021年度国家级和省级一流本科专业建设点名单的通知》（教高厅函〔2022〕14号），信息管理系信息管理与信息系统专业入选国家级一流本科专业建设点，大数据管理与应用专业入选北京市一流本科专业建设点。此前，图书馆学专业已入选国家级一流本科专业建设点。教育部自2019年起启动一流本科专业建设"双万计划"，计划在2019年至2021年建设一万个左右国家级一流本科专业点和一万个左右省级一流本科专业点。信息管理系在人才培养上坚持理论联系实践、专业教育融合博雅教育的原则，不断摸索和创新教育模式，着重培养在行业起引领作用、具备国际视野、创新精神和实践能力，适应数字化、信息化、网络化时代的高素质复合型专业人才。持续探索小班授课、互动学习等创新模式，充分利用贯穿培养全过程的本科生导师制，为学生提供丰富多彩的国际学术交流与合作和个性化、全方位的产业行业实践机会。在"双万计划"建设中，信息管理系三个本科专业均入选一流本科专业建设点。

（李　派、吴施雨）

## 社会学系

【发展概况】　**学科概况**。北京大学社会学系自1983年起招收社会学专业本科生，1985年成为国内第一个具有博士学位授予权的社会学系。2007年开始，社会学被教育部确认为国家一级重点学科，是北京大学现有的18个国家一级重点学科之一。社会学学科教学科研涉及二级学科领域，包含理论社会学、应用社会学、人类学、人口学、民俗学、社会工作及社会管理与社会政策。社会学系设有社会学、社会工作和人类学共3个本科专业；社会学、人类学、人口学和社会保障4个学科学位硕士点；2个专业学位硕士点；社会学、人口学和人类学3个博士点。在QS公布的2022年世界大学学科排名中，北京大学社会学学科排名23位，在包括港澳台在内的大中华区名列第一。

**教学工作**。2022年社会学系共招收本科生60人，其中留学生9人；招收社会学双学位69人，目前在读188人。本科生毕业并授予学位66人；留学生毕业并授予学位15人；社会学双学位毕业35人，肄业9人，获辅修证书6人。招收研究生86人，其中博士20人，学术硕士29人，社会工作专业硕士37人。授予博士学位20人，硕士学位67人。2022年在读硕士生学业奖学金181.8万元，专业硕士国家助学金42万元。

2022年，社会学系实践教学成果获北京市高等教育教学成果奖一等奖，并与商务印书馆合作出版实践教学成果《在田野中成长：北大社会学系"挑战杯"获奖论文选》。制定社会学系"十四五"教材建设规划，3本教材获北京大学教材建设立项，《社会工作概论（第三版）》获评全国优秀教材（高等教育类）二等奖。《社会调查与研究方法》获评2022年北京高校"优质本科课程"，社会学系获北京大学第二批课程思政示范院系建设立项，《社会工作概论》课程获本科教学改革"课程思政研究项目"立项。1名教师获北京大学教学成就奖，2名教师获北京大学教学优秀奖。

**科研工作**。社会学系作为北京大学社会学学科的牵头单位，协调校内多家单位，联合完成2021年度社会学学科"双一流"建设监测数据的填报工作。2022年新立项纵向项目5项（国家社科基金重大项目1项、国家社科基金重大专项1项、国家社科基金铸牢中华民族共同体意识研究基地专项1项、国家社科基金青年项目2项），新签订横向项目16项；新入账科研经费514.86万元，其中纵向项目220万元，横向项目294.86万元。教师及博士后出版专著7部，发表学术论文124篇。

2022年，社会学系共举办"午间学术报告会"6场，举办第九届北京大学社会学博士生论坛。"百年中国社会学丛书"中许仕廉《中国人口问题》、李安宅《〈仪礼〉与〈礼记〉之社会学的研究》两部顺利出版。牵头建设"北京大学乡村振兴研究与实践基地"，与中规院（北京）规划设计有限公司合作，设立"吾土乡村振兴工作站"，在乡村振兴、铸牢中华民族共同体意识和数字治理等领域持续发力，深入开展"服务国家战略"。上报各类智库文章19篇，其中13篇获中央部门采纳或中央领导批示。

**党建工作**。截至2022年12月31日，社会学系党委共设有党支部14个，其中学生党支部10个，教工党支部3个，其他党支部1个；共有党员241人，其中在职教职工29人，离退休15人，调查中心13人，学生159人，组织关系暂存25人；2022年度新发展党员38人，预备党员转正31人。2022年度确定入党积极分子76人，确定发展对象39人，接收党员组织关系48人次，转出党员组织关系72人次。组织172人参加党员发展过程的四大培训，包括54名入党积极分子参加党的知识培训班，32名发展对象参加党性教育读书班，42名新预备党员参加党的理论培训班，44名新转正党员参加政治素养提升班。党建创新立项获批4项，获资助2万元。组织129名共产党员献爱心捐款，首次实行全员线上捐款11,629元。本科生联合党支部获评北京大学样板党支部。

2022年，社会学系党委组织学习习近平总书记重要讲话和党的二十大精神。全系党员师生学习习近平总书记给南京大学留学归国青年学者回信精神，收看《习近平的教师情》专题片，听取贾庆国教授解读两会精神学习辅导报告，学习北京市十三次党代会、北京大学十四次党代会精神。组织喜迎喜庆党的二十大理论学习活动，通过集体学习、专题报告、实地调研、专家对谈、支部宣讲等多种形式，打造"学、研、讲、评"一体的学习教育体系。

**团委学工**。规范开展综合素质测评、奖励奖学金评定、学生资助、就业指导服务和心理健康教育工作；进一步完善学生骨干队伍建设，通过例会、培训、一对一指导交流等具体举措增强队伍的专业性和纪律性。进一步细化《社会学系学生素质综合测评实施细则》中学术创新、学生工作及志愿服务方面规定，指导10个班级、429名学生完成素质综合测评，平稳有序完成7人科学实践创新奖、17人专项学业奖学金、6人国家年度奖学金、65人个人年度奖学金、118人个人年度奖励、3个先进班集体奖励等评审工作。线上完成18位经济困难新生家庭寻访，规范家庭经济情况认定及助学金评选流程，完成认定70人次，协助58位同学完成助学金申请。坚持宏观指导与精准对接相结合的工作方式，及时发布就业招聘信息，召开毕业生就业指导说明会，打造"社会人·职场路""踏浪：研究生经验/经历传承计划"等精品活动，举办选调生专场分享会、互联网企业就业分享会，广泛开展就业动员。

队伍建设。截至2022年12月31日，社会学系在编教师40人，其中教授18人，副教授14人，助理教授8人。在编行政人员7人，劳动合同制6人，专职辅导员1人，选留学生干部1人，其他1人。离退休教师28人。2022年招聘助理教授1人，通用岗位聘任4人，各类合同续签6人，延迟退休申请上报2人，4名教师办理退休手续，1名劳动合同制员工离职。完成聘任委员会调整，职务委员更替，主任为周飞舟，委员为查晶、刘能、刘爱玉、王明慧、王铭铭、鄢盛明、李康、卢晖临、邱泽奇。招收博士后6人，中检2人，出站2人。博士后桑坤（合作导师：周飞舟）主持博士后科学基金面上项目，经费5万元。社会学系现有哲学社会科学领域专业技术一级岗位1人，教育部长江学者特聘教授4人，中宣部文化名家暨"四个一批"人才1人，国务院政府特殊津贴获得者4人，教育部跨世纪人才1人，教育部新世纪人才5人，北京大学博雅讲席教授1人，北京大学博雅特聘教授5人，教育部长江学者青年学者3人，中组部青年拔尖人才1人。

综合管理。国际交流方面，社会学系2022年举办海外学者线上讲座3场，海外名家讲学2场。组织开展北京大学国际战略合作伙伴基金的"深度理解中国项目"第3期，邀请4位前两期项目的成员，举办了4场博士生论文研究成果的报告会，每场参与者均超百人。

系图书馆和网站建设方面，截至2022年11月7日，社会学系图书馆文献总馆藏量97,728册，发订876个品种，整理上传39门课程的841条教参数据。开展读者资源检索培训，延长开馆时间至晚8点，满足读者文献需求。社会学系网站日均访问3746次，访客人数988次，成为社会学系对外宣传的重要窗口。

疫情防控方面，社会学系按照学校要求及时建立疫情防控专项工作小组，积极动员师生接种疫苗，建立疫苗接种台账，提供答疑服务。常态化核酸启动以来，社会学系党员师生参与学校核酸检测志愿服务数十次；选拔96位疫情防控委员、39位楼宇专员做到学生网格化管理精准全覆盖，及时督促、了解特殊情况，保证核酸检测应检尽检、不漏一人。校内出现疫情后，通过教职工大会、全体班主任会、党团班学生骨干会议、班会、党支部会、微信群内答疑等方式及时向师生传达学校疫情防控现状及相应政策，减少信息不对称引发的负面情绪，保障教学科研工作顺利运行；关心学生心理健康，走访学生宿舍，为校外专硕学生发放补贴、寄送物资，组织各类暖心活动；及时采购发放N95口罩、抗原试剂、免洗消毒凝胶、感冒药品等物资，全力保障师生身体健康。

（周玉婷）

【社会学系重建40周年庆祝活动】 2022年是北京大学社会学系重建40周年暨燕京大学社会学系建系100周年的庆典年。社会学系制作宣传视频、整理编印系史、采访老教授、收集整理教学科研成果、制作系友名录、制作发放系庆纪念手册，设计制作系庆文创，创办"北大社会学"公众号，面向系友发起系图书馆发展基金捐赠项目，举办系庆茶话会，以丰富多彩的活动营造热烈的系庆氛围。

截至2022年12月31日，"北大社会学"微信公众号以"先声"（燕京大学社会学系本硕论文甄选）、"家书"（北京大学社会学系友"我与北大社会学"抒怀）、"学缘"（社会学人与北大社会学的结缘）、"砥行"（北京大学社会学系教师代表作品）、"新语"（北京大学社会学系本硕博优秀论文节选）5个主题共发布原创内容135篇，用户量达13,290人，阅读量达995,508次，在全国社会学界引起热烈反响。

（周玉婷）

【一项成果获北京市教育教学成果奖】 社会学系建立完善"从实求知：'五位一体'的田野教学体系建设"获2021年北京市高等教育教学成果奖一等奖。主要完成人：周飞舟、刘爱玉、卢晖临、田耕、王娟。

"五位"是指运用导师制、实践基地、小班课、工作坊、"挑战杯"五类工具，分别解决田野教学中专业指导、田野地点、实操课程、交流渠道、应用平台五个关键问题；"一体"指全周期、全方位、全员参与的教学体系。该田野实践教学体系一方面发挥社会学实践育人的优势，鼓励学生将社会学"从实求知"的原则落到实处，扎根中国大地，培养家国情怀；另一方面有效锻炼和提升学生的时代意识、创新精神和实践能力，助力学生在科研实践中取得优秀成果。

（迟孟昕）

【签约北京大学乡村振兴研究与实践基地】 为积极贯彻党中央乡村振兴战略、落实教育部直属高校服务乡村振兴创新试验工作，社会学系于6月2日与江阴市人民政府举行"北京大学乡村振兴研究与实践基地"签约仪式。受疫情影响，采用线上视频会议的"云签约"方式进行。北京大学副校长王博、江阴市党委书记许峰出席并致辞，北京大学国内合作办副主任罗永剑，北京大学社会学系领导及教师代表，江阴市相关领导及中国城市规划设计研究院相关领导参加仪式。北京大学社会学系主任周飞舟及江阴市副市长金丹菁代表双方签订合作协议。根据协议，北京大学社会学系将与江阴市人民政府在政策指导、项目咨询、人才培育、学术转化等方面探索有效的校地合作模式，促进双方开展产学研深度合作，共同推动形成乡村振兴、共同富裕的江阴实践，总结提炼出一套可推广的乡村振兴新路径和新模式。

（黄美龄）

# 政府管理学院

【发展概况】 机构设置。政府管理学院下设政治学、行政管理学、公共政策、城市与区域管理四个系，拥有北京大学国家治理研究院（教育部人文社会科学重点研究基地）和北京大学中国政治学研究中心两个实体研究机构，下设以本院教授为主体研究人员的十八个校级非实体研究机构，形成了包括本科、硕士、博士及MPA、MPP、IMPA在内的完整的人才培养体系，拥有政治学、公共管理两个一级学科和区域经济学一个二级学科博士点，设立政治学、公共管理、应用经济学三个博士后流动站。

队伍建设。2022年，学院引进罗薇助理教授，中国政治学研究中心引进孙宏哲、顾超2名助理教授。王浦劬教授获聘文科一级教授。张长东长聘副教授晋升教授，白智立副教授晋升教学系列教学教授。学院聘任复旦大学郭苏建、美国得克萨斯州农工大学刘新胜为客座教授。截至2022年12月，学院（含中心）共有教学科研人员55人，其中教授22人，长聘副教授2人，副教授13人，助理教授18人，45岁及以下中青年学者23人。学院调整内设机构负责人，孙明任MPA教育中心主任，田凯不再兼任，其他无变化。

学科建设。2022年，学院加强政治学、公共管理"双一流"学科建设，举办战略研讨会，成立院长、书记挂帅的学科建设专项工作组。学科工作组围绕应急管理和城市管理的新学科建设问题分别组织研讨会，就发展目标和建设路径达成共识。政治学与公共管理学科分别展开研讨会，成立放权改革方案编制专项工作组。完成第一阶段的放权改革方案的撰写和论证，和学校一流学科放权改革方案论证会答辩。7月，学院完成2021年度"双一流"监测数据填报。

开辟学科新方向，丰富发展内涵。学院创办的公共管理（政府运行保障）硕士专业学位于7月获批。应国务院港澳办要求，创办"香港特区政府高级公务员公共管理项目"，首批学员于秋季学期顺利入学。探索跨学科人才培养模式，推进新文科建设，学院创办"政治学与行政学专业（数字治理方向）"本科教育特色项目于9月开始招生，成为全国高校首创。

加强实验室建设，助力数字治理发展。学院政府大数据与公共政策实验室围绕政府治理、社会治理、城市治理相关领域资助院内教师开展相关项目。2022年，经校内外专家中期和终期评审，第一批开发的八个项目全部通过。学院与贵州省毕节市签订协议，在平台共建、人才交流、支持地方数字政府和数字乡村建设等方面建立战略伙伴关系。

做好学科品牌建设工作。2022年，学院发布学科建设动态新闻及成果发表推介70余篇，举办3期"青年学者论文工作坊"，完成《北大政治学评论》第12—13辑的组稿工作，逐步加大学科宣传力度，提升学科影响力。

科学研究。2022年，学院有8位老师获国家级及省部级等纵向项目立项9项，总金额191万元。学院在研纵向项目共39项，总金额约1334万元。横向项目入账超过82项，约1260万元。

2022年，学院教师共出版著作7部、教材2部，发表论文、报纸等共153篇，其中CSSCI/SCI/SSCI 113篇。学院教师积极建言献策，获采纳及批示的共4篇。

2022年，学院共主办论坛、讲座24场，其中4次国际讲座，20次国内学术论坛或讲座。

本科生教育。2022年，学院在校本科生285人，毕业生67名。秋季学期，学院修订主修及辅修培养方案，设计并审核通过数字治理方向培养方案。

2022年，学院共组织1场新生教育学科导航活动，17场读书会，13场导师组师生座谈会，5场课程午餐会；指导本科生科研训练项目62个，短期本科生科研项目2个；"政治、法律与社会"本科交叉培养项目第五期招生20人。在第30届"挑战杯"赛事中，学院学生获得五四青年科学奖特等奖2名、一等奖1名、二等奖1名、三等奖5名，跨学科学生课外学生科技作品竞赛三等奖2名，特别贡献奖竞赛二等奖2名、优秀奖2名。

6月，城市管理专业入选国家级一流本科专业建设点，至此，学院所有本科专业均为国家级一流本科专业。学院申报的2020—2021年6个校级教学改革项目顺利通过结题，2022年4个校级教学改革项目顺利通过立项。1门课程获北京大学课程思政示范课程建设项目，政府管理学院获第二批课程思政示范院系建设立项单位。"政治学原理"课程虚拟教研室入选课程（群）教学类国家级虚拟教研室。1本教材获北京大学优秀教材。1个项目获北京大学本科生科研训练优秀项目，1篇论文获北京市普通高校优秀毕业设计，1位教师获北京市普通高等学校优秀本科生毕业设计（论文）指导教师。1项教学项目获北京市高等教育教学成果奖一等奖、北京大学教学成果奖一等奖，1项教学项目获北京市高等教育教学成果奖二等奖、北京大学教学成果奖一等奖，1本教研著作获北京大学教学成果奖二等奖，1个课程组获北京大学"优秀教学团队奖"，1名教师获北京大学教学优秀奖。

学院推荐燕继荣教授、句华教授为国家教材委高校哲学社会科学（马克思主义理论研究和建设工程，以下简称马工程）专家委员会政治学、管理学（公共管理）学科专家组专家。燕继荣教授主持的马克思、恩格斯、列宁关于哲学社会科学及各学科重要论述摘编《分论—政治学》项目形成工作方案，确定编写体例及篇目。《中国古代政治思想史》参与申报中央社会主义学院教材体系建设项目，《城市治理导论》参与住房和城乡建设领域学科专业"十四五"规划教材建设，《公共行政学》《应急管理学基础》申报北京大学教材建设立项。

研究生教育。2022年，学院录取博士研究生33人，学术型硕士研究生（含大陆、港澳台、留学生）109人，其中港澳台4人，留学生56人。2022年，学院共开设研究生课程67门，课程以线上、线下相结合的方式授课；1门课程获评"北京大学课程思政示范课程"，教材建设立项申请通过学校审批共1项。北大、清华和人大政治学系合办的"政知坊"第34期政治科学研究工作坊在线上举办，为研究者陈述、发表研究成果提供支持。

MPA教育方面，学院录取普考班MPA学生183人，新疆班MPA学生40人，香港特别行政区政府高级公务员班14人。6月份193人获得学位，12月份22人获得学位，3人结业。9月，全面展开2023年MPA招生工作，举办政府管理学院2023年MPA网络招生宣讲会。学院修订并经学位分会审议通过了《北京大学政府管理学院公共管理硕士（MPA）培养方案》《北京大学政府管理学院定向新疆公共管理硕士（MPA）培养方案》。

学院通过与公共管理实践应用课结合的方式，举办十余次公共政策讲坛。受疫情影响，讲坛均采用线上和线下结合的模式，邀请到姜国华、强世功、孙哲、张海滨、刘能、刘鹏等国内外诸多知名学者、部委领导进行演讲。期间完成了嘉宾邀约、嘉宾接待、活动后期宣传、财务结算等工作内容。在全国公共管理专业学位研究生（MPA）教育指导委员会主办的第六届中国研究生公共管理案例大赛中，学院选送的案例进入100强。

党建工作。2022年，学院共有14个党支部，其中教职工党支部5个，学生党支部7个，离退休党支部1个，临时支部1个。2022年，学院继续紧抓党员发展和教育培训工作，累计发展学生党员49人；共有157人参加党的知识培训班，74人参加党性修养读书班，45人参加预备党员专项培训，43人参加政治素养提升班。2名助理教授正式提交了入党申请书。

党的二十大召开以来，学院坚持把学习好、贯彻好党的二十大精神作为当前时期的重要任务。组织教师结合教学科研工作学习贯彻二十大精神，对二十大报告进行学理化阐释、学术化表达、大众化传播；策划推出"政观二十大，解码关键词"师生同心共读二十大专题活动，燕继荣教授、万鹏飞副教授、宋磊教授先后围绕"中国式现代化""应急管理""高质量发展"等二十大报告中的关键词进行深入解读，截至2022年底已举办3期，学院内外师生累计400余人次参与。

2022年，学院获批基层党建创新立项项目3个，其中院党委主持的"新时代思政育人多元主体协同机制探究"获批重点项目，2019级本博联合党支部、2021级硕士生党支部项目获批普通项目。在北京大学"永远跟党走"学生党团日联合主题教育活动中，学院获优秀组织奖，2021级硕士生党支部获二等奖。

学生工作。2022年，学院各学生党团支部通过多种方式深入学习党的二十大精神，累计举办学习活动20余场。党委书记李海燕讲授团校第一课，党委副书记句华为党团支书讲授井冈山精神专题党课，党史专家金安平教授讲授百年青运史，全年举办各类主题活动130余场。

举办2022中国青年政治人论坛和2022北京大学青年政治人论坛，为全国政治学与公共管理类的学者和来自国内14所高校的青年代表团打造线上线下相结合的学术交流平台。打造"研途政道"研究生学术沙龙，为博士生群体提供针对性帮助和指导。在第三十届"挑战杯"赛事中15件作品获奖。创新策划5场"博雅家·乐创"特色品牌专题活动。2021级本科新生班获评北京大学示范班集体，2020级本科生荣获北京大学第十三届班级五四奖杯。

2022年，联络增设共青团漳州市委员会、博恒司法社工事务所2个思政实践教育基地，以"新征程，政同行"为主题组织6支团队赴全国各地开展思政实践活动。推荐9名学生参与北京冬奥会志愿服务工作，累计服务时长384小时；疫情期间招募139位校园防疫志愿者，累计服务时长340小时；推进"政好有你·线上云支教"项目常态化，组织83位志愿者为101位来自全国各地的中小学生开展线上辅导，项目累计志愿服务时长达5451小时。

加强学院微信平台建设，组建"学生新媒体中心"，打造原创融媒体作品，全年累计推出文章434篇，阅读总量达396,832人次，文章平均阅读量较去年增加近20%。

提升奖助学金评选的育人成效，组织"高荣誉/高额度奖学金"公开答辩，邀请学生观摩，扩大评奖评优正外部性；组织新生家庭寻访30余人次，协助93位同学获得资助，精准发放临时困难补助5人次。

做好就业指导服务工作，完成三轮共计300余人次的就业摸底普查，定期召开就业座谈会，举办"薪火传承"选调生院友分享会、求职经验分享会等多场就业指导活动。本科生毕业落实率88.3%，硕士研究生毕业落实率100%，博士研究生毕业落实率100%，综合落实率为94.5%，其中基层就业的同学共16位。

国际交流与合作。2022年，尽管受到新冠肺炎疫情的持续影响，学院外事相关工作依然有序开展和推进。国际项目采取线上、线下混合式教学模式，最大化保证来自20多个国家和地区的近60位同学顺利参与课程，在下半年实现半数留学生入境线下学习，完成英文项目各项评优评奖事宜。

完成高端学术讲学系列讲座3讲、海外名家讲学计划2讲、海外学者讲学计划8讲；组织哈佛大学肯尼迪政府学院阿什中心（Ash Center）博士生交流年度派遣选拔工作。

协助完成北大70年留学生教学历史中突出贡献者评审活动的候选人推荐、材料整理等工作，学院李景鹏教授获评该奖励。

组织留学生参与各项校级院级活动，参与北京大学第十九届国际文化节，展示丰富多彩的世界各国文化，参加燕园武韵节目表演，登上央视新闻。

参加北京大学留办组织的国际招生宣讲平台（第三季）推进活动，完成人员组织、宣传文案支持和拍摄录制工作。

**继续教育**。2022年，学院举办非学历继续教育培训班合计26个项目，培训人数4002人；接受访问学者11人，进修教师1人。

学院荣获2021年度北京大学继续教育优秀办学单位奖。由学院多位教师参与、李延国组织的《北京大学西藏自治区组工干部培训班》（北大培训20210832号）项目获得北京大学继续教育精品项目奖。燕继荣教授、薛领教授获得北京大学继续教育教学优秀奖。

（赵　恺、郭　晨、张肖迪、曲晓妍、刘　佳、
张诗琪、阿霏拉·阿不力米提、杨蕙璇、
王英泽、牛　昊、李　博、田　珺）

【新增MPA政府运行保障管理方向】 1月，国务院学位委员会办公室印发《关于推进"政府运行保障管理"专业方向（二级学科）建设的通知》，确定北京大学等11所高校在公共管理一级学科下增设政府运行保障管理二级学科。7月14日，学院决定从2023年起面向全国招收政府运行保障管理方向公共管理硕士（MPA），为全国党政机关及相关行业培养政府运行保障管理方向的专业人才，每年面向全国招生40人。北京大学是全国最早开展政府运行保障研究与教学的先行示范高校之一，2018年与国家机关事务管理局成立了全国第一家政府运行保障研究机构——北京大学国家机关事务研究中心（2021年更名为"北京大学政府运行保障研究院"）。数年来，学院聚合校内外专家，在MPA项目中首创开设《政府运行保障管理》课程，在政府运行保障学术研究、人才培养和社会服务等方面都取得了重要进展，为培养政府运行保障管理公共管理硕士（MPA）奠定了扎实基础。

（郭　晨）

【举行北京大学香港特别行政区政府高级公务员公共管理硕士2022年开学典礼】 9月28日下午，北京大学香港特别行政区政府高级公务员公共管理硕士2022年开学典礼在政府管理学院342室举行。典礼在北京和香港分别设立会场，以网络视频会议方式同步进行。香港特别行政区行政长官李家超，公务员事务局局长杨何蓓茵、常任秘书长梁卓文，公务员学院院长郭荫庶等在香港会场出席典礼。国务院港澳事务办公室联络司副司长邬凡，北京大学校长龚旗煌，副校长、教务长王博，研究生院常务副院长姜国华，政府管理学院院长燕继荣等出席典礼。会上，李家超表达对项目及首期学员的殷切期待，龚旗煌对各位新同学的到来表示热烈欢迎。燕继荣表达了办好本项目的决心。第一期新生班长余怀诚代表学员表达了通过学习提高治理能力的信心。北京大学香港特区政府高级公务员公共管理硕士项目是在国务院港澳事务办公室的指导下，由香港特别行政区政府公务员事务局委托北京大学政府管理学院举办的重点项目。该项目专门为香港特别行政区政府高级公务员开设，旨在增强学员的国家意识和战略眼光，提升公共管理理论水平，使其对"一国两制"方针及宪法和基本法确立的特区宪制秩序有更加深入的理解，成为了解国家发展战略布局、具备胜任香港特区公共管理能力的治理人才。项目学制两年。学院与公务员事务局密切合作，克服疫情限制，顺利推进选拔与录取工作，首期14名学员于9月入学报到。

（张诗琪、郭　晨）

【"政观二十大，解码关键词"师生同心共读二十大专题活动】 2022年，政府管理学院充分发挥学科优势，策划推出"政观二十大，解码关键词"师生同心共读二十大专题活动，邀请知名学者解读党的二十大报告中与政治学与公共管理学相关的学科关键词。活动以"政策解读"强化"价值引领"，将其作为党团支书培训和团校必修课程，把各项党团活动、学生学习实践统一到党的二十大精神上来，促进学思用、知信行相统一；活动借"学习宣讲"促进"研究阐释"，通过对关键词的专业讲读，从学理的角度为国家进一步实现高质量发展、推动中国式现代化建设提出了政策建议；活动邀"专家解读"带动"青年讲读"，学生可根据自己的学科领域和研究兴趣，自选关键词，对相关政策文本或案例进行研究和分享。学院于11月5日、11月27日、12月9日分别举办3讲主题活动，先后邀请燕继荣教授，行政管理学系万鹏飞副教授、公共政策系宋磊教授围绕"中国式现代化""应急管理""高质量发展"等二十大报告中的关键词进行深入解读，累计吸引学院内外师生400余人次参与。

（杨蕙璇、牛　昊）

【首发利益政治学系列研究英文成果】 王浦劬教授英文作品 *Principle of Interest Politics: Logic of Political Life from China's Perspective*（《利益政治学原理》）于9月由斯普林格出版社（Springer-Verlag）和北京大学出版社联合出版发行。该书为北京大学国家治理研究院英文版"利益政治学系列"丛书（Interests Politics Series）研究成果首发。"利益政治学系列"丛书基于中国视角，以社会利益政治为研究对象，从理论与实践、历史与现实、规范与实证的结合上，推出系列研究成果，展示中国政治学者在利益政治研究方面的原创性成果。《利益政治学原理》运用利益分析方法，对于社会利益的两重性展开深入分析，构建了分析政治现象深层

利益关系的模型，据此揭示了政治权力和政治权利关系的本质和特性。尔后，按照政治权力和政治权利两条逻辑主线，分别从政治行为、政治体系、政治文化等方面展开了阐述。最后，按照社会利益关系的变化和发展引起的政治权力与政治权利的相互作用，分析了社会政治发展现象。因此，该书以社会利益作为逻辑起点，构建了逻辑严密完整的原创性利益政治学理论体系，为利益政治学的拓展研究奠定了基本范式和理论基础。

（郭　晨）

【**国家治理研究院入选"CTTI 2022 年度高校智库百强榜"**】12 月，在 CTTI 2022 高校智库百强榜评选中，北京大学国家治理研究院入围百强，被评为 A+ 等级。北京大学国家治理研究院作为教育部人文社会科学百所重点研究基地中唯一的政治学研究基地，近年来开拓创新，不仅积极展开政治学基础理论研究，还以国家重大发展战略和迫切需要为研究导向，展开当代中国国家治理现代化重大问题的研究，围绕"国家治理现代化"开展教育部基地重大课题研究，在基础研究、应用研究和对策研究等方面取得持续进展，努力提升研究水平，持续取得丰硕成果。同时，研究院打造品牌"国家治理论坛"，促进学术交流。论坛围绕国家治理现代化，汇集国际一流学者，荟萃国际一流的研究成果，建构国际一流的学术交流平台和互动机制。经过多年的积累和发展，北京大学国家治理研究院成为我国政治学、公共管理学和国家治理现代化研究的重要平台和依托，在国内外产生广泛重要学术影响。在教育部 2021 年组织的教育部人文社会科学研究基地评估中，研究院获得应用型研究基地北京大学排名第一、全国排名前列的好名次。

（许　艳）

【**两项案例作品获评首届中国十大示范"主题案例"**】9 月，教育部学位与研究生教育发展中心举办首届中国案例建设国际研讨会（2022），发布十大"案例研究"成果和十大"主题案例"成果，北大两项案例作品获评示范"主题案例"。学院燕继荣教授和杨立华教授分别担任首席专家的案例作品《大规模集中安置——易地扶贫搬迁的会泽实践》和《电信大数据的全面应用——新冠疫情治理智能化案例》获评示范"主题案例"，被收录至中国专业学位案例中心精品案例库、并被汇编至《首届中国案例建设国际研讨会（2022）示范"主题案例"成果集》。两项案例作品分别聚焦"脱贫攻坚"和"疫情防控"主题，从实践中提炼中国故事、中国方案，回应国家治理体系和治理能力现代化中的重要议题，对于推动具有中国特色、中国风格、中国气派的案例研究及发表工作，推动具有时代性、学理性、价值性的案例进课件、进教材、进课堂具有重要意义。据悉，教育部学位与研究生教育发展中心于 2022 年首次组织开展主题案例征集活动，共征集到 400 余个主题案例成果，经团队申报、专家通讯评审、案例专家委评选和案例专家委主任办公会审定四个环节，共评出 10 个主题案例典型成果。

（郭　晨）

【**北大公共治理论坛"党的二十大与中国式现代化治理"**】11 月 3 日，由政府管理学院和公共治理研究所主办的北大公共治理论坛在廖凯原楼 342 举行。论坛以"党的二十大与中国式现代化治理"为主题，旨在发挥政治学、公共管理学科优势，深入学习贯彻党的二十大精神，对中国式现代化治理进行学术视角的分析与探讨。9 位专家学者发表主旨演讲，近 50 名师生参加论坛。论坛由政府管理学院党委书记、公共治理研究所副所长李海燕主持。政府管理学院院长、公共治理研究所所长燕继荣教授致辞，要求各位师生认真学习和领悟党的二十大报告精神，鼓励广大学者通过学术话语传递党的二十大声音，尤其青年学者要勇于承担薪火相传的责任，将学术观点与党的二十大精神紧密联系，提出解决有关议题的对策建议。与会学者围绕国家安全、城市治理、司法体制改革等具体领域，深度领悟和探索中国式现代化治理的本质规律和科学内涵。

（姚媛媛）

【**国家治理论坛"治理现代化的比较研究"国际研讨会**】2016 年 10 月，北京大学国家治理研究院与哥伦比亚大学国际与公共事务学院在北大联合举办了首届国家治理论坛"治理创新：理论与实践"学术研讨会。此后双方轮流承办，分别围绕："政府创新：中外比较视角""政府治理：中国改革与国际发展""全球治理：公共服务与社区优化""大数据与治理创新""比较视域下的社会治理与民生保障"主题进行了广泛的学术交流和讨论。2022 年 11 月 18 日，北京大学国家治理研究院与哥伦比亚大学国际与公共事务学院在线上联合举办国家治理论坛"治理现代化的比较研究"。此次会议是两家单位联合举办的国家治理论坛第七次会议，也是第三次线上会议。会议分"情景与治理发展"和"地方治理与可持续发展"两个主题展开，来自两所高校的 16 名学者进行了演讲发言。北京大学、哥伦比亚大学等高校和机构的专家学者和师生 200 余人与会。

（许　艳）

# 马克思主义学院

【**发展概况**】组织概况。北京大学马克思主义学院是全国高校建立的第一家马克思主义学院，是首批"全国重点马克思主义学院"之一，也是全国马克思主义理论"双一流"学科。学院现有马克思主义基本原理、马克思主义发展史、国外马克思主义、思想政治教育、马克思主义中国化、中国近现代史基本问题、党的建设、政治经济学、科学社会主义 9 个研究所。设有多个中央部委、北京市和北大设立的研究基地和中心，包括中央批准设立的"习近平新时代中国特色社会主义思想研究院"、教育部人文社会科学重点研究基地"北京大学中国特色社会主义理论体系研究中心"、首批国家教材建设重点研究基地高校思想政治理论课"毛泽东思想和中国特色社会主义理论体系概论"教材研究基地、北京市哲学社会科学研究基地"中国化马克思主义发展研究基地"等。9月，学院成立北京大学中共党史党建研究中心（挂靠类实体），加强中共党史党建及相关学科建设。

**人才队伍建设**。2022年，学院制定《北京大学马克思主义学院中期考核和职位聘任教育教学评估办法（试行）》《马克思主义学院教学系列管理与晋升制度方案（试行）》和《马克思主义学院研究系列管理与晋升制度方案（试行）》，修订完善《马克思主义学院教研系列管理与晋升制度方案（试行）》，进一步明确人才引进、考核和职务晋升的标准和程序。2022年，学院引进人才7人。学院现共有专职教师59人，包含多位重点人才。有教育部社会科学委员会副主任委员1名，中央马克思主义理论研究和建设工程咨询委员和首席专家5名，国务院学科评议组成员2名，教育部高等学校思想政治理论课教学指导（咨询）委员会主任委员、副主任委员和委员9名，国家"万人计划"第一批哲学社会科学领军人才3名，中宣部文化名家暨"四个一批"人才2名，教育部长江学者5名。

**党建工作**。牢牢把握社会主义办学方向，把政治建设放在首位，按照"深学、细研、精讲、笃行"要求，认真学习宣传贯彻党的二十大精神。严格落实意识形态责任制，通过各种形式强调和严肃政治纪律，旗帜鲜明讲政治。修订《北京大学马克思主义学院师德师风基本要求》《北京大学马克思主义学院师生交往指南》，制定《北京大学马克思主义学院微信群管理规定》等。2022年，学院开展思想政治和师德师风谈话30余人次。为加强本科生的思想政治工作，学校党委书记郝平亲自担任学院2022级本科生第二班班主任，切实履行第一责任人职责，与学院师生开展谈心谈话100余人次，多次为师生讲授专题党课。坚持每月至少召开一次党委会会议，强化"双带头人"制度，组织支部书记开展述职评议，完善党委委员联系基层党支部制度。严格党员发展程序，提高党员发展质量。2022年，发展教职工预备党员1名，学生预备党员24名，30名预备党员转正。

**思想政治理论课教学**。学院牵头修订《北京大学本科生思想政治必修课培养方案》，本科生思政必修课从18学分调整至19学分，其中"习近平新时代中国特色社会主义思想概论"课程从2学分32学时调整至3学分48学时。举办北京大学"习近平新时代中国特色社会主义思想概论"课程集体备课研讨会。"习近平新时代中国特色社会主义思想专题讲座"和"新时代劳动理论专题讲座"两大数字课程全面上线。"马克思主义基本原理课程教研室"获批教育部课程（群）教学类虚拟教研室（孙熙国主持）。学院主持的"'立体化、专题式、多样态'高校思政课铸魂育人教学体系的改革创新"项目获评北京市教学成果奖一等奖，经推荐，该成果申报国家级教学成果奖。1名教师（王久高）当选第十八届北京市高等学校教学名师。

**马克思主义理论人才培养**。坚持"埋首经典，关注现实"培养理念，完善马克思主义理论学科人才培养的"北大模式"，推动本硕博一体化培养。2022年，通过高考提前批次招收25名马克思主义理论专业本科生。本科培养体系得到学生的认可与好评，本科教学评估在学校提升12个位次。本科培养体系与硕博衔接，本、硕、博一体化人才培养体系得到优化。通过优秀学生夏令营和"大钊班"本科生项目，提升研究生生源质量。2022年，学院研究生讲师团结合抗疫、党的二十大精神等重大主题共宣讲近几十次，受到新华社、人民日报等媒体的关注与报道。组织经典读书会、读书沙龙280场，组织学生"五分钟演讲学术沙龙"12场，组织《资本论》暑期学校、全国马克思主义理论学科本科生论坛、迎接党的二十大系列学术讲座（10讲）等，听众累计达15万人次。

**科研工作**。2022年，学院教师共出版著作25部，发表学术论文271篇。在科研项目方面，学院获得13项国家哲学社会科学基金项目、教育部人文社会科学基金项目、北京市哲学社会科学基金项目立项支持。其中，国家哲学社会科学基金重大项目3项，北京市社科基金重大项目1项。持续推进《马藏》编纂与研究等重大学术工程，《马藏》第一部已出版8卷，第二部已出版2卷，第三部已出版2卷，第四部第1—4卷已完成编纂。推出系列重大科研成果，组织全国高校重点马克思主义学院编写《马克思主义理论学科学术发展报告》，已连续发布5个年度报告。在编写出版"新时代马克思主义经典文献精学导读丛书"（第一辑，共14本）的基础上，积极推进第二辑编写出版工作。加强对党的创新理论特别是习近平新时代中国特色社会主义思想的研究、阐释和宣传，在"四报一刊"发表理论文章20多篇。

**交流合作**。国内交流合作方面，借助学院多个学术平台，举办多场学术交流活动。2022年，学院先后举办"建院三十周年大会暨第九届全国高校马克思主义学院院长论坛""马克思主义中国化新的飞跃暨习近平总书记'3·18'重要讲话发表三周年研讨会""开辟马克思主义中国化时代化新境界——学习贯彻党的二十大精神理论研讨会"等学术会议。国际交流合作方面，举办三次"海外名家讲座"，邀请奥地利维也纳大学政治系乌尔里希·布兰德（Ulrich Brand）教授讲解"帝国式生活方式及其超越""资本主义的绿化：生态现代化、绿色增长与绿色榨取主义""绿色资本主义及其困境"。该系列讲座受国际合作部"海外名家讲座"计划专项支持，先后有校内外近500名师生参与交流互动。

**学生工作**。2022年，学院共有在籍学生374人。其中，本科生52人，硕士生116人，博士生206人。组织本科生赴陕西延安、榆林开展思政实践，实践团被评为2022年首都大学生社会实践优秀团队。组织学生赴32家央企、37个农村开展习近平经济思想在国企和农村的实践主题调研。研究生讲师团围绕学习贯彻党的二十大精神，开展主题宣讲138场。将党团日联合主题教育活动作为思政工作的重要抓手，学院连续5个学期获得优秀组织奖，4个学生支部获得一等奖，1个学生支部入选学校首批党建样板支部，1名学生党支书被评为北京大学第十一届"十佳学生党支书"。学院连续六次获得学校运动会乙组团体总分第一，获评"校园体育工作先进单位"。1个博士生班获评北京大学"班级五·四奖杯"，首届高招本科生班被推荐为"北京市先进班集体"。

工会和离退休工作。2022年，学院工会吸纳新入职的7位老师为工会会员。组织全体教职工参加2022年春季运动会，参与多项集体项目。用北京教育工会奖励的"先进教职工小家"奖金，为全体教职员工购买防疫用品等。合理发放"关爱基金"，让大家感受到集体的温暖和关怀。2022年，学院健在离退休教职工60人，其中离休教师2人，90周岁8人，80至89周岁24人。为3位退休教授出版个人文集。元旦、春节期间，学院以电话、微信、快递慰问品等方式向离退休教职工表达节日的慰问和祝福。参加学校离退休工作部主办的"老有所为先进个人"评选表彰活动和"北京大学第二届离退休教职工学术贡献奖"评选表彰活动，学院共有6位离退休教职工获奖。

（何 花）

【学习贯彻党的二十大精神】 学院按照"深学、精讲、细研、笃行"要求，组织各类活动，学习宣传贯彻党的二十大精神。学院党委精心组织开展系列学习活动，实现党团支部、全体师生全覆盖。为全院师生发放《二十大报告》单行本、《二十大报告辅导读本》和新版《党章》等学习资料，营造浓厚学习氛围，掀起学习热潮。引导师生发挥学科专长，用学术讲政治，在校内外开展党的二十大精神主题宣讲。联合学校党委宣传部、党委组织部、教务长办公室录制"北京大学学习贯彻党的二十大精神十六讲"系列专题讲座。学院研究生讲师团推出"学习二十大，永远跟党走，奋进新征程"系列主题宣讲活动，在校内外党团组织开展主题宣讲80余场。围绕党的二十大报告阐明的重大理论和实践问题，开展学术研讨和阐释。先后举办"学习贯彻党的二十大精神理论座谈会""开辟马克思主义中国化时代化新境界——学习贯彻党的二十大精神理论研讨会"。教师在"四报一刊"发表多篇理论研究和阐释文章，引发积极社会反响。以党的二十大精神推动学院内涵式高质量发展。认真贯彻落实党中央《关于加强新时代马克思主义学院建设的意见》，不断推动思政课改革创新、学科建设、学术研究、人才培养和教师队伍建设等各项工作，以苦干实干的工作实绩践行党的二十大精神。

（李石生）

【加强马克思主义理论学科建设】 北京大学加强战略部署和统筹规划，加快推进马克思主义理论学科优先发展、优势发展与优质发展。10月，学校党委根据校领导分工情况，调整和完善北京大学马克思主义理论学科建设与发展委员会成员名单，进一步强化马克思主义理论学科发展的体制机制保障。突出优势学科，加强马克思主义理论及相关学科的联动发展。推动马克思主义理论7个二级学科与马克思主义哲学、政治经济学、科学社会主义、中华人民共和国史、中共党史党建等学科联动发展。编制并实施《马克思主义理论学科一流学科放权改革建设方案》。通过"双一流"引导专项、北京市"双一流"专项等渠道全方位支持马克思主义理论学科建设。加强习近平新时代中国特色社会主义思想的学科建设和研究阐释，2022上半年，北京大学习近平新时代中国特色社会主义思想二级学科在教育部备案成功。积极筹建中共党史党建一级学科，9月成立北京大学中共党史党建研究中心（挂靠类实体），加强中共党史党建及相关学科建设。2022年，马克思主义理论专业获批国家级一流本科专业建设点。

（刘 军）

【举行建院三十周年大会暨第九届全国高校马克思主义学院院长论坛】 2022年是北京大学马克思主义学院建院30周年。为总结办学经验，展示办学成果，谋划未来发展，学院举办庆祝建院30周年系列活动。开展院史整理工作，编辑《庆祝北京大学马克思主义学院成立30周年纪念册》。举办"百年传承 三十而立——庆祝北京大学马克思主义学院建院三十周年"专题展览，学院微信公众号和网站开设"庆祝建院30周年""北大思政课30年""我在北大马院"等专栏。征集学院教师代表性学术著作，进行专柜展示。4月24日，举行"新时代马克思主义学院建设——庆祝北京大学马克思主义学院建院30周年大会暨第九届全国高校马克思主义学院院长论坛"，教育部社科司领导、学校主要领导和相关分管领导出席会议，学校各院系和职能部门负责人、学院教师代表和学生代表出席活动，100多位全国高校马克思主义学院院长线上参加会议。

（刘 军）

【持续推进《马藏》编纂与研究工程】 2022年，《马藏》编纂与研究工作在原有基础上不断推进。编纂完成第一部第9—13卷、第二部第3—4卷（共2卷），已提交科学出版社。第二部第5—8卷在编纂中。第一部第9—13卷，主要收入1907年至1915年间著作（含译著）类文本19种，内容涉及对社会主义、马克思学说、恩格斯著作的介绍（含译介）。其中，包括1907年第一次在中文文献中出现马克思肖像的《近世界六十名人》、课题组在日本发现的1912年出版的《社会主义讨论集》、第一次比较完整地翻译恩格斯《社会主义从空想到科学的发展》的译著（译名为《理想社会主义与实行社会主义》）、英国作家克卡朴的《社会主义史》在1912年的中文译本（译名为《泰西民法志》）。第二部

第3—4卷收入1904年至1906年间发表在《开智录》《浙江潮》《民报》《新民丛报》上的文章类文献共计50篇，内容涉及时局分析、对社会党及其主张、国际工人运动的介绍和马克思学说的介绍（含译介），还有当时革命派和改良派围绕"社会革命"论战时的主要作品，侧面展现晚清到民国初期中国知识分子结合中国国情对包括马克思、恩格斯学说在内的各种社会主义学说的解读以及马克思主义传入中国起始阶段的思想影响、理论意向、基本特征和学术价值。

（巩　梅）

**【推出习近平新时代中国特色社会主义思想概论数字课程】**
3月，由全国高校"毛泽东思想和中国特色社会主义理论体系概论"教学创新中心（北京大学）、高校思政课"毛泽东思想和中国特色社会主义理论体系概论"国家教材建设重点研究基地（北京大学）、高等教育出版社思想政治教育出版事业部共同制作的"习近平新时代中国特色社会主义思想专题讲座"数字课程正式面向社会推出。专题讲座以党的重要文献、习近平总书记相关论述，以及《习近平新时代中国特色社会主义思想学习纲要》《习近平新时代中国特色社会主义思想学习问答》等权威学习读本为依据来设计教学框架，组织专题教学内容。高等学校思想政治理论课教学指导咨询委员会主任委员、博雅讲习教授顾海良，高等教育出版社副社长王卫权编审，高等学校思想政治理论课教学指导委员会总教指委主任委员、马克思主义学院党委书记孙蚌珠教授担任专题讲座总策划，组织专家团队，审定目录大纲、讲稿课件、视频样式，保证专题讲座的质量和水平。讲座设置为"前言"与16讲专题内容，各专题主讲人由全国重点马克思主义学院的知名专家和部分中青年骨干教师组成。学院孙熙国、孙来斌、陈培永、张会峰、贺大兴五位教授分别讲授其中的5讲。专题讲座还配有相应的教学课件和文字材料，供广大师生参考使用。课程受到教育部社科司领导同志向全国讲授此门课程的教师推荐，经过高等教育出版社众多平台推出。

（陈培永）

## 教育学院

**【发展概况】**　组织结构。1902年，北京大学前身京师大学堂设立师范馆，开设教育学课程，培养教育专门人才。1924年，北京大学设立教育学系，蒋梦麟、胡适等著名教育家先后担任教授会主席或系主任，培养了王焕勋、滕大春等一批著名教育学家和原北大校长陆平等著名人士。1949年，根据政府统一规划，北京大学教育系科调整至兄弟院校。20世纪80年代开始，教育学科在北京大学逐步得到重建。1980年高等教育研究室设立，1984年发展为高等教育科学研究所，1999年建立教育经济研究所。2000年，高等教育科学研究所、教育经济研究所与电化教育中心部分机构合并，成立北京大学教育学院。目前，教育学院下设四个系：教育人类与发展系、教育经济与管理系、教育管理与政策系、教育技术系。学院专任教学科研人员38人，在读研究生333人。现任院长为阎凤桥教授，党委书记为张晓黎教授，名誉院长为闵维方教授。

学科建设。学院学术研究和人才培养方向涵盖在两个国家一级学科之下：一是包含教育经济与管理二级学科的公共管理学一级学科；二是包含高等教育学、教育学原理、教育技术学三个二级学科的教育学一级学科。2022年，教育学院教师继续坚持教学与研究结合，选择具有理论和现实意义的问题作为研究内容，推进学科发展。2022年，教育学在QS全球教育学科排名大幅提升至第40位（较上年提升17个位次），在进入QS全球教育学科前50名的两所内地高校教育学科排名第2位。在泰晤士高等教育2023年全球教育学科排名中，教育学科排名上升至第7位（2022年排名第8位），在大陆排名第1位。

队伍建设。截至2022年底，学院共有在职教工91人，其中专任教师38人，行政和教辅人员9人，博士后11人，劳动合同制人员28人，退休返聘5人（含教师2人）。1月，黄晓婷入职任长聘副教授；7月，郑蕾入职任助理教授。引进哈佛大学魏铱博士、北京大学范逸洲博士的计划已通过学校人才小组审议。周雪涵获国际引进博士后项目资助，黄君子、乐惠骁、倪奥华获北大博雅博士后项目资助。截至2022年12月，学院教学科研队伍中老体制教授12人，副教授11人，研究员3人，副研究员1人；新体制博雅特聘教授2人，新体制长聘副教授7人，新体制助理教授2人；副编审2人。教师队伍中100%拥有博士学位。8月，经学校批准，聘任加拿大西安大略大学李军为北京大学兼职客座教授。

教学工作。学院始终将人才培养作为学院工作的重点，坚持以培养一流的教育领导与研究人才为目标，高度重视提高教学质量，不断加强和完善课程体系，除为本院研究生开设课程外，学院还积极参与学校本科的教学工作。截至2022年底，为研究生开设的课程260门，为本科生开设的课程36门。2022年，经院学术/学位委员会审议通过的研究生新课程9门。

2022年，学院完成学业的研究生共104人，其中获硕士学位的37人，获博士学位的67人。2022年教育学院总计招收研究生79名，其中硕士研究生46名、博士研究生33名。截至2022年底，学院共有在读研究生333人，其中博士生196人，硕士生137人。3名硕士生（杨璐、林凤仪、徐浩天）分别前往芬兰赫尔辛基大学和日本东京大学开展交换学习研究。

陈东阳同学和刘凌宇同学的博士论文获评北京大学优秀博士学位论文，指导教师分别为哈巍和蒋凯。张冉老师获北京大学教学优秀奖；汪琼老师团队、马莉萍老师参与的医学教育中心团队分别获北京市教学成果奖一等奖；哈巍老师参与的燕京学堂教学团队获评北京市教学成果二等奖。与对外汉语学院合作举办的跨学科"汉语国际教育项目"顺利启动。王利平老师组织的"文明与教育发展"本科生跨学科项目，顺利进行。文东茅老师负责的面向支教保送研究生的"明师计划"正常进行。

**科研工作**。2022年，学院新立项项目共计41个，其中纵向项目6个，含国家社会科学基金项目（教育学单列）重大项目1项，横向、委托及国际合作项目35个。纵向项目经费总额约为144万元，横向项目经费总额约为1713.39万元。据不完全统计，2022年教育学院教师发表中英文文章（期刊、报纸及文集收录）153篇，其中英文论文27篇。会议论文61篇，其中外文会议论文14篇；撰写研究报告23份，出版著作7部，参与撰写的著作章节8篇。以汪琼老师为带头人的教育部信息化教学能力提升虚拟教研室、学院与清华大学教育研究院联合申报的本科教育学辅修协同虚拟教研室获批首批虚拟教研室建设试点，郭文革老师领衔"重点领域新型教材暨数字教学法研究"虚拟教研室。

**交流合作**。2022年，学院共组织海外专家学者在线讲座24次，境内专家讲座26次，共计50次，其中包括北大教育论坛、各系组织的学术交流等，邀请来访的专家学者中有14位为外籍学者、26位为国内学者。学院鼓励师生访问、考察、进修学习，参加各种国际、国内学术会议，以此加强同国内外同行的学术交流。2022年教育学院教师在线参加国际会议25人次，学生在线参加国际会议10人次。

2022年，学院组织、参与举办21场国内、国际学术研讨会。其中包括：《当前语文教学中的分级阅读》专题研讨会、2022教育技术前沿青年学者论坛、2022北京大学教育学院EDD论坛、2022年第二届北京大学教育经济学博士生论坛、德国工业技术文化与教育工作坊（第二期）、2022年北京大学"智能教育社会实验研究"博士生在线学术论坛、"中德50周年"主题学术会议、2022年"新汉学计划"博士生教育学专题工作坊、北京大学"智能教育场景下的教育叙事研究"工作坊、智能教育社会实验工作坊、世界职业教育大会"普通教育与职业教育协调发展"平行论坛等。此外，教育学院师生还出席了近70场海内外学术研讨会议，完成了80多篇中英文会议发言稿和论文。

**党建工作**。截至2022年12月22日，学院党委共有219名党员，其中在岗教职工党员72名，学生党员131名，离退休党员16名；学院党委下辖12个党支部，其中教工党支部6个，学生党支部4个，离退休党支部1个，临时支部1个。2022年，共发展预备党员18人，转正预备党员19人。

2022年，学院主要从如下方面加强党建工作：（1）全面加强党的领导，强化政治责任担当。学院党委全面贯彻党的教育方针，坚持社会主义办学方向，认真落实全面从严治党主体责任，将领导班子成员"党政同责、一岗双责"落到实处。（2）加强领导班子和干部队伍建设，强化组织保障。学院党委经常性开展学习，坚决贯彻落实民主集中制，认真执行《教育学院党委会议议事规则》《教育学院党政联席会议议事规则》，在干部选拔任命以及师资人才引进和队伍建设中发挥主导作用，把好政治关。（3）全面深入开展理论学习，夯实思想根基。学院党委将学习宣传贯彻党的二十大精神作为首要政治任务，提前做出安排，制定学习方案，第一时间组织教职工收看学习党的二十大开幕会、闭幕会和中外记者见面会；多次召开党委扩大会和理论中心组学习座谈会，并组织开展专题研讨会。党政主要领导深入各系，与系所的老师共同学习分享学习心得；各党支部通过各种形式的主题党日活动，深入开展学习实践活动。学院党委书记先后为新生和入党积极分子讲授党课，领学相关精神。通过多种形式的学习，切实做到全面系统学、及时跟进学、联系实际学，实现学习"全覆盖"。（4）加强党支部建设，筑牢战斗堡垒。学院党委继续加强党支部"三会一课"制度，加强支部工作调研，认真落实党委委员联系支部制度。教育技术系教师党支部荣获"北京大学党建工作样板支部"创建立项。认真组织代表等推荐提名工作，引导党员积极参与党内重要政治生活。认真落实学校关于党支部组织生活会、民主评议党员、党支部书记述职等工作要求。（5）严把党员发展质量关，加强党员教育管理服务。进一步加强对党员发展转正工作中各环节的指导和督促，严格审核党员材料，确保党员发展转正工作的严肃性和规范性；加强党员教育管理服务，认真组织各类教育培训；定期督促各支部做好党费收缴工作，加强党员数据库维护，指导毕业生党员做好组织关系转接工作。（6）加强意识形态阵地建设，强化思想政治引领。认真落实学校关于校级新闻推送、外媒合作和采访、网站管理、课堂教学管理、教材审核、社团指导等工作要求；建立部门和学院二级审批机制，加强论坛、讲座、报告会和直播管理备案审批工作。制定并认真执行《教育学院微信公众号管理办法》；加强学生思想政治工作；全面加强师德师风建设，成立教师工作小组，制定《教育学院思想政治和师德师风评估工作流程》并不断优化。（7）加强党风廉政建设，认真落实主体责任。认真执行《教育学院党风廉政责任制实施细则》《教育学院党政领导班子落实"三重一大"制度实施办法》等规定；一切财务事项严格按照《教育学院财务管理制度实施细则》规定执行，认真落实学校纪委相关工作要求。（8）紧抓疫情防控，全力保障师生安全。严格执行北京市和学校相关要求，先后制定3版预案，切实增强风险防范意识和应对突发事件应急处置能力；认真落实学校疫情防控综合协调组在校值守、带值班以及各类人员出入校和进返京防疫审核、涉疫人员数据统计、常态化核酸检测监督管理等工作；密切关注师生思想动态；疫情期间加强楼内消毒工作，严格执行测温和登记手续，全方位保障师生安全。

**行政队伍**。截至2022年底，学院行政教辅人员共计40

人，其中事业编制 9 人，合同制人员 28 人，退休返聘 3 人。2022 年，行政教辅人员中事业编制校内调入 1 人，劳动合同制新入职 4 人，离职 8 人。

工会工作。2022 年，学院工会继续落实好学校部署的各项工作。在组织建设方面，通过工会管理与服务系统，完善组织和管理信息，认真开展入会申请、会费缴纳、京卡办理等工作。组织教职工参加庆"三·八"北京大学女教职工校园定向健步走活动、2022 年全校教职工运动会开幕式和比赛等活动。积极动员学院教职工参加北京大学平民学校第 15 期班的学习；在工会干部内组织开展"工会组织建设知识竞答"和"新工会法"知识竞答活动。继续认真开展好爱心基金捐款、工会系统评优、女职工互助保险、计划生育家庭意外伤害保险、教职工重大疾病及意外伤害险、教职工体检、计划生育统计宣传、新生儿慰问品发放、国庆及春节慰问品发放、新退休教师慰问等年度常规工作，并为全体工会会员发放蛋糕卡。

学生活动。2022 年，学院学工办完成共计 3 名同学的经济情况鉴定工作。2022 年，共有 54 名全日制学生毕业（博士 20 人，硕士 34 人），53 人就业（博士 19 人，硕士 34 人），1 人升学深造（博士），就业落实率为 100%，学生就业去向大多是国家机关、国有企业、重点高校，就业质量得到有效保证，学院获评 2021—2022 年度北京大学学生就业工作先进集体。完成 2021—2022 年度评优评奖工作，共有 3 人获得国家奖学金，52 人获得校级奖励，22 人获得校级奖学金，27 人获得学院奖学金。

在疫情防控方面，教育学院持续完善"领导小组-辅导员-班委-学生"工作机制，进一步构建起网格化管理体系，并为重点学生建立台账，做到全覆盖、无遗漏；坚持常态化防控不放松，细化出入校审批，严格出入校管理；积极实施"云战疫"日报告，落实每日零报告，组建第一负责人联络小组，确保防控工作落实到位；组织学生做好新冠疫苗第一针、第二针、加强针的接种工作，构筑疫情防控的安全屏障；立足寒假赋能，丰富学生寒假生活，对于因疫情不能返乡过年的学生，学院开展了"新春喜乐会"活动，积极为同学们营造温馨向上的假期氛围，全力做好留校学生的服务保障；以学生为中心，实现疫情期间与全部学生的一对一联系，了解学生情况、倾听学生需求、解决学生问题。在思政教育方面，教育学院坚持将立德树人作为根本任务，把理论学习植根于提高思想认识上，将主题教育作为锤炼党性、加强信念的重要课堂。学院领导班子定期为全院党员学生讲党课，引导学生"立信仰，有所信"；学工团队整合骨干培训资源，推进"领航计划"学生骨干培训班，通过理论学习、技能培训、社会实践等活动，全面提升学生骨干的理论水平和综合素质；组织习总书记重要讲话精神集体学习，深入开展党的二十大精神的专题学习、研讨，引领学生发挥先锋模范作用、积极投身于实现中国梦的伟大实践；邀请地方选调生分享基层工作经历，引导学生到祖国最需要的地方去建功立业；在国庆假期间开展"我和我的祖国"系列党性教育观影活动，激励同学们牢记党的嘱托、国家的使命、永葆政治本色。通过一系列的理论学习，教育学院积极推动学生坚定理想信念、凝聚爱国力量，争做勇攀时代潮流的"后浪"，在全面建设社会主义现代化国家的征程中贡献青春、智慧和力量。在班级建设方面，学院将党支部建设与班级建设相结合，以党建带班建、班建促党建，实现学生党建和班集体建设的良性互动。在 2021—2022 年示范班集体评比中，学院 2021 级硕士班荣获"北京大学示范班集体"称号。

学生党支部先后开展了"喜迎二十大、共话燕园情""深入领会二十大精神、争做新时代好青年""同心战疫、志愿有我"系列活动，通过一系列的专题学习弘扬党的二十大精神、凝聚集体主义力量，增强勇担使命的思想自觉和行动自觉。此外，学工办秉承实践育人的理念，着力加强第二课堂建设。以"教育知行社"为载体，动员和组织学生到边远贫困地区开展支教活动。2022 年，学院团总支、研究生会、班级等各级学生组织通力合作，开展了包括迎新晚会、"师生情"羽毛球赛、参观学习"喜迎二十大 奋进新时代——北京大学改革发展十年成果图片展"、圆明园遗址公园主题参观活动等一系列丰富多彩的学生活动。此外，学院于暑假期间组织二十余位师生赴潍坊市开展"汇才引智新发展，基础教育开新局"主题实践活动。

（葛长丽、徐未欣、马世妹、王雪沛、姚以升）

【"数字与教育"系列活动】 教育学院落实"数字与人文"年战略规划，开展"数字与教育"系列活动，促进多学科交流与融合。（1）3 月，组织教育信息化国际研究中心、学习科学实验室和数字化阅读实验室向首届"北京大学数字人文作品展"报送《人工智能技术服务于学科教学、课程管理和视频分析》《基于学习科学的游戏化学习研究》和《教育数字化转型："数字化阅读"3 年在线教学探索》3 项作品，展现数字技术赋能教育教学最新研究成果。（2）北大教育论坛"数据驱动下的基础教育评价改革与创新实践"、"智能教育社会实验研究"博士生学术论坛、教育技术前沿青年学者论坛等顺利举行。西北师范大学智能教育研究院院长郭绍青教授与江苏师范大学智慧教育学院院长杨现民教授等应邀分别作报告，就"人的智能、智慧与人工智能""智能教育与智慧教育范畴"、"教育大数据与教育评价新观念""数据驱动下的教育评价新模式"等与师生进行深入交流。（3）7 月，承办北京大学"教育技术前沿"暑期学校，聘请 8 位海内外相关研究领域知名专家学者授课，并邀请两位学院教育技术系博士后分享前沿研究成果，助力学员高质量完成学习任务。（4）10 月，北京大学信息化教学能力提升虚拟教研室作为首批教育部虚拟教研室建设试点，启动"创新教学法的探索与实践"系列主题教研活动，定期开展报告读书会及讨论总结会，梳理国际创新教学法实践脉络，探索基于国家线上一流课程的教师信息化教学能力提升新模式。（5）11月，为推进教育国际化与增进中外博士研究生同学人文交流，与教育部中外语言交流合作中心联合举办"新汉学计划"博士生教育学专题工作坊，以"后疫情时代的国际教育发展：趋势与发展"为主题，就"疫情影响下的在线教学""教育技术与市场应用"等多个方向探讨未来国际教育发展的趋势、挑战与对策，来自25个国家和地区的17所高校的60余名师生于云端参与研讨。

（唐曼云、贾积有、冯 菲、王雪沛）

【冬奥志愿者分享会】4月15日，学院冬奥志愿者分享会在学院112报告厅成功举办。学院党委书记、院长阎凤桥，党委副书记、副院长侯华伟，团总支书记汪卓群出席，20余名"党的知识培训班"学员参加，分享会由团总支学生副书记张琨主持。分享会伊始，与会师生观看短片，从冬奥志愿者的角度再次回顾了这场冬奥盛会。学院2021级硕士生龙媛、林凤仪参与于北京冬奥会、冬残奥会的志愿保障工作中，IED项目博士季伟森（尼日利亚籍留学生）参与冬奥会开幕式表演。学院党委书记、院长阎凤桥教授表示，冬奥盛会是我们难忘的集体记忆，我们一同为开幕式和闭幕式而感动，为激动人心的比赛心潮澎湃，为志愿者的辛勤劳动肃然起敬。三位同学是教育学院的光荣代表，出色地完成了冬奥服务工作。阎凤桥代表学院党委行政向三位同学表示感谢，并勉励同学们共同努力，"一起向未来"。担任国家游泳中心志愿者的龙媛同学和服务北京赛区芬兰代表团的林凤仪同学向与会师生讲述冬奥独家故事。两位同学以自身实际行动诠释奥林匹克精神，在奉献和服务中绽放青春之花，鼓舞了更多同学勇挑时代重担，书写青春华章。

（万义文）

【全面开展党的二十大精神学习活动】10月27日下午，学院举行学习贯彻党的二十大精神研讨会，围绕着党的二十大报告中关于教育工作的重要论述展开研讨。校党委书记郝平，党委常务副书记、党委组织部部长、医学部党委书记陈宝剑出席，教育学院党政领导班子成员、党委委员、学术委员会成员及各学科点负责人、系主任、党支部书记、师生代表共50余人参加。会议由教育学院党委书记张晓黎主持。会上，北京大学党委原书记闵维方和文东茅、岳昌君、哈巍、王蓉、贾积有、蒋凯、沈文钦等教师代表结合本人的学术研究方向，畅谈了学习党的二十大报告的心得体会。大家一致认为，党的二十大报告中，再次强调实施科教兴国、人才强国和创新驱动战略，并首次将教育、科技、人才合为专门的章节展开深刻论述，作出了一系列战略部署，具有重大而深远的意义，必须认真学习领会、坚决贯彻落实。教育学院院长阎凤桥教授表示，在党的二十大精神的指引下，教育学院未来要进一步拓宽视野、加强人才储备、完善人才机制，依托于北大的多学科优势，面向世界，建设一流学科；同时要持续开展校本研究，为学校的改革发展服务，为国家

的教育事业发展作出新贡献。张晓黎就教育学院师生学习党的二十大精神的情况和下一步工作安排作汇报。郝平认真听取了与会教师的发言，对教育学院的各项工作给予充分肯定。他强调，深入学习宣传贯彻党的二十大精神，是当前和今后一段时期的首要政治任务，是北大扎根中国大地、加快建设中国特色世界一流大学的必然要求。教育学院要深入研究中国教育现代化的规律，扎实开展学术研究，从学理上阐释和宣传党的二十大精神，为北大和中国教育的高质量发展作出更大贡献。

（林 琨、马世妹）

【赴山东省潍坊市开展暑期实践活动】8月22日至24日，为使学生亲见成功典范、汲取成功经验，通过社会实践深入了解中国国情、清楚认识教育现状、毕业后切实服务地方发展，教育学院紧扣学校立德树人的根本任务，组织20余位师生赴潍坊市开展"汇才引智新发展，基础教育开新局"主题实践活动，引导研究生知行合一，知践于行，在社会实践的大课堂中学习贯彻北京大学第十四次党代会精神，运用专业所长助力教育改革，践行教育人使命，将家国情怀付诸于行动。实践团一行分别在潍坊市三研基地（即中小学教师研修基地、中小学生研学基地、大学生研创基地）、潍坊市城市规划馆、寿光市现代明德中学、寿光二中等四所中学、红高粱抗战纪念馆等参访调研，对收集的信息和问题等进行深入交流和反思，紧密结合北京大学第十四次党代会精神，围绕潍坊市基础教育发展主题，带着习近平总书记指出的"为谁培养人、培养什么样的人、怎样培养人"的问题，深入教育一线，探索教育前研，服务中国教育发展。

（王潇语、管雨婷、沙桀民）

【赴延庆成人教育中心调研】10月8日至9日，教育学院汪琼教授主持的北京规划重大课题"北京市构建服务全民终身学习的教育体系研究"课题组和吴峰教授主持的国家社会科学基金教育学重大项目"新时代老年教育服务体系建设研究"成员一行10多人赴延庆区成人教育中心开展实地调研活动，延庆区成人教育中心相关负责教师及典型学共体代表9人负责接待并参与该活动。该调研活动分主题分享和分组访谈两部分进行。延庆区成人教育中心终身学习部教师刘建霞向与会人员做了"延庆区社区教育'目标牵引，四轮驱动'发展模式"的主题汇报；终身学习部主任闫怀品重点介绍了延庆区社区学习共同体培育及延庆终身学习建设情况、北京市生态学习品牌"悦安居"，并简单分享了延庆老年教育工作的历史、现状、成绩及未来思考。主题分享后，北大师生分为四组，分别对延庆区成人教育中心闫怀品及刘建霞、笔韵菌塘学共体郭华振及高云华、妫川舞之韵学共体郭秀清及周吉华、长城蓝文艺助老助残志愿服务队学共体乔淑芬、五二彩虹健身花棍队王春香及周爱芬进行了访谈。经过访谈，与会人员对学共体的发展历史、辐射与裂变、推广与宣传、可持续发展、培育等情况有了深入的了解。会后，教

育学院师生体验了五二彩虹健身花棍队组织的晨练及互动交流活动，对社区学习共同体这一社区教育发展新路径有了更深刻的理解。

（吴　峰）

【举行学习科学与未来教育前沿论坛】 12月30至31日，"2022学习科学与未来教育前沿论坛"在线上圆满举行，会议主题为"让学习更科学、更快乐、更有效"。论坛由教育学院主办，北京市朝阳区教师发展学院、北京市海淀区教育科学研究院和北京市顺义区教育研究和教师研修中心协办，由学院学习科学实验室和北京大学基础教育研究中心承办，集中展示了学习科学领域相关的理论研究和实践探索。院长阎凤桥、北京市朝阳教师发展学院院长谢娟、北京市顺义区教育研究和教师研修中心主任张军堂等上百位国内外的学习科学领域知名专家学者、研究和实践人员、优秀校长和骨干教师在论坛上在线发言，5000余位在线观众参与了主论坛和各分论坛的在线直播。12月30日下午，大会7个分论坛同时在线进行，上千名专家学者和一线教师在线参与研讨。分论坛主题分别为《朝阳论坛：学习科学与学科教学融合实践研究》《海淀论坛：学习科学理论应用研究》《顺义论坛：游戏化教学与课堂教学设计》《共同体论坛：学习科学和游戏化学习实践共同体》《青年论坛：技术支持下的教学和学习分析》《未来教育论坛：学习科学与未来学校》《职业教育论坛：学习科学与职业教育》。与会教师与教育研究者就学习科学的理论发展和在教育教学中的应用展开深入交流。

（李　卓等）

# 新闻与传播学院

【发展概况】 学科建设。新闻与传播学院有3个本科专业：新闻学、广告学、广播电视学；2个硕士学术专业：新闻学、传播学；1个硕士专业学位：新闻与传播硕士，内含3个方向：新闻与传播、健康传播以及国际新闻传播；2个博士专业：新闻学、传播学；1个新闻传播学博士后流动站。

2022年，学院选举产生新一届学术委员会和学位委员会。2月9日，举办学科建设改革发展研讨会，制定"双一流"建设放权改革方案，推进"双一流"学科建设。6月，广告学专业入选一流本科专业建设点，广播电视学专业入选北京市一流本科专业建设点。10月，举办"数字营销实战教学创新暨北大广告学专业国家一流本科专业建设研讨会"。

队伍建设。1月4日，经学校研究决定，任命陈刚为北京大学新闻与传播学院院长，刘德寰、陈开和、王维佳为副院长，原班子成员自然免职。1月11日，经学校研究决定，任命唐金楠为新闻与传播学院党委委员、书记。

2022年，学院成立教师工作小组，党委书记唐金楠、院长陈刚担任第一责任人，贯彻落实《北京大学关于加强教师思想政治和师德师风建设的若干举措》。

截至2022年12月，学院共有在职事业编制教职工27人，其中教授10人，教学教授1人，长聘副教授2人，副教授3人，助理教授4人，高级工程师1人；在站博士后7人；在职合同制职工11人。2022年，学院教师入选北京市人才计划2人，高校和新闻单位人员互聘"双千计划"1人。

2022年，学院建设重点人才数据库，制定《北京大学新闻与传播学院人才发展战略》，共引进王天夫、刘金河2名助理教授，进站4名博士后，其中博雅博士后2名，何姝副教授获聘新体制教学教授，祝帅长聘副教授于10月从学院调入艺术学院工作，程曼丽教授于11月1日退休。

教学工作。2022年，学院共有在校生542人，其中本科生382人（含港澳台学生17人，留学生101人），硕士研究生120人（含港澳台学生6人，外国留学生6人），博士研究生40人（含港澳台学生2人，外国留学生5人）。

8月，学院首次举办暑期全国高校优秀大学生夏令营活动，吸引优质生源。9月，首届国际新闻传播专业硕士新生入学。与外国语学院联合设立《外国语言与国际传播》（FLIC）本科项目，秋季学期正式开班。

2022年，首次设立学院层面三类教学改革项目，即"本科专业课程建设项目"（重点支持本科核心课程和通识课程）、"教材建设项目"和"实践创新育人项目"（重点支持创新实践教学课程、人才培养媒体实习实践基地、协同育人创新基地）。首批通过14个教改项目，包含6个课程建设项目、6个教材建设项目和2个实践创新育人项目。

2022年，王洪喆老师获评北京大学教学优秀奖。1月4日，2名本科生的新闻作品入选《中国教育报》"青年说"栏目2021年度十佳作品。11月，1组同学获北京国际公益广告大会创意征集大赛三等奖，11组同学获得优秀奖。

科研工作。2022年，学院教师共发表成果（含期刊论文、专著、译著、编著、教材、研究报告等）131项，其中国内核心期刊论文46篇，国际核心期刊论文11篇；出版著作（含专著、译著、编著、教材等）11部；报告类（研究或咨询报告、皮书、发展报告）3篇。科研立项12项，科研经费259万元，陈刚教授担任首席专家的《基于人工智能技术的精准国际传播研究》获得国家社会科学基金重大项目立项，同时，学院还获国家社会科学青年项目1项，后期资助项目2项。

10月开始，学院定期举办学术午餐会，推动内部学术交流。

合作交流。2022年，学院教师参加学术交流活动116次，其中国内外学术会议97次，受聘讲学、科研考察19次。

学院配合学校"数字与人文"2022年度主题，共举办6次"数字、人文与传播"系列学术讲座以及6次"两岸数字化前沿对话"，被北京大学数字与人文领域建设工作简报重点报道。

5月28日，学院联合中国日报社举办"加强和改进国际传播工作，展示真实立体全面的中国——新时代国际新闻传播人才培养与学科建设专题研讨会"，北京大学校长郝平，中国日报社社长兼总编辑曲莹璞等参加会议。

11月5日，学院主办，新加坡国立大学传播与新媒体系协办的第五届"医疗、人文与媒介"健康传播国际学术研讨会在京举行，近80位海内外学者围绕"全球健康传播在地化：案例研究""全球健康传播理论与方法""健康信息和说服研究""全球健康传播策略研究""数字健康传播研究"主题进行探讨。

11月26日，举办"数字文明与全球传播新秩序"国际研讨会，共有海内外50余家高校、科研院所、智库、新闻媒体及相关机构的100余名嘉宾学者参会，北京大学副校长孙庆伟出席开幕式并致辞，研讨会吸引1000多名听众在线上参会。

**党建工作。** 截至2022年12月，学院共有党支部14个，其中教工党支部3个，学生党支部11个。党员总人数188人，其中教职工党员43人（在职教工35人，退休教师8人），学生党员145人。全年共发展教职工党员1人，学生党员52人。

学院党委带头学习党的二十大精神和北京大学第十四次党代会精神，制定《新闻与传播学院学习贯彻党的二十大精神工作方案》。发挥专业优势，与学校融媒体中心协同合作，利用新媒体矩阵，全方位、多层次宣传解读党的二十大精神。在学院微信公众号和官网开设学习贯彻党的二十大精神专栏，推出"我和我的家乡""我与祖国这五年""学习贯彻党的二十大精神""中国故事我来讲"系列专题，开展"喜庆二十大 奋进新征程"主题作品征集活动。

冬奥会期间，学院有7名学生志愿者，1名开幕式表演人员，4名赛时实习生，10余位院友参与服务工作。融媒体工作室推出"新传故事冬奥特辑"，先后被人民日报、新华社、中国日报等媒体报道。学院成立国际传播团队，对北京大学冬奥期间的国际传播情况进行统计研究汇总分析，形成《北京大学冬奥会国际传播工作总结报告》。

2022年，学院再次获评学生党团日联合主题教育活动"优秀组织院系"。4个党支部先后获评党团日一等奖、二等奖、三等奖，本科生党支部获评校级"样板支部"。

**疫情防控。** 2022年，学院共召开120余场座谈交流会、主题班会、各园区在住学生沟通交流会、防疫委员沟通交流会，传达学校部署、沟通解释疫情防控政策，第一时间了解学生在校学习生活存在的困难与需求，商讨、提供解决方案。在5月、12月疫情形势严峻期，学院第一时间摸排全院师生情况，成立在校教师临时联络群，及时对留守校内的教职工进行组织，形成临时工作力量，处置突发情况。更新学生基本信息台账，在原有的40多个网格化防疫委员工作体系基础上，进一步建立万柳园区、中关新园、圆明园校区学生骨干联络组、学生流调信息排查专项组，确保工作台账覆盖全院师生。学院先后2次发放临时生活补助，面向全体在校生发放N95口罩和医用外科口罩，采购退烧药、感冒药、抗原检测试剂以及生活物资等送到学生手中。通过提供隔离考场、组织心理定制活动、线上迷你音乐会、疫情防控知识专题课堂等活动，解决现实问题，缓解学生焦虑情绪，确保校园生活平稳有序。

**学生工作。** 强化新闻传播课程思政育人体系。学院在入学教育阶段开设"新传五课"，即党委书记讲党史课、院长讲院史院情课、专业教师讲学科前沿课、辅导员讲大学适应课、学长讲成才经验分享课。2月，学院《基层传播理论与方法》和《中国新闻史》课程入选北京大学课程思政示范课。

2022年，学院团委、学生会、研究生会、班团骨干、防疫小组等团学组织共吸纳102名学生骨干，其中1人获得北京大学优秀学生干部标兵、北京市优秀学生干部。2022年学工选留5人，占全校总额的五分之一。

2021级本科班获评北京大学示范班集体、北京市先进班集体，本科班集体连续八年获此荣誉。2020级本科1间宿舍获评北京大学示范学生宿舍、北京高校优秀学生基层组织（宿舍）。学院女足与城市与环境学院组成城新联队跻身北大杯四强；在秋季运动会中，学院共获得6金5银4铜成绩，位列乙组团体第一。周弘同学在2022届北京大学研究生毕业典礼的发言，引发社会的广泛关注与讨论。苏惠琦、孙庆坤同学获得2022年度北京大学"十佳歌手"称号。

2022年，本科生暑期思政实践活动持续开展，陕西佳县实践团在泥河沟村开展"黄河照相馆"活动，为百余位老人免费拍摄肖像照，引发社会广泛关注和强烈反响，被新华社、人民日报、央视新闻等媒体广泛报道，该实践团获评北京市暑期社会实践金奖团队。

**毕业生去向。** 2022年，学院共有毕业生163人，其中本科毕业生83人，去向包括国内升学27人，出国留学17人，就业39人；研究生毕业生80人，去向包括国内升学7人，地方选调4人，就业69人。

（陈　刚）

# 体育教研部

【发展概况】 组织机构。体育教研部下设教学管理办公室、运动训练与竞赛管理中心、校园体育文化指导中心、科研管理办公室、场馆运行管理中心、研究生管理办公室、宣传与品牌建设办公室、党建办公室、财务办公室、合作与发展办公室、行政办公室等部门，承担高水平运动队训练比赛、体育科研、全校体育教学、校园体育、体育场馆管理运营五大核心工作，坚持"五育并举"，致力于建设健康校园。

**学习贯彻党的二十大精神。** 10月14日，全体党员参观"喜迎二十大，奋进新时代"北京大学改革发展十年成果图片展。10月16日，全体党员收看党的二十大开幕式，聆听习近平同志报告。10月17日，体育教研部党委理论中心组专题学习党的二十大报告精神。10月23日，全体党员收看中国共产党第二十届中央政治局常委同中外记者见面会。10月28日，召开党的二十大精神学习宣讲会，特邀二十大代表丁宁参加并分享体会，展开深入学习和研讨。10月31日，组织召开学习宣传贯彻党的二十大精神座谈会。校党委书记郝平，党委常委、副校长、教务长王博出席，相关职能部门领导、体育教研部和医学部体育与健康系党政班子成员、教师代表和学生代表参加座谈会。11月18日，"首在"体育学术讲座邀请前首都体育学院校长、教授钟秉枢，围绕"新征程体育强国建设的根本遵循——党的二十大报告有关体育内容的学习体会"做报告。

**学习贯彻习近平总书记重要讲话和指示批示精神。** 为深入学习贯彻2022年2月24日习近平总书记给中国冰雪健儿的重要回信精神，根据教育部有关通知精神，结合《北京大学关于进一步加强新时代体育工作的实施意见》，制定《北京大学关于学习贯彻习近平总书记给中国冰雪健儿重要回信精神实施方案》。方案实施后，取得一系列成果。4月8日，全体党员通过网络平台收看习近平总书记出席北京冬奥会、冬残奥会总结表彰大会并发表重要讲话，以党小组为单位提交心得体会。党政领导班子成员集体学习习近平总书记重要讲话和指示批示精神作为党政联席会议首要议题并坚决贯彻落实。

**学习贯彻北京大学第十四次党代会精神。** 8月2日，召开党委扩大会，学习传达中国共产党北京大学第十四次党代会精神，并对如何落实学校党委要求，深入学习贯彻党代会精神进行工作部署。9月1日，召开中层干部研讨会，所有中层干部立足分管业务，交流研讨十四次党代会精神与工作具体结合。9月2日，组织全体教职员工集体学习党代会精神，动员大家积极围绕工作深入学习，真正做到将党代会精神落实到本职工作中。

**服务保障2022年北京冬奥会、冬残奥会。** 硕士研究生丁宁担任城市志愿者大使。教师陈文成担任城市志愿者，荣获2022北京青年榜样年度人物。教学方面，全力做好冬奥学生志愿者体育课开班工作，认真进行开班前调研，根据志愿者情况安排3个项目：乒乓球、太极拳、壁球，共计6个班，配备6位教师教学。宣传方面，策划整理并印制《冬奥有我，共向未来》纪念宣传册。

**疫情防控。** 2022年，体育教研部制定本部门疫情防控具体实施办法，对线下线上课程转换、教职工防疫信息台账登记等工作做出具体安排。建立学工主管领导、班主任、辅导员、导师、学生骨干等多方位学生疫情防控工作机制。发放日常防护用品以及生活急需物资，为返乡学生提供防疫包，为生活困难学生提供经济补助。鼓励适宜接种的离退休教师应接尽接。按照学校要求成立离退休人员疫情防治工作专项工作组。根据教师工作部安排，指导全校教师居家锻炼，组织成立专项工作小组，设计、制定适合居家锻炼的健身类系列课程。组织教职员工报名参与抗疫志愿服务。

**教学工作。** 2022年，体育教研部本科教学工作在学校评估中获评A级，开设521个体育课程班，其中本科体育课488个班，开设海飞班。为应对疫情，5月9日至6月10日、11月16日至12月16日开展线上体育教学，及时发布《体育课考核方案的通知》。2021—2022学年第一学期教学评估均分93.87，第二学期93.68。春、秋两季学生体质健康测试，共计进行20.5天，实测11,217人，完整数据10,328人，一年级合格率93.17%，二年级合格率89.53%，三年级合格率80.83%。研究生教学工作在学校评估中获评A+，共开设研究生公共任选体育课21个班，专硕必修课共8门，增聘钱俊伟为研究生导师。2022年学术硕士研究生毕业7人，体育人文社会学方向3人，健康方向4人，就业率为100%。2022级入学报到专业硕士新生17人。2023级研究生推免10人。认真规范组织好研究生招生考试命题、封题、考试及阅卷等系列工作。制定专硕实习相关制度文件《北京大学体育专业实习管理方案》等。以体育课外兴趣班形式，面向全校研究生开展体育课程工作坊，2021年11月至2022年12月，共举办6期，开设足球、篮球、排球、乒乓球、游泳、高尔夫、健美操、击剑、橄榄球、冰壶、体适能、街舞等13门课程，覆盖47个学院130个专业的研究生1135人次。

**校园体育。** 全盘整合校园体育，形成普通生代表队、体育社团、院系体育活动、校级群体活动四大模块共同推进的局面。着力搭建数据信息管理模式，创新实践"课内外化"育人路径。指导57支普通生体育代表队，注册人数1022人。指导46家体育类社团（2022年度新增橄榄球协会和柔道协会），社团招新6243人，社团总人数共计14,176人。体育社团举办活动3232场，共计62,472人次参与，活跃在开学典礼、留学生十佳歌手大赛等大型校内活动中。山鹰社获评品牌社团，定向运动协会、鼓玩儿打击乐社获评"十佳社团"。2022年院系体育活动共计举办197场，较上年显著增长。校级群体活动包括：春季运动会，全校师生共同参与6150项次竞赛、秋季运动会、4场线上线下全校跑步活动。设计制作"强体魄"系列周边产品5种，吸引学生参加各类体育活动。85公里APP课外锻炼全年参与总人数为12,764人次。设立首都高等学校第一届体育运动大会北京大学代表队秘书处，组队参加所有参赛项目（40个学生项目加5个教师项目）。

**高水平运动队训练比赛。** 北大田径队在第60届首都高等学校学生运动会获得团体第二名，斩获10枚金牌，7枚银牌，14枚铜牌。打破一项赛会记录：男子400米栏。打破两项北大记录：女子100米栏、女子4×100米接力。中国田径街头巡回赛北京站、南京站跳远项目，郭思佳获得女子冠军 2 次，诸葛祥钦获得男子冠军、亚军各 1 次。2022 年新增 2 名国际健将，4 名国家健将。第二十四届 CUBA 赛事，女篮获得季军，男篮获得第五名。首都高校第一届 3×3 篮球联赛，女篮获得冠军，男篮获得第四名。男篮教练王利以及 6 名男女篮队员参加国家二队集训。第 26 届中国大学生乒乓球锦标赛，18 人参赛，丙 A 组 9 人，丙 B 组 9 人，最终斩获 2 金 2 银 3 铜，获得丙 B 组男子团体赛冠军、丙 A 组女子团体赛亚军、丙 B 组女子团体季军。为应对教育部 2024 年招生政策变化，成立专项工作组。逐步推进体育教育本科专业申请书、报告起草工作。

体育科研。2022 年，体育教研部科研工作稳步发展，成功打造一系列知名学术品牌，如"首在"体育学术讲座、体育大讲堂、学术午餐交流会、北京大学体育教研部体育科学论文报告会等。全年主办学术会议 2 场、"首在"体育学术讲座 6 场、"首在"体育学术沙龙／午餐会 12 场、学术会议信息分享 50 余次、参加学术会议 80 余人次、科技社会服务 200 余次。3 篇研究报告被中办或政府机关采纳且领导批示，主流报章媒体报导 2 篇，申报课题 39 项，立项课题 18 项，结项课题 2 项。发表论文 26 篇：16 篇 SCI，6 篇 CSSCI，出版著作 10 部，发明专利 2 个。学术会议论文 100 余篇。

体育场馆管理运营。2022 年各体育场馆保障校内体育活动 101 场，包括冬奥志愿者表彰大会、毕业典礼、开学典礼、北大杯、新生杯、硕博杯、教工羽毛球赛及各院系比赛活动，共计 94 万人次以上。第一体育馆完成室外 13,000 平方米的足球草坪改造，第二体育馆完成篮球架更新，五四体育中心完成篮球架更新、3000 平方米的小足球场修复工作，邱德拔体育馆完成乒乓球厅灯光和地胶升级改造、篮球场灯光升级，健身房采购新器材 200 余件，理教中心完成淋浴间、操房地板、地面减震垫升级改造，共计 360 平方米。智慧场馆第二期建设完成，全年线上订场 12,058 次。严格按照招标程序，完成 4 次重大项目招标工作。做好空调、电梯、电锅炉、太阳能、饮水机、消防安全等设备的日常维护保养工作。

品牌与宣传。2022 年度宣传工作获得党委宣传部、融媒体中心的认可和表彰。1 月 1 日至 12 月 26 日，校官方微信公众号推送北大体育相关文章共计 27 篇，均阅读量超过 7 万，其中 11 篇阅读量超过 10 万。新华社发表关于北京大学夜奔主题的相关报道，阅读量达 106.8 万。1 月 1 日至 12 月 26 日，"北大体育"微信公众号共计推送图文 308 篇，其中原创 183 篇。完善"北大体育人物系列"之外，推出"2022 北京冬／残奥会中的北大体育人系列""体测冠军系列""破纪录运动员系列""热爱体育的北大学子系列"等原创推文。粉丝数量达到 41,706 人，年度增长 6621 人，年度增长率 18.8%。建立"体教部新媒体负责人"微信群，提高宣传工作时效性。

其他工作。成功推出数字人文年-元宇宙的 NFT 数字藏品（北大体育数字荣誉殿堂）。继续教育工作执行项目 4 个，法务办公室审核 17 个项目，共计 27 份合同或协议。各项人事工作顺利开展，引进 3 位教师。

（吴　飞、李承营）

【加强党组织建设】 4 月 19 日，学校研究决定，成立中共北京大学体育教研部委员会，撤销中共北京大学体育教研部直属党支部。落实"双带头人"政策，部署青年骨干教师担任党支部书记，做好各项工作，圆满完成学校十四次党代会选举各项任务。坚持党政联席会议的"首要议题"制度，每周开展理论中心组学习。修订并报学校党委会通过体育教研部《党委会议事规则》和《党政联席会议事规则》。严格执行"三重一大"决策制度。成立体育教研部教师工作小组，着力加强教师思想政治和师德师风建设。

（陈征微）

【一活动入选"健康校园"最佳实践】 6 月，国际大学生体育联合会发布第一辑《"健康校园"最佳实践》，北京大学作为国际大学生体育联合会唯一一所获得铂金认证的中国高校，共计入选 4 个案例，成为全球 130 个案例中仅有的中国案例。作为 4 个案例之一的北大"夜奔"活动，2022 年共计举办 48 场，其中主题夜奔 24 场，参与总人数约 7 万人次。

（郑　重）

# 新媒体研究院

【发展概况】 组织机构。新媒体研究院下设 4 个研究中心：北京大学创意产业研究中心、北京大学互联网发展研究中心、北京大学社会化媒体研究中心、北京大学市场与媒介研究中心，建立 3 个实验室：舆情管理与产业情报实验室、信息交换与网络安全实验室、新传播实验室。教育部"国家网络语言研究基地"。

队伍建设。研究院现有教学科研人员 26 人，其中教授 5 人，副教授 4 人，新体制助理教授 1 人，副研究员 1 人，新体制助理研究员 1 人，全职博士后 2 人，全职合同制科研人员 7 人，专职教辅行政人员 5 人（包括 1 名学校选留辅导员）。国内外兼职导师 32 人。

学科建设。研究院下设 1 个博士专业和 3 个硕士专业。其中新媒体学博士学位，采用全日制授课方式，直博生基本学习年限为 5 年，博士生的基本学习年限为 4 年；硕士分为新闻与传播（专业型）和传播学（学术型）：前者采用全日制方式，基本学习期限为 2 年；后者采用非全日制方式。2022 年，研究院开设全英文硕士项目和全英文博士项目，对培养方案进行拟定审核并正式招生培养。研究共分 5 个方向：新媒体与网络传播、新媒体产业与管理、网络社会治理、新媒体营销与数据分析、新媒体理论与文化。2018 年起设立二级学科"新媒体学"，新媒体学的专业方向有：新媒体理论研究、新媒体传播研究、新媒体与社会研究、新媒体文化研究、新媒体产业政策管理研究、新媒体社会治理研究。

**科研工作。** 2022年，研究院在研国家社科基金重大项目2个，国家自然科学基金重点项目结项1个，教育部委托的国家语言文字推广基地建设项目1个。2022年各部委和企业委托横向课题在研22项。2022年度科研项目共到款854.89万元，其中包括新增横向课题11项。

2022年，研究院教师共发表论文35篇，其中CSSCI论文11篇，出版教材著作《网络传播学》《未成年人网络素养研究》《健康传播：理论与实践》《互联网法律新思维与适用》《他山之石：未成年人数字保护与素养发展的国际实践》等6部。

**教学工作。** 研究院自成立以来高度重视人才培养，通过培养方案改革、课程体系调整以及教材建设等方面推动人才培养与学科发展。2022年，研究院积极完善课程建设体系，教师总计开设27门课程，总课时1060课时。研究生新开课11门。

2022年研究院严格按照学校下达指标进行招生工作，整个过程公平、公开、公正，甄选了一批高质量人才。2022年新闻与传播专业硕士计划招生24人，全国实际报名人数：621（包括推免及统招人数，不含留学生），实际录取57人。专硕报名录取比18:1。其中包括普通推荐免试硕士研究生招生录取12人，普通招考招生录取12人，特殊类推免考生录取6人，港澳台及留学生（含全英文）17人。博士研究生计划招生6人，全国实际报名51人，实际录取10人（含全英文）。博士报名录取比6:1。所有学生按期完成新生的档案政审、党派身份核实以及档案归档工作。

截至2022年12月，研究院在读学生130人，其中博士研究生36人，硕士研究生94人。共55人顺利完成毕业学生学位论文答辩以及学位申请和授予工作，其中博士研究生11人，硕士研究生44人（专硕40人，同等学力4人）。

**党建工作。** 研究院教工党支部共有党员13人，学生党支部共有党员34人。2022年，研究院在学校党委领导下，深入学习、全面贯彻党的二十大精神，学习习近平总书记的系列重要讲话精神，学习贯彻北京市第十三次党代会和北京大学第十四次党员代表大会精神，积极开展党史学习教育，在组织建设、思想建设等方面有序开展各项工作。各党支部充分发挥党建引领作用，以支部共建共联等形式组织展开学习教育实践，牢牢把握"两个结合"、"六个坚持"，进一步深刻领悟"两个确立"的决定性意义，增强"四个意识"、坚定"四个自信"、做到"两个维护"。

研究院各支部重点落实理论学习工作，将学习宣传和全面贯彻落实党的二十大精神和党中央决策部署作为首要任务，组织支部党员整理二十大报告重点，谈心得，写体会，加强理论学习，提高党员的理论修养和政治站位。同时，各支部开展活动，加强党员党性建设。例如，通过志愿者交流分享推动学习习近平总书记在北京冬奥会、冬残奥会总结表彰大会上的重要讲话精神，组织师生党员集体观看学习党的二十大开幕会、中国共产党第二十届中央政治局常委同中外记者见面会等重要会议内容，开展赴北大红楼、香山革命纪念馆等地的参观学习活动，多次开展红色"1+1"基层党支部联合共建活动，组织开展党的二十大精神交流座谈会、联合学习会及专题党课讲座等形式多样的活动。增强了师生共产党员的理论修养，坚定理想信念，在工作和学习中积极发挥党员的先进带头作用。

**学生工作。** 研究院高度重视奖励、奖学金评选工作，采取多种奖助措施，积极贯彻落实学校的奖助制度，设立奖学金评选专家组，以"公平、公正、公开"为原则开展评选工作。2022年度奖学金总金额30.4万元，获奖学生总计32人；助学金及一次性补贴总额6.62万元，受资助学生共计69人。2022年，研究院共有16名学生获得国家奖学金、北京大学五四奖学金、北京大学二等奖学金、北京大学三等奖学金、宏信奖学金、兴业银行奖学金；共有23名学生获得北京大学"三好学生标兵""优秀学生干部标兵""三好学生""学术创新奖""学习优秀奖、优秀科研奖"等校级奖励。目前共有8个班级，其中2个班级获得北京大学"先进班集体"奖励称号，1个班级获评北京大学"示范班集体"荣誉称号。

研究院全面落实教育部、北京市相关工作部署及学校党委决策，认真学习党中央精神，按照北京大学相关工作要求，在疫情常态化防控及政策优化调整的总体趋势下，精细策划，通过线上线下结合形式，以多元化方式开展主题教育活动。2022年，研究院严格按照学校疫情防控要求，及时编辑疫情防控各类通知和防病知识至各班班群，参加学校各类防病工作会议，动员学生参加学校医疗保险，为就医提供保障。在疫情防控政策进行优化调整后，研究院老师极为关注校内外学生的身心状态，为有需要的同学寄送抗原及药物，发放消毒酒精、免洗手凝露、口罩等防疫用品。建立校内、在京不在校、京外等各类学生台账，了解学生动态。院领导、学工负责人及班主任老师等多次探访学生宿舍，发放酸奶等营养补品，促进有效沟通，缓解学生心理压力。因受疫情影响，部分学生校外居住生活成本提高，学业、生活面临较大压力，响应学校号召，研究院在5月为34名2021级硕士研究生每人发放800元的一次性生活补贴。11月，对受疫情影响较大的68名专业硕士学生发放每人500元的一次性生活补贴。

**合作交流。** 在对外合作方面，11月29日，研究院与北京玖博国际投资管理有限公司签署北京大学新媒体研究院玖博奖学奖教金捐赠协议，捐赠总额200万元。该捐赠合作项目对支持研究院教育事业的发展，更好地促进其教学科研、人才培养和学术交流工作，培养优秀的新闻传播人才提供了较大的支持。

在学术交流方面，1月13日，研究院互联网发展研究中心主办了互联网发展与治理研讨会，中心主任田丽副教授主持会议，并发布中心2021年系列研究成果——《互联网发展与治理研究报告》，中心研究员依次以互联网发展与治理趋势、年度互联网新规政策、未成年人数字保护、"剧本杀"产业发展、公众安全感知为主题进行成果介绍。随后来自政府相关单位、学界、业界的20余位老师分别就中心研究成果进行评述，并就互联网发展与治理、新兴技术与未成年人数字安全、数字时代的儿童传播等议题展开讨论，交流意见。

（王金媛、薛媛元、董正丽、蒲海燕、吴虹）

【首届未来媒体研究论坛】 5月27日，研究院与中国人民大学新闻学院、北京大学社会化媒体研究中心、中国人民大学未来传播研究所、国际传播协会（International Communication Association，ICA）联合举办首届未来媒体研究论坛暨国际传播协会第72届学术年会北京区域中心（Regional Hub）分会，会议的主题为"技术、社会与想象"。会上，谢新洲院长介绍了会议的基本情况，并希望此次会议能够发挥桥梁作用，在观点碰撞中携手推进我国新媒体传播研究实现新突破、新发展。同时，来自多个高校的多名学者围绕会议主题进行了主旨演讲，并围绕"机器、后人类与智能文明""健康、新媒介与人类福祉"及"连接、大趋势与网络社会"等主题展开了深入交流。

（董正丽）

## 中国政治学研究中心

【发展概况】 组织机构。中国政治学研究中心于2015年10月20日成立，为实体研究机构，主要从事政治学基础研究。英文名称为：PKU Research Center for Chinese Politics，缩写为RCCP或PKURCCP。创始主任为北京大学讲席教授俞可平。现任领导班子成员名单：主任：俞可平；副主任：费海汀；学术委员会主任：何增科。研究中心党支部于2月召开全体党员会议，对支部委员分工作出调整。分工如下：费海汀任党支部书记，倪宇洁任组织委员，庞亮任宣传委员，倪宇洁任监察委员（兼）。

学科建设。研究中心设有政治学一个一级学科，现已入选一流学科建设名单。四大研究领域：政治哲学、比较政治制度、中国政治思想史和外国政治思想史。依托政府管理学院设立政治学专业博士后流动站。

队伍建设。2022年，研究中心有教研系列教师7人（含编制在政府管理学院2人），其中教授2人、助理教授5人；博士后研究人员2人，合同制行政人员1人。2022年入职助理教授1人。截至2022年12月31日，研究中心有讲席教授1人、长聘教授1人、新世纪百千万人才工程国家级人选2人，中央组织部联系专家1人，国家文化名家暨"四个一批"理论人才1人。

教学工作。截至2022年12月，研究中心共有学生81人，其中"政治、法律与社会"本科联合项目（以下简称"政法社"项目）本科生60人，硕士研究生4人，博士研究生17人。2022年结业"政法社"项目本科生10人，毕业博士研究生1人，公共管理硕士16人。课程教学方面，中心教师共承担本科生课程11门，研究生课程6门，MPA课程5门。

科研工作。以《政治通鉴》为牵引，研究中心2022年在研项目15项。其中，北京大学"双一流"建设重点课题2项，大型国际合作课题1项。2022年7月，《政治通鉴》第三卷由中国大百科全书出版社出版发行。2022年，研究中心发表中英文论文17篇，出版学术著作2部，科研拨款共计272万元。俞可平教授分别在《清华大学学报（哲学社会科学版）》和《山西大学学报》上发表"帝国新论""论帝国的兴衰"等论文，何增科教授为《政治通鉴》第三卷撰写"早期国家"条目，费海汀助理教授的"俄罗斯政治分析框架研究"获"北京大学区域与国别研究学术基金"项目资助，孙宏哲助理教授的"美国政治思想与政治发展史"课题获阶段性研究成果。"中国政府治理创新数据库"经两年建设于12月完成上线前调试准备工作。2022年，费海汀助理教授获北京大学"第二十一届青年教师教学基本功大赛"二等奖和最受学生欢迎奖。5月，"政法社"项目获"北京市2022年教育教学成果奖"一等奖。

合作交流。2022年，研究中心与外交学院、清华大学、深圳大学、浙江大学、中国社会科学院、复旦大学、斯德哥尔摩大学等开展学术活动21次。举办"北大政治学讲堂"4次，分别邀请张辛教授、王续添教授、俞可平教授、吴忠民教授就论语、音乐政治学、帝国及其命运、中国现阶段的社会公平正义等问题展开论述。

2022年，由研究中心主管的"政治、法律与社会"本科联合项目举办招生宣讲会3次、2022级"政法社"新生见面会和师生见面会2次，举办"政法社"系列学术对谈会、系列学术工作坊、系列师生交流活动共计5次，联合北京大学剧社组织"跨年话剧夜"团建活动1次，与元培学院共同举办观影会1次。

2022年，研究中心微信公众号"北大政治学"（PKURCCP）发稿70篇，粉丝37,071人。"政法社"项目微信公众号"北大政治法律与社会"发表文章29篇，关注学生人数增至709人。

（曹政洁）

【《马克思主义历史考证大辞典》中文版编译项目】《马克思主义历史考证大辞典》始自1983年，为纪念马克思逝世100周年，柏林自由大学教授豪格夫妇等人发起，由德国柏林"批判理论研究所"组织编纂，总计15卷25册，截至2018年5月已出版德文版9卷13册，共有世界各地800多位学者参与。《马克思主义历史考证大辞典》中文版，由北京大学原党委书记郝平、原校长林建华、常务副书记于鸿君和副校长王博任顾问，社科学部主任杨河任编委会主任，研究中心主任俞可平任总编。2022年，由社会科学学部、政府管理学院（中国政治学研究中心）共同承担的北京大学"双一流"建设重点项目《马克思主义历史考证大辞典》中文版第三卷翻译完成。该卷条目译自同书名（Historisch-kritisches Wörterbuch des Marxismus）德文版第三卷（总第三册），含德文首字母E之词目，即从"层面"（Ebene）至"极端主义"（Extremismus），共计116条。

（倪宇洁）

【"政治、法律与社会"本科联合培养项目】 2022年，北京大学"政治·法律·社会"（下文简称"政法社"）本科生联合培养项目获得2022年北京市教育教学成果奖一等奖，12位学员斩获北京大学第三十届"挑战杯"系列学术赛事奖项。2022年，"政法社"项目完成新生遴选与毕业生结业工作。5月12日，项目年度招生说明会举办。5月24日，项目完成新生遴选工作，迎来20名新学员。7月，共有10名学员从项目顺利结业。2022年，"政法社"项目完成常规教学培养工作，建设导师制。"当代中国的政治、法律与社会""新政治学""中国政府与政治""法律思维与法学方法""社会学与中国社会"等项目特设课程顺利开设。10月21日，项目举办2022级新生导师见面会。

2月25日，"政法社"学术对谈会第三期举办，主题为"直面他者——第二外语与人文社会科学研究"。3月6日，"政法社"学术工作坊第一期开展，主题为"重大政治事件的桌面模拟"。4月22日，"政法社"师生交流活动第一期举办，活动嘉宾为北京大学法学院车浩教授。4月29日，"政法社"学术工作坊第二期开展，主题为"爱心·善行·实效：志愿服务修炼手册"。10月22日，"政法社"师生交流活动第二期举办，活动嘉宾为政府管理学院马啸助理教授。

2022年，"政法社"项目建设宣传平台，共发出29篇公众号推送；完成帆布袋、明信片、文件夹与钥匙扣等主题纪念品设计与制作。

（李　健）

【中国政府治理创新数据库】 2021年4月15日，北京大学政府大数据与公共政策实验室项目"中国政府治理创新数据库"正式立项。该数据库旨在构建一个以"中国地方政府创新奖"及其跟踪调查研究、"中国城市治理创新奖"和"新冠疫情与国家治理"课题为基础，反映中国地方国家治理与改革的动态变迁和新冠疫情对人类社会及国家治理影响的综合性政策、学术数据库群。"中国政府治理创新数据库"主要由"中国地方政府创新奖数据库""中国地方政府创新专题文献数据库""中国城市治理创新数据库"和"新冠疫情与国家治理数据库"等四个子数据库构成，系统整理近年来全国范围内参与地方政府创新实践的2000多个档案资料，全面覆盖北京大学等9所高校对100多个创新项目实地追踪调查所累积的大量一手资料，完整收录学术界对中国政府创新的各类文献资料，有效整合19个国家和中国7个地区的新冠疫情流行病学数据、公共卫生基础数据、国民经济基础数据、疫情治理基础数据和文献档案及调研资料。这不仅能为政策决策者提供参考，为国内外研究人员提供一手的研究素材，也是记录中国地方改革进程、比较各国国家治理的重要的历史资料，具有重大的学术和政策意义。2022年12月，"中国政府治理创新数据库"完成上线前调试准备工作。

（王　俊）

# 国际战略研究院

【发展概况】 组织结构。2022年，国际战略研究院有5名专任科研管理人员、10名特约研究员、4名研究助理、2名博士后（年底前均出站）、5名行政人员、1名退休返聘人员以及1名专职编辑，共28人。

学术会议。10月22日，研究院与北京大学国际合作部、国际关系学院、哈佛大学谈判项目联合举办"大国关系中的谈判"线上研讨会，哈佛大学著名谈判和调解专家威廉·尤里应邀出席并发表演讲。11月6日，与国际关系学院国家安全学系共同举办题为"美俄日国家安全委员会体系能力建设比较"学术研讨会，13位国家安全研究领域的学者参加。11月6日，与北京大学国际安全与和平研究中心、区域与国别研究院联合举办"俄乌冲突经验教训再思考"研讨会，来自北京大学、清华大学、国观智库等18位专家学者参加。3月20日，于铁军教授主持了俄乌冲突系列的学术交流活动。12月16日，王缉思教授参加了由美国国际战略研究中心和楚米尔道义领导力基金会联合举办的"战略竞争与世界秩序未来全球对话"第三次全体会议。2022年，研究院共与美国战略与国际问题研究中心联合举办了4次线上交流活动，与韩国国际交流财团联合组织了1次双边学者视频对话活动，多次参与由美国对外关系理事会主办的"智库理事会"系列活动，举办4次"北阁论衡"系列讲座和4次"北阁沙龙"线上活动。

课题研究。承接外交部委托项目1项；承接中央网络安全和信息化委员会办公室委托项目1项；学校资助研究项目1项；设立研究院内部课题1项；资助学生课题6项。延续进行教育部重大委托项目1项；与约翰斯·霍普金斯大学高级国际问题研究院联合进行"亚太共同体倡议——中美合作研究项目"第二期；日本笹川和平财团资助"中日民间关于过去的历史认识及未来中日关系对话"项目，成果出版工作正在推进；国家社科基金重大专项课题3项接近尾声；研究院内部项目1项。

交流合作。研究院专家个人或专家团多次与国内外研究机构、智库、政府部门以及相关机构、组织、个人进行交流。王缉思教授2次出访国外，应邀对美国、阿联酋、德国进行工作访问，走访美国华盛顿和纽约当地的政府部门、学校和智库等，参与多场论坛、研讨会和座谈会，并应美国前国务卿亨利·基辛格博士邀请，与其就国际政治形势和中美关系进行交谈。9月至10月，美国战略与国际问题研究中心中国商务和经济学高级顾问甘斯德到访，就中美关系的现状与未来发展与学院学者进行交流。

出版发行。完成《中国国际战略评论》2021（上）、（下）组稿和评审工作，《中国国际战略评论》2022（上）稿件已交出版社审核。上线 China International Strategy Review 2022 (I, II) 两期英文期刊；出版《国际战略研究院简报》14期、《智库热点新闻追踪》11期、《海外智库观点要览》8期。

社会影响。服务各部委政策咨询，上报政策咨询建议16份，获得采用证明4份；向其他部门提供内部参考资料以及研究报告20余份。获得2022—2024年度"外交部政策研究课题重点合作单位"称号。

（李方琦）

# 经济与管理学部

## 经济学院

【发展概况】 组织结构。1912年，严复就任国立北京大学首任校长时创立经济学门（系），成为中国第一个经济学科的诞生地。1985年创建经济学院，是1952年我国高校院系调整以后北京大学设立的第一个学院。经济学院下设7个系：经济学系、国际经济与贸易系、金融学系、风险管理与保险学系、财政学系、资源环境与产业经济学系、经济史学系。学院全职教师、兼职教授、在站博士后研究人员200余人。下设经济研究所、外国经济学说研究中心、市场经济研究中心、中国金融研究中心、中国信用研究中心、中国保险与社会保障研究中心、国民经济研究中心、中国都市经济研究基地、产业与文化研究所、金融与产业发展研究中心、经济与人类发展研究中心、社会经济史研究所、金融创新与发展研究中心、中国精算发展研究中心、国家资源经济研究中心、量化历史研究所、政府和社会资本合作（PPP, Public-Private Partnership）研究中心、北京大学—中国银行"欧盟经济与战略研究中心"、财税研究中心、同景金融研究中心（筹）、中国特色社会主义政治经济学研究中心（筹）21个校级科研机构，承担科研项目包括马克思主义理论研究和建设工程重大课题、国家社会科学基金重大项目、教育部哲学社会科学研究重大课题攻关项目、省部委和国内国际著名机构委托的研究项目。

学科建设。学院是国家教育部确定的"国家经济学基础人才培养基地""全国人才培养模式创新实验区"和"国家基础学科拔尖学生培养计划2.0基地"。有经济学、国际经济与贸易、金融学、保险学、财政学、资源与环境经济学6个本科专业和1个新结构经济学实验班项目，有政治经济学、西方经济学、经济史、经济思想史、世界经济、金融学、财政学、人口资源与环境经济学、风险管理与保险学9个学术硕士、博士学位授权点，及金融硕士、保险硕士、税务硕士、国际商务硕士4个专业硕士学位授权点，还有国内最早设立的经济学博士后流动站。根据基本科学指标（ESI, Essential Science Indicators），经济学与商学学科2011年进入全球前1%，是中国内地此学科最先进入全球1%的学术机构。学院所设理论经济学和应用经济学学科均为"双一流"学科。

队伍建设。学院有全职教师80人，其中教授29人（含教学教授2人，院聘教授5人），长聘副教授14人，副教授16人，预聘副教授1人，助理教授19人（含外籍合同制教师3人），研究技术系列副研究员1人。教师平均年龄45岁，具有博士学位的教师占97.5%，其中34人从海外（或境外）获博士学位，占全院教师的42.5%。聘得诺贝尔经济学奖得主、外国驻华大使、全球顶尖经济学期刊主编等20人担任荣誉教授，国内外著名学者4人担任讲席教授，企业界20人担任特聘教授；党政部门及业界120余人担任专业硕士校外导师。完成2022年两批Tenure评估工作、教学系列职位晋升工作；继续完成第二次院聘教授聘任工作；召开学院聘任委员会会议，进行聘期考核及续聘工作。

党建工作。截至2022年底，院党委下设28个党支部，有598名党员。10月制定《北京大学经济学院党委迎接学习宣传党的二十大活动实施方案》，5月召开学院党员代表大会，选举产生学院出席学校第十四次党员代表大会代表（5人）：董志勇、崔建华、石菊、李晓丹、姜亚轩；8月学院党委开展并系统推进党代会精神主题学习活动。院党委为以疫情防控领导小组和工作小组为抓手，实时传达疫情防控政策及精神，确保落实到位；以制度文件为标准，细化审批手续，精准防疫台账，加强值班值守，储备防疫物资，不断完善应急处置预案等。此外，组织师生持续助力校园防疫志愿服务工作。经济史学系张越副研究员、教务办公室王莎莎、学生工作办公室刘变变发展为预备党员；预备党员周文韬博士后按期转正；金融学系李少然（海归）助理教授、黄立新（海归）博士后为发展对象；资源环境与产业学系庄晨（海归）助理教授、冉晓醒博士后为入党积极分子；发展学生党员125人，党的知识培训班154人结业，党性教育读书班

151人结业，党的理论培训班145人结业，政治素养提升班133人结业。此外，教职工积极参加中青年骨干研修班、党组织负责人网络培训班、干部选修课等。顺利完成北京大学出席党的二十大候选人推荐工作；完成北京市第十三次党代会代表推荐提名工作等学校部署的重要工作；"双带头人"教师党支部书记比例达到100%；落实"三会一课"，组织开展党委会、民主生活会、组织生活会、党支部评议考核、民主评议党员、评优表彰、困难党员帮扶工作。规范党组织关系转入转出、完成教育部2022年半年党内统计和学校2022年度党内统计年报工作。

多措并举建立师德师风长效机制。成立教师工作小组，制定《北京大学经济学院关于加强教师思想政治和师德师风建设的若干举措》。院党委整合资源，建成覆盖全国17个省区市的30多个思政实践教育基地。暑期，9支课程团队、150余名师生，分赴浙江安吉、江西南昌、云南弥渡、湖南茶陵等地进行实践。在全院教职工大会、党委会、党政联席会等会议上，持续宣传意识形态工作重要精神，涉及重大主题、敏感事件、重点人物时，第一时间以适当方式将学校党委的精神传达落实到位；与学校职能部门沟通，与部分教职工进行点对点沟通；完成学校统战系统"喜迎二十大，奋进新时代"培训；建立党员领导联系党外人士工作清单；完成刘怡第十四届北京市政协委员的考察工作。

**教学工作。** 2022年共开设本科课程127门次，201个教学班。共开设研究生课程110门次。学院根据培养方案建设新开本、研课程共17门。邀请校外专家学者开课共5门次。依托"名家专题讲座"系列课程，先后邀请高级经济师、美国哈佛大学研究员、广东省金融专家顾问委员会主任委员、中山大学国际金融学院名誉院长和高级金融研究院名誉院长、广东省原副省长陈云贤讲授《国家金融》《中观经济学》，莫纳什大学（Monash University）荣休教授、澳大利亚社会科学院院士、牛津大学全球优先研究所（Global Priorities Institute, University of Oxford）咨询委员黄有光讲授《综观经济学》，与亚洲基础设施投资银行（AIIB, Asian Infrastructure Investment Bank）合作开设《国际金融与可持续发展》课程，由亚投行首席经济学家、政策战略与预算局局长等资深专家领衔授课。按照学校相关管理办法开展教材审定工作，并将相关规定纳入新入职教师培训内容和《教学工作常见问题教师手册》。

汇聚全球优秀教学资源以打造精品课程。《经济学经典文献研读》课程包括15个专题，每一专题聚焦多篇具有高引用率并产生重要影响的经典文献，并邀请该领域著名学者（周黎安、陈诗一、杨瑞龙、张维迎、林毅夫、刘守英、陆铭、蔡昉、孟涓涓、白重恩、戚聿东、刘伟、许宪春、毕井泉、刘怡）走进课堂。《行业研究前沿》课程邀请8位业内著名分析师（郭磊、傅静涛、旷实、王剑、郭鹏、左前明、姚泽宇、马军）讲解行业研究前沿，内容覆盖宏观研究和重点行业。开设北京大学-芝加哥大学国际政策暑期项目、北大经院-牛津大学奥利尔学院暑期学校在线课程、北大经院-苏黎世大学国际暑期学校。学院还邀请美国威斯康星大学麦迪逊分校商学院和经济系联席教授、*Journal of Economic Theory*副主编兰德尔·莱特（Randall Wright）教授开设《货币理论和应用》系列课程，邀请圣克拉拉大学经济系副教授塞尔盖·马利亚尔（Serguei Maliar）开设《经济学与金融学中的人工智能》课程。

**招生工作。** 2022年学院录取本科生共125名。有2名学生通过考核转入学院。6名学生通过选拔进入新结构经济学实验班学习。录取硕士生共107人，其中推荐免试生68名，统考学生22人，港澳台申请学生12名，留学生5名。录取博士生共40人，包括1名留学生。

**本科生培养。** 总结和收集"新结构经济学实验班"招生、培养经验，持续优化培养方式，挖掘学生潜力，因材施教，发挥学生特长。第三届实验班学生经选拔，已经顺利入班学习。实验班定期举办班会；积极开展党团日活动，增强理论学习，提升思维能力，坚持知成一体；每两周组织一次读书会，由学生轮流主讲；实验班本科生还与新结构经济学研究院博士生自发组织在线学习小组，活动形式包括日常微信群讨论，以及每周一次线上活动，内容包括经济学经典著作和论文研讨，以及日常研究学习中的心得与困惑讨论等，整体上强调讨论，强调对研究方法的学习，特别是对于经济学研究核心方法论的学习。

基地为学生提供暑期学术活动。既有与国际名校合作的暑期学校、暑期项目，也有传承"史论见长"优秀传统的精品讲习班，还有新结构经济学领域论坛、智库实践、读书会等。相关成果总结经高教司推荐，刊登在教育部拔尖计划2.0内刊第5期中。学院金融工程实验室形成金融数据全面覆盖，量化教学平台和量化研究平台已投入使用。目前实验室师生已形成多个前沿课题研究小组，在金融图形识别、高频数据、金融文本分析方面具有扎实的研究实力。基于实验室系统的交叉学科课程得到学生认可。实验室举办"金工首席谈系列讲座""投资总监系列讲座"，已邀请20多家金融机构金融工程负责人授课。除授课之外，实验室还与业界金融机构展开深度合作。2022年与华泰证券、海通证券金融机构签署联合培养项目合作协议，并为中信保诚基金、华泰证券、广发证券、大成基金、华夏基金、易方达基金、摩根士丹利资本国际公司（MSCI, Morgan Stanley Capital International）中国金融机构输送了20名实习学生。

**研究生培养。** 为培养博士生的研究能力和通用技能、促进博士生之间的学术交流和研究合作，学院建立博士生年度论坛机制，致力于为博士生提供学术交流平台。自3月起，由学院统筹安排、各博士专业点结合自身学科特点与实际情况，聘请来自北京大学其他院系、清华大学、中国社会科学院、中国人民大学、中央财经大学、北京师范大学、对外经济贸易大学、南开大学、武汉大学等单位评审专家，以召开"博士生论坛"形式陆续开展对本专业在读博士生年度审核工作，共计组织20场"博士生论坛"，共有在读博士生156人参加，每位博士生以口头报告形式在"博士生论坛"上介绍自己上一学年整体学习情况并汇报科研成果，评审专家为博士生提供意见和建议。最终审核结果反映出绝大部分在读博士生各项培养环节完成情况及科研进展情况，同时，促使学院对于评审结果相对落后的博士生进一步加强管理及督促，对于确实遇到困难及问题的博士生及时给予支持及帮助。

**获奖和立项。**"经济学专业思政建设的路径与实践"教学成果荣获2021年北京市教育教学成果一等奖，北京大学2021年教学成果特等奖；"以优质的教学管理支撑经济学拔尖人才培养"教学成果荣获北京大学2021年教学成果一等奖；"金融工程实验室建设"、"新型国际化教育教学平台实践"教学成果荣获北京大学2021年教学成果二等奖。董志勇老师领衔"计量经济学"教学团队获评2021年"北京高校优秀本科育人团队"；秦雪征老师当选第6届北京市高等学校青年教学名师；在北京大学第二十一届青年教师教学基本功比赛中，石凡奇老师获人文社科类三等奖，赵一冷老师获人文社科类优秀奖。学院《经济改革与发展专题》《风险评估与管理》《社会保险》等课程2022年入选北京大学课程思政示范课程；《社会保险》课程获评北京市课程思政示范课程，教学团队获评北京市课程思政教学名师和团队；"思政建设在《社会保险》课程中的思考和实践"获评2022年北京大学本科教学改革项目结题优秀；"投资学：融合数据分析技术的现代资产定价理论视角"获2022年本科教学改革本科重点课程建设项目立项；"企业化课程管理-依托'飞书'教学团队管理研究"获2022年本科教学改革教学管理研究项目立项。《中国微观经济学》《中华人民共和国经济史（1949—1978）》等教材已获得北京大学"十四五"教材立项。2022年，张元鹏获北京银行奖教金，袁诚获嘉里集团郭氏基金树人奖教金，张鹏飞获正大奖教金，王跃生获中国工商银行奖教金；李绍荣、张博教育岗位工作年满30年。

**科研工作。**2022年完成各类科研成果345项，其中专著4部，编著、译著、教材、研究报告9部，论文231篇，其他101项。截至12月31日，图书馆检索成果词条数361条，位列全校人文社科类第4位，其中被SSCI收录论文40篇，被CSSCI收录论文201篇。接上级有关部门智库供稿68篇。目前中央主要领导批示1篇，获得中办、国办、中宣部等部门采纳28篇。共编辑中英文工作论文集3册（共188篇）。多次组织专家学者座谈会，深入学习领会党的二十大精神，形成《以高质量发展推进中国式现代化——北京大学经济学专家学者学习党的二十大精神文集》一书，共收集文稿58篇。科研横向项目立项30余项，纵向项目立项11项，其中国家社科基金重大专项项目2项，国家社科基金一般项目1项，国家自然科学基金优秀青年项目1项，国家自然科学基金青年项目5项，北京市社科基金项目2项。学院继续资助种子基金项目、国际学术会议、人才启动经费和教师文库出版，资助额总计88.5万元。高明获第六届中国劳动经济学者论坛年会优秀论文奖；季曦获成都市第十五次哲学社会科学优秀成果一等奖（品牌奖）；王熙获北京市"双百计划"优秀调研项目；姚奕获第五届中国健康经济发展论坛优秀论文二等奖；刘冲、吴群锋获商务发展研究成果奖论文三等奖；刘冲获第八届中国财政学论坛优秀论文。季曦获全球2%顶尖科学家（World's Top 2% Scientists）头衔。刘冲获国家自然科学基金青年项目特优结题。2022年，学院采用线上线下相结合方式，举办国内外各类论坛和学术会议300余场，其中大型论坛包括第五届"中国百所大学经济学院院长论坛"暨"百所经院人才招聘会"、2022年"北大赛瑟论坛"。此外，举办"北大经济史学名家讲座"21场（共178场），举办学术午餐会5场（共180场），与国家发展研究院和新结构经济学研究院等合作举办工作坊184场（共586场）。学院科研创新基地已经运行两年，基地以建设高层次科研、创新平台为宗旨，以服务北京大学"双一流"学科建设为指引，为学院下属研究机构和博士后研究人员开展科研工作提供共享平台。截至2022年，共有300余场学术研讨会在基地举办，36个博士后流动工位正在使用，19个经济学院所属研究机构在基地办公。学院在站博士后总人数37人，其中流动站18人，企业博士后工作站19人。目前合作企业工作站24个。李保霞、闫强明获第71批中国博士后科学基金面上项目，孟珊珊获第72批中国博士后科学基金面上项目，岳林峰、孟珊珊、韦东明、夏红玉、郑茜文获得"博雅"博士后项目，李亚飞获得"北京大学优秀博士后"荣誉称号。

**国际合作与交流。**学院持续推进国际学位项目与常规学生交流项目，重点包括北大经院-新加坡南洋理工大学双硕士项目、伦敦大学学院本硕直通车项目、美国加州大学伯克利分校交流项目等，并陆续与慕尼黑大学、意大利罗马第二大学、美国威斯康辛大学、荷兰蒂尔堡大学、德国柏林自由大学续签学生交换协议。

学院于6月出版了《经世集——北京大学经济学院国际论坛讲座集锦》，本书收录了学院五年来主办的国际会议和国际讲座。学院引进全职外籍教师1名，面向全球进行2023年教职海外招聘，共有202人申请，对候选人材料进行筛选并组织两轮面试。

**学生工作。**举办青春跑活动和国庆歌会，组织收听收看党的第二十次代表大会开幕会与第二十届中央政治局常委同中外记者见面会。党委委员与教师党员解读党的二十大报告精神，组织开展学生党支书专题交流会，开展学生党团日联合主题教育活动，共计80次。19名经院冬奥志愿者助力注册、赛事服务5个工作领域，4名志愿者参与闭环管理。形成多篇志愿者特稿、1个主题视频，并举办经院冬奥志愿者总结表彰大会，成立宣讲团。成立9支思政实践课程团队，全部线下开展,并荣获"青年服务国家"2022年首都大中专学生暑期社会实践优秀团队奖。150名经院师生赴黑龙江佳木斯、云南弥渡、山东潍坊等地实践。开展课程总结分享会,师生共同交流。针对全院1023名学生进行全覆盖摸排,完成涉疫摸排任务60次,报送每日零报告300天。审核返京返校2000人次,日常出入校4000人次。报送健康监测信息120人,健康宝弹窗材料100份。组织新冠疫苗接种6轮,提醒完成50轮全员核酸检测。举办11场师生交流会、院领导下午茶;成立100人的防疫委员队伍,开展日评会210次;110人次参与到防疫志愿服务中;组建党员先锋队。学工老师留校驻守60天,开展四轮宿舍走访慰问活动;谈心谈话300人次;为40名同学送上生日蛋糕;为92名专硕学生发放流量补贴;建立台账关心确诊同学身心状况;组织学院KTV、五月青春歌会、童趣游园会活动。举办20场品牌活动,发布600篇实习就业信息。对20位重点学生提供一对一动态帮扶,2022年就业率达到99.26%。荣获年度学生就业工作先进集体和先进新人。更新78名重点关注学生台账,开展4次院校联动心理会商。处理危机事件17起,开展7场院系定制活动,咨询室全年咨询449人次。谈心谈话600人次,召开班主任和辅导员沟通会近20次。荣获2022年度北京大学学生心理健康教育工作先进单位、先进个人和先进新人。2022年度共评选校级个人奖励12项、集体奖励4项,获奖学生305名,其中陈诗雨获评校级优秀学生干部标兵,2019级本科金融班和2021级本科5班获评校级示范班集体;评选校级奖学金23项,获奖学生180名,奖励金额143万元。评选院级奖学金6项和院级奖励9项,获奖学生近154名,奖励金额近94万元。完成62名经济困难学生的助学金申请工作,助学金发放约75万元。对53名学生进行线上家访,1名学生进行线下家访。亚鑫助学金共计补助约29万元。荣获2022年度北京大学资助工作先进个人、先进新人。一对一辅导同学35人次,一对多辅导40次,建立答疑线上群6个,同时邀请数院资深助教进行辅导。2019级本科生麦合普孜参军入伍,2018级本科生巴云昊退伍返校,学院共组织2次新兵入伍欢送会、退伍老兵欢迎会。发布3位入伍同学的宣传推送,制作8位入伍同学的宣传展板。

校友工作。2022年共计举办返校活动2场次,接待校友100人次。受疫情防控限制,另有2个年级在校外完成团聚活动,线上团聚活动2场。截至2022年12月17日,经济学院校友名录数据库共更新至21,039人,手机号15,011条,邮箱8021个。完成北京大学燕缘校友平台认证1098人,经济学院平台校友数据库重筛更新至15,415人,新办校友卡1225张,实体卡903张。为院庆工作面向校友征集LOGO设计、回忆文、祝福视频、寄语,并为院庆专题网站搭建校友祝福专栏。完成院史大事记梳理工作,自校史中摘录经济学院相关文字记录超42,000字。与中央电视台《记录东方》栏目组合作拍摄北大经济学院110周年纪录片。

捐赠项目。学院校友及各界人士纷纷捐资支持学院发展和人才培养,挂靠学院的"北京大学济南城市软实力研究院"已批准建立,济南市政府五年内投入1亿元建设经费,并免费提供4000平方米研究场地。1980级政治经济专业本科校友,广东壹号食品股份有限公司、天地壹号饮料股份有限公司董事长陈生,于2019年设立陈生发展项目,每年捐赠1000万元,2022年已到账第4笔1000万元;九坤投资(北京)有限公司捐资500万元设立"经济学院九坤讲席教授基金";宁夏然尔特实业集团有限公司捐资500万元设立"经济学院然尔特发展项目";通鼎集团赞助600万元用于学院发展。

继续教育。2022年中国太平青年干部研修班顺利开班。高端社会招生项目"北京大学中国企业家学者高级研修班(第1期)"在9月正式开课,学费19.8万/人,招生19人。精品项目"北京大学金融与投资(私募、基金)研修班(第6期)",学费12.8万/人,招生17人;特色项目"北京大学企业管理素养研修班"学费6.8万/人,招生30人;"北京大学(豫商)企业转型升级领导力提升高级研修班(第1期)"学费3.9万/人,招生21人;"北京大学工信部经营管理领军人才研修班"学费3.58万/人,招生28人。2022年共计项目立项38个,委培项目31个,社招项目7个。实际执行委托培训项目9个,22个已立项委培项目受疫情影响暂停开办。培训项目学费总收入约2069.94万元,其中委培约574.96万元,社招约1494.98万元。结业学员362人。

宣传工作。官微推送447篇学院相关新闻,阅读总量约574,954次,转发约25,548次;开设"喜庆二十大·奋进新征程"专栏,发布文章20篇;发布学院学习领会党的二十大精神,学习贯彻习近平总书记重要讲话和指示批示精神,服务保障2022年北京冬奥会、冬残奥会,学习贯彻学校第十四次党代会精神,疫情防控等新闻;开设"北大经院建院(系)110周年院庆系列活动"专栏,发布文章55篇;发布系列推送:北大经院学者(55篇)、北大经院课堂(20篇)、北大经院科研(10篇)、北大经院讲座(150篇)、北大经院两会笔谈(31篇)等;推出原创系列"课堂内外""经院风物""朗读者""十大新闻"。与北大官微合作,推送稿件《北大经济学院,110年!》阅读量8.5万;保持在北大新闻网的显示度,共有44篇稿件发布在北大新闻网及"冬奥与北大""聚焦两会2022""燕归来""北京大学第十四次党代会""喜迎二十大 奋进新征程"专栏。其中,10篇在北大新闻网主页发布;与人民日报、光明日报、北京大学校报合作,推出学院110周年院庆专刊;在北大校报推出学院专家学者热议"两会"专版;与经济参考报理论版合作,发表学者学习二十大精神心得;运营学院澎湃政务号(总阅读量约1766万次)、光明日报号(总阅读量约672万次)、腾讯企鹅号(总阅读量约291万次)、一点资讯号(总阅读量约75万次)、今日头条号(总阅读量约31.5万次)、官方视频号、新浪财经号。

（张泽元）

【学习贯彻党的二十大精神】 10月16日至22日，中国共产党第二十次全国代表大会在京召开。学院开展交流研讨活动。10月16日，学院联合《经济科学》编辑部，召集专家学者40余人召开"学习中国共产党第二十次全国代表大会重要精神专家座谈会"，形成文集《以高质量发展推进中国式现代化——北京大学经济学专家学者学习党的二十大精神文集》由北京大学出版社出版。10月21日，学院党委组织师生党员集体参观"喜迎二十大，奋进新时代——北京大学改革发展十年成果图片展"。10月28日，学院联合党委巡视办公室、教务部举办党的二十大精神学习会。11月11日，学院与考古文博学院共同举行"喜庆二十大，追梦新征程"主题党团日活动与共建座谈会。

（张泽元）

【学院庆祝建院（系）110周年】 2022年，学院迎来建院（系）110周年华诞。学院全面统筹，举办相关院庆纪念活动，包含学术交流、科研论坛、国际讲座、座谈沙龙、书籍出版、青春长跑、主题歌会、主题图片展、校友返校、院庆祝福视频征集、征文等。6月25日，《北京大学校报》推出学院院庆专刊；8月8日，北京大学官方微信平台推送学院建院（系）110周年主题文章；9月15日和9月22日，《光明日报》《人民日报》先后刊登整版专题报道；中央电视台拍摄学院110周年纪录片。

5月20日，学院举办"厚积传薪，共向未来"第十一届新时代中国青年经济论坛。论坛是北京大学庆祝中国共青团成立100周年系列活动和学院110周年院庆系列重要活动之一，线下会场设在学院东旭报告厅，6个平行分论坛同时展开，456名优秀大学生踊跃报名，110名来自北京大学、清华大学、中国人民大学、北京师范大学、南开大学、中央财经大学、上海财经大学等全国36所高校的优秀青年经济学子作为论坛学术代表线上参会。2011年诺贝尔经济学奖获得者托马斯·萨金特（Thomas Sargent）教授作为特邀嘉宾出席，发表主题学术报告，并向学院发来视频祝福，对第十一届论坛表达美好祝愿。

（张泽元）

【推进智库工作】 2014年以来，学院依托专业优势，发扬经世济民之担当，每年"两会"期间，组织学者围绕"两会"热点，紧扣政府工作报告，畅谈国家经济改革与发展。学院官微和官网分别开设"北大经院两会笔谈"专栏，北大新闻网、校报、国内重要报刊和新媒体广泛报道。学院已推出"'两会'笔谈专辑"8本，共收录530篇时评文章。学院专家学者围绕当前我国经济社会发展和民生热点问题，积极建言献策。2022年1月5日，刘怡教授在中共中央政治局常委、国务院总理李克强主持召开的减税降费座谈会上作为专家代表发言。7月12日，苏剑教授在李克强总理主持召开的专家和企业家座谈会上作为专家代表发言。学院教师共38篇成果获得省部级以上批示（采纳），采纳量位居全校各单位首位。

（张泽元）

【推进思政课程建设】 学院注重课程思政全覆盖，形成"典型课程引领-基础课程示范-专业课程支撑"的课程思政建设格局，建设出一批具有参考价值的典型性教学范例。《经济学科课程思政教学设计》作为"北京大学课程思政丛书"第一册，于2022年4月由北大出版社正式出版。2021年《经济改革与发展专题》获评教育部课程思政示范课程；2022年《经济学专业思政建设的路径与实践》荣获北京市高等教育教学成果一等奖；2020年至2022年另有多门课程被评为课程思政示范课程；2022年学院被评为课程思政建设示范学院。学院扎实推进2022年暑期思政课育人工作，共成立9支课程团队，150余名经院师生，以严格遵守防疫要求为前提，分赴浙江安吉、江西南昌、黑龙江佳木斯、云南弥渡、山东潍坊、四川古蔺、湖南茶陵、湖南平江、浙江嵊州进行实践。

（张泽元）

【举办高端讲学系列讲座】 "国际顶刊主编讲坛"是北京大学经济学院主办的标志性学术活动，自2019年举办以来，已邀请多位全球顶尖经济学期刊的主编来院交流并开设讲座。2022年3月，《经济研究评论》（The Review of Economic Studies）主编、挪威奥斯陆大学经济系教授Bård Harstad作为"国际顶刊主编讲坛"主讲人开设四场系列讲座。"日本名家系列讲座"由学院兼职教授、中国社会科学院近代史研究所研究员汪婉博士主持，邀请日本著名经济学家、日本增长战略委员会专家竹中平藏，前日本驻华大使宫本雄二，佳能（中国）有限公司总裁兼首席执行官小泽秀树嘉宾发表演讲。2022年秋季学期，学院邀请日本著名建筑设计师、普里兹克奖得主安藤忠雄，前日本驻华大使横井裕，从跨学科视角分析日本经济社会问题，为师生提供新研究角度和研究思路。同时，学院举办"国际组织与全球经济治理系列讲坛"，邀请重要国际组织专家学者与北大师生共议全球经济发展和治理变革的容与通，4月8日，世界银行中国、韩国和蒙古局局长马丁·芮泽（Martin Raiser）发表学术演讲。学院邀请澳大利亚著名政策研究中心中国研究项目负责人彭秀健（Xiujian Peng）举办系列讲座"可计算一般均衡模型及其在政策分析上的应用"。

（张泽元）

【打造高水平学术交流平台】 2018年以来，经济学院、国家发展研究院和新结构经济学研究院采用轮流主持方式共同举办"政治经济学""国际经济学与实证产业组织""宏观经济学""微观理论经济学""计量、金融和大数据分析""劳动-健康经济学""发展与公共财政"工作坊。继2021年设立"经济史"工作坊、"能源、环境与气候经济学"工作坊、"风险、保险与不确定性"三校联合工作坊之后，2022年学院与全球健康发展研究院合力打造经院-全健院"健康与劳动经济学"工作坊。10个工作坊共举办586场活动，其中2022年举办184场。学院学术午餐会已持续举办17年，共举办讲座180场；北大经济史学名家系列讲座已持续举办10年，共举办活动178场。2022年度"金工首席谈量化"系列讲座举办6讲。6月11日，学院联合《经济科学》编辑部举办第三届北京大学经济科学博士生学术论坛，以促进海内外各经管院校博士生之间学术交流。学院还先后举办"金融学""经济史学""人口、资源与环境经济学""西方经济学""政治经济学""风险管理与保险学""公共财政"等博士生论坛。12月17日，由学院和中国社会科学院工业经济研究所主办、《中国经济学人》编辑部承办、《经济科学》编辑部和中国社会科学院中国产业与企业竞争力研究中心协办"《中国经济学人》经济学国际前沿论坛暨北京大学经济学院2022国际合作论坛"。

（张泽元）

**【举办第五届"中国百所大学经济学院院长论坛"暨"百所经院人才招聘会"】** 继2018年至2021年连续四年举办"中国百所大学经济学院院长论坛"后，2022年12月24日，学院举办第五届"中国百所大学经济学院院长论坛"暨"百所经院人才招聘会"，全国综合和经管类院校22位校长、201位院长出席。教育部高等学校经济学类专业教学指导委员会主任委员刘伟教授作主旨演讲。论坛围绕"加快构建新发展格局，着力推动高质量发展"主题，论坛亦继续启动"百所经院人才招聘平台"（网址：www.cse100.org.cn），该平台旨在构建全国经济学博士生与用人单位尤其是全国百所经院之间专业、高效、开放、免费的信息交流渠道，完善经济学高端人才市场信息。平台运行一年多以来，已有200多家经管学院提交招聘意向，发布几百条招聘信息，千余名博士研究生在该平台获益。

（张泽元）

# 光华管理学院

**【发展概况】** **党建工作。** 协调召开光华管理学院（简称"学院"，下同）党委会15次，建立学院党委会决议落实督查机制，开展北京大学第十四届党委委员、纪律委员候选人提名推荐工作，学院党代表选举工作，北京市第十三届党员代表大会北京大学党代表提名推荐工作，中国共产党二十大北京大学党代表提名推荐工作。2022年度学院师生提交入党申请书123人，确认为入党积极分子123人，全年共发展预备党员94人，预备党员转正47人，1名教授被发展为中共预备党员。

**机构设置。** 2022年，学院设会计学系、应用经济学系、商务统计与经济计量系、金融学系、管理科学与信息系统系、市场营销系、组织与战略管理系7个系，其中国民经济学和企业管理是国家重点学科点。此外，成立3个交叉平台和2个交叉创新团队，分别是：人工智能与社会科学交叉学科平台、微观大数据为基础的应用型研究交叉学科平台、管理创新交叉学科平台；行为科学和政策干预交叉创新团队、碳中和经济学和管理学交叉创新团队。

学位项目包括本科（含"未来领导者"国际本科项目）、学术硕博、管理学博士联合培养项目、金融硕士（金融专业方向MFin、商业分析方向BA）、会计硕士（MPAcc）、审计硕士（MAud）、工商管理硕士（MBA）、社会公益硕士（MSEM）、高级管理人员工商管理硕士（EMBA）等。高层管理教育（ExEd）提供非学位的公开课程、定制课程。

**师资建设。** 全职教师114人，其中10人获评长江学者，7人获评青年长江学者，12人获评国家杰出青年基金，7人获评国家优秀青年科学基金，教育部新世纪人才9人，国际学会学士2人，海外研究机构院士1人。引进优秀教研人员1人，续签管理实践教授6人。新签访问教授3人。持续聘任MBA项目校外导师。引进高质量全职博士后人才3人，光华思想力博士后3人。"光华青年人才"续聘4人，2022年共有"光华研究学者"2位，"光华青年人才"26位。

周黎安获北京市优秀教师称号，翁翕获"张培刚发展经济学青年学者奖"，刘烁入选2022中国信息经济学乌家培资助计划。孟涓涓荣获北大2022年教学卓越奖，张宇等4位老师荣获北大2022年教学优秀奖。共2名杰出青年基金、1名优秀青年科学基金、2名国家自然科学基金优秀青年科学基金项目（海外）超额完成2022年任务目标。

落实组建学院人才工作小组，形成《光华管理学院人才战略实施方案》，在资深人才、优秀青年人才引进和培养等方面清晰并明确工作模式和支持力度。

组织"教师发展与企业访学"系列活动，深入产业一线、拓展教研维度。

**教学培养。** 2022年，本科生共计招生174人，其中港澳台学生4人、留学生23人；金融硕士中金融专业方向79人、商业分析方向35人；会计硕士审计硕士44人、博士生56人。MBA及MSEM共计入学469人（包含港澳台和留学生35人），首期北大-康奈尔项目新生40人。EMBA继续优化招录工作，招生质量稳步提升。

2022年，本科毕业250人，博士研究生毕业48人，学术硕士毕业12人，金融硕士毕业99人，MPAcc毕业41人，MAud毕业5人。MBA毕业305人，结业5人，MSEM毕业10人。EMBA共有395位毕业生。

"未来领导者"项目第三期（2022）入学40名学生，其中海外学生35位，来自11所合作院校，15个国家和地区。不断合理优化课程结构设计，一对一进行校内英文选课及转学分指导。

国际博士生（IPhD）项目申请人数88人，来自40个国家与地区，申请总数较2021年增加66%。招生范畴增加统计、计算机、物理、心理学等专业学生群体。

管理学博士联合培养项目学生质量稳步增长，约16%属于高端科技领域，近50%上市公司创始人或决策层。

2022年MBA开设216门次课程，开发13门新课。推进相关课程改版。EMBA在新师资和新课程开放方面取得阶段性进展，严格教学教务管理，不断提高论文质量。ExEd持续创新和迭代课程，入选"工信部中小企业经营管理领军人才区域发展培训机构"名单。

2022年新制作98门数字教育中心课程，聚焦产业发展。首次推出"全球未来投资者"项目；开展"乡村振兴千万带头人"培养计划，培养160个重点帮扶县的1725名学员；推出"我是管培生"公益计划。

**学科建设和科研工作。**集中组织双碳目标下经济学管理学等重大研究课题协同攻关。社会科学项目申报32项。社会科学项目申报9项，其中重大3项，申报数量优于以往年份。2022年新立项国家社会科学基金项目14项，其中杰出青年基金项目2项，优秀青年基金项目1项，社会科学基金新立项项目的总批准经费1166万元。新立项国社科重大项目1项。截至2022年底，共有53个在研纵向科研项目。

2022年，共登记成果319项，其中期刊论文293篇，会议论文7篇，著作9部，其他成果10项。发表或待刊SCI/SSCI论文155篇，含院选英文A类35篇，院选英文B类63篇。发表CSSCI论文57篇，含院选中文A类6篇，院选中文B类24篇。

《经济管理学刊》创刊号于2022年正式发行。《中国智造：领先制造业企业的模式创新》《展望中国发展》等书籍相继出版。

陆正飞《会计学》、王锐《网络营销：中国模式与新思维》获北京大学教材立项。陆正飞《高级财务管理》（第三版）、符国群《消费者行为学》（第四版）获得北京大学优秀教材。龚六堂团队《中国宏观经济学》入选首批中国经济学教材，纳入教育部马克思主义理论研究和建设工程重点教材建设。

2022年QS学科排名，经济学与计量经济位列26，会计学与金融学位列30，商业与管理研究位列43。

2022年，哈佛案例发行渠道合作项目投稿15篇。围绕教育部专业学位中心的"国库"在3至5个方向实现共20个案例的投稿。推出"中国案例情景分析全球公益课"，面向全球高等院校特别是"一带一路"国家和地区的高等院校。

欧洲质量发展认证体系（EQUIS）再认证顺利完成，开始国际商学院协会（AACSB）再认证。

科研面向国家战略经济战场。1.受国家发改委委托，承接重大课题《中国式现代化发展目标及评价指标体系研究》，紧扣二十大重大时代议题，为未来分阶段目标落实步骤、重要战略导向和重大政策选择提供指引。2.受国家统计局委托，承接统计重大专项《"超越GDP"——联合国可持续发展目标及评价指标体系研究》，响应联合国秘书长古特雷斯呼吁，作为构成2030可持续发展议程重要改革举措。3.碳中和经济社会影响研究成果丰富。《碳中和与稳增长协同推进机制及实现路径研究》课题获准立项2022年度国家社科基金重大项目；完成国家发改委《支持碳达峰碳中和的财税金融政策研究》课题研究，在《光明日报》（理论版）、*Fundamental Research*、《营销科学学报》、《中国经济评论》等发表《"碳中和"给经济学提出哪些新问题》《A Theory of Carbon Currency》《"碳中和"目标下的经济管理研究》《碳中和与中国经济增长逻辑》等多篇具有创新性和影响力的论文和文章；深度参与筹建碳中和研究院；与能源基金会开展深度研究合作；联合多个学术单位、政府部门和研究院所等开展交叉学科研究，举办"共同行动助力碳达峰碳中和"高层论坛等研讨会和高端论坛；发布我国大陆高校商学院首个碳足迹测算报告；开发"碳明未来——双碳时代战略家"培训课程，并有《生态文明的中国实践：多层次碳市场建设前沿案例研究》案例入选教育部学位与研究生教育发展中心2021年主题案例。4.5G/6G经济社会研究不断推进。作为工信部IMT2030经济社会组组长单位，在推进组立项相关课题5项，持续推进研究产生相关报告。5.助力住房制度改革。受住建部委托，开展《灵活就业人员参与住房公积金制度调查问卷》，研究获高度认可，收到部委专函感谢信。6.积极参与北京市教委相关创新中心申报，代表北京大学参选北京绿色经济与碳中和研究中心筹建，为首都绿色经济发展和碳中和转型工作提供人才保障和智力支持。7.张晓波团队发布每季度《小微经营者调查报告》，数次受到领导人批示、中财办感谢信函。发布《中国区域创新创业指数（1990—2021）》报告。8.中国金融期货交易所、中证金融研究院等单位于2022年末分别向学院发来感谢信。

**智库建设。**面向经济主战场与国家重大战略进行有组织的科研。2022年形成50期光华思想力研究简报向中办、国办、中财办等单位上报，上报21篇约稿文章，包括"二十大"以来10篇。据不完全统计，有6篇被中办、中财办、新华社内刊等采用。启用专用公众号，50余篇原创内容向社会分享成果。促进成果转化，研发碳中和长期培训课，举办双碳主题校友下午茶活动。召开共同富裕、元宇宙等主题研讨会，"夏季论坛"系列研讨会，第二届碳中和高层论坛等。

**国际合作。**启动国际顾问委员会，已有康奈尔、新加坡国立、加州大学洛杉矶分校等大学商学院院长，拜耳CEO，百胜中国全球CEO，智利卢克西奇集团董事会主席等10人接受邀请。2022年春季派出交换学生27人，接收63人；秋季派出15人，接收55人。"华人留学生知中国"项目春季招生65人，秋季78人，暑期59人。DBIC-HKU万人计划学生50人，DBIC-华威大学项目以及与一桥、首尔大学合作的DBIA项目33人。面向国际学者，特别是"一带一路"国家，开设"中国案例情景分析"国际课程，聚焦中国发展特色和前沿案例情景，有效促进国际学术交流和互联互通。

职业发展。17人通过选调等方式，赴黑、蒙、赣、鲁、鄂、川、皖、陕、云等边疆、西部和欠发达地区基层工作。4人赴欧洲知名大学（荷兰蒂尔堡）和港澳台高校任职。19人任职北大、清华、人大、复旦、央财、中传等高校和国际机构。1名本科直博升入哈佛博士生项目。

2022届专硕和直接就业本科生就业价值持续提升。MBA学生持续进入全球顶级企业MBA高潜人才管培生项目。在国际组织、选调生、央企、专精特新领域求职有较大突破。

学生工作。获评2021年度北京大学学生工作先进单位（2022年评审）。冬奥期间38名师生走上服务一线，志愿者人数名列前茅。院内各职能部门为志愿者开辟"绿色通道"，推出在线党课、辅导大礼包等暖心举措。

2022年，"沃土计划"思政实践课有160余名青年师生组成12支思政实践团。探索开展学院研究生深度实践调研项目"耘耕计划"。走访慰问学院后勤员工，加强感恩劳动教育。提供心理咨询室服务。

校友工作。以学院主要硬体建筑及空间作为捐赠标的，启动"星光计划——与北大光华拥抱2030"捐赠计划。推出校友数据管理办法，2022年更新数据10,884条。各类校友活动40余场。完成2022年度公益捐赠筹资和支出，捐建7所博雅图书室。

宣传工作。官方微信阅读量累计超过100万，粉丝量新增4.5万以上；传播双碳研究、共同富裕、中小微经营者等研究内容，在新华社等重要主流媒体发布研究成果。"两会前经济形势分析会"有40余家主流媒体参会，吸引财政部关注。

服务工作。持续推进1号楼改建方案优化，形成改建期间教学办公周转方案和搬迁方案。启动北大科技园租赁空间施工。推出新员工职业导师制管理办法及培养管理规定、教职员公益假、"沃土计划"职员助教选拔等管理办法，进行职员系统化培训。加强行政服务，讲义管理系统降本提效。

防疫工作。严格落实政策，注重人性关怀，积极完成防疫工作。构建92名党团班学生骨干组成防疫委员队伍，做好学生防疫工作。学院师生累计投入燕园志愿服务活动超过200人次，累计志愿服务时长超过400小时。

（张　琳、王尚勤、齐敬茹、王奂然）

**【学习贯彻党的二十大精神以及北大第十四次党代会精神】** 学院师生共同收看党的"二十大"开幕会和新一届中央政治局常委同中外记者见面会直播，学习总书记重要讲话精神。会后积极展开讨论，践行总书记殷切期望。将学习"二十大"精神作为党政联席会第一议题进行多次学习。开展多次专题学习和相关活动，包括组织党员参观中国共产党党史馆、重温入党誓词、邀请专家开展专题讲座解读报告精神等。开展庆祝建团百年主题教育，"喜迎二十大 永远跟党走 奋进新征程"十一主题团日等活动，累计开展理论学习讲座20余次。

（傅帅雄、张　琳、鞠　晓）

**【统筹推进"有组织的科研"】** 围绕学科方向群特定建设目标，从学院层面统筹协调资源配置，同时扎实推进任务进度。强化科研工作系统规划、瞄准国际学术前沿和国家重大需求，将需求分解为任务，将任务落实到方向。自上而下与自下而上相结合，打造6个A类方向，10个B类方向，5个C类方向科研团队。系统开展重点学科研讨会，集聚学术资源重点打造高层次科研成果。学科方向带头人和本方向学术骨干组织讨论，并与院教师交流会结合。加大"双一流"学科建设宣讲力度，分别在党政联席会，行政月度会，寒、暑假战略研讨会多次研讨。第24届学院新年论坛以"推进'双一流'建设"为主题，《北京大学光华管理学院面向2030年研究战略》于会上发布。着力培育5个交叉平台和2个实验室。继续支持原有平台，碳中和经济和管理学、行为科学与政策干预2个交叉团队正式组建。

（张　琳、丛月芬）

**【推进独特数据库和交叉学科平台建设】** 进一步发挥国家统计局-北京大学数据开发中心的优势作用，逐步开放15个微观数据集，为千余名来自28所高校、单位的研究者提供数据服务，取得一批成果。与机构联合开展"灵活就业人员住房公积金需求"调研，以详实数据、扎实研究向有关部委提出政策建议。在个人和家庭低碳消费领域充分挖掘相关数据调查，积累研究数据基础。利用微观大数据应用型研究交叉学科平台，整理学院发表文献涉及数据集，发现56个具有分享潜力数据集；持续收集海内外数据资源，共享数据资源储备量提高100%，支持学科实证研究深入发展。

（郭欣格、张　琳、张佳慧）

**【特色人才工作建设】**《经济学》大小班联合授课获得北京大学教学成果特等奖、北京市二等奖。《构建学生终身受益的本科人才培养体系》项目入选北京市高等教育"本科教学改革创新项目"。本硕博在校生2021—2022学年获得课外学术竞赛奖项35人次（不完全统计），包括第五届全国高校大学生讲思政课公开课活动团体特等奖；2022"挑战杯"首都大学生创业计划竞赛团体金奖；大学生数学竞赛个人一等奖等。"未来领导者"国际本科项目首批学生毕业，部分前往哈佛商学院、新加坡国立大学、北京大学等名校深造，且有首位中国大陆本科学生直博哈佛商学院组织行为学博士项目。部分同学将任职麦肯锡、波士顿咨询、黑石等名企。北大—康奈尔"卓越服务"双硕士项目首届来自15个省区、11个行业的52名学生2022年度入学，学生背景多元，行业分布多元。再次启动因疫情和其他不可抗因素而停滞的加州大学洛杉矶分校（UCLA）金融硕士双学位项目谈判。

（张　琳、莫舒珺、俞　亮）

【《经济管理学刊》创刊】 为更好讲述中国故事，研究对中国经济和管理有重大意义的科学问题，《经济管理学刊》经国家新闻出版署批准，正式创刊。由学院和机械工业信息研究院主办，由机械工业出版社作为出版单位。多名国际经济学和管理学领域泰斗级专家组成顾问委员会并由厉以宁教授担任主席。编委会汇聚来自国内外著名高校和研究机构的80余名经济管理领域杰出学者，由学院刘俏教授担任主编，是经管领域综合性学术刊物，重点覆盖经济学和管理学等学科领域，以及经济管理与其他学科交叉领域。所涉领域包括会计学、组织与战略、金融学、营销学、经济学、数据科学与人工智能、信息系统、公共政策等。致力于发表高质量、原创性、思想引领的科学论文。创刊号于12月正式印发。

（张佳慧）

【助力乡村振兴促进教育普惠】 由学院党委书记担任弥渡县谷芹村"名誉村长"，为村民解决生活、教育困难，筹集资金开展弥渡捐赠帮扶活动。积极推动通过校友渠道助力弥渡特色农产品的销售推广。在教育部发展规划司、国家乡村振兴局政策法规司的指导下，"乡村振兴千万带头人培养计划"第2期由学院承办，来自160个国家重点帮扶县的1725名学员在线学习，12门直播课，24门自主选修课，1.1万条学员笔记，近20万点赞数。通过学院官方小程序，推出6000余人参与"北大光华锦鲤课"在线公益课，2000余人参与"光华月读社"，30万人观看并参与"我是管培生"公益直播课学习，4万人参与"北大光华数字校园开放日"。

（傅帅雄、王奂然）

# 人口研究所

【发展概况】 组织机构。2022年，人口研究所（简称"人口所"，下同）共有5个虚体机构，包括：中国人口健康与发展研究中心、中国老龄事业发展研究中心、中国残疾人事业发展研究中心、APEC健康科学研究院、社区治理现代化研究中心。

学科建设。人口所设有人口学、社会学（老年学）、政治经济学和人口、资源与环境经济学四个学术型硕士专业，社会工作专业硕士和人口学博士专业，并设社会学博士后科研流动站。

队伍建设。2022年，人口所有在编教职工19人，其中专职科研与教学人员16人：包括教育部"长江学者奖励计划"青年学者1人；教授6人，副教授7人，助理教授3人；博士生导师13人；另有博士后在站研究员10人。

教育教学。2022年，学生总数为105人，其中硕士研究生74人，博士研究生31人。2022年，毕业33人，其中，博士研究生9人，硕士研究生24人。2022年，人口所一共开设37门课程，其中22门必修课程、15门选修课程，多门为英语讲授课程。4月至12月，人口所采用线上线下相结合的方式开展面对全所师生的双周学术报告会，其中"马寅初人口科学学术报告系列讲座"共开展4次、"海外名家、海外学者讲座"共开展10次。7月，由陈功教授主持的教育部万人计划第五届"京港澳台"人口老龄化专题夏令营活动举办。第七届"北京大学老龄健康博士生论坛"与第五届北京大学"京港澳台"人口老龄化专题夏令营同期举办，为广大青年学子提供一个老龄科学交叉研究与交流的平台。2017年至2022年，人口所已经连续举办五届人口老龄化专题夏令营。

科研工作。2022年人口所共承担科研项目30项。其中，国家社会科学基金重大项目2项，国家社会科学基金青年项目2项，国家自然基金面上项目1项，国家重点研发计划项目1项，国家科技支撑计划项目1项，其他政府部门、企事业单位等委托合作项目23项。2022年，人口所教研人员共发表SCI/SSCI论文28篇，中文核心期刊论文25篇，其他类型文章4篇，共计57篇，人均3.6篇；出版专著2本，研究报告1部，教材1部，参编"十四五"时期国家重点出版物出版专项规划项目著作1部；撰写咨询报告10篇，其中获得中央办公厅、中央相关部委、副部级以上单位采纳批示7项。

所长陈功组织编写"十四五"时期国家重点出版物出版专项规划系列丛书——《国家无障碍战略研究与应用丛书（第二辑）》（共10册）；以第一发明人，获得国家发明专利授权1项；医养个案管理职业技能等级标准1项；获得民政部立项1个，获批专利4个。

党建工作。2022年，人口所党支部共有党员79人，其中在职教职工党员15人，学生党员64人。2022年，学生党支部发展党员7人。

人口所党支部坚持做好二十大精神的学习宣传贯彻落实，将"双一流"建设与党建工作有机结合，持续开展系列专题理论学习和参观实践活动。

为迎接党的二十大胜利召开，人口所在每周召开的所长办公会上，由全体所长办公会成员轮流领读、领学党中央最新的重要讲话、会议、文件精神；集体观看《中国有了共产党》；组织全体党员老师共同观看学习2022年高校党组织示范微党课展播。

人口所党支部学习党的二十大系列活动包括：1. 组织全体教职工和学生党团员收看党的二十大开幕大会、新一届中央政治局常委中外记者见面会。2. 全文传达并组织学习《中共北京大学委员会关于深入学习宣传贯彻党的二十大精神的通知》，结合党的二十大精神专题学习和北京大学第十四次党代会精神学习。3. 组织师生集体参观北京大学改革发展史展览。4. 组织党的百年人口思想史展览参观学习活动。5. 组织校史馆参观学习活动。6. 组织编撰党的百年人口思想史教材，立足思政教育，推出党建理论成果。

（胡成花、叶徐婧子、王瑾洁）

【马寅初先生诞辰 140 周年纪念暨共同富裕与人口发展学术研讨会】 5 月 20 日，为深切缅怀、追思我国著名经济学家、教育学家、人口学家马寅初，研究探讨人口发展与共同富裕这一课题，由人口所、经济学院联合主办，中国银行、校史馆、马寅初纪念馆、浙江嵊州市委市政府协办的马寅初先生诞辰 140 周年纪念暨"共同富裕与人口发展"学术研讨会在线上举行。马寅初先生长孙马思泽等亲属，国家卫生健康委副主任于学军，中国银行董事长刘连舸等嘉宾，嵊州市委书记徐建设等家乡代表，以及校长郝平，副校长王博，校长助理、经济学院院长董志勇，校史馆、档案馆馆长余浚，人口所所长陈功等出席纪念会。全国政协常委、新结构经济学研究院院长林毅夫，全国政协委员、中国人口与发展研究中心主任贺丹，经济学院党委书记崔建华，经济学院副院长张亚光，人口所副所长张蕾等出席研讨会。纪念会由王博主持，研讨会由陈功和余浚共同主持。

纪念会回顾马寅初先生对中国经济学、人口学发展的历史性贡献，倡导与会人员要深切缅怀学习马寅初先生的爱国主义精神、学术精神和推动人口学科发展的科学精神。研讨会围绕如何统筹解决中国人口问题、实现人口长期均衡发展以及与经济、社会、环境协调发展和人才培养展开探讨，并研讨北京大学与嵊州市在推进马寅初故居建设、经济发展、科学研究、社会服务与人才培养方面的合作事宜。

（任　浩、王瑾洁）

【承办第十九届北京论坛分论坛】 11 月 18 日至 19 日，由北京大学和韩国崔钟贤学术院联合主办，人口所承办，中国人口学会支持的第十九届北京论坛分论坛召开。国内外人口科学相关领域的 20 余位顶级学者和专家作主题报告。分论坛同期开通线上直播，4000 余名观众进行线上观看和交流互动。

全国老龄办党组成员、中国老龄协会副会长肖才伟，中国残联党组成员、中国残联副主席程凯，联合国人口司司长约翰·维尔莫斯（John Wilmoth），中国人口学会会长、中国计划生育协会副会长、中国人民大学社会与人口学院教授、中国人民大学人口与发展研究中心主任翟振武，北京大学党委常委、副校长、秘书长孙庆伟出席论坛开幕式并致辞。全国政协第十三届全国委员会人口资源环境委员会委员、中国人口与发展研究中心主任贺丹，北京大学科学研究部部长谢冰，北京大学国际合作部副部长郑如青等参加开幕式。开幕式由人口所所长陈功主持。

分论坛主题为"80 亿人口：全球人口格局与经济、社会和文明的可持续发展"，围绕全球视野下的人口格局探讨人口发展的热点议题，从全球人口可持续发展角度出发，就所面临的新阶段、新形势、新挑战和新机遇，以及持续推动全球治理能力的提升和构建人类命运共同体的新方案进行交流与探讨，充分回应北京论坛（2022）的大会主题"文明的和谐与共同繁荣——共创人类文明的未来：信任、对话与合作"。专家学者围绕"人口负增长下全球人口格局变化与全球治理问题""人口新格局与人口均衡发展""全球与中国的低生育率应对""新冠疫情与健康老龄化"和"区域人口空间聚集与经济增长新动力"五个专题作主题报告。

（任　浩、谭惠萌、王瑾洁）

【协办第十六届中国残疾人事业发展论坛】 11 月 30 日至 12 月 2 日，以"提升残疾人发展能力，促进残疾人共同富裕"为主题的"第十六届中国残疾人事业发展论坛"在南京召开。论坛由中国残疾人联合会、南京特殊教育师范学院、残疾人事业发展研究会主办，北京大学中国残疾人事业发展研究中心等单位协办。残疾人事业发展研究会副会长、人口所所长陈功教授受邀参会，并以"开创残疾人事业发展新格局，创新方案推动中国式现代化"为题做主旨发言。

论坛共设七个分论坛，人口所、中国残疾人事业发展研究中心、残疾人事业发展研究会、残疾人口和统计专业委员会共同承办主题为"残疾人减贫与社会融合"的分论坛。分论坛由人口所副所长、中国残疾人事业发展研究中心主任张蕾和人口所副教授、中国残疾人事业发展研究中心副主任李宁共同主持。人口所学术委员会主席宋新明教授受邀出席并担任分论坛的点评专家。来自政界、学界的专家学者和青年代表共同参与分论坛的交流与讨论。湖北省政府残疾人工作委员会办公室常务副主任江传曾、河海大学公共管理学院副教授郭剑平、西北大学公共管理学院副教授李静、北京大学人口研究所助理教授张雅璐、北京大学人口研究所博士生崔牛牛、南京大学新闻传播学院博士生陈浦秋杭作主题发言。发言围绕分论坛主题，就残疾人家庭贫困问题破解、残疾人生存状态改善、残疾人就业提质、残疾人疾病负担、媒介传播与残疾人社会融合、残疾人生活质量等前沿问题展开多视角、多学科的探讨。

（刘　艳、王瑾洁）

【探索中国特色时间银行研究应用落地及国际交流】 2022 年，人口所继续联合体育教研部等相关单位和部门，针对燕园街道所有社区的老年人开展社区运动促进健康方面的实践。开展常态化太极拳促进健康课程指导。联合体育教研部共同为 7 个社区的老年人带来全年的太极拳课程指导，课程每周进行两次。开展"运动促进健康"专家线上和线下讲座。每个月通过线上和线下的形式为燕园街道的老年人带来多场科学运动方面的讲座。10 月 25 日至 26 日，燕园街道体医融合运动康复义诊活动分别在承泽园养老服务驿站和燕东园活动室举办。以"体医融合——运动促进健康加油站"为主题，向社区居民提供针对心脏病、高血压、关节疼痛和其他慢性病的健康咨询，并进行功能性动作评估、运动康复指导。开展体医融合运动康复进家门活动。11 月，人口所专家以"送进去，引出来，练下去"为主题，深入老年人家中进行医疗咨询、康复指导，为社区居民带来弹力带、哑铃、握力器等小型居家运动设备，针对不同群体，采用不同的运动模式，将正确的居家运动、康复知识传递给老人。

研究所陈功教授担任"中国时间银行理论研究和实践基地主任"，推动组建时间银行研究与实践全国联盟组织；已与中国银行合作推动时间银行在北京、上海等23个省市区的政策出台和应用落地，打造北大"时间银行"思政教育实践基地与劳动教育基地，推动建立北大劳动教育时间银行课程体系，获得北大思政课程一等奖，入选2022年北京市思政名师和优秀团队。2022年3月，陈功教授在"第四届国际时间银行日"做"中国时间银行发展和趋势"专题报告，就中国时间银行的背景、发展现状、发展愿景进行介绍，并展示具有中国特色的时间银行成果以及实践过程中产生的问题及解决方案。

（李 洋、王瑾洁）

【举办第五届"京港澳台"夏令营】 7月1日，第五届"京港澳台"人口老龄化专题夏令营活动于线上开幕。该夏令营得到教育部"港澳与内地大中小学师生交流计划"立项支持，由人口所、中国老龄事业发展研究中心具体承办。来自北京大学、中国人民大学、香港大学、香港浸会大学、澳门大学、澳门理工大学、台湾东海大学、台湾中正大学等39所高校的138位同学被录取为夏令营的正式营员。北京大学人口研究所所长陈功教授，香港大学秀圃老年研究中心总监楼玮群教授，澳门大学中华医药研究院卞鹰教授，台湾中正大学成人及继续教育学系主任李蔼慈教授等来自不同高校的专家学者代表以及夏令营138位正式营员参加开幕式活动。开幕式由人口所孙晶晶博士主持。此外，夏令营还开通直播旁听通道，有来自188所高校的500余名同学通过直播进行旁听。7月1日至9日期间，直播累计观看超7000余人次，直播人均观看时长创历史新高。

夏令营设置有"海外讲堂""专题演讲""老龄健康博士生论坛""老龄辅具与产品案例对话""青·银对话""养老在线·大家谈"六个板块。哥伦比亚大学社会工作学院教授梅陈玉婵（Dr. Ada Mui），宾夕法尼亚大学护理学院教授莎拉·霍普·卡根（Dr. Sarah Hope Kagan），多伦多大学社会学系教授张卫国（Dr. Weiguo Zhang），韩国时间银行（Timebanks Korea）执行主席杨惠兰（Dr. Hyeran Yang）受邀出席"海外讲堂"环节，分别围绕老龄项目、老年护理、积极老龄化和时间银行主题做主旨演讲，分享最新研究成果。中国人民大学信息学院副院长左美云教授，香港大学社会工作及社会行政学系徐晓君博士（Dr. Cheryl Chui），中国人民大学社会保障研究所所长胡宏伟教授，北京大学智能学院副院长罗定生副教授，香港浸会大学社会科学院院长黎永亮教授，台湾中正大学成人及继续教育学系主任李蔼慈教授，台湾东海大学特聘教授兼环境疗愈管理与研究中心主任周瑛琪教授，中国疾病预防控制中心慢病处石文惠研究员，澳门大学中华医药研究院卞鹰教授等应邀于"专题演讲"环节先后分享各自研究领域前沿成果，与同学们进行交流互动。

夏令营期间召开两场博士研究生学术会议。在第七届"北京大学老龄健康博士生论坛"中，来自不同高校的8名同学就老龄健康相关研究成果在主论坛进行汇报展示，16名同学分别从研究方法、老年保障、社会政策、社会参与四个方面，围绕主题在四个平行分论坛展开分享与讨论。经评委评审，李玉磊（西安交通大学）等9名同学分别获得"优秀论文一、二、三等奖"。在第二届"北京大学人口与发展博士研究生学术研讨会"中，共有3名学生代表入选主会场主题报告环节，20名学生代表入选专题研讨平行论坛进行口头报告。

（张承蒙、黄 浩、王 玥、龚雯艺、杨 帆、王瑾洁）

## 国家发展研究院

【发展概况】 教学工作。2022年国家发展研究院（简称"国发院"，下同）本科生教学顺利完成日常教学、招生考核、期中期末考试、本科毕业生论文考核答辩等大量重要工作。通过笔试面试在校本科生中选拔29名本科生。招收经济学双学位项目学生450人，招收校外经济学辅修学生213人。截至2022年底，国发院本科阶段教学项目在读学生人数为：本科生77人，经济学双学位1207人，经济学校外辅修450人。2022年春季学期开课34门，暑期开课2门，秋季学期开课30门。26名本科毕业生通过毕业论文答辩，其中28名学生获本科毕业证、学位证，1名学生获本科毕业证；另有385人获经济学双学位证书、20人获校外辅修证书。在2019级本科生免试攻读研究生资格申请工作中，19名本科生申请者全部获得推免资格并得到研究生项目录取资格。在2022年本科生科研项目中，春季学期立项（2020级）23组通过14组，退出3组；秋季学期结题（2019级）结题11组，缓考3组；完成11组同学的结题答辩和成绩汇总工作。5名本科生出境参加国际交换。

2022年学院现有在读博士133人（国发院89人，新结构经济学研究院40人，全球健康发展研究院4人），硕士19人，2022年共毕业博士16人，硕士28人。9月，2022级研究生报到入学，博士新生有27人（硕博连读3人，直博生19人，申请审核制5人），另外新结构经济学研究院招生10人，全球健康发展研究院招生2人。2021—2022学年共开研究生课37门（秋季学期22门，春季学期15门），其中必修课12门，选修课25门；开设14个领域工作坊（Workshop）（秋季学期8个领域，春季学期6个领域），截至12月初，共举办讲座110场次。组织二、三年级博士生学年论文评审工作，共30篇。3名博士研究生获得"2021—2022学年博士研究生校长奖学金"奖励。组织安排博士生国际交流项目：2022年派出3人，派出学校为：波士顿大学、世界银行、北卡罗莱纳大学等。积极加强班级建设，增强学生集体归属感。加强党团班骨干培养，开展党团班骨干培训及工作会议。创新党团日活动形式，结合冬奥冰雪运动、庆祝建团百年、党的二十大精神学习等主题，通过联合共建、实践参访、线上学习交流等形式，邀请班级第二班主任参与交流学习，提升思想引领实效，共计5个学生党支部、8个团支部和7个班级举办40余次党团日活动。

MBA项目。国发院MBA项目创办于1998年，是教育部批准的北京第一家中外合作办学项目，目前开设北大-Vlerick商学院MBA以及北大-UCL MBA，均以英文授课。2022年共招收189名学生，33%拥有硕士或以上学位，全日制班近70%有海外优秀教育背景，在职班33%有海外学历。2022年疫情持续反复，线上线下结合教学成为常态，MBA中心精心设计线下活动以提升学生体验。为新、老生组织了团队建设活动——长城徒步和定向任务。"企业课堂"走访科大讯飞、奇安信等优秀企业进行学习。在课程改革方面推动Vlerick MBA项目升级，推出"管理创新实验室"项目和"学术导师+企业导师+职业导师三导师"项目。MBA讲坛邀请知名学者专家讲述前沿知识、分享行业洞见，包括二十大相关议题"人口变化与中国式现代化""走向新的经济模式""产业发展与双碳目标"等14场活动；为帮助学生面对职场新环境，开启"承泽职场"系列讲座："疫情下的职场心理健康管理""在变化中寻找我们的主动人生""不确定环境下的创业实践"等。在党建方面，在校生自主组织参观北大红楼及《新青年》办公旧址，并参加院党委活动睿智科技董事长陈建讲座"金融科技助力银行数字化转型"等进行学习。在学生活动方面，MBA篮球男队夺得2021年（延期至2022年8月举行）第九届北京市MBA篮球联赛冠军，女篮队夺得第九届比赛女子赛亚军。在招生工作中，除了常规咨询活动，MBA中心还选拔出110余位在校生、校友招生大使，组织医疗、金融、互联网科技、汽车、大文娱、教育6场行业分享会。MBA职业导师项目5周年庆典盘点过往导师助力学生成长典范，为2022级全日制班、2021级在职班学生匹配导师共计146对，全日制毕业生就业率达100%。在信息化方面，于全院范围内率先推出学生服务平台手机端。

EMBA项目。2022年EMBA共招收103名新生，包括100名大陆学生，2名港澳台学生，和1名法籍留学生。新生来自全国19个省、自治区、直辖市、港台和海外，其中京外生源比例高达42%，民营企业生源高达75%。2022年度招生面临严峻疫情挑战，线下招生工作严重受阻，工作团队克服困难挑战，加大投入，依托线上平台和宣传手段，圆满完成招生工作，选拔出优质生源。教学教务。EMBA项目围绕"智库中的商学院"这一特殊定位，以经济学和管理学为核心，金融学、社会学、历史学等跨学科研究并重，构建以学分课程体系为基础，国家发展系列讲座课、国家发展论坛、朗润格政等智库系列讲座论坛为特色，以扩展学习维度的行业分享会和企业现地课堂并重的三维立体学习体系。努力确保学位课程进度和教学质量，通过线下线上同步教学、现地课分解推进，以及开辟各地学习互助小组和线上上课分会场等形式，把各地学生组织起来坚持学业，最大限度帮助学生顺利毕业。EMBA毕业率连年上升，2022年毕业班应届毕业率高达79%，为历年最高。全年总计136名毕业生顺利通过毕业论文答辩并取得硕士学位。学生工作。EMBA项目做到严格执行学校疫情防控政策，根据随时调整的出入校防疫要求，对非全日制EMBA学生落实一对一沟通，疏导学生情绪，实现零疫情目标。认真学习党的二十大报告，组织教授、EMBA企业家学生校友和香港特区政府驻京办、香港商会联合举办"中国式现代化与中国经济新征程"主题论坛。继续加强EMBA新生入学系列教育，以开学第一课《燕园时空穿越》为基础，组织新生参观北大校史馆，邀请北大专家举办图书馆、哲学、历史地理专题讲座，强化新生学习传承北大精神和历史。通过企业课堂项目，组织学生走进微软、宝洁、三一重工、广联达、科大讯飞、字节跳动、荣宝斋等15家中国民营企业和跨国企业交流学习，解读企业领先之道。公益行动。坚持践行和传承企业家社会责任。班级捐赠甘肃省戈壁植树项目，云南省弥渡县定点帮扶项目，以多种形式贡献力量回馈社会。

南南学院。招生工作方面，录取2022级15名中国博士生，新增外交部、海关总署、农村农业部、中国残联、地震局、气象局六部委生源；录取国际硕士生33人，国际博士生30人，新增卢旺达、基里巴斯、波兰、所罗门群岛、罗马尼亚五个国别，副部级以上国际学员9名，主要来自埃塞俄比亚和刚果金。

教学培养方面，为2021级、2022级硕士班和博士班开设13门课程；6月共有23名硕士生和26名博士生获得公共管理（国家发展）硕士学位和理论经济学（国家发展）博士学位；国际发展合作署副署长邓波清、商务部国际商务官员研修学院副院长陈润云出席南南学院2022年毕业典礼并致辞。

2022年举办10期"中国国情课系列讲座"（必修课），邀请来自外交部、商务部、农业部、科技部、国务院发展研究中心、国家卫健委等部委机构部司级领导及北京大学知名学者，话题覆盖中国改革开放、中国与世界经济、中非关系、推进健康中国、农业发展与国际合作、中国的科技创新、城市环境与规划以及全球发展转型等中外发展故事。

暑期，南南学院组织师生前往河北邯郸市进行社会考察，参观成功走出海外的民营企业-晨光生物科技集团股份有限公司、邯郸市复兴区生态修复项目-园博园以及邯郸沁河郊野公园等地，并与晨光生物高管团队以及复兴区区领导和项目负责人进行深入座谈。

援外短期培训，3月和6月，南南学院承办商务部"中国发展模式海外研修班"以及"发展中国家国家发展研修班"，培训来自全球5个地区、26个发展中国家的100余位政府官员。国发院及南南学院教授分别就南南合作、国际贸易、数字金融及数字货币、绿色转型与绿色发展、中国的健康与保险等各大发展议题进行授课。

学生工作方面，9月至12月底，陆续有58名国际学生顺利入境；南南学院举办三年疫情以来首次开学典礼，商务部副部长郭婷婷、国家国际发展合作署副署长唐文弘、北京大学副校长兼教务长王博、埃塞俄比亚驻华大使特肖梅·托加（H.E. Teshome Toga Chanaka）等，参加2022年开学典礼并致辞。

校友工作方面，南南学院截至2022年底，共有校友208人，遍布60多个国家。南南学院校友毕业后不仅职业有所发展，同时积极参与各种发展论坛，在媒体正向发声，如2018级埃塞俄比亚籍博士毕业生Tesfaye Mengsitie Dore（埃塞俄比亚农业部前国务秘书）出席由商务部国际商务官员研修学院与中国乡镇企业协会联合主办的"南南合作与乡村振兴论坛"，就埃塞俄比亚农业发展机遇和中埃在农业领域的持续合作与成果发表了主旨演讲。2019级赞比亚籍博士毕业生Kiru Sichoongwe（赞比亚大学经济学讲师）在中国驻赞比亚使馆"我和中国二十大"征文中，获一等奖。2021级埃塞俄比亚籍博士生Teka Gerbreyesus（埃塞俄比亚贸工部前国务部长）出席由商务部国际贸易经济合作研究院第二届"中国与国际发展论坛"，就中非历史悠久的深厚友谊与未来合作巨大潜力发表主旨演讲。

宣传工作方面，7月4日，南南学院执行院长姚洋教授与南南学院2021级硕士毕业生、印度青年领袖联合会主席哈马迪什·苏万（Himadrish Suwan）受邀参加中国国际电视台（CGTN）《薇观世界》栏目特别访谈节目——"全球发展倡议：媒体责任与行动导向"论坛。10月5日，中央广播电视总台系列报道《大国来信》播出北大南南合作与发展学院专题节目，聚焦5年来南南学院毕业生在本国目前职业发展以及在南南学院求学的难忘经历。

合作交流方面，2022年，南南学院分别接待教育部国际合作与交流司、国资委国际合作局、商务部国际商务官员研修学院司级领导来南南学院调研，就国际人才培养及南南合作与发展研究基地、如何讲好国企发展故事以及国企如何支持南南学院发展、国际学生招生及管理等相关问题进行探讨。

南南学院教授参加中国驻萨摩亚使馆"中萨两国知名专家学者视频交流会"，为中萨关系及中国和太平洋岛国关系发展建言献策。南南学院因在国际减贫和发展领域的影响力和代表性，受中国国际扶贫中心邀请，正式成为中非减贫与发展伙伴联盟32家共同发起单位之一。11月10日南南学院代表参加"中非减贫与发展伙伴联盟成立大会暨2022年中非合作论坛-减贫与发展会议"，并就"不断加强中非减贫与发展政策"主题进行发言。科研工作。学院科研教学荣誉丰富，2022年全院发表文章共168篇，其中，英文SSCI发表（不含forthcoming）78篇，中文发表（学院中文期刊list）33篇。姚洋合作论文在 American Economic Review 上发表；易君健合作论文被 Journal of Political Economy 接受；朱丽合作论文被 Academy of Management Journal（AMJ）接受。科研立项：胡岠、黄卓、沈艳获国家自然科学基金面上项目立项；李明浩、朱丽、张谱、张旭熙获国家自然科学基金青年项目立项；李力行获国家社会科学基金重点项目立项。成功组织并举办多场重要学术会议，例如：第六届CCER夏季研讨会：7月2日至4日，由国发院组织"第六届CCER夏季研讨会"在承泽园顺利举办。会议共有4个平行会场，线上、线下同时召开。来自国内外高校100余名学者在线上和线下就微观与产业组织、宏观、金融、国际经济、劳动与健康、发展与政治、环境与公共政策、管理等经济学和管理学问题汇报和探讨了学术前沿研究。第二届北京大学-清华大学中国经济研讨会：12月24日至25日，北京大学中国经济研究中心（CCER）、清华大学中国经济研究中心（NCER）联合举办"北京大学-清华大学中国经济研讨会"。会议共收到232篇投稿，入选46篇论文。共有2个分会场、7个分会场。来自国内外高校的100余名学者在线上参加了会议。

**国家高端智库工作**。2022年度报送政策报告24篇，为中央和国家决策提供专家意见。立足前沿学术深度、扎根重大现实问题，形成政策研究报告24篇，积极参与国家、各部委等有关工作会议、座谈会，积极建言献策，服务上级决策。高质量完成中央交办课题研究任务及完成各部委委托课题和认领课题。共承担国家高端智库20项，其中2项为中央A类交办课题，8项为重点委托课题，10项为学院自设课题。自设年度重点课题"中国双碳报告"，组织国内外经济学界广泛参与，代表经济学界对气候变化和中国"双碳"目标有关问题思考和建议。研究院教授还充分利用学术和大数据优势，形成多篇调研报告公开发布，并形成多篇要报，通过智库办、校办上报供决策参考。积极开展智库公共外交，加强公共政策探讨、强化公众影响力传播机制建设，对外讲好展望"和"中美经贸关系发展前景"两个主题举办25次"中美经济二轨对话"；举办第7次"中美健康二轨对话"。分析热点焦点难点问题。国发院和美国美中关系全国委员会通过线上平台，2022年上半年举办24次"中美经济二轨对话（闭门会议）"论坛；聚焦"2022下半年及未来经济前景与政策论引导作用。举办"中国新征程与国家发展"第7届国家发展论坛，主论坛特邀2000年诺贝尔经济学奖获得者詹姆斯·赫克曼（James Heckman）和林毅夫教授进行对话、2015年诺贝尔经济学奖获得者安格斯·迪顿（Angus Deaton）和赵耀辉教授进行对话，发布《双碳战略试试路线图》，并进行"中国新征程"主题对话、专题论坛暨第63次经济观察报告会。举办4期中国经济观察报告会（CEO）；举办6期【朗润·格政】；举办10期承泽论坛；与腾讯新闻持续半年联合推出"全球经济十一问"系列专访；推出评论文章系列"承泽观察·平台经济40评"，探寻实现平台经济健康有序发展的路径。结合最新发布的《国家高端智库专项经费管理办法》修订《北京大学国家发展研究院国家高端智库专项奖励经费管理办法》等办法，并报国家高端智库办和北京大学审核。

工会工作。2022年，国发院工会全心全意为教职工群众服务，积极响应学校工会号召，结合学院实际积极开展各项活动，组织举办2次全体教职工大会，保障学院员工权益，增强学院员工凝聚力。组织承泽园院区疫情防控工作，组织加强针接种。在学院内提供健身场所及设备，建立羽毛球、乒乓球、篮球等常规活动，增强员工健康意识。组织摄影大赛和摄影展等，丰富职工生活。组织慰问生活困难员工，给员工送温暖。组织教职工参加学校春季运动会，积极参加学校乒乓球、羽毛球、网球等单项团体赛，均取得优异成绩。

党建工作。中国共产党第二十次全国代表大会于10月16日至22日在北京举行。学院党委组织师生员工收听收看大会开幕、二十届中央政治局常委同中外记者见面会；召开党委会学习传达党的二十大精神，通过开展"党委书记讲党课"、举办座谈会、召开专题报告会等形式，认真学习贯彻党的二十大精神。林毅夫教授受邀列席中国共产党第二十次全国代表大会开幕式闭幕式。通过"三上三下"，克服疫情封管控，顺利完成国发院出席北京大学第十四次党代会选举工作，选举出余淼杰、姚洋、雷晓燕3名党代表，并获组织部批复。根据学校党委统一部署，完成北京大学第十届两委委员酝酿提名和推荐"二下二上"工作。党代会后第一时间学习传达党代会精神。龚旗煌校长率队到国发院调研，与院领导班子和教师代表进行座谈，为学院贯彻落实学校党代会精神进行指导。加强基层党组织建设和党员队伍建设，加强对基层党支部的领导，成立全球健康发展研究院党支部、南南合作与发展学院党支部。建立健全党委委员联系师生党支部的制度，加强指导监督。以提升组织力为重点，突出政治功能，健全基层组织，检查优化组织设置，加强党组织建设，严肃党内政治生活，完成党支部换届工作和基层党支部书记述职，和党支部换届工作。完善"我为师生办实事"长效机制，订购报刊及图书资料，建设好"党员之家"。强调经济学理论创新，倡导中国道路、中国模式、中国经验、中国方案。2022年举行一系列学术活动，介绍中国经济的现状和前景，向世界传递中国的声音。以学术讲政治，以思政促研究，加强对人才政治引领、政治吸纳。搭建学院学术交流平台，引导全体教师以学术讲政治、以思政促研究，将科研工作与中国实际相结合、回答与时代紧密结合的重要问题，开办"学术与政策"系列研讨活动，结合自己学术研究和国家政策，探讨本领域关系国计民生的研究话题，探寻学术与政策有机结合新思路，带动学科发展。致力于培养真正能够解决中国问题的经济学人才，学院注重培养学生综合能力，召开本科生培养和博士生培养战略研讨会，进一步优化本科生和博士生培养方案，提升学生培养质量，在学科建设过程中注重开设关注中国现实的课程，致力于培养真正能够解决中国问题的经济学人才，同时也为世界培养研究中国经济的专家，进而融入全球性竞争。进一步加大服务国家和社会发展力度，做好定点帮扶工作，助力弥渡乡村振兴发展。2021年度，国发院获得全国脱贫攻坚先进集体荣誉。2022年度学院继续组织教职员工及校友开展对口帮扶工作，在弥渡县牛街乡，积极开展捐资基础教育、发放奖助金、金融信贷、企业帮扶等各项工作，助力乡村振兴。

（范保群、邢惠清、韩文昊、柴豫荣、马宏莉、杜桂英、刘海波、蒋少翔、刘博谦、刘旭杰）

【第七届国家发展论坛】 12月18日，国发院第七届国家发展论坛举行。论坛聚焦"中国新征程与国家发展"，由中国石油集团国家高端智库研究中心联合主办。论坛特邀两位诺贝尔经济学奖获得者、知名学者，以及国发院、南南学院、新结构经济学研究院等优秀学者团队和政商学界代表参会。因新冠疫情在北京迎来高峰期，论坛由原定线上线下结合改为全天在线举行，这也是论坛首次全部在线举办。

全天主论坛含开幕式、特邀演讲与对话、报告发布、"国新征程"主题对话、专题论坛暨第63次经济观察报告会、闭幕演讲与对话等精彩环节。下午同步主论坛安排5场分论坛活动，分别聚焦南南合作与发展、企业管理、绿色金融、能源转型与能源安全、数字中国。其中，绿色金融分论坛系首次举办。特邀演讲嘉宾为2000年诺贝尔经济学奖获得者詹姆斯·赫克曼（James J. Heckman）。他在演讲中聚焦"通过技能提升来促进中国的社会流动性"主题，提出培养技能就是为人们赋能，使其有能力解决贫困、不平等和社会流动带来的诸多难题，并分享系列项目实例和数据表示，培养技能尤其是投资农村儿童前景无限，对任何国家发展战略都大有裨益。2015年诺贝尔经济学奖获得者安格斯·迪顿（Angus Deaton）受邀做首场闭幕演讲。安格斯·迪顿教授演讲话题涉及疫情影响、中美两国当前面临的挑战、未来国际格局。他强调，包括贸易全球化遇阻等大部分伤害，都源于发达国家受过良好教育的精英群体，他们对普通民众缺乏了解和同情，态度恶劣，这在美国尤其如此，中美关系和贸易也因此被殃及。全国政协常委、中国人民大学原校长刘伟做闭幕特邀演讲。他主讲"未来五年是全面建设社会主义现代化国家的关键时期"，主要从未来5年党的中心任务、战略机遇与风险挑战、2035年总体发展目标等方面做分享。

（韩文昊）

【"国家发展学"一级交叉学科博士学位授权点申请】 9月22日北京大学自主设置"国家发展学"一级交叉学科博士学位授权点专家论证会在南南合作与发展学院举行。副校长、教务长王博出席论证会并致辞，会议由研究生院副院长徐明主持。专家论证组成员由7位分别来自清华大学、北京大学、中央财经大学、中国农业大学的经济学、公共政策、政治学以及国际关系等领域教授组成。南南学院院长林毅夫做"国家发展学"学科建设基本设想汇报。专家组一致认为，设立

"国家发展学"学科，为我国学术学界超越现有国家发展理论，总结并传播有中国特色的发展理念、经验和政策实务，加快构建中国特色学科体系、学术体系、话语体系，提供了新的教学、科研和社会服务的知识平台。

（韩文昊）

【全球发展学术研究工作】 2022年南南学院响应中国国家领导人在第76届联合国大会推出的"全球发展倡议"，开展以全球发展为主题的一系列学术研究工作，举办第14期全球发展工作坊（ISSCAD Workshops on Global Development），邀请不同领域国内外专家学者，围绕全球发展相关话题进行分享和讨论，研讨领域覆盖南南合作、农业与减贫、全球公共健康治理、非洲园区与工业化、亚洲发展50年经验、气候变化与发展、民主与发展等等；工作坊讲座内容被编撰成"全球发展工作坊要点摘编"出品。同时为分享南南学院的学生、校友和教师关于全球发展议题的分析和观察，开辟全球发展笔谈博客（ISSCAD Blog of Talking Global Development），在南南学院公共宣传平台已发表3期。

12月18日南南学院举办"第二届国家发展-南南合作与发展论坛（Forum on National Development and South-South Cooperation and Development）"，主题为"全球新变局下的国家发展与南南合作"，旨在探讨全球新变局中的挑战与机遇，思考新时期多视角下国家发展与南南合作议题。论坛首次开办南南学院学生和校友专场，邀请6位学生和校友，围绕中非贸易、中非政策研究、发展中国家创业格局与南南合作、能源危机以及欧洲产业链对华依赖分析等多个话题展开讨论。来自海内外百余位政商界代表和校友代表在线上聆听并参与互动。

（韩文昊）

# 新结构经济学研究院

【发展概况】 队伍建设。截至2022年底，新结构经济学研究院（简称"新结构院"，下同）教职员工共43人。包括：教学科研系列11人，研究技术系列3人，博士后研究员10人，合同制员工19人。

教学培养。2022年，新结构院与经济学院共建的"新结构经济学实验班（林毅夫班）"录取6名学生。新结构院优化以学生为核心、个性化培养的工作机制，进一步贯彻执行双导师政策，举行午餐会、"小饭桌"活动、迎新会、保研经验分享会、党团日活动，并向学生开放学术和智库实践资源。2022年招收10名博士生，新增博士生年度审核环节、新结构经济学博士生工作坊活动，开设暑期课程和智库实践课程等。8位同学获得国家奖学金、三好学生、学术创新奖等，多位同学在《产业经济研究》《金融研究》《国际政治科学》等学术期刊上发表论文。

科研工作。2022年，新结构院学术发表共计57篇/本：中文著作6本，论文集文章1篇，图书章节1篇，论文49篇（其中国际TOP5期刊文章1篇，国际顶尖期刊2篇，国际权威期刊3篇）。在纵向项目上，1项国家社科基金青年项目立项。在横向项目上，新获得各级政府、企事业单位委托项目8项。新结构院牵头建设全球首个发展融资机构数据库的最新进展被纳入到《公共融资峰会公报》中，携手国内外发展融资领域同仁发起的发展融资国际研究网络成为公共融资峰会研究支柱。

荣誉获奖。林毅夫荣获首届"北京大学参政议政服务发展同心奖"突出贡献奖；王勇与汤学敏合作论文《结构转型与产业升级的新结构经济学研究：定量事实与理论进展》被评为《经济评论》2021年度优秀论文；林毅夫荣获2022年度"全国政协委员优秀履职奖"。

学术会议与讲座。2022年，共举行11场学术研讨会，其中，新结构院主办国内学术研讨会3场、国际学术研讨会2场，承办国内会议中的新结构经济学专场1场，协办国内学术会议5场。同时举办新结构经济学研讨会（seminar）系列讲座25场，"产业升级与宏观经济"系列讲座3场。

交流合作。新结构经济学研究联盟成立于2019年，截至2022年底，共有理事单位25家、意向单位8家、观察单位15家、合作单位14家。4月，新结构经济学研究联盟系列丛书第一本——《新结构经济学视角下区域经济高质量发展和产业升级》由格致出版社正式出版。新结构经济学研究联盟与新结构经济学虚拟教研室建设形成合力，共同推动新结构经济学一流学科建设和培养新时代社会主义建设的卓越拔尖人才。

作为经济结构转型全球研究联盟秘书处，新结构院召开第4届年会，在《世界发展》《结构变迁和经济动态》《经济政策改革杂志》学术期刊支持下，召集来自全球50多位高校学者、智库专家和政策实践者与会，共同探讨发展中国家经济结构转型议题。该联盟已包括36家成员单位，致力于培养知识伙伴关系，提供原创智力成果和促进创新实践，帮助发展中国家实现经济结构转型。

国际发展合作部上报内参3篇，1篇获国家领导人"双批示"，1篇获刘鹤批示，收到外交部执行国家任务感谢信1封。完成联合国南南合作办公室委托课题2篇、盖茨基金会支持的非洲农业项目研究、国家科技部委托课题1篇，成功举办新结构经济学国际发展论坛1期，并与德国国际合作机构（GIZ，Gesellschaft für Internationale Zusammenarbeit）推动中德非、中德亚三方合作。继续推进贝宁、尼日利亚、乌兹别克斯坦等发展中国家结构转型和园区招商引资工作。与国内制造业龙头企业签署布局非洲多国的工业化落地项目合作协议。与上海合作组织初步达成研究+产业落地中长期合作意向。与中国进出口银行、农业部、世界粮食计划署等国际组织初步达成关于国家债务方面的课题合作意向。

国内发展合作部为国家乡村振兴局、绍兴市人民政府等上报内参10篇。共计完成课题7项，在研课题5项，在筹课题3项，推进理论创新并助力国内各级地方政府落实"有效市场"与"有为政府"的有机结合，加快产业结构转型升级，达成"知成一体"目标。结合理论与智库实践成果，在《人民周刊》《中国财经报》等报刊媒体上发表署名文章。同时，积极与各大高校、企事业单位开展学术交流活动，通过政策实践研讨、热点政策解读、智库案例分析，为高校学生、企事业单位人员等介绍新结构经济学理论，剖析新结构经济学逻辑框架。

**党建工作**。2022年，新结构院党支部共转正1名预备党员，发展1名预备党员，确认2名发展对象，所有在册在职党员共18名。党支部定期组织各类党建活动，学习贯彻习近平总书记重要讲话和指示批示精神，贯彻党的第二十次全国代表大会精神，及时向党委汇报"三重一大"事项，在防疫抗疫期间组织志愿分队和抗疫爱心小组，鼓励相互帮助、共克困难。

（钱　玲）

【"新结构经济学虚拟教研室"发展规划会】 6月，新结构经济学虚拟教研室正式获批教育部虚拟教研室建设试点，开通虚拟教研室平台，并吸收90多位来自全国高校的专家加入平台建设。同时，草拟《新结构经济学虚拟教研室建设规划》，明确总体定位与目标、必要性、组织设置、成员构成、重点工作、考评考核机制等。10月29日，新结构院组织召开"新结构经济学虚拟教研室"发展规划会，来自教育部、北京大学、哈尔滨工业大学（深圳）、武汉大学、上海大学和南昌大学等部门和单位近100位领导、专家和学者参加该次会议。参会嘉宾们就新结构经济学虚拟教研室建设思路展开交流研讨，给新结构经济学虚拟教研室的建设与发展提出指导性建议。新结构院动员兄弟院校一起利用新信息技术扩展实体教研室功能，集合全国范围力量，共同推进新结构经济学各子学科教材建设和原创性学术研究工作。

（钱　玲）

# 医学部

## 基础医学院

【**发展概况**】 机构人员设置。基础医学院现设13个学系、2个研究所，拥有16个二级学科博士点、2个博士后流动站、7个省（部）级重点实验室和国家级生物医学实验教学示范中心。现有教职工378人，其中院士5人、博士生导师125人。

**学科建设**。基础医学学科组织专家开展多轮深入讨论和组织论证，编制、提交"基础医学学科'双一流'放权改革建设方案"。2022年获批"双一流"经费4294.5万元，主要支持学科、人才、顶尖及特色学科发展、基地建设、竞争性专项项目等，项目按期执行率达100%。"2022软科中国最好学科排名"中，北京大学"基础医学"连续五年蝉联第一。基础医学院与泰州市共建的"北京大学医学部（泰州）医药健康产业创新中心"建设、运行顺利，首批合作保障经费已入账；与企业合作成立联合实验室1个，签约金额达5000万元。

**本科生教学**。开设必修课63门、选修课39门、导论课3门、限选课7门及专题讲座等，承担约1900名学生16,322学时教学工作，其中理论课3572学时，讨论课5424学时，实验课7326学时，圆满完成教学任务。"强基计划"与"拔尖计划2.0"结合，继续开展基础医学"博雅学堂"试点工作。2022年9月4日举行2021级基础医学博雅学堂班开班仪式，韩启德、钱煦和乔杰3位院士出席仪式。5门课程被认定为北京大学课程思政示范课程，基础医学专业被认定为北京大学课程思政示范专业。基础医学专业虚拟教研室获批教育部首批虚拟教研室建设试点，8月22日组织召开教研室启动会暨第一次教研工作会议，教育部副处长夏韶华、教育部基础学科拔尖学生培养计划2.0专家委员会主任陈国强院士、北京大学教务部部长傅绥燕、医学部副主任王维民以及全国33所高校70余人线上参会。教改课题立项17项，其中教育部级1项、北大级11项、医学部级5项；发表教学论文9篇；第四届全国高校混合式教学设计创新大赛获二等奖1项；北京大学第十一届创新教学应用大赛获一等奖2项、二等奖1项；北京大学第五届创新教学论文评选获一等奖2项、二等奖2项、三等奖3项；学生获得教育部第二届基础学科拔尖学生培养计划2.0"提问与猜想"活动一等奖1项；北京大学第三十届"挑战杯"——五四青年科学奖竞赛特等奖3项、二等奖3项、三等奖2项。

**研究生培养**。在读研究生698名，其中博士生581名，硕士生117名，22名博士生获2022—2023学年博士研究生校长奖学金。举办"优秀大学生暑期夏令营"；完成答辩审批、毕业论文审核整理、学位审核及北京大学优秀博士论文申报工作。授予博士学位70人，硕士学位51人，3人学位论文获北京大学优秀博士生论文；圆满完成2023年推免复试工作，其中4名优秀直博生获医学研究生拔尖人才奖励计划；完成2022年基础综合自命题出题和阅卷任务。举办导师培训活动11次，内容涵盖研究生教育政策方针、师德师风制度规范、和谐导学关系构建、科研诚信和师德师风警示教育等。孔炜、姜长涛、周菁等7人组成的导师团获"医学部优秀研究生指导教师团队"；王嘉东获"医学部优秀研究生指导教师"；徐国恒、闫军浩、李茵获"医学部教学优秀奖"。完成研究生课程教学大纲的更新及新版培养方案的制定，配套制定《基础医学院博士学位研究生资格考试办法实施细则（暂行）》《基础医学院硕士博士学位论文预答辩实施细则》《北京大学基础医学院博士学位研究生年度审核办法（暂行）》《北京大学基础医学院研究生奖助体系改革与助研岗位管理细则（试行）》等。开设研究生课程91门。新开课程《癌症生物信息学》《基础医学实验室技术与设备应用》获2022年北大医学研究生课程思政建设项目立项。

学生工作。结合疫情形势，精细化做好学生日常教育管理。结合北大医学办学110周年，开展"百十启航，医路生花"2022级迎新典礼、"以家人之名话北大医学110周年"学院第一课、新生事务指导讲座；完成24个班、约千人的交接班工作；开展"医学生适应性教育"、针对性就业指导；推出"润心育人"研究生导师系列专题培训等。学院成立学生党总支，含16个党支部，党员307人，积极分子645人；组织学习习近平总书记在二十大开幕会上的讲话；开展"学习二十大，迈向新征程"主题理论学习；开办第10期积极分子培训班；开展主题党团日活动130余次，与北航等开展支部共建活动10余次；获2022年北京大学"请党放心，强国有我"主题党团日教育活动二等奖。36个团支部，400余人次，赴23个省市开展思政实践活动，成立暑期实践临时团总支。其中"回望百十年，重走北医路"实践团、"青岚支教队"赴福建实践团、"追寻党章足迹，感悟时代征程"赴浙江宁波实践团分别荣获医学部社会实践一、二、三等奖。与宁波市北仑区委组织部、区委宣传部共建北京大学思想政治实践课教育基地。第二课堂开展"师说"沙龙、"杏林大家谈"、"撷英杯"、"垂直马拉松"、"LAB大讲堂"、"职在必得"等活动。北京2022冬奥会和冬残奥会，学院2名教师和17名学生参与志愿服务工作。

科研工作。新批国家自然科学基金48项，包括优青2项、重点项目5项、基础科学中心项目1项，直接经费合计9499万元；新批科技部项目/课题/任务10项，经费3384万元。获批北京市科技项目7项，包括重点研究专题项目1项，科技创新新星1人，经费260万元；横向项目15项，合同金额1693万元。组织申报"心血管健康促进国家重点实验室"和"免疫相关重大疾病教育部医药基础研究创新中心"。发表科研论文333篇，其中英文论文278篇，影响因子高于20的25篇，高于10的99篇。邓宏魁教授发表于《自然》（Nature）的研究首次成功使用化学重编程方法实现利用化学小分子将人成体细胞诱导为多潜能干细胞（人CiPS细胞）；姜长涛教授发表于《自然》的研究揭示了尼古丁在肠道累积，通过肠道—肝脏交互调控促进NASH（Nonalcoholic Steatohepatitis，非酒精性脂肪肝炎）进展的新型分子机制。获授权国家发明专利28项，转让科技成果4项，签约总金额520万元。鲁凤民教授团队研发的国内首个乙肝病毒前基因组RNA荧光定量检测试剂盒上市。王凡教授团队研发的首个核医学肿瘤显像诊断1类新药99mTc-3PRGD2临床Ⅲ期试验结果发布，该药是国际上第一个用于SPECT显像诊断的广谱肿瘤显像剂。主办/联合主办国际/国内学术会议4次。王凡教授团队研究成果"用于肿瘤精准诊治的核医学药物"荣获2022年度高等学校科学研究优秀成果奖（科学技术）技术发明-特等奖；崔庆华教授团队在谷歌通用图像嵌入研究竞赛中获得冠军，其本人被评2022年Clarivate Analytics全球高被引科学家（跨学科）；孙金鹏教授获第十五届"谈家桢生命科学创新奖"；鲁凤民教授团队研究成果"乙型和戊型肝炎发病新机制和诊疗新指标新技术的研究应用"获2021年中华医学科技奖（医学科学技术）二等奖；韩晶岩教授团队的研究成果入选2021年中医药十大学术进展；崔庆华教授、赵颖教授和游富平研究员分获得第三、四届"北大医学青年科技奖"。

党建工作。学院组织师生集体收看中国共产党第二十次全国代表大会直播，组织理论学习中心组专题学习，各支部开展"深学细研二十大精神 踔厉奋发建功新时代"主题党日活动，认真对照《中共中央关于认真学习宣传贯彻党的二十大精神的决定》和北京大学《基层党组织关于做好党的二十大精神学习贯彻的通知》，组织带领全院教职工深入学习贯彻党的二十大精神。新一届党委委员联系支部做好任务分工；监督指导教师党支部换届；成立学生党总支；精心设计主题党日；保质保量完成党员发展工作；每半年检查一次《党支部工作手册》，将检查结果纳入支部书记考核范畴。严格按照《北京大学贯彻落实中央八项规定精神及实施细则的实施办法》开展各项工作；发挥各支部纪检委员、学院党委的纪检监察作用。做好党外代表人士参政议政工作；学院团委成立青年志愿者先锋队；积极推进工会、教代会组织建设；教师节、中秋节走访慰问退休老同志百余人，聘请老同志担任学生党支部兼职组织员和关工委委员。坚持科学防疫，将师生健康放在第一位，号召党员要冲在抗疫最前线，提醒督促导师关心关怀学生，号召各支部加大对本单位退休有特殊困难老同志的关心关爱。

行政管理。制定教师分系列管理、新老体制融合方案；完成部分老体制教师转入新体制；组建四个学科群，成立学科群管理委员会并明确职责。完成PI（Principle Investigator，学科研究员）选聘和PI团队组建；完成新时代教改课程群教学助理岗位聘任工作以及老体制教师、教辅人员支撑岗位的聘任工作；完成教师教学与科研工作的考核办法、考核指标与评分标准的更新；制定《北京大学基础医学院深入实施新时代人才强校战略的若干措施》。学院2022年引进新体制人才8人，大力培养青年教师，2人获批国家自然科学优秀青年科学基金、6人获批海外优秀青年科学基金、1人入选"中国科协青年人才托举工程"。

（祝　虹、孙　敏、聂华翎、石　爽、张　燕、孙　宏、李　晗、崔翔宇）

【全球首个整合素受体显像药物临床 III 期试验结果发布】在国家自然科学基金项目等资助下，学院王凡教授团队研制出我国第一个核医学显像诊断 1 类新药 99mTc-3PRGD2。作为国际上首个广谱肿瘤核医学 SPECT 显像剂，目前该药物已完成临床 III 期试验，达到主要终点和次要终点。1 月 7 日，临床 III 期试验结果发布会在北大医学部举行。99mTc-3PRGD2 的临床试验达到了主要终点和次要终点。与 PET（Positron Emission Computed Tomography，正电子发射型计算机断层显像）影像技术相比，SPECT（Single-Photon Emission Computed Tomography，单光子发射计算机断层扫描）设备普及率高、药物制备简单、显像临床检测费用低，能使更多的中国百姓受益，但由于缺少像 18F-FDG（氟代脱氧葡萄糖）这样有效的显像药物，SPECT 影像技术在临床肿瘤显像诊断方面的应用受到限制。王凡教授从我国国情出发，聚焦 SPECT 药物的研制，带领团队用二十年时间，从细胞到组织到小鼠试验，从化学修饰到核素标记，最后到临床转化，研制出用于 SPECT 显像的肿瘤显像药物。

（聂华翎）

【北大医学部（泰州）医药健康产业创新中心建设工作座谈会】11 月 9 日，泰州市政府副市长、党组成员、医药高新区党工委书记、高港区委书记叶冬华带队走访北京大学医学部，就深化校地战略合作，进一步推动北大医学部（泰州）健康产业创新中心建设开展座谈与交流。韩启德院士，医学部副主任肖渊，医学部党委副书记朱树梅，基础医学院院长、北大医学部（泰州）医药健康产业创新中心主任万有等参加座谈。叶冬华表示，与医学部的合作，弥补了泰州在产业原始创新、高端人才队伍建设及专业技术服务的短板和不足，强化了中国医药城创新链、服务链。韩启德院士指出，创新中心是校地战略合作的重要载体，校地双方要强化顶层设计，加强创新中心管理团队建设，明晰未来发展方向。医学部将加大对创新中心建设的支持力度，在临床试验、创新成果转化、人才培养等方面与泰州展开深度合作。深入挖掘一批原创的、有竞争力的科研成果，优先在创新中心孵化转化，将创新中心打造成立足江苏、辐射全国的人才、项目、资金集聚中心。

（聂华翎）

# 药学院

【发展概况】人员基本情况。药学院在岗教工 173 人，其中正高职称 45 人，副高职称 66 人，中级职称 59 人，初级职称 3 人；学院专任教师 127 人；现有中国科学院院士 2 人，长江特聘教授 4 人，国家杰出青年基金获得者 7 人，海外高层次人才引进计划青年项目 12 人，国家高层次人才特殊支持计划青年拔尖人才 4 人，长江学者青年项目 2 人，优秀青年科学基金获得者 8 人，新世纪人才 11 人；各类学生情况详见表 1；离退休人员 155 人；在岗党员 136 人，离退休党员 67 人，本科生党员 17 人，研究生党员 251 人。

2022 年，学院各类学生情况：毕业 327 人，其中硕士生 143 人（其中专业硕士 31 人），博士生 52 人（其中 PharmD 博士 5 人），在职学位 6 人，本科生（长学制）126 人；招生 247 人，其中硕士生 38 人（其中专业硕士 37 人），博士生 82 人（其中 PharmD 博士 8 人），在职学位 4 人，本科生（长学制）123 人；在校生 1113 人，其中硕士生 303 人（其中专业硕士 105 人），博士生 291 人（其中 PharmD 博士 26 人），在职学位 20 人，本科生（长学制）499 人。

教学工作。2022 年"药学创新班"入选本科生 49 名，开设荣誉课程《科研思维与创新》，开展名师系列讲座、文献讨论等学术活动 10 余次，设立"专项奖学金"助力创新班学生全面发展。初步试点直博生轮转制度，完成前期宣传、调整招生目录等准备工作。增设"药学综合考试"，加强本科阶段学业综合考评。扩充优化本科专业选修课，新增《生物分子与生物分析技术》和《植物与健康》2 门课程。加强课程交叉融合和思政建设，开设医学整合课程《人体结构与功能》。《物理化学实验》等多门实验课更新内容、引入新技术方法，推进科教融合。修订研究生教学大纲，融入课程思政建设。《天然药物前沿概论》获"北大医学"研究生课程思政建设项目。主编国家级规划教材《生药学》《无机化学》，"药剂学"长学制特色教材正式出版。发挥服务社会功能，接收 15 名国内访问学者及进修教师，依托国家级继续教育基地开展专业技术培训。

获北京高等教育本科教学改革创新项目 1 项、北大本科教改项目 2 项、医学部教育教学研究课题 2 项。1 位老师获评北京市优秀研究生指导教师、1 位老师获评北京市优秀博士学位论文指导教师、5 位老师获评北京大学优秀博士学位论文指导教师、1 位老师获北京大学教学优秀奖、化学生物学概论教学团队获评医学部优秀教学团队、6 位老师获医学部教学优秀奖、6 位老师获评北大医学招生先进个人。1 位学生获北京市优秀博士学位论文、5 位学生获北京大学优秀博士学位论文。

科研工作。在研纵向课题 170 余项，总经费 2.51 亿元；在研横向课题 130 余项，合同总经费 1.93 亿元；新获批国家级纵向项目共 41 项，其中新申请及参与科技部重大研发计划共 16 项，包括牵头项目 4 项，国拨经费 5465 万元，参与课题 12 项，经费 4926 万元；新获批国家自然科学基金项目 25 项，总经费 4460.84 万元；新获批北京市自然基金 3 项，经费 429.3 万元；新获批中国博士后科学基金 7 项，经费 121 万元；新增横向产学研合作 51 项。获批教育部"十四五"时期中央预算内投资项目储备——北京大学智慧（AI）药物平台建设项目，项目总投资 12,231 万元。申请专利 32 项，授权专利26项，其中1项为软件著作专利，其余均为发明专利。专利转化价值403.7万元。

刘涛团队领衔研发的"胰岛素快速调控开关"相关成果入选2021年度国内十大医学科技新闻。张礼和获中国化学会生命化学成就奖。刘涛、夏青获首届北大屠呦呦青年学者奖。3人入选国家海外高层次人才引进计划青年项目。刘国全获北京市杰出青年科学基金支持。

**学科与师资队伍建设**。药学U.S. News国际排名提升至第13。QS国际排名第29。软科中国大学专业排名（药学类）第1。制定《北京大学药学院人才发展战略报告》。学院统筹协调现有各类教师的分类管理，改进年度考核办法，加大奖惩力度。对现有人才进行梳理，确定人才引进策略。2022年引进国家自然科学基金杰出青年科学基金获得者1人、海外高层次人才引进计划青年项目1人，拟引进助理教授1人。张强获选中国医学科学院学部委员。汪贻广获国家自然科学基金杰出青年科学基金，何冰获国家高层次人才特殊支持计划青年拔尖人才支持项目。

**对外合作**。与美国康涅狄格州立大学药学院续签合作协议，这是两院继2007年确定"姊妹学院"合作关系后，连续签订的第4个合作协议。

**行政管理**。完成药学楼补新风系统改造；推进卫生楼通风系统改造，获批教育部修购专项经费951.39万元；完成药学院所属房间使用情况核实统计，推动公用房收费工作，以部分课题组搬入科技楼为契机，开展公房调整。完善药学院消防安全管理体系，制定《北京大学药学院消防安全管理规定》，成立"药学院防火安全工作小组"；编写药学院实验室安全准入线上考试试题，实施在线准入考试；组织开展实验室生物安全事故应急演练、楼宇安全设施现场培训、"119"消防安全技能培训；完成教育部实验室安全现场检查及复检核查、北京市环保局安全检查、海淀区消防安全达标检查、海淀区卫健委生物安全检查。

**党建工作**。结合中心工作狠抓加强思想武装，认真学习贯彻党的二十大精神以及习近平总书记重要讲话、指示批示精神。践行党管干部、党管人才，坚持学院重大人事变动党委会先行讨论。药学院人才工作领导小组制定年度人才引进计划，对拟招聘人才进行全面把关，进行各类人才推荐的政审、干部推荐和考察等工作。根据大学基层党支部组织生活指南，完成学生党总支各支部、离退休党支部和院党委换届工作。新成立药物分析学系党支部。推进"两学一做"学习教育常态化制度化。强调并定期检查"三会一课"落实和记录填写。完成党费收缴、支部组织生活会、民主评议党员等日常工作。定期和学生党支部委员座谈，为来年工作提出建议。在教工党支部中开展"喜迎党的二十大，为党旗增辉"主题党日活动。开展新生党员入学教育，严格审查新生党员档案材料。举办药学院第八期入党积极分子培训班。2022年发展党员53名，其中，骨干教师1人，学生党员52人（含本科生16人）。教工积极分子3人，学生积极分子304人。预备党员转正76人。1个项目获批北大党建课题重点项目，3个项目获批医学部党建课题，4个项目获批医学部第十三期基层党建创新立项。研究生第四党支部全国党建工作样板支部项目和药物化学系党支部北京大学党建工作样板支部项目通过结题验收。

**思想政治工作**。落实意识形态工作责任制，加强阵地建设与管理，防范校园宗教渗透。执行各类信息发布、报告会、讲座论坛等分级、对口审批监管制度。围绕学习贯彻北大十四次党代会精神、北大医学办学110周年，开展系列主题宣传活动。在疫情防控形势严峻时期，多名党员干部参与学校、社区志愿服务工作。修订党委委员联系学生党支部制度，推进党团班共建，开展"药向未来""防疫有我""春燕行动""心灵驿站""请党放心 强国有我"、红色"1+1"等特色活动。校园疫情防控特殊时期，辅导员全员入驻校园，及时组织师生交流和防疫科普活动。建立定期学生办公室例会、学生干部大会、班长团支书月例会制度，积极组织专业班主任、第二班主任开展活动。优化评奖评优工作，创新迎新典礼、毕业纪念仪式，组织心理健康教育讲座和团体辅导、职业生涯规划讲座、就业系列培训等活动。2022年获北京大学心理工作先进单位，许晓庆获北京大学第十一届"十佳学生党支部书记"，研究生四班获北大"班级五·四奖杯"。

**群团组织工作**。上报医学部七届三次教代会提案两件。将党史学习教育和迎接二十大、庆祝北大医学办学110周年同谋划、同部署，组织女教职工硬笔书法比赛，举办庆祝教师节、中秋节，猜灯谜、学党史铭校史活动，开展校史知识答题等活动。

优化团学体系，调整"团、学、研"学生组织架构；扩大学习群体，创新药学青年学习形式，138名学生骨干团校结业；围绕"青春心向党·荣药新百年"等主题开展团日活动；打造志愿群像，29名药学院冬奥志愿者在2022年冬奥会和冬残奥会闭环管理中，完成72天志愿服务任务；组建青年党团先锋队，在校园防疫一线淬炼责任担当；多维实践育人，优化实践课程大纲，21支实践团奔赴祖国各地；丰富校园文化，围绕"北大医学办学110周年"，加强校史学习，依托定向越野、我"药"好宿舍、微观摄影大赛等系列活动强化育人矩阵；聚焦学生发展，持续打造鹿鸣讲堂、药学术、药就业等迎合学生需求的讲座沙龙；以"鹿鸣青蒿"为灵感，创作北大药学吉祥物"瑶瑶"。

通过征文、征集书画作品等方式引导离退休职工结合北大医学办学110周年讲述自己和北医的故事，发挥对青年学子的教育引导作用。成立药学院离退休教工疫情服务保障专班，保护离退休教工的生命安全和身体健康。

**党风廉政工作**。贯彻落实党风廉政建设责任制，健全领导工作机制，在院级领导层面建立"一岗双责"制度。完成上级下达的专项监督检查任务。加强文化引领和警示教育，多措并举做好重要节点廉洁提醒。2022年接待处理信访案件2起，审批大额资金使用70笔，申请医学部纪委廉洁教育课题1项。

统战工作。凝聚和团结统战人士，定期组织统战座谈会，与党外人士联谊交友、重大工作向党外人士通报并征求意见，共同促进学院发展。定期了解党外知识分子思想状况，协助民主党派发展新成员，为民主党派开展工作提供专项经费支持。协助推荐全国政协委员，调查参加非法宗教活动人员。

（陈　欣、崔博华、方　成、韩　健、黄燕清、李晓菲、马小艳、宋书香、宋　艳、曲远山、王　珣、文曲江、赵帼英、邹晓民）

【北京大学智慧（AI）药物平台建设项目获批】 12月5日，北京大学智慧（AI）药物平台建设项目获教育部批准。北京大学智慧（AI）药物平台定位科学前沿、国之重器，以培养复合型高端医学、药学研发人才为目标。该项目依托药学院天然药物及仿生药物国家重点实验室药物研发技术平台，围绕创新药物发现，通过顶层设计统筹安排，以建设智慧药物研发所需高性能计算与数据存储平台为核心，联合相关领域专家学者，建立人工智能赋能的药物验证、生物标志物或靶标发现、新药设计、高通量筛选全链条模式，提供创新药物高通量、快速、低成本筛选和评价的系统方案。该项目药物设计与验证平台具有集约化、信息化、自动化、智能化、可视化、系统化特点，涵盖"智能设计与筛选平台""靶标与功能验证平台""药效评价平台"等技术平台的建设，以可视化方式完成智慧药学教学与示范平台建设，重点打造新技术驱动的智慧药物研发虚拟仿真实验室、智慧药学示范展示系统和药物数字试验场，建设创新药物研究领域高端人才培养和研发平台。

（文曲江）

【一成果入选2021年度国内十大医学科技新闻】 1月19日，由健康报社组织评选的2021年度中国十大医学科技新闻和国际十大医学科技新闻揭晓，药学院刘涛团队领衔研发"胰岛素快速调控开关"成果入选2021年度国内十大医学科技新闻。该成果利用基因密码子扩展技术，直接在蛋白质翻译水平设计开关，可以跨越转录过程，快速产生胰岛素。基因密码子扩展技术是利用氨酰转运核糖核酸（tRNA）合成酶和tRNA将非天然氨基酸（ncAA）定点插入蛋白质的技术。研究人员在胰岛素基因上引入琥珀密码子，并将氨酰tRNA合成酶和tRNA一同整合到哺乳动物细胞基因组中，构建细胞治疗系统，命名为NATS系统。在ncAA刺激下，氨酰tRNA合成酶催化形成ncAA-tRNA，然后ncAA-tRNA识别琥珀密码子启动胰岛素的翻译。研究人员将NATS系统移植到糖尿病小鼠体内，小鼠口服ncAA后90分钟可以明显降低血糖，是转录水平调控"开关"无法达到的胰岛素表达效果。基于翻译水平调控的NATS系统拥有快速调控药物蛋白表达的优势；为细胞治疗领域提供新的调控工具，也为未来糖尿病胰岛素注射治疗提供细胞治疗领域替代方案，同时还能满足血糖精准控制的要求。

（文曲江）

【一论文获2022年北京市优秀博士学位论文奖】 12月14日，药学院2016级直博生贺长栋的博士学位论文《O-糖基修饰对多肽自组装以及SynGAP蛋白相分离的调控研究》入选2022年北京市优秀博士学位论文，指导教师为药学院研究员董甦伟。该论文通过化学合成方法制备得到一系列精准O-糖基化修饰的富酪氨酸多肽和SynGAP蛋白片段，基于其系统研究不同糖结构、以及糖修饰位点分别在多肽自组装和SynGAP蛋白相分离过程中所发挥的调控作用；首次阐明O-半乳糖通过CH-π氢键介导糖多肽自组装成水凝胶的结构基础，以及O-乙酰氨基葡萄糖可以作为一种新的调控蛋白质液-液相分离的翻译后修饰；展示化学合成策略在研究糖基化修饰对蛋白质生物物理性质的调控作用时所发挥的重要作用，为开发新的水凝胶类生物材料、发现糖类结构在生命活动中的新功能提供重要思路。

（赵帼英）

【获2022年北京高等教育"本科教学改革创新项目"】 2021年，药学院成立"药学创新班"，通过动态管理、本博融通、学业导师、小班教学等系列举措，初步形成个性化、高水平、促交叉的培养方案，并入选"基础学科拔尖计划2.0基地"。2022年，为深入推进拔尖人才培养，药学院基于药学六年制教育人才培养经验和前期工作基础，以"药学创新班"为载体，通过开展《药学拔尖人才培养路径探索》项目研究，进一步探索建立具有北大药学特色的药学拔尖人才培养模式。该项目获评2022年北京高等教育"本科教学改革创新项目"，由分管教学副院长叶敏担任负责人，为期2年，旨在依托药学院高水平师资团队和教学科研平台，根据人才培养关键要素，从选拔办法、课程体系、运行机制、教学组织、支撑体系等方面探索拔尖人才培养路径，在拔尖人才培养理念、培养内容、培养模式等方面创新，以形成多样化、开放式的教学结构，全面促进拔尖学生成长、引导更多优秀学生立志投身药学基础研究，培养国家创新发展急需的基础药学研究人才。

（赵帼英）

【北京冬奥会、冬残奥会各项志愿服务工作】 1月，北京大学药学院29名学生、4名教师入选北京2022年冬奥会、冬残奥会志愿者，组成药学院冬奥志愿者团进入北京2022年冬奥会、冬残奥会闭环内，服务于兴奋剂检测中心、"冰立方"冰上运动中心、奥林匹克大家庭助理（OFA）等多个项目，开展为期72天闭环内志愿服务保障工作。作为北京大学医学部内院系派出人数最多、进入闭环人数最多、服务领域最广、连续服务冬残奥人数最多的集体，北京大学药学院冬奥志愿者团师生圆满完成党和国家交予的任务，向中国和世界展示蓬勃向上的北大药学青年形象，得到社会各界肯定，为北京冬奥盛会成功举办贡献北大药学人的智慧和力量。1名教师荣获北京2022年冬奥会、冬残奥会北京市先进个人，全体33名药学师生获北京大学2022年冬奥会、冬残奥会志愿者工作突出贡献个人，北大药学志愿服务的先进事迹被人民日报、中国青年报等媒体宣传报道。

（曲远山）

## 公共卫生学院

【发展概况】 机构设置。公共卫生学院（以下简称"公卫学院"）下设实体机构为10个系和2个所，分别为：流行病与卫生统计学系、劳动卫生与环境卫生学系、营养与食品卫生学系、妇幼卫生学系、毒理学系、卫生政策与管理系、社会医学与健康教育系、全球卫生学系、卫生检验学系、生物统计系、北京大学儿童青少年卫生研究所、北京大学生育健康研究所。主要学科方向包括流行病学与卫生统计学、劳动卫生与环境卫生学、营养与食品卫生学、儿童与青少年卫生学、妇幼卫生学、毒理学、社会医学与卫生事业管理、公共卫生应急管理、全球卫生等。拥有3个省部级重点实验室（国家卫健委生育健康重点实验室、食品安全毒理学研究与评价北京市重点实验室、国家中医药管理局中药配伍减毒重点研究室）。建有30多家教学科研基地，包括4个海外基地。

队伍建设。2022年，公卫学院有在编教职工178人，其中在编教师138人，教辅26人，管理人员15人。在编教师中，新体制教师（均为高级职称人员）61人，老体制教师77人。老体制教师中，教授、研究员23人，副教授、副研究员31人，讲师、助理研究员23人。在站博士后40人。具有英国皇家医学院公共卫生院院士兼国际欧亚科学院院士1人，海外高层次人才引进计划学者1人，国自然优青基金获得者3人，长江青年学者1人，国家高层次人才特殊支持计划入选者3人，教育部新世纪优秀人才4人，北京市优秀青年人才1人，北京科研青年托举人才1人。2022年新增为：郝元涛教授入选国家国家高层次人才特殊支持计划教学名师，黄少丹研究员成功入选国家自然科学基金海外优青，李楠、黄婧、计岳龙入选中国科协青年人才托举工程，薛涛副研究员成功入选北京科协青年人才托举工程。共有医学部兼职教授3人，学院兼职教授12人，分别新增1人和2人。其中，新增的医学部兼职教授为盖茨基金会北京代表处首席代表郑志杰教授。联合国教科文组织通过了在北京大学建立"全球健康与教育"教席的申请，学院马迎华教授被指定为该教席主持人。

学科建设。2022年，公卫学院成功入选国家高水平公共卫生学院建设名单。获批双一流学科建设经费1265万，聚焦支持慢性病流行病学世界顶尖学科的建设、重点实验室的发展、全球卫生和队列的研究工作。直接用于人才的支持经费比例达40%。以公共卫生与预防医学一级学科为建设口径，公共卫生学院牵头，协同中国卫生发展研究中心、公众健康与重大疫情防控战略研究中心、临床研究所、医学信息学中心、全球健康发展研究院在内的实体研究机构共同建设流行病与卫生统计、儿少妇幼与生育健康、社会医学与卫生事业管理、全球卫生与传染病防控、环境与健康、生物统计等"5+1"学科群，并以学科群为单位推动资源整合、业务交流，激发干事创业活力。中国队列共享平台已纳入北京大学、山东大学、中山大学等单位的136个共享队列，覆盖31个省市人群1000多万人，涵盖慢性病、职业病、妇幼健康、老龄健康等多个研究领域。科技部"中国-东盟公共卫生科技合作中心"建设项目取得阶段性进展，前期培育工作圆满完成。12月，科技部正式来函同意支持北京大学牵头建设中国东盟公共卫生科技合作中心。学院鼓励技术团队与有实力的企业建立校企联合平台，促进科技转化，四个科研团队已先后获批与企业合作共建：北大医学-燕之屋燕窝营养与健康协同创新联合实验室、北大医学-正大光明视觉健康联合实验室、北大医学-邦德盛医用健康食品标准化研究联合实验室、北大医学-青颜博识皮肤营养与抗衰老联合实验室。

教学工作。2022年，公卫学院有各阶段在读学生合计1109人，其中本科阶段在读学生434人；硕士研究生阶段在读学生411人；博士研究生阶段在读学生264人。持续深化教学改革。探索和实践预防医学专业实践的混合式教学。修订专业课教学大纲，将思政教育融入所有专业课程。公共卫生专业博士项目（DrPH）获批并完成培养方案及核心课程体系修订。"中非友谊奖"首批国际高端人才公共卫生硕士项目（EMPH）4名学生顺利毕业。学院教师获"北京大学本科教学改革"立项课题2项和"医学部教育教学研究"立项课题4项。

不断加强培养过程和培养质量管理。公卫学院获批为北京大学"公共卫生与预防医学教材研究与建设基地"。李立明教授主编的《公共卫生与预防医学导论》获北京大学优秀教材。研究生课程《流行病学研究方法（I）》成功获批立项建设北京大学课程思政示范课程案例库。严格实施论文查重和匿名评阅，严把论文质量关。赵厚宇（导师詹思延教授）获得北京市优秀博士学位论文提名奖；韩雨廷（导师李立明教授）、樊俊宁（导师吕筠教授）获评北京大学优秀博士学位论文；李立明教授团队获评"北京大学医学部优秀研究生指导教师团队"，并以排序第一推荐参评"北京市优秀研究生指导教师团队"；韩雨廷博士毕业后入选博士后创新人才支持计划。彭双清、张光鹏、刘民三位教授入选医学部首批博士后发展成就奖。

持续推进教育部"高层次应用型公共卫生人才培养创新项目"。与中国疾病预防控制中心签署战略合作协议，促进资源共享，共同推进高层次应用型人才培养。公共卫生高层次应用型博士研究生北京市专项计划第二批9名学生入学。新建内蒙和山东疾控中心两家教学科研基地，丰富和优化学生教学实践资源。聘任"公共卫生博士专业学位现场导师"，实行"双导师制"指导，并对优秀带教教师进行表彰激励。教育部亚洲校园计划公共卫生领袖人才培养创新项目博士双学位项目第一位学员毕业，这也是中日公共卫生乃至医学领域第一个同时拿到双方高校博士学位的学生。

科研工作。2022年，公卫学院新发表论文合计785篇（长篇和综述），中文论文262篇（其中长篇225篇和综述37篇）、英文论文523篇（其中长篇507篇和综述16篇；IF ≥ 10长篇论著85篇）。新获科研项目总金额为12,150.86万元。其中纵向经费1829.1万元（包括科技部重大研发项目、国自然基金项目、社科基金、北京市基金等），横向经费10,321.76万元。获批科技部重大研发计划项目课题4项；获批社科基金3项（国家重大1项）；获批首都卫生发展科研专项（重点攻关）2项；获批北京市海淀专项2项。胡永华教授团队（常见心血管代谢性疾病家系队列的建立与应用）获华夏医学科技二等奖、王海俊教授团队（预防儿童肥胖的综合干预技术研发与推广应用）获华夏医学科技三等奖。

党建工作。公卫学院党委扎实开展学习习近平新时代中国特色社会主义思想主题教育，完成北京大学党建工作标杆院系建设。圆满完成党的二十大代表、北京市第十三次党代会代表、北京大学第十四次党代会代表及两委委员等学院层面提名推荐工作。在医学部党委"喜迎党的二十大，为党旗增辉"主题党日活动中，流行病与卫生统计学系教工党支部荣获一等奖，社会医学与健康教育系教工党支部、营养与食品卫生学系教工党支部荣获优秀奖。推进党委理论中心组建设，抓住关键"少数"，选好配强支部书记，加强党委对支部督导检查，严格落实"三会一课"、主题党日等制度，积极推进师德师风和学生思政建设，开展专家授课、实地参访、红色观影、小组讨论、课后阅读、撰写心得等形式多样支部活动。学院获评北京大学"安全管理先进单位"、"宣传工作突出贡献奖"。流行病与卫生统计学系教工党支部入选北京大学党建工作样板支部创建名单（2022）。

学生工作。2022年，公卫学院深入学习领会和践行党的二十大精神，筑牢思政教育生命线。构建全方位育人格局。以冬奥志愿服务、北京大学第十四次党代会召开、党的二十大精神学习为切入点，强化学生的党史、国史、校史学习教育效果，引导学生树立正确历史观、价值观。成立新一届"关心下一代工作委员会"，聘请优秀离退休教师指导学生成才。举办校友返校活动，约160位校友自八方汇聚，再聚首学院路38号，畅叙厚道初心。

依托抗疫培育思政与职业精神。8名公卫学生赴人民医院支援流调、院感相关工作。10余名学生投身"校园流调志愿者服务队"，总计完成200余位师生流调，有力维护了医学部校区安全稳定。14名公卫学生连续48天投入内蒙古自治区综合疾病预防控制中心抗疫实习，获中共呼和浩特市委员会和呼和浩特市人民政府颁发荣誉证书。

守正创新，厚植学生家国情怀。举办第二十届预防艾滋病宣传周，促进健康科普和健康传播。暑期共有210余名青年19支团队奔赴祖国各地，深入城镇乡野，了解国情民情，各出所学，力行奉献。其中，赴内蒙古伊克昭盟等地健康宣教调研实践团荣获首都高校服务"乡村振兴"行动二等奖，赴河南健康素养调研与健康科普宣教实践团、赴北京市国际卫生组织调研实践团荣获北京大学医学部2022年暑期社会实践二等奖。2021—2022学年，2位同学获评北京市三好学生，预防2019级2班获评北京市先进班集体，预防2019级1班、2班、研究生营养班、研究生儿少班获北京大学示范班集体暨医学部优秀班集体称号；曹梦奇获评北京市优秀学生干部、北京大学优秀学生干部标兵。

（刘 杰）

【入选国家高水平公共卫生学院建设名单】 2021年12月16日，教育部办公厅发布教高厅函〔2021〕38号《教育部办公厅等四部门关于开展高水平公共卫生学院建设的通知》指出，为贯彻落实习近平总书记系列重要讲话精神，落实《国务院办公厅关于加快医学教育创新发展的指导意见》（国办发〔2020〕34号）要求，深入推进新医科建设，经研究，决定建设一批高水平公共卫生学院。学院积极做好申报和迎接评审准备工作，按照"一拖一"要求，携手包头医学院公共卫生学院共建高水平公共卫生学院。2022年10月11日，教育部办公厅发布教高厅函〔2022〕28号《教育部办公厅等四部门关于公布高水平公共卫生学院建设高校名单的通知》，北京大学入选高水平公共卫生学院建设高校名单。

（刘 杰）

【"学科交叉，创新发展"公共卫生前沿论坛】 百十载传承厚道，新时期再谱华章。8月26日至27日，在隆重纪念北大医学办学110周年之际，由公共卫生学院、医学部科研处主办的"学科交叉，创新发展"公共卫生前沿论坛在医学部会议中心隆重召开。该学术盛会汇聚了国内外公共卫生领域的顶尖学者共话公共卫生领域的前沿问题。论坛设1个主论坛和5个分论坛，采用了线下线上相结合的形式，涉及了公共卫生及相关领域的50个主题。至全部论坛直播结束，累计在线观看达10万余人次，社会影响广泛。中国疾病预防控制中心主任、国家疾病预防控制局副局长、中国工程院院士沈洪兵；国家卫生健康委员会科技教育司司长杨青；华中科技大学同济医学院院长、中国工程院院士邬堂春；北京大学常务副校长、医学部主任、中国工程院院士乔杰；中国医学科学院北京协和医学院肿瘤医院、中国工程院院士林东昕；北京大学博雅特聘教授、英国皇家医学院公共卫生学院荣誉院士、欧亚科学院院士李立明等出席会议。

（刘 杰）

【举办校友返校活动】 11月12日，在喜庆北大医学办学110周年之际，学院举办校友返校活动。约160位校友自八方汇聚，再聚首学院路38号。师友亲朋喜相逢，追忆青葱岁月，感念同窗情谊，畅叙厚道初心。医学部党委常务副书记、北医校友会副会长徐善东，医学部副主任、北医校友会副会长肖渊，学院党政领导班子、党委委员、师生代表及志愿者在医学部会议中心礼堂欢迎返校校友回家。欢迎仪式后，又组织了西门厚道石、医学科技楼、淑范医学图书馆、逸夫楼、跃进厅、综合体育馆、新老公卫楼参观，以及年级和班级交流活动。

（刘 杰）

## 护理学院

【发展概况】 机构设置。护理学院设有6个教研室、1个护理学实验教学中心、3个行政办公室，另有北京大学医学部循证护理研究中心、北京大学医学部智慧康养研究院、北京大学护理学院腾云照护研究中心，是护理学一级学科博士点、护理学博士后流动站。

党建工作。护理学院学习贯彻党的二十大精神，坚决执行党的路线方针政策以及党中央重大决策部署，贯彻落实新时代党的组织路线。坚持把教师思政和师德师风建设作为提升新时代教师素质的首要任务，在人才引进、选人用人等重要工作中，始终坚持党委全程直接参与，坚决落实师德师风一票否决制。全面落实党风廉政建设主体责任，实施"一岗双责"。加强组织领导，严明党的政治纪律和政治规矩，加强干部的责任担当。坚持管党治党主体责任，扎实推进基层党组织建设，规范考核机制，增强支部书记履职尽责能力。面对新形势新问题新任务，学院党委进一步明确思路，科学谋划、完善制度建设，提升制度执行力，坚持加强阵地管理，进一步加强意识形态工作，营造风清气正、团结奋进的学院氛围。加强理想信念和道德教育，发挥统战群团工会组织育人功能，做好离退休人员管理服务。2022年，学院共有党员181名，其中预备党员43名；在职教职工党员44名，学生党员119名，离退休党员18名。

学科建设。在大学"放权改革"建设背景下，学院成立由党政班子和6家附属医院护理部主任组成的领导小组和学院工作组，编制新一轮护理学科建设规划方案，研究明确第二轮学科建设目标，制定特色发展路线，按年度落实建设方案。"老年护理和智慧康养"作为顶尖学科方向备选进入北大医学国际顶尖学科（方向）发展研讨。

队伍建设。2022年，学院在职教工67人，其中教学科研人员44人（专任教师37人，博士后研究人员7人）、管理人员9人、教辅人员9人、合同制人员5人。专任教师中博士（学历）37人，硕士6人，本科1人；教授7人，副教授13人，讲师7人，新体制长聘制副教授2人，助理教授6人，教学副教授1人，助教1人；博士生导师16人（含跨学科博导2人），硕士生导师34人（含跨学科硕导3人，临床医院硕导11人）。管理人员中级职称6人，初级职称3人。教辅人员中级职称8人，初级职称1人。引入新体制教学系列1人，博士后入站6人，专任教师转新体制教研系列1人，转教学系列2人。

学院坚持党对人才工作的全面领导，成立学院人才工作小组，制定《护理学院人才发展战略》，持续深化人才发展体制机制改革。持续实施"北大护理青年英才计划""循证护理专项基金"，建立学院-医院长效融合发展机制，联合举办教学基本功比赛，共同培养护理师资。

教育教学。2022年，在校生508人，其中本科生343人、硕士生121人（非全日制33人）、博士生44人；另有在职同等学力硕士48人。开设50门本科生课程、25门研究生课程，新开劳动教育实践课程5门、研究生课程7门。新入学本科生95人、研究生60人；毕业本科生89人、研究生55人，就业率100%；获2022年北京大学优秀博士学位论文1篇、北京市优秀本科毕业论文1篇。培养访问学者26名，结业18名；进修教师16名，结业16名；举办国家级继续教育项目3项，校级继续教育项目2项。

学院全面推进"立德树人、校院协同"新时代教育教学改革，进一步完善护理学专业课程体系，共建设在线课程20门、虚拟仿真项目3项；获批并完成北京大学医学部在线课程建设项目2项；重点建设6门全英文在线课程；建设沉浸式虚拟现实群体学习实训室，形成以三面屏为主体的CAVE体验馆。获批北京大学本科教学改革项目2项、"教学新思路2.0"项目2项、医学部教改课题5项、学院教改课题12项；荣获北京市教育教学成果奖二等奖1项、北京大学第十届创新教学应用大赛奖项3项、北京大学第四届创新教学论文奖7项、优秀组织奖1项；获批北京大学护理学教材建设与研究基地；《护理教育理论与实践（第2版）》荣获2022年北京大学研究生优秀教材。学院课程思政100%融入教学设计全过程，《护理研究》获评首届北京市高校课程思政示范课程，获评首届北京市课程思政教学名师和团队。获北京大学课程思政示范课程6门、北京大学课程思政示范课程建设项目3门。

学生工作。学院以立德树人为根本任务，强化学工队伍建设，加强对新生的引导，继续开展新生专业班主任和第二班主任工作，坚持育心与育德相统一，做好学生心理健康工作。结合护理专业特色，开展安全教育、国防教育、专业教育、社会实践等一系列特色活动，全面促进学生成长。

学院以成果导向，鼓励学生创新，设立"未来之星"学术创新引领计划，举办大学生创新实验项目训练营，依托"护理+X"创新创业社会实践课程，激发学生创新动能。获国家级大学生创新实验项目2项、北京市大学生创新实验项目6项、北京大学第三十届"挑战杯"各等级奖项15项、本科生获批实用新型专利2项等多项奖励；首次推选"博士研究生校长奖学金"2人，获北京大学医学部优秀博士研究生创新基金1项。

*科学研究*。学院在研纵向课题39项，经费1756.68万元，同比增长37%。新获批纵向课题11项：3项国自然面上项目和1项青年项目，获批率40%；1项教育部人文社科研究规划基金项目，2项北京市自然科学基金-海淀原始创新项目，1项辽宁省"揭榜挂帅"科技重点专项课题；3项中国博士后科学基金，其中2项为特别资助（站前）。在研横向课题39项，经费530.06万元。发表论文210篇，其中SCI收录108篇，同比增长近两倍，累计影响因子460.78，同比增长140%，Q1和Q2区占80%以上，影响因子5分以上26篇，10分以上2篇；CSCD收录39篇。主编、副主编各种专著/编著/译著8本，获专利授权14项（其中发明专利2项），软件著作权及著作权登记3项。获华夏医学科技奖卫生管理奖，为医学部首次获得此奖；获北京市科普微视频大赛三等奖、北大医学首届创新转化大赛二等奖。

继续加强护理学院机能实验中心信息化建设，北京大学医学部循证护理研究中心立项循证专项项目35个，举办12期循证沙龙、JBI Global Solution Room，推动我国循证护理发展；北京大学护理学院腾云照护研究中心聚焦社会需求，建设第一批护理专家工作室，促进成果产出与转化。

*交流合作*。与纽约大学护理学院开展2次学术交流活动，5名研究生参与美国明尼苏达大学Research Day线上海报展示环节。参与医学部东亚校园项目，与泰国玛希隆大学护理学院合作申请科技部科技援外项目，举办中国-东盟护理学科发展国际论坛。

举办"北大医学智慧康养高峰论坛（2022）"；举办涵盖多学科领域的"未名护理'护理前沿与学科交叉'高峰论坛"以及4场"未名护理"系列高水平国际学术会议；推出9期"未名护理科研荟萃"专栏，进一步扩大北大医学、未名护理学术交流品牌的国内外影响力；举办首届"北大-澳理大国际护理教育论坛"，来自中国、美国、英国、澳大利亚、泰国5个国家17名顶尖学者和专家深入探讨护理教育前沿趋势，北大和澳理工的护理研究生进行学术交流。

服务大湾区，建设北医—澳理工护理书院，招生人数增至123名，超过原招生量的1.5倍。在医学部领导下，以护理学院为教学主体，联合基础医学院、各直属附属医院的优势资源，派出授课教师12批共计21人次，完成4门基础医学和3门护理专业共732学时的联合课程任务。建立澳门首个OSCE护理考核信息化系统，立项建设"AR虚拟仿真实训系统"，牵头启动适用于澳门护理学本科专业的双语系列教材建设。由北京大学常务副校长乔杰院士牵头，在国家卫健委的支持下，探索服务粤港澳大湾区的护理人才培养创新模式。

*疫情防控工作*。成立北京大学护理学院疫情防控、安全稳定双工作组，在重要时段及寒暑假期间，由党政领导班子带头值守校园，确保学院教学、科研、管理工作有序开展。落实各项疫情防控政策要求，动态上报疫情相关信息，统筹出入校权限管理；组织开展核酸检测、疫苗接种，落实防疫值守物资及场所消杀。

*行政管理*。行政部门联动，统筹推进学院信息化建设，建设核心教学工作量统计平台系统和实验室软件管理平台。规划梳理、腾挪调整教研、办公空间，完成医学部科研用房收费工作；继续实施"点亮护理楼"工程，改造六层走廊、五六层西侧卫生间、五层中厅、207会议室、406教学档案室等公共空间，持续改善教研条件。

*社会服务*。2022年，北大护理连续第7年进入QS（World University Rankings，简称QS）护理学科百强，是内地唯一每年均进入百强排名的护理院校。护理学院作为全国医学专业学位研究生教育指导委员会护理分委会牵头单位和教育部高等学校护理学类专业教学指导委员会主任委员单位，联合全国高校专家，展开多院校、跨学科调查、研究工作，开展课程思政教学培训，组织编写专业学位论文基本要求，引领护理教育教学的规范发展。护士执业资格考试命题小组协助卫健委人才交流服务中心完成护士执业资格考试命题等工作。

（朱丽娜）

【**国际英文期刊《跨学科护理研究》创刊**】 11月16日，由北京大学主办、护理学院承办的国际英文期刊 *Interdisciplinary Nursing Research*（《跨学科护理研究》，简称INR）首刊发行仪式隆重举行。INR是国际化、开放获取的全英文学术期刊，以发表解决护理领域问题的最前沿跨学科研究成果为目标，内容涵盖护理学与基础医学、预防医学、社会科学、人工智能、信息科学、环境科学、工学、心理学等学科门类，在威科集团（Wolters Kluwer）旗下LWW平台出版，旨在为护理领域的跨学科研究搭建国际化的学术交流平台，助力护理一流学科建设。该刊由乔杰院士担任名誉主编，詹启敏院士、董尔丹院士、王俊院士担任顾问委员。编委团队汇聚海内外28位资深研究者，学科领域涉及护理学、临床医学、基础医学、公共卫生与预防医学、计算机科学与技术、机械工程、环境科学与工程、建筑学、力学、材料科学与工程、社会学等。

（朱丽娜）

【**获首批"科创中国"创新基地称号**】 8月，中国科学技术协会网站发布"科创中国"创新基地认定结果公告，共评审出194个"科创中国"创新基地。其中，由北京大学护理学院申报的"科创中国"北京大学智慧康养创新基地入选"科创中国"创新基地（产学研协作类）名单。这也是护理领域唯一获批的"科创中国"创新基地。北京大学前期依托护理学院，成立汇聚11个学科的北京大学医学部智慧康养研究院。研究院由中国工程院院士詹启敏任院长，北京大学护理学院院长尚少梅教授任执行院长，拥有国际一流的跨学科团队，承担国家科技攻关任务，主持国家重点研发计划"互联网+老年照护技术研究与应用示范"、国自然、国社科等多项国家级项目，开展老年康养相关政策研究、科技创新、成果转化。"科创中国"北京大学智慧康养创新基地依托北京大学医学部智慧康养研究院，进一步汇聚资源，发挥集聚、辐射和带动作用，积极应对人口老龄化，服务国家战略，为全球的老龄化应对贡献中国智慧。11月16日，由北京大学医学部科研处、护理学院、智慧康养研究院共同主办的"北大医学办学110周年系列学术活动——北大医学智慧康养高峰论坛"在京隆重开幕。

（朱丽娜）

【入选教育部首批虚拟教研室建设试点项目】 3月，由护理学院牵头全国多所院校成立的"多院校联动的护理学专业虚拟教研室"入选首批虚拟教研室建设试点名单，这是全国高校护理专业首批唯一入选的专业建设类虚拟教研室试点项目。护理学专业虚拟教研室坚持"外引内联"跨区域协作，旨在解决护理学专业发展面临的共性问题，突破常规边界，在师资培养、课程建设、科学研究、资源共享等方面优势互补、互通有无，以"云端"共享等方式推动护理学专业改革与创新，为推动高等护理教育高质量发展，培养满足新时代人民健康需求和国家战略发展需求的护理人才提供有力支撑。11月9日，教育部护理学专业虚拟教研室举办"同心谋发展 携手向未来"启动会议暨学术研讨会，开展跨院校教研活动30余次。护理学院在教育部组织的首次虚拟教研室评价活动中入选"活跃度排名前100名的建设试点"并分享建设经验，探索"智能+"时代新型基层教学组织建设新模式。

（朱丽娜）

【首届"2022北京大学-澳门理工大学国际护理教育论坛"】 10月29日，北京大学医学部和澳门理工大学共同举办的首届"2022北京大学-澳门理工大学国际护理教育论坛"召开。论坛以"创新引领，共融共享"为主题，主论坛邀请来自美国、英国、澳大利亚、泰国，以及中国内地和港澳地区的知名专家学者就护理教育创新发展、教育教学创新改革、护理专业建设等方面进行研讨分享，同时设置"教学能力提升工作坊"和"研究生学术交流专场"。论坛旨在通过搭建两校护理教研领域交流合作的新平台，促进两地护理教育共融共享共发展，共同培养服务粤港澳大湾区和健康中国建设的国际化高层次护理人才，为粤港澳大湾区护理人才培养蓄势蓄力，为健康中国、健康澳门的建设发展注入新动能。

（朱丽娜）

# 医学人文学院

【发展概况】 组织结构。医学人文学院现有医学史与医学哲学系、医学伦理与法律学系、医学心理学系、医学语言文化系、健康政治学系/马克思主义理论教研中心、体育与健康系、健康信息管理系、美学与艺术教育中心7个系和1个中心，另外设有综合办公室、教学科研办公室、学生工作办公室3个办公室。同时，拥有4个校级研究中心：北京大学医史学研究中心、北京大学医学部性学研究中心、北京大学医学部中美医师职业精神研究中心、北京大学医学部叙事医学研究中心。学院领导：院长周程，党委书记王玥，副院长郭莉萍、韩巍、王岳，党委副书记韩英红、于新亮，院长助理陈琦、官锐园。

学科建设。设有生物医学英语五年制本科专业，科学技术史、应用心理学、马克思主义基本原理、中国近现代史基本问题研究、思想政治教育五个硕士点，科学技术史、应用心理学两个博士点，可招收科学技术史、应用心理学、伦理学、社会学、科学技术哲学、思想政治教育、马克思主义基本原理等专业的硕士和博士研究生，科学技术史、应用心理学、伦理学等专业可招收博士后。

队伍建设。截至2022年底，共有在编专任教师96人，其中老体制教师73人（教授/研究员11人、副教授/副研究员29人、讲师33人），新体制教研系列教师9人（博雅特聘教授1人、长聘副教授3人、助理教授5人），新体制教学系列教师14人（教学副教授3人、讲师10人、教学助理1人）。另有外籍教师2人，其他非在编教职工15人。2022年，新进教学系列讲师2名，均为前国家队队员、国际冠军。退休2人。进站博士后2人，出站5人，在站博士后6人。2022年推荐1名老体制讲师晋升教学副教授，1名教学助理晋升讲师。

深化教师考核评价改革，完善教学科研等工作量定量管理方法，将年度考核和绩效奖励结合。重视对青年骨干教师的培育，实施科研竞争力提升计划，开展国家级项目申报指导。关心教师的成长，支持1名教师赴加拿大研修。给予2名教研系列教师科研启动经费共计12万元，完善博士后考核、评审规则，加强博士后入站、在站管理，提升博士后整体水平，实现师资选拔与博士后流动的有机结合，助力科研团队建设。本年度进站2人，出站5人，目前在站博士后6人。1名博士后获批教育部人文社会科学研究项目青年基金项目。徐震雷获正大奖教金。

教学工作。截至2022年底，学院共有学生253人。其中生物医学英语本科生197人，硕士研究生30人，博士研究生26人。2022年新招收本科生41人，新招收研究生14人，其中博士研究生6人。毕业研究生13人，其中博士研究生5人。

2022年，承担本科生必修课108门，共14,236学时，选修课71门，共3083学时；研究生必修课33门，共3052学时，选修课27门，共1324学时，限选课6门，共320学时。

**科研工作。** 2022年获批纵向课题12项，金额295.44万元；医学部专项课题6项，金额106.8万元；横向课题14项，金额180.3万元。总计32项，总金额为582.54万元。发表Science 1篇，SCI 10篇，SSCI 11篇，A&HCI 1篇，CSSCI 10篇，北大中文核心12篇，科技核心3篇，其它26篇。专著2部，编著5部，译著3部，教材3部，科普读物1部。智库建设方面，发挥多学科优势，进行健康传播，并为相关组织机构提供专家建议。持续推进医学人文学科建设。

**交流合作。** 利用线上线下平台举办北大医学人文讲堂10次，主办"数字·创新"北大医学健康信息融合发展论坛、"心理学与医学的融合创新学术论坛"、北京大学清明论坛；联合举办"第七届中国当代生死学研讨会：医学生的生死教育"、"医史为鉴向未来：纪念程之范教授百年诞辰展"及首届程之范医史论文奖征文活动；主办"厚道北医·致敬北大医学办学110周年"医学生舞蹈专场演出暨高校美育交流活动、"厚道北医——致敬北大医学110周年师生书法展"，协助主办"厚道行医—北大医学办学110周年特展"；组织系列体育活动与培训，筹备成立北大医学运动健康评估指导中心。

**党建工作。** 医学人文学院党委下设11个党支部，其中在职职工支部7个，离退休支部1个，本科生支部1个，研究生支部2个。共有党员181人，其中教工党员81人、离退休党员43人、学生党员53人，暂存组织关系党员4人。2022年，医学人文学院党委带领师生深入学习贯彻党的二十大精神、习近平总书记在考察中国人民大学时的重要讲话精神、北京市第十四次党代会以及北京大学第十四次党代会精神。强化为党育人、为国育才的使命担当，开展师德专题教育活动。做好新进教师招聘、职称晋升等人选的思想政治和师德师风评估，把好师德师风关。建立引导、宣传、考核、监督与奖惩相结合的长效机制，促进师德建设活动常态化。做好各类学术活动和非学术活动申请工作，完成《课程使用教材排查清单》和《教师编写出版教材排查清单》。

坚持教师党支部书记"双带头人"培育工程，强化考核评估，提升基层党建工作水平。组织支部书记参加党支部书记网络培训班，提升其政治素质与工作能力，定期开展述职考核。落实党支部"三会一课"制度实施细则，加强检查监督，定期自查抽查并加强指导，确保各项党建制度规定得到落实。完成医学英语本科生党支部的调整换届以及2022整年所有党员的党费收缴工作。

在北京疫情反复和重要敏感节点期间，医学人文学院党委发挥主体责任，与护理学院联合成立北大医学校区第四临时党支部，积极开展疫情防控、关爱师生等各项工作，筑牢疫情防控屏障，维护校园安全稳定。

积极鼓励学生党支部深入基层，与北京农村、社区基层党支部合作开展北京高校红色"1+1"共建活动，加强学习、交流和实践活动。保证质量，探访慰问离退休教职工，为其申请各类困难补助、送防疫物资袋等。1名教职工当选为农工民主党北京市第14届委员会委员。学院党委统一安排党委委员和辅导员作为学生入党积极分子培养联系人，进一步规范和加强积极分子的培养和考察工作。2022年学院发展24名党员，其中学生22名，教职工2名。11名学生和2名教职工完成入党积极分子培训，15名本科生新生提交入党申请书，19名学生参加北京大学第35期党的知识培训班学习。

**行政队伍。** 2022年，医学人文学院管理人员10人，其中事业编9人，合同制1人。

**行政工作。** 2022新冠肺炎疫情防控常态化，继续做好新冠疫苗接种以及日常核酸检测工作，第一时间传达上级精神、落实部署，做好各类排查、入校园人员登记、各类疫情相关数据上报等工作。组织召开安全工作会议，进行政策宣讲等培训活动。加强网格化安全管理，做好重点区域安全工作，开展安全隐患排查工作。完善工作流程，确保信息安全。配合学校，切实做好宣传、沟通工作，协助完成医学部教职工公寓配租工作。挖掘既有房屋资源，更新博士后办公用房。学院办学二十年之际，编写《医学是人学——医学人文这二十年》一书并拍摄学院宣传片。

**学生工作。** 充分发挥本科生导师、学院领导、第二班主任作用，与辅导员、班主任形成合力，推进第一、第二课堂的有效结合，加强学生思想教育与价值引领。组建8支暑期社会实践团队、6支思政课程实践分赴西藏、陕西、湖南、山东等地开展学习实践，引导学生认识社会，增强家国情怀。成立疫情防控党员先锋队和团员青年突击队，积极参与校园疫情防控志愿服务工作，推进实践育人，践行使命担当。

坚持深度辅导工作，落实辅导员"三进"制度，引导学生自觉遵守校规校纪和学校疫情防控要求，养成良好行为习惯，做好学生心理健康教育。开展学生素质综合测评及奖励奖学金评选以及学生资助工作，关注学生全面发展。引导学生参与各类第二课堂活动，指导开展第十三届医学人文短剧大赛、英语文化节系列活动、学院优秀青年事迹分享会暨暑期见闻座谈会、毕业红毯和主题歌会等增进了学生交流、提升学生素质。开展校友企业参观、探访优秀校友等实践活动，建立毕业生实习基地等，帮助毕业生了解就业形势，增强求职信心，提升实践能力，搭建就业创业实践育人平台。

**毕业生去向。** 2022年毕业本科生39人，其中就业8人，赴国外/境外知名大学读研7人，国内知名高校保研考研24人。研究生13人，其中硕士9人，国内升学2人，就业7人；博士4人，国内高校进行博士后3人，就业1人。

**工会工作。** 现有工会会员132名，其中男会员53名，女会员79名。举办"致敬北大医学办学110周年 我们在行动"——健康前行、踔厉奋发、培根铸魂大步走主题活动、"百十北医 大家学"北大医学办学历史宣传、学习、分享活动；继续组织职工乒乓球、羽毛球、网球、篮球、游泳小组、瑜伽协会定期训练；配合学校，完成子女幼升小、小升初教职工的摸底、沟通工作；做好办理京卡、职工体检等工作。

场馆管理。医学部2022年毕业典礼与2022年开学典礼都在医学部体育场举行，医学人文学院均顺利完成场地保障工作。根据学校疫情防控工作要求，医学部体育馆在疫情期间始终坚持对校内师生开放，保障师生的各种锻炼场地需求。配合学校完成住院医师规范化考试。承担国家级、校级各类大型考试任务6次，分别为住院医师规范化培训结业考核、专科医师规范化培训结业考核、2022年上半年全国大学英语四六级口语考试、2022年上半年全国大学英语六级笔试、2022年下半年全国大学英语四六级口语考试、研究生二阶段考试的计算机考试，为各项考试的顺利进行提供保障。

（黎润红）

【第四届北京大学清明论坛】 3月27日，医学人文学院主办，福寿园国际集团、中国科学学与科技政策研究会科学文化专委会协办，民政部社会事务工作专家委员会、上海福寿园公益发展基金会支持的第四届北京大学清明论坛在北大博雅中华厅及上海（线上）两地举行。全国政协原副主席、北大医学部原主任韩启德院士，北大医学人文学院院长周程，民政部社会事务司殡葬处处长曹洪峰等出席论坛，医学人文教授王一方、丛亚丽，CCTV主持人敬一丹、企业家黄怒波，来自医学、社会学、伦理学、生死学、传播学等领域的专家学者，医疗、殡葬等行业从业者，相关专业领域师生以及网上报名的公众人士100余人来到论坛主会场，4万网友在线观看了论坛直播。

（黎润红）

【纪念程之范教授百年诞辰展】 4月6日，医学人文学院举办"医史为鉴向未来：纪念程之范教授百年诞辰展"开幕式。全国政协原副主席、北大医学部原主任韩启德院士出席会议并发言，北大医学部副主任王维民、医学部党委副书记朱树梅参加，来自北京协和医学院、首都医科大学、北京中医药大学、中国中医科学院、中国科学院大学、中国科学院自然科学史研究所等高校研究院所的50余位嘉宾到会。展览以"人生掠影"、"初为人师"、"医史教学"、"医史研究"、"医史推广"、"学科建设"、"医史交流"、"获奖荣誉"、"珍贵瞬间"等主题为参观轨迹，展出200余张照片，配合手稿论文、著作译文、获奖证书等实物展览，同时还有程之范教授的博士研究生、医学人文学院甄橙教授编著的《医史为鉴向未来：纪念程之范教授诞辰100周年》画册，涵盖500余幅有关程之范教授的史料图片，生动展现了程之范教授的学术生涯和卓越成就。开幕式采取线下线上相结合的方式举行，线上1500余人次观看了直播活动。

（黎润红）

# 医药卫生分析中心

【发展概况】 测试服务量及测试费。分析中心共有37台大型仪器开展预约测试服务。截至2022年12月31日，共有注册用户3197位，其中2022年注册943位；课题组673个，其中2022年注册129个。虽受疫情和实验室搬迁影响，2022年校内测试服务仍保持增长。截至2022年12月31日，累计服务校内外师生1224人，课题组432个，测试次数达到8393次，测试样品数53,319个，仪器平均年使用机时达到1432.4小时，测试费合计572余万元。其中，校内单位测试费占比55.6%，附属医院测试费占比31.9%，校外单位测试费占比12.5%。校内主要服务单位为基础医学院（测试费占比55.1%）、药学院（测试费占比29.1%）、公共卫生学院（测试费占比6.3%）。与2021年相比，总测试收入下降约19.4%，其中，附属医院测试费下降约36.5%，校外单位测试费下降约37.1%，下降原因主要是受疫情影响进校困难。但校内单位测试收入同比增长3.0%。

教学工作。2022年分析中心承担了《激光扫描共聚焦显微镜及相关技术》《共聚焦技术操作培训课程》等5门研究生课程，共221学时，其中理论课79学时、实习课142学时，共培养学生292名，其中《现代流式细胞术》培养57名。与2021年相比，课时数和学生数均有所增加。电镜室还参与基础医学院《生物医学中的电镜方法》《结构生物学研究技术》实习课16学时。在教材编写中，吴后男完成了《血液流式细胞学》（第二版）一书中"染色体分选技术"章节编写；徐陆正参与编写教材2本（《实验动物磁共振成像》《科研仪器实验技能》）；袁兰参与《高等仪器分析》教材的编写。作为基地导师，袁兰和邹霞娟指导培养5名硕士研究生毕业。袁兰作为硕士导师，指导科研型研究生，2名顺利毕业，2名在读。

科研工作。2022年分析中心共发表或参与发表文章24篇，其中：以第一作者或通讯作者发表SCI文章5篇、参与发表SCI文章17篇；以第一作者核心期刊文章1篇、参与发表核心期刊文章1篇；另外，发挥技术支持作用发表的文章十余篇，提及姓名的5篇，分别发表在 Nano Today（IF:20.722）、Advanced Science（IF:16.806）和 Journal of Extracell Vesicles（IF:26）等。文章总数较2021年增加15篇。基金与专利方面，分析中心获医—X交叉基金项目1项5万元、科技创新2030"脑科学与类脑研究"重大项目（课题骨干）140万。获实用新型专利一项，专利号：ZL202120924373.3；获专利转让费首期款17.4万元；参与自然科学基金和面上基金项目各1项。

为支撑学校科研工作，结合分析中心未来发展规划，2022年9月底，分析中心借助学校贷款购买仪器项目，提出更新与增补大型仪器25台、7300多万元的采购申请，并完成了采购前的调研工作。

**计量认证工作**。2022年围绕"计量认证复查换证"工作，分析中心成立9人工作小组，对全员进行计量认证培训，并取得内审员、质量负责人、技术负责人等18份证书；编写完善第十版管理体系文件4本；完成计量认证仪器校准15台。按照国家计量认证的要求完成常规工作，出具检测报告18份，其中CMA检测报告14份；2021年底参加高校实验室间比对考核活动，2022年初获得满意结果。

（孙品阳、张 雷）

【**保障疫情期间测试服务**】 2022年上半年新冠疫情再度来袭，测试服务工作受到影响。分析中心在学校总体部署下，按照"保障学生学业和科研工作"原则，迅速做出成像室和细胞室对符合进校人员正常开放的决定。分析中心共有10位教工克服家庭困难、住宿环境和生活困难入驻学校，连续住校24小时、3天、一周不等，共为100多个课题组提供科研支撑服务，测试机时近800小时，切实配合学校防疫工作并为教学科研工作做好保障。

（孙品阳、张 雷）

【**分析中心顺利搬迁至科技楼新实验室**】 从学校大局出发，为顺利搬入新实验室，分析中心自2021年1月，与基建处正式沟通协调30余次、与药学院讨论分配方案近10次，最终在2022年7月20日在医学部主导下，将科技楼第一、二层分配给分析中心。经过前期调研和专家论证，分析中心根据中心工作实际对实验室设计进行了优化，对水、电、气、房屋设施、实验室台等环境与条件加以改善，利用暑期分批分次进行大型仪器的搬迁和调试。分析中心于9月1日在科技楼正式对外服务，期间未中断测试服务工作。

（孙品阳、张 雷）

## 中国药物依赖性研究所

【**发展概况**】 **机构设置**。北京大学中国药物依赖性研究所创建于1984年，是经国务院批准组建的我国专门从事药物依赖性研究的唯一的国家级综合性研究机构，是药物成瘾领域国家级智库的建设单位，为我国的禁毒战略目标服务，向国家禁毒委、公安部、司法部、卫健委、最高人民法院、国家药监局等相关部门提供技术支持。研究所拥有院士、长江学者、杰青、优青、青拔、海外优青等学术带头人和中青年研究骨干，集成瘾及相关疾病的基础研究、临床研究、流行病学监测、大数据与政策研究、药物依赖性信息研究以及编辑出版药物依赖性杂志和相关书刊、组织学术会议等职能为一体，是药物依赖性研究北京市重点实验室、国家自然科学基金委基础科学中心"本能行为及其相关精神疾病的机制和干预研究"及创新研究群体"精神疾病的神经可塑性机制"的实施单位。国家禁毒委中国毒品滥用防治专家委员会秘书处、中国毒理学会药物依赖性专业委员会秘书处也设立在本所。同时，研究所还是精神病与精神卫生学国家重点学科、神经科学教育部重点实验室的主要参与单位。

研究所在科技部、国家自然科学基金委、卫健委、教育部和北京市等数十项基金及多项国际合作项目的支持下，系统研究药物滥用与成瘾及相关疾病的神经机制，开发新的临床治疗药物和干预模式，掌握药物滥用与成瘾及相关疾病的流行规律并制定预防策略，取得一系列重要原创性成果，发表研究论文800余篇，其中600余篇被 *Lancet*、*Science*、*Lancet Psychiatry*、*Lancet Public Health*、*Lancet Child Adolesc Health*、*JAMA Psychiatry*、*Am J Psychiatry*、*EClinicalMedicine*、*Lancet HIV*、*Mol Psychiatry* 等国际知名SCI期刊收录，在药物成瘾及相关研究领域具有重要的国际学术影响力。

研究所主要承担的社会职能包括新药评价研究、药物滥用监测、为政府部门提供技术咨询及服务、为公安部和司法部系统培训等提供支持等。同时，研究所在禁毒的科普和社会宣传等方面也开展大量工作，与北京市禁毒办、禁毒教育基地、共青团中央合作，开展禁毒宣传教育；受国家禁毒委员会办公室、北京市公安局和中央电视台等政府部门或媒体邀请进行毒品防治宣传教育。

研究所拥有一支基础、临床与流行病学研究相结合的科研队伍，现有教职工27人和在站博士后5人，包括主系列18人，其中老体制教师10人、新体制教师8人，16人具有博士学位；非主系列9人，其中1人拥有博士学位。拥有中国科学院院士1名、教育部长江学者特聘教授2名、国家杰出青年科学基金获得者2名、国家优秀青年科学基金获得者1名、中组部青年拔尖人才支持计划入选者1名、国家优秀青年科学基金（海外）获得者2名、中国科协青年人才托举工程入选者3名。

2022年研究所依据学科布局和发展趋势继续加强人才队伍建设，进一步引进和培养国内外领军型研究人才，鼓励青年研究骨干申报人才项目资助，推动新老体制融合方案落地。研究所所长陆林院士获得第九届"中国侨界贡献奖"一等奖，常务副所长时杰教授获得第二十二届吴阶平-保罗·杨森医学药学奖，孟适秋博士入选中国科协青年人才托举工程和北京市科协青年人才托举工程。积极引进和培养高水平青年人才，持续推进国家自然科学基金优秀青年科学基金项目（海外）获得者冷月博士和张艳博士的引进工作，1人完成优博培育计划并入选新体制教研系列助理教授。

**教学科研**。2022年，研究所面向世界科技前沿、国家重大需求和人民生命健康，在药物成瘾、抑郁症、睡眠障碍等重大脑疾病领域及新冠肺炎疫情相关神经精神健康领域取得一系列重要进展，在研项目45项，包括科技部项目13项，国家自然科学基金委项目17项，军民融合项目2项，北京市项目2项，医学部双一流项目6项，药监局等单位委托项目5项；新获批项目12项，包括科技创新2030—脑科学与类脑研究项目3项、课题/子课题6项，国家自然科学基金委基础科学中心项目1项，面上项目2项。研究成果发表在 在 Sci Adv、Mol Psychiatry、Biol Psychiatry、Neurology、Sleep Med Rev、Clin Psychol Rev、EBioMedicine 等高水平期刊，共发表SCI论文45篇，其中IF>10分13篇，IF>5分32篇；申请发明专利2项，获得专利授权3项；时杰教授团队获得中华医学科技奖二等奖。

研究所2022年在读研究生34名，其中博士研究生22名，硕士研究生12名；毕业研究生8名，其中博士研究生4名，硕士研究生4名。2022年多名研究生获得国家奖学金、校长奖学金、义翘神州奖学金、笃志研思奖学金等。

研究所开设《药物滥用与成瘾》《情感认知障碍的基础与转化》和《基于实例的计算机编程在医学和生物学研究中的应用入门》等研究生课程以及《成瘾医学》本科生课程，并承担《神经精神药理学》《药理学研究进展》《睡眠医学》等课程的授课任务。

**交流合作。**联合开展科研项目，取得重要突破：研究所与英国伦敦国王大学（KCL，King's College London）的Gunter Schumann教授团队合作，对青少年时期精神行为问题相关的表观遗传学机制进行了多层次的探索，发现早期不良经历对于青少年精神行为问题有着长期影响，而外周血中特定DNA靶点的甲基化水平可作为精神健康问题的潜在干预靶点及预测标志物，研究结果于2022年6月份在 Biological Psychiatry（《生物精神病》）杂志上发表。

联合攻关，助力科技冬奥：研究所依托科技部及国家体育总局共同组织的国家重点研发计划"科技冬奥"重点专项"奥运会运动员心理健康保障关键技术"项目，针对缺乏运动员赛时心理状态和发挥水平预测评估方法的现状，创新性地运用睡眠剥夺及情绪认知反馈等方法模拟赛时高压状态，制定出4种可精确反映运动员赛时心理状态和发挥水平的行为范式指标，并首次建立1套涵盖生物组学、生理心理学及神经影像学指标的运动员心理状态多组学生物数据库。研究成果有助于对竞技发挥水平做出预判，提前找出运动员心理薄弱环节，发挥运动员最佳竞技状态，并为我国运动科技发展提供数据平台。

组织和参加学术会议，进行广泛交流：2022年6月11日至12日，以网络直播形式举办第八届中国睡眠与心身医学论坛。为期两天的会议中，华盛顿大学的Michael V Vitiello教授、纽约州立大学Julio Licinio教授、纽约州立大学Mali Wong教授、四川大学华西医院唐向东教授等30余位睡眠与心神医学领域的专家学者围绕近年来国内外睡眠研究新技术、睡眠障碍与神经精神疾病、睡眠障碍与心身疾病、睡眠觉醒机制研究、睡眠医学多学科建设以及神经电生理及调控技术在睡眠研究中的应用等方面分享了最新的科研成果和临床经验，累计近40万人线上参与本次会议。

**社会服务。**作为中国药物依赖性专家委员会和国家禁毒委中国毒品滥用防治专家委员会依托单位，研究所2022年继续发挥禁毒智库作用，积极服务国家战略。陆林院士作为联合国国际麻醉品管制局（INCB）全球十三位委员之一，参加INCB第134次会议，有助于将我国在毒品管制、成瘾相关疾病的预防和干预等方面的成功经验进行全球推广，提升我国在相关领域的国际地位；向国家药监局提交关于哌甲酯、舒芬太尼、笑气等物质的滥用风险和临床特征的调研报告，与国家药监局联合编撰《药物滥用警戒快讯》，为禁毒业务部门提供技术指导，全力推进我国禁毒事业发展；陆林院士作为专家参加国家卫生健康委新闻发布会，介绍党的十八大以来重大疾病防控工作进展与成效相关情况；加强新冠肺炎疫情相关科普宣教工作，针对新冠肺炎疫情相关精神心理健康影响，多次通过中央电视台、凤凰卫视、新华网、《人民日报》等电视、网络等渠道宣传心理和睡眠调适方法，加强人民群众的心理健康意识，助力全民抗疫；普及物质成瘾、精神卫生和睡眠健康知识，通过中央电视台、凤凰卫视、北京电视台等录制科普节目，在网络平台开展直播讲座等形式积极推动相关知识的科学普及，参与"国际禁毒日""世界睡眠日""世界卫生日""世界精神卫生日"等相关公益活动，提升大众心理健康素养。

**党建工作。**研究所共有党员15名，设有独立党支部，现任支委成员包括支部书记吴萍、纪律委员兼组织委员孟适秋、宣传委员朱维莉。同时，在工作中加强支部班子建设，不断提高理论和管理水平，做到先学一步，做好学习的模范，并严格组织生活制度，坚持落实三会一课制度。在发展党员工作方面，2022年有2人完成入党积极分子培训课程。

2022年，支部在机关党委领导下，不断加强理论学习，采用各种方式积极学习宣传贯彻党的二十大精神和习近平新时代中国特色社会主义思想，邀请机关党代表宣讲学校第十四次党代会精神，组织参观"奋进新时代"主题成就展和北京大学怀密医学中心规划设计方案专题展，全面学习新时代十年党和国家事业取得的历史性成就、发生的历史性变革以及北大医学发展规划，参加医学部机关党委组织的"话初心颂党恩，践使命绘蓝图""喜迎党的二十大，为党旗增辉"和"喜迎二十大，经典永流传"主题活动，并组织"奋进新时代 健身我先行"等主题活动。

研究所党支部充分发挥政治功能，在各类评奖评优、职称晋升和人才引进中，对思想政治和师德师风进行严格把关。同时，研究所党员积极参加党员先锋队，参与核酸检测扫码、采样等校园抗疫工作。

此外，常务副所长时杰教授当选民革北京市委常委、民革市委第十六届科技教育专委会主任、民革北大医学部支部主委，在服务国家战略、参政议政、建言献策方面作出重要贡献。

（孟适秋、吴　萍）

【牵头推进重大脑疾病临床研究】 脑疾病致死、致残率高，对重大脑疾病开展系统深入的研究，揭示其发病机制，提出防治措施，是护航"健康中国2030"的基本需要。2021年底，研究所联合全国优势力量，牵头实施科技创新2030—"脑科学与类脑研究"重大项目2项、青年项目1项，参与实施课题/子课题7项，开展多学科交叉协同创新研究，助力学校"双一流"建设。具体而言，研究所与北京大学第六医院合作，联合上海交通大学等十余家单位实施定向委托项目"脑疾病临床研究大数据与样本库平台建设"（负责人：陆林，1.4亿元），初步完成脑疾病临床研究大数据与样本库平台搭建，旨在统筹协调脑疾病队列研究中数据采集、质控、管理、存储和共享的标准化、规范化问题；同时，研究所作为牵头单位，联合中国科学院心理研究所等近十家知名大学、研究机构和临床医院推进重大项目"药物成瘾发病机制及干预技术研究"（负责人：时杰，5944万元）和青年项目"成瘾记忆印迹消除的神经振荡机制及闭环调控策略"（负责人：薛言学，500万元），在解析药物成瘾发病新机制、开发预防药物成瘾复吸的新策略、提出靶向成瘾记忆的新型干预手段和建立药物成瘾治疗的新模式等研究内容方面取得了系列重要进展。此外，研究所章文、鲍彦平、韩盈、孙艳、孟适秋和冷月等作为课题负责人和研究骨干获批了抑郁症、睡眠障碍、成瘾等重大脑疾病的发病机制及干预技术研究项目7项（课题1项，子课题6项，1944万元）。

（孟适秋、吴 萍）

【牵头申报并获批国家自然科学基金委基础科学中心】 本能行为及其异常的编码机制是临床医学、生命科学和信息技术等多学科共同关注的重大科学前沿问题。中国药物依赖性研究所联合浙江大学申报并获批国家自然科学基金委基础科学中心项目"本能行为及其相关精神疾病的机制和干预研究"（2023年1月至2027年12月，经费6000万元）。研究所将依托该项目的实施，加强前沿基础研究和临床转化应用的交叉融合，形成临床与基础紧密合作机制，开展集基础与临床为一体的系统性、前沿性、原创性研究，围绕本能行为的神经环路、本能行为间及其与其他脑功能相互作用的调控机制、本能行为相关疾病的病理机制及干预等三个方面进行系统探索，在本能行为神经环路解析、快速抗抑郁药物研发、睡眠脑功能和靶向性操控、新型神经调控干预技术开发等领域取得国际领先的原创性成果，揭示大脑潜意识下行为模式的运行机制，并为本能行为相关神经精神疾病的诊疗发展提供新的方向，同时培养一批国际一流的中青年科学家，形成具有重大影响力的基础科学中心，孕育新的学科交叉，促进新一轮的科技发展，并为提高人口健康水平和维持社会经济发展保驾护航。

（孟适秋、吴 萍）

# 全国医学教育发展中心

【发展概况】 组织结构。截至2022年底，北京大学医学教育研究所/全国医学教育发展中心（以下简称"医教所/中心"）设有综合与培训办公室、教育评价与认证办公室、项目管理与数据办公室、医学教育学系、《中华医学教育杂志》编辑部5个部门。

队伍建设。截至2022年底，医教所/中心共有全职教职工35人，包括教学科研人员3人（其中博士生导师2人），教辅人员5人，行政管理人员8人，派遣制人员11人，博士后8人。2022年，新增博士后4人，教辅人员1人；派遣制人员离职1人；接收进修教师1人。2022年7月，由全国医学教育发展中心分别与北京大学教育学院、北京大学公共卫生学院合作招收的首批4名访问学者正式结业。

科学研究。2022年，医教所/中心师生作为第一作者或通讯作者发表论文37篇，其中SCI/SSCI论文22篇，CSSCI/北大核心论文7篇；承担国家自然科学基金、国家社会科学基金、中国工程院战略研究与咨询项目等各类课题共25项；获批中国工程院战略研究与咨询项目1项、国家社科基金（教育学）2项、国家自然科学基金面上项目1项；编译出版书籍3本。

开展2022年度北京大学医学部教育教学研究课题立项与结题工作，最终立项58项，其中重点招标课题8项，一般立项课题50项；结题30项，其中优秀结题3项，结题27项；完成在线课程建设主任基金专项项目结题验收7项。

学科建设。2022年，医教所/中心共招收研究生8人，其中硕士研究生6人，博士研究生2人；毕业硕士研究生5人。目前在读医学教育研究生19人，其中硕士研究生17人，博士研究生2人；2022年度获评汪永铨奖学金1人，闵维方奖学金1人、学习优秀奖与社会工作奖2人、三好学生1人。开设研究生课程6门，总教学课时为216学时。组织毕业生欢送会1次，师生见面会1次，迎新中秋晚会1次。

本科教学质量保障。2022年，医教所/中心扩大新生基线调查范围至医学部全专业，共725名学生参与；扩大在校生和毕业生调查从临床医学至口腔医学、预防医学及护理学，共1901名学生参与。开展学生评教工作，优化教学进度表系统及学生评教系统，撰写学生评教分析报告；完善医学部本科教学质量数据平台建设。组织医学部各职能部门与学院通过平台开展2022年度高等教育质量数据、中国临床医学高等教育机构调查数据填报工作；组织进行医学部年度本科教学质量报告撰写。"基于数据视角的北大医学本科教育教学质量评价体系建设"荣获北京市高等教育教学成果奖一等奖。

临床医学专业认证。2022年，完成8所院校临床医学专业认证筹备工作，3所学校前期考察，1所院校回访。组织

48所高校提交认证进展报告、13所高校提交认证综合报告并反馈审读意见。在线召开教育部临床医学专业认证工作委员会会议2次，工作委员会秘书处工作会议1次；召开2022年教育部临床医学专业认证专家交流培训会与秘书培训会3场次；召开标准修订工作会议3次，形成并发布《中国本科医学教育标准—临床医学专业（2022版）》。中国本科医学教育标准—临床医学专业（2022版）》（简称"《标准》"）经教育部临床医学专业认证工作委员会2022年度第二次全体会议审议批准，2022年12月31日正式发布。《标准》自发布之日起实施，是开展临床医学专业认证工作及学校制订教育计划和规范教学管理的依据。召开2022年临床医学专业认证院校培训会，全国100所院校近500名教师及教学管理者参会。

师资培训。2022年，医教所/中心开展教师能力提升培训项目4项，累计开设课程66门，惠及教师1282人次、线上累计学习万余人次。面向校内教师举办主题为"促进医学教育改革，研究赋能实践"的医学教育研究培训；面向全国举办国家级继续教育项目"医学教育教学研究培训"。正式发布运行医学教育共享学习平台，建设医学教师发展精品课程300余门，其中医教所/中心牵头建设课程38门，招募用户2万余名。牵头开发建设"医学考核与评价培训""医学教育研究培训""临床教师教学理念与方法"等38门在线医学教师发展精品课。

信息与数据。2022年，医教所/中心完成信息与数据平台升级，实现系统可视化并开发报告批量生成系统，与医学教育共享学习平台共同组建了阿里云局部云平台，配置了Web防火墙、WAF等安全防护设备。

面向全国开展中国临床医学高等教育机构调查项目，完成数据填报院校100余所，为认证工作提供基线数据。完成2022年中国医学生培养与发展CMSS调查，总计126所院校参与，在校生调查回收样本30万余份，新生基线调查回收样本10余万份；完成《2022年中国医学生培养与发展调查报告-临床医学类专业》，撰写各校医学类专业院校分报告125份；完成《2022年中国医学生培养与发展新生基线报告》，撰写各校医学类专业院校分报告《2022级新生基线调查报告》115份。作为第三方机构，为医学院校提供11份个性化定制医学生培养诊断报告。维护运营4个网站，3个微信公众号和1个搜狐号。截至2022年底，微信公众号粉丝数33,256人，2022年度发布推送192篇，阅读量共计343,468次，篇均阅读量1789次，其中单篇阅读量最高达20,751次；搜狐号总阅读量30.88万。

合作与交流。2022年，与国家医学考试中心继续合作开展学业水平测试并为各参与高校撰写院校报告59份，水平测试考试总报告1份。联合教育研究联盟举办医学教育文献研读会5期，发布《学术简报》3期；联合教师教学发展联盟开展"医教争鸣"教师教学发展研讨活动4期。承担中国高等教育学会医学教育专业委员会、中华医学会医学教育分会秘书处工作。举办中国高等教育学会医学教育专业委员会第六届理事会换届大会暨2022年学术年会、中华医学会医学教育分会第九届委员会青年学组换届会暨第二十六次全国中青年学术研讨会。

中华医学教育杂志。2022年，《中华医学教育杂志》出刊12期，刊载论文256篇，共计200余万字；刊出重点号4期，共23篇论文，包括"医学拔尖创新人才培养"5篇、"医学教育线上线下教学相关研究"8篇、"专科医师培训和考核"4篇、"医学生考核和评价"6篇；继续被中国科学技术信息研究所收录为中国科技核心期刊（中国科技论文统计源期刊），期刊复合影响因子从1.149提高到1.276，期刊综合影响因子从1.103提高到1.189，是唯一一本进入教育类Q1区的医学教育专门刊物。

2022年先后对首都医科大学附属宣武医院、上海交通大学医学院、北京大学第三医院等15个单位进行了17次作者培训。

（刘　理、程化琴、于　晨、李　曼、殷晓丽）

【获2022年北京市高等教育教学成果一等奖】9月19日，"基于数据视角的北大医学本科教育教学质量评价体系建设"荣获北京市高等教育教学成果奖一等奖。成果践行"以结果为导向""以学生为中心"的理念，遵循医学教育基本规律，形成了针对学院、专业、课程、教师、学生"五位一体"的本科教育教学质量评价体系建设方案。2022年10月，成果完成高等教育（本科）国家级教学成果奖申报。

（王媛媛、李　曼）

【医学教育共享学习平台正式上线】8月25日，医学教育共享学习平台正式上线，全国160余所医学院校的校长、医学院院长和教育工作者，以及国家医学考试中心、人民卫生出版社、北京大学医学出版社等共计260余医学教育领域专家、线上万余观众共同见证。中国高等教育学会副会长、教育部医学教育专家委员会主任委员、教育部原党组成员、副部长林蕙青，教育部高等教育司农林医药处处长高斌，专委会理事长、北京大学原常务副校长柯杨，北京大学原常务副校长、中国工程院院士詹启敏，中国高等教育学会副秘书长郝清杰，北京大学医学部副主任王维民以及国家医学考试中心副主任胡荣波共同启动平台上线仪式。

（刘　理、汪　颖）

【中国高等教育学会医学教育专业委员会第六届理事会换届大会暨2022年学术年会】8月25日至26日，中国高等教育学会医学教育专业委员会第六届理事会换届大会暨2022年学术年会顺利召开。会议由中国高等教育学会医学教育专业委员会、全国医学教育发展中心联合主办。会议完成中国高等教育学会医学教育专业委员会第六届理事会换届，产生第六届理事会理事216人，监事1人，詹启敏担任理事长，王维民担任常务副理事长，谢阿娜担任秘书长，秘书处挂靠北大医学部。换届会结束之后召开主题为"继承·开拓：共创医学教育发展新篇章"的学术年会,来自全国 160 余所医学院校医学教育领域专家 260 余人现场参会,3 万余人次线上参会。

(王馨田)

【构建全国"医学生培养与发展指数"指标体系】 2022 年,医教所/中心对已有 CMSS 数据进行深度挖掘,在国内首次提出并构建含"新生发展指数"和"在校生培养与发展指数"的 12 个不同模块指标体系,从生源质量、专业认可、新生适应、新生成长与发展评估、招生竞争力、新生满意度六大指标体系刻画全国"新生画像";从学习投入指数、课程培养满意度指数、教师教学满意度指数、临床学习满意度指数、教育资源满意度指数、服务与支持满意度指数六大指标体系刻画"在校生发展画像",助力中国学生培养质量提升与教育教育教学评价改革。

(于 晨、杨 萌、王 丹)

【《中华医学教育杂志》第三届编辑委员会成立大会】 12月 16 日,在线召开《中华医学教育杂志》第三届编辑委员会成立大会暨第一次全体会议。中华医学会杂志社副社长刘冰、中华医学会期刊管理部编审卢全,本届编辑委员会顾问吕兆丰、孙宝志、乔旺忠、郭立、王云贵参加会议。《中华医学教育杂志》第三届编辑委员会正式成立,王维民教授任总编辑,曹德品、陈翔、付丽、闻德亮、肖海鹏、张勤教授任副总编辑,郭立、柯杨、吕兆丰、乔旺忠、孙宝志、王云贵教授任顾问。第三届编辑委员会编委从 54 人扩展为 96 人,涉及全国主要的医学院校,编委均在学界具有较高造诣和影响力,均为活跃在管理和教学一线的卓有成绩而年富力强的学者、专家和领导。第三届编辑委员会设通讯编委 46 人,青年编委 20 人。

(王 通、梁峰霞)

## 实验动物科学部

【发展概况】 机构设置。实验动物科学部(以下简称"动物部")设有综合办公室、繁育室、大小鼠动物实验室、大动物实验室、检测室、2023 年新增设胚胎移植室,兼具实验动物供应、动物实验、检验检测、教学培训、动物实验伦理审查、医疗废弃物处理等多重职能。共有 90 名工作人员,其中事业编 12 人、派遣合同制 65 人、劳务合同 13 人。

实验动物生产供应。繁育室生产繁殖 SPF/VAF(Virus Antibodies Free)级大、小鼠共 22.5 万只,包含常规品系以及无菌大鼠、17 种人类疾病动物模型。大、小鼠在北京市实验动物管理办公室组织的动物质量定期抽查、飞行检查以及动物部自检中均符合相应级别的实验动物国家标准。

动物实验服务。大小鼠动物实验室代养实验动物 31 万只。受理医学部及附属医院各课题组的新申请动物实验 2000 项,协助动物实验 550 项。累计服务课题组 160 个,全年服务科研人员 5 万人次。大动物实验室完成大动物饲养管理 1641 只,开展动物手术 655 台,服务 38 个课题组,提供动物实验技术支持 3270 次。管理无菌小鼠肠道菌群实验室 8 个无菌隔离包的饲养管理和菌群实验,繁殖无菌小鼠 80 只,开展肠道菌群实验研究 6 批次。检测室完成 4356 份血常规样品,18520 份血生化样品检测。完成微生物和寄生虫质量检测 65 批次,样本数 1090 个,服务课题组 7 个。完成饲料、饮用水、粪便、环境等检测 24 批次。胚胎移植室完成胚胎净化 21 例,精子冷冻保种 10 例,接收跨国转运动物品系 8 个并成功复苏,进行快速扩繁 2 例,服务课题组 8 个。

教学和人才培养工作。基础医学院本科生《实验动物学导论》2 学时,药学院《实验动物学》28 学时;研究生《实验动物学》4 个教学班,每班 32 学时,共 128 学时。承办校内外实验动物从业人员岗位证书培训 10 期,培训人数超过 1500 人,绝大多数为校本部及附属医院的科研人员。

社会服务。北京大学生物医学伦理委员会实验动物分会完成动物实验伦理审查 655 项;完成医学部医用废弃物清运处理 201 吨。

党建工作。实验动物科学部在党支部的带领下,增强"四个意识",坚定"四个自信",做到两个维护,认真学习贯彻习近平总书记重要讲话和指示批示精神,积极开展以下活动内容:参加"党的十九届六中全会精神学习"的报告;学习习近平同志 2022 年新年贺词、学习冬奥会及冬残奥会精神;学习 2022 年全国人民代表大会和政治协商会议精神;学习《习近平关于北京工作论述摘编》;学习《中国共产党发展党员工作细则》;学习《扎根中国大地,奋进时代征程,加快中国特色世界一流大学建设步伐》的报告;学习贯彻落实党的二十大精神。参加医学部廉洁教育"问卷星"专题调研;开展"喜迎二十大、经典永流传"红色经典阅读活动及有关北医的故事阅读活动、"喜迎党的二十大,为党旗增辉——一张照片一个故事分享"活动、"我自豪我是实验动物部的一员"主题党日活动、打卡"北大红色景点,传承红色基因"活动、"话初心颂党恩,践使命绘蓝图"活动、"做手工,迎七一"主题党日活动;参观北京大学怀密医学中心规划设计展和北医科创中心,参观中科院遗传发育所动物中心等。

工会工作。工会小组共有会员 70 人,调出会员 4 人,新入会员 23 人,派遣合同员工占 58 人。组织参加医学部工会活动 18 项。

(田 枫、任 波、周淑佩、张 阔、康爱君、李 霞、吴宪文)

【医学科技楼实验动物平台启动】 全面介入科技楼 13、14、15 层设施的工作,配合施工方完成设施的施工验收、问题调整等诸多事宜,确保基础设施基本符合实验动物的相关要求。在学校专项修购、校级预算经费的大力支持下,全面开始实验动物设备、仪器等的采购工作。完成了饲养设备IVC、隔离器、平板架、生物安全柜、超净工作台等，洗消设备步入式洗笼机、垫料收集台、垫料分装机、饮水机、洗瓶机、饮水灌装机、洗衣烘干机等外围设备的采购工作。对科技楼设施进行人员配置，流程优化，管理软件系统建立，完成各项检测，组织专家预验收、验收，顺利取得北京市科委颁发的实验动物生产许可证和实验动物使用许可证。许可证号分别为SCXK（京）2022—0009和SYXK（京）2022—0037。对设施进行试运行测试，制定动物实验开展的管理制度，工作流程，成功启动设施运行，向广大科研人员开放实验动物平台。

（任波、田枫）

【**改善基础实验设备**】 在学校双一流资金的大力支持下，实验动物科学部投入249万元对各科室的基础设备进行改善，提升服务质量。大小鼠动物实验室新增7台IVC，进一步改善实验动物代养环境。新增2台洗笼机，既提高刷洗效率，更提高笼盒的清洁质量。繁育室新增4台IVC，1台洗笼机，极大改善屏障环境多年来开放饲养的情况，进一步稳定屏障环境内动物质量。大动物实验室新增手术台、电刀、除颤仪、血气分析仪、负压解剖台等手术及附属仪器设备，并新装修改造大动物手术室一间，改善大动物手术的实验水平，促进大动物实验服务提升。检测室新增血生化分析仪、血细胞分析仪、生化培养箱、显微镜等设备，提高检测能力和效率。

（任波）

【**建立多功能实验动物平台**】 实验动物科学部购置脑立体定位仪、迷宫、代谢笼、旷场、小动物麻醉机、小动物血压监测仪、小动物呼吸机、小动物行为分析系统、多功能动物代谢模型检测系统、小动物活体成像仪等多种仪器设备，建立社交观察、抑郁观察、疼痛观察、生理检测、学习记忆等神经生物学多功能实验动物平台，为科研人员提供全方位的实验动物服务。

（李霞、任波）

【**成立胚胎移植室**】 科学部成立胚胎移植室，着力满足科研人员急需的胚胎净化、精子冷冻保种、快速扩繁、显微注射、基因编辑动物构建等需求，进行胚胎净化及精子保种服务，开展动物部旧区到科技楼新区的动物转移，并同步进行快速扩繁及精子冷冻保种，为科研人员节约笼位，协助科研人员更高效更优质地使用实验动物。

（李霞、任波）

## 中国卫生发展研究中心

【**发展概况**】 人才制度和队伍建设。中国卫生发展研究中心（以下简称中心）积极为新体制助理教授提供职业发展支持，通过座谈、讲座等多种形式，指导新体制青年教师推进职业发展，包括如何做好科研、如何指导研究生等。在项目聘用人员的管理方面，中心制定了统一的招聘、面试、管理和考核机制，完善了人员管理方案。截至2022年12月，共有教职工22人，其中新体制助理教授7名、老体制教授和副研究员4名、在站博士后7名，行政管理人员1名，项目聘用人员3名。

教学工作。2022年，中心有1名博士研究生和8名硕士研究生毕业。新招收7名硕士、7名博士（含直博）研究生。中心教师共负责和参与医学部13门本科生课程，完成本科生教学183学时；14门研究生课程，完成研究生教学263学时。2022年，中心继续发挥新体制机构的教育教学功能，在教育处和人事处指导下，以教学研究项目的形式，为北医本科生开设卫生服务研究、卫生政策分析等领域的系列课程；为医学人文学院开设本科生课程全球卫生体系、卫生服务研究课程，两门课程均为英文授课；为公共卫生学院研究生开设的卫生管理研究方法、卫生服务研究等课程。

科研工作。2022年，中心科研教学人员以第一作者或通讯作者发表SCI论文共计54篇，发表中文核心期刊论文共计13篇。新获资助的科研项目共计33项，经费总金额800余万。其中，纵向项目3个，包括科技部基金项目1个，国家社会科学基金项目1个，北京市自然科学基金项目1个；横向项目30个，经费分别来自国家卫健委、中华预防医学会、世界卫生组织、国家疾病预防控制局、国家药品监督管理局、潍坊市卫健委、昆山杜克大学、其他知名药企等。

政策服务。2022年，中心发布第86—94期卫生政策系列简报，通过纸版印刷邮寄、电子版邮件发送、中心网站宣传和微信公众平台推文等各类渠道，促进卫生相关领域的专家领导和学术同行实时了解中心在卫生经济、卫生政策与体系等方面的研究成果。中心着重建设"全民健康覆盖"政策研究与咨询平台，开展人类卫生健康共同体项目研究，参与世界卫生组织全民健康覆盖领域的政策制定和咨询工作，为世界卫生组织西太区制定的UHC路线图提供重要的技术支持。同时，中心积极为国家卫健委及相关卫生健康部门提供政策咨询和技术支持，积极发挥政策智库作用。

交流合作。2022年6月，中心与加拿大多伦多大学、西安交通大学、南方医科大学等学校联合举办基层卫生服务质量研讨会。2022年11月，中心联合泰国、英国、加拿大、缅甸等国家的合作伙伴，在第七届全球卫生体系大会上组织专场研讨会，讨论基层卫生体系在突发公共卫生时间中的作用和角色。2022年，中心与潍坊市卫健委持续开展合作，开展基层卫生服务的改革创新。中心与海南省卫健委和疾控中心联合开展自贸区疾控体系建设项目。2022年11月，中心助理教授/副研究员、博士生导师姚尧应美国老年学学会

（GSA）期刊《老龄创新》（Innovation in Aging）邀请，出任该期刊编委会成员（Editorial Board Member），成为该期刊创刊以来首位来自中国的编委。

（潘　文、孙光宇）

【举办2022年疫苗经济学前沿学术论坛】　12月25日，由北京大学中国卫生发展研究中心主办，北京大学医学部-中国疾病预防控制中心疫苗经济学联合研究中心承办的2022年疫苗经济学前沿学术论坛以线上形式顺利召开。论坛邀请了来自北京大学、中华预防医学会、中国疾病预防控制中心的多位领导出席，来自北京大学、中国疾病预防控制中心、山东大学、海南省疾病预防控制中心、西安交通大学、复旦大学、天津大学、厦门大学、中山大学等高校和公共卫生科研机构的10余位专家在论坛上做了精彩的学术报告，100余位专家学者线上参会，就疫苗经济学在国内外的前沿学术发展动态进行了报告和总结。

（潘　文）

【韩启德到中心视察指导工作】　2022年3月，第十届、十一届全国人大常委会副委员长、十二届全国政协副主席、中国科协名誉主席韩启德院士视察中心并指导工作。韩启德视察了师生工作环境，听取了中心执行主任孟庆跃的汇报，并与中心全体老师亲切座谈。韩启德对中心成立以来走过的道路和取得的成绩给予充分肯定，指出中心立足于卫生体系科学这一新兴学科领域，产出了一批学术性强的高水平研究成果并产生了积极社会影响；树立了"求真务实、开放创新"的良好学风和团队科研文化，奠定坚实发展基础；通过包括《BMJ中国深化医改十年评估专辑》和中国政府与世界卫生组织的深化医药卫生体制改革联合报告在内的重要研究报告，总结了我国深化医改的成绩，向世界分享了中国建设全民健康覆盖的经验。韩启德对中心今后进一步壮大科研队伍，进一步建设高水平多学科研究平台提出了具体要求。

（潘　文）

## 医学信息学中心

【发展概况】　发展历程。医学信息学中心（Peking University Medical Informatics Center）（简称"中心"，下同）成立于2010年4月，隶属于北京大学医学部，是具有独立编制的实体机构。中心集医学信息学教学、科研、服务为一体，发展目标是用医学信息作为纽带和平台，促进北京大学本部和医学部的学科交叉融合，加快医学信息技术人才队伍建设，推动基础和临床、临床和人群、临床和临床、防病和治病之间的研究，推动医学知识和技术的自主创新，促进医疗卫生事业的发展。中心从海内外延揽了多名高级科研人才，既有国际视野，也对国内环境有较深刻的了解，且学科背景涵盖的领域很广，包括临床医学、公共卫生、数学、统计学、生物统计学、计算机科学等多种学科。

人事与团队建设。中心现有教职人员共9人，其中高级职称5人、中级职称3人、初级职称人员1人。2021年，中心完成了对在编人员和合同制人员的业绩考核工作，中心现有的人才队伍水平和综合能力均在不断提升。

教学与人才培养。中心现有在读研究生11名（1名博后、4名博士、6名硕士）；中心老师根据自己的专业情况开设了多门与医学信息学相关的课程，包括：《医学信息学导论》《医学数据库》《医学技术导论》《临床大数据应用导论》《医学信息学理论与实践》《临床生物信息学》《营养流行病学》《护理研究》和《医学术语学》等；其中《护理研究》获得北京市课程思政示范课程，中心老师作为团队一员，被评为北京市课程思政教学名师。此外，中心为学生实践提供了大量机会，使学生深入参与中心各研究项目实践，培养学生在多学科领域信息融合与分析能力，推进多学科融合的复合型人才。

科研工作。利用多来源健康大数据，开展深度分析研究，培养年轻教师的科研能力，基于医学管理型数据、电子病历、流行病学调研、队列数据等，开展老年多病模式衍变及死亡风险预测模型研究、中国老年人口视力损害的相关分析以及对中国南方沿海省份开展了视力相关的眼部横断面研究；采用基于深度学习的系列机器学习方法，对中国医疗信息技术产业及医疗工作者的健康现状进行分析研究；在全国范围内开展了相关基本手术与费用的横断面研究等，上述研究共发表第一作者或通讯作者的SCI文章20篇，中文核心期刊文章3篇。

2022年，中心利用跨学科优势深度分析挖掘数据，通过合作参与和自主申请的方式获得各类研究经费，中心在研项目包括医学知识图谱研究相关的国家科技部重点研发项目子课题、国家中医药管理局中医药创新团队及人才支持计划-国家中医药传承创新团队项目有关"中医药防治消化道癌前疾病传承与创新团队"的子课题、国家自然科学基金面上项目关于老年人多病共存发展轨迹和网络模型的研究，以及北京市自然科学基金面上项目基于迁移学习的网络健康信息质量自动评估方法研究。

合作交流。面向国家及行业实际需求，基于管理数据实现政府辅助决策支持，并为其提供相关方法、思想和理论支持，保持长期合作关系。中心在与国家卫生健康委人事司合作中，基于住院病案首页数据与临床医生执业能力评价模型，对应25个专科疾病与手术谱，分委属委管、三级医院和二级医院、31个省及直辖市的参比标尺进行优化，改进标尺的疾病与手术覆盖率。受国家疾病预防控制局综合监督二司委托，基于现有全国监督数据，开展卫生健康监督体系建设及年度监督信息业务工作完成情况研究，并根据其业务需求，开展相关专题研究。在与北京市卫健委院感质控中心合作中，中心承担了北京市148所医疗机构院内感染数据的收集，数据质量控制及完成2022年度的北京市医院感染监测数据分析报告；负责北京市特殊抗菌药物上报系统平台的建设与维护，此平台主要用于加强对北京市各医院碳青霉烯/替加环素类抗菌药物临床的应用管理；

党建工作。中心6名党员在医管信息联合党支部的领导下积极推动党建工作。教师党员是基层党组织连接学生群体的重要枢纽，同时也是培养国家发展所需人才的重要力量，因此，中心教师党员在日常工作中充分发挥其积极作用。一方面，加强自身思想道德建设，提高自身政治意识，以党风带动教风，以党性铸就师魂，推动党建工作的顺利开展；另一方面，切实提高其教学科研质量，为社会发展培养出更多优质人才。2022年，在校园疫情防控最紧要的时刻，中心4名党员挺身而出加入医学部机关党委党员先锋队，积极参与校园抗疫各项服务工作中，为保障全体师生健康平安贡献了自己的力量。在学校党委、机关党委和医管信息联合党支部的带领下，中心党员教师认真学习宣传贯彻党的二十大精神的重大意义并全面准确学习领会党的二十大精神。与此同时，中心老师们继续发扬北京大学光荣革命传统，牢记总书记嘱托，始终坚守"为党育人、为国育才"的初心和使命，以科技报国，不断深化教育综合改革，不断加强党建和思想政治工作，进一步加快"双一流"建设，努力培养堪当民族复兴大任的时代新人。

（金梦、于娜）

【**临床医生执业能力评价模型**】 受国家卫生健康委委托，基于住院病案首页数据与临床医生执业能力评价模型，对应25个专科疾病与手术谱，分委属委管、三级医院和二级医院、31个省及直辖市的参比标尺进行优化，改进标尺的疾病与手术覆盖率。此外，中心承担了基于病案首页数据的麻醉医师执业能力和专科能力评价的相关项目，建立以客观数据为基础且适应我国现况的中国麻醉患者生理状态评分，评价不同麻醉医师所面临的患者麻醉风险差异，基于病案首页数据完成试点医院的麻醉医师执业能力和专科能力评价。

（金梦）

【**北京市医院感染监测数据分析与管理**】 医学信息学中心受北京市医院感染管理质量控制和改进中心委托，对北京市《医院感染监控管理系统》中2018年至2022年北京市148所医疗机构的院内感染数据进行收集、数据质量控制及分析和管理。此外，相继完成了《医院感染管理监控系统》中导管相关性血流感染监测模块评估，开展了28家医院的ICU-CRBSI/CLABSI调查；对北京市推荐开展的监测的四类手术的手术部位感染情况进行分析，进一步了解北京地区手术切口感染的现状和危险因素等，为医院感染的预防控制和宏观管理提供科学依据。

（金梦）

## 健康医疗大数据国家研究院

【**发展概况**】 组织结构。健康医疗大数据国家研究院（简称"研究院"，下同）实行院长负责制，并设立专家指导委员会与管理委员会，下设18个研究中心，分别是：卫生健康政策与技术研究中心、数据管理与统计科学中心、流行病学研究数据共享中心、伦理与法律研究中心、智能医学影像中心、健康医疗可视化与可视分析中心、国民健康与重大疾病大数据研发中心、智慧眼科大数据研究中心、智能创伤研究中心、全球卫生大数据中心、学习型智慧医疗体系研究中心、糖尿病视网膜病变大数据研究中心、基层健康大数据研究中心、药物滥用防控中心、胸部肿瘤大数据研究中心、健康医疗数据系统整合与智慧管理研究中心、腾云社区健康大数据应用研究中心、国家皮肤与免疫疾病临床医学研究中心临床大数据中心。研究院以中心为平台，组织跨领域团队开展学术交流、科研合作，促进不同学科方向间交叉融合，合作创新。

队伍建设。2022年，研究院共有在职教职工24人，其中，教授1人，研究员1人，副研究员1人，助理教授5人，助理研究员3人，博士后7人，教辅人员1人，劳动合同制5人。2022年新入职5人，其中教师2人，博士后3人，博士后张斐斐获博士后国际交流引进计划支持，博士后吕传宇获北京大学"博雅博士后"基金资助。

教学工作。研究院设有健康数据科学研究生专业，截至2022年底，已入学研究生共18人，其中，统招博士研究生9人、推荐免试直博生3人、硕士转博士研究生1人、硕士研究生5人。开设研究生课程6门，其中，2022年新增获批课程2门，分别为《面向健康医疗数据的机器学习基础》《多模态医学图像分析》。研究院面向校内本科生开放科研平台，积极为本科生提供科研训练机会，2022年10月启动健康数据科学大学生创新实验项目，共6个项目获得立项。2022年，由研究院院长詹启敏主审，张路霞与韩鸿宾共同主编的《健康数据科学导论》教材出版。2022年，2020级博士研究生白永梅荣获2022 SIG-KM（Special Interest Group on Knowledge Management）国际会议优秀论文一等奖。

科研工作。2022年，研究院科研项目新立项18项，其中纵向项目10项，立项总额2468.17万元，其中包含科技部重点研发计划项目5项（张路霞主持1项，郝建国、孟若谷参与各1项，杜建主持、吕传宇参与青年科学家项目各1项），国家自然科学基金青年项目2项（陈庆超、张斐斐主持），教育部人文社科管理学项目1项（孔桂兰主持），中国博士后科学基金面上项目1项（司佳卉主持），参与天津市科技重大专项与工程项目1项（洪申达参与）；受科技部、渭南市卫健委等单位委托及获批省部共建中医湿证国家重点实验室开放课题、CCF-腾讯犀牛鸟创意基金项目等横向项目7项，立项总额807万元；获批学校临床医学+X项目1项，项目总额5万元。研究院教师受邀在国内外学术会议做特邀报告12次；以第一/通讯作者发表论文55篇，其中期刊论文41篇（SCI论文30篇，JCR分区1区论文21篇）、会议论文14篇；出版专著1本（《健康医疗人工智能指数报告2021》(Health AI Index 2021)）；申请发明专利2项；申请软件著作权1项。

平台建设。研究院负责建设北京大学健康医疗大数据平台，至2022年底，平台连续四年通过了国家信息系统安全等级保护三级测评，获得了中国人类遗传资源管理办公室保藏行政许可；平台总数据存储容量超过2PB，总计算能力超过2700TFLOPS（tera flops，万亿次）。运用大数据、人工智能等前沿科学技术打通多源异构医疗数据采集-治理-分析-应用全流程中的技术瓶颈，构建"未数"健康医疗数据智能分析系统。平台负责保藏涵盖50万人的中国慢性病前瞻性队列（CKB）相关数据；为北京大学第一医院、北京大学第三医院、公共卫生学院、医学技术研究院等近40个科研项目提供大数据分析与计算服务；承担国家卫生健康委员会委托任务，为"国家医疗质量管理与控制信息系统"和"医院质量监测系统"提供数据安全集中存储与分析环境，服务于国家肿瘤质控中心、国家心血管病质控中心、国家产科质控中心、国家DRGs质控中心等近30家单位，协助产出年度《国家医疗服务与质量安全报告》。

交流合作。4月，研究院与北京大学人民医院签署战略合作协议，积极推进在医疗科研数据治理与价值挖掘、健康数据科研人才培养与学术交流、临床数据科学与智能医学研究平台建设等方面的工作。双方合作启动"临床数据科学工作坊"培训活动，医院共计600余人次线上参会；共同举办5期"临床数据科学与智能医学沙龙"。7月，研究院承办"第四届北京健康医疗大数据论坛"。作为北大医学办学110周年系列学术活动之一，论坛以"健康医疗大数据新格局：科技赋能 面向未来"为主题，搭建交流合作平台，推动协同应用实践，共同探讨我国健康医疗大数据发展的新机遇，共谋后疫情时代新发展。该论坛线上万余人次参会。研究院作为协办单位，组织北大医学办学110周年系列学术活动：新医科-新工科交叉合作论坛之医学数字化智能化分论坛。该分论坛由研究院张路霞及集成电路学院、医信交叉研究中心李志宏担任联合主持，邀请了来自医学部、校本部的14位相关领域专家，就目前所开展的医学与前沿信息技术交叉领域科研工作及成果进行介绍交流。

社会服务。研究院作为中国医疗保健国际交流促进会健康数据与数字医学分会、中国医院协会健康医疗大数据应用管理专业委员会、中华预防医学会肾脏病预防与控制专业委员会等3个国家一级学会分会秘书处依托单位，2022年完成秘书处各项工作，组织讲座活动，包括：2022华夏健康数据与数字医学高峰论坛（11月）、中国医院协会健康医疗大数据应用管理专业委员会学术年会（7月）、2022中华预防医学会肾脏病预防与控制专业委员会学术年会（7月）、健康医疗大数据应用管理高级研修班（11月）。

期刊建设。研究院创办的 Health Data Science（《健康数据科学（英文）》）期刊在2021年被Google Scholar、DOAJ收录的基础上，2022年获CNKI、Inspec、CABI Global Health收录；并在2022年10月被正式接受为国际出版伦理委员会会员（COPE member）。期刊稿件来源覆盖主要科技发达国家；官网阅读及下载数量单篇最高16,029次；41.4%刊文的Altmetric值达到所有收录文章的25%，其中17.2%刊文Altmetric值超过所有收录文章的5%；微信、Facebook、Twitter等社交媒体推送读者单篇最高40万次，已完成向国内外潜在作者团队邮件推广送达超过30,000人次。期刊于2021年获国内统一连续出版物号（CN号），根据国家新闻出版署要求，2022年始以季刊形式在国内正式出版纸质刊物。

党建工作。截至2022年12月31日，研究院共有在职党员8人，党组织关系归属医学技术联合党支部。研究院多次组织全员思政学习及教师假期研修活动，学习内容涵盖"深入贯彻习近平总书记关于教育的重要论述""师德典型引领""新时代教师职业行为准则"等重点内容；组织新入职教师参加了医学部"2022年新教职工入职培训"，培训内容涵盖思想政治教育、师德师风、立德树人等专题。研究院职工积极学习党的二十大相关精神，积极参与北医110周年校庆系列活动。研究院党员主动担当，在疫情防控重要阶段参与校内核酸采样、扫码等志愿服务10余次，积极参加迎接新生等志愿服务活动。

继续教育。2022年，研究院共组织5期"健康数据科学·在线大讲堂"，聘请领域专家通过公开讲座介绍健康数据科学前沿发展。面向北京大学医学部附属医院及全国各地医疗机构的百余名老师、同学，以"利用公开数据资源开展医学研究"为主题，开展"北京大学健康数据科研卓越工作坊"继续教育培训活动。

（王迈、孙小宇）

【《健康数据科学导论》教材出版】 "健康数据科学"作为一门新兴学科，正逐渐受到学界的高度重视，北京大学是国内率先顺应科技发展趋势设立这一前沿交叉学科的高校。8月，由北京大学健康医疗大数据国家研究院院长詹启敏主审、副院长张路霞与北京大学医学部医学技术研究院院长韩鸿宾共同主编的新书《健康数据科学导论》正式出版。该书围绕健康医疗数据、数据科学技术及两者深度融合在医学领域碰撞出的应用展开论述，旨在系统介绍学科内涵、体系和发展。跨学科编者团队在前沿技术与医学实践、学科交叉与医学本质、数据特征与医学价值中寻求平衡，力求体现学科脉络和内涵，为学科和领域发展带来有意义的影响。

（孙小宇）

【与北京大学人民医院签署战略合作协议】 4月，研究院与北京大学人民医院签署战略合作协议，推进在医疗科研数据治理与价值挖掘、健康数据科研人才培养与学术交流、临床数据科学与智能医学研究平台建设等方面的工作。此次签约正式开启双方在相关领域的深度合作。双方将整合跨学科资源，发挥在人才团队、核心技术和业务资源方面的优势，激发数据活力，拓展前沿领域，探索医学创新发展新模式，深度参与北京大学"数字化智能化"建设。

合作协议签署后，双方合作启动"临床数据科学工作坊"活动，在为期一周的专题培训中，研究院教师围绕医学知识发现、医学数据分析与挖掘等内容，为医院一线临床工作者讲解数据科学研究的路径与技巧，并演示研究院具有自主知识产权的健康医疗大数据智能分析平台"未数"平台的使用方法，医院共计600余人次线上参会。双方共同举办5期"临床数据科学与智能医学沙龙"，研究院科研人员深入临床科室，与临床科研工作者面对面交流，理解临床问题，了解数据详情，讨论科学假设，探寻合适的数据研究方法，逐步推进科研合作落地。

（孙小宇）

## 精准医疗多组学研究中心

【发展概况】 队伍建设。1.组织现状：中心2022年引进1名教研系列副研究员，主要研究方向为单细胞原位多组分分析；1名研究技术系列副研究员，分管质谱平台服务；招聘2名质谱工程师和1名行政助理。完成上岗技术人员的技术培训和考核，新任工程师顺利开展质谱技术服务工作。同时，中心积极帮助学生完成转导、学业规划等方面的工作，保证了中心的人才队伍稳定和正常运转。2.目前中心有20名成员，包括编制人员4名，合同制工作人员5名，博士后1名，博士生10名。相关引进人才工作仍在持续进行，计划在未来的1—2年内，引进质谱背景教研系列副研究员1名，质谱工程师2—3名，支撑质谱高精尖技术研发和应用推广，提升中心对外服务技术水平。3.中心在队伍建设中积极响应学校的人事制度改革方案，采用双聘政策，整合资源扩大人才队伍，中心专业领域覆盖多组学生信分析、质谱硬件开发和应用推广等方向。

服务与合作。中心坚持支持学科建设、服务基础和临床科研的任务和发展策略，积极推广技术服务，面向校内外各大科研院所，提供高质量、个性化的组学服务。目前已开展科研合作及组学服务课题12余项，检测样品数超过500个。除中心内部合作外，合作和服务单位包括医学部基础医学院、北医三院、北大医院、北京肿瘤医院、清华大学、协和医院、重庆大学附属医院、中科院生物物理所、武汉大学、华中科技大学、华东理工大学等，已有合作文章发表。

科研工作。中心积极进行技术攻关，实施教研系列支持和把关平台技术科研攻关，研究技术系列带领工程师完成高质量服务的策略。2022年获批国家自然科学基金委面上项目1项，科技部脑计划青年项目1项（子课题），临床医学+X项目1项，参与"首都卫生发展科研专项"青年优才项目1项，顺利结题百度赞助纵向科研项目1项。目前承担课题为科技部重点研发计划1项，粤港澳大湾区重点国际合作项目1项。中心成员以第一作者在 Cell Genomics 杂志发表文章（封面文章），在 Biochimica et Biophhysica Acta proteins and proteomics 杂志发表文章（年度封面），以责任作者在 PLOS Computational Biology 杂志发表文章，申请发明专利1项。中心通过定量质谱发现三元复合体（SNX4-SNX5-SNX17）在自噬体膜成分循环（ACR）中的功能，以合作作者在 Nature Cell biology 杂志发表文章。

（陈 扬、张 禹）

【血清/尿液蛋白组学解析新冠肺炎全过程】 北京大学医学部精准医疗多组学研究中心团队与中国科学院高福团队，中国疾控中心病毒病所刘军团队开展合作研究，基于横跨"无症状，轻中症，重症，康复"的4个新冠肺炎患者队列，通过蛋白质组学数据与临床数据的整合分析，发现新冠患者免疫功能存在无症状期激活，患病早期抑制，后期异常激活的"多阶段"过程，中性粒细胞的功能可能为免疫功能紊乱的转折点。同时，免疫功能紊乱、胆固醇代谢障碍和心肌功能受损贯穿新冠肺炎疾病发生发展始终。该发现为制定早期干预策略以改善患者预后具有指导意义。该研究于2022年2月以"Immune response pattern across the asymptomatic, symptomatic and convalescent periods of COVID-19"为题发表于 BBA-Proteins and Proteomics 期刊上，并被选为期刊2022年度封面文章予以重点推介。

（陈 扬、张 禹）

【开发图谱级单细胞数据高效聚类算法Secuer】 北京大学医学部精准医疗多组学研究中心/北京大学肿瘤医院吴华君团队、上海交通大学公共卫生学院单细胞组学与疾病研究中心郑小琪团队和上海交通大学自然科学研究院刘林团队开展合作研究，提出了一种基于谱聚类的用于单细胞测序数据的快速聚类算法Secuer，能够在3到4分钟内完成对超大型数据集（1千万个细胞）的无监督聚类任务，相比标准方法具备相当或更高的准确度，且平均能节省90%的运行时间。该算法在准确性、计算成本和可扩展性之间取得了很好的平衡，并可应用于在线scRNA-seq计算平台对海量数据进行实时分析。相关成果于2022年12月以"Secuer: ultrafast, scalable and accurate clustering of single-cell RNA-seq data"为题发表于 PLOS Computational Biology 期刊。

（吴华君、李若琳）

【利用空间多组学技术解析肿瘤内空间异质性】 精准医疗多

组学研究中心/北京大学肿瘤医院吴华君团队、美国哈佛大学 Franziska Michor 团队和美国斯隆凯特琳癌症中心 Robert J. Downey 团队开展合作研究，基于多区域质谱分析、多区域单细胞拷贝数测序和循环免疫荧光三种空间组学技术，利用基因组、转录组和蛋白质组学数据，揭示了肿瘤内的细胞空间异质性，发现两种不同的空间异质性模式与肺腺癌病人的复发和死亡风险相关，并构建出肺腺癌中肿瘤内异质性的空间图谱。该研究对肿瘤内空间异质性的机制与临床预后的关系提出了新的见解，为空间多组学技术在癌症中的研究提供了新的思路。相关成果于 2022 年 8 月以 "Spatial intra-tumor heterogeneity is associated with survival of lung adenocarcinoma patients" 为题发表于 *Cell Genomics* 期刊，并被选为封面文章予以重点推介。

（吴华君、李若琳）

# 跨学部生物医学工程系

【发展概况】 组织机构。跨学部生物医学工程系（下文简称"生医系"）是在北京大学"临床医学+X"的建设框架下，围绕"北大医学"的建设思路，由北京大学工学院和医学部联合共建的实体研究机构，为医学部直属单位。生医系以"解决临床医学核心与前沿问题""孵育前沿医学工程与技术"和"打造跨学科创新队伍"为基础，建设 3 个学科群，10 个研究方向。3 个学科群分别为智能医学群、医学成像工程与技术群、精准医学与临床检查群。生医系按照新体制设置教授、副教授、助理教授等职位，常务系副主任为邓旭亮教授。

1 月 13 日，跨学部生物医学工程系学科发展讨论会在北京大学口腔医院综合楼 821 会议室召开。邓旭亮教授常务副主任提出全系在学科建设中集中在生物材料和再生医学、医学仪器和医学成像技术以及智慧医学和健康生物信息学三个研究方向上发力。

学科建设。生医系是在现有北京大学工学院生物医学工程学科和医学部医学技术学科两个学科的基础上共同建立的新体制学系，面向国家人口与健康方面重大需求，紧密结合生物医药产业发展趋势和关键技术需求，建立理工医相结合的多学科交叉研究团队。重点发展先进医学影像与技术、生物材料与再生医学、计算医学与健康信息学、生物分子工程与纳米医学等学科方向，为北大医学提供一流工程技术支撑。生医系已建成 7 个公共实验室，包括：精密仪器室、放射治疗实验室、生物材料与纳米医学实验室、单细胞多组学实验室、生物力学与大数据实验室、化学合成实验室、生物医学光子学实验室，可以实现影像、材料、仪器、生物、细胞等实验功能。同时联合北京大学本部、医学部及附属医院的相应平台进行合作或开展实验。

队伍建设。1. 人员介绍：生医系师生总计 90 人。新体制教研系列人员 8 人，包括教授 2 名，副教授 2 名，助理教授 4 名，另有兼职教授 2 名；博士后 13 人，其中 2 人为博雅博士后；研究生 46 人（博士 36 人，硕士 5 人，联合培养学生 5 人）；访问学习人员 18 人；行政人员 5 人（全职合同制 3 人，兼职 2 人）。学生分布于北京大学本部、医学部及附属医院，有效促进交叉学科人才培养与合作。2. PI 双聘制度：促进临床医学与生物医学工程深度融合，推动医学部、附属医院与校本部之间的产、学、研联动互通。以临床需求为牵引，开展交叉学科研究及人才培养，在生物医学及医学工程领域形成交叉和创新团队。3. 人才工作：生医系推荐优秀人才申请"杰青"、"青年千人"、"长江学者"等项目；现有教研系列人员中有长江学者特聘教授 1 人，长江学者青年学者 1 人，国家杰出青年科学基金 2 人，海外高层次人才引进计划特聘专家 1 人，海外高层次人才引进计划青年项目 1 人，国家优秀青年科学基金（海外）1 人，共计 7 人次。

4 月，生医系召开长聘评估人员沟通会，邓旭亮、席建忠、魏勋斌和钟凯作为评审专家，对高卫平进行长聘评估。10 月，生医系召开人才引进和评估会议，席建忠作为专家组组长，组织评审专家对高卫平进行长聘评估。11 月，医学技术研究院组织学术委员会，对高卫平进行学术评估。高卫平是生医系第一位教研系列人员参加长聘评估，评审专家对高卫平的科研学术及思想政治给予很高的评价，全票一致同意高卫平申请长聘评估。

学生培养。2022 年底在读的研究生 46 名（博士生 36 名，硕士生 5 名，包括联合培养学生 5 名）。教学工作分别在本部工学院和未来技术学院、医学部医学技术学院和附属临床医院开展。生医系围绕临床医学、医学技术与生物医学工程学科建设搭建特色鲜明的教学体系。常务系副主任邓旭亮教授主持的《口腔生物医学工程》课程，春季在口腔医院开课，有助于口腔医学专业学生了解新生物医学工程技术和方法，开阔科研视野；生医系教师参与北京大学与医学部相关专业的教学工作，包括在北京大学未来技术研究院承担《医学人工智能》《生物与生物医学基础》《生物荧光成像》和《英文科技论文写作》课程教学，在工学院承担《生物医学光子学》课程教学，在医学部医学技术研究院承担《医学技术导论》《医学影像技术》《医学影像人工智能》《生物显微成像技术》《微纳生物医学前沿》《生物医学测序数据分析》课程教学。

5 月，生医系口腔医学技术专业三年全日制博士研究生尤柱答辩，答辩题目《线粒体靶向 AuCu@Ce6-TPP 纳米颗粒用于乏氧肿瘤光动力和放射动力治疗》，尤柱博士是生医系自建系以来第一个博士毕业生。

科研工作。2022 年新获批科研项目 15 项，包括国家重点研发计划课题主持 3 项（其中 1 人担任项目首席科学家），重点研发计划课题参与 2 项，国家重点研发计划青年项目参与1项，国自然创新群体主持和参与共计1项，第八期仪器创制与关键技术研发项目2项、临床医学+X青年项目3项，临港实验室项目1项，北京市自然科学基金-海淀原始创新联合基金1项，北京市科技新星1项。2022年发表SCI文章21篇，其中影响因子大于10分的8篇；申请发明专利3项，专利成果转化1项，涉及经费300万元，其他正在开展的成果转化工作3项。

交流合作。在学术交流工作方面，受邀参加国内及港澳台邀请大会报告11次。4月24日，成功举办"新医科-新工科交叉合作论坛——先进医学技术和材料"分论坛会议。韩国军研究员与杭州谱育科技发展有限公司在全自动化临床样品处理平台方面进行合作，促进病理检测的新技术开发。钟凯教授、罗家佳助理教授与北京大学口腔医院合作获批重点研发项目1项。魏勋斌教授与北京大学肿瘤医院郭军教授合作，开展黑色素瘤细胞的在体无创动态光声手环监测，此项技术对于肿瘤转移早期诊断、预后判断、化疗药物的快速评估和用药指导具有重要意义。另外，2022年获批北大支持项目临床医学+X青年项目3项。

党建工作。生医系组织教师学习中国共产党历史，学习习近平总书记在党的十九届六中全会会议上的讲话、在党的第二十次全国代表大会上的讲话，全面领悟习近平总书记的报告精神，将科研、教学、人才培养与二十大精神相结合，明确学系未来发展的战略方向。

（杜 杰）

【揭示TCF1如何协调表观遗传决定ILC祖细胞的谱系发育命运】 7月25日，赖彬彬、西北农林科技大学任刚教授和美国国立卫生研究院国家心肺血液研究所系统生物学中心等在 Immunity 上共同发表了题为"Transcription factors TCF-1 and GATA3 are key factors for the epigenetic priming of early innate lymphoid progenitors toward distinct cell fates"的研究论文，影响因子为43.474。研究利用多种表观遗传学实验技术，绘制了ALP-EILP-ILCP细胞发育过程中表观遗传全景图，首次分析了EILP细胞在表观遗传上的异质性，以及这种异质性对下游细胞谱系发育的影响；同时探讨了关键转录因子TCF1如何作用于表观遗传，协同调控ILC前期祖细胞的分化、发育的机制。研究阐明了EILP祖细胞的多能性是由其含有的异质细胞亚群的存在决定的，EILP中不同的单细胞根据表观遗传状态不同，可以优先分化不同的下游细胞谱系，同时此过程受TCF-1和GATA3等关键转录因子的调控。

（杜 杰）

# 医学技术研究院

【发展概况】 组织机构。医学技术研究院（以下简称"医研院"）是医学部直属教学科研单位，重点承担教育部新批准建立的医学技术一级学科建设任务。截至2022年底，医学技术研究院设1个联合党支部，4个行政办公室（教学办、学工办、科研办、综合办），韩鸿宾任院长，李辉任党支部书记，高嵩任分管教学的副院长，魏勋斌任分管科研的副院长。

人才培养。在课程建设方面，结合医学技术二级学科特点，新开设研究生课程13门。在读医学技术学生共220名，其中研究生130名和本科生90名。2022年首届医学技术34名研究生顺利毕业，其中博士6名，硕士28名全部就业。在培养过程中7名研究生获得国家奖学金、北京市三好学生、北京市优秀毕业生、北京大学优秀毕业生荣誉。组织开展夏令营，通过医学技术学科宣讲、学术交流和参观等形式，遴选优秀生源。组织开展毕业季系列活动，培养爱院荣校情怀。8月，医研院完成2021级42位医学技术类本科生完成专业分流，28名本科生进入医学检验技术专业继续培养，14名本科生进入医学影像技术专业继续培养，其中医学影像技术专业为医学部首次开设的本科生专业。9月，医研院全面接手2021级医学技术类本科生学生工作，并接收石河子大学医学检验技术专业本科插班生2名，接收医学检验技术专业本科留级生1名。2022级医学技术类专业入学45名本科生，医研院在籍学生总人数达88名（含插班生）。12月，校内学生教学、考试和培养面临新冠疫情巨大压力，医研院按照全校统一部署，以线上线下相结合的方式完成教学和考试任务，保障教学科研工作顺利进行。

科研工作。2022年，医研院师生作为第一作者及通讯作者发表SCI论文70余篇，其中在《自然》（Nature）、《科学》（Science）子刊、美国电气和电子工程师协会（Institute of Electrical and Electronics Engineers, IEEE）顶刊等发表论文20余篇；新增国家和部委委托的科研经费900余万元。成功转让医学技术专业导师成像相关的部分新技术发明专利，总转让金额达2990万元。成功出版《放射性粒子近距离消融治疗学》《泌尿系统肿瘤》《健康数据科学导论》《健康医疗人工智能指数报告2021》4本学术专著。新成像技术为航天医学、基础、药学、临床、护理多个学科创新研究提供技术支持，承担工信部、国家药监局、医保局、中国工程院委托的多项国家发展战略研究报告，为我国医疗装备产业自主创新提供政策依据，也为北大医学技术学科建设发展提供指南。

4月6日至7日，医研院联合健康医疗大数据国家研究院智能医学影像中心、航天中心医院组织召开了"航天医学技术"主题沙龙，来自北京大学、北京理工大学、北京师范大学、中山大学、航天中心医院、温州医科大学的50余名专家学者参加会议，交流我国航天医学领域最新成就。

党建工作。组织集体收听收看党的二十大开幕会、闭幕会，中国共产党第二十届中央政治局常委同中外记者见面会，组织师生员工参观"百年北医历程"及"厚道行医—北大医学办学110周年特展"，开展"青春献礼二十大，强国有我新征程"的主题党日活动、"听医师讲解冬奥经历，沉浸学习冬奥精神""品圆明雅韵，感时代号召"主题团日活动，学习贯彻落实党的二十大精神。

学科建设。医研院重点承担教育部新批准的医学技术一级学科的建设任务。2022年，医学技术专业与生物医学工程专业均成功进入新一轮双一流建设名单，是全国首个医学技术双一流学科。根据新时代党和国家对技术人才培养的要求，受国务院学位办委托，医研院牵头组织了新增医学技术专业学位的筹备论证工作，并成功为该专业确认专业代码1058，医研院联合各单位自建共建科研基地19个（其中国家级3个，部委级3个，省级2个，副部级3个，校级4个，医学部4个）。

师资队伍。截至2022年年底，医研院拥有研究生导师78名，在医学部机关党委、医学部学工部、医学部团委、基础医学院的帮助和支持下，建设了思政教育和学生工作体系。

11月14日下午，国际宇航科学院院士日庆祝活动在北京召开。医研院院长、北京大学第三医院教授韩鸿宾受邀出席，并获颁新任院士证书。

（程方骁、唐泽清、高亚娟）

【国家自然项目申报辅导会顺利召开】 2022年2月23日下午，医研院组织召开国家自然科学基金委信息学部项目申报专题辅导会，邀请深圳大学光电工程学院院长屈军乐、国家自然科学基金委《中国科学基金》杂志原副主编徐卫国、医学技术研究院院长韩鸿宾与副院长高嵩全程参加辅导，研究院全体教师、健康大数据研究院、跨学部生物医学工程系以及部分附属医院的医学技术专业研究生导师、博士后及拟引进人才共50余人参会，会议由医学技术研究院副院长魏勋斌主持。在会上，拟申请项目的5位老师分别就各自申请的项目内容进行了汇报，辅导专家有针对性地逐一指导，耐心解答与会老师提出的问题。根据申请者，尤其是海外留学回国人员的实际情况，魏勋斌副院长再次专门对申请书的撰写技巧和基本要求进行辅导，魏院长详细的介绍了基金申请的基本要求、撰写的要点、易错点和注意点等细节问题进行专门辅导。通过本次会议，各位拟申请项目的老师对项目申请的流程以及注意事项均获得更深的理解和认识。

（李宏锋）

【组织召开北京市智慧医疗高精尖学科专题研讨会】 3月21日至24日，医研院组织召开北京市智慧医疗高精尖学科专题研讨会，来自北京大学、清华大学、中国科学院、北京邮电大学、东南大学、山东大学、首都医科大学、温州医科大学的110余名专家学者参加会议。参会学者就相关领域研究展开交流，医研院研究员伯晓晨在大会总结发言中对北京大学承担建设的智慧医学工程与技术北京市高精尖学科建设成绩表示祝贺，并对学科未来发展提出宝贵建议，鼓励跨学科创新团队在前期工作基础上，勇担重任，在颠覆性装备技术研究上做出特色，为国家做出新的贡献。院长韩鸿宾在总结中强调，团队要以北京市高精尖学科建设为依托，以北京大学医学技术高端医疗装备集群为支撑，坚持特色发展，为新时期国家的高水平自主创新发展贡献力量，培养好领军人才。

（刘英会）

【实现病毒受体结合域的体内示踪】 7月22日，医研院杨志、朱华、韩鸿宾团队联合在 Research 杂志在线发表了题为"Evaluation of SARS-CoV-2-neutralizing Nanobody Binding Domain Administered Model Mice"的研究论文。研究通过构建靶向新型中和纳米抗体探针，实现对生物体内病毒感染部位情况的实时监测，为精准治疗提供技术基础。

（李宏锋）

【《创新北京》栏目报道医研院最新脑科学研究成果】 2022年，《创新北京》栏目对医研院在细胞外间隙领域的最新学术进展进行报道，本次报道是继2019年报道后的第二次专访。在节目中，院长韩鸿宾介绍了细胞外间隙是人类内尚未完全认识，也未能够开发利用的人体内超微结构空间，在介绍北京大学为核心的国内团队在细胞外间隙研究领域最新科学发现和探测技术创新的基础上，重点介绍了研究对航天医学和脑重大疾病治疗的重要意义。

（李宏锋）

【承办海淀医疗卫生人才周活动】 9月28日，医研院承办第三届海淀区卫生健康人才专家论坛，国家卫生健康委人才交流服务中心党委书记、副主任张俊华、国家卫生健康委人才交流服务中心研究二室处长高翔、北京市中医管理局局长屠志涛、海淀区人民政府副区长林航、海淀区委卫生健康工委书记、区卫生健康委主任李劲涛出席论坛开幕式并致辞。中国工程院院士詹启敏、医学技术研究院院长韩鸿宾分别作大会主旨报告。

（李宏锋）

【联合共建北京市重点实验室学术年会成功举办】 12月23日，联合共建磁共振成像设备与技术北京市重点实验室学术年会在北京大学第三医院成功举办。第三医院科研处处长闫丽盈、副处长李海燕，中国医学装备协会副秘书长崔泽实，医研院联合党支部书记李辉、副院长高嵩、副院长魏勋斌，实验室学术委员会委员、实验室办公室主任卢嘉宾、实验室全体成员、共建单位以及合作单位专家共120余人参加会议，年会由实验室博士后程方骁主持。实验室主任韩鸿宾在致欢迎辞时回顾了重点实验室过去一年取得的成绩，并对实验室学术委员、全体成员和合作团队一年来的辛苦付出表示感谢。闫丽盈在致辞中对重点实验室做出的成绩表示肯定，代表北京大学第三医院院领导对各位专家长久以来对重点实验室建设的关注、指导和帮助表示感谢。卢嘉宾代表实验室汇报了2022年工作总结，高亚娟、王天宇分别汇报了2023年重大专项和创新群体项目申报的筹备工作。韩鸿宾最后结合各位学术委员和专家提出的建议，对2023年实验室的重点工作进行部署和安排。

（卢嘉宾）

# 国际癌症研究院

【发展概况】 组织结构。国际癌症研究院（以下简称"研究院"）是依托北京大学基础医学院、肿瘤医院、人民医院、生物医学前沿创新中心（Biomedical Pioneering Innovation Centre，BIOPIC）、生命科学学院、药学院、公共卫生学院、工学院及相关附属医院等单位的跨学部研究机构。研究院院长为詹启敏院士，副院长张宁教授、张宏权教授。

研究方向。以肿瘤生物学、临床肿瘤学、肿瘤新技术、肿瘤流行病学、肿瘤药学、血液肿瘤学、肿瘤免疫学等为重点研究领域，聚焦肿瘤研究和诊治领域前沿，促进原始创新，建设具有世界领先水平的癌症研究和诊疗基地。

队伍建设。2022年引进预聘制助理教授1名，2022年获国家海外人才项目资助1名。引进博士后2名，其中1人获"博雅博士后"资格。2022年共招收6名研究生，挂靠医学部基础医学院。

科研工作。研究院2022年共发表SCI论文46篇，作为第一/通讯作者单位发表论文35篇，其中顶级期刊《癌细胞》（Cancer Cell）2篇，《自然》（Nature）1篇。2022年研究院获批国自然基金委杰青、优青等项目、科技部重点研发专项课题及骨干项目、国自然重点、面上和青年及博士后等多项国家级科研项目，共计2600多万元纵向经费，横向经费近600万元。

基地建设。"肿瘤的分子变异与微环境"基础科学中心项目于2021年底完成年度验收汇报，2022年中心课题项目进展顺利。9月26日，教育部转化医学与临床研究国际合作联合实验室基地完成验收汇报。7月，癌症整合组学前沿科学中心建设方案经过北京大学党委常委会、校长办公会审议，通过了教育部组织的专家论证。9月，北京大学正式发布《关于成立北京大学癌症整合组学前沿科学中心的通知》（校发〔2022〕171号）。

学术会议。4月28日，研究院举办第5期癌症前沿研究沙龙，会议邀请到2位肿瘤领域专家作报告。5月29日，研究院在线举办献礼北大医学办学110周年-北京大学国际癌症研究院2022论坛，共邀请17位癌症领域专家在会上做报告。10月24日，研究院和北京大学医学部国际合作处共同主办"'合作共赢共筑健康之路'国际前沿系列研讨会："肿瘤前沿国际研讨会"，共邀请4名国际知名肿瘤专家和4名国内肿瘤领域著名专家做专题主旨报告。

（彭 燕）

【癌症整合组学前沿科学中心通过教育部专家论证】 7月，癌症整合组学前沿科学中心建设方案经过北京大学党委常委会、校长办公会审议，并顺利通过教育部组织的专家论证。2022年9月，北京大学正式发布《关于成立北京大学癌症整合组学前沿科学中心的通知》（校发〔2022〕171号）。癌症整合组学前沿科学中心面向癌症领域的前沿科学问题和国家重大需求，针对中国特色高发恶性肿瘤凝练了三个关键任务开展交叉融合研究，对于提升我国在生命医学领域的国际竞争力、推进健康中国战略实施具有重要意义。

（彭 燕）

【北京大学国际癌症研究院2022论坛】 5月29日，研究院师生与来自国家肝癌科学中心、中国医学科学院肿瘤研究所、加州大学洛杉矶分校以及北京大学其他院系的多位院士和专家成功在线举办献礼北大医学办学110周年-北京大学国际癌症研究院2022论坛，共有17位专家在会上做报告。论坛涵盖癌症前沿组学、分子生物学、模式生物学等多种前沿技术，涉及肝癌、食管癌、胃癌、乳腺癌、血液肿瘤、黑色素瘤等多个癌种。此次论坛不仅是产学研结合的学术探讨，也为从事肿瘤诊断和研究的专家、同仁们提供一个互相交流学术意见、研究成果和工作经验的平台，通过资深教授专家分享学术前沿成果，结合各附属医院丰富的临床实践，推动肿瘤基础及临床诊疗研究的步伐。

（彭 燕）

【肿瘤前沿国际研讨会】 10月24日，研究院和北京大学医学部国际合作处共同主办的"'合作共赢共筑健康之路'国际前沿系列研讨会：肿瘤前沿国际研讨会"成功在线举办，共有包括4名国际知名肿瘤专家和4名国内肿瘤领域的著名专家做了专题主旨报告。会议促进了国内外癌症前沿研究、转化应用和临床诊疗方面的交流合作，对肿瘤领域原创性的科学研究发挥重要的引领和带动作用。

（彭 燕）

# 北京大学-云南白药国际医学研究中心

【发展概况】 组织机构。北京大学-云南白药国际医学研究中心（以下简称"中心"）成立于2019年12月，是北京大学校内实体研究机构。中心实行理事会领导下的主任负责制，定期召开主任办公会部署讨论中心规划发展及重大事项。詹启敏任主任，张宁、肖渊、叶敏任副主任，张娟任主任助理。中心内设综合办公室，负责具体执行各项工作。中心现重点布局肿瘤学、生殖医学、创伤骨科、药学、口腔医学、医学美容等领域。

人才队伍。2022年，中心聘任8名资深研究员，全职引进1名教研系列教师；同时有8位学术带头人及科研团队入驻中心平台，开展教学科研工作。

科学研究。中心设立"医药前沿技术领域攻关和创新发展重点项目探索与研究"项目。围绕学科发展，2022年，中心推进实施第一批资深研究员项目，并支持和指导云南白药集团完成民族药千金藤素片的临床试验。2022年，中心发表高质量期刊论文24篇，申请7项发明专利（其中3项授权专利），2项实用新型专利。

交流合作。8月，中心举办北大医学办学110周年系列学术活动"2022医药创新和科技前沿论坛"。30余位院士、专家学者在论坛做学术报告，参会医学科学领域从业者超500人，线上直播观众超103万人次。

平台建设。中心平台于10月完成竣工验收并投入使用，生物、化学、中药、人工智能等多个方向的科研团队陆续入驻。中心旨在建设国际一流的医学研究中心，注重学科交叉和产学研融合发展，推进有组织科研平台建设，打造高层次、高水平、高品质的科研创新中心。

（张岩岩）

【2022医药创新和科技前沿论坛】 8月11日至12日，中心在云南昆明举办北大医学办学110周年系列学术活动"2022医药创新和科技前沿论坛"。来自肿瘤学、生殖医学、创伤骨科、药学、口腔医学和医学美容等多个学科专业领域的专家作学术报告；来自政府机关、知名高校、科研院所、优势医院和龙头企业的500余位医学科学领域从业者参与论坛活动，论坛线上直播观看人员超103万人次。

（张岩岩）

## 宁波海洋药物研究院

【发展概况】 组织架构。宁波海洋药物研究院（以下简称"研究院"）实行管理委员会领导下的院长负责制，院长为法定代表人。研究院设研究中心4个，综合行政办公室1个。2022年3月，海洋特色大洋药用生物资源中心更名为大洋生物医药研究中心；4月，大型仪器技术支撑平台更名为新药研发分析测试中心。更名后2个中心的职能职责及研究方向不变。

基础建设。10月，研究院实验室完成装修改造正式投用。装修改造总面积7451平方米，包括基建装修及实验室工艺改造。工程分两期进行：一期工程于2021年7月9日开工，2022年2月18日竣工验收；二期工程于2022年2月16日开工，2022年10月17日竣工验收。行政楼建设有教授办公室、行政办公区、报告厅、会议室等；实验楼建设有海洋资源库、合成生物学实验室、生物技术实验室、高端制剂实验室、细胞生物学与分子生物学研究技术平台、质谱测试平台、影像学平台等，全部引入智慧化管理系统，对实验室的安全、设施、实验、运维等各环节实施全方位智能管理。10月，同步完成研究院新药研发分析测试中心建设，总投资约5000万元，配置科研仪器设备421台，其中大于20万33台，大于200万3台，覆盖分子生物学、细胞生物学、化学合成与分析等药物研发相关领域。除保障研究院各中心测试需求外，还同时为周边企事业单位提供技术服务。

队伍建设。2022年，研究院新增全职员工18人。截至2022年底，研究院共有员工50人，其中全职26人，6人属于行政序列，20人属于科研序列；兼职24人，含北京大学派驻双聘管理人员4人。人才队伍中长江学者特聘教授2人，省级人才2人，市级人才6人；博士研究生学历29人，硕士研究生学历18人，硕士研究生及以上学历人员占比94%。11月，完成外国人来华工作单位注册，取得合法聘用外籍员工资格；12月，完成首批2名外籍人才工作许可办理。

5月9日，研究院正式获批设立浙江省博士后工作站；7月，与北京大学医学部药学院博士后流动站达成联合招收协议；10月，完成首批2名博士后进站备案；12月，正式获得浙江省博士后工作站授牌。

科研工作。2022年，联合企业申报省、市、区级项目14项，获批6项，立项经费总计2400万元，包括宁波市"甬江引才"工程创新团队1项、创新个人1项、青年创新人才1项，市重大科技攻关暨"揭榜挂帅"项目3项。2022年，申请国内/国际专利4项；发表SCI论文22篇，其中研究院作为通讯作者或共同一作单位论文19篇，最高影响因子14.90。11月，参加第七届中国创新挑战赛（宁波）主场赛挑战项目1项，并获得解决方案优胜奖；12月，完成该项目企业技术服务合同签订，合同金额300万元。

管理服务工作。实验室运行方面，完成各研究中心实验室日常运行规章制度修订，包括安全管理制度、实验管理制度、项目管理制度。建立试剂耗材线下采购平台；完成易制毒易制爆危化品监管系统备案；建立易制毒易制爆危化品试剂耗材申购、分类贮存、出入库、废弃试剂处理全流程管理体系。启动研发质量体系建设，为后续实现产品申报和产业化提供体系支撑。综合业务运行方面，修订研究院人事、财务、采购等综合运行制度；优化OA办公系统流程，完成研究院官方网站、展厅建设；完成宣传手册设计制作。完成配套人才公寓租赁并投入使用，制订公寓管理办法。按照省、市、区防疫政策，精准落实疫情防控措施，组织员工核酸检测和全员疫苗接种，定期更新盘点防疫物资，坚持办公场所每日消杀。

党建活动。研究院现有党员12名，依托北京大学、天然药物及仿生药物国家重点实验室、梅山"蓝湾"党建联盟及宁波当地企事业单位开展党建活动。6月28日，参加梅山"蓝湾"党建联盟迎七一海港党课暨国门宣誓活动；10月26日，线上参加北京大学科技开发部组织的"全面深刻理解党的二十大精神，努力建功新时代"主题报告学习；11月11日，组织全党的二十大精神传达学习会，集中解读党的二十大报告；12月6日，参加梅山街道党工委主办的"六学六进六争先"巡回宣讲，学习贯彻党的二十大精神；坚持每月集中理论学习。

工会工作。11月，因原上级工会梅山物流产业集聚区工会委员会注销，研究院工会组织关系转入梅山街道总工会。

截至2022年底，共有会员26人。2022年，按上级工会要求完成工会经费收缴拨付，工会财务资金使用合规；关注员工福利，慰问生病住院员工；组织成立研究院帆船队和自行车队；组织参观梅山吉利汽车厂；组织梅花节赏梅等文体活动，丰富员工业余生活。

行业服务与公众开放。2022年，为庆祝北大医学办学110周年，通过举办行业研讨会、技术讲座等形式为宁波及周边地区企事业单位开展专业科技服务300余人次；8月，举办宁波医药行业发展研讨会；9月，举办药物研究分析技术系列讲座第一讲；11月，邀请美国明尼苏达大学教授、生物精炼中心主任阮榕生教授来院作学术报告。组织承办第十届长三角海洋医药论坛暨第八届浙江省海洋药物学术年会。在官方微信公众号开设"科普一刻"栏目，截至12月底累计发布生物医药领域科普文章19篇。为梅山街道金创社区暑期假日学校提供特色微科普课程。

交流合作。2022年，对接走访宁波地区相关主管单位、职能部门、科研院所及生物医药领域企业50余家。参加宁波市发改委组织的涉海龙头企业和科研机构座谈会；参加宁波市高等学校科技创新军民融合发展联席会议暨科技创新成果转化对接会；作为宁波市首批联盟成员参加环杭州湾创新联盟成果展示对接活动；参加第五届全国药物制剂与粒子设计研讨会；参加宁波市委组织部举办的2022年度科技自立自强专题培训班；参加2022合成生物学与绿色生物制造论坛；参加2022医药创新和科技前沿论坛并作报告；参加由宁波市发改委主办的海洋新兴产业发展论坛暨科技成果对接会。

（沈旭丹）

【获批设立浙江省博士后工作站】 5月9日，研究院正式获批设立浙江省博士后工作站。8月，该博士后工作站与北京大学医学部药学院博士后流动站达成联合招收协议。10月，完成首批2名博士后进站备案。12月，研究院正式获得浙江省博士后工作站授牌；首批2名博士后顺利通过开题报告评审，在北京大学药学院与研究院双方合作导师的共同指导下开展博士后课题研究。该博士后工作站的获批，标志着研究院在人才引进培养和推进产学研合作中迈出了新步伐。本着"做实、放大、可持续"的目标，研究院对照国家级博士后工作站争创标准，努力营造良好的博士后科研环境，制订并推进2023年度博士后招收计划，联合宁波市及北仑区人才办组织筹划2023年度药博论坛，结合宁波地方产业发展需求与研究院科研创新方向，积极引育新药研发领域优秀青年博士进站开展课题研究，推动研究院更好地开展科学研究及成果转化工作。

（沈旭丹）

【一团队获第七届中国创新挑战赛（宁波）主场赛解决方案优胜奖】 11月28日，第七届中国创新挑战赛（宁波）主场赛举行，研究院乔君博士团队关于"高效氰基酶开发及产业化应用"项目的技术方案获得解决方案优胜奖。中国创新挑战赛是以提升企业技术创新能力为核心，以"揭榜挂帅"为企业匹配优质创新资源，促进战略性新兴产业发展和高新技术企业能级提升的重要平台。该届中国创新挑战赛（宁波）由科学技术部火炬高技术产业开发中心、宁波市科技局和宁波市财政局联合主办，宁波市生产力促进中心承办，围绕新材料、关键核心基础件两大产业领域，共征集遴选出124项技术难题面向全国发布，最终有23项重大技术需求、96个来自全球的技术团队入围现场赛。

针对安徽泰格生物科技有限公司提出的"高效氰基酶开发及产业化应用"技术需求，乔君博士团队提出了一套全新的解决方案。该方案根据不同氰基酶的特点，提高了腈水解酶的活性，改变了腈水合酶的底物选择性和立体选择性，拓宽了酰胺酶的底物谱，能有效解决传统氰基类化合物合成工艺副产物多、产量低、环境污染严重等局限性，获得了评审专家及技术需求企业的一致认可。12月，双方完成该项目企业技术服务合同签订，合同金额300万元。

（沈旭丹）

【庆祝北大医学办学110周年系列活动】 为庆祝北大医学办学110周年，研究院积极开展各类企业及行业服务活动，2022年研究院通过举办行业研讨会、技术讲座等形式为宁波及周边地区企事业单位开展各类科技服务300余人次。8月10日，联合宁波市经信局、宁波市科技局、梅山经济发展中心、北京大学天然药物及仿生药物国家重点实验室等单位举办宁波医药行业发展研讨会，永新光学、美诺华等13家宁波医药企业参加研讨。9月28日，举办"药物研究分析技术系列讲座"第一讲，主题为"超高分辨激光共聚焦显微成像系统的原理及其在生命科学中的应用"。讲座采取线上线下相结合的方式，来自宁波大学、宁波市第一医院、石河子大学等企事业单位50余名专业技术人员参加。11月18日，邀请美国明尼苏达大学教授、生物精炼中心主任阮榕生教授来院作学术报告，报告介绍了一种新型的、绿色的催化氨合成方法，宁波大学食品与药学院及研究院30余名相关技术专家参加交流。

（沈旭丹）

【承办第十届长三角海洋医药论坛暨第八届浙江省海洋药物学术年会】 12月17日至18日，由研究院牵头承办的第十届长三角海洋医药论坛暨第八届浙江省海洋药物学术年会在宁波梅山举办。会议以"聚焦创新前沿 助力蓝色药库"为主题，由浙江省药学会、上海市药学会、江苏省药学会主办，得到宁波经济技术开发区管委会、宁波市科技局的大力支持。会议采用线上线下的方式同步进行。来自南京大学、南京中医药大学、浙江海洋大学、国家海洋局第三海洋研究所、浙江大学、温州大学、台州北大科技园等50余名专家代表到场出席；浙江工业大学、上海海洋大学、上海交通大学、南京农业大学、江苏海洋大学等40余名专家代表线上出席。5位专家作现场报告，11位专家作线上报告，分享海洋药物先导化合物发现及优化、海洋药用生物资源研究、海洋药物先导化合物生物合成、海洋候选药物及新药研究、海洋生物功能制品等相关领域的研究动态与最新成果。会议还开设了"海洋药物青年论坛"，来自复旦大学、上海海洋大学、海军军医大学、浙江海洋大学、宁波大学等高校院所的12位青年研究生在线上作专题报告。会议线上直播共吸引9万余人次观看。

（沈旭丹）

## 公众健康与重大疫情防控战略研究中心

【发展概况】 基本情况。北京大学聚焦国家重大战略需求和公众健康需要，于2020年12月成立了北京大学公众健康与重大疫情防控战略研究中心（以下简称"中心"）。中心是北京大学的独立实体研究机构，实行主任负责制，设立科学顾问委员会、学术委员会和管理委员会。中心下设应急与重大疫情防控研究部、慢性病研究部、循证决策研究部、社会动员与教育培训部。中心主要定位一是推动公共卫生治理现代化，为政府决策提供智库咨询，跟踪社会热点和各类突发公共卫生事件，汇聚专家学术观点和科研进展；二是创建一流科技支撑平台，加强公共卫生基础研究，开展传染病的早期预测预警及其应对研究、慢性病的病因及其防治研究，为制定科学有效的防控策略与措施、降低双重疾病负担提供科学证据和政策依据；三是面向公众健康与重大疾病防控重大需求，组织开展专题的证据检索、综合评价与转化应用研究，为循证医学和循证卫生决策提供最佳科学证据；四是推进健康中国建设，全社会动员、全民参与、多部门协作、联防联控、群防群控，创造维护和促进健康的环境，倡导全生命周期健康维护与健康融入万策，关注全球健康，开展社会动员、公众健康科普教育和专业教育培训，提高国民健康素养和相关领域工作人员的岗位胜任力。

循证决策科学研究与智库建设。根据党中央、国务院关于健康中国战略的总体要求和《健康中国2030规划纲要》，重点围绕新冠疫情防控等重大公共卫生问题，开展科学研究，2022年撰写高水平公共卫生进展简报12期和智库专题报告20期，得到国务院、国家相关部委领导的重视和批示并收到国家疾病预防控制局综合司发来的感谢信。

"双一流"学科建设。在"双一流"学科建设方面，中心支撑学科是公共卫生与预防医学一级学科中的流行病与卫生统计学，学科发展的目标是世界一流前列。截至2022年，中心在大型人群队列建设、慢性病防控研究领域处于领先地位，在新冠疫情防控等传染病研究领域成为国家级智库。

国际顶尖资源平台建设。依托国际前三名的超大型人群队列开展慢性病病因研究，积极建设国际顶尖资源平台和学科方向，完成第三次中国慢性病前瞻性研究（China Kadoorie Biobank，CKB）51万人队列的随访调查，围绕重大慢性病开展环境和遗传病因学研究，推进国家自然科学基金重大项目实施。跻身卫健委科技创新2030专项专家行列，参与规划制定。在国内外高影响力学术期刊发表论文43篇，其中英文论文27篇（平均影响因子在10分以上）。累计2篇发表论文入选"中国心血管十大临床与流行病学研究论文"。2022年9月，CKB项目转至北京大学医学科技楼办公，完成人事、物资、设备、网络等转移工作。11月，经过与北京大学健康医疗大数据国家研究院沟通，进一步将CKB项目全部现场工作服务器迁移委托管理，实现工作软件平台、项目网站、病历复核系统、文件共享等服务统一集中管理，提高项目数据的安全性和规范性。

人才队伍建设和培养。2022年，中心引进中山大学公共卫生学院院长郝元涛教授、中国疾病预防控制中心传染病预防控制所王岚研究员和南京医科大学魏永越教授，进一步提升传染病建模和预测预警能力，加强生物医学大数据分析方法研究和应用能力。建立多渠道并进机制，加快人才队伍建设；充分发挥中心科学顾问委员会、学术委员会的专家作用，探索双聘机制，围绕中心职能聘请首席科学家和兼职专家，全面提升中心在国家高端智库、科学研究和科技支撑平台、信息和循证决策、教育培训等方面的能力。2022年招收博士生2名，承担研究生课程《广义线性模型》和本科生课程《卫生统计学》教学工作。

交流合作。一是在"融健康于万策"方针的指导下，积极开展与各级各类机构的全方位合作。与重庆智飞生物制品股份有限公司签署战略合作协议，与中国疾病预防控制中心传染病预防控制所签署关于共办《中华流行病学杂志》合作协议，与中国疾病预防控制中心、中华预防医学会、复旦大学公共卫生学院等达成合作意向。二是举办高水平学术会议和培训，搭建学术交流平台。2022年8月，在山东省威海市举办中国大型人群队列发展现状与挑战研讨会，国家重点研发计划"精准医学研究"重点专项中的大型自然人群示范队列和京津冀、西北、东北、华东、华中、西南、华南区域队列，国家出生队列项目负责人及骨干人员参会。11月，"北京大学公众健康与重大疫情防控战略研究中心2022年度学术年会"在四川成都成功举办，主题为"疫苗在疾控中的历史地位和作用"。国内高水平专家、全国院校高水平公共卫生学院院长、全国疾控系统中青年骨干专业人才参会，通过大会学术报告和专题研讨会形式，围绕"疫苗在疾控中的历史地位和作用""新冠疫情防控策略的调整建议"以及"高水平公共卫生学院建设及其发展"等议题发表意见建议，年会所有成果形成中心智库专题报告上报有关单位。三是开设"全国疾控系统青年骨干专业人才精英培训项目"和"国之公卫大讲堂"学术讲座项目。中心完成三期"全国疾控系统青年骨干专业人才精英培训项目"，共招收来自全国疾控系统的青年骨干人才154人。中心主办的"国之公卫大讲堂"

学术讲座项目通过线上学术交流形式，围绕社会关注的公共卫生热点话题设置"主题演讲""圆桌论坛"和"直击一线"三个环节，邀请国内相关领域专家学者、基层一线的公共卫生工作者进行学术讲座和交流，共开展四期，累计17,257人次参与。

党建工作。中心党组织活动纳入医学部公共卫生学院流行病学系党支部，党务工作由公共卫生学院统一管理。中心目前在编职工4人，均为中共党员，积极参加公共卫生学院党务部门组织的各项党员学习活动。为进一步推动中心民主、规范、科学决策，中心根据中央纪委的要求及北京大学、北京大学医学部"三重一大"制度实施精神，结合实际工作，制订了中心三重一大议事制度（试行）。

荣誉奖励。李立明荣获"中国科技期刊卓越行动计划"2022年度优秀主编。

（王岚）

【一团队获第十二届钱学森城市学（卫生健康）金奖】中国慢性病前瞻性研究于2004年至2008年在全国5个城市和5个农村地区募集了51.3万名成年人，已建成国内规模最大、全球领先的、建有生物样本库的自然人群队列。2022年11月，中心主任李立明教授团队基于中国慢性病前瞻性研究，以作品《基于51万中国成年人队列的主要慢性病病因学证据》获得第十二届钱学森城市学（卫生健康）金奖。

（李立明）

【研究总结我国新冠防控策略与措施】中心与北京大学医学部主办的英文期刊《医学评论（英文）》（Medical Review）杂志合作，组织国内相关专家和机构研究总结我国新冠防控策略与措施以及相关最新科研进展。2022年发表6篇综述和1篇"编者按"栏目文章，内容涉及冷链传播、无症状感染、大规模核酸筛查、疫苗和传播动力学模型等，为新冠防控相关策略与措施的更新提供了最前沿且最详尽的科学证据。

（李立明）

# 其他教学科研机构

## 元培学院

【发展概况】组织机构。元培学院下设4个行政办公室。2022年10月学校任命李喆为北京大学元培学院党委委员、书记。

队伍建设。截至2022年底，学院共有全职教职员工23人，其中事业编制15人（含兼职领导、专职辅导员、退休返聘），选留2人，劳动合同制6人。

教学工作。截至2022年12月，学院在校生共计1213名，其中普通高考生1012名，留学生86名，港澳台学生15名，"双学籍"飞行学员100名。2022年，学院完善全方位新生教育体系。进一步推进以新生训练营、新生系列讲座、新生讨论课、导师交流和学业规划为主线的新生教育体系建设，优化新生训练营模式、完善新生讨论课的系列课程、明确书院课学业规划课程教学大纲并邀请院友开展3次学业规划讲座。学院在跨学科专业教学指导委员会和跨学科专业导师团队指导下，打造跨学科学习体系，逐步完善跨学科专业课程体系，组织开设"PPE的视野""数据科学面面观""整合科学讨论班""通用人工智能导引"等跨学科专业核心课程。"人工智能"交叉专业第三届"通用人工智能实验班"共计招生40人。推进"双学籍"飞行学员课程建设，优化培养方案，开设暑期体能课程，邀请军事医学大学军事医学心理系教学团队开设"航空航天心理学"课程，为飞行学员班学生开设高数辅导课程。关注特殊群体，完善学生学业支持体系建设，召开2次教学学工联合会议，讨论、制定每一位学业困难学生帮扶和支持工作方案。开展本科教改课题"元培学院学生学业危机预警机制探索与实践"研究。学院完成教学评估，梳理总结近5年教学工作开展情况。完善多元评价体系，评选出元培青年学者6人、元培科研奖励获得者19人、挑战杯奖项19项。2022年，学院教职工获教学优秀奖1人。

书院建设。2022年，学院搭建书院课程体系，全年开设涵盖德、智、体、美、劳五方面书院课程共93门，涵盖文化交流、实用技能、前沿科技、音乐鉴赏、体育运动等多个领域，开课超过1200次、近9000人次参与；策划书院游园会、年度盛典、新生素质拓展等活动。优化书院空间管理，完善35楼地下各项空间管理制度。拟定书院课程说明、课程管理办法、助教团队管理办法、住宿辅导员日常考核办法等多项制度。完善住宿辅导员工作机制，构建共建共商共享的教育实践平台。2022年聘任住宿辅导员22人，细化工作职责。充实书院导师队伍建设，聘请彭定中博士担任书院荣誉导师，建立起包括校内外30余名老师的书院导师队伍。

交流合作。2022年，接待洪都集团、北京理工大学徐特立学院、中国科学院大学、教育部领导等的来访。学院成功申请"万人计划""战略合作伙伴基金""人才培养精品课程与培养计划"等项目，成功申报国家留学基金管理委员会"2022年创新型人才国际合作培养项目"，5名东亚项目学生获国家留学基金管理委员会留学支持。开展"亚洲校园"第三期，并完成2022年度的项目管理、学生招募等工作。共参与线上国际会议约20次，举办线上讲座12场，联合主办或承办线上研讨会、寒暑期短期交流、线上学生论坛等活动，约50人次北大学生参加活动并获得相应证书。接收交换生12人（实际到北大学习9人），派出交换生17人（实际到合作院校学习12人）。完善东亚研究交叉学科项目导师制建设，"东亚研究"联合项目当前有学生37人，项目导师17人，核心课程2门。成功举办首届"东亚研究"联合培养项目结业典礼。

党建工作。学院2022年全年发展党员43名，转正51名，其中发展1名教职工党员，党性教育读书班全年41人参加、考核通过率98%，党的知识班共有105人参加，学生党员和入党积极分子人数占全院学生总数近46%。2022年，学院持续将制度建设贯穿于学院发展过程始终，坚决执行党委会议事规则和党政联席会议事规则，严格落实《元培学院贯彻落实三重一大实施办法》。开好民主生活会；落实与教师谈心谈话制度及疫情防控常态化管理规定；认真学习贯彻落实党的二十大精神和学校第十四次党代会精神。定期开展多种形式理论学习，党委理论中心组开展专题学习10次，各党、团支部创新性地开展"请党放心，强国有我"主题党团活动、党的二十大精神学习活动、"经典·时代"系列读书会等活动193项，开展"党史上的今天"微党史学习249次，组织师生赴中国共产党历史展览馆、国家博物馆、香山革命纪念地、怀柔科学城、北京展览馆、北京首钢园开展沉浸式学习参观8次，覆盖400余人次，开展"一二·九"合唱、观看"荣光与梦想"合唱音乐会、组织8次党性教育影视作品系列展播等多种形式的思想政治教育活动。加强对党支部的管理指导，落实党支部书记年度党建述职，定期开展党支部书记培训和月度支委培训，组织举行学生党支部书记工作每周例会30次，举行各支部支委月度例会6次和月度工作总结6篇，开展各支部党小组组长定期工作培训4次。5个党支部全年组织集体学习37次，党支部大会46次，支委会57次，开展党支部工作、党员发展工作实务培训、支部手册互学等业务指导。学院第三学生党支部入选教育部第三批"全国党建工作样板支部"培育创建单位，为校本部首个入选的学生党支部，成功申报基层党建创新立项，获得"永远跟党走"学生党团日联合主题教育活动三等奖。制定《元培学院宣传舆情应急处置工作预案》，定期进行意识形态和宣传工作专题研讨。完成152本教材和教辅的审核、排查工作。完善学院网站主页、新媒体平台发文审核审稿机制，在各平台发布的党建工作相关宣传文稿共46篇。荣获2022年度"宣传工作突出贡献奖"。学习宣传贯彻《新时代高校教师职业行为十项准则》。全面落实思想政治和师德师风"一票否决"，突出在人事聘任、职称评审、职务晋升、年度考核等工作中的考察和评估环节。以全院教职工大会为契机，专题学习师德"红七条"，积极引导教职工以"四有教师"标准严格要求自己。持续完善校聘导师工作的规范制度，加强学院导师评聘、管理和监督工作。加强住宿制书院导师聘任的政治把关。教工党支部与工会联合发起锻炼计划，组织全体教职工学习八段锦、举办"瑜伽课堂"等锻炼活动。举行元培学院党员大会，选举产生学校第十四次党代会代表。

学生工作。2022年，组建党员先锋服务队发挥示范引领作用，深化巩固元行力行、元行同行、元行传薪、元行远行系列品牌思政实践育人体系，定期开展志愿服务活动，全年青年志愿服务时长近4000小时。34名学生参与北京冬奥会冬残奥会志愿服务。2019级孟加拉籍本科生阳光参演冬奥会开幕式节目《致敬人民》。学生成长中心联合学生学术学会、党员先锋服务队和兄弟院系青协成立学业辅导专项工作组，与国际合作部对接举办海外交流主题讲座，整理发布各类项目信息。指导院内11支运动队，持续开展学院-运动队-体育部联席会与体育年会，在北大杯、新生杯和校运会中屡创佳绩。举办"欢度国庆，喜迎二十大"主题书画体验活动、打造"极客创意动手实践课"。举办"元培爱园培"养护绿植活动，开展劳动教育实践虎皮兰种植活动、举办新时代奋斗者情景故事会，开展月度宿舍卫生安全检查，将宿舍环境卫生等列为学生综合评价指标。暑期组织300余名学生赴山西忻州、山西朔州、山西平顺、山东烟台、山东滨州、山东曲阜、河北迁安、浙江绍兴、吉林磐石、内蒙古鄂尔多斯开展思政实践活动。邀请第二班主任、校党委书记郝平老师参加"双学籍"飞行学员班"党的二十大精神学习"主题班会。举办海军文化节、空军文化节吸引近万师生参与。成立学生新闻中心，推出书院导师专访、元气人生、元起团学、元气周报等品牌栏目。通过学院团校、元PLUS培训、书院课程等形式，开展培训、构建新媒体人才库。抓严、抓实疫情防控工作，构建"年级主任-班团骨干-防疫委员-网格小组"四级网络。妥善应对化解35楼疫情风险，院长带头驻守学校，党政领导多轮次走访宿舍，发放N95口罩、爱心礼包等各项物资。寻访重点关注学生家庭，定制各类团体辅导项目5场次，重点学生会商累计超过200人次。

（谢碧娟）

## 北京国际数学研究中心

【发展概况】 机构概况。北京国际数学研究中心（Beijing International Center for Mathematical Research, BICMR，简称"中心"，下同）成立于2005年，是一所由国家出资建设的数学研究机构，致力于数学学科的前沿问题研究，培养新一代世界级数学家，为促进数学思想和成果的交流提供平台。2009年9月面向全国招收第一期研究生数学基础强化班学员；2010年7月第一批博士后进站工作，同年9月学术委员会第一次会议召开；2011年9月招收第一批博士研究生，同年秋入驻北京大学镜春园和朗润园办公新址；2017年秋北大数学学科国际评估中，国际专家一致认为中心已经发展为世界一流的数学中心；2018年9月与学校数学科学学院联合创办《北京数学杂志》；2019年设置英文授课博士留学生项目，同年开始招收留学生。

**学科设置。**中心现有两个一级学科：数学、统计学；4个博士招生专业：基础数学、应用数学、计算数学、概率论与数理统计，四个博士招生专业均设有博士后流动站。

**队伍建设。**2022年中心新引进全职教研人员1名；4名教员晋升长聘教授，2名教员晋升长聘副教授。截至2022年底，中心共有全职教研人员37名，其中在编人员22名，与数学科学学院合聘、编制在学院9名，与公共卫生学院合聘、编制在学院1名，与生物动态光学成像中心合聘、编制在数学中心1名，合同制研究人员4名。非全职教研人员5名。

2022年中心新入站博士后24名（含外籍2名），其中3名入选国际交流引进项目，7名获得北京大学"博雅博士后"基金资助。截至2022年底，有在站博士后53名。

截至2022年底，中心共有行政人员14名，其中在编人员6名（含北京大学财务部派驻会计1名），合同制人员8名。

**人才培养。**2022年中心招收博士研究生10名，在校博士研究生总人数52名；中心教师在数学科学学院和前沿交叉学科研究院等单位指导研究生30余名。毕业学生12名，10名取得博士学位，2名取得硕士学位。

2022年，中心教师共承担本科生课程31门，研究生课程21门，总计开课2704学时。举办2个主题的暑期学校，9个主题的学生课业讨论班，19个主题的短期课程。

2022年，第14期研究生数学基础强化班在疫情背景下坚持线下开课，来自10多个省份20余所高校的30名学员参加学习，最后有24名同学自愿参加了门次不等的考试，参加考试的同学均收到成绩单；17名学员通过结业考核，获得中心颁发的结业证书。

9月，"基础数学双一流建设基地"在中心正式落地实施，中心迎来基础数学研究生拔尖人才培养计划第一批的6名同学。

2022年中心教师继续参与北大数学本科生研究计划和拔尖计划；针对本科生继续开设了"午餐交流会"、"数学一小时"通识讲座系列和升学经验交流会等多种互动形式；8名2022届本科毕业生获第二届"怀新学士"荣誉称号；5名博士生获得中心设立的"北大数学研究生奖"；并为数学奥林匹克竞赛国家队继续提供深入指导，国家队在2022年的第63届国际数学奥林匹克竞赛中以全员满分、总分252分的绝对优势获得团体第一名，这是本世纪之后第一支全员均为满分金牌的队伍。

**科研工作。**2022年，中心教师和博士后发表论文122篇，被接收论文25篇，预印本论文66篇。2022年，中心教研团队有7篇论文发表（含在线发表）在数学"四大"顶尖期刊上。占翔的论文在 Journal of American Statistical Association 在线发表。课题组与合作者在生命科学交叉领域取得了多项重要成果，在 Science Advances 期刊、PLoS Computational Biology 期刊、eLife 期刊分别发表文章。

2022年，中心教员获得多项重量级奖项或荣誉，刘毅、董彬受邀在ICM2022作45分钟报告；葛颢、张磊获国家自然科学基金国家杰出青年科学基金项目；袁新意获2022年科学探索奖；方博汉获第十七届中国青年科技奖。中心近三年加盟教师多名入选各类人才计划，其中：谢俊逸入选长江讲席教授，新加坡籍合同制助理教授程国传入选国家自然科学基金优秀青年科学基金项目（海外），李欣意、谢羿入选中组部青年拔尖人才计划。

2022年，中心新增纵向科研项目13项、横向科研项目2项，在研科研项目55项。

由中心教授担任主编的《北京数学杂志（英文）》期刊自2018年创刊以来，已刊登发表多位著名数学家的论文，其中校友何旭华2022年获谢瓦莱奖的代表性获奖成果正是发表在《北京数学杂志》上。目前期刊已被MathSciNet、zbMATH等国际主要数学数据库收录，入选中国数学会"数学领域高质量科技期刊分级目录"数学类T1区。

**学术交流。**2022年，中心共举办9个不同主题的国际学术会议，19个主题短期课程，17场综合学术报告，18个系列120余场不同规模的小型研讨会或讨论班。国内外相关领域内的优秀专家、青年学者和学生通过线上线下结合的方式"共聚一堂"，交流前沿研究进展，研讨最新工作成果。

**党建工作。**2022年中心共有支部1个，由数学科学学院党委领导。截至2022年底，支部党员23名，其中教师党员4名，行政职工党员8名，博士后党员10名，1名已出站博士后党员组织关系待转出。中心支部继续做好各项考核、评议评优、师德师风建设、思政学习等基层党建工作，组织师生员工参观国家博物馆特展展览"复兴之路"，深入体会以习近平总书记为核心的党中央开辟我国治国理政新境界、开创中国特色社会主义事业新局面的光辉历程和伟大成就；组织全体支部党员深入学习党的二十大会议精神。

**工会工作。**2022年中心工会共有会员90名，其中事业编制会员83名，劳动合同制会员7名。组织参加了印象数学110周年、中国共产党二十大报告知识问答、"风雅遗音"系列文化活动、花式打卡、六一儿童节"居家亲子方格挑战赛"、三八健步走运动会等活动，并开展了中秋、国庆、端午、新年等佳节慰问工作。

（陆宁波、李东璘）

【**数学"四大"期刊发表量创新高**】 2022年，中心教研团队有7篇论文发表（含在线发表）在数学"四大"顶尖期刊上。中心教授谢俊逸和袁新意合作的论文"Geometric Bogomolov conjecture in arbitrary characteristics"在 Inventiones mathematicae 发表；教授肖梁与人合作的论文"On the Beilinson-Bloch-Kato conjecture for Rankin-Selberg motives"在 Inventiones mathematicae 发表；教授刘若川与人合作的论

文"Topological cyclic homology of local fields"在 Inventiones Mathematicae 发表；教授谢俊逸独立完成的论文"The existence of Zariski dense orbits for endomorphisms of projective surfaces"在 Journal of American Mathematical Society（JAMS）在线发表；教授刘若川与人合作的论文"Logarithmic Riemann-Hilbert correspondences for rigid varieties"在 Journal of American Mathematical Society（JAMS）在线发表；教授刘毅独立完成的论文"Finite-volume hyperbolic 3-manifolds are almost determined by their finite quotient groups"在 Inventiones Mathematicae 在线发表；教授许晨阳以中心为第一署名单位、与北大校友合作的论文"Finite generation for valuations computing stability thresholds and applications to K-stability"在 Annals of Mathematics 发表。

（郝　瑛）

# 前沿交叉学科研究院

【发展概况】　组织机构。2022年度，前沿交叉学科研究院（以下简称"研究院"）新增挂靠类实体1个：北京大学国际机器学习研究中心（校发〔2022〕3号，1月4日成立）；新增虚体中心1个：北京大学青藏高原研究中心（校发〔2022〕135号，6月29日成立）。现有3个挂靠类实体：定量生物学中心、国际机器学习研究中心、科学技术与医学史系；8个虚体中心：纳米科学与技术研究中心、生物医学跨学科中心、环境与健康研究中心、睡眠研究中心、大数据科学研究中心、脑科学与类脑研究中心、科学史与科学哲学研究中心、青藏高原研究中心；2个国家支持改革试点：生命科学联合中心、PTN项目；2个挂靠招生项目：区域与国别研究院、昌平实验室；2个公共仪器平台：磁共振成像中心／平台、北极星高性能计算平台。

11月25日，据党发〔2022〕109号文，学校研究决定任命魏姝为北京大学前沿交叉学科研究院党委委员、副书记。

学科建设。9月，区域与国别、纳米科学与工程作为交叉一级学科纳入国务院学位委员会、教育部印发的《研究生教育学科专业目录》（2022）交叉学科门类。自2014年协助并推动学校成立全国高校第一个"交叉学科学位评定分委员会"后，作为分会依托单位，研究院负责对全校交叉学科从招生和录取、学习和培养到培训和毕业全过程、专业体系的质量把控，由交叉学科学位分会宏观指导和节点监督，整合多学科的科研训练，探索创新性拔尖人才的培养模式。参与元培学院整合科学本科生项目的专业申报、人才培养涉及的相关工作，联合元培学院推进创新。

队伍建设。研究院以促进跨学科交叉融合为使命，采取核心研究人员与关联院系进行专聘或双聘的人才队伍特色聘任模式，以聘期评估决定是否继续聘用。2022年度，新增教研系列3人，博士后13人，合同制2人。以人事编制在研究院为统计标准，独立课题组负责人为13人，辅助研究和服务支撑团队49人，博士后47人，共计109人。其中，事业编制人员74人（含教研系列13人，研究系列8人，博士后47人，职员6人）。合同制35人。以导师队伍为统计标准，共计240人，跨越校本部、医学部和临床医院共6个学部，涉及26个院系、机构。

科研工作。研究院充分保护双聘、双跨、兼职科研人员在交叉研究和合作方面的积极性，对研究人员科研成果产出的归属及署名不做硬性要求。2022年，下属各中心在国际高水平杂志共发表学术论文632篇。归属研究院的在研项目共计48项，合计金额7789.49万元；其中新增9项，合计金额616.30万元。各中心在研经费合计6.03亿元、387项。研究员齐志获国家自然科学基金委国家杰出青年科学基金项目资助。

教学工作。在读研究生共计1131名（博士972名，硕士159名）。2022年共招收研究生262人（博士210人，硕士52人），毕业183人（博士122人，硕士61人）。硕士应届毕业率为95.00%，博士应届毕业率为49.24%。获"北京大学优秀毕业生"称号29人，"北京市优秀毕业生"称号9人，"北京大学优秀博士论文"2人。以各中心为单位，制定严格的监督培养机制，通过轮转、资格考试、中期考核、预答辩等几个环节对学生的培养质量进行把控。各中心全面统一安排新型研究生课程，为不同背景和基础的研究生提供个性化选择，采用多层次、模块化、结构化、开放式课程体系。2021—2022学年新开课程21门，共计开设研究生课程89门（面向全校开放70门），其中专业必修课66门，专业选修课23门。

参与元培学院整合科学项目2019—2022级培养工作。负责制定培养计划，组织教师参与课程设计与教学，并承担必修课的教学和科研任务。目前已开设新型整合性课程17门，大型实验课8个，并在30个从事生命科学相关和交叉研究的PI实验室进行实验训练，强化对学生自主创新和实践科研能力的培养。

学工党团。现有党委书记1人，主管学生工作的党委副书记1人，专职辅导员3人，学生兼职辅导员10人，班主任42人，党团班学生骨干190人。教工支部2个，学生党支部21个。教工党支部党员40人，其中事业编13人，合同制8人，博士后19人。学生党支部和团支部依托中心、年级成立。学生团支部44个。学生党员430人，占学生总数的38.02%。学生团员936人，占学生总数的82.76%。研究院党委组织全院党支部、全体党员学习宣传贯彻党的二十大精神，分阶段设计方案，开展系列学习活动。党委理论中心组召开专题学习会，开展"学习贯彻党的二十大精神""二十大报告关键词"系列课程、"畅谈新声"等系列活动。做好北京市、北京大学党代会代表推荐、选举工作，传达落实北京大学第十四次党代会精神，开展专题调研。

1131名研究生中共有319人次获得校级奖励表彰，其中三好学生标兵18人，三好学生105人，优秀学生干部8人，优秀学生干部标兵1人。共有138人次获得奖学金表彰，其中国家奖学金19人，其他各门类奖学金119人。2019级博士研究生李子尧荣获第十三届北京大学"学生五·四奖章"。毕业生就业态势良好，35.75%去往高校及科研院所继续从事科研工作，38.16%在工业界从事研发工作，16.43%在医疗卫生类、教育类、管理类岗位工作，9.66%为其他。冬奥会、冬残奥会期间，共计11名博士生（含3名毕业年级博士生），1名硕士生担任志愿者。1名高年级博士生在志愿服务期间递交入党申请书。一部分志愿者服务于兴奋剂检测中心的样品室。全体志愿者圆满完成志愿服务工作。

**工会后勤**。工会组织挂靠工学院工会，现有工会小组1个。工会会员96人，其中事业编63人，合同制33人。组织20余位教师参与庆"三八"北京大学女教职工校园定向健步走活动；13位教师参与运动会；15位教师参加团体操，30位教师参加入场式；8位教师参与教职工羽毛球赛，10位教师参与"校园清洁"志愿服务活动和"我爱我的家乡"北京大学教职工摄影作品征集活动。

加强学院安全保卫工作，实现安全管理工作的制度化、规范化、常态化。责任落实到人，确立各中心及实验室负责人为直接责任人的安全管理队伍，确保实验室所有师生了解消防器材使用、安全疏散通道位置、紧急情况措施方案等。1月10日、4月28日，霍晓丹传达安全工作会议精神；6月30日，带领安全管理工作人员参与检查工作，开展研究院下属实验室和办公空间安全情况综合检查。11月9日，举行消防培训及消防演练，研究院办公室及各中心负责老师参加。

**新楼建设**。工学院与交叉学科研究院大楼2号楼建设场址位于燕东园，西侧临中关村北大街，总建筑面积约69,479平方米；地上五层约32,032平方米，地下三层约37,447平方米。2018年动工，2021年4月封顶，2022年加紧楼内深化及精装，楼外绿化、能源站正在施工，预计2023年7月31日竣工验收。2022年，在工地会议室共召开47次现场施工监理沟通会议；与学校基建、设计公司、监理公司、建筑公司每周六召开（小）专班会议，了解掌握工程进度、工程质量及安全问题等，共召开40余次。定期召开校长、总务、财务、基建、动力中心、院系及建筑各方的（大）专班会议，统筹各部门整体协调，专事专办，共同推进大楼建设。

**学术交流**。2022年，研究院和各中心学术品牌活动持续开展：举办4期注重学科交叉融合、促进跨领域思考的"周三茶座"以及联结科学界和工业界的"交叉沙龙"。举办5期暑期公益项目："神经与认知科学"（7月4日至10日）、"化学生物学"（7月13日至15日）、"定量生物学"（7月19日至22日）、"分子生物学与前沿技术"（7月25日至27日）暑期公益夏令营，吸引284名大学生参加；"全国中学骨干教师综合教育能力提升博雅讲堂"（7月26日至30日），186名高中教师参加。

1月7日，大数据中心举办中国工业与应用数学学会金融科技专委会首届年会；3月19日至20日，科学史系和国际科学史学会科技外交委员会联合主办"20世纪中国科技外交史国际研讨会"；4月16日，区域与国别研究院举办第二届博士生论坛；5月7日至11日，生物医学跨学科中心举办第39届国际生理科学联合会大会；8月13日至15日，脑科学与类脑研究中心举办"北京脑科学国际学术大会"；10月23日至25日，纳米科学与技术研究中心举办"北京石墨烯论坛2022"；11月12日，睡眠研究中心主任在加拿大发作性睡病年会做主旨报告；12月3日至4日，定量生物学中心举办"2022年国际定量生物学论坛"；12月11日至12日，生命科学联合中心线上举办国际评估会议，全年举办9期球生命科学在线讲座"Life Science Across the Globe"；12月17日至18日，环境与健康研究中心召开北京论坛"空气、气候与健康"分论坛。共组织纳米科学9次、整合生命科学39次、定量科学25次、数据科学10次、脑科学63次、科学史5次、区域国别22次学术讲座，为院内外师生提供多学科交流平台，促进交叉学科进一步发展。

**成果转化与校企合作**。组织与四川省科技厅就科技创新新范式进行交流探讨，组织与华西医院进行医、理、工协同创新进行交流和合作探讨；组织考察团前往成都高新区实地考察和交流；推进北京大学与成都高新区管委会的校地合作，双方签署共建"北京大学成都前沿交叉生物技术研究院"合作协议，北京大学前沿交叉学科研究院是北大方共建任务承担人；持续推进《北京大学前沿交叉学科研究—戴尔公司人工智能双创实验平台》；PI授权专利146项，申请专利67项。

（冯慧敏、赵瑞颖、郭季豪、许可、傅晓燕、张泽佳、王薇、李宁）

【**协同成都市高新区管委会共建新型研发机构**】 研究院与成都市高新区管委会在前沿交叉生物技术领域开展合作，共建新型研发机构"北京大学成都前沿交叉生物技术研究院"。2021年12月23日，成都市委常委、市政府副市长、高新区管委会党工委书记曹俊杰，带队来校访问北京大学前沿交叉学科研究院，就合作意向达成初步共识。2022年6月28日，研究院院长汤超带队在成都与高新区管委会主任余辉交流，就双方合作共建内容及合作基本条款达成共识。6月29日，汤超带队与四川省科技厅相关人员交流北京大学与成都市高新区共建前沿交叉生物技术研究院项目等科技创新工作。科技厅党组成员、主管业务副厅长陈学华参加交流，达成支持意向。4月至7月，在学校国内合作委员会办公室的指导下，确定合作协议和可研报告初稿，上报学校合同管理系统，协同科技开发部、法律事务办公室会签合作协议，审议形成定稿。10月31日，双方签署共建合作协议，北京大学前沿交叉学科研究院是该合作协议中北大方的共建任务承担人。

北京大学成都前沿交叉生物技术研究院的建设目标为前沿交叉生物技术领域的国家技术创新中心。首批规划建设7个前沿技术研究中心。重点攻克生命科学领域核心科学技术问题和创新应用瓶颈，促进科技成果转移转化，培育孵化科技企业，打通从基础科学发现、关键技术突破到产业应用前期的完整创新链。该新型研发机构的建立是助力成都市高新区争创世界领先科技园区的重要基石。

（傅晓燕、冯慧敏）

【签署两项校地合作协议】 研究院与中北大学前沿交叉科学研究院、北京石墨烯研究院建立战略合作。合作重点在基于先进碳材料和石墨烯基特种微机电（MEMS）传感器领域开展联合攻关，突破核心技术，解决碳基MEMS传感器难题，培养国家急需人才，服务国家国防及国民经济建设。10月23日，北京大学、中北大学与北京石墨烯研究院就人才联合培养建立合作机制，并进行签约仪式。该合作协议的签署是深化山西省与北京大学的省校战略合作与科技创新，支持山西省中北大学"双一流"建设的重要基础。

研究院与彭水苗族土家族自治县人民政府建立战略合作。合作建立教学实践基地，深度开展人才振兴合作，着力在干部培训、助学助教、科研合作、校地交流等方面建立起机制化、长效化对接机制。合作协议已于12月22日经学校国内合作办公室审议通过，拟于2023年2月9日正式签约。该合作协议的签署是推动北京大学高水平人才和优质资源与彭水乡村振兴各项工作有效对接，促进北京大学知识成果转化，助力彭水乡村人才振兴的重要推动力。

（龚思源）

【开展"我为同学跑次腿"互帮互助活动】 12月初，针对发烧学生打饭难、取快递难等诸多困难，研究院团委志愿工作部和研究生会充分开阔思路，以问题为导向，开展名为"我为同学跑次腿"的学生互帮互助活动。建立互帮互助微信群，生病同学在群里"下单"，身体状况良好的同学做志愿者"接单"，充当"配送员"、"代购员"为身边同学跑腿，既解决发烧同学的急迫困难，又在同学间传递爱心，弘扬志愿服务精神。

（许可）

# 燕京学堂

【发展概况】 发展历程。燕京学堂（简称"学堂"，下同）第八届学生于2022年9月入学。经过八年的发展，学堂共培养来自82个国家和地区共计348所学校的859名学生，包括657名国际学生、202名大陆及港台学生。

组织结构。学堂领导班子为院长董强，副院长范士明、何必（William Brent Haas），学业主任陆扬，院长助理陈长伟、左婧和郭菲。

学科建设。学堂开设中国学硕士研究生项目，下设哲学与宗教、经济与管理、法律与社会、政治与国际关系、文学与文化、历史与考古六个专业方向。燕京学堂教学发展与指导委员会于11月11日举行第二次会议，院长董强在会上对中国学的内涵做了新思考，并和与会教师商讨学科发展方向。

招生工作。2022年学堂共招收来自27个国家和地区、92所高校的111名学生，其中包括83名国际学生，27名中国大陆学生以及1名中国香港学生，新增的学生来源国家为朝鲜和萨尔瓦多。国际招生方面，学堂共有海外合作院校71所，推广联盟院校39所。全年共举办27场线上宣讲和2场国内高校线下宣讲，其中一场为北大专场。10月，学堂完成2023级27名推荐免试大陆学生拟录取工作。2023级国际招生申请截止日期为2022年11月27日，中国港澳台地区招生截止日期为2022年12月30日。

教学工作。学堂2022年春季学期开设21门课程，秋季学期开设22门课程，48位授课老师来自校内16个院系、所、中心。在学生陆续来华期间，部分课程采取线上线下相结合的授课方式，部分课程利用全英文在线教学管理平台进行在线授课。学堂五门必修课为《转型中的中国》《实地调研》《中国专题系列讲座》《汉语》和《学术写作》。《转型中的中国》由14位来自校内7个院系和康奈尔大学的指导教师共同授课，该课程的教师论坛中，指导教师以"数字中国"为主题，围绕"中国经济、社会与家庭的数字转型""数字设备与协同发展""中国与世界的数字治理"三大板块分享观察与思考。《中国专题系列讲座》邀请博雅特聘教授、国家发展研究院学术委员会主任刘国恩讲授"新冠疫情对全球经济社会的启示"，经济与管理学部主任、博雅特聘教授周黎安分享"中国增长的政治经济学"；邀请哈佛大学东亚系中国文学教授田晓菲作"从《诗经》到互联网：为什么诗歌在中国如此重要"的讲座，考古文博学院副教授秦岭分享"藏礼于器：新石器时代良渚文化以降的玉器"，人文特聘教授、电影与文化研究中心主任戴锦华带领学生们共同探讨"今日电影：想象中国与自我的方式"。《实地调研》通过影像及文字资料、讲座转播等方式完成云端调研；11月组织在校中外师生赴北京明十三陵、故宫、古建博物馆等地开展实地调研。截至2022年底，学堂共有学生201人，2022级学生中27名获得中国政府奖学金，5名获得百贤亚洲未来领袖奖学金。学籍异动包括5名学生申请退学，3名予以退学，1人复学，延长学习年限10人次。学堂导师库中有全校24个院系的138名硕士指导教师。2022年新增学位申请流程介绍、论文格式说明会和答辩前同窗指导三种线上学术研讨会，在学堂论文格式手册的基础上增加编写中英文操作系统下的模板和格式对照表，完成线上线下结合的毕业生答辩。学堂院长基金的研究涉及东南亚数字丝绸之路、数字人民币、人工智能的公平性、转型的中国家庭等议题。图书馆新设四类文本推荐栏目："承墨之页"用于好书推荐、"集微之匣"用于分享数据库资源、"执笔之手"用于作家推荐、"反影之镜"用于影视推荐。

交流合作。2022年学堂通过国际合作部校级交换项目派出5名学生进行学期交换，通过人文学部"北大-剑桥三一"项目派出1名学生取得全额奖学金攻读剑桥硕士学位。学堂与韩国首尔大学国际关系学院、日本早稻田大学亚洲太平洋研究科签署学期交换学习协议。秋季学期选派3名国际学生赴首尔大学开展学习。

党建工作。截至2022年底，学堂共有党员39人，其中正式党员34人，预备党员5人。新发展党员6人，其中学生党员4人。2022年，学堂把学习党的二十大精神作为重点，开展学习教育活动：观看中国共产党第二十次全国代表大会开幕会；邀请直属单位党委书记为预备党员讲党课；分享聆听习近平总书记重要讲话精神的学习心得；范士明副院长带领教职工学习习近平在中国共产党第二十次全国代表大会上的报告；组织员工参观"文明的印记——敦煌艺术大展"等。团支部开展的活动有：参观北京大学革命英烈主题展；开展"青春接力与你同行"主题团日活动；举办中秋庆祝会等。在"同心战疫·北大青年在行动"等校内志愿服务工作中，学堂3名同学获评优秀志愿者；1月至3月，学堂2020级团员罗含艺作为志愿者在北京冬奥会期间担任加拿大冰球女队队陪。

学生工作。学堂把立德树人融入学生培养体系和管理体系，通过班主任一对一谈话、党支部书记一对一谈话等形式，开展思想教育工作，掌握学生的思想、学业和生活动向。依照相关规定和标准完成学生常规工作包括班级建设、学生素质综合测评、个人和集体评奖评优、心理健康教育等。2022年学堂严格落实学校疫情防控要求，完成出入京审批、返校离校、日常出入校管理等工作。学工办及时发布校园管理中英文通知，持续关注学生心理状况、学业进展和求职进度，通过班主任/院领导一对一谈话、走访宿舍多种方式疏导学生情绪，及时解决学生的实际困难。动员组织党员先锋队、学生助理、防疫委员等学生骨干，为在校学生提供有针对性的帮助，制定校内发热学生应急预案，保障药物、抗原检测试剂盒及各类应急物品的供应。课外活动方面，学工办和学生骨干组织了近四十场特色活动，包括线上运动会、线下舞蹈工作坊、云居寺参访等。2022年4月8日至10日，第六届北京大学燕京学堂全球青年中国论坛在线上举行，主题为"家国天下：风云变幻中的国际主义"（Globalisation or Guóbalisation? Internationalism in Flux）。职业发展方面共开展活动共12场，包括选调工作说明会、技能提升工作坊、行业求职分享会等。首期业界导师项目于春季学期启动，共有七名业界导师参与，35名在校学生入选本次项目并完成导师双选与配对。校友工作方面，为80余名2022届毕业生设计、制作、寄送毕业纪念礼包，建立了燕京学堂校友秘书团队，完成第一期校友秘书招募并授予证书，支持各校友秘书开展不同规模海内外校友活动二十余场。2022年学堂毕业典礼和开学典礼采用线上线下结合的方式分别于6月19日和9月3日进行。

毕业生去向。2022年，学堂共计80名学生获得北京大学硕士学位，其中法学硕士44人，经济学硕士22人，文学硕士6人，历史学硕士4人，哲学硕士4人。22名中国大陆毕业生的就业率为100%，就业单位包括审计署、中石油、今日头条等。国际同学的就业去向大多数为境外组织和机构，包括世界银行、毕马威会计事务所等机构。此外，学堂以2017—2021年共计541名毕业生去向信息为基础，形成毕业去向分析报告，以掌握育人成果，为学生培养提供反馈。

获奖情况。学堂获北京市教学成果奖二等奖；2021级硕士二班和三班荣获北京大学"先进班集体"荣誉称号；2022年度网络安全工作优秀团队；2022年度"优秀组织工作奖"。

行政队伍。截至2022年底，学堂共有员工29人，其中事业编制2人，劳动合同制27人；入职2人，离职4人。

综合管理。2022年，学堂制定《北京大学燕京学堂疫情防控管理办法》《北京大学燕京学堂交换生接收与管理实施细则（试行）》。3月至6月配合审计室完成对学堂2016年1月至2021年12月期间综合管理情况以及行政主要领导人员经济责任的审计。

工会工作。截至2022年底，学堂工会会员共计28人。综合行政办公室及时发布校园管理通知，为员工采购发放物资，协助解决员工问题。学堂工会小组组织视频制作培训、插花教学、敦煌艺术展参观等活动与培训，组织员工参与校运动会、各类体育竞赛，举办员工生日会等活动。

（党　珂、范美文、陆晨源、吴沛家、王　蓉、刘　洁）

【留学生来华工作】 5月以来，根据入境政策，学堂成立国际学生来华专项工作小组，小组成员与校内外各相关部门保持联络，展开留学生来华相关事务。以有温度、有高度为工作目标，与每一位入境学生建立联系，收集学生来华意愿，提供细致入境指导并形成详细说明文件，帮助学生把握重要时间节点，疏导学生焦虑情绪，处理各种紧急情况。截至12月底，2022年共有90名国际及港澳台同学入境，其中85名已完成入校手续。学生入校后，学堂学工、教务、综合行政等办公室继续帮助学生处理银行卡电话卡办理、居留许可申请、奖学金发放等后续问题。

（党　珂）

**【附表】**

表5-1 北京大学燕京学堂2021级学生国籍分布

| 大洲 | 国家地区 | 汇总 | 大洲 | 国家地区 | 汇总 |
|---|---|---|---|---|---|
| 亚洲 30 | 中国大陆 | 24 | 欧洲 22 | 英国 | 7 |
| | 日本 | 1 | | 德国 | 4 |
| | 印度 | 1 | | 意大利 | 2 |
| | 新加坡 | 1 | | 法国 | 1 |
| | 韩国 | 1 | | 比利时 | 1 |
| | 马来西亚 | 1 | | 波兰 | 1 |
| | 越南 | 1 | | 挪威 | 1 |
| 北美洲 28 | 美国 | 27 | | 荷兰 | 1 |
| | 加拿大 | 1 | | 爱尔兰 | 1 |
| 非洲 3 | 南非 | 2 | | 塞尔维亚 | 1 |
| | 科特迪瓦 | 1 | | 葡萄牙 | 1 |
| 拉丁美洲 8 | 巴西 | 3 | | 西班牙 | 1 |
| | 墨西哥 | 3 | 大洋洲 1 | 澳大利亚 | 1 |
| | 哥伦比亚 | 1 | | | |
| | 秘鲁 | 1 | | | |

★双国籍学生，每个国籍按0.5计算。

（吴沛家）

# 现代农学院

**【发展概况】** 组织机构。截至2022年底，现代农学院设2个系、1个行政办公室、3个虚体机构。4月，学校研究决定，任命刘承芳为副院长。9月，学校同意增补刘承芳为现代农学院学术委员会委员，同时顾红雅不再担任学术委员会委员。

党建工作。2022年，现代农学院健全领导班子每月集中学习制度，带领全院党员师生深入学习贯彻党的二十大精神、习近平总书记系列重要讲话精神，深入学习贯彻北京大学第十四次党代会精神，通过集体学习、交流座谈、参观调研、共建联学等多种方式深入学习贯彻党的二十大精神。先后邀请专家、讲师团等为学院师生做专题学习报告、组织党员师生赴云南开展红色实践活动，赴农科院作物所、中粮研究院等单位开展党建共建等。为贯彻落实二十大精神，引导北大师生关心关怀"三农"问题、服务乡村振兴，举办首届北京大学"现代农学文化节"。

不断理顺实体研究机构党政管理运行机制，在学院推进党总支会议、党政联席会议等制度；根据党员人数变化及学科布局对党支部进行拆分，按专业分别成立两个教师党支部和两个学生党支部；建立总支委员联系支部制度，不断加强支部建设；定期研究分析师生思想状况，加强师德师风宣传与教育；加强对课堂、教材、网站、新媒体账号等阵地的管理，完善院领导听课制度等。申报北京大学党建创新重点项目，试点探索在实体研究机构以党总支为抓手加强党建工作的路径。

队伍建设。截至2022年底，学院共有教职员工77人，其中教研系列教授9人、长聘副教授4人、助理教授7人、研究技术系列研究员2人、助理研究员2人、博士后42人、事业编制职员3人、劳动合同制职工8人。学院现有中国科学院院士1人、中国工程院院士1人、国外院士2人、海外高层次人才引进计划（长期项目）1人、长江学者2人、国家杰出青年科学基金项目4人、国家优青项目3人、海外高层次人才引进计划（青年项目）3人。

2022年，学院加强高层次人才队伍梯队建设，把政策重心和工作重点放在培育青年科技人才上，完善优秀青年人才全链条培养制度，共有2位助理教授晋升长聘副教授，1位副教授晋升教授，晋升评估通过率为100%。

学科建设。2022年，学院进一步明确学科体系建设思路，7月，经学校校长办公会审议，设立分子农学系和农业与发展经济系。同时，学院积极开展智慧农业系和食物安全与健康系的建设工作。现有农林经济管理一级学科博士授权点和农业生物技术二级学科授权。

教学工作。2022年，学院共招收博士研究生18人，其中直博生15人，申请审核制博士生3人；授予博士学位3人。

截至2022年底，学院共有学生69人，均为博士研究生，其中生物技术专业人32人、农业经济管理专业37人。

学院开设研究生专业必修课和选修课28门，面向全校开设公选课、暑期课程14门。其中，《植物发育及分子生物学》《植物知道生命的答案》两门暑期课选课人数突破1000人，许智宏、邓兴旺等主持的《舌尖上的植物学》已成为受全校学生欢迎的公选课程。1位老师获教学管理优秀奖，1位老师获得2022年度"中国工商银行奖教金（优秀教师奖）"。

学院举办线上"优秀本科生和硕士研究生夏令营"；举办第一届"现代农学论坛"，24位博士生与博士后展示各自科研领域的最新研究进展和成果；举办海外名家学术讲座9次。3位博士研究生获国家留学基金委资助出国访学。

**学生工作。**建立学工、教务协同机制及学工、导师会商机制，总支书记牵头定期、不定期就学生心理、就业、思想动态等有关问题进行协同会商；根据学生及学科情况对党团支部设置进行调整，依托专业成立党支部，依托年级成立班级、团支部，定期召开学生骨干例会。

加强学生思想政治工作，系统开展"请党放心，强国有我"系列主题教育活动、"立足新征程，奋进新青年"系列理论学习等系列理论学习；举办"大国粮仓"纪录电影首映礼、"寻梦冬奥会、一起向未来"等大思政课；组织红色主题定向越野、趣味运动会、主题歌会、知识竞赛等党团日活动，加强对学生的思政教育与引导。2022年，学院团支部获得北京大学优秀团支部，学生党支部获得党团日联合主题教育活动二等奖。

点面结合开展就业指导，举办"对话·分享·成长""引航明灯，就业指导"系列讲座，对预毕业学生开展"一人一策"就业支持，2022届毕业生就业率100%；开展团体心理辅导、心理讲座等心理健康指导，学工队伍与全体学生谈话每学期全覆盖一次，发现并成功干预危机学生3人，未出现学生危机事件；2022年评选各奖励、奖学金获得者47人，在学校名额的基础上积极争取捐赠，新设立"大北农"院级奖学金。

**科学研究。**2022年，学院共申请到科研项目25项，项目总金额1690余万元，其中包括自然科学基金委重点项目1项、国际（地区）合作项目1项、面上项目6项、应急管理项目1项、重大项目子课题1项、青年科学基金项目2项、社会科学重大项目1项、科技部国家重点研发计划及子课题3项、横向课题9项。目前学院在研项目53项，在研项目经费总计6202余万元，在国内外学术期刊共发表研究论文89篇，其中SCI/SSCI收录70篇，重要科研成果分别发表在Nature Plants、The Plant Cell、Nature Food、Science of The Total Environment、American Journal of Agricultural Economics等专业顶级期刊。

分子农学团队在现代农业生物技术应用研究方面取得系列重要进展，发表高水平论文6篇以及综述2篇。邓兴旺教授主编的北大植物书系已通过北京大学评审并推荐参加"教育部全国优秀科普作品"评审。9月，邓兴旺教授主持的国家重点研发计划项目《光信号参与高等植物生长发育调控的蛋白质机器鉴定及作用机制研究》课题顺利结题，并组织召开绩效评估会。

农业经济与管理团队继续承担多项中国工程院重大咨询项目并提交多份政策报告。易红梅教授入选2022年中国青年农业经济学家论坛年度学者。农业经济与管理团队受邀参加《中国三农报道》新闻采访，分享粮食安全、高素质农民培育、农业生产应灾能力建设、气象灾害监测预警体系建设、数字乡村建设以及村医老龄化问题等方面的看法和建议。

鉴于已有优越科研成果，2022年，学院有6位学者荣登"2021年高被引学者"榜单，其中邓兴旺、何跃辉3位学者所属学科为生物学，黄季焜、罗仁福、王金霞3位学者所属学科为应用经济学，王晓兵所属学科为农林经济管理学。

**学术交流。**2022年，学院共获批5项海外名家讲座和1项海外学者讲座，项目总经费9万余元；暑期课《植物知道生命的答案》获批人才培养精品课程与培养计划支持，项目总经费4万元。截至2022年底，学院成立耕读书院，并邀请万建民院士、钱前院士、刘旭院士、韩贵清院士担任耕读导师。农业经济与管理团队黄季焜教授于2022年1月担任印度尼西亚T20第四特别工作组——粮食安全与农业可持续发展小组联席主席以来，履行职责组织参与一系列视频会议和对话活动，为20国集团（G20）关于粮食安全与农业可持续发展小组提供重要政策建议。

**对外合作。**2022年，学院为继续充分吸纳社会资源开展教学科研工作，并以教研成果服务地方、回馈社会，持续推动与山东省共建的农业研究院的建设；继续布局"3+N"教学、科研、思政基地，通过多种形式，构建校地合作新格局；4月，与大北农集团达成合作，在基金会总体协调下，完成3.1亿元捐赠协议签署；与中粮集团达成明确合作意向。

**平台建设工作。**为落实习近平总书记培养知农爱农新型人才指示，体现学院责任与担当，推进"双一流"建设，解决学院基础设施需求，在校领导支持下，进一步推进现代农学院与先进技术综合科研大楼和25亩实验基地建设。5月10日，学院与大北农共同签署全面战略合作协议，落实该项目建设资金；11月23日，经校长办公会审议确定楼体外立面设计方案，进一步开展楼内功能空间的深化设计；11月24日，教育部行文北大同意该项目86,900平方米建设立项，学院成立"新大楼建设委员会"，共同决策重点事项并配合基建部推进工作。完成实验基地功能规划及场地内原有树木移栽方案设计。

作为学院过渡空间的昌平校区主楼B座三层投入使用，划分院务办公室、院长办公室、实验室、公共仪器平台等空间,并挂牌设立"新大楼建设办公室",配合开展相关工作;11月9日,1台大型设备完成安装,学院公共仪器平台投入使用。

其他工作。实验室与设备管理:学院现有仪器设备总计1022台。2022年新购置仪器设备58台,其中大于100万大型设备1台。后勤及安全管理:制定《现代农学院安全管理制度》、《现代农学院安全检查工作制度》等安全管理制度;成立安全工作小组,完善安全自查工作与隐患摸排工作,每周完成至少一次安全检查,并建立隐患台账。开设《实验室安全培训》、《楼宇消防安全培训及消防演练》等安全培训活动,完成王克桢楼、综合科研楼五层、资源东楼灭火器年检工作。

(万 芊、杨 忱、张一凡、黄佩璇、杜轩昊、李晨雨)

【纪录电影《大国粮仓》在北京大学首映】 3月1日下午,纪录电影《大国粮仓》首映礼在北京大学百周年纪念讲堂李莹厅举行。首映礼由北京大学党委宣传部、学生工作部、校团委、现代农学院、会议中心共同主办。电影以纪实手法拍摄,融入珍贵历史资料,生动讲述了中国共产党带领中国人民从解决温饱问题到迈向全面建成小康社会的历史进程和动人故事,集中展示了我国"三农"工作的实践经历和历史成就,特别凸显了以袁隆平为代表的广大农业科技工作者在农业科技攻关征程中矢志创新、勇攀高峰的奉献精神。

首映礼上,北京大学原校长、现代农学院名誉院长许智宏院士致辞,高度赞扬了电影展示的以袁隆平为代表的优秀农业科学家们栉风沐雨、耕耘不辍的"种子精神",生动阐述了中国人的饭碗要牢牢端在自己的手中的道理,是一堂引导北大学子厚植"三农"情怀、投身"三农"事业的公开课,也是一场别出心裁的耕读主题教育。河南电影电视制作集团总裁助理、影片导演熊延江介绍了该片的拍摄历程。电影历时四年,创作团队分成6个摄制组专访实录,采访了60余位农业专家、一线工作者和普通百姓,用生动的画面和鲜活的故事,全面展现了在党的领导下,中国人自己养活自己、中国人饭碗主要装中国粮的生动史实。

首映礼上,嘉宾们为纪录电影《大国粮仓》主创团队人物海报揭幕。电影主创代表与师生围绕"大国(大国粮仓)""大家(农业科学家)""大学(北京大学)"等关键词进行了主题互动。

(张一凡)

【邵根伙博士捐资设立北京大学大北农现代农学发展基金】 4月29日,大北农国际集团董事长邵根伙博士捐资设立北京大学大北农现代农学发展基金用以支持现代农学院教育事业发展,捐赠仪式在临湖轩举行。捐赠仪式上,校长郝平代表学校向邵根伙颁赠感谢状。邵根伙讲述了自己及大北农与北大的渊源。北京大学原校长、现代农学院名誉院长许智宏对邵根伙的家国情怀和对农业农村发展的关切之心表示钦佩,并为邵根伙颁发现代农学院耕读书院导师聘书。最后,邵根伙、刘春明、李宇宁共同签署捐赠协议。"北大农"与"大北农"的优势互补,将为解决农业产业面临的重大和瓶颈问题提供技术和理论支撑,推动农业科技创新和企业增效。

(张一凡)

【学院党总支部赴云南开展红色实践活动】 7月25日至28日,学院党总支部组织党员师生赴云南省昆明市、大理白族自治州弥渡县开展红色学习实践活动,迎接二十大、奋进新征程。25日下午,实践团抵达爱国主义教育基地国立西南联大旧址,参观国立西南联合大学原教室、国立西南联合大学纪念碑、"一二·一"运动纪念柱、"一二·一"运动四烈士墓等历史遗存。26日上午,实践团前往云南大学访问交流。中国科学院院士、云南大学校长方精云教授会见代表团一行,就进一步加强基层党组织建设、以党建融业务、促业务等工作深入交流。下午,实践团赶往弥渡县"中紫一号"水稻的种植试验田,听取学院院长刘春明团队关于紫米生长情况最新科研成果的介绍,就新品种种植、机械使用、劳动力投入等多个方面与当地农户交流,了解新品种种植生长情况。27日,实践团调研弥渡特色蔬菜产业发展情况,参观大理春沐源现代农业科技示范园,了解连栋温室大棚高品质樱桃番茄的种植流程以及销售情况,参观温室种植基地与恒温加工车间。随后前往大理耘飞农业科技有限公司参观智能温室工厂化育苗基地,通过座谈交流探讨"龙头企业绑合作社""合作社绑农户"这一"双绑"模式的运作细节以及推广经验;前往春晓种苗基地近距离观察种苗嫁接过程,了解种苗生产经营模式,就企业成长提出建议;来到电子商务公共服务中心调研弥渡电子商务发展情况,进一步了解基层电商体系的建设与实践。28日上午,现代农学院党总支与弥渡县委、县政府有关同志共同召开"弘扬脱贫攻坚精神 勇担民族复兴使命"主题党日座谈会,就弥渡县乡村振兴、脱贫攻坚工作诸多内容进行交流。下午,实践团重走习近平总书记来洱海古生村考察时走过的路,前往洱海古生村调研洱海生态保护情况及洱海生态廊道建设情况。江荣风教授介绍洱海治理情况及洱海流域农业绿色发展研究院的发展。

(张一凡)

【举办北京大学首届现代农学文化节】 11月2日,由学院主办的"燕园金秋里,丰收青春时"第一届现代农学文化节开幕。开幕式上,校党委常委、副校长张平文与同学们一起将玉米粒剥下倒入"农"字容器中,象征以丰收硕果激扬奋进青春,激励广大同学将青春之花绽放在祖国最需要的地方。本届文化节以"识作物喜庆丰收,悟初心献礼盛会"为主题,通过科普展览、主题游园会等校园文化活动,引导同学们涵养"三农"情怀,关心生产、尊重劳动,主动融入乡村振兴国家战略。"黍稷稻粱,弦歌日新"主题展览包括图文展览和实物展示两部分内容。图文展板选取了人们日常生活中耳熟能详的农作物，包括蔬菜、水果和主粮作物中的代表性品种进行介绍，并结合现代农学院最新科研成果，让参观者了解现代农学学科发展方向与最新成果。实物展示区涵盖来自现代农学院和现代农业研究院的最新成果及各类稀有农产品品种，如重达85斤的巨型西瓜与乒乓球大小的药西瓜、辣度指数100000SHU的Pequin野生辣椒与辣度指数为0的波兰紫甜椒、中紫系列高营养水稻、各类高产耐大豆除草剂玉米品种等。在主题互动游园会区域，参与者们通过参与游戏、收集盖章领取学院定制的惊喜奖品，包括根据指导制作精美的干花书签；亲身体验"玉米脱粒"；"种子盲盒"游戏：识别不同种类的种子；"你说我猜""作物分布知识竞答"等游戏：学习农业各领域"热词"，了解我国不同作物的分布区域和种植面积。

（张一凡）

【举办"第一届北京大学现代农学论坛"】 10月14日至16日，依托"研究生教育创新计划"项目支持，第一届北京大学现代农学论坛在王克桢楼511会议室举行。论坛为期三天，采取线上线下相结合形式开展口头报告和交流，分为分子农学系学术汇报、农业与发展经济系学术汇报和专家主旨报告三大板块。10月14日和10月15日为分专业学术汇报，来自学院24位博士生与博士后展示各自科研领域最新研究进展和成果；10月16日为专家主旨报告，7位现代农业研究领域专家分享重大科研成果并开展交流。近百位校内外师生学者参与论坛。

（杨忱）

【发布《县域数字乡村指数（2020）》】 学院下设虚体机构北京大学新农村发展研究院联合阿里研究院在2020年发布《县域数字乡村指数2018》后，持续推进县域数字乡村指数评价和数据开放，推动数字乡村建设。2022年5月30日，北京大学新农村发展研究院在线发布《县域数字乡村指数（2020）》，系统地构建县域数字乡村指标体系。新农村发展研究院副院长易红梅副教授主持此次发布会，并代表项目组介绍了县域数字乡村指数的申请流程与使用规则。人民日报、新华社、光明日报、经济日报等50多家媒体参会，共有来自学术界、政府部门、企业及基层工作人员7200余人线上参会。发布会上，新农村发展研究院院长黄季焜教授代表项目组介绍了县域数字乡村指数2020主要成果，指出我国县域数字乡村建设总体处于起步发展阶段，呈稳步增长态势，在数字基础设施、经济数字化、治理数字化和生活数字化四个领域，数字基础设施领跑县域数字乡村建设。同时，报告也指出，县域数字乡村在区域间存在显著的发展鸿沟，东部遥遥领先西部和东北，百强县分布也呈现明显的区域差距。现代农学院院长刘春明、阿里巴巴集团副总裁项煌妹先后致辞，分别介绍了北京大学新农村发展研究院在数字乡村等乡村振兴相关领域的研究进展、阿里巴巴助力数字乡村建设的实践探索。在圆桌论坛上，八位来自学术界、政府部门和企业的代表对县域数字乡村指数的构建和连续发布给予高度肯定，并就深化评估指标体系和拓展数据来源、不断扩大指数影响力、加强政产研合作等提出建议和期望。与会嘉宾还围绕"如何有序推进快速、包容和可持续的数字乡村建设"分享了观点。

（高雅）

【建言献策保障国家粮食安全和生物育种产业化研究】 北京大学新农村发展研究院院长、现代农学院黄季焜教授，基于长期以来多粮食生产调研数据和近期相关项目研究结果，向上级有关部门提交多份政策建议报告，特别是在粮食播种面积统计、粮食安全与农民增收和做大做强农业等领域提出的相关问题和政策建议得到上级有关部门高度重视，2022年11月有关部门专门给北京大学党委发文致谢黄季焜教授。

2022年5月黄季焜教授受农业农村部委托，拟写了"国际转基因作物管理政策及对我国的启示"报告，为中央制定转基因育种产业化应用的实施政策与具体措施提供了决策依据，得到上级领导致谢表彰。

（高雅）

# 科维理天文与天体物理研究所

【发展概况】 组织结构。科维理天文与天体物理研究所（简称"科维理所"，下同）设有理事会和科学咨询委员会。理事会负责监督科维理所管理及运作情况，2022年10月，北京大学副校长张锦接替原北京大学主管副校长黄如（已调离）担任理事会主席。科学咨询委员会对科维理所的科学发展和人才引进提供指导意见，现任主席为来自美国亚利桑那大学的美国科学院院士Robert C. Kennicutt。科维理所实行所长负责制，所长为何子山（Luis Chi Ho），副所长为吴学兵、沈雷歌（Grgeory Herczeg）。科维理所与物理学院天文学系关系紧密，重大事宜通过两单位教研系列教师共同参加的教授会讨论决定。科维理所与天文学系共同设立教员招聘评估委员会、博士后招聘评估委员会、计算机管理委员会、研究生管理委员会、学术活动组织委员会、教学委员会、学术活动委员会等一系列委员会，分别由两单位教师、博士后担任委员。各项行政事务在所长领导下由行政办公室负责实施。中国空间站工程巡天望远镜北京大学科学中心（虚体）依托科维理所成立，北京大学-中国科学院上海天文台联合天体物理研究中心（虚体）依托物理学院成立，两中心都在科维理所运行。科维理所人事独立，党委挂靠物理学院，科维理所与物理学院天文学系成立天文在职教师党支部，接受物理学院党委的领导。

学科建设。学校天文学科设有天文学本科教育、硕士点、博士点和博士后流动站，专业设置包括天体物理学和天文技术及应用两个方向，其中天体物理学科为全国重点学科。学科主要包括四个研究方向：（1）宇宙学、星系的形成与演化；（2）恒星形成、恒星和行星系统；（3）引力和高能天体物理；（4）计算天体物理。2022年，美国新闻世界报道（US News and World Report）大学空间科学（Space Science，主要是天文学）学科排行榜中，学校天文学科排名第36，在亚洲排名第2，仅次于东京大学。在2022年泰晤士高等教育中国学科评级中，学校天文学科与南京大学、上海交通大学、清华大学和中国科学技术大学的天文学科同被评为A+学科。

队伍建设。学校天文学科共21位教研系列教师，其中科维理所10人，天文学系11人。有教授5人、教授类研究员2人、新体制长聘副教授8人、助理教授6人，2022年无新入职老师。2022年4月，教授彭影杰、长聘副教授江林华、李柯伽、王然的人事关系从科维理所转到物理学院天文学系；2022年9月，美籍长聘副教授Eric West Peng因家庭原因离职；2022年10月，科维理所预录取教师姜方周、董若冰、叶泉志入选2022年国家自然科学基金优秀青年科学基金项目（海外）。2022年12月，学校天文学科有在职博士后32人，新入职博士后11人。2022年，Yuhiko Aoyama、吕振伟、朱良贵、Veronica Vazquez Aceves获"北京大学博雅博士后"称号，徐睿获"北京大学优秀博士后"称号，林浩翔获中国博士后科学基金国际交流与引进项目资助。学校天文学科有行政人员7人，其中事业编制1人，合同编制6人，2022年无新入职行政人员。教师队伍中现有美国天文学会会士1名、海外高层次人才引进计划学者1名、海外高层次人才引进计划（青年项目）学者11名、国家杰出青年基金获得者4名、国家高层次人才特殊支持计划领军人才2名、科技部创新人才2名、国家高层次人才特殊支持计划青年拔尖人才1名、腾讯基金会"科学探索奖"获得者2名、国务院"政府特殊津贴"获得者1名。

科研工作。2022年，学校天文学科共发表297篇文章，其中发表第一作者文章或通讯作者文章88篇。

2022年，学校天文学科新增2个科技部重点研发计划课题；8个国家自然科学基金项目，其中包括1项国家杰出青年基金，1项重点项目，1项面上基金，1项青年科学基金，1项外国学者研究基金和3项理论物理专项；新增5个中国博士后科学基金项目，其中包括特别资助2项，面上二等资助项目3项；新增1项外国青年学者特别专项项目，总资助金额为1970万元。

2022年，学校天文学科取得的科研亮点包括：江林华团队首次证实类星体对宇宙再电离的贡献可以忽略不计，表明恒星形成星系提供了宇宙再电离的主要电离光子，从而基本解决宇宙再电离能量来源这一重要天体物理问题，研究成果于2022年6月16日在线发表在《自然·天文》（Nature Astronomy）期刊。科维理所李柯伽、东苏勃及中国科学院国家天文台朱炜玮、美国内华达大学拉斯维加斯分校（University of Nevada, Las Vegas）张冰等人组成的研究团队依托"中国天眼"500米口径球面射电望远镜，对快速射电暴FRB 20201124A的深入观测取得重要成果，揭示了该快速射电暴密近环境的动态演化，研究成果于2022年9月22日发表于《自然》（Nature）杂志。

2022年，江林华获评国家杰出青年基金，李柯伽获腾讯基金会"科学探索奖"，何子山当选2022年度美国天文学会会士，稻吉恒平（Kohei Inayoshi）获日本天文学会青年科学家奖，邵立晶获阿里巴巴达摩院青橙奖，博士后徐睿论文获《星系》（Galaxies）杂志2022年最佳论文奖，博士毕业生龙凤获2022年美国宇航局哈勃学者计划萨根学者奖。

2022年，科维理所提出建设6—8米口径成长型通用光学望远镜（EAST, Expanding Aperture Segmented Telescope）项目，预期分两期在青海建成一台亚洲境内最大口径的拼接镜面通用型光学望远镜，为即将发射的中国空间站巡天望远镜和已建成的中国天眼等其他波段望远镜的后随光学观测提供急需设备。国内和在美注册的北京大学教育基金会均已完成该项目的筹款立项，已启动对该项目的捐赠筹款工作。

教学工作。2022年，学校天文学科共招收本科生48人、博士生17人。天文学科现有在读研究生86名、本科生134人，由天文学系和科维理所联合培养。现有本科生课程21门，其中专业必修课6门，专业选修13门，全校通选2门；研究生课程19门，其中必修课7门，选修课12门。

2022年，科维理所吴学兵获首届叶企孙师表奖，张华伟、王然、陈弦、江林华、王菁完成的"实测天体物理教学改革"项目获北京大学教学成果一等奖，张华伟获北京大学教学优秀奖。

毕业生情况。2022年，科维理所共有本科毕业生26人，其中17人在国内读研，5人出国深造，2人工作，2人考研。9位同学留在天文专业读研。严涵获评"北京大学优秀毕业生"，康亚城获评北京大学"未名学士"，林伊人、黄浩淼和冯齐康获评"未名物理学子"。

2022年，科维理所共有研究生毕业生13人，其中1人工作，12人继续从事天文博士后工作（国外3人，国内9人）。孙唯佳、庄明阳、朱锦平获评"北京市普通高等学校优秀毕业生"，并于余捻坤、张春风共同获评"北京大学优秀毕业生"。

合作交流。2022年，学校天文学科共举办1场中学生暑期课堂、1场"夏季科研日"活动、1场中国空间站工程巡天空间望远镜（CSST）星系科学暑期学校、26场学术报告、26场科维理所-天文学系研讨会和32场中国空间站工程巡天望远镜（CSST）专题讨论。科维理所-天文学系天文研讨会主要由博士后组织，中国空间站工程巡天望远镜（CSST）专题讨论主要面向博士研究生。

校友工作。《北京大学天文学科60周年纪念册》历时3

年编撰完成。学校天文学科已给广大校友、各天文单位领导寄出纪念册300余册。6—8米口径成长型通用光学望远镜筹款项目得到国内外校友的支持，部分校友已经投入该项目的筹款工作。

防疫工作。2022年，根据相关工作要求，学校天文学科疫情防控小组安排落实师生员工核酸检测工作并购买药品保障师生健康安全；依据学校政策协助遇到紧急情况的外籍教师申请出境；安排专人为回京的外籍教师和来华工作的国外博士后解释政策，保障其顺利抵京并按规定完成隔离工作。

（吴学兵、张华伟、姚　洁、刘黎黎、刘树岩、孙　敏、谢　静）

【中国空间站工程巡天望远镜北京大学科学中心项目报告厅改造项目完成】　中国空间站工程巡天望远镜北京大学科学中心基础建设工作于2022年正式启动，科学中心报告厅的装修改造和设备安装是2022年重点工程。中心科学数据部主任彭影杰带领相关人员于2022年5月完成设备招标。2022年7月至8月，科维理所完成报告厅的改造施工和演示设备安装工作。2022年12月，新报告厅投入使用。科维理所原报告厅使用已达15年，设备老化，同时由于座椅固定，报告厅存在功能单一、使用率低的问题。改造后报告厅屏幕由小幕布变为液晶大屏，展示效果显著提高，桌椅由固定变成移动，报告厅使用率大幅提高。

（姚　洁）

# 中国教育财政科学研究所

【发展概况】　中国教育财政科学研究所（简称"财政所"，下同）由财政部、教育部和北京大学于2005年共同设立，研究工作覆盖所有学段，主要承担财政部、教育部等政府部门委托的重大项目，组织大量前沿性与严谨实证研究，以服务于我国教育财政政策制定；组织与推动研究者、政策制定者和各类教育利益相关者进行有效交流与对话，提高国内教育财政领域整体研究水平。

教学工作。财政所教学工作挂靠教育学院，招生和教学工作根据教育学院安排统一进行。2022年在读博士5名，在读硕士5名。2022年秋季学期开始，财政所首次单独招收硕士和博士，单独组织对申请材料筛选和面试。财政所教师团队采用创新型导师组培养方式，充分发挥财政所教师多学科背景特点和有组织科研团队的突出优势，完善教育财政学方向研究生培养方案，旨在培养优秀教育财政专业人才。

2021年秋季学期起，由财政所王蓉教授、宋映泉副研究员共同发起主持由北京大学教育学院、北京师范大学教育学部、暨南大学经济与社会研究院和剑桥大学国际考评部6位专家联合参与授课的本科生选修课程"中国乡村教育：行动与反思"，基于6位教师数十年来乡村教育的实践与反思，通过参与式课堂引领学生对乡村教育进行多维度、多视角的探讨。2022年本课程再次启动，受到本科生欢迎和积极反馈，选课人数为2021年的3倍。

科研工作。财政所研究跨度大、领域广，坚持在严谨实证研究的基础上，服务国家需求，保质保量及时完成中央政府部门委托的政策研究任务，并取得较为丰富的科研成果。

2022年重要研究项目包括：（1）教育部委托课题"非义务教育阶段免费教育问题研究"。该工作包括国际比较研究和国内调查2个部分，完成国际学前和高中免费教育相关研究，并通过问卷调查和访谈等方式对国内相关情况展开调研。（2）教育部财务司《新中国教育投入七十年》课题。本课题为教育部财务司牵头为期数年、多个研究机构参与的重大研究项目，财政所研究人员为主要负责人之一。2022年该课题取得有效进展。（3）中小学教育信息化调查及相关政策研究任务。该课题完成全国31个省份360个区县的学校、教师和学生层面数据采集，为我国中小学信息化投入和中小学资助政策提供决策参考。（4）科技财政政策研究相关任务。围绕本主题，开展国务院研究室教科文卫研究司和国家社会科学基金重大项目等委托的若干课题的研究，相关研究成果经国务院研究室提交有关部门后获得批示。（5）研究生资助相关课题研究。该调查抽取171所高校开展相关研究。共回收博士生问卷26,839份，学术型硕士生问卷81,122份，专业型硕士生问卷85,587份，导师问卷18,681份。截至2022年，该调查为全国最大样本量研究生资助相关调查。（6）完成世界主要国家托育财政政策研究任务。课题组对OECD国家整体、北欧国家、欧洲大陆国家、自由市场经济国家、亚洲邻国、金砖国家托育事业发展与财政投入政策开展研究，完成20个代表性国家和OECD整体情况案例报告，同时完成课题综合报告并提交教育部财务司。

2022年，财政所向教育部、财政部、国务院研究室等有关部门提交大量政策咨询报告。包括《全球学前免费与资助政策与实践概览》《0—3岁托育事业发展与财政投入政策国际比较研究报告》《OECD国家学前教育资助与免费政策》《金砖国家学前教育资助与免费概览》《全国学前免费与资助政策与实践研究报告》、《研究生资助政策完善研究报告》《部属高校人才专项绩效研究》《普通高中学生资助研究及十四五期间的政策完善建议》《完善基础学科拔尖创新人才培养体制机制的政策建议》《大学"双一流"学科的评价体系改革与有组织科研体系建设》《后疫情时期的高等教育财政策略》《2021年中央高校收入支出分析报告》《"十四五"期间支持产业共性技术研发的政策研究》等。

据不完全统计，2022年财政所向财政部、教育部等有关部门提交政策研究报告近20篇，中文学术期刊发表共计11篇，中文著作出版2本，国际学术期刊发表5篇，英文著作章节1篇，媒体发表和报道11篇。

2005年建所之初，财政所编辑《中国教育财政》科研简报并开始发行。截至2022年底，科研简报已经印发226期，共计369篇。纸质版每期寄送约2000份，覆盖财政部、教育部、国家发展与改革委员会等相关国家部委，全国31个省份的财政厅、教育厅，150多所高校及有关科研机构、媒体单位，以及几百个县市区基层政府相关部门。电子版每期发送给中国教育发展战略学会教育财政专业委员会会员、中国教育经济学会会员等。财政所科研简报已成为分享教育财政研究成果的重要平台。2月，财政所与"中国知网"达成协议，每期科研简报不仅在"中国教育财政"微信公众号和北大财政所网站发布，也将同步由"中国知网"收录。同被收录的还包括由财政所历年科研简报集成的《中国教育财政政策咨询报告》。基于《中国教育财政》科研简报基础，财政所拟申办《教育财政研究》期刊。2022年底，申请获得教育部批准，待中宣部传媒监管局进一步批准。

交流合作。2022年，财政所举办学术活动30场，邀请参与讲座分享的国内外专家逾200人次，线上线下参与听众超过万人。举办大中型学术交流活动5次。包括：（1）2021年12月起，发起组织第七届中国教育财政学术研讨会，共计组织22场专题研讨会，共邀请近200位嘉宾进行了学术交流（线上线下结合）；（2）"北京大学教育财政与政策优秀青年学者＆实践者支持计划"启动仪式与第一期集中授课（线下）；（3）中国教育财政高端论坛（线下）；（4）谁定义童年？——对话加州大学伯克利分校布鲁斯·富勒教授暨《标准化童年》中文版新书发布会论坛（线上）和《100位妈妈谈在线教育》新书发布会暨"什么是有效的在线教育？"专题研讨会（线上）；（5）1月，共举办4场"高校科技创新与科技财政系列专题讲座"系列专题讲座（线下）。此外，财政所教师参与部委及国内相关机构组织并做重要发言交流活动10余场。

社会服务。在完成学术研究及承担来自中央部门委托课题外，2022年，财政所教师还应邀参与国务院研究室、中国教育发展战略学会、联合国教科文组织、联合国儿童基金会、英国救助儿童会等机构组织的会议并就相关议题分享讨论；参与教育部经费监管中心对北京市及贵州省开展的中央经费支持学前教育发展绩效评估工作并获得有关部门肯定；参与河北省廊坊市预算绩效管理工作并被评为优秀专家；参与民盟中央、民盟北京市委和民盟北大委员会组织的各项社会服务活动等。财政所教师还担任专业学术期刊评审专家，为 China Economics Review、International Higher Education Policy、Frontiers of Economics in China 以及《北京大学教育评论》等学术刊物评阅论文多篇。

党建工作。2022年度财政所教工党支部共有中共党员12人，入党积极分子1人。其中，教师党员5人（其中女性2人）、合同制员工党员7人（其中女性5人）。财政所教工党支部隶属于教育学院党委，党建工作接受教育学院党委统一领导。

行政工作。2022年，财政所共有教职工24人，其中在编教师8人，博士后2人，劳动合同制人员14人。教职工总数比2021年增加5人，其中在编教师增加1人，博士后增加1人，劳动合同制人员增加3人。

工会工作。财政所工会工作依托教育学院工会开展，接受教育学院工会统一领导，2022年共有工会会员23人。

学生工作。财政所学生工作挂靠于教育学院，学生相关工作根据教育学院安排统一进行。

（张眉）

【完成非义务教育阶段免费教育及资助政策研究】 2022年初，财政所承担教育部委托课题"免费教育问题研究"。该课题受到怀进鹏部长高度重视，并由教育部财务司与发展规划司提供支持。2022年课题组完成国际比较研究报告《OCED国家免费学前教育概况》《金砖国家学前教育发展情况综述》《高中阶段免费教育国际比较研究》；完成案例调查研究《调研省份访谈调研报告》《部分地方实施普通高中和学前教育免费情况调研报告》；完成30个省份问卷调查工作，回收学生问卷94万余份，教师问卷7万余份，学校问卷近1700份，区县问卷近200份，开展初步分析并完成《学前教育学生资助及免费教育政策调研报告》和《高中阶段学生资助及免费教育政策调研报告》。基于全国部分省份客观、详实的调查数据，课题组就学前教育学生资助及免费教育政策、普通高中免学费资助、中职免学费和国家助学金等问题，为财政部科教和文化司、教育部财务司提供政策咨询支持。

（张眉）

【开展高校"双一流"学科建设相关研究】 2022年，财政所在将各高校"双一流"学科建设情况与各校国家重点实验室科研产出情况结合的基础上，分析"双一流"建设对高校学科发展和学科交叉融合产生的影响，形成《大学"双一流"学科建设与国家重点实验室学科交叉研究发展》报告初稿。同时，以某高校为例，分析经费在校内院系之间和教师之间分配模式与使用情况，以深入剖析双一流建设及经费分配对院系学生培养和教师科研的影响作用。同年，受国务院研究室教科文卫研究司委托承担大学"双一流"学科评价体系改革与有组织科研体系建设课题。此外，2022年课题组提交"2021年央属高校决算分析报告"，此项工作已经持续进行4年，有效回应财政部相关政策决策需求。

（张眉）

【推进财政所数据中心建设】 2022年，财政所数据中心紧密围绕数据服务财政所的核心职责开展工作，为所内各级各类教育政策研究提供数据支撑与数据服务。基于中心行政管理数据，各级各类教育公平研究团队已基本完成《中国教育财政保障与公平》系列5个子报告，涵盖学前教育、义务教育、高中阶段教育、高等职业教育和高等教育。数据中心在参考国内外数据体系建设经验、系统地梳理所内已有数据的基础上，初步搭建中国教育财政数据体系，将各学段政策研究形成框架。具体包括：第一，整合现有数据，包括中国教育财政家庭调查（2017、2019、2021年三期）、中国教育财政科学研究所中职毕业生2020年全国抽样数据、中国教育财政科学研究所2020年研究生就学费用调查数据等所内数据；第二，辅助开展新的问卷调查，包括中国教育财政学校调查、中国教育财政教师调查、学生资助专项调查、中小学数字化教学专项调查等。

（张 眉）

【完成全国教育信息化和学生资助调查】 2022年，在教育部支持下，财政所开展并完成包括新疆、西藏在内的全国31省/自治区/直辖市、360个区县5160所学校、12万位教师和150万名学生关于教育信息化和学生资助问卷调查。学校调查包括学校基本情况、学校信息化投入、建设、保障和使用情况，学生资助分配和效果评价；教师调查包括教师基本情况、教师工作、收入和培训情况、信息技术应用情况；学生问卷包括学生个人和家庭情况、信息技术应用情况、疫情期间上课情况等。该任务课题将基于数据分析形成中小学信息化投入和应用、高中学生资助现状等研究报告，为我国中小学生资助、中小学信息化投入和应用提供政策建议。同时，该调查也是财政所数据中心建设基础教育阶段学校和教师数据库重要组成部分。

（张 眉）

【启动"北京大学教育财政与政策优秀青年学者＆实践者支持计划"】 2022年，财政所联合教育经济研究所以及中国教育发展战略学会教育财政专业委员会主办，由留美教育财政与政策协会（Chinese Education Finance and Policy Association）参与协办"北京大学教育财政与政策优秀青年学者＆实践者支持计划"。该计划旨在通过"四个连接"——连接研究与实践、连接中国与世界、连接不同学科、连接年青一代与资深一代，为教育财政与政策领域的青年学者、实践者提供互相切磋、互相促进的学术共同体及个人发展支持平台。该项目以1年为期，共包含教育财政与政策研究前沿研究方法、教育财政制度体系与研究探索、学术职业咨询与发展支持、项目成员研究计划立项/研究成果展示等4个系列活动，通过多样化内容与活动为青年研究者、实践者提供研究能力建设与研究网络支持。2022年项目共招募来自斯坦福大学、哥伦比亚大学、纽约大学、范德堡大学、一桥大学、北京大学、中国人民大学等海内外知名高校及科研机构26位青年学者、实践者个体成员，及天津市教育委员会财务处、电子科技大学财务处2个科研团队成员，并于8月29日至9月3日在北京大学顺利举行项目启动仪式与第一次集中授课。

（张 眉）

# 中国社会科学调查中心

【发展概况】 组织结构。中国社会科学调查中心（ISSS, Institute of Social Science Survey）（简称"调查中心"，下同）成立于2006年9月，是北京大学社会科学数据调查平台，也是北京大学开展中国社会问题实证研究的跨学科平台。调查中心包括7个部门和2个项目组，分别是执行部、质控部、数据部、技术部、智库、行政部、发展部以及中国家庭追踪调查（CFPS, China Family Panel Studies）项目组和中国健康与养老追踪调查（CHARLS, China Health and Retirement Longitudinal Study）项目组。调查中心主要工作是数据采集、数据管理与服务和智库研究。调查中心领导团队名单：中心主任：张志学；副主任：赵耀辉、任强、丁华。

数据采集。调查中心数据采集方面以中国家庭追踪调查（CFPS）、中国健康与养老追踪调查（CHARLS）和中国企业创新创业调查（ESIEC, Enterprise Survey for Innovation and Entrepreneurship in China）为基础，兼顾其他项目，采集有全国代表性、大样本、高质量的微观追踪调查数据。其中，中国家庭追踪调查（CFPS）是一项大规模、多学科社会追踪调查项目，基线样本覆盖全国25个省市自治区，调查问卷包括社区问卷、家庭问卷、成人问卷和少儿问卷，内容覆盖国际上四个主要社会调查项目（PSID、CDS、HRS和NYLS）。CFPS旨在通过追踪收集个体、家庭、社区3个层次数据，反映中国社会、经济、人口、教育和健康变迁，为学术研究和公共政策分析提供数据基础。2022年，CFPS项目组主要完成第七轮全国范围内调查并同步进行2020年数据清理工作。调查对全国超过1000个区县，约2万个家庭、7.5万个人进行回访。在疫情管控常态化背景下，CFPS沿用电访与面访相结合的混合模式，招募686名访员参与实地数据采集工作，共完访样本55,215份。受疫情影响，2022年调查中电访为主导访问模式，以电访模式完成的问卷占比约为96%，调查数据核查结果质量优异。数据清理方面，CFPS项目组对2020年家庭关系库和家庭经济库、2020年个人库和少儿家长代答库数据进行整体清理和评估并在2022年12月发布。

中国健康与养老追踪调查旨在收集一套代表中国45岁及以上中老年人家庭和个人高质量微观数据，用以分析我国人口老龄化问题，推动老龄化问题跨学科研究。CHARLS问卷内容包括：个人基本信息，家庭结构和经济支持，健康状况，体格测量，医疗服务利用和医疗保险，工作、退休和养老金，收入、消费、财产，以及社区基本情况。2022年，CHARLS项目组继续开展全国第五轮常规追踪调查的补访工作，共培训475名学生访员，22名学生督导，85名核查员，共计完成15,018人问卷访问，采集6,419人体格信息，3,640人血样，调查结束后，有望产生中国第一份全国代表性人群客观测度躯体运动数据，人体全基因组测序数据库，以及肠道、尿道和口腔中人体共生微生物宏基因组测序数据库，并进一步推动我国老龄化问题交叉学科研究。此外，CHARLS项目组负责人赵耀辉教授牵头组织30位老龄健康领域专家，历时3年，完成了《柳叶刀》（Lancet）特邀重大报告《中国健康老龄化路径》，系统总结中国老年健康的现状和影响因素，并针对性提出实现健康老龄化政策建议。

中国企业创新创业调查（ESIEC）旨在通过科学抽样和实地追踪调查，获得反映中国企业创新创业状况的微观数据，推动更高质量学术和政策研究。调查内容主要包括企业家的创业史、企业创建过程、企业基本信息、企业创新、企业间关系以及营商环境等七个方面的内容。ESIEC项目是调查中心核心调查项目之一，由企业大数据研究中心组织实施，光华管理学院张晓波教授担任总负责人。2022年，在调查中心支持下，企业大数据研究中心举办第二届中国小微企业调研案例大赛，旨在鼓励高校本科生通过实地调研，发掘转型背景下中小微企业创新发展代表性案例，融合理论知识与企业实践，推进面向真实世界的经济与管理研究，并为政府相关政策的制定提供支持。案例大赛历时5个月，共吸引全国各地26所高校近60支团队参与。

中国小微经营者调查：自2020年三季度起，调查中心联合企业大数据研究中心与蚂蚁集团研究院、网商银行共同发起"中国小微经营者调查"（每季度开展调查），调研我国小微经营者在疫情时期复工复产情况、经营状态、融资需求以及未来预期等，为后疫情时代小微经营者发展现状提供第一手资料。截至2022年，小微经营者课题组已连续10次完成小微经营者调查报告撰写和成果发布。此外，课题组撰写的"One year after COVID the challenges and outlook of Chinese micro and small enterprises"论文在"数字金融开放研究平台第三届（2021—2022年度）峰会"论文评奖中，荣获"2021—2022年度数字金融研究先锋奖"。

数据服务与共享平台。中国调查数据资料库（CSDA，China Survey Data Archive）通过专业数据管理与监护，实现便捷数据共享。2022年，资料库已发布数据资料涵盖26个调查项目的372个数据文件和数据集，资料库的注册用户总数达到21,927人，同比增长16%，下载量近58万次，同比增长18%。此外，调查中心参与"数字与人文背景下的文科数据公共平台建设"以及区域国别数据库建设和搭建数据平台。

智库研究。调查中心智库以构建开放性、跨学科研究平台为目标，以开发和利用CFPS、CHARLS等优质数据资源为基础开展量化研究，为国家发展提供有实证依据的政策建议并对舆论和大众进行理性引导，发挥资政启民的作用。调查中心以微观实证数据为依托，通过吸引国内外优秀学者共同合作，组织养老、生育、教育等多个领域课题研究。2022年，调查中心与国家发展和改革委员会收入分配就业与消费司和蚂蚁集团研究院等校外单位积极合作交流。承担国家发展和改革委员会收入分配就业与消费司重要课题《中等收入群体细分重点群体问卷调查研究》。

教学与培训。2022年，调查中心开设本科生秋季课程《理解中国：问题、方法与实践》，中心10名教师共同设计和授课，旨在促进学生利用CFPS和CHARLS数据开展实证研究。调查中心孔涛副研究员独立开设面向区域国别方向研究生课程《量化区域国别研究》，旨在帮助学生了解量化实证研究基本思路和方法，提升学生量化研究素养。暑期课程方面，2022年调查中心开设《社会调查数据分析》《社会调查实务》两门暑期课，共有153名学生参加。由于疫情原因，主要采用在线教学方式，2022年暑期课程也是调查中心第10期暑期课。

科研工作。2022年调查中心在研课题5项，分别是：中国农村老年人口的照料需求、照料服务体系及政策支持（陈欣欣，国家自然科学基金面上项目，71873010）、中国老龄人口非正式护理成本研究（王格玮，国家自然科学基金面上项目，72173008）、中等收入群体细分重点群体问卷调查研究（孔涛，国家发展改革委员会就业收入分配和消费司课题）、小微经营者融资盲区研究（孔涛，网商银行课题）、银行中高净值客户资产配置和保险保障白皮书（顾佳峰，中国人寿股份有限公司课题）。参与专著中章节撰写2篇；发表研究报告和中英文期刊论文16篇。

交流合作。2022年，调查中心在学校社会科学部支持下，承办"2022年度论坛：数字与人文纵横谈"，为数字与人文学科交流合作提供平台，鼓励和支持各学科交叉合作和交流，进一步丰富数字人文年活动。2022年，调查中心已成功举办"构建人工智能与人文社科交流的桥梁"和"创新由我，影响世界"2场论坛，进一步促进学科交叉融合发展与交流。与用户合作交流方面，CFPS项目组和CHARLS项目组在线举行2022年用户培训和交流会以及数据申请和项目网站使用培训；CFPS项目组首次举行面向全体用户的数据管理实践活动并与香港大学社会科学学院联合举办"中国家庭追踪调查"港大学生暑期实践。调查中心与中国人寿保险股份有限公司联合出品《中高净值家庭资产配置和保险保障白皮书》。此外，调查中心还与北京大学大数据分析与应用技术国家工程实验室合作，参与《2022数字生态指数》"人工智能产业指数"和"数字普惠金融指数"2项分指数编制和报告撰写工作。

党建工作。调查中心有教工党支部1个，党支部委员会1个，正式党员13名，预备党员2名，入党积极分子6名。2022年，中心支部在坚持三会一课和主题党日活动基础上，认真参与北京大学第十四次党代会的代表推举工作；组织支部党员和群众集体观看中国共产党第二十次全国代表大会开幕会、第二十届政治局常委见面会，通过听专家报告、集体研讨和自学等多种方式开展二十大报告学习活动，读原文、悟原理。按照学校第十四次党代会和学校党委、系党委的部署要求，切实把中心教职员工的思想和行动统一到党的二十大精神上来，推动重案建设和事业发展并取得新成绩。

（孔　涛、陈秋惠）

【数据用户服务】 2022年，CFPS、CHARLS新增注册用户数再创新高。截至12月31日，CFPS国内外总注册用户量为105,042人，包括校内用户8,423人，国内其他高校和科研机构用户量89,102人，国际用户量为7,517人。CHARLS累计数据用户75,022人，其中，校内用户数累计4,902人，国内其他高校和科研机构用户量65,129人，国际用户量为4,991人。

截至12月31日，据不完全统计，以CFPS数据为基础发表论文5751篇，其中中文期刊论文3157篇，英文期刊论文1108篇（SSCI、SCI期刊论文744篇），学位论文共1486篇。以CHARLS数据为基础发表的论文4,087篇，其中中文期刊论文1,379篇，英文期刊论文有1,882篇，中英文学位论文656篇，其他（书籍等）170篇。

（孔　涛、陈秋惠）

【承办"2022年度论坛：数字与人文纵横谈"】 2022年，调查中心在学校社会科学部支持下，承办了"2022年度论坛：数字与人文纵横谈"，为数字与人文学科交流合作提供良好平台，鼓励和支持学校学科交叉，丰富北京大学数字人文年活动。3月25日，由社会科学部支持、调查中心组织召开的"2022年度数字与人文纵横谈"第一场论坛在燕京学堂B102举行，智能学院院长朱松纯教授围绕"构建人工智能与人文社科交流的桥梁"做主旨报告。11月8日，由社会科学部支持、调查中心承办的"2022年度论坛：数字与人文纵横谈"第二场论坛在光华管理学院1号院101室举行，集成电路学院张海霞教授以"创新由我，影响世界"为主题做主旨报告。

（孔　涛、陈秋惠）

# 生物医学前沿创新中心

【发展概况】 组织机构。生物医学前沿创新中心（Biomedical Pioneering Innovation Center，简称"BIOPIC"，下同）共有15个课题组，1个高精尖创新中心，1个测序平台，1个行政办公室。2022年3月，BIOPIC完成领导换届工作，学校任命张泽民为中心主任，苏晓东、黄岩谊为中心副主任。

教学科研。2022年，BIOPIC共产出研究论文60余篇，申请发明专利6项，技术成果转让2项，并开辟出抗体药物研发、环形RNA疫苗技术、人工智能应用于分子模拟与药物研发等新的研究领域和方向。谢晓亮、汤富酬、乔杰团队合作研究成果入选《中国21世纪重要医学成就》；依托BIOPIC建设的北京未来基因诊断高精尖创新中心导师团队荣获2022年北京市优秀研究生指导教师团队；谢晓亮获2021年度突出贡献中关村奖；谢晓亮、汤富酬、张泽民、高歌入选全球前2%顶尖科学家榜单；张泽民、高歌入选爱思唯尔中国高被引学者；曹云龙入选《麻省理工科技评论》2021年度中国"35岁以下科技创新35人"榜单及《自然》杂志2022年度科学影响"十大人物"。

队伍建设。2022年，BIOPIC有教研系列职工15人（其中8人人事关系挂靠BIOPIC），2022年入职0人，离职0人；研究系列9人，2022年入职2人，离职0人；博士后36人，2022年入站14人，出站8人；合同制员工33人，2022年入职3人，离职13人。2022年引进"卡脖子"领域教研系列正教授（客座）1名，聘请3名研究技术列人员，入站14名青年博士后人才。中心现有美国科学院院士和中国科学院外籍院士1人，享受国务院特殊津贴1人，长江学者6人，海外高层次人才引进计划2人，国家高层次人才特殊支持计划领军人才1人，国家杰出青年基金获得者7人，国家优秀青年科学基金获得者6人，海外高层次人才引进计划（青年项目）4人。

交流合作。2022年，BIOPIC举办第四届单细胞基因组学国际研讨会，共24位世界知名学者参会，全球共1.3万人次观看。该研讨会全面呈现全球单细胞组学领域的最新技术开发和科研成果。中心向学校融媒体中心投稿50余次，发布中心官网信息100余次，保持官微"北京大学生物医学前沿创新中心"、"北京未来基因诊断高精尖创新中心"同步更新。

党建工作。7月，根据2021年校巡查意见，BIOPIC正式成立生物医学前沿创新中心党支部（简称"BIOPIC党支部"，下同），选举邢栋为支部书记。2022年，BIOPIC党支部开展5次学习二十大精神研讨会系列主题活动，发展2名入党积极分子。

（李　犇、赵河雨）

【破译出新冠病毒新变异株的受体结合能力和免疫逃逸能力图谱】 6月，谢晓亮课题组在《自然》杂志发表论文，破译出新冠病毒新变异株的受体结合能力和免疫逃逸能力图谱。研究结果表明，新冠病毒利用"免疫原罪"，能快速进化出逃逸突变位点。奥密克戎BA.4/5变异株可以逃逸BA.1所产生的中和抗体，使新冠康复者再次感染，具备大流行的潜力。12月，谢晓亮课题组再次在《自然》杂志发表论文，全球首次系统地探究了新冠病毒受体结合域（RBD）"趋同演化"的机制，前瞻性地对病毒未来突变演化方向进行了预测，为广谱疫苗和抗体药物的设计与研发提供了宝贵的理论与数据支持。

（李　犇、赵河雨）

【首次开发出环状RNA疫苗技术平台】 3月，魏文胜课题组首次开发出环状RNA疫苗技术平台，相关研究论文发表于《细胞》杂志，该项平台型技术将在感染性疾病、自身免疫病、罕见病以及癌症的预防或治疗中具有广泛的应用前景。

此外，魏文胜课题组据此技术平台设计出针对新冠病毒及其一系列变异株的环状RNA疫苗，该疫苗对多种新冠病毒变异株具有广谱保护效力，可常温储存、快速响应未来病毒变异。

（李 犇、赵河雨）

## 海洋研究院

【发展概况】 组织结构。海洋研究院是北京大学在海洋领域的实体交叉科研平台，秉承学校学科齐全的优势，凝聚人文社科、理工、医药的研究力量，开展海洋研究。研究方向包括但不限于：海洋科学（物理海洋、海洋生物化学、海洋地质），海洋工程技术，海洋资源，海洋治理与法律，海洋战略与文化等。

学科建设。2022年，研究院继续围绕"深海大洋、前沿交叉和国际合作"的目标，在海洋系统与全球变化和人类生存环境、海洋生物技术与应用和人文海洋三大方向开展学术研究、探索交叉与合作，为北京大学涉海学科提供增量。

队伍建设。2022年，研究院劳动合同制人员减离2人，现有研究技术系列人员1人，双聘教研系列人员1人，劳动合同制人员1人，并有兼职人员、博士后研究人员分布在学校相关院系。

学生工作。研究院博士研究生均系与学校相关院系联合培养，2022年共有在读博士研究生4人，毕业生6名。

11月10日，研究院联合学校学生工作部与中国甲午战争博物馆签约共建爱国主义教育基地，拓展北京大学校外思政教学空间，发挥刘公岛的历史文化资源和综合教育优势，共同组织实施对北大师生的政治思想教育、革命传统教育，涵养北大师生爱国主义精神。

学术交流。2022年，研究院共举办海洋领域博士后专场学术报告会1场，举办博士后专项座谈1场，与其他单位联合举办海洋学术讲座1场。

（王玉霞）

【举行海洋研究院专场学术报告会】 4月15日，为深入贯彻中央人才工作会议精神，落实新时代人才工作的新理念新战略新举措，鼓励和推动北大青年人才攻坚克难、深耕海洋，研究院举办专场学术报告会。海洋科学、海洋人文领域的博士后代表庞晓雷、胡佳竹分别作报告，海洋研究院周力平、王磊先后主持会议。报告会吸引了来自10个院系的师生到场进行跨学科交流，为北大青年的海洋研究催生出新的研究视角和方法。

（王玉霞）

【举行"五四"学术研讨会：数字经济与海洋】 5月4日，研究院举行"'五四'学术研讨会：数字经济与海洋"。宁波市经济技术开发区数字经济局局长廖忠玲与来自学校信息管理系、城市与环境学院、集成电路学院、政府管理学院、光华管理学院、国际关系学院等八个院系的老师，就探讨海洋数字经济发展中的机遇与挑战对话交流。海洋研究院副院长王磊主持会议。本次会议旨在响应学校"数字与人文"年的号召，传承弘扬五四精神，凝聚北大海洋相关领域研究力量，增强学校与地方海洋部门的交流与合作。与会人员从海洋技术、海洋经济、海洋人才、数据库、政府管理、国际合作等方面对数字海洋经济建设展开研讨，实现海洋领域文理交叉、跨学科对话。

（王玉霞）

【新华网国际大洋发现计划第397航次"船-岸连线"科普直播】 11月28日北京时间16时，正在北大西洋执行国际大洋发现计划（IODP）第397航次科学钻探任务的学校海洋研究院、地球与空间科学学院博士后庞晓雷与中山大学海洋科学学院副教授吴家望作为登船科学家，通过新华网科普中国频道视频连线，从位于北纬37°34.0002'，西经10°7.6644'的"决心号"科学钻探船上进行了"探古老岩芯 寻气候密码"主题科普直播活动。直播历时近80分钟，根据新华网客户端获取的数据，共计304.6万人参与观看。观众们跟随镜头"近距离"观察到了来自数千米海水之下海底的古老沉积物，感受到海洋科学家从深海"入地"的奇妙和乐趣，对海上科考的工作场景有了直观的认识。来自全国各地的学生对船上科考表现出极大的兴趣，并与专家积极互动交流。

（赵 城、梁雍祺）

【研究院博士后南海-北大西洋海上视频连线】 11月29日北京时间上午8:30，正在南中国海执行国家自然科学基金委共享航次计划NORC 2022—06航次南海中部海盆科学考察实验研究任务的学校海洋研究院、地球与空间科学学院博士后卢汐和城市与环境学院博士生商纪元，从位于南海北部的"嘉庚号"科学考察船上通过视频连线，同正在北大西洋伊比利亚西南边缘海域的"决心号"科学钻探船上执行国际大洋发现计划（IODP）第397航次科学钻探任务的学校海洋研究院、地球与空间科学学院博士后庞晓雷进行了跨洋交流，共同探讨深海的科学奥秘。

（梁雍祺）

## 人文社会科学研究院

【发展概况】 组织架构。人文社会科学研究院（简称"文研院"，下同）主要机构由院务会、学术委员会、工作委员会和行政办公室组成。院务会是相关负责人进行议事决策的基本制度和主要形式，负责统筹和组织学术活动、邀访学者项目开展和实施与行政事务保障和支持等常规工作，参会人员包括院长、常务副院长、行政副院长与院长助理。学术委员会在海内外人文社会科学领域专家学者中邀请聘任,任期5年,负责审核文研院章程、把握学术导向与发展规划、审议院长提交的讨论事项。经学术委员推举,张静教授担任2022—2023学年轮值主席,任期1年。工作委员会由人文与社会科学学科中青年学术骨干组成,任期5年,负责讨论各项学术发展规划、组织实施相关学术活动、遴选邀访学者、参与商讨工作事项。经工作委员推举,韩笑为轮值召集人。行政办公室由办公室主任、行政主管、邀访项目与国际事务主管、邀访项目与国际事务主理、业务发展与推广主理、自媒体运营与宣传主管、档案收集与管理主管、科研助理等人员组成,具体负责日常行政事务和学术活动的服务支持与保障工作。

队伍建设。文研院无教学研究系列人员,院长、常务副院长分别由院系教师兼任,现有事业编制行政管理人员2人、博士后3人(其中新聘1人)、劳动合同制职员7人(其中新聘1人)。

交流合作。文研院努力构建、拓展国际学者网络,组织开展线上学术活动,就共同关心的发展性议题进行沟通。3月4日,"文献、信息与政治交流"研读会在线举办,来自美国布朗大学、美国纽约州立大学、日本大阪市立大学、台湾成功大学、台湾中研院的海内外学者围绕第2期邀访学者魏希德(Hilde De Weerdt)著作《宋帝国的危机与维系》进行讨论。4月,当代法国著名政治哲学家、巴黎大学荣休教授伊夫-夏尔·扎尔卡(Yves Charles Zarka)受邀担任"文研经典阅读"第1期"主体性的另一条道路"主讲人。6月16日,早稻田大学东洋哲学系教授山部能宜以"'阿赖耶识'的实践背景"为题主讲讲座。6月25日,跨学科论坛"龟兹石窟寺研究:考古·历史·美术·文献"邀请来自京都大学、早稻田大学、新疆龟兹研究院等高校与研究机构的10余位学者从不同角度回顾克孜尔石窟研究基本进路。6月30日,"北大文研讲座"第256期"张爱玲与世界主义的人文视野"在线举行,香港大学文学院比较文学系教授黄心村围绕所著新书《缘起香港》展开叙述。10月14日,宾夕法尼亚大学景观系荣休教授John Dixon Hunt在讲座"不列颠想象中的意大利园林"中通过相关资料发掘早期现代时期人们对古典时期罗马园林的理解。12月7日,芝加哥大学东亚艺术中心副主任蒋人和(Katherine Tsiang)受邀主讲"数字人文与社会"系列首场讲座。12月9日,墨西哥国立自治大学恩里克·杜塞尔·彼得斯(Enrique Dussel Peters)教授在"一带一路框架下的中拉关系"讲座中分析中国对拉丁美洲和加勒比地区对外直接投资。12月,文研院瑞士洛桑大学南亚语言与文明系主任、南亚伊斯兰研究教授布莱恩·奥尔(Blain Auer)以"印度德里苏丹国的历史、宗教与王权"为题开展3场线上讲座。12月10日至11日,由文研院承办北京论坛(2022)分论坛"文明的交界面:生态与族群的历史反思"邀请来自台湾中研院、美国加州大学洛杉矶分校、法国国立东方语言文化学院等机构学者围绕"文明研究的谱系""欧亚大陆的流动性:人和物""文明的走廊与腹地"等议题展开讨论。12月17日,台湾中研院近代史研究所研究员潘光哲召集举办"胡适的生活世界",与学界同仁交流有关胡适研究新进展。此外,文研院与普林斯顿出版社延续合作传统,联合举办2场线上研读会,围绕《翻译的危险:清朝与大英帝国两位翻译家的非凡人生》《古代中国的兴衰:国家发展的社会根源》展开讨论。

国内方面,文研院继续推进北京大学与故宫博物院、敦煌研究院签署共建协议,与两单位落实双方学术方面合作机制,充分发挥双方优势学术资源,实现人才与资源的密集互动。9月26日,文研院组织第13期邀访学者前往故宫博物院参观"照见天地心——中国书房的意与象"专题展览与"众生百态——故宫博物院藏历代人物画特展",展览策展人、故宫博物院研究室主任王子林作讲解并与邀访学者交流观展学术心得。10月,文研院组织专家学者先后对北京五顶庙、元大都遗址等文物保护遗址进行考察,故宫博物院研究馆员王军担任领队并全程参加。11月4日,故宫博物院研究室副研究馆员徐华烽一行到访文研院,与常务副院长渠敬东、院长助理韩笑就双方合作事宜展开交流。秋季学期,敦煌研究院研究馆员张小刚成作为第十三期邀访学者开展驻访交流活动,以"添枝加叶的历史传说——历史政治和宗教传播视野下的刘萨诃故事的演变"为题作内部分享;主讲"敦煌学"系列讲座"宿白先生与敦煌石窟考古",对宿白先生学术贡献做出系统性回顾、总结;参与线上论坛"图像·音乐·文学:丝绸之路三重奏",作题为"丝绸之路上的便携式木雕佛像"发言。这些活动有效推动北京大学、故宫博物院、敦煌研究院学术资源共享和学术交流。

学术团队。文研院学术团队主体分为2个部分。其一,校内学者由各院系优秀学者组成。配合不同学者提出重点主题和焦点议题,文研院提供合理学术资源配置以及各项学术活动支持。为积极落实学校人才发展战略,文研院重视北大青年学者培育,大力推进北大青年学者学术共同体建设,通过未名学者讲座、多文明研究系列工作坊与系列讲座和论坛等重要项目凝聚不同领域青年学者,有效引领青年学者创新性学术研究,促进文科基础学科发展。2022年,"未名学者讲座"拓展至海外青年学者参与;文研漫谈午餐会举办5场,邀请北大青年学人就某些共性问题集中讨论,彼此扶助成长。邀访学者项目是文研院学术团队重要组成部分,也是跨学科学术发展的重要体现。文研院每年设立若干邀访学者名额,海内外学者自主申请,并由工作委员会依程序遴选;根据研究计划,文研院提供精准学术支持和行政服务。2022年,共有30位来自海内外不同高校和研究机构的学者在文研院进行驻访和学术交流,学科覆盖历史学、社会学、考古学、经济学、宗教学、教育学、建筑学、政治学、哲学、文学、法学、音乐人类学等各大人文社会科学学科及相关领域。2022年，文研院共举办50余场邀访学者报告会、交流会、雅集等学术交流活动，组织学者寻访燕园古迹，赴故宫博物院、国家图书馆参观学术展览，与相关专家学者交流座谈。邀请台湾中研院历史语言研究所王明珂院士、日本早稻田大学山部能宜教授、墨西哥国立自治大学恩里克·杜塞尔·彼得斯（Enrique Dussel Peters）教授、美国威斯康星大学麦迪逊分校Keith Woodward教授参与邀访学者项目。为激活邀访学者与北大师生学术交流，文研院邀请相关专业北大学者参与内部报告讨论；邀访学者也会组织主讲公开学术活动，向北大师生传播人文社科经典内容。文研院邀访学者项目积极服务于学校人才队伍建设，多位来自浙江大学、复旦大学、台湾中研院、德国海德堡大学的学者先后调入北京大学中文系、外国语学院和历史学系。为更好凝聚邀访学者队伍，有效拓展文研院及北京大学在全国范围内的学术影响力，文研院于10月15日至16日举办首期"文研学者论坛"。此外，春季学期邀访学者还在固定学术活动之外自发组织非正式学术沙龙，研究切磋、深度交流。

学术活动。文研院立足平台建设，把握学术发展规律，以学术讲座、专题论坛、工作坊、读书班、专项展陈、讲述活动等方式，一方面倡导跨学科前沿对话，邀请海内外、校内外优秀学者展开讨论、辩驳问难；一方面创建阅读思考氛围，鼓励深耕细作。2022年，为全面推动文科各项学术活动繁荣发展，文研院邀请国内外知名学者逾千人次举办讲座、召集论坛、主持读书班，开展不同类别活动150余场，包括"文研讲座""文研论坛""未名学者讲座""文研读书""文研经典阅读""邀访学者论坛""书志学与书籍史系列""静园雅集""专题展览"等系列学术活动。

文研院围绕长期关注的核心议题，陆续推出多个系列讲座与论坛。2022年度荣誉讲座"逝者如斯：百年考古回顾"系列四讲由人文讲席教授李零主讲，前两讲聚焦柴尔德与王国维，侧重历史回顾与学术背后的政治解读；后两讲关注王国维曾讨论过的三代之学与古礼器研究，侧重新材料与新问题的拓展研究。"江山胜迹——人文风景的建构与传承"系列讲座邀请海内外文史领域的学者以书写、历史遗迹、城市建筑和道教的洞天等为切入口探讨人文风景与历史记忆的建构和传承问题。"田野方法论"系列讲座邀请不同学科学者围绕田野工作经验、体会以及所采取的种种方法，加以总结和反思后面向师生推出。"文明的源与流"系列讲座邀请多学科的学者围绕文明的起源与演化、不同文明之间相互融通与构造等议题展开论述。"发现文明：考古学的视野"系列论坛邀请一线考古工作者围绕河姆渡、良渚、三星堆、霸陵等极具代表性考古遗址或文化类型展开对话，展现中华文明起源的满天星斗与多元一体。"数字人文与社会"系列活动紧密围绕学校"数字与人文"年核心工作，发挥北大多元学科优势，邀请海内外相关领域学者在更宏大视野下探讨数字人文对推动学科交叉，促进科技与人文深度融合。延续此前积累，"史诗遗产与文明互鉴"系列讲座与"西方知识形态在中国""作为方法的文献学""近代中国的思想、制度与文章"等系列活动也在2022年度继续举办。

文研院通过专题展览、传承讲述活动等不同形式活动纪念学术史上的重要人物和事件。2022年是邓广铭先生诞辰115周年。8月29日至11月6日，文研院联合校内单位共同举办"博学于文，行己有耻——邓广铭诞辰115周年学术纪念展"，以此回顾邓先生治学道路及学术贡献，展现他与母校的学术情缘。为回顾成立6年来走过的足迹，文研院自9月20日起举办常设展"清流汇聚，沃土深耕——我们的北大文研院"，以图片和实物形式展现6年来发生在文研院内外的精彩活动瞬间。自10月起，文研院组织策划3次针对北京及其周边地区文物古迹考察活动，围绕北京五顶庙、金中都遗址、元大都遗址以及京郊万佛堂、金陵、大石窝和琉璃河遗址展开，多位来自北京大学、清华大学、北京师范大学、中国社会科学院、故宫博物院等机构跨学科学者参加。

文研院整合学术力量，夯实学术根基，致力于引领原创性学术成果蕴育，积极推动活动成果集结。为弘扬学术主体性，集中展现学术成果，文研院创办综合性学术刊物《文明》。"北大中国史"项目以专题史和断代史相结合构成系列，体现学界最新优秀学术成果，是对近几十年来北大中国史研究的阶段性总结，对历史学科建设具有重大意义。2022年春季学期，文研院邀访学者、西北大学教授梁云倡议发起"史记的考古学解读"项目，邀请国内考古学界相关领域资深专家对部分本纪、世家、列传作考古学解读，并推出系列丛书。文研院举办跨学科论坛"考试与中国社会"，邀请多位来自教育学、历史学、文学、法学、哲学等学科学者对教育议题展开思考，讲稿经由整理于7月在《北京大学校报》发表。《北京大学学报》（哲学社会科学版）自2017年设立"文研讲坛"专栏，刊发文研院学术活动生发学术论文，2022年推出第11至13期，主题分别为"作为方法的亚洲将与其他各个区域的'方法'一道，以多元的认识论重构人类的精神生活""俗文学文献学的构建""西学的延续性与中西会通"。春季学期，文研院与三联中读合作打造的精选音频栏目"北大文研学堂"第4季正式上线，该系列以"现代世界的多重构造"为主题，累计播放量逾10万人次。与此同时，文研院设立学术翻译发展项目，持续资助科学史译著出版，清华大学科学史系张卜天教授所译《科学革命的编史学研究》（弗洛里斯·科恩著），《爱因斯坦晚年文集》（阿尔伯特·爱因斯坦著），《科学革命的结构》（托马斯·库恩著）于2022年度由商务印书馆出版。

党建工作。为充分展示高校贯彻落实习近平总书记关于教育重要论述、重要讲话、重要回信精神做法成效，为党的二十大胜利召开营造良好氛围，教育部思想政治工作司组织录制高校党组织示范微党课，文研院院长邓小南作为北京大学教师党员代表参与主讲的微党课第一讲在线播出。

为深入学习贯彻党的二十大精神，文研院积极响应学校号召，组织、参与各项主题学习活动，开展集体学习教育。10月24日，文研院院长邓小南、常务副院长渠敬东、副院长杨弘博、院长助理韩笑在院务会议上学习党的二十大报告精神，学习习近平总书记在中国共产党第二十届中央政治局常委同中外记者见面会上的重要讲话精神；同日，渠敬东教授、杨弘博副院长分别于办公楼礼堂、百周年纪念讲堂观众厅参加北京大学学习传达党的二十大精神大会。10月25日，院长邓小南教授参加教育部直属系统传达学习党的二十大精神大会。10月31日，文研院组织全体教职工前往图书馆，参观"喜迎二十大 奋进新时代——北京大学改革发展十年成果图片展"，学习新时代学校改革发展丰硕成果。11月4日，文研院全体教职工前往中国共产党早期北京革命活动纪念馆和北大二院旧址，参观"光辉伟业 红色序章——北大红楼与中国共产党早期北京革命活动主题展"、"伟大开篇——中国共产党早期北京组织专题展"，并于活动后结合工作实际谈学习体会，进一步学习党的二十大精神。11月7日至8日，文研院组织全体教职工、第13期邀访学者集体学习习近平总书记在中国共产党第二十次全国代表大会上的报告。

与此同时，文研院党员与入党积极分子积极参与社会科学部党支部各项主题学习活动：集体学习习近平总书记二十大报告、主题视频资料《习近平的教师情》、北京市第十三次党代会与北京大学第十四次党代会精神和习近平总书记在中国人民大学考察时的重要讲话、主题党课"深入学习贯彻党的二十大精神 回顾历次党章制定与修改"；参与圆明园联合主题党日活动"学习贯彻党的二十大精神"；参观"北京大学数字人文作品展"与"喜迎二十大 奋进新时代——北京大学改革发展十年成果图片展"。

（周诗雨）

【邓广铭诞辰115周年学术纪念展】 2022年是邓广铭先生诞辰115周年。8月29日至11月6日，文研院联合中国古代史研究中心、校史馆、档案馆共同举办"博学于文，行己有耻——邓广铭诞辰115周年学术纪念展"。展览回顾邓先生治学道路与学术贡献，展现他与母校的学术情缘，并彰显其毕生所追求的"博学于文，行己有耻"的精神品格。展览共计有展品近150件，内容涵盖邓先生不同时期课程笔记、著作手稿、学人通信，以及大量珍贵老照片，较为全面地呈现出邓先生一生的治学、交游与学术事业。展览开幕式暨邓广铭手稿资料捐赠仪式于8月29日举行，第十二届全国政协副主席、科学技术与医学史系创系主任韩启德，党委书记郝平，原党委副书记、原常务副校长郝斌，副校长孙庆伟，哲学社会科学资深教授马克垚以及来自北京大学、清华大学、中国人民大学、中国社会科学院等科研机构学者代表出席。展览自开幕以来，吸引海内外学界广泛关注，文研院多次组织专场讲解，服务各院系和机关党日活动、2022级新生入学教育、学校中层干部培训、青年教师沙龙、中古史中心成立四十周年纪念大会等不同类型活动。此外，文研院通过官方网站、微信公众号推出展览展品选粹，联合校史馆以VR展厅形式在线上展出，为校外、海外学人提供参观展览的便捷方式。

（周诗雨）

【大型开放性学术出版项目"文研馆"】 文研院长期致力于引领原创性学术成果蕴育，大力推动学术出版，鼓励学术成果结集。在多年积累基础上，文研院自5月起与出版社达成战略合作意向，多次召开工作恳谈会，就建立全面合作机制、组建跨学科出版团队、围绕文研院品牌形成整体性与系列性出版成果以扩大文研院影响力等问题进行深入交流并达成一致意见。11月，双方正式推出大型开放性学术出版项目"文研馆"，其中包括"大先生""大学堂""大世界"3个子系列，关注北大前辈学者代代传承的治学传统和人文精神以及围绕文研院"文明：中华与世界"核心议题下的学术前沿问题和跨学科研究成果。系列丛书会在2023—2024年期间将文研院学术成果作整体性推出，并力争将"文研馆"建设成为北大学术品牌之一。

（周诗雨）

【"文研六周年"系列学术活动】 9月20日起文研院举办"文研六周年"系列学术活动。年度荣誉讲座"逝者如斯——百年考古回顾"引发有关学术实践与学人思想脉络史的深切思考；专题展"博学于文，行己有耻——邓广铭诞辰115周年学术纪念展"追念先哲懿范；常设展"清流汇聚，沃土深耕——我们的北大文研院"采撷6年来发生在文研院内外的精彩活动瞬间。9月20日晚，"文研六周年"系列首场活动、2022年度荣誉讲座第一讲"冷战之殇：柴尔德考古学的反战思考"在人文学苑1号楼108报告厅与线上平台举行。文研院学术委员、中文系教授李零主讲，常务副院长渠敬东主持，院长邓小南致辞。致辞环节，邓小南表示"百年考古面对的是物质实在与人类活动的历史，今天我们面对百年考古，关注的则是学术实践与学人思想脉络的历史。"主题报告环节，李零由柴尔德与中国考古学关系说起，从夏鼐与柴尔德渊源出发，尝试通过回顾一战、二战与冷战影响下，柴尔德从工人运动的理论家到考古学界的马克思主义学者的人生转向，使世人重新认识柴尔德及其对世界考古学的重要贡献。

（周诗雨）

【附表】

表 5-2 年度荣誉讲座"逝者如斯——百年考古回顾"

| 主题 | 主讲人 | 与谈人 |
|---|---|---|
| 冷战之殇——柴尔德考古学的反战思考 | 李零 | 李水城、王 艺、张瀚墨 |
| 重读王国维——从五大发现到中国考古 | | 黄德宽、杜鹏飞、陈侃理 |
| 三代考古杂谈——地理、族姓及其他 | | 唐晓峰、徐天进、许 宏、孙庆伟 |
| 商周酒器略说——以"觞""觯""爵""角"为例 | | 苏荣誉、徐天进、韩 巍 |

（周诗雨）

表 5-3 2022 年"文研讲座"汇总表

| 编号 | 主题 | 主讲人 |
|---|---|---|
| 242 | 明清宫藏丝绸之路档案文献整理与研究 | 李国荣 |
| 243 | 晚清西学东渐文献整理与研究 | 周伟驰 |
| 244 | 东来西就——秦的渊源、迁徙与都邑 | 梁 云 |
| 244 | 秦为大鸟，垂头中国——从秦文化的独特性看秦统一的必然性 | 梁 云 |
| 244 | "临其穴，惴惴其慄"——秦陵的考古发现与研究 | 焦南峰 |
| 244 | "望陵生义"——从秦陵看秦崛起与统一的必然性 | 焦南峰 |
| 245 | 中国民族史诗语言学与文学研究的接口——以彝族史诗《勒俄特依》为例 | 胡素华 |
| 246 | 三星堆的启示：历史与文明反思 | 王明珂 |
| 246 | 走向文明的历程：原初社群观点与假说 | 王明珂 |
| 247 | 唐诗与胜迹书写 | 商 伟 |
| 248 | 明清之际西学汉藉文献整理与研究 | 张西平 |
| 249 | 波斯语史诗传统与东西方文化交流 | 刘英军 |
| 250 | 点缀山林：题刻、拓本与胜迹的塑造 | 薛龙春 |
| 251 | 北魏洛阳的汉晋想象——空间、古迹与记忆 | 魏 斌 |
| 252 | 从白门到紫陌——营造建康 | 田晓菲 |
| 253 | 洞仙与诗神——中国古典文学中的天台山 | 陆 扬 |
| 254 | 俄国文学和文化语境中的《伊戈尔远征记》 | 刘文飞 |
| 255 | 阿赖耶识的实践背景 | 山部能宜 |
| 256 | 张爱玲与世界主义的人文视野 | 黄心村 |
| 257 | 草原上的奥德修斯——荷马史诗与蒙古-突厥史诗的"英雄回归"主题 | 陈岗龙 |
| 258 | 田野调查：经验与反思 | 杨善华 |
| 259 | 在田野中发现历史：以南宋墓葬为例 | 郑嘉励 |
| 260 | 中国文明起源和早期发展 | 赵 辉 |
| 261 | 中西交汇于澳门：葡萄牙人东来与海上丝绸之路 | 金国平 |
| 262 | 不列颠想象中的意大利园林 | John Hunt |
| 263 | 寻觅古城址：田野考察的方法与实践 | 李孝聪 |
| 264 | 齐家——农耕文明的基础制度和制度基础 | 朱苏力 |
| 265 | 社会科学视角下的田野研究：田野与理论的互动 | 周雪光 |
| 266 | 从蒋介石日记看民国政治（延期） | 金以林 |
| 267 | 汉以前的中国北方与欧亚草原（延期） | 朱凤瀚 |
| 268 | 如何看待唐朝的皇帝制度（延期） | 孟宪实 |
| 269 | 伊斯兰印度的历史 | Blain Auer |
| 269 | 印度的波斯君王们 | Blain Auer |
| 269 | 印度-伊斯兰政治劝谕文学 | Blain Auer |
| 270 | 宿白先生与敦煌石窟考古 | 张小刚 |
| 271 | 芝加哥大学东亚艺术中心的数字文化遗产项目 | 蒋人和 |

（续表）

| 编号 | 主题 | 主讲人 |
|---|---|---|
| 272 | 一带一路框架下的中拉关系：以投资为中心 | Enrique Dussel Peters |
| 273 | 危机与再生：人类学田野方法、知识和伦理 | 王明珂 |
| 274 | 唐代天台佛教复兴运动与中日天台宗关系史新解：由一块碑铭引发的思考 | 陆扬 |
| 275 | 明清以来徽州的"华云进香"：民间信仰、朝山习俗与民众的日常生活 | 王振忠 |

（周诗雨）

表 5-4　2022 年"文研论坛"汇总表

| 编号 | 主题 | 发言人 |
|---|---|---|
| 157 | 仰韶文化与中华文明起源 | 韩建业、李新伟等 |
| 158 | 三星堆文化与三星堆国家 | 孙　华、施劲松等 |
| 159 | 河姆渡文化与稻作文明的摇篮 | 方向明、王永磊等 |
| 160 | 洞天福地：道教与山水艺术 | 王宗昱、土屋昌明等 |
| 161 | 山水家园：生活世界中的天人之际 | 王铭铭、赵世瑜、赵丙祥等 |
| 162 | 大西洋奴隶制与近代世界的形成 | 杜　华、崇　明、侯　深等 |
| 163 | 江村大墓与汉文帝霸陵 | 焦南峰、马永赢、王子今等 |
| 164 | 考试与中国社会 | 陆　一、刘海峰、李　猛等 |
| 165 | 宋代文学文献学的新视域 | 张　剑、刘成国、卞东波等 |
| 166 | 龟兹石窟寺研究：考古·历史·美术·文献 | 荣新江、魏正中、桧山智美等 |
| 167 | 近世中国的书籍形制与阅读形态 | 陆　胤、崔文东等 |
| 168 | 但丁与意大利文艺复兴 | 王　军、李靖敬、吴功青等 |
| 169 | 多视角看基层社会 | 陈侃理、崇　明、昝　涛等 |
| 170 | 胡适的生活世界 | 潘光哲、欧阳哲生等 |
| 171 | 图像·音乐·文学——丝绸之路三重奏 | 朱玉麒、张小刚、徐　欣等 |

（周诗雨）

表 5-5　2022 年"未名学者讲座"汇总表

| 编号 | 主题 | 主讲人 |
|---|---|---|
| 83 | 郑玄的天学与国家祭祀 | 陈壁生 |
| 84 | "美的艺术"——巴托、狄德罗、莱辛 | 高　冀 |
| 85 | 清代地方政府官员的选任与流动模式——以江苏苏州府的案例为中心 | 胡　恒 |
| 86 | 法律的社会空间 | 刘思达 |
| 87 | 文学与疾病：19 世纪美国文学中的偏执狂 | 李宛霖 |
| 88 | 用捐赠对冲风险：精神保险和宗教捐赠 | 孟涓涓 |
| 89 | 从现代国家的建设到商务公司的起源 | 张泰苏 |
| 90 | 拉奥孔的图像迁流与古典立意 | 贺　询 |
| 91 | 中国与全球发展治理 | 陈沐阳 |
| 92 | 法国 18 世纪的"沙龙"：艺术批评与公共空间 | 程小牧 |
| 93 | 城市史的书写方式：多维度的生活方式与交织的智识传统 | 许立言 |
| 94 | 1265 年双碑：一个全真宗派的文本、视觉和性别化呈现 | 王锦萍 |

（周诗雨）

表 5-6　2022 年"静园雅集"汇总表

| 编号 | 主题 | 主讲人 |
|---|---|---|
| 29 | 欧洲古版画与印版赏析 | 杨天德 |
| 30 | 苏菲诗歌赏析 | 沈一鸣、罗新昝涛等 |

（周诗雨）

表 5-7  2022 年"文研读书"汇总表

| 编号 | 主题 | 发言人 |
|---|---|---|
| 34 | 文献、信息与政治交流——魏希德《宋帝国的危机与维系》研读会 | Hilde De Weerdt、平田茂树、刘静贞、曹家齐等 |
| 35 | 一部迟到的考古报告——《楼兰考古调查与发掘报告》出版座谈会 | 孟宪实、朱玉麒、荣新江等 |
| 36 | 翻译中的"他者"与成长中的"自我"——贝尔曼《异域的考验》研读会 | 段映虹、黄燎宇、章 文等 |
| 37 | 帝国晚期和近代中国的政治、法律与家庭——《中国的国与家》研读会 | 杜 乐、胡祥雨、赖骏楠等 |
| 38 | 清代跨文化中间人的消失和通往鸦片战争之路——沈艾娣《翻译的危险》研读会 | Henrietta Harrison、程美宝、赵世瑜等 |
| 39 | 古代中国的兴衰：国家发展的社会根源 | 王裕华、张 静、赵世瑜等 |

（周诗雨）

表 5-8  2022 年"文研纪念"汇总表

| 编号 | 主题 |
|---|---|
| 10 | 纪念苏国勋逝世周年学术研讨会 |

（周诗雨）

表 5-9  2022 年"文研课程"汇总表

| 编号 | 主题 | 授课人 |
|---|---|---|
| 10 | 中拉关系研究——历史与现实概论 | Enrique Dussel Peters |

（周诗雨）

表 5-10  2022 年"邀访学者论坛"汇总表

| 编号 | 主题 | 主讲人 |
|---|---|---|
| 132 | 康居、月氏与贵霜的考古学探索 | 梁 云 |
| 133 | 社会学与语文学：葛兰言早期研究的方法论问题检讨 | 赵丙祥 |
| 134 | 史学研究中的"常识" | 包伟民 |
| 135 | 中国人的《俄国文学通史》 | 刘文飞 |
| 136 | 西汉帝陵"祔葬墓"再探 | 焦南峰 |
| 137 | 素质教育改革新认识 | 陆 一 |
| 138 | 台南地区的送王船习俗 | 姜守诚 |
| 139 | 《易林》之撰作与数术家的传记书写 | 谷继明 |
| 140 | 美国往事：塞缪尔·亨廷顿的政治学思 | 欧树军 |
| 141 | 毒药猫传说：神话、历史与现实 | 王明珂 |
| 142 | 废奴运动与内战前美国民主政治的演化（1830—1850） | 杜 华 |
| 143 | 鸦片战争前清帝国扩张中的西洋因素及其整合困境 | 刘清华 |
| 144 | 异域及其所塑造的：中世纪英国地图与文学中的东方叙事 | 包慧怡 |
| 145 | 新旧叠加：北宋前期官僚制度的结构 | 陈文龙 |
| 146 | 观经变相与《观无量寿经》的乖离：Дx 316 为例 | 山部能宜 |
| 147 | 重新发现生活的复杂性：由"天泉证道"到"淮南格物" | 盛 珂 |
| 148 | 龟兹贯珠：从德光《律经》看克孜尔石窟考古与佛教美术研究的新成果 | 罗 鸿 |
| 149 | 毛泽东蒋介石是如何应对共产国际的解散 | 金以林 |
| 150 | 如何研究皇帝制度 | 孟宪实 |
| 151 | 漫步长安：历史事实与日常想象 | 唐克扬 |
| 152 | 东亚海域史视野中的徽商与长崎贸易 | 王振忠 |
| 153 | 中国的一带一路倡议——以拉丁美洲和加勒比地区基础设施项目为例 | Enrique Dussel Peters |
| 154 | "活态的历史"与"关联的历史"——中国少数民族器乐史编纂的视角与个案 | 徐 欣 |

（续表）

| 编号 | 主题 | 主讲人 |
|---|---|---|
| 155 | 蔡元培学术的日本渊源：以《中国伦理学史》为中心 | 潘光哲 |
| 156 | 从"五湖四海"到"万流归一" | 应 星 |
| 157 | 情动/通行：关于感觉与（自我）欺瞒的社会理论 | Keith Woodward |
| 158 | 添枝加叶的历史传说——历史政治和宗教传播视野下的刘萨诃故事的演变 | 张小刚 |
| 159 | 俄国的"眼"和"心"——陀思妥耶夫斯基前期创作中的彼得堡 | 万海松 |
| 160 | "家集藏祠中"：近世中国的文集与祠堂 | 李成晴 |
| 161 | 两头婚与双系继替 | 赵晓力 |

（周诗雨）

表5-11 2022年"文研经典阅读"汇总表

| 编号 | 主题 | 主讲人 |
|---|---|---|
| 1 | 主体性的另一条道路 | Yves Charles Zarka |
| 2 | 《五行大义》研读会 | 谷继明 |
| 3 | 叙事功能（Narrative function）读书会 | 王明珂 |
| 4 | 《集古今佛道论衡》研读 | 陈志远 |
| 5 | 王权中的正统论与神秘论 | 高波、田耕、刘寅 |

（周诗雨）

## 习近平新时代中国特色社会主义思想研究院

【发展概况】 组织结构。习近平新时代中国特色社会主义思想研究院（简称"研究院"，下同）成立于2018年1月23日，是党中央批准的"习近平新时代中国特色社会主义思想研究院（中心）"之一。研究院为校级独立实体机构，实行理事会领导下的院长负责制，北京大学主要领导担任研究院理事长，主持理事会工作。在理事会领导下，研究院以行政决策机构、教研机构、管理服务机构为主干，成立聘任委员会和学术委员会，设置研究中心、《国家现代化建设研究》编委会和编辑部。

学术研究与期刊建设。《国家现代化建设研究》（双月刊）是教育部主管，北京大学主办的哲学社会科学综合性学术期刊，于2021年12月获国家新闻出版署批准创办、2022年3月正式创刊。截至12月，《国家现代化建设研究》已出版发行5期，已经刊发的60篇文章中，教授为第一作者文章51篇，副教授4篇，助理教授5篇。

出版发表。2022年度，研究院出版《新局：青年学者共论国家治理》《中国式规划：从"一五"到"十四五"》《经济学理论与中国式现代化》《觉醒与超越：中国共产党与中国式现代化》等著作10本，形成《中国式现代化的道路探索与基本经验》论文集1部。同时，积极组织推进《新时代中国特色社会主义理论与实践研究丛书》（12本）和《习近平新时代中国特色社会主义思想文库》（4本）撰写。4月，研究院组织编写《大局：知名学者共论中国发展》入选"全国干部教育培训好教材推荐目录"。据不完全统计，2022年度，研究院在"四报一刊"发表文章22篇，核心期刊文章30篇，共发表各类文章74篇。

决策研究。2022年度，研究院围绕"两个确立"、近期国外马克思主义研究新动向、习近平新时代中国特色社会主义思想与中国特色社会主义理论体系的关系等选题，向上级报送10余篇内参。

课题研究。研究院持续推进"习近平新时代中国特色社会主义思想国外研究状况""乡村振兴战略下基层行政区划调整治理效能研究""习近平总书记对马克思主义的原创性贡献"等国家和教育部哲学社会科学重大项目和委托项目研究工作。积极推进"'以人民为中心'思想与历史唯物主义""文化自信与中华民族伟大复兴"等国家社会科学基金重大项目、教育部一般项目、中宣部委托项目、研究院自设项目等16项研究项目。研究院青年教师申报"马克思的资本权利批判及其当代价值研究"并获批2022年国家社会科学基金一般项目；研究院博士后申报"新时代内地高校港澳学生国情教育体系创新研究"并获批全国教育科学"十四五"规划2022年度课题。

学术活动。研究院紧紧围绕习近平新时代中国特色社会主义思想研究举办全国性学术会议。9月19日，研究院举办"学习《习近平谈治国理政》第四卷理论研讨会"，10余位专家学者和青年教师围绕《习近平谈治国理政》第四卷的深刻意蕴，就"共同富裕""人类文明新形态""中国式现代化新道路""推动构建人类命运共同体理念的原创性贡献、方法和意义"等主题展开交流与讨论。10月23日，研究院主办"全国习近平新时代中国特色社会主义思想研究机构学习贯彻党的二十大精神座谈会"，来自中共中央党校（国家行政学院）、教育部、中国社会科学院等多家习近平新时代中国特色社会主义思想研究院（中心）的负责人和专家学者围绕党的二十大精神进行深入学习研讨。2022年度，研究院举办"新发展格局""中华传统文明：来自甲骨的信息""习近平经济思想与中国式现代化"等新时代论坛和新时代青年论坛共4场。

**宣传平台**。研究院公众号于3月15日正式上线，2022年度共推送文章百余篇，并与研究院网站形成合力，宣传习近平新时代中国特色社会主义思想研究新动态和新成果。10月，研究院提供学术支持、北京大学王选计算机研究所和新华社媒体融合生产技术与系统国家重点实验室联合开发的"习近平新时代中国特色社会主义思想智能问答学习平台"上线试运行。

**研究中心**。2022年，研究院习近平经济思想研究中心、习近平法治思想研究中心、习近平外交思想研究中心、习近平生态文明思想研究中心紧紧围绕习近平专门思想展开研究，主持编写《习近平新时代中国特色社会主义思想概论》全国统编教材，撰写《跟着习近平总书记学习政治经济学》《中流砥柱——习近平经济思想在国有企业的实践》等学术专著，承担"社会主义市场经济条件下资本的特性和行为规律研究""习近平'一国两制'和港澳治理重要论述研究""习近平生态文明思想研究""习近平生态文明思想国际传播研究"等多项国家和教育部哲学社会科学基金重大项目和委托项目课题，开设《习近平法治思想》《习近平新时代中国特色社会主义思想概论》《习近平新时代中国特色社会主义思想原著研究》等高水平课程，发表《21世纪马克思主义广义政治经济学的理论创新》《二十大以后的中国外交：理解与思考》等多篇高质量学术文章，编纂智库报告，积极开展学术交流，产出高质量研究成果。

**学科建设**。5月，习近平新时代中国特色社会主义思想二级学科在教育部备案成功。2022级习近平新时代中国特色社会主义思想专业博士研究生顺利入学。从2023年开始，研究院将独立招收和培养习近平新时代中国特色社会主义思想二级学科博士研究生。

**教学工作**。研究院积极承担思想政治课建设任务。2022年度，研究院10名教师承担《习近平新时代中国特色社会主义思想概论》课程建设与讲授工作，积极建设北京大学优质思想政治教育课程。

研究院扎实做好公共管理（国家治理）专业硕士招生工作，并精心做好课程组织工作，立足于专业学位基础课程，体现研究院优势和特色，开设《习近平新时代中国特色社会主义思想的重大理论与实践》等必修课。同时，结合公共治理实际，开设《国家治理专题研究》《数字治理》等特色课程。2022年度，共组织开设课程21门，有序推进专业课程培养工作。为保证2022届MPA学生毕业工作有序开展，研究院建立毕业生工作机制，由院长牵头，成立专门工作组，制定工作方案，有序开展毕业审查工作，做好论文指导和答辩准备，顺利完成论文答辩工作。2022年，研究院独立招生和管理学生，开展新生入学教育、管理、服务、防疫工作，并根据学工部要求组织、协调、开展学生工作。

2022年，研究院与相关职能部门共同组织基层选调生返校培训"薪火班"，全国31个省区市组织部门推荐100余名学员参加培训。研究院与研究生院等校内职能部门合办"基层治理"证书项目，构建推动习近平新时代中国特色社会主义思想进入研究生和本科生课堂途径。

**队伍建设**。研究院根据习近平新时代中国特色社会主义思想的时代主题涵盖领域，建设更加规范的人才引进机制体制，确保人才引进质量。在招聘聘任、师德师风、考核评价、晋升激励、薪酬福利、成长培训等方面加强制度建设，并以制度有效实施和不断完善为人才队伍建设营造良好环境。2022年，研究院共开展3轮人才引进工作，成功招聘3名教研系列助理教授；招聘合同制人员3名，担任《国家现代化建设研究》期刊编辑。

**党建工作**。2022年度，研究院党支部以迎接、贯彻、宣传党的二十大为主线开展系列工作。10月16日，党支部组织全体教师集体收看党的二十大开幕式直播，并组织召开若干次学习讨论交流活动。党支部组织党员教师就贯彻学习党的二十大精神接受新华社、中国教育电视台、北京电视台、北大电视台等媒体采访，并组织党员教师撰写多篇学习心得和理论文章，上报中宣部并刊登于新华社等主流媒体。研究院党支部高度重视做好师德师风工作。2022年度，研究院党支部共开展15次师德师风考核工作，并撰写多篇评估报告。此外，研究院党支部抓好学习型支部建设，第一时间给党员教师转发公开发表的总书记重要讲话文章，为教师党员购买《习近平谈治国理政》（第四卷）、《中国共产党的一百年》等书籍。疫情期间，2位党员同志发挥先锋模范作用，做好在校疫情值守，筑牢院区安全稳定和疫情防控防线。2022年，研究院党支部顺利完成2名预备党员转正，发展1名预备党员。

**管理服务**。研究院加强公文管理、学校公文流转、重要档案归档工作，优化规章制度和正式文件的签发流程，形成系统完备、科学规范、运行高效的制度体系和信息公开体系。加强财务制度建设，优化财务审批流程，做好经费报销审核与管理。在做好疫情防控常态化的基础上，加强研究院安全保卫、基础设施建设、物资采购、会议保障、水电维修、档案管理等基础性工作，形成高效率、专业职业化的行政队伍，为研究院各项业务的开展提供有力支持。

（邹梦瑶）

【推出"习近平新时代中国特色社会主义思想智能问答学习平台"】 10月，王选计算机研究所和新华社媒体融合生产技术与系统国家重点实验室联合开发，研究院提供学术支持的"习近平新时代中国特色社会主义思想智能问答学习平台"上线试运行。该平台为广大基层党员干部群众学习理解习近平新时代中国特色社会主义思想提供一个权威智能问答学习平台。平台集成习近平总书记系列重要讲话、理论解读和述评、实践报道、政策措施等内容资源和思政领域专家资源，运用人工智能、知识云等技术，拓展了思想理论学习实践场景和服务，帮助用户从具体问题出发，通过智能问答、专家观点等方式，贯通思想理论、方法措施、实践案例，实现知识化解答。

（邹梦瑶）

## 人工智能研究院

【发展概况】 组织结构。人工智能研究院作为校内直属的独立实体机构，是统筹全校相关资源、建设世界一流智能学科、服务国家人工智能重大战略、培养智能学科一流人才的主要支撑平台。2022年7月，研究院院务会进行调整，新任成员为（姓氏笔画为序，下同）：院长朱松纯、副院长王军、王嘉东、李文新、杨晓雷、黄罡、黄铁军，院长助理朱毅鑫、张路霞、夏文华；新任学术委员会成员为：主任沈向洋，副主任朱松纯，委员王军、王亦洲、王启宁、王嘉东、方方、杨玉超、张平、吴玺宏、陈宝权、林宙辰、赵东岩、黄罡、黄铁军。

队伍建设。2022年，研究院有教学科研人员17人，其中教授1人，助理教授11人，副研究员1人，助理研究员4人；有劳动合同制行政人员8人。2022年，研究院新引进助理教授1人、副研究员1人、助理研究员2人；通过招聘新增劳动合同制2人。2022年，研究院1人入选"国家高层次人才特殊支持计划"青年拔尖人才、3人入选国家自然科学基金优秀青年科学基金项目（海外）、1人入选人社部海外高层次人才资助计划。

学科建设。2022年，研究院完善人工智能交叉研究生培养方案，形成全新的"人工智能+X"双聘导师机制及研究生课程体系；并联合学校法学院、历史学系率先开展"人工智能+法律"、"人工智能+历史学"专业建设，启动招生工作。

教学工作。2022年9月，研究院完成第三届通用人工智能实验班（简称"通班"，下同）40名学生的招生工作，通班在学本科生共有92名；联合北京通用人工智能研究院开展通班科研实践、暑期国际大师课堂；人工智能导论课堂教学照片入选教育部教学成果展；完成第三届22名博士研究生的入学工作，现有56名在学博士研究生。2022年，研究院全职教师新开课9门，共承担20门课程教学任务，累计授课928课时。

科研情况。2022年，研究院全职教师在国际顶会、顶刊共发表论文101篇，其中一作/通讯作者57篇，获授权专利7项。双聘教师在国际顶会、顶刊共发表论文370篇。各研究中心双聘教师在国际顶会、顶刊共发表论文630余篇。2022年，研究院新增立项课题21个，到款1169.87万元，在研课题款项总额7434.51万元。11月，北京大学武汉人工智能研究院正式注册成立。11月至12月，研究院获批三家全国重点实验室，分别为：与北京通用人工智能研究院联合共建"跨媒体通用人工智能全国重点实验室"、视觉感知中心"多媒体信息处理全国重点实验室"、智能系统软件中心"数据空间技术与系统全国重点实验室"。

2022年2月，燕博南课题组关于存内计算的学术文章"A 1.041Mb/mm2 27.38TOPS/W Signed-INT8 Dynamic Logic Based ADC-Less SRAM Compute-In-Memory Macro in 28nm with Reconfigurable Bitwise Operation for AI and Embedded Applications"被IEEE国际固态电路会议（International Solid-State Circuits Conference, ISSCC）"Session 11 存内计算与SRAM"专题（文章号11.7）收录。此工作首次提出数字型SRAM存内计算加速引擎，基于全新的无ADC设计，基于28nm工艺搭建模块可以达到27.38TOPS/W@INT8的高能效比，同时实现高达每平方毫米1.041Mb的密度，达到国际领先指标并实现技术突破。该成果将用于AI算法的高能效加速，极大促进存算一体技术的商业落地。

学院多智能体研究中心的邓小铁、杨耀东团队在 National Science Review 发表论文"On the Complexity of Computing Markov Perfect Equilibrium in General-Sum Stochastic Games"。该工作引入近似马尔科夫完美纳什均衡（Markov Perfect Nash Equilibrium，MPE）作为多人一般和随机博弈（Multi-player General-Sum Stochastic Games）计算问题的解概念，并证明该解概念的PPAD-Complete复杂度。其解概念保留马尔科夫性质，为多智能体学习算法由静态双人博弈成功扩展到动态多人随机博弈奠定计算复杂度理论基础，为分布式人工智能、多智能体系统研究开辟新的路径与思路。证明多人随机博弈的纳什均衡计算复杂度具有深远意义。

交流合作。2022年，研究院积极推动人工智能系列论坛建设，举办论坛及学术活动共计46场次，包括联合举办国际会议2场；与学校智能学院联合举办"智能学科20周年大会暨院长论坛"，支持多智能体研究中心承办第三届国际理论计算机联合大会（IJTCS-FAW）；分别与上海交通大学、北京通用人工智能研究院联合举办学术交流系列活动；院长朱松纯参加2022年北京论坛并作题为"迈向人机共存的智能时代"的主旨报告。

思想政治。研究院认真落实习近平总书记关于教育的重要论述和关于数字中国建设的重要指示精神；组织全体教职工收看"聚时事·观热点"——全国"两会"精神解读报告会；开展师德师风建设长效机制调查问卷；利用寒暑假组织教师学习"时代楷模"中的教师典型等优秀教师的先进事迹、学习新时代高校教师职业行为十项准则及配套的处理办法和指导意见，全面理解和准确把握准则内容；观看纪录片《中国》、专题片《致敬英雄》等革命、历史题材影视作品，激励教师坚定理想信念、厚植爱国情怀、涵养高尚师德。

行政管理。8月至12月，研究院完成镜春园79号甲及西院（禄岛）修缮工作，修缮面积共478.86平方米，该区域规划为人工智能交叉学术交流和国内外知名学者学术访问接待场地。

宣传工作。2022年，研究院在官方网站发布新闻90条，总阅读量达7万余次。7月开通官方微信公众号，发布推文62篇，其中原创34篇，触达人数4万余人，阅读量达6万余次，分享达3千余次；通过海报设计制作、公众号推文方式推广宣传研究院学术交流活动、学术前沿动态等。完成北大通班招生视频2022年更新版。

捐赠基金工作。2022年6月，黄奕聪慈善基金会捐赠人民币1000万元，用于支持研究院的教学科研和人才培养等建设工作。

（于亚丽、杨晓雷）

【北京大学武汉人工智能研究院获批成立】 11月18日，由北京大学、武汉市人民政府、武汉东湖新技术开发区管委会联合共建的北京大学武汉人工智能研究院（简称"北武院"，下同）正式获批成立。北武院为独立事业法人单位，实行企业化管理、市场化运营，办公地址位于武汉市光谷科技大厦18层。12月21日，北武院召开第一届理事会第一次会议，研究院院长朱松纯担任首席科学家、学校智能学院党委书记吴玺宏担任院长。12月29日至30日，北武院召开智能·文明·道路 | 第三届和第四届中国计算社会科学论坛，主题分别为"智能社会治理与智能体仿真模拟（ABM）"、"复杂系统建模与社会公共政策仿真"，两场参与人数达1100人次。

（夏文华）

【获批成立三个全国重点实验室】 11月17日，北京通用人工智能研究院联合北京大学共建"跨媒体通用人工智能全国重点实验室"获批成立，研究院院长朱松纯担任重点实验室主任。实验室定位于从跨媒体入手，实现从感知到认知、从大数据到大任务、从数据驱动到价值驱动的研究范式转换，实现由价值驱动的、能处理"多模态、大任务"的跨媒体通用人工智能转化；探索通用人工智能前沿理论，服务国家人工智能战略。

12月，"多媒体信息处理全国重点实验室"获批成立，研究院副院长黄铁军担任重点实验室主任。实验室定位于在多语言多模态高效信息分析、处理、挖掘和应用方面开展前瞻性、先导性、探索性的前沿技术研究，重点探索数字一带一路的多语言处理、海量多媒体信息内容高效智能化分析处理、支持自然人机交互的多模态实时处理等科学问题，在信息技术领域开展有前瞻性、先导性、探索性的前沿技术研究，取得具有国际影响的创新性研究成果。

12月，学校整合计算机学院、人工智能研究院、软件与微电子学院等优势资源，成立数据空间技术与系统研究中心，并通过由中央批准联合共建的北京大数据先进技术研究院获批全国重点实验室，研究院副院长黄罡担任重点实验室主任。数据空间是网络空间从"计算为中心"向"数据为中心"转型的一种新形态，蕴含着变革性重大科技问题和创新机遇。实验室聚焦我国数据空间建设发展面临的技术发展路径受制、应用基础理论薄弱、核心系统软件缺失等"卡脖子"问题，以建立数据空间技术体系"中国路线"为使命任务，重点围绕数据空间架构、运行、应用构造和可信保障等四个研究方向，开展数据空间技术体系、标准规范、核心系统、试验环境、应用示范与开源生态等六项重大任务。

（胡芳芳、黄铁军、马郓）

【一研究成果在《科学·机器人学》杂志发表】 2022年7月，朱松纯、朱毅鑫团队在《科学·机器人学》（Science Robotics）杂志发表重要研究成果："In-situ bidirectional human-robot value alignment"。该论文阐述一种机器实时理解人类价值观的计算框架，并展示与人类完成的一系列复杂人机协作任务；阐明只有当机器通过观察人类的行为，读懂人类的价值观，靠"价值"自主驱动，才算是实现自主智能，从而做到"察言观色"，更好地服务于人类。该论文同时登上《科学》（Science）及《科学·机器人学》官方主页头条。

（朱毅鑫）

# 深圳研究生院

【发展概况】 组织结构。2001年1月，北京大学与深圳市人民政府签署《合作创办北京大学深圳校区协议书》，共同创办北京大学深圳研究生院（简称"深研院"，下同）。2022年，深研院设有信息工程学院、化学生物学与生物技术学院、环境与能源学院、城市规划与设计学院、新材料学院、汇丰商学院、国际法学院以及人文社会科学学院等八个学院；教职工810人，其中全职教师280人；有在校研究生3655人（含留学生183名），其中博士研究生430人，硕士研究生3225人。

党委工作。10月16日至22日，党的二十大在北京胜利召开。深研院党委第一时间按照北大党委部署，将学习宣传贯彻党的二十大精神作为全院首要的政治任务和头等大事，制定工作方案，按照"三个结合"统筹各项学习宣传贯彻活动，迅速在全院掀起学习宣传贯彻党的二十大精神的热潮。

深研院积极贯彻落实北大第十四届党代会精神，始终坚持党委会"首要议题"工作制度，持续加强政治建设，不断完善基层党组织建设，持续提升组织力，加强领导班子和干部队伍建设，以"钉钉子"精神抓好长期整改任务落实，推动宣传思想工作高质量发展，扎实抓好安全稳定工作，强化统战群团工作。

**学科建设。**为贯彻落实国家建设世界一流大学和一流学科的战略部署，对接粤港澳大湾区发展规划，深研院加强顶层设计，布局和建设世界一流学科领域，立足学科交叉、应用学术，建设围绕生物医药、先进材料、电子科技、绿色生态、城市规划、跨国法律、经济管理、人文社科八个领域的学科体系。深研院被正式纳入广东省新一轮高水平大学重点学科建设序列，"材料与化学基因组学""电子科学与技术""人居环境科学与技术""应用经济学"4个学科获批建设，学科建设迈上新台阶，将更好服务国家区域发展战略。面对新时期新形势新任务，确立基于 AI for Science (AI4S) 重置科研新范式的交叉研究能力提升路径，深化多学科跨界交叉融合，推动形成以 AI 人工智能为核心技术纽带，以前沿科学问题和重大战略技术问题为牵引，驱动实现在新材料、生命健康与生物医药、智慧城市和江河治理、数字经济-金融科技-创新法治等领域的群体突破，聚焦国家"卡脖子"关键领域核心技术，支撑深圳战略性新兴及未来产业高质量发展。

**队伍建设。**深研院将2022年确定为"人才战略年"。深研院各院系积极招募与上报引进教研岗位教师27人，上报晋升长聘评估3人。2022年共引进教师23人，其中教授5人，助理教授15人，讲师3人。教学岗教师（讲师）2人，研究岗教师21人（含博士后留校转专职科研11人）。截至2022年底，深研院现有教职工810人，其中教师280人（含专职科研），实验技术171人，行政236人，博士后105人，工勤18人。

人才认定方面，深研院通过深圳市通道申报长江学者奖励计划讲席学者1人，申报国家自然科学基金优秀青年科学基金项目（海外）14人，入选2人。通过校本部上报青年拔尖人才项目2人，入选1人，深研院2021年打通经校本部申报青年拔尖人才项目的通道，2022年即实现了深研院在该青年人才项目上零的突破。此外，2022年申报并入选广东省珠江人才计划2人。申报深圳市杰出人才选拔培养计划2人，入选1人。申报深圳市政府特殊津贴4人。

2022年，深研院完成2021年鹏城孔雀计划特聘岗位30人年度考核及奖励发放，深圳市人才工作局核定2022年鹏城孔雀计划特聘岗位额度1167万元，拟评聘2022年度特聘岗位人员31人。此外，积极开展高层次人才服务，完成高层次人才奖励补贴及任期评估申请共110人次。

南北联动引进高层次师资人才。为充分利用校本部优势人才资源，增强深研院相关领域师资力量和科研竞争力，2022年度，深研院采用南北联动形势，引来"北燕南栖"，信息工程学院迎来三位杰青加盟；完善与鹏城国家实验室合作、促进人才双聘。探索设立"南燕博士后"岗位，加强博士后队伍建设。

人事管理方面，深研院完成出台了《北京大学深圳研究生院行政职员体系管理规定》并推动实施，将现有职员队伍的人员确认了相应的职员职级，并配合职员职级体系调整了薪酬结构，为职员提供了上升发展空间与激励预期的前景。人事信息系统一期开发完成并上线运行。已投入运行的业务模块包括组织信息、人员信息、入离调转、人事合同、人事证明、人事统计、人才管理、考勤管理、薪酬模块、公租房管理等。出台《北京大学深圳研究生院教职工退休及返聘管理办法（暂行）》。通过策略性制定资深高级专家返聘管理的条件，延长其学术生涯，充分发挥高层次人才的引领作用。

深研院教师在2022年度荣获多项荣誉。信息工程学院张盛东的"显示屏栅驱动薄膜晶体管集成电路技术"成果入围教育部高等学校科学优秀成果奖（科学技术）一等奖、化学生物学与生物技术学院李子刚老师"新型稳定多肽的生物医学应用"入围教育部高等学校科学优秀成果奖（科学技术）二等奖。此外，信息工程学院李挥的"高安全可信媒体主权互联网技术及应用"成果获得深圳市科技进步奖二等奖；信息工程学院田永鸿及工作组获 IEEE 新兴技术奖及标准金牌奖；城市规划与设计学院赵鹏军入选自然资源部科技领军人才工程，仝德获2021年度中国城市规划学会青年人才奖。

深研院化学学科领域院士张锦，力学领域谭文长，材料科学与工程学科领域潘锋，应用经济学领域朱家祥，生物学领域李汉璋入选2021"中国高被引学者"榜单。深研院谭文长、吴云东、杨震、潘锋、孟鸿、赵鹏军、宋令阳、董成、Jay Jiayang Cheng、闫朝一等10位学者入选2022年度全球前2%顶尖科学家"终身科学影响力"榜单。深研院吴云东、杨震、潘锋、孟鸿、赵鹏军、邹月娴、田永鸿、宋令阳、杨玉超、张盛东、李革、李子刚、吴健生、朱再春、陈杰、张健、许楠、邱国玉、雷凯、Jay Jiayang Cheng、闫朝一、郑家新等22位学者入选2022年度全球前2%顶尖科学家"年度科学影响力"榜单。汇丰商学院海闻获评《中国经济评论》2021年度"十大经济学家"。信息工程学院王荣刚、环境与能源学院许楠获"深圳市优秀教师"称号。化学生物学与生物技术学院赵亚波获"深圳市优秀班主任"称号。

**教学工作。**在招生工作方面，2022年深研院共计录取研究生1320人，其中硕士1181人、博士139人。其中，北京大学-鹏城实验室联合培养博士研究生专项计划2022级招收22人，招生专业为微电子学与固体电子学、计算机应用技术、通信与信息系统。完成国家"卓越工程师"培养招生计划，积极组织开展北京大学深研院专场招生宣传活动。2023年招生工作，深研院新增科研经费博士计划5个名额，全日制金融硕士（英国校区）招生计划增加50人。原招生专业地理学（城市与区域规划）转为国土空间规划，微电子学与固体电子学转为集成电路科学与工程。

在学生培养与学位管理方面，2022年深研院共开设课程721门，新开课程共计69门，顺利完成了线上线下融合教学任务。落实领导听课、巡课等日常监督制度，加强对教学过程的监督管理，对教学质量严格把控。2022年，深研院共有1074名学生顺利完成答辩并取得学位。其中，硕士986人，博士88人。

在教师培训方面，深研院积极组织教职工参加各类教学奖项评选。其中信息工程学院张敏获得北京大学教学优秀奖，教务处李迎飞获得北京大学教学管理奖。

在通识教育方面，2022年，深研院通识教育中心顺利组织全院公共必修课14门、通识素质类课程16门。积极组织教职员工、学生参加深圳市X9联盟赛艇比赛，开展专项训练，以三战总分第二的优异成绩取得了"首届X9联盟赛艇比赛"的亚军。

在继续教育方面，2022年，深研院共举办培训班15个，共计完成610学时，培训1786人次。提供讲座、素质拓展、学员企业互访等多种服务。

**科研工作**。2022年度，深研院科研项目经费、高水平论文发表和科研创新载体建设等方面都取得了重要进展。年度新增纵向科研项目73项，合同金额11,405.89万元，横向项目51项，合同金额2619.1万元，合计13,934.99万元。2022年度师生共发表学术论文920篇，包括SCI、EI、ISTP、SSCI收录828篇，其中 *Nature* 2篇（1篇为研究论坛，1篇为评述），*Nature* 子刊2篇；申请专利124项，授权专利79项；出版专著21部。

2022年度，深研院组织申报国家、省、市等各级各类项目392项（含参与项目42项）。获批国家自然科学基金25项，参与国家自然科学基金项目4项；国家社科基金项目1项。获批广东省自然科学基金项目9项，获批广东省区域联合基金7项。获批深圳市科技计划项目18项，参与其他单位深圳市科技计划项目11项，获批深圳市哲学社会科学规划项目1项。继续获得深圳市高等学校稳定支持计划资助，新增稳定支持项目10项。

新增获批深圳市人文社会科学重点研究基地——超大城市空间治理政策模拟社会实验基地，该基地为深研院首个深圳市级人文社科基地。环境与能源学院与中交一公局合作创建"生态环境与资源效率研究实验室"；广东省红树林工程技术研究中心、广东省柔性光电材料与器件重点实验室、萨金特数量经济与金融研究重点实验室、北大汇丰智库等省级平台的建设工作在有序开展。新申请广东省先进半导体与集成显示重点实验室和广东省智能计算与交叉科学应用重点实验室。

2022年度在国家重点研发计划项目申报工作突破，教授杨震获批立项"公共安全风险防控与应急技术装备"专项应急项目；教授宋令阳、助理教授陆磊、研究员雷凯等3项牵头申报的国家重点研发计划项目获得中央财政专项资金资助。

12月4日，举办"未来之后"AI4S鹏城学术论坛以线上方式召开，通过南方都市报、快手、抖音、微信视频号等平台进行线上直播，吸引了280多万相关领域的学者与观众收听收看，进一步提升了深研院科研活动的品牌影响力。

**干部队伍建设工作**。2022年，深研院持续加强干部队伍建设，提升干部政治和业务素养，不断完善干部"选育用管"全链条管理体系。受校党委组织部委托，完成3名深研院领导试用期考核；开展领导干部和职能部门年终评价。结合职能部门调整，完成中层干部试用期考核和干部调整补选工作。完成城市规划与设计学院、环境与能源学院和信息工程学院等3个学院院长遴选和行政班子选任；完成北京大学深圳研究生院教育基金会理事会换届。

面向全体中层干部开展行政能力提升网络培训、信息化主题网络培训、学习党的二十大精神培训，累计覆盖106人次，平均参与度达66%。高质量做好选举和推荐工作，召开中共北京大学深圳研究生院深圳研究生院党员代表大会，选举产生7名代表出席中共北京大学第十四次党员代表大会。配合深圳市委完成广东省人大代表（1名）和政协委员（2名）推荐考察工作。

**纪检工作**。2022年，深研院立足"监督执纪问责"基本职责，围绕深圳研究生院重大战略部署和重点专项工作，加强监督检查，开展学习党的二十大精神、疫情防控、校外兼职管理、学生奖励评选、研究生招生复试、科研经费使用专项监督检查，查找问题并提出管理优化建议；落实大学审计整改"回头看"和"八项规定"要求、畅通监督渠道、受理信访举报；健全纪委工作机制和制度规则，建立纪委委员分工和联系基层机制；结合党建课题研究，创新建立纪检和内控协同配合监督耦合机制，提升监督质效。

**行政工作**。以建设北大新工科"南方基地"和市校协同创新共同体为目标，深研院积极与学校本部、深圳市沟通、深度协助推进相关工作。2022年，围绕深研院中心主线，深研院行政管理工作有序开展。重点着眼深研院发展，积极推进相关工作：一是统筹疫情防控各项措施落实落细落具体，充分发挥主体责任；二是结合学院发展需要，优化调整职能部门、选优配强中层干部；三是成立深研院核心业务信息化建设工作组，聚焦智慧校园建设；四是胜利召开深研院第二届工会会员代表大会，积极履行服务使命。

**学生工作**。深研院以各学院走访、学工系统例会、学生骨干谈心谈话、班主任工作经验交流、院系重点学生会商等为抓手，逐步构建起导师、职能部门、主管学生工作负责人、学工老师、班主任、第二班主任、学生兼职辅导员之间分工明确、协同有力、齐抓共管的学生工作管理格局。12月初，院领导牵头，学工系统每天20余人校内值班，平稳度过新冠疫情最严重的阶段。

深研院共有学生党支部56个，其中在京支部3个；党员共1334名，约占44.48%。组织形成《关于迅速兴起学习宣传贯彻落实党的二十大精神"八个一百"宣讲热潮的实施方案》，开展全方位、立体化、多角度的20场研究生宣讲团宣讲，1人荣获北大十佳党支书称号，实现零的突破。

深研院现有67个学生团支部围绕"请党放心、强国有我"主题，开展了110余项党团日联合主题教育活动；开展走进中小学、社区志愿服务活动10余次，其中团委与深圳团市委共同主办冬奥主题讲座，来自福田区6所中小学超过1000名同学参与；举办迎新杯、校园十佳歌手大赛、音乐夜跑嘉年华、国庆迎新生晚会、青年文化沙龙，推动各学院品牌活动。

2022年，深研院全日制毕业生共计796人，就业落实率99.75%，其中，留深率24.30%，助力粤港澳大湾区发展；共有65名毕业生签约选调，约占北大毕业生签约总数1/10，位居首位；牵头组织四川、浙江等七省份选调生考试（深圳），设置深圳考场预计为学生节约京—深往返食宿费用逾百万元人民币；就业创业指导服务站顺利通过深圳市市人社局公共就业服务中心验收，获得每年20万元专项经费。

2022年，深研院顺利完成危机干预队伍专业培训，包括学生骨干危机识别和处理培训、一线教师和辅导员20种危机的处理方案培训及专兼职心理咨询培训。

2022年，深研院学生在各大领域获奖硕果累累，校园文化生活丰富多彩。深研院赛艇代表队在深圳市X9高校院所联盟第一届赛艇联赛三站总积分排名第二，荣获一等奖；学生辩论队卫冕第七届"思维之星"深圳大学生思辨大赛冠军，实现四连冠，获得深圳读书月辩论比赛冠军；新材料学院郑世胜荣获北京大学"学生五·四奖章"，国际法学院廖辉荣获"深圳青年五四奖章"，实现深研院零的突破；化学生物学与生物技术学院王冠获评北京大学优秀博士学位论文；深研院研究生会获评"广东省优秀学生会"，学生博雅金融学社首次获评收获北京大学"十佳学生社团"荣誉称号。国际法学院代表队在第二十届Jessup国际法模拟法庭比赛中荣获全国一等奖。汇丰商学院Gurianova Daria同学和城市规划与设计学院王渊分别获深圳大运留学基金会来华硕士和出国（境）博士留学资助金资助；深研院校友李圣泼、李慧获评"深圳十大杰出青年"。

**疫情防控工作**。2022年，深研院按照省、市、校、院安排统筹组织召开疫情防控工作会议68次、迎接上级检查16次、开展应急演练6次、组织全员核酸检测200余次，及时按照属地疫情防控政策，动态调整、落实落细各项防控措施，科学迅速开展应急处置工作，最大程度地保障了校内师生员工的身体健康和生命安全，保障了各项教学和科研任务的顺利开展。

**宣传工作**。2022年，深研院紧紧围绕发展战略统筹规划宣传工作，打造集合中英文官网、官微等平台的多维宣传矩阵。官微累计发布推文388篇，官网发布新闻180余篇、英文报道13篇，视频号发布作品20篇，开展"走进实验室""走近课堂"等聚焦教学科研、教授学者、学科建设的深度报道，结合重要时间节点和重要事件打造专题宣传项目，积极提供具有影响力的宣传产品，打造"北大深圳"品牌。

与校党委宣传部开展南北联动，23篇新闻被刊发在本部新闻网，其中10余篇被发布在官网首页，10余条视频被发布在校本部视频号；与深圳报业集团、南方报业集团、深圳卫视等社会媒体加强合作关系；与深圳市市委宣传部、深圳市教育局开展深入交流合作，签署推进深度合作的框架协议，推荐师生代表成为"圳少年""圳青年"；相关新闻获得新华社、人民日报、深圳特区报等主流媒体20余篇密切深度的报道。

**工会工作**。2022年，深研院召开第二届工会会员代表大会，选举新一届工会委员会，建立委员会例会制度，明确工作目标和任务分工，为把教职工的智慧和力量凝聚到校园发展大局贡献力量。扎实做好关心慰问教职工工作。开展教职工子女入学问题摸底调查，了解教职工实际需求；帮助协调解决深研院教职工子女入读西丽小学、中科院硅谷幼儿园等；与周边学校、幼儿园达成合作备忘。组织教师参加第四届高校青年教师六场九项全能教学必修基本功养成线上培训。关注教职工身心健康，大力开展群众性体育活动。现有赛艇、瑜伽舞蹈、游泳、健身、羽毛球、足球、篮球、排球、乒乓球、网球、户外徒步等11个教职工社团，在校园文化建设方面发挥了重要作用。

**校园环境建设工作**。2022年，深研院完成了多项基础设施建设，以6号楼大楼一个项目统筹带动完成新增宿舍资源、宿舍硬件设施、高质量户外运动设施、一站式学生交流中心、一体化生活区景观等生活区品质提升，完成了专家公寓配置、运动场翻新、6号楼负一层健身房扩建及YOUNG+建设；持续推进三期修缮、新大楼、智园空间、新大门、智慧校园工作。以二食堂招标和6号楼咖啡厅建设为契机，全力推进校园餐饮品质提升；持续强化问题清单机制、提升后勤服务质量，获得垃圾分类绿色校园称号；积极推进基础数据平台、院内门户、一卡通信息化建设，升级完善南燕防疫系统、教务系统、开发学生活动中心预约系统，调研并推动大型仪器设备管理系统、采购系统、实验室化学品管理系统的建设，不断改善校园基础设施条件。

**校友会工作**。2022年，深研院举办校友活动、提供各类校友服务共计120余项次，打造校友精神和生活家园；召开第二届第二次理事会会议，完成会长和常务理事变更；整合资源，联络促成多个维度的校友反哺；与北京大学校友会和深圳市北京大学校友会保持密切联系，共同塑造北大人在深圳的校友品牌，提高学校在大湾区影响力。

基金会工作。2022年，基金会积极筹备参评工作，最终获得社会等级评估最高5A级别（有效期为5年）。协议捐赠金额逾五千万元，待签协议意向捐赠金额近五千万元，合计逾一亿元，其中部分捐赠已经落地并开始执行。积极打造精品项目，如校友爱心项目等，切实帮助特困校友度过难关；在运行项目数量逐渐增多，众多项目受益人数累计超过500人次。同时，积极组织基金会规章制度的编纂及修订工作，累计修订并通过了21项规章制度，全年顺利召开五次理事会并完成换届，成立新一届理事会。积极参加业务培训，正在朝着专业化、规范化、不断追求卓越的方向前进。

（姚大伟）

【深入学习二十大精神】 2022年党的二十大胜利召开，深研院党政主要领导和领导班子成员带头学习宣讲北京大学第十四次党代会精神和党的二十大精神，通过党委理论学习中心组学习、党委（扩大）会、业务系统会等多种形式带头讲党的二十大精神专题党课，示范带动深研院各级领导和师生骨干积极参与党的二十大精神学习宣讲活动。各基层党组织、各业务口分类分级组织宣讲和传达，结合多媒体、新媒体的宣传优势，逐步做到师生全覆盖。各师生党支部、团支部开展形式多样的主题党团日活动，结合学习工作实际，深入学习宣传贯彻党的二十大精神。10月24日，北京大学召开学习党的二十大精神大会，会议由党的二十大代表、北京大学校长龚旗煌对大会精神进行传达，校党委书记郝平主持会议并作相关部署。深研院设置分会场，党委委员、纪委委员、各基层党支部书记和学生党员代表在分会场参加大会，认真学习会议精神，深刻体悟发展道路与前进方向。11月24日，深研院召开党的二十大精神宣讲会暨教工党支部书记"头雁成长"研讨会。党委书记谭文长与党委委员、各基层党组织负责人等党务工作者，以"深学真悟践行党的二十大精神"为主题进行宣讲。

（姚大伟）

【推进校区国际化建设】 2022年，深研院继续致力于创建世界一流国际化校区，共有183名留学生和交换生；66位外籍教职工（其中54名教师、8名博士后、4名行政人员），来自18个国家地区。1月19日，北京大学汇丰商学院与伦敦政治经济学院商务孔子学院签署工商管理硕士与汉语学习教育合作备忘录，启动关于非全日制工商管理硕士教育的合作。9月30日，北京大学汇丰商学院英国校区正式成为汉语水平考试（HSK）考点，将承办汉语水平考试（HSK）、商务汉语考试（BCT）、中小学生汉语考试（YCT）等国际汉语考试服务。11月19日至20日，国际法学院举办"世界各地的法律改革国际研讨会"。此次研讨会来自世界各地知名大学和学术研究机构的法律领域优秀的专家、学者通过云端对话形式，围绕当代国家法律实践和改革情况的相关议题进行了为期两天的深入研讨。

（姚大伟）

# 信息工程学院

【发展概况】 组织结构。信息工程学院自2002年4月依托本部信息学科基础成立以来，一直致力于电子信息领域的科学研究和人才培养，建成由政府批准设立的各类科研载体14余个，承担完成了973、863、国家科技重大专项、国家自然科学基金等国家、省、市各类科研项目600多项，实现了多项重要科研成果转化。2022年底，学院院务会成员包括：田永鸿（院长）、王荣刚（副院长）、杨玉超（副院长）、李倩（副院长）、宋令阳（通信学科带头人）。

学科建设。学院在电子科学与技术、计算机科学与技术、信息与通信工程三个一级学科下，分别设有微电子学与固体电子学（理学硕士、博士）、计算机应用技术（理学硕士、博士）、通信与信息系统（理学博士）三个专业，研究方向包括：微纳电子器件及其集成技术、系统集成芯片设计及其设计方法学、集成微纳机电系统、新材料与器件、光电器件与集成、光电子器件、集成微系统、数据智能分析技术、无线网络与移动计算、智能人机交互与机器人技术、模式识别技术、网络与数据安全技术、分布式存储技术、网络信息工程、多媒体信息处理技术、通信及信息安全技术、人机交互与机器人系统、模式识别与机器学习、大数据智能处理技术。

2022年，学院新增集成电路科学与工程一级学科，招收理学硕士研究生和博士研究生。研究方向包括：微纳电子器件与集成技术、系统集成芯片（SOC）设计及其设计方法学、集成微纳机电系统（MEMS/NEMS）、新材料与器件、光电器件与集成、集成微系统、微纳电子器件及其集成技术（ULSI）、系统集成芯片设计及其设计方法学（SOC）、集成微纳系统（MEMS/NEMS）技术、光电子器件与集成技术（PEI）、集成微系统（IMS）。原有微电子学与固体电子学专业教师和2022级研究生均转入集成电路科学与工程专业。

为做好新学科布局，2022年学院大力推进AI for Science学科建设，通过开设新课程，科普智慧科学技术与前景，体现AI for Science推动交叉学科研究发展的价值，逐步形成AI牵引相关基础学科创新融合的交叉发展生态。

队伍建设。2022年，学院共有全职教学科研人员89人，其中教授14人，副教授6人，特聘研究员2人，讲师7人，助理研究员5人，全职博士后12人，行政教辅人员43人。2022年新入职20人，包括教师5人，助理研究员1人，博士后7人，劳动合同制7人。另有拟引进教师2人，新引进非全职聘用1人。师资队伍中，国家杰出青年基金获得者3人，国家级国务院特殊津贴获得者1人，国家级海外高层次人才计划入选者1人，国家高层次人才特殊支持计划科技创新领军人才入选者2人，广东省珠江人才计划青年拔尖人才3人，广东省特支人才计划青年拔尖人才2人，深圳市地方领军高层次人才1人，深圳市后备级高层次人才4人，深圳市海外高层次人才（孔雀B类）1人，深圳市海外高层次人才（孔雀C类）9人，深圳市鹏城孔雀特岗-特聘岗位A类人才3人，深圳市鹏城孔雀特岗-特聘岗位B类人才1人，深圳市鹏城孔雀特岗-特聘岗位C类人才1人。

教学工作。截至2022年底，学院共有学生527人，其中硕士研究生413人，博士研究生114人。2022年共招收研究生178人（硕士研究生139人，博士研究生39人），毕业167人（硕士研究生148人，博士研究生19人）。学院2021—2022学年第二学期共开设研究生课程26门，共计76学分；2022—2023学年第一学期共开设研究生课程30门，共计84学分。疫情期间，学院采取网络教学、远程答辩等一系列教学措施，保证教学工作正常开展。

2022年秋季学期，学院开设国内首个《智慧科学导论》（AI for Science）课程，为3学分、48学时，是面向学校理工科各个专业研究生的专业选修课。由田永鸿教授牵头，组织校内外知名行业专家进行讲授。该课程以不同的大规模科学任务为出发点，重点讲授AI大模型、人工智能与数理科学、人工智能与脑科学、人工智能与生命科学、人工智能与材料科学、人工智能与物理天文学、人工智能与气象海洋科学等学科交叉方法，及基于MindSpore等中国自主AI计算框架的应用实践。

学生就业。2022年度，学院共有167名毕业生，其中146名已明确工作单位，6名拟出国深造，11名国内升学，1名自主创业。典型就业企业有华为、腾讯、中兴通讯、阿里巴巴、字节跳动等，就业地域主要分布于北京、上海、广深、江浙等地区。

夏令营情况。2022年，学院夏令营活动顺利进行，共2298人申请。录取入营240人，营员均为来自985、211高校专业排名前10的生源，其中985高校生源占90%以上。

科研工作。2022年学院共有科研项目总经费6665.72万元，其中纵向科研项目经费6143.75万元万元，横向科研经费521.97万元。2022年度学院共发表学术论文275篇，其中SCI收录144篇，EI及ISTP收录275篇，以北京大学深圳研究生院为第一作者单位署名论文238篇，JCR一区高水平论文79篇，在微电子顶级会议发表论文3篇，中国计算机学会CCF推荐A类国际学术会议上发表论文27篇。2022年学院新申请发明专利54项（中国发明专利申请51项，发明专利PCT国际申请3项），发明专利获授权31项（美国发明专利获授权1项，中国发明专利获授权30项）。

交流合作。学院积极推动产学研深度融合，与华为、中兴通讯、腾讯、海信、华星光电、龙腾光电等知名企业开展合作，2022年学院共承担横向课题11项，合同金额达521.97万元。学院还与深圳市华星光电技术有限公司合作培养博士后人员13名。

党建工作。2022年度，学院共有7个党支部，12个团支部，其中新组建学生党支部2个，团支部4个，接收转入中共党员71人，中共预备党员15人，共青团员62人。在各类党团评优和党团日活动评比中，获奖党团员18名，获奖党团支部、班集体3个。其中，获2021—2022学年北京大学深圳研究生院"优秀共产党员"6人；获2021—2022学年北京大学深圳研究生院"十佳党支部书记"1人；获2021—2022学年北京大学"优秀团支书"1人；获2021—2022学年北京大学"优秀团干部"2人；获2021—2022学年北京大学"优秀团员"2人；获2021—2022学年北京大学深圳研究生院"优秀团干部"2人；获2021—2022学年北京大学深圳研究生院"优秀团员"4人。获2021—2022学年北京大学"优秀团支部"集体1个；获北京大学深圳研究生院"红心照亮中国"短视频大赛三等奖集体1个；获共青团深圳市委员会深圳市"五四红旗团支部"集体1个。

2022年度，深圳研究生院党委教工信息工程学院党支部共组织党支部师生交流会2次，专题学习会3次，座谈会3次。党员教师张健开发南燕防疫助手，用于识别健康码和行程码，助力学院的新冠疫情防控工作。党员教师李挥于2022年度获第五届中国上海国际发明创新展览会金奖、日内瓦国际发明展银奖和2022年度英国伦敦国际发明展国际发明总冠军——全球唯一钻石奖等荣誉。

（卢志明、杨柳、李建桦、张婧、戴铭志）

【IEEE 2941标准工作组获IEEE SA新兴技术奖】9月，由学院田永鸿教授团队牵头，北京大学鹏城实验室、百度、海康等优势单位深度参与的IEEE 2941标准工作组，发布全球首个人工智能模型表示与压缩技术标准——《人工智能（AI）模型表示、压缩、分发和管理标准（Standard for Artificial Intelligence (AI) Model Representation, Compression, Distribution and Management）》（标准编号：IEEE 2941—2021），获IEEE标准新兴技术奖。同时，田永鸿教授作为IEEE数据压缩标准委员会副主席兼IEEE 2941标准工作组组长，获IEEE标准金牌奖（The IEEE SA Standards Medallion）。

（王荣刚）

【一项目入围2022年度"戈登贝尔新冠特别奖"】11月，学院田永鸿教授、陈杰副教授的"鹏程-神农"团队的"领先于病毒的进化——通过人工智能模拟预测未来高风险新冠病毒变异株"项目成功入围2022年度"戈登贝尔新冠特别奖"。该奖是国际高性能计算应用领域最高奖，被誉为"超级计算应用领域的诺贝尔奖"，每年颁发一次，该团队是本次入围的唯一来自中国的团队。该项目每秒可生成、筛选超百万条新冠病毒变异体模型，助力团队在两天内实现了新冠病毒Alpha、Beta、Gamma、Delta、Omicron BA.5/BF.7等主流毒株的变异模拟，预测未来高风险新冠病毒变异；针对病毒新变种（SARS、MERS、新冠、诺如等）不断出现的各种问题，该工作有助于实现对突发疫情的快速提前预案，有助于针对潜在高风险变异株的疫苗和药物提前研发，为疫情防控决策提供有力支撑。

（陈　杰）

# 化学生物学与生物技术学院

【发展概况】 组织机构。2003年，化学生物学与生物技术学院成立，旨在融合合成化学、计算化学、化学生物学、转化生物学等四大前沿领域，建设一个现代化的创新药物研究平台，培养交叉复合型高层次生物医药研发人才。学院现有科研载体包括：省部共建国家重点实验室1个，广东省重点实验室1个，深圳市级重点实验室3个，深圳市工程实验室4个，深圳市公共技术平台3个，南山区科技平台2个。学院实行北京大学深圳研究生院领导下的院长负责制，院长通过学院党政领导班子联席会（简称"党政联席会"）对学院重大行政工作行使决策权。学院院长杨震，学术委员会主任吴云东。学院"党政联席会"成员包括（姓氏拼音为序）：李子刚、潘峥婴、全军民、杨震、叶涛、翟宏斌、周强。

队伍建设。2022年，学院同深圳湾实验室合作，在化学生物学方面引进蒋显、葛韵作为Tenure-Track教师。截至2022年结束，学院现有专职高水平教师39名，其中中国科学院院士1名、长江学者1名、国家杰出青年基金获得者4名、广东省自然科学杰出青年基金项目获得者1名，2022年新增入选国家高层次人才1名，博士后66名。

科研工作。2022年学院新增纵向科研项目22项，合同经费总额1475.41万元，其中国家级项目课题13项，合同经费1082.41万元；地方级项目9项，合同经费393万元；横向课题6项，合同经费343.6万元。此外，2022年度省部共建肿瘤化学基因组学国家重点实验室获得的建设运行专项经费如下：深圳市拨付1500万元，广东省拨付500万元。

2022年学院教师申请中国专利24件，申请国际专利1件（同时申请欧洲、日本、美国专利）获得中国专利授权18件；共发表署名论文211篇，平均影响因子10.51，IF>10的论文75篇，其中亮点重要论文共35篇（IF>10，均为第一完成单位）

交流合作。2022年，学院主办或协办国内会议及论坛1次，组织科普活动2次。学院教师参加国际及国内会议并受邀做报告共14人次。

教学工作。2022年，学院共有化学基因组学博士生导师28人。截至12月学院在读学生共计209人，其中博士研究生150人、硕士研究生59人。2022级共招生22人（含深圳湾项目6人），正式实现全博士招生。生源包括：推免直博9人（含深圳湾项目1人），申请考核制博士生13人（含深圳湾项目5人），学院共毕业44人（41博士，4硕士）。2022年上半年春季学期采用线上线下相结合授课方式，共计开设24门课程；9月秋季学期亦采用线上线下相结合授课方式，共计开设28门课程。

学生工作。1月，组织开展学院新年晚会。因新冠疫情，2022年累计线上线下召开各年级班会、座谈会10次。5月，学院组织开展毕业生职业生涯分享会。分享会以线上会议的形式进行，由学院陈丽媛老师主持。邀请到学院四位导师向大家分享经验，给毕业生上"最后一堂课"，四位导师分别是吴云东老师、杨世和老师、项征老师和彭涛老师。5月，开展优秀毕业生评选活动，组织开展拟录取研究生政审调档工作。6月，组织开展上半年公费医疗报销活动，组织开展毕业季系列活动，如毕业照拍摄、优秀毕业生宣传、就业分享会等。7月，组织参加深圳研究生院毕业典礼、校本部毕业典礼，组织开展毕业生归档派遣工作。8月，组织开展新生入学教育。9月，组织开展素质综合测评和国家奖学金答辩评审，组织参加深研院迎新晚会。10月，组织开展校级奖励奖学金评选，组织参加深研院"迎新杯"系列体育比赛。11月，组织参加趣味运动会，组织参加消防演习。12月，组织开展上半年公费医疗报销活动，组织开展学院奖学金评选活动。

为深入学习贯彻党的二十大精神，提升青年学子理论素养，锤炼青年劳动品质，深研院团委联合化生学院共同组织开展"喜庆二十大，建功新时代"集体实践教育活动，组织师生前往深圳华大万物试验基地（华大生命科学研究院农业基因组学国家重点实验室试验基地）与东涌沙滩开展理论学习、科学调研与集体实践活动，通过理论学习与实践教育相结合的方式，多形式、多角度地提升二十大理论学习、加强集体实践教育。

（王　锐、孟　芳、赵亚波、鹿亚男、李　健、张意婷）

【第十四届"晨兴"化学生物学前沿论坛】 1月7日，由学院和省部共建肿瘤化学基因组学国家重点实验室主办的第十四届"晨兴"化学生物学前沿论坛举行。学院常务副院长叶涛教授参加活动并致辞，介绍了2021年化生学院在学术研究方面的各项进展，并预祝本届论坛取得圆满成功。学院彭涛副教授主持了墙报展示颁奖环节和学院奖学金颁奖环节。彭涛副教授颁发了2021年度晨兴优秀论文奖学金、药明康德学术奖学金等共十项企业冠名奖学金，其中万千奖学金和岛津中国奖学金由相关企业代表进行颁奖并合影。总计有60余位同学获得了各项奖学金。

（张意婷、刘星遥）

【"陶术之夜"2022新年师生联欢会】 1月7日，学院举办2022新年师生联欢会，晚会以"新起点，新机遇，新征程"为主题，寓意在新的一年学院师生将以全新的姿态迎接新起点，挑战新机遇，扬帆新征程。晚会入口前均测体温、戴好口罩，隔位就座，严格践行疫情防控管理措施。晚会播放了学院在学术科研、团队建设、教学管理方面取得的成就，回顾了一整年学院举办和参加的活动，也送上了每个课题组精心制作的集体合照以及各具创意的新年祝福视频，晚会中同学们带来了精彩的歌舞表演，学院也为师生们准备了丰厚的奖品。

（张意婷、张文斗、刘星遥）

【"2022年科技活动周暨全国科技工作者日"线上科普活动】 5月30日，学院省部共建肿瘤化学基因组学国家重点实验室举办"2022年科技活动周暨全国科技工作者日"科普活动。北京大学深圳研究生院实验动物中心主任卓振建、北京大学深圳研究生院仪器中心主任杨果、中国科学院深圳先进技术研究院支撑平台处实验动物管理办主任林惠然等出席了本次活动。活动以"走进科技、你我同行"为主题，通过线上方式进行，北大深研院主会场在线连接了广东省陆丰市桥冲镇桥冲中学、东竹小学共计1000余名中小学生。同学们通过在线观看北大深圳研究生院宣传视频、省部共建肿瘤化学基因组学国家重点实验室介绍视频、北大深圳研究生院实验动物中心介绍视频、中国科学院深圳先进技术研究院支撑平台处实验动物管理办宣传视频，了解南燕的校园生活，走进大学实验室；实验动物中心的老师们向孩子们介绍大小鼠的分类、生活习性、特征等，让孩子们对实验动物有了初步的认识；并对孩子们的疑惑进行耐心专业的解答。

（孟 芳）

## 环境与能源学院

【发展概况】 机构设置。2022年，环境与能源学院在任领导：院长秦华鹏，副院长兼党支部书记徐期勇，副院长许楠；重大行政事宜由院长办公会及党支部会议、结合人事专家委员会、空间规划专家委员会、学科发展专家委员会等专家会议对重大工作行使决策权。其中院长办公会及党支部会议实行例会制，对日常行政及事务工作进行安排。公共服务部门主要由院长、副院长、党支部书记、行政办公室（人事、财务、宣传、教务、学工、科研、后勤等业务范围）组成。

学科建设。2022年，环能学院有1个一级学科点：环境科学与工程。研究生设有2个专业：环境科学、环境工程硕士专业学位。拥有环境科学与工程专业博士后流动站。

师资队伍。截至12月31日，共有教职工50余人（4名外籍），其中全职教研岗教师10人，研究岗教师10人，博士后11人，行政科研教辅18人。现有国家自然科学基金优秀青年基金获得者1人，深圳市高层次人才或海外高层次人才15人，孔雀特岗7人。学院聘请中国科学院院士、环境水利专家倪晋仁教授（2022—2024）、同济大学固体废物处理与资源化研究所所长何品晶教授（2021—2024）为兼职教授，聘请澳大利亚联邦科学与工业研究组织水土资源研究所高级首席科学家张橹教授为讲座教授（2020—2022）。美国斯坦福大学发布第三期2021全球前2%顶尖科学家榜单，学院教授许楠入选2021年全球前2%顶尖科学家"年度影响力"榜单。

教学培养。2022年，招收博士生8人；招收硕士生51人，硕士生推免30人，统考20人，港澳台1人。100%博士生和94%的硕士生来自双一流高校。2022年毕业43人，其中博士研究生9人，硕士研究生34人。获得博士学位9人、硕士学位34人。结业1人，为博士研究生。开设研究生课程21门，其中新开设《环境量子化学》《环境功能材料》课程。学院教学委员会定期组织听课活动，对教学工作进行指导。

科研工作。2022年，学院获得4项国家项目和多项深圳市基础研究项目支持，全年新签科研项目14项，总合同金额1708.56万元，其中纵向课题经费985万元，横向课题经费723.56万元；论文数量持续增长、质量进一步提升，2022年共发表学术论文124篇，数量和质量持续提升，在专业高水平期刊上发表。其中SCI收录论文84篇，较上年增长25%，EI收录论文31篇，较上一年近翻倍增长，中文核心期刊8篇，较往年减少50%；科研成果显著，三项科研成果获奖；两位教授入选2022年全球前2%顶尖科学家"年度科学影响力"榜单；深圳市蓝天工程大气观测超级站进入正常监测状态，深圳纳米多孔水处理材料工程研究中心建设完毕，已申请验收，国家环境保护大气臭氧污染防治重点实验室和省红树林工程中心建设工作进展顺利；与中交一公局集团有限公司联合组建成立"生态环境与资源效率研究实验室"。"生态环境与资源效率研究实验室"冀豪栋研究员和美国加州大学圣克鲁兹分校Shaowei Chen教授、首都师范大学王强教授以及暨南大学朱明山教授合作在环境量子化学应用领域取得系列研究进展，相关成果发表于环境工程和催化领域旗舰期刊上，冀豪栋课题组负责相关工作中的量子化学计算以及深入机理解释部分。

党建工作。环能学院有教工党支部1个，学生党支部4个，在京学生党支部1个，各支部支委组成完善，学生党支部支部委员由支部书记、组织委员、宣传委员、纪检委员（兼）组成。共有党员131人，其中在职教职工党员25人，离退休教师党员1人，学生党员总人数为105人。2022年发展党员4人，3名预备党员转为正式党员，确定2名教工入党积极分子。

学生党支部在深研院党委及环能学院教工党支部的监督指导深入贯彻党的二十大精神，认真学习习近平总书记系列重要讲话，不断加强组织作风建设和深化党员干部的思想政治教育，充分发挥党支部领导核心和党员的模范带头作用，努力为各项工作任务创造坚实的思想组织保障。认真做好党员发展工作，做好培养和考察积极分子的工作，按时讨论合格的预备党员转正，及时把优秀的同学吸收到党的队伍中来。11月学院举办师生联合党团日活动：盛会论道同聚力，勇毅担当筑青春——2022年环能学院"喜迎二十大，汲五史精华奏奋进之音"活动。

工会工作。学院有在职会员41人，退休会员1人。工会开展会员生日慰问等活动，并组织会员参加深圳研究生院趣味运动会、中秋节线上活动。年末组织困难会员慰问活动。

学生工作。制定、完善《2021—2022学年环能学院国家奖学金评奖细则》、《2021—2022学年环能学院学生评优评奖细则》管理办法。2021—2022学年学生获得博士国家奖学金1人，硕士国家奖学金的共计2人。获得"学术创新奖"2人，三好学生标兵2人，三好学生13人，北京大学优秀学生干部标兵1人，校级其他单项奖26人。获得五四奖学金1人，灵均领航奖学金1人，北京大学二等奖学金1人，北京大学三等奖学金3人，九坤奖学金1人，兴业银行奖学金1人，铁汉奖学金1人，宏桥奖学金1人，平安AIBank奖学金2人。2021级硕士班班主任王前获得"北京大学优秀班主任"称号。

为了丰富学生的课余生活，缓解学生学习与科研的压力，学院鼓励同学们积极参加各种文体活动、社会实践、社会公益志愿活动等。学院研究生会组织多项师生活动，学生参与度高，其中，学院研会策划的运动打卡活动极大地提升了学生运动积极性和参与度。

社会服务。环能学院"绿色加协会"荣获北京大学深圳研究生院2021—2022学年"品牌学生社团"。学院多位教师担任了专业期刊主编、副主编、编委，担任专家库专家。

（徐期勇、周　姝、胡宜华、张善发、冯　凝）

【一成果在《自然-通讯》上发表】11月29日，"生态环境与资源效率研究实验室"与北大本部环境科学与工程学院合作在《自然-通讯》（Nature Communications）上发表论文，首次在大陆尺度上将地下水碘环境监测、甲状腺疾病流行病学调查方法结合开展了健康风险评估，揭示了高碘和低碘区域优势碘形态与典型甲状腺疾病类型的响应关系，构建了地下水碘元素"环境赋存-饮用摄入-人体代谢-实际患病-风险预测-防控措施"的健康风险全链条研究范式，减小了地下水碘健康风险评估的不确定性，提出了因地制宜的优化供碘建议。

（马若绮）

# 城市规划与设计学院

【发展概况】组织结构。城市规划与设计学院学院2022年在任领导6人：赵鹏军（院长）、张文佳（副院长）、朱再春（副院长）、汤俊卿（院长助理）。

学科建设。截至2022年底，学院有2个硕士专业：地理学（城市与区域规划）和国土空间规划（2022年新增）。博士招生专业调整为：国土空间规划、生态学；设地理学博士后科研流动站。主要研究方向为智慧城市与大数据、城乡规划与治理和景观生态规划。

队伍建设。截至2022年底，学院有常驻全职教师14人（其中教授6人、副教授2人、助理教授6人），外聘兼职教授2人，外籍授课教师1人，在站博士后32人。现有教师队伍中包括了国家级人才4人（中国工程院院士1人、国家杰出青年基金1人、国家自然科学基金优秀青年科学基金项目（海外）1人、国家青年拔尖人才1人），市级领军人才14人，外籍授课教师1名。学院教师担任国际地理联合会（IGU）等国际学术机构副主席等任职20余人次；国际学术期刊任职40余人次；其中，SCI期刊主编4人次；SCI副主编6人次；SCI编委20人次；国内学术期刊任职40余人次。其中SCI期刊主编1人（赵鹏军，Cities）。2020年入选全球前2%顶尖科学家"生涯影响力"榜单（赵鹏军）、多人入选全球前2%顶尖科学家"年度影响力"榜单（赵鹏军、吴健生、朱再春、张浩然）。学院院长赵鹏军入选深圳市城市规划委员会发展策略委员会委员，并获全国首批"国土空间规划行业科技领军人才"称号。学院教师仝德获得2021年度中国城市规划学会青年人才奖。

教学工作。截至2022年底，学院全日制在校硕士研究生163人，博士研究生40人。其中2022年入学硕士研究生50人，博士研究生10人。2022年毕业57人，其中硕士50人，博士7人。2021至2022学年第一学期共开设课程16门；2021至2022学年二学期共开设课程18门。

科研工作。2022年，学院新增各类课题30项，科研经费合计2098.67万，其中纵向课题21个（国家级8项，省级5项，市级5项，开放基金3项），经费1203万，横向课题9个，经费895.67万。国家级项目包括国家自然科学基金（海外）优秀青年基金1项、国家自然科学基金重点项目（合作单位）1项、国家自然科学基金面上项目2项、国家自然学基金青年基金3项、国家高层次人才特殊支持计划项目1项。2022年，学院共发表论文112篇，其中《自然-植物》（Nature Plants）1篇，SCI和SSCI共80，Q1区文章高达55篇，中文核心32篇。学院教师发表11部专著，含7部英文专著和4部中文专著；获得软件著作权9项，获得发明专利授权5项，新申请发明专利3项。

党建工作。截至2022年底，学院党委有教职工党员28人，比去年新增8人，设1个党支部，党支部书记仝德，支部副书记易哲星，组织委员朱再春、纪律委员吴健生、宣传委员常文静。2022年，学院教工党支部定期开展支委会，积极组织支部成员开展"举旗定向，凝心铸魂"、"廿载南燕研深覃精，百年伟业华章共谱"的各项党务结合业务的相关主题教育活动，组织党员以线上和线下相结合、自学和集中学习相结合的方式认真学习"党史教育专题"、北京大学第十四次党代会精神、党的二十大精神等。

党支委积极参加学生党建活动，指导学生开展党支部特色活动，并对学生入党积极分子、预备党员进行考察，参加学生预备党员转正大会等活动。

行政队伍。截至2022年底，学院行政教辅人员共计30人，其中项目自聘人员24人。2022年行政教辅人员中新入职行政人员1人，项目自聘人员10人。

工会工作。截至2022年底，学院工会共计会员65人，学院工会隶属于北京大学深圳研究生院总工会。

学生工作。学院鼓励学生德智体美劳综合素质全面发展。薛雅文、徐衍潇、马玥桐参与学校新年联欢晚会及20周年院庆表演舞蹈《敦煌·烁》，陈可欣、易腾云、李恺等倾情出演情景剧《觉醒年代》；深研院迎新晚会上，共有41名2022级新生表演舞蹈情景剧《小城夏天》；在北京大学深圳研究生院第六届南燕体育文化节暨"迎新杯"赛事中，男篮比赛荣获团体季军、排球赛荣获团体季军的好成绩。此外，学院举办了一系列创意类学生活动，比如开展有第一届城规学院"毕业杯"篮球赛，第二届城规学院摄影大赛、插花大赛、院衫设计大赛等。

学院贯彻以科研为主，互助交流的学风进行学生培养，如展开"博士沙龙"系列活动，获得可观的科研成果，包括赵茜作为第一作者在《自然-植物》等顶级期刊发表高质量科研论文；孙裔煜作为参与者获得中国城市规划科技二等奖；北京大学第三十届"挑战杯"系列赛事（五四青年科学奖），城市规划与设计学院共有11名同学获奖，包含3个一等奖，2个二等奖，2个三等奖，4个优秀奖。

2022年5月，在由中国海外集团、中国海外爱心基金会、紫荆杂志社联合举办的"筑梦湾区大学生建筑及城市规划设计大赛"中，城市规划与设计学院研究生刘文洲、许佳时、郭武鑫的作品《港深融合，水旺新城—新田落马洲可持续未来科技城》，在教授赵鹏军的指导下获得银奖。

毕业生去向。2022年7月，城市规划与设计学院顺利毕业博士生7人，硕士生50人。2022届毕业生就业率达98.25%（除1人拟出国深造未就业外），深造率达17.54%（10人）。目前，毕业生就业领域更趋向倾斜政府事业单位（32人），所占比率高达56%，其中包括赴基层服务西部地区，如中共成都市委组织部、成都市成华区规划和自然资源局、中国城市规划设计研究院西部分院等单位。另包括在企业（14人）不同领域，如招商银行股份有限公司、中信证券股份有限公司、深圳今日头条科技有限公司等单位的跨专业学生。学生就业地主要分布在深圳、上海、北京等地，其中，留深率逐年上升，今年高达28%，服务大湾区就业的毕业生占35%，与去年持平。

（常文静、邱玉叶、易哲星、张黎黎、王瑞怡）

【多位老师入选2022年全球前2%顶尖科学家榜单】 10月，美国斯坦福大学发布了2022全球前2%顶尖科学家榜单，统计数据时间节点为1960至2022年。此次数据发布基于Scopus 2022年9月1日的快照，更新至引用年份2021结束，涵盖全球200,409位科学家。该榜单基于Scopus数据库，使用了如下六种关键因素的指标来进行打分：1）总引用量；2）Hirsch H-index；3）共同作者修正的Schreiber Hm-index；4）单独作者；5）单独或者第一作者；6）单独、第一或者最后作者的文章引用量。城市规划与设计学院教授赵鹏军入选本期全球前2%顶尖科学家"终身科学影响力"榜单，教授赵鹏军（Urban & Regional Planning领域）、教授吴健生（Environmental Sciences/Ecology领域）、助理教授朱再春（Geological & Geomatics Engineering领域）、助理教授张浩然（Energy领域）入选本期全球前2%顶尖科学家"年度科学影响力"榜单。

（王瑞怡）

【中国地理信息产业协会智慧国土工作委员会成立】 7月24日，中国地理信息产业协会智慧国土工作委员会成立大会召开。中国地理信息产业协会会长李维森、智慧国土工作委员会主任委员院士陈军与其他副主任委员等20余人通过线上方式参加会议。智慧国土工作委员会牵头单位为北京大学深圳研究生院城市规划与设计学院，依托平台为自然资源部陆表系统与人地关系重点实验室，委员单位包括从事智慧国土业务的国土资源、测绘、水利、地理信息、城乡建设等企事业单位和科研院所。

8月12日下午，2022年度中国地理信息产业大会期间，由中国地理信息产业协会主办，智慧国土工作委员会、自然资源信息工作委员会承办的"智慧国土赋能高质量发展"分论坛召开。论坛由智慧国土工委会副主任委员赵鹏军主持，主任委员、院士陈军致辞。论坛邀请来自政府业务部门、学界和相关产业界的专家线上线下参加论坛。专家、学者、业界伙伴、高校代表分别从有关智慧国土的理念、愿景、业务逻辑、技术路线、应用试点等方面开展全方位分享讨论。

（王瑞怡）

【一中心获批深圳市人文社会科学重点研究基地】 11月22日，中共深圳市委宣传部、深圳市社会科学联合会、深圳报业集团在五洲宾馆举行第十四届深圳学术年会。深圳市委常委、宣传部部长张玲为2022年评选的9家深圳市人文社会科学重点研究基地授牌。城市规划与设计学院教师仝德负责的北京大学深圳研究生院超大城市空间治理政策模拟社会实验中心入选。深圳市人文社会科学重点研究基地是深圳市委宣传部、深圳市社科联面向学科前沿和社会经济发展中的重大理论与实践问题，组织建设的高水平理论研究前沿智库、高水平人才培育的学术高地、高水平学术交流的重要窗口。作为深圳研究生院人文社科领域首个获批组建的市级重点研究基地，超大城市空间治理政策模拟社会实验中心依托城市规划与设计学院、北京大学未来城市实验室（深圳）、北京大学（深圳）规划设计研究中心建设，旨在发挥北京大学空间治理相关研究领域的交叉学科优势，与深圳及粤港澳大湾区政府和业界开展协同研究创新，通过开展超大城市空间治理政策模拟的社会实验，在社会科学领域探索 AI For (Social) Science 的产学研一体化路径。

（王瑞怡）

【举办第十四届深圳学术年会——"AI for Urban Science"】 2022 年 12 月 2 日，第十四届深圳学术年会——"AI for Urban Science"在深圳研究生院举办。此次会议的主办单位为中共深圳市委宣传部、深圳市社会科学联合会、深圳报业集团，承办单位为北京大学深圳研究生院城市规划与设计学院、自然资源部陆表系统与人地关系重点实验室、中国地理信息产业协会智慧国土工作委员会。作为北京大学深圳研究生院 21 周年院庆主题活动"AI for Science"之一，会议以线上线下相结合的方式进行，围绕城市科学与人工智能学科的交叉与融合展开。北京大学党委常委、副校长，深圳研究生院院长张锦专为会议致开幕辞。作会议报告的嘉宾有中国工程院院士、国家基础地理信息中心一级教授陈军，同济大学教授、中国工程院院士吴志强，香港大学教授、中国科学院院士叶嘉安，全国工程勘察设计大师、深圳市智慧城市科技发展集团有限公司董事长张晓春，北京航天宏图信息技术股份有限公司总裁廖通逵，华为云智慧城市 AI 业务总监谢奕，智慧足迹数据科技有限公司总经理李振军，广东省城乡规划设计研究院总规划师、教授级高级规划师罗勇，清华大学建筑学院副教授龙瀛。另外，学院院长、教授、国家杰出青年基金获得者赵鹏军，学院助理教授汤俊卿、宫兆亚、张浩然也做了学术报告。会议报告涵盖 AI 之于城市在科学维度、应用维度、技术维度、产业维度四个维度的分析，实践与思考，为数字孪生、城市赋能模型等新城市科学如何融入国土空间规划体系提供了前沿性的框架和前瞻性的思想。

（王瑞怡）

【一课题组在《自然-植物》合作发文】 学院朱再春课题组和城市与环境学院院士朴世龙团队合作，基于多源遥感和通量观测数据，结合机器学习方法，定量分析了近 20 年北半球植被光合作用和冠层结构季节峰值的时间差异及其驱动机制。研究发现，北半球植被冠层结构的季节峰值时间普遍晚于光合作用的季节峰值时间（平均晚 8 天），气候和营养限制是北半球植被冠层发育滞后的主要原因（图1）。在此基础上，研究揭示，大气 $CO_2$ 浓度升高驱动了植被光合作用达峰时间提前，而气候和营养等因子限制了植被冠层结构达峰时间的优化调整，导致过去 20 年北半球植被光合作用和冠层结构季节峰值的时间差异显著增加。此外，研究指出目前的生态系统模型因缺乏相关机制的表达，对植被光合作用和冠层结构达峰时间的时空动态模拟存在较大的不确定性。该研究为理解植被光合作用能力季节动态的内在驱动机制提供了新的视角。该成果以"Seasonal peak photosynthesis is hindered by late canopy development in northern ecosystems"为题发表于《自然-植物》（Nature Plants）杂志（doi: 10.1038/s41477-022-01278-9）。北京大学 2020 级博士生赵茜为第一作者，朱再春研究员和朴世龙院士为共同通讯作者。北京大学教授曾辉、研究员张尧、美国波士顿大学教授 Ranga B. Myneni、西班牙巴塞罗那自治大学教授 Josep Peñuelas 也参与了此项研究工作。该研究属于自然资源部陆表系统与人地关系重点实验室的主要方向之一。

（王瑞怡）

# 新材料学院

【发展概况】 学科建设。2022 年，学院积极推进"南北融合"，扎根深圳、立足粤港澳大湾区，注重各方资源的高效整合，大力打造北大"新工科"建设的南方基地。学院坚持以学科建设为主线，突出特色，协调发展，产出系列科研成果，主动服务国家重大战略与区域经济社会发展需求。2022 年，学院有广东省化学与材料基因组学"充补强"学科建设获得立项批复；国家级电动汽车动力电池与材料国际联合研究中心基地平台顺利通过科技部国际合作司评估；广东省新能源材料设计与计算重点实验室通过三年评估；深圳市柔性显示纳米光电材料工程研究中心获批市级工程研究中心提升扶持计划；新材料学院测评中心获得 CNAS 认可证书等。

学院设有"力学（先进材料与力学）"专业，研究方向为新能源材料与器件（于 2016 年 11 月获批二级学科博士学位授权点）；"材料物理与化学"专业（于 2019 年 6 月获批二级学科博士学位、学术硕士学位授权点），招收"材料物理与化学"专业博士生、硕士生。

队伍建设。2022 年，学院有教学岗专职教师 11 人，其中讲席教授 2 人，另有南燕荣誉教授 4 人。2022 年，学院潘锋、孟鸿、董成、闫朝一入选 Applied Physics 领域全球前 2% 顶尖科学家-终身科学影响力排行榜（1960—2022）。潘锋、孟鸿入选 2021 年 Applied Physics 领域全球前 2% 顶尖科学家"生涯影响力"榜单和该领域。郑家新入选 2021 年 Physical Chemistry 领域全球前 2% 顶尖科学家"年度影响力"榜单；闫朝一入选 2021 年 Materials 领域全球前 2% 顶尖科学家"年度影响力"榜单。潘锋 2021 年连续第 7 年入选爱思唯尔中国高被引学者榜单。

教学工作。2021—2022 学年第二学期，学院共开设研究生专业课程 9 门；2022—2023 学年第一学期，学院共开设研究生专业课程 11 门。

招生工作。在 2022 级研究生招生中，学院共招录硕士研究生 45 人、博士研究生 13 人。目前学院有硕士在校生 118 人、博士在校生 42 人，共计 160 人。学院在 2022 年的推免录取工作中预录取 2022 级硕士推免生 32 人、直博生 1 人。

毕业生情况。2022 年，学院毕业生共计 39 人，硕转博 7 人。毕业生中，7 人选择继续深造，去向有哈佛大学、剑桥大学、香港理工大学、香港科技大学、美国阿贡国家实验室、美国密歇根州立大学等；23 人就职于企事业单位（广州小鹏汽车科技有限公司、鞍钢集团北京研究院有限公司、腾讯科技（深圳）有限公司、国网福建省电力有限公司等）、3 人就职于党政机关等。

党建工作。10 月 16 日，学院组织师生观看中国共产党第二十次全国代表大会开幕式及二十届中共中央政治局常委记者见面会。10 月 18 日，学院教工党支部开展支部大会，广泛讨论交流对二十大的所感所想，结合工科发展使命感，探索专业发展方向以及存在的学科难题；硕博生学生党支部积极开展以二十大为主题的党团日活动，如"请党放心，强国有我，喜迎二十大专题学习会"、"全面深入学习贯彻党的二十大精神"学习座谈活动，党员同志参加青春献礼二十大，奋进担当向未来——四校联合线上宣讲活动等。

学生工作。2022 年，学院博士研究生黄中垣获哈尔滨工业大学（深圳）材料科学与工程学院第三届博士研究生学术论坛优秀口头报告一等奖；硕士研究生姚祥铭、张志颖两位同学带领团队获第二十三届深圳读书月辩论赛冠军、第八届"思维之星"深圳大学生思辨大赛冠军、第八届"思维之星"深圳大学生思辨大赛优秀调辩报告第一名；博士研究生叶耀坤获深圳大学城第一届材料博士研究生学术论坛优秀口头报告奖及北京大学博雅材思全国博士生学术论坛优秀海报奖；博士研究生郑世胜获北京大学学生五四奖章、"博雅材思"全国博士生学术论坛优秀报告奖、北京大学三好学生标兵及北京大学学术创新奖。

科研工作。2022 年，学院各课题组发表学术论文共计 87 篇，其中 JCR Q1 区文章 59 篇，影响因子在 10 以上或 Nature Index 收录或学科 TOP5% 的高影响力文章达 46 篇。

2022 年，学院"深圳市材料基因组大科学装置平台"重大科技基础设施项目进展顺利，已开展大量北大中子谱仪的设计和建设工作。王新炜团队参与申请的国家重点研发计划"垂直沟道铟镓锌氧效应晶体管动态随机存储器（DRAM）技术研究"、"基于原子层沉积氧化物半导体薄膜晶体管的 Micro-LED 驱动研究"、潘锋团队参与申请的国家重点研发计划"人工光合成过程的原位动态研究"等国家级项目均获得立项。

2022 年，学院新增项目 26 项，其中纵向项目 22 项，横向项目 4 项。项目经费总计 3519.01 万元，其中纵向项目经费总计 3127 万元，横向项目经费总计 392.01 万元。

交流合作。2022 年，学院薄膜材料团队获浙江御辰智能科技有限公司执行董事、总经理吉学文先生的捐赠资金，设立"深圳研究生院新材料产业化项目（薄膜材料方向）"研发专项，以支持北京大学深圳研究生院发展薄膜材料领域优势技术研发和团队建设，同时支持深圳研究生院的发展。经协商，吉学文先生计划从 2022 年到 2026 年连续捐赠五年，每年捐赠 200 万，总计 1000 万元。目前该项目已签订完捐赠协议，第一笔资金已到账，项目已通过立项审批。

（林　海、丁媛媛）

【一成果在《自然》上发表】 6 月，学院潘锋团队与美国阿贡国家实验室的 Amine 教授 / 陆俊研究员团队历时 5 年的研究成果以 "Origin of structural degradation in Li-rich layered oxide cathode" 为题发表于《自然》（Nature 606, 305-312 [2022]）。该研究通过纳米尺度的原位 X 射线相干衍射成像技术，揭示了微观晶格应变是导致富锂氧化物正极材料发生结构退化和氧流失的原始驱动力。结合多尺度的表征技术，进一步揭示了材料中二种 LiTMO2 相和 Li2MnO3 相异质纳米畴区结构在电化学脱锂时呈现不均匀性膨胀导致应力不断积聚引发的晶格应变，当超过临界点时会发生原子迁移与流失从而导致相结构演化与持续的退化。该工作对开发低成本高储能密度的富锂层状氧化物正极材料和设计高性能电池有普遍意义。

（潘　锋、林　海）

【学院测评中心获 CNAS 认可证书】 2022 年，学院测评中心正式获得中国合格评定国家认可委员会（CNAS）授予的实验室认可证书（注册号：CNAS L15839），标志着北京大学深圳研究生院新材料学院测评中心已经成为国家认可的标准检测实验室，具备了国家及国际认可的硬件条件、管理水平以及检测能力。此次获得 CNAS 认可的能力范围覆盖了微观形貌观察、微区成分分析、微米级尺寸测量、物相定性分析、表面成分定性分析等涵盖 6 个国家标准（JY/T 0584-2020、GB/T 17359-2012、JY/T 0581-2020、GB-T 16594-2008、GB/T 19500-2004、JY/T 0587-2020）的 9 项检测项目。

（林　海、丁媛媛）

【一人入选中国化学会会士】 根据《中国化学会会士条例》，经中国化学会会士提名、会士工作委员会审议、常务理事会投票等程序，2021 年中国化学会选举产生了 42 位会士，学院教授潘锋入选。中国化学会会士（Fellow of the Chinese Chemical Society，FCCS）制度自 2019 年首次启动，是中国化学会会员体系的最高等级，颁给在化学及其相关领域做出系统的、创造性的成就和重要贡献；及（或）对化学学科的发展和进步做出重要贡献；及（或）对中国化学会的发展做出重要贡献，包括在本会相关机构、期刊担任 / 曾任领导或主编职务并做出重要贡献，或领衔组织相关活动，开展开创重要工作领域等的杰出会员。根据《中国化学会会士条例》，中国化学会每年增选会士不超过 50 人，会士总数不超过中国化学会高级会员总数的 10%。潘锋教授主要致力于基于图论结构化学的材料基因组学及新能源材料研究，发表 SCI 论文 350 余篇，其中 Nature 2 篇，授权专利 42 项，先后主持科技部重点研发计划、国家自然科学基金等各类项目 24 项。

（林　海、丁媛媛）

【获深圳研究生院首枚五四奖章】 2022 年，学院博士生郑世胜获北京大学第十三届"学生五·四奖章"，这是深圳研究生院首枚"学生五·四奖章"。郑世胜为学院2018级在读博士生，材料物理与化学专业。从事新型催化材料的理论模拟工作，截至2022年4月，已参与发表SCI论文18篇，其中以第一作者（含共一）在Nature等期刊上发表文章5篇。曾担任学院2018级党支部书记，学院研究生会副主席，同时，作为主要成员参与创建深研院研究生党建研究会，任第一届活动部部长、第二届常务副会长。曾获北京大学优秀共产党员、北京大学优秀学生干部标兵、北京大学三好学生、北京大学社会工作奖、深研院十佳学生党支部书记等荣誉。

（林 海、丁媛媛）

## 汇丰商学院

【发展概况】汇丰商学院（简称"学院"，下同）创办于2004年，由时任北京大学副校长海闻教授担任创院院长。2008年，汇丰银行捐赠1.5亿人民币支持北京大学建设世界一流商学院，学院正式冠名为"北京大学汇丰商学院"。学院开设经济学、金融学、管理学、财经传媒领域全日制硕士项目，以及全日制经济学博士项目。学院从2010年起开设EMBA项目，2012年起开设MBA项目，学院同时开设EDP等非学位教学项目。学院致力于经济、金融、管理、财经传媒前沿学术研究，建设一流"商界军校"，培养商业与各界领袖。学院已先后通过EPAS认证、AACSB认证和AMBA认证，并于2018年设立了英国校区。

**机构设置**。学院重大事宜由党委会、党政联席会讨论决定。职称评定等学术事项由学术委员会讨论决定。同时，北京大学和汇丰银行相关负责人共同组成咨询委员会，为学院发展提供决策咨询和建议。公共服务部门包括党委办公室院长办公室、国际办公室、财务办公室、人事办公室、科研办公室、信息化办公室、公关媒体办公室、总务办公室（物业中心）。教学项目包括全日制硕博（MA&PhD）、工商管理硕士（MBA）、高级工商管理硕士（EMBA）和高级管理层培训（EDP），研究机构包括汇丰金融研究院、萨金特数量经济与金融研究所、宏观经济与金融研究中心、海上丝路研究中心和中国直销行业发展研究中心等。2020年7月设立"北大汇丰智库"，旨在整合各研究中心，打造专业化、国际化的新型智库平台。另设有创新创业中心和就业指导中心。

**师资队伍**。截至12月31日，汇丰商学院共有教学科研人员96人，其中全职教研岗教师68人，全职教学岗教师13人，全职研究员3人，全职研究专员5人、博士后研究员7人（含合作招收2名）。全体教学研究人员中约16%为外籍教师，7%来自港澳台地区。深圳市高层次或海外高层次人才47人。学院另有特聘教授3名，其中1人为诺贝尔奖得主。

3月，《中国经济评论》杂志评选出2021年度"十大经济学家"，学院创院院长海闻教授位列其中。同时，海闻教授在《中国经济评论》发表的相关文章被收入经济日报出版社"中经丛书"之《论局——双循环的机遇与前景》一书中。7月8日，新中国北大来华留学教育70周年纪念展启幕仪式与纪念大会举行。海闻教授荣获"新中国北大来华留学教育70周年贡献奖"。

**教学培养**。截至12月31日，在校全日制硕士生1073人，博士56人，MBA在校生344人，以及EMBA在校生263人。全年，全日制研究生共开设课程276门（含英国校区课程24门），MBA开设线上线下课程71门，EMBA开设课程25门。2022年全日制硕士毕业生授予学位308名，MBA毕业生授予学位161名，EMBA毕业生授予学位112名。EDP项目中心开设41个班级，培训人数达2100人。同时，与延安大学乡村发展研究院联合开设3个公益培训项目。

受疫情影响，部分外国学生无法正常返校上课，学院坚持做好疫情防控常态化工作，确保招生、教学工作以及学生活动有序开展。其中，为国内学生开展"线上+线下"授课模式，为境外学生提供课程直播与录播。

双硕士项目合作与学生培养在疫情挑战下仍稳步推进。2022年北大与新加坡国立大学合作双硕士项目共有40名学生入学。9月，首批金融硕士（金融投资方向）项目23名学生正式入学并进行课程学习。学院新增"国际金融管理"方向招生学科，完善培养体制。

**国际化办学**。2022年，共有来自42个国家的137名在校留学生，在学院学习金融硕士、经济学、管理学、金融-UK、管理-UK和财经传媒6个专业。9月，深圳校区与英国校区共有60名外籍留学生新生正式注册。此外，英国校区在5月举办宏观经济与金融市场发展状况研讨会。

2022年，剑桥大学嘉治商学院全球EMBA与汇丰商学院中国研究硕士双学位合作项目中国学（经济与管理）专业于10月开学，并于同月启动第2届项目的招生。

学院与国际关系学院联合开展"国际政治与国际金融"跨学科联合培养本科生项目，作为培养计划重要组成部分，学院开设经济学、金融学领域本科课程。该项目将充分发挥综合学科优势，让学生在读期间有机会获得北京校本部、深圳校区、英国校区多元学习与文化体验。学院国际校间合作保持稳定。截至12月，已与来自全世界42个国家110所院校达成合作关系，其中70所为交流项目合作方。

9月29日，世界高等教育研究机构QS发布2023年QS商科硕士排名（QS Business Master's Rankings 2023），汇丰商学院金融硕士、管理学硕士，分别位居全球第20位、第17位。这是学院首次参加QS硕士项目排名，2个硕士项目排名均居亚洲第1位。

**学术科研**。2021年，学院共举办学院内部英文学术研讨会61场，其他学术讲座67场，嘉宾来自国内外高校。此外，各个研究中心还举行"金融前沿讲堂""金融茶座""创讲堂""金融云学堂""金融云书会"等系列讲座活动，打造"到北大汇丰听讲座"的学术辐射力和社会影响力。其中包括：学术午餐会25场，金融前沿讲堂6场，金融茶座7场，创讲堂9场，金融云学堂1场，金融云书会1场，闭门学术研讨会3场，英国校区讲座15场。

2022年，学院师生共完成教材、著作、SSCI&SCI论文等各类成果110份，其中著作6部，SSCI&SCI论文50篇（其中发表在国际顶尖及一流期刊23篇），CSSCI论文13篇，其他论文12篇，以及29篇SSCI论文已被接受即将发表。

学院教师共计参加在国内外以及线上国际学术会议64人次，并在会议中宣读论文或发表主旨演讲，如2022中国金融国际年会、中国宏观经济国际年会、中英智库论坛、世界计量经济学会亚洲年会、美国西部金融协会年会、美国会计学会年会、第72届国际传播学年会等。

学院承担各类重要研究课题，为国家和粤港澳大湾区多项经济社会发展视野决策提供学术支撑，为企业发展提供科研支持，发挥智库功能，服务各级决策。2022年，学院一共承担纵向课题7项，横向课题19项，科研总经费为718.4万元。

汇丰智库陆续推出《宏观经济分析系列报告》《深圳经济分析系列报告》《中国金融服务实体经济现状系列报告》《深港未来合作模式探讨专题报告》等，开展月度、季度中国宏观经济景气度监测与形势分析，针对性提出宏观政策建议。2022年度共发布10篇经济分析系列报告、15篇专题报告。智库承担省市级课题研究2项，开展系列实证研究，其中"广东省未来五年宏观经济走势研究"获得省委财经办高度评价，作为广东省制定未来经济增长政策重要参考。

**社会服务**。学院继续支持延安大学乡村发展研究院的发展。4月，组织第3期新农人线上公益培训，参加学员199人（126人线上报名参加，73人为对口支援云南省弥渡县）。7月12日，学院与延安大学乡村发展研究院联合承办"乡村振兴：理论与实践"陕西省选调生培训项目。此培训项目由陕西省委组织部主办，西安市乡村发展公益慈善基金会资助，陕西省各地级市2020年、2021年在村任职选调生1058人以线上线下相结合方式参加培训。

汇丰商学院教育基金持续助力黑龙江虎林贫困家庭儿童成长。2022年，北京大学汇丰商学院教育基金克服新冠疫情带来的各种挑战，共向69位虎林贫困家庭少年儿童捐赠了价值6万余元的各类书籍、玩具、教具和助学金，特别为高中阶段贫困家庭学生发放每人1000元的学习补助。2022年，基金已经向虎林市贫困家庭儿童和学生发放累计近76万元的捐赠物资。

**党建工作**。2022年，汇丰商学院党委下设教工支部1个，学生党支部24个。学生党支部目前包括2020级、2021级各7个党支部，2022级8个党支部，以及博士生支部和MBA党支部。2022年学院共有教职工党员52人，学生党员405人。

2022年正值中国共产主义青年团成立100周年以及党的二十大召开，学院各党支部举行"请党放心，强国有我"系列主题党日活动、党的二十大理论学习活动等，活动形式涵盖读书以及冬奥会志愿者分享会、知识竞赛、学习打卡、观影、文艺作品展示（配音、歌曲、三行情诗、书法和绘画）、党史和校史学习等。9月13日，学院党委书记任颋以"赓续北大红色血脉，守正创新扎根奋进"为题，为学院学生主讲主题党课。10月16日，组织党支部全体党员观看二十大开幕式，并开展支部学习分享活动。11月，校务委员会副主任、汇丰商学院创院院长海闻教授为在校生300多人主讲思政课——《社会主义理论与中国实践》课程。

**特色活动**。8月，学院为全日制硕博新生进行训练考核与展示。2021级开展团队素质拓展5次，校内综合实践1次。2022级坚持每周三进行常态化体适能和团队训练，开展棒球专项体适能训练11次、综合体适能训练共11次。在做好常态化疫情防控工作前提下，全日制素质拓展活动有序开展，取得良好成效。全日制硕博项目学生在北大深研院"新生杯"中连续多年卫冕，2022年秋季成功蝉联团体冠军。

学院组织居家运动打卡、艺术团专场汇演、四点半课堂等活动，促进学生之间交流互动，丰富在校学生课余生活。2022年首次举办汇丰艺术团毕业生专场音乐节；连续8年举办品牌活动"假面舞会"继续辐射深圳各大高校，浏览转发逾5万人次。

为庆祝汇丰MBA项目10周年，100余位师生校友于11月19日欢聚一堂，互叙深情厚谊。

EMBA同学会慰问盐田区卫健系统抗击新冠肺炎疫情一线人员，捐赠"温暖包"共计价值32万余元。5月，EMBA同学会制造业协会成立。

**毕业生去向**。2022年，学院共有289名全日制硕士中国毕业生，12人选择到国内外一流高校继续攻读博士，277人选择就业。5月初次就业率为97.6%，截至11月28日，就业率达到99.6%。毕业生主要就业单位包括中金公司、中信证券、华泰联合证券、中国建设银行、易方达基金、美团、腾讯等业界头部机构，以及中宣部、人民银行、国家开发银行等重要单位。

（叶　静）

【**两名校友获评"深圳十大杰出青年"**】 在2022年五四青年节到来之际，由共青团深圳市委员会等单位共同主办"深圳十大杰出青年"推选活动结果正式揭晓。在10位"深圳十大杰出青年"荣誉称号获得者中，有2位是汇丰商学院校友，分别是2013级EMBA校友李圣泼、2016级EMBA校友李慧。

李圣泼是广东省政协常委、中华儿慈会副理事长、香港工商总会会长，曾任全国青联委员。曾获2018年度中国公益人物，2019年获颁香港特别行政区政府铜紫荆星章。他在企业经营管理及参与慈善公益、社会及地区事务、青年工作等方面积累一定基础并取得优秀成绩。2021年全程推动并投资筹办国内第一所由香港办学机构直接实施运营管理的K12寄宿制学校。

李慧秉承"新能源汽车治污、云轨云巴治堵"理念，致力于解决城市化进程中交通拥堵顽疾，并深入参与比亚迪中小运量轨道交通产品开发设计、工程建设、试运行、运营等全过程，为填补中小运量轨道交通发展空白作出突出贡献。2020年获比亚迪公司"轨道业务第二事业部贵阳政府补贴项目"资金奖、"全国首个工业园城市更新协议签署项目"一等功、"全国首个云轨政府回购项目"一等功、"全国首条云巴市政线设计项目"一等功。

"深圳十大杰出青年"推选活动由共青团深圳市委员会、深圳市人才工作局、深圳市互联网信息办公室、深圳市工业和信息化局、深圳市地方金融监督管理局、新华网广东频道、南方报业传媒集团、深圳报业集团、深圳广播电影电视集团，以及深圳市青年联合会共同主办，旨在发掘一批各领域各行业杰出青年代表，凝聚团结奋进青春正能量。活动组委会经严格考察和综合评价，从604位候选人中推选出10位"深圳十大杰出青年"和20位"深圳十大杰出青年提名奖"。

（叶 静）

【纪念北大商学教育120周年暨商科发展论坛】 11月19日，在落实疫情防控政策的基础上，汇丰商学院隆重举办纪念北京大学商学教育120周年暨商科发展论坛。8000余位师生、校友、专家、学者，以及社会各界人士通过莅临现场或网络在线形式，缅怀先贤时俊肇基创业，展望商学教育美好前景。校务委员会副主任、原副校长、汇丰商学院创院院长、讲席教授海闻发表题为《商学教育与大湾区创新发展》主旨演讲。联合国可持续发展目标影响力指导委员会委员、国家科技成果转化引导基金理事会理事长、盟浪可持续数字科技（深圳）有限责任公司董事长马蔚华发表题为《创造良好的可持续发展投融资生态》主旨演讲。深圳研究生院副院长、汇丰商学院院长、讲席教授王鹏飞致辞，并与副院长欧阳良宜分别主持题为"商学教育与大湾区创新发展"和"企业发展与商学人才培养"圆桌讨论。论坛期间还举行纪念北大商学教育120周年暨汇丰商学院建立18周年特展，全景展示北大商学教育，特别是汇丰商学院发展历程。

（叶 静）

【启动深圳前海中英研究院】 深圳前海中英研究院选址前海国际人才港，总建筑面积4560平方米，由北京大学、剑桥大学合作开办，双方共同以深圳前海中英研究院为机构载体进行教育科研合作，依托各自高端学术资源和师资优势，在前海开展国际研究生培养和高端在职培训教育，提升前海高等教育国际化水平，促进前海国际交流合作。11月，深圳前海中英研究院正式挂牌启用。未来，前海中英研究院将集聚其他中英高等院校科技力量，充分利用前海科技创新环境和体制机制优势，围绕粤港澳大湾区建设、粤港现代服务业产业示范区建设等国家区域发展战略建立产学研互动平台，加快推动科技成果产业化，打造具有国际竞争力的区域发展产学研基地。

（叶 静）

## 国际法学院

【发展概况】 队伍建设。2022年，国际法学院（简称"国法"，下同）有全职教职员工52人，包括教学科研人员21人，其中教授11人、副教授2人、助理教授8人；史带（C.V.Starr）讲师9人；博士后4人；行政人员18人。其中中国籍33人（含澳门籍1人），外籍19人。国法现有"中国政府友谊奖"获得者1人，"鹏城孔雀特聘"岗位人员7人，深圳市高层次人才（海外高层次孔雀C类）1人，"北京大学燕园友谊奖"2人，2022年度北京大学引智工作先进个人1人。

教学工作。2022年，国法共招收硕士研究生150人，其中法律硕士（非法学）/J.D.专业115人（含推荐免试生73人）；法律硕士（法学）/J.D.专业35人（含推荐免试生27人）。硕士研究生毕业132人，其中法律硕士（非法学）/J.D.专业93人，法律硕士（法学）/J.D.专业35人，法律硕士（法学）/LL.M.项目4人。开设研究生课程181门，其中聘请外教授课84门。修订2022级法律硕士（非法学）/J.D.、法律硕士（法学）/J.D.、法律硕士（法学）/LLM硕士生培养计划。成立招生小组，按本科专业、本科院校和实践领域划分，分别举办5场线上专业宣讲会、9场线上院校分享会和9场线上校友交流会；7名教师、50名在校生和17名校友参与法律硕士/J.D.项目全国招生；线上举办第十四届全国优秀大学生夏令营，共145人参营；线上举办优秀大学生迷你营，共73人参营。

学术科研。2022年，国法教师在国内外各类学术期刊和其他平台上共发表论文和评论42篇，著作4部，包括3部英文专著，1部中文合著。国法教师在国内、国际范围内承担重要社会与学术职务。茅少伟受邀为国家统一法律职业资格考试命题专家参与司法考试命题；范思深（Susan Finder）续聘为国际商事专家委员会专家委员；Stephen Minas作为《联合国气候变化框架公约》（UNFCCC）技术执行委员会委员以联席主持人身份出席《联合国气候变化框架公约》第二十七次缔约方大会（COP27）。国法教师受邀参与各类学术研讨会并作报告，参加公共学术讨论，为社会发展决策提供学术支撑。2022年，国法举办学术类和其他讲座共30场，包括"法律是什么暨宪法系列""法律与可持续性学术研讨会""法律与人文系列讲座"等；国法教师应国内外相关机构邀请参加国际会议和发表讲座共61次。向源（Joy Xiang）应邀出席世贸组织研讨会并发表演讲。吴雨豪研究课题"量刑自由裁量权的影响因素及其规制路径研究"获2022年度国家社科基金项目立项。

**交流合作**。国法常年保持与境外16所院校合作开展学生交流、交换活动，合作院校包括马斯特里赫特大学（荷兰）、汉堡法学院（德国）、EBS法学院（德国）、洛桑大学（瑞士）、圣保罗大学法学院（巴西）、斯德哥尔摩大学（瑞典）、特拉维夫大学（以色列）、艾克斯-马赛大学（法国）、迈阿密大学（美国）、印第安纳大学（美国）、爱荷华大学（美国）、萨格勒布大学（克罗地亚）、拉曼鲁尔大学（西班牙）、IE大学（西班牙）、迪肯大学（澳大利亚）和金达莱全球法学院（印度）。2022年赴境外参加实地交换硕士生10人，交换时长为一学期；因疫情原因中国边境未对非学位项目的短期留学生开放签证，故未有来国法参加交换项目的留学生。

**党建活动**。国法教职工党员隶属深圳研究生院教工文科党支部，教职工党员共10人（该支部共有党员15人）。在校学生党员276人（正式党员250人，预备党员26人），设学生党支部8个。2022年发展学生党员23人，37名预备党员转为正式党员。新成立学生党支部2个，6个学生党支部完成换届。通过深圳研究生院党委委员联系教工党支部、教工党支部对接学生党支部、严格落实"三会一课"和党支书年度述职等制度推进党支部工作。制定加强党史教育和思政教育，完善师德师风建设体制与机制年度计划，坚持党支部书记讲党课制度。定期组织民主生活会，广开言路，推进落实。2022年国法围绕党史和党的理论学习、学习贯彻党的二十大精神、学习习近平总书记的重要讲话精神等主题开展主题党建活动共计22次。2020级学院第二党支部荣获"北京大学主题党日活动二等奖"，被北京大学、北京市推荐参评第三批全国党建工作样板党支部。

国法党建工作立足高校阵地，探索创新形式，组织一系列特色党建活动，团结凝聚师生党员和共建单位。4月16日，开展"请党放心，强国有我"学生党团日联合主题教育活动。4月22日，开展"2022北京冬奥会，一起向未来"主题党团日活动。4月30日，开展"青春献礼二十大，强国有我赴征程"——七校联合党（团）日活动。5月11日，开展"请党放心，强国有我"入党宣誓活动。5月22日，联合2020级环能学院硕士生党支部，举办"永远跟党走"之"请党放心 强国有我——环法青春游园会"党团日主题教育活动。6月11日，开展"青春誓言寄到天安门"活动。6月19日，开展"请党放心，强国有我"学生党团日联合主题教育之"学百年党史，讲百个故事"线上接力分享活动。9月14日，组织党员参加"学习宣讲《习近平谈治国理政》第四卷"主题论坛活动。9月29日，举办党员理论学习交流会活动。9月30日，学习习近平总书记在省部级主要领导干部专题研讨班上的重要讲话精神主题党日活动。10月9日，教工文科党支部组织师生党员、入党积极分子和党员发展对象开展"青春献礼二十大，强国有我新征程"中国共产党第二十次全国代表大会开幕式集中观看活动。10月12日，开展"投身法治中国建设，谱写壮丽青春之歌"北深法学院联合党团日活动。10月22日，组织观看中共中央政治局常委同中外记者见面会。11月8日，组织"学思践悟二十大，砥砺奋进新征程"主题党日活动。11月10日，开展"奋进新时代，青春向未来"学习贯彻党的二十大精神主题党日活动。11月11日，开展党的二十大精神学习交流活动。11月27日，联合2020级国法二支部、法学院法律硕士联合会、南燕职业发展协会开展"强国有我，职引未来"求职分享会主题党日活动，以及组织"强国万里有归途"——万里归途主题观影活动。

**学生工作**。推进理论学习，组织党团支部学习党的精神理论；开展"青春献礼二十大，强国有我赴征程""请党放心 强国有我：环法青春游园会""强体强国 育德育心""党史进校园""心有所信 方能远行"等系列党团日活动。推动专业竞赛育才，组织学生参加"法兰克福国际投资模拟仲裁庭"，获团体一等奖；参加"Jessup国际法模拟法庭"，获全国一等奖；参加"模拟国际投资仲裁竞赛"，获全国季军；参加"贸仲杯国际商事仲裁模拟仲裁庭辩论赛"，获全国季军；参加"（中国）国际海洋法模拟法庭竞赛"，获二等奖；参加"红十字国际人道法模拟法庭竞赛"，获全国一等奖及辩方最佳书状第二名；参加"第十五届普莱斯传媒法国际模拟法庭竞赛（决赛）"，获"亚太四强"，全球第七；参加"第十六届普莱斯传媒法国际模拟法庭竞赛（初赛）"，获"亚太四强"。坚持五育并举，组织开展朋辈计划、学业分享会、实习分享会、心理辅导、就业指导、游泳公益教学、田径排球跨院系友谊赛、院长午餐会等活动。

**就业工作**。2022年，国法举办就业相关讲座、分享会等活动共计17场。4月，国法线上举办第四届法律专业招聘会，18家知名律所参会，其中9家律师事务所举办宣讲活动。国法2022届法律硕士/J.D.专业毕业生126人，截至9月，118名已就业，2名升学，2名无求职意向，4名学生未就业，就业率为96.77%。从就业单位性质看，律师事务所和政府部门及其他公共组织是2022届毕业生主要去向，分别占比44.17%和25%。就业地域主要集中在上海、北京、深圳，其中上海26.67%，北京23.33%，深圳15%。2022年，国法推出职业导师项目，第一期邀请73名来自不同领域资深校友加入，担任2023届毕业生职业导师。

**校友工作**。2022年，国法2012届校友作为发起人设立"北京大学国际法学院格雷教授学生发展基金项目"，自2022年，每年奖励4名同学，每人奖励人民币5000元。2019届校友蔡金兰跻身《2022年度LEGALBAND中国律界俊杰榜三十强》。2012届校友张汝全获2022年度《世界商标评论》

年度杰出律师。

资源建设工作。加强研究支持，扩大图书馆数字资源访问途径，为学生、教师和研究人员提供 PKU-VPN、UTL-VPN 和 PKUSZ-VPN 三种主要 VPN 应用软件使用指南，确保用户随时随地访问图书馆订阅电子资源。2022 年，国法图书馆法律外文图书下订并新增 128 种，142 册，馆藏外文图书共计 1904 册；法律中文图书下订并新增 220 种，252 册，馆藏中文图书共计 1296 册。2022 年订购外文图书教材 16 种，38 册，馆内提供的外文图书教材共计 159 种，4608 册。新增 18 本电子教材和 8 个数据库，续订 28 种法律专业数据库。

（王　巍、王洋洋、谭佩华、张玮倩、杜雅婷
曹　斐、徐小奇、曾柯潞、王　倩、田　禾）

【助力冬残奥会筹备工作】学院共派出 11 位硕士研究生以实习生身份参与 2022 年冬（残）奥会筹备和组织工作。他们于 2021 年 7 月至 2022 年 3 月在冬（残）奥会三个赛区（北京、延庆、张家口）和两个颁奖广场（北京、张家口）工作，其中 4 人负责场馆市场开发工作，3 人负责对外联络和礼宾接待工作，3 人负责场馆、颁奖场地调度和运动员日程管理工作，1 人负责法务权益保护工作，共计参与筹备 93 次颁奖典礼。焦近朱担任国家雪车雪橇中心可持续和遗产主管、国家雪车雪橇中心场馆运行分中心主管（兼）、国家雪车雪橇中心颁奖礼宾和运动员协调主管（兼）；窦剑聪担任北京市冬奥组委市场开发部特许经营处副经理、首钢滑雪大跳台赞助企业服务副经理兼首钢滑雪大跳台法务权益保护副经理；廖辉担任总部（运行指挥部）外事礼宾组贵宾协调助理、对外联络部贵宾项目主管；乔锦源担任云顶滑雪公园市场开发副经理；杨天娇担任国家游泳中心市场开发副经理；曾凡博担任五棵松场馆市场开发领域副经理；薛傑担任国家体育馆市场开发副经理；王嘉鸣担任延庆场馆群指挥中心场馆运行中心主管；张欣然担任张家口颁奖广场获奖运动员交通服务团队获奖运动员运行日程主管；马瑶担任对外联络部礼宾处综合礼宾助理；顾君盈担任对外联络部外事礼宾组助理。

（曾柯潞）

【一研究课题获国家社科基金项目立项】国法助理教授吴雨豪研究课题"量刑自由裁量权的影响因素及其规制路径研究"获得 2022 年度国家社科基金项目立项，助理教授曹斐为该课题骨干成员。立项课题"量刑自由裁量权的影响因素及其规制路径研究"立足本土司法实践，从微观、中观和宏观 3 个层面对量刑自由裁量权的影响因素和规制路径展开研究，并从理论和实证研究两个层面着手，对我国刑罚理论的完善做出贡献。在理论层面，该课题将对量刑自由裁量权运作机制及其背后的法哲学基础进行理论考察，以量刑自由裁量权为支点，运用体系性思考的方式，对以往学界有关非规范要素对量刑影响的零散讨论进行类型化、分层次规整和统合，从而进一步推动我国刑罚理论中量刑自由裁量权领域发展。在实证研究层面，该课题通过运用规范的统计学方法，对影响我国量刑实践的上述微观、中观和宏观层面因素进行科学参数估计，在此基础上分析其规制路径，从而描绘出我国量刑实践实然图景。该课题具有一定研究基础，课题组成员学术成果已经发表于《法学研究》《中外法学》、Journal of Experimental Criminology 等国内外核心期刊。

（张玮倩）

【获评三项校级荣誉】学院院长菲利普·麦康菲（Philip John McConnaughay）荣获"北京大学第三届燕园友谊奖"称号。"燕园友谊奖"设立于 2018 年，旨在表彰长期在校工作且取得突出成绩的高层次外国专家。加入国法以来，McConnaughay 院长带领学院在国际师资引进、项目与课程开设、科研项目与论文发表、院校交流合作等方面取得突出进展。国法获得"2022 年度北京大学引智工作先进单位"称号，副院长陈柯如获得"2022 年度北京大学引智工作先进个人"称号。引智工作先进单位和先进个人称号颁予为北京大学引智工作和国际化发展作出重要贡献的学院与外事干部，旨在鼓励其认真贯彻落实国家和学校关于加大引进国外智力政策规定和决策部署，围绕学校人才培养、科研创新等"双一流"建设中心任务，大力引进诺奖、院士、学科带头人、优秀青年人才。

（钟小金）

【设立"年利达助学奖学金"和"格雷教授学生发展基金项目"】2022 年，英国年利达律师事务所上海代表处在国法设立"年利达助学奖学金"，该奖学金是国法第一个由律师事务所出资设立的院级奖学金，旨在资助品学兼优、对法律及律师行业有热情、并在经济上需要一定支持的优秀在读学生。该笔捐赠从 2022 年开始执行，每年奖励 8 名学生，每人 5000 元。2022 年"年利达助学奖学金"获奖学生为：蒋伟、李晨、李雪虹、胡景宣、赵玉聪、邵慧、王闻章、任笑笑。2022 年，国法 2012 届校友作为发起人设立了"北京大学国际法学院格雷教授学生发展基金项目"，用于奖励成绩优异、对公益价值有突出贡献的国法学生，每年奖励 4 名同学，每人奖励人民币 5000 元。该项目 2022 年度获奖同学为：蒋婕、侯肃敏、孙伊琳、赵萌萌。

（王　倩）

# 人文社会科学学院

【发展概况】组织结构。人文社会科学学院是北京大学在深圳的一个多学科平台，为人文社科类各专业在南方进行科研、教学、学科建设、跨学科交流合作等各种学术实践提供支持和服务。从 2004 年至 2022 年，通过与本部院系合作办学和自己独立办学，先后开办过社会学、传播学、应用心理学、财经传媒、社会工作等专业方向，期间还与景观设计专

业合作开展全程实践教学方式的"景观社会学"课程项目。到 2019 年，原有办学项目协议到期结束，经过调整和探索，2022 年学院筹划启动新一轮发展。

在深研院内部，学院与通识中心密切合作，开设面向多校的人文社科类通识课程，与继续教育部长期合作从事各类培训工作，也与城市规划设计学院、环境能源学院、信息工程学院等有项目和课程合作关系。

学院与深研院宣传部深度合作，与文科党支部建立联动机制，同时协助和参与深研院学工系统工作。

*教学工作*。截至 2022 年，学院面向多校开设人文社科类通识课程，包括马列原著导读、中国社会文化专题、都市社会研究、艺术与社会、社会学专题（内容包括社会现代化、基层治理、族群研究、区域发展、社会工作等），关注人文领域前沿动态，坚持北大人文社科宗旨和使命，把学生人格修养、社会关怀、责任担当作为基本培养目标，在教学方法上积极探索，倡导开门办学，以社会为课堂，注重现场教学和互动传习，强化学生观察、分析、理解真实社会现象素质能力，鼓励学生理解国情，扎根本土，在社会实践中锻炼自己。

*科研工作*。学院利用深圳及大湾区区位条件，致力于中国式社会现代化研究，在社会转型、人文地理、乡村建设、基层治理、社会组织、新兴亚文化群落等领域开展实地调研，并在实务方面协助珠三角一些社工机构培训和管理工作，同时参与校际合作的海外社会文化调研等。2022 年进行科研项目 5 项，参加各项学术研讨会 10 余场次，包括"非洲中资企业跨文化研究""研究生实践育人实效评估和提升路径探索""社区应急系统和设施优化需求调研"等。

*新发展*。学院根据深研院"南北联动""创新融合"办学理念，吸引社会力量支持办学，积极探索与本部院系合作可能性，推动多学科智库平台建设，尝试跨文理科兼容合作机制，建立文理教室，支持理工科人文教育等等，同时根据深圳当地情况，策划筹办粤港澳大湾区青年交流中心等。学科建设方面，2022 年，学院申请创办跨文理科的"产业公共政策""数字人文"等专业方向硕士项目。

（潘乐文）

教育教学

# 本科生教育

【发展概况】 机构职能与设置。教务部是学校负责本科教育教学及人才培养工作的职能部门。主要工作职责：认真贯彻执行党和国家教育方针，落实学校办学及人才培养理念，组织制定有关本科教学和人才培养的规章制度、教学计划等，落实各项教学改革的探索及实施，做好教学运行保障及各项教务管理工作、招生工作及学生学籍管理与服务，做好教学与教务管理信息化建设以及上级主管部门和学校领导交办的相关工作。现任部长傅绥燕，副部长刘建波（负责教学、评估、教材）、金顶兵（负责教务与综合事务）、李喆（负责本科招生）。内设办公室8个：综合办公室、教务办公室、交流合作暨暑期学校办公室、教学办公室、基地管理与实践教学办公室、教育教学评估办公室、教材办公室、招生办公室。挂靠单位：北京大学考试中心。共有在职在编22人，合同制职员6人。

专业和跨学科项目建设。2022年学校获批新增设立"人工智能"本科专业，向教育部申请新增"行星科学"专业，向北京市学位委员会申请并获批设立"化学＋材料科学与工程"双学士学位复合型人才培养项目。2022年6月，共有16个本科专业获批2021年度"国家级一流本科专业建设点"，5个本科专业获批2021年度"北京市级一流本科专业建设点"。哲学系恢复开设逻辑学专业，政府管理学院增设"政治学与行政学（数字治理方向）"专业。新增设立环境科学与工程学院申请的"环境科学（大数据方向）"教育项目和"化学（环境化学方向）"教育项目、心理与认知科学学院（主责院系）与教育学院联合申请的"教育心理学"教育项目、国际关系学院（主责院系）与深圳研究生院汇丰商学院联合申请的"国际政治与国际金融"教育项目。

课程建设。继续加强课程管理，严格新开课程审核，落实课程主讲教师教学责任制，细化授课教师教学过程管理。全年学校各院系申请新开约400余门本科课程，共开设6100门次本科课程，其中本科核心课程909门。组织建设ON CHINA全英文授课课程18门，国际暑期学校项目英文课程25门。完成2022年北京市优质本科课程申报评选工作，共有6门课程获评。推动落实思想政治理论课改革。自2022级学生起，思想政治理论必修课增加为19学分，另需选修1门思想政治理论选择性必修课。推进落实《北京大学深化推进课程思政建设实施方案》，在2022年本科教改项目中设立课程思政建设专项，共有12门课程获得立项。新认定11门通识核心课、19门通选课。制定《北京大学本科通识核心课优秀作业奖励办法》，组织"通识核心课优秀作业"评定。继续向清华大学、北京外国语大学开放部分通识教育课程。启动"混合式课堂重构试点项目"，第一期试点院系为信息科学技术学院和生命科学学院，两个院系共有66门本科课程参与试点建设。推动华文慕课平台对接国家高等智慧教育平台和北京市智慧教育平台。截至2022年年底，在国内外主流慕课平台开设课程总数为240门。

教学改革项目。组织开展2021年教改项目的结题评审工作和2022年教改项目的立项工作，2021年本科教改项目结题通过104项，其中10个项目被评为优秀；2022年本科教改立项项目116项。组织申报2022年北京高等教育"本科教学改革创新项目"，学校5个项目入选，其中"物理卓越人才培养"被推荐为重点项目。组织教育部第二批新工科研究与改革实践项目的结题及教育部首批新文科研究与改革实践项目的中期检查工作。31个项目入选2022年教育部产学合作协同育人项目立项。推动北大-华为智能基座项目运行，完成2022年度工作进展报告及数据采集表，推荐奖学金、奖教金、优秀教师奖励计划、优秀教学资源奖励计划等名单。陈立军入选第二届"智能基座"优秀教师奖励计划（全国共20位高校教师入选），刘家瑛编写的《计算机视觉理论与实践》获评"智能基座"优秀教材（全国共10本教材获奖），唐大仕主讲的"Java程序设计"获评"智能基座"优秀在线课程（全国共15门课程获奖）。

拔尖学生培养。启动首届"物理学科卓越人才培养计划"招生和培养工作，继续推进"数学英才班"和19个基础学科拔尖学生培养计划2.0基地建设，完成《基础学科拔尖学生培养计划2.0工作进展报告》和相关数据上报工作；组织各基地学生参加拔尖计划2.0第二届"提问与猜想"活动，参加活动的11个项目中有5个进入答辩环节，进入答辩环节项目数量为全国第一，最终4个项目获得一等奖；推荐12个项目申报2022年度基础学科拔尖学生培养计划2.0研究课题，最终2个项目入选重点项目，10个项目为一般项目；组织第三届拔尖计划2.0相关专业"未名学士"的评选，最终评出50名"未名学士"。

教材建设。落实《北京大学"十四五"教材建设规划》，推进高水平教材建设。重点支持《中国宏观经济学》《中国开放型经济学》《中国区域经济学》等三种中国经济学教材编写。组织开展学校教材建设立项工作，立项支持65项教材编写；开展数字化教材建设立项工作，立项支持7个数字化教材建设项目；开展课程思政教材专项建设工作，立项支持5项课程思政教材。开展北京大学优秀教材评选工作，评选奖励29项优秀教材。加强教材研究，继续开展北京大学教材研究与建设基地遴选工作，遴选中国语言文学、历史学、公共卫生与预防医学、护理学和临床医学等5个教材研究与建设基地。继续设立教材研究项目，立项支持3个项目开展教材研究。加强教材选用管理，全面审核使用教材，重点审定境外教材，更新《北京大学境外教材选用目录》，大力推进马工程重点教材统一使用工作。组织北京高校优质本科教材课件申报工作，学校 5 项本科教材课件获奖。2022年，国家教材委员会办公室开展马克思恩格斯列宁关于哲学社会科学及各学科重要论述摘编申报工作，北京大学推荐的《分论-政治学》入选。

**本科生学籍教务管理。** 完成 13,012 名学生的学籍/学年注册工作，其中 4545 名学生采用"自助注册"方式进行注册；359 名受疫情影响无法返校的留学生采用"线上注册"方式进行注册，规模较上年减少。办理各类学籍异动（休学、复学、延期毕业、退学、转系转专业、保留入学资格、放弃入学资格、重新入学等）1379 人次。双学位报名审核通过 1097 人。校本部 2023 届普通本科生共 1700 人获得推免资格，落实接收单位 1587 人，校内接收 1176 人。办理中英文成绩单、学历学位证明 13,000 余份，发行电子在学证明、预毕业证明、中英文成绩单 41,000 余份。发放毕业证书 3341 份，中英文学位证书 4045 套（含主修专业学位证书 3345 套，双学位证书 700 套），结业证书 69 份，专科证书 11 份。补办学历证明、学位证明、双学位证明、结业证明 110 余份。配合教学改革，协助完成一教改造工作，于 2022 年秋季学期投入使用。

**本科生招生工作。** 2022 年，北京大学校本部共录取国内普通本科新生 3094 人，其中内地本科新生 2994 人，联合培养双学籍飞行学员 33 人（空军 21 人、海军 12 人），港澳台学生 67 人；录取来自 41 个不同国家和地区的留学生 366 人；录取软件工程第二学士学位学生 100 人。在 31 个省（直辖市、自治区）录取各省份文理科第一名 47 人，前十名 310 人，理科分数线在 19 个省份（改革省份参考选考物理专业组分数线）高居全国榜首，文科分数线在同等招生规模的高校中也稳居第一。招收五大学科竞赛（数学、物理、化学、生物、信息）保送生 128 人，占总数的 49.2%；在已经结束的五大国际奥赛中，中国代表队全部摘得金牌（生物学科未参加国际比赛）。2022 年是实行"强基计划"的第三年，学校在强基计划中新增"环境化学"方向。北大强基计划共录取 898 人，其中破格入围并最终录取学生 325 人。

2022 年，学校招生工作延续了过去两年严格的疫情防控措施，通过远程测试、全程监控的方式开展工作。在高水平运动队测试中首次实行补考方案，实现"应考尽考"；强基计划、筑梦计划等招生项目在 31 个省（自治区、直辖市）设立 33 个机考考点，实现分省线下机考，考试全国同步，以"监考+巡考"的方式进行；通过在线会议系统全程监控录像的方式完成各类选拔的面试工作。2022 年，学校招生办共组织 19 场考试，共 700 余位考务人员、评委专家团队参与到远程考核的工作中。物理卓越计划人才选拔考试首次尝试三机位（主-双辅）居家线上机考考试模式+现场快速教学直转线上机考模式+主客观多题型测试等多模式结合，完成连续 4 天 6 场学科能力测试工作，投入监考共计 360 人次。

**教学奖励。** 城市与环境学院刘鸿雁、艺术学院丁宁、马克思主义学院王久高、口腔医学院周永胜获第十八届北京市高等学校教学名师奖；哲学系刘哲、经济学院秦雪征、北京大学第三医院周非非获第六届北京市高等学校青年教学名师奖。中国语言文学系常森主持的"中国古代文学史"教学团队获"北京高校优秀本科育人团队"。

**质量监控。** 2022 年，学校有专职教学质量监控人员 21 人，兼职督导员 229 人。本学年内督导共听课 3750 学时，校领导共听课 27 学时，学校中层领导干部共听课 485 学时，本科生参与评教共 154,330 人次。老教授本科教学调研组本学年听课调研重点为思政课、通选课和专业核心课程，本学期每位专家至少听一次思政课，并在中期总结听课意见反馈给各院系。加强领导听课工作，为校领导听课提供数据和材料，督促院系领导线上线下监控教学质量。加强课程评估过程性反馈，加强日常反馈，并将调研结果推送给院系和教师，督促其在教学过程中关注学生的意见建议，及时调整教学。

完善本科教学质量状态数据系统数据分析功能，组织并完成学校国家高等教育状态数据填报，撰写《北京大学本科教学质量年度报告》。依托学校教学质量状态数据，完善绩效考核指标体系建设，研制教学质量状态数据分析模块，开展院系教学绩效考核。基于知网作业查重和论文查重系统，加强课程考核和毕业论文管理工作，开展本科毕业论文抽检工作。完成毕业五年和毕业十年的校友调查，开展强基计划学生培养及发展意愿调查，为进一步提升内涵式发展提供支撑和依据。

**学生国际交流和暑期学校。** 2022 年共 219 人次学生赴境外交流，春季和秋季学期接收来自大陆、港澳台和外籍的交换生合计 753 人，其中中国内地交换生 224 人，港澳台地区交换生 119 人，外籍交换生 410 人。完成 2022 年建设高水平大学公派研究生项目、加拿大本科生实习奖学金项目、非通用语公派项目等各类项目的选派和管理工作。统筹北京大学-香港大学法学、工商管理双学位项目、"未来领导者"计划，北京大学-香港中文大学中国语言及文学、语言学、金融科技 6 个联合培养双学位项目的学生入学、选课指导等工作；协助完成北京大学-白俄罗斯国立大学本科双学位项目的设立。

2022 年，继续实施同清华大学、北京外国语大学开放课程工作，为清华大学开放 75 门次课程和 1028 个选课名额，为北京外国语大学开放 15 门次课程和 30 个选课名额，清华大学为北京大学开放 91 门次课程和 742 个选课名额，北京外国语大学为北京大学开放 13 门次课程和 29 个选课名额。

继续开展疫情之下的暑期学校工作。共开设课程 101 门，其中通识教育暑期项目课程 9 门，国际暑期学校课程 11 门；共 5384 人次选课，其中校内本科生 3475 人次，校外选课人员 1909 人次。

本科生科研与创新能力培养。2022年，完成2021年本科生科研立项项目中期审核470项，完成结题答辩412项，共557名学生获得学分。完成2022年本科生科研立项620项，短期本科生科研立项95项，参与人数859人。完成国家大学创新创业训练项目申报446项。

（董南燕、王海欣、冯倩倩、陈岩、冯雪松、陈虎、董礼、许锐、姚畅、于瑞霞、谢宁、张安迎）

【北京大学38项教学成果获北京市教学成果奖】 2022年9月，北京市教育委员会、北京市人力资源和社会保障局、北京市财政局联合发布《关于表彰北京市教育教学成果奖的决定》（京教人〔2022〕15号）。学校作为第一完成单位的38项教学成果获得表彰，获奖总数及获特等奖数量位居北京市高校第一，包括田刚等申报的"建设世界一流数学人才培养高地——北京大学基础数学拔尖人才培养创新与实践"等特等奖3项，张进江等申报的"基于虚拟仿真的线上线下混合式地学本科课程教学改革"等一等奖16项，郭耀等申报的"创新导向的计算机学科拔尖人才培养体系建设"等二等奖19项；2项作为第二完成单位、1项作为第四完成单位的成果获得一等奖。北京市高等教育教学成果奖每4年评选一次，此次评选共评出特等奖30项、一等奖227项、二等奖340项。

（董礼、许锐）

【举办教育部虚拟教研室建设经验交流会】 7月8日，北京大学教育部虚拟教研室建设经验交流会以线上线下相结合的方式举行。教育部于2022年2月和5月先后公布两批虚拟教研室建设试点名单，学校共牵头建设15个虚拟教研室，涵盖课程（群）教学类、专业建设类、教学研究改革专题三大类。本次会议聚焦虚拟教研室建设和发展议题，学校牵头建设的所有虚拟教研室负责人或主要成员都参加会议并进行充分的经验交流。

（冯雪松）

【举办"午间100分"师生座谈会】 9月27日，教务部举办"午间100分"师生座谈会。校党委常委、副校长、教务长王博参加座谈会，听取学生的意见建议。14位来自不同院系、年级的学生及教学管理部门的领导和教师参会。本次座谈会围绕"本科生学业评价"主题展开，学生结合个人经历，就考核方式、成绩评定等与日常学习关系切近的问题提出意见建议，例如改进考核方式、平衡院系间差异、关注成绩变化的曲线、鼓励学生进步、进一步科学地应用GPA等。此外，学生也对课程教学质量，朋辈辅导等话题展开讨论。教师予以反馈和回应。

（董礼、许锐、张安迎）

【附表】

表6-1　2022年北京大学本科核心课程目录

| 数学科学学院 | | 大气探测原理 | 大气物理学基础 |
|---|---|---|---|
| 抽象代数 | 几何学 | 天气学 | 大气动力学基础 |
| 概率论 | 复变函数 | 大气物理与探测讨论班 | 光学讨论班 |
| 常微分方程 | 数学模型 | 现代电子电路基础及实验（一） | 现代电子电路基础及实验（二） |
| 应用数学导论 | 机器学习基础 | 天体物理探测实验 | 天文无线电技术基础 |
| 数学分析III | 并行与分布式计算基础 | 化学与分子工程学院 | |
| 统计思维 | | 今日化学（新生讨论班） | 化学实验室安全技术 |
| 物理学院 | | 普通化学 | 普通化学实验 |
| 数学物理方法（上） | 数学物理方法（下） | 有机化学（一） | 有机化学（二） |
| 数学物理方法 | 理论力学（A） | 有机化学实验 | 结构化学（含讨论班） |
| 理论力学（B） | 热力学与统计物理（A） | 物理化学（一） | 物理化学（二） |
| 热力学与统计物理（B） | 平衡态统计物理 | 物理化学实验 | 固体物理学 |
| 平衡态统计物理讨论班 | 电动力学（A） | 定量分析化学 | 定量分析化学实验 |
| 电动力学（B） | 量子力学（A） | 生命科学学院 | |
| 量子力学（B） | 量子力学讨论班 | 普通生物学 | 普通生物学实验 |
| 固体物理学 | 固体物理讨论班 | 生理学（3学分） | 生理学（2学分） |
| 近代物理实验（I） | 近代物理实验（II） | 生理学实验（1.5学分） | 生理学实验（1学分） |
| 前沿物理实验 | 计算物理学（A） | 生物化学 | 生物化学实验 |
| 计算物理学（B） | 基础天文 | 遗传学 | 遗传学实验 |
| 天体物理导论 | 天体物理讨论班 | 遗传学讨论 | 分子生物学 |
| 实测天体物理I（光学与红外） | 实测天体物理II（高能与射电） | 分子生物学实验 | 细胞生物学（3学分） |
| 理论天体物理 | 大气科学导论 | 细胞生物学（2学分） | 细胞生物学实验 |

(续表)

| | | | |
|---|---|---|---|
| 信号与系统 | 生物数学建模 | 城市道路与交通规划 | 城市基础设施规划 |
| 生物信息学 | 生物信息学实验 | 土地评价与管理 | 总体规划（课程设计） |
| 生物学概念与途径 | 生物信息学方法 | 社会综合实践调查 | 详细规划 |
| 现代生物技术导论 | 生物技术制药基础 | 城市设计 | 城乡地域空间认知实习 |
| 生物信息科研规范与毕业论文 | 生态学科研规范与毕业论文 | 综合社会实践实习 | 规划设计实习 |
| 微生物学 | 微生物学实验 | 植物学（上） | 植物学（下） |
| 生态学基础与应用 | 普通生态学1 | 生态学基础与应用 | 动物生物学 |
| 普通生态学2 | 普通生态学3 | 动物生物学实验 | 普通生态学1 |
| 生态学实验与方法 | 动物生物学 | 普通生态学2 | 普通生态学3 |
| 动物生物学实验 | 演化生物学 | 生态学实验与方法 | 演化生物学 |
| 植物生物学 | 植物生物学实验 | 植物生物学 | 植物生物学实验 |
| 植物学（上） | 植物学（下） | 微生物学 | 微生物学实验 |
| 环境微生物学（环科） | 环境微生物学实验（环科） | 环境微生物学 | 环境微生物学实验 |
| 基因组学数据分析 | | 地球与空间科学学院 | |
| 城市与环境学院 | | 地球科学概论系列课程 | 地球系统演化 |
| 环境化学 | 环境科学概论 | 地球化学 | 地球介质力学基础 |
| 环境科学野外综合实习 | 环境科学前沿秋季讲座 | 地球重力学 | 地球物理信号处理 |
| 环境科学专业英语 | 大气物理学导论 | 地震学 | 地磁学与地电学 |
| 应用数理统计方法 | 大气环境导论 | 地球物理数值计算方法 | 地震学野外实习 |
| 环境生物学 | 能源与环境 | 宇航技术基础 | 空间等离子体物理基础 |
| 气候变化科学概论 | 环境经济学 | 磁层物理学 | 中高层大气物理学 |
| 环境地学 | 环境工程学 | 太阳大气层与日球层物理学 | 电离层物理学与电波传播 |
| 环境健康风险评价 | 遥感基础与图像解译原理 | 空间天气学 | 地理学基础 |
| 水环境化学 | 污染环境修复 | 遥感概论 | 地图学 |
| 环境毒理学 | 毒理学基础 | 地理信息系统原理 | 卫星导航定位基础 |
| 流行病学 | 环境健康综合实习 | GIS设计和应用 | 地理信息系统工程 |
| 环境监测与实验 | 环境健康学 | 3S野外综合实习 | 计算空间物理学基础 |
| 生物化学 | 环境污染数值模拟 | 遥感数字图像处理原理 | 行星科学概论 |
| 污染物水土环境过程 | 地球系统科学导论 | 空间探测与实验基础 | 古生物学 |
| 地表过程模拟和监测 | 人文地理学导论 | 行星地球科学 | 地球构造 |
| 中外城市建设史 | 生态学与环境变化 | 行星表面过程 | 行星物质科学（一） |
| 环境规划学 | 环境健康概论 | 行星物质科学（二） | 地球与行星构造 |
| 卫生统计学 | 生理学 | 古生物学 | |
| 地貌学 | 气象气候学 | 心理与认知科学学院 | |
| 地图学与GIS基础 | GIS高级技术与应用 | 普通心理学 | 心理统计（1） |
| 遥感原理与应用 | 水文学与水资源 | 心理统计（2） | 社会心理学 |
| 土壤学与土壤地理 | 地表过程模拟与监测 | 实验心理学 | 实验心理学实验 |
| 中国自然地理 | 综合自然地理学 | 心理测量 | 发展心理学 |
| 自然资源学原理 | 自然地理与资源环境研究方法 | 生理心理学 | 认知心理学 |
| 古气候与古环境 | 经济地理学 | 组织管理心理学 | 变态心理学 |
| 城市规划原理 | 城市地理学 | 信息科学技术学院 | |
| 计量地理 | 行为地理学（原城市社会学） | 程序设计实习 | 离散数学与结构（I） |
| 城市与区域经济学（原城市经济学） | 产业地理学 | 集合论与图论 | 计算机系统导论 |
| | | 计算机系统导论讨论班 | 算法设计与分析 |
| 历史地理学导论 | 区域分析与区域规划 | 算法设计与分析（研讨型小班） | 数字逻辑电路+小班（含实验班） |
| 人文地理专业综合实习 | 人文地理综合社会实践实习 | 信号与系统 | 信号与系统（实验班） |
| 城市生态与环境规划 | 国土空间规划 | 半导体物理 | 数字集成电路与系统（含实践课） |
| 建筑设计（一） | 地理信息系统的规划应用 | 电子系统基础训练 | 数字逻辑 |
| 国土空间规划管理与法规 | 城乡社区空间规划与设计 | | |

(续表)

| | | | |
|---|---|---|---|
| 模拟集成电路与系统（含实践课） | 集成电路制造技术 | 生物医学工程原理 | 分子细胞生物学 |
| 电动力学（B） | 量子力学B | 生物医学工程设计Ⅰ | 生物医学工程设计Ⅱ |
| 电子线路分析 | 电子线路分析与设计+小班 | 生物医学信号处理 | 材料科学基础（上） |
| 电子学基础实验 | 概率论与随机过程 | 材料科学基础（下） | 实验室安全与防护 |
| 概率统计（A） | 集成电路器件导论 | 材料科学与工程实验 | 材料化学 |
| 集成电路器件（含讨论班） | 集成电路原理与设计（含实践课） | 机器人学概论 | 自动控制原理 |
| 计算机网络 | 计算机组织与体系结构 | 机械设计基础 | 机器人学实验（一） |
| 脑与认知科学 | 前沿计算研究实践（Ⅰ） | 机器人学实验（二） | 机器人学实验（三） |
| 前沿计算研究实践（Ⅱ） | 凸分析与优化方法 | 工程流体力学基础 | 化工原理 |
| 微处理器设计与智能芯片 | 通信原理（含实验班） | 模拟电子技术 | 数字电子技术 |
| 数字信号处理（含上机） | 计算理论导论 | 有机化学（B） | 生理学 |
| 机器学习 | 操作系统 | 人体解剖学 | 现代材料分析与原理 |
| 编译原理 | 人工智能引论 | 材料工程基础 | 材料计算科学与工程 |
| 人工智能引论实践课 | 软件工程 | 材料物理 | 常微分方程 |
| 软件测试导论 | 电路、信号与系统 | 基础物理实验 | 高等代数 |
| 微纳机电系统 | 先进电子材料 | 普通化学（B） | 概率论 |
| 新型信息器件与未来计算 | 数据库概论 | 概率与数理统计 | |
| 智能电子系统设计与实践 | 机器学习概论 | 环境科学与工程学院 | |
| 数学物理方法 | 数字电路与系统设计 | 环境问题 | 环境实验室安全 |
| 数字电路与系统设计（小班课） | 数字电路与系统设计（实验课） | 环境科学与工程专题 | 环境科学 |
| 光电子学 | 理论力学（B） | 环境工程学一 | 环境工程学二 |
| 热力学与统计物理（B） | 电动力学B | 环境监测 | 环境监测实验 |
| 量子力学B | 固体物理 | 环境管理学 | 环境研究方法 |
| 半导体物理（含研讨班） | 量子技术3学分 | 环境决策案例分析 | 工程制图 |
| 软件设计实践 | 离散数学基础 | 水处理工程（上） | 水处理工程（下） |
| 人工智能基础 | Python程序设计与数据科学导论 | 水环境模型与数据分析 | 物理化学（B） |
| 计算机视觉导论 | 自然语言处理 | 有机化学（B） | |
| 软件科学基础 | 多模态学习 | 中国语言文学系 | |
| 多智能体基础 | 计算机视觉 | 现代汉语（上） | 现代汉语（下） |
| 计算系统建模、分析与优化 | 可视计算与交互概论 | 中国古代文学史（一） | 中国古代文学史（二） |
| 人工智能中的数学 | 认知推理 | 中国古代文学史（三） | 中国古代文学史（四） |
| 数字逻辑电路 | 智能科学研究实践I | 语言学概论 | 中国现代文学史 |
| 自然语言处理基础 | | 中国当代文学 | 文学原理 |
| 工学院 | | 专书选读（一） | 专书选读（二） |
| 理论力学 | 理论力学B | 专书选读（三） | 中文工具书 |
| 材料力学 | 材料力学B | 中国古代文化 | 古代典籍概要 |
| 材料力学实验 | 高等动力学 | 比较文学原理 | 民间文学概论 |
| 数学物理方法（上） | 数学物理方法（下） | 计算概论（B） | 数据结构与算法（B） |
| 流体力学（上） | 流体力学（下） | 概率统计（B） | C++语言程序设计 |
| 流体力学实验 | 弹性力学 | 学年论文 | 中国文学理论批评史 |
| 固体力学实验 | 工程数学 | 西方文学理论史 | 西方文学史 |
| 工程流体力学 | 工程弹性力学 | 汉语方言学 | 现代汉语语法研究 |
| 工程设计初步 | 结构力学及其矩阵方法 | 汉语语音学基础 | 实验语音学基础 |
| 计算固体力学 | 能源与环境工程导论 | 理论语音学 | 文字学 |
| 能源与环境工程实验 | 物理化学 | 训诂学 | 汉语音韵学 |
| 传热传质学 | 工程热力学 | 版本学 | 目录学 |
| 新能源技术 | 航空航天信息工程 | 校勘学 | 古文献学史（上） |
| 电路与电子学 | 飞行器结构力学 | 古文献学史（下） | 线性代数（C） |
| 飞行器设计与动力 | 空气动力学基础 | 数据库概论 | 中国古代文化 |

(续表)

| | | | |
|---|---|---|---|
| 自然语言处理导论 | 语言工程与中文信息处理 | 外国语学院 | |
| 古代汉语（上） | 古代汉语（下） | 基础阿拉伯语（一） | 基础阿拉伯语（二） |
| 历史学系 | | 基础阿拉伯语（三） | 基础阿拉伯语（四） |
| 中国古代史（上） | 中国古代史（下） | 阿拉伯伊斯兰文化 | 基础波斯语（一） |
| 中国现代史 | 中国历史文选（上） | 基础波斯语（二） | 基础波斯语（三） |
| 中国历史文选（下） | 低年级小班研讨课（系列）：<br>中国古代史练习<br>中国近代史练习<br>中国现代史练习<br>世界古代史练习<br>欧美近现代史练习<br>亚非拉近现代史练习<br>全球史练习 | 基础波斯语（四） | 基础韩国（朝鲜）语（一） |
| | | 基础韩国（朝鲜）语（二） | 基础韩国（朝鲜）语（三） |
| | | 基础韩国（朝鲜）语（四） | 德语精读（一） |
| | | 德语精读（二） | 德语精读（三） |
| | | 德语精读（四） | 德语国家文学史与选读（一） |
| | | 德语国家文学史与选读（二） | 德语国家文学史与选读（三） |
| | | 德语国家文学史与选读（四） | 基础俄语（一） |
| 世界史通论 | 史学概论 | 基础俄语（二） | 基础俄语（三） |
| 古代东方文明 | 古希腊罗马史 | 基础俄语（四） | 俄罗斯文学史（一） |
| 中世纪欧洲史 | 亚洲史 | 俄罗斯文学史（二） | 俄罗斯国情（上） |
| 欧洲史 | 美国史 | 俄罗斯国情（下） | 法语精读（一） |
| 拉丁美洲史 | 非洲史 | 法语精读（二） | 法语精读（三） |
| 外国历史文选（上） | 外国历史文选（下） | 法语精读（四） | 法国文学史和文学选读（上） |
| 外文历史史料选读（上） | 外文历史史料选读（下） | 法国文学史和文学选读（下） | 菲律宾语（一） |
| 外文历史名著选读（上） | 外文历史名著选读（下） | 菲律宾语（二） | 菲律宾语（三） |
| 史学新生导学 | 社会调查与史学研究 | 菲律宾语（四） | 菲律宾概况 |
| 中国史学史 | 外国史学史 | 基础蒙古语（一） | 基础蒙古语（二） |
| 艺术史概论 | 历史论文写作 | 基础蒙古语（三） | 基础蒙古语（四） |
| 考古文博学院 | | 葡萄牙语（一） | 葡萄牙语（二） |
| 中国考古学（上一） | 中国考古学（上二） | 葡萄牙语（三） | 葡萄牙语（四） |
| 中国考古学（中一） | 中国考古学（中二） | 葡萄牙历史和文化（上） | 葡萄牙历史和文化（下） |
| 中国考古学（下一） | 中国考古学（下二） | 巴西历史和文化（上） | 巴西历史和文化（下） |
| 田野考古学概论 | 田野考古实习 | 基础日语（一） | 基础日语（二） |
| 科技考古 | 博物馆陈列内容设计 | 基础日语（三） | 基础日语（四） |
| 博物馆陈列形式设计 | 文物鉴赏 | 日本文学史 | 日语概论 |
| 文物研究与鉴定 | 博物馆教育 | 基础乌尔都语教程（一） | 基础乌尔都语教程（二） |
| 博物馆实习 | 文物显微形态学分析 | 基础乌尔都语（三） | 基础乌尔都语（四） |
| 文物保护材料学 | 考古学通论 | 西班牙语精读（一） | 西班牙语精读（二） |
| 文化遗产学概论 | 文物分析技术 | 西班牙语精读（三） | 西班牙语精读（四） |
| 无机质文物保护与实验 | 有机质文物保护与实验 | 西班牙语文学史和文学选读（上） | 西班牙语文学史和文学选读（下） |
| 文物法规与行政管理 | 文物保护专业实习 | 拉丁美洲文学史和文学选读（上） | 拉丁美洲文学史和文学选读（下） |
| 不可移动文物保护 | 中国建筑史（上） | | |
| 中国建筑史（下） | 中国传统建筑构造 | 英语精读（一） | 英语精读（二） |
| 建筑设计（三） | 建筑设计（四） | 英语精读（三） | 英语精读（四） |
| 文化遗产踏查与测绘实习 | 文化遗产保护实践 | 英国文学史（一） | 英国文学史（二） |
| 文化遗产保护规划设计理论与方法 | 世界考古学（上） | 普通语言学 | 英译汉 |
| | | 汉译英 | 美国文学史与选读（一） |
| 世界考古学（下） | 区域考古 | 美国文学史与选读（二） | 缅甸语（一） |
| 哲学系（宗教学系） | | 缅甸语（二） | 缅甸语（三） |
| 马克思主义哲学（上） | 马克思主义哲学（下） | 缅甸语（四） | 意大利社会文化导论 |
| 中国哲学（上） | 中国哲学（下） | 意大利语（一） | 意大利语（二） |
| 西方哲学（上） | 西方哲学（下） | 意大利语（三） | 意大利语（四） |
| 伦理学导论 | 美学原理 | 意大利语视听说（一） | 意大利语视听说（二） |
| 科学哲学导论 | 中国宗教史 | | |

（续表）

| | | | |
|---|---|---|---|
| 印地语（一） | 印地语（二） | 机器学习 | 信息表示与知识图谱 |
| 印地语（三） | 印地语（四） | 数据可视化 | 数据治理 |
| 艺术学院 | | 社会学系 | |
| 影视理论与批评 | 文化产业导论 | 社会工作概论 | 社会心理学 |
| 跨文化艺术传播学 | 中国美术通史（上） | 国外社会学学说（上） | 国外社会学学说（下） |
| 中国美术通史（下） | 西方美术通史（上） | 社会统计学 | 数据分析技术 |
| 西方美术通史（下） | 西方艺术学原著导读 | 社会调查实践 | 社会人类学 |
| 中国艺术学原著导读 | 当代艺术与文化资源 | 人类学理论 | 人类学史 |
| 艺术史论专业论文写作 | 艺术博物馆学 | 人类学方法 | 田野作业 |
| 视觉文化导论 | 图像阅读专题 | 中国社会学史 | 论证性论文写作 |
| 书画理论与实践 | 剧作法 | 中国社会思想史 | 个案工作 |
| 电影音乐 | 视听语言（电影音乐） | 群体工作 | 社区工作 |
| 表演理论与实践 | 影视制作（电影剪辑基础） | 社会行政 | 社会政策 |
| 影视导演 | 戏曲史与戏曲美学 | 人类学专题讲座 | 政治人类学 |
| 中国电影史 | 中国电影专题 | 民族与社会 | |
| 世界电影史 | 世界电影专题 | 政府管理学院 | |
| 文化经济学 | 艺术法 | 政治经济导论 | 比较政治学概论 |
| 创意管理学 | 信息技术与文化产业 | 中国政治思想史 | 中国政治制度史 |
| 文化市场与政策 | | 西方政治思想史 | 比较公共管理 |
| 国际关系学院 | | 人力资源开发与管理 | 组织与管理 |
| 国际关系史（上） | 国际关系史（下） | 地方政府管理 | 公共经济学 |
| 中国对外关系史 | 外交学 | 行政学研究方法 | 管理运筹学 |
| 社会科学方法论 | 比较政治学 | 城市经济学 | 中国区域经济学 |
| 原著译读 | 国际政治经济学 | 城市管理 | 城市规划 |
| 英语写作 | 国际公共政策导论（英文） | 地理信息系统基础与应用 | 城市治理定量方法 |
| 中国政治与公共政策（英文） | 社会科学定量方法 | 政治学研究方法 | 当代西方政治思潮 |
| 国际组织与全球治理前沿名家讲座 | 谈判模拟与国际文书写作 | 数字政府概论 | 数据科学导论 |
| | | 社会科学问题研究的计算实践 | 人工智能与社会科学 |
| 中外文化比较 | 第二外国语 | 数据治理 | 地方政府与法治 |
| 世界社会主义概论 | 中国传统政治制度 | 西方政治制度 | 城市发展与政策 |
| 西方国际关系理论 | | 行政伦理学 | 法治政府概论 |
| 法学院 | | 城市历史与文化 | 数据可视化 |
| 刑事诉讼法 | 国际私法 | 马克思主义学院 | |
| 经济法学 | 商法总论 | 世界近现代史 | 西方政治思想史 |
| 行政法与行政诉讼法 | 国际公法 | 中国近现代史（上） | 社会发展理论 |
| 国际经济法 | 知识产权法学 | 马克思主义理论专业英语 | 逻辑与论证 |
| 习近平法治思想概论 | 法律实训 | 改革开放史 | 马克思主义前沿问题 |
| 法律职业伦理 | | 思想政治教育学 | 经济学说史 |
| 信息管理系 | | 中国近现代史（下） | 中国政治思想史 |
| 计算机网络概论 | 信息架构设计与实践 | 马克思恩格斯经典著作导读 | 中国共产党思想政治教育史 |
| 信息计量学 | 信息服务学 | 社会调查研究方法 | 列宁经典著作导读 |
| 信息存储与检索 | 信息政策与法规 | 资本主义发展史 | 中国共产党建设的理论与实践 |
| 管理信息系统 | 信息分析与决策 | 当代世界经济与政治 | 国外马克思主义 |
| 信息系统分析与设计 | 图书馆学概论 | 中华人民共和国史 | 党的文献研究 |
| 社科文献资源与检索利用 | 中国图书史 | 《资本论》导读 | |
| 知识服务组织的管理创新 | 信息资源建设 | 新闻与传播学院 | |
| 公共文化服务概论 | 图书馆参考咨询 | 传媒伦理与法律法规 | 新闻采访写作 |
| 数据库系统 | 文本挖掘技术 | 新闻编辑 | 新闻摄影 |

（续表）

| | | | |
|---|---|---|---|
| 中国新闻史 | 世界新闻史 | 消费者行为 | 市场数据分析 |
| 新闻评论 | 互联网认知 | 品牌管理 | R语言与数据可视化 |
| 视听语言 | 视频编辑 | 机器学习与人工智能 | 因果推断与商业应用 |
| 视频采访与写作 | 口语传播 | 仿真模型与智慧决策 | 运筹优化与最优决策 |
| 影视制作 | 专题片及纪录片创作 | 量化营销模型 | 管理科学与信息管理 |
| 广告学概论 | 中外广告史 | 中国金融 | 中国经济 |
| 市场调查 | 广告媒体研究 | 中国管理（一） | 中国经济 |
| 广告策划与创意 | 公共传播 | 运营管理（英） | 战略管理 |
| 品牌研究 | 创意传播管理 | 沉浸式中国发展探索 | 顶石课程 |
| 市场营销原理 | 新媒体创作与运营 | 经管学术研讨会 | 毕业论文 |
| 非虚构写作 | 英语新闻阅读 | 国家发展研究院 | |
| 视听新闻理论与实务 | 市场营销原理 | 经济学原理 | 中级宏观经济学 |
| 经济学院 | | 中级微观经济学 | 计量经济学 |
| 中国经济思想史 | 外国经济思想史 | 中国经济专题 | 中国经济专题小班讨论课 |
| 中国经济史 | 外国经济史 | 经济学研究训练 | |
| 产业组织理论 | 信息经济学 | 元培学院 | |
| 《资本论》选读 | 发展经济学 | 行星地球科学 | 地球系统演化 |
| 应用计量经济学 | 社会实践 | 地球物质 | 古生物学 |
| 国际贸易 | 国际金融 | 植物生物学 | 植物生物学实验 |
| 国际投资学 | 世界经济史 | 动物生物学 | 动物生物学实验 |
| 世界经济专题 | 中国对外经济 | 遗传学 | 定量细胞生物学 |
| 货币银行学 | 金融经济学导论 | 定量分子生物学 | 整合化学动力学 |
| 公司金融 | 投资学 | 整合量子力学与分子光谱 | 整合热力学 |
| 金融工程概论 | 保险学原理 | 综合实验课程I | 综合实验课程II |
| 风险管理学 | 保险经济学导论 | 概率论 | 机器学习基础 |
| 保险精算 | 金融会计 | 数理统计 | 计算方法B |
| 社会保险 | 财政学 | 人工智能引论 | 人工智能引论实践课 |
| 福利经济学 | 统计学 | 集合论与图论 | 计算机系统导论 |
| 公共经济学 | 预算经济学 | 计算机系统导论讨论班 | 算法设计与分析 |
| 劳动经济学 | 微观计量方法 | 离散数学与结构（I） | 集合论与图论 |
| 卫生经济学 | 应用时间序列分析 | 算法设计与分析 | 算法设计与分析（研讨型小班） |
| 光华管理学院 | | 材料力学 | 理论力学 |
| 会计学（中英文） | 社会心理学 | 空气动力学基础和实践 | 工程流体力学 |
| 策略与博弈 | 行为经济学 | 飞行力学与控制 | 政治学概论 |
| 货币经济学 | 公共经济学 | 政治学原理 | 政治学阶梯：体系与问题 |
| 宏观经济学 | 微观经济学 | 比较政治学概论 | 政治经济导论 |
| 组织与管理（含讨论班） | 营销学 | 经济学原理（I） | 经济学原理（II） |
| 公司财务管理（中英文，含讨论班） | 数据科学的Python基础 | 微观经济学 | 宏观经济学 |
| 管理科学 | 税法与税务筹划 | 哲学导论 | 宗教学导论 |
| 计量经济学 | 证券投资学（中英文） | 中国哲学（上） | 中国哲学（下） |
| 金融市场与金融机构（中英文） | 营销研究方法 | 西方哲学（上） | 西方哲学（下） |

表 6-2　2022 年北京大学本科专业目录

| 当前所属院系 | 专业名称 | 专业英文名 | 教育部专业代码 | 学制 | 学科门类 | 学位授予门类 | 是否在用 |
|---|---|---|---|---|---|---|---|
| 城市与环境学院 | 自然地理与资源环境 | Physical Geography | 070502 | 4 | 理学 | 理学 | 是 |
| 城市与环境学院 | 人文地理与城乡规划 | Human Geography and Urban-Rural Planning | 070503 | 4 | 理学 | 理学 | 是 |
| 城市与环境学院 | 生态学 | Ecology | 071004 | 4 | 理学 | 理学 | 是 |
| 城市与环境学院 | 环境科学 | Environmental Science | 082503 | 4 | 理学 | 理学 | 是 |
| 城市与环境学院 | 城乡规划 | Urban and Rural Planning | 082802 | 5 | 工学 | 工学 | 是 |
| 城市与环境学院 | 地理科学 | Geography | 070502 | 4 | 理学 | 理学 | 否 |
| 地球与空间科学学院 | 地理信息科学 | Geographical Information Science | 070504 | 4 | 理学 | 理学 | 是 |
| 地球与空间科学学院 | 地球物理学 | Geophysics | 070801 | 4 | 理学 | 理学 | 是 |
| 地球与空间科学学院 | 空间科学与技术 | Space Science and Technology | 070802 | 4 | 理学 | 理学 | 是 |
| 地球与空间科学学院 | 地质学 | Geology | 070901 | 4 | 理学 | 理学 | 是 |
| 地球与空间科学学院 | 地球化学 | Geochemistry | 070902 | 4 | 理学 | 理学 | 是 |
| 地球与空间科学学院 | 物理学（地球物理方向） | Physics（Geophysics） | 070201 | 4 | 理学 | 理学 | 是 |
| 地球与空间科学学院 | 物理学（空间科学与技术方向） | Physics（Space Science and Technology） | 070201 | 4 | 理学 | 理学 | 是 |
| 地球与空间科学学院 | 化学（地球化学方向） | Chemistry（Geochemistry） | 070301 | 4 | 理学 | 理学 | 是 |
| 法学院 | 法学 | Law | 030101K | 4 | 法学 | 法学 | 是 |
| 法学院 | 法学 | Law | 030102K | 2 | 法学 | 法学 | 否 |
| 法学院 | 知识产权 | Intellectual Property Law | 030102T | 2 | 法学 | 法学 | 否 |
| 工学院 | 理论与应用力学 | Theoretical and Applied Mechanics | 080101 | 4 | 理学 | 理学 | 是 |
| 工学院 | 工程力学（工程结构分析方向） | Engineering Mechanics（Engineering Structure Analysis） | 080102 | 4 | 工学 | 工学 | 是 |
| 工学院 | 材料科学与工程 | Materials Science and Engineering | 080401 | 4 | 工学 | 工学 | 是 |
| 工学院 | 能源与动力工程（能源与资源工程方向） | Energy and Power Engineering（Energy and Resources Engineering） | 080501 | 4 | 工学 | 工学 | 是 |
| 工学院 | 航空航天工程 | Aerospace Engineering | 082001 | 4 | 工学 | 工学 | 是 |
| 工学院 | 生物医学工程 | Biomedical Engineering | 082601 | 4 | 工学 | 工学 | 是 |
| 工学院 | 能源与环境系统工程 | Energy and environmental systems engineering | 080502T | 4 | 工学 | 工学 | 是 |
| 工学院 | 勘查技术与工程 | Exploration Technology and Engineering | 081402 | 4 | 工学 | 工学 | 否 |
| 工学院 | 机器人工程 | Robotics Engineering | 080803T | 4 | 工学 | 工学 | 是 |
| 光华管理学院 | 金融学 | Finance | 020301K | 4 | 经济学 | 经济学 | 是 |
| 光华管理学院 | 市场营销 | Marketing | 120202 | 4 | 管理学 | 管理学 | 是 |
| 光华管理学院 | 会计学 | Accounting | 120203K | 4 | 管理学 | 管理学 | 是 |
| 光华管理学院 | 工商管理 | Business Administration | 120201K | 4 | 管理学 | 管理学 | 是 |
| 光华管理学院 | 财务管理 | Financial Management | 120204 | 4 | 管理学 | 管理学 | 否 |
| 光华管理学院 | 人力资源管理 | Human Resource Management | 120206 | 4 | 管理学 | 管理学 | 否 |
| 国际关系学院 | 国际政治 | International Politics | 030202 | 4 | 法学 | 法学 | 是 |
| 国际关系学院 | 国际政治（国际政治经济学方向） | International Politics（International Political Economy） | 030202 | 4 | 法学 | 法学 | 是 |
| 国际关系学院 | 外交学 | Diplomacy | 030203 | 4 | 法学 | 法学 | 是 |
| 国际关系学院 | 国际政治（国际组织与国际公共政策方向） | International Politics（International Organizations and International Public Policy） | 030202 | 4 | 法学 | 法学 | 是 |
| 国际关系学院 | 科学社会主义 | Scientific Socialism | 030501 | 4 |  |  | 否 |
| 国际关系学院 | 国际事务与国际关系 | 暂无 | 030204T | 2 |  |  | 否 |

(续表)

| 当前所属院系 | 专业名称 | 专业英文名 | 教育部专业代码 | 学制 | 学科门类 | 学位授予门类 | 是否在用 |
|---|---|---|---|---|---|---|---|
| 国家发展研究院 | 经济学（国家发展方向） | Economics (National Development) | 020101 | 4 | 经济学 | 经济学 | 是 |
| 化学与分子工程学院 | 化学 | Chemistry | 070301 | 4 | 理学 | 理学 | 是 |
| 化学与分子工程学院 | 应用化学 | Applied Chemistry | 070302 | 4 | 理学 | 理学 | 是 |
| 化学与分子工程学院 | 化学生物学 | Chemical Biology | 070303T | 4 | 理学 | 理学 | 是 |
| 化学与分子工程学院 | 材料化学 | Material Chemistry | 080403 | 4 | 理学 | 理学 | 是 |
| 化学与分子工程学院 | 核化工与核燃料工程 | Nuclear Chemical and Fuel Engineering | 082204 | 4 | 工学 | 工学 | 否 |
| 环境科学与工程学院 | 环境工程 | Environmental Engineering | 082502 | 4 | 工学 | 工学 | 是 |
| 环境科学与工程学院 | 环境科学 | Environmental Science | 082503 | 4 | 理学 | 理学 | 是 |
| 经济学院 | 经济学 | Economics | 020101 | 4 | 经济学 | 经济学 | 是 |
| 经济学院 | 资源与环境经济学 | Resource and Environmental Economics | 020104T | 4 | 经济学 | 经济学 | 是 |
| 经济学院 | 财政学 | Public Finance | 020201K | 4 | 经济学 | 经济学 | 是 |
| 经济学院 | 金融学 | Finance | 020301K | 4 | 经济学 | 经济学 | 是 |
| 经济学院 | 保险学 | Risk Management and Insurance | 020303 | 4 | 经济学 | 经济学 | 是 |
| 经济学院 | 国际经济与贸易 | International Economics and Trade | 020401 | 4 | 经济学 |  | 是 |
| 考古文博学院 | 考古学 | Archaeology | 060103 | 4 | 历史学 | 历史学 | 是 |
| 考古文博学院 | 考古学（文物建筑方向） | Archaeology (Ancient Architecture) | 060103 | 4 | 历史学 | 历史学 | 是 |
| 考古文博学院 | 文物与博物馆学 | Museology | 060104 | 4 | 历史学 | 历史学 | 是 |
| 考古文博学院 | 文物保护技术 | Relics Conservation | 060105T | 4 | 历史学 | 历史学 | 是 |
| 考古文博学院 | 外国语言与外国历史（考古学方向） | World History and Foreign Languages (Archaeology) | 060106T |  | 历史学 | 文学，历史学 | 是 |
| 历史学系 | 历史学 | History | 060101 | 4 | 历史学 | 历史学 | 是 |
| 历史学系 | 世界史 | World History | 060102 | 4 | 历史学 | 历史学 | 是 |
| 历史学系 | 外国语言与外国历史 | World History and Foreign Languages | 060106T | 4 | 历史学 | 文学，历史学 | 是 |
| 软件与微电子学院 | 软件工程 | Software Engineering | 080902 | 2 | 工学 | 工学 | 是 |
| 社会学系 | 社会学 | Sociology | 030301 | 4 | 法学 | 法学 | 是 |
| 社会学系 | 社会工作 | Social Work | 030302 | 4 | 法学 | 法学 | 是 |
| 社会学系 | 人类学 | Anthropology | 030303T | 4 | 法学 | 法学 | 是 |
| 生命科学学院 | 生物科学 | Biological Science | 071001 | 4 | 理学 | 理学 | 是 |
| 生命科学学院 | 生物技术 | Biotechnology | 071002 | 4 | 理学 | 理学 | 是 |
| 生命科学学院 | 生物信息学 | Bioinformatics | 071003 | 4 | 理学 | 工学 | 是 |
| 数学科学学院 | 数学与应用数学 | Mathematics and Applied Mathematics | 070101 | 4 | 理学 | 理学 | 是 |
| 数学科学学院 | 信息与计算科学 | Information and Computing Science | 070102 | 4 | 理学 | 理学 | 是 |
| 数学科学学院 | 统计学 | Statistics | 071201 | 4 | 理学 | 理学 | 是 |
| 数学科学学院 | 应用统计学 | Applied Statistics | 071202 | 4 | 理学 | 理学 | 是 |
| 数学科学学院 | 数据科学与大数据技术 | Data Science and Big Data Technology | 080910T | 4 | 理学 | 理学 | 是 |
| 外国语学院 | 英语 | English Language and Literature | 050201 | 4 | 文学 | 文学 | 是 |
| 外国语学院 | 俄语 | Russian Language and Literature | 050202 | 4 | 文学 | 文学 | 是 |
| 外国语学院 | 德语 | German Language and Literature | 050203 | 4 | 文学 | 文学 | 是 |
| 外国语学院 | 法语 | French Language and Literature | 050204 | 4 | 文学 | 文学 | 是 |
| 外国语学院 | 西班牙语 | Spanish Language and Literature | 050205 | 4 | 文学 | 文学 | 是 |
| 外国语学院 | 阿拉伯语 | Arabic Language and Literature | 050206 | 4 | 文学 | 文学 | 是 |
| 外国语学院 | 日语 | Japanese Language and Literature | 050207 | 4 | 文学 | 文学 | 是 |
| 外国语学院 | 波斯语 | Peisian Language and Literature | 050208 | 4 | 文学 | 文学 | 是 |
| 外国语学院 | 朝鲜语 | Korean Language and Literature | 050209 | 4 | 文学 | 文学 | 是 |

（续表）

| 当前所属院系 | 专业名称 | 专业英文名 | 教育部专业代码 | 学制 | 学科门类 | 学位授予门类 | 是否在用 |
|---|---|---|---|---|---|---|---|
| 外国语学院 | 菲律宾语 | Philippine Language and Literature | 050210 | 4 | 文学 | 文学 | 是 |
| 外国语学院 | 梵语巴利语 | Sanskri & Pali Language and Literature | 050211 | 4 | 文学 | 文学 | 是 |
| 外国语学院 | 印度尼西亚语 | Indonesia Language and Literature | 050212 | 4 | 文学 | 文学 | 是 |
| 外国语学院 | 印地语 | Hindi Language and Literature | 050213 | 4 | 文学 | 文学 | 是 |
| 外国语学院 | 缅甸语 | Burmese Language and Literature | 050216 | 4 | 文学 | 文学 | 是 |
| 外国语学院 | 蒙古语 | Mongolian Language and Literature | 050218 | 4 | 文学 | 文学 | 是 |
| 外国语学院 | 泰语 | Thai Language and Literature | 050220 | 4 | 文学 | 文学 | 是 |
| 外国语学院 | 乌尔都语 | Urdu Language and Literature | 050221 | 4 | 文学 | 文学 | 是 |
| 外国语学院 | 希伯来语 | Hebrew Language and Literature | 050222 | 4 | 文学 | 文学 | 是 |
| 外国语学院 | 越南语 | Vietnamese Language and Literature | 050223 | 4 | 文学 | 文学 | 是 |
| 外国语学院 | 葡萄牙语 | Portuguese Language and Literature | 050232 | 4 | 文学 | 文学 | 是 |
| 外国语学院 | 外国语言与外国历史 | World History and Foreign Languages | 060106T | 4 | 历史学 | 文学，历史学 | 是 |
| 物理学院 | 物理学 | Physics | 070201 | 4 | 理学 | 理学 | 是 |
| 物理学院 | 应用物理学 | Applied Physics | 070202 | 4 | 理学 | 理学 | 是 |
| 物理学院 | 核物理 | Nuclear Physics | 070203 | 4 | 理学 | 理学 | 是 |
| 物理学院 | 天文学 | Astronomy | 070401 | 4 | 理学 | 理学 | 是 |
| 物理学院 | 大气科学 | Atmospheric Sciences | 070601 | 4 | 理学 | 理学 | 是 |
| 物理学院 | 核工程与核技术 | Nuclear Engineering and Nuclear Technology | 082201 | 4 | 工学 | 工学 | 是 |
| 物理学院 | 物理学（天体物理方向） | Physics（Astrophysics） | 070201 | 4 | 理学 | 理学 | 是 |
| 心理与认知科学学院 | 心理学 | Psychology | 071101 | 4 | 理学 | 理学 | 是 |
| 心理与认知科学学院 | 应用心理学 | Applied Psychology | 071102 | 4 | 理学 | 理学 | 是 |
| 心理与认知科学学院 | 应用心理学 | Applied Psychology | 071102 | 2 | 理学 | 理学 | 否 |
| 新闻与传播学院 | 新闻学 | Journalism | 050301 | 4 | 文学 | 文学 | 是 |
| 新闻与传播学院 | 广播电视学 | Media Studies | 050302 | 4 | 文学 | 文学 | 是 |
| 新闻与传播学院 | 广告学 | Advertising | 050303 | 4 | 文学 | 文学 | 是 |
| 新闻与传播学院 | 编辑出版学 | Editing and Publishing | 050305 | 4 | 文学 | 文学 | 是 |
| 信息管理系 | 信息管理与信息系统 | Information Management and Information System | 120102 | 4 | 管理学 | 管理学 | 是 |
| 信息管理系 | 图书馆学 | Library Science | 120501 | 4 | 管理学 | 管理学 | 是 |
| 信息管理系 | 大数据管理与应用 | Big Data Management and Application | 120108T | 4 | 管理学 | 管理学 | 是 |
| 信息科学技术学院 | 通信工程 | Communication Engineering | 080703 | 4 | 工学 | 工学 | 是 |
| 信息科学技术学院 | 微电子科学与工程 | Microelectronics Science and Engineering | 080704 | 4 | 理学 | 理学 | 是 |
| 信息科学技术学院 | 电子信息科学与技术 | Electronic and Information Science and Technology | 080714T | 4 | 理学 | 理学 | 是 |
| 信息科学技术学院 | 计算机科学与技术 | Computer Science and Technology | 080901 | 4 | 理学 | 理学 | 是 |
| 信息科学技术学院 | 软件工程 | Software Engineering | 080902 | 4 | 工学 | 工学 | 是 |
| 信息科学技术学院 | 智能科学与技术 | Intelligence Science and Technology | 080907T | 4 | 理学 | 理学 | 是 |
| 信息科学技术学院 | 数据科学与大数据技术 | Data Science and Big Data Technology | 080910T | 4 | 理学 | 理学 | 是 |
| 信息科学技术学院 | 集成电路设计与集成系统 | IC Design and Integrated System | 080710T | 4 | 工学 | 工学 | 是 |
| 信息科学技术学院 | 电子信息工程 | Electronic Information Engineering | 080701 | 4 | 理学 | 理学 | 是 |
| 信息科学技术学院 | 信息与计算科学 | Information and Computing Science | 070102 | 4 | 理学 | 理学 | 是 |
| 信息科学技术学院 | 应用物理学 | Applied Physics | 070202 | 4 | 理学 | 理学 | 是 |
| 医学部 | 英语（生物医学英语） | English（Biomedical English） | 050201 | 5 | 文学 | 文学 | 是 |
| 医学部 | 基础医学 | Basic Medical Science | 100101K | 5 | 医学 | | 是 |

(续表)

| 当前所属院系 | 专业名称 | 专业英文名 | 教育部专业代码 | 学制 | 学科门类 | 学位授予门类 | 是否在用 |
|---|---|---|---|---|---|---|---|
| 医学部 | 基础医学 | Basic Medical Science | 100101K | 8 | 医学 | 医学 | 是 |
| 医学部 | 临床医学 | Clinical Medicine | 100201K | 8 | 医学 | | 是 |
| 医学部 | 临床医学 | Clinical Medicine | 100201K | 5 | 医学 | 医学 | 是 |
| 医学部 | 口腔医学 | Stomatology | 100301K | 8 | 医学 | | 是 |
| 医学部 | 口腔医学 | Stomatology | 100301K | 5 | 医学 | 医学 | 是 |
| 医学部 | 预防医学 | Preventive Medicine | 100401K | 5 | 医学 | | 是 |
| 医学部 | 预防医学 | Preventive Medicine | 100401K | 7 | 医学 | 医学 | 是 |
| 医学部 | 药学 | Pharmacy | 100701 | 4 | 医学 | | 是 |
| 医学部 | 药学 | Pharmacy | 100701 | 6 | 医学 | 理学 | 是 |
| 医学部 | 医学检验技术 | Medical Inspection Technology | 101001 | 4 | 医学 | | 是 |
| 医学部 | 口腔医学技术 | Stomatology Technology | 101006 | 4 | 医学 | | 是 |
| 医学部 | 护理学 | Nursing | 101101 | 4 | 医学 | 理学 | 是 |
| 艺术学院 | 艺术史论 | Theory and History of Arts | 130101 | 4 | 艺术学 | 艺术学 | 是 |
| 艺术学院 | 艺术史论（文化产业管理方向） | Theory and History of Arts（Cultural Industry Management） | 130101 | 4 | 艺术学 | 艺术学 | 是 |
| 艺术学院 | 广播电视编导（戏剧影视文学方向） | Broadcasting and Television Playwright-director（Theatre Film and TV Literature） | 130305 | 4 | 艺术学 | 艺术学 | 是 |
| 艺术学院 | 公共事业管理 | Public Affairs Management | 120401 | 4 | 管理学 | 管理学 | 否 |
| 元培学院 | 政治学、经济学与哲学 | Philosophy, Politics and Economics | 030205T | 4 | 法学 | 法学 | 是 |
| 元培学院 | 古生物学 | Paleontology | 070904T | 4 | 理学 | 理学 | 是 |
| 元培学院 | 航空航天工程（航空科学与技术方向） | Aerospace Engineering（Aeronautics science and technology） | 082001 | 4 | 工学 | 工学 | 是 |
| 元培学院 | 元培计划 | Yuanpei Program | 无，校内自设代码 ypjh | 4 | 理学 | | 是 |
| 元培学院 | 数据科学与大数据技术 | Data Science and Big Data Technology | 080910T | 4 | 理学 | 理学 | 是 |
| 元培学院 | 整合科学 | Integrated Science | 071005T | 4 | 理学 | 理学 | 是 |
| 哲学系 | 哲学 | Philosophy | 010101 | 4 | 哲学 | 哲学 | 是 |
| 哲学系 | 宗教学 | Science of Religion | 010103K | 4 | 哲学 | 哲学 | 是 |
| 哲学系 | 逻辑学 | Logic | 010102 | | | | 是 |
| 政府管理学院 | 政治学与行政学 | Politics and Public Administration | 030201 | 4 | 法学 | 法学 | 是 |
| 政府管理学院 | 行政管理 | Administrative Management | 120402 | 4 | 管理学 | 管理学 | 是 |
| 政府管理学院 | 城市管理 | City Management | 120405 | 4 | 管理学 | 管理学 | 是 |
| 中国语言文学系 | 汉语言文学 | Chinese Language and Literature | 050101 | 4 | 文学 | 文学 | 是 |
| 中国语言文学系 | 汉语言 | Chinese | 050102 | 4 | 文学 | 文学 | 是 |
| 中国语言文学系 | 古典文献学 | Studies of Chinese Classical Text | 050105 | 4 | 文学 | 文学 | 是 |
| 中国语言文学系 | 应用语言学 | Computational and Applied Linguistics | 050106T | 4 | 文学 | 文学 | 是 |
| 暂无 | 经济统计学 | 暂无 | 020102 | 4 | 经济学 | 经济学 | 否 |
| 马克思主义学院 | 马克思主义理论 | Marxist Theory | 030504T | 4 | 法学 | 法学 | 是 |
| 外国语学院 | 意大利语 | Italian Language and Literature | 050238 | 4 | 文学 | 文学 | 是 |
| 医学部 | 医学影像技术 | Medical Imaging Technology | 101003 | 4 | 理学 | 法学 | 是 |
| 元培学院 | 人工智能 | Artificial Intelligence | 080717T | 4 | 工学 | 工学 | 是 |
| 环境科学与工程学院 | 化学（环境化学方向） | Chemistry（Environmental Chemistry） | 070301 | 4 | 理学 | 理学 | 是 |
| 政府管理学院 | 政治学与行政学（数字治理方向） | Politics and Public Administration（Digital Governance） | 030201 | 4 | 法学 | 法学 | 是 |

表 6-3　2022 年北京大学通识教育核心课目录

| | | | | | |
|---|---|---|---|---|---|
| 00136860 | 音乐与数学 | 数学科学学院 | 02130742 | 中国古代史（下） | 历史学系 |
| 00136700 | 普通统计学 | 数学科学学院 | 02131110 | 中国古代政治与文化 | 历史学系 |
| 00131560 | 古今数学思想 | 数学科学学院 | 02132864 | 《史记》解读 | 历史学系 |
| 00432300 | 气候变化：全球变暖的科学基础 | 物理学院 | 02131810 | 伊斯兰教与现代世界 | 历史学系 |
| 00430109 | 演示物理学 | 物理学院 | 02138870 | 明清经济与社会 | 历史学系 |
| 00432265 | 现代天文学 | 物理学院 | 02132710 | 艺术史 | 历史学系 |
| 00433331 | 简明量子力学 | 物理学院 | 02232300 | 考古学与古史重建 | 考古文博学院 |
| 00430171 | 人类生存发展与核科学 | 物理学院 | 02230412 | 佛教艺术和考古：南亚与中国 | 考古文博学院 |
| 00434441 | 今日物理 | 物理学院 | 02230430 | 中国古代陶瓷 | 考古文博学院 |
| 01034040 | 化学与社会 | 化学与分子工程学院 | 02232200 | 美术考古 | 考古文博学院 |
| 01133063 | 博雅班讨论班：批判性思维（一） | 生命科学学院 | 02335220 | 《四书》精读 | 哲学系 |
| | | | 02335202 | 孔子与老子 | 哲学系 |
| 01133064 | 博雅班讨论班：批判性思维（二） | 生命科学学院 | 02332323 | 坛经 | 哲学系 |
| | | | 02335200 | 庄子哲学 | 哲学系 |
| 01132473 | 博雅班讨论班：批判性思维（三） | 生命科学学院 | 02333373 | 西方政治思想（古代） | 哲学系 |
| | | | 02332214 | 西方政治思想（中世纪） | 哲学系 |
| 01130780 | 生物进化论 | 生命科学学院 | 02332213 | 西方政治思想（现代） | 哲学系 |
| 01139380 | 普通生物学（B） | 生命科学学院 | 02332976 | 《理想国》 | 哲学系 |
| 01130961 | 自然保护：思想与实践 | 生命科学学院 | 02330003 | 哲学导论 | 哲学系 |
| 01230410 | 地球与人类文明 | 地球与空间科学学院 | 02335201 | 孟子哲学 | 哲学系 |
| 01230190 | 地球与空间 | 地球与空间科学学院 | 02336151 | 尼采《查拉图斯特拉如是说》 | 哲学系 |
| 01231130 | 矿产资源经济概论 | 地球与空间科学学院 | 02330045 | 西方哲学史：古代与中世纪 | 哲学系 |
| 01233571 | 太阳系中的科学 | 地球与空间科学学院 | 02330160 | 宗教学导论 | 哲学系 |
| 01531010 | 经济地理学 | 城市与环境学院 | 02333210 | 先秦哲学 | 哲学系 |
| 12634140 | 经济地理学 | 城市与环境学院 | 02333371 | 政治哲学 | 哲学系 |
| 01536020 | 环境经济学 | 城市与环境学院 | 02332991 | 中国礼学史 | 哲学系 |
| 12635320 | 现当代建筑 | 城市与环境学院 | 02333331 | 现代中国的建立：制度、思潮与人物 | 哲学系 |
| 01339320 | 中国历史地理 | 城市与环境学院 | | | |
| 01339180 | 世界文化地理 | 城市与环境学院 | 02330030 | 逻辑导论 | 哲学系 |
| 01536830 | 生态学与环境变化 | 城市与环境学院 | 02430380 | 世界政治中的民族问题 | 国际关系学院 |
| 01630900 | 普通心理学 | 心理与认知科学学院 | 02432161 | 社会科学定量方法 | 国际关系学院 |
| 01630034 | 实验心理学 | 心理与认知科学学院 | 02433050 | 国际贸易政治学 | 国际关系学院 |
| 01630060 | 发展心理学 | 心理与认知科学学院 | 02432150 | 美国政治与公共政策 | 国际关系学院 |
| 01630142 | 认知神经科学（B） | 心理与认知科学学院 | 02432440 | 国际法与国际关系 | 国际关系学院 |
| 01833330 | 影像与社会 | 新闻传播学院 | 02432210 | 民主的历史与现实 | 国际关系学院 |
| 01831750 | 专题片及纪录片创作 | 新闻传播学院 | 02535370 | 《资本论》选读 | 经济学院 |
| 02034470 | 国学经典讲论 | 中国语言文学系 | 02930187 | 中国当代法律和社会 | 法学院 |
| 02031810 | 《汉书》导读 | 中国语言文学系 | 02930188 | 公法与思想史 | 法学院 |
| 02033620 | 古典文献学基础 | 中国语言文学系 | 02930530 | 外国宪法 | 法学院 |
| 02035100 | 学术写作与表达 | 中国语言文学系 | 03139130 | 现代西方社会思想 | 社会学系 |
| 02034300 | 大学国文 | 中国语言文学系 | 03132120 | 中国社会：结构与变迁 | 社会学系 |
| 02034450 | 中国现代文学经典选讲 | 中国语言文学系 | 03100130 | 国外社会学学说（上） | 社会学系 |
| 02034460 | 唐宋诗词名篇精读（一） | 中国语言文学系 | 03130020 | 国外社会学学说（下） | 社会学系 |
| 02034500 | 古代小说名著导读 | 中国语言文学系 | 03130903 | 社会研究：经典与方法 | 社会学系 |
| 02034540 | 影片精读 | 中国语言文学系 | 03139110 | 死亡的社会学思考 | 社会学系 |
| 02132640 | 文艺复兴经典名著选读 | 历史学系 | 03131900 | 社会博弈论 | 社会学系 |
| 02133130 | 古希腊罗马历史经典 | 历史学系 | 03130280 | 社会性别研究 | 社会学系 |
| 02131310 | 中国传统官僚政治制度 | 历史学系 | 03130940 | 人类学导论 | 社会学系 |
| 02130741 | 中国古代史（上） | 历史学系 | | | |

（续表）

| | | | | | |
|---|---|---|---|---|---|
| 03111400 | 支配与社会：马克思·韦伯的《经济与社会》 | 社会学系 | 03632630 | 德语名家中国著述选读 | 外国语学院 |
| 03130906 | 社会科学方法导论 | 社会学系 | 03833190 | 圣经释读 | 外国语学院 |
| 03230790 | 西方政治思想史 | 政府管理学院 | 03832040 | 欧洲文学选读 | 外国语学院 |
| 03232460 | 公共组织行为学 | 政府管理学院 | 04334017 | 美索不达米亚艺术与文明 | 艺术学院 |
| 03232680 | 全球视野下的中国工业与经济发展 | 政府管理学院 | 04332710 | 西方美术史 | 艺术学院 |
| 03232870 | 欧洲政治思想史 | 政府管理学院 | 04833880 | 创新与快速原型研制 | 信息科学技术学院 |
| 03230020 | 政治学原理 | 政府管理学院 | 04834630 | Python 程序设计与数据科学导论 | 信息科学技术学院 |
| 03233160 | 政治分析中的重大问题 | 政府管理学院 | 06232000 | 经济学原理 | 国家发展研究院 |
| | | | 06239115 | 公共财政学 | 国家发展研究院 |
| | | | 04038170 | 周易古经与先秦诸子 | 马克思主义学院 |

表 6-4　2022 年北京大学教材建设立项名单

| 序号 | 主编姓名 | 主编单位 | 教材名称 | 适用对象 | 新编修订 | 支持类别 |
|---|---|---|---|---|---|---|
| 1 | 周蜀林 | 数学科学学院 | 偏微分方程 | 本科生、研究生 | 修订 | 规划教材 |
| 2 | 叶沿林 | 物理学院 | 原子核物理 | 本科生 | 新编 | 规划教材 |
| 3 | 张文彬 | 化学与分子工程学院 | 生物大分子工程 | 本科生、研究生 | 新编 | 规划教材 |
| 4 | 蒋鸿 | 化学与分子工程学院 | 量子化学导论 | 本科生、研究生 | 新编 | 立项教材 |
| 5 | 刘剑 | 化学与分子工程学院 | 化学中的数学 | 本科生、研究生 | 新编 | 规划教材 |
| 6 | 白书农 | 生命科学学院 | 生命的逻辑——整合子生命观概论 | 本科生、研究生、继续教育 | 新编 | 立项教材 |
| 7 | 毕群 | 生命科学学院 | 实用分子生物学实验技术 | 本科生 | 新编 | 规划教材 |
| 8 | 吉成均　刘鸿雁 | 城市与环境学院 | 植物学 | 本科生 | 新编 | 规划教材 |
| 9 | 王昀 | 城市与环境学院 | 建筑空间生成原理与制作方法 10 讲 | 本科生 | 新编 | 立项教材 |
| 10 | 张照斌 | 城市与环境学院 | 环境毒理学 | 本科生、研究生 | 新编 | 规划教材 |
| 11 | 许立言 | 建筑与景观设计学院 | 时空智能与智慧城市 | 本科生、研究生 | 新编 | 立项教材 |
| 12 | 金之钧 | 地球与空间科学学院 | 碳中和概论 | 本科生、研究生、继续教育 | 新编 | 规划教材 |
| 13 | 魏春景 | 地球与空间科学学院 | 晶体光学与光性矿物学 | 本科生 | 新编 | 规划教材 |
| 14 | 赵克常 | 地球与空间科学学院 | 地震概论 | 本科生 | 修订 | 立项教材 |
| 15 | 沈政 | 心理与认知科学学院 | 生理心理学 | 本科生、研究生 | 修订 | 规划教材 |
| 16 | 魏坤琳 | 心理与认知科学学院 | 心理统计与编程 | 本科生、研究生 | 新编 | 规划教材 |
| 17 | 刘兴华 | 心理与认知科学学院 | 情绪困扰的正念干预 | 本科生、研究生、继续教育 | 新编 | 立项教材 |
| 18 | 陈徐宗 | 电子学院 / 信息科学技术学院 | 量子技术基础 | 本科生、研究生 | 新编 | 立项教材 |
| 19 | 张铭 | 计算机学院 / 信息科学技术学院 | 数据结构与算法 | 本科生 | 新编 | 规划教材 |
| 20 | 刘先华 | 计算机学院 / 信息科学技术学院 | 编译原理实践与指导教程 | 本科生 | 新编 | 规划教材 |
| 21 | 王启宁 | 工学院 | 机器人学基础实验教程（上、中、下） | 本科生 | 新编 | 规划教材 |
| 22 | 李水乡 | 工学院 | 工程 CAD 基础及开发技术 | 本科生 | 新编 | 规划教材 |
| 23 | 陈正 | 工学院 | 基础燃烧学 | 本科生、研究生 | 新编 | 规划教材 |
| 24 | 吴志军 | 环境科学与工程学院 | Matlab 在大气环境数据分析中的应用 | 本科生、研究生 | 新编 | 规划教材 |
| 25 | 王娟 | 中国语言文学系 | 民俗学田野调查 | 本科生、研究生 | 新 | 规划教材 |
| 26 | 苗润博 | 历史学系 | 辽金史十二讲 | 本科生 | 新编 | 立项教材 |
| 27 | 赵世瑜 | 历史学系 | 社会史研究导论 | 本科生、研究生 | 新编 | 规划教材 |
| 28 | 徐健　庄宇 | 历史学系 | 欧洲史：思想、革命与战争 | 本科生 | 新编 | 规划教材 |
| 29 | 潘华琼 | 历史学系 | 非洲史十八讲——从人类的"摇篮"走向千年发展目标 | 本科生 | 新编 | 立项教材 |

(续表)

| 序号 | 主编姓名 | 主编单位 | 教材名称 | 适用对象 | 新编修订 | 支持类别 |
|---|---|---|---|---|---|---|
| 30 | 黄春高 | 历史学系 | 中世纪欧洲史 | 本科生 | 新编 | 规划教材 |
| 31 | 昝涛 | 历史学系 | 奥斯曼-土耳其史 | 本科生 | 新编 | 立项教材 |
| 32 | 董经胜 | 历史学系 | 拉丁美洲简史 | 本科生 | 新编 | 立项教材 |
| 33 | 蔡学娣 | 外国语学院 | 西班牙语语法教程 | 本科生 | 新编 | 立项教材 |
| 34 | 郭童 | 外国语学院 | 印地语报刊文选 | 本科生 | 新编 | 立项教材 |
| 35 | 马乃强 | 外国语学院 | 美国短篇小说与电影（修订版） | 本科生 | 修订 | 立项教材 |
| 36 | 田庆生 | 外国语学院 | 高年级法语精读教程（上、下册） | 本科生 | 新编 | 规划教材 |
| 37 | 周海燕 | 外国语学院 | 俄语应用文写作 | 本科生 | 修订 | 规划教材 |
| 38 | 梅申友 | 外国语学院 | 美国诗歌详注 | 本科生 | 新编 | 立项教材 |
| 39 | 李婷婷 | 外国语学院 | 韩国现当代问题研究：视角、问题与方法 | 研究生 | 新编 | 立项教材 |
| 40 | 翁家慧 | 外国语学院 | 汉日文学翻译教程 | 研究生 | 新编 | 立项教材 |
| 41 | 古市雅子 | 外国语学院 | 日语口译基础训练 | 本科生、研究生 | 新编 | 立项教材 |
| 42 | 李睿 | 外国语学院 | 德语语言史基础教程 | 本科生 | 新编 | 立项教材 |
| 43 | 谷裕 | 外国语学院 | 德语文学史原著讲读 | 本科生、研究生、继续教育 | 新编 | 规划教材 |
| 44 | 马清 | 艺术学院 | 基本乐理与管弦乐曲谱赏析 | 本科生、研究生、继续教育 | 新编 | 立项教材 |
| 45 | 刘立新 | 对外汉语教育学院 | 家有儿女：国际汉语视听说教程 | 留学生 | 修订第2册+数字化 | 立项教材 |
| 46 | 张小明 | 国际关系学院 | 战后国际关系史 | 本科生 | 新编 | 规划教材 |
| 47 | 何其生 | 法学院 | 国际私法 | 本科生 研究生 | 新编 | 规划教材 |
| 48 | 化柏林 | 信息管理系 | 信息资源管理基础 | 本科生 | 新编 | 规划教材 |
| 49 | 卢晖临 | 社会学系 | 社会调查与研究方法 | 本科生 | 新编 | 规划教材 |
| 50 | 佟新 李建新 | 社会学系 | 人口社会学 | 本科生 | 修订 | 规划教材 |
| 51 | 邱泽奇 | 社会学系 | 社会科学方法导论 | 本科生 | 新编 | 规划教材 |
| 52 | 杨立华 | 政府管理学院 | 应急管理学基础 | 本科生、研究生、继续教育 | 新编 | 规划教材 |
| 53 | 周志忍 | 政府管理学院 | 公共行政学 | 本科生 | 新编 | 规划教材 |
| 54 | 陈培永 | 马克思主义学院 | 新时代劳动理论十二讲 | 本科生 | 新编 | 规划教材 |
| 55 | 张冉 | 教育学院 | 教师职业道德与法律风险防范 | 本科生、研究生、继续教育 | 新编 | 立项教材 |
| 56 | 贾积有 | 教育学院 | 教育技术前沿 Frontiers in educational technology | 研究生 | 新编 | 规划教材 |
| 57 | 郭文革 | 教育学院 | 在线课程设计：基于教学设计"工具箱"模型 | 本科生、研究生、继续教育 | 新编 | 立项教材 |
| 58 | 平新乔 | 经济学院 | 中国微观经济学 | 本科生 | 新编 | 规划教材 |
| 59 | 周建波 | 经济学院 | 中华人民共和国经济史（1949—1978） | 本科生、研究生、继续教育 | 新编 | 规划教材 |
| 60 | 蒋云赟 刘怡 | 经济学院 | 公共支出成本效益分析 | 本科生、研究生、继续教育 | 新编 | 立项教材 |
| 61 | 王熙 | 经济学院 | 金融工程：基于数值方法的衍生品定价教程 | 研究生 | 新编 | 立项教材 |
| 62 | 陆正飞 | 光华管理学院 | 会计学 | 研究生 | 修订 | 规划教材 |
| 63 | 王锐 | 光华管理学院 | 网络营销：中国模式与新思维 | 本科生 | 新编 | 立项教材 |
| 64 | 陈功 | 人口研究所 | 中国社会老年学：多学科研究与展望 | 本科生、研究生 | 新编 | 规划教材 |
| 65 | 武继磊 | 人口研究所 | 人口空间分析方法、模型及应用 | 研究生 | 新编 | 立项教材 |

表 6-5　2022 年北京大学课程思政教材建设立项名单

| 序号 | 主编姓名 | 院系 | 教材名称 | 适用对象 | 新编修订 | 教材形式 | 字数（万） |
|---|---|---|---|---|---|---|---|
| 1 | 甘怡群 | 心理与认知科学学院 | 心理学研究的学术伦理规范 | 本科生、研究生 | 新编 | 文字 | 15 |
| 2 | 余苏凌 | 外国语学院 | 英汉互译思政教程 | 本科生 | 新编 | 文字附加数字资源 | 25 |
| 3 | 付志明 | 外国语学院 | 阿拉伯语阅读系列教材 | 本科生、研究生、继续教育 | 新编 | 文字 | 100 |
| 4 | 钱永健 | 体育教研部 | 素质拓展训练 | 本科生、研究生、继续教育 | 新著 | 文字 | 25 |
| 5 | 王东敏 | 体育教研部 | 太极拳概论 | 本科生、研究生、继续教育 | 新编 | 文字 | 25 |

表 6-6　2022 年北京大学数字化教材建设立项名单

| 序号 | 项目负责人 姓名 职称 | 院系 | 项目名称 | 适用对象 |
|---|---|---|---|---|
| 1 | 王志芳 | 建筑与景观设计学院 | 景观设计理论与研究方法 | 研究生 |
| 2 | 马乃强 | 外国语学院 | 美国短篇小说与电影 | 本科生 |
| 3 | 刘立新 | 对外汉语教育学院 | 汉语视听说 | 留学生 |
| 4 | 徐扬 | 信息管理系 | 信息系统规划与建设 | 研究生 |
| 5 | 陈培永 | 马克思主义学院 | 新时代劳动理论课 | 本科生 |
| 6 | 郭文革 | 教育学院 | 在线课程设计 | 本科生、研究生、继续教育 |
| 7 | 王熙 | 经济学院 | 金融工程：基于数值方法的衍生品定价教程 | 本科生、研究生、继续教育 |

表 6-7　2022 年北京大学教材研究与建设基地遴选结果

| 序号 | 基地名称 | 基地负责人 | 院系 |
|---|---|---|---|
| 1 | 中国语言文学教材研究与建设基地 | 宋亚云 | 中国语言文学系 |
| 2 | 历史学教材研究与建设基地 | 何晋 | 历史学系 |
| 3 | 公共卫生与预防医学教材研究与建设基地 | 詹思延 | 公共卫生学院 |
| 4 | 护理学教材研究与建设基地 | 尚少梅 | 护理学院 |
| 5 | 临床医学教材研究与建设基地 | 沈宁 | 第三临床医学院 |

表 6-8　2022 年北京大学老教授调研组名单

| 序号 | 院系 | 姓名 | 专业 | 分组 |
|---|---|---|---|---|
| 1 | 政府管理学院 | 关海庭 | 政治学 | 人文社科组 |
| 2 | 信科学院 | 余道衡 | 电子 | 理学工学组 |
| 3 | 城环学院 | 王红亚 | 自然地理/水文 | 理学工学组 |
| 4 | 地空学院 | 秦其明 | 遥感/地理信息系统 | 理学工学组 |
| 5 | 工学院 | 于年才 | 工学 | 理学工学组 |
| 6 | 工学院 | 苏先樾 | 固体力学 | 理学工学组 |
| 7 | 化学学院 | 刘锋 | 分析化学 | 理学工学组 |
| 8 | 环科学院 | 宋豫秦 | 环境管理、城市生态 | 理学工学组 |
| 9 | 生命科学学院 | 丁明孝 | 细胞生物学 | 理学工学组 |
| 10 | 数学学院 | 李治平 | 计算数学 | 理学工学组 |
| 11 | 物理学院 | 樊铁栓 | 核技术及应用 | 理学工学组 |
| 12 | 物理学院 | 叶沿林 | 粒子物理与原子核物理 | 理学工学组 |
| 13 | 信科学院 | 陈向群 | 计算机 | 理学工学组 |
| 14 | 信科学院 | 刘新元 | 电子 | 理学工学组 |
| 15 | 信科学院 | 代亚非 | 计算机 | 理学工学组 |
| 16 | 法学院 | 郭自力 | 刑法 | 人文社科组 |
| 17 | 国际关系学院 | 印红标 | 比较政治学 | 人文社科组 |

（续表）

| 序号 | 院系 | 姓名 | 专业 | 分组 |
|---|---|---|---|---|
| 18 | 经济学院 | 王大树 | 财政学专业 | 人文社科组 |
| 19 | 历史学系 | 许平 | 世界史 | 人文社科组 |
| 20 | 马克思主义学院 | 江长仁 | 中共党史 | 人文社科组 |
| 21 | 社会学系 | 杨善华 | 社会学 | 人文社科组 |
| 22 | 外国语学院 | 于荣胜 | 日语 | 人文社科组 |
| 23 | 艺术学院 | 马清 | 艺术 | 人文社科组 |
| 24 | 哲学系 | 杨伍栓 | 哲学 | 人文社科组 |
| 25 | 哲学系 | 王东 | 马哲 | 人文社科组 |
| 26 | 中文系 | 杨铸 | 中文 | 人文社科组 |
| 27 | 经济学院 | 施建淮 | 金融 | 人文社科组 |
| 28 | 马克思主义学院 | 李毅红 | 思想政治教育 | 人文社科组 |
| 29 | 体育部 | 顾玉标 | 体育 | 人文社科组 |
| 30 | 光华管理学院 | 刘力 | 金融学 | 人文社科组 |
| 31 | 新闻与传播学院 | 徐泓 | 新闻传播学 | 人文社科组 |
| 32 | 信息学院 | 许超 | 智能科学 | 理学工学组 |
| 33 | 数学科学学院 | 刘张炬 | 基础数学 | 理学工学组 |
| 34 | 工学院 | 耿志勇 | 力学 | 理学工学组 |
| 35 | 物理学院 | 胡晓东 | 凝聚态物理 | 理学工学组 |
| 36 | 信息管理系 | 赖茂生 | 情报学 | 人文社科组 |

# 医学本科生教育

【发展概况】 机构设置。医学部教育处是负责制定医学部本科教育教学规划、政策、协调本科教学教务管理事务的职能部门，下设综合办公室、教学管理办公室、教学支持办公室、学籍管理办公室、招生办公室、教师教学发展中心办公室、成人教育办公室等7个科室，现有在编人员20人。

教育教学改革。结合2022年各专业的招生结构，围绕学校本科教育和医学教育目标，逐步完善和推进各专业和学院教学改革，统筹协调教学资源，保障各专业教学计划实施。在原有各专业培养方案常规运行的基础上，继续推进完善医学部各专业培养方案修订，优化人才培养过程。在总结器官系统整合课程运行经验的基础上，组织召开整合课程PI工作会议、整合课程管理工作组会议、学生反馈会等，围绕整合课程优化进行调研，组织召开临床医学专业教学委员会工作会议，调整临床医学专业教学计划。鼓励临床医院、教学医院开放临床科研平台，通过大学生创新实验项目、暑期科研项目等多种方式，鼓励低年级本科生尽早接触真实健康医疗实践问题，了解临床科研，培养创新思维，提高学生综合运用知识研究问题和解决问题能力。2022年共291项大学生创新实验项目获得立项，共317名学生参加暑期科研项目。

防疫状态下教学运行。根据在线教学和管理特殊性，制定并落实各学期本科教学工作安排，对理论类课程、实验和实践类课程、毕业论文（设计）指导等提出要求，保证教学质量；兼顾已返校和未返校学生，强化教学资源建设，规范教学管理过程。组织临床医学八年制学位论文盲审，把关学位论文质量。

课程思政建设。调整医学部本科生思想政治理论课教学安排，完善本科生思政理论课程体系，修订各专业教学计划。组织课程思政示范案例编写和评审，推选《人体解剖学》等8门医学课程入选《北京大学课程思政示范课案例集》。

教材管理。收集并向全校师生公布本科生使用的教材，要求各学院对教材更换进行审批并上报教育处备案。根据学校教务部整体部署，完成教材排查、优秀教材与教材研究基地评审等工作。2022年，组织完成《生殖系统》《风湿免疫系统》等新时代器官系统整合教材的编写。

临床学系管理。推进临床学系换届工作。牵头组织召开临床学系主任座谈会，了解各学系实际运行情况、面临问题和所需支持，召开医学部临床学系管理委员会第一次会议，修订《北京大学临床学系管理办法》。

考试组织与题库建设。完成临床医学专业统一考试、全国大学英语四六级考试等常规考试组织工作。开展试题征集及命题培训，优化试卷结构。回顾分析既往临床执业医师资格考试数据，动态了解医学部本科毕业生在全国医学生群体中的优势与不足，以及校内不同群体考生间差异。

各级教学相关项目申报。申报2022年教育部课程思政示范课程、教育部产学合作协同育人项目、北京市优质本科课程与"优质本科教材课件"、北京高校优秀本科毕业设计（论文）、北京市"优质本科教案"等项目。

**对口支援教学活动。** 2022年接收新疆石河子大学4名护理专业学生、2名医学检验专业学生和3名药学专业学生来医学部插班学习，协调2017级西藏大学实习生返校。组织教学骨干团队支援西藏大学医学院、新疆石河子大学建设，2022年派出1名教师支援西藏大学、5名教师以线上形式支援新疆石河子大学。

**招生工作。** 2022年4月，召开医学部新一届招生委员会全体会议，修订《北大医学本科招生人员管理办法》和《2022年北京大学医学部招生实施细则》。吸纳青年优秀教师加入招生队伍，同时加强培训、监督招生人员。2022年招生人员总计76人，其中医教研岗位共46人，副高级以上职称者40人（占招生人员总数的52.6%）。拓宽渠道开展招生宣传，邀请学科专家到招生现场与考生面对面沟通，邀请知名学者开展线上名师课堂；调动学生志愿者招生力量；自主开发设计北大医学招生文创产品，设计宣传折页，提炼各专业亮点和考生关注信息。报考志愿期间，教育处办公室电话保持全周24小时畅通，整理常见问题解答并在招办官网、官微发布，组织微信公众号学生团队在后台答疑。录取阶段，成立录取工作领导小组集体决议；录取操作过程严格执行三级审核制度；微信公众号同步发布录取通知书邮寄进度；邀请校领导参与录取工作。2022年医学部招生办共录取本科新生878人（含港澳台学生17人）。

**学籍管理。** 规范学籍管理工作，新修订《北京大学医学部本科生转专业实施办法》并印发执行。按照教育部和北京市教委统一部署，对毕业生毕业照片进行严格比对，对存疑信息进行核实。2022年起，新生入学后统一组织采集图片信息并上报学信网进行比对，实时维护更新学信网学籍数据。为学生进行转专业政策、辅双政策、学籍管理制度宣讲；与学院深入互通，加强关注指导学业预警学生；针对毕业年级同学，做好毕业预审工作。通过电子邮件收取材料、接件即应、在线收费、尽早快递给学生等方式，提升学籍业务办理效率。

**教师发展活动。** 应对新形势，调研新需求，不断开发新项目，推出SOAP病例汇报、临床见习带教、临床PBL、基于BOE课程教学改革等培训。突出课程思政建设，开展教师经验分享，举办第四期北京大学"课程思政示范课程"建设经验分享会。2022年累计近3000人次参加医学部教发中心组织的各类线上线下学习和交流活动。举办第16、17期研究生助教培训，采用线上学习方式，不断优化内容设计；第16期共90人参加培训、82人获得结业证书，第17期共201人参加培训。执行青年教师教学发展计划，举办2022年青年教师教学能力提升研修班，并行管理3批培训班学员共800余人；2022年度共18人完成现场考核，获得结业证书。加强教师发展团队建设，组织教学名师研讨会，开展教学专家咨询服务。组织开展教师教学研究，2022年医学部共获得北京大学教学新思路立项项目14项，全部结题，其中2项获评优秀。在北京大学第十一届创新教学应用大赛中，医学部共获得一等奖2项、二等奖2项、三等奖5项。启动医学部本科教学改革项目申报工作，2022年共立项30项。

**教学奖励制度。** 调整医学部教学奖励委员会，修订医学部教学奖励办法：新设教学新秀奖、教学支持奖，调整和增加医学部教学成就奖、教学卓越奖；加大教学奖励力度。教学奖励办法可覆盖获奖人数（或团队）从88人（或个）提升至109人（或个）。2022年，口腔医学院周永胜教授、第三临床医学院周非非副教授分别获评"北京市高等学校教学名师"和"北京市高等学校青年教学名师"。

**各级听课及督导管理。** 2021—2022学年安排各年级听课累计约1300学时，其中组织督导专家听课近1200学时，组织医学部领导及学校中层领导干部听课逾100学时，定期整理反馈听课意见，协调一线教师根据听课意见调整改进教学。组织督导专家参与医学部本科教学调研、学院教师或学生座谈、巡考、教师教学发展等工作。

**信息化建设。** 梳理医学部本科教学数据，推进与本部教学网对接。调研医学部本科生科研培养现状，细化信息化管理需求，建设医学部本科生短期科研管理系统、本科生论文报销系统、大学生创新实验项目管理系统，规范本科生科研能力培养。

**思政工作。** 2022年每月组织支部成员进行理论学习，共举办5次习近平总书记重要讲话精神专题学习会、1次党史学习系列讲座，开展诵读红色经典读书活动。强化责任担当，针对授课教师和学生反馈的教室问题，2022年教育处及总务处教室科共同完成73间教室设备设施改造。坚持立德树人，加强思想政治理论课教学过程中的"四史"教育工作；加强"领导（专家）进课堂"工作；开展《学习党史必修课》系列教育活动；统一开设"习近平新时代中国特色社会主义思想概论"课程。参与学校课程思政示范课程和示范专业建设培育，编辑出版案例集，组织北京大学"课程思政示范课程"建设经验分享会。注重支部党员作风建设，带领广大党员、入党积极分子利用支部生活会学习党风廉政建设资料，在实际工作中严守职业道德。梳理内部控制手册，总结分析管理薄弱环节和风险隐患。以廉政风险防控管理为依托，不断推进教育、制度、监督并重的惩治和预防腐败制度建设。

（张钰琪、刘晓萌）

【**新时代本科医学教育高质量发展论坛**】 11月18日，医学部教育处主办"厚道明德——新时代本科医学教育高质量发展论坛"。论坛采用线上线下相结合的形式，探讨新时代背景下本科医学教育发展和拔尖人才培养，直播平台累计观看人次达47.8万。北京大学常务副校长、医学部主任乔杰回顾学校在本科培养模式和专业建设方面的努力，指出学校肩负促进中国医学教育发展创新的使命。中国疾病预防控制中心主任沈洪兵以"坚持'四个面向'构建高质量公共卫生人才培养体系"为题，介绍我国公共卫生教育现状和相关专业人才培养经验。清华大学临床医学院院长董家鸿作"卓越学者型医师培养刍议"主题报告，介绍清华卓越学者型医师培养背景和内涵。浙江大学原副校长、基础医学创新研究院院长罗建红以"基础医学拔尖人才培养——若干思考与浙大探索"为题进行汇报。国家医学考试中心主任王县成以"评价视角下的医学教育"为题介绍十八大以来医师资格考试取得全面进步。北京大学教务部部长傅绥燕以"跨学科教育的思考与实践"为题介绍跨学科教育概念的提出、发展和对于人才非认知能力的提升。北京大学医学部副主任王维民以"中国医学教育发展与北大医学教育改革"为题，总结全球医学教育以及中国医学教育的发展历程，分享北大医学在教学改革上的积极探索及重要贡献。论坛聚焦中国医学教育发展重点问题，分享国内医学教育实践新模式、新理念、新方法，探讨中国特色医学教育实践改革路径，助力本科医学教育高质量发展。

（张钰琪、刘晓萌）

【临床医学专业器官系统课程教学工作会】 2月17日，医学部教育处组织召开临床医学专业器官系统课程教学工作会，会议在线下召开的同时采用腾讯会议网络直播。教育处鲁曼从教学运行和筹备角度汇报教改工作重点。2019级学生代表刘书行结合自身学习体验，分享学生角度对器官系统课程整体教学安排、单门器官系统课程内容设计和课堂呈现等方面的建议。部分器官系统整合课程负责人就器官系统课程教学运行安排、存在问题、反思改进等进行汇报交流。督导专家针对课程组织与管理、教学设计与理念、课堂教学与考核提出建议和要求。医学部副主任王维民总结指出，医学部从原来的学科为中心转变为器官系统为中心，不仅是知识呈现方式的转变，更是从以教师为中心到以学生为中心的教学理念的转变。在保障课程顺畅运行基础之上，应根据各方反馈，不断总结经验，完善课程体系，以期实现跨器官系统再整合。

（张钰琪、刘晓萌）

【强化本科生科研创新能力培养】 为鼓励本科生尽早接触真实的健康医疗实践问题，了解临床科研，培养创新思维，提高学生综合运用知识研究问题和解决问题的能力，医学部教育处自2021年启动临床医学本科生暑期科研项目，鼓励临床专业同学利用假期时间结合自己专业志趣，经过师生双向选择，进入临床科研平台学习。2022年暑期，医学部共317名同学通过线上线下等多种方式完成暑期科研项目。

11月19日，教育处线上召开医学部2022年临床医学专业本科生暑期科研项目评优答辩会。经过各临床医院选拔，32位同学获得院级一等奖，参加本次医学部评优答辩会。参评同学围绕各自参加项目的意义与目的、内容设计与方法、研究成果与收获等进行展示。评审专家对每位同学的汇报分别进行提问与点评，鼓励同学们充分利用团队力量，进行学科交叉与创新，重视解决实际临床问题，深挖临床现象背后机制，从理性和感性层面理解临床研究。经过评审，最终顾庭菲（第三临床医学院）、袁晓秋（第二临床医学院）、孙正则（第三临床医学院）、李宗霖（第二临床医学院）、吴昊天（第二临床医学院）、马俊（第一临床医学院）、苏子悦（第三临床医学院）等7名同学荣获医学部一等奖，张咏白等10名同学获医学部二等奖，尤伟等15名同学获医学部三等奖。

本科生暑期科研项目为医学生提供早期接触临床科研平台机会，鼓励医学生特别是低年级医学生，利用假期了解临床科研，有意识、主动地学习科研思维。

（张钰琪、刘晓萌）

# 研究生教育

【发展概况】 机构设置与人员情况。研究生院现有招生办公室、培养办公室、学位评定委员会办公室、专业学位研究生教育管理办公室、综合办公室、中国研究生院院长联席会秘书处6个内设办公室。2022年新入职教职工1人，从学校其他职能部门调入教职工2人（副院长1人、内设机构负责人1人），调至学校其他职能部门2人（副院长1人、内设机构负责人1人），退休1人。

在校生情况。截至2022年9月，校本部在校博士研究生10,921人、硕士研究生15,347人，共计26,268人。其中学术型研究生15,140人，专业学位研究生11,128人。外国留学生1491人，约占校本部在校生比例的5.7%。医学部在校博士研究生2868人、硕士研究生2655人，共计5523人。

毕业结业与学位授予。2022年，校本部完成研究生毕业审核7382人，其中结业193人，毕业7189人；博士研究生1882人，硕士研究生5500人。医学部完成研究生毕业审核1364人（不含临床八年制），其中结业13人，毕业1351人；博士研究生630人，硕士研究生734人。校学位评定委员会共授予博士、硕士、学士学位15,872人（含医学部），其中博士学位2589人、硕士学位6629人、学士学位6654人。

学科设置。2022年，增设"国家发展学"一级交叉学科、"生物与医药"硕士专业学位类别，自主设置"物理学"一级学科下"复杂与生命系统物理"目录外二级学科，自主设置"电子信息"专业学位类别下"通信工程""集成电路工程""计算机技术""软件工程""光电信息工程"5个目录内专业领域。现有12个学科门类、52个目录内博士学位授权一级学科、4个目录外博士学位授权交叉学科，1个目录外参照二级学科管理的硕士交叉学科，博士学位授权二级学科259个、硕士学位授权二级学科278个。此外，现有8个目录内博士专业学位授权类别，29个目录内硕士学位授权专业学位类别，2个目录外硕士专业学位授权类别。

**导师队伍。** 规范在岗博导年审程序，2022年校本部新遴选博士研究生导师136人。全校现有博士研究生导师3260人，其中校本部2369人，医学部891人；全职3173人，兼职87人；学术型博士研究生导师3471人次，专业学位博士研究生导师526人次。落实《研究生导师行为准则》，强化导师是研究生培养第一责任人的意识。树立正面典型，发挥示范和引领效应，2022年北京大学8名教师获北京市优秀研究生指导教师，4个导师团队获北京市优秀研究生指导教师团队。

**思想政治工作。** 坚持政治标准，坚持民主集中制和"三重一大"决策制度，坚持重大事项集体讨论决定，定期召开院长办公会和院务会。领导班子和领导干部重视和落实党风廉政建设责任制，切实担负起"一岗双责"，加强廉洁自律意识，坚决反对"四风"。坚决履行巡视整改主体责任，紧密结合研究生教育工作，认真研究中央巡视和校内巡视问题整改举措，及时督办整改落实、跟进整改进展，按期完成或长期推进各项整改任务。制定并落实《研究生院学习贯彻党的二十大精神活动方案》，以学习领会党的二十大精神为主题，以拔尖创新人才自主培养为主线，联动校内部门、院系、师生组织开展一系列内容丰富、形式多样的学习研讨活动。落实学校各项防疫举措，制定新冠疫情防控期间研究生管理工作预案，保障研究生教育工作平稳运行。坚持问题导向，推进信息科学技术学院机构调整相关工作，改革科研经费博士专项招生，协调落实疫情期间全日制专业学位研究生的生活学习补助。

**招生工作。** 落实《北京大学研究生招生计划管理办法》，建立招生计划动态分配机制。扩大科研博士支持计划和人文社科重大项目支持计划。持续加大对国家重大专项、重大平台基地、重要人才工程支持力度。开展与国家实验室和科研机构联合培养博士生招生工作。重点实施并完成2022年度"关键领域急需人才支持计划""工程硕博士培养改革专项支持计划"招生工作。完成2023年全国硕士研究生招生考试（初试）工作。3万余名考生报考北京大学硕士研究生，在北京大学考点参加考试的考生人数达7750人，分别在校本部和医学部共172间教室、319个考场参加考试。近700名教职工参与本次考试的考务组织、后勤和安保等工作。2022年全校录取研究生10,511人（含校本部8861人，医学部1650人）。其中，硕士研究生6801人（含校本部5987人，医学部814人），比2021年增长约4%（268人）；博士研究生3710人（含校本部2874人，医学部836人），比2021年增长11.8%（391人）。

**教学管理工作。** 2022年两个学期共组织实施5265门课程的教学管理工作，审核新开课程513门，组织课程成绩录入和审核，共计12万余人次。开展重点课程建设，2022年共立项建设71门课程，范围涉及基础核心类课程、跨学科类课程、学术规范类课程、创新能力类课程、课程思政类课程等。落实《北京大学研究生课程教学管理办法》，实现日常教学的规范化管理和开课情况的常态化巡查。推进课程评估全覆盖工作，加大教学质量监测力度，对3374门课程实施课程评估，64,125人次选课学生参与评估。落实《北京大学研究生思想政治理论课培养方案》，统筹教学资源，规范培养方案及课程管理，推动全校思政课一体化建设落到位。2022年为校本部非全日制研究生专门开设《新时代中国特色社会主义理论与实践》教学班，实现不同类别研究生思政课全覆盖，持续加强选择性必修课课程库建设，立项支持研究生课程思政类课程8项。

**培养体系建设和过程管理。** 全面修订《北京大学博士研究生培养工作规定》《北京大学硕博连读研究生培养工作规定》《北京大学博士研究生学科综合考试实施细则》和《北京大学硕士研究生培养工作规定》，加强培养过程管理举措制度化。修订《北京大学研究生基本学术规范及管理办法》，加强学风建设。树立以"培养方案+个人培养计划"为核心的研究生培养管理理念，通过新增个人培养计划多次分配功能，建立课程属性调整与个人培养计划修订的联动机制，组织开展研究生学分自查工作等，为院系培养方案的实施情况提供反馈，为培养方案的修订提供参考。开展导师对博士研究生定期评价及在读博士研究生年度审核工作，完善培养管理和导师管理系统，完成"培养方案""导师备注""学分自查""毕业审查""年度审核""导师定期评价"等功能的上线和优化，细化培养环节管理，加强过程管理。

**奖助支持保障。** 2022年，校本部核定各类奖助学金资格约3.5万人次，处理分配预算金额约5.22亿元。2021—2022学年，校本部发放各类奖助学金约4.99亿元，发放人数约1.39万人。开展博士研究生岗位奖学金资助标准调整测算。进一步规范博士研究生资助体系的岗位管理，引导院系优化岗位分配和管理，持续开展助教培训和评估。持续优化预算方式和流程，规范资金使用和管理，完善奖助系统功能。正式启动"博士研究生未名学者计划"，首次开展北京大学必和必拓"碳与气候"博士研究生未名学者奖学金评审，10位博士研究生通过评审并获奖。

**研究生综合培养平台建设。** 2022年，做好疫情防控下学生出访工作，审核出访申报366人次。经学校推荐，180人获得国家公派留学资助资格，并参加2022年教育部"平安留学"线上行前培训。持续实施"研究生教育创新计划"，2022年立项实施研究生暑期学校28项、博士研究生学术论坛33项、博士研究生学术会议20项，涉及33个院系，资助经费约196万元；支持"研究生教育质量提升改革项目"17项，促进拔尖创新人才培养。医学部14名博士研究生获得2022年度优秀博士创新基金。

**专业学位研究生培养管理。** 指导院系制定、修订2022

级专业学位研究生培养方案，涉及23个院系的140余项条款。稳步推进"前沿工程博士专业学位项目"，第二届前沿工程博士新生顺利入学，持续举办"前沿工程讲堂"系列报告（2022年共完成20次课程），首次组织实施工程实践调研课，举办第一届卓越工程师论坛暨前沿工程博士生交流会。积极筹建卓越工程师学院。完成"北京大学香港高级公务员公共管理硕士项目"实施方案制定、培养协调等工作。持续推进专业学位案例教学和实践教学，引导和培育示范性课程和案例库建设。实施国际组织人才培养证书项目，共计录取学员60人。研究生院与学生就业指导服务中心、习近平新时代中国特色社会主义思想研究院、光华管理学院合作举办基层选调生培训"薪火班"第四期，共计学员73人。

管理服务工作。研究生院教职工积极参加疫情防控志愿服务，与全校师生同心抗疫。完成冬奥赛时实习生选拔推荐工作，在学业管理、住宿安排、校园防疫等方面提供及时服务，确保冬奥赛时实习生圆满完成服务冬奥工作。院领导班子成员率先垂范，多位教职工担任本科生和研究生班级的第二班主任，践行"三全育人"。全面启动自助注册服务，新上线学生证验证等功能，更新自助打印终端，完善"网上服务大厅"建设。建立和完善研究生教育知识库，提升研究生教育管理能力和服务水平。编写《研究生教育工作年报（2021）》，开展院系研究生教育全方位、诊断式年度评价。优化毕业典礼与学位授予仪式方案。开展研究生院院史梳理工作。

研究生教育交流。依托中国研究生院院长联席会秘书处，通过年会、专题研讨会、重大和重点课题资助立项等方式，加强各会员单位之间研究生教育交流合作，发挥联席会联系指导引领作用，助推中国研究生教育高质量发展。联席会于12月在湖北武汉举办以"大变局下的中国研究生教育"为主题的2022年年会。

（陈秋媛、王天兵、黄宗英、胡晓阳、蔡晖、何峰、向妮）

【启动实施国家急需高层次人才培养专项】 面向国家重大需求，主动对接高层次紧缺人才培养，落实国家有关文件要求，研究生院于2022年3月起持续推进考古学等9个国家急需高层次人才培养专项的启动和实施工作，与相关单位签署了联合培养协议共30余份。通过专项实施，将人才培养与国家需求、高水平研究以及产业需求等相结合，有利于学校进一步深化科教融合、产教融合等人才培养模式，探索提高人才自主培养质量的途径。

（姜国华、肖云峰、胡晓阳）

【实现校本部与医学部研究生课程网上互选】 2022年，为落实巡视整改任务，研究生院与研究生院医学部分院、计算中心历时半年联合攻关，充分了解医学部研究生选课需求，合理评估校本部研究生课程资源承载力，力求最大限度实现课程教学融合互通。8月，校本部与医学部研究生课程网上互选功能正式上线。截至9月19日选课结束，共21位校本部研究生选修医学部研究生课程28门次，58位医学部研究生选修校本部研究生课程106门次。这是首次实现校本部与医学部研究生统一平台选课，将进一步推进校本部与医学部课程数据联通共享。

（徐明、肖云峰、胡晓阳）

【进一步优化博士生导师选聘工作】 2022年，研究生院规范在岗博士研究生导师年审程序，严格执行新博导选聘标准，将原有"学校备案"机制调整为"学校审批"，将导师招生资格年度审核与招生名额分配相结合，将导师岗位管理与学位授权点师资建设相结合。4月至5月，完成2022年博士生导师资格年度审核，年度审核通过率为93.3%；完成在岗博士生导师2023年招生资格审核，资格审核通过率为85.7%。

（徐明、蔡晖）

【推进卓越工程人才培养】 7月至9月，研究生院组织完成2022"工程硕博士培养改革专项支持计划"招生工作，完成2023年专项招生工作。学校与10余家头部企业和国家实验室签订合作协议，推进合作培养体系建设，专项招收研究生采取"一线实践、工学交替"的全新培养模式。

9月，第二届前沿工程博士新生顺利入学。持续稳步推进"前沿工程博士专业学位项目"，举办"前沿工程讲堂"系列报告，定制开设前沿工程专业英语，组织实施工程实践调研课程，举办第一届卓越工程师论坛暨前沿工程博士生交流会，致力于构建"重基础、强交叉、新范式"的工程博士生培养体系，培育更多具有跨学科背景和工程科技领军能力的卓越工程人才。积极筹建卓越工程师学院。

（肖云峰、何峰、黄宗英）

【《北大研究生教育》创刊】 4月，研究生院创办校内刊物《北大研究生教育》。常务副校长、教务长、研究生院院长龚旗煌为杂志撰写发刊词。杂志致力于打造专家学者、管理人员、优秀学生探讨研究生教育的前沿阵地，树立良好师德、师风、学风的重要平台，讲好北大研究生教育故事。同时，研究生院稳步推进多渠道、全方位的宣传工作。"北京大学研究生教育"微信公众号关注人数突破10万人，达到113,192人，较上一年增长近20%，全年共发布推送208次、文章258篇，内容覆盖党建引领、活动预告、工作通知、新闻速递、优秀师生典型、先进经验推广等。

（王天兵、陈秋媛）

【附表】

表6-9  2022年北京大学在校研究生统计（双证）

| | | 硕士 | 博士 | 合计 |
|---|---|---|---|---|
| 00001 | 数学科学学院 | 143 | 370 | 513 |
| 00004 | 物理学院 | 63 | 1160 | 1223 |
| 00010 | 化学与分子工程学院 | 1 | 709 | 710 |
| 00011 | 生命科学学院 | 5 | 605 | 610 |
| 00012 | 地球与空间科学学院 | 168 | 468 | 636 |
| 00016 | 心理与认知科学学院 | 150 | 157 | 307 |
| 00017 | 软件与微电子学院 | 2194 | 159 | 2353 |
| 00018 | 新闻与传播学院 | 120 | 38 | 158 |
| 00020 | 中国语言文学系 | 200 | 309 | 509 |
| 00021 | 历史学系 | 119 | 197 | 316 |
| 00022 | 考古文博学院 | 57 | 113 | 170 |
| 00023 | 哲学系 | 146 | 185 | 331 |
| 00024 | 国际关系学院 | 320 | 153 | 473 |
| 00025 | 经济学院 | 211 | 192 | 403 |
| 00028 | 光华管理学院 | 2811 | 245 | 3056 |
| 00029 | 法学院 | 1048 | 227 | 1275 |
| 00030 | 信息管理系 | 60 | 57 | 117 |
| 00031 | 社会学系 | 165 | 84 | 249 |
| 00032 | 政府管理学院 | 730 | 140 | 870 |
| 00039 | 外国语学院 | 340 | 160 | 500 |
| 00040 | 马克思主义学院 | 116 | 206 | 322 |
| 00041 | 体育教研部 | 52 | 0 | 52 |
| 00043 | 艺术学院 | 205 | 79 | 284 |
| 00044 | 对外汉语教育学院 | 111 | 44 | 155 |
| 00047 | 深圳研究生院 | 3199 | 249 | 3448 |
| 00062 | 国家发展研究院 | 285 | 132 | 417 |
| 00067 | 教育学院 | 133 | 189 | 322 |
| 00068 | 人口研究所 | 74 | 30 | 104 |
| 00084 | 前沿交叉学科研究院 | 159 | 971 | 1130 |
| 00086 | 工学院 | 316 | 615 | 931 |
| 00100 | 集成电路学院 | 32 | 274 | 306 |
| 00101 | 计算机学院 | 203 | 534 | 737 |
| 00106 | 智能学院 | 87 | 180 | 267 |
| 00107 | 电子学院 | 95 | 264 | 359 |
| 00126 | 城市与环境学院 | 187 | 347 | 534 |
| 00127 | 环境科学与工程学院 | 56 | 286 | 342 |
| 00192 | 歌剧研究院 | 23 | 0 | 23 |
| 00195 | 建筑与景观设计学院 | 122 | 0 | 122 |
| 00206 | 新媒体研究院 | 92 | 36 | 128 |
| 00208 | 燕京学堂 | 200 | 0 | 200 |
| 00211 | 现代农学院 | 0 | 69 | 69 |
| 00217 | 南南合作与发展学院 | 33 | 95 | 128 |

（续表）

| | | 硕士 | 博士 | 合计 |
|---|---|---|---|---|
| 00221 | 习近平新时代中国特色社会主义思想研究院 | 30 | 0 | 30 |
| 00232 | 材料科学与工程学院 | 8 | 190 | 198 |
| 00233 | 未来技术学院 | 0 | 230 | 230 |
| 00891 | 基础医学院 | 118 | 573 | 691 |
| 00892 | 药学院 | 306 | 297 | 603 |
| 00893 | 公共卫生学院 | 414 | 263 | 677 |
| 00894 | 护理学院 | 122 | 44 | 166 |
| 00895 | 医学人文学院 | 29 | 26 | 55 |
| 00910 | 第一临床医学院 | 246 | 361 | 607 |
| 00920 | 第二临床医学院 | 273 | 274 | 547 |
| 00930 | 第三临床医学院 | 289 | 318 | 607 |
| 00931 | 第四临床医学院（积水潭医院） | 42 | 15 | 57 |
| 00940 | 口腔医学院 | 215 | 232 | 447 |
| 00950 | 精神卫生研究所 | 73 | 87 | 160 |
| 00960 | 临床肿瘤学院 | 145 | 186 | 331 |
| 00971 | 第五临床医学院（卫生部北京医院） | 53 | 16 | 69 |
| 00972 | 中日友好临床医学院 | 67 | 38 | 105 |
| 00973 | 第九临床医学院（北京世纪坛医院） | 16 | 4 | 20 |
| 00974 | 航天临床医学院（航天中心医院） | 9 | | 9 |
| 00975 | 首都儿科研究所 | 35 | 7 | 42 |
| 00976 | 民航临床医学院（北京民用航空总医院） | 6 | | 6 |
| 00977 | 深圳医学中心 | 54 | 18 | 72 |
| 00978 | 首钢总医院 | 5 | | 5 |
| 00979 | 北京地坛医院 | 15 | 3 | 18 |
| 00980 | 解放军第302医院 | 14 | 6 | 20 |
| 00981 | 解放军第306医院 | 5 | | 5 |
| 00982 | 北京回龙观医院 | 21 | 15 | 36 |
| 00983 | 北京大学中医药临床医学院（西苑） | 4 | 6 | 10 |
| 00984 | 北京大学国际医院 | 1 | | 1 |
| 00985 | 医学技术研究院 | 49 | 36 | 85 |
| | 合计 | 17,495 | 13,573 | 31,068 |

（统计时间2023年1月31日）

**表6-10 2022年北京大学学位授权点一览表**

| 学科门类 | 一级学科/专业学位类别 | 二级学科/专业学位领域 |
|---|---|---|
| 01 哲学 | 0101 哲学 | *010101 马克思主义哲学 |
| | | *010102 中国哲学 |
| | | *010103 外国哲学 |
| | | *010104 逻辑学 |
| | | *010105 伦理学 |
| | | *010106 美学 |
| | | *010107 宗教学 |
| | | *010108 科学技术哲学 |
| | 99J2 中国学 | 0101J2 中国学（哲学与宗教） |

(续表)

| | | |
|---|---|---|
| 02 经济学 | 0201 理论经济学 | *020101 政治经济学 |
| | | *020102 经济思想史 |
| | | *020103 经济史 |
| | | *020104 西方经济学 |
| | | *020105 世界经济 |
| | | *020106 人口、资源与环境经济学 |
| | | *020121 理论经济学（国家发展） |
| | 0202 应用经济学 | *020201 国民经济学 |
| | | *020202 区域经济学 |
| | | *020203 财政学 |
| | | *020204 金融学 |
| | | *020205 产业经济学 |
| | | *020208 统计学 |
| | | *020220 应用经济学（风险管理与保险学） |
| | 99J2 中国学 | 0202J2 中国学（经济与管理） |
| 03 法学 | 0301 法学 | *030101 法学理论 |
| | | *030102 法律史 |
| | | *030103 宪法学与行政法学 |
| | | *030104 刑法学 |
| | | *030105 民商法学 |
| | | *030106 诉讼法学 |
| | | *030107 经济法学 |
| | | *030108 环境与资源保护法学 |
| | | *030109 国际法学 |
| | | *030120 法学（知识产权法） |
| | | 030121 法学（商法） |
| | | 030122 法学（国际经济法） |
| | | 030123 法学（财税法学） |
| | 99J2 中国学 | 0301J2 中国学（法律与社会） |
| | 0302 政治学 | *030201 政治学理论 |
| | | *030202 中外政治制度 |
| | | *030203 科学社会主义与国际共产主义运动 |
| | | 030204 中共党史 |
| | | *030206 国际政治 |
| | | *030207 国际关系 |
| | | *030208 外交学 |
| | | *030221 政治学（国际政治经济学） |
| | | *030222 政治学（中国政治） |
| | | *030223 政治学（比较政治学） |
| | | 030224 政治学（国际组织与国际公共政策） |
| | | *030225 政治学（国家安全战略与管理） |
| | 99J2 中国学 | 0302J2 中国学（政治与国际关系） |
| | 0303 社会学 | *030301 社会学 |
| | | *030302 人口学 |
| | | *030303 人类学 |
| | | 030320 社会学（老年学） |
| | | 030322 社会学（女性学） |

(续表)

| | | |
|---|---|---|
| 03 法学 | 0305 马克思主义理论 | *030501 马克思主义基本原理 |
| | | *030502 马克思主义发展史 |
| | | *030503 马克思主义中国化研究 |
| | | *030504 国外马克思主义研究 |
| | | *030505 思想政治教育 |
| | | *030506 中国近现代史基本问题研究 |
| | | *030520 马克思主义理论（党的建设） |
| | | *030521 马克思主义理论（习近平新时代中国特色社会主义思想） |
| 04 教育学 | 0401 教育学 | *040101 教育学原理 |
| | | *040106 高等教育学 |
| | | *040110 教育技术学 |
| | | 040120 教育学（体育教育与管理） |
| | | 040121 教育学（医学教育） |
| | 0403 体育学 | 040301 体育人文社会学 |
| 05 文学 | 0501 中国语言文学 | *050101 文艺学 |
| | | *050102 语言学及应用语言学 |
| | | *050103 汉语言文字学 |
| | | *050104 中国古典文献学 |
| | | *050105 中国古代文学 |
| | | *050106 中国现当代文学 |
| | | *050108 比较文学与世界文学 |
| | | *050120 中国语言文学（中国民间文学） |
| | 99J2 中国学 | 0501J2 中国学（文学与文化） |
| | 0502 外国语言文学 | *050201 英语语言文学 |
| | | *050202 俄语语言文学 |
| | | *050203 法语语言文学 |
| | | *050204 德语语言文学 |
| | | *050205 日语语言文学 |
| | | *050206 印度语言文学 |
| | | *050207 西班牙语语言文学 |
| | | *050208 阿拉伯语语言文学 |
| | | *050210 亚非语言文学 |
| | | *050211 外国语言学及应用语言学 |
| | | *050220 外国语言文学（国别和区域研究） |
| | 0503 新闻传播学 | *050301 新闻学 |
| | | *050302 传播学 |
| | | *050320 新闻传播学（新媒体学） |
| 06 历史学 | 0601 考古学 | *060100 考古学 |
| | 0602 中国史 | *060200 中国史 |
| | 0603 世界史 | *060300 世界史 |
| | 99J2 中国学 | 0602J2 中国学（历史与考古） |
| 07 理学 | 0402 心理学 | *040201 基础心理学 |
| | | 040202 发展与教育心理学 |
| | | *040203 应用心理学 |
| | | 040220 心理学（临床心理学） |
| | 0701 数学 | *070101 基础数学 |
| | | *070102 计算数学 |
| | | *070103 概率论与数理统计 |
| | | *070104 应用数学 |

（续表）

| | | |
|---|---|---|
| 07 理学 | 0702 物理学 | *070201 理论物理 |
| | | *070202 粒子物理与原子核物理 |
| | | *070203 原子与分子物理 |
| | | *070204 等离子体物理 |
| | | *070205 凝聚态物理 |
| | | *070207 光学 |
| | | *070220 物理学（高能量密度物理） |
| | | *070221 物理学（复杂与生命系统物理） |
| | 0703 化学 | *070301 无机化学 |
| | | *070302 分析化学 |
| | | *070303 有机化学 |
| | | *070304 物理化学 |
| | | *070305 高分子化学与物理 |
| | | *070320 化学（化学生物学） |
| | | *070321 化学（应用化学） |
| | | *070322 化学（化学基因组学） |
| | 0704 天文学 | *070401 天体物理 |
| | 0705 地理学 | *070501 自然地理学 |
| | | *070502 人文地理学 |
| | | *070503 地图学与地理信息系统 |
| | | *070520 地理学（环境地理学） |
| | | *070521 地理学（历史地理学） |
| | | 070523 地理学（城市与区域规划） |
| | | 070524 地理学（景观设计学） |
| | | 070525 地理学（建筑文化与地域景观） |
| | | *070526 国土空间规划 |
| | 0706 大气科学 | *070601 气象学 |
| | | *070602 大气物理学与大气环境 |
| | | *070620 大气科学（气候学） |
| | | *070621 大气科学（物理海洋学） |
| | 0708 地球物理学 | *070801 固体地球物理学 |
| | | *070802 空间物理学 |
| | 0709 地质学 | *070901 矿物学、岩石学、矿床学 |
| | | *070902 地球化学 |
| | | *070903 古生物学与地层学 |
| | | *070904 构造地质学 |
| | | *070905 第四纪地质学 |
| | | *070920 地质学（材料及环境矿物学） |
| | | *070921 地质学（石油地质学） |
| | 0710 生物学 | *071001 植物学 |
| | | *071002 动物学 |
| | | *071003 生理学 |
| | | 071005 微生物学 |
| | | *071006 神经生物学 |
| | | *071007 遗传学 |
| | | *071009 细胞生物学 |
| | | *071010 生物化学与分子生物学 |
| | | *071011 生物物理学 |
| | | *071020 生物学（生物信息学） |

（续表）

(续表)

| | | |
|---|---|---|
| 07 理学 | 0710 生物学 | *071021 生物学（生物技术） |
| | | *071022 生物学（分子医学） |
| | 0712 科学技术史 | *071200 科学技术史 |
| | 0713 生态学 | *071300 生态学 |
| | 0714 统计学 | *071400 统计学 |
| | 0801 力学 | *080101 一般力学与力学基础 |
| | | *080102 固体力学 |
| | | *080103 流体力学 |
| | | *080104 工程力学 |
| | | *080123 力学（先进材料与力学） |
| | 0809 电子科学与技术 | *080901 物理电子学 |
| | | *080902 电路与系统 |
| | | *080903 微电子学与固体电子学 |
| | | *080904 电磁场与微波技术 |
| | | *080921 电子科学与技术（量子电子学） |
| | 0812 计算机科学与技术 | *081201 计算机系统结构 |
| | | *081202 计算机软件与理论 |
| | | *081203 计算机应用技术 |
| | | *081220 计算机科学与技术（智能科学与技术） |
| | 0830 环境科学与工程 | *083001 环境科学 |
| | | *083002 环境工程 |
| | | *083020 环境科学与工程（环境健康） |
| | | *083021 环境科学与工程（环境管理） |
| | 0831 生物医学工程 | *083100 生物医学工程 |
| | 1007 药学 | *100701 药物化学 |
| | | *100702 药剂学 |
| | | *100703 生药学 |
| | | *100704 药物分析学 |
| | | *100706 药理学 |
| | | *100720 药学（化学生物学） |
| | | *100721 药学（临床药学） |
| | 99J3 数据科学 | *0701J3 数据科学（数学） |
| | | *0714J3 数据科学（统计学） |
| | | *0812J3 数据科学（计算机科学与技术） |
| | | *1004J3 数据科学（公共卫生与预防医学） |
| | 99J4 整合生命科学 | *0402J4 整合生命科学（心理学） |
| | | *0702J4 整合生命科学（物理学） |
| | | *0703J4 整合生命科学（化学） |
| | | *0710J4 整合生命科学（生物学） |
| | | *1001J4 整合生命科学（基础医学）（从 10 医学移动） |
| | 99J5 纳米科学与技术 | *0702J5 纳米科学与技术（物理学） |
| | | *0703J5 纳米科学与技术（化学） |
| | | *0801J5 纳米科学与技术（力学） |
| | | *0809J5 纳米科学与技术（电子科学与技术） |
| | | *0831J5 纳米科学与技术（生物医学工程） |
| 08 工学 | 0801 力学 | *080120 力学（生物力学与医学工程） |
| | | *080121 力学（力学系统与控制） |
| | | *080124 力学（能源与资源工程） |
| | | *080125 力学（航空航天工程） |

(续表)

| | | |
|---|---|---|
| 08 工学 | 0801 力学 | *080126 力学（工业与系统工程） |
| | 0805 材料科学与工程 | *080501 材料物理与化学 |
| | | *080502 材料学 |
| | 0810 信息与通信工程 | *081001 通信与信息系统 |
| | | *081002 信号与信息处理 |
| | 0816 测绘科学与技术 | *081602 摄影测量与遥感 |
| | | *081620 测绘科学与技术（导航与位置服务） |
| | 0827 核科学与技术 | *082703 核技术及应用 |
| | | *082720 核科学与技术（医学物理和工程） |
| | 0835 软件工程 | *083500 软件工程 |
| | 99J3 数据科学 | *0835J3 数据科学（软件工程） |
| 10 医学 | 1001 基础医学 | *100101 人体解剖与组织胚胎学 |
| | | *100102 免疫学 |
| | | *100103 病原生物学 |
| | | *100106 放射医学 |
| | | *100120 基础医学（病理学） |
| | | *100121 基础医学（病理生理学） |
| | | *100122 基础医学（人体生理学） |
| | | *100123 基础医学（医学生物化学与分子生物学） |
| | | *100124 基础医学（医学神经生物学） |
| | | *100125 基础医学（医学细胞生物学） |
| | | *100126 基础医学（系统生物医学） |
| | | *100127 基础医学（医学生物信息学） |
| | 1002 临床医学 | *100201 内科学 |
| | | *100202 儿科学 |
| | | *100203 老年医学 |
| | | *100204 神经病学 |
| | | *100205 精神病与精神卫生学 |
| | | *100206 皮肤病与性病学 |
| | | *100207 影像医学与核医学 |
| | | *100208 临床检验诊断学 |
| | | *100210 外科学 |
| | | *100211 妇产科学 |
| | | *100212 眼科学 |
| | | *100213 耳鼻咽喉科学 |
| | | *100214 肿瘤学 |
| | | *100215 康复医学与理疗学 |
| | | *100216 运动医学 |
| | | *100217 麻醉学 |
| | | *100218 急诊医学 |
| | | *100231 临床医学（全科医学） |
| | | *100232 临床医学（重症医学） |
| | | *100233 临床医学（临床病理学） |
| | | 100234 临床医学（医学信息学） |
| | | *100235 临床医学（临床研究方法学） |
| | 1003 口腔医学 | *100301 口腔基础医学 |
| | | *100320 口腔医学（牙体牙髓病学） |
| | | *100321 口腔医学（牙周病学） |
| | | *100322 口腔医学（儿童口腔医学） |

（续表）

| | | |
|---|---|---|
| 10 医学 | 1003 口腔医学 | *100323 口腔医学（口腔黏膜病学） |
| | | *100324 口腔医学（口腔预防医学） |
| | | *100325 口腔医学（口腔颌面外科学） |
| | | *100326 口腔医学（口腔颌面医学影像学） |
| | | *100327 口腔医学（口腔修复学） |
| | | *100329 口腔医学（口腔正畸学） |
| | 1004 公共卫生与预防医学 | *100401 流行病与卫生统计学 |
| | | *100402 劳动卫生与环境卫生学 |
| | | *100403 营养与食品卫生学 |
| | | *100404 儿少卫生与妇幼保健学 |
| | | *100405 卫生毒理学 |
| | | *100420 公共卫生与预防医学（全球卫生学） |
| | | *100421 公共卫生与预防医学（公共卫生应急管理） |
| | 1006 中西医结合 | *100601 中西医结合基础 |
| | | *100602 中西医结合临床 |
| | 1010 医学技术 | *101020 医学技术（医学影像技术学） |
| | | *101021 医学技术（医学检验学） |
| | | *101022 医学技术（放射治疗物理学） |
| | | *101023 医学技术（眼视光学） |
| | | *101024 医学技术（康复治疗学） |
| | | *101025 医学技术（呼吸医学技术） |
| | | *101026 医学技术（口腔医学技术） |
| | | *101027 医学技术（健康数据科学） |
| | 1011 护理学 | *101120 护理学（临床护理学） |
| | 99J4 整合生命科学 | *1002J4 整合生命科学（临床医学） |
| 12 管理学 | 1202 工商管理 | *120201 会计学 |
| | | *120202 企业管理 |
| | 1203 农林经济管理 | *120301 农业经济管理 |
| | 1204 公共管理 | *120401 行政管理 |
| | | *120402 社会医学与卫生事业管理 |
| | | *120403 教育经济与管理 |
| | | 120404 社会保障 |
| | | *120421 公共管理（公共政策） |
| | | *120423 公共管理（应急管理） |
| | | *120424 公共管理（城市与区域管理） |
| | 1205 图书情报与档案管理 | *120501 图书馆学 |
| | | *120502 情报学 |
| | | *120520 图书情报与档案管理（编辑出版学） |
| | | *120521 图书情报与档案管理（大数据管理与应用） |
| 13 艺术学 | 1301 艺术学理论 | *130100 艺术学理论 |
| 14 交叉学科 | 1401 集成电路科学与工程 | *140100 集成电路科学与工程 |
| | 1402 国家安全学 | *140200 国家安全学 |
| | 9901 人工智能 | *990100 人工智能 |
| 20 专业学 | 0251 金融硕士 | 025100 金融硕士 |
| | 0252 应用统计硕士 | 025200 应用统计硕士 |
| | 0253 税务硕士 | 025300 税务硕士 |
| | 0254 国际商务硕士 | 025400 国际商务硕士 |
| | 0255 保险硕士 | 025500 保险硕士 |
| | 0257 审计硕士 | 025700 审计硕士 |

(续表)

| | | |
|---|---|---|
| 20 专业学 | 0351 法律硕士 | 035101 法律硕士（非法学） |
| | | 035102 法律硕士（法学） |
| | 0352 社会工作硕士 | 035200 社会工作硕士 |
| | 0451 教育博士 | △ 045171 学校课程与教学 |
| | | △ 045173 教育领导与管理 |
| | 0452 体育硕士 | 045200 体育硕士 |
| | 0453 汉语国际教育硕士 | 045300 汉语国际教育硕士 |
| | 0454 应用心理硕士 | 045400 应用心理硕士 |
| | 0551 翻译硕士 | 055101 英语笔译 |
| | | 055105 日语笔译 |
| | | 055106 日语口译 |
| | 0552 新闻与传播硕士 | 055200 新闻与传播硕士 |
| | 0651 文物与博物馆硕士 | 065100 文物与博物馆硕士 |
| | 0854 电子信息 | *085400 电子信息 |
| | | 085402 通信工程 |
| | | 085403 集成电路工程 |
| | | 085404 计算机技术 |
| | | 085405 软件工程 |
| | | 085408 光电信息工程 |
| | 0855 机械 | *085500 机械 |
| | 0856 材料与化工 | *085600 材料与化工 |
| | 0857 资源与环境 | △ 085700 资源与环境 |
| | 0860 生物与医药 | *086000 生物与医药 |
| | 0953 风景园林硕士 | 095300 风景园林硕士 |
| | 1051 临床医学 | *105101 内科学 |
| | | *105102 儿科学 |
| | | *105104 神经病学 |
| | | *105105 精神病与精神卫生学 |
| | | *105106 皮肤病与性病学 |
| | | *105107 急诊医学 |
| | | *105108 重症医学 |
| | | 105109 全科医学 |
| | | *105110 康复医学与理疗学 |
| | | *105111 外科学 |
| | | *105114 运动医学 |
| | | *105115 妇产科学 |
| | | *105116 眼科学 |
| | | *105117 耳鼻咽喉科学 |
| | | *105118 麻醉学 |
| | | *105119 临床病理 |
| | | *105120 临床检验诊断学 |
| | | *105121 肿瘤学 |
| | | *105123 放射影像学 |
| | | *105124 超声医学 |
| | | *105125 核医学 |
| | 1052 口腔医学 | *105200 口腔医学 |
| | 1053 公共卫生硕士 | 105300 公共卫生硕士 |
| | 1054 护理硕士 | 105400 护理硕士 |
| | 1055 药学硕士 | 105500 药学硕士 |

（续表）

| 20 专业学 | 1251 工商管理硕士 | 125101 工商管理硕士 |
| --- | --- | --- |
| | | 125102 高级管理人员工商管理硕士 |
| | 1252 公共管理硕士 | 125200 公共管理硕士 |
| | 1253 会计硕士 | 125300 会计硕士 |
| | 1256 工程管理硕士 | 125600 工程管理硕士 |
| | 1351 艺术硕士 | 135101 音乐 |
| | 1351 艺术硕士 | 135102 戏剧（歌剧艺术） |
| | | 135104 电影 |
| | | 135105 广播电视 |
| | | 135107 美术 |
| | S0354 社会政策硕士 | S035400 社会政策硕士 |
| | S1451 大数据硕士 | S145100 大数据硕士 |

注：专业代码前标 * 的专业可招博士及硕士研究生，未标的仅招硕士研究生。前标△的专业只可招博士研究生，不可招硕士研究生。

### 表 6-11  2022 年北京大学学位授予情况一览表

| 校本部 | | 博士 | | | | 硕士 | | | | 研究生学位合计 | 学士 | | | 本科生学位合计 | 全部学位 |
| --- | --- | --- | --- | --- | --- | --- | --- | --- | --- | --- | --- | --- | --- | --- | --- |
| | | 科学学位 | 专业学位 | 同等学力 | 博士合计 | 科学学位 | 专业学位 | 同等学力 | 硕士合计 | | 普通 | 成教 | 留学生 | | |
| 1月7日 | 154次会议 | 175 | 7 | 0 | 182 | 98 | 340 | 116 | 554 | 736 | 0 | 622 | 0 | 622 | |
| 6月17日 | 155次会议 | 1551 | 37 | 0 | 1588 | 1543 | 3518 | 240 | 5301 | 6889 | 0 | 0 | 0 | 0 | |
| 6月27日 | 156次会议 | 0 | 0 | 0 | 0 | 1 | 0 | 0 | 1 | 1 | 3741 | 442 | 292 | 4475 | 12,782 |
| 10月28日 | 158次会议 | 37 | 0 | 0 | 37 | 3 | 7 | 0 | 10 | 47 | 12 | 0 | 0 | 12 | |
| 2022年合计 | | 1763 | 44 | 0 | 1807 | 1645 | 3865 | 356 | 5866 | 7673 | 3753 | 1064 | 292 | 5109 | |

| 医学部 | | 博士 | | | | 硕士 | | | | 研究生学位合计 | 学士 | | | 本科生学位合计 | 全部学位 |
| --- | --- | --- | --- | --- | --- | --- | --- | --- | --- | --- | --- | --- | --- | --- | --- |
| | | 科学学位 | 专业学位 | 同等学力 | 博士合计 | 科学学位 | 专业学位 | 同等学力 | 硕士合计 | | 普通 | 成教 | 留学生 | | |
| 1月7日 | 154次会议 | 52 | 13 | 1 | 66 | 10 | 9 | 2 | 21 | 87 | 0 | 426 | 0 | 426 | |
| 6月17日 | 155次会议 | 360 | 289 | 5 | 654 | 415 | 266 | 29 | 710 | 1364 | 0 | 0 | 0 | 0 | |
| 6月27日 | 156次会议 | 3 | 4 | 0 | 7 | 1 | 3 | 0 | 4 | 11 | 858 | 211 | 50 | 1119 | 3090 |
| 10月28日 | 158次会议 | 23 | 32 | 0 | 55 | 18 | 10 | 0 | 28 | 83 | 0 | 0 | 0 | 0 | |
| 2022年合计 | | 438 | 338 | 6 | 782 | 444 | 288 | 31 | 763 | 1545 | 858 | 637 | 50 | 1545 | |

| 北京大学 | | 博士 | | | | 硕士 | | | | 研究生学位合计 | 学士 | | | 本科生学位合计 | 全部学位 |
| --- | --- | --- | --- | --- | --- | --- | --- | --- | --- | --- | --- | --- | --- | --- | --- |
| | | 科学学位 | 专业学位 | 同等学力 | 博士合计 | 科学学位 | 专业学位 | 同等学力 | 硕士合计 | | 普通 | 成教 | 留学生 | | |
| 1月7日 | 154次会议 | 227 | 20 | 1 | 248 | 108 | 349 | 118 | 575 | 823 | 0 | 1048 | 0 | 1048 | |
| 6月17日 | 155次会议 | 1911 | 326 | 5 | 2242 | 1958 | 3784 | 269 | 6011 | 8253 | 0 | 0 | 0 | 0 | |
| 6月27日 | 156次会议 | 3 | 4 | 0 | 7 | 2 | 3 | 0 | 5 | 12 | 4599 | 653 | 342 | 5594 | 15,872 |
| 10月28日 | 158次会议 | 60 | 32 | 0 | 92 | 21 | 17 | 0 | 38 | 130 | 12 | 0 | 0 | 12 | |
| 2022年合计 | | 2201 | 382 | 6 | 2589 | 2089 | 4153 | 387 | 6629 | 9218 | 4611 | 1701 | 342 | 6654 | |

# 医学研究生教育

【发展概况】 机构设置。研究生院医学部分院下设招生办公室、培养办公室、学位办公室、评估办公室、综合办公室、学会秘书处办公室6个科室，现有在编人员21人，合同制人员3人。

学习贯彻党的二十大精神。研究生院医学部分院通过办公会专题学习、组织全院集中学习、参加党支部联合学习等方式，深入学习党的二十大精神，紧密结合医学研究生教育工作，不断完善高层次人才培养体制机制。

统筹疫情防控和业务工作。制定新冠疫情防控期间研究生管理工作预案，在疫情形势严峻复杂的条件下，做到在线教学及时切换，在线招生复试持续优化，在线论文答辩强化质量，在线综合服务更加便捷。

在疫情形势下，根据教育部、北京市部署，制定多项规定，组织1300余名考生参加医学部考场2023年全国硕士研究生招生考试初试及博士研究生入学考试笔试，组织远程网络招生复试累计400余场、考生2800余人次、考官1700余人次，以线上线下相结合的方式对复试考场进行巡查。在疫情发展的不同阶段，先后发布4次医学部研究生在线教学准备相关预案。2022年5月9日将授课方式暂时调整为线上授课后，研究生院医学部分院牵头建立多部门联动机制，共同完善每一项细节，形成"点对点"联系人和分区域负责人机制，迅速发现问题、解决问题，切实保障线上教学质量，实现在线教学全面畅通。创新入学教育形式，以保障师生安全、为师生服务为本，采用线上线下"主课堂+分课堂"相结合的授课方式。

与校本部教学学科融合工作。经多次沟通确认校本部与医学部两部研究生的选课流程和要求，于2022年7月全面实现两部研究生课程线上互选，简化以往线下互选流程，避免研究生多次往返两个校区办理相关手续。多方协同联动，推进两部教学网融合建设，与学校教发中心多次召开协调会，在数据对接、硬件布控、软件使用等方面推进各项工作。鼓励导师跨医学门类进行学科交叉研究，培养跨学科导师团队，助力"临床医学+X"战略。协调学校数字资源，实现毕业生证书线上查验、可信数字认证，通过自有系统分发证书3608份。

思政工作。开展研究生新生入学教育，校常务副校长、医学部主任乔杰院士主讲开学第一课，助力新生"扣好人生第一粒扣子"。强化支撑课程思政建设，完成第二批北大医学研究生课程思政建设项目立项工作，共评出10项2022年北大医学研究生课程思政建设项目。强化导师育人导向，研究生院医学部分院于3月设立"北京大学医学部优秀研究生指导教师及团队奖"，共评审出10位医学部优秀研究生导师及3个优秀团队，2位导师被评为北京市优秀研究生指导教师。以SERVQUAL为模型，持续开展以"立德树人"为核心的毕业生满意度调查，将调查结果反馈至相关部门、学院，为提升研究生质量内涵助力。

学科建设。以2022年教育部发布新版研究生教育学科专业目录为契机，持续优化学科结构与布局，完成医学技术博士硕士专业学位授权点申报。面向国家需求，借助学校医学、理学、工学等专业相关学科优势合力，开展生物医疗器械国家急需高层次人才培养专项项目，探索建立产学研用的新型人才培养体系。面向人民生命健康，促进学科交叉融合，继续探索实施医学创新交叉博士研究生招生项目，项目招生导师需跨一级学科聘请联合导师共同培养博士生，充分利用科研经费反哺教育教学。

招生与学籍工作。截至2022年12月，医学部共有在校博士研究生2825人、硕士研究生2626人，共计5451人（其中学术学位研究生3314人，专业学位研究生2137人）。以同等学力申请学位者562人。2022年共录取博士研究生836人（其中学术学位637人，专业学位研究生199人，学专比3.20∶1），硕士研究生814人（其中学术学位273人，专业学位541人，学专比1∶1.98），共计1650人。另申报长学制转段博士生计划240个、硕士生计划159个。在全国博士招生计划整体缩减的背景下，保持医学部2023年研究生招生计划总规模与2022年持平，落实200个研究生弹性计划，助力双一流建设和临床医（学）院高质量发展。启动研究生招生宣传系列活动，线上观看活动人数突破8万人次。2022年录取研究生生源质量稳步提升，双一流高校生源占比超过60%。完成2022年学籍和学历电子注册工作，其中完成新生电子注册1866人、老生学年注册3605人、毕业生学历注册1364人。审批各类学籍异动共计494人次。

培养工作。以立项促建设，持续规划优质教材建设，完成第二批"北大医学"研究生规划教材建设基金项目立项，共评出重点项目2项，一般项目5项；发挥示范辐射作用，打造优秀教材和示范基地，联合教育处共同组织2022年北京大学医学部教材基地与优秀教材评审，推选2本教材获评2022年北京大学优秀教材，推选2所学院获评2022年北京大学教材研究与建设基地；完善制度建设，提升培养质量，组织召开"北京大学医学部研究生培养质量内涵建设经验交流会"，聚焦学校医学研究生培养质量内涵建设，为学院搭建沟通交流与经验借鉴的平台；充分调研需求，探索阶段考核改革，面向全体临床/口腔医学硕士专业学位研究生及2021级临床/口腔医学博士专业学位研究生进行有关阶段考核意见问卷调查，在了解学生建议意见的基础上，分别前往6家直属附属医院和第四临床医学院组织开展专业学位研究生培养工作调研座谈会，与教师代表和学生代表进行座谈，收集有关阶段考核改革工作的建议与意见；适应改革需求，完成343套培养方案修订工作，自2022级研究生起实行。

导师队伍建设。严格上岗遴选，修订《北京大学医学部研究生指导教师管理办法》，把立德树人作为导师的首要职责，明确新老体制教师申请导师的程序和条件；夯实动态调整机制，对于未能有效履行岗位职责、学术水平及学术活跃度考核不达标、超龄等导师，及时调整其岗位。2022年审核通过1191人的岗位调整（博导675、硕导516），占导师总人数的68%。

学位授予工作。2022年，共向1545名研究生授予学位，其中授予博士学位782人、硕士学位763人。授予八年制临床医学专业学位93人、八年制口腔医学专业学位33人。共向95名同等学力人员授予学位，其中授予同等学力人员博士学位43人、硕士学位52人。

组织修订《北京大学医学部学位论文匿名评阅办法》，依据论文评审结果细化学位论文修改再送审方式、明确论文修改时间点，引导导师、学位申请人重视评阅意见；对重点关注论文的答辩、学位分会审核进行督导旁听，督促学位分会从严把握学位授予审核流程与标准。

评估工作。联动内外质控评价，组织14个学位授权点撰写《学位授权点建设年度报告》，协助授权点填报合格评估中基本状态信息，评估标准涉及近700个指标，做好学科的评估服务工作。

奖助工作。2022年秋季学期起，面向全体在校生实施医学部研究生资助体系改革。改革后，学术学位博士生的资助体系和收入水平同校本部一致。强化奖助向支持国家急需紧缺学科、支持创新人才培养倾斜的导向性，充分发挥奖助在资源配置上的杠杆作用。指导和协助各学院、医院制定研究生奖助改革实施细则。首次开展北京大学博士生校长奖学金评审工作。

信息化建设。以学生为本，实现学籍异动、开排课、阶段考试报名、个性化培养计划制定等业务"全线上"迁移；线上服务形式丰富，实现信息查询、业务办理、材料下载打印等全程"无接触"。2022年9月，为满足国际学生的教学管理需求，研究生院医学部分院建设中英双语版研究生教育综合服务平台，上线学籍信息管理、个人培养计划制定、选课与成绩查询、评教等应用的英语版本。

学会工作。研究制定《医学博士、硕士专业学位论文基本要求》，明确5种论文类型及具体要求。推进同等学力人员申请临床医学、口腔医学专业学位学科综合水平考试改革工作，形成改革方案助力政府部门决策。组织编写《医学学科体系建设与人才培养——现状与发展》书稿，系统介绍医学学科专业体系及人才培养的现状与发展情况。出版全国医学专业学位研究生教育指导委员会规划教材《医学伦理学——理论与实践》。组织交流培训，举办七期全国医药学学位与研究生教育青年论坛，在线观看论坛人数累计超过7万人。举办6期全国医药学研究生教育系列研讨会，研讨内容包括研究生招生、课程建设、质量保障和培养模式创新等，在线观看研讨会人数累计超过16万人。与中国医师协会联合组织高校医学研究生收看"住院医师入培第一课"。建设中国医药学在线教育平台，开放310余门在线课程资源，其中《口腔正畸学研究生课程》入选"奋进新时代"主题成就展。针对全国141所高校开展全国临床医学类（临床、中医、口腔）专硕在岗参培人数情况调查，为政府决策提供重要依据。开展全国医学专业学位研究生核心教材建设项目立项编写工作，共收到53家单位申报的198项教材。

（张雪原、张小凯、崔　爽、王　青、郭玲伶、贾金忠）

【北大医学办学110周年暨研究生教育80周年系列活动】2022年是北大医学办学110周年，研究生院医学部分院作为北大医学教育教学专项组主负责单位之一，负责教育教学类系列活动项目的总体策划、组织与实施，梳理总结教育改革、培养质量、师资队伍等方面的探索和成果。9月，策划产出"医承百代 德范千秋"北大医学110周年教育教学成果册、展览等系列成果。

2022年也是北大医学研究生教育80周年，研究生院医学部分院于11月19日召开"厚道出新——北大医学研究生教育80周年暨新时代拔尖创新医学人才培养论坛"，教育部学位管理与研究生教育司司长洪大用出席论坛并致辞。论坛聚焦教育强国，总结经验、剖析问题，推动研究生教育改革紧跟新方向、适应新需求、明确新挑战、注入新动力。

（张雪原）

【一项目获北京市高等教育教学成果一等奖】2022年10月，北京市教育委员会、北京市人力资源和社会保障局、北京市财政局联合发布《关于表彰北京市教育教学成果奖的决定》（京教人〔2022〕15号）。北京大学医学部共获得7项成果奖。其中"健康中国战略背景下医学高层次应用型人才培养体系构建与探索实践"获得北京市高等教育教学成果一等奖、北京大学教学成果特等奖；"'以德为先，五育并举'高层次医学人才培养机制的中国范式探索"获得北京大学教学成果一等奖。

（段丽萍、徐　明、崔　爽、王　青、律　颖、王凤清）

# 教务长办公室

【发展概况】机构设置。教务长办公室以"综合协调，重点推进，服务教学，保障运行，履职尽责，团队协同，育人育才，担当使命"为工作理念，充分发挥综合协调工作职责，保障教学系统平稳有序高效运行，同时在思政课与课程建设、在线教育方面充分发挥顶层设计、统筹协调职能，深入推进学校相关工作。教务长办公室下设综合办公室、思政课与课程思政办公室、在线教育办公室3个内设机构。8月，教务长办公室搬入新办公地点；10月，孙华任教务长办公室主任，兼教师教学发展中心主任；12月，宋鑫、于菲被任命为教务长办公室副主任。2022年，办公室制定《党风廉政建设责任制实施细则》与《落实"三重一大"决策制度实施办法》，建设并上线办公室网站，正式成立党支部和工会小组，完善内部管理机制建设。

**党建工作**。11月，教务长办公室党支部成立。支部深入组织学习党的二十大精神、北京市第十三次党代会精神以及北京大学第十四次党代会精神，结合业务工作开展专题研讨，加强党建与业务深度融合。

**工会工作**。3月，教务长办公室工会小组成立。工会积极动员、组织会员参加学校的文体活动、学习报告、干部培训等，促进发展，增进交流，并对家庭有困难的老师给予支持和帮助。

**教学系统综合协调**。2022年，办公室坚持做好新学期开课、学期末考试、招生考试等重要教学环节和重大教学事项检查和巡视的组织工作。做好考试中心相关事项的组织和协调工作。召开7次教务长办公会，加强教学系统内、教学和学工系统间的沟通协调和协同合作，督促党委常委会会议、校长办公会议、教务长办公会等决议事项的落实，做好教务长系统内相关文书的撰写、上传下达及归档管理等工作。做好教学口单位预算管理与审议工作，了解教学口各单位经费使用情况和来年工作任务，对重要工作事项在预算中予以充分保障。根据教学运行情况，从提高资金使用效率、符合财务规定等方面对教学口机动经费提出合理化意见建议，并协助办理相关手续。沟通协调幼儿园、北大附小、北大附中相关工作；配合推进新校区基础教育配套工作。负责双学籍飞行员培养的协调、联络等工作，协调校领导等参加空军会议论坛及相关活动。牵头完成《北京大学面向2030人才培养行动计划》、《北京大学〈习近平谈治国理政〉多语种版本"三进"教学工作实施方案》。

**疫情防控**。2022年，办公室作为教务教学防控组牵头单位，协同教务教学相关部门、中小学幼儿园顺利开展常态化和应急期间的教务教学工作，定期组织总结复盘，牵头完成教务教学应急预案及演练、教学方案调整、非学籍学生核检、暑期和秋季学校相关工作方案制定等工作。牵头组织两次疫情防控大思政课，将思政教育与疫情防控工作相结合，加强学生对相关政策的科学认识。

**素质教育**。2022年，办公室组织召开劳动教育分会与艺术教育分会相关会议，专题研讨劳育、美育工作，开展校内外调研，制定《北京大学"劳动月"实施方案》，完成2021—2022学年《北京大学艺术教育年度发展报告》，推动开展学校劳动实践管理平台建设。完善博雅学堂师生交流空间建设，规范博雅学堂空间学生预约使用与管理，随时关注、即时反馈学生提出的各种问题。

**教学奖励**。组织开展2022年度教学奖励评审，共评选出教学成就奖3人，教学卓越奖6人，优秀教学团队6个，教学优秀奖103人和教学管理奖58人。与教师教学发展中心、校刊、新闻网、《北京大学青年研究》杂志合作，多途径宣传获奖人员先进教学理念和优秀事迹，营造良好的教学文化。

**思政课建设**。2022年，组织制定《高等学校思想政治理论课建设标准（2021年本）》落实方案、《北京大学领导班子带头抓思政课建设工作办法》、《北京大学全面推进"大思政课"建设实施方案》等多项政策文件，完善思政课建设的长效工作机制。制定思政课专职教师队伍建设方案，推动落实习近平新时代中国特色社会主义思想研究院教师与马克思主义学院联合聘任，调整马克思主义理论学科人才队伍建设委员会成员。按照国家最新文件要求，进行本科生思政课学分调整，加强"习近平新时代中国特色社会主义思想概况"课程建设。全面推进"大思政课"建设，进一步完善以习近平新时代中国特色社会主义思想为核心内容的思政课选择性必修课课程群建设，建设"习近平法治思想研究专题"、"习近平外交思想研究"、"新时代生态文明建设前沿问题研究"等思政课选择性必修课。

**课程思政建设**。办公室继续开展课程思政示范项目建设工作。2022年设立6个校级示范院系建设立项，组织申报北京市课程思政示范课程和教学名师，共8门课程入选。深入落实《北京大学课程思政教师培训办法》，以线上线下相结合的方式开展课程思政示范课程建设经验分享会系列培训、课程思政建设研讨沙龙院系专场、北大医学研究生课程思政建设项目示范课堂等十几场课程思政教师培训。建设课程思政教学研究中心网站，宣传展示课程思政示范课程相关资料，建设课程思政线上学习平台。组织院系加强课程思政教学相关研究，分专业研制课程思政教学指南。组织"北京大学课程思政丛书"的编写出版，丛书第一册《经济学科课程思政教学设计》于2022年4月出版，丛书第二册《北京大学课程思政示范课程案例集》已完成组稿。

**在线教育**。牵头上线教师教学培训平台（training.pku.edu.cn），承接教育部"2022年中西部高校新入职教师教学能力提升项目"，充分发挥学校青年教师培训优势，将学校96学分课程免费开放给中西部高校约2000名新入职教师同步学习。在平台上线更多项目，如2023年"北京大学-剑桥大学"教育数字化研讨会等。与教务部合力将华文慕课平台接入国家智慧教育平台与北京市智慧教育平台，按上级要求开发接口，自动汇总报送MOOC课程数据。平稳推进华文慕课平台升级改造与三级等保工作，以满足上级部门对平台所提出的网络与信息安全要求。协同优化提升"全球课堂"项目、盐池基地直播与VR教室项目等，协调技术力量与经费，提出优化思路，推动特色类项目创新创优。协同教师教学发展中心开展人工智能助推教师队伍建设项目的校内立项与评审。与教师教学发展中心合力推进本部与医学部师生在线教学平台融合，于2023年春季学期启用统一在线教学平台。向上级部门报送体育美育类、碳中和碳达峰等多领域数字化教学资源。参与编撰教育部统筹指导的《无限的可能——世界高等教育数字化发展报告》。

极客实验室。极客实验室为院系提供实践课程建设、学生实践项目相关支持。2022年，极客实验室为信息科学技术学院、元培学院、工学院7门动手实践学分课提供服务，组织工坊系统性课程与动手实践活动90场，全校参加学生4863人。组织开展学生授课项目48学时，研发制造10架小型无人机。学生小组孵化科研与创意成果项目34个，发表学术论文12篇，6篇论文获奖，参加人工智能与机器人等大赛3个项目获奖。

（宋　鑫、于　菲、王　春、洪星星、冯　菲、田英一）

【牵头开展《北京大学面向2030人才培养行动计划》编制工作】　5月，办公室牵头启动《北京大学面向2030人才培养行动计划》编制工作，组建包含教务长办公室、教务部、研究生院、学科建设办公室、教师教学发展中心、团委与学生工作部的编制工作组。经过多轮线上线下研讨，于2022年6月完成《北京大学面向2030人才培养行动计划》（简称"博雅人才培养计划"）的征求意见稿。该方案包括总体目标、基本原则和建设举措三部分，以"建立思想政治工作体系为统领，以学科体系、教学体系、教材体系、管理体系等为核心内容建设"具有中国特色、北大风格的人才培养体系"为总体目标，以"坚持立德树人、坚持服务需求、坚持内涵发展、坚持改革创新"为基本原则，包含六项建设举措：办好学校特色"大思政课"，构建三全育人大格局；发挥学校学科优势，加强基础学科创新人才培养；持续探索创新型本科人才培养"北大路径"；推动研究生教育高质量发展；数字化赋能教育教学创新；构建德智体美劳五育融合并举的育人体系。

（冯　菲、宋　鑫）

【首次设立北京大学劳动月】　根据《北京大学关于全面加强新时代劳动教育的实施方案（试行）》相关要求，学校将2022年5月定为劳动月，集中开展劳动主题教育、劳动实践和劳动成果展示等活动，以院系为基本组织单位，每位学生至少接受1次劳动主题教育活动，参加1次劳动实践活动。劳动月期间，团委、学生工作部、后勤党委、总务部、保卫部、图书馆、学生就业指导服务中心、燕园街道办事处、会议中心、公寓服务中心、餐饮中心等十多个部门组织劳动主题教育讲座、志愿服务、日常劳动活动、劳动技能竞赛和劳动体验活动等多种类型的劳动实践活动，为院系组织开展相关活动提供支持。各院系积极组织劳动教育相关的主题教育与劳动实践活动，充分结合院系特色特点，因地制宜地开展诸多特色活动，在引导学生树立正确的劳动观念、提升创造性劳动能力、培育积极的劳动精神、养成良好的劳动习惯等方面起到积极作用。

（冯　菲、宋　鑫）

【完善思政课和课程思政建设长效工作机制】　2022年，办公室按照上级部门要求，结合学校工作实际，推动工作机制体制完善，组织制定思政课和课程思政相关的多项政策文件。包括：1月，校长办公会审议通过北京大学对照教育部《高等学校思想政治理论课建设标准（2021年本）》建设思政课落实方案；3月，党委常委会会议审议通过《领导班子带头抓思政课建设工作办法》；10月，党委常委会会议审议通过《北京大学全面推进"大思政课"建设实施方案》；以及《北京大学思政课教师培训办法》、《北京大学课程思政教师培训办法》、《北京大学课程思政示范课程及示范专业认定办法》等文件，进一步完善学校思政课和课程思政建设的体制机制。

（于　菲、王　春）

【牵头完成北京大学首批课程思政示范项目认定】　为精准指导课程思政建设，打造一批课程思政精品示范课程，充分发挥每门课程作为课堂教学主渠道在高校思想政治工作中的育人作用，办公室牵头开展首批北京大学课程思政示范项目的认定工作。2022年3月公布首批8个课程思政示范院系和66门示范课程。同期建成学校课程思政示范课程线上案例库，每个课程案例包含任课教师对课程思政的理解、课程团队、课程教学大纲、课程思政具体案例及课程思政效果评价五个部分，完整展示各门课程进行课程思政建设的方法和举措，面向全校教师开放，进一步提升示范课程的引领辐射作用。

（于　菲、王　春）

【推进人工智能助推教师队伍建设试点项目】　北京大学入选教育部第二批人工智能助推教师队伍试点单位。2022年2月21日，教育部教师工作司来校调研人工智能助推教师队伍建设工作。6月30日，教育部在北京大学开展人工智能助推教师队伍建设试点工作集中调研。教育部副部长孙尧参加调研并讲话，北京大学校长龚旗煌参加调研并致辞。自试点以来，办公室与教师教学发展中心等联动协同，多措并举推进AI、大数据、5G等技术应用于教育教学。邀请校内外专家举办人工智能助推课程建设专题培训，如"ClassIn专场培训""人工智能与机器人技术在化学实验中的应用""人工智能历史、现状和趋势"等沙龙活动；面向全校教师发布人工智能助推课程建设项目申报指南，推动AI、VR/AR/MR、5G等前沿技术在课程教学中的应用。

（孙　华、洪星星）

# 继续教育

【发展概况】　继续教育部是负责统筹、协调、组织和管理学校成人、继续教育工作的机构，代表学校对继续教育工作统筹安排和管理，并代表学校与校外单位洽谈或签署开办继续教育的协议。继续教育部下设综合管理办公室、学历教育办公室、非学历教育办公室、教学管理与研究办公室4个科室。2022年，部门职员总数为14人，其中事业编制8人，劳动合同制4人，离退休返聘2人。部门设部长1人，副部长2人。张西峰任部长，刘广送、迟春霞任副部长。

成人高等学历教育。2022年，成人高等学历教育在校生注册人数总计1198人，全部为业余学习学生。2022年全年成人高等学历教育共有毕业生2821人，其中业余学习毕业生566人，网络教育毕业生2255人。授予成人高等教育学士学位1064人，其中业余学习90人，网络教育811人，自考163人。

进修教师、访问学者。2021—2022年度，接收389位访问学者、进修教师。2022—2023年度，接收来自全国兄弟院校、科研单位的进修访学人员共计304人，其中进修教师29人，访问学者275人。

自学考试。主要工作内容是考生学位资格审核与学位授予工作，2022年共授予163名自考学生学士学位，涉及理学、管理学、经济学及文学学位。

非学历继续教育培训。2022年，共立项670个（停办除外），包含社会招生项目284个，系统委托招生项目386个，其中结业项目360个，结业学员36,991人次。

表彰奖励。2022年评选出北京大学教学管理奖继续教育获奖人员12人，2020—2021年度"北京大学继续教育优秀办学单位"2个，"北京大学继续教育精品项目"9个，"北京大学继续教育教学优秀奖"10人。

信息化建设。2022年，"北京大学继续教育管理服务综合系统"共排查到待优化功能及信息漏洞共计195项，已处理完成143项，系统进行各类优化提升30多项。"北京大学进修访学管理服务系统"运转良好，对部分功能进行了优化升级，包括新增个人备注功能、记录审核人和审核时间、新增登录入口等。

中国高等教育学会继续教学分会工作。2022年5月，中国高等教育学会继续教育分会2022年理事长会议线上召开；2022年3月、5月、10月及12月，分别召开常务理事会议通讯会议；2022年9月组织召开"2022年度高等教育科学研究规划课题-继续教育课程思政建设改革实践研究"立项评审会，共评选出重点课题6项，一般课题30项。2022年12月，组织召开第六届会员代表大会，顺利完成分会换届工作，张西峰接任分会理事长，分会继续挂靠在北京大学继续教育部。

（孟宪伟）

【完成《北京大学非学历继续教育管理办法》修订】 依据《普通高等学校举办非学历教育管理规定（试行）》（教职成厅函〔2021〕23号），《北京大学非学历继续教育管理办法》经2022年12月27日学校十四届党委常委会第22次会议审议通过，正式颁布实施。新《办法》修订规模较大，改动较多。在本次修订中，增加对继续教育性质意义的论断，明确北京大学继续教育办学方针，增设合作办学相关内容。

（孟宪伟）

【成立北京大学继续教育工作委员会】 "北京大学继续教育指导委员会"自2005年成立以来，定位比较模糊、构成比较复杂，未能实际发挥应有作用。根据《普通高等学校举办非学历教育管理规定（试行）》（教职成厅函〔2021〕23号）等文件精神，经2022年12月7日校长办公会第1077次会议审议通过，将原"北京大学继续教育指导委员会"改为"北京大学继续教育工作委员会"，承担研究制定非学历继续教育合作办学管理细则、审议办学单位合作办学资质、协调解决争议等职能。委员会构成采取席位制，日常工作由继续教育部负责。

（孟宪伟）

## 继续教育学院

【发展概况】 组织机构。继续教育学院下设综合办公室、市场开拓办公室、对外合作办公室、教学研究办公室、教学管理办公室、技术保障办公室、总务办公室和圆明园校区管理办公室、企业培训中心、网络培训中心、中公教育对接办公室和北大学堂办公室。学院院长：杨学祥，党总支书记：李胜，党总支副书记：杨虎，副院长：舒忠飞、屈兵、白彦、李建新。

队伍建设。2022年继续教育学院共有员工115人，在编人数15人，劳务协议10人。无离退休返聘人员和外聘人员。

学历继续教育。2022年网络学历教育毕业生共计2255人，811人取得学位。至此，网络学历教育毕业生工作已全部完成。自1999年开办网络学历教育以来，校本部毕业生共计65,356人。校本部夜大学尚有在籍生432人。2022年夜大学毕业生共计276人，42人被授予学位。

网络非学历培训。完成43个培训班教学实施，总培训人数12,020人。面向教育部示范性国培项目、中西部国培项目中湖南省、河南省、贵州省、河南省、吉林省、广西壮族自治区等省区投标33个子项目，中标17个子项目。

面授培训。2022年受疫情影响，学院非学历面授培训数量较少。学院结合疫情常态化形势和原业务模式，开展线上或线上线下混合培训。通过审批立项168个，结业班级68个。其中中央和国家机关司局级干部专题研修共4个项目，培训司局级干部285人，相比2021年增加65人。各课程评估平均得分为96.84分。

服务学校。服务学校年轻干部健康成长，承办学校党委组织部委托的"德才均备 明辨笃行——北京大学第三期年轻干部理想信念与政治素养培训班"，该项目主要面向全校

35周岁以下副科级干部。

2022年圆明园校区入住专硕538人，进修教师329人，一定程度上缓解学校空间资源压力。服务入驻校区的学院师生，做好办学空间及常报备出入师生225人教学科研保障工作。配合学校完成原居住圆明园校区专业学位硕士生集中腾挪至万柳校区的搬迁转移工作

党建工作。开展学习贯彻党的二十大精神、北京市第十三次党代会精神、北京大学第十四次党代会精神等专题学习，做到党员群众一起学，紧密围绕实际学，做到学习"全覆盖"。积极配合学校巡视工作，以巡视整改的实际行动践行"两个维护"，对于整改内容学院党总支层层压实整改责任、明确细化整改问题、建立健全长效机制，以巡视整改为契机，推动学院全面健康发展。将意识形态工作作为党的建设和学院工作重要内容，纳入党建工作责任制。高度重视党支部战斗堡垒作用，选派党性高、能力强、精力旺的党员任支部书记，保证"三会一课"等基本组织生活有序进行并有创新举措。坚持以"党建带团建，团建促党建"为统揽开展工作，在学习、宣传、抗疫等工作上发挥团委积极作用。

疫情防控工作。从严从细落实防控各项措施。圆明园校区封闭管理期间，领导班子成员与校区员工同吃、同住，在校门管理政策因各方工作需要不能完全一致的情况下，在校区围墙东北方向新开应急出入口，为疫情下校园安全管理提供保障。同步开展"我为师生办实事"实践活动，期间校区无感染记录。

（刘　宁）

【完成空间移交搬迁工作】 落实圆明园校区整体移交至学校的工作部署，有序完成学生搬迁及校区人员、基础设施、设备及相关文档资料移交工作。落实电教楼空间腾退和相关功能转移场地工作，高效落实达园演播室、答疑室和资源宾馆教室搭建与办公室改造工作，确保学院各项业务正常开展。同时，以校区移交和电教搬迁为契机，领导班子通过专题会、签报、沟通等多种方式，推动资源宾馆功能转变。截至2022年底，资源宾馆四层教室已投入使用，二层已进入装修改造阶段，完工后将增加学院教室数量、提升教学空间品质。

（刘　宁）

【推进北大学堂在线教育项目】 2022年，重点改革项目"北大学堂"课程数量突破350门，涉12个学科门类60余个二级学科，推出经济学、心理学、"四史"教育等多个专题化、体系化课程组合。进一步拓展与校内校友工作办公室、二级学院和出版社合作。2022年公众号订阅数量增长22,414人，抖音订阅量达到37.6万，直播153场，总观看学习超过3800万人次。另落地3项B端培训项目。"四史"教育系列课程获批学校课程思政立项。

（刘　宁）

# 医学继续教育

【发展概况】 组织结构。医学部继续教育处负责统筹管理毕业后医学教育和继续医学教育，下设毕业后医学教育办公室和继续医学教育办公室。2022年，部门职员总数为8人，6人为事业编制人员，2人为劳务派遣人员。部门设处长1人，副处长2人，办公室主任1人。

毕业后医学教育工作。培训基地。现有6家直属附属医院、3家共建附属医院和7家教学医院，纳入医学部毕业后教育体系统一管理。国家级住院医师规范化培训基地13个，协同单位10个，其中北京大学第一医院为国家示范基地；2022年，新增北京大学深圳医院放射肿瘤科专业基地，目前共有174个住培专业基地，其中国家重点专业基地13个。国家级专科医师规范化培训基地8个，专科基地27个。医学部专培基地11个，专科基地156个。

在培人数及招录。招录住院医师1130名，其中首批招录1088名，第二批招录42名；单位人员458名，社会人员264名，专硕研究生408名。新进入专培/住培第二阶段573名，其中专科医师304名，住培第二阶段78名，专博研究生191名。在培住院医师3137名，其中单位人员1247名，社会人员765名，专硕研究生1125名。培训基地容量为5220人，容量使用率59.9%。在培专科医师972名，住培第二阶段748名，专博研究生571名，共计2291名，其中国家专培160名。

专培中期和结业考核。医学部专培中期考核/住培第二阶段考试、专培结业考核组织127场面试，其中70场临床技能考核采用线上评分系统。39名深圳考生以视频会议形式完成19场线上面试。专培中期考核/住培第二阶段考试共有52个专业、647人参加考试，571人合格，总合格率为89.2%。其中，专培中期考核237名（含2年结业考核43名），合格率91.6%；专博研究生204名，合格率97.1%；住培第二阶段考试206名，合格率78.4%。深圳医院7名考生因疫情影响未能完成面试，予以保留笔试成绩一年。专培结业考核涉及51个专科/亚专科，223人参加，203人合格，合格率为91.0%。其中专培结业考核（2年）43名，合格率90.7%；专培结业考核（3年）180名，合格率91.1%。

住培结业考核。医学部作为北京市住培结业理论考试考点，承接考生743名。北京大学第一医院、人民医院、第三医院、口腔医院和第六医院作为临床实践能力考点，采用线上线下结合的考试形式，承接内科、外科、皮肤科、核医学科、麻醉科、全科、口腔科和精神科等专业考核工作。医学部共有948人参加北京市住培结业考核，2名专硕研究生因疫情影响理论考试延后进行，887人考试合格，总合格率为93.8%。其中住院医师597名，合格率91.0%；专硕研究生351名，98.6%。深圳医院177名考生参加广东省住培结业考试，合格率97.7%。

医教协同申请学位。在培住院医师身份以同等学力申请硕士学位入学27人，累计291人；17人获得硕士学位，累计127人。在培专科医师身份以同等学力申请博士学位入学2人，累计14人；1人获得博士学位，累计2人；（非）全日制博士研究生培养入学7人，累计25人；已有4人获得博士学位。

评优表彰。召开2021年度专科医师结业典礼暨表彰会，表彰10名优秀专培毕业生和10名优秀专科医师指导教师。同月，组织"十佳住院医师"评选答辩，11月予以表彰。

培训课程。组织北京市住院医师公共课，网上选课12,620人次，授分8224人次。组织住院医师考前强化培训课程，涉及内科、外科、妇产科、儿科、神经内科、耳鼻咽喉科、全科等7个专业共45门学时。13家医院521名住院医师和专硕研究生参与培训。

课题研究。开展2021年度专培课题结题和2022年度课题申报工作。共收到结题申请21项，经审批结题项目17项。收到课题申报67项，予以立项20项，其中重点课题4项，一般课题16项。

制度建设。开展专培细则修订工作，组织学科组专家多次研讨明确培训要求。以信息系统建设为抓手，完善专培管理系统和考核系统建设，优化考试资格报名和审核流程，推进专科基地管理系统、信息统一登记调配平台建设，开展形成性评价系统和临床技能培训调配平台建设的前期调研。

**医学继续教育工作。**国内访问学者及学科骨干培养工作：接收国内访问学者242人，北京市学科骨干27人，石家庄市学科骨干3人。2021年秋季访问学者结业98人。全年评选优秀国内访问学者26人，优秀指导教师12人。9月至10月，实地走访医学部各学院和多家附属医院，与国内访问学者管理干部、指导教师和学员面对面交流，解决其在国内访问学者培养工作中遇到的困难。

进修生培养工作。培养进修生2711人，其中，举办单科进修班84班次，培训1387人；接收培训科室201个，零散进修1324人。

为委托单位学科骨干开设公共培训课程。1月，采用线上直播结合点播学习的模式，为104名北京市卫生健康人才骨干及19名石家庄市卫生系统中青年学科骨干安排公共理论课程培训讲座。

国家级和北京市级项目。举办各类对外培训班共229项，培训119,793人次。其中：国家级项目70项，培训8685人次；国家级基地项目9项，培训1056人次；北京市市级项目29项，培训1790人次；远程国家级项目106项，培训107,207人次；医学部培训班15项，培训1055人次。2022年1月1日起，医学部举办的北京市级继续医学教育项目启用电子学分证书。

对内继续医学教育工作。申报区县级项目681项，审核通过681项，通过率100%，实际举办233项，举办率34.21%，培养38,582人次。举办单位自管项目81项，培养14,125人次。对内培训52,707人次，附属医院完成继教学分达标率为100%。对附属医院专业技术人员所获学分进行网上监控。依托继续教育学院远程资质，向北医系统卫生技术人员开放远程继教项目106项，共计741学时，有效弥补了疫情期间线下培训的不足，7家医院107,207人次参加了学习。

医学继续教育学院学历教育管理。设立专职人员与医学继续教育学院的各项工作对接，远程学历教育及非学历继续教育进行全过程监管；2022年9月结束远程教育（网络教育）试点工作，停止网络教育招生，有序推进试点收尾工作；完成了2022届专升本本科毕业生学位信息审核及数据上报工作；完成了关于对2022届春季毕业2121人，426人获得学士学位；2022届夏季本科711名毕业生，211人获得学士学位；完成了关于对2023届春季专科升本科1472名毕业生，307人获得成人本科学士学位。

继续教育奖励工作。3月开展2020—2021年北京大学/医学部继续教育奖评选工作。通过候选人线上答辩，评审专家组线下评审答辩视频的形式，评选出"北京大学继续教育优秀办学单位"1个、"北京大学继续教育精品项目"5项、"北京大学继续教育教学优秀奖"5个、"北京大学医学部继续教育精品项目"5项、"北京大学医学部继续教育教学优秀奖"5个。9月，与研究生院医学部分院共同申报的"健康中国战略背景下医学高层次应用型人才培养体系构建与探索实践"获北京市高等教育教学成果奖一等奖，医学部继续教育处单独申报的"深化医教协同，以需求和胜任力为导向的专科医师规范化培训体系构建与实践"获二等奖。

继续教育课题研究工作。承担中国高等教育学会课题《国家级继续医学教育基地人才培养实证研究》，有序开展课题研究，完成课题中期检查工作。课题研究论文《医学院校青年骨干教师培养的探索》发表在中华医学教育杂志2022年第12期。

相关工作。作为中华医学会医学教育分会继续医学教育和成人教育学组秘书处，组织开展学组课题研究工作，受疫情影响，学组组长会议和学组学术年会延期举办。

（杨 英、马 真、胡 玮）

【**参与筹办北大医学办学110周年系列活动**】4月，组织召开"北大医学住培三十年老同志座谈会"；5月，开展国内访问学者校友信息登记工作、"我是北大访学人"主题征和"我亲历的北医住培那些事儿"主题征文，并在微信公众号推送优秀作品；6月至8月，参编《医承百代德范千秋北大医学办学110周年教育教学成果册》《百年北医历程成果册》《北大医学110周年历程展》继教部分；9月，筹备教师节表彰大会；11月，举办"厚道尚仁——需求与胜任力导向的毕业后医学教育论坛"，采用线上线下相结合的形式，与全国同道共同探讨毕业后医学教育发展，直播平台累计观看51.6万人次。

（杨 英、胡 玮）

【**新冠肺炎疫情防控工作**】 按照学校统一部署，各医院住院医师、进修生和国内访问学者参照本院职工管理，统筹做好常态化新冠疫情防控和培训工作。建设"北大医学传染病培训"课程，面向附属医院卫技人员免费开放，采取线上学习、线下授分的创新模式，有9772人参加学习，9539人通过考核。组织为进修生和国内访问学者发放防疫物资，住院医师、进修生和国内访问学者服从医院安排，在急诊、发热门诊、感染科病房等一线岗位超负荷工作，得到各临床科室正向反馈。党员在图书馆值班、健康驿站送餐服务、核酸检测点服务、社区志愿者服务、校史讲解志愿服务、承接北京市住院医师培训考试和专科医师培训考核等大型活动中主动担当。

（杨 英、马 真、胡 玮）

【**附表**】

表6-12　2022年北京大学住院医师规范化培训基地和专业基地（含协同单位）

| 培训基地 | 数目 | 专业基地 |
| --- | --- | --- |
| 北京大学第一医院（协同航天总、航天中心、民航总） | 17 | 内科、儿科、急诊、皮科、神内、全科、外科、妇产科、眼科、耳鼻喉、麻醉、病理、检验、放射、超声、核医学、重症 |
| 北京大学人民医院 | 17 | 内科、急诊、皮科、神内、全科、外科、妇产科、眼科、耳鼻喉、麻醉、病理、检验、放射、超声、核医学、口腔全科、重症 |
| 北京大学第三医院（协同首钢、海淀、战略支援部队） | 19 | 内科、急诊、皮科、神内、全科、康复、外科、外科（神外）、妇产科、眼科、耳鼻喉、麻醉、病理、检验、放射、超声、核医学、口腔全科、重症 |
| 北京大学口腔医院 | 7 | 口腔全科、口腔内科、口腔颌面外科、口腔修复、口腔正畸、口腔病理、口腔颌面影像 |
| 北京肿瘤医院 | 5 | 病理、放射、超声、核医学、放疗 |
| 北京大学第六医院 | 1 | 精神 |
| 北京大学深圳医院（协同中大八院、盐田） | 26 | 内科、儿科、急诊、皮科、神内、全科、康复、外科、外科（神外）、外科（胸心）、外科（泌外）、外科（整形）、骨科、妇产科、眼科、耳鼻喉、麻醉、病理、检验、放射、超声、核医学、口腔全科、口腔颌面外科、重症、放射肿瘤 |
| 北京积水潭医院（协同华信、垂杨柳） | 9 | 内科、急诊、全科、外科、妇产科、麻醉、放射、超声、重症 |
| 北京医院 | 18 | 内科、急诊、皮科、神内、全科、康复、外科、妇产科、眼科、耳鼻喉、麻醉、病理、检验、放射、超声、核医学、口腔全科、重症 |
| 中日友好医院 | 18 | 内科、急诊、皮科、神内、全科、康复、外科、外科（神外）、妇产科、耳鼻喉、麻醉、病理、检验、放射、超声、核医学、口腔全科、重症 |
| 北京世纪坛医院 | 13 | 内科、神内、全科、外科、妇产科、麻醉、病理、检验、放射、超声、核医学、口腔全科、重症 |
| 首都儿科研究所附属儿童医院 | 2 | 儿科、儿外 |
| 北京回龙观医院 | 1 | 精神 |
| 北京大学首钢医院 | 1 | （协同）内科 |
| 航天中心医院 | 3 | （协同）内科、全科、口腔全科 |
| 民航总医院 | 2 | （协同）内科、外科 |
| 北京航天总医院 | 1 | （协同）放射 |
| 解放军战略支援部队特色医学中心 | 1 | （协同）口腔全科 |
| 北京市海淀医院 | 2 | （协同）神内、全科 |
| 北京华信医院 | 2 | （协同）内科、外科 |
| 北京市垂杨柳医院 | 1 | （协同）全科 |
| 中山大学附属第八医院 | 5 | （协同）内科、全科、外科、妇产科、检验 |
| 深圳市盐田区人民医院 | 3 | （协同）内科、全科、骨科 |
| 总计 | 174 | 13个基地医院，10个协同医院，共174个专业基地 |

注：上述基地为国家认定西医住院医师规范化培训基地。
另有北京市住院医师规范化培训基地，其中，检验技师（9个）：北大、人民、三院、积水潭、北京、中日、世纪坛、航天、华信；住院药师（7个）：北大、人民、三院、积水潭、北京、中日、世纪坛；康复技师（3个）：三院、北京、中日。
国家中医住培基地（1个）：中日医院，6个专业阶段：中医内科、外科、妇科、儿科、全科、针灸推拿

（杨 英、李 烨）

表 6-13  2022 年北京大学专科医师规范化培训基地和专科基地（含协同基地）

| 专培基地 | 数目 | 专科基地 |
|---|---|---|
| 北京大学第一医院 | 35 | 心内、呼吸、消化、肾内、血液、内分泌、感染、风湿、老年、普外、骨科、泌外、胸外、心外、神外、整形*、妇产、儿科、眼科、耳鼻喉、皮科、神内、放射、超声、核医学、介入、病理、康复、检验、重症、麻醉、放疗、急诊、全科、睡眠 |
| 北京大学人民医院 | 35 | 心内、呼吸、消化、肾内、血液、内分泌、感染、风湿、老年、普外、骨科、泌外、胸外、心外、神外、整形*、妇产、儿科*、眼科、耳鼻喉、皮科、神内*、放射、超声、核医学、介入、病理、检验、重症、麻醉*、放疗、疼痛、急诊、全科、睡眠 |
| 北京大学第三医院 | 37 | 心内、呼吸、消化、肾内、血液、内分泌、感染、风湿*、老年、普外、骨科、泌外、胸外*、心外、神外、整形、运医、妇产、儿科、眼科、耳鼻喉、皮科、神内、放射、超声、核医学、介入、病理、康复、检验、重症、麻醉、放疗、疼痛、急诊、全科、睡眠 |
| 北京大学口腔医院 | 12 | 口综、牙体、牙周、儿口、粘膜、预防、颌外、颌面影像、修复、正畸、口腔病理、睡眠 |
| 北京大学肿瘤医院 | 9 | 妇产*、放射、超声*、核医学*、介入*、病理*、放疗、肿内、肿外 |
| 北京大学第六医院 | 1 | 精神 |
| 北京大学首钢医院 | 2 | 心内*、骨科*、 |
| 北京大学深圳医院 | 17 | 心内、肾内、血液、风湿、普外、骨科、泌外、胸外、心外*、妇产、放射、超声、核医学、病理、康复、重症、麻醉 |
| 北京航天中心医院 | 4 | 消化内科*、神经内科*、超声医学（综合超声）*、介入科* |
| 北京大学国际医院 | 3 | 妇产科（产科）*、肿瘤内科*、核医学科* |
| 北京回龙观医院 | 1 | 精神科（普通精神、精神康复、老年精神*） |
| 合计 | 156 | |

注：标注 * 的专科需与其他医院协同培训。

（杨 英、王 翔）

表 6-14  2022 年各医院在培住院医师情况表

| 医院 | 住院医师 | | | | 专硕 | 新招录（含专硕） |
|---|---|---|---|---|---|---|
| | 本单位 | 社会人 | 外单位 | 总计 | | |
| 北京大学第一医院 | 52 | 71 | 91 | 214 | 197 | 166 |
| 北京大学人民医院 | 57 | 40 | 72 | 169 | 187 | 133 |
| 北京大学第三医院 | 90 | 69 | 97 | 256 | 223 | 166 |
| 北京大学口腔医院 | 44 | 18 | 9 | 71 | 163 | 93 |
| 北京大学肿瘤医院 | 5 | 2 | 1 | 8 | 85 | 37 |
| 北京大学第六医院 | 1 | 28 | 14 | 43 | 51 | 33 |
| 北京大学首钢医院 | 4 | | 1 | 5 | 3 | 1 |
| 北京大学深圳医院 | 35 | 330 | 9 | 374 | 23 | 155 |
| 北京积水潭医院 | 57 | 10 | 19 | 86 | 39 | 52 |
| 北京医院 | 55 | 14 | 70 | 139 | 38 | 62 |
| 中日友好医院 | 54 | 76 | 185 | 315 | 61 | 131 |
| 北京世纪坛医院 | 80 | 39 | 35 | 154 | 9 | 31 |
| 航天中心医院 | 26 | 9 | 34 | 69 | 6 | 16 |
| 民航总医院 | 6 | 6 | | 12 | 3 | 6 |
| 首都儿科研究所附属儿童医院 | 16 | 9 | 17 | 42 | 26 | 26 |
| 北京回龙观医院 | 3 | 44 | 8 | 55 | 11 | 22 |
| 总计 | 585 | 765 | 662 | 2012 | 1125 | 1130 |

（李 烨）

表 6-15  2022 年各医院在培专科医师情况表

| 医院 | 北医专培 | 国家专培 | 二阶段 | 专博 |
|---|---|---|---|---|
| 北京大学第一医院 | 167 | 45 | 6 | 121 |
| 北京大学人民医院 | 201 | 16 | 9 | 103 |

(续表)

| 医院 | 北医专培 | 国家专培 | 二阶段 | 专博 |
|---|---|---|---|---|
| 北京大学第三医院 | 269 | 23 | 37 | 128 |
| 北京大学口腔医院 | 68 | 10 | 8 | 93 |
| 北京大学肿瘤医院 | 92 |  | 6 | 52 |
| 北京大学第六医院 | 12 |  | 0 | 18 |
| 北京大学首钢医院 | 4 |  | 61 |  |
| 北京大学深圳医院 | 34 |  | 157 | 4 |
| 北京大学国际医院 | 5 |  | 43 |  |
| 北京积水潭医院 |  |  | 32 | 11 |
| 北京医院 |  | 11 | 105 | 6 |
| 中日友好医院 |  | 36 | 0 | 24 |
| 北京世纪坛医院 |  | 7 | 65 | 1 |
| 航天中心医院 | 12 |  | 88 |  |
| 民航总医院 |  |  | 79 |  |
| 首都儿科研究所附属儿童医院 |  | 12 | 47 | 3 |
| 北京回龙观医院 | 8 |  | 5 | 7 |
| 总计 | 872 | 160 | 748 | 571 |

（李　烨）

表6-18　2022年专培中期考核/住培第二阶段考核情况表（考生类别）

| 考生类别 | 考生人数 | 合格人数 | 合格率 |
|---|---|---|---|
| 专培中期 | 237 | 217 | 91.6% |
| 专业学位博士 | 204 | 198 | 97.1% |
| 住培第二阶段 | 153 | 125 | 81.7% |
| 主治确认 | 45 | 30 | 66.7% |
| 在职申请 | 1 | 1 | 100.0% |
| 合计 | 640 | 571 | 89.2% |

（李　烨）

表6-17　2022年专培中期考核/住培第二阶段考核情况表（各医院）

| 医院 | 报名人数 | 实考人数 | 合格人数 | 合格率 | 不合格人数 | | | | |
|---|---|---|---|---|---|---|---|---|---|
| | | | | | 合计 | 理论 | 英语 | 技能 | 思维 |
| 北京大学第一医院 | 112 | 103 | 96 | 93.2% | 7 |  | 1 |  | 6 |
| 北京大学人民医院 | 97 | 81 | 77 | 95.1% | 4 | 1 | 1 |  | 2 |
| 北京大学第三医院 | 152 | 137 | 124 | 90.5% | 13 | 4 | 6 | 1 | 4 |
| 北京大学口腔医院 | 81 | 71 | 67 | 94.4% | 4 |  | 3 | 1 | 1 |
| 北京大学肿瘤医院 | 59 | 57 | 54 | 94.7% | 3 | 2 | 1 |  |  |
| 北京大学第六医院 | 10 | 8 | 8 | 100.0% |  |  |  |  |  |
| 北京大学首钢医院 | 7 | 5 | 4 | 80.0% | 1 |  |  | 1 | 1 |
| 北京大学深圳医院 | 75 | 51 | 34 | 66.7% | 17 | 5 | 6 | 2 | 6 |
| 北京大学国际医院 | 16 | 13 | 9 | 69.2% | 4 | 2 |  |  | 2 |
| 北京积水潭医院 | 9 | 8 | 6 | 75.0% | 2 | 1 |  | 1 | 1 |
| 北京医院 | 40 | 35 | 33 | 94.3% | 2 | 1 |  |  | 1 |
| 中日友好医院 | 46 | 39 | 34 | 87.2% | 5 | 3 |  |  | 2 |
| 北京世纪坛医院 | 2 | 2 | 1 | 50.0% | 1 |  |  |  | 1 |
| 航天中心医院 | 12 | 5 | 3 | 60.0% | 2 | 1 |  |  | 1 |
| 民航总医院 | 4 | 3 | 3 | 100.0% |  |  |  |  |  |

（续表）

| 医院 | 报名人数 | 实考人数 | 合格人数 | 合格率 | 不合格人数 | | | | |
|---|---|---|---|---|---|---|---|---|---|
| | | | | | 合计 | 理论 | 英语 | 技能 | 思维 |
| 首都儿科研究所附属儿童医院 | 27 | 18 | 15 | 83.3% | 3 | | 1 | 1 | 2 |
| 北京回龙观医院 | 6 | 4 | 3 | 75.0% | 1 | | 1 | | |
| 合计 | 755 | 640 | 571 | 89.2% | 69 | 20 | 20 | 7 | 30 |

（李　烨）

表6-18　2022年专培中期考核／住培第二阶段考核情况表（各专科）

| 培训专科 | 考生人数 | 合格人数 | 合格率 | 不合格人数 | | | | |
|---|---|---|---|---|---|---|---|---|
| | | | | 合计 | 理论 | 英语 | 技能 | 思维 |
| 心血管内科 | 26 | 21 | 80.8% | 5 | | 1 | | 4 |
| 呼吸与危重症 | 18 | 17 | 94.4% | 1 | | | | 1 |
| 消化内科 | 14 | 8 | 57.1% | 6 | 1 | 3 | | 2 |
| 肾脏内科 | 6 | 4 | 66.7% | 2 | | | | 2 |
| 血液内科 | 21 | 18 | 85.7% | 3 | | 1 | | 2 |
| 内分泌科 | 9 | 6 | 66.7% | 3 | | 1 | | 2 |
| 感染内科 | 3 | 2 | 66.7% | 1 | 1 | | | |
| 风湿免疫 | 7 | 6 | 85.7% | 1 | | 1 | | |
| 老年内科 | 7 | 5 | 71.4% | 2 | 1 | 1 | | 1 |
| 普通外科 | 31 | 28 | 90.3% | 3 | | | | 3 |
| 骨科 | 35 | 35 | 100.0% | | | | | |
| 泌尿外科 | 15 | 15 | 100.0% | | | | | |
| 胸外科 | 10 | 9 | 90.0% | 1 | | | 1 | 1 |
| 心脏外科 | 4 | 3 | 75.0% | 1 | | 1 | | |
| 神经外科 | 13 | 13 | 100.0% | | | | | |
| 整形与美容科 | 6 | 6 | 100.0% | | | | | |
| 运动医学 | 5 | 5 | 100.0% | | | | | |
| 儿外 | 1 | 1 | 100.0% | | | | | |
| 妇产科 | 33 | 31 | 93.9% | 2 | 1 | | | 1 |
| 儿科 | 28 | 24 | 85.7% | 4 | | 2 | 2 | 2 |
| 眼科 | 12 | 11 | 91.7% | 1 | 1 | | | |
| 耳鼻咽喉科 | 11 | 11 | 100.0% | | | | | |
| 皮肤科 | 19 | 19 | 100.0% | | | | | |
| 神经内科 | 19 | 14 | 73.7% | 5 | 4 | | | 1 |
| 放射科 | 26 | 26 | 100.0% | | | | | |
| 超声科 | 19 | 18 | 94.7% | 1 | | 1 | | |
| 核医学科 | 10 | 10 | 100.0% | | | | | |
| 介入科 | 1 | 1 | 100.0% | | | | | |
| 病理科 | 10 | 8 | 80.0% | 2 | | | 2 | 2 |
| 临床检验科 | 5 | 4 | 80.0% | | | 1 | | |
| 重症医学 | 7 | 6 | 85.7% | | | | | |
| 麻醉科 | 40 | 37 | 92.5% | 3 | 2 | | | 1 |
| 精神科 | 12 | 11 | 91.7% | 1 | | 1 | | |
| 口腔综合（专） | 11 | 9 | 81.8% | 2 | | 1 | 1 | |
| 牙体牙髓科 | 4 | 4 | 100.0% | | | | | |
| 牙周科 | 9 | 8 | 88.9% | 1 | | 1 | | |
| 儿童口腔科 | 6 | 5 | 83.3% | 1 | | 1 | | |
| 口腔黏膜科 | 1 | 1 | 100.0% | | | | | |

(续表)

| 培训专科 | 考生人数 | 合格人数 | 合格率 | 不合格人数 | | | | |
|---|---|---|---|---|---|---|---|---|
| | | | | 合计 | 理论 | 英语 | 技能 | 思维 |
| 口腔预防科 | 1 | 1 | 100.0% | | | | | |
| 口腔颌面外科 | 17 | 17 | 100.0% | | | | | |
| 口腔颌面影像 | 1 | 1 | 100.0% | | | | | |
| 口腔修复科 | 13 | 13 | 100.0% | | | | | |
| 口腔正畸科 | 10 | 10 | 100.0% | | | | | |
| 肿瘤放射治疗 | 12 | 10 | 83.3% | 2 | 2 | | | |
| 肿瘤内科 | 16 | 16 | 100.0% | | | | | |
| 肿瘤外科 | 21 | 18 | 85.7% | 3 | 2 | 1 | | |
| 疼痛科 | 4 | 4 | 100.0% | | | | | |
| 急诊科 | 9 | 5 | 55.6% | 4 | 1 | | | 3 |
| 全科 | 3 | 3 | 100.0% | | | | | |
| 中医内科 | 3 | 2 | 66.7% | 1 | 1 | | | |
| 针灸科 | 2 | 2 | 100.0% | | | | | |
| 口腔综合（综） | 14 | 9 | 64.3% | 5 | 3 | 1 | 1 | 1 |
| 合计 | 640 | 571 | 89.2% | 69 | 20 | 20 | 7 | 30 |

（李　烨）

表6-19　2022年专培结业考核（3年）情况表（各医院）

| 医院 | 报名人数 | 考生人数 | 合格人数 | 合格率 |
|---|---|---|---|---|
| 北京大学第一医院 | 40 | 37 | 34 | 91.9% |
| 北京大学人民医院 | 79 | 70 | 62 | 88.6% |
| 北京大学第三医院 | 64 | 58 | 54 | 93.1% |
| 北京大学肿瘤医院 | 26 | 12 | 11 | 91.7% |
| 北京大学第六医院 | 3 | 3 | 3 | 100.0% |
| 合计 | 212 | 180 | 164 | 91.1% |

（李　烨）

表6-20　2022年专培结业考核（3年）情况表（各专科）

| 专科 | 培训年限 | 考生人数 | 合格人数 | 合格率 | 不合格人数 | | |
|---|---|---|---|---|---|---|---|
| | | | | | 合计 | 理论 | 技能 |
| 心血管内科 | 3 | 12 | 12 | 100.0% | | | |
| 呼吸与危重症医学 | 3 | 3 | 3 | 100.0% | | | |
| 消化内科 | 3 | 7 | 7 | 100.0% | | | |
| 肾脏内科 | 3 | 5 | 5 | 100.0% | | | |
| 血液内科 | 3 | 11 | 11 | 100.0% | | | |
| 内分泌科 | 3 | 5 | 3 | 60.0% | 2 | | 2 |
| 感染疾病科 | 3 | 4 | 4 | 100.0% | | | |
| 风湿免疫 | 3 | 1 | 1 | 100.0% | | | |
| 老年内科 | 3 | 5 | 5 | 100.0% | | | |
| 普通外科 | 3 | 7 | 7 | 100.0% | | | |
| 骨科 | 3 | 7 | 4 | 57.1% | 3 | 3 | |
| 泌尿外科 | 3 | 4 | 4 | 100.0% | | | |
| 胸外科 | 3 | 5 | 5 | 100.0% | | | |
| 心血管外科 | 3 | 2 | 2 | 100.0% | | | |
| 神经外科 | 3 | 3 | 3 | 100.0% | | | |

(续表)

| 专科 | 培训年限 | 考生人数 | 合格人数 | 合格率 | 不合格人数 | | |
|---|---|---|---|---|---|---|---|
| | | | | | 合计 | 理论 | 技能 |
| 运动医学 | 3 | 3 | 3 | 100.0% | | | |
| 妇产科-妇科 | 3 | 1 | 1 | 100.0% | | | |
| 妇产科-妇瘤 | 3 | 4 | 4 | 100.0% | | | |
| 妇产科-产科 | 3 | 4 | 4 | 100.0% | | | |
| 妇产科-生殖 | 3 | 2 | 2 | 100.0% | | | |
| 儿科-新生儿 | 3 | 1 | 1 | 100.0% | | | |
| 儿科-神经 | 3 | 1 | 1 | 100.0% | | | |
| 儿科-心血管 | 3 | 1 | 1 | 100.0% | | | |
| 眼科 | 3 | 7 | 1 | 14.3% | 6 | 6 | |
| 耳鼻咽喉科 | 3 | 2 | 2 | 100.0% | | | |
| 皮肤科-病理 | 3 | 2 | 2 | 100.0% | | | |
| 皮肤科-皮外 | 3 | 1 | 1 | 100.0% | | | |
| 皮肤科-美容激光 | 3 | 2 | 2 | 100.0% | | | |
| 神经内科-综合 | 3 | 3 | 3 | 100.0% | | | |
| 放射科 | 3 | 13 | 13 | 100.0% | | | |
| 超声-综合 | 3 | 8 | 7 | 87.5% | 1 | 1 | |
| 超声-妇产 | 3 | 1 | 1 | 100.0% | | | |
| 核医学 | 3 | 2 | 2 | 100.0% | | | |
| 康复医学 | 3 | 2 | 2 | 100.0% | | | |
| 临床检验 | 3 | 4 | 1 | 25.0% | 3 | 3 | |
| 重症医学 | 3 | 3 | 3 | 100.0% | | | |
| 麻醉科-心胸 | 3 | 2 | 2 | 100.0% | | | |
| 麻醉科-综合 | 3 | 17 | 16 | 94.1% | 1 | | 1 |
| 精神科-普通 | 3 | 1 | 1 | 100.0% | | | |
| 精神科-儿童 | 3 | 2 | 2 | 100.0% | | | |
| 肿瘤放射治疗科 | 3 | 8 | 8 | 100.0% | | | |
| 疼痛科 | 3 | 2 | 2 | 100.0% | | | |
| 合计 | | 180 | 164 | 91.1% | 16 | 13 | 3 |

（李　烨）

表6-21　2022年参加北京市住培结业考试情况表（各医院）

| 基地 | 总体 | | | 住院医师 | | | 专硕研究生 | | |
|---|---|---|---|---|---|---|---|---|---|
| | 考生 | 合格 | 合格率 | 考生 | 合格 | 合格率 | 考生 | 合格 | 合格率 |
| 北京大学第一医院 | 131 | 125 | 95.4% | 69 | 63 | 91.3% | 62 | 62 | 100.0% |
| 北京大学人民医院 | 143 | 137 | 95.8% | 68 | 65 | 95.6% | 75 | 72 | 96.0% |
| 北京大学第三医院 | 168 | 154 | 91.7% | 99 | 87 | 87.9% | 69 | 67 | 97.1% |
| 北京大学口腔医院 | 78 | 77 | 98.7% | 29 | 28 | 96.6% | 49 | 49 | 100.0% |
| 北京大学肿瘤医院 | 13 | 13 | 100.0% | 5 | 5 | 100.0% | 8 | 8 | 100.0% |
| 北京大学第六医院 | 25 | 25 | 100.0% | 12 | 12 | 100.0% | 13 | 13 | 100.0% |
| 北京大学首钢医院 | 4 | 3 | 75.0% | 3 | 2 | 66.7% | 1 | 1 | 100.0% |
| 北京积水潭医院 | 51 | 42 | 82.4% | 40 | 31 | 77.5% | 11 | 11 | 100.0% |
| 北京医院 | 88 | 86 | 97.7% | 75 | 73 | 97.3% | 13 | 13 | 100.0% |
| 中日友好医院 | 120 | 116 | 96.7% | 93 | 89 | 95.7% | 27 | 27 | 100.0% |
| 航天中心医院 | 16 | 16 | 100.0% | 13 | 13 | 100.0% | 3 | 3 | 100.0% |
| 民航总医院 | 5 | 4 | 80.0% | 4 | 3 | 75.0% | 1 | 1 | 100.0% |
| 首都儿科研究所附属儿童医院 | 29 | 27 | 93.1% | 23 | 21 | 91.3% | 6 | 6 | 100.0% |

(续表)

| 基地 | 总体 | | | 住院医师 | | | 专硕研究生 | | |
|---|---|---|---|---|---|---|---|---|---|
| | 考生 | 合格 | 合格率 | 考生 | 合格 | 合格率 | 考生 | 合格 | 合格率 |
| 回龙观医院 | 21 | 20 | 95.2% | 17 | 16 | 94.1% | 4 | 4 | 100.0% |
| 北京世纪坛医院 | 54 | 42 | 77.8% | 47 | 35 | 74.5% | 7 | 7 | 100.0% |
| 合计 | 946 | 887 | 93.8% | 597 | 543 | 91.0% | 349 | 344 | 98.6% |

（汪偌宁）

表6-22 2022年参加北京市住培结业考试情况表（各专业）

| 专业 | 总体 | | | 住院医师 | | | 专硕研究生 | | |
|---|---|---|---|---|---|---|---|---|---|
| | 考生 | 合格 | 合格率 | 考生 | 合格 | 合格率 | 考生 | 合格 | 合格率 |
| 内科 | 199 | 181 | 91.0% | 113 | 96 | 85.0% | 86 | 85 | 98.8% |
| 外科 | 164 | 155 | 94.5% | 80 | 74 | 92.5% | 84 | 81 | 96.4% |
| 外科（神外方向） | 1 | 1 | 100.0% | 1 | 1 | 100.0% | | | |
| 妇产科 | 61 | 57 | 93.4% | 41 | 37 | 90.2% | 20 | 20 | 100.0% |
| 儿科 | 36 | 35 | 97.2% | 25 | 24 | 96.0% | 11 | 11 | 100.0% |
| 眼科 | 23 | 20 | 87.0% | 12 | 10 | 83.3% | 11 | 10 | 90.9% |
| 儿外科 | 7 | 6 | 85.7% | 7 | 6 | 85.7% | | | |
| 耳鼻咽喉科 | 11 | 11 | 100.0% | 6 | 6 | 100.0% | 5 | 5 | 100.0% |
| 皮肤科 | 16 | 16 | 100.0% | 6 | 6 | 100.0% | 10 | 10 | 100.0% |
| 神经内科 | 14 | 14 | 100.0% | 6 | 6 | 100.0% | 8 | 8 | 100.0% |
| 放射科 | 30 | 27 | 90.0% | 20 | 17 | 85.0% | 10 | 10 | 100.0% |
| 超声医学科 | 33 | 27 | 81.8% | 28 | 22 | 78.6% | 5 | 5 | 100.0% |
| 核医学科 | 5 | 5 | 100.0% | 2 | 2 | 100.0% | 3 | 3 | 100.0% |
| 临床病理科 | 19 | 19 | 100.0% | 12 | 12 | 100.0% | 7 | 7 | 100.0% |
| 康复医学科 | 3 | 1 | 33.3% | 3 | 1 | 33.3% | | | |
| 康复（技师） | 20 | 20 | 100.0% | 20 | 20 | 100.0% | | | |
| 检验医学科 | 8 | 8 | 100.0% | 6 | 6 | 100.0% | 2 | 2 | 100.0% |
| 检验（技师） | 15 | 14 | 93.3% | 15 | 14 | 93.3% | | | |
| 麻醉科 | 46 | 41 | 89.1% | 40 | 35 | 87.5% | 6 | 6 | 100.0% |
| 精神科 | 46 | 45 | 97.8% | 29 | 28 | 96.6% | 17 | 17 | 100.0% |
| 口腔全科 | 32 | 31 | 96.9% | 29 | 28 | 96.6% | 3 | 3 | 100.0% |
| 口腔内科 | 22 | 22 | 100.0% | 7 | 7 | 100.0% | 15 | 15 | 100.0% |
| 口腔颌面外科 | 16 | 16 | 100.0% | 3 | 3 | 100.0% | 13 | 13 | 100.0% |
| 口腔颌面影像科 | 1 | 1 | 100.0% | | | | 1 | 1 | 100.0% |
| 口腔修复科 | 11 | 11 | 100.0% | 3 | 3 | 100.0% | 8 | 8 | 100.0% |
| 口腔正畸科 | 11 | 11 | 100.0% | 4 | 4 | 100.0% | 7 | 7 | 100.0% |
| 口腔病理科 | 2 | 2 | 100.0% | | | | 2 | 2 | 100.0% |
| 放射肿瘤科 | 6 | 6 | 100.0% | 4 | 4 | 100.0% | 2 | 2 | 100.0% |
| 急诊科 | 16 | 14 | 87.5% | 12 | 10 | 83.3% | 4 | 4 | 100.0% |
| 全科 | 54 | 53 | 98.1% | 45 | 44 | 97.8% | 9 | 9 | 100.0% |
| 住院药师 | 18 | 17 | 94.4% | 18 | 17 | 94.4% | | | |
| 合计 | 946 | 887 | 93.8% | 597 | 543 | 91.0% | 349 | 344 | 98.6% |

（汪偌宁）

表 6-23　2020—2021 年北京大学/医学部继续教育奖项列表

| 奖项名称 | 数量 | 获奖单位 | 获奖项目/获奖者 |
|---|---|---|---|
| 北京大学继续教育优秀办学单位 | 1 | 北京大学医学继续教育学院 | |
| 北京大学继续教育精品项目 | 5 | 北京大学第一医院<br>北京大学人民医院<br>北京大学人民医院<br>北京大学第三医院<br>北京大学口腔医院 | 全国皮肤组织病理学新进展学习班<br>玻璃体手术学习班<br>第十届北京大学人民医院脊柱骨盆肿瘤外科治疗学习班<br>全国放射性粒子规范化治疗肿瘤培训班<br>口腔颌面锥形束 CT 临床应用的规范化培训 |
| 北京大学继续教育教学优秀奖 | 5 | 北京大学第一医院<br>北京大学人民医院<br>北京大学第三医院<br>北京大学口腔医院<br>北京大学第六医院 | 杨莉<br>朱凤雪<br>马潞林<br>李自力<br>黄悦勤 |
| 北京大学医学部继续教育精品项目 | 5 | 北京大学第一医院<br>北京大学第三医院<br>北京大学肿瘤医院<br>北京大学第六医院<br>北京大学护理学院 | 2021 北京大学新生儿危重症论坛<br>个性化屈光手术及圆锥角膜诊治新进展<br>第六届北京淋巴瘤国际研讨会<br>精神卫生健康教育培训班<br>"线上金课"设计制作与应用培训班 |
| 北京大学医学部继续教育教学优秀奖 | 5 | 北京大学第一医院<br>北京大学人民医院<br>北京大学第三医院<br>北京大学护理学院<br>北京大学临床研究所 | 曲元<br>李永杰<br>陈文<br>庞冬<br>武阳丰 |
| 总计 | 21 | | |

（胡　玮）

表 6-24　2022 年国内访问学者及学科骨干接收情况

| 单位 | 国内访问学者 | | | | | | | | | 小计 | 北京市/石家庄市学科骨干 | | 总计 |
|---|---|---|---|---|---|---|---|---|---|---|---|---|---|
| | 河北 | 山西 | 福建 | 郑州 | 特培 | 教育部 | 广东一般 | 中组部 | 一般 | | 北京市骨干 | 石家庄骨干 | |
| 北京大学医院 | 12 | 23 | 0 | 9 | 3 | 0 | 0 | 1 | 1 | 49 | 4 | 2 | 55 |
| 北京大学人民医院 | 6 | 22 | 1 | 5 | 0 | 0 | 0 | 2 | 0 | 36 | 8 | 0 | 44 |
| 北京大学第三医院 | 18 | 21 | 8 | 13 | 3 | 0 | 0 | 3 | 2 | 68 | 10 | 1 | 79 |
| 北京大学口腔医院 | 5 | 3 | 2 | 1 | 0 | 0 | 0 | 0 | 3 | 14 | 2 | 0 | 16 |
| 北京大学肿瘤医院 | 5 | 9 | 3 | 0 | 0 | 0 | 0 | 0 | 1 | 18 | 0 | 0 | 18 |
| 北京大学第六医院 | 2 | 2 | 5 | 3 | 0 | 0 | 0 | 0 | 0 | 12 | 3 | 0 | 15 |
| 北京大学国际医院 | 0 | 0 | 0 | 0 | 0 | 0 | 0 | 0 | 0 | 0 | 0 | 0 | 0 |
| 积水潭医院 | 4 | 11 | 3 | 2 | 0 | 0 | 0 | 0 | 0 | 20 | 0 | 0 | 20 |
| 护理学院 | 0 | 5 | 0 | 0 | 1 | 3 | 0 | 0 | 3 | 12 | 0 | 0 | 12 |
| 药学院 | 0 | 0 | 0 | 1 | 0 | 0 | 0 | 0 | 5 | 6 | 0 | 0 | 6 |
| 公卫学院 | 0 | 0 | 0 | 0 | 0 | 0 | 1 | 0 | 1 | 2 | 0 | 0 | 2 |
| 基础医学院 | 0 | 2 | 0 | 0 | 0 | 2 | 0 | 0 | 1 | 5 | 0 | 0 | 5 |
| 总计（人数） | 52 | 98 | 22 | 34 | 7 | 5 | 1 | 6 | 17 | 242 | 27 | 3 | 272 |

（刘羽静）

表 6-25　2022 年进修生培养情况

| 单位 | 单科进修班 | | | | 零散进修 | | | 进修总人数 | 进修总收入（万元） |
|---|---|---|---|---|---|---|---|---|---|
| | 举办数 | 班次 | 人数 | 收入（万元） | 接收培训科室 | 人数 | 收入（万元） | | |
| 北京大学医院 | 7 | 13 | 224 | 164 | 43 | 504 | 268.43 | 728 | 892 |
| 北京大学人民医院 | 26 | 52 | 261 | 135.9 | 50 | 402 | 74 | 663 | 798.9 |

(续表)

| 单位 | 单科进修班 | | | | 零散进修 | | | 进修总人数 | 进修总收入（万元） |
|---|---|---|---|---|---|---|---|---|---|
| | 举办数 | 班次 | 人数 | 收入（万元） | 接收培训科室 | 人数 | 收入（万元） | | |
| 北京大学第三医院 | 20 | 40 | 603 | 379.2 | 35 | 91 | 51.6 | 694 | 1073.2 |
| 北京大学口腔医院 | 7 | 7 | 76 | 679.1 | 10 | 99 | 193.08 | 175 | 854.1 |
| 北京大学肿瘤医院 | 22 | 25 | 122 | 83.8 | 25 | 87 | 38.4 | 209 | 292.8 |
| 北京大学第六医院 | 2 | 2 | 101 | 60.3 | 2 | 42 | 11.3 | 143 | 203.3 |
| 北京大学国际医院 | 0 | 0 | 0 | 0 | 15 | 56 | 16.8 | 56 | 56 |
| 护理学院 | 0 | 0 | 0 | 0 | 5 | 16 | 8 | 16 | 16 |
| 药学院 | 0 | 0 | 0 | 0 | 2 | 5 | 4 | 5 | 5 |
| 公卫学院 | 0 | 0 | 0 | 0 | 2 | 3 | 1.5 | 3 | 3 |
| 基础医学院 | 0 | 0 | 0 | 0 | 8 | 14 | 9 | 14 | 14 |
| 人文学院 | 0 | 0 | 0 | 0 | 4 | 5 | 3 | 5 | 5 |
| 总计 | 84 | 139 | 1387 | 1502.3 | 201 | 1324 | 679.11 | 2711 | 4213.3 |

（刘羽静）

表6-26 2022年国家级和市级继续医学教育项目等短期培训班情况

| | 国家级 | 国家级（基地） | 市级 | 远程 | 医学部培训班 | 合计 |
|---|---|---|---|---|---|---|
| 项目数 | 70 | 9 | 29 | 106 | 15 | 229 |
| 培训人次 | 8685 | 1056 | 1790 | 107,207 | 1055 | 119,793 |
| 培训收入（万元） | 411.83 | 35.14 | 131.56 | 21.711 | 403.164 | 1003.405 |

（马 真、胡 玮）

## 医学继续教育学院

【发展概况】 组织结构。2022年，医学继续教育学院下设综合办公室、教育培训中心、网络教育试点结束工作专班和线上线下融合发展工作专班。职员总数为37人，其中事业编8人。院长张海澄，执行院长张娟，副院长李秀惠。

网络学历继续教育。根据《教育部办公厅关于结束现代远程教育（网络教育）试点有关工作的通知》（教职成厅函[2022]6号）文件精神，经医学部党政联席会研究决定，2022年秋季起医学部正式结束现代远程教育（网络教育）试点工作，停止网络教育招生。学院按要求提交试点结束工作方案及风险防控预案，有序推进试点收尾工作。2022年在籍生7870人。春季新生注册720人。全年毕业注册2365人，学位申报518人，办理学籍异动666人，根据学信网要求完成信息比对2370人。全年开展341门次课程教学组织工作，完成3408名学生的论文指导及评审工作，组织完成248名学生的论文答辩工作。受疫情常态化影响，继续通过线上方式组织完成3月、9月两批次41,181人次课程考试。根据教育部通知要求，以线上双摄监考方式组织落实全国高校网络教育统一考试6382人次。

继续医学教育与培训。学院积极应对疫情防控，加大培训新项目研发工作，陆续推出"基层肿瘤医师能力提升培训班""临床营养诊疗国际化高级研修班""生活方式医学与健康管理培训班""儿童青少年心理咨询长程培养计划"等在线培训项目。2022年学院携手光华管理学院，推出"北大医学-北大光华医疗健康产业领航计划"第二期项目。围绕政策监管解读、全球临床及实验室前沿动向等主题，促进产学研深度联动，学员涉及创新药、医疗器械、IVD、CRO、智慧医疗、医疗服务与医疗投资多个健康产业赛道。学院积极推动与国家卫健委能力建设和继续教育中心的战略合作，开启北京大学应用行为分析第二期研修班，在充分借鉴国际化行为分析教育成果基础上，不断探索中国本土化应用行为分析继续教育新模式，搭建从理论学习到实践教学、基地实习一体化培养体系。

继续开展线上"防治传染病项目"和远程CME项目。2022年6家直属附属医院共计9772人参加"防治传染病项目"学习；开发远程继续医学教育CME项目106项，建设课程1489学时，学员共计18,908人，全年106,687人次参与学习，上报学分180,258分。

融媒体服务。学院媒体服务板块完成一期升级。总面积约200平方米，配备大、小演播室、专业导播室、配音室、化妆间，其中大演播室包含有大屏景区、电视实景区、虚拟背景区，采用一体化4K超高清全媒体虚实演播系统，可同时进行4路拍摄，实现视频/IP直播，满足精品课录制、情景教学、专家访谈和直播课堂等多种需求，可根据需求提供系统拍摄、录制、编辑、课程包装等服务。同时，学院还申请并获批贴息贷款项目，开启融媒体平台二期项目建设。

2022年，融媒体服务继续为"研院在线"教学平台提供技术保障，协助教师组织线上教学互动活动，共设置695个班次，17,263人次在平台进行学习。服务大型活动、学术会议等各类直播任务61场，完成新闻拍摄、视频制作70余部。同时，根据医学部党委工作安排，完成8场选举投票直播任务，制作机关党支部展示视频21部。

党建工作。2022年学院组织党员干部持续学习党的理论知识和模范事迹，开展读书交流。完成《加强非事业编制人员为主的基层党组织建设发挥基层党组织作用》基层党建创新立项课题调研并顺利结题。邀请医学部机关党委书记郭琦给全体教职工讲党课，传达学校第十四次党代会精神，交流参会心得。组织观看党的二十大开闭幕会和新一届中央政治局常委同中外记者见面会直播，认真学习领悟党的二十大报告。

内部建设。2022年，学院完成人员优化和组织架构调整，组建网络教育试点结束工作专班、线上线下融合发展专班，以专班形式进行重组改革。参与医学部办学110周年纪念画册、110周年历程展、教师节表彰成果展、北医优秀校友评选等活动，并启动学员单位现代医院管理优秀案例评选工作，设计制作学员优秀结业论文集，承办"北大医学办学110周年教育教学论坛"。

（孙宝芝）

## 留学生与港澳台学生教育

【发展概况】 留学生工作。2022年10月，在校留学生3038人，来自132个国家。学位生2465人，其中本科生1183人，硕士研究生721人，博士研究生317人。非学位生244人，其中，普通进修生149人，高级进修生8人，预科生87人。此外，800余名国际学生通过国际暑期学院、汉语暑期学校、北京大学-芝加哥大学国际政策暑期项目、北大与海外知名院校品牌合作项目等渠道在北大研修学习。举办来华教育70周年系列活动。继续做好东方奖学金项目。面向全球开展线上宣讲和考试。开拓国际暑期学院、预科实验班和交换进修生培养。开展留学生"知·行计划"，加强留学生中国国情教育。延展留学生校友工作体系，开拓留学生就业实习服务工作。分批做好留学生返华返校，自8月9日启动至2022年年底，已组织800多名留学生返回。

港澳台工作。2022年10月，在校港澳台学位生753人。按照学生类别划分，本科生295人，硕士研究生381人，博士研究生77人。按照生源地划分，香港学生322人，澳门学生154人，台湾学生277人。此外，接收港澳台地区高校交换学生53人。举办北京大学香港特别行政区政府高级公务员公共管理硕士项目，培养解国家发展战略布局、具备胜任香港特区公共管理能力的治理人才。通过收看香港回归祖国25周年大会等活动做好人心回归工作。加强面向港澳台学生的国情教育，举办系列"读懂中国"项目。6月30日，线上举办2022年度京港大学联盟理事会。7月9日，举行"增强动能 由治及兴——学习习近平主席有关香港回归祖国25周年重要讲话研讨会"。7月21日，2022两岸青年峰会在北京稻香湖景酒店展示中心开幕，学校承办本届峰会"成长与成才"专题研讨。11月13日，第八届中华文化论坛在北京以线上线下相结合的形式举行。12月1日，京港大学联盟"携手共建京港高水平人才高地"研讨会在线上举行。

（陈岱明、王 萌）

## 医学部留学生与港澳台学生教育

【发展概况】 2022—2023学年度学校医学部在校海外学生长期生总数515人：其中留学生392人，台港澳侨学生123人。

顺利完成2022年海外学生的招生工作。受新冠疫情影响，2022年北大医学本科来华留学生入学考试采取面试表现结合考生高中三年数学、物理和化学成绩的方式进行综合考察，共有22人参加考试，17人被录取。2022年共招收留学生40人，台港澳学生31人，还接收8名2022级中国政府奖学金本科生。

圆满完成2022届海外学生的毕（结）业工作。2022年留学生本科毕结业62人，台港澳学生本科毕业获学位25人；组织毕（结）业学生离校，发放毕（结）业证书、成绩单。

着重做好海外学生的日常管理工作。平稳有序推进境外留学生入境返校工作；切实抓紧海外学生的学习管理工作；做好海外学生的日常管理。

（杜晓鹏）

## 教师教学发展中心

【发展概况】 教师教学发展中心主要承担学校的教学支撑服务、教师教学能力提升和教育教学改革发展研究工作。2022年，孙华任中心主任，何山、蔡景一、林丰民、佟萌任中心副主任。2022年，中心进一步完善教师教学能力提升与发展的综合体系，推进线上线下融合的智慧型、泛在化学习空间建设，开展教学学术研究推进教学改革与创新等工作。

**综合体系建设**。2022年，中心继续完善北大教学发展多层次专业化培训体系建设，在校内开展全面的教师教学能力提升促进工作，同时积极辐射中西部高校。其中，青年教师教学能力发展计划、研究生助教培训、教学新思路、教师教学档案袋、教师教学创新大赛等项目紧紧围绕学校教学改革发展的需求，给师生提供有效的资源和新的教学方法和教育理念，整年累计培训2万余人次。

**青年教师教学能力发展计划**。2022年春季学期，中心继续开展项目模块三"信息化教学"和模块四"教学观摩与演练"的培训，秋季学期继续开展项目模块二"教学理念与教学方法"的培训，全年开展19次北京大学青年教师教学培训、6次课堂观摩沙龙和1次微格结业沙龙，培训老师1850人次，83份课堂观摩表成册，形成85份信息化大作业、68份微格作业，结业教师51人。

**研究生助教培训项目**。2022年，中心开设2期慕课课程《我在北大做助教》，2792人注册学习，952位研究生助教获得证书。

**教学新思路项目**。2022年，该项目共收到来自北京大学26个院系/部门（含医学部）的104份立项申请。经过专家网络与会议评审，最终有26个项目通过立项，其中重点项目3项、优先项目7项、一般项目16项。中心在项目申请和实施过程中举办19场培训活动，帮助教师了解最新的教学技术发展趋势、创新实践做法，并在此基础上开展创新实践，举办创新教与学应用大赛，共收到28个参赛作品，通过专家网络评审，其中19个作品进入现场决赛。2022年9月26日，中心策划启动"第五届创新教学论文征集活动"。

**教师教学档案袋平台**。2022年，该平台支持中心青年教师培训项目、助教培训、教育大数据、学生论文征集等项目的良好运行。平台与北京大学媒体资源平台有效对接，帮助教师自动整合课堂录像数据，进一步充实教师的电子档案袋，方便教师开展教学反思。2022年，中心开发与教学档案袋平台相互支撑的北京大学教学培训平台。

**第二届北京高校教师教学创新大赛**。2022年，中心全面支持北大参赛团队参加第二届北京高校教师教学创新大赛，开展参赛指导、资料准备、视频拍摄、审核上传等工作。公共卫生学院王胜锋团队《流行病学》获得北京市级一等奖、全国赛部属高校副高组三等奖；第三医院周非非团队《肌骨系统（三）退行性疾病》获得北京市级三等奖。

**教学资源管理**。2022年，中心升级改造学校270余间公共教室的音视频系统。一方面提升教室内部的音频效果，另一方面使录播的声音更清晰稳定。同时，支持疫情封校期间教师与教室之间远程授课的需要，有效保障教学正常进行。

2022年，中心完成第一教学楼25间教室的升级改造，实现教室功能齐全，能流畅支持高质量音视频效果的线上线下融合式教学。建设教学观摩中心和督导平台，实现对所有教室的在线观摩、在线巡课、在线评估，并支持在线教学督导。

**线上教学**。2022年，中心支持北大师生开展多种模式教学，包括面向海外的线上直播教学、教室内外混合式教学、线下异步辅助教学等。

2月，中心根据系统升级和教学需求，更新编制并全校发布"北大2022年春季学期教师快速开课指南"，全面指导支持教师顺利开课。面向全校教师提供10个在线服务微信群，每天7:00—23:00全方位实时支持。6月，中心提供北大教学网+Classin+知网、北大易考、北大Canvas+Teams+Turnitin共三套在线考试组合方案，全校推广使用，有力支持期末1200多门线上线下融合式考试。7月-8月，中心全面支持北大暑期学校的在线教学工作，创建各类课程150多门、4000多个账号，开展2讲4学时暑期学校专场培训，并组建"2022年北大暑期学校教师支持群"，全天候实时在线指导和解答。

**媒体资源服务**。2022年，中心继续依托媒体资源服务平台持续推出新专题推荐栏目，为北大师生提供课程资源以及学习资源服务。截至2022年底，该平台有14,215门北大全程课程视频（新增3,710门课程、近112个讲座）面向师生开放，共计采集250,155节次649,308小时教学视频资源，公共教室课堂实录视频校内播放量795,662人次。该平台校内登录注册用户达47,219人，其中教师用户7993人，学生用户39,189人。

2022年，媒体资源服务平台开通"碳达峰碳中和高等教育人才培养""中西部高校青年教师专业能力发展培训""北京高校教师教学创新大赛""2022数字与人文系列培训""学术资源检索与论文写作""新工科下午茶.学科交叉沙龙""2022系列学科讲座""人工智能助推课程建设""书法""高等量子力学"等新专题与课程，并为哔哩哔哩、北大教学网、北大教学档案袋、北大教学培训等平台推荐并提供课程与讲座视频资源，与社会公众共享北大优质资源。

**全媒体教学资源中台系统**。2022年，中心通过升级媒体资源服务平台，建设全新的"全媒体教学资源中台系统"。该平台连接全校349间公共教室，实现对接教室的录播功能，开发文本智能剪辑工具和中台系统移动服务应用，扩容中台NAS存储与系统升级，并增加飞流直播服务。

中心为学校各单位提供教学拍摄与直播技术保障。2022年，支持国家杰出青年科学基金、优秀青年科学基金等国家人才项目申报评选42人次；北京市教学名师申报3人次；北大课程思政课7次；招生办暑期学堂6人次；新工科讲座录制5次；社科部讲座沙龙录制4次；学生工作部全校防疫讲座直播1次；中国民主同盟纪念大会直播1次；社会学系毕业典礼1次；心理学院慕课10讲；中文系暑期学堂直播等。承担新工科下午茶、学科交叉沙龙直播与拍摄；拍摄"认识中国的方法"春季学期与秋季学期讲座，以及北大博雅、北大人文讲堂讲座录制多讲。多次为学校直播课、会议、项目汇报提供音视频制作和直播摄像服务；承担中层干部培训录制与直播23次课；承担计算机学院国家重点实验室项目验收视频制作、教务长办公室春季与秋季开学防疫第一课直播录制等。

项目开展。中心结合北京大学教育教学改革和国际未来教育发展开展相关研究，通过理论研究与实践活动相结合的方法，开展计算机领域本科教育教学改革试点工作（"101计划"）、"教学的魅力"系列丛书、名师论教项目、教育大数据研究项目等，逐步完善具有北京大学特色的教师教学发展机制。

"101计划"。组织听课300多场次，中心负责听课记录表的设计、听课指南的编写、听课记录表的收集、整理和分析等工作。在春季学期期末进行了听课教师和授课教师的问卷调查，共收回125份听课教师问卷和64份授课教师问卷。根据统计的课堂观察数据发现，多数教师对改进教学有充分的热情，认可参加课堂观察对改进教学的帮助；初步探索了大规模校际同行课堂观察的可行机制和有效方法；部分参与教师已经展现了在课堂观察方面的专业性和专业精神。负责"101计划"工作平台的建设，已完成1期建设，2期建设正在进行中。通过该平台可以实现项目授课教师分享课程资料、听课教师预约听课、在线提交听课记录、各项目学校之间分享项目进展情况、了解本校教师参与项目情况等丰富功能。

"教学的魅力"系列丛书和名师论教项目。2022年，中心继续提炼北大的教学思想和教学文化，编辑出版以"教学的魅力"为主题的系列丛书，与北大26个院系合作，选取优秀的教师群体以"教学"为主题出版名师访谈录。

名师论教项目开展顺利，负责中国科协"老科学家学术成长资料采集工程"之《赵凯华传》（郭九苓、赵谊平、穆良柱）的采编工作，共计采访23次，72个小时。2022年8月完成初稿编辑，共计22万余字。经赵凯华老师审阅，以及编辑组多次校对、修改后，同月完成终稿，共计25万余字。

教育大数据研究项目。2020年度立项的项目按照研究计划推进，其中12个一般项目已顺利结题，3个重大项目中2个项目完成中期评审，16个项目按项目计划正在进行结题工作。

作为教育部首批教师教学发展示范中心，通过大学与中学的有机衔接项目、中西部高校协同发展计划、学习强国号视频向全社会推送北大讲座和慕课资源等方式，实现优质教学资源共享和教师教学发展的合作研究。

党建工作。2022年，中心坚持党员集体学习制度，结合实际工作，深入学习贯彻党的二十大精神、习近平总书记重要讲话和批示指示精神。11月，中心主任孙华为全体员工讲授"学习和解读党的二十大精神"主题党课。

（李志刚）

【中西部高校新入职教师教学能力提升项目开班仪式在北京大学举行】 9月26日，由教育部教师工作司主办，北京大学教师教学发展中心承办的"中西部高校新入职教师教学能力提升项目"开班仪式在北京大学博雅讲堂采用线上线下相结合的方式举行，同时还举行了近三年北大青年教师教学培训的结业仪式。教育部教师工作司司长任友群，北京大学副校长、教务长王博和60多位北大青年教师，近2000位中西部高校新入职教师通过线上和线下方式参加活动。北京大学教务长办公室主任、教师教学发展中心主任孙华，教师教学发展中心副主任林丰民分别主持开班仪式和专题报告会。

北京大学教师教学发展中心承办的中西部高校新入职教师教学能力提升项目，是教育部面向中西部高校新入职教师，全面提升中西部高校青年教师的专业素质能力、适应信息时代的教学实践能力和数字化转型升级的重要举措。该项目的主要目标是为受训的青年教师树立正确的职业理念，强化思想政治素质和师德师风建设，培养和教育教学的基本知识与专业能力，指导做好有效的教师职业发展规划，提高育人水平和创新能力。

（李志刚）

【"面向未来：高等教育与数智化发展"国际研讨会】 11月11日至13日，以"面向未来：高等教育与数智化发展"为主题的第九届"高校教学发展网络"（Chinese Higher Education Development Network，简称CHED）2022年会举行，会议由北京大学教师教学发展中心承办。来自北京大学、剑桥大学、康奈尔大学、香港理工大学、清华大学、北京师范大学、上海交通大学等170多所国内外高等院校的800余位教师、教学发展工作者、教学研究及管理者，以线上和线下相结合的方式围绕高等教育与数智化发展进行了深入探讨。会议通过10个主题报告、9个前置工作坊、9个分论坛以及优秀论文征集评选等活动形式，为所有参会者搭建了一个优质的互动交流平台。

11月12日上午的开幕式在北京大学图书馆科学报告厅举行，线上通过ClassIn进行直播。北京大学副校长张平文院士、教育部教师工作司司长任友群、CHED秘书长王丽伟先后致辞，北京大学智能学院院长、人工智能研究院院长朱松纯教授，剑桥大学未来数字教育中心主任Rupert Wegerif教授，图灵奖得主、美国科学院院士、康奈尔大学John E. Hopcroft教授，北京大学教育学院院长阎凤桥作了主题报告。

11月13日上午的闭幕式通过ClassIn平台在线上举行，北京大学李晓明教授、北京师范大学李芒教授、上海交通大学黄琪轩教授、上海师范大学董玉琦教授、超星泛雅集团总裁秦波涛、江南大学徐玉生教授作了主题报告。北京大学教师教学发展中心主任孙华教授对本届年会进行了总结，并与2023年"高校教学发展网络"年会主办单位江南大学副校长堵国成教授交接了 CHED 会旗。北京大学教师教学发展中心副主任林丰民、何山分别主持了年会开幕式和闭幕式。

（李志刚）

【第三届"北京大学-密歇根大学"教与学研讨会】 12月12日至17日，第三届"北京大学-密歇根大学"教与学研讨会（UM-PKU Institute for Innovative and Excellent Teaching）以在线的形式举行。本届研讨会的主题是"人工智能与高校教师发展"。美国密歇根大学副教务长 James Hilton，北京大学副校长兼教务长王博，密歇根大学学习和教学研究中心主任 Matthew Kaplan，密歇根大学学习和教学研究中心副主任朱尔平，北京大学教务长办公室主任兼教师教学发展中心主任孙华等出席会议。来自北京大学、华东师范大学、复旦大学、山东大学、中国矿业大学、中央财经大学、重庆大学、西华大学、西安科技大学、云南大学等15所院校的近200位教师参与此次研讨会。

研讨共分为五天，设计了三种活动形式：主题报告、分组讨论、研讨答疑。每场主题报告结束之后参会教师围绕主题进行分组讨论，对于讨论中提出的问题，在第二天集中研讨环节中进行解答。研讨的主题涉及创新教与学、AI 和 XR 技术在教学中的应用、体验式学习、游戏化教学等。除了 ZOOM 的直播交流，密歇根大学还通过 Canvas 平台为参会教师提供视频录像和丰富的学习资源，并且一直延续到2023年1月下旬。

（李志刚）

科研管理

# 理工医科科研管理

【发展概况】 科学研究部（简称"科研部"，下同）主要职责包括：坚持原始创新的科研导向，开展国内外科研情况调研，提出学校科研发展规划建议；筹建、协调和管理国家和省部级科技创新基地、学校理工科虚体科研机构；组织科研人员、团队承担国家各级各类科研任务，服务国家需求、服务人才成长；相关科研经费的管理；科技人才和成果奖励的申报、管理和统计。

2022年度北京大学理工医科在研项目5920项（含深圳研究生院511项，医科2619项）；理工医科到校科研经费44.70亿元，其中校本部理工科33.60亿元（科研部19.32亿元、科技开发部6.36亿元、先进技术研究院7.92亿元）、医科8.02亿元、深圳研究生院3.09亿元。2022年度理工医科到校科研经费中，由国家财政部拨款的自然科学基金委项目和科技部主管项目到校经费分别达11.33亿元和8.03亿元，两项合计占理工医科到校经费总数的43%，是北京大学科研经费的主要来源。

2022年度北京大学理工医科在重大基础研究和应用基础研究领域继续保持竞争优势，新获批"国家重点研发计划"项目74项、课题109项，科技创新2030重大项目3项、课题11项，获批项目总经费10.75亿元，国家重点研发计划项目获批数居全国第一。科技创新2030-新一代人工智能重大项目10项。牵头申报国家和地方等各类"揭榜挂帅"重大科技项目共6项。

2022年度北京大学（含深圳研究生院）新获批国家自然科学基金直接经费10.34亿元，获资助各类项目870项。其中基础科学中心4项，创新研究群体2项，国家杰出青年科学基金29项，优秀青年科学基金11项，国家重大科研仪器研制项目（自由申请类）5项，重大项目26项（牵头项目8项、承担课题18项），重点项目36项，面上项目346项，青年科学基金项目316项，重大研究计划17项（含集成项目9项、重点支持项目3项），联合基金重点支持项目16项，原创探索计划项目11项（指南引导类2项、专家推荐类9项），国际（地区）合作与交流项目9项（其中重点国际（地区）合作研究项目1项），外国学者研究基金11项（含资深学者1项、优秀青年学者3项）。

2022年度获批北京市基金项目47项（校本部11项、医学部9项、附属医院27项），其中杰出青年科学基金项目4项（校本部2项、医学部1项、附属医院1项）、重点研究专题8项（校本部5项、医学部1项、附属医院2项），均居全市首位；获批北京市科技新星15项（校本部4项、医学部2项、附属医院9项）、科技新星交叉课题10项（校本部1项、医学部1项、附属医院8项），均居全市首位；校本部共获批北京市、教育部、各省市项目共175项，获批经费约3亿元。

2022年度北京大学理工医科获得国际科技合作项目53项（理工科36项，医科17项），其中国家重点研发计划国际科技创新合作重点专项13项（理工科10项，医科3项）、北京市国际合作专项3项，另有37项（理工科23项，医科14项）来自海外政府、基金会和企业。

北京大学作为第一完成单位，获2022年度"高等学校科学研究优秀成果奖（科学技术）"22项/人，其中特等奖1项，一等奖11项，二等奖7项，青年奖3人；获2021年度"北京市科学技术奖"12项/人，其中一等奖2项，二等奖8项，人物奖2人。北京大学4位教授获"何梁何利基金科学与技术进步奖"，其中2021年度和2022年度各2人。北京大学5位青年教师入选2022年度"科学探索奖"，1位青年教师入选2022年度"达摩院青橙学者"。

2022年度北京大学发表SCI收录论文15,039篇，其中被SCI收录的北京大学为第一作者单位或通讯作者单位的论文9430篇，平均影响因子5.46（数据来源：WOS数据库，检索时间：2023年2月）。

**科技创新基地建设**。各类科技创新基地是北京大学开展"有组织科研"的重要主体，在人才培养、重大项目组织、重大成果产出方面具有重要作用。截至2022年底北京大学有国家重大科技基础设施3个，国家研究中心1个，全国重点实验室4个、国家重点实验室8个以及其他国家级科技创新基地25个，各类省部级基地124个，校本部理工科虚体科研机构62个。以下简述各类科技创新基地的建设运行情况。

1. 国家级科技创新基地。（1）国家实验室：深度参与昌平实验室、鹏城实验室、合肥实验室、中关村实验室、怀柔实验室、浦江实验室、苏州实验室等国家实验室建设，与国内合作办、研究生院、人事部等职能部门密切联动，统筹协调相关院系，整合优势力量和核心团队，在承担相关领域重大科研任务、科研人员聘任、研究生联合培养等多方面加快对接，同时，对合作中产生的问题进行研判、思考和梳理，探索合作新模式，努力实现国家实验室和学校的双赢发展。（2）国家研究中心：2022年依托北京大学建设的"北京分子科学国家研究中心"专项经费到校3585.3万元。（3）国家重点实验室：2022年依托北京大学建设的8个国家重点实验室专项经费到校经费共计7387.5万元。北京大学于2022年继续推动国家重点实验室综合改革工作。积极贯彻中央关于国重重组的政策要求，先后两次召开全校国重重组工作交流会，组织各国重汇报交流重组方案；协助各国重优化新建方案、完善重组方案，联合相关职能部门落实国重实体化建设资源配置，包括研究技术、工程技术等岗位、研究生名额、办公空间等，推动建设全国重点实验室体系。分批分领域积极推动重组工作。微纳电子器件与集成技术全国重点实验室已获批试点建设；第一批信息、农业、制造领域共获批3个全国重点实验室（牵头：多媒体信息处理，参与：跨媒体通用人工智能、小麦育种）；能源、医药、工程领域共6个全国重点实验室申请材料已提交至科技部（牵头：天然药物及仿生药物、血管稳态与重构、女性生育力促进，参与：页岩油气富集机理与有效开发、分子肿瘤学、基于同一健康的传染病监测预警）。（4）2022年度北京大学生命联合中心专项经费到校共计1.7亿元。（5）大科学设施：北京大学作为法人单位建设的"十三五"国家重大科技基础设施-多模态跨尺度生物医学成像设施，总投资17亿余元，建筑面积7.2万平方米，建设周期5年，2022年基建工程已竣工。蛋白质科学研究（北京）国家重大科技基础设施（北京大学基地）专项运行经费到校2860万元。"X射线自由电子激光试验装置（射频超导加速单元）"国家重大科技基础设施进入运行阶段，开放运行情况良好。"深圳精准医学影像设施"可行性研究报告获得深圳市发改委批复。（6）依托口腔医院建设的国家口腔疾病临床医学研究中心运行绩效评估结果为"优秀"。

2. 省部级科技创新基地。（1）癌症整合组学前沿科学中心通过教育部组织的论证，北京大学发文成立北京大学癌症整合组学前沿科学中心。（2）教育部重点实验室：2021年度生命领域教育部重点实验室评估结果于2022年8月公布，"分子心血管学""辅助生殖""慢性肾脏病防治""细胞增殖与分化"4个实验室评估结果为"优秀"。"高可信软件技术""机器感知与智能"2个教育部重点实验室参加2022年度信息领域教育部重点实验室评估工作。组织申报"重大疾病流行病学"教育部重点实验室。"创伤救治与神经再生"教育部重点实验室完成验收，并完成实验室主任及学术委员会聘任工作；"细胞增殖与分化"教育部重点实验室完成主任换届。（3）教育部国际合作联合实验室："转化医学与临床研究"国际合作联合实验室完成建设验收。（4）国家卫生健康委重点实验室："心血管分子生物学与调节肽""肾脏疾病""精神卫生学""神经科学""医学免疫学""生育健康""口腔医学计算机应用"7家基地参加国家卫生健康委重点实验室"十三五"评估工作。2022年10月国家卫生健康委发布评估结果，"口腔医学计算机应用"、"精神卫生学"2家评估结果为"优秀"。（5）高精尖创新中心：2022年，"集成电路"高精尖创新中心专项运行经费到校1亿元，并按照北京市教委要求，完成项目经理人咨询合作协议签订。（6）北京市交叉研究平台项目：北京激光加速创新中心项目批复总投资4.2亿元，总建筑面积3万平方米，2022年度专项设备经费到校295万元；轻元素量子材料交叉平台在怀柔科学城已正式开工建设，项目批复总投资2.995亿元，总建筑面积1.22万平方米，2022年专项设备经费到校974万元。积极推进怀柔分子影像与医学诊疗探针创新平台，作为成像大设施运行和技术转化的支持，已形成可研报告初稿；多次向北京市政府汇报并得到市领导批示，与市发改委、怀柔科学城、合作企业多次沟通，研究项目建设运行机制创新。（7）其他省部级基地：完成"国家中医药管理局中药配伍减毒重点研究室"主任及学术委员会换届工作。组织申报自然资源部"滇中高原生物多样性与地球关键带野外科学观测研究站"、生态环境部"国家环境保护环境暴露与健康风险管理重点实验室"。（8）新获批4个省部级基地：教育部"运动创伤治疗技术与器械教育部工程研究中心"、自然资源部"生态系统一体化修复与可持续利用工程技术创新中心"、水利部"水生态保护与水利遗产重点实验室"、国家原子能机构"核技术（放射性药物研发与临床应用）研发中心"。

3. 校内虚体科研机构。完成北京大学理工科虚体科研机构的3年评估工作。论证成立"北京大学数据空间技术与系统研究中心""北京大学青藏高原研究中心""北京大学医学部慢性气道疾病研究中心""北京大学医学部-顺天堂大学医学研究联合研究中心""北京大学医学部-潍坊市妇幼健康联合研究中心"五个虚体科研机构。"北京大学高能效计算与应用中心"纳入虚体科研机构管理。"盖洛普-北京大学成功心理学研究所""北京大学-洛杉矶加州大学理工联合研究所""北京大学-暨南大学联合环境资源研究院""北京大学-哈佛大学生态城市学联合实验室"四个虚体科研机构主动申请终止。完成"北京大学-中国气象局大气水循环与人工影响联合研究中心"撤销。

**科研项目与科研经费**。1. 国家自然科学基金委员会资助的各类项目。2022年度北京大学（含深圳研究生院）获批国家自然科学基金各类项目870项，获批直接经费共计10.34亿元。（1）面上青年项目：2022年度北京大学共获批准面上和青年基金项目662项，批准经费2.73亿元。（2）重点项目：2022年度北京大学共获批准重点项目36项，批准经费0.98亿元。（3）重大项目：2022年度北京大学获批重大项目8项，重大项目课题18项。（4）重大研究计划：2022年度北京大学获批重大研究计划17项。（5）国家重大科研仪器研制项目（自由申请）：2022年度北京大学获批国家重大科研仪器研制项目（自由申请）5项。（6）基础科学中心项目：2022年度北京大学获批基础科学中心4项，数学科学学院张平文、基础医学院邓宏魁、中国药物依赖性研究所陆林和第三医院乔杰分别为学术带头人。（7）创新研究群体项目：2022年度北京大学获批创新研究群体2项，环境科学与工程学院要茂盛、口腔医院邓旭亮分别为学术带头人。（8）国家杰出青年科学基金：2022年度北京大学共有29人荣获国家杰出青年科学基金资助（2022年全国共批准415人）。（9）优秀青年科学基金项目：2022年度北京大学共有11人获得优秀青年科学基金项目（2022年全国共批准630人）。（10）原创探索计划项目：2022年度北京大学共获批原创探索计划11项，其中指南引导类2项、专家推荐类9项。（11）国际（地区）合作与交流项目：2022年度北京大学（含深圳研究生院）在基金委资助下开展各类国际（地区）合作与交流共9项，其中包括重点国际（地区）合作研究项目、组织间合作研究项目、合作交流项目等。

2. 国家科技部主管的各类项目。2022年度北京大学理工科的科技部到校经费6.90亿元。截至2022年底，共牵头申报国家重点研发计划166项（其中医学部、附属医院61项），新批"国家重点研发计划"项目74项（其中医学部、附属医院21项）、课题109项，获批项目国拨经费10.05亿元、课题国拨经费4.89亿元；科技创新2030重大项目3项、课题11项，获批项目国拨经费0.7亿元、课题国拨经费0.82亿元。3. 国际科技合作项目：2022年度北京大学理工医科获得国际科技合作项目53项（理工科36项，医科17项），其中国家重点研发计划国际科技创新合作重点专项13项（理工科10项，医科3项）、北京市国际合作专项3项，另有37项（理工科23项，医科14项）来自海外政府、基金会和企业。2022年北京大学举办国际学术会议共35项（理工科9项，医科26项）。

3. 北京市及其他省市部委科研项目。（1）北京市自然科学基金项目：2022年度获批北京市基金项目47项（校本部11项、医学部9项、附属医院27项），其中杰出青年科学基金项目4项（校本部2项、医学部1项、附属医院1项）、重点研究专题8项（校本部5项、医学部1项、附属医院2项）。（2）北京市科技新星计划：2022年度获批北京市科技新星15项（校本部4项、医学部2项、附属医院9项）、科技新星交叉课题10项（校本部1项、医学部1项、附属医院8项）。校本部共获批北京市、教育部、各省市项目共175项，获批经费约3亿元。

**深化科技奖励与成果管理服务。**持续完善学校各级各类科技奖励项目库，更新国家科学技术奖申报储备库；主动对接院系，11月至12月组织"科技奖励工作交流会"，全流程服务北大报奖项目和报奖人；牵头落实基础研究科技评价试点改革任务，组织理工科院系研讨，12月形成《北京大学基础研究科技成果评价举措和典型案例》提交科技部。

**科研情报和宣传工作。**围绕加强有组织科研等方面工作，形成10余份建议报告，向上级主管部门"建言献策"；完成近五年理工科研工作等专题宣传稿，积极宣传北大科技创新工作成就；编制12期《北京大学科研简报》；在"北大科研"公众号发布重要科研进展共计247篇。

**疫情防控科研工作组工作。**科研部作为学校疫情防控科研工作组牵头单位，联合学校其他相关职能部门，通过建立合适、高效组织结构和制度，做好提前预警和工作预案；建立"一对一"联系人制度和常态化工作机制，针对科研人员入校开展"特、急、需"现场科研活动、改善住宿条件、不同园区闭环管理等重点工作，规范工作制度和文件，理顺工作流程、及时充分调研院系科研工作困难和需求，积极协调各方资源，为应对疫情防控突发情况、推进疫情防控"长期化""常态化"背景下学校科研工作平稳有序开展提供了有力支撑。

（范少锋、廖日坤、刘超、刘雨薇、孟祎、田君、王清影、王纬超、杨凌春、杨淑佳、杨潇宇、张秋月）

【**深入学习贯彻党的二十大精神**】 科研部党支部积极组织开展多种形式的支部活动，将学习党的二十大精神同落实学校第十四次党代会决策部署结合起来，把党的二十大精神融入到构建高水平科技创新体系工作中去，为加快推动"双一流"建设提供有力支撑。10月，集体收看二十大开幕会和中央政治局常委同中外记者见面会，全体同志撰写学习二十大心得体会，自觉把思想和行动统一到党的二十大精神上来，提高政治站位，强化责任担当，在全面建设社会主义现代化国家、全面推进中华民族伟大复兴的新征程中踔厉奋发，勇毅前行。10月，集体参观"喜迎二十大 奋进新时代——北京大学改革发展十年成果图片展"、王选纪念陈列室以及北京大学地质博物馆燕园大厦展厅。11月，联合相关院系和职能部门组织开展"服务国家战略，助力科技自立自强"主题党日活动，邀请孙昌璞院士作"面向国家需求的基础研究与战略科学家培育"主题报告，进一步加强对党的二十大报告中关于教育、科技、人才等论述的深刻理解。11月，编制《学习二十大精神科技创新领域材料汇编》，围绕强化有组织科研和打造国家战略科技力量积极开展自主学习。

（钟婧）

【**巩固基础研究竞争优势**】 国家自然科学基金申报和获批数量持续保持高位，整体呈现基础项目稳步增长、重大类型项目增量显著、医学领域项目申报量持续扩大的向好态势。2022年共获批国家自然科学基金项目845项，经费10.23亿元，位居全国前列。其中，获批国家杰出青年科学基金项目29项、基础科学中心项目4项，均位居全国第一且再创历史新高；获批国家重大科研仪器研制项目（自由申请）5项，创新研究群体项目2项，优秀青年科学基金项目11项，重点项目36项，重点国际合作研究项目1项，重大项目26项（含项目8项、课题18项），重大研究计划集成项目9项、重点支持项目3项，原创探索计划项目11项（含指南引导类2项、专家推荐类9项），联合基金重点支持项目16项，外国学者研究基金项目8项（含外国资深学者研究基金项目1项、外国优秀青年学者研究基金项目1项）。北京市各类项目成绩优异。2022年获批北京市基金项目20项，其中杰出青年科学基金项目3项、重点研究专题6项，均居全市首位；获批北京市科技新星15项、科技新星交叉课题10项，均居全市首位。

（钟婧）

【**持续强化创新基地建设支撑**】 深入推进国家重点实验室优化重组。积极贯彻中央关于国重重组的政策要求，4月和7月，先后两次召开全校国重重组工作交流会，组织各国重汇报交流重组方案；协助各国重优化新建方案、完善重组方案，联合相关职能部门落实国重实体化建设资源配置，包括研究技术、工程技术等岗位、研究生名额、办公空间等，推动建设使命清晰、定位明确、基础坚实、机制创新、保障有力的全国重点实验室体系。分批分领域积极推动重组工作，2022年度，获批试点建设1个全国重点实验室，第一批信息、农业、制造领域共获批3个全国重点实验室（1个牵头，2个参与）；能源、医药、工程领域共6个全国重点实验室申请材料已提交至科技部。

2022年度，推动与鹏城、合肥、昌平、中关村、怀柔、浦江、苏州实验室开展深度合作，与国内合作办、研究生院、人事部等相关职能部门密切联动，统筹协调相关院系，整合优势力量和核心团队，在承担相关领域重大科研任务、科研人员双聘、研究生联合培养等多方面进行对接工作。同时对合作中产生的问题进行了研判、思考和梳理，探索合作新模式，努力实现双赢发展。

加强重点基地布局和管理。2022年度，新获批5个国家级基地，获批教育部、自然资源部、水利部、国家原子能机构等设立的4个省部级基地；有序推动国家基础学科研究中心、集成攻关大平台、教育部重点实验室、北京实验室等新建基地申报工作；积极推进怀柔探针平台申报工作，多次向北京市政府汇报并得到市领导批示，与市发改委、怀柔科学城、合作企业多次沟通，明确项目建设运行模式；加强虚体科研机构运行管理，完成周期评估（2019—2021年）工作。

稳步推进大科学设施建设发展。"蛋白质科学研究设施（北大基地）"和"X射线自由电子激光试验装置（射频超导加速单元）"不断加强开放共享，充分发挥战略支持和对外开放作用；"深圳精准医学影像设施"可行性研究报告已获得批复。

（钟婧）

【推进中俄数学中心建设】对接国家战略，推进高水平实质性的国际科技合作。中俄数学中心充分发挥中俄数学合作交流窗口和协调机构的作用，不断拓展交流合作的广度和深度。中心已培育国际合作团队8个，打造合作基地12个，取得了一系列重要进展。中心自成立以来已先后举办131场学术交流活动，124位来自俄罗斯及其他国家的专家受邀作线上报告，中心的系列论坛已成为中俄数学交流的名片。2022年度向主管部门先后报送《北京大学建设世界一流数学中心工作进展》2份，得到上级领导的重要批示。8月30日，中心作为中俄科技创新合作代表性成果，受邀参加中俄总理定期会晤委员会科技合作分委会第二十六届例会，并做典型发言。

（钟婧）

【完善科研管理服务机制】坚持以"精细化"服务为导向，以体制机制创新为动力，营造有利于科研人员潜心研究的良好氛围，进一步释放创新创造活力。健全科研项目过程管理。深化科技领域"放管服"改革要求，出台预算调剂、结余资金、间接经费、次级合同审核等相关细则，下放政策红利。4月，上线科研项目"大额资金使用审批系统"线上服务功能。联合计算中心在"北京大学科研管理系统"中增加"承诺声明"模块，于10月正式上线运行。截至12月31日，来自40多个二级单位的4100余个项目的负责人在系统中完成承诺声明的填报工作。通过项目负责人对项目开展过程中的风险点进行提前声明，加强对科技伦理、人遗资源、利益关联、科学数据等重要事项的规范管理。提升科研管理与服务队伍业务水平。4月至6月，面向科研财务助理开展公文写作提高培训。11月，组织召开科研管理课题评审会暨科研管理培训交流会，批准立项13项科研管理课题，持续提升科研管理队伍业务素质。三是完善科研管理综合信息系统。

（钟婧）

【统筹"北京大学昌平产教研融合创新中心"相关工作】2021年10月，北京大学与昌平区人民政府签署战略合作协议，将依托北大新工科创新主体，共建北京大学昌平产教研融合创新中心，带动基于原始创新和新兴技术的创新创业发展，实现北大新工科对昌平经济和新兴产业发展的辐射支撑。科研部对北大已有科技创新平台的人才情况、重点领域、创新研究基础、产学研合作基础、近期科研需求等进行梳理，形成初版《北京大学昌平产教研融合创新中心建设方案》，并于2022年4月初提交昌平区科委；与北大科技园紧密联动，将创新中心建设与北京大学未来产业科技园试点工作有效衔接，完善未来产业孕育发展的创新创业生态；对三聚阳光知识产权集团、红杉资本、东升科技园、东联同创科技园等展开实地调研，学习、借鉴先进经验，推进北大昌平产教研融合创新中心专业化服务体系建设。截至2022年底，与昌平区政府主要领导、分管领导及相关委局、马池口镇对接14次，协调校内相关院系与部门、梳理新工科及其他应用学科创新平台和产学研合作内容，修订完成五版《北京大学昌平产教研融合创新中心建设方案》、两版园区概念设计方案，正在编制创新中心建设可研方案、第三版园区概念设计方案、昌平区"北大专章"规划建议、创新中心规划综合实施方案。同时，协调、推动校内相关部门与昌平区相关委局、马池口镇等召开5次沟通对接会议，协调推动中小学、幼儿园对接昌平区推动基础教育配套落地昌平新校区周边。

（钟婧）

【推进新工科交流和宣传工作】新工科建设办公室、学科建设办公室发起组织"新工科下午茶·学科交叉沙龙"系列活动，每期活动邀请三至四位老师以简短报告的形式分享观点、带动话题，其他主要时间为自由交流，侧重观点碰撞和细节研讨，从中发掘研究的结合点。2022年度已举办4期，分别以"科技考古之考古学与信息学"（1月4日）、"总体国家安全观视角下的网络安全"（9月21日）、"设计学：艺术、科技与人文的融合共建"（9月27日）、"生物智能与机器智能"（10月20日）为主题展开，线上线下参与人数逾千人。为进一步加强北大新工科宣传、扩大北大新工科影响力，9月，正式上线"北大新工科"微信公众平台，同时开设和运营"北大新工科"视频号，展示北大新工科建设重点工作进展和新校区风貌等。

（钟婧）

【附表】

表7-1　国家研究中心

| 编号 | 实验室名称 | 负责人 |
|---|---|---|
| 1 | 北京分子科学国家研究中心 | 席振峰 |

（王纬超、王清影）

表7-2　国家重大科技基础设施

| 编号 | 实验室名称 | 负责人 |
|---|---|---|
| 1 | 多模态跨尺度生物医学成像国家重大科技基础设施 | 程和平 |
| 2 | 蛋白质科学研究（北京）国家重大科技基础设施北京大学基地 | 吴虹 |
| 3 | X射线自由电子激光试验装置（射频超导加速单元） | 刘克新 |

（王纬超、王清影）

表7-3　国家重点实验室

| 编号 | 实验室名称 | 负责人 |
|---|---|---|
| 1 | 人工微结构和介观物理国家重点实验室 | 刘运全 |
| 2 | 湍流与复杂系统国家重点实验室 | 李存标 |
| 3 | 核物理与核技术国家重点实验室 | 高原宁 |
| 4 | 蛋白质与植物基因研究国家重点实验室 | 瞿礼嘉 |
| 5 | 天然药物及仿生药物国家重点实验室 | 周德敏 |
| 6 | 膜生物学国家重点实验室（北大分室） | 高宁 |
| 7 | 环境模拟与污染控制国家重点实验室（北大分室） | 胡敏 |
| 8 | 区域光纤通信网与新型光通信系统国家重点实验室（北大分室） | 陈章渊 |
| 9 | 省部共建肿瘤化学基因组学国家重点实验室 | |
| 10 | 微米/纳米加工技术国家级重点实验室 | |

（王纬超、王清影）

表7-4　国家工程研究中心

| 编号 | 中心名称 | 负责人 |
|---|---|---|
| 1 | 电子出版新技术国家工程研究中心 | 郭宗明 |
| 2 | 软件工程国家工程研究中心 | 张世琨 |
| 3 | 视频与视觉技术国家工程研究中心 | 高文 |
| 4 | 口腔生物材料和数字诊疗装备国家工程研究中心 | 郭传瑸 |

（王纬超、王清影）

表7-5　国家工程实验室

| 编号 | 实验室名称 | 负责人 |
|---|---|---|
| 1 | 大数据分析与应用技术国家工程实验室 | 张平文 |

（王纬超、王清影）

表7-6　省部共建国家重点实验室

| 编号 | 实验室名称 | 负责人 |
|---|---|---|
| 1 | 省部共建肿瘤化学基因组学国家重点实验室 | 杨震 |

（孟祎）

### 表7-7 国家产教融合创新平台

| 编号 | 实验室名称 | 负责人 |
|---|---|---|
| 1 | 北京大学国家集成电路产教融合创新平台 | 黄 如 |

（王纬超、王清影）

### 表7-8 国家野外科学观测研究站

| 编号 | 中心名称 | 负责人 |
|---|---|---|
| 1 | 河北塞罕坝人工林生态系统国家野外科学观测研究站 | 方精云 |
| 2 | 河北红山巨厚沉积与地震灾害国家野外科学观测研究站 | 宁杰远 |

（王纬超、王清影）

### 表7-9 国家临床医学研究中心

| 编号 | 中心名称 | 负责人 |
|---|---|---|
| 1 | 国家精神心理疾病临床医学研究中心 | 陆 林 |
| 2 | 国家妇产疾病临床医学研究中心 | 乔 杰 |
| 3 | 国家口腔疾病临床医学研究中心 | 郭传瑸 |
| 4 | 国家皮肤与免疫疾病临床医学研究中心 | 李若瑜 |
| 5 | 国家血液系统疾病临床医学研究中心 | 黄晓军 |

（田 君）

### 表7-10 国家国际科技合作基地

| 编号 | 中心名称 | 负责人 |
|---|---|---|
| 1 | 中国-俄罗斯数学及其应用"一带一路"联合实验室 | 陈大岳 |
| 2 | 转化医学与临床研究国际联合研究中心 | 詹启敏 |
| 3 | 中法地球系统模拟国际联合研究中心 | 朴世龙 |
| 4 | 电动汽车动力电池与材料国际联合研究中心 | 潘 锋 |
| 5 | 口腔医学国际联合研究中心 | 郭传瑸 |
| 6 | 干细胞国际研究中心 | 邓宏魁 |

（范少锋）

### 表7-11 国家医学中心

| 编号 | 中心名称 | 负责人 |
|---|---|---|
| 1 | 国家创伤医学中心 | 姜保国 |
| 2 | 国家口腔医学中心 | 郭传瑸 |
| 3 | 国家精神疾病医学中心 | 陆 林 |

（田 君）

### 表7-12 教育部前沿科学中心

| 编号 | 中心名称 | 负责人 |
|---|---|---|
| 1 | 纳光电子前沿科学中心 | 肖云峰 |

（王纬超、王清影）

### 表7-13 国家级协同创新中心

| 编号 | 中心名称 | 负责人 |
|---|---|---|
| 1 | 量子物质协同创新中心 | 谢心澄 |

（王纬超、王清影）

表 7-14　教育部重点实验室

| 编号 | 实验室名称 | 负责人 |
|---|---|---|
| 1 | 数学及其应用教育部重点实验室 | 范辉军 |
| 2 | 生物有机与分子工程教育部重点实验室 | 陈鹏 |
| 3 | 纳米器件物理与化学教育部重点实验室 | 张志勇 |
| 4 | 地表过程分析与模拟教育部重点实验室 | 李双成 |
| 5 | 水沙科学教育部重点实验室（联合） | 倪晋仁 |
| 6 | 造山带与地壳演化教育部重点实验室 | 张立飞 |
| 7 | 分子心血管学教育部重点实验室 | 董尔丹 |
| 8 | 神经科学教育部重点实验室 | 万有 |
| 9 | 高分子化学与物理教育部重点实验室 | 宛新华 |
| 10 | 机器感知与智能教育部重点实验室 | 查红彬 |
| 11 | 高可信软件技术教育部重点实验室 | 梅宏 |
| 12 | 细胞增殖与分化教育部重点实验室 | 蒋争凡 |
| 13 | 恶性肿瘤发病机制及转化研究教育部重点实验室 | 季加孚 |
| 14 | 计算语言学教育部重点实验室 | 穗志方 |
| 15 | 慢性肾脏病防治教育部重点实验室 | 赵明辉 |
| 16 | 辅助生殖教育部重点实验室 | 乔杰 |
| 17 | 数量经济与数理金融教育部重点实验室 | 龚六堂 |
| 18 | 创伤救治与神经再生教育部重点实验室 | 姜保国 |

（王纬超、王清影、田　君）

表 7-15　教育部工程研究中心

| 编号 | 中心名称 | 负责人 |
|---|---|---|
| 1 | 微处理器及系统教育部工程研究中心 | 程旭 |
| 2 | 再生医学教育部工程研究中心 | 邓宏魁 |
| 3 | 体腔内局部诊疗技术教育部工程研究中心 | 谢天宇 |
| 4 | 地球观测与导航教育部工程研究中心 | 陈秀万 |
| 5 | 灵长类及大动物临床前研究教育部工程研究中心 | 程和平 |
| 6 | 移动数字医疗教育部工程技术研究中心 | 焦秉立 |
| 7 | 骨与关节精准医学教育部工程研究中心 | 李危石 |
| 8 | 运动创伤治疗技术与器械教育部工程研究中心 | 王健全 |

（王纬超、王清影、田　君）

表 7-16　教育部国际合作联合实验室

| 编号 | 实验室名称 | 负责人 |
|---|---|---|
| 1 | 转化医学与临床研究国际合作联合实验室 | 詹启敏 |
| 2 | 区域污染控制国际合作联合实验室 | 张远航 |

（范少锋、田　君）

表 7-17　教育部野外科学观测研究站

| 编号 | 中心名称 | 负责人 |
|---|---|---|
| 1 | 塞罕坝森林草原过渡带教育部野外科学观测研究站 | 方精云 |

（王纬超、王清影）

表 7-18　国家卫生健康委员会重点实验室

| 编号 | 实验室名称 | 负责人 |
|---|---|---|
| 1 | 心血管分子生物学与调节肽重点实验室 | 高炜 |
| 2 | 肾脏疾病重点实验室 | 赵明辉 |
| 3 | 精神卫生学重点实验室 | 张岱 |

（续表）

| 编号 | 实验室名称 | 负责人 |
|---|---|---|
| 4 | 神经科学重点实验室 | 万 有 |
| 5 | 医学免疫学重点实验室 | 邱晓彦 |
| 6 | 生育健康重点实验室 | 刘建蒙 |
| 7 | 口腔医学计算机应用工程技术研究中心 | 郭传瑸 |

（田 君）

表 7-19 北京高校高精尖创新中心

| 编号 | 中心名称 | 负责人 |
|---|---|---|
| 1 | 集成电路高精尖创新中心 | 黄 如 |
| 2 | 北京工程科学与新兴技术高精尖创新中心 | 魏悦广 |
| 3 | 北京未来基因诊断高精尖创新中心 | 谢晓亮 |

（王纬超、王清影）

表 7-20 北京市交叉研究平台

| 编号 | 中心名称 | 负责人 |
|---|---|---|
| 1 | 北京激光加速创新中心 | 颜学庆 |
| 2 | 轻元素量子材料交叉平台 | 江 颖 |

（王纬超、王清影）

表 7-21 北京实验室

| 编号 | 实验室名称 | 负责人 |
|---|---|---|
| 1 | 集成电路与未来科学技术北京实验室 | 黄 如 |

（王纬超、王清影）

表 7-22 北京市重点实验室／工程技术研究中心

| 编号 | 实验室名称 | 负责人 |
|---|---|---|
| 1 | 医学物理和工程北京市重点实验室 | 高家红 |
| 2 | 空间信息集成与3S工程应用北京市重点实验室 | 李培军 |
| 3 | 城市固体废弃物资源化技术与管理北京市重点实验室 | 王习东 |
| 4 | 先进电池材料理论与技术北京市重点实验室 | 夏定国 |
| 5 | 食品安全毒理学研究与评价北京市重点实验室 | 郝卫东 |
| 6 | 造血干细胞移植治疗血液病研究北京市重点实验室 | 黄晓军 |
| 7 | 脊柱疾病研究北京市重点实验室 | 刘忠军 |
| 8 | 磁共振成像设备与技术北京市重点实验室 | 韩鸿宾 |
| 9 | 皮肤病分子诊断北京市重点实验室 | 李若瑜 |
| 10 | 生殖内分泌与辅助生殖技术北京市重点实验室 | 乔 杰 |
| 11 | 丙型肝炎和肝病免疫治疗北京市重点实验室 | 陈红松 |
| 12 | 恶性肿瘤转化研究北京市重点实验室 | 季加孚 |
| 13 | 肿瘤系统生物学北京市重点实验室 | 尹玉新 |
| 14 | 泌尿生殖系疾病（男）分子诊治北京市重点实验室 | 金 杰 |
| 15 | 风湿病机制及免疫诊断北京市重点实验室 | 栗占国 |
| 16 | 心血管受体研究北京市重点实验室 | 李子健 |
| 17 | 代谢及心血管分子医学北京市重点实验室 | 肖瑞平 |
| 18 | 药物依赖性研究北京市重点实验室 | 时 杰 |
| 19 | 运动医学关节伤病北京市重点实验室 | 敖英芳 |

（续表）

| 编号 | 实验室名称 | 负责人 |
|---|---|---|
| 20 | 神经系统小血管病探索北京市重点实验室 | 黄一宁 |
| 21 | 视网膜脉络膜疾病诊治研究北京市重点实验室 | 赵明威 |
| 22 | 蛋白质修饰与细胞功能北京市重点实验室 | 罗建沅 |
| 23 | 儿科遗传性疾病分子诊断与研究北京市重点实验室 | 姜玉武 |
| 24 | 肝硬化肝癌外科基础研究北京市重点实验室 | 朱继业 |
| 25 | 骨与软组织肿瘤诊治研究北京市重点实验室 | 郭 卫 |
| 26 | 痴呆诊治转化医学研究北京市重点实验室 | 于 欣 |
| 27 | 行为与心理健康北京市重点实验室 | 刘兴华 |
| 28 | 分子药剂学与新释药系统北京市重点实验室 | 张 强 |
| 29 | 妊娠合并糖尿病母胎医学研究北京市重点实验室 | 杨慧霞 |
| 30 | 急性心肌梗死早期预警和干预北京市重点实验室 | 陈 红 |
| 31 | 幽门螺杆菌感染与上胃肠疾病北京市重点实验室 | 周丽雅 |
| 32 | 口腔数字医学北京市重点实验室 | 郭传瑸 |
| 33 | 磁电功能材料与器件北京市重点实验室 | 侯仰龙 |
| 34 | 矿物环境功能北京市重点实验室 | 鲁安怀 |
| 35 | 固态量子器件北京市重点实验室 | 徐洪起 |
| 36 | 结直肠癌诊疗研究北京市重点实验室 | 王 杉 |
| 37 | 女性盆底疾病研究北京市重点实验室 | 王建六 |
| 38 | 神经退行性疾病生物标志物研究及转化北京市重点实验室 | 樊东升 |
| 39 | 眼部神经损伤的重建保护与康复北京市重点实验室 | 张 纯 |
| 40 | 北京市智能康复工程技术研究中心 | 王启宁 |
| 41 | 北京市有源显示工程技术研究中心 | 刘晓彦 |
| 42 | 北京市新型污水深度处理工程技术研究中心 | 倪晋仁 |
| 43 | 北京市低维碳材料工程技术研究中心 | 张 锦 |
| 44 | 北京市虚拟仿真与可视化工程技术研究中心 | 汪国平 |
| 45 | 北京市城市热管理工程技术研究中心 | 张信荣 |

（王纬超、王清影、田　君）

表7-23　北京市国际科技合作基地

| 编号 | 基地名称 | 基地依托单位 |
|---|---|---|
| 1 | 睡眠医学北京市国际科技合作基地 | 北京大学人民医院睡眠中心 |
| 2 | 仿生钛骨科内植入物北京市国际科技合作基地 | 北京大学第三医院脊柱疾病研究北京市重点实验室和中奥汇成科技股份有限公司 |
| 3 | 免疫性疾病体外诊断北京市国际科技合作基地 | 北京大学人民医院风湿病机制及免疫诊断北京市重点实验室 |
| 4 | 非酒精性脂肪性肝病诊断北京市国际科技合作基地 | 北京大学肝病研究所 |
| 5 | 出生缺陷防控北京市国际科技合作基地 | 北京大学第三医院 |
| 6 | 区域大气污染控制北京市国际科技合作基地 | 北京大学环境科学与工程学院 |
| 7 | 冠心病临床与基础研究北京市国际科技合作基地 | 北京大学第三医院血管医学研究所 |
| 8 | 上消化道肿瘤北京市国际科技合作基地 | 北京大学肿瘤医院 |
| 9 | 口腔数字医学北京市国际科技合作基地 | 北京大学口腔医院 |
| 10 | 低维碳材料北京市国际科技合作基地 | 北京大学纳米化学研究中心 |
| 11 | 液晶性调光膜规模化通用制备技术及设备北京市国际科技合作基地 | 北京大学工学院 |
| 12 | 国际知名大学技术转移孵化北京市国际科技合作基地 | 北京大学产业技术研究院 |

（王纬超、王清影、田　君）

表 7-24　北京市临床医学研究中心

| 编号 | 中心名称 | 负责人 |
|---|---|---|
| 1 | 北京市糖尿病临床医学研究中心 | 纪立农 |

（田　君）

表 7-25　北京市工程研究中心

| 编号 | 中心名称 | 负责人 |
|---|---|---|
| 1 | 抗肿瘤新药与新技术研发北京市工程研究中心 | 季加孚 |

（田　君）

表 7-26　其他省部级研究基地

| 编号 | 机构名称 | 负责人 |
|---|---|---|
| 1 | 国家新闻出版署新闻出版智能媒体技术重点实验室 | 汤　帜 |
| 2 | 国家区块链创新应用试点（教育） | 陈　钟 |
| 3 | 国家智能社会治理实验基地特色基地（教育） | 汪　琼 |
| 4 | 国土空间规划与开发保护重点实验室 | 冯长春 |
| 5 | 陆表系统与人地关系重点实验室 | 赵鹏军 |
| 6 | 生态系统一体化修复与可持续利用工程技术创新中心 | 彭　建 |
| 7 | 国家环境保护河流全物质通量重点实验室 | 倪晋仁 |
| 8 | 国家环境保护大气臭氧污染防治重点实验室 | 陆克定 |
| 9 | 水利部水生态保护与水利遗产重点实验室 | 俞孔坚 |
| 10 | 国家新闻出版广电总局同轴宽带网络工程技术研究中心 | 吴建军 |
| 11 | 国家湿地保护与修复技术中心 | 吴晓磊 |
| 12 | 中国文字字体设计与研究中心 | 郭宗明 |
| 13 | 国家药品监督管理局口腔材料重点实验室 | 邓旭亮 |
| 14 | 国家药品监督管理局医学成像设备质量评价重点实验室 | 韩鸿宾 |
| 15 | 国家药品监督管理局化妆品质量控制与评价重点实验室 | 李　航 |
| 16 | 国家药品监督管理局放射性药物研究与评价重点实验室 | 杨　志 |
| 17 | 国家中医药管理局中药配伍减毒重点研究室 | 王　旗 |
| 18 | 国家中医药管理局痰瘀重点研究室 | 韩晶岩 |
| 19 | 国家中医药管理局微循环实验室（三级） | 韩晶岩 |
| 20 | 国家中医药管理局中药药理（肿瘤）实验室（三级） | 李萍萍 |
| 21 | 国家原子能机构核技术（放射性药物研发与临床应用）研发中心 | 杨　志 |

（王纬超、王清影、田　君）

表 7-27　广东省、深圳市重点实验室

| 编号 | 实验室名称 | 负责人 |
|---|---|---|
| 1 | 纳米微米材料广东省重点实验室 | 江必旺 |
| 2 | 广东省新能源材料设计与计算重点实验室 | 潘　锋 |
| 3 | 集成微系统科学工程与应用深圳市重点实验室 | 张　兴 |
| 4 | 城市人居环境科学与技术深圳市重点实验室 | 栾胜基 |
| 5 | 循环经济深圳市重点实验室 | 曾　辉 |
| 6 | 纳米微米材料深圳市重点实验室 | 江必旺 |
| 7 | 云计算关键技术与应用深圳市重点实验室 | 李晓明 |

（续表）

| 编号 | 实验室名称 | 负责人 |
|---|---|---|
| 8 | 计算化学与药物设计深圳市重点实验室 | 吴云东 |
| 9 | 重金属污染控制和资源化深圳市重点实验室 | 陶虎春 |
| 10 | 薄膜晶体管与先进显示深圳市重点实验室 | 张盛东 |
| 11 | 功能结构生物学深圳市重点实验室 | 罗　明 |
| 12 | 新能源材料人工设计深圳市重点实验室 | 陶国华 |
| 13 | 有机光电磁功能材料深圳市重点实验室 | 孟　鸿 |
| 14 | 细胞生理学深圳市重点实验室 | 周　强 |
| 15 | 信息论与未来网络体系深圳市重点实验室 | 李　挥 |
| 16 | 深圳市先进电子器件与集成应用重点实验室 | 林信南 |
| 17 | 深圳市智能多媒体与虚拟现实重点实验室 | 王文敏 |
| 18 | 深圳市新能源材料基因组制备和检测重点实验室 | 潘　锋 |
| 19 | 深圳市TSV三维集成微纳系统重点实验室 | 金玉丰 |
| 20 | 深圳市内容中心网络与区块链重点实验室 | 雷　凯 |

（孟　祎）

表 7-28　北京大学 2022 年度理工医科在研科研项目数分类统计

| 单位名称 | 科技部 | | | | | 基金委 | | | | | | | | 教育部 | 北京市 | 其它部门 | 海外合作 | 委托项目 | 总计 |
|---|---|---|---|---|---|---|---|---|---|---|---|---|---|---|---|---|---|---|---|
| | 重点研发计划 | 科技创新2030 | 国际合作专项 | 科技部其它专项 | 小计 | 杰青优青群体中心 | 重大重点仪器研制 | 重大研究计划联合基金 | 面上青年 | 国合海外港澳中德中心 | 其它专项 | 协作项目 | 小计 | | | | | | |
| 数学科学学院 | 23 | | 1 | | 24 | 6 | 10 | 1 | 31 | 3 | 2 | 13 | 66 | 2 | 9 | 3 | | | 104 |
| 物理学院 | 97 | 1 | 8 | | 106 | 20 | 34 | 14 | 123 | 12 | 10 | 27 | 240 | 23 | 45 | 2 | 2 | | 418 |
| 化学与分子工程学院 | 36 | | 2 | 1 | 39 | 16 | 22 | 8 | 91 | 7 | 5 | 9 | 158 | 14 | 26 | | 1 | | 238 |
| 生命科学学院 | 39 | 3 | 2 | | 44 | 8 | 21 | 2 | 59 | 6 | 7 | 7 | 110 | 10 | 15 | 4 | 9 | | 192 |
| 地球与空间学院 | 32 | | 4 | 1 | 37 | 7 | 13 | 9 | 87 | 4 | 4 | 11 | 135 | | 40 | 1 | 2 | | 215 |
| 心理与认识科学学院 | | 11 | | | 11 | | | 3 | 34 | 2 | 2 | 2 | 43 | | 11 | 2 | | | 67 |
| 软件与微电子学院 | 4 | 1 | | | 5 | | | | | | | | | | | 3 | | | 8 |
| 光华管理学院 | 1 | | | | 1 | 7 | | 3 | 29 | | 2 | 2 | 43 | | 1 | | | | 45 |
| 王选计算机研究所 | 7 | 2 | | | 9 | 1 | 2 | | 5 | 1 | | 4 | 13 | 5 | 3 | 1 | | | 31 |
| 前沿交叉学科研究院 | 9 | | 2 | | 11 | 2 | 2 | 1 | 6 | | 1 | 2 | 14 | | 9 | | 1 | | 35 |
| 工学院 | 20 | | | | 20 | 5 | 13 | 10 | 80 | 3 | 2 | 15 | 128 | 7 | 21 | 3 | | | 179 |
| 集成电路学院 | 45 | 4 | | | 49 | 5 | 8 | 6 | 18 | | 1 | 8 | 46 | 7 | 9 | 2 | | | 113 |
| 计算机学院 | 33 | 17 | | | 50 | 4 | 9 | 3 | 35 | 4 | 3 | 14 | 72 | 3 | 28 | 9 | 1 | | 163 |
| 智能学院 | 3 | 4 | | | 7 | | | 1 | 15 | | 1 | | 17 | 1 | 2 | 1 | | | 28 |
| 电子学院 | 40 | 3 | 1 | | 44 | 6 | 6 | 5 | 35 | 3 | 1 | 13 | 69 | 7 | 11 | | 1 | | 132 |
| 城市与环境学院 | 23 | | | 6 | 29 | 10 | 7 | 5 | 67 | 3 | 2 | 8 | 102 | 2 | 18 | 5 | 3 | | 159 |

（续表）

| 单位名称 | 科技部 | | | | | 基金委 | | | | | | | | 教育部 | 北京市 | 其它部门 | 海外合作 | 委托项目 | 总计 |
|---|---|---|---|---|---|---|---|---|---|---|---|---|---|---|---|---|---|---|---|
| | 重点研发计划 | 科技创新2030 | 国际合作专项 | 科技部其它专项 | 小计 | 杰青优青群体中心 | 重大重点仪器研制 | 重大研究计划联合基金 | 面上青年 | 国合海外港澳中德中心 | 其它专项 | 协作项目 | 小计 | | | | | | |
| 环境科学工程学院 | 21 | | | 1 | 22 | 6 | 4 | 5 | 53 | 3 | 1 | 10 | 82 | 5 | 15 | 4 | 2 | | 130 |
| 国家发展研究院 | | | | | | | | 1 | 18 | 2 | 1 | 1 | 23 | | 1 | 1 | | | 25 |
| 软件工程国家工程研究中心 | 11 | 1 | | | 12 | | | 1 | 5 | | 1 | | 7 | 1 | 3 | | | | 23 |
| 科维理天文与天体物理研究所 | 5 | | 1 | 1 | 7 | 3 | | 2 | 9 | 3 | 3 | 7 | 27 | | 6 | 1 | | | 41 |
| 北京国际数学研究中心 | 10 | | | | 10 | 4 | | 5 | 16 | | 4 | 5 | 34 | 2 | 10 | 1 | | | 57 |
| 建筑与景观设计学院 | | | | | | | | 1 | 2 | | | | 3 | | | | | | 3 |
| 现代农学院 | 4 | | | | 4 | 2 | 3 | | 14 | 2 | | 1 | 22 | 1 | | 6 | | 2 | 35 |
| 材料科学与工程学院 | 19 | | 3 | | 22 | 5 | 6 | 6 | 39 | 3 | | | 59 | | 6 | 9 | 1 | | 97 |
| 未来技术学院 | 31 | 4 | | | 35 | 7 | 11 | 3 | 21 | | 2 | 3 | 47 | | 11 | 10 | 2 | | 105 |
| 校本部其它 | 31 | 6 | 1 | 5 | 43 | 4 | 2 | 1 | 51 | 1 | 4 | 7 | 70 | 2 | 9 | 19 | 3 | 1 | 147 |
| 校本部合计 | 544 | 57 | 25 | 15 | 641 | 128 | 188 | 81 | 943 | 62 | 59 | 169 | 1630 | 3 | 115 | 330 | 46 | 25 | 2790 |
| 医学部合计 | 194 | 19 | 4 | 11 | 228 | 32 | 60 | 26 | 1147 | 12 | 9 | 16 | 1302 | 16 | 112 | 56 | 22 | 883 | 2619 |
| 深圳研究生院 | 22 | | | | 22 | 2 | 3 | 5 | 68 | | | | 78 | | | 229 | | 182 | 511 |
| 总计 | 760 | 76 | 29 | 26 | 891 | 162 | 251 | 112 | 2158 | 74 | 68 | 185 | 3010 | 19 | 227 | 615 | 68 | 1090 | 5920 |

（杨淑佳、范少锋、廖日坤、杨凌春、刘雨薇、柳皋隽、张秋月、孟　祎）

表 7-29　北京大学 2022 年度理工医科科研项目到校经费　　　　　　　　　　　　　　　　（单位：万元）

| 单位 \ 经费来源 | 科技部项目 | | | 国家自然科学基金委 | 北京市项目 | 其他部委省市专项 | 海外合作项目 | 企事业委托项目 | 其他 | 科技开发 | 行业专项 | 2022年总计（万元） |
|---|---|---|---|---|---|---|---|---|---|---|---|---|
| | 重点研发计划 | 实验室专项 | 其他 | | | | | | | | | |
| 北京国际数学研究中心 | 1233 | | 50 | 1454 | | 1628 | | | | 466 | 40 | 4870 |
| 数学科学学院 | 1400 | | | 3534 | | 417 | 169 | | | 442 | 254 | 6217 |
| 物理学院 | 5336 | 1635 | 50 | 17,380 | 2949 | 2350 | 626 | 13 | | 5449 | 4222 | 40,010 |
| 化学与分子工程学院 | 3704 | 3585 | 25 | 12,105 | 1383 | 1302 | 264 | | | 2662 | 2532 | 27,563 |
| 生命科学学院 | 3445 | 1120 | | 5826 | 886 | 3498 | 907 | 188 | | 3637 | 218 | 19,725 |
| 城市与环境学院 | 1360 | | 25 | 6616 | 62 | 1316 | 758 | 5 | | 1019 | | 11,161 |
| 地球与空间科学学院 | 2005 | | 105 | 5523 | 57 | 1293 | 317 | 30 | | 2997 | 647 | 12,974 |
| 心理与认知科学学院 | 4529 | | | 1003 | | 191 | 90 | | | 328 | 367 | 6508 |
| 建筑与景观设计学院 | | | | | 42 | | | | | 220 | | 262 |
| 电子学院 | 3849 | 343 | | 4668 | 833 | 798 | 222 | | | 1182 | 41,592 | 53,487 |
| 计算机学院 | 5032 | | 25 | 2367 | 400 | 968 | 520 | 135 | | 8986 | 2245 | 20,679 |
| 集成电路学院 | 3956 | | | 3602 | 717 | 3355 | 92 | | | 4349 | 4933 | 21,005 |

(续表)

| 单位 \ 经费来源 | 科技部项目 重点研发计划 | 科技部项目 实验室专项 | 科技部项目 其他 | 国家自然科学基金委 | 北京市项目 | 其他部委省市专项 | 海外合作项目 | 企事业委托项目 | 其他 | 科技开发 | 行业专项 | 2022年总计（万元） |
|---|---|---|---|---|---|---|---|---|---|---|---|---|
| 智能学院 | 1284 | | | 533 | 8 | 136 | 163 | | | 1292 | 572 | 3987 |
| 信息科学技术学院 | 20 | | | 53 | | | | | | 7 | 30 | 110 |
| 工学院 | 1819 | 630 | 25 | 5184 | 106 | 1138 | 175 | 63 | | 1733 | 5369 | 16,242 |
| 王选计算机研究所 | 1234 | | | 274 | 108 | 35 | 36 | | | 855 | 485 | 3027 |
| 软件与微电子学院 | 255 | | | 3 | | 80 | | | | 787 | 16 | 1140 |
| 环境科学与工程学院 | 1019 | 325 | 25 | 4082 | 105 | 522 | 82 | 49 | | 2373 | | 8581 |
| 软件工程国家工程研究中心 | 1071 | | | 134 | 30 | 55 | | | | 595 | 290 | 2175 |
| 材料科学与工程学院 | 1391 | | 25 | 2390 | 546 | 586 | 542 | | | 10,874 | 4236 | 20,590 |
| 未来技术学院 | 3754 | | | 2610 | 347 | 882 | 82 | | | 995 | 3 | 8673 |
| 前沿交叉学科研究院 | 832 | | | 646 | | 186 | 111 | 30 | | 78 | | 1883 |
| 科维理天文与天体物理研究所 | 121 | | 50 | 1065 | | 130 | 40 | | | 5 | 1172 | 2582 |
| 现代农学院 | 197 | | | 798 | | 127 | | | | 99 | | 1220 |
| 人工智能研究院 | 585 | | | 112 | 340 | 340 | 68 | | | 240 | 263 | 1949 |
| 生物医学前沿创新中心 | 1072 | | | 1350 | 1000 | 350 | | 22 | | 42 | | 3835 |
| 其他单位[1] | 1662 | | | 3006 | | 17,567 | 1307 | 1 | | 10,927 | 265 | 34,735 |
| 校级暂存 | 6110 | | | −11,211 | −232 | 340 | | 4446 | | 943 | 9434 | 9829 |
| 其他[2] | 8644 | | 131 | 218 | | 21 | 7 | 14 | | | | 9036 |
| 小计（万元） | 49,630 | 7638 | 274 | 74,930 | 9643 | 39,569 | 6566 | 4967 | | 63,581 | 79,186 | 335,983 |
| 医学部 | 16,999 | 3335 | 323 | 36,699 | 2492 | 408 | | 6972 | 2720 | 10,250 | | 80,197 |
| 深圳研究生院 | 1452 | 13 | 671 | 1678 | 15 | 24,379 | 73 | 2580 | | | | 30,861 |
| 总计（万元） | 68,081 | 10,986 | 1268 | 113,307 | 12,150 | 64,356 | 6639 | 14,519 | 2720 | 73,831 | 79,186 | 447,042 |

说明：

注1：包括生命科学联合中心、海洋研究院、文科院系和管理部门等。

注2：部分项目经费因跨年度转拨等原因导致重复计算，统计时予以修正。

（杨凌春、张秋月、孟祎）

表7-30 北京大学2016—2022年到校科研经费分类统计（单位：万元）

| 年度 | 科研部 | 开发部 | 先进院 | 社科部 | 医学部 | 深研院 | 合计 |
|---|---|---|---|---|---|---|---|
| 2016 | 176,971 | 25,902 | 8478 | 22,868 | 41,421 | 20,723 | 296,363 |
| 2017 | 172,100 | 21,940 | 13,322 | 29,123 | 46,146 | 18,578 | 301,209 |
| 2018 | 194,710 | 28,481 | 19,143 | 27,500 | 58,659 | 29,135 | 357,628 |
| 2019 | 210,308 | 47,251 | 32,104 | 27,140 | 53,688 | 28,033 | 398,523 |
| 2020 | 210,180 | 38,451 | 49,482 | 26,036 | 62,153 | 19,626 | 405,929 |
| 2021 | 210,371 | 58,526 | 48,638 | 23,600 | 73,080 | 42,175 | 456,389 |
| 2022 | 193,217 | 63,581 | 79,186 | 19,900 | 80,197 | 30,861 | 466,942 |

（杨凌春）

表 7-31　北京大学 2022 年度理工科新批科研项目　　　　　　　　　　　　（经费单位：万元）

| 单位 | 科技部重点研发计划（含科技创新2030重大项目） | | 自然科学基金委项目 | | 教育部项目 | | 北京市项目 | | 其它部委省市专项 | | 企事业单位委托项目 | | 海外合作项目 | | 合计 | |
|---|---|---|---|---|---|---|---|---|---|---|---|---|---|---|---|---|
| | 项目 | 经费 | 项目 | 经费 | 项目 | 经费 | 项目 | 经费 | 项目 | 经费 | 项目 | 经费 | 项目 | 经费 | 项目 | 经费 |
| 数学科学学院 | 6 | 3820 | 20 | 7587 | | | | | 2 | 300 | | | 2 | 38 | 30 | 11,745 |
| 物理学院 | 9 | 13,524 | 70 | 10,861 | | | 5 | 357 | 12 | 2331 | | | 4 | 1691 | 100 | 28,764 |
| 化学与分子工程学院 | 3 | 7049 | 45 | 4910 | | | 7 | 512 | 9 | 1420 | 1 | 2 | 2 | 500 | 67 | 14,393 |
| 生命科学学院 | 2 | 1000 | 29 | 3568 | | | 3 | 610 | 5 | 1100 | 3 | 23 | 3 | 1311 | 45 | 7612 |
| 城市与环境学院 | 3 | 6700 | 21 | 1947 | | | 1 | 50 | 6 | 739 | | | 5 | 791 | 36 | 10,227 |
| 地球与空间科学学院 | 3 | 4800 | 43 | 5948 | | | | | 12 | 1248 | 1 | 5 | 3 | 279 | 62 | 12,280 |
| 心理与认知科学学院 | | | 14 | 856 | | | | | 6 | 455 | | | 1 | 29 | 21 | 1340 |
| 集成电路学院 | 3 | 2700 | 8 | 1392 | | | 3 | 761 | 6 | 4036 | | | | | 20 | 8889 |
| 电子学院 | 4 | 3200 | 15 | 1871 | | | 4 | 850 | 5 | 1280 | 1 | 12 | 1 | 300 | 30 | 7513 |
| 计算机学院 | 3 | 4493 | 12 | 1549 | | | | | 10 | 2030 | | | | | 25 | 8072 |
| 智能学院 | 3 | 7000 | 9 | 733 | | | 1 | 8 | 2 | 103 | | | | | 15 | 7844 |
| 工学院 | 2 | 500 | 40 | 3214 | | | 2 | 90 | 9 | 1925 | | | 1 | 38 | 54 | 5767 |
| 王选计算机研究所 | | | 1 | 54 | | | 1 | 100 | 3 | 60 | | | | | 5 | 214 |
| 环境科学与工程学院 | 3 | 5383 | 34 | 3217 | | | 2 | 70 | 8 | 730 | 1 | 50 | 4 | 115 | 52 | 9565 |
| 材料科学与工程学院 | 2 | 5800 | 21 | 2313 | | | 2 | 400 | 6 | 1160 | | | 4 | 807 | 35 | 10,480 |
| 未来技术学院 | 2 | 4443 | 15 | 3776 | | | | | 4 | 1000 | | | 1 | 8 | 22 | 9227 |
| 前沿交叉学科研究院 | | | 3 | 440 | | | | | 3 | 123 | | | | | 6 | 563 |
| 科维理天文与天体物理研究所 | | | 8 | 787 | | | | | 1 | 100 | | | | | 9 | 887 |
| 现代农学院 | 1 | 200 | 10 | 826 | | | | | 3 | 245 | | | | | 14 | 1271 |
| 其他 | 4 | 4457 | 53 | 4067 | 3 | 15 | 3 | 840 | 18 | 2881 | 1 | 1 | 6 | 878 | 88 | 13,139 |
| 合计 | 53 | 75,069 | 471 | 59,916 | 3 | 15 | 34 | 4648 | 130 | 23,266 | 8 | 93 | 37 | 6785 | 736 | 169,791 |

（范少锋、廖日坤、杨凌春、刘雨薇）

表 7-32　北京大学 2022 年度医科新批科研项目　　　　　　　　　　　　　　　　　　（经费单位：万元）

| 单位 | 科技部项目 | | | | 自然科学基金委项目 | | 教育部项目 | | 北京市自然科学基金项目 | | 合计 | |
|---|---|---|---|---|---|---|---|---|---|---|---|---|
| | 重点研发计划 | | 科技部其他课题 | | | | | | | | | |
| | 项目 | 经费 | 项目 | 经费 | 项目 | 经费 | 项目 | 经费 | 项目 | 经费 | 项目 | 经费 |
| 基础医学院 | | | | | 49 | 9569 | 1 | 5 | 1 | 100 | 51 | 9674 |
| 药学院 | 4 | 6065 | | | 26 | 4875 | 1 | 8 | 3 | 429 | 34 | 11,377 |
| 公共卫生学院 | | | | | 16 | 582 | | | 2 | 200 | 18 | 782 |
| 护理学院 | | | | | 4 | 174 | | | 2 | 59 | 6 | 233 |
| 第一医院 | 3 | 5522 | | | 41 | 2378 | 1 | 10 | 3 | 159 | 48 | 8069 |
| 人民医院 | 5 | 11,945 | | | 37 | 4338 | | | 5 | 488 | 47 | 16,771 |
| 第三医院 | 4 | 7550 | | | 101 | 11,275 | 1 | 12 | 9 | 605 | 115 | 19,442 |
| 口腔医院 | 5 | 7560 | | | 33 | 3026 | 4 | 13 | 9 | 487 | 51 | 11,086 |
| 第六医院 | | | | | 9 | 424 | | | | | 9 | 424 |
| 肿瘤医院 | 1 | 2800 | | | 27 | 1732 | | | 1 | 100 | 29 | 4632 |
| 深圳医院/医学中心 | | | | | 22 | 738 | | | | | 22 | 738 |
| 首钢医院 | | | | | 1 | 30 | | | | | 1 | 30 |
| 国际医院 | | | | | 1 | 30 | | | | | 1 | 30 |
| 航天中心医院 | | | | | | | | | | | 0 | 0 |
| 中国药物依赖性研究所 | 1 | 500 | | | 3 | 6104 | | | | | 4 | 6604 |
| 健康医疗大数据研究院 | 2 | 2199 | | | 2 | 50 | | | | | 4 | 2249 |
| 跨学部生物医学工程系 | | | | | | | | | 1 | 29 | 1 | 29 |
| 国际癌症研究院 | | | | | | | | | | | 0 | 0 |
| 医学技术研究院 | | | | | 1 | 20 | | | | | 1 | 20 |
| 医学教育研究所 | | | | | 1 | 45 | | | | | 1 | 45 |
| 临床研究所 | | | | | | | 1 | 8 | | | 1 | 8 |
| 总计 | 25 | 44,141 | | | 374 | 45,390 | 9 | 56 | 36 | 2656 | 444 | 92,243 |

注：含附属医院单独申报立项数

（柳皋隽、张秋月）

表 7-33 北京大学 2022 年度获批国家自然科学基金项目

（经费单位：万元）

| 单位 | 面上项目 | | 青年基金 | | 重点项目 | | 杰出青年科学基金 | | 优秀青年科学基金 | | 创新研究群体 | | 基础科学中心 | | 重大科研仪器研制项目 | | 重大项目 | | 重大研究计划 | | 国际（地区）合作交流 | | 其他项目 | | 总计 | |
|---|---|---|---|---|---|---|---|---|---|---|---|---|---|---|---|---|---|---|---|---|---|---|---|---|---|---|
| | 项目 | 经费 | 项目 | 经费 | 项目 | 经费 | 项目 | 经费 | 项目 | 经费 | 项目 | 经费 | 项目 | 经费 | 项目 | 经费 | 项目 | 经费 | 项目 | 经费 | 项目 | 经费 | 项目 | 经费 | 项目 | 经费 |
| 数学科学学院 | 7 | 326 | 2 | 60 | 2 | 470 | 1 | 280 | 1 | 200 | | | 1 | 5000 | | | 3 | 736 | 1 | 300 | | | 2 | 215 | 20 | 7587 |
| 物理学院 | 24 | 1323 | 13 | 350 | 7 | 2019 | 6 | 2400 | | | | | | | 1 | 885 | 4 | 770 | 4 | 1554 | 2 | 100 | 9 | 1460 | 70 | 10,861 |
| 化学与分子工程学院 | 13 | 702 | 17 | 420 | 2 | 560 | 3 | 1200 | 3 | 600 | | | | | | | 1 | 333 | 2 | 690 | 1 | 15 | 3 | 390 | 45 | 4910 |
| 生命科学学院 | 12 | 672 | 6 | 180 | 3 | 803 | 1 | 400 | | | | | | | | | | | 1 | 820 | | | 6 | 693 | 29 | 3568 |
| 城市与环境学院 | 4 | 218 | 12 | 360 | 2 | 544 | 2 | 800 | | | | | | | | | | | | | | | 1 | 25 | 21 | 1947 |
| 地球与空间科学学院 | 17 | 944 | 11 | 300 | 2 | 544 | 2 | 800 | 1 | 200 | | | | | | | 1 | 315 | 2 | 1451 | 1 | 242 | 6 | 1152 | 43 | 5948 |
| 心理与认知科学学院 | 9 | 468 | 4 | 120 | 1 | 268 | | | | | | | | | | | | | | | | | 0 | 0 | 14 | 856 |
| 集成电路学院 | 2 | 112 | 1 | 30 | | | 1 | 400 | | | | | | | | | 3 | 750 | 1 | 100 | | | 0 | 0 | 8 | 1392 |
| 电子学院 | 7 | 380 | 4 | 110 | 2 | 581 | 2 | 800 | | | | | | | | | | | | | | | 0 | 0 | 15 | 1871 |
| 计算机学院 | 5 | 257 | 2 | 60 | 1 | 284 | | | | | | | | | 1 | 730 | | | | | 1 | 100 | 2 | 118 | 12 | 1549 |
| 智能学院 | 7 | 380 | | | | | | | | | | | | | | | | | | | | | 2 | 353 | 9 | 733 |
| 工学院 | 11 | 587 | 19 | 540 | 2 | 575 | | | | | | | | | | | 2 | 400 | 1 | 300 | | | 5 | 812 | 40 | 3214 |
| 王选计算机研究所 | 1 | 54 | | | | | | | | | | | | | | | | | | | | | 0 | 0 | 1 | 54 |
| 环境科学与工程学院 | 12 | 646 | 15 | 410 | | | | | 1 | 200 | 1 | 1000 | | | | | 1 | 394 | | | | | 4 | 567 | 34 | 3217 |
| 材料科学与工程学院 | 6 | 324 | 10 | 290 | | | | | | | | | | | 1 | 769 | | | 1 | 270 | 1 | 150 | 2 | 510 | 21 | 2313 |
| 未来技术学院 | 2 | 105 | 5 | 150 | 1 | 263 | 1 | 400 | | | | | | | 1 | 840 | 3 | 998 | 1 | 720 | | | 1 | 300 | 15 | 3776 |
| 前沿交叉学科研究院 | | | 1 | 30 | | | 1 | 400 | | | | | | | | | | | | | | | 1 | 10 | 3 | 440 |
| 科维理天文与天体物理研究所 | | | 1 | 20 | 1 | 290 | 1 | 400 | | | | | | | | | | | | | | | 5 | 77 | 8 | 787 |
| 现代农学 | 6 | 301 | 2 | 60 | 1 | 265 | | | | | | | | | | | | | | | 1 | 200 | 0 | 0 | 10 | 826 |
| 校本部其他 | 15 | 731 | 22 | 630 | | | 4 | 1240 | 3 | 600 | | | | | | | | | | | | | 9 | 866 | 53 | 4067 |
| 医学部 | 177 | 9263 | 158 | 4640 | 9 | 2373 | 4 | 1600 | 2 | 400 | 1 | 1000 | 3 | 18,000 | 1 | 763 | 8 | 2002 | 3 | 770 | 1 | 15 | 7 | 1591 | 374 | 42,417 |
| 深圳研究生院 | 9 | 471 | 11 | 300 | | | | | | | | | | | | | | | | | 1 | 100 | 4 | 180 | 25 | 1051 |
| 总计 | 346 | 18,264 | 316 | 9060 | 36 | 9839 | 29 | 11,120 | 11 | 2200 | 2 | 2000 | 4 | 23,000 | 5 | 3987 | 26 | 6697 | 17 | 6975 | 9 | 922 | 69 | 9319 | 870 | 103,383 |

（刘雨薇）

表 7-34 北京大学医科 2022 年度获批国家自然科学基金项目和经费

（经费单位：万元）

| 单位 | 面上项目 | | 青年基金 | | 杰出青年科学基金 | | 优秀青年科学基金 | | 创新研究群体 | | 基础科学中心 | | 重点项目 | | 重大项目 | | 联合基金 | | 重大研究计划 | | 重大科研仪器研制项目 | | 国际（地区）合作与交流项目 | | 专项项目 | | 总计 | |
|---|---|---|---|---|---|---|---|---|---|---|---|---|---|---|---|---|---|---|---|---|---|---|---|---|---|---|---|---|
| | 项目 | 经费 | 项目 | 经费 | 项目 | 经费 | 项目 | 经费 | 项目 | 经费 | 项目 | 经费 | 项目 | 经费 | 项目 | 经费 | 项目 | 经费 | 项目 | 经费 | 项目 | 经费 | 项目 | 经费 | 项目 | 经费 | 项目 | 经费 |
| 基础医学院 | 27 | 1430 | 13 | 360 | | | 2 | 400 | | | 1 | 6000 | 5 | 1309 | | | | | 1 | 70 | | | | | | | 49 | 9569 |
| 药学院 | 13 | 667 | 5 | 150 | 1 | 400 | | | | | | | 1 | 280 | 3 | 627 | 2 | 510 | | | 1 | 763 | | | | | 26 | 3397 |
| 公共卫生学院 | 7 | 337 | 8 | 230 | | | | | | | | | | | | | | | | | | | 1 | 15 | | | 16 | 582 |
| 护理学院 | 3 | 144 | 1 | 30 | | | | | | | | | | | | | | | | | | | | | | | 4 | 174 |
| 第一医院 | 25 | 1303 | 14 | 420 | | | | | | | | | | | 1 | 400 | 1 | 255 | | | | | | | | | 41 | 2378 |
| 人民医院 | 14 | 754 | 16 | 480 | | | | | | | | | 2 | 523 | 3 | 675 | 1 | 255 | 1 | 350 | | | | | 1 | 61 | 37 | 2843 |
| 第三医院 | 45 | 2390 | 51 | 1530 | 2 | 800 | | | 1 | 1000 | 1 | 6000 | | | 1 | 300 | 1 | 255 | | | | | | | | | 101 | 11,275 |
| 口腔医院 | 12 | 630 | 17 | 480 | 1 | 400 | | | | | | | 1 | 261 | | | 1 | 255 | 1 | 350 | | | | | | | 33 | 3026 |
| 肿瘤医院 | 17 | 887 | 8 | 240 | | | | | | | | | | | | | | | | | | | | | | | 27 | 1732 |
| 第六医院 | 7 | 364 | 2 | 60 | | | | | | | | | | | | | | | | | | | | | | | 9 | 424 |
| 深圳医院/医学中心 | 4 | 208 | 18 | 530 | | | | | | | | | | | | | | | | | | | | | | | 22 | 738 |
| 国际医院 | | | 1 | 30 | | | | | | | | | | | | | | | | | | | | | | | 1 | 30 |
| 首钢医院 | | | 1 | 30 | | | | | | | | | | | | | | | | | | | | | | | 1 | 30 |
| 中国药物依赖性研究所 | 2 | 104 | | | | | | | | | 1 | 6000 | | | | | | | | | | | | | | | 3 | 6104 |
| 健康医疗大数据国家研究院 | | | 2 | 50 | | | | | | | | | | | | | | | | | | | | | | | 2 | 50 |
| 医学技术研究院 | | | 1 | 20 | | | | | | | | | | | | | | | | | | | | | | | 1 | 20 |
| 医学教育研究所 | 1 | 45 | | | | | | | | | | | | | | | | | | | | | | | | | 1 | 45 |
| 总计 | 177 | 9263 | 158 | 4640 | 4 | 1600 | 2 | 400 | 1 | 1000 | 3 | 18,000 | 9 | 2373 | 8 | 2002 | 6 | 1530 | 3 | 770 | 1 | 763 | 1 | 15 | 1 | 61 | 374 | 42,417 |

（张秋月）

表 7-35　北京大学 2022 年度获批国家自然科学基金重点项目

| 批准号 | 项目名称 | 负责人 | 所在院系 |
|---|---|---|---|
| 12231001 | 志村簇的几何及其算术应用 | 肖　梁 | 数学科学学院 |
| 12231002 | 随机结构中的极值问题 | 丁　剑 | 数学科学学院 |
| 12232001 | 基于智能超声导波的复杂板状结构的无损检测方法研究 | 励　争 | 工学院 |
| 12233001 | 星系形态和结构的宇宙学演化 | 何子山 | 科维理天文与天体物理研究所 |
| 12234001 | 凝聚态系统中由核量子效应诱发的新奇物性研究 | 李新征 | 物理学院 |
| 12234002 | 激光与物质相互作用：从单原子到固体材料 | 彭良友 | 物理学院 |
| 12235001 | 希格斯物理和新物理 | 曹庆宏 | 物理学院 |
| 22232001 | 有机储氢分子高效催化制氢过程研究 | 马　丁 | 化学与分子工程学院 |
| 22237001 | 几类生物活性聚糖的化学合成及其功能研究 | 叶新山 | 药学院 |
| 22237002 | 天然无序蛋白质参与的生物分子识别机制和分子干预研究 | 来鲁华 | 化学与分子工程学院 |
| 32230006 | 光信号调控植物发育中细胞类型特异的转录调控网络解析 | 邓兴旺 | 现代农学院 |
| 32230010 | 侧生器官原基三维形态的时序性发育机制 | 焦雨铃 | 生命科学学院 |
| 32230032 | 化学小分子诱导原位心脏再生的机制研究 | 熊敬维 | 未来技术学院 |
| 32230043 | 编码面孔多维社会属性的认知规则及神经计算 | 韩世辉 | 心理与认知科学学院 |
| 32230048 | 冬眠和非冬眠动物钙-ROS 稳态与心肌缺血损伤过程的比较研究 | 王世强 | 生命科学学院 |
| 32230051 | 真核核糖体组装和蛋白质生物生成的结构生物学研究 | 高　宁 | 生命科学学院 |
| 42230202 | 内磁层超低频波对能量离子的快速加速研究 | 宗秋刚 | 地球与空间科学学院 |
| 42230503 | 东北北部多年冻土区植被动态对气候变化和人类活动的响应 | 刘鸿雁 | 城市与环境学院 |
| 42230506 | 气候与土地利用变化下中国土地系统碳源汇稳态转换特征及形成机制 | 李双成 | 城市与环境学院 |
| 42230806 | 五维地震数据的张量深度学习去噪方法 | 马坚伟 | 地球与空间科学学院 |
| 62231001 | 面向目标散射特性分析的智能电磁计算方法研究 | 夏明耀 | 电子学院 |
| 62232001 | 数据驱动的编译器测试关键技术 | 郝　丹 | 计算机学院 |
| 62233001 | 水空跨介质仿生机器人多模态运动机理与控制 | 喻俊志 | 工学院 |
| 62234001 | AlGaN 基 250nm 及以下远紫外发光材料和器件研究 | 沈　波 | 物理学院 |
| 62234002 | 硅衬底准垂直结构氮化镓功率电子材料与器件 | 杨学林 | 物理学院 |
| 62234003 | 高透过率大尺寸氮化铝单晶衬底制备 | 于彤军 | 物理学院 |
| 62235001 | 硅基超大规模集成的可编程光量子信息处理芯片 | 王剑威 | 物理学院 |
| 62235002 | 硅基多材料体系融合的高性能通信光电子器件与集成系统研究 | 王兴军 | 电子学院 |
| 82230004 | 交感神经 β2-PKA/β3-ERK-骨髓/脾脏双轴介导 ITP 发病新机制的研究 | 张晓辉 | 人民医院 |
| 82230010 | 孤儿核受体 ERRα 在血管重构中的作用及其新配体发现 | 孔　炜 | 基础医学院 |
| 82230024 | FAM3D 介导的肠道-肝脏-胰岛 β 细胞间多层次器官对话在糖脂代谢调控中的作用及机制 | 杨吉春 | 基础医学院 |
| 82230030 | 无机抗菌纳米线-胶原多级组装仿生支架材料调控免疫炎症微环境并修复感染性骨缺损的研究 | 刘　燕 | 口腔医院 |
| 82230048 | HnRNPF 与 GRSF1 对衰老相关肝脏脂代谢失衡的调控机制及其干预研究 | 王文恭 | 基础医学院 |
| 82230050 | 靶向钙稳态失衡调控孕激素敏感性及子宫内膜容受性"双重保护"子宫内膜癌患者生育力的机制研究 | 王建六 | 人民医院 |
| 82230089 | 同源重组修复缺陷相关肿瘤合成致死靶点筛选及机制研究 | 王嘉东 | 基础医学院 |
| 82230094 | 同时改良"种子"和"土壤"：整合素激活因子 Kindlins 介导双向跨膜信号重编程乳腺癌细胞及其免疫微环境促进乳腺癌转移的分子机制研究 | 张宏权 | 基础医学院 |

（刘雨薇）

表 7-36　北京大学 2022 年度获批国家自然科学基金重大项目

| 批准号 | 项目名称 | 负责人 | 所在院系 | 备注 |
|---|---|---|---|---|
| 12292980 | 融汇海量观测数据的大气系统建模与预报中的关键数学问题与算法 | 陈松蹊 | 数学科学学院 | 项目 |
| 12292981 | 海量多源异构数据反演融合的数学基础与算法 | 姚　方 | 数学科学学院 | 课题 |
| 12292983 | 高分辨率集合 Kalman 滤波及相关滤波方法与碳源汇融合算法 | 陈松蹊 | 数学科学学院 | 课题 |
| 12293000 | 水下流固耦合滑移边界力学理论及应用 | 段慧玲 | 工学院 | 项目 |

| 批准号 | 项目名称 | 负责人 | 所在院系 | 备注 |
|---|---|---|---|---|
| 12293001 | 流固耦合滑移边界力学理论 | 段慧玲 | 工学院 | 课题 |
| 12293050 | 集成微腔光梳物理与天文应用 | 肖云峰 | 物理学院 | 项目 |
| 12293051 | 超多模微腔非线性物理与高效率集成光梳研究 | 肖云峰 | 物理学院 | 课题 |
| 12293060 | 基于国产超算的格点量子色动力学关键科学问题研究 | 刘川 | 物理学院 | 项目 |
| 12293063 | 对新物理敏感的若干强子矩阵元的格点量子色动力学研究 | 刘川 | 物理学院 | 课题 |
| 22293010 | 碳资源分子选择断键与转化的化学基础 | 焦宁 | 药学院 | 项目 |
| 22293014 | 自由基、正离子引发的C-C/O键选择性活化转化 | 焦宁 | 药学院 | 课题 |
| 22293034 | 病原感染活体动态成像及原位测量 | 谢海燕 | 药学院 | 课题 |
| 22293042 | 金属氧化物复合结构的电子态调控及催化性能 | 董浩 | 化学与分子工程学院 | 课题 |
| 32293210 | 线粒体保护与神经退行性疾病干预策略研究 | 程和平 | 未来技术学院 | 项目 |
| 32293211 | 线粒体动态功能信号在神经退变中的作用机制及保护研究 | 程和平 | 未来技术学院 | 课题 |
| 32293212 | 线粒体质量调控在神经退行性疾病中的作用机制及保护研究 | 刘颖 | 未来技术学院 | 课题 |
| 42293291 | 光合自养微生物功能群与古海洋生产力演变 | 沈冰 | 地球与空间科学学院 | 课题 |
| 42293324 | 臭氧污染与天气气候变化的协同健康效应及风险 | 邱兴华 | 环境科学与工程学院 | 课题 |
| 82293630 | 造血干细胞移植后免疫稳态重塑机制及其临床转化 | 黄晓军 | 人民医院 | 项目 |
| 82293631 | 造血干细胞移植后免疫稳态重塑的细胞及分子机制研究 | 黄晓军 | 人民医院 | 课题 |
| 82293633 | 异基因造血干细胞移植后残留白血病细胞形成的机制 | 常英军 | 人民医院 | 课题 |
| 82293644 | 围术期老年脑功能稳态失衡风险预测模型的建立及精准麻醉策略研究 | 王东信 | 第一医院 | 课题 |
| T2293700 | 高效率、高可靠性设计的EDA新理论与新方法 | 梁云 | 集成电路学院 | 项目 |
| T2293701 | EDA加速与最优化的理论及方法 | 梁云 | 集成电路学院 | 课题 |
| T2293703 | 基于缺陷物理的器件和电路的可靠性建模及计算 | 刘飞 | 集成电路学院 | 课题 |
| T2293764 | 卵巢组织仿生控冰冻存 | 严杰 | 第三医院 | 课题 |

（刘雨薇）

表7-37　北京大学2022年度获批国家自然科学基金国家重大科研仪器研制项目

| 批准号 | 项目名称 | 负责人 | 所在院系 | 类别 |
|---|---|---|---|---|
| 22227801 | 液相糖自动合成仪的研制 | 叶新山 | 药学院 | 自由申请 |
| 32227802 | 自驱动的智能超分辨率显微镜 | 陈良怡 | 未来技术学院 | 自由申请 |
| 52227802 | 动力电池全生命周期质量状态的双源多模式原位层析成像检测系统研制 | 邹如强 | 材料科学与工程学院 | 自由申请 |
| 62227809 | 感通算一体化泛在物联现场分析仪 | 梅宏 | 计算机学院 | 自由申请 |
| 62227817 | 大尺寸激光辅助金属有机物化学气相沉积系统 | 王新强 | 物理学院 | 自由申请 |

（刘雨薇）

表7-38　北京大学2022年度获批国家自然科学基金重大研究计划项目

| 批准号 | 项目名称 | 负责人 | 所在院系 |
|---|---|---|---|
| 92250301 | 激子极化激元纳源及超快调控 | 许秀来 | 物理学院 |
| 92250305 | 微纳结构光场高时空分辨成像、调控及应用 | 吕国伟 | 物理学院 |
| 92251301 | 水圈微生物能量利用新类型和新机制 | 鲁安怀 | 地球与空间科学学院 |
| 92254301 | 多细胞互作与离子稳态和动态调控 | 王世强 | 生命科学学院 |
| 92254308 | 内质网脂层平衡调控膜性细胞器互作及脂代谢稳态 | 陈晓伟 | 未来技术学院 |
| 92255302 | 特提斯演化控制下的油气差异富集机理与勘探领域 | 何治亮 | 地球与空间科学学院 |
| 92259302 | 基于影像-病理-多组学的MSI-H/dMMR胃癌双特异性单抗免疫治疗疗效智能预测研究 | 季加孚 | 肿瘤医院 |
| 92259303 | 肺癌新辅助免疫治疗中肿瘤演进机制及关键分子功能的可视化研究 | 王俊 | 人民医院 |
| 92261206 | 凝聚态里团簇及其表面分子的结构演化与能量传递的超快实时表征 | 郑俊荣 | 化学与分子工程学院 |
| 92262301 | 稀土萃取分离理论与技术集成 | 孙聆东 | 化学与分子工程学院 |
| 92263203 | 基于二维范德华体系的序构构建及其磁性调控 | 侯仰龙 | 材料科学与工程学院 |

（续表）

| 批准号 | 项目名称 | 负责人 | 所在院系 |
|---|---|---|---|
| 92264001 | "后摩尔时代新器件基础研究"重大研究计划战略研究 | 黄 如 | 集成电路学院 |
| 92265106 | 低维自旋波量子的电调控与逻辑开关研究 | 陈剑豪 | 物理学院 |
| 92268107 | 促再生型成纤维细胞与巨噬细胞对话促进骨骼肌缺血损伤原位血管新生和组织修复 | 冯 娟 | 基础医学院 |
| 92270001 | 人工智能未来发展趋势战略研究 | 鄂维南 | 数学科学学院 |
| 92270102 | 具有高效优化的量子机器学习算法 | 张 亿 | 物理学院 |
| 92270203 | 跨尺度反应动力学与湍流燃烧深度学习模型及高效算法研究 | 陈 帜 | 工学院 |

（刘雨薇）

表7-39　北京大学2022年度获批国家自然科学基金重点国际合作项目

| 批准号 | 项目名称 | 负责人 | 所在院系 |
|---|---|---|---|
| 42220104003 | 二叠纪-三叠纪转折期高分辨率大气二氧化碳浓度记录及其影响因素 | 沈佳恒 | 地球与空间科学学院 |

（刘雨薇）

表7-40　北京大学2022年度获批的国家重点研发计划、科技创新2030项目

（共83项，其中6项为2021年获批、2022年立项）

| 序号 | 项目编号 | 项目名称 | 负责人 | 所在单位 |
|---|---|---|---|---|
| 1 | 2021YFA1003300 | 5.5G大规模MIMO通信系统的超分辨率参数估计和补全问题 | 李铁军 | 数学科学学院 |
| 2 | 2021YFA1003500 | 大型遥感卫星在轨机电性能退化的压缩感知及预测方法 | 马坚伟 | 地球与空间科学学院 |
| 3 | 2022ZD0204800 | 知觉学习的认知与神经环路机 | 方 方 | 心理与认知科学学院 |
| 4 | 2022ZD0214500 | 成瘾记忆印迹消除的神经振荡 | 薛言学 | 基础医学院 |
| 5 | 2022ZD0212100 | 超快（千赫兹）微型化双光子在体显微成像系统研制及其初步应用 | 吴润龙 | 未来技术学院 |
| 6 | 2022ZD0209300 | 高通量多路复用的无线柔性脑机接口技术研究 | 郑雨晴 | 集成电路学院 |
| 7 | 2022YFC3700200 | 大气有机过氧自由基和克氏中间体的精准测量技术 | 李 歆 | 环境科学与工程学院 |
| 8 | 2022YFC3701000 | 二次颗粒物生成与老化及其对大气辐射的影响机制 | 胡 敏 | 环境科学与工程学院 |
| 9 | 2022YFC3702600 | 大气污染全组分暴露测量技术 | 朱 彤 | 环境科学与工程学院 |
| 10 | 2022YFB2803700 | 超大带宽电光调制器 | 舒浩文 | 电子学院 |
| 11 | 2022YFB4400300 | 新原理超低功耗存储器件与电路研究 | 唐克超 | 集成电路学院 |
| 12 | 2022YFB4401600 | 碳基太赫兹射频晶体管与微波集成电路研究 | 张志勇 | 电子学院 |
| 13 | 2022YFB4500700 | 服务器无感知计算系统软件技术 | 金 鑫 | 计算机学院 |
| 14 | 2022YFF1000400 | 高效人工联合固氮微生物的创制 | 杨建国 | 现代农学院 |
| 15 | 2022YFF0712000 | 科学数据自主应用软件研发 | 杜 建 | 健康医疗大数据国家研究院 |
| 16 | 2022YFF0712500 | 活细胞超分辨高速全景成像系统 | 施可彬 | 物理学院 |
| 17 | 2022YFF1203000 | 基于AI大数据驱动和可信安全计算的创新药物筛选系统研究与应用 | 张路霞 | 健康医疗大数据国家研究院 |
| 18 | 2022YFF1202300 | 柔性高密度主动式头皮生物电极设计与仪器开发 | 李志宏 | 集成电路学院 |
| 19 | 2022YFC3301900 | 跨领域知识驱动的法治调研智能感知及辅助决策技术研究 | 张守文 | 法学院 |
| 20 | 2022YFC3400600 | 活细胞动态纳米超分辨率成像技术研发 | 陈良怡 | 未来技术学院 |
| 21 | 2022YFC3401100 | 活细胞超分辨率三维全景成像技术体系研发 | 席 鹏 | 未来技术学院 |
| 22 | 2022YFC3400800 | 高通量和高精准糖组学技术研究 | 叶新山 | 药学院 |
| 23 | 2022YFC2502500 | 慢性肾脏病发生机制与干预研究 | 杨 莉 | 第一医院 |
| 24 | 2022YFC2502500 | 口腔疾病的规范化和个性化的治疗研究 | 蔡志刚 | 口腔医院 |
| 25 | 2022YFC2702500 | 子宫内膜容受性异常的精准诊治及相关着床障碍疾病防治 | 李 蓉 | 第三医院 |
| 26 | 2022YFC2702600 | 精子发生障碍病因学及临床防治研究 | 姜 辉 | 第三医院 |
| 27 | 2022YFC2703000 | 人类生殖细胞与性腺组织超低温冻融损伤机理及功能修复技术 | 严 杰 | 第三医院 |
| 28 | 2022YFC2704400 | 妇科恶性肿瘤患者生育力保护的临床前研究及应用 | 王建六 | 人民医院 |
| 29 | 2022YFC2402100 | 牙髓及牙周软组织的高场MRI精细成像技术及样机研制 | 彭 歆 | 口腔医院 |

(续表)

| 序号 | 项目编号 | 项目名称 | 负责人 | 所在单位 |
|---|---|---|---|---|
| 30 | 2022YFC3501600 | "补气""活血"中药材大品种"功效—物质"解析及深度研发 | 屠鹏飞 | 药学院 |
| 31 | 2022YFA1105800 | 牙颌生物重建与原位再生 | 杨瑞莉 | 口腔医院 |
| 32 | 2022YFA1103300 | 重大血液疾病及其治疗相关造血干细胞损伤修复调控机制研究 | 黄晓军 | 人民医院 |
| 33 | 2022YFA1104000 | 干细胞在胃肠、乳腺和卵巢等肿瘤耐药、转移和复发中的作用 | 张志谦 | 肿瘤医院 |
| 34 | 2022YFB2902800 | 面向6G智能应用的新型网络架构与传输方法 | 邸博雅 | 电子学院 |
| 35 | 2022YFB4703000 | 经皮脊柱内镜手术机器人技术及系统 | 刘海鹰 | 人民医院 |
| 36 | 2022YFB4701900 | 功能可再编辑的拟态水下机器人 | 刘珂 | 工学院 |
| 37 | 2022YFC3601500 | 精准化分级诊疗关键技术及装备系统研究 | 迟春花 | 第一医院 |
| 38 | 2022YFB2703000 | 区块链可证明安全隐私保护技术 | 徐茂智 | 数学科学学院 |
| 39 | 2022YFB2703300 | 基于区块链的卫生健康数据可信共享技术及示范应用 | 吴中海 | 软件与微电子学院 |
| 40 | 2022YFB3604700 | 面向生殖健康医疗需求的LED技术及专用系统研制 | 郭红燕 | 第三医院 |
| 41 | 2022YFB3605300 | AlN单晶衬底制备和同质外延关键技术 | 于彤军 | 物理学院 |
| 42 | 2022YFB3605600 | 氮化物宽禁带半导体强耦合量子结构材料和器件 | 唐宁 | 物理学院 |
| 43 | 2022YFB3303400 | CAD/CAE一体化物理仿真引擎 | 汪国平 | 计算机学院 |
| 44 | 2022YFF0902400 | 沉浸式文旅体验技术集成与场景创新 | 马思伟 | 计算机学院 |
| 45 | 2022YFF0903700 | 中国古代金属物料产地溯源方法研究 | 陈建立 | 考古文博学院 |
| 46 | 2022YFC3006200 | 伤员出血现场快速识别与止血关键技术及装备 | 张殿英 | 人民医院 |
| 47 | 2022YFA10038001 | 数据与机理融合的大数据统计推断 | 姚方 | 数学科学学院 |
| 48 | 2022YFA1005800 | 微分动力系统及其遍历理论 | 甘少波 | 数学科学学院 |
| 49 | 2022YFA1006700 | 齐性空间的几何与分析 | 方汉隆 | 数学科学学院 |
| 50 | 2022YFA1007900 | 基于数据与机理融合的金融风险度量模型和预警方法研究 | 张瑞勋 | 数学科学学院 |
| 51 | 2022YFA1008400 | 复杂系统的分析、优化、博弈与控制 | 李阿明 | 工学院 |
| 52 | 2022YFA1008100 | 人工智能的因果数学理论、方法与应用 | 苗旺 | 数学科学学院 |
| 53 | 2022YFF0800200 | 植物登陆的环境资源效应 | 沈冰 | 地球与空间科学学院 |
| 54 | 2022YFF0800600 | 特大地震动力学过程与灾害预测 | 宋晓东 | 地球与空间科学学院 |
| 55 | 2022YFF0800029 | 地球深时大洋缺氧事件与环境演变 | 李明松 | 地球与空间科学学院 |
| 56 | 2022YFF0801300 | 气候变化热点区域陆-气跨界面精细化协同观测和资料反演 | 王开存 | 城市与环境学院 |
| 57 | 2022YFF0801800 | 陆地生态系统对全球变化的响应与适应 | 刘鸿雁 | 城市与环境学院 |
| 58 | 2022YFF0802300 | 全球变化对区域陆地物种多样性的影响及风险评估 | 王志恒 | 城市与环境学院 |
| 59 | 2022YFB2405600 | 应对极端事件的大型城市电网韧性提升技术 | 王剑晓 | 大数据国家工程实验室 |
| 60 | 2022YFC2804900 | 深海真菌来源抗耐药病原菌先导分子定向发掘与高效表达 | 范爱丽 | 药学院 |
| 61 | 2022YFC2804200 | 深海候选药物工程化制备关键技术研究与示范 | 贾彦兴 | 药学院 |
| 62 | 2022YFA1403500 | 关联电子贝里曲率场调控与器件探索 | 刘开辉 | 物理学院 |
| 63 | 2022YFA1304700 | 蛋白质新型翻译后修饰发现和功能研究的新技术新方法 | 王初 | 化学与分子工程学院 |
| 64 | 2022YFA1303700 | 新型结构和功能蛋白质的理性设计 | 来鲁华 | 化学与分子工程学院 |
| 65 | 2022YFA1305000 | DNA损伤修复调节基因突变重排易位的机制及其在肿瘤发生治疗中的作用 | 张学飞 | 生物医学前沿创新中心 |
| 66 | 2022YFB3204400 | 碳纳米管生物传感芯片晶圆级制造工艺研究 | 夏煜 | 电子学院 |
| 67 | 2022YFB2502100 | 新体系动力电池的基础前沿研究 | 夏定国 | 材料科学与工程学院 |
| 68 | 2022YFA1601900 | CKM矩阵参数与底强子非粲衰变CP破坏的精确测量 | 杨振伟 | 物理学院 |
| 69 | 2022YFA1605100 | 不稳定原子核奇特结构及其在关键天体核过程中的效应 | 杨再宏 | 物理学院 |
| 70 | 2022YFA1603200 | 基于大型激光装置的天体现象实验室模拟研究 | 乔宾 | 物理学院 |
| 71 | 2022YFA1604300 | 超快强激光新实验技术及交叉科学研究 | 刘运全 | 物理学院 |
| 72 | 2022YFB3104200 | 面向网络协同制造的B5G/6G可信接入与服务安全 | 宋令阳 | 深圳研究生院 |
| 73 | 2022YFB3607100 | 柔性双栅氧化物TFT器件与电路研究 | 陆磊 | 深圳研究生院 |
| 74 | 2022YFB2702300 | 安全弹性的区块链网络关键技术 | 雷凯 | 深圳研究生院 |
| 75 | SQ2022YFA1200071 | 二维异质结构激子极化激元物理及器件 | 刘文静 | 物理学院 |
| 76 | SQ2022YFA1200072 | 二维材料异维超结构与器件关键技术研究 | 侯仰龙 | 材料科学与工程学院 |
| 77 | SQ2022YFA1200069 | 大尺寸石墨烯单晶与高速光通信器件 | 彭海琳 | 化学与分子工程学院 |

(续表)

| 序号 | 项目编号 | 项目名称 | 负责人 | 所在单位 |
|---|---|---|---|---|
| 78 | SQ2022YFA1200075 | 新型纳米药物调控口腔微生态失衡的递送技术研究 | 郑树国 | 口腔医院 |
| 79 | 2022YFF1501700 | 跨物种基因工程广谱低毒抗肿瘤药物研发 | 杜 鹏 | 生命科学学院 |
| 80 | 2022YFF1502100 | 基于聚合物微针阵列的全植入无线脑机接口系统研究 | 李志宏 | 集成电路学院 |
| 81 | 2022ZD0114900 | 通用人工智能认知计算框架、理论与技术研究 | 朱松纯 | 智能学院 |
| 82 | SQ2022AAA010574 | 通用视觉驱动的城市计算交通及应用 | 陈宝权 | 智能学院 |
| 83 | SQ2022AAA010572 | 面向通用视觉的机器学习理论与方法 | 林宙辰 | 智能学院 |

（廖日坤）

表7-41 2022年度北京大学发表的SCI论文统计（第一作者/通讯作者）

| 单位 | 发表论文总数 | 单位 | 发表论文总数 |
|---|---|---|---|
| 物理学院 | 692 | 智能学院 | 95 |
| 化学与分子工程学院 | 581 | 未来技术学院 | 92 |
| 地球与空间科学学院 | 464 | 科维理天文与天体物理研究所 | 88 |
| 工学院 | 455 | 心理与认知科学学院 | 64 |
| 前沿交叉学科研究院 | 373 | 现代农学院 | 60 |
| 城市与环境学院 | 288 | 生物医学前沿创新中心 | 54 |
| 材料科学与工程学院 | 333 | 王选计算机研究所 | 53 |
| 环境科学与工程学院 | 240 | 软件工程国家工程研究中心 | 24 |
| 生命科学学院 | 236 | 人工智能研究院 | 20 |
| 数学科学学院 | 224 | 建筑与景观设计学院 | 20 |
| 电子学院 | 195 | 海洋研究院 | 3 |
| 北京国际数学研究中心 | 111 | 深圳研究生院 | |
| 计算机学院 | 107 | 医学部 | |
| 集成电路学院 | 99 | | |

数据检索时间：2023年1月

（刘 超）

表7-42 北京大学2022年度出版的理工医类著作统计

（共238部，其中校本部40部，医学部177部，深圳研究生院21部）

校本部40部

| 单位 | 专著 | 教科书 | 编著 | 总计 |
|---|---|---|---|---|
| 环境科学与工程学院 | 5 | 2 | 0 | 7 |
| 城市与环境学院 | 6 | 0 | 0 | 6 |
| 地球与空间科学学院 | 3 | 0 | 3 | 6 |
| 物理学院 | 1 | 0 | 4 | 5 |
| 计算机学院 | 3 | 0 | 1 | 4 |
| 数学科学学院 | 2 | 1 | 0 | 3 |
| 电子学院 | 2 | 1 | 0 | 3 |
| 化学与分子工程学院 | 0 | 0 | 1 | 1 |
| 工学院 | 1 | 0 | 0 | 1 |
| 人工智能研究院 | 1 | 0 | 0 | 1 |
| 生命科学学院 | 1 | 0 | 0 | 1 |
| 集成电路学院 | 1 | 0 | 0 | 1 |
| 软件工程国家工程研究中心 | 1 | 0 | 0 | 1 |
| 总计 | 27 | 4 | 9 | 40 |

医学部 177 部

| 单位 | 专著 | 编著 | 教科书 | 译著 | 总计 |
|---|---|---|---|---|---|
| 基础医学院 | 3 | 3 | 0 | 1 | 7 |
| 药学院 | 0 | 2 | 0 | 0 | 2 |
| 公卫学院 | 7 | 6 | 9 | 0 | 22 |
| 护理学院 | 0 | 0 | 9 | 2 | 11 |
| 医学人文学院 | 3 | 4 | 4 | 3 | 14 |
| 第一医院 | 23 | 0 | 0 | 3 | 26 |
| 人民医院 | 0 | 8 | 0 | 7 | 15 |
| 第三医院 | 11 | 1 | 0 | 12 | 24 |
| 口腔医院 | 1 | 4 | 3 | 6 | 14 |
| 肿瘤医院 | 0 | 6 | 0 | 1 | 7 |
| 第六医院 | 1 | 2 | 0 | 2 | 5 |
| 国际医院 | 3 | 0 | 3 | 0 | 6 |
| 深圳医院 | 5 | 4 | 4 | 4 | 17 |
| 首钢医院 | 1 | 0 | 0 | 0 | 1 |
| 医学技术研究院 | 0 | 1 | 0 | 0 | 1 |
| 医学教育中心 | 0 | 0 | 0 | 2 | 2 |
| 中国卫生发展中心 | 0 | 2 | 0 | 0 | 2 |
| 健康医疗大数据国家研究院 | 1 | 0 | 0 | 0 | 1 |
| 总计 | 59 | 43 | 32 | 43 | 177 |

深圳研究生院 21 部

深圳研究生院 2022 年度出版著作 21 部，其中：专著 17 部，编著 2 部，教科书 2 部。

（刘　超、王子昱、许术其、孟　祎）

表 7-43　北京大学本部 2022 年度主办的理工类国际学术会议和研讨班情况统计（9 项）

| 会议时间 | 会议名称 | 主办单位 |
|---|---|---|
| 2022.7.21—24 | 生活能源排放环境行为和效应研讨会 | 城市与环境学院 |
| 2022.3.19—20 | 20 世纪中国科技外交史国际研讨会 | 前沿交叉学科研究院 |
| 2022.3.14—10 | 能源转型中的中国油气行业发展研讨会：国家和国际视角 | 地球与空间科学学院 |
| 2022.4.8 | 人工智能基础与应用国际会议：跨学科视角中的人工智能 | 哲学系 |
| 2022.6.23—25 | 2022 中美甲烷减排系列对话——推动实现 2030 年甲烷减排目标 | 能源研究院 |
| 2022.7.25—27 | 希格斯物理研讨会 2022 | 物理学院 |
| 2022.9.27—29 | 第四届弯曲有机化合物与材料的合成与应用国际会议 | 化学与分子工程学院 |
| 2022.10.13—14 | 2022 单细胞组学国际研讨会（线上） | 生物医学前沿创新中心 |
| 2022.12.4 | "未来之后"科学与智能鹏城学术论坛 | 深圳研究生院 |

（范少锋）

表 7-44　北京大学医学部 2022 年度主办的医学类国际学术会议和研讨班情况统计（26 项）

| 会议时间 | 会议名称 | 主办单位 |
|---|---|---|
| 2022.2.28 | 第九届中国 Alport 综合征家长联谊会 "the online workshop on Alport syndrome" | 第一医院 |
| 2022.4.4—6 | The First Coordination Meeting of Project IAEA/RCA RAS6101 "Improving the Quality and Safety of Radiation Medicine through Medical Physicist Education and Training（RCA）" | 第三医院 |
| 2022.4.7—10 | 北大医学论坛-肾脏病分论坛-2022 | 第一医院 |
| 2022.4.9—10 | 2022 北京国际儿童神经病学论坛 | 第一医院 |
| 2022.4.23 | 腹膜后软组织肿瘤的综合治疗 | 第一医院 |
| 2022.4.28 | 北京大学国际癌症研究院第 5 期癌症前沿研究沙龙 | 国际癌症研究院 |

（续表）

| 会议时间 | 会议名称 | 主办单位 |
|---|---|---|
| 2022.5.7—11 | 第39届国际生理科学联合会大会（IUPS 2022） | 基础医学院 |
| 2022.5.13 | 中日质子治疗新进展学术研讨会 | 第一医院 |
| 2022.5.28—29 | 第十届北大医学妇产国际论坛暨母胎医学研究新进展暨第十二届辅助生殖领域新视角研讨会 | 第一医院 |
| 2022.5.29 | 北大医学办学110周年系列学术活动-北京大学国际癌症研究院2022论坛 | 国际癌症研究院 |
| 2022.6.24—26 | 2022年度北京大学慢性气道疾病论坛 | 第三医院 |
| 2022.8.25—27 | 第四届中国急诊医学教育发展国际论坛暨第五届北京大学国际复苏论坛 | 第三医院 |
| 2022.8.26—27 | 北大医学办学110周年系列学术活动——"学科交叉，创新发展"公共卫生前沿论坛 | 公共卫生学院、医学部科研处 |
| 2022.9.12—10.13 | The first regional training course on Quality Management and QA in Radiotherapy Medical Physics Project IAEA/RCA RAS6101 | 第三医院 |
| 2022.10.21 | 北京大学国际医院-克利夫兰医学中心学术研讨会 | 国际医院 |
| 2022.10.22—23 | 北大医学办学110周年系列学术活动2022年北大医学孤独症研讨会—病因学与家庭支持 | 基础医学院 |
| 2022.10.24 | "合作共赢共筑健康"之路国际前沿系列研讨会：肿瘤前沿国际研讨会 | 国际癌症研究院、医学部国际合作处 |
| 2022.10.29 | 2022北京大学-澳门理工大学国际护理教育论坛 | 护理学院 |
| 2022.11.5 | 第二届国际医学物理教育研讨会 2nd Global Forum on Medical Physics Education | 肿瘤医院 |
| 2022.11.12 | 北京国际神经变性病学术大会-全英文国际论坛 | 第三医院 |
| 2022.11.12—13 | 2022北大医学论坛-肾脏替代治疗论坛 | 第一医院 |
| 2022.12.3 | 2022年国际精神疾病新进展会议 | 第六医院 |
| 2022.12.3 | 第七届深圳临床研究论坛 | 医学教育中心、深圳医院 |
| 2022.12.3—4 | 第十八届北京大学女性盆底重建与生殖整复研讨会 | 人民医院 |
| 2022.12.17—18 | 国际交感神经手术协会2022年会 | 人民医院 |
| 2022.12.18 | 第五届北京大学国际医院肝胆胰外科国际高峰论坛暨北京健康促进会肝胆胰肿瘤专家委员会年会 | 国际医院 |

（王子昱）

表7-45 北京大学理工医科2022年度获得国家重点研发计划国际合作重点专项项目（13项）

| 负责人 | 项目名称 | 所在单位 | 合作期限 | 合作区域 |
|---|---|---|---|---|
| 庞全全 | 基于准（全）固态反应的高比能锂硫电池的关键技术研究 | 材料科学与工程学院 | 2022.06—2024.05 | 南非 |
| 王蒙 | 太阳能驱动的合成气到烯烃或醇类化学品的光催化转化 | 化学与分子工程学院 | 2022.09—2025.08 | 欧洲 |
| 林沂 | 基于地基激光雷达的阔叶林立木结构测量方法学：弯曲树的挑战 | 地球与空间科学学院 | 2022.09—2025.08 | 日本 |
| 宋令阳 | 基于密集低轨卫星的天地一体化宽带移动通信技术研究 | 电子学院 | 2022.09—2024.08 | 日本 |
| 李毓龙 | 发展可遗传编码GRAB探针监测腺苷及食欲肽睡眠觉醒中动态变化 | 生命科学学院 | 2022.09—2025.08 | 日本 |
| 郭少军 | 二维共价有机框架基的原子位催化剂创制与人工光合成性能调控 | 材料科学与工程学院 | 2023.01—2025.12 | 美国 |
| 陆剑 | 以果蝇为模式解析环境适应的遗传和进化机制 | 生命科学学院 | 2023.01—2025.12 | 美国 |
| 郭雪峰 | 单分子化学反应的机制研究及其调控 | 化学与分子工程学院 | 2023.01—2025.12 | 美国 |
| 雷霆 | 高性能n型有机热电材料的设计合成和器件化 | 材料科学与工程学院 | 2023.01—2024.12 | 美国 |
| 薛建明 | CFETR结构材料中聚变中子辐照致氢氦协同效应的等效模拟方法 | 物理学院 | 2022.05—2027.04 | 中国 |
| 李海潮 | 分泌抗PD-1ScFv的多靶点CAR-T细胞治疗晚期非小细胞肺癌的临床前及临床研究 | 第一医院 | 2022.06—2024.05 | 香港 |
| 何菁 | 滤泡辅助性T前体细胞异常分化及其靶向调控在干燥综合征中的作用机制研究 | 人民医院 | 2023.01—2025.12 | 美国 |
| 袁超 | 牙周病-糖尿病的口腔微生态检测技术及调控机制研究 | 口腔医院 | 2023.01—2025.12 | 日本 |

（范少锋）

表7-46 北京大学理工科2022年度获得其他国际（地区）合作项目（23项）

| 负责人 | 所在单位 | 合作国别/地区 | 合作单位 | 项目名称 | 合作期限 |
|---|---|---|---|---|---|
| 解万泽 | 心理与认知科学学院 | 新西兰 | 奥克兰大学 | Multidimensional evaluation of the early emergence of executive function | 2022.07—2023.06 |
| 雷霆 | 材料科学与工程学院 | 沙特阿拉伯 | 阿卜杜拉国王科技大学 | UNDERSTANDING CHARGE TRANSPORT IN DOPED N-TYPE CONJUGATED POLYMERS | 2022.04—2025.03 |
| 吴虹 | 生命科学学院 | 香港 | 香港大学 | R&D Center Program-Laboratory for synthetic chemistry and chemical biology limited | 2020.05—2030.04 |
| Markku | 城市与环境学院 | 法国 | 国立农业食品环境研究所 | Ecosystem-based Adaptation and Changemaking to Shape, Protect and Maintain the resilience of Tomorrow's Forests | 2022.09—2025.08 |
| 朱彤 | 环境科学工程学院 | 菲律宾 | 亚洲清洁空气中心（菲律宾）北京代表处 | 评估空气质量管理与气候变化在中国的健康效益 | 2022.03—2023.03 |
| 高原宁 | 物理学院 | 欧洲 | 欧洲大型强子对撞机 | LHC合作备忘录 | 2022.04—2023.03 |
| 贺灿飞 | 城市与环境学院 | 德国 | 德国联邦就业委 | 新冠疫情下中德经济韧性研究 | 2021.08—2024.08 |
| 华方圆 | 城市与环境学院 | 美国 | 绿色和平 | 生物多样性与森林多重效益 | 2022.10—2023.10 |
| 陈秀万 | 地球与空间科学学院 | 蒙古 | 农业部规划院 | 中蒙智慧农牧协同创新园研究及应用示范项目 | 2021.07—2023.06 |
| 张成 | 数学科学学院 | 美国 | 弗雷德·哈金森癌症研究中心 | Fast and flexible and scalable Bayesian phylogenetics via modern machine learning | 2022.04—2022.06 |
| 陈志坚 | 物理学院 | 中国 | 上海大学 | 长寿命、深蓝光有机材料及器件研究 | 2022.09—2025.08 |
| 刘志 | 城市与环境学院 | 美国 | 美国林肯土地政策研究院 | 北京大学-林肯研究院城市发展与土地政策研究中心 开展项目活动的资助协议 | 2022.07—2023.06 |
| 何建森 | 地球与空间科学学院 | 美国 | 国际日地科学联合会 | Database for Unambiguous identification of Waves in the Inner heliosphere（DUWI） | 2022.07—2023.07 |
| 周力平 | 海洋研究院 | 中国 | 北京科技国际交流中心 | 支持北京地区科技机构开展国际交流合作项目 | 2022.08—2022.12 |
| 孙育杰 | 未来技术学院 | 中国 | 北京科技国际交流中心 | "创新链接"系列活动 | 2022.08—2022.12 |
| 戴瀚程 | 环境科学与工程学院 | 欧盟 | 欧盟 | Enhanced sharing of good practices on greenhouse gas emissions modelling between EU and Asian countries | |
| 杜进隆 | 物理学院 | 中国 | 中国科学院合肥物质科学研究院 | 托卡马克装置第一壁材料腐蚀与沉积特性研究 | 2022.05—2027.04 |
| 谢广明 | 工学院 | 德国 | 马普学会 | The emergence of cooperation in schooling fish: an evolutionary game theory perspective | 2022.10—2023.09 |
| 席瑞斌 | 数学科学学院 | 中国 | 无 | 肝癌的智能精准诊疗方案 | 2021.01—2022.12 |
| 戴瀚程 | 环境科学与工程学院 | 香港 | 香港大学 | 實現2060碳中和：粵港澳大灣區氣候變化減排情景下空氣污染與健康的協同效應研究 | 2022.06—2025.06 |
| 刘燕 | 口腔医院 | 香港 | 香港大学 | 外场响应双功能仿生植骨支架的构建及其精准治疗感染性骨缺损的研究 | 2022.09—2024.09 |
| 刘峻峰 | 城市与环境学院 | 英国 | 东安格利亚大学 | Newton Advanced Fellowship——Analysis for the nexus of emission-air quality-socioeconomics for air pollution control in China | 2019.01—2021.01 |
| 左力 | 人民医院 | 中国 | 无 | 血液透析标准化操作培训班 | 2022.12—2023.12 |

（范少锋）

表7-47 北京大学医学部2022年度获得的其他国际（地区）合作项目（14项）

| 负责人 | 所在单位 | 合作国别 | 合作单位 | 项目名称 | 合作期限 |
|---|---|---|---|---|---|
| 刘建蒙 | 公共卫生学院 | 尼日利亚 | 尼日利亚国际热带农业研究所 | 尼日利亚妇女儿童膳食和微量营养素调查项目 | 2022.01—2022.07 |
| 李开龙 | 基础医学院 | 美国 | 伊利诺伊大学芝加哥分校 | 染色质免疫共沉淀试验 | 2022.02—2023.01 |
| 黄旸木 | 公共卫生学院 | 美国 | 世界卫生组织 | 记录非洲地区试试公共卫生紧急行动中心的最佳实践 | 2022.03—2022.06 |

（续表）

| 负责人 | 所在单位 | 合作国别 | 合作单位 | 项目名称 | 合作期限 |
|---|---|---|---|---|---|
| 方海 | 中国卫生发展研究中心 | 美国 | 约翰霍普金斯大学 | 疫苗接种可持续发展与公平性的经济学研究-VERSE | 2022.04—2023.01 |
| 马冠生 | 公共卫生学院 | 美国 | 联合国儿童基金会 | 针对中国儿童超重和肥胖干预的投资案例的开发 | 2022.02—2023.03 |
| 董彬 | 公共卫生学院 | 美国 | 联合国儿童基金会 | 开展研究、调查以及相关评价以倡导健康的食物环境 | 2022.06—2022.09 |
| 马晓晨 | 中国卫生发展研究中心 | 美国 | 弗雷德·霍洛基金会 | 可行性研究-社会责任企业模式在中国农村扩大有效屈光不正覆盖的潜力和选择 | 2022.06—2022.11 |
| 马冠生 | 公共卫生学院 | 美国 | 国际计划（美国）陕西代表处 | 0-3岁婴幼儿回应性喂养的核心条目及评价工具的制定 | 2022.06—2023.01 |
| 董彬 | 公共卫生学院 | 美国 | 联合国儿童基金会 | 开展研究、调查以及相关评价以倡导健康的食物环境 | 2022.07—2023.01 |
| 尹慧 | 公共卫生学院 | 美国 | 卫健策略（美国）济南代表处 | 中国国家无烟立法支持性政策研究与倡导 | 2022.07—2023.06 |
| 李立明 | 公众健康与重大疫情防控战略研究中心 | 英国 | 牛津大学 | 中国慢性病前瞻性研究项目 | 2022.09—2034.01 |
| 陈天娇 | 公共卫生学院 | 美国 | 联合国儿童基金会驻华办事处 | 中国儿童青少年健康发展策略 | 2022.10—2022.12 |
| 李榴柏 | 公共卫生学院 | 瑞士 | 世界卫生组织（WHO） | 世界卫生组织营养与食品安全处委托询证研究项目 | 2022.10—2023.01 |
| 陈天娇 | 公共卫生学院 | 美国 | 联合国儿童基金会驻华办事处 | 中国儿童青少年健康发展策略-2 | 2022.11—2023.01 |

（郑宗方）

## 医学科研管理

【发展概况】 医学部科学研究处是负责医学部科研项目、科研基地、科研成果管理、学术交流、科研伦理及人类遗传资源的管理及服务的职能部门。医学部科学研究处的内设机构包括：综合办公室、重大项目办公室、基础研究办公室、基地建设办公室、成果管理办公室、学术发展办公室、人类遗传资源管理办公室。医学部科学研究处（不含挂靠单位）事业编制共15名，其中设处长1名，副处长3名，正科级干部6名。有劳务派遣制人员2名。

科研人才队伍建设。新增国家自然科学基金委基础科学中心项目负责人3人，获批国家自然基金委创新研究群体1个，新增国家重点研发计划青年科学家项目获得者4名，国家自然科学基金委杰出青年项目获得者4名，国家自然科学基金委优秀青年项目获得者2名，北京市自然科学基金杰出青年项目获得者2名，北京市科技新星11名。

科研基地建设。2022年，北大医学多类科技创新基地参加上级主管部门组织的周期性评估，依托北京大学口腔医院建设的国家口腔疾病临床医学研究中心运行绩效评估结果为"优秀"；分子心血管学、辅助生殖、慢性肾脏病防治3家教育部重点实验室评估结果为"优秀"；口腔医学计算机应用工程技术研究中心、精神卫生学重点实验室2家国家卫生健康委科技创新基地"十三五"运行情况评估结果为"优秀"。

7月，癌症整合组学前沿科学中心通过教育部组织的论证；9月，北京大学正式发布了《关于成立北京大学癌症整合组学前沿科学中心的通知》（校发〔2022〕171号）。中心致力于系统性、多层次阐释中国特色高发癌症发病机制和建立新理论体系、寻找癌症诊治新靶标、开发克服癌症临床耐药复发转移的中国新方案。

9月，依托北京大学，以北京大学第三医院为主体申报的运动创伤治疗技术与器械教育部工程研究中心获教育部批准立项建设，该工程研究中心主要目标是整合高校、医院、企业优势资源，解决运动医学相关产品的"卡脖子"关键技术问题，转化一批更有效、更实用、更经济的运动创伤微创治疗和智能康复技术，促进运动医学学科群发展。

青年科技创新平台建设。4月，举办"新医科-新工科交叉合作论坛"。4月至9月，举办北大医学110周年系列学术论坛。12月，举办北大医学办学110周年学术高峰论坛，通过线上观看主论坛直播的观众达92万人次。

科研项目与科研经费。由邓宏魁、乔杰、陆林分别牵头的国家自然科学基金基础科学中心项目同时获批，经费6000

万元/项。黄晓军、焦宁分别牵头获批国家自然科学基金重大项目；邓旭亮教授获批创新研究群体项目；汪贻广、卫彦、于洋、李默分别牵头获批国家杰出青年科学基金项目。12月，肿瘤及重大疾病治疗领域国家医学攻关产教融合创新平台获国家发展改革委批复立项。2022年，北大医学共获批科技部牵头项目25项，牵头课题75项，获批中央财政经费4.87亿元，其中青年科学家项目4项。获批国家自然科学基金项目374项，经费4.54亿元。获批科技部和国家自然基金委经费数创历史新高。

科研成果产出。11月，获2021年度北京市科学技术奖励科技进步奖一等奖1项、二等奖2项，自然科学奖二等奖1项。2022年北大医学共发表SCI论文6259篇，作为第一或通讯作者单位发表SCI论文4250篇；第一或通讯作者SCI论文的平均影响因子为6.730。完善北大医学青年科技人才校内奖励政策。6月，北京大学医学部设立"北京大学屠呦呦青年学者奖"，定位为医学部最高规格青年科技奖励。

科研伦理审查和人类遗传资源管理服务。受理各项科研伦理审查申请699项，完成各类科研项目申报过程中的伦理预审申请312项，完成动物伦理审查申请686项。共提交人类遗传资源采集行政许可申请7项；提交人类遗传资源国际合作科学研究行政许可申请6项；提交人类遗传信息备案申请42项。开展人类遗传资源管理的研究者培训11次，1400余人次完成培训。

（赵春辉、许术其、田君、邓锐、柳枭隽、
张秋月、郑宗方、张楠楠、李侗桐、赵励彦）

【颁发青年科技人才类奖励】 6月，在"北京大学屠呦呦医药人才奖励基金"的支持下，设立"北京大学屠呦呦青年学者奖"，并将该奖项设定为北大医学医药卫生领域青年科技奖励奖项中的最高规格奖项。在北大医学办学110周年之际，组织了首届"北京大学屠呦呦青年学者奖"评审，药学院刘涛、药学院夏青、第一医院金红芳获奖，并在11月26日的北大医学高质量创新发展论坛上隆重颁发奖励。12月，组织第四届"北大医学青年科技奖"评审，基础医学院游富平、药学院乔雪、药学院王晶、公共卫生学院黄涛、第一医院汪旸、第三医院梁晓龙、口腔医院张学慧、肿瘤医院鲁智豪8名青年人才获奖，并在12月2日北大医学办学110周年学术高峰论坛上隆重颁发奖励。

（郑宗方、张楠楠）

【举办北大医学办学110周年系列学术交流活动】 2022年度，组织多场北大医学办学110周年系列学术科研活动：4月24日，举办"新医科-新工科交叉合作论坛"；4月27日，举办"化学生物学驱动的生物医药前沿论坛"；5月29日，举办"北京大学国际癌症研究院2022论坛"；8月26日至27日，举办"学科交叉 创新发展"公共卫生前沿论坛；9月17日至18日，举办"中国临床药学发展博雅论坛"；11月16日至26日，举办"北大医学智慧康养高峰论坛"及8个主题分论坛。12月2日至3日，举办北大医学办学110周年学术高峰论坛暨北大医学青年科技奖颁奖活动，此次活动设有基础医学论坛、临床医学前沿论坛、精准医学时代的大队列与大数据论坛、全球青年学者论坛4个分论坛。

（郑宗方）

## 《北京大学学报（自然科学版）》

【发展概况】 刊载论文情况。《北京大学学报（自然科学版）》2022年出版6期共1156页，刊载学术论文120篇，其中力学3篇，物理学3篇，生物学2篇，电子学与信息科学26篇，地球与空间科学31篇，地理学与环境科学52篇，心理学3篇。每篇论文都在中国知网学术期刊数字出版平台实行网络首发。2022年第1期推出"面向人工智能的自然语言分析与理解"专题，刊载15篇论文。

为贯彻落实4月14日《教育部科学技术与信息化司关于组织学术期刊开展弘扬科学家精神专题宣传的函》的精神，充分发挥学术期刊在弘扬科学家精神、改进作风学风等方面的重要作用，《北京大学学报（自然科学版）》2022年开设"弘扬科学家精神"专栏，转载了科学技术文献出版社系列丛书《科学家精神》中记述徐光宪、王选、周培源以及合成牛胰岛素研究团队科学家先进事迹的文章。

数据库收录情况。《北京大学学报（自然科学版）》2022年刊载的论文被多个国内外文献检索机构收录。重要的国内文献数据库有中国科学引文数据库（CSCD）、万方数据和中国知网，在超星期刊平台和维普资讯期刊平台实行全文免费开放获取。重要的国际文献数据库有爱思唯尔（Elsevier）科学期刊数据库（Scopus）、美国工程索引数据库（EI）、美国ProQuest Science Journals科学期刊全文数据库、美国《化学文摘》（CA, Chemical Abstracts）、美国《地质参考》（GR, GeoRef）、美国《数学评论》（MR, Mathematical Reviews）、俄罗斯《文摘杂志》（AJ, Abstracts Journal）、日本科学技术振兴机构文献数据库（JST, Japan Science and Technology Agency）、德国《数学文摘》（ZM, Zentralblatt MATH）、英国《科学文摘》（SA, Science Abstracts）、英国皇家化学学会《质谱学通报（增补）》（MSB-S, Mass Spectrometry Bulletin [Supplemental]）和英国《动物学记录》（ZR, Zoological Record）。

文献计量指标。据中国科技信息研究所《2022年版中国科技期刊引证报告（核心版）》中对2021年出版的中国科技核心期刊（中国科技论文统计源期刊）的统计，《北京大学学报（自然科学版）》2021年主要科学计量指标有所上升，见后附表（同时列出2020年数据）。

获奖情况。中国科学技术信息研究所12月29日召开的"中国科技论文统计结果发布会"公布，《北京大学学报（自然科学版）》入选"2021年度百种中国杰出学术期刊"，至此连续十八年获此殊荣。根据12月1日中国高校科技期刊研究会第26次年会公布的《2022年度中国高校科技期刊建设示范案例库·杰出／百佳／优秀科技期刊》入库案例名单，《北京大学学报（自然科学版）》入选"2022年度中国高校杰出科技期刊"。

响应式网站设计（RWD）。2022年完成响应式网站设计（RWD），实现北京大学学报（自然科学版）网站和文章在移动端的屏幕自适应，方便用户在移动端进行访问，进一步拓展了期刊的传播渠道。

期刊微信公众号建设。为了方便移动阅读，《北京大学学报（自然科学版）》2022年刊载的论文均在微信公众号"北京大学学报自然科学版"发布。同时，通过图文并茂的科普性质短文，在微信公众号推介重点文章。

（李亚文）

【自然语言处理与中文计算国际学术会议论文组稿】 自然语言处理与中文计算会议（NLPCC）是中国计算机学会主办的年度国际学术会议，专注于自然语言处理及中文计算领域的学术与应用创新，致力于推动学术界和工业界研究、创新与应用的发展，是具有国际影响力的学术与创新交流平台。《北京大学学报（自然科学版）》编辑部与其组委会合作，以NLPCC专题报道的形式在2022年第1期出版15篇"面向人工智能的自然语言分析与理解"领域的研究论文。

（李亚文、尉立肖）

## 【附表】

表7-48 《北京大学学报（自然科学版）》文献计量指标

| 年份 | 总被引频次 | 影响因子 | 即年指标 | 他引率 | 引用刊数 | 扩散因子 | 权威因子 | 被引半衰期 | 学科扩散指标 | 学科影响指标 | 开放因子 | 综合评价总分 |
|---|---|---|---|---|---|---|---|---|---|---|---|---|
| 2020 | 1565 | 0.935 | 0.169 | 0.98 | 562 | 35.91 | 135.28 | 7.30 | 6.31 | 0.45 | 95 | 62.90 |
| 2021 | 1586 | 1.098 | 0.160 | 0.97 | 581 | 36.63 | 132.32 | 7.28 | 10.19 | 0.35 | 91 | 60.78 |

（李亚文）

# 《北京大学学报（医学版）》

【发展概况】 专题组稿。2022年《北京大学学报（医学版）》充分依托学报编委在医学各分支学科领域的学术影响力，主动沟通和配合相关编委完成第1期"口腔医学专题"、第2期"肿瘤医学"小专题、第3期"公共卫生专题"、第4期"泌尿外科专题"，以及第6期"风湿免疫专题"等专题的组稿、约稿、同行评审以及编委定稿会工作。专题组稿共计162篇，刊载107篇，占总刊载篇数的56.9%（107/188）。

论文刊载。《北京大学学报（医学版）》2022全年完成6期1243页188篇学术论文的报道，并按时上传给国内外各大数据库。

稿件评审。《北京大学学报（医学版）》严格遵守"三审制"，即同行双审和编委会定稿，把稿件的学术质量和内容质量作为编辑部工作的核心。2022年共完成556篇稿件的送审工作，涉及审次1300余次，共组织召开了6次编委定稿会议。为保证《北京大学学报（医学版）》的学术影响力，一方面对稿件学术质量把关：发表的稿件均须经过专业评审，即"三审制"，由两位同行专家评审，相关编委或编委定稿会终审；专业评审通过的稿件涉及统计分析的均须统计学评审。另一方面，对稿件内容质量把关，由相关专业编辑对英文目次表述、英文摘要的英文表述、校样内容质量进行审定；编辑部主任对每期校样要逐字逐句进行审读，开印前终审全刊。2022年，编辑部保证了全部作者投稿（556篇稿件）3个月内完成评审，尽可能地帮助作者解决投稿过程中遇到的问题。

梳理国内外医学领域的检索系统和数据库。根据工作需要，进一步梳理国内外医学领域的检索系统和数据库，提供、补充检索系统和数据库的相关内容和资料，对主要数据库的展示状态进行了编辑分工，将该项工作加入到2023年编辑岗位职责中，旨在及时解决各数据库出现的问题。

数字出版。为了最大范围地传播北大医学的研究成果，2021年《北京大学学报（医学版）》与PubMed、PMC、EBSCO、CNKI、CSCD、超星、万方、维普、博看网、中国科技论文在线、中国学术期刊文摘、中邮阅读网等国内外各大电子期刊及引文数据库配合，实现及时、广泛的线上传播。2022年《北京大学学报（医学版）》为Medline上传论文共计188篇。《北京大学学报（医学版）》借助北京大学图书馆的数字化项目，制作2022年发表的全部论文的HTML文本，在《北京大学学报（医学版）》网站上发布188篇开放获取（OA）的文章。2022年《北京大学学报（医学版）》数字优先出版论文共188篇，平均每篇文章比纸质版提前30天与读者见面。

文献计量指标。据中国科技信息研究所《2022年版中国科技期刊引证报告（核心版）》对2021年出版的中国科技核心期刊（中国科技论文统计源期刊）的统计，《北京大学学报（医学版）》2021年核心影响因子0.997，核心总被引频次1537，综合评价总分66.1，学科扩散指标9.34，学科影响指标0.70，红点指标0.45。

**继续教育学习。**编辑们通过参加编辑业务培训课程，完成国家新闻出版署编辑继续教育（90学时）的要求。为了加强业务学习，《北京大学学报（医学版）》在有限的业务经费中，合理安排相关编辑出差或在线学习，并在编辑部召开业务会议时分享这些编辑学习的体会，使全体编辑都能及时了解国家在新闻出版方面的政策、法规，提高编辑们的政策水平和业务能力。

**党建工作。**作为科研学报联合支部的组织委员单位，按照《中国共产党发展党员工作细则》要求，努力做好党员培养发展工作，目前联合支部有2位入党积极分子和1位预备党员。通过参加机关党委和科研学报联合支部组织的党员专题活动，如"话初心颂党恩 践使命绘蓝图"专题视频制作、"喜迎二十大，经典永流传"红色阅读活动、参观中国共产党历史展览馆，以及党的二十大相关学习等活动，不断提高政治理论水平和政治站位。

**学会工作。**学报编辑部主任曾桂芳作为中国高校科技期刊研究会副理事长兼组织发展部主任，组织、参加研究会的各项活动。

**公益活动。**继续参与中国科技期刊协会医药卫生期刊分会组织的"不忘初心 助力基层"的主题实践系列活动——助力"知识书屋"建设，2022年捐赠对象增加至3个点位（2021年为1个点位）。参加教育部科技司"弘扬科学家精神专题宣传"活动。截至2022年底已完成在《北京大学学报（医学版）》第3、4、6期的宣传海报和部分科学家简介的刊登。

**《医学评论》相关工作。**完成2022年 Medcine Review（《医学评论》）出版计划及其相关工作。2022年共收稿35篇，录用发表34篇。作者来源为国外机构的有11篇，占32.4%，主要来自于美国。

（王 蕾）

【出版"北大医学办学110周年纪念专辑"】 2022年，"北大医学办学110周年纪念专辑"在《北京大学学报（医学版）》第5期（10月18日）正式出版。该期稿件主要来自编委和北京大学医学部杰青、优青研究团队，来稿42篇，刊载36篇，其中4位院士编委为《北京大学学报（医学版）》"院士论坛"栏目撰稿，乔杰作为该期的执行主编。

（王 蕾）

【入选《世界期刊影响力指数（WJCI）报告（2021 STM）》】
2022年10月，《北京大学学报（医学版）》入选《世界期刊影响力指数（WJCI）报告（2021 STM）》，该报告是由中国科学技术信息研究所、《中国学术期刊（光盘版）》电子杂志社有限公司、清华大学图书馆、万方数据公司、中国高校科技期刊研究会联合研制的期刊评价报告。该报告是中国科学技术协会专题资助课题《面向国际的科技期刊影响力综合评价方法研究》（2019KJQK004）的成果，入选了"科创中国"项目。《WJCI报告》旨在建立一个全新的期刊评价体系，入选期刊均被认为是具有地区代表性和学科代表性的优秀期刊。

（王 蕾）

# 人文社科科研管理

【发展概况】 组织架构。北京大学文科包括人文、社科、经管3个学部，21个院系。社会科学部作为学校职能部门，负责全校文科学科建设和科研管理工作。2022年，社科部下设5个办公室，职能分为综合与规划工作、纵向项目工作、横向项目与合作、基地与机构工作、智库工作。2022年，社科部工作人员有：1名部长、3名副部长、2名挂职副部长、4名办公室主任、1名办公室副主任、2名事业编工作人员以及6名劳动合同制工作人员。

综合规划与管理服务。（1）文科规划和顶层设计。牵头起草《北京大学关于建构哲学社会科学知识体系和提升咨政服务能力的实施方案》，修订《北京大学"十四五"人文社会科学发展规划》，起草北京大学文科实验平台建设规划、北京大学"数字与人文"年建设方案、北京大学智库领导小组办公室工作规划，撰写《以"有组织的科研"引领北大文科发展》《关于高校社科有组织科研的调研报告》等。参与起草《北京大学"双一流"建设高校整体建设方案》《北京大学新一轮"双一流"放权改革工作方案》《北京大学深化综合改革方案（2022—2030）》《北京大学面向2030对接国家战略行动计划》等重要规划文件；配合学科办开展人文社科"双一流"评估与动态监测工作等。（2）校内学术交流合作。召开2022年北京大学文科院系负责人会议、各类文科专题会、科研工作会等，积极筹备北京大学文科工作会议。持续推进"北大文科创新讲坛"，搭建交流学习、启发激励的公共平台，推出第四讲"城乡之际与家国之间——城镇化的社会学"、第五讲"'一体多面'：中华帝制时期的国家社会关系再研究"和第六讲"中国百年文学史研究的范式转型与创新"。充分利用人文社会科学研究院、习近平新时代中国特色社会主义思想研究院、区域与国别研究院等平台，推动跨学科交流合作。（3）成果与人才工作。2022年，开展第九届高等学校科学研究优秀成果奖（人文社会科学）申报工作，拟筛选出200项成果正式上报。开展国华奖、钱端升奖等人选推荐工作，组织北京市哲学社会科学优秀成果特等奖集粹稿件报送等。2022年完成人文社科新引进人才项目立项71项，资助经费达1420万元。完成"四个一批"自主选题项目立项工作。完成北京社科基金学术带头人项目第二期研究经费拨付，合计拨付25万元。组织教师参加2022年哲学社会科学教学科研骨干研修培训工作，选送17位学员参加研修班学习。推选2022年文化名家暨"四个一批"人才2名、宣传思想文化青年英才1名。（4）期刊与社团建设工作。2022年协助《当代中国马克思主义研究》《传统文化研究》《经济管理学刊》等成功创刊。做好教育部哲学社会科学期刊重点专栏申报和建设工作，做好哲学社会科学期刊社会效益评价考核与年度期刊核验工作。设置年度期刊资助项目，2022年度资助27家优秀集刊156万元。深入调查期刊发展现状与困难，撰写《北京大学文科期刊管理现状及未来发展建议》报告。协助学会社团申请国家社会科学基金社科学术活动主题学术活动资助。2022年，中国李大钊研究会的"李大钊建党思想与实践研究"与中国人学学会的"人学视野中的人类文明新形态"获得2022年度国家社科基金社科学术社团主题学术活动立项。（5）继续发挥《北大文科简报》的信息交流平台作用，截至2022年12月，已印发第36期，收录全校文科综合规划、重大成果、学科建设、平台建设、项目工作、智库工作、期刊建设等内容，全面总结北大文科亮点，引领北大文科发展。

**党建工作。** 社科部党支部党员人数共34人（正式党员33人、预备党员1人），其中离退休党员人数10人，在职党员人数24人，包含社科部机关1人，北京大学学报（哲学社会科学版）2人，区域与国别研究院5人，中国画法研究院1人，人文社会科学研究院2人，国际汉学家研修基地1人。2022年，党支部书记王周谊讲授"深入学习贯彻党的二十大精神 回顾历次党章制定与修改"主题党课，党支部集体学习讨论党的二十大报告，集体学习北京市第十三次党代会、北京大学第十四次党代会和习近平总书记在中国人民大学考察时的重要讲话精神，与考古文博学院第二党支部赴圆明园开展"学习贯彻党的二十大精神"联合主题党日活动，与出版社行政党支部联合参观"喜迎二十大 奋进新时代——北京大学改革发展十年成果图片展"，与科研部党支部、学科办党支部联合举办参观北京大学数字人文作品展党日活动等，做好中共北京大学第十四次党员代表大会代表推荐提名组织工作等。

**纵向项目工作。** 2022年度国家社科基金重大项目立项9项，为疫情三年来最多的一次。2022年度国家社科基金年度项目立项44项，其中重点3项、一般18项、青年23项，青年项目立项数居全国首位；中国文学、社会学、哲学、外国文学等学科立项数居全国前列。国家社科基金"研究阐释党的十九届六中全会精神重大项目"立项4项，其中重大2项、重点2项；国家社科基金冷门绝学研究专项立项学术团队项目1项；国家社科基金高校思政课研究专项立项1项；国家社科基金后期资助暨优秀博士论文出版项目立项4项，其中后期资助项目1项、优秀博士论文出版项目3项。国家社科基金艺术学立项3项，国家社科基金教育学6项。教育部年度项目立项14项、后期资助项目立项1项。北京市社科基金规划项目立项12项，其中重点项目4项、青年项目5项、一般项目3项。北京市社科基金年度项目申报35项。北京市社科基金"接诉即办专项"获1项重大项目、1项重点项目。北京市"习近平新时代中国特色社会主义思想研究中心项目"获1项重大项目、1项一般项目。北京市教育科学规划项目立项6项。

2022年度国家社科基金重大项目结项3项；国家社科基金年度项目结项18项，鉴定等级优秀4项、良好7项；后期结项1项。国家社科基金艺术规划项目结项2项，全国教育科学规划项目鉴定结项2项。北京市社科基金项目结项14项，北京市教育科学规划课题结项4项。

做好"有组织的科研"，推动理论创新。组织开展校内创新性项目立项工作，2022年共资助项目立项17项，金额累计500余万元，在相关领域培育创新性、交叉性、前沿性的研究项目。

**横向项目与合作工作。**（1）做好文科科研合同与经费管理，继续优化"合同签署-科研用印-课题申报-经费管理-科研事项"的一体化科研平台服务，优化以科研项目为核心的科研管理和全流程服务体系建设，潜心创造最优的管理服务环境。2022全年，社会科学部入账人文社科科研项目经费1.99亿元。（2）推动对外学术合作。继续参与雄安新区"一带一路"人文交流与合作研究生院筹建；续签北京大学与贵阳孔学堂的合作协议；统筹北京大学文化传承与创新研究院（抚州）的校内科研项目与经费管理；进一步深化与国家文物局、故宫博物院、敦煌研究院、圆明园管理处以及相关校地共建科研机构的合作。

**基地与机构建设。** 规范虚体研究机构管理，新增机构所聘任校外兼职人员的工作年报制度，排查并清理了不规范的对外聘任，严格把关，提高标准，以促进外聘人员真正发挥作用。完成虚体研究机构年检工作，2022年新增虚体研究机构2个。教育部人文社科重点研究基地启动"十四五"规划制定工作，申报新一期重点项目共54项。进一步严格重点研究基地日常管理，推动测评常态化，要求基地每年进行年终总结。其他各类型的共建基地也将实行年报制度，与虚体研究机构一起开展年检。开展北京高校哲学社会科学创新中心申报推荐工作，共推荐5个中心申报。加强文科实验室建设。推进语言学实验室实体化建设。推动文科综合实验公共平台、北京大学数据平台、社会科学数智化研究基地建设。支持中华文明国家文物基因库、数字人文实验室、国家智能社会治理实验基地等重点文科实验室。

2020年11月，教育部社科司于启动第四次重点研究基地测评工作，通过在线收集重点研究基地2015年8月31日至2020年12月31日期间的数据进行测评，于2022年5月公布测评结果。在该次测评中，北京大学三个基地获得优秀，分别是中国考古学研究中心、中国语言学研究中心、外国哲学研究所。

**智库建设。**（1）创新智库工作体制机制。2022年推动调整北京大学智库工作领导小组成员，成立北京大学智库工作委员会，配备专职智库工作人员。建立与相关部门的联动机制，形成全校智库工作一盘棋。（2）以《北大智库要报》为抓手，完成上级部门约稿和选题，2022年，报送345篇稿件，获得采纳56篇，其他采纳、表扬等88项，各级各类表扬、感谢函件66份。（3）开展有组织的智库研究，围绕二十大、疫情、中华文明探源工程、教材等重大热点问题，第一时间组织和支持专家的专题研究。举办"北京大学临湖智库沙龙"，推动有组织的科研成果转化为智库成果。（4）2022年，启动《北大智库工作简报》，在遵循保密原则的基础上，在一定范围内做好智库工作的宣传；做好稿酬和专家劳务发放工作。（5）充分发挥国家高端智库和首都高端智库的平台带动和资源辐射作用，2022年全力支持国家高端智库经费管理办法修订、首都发展研究院理事会换届、国家体育高端智库申报等重要工作。

（何宛玲、林梦瑶、刘　睿）

【推进"数字与人文年"工作】 北京大学将2022年的年度发展主题确定为"数字与人文"，其宗旨是"科技为人文赋能，人文为科技赋值"，以有组织的科研来探索构建新时代哲学社会科学知识体系。2月，社科部推动学校成立北京大学"数字与人文"领域建设委员会。3月，学校举办北京大学首届数字人文作品展，以数字媒体、VR体验、装置艺术、图文海报等多种形式展现来自各大学科20多个校内单位的近60项作品，将北大的文理交叉成果以可触摸、可感知、可交互的方式予以生动展示，为跨院系交流、跨学科合作开辟了新的渠道。5月，开展"数字与人文专项支持计划"，第一批共资助12名学者，共100万元；第二批共资助5名学者，共40万元。9月，启动"数字与人文领域专项支持"节气沙龙，沙龙每逢节气日举办，邀请青年学者分享研究进展，并结合其议题邀请文理医工不同学科领域的专家进行点评交流，借此建立起大跨度的学术网络，并为主讲人提供切实的学术启发和合作项目，2022年成功举办四次。

（郭　琳）

【国家社科基金项目立项取得新突破】 12月，国家社科基金重大项目立项名单公布，北京大学9个项目获得立项，为近三年最多的一次。2022年度国家社科基金年度项目北京大学立项44项，其中重点3项、一般18项、青年23项，青年项目立项数居全国首位；中国文学、社会学、哲学、外国文学等学科立项数居全国前列。

（吴　明）

【创办"北京大学临湖智库沙龙"】 11月4日，第一期"北京大学临湖智库沙龙"举行，新结构经济学研究院院长、世界银行原高级副行长兼首席经济学家林毅夫教授作了主题为"以理论创新贡献中国式现代化建设和高质量发展两大任务：新结构经济学视角"的报告。"北京大学临湖智库沙龙"由社会科学部主办，人事部、国际合作部、融媒体中心协办，将邀请各学科领域权威专家学者，学习贯彻落实党的二十大精神，营造良好的智库研究氛围，加快凝聚北大智库共同体，不断提升咨政服务能力，推进构建哲学社会科学自主知识体系。

（韩聿琳）

【附表】

表7-49　2022年北京大学文科纵向课题立项名单

| 序号 | 项目名称 | 项目类别 | 院系 | 负责人 |
| --- | --- | --- | --- | --- |
| 1 | 乡村振兴战略下县域医共体向健共体转型机制研究 | 国家社科基金重大项目 | 公共卫生学院 | 简伟研 |
| 2 | 俄罗斯诗学学派研究 | 国家社科基金重大项目 | 外国语学院 | 凌建侯 |
| 3 | 推动农业机械化智能化保障粮食安全的路径和机制创新研究 | 国家社科基金重大项目 | 现代农学院 | 王晓兵 |
| 4 | 碳中和与稳增长协同推进机制及实现路径研究 | 国家社科基金重大项目 | 光华管理学院 | 刘俏 |
| 5 | 基于人工智能的精准国际传播研究 | 国家社科基金重大项目 | 新闻与传播学院 | 陈刚 |
| 6 | 乡村振兴战略下县域城乡融合发展的理论与实践研究 | 国家社科基金重大项目 | 社会学系 | 周飞舟 |
| 7 | 汉语系佛教解经古文献编目整理和诠释研究 | 国家社科基金重大项目 | 哲学系 | 李四龙 |
| 8 | 中华民族语言文字接触交融研究 | 国家社科基金重大项目 | 中国语言文学系 | 孔江平 |
| 9 | 我国民族音乐文化与语言数据集成及共演化研究 | 国家社科基金重大项目 | 中国语言文学系 | 陈保亚 |
| 10 | 以中国式现代化推进中华民族伟大复兴研究 | 研究阐释党的十九届六中全会精神国家社科基金重大项目 | 马克思主义学院 | 刘军 |
| 11 | 弘扬和平、发展、公平、正义、民主、自由的全人类共同价值研究 | 研究阐释党的十九届六中全会精神国家社科基金重大项目 | 马克思主义学院 | 陈培永 |
| 12 | 战国秦汉衍生型文本的生成及其文学性研究 | 国家社科基金年度项目（重点项目） | 中国语言文学系 | 程苏东 |
| 13 | 《五礼通考·观象授时》与江永、戴震学术研究 | 国家社科基金年度项目（重点项目） | 哲学系 | 李畅然 |

(续表)

| 序号 | 项目名称 | 项目类别 | 院系 | 负责人 |
|---|---|---|---|---|
| 14 | 数字经济发展、企业组织结构变革与劳动就业研究 | 国家社科基金年度项目（重点项目） | 国家发展研究院 | 李力行 |
| 15 | 元祐文士题画诗研究 | 国家社科基金年度项目 | 中国语言文学系 | 康倩 |
| 16 | 中国当代文学中的城市想象研究 | 国家社科基金年度项目 | 中国语言文学系 | 丛治辰 |
| 17 | 《太玄》文献整理与研究 | 国家社科基金年度项目 | 中国语言文学系 | 沈相辉 |
| 18 | 情感政治视域下的解放区文艺研究 | 国家社科基金年度项目 | 中国语言文学系 | 路杨 |
| 19 | 印刷媒介对法国文艺复兴文学的影响研究 | 国家社科基金年度项目 | 中国语言文学系 | 高冀 |
| 20 | 《元史》纂修与版本研究 | 国家社科基金年度项目 | 中国语言文学系 | 张良 |
| 21 | 比较政治视域下的公益诉讼"中国方案"研究 | 国家社科基金年度项目 | 政府管理学院 | 王越端 |
| 22 | 魏晋玄学中的自然与治道研究 | 国家社科基金年度项目 | 哲学系 | 孟庆楠 |
| 23 | 以《遗著》为中心的康德晚期先验发生学体系研究 | 国家社科基金年度项目 | 哲学系 | 刘晚莹 |
| 24 | 带命题量词的模态逻辑及其哲学应用研究 | 国家社科基金年度项目 | 哲学系 | 丁一峰 |
| 25 | 拖延视角下生命意义感对锻炼行为的促进作用研究 | 国家社科基金年度项目 | 医学人文学院 | 苗淼 |
| 26 | 古希腊罗马药学文本与实践研究 | 国家社科基金年度项目 | 医学人文学院 | 杨舒娅 |
| 27 | 文化强国战略中世界一流城市图书馆建设研究 | 国家社科基金年度项目 | 信息管理系 | 苗美娟 |
| 28 | "信息疫情"下互联网虚假信息演化机制与治理对策研究 | 国家社科基金年度项目 | 新闻与传播学院 | 苏岩 |
| 29 | 数字化进程与通货膨胀的机制分析、影响估计及政策应对研究 | 国家社科基金年度项目 | 新结构经济学研究院 | 黄宇轩 |
| 30 | 马克思的资本权力批判及其当代价值研究 | 国家社科基金年度项目 | 习近平新时代中国特色社会主义思想研究院 | 董彪 |
| 31 | 瑞士法语文学的身份构建研究 | 国家社科基金年度项目 | 外国语学院 | 王斯秧 |
| 32 | 济慈诗歌中的医学伦理、疾病与死亡书写研究 | 国家社科基金年度项目 | 外国语学院 | 卢炜 |
| 33 | 线上问诊医患互动的话语研究 | 国家社科基金年度项目 | 外国语学院 | 罗正鹏 |
| 34 | 普通高校健康治理促进大学生体质健康研究 | 国家社科基金年度项目 | 体育教研部 | 张戈 |
| 35 | 量刑自由裁量权的影响因素及其规制路径研究 | 国家社科基金年度项目 | 深圳研究生院 | 吴雨豪 |
| 36 | 乡村振兴背景下小农户融入现代农业经营体系的实践路径研究 | 国家社科基金年度项目 | 社会学系 | 桑坤 |
| 37 | 低生育率背景下国际生育反弹趋势及机制研究 | 国家社科基金年度项目 | 社会学系 | 范新光 |
| 38 | 我国老少代际项目的可行模式研究 | 国家社科基金年度项目 | 人口研究所 | 孙晶晶 |
| 39 | "一老一小"融合照护体系实施路径与效果评估研究 | 国家社科基金年度项目 | 人口研究所 | 张雅璐 |
| 40 | 气候适应与韧性的底层逻辑研究 | 国家社科基金年度项目 | 全球健康研究院 | 胡玉坤 |
| 41 | 马克思对黑格尔主义的批判与唯物史观的创立研究 | 国家社科基金年度项目 | 马克思主义学院 | 李彬彬 |
| 42 | 县域基本公共服务均等化的实践机制研究 | 国家社科基金年度项目 | 马克思主义学院 | 焦长权 |
| 43 | 汉译日本马克思主义文献研究（1912—1949） | 国家社科基金年度项目 | 马克思主义学院 | 刘庆霖 |
| 44 | 近代国家构建视野下的德意志社会主义起源研究 | 国家社科基金年度项目 | 马克思主义学院 | 王倩 |
| 45 | 巴达维亚糖业与种植园全球史研究（1630—1800） | 国家社科基金年度项目 | 历史学系 | 徐冠勉 |
| 46 | 神圣罗马帝国之意大利问题再研究（10—13世纪） | 国家社科基金年度项目 | 历史学系 | 李文丹 |
| 47 | 20世纪中亚地区的世俗化问题研究 | 国家社科基金年度项目 | 历史学系 | 董雨 |
| 48 | 云南建水窑考古发掘报告整理与研究 | 国家社科基金年度项目 | 考古文博学院 | 高宪平 |
| 49 | 马鞍山遗址1997—1998年发掘资料整理与综合研究 | 国家社科基金年度项目 | 考古文博学院 | 冯玥 |
| 50 | 基于大数据和机器学习的教育双减政策评估研究 | 国家社科基金年度项目 | 经济学院 | 王耀璟 |
| 51 | 铸牢中华民族共同体意识路径的社会学分析研究 | 国家社科基金年度项目 | 教育学院 | 王利平 |
| 52 | 基于行为科学理论和数据驱动方法的城市精细化治理研究 | 国家社科基金年度项目 | 建筑与景观设计学院 | 许立言 |
| 53 | 疫苗应急接种社会动员与韧性治理的双元模式研究 | 国家社科基金年度项目 | 公共卫生学院 | 崔富强 |

（续表）

| 序号 | 项目名称 | 项目类别 | 院系 | 负责人 |
|---|---|---|---|---|
| 54 | 全球治理与国际组织法的理论重塑研究 | 国家社科基金年度项目 | 法学院 | 陈一峰 |
| 55 | 社科法学的基础理论研究 | 国家社科基金年度项目 | 法学院 | 郭栋 |
| 56 | 中国医学史视域下医药文化遗产资料挖掘整理研究 | 国家社科基金冷门绝学研究专项（重大项目） | 医学人文学院 | 甄橙 |
| 57 | 北京大学收藏思想政治理论课历史文献整理与研究 | 国家社科基金高校思政课研究专项 | 历史学系 | 赵诺 |
| 58 | 非洲现代史 | 国家社科基金中华学术外译项目 | 国际关系学院 | 李安山 |
| 59 | 宋代文官选任制度诸层面 | 国家社科基金中华学术外译项目 | 历史学系 | 邓小南 |
| 60 | 雾中风景 | 国家社科基金中华学术外译项目 | 出版社 | 张冰 |
| 61 | 叙述学与小说文体学研究（第四版） | 国家社科基金中华学术外译项目 | 外国语学院 | 申丹 |
| 62 | 古代北京与西方文明 | 国家社科基金中华学术外译项目 | 外国语学院 | 毛明超 |
| 63 | 中国文化史导论 | 国家社科基金中华学术外译项目 | 外国语学院 | 章文 |
| 64 | 中古医疗与外来文化 | 国家社科基金中华学术外译项目 | 外国语学院 | 王丹 |
| 65 | 翻译论集（修订本） | 国家社科基金中华学术外译项目 | 外国语学院 | 闵雪飞 |
| 66 | 中国古代通俗小说战争叙事研究 | 国家社科基金后期资助项目（一般项目） | 医学人文学院 | 李远达 |
| 67 | 窝阔台汗时代大蒙古国研究 | 国家社科基金后期资助项目（优秀博士论文出版项目） | 外国语学院 | 陈希 |
| 68 | 《伊拉克库尔德问题研究（1958—2003）》 | 国家社科基金后期资助项目（优秀博士论文出版项目） | 外国语学院 | 李睿恒 |
| 69 | 先秦汉语形容词的句法语义研究 | 国家社科基金后期资助项目（优秀博士论文出版项目） | 中国语言文学系 | 雷瑭洵 |
| 70 | 中国式现代化背景下艺术理论发展研究 | 国家社科基金艺术学重大项目 | 艺术学院 | 唐宏峰 |
| 71 | 中国特色电影知识体系研究 | 国家社科基金艺术学重大项目 | 艺术学院 | 李道新 |
| 72 | 艺术的当代性理论研究 | 国家社科基金艺术学一般项目 | 艺术学院 | 董丽慧 |
| 73 | 新时代老年教育服务体系建设研究 | 全国教育科学规划重大项目 | 教育学院 | 吴峰 |
| 74 | 我国高校性骚扰防治机制的本土建构 | 全国教育科学规划一般项目 | 教育学院 | 张冉 |
| 75 | 基于大数据挖掘的学生智能评测和辅导 | 全国教育科学规划一般项目 | 教育学院 | 贾积有 |
| 76 | 想象与建构：近代教育的图像叙事研究（1884—1919） | 全国教育科学规划一般项目 | 医学教育发展中心 | 刘璐 |
| 77 | 构建人类卫生健康共同体背景下全球卫生教育的理论与实践研究 | 全国教育科学规划一般项目 | 医学教育发展中心 | 侯建林 |
| 78 | 真实世界大数据驱动的学习型健康医疗系统研究与应用——以慢性肾脏病管理为例 | 教育部规划基金项目 | 健康医疗大数据国家研究院 | 孔桂兰 |
| 79 | 促进组织内个体创造力积极影响的探讨：悖论认知的作用研究 | 教育部规划基金项目 | 光华管理学院 | 任润 |
| 80 | 法国自传文学发展历程研究 | 教育部规划基金项目 | 外国语学院 | 杨国政 |
| 81 | 国家治理制度能力的历史社会科学分析研究：以南北宋儒学思想的实践过程为例 | 教育部规划基金项目 | 政府管理学院 | 罗祎楠 |
| 82 | 英国马克思主义国家理论研究 | 教育部青年基金项目 | 哲学系 | 郭丁 |
| 83 | 儒学日本化进程研究 | 教育部青年基金项目 | 外国语学院 | 刘莹 |
| 84 | 公众科学视角下的健康自由意志主义研究 | 教育部青年基金项目 | 医学人文学院 | 潘龙飞 |
| 85 | 海外藏明代戏曲文献研究 | 教育部青年基金项目 | 中国语言文学系 | 林杰祥 |
| 86 | 循环经济视角下中国特色可持续发展实现路径研究——基于全生命周期分析框架 | 教育部青年基金项目 | 政府管理学院 | 王镝 |
| 87 | 数字农业背景下农户智能化技术采纳行为研究：以设施蔬菜为例 | 教育部青年基金项目 | 现代农学院 | 张强强 |
| 88 | 跨学科教育经历对博士生科研能力发展的影响机制研究 | 教育部青年基金项目 | 教育学院 | 谢鑫 |
| 89 | 中国博士毕业生就业的区域流动研究：特征及个体决策机制 | 教育部青年基金项目 | 教育学院 | 许丹东 |

（续表）

| 序号 | 项目名称 | 项目类别 | 院系 | 负责人 |
|---|---|---|---|---|
| 90 | 考古学视野下的汉晋北部边疆治理进程研究 | 教育部青年基金项目 | 考古文博学院 | 方笑天 |
| 91 | HIV/AIDS患者心理症状网络分析及精准化心理干预方案构建研究 | 教育部青年基金项目 | 护理学院 | 韩舒羽 |
| 92 | 作为方法的全球史——从土耳其到中国 | 教育部后期资助项目 | 历史学系 | 昝 涛 |
| 93 | 共同富裕法治保障研究 | 北京市社科基金重点项目 | 法学院 | 叶 姗 |
| 94 | 北京市中小学生心理健康状况及健康社会工作干预 | 北京市社科基金重点项目 | 公共卫生学院 | 郭 静 |
| 95 | 马克思国家理论的范式转换研究 | 北京市社科基金重点项目 | 哲学系 | 方 博 |
| 96 | 北京在建设全国统一大市场中的政府行为研究 | 北京市社科基金重点项目 | 经济学院 | 袁 诚 |
| 97 | 构建人类命运共同体进程中的"两制"关系现状、趋势和对策研究 | 北京市社科基金青年项目 | 马克思主义学院 | 汪 越 |
| 98 | 北京公民算法素养研究 | 北京市社科基金青年项目 | 信息管理系 | 闫 蒲 |
| 99 | "双减"政策背景下北京市学校体育高质量发展研究：基于综合性学校身体活动计划模型（CSPAP）的实践探索 | 北京市社科基金青年项目 | 体育教研部 | 张展嘉 |
| 100 | 社会行为科学伦理规范构建研究 | 北京市社科基金青年项目 | 信息管理系 | 夏汇川 |
| 101 | 传统古文诵读的现代转型 | 北京市社科基金青年项目 | 中国语言文学系 | 胡 琦 |
| 102 | 北京博物馆之城参观路线规划方案与实践可行性研究 | 北京市社科基金一般项目 | 考古文博学院 | 黎婉欣 |
| 103 | "十四五"时期北京市老龄人口健身与健康研究 | 北京市社科基金一般项目 | 体育教研部 | 王东敏 |
| 104 | 代表理论视角下的民主过程研究——以北京市为例 | 北京市社科基金一般项目 | 政府管理学院 | 段德敏 |
| 105 | 接诉即办改革的治理效能研究 | 北京市社科基金重大项目（接诉即办专项） | 政府管理学院 | 燕继荣 |
| 106 | 诉求办理中的若干法律问题研究 | 北京市社科基金重点项目（接诉即办专项） | 法学院 | 王 磊 |
| 107 | 建筑考古视野下北京中轴线历史建筑场景复原研究 | 北京市社科基金重点项目（历史文化专项） | 考古文博学院 | 徐怡涛 |
| 108 | 政海·京剧·诗钟：《吴焘日记》整理与研究 | 北京市社科基金重点项目（历史文化专项） | 历史学系 | 韩 策 |
| 109 | 习近平新时代中国特色社会主义思想对丰富和发展马克思主义作出的原创性贡献研究 | 北京市习中心重大项目 | 马克思主义学院 | 孙来斌 |
| 110 | 中国超大规模市场优势的政治经济学研究 | 北京市习中心一般项目 | 马克思主义学院 | 李亚伟 |
| 111 | 实施性研究综合框架下北京市中小学生体质健康促进和障碍因素研究 | 北京市教育科学规划重点课题 | 公共卫生学院 | 宋 逸 |
| 112 | 学校氛围、心理韧性、敌意倾向对中职生学校适应的影响机制与干预研究 | 北京市教育科学规划重点课题 | 医学人文学院 | 郝树伟 |
| 113 | 大学生婚恋健康教育课程的探索、实践与评估 | 北京市教育科学规划青年专项课题 | 医学人文学院 | 徐红红 |
| 114 | "双减"政策背景下青少年健康指标体系构建-基于多源大数据分析 | 北京市教育科学规划青年专项课题 | 公共卫生学院 | 董彦会 |
| 115 | 父母省映功能降低青少年抑郁症状的效应：亲子情绪沟通的中介作用检验及干预研究 | 北京市教育科学规划青年专项课题 | 医学人文学院 | 周 婷 |
| 116 | "新人口态势"下北京市学前教育资源需求预测研究 | 北京市教育科学规划青年专项课题 | 公共卫生学院 | 罗雅楠 |

（吴 明）

表7-50　2022年北京大学文科虚体研究机构变更名单

| 序号 | 机构名称 | 挂靠单位 | 负责人 | 变更内容 |
|---|---|---|---|---|
| 1 | 国家体育总局—北京大学体教融合研究院 | 体育教研部 | 钱俊伟 | 2022年1月12日成立 |
| 2 | 出版研究院 | 信息管理系 | 张久珍 | 2022年7月5日成立 |

（刘 睿）

# 《北京大学学报（哲学社会科学版）》

【发展概况】 2022年，《北京大学学报（哲学社会科学版）》（以下简称"学报"）开设了"学习党的十九届六中全会精神""马克思主义研究""深入学习贯彻党的二十大精神""全面建设社会主义现代化国家""国家治理体系""中国特色哲学社会科学学科体系的构建""'碳达峰''碳中和'与绿色发展"等栏目。所发论文，围绕中心、服务大局，始终坚持正确的政治方向、学术导向和价值取向，着力构建中国特色哲学社会科学，讲好中国故事，传播中国声音，凝聚中国力量。弘扬主旋律，传播正能量。

**获奖情况**。11月，学报荣获由中国社会科学院图书馆颁发的"国家哲学社会科学文献中心2021年度最受欢迎期刊""国家哲学社会科学文献中心2016—2021年最受欢迎期刊"；学报刊发的孙代尧《论中国式现代化新道路与人类文明新形态》一文获评中宣部出版局、中国期刊协会第六届"期刊主题宣传好文章"。2022年12月，学报入选北京国际图书博览会（BIBF）"2022中国精品期刊展"；学报刊发的《近古乡村基层催税单位演变的历史逻辑》获得"《中国历史学前沿报告（2022）》优秀论文奖"。2023年2月，中国社会科学评价研究院正式发布《中国人文社会科学期刊AMI综合评价报告（2022年）》，学报获评高校综合性学报唯一一家顶级期刊。在国家社科基金资助学术期刊2022年度考核中，学报被评为"优秀"等级。

**办刊进展**。学报在2022年中国人民大学人文社会科学学术成果评价研究中心公布的2021年度复印报刊资料转载指数排名中，转载量、转载率、综合指数三项均名列前茅。学报发行量保持在4500册左右，稳居高校人文社会科学学报的前列。与此同时，学报积极搭建自己的网络平台、微信公众号，以扩大社会影响力和传播力，截至2022年12月31日，学报微信公众号订阅人数已经突破3万人；学报还加入中国知网和国家哲学社会科学学术期刊等数据平台，努力增加传播力，产生较好的社会效益。2022年度，学报共刊发文章90篇，被新华文摘、中国社会科学文摘、社会科学文摘、高等学校文科学术文摘、中国人民大学复印报刊资料等转载53次，转载率达41.11%，较上年度（23.33%）提高了18个百分点。

**特色栏目"文研讲坛"**。学报依托人文社会科学研究院，设立"文研讲坛"栏目。截至2022年，已经推出13期文研专题。2022年第2期推出"作为方法的亚洲"专题，刊发孙歌《史料批判的思想射程——上原专禄与他的世界史》、宋念申《订制：资本时代的东亚画像——16、17世纪尼德兰制图学派中的中国与亚洲》、张忞煜《长时段历史视野下的Hindu族群建构与印度历史书写》。第4期"俗文学文献学的构建"专题刊发潘建国《"俗文学文献学"若干问题刍议》、程芸《〈疏者下船〉的版本差异与意义空间》、吴真《俗文学的跨文体编创策略——以"召将除妖"主题为中心》以及李小龙《如何凝固流动的文本：中国古代小说整理适用校法四例辨析》等文章。第6期"西学的延续性与中西会通"专题刊发韩琦《守山阁学人群体的崛起与明清"西学"的延续性：以〈几何原本〉为例》、李天纲《西学新知与历算传统的再发现》两篇文章。

加强主持人制度，发挥专家办刊优势。2022年，学报通过召开各种研讨会等形式，加强选题策划，建设特色栏目，如"治学之道"（2022年第1期）、文研讲坛（2022年第2、第4、第6期）、"多元视野中的唐宋变革"（2022年第4期）、"先秦思想与文化"（2022年第5期）等。

**经验交流与社会服务**。学报常务副主编刘曙光编审担任全国高校文科学报研究会理事长，受邀出席第十二届中国数字出版博览会分论坛、中国期刊协会与重庆市新闻出版局共同举办的编辑培训研讨会、第十二届中国期刊创新年会、全国高等学校文科学报研究会第九届常务理事会第三次会议暨期刊高质量建设研讨会等活动，围绕不同专题就打造高品质学术期刊进行主题发言、专题讲座。

**编辑培养**。编辑部刘曙光、郑园、管琴、郭昌盛按照规定参加期刊编辑培训，在学报鼓励支持下从事本专业或编辑学方面的各种课题。

（刘曙光、郑　园）

【围绕党建思政主题策划选题】 2022年，在办刊方面采取的重要举措有。1. 开设"马克思主义研究"栏目。北京大学是最早传播和研究马克思主义的地方，也是习近平新时代中国特色社会主义思想这一当代马克思主义研究的高地。学报第4期刊发郗戈《政治经济学批判视域中马克思自由观的理论深蕴》、李纪才《论"平等"的历史维度》、孙来斌《马克思主义在东方早期传播的历史逻辑》。第5期刊发丰子义教授的《"生产关系"与唯物史观关系的再认识》。2. 开设"学习党的十九届六中全会精神"栏目。第1期，学报组织策划了"学习党的十九届六中全会精神"栏目，刊发周良书《政治家的历史意识——从中国共产党三个"历史决议"的编写谈起》和侯衍社《中国共产党百年历史经验的系统阐释》两篇文章。其中，侯衍社的文章在"学习强国"APP上的阅读量达到353万余次，点赞量高达12.8万余次。3. 开设"学习宣传贯彻党的二十大精神"栏目。为了深入学习宣传贯彻党的二十大精神，学报组织策划了两期专栏，刊发了杨河《历史自觉 历史自信 历史主动》、胡玉鸿《论全过程人民民主制度化的法治保障》、王传利《跳出旧史治乱兴衰周期率的理性新自觉》、刘同舫《人类文明新形态的内在依据：生产方式的创新性发展》、陈金龙《论中国共产党历史自信的生成机制》、辛向阳《社会主义文明强国建设的意蕴与路径》等6篇文章。

（刘曙光、郑　园）

**【召开期刊发展高层论坛】** 2022年11月5日，学报主办的"中国自主知识体系建构与学术期刊发展"研讨会在北京大学中关新园召开。会议采取线下和线上结合的方式。中宣部出版局、教育部社会科学司、中国新闻出版传媒集团领导，北京大学党委常委、副校长孙庆伟出席会议。来自北京、上海、南京、西安、广州等高校的学报主编，南京大学中国人文社会科学综合评价研究院和《中国社会科学》《光明日报》《人民论坛》《新华文摘》《高等学校文科学术文摘》、中国人民大学书报资料中心等报刊主编与总编辑参加研讨会。北京大学党委常委、副校长孙庆伟教授在致辞中指出，深入学习宣传贯彻党的二十大精神，是当前和今后一个时期的首要政治任务，《北京大学学报》继承和发扬了北大优良的学术传统，在传承文明、创新理论、服务教学、资政育人等方面做出了突出贡献，获得了良好声誉。中宣部出版局一级调研员杨震林指出，学术期刊在学习宣传贯彻党的二十大精神中承担着重要责任，应通过主题宣传和选题策划来发挥引领学术、服务学术、团结学者的作用。教育部社科司四级调研员潘红涛指出，研讨会聚焦中国自主知识体系的建构，抓住了新时代期刊发展的核心使命和中心任务，充分体现了学术期刊的政治自觉、学术自觉与使命自觉。学报主编孙代尧教授指出，二十大报告突出了全面建设社会主义现代化国家、全面推进中华民族伟大复兴的主题，具有主体性、原创性的知识体系是衡量整体现代化水平的重要指标，全面推进中华民族复兴的进程，也必然是中国的文化复兴、学术复兴的过程。

（刘曙光、郑　园）

# 党政管理与群团工作

# 党政综合管理

**【发展概况】** 党委办公室校长办公室（以下简称"党办校办"）是校党委、校行政的综合办事机构，下设文书室、秘书室、信息室、综合室、年鉴与统计办公室、调研室、机要室等7个科室，另有督查室（信访办公室）、标识管理办公室、网络安全和信息化委员会办公室、法律事务办公室等4家挂靠单位。2022年，党办校办坚持以习近平新时代中国特色社会主义思想为指导，深入学习贯彻党的二十大精神，坚决落实北京市第十三次党代会、北京大学第十四次党代会工作部署，围绕学校中心工作，发挥领导的参谋助手、决策的督促检查、部门的综合协调作用，服务领导、服务部门院系、服务师生群众，承担文秘、信息、督查、调研、重要活动组织、综合事务管理、校级年鉴编纂、校情综合数据统计等工作。

文书工作。做好公文运转的值班值守工作，确保第一时间办文、送文、跟进。2022年，办理各类收发文7540件，较上年基本持平；平均每日办理文件100余次，文字处理量达6万余字。加强前置审核，严把内容关、程序关、形式关，切实提高内收文、发文的规范性和质量；加强沟通，确保全面掌握文件相关信息，准确传达校领导指示；加强精准拟办、精准分类，加速文件流转速率；进一步完善OA系统，开通更多辅助功能；进一步加强对报文、办文规则的研究，通过举办培训等方式促进文书工作队伍整体能力提升。持续做好北京大学规章制度库维护工作，确保数据库信息安全；及时与主办单位沟通发布学校新制定的规章制度，积极配合规章制度"立改废"清理行动。

秘书工作。全年承办党委常委会会议61次、校长办公会议35次，累计办理"两会"议题513件；参与组织战略研讨会2次、基层党组织书记会议2次、院长（系主任）行政会议2次。传达落实党委常委会会议和校长办公会议精神，向相关单位印发会议纪要，会同督查室加强会议决策督办；向学校各单位主要负责人编发《学校决策会议通报》14期。全年协调学校领导班子集体校务活动80余项；编发《领导班子每日工作》187期。协助有关部门做好校领导个人信息报备、体检等工作。协助校领导安排工作日程，做好校领导专项会议组织等工作，编辑校领导重要校务活动资料汇编；协助校领导开展基层联系、调研的各项工作。

综合服务工作。统筹做好北京大学第十四次党代会的组织安排、会务保障、物料准备等综合保障工作，参与北京2022年冬奥会、冬残奥会运行保障任务，完成党办校办回迁办公楼工作，举办学校开学典礼、毕业典礼、春节团拜会等大型活动，组织北京大学学习传达党的二十大精神大会等40余场重大会议，保障上级部门举办的70余场重点视频会议。积极协调国内国际各项重要接待工作，全年共接待中央和地方各级各类机构来校访问20余次。做好全校性、跨部门事务和活动的综合协调，服务学校教育教学主责主业及各院系、职能部门的重点活动，协调服务上级领导及校领导看望慰问北大著名专家学者及退休老同志的有关活动，聚焦迎新、毕业等关键时点协助营造良好校园文化氛围。保障校领导日常公务活动，做好党办校办人事、财务、设备家具管理、保安保洁管理、疫情防控和安全保障等日常工作。

信息工作。全年共向中央有关部门报送信息超300篇，采用情况在23所中管高校信息直报点中按积分排名第二；共向教育有关部门报送专家观点125篇，工作动态80余篇，在各高校中按政务信息积分排名第三。根据相关重点时段需要扎实做好信息编辑和报送工作。全年编辑《党政信息》40期；党的二十大期间，每日编辑并向校领导、全校各单位报送《北京大学学习宣传党的二十大精神工作简报》8期，向中央有关部门报送专项约稿、学校各单位学习传达二十大精神等稿件55篇，向教育部和北京市有关部门报送学校各单位学习宣传二十大精神工作简报39篇。

年鉴统计工作。完成《北京大学年鉴》2021卷、2017卷、2013卷的出版工作。《北京大学年鉴》2020卷获评第八届全国地方志优秀成果（年鉴类）一等奖，是27部全国特等、一等专业年鉴中唯一一部高校年鉴，也是北大年鉴连续两年入围该奖项。持续组织开展学校年鉴工作会、师生编辑座谈会等业务交流活动，完成年鉴编辑人员评奖评优工作，不断强化年鉴工作队伍建设。做好年鉴开源利用，完成相关上级部门专业年鉴、地方综合年鉴中有关北大内容的编纂报送工作。科学、精准完成教育事业综合统计调查的年度、季度统计报送任务，扎实做好高等教育质量监测数据统计、统计联网直报系统报表分配、世界大学排名数据报送等工作。依法依规做好学校信息公开工作，编制上报学校年度信息公开工作报告，推动公开事项更新，稳妥处理信息公开申请7件。

调研工作。起草学校工会教代会报告、年度工作要点等学校重要报告、文件，协助相关部门起草向中央有关部门报送的工作进展报告等材料；起草校领导在全校中层干部大会、基层党组织书记会议、院长（系主任）行政会议等重要会议活动上的讲话稿和演示材料，起草学校毕业典礼、开学典礼主持词，起草致兄弟高校校庆贺信24封；审核修订校领导日常公务活动的讲话稿50余篇。做好校领导基层调研的服务工作，2022年撰写并报送调研专报14期，提升调查研究工作实效；持续完善学校专题会议日常管理，2022年撰写会议纪要68期，助推教学科研、人才工作、新校区建设等重点工作的开展。定期梳理学校各方面建设进展，更新《北京大学基本情况》。参与学校第十四次党代会筹备工作，起草邀请信及感谢信等材料，撰写筹备工作组会议纪要5期。

机要文件管理。本着"件件有着落，件件有留档，件件可追溯"的原则，认真严谨地完成机要文件的办理、流转。全年24小时做好各类应急工作准备，暑假期间无间断轮换在京值守，全力配合做好学校重大专项工作。严格落实保密职责，按要求做好涉密人员管理。与上级部门提前沟通、合理规划，顺利完成机要相关设备、线路、文件的搬迁工作。

（刘　鹏、曹冠英、张新平、孙启明、李　铄、王艳新、冯　路、李　豪、刘语潇、侯　乐、刘　钊、张璐瑶）

【学习宣传贯彻党的二十大精神】 2022年，党办校办深入学习贯彻党的二十大精神和十九届六中全会精神，自觉把习近平总书记系列重要讲话、指示批示、回信贺信精神融入到各项工作中，坚持读原文、悟原理，原原本本学习二十大报告和新修订的《中国共产党章程》。10月，集体收看党的二十大开幕会和新一届中共中央政治局常委同中外记者见面会，集体参观"喜庆二十大 奋进新时代"北京大学改革发展十年成果图片展。参加学校党委、机关党委组织的学习二十大精神系列报告会。10月，召开学习传达二十大精神专题组织生活会。2022年，党办校办持续开展理论学习，全力做好北京大学第十四次党代会组织安排、会务保障、嘉宾邀请、疫情防控和安全稳定等各项工作。认真学习北京市第十三次党代会精神及北京市委书记蔡奇在学校第十四次党代会开幕会上的重要指示精神。持续巩固党史学习教育成果，2022年两次召开专题组织生活会，3月集体参观北大红楼，6月集体学习党史理论文章。参加机关党委组织的知识测试等多种形式的党史学习活动，强化理论武装，提升政治素养和能力水平。

（刘　鹏、曹冠英、侯　乐、徐聪颖）

【新冠疫情防控综合协调工作】 2022年，党办校办作为全校新冠疫情防控工作的综合协调牵头单位，与上级部门保持密切联系，及时掌握上级防疫政策要求；准确、高效汇总并上报全校各单位相关防疫数据和工作信息；及时发布、传达学校疫情防控工作领导小组的通知和决定，组织与疫情防控相关的全校性会议及工作会议。党办校办成立综合协调组工作专班，服务保障校领导赴基层防控一线的检查和慰问工作，起草专项工作方案和情况报告等材料。完成上级领导来校检查疫情防控工作的接待和保障任务；密切联系上级派驻联络员、海淀区疾控卫健部门、街道社区，助力提升校地协同应急处置能力。结合北京教育系统疫情防控工作要求和学校实际，持续更新完善《北京大学新冠肺炎疫情防控方案》，调整优化各工作组设置及职责。围绕疫情防控相关的教学科研工作调整、师生跨园区（校区）闭环流动、学生离京返乡、离退休人员疫情防治等重点工作，组织召开专题会议并推动相关工作落地实施。严格按照北京市相关要求，统筹全校三级24小时在岗带班、专人值班，确保应急情况及时响应、有效处置。不断完善《北京大学新冠疫情应急处置预案》，开展两次学校疫情防控应急处置演练，提升校园内出现疫情极端情况的应对能力。5月至6月、11月至12月校园根据上级要求严格封闭管理期间，党办校办接近全员在校在岗值守，统筹协调开展各项应急处置工作。2022年底，按照上级相关工作部署，统筹推进学校防控政策优化调整，参与学校离退休人员疫情防治工作专班，为师生员工健康提供坚实保障。

（刘　鹏、曹冠英、侯　乐、徐聪颖）

## 督查与信访

【发展概况】 督查室是学校综合协调、督办落实重要重大事项的办事机构，信访办公室是学校综合协调信访工作和接待处理信访事项的办事机构。督查室、信访办公室下设3个科室：督办室、信访室和值班室。

督查督办工作。持续探索督办工作机制，完善督办事项启动机制，细化督办意见，深入研究讨论督办事项分类，进一步明确工作目标和计划。加大督办力度，全年对党委全会、党委常委会会议和校长办公会议决议，专题会议议定事项，校领导批示、交办事项等共计65项重点工作进行了督办。对学校学习贯彻习近平总书记在清华大学、人民大学考察的重要讲话精神任务分解方案中的30个任务，以及习近平总书记给中国冰雪健儿重要回信精神实施方案中的14个任务落实情况开展专项督办。对《北京大学学习宣传落实北京市第十三次党代会精神工作方案》《北京大学2022年工作要点》等重要文件中的62个任务的落实情况进行督办。对学校党史学习教育工作台账中尚未完成的15个整改任务进行督办。根据教代会提案工作委员会部署，对2022年年初立项的16个提案和9个建议进行督促办理。落实太阳卡审核小组办公室职责，协调审核2个单位的办卡申请。

信访工作。全年共接到各类传统信访事项280件次，其中来访30件，来电35件，来信215件（含教育部及中纪委驻教育部纪检组等上级部门转办信件100件）；主页书记/校长信箱累计收到实际有效来信780封，均已分办处理，其中办结529封。校领导接待日按照计划于年初在校内门户发布通知1次，收到师生预约申请1人1件，已协调校领导接谈。其后，受到新冠肺炎疫情持续影响，校领导接待日暂停安排。与法律事务办公室密切配合，打击冒用学校名义开展活动事项十余起，向国内多地司法机关和行政执法部门正式函复12次。

带值班工作。统筹做好学校24小时总值班工作，及时接听转办校内外各类来电、传真及电子邮件，处置突发事件，确保学校各项工作正常运行。坚持重要时间节点学校党政领导班子成员带值班制度，以及党办校办、保卫部、学生工作部、青年研究中心、计算中心等相关单位联动带值班制度，全年协调校领导带值班共计205天。统筹全校二级单位在疫情防控关键期、重要时间节点及寒暑假轮休期间的带值班工作，合计参与值班2300余人次。加大监督检查力度，全覆盖值班检查9次，夜间值班抽查4次，对发现的问题督促有关单位立即整改。

印信工作。及时维护调整网上办事大厅各用印审批模块，保障高效运行。全年因教育教学、科学研究、外事交流及其他各类事务使用校级印章用印总量约50.5万次；印发事业单位法人证书复印件2319件、校长身份证复印件845件；协助办理微信公众号认证共计201个；审批横幅展板申请112份；开具北京大学介绍信29份；启用公章21枚；停用公章4枚。2022年12月底，更换了"北京大学"公章。

疫情防控工作。落实学校疫情防控督查组工作职责。与纪检监察机构密切配合，对接北京市委教育工委驻校联络员，针对疫情防控重点环节开展重点检查与日常巡查相结合的全方位监督检查，督促整改落实。

【中央巡视整改工作】 紧盯中央巡视整改未完成项目，抓好督促落实。落实中纪委、教育部等有关上级部门要求，与党办校办、巡视办、纪检监察机构、党委组织部等部门密切配合，每季度定期对10个中长期整改项目和18个持续整改项目进行跟踪督办，落实情况向学校党的建设领导小组、党委常委会会议通报，每季度向教育部呈报整改进展。

（余　浚、温俊君、王　良、傅翰文、李　铄、傅苏红）

【高校一些领域腐败风险专项整治整改工作】 牵头对接教育部经费监管中心等上级单位，保持密切沟通，把准工作脉络。组织相关单位落实高校一些领域专项清理整顿发现问题整改要求，紧盯未完成任务，与校产办、继续教育部、国内合作委员会办公室、医学部等单位积极沟通，共商对策。向教育部经费监管中心呈报5期整改进展台账。截至12月，全部45项整改任务中，尚有8项尚未完成。

（余　浚、温俊君、王　良、傅翰文、李　铄、傅苏红）

【基础教育合作办学相关问题整改工作】 落实中央领导批示精神，根据学校专题会议精神（专会纪〔2021〕2号），2021年3月学校制定了《北京大学违规合作办学问题专项督查工作方案》，成立了违规合作办学专项督查工作领导小组，对67所违规"冠名办校"开展专项整治。督查室牵头协调校办产业管理委员会办公室、附属中学、附属幼儿园、法律事务办公室等单位，全力落实整改要求，推动违规"冠名办校"摘牌更名。2022年全年共向教育部财务司报送6期整改情况报告。截至12月，尚有16家违规"冠名办校"尚未摘牌更名。

（余　浚、温俊君、王　良、傅翰文、李　铄、傅苏红）

【涉疫诉求接诉即办工作】 落实北京市委教育工委、市教委工作要求，牵头对接北京市高校疫情防控专班接诉即办工作组，组织相关疫情防控工作组办理工作组转办的"12345"市民服务热线收到的涉及北京大学疫情防控工作的工单。自9月1日开始，截至12月底，共处理涉疫工单229件、非涉疫工单10件，全部日清日结，做到响应率100%，诉求人对学校工作的满意率100%。对于办理过程中遇到的困难，及时、如实上报市教委。落实教育部有关要求，自11月8日开始，协调相关单位处理教育部高校疫情防控投诉平台收到的涉及北京大学的工单。截至12月底，共处理工单42件。根据学校疫情防控工作领导小组部署，开通学校疫情防控热线电话，接听、答复师生关于学校疫情防控政策的相关咨询，对9件师生反映的重要问题进行分办，协调有关部门及时妥善处理。

（余　浚、温俊君、王　良、傅翰文、李　铄、傅苏红）

## 标识管理

【发展概况】 商标管理工作。北京大学2022年新增商标数量为50件。向人工智能学院、北京大学出版社、学校学生社团、计算中心提供商标注册咨询服务，并协助进行商标注册。继续进行商标维权工作，包括商标监控500件，提出商标异议申请50件、商标无效申请50件、商标撤销三年不使用申请30件。2022年商标工作重点主要放在学校"燕园""博雅""未名"商标上，尽管三者不属于典型性保护，但同样和学校关联重大，例如泰康集团希望通过学校标识管理办公室对其"燕园"系列商标维护发挥相关作用。标识管理办公室通过公函信访、座谈研讨、合作交流等形式，商请有关国家机关对高校主体注册商标予以关注，查处侵犯高校商标权、名称（商号）权等不正当竞争行为，保护高校合法权益。

打击侵权假冒工作。8月接到举报信息后，组织相关同学搜集非法售卖棒球服、毕业熊信息，收集证据，阻止非法盈利企业向学校师生进行营销宣传。对淘宝"熊之家形象店"、微信公众号"未名少年"分别在对应平台上进行侵权投诉。在公众号向师生宣传商标法等有关法规，引导师生通过正规途径购买学校纪念商品。基于对于北京大学IP的保护，开发制作了防伪标识贴以及北京大学自主的瓶装矿泉水，全面开展防伪标识码的使用，进一步加强对侵权假冒商品的防范和打击，并有利于敦促假冒商品的快速退市，已完成在木质文具套装贴防伪标。参与由会议中心发起的燕南园改造项目，还原燕南园的老式黑白门牌。

制度及形象建设工作。2022年，继续进行《北京大学标识管理办法》修订工作，形成征求意见稿。就《文创产品经营管理办法》面向全校各院系、实体研究机构、职能部门、直属附属单位及专家学者征求意见。定期和二级单位负责人对接，对学校二级单位人员进行商标知识教育宣传培训，规范标识使用。统一规范校内指示牌（包含路标、路牌）、各学院网站上所展示的各道路、机构以及景点的拼写以及译名使用。

综合工作。完成标识管理办公室党务、人事、工会、财务、固定资产等内务工作。组织3·15消费者权益保护日、4·26世界知识产权日的宣传活动。指导北京大学学生标识文化协会开展维权普法、知识竞赛等活动，组织寒暑假学生社会实践工作。

（王心阳）

## 法律事务

【发展概况】 规章制度建设。1.规章制度审查。2022年，法律事务办公室（简称"法律办"，下同）审查规章制度共61项。其中，已反馈完毕审查意见的规定中，学校正式审议通过20余项。每项规章制度审查至少经过3轮反馈及修改，重大制度存在跨年审查情况。法律办的审查意见或建议均得到不同程度的采纳。在规章制度审查过程中，法律办继续坚持"统一入口、专员负责、书面反馈"的工作规范。涉及学校改革发展重大问题、影响学校重大利益、关系师生切身利益的规章制度，法律办坚持执行集体讨论的工作机制，形成统一审查意见。2.接续推进规章制度清理工作。2022年，学校的规章制度清理工作，由督查室交接至法律办继续推进。法律办对"北京大学规章制度"数据库中保存的647项校级规章制度进行逐一梳理、分类，并在此基础上协同规章制度所涉及的牵头主责部门逐一核实文本准确性及时效性等。截至2022年底，法律办共收到学校48个单位反馈提交的《北京大学校级规章制度"立改废"信息统计表》，经初步统计，共包括223条需要增补、修改的规章制度相关信息，涉及319项规章制度。因涉及部门众多、规章制度数据体量庞大，且存在工作接续因素，法律办与各部门进行反复沟通解释，并针对各单位提交的每项规章制度提出具体处理建议，制作了9份重点台账清单。

合同审核与管理。1.日常合同审核。2022年，法律办审核合同共889份，每份合同的审核至少经过2轮反馈及修改；审核语种主要为中文，部分为外文。法律办的合同审核意见均得到不同程度的采纳。除合同审核外，法律办审核授权委托书若干份。针对合同审核过程中发现的管理隐患，法律办及时提醒相关职能部门查漏补缺、举偏补弊，促进学校内部治理体系完善、规范，不断提升合同承办部门及相关老师的规范签约意识和风险防范意识。2.部分重难点合同审核。对于部分影响学校重大利益的重难点合同，合同审核专员深入查阅资料、沟通协调，确保给出的意见有法可依，符合实际。如：（1）某涉外科研合同系包含几万专业词汇的英文合同。法律办经过中英翻译、文本修改、法律检索、与承办老师沟通、与合同主管部门沟通、协助承办老师和外方沟通，提示风险，审阅、修改十余轮后达成最终版本。（2）在处理某《申请书》过程中，法律办通过检索查阅国资监管、国企增资、知识产权、促进科技成果转化、公司法等多个领域的法律法规，了解申请书背后的法律意义，经过多轮视频会议、线下会议对《申请书》的承诺条款提出意见。（3）某些部门相关合同存在标的巨大、涉及数亿元，且历时多年、背景复杂的困难。法律办通过检索查阅相关法律法规及法院关于此类案例判决等大量资料，充分了解背景业务信息、给出专业法律意见。（4）一些新类型合同处理工作要求在短时间内快速掌握背景信息，检索法律法规规定和相关案例，并对风险进行尽可能准确的识别和判断。

复议/仲裁/诉讼案件处理。2022年，法律办共负责处理或协助处理复议/诉讼/仲裁案件63件，仍在处理案件18件，另有待审查后起诉案件若干。已结45件案件中，除一件案件因客观事实基本属实，且细节情况无证据支持，未获得法院支持外，其余44件案件均得到司法机关全部或部分支持，为学校避免或降低相应经济损失。

会签及咨询等事务。2022年，法律办共会签OA各类事务298项，自报文57件。以书面、会议等形式答复、跟进咨询事务102件，口头答复若干。在OA会签、咨询等事务中，除法律办已完成会签、咨询提交至校领导的事项外，另有一些事项，经法律办向会签、咨询单位阐明事项所涉法律风险，或经法律办查实属于无必要开展工作等，会签、咨询单位最终撤回报文或终止相应活动安排。

专项事务处理。2022年，法律办协助校内各单位完成多项复杂的专项工作事务，涉及职称评审、人事争议、机构整合、课题经费管理、学生违纪处理、科技成果转化和知识产权维权等广泛领域。同时还作为成员，参与科技成果转化领导小组、国内合作委员会、北京大学事业编制人员考核聘用工作小组、学生申诉受理委员会等工作小组或委员会工作。

（王　成、陆忠行、张　晶、张子温、
贺　瑞、时哲伦、刘清格）

## 医学部党政综合管理

【发展概况】 医学部主任办公室党委办公室（以下简称"医学部两办"）是医学部行政、党委的综合办事机构。办公室围绕医学部中心工作，积极发挥参谋助手、沟通协调、督促落实职能，认真做好文秘、综合协调、信息、信访、机要收发、安全稳定、法律事务和领导交办的其他工作。2022年，主任办公室党委办公室下设综合办公室、文秘办公室和信息规划办公室3个科室。

重大活动、会议的组织。全年牵头组织重大活动20余场，重大会议60余次，包括医学部2022年开学典礼、医学部2022年毕业典礼、医学部新春团拜会、2022年迎新工作等。做好医学部党政联席会相关工作，2022年共服务召开41次党政联席会。

督查与信访工作。全年督办各类重大事项30余件，接到各类信访事项160余件；完善督查督办工作范围和分解方案，规范健全工作流程。

**公文管理。**规范公文流转，保障公文运行，全年累计处理各类文件2251件，其中内收文943件、外收文838件、医学部红头发文470件；推进线上用印审批，全年审核用印14,000余次。

**政策研究。**根据学校各项部署，从北大医学事业发展的具体实际出发，起草相关重要文稿。

**调研工作。**协调组织15场调研座谈会/专题会，形成相关纪要和建议方案，推进各项工作部署落实落地。

**数据统计与年鉴工作。**编制报送医学部高基表（医学部部分）、《世界大学排名数据收集表》（医学部部分）；统筹医学部工作总结布置与汇总工作；统筹医学部年鉴，配合完成《北京大学年鉴》编撰工作；撰写北京大学医学部年鉴稿件报至《北京卫生健康年鉴》；配合完成本科教学质量监测数据填报中的国家数据平台和机构调查部分内容等。

**信息化工作。**推进医学部网络安全和信息化建设工作，完成医学部中文主页网站账号管理、内容修订、信息发布与监管，以及医学部网络安全与信息化领导小组和工作小组人员调整等工作。

**法务工作。**全年审核各类合同1500余份。为二级单位面临的法律问题提供法律咨询、出具法律意见书，协助外聘律师事务所完成案件代理。

**党建工作。**集体收看党的二十大开幕会直播、中国共产党第二十届中央政治局常委同中外记者见面会直播。召开党支部大会，班子成员领学二十大报告精神，支部成员分别结合对二十大报告精神的感悟进行工作述职，分享工作体会。通过工作会议，学习贯彻党的二十大精神，落实传达北京大学学习宣传贯彻党的二十大精神工作交流会暨2022年度第3次基层党组织书记会议精神，参加医学部党委学习贯彻党的二十大精神专题辅导报告会等，以高水平党建推进北大医学事业的高质量发展。

（王欣怡、王俊人、李　翔、田祎娴、
郭光华、王陶陶、胡　婷、耿晓强）

【**做好常态化疫情防控工作**】　立足自身定位，发挥综合协调职能，及时传达上级重要会议、文件精神和相关工作部署，承担百余场疫情防控相关会议组织、会务服务、纪要撰写等工作，完成40余份重要文件起草，处理教育部和北京市涉疫相关接诉即办工单18件，切实推动解决广大师生急难愁盼问题。按照上级工作要求并结合医学部实际，制定《北京大学医学校区新冠疫情应急处置预案》《医学部校园网格化应急管理工作实施方案（试行）》等疫情防控相关方案预案，撰写《医学部2022年4月22日以来疫情防控工作复盘总结报告》《关于医学校区疫情防控工作情况的报告》《医学部学习传达、贯彻落实相关会议情况的情况汇报》等情况报告，根据疫情形势，完成77期医学部疫情防控工作日报整理编辑工作。

2022年牵头组织召开医学部疫情防控工作会议41次、疫情防控和安全稳定双调度会35次。自医学部校园出现首例阳性患者后，医学部疫情防控应急指挥领导小组连续召开24次应急处置调度会。办公室充分发挥综合协调、应急联络、服务保障等职能，全方位、全过程参与校园疫情防控工作，协助各部门落实落细各项防疫要求，科学精准开展应急处置工作。

（田祎娴、耿晓强）

【**北大医学办学110周年系列活动**】　4月6日，医学部成立北大医学办学110周年系列活动筹备领导小组和专项工作组、工作专班。工作专班主要由医学部两办成员组成，专班秘书由医学部两办成员担任。全年开展相关会议讨论100余次，与各专项工作组及师生沟通3000余次。开展200余项北大医学办学110周年系列活动，涉及40余个单位，凝结成45项亮点活动，提炼出35项拳头活动。发布《关于征集北大医学办学110周年系列活动的通知》《关于规范使用北大医学办学110周年系列活动名称的通知》《关于发布北大医学办学110周年标识的通知》等通知；成立北大医学110周年系列活动咨询顾问委员会。牵头圆满完成北大医学高质量创新发展论坛（11月26日）、北京大学淑范医学图书馆重启仪式（10月26日）等主要活动。

立足文化宣传，协助制作"百十北医　厚道相传"专题宣传片、牵头在北医主页设置110周年庆典网页专栏、开展师生书法展暨予捷美育室藏品展等。立足回顾历史，协助完成北大医学办学110周年历程展、《北大医学发展的十年》成果册、厚道行医—北大医学办学110周年特展、北大医学办学110周年教育教学成果展、成果册。聚焦医疗、教学、科研等中心工作，参与第二届北京大学青年医师颁奖大会（8月18日）、《医者厚道》系列纪录片开机启动仪式、北大医学办学110周年教师节表彰大会（9月9日）、北大医学办学110周年杰出校友论坛（10月25日）、医学部校友会第七届会员代表大会（10月25日）、8场校友返校"回家"系列活动（11月4个周末）、北大医学办学110周年主题大步走（10月26日）、北大医学办学110周年教育教学论坛（11月18日）、北大医学部办学110周年学术高峰论坛暨北大医学青年科技奖颁奖活动（12月2日）、誓言 选择一致敬北大医学办学110周年特别节目（12月30日晚8点首播）等重大活动。

（王欣怡、耿晓强、王俊人）

# 纪检监察工作

【**发展概况**】　组织机构。2022年1月，中央纪委国家监委印发《关于深化中管高校纪检监察体制改革的意见》，设立国家监委驻北京大学监察专员办公室、与学校纪委合署办公。2月9日，中央纪委国家监委发文任命叶静漪为国家监委驻北京大学监察专员。3月24日起，正式启用国家监委驻北京大学监察专员办公室公章。4月8日，经学校党委常委会第217次会议讨论决定，撤销监察室建制，纪律审查室更名为审查调查室。6月8日，中央纪委国家监委发文任命学校纪委工作人员为监察官。6月15日，发放中管高校纪检监察机构工作证，学校纪委工作人员正式开始履行监察官职责。7月13日，宣布顾涛任北京大学党委副书记、纪委书记，免去叶静漪北京大学党委副书记、纪委书记职务。7月16日，中央纪委国家监委发文任命顾涛为国家监委驻北京大学监察专员、二级高级监察官，免去叶静漪国家监委驻北京大学监察专员职务。

8月1日，中共北京大学第十四次党员代表大会选举产生新一届纪律检查委员会。中共北京大学第十四届纪律检查委员会委员共15名（按姓氏笔画为序）：马化祥、王建六（蒙古族）、刘江平、吴中海、张庆东、张莉鑫（女）、张晓黎（女）、金昌晓、周有光、胡少诚、胡新龙、顾涛、郭雳、唐士其、薛冬。中共北京大学第十四届纪律检查委员会第一次全体会议选举顾涛为纪委书记，张庆东、胡少诚、张莉鑫（女）为纪委副书记。

截至2022年12月31日，学校纪委编制共15名（不含派驻纪检监察组），在岗事业编制人员13名，下设5个内设机构，分别为纪委办公室、信访与案件监督管理室、监督检查室、审查调查室、案件审理室。

**政治监督具体化精准化常态化**。开展同级监督，纪委主要负责人参加或列席党委常委会、校长办公会96次。对习近平总书记关于共青团成立100周年、中华历史文明研究、中国特色社会主义法治体系建设、科技自立自强等方面重要讲话开展定向监督。对学校领导班子、职能部门和51个二级党组织学习宣传贯彻党的二十大精神、习近平总书记在中国人民大学考察时的重要讲话精神等情况开展专项监督。对新冠肺炎疫情防控靠前持续精准监督、全程全覆盖监督。每季度向基层党组织、纪检机构发布政治监督清单。

督促学校党委第一时间传达学习中央巡视整改审核评估意见、"一校一策"指导督促通知，协助制定持续整改方案。动态更新台账，主要负责人召开专题调度会2次，逐项逐条听进展、问成效、做评估。

在校园网发布节假日纪律要求和"以案说纪"栏目材料7次，阅读量2.4万余人次。通过常态化舆情监看、信访举报分析，督促相关单位及时关注和解决师生急难愁盼问题100余次。

开展意识形态工作专项监督检查，向学校党委书面通报风险12次，向上级纪检监察机关书面报告18次。参加教师思想政治和师德师风评估小组会议4次，对重要人才项目推荐人选等进行廉洁把关1200余人次。

开展学校第十四次党员代表大会换届纪律风气监督，参与代表资格审查，4次面向党组织负责人、党代表开展纪法教育。按规定回复各党风廉政意见482人次，提出否定性意见或酝酿阶段叫停3人。

**日常监督**。强化对"一把手"和领导班子监督。主要负责人经常性与学校领导班子成员谈心谈话、通报风险和分管领域廉洁情况。提出加强对"一把手"和领导班子监督的24项措施；建立健全纪委委员、纪检干部"1+1+1"联系基层党委和纪检委员列席党政联席会等机制。

聚焦十大廉洁风险领域，列席招生有关会议19次、宣讲纪法要求5次，开展现场检查37次；参与招标采购、公车管理、基本建设等方面7项规章制度制定；开展"四个领域腐败风险问题专项清理整顿发现问题整改""校办企业改制'回头看'发现问题整改"监督。

3月4日，开展全校性"以案为鉴、以案促改"警示教育，点名道姓通报曝光违纪人员与案件；10月7日，对财务系统近200名干部职工开展专题警示教育，深化以案促改。4月28日，叶静漪对新任职干部开展集体廉政谈话；9月23日，顾涛为2022年新任教职工岗前培训讲授"工作人员纪法要求与廉政风险防范"；10月27日，顾涛为第3期年轻干部理想信念与政治素养培训班进行专题授课；11月2日，顾涛对新任职干部进行集体廉政谈话。

9月至11月，顾涛14次带队对财务、审计、科研、人事、教学、学工、继续教育、后勤等18个部门开展调研，查摆廉洁风险点，健全风险防控体系。多次与主管部门沟通会商，建立审计报告、督查周报等监督信息常态化抄送纪检监察机构机制，督促开展违规发放津补贴、违规设立"小金库"、公车管理等方面自查。

**执纪执法问责**。坚持集体决策机制，召开问题线索排查会27次、监督检查纪律审查专题会19次。全年新受理信访举报423件次，受理问题线索29件，其中谈话函询6件、初步核实22件、暂存待查1件，办结问题线索36件，立案审查2件，对4人作出党纪政务处分、对1人进行诫勉。通过"检举举报平台"应用软件完成2022年全年信访举报件录入。查办涉嫌职务犯罪案件，受理非党员公职人员问题线索9件，在北京市纪委市监委领导下，配合地方党委依法对2人采取留置措施，1人被判处有期徒刑、给予开除党籍和政务开除处分，1人由地方监委移送检察机关审查起诉；另向地方监委移送涉嫌职务犯罪问题线索2件。

**深化全面从严治党**。及时建议学校党委学习传达党中央和上级纪检监察机关重要工作部署，党委常委会设置研究纪检监察和巡视工作相关议题45个。协助召开3次党的建设工作领导小组会议，协助起草党委落实全面从严治党主体责任情况报告和年度任务安排，协助党委于3月4日召开深化全面从严治党暨强化师德师风建设工作会议。对基层党委制定和报备落实全面从严治党责任清单情况开展专项检查。协助制定《中共北京大学委员会关于加强新时代廉洁文化建设的若干措施》。

落实上级部署。叶静漪1月18日至20日列席十九届中央纪委六次全会，2月8日列席北京市纪委十二届七次全会。1月21日，叶静漪代表学校纪委向中央纪委国家监委述职。中央纪委国家监委书面反馈学校纪委2021年度履职考核结果为"合格"。

严格落实请示报告制度，向上级纪检监察机关书面请示报告173件次。完成中央纪委国家监委、北京市纪委市监委调研或规章制度征求意见事项10项。协助校外纪检监察机关开展协作配合28次。按北京市纪委市监委部署，建设监察对象库。

1月20日，协助完成中央纪委国家监委办公厅党的自我革命成果调研工作。4月1日，中央纪委国家监委驻教育部纪检监察组副组长范清安一行4人入校调研。7月7日，中央纪委国家监委案件审理室副主任金轶一行入校调研。9月9日，中央纪委国家监委研究室一级巡视员、纪检监察员、一级高级监察官宋光林一行5人入校调研。

制度机制建设。以深化巡视整改和中管高校纪检监察体制改革为契机，加强制度机制建设，制定《北京大学纪检监察机构加强对"一把手"和领导班子监督的若干措施》《北京大学纪委委员联系基层党委工作制度》《北京大学纪检监察机构工作证使用管理办法》《北京大学纪检监察机构印章使用管理规定》《北京大学纪检监察信息管理办法》。加强和改进案件审理工作，以严格监督把关促进问题线索和案件全周期管理和质量提升，7月11日学校纪委被中央纪委国家监委案件审理室确定为审理工作联系点。

队伍建设。举办全系统集体学习和专题交流研讨7次，分主题专门编写8期《纪检监察理论学习参考资料》。选派5名干部参加中央纪委国家监委专题培训，组织全员参加北京市纪检监察系统全员全业务链条专题培训班学习。

强化对基层纪检工作的领导和业务指导，建立基层纪委向学校纪委书面报告年度工作情况制度，加强措施使用和协作配合统筹，对基层纪委处置案件质量把关41件次。召开纪检监察工作情况季度通报会，组织基层纪检委员参加监督工作培训、开展疫情防控和研究生复试专项监督，分片包干加强指导。

1月28日，北京市纪委组织部决定选派北京市纪委监委第九审查调查室干部倪子岳到学校纪委挂职锻炼，为期1年。2月1日，董博为、王高远调入学校纪委工作。7月11日起，王高远借调至北京市纪委市监委第七监督检查室工作。王雷5月结束离岗创业返校，10月办理离职手续。12月29日，学校党委宣布刘鹏任案件审理室主任、免去杨柠泽案件审理室主任职务。

在《中国纪检监察杂志》2022年第3期发表专题文章《使监督更加规范有力有效》，在《中国纪检监察报》2022年3月24日刊发表专题文章《律人者必先律己》。张庆东荣获"全国纪检监察系统先进工作者"称号，9月8日参加全国纪检监察系统表彰大会。纪委监督检查室获评学校机关党委作风建设先进集体，靖奇获评机关党委作风建设先进个人。

党支部建设和党员学习教育。11月11日，机关党委批复"纪委办公室监察室党支部"更名为"北京大学纪委、国家监委驻北京大学监察专员办公室党支部"，简称"纪委、监察专员办党支部"；批复增补支部委员，党支部委员会组成人员为：书记张庆东、副书记房玉元、纪检委员曲春兰、宣传委员江卓、组织委员王宇凡。

组织开展党员学习教育。党的二十大胜利召开至2022年底，纪委全会专题学习2次，领导班子成员参加上级和学校专题学习9次，组织全员集体学习7次、相关负责人讲授微党课3次。

（庄德水、王宇凡）

【疫情防控监督工作】 2022年，学校纪委落实习近平总书记重要指示批示精神和党中央决策部署，将疫情防控作为政治监督重点任务。牵头建立纵向到底、横向到边的疫情防控监督体系，学校纪委负责人坚持列席上级和学校的疫情防控会议，将疫情防控监督作为常设议题，每周总结、每周调度；定期向基层纪检机构编发监督方案和工作提示，加强统一领导和分类指导；督查组开展全校性督导检查12次；探索"室组地校"联动监督，与海淀区、大兴区、昌平区纪委监委建立健全校地协同机制。围绕开学、节假日、寒暑期等重要时点，紧盯常态化防控管理、核酸检测、快递物流等关键环节，紧盯校门、迎新现场、宿舍楼、食堂冷库、校医院、分校区等重点部位，通过清单式监督、实地检查、查阅资料、数据统计分析、交流访谈等方式开展现场检查668次，报送督查简讯120期，提出建议146条，与相关负责人沟通558人次。校内突发疫情和封闭管理期间，第一时间作出响应，组建专班，上半年近半数人员住校值守22天，下半年领导班子和工作人员住校值守54天；围绕政策调整、流调判密、隔离转运、核酸检测、离退休人员服务保障等重点环节制定方案，每天召开专题会议、开展线上线下监督。

（李伟、董博为）

【加强新时代廉洁文化建设】 1月10日，中共中央办公厅印发《关于加强新时代廉洁文化建设的意见》。3月至4月，学校纪委协助党委制定《中共北京大学委员会关于加强新时代廉洁文化建设的若干措施》。学校纪委将习近平总书记关于全面从严治党、党风廉政建设、廉洁文化建设系列重要论述列入学校党委和各级党组织理论学习中心组学习计划，2022年学校党委常委会开展相关学习29次。2022年纪委负责同志面向各类干部、教师开展廉洁教育8次，受众800余人。建立纪委干部分片包干监督、纪委委员联系二级党委机制，开展纪法教育"送学上门"。针对教师、学生、管理干部等建立分层分类廉洁教育体系，2022年各有关单位组织开展纪法教育和廉洁风险防范专题培训60余次。2022年下半年，学校纪委书记顾涛带队先后到27家职能部门、院系和附属医院实地调研，深入了解党风廉政建设责任制落实和廉洁风险防控机制建设情况。各院系结合入学教育、日常管理、考试提醒、毕业教育等工作契机，一体开展廉洁教育、诚信教育、校规校纪教育和纪法教育。推动学校各级党组织结合本单位特色开展廉洁文化活动，各单位利用宣传橱窗、文化走廊、展板展览展示廉洁文化宣传作品，组织党风廉政教育基地参访、警示教育宣传片观影等活动。将廉洁文化融入思政课程与课程思政主渠道，部分院系在专业课中设置纪检监察、反腐败政策专题内容，多个院系组织思想政治实践课学生赴廉政教育基地参访。

（王宇凡）

## 医学部纪检监察工作

【发展概况】 机构设置。医学部纪委监察室（以下简称"医学部纪委"）下设纪委办公室、监察室。纪委办公室、监察室实行合署办公，履行纪检、监察两种职能。2022年，医学部纪委共有在岗职工3人，其中，处级干部2人，科级干部1人。

监督工作。切实把开展疫情防控监督检查作为首要政治任务来抓，统筹疫情防控和各项工作、统筹校园和医院、统筹日常和应急工作，对新冠肺炎疫情防控进行全过程监督、精准监督、跟进监督。组织学习落实教育部、北京市委、北京市教育"两委"、北京大学和医学部疫情防控工作会议精神和文件，及时精准掌握政策要求，根据疫情形势变化及防控要求，修订监督检查方案。坚持从严从紧开展专项监督、从细从实推进日常监督、有力有效强化跟踪监督，压实各方责任，为打赢疫情防控攻坚战提供坚强纪律保障。2022年，医学部纪委开展校区及附属医院疫情防控、附属医院疫情应急方案制定、二级党组织落实疫情防控工作部署、第三方服务公司及人员、附属医院院感工作开展等专项监督检查5次。在校园疫情防控日常监督方面，2022年医学部纪委工作人员先后对校园重要点位开展监督检查290余次，与相关部门负责人沟通、会商120余人次，提出整改建议100多个（次），编辑《疫情防控简讯》132期，报送信息超1200条，编辑《疫情防控追责问责案例选编》13期，案例114个。

履行监督第一职责，构建有效管用的监督体系，推动落实全面从严治党主体责任。2022年9月，医学部纪委配合校纪委书记顾涛到4家附属医院开展工作调研，部署下一阶段医院党风廉政建设和反腐败工作，进一步压实各附属医院从严治党主体责任。根据上级部署和要求，医学部纪委就医药领域腐败问题集中整治、舆情和意识形态领域有关工作开展政治监督；2022年上半年，第三医院太平间殡仪服务高收费问题舆情发生后，与第三医院纪委上下联动跟进监督，定期会商研究，形成舆情监督专报。多次组织专题会听取医院自查自纠整改情况，指导医院纪委全面排查太平间服务外包程序及监管职责等，系统梳理可能存在的问题及管理风险，厘清责任，监督问题整改。与医学部党委组织部、人事处、审计室、科研处、医院管理处、招生办公室、学生工作部等职能部门建立沟通会商机制，通过线索移交、协作配合、会商研究等方式强化监督合力。2022年上半年与相关部门会商研究10次，研究医院管理处、研究生院、人事处、科研处相关议题13个，为2个单位出具审计提示意见。不断扩宽会商领域，出台部门会商工作办法，努力使建立机制的部门沟通更加科学、规范，不断构建会商监督体系。同时部署开展对意识形态有关问题的专项监督。

坚持做好重点领域监督与日常监督。加强干部人事监督，严格廉洁审查，回复党风廉政意见277人次。加强与教育处、研究生院的联动，参加招生、笔试、复试协调工作会，开展现场监督3次。按规定做好对设实处、总务处招标备案情况的汇总和抽查了解，结合信访情况开展抽查监督。日常监督涵盖巡视、巡察整改、北大医学办学110周年、图书馆项目、学生奖助学金评选等重要方面，及时提出廉政风险。

廉政教育。构建完善的廉洁教育体系。结合医疗卫生行业特点，进一步贯彻落实卫道护航廉洁教育培训计划，实施廉洁教育"七个一工程"。在不断完善修订廉洁教育工作方案的基础上，加大力度推动重点领域、关键岗位建立14个廉洁教育模块各项工作，与附属医院上下联动、左右互动相结合，针对人员类别加强教育的针对性，挖掘教育内涵，实现廉洁教育全覆盖。编辑出版《学习思想卫道护航》电子学习期刊，为纪检干部学习提供参考，2022年共编辑出版期刊21期。开展廉洁教育课题立项申报工作，医学部各学院、机关职能部门、附属医院、学院共以廉洁教育为主题申报课题立项50个，总资助经费9.7万元。

提高廉洁教育质量。继续深入落实中央八项规定精神和北京大学关于作风建设有关规定，紧盯劳动节、国庆节、端午节、中秋节等假日节点，发布提醒通知、加强宣传警示，纠正"四风"；对涉及违反中央八项规定精神内容的信访快办严办；认真落实反对形式主义、官僚主义有关规定，自觉在工作中严格执行。纪委工作人员主动深入基层，先后与新职工、支部书记、毕业生以及招生领域、后勤领域和产业领域干部通过座谈、讲座等形式开展廉洁教育，进一步强化干部廉洁意识。主动与组织部门对接，把开展日常警示教育作为党支部建设的经常性工作予以积极落实。

落实纪律规定。严格依规依纪依法做好信访核查工作。2022年医学部纪委共处置信访举报257件次，严格信访查办的程序和要求，召开线索排查会、信访案件专题会、纪检监察办公会、部门例会等集体研究处置信访举报，审核附属医院纪委和医学部后勤纪委信访报告，把好质量关。强化对信访工作的分析研判，对接北京大学监察专员办公室，建立监察对象数据库，实现监察全覆盖，有序推进纪检监察体制改革。二是做好信访案件处置，深化标本兼治，把执纪问责和建章立制、警示教育相结合，用好"四种形态"，综合发挥惩治震慑、惩戒挽救、教育警醒的功效，不断实现不敢腐、不能腐、不想腐一体推进的工作目标。

队伍建设与党建工作。将学习传达习近平总书记重要讲话精神、党的二十大精神，研究贯彻落实中央、学校重大决策部署作为纪检监察办公会第一重要议题。2022年1月24日下午，医学部纪委召开十三届纪委第十二次扩大会，专题传达学习十九届中央纪委六次全会精神。10月16日上午，纪委干部集体收看党的二十大开幕会。闭幕会后，医学部纪委组织干部职工参加学校举行的相关学习活动共6次，召开办公会、支部会开展二十大精神专题学习3次。11月11日，医学部纪委召开纪检监察系统学习贯彻党的二十大精神专题会议，医学部党委副书记、医学部纪委书记张莉鑫就纪检监察系统学习宣传贯彻二十大精神提出具体部署和要求。

严格落实重大事项请示报告制度。医学部纪委坚持在医学部党委和校纪委的领导下开展纪检监察工作，严守职责边界，增强协作意识，认真落实重大事项请示报告、重要信访案件请示及批示制度，主动向党委报告日常监督和线索处置、案件查办的总体情况。张莉鑫在医学部党政联席会上及时跟进对习近平总书记重要讲话和重要指示精神的传达和学习，督促相关部门结合职责研究具体落实措施，遇有重大事项、重大问题，医学部纪委及时向党委、校纪委请示报告，落实《北京大学医学部纪委重大事项请示报告工作办法》（试行），推进请示报告工作制度化，坚持附属医院纪委、后勤纪委、学院、产业分管纪检监察工作书记每年工作述职；督促各附属医院纪委落实请示报告制度。

坚持一体推进四支队伍建设。推进医学部纪委委员、专职纪检监察干部、附属医院纪检监察干部和学院兼职纪检监察干部队伍建设，发挥医学部纪委以学赋能、沟通会商、结合职责、发挥作用职能，及时召开纪委会，学习政策、研究问题、落实工作；结合学院兼职纪检监察干部特点，注意发挥"广播员""防护墙"作用；继续发挥纪委的平台作用，以干代训，2022年共借调3名干部交流工作，推荐2名干部到中纪委、北京市纪委借调交流。

严格自我约束，不断完善系统内部管理制度，严格执行"三重一大"集体决策制度，严格按照办公会、线索排查会、案件专题会、信访举报处置、谈心谈话、工作会商等工作领域的制度办事。将支部学习与部门业务学习紧密结合，坚持开展党员评议、"两优一先"评选表彰工作、共产党员献爱心工作。按照校党委部署，组织开展学校第十四次党代会各项组织工作，联合科研党支部、动物部党支部邀请张莉鑫作学校十四次党代会精神的传达解读报告；组织开展"迎七一风采"主题教育活动；持续做好党的二十大精神的深入学习和贯彻落实工作；组织党员积极参加核酸检测、迎新生、疫情防控等志愿服务工作，不断提升党支部的组织力；关爱离退休人员，支持工会小组开展工作。

（刘晓瑜、刘馨阳）

【开展疫情防控专项监督检查】 2022年，纪委开展学院路校区及附属医院疫情防控、附属医院疫情应急方案制定、二级党组织落实疫情防控工作部署、第三方服务公司及人员、附属医院院感工作开展等专项监督检查5次。

3月20日至4月1日，对学院路校区及附属医院疫情防控措施落实情况进行专项监督检查。制定《医学部常态化疫情防控监督工作方案及突发情况监督执纪问责工作预案》，监督检查覆盖关键领域、重要环节、重点人群。检查情况向医学部党政联席会汇报，并向各医院反馈意见建议17条。

4月26日至28日，开展附属医院疫情防控应急预案专项监督检查。4月27日，在医学部校区生化楼前组织应急预案的脚本实地演练，验证与预案流程的适用性。4月28日，在北医三院召开疫情防控院区应急管控研讨观摩会，对应急预案进行演练，并研讨完善相关工作。

5月23日至24日，开展疫情防控落实情况专项监督检查。将14个二级党委报送的38个自查问题和61条工作建议进行汇总梳理并反馈各疫情防控工作组，进一步推进各项疫情防控措施落实落地落细，以更高标准压紧压实各方责任，查漏补缺，及时优化改进工作。

5月27日至28日，开展学院路校区及附属医院第三方服务公司及人员管理情况专项监督检查。通过数据比对、实地抽查、沟通提醒等方式督促相关部门摸清底数，严格要求和管理。各医院纪委通过实地检查、修订制度、通报问题等方式均对第三方服务公司及人员情况进行相应检查。

10月至12月，强化对附属医院疫情防控的指导和监督，医学部纪委工作人员进驻人民医院，派专人紧盯各附属医院疫情防控进展，编发监督检查日报39期。11月11日，纪委召开纪检监察系统疫情防控监督检查工作部署暨经验交流会，要求各附属医院举一反三，切实防范疫情风险。

（刘晓瑜、刘馨阳）

【医学部纪委第十二次纪委（扩大）会议】 1月24日下午，医学部纪委召开十三届纪委第十二次扩大会，专题传达学习十九届中央纪委六次全会精神。医学部纪委委员、各医院、医学部后勤职能部门纪委负责同志和各学院、医学部机关、产业分管纪检监察工作的党组织书记参加会议。医学部党委副书记、纪委书记张莉鑫部署学习贯彻总书记讲话精神和全会精神。与会代表交流分享学习六次全会精神的体会。会议通报《医学部纪检监察"卫道护航"工程实施方案》《医学部廉洁教育工作方案》的起草过程和具体内容。与会同志就如何贯彻落实六次全会精神，进一步推进纪检监察"卫道护航"工程和廉洁教育工作进行研讨并提出建议。

（刘晓瑜、刘馨阳）

## 组织工作

【发展概况】党委组织部是在校党委领导下，负责全校党的组织建设和干部队伍建设的职能部门，主要工作职责：贯彻执行新时代党的组织路线；负责党的基层组织和党员队伍建设；负责中层领导班子和干部队伍建设；负责全校干部教育培训和发展党员培训；统筹协调人才工作；开展学校干部、党建等工作的研究，承担全国党建研究会高校党建研究专业委员会秘书处工作；负责教育管理和德育系列专业技术职务评审工作；协助筹办校党代会，落实党代表任期相关工作；完成上级部门和学校交办的其他工作。内设办公室6个：干部工作室、干部监督办公室、党建工作室、干部与党建研究室、人才建设办公室、综合办公室；挂靠单位2个：党校办公室、高校党建研究专委会秘书处办公室。部门在职事业编制职员15人，合同制职员2人。

党建工作。带动全校各级党组织贯彻落实学习宣传二十大精神相关工作，及时向全校各基层党组织发布关于深入学习贯彻党的二十大精神有关通知，发放学习资料汇编，做好学习二十大精神工作指导。二十大开幕当天，组织"光荣在党50年"党员老同志代表、师生党员代表收看二十大开幕会，并组织撰写特别报道2篇，表达北大党员对党的二十大胜利召开的喜悦心情和高度拥护。

妥善完成党的二十大代表推荐提名和北京市第十三次党代会代表推荐选举工作，全校各级党组织和党员100%全覆盖参与，一天内完成党的二十大代表补充推荐工作；克服2022年5月北京市疫情形势变化影响，在学校党委领导下，牵头成立工作专班，顺利完成出席北京市第十三次党代会代表推荐选举工作。

迎接《北京高校党建和思想政治工作基本标准》入校检查，作为牵头单位，协调各相关单位对照《基本标准》进行全面自查，撰写完成学校自查报告，准备支撑材料近8000份，目录10万余字。

深度开展院系党建工作调研，组成5个调研组，赴全校17家院系（医院）调研，对单位干部队伍建设、基层组织建设、党员队伍建设、人才队伍建设等情况进行深入调研学习，推动建立整改台账，以深入调研促进基层党建工作质量不断提升。修订《北京大学基层党组织书记抓基层党建述职评议考核办法》，制定基层党建工作情况落实表，对照上级要求，帮助基层党组织对标对表开展工作。发布两期党支部"组织生活指南"，每季度发布《党支部学习资料汇编》，结合时事热点为全校党支部提供针对性工作指导。2022年新冠肺炎疫情形式最严峻时期，成立多个临时党组织，向全校基层党组织和党员发出号召，促进发挥党组织和党员在抗疫工作中的战斗堡垒作用和先锋模范作用。

加强党员教育管理工作，推进基层党组织书记工作例会制度，自2022年秋季学期起，每月度定期召开二级党组织书记会议，精准传达上级党组织及学校党委各项工作部署。分批次、分类别开展全校党支部书记轮训，加大对政治好、业务强的教师支部书记选配力度，举办教师党支部书记"双带头人"培训示范班。持续实施组织员能力提升计划，开展专职组织员工作情况调研和专项业务培训，提供针对性工作指导。举行2022年"光荣在党五十年"纪念章颁发仪式，赓续北大共产党人精神血脉。深入开展"教师党员发展专项行动计划"，面向中青年学术骨干举办"新时代国家发展和党的建设"专题研讨班，持续做好学生党员发展工作，注重在低年级本科生中发展党员，2022年全年发展党员2563名。开发党员管理基础工作平台，集合党费管理等业务模块，提升基层党建工作的信息化水平。

多措并举，推动党建与中心业务深度融合。修订《基层党建创新立项实施办法》，优化基层党建创新立项评选过程，用好基层党建"工具箱"，2022年立项128项；制定《党建工作"样板支部"评选办法》，发挥先进典型榜样作用，开垦"样板支部"试验田，评选各类别党建工作样板支部15个；推进基层党建研究工作，发掘理论与实践相结合的"排头兵"，设立研究课题20项。

干部工作。完成党委班子换届5个、行政班子换届4个，新组建2个党委班子，实体研究机构班子换届及组建7个；任命中层干部185人次，其中新任干部77人，提任干部19人，连任干部15人，调配任命干部74人；免职145人次。共选任实体研究机构负责人30人次，调整科级干部102人次。完成25名干部的试用期考核工作。

完成干部人事档案专项审核"全覆盖"工作，指导校本部、医学部累计审核档案3136卷。牵头负责教学科研单位（行政管理部分）年度考核工作、管理服务单位年度考核工作、中层正职年度绩效核算工作，持续探索完善干部考核评价体系。

推荐选派干部、教师到校外单位挂职锻炼、借调5人（到中央单位2人，到地方1人，到军事科学院2人）。输送2名干部到北京市任职，5名干部到其他高校任职。积极履行高校为社会服务的职能，共选派38名干部、教师、医务工作者参加援疆援藏、对口支援等重点工作，完成云南省弥渡县援派干部的轮换工作。

人才工作。坚持党管人才，将人才政治引领、吸纳、把关事项纳入学校党委会议事规则，细化基层党组织书记抓党建述职评议考核中人才指标体系。调整北京大学人才工作领导机构，在领导小组办公室成员单位中新增科技开发部（产业技术研究院）、先进技术研究院、学生工作部。组建人才安全工作专班，开展人才安全专项排查工作，牵头组织相关职能部门完善人才引进、网信审查、出国审查、实验室管理等方面安全工作机制。协助做好第十四届全国人大代表、第十四届全国政协委员、第十六届北京市人大代表人选的推荐考察工作。完成教育管理与德育系列的人才职称聘任工作，73人通过专业技术职务晋升、转换评审。

党校工作。将学习贯彻党的二十大精神作为党员干部教育培训的首要任务。组织党员干部第一时间分层分类学习党的二十大精神，在干部研讨班、中青年骨干研修班、年轻干部班中开设二十大精神解读专题辅导课程，打造一批学习"示范班"。联合党委宣传部、马克思主义学院录制"学习贯彻党的二十大精神专题讲座十六讲"系列网络视频精品课。继续完善习近平新时代中国特色社会主义思想核心课程体系，建设"习近平总书记关于科技创新的重要论述"等课程。聚焦中央大政方针，组织党员干部开展学习贯彻中央民族会议精神等专题学习。

立足管理服务，支持干部成长。进一步优化环节设置，发挥干部教育培训识别、考察干部的功能。继续推进中层干部专项能力提升计划，抓好抓实年轻干部培训培养，持续开展干部选修课、"湖畔沙龙"，丰富培训形式，扩大资源供给。全年完成干部培训15,280人次、46,644.1学时。

持续完善党员教育培训体系建设。不断加强理论学习的连贯性、深入性，开设《共产党宣言》等马克思主义原典导学课程。注重实践学习，引导学员筑牢理想信念，厚植爱国情怀。2022年，培训入党积极分子3183人、发展对象2123人、预备党员1939人、新转正党员2477人。

夯实机构建设，抓好教材建设。认真落实上级要求，配齐党校领导班子、校务委员会。成立党校顾问专家组，邀请学校原机关干部、院系一把手等管理经验丰富的退休同志担任顾问，深度参与干部教育培训工作。整理、审定北京大学攻坚克难案例，持续修订党校自编教材。

（张雯、方晓晖、万岱、卢敏、刘家玮、陈笑雪）

【完成学校第十四次党代会组织工作】党委组织部圆满完成学校第十四次党员代表大会筹备、组织任务。做好全校基层党组织联络工作，组织召开工作部署会两次，向全校二级党组织提供多轮次一对一工作指导；推进落实党代会各项工作安排，向上级部门请示报告工作5次；克服疫情压力，组织全校党员和党组织顺利完成300名党代表推荐选举工作，超额完成上级对党代表结构的要求；按照上级要求，圆满完成"两委"委员推荐提名及选举工作，"两委"委员、纪委书记班子、党委常委、党委书记班子选举均一次成功；妥善做好大会期间23次会议的执行工作，扎实做好提案及审议工作；党代表培训期间，带领各位党代表重温党员初心，为每位党代表制作"政治生日"卡片。

（万岱，刘家玮）

# 医学部组织工作

【发展概况】组织结构。医学部党委组织部、党校是医学部党委的职能部门，主要负责医学部党的组织建设、干部队伍建设、培训、人才等方面的工作。组织部设部长1人，副部长2人（其中1人兼任医学部党校副校长）；下设综合办公室、党校办公室2个科室。截至12月31日，编制7人，在编6人。

专项专题工作。组织指导开展党史学习教育专题民主生活会、组织生活会。作为牵头单位之一，配合学校巡回指导组，指导和督导各基层党组织按照上级要求开好专题民主生活会、组织生活会。

落实党的二十大精神学习贯彻工作。3月至9月，在教职工党支部中组织开展"喜迎党的二十大，为党旗增辉"主题党日活动。经过推荐和评审，32项优秀主题党日活动获得表彰。10月，举办"喜庆二十大 奋进新征程"北大医学优秀共产党员代表座谈会，回顾总结党领导下的北大医学事业快速发展的精神财富。

北京大学第十四次党员代表大会筹备和组织工作。5月起，配合学校党委组织部完成北京大学第十四次党员代表大会筹备和组织工作，指导医学部各选举单位选举出100名党代表，推选学校"两委"委员候选人。

党建工作。医学部党组织和党员基本情况。截至12月31日，医学部共有党支部545个，其中学生党支部100个、教职工党支部395个、离退休教职工党支部50个；共有党员12,720人，其中在职教职工7688人、学生2386人、离退休人员2434人、其他人员（含组织关系暂存人员等）212人。2022年共发展党员551人，其中教职工211人、学生340人（研究生199人、本科生141人）。

基层党组织建设。开展党建创新立项、党建课题研究、主题党日等活动，搭建基层党建工作探索创新和交流学习平台，提升基层党组织工作创新活力。55个项目获批医学部第十三期基层党建创新立项，其中8项获重点资助；24个课题获批医学部2022年度党建研究课题立项，6个课题获批大学党建研究课题立项。北京大学口腔医院获批全国党建工作标杆院系，北京大学第三医院呼吸内科党支部获批样板支部；5个党支部获批北京大学党建工作样板支部。课题《以党建和思想政治工作为引领，筑牢北大医学防疫"红色防线"》获评北京高校党的建设和思想政治工作优秀成果三等奖。

党员发展工作。审核、把关医学部党员发展计划，定期检查完成进度，保证党员发展工作有领导、有计划、按部就班进行。严格新生党员档案审核工作。关注近三年本科新生非团员人数增加的情况，就相关问题及时开展沟通和针对性指导。

党建常规管理工作。指导各单位开展"党建外包"问题、党徽党旗使用情况自查整改，规范相关工作。督促各单位开展党支部按期换届工作，建立工作台账，按照要求选优配强党支部书记。指导和帮助各基层党组织做好"党员E先锋"系统使用、党员信息维护和组织关系管理等工作，指导各单位开展党内统计工作。下拨党支部工作和活动专项经费、党员教育专项经费、离退休党支部活动专项经费和入党积极分子培训经费，支持基层党组织教育管理活动。落实教学科研一线教师党支部书记考核激励办法，按月度划拨离退休党支部书记、副书记、委员工作补贴。

疫情防控中的党建工作。作为牵头单位，贯彻落实医学部党委《关于在疫情防控工作中进一步发挥党组织战斗堡垒作用和共产党员先锋模范作用的通知》要求，4月起，组织成立学院路校区临时党总支、核酸检测党员先锋队、北医社区党员先锋队等三支队伍，支持配合校园疫情防控工作，其中党员先锋队4月至12月参与核酸检测扫码等服务累计1500余人次。6月，举办"党旗在校园疫情防控一线高高飘扬"庆祝中国共产党成立101周年座谈会；11月，指导附属医院成立抗疫医疗队临时党支部。

干部工作。干部队伍情况。截至12月31日，医学部有副处级以上干部173人。其中，局级2人、正处级52人、副处级119人；女干部87人；少数民族干部7人；中共党员163人（含双重身份4人），民主党派5人，其他5人；具有高级职称132人，占76.3%；具有硕士以上学位155人，占89.6%。正处级干部平均年龄53岁，最小42岁；副处级干部平均年龄48岁，最小34岁。

到届班子换届和干部调整工作。配合学校党委组织部，按计划推进到届二级单位党政班子换届工作及部分岗位干部选任和调整工作。截至12月31日，共任免干部106人次，其中提任干部26名，连任干部13名，兼任干部5名，交流调配干部18名，挂职干部4名，免职40人。协助完成班子换届8个，其中行政班子3个，党委班子5个。

干部人才统筹培养工作。坚持党管人才，探索干部人才和"双带头人"协同培养机制。落实《关于进一步加强北京大学优秀年轻干部队伍建设的若干措施》，加强青年干部轮岗交流，推动青年干部深入基层锻炼培养。2022年完成科级干部交流选任15人次。

援派工作。按计划执行教育部第十批援疆干部第二批次、第三批次干部轮换，遴选中组部第22批博士服务团（云南大学项目）人选1名。落实中央关于援派干部的文件精神，做好经费使用拨付全过程管理，分批按期拨付援派相关经费。完成当期援派干部29人的保障经费拨付工作。

干部日常管理监督工作。严格执行干部个人事项报告制度，2022年度干部个人事项填报工作中，集中填报143人，首次填报16人；共有32名干部的个人事项接受上级查核。规范干部兼职审批和出国（境）管理工作，严格落实干部出国（境）管理和出国境证件使用情况定期检查提醒机制，落实中层领导干部离京请假备案管理。配合机关职能部门发展状况绩效评估工作组，继续做好机关职能部门绩效考核工作。完成医学部中层干部年度考评相关工作。

制度建设。结合医院管理工作和干部梯队建设的实际需要，修订医学部《关于医院院长助理岗位管理的规程》，编印《有关文件汇编》；继续完善相关部门联动机制，会同人事处不定期召开专项工作讨论会，落实《北京大学医学部关于纪检监察部门与组织部门建立工作沟通协调机制暂行办法》。

教育培训工作。开办"党建小课堂"。聚焦党的理论政策和工作实务，以及基层党建工作中的重点难点问题，为党支部书记、专职组织员等党务干部搭建教育培训和交流研讨平台。9月至10月，举办两期"党建小课堂"活动，参与学习培训交流党务干部超120人次。

干部人才队伍培训。组织干部参加北大新提任干部、中层干部能力提升、年轻干部等培训班55人次。组织教师参加教育部、北大"双带头人"党支部书记、教师人才等培训班39人次。组织干部参加北大干部选修课学习。12月，举办医学部党支部书记、专职组织员学习贯彻党的二十大精神专题网络培训，598人参加培训。

发展对象及党员培训。2022年上半年举办预备党员培训班，526名学员参加培训；下半年举办新转正党员培训班，493名学员参加培训。举办两期学生和教职工发展对象培训班，采用线上培训方式，共培训336名学生、168名教职工发展对象。举办高知发展对象培训班，采用小班教学的方式，强化思想引领，培养高知发展对象党性意识，共培训16名学员。

（许　申）

# 宣传工作

【发展概况】组织结构。党委宣传部（融媒体中心）（以下简称"宣传部"）是在校党委领导下贯彻落实新时代党的宣传思想文化方针和政策，围绕学校中心工作开展全校宣传教育、理论研究、文化建设的工作部门。宣传部现有员工45人，其中事业编制28人，劳动合同制员工17人。部机关设有综合办公室、理论办公室、宣传办公室、校风与文化建设办公室、思想政治办公室；融媒体中心（前身为新闻中心）成立于2020年5月，设有总编办公室、采编办公室、音视频办公室、海外传播办公室、舆情工作办公室。

理论工作。参与党的二十大主题宣传工作，向中央宣传部舆情信息局、教育部思想政治工作司、教育部高校科学研究中心、北京市委教育工委宣教处等单位报送各类简报9期，相关成果被各级单位采用。起草《关于深入学习宣传贯彻北京大学第十四次党代会精神的通知》《中共北京大学委员会关于深入学习宣传贯彻党的二十大精神的通知》《中共北京大学委员会深入学习宣传贯彻党的二十大精神任务分解方案》，做好党的二十大精神、北京市第十三次党代会、北京大学第十四次党代会的理论宣传工作。在《人民日报》《光明日报》等主流媒体发表30余篇理论文章。参与2022年北京市基层党组织建设评估相关工作，负责党委宣传部主责部分。全程参与全年意识形态风险防范与化解工作。参与编写北京市委教育工委《北京市高校二级单位落实意识形态工作责任制指导手册》。

思想政治工作。把迎接党的二十大胜利召开、学习宣传贯彻党的二十大精神作为贯穿全年的最重要的工作主线，牵头制定《中共北京大学委员会关于深入学习宣传贯彻党的二十大精神的通知》和任务分解方案，梳理细化29项工作任务，纳入重点督察督办台账。狠抓落实，牵头制定并执行《"青春献礼二十大·强国有我新征程"北京大学迎接学习宣传党的二十大主题宣传教育活动工作方案》。完成党史学习教育各项总结工作，将工作材料汇编成《北京大学党史学习教育简报汇编》上下册。复审大型讲座类活动申请、备案900余次，协助科研主管部门审批90余个项目，对校内多个二级单位新媒体账号做出工作建议80余次。继续承建好中央宣传部舆情信息直报点和教育部重点基地高校思想政治工作创新发展中心，编发《北京大学高校思想政治工作研究简报》14期，总计约4.2万字。

新闻宣传。2022年国内主要媒体共报道北大相关新闻千余篇，全网转载量破亿篇，在全国各高校中遥遥领先。中央电视台各套栏目（《新闻联播》《新闻30分》《新闻直播间》《共同关注》《朝闻天下》、电影频道等）总计报道北大相关新闻101次，社会反响热烈；《人民日报》、人民网、新华社、《光明日报》、光明网、《中国青年报》《中国教育报》《北京日报》《现代教育报》等主流媒体北大相关报道均超百篇。配合央视新闻、人民日报、新华社等各大主流媒体和地方电视台、地方宣传部门的采访拍摄需求，总计接待相关拍摄项目70余个。协调校内各媒体报道学校重要时政新闻270余场。

文化建设。完成"喜迎（庆）二十大 奋进新时代——北京大学改革发展成果图片展（2012—2022）"策划、撰写、制作、布展、运维、讲解工作。编印《开好党代会 迎接二十大 奋进新征程——北京大学改革发展成果（2017—2022年）》画册，出版《孟二冬纪念文集（增订版）》《影响人生的书单——来自百位北大教授的推荐》（北京大学出版社2022年1月出版发行）、《新红学百年与北京大学》（中国文史出版社2022年10月出版发行），梳理北京大学宣传工作发展历程并发布《赓续红色血脉 挺立时代潮头——北京大学党的宣传工作发展简述》，制作"邮票上的北京大学"主题邮票墙。与国家大剧院联合推出"北京大学·国家大剧院艺术周"第二期，举行两场"荣光与梦想"国家大剧院合唱团音乐会。

舆情工作。2022年共处置130余起涉校舆情风险苗头，化解各类事端、潜在风险140起，与主管部门和相关平台正式沟通40余次。编、发《北大信息纵览》37期，编、报《宣传与舆情工作专报》《舆情研判简报》等各类工作简报117期。

校刊。《北京大学校报》2022年全年出报27期（第1598期—第1624期），以学习党的二十大精神、贯彻习近平新时代中国特色社会主义思想为工作重点，刊发50篇理论文章。开设"中华文明探源""学科前沿""教学先锋""我的育人故事""青春献礼、奋进担当"等栏目，刊登文章62篇。出版"经济学院（系）成立110周年""环境学科50周年"等2期专刊。校报微信公众号刊发推送119次，刊文130余篇。

电视台。播出新闻报道40期，新闻485条；图文信息60期、1500余条；完成专题片与宣传片38部；会议、讲座全程拍摄170余场，学生栏目26期；录制领导、学者视频致辞50余次；学校重大活动多机位切换直播25场/次；提供视频连线技术服务28次。新媒体平台共发布短视频450余条，北京大学各平台播放总量达9亿；直播学校各类讲座/活动150余场，北大抖音、快手、微信视频号、哔哩哔哩视频网、央视频、小红书、微博等平台账号累计观看量约为4500万。在喜马拉雅、蜻蜓、网易云和云听4个应用平台开通北京大学官方音频账号，分别推出4期系列广播节目。向人民日报、新华社、央视等社会主流媒体提供成品节目/音视频素材50余次，协调央视快闪活动《领航》在北京大学的拍摄制作。与北京电视台、中国教育电视台、微言教育等媒体共同报送新闻20余次，提供成品节目10余个，合作开发节目2个。

新闻网。采编党政要闻224篇，采编校园活动新闻近4900篇，北大主页更新1323条。推出"北京大学深入学习贯彻党的二十大精神""中国共产党北京大学第十四次党员代表大会""北京论坛（2022）"等专题网站。采写《北京大学召开学习传达党的二十大精神大会》等400余篇涉及迎接学习贯彻党的二十大精神的主题新闻报道，《牢记嘱托 踔厉奋发 勇毅前行——深入学习贯彻习近平总书记关于北京大学工作重要论述精神座谈会举行》《中国共产党北京大学第十四次党员代表大会开幕》《北京大学2022年北京冬奥会、冬残奥会医疗保障人员表彰大会举行》等重要会议报道，《坚决守住校园疫情防控底线——北京大学召开全校疫情防控工作视频会》等疫情防控工作相关报道，做好开学典礼、毕业典礼、领导班子战略研讨会等学校常规重要会议和活动的报道。推出"喜庆二十大 奋进新时代——北京大学改革发展十年成果图片展"电子书画册等多个媒体融合报道。

新媒体。中文官微、官博坚持精品化运营路线，微信公众号平台全年共发稿520篇，阅读量总计超过4300万，粉丝数从241万增长至338万，《开幕！一图速览+报告金句！》《北大大设施，竣工！》等180篇微信原创稿件阅读量超过10万。微博平台全年发布微博3689条，总阅读量6.12亿，粉丝数从472万增长至486万，#北京大学2022年本科生毕业典礼#、#北大食堂放了一架钢琴#、#北大师生为黄河岸边村民拍照#等25个正面话题登上微博热搜榜。

摄影与图片。在北京大学官方网站主页制作拍摄大图共计90张，拍摄活动约330场，拍摄新闻网和官微配图刊登约275余篇，图片网刊登组图19篇。

海外传播工作。2022年，北京大学六大官方国际新媒体平台脸书（Facebook）、推特（Twitter）、领英（LinkedIn）、照片墙（Instagram）、优兔（YouTube）及英文官微共发布英文新媒体内容5500余条（篇），同比增长超过30%；海外总覆盖量超过2亿人次，同比翻一番；留言、分享互动次数突破70万次；六大新媒体平台总粉丝数超过522万。北京冬奥会主题传播各项指标位列全国高校首位。创新打造"#PKUShine（北大之光）""#PKUPOV（北大视角）""#HiddenPKU（燕园的隐秘角落）"等全新品牌内容。

北京大学英语新闻网共发布新闻734篇，转载新华社、《中国日报》、《环球时报》、CGTN等校外媒体关于北大新闻报道以及师生观点文章。推出党的二十大、北京冬奥会等专题报道，突出北京大学师生在重大事件中的贡献。聚焦北大师生和校友，形成冬奥中的北大人、北大毕业生、来华教育70年、"燕归来"等系列报告。发布北大学者重大科研进展和成果及校内各类讲座、展览、文化活动等信息。

（　　）

【冬奥会专题传播】 2022年初，宣传部海外传播办公室协同外国语学院、国际合作部、校团委及医学部相关部门、附属医院等，成立工作专班，制定《北京大学助力2022北京冬奥会国际传播总体方案》，全流程参与冬奥会国际传播工作。北京冬奥会期间，工作专班认真落实上级要求，用好用活北京大学海外传播平台，各项指标位列全国高校首位。据第三方研究报告显示，北京冬奥期间推特平台近2000篇以Together for a Shared Future（北京冬奥会口号"一起向未来"）为主题的文章中，北京大学推特账号发布的文章传播效果最佳，北大推特账号有307,934名活跃粉丝，善于讲好中国故事，推文质量高，形式活泼，影响力强。传播过程中，北大官方微信公众号、微博、音视频平台、国际新媒体平台、北京大学中英文新闻网等融媒体协同联动，调动外国语学院师生参与多语种新闻翻译，共完成18期工作专报，汇总相关传播成果并上报相关部门。

（赵梦秋、胡绍聪）

【"咱们：看见身边的光"特别策划传播】 宣传部发起"咱们：看见身边的光"特别策划，联合后勤党委、图书馆、保卫部、房产部等直接服务于师生的职能部门，从餐饮服务、动力保障、校园绿化、公寓服务、会议服务、硬件维护、安保服务等多个岗位中发掘出在各自岗位默默奉献多年的劳动者代表，涵盖夫妻、兄弟等多种人物关系，共计44组、54人，并由艺术学院博士生肖梦涯掌镜，以学生视角为其拍摄肖像照，向其致敬。与以往的肖像照不同，此次拍摄中，各位劳动者代表脱下制服，去掉自身上的人物标签和刻板印象，回归最本真、最朴实的人物面貌和情感流露。联合教务长办公室和艺术学院共同策划并举办《咱们：看见身边的光》肖像摄影展，作为学校2022年劳动月启幕活动，并邀请校领导出席。同时，北大官微开设"身边的光"传播专题，选择此次策划中的部分劳动者代表进行群像报道和人物深度报道，获得了持续而广泛的关注，仅北大官微平台即收获近百万阅读量，平均阅读量近10万/篇，并通过微信、微博、抖音、b站等多个融媒体平台进行全网传播。多篇报道被《人民日报》、新华社、中央广播电视总台、光明网、《文汇报》、澎湃等媒体转载，受到中华全国总工会、全国妇联、中国教育后勤协会等行业相关协会、部门关注。

（赵梦秋）

【持续做好科研报道】 2022年，宣传部持续做好北大科研报道，注重以融媒体产品扩大北大科研成果的社会影响力和关注。北京冬奥会期间，报道张信荣教授的跨临界二氧化碳制冰技术和陈宝权教授的冰雪项目交互式多维度观赛体验技术与系统研究成果。围绕北大新工科战略，报道多模态跨尺度生物医学成像设施工程竣工、环状RNA疫苗制备、新冠病毒突变预测等多项科研成果。对江颖教授团队用原子级分辨率可视化表征质子化的水、北大杜鹏课题组揭示植物免疫蛋白通过挽救MicroRNA（MiRNA）缺陷实现广谱抗肿瘤反应、北京大学天文学家在宇宙"心跳"的来源上取得突破等科研进展进行对外传播。

（王颜欣、孟　宾）

## 医学部宣传工作

【发展概况】 理论工作。医学部党委宣传部（以下简称"宣传部"）按照《北京大学迎接学习宣传党的二十大主题宣传教育活动实施方案》，通过营造氛围、收看直播、组织学习、贯彻落实等环节，做好迎接学习宣传贯彻党的二十大精神这一首要的政治任务。在大会召开前，通过悬挂横幅、制作主题展板等方式充分营造氛围。组织收听收看党的二十大开幕会、闭幕会、新一届政治局常委与中外记者见面会直播，领导干部、专家学者、医护人员、青年师生谈感想体会和学习收获。制定《医学部党委学习宣传贯彻党的二十大精神工作方案》，开展党委理论学习中心组学习专题辅导报告会2场，邀请中共中央党校中共党史教研部主任罗平汉教授作主题为《从历次党代会看党的二十大》的辅导报告，全国人大外事委员会委员、中央马克思主义理论研究和建设工程咨询委员会委员、中国毛泽东诗词研究会会长、中央党史和文献研究院研究员、中共中央文献研究室原副主任陈晋教授作题为《走向未来的思想·道路·战略布署——学习体会党的二十大精神》专题辅导报告。在医学部新闻网编发相关稿件70余条，在《北医报》刊发5期学习宣传贯彻党的二十大精神专版，制作宣传党的二十大精神展板、立屏、电子屏、条幅共50余块（条）。

充分运用校园融媒体平台宣传党的十九届六中全会精神、党的二十大精神、习近平总书记系列重要讲话精神及中央重要会议精神。制定各类学习方案、编发党委理论学习中心组学习材料10份，共计4万余字。2022年1月13日，召开北京大学医学部党委理论学习中心组学习贯彻党的十九届六中全会精神专题研讨会，总结回顾医学部学习贯彻党的十九届六中全会精神的主要进展与成效，集中研讨进一步以全会精神为指引，全面推进北大医学改革发展。3月18日上午，医学部党委在逸夫楼报告厅举行全国两会精神学习报告会。全国人大代表顾晋、刘忠军，全国政协委员吴明、季加孚、丁洁、霍勇分别传达了两会精神。4月28日，医学部召开党委理论学习中心组专题座谈会，集体学习习近平总书记在考察中国人民大学时的重要讲话精神，并邀请在教育教学一线开展思政课程、学生思想政治工作和医疗卫生服务的教师和青年代表，沟通交流学习收获与感悟。

**思想政治工作**。组织召开宣传工作会，对各单位进行意识形态工作培训，开展3轮全校新媒体阵地排查。结合工作实际，制定完善各项规章制度，制定《北京大学医学部舆情监测工作制度》《安全稳定工作联动巡查办法》。建立信息反馈机制、舆情监控体系、舆情研判机制。联合医学部学工部、团委、保卫处、后勤党委等部门，建立各部门联动联查机制，成立安全稳定工作联合巡查组，加强对校园重点部位的巡察督导。

宣传部以新媒体与传统媒体相结合、学校宣传与学院医院宣传相结合、校园媒体与社会媒体相结合的方式，积极宣传北大医学110年来历代坚持"为党育人、为国育才"的优秀人物，大力宣传荣获北京市高校教学名师、首届北大医学教学新秀奖、教师节表彰、北京大学屠呦呦青年学者奖等荣誉称号的榜样人物，结合先进事迹，树立师德师风、医德医风榜样。

**新闻宣传**。宣传部将新闻生产题材聚焦教育教学一线的教职工与学生，注重提高图文影音稿件的亲和力与人文关怀。围绕校园疫情防控、学校重大成果与新闻事件等重点内容，做好故事挖掘，策划媒体宣传，加大与社会主流媒体、行业媒体联系沟通，并着力强化重点选题的联动宣传，在国家媒体刊发有影响力的报道，大力提升学校形象。在2022年北京冬奥会、冬残奥会，护士节，医师节，毕业典礼，开学典礼，教师节，淑范医学图书馆重启，北大医学教育教学论坛，北大医学高质量创新发展论坛等重大活动中，与新华社、央视新闻、人民日报、健康报、光明日报等20余家媒体联合策划开展主题宣传或专题专栏报道，共计发稿约200篇。策划推动北大医学登上新闻联播、央视新闻报道6次，新华社、人民日报报道北大医学相关工作10余篇，策划相关网络话题5次登上微博热搜。

**网站**。2022年全年累计编发北医新闻网各栏目及英文网站稿件2000余篇，建立"喜庆二十大 奋进新征程""北大医学办学110周年""北京大学第十四次党代会""聚焦2022两会""北大医学人在冬奥"等专题新闻栏目。网站新增"北医110"专栏，内容包括"活动集锦""北医人物""北医故事"三个板块。

**报刊**。2022年度《北医报》以迎接宣传党的二十大和庆祝北大医学办学110周年为重大主题宣传主线，围绕北京冬奥会医疗服务保障、众志成城抗击疫情、北大医学高质量发展等进行主题策划、专版组稿，推出特刊10多期。在常规特色宣传上，聚焦医教研工作重点和亮点，将北医110历史、人物、成果宣传与医师节、护士节、教师节、开学季、毕业季等时间节点相融合，推出一系列特别策划。在专栏、专版、专题、特刊等多维度进一步加强对一线师生及优秀校友的典型人物、事件报道，充分发挥传统纸媒的独特作用，做好深度采写内容储备，创新传播形式，丰富宣传内容。

**新媒体**。医学部官方微信公众号"北京大学医学部"编发稿件323篇，累计阅读量为165万次。微信视频号共发布189期内容，共收获转发、点赞、评论等用户互动231,777次，视频总播放量6,659,714次。医学部官方微博账号共发布142条，阅读播放量6,400,876次。今日头条和抖音官方账号共发布93条，累计阅读量约16万次，制作视频新闻17期。校园重大活动全网直播7次，观看人次逾600万次。

**广播站**。医学部广播站推出节目约60期，线上推送36期，获得"北医2021年度十佳社团"荣誉称号。积极开展主题策划，以医学部广播站为落点平台，面向全校师生推出"这里是北医"主题创意大赛、"十月·拾悦"主题征稿活动、致敬"北医人"主题音乐征集活动，与医学部研究生会联合举办"时光代理计划"活动，并充分利用广播站微信公号予以宣传推广。

**摄影与图片**。2022年全年承担学校各类会议及重要活动拍摄任务约50余场次，并完成图片编辑、资料整理和检索工作，为各单位及校内外媒体等部门提供图片资料。

**文化建设**。为丰富师生校园文化生活，厚植师生爱国爱校情怀，组织开展主旋律电影展播，播放《长津湖之水门桥》《狙击手》两部电影。推出北京大学系列观察型行医纪录片《医者厚道》，在腾讯视频和哔哩哔哩网站同步上线。制作学校重大新闻、庆祝北大医学办学110周年、党的二十大主题学习、师生风采等各类橱窗展板，共100余块。制作手牌、横幅、创意墙等主题文创作品，策划制作毕业典礼、开学典礼、北大医学办学110周年、教师节表彰等文化宣传视频共计 43 个。为纪念北大医学办学 110 周年，同时庆祝医学图书馆建馆 100 周年，联合图书馆策划制作《翰墨书香百年 再启淑范新篇》纪念画册。

（陈　平、武慧媛、张湄芷）

【北大医学办学 110 周年宣传工作】 医学部官微以回顾历史、总结经验、宣传典型、展示成果为主线，从倒计时 300 天开始，推出北大医学办学 110 周年系列宣传稿件共 150 余篇，涵盖历史类、校友类、人物类、成果类等内容。策划拍摄"北大医学 110 年科普讲堂"视频 34 场，制作科普短视频 25 个，累计观看人数 125 万，微博"肿瘤宣传周"话题和"热射病"话题阅读量超过 1 亿；牵头策划、拍摄制作北大医学 110 周年历史文化专题片《百十北医·厚道相传》，全面系统总结展现北大医学的历史文化和精神传统，展现北大医学为人民健康事业做出的突出贡献；积极联系对接北京卫视《档案》栏目，联合策划、拍摄并播出两集 90 分钟的北大医学 110 周年特别节目。策划制作《誓言选择——致敬北大医学办学 110 周年特别节目》，播出当日各大平台累计点击观看量 185 万余次。

（张湄芷）

# 统战工作

【发展概况】 制度与队伍建设。为贯彻落实党的二十大和中央统战工作会议精神，落实《北京高校党建和思想政治工作基本标准（2021 年版）》的要求，党委统战部起草学校统战工作领导小组、学校民族宗教工作领导小组组成人员名单调整方案，最终方案于 2022 年 11 月初由党委常委会审议通过。统战工作领导小组继续采用双组长制，组长由校党委书记和校长共同担任；民族宗教工作领导小组的组长由校党委书记担任；两个小组的副组长由校党委常务副书记、党委副书记，分管国际合作、港澳台工作的校领导和分管学生工作的校领导担任。7 月 14 日，举办首届"北京大学参政议政服务发展同心奖"表彰仪式，党委书记郝平等校领导出席仪式并为获得突出贡献奖、先进个人和优秀成果（个人）的近百位优秀党外人士和十个荣获优秀成果（集体）的组织颁发证书。

党外代表人士和党外知识分子工作。3 月 18 日，党委统战部、学生工作部、人事部暨党委教师工作部联合党委组织部、机关党委共同举办"'聚时事·观热点'——全国两会精神解读报告会"，邀请全国政协常委贾庆国教授为师生全面深入解读两会的各项决议，分享学习两会精神的心得体会。报告会采用线上与线下相结合的方式，累计有 6900 余人次通过燕云直播在线观看。在全国"两会"期间，党委统战部还联合宣传部在学校主页上开设专栏，对学校有关代表委员的履职建言情况进行重点报道。6 月，由党委统战部负责起草的《北京大学关于加强新时代党外代表人士队伍建设的意见》经党委常委会审议通过，对未来一段时期学校党外代表人士队伍建设进行总体规划和重要部署。10 月至 11 月初，推进校领导联系党外代表人士名单调整工作，经党委常委会审议通过有关调整方案。9 月至 12 月，配合中央统战部、北京市有关方面开展全国和北京市两级人大代表、政协委员换届推荐提名和考察工作，配合开展国务院和北京市参事室参事人选的酝酿考察工作。党委统战部还多次协助中央统战部、北京市委统战部做好上级领导走访看望林毅夫、刘忠范等重要党外代表人士的安排接待工作。及时更新党外代表人士数据库，协助党委组织部核对党外人士政治面貌信息。通过座谈会、书面、电话、网络等方式征求党外人士对学校和统战部工作的意见建议。

民主党派工作。10 月底，陪同校领导参加同民盟北大委员会班子成员座谈等活动。12 月 9 日，协助民盟北大委员会举办民盟北大组织成立 70 周年纪念大会，郝平、民盟北京市委主委程红、宁琦等有关领导出席会议。民盟中央主席丁仲礼以视频讲话方式致贺。加大民主党派工作调研力度，9 月中下旬，宁琦先后出席 8 场座谈会，同各民主党派校级组织的主委及部分副主委座谈交流，听取参会人员对于各自党派的情况介绍及有关工作意见建议。做好民主党派骨干培养和输送工作，全年推荐 4 名民主党派骨干参加全国民主党派干部进修班，配合部分民主党派中央、北京市委班子成员的换届考察工作。12 月，田刚续任民盟中央副主席，刘忠范续任九三学社中央副主席；方精云、李玮、季加孚当选民盟中央常委，倪晋仁当选民建中央常委，张颐武当选民进中央常委，王俊当选九三学社中央常委；田华（民盟）、叶颖江（民盟）、佟新（民进）、邓旭亮（农工党）、吴明（九三学社）、程和平（九三学社）等分别当选所在民主党派的中央委员。协助民革北大支部、民进北大委员会完成班子换届，推进成立民革北大委员会的有关筹备工作。对党派组织发展给予支持，严把发展对象思想政治关。协助举办第十届民建城市发展论坛（线上）、第七期农工党北大健康大讲堂等活动，支持民进北大委员会筹备北大民进组织成立 70 周年有关纪念活动。

民族宗教工作。11 月，党委常委会通过新调整的民族宗教领导小组成员名单，进一步明确和强化了民族宗教工作多部门联动工作机制。党委统战部向国家民委报送北大少数民族师生对于党的二十大精神的学习体会和相关建言文章，配合党校办公室邀请马戎教授开办"铸牢中华民族共同体意识"网络专题系列课程，强化新时代民族理论和政策教育，增强统战干部开展民族工作的能力。配合开展少数民族青少年夏令营校园参观接待工作。在同中央社会主义学院联合举办的全校基层党委书记、统战干部及民主党派新成员专题培训班中设置宗教工作专题，帮助学员重点了解了网络宗教工作的形势任务和方式特点。

港澳台侨及海外统战工作。以多种方式支持台青和华裔留学生志愿者担任北京 2022 年冬奥会城市志愿者，台青代表人士、体育教研部教师陈文成等获评"2022 北京冬奥会、冬残奥会北京市先进个人"。组织有关方面认真学习中央领导同志对北大台青冬奥志愿者的指示精神。组织学习研讨习近平主席有关香港回归 25 周年的重要讲话。配合北京市委统战部、市台办等承办 2022 两岸青年峰会有关活动。推荐北京市欧美同学会第一次会员代表大会参会代表人选。推进北大侨联换届工作以及高校侨联、校友会和地方侨联合作共建试点工作。协助海淀区委统战部同北大创业训练营合作创建海外统战工作平台。

宣传信息工作。联合党委宣传部拍摄制作《同心筑梦》专题影片，在《中国统一战线》杂志先后刊发反映北大统战工作五年经验成就的文章和党外代表人士、化学与分子工程学院教授刘忠范的文章。做好每周党务信息和简报报送工作。全年向统战系统上级部门报送《北大统战简报》12 期，其中《北京大学举行"喜迎二十大 携手新征程"统战人士国庆座谈会》被《北京大学信息》第 173 期单篇采用报上级部门。

巡视整改和党建迎评工作。结合贯彻落实党的二十大和中央统战工作会议精神，做好中央巡视整改和校内巡视整改工作。按照学校党委的统一部署和要求，自 2022 年 6 月起，认真对照《北京高校党建和思想政治工作基本标准（2021 年版）》有关统战工作的各项标准和要求，开展党建迎评自查和各项准备工作。

（魏中鹏）

【深入开展学习宣传贯彻党的二十大精神系列活动】 10 月 16 日，宁琦出席统战系统收看党的二十大开幕会暨主题学习座谈会，同民主党派校级组织和侨联班子成员、无党派人士、党委统战部班子成员一起第一时间交流学习党的二十大报告的体会。10 月 24 日，党委统战部组织党外代表人士参加学校学习传达党的二十大精神大会。10 月 26 日，同社会科学部、首都发展研究院联合举办"贯彻二十大精神，促进国家现代化建设"专家座谈会暨北京大学"首都高端智库月月谈"首期。10 月下旬至 11 月初，组织党外人士参观中国共产党历史展览馆和北大新时代十年改革成就图片展，并启动"贯彻二十大，携手新征程"主题征文活动。

（魏中鹏）

【贯彻落实学校第十四次党代会精神】 2022 年 4 月至党的二十大召开前夕，党委统战部组织"喜迎二十大，奋进新时代"主题教育活动和学习贯彻中央统战工作会议、学校十四次党代会精神活动。6 月 30 日至 7 月 22 日，党委统战部同中央社会主义学院合作举办"喜迎二十大，奋进新时代"培训班暨民主党派新成员学习班，全校 272 名统战干部和民主党派新成员参加了线上培训，结业率超过 90%，党员干部的培训学时纳入党委组织部和党校年度培训统计数据。培训采取网络学习方式，内容包括统战工作相关的七个专题。7 月 14 日，党委统战部在党的统战政策提出 100 周年之际组织召开"喜迎二十大，奋进新时代"座谈会，校党委书记郝平，党委常委、副校长、党委统战部部长王博出席会议，同各民主党派、侨联负责人和无党派人士代表座谈，听取对于学校"双一流"建设和统战工作的意见建议。7 月底至 8 月，组织民主党派校级组织负责人、无党派人士、侨联负责人等重要党外代表人士参加学校十四次党代会开幕会，会后通过多种方式组织参会人员将学习北京大学第十四次党代会精神同学习中央统战工作会议精神紧密结合，交流学习体会，凝聚思想共识。8 月组织 10 名党外人士在线参加北京高校党外人士理论培训班，学习中央统战工作会议精神。9 月下旬，推荐 7 名党外教师参加中央社院举办的归国留学人员培训班。9 月 26 日，召开"喜迎二十大，携手新征程"统战人士国庆座谈会，校党委书记郝平，校党委副书记、纪委书记顾涛，校党委副书记、副校长、党委统战部部长宁琦，校务委员会副主任，工会主席安钰峰出席会议，同林毅夫、刘忠范等党外代表人士和各民主党派校级组织、侨联班子成员、港澳台代表人士座谈，宣传贯彻中央统战工作会议和学校第十四次党代会精神。

（魏中鹏）

【海淀区领导到北京大学调研统战工作】 3 月 17 日，海淀区委常委、统战部部长牟晓春一行来到北京大学党委统战部，就学校地方工作进行座谈交流。校党委常委、副校长王博，党委统战部部长张晓黎，海淀区委统战部常务副部长刘珍、海淀区侨联主席石岳出席座谈会。王博介绍了北京大学统战工作基本情况及当前重点工作，牟晓春高度赞扬北大的统战工作成绩和工作亮点，并感谢北京大学一直以来对海淀区各项工作的大力支持。牟晓春一行还先后走访了北京大学全球大学生创新创业中心、北京大学创业训练营海淀基地，并听取北京大学创业训练营工作情况介绍。海淀区委统战部副部长郭莹、马龙虎，北京大学党委统战部副部长高慧芳、李晓鹏和挂职副部长董熠晶等陪同参与调研活动。

（魏中鹏）

【第十届民建北大"城市发展论坛"举行】 5 月 28 日，第十届民建北大"城市发展论坛"在线举行。本次论坛的主题是"大变革时代的城市就业与发展"，围绕大变革背景下中国城市就业与发展的问题与出路进行积极的探索。与会人员就进一步推动中国在复杂疫情背景下的经济社会发展开展讨论，研究如何应对因经济变化与社会流动导致的劳动力就业新情况与新趋势。全国政协参政议政人才库特聘专家、中国财政科学研究院研究员贾康作题为"新形势下的就业与发展"的演讲。全国政协委员、中国劳动和社会保障研究院院长莫荣研究员作题为"中国当前的就业形势与对策"的演讲。北京大学经济学院杨汝岱教授作题为"加快产业升级与促进高质量协同发展研究"的演讲。北京大学社会学系卢晖临教授作题为"从农民工'制度'谈中国城市就业和发展的特点"的演讲。本届论坛由民建北大委员会主办，继 2020 年之后再次采用网络视频会议的方式举行。民建北京市委主委司马红为论坛致辞。论坛由民建北京大学委员会主委陈效述教授主持。

（魏中鹏）

**【首届"北京大学参政议政服务发展同心奖"表彰仪式举行】**
7月14日，在中国共产党第二次全国代表大会提出统战政策100周年和北京大学统战系统喜迎党的二十大之际，首届"北京大学参政议政服务发展同心奖"表彰仪式在英杰交流中心阳光厅举行。原全国人大常委会副委员长、全国政协副主席、九三学社中央主席韩启德，北京大学党委书记郝平，北京大学常务副校长、医学部主任乔杰，中央统战部一局副局长张衍前等领导同志出席仪式。首届"北京大学参政议政服务发展同心奖"获得者、北大统战工作领导小组成员单位负责人等近百人参加仪式。韩启德、郝平、张衍前、陈先河为荣获首届"北京大学参政议政服务发展同心奖"突出贡献奖的党外人士以及荣获首届"北京大学参政议政服务发展同心奖"优秀成果获奖集体的代表颁发了奖杯和证书。获得突出贡献奖的林毅夫（无党派）、马大龙（九三学社）先后致辞，张衍前代表中央统战部、郝平代表学校党委讲话。首届"北京大学参政议政服务发展同心奖"评选工作自2021年7月启动，经过多方推荐和申报、材料初审、酝酿提名、会议评审、党委常委会审议、公示等多个评审环节，于同年12月顺利完成评选工作，学校党委发布了有关表彰决定，共有10位党外人士荣获突出贡献奖，60位党外人士荣获先进个人，10项申报成果荣获优秀成果（集体）奖，29项申报成果荣获优秀成果（个人）奖。

（魏中鹏）

## 医学部统战工作

**【发展概况】** 政治引领。组织学习宣传贯彻党的二十大精神系列活动，2022年10月16日，医学部党委统战部（以下简称"医学部统战部"）组织统战人士集体观看中国共产党第二十次全国代表大会开幕会现场直播，医学部各民主党派、侨联基层组织负责人和无党派人士积极撰写学习心得。10月24日，组织医学部全国、北京市"两会"代表委员参加北京大学学习传达党的二十大精神大会。11月3日，组织党外人士参观中国共产党历史展览馆。12月，组织统战人士参加北京大学学习贯彻党的二十大精神暨"贯彻二十大 携手新征程"主题征文活动。贯彻中央统战工作会议精神，学习习近平总书记关于加强和改进统一战线工作的重要思想。校党委常务副书记、医学部党委书记陈宝剑为党委统战部工作人员做报告，传达学习中央统战工作会议精神，部署工作要求。组织74名民主党派新成员和新归侨参加北京大学统战系统"喜迎二十大，奋进新时代"培训班暨2022年民主党派新成员学习班，深入学习落实习近平总书记关于加强和改进统一战线工作的重要思想。结合学习北京大学第十四次党代会精神，7月31日，组织党外代表人士参加北京大学第十四次党代会开幕会。9月26日，组织参与北京大学"喜迎二十大，携手新征程"统战人士国庆座谈会。在校党委首届"北京大学参政议政服务发展同心奖"表彰中，马大龙、陈仲强、霍勇获突出贡献奖，田华等28人荣获先进个人，时杰等16人获优秀成果（个人）奖，民主党派和侨联4项成果荣获优秀成果（集体）奖。学习宣传全国"两会"精神，3月18日，医学部党委举行"两会"精神学习报告会，全国人大代表顾晋、刘忠军，全国政协委员吴明、季加孚、丁洁、霍勇分别传达"两会"精神，介绍个人履职情况。组织开展北大医学办学125周年庆祝活动，1月25日，召开民主党派侨联负责人会议，听取11位民主党派、侨联基层组织负责人工作汇报。开展统战系统征文活动，8个民主党派和侨联成员撰写征文44篇，评比产生一等奖10篇，二等奖15篇，三等奖19篇。

民主党派工作。理论学习方面，9月14日，民盟北医委员会邀请医学部统战部部长王军为传达北京大学第十四次党代会会议精神，11月11日邀请医学人文学院教授王玥作党的二十大精神解读报告。

1月4日，农工党北京大学委员会邀请中国社会科学院研究员陈秋霖作题为《历史决议定共识 继续奋斗中国梦》的报告。3月30日，农工党北京大学委员会召开线上全国两会精神学习报告会，全国人大代表顾晋传达全国"两会"精神。4月26日，农工党北医支部开展"冬奥会难忘记忆"主题活动，邀请第三医院崇礼院区院长、运动医学科杨渝平主任医师，讲述国家使命、北大情怀、三院担当的内涵与意义。5月，农工党北大医院支部组织"庆冬奥 学两会 聚心建功新时代"知识竞答。9月29日，农工党北医支部举行"学习北医生化历史"主题活动，邀请农工党党员、基础医学院李刚教授做主题讲座。11月10日，农工党北京大学委员会集体线上学习党的二十大精神，邀请陈秋霖作主题报告。

4月14日，九三学社北京大学第二委员会举办全国"两会"精神学习和加强自身建设交流学习活动，全国政协委员吴明教授传达"两会"精神，委员会副主任李子健、阚呈立就民主联合战线的提出与发展、提案选题与撰写做交流。6月28日，北大医院支社举办"发挥专业优势，建功雪域高原"主题座谈会。9月16日，委员会举办北京市第十三次党代会和北京大学第十四次党代会精神学习培训活动。同日，基础医学院支社和委员会理论学习小组邀请委员会副主委李子健作《中央统战工作会议精神学习及党派思想建设相关思考》讲座。

7月23日，民建北医支部与民建西城区委综三支部和通州区委综二支部联合举办"矢志不渝跟党走，携手奋进新时代"主题教育活动。

组织建设方面，4月15日，民革北大医学部支部成立，时杰当选为第一届支部主委，陈钒和董琨当选为委员。4月

20日，民盟北医委员会完成换届。14位盟员当选民盟第七届北医委员会班子成员，田华当选主委，张卫光、吴楠、叶颖江、汪欣、陈小贤当选副主委。8月13日，致公党西城区人民医院支部完成换届，选举李剑锋为主委，李卫、王鲁雁为副主委，高钰、李文海为委员。9月15日，致公党北大医院支部换届会议召开，张宪生当选主委。10月20日，邀请致公党北京市委专职副主委刘学增、海淀区委副主委刘雁雁来校调研，围绕委员会筹备成立，口腔医院支部和北医支部换届工作交流意见。2022年，发展民主党派成员36名，其中副高以上职称11名，硕士学位以上30名。

社会服务方面，农工党北大委员会疫情期间积极捐款和交纳特殊党费，总计捐款36,400元，集中购买N95口罩1.2万余只、医用胶质手套5000支，并及时将这些抗疫物资送达农工党北京市委。9月20日是我国第34个"全国爱牙日"，农工党北大委员会组织开展了线上口腔义诊宣传活动。民建北医支部组织参加民建中央义诊扶贫项目，8月19日至21日，支部7名会员赴河北省丰宁县开展帮扶活动。九三学社社员利用专业优势帮扶基层，先后在门头沟妙峰山、北京延庆刘斌堡、临汾中心医院等"九三名医工作室"进行帮扶。第三医院支社继续进行先进医学科学技术益民行系列活动。10月29日，北大医院支社牵头，联合九三学社大兴区工委、民盟北大医院支部、长子营镇中心卫生院开展关爱百姓科普讲座活动。11月30日，委员会妇女专委会联合北大医院支社主办了"关于肺小结节和骨质疏松那些事"健康讲座。

参政议政方面，医学部统战部支持鼓励各级"两会"代表委员参政议政。代表委员以及统战人士提出建议19条，分别转交上级有关部门。6月3日，农工党北大委员会以"大气污染与人体健康"为主题举行第六届青年论坛，邀请北京大学公共卫生学院邓芙蓉教授进行"环境与健康"主题讲座，60余人参加。9月28日，九三学社青年小组举办《北医百十 聚首九三》新社员宣讲会，帮助青年社员更好地了解九三学社及委员会基本概况、社会服务、青年活动、参政议政等信息。11月4日，青年小组联合北大医学科创中心和九三学社大兴区工委主办主题为"医工产学研，校企共发展"的新一期《医学科技创新沙龙》活动。11月21日，九三学社两校三委举办"学习贯彻二十大科教兴国战略主题议政会——新时代科技创新与高校新使命新任务"，吕继成、郑瑞茂分别进行"面向人民健康，做好临床创新转化"和"肥胖发表机理、患病率、防治方法及相关思考"主题发言。12月2日，民盟两校三委举行"五育并举 融合育人"第十七届高教论坛，盟员吴楠以"临床医学专业学位研究生培养内涵与实践"为题进行主题发言。

党外干部队伍建设。推荐12名干部参加中央统战部、中央社会主义学院和北京市委教育工委等培训。完成4名北京市政府参事的推荐、考察。协助中央统战部、北京市委统战部、民主党派市委、学校党委完成15名全国人大代表、政协委员推荐人选，11名北京市政协委员推荐人选的推荐、考察、公示相关工作。1月，医学部25人担任新一届海淀、西城、密云、石景山、朝阳、延庆等区政协委员，比上一届增加了9人。6月至7月，协助各民主党派北京市委完成换届工作。医学部8个民主党派20名成员当选民主党派北京市委委员（民革：时杰、郑波；民盟：田华、张卫光、吴楠；民建：李海丽；民进：高承志、刘兆平；农工党：邓旭亮、熊辉、孙燕楠、姚云峰、甄橙；致公党：曹永平；九三学社：吴明、李子健、昌晓红、熊晖、伊鸣；台盟：杨飏）。其中，邓旭亮、吴明当选为所在党派市委副主委，时杰、李海丽、熊辉、曹永平、李子健当选为所在党派市委常委。2022年下半年，路瑾（九三学社）、曹永平（致公党）、孔炜（无党派）、吴明（九三学社）4位党外人士当选为北京市人大代表。12月，6人当选为民主党派中央委员（民盟：季加孚、田华、叶颖江；农工党：邓旭亮；九三学社：王俊、吴明），2人当选为中央常委（民盟：季加孚；九三学社：王俊）。完善各基层党委、总支党员领导干部联系党外人士工作，61名党员领导干部与113名党外人士联谊交友，动员基层党委推荐无党派代表人士21名。

民族宗教和港澳台侨工作。认真贯彻落实党的民族宗教政策，贯彻《北京大学关于加强抵御境外利用宗教渗透和防范校园传教工作的实施意见》，协调有关部门开展自查和整治。在新入职教职工培训上，介绍民族宗教和统战相关知识。坚持新侨老侨并重的原则，积极宣传党的侨务政策。为6位符合政策的归侨办理身份确认，协助办理华侨子女入学等相关证明材料。林剑浩、黄河清老师课题获重点项目。4月28日，北京大学医学部第七届归侨侨眷代表大会召开，选举产生17位侨联委员，孔炜当选主席，黄河清、林剑浩和方海当选副主席，师晓萌为秘书长。

指导基层党委统战工作。在组织统一战线工作领导小组成员、各二级单位党委书记、主管统战工作的副书记及统战干部认真学习《条例》的基础上，注重对各二级单位党组织开展《条例》贯彻落实情况进行督查。3月25日，统战部召开机关、后勤、产业统战工作交流会，就实际工作中存在的主要问题进行交流和探讨。6月下旬开始，组织54名统战工作领导小组成员单位负责人、基层党委书记、统战干部参加北京大学统战系统"喜迎二十大，奋进新时代"培训班。

宣传与调研工作。继续完善医学部统战部网站内容，刊登统战信息64篇，其中38篇信息刊登于北大新闻网、北医新闻网或《团结报》等媒体。"高校民主党派基层组织建设存在的问题与对策研究"课题获北京高校统战理论与实践研究会立项并完成结题。

（杨丽丽）

【民革北京大学医学部支部成立大会】 4月15日，民革北京大学医学部支部成立大会召开。民革北京市委组织处处长李梁、医学部党委统战部部长王军为应邀参加会议。大会选举产生了民革北京大学医学部支部第一届领导班子。北京大学中国药物依赖研究所常务副所长时杰当选为第一届支部主委，北京大学肿瘤医院副主任医师陈钒和医学出版社市场运营中心副主任董琨当选为委员。时杰代表新一届领导班子讲话，表示将带领支部不断加强自身建设和人才队伍建设，认真履行职能，提高参政议政水平，为学校发展和国家建设发挥更大的作用。王军为部长代表医学部党委统战部对民革北医支部的成立表示祝贺，希望民革北医支部能认真学习上级统战文件精神加强思想建设；开展特色活动，重视干部队伍的培养；为国家和学校的发展建设多谋大事，多献良策。李梁处长对民革北医支部党员们提了三点希望：一是要强化思想政治引领，凝聚党员思想共识，筑牢团结奋斗的共同思想政治基础。二是要发挥自身优势，整合资源，积极建言献策，创新性开展各项工作。三是要以"履职能力建设年"为抓手，全面加强自身建设，积极履行参政党职能，推动各项工作取得新进展。

（董　琨）

【**民盟北京大学医学部第七届委员会换届大会**】 4月20日，民盟北京大学医学部委员会召开第七届换届大会。全国政协委员、民盟北京市委副主委、北京大学地球与空间科学学院教授鲁安怀，民盟北京市委组织部部长帅远霞，时任北京大学党委统战部长张晓黎，医学部党委统战部部长王军为，九三学社北京大学第二委员会副主委崔涛，民盟清华大学委员会主委史琳，民盟北京师范大学委员会主委李小雁，民盟北京大学委员会副主委宋春伟等应邀出席。医学部各基层党委负责人和统战干部以及盟员共110余人以线上线下相结合的方式参加了大会。季加孚代表民盟北大医学部第六届委员会作工作报告。汪欣代表民盟北大医学部第六届委员会作换届工作报告。帅远霞代表民盟北京市委宣读对民盟北大医学部第七届委员会换届结果及分工的批复。经过选举，田华当选主委，叶颖江、张卫光、吴楠、汪欣、陈小贤当选副主委。田华主委代表第七届委员会表示将带领盟员树立政治意识，坚持团结协作，创新工作方式，提高履职能力。张晓黎代表北京大学党委希望新一届民盟北大医学部委员会以习近平新时代中国特色社会主义思想为指导，不断加强自身建设，围绕学校中心工作，多谋大事，多献良策。鲁安怀对新一届委员会提出三点要求：一要坚持正确政治方向，坚定理想信念，对照"四新""三好"总要求，做好政治交接，不断提高"政治三力"；二要立足专业优势，不断提高履职效能。三要加强基层组织建设和人才队伍建设，确保首都多党合作事业薪火相传、后继有人。

（黄薛冰）

【**医学部第七次归侨侨眷代表大会**】 4月28日，医学部第七届归侨侨眷代表大会召开。北京市侨联党组书记严卫群、副主席苏派、医学部党委副书记朱树梅、统战部长王军为和来自医学部各学院及附属医院的归侨侨眷近60人参加大会。朱树梅副书记代表医学部党委致开幕辞，对北医侨联第六届委员会五年多来在组织建设、建言献策、社会服务、品牌活动等方面所取得的成绩给予了充分肯定。医学部侨联副主席黄河清作第六届委员会工作报告。归侨侨眷代表选举产生了17位医学部第七届侨联委员会委员。新当选的第七届委员会召开第一次会议，选举孔炜为主席，黄河清、林剑浩和方海为副主席，师晓萌为秘书长。孔炜代表新一届委员会感谢大家的支持和信任，将在上级侨联和北医党委的领导下，进一步发挥侨联的独特优势和优良传统，在新的起点上参与医疗改革、教育创新、科研服务等，为学校建设和国家发展贡献力量。严卫群书记充分肯定了北医侨联过去五年的成绩，希望北医侨联立足"两个大局"，心怀"国之大者"，聚焦"首都高质量发展、高水平开放、城市精细化治理"，建好"侨联工作者队伍、侨界代表性人物队伍、首都高校海外校友会队伍"，在首都工作大局中准确定位、奋发有为、发挥作用、贡献力量。

（师晓萌、黄河清）

【**民盟北京大学医学部委员会学习贯彻二十大精神报告会**】 11月11日，民盟医学部委员会举行学习贯彻二十大精神报告会。会议采取线上线下结合的方式进行，民盟北京大学医学部委员会主委田华主持，医学部统战部部长王军为、副部长陈子豪出席会议，医学人文学院党委书记王玥受邀做主题报告。医学部各民主党派、侨联代表、民盟各支部盟员共70余人参会。王玥解读了二十大精神，从战略全局深刻阐述了新时代高质量发展的新要求。指出中国共产党不变的核心和主题就是为人民服务，"成功推进和拓展中国式现代化"和"全面建设社会主义现代化国家"是下一阶段发展的使命任务。参会盟员结合报告内容交流了二十大精神的学习体会。陈子豪总结发言指出，围绕学习贯彻党的二十大精神，医学部党委组织统战人士开展了系列活动，重点就是以习近平新时代中国特色社会主义思想为指引，依靠北医统战人士的大联合大团结，不断拓展工作的外延半径，为推动北大医学事业高质量发展绘就更大同心圆。

（黄薛冰、刘敬弢）

【**农工党北京大学委员会二十大精神主题学习活动**】 11月10日，农工党北京大学委员会举行健康中国新征程——二十大精神主题学习活动，邀请中国社会科学院健康业发展研究中心副主任陈秋霖研究员，围绕二十大报告中关于新时代新征程的健康中国战略做主题报告。报告会以线上形式举行，北京大学农工党党员以及来自医学部其他民主党派、侨联的统战人士100余人参会。邓旭亮对与会农工党党员学习二十大精神提出三点要求：一是原汁原味学，要认真学习二十大报告全文；二是结合实际学，要将落实二十大精神与日常的教育、医疗、科研工作紧密结合；三是融会贯通学，要将贯彻二十大精神融入到个人成长和日常工作。陈秋霖从二十大报告的学习意义、主要内容以及健康中国战略三个方面展开报告，他结合个人研究方向以及农工党的党派特点，重点对二十大文件中有关医疗卫生的部分做了细致梳理，强调依靠中国式现代化推动健康中国建设，健康中国也将助力于实现中国式现代化。

（甄 橙、吴子婧）

# 学生工作

【发展概况】 组织架构。学生工作部人民武装部（以下简称"学工部"）是在学校党委和行政领导下负责组织实施全校学生工作的职能部门，主要负责学生日常思想政治教育、学生行为规范管理、维护学生安全稳定、服务学生成长成才。学工部下设4个办公室：教育宣传办公室、学生管理办公室、国防工作办公室和综合办公室。截至2022年底，学工部工作人员有：1名部长、3名副部长、1名兼职副部长、2名挂职副部长、4名办公室主任和4名办公室副主任、3名选留学生工作干部和2名劳动合同制人员。

思政队伍建设。坚持"每周四会"制度，2022年共召开38次学工例会、57次疫情防控及安全稳定专题会、22次辅导员思政例会、14次部务会、30次部长会、18次部机关例会。邀请郝平书记、龚旗煌校长等学校领导出席学工系统会议，邀请39位院系党委书记与会指导，32个院系分享交流特色工作，统一思想、凝聚共识、推动工作。加强干部培训和考核，组织80余名专职辅导员、选留辅导员参加"赋能计划"寒假培训，180余名专职辅导员、班主任、第二班主任参加新上岗培训。召开辅导员年度述职交流会，109位专职辅导员、选留辅导员述职汇报，创新考评体系，实现对辅导员的培养、管理、考核等发展环节全方位评价。规范班主任队伍，近800名班主任为学生提供专业指导，校本部党政领导、职能部门负责人、机关干部共145人担任第二班主任，首次实现班主任、第二班主任考核全覆盖。加强学生队伍建设，两个学期分别聘任358名、335名学生兼职辅导员，开展学期内考核管理。

学生疫情防控工作。坚持联络员零报告制度，学工部机关和业务中心8名干部担任联络员，形成"学生防控工作组—院系联络员—基层辅导员"三级学生疫情防控联动机制，安排院系党委副书记担任包楼干部，健全"网格长-包楼干部-楼层长-宿舍长"网格化管理体系。优化燕园云战"疫"系统，开发核酸检测管理、出入校和园区往返管理、疫苗接种统计等模块，纳入宿舍信息，建立在京在校学生、在京不在校学生、在京外学生、在境外学生四类台账，制定"申请-审批制"（人工审批）、"申请-审批制"（自动审批）、"备案-核验制"等多套学生出入校管理机制，30余次调整学生出入校管理政策。2022年共组织6轮学生集中疫苗接种，已累计完成学生疫苗第一针、第二针和加强针接种75,156剂次。4月至6月开展40余轮全员核酸检测，制作52张宣传海报。全年汇总每日零报告数据并上报各类防疫信息台账，开展261轮次全覆盖涉疫地区常规排查、52轮次京内风险点位专项排查，共审核、调解6117名学生健康宝弹窗，完成209轮次12,749名学生的大数据行动轨迹核查，做好85名涉疫个案学生的处置和信息报送。5月，913名学生因临时出校在健康观察点完成隔离；秋季学期，1033名学生因返京即返校完成隔离；此外，1127名各类涉疫学生完成隔离。返乡送站班车保障5000余人次学生返乡，园区闭环班车保障60,000余人次学生往返万柳和燕园、8000余人次学生往返圆明园和燕园。发放温度计、抗原、N95口罩等物资，及时解决学生用药、就医等各类需求。

学生思政教育宣传。2月27日，与党委宣传部、现代农学院、会议中心联合举办《大国粮仓》首映礼活动。3月18日，与党委统战部、人事部、党委教师工作部联合举办"聚时事·观热点"——全国"两会"精神解读报告会。4月8日，组织全校师生观看北京冬奥会、冬残奥会总结表彰大会并学习讨论。5月10日，组织全校师生收看庆祝中国共产主义青年团成立100周年大会直播并学习重要讲话精神。6月16日，校长郝平与12位2022届毕业生代表座谈，常务副校长、教务长龚旗煌，副校长王博、孙庆伟出席座谈会。7月，为全体2022届毕业生每人定制毕业纪念专属印章，推出3篇毕业生优秀代表典型特稿。8月30日至9月4日，举办2022级本科新生训练营。9月1日，党委书记郝平为全体本科新生讲授"开学第一课"，校长、研究生院院长龚旗煌为全体研究生新生讲授"开学第一课"。10月，分批次组织师生前往北京展览馆参观"奋进新时代"主题成就展。11月，举办北京大学第4期新生班长培训班，组织素质拓展、班长论坛等培训活动，对94名新生班长开展培训。11月，启动"北京大学年度人物·2022"评选。3月至12月，举办9期"北大教授茶座"，出版《北大教授茶座（第2辑）》。

学生党建。3月22日、9月6日，联合党委组织部、共青团北京大学委员会发布两次《关于开展"请党放心，强国有我"学党团日联合主题教育活动工作的通知》，在全校学生党员中开展持续一年的"请党放心，强国有我"学生党团日联合主题教育活动。4月22日，举办第20期学生党支部书记培训班专题培训。5月至6月，发布"并肩战疫，勇担使命"系列报道，宣传基层党支部疫情防控工作。6月，评选第十一届北京大学十佳学生党支部书记，并发布10篇十佳党支书风采展示特稿。7月至8月，开展第八期"圆梦先锋"鸿雁计划学生党员骨干实践，选拔63名优秀党员骨干组成7支实践团赴全国各地开展实践调研，发布14篇宣传报道；9月25日，举行"圆梦先锋"鸿雁计划学生党员骨干基层共建活动展示会。10月16日，组织全校师生收看中国共产党第二十次全国代表大会开幕会直播，10月23日，收看二十届中央政治局常委同中外记者见面会，组织全校师生学习宣传贯彻党的二十大精神。10月28日，召开第21期学生党支部书记培训班开班仪式暨学习宣传贯彻党的二十大精神专题报告会，党委副书记、副校长宁琦为学生党团日联合主题教育活动获奖支部和院系颁奖。10月至12月，举办第21期学生党支部书记培训班，对全校学生党支部书记全覆盖，针对371名新任和连任党支书分别设计培训体系。

学生奖励奖学金。1月，开展2022届春季优秀毕业生评选，选出54名校级优秀毕业生和24名市级优秀毕业生。4月，开展"学生五·四奖章""班级五·四奖杯"评选。5月，开展2022届夏季优秀毕业生评选，选出1654名校级优秀毕业生和518名北京市优秀毕业生。9月，启动2021—2022学年学生素质综合测评和奖励奖学金评选，校本部33,197人参评年度学生奖励评审，10,406人获11项个人校级奖励，4573人获国家奖学金、五四奖学金等86项奖学金，总额4067.2万元，集体奖励共有示范班集体52个、先进班集体111个、示范学生宿舍15个，推荐北京市三好学生58人、北京市优秀学生干部20人、北京市先进班集体17个。根据北京市《关于开展2022年北京高校优秀学生基层组织创建展示活动的通知》，推荐物理学院大气与海洋科学系2019级研究生班等5个班级和32楼454宿舍等3个宿舍参加评选。

安全稳定与多校区协同。建设好24小时学生服务热线，加强关键时间节点值班值守。定期召开多校区学生工作调度会，协同相关部门因地制宜做好各校区学生管理服务保障工作。成立万柳学生工作办公室，学生党员骨干担任楼层长。组织各园区学生座谈会，畅通师生交流渠道，及时回应解决学生关切问题。

义务兵征兵。2022年共有93人应征报名并参加体检，22人参军入伍，其中春季男兵7人、女兵3人，秋季男兵10人、女兵2人，完成北京市下达的征兵任务（男兵16人），北京大学被评为北京市2022年征兵工作先进单位。4月，光华管理学院硕士研究生周榕涵获评2022年北京市优秀退役大学生士兵，北大学子连续5年获此荣誉。9月，23名参军学生退伍返校，18人获"四有士兵"荣誉，符合条件的17人全部成功保研。

军事理论课、孙子兵法课教学。聘请14名中国人民解放军国防大学教师承担10个教学班、3363名学生的教学任务，其中，春季学期6个教学班1787人，秋季学期4个教学班1576人。秋季，聘请中国人民解放军国防大学薛国安教授等讲授《孙子兵法导读》通选课，97人选课。

国防教育。五一期间，举办首届国防文化节，千余名师生参与体验。十一期间，结合"全民国防教育日"，首次举办国防电影展映活动，累计观影人次超5000人，274名同学观后感获奖。国庆节当天，组织28个院系的111名学生前往天安门广场观看升旗仪式。与元培学院"双学籍"飞行学员班联合组织"4·23海军节"和"11·11空军节"校园活动。

（朱俊炜、吴文婧、依力亚尔·牙力昆、
李纬华、魏 伟、王丽雅、王 婧）

【学习贯彻党的二十大精神】 10月16日上午，学工部第一时间组织青年师生收看开幕会现场直播，全校各院系积极响应，认真学习党的二十大报告重要精神，推出《聚焦二十大》系列学习导览推送，辅导员带头深入学习党的二十大报告精神，引导广大学生同学习、共成长，各学生党支部书记充分发挥先锋模范作用，全体学生支部充分动员，党的二十大报告在北大师生中引发热烈反响。10月23日上午，组织全校师生收看中国共产党第二十届中央政治局常委同中外记者见面会现场直播。10月25日上午，召开学生工作系统学习宣传贯彻党的二十大精神专题会，校党委副书记、副校长宁琦出席。10月28日上午，举行学习宣传贯彻党的二十大精神专题报告会，宁琦出席，教育部高等学校社会科学发展研究中心原主任王炳林教授面向辅导员、学生党员作党的二十大精神专题报告。各院系积极开展系列学习活动。

（朱俊炜）

【深化第二班主任制度】 北京大学于2019年开始探索创立"第二班主任"制度。班级除第一班主任外，再配备一名学校党政领导、职能部门负责人、机关干部担任第二班主任，由机关党委推荐人选、学生工作部匹配、院系聘任聘用，通过深入基层联系学生的机制安排，持续加强思想教育和价值引领。在党委书记、校长等学校领导的率先垂范、亲自部署下，经过不断努力和积极探索，截至2022年底，校本部共有"第二班主任"145人，基本涵盖所有职能部门、所有职级类干部，覆盖全校本硕博所有学段学生。

学校重视第二班主任遴选、培训、考评等各个环节，2022年春季、秋季学期均面向院系开展第二班主任活动情况统计、考核，加强总结宣传，促进第二班主任队伍建设。2022年，全校第二班主任参与活动累计600余次，深入院系与班主任、辅导员协同配合，日常参与班级建设、组织班级活动、开展谈心谈话，结合自身工作经验为学生提供成长发展支持，充分凝聚育人合力，切实加强育人实效。

（王丽雅、王 婧）

【2022年学生工作系统表彰大会】 6月23日上午，学生工作系统表彰大会在光华管理学院301报告厅举行。校党委书记郝平，校长龚旗煌，党委常务副书记、副校长、医学部党委书记陈宝剑，党委常委、副校长孙庆伟出席会议。获得表彰的集体和个人，学校相关部门负责人，全校各院系学生工作负责人、团委书记、全体辅导员以及班主任、第二班主任和学生代表参加会议。会议由学生工作部部长王逸鸣主持。会上郝平、龚旗煌发表重要讲话并颁奖，向学工系统提出要求、指明方向，王逸鸣回顾过去一年学生工作系统主要工作成就，获奖院系、班级、个人代表分别上台发言，各院系学生工作负责人深入交流了工作开展情况。

（王丽雅、王 婧）

# 学生就业指导服务中心

【发展概况】 工作理念。2022年，学生就业指导服务中心（以下简称"中心"）以"让就业成为教育，让基层成为导向，让服务成为力量"为工作理念，推进各项就业指导服务工作。让就业成为教育，进一步延展就业的育人功能，让就业教育贯穿于"三全育人"的培养格局之中，作为"招生—培养—就业"联动中的关键一环，成为立德树人根本任务的重要环节；让基层成为导向，加大政策挖潜力度，进一步拓展就业空间，引导学生树立正确的成才观、职业观和就业观，实现从跟风到觉醒、从下得去到干得好的积极变化，激发在基层建功立业的报国热情；让服务成为力量，推动就业指导前置，强化就业服务水平，继续拓展实习就业资源，帮助学生建立生涯发展的自主意识，获得从"要我就业"向"我要就业""我要创业"转变的长足力量。

队伍建设。2022年，全校就业工作队伍人员共127人，其中校级就业中心干部10人，院系就业工作小组成员117人。中心突出强调队伍政治素养和专业素养建设，一是加强理论学习，围绕党的二十大、北京大学第十四次党代会等重要会议精神，开展集体学习和交流研讨，强化育人使命、提高工作站位；二是定期开展政策手续、就业管理等业务培训，选派教师参加生涯辅导、创新创业等专业培训和各类研讨会、论坛，建立职业咨询师督导机制，平均每两周举办一次咨询师督导培训活动；三是强化向院系的资源倾斜与支持，推荐50余名院系教师参加"TTT高校职业规划教学认证"项目并获颁证书，推荐生命科学学院《生命科技前沿与产业创新》课程参评并最终荣获"北京高校就业创业金课"。

就业质量。2022年，校本部毕业生合计9798人，其中，本科毕业生2981人，硕士毕业生5017人，博士毕业生1800人。截至12月9日，校本部毕业去向落实率为97.38%，继续保持高位。第三方调查显示，用人单位对北京大学毕业生整体质量满意度超过97%，北大毕业生对困难群体帮扶、就业派遣、就业政策咨询等服务的满意度均超过90%。

市场信息。为应对疫情对现场招聘活动带来的不利影响，综合考虑外地校区学生、部分未返京返校毕业生需求，2022年就业招聘会采取线下线上结合的方式开展。学校启用自主研发的线上招聘双选会系统，实现毕业生一键投递简历、与用人单位线上互动、在线面试等功能。春季学期共举办5场线上双选会和近百场线上线下相结合的宣讲会，用人单位参会总数达800余家，提供就业岗位1万余个，学生线上投递简历近5000份；秋季学期共举办2场线下双选会和9场大中型线上双选会，举办250余场宣讲会，近1000家用人单位参会，提供13万余条就业信息，就业机会超过11万个；联动校内相关单位，举办校友企业、捐赠企业、异地科研机构专场招聘会等。

信息化建设。建设就业信息传递网络，分行业建立82个行业信息传递群，覆盖全校12,000余名毕业生，按照行业分类整理"企业招聘信息行业汇总"；结合院系学科特点和行业需求，将15万余条就业岗位信息分类汇总，为各院系定向发送"求职大礼包"。

就业指导。2022年，面向全校本科生开设《大学生职业生涯规划》公共选修课；联合研究生院、国际关系学院，面向研究生、本科生开设《国际组织人才证书项目》通选课；开设《暑期线上职业生涯规划课》；参与元培书院课程，开设《生涯规划与职业准备》课程，全年共有近300名学生参与课程学习。依托教育部特色工作室"心流"职业生涯发展咨询工作室开展个体指导，聘任校内外咨询师近30人，每周固定开放15—20个时间段，设置2个专门咨询室，全年共为近400名学生提供一对一职业咨询服务，依托"北大就业小助手"微信小程序，引入专业测评软件，全年近千名学生参与职业测评。

举办本科新生训练营生涯绘画活动，近4000名本科新生一起探索"十年后"生涯未来，为研究生新生开展生涯规划和就业指导讲座；开展"职引未来"行业分享会、"生涯探ME"自我探索卡牌活动、"求职下午茶"职业素养提升辅导活动、"同舟计划"学生生涯朋辈辅导活动和"异彩规划"职业生涯规划工作坊。2022年度开展各类指导活动50余场，参与学生近2万人次。

就业服务及就业重点群体帮扶。深入毕业生中间、主动送服务上门。就业指导老师组团先后赴各校区、宿舍楼、院系等，开展就业政策手续、职业生涯规划、市场岗位信息、简历修改、重点领域就业咨询等一对一指导服务，举行多期就业下午茶交流、就业指导进宿舍活动。2022年，共计开展28场次，覆盖毕业生超过2000人次。深入开展敲门行动，按照"一生一组一策"，进行精准滴灌式就业帮扶。持续提供正装借用、面试间预约、冬季暖心物资发放等服务，11月，就业中心启动"最暖就业季"主题教育，推出多项专项计划，面向经济困难学生、退伍大学生、本科毕业就业学生、拟到高校就职博士生等各类群体开展针对性就业指导，并组织多期2023届毕业生求职交流座谈会，打造"就业加油站"，通过精美明信片以线下慢对话的方式舒缓就业焦虑。

重点领域就业引导。2022年，学校赴重点领域就业毕业生人数持续增加。组织开展第五期"知行计划"地方党政机关学生暑期见习实践，231名学生组成21支见习团队，分赴全国13个省份开展为期4到6周的见习实践；指导学生基层治理研究会开展基层就业宣讲31场次；举办学生基层治理论坛等品牌活动，以朋辈力量带动学生群体；12月，开设选调生返校培训"薪火班"第四期先修课程，线上先修课阶段培训包括5次主题课程培训、3次产业类实践类直播讲解和1次"对话基层"主题论坛，来自全国31个省区市的73名学员参与本期薪火班培训。与各部门联合开设学分课程

"国际组织人才培养证书项目"，面向校内外学生举办国际组织青年人才培训暑期项目。2022年，共组织26场全球治理领域职业发展活动，参与学生累计超过3000人次，赴国际组织实习任职的学生共计72人。开展"大国重器"系列主题宣传月活动，组织开展中国航天科工集团有限公司、中国电子信息产业集团、中国融通集团、中国船舶集团、中国核工业集团等多家国防军工单位宣讲会，提供就业岗位共3677个，累计参与学生总数近千人次，2022年度共向国防军工领域输送205名优秀人才。

宣传工作。讲好选调生故事，毕业季推出专题故事片《绽放》，激励北大青年到党和人民最需要的地方绽放青春华章；开创"北大选调生"视频号，4个月时间内观看量近10万次，与网站、公众号、社会媒体共同形成合力，唱响新时代奋斗的主旋律；在北京大学官方微信上发布2篇选调生特稿，每篇阅读量均为10万+；推出12期"我的职场第一课"视频，在"北大就业"视频号上累计观看量破百万，在中国青年报APP首页展播，并得到多家主流媒体报道。增设"北大就业甄选"直播项目，中国建筑、人大附中、小米、华为、九坤投资、中石化、工商银行、京东方等多家用人单位通过直播间向毕业生推介招聘重点，累计观看量突破10万次。

（李晓瑭）

## 青年研究中心

【发展概况】 办刊提质。2022年出版了2021年第4期至2022年第3期共4期《北大青年研究》杂志，共计发表104篇文章，约60万字。结合时事热点，青年研究中心以《北大青年研究》杂志为平台策划发表了2022年度专题"喜迎二十大：为党育人、为国育才""深入学习贯彻党的二十大精神"，设立全年四季度重点专题"'双奥之城'与北大青年""深化教育改革创新，推动'双一流'建设""庆祝建团百年，发扬'五四'精神""高校疫情防控背景下的学生管理与教育宣传"等。同时中心积极联系分享《中国青年研究》《北京高等教育》《北京教育》《学校党建与思想教育》以及《中国青年报》等同领域期刊杂志的优秀文章，对新时代下青年动态进行全方位、深层次的研究和把握。

队伍建设。完善覆盖全校的网络思政联络人队伍，确保民生问题，接诉即报，妥善化解。建立网络思政联络人队伍，覆盖33家校内单位、46个院系、152位网络联络人。通过组织定期培训、工作交流和理论分享，不断强化网络舆情管理和网络育人的线下协同机制。实时报告、预警、反馈师生在BBS和树洞反映的民生诉求。梳理师生集中关切，与心理中心24小时线上即时对接，与医学部、学工部、教务部、研究生院、保卫部、体教部、餐饮中心、公寓中心、图书馆等9家单位建立在线协同工作群，累计反馈解决3650余个师生诉求。

骨干培养。青年研究中心着力建设学生骨干队伍，致力于关怀青年、联系青年、培养青年、教育青年，建设综合事务、青年网络、理论研究、新媒体4支学生骨干队伍。举办迎新暨骨干聘任大会，聘任学生骨干100余人次。立足于育人使命，组织学生骨干一起奔赴延安、井冈山等红色教育基地，在革命圣地厚植爱党爱国爱社会主义的伟大信仰，让红色基因、革命薪火代代传承。

（王艳超、许凝、冯美娜、马丽晨、黄雪）

【网络思政建设】 构建新媒体矩阵，持续提升品牌影响力。2022年，青年研究中心着力建设新媒体传播矩阵。巩固"北大新青年"微信公众号、视频号、B站等系列新媒体矩阵，增强选题嗅觉，掌握传播规律，围绕冬奥、五四、迎新、国庆、党的二十大、元旦等重要时间点创作形式多样、内涵丰富的新媒体作品，年度创作近百篇新媒体作品，全网用户突破10万人，点击量超100万。

（王艳超、冯美娜、黄雪）

## 学生资助中心

【发展概况】 队伍建设。2022年学生资助中心共有工作人员8人，其中主任1人，副主任3人，合同制职工3人，选留工作干部1人。全年，共新进1名合同制职工，新进1名选留工作干部，减离1名选留工作干部。

资助奖励。2022年，为大力表彰疫情期间在资助岗位上做出突出贡献的单位和个人，经过单位推荐和资助工作委员会评审，2021—2022学年度共评选出10个学生资助工作先进单位，50名学生资助工作先进个人和30名学生资助工作新人，燕园起航项目评选了5名优秀导师，10名优秀活动组织导师，10名优秀深度辅导导师。

信息系统。2022年，学生资助中心建设燕园起航学生综合信息系统，深化"智慧资助"。依托燕园起航项目，整合起航学员的家庭经济情况、学业成绩、活动参与、图书借阅、勤工助学等情况，全方位呈现家庭经济困难学生动态，打造起航导师与院系之间信息互联互通平台，描摹学生画像，为家庭经济情况困难学生的发展提供精细化成长支持，已上线试运行。学生资助中心与心理中心合作，梳理多重困难学生台账，进一步加强对经济和心理双重困难学生群体的关注帮扶。

寻访困难生。由于疫情影响，2022年困难生家庭寻访工作采用线上线下相结合方式开展。为了能够保障家校联系通畅，及时将学校的温暖送达到家长手中，并为资助认定工作打好基础，资助中心调动院系积极性，克服困难，顺利完成家庭寻访工作。2022年，共计21个院系参加寻访工作，总计寻访学生人数达到228名，2022年暑期对全体受资助新生进行了一对一摸排。

**经济资助。**2022年，学生资助中心通过国家财政、学校经费、社会捐赠等多种途径对家庭经济困难学生进行经济资助，资助资金已足额覆盖了家庭经济困难本科生在校学费和基本生活费。助学金方面，资助名额总计达到5127个，金额达到2126.54万元。减免学费方面，总计为90名学生减免45.24万元学费。助学贷款方面，发放助学贷款1856.6775万元，总计1486人。其中，校园地国家助学贷款为110.512万元，总计73人。生源地国家助学贷款为1746.1655万元，总计1413人。补偿代偿方面，共发放赴基层就业补偿代偿金15.18万元，17人次。发放入伍服兵役国家资助78.92万元，131人次。勤工助学方面，为教室协管员、图书馆管理员、礼仪队、校园引导队员、学生发展支持项目助教、暑期学生助理等岗位共发放勤工助学薪酬36.88万元，842人次。专项补助方面，发放期末营养补助、春节留校营养补助、毕业生邮寄行李补助2116人次，总计44.92万元。发放北京市三项补贴2385人，总计44.1225万元。发放献血补贴352人次，总计8.55万元。发放北京市一次性求职创业补贴104人，总计10.4万元。紧急救助方面，通过临时困难补助（涵盖紧急受灾补助），对本人和家庭遭遇重大变故的145名同学及时足额发放慰问金29万元。奖学金方面，与莲花欣公益慈善基金会和三峡集团公益基金会签署奖优型捐赠协议，总金额为220万元。学生资助中心经过评选面向学习成绩优秀的家庭经济困难学生发放新鸿基双学位奖学金30万元、华为励志奖学金31.5万元、迈普资本助学金50万元、三峡励志奖学金27万元，总计151人次。

**绿色通道。**2022年暑假，学生资助中心将新生借款环节前移，通过线上渠道，在报到前就为缴纳学宿费有困难的新生办理了借款，直接冲抵学宿费，同时提前线上采集生源地贷款学生信息。开学前，学生资助中心已为287名家庭经济困难新生发放了总计37.2万元的燕园关爱助学金，含全部经济困难新生的军训伙食服装费，提前减免部分家庭经济困难学生的床具费用。

8月28日，学生资助中心连续第23年开设迎新绿色通道。为保护学生隐私，中心联合校内多家单位集中为新生提供了500个无辨识度礼包，内含33种生活学习用品。校党委书记郝平、校长龚旗煌等校领导亲临现场指导工作，送来慰问。迎新现场，中心还为每名新生拍摄一张照片，纪念入学第一天。

**党建活动。**10月至12月，以党的二十大胜利召开和"四史"学习教育活动为契机，深入学习习近平总书记治国理政新理念、新思想、新战略与党的二十大精神，组织动员中心工作人员与学生骨干扎实开展系列专题学习教育活动，贯彻落实学校党委做好家庭经济困难学生资助工作的要求，全方位推进经济资助与发展型资助工作，依托燕园起航、燕园领航等学生发展支持项目，学生服务总队、学生发展支持促进协会等学生组织与社团，团结凝聚受资助学生，引导全体受资助学生听党话，感党恩，永远跟党走。坚持理论武装与推动学生资助工作实践相结合，重点开展班子领导干部集中学习，组织中心党小组集体收听收看党的二十大开幕会、中国共产党第二十届中央政治局常委同中外记者见面会，中心领导班子和全体工作人员每周集中开展一次集体学习。

（石运佳、李　涛、张佳宁、吴　謇、
邢苏艳、李静彧、徐沛琳）

【**燕园起航计划**】2022年，面对新冠疫情的严峻形势，燕园起航项目以"让每一位北大学生都能有尊严地完成学业"为宗旨，依托导师制、小班制和信息化工作手段，将经济困难学生化整为零，从经济支持、情感纽带、学业提升、思想引领等多个方面服务引领家庭经济困难新生成长成才。中心聘任10名专职辅导员、5名选留辅导员担任起航导师，15名优秀学生担任小组助教，78名高年级学生担任朋辈辅导员，将2022级家庭经济困难新生纳入燕园起航项目15个小组，实行网格化、精细化教育管理。

有效利用学生课余时间，抓住重大时间节点，举办系列育人活动，打造全时段资助育人工作机制。2022年春季学期，举办"五一七天乐"系列活动、端午游园会、"燕影流光"毕业照拍摄支持活动，秋季学期举办中秋联欢会、"国庆有约"系列活动，动员鼓励起航导师走访学生，精准对接学生需求，组织开展富有小组个性化特色的学生活动。

在入学后，在起航导师、学生助教与朋辈辅导员的共同努力下，完成了2022级新生15个组全部学生的一轮深度访谈，重点排查学业困难、心理困难、家庭情况特殊、患有生理疾病等问题相叠加的多重困难学生。与心理中心联动，筛查经济、心理双重困难学生，建立重点学生跟踪台账，与院系联动，制定一人一策帮扶工作方案。

针对受助学生能力短板，强化学业辅导和兴趣能力培养。新生研讨课以"大学学习生活适应与必备技能"为主题，以沙龙讨论、嘉宾分享、答疑互动的形式开展，旨在帮助新生尽快适应大学生活、完善自我，补足基础技能短板，促进全面发展。

强健体魄，组织新生科学跑步运动。考虑本科生在选修体育课后产生的85千米课外锻炼需要，为了帮助同学们更加科学、规律地完成跑步任务，提高参与热情，强健身体素质，促进心理健康，燕园起航项目为家庭经济困难新生聘任专业运动指导员，划分运动小组，组织同学们在固定时间段集体跑步。

（李　涛、徐沛琳）

【**燕园领航学生发展支持计划**】2022年，学生资助中心结合国家政治经济新变化，立足于家庭经济困难学生经济资助的基础工作，积极探索和推进学生发展支持的新思路和新内容。在1987级校友黄智舜的参与和支持下，连续三年共捐资153万元，设立北京大学燕园领航学生发展支持项目基金，为学生发展支持工作提供经费。

燕园领航项目主要内容包括职业规划主题月、"言"路领航论坛、行业面对面及导师计划，涵盖学生发展成才的各个方面，通过职业性格测评、讲座、沙龙、访谈、商业模拟挑战赛、参访、实习等多元化活动形式，全方位、多角度的为学生成长发展提供支持与保障。截至2022年底，燕园领航项目组共有256名学员及25名学生骨干，并形成架构完备、分工明确的领航项目工作组，设综合办公室、人物专访组、媒体运营组及活动运营组四个部门，全力保障燕园领航系列活动的开展与推进。

职业规划主题月通过组织多元化活动构筑发展支持平台，领航职业生涯规划。举办大学生人生及职业规划导引课，邀请优秀校友围绕"认识世界、认识自我、关于人生"三大主题，结合自己丰富的人生经验，引导同学进行职业规划，明晰未来发展方向；组织同学们通过信息化系统填写MBTI职业性格测试及霍兰德职业倾向测验量表等测评问卷，助力学生明确自己的性格类型、职业兴趣与能力倾向，实现自我认知的具象化；举办生涯潜能测评解读会，邀请专家帮助学生解读人格测试结果，完成人格与职业适配，进行自我探索与职业认知。"言"路领航论坛举办考研经验分享交流会，邀请考研成功同学从备考心态、复习技巧、专业选择等方面进行交流分享。

打造精品活动，携手校友工作办公室举办"燕园忆——青春光影"，主要包括"时空穿越定格照""燕园第一照"及"燕园忆交流会"等活动。邀请校友摄影俱乐部校友回到母校，与新生进行沟通交流，定格青春时光，在燕园美景的见证下记录美好青春。

(石运佳、李静彧)

## 学生心理健康教育与咨询中心

【发展概况】 机构设置。学生心理健康教育与咨询中心（以下简称"中心"）坚持"三全育人"理念，在校领导大力支持和相关部门及院系的积极配合下，以学生实际需求为导向，不断扩大学生心理健康教育覆盖面，持续实践探索具有北大特色的心理健康"心"模式。

队伍建设。截至2022年底，共有专职咨询师14人、兼职咨询师53人，热线接线员25人，实习、见习咨询师36人、选留学生干部2人。2022年新招募1名合同制教师、1名专职咨询师、1名选留学生干部、9名兼职咨询师、13名接线员。

心理咨询服务工作。2022年，中心根据学生需求，继续推出"一次单元咨询"和"心理评估"服务，同时，在考试季、期末季加大咨询排班，始终保持学生咨询"零"等待。

心理危机干预工作。2022年，中心持续依托"心晴防护网"项目，对学生心理健康进行动态监测，借助预检、咨询、心理普测、热线包括网络危机言论贴筛查等工作及时识别、干预危机个体。通过定期院系会商、危机排查，搭配高风险期临时的危机排查上报，及时识别学生中的危机个体。此外，中心与北京市回龙观医院建立了学生危机干预"绿色通道"，确保转介资源充足，转介流程畅通。

7×24小时心理危机干预双值班工作。2022年，中心进一步规范心理危机干预双值班制度，并在敏感时期、疫情校园封闭管控时期、考试季、毕业季加大排班，增加274人次老师在中心值守夜班。

心理健康测评工作。中心以心理健康普测结果为基础，结合危机排查、院系临时危机情况汇报等信息，完善并及时更新问题学生心理健康档案，同时定期给予追踪、关注、建议和必要治疗支持。9月，中心通过网络测评和心理访谈相结合的形式对2022级新生开展测评，测评100%全覆盖，筛查高危警戒学生，并逐一进行了访谈，按照"一人一档"及时建档，分组管理；对筛查出需访谈学生，按照"一人一组、一人一策"对接院系会商研判心理适应不良类型及潜在风险程度，制定长期针对预防教育策略；对存在抑郁或自杀风险的新生采取及时干预、定期会商、后续追踪等方式，长期给予重点关注。同时，修订完善《关于做好秋季学期学生心理危机分类管理》的文件。与计算机中心多次开会研讨，不断升级"学生心理健康网络管理系统"，强化系统分项功能。

心理健康教育工作。依托微信公众号"北大学生心理健康教育与咨询中心"，利用线上专题讲座、微课堂等形式，结合不同阶段学生所关注的问题，邀请专业人员提供专业指导，针对性地引导学生学习情绪管理、寻求社会支持。开设心理健康教育必修课程和选修课程6门，开办《压力管理》等11门系列慕课，覆盖学生近万名。在满足疫情防控工作要求下，结合师生心理健康教育实际需求，开展"北京大学5·25学生心理健康教育系列活动""一杯心茶""时光慢递·时光里的我"等学生心理成长类活动，累计参加人数超4万人次。

联合培养和对外交流工作。2022年，中心持续推进专家打造计划，通过督导、实地调研、实践、提升团队专业水平；与校外医院联合，面向多校区参与学生心理工作教师开展"医心面对面"系列指导活动，报名近400人；邀请校内外专家针对不同时期遇到的典型心理危机干预处置案例，开展"圆桌督导"心理支持服务，带领大家分析案例，梳理处置流程；同时，组织60余名"心海计划"成员进行实地参访学习；中心持续加大"绿色通道"合作力度，前往北京回龙观医院等实地调研，明确转介流程，确定跟诊学习事宜。

服务保障冬奥。中心全体教师参与志愿者保障服务；设置7×24小时志愿者心理支持专线，全力保障志愿者倾诉需求；派驻4名教师入驻志愿者驻地，联动驻地外值班咨询师提供线上线下咨询服务；分段为志愿者提供"破冰团体辅导""调节减压团体"辅导；开展驻地志愿者心理健康月；拍摄宣传"迎冬奥·与家同行"家校社心理健康宣传片9个。中心在保障服务期间接听驻地热线117分钟；开展线上团体辅导与讲座10余次；推送线上心理科普类文章13篇，视频与文章累计23,000余人次观看，圆满完成了守护志愿者心理健康的保障服务工作。

党建工作。中心共11名党员，入党积极分子8名。在香港回归祖国25周年、七七事变85周年纪念日等重要时间节点积极组织全体教师线上线下开展党的最新理论学习教育活动，邀请多名客座专家学者到中心举办14场讲座。在党的二十大胜利召开期间，中心组织全体教师观看党的二十大开幕会，认真聆听报告。闭幕后，中心组织教师对党的二十大精神进行集中学习5次，线上学习研讨7次。

驻楼辅导员工作。2022年，中心在学校党委和领导的支持下，继续推进"北京大学驻楼辅导员"相关工作，共109人次机关干部、专职、选留辅导员入驻学生公寓建设25个驻楼工作室，覆盖校本部、万柳、昌平等多校区36栋楼宇，通过浸润式教育引领高校学生成长，精准滴灌开展思政教育，润物无声推进心理育人，打通思政教育"最后一公里"，服务引领本、硕、博学生26,000余人。

（刘泽华）

【特色"心"教育系统工程】 "心"科普工作。2022年，中心开设心理健康教育必修课程和选修课程6门，开办《压力管理》等11门系列慕课，覆盖学生近万名；针对疫情背景下学生学习生活，中心公众号发布疫情下心理健康科普文章320篇，阅读量超3.4万人次；累计开展49场线上线下心理健康知识科普讲座，覆盖学生近4万人次。

"心"教育系列活动。中心举办第19期"一杯心茶"活动，开展5场时光慢递活动，累计参与学生超1700人次；4月，中心举办心理情景剧大赛，报名关注参与学生累计千余人次；5月，中心设置6类主题，面向多校区学生举办"北京大学5·25学生心理健康教育系列活动"，累计参与活动近4万人次，系列活动为疫情之下为学生们带来了温暖和陪伴；中心面向疫情防控期间的多校区学生提供"七大"学生心理支持服务，包括"战疫心理健康系列活动""心理健康与幸福促进系列讲座"等，观看人次超7万人次，同时，中心面向多校区一线学生教师开展'同心抗疫'专场系列活动，关爱一线学工教师；面向院系提供心理沉浸剧服务，累计参与超200人次；联合8所高校学生心理中心举办"心理健康校园行"活动，北京大学累计614名学生参与，反响良好。

此外，中心联合团委将核酸检测工作与心理支持服务相结合，面向多个校区发放有关心理科普贴纸25万余份；开展"习惯养成打卡""你好·小确幸"活动，超4500人次；联合校团委驻楼工作组开展"同行驻心意·青春启华章"十一嘉年华活动，累计开展240场次活动，3000余名学生参加。

（刘泽华）

【"心晴防护网"】 中心借助"四级"预警防控体系力量，扎实推进"心晴防护网"项目系统化、网格化、全面化发展，全时联动70余位专兼职咨询师、20余名接线员、120余名院系心理委员搭建紧密"人防"节点。依托"北京大学学生心理健康网络信息管理平台"，实现新生普测与重点筛查相结合，科学筛查"自杀风险评估量"等关键指标；应对疫情防控常态化需要，推动线上开展远程心理咨询、危机干预等，积极探索打造远程心理健康教育一体化"云"平台。

中心联动保卫系统、后勤系统、学生工作系统瞄准校园安全薄弱点持续发力。中心专兼职咨询师把关、"心海计划"学生心理委员轮岗，全时监测校内网络舆论，实时关注、及时干预、全时监控，线上回复、线下疏导高效联动。

（刘泽华）

【学生心理委员】 中心持续推动"北京大学学生心理委员"项目。学生心理委员作为学生群体中温暖的聆听者、心理健康理念的支持和传播者、心理危机干预体系中的前哨兵，在学生群体中发挥着重要的作用。4月，中心招募121名新一届学生心理委员，邀请校内外专家开展了18次培训。同时，组织60余名"心海计划"成员进行实地参访学习，以朋辈身份参与网络危机帖筛查值班，协助化解学生心理危机，同时协助中心开展心理健康教育宣传、活动等工作。

（刘泽华）

【驻楼辅导员】 2022年，近100人次机关干部、专职、选留辅导员入驻学生公寓，建立25个驻楼工作室，覆盖校本部、万柳、昌平校区36栋楼宇本硕博学生26,000余人。驻楼辅导员开展思政引领、学习交流、驻楼七天乐等系列活动近170场，覆盖学生近20,000名。4月，驻楼工作组协助全校学生进行全员核酸应急演练，检测率达100%。2022年，驻楼工作组召开4次工作会议，修订完善《北京大学驻楼辅导员工作方案》等文件，联合多部门邀请心理专家进驻楼宇开展沙龙、深度辅导访谈培训和督导支持，累计培训1900人次，不断夯实驻楼辅导员专业素养和应对应急突发事件的实操技能。

（刘泽华）

【院系定制心理服务】 2022年，中心持续推进"院系定制心理服务"，专业力量进一步下沉延伸。在调研、沟通、数据分析的基础上，根据院系实际需求面向基层开展全方位、立体化、定制化的心理服务，面对面了解学生思想动态、成长过程、发展需求，针对性地帮助学生解决实际遇到的心理困惑，为36个院系开展定制心理服务132场，对象包括学生、学生心理工作者、院系教职工等，覆盖4万余人。

（刘泽华）

# 医学部学生工作

【发展概况】 组织机构。医学部学生工作部（以下简称"医学部学工部"）负责统一规划、统筹协调管理医学部学生思想政治教育以及其他学生相关事务，内设4个办公室和4个中心。

学生事务管理。医学部学工部完成4种集体奖项（各级优秀班集体奖）和33种个人奖项的评审；组织小学院国家奖学金和五四奖学金差额评审、优秀学生干部标兵评审，其中获奖集体37个，获得奖励2571人次，获得奖学金1119人次，奖金总额761.7万元；开展"与榜样同行 共青春奋进"医学部学生优秀典型宣传月活动。组织春季和夏季优秀毕业生评选工作，313人被评为北京大学2022届优秀毕业生，87人被评为北京市优秀毕业生；2021年，3人获"北京大学学生年度人物·2021"荣誉称号，3人获"北京大学学生年度人物·2021"提名奖。

宣传教育。2022年，发布并实施《医学部学生工作系统关于开展2022年"劳动月"活动的实施方案》，在全体学生中开展五月"劳动月"活动；联合百度健康医典重启第二届"北大医学杯"学生科普展示大赛并圆满收尾；举办新生入学教育、大学第一课、新生开学典礼、新生校纪校规考试、《大学生安全教育》网络课程等新生教育。利用"北医学工"微信公众平台推送图文消息近300篇；推动公众平台校园信息服务模块升级，持续整合更新切实可用的信息资源，服务广大同学；推出"照亮冬奥志愿者身上的光""冬奥观礼"系列专题，上好"冬奥"思政大课；开展"读懂、热爱、传承北大医学"主题作品征集活动、"赓续厚道精神、传承北医荣光"主题班日展示活动，庆祝北医办学110周年；持续开展"医言益行"采访专栏，并对往期采访进行全面回顾总结，探索栏目的全新改版；推出"疫线辅导员""辅导员育人故事"等辅导员系列专栏，记录辅导员为爱逆行的温暖陪伴，讲述辅导员与学生之间的温情故事等。完成15期学生工作情况简报。

国防教育。医学部人民武装部聘请国防大学、军事医学研究院专家教授参与2022级护理专业和医学检验专业140名学生的军事理论课教学；通过网站新闻、微信推送、校内横幅、宣传橱窗、逸夫楼滚动屏等渠道开展国防教育及国防动员，着力普及征兵政策、宣传退役学生事迹，营造校园征兵氛围。2022年，共有4名同学应征入伍、4名同学退役返校。

党建工作。2022年，医学部学工部完善教学医院学生党总支工作机制，明确党组织职责任务、完善"三会一课"制度、建立资料管理标准化模式、健全党支部主题党日制度、探索基层党建有效途径（一人一档，一支部一策）。下设学工部教师党支部有党员24人，其中正式职工党员22人，合同制党员1人，学生党员1人，年度发展预备党员1人。截至2022年12月，教学医院学生党总支各学生党支部共收取入党申请书32份，确定入党积极分子22人，医学部发展对象培训班结业22人，发展党员31人，预备党员转正27人。

队伍建设。医学部坚持辅导员"三进"制度，督促辅导员老师进课堂、进班级、进宿舍，深入学生群体；坚持新生专业班主任制度，聘任15个学院的专业班主任25人；坚持第二班主任制度，选聘第二班主任61人；首次正式纳入班主任考核机制，涵盖各学院、医院全体在岗班主任（含新生专业班主任、第二班主任）。2022年，医学部学工系统2名老师获得北京大学嘉里集团郭氏基金优秀辅导员、4名老师获得北京大学九坤优秀辅导员、5名老师获得北京大学优秀德育奖、4名老师荣获北京大学优秀班主任标兵、30名老师荣获北京大学优秀班主任奖、10名老师获得医学部十佳辅导员奖。组织开展"青春心向党，圆梦新一代"学生骨干培训，以学期为单位分两期进行，覆盖医学部23个单位，学生骨干145名，线上课程为主要形式，为学生骨干搭建学习交流平台，促进学生成长成才。

就业指导。截至10月31日，医学部2022届毕业生就业人数2237人，总体就业率（包括就业和升学）96.3%，其中赴西部地区就业人数达到100人，79人作为选调生奔赴祖国各地基层部门工作。就业中心与各学院全面梳理毕业生就业重点人群名单并逐一落实，准确诊断学生就业困难的原因，制定一人一策暖心支持计划，使得有就业意向同学基本实现就业。中心利用"线上+线下"的工作模式，优化就业手续的办理流程，打造寒暑假不停歇、有问题随时解决的高效就业服务机制。中心利用现有资源坚持做好"线上面试房间"，全年使用超150人次并全力做到节假日无休，受到毕业生的认可和好评。中心深入到各学院医院当中去、深入到宿舍中去，开展各类线上线下政策讲解会10场，为同学们直接答疑解惑、解决实际问题。全年共有30家用人单位在医学部举办线上线下招聘宣讲会，中心与国家卫健委人才中心、北京高校大学生就业创业指导中心举办线上双选会共计3场。中心通过微信公众号推送医学类重点招聘信息近七百条，关注人数已达两万九千人。全年开展启航计划沙龙讲座16场，从求职技巧到行业发展到入职后技能等多维度多角度助力毕业生就业、在校生成长，同时继续开展"一对一VIP职业规划辅导"通过线上线下进行共计百余名同学通过与专业老师的交流进一步明确了自己的职业方向和发展规划。在北大医学办学110周年之际，就业中心与宣传部联合策划推出往届毕业生专访6篇，涉及各地选调以及新疆西藏地区工作校友，取得良好反响。

学生资助。2022年，医学部资助中心共认定家庭经济困难学生1282人，其中本科生808人，一般困难219人，困难273人，特殊困难316人；研究生474人，其中一般困难107人，困难199人，特殊困难168人；为家庭经济困难学生（含研究生）发放各类常规补助211.0327万元（4784人次）；804名学生获得2022—2023学年度助学金，共计金额

636.15万元，本科学生学年度助学金平均受助额度7956.44元；143名2022级本科家庭经济困难新生（含长学制各专业）获得学校发放的新生大礼包1份，154名2022级本科家庭经济困难新生（含长学制各专业）获得波司登羽绒服1件；办理236名2022级新生绿色通道缓交学费及住宿费225.7万元；办理各类贷款829人，发放贷款金额921.991万元，办理中西部基层就业、应征入伍学生贷款补偿学费代偿17人，申请金额共计13.58万元；办理2022年毕业确认手续215人；为1620名本科学生提供了校内勤工助学岗位，发放勤工助学报酬304.1万余元。学生服务团在校内外开展公益志愿服务，组织加油课堂课程，组织庆祝北医办学110周年纪念活动，暑假期间组织15名队员在北京部分血站调研实践，宣传献血知识，实践团队获得了"北京大学医学部优秀实践队伍"称号。10名同学获得2021—2022学年度医学部级"勤工助学之星"称号，22名同学获得2021—2022学年度学院级"勤工助学之星"称号，14名本科学生获得认定生学业进步奖。3月组建了"爱心屋"，收集校内师生书籍、衣物及生活物资供校内免费领取。2022年共收到1177本各类书籍和学习用品，3300余件衣物和生活用品，发放了近900本书籍，300余件衣物。修订贷款管理制度，资助管理系统各功能模块进一步完善，助学金申请表更加符合实际需求。

心理咨询。2022年，医学部心理健康教育与咨询中心不断强化中心职能。除常规咨询外，中心还增加医学心理学系专家单次咨询以及六院专家单次评估服务。在疫情最严峻的校园封闭管理时期，中心专职教师驻校坚守开展面对面咨询服务，同时充分利用线上视频咨询竭尽全力保障心理咨询服务的稳定性和可获得性。通过医信随行APP中的"心情温度计"板块进行学生心理健康状况日常动态监测。中心推出"院系定制"清单为学院提供团体辅导、讲座、培训以及工作督导等心理健康工作方面的专业支持，可根据学院需求，开展面对新生、毕业生、人际交往困难同学等不同学生群体的个性化定制活动。全年开展院系定制活动12场。在"5·25心理健康日"、中秋节、教师节和北医百十华诞之际举办相应的心理健康教育活动。成立"向日葵"学生志愿团队，累计招募93名向日葵学生志愿者，举办6期志愿者培训以及3期向日葵辅导员赋能工作坊，举办"向日葵计划——晖晖冬日"活动，引导志愿者主动策划发起治愈减压类小活动11项，以缓解疫情和期末考试给同学们带来的焦虑和压力。依托"医心同行公众号"加强心理中心宣传教育工作，整合以往优质栏目持续稳定推出"书籍推荐""心理科普""影片推荐"，推出栏目"阳光心语"有声治愈文章4期，开启新栏目"咨询师说"。举办各类心理团体活动6场，从日常工作中找寻规律、总结同学们感兴趣的团体活动主题，举办"疫情下与不确定性相处""亲密关系探索"等心理团体活动；针对不同学生群体推出专属团体活动，例如毕业生专属的"毕业压力应对""毕业告别"等心理团体辅导。

庆祝北大医学办学110周年。紧密围绕庆祝北大医学办学110周年，探索新形势下育人途径，依托毕业典礼、开学典礼、大学第一课、奖励奖学金颁奖典礼等重大仪式，"读懂、热爱、传承北大医学""赓续厚道精神，传承北医荣光"主题班日、新生职业教育系列活动，将北大医学理念、北医厚道精神和推进"双一流"建设融入其中，增强学生专业思想与社会责任感。

推进医学部驻楼辅导员制度。医学部学生工作部从2021年11月起为学生宿舍楼配备驻楼辅导员，承担所驻宿舍楼的学生思想政治教育工作。为完善驻楼辅导员制度，学工部于2022年制定《北京大学医学部驻楼辅导员岗位职责（试行）》，规范驻楼辅导员工作开展。并通过驻楼辅导员座谈会、定期工作总结等形式，助推驻楼辅导员作用发挥。

（郭　昀、柳　絮、侯欣迪、杨　歌、
郑　辉、方爱珍、张丝艳）

【围绕二十大开展医学生主题教育】 医学部学工部制定并发布《医学部学工系统开展党的二十大精神学习教育工作方案》，组织学生、辅导员队伍观看大会直播，组织开展二十大专题学习，并第一时间在网络平台进行宣传教育，开展心得感想交流、学习成果展示，持续学深学细学透党的二十大精神。根据学校工作部署，紧扣党的二十大精神以及总书记重要讲话和指示批示精神，在医学部开展贯穿全年的"请党放心，强国有我"学生党团日联合主题教育活动、建团百年主题教育活动、北京高校红色"1+1"活动等。

（郭　昀、柳　絮、侯欣迪、杨　歌、
郑　辉、方爱珍、张丝艳）

【疫情防控系列工作】 医学部学工部按照北京市委教育工委和学校总体部署和要求，积极联系28家学院和医院，认真摸排学生情况，建立完善"两库（本科生、研究生学籍库）两区（医学部宿舍区、健康驿站区）一台账（京外学生台账）"数据库；依托"学院-辅导员-个人"的工作模式，以学生为中心开展精确化校园疫情防控工作，全年不间断开展每日零报数据，及时更新了解每日在校学生情况，及时摸排涉疫风险地区、重点地区相关学生台账，及时反馈学校、教育部和社区等相关部门的数据要求；为落实好学生离返校工作，医学部学工部联合保卫处、总务处、信息中心和医管处等部门，分批次有序地安排10,260名学生的离返校工作；为及时落实学生需求，医学部学生工作部累计为5634名学生开展7894次北京健康宝弹窗消除报送工作，确保学生能够及时进行日常工作；面对不断变化的疫情形势，落实完善学校健康驿站工作，累计为8000余名学生提供健康观察、应急处理和医疗救助等工作；医学部学工部及时更新防控措施，全年累计发布16次学生防疫管理工作提示，协同保卫处持续优化出入校园小程序"北医云通行"功能和界面。

（王俊人）

【开展医学新生职业精神教育系列活动】 医学部学工部以

"百十载传厚道初心，强国志启医者新程"为主题，组织新生职业精神教育活动，作为学生思想政治教育专题的拳头活动，将医学新生职业精神教育融入新生入学教育全过程之中。2022年，该活动通过5次专题讲授、1次实践研习的教学形式，邀请医学前辈、知名校友、一线榜样、专业教师、优秀朋辈亲自担任"领学人"，讲授内容涵盖医学新生适应教育、理想信念教育、责任教育、职业精神养成、朋辈经验传授、生命与医学人文体悟等方面。

（杨　歌、涂尚宇）

【成立医学预科新生宣讲团】 2022年医学部学工部医学生预科办公室以立德树人根本任务为遵循，成立医学预科新生宣讲团。医预新生宣讲团讲师全部由医学预科新生组成，涵盖临床、口腔、基础、预防、药学、医学英语各个专业，共计15人。宣讲内容围绕习近平新时代中国特色社会主义思想、党的二十大、北大医学办学110周年等方面开展。9月中旬起，医学预科新生宣讲团开始紧锣密鼓的筹备，在医学生预科办公室的组织下已经召开多次集体备课会。宣讲团的讲师们在二十大召开前，以"青春献礼"为重点，从党的重大成就和历史经验中汲取力量，讨论并撰写宣讲稿。党的二十大召开后，宣讲团成员以"奋进担当"为重点，围绕党的二十大精神继续完善稿件，为开展党的二十大精神宣讲巡讲做足充分准备。

2022年秋季学期，宣讲团走入医预全体学生骨干，走进了所有专业近20个班级，达到以青年影响青年，以青年带动青年的良好效果。宣讲团的表现得到了人民网、北大新闻网、北医新闻网的报道以及北大校报的整版刊发。

2023年初，寒假期间，宣讲团成员们利用返乡契机，在各地学校、社区、街道开展宣讲活动，深入千村万户、田间地头，共计开展42场有效宣讲，覆盖约11,700人，真正将"二十大"精神从北大讲到家乡各地。同时，宣讲团申请北大团委社会实际活动立项，立足于成员们医学生身份和社会关切，在15个省市同时开展了健康科普宣传相关的调研，研究新冠防控科普宣传案例并获得相应启示，最终完成了3万字的调研报告，为推动健康中国建设贡献力量。

（杨　歌、涂尚宇、杨雪）

【医学预科"一站式"学生社区建设】 6月，经学校统筹安排，为配合44楼推进"一站式"社区建设工作，打造学生第二课堂活动和驻楼辅导员工作空间，医学预科对44楼14间地下空间重新进行布局规划，利用假期设计装修，按照房间特点和思政功能划分出功能丰富的学生活动室投入使用，包含会议研讨、人文观影、舞蹈排练、书法绘画练习等多种功能，极大地扩充了学生第二课堂活动空间。

社区活动空间拓展后，为保障社区管理模式更加规范有序，医学预科重新拟定社区管理规章制度。社区由医学生预科办公室统筹、44楼驻楼辅导员指导、医预学生楼委会学生骨干集体参与自治管理，并由各班级、各同学集体监督运行和维护。学生可根据需要利用"钉钉"手机软件进行社区房间预约，按照社区使用公约规范使用。2022年医学生预科办公室充分发挥社区思政育人功能，全体辅导员下沉社区，以支部为单位开展党团日活动。同时，依托活动空间推进三全育人工作，开展"一二·九"合唱排练、红色经典剧目复刻大赛排练，让爱国主义教育和美育教育深入人心；举办医预茶吧系列活动及开展劳动教育体验活动。

（杨　歌、涂尚宇）

# 保卫工作

【发展概况】 机构设置。北京大学保卫部是北京大学党委、行政双重领导下的负责学校安全管理工作的职能部门，内设治安办公室、交通办公室、消防办公室、秩序管理办公室、行政办公室、值班应急办公室、信息调研办公室、宣传教育办公室、综合服务办公室、安防技术办公室、昌平新校区办公室等11个科室和万柳园区工作专班。其中，昌平新校区办公室为2022年1月4日增设，其前身为昌平新校区安保工作专班，成立于2021年8月23日；万柳园区工作专班成立于2022年5月16日。2022年，保卫部新入职5人，退休1人，现有在编人员37人，合同制职工1人。全校共有专兼职保卫干部450余人。

党建工作。制定、落实《保卫部党支部2022年工作计划》《保卫部党员2022年理论学习计划安排》，完成10期党建工作月报，扎实推进党支部标准化、规范化建设。把深入学习贯彻落实党的二十大精神与落实北京市第十三次党代会和学校第十四次党代会工作部署紧密结合，组织全体党员干部及保安员代表收看二十大开幕会，邀请马克思主义学院副教授张会峰为全体党员干部和保安员代表解读二十大精神，设计开展《保卫部党员学习党的二十大报告边学边测》竞答。组织党员赴吉林、哈尔滨学习调研，参观"北京大学考古100年考古专业70年"专题展览。3月31日，保卫部党支部书记参加2021年度机关党支部书记抓基层党建现场述职评议会，并在2021年度述职评议考核中获得"优秀"。5月24日，万柳园区成立临时党支部，保卫部万柳专班党员职工加入。

制度建设。在法学院、法律办等部门支持下，持续完善制度体系建设。印发《新冠肺炎疫情防控出入校等级响应方案》，为不同疫情形势下各类人员出入校策略调整提供指导性意见；完成《燕园出入证管理办法》（试行）审议稿，首次将非学籍学生、教职工家属、培训班等人员纳入管理；制定、发布《二级单位安全管理工作指引》，被教育部、高校保卫学会、市教工委高度肯定；编发《临时出入证业务指导手册》，在全校范围内组织召开3次管理业务交流培训会；推动《北京大学校园秩序管理规定》送审，编写《校门管理操作手册》8版，进一步规范秩序管理。完成《保卫部制度汇编》（2022年12月修订版）初稿，共8万余字，综合校级、部门级、内部管理的规章制度45项。

**疫情防控工作**。在学校党委领导下，认真做好疫情防控期间校园安全管理工作。严格校门管控，实现"一人一验、人车分验、进出同策"。紧盯疫情形势，动态调整出入校策略，每日更新涉疫地区附录，适时采取"非因公不入校"、抵京不满7天暂停预约、调降人员车辆预约额度、设置小件物品交接缓冲区等应急措施。严格落实学校全员核酸检测常态化要求，厘清人员基础数据，加强临时出入证、家属证人员管理，与人事部、学工部齐抓共管，压实四方责任，实现校内人员信息全覆盖、防疫零盲区。5月疫情政策收紧期间，精干力量持续驻校值守，干部24小时吃住在办公室，以战时机制全力保障校园安全。11月16日至12月初，针对突发核酸异常情况，立即启动疫情防控应急预案，高度重视、快速开展疫情防控处置应对工作，争分夺秒流调溯源转运；各校区严格实行"非必要不入校""非必要不出校"临时管控措施。

**校园秩序管理工作**。牢牢把握二十大安稳工作主线，圆满完成两会、冬奥会、北京市第十三次党代会、学校第十四次党代会、党的二十大等重要节点和重要会议期间校园安保工作，全面加强值班值守，严格落实校门管控、校园巡控，与公安等上级单位加强联动，做好形势研判、信息沟通和风险处置。做好校园日常秩序保障，完成五四静园歌会、毕业典礼、未名湖跨年灯光秀、师生核酸检测等各类勤务176次；处理违规入校等各类秩序事件154起；帮助生病受伤师生314人，捡拾物品267件；全面巡查加固校墙风险点，增设推拉门、加装护网1100余米，及时通报违规入校行为。

**安全检查和培训工作**。春季结合兄弟高校火情，夏季结合海淀消防安全管理达标检查，秋季结合重要会议保障，组织开展3次全校消防安全检查，覆盖校园178个建筑物，对34家单位、13类问题，开具隐患整改通知书54份，涉及256个隐患点，发布违规情况通报4份，督促落实隐患整改；对43个消防控制室完成9轮、累计361次值守巡查，对42个综合值班室完成3轮情况巡视。3月，联合学工部、公寓中心，分5批次组织3800余名本科新生参加消防演练；11月，组织消防安全宣传月活动，在综合科研楼举行消防疏散演练。持续完善消防设施器材，为电动车充电设施增设消防器材24套，为64间学生宿舍自习室增配128具灭火器，为圆明园校区学生宿舍增设200具灭火器和1套消防报警系统。经全校共同努力，2022年全年北京大学零火情，海淀区防火委员会授予北京大学2022年度消防工作先进单位。

**交通工作**。升级校门机动车道闸系统，全面推行教职工机动车"两车一位"轮换入校，为教职员工提供价格优惠的洗车服务。进一步提高充电桩覆盖率，增设21个新能源汽车充电桩、10台电动自行车智能充电柜。完成燕园大厦地下车库入口改造，在出口处增加声光报警设备。稳步推进"只停一次车"，完成邱德拔北广场、燕南园禁停区管控，启动文保区停车管理试点工作。加强校园交通治理，全面排查送餐、送水等校园公共服务电动车，开展无正式号牌电动自行车清理、校内长期停放机动车清理，共挂牌2288辆无牌电动车。严密组织地库防汛，协助转移车辆93辆次。

**治安工作**。积极开展防诈宣传预警，向全体新生发放防诈礼包，结合"双十一"等不同节点多次向师生发送防诈微信、短信提示，制作11期平安燕园防诈推送，开展安全讲座和20余场防诈培训。招募学生志愿者参与防诈预警劝阻，成功劝阻9名学生被骗。制定《高层建筑制高点治安管理办法》，推进高空风险点防护设施安装，基本实现校内公共区域限位装置全覆盖。联动公安机关，对校内自助打印机进行反恐模拟测试，储备盾牌、钢叉等物资，开展安保队伍防暴培训。进一步规范案事件登记受理机制，确保每起报案都有专人调查、治安办跟进，治安案事件调解率达100%。

**安全宣传教育**。以新生训练营、院系讲座、安全业务工作会、"4·15全民国家安全教育日"、"11·9消防宣传月"为抓手，组织开展系列有亮点、有特色、有规模的安全宣传教育活动，传递总体校园安全观理念。落实教育部任务，保卫部部长赵冠英主讲《千万师生同上一堂国家安全教育课》，全网播放量近2000万。首次组队参加北京市总体国家安全观知识竞赛，进入决赛，获三等奖和优秀组织奖。在平安燕园公众号发布推文56篇，总阅读量达5.8万。自制《平凡中的不平凡》，讲述校园疫情防控封闭管理期间的安保故事，持续弘扬安全工作正能量。

**信息化建设**。持续提升疫情防控信息化水平，将健康宝、核酸检测和疫苗接种情况接入校门闸机，实现"三码合一"快速获取防疫信息，受到师生广泛好评。推出"院墙就是校墙，院门就是校门"理念，稳步推进主校区和周边园区闸机增补，保障"校管、共管、园管"一键切换。完善轨迹追踪体系，最大限度把握"外防输入"和"轨迹溯源"的主动权。与各防控组配合，圆满完成4月28日、9月24日两次校级疫情防控应急演练，在全要素实战中提升应急处置能力。增设视频监控281路，组织监控设备巡检45次，实现全年监控录像"零"异常。

**昌平新校区安保建设**。立足消防、交通、治安、秩序、安防、宣教等业务板块，持续完善新校区安保工作体系，深化校地联动。4月30日，实现昌平新校区校门闸机管理，14道校门闸机正式投入使用。通联校门及巡逻岗亭校园网，增建3台服务器，上线师生出入校预约系统。设置交通指挥岗，定时定点指挥校内交通。制定《北京大学昌平新校区保供人员申请入校流程》《占道封路申请流程》等，进一步规范安保工作程序。

**万柳园区安保建设**。5月，组建专班进驻万柳，重点提高值守标准、排查风险隐患、完善规章制度，累计保障园区人员进出15万余次，日均4000余人次，全力做好"防疫、保稳、守序"三类日常值守业务，聚焦排查关键人、事、点位等三类关键隐患，保障万柳园区安全平稳。

（赵　琳）

【冬奥服务保障】　协助属地公安、消防、防疫等部门完成昌平新校区冬奥会、冬残奥会志愿者驻地各项检查，派驻8名保安员进入冬奥闭环，保障志愿者顺利入住、转运和撤离，圆满完成共计74天的冬奥闭环保障，3位保安员得到驻地安保组表彰。1月23日至3月14日，燕园校区每天分4个时段为校内冬奥专车、志愿者集结疏散提供秩序保障，连续51天落实冬奥志愿者团队接送服务。通过跨校区齐心努力，保卫部全过程守护"冰新一代"，为"亮眼的冬奥会北京大学成绩单"保驾护航。

（赵　琳）

【完成学校第十四次党代会安保任务】　自4月14日起，提前筹划党代会安保方案；7月中旬起，不断细化交通、秩序保障内容，落实7月25日、7月30日相关会议保障。7月31日，20名干部、140名保安员出勤，25名学生志愿者参与，保障开幕式圆满顺利。期间，设置10处停车位、5条嘉宾入校路线、8类车证，提前发布交通提醒，现场进行交通引导，保障113名嘉宾、300名党代表、350名列席嘉宾顺利出入校、便利停车，确保入场、散场阶段一切顺畅；落实各类参会人员进出场安全保障，在讲堂4个出入口设置安检仪、加装探头；讲堂内实行分区管理，按照不同权限为工作人员证件粘贴防伪标签，重要区域由保安员验标放行。7月31日下午、8月1日，每日5名干部、30名保安员出勤，2辆电动观光车摆渡待命，为会议顺利进行提供安全保障。

（赵　琳）

【"4·15全民国家安全教育日"系列宣传教育活动】　在教育部思想政治工作司、北京市委教育工作委员会的指导下，按照学校统一部署，保卫部联合学工部、党委教师工作部、保密办、宣传部、校团委、法学院及医学部学工部、宣传部、保卫处、总务处、团委，以"国家安全，有你有我"为切入点，深入开展系列宣传教育活动，引导师生切实增强国家安全意识，汇聚维护国家安全强大合力。3月起，积极组织参加北京市总体国家安全观知识竞赛，先后经过3月23日初赛、3月29日复赛、4月9日决赛的层层选拔考验，最终获得北京市三等奖和优秀组织奖两项集体表彰。4月1日，北京大学保卫部部长赵冠英作为主讲专家之一，录制由教育部思想政治工作司指导的《千万师生同上一堂国家安全教育课》，于4月14日播出，为全国师生带来一场生动的国家安全公开课。4月15日，在三角地组织"践行法治思想，守护国家安全，喜迎党的二十大"普法宣传系列活动，通过设立宣传摊位、发放学习资料和文创设计、开展春日法条拼贴诗创作和趣味游戏等方式，广泛进行国家安全教育、反恐防暴宣传与保密宣传教育。医学部也在校园主干道路开展现场宣传，向师生发放国家安全主体宣传彩页共计1000份。同时，北京大学学生国防教育协会和北京大学定向运动协会携手，共同举办4·15"追捕"国家安全教育日主题趣味夜间定向活动，将国家安全教育元素融入解谜关卡和知识竞赛等环节。

（赵　琳）

【组织开展2022年度消防疏散救援演练】　11月8日上午，保卫部联合海淀消防救援支队、未来技术学院、生物医学前沿创新中心等单位，在综合科研楼二号楼组织开展2022年度消防疏散救援演练。校党委常委、副校长、秘书长孙庆伟，海淀消防救援支队副支队长王向煜，北大保卫部部长赵冠英，未来技术学院院长肖瑞平，生物医学前沿创新中心副主任黄岩谊等二级单位主管领导及程和平院士等600余名师生员工参加演练。

演练以综合科研楼二号楼五层设备机房起火为背景，着火后，楼内消防报警设备发出报警信号，消防值班员接警后立刻上报火情并启动应急疏散预案，楼宇安全员第一时间组织楼内人员进行安全疏散。

保卫部接到火情报告后，第一时间向学校主管领导报告火情，立即启动应急预案，成立现场指挥部指挥救援工作，组织保卫部微型消防站人员奔赴火场救援。海淀消防救援支队接到119调度指挥中心命令后，迅速组织力量赶赴现场。校医院的急救力量迅速到场进行救护。海淀消防救援支队抵达后，安排搜救小组进入楼内搜救疏散时受伤的被困人员，水罐消防车建筑楼外压制火情，云梯消防车对被困楼顶平台的同学实施高空救援。楼内全体师生疏散转移至安全地带后，正压式移动排烟机、泡沫消防车等各型先进消防装备形成强大的灭火攻势，在学校工作人员和消防救援人员的共同努力下，火情被完全扑灭。

（安晶丹、赵　琳）

## 医学部保卫工作

【发展概况】　组织建设。医学部保卫处（以下简称"保卫处"）是医学部校园安全管理机关。保卫处下设综合办公室、政保办公室、治安办公室、消防安全与交通安全办公室、校卫队办公室、家属区综合管理办公室6个科室，现有在编人员15人，返聘1人。2022年，保卫处被评为北京市交通安全先进单位、花园路地区消防安全工作先进单位、区级交通安全工作成绩突出单位；1人被评为海淀区高校系统交通安全先进个人、2人被评为花园路地区消防安全工作先进个人。2022年是政治大年，全年重要安保时点密集，保卫处启动战时工作机制，组建安保专班、落位值班值守、研判安稳形势、排查风险隐患、督促推动整改、形成安全闭环；同时拟制应急预案、反复培训演练、细致推演复盘；划分校园安全区、组建专项工作组，不间断巡逻、全天候盯防，以实际行

动践行"以更高标准、更严要求，坚决维护校园安稳"的工作目标

**队伍建设**。保卫处现有工作人员16人，均为党员。2022年，保卫处党支部和行政班子高度重视学习习总书记重要讲话和指示批示精神，把深入学习贯彻习近平新时代中国特色社会主义思想、党的二十大会议精神作为首要政治任务，贯穿于校园安全稳定工作始终。维护国家、校园政治安全，杜绝失泄密事件发生；夯实巡逻、巡查等基础工作，排查、治理消防隐患、风险点；整治校园治安、交通秩序，严格校门、楼门、社区门管控；维护好校园安全稳定和教学、科研、办公秩序，构建韧性校园、平安校园。以师生为中心，想师生之所想，急师生之所急，未诉先办、接诉即办、首问负责，建设"一站式"服务大厅，一次性解决师生难题；广泛宣传教育、普及安全知识常识，提升师生安全意识；依靠师生，挖掘潜力，吸纳更多的师生共同参与校园安全工作，壮大安保力量。落实学校党委专班工作要求和指示精神，推动完成图书馆建设、学生宿舍提升等各项专班任务。

**政保保密与国家安全**。推进保密工作归口管理，切实做好各级各类考试和国防军工科研项目保密工作，组织保密基本知识考试8人次，办理政审7份。加强校地联动、警地联动，协同做好师生国家安全和保密工作，全年无失泄密事件发生。4月11日至15日，以"树牢总体国家安全观，感悟新时代国家安全成就，为迎接党的二十大胜利召开营造良好氛围"为主题开展国家安全日系列宣传活动。在校园主干道悬挂横幅，制作、摆放主题宣传展板，发放宣传折页，利用教学楼电子屏展示宣传材料，在教室、食堂等人员密集的公共区域张贴宣传海报。6000余名师生员工线上参与"国家安全，人人有责，全民反恐，共创平安2022年全民国家安全教育日反恐怖宣传教育有奖竞答"活动，通过"平安北医 和谐校园"微信公众号连续发布《一图带你了解"国家安全"》《快到碗里来！海量国家安全教育资源》等文章，组织5000余名师生员工收看由北京大学保卫部部长赵冠英等讲授的《千万师生同上一堂国家安全教育课》线上慕课，提高师生国家安全意识。

**消防安全**。2022年，保卫处继续夯实安全基础工作，以查促改、以练促学，坚持"四查四练"，即每日消防巡查，实验室夜查；每周完成安全网格检查和专班检查；每月联合相关部门进行专项检查；每季度结合之前检查情况，对重点部位进行抽查。组织消防队员每日集结拉动，每周锻炼体能技能，每月开展疏散演练，每季度进行"一警六员"培训，2022年顺利通过消防安全管理达标检查，并在"一警六员"考核中获评"优秀"。查处隐患136起、整改问题110处，落实安全责任人与安全措施26处，检修灭火器7300余具，开具动火证、启动书、审批化学品同位素、管控品等1021份，处置火险5起。11月7日至10日，保卫处以"抓消防安全，保高质量发展"为主题开展系列消防安全宣传活动。11月7日在校园主干道悬挂宣传横幅6条、摆放宣传展板14块，通过电子屏滚动播出，微信公众平台推送消防知识，营造消防安全文化氛围。11月9日在体育馆北侧开展消防安全主题体验活动。主题活动设置疏散逃生、绳索救援、应急处置、问题隐患排查四个体验区，2000余名师生参与现场体验。11月10日，保卫处对幼儿园进行专场消防培训，通过理论讲解、实物演示、现场互动等形式，普及消防设施的使用方法和火场逃生技能。2022年，保卫处在前期消防报警系统建设的基础上，开展学生宿舍消防系统建设，彻底清除学生宿舍楼的消防隐患。

**交通安全**。配合校园建设施工，优化校内交通流线，加强疏散引导，服务施工车辆1700余辆；启用机动车测速系统，增加标识、智能提醒车主，纠正超速车辆36辆；施画交通标线、增加标识77处，4130米；地库警报1组，在留学生楼停车场增装充电设备10组，缓解电动车车主充电排队的现象。5月至6月，保卫处调研、制定2022年机动车管理方案，经医学部交通安全委员会讨论形成《2022年北京大学医学部机动车管理实施细则》，在职职工和家属可以通过"平安北医 和谐校园"微信公众号线上办理机动车通行证，共计办理机动车通行证2947个。

**校园秩序**。2022年全年接报警、求助3500起，开展"平安伴行"服务780余人，护送就医139人投放爱心共享单车30辆，义务服务运送大件物品5300件，找回失物376件，"一站式"服务6000余人次，维护常驻人口户籍7500余人；安装外卖架4组、地库警报1组，清理乱停乱放共享单车4700余辆，义务摆放自行车14,900余辆。大型活动加勤70余次，450余人次参与工作，累计时长1620余小时。全年重要安保时期，重要时点安保加勤358人次，累计时长5872小时，校园平稳有序，无安稳事件发生。全年抓获违法嫌疑人5人并移交派出所处理。治理学生宿舍楼前乱停车、丢东西、人车混行、违章用电等校园顽疾，安装隔离护栏、清理人行通道、清查安全隐患。在学生宿舍和图书馆建设安防系统，新增高清摄像机810台。

**家属区安全管理**。配合社区居委会，督导、检查社区各项安全管理工作，维护社区公共安全，全年办理装修登记70余次，清理装修垃圾18次，处理装修扰民20余起，整治隐患132处，阻止看病穿行车辆1000余辆，阻止游街商贩进入社区200余人次。

**安全教育**。2022年继续推动安全教育前置，要求新生通过安全教育平台在入学前完成安全课程学习并考核达标；通过"平安北医和谐校园"微信公众号累计发布主题推送文章56篇；结合"4·15"国家安全日开展以"树牢总体国家安全观，感悟新时代国家安全成就，为迎接党的二十大胜利召开营造良好氛围"为主题系列活动；结合"11·9"消防安全日开展"抓消防安全 保高质量发展"为主题的消防互动体验活动；结合"12·2"全国交通安全日开展"文明守法

平安回家"为主题的互动体验活动,拓展宣传覆盖面,深化宣传效果。全年开展实操演练20次,邀请民警进校园进行安全授课10次,发放宣传材料20,000余份。全面开展安全辅导员进学院、进班级、进宿舍活动,点对点对接、面对面交流,开展安全授课35次。在高频率、大强度的宣传教育下,2022年度电信网络诈骗案件发案数及涉案金额、火情火险发案数实现2020年以来"三连降"。其中,电信诈骗发案数较2021年度下降12.5%,案值较2021年下降73%;火险数量较2021年下降16.7%,火险损失同步大幅下降。

（沈 鹏）

**【疫情防控工作】** 2022年新冠肺炎疫情防控进入常态化阶段,保卫处落实北京大学、医学部疫情防控部署,落实等级防控、动态调整校园管控措施。按照"严防严控、群防群控、联防联控"的工作思路,严格校园管控,重新梳理校门分区及人员分类,建立缓冲区和物品交接区,科学规划空间,开辟行人出口,减少交叉、循环流动;针对手工查验健康宝时间偏长、天气转凉操作不便的问题,在医学部网信中心的支持下,整合个人身份、健康宝等各项信息、多码合一,在数据范围内的教职工只刷一次即可通行,方便师生、提高通行效率。2022年,通行人员核验日均6000余人;扫码登记日均7400人次;日均抗原检测300余人;劝阻健康宝弹窗460余人、核酸超时3280余人;查处各类违规入校85人。

（沈 鹏）

## 政策法规研究

**【发展概况】** 部门概况。政策法规研究室（党委政策研究室）（以下简称"政研室"）内设法规与制度建设办公室、战略规划办公室、深化改革办公室、综合办公室4个科室,承担学校政策研究、法规与制度建设、战略规划、综合改革等方面的工作。2022年1月至9月,政研室领导班子成员共3名;9月至12月,领导班子成员共2名。

重要文稿、书籍。按照中央及上级精神和学校各项部署,从北大发展改革的具体实际出发,牵头或参与起草一批重要文稿。2022年全年,政研室起草或负责把关、修改的各类文稿累计超200篇,总字数超过100万字,在《教育学术月刊》《中国高等教育》《北京教育（高教）》等期刊发表《基础性权力与大学去行政化——对学术权力与行政权力二元对立观的反思》《推进高校党史学习教育常态化长效化》《以冬奥志愿服务作为"教材"推动高校思想政治教育实践走深走实》等一系列理论研究文章,并撰写《STEM教育的国际经验及启示》《科学全球化》等研究分析报告。结合党的二十大、北京市第十三次党代会、北京大学第十四次党代会以及教育评价改革工作,对学校中长期发展战略开展专项研究,涵盖北京大学校史研究、世界大学排名、大学改革创新等主题,形成了一系列研究成果。

制度建设。根据《教育部办公厅关于启动新一轮高等学校章程修订工作的通知》要求,政研室与有关部门积极沟通,对学校章程修订开展调研,并着手拟定章程修订工作方案。重点对上位法有明确规定、中央巡视有明确反馈意见、教育部有明确部署的内容进行了调整,主要包括办学指导思想、学校党委和行政职责、院系党组织职责、学校纪检监察体制等事项。

综合改革。2022年,政研室继续做好学校各专项改革之间的衔接工作与服务工作,负责与教育部综合改革司等上级部门的具体沟通联络和材料报送。负责《北京大学综合改革简讯》的编写工作。起草重要研究报告。撰写《中国数字人文发展前景及其对北大的启示》《北大校友"斯隆研究奖"获奖情况分析》《中国人民大学发布"2021年中国大学改革创新指数"》等研究分析报告,供学校领导决策参考,得到学校主要领导的批示肯定。

部门内部建设与党支部建设。坚持定期开展学习研讨,集体学习重要讲话与文件。一年来,领导班子带领政研室全体职工深入学习习近平总书记在中国共产党第二十次全国代表大会、二十届中共中央政治局常委同中外记者见面会、二十届中共中央政治局第一次集体学习、参观延安革命纪念馆、庆祝中国共产主义青年团成立100周年大会、考察中国人民大学等场合发表的重要讲话精神,以及习近平总书记给北京大学师生的历次回信精神,认真学习《习近平书信选集》第一卷、《习近平在上海》、《习近平谈治国理政》第四卷等重要著作,结合《中共中央关于认真学习宣传贯彻党的二十大精神的决定》等系列重要文件内容,进一步领悟"两个确立"的决定性意义,把理论学习成果转化为有效推进工作的强大动力。

政研室领导班子坚持把政治建设摆在首位,严格执行民主集中制,深入落实"三会一课"、主题党日等党内组织生活制度,同历史学系、党委巡视办公室、人事部、科学研究部等单位多次开展党支部活动,深入学习党的二十大精神;参观"喜迎二十大 奋进新时代——北京大学改革发展十年成果图片展"、北京大学首届数字人文作品展,集体观看"荣光与梦想"国家大剧院合唱团音乐会;邀请中国工程物理研究院孙昌璞院士作"面向国家需求的基础研究与战略科学家培育"主题报告;政研室党支部多次参加机关党委举办的讲座学习和沟通交流活动。承担与可持续发展大学联盟（UAS, University Alliance for Sustainability）联络工作,对接该联盟2022年博士生论坛相关工作,发布相关议题与信息。

（柴玥儿）

**【完成北京大学第十四次党代会报告起草相关工作】** 2022年4月起,按照学校党委安排,政研室牵头成立文秘工作组,负责北京大学第十四次党代会报告文稿起草工作。4月到6

月，对党代会报告的框架和内容进行多次讨论，并在前期调研的基础上形成报告初稿。5月，根据学校党委要求，对党代会报告进行了多轮修改，经学校党委常委会会议审议，获原则通过。6月至8月，按照学校党委"'开门'写报告"的有关要求，政研室先后召开12次征求意见座谈会（来自各二级单位、医学部、附属医院的党政负责同志、党员代表、离退休同志代表、青年教师代表等共计125人参加），并征求20名党委委员、纪委委员和相关单位负责人的意见，在全校范围内对党代会报告征求意见稿进行充分讨论和细致修订。8月，政研室根据部分党代表的反馈意见，对党代会报告审议稿进行修订，圆满完成学校第十四次党代会报告的相关工作。

（柴玥儿）

【**以教育评价改革为重点持续推进综合改革**】 2022年，政研室根据《深化新时代教育评价改革总体方案》精神和教育部相关要求部署，继续推进教育评价改革相关工作。结合《北京大学深化教育评价试点工作方案》，建立《北京大学深化教育评价改革试点工作台账》，明确试点任务、改革措施、完成时间等主要内容，定期督促、更新进展，保质保量推进试点任务。定期向教育部上报《北京大学教育评价改革试点工作进展情况表》。起草《北京大学深化综合改革方案》，向各单位征求意见，并根据反馈意见修改形成初稿。加强《北京大学综合改革简讯》编制工作，对国内外高等教育领域、科技领域最新发展动态进行分析和汇总，将对学校发展有借鉴或参考价值的文章进行摘编，呈报校领导、各机关职能部门、各院（系、所、中心）负责人，2022年共编制8期（创办以来共编制58期）。

（柴玥儿）

# 巡视工作

【**发展概况**】 组织架构。党委巡视办公室（以下简称"巡视办"）作为学校党委巡视工作领导小组的日常办事机构，负责统筹协调、指导督导、服务保障内部巡视工作，向领导小组负责并报告工作。党委巡视办公室无内设机构，设主任1名（由纪委副书记兼任），副主任1名，正科级职数1个。2021年10月，学院党委选派2名正处级组织员专门从事巡视工作，充实专职干部队伍力量。2022年1月，学校研究决定，同意北京大学党委巡察办公室更名为北京大学党委巡视办公室。

总结规划。2022年，总结内部巡视工作情况，参照中央单位巡视工作专项检查要点开展自查自评，形成《北京大学十三届党委巡视工作总结报告》《北京大学党委内部巡视工作自查报告》。结合学科类别、工作系统、组织架构和管理现状，分版块、分领域、分专题谋划内部巡视全覆盖工作，研究起草《北京大学党委巡视工作规划（2022—2027）》征求意见稿，统筹安排对65个二级党组织的常规巡视，深化创新对职能部门、直属附属单位相关领域的专项巡视。

整改调研。根据中办下发的《关于加强巡视整改和成果运用的意见》，修订完善《关于加强内部巡视整改和成果运用的实施细则》。将推动整改、防范风险、促进改革、优化治理结合起来，通过开展全面自查、专项检查、现场督导、跟踪调研，持续推动巡视整改走深走实。上半年，协同纪委、党委组织部、党委宣传部、相关巡视组，对15家巡视整改质量仍待提高、承担中央巡视整改任务较重的单位开展巡视整改实地调研督导工作。下半年，调度全校各二级单位申报内部巡视整改进展报告、台账的最终稿及相关说明材料，通过研阅书面材料、跟踪调研了解，梳理未完成和整改不彻底的事项，起草内部巡视整改情况综合报告。

贯通协调。制定《关于健全巡视机构与审计部门联动协同机制的意见》《关于加强巡视机构与组织人事部门协作配合的意见》，促进专业力量深度参与巡视工作。深化与职能部门的贯通，坚持从业务看政治，从问题看责任，拓展有效联动路径，促进巡视与教学、科研、管理、服务紧密结合，推动职能监督做深做实。

制度建设。根据中央关于巡视工作的最新文件精神，学习借鉴中央巡视制度成果，进一步健全工作规则、完善工作机制，修订完善18项基础制度，涵盖巡视准备、听取汇报、干部选配、问题底稿管理、报告起草、沟通机制、巡视信息化建设、问题线索处置等环节，逐步形成落实中央精神、切合学校实际的巡视制度体系。

队伍建设。健全巡视干部选配机制，加强人才库建设。加强巡视机构与组织部门的协作配合，用好专职巡视干部、党政管理干部、院系党员教师三支力量。优化巡视借调干部选用机制，加强巡视组组长和联络员队伍建设。建立常态化、模块化培训机制，着力提高巡视干部的实战能力。完善巡视干部激励机制，把参加巡视工作作为干部培养锻炼的重要途径，规范巡视工作鉴定、评优表彰等保障性措施。

成立巡视办党支部。2022年10月，成立巡视办党支部。党支部集体收看党的二十大开幕式和二十届中央政治局常委同中外记者见面会；分别与经济学院、历史学系党委，教务部、政策法规研究室、科学研究部、审计室、教育基金会党支部开展联学党的二十大精神交流会，发挥党建引领作用，夯实巡视机构组织基础，强化巡视工作的理论武装和政治功能。

加强信息化建设。研究制定《北京大学巡视信息化建设方案》，使用中巡办统一建设的巡视巡察信息平台，探索推动信息共享和互联互通；开发建设巡视整改管理系统，通过上传问题清单、整改材料，进行分级管理、线上审核、动态监督，对问题类型、整改完成率、整改趋势、预警情况、整改用时、审核评估情况进行统计分析，推动形成内部巡视整改全链条全周期全过程监督管理闭环。

（索天艺）

**【学习贯彻党的二十大精神】** 持续深入学习贯彻习近平新时代中国特色社会主义思想和党的二十大精神，特别是习近平总书记在听取中央第七轮巡视综合汇报时的重要讲话精神，及时向学校党委汇报中央巡视办最新会议和文件精神。始终把学习贯彻习近平新时代中国特色社会主义思想作为内部巡视监督的首要任务，系统研究总书记视察高校时的重要讲话、指示批示和回信贺信精神，深入理解和把握扎根中国大地建设世界一流大学的规律，持续跟进学习领会总书记关于高等教育的重要论述，分类梳理形成《习近平总书记关于高等教育和北京大学工作的重要论述摘编》；将二十大报告关于科技自立自强、文化自信自强、健康中国建设、人才引领驱动的决策部署要求逐条细化为新一轮巡视监督重点，结合被巡视单位职能责任，将总书记关于被巡视单位（系统、领域）的重要指示批示精神落实落细、见行见效。以学习党的二十大精神为契机，不断深化对新时代巡视工作规律和教育工作规律、高校发展规律的理解把握，探索深化对人才培养质量、思想政治工作、师德师风建设的监督检查，持续推动立德树人根本任务在院系常态化、系统化落实，确保党的理论和路线方针政策落地生根。

（索天艺）

**【推进中央巡视常态化整改】** 参与中央巡视整改工作，研究制定常态化整改方案，推动中央巡视整改巩固深化。按照中央纪委国家监委《关于巡视整改的审核评估意见》《关于"一校一策"开展工作指导督促的通知》要求，制定中长期整改项目和持续整改任务两张清单。协助学校党委建立健全整改促进机制，强化集中整改期与常态化整改期两个时段的贯通，实现中长期整改任务的落实与整改成效的巩固深化的衔接，做到按季度统筹调度、常态化监督检查、滚动式调研督导、全流程评估验收、强有力倒逼问责。强化与上级机构沟通联络、请示报告，与中央纪委国家监委第二监督检查室、教育部中管高校巡视整改指导督促组、中央巡视办保持密切联系，按季度报送常态化整改进展，配合完成上级部门交办的各项工作任务，报送《北京大学党委关于2022年中央巡视整改工作的总结报告》及典型案例。

（索天艺）

**【中央巡视工作领导小组办公室副主任罗礼平一行来校调研】** 10月14日，中央巡视工作领导小组办公室副主任罗礼平一行来校调研北京大学党委抓内部巡视工作情况，对高校如何通过巡视推动落实立德树人根本任务、在巡视中加强师德师风问题监督检查、密切巡视办与其他部门协作配合、深化巡视与其他监督贯通融合、加强巡视整改和成果运用等问题进行回应。党委副书记、纪委书记顾涛代表党委巡视工作领导小组作汇报，巡视办主任胡少诚重点汇报当前北大巡视工作存在的问题和不足。纪委办公室、党委组织部、党委宣传部、人事部（党委教师工作部）、教务长办公室、研究生院等部门负责人分别作交流发言。

（索天艺）

# 学科建设

**【发展概况】** 学科建设办公室（以下简称"学科办"）是北京大学在原985/211工程办公室的基础上于2015年设立的独立建制的职能部门，2019年加挂"北京大学学术委员会秘书处"牌子。办公室主要职责包括：全校学科规划和学科建设，牵头协调"双一流"建设方案编制和推进落实，负责学科建设项目和经费的日常管理工作。在学科规划方面，负责研究制定校级专项学科规划，负责实体研究机构的设立、评估、调整、撤销，负责人遴选与换届等管理工作，支撑学科建设委员会运行。在项目管理方面，负责管理"统筹支持一流大学和一流学科建设"经费、中央高校基本科研业务费、北京高校"双一流"建设专项、北京市高精尖学科专项、国家发改委相关专项等学科建设经费，管理校内"临床医学+X青年专项"和"新工科交叉青年专项"等项目。此外，负责调研国内外学科发展和学科建设动态，联合相关部门开展院系国际同行评议，组织教学科研单位年度发展状况绩效评估，参与主办《大学与学科》期刊。下设综合办公室、项目管理办公室、学科规划办公室3个科室，现有事业编制职员5人，劳动合同制人员1人。

2022年4月，学校研究决定，任命徐明为医学部学科建设办公室（以下简称"医学部学科办"）主任、学科办副主任（兼）；免去王坚成的医学部学科办主任、学科办副主任职务。7月，学校研究决定，任命陈鹏为学科办主任，免去王新强的学科办主任职务；任命黄俊平、蔡晖（兼）为学科办副主任，免去张存群的学科办副主任职务。9月，任命王志恒为学科办副主任（挂职）。学科办现任领导情况为：主任陈鹏，副主任王周谊（兼职）、黄俊平、贺飞、徐明（兼职）、蔡晖（兼职）、王志恒（挂职）。

理学部办公室、信息与工程科学部办公室、人文学部办公室、社会科学学部办公室以及经济与管理学部办公室等5个学部办公室作为学部日常办事机构，挂靠在学科办。现任学部办公室主任情况为：理学部原帅，信息与工程科学部蒋晓涛，人文学部魏巍，社会科学学部曲一铭，经济与管理学部杨超。

2022年度，学科办全面贯彻习近平新时代中国特色社会主义思想，深刻领悟"两个确立"的决定性意义，增强

"四个意识"、坚定"四个自信"、做到"两个维护"，认真学习党的二十大、北京市第十三次党代会、北京大学第十四次党代会精神，贯彻落实习近平总书记关于教育的重要论述和重要指示批示精神，积极推进"双一流"建设和学校改革发展。

**学习贯彻党的二十大精神**。10月16日，学科办集体观看中国共产党第二十次全国代表大会开幕会，共同庆祝党的二十大胜利召开。10月23日，集体观看第二十届中央政治局常委同中外记者见面会。在党的二十大召开前后，学科办积极开展学习宣传党的二十大精神活动，先后组织参观"喜迎二十大、奋进新时代——北京大学改革发展十年成果图片展"，联合研究生院、教务长办公室、医学部研究生院、医学部学科办等部门组织"学新精神、展新作为——学习贯彻党的二十大精神"主题党日活动，协助组织"全面深刻理解二十大精神，学习领悟国家能源发展战略"主题党日活动。12月21日，协助机关党委组织"互学互鉴、共同进步、提质增效、加快创建——机关交流沟通系列活动"，学科办主任陈鹏结合学习党的二十大报告心得体会，围绕"以党的二十大精神为指引，高质量推进新一轮'双一流'建设"的主题作报告。

**教学科研单位发展状况绩效评估**。组织完成2022年度教学科研单位发展状况绩效评估工作，在各教学科研单位制定的2022年度重点任务基础上，开展对照重点任务完成情况的发展状况绩效评估，作为教学科研单位年终绩效奖励参考。

**学科建设经费**。2022年，中央高校建设世界一流大学（学科）和特色发展引导专项资金到校额度12亿元，中央高校基本科研业务费到校额度1.4497亿元。在经费持续整体缩减的情况下，鼓励并引导各单位在保证基本运行的前提下，尽可能将经费用于人才引进，将人才启动经费作为优先保证经费，保持经费稳定且比例略有增长，2022年度设立人才启动项目近400项。学科建设队伍建设经费用于培养、引进、聘任学术领军人才和建设优秀创新团队，稳定支持高水平人才队伍建设，为教师安心从教、热心从教创造良好环境。加强对公共平台的支持，构建良好的创新平台环境，2022年度支持的创新平台项目包括昌平临时动物设施启动、电镜平台仪器设备升级和临床化学生物学平台、整合谱学平台、环境风洞平台建设等。设立专项项目，促进校内学科交叉，营造需求导向、有组织的交叉研究氛围，持续推进"临床医学+X青年专项"项目，2022年度立项43项；首次实施新工科交叉专项项目，2022年度立项30项。

**"双一流"建设重点项目**。2022年，按照教育部进一步规范学科建设经费资金使用管理、提高资金使用效率的要求，以及学校新一轮"双一流"建设方案中对资源配置改革的规划，在学科建设经费管理方面进一步推进资源和政策支持机制改革，以学科实际需求为基础，在现有资源条件下适当加大对建设目标明确、预期成效显著学科或领域的资源投入，以创新平台建设、人才启动支持为抓手，构建良性的创新发展生态。

落实教育部新一轮"双一流"建设对深化基础学科建设的要求，专项支持基础学科建设。持续加强对临床医学+X、区域与国别研究、碳中和核心科学与技术、"数智化+"等新一轮"双一流"建设校级重大交叉学科项目的支持。持续稳定加强对校内各院系、实体学科建设单位创新能力提升的支持。落实教育部专项要求，对一流数学中心建设、纳光电子前沿科学中心、量子物质协同创新中心、古文字与中华文明传承发展工程等重点项目加以专项支持。牢固树立"过紧日子"的思想，厉行节约，持续对学校基础设施、公共平台、创新体系服务等支撑体系项目加以支持，集中力量办大事，努力保障学校重点任务落实。

**北京市共建一流大学工作**。统筹推进北京市高校"双一流"建设项目配置，2022年度北京市"双一流"专项到校经费1.77亿元，按照师资队伍建设、带动市属院校发展、服务"四个中心"、国际交流、科学研究、人才培养、文化传承等方面安排项目经费。积极推进与首都师范大学、首都医科大学、北京第二外国语大学、中国音乐学院、北京电影学院等5所市属高校、6个学科的共建工作。北京高校"高精尖"学科建设专项到校经费720万元，支持分子光谱学、人工智能、智慧医疗工程与技术等3个北京高校"高精尖"学科建设。

**精准支持队伍建设**。持续推进精准支持项目，组成理工科、人文社科两个评估专家组，对15个院系近三年精准支持项目的实施情况进行评估。

**实体研究机构管理**。2022年，继续按照《北京大学实体研究机构管理办法（试行）》相关规定，加强实体研究机构管理。启动《北京大学实体研究机构管理办法（试行）》修订工作，经校长办公会议、党委常委会会议审议通过《北京大学实体研究机构管理办法》修订稿。协助党委组织部对学校实体研究机构的党组织运行情况开展问卷调查，摸排新型实体研究机构党组织有效覆盖情况、党建工作责任落实情况。

推动语言学实验室实体化工作，推动成立中共党史党建研究中心和碳中和研究院等实体研究机构，组织相关学部和院系对机构建设方案进行论证。组织召开国家生物医学成像科学中心、国际机器学习研究中心、前沿交叉学科研究院、科学技术与医学史系、全球健康发展研究院、国际战略研究院、区域与国别研究院、碳中和研究院、语言学实验室和海洋研究院等10个机构的负责人遴选会，完成生态研究中心、人工智能研究院副职负责人调整工作。

**学科建设委员会**。2022年，学科建设委员会及其分委员会严格遵照相关议事规则，定期组织会议审议或通报相关工作情况，充分履行职责，推动学科建设各项工作顺利进行。组织召开2次学科建设委员会会议，审议放权改革一流学科建设方案；审议碳中和研究院、语言学实验室和中共党史党建研究中心等三个实体研究机构设立及现代农学院设系申请等事宜。报学科建设委员会委员通讯审议"'国家发展学'博士学位授权交叉学科"事宜。

学术委员会。2022年，启动校学术委员会换届工作，完成学部学术委员会和二级教学科研单位学术委员会的整体换届工作。完成智能学院学术委员会成立和电子学院、计算机学院、集成电路学院学术委员会调整成立的审批工作，完成汇丰商学院、王选计算机研究所、外国语学院、历史学系、光华管理学院、城市与环境学院、地球与空间科学学院、对外汉语教育学院、国际关系学院、国家发展研究院、教育学院、考古文博学院、人工智能研究院、人口研究所、软件与微电子学院、心理与认知科学学院、新闻与传播学院、现代农学院、哲学系、生物医学前沿创新中心等20个单位学术委员会调整换届工作。完成理学部、信息与工程科学部、人文学部、社会科学学部和经济管理学部的学术委员会整体换届工作。按照学院提名、学部审议的工作流程开展校学术委员会换届工作。

进一步加强学风建设力度，学术委员会秘书处严格依照相关规定，认真做好各类举报和问题线索的受理、审核、调查、审议、上报、答复、存档等工作。学术道德委员会召开1次会议，审议4项议题。

学科发展专题会议。组织召开2次计算机和智能学科发展专题会议，就计算机和智能学科发展进一步听取信息与工程科学部和相关院系意见，为学校相关决策和工作举措提供依据。参与学校应用数学"双一流"建设基地专题会议讨论，配合落实相关工作。组织召开现代中国人文研究所建设专题工作会议。

信息公开。2022年，组织编写《2021年度北京大学学科建设年报》，汇总统计并在一定范围内公布2021年度北京大学各单位学科建设经费投入和执行情况等信息。

（刘小鹏、何　洁、马　信）

【完成新一轮"双一流"建设方案编制工作】 按照上级文件要求和学校工作部署，学科办牵头完成新一轮"双一流"建设方案编制。为承接"双一流"放权改革工作，1月制定工作方案，召开工作沟通会，对一流学科放权改革方案编制工作进行部署。全校各学科建设单位在寒假期间按照"大讨论、深谋划、重落实"的工作要求，以多种形式开展方案编制研讨。学校各相关职能部门在全校范围内开展调研，广泛听取意见。2月，学科办组织全校性专题会议对一流学科建设方案进行充分论证，完成《北京大学"双一流"建设高校整体建设方案》《北京大学新一轮"双一流"放权改革工作方案》和各学科放权改革工作方案。3月，经过学校学科建设委员会会议、学术委员会会议、校长办公会议、党委常委会会议审议通过。5月，协助教育部组织召开北京大学、清华大学新一轮"双一流"建设方案咨询会，与教育部、清华大学密切沟通，根据专家意见修订完善学校"双一流"整体方案，准备方案公开文件。11月，学校正式向教育部报送《北京大学"双一流"建设高校整体建设方案》完整版及公开版。

新一轮"双一流"建设方案坚持"四个面向"，按照1+49（38）+6+4的学科布局，深入推进5项改革重点任务，面向2030发布3个改革计划，明确学科建设目标，体现放权改革总体思路。方案提出，要做优传统优势基础学科，做强国家战略急需学科，做实新型交叉学科，打造面向未来的中国特色哲学社会科学体系，大力推进新工科、新文科、新医科、新农科建设，持续推进临床医学+X、区域与国别研究、碳中和核心科学与技术、"数智化+"等重大交叉学科项目，为国家重大战略需求提供更高质量的人才和科技支撑。

（贺　飞、刘小鹏、何　洁）

【《北京大学实体研究机构管理办法》修订工作】 为压实实体研究机构党建工作责任，实现党组织有效覆盖，学科办联合党委组织部根据巡视整改任务要求，在调查研究的基础上，修订、补充、完善《北京大学实体研究机构管理办法（试行）》中有关党建工作的内容；结合工作实际，建议进一步修订原《管理办法》相关条款，体现"目标导向、总量控制、多元支持、动态调整"的管理思路；对条款结构进行必要调整，对部分文字表述进行修订完善。2021年11月至2022年2月，学科办讨论《管理办法》修订原则、主要修订条款等；3月，征求党委组织部关于《管理办法》修订稿的意见，学科办领导班子会议讨论《管理办法》修订稿；4月至10月，根据学校法律事务办公室审核意见，对《管理办法》修订稿进行多轮修改迭代；11月21日、28日，《管理办法》修订稿先后经校长办公会议、党委常委会会议审议通过。

（马　信）

【学术委员会换届工作】 2022年，根据《北京大学学术委员会章程》（校发〔2021〕239号）有关规定，学术委员会秘书处启动校学术委员会换届工作，并完成学部学术委员会和二级教学科研单位学术委员会的整体换届工作。

学部学术委员会换届：5月7日，学科办与各学部沟通相关工作，各学部主任班子商议确定新一届学部学术委员会委员总数以及所辖二级教学科研单位分配席位数。5月8日，学科办向39个相关二级教学科研单位发送《关于学部学术委员会换届工作的通知》，启动学部学术委员会建议人选推荐工作。5月27日，各学部主任班子对本学部学术委员会推荐人选进行审核。5月26日至6月5日，学科办完成整体情况审核，撰写完成《学部学术委员会换届情况报告》，并呈送相关校领导审阅。根据推荐情况，各学部学术委员会委员总数101人，卸任委员50人，新增委员58人，较上一届委员总数增加8人。其中，理学部、人文学部、经济与管理学部委员人数维持不变，分别为23、21、13人，信息与工程科学部委员人数由15人增至21人，社会科学学部委员人数由21人增至23人。经6月15日校长办公会议和6月21日党委常委会会议审议通过，完成此次换届工作。

院系学术委员会换届：5月8日，向42个相关二级教学科研单位发送《关于二级教学科研单位学术委员会换届工作的通知》；根据反馈情况，其中13个单位开展并完成本单位学术委员会换届工作，其他单位将推迟换届或因近期已换届暂不进行换届工作。经6月15日校长办公会议审议通过，完成此次换届工作。

（马 信）

【**学部班子换届聘任工作**】 4月27日，北京大学理学部、信息与工程科学部、人文学部、社会科学学部、经济与管理学部班子换届聘任会在英杰交流中心月光厅举行。校长郝平出席会议并讲话，常务副校长龚旗煌，副校长王博、张平文，五个学部原班子和新任班子成员，党委组织部、教务部、科学研究部、社会科学部、人事部、学科办等相关职能部门负责人参加会议。会议由龚旗煌主持。

党委组织部部长宁琦宣读学校关于五个学部班子任职的决定：聘任谢晓亮为理学部主任，沈波、高毅勤、朴世龙为副主任；高文为信息与工程科学部主任，张远航、魏悦广、张兴为副主任；申丹为人文学部主任，李四龙、王立新、吴晓东为副主任；张静为社会科学学部主任，文东茅、王正毅、陈瑞华为副主任；周黎安为经济与管理学部主任，张辉、刘晓蕾、徐晋涛为副主任。

与会人员共同观看视频短片，回顾2016至2022年学部工作精彩瞬间。郝平逐一为各学部卸任班子成员颁发感谢信，并与龚旗煌、王博、张平文共同向出席会议的新一届学部班子成员颁发聘书。理学部主任谢晓亮、信息与工程科学部主任高文、人文学部主任申丹、社会科学学部主任张静、经济与管理学部副主任张辉进行交流发言。郝平做总结讲话，肯定上一届学部班子为学校人才培养、学术发展、队伍建设等方面做出的贡献，并代表学校对新一届学部班子提出要求和希望。

（刘小鹏）

【**2021年度"双一流"监测数据填报工作**】 根据教育部《关于开展2021年度"双一流"监测数据集中填报工作的通知》（教研司便字20220623号）精神，学校于7月7日召开工作部署会，启动2021年度"双一流"监测数据填报工作。

2021年度"双一流"监测指标体系包括"大学整体监测指标体系"和"学科监测指标体系"。学科办认真研究分析监测指标体系，制定初步的任务分工并征求校内各院系和职能部门意见，做好部署和填报培训工作。"大学整体监测指标体系"由校内各相关职能部门协同完成，每个部门设置1个"数据填报员"账号负责在线填报；涉及多个部门的监测指标，指定具体牵头部门，协调并汇总相应内容后通过在线系统填报。"学科监测指标体系"由各学科对应责任院系完成，每个学科设置1个"数据填报员"账号，由牵头院系汇总本学科数据后通过在线系统填报。学科办分别建立两个工作微信群，随时解答各单位在填报过程中遇到的问题。

7月15日至27日，学科办组织专班，先后多次逐一审核49个一级学科填报的数据，将存在的问题及时反馈给牵头单位，并督促相关单位修改完善。7月29日，学校顺利完成各项监测指标的填报工作，并向教育部提交监测数据和学校确认函。本次提交的数据中，"大学整体监测指标体系"包括"表格类"定量指标10项，共23条、112个数据；"清单类"指标26项，共1345条、10,379个数据；"写实类"定性指标20项，共9292字；留白指标3项，共3011字。49个"学科监测指标体系"包括11,991条、74,680个数据；"写实类"指标共113,375字；留白指标202项，共186,593字。

（刘小鹏）

## 理学部学科建设

【**发展概况**】 学部换届。4月27日，学校召开学部主任换届聘任仪式，校长郝平，常务副校长龚旗煌，副校长王博、张平文出席活动，为各学部原班子成员颁发感谢信，并为新任班子成员颁发聘书。理学部原副主任吴凯离任；新班子由谢晓亮担任主任，沈波、高毅勤、朴世龙担任副主任。

学部学术委员会换届。5月8日，校学术委员会秘书处通知启动学部学术委员会换届工作。学部主任班子按程序推进，6月21日，学校党委常委会会议审议通过理学部新一届学术委员会名单，谢晓亮任主任，沈波、高毅勤、朴世龙任副主任，委员（以姓氏笔画为序）包括：丁剑、于翔、史宇光、刘瑜、刘小博、刘忠范、刘鸿雁、苏彦捷、肖云峰、吴凯、宋晓东、胡永云、席振峰、鄂维南、蒋争凡、谢心澄、颜学庆、魏春景、瞿礼嘉。

推选新一届校学术委员会教授委员建议人选。10月14日，校学术委员会秘书处通知启动校学术委员会换届工作。理学部收到通知后，先后多次讨论遴选方案，扎实推进相关遴选工作。10月25日，谢晓亮主持召开理学部学术委员会全体会议，集中审议校学术委员会理学部教授委员换届工作并投票。12月26日，理学部办公室再次以通讯评议方式向学部学术委员会委员征求意见。综合委员意见，理学部学术委员会推选鄂维南、汤超、席振峰、吴虹、方精云、卢海龙为校学术委员会教授委员建议人选。

教学指导委员会调整。4月，理学部调整学部教学指导委员会，学部主管教学副主任高毅勤任委员会主任，委员为各院系主管教学副院长，包括李若、刘若川、曹庆宏、彭良友、王颖霞、甘良兵、王世强、朱健、李本纲、曹广忠、何建森、张进江、姚翔、李迪华。

*教学科研单位发展状况绩效评估*。3月，根据学校统一部署启动教学科研单位发展状况绩效评估工作。理学部各单位主动结合自身实际，围绕学科布局和单位发展中存在的关键问题，制定年度重点任务。10月，学部制定《2022年度理学部绩效评估实施方案》。10月25日，理学部召开2022年度发展绩效集中评审会议。会议由副校长张平文主持，理学部学术委员会委员及相关职能部门代表共24人参会，实际投票人数24人；会议听取各院系负责人年度发展情况汇报后，对院系发展情况进行打分；根据计分结果（去掉一个最高分、一个最低分后按平均分排序），确定物理学院、数学科学学院为2022年度理学部发展绩效推优单位。

*岗位聘任*。7月2日，理学部学术委员会召开全体会议，审议教学系列和研究技术系列职位评审聘任、通用岗位专业技术岗位聘任等事宜。会议应到委员23人，实到委员18人，超过应到委员人数的三分之二。学部学术委员会认真听取各单位评估情况汇报、研究技术系列候选人的述职报告及院长独立意见，经充分讨论后进行投票表决。经审议，通过晋升研究员6人、副研究员1人；未通过副研究员2人。

*推选离退休教职工学术贡献奖杰出贡献奖获得者*。11月10日至21日，理学部办公室以通讯评议方式，先后两次向理学部学术委员会委员征求意见。综合两轮无记名投票结果，理学部推选张恭庆、陶澍、钱敏平、郝守刚、吴崇试、钱维宏、张启运等7位教师为离退休教职工学术贡献奖杰出贡献奖获得者。

*碳中和研究院建设方案征求意见*。5月10日至13日，理学部办公室以通讯评议方式征求理学部学术委员会对北京大学碳中和研究院建设方案的意见。理学部学术委员会经过通讯评议，一致同意北京大学碳中和研究院建设方案。

*理学顶尖学科建设*。4月，理学部部务会召开专题会议，研讨理学学科建设和人才队伍建设事宜，分析当前理学学科队伍建设取得的进展、存在的问题和未来努力方向。6月起，参与推进理学顶尖学科建设，组织多次座谈会，协助推进数学顶尖人才培养计划国际宣传工作。10月，推进基础前沿研究中美国际合作项目结题，梳理2年来的学术交流情况和相关子课题的研究进展。11月，推进理学年度顶尖学术成果交流工作。

*"博雅理学讲堂"系列讲座课程*。秋季学期，开设第三期"博雅理学讲堂"课程，由来自理学部、信息与工程科学部、医学部的8位青年科学家联合主讲。课程聚焦数学、生命健康、智能计算、未来技术、碳达峰碳中和、新材料、航空航天等基础研究领域和前沿科学问题，展现新时代北大青年科学家的担当与风采，引导青年学生积极投身科学研究事业，服务国家重大战略需求。

*组织推荐教学奖候选人*。5月14日，根据学校教学奖励工作要求，理学部召开教学委员会全体会议，对教学成就奖、教学卓越奖推荐人选进行投票表决。会议应到委员15人，实到委员14人，超过应到委员人数的三分之二。根据票决结果，推选物理学院刘玉鑫为2022年度教学成就奖学部推荐人选；物理学院王垡、城市与环境学院唐志尧为2022年度教学卓越奖学部推荐人选。7月7日，经学校专家委员会评议，物理学院刘玉鑫获得北京大学2022年度教学成就奖，城市与环境学院唐志尧获得北京大学2022年度教学卓越奖。

*新增本科专业/方向审议*。3月1日，理学部教学指导委员会经过通讯评议，通过环境科学与工程学院新增化学（环境科学）本科专业申请。3月2日，理学部教学指导委员会通过心理与认知科学学院增设"教学心理学本科教育项目"申请。3月12日，理学部教学指导委员会通过地球与空间科学学院增设"地球与行星科学本科教育项目"申请。6月24日，理学部教学指导委员会召开全体会议，审议通过生命科学学院增设"北京大学生命科学学院-白俄罗斯国立大学生物学系本科双学位项目"申请。

（原　帅）

## 信息与工程科学部学科建设

【发展概况】　基本情况。2021年，学校对原信息科学技术学院进行调整。2022年，信息与工程科学部有工学院、环境科学与工程学院、软件与微电子学院、材料科学与工程学院、未来技术学院、信息科学技术学院（本科生学院）、集成电路学院、电子学院、计算机学院、智能学院、王选计算机研究所和软件工程国家工程研究中心12个实体机构。学部现有力学、材料科学与工程、电子科学与技术、信息与通信工程、计算机科学与技术、环境科学与工程、生物医学工程、软件工程、集成电路科学与工程等国家学科目录内一级学科和人工智能自设交叉学科，其中集成电路科学与工程、人工智能为2021年获得授权学科。2022年，学部主任为高文，副主任为张远航、魏悦广、程旭、张兴，学部办公室主任为蒋晓涛。

*学部换届*。1月21日，学校宣布高文接任学部主任。4月27日，学校召开学部主任换届聘任仪式，校长郝平，常务副校长龚旗煌，副校长张平文、王博出席，为各学部原班子成员颁发感谢信，为新任班子成员颁发聘书。信息与工程科学部原副主任任秋实离任，新班子由高文担任主任，张远航、魏悦广、张兴任副主任。11月22日，学校宣布聘请程旭为学部副主任。

4月21日，学校党委组织部宣布任命蒋晓涛为信息与工程科学部办公室主任。

学部学术委员会换届。5月8日，校学术委员会秘书处通知启动学部学术委员会换届工作。学部主任班子按程序推进，6月21日，学校党委常委会会议审议通过信息与工程科学部新一届学术委员会名单，高文任主任，张远航、魏悦广、张兴任副主任，委员包括王亚沙、王志军、王启宁、王建祥、刘濮鲲、杨越、张世秋、陈向群、郑玫、郝一龙、胡敏、查红彬、夏定国、倪晋仁、郭宗明、席建忠、崔彬。11月22日，程旭因任学部副主任，作为职务委员任学部学术委员会副主任；学部根据校学术委员会章程，于23日启动学术委员会增补工作。12月12日，经学校批准，增补工学院张信荣为学部学术委员会委员。

10月21日，根据校学术委员会换届工作的相关通知要求，学部召开学术委员会会议，遴选校学术委员会教授委员建议人选，最终推荐彭练矛、胡振江、魏悦广、张远航、程和平为校学术委员会教授委员建议人选。

教学指导委员会调整。5月11日，信息与工程科学部调整学部教学指导委员会委员，学部主管教学的副主任张兴任委员会主任，委员为各院系主管教学的副院长，包括王兴军、王亚沙、王启宁、王奇、朱怀球、汤帜、孙育杰、刘晓彦、陈正、陈宝权、宋洁、林宙辰、陆俊林、林慧苹、郭耀、雷霆。

6月14日，教务长办公室通知学校教学奖励评审委员会调整工作。根据程序，信息与工程科学部推荐张兴、陈正、王奇为新委员人选。

教学科研单位发展状况绩效评估。3月，学部根据学校统一部署启动教学科研单位发展状况绩效评估工作。学部各单位主动结合自身实际，根据学科布局和单位发展中存在的关键问题，制定年度重点任务。10月，学部制定《2022年度信息与工程科学部绩效评估实施方案》，于10月21日在线召开发展状况绩效评估会，会议由副校长张锦主持；根据评估结果，信息与工程科学部推荐集成电路学院、材料科学与工程学院、工学院作为A级单位上报学校。

岗位聘任。9月18日，信息与工程科学部召开学部学术委员会会议，审议本年度教学系列和研究技术系列职位聘任、通用岗位专业技术岗位聘任工作，8位候选人全部通过。

组织推荐教学奖励候选人。4月12日，信息与工程科学部根据学校教学奖励工作要求，经个人申报、学院推荐和学部教学指导委员会评议，产生教学卓越奖候选人3人。7月7日，经学校专家委员会评议，信息科学与技术学院刘先华获得北京大学2022年度教学卓越奖。

新增本科专业/方向审议。3月2日，学部教学指导委员会经过通讯评议，通过环境科学与工程学院新增化学（环境科学）本科专业申请。11月24日，学部教学指导委员会议审议通过"理论与应用力学+机器人工程"双学士学位项目。

学部办公室工作。学部办公室围绕学校学科建设全局和学部职责，配合学部领导工作，充分发挥综合协调和行政支撑作用，做好沟通协调、公文处理、调查研究、会务组织及其他日常事务，为学部决策提供服务支持和落实保障。2022年，完成学部主任班子和学部学术委员会整体换届工作，学部部务会、教学指导委员会和校教学奖励委员会调整工作，以及校学术委员会教授委员学部内推荐工作。完成碳中和研究院成立评议，协助研究院开展机构建设、交叉学位设置论证、人才引进、对外合作、人事管理、财务管理、办公场地安排等各项工作，协助举办以"应对气候与能源的挑战"为主题的北京大学−芝加哥大学联合论坛，开展与能源基金会系列合作项目。联合承办新医科−新工科交叉合作论坛，推进新医科−新工科战略合作计划，联合新工科建设办公室、医学部共同推进开发"新工科+"信息共享平台，联合新工科建设办公室、教务部、实验室与设备管理部完成学校工程训练中心建设调研。完成新增本科专业和双学士学位项目设立评议。完成2022年度教学奖推荐、教改项目推荐，年度教学系列、研究技术系列和通用岗位聘任审议，教学科研单位发展状况绩效评估，离退休教职工学术贡献奖杰出贡献奖推选等职能部门委托工作。围绕博士招生、教材建设、教学名师推荐、国家重点实验室组建、实体研究机构负责人遴选、计算机和智能学科发展、"新工科+X"等重点议题，参加相关职能部门组织的专项工作会议。协助学部部务委员会、学术委员会、教学指导委员会组织召开常规会议，编报年鉴、季报、每周动态、宣传册等学部材料，协调学部院系开展亮点工作宣传。

（蒋晓涛）

【支持碳中和研究院建设】 2022年，根据学校整体部署，信息与工程科学部支持学校碳中和研究院建设，学部办公室主任负责研究院行政事务的沟通与协调、研究院相关决策事项的执行等。

5月12日，学部学术委员会经通讯评议，同意成立碳中和研究院。9月6日，碳中和研究院成立，朴世龙任院长；研究院党组织关系挂靠城市与环境学院。10月27日，学校聘任张海滨、李歆、杨雷为研究院副院长。

5月，研究院与国际合作部、学科建设办公室、能源基金会协同推进博士后联合培养项目。

5月以来，研究院与国际合作部协同筹办北京大学−芝加哥大学联合论坛。论坛于10月13日开幕、11月6日闭幕，期间以"中美合作应对气候变化挑战""应对气候变化的人文主义方法""金融业如何影响企业应对气候变化""城市发展对人类健康的影响""清洁能源技术""环境政策与全球治理"为主题举办6场论坛活动。

10月以来，研究院就申报碳中和科学交叉学科博士点与城市与环境学院等11个院系开展协调，推进博士点设立论证工作。

11月2日，研究院召开"面向碳中和实现路径的自然社会系统多尺度模式耦合关键理论和技术预研究"研讨会。

研究院成立以来先后召开五次院务会，就研究院建设的重点工作开展全面讨论和部署，2022年底成立学术委员会、聘任委员会。

（蒋晓涛）

【持续推进新工科建设】 4月24日，由医学部主办，医学部学科建设办公室和科研处、校本部新工科建设办公室和信息与工程科学部承办的新医科-新工科交叉合作论坛召开。校领导陈宝剑、乔杰、张平文参会，高文致辞，校本部和医学部多个学科的专家学者与会交流。论坛展示近年来新医科-新工科交叉研究成果，汇总发布跨学科合作研究需求。

4月25日至5月26日，学部与新工科建设办公室、教务部、实验室与设备管理部先后调研未来技术学院、工学院、材料科学与工程学院、环境科学与工程学院、信息科学技术学院（含四个专业学院），与各学院领导班子就学校工程训练中心建设需求进行座谈，形成建设方案。

6月17日，副校长张平文主持召开"新工科+X"委员会2022年第1次全体会议，审议"新工科+X"专项评审结果，就"新工科+X"领域布局建设进行研讨，高文参会。

12月，信息与工程科学部、新工科建设办公室、医学部、计算中心、图书馆开展"新工科-新医科"学科交叉信息平台建设。

（蒋晓涛）

## 人文学部学科建设

【发展概况】 截至2022年底，人文学部由中国语言文学系、历史学系、考古文博学院、哲学系（宗教学系）、外国语学院、艺术学院、对外汉语教育学院、歌剧研究院8个院系组成，包括哲学、中国语言文学、外国语言文学、考古学、中国史、世界史、艺术学理论等7个一级学科。

6月，人文学部学术委员会进行换届，换届后申丹为主任，李四龙、王立新、吴晓东为副主任，委员（以姓氏笔画为序）包括：王一丹、王中江、王建、付志明、李洋、李道新、杨德峰、吴小红、吴杰伟、张弛、陈保亚、荣新江、彭小瑜、韩水法、褚敏、漆永祥、潘建国。4月，人文学部部务委员会进行换届，换届后申丹为主任，李四龙、王立新、吴晓东为副主任，委员包括：杜晓勤、王奇生、沈睿文、仰海峰、陈明、彭锋、赵杨。人文学部教学指导委员会主任为李四龙，委员（以姓氏笔画为序）包括：王丹、付志明、刘晨、李洋、李海燕、何晋、沈睿文、宋亚云、张剑葳、孟庆楠、唐利国、程乐松、程苏东、戴玉强。人文学部办公室主任魏巍，职员石际。

2022年QS世界大学学科排名（艺术与人文）中，人文学部进入世界前100名的学科有：现代语言学（排名第12）、考古学（排名第12）、语言学（排名第14）、历史学（排名第19）、哲学（排名第50）、英语语言文学（排名第50）、艺术设计（排名第80）。

职称评审工作。6月29日，人文学部学术委员会听取4位申请教学系列职称晋升候选人的述职报告、单位介绍及院长（系主任）独立意见，经充分讨论后进行投票表决。经审议，通过晋升教学教授3人、教学副教授1人。会议审议2022年度申请晋升国家通用岗位三级教授8人、二级教授7人的候选人材料，经投票全部通过。

评审和推荐工作。4月22日，人文学部教学指导委员会评选北京大学教学奖候选人，依据票决结果，决定推荐中国语言文学系钱志熙作为学校"教学成就奖"候选人，推荐外国语学院吴冰冰、哲学系先刚作为学校"教学卓越奖"候选人。经学校评审，中国语言文学系钱志熙获评北京大学教学成就奖，哲学系先刚获评北京大学教学卓越奖。

6月24日，人文学部主任会议讨论2022年度国华杰出学者奖推荐人选，一致推举中国语言文学系钱志熙、历史学系彭小瑜参与学校评选。经学校评审，历史学系彭小瑜获评国华杰出学者奖。

10月21日，人文学部学术委员会遴选校学术委员会委员。经无记名投票，推荐王立新、陈明、沈睿文、韩水法、吴晓东为校学术委员会委员。

10月21日，人文学部举行教学科研单位发展状况绩效评估年末考核会，来自职能部门、人文学部学术委员会的25位专家组成评审委员会。会议审阅各院系提交的年度总结报告，听取各院系的汇报，经过两轮无记名投票表决，推选历史学系、中国语言文学系为绩效A单位。

11月1日，人文学部学术委员会就离退休教职工学术贡献奖杰出贡献奖申请材料进行评审，经无记名通讯表决，推荐马克垚、李水成、胡壮麟、张学智、赵振江、陆俭明、李孝聪等7位教师获得离退休教职工学术贡献奖杰出贡献奖。

12月26日，人文学部学术委员会对学部内拟申报第九届教育部奖的成果进行通讯评审，除通过相关院系排名靠前的66项成果外，经无记名通讯表决，推荐葛晓音、陈飞、王书林、欧阳哲生、郭锐、刘英军、吴杰伟、陈斯一、李子鹤、李洋、廖可斌、张海、朱本军的成果代表北京大学申报第九届教育部奖，推荐朱青生、刘哲的成果参与学校第二轮评选。

综合行政事务。2022年，人文学部共召开主任会议2次，学术委员会会议5次，部务会议4次，教学指导委员会会议2次，专题会议2次；合作主办"北大人文讲座"14场，"北大人文论坛"19场。制作发放《人文学部新生手册》折页，有效运营人文学部网站（fh.pku.edu.cn）和人文学部微信公众号，进一步密切了学部各院系领导和师生的沟通联络。

**建设"北京大学人文学科文库"并更新北大人文学者代表性论文库。** 人文学部坚持高水准、高质量推进"北京大学人文学科文库"建设，截至2022年底，文库共立项17套丛书（原有1套丛书拆分加入其他丛书）、331项（337本）专著；共有46部专著问世，另有多部专著进入出版社排印阶段。2022年，人文学部持续更新"北大人文学者代表性论文库"。

**建设3个跨学科平台。** 进一步推动"古典学研究""现当代中国研究"和"现当代外国研究"3个跨学科平台建设工作。组织跨院系、学科的老中青教师围绕当前国内外人文学界关注的核心和重要话题设计项目，3个研究平台共推动建设15个跨学科项目，开辟新的研究领域，创新研究思路和研究方法，争取在交流互鉴中做出具备世界一流水平和较大影响力的学术成果。截至2022年底，3个项目已经完成，其他项目均取得较大进展。

**博雅人文讲堂与跨学科联合培养项目。** "博雅人文讲堂"是北京大学博雅学堂为人文学科学生及有志于从事人文学科研究的学生开设的讲座课程。2022年秋季学期先后组织8场学术讲座，邀请韩水法、秦大树、彭小瑜、姜涛、王中江、尚小明、漆永祥、曹大志等人文学科知名学者，以人文经典和学术前沿为主题进行演讲，展现学科奥秘，让学生在学术思想的交流碰撞中，不断提升问题意识、反思能力与创新精神。人文学部致力于本科教学改革，积极建设跨学科联合培养项目和跨院系"联合课程"，实现学部内各院系师资力量的有机整合。

（魏　巍）

## 社会科学学部学科建设

**【发展概况】** 社会科学学部成立于1999年7月11日，是北京大学在社会科学领域协调推进学科建设和教育教学改革的机构。2022年1月1日至4月18日，张静任学部主任，关海庭、汪建成、文东茅任副主任。4月19日，学部领导班子调整，学校聘任张静为社会科学学部主任，文东茅、王正毅、陈瑞华为副主任。

社会科学学部由国际关系学院、法学院、信息管理系、社会学系、政府管理学院（及中国政治学研究中心）、马克思主义学院、教育学院、新闻与传播学院、体育教研部等院系和实体研究机构组成，包括法学、政治学、社会学、国家安全学、马克思主义理论、教育学、新闻传播学、公共管理、信息资源管理等9个一级学科。

6月21日，社会科学学部学术委员会调整，张静任主任，文东茅、王正毅、陈瑞华任副主任，委员（以姓氏笔画为序）包括：王延飞、王丽萍、王余光、王浦劬、王锡锌、刘燕、刘云杉、刘爱玉、刘德寰、孙代尧、邱泽奇、张小明、张海滨、陈开和、陈晓宇、金安平、郇庆治、康沛竹、董进霞。

社会科学学部设主任办公会、部务委员会、学术委员会和教学指导委员会等决策审议机构。其中部务委员会由学部主任、副主任及学部内各学院（系、所、中心）主要负责人组成。2022年各机构召开多次会议，讨论学部学科规划、教学改革、人才培养、队伍建设、评奖评优等重大问题。

学部持续推动社会科学人才培养工作，聘请基础扎实、思想活跃、学术敏锐的中青年教师担任课程主讲人，邀请学部博雅讲席教授、博雅特聘教授、长江学者为学生授课或参与到教学活动中，逐步优化项目课程体系，形成"理论-方法-实践"贯通的社会科学研究系统训练框架。

（曲一铭）

**【社会科学基础人才培养项目（严复班）】** 严复班项目由社会科学学部设立并统筹管理，由学部主任办公会和教学指导委员会确定课程体系，为每级学生配备1名班主任。项目逐步推行导师制，邀请学部青年骨干教师为学生提供有针对性的学业指导；逐步完善制度建设，学部审议并通过《社会科学基础人才培养项目学生学术交流（出国）经费支持办法》《社会科学基础人才培养项目教师经费支持办法》等规章制度。2022年，严复班招收第五届学生，共15人，分别来自社会科学学部各院系、人文学部和理学部相关院系及元培学院。项目开设《社会科学的经典与前沿》《社会科学方法导论》《社会调查与政策分析》《社会科学学术研究导论》《社会科学问题研究的计算实践》5门必修课程。

（曲一铭）

## 经济与管理学部学科建设

**【发展概况】** 2022年，经济与管理学部主任班子和学部学术委员会完成换届。1月11日，学校聘任周黎安为经济与管理学部主任，于鸿君不再兼任学部主任职务。4月19日，学校任命经济与管理学部班子，周黎安为学部主任，张辉、刘晓蕾、徐晋涛为副主任，聘期三年。6月21日，经济与管理学部学术委员会完成换届，周黎安为主任，张辉、刘晓蕾、徐晋涛为副主任，委员（以姓氏笔画为序）包括：马浩、卢海、李力行、杨汝岱、沈俏蔚、宋新明、秦雪征、翁翕、锁凌燕。

**经济学学科"双一流"建设方案编制工作。** 新一轮"双一流"放权改革将理论经济学和应用经济学统筹作为经济学学科编制建设方案，由经济与管理学部牵头，经济学院、光华管理学院、国家发展研究院、人口研究所、南南合作与发展学院、新结构经济学研究院、汇丰商学院等作为主要参与建设单位。学部筹备召开多次研讨会，深入分析探究经管学科发展的未来方向和前沿问题，广泛听取意见、凝聚共识，反复打磨完善方案文本。方案致力于发挥北京大学经济学学科优势力量，构建中国特色和原创性经济学理论，服务国家经济社会发展的重大战略需求，构建具有深远国际影响的中国学派和中国学问；瞄准国际学术最前沿，在基于异质性微观的宏观经济学、经济政策与行为干预等重要学科方向寻求突破；凝练乡村振兴与共同富裕、社会保障与人民健康等顺应新时代中国经济发展规律的若干重点特色领域。该方案在"双一流"建设方案论证会上得到与会专家的高度评价，学部围绕方案制定的相关目标组织开展发展绩效评估。

（杨 超）

【举办国家基金优秀学者大讲堂】 2022年，经济与管理学部举办4期"国家基金优秀学者大讲堂"，邀请张成思、王永钦、刘晓星、战明华等学者作为主讲人，围绕国家基金申请书的写作、选题、破题等分享经验，每次线上参会人数200余人。"国家基金优秀学者大讲堂"旨在搭建教师申报国家基金的交流平台，为中青年教师开展科学研究、申报基金项目提供帮助。

（杨 超）

【协助推进学术评价】 经济与管理学部各委员会协助学校相关职能部门完成经济与管理学科评奖评优、学术咨询、职称评审、校学术委员会委员建议人选推荐等工作。举办经济与管理学部"杰青""优青"预答辩活动，邀请科学研究部相关负责人和12位专家学者，为经管学科8位入选"杰青""优青"答辩名单的教师提供指导；最终，2人获批国家杰出青年科学基金项目、3人获批国家自然科学基金优秀青年项目。

（杨 超）

## 医学部学科建设

【发展概况】 机构设置。医学部学科建设办公室（以下简称"医学部学科办"）是北京大学于2022年4月8日正式批设的医学部独立建制的正处级职能部门，主要职责包括：医学部学科规划、学科建设经费管理、学科建设绩效评估、科技创新平台建设、跨学科学术交流以及医学部学术委员会秘书处等相关工作。医学部学科办内设学科规划办公室、项目管理办公室。

学科规划。2022年是新一轮"双一流"建设的开局之年，北大医学围绕国家"十四五"规划，聚焦"健康中国"战略，全面推进新医科高质量发展。落实放权改革要求，确定支持一批世界一流前列学科向世界顶尖水平发展的学科建设重点工作任务，坚持"高峰牵引、协同发展"原则，以"7+5"顶尖学科/学科群发展战略方向建设构筑医学高峰学科发展的新格局。组织中西医结合微循环学、中药化学生物学、中西医结合临床三个学科团队申报国家中医药管理局高水平重点学科。

经费管理与信息化基础建设。围绕学科发展重点，完成医学部2022年学科建设经费预算编制工作，优化资源配置。新增顶尖学科/学科群发展专项、特色学科发展专项、基地建设专项、海外优青人才引进启动等建设专项，顺利完成2022年学科建设经费的拨付、执行等过程管理工作。加强办公室信息化平台基础建设，提升学科服务效能，优化办公室官网、学科建设项目管理系统，创新构建学科资源库模块，可常态化展示交叉合作需求以及多学科的技术优势。与新工科建设办公室、信息与工程科学部办公室联合推进交互性合作需求展示与沟通平台建设，以"新医科-新工科"为试点启动首期建设，深化学科交叉合作。

科技创新人才培养项目建设。设计并构建"高峰学科引领科技攻关+青年科技中坚力量培养+初期青年人才孵育"三级联动的科技创新全生命周期人才培养体系，启动顶尖学科/学科群发展专项、科技攻关"领航计划"、"临床医学+X"青年专项、临床科学家培养计划、青年科技创新"扬帆计划"项目的指南设计、项目申报以及评审工作。

科技创新平台建设。积极推进北京大学智慧（AI）药物平台建设，成功获批"十四五"中央预算内投资储备项目支持，总投资金额1.22亿元，将建立人工智能赋能的药物设计与验证、生物标志物或靶标发现、新药设计、高通量筛选的创新药物研究综合体系，启动智慧药物新兴学科建设。持续推进学术交流平台建设，深化学科交叉融合，4月，医学部学科办与医学部科研处、校本部信息与工程学部及新工科建设办公室等多家单位协同组织召开新医科-新工科交叉合作论坛，受到校内外广泛关注。

动态监测与绩效评估。与校本部学科建设办公室、各学科建设单位、医学部相关职能部处协同推进"双一流"动态监测指标填报工作。完成对校内21家教学科研单位2022年度发展状况的绩效考核工作，"以评促建"，推动各单位总结成绩与不足、明确未来发展重点。

学术诚信建设。积极发挥协调机构职能，建章立制，加强医学科研诚信建设。组织医学部教学科研单位学习科技部等22个部门印发的《科研失信行为调查处理规则》（国科发监〔2022〕221号），推进国家相关政策法规文件精神落地实施。坚持客观、公正、透明原则，规范科研失信行为调查、认定、处理、复核等工作流程，对相关科研失信行为开展调查。

（曹 原、马 骏、田中修、郑玉荣）

【启动新医科内涵式高质量发展建设】 2022年1月至3月，医学部学科办根据大学以及医学部的整体部署，组织基础医学、临床医学、口腔医学、公共卫生与预防医学、中西医结合、药学、医学技术、护理学8大一级学科以及医学人文学科贯彻落实"大讨论、大阅兵、深落实"的工作要求，全面推进放权改革各项工作。3月4日，医学部召开北大医学国际顶尖学科（方向）发展研讨会，确定支持一批世界一流前列学科向世界顶尖水平发展的学科建设重点工作任务，形成"7+5"顶尖学科/学科群发展战略方向：以"妇产科学（生殖医学）""肾脏病学"、"干细胞与再生医学""血液病学""流行病与卫生统计学""天然药物""精神病与精神卫生学"7大顶尖学科方向的重点突破带动相关学科的整体水平提升；以"生物药物与临床药学""心血管与代谢性疾病""肿瘤精准诊断与临床治疗""运动医学与骨科学""口腔材料医学、数字与再生医学"5大顶尖学科群的建设促进优势学科力量的有机整合与协同发展，构筑医学高峰发展的新格局。"7+5"顶尖学科/学科群发展战略方向的确定是启动新医科内涵式高质量发展新篇章的重要节点。7个顶尖学科发展方向中的3个学科团队（妇产科学（生殖医学）、干细胞与再生医学、精神病与精神卫生学）获批2022年国家自然科学基金委基础科学中心，国拨经费达1.8亿元。

（曹　原）

【启动北大医学科技创新全生命周期人才培养计划】 2022年，医学部学科办全面构建并启动科技创新全生命周期人才培养体系建设，打造高峰学科引领科技攻关、青年科技中坚力量培养、初期青年人才培育的三级科技创新全生命周期人才培养体系，启动临床科学家培养计划、领航计划、扬帆计划等专项的指南设计、项目申报以及评审工作。其中，临床科学家培养计划的实施开创"临床医学+X"建设框架下以"人才项目"深化融合的交叉合作新模式，创新医院科技创新高端人才培养模式；依托该项目，临床医生可将临床诊疗实际需求和难题带入基础研究，围绕人民健康需求开展学科交叉融合，进一步推动不同学科的理论、方法和技术体系创新以及临床应用推广，形成基础端与临床应用端的良性学术生态链条；该项目得到医院端申请者、学院端导师团队的广泛关注与大力支持，共有来自生命科学学院、未来技术学院、心理与认知科学学院、信息科学技术学院、工学院、化学与分子工程学院、计算机学院、前沿交叉学科研究院、城市与环境学院、基础医学院、药学院、公共卫生学院等单位的70多位高水平教师作为导师团队指导附属医院临床医师开展科学研究工作，经过多轮评审，23位临床医师入选该人才项目。

（曹　原、田中修）

【一平台获批"十四五"中央预算内投资储备-优质医学院校项目支持】 5月至12月，持续跟进北京大学智慧（AI）药物平台的项目申报、可研性报告编制等过程性管理工作，并于12月5日正式成功获批"十四五"中央预算内投资储备-优质医学院校项目支持，总投资金额1.22亿元。该平台建设面向我国生物医药产业的重大战略，根据我国原创新药研究的现状和需求，将人工智能作为新药发现的关键链条，设计发展并计划建立依托新技术、新设备的一站式设计和筛选技术平台，基于蛋白、细胞、类器官多组学、多模态活性物质的高效筛选与评价体系，建设集约化、信息化、自动化、智能化、可视化、系统化的药物靶标设施大集群，创建创新药物研发新模式。该项目在实施过程中将为药物研发、数据存储与交互服务搭建高性能计算与数据存储平台，进而打造集约化、信息化、自动化、智能化、可视化、系统化的药物设计与验证平台，完成"智能设计与筛选平台""靶标与功能验证平台""药效评价平台"等技术平台建设，最终以可视化的方式完成智慧药学教学与示范平台建设，重点打造新技术驱动的智慧药物研发虚拟仿真实验室、智慧药学示范展示系统和药物数字试验场。

（曹　原、马　骏）

# 人事管理

【发展概况】 截至2022年12月31日，校本部全职在职人员5292人，有博士学位3179人，占60.1%。其中教师2885人，具有博士学位2717人，占94.1%；非教师2407人，另有非全职聘用74人，其中72人为教师。

*增员情况*。校本部2022年增员249人。其中，教师175人，占70.3%；非教师74人，占29.7%。其中博士学位191人，占76.7%。学士学位4人，占1.6%。合计研究生学历人员占新增人98.4%。录用应届毕业生为58人，占全校增员的23.3%，其中博士19人，硕士39人。留学回国（含外籍及港澳台人员）89人，占全校增员的35.7%。博士后留校31人，占全校增员的12.4%，地方单位调入等65人，占全校增员的26.1%。留学回国、博士后留校以及地方调入等共191人，其中博士学位172人，占69.1%。

*减员情况*。校本部2022年减员272人，其中离退休191人，调出、辞职、自动离职、在职死亡等共减员81人，其中教学科研人员58人（含教授12人），非教学科研人员23人。

离退休191人，包括教学科研人员97人（其中教授或研究员49人，副教授或副研究员27人，讲师4人），占50.8%；非教学科研人员94人，占49.2%。

*年度考核*。全校5290人中5224名在职在岗职工参加2022年年度考核，其中400人考核结果为"优秀"档次，4750人考核结果为"合格"档次，3人考核结果为"基本合格"档次，3人考核结果为"不合格"档次，68人考核结果为"参加考核不确定档次"；另有11人按照干部管理权限进行考核，55人不参加考核。

**聘期考核**。2022年共有589人进行聘期考核与合同续订，经学校审议，同意32人续订无固定期限合同、552人续订固定期限合同、3人终止聘任不续订合同，2人合同变更。

**国家通用岗位聘任**。1.专业技术岗位聘任。2022年新聘专业技术二级岗位32人、三级岗位37人，共有280人晋升到更高级别岗位。2.管理职员岗位聘任。2022年新聘五级管理职员8人，六级管理职员35人，七级管理职员32人，共计75人。本次管理岗位聘任工作完成后，管理职员共聘任1013人。3.非教师专业技术职务评审聘任。各分会严格按照学校要求，对申请聘任正高、副高职务的人员逐个进行审议。正高职务审议情况：经审议，校本部晋升正高5人、医学部1人、代评1人。未通过3人。副高职务审议情况：经审议，校本部晋升副高34人、引进确认1人、转系列1人、提调1人、医学部7人。未通过5人。中初级职务审议情况：经审议，校本部通过中级职务57人（含代评合同制19人），其中实验/工程分会5人（含代评合同制2人），财会/审计系列评聘小组3人，图书出版分会4人（含代评合同制1人），高等教育管理与德育分会45人（其中代评合同制16人）。

审议通过初级职务16人，其中实验/工程分会代评合同制人员2人，图书出版分会代评合同制人员1人，教育管理分会代评合同制人员13人。

**专业技术职务聘任**。教学科研职位评审聘任。2022年，学校继续做好教学科研职位分系列职位聘任工作，同时代评劳动合同制专职科研人员的副研究员资格。3月13日至24日，为做好教学科研职位评审聘任工作，人事部到校本部各教学科研单位进行调研沟通，在综合考虑各方意见建议的基础上，拟定2022年度校本部教学科研职位聘任工作方案，确定教学系列和研究技术系列的学部控制指标和各院系推荐指标，经校长办公会批准后启动聘任工作。教研系列：经审议，57人通过教研系列长聘职位聘任评估，其中人文社科29人，理工科24人，马学科4人。36人通过教研系列教授晋升评估。另外，深圳研究生院通过代评教研系列长聘职位聘任评估4人。教学系列：经审议，晋升教学教授8人、教学副教授2人、讲师1人。研究技术系列：经审议，晋升研究技术系列研究员12人、副研究员7人。

**人才队伍建设**。2022年，学校共入选哲学社会科学领域一级教授11人；国家自然科学基金优秀青年科学基金项目（海外）等海外高层次人才系列项目83人（其中海外优青76人，讲席学者5人，火炬计划2人）；入选国家高层次人才特殊支持计划青年拔尖人才项目18人（其中自然科学、工程技术领域14人，哲学社会科学、文化艺术类项目4人）；入选神农青年英才1人；入选国家杰出青年科学基金项目29人，国家优秀青年科学基金项目11人。2022年，学校9名教师获评北京市优秀教师，1名教师获评北京市优秀教育工作者。

截至2022年12月31日，学校有中国科学院院士95人（其中兼职45人），中国工程院院士30人（其中兼职17人），发展中国家科学院院士38人（其中兼职18人），哲学社会科学领域一级教授11人，百千万人才国家级人选73人，国家海外高层次人才引进计划（不含青年项目）入选者65人，国家海外高层次人才引进计划（青年项目）入选者350人，国家高层次人才特殊支持计划入选者（不含青年拔尖人才）106人，青年拔尖人才入选者104人，国家杰出青年科学基金获得者345人，基金委优秀青年科学基金191人，长江学者特聘教授和特岗学者218人，青年学者86人。

**奖教金评审**。2022年度奖教金的奖励名额为252名，比上年度净增4名；奖金总额为1211万元，比上年度净增9万元。2022年度新增蔡元培美育奖教金，奖励名额为5名，奖励金额为每人3万元。中国工商银行奖教金总额不变，奖励名额净增6名，具体调整如下：经济学优秀学者奖从6名减少到2名，每人奖励金额不变；优秀教师奖从13名增加至21名，每人奖励金额不变；优秀管理奖从2名增加至4名，每人奖励金额不变。2022年度陈明、刘卿伲俪奖教金暂停评审；宝洁奖教金名额从5名减少到4名，每人奖励金额不变。学校把奖教金作为加强一流教师队伍建设的重要激励机制。

**教师节表彰大会**。2022年9月8日，在第38个教师节即将来临之际，北京大学举行2022年教师节庆祝大会，大会主题是"迎接党的二十大，培根铸魂育新人"。郝平、龚旗煌等学校领导班子成员出席大会。学校2021—2022学年获得各类奖项的教师代表，各院系、职能部门、直属附属单位、民主党派负责人，工会、教代会代表，学生代表参加大会。庆祝大会由陈宝剑主持。

**工资福利**。年度绩效。根据《北京大学专项岗位绩效奖励实施办法（试行）》，同时结合2011计划的人员绩效，完成2022年度专项岗位绩效奖励的发放工作，人均发放水平与上年度持平。专项岗位绩效奖励发放工作坚持"按劳分配、优劳优酬、强化激励、突出重点"的奖励原则，坚持"学校指导、院系自主"的分级管理原则，坚持"科学考评、动态调整"的分配原则，是健全和完善校内分配激励机制的重要内容之一。

协助学科办推进院系精准支持工作。2022年执行外国语学院、中文系、历史学系、哲学系、对外汉语学院、考古文博学院、社会学系、信息管理系、城市与环境学院、地球与空间科学学院、信息学院、计算机学院、智能学院、电子学院、集成电路学院、数学学院、国际数学中心、物理学院共18个院系的精准支持工作。

**社会保险工作**。截至2022年底，学校共有6566人在央保中心参加养老保险和职业年金，9843人在北京市参加社会保险，学校有5500名退休职工在央保中心领取退休待遇。1.开展2022年度领取待遇资格认证工作。根据央保中心和北京市有关政策，对不具备领取待遇资格尚未办理定期待遇暂停业务的人员开展资格认证工作。2. 退休职工待遇调整。2022年度养老金调整范围为2021年12月31日前已办理退休手续的职工，从2022年1月起进行调整，采取定额调整、挂钩调整和高龄倾斜的调整办法。2022年10月，退休职工按照调整后的标准发放基本养老金并补发1到9月调整增加部分。2022年退休待遇调整挂钩调整部分体现多缴多得、长缴长得激励机制，实现退休人员本人缴费年限（或工作年限）和基本养老金水平挂钩。3. 央保缴费基数核定。2022年央保缴费工资申报严格执行绩效工资限高线，针对2022年央保缴费基数申报工作，与兄弟高校多次沟通，拟定2022年度缴费基数申报方案，准备申报数据，最大限度保障教职工利益。4. 调整2022年度北京市社会保险和公积金缴费基数。2022年6月，根据北京市相关通知完成2022年度教职工北京市社会保险的核算调整工作。本次基数调整工作涉及9755名职工。2022年7月初，根据核对的劳动合同制职工上年度月平均工资调整劳动合同制职工2022年度住房公积金缴费基数。5. 开展事业编教职工基本养老保险关系和职业年金转入工作。为保障教职工保险待遇准确计发，2022年度重点开展央保转移接续工作。2022年2月，发布《关于事业编教职工基本养老保险关系和职业年金转入工作的通知》。2022年共办理养老保险关系转入193人次。6. 开展北京普惠健康保参保、理赔服务保障工作。为满足教职工2023年度的参保需求，2022年11月，学校发布《关于教职工自愿参加2023年度"北京普惠健康保"的通知》，协助教职工进行参保缴费；同时与保险公司、校医院对接，做好2022年度北京普惠健康保的理赔服务保障工作。7. 央保退休老人存疑信息核查。2022年6月，根据央保中心反馈核查学校工作年限存疑和退休人员补贴超限人员信息。经查学校退休人员补贴超限68人，工作年限存疑4608人（已去世291人）。后向央保中心汇报学校存疑人员信息情况，并对退休存疑信息进行处理。8. 开展企保转央保相关工作。2022年3月，发布《关于开展参加北京市企业养老保险的在京中央国家机关事业单位人员数据采集工作的通知》，启动企保转央保工作。2022年4月至6月，对参加北京市企保人员进行梳理核查，涉及退休老人12人、退休中人42人、在职缴费101人。2022年7月初，完成企保转央保数据采集工作。

**教职工因公长期出国（境）及回国（境）**。2022年，学校在职教职工办理长期（三个月以上）公派出国（境）共计11人；因公长期出国（境）教职工按期回校4人。

**因公长期出国（境）项目推荐**。2022年，推荐国家公派高级研究学者及访问学者项目候选人8人，7人入选；推荐青年骨干教师出国研修项目候选人3人，3人入选；推荐哈佛燕京学社访问学者项目4人。

**教职工专项培训**。新任教职工岗前培训。2022年9月，组织新任教职工岗前培训，党委书记郝平、校长龚旗煌看望新任教职工并讲授"入职第一课"，党委副书记顾涛讲授"工作人员纪法要求与廉政风险"，20余位专家学者、职能部门负责人围绕思想政治与师德师风、学生工作与人才培养、教学科研工作规范、行政教辅职业素养、校情校史与发展规划等多个角度展开培训，180余位新任教职工以线上线下相结合的方式参加培训。集中培训结束后，全体学员参观校史馆并参加在线测试，通过上述系列活动，帮助新任教职工尽快熟悉工作岗位、全面提升政治素质、业务能力、育人水平。

管理支撑队伍培训。开展人事干部专项培训，邀请专家学者和人事部科室负责人围绕学习贯彻党的二十大精神、人事管理理论、人事管理业务等开展5个讲次的培训；配合科研部等部门，开展第二期科研财务助理培训活动。

青年教师教学能力培训。人事部与教师教学发展中心合作，积极推进青年教师教学能力培训，全年共同组织完成24次课程的培训工作。

青年教师学术沙龙。青年教师学术沙龙旨在为青年教师提供广阔自由的校内学术交流平台，受疫情影响，2022年度共组织3期线下活动，19位青年教师应邀分享研究工作，近100位青年教师参加活动。

教育部教师暑期研修工作。根据教育部通知，组织全校教师参加暑期教师研修活动，共有1066名教师参加研修，教师参加研修活动情况形成总结提交教育部。

教育部青年教师国情研修班。推荐学校教师徐晓濛等三位教师参加教育部第4至6期青年教师国情研修班。

**教育部高校教师教育培训资源平台建设相关工作**。推荐学校3门精品在线课程上报教育部高校教师教育培训资源平台。

**博士后发展**。截至12月31日，博士后在站人数2208人，累计办理博士后招收、进站732名，办理出（退）569名。继续完善实施博雅博士后项目和国际联合博士后项目，评选出博雅博士后283名，与普林斯顿、国际组织IIASA国际联合博士后6名。2022年12月31日，博雅博士后在站451名，博新计划在站30名，国际联合博士后在站6名，国际交流引进在站60名。2022年，组织每年度优秀博士后奖申报和评选工作，院系推荐98人，评选出优秀博士后28名。

2022年，学校入选国家博新计划资助人数15人（不含医学部），获资助经费945万元；国际交流计划引进项目40人，获资助总金额1600万元；博士后科学基金特别资助32人，获资助总金额近600万元；组织申报第71、72批中国博士后科学基金面上资助近人次，151人获得资助，资助总金额1143万元。2022年度，以上所有项目共获得经费资助总计4255万元。

3月1日，为贯彻落实学校党委的决策部署，进一步加强博士后及专职科研队伍建设，人事部发布《关于做好2022

年度北京大学专职研究岗位聘任工作的通知》。2022年，共计审核各院系专职研究人员（博士后）申请材料31份，31人均通过学校评审程序；全年专职研究岗位获批44人，其中博士后占70%；截至12月31日，专职研究（博士后）正常在站57人。

**劳动合同制职工管理。** 劳动合同制职工已经成为北京大学人力资源的重要组成部分。截至12月31日，校本部签订劳动合同并在人事部备案的劳动合同制职工为3661人，与学校签署劳动合同的职工3601人，劳务派遣职工60人。女性职工占职工总数的65%，男性职工占职工总数的35%。劳动合同制职工固定期限劳动合同2572份，占合同总数的70%；以完成一定任务为期限的劳动合同525份，占总数的14.3%；无固定期限劳动合同564份，占合同总数的15.4%。

4月18日，人事部发布《关于2022年劳动合同制职工申报积分落户的通知》，共组织申报125人。截至7月14日全市共有6006人拟获得落户资格，其中学校占3人。

劳动合同制广泛涉及全校的教学科研、行政管理、专业技术、工勤技能等岗位，根据不同岗位的工作性质采取多种用工方式有利于加强分类管理，实现提质增效。为此人事部一方面通过遴选、监督、定期考核等工作方式确保引入的劳务派遣服务供应商的服务质量，另一方面通过法规培训、政策宣讲、提供服务等方式推进多种用工方式的实践。2022年，人事部加大劳务派遣的推进速度和力度，通过会议、调研、培训、电话沟通等多种方式普及劳务派遣的法律法规、讲解具体操作流程，积极协调学校相关部门确保派遣职工正常的工作、生活保障。与此同时积极推进信息化建设，完成人事综合信息管理系统的升级改版，劳务派遣工作模块顺利嵌入劳动合同制职工管理的全流程。12月公开遴选，增设三家劳务派遣服务供应商，至此学校已有四家劳务派遣服务供应商供各二级单位自由选择。

**档案管理。** 人事部主要负责教职工人事档案和学生档案管理。2022年在库档案64,945卷。截至2022年12月，接收档案11,561卷，其中教职工档案239卷；博士后514卷；本科新生档案3189卷；硕士研究生新生档案5087卷；博士研究生档案2532卷。转递档案7621卷，其中教职工档案36卷；博士后档案510卷；学生档案7075卷。接收教职工档案材料7533份，博士后档案材料1900份。日常档案查借阅复印等利用1509卷，其中教职工档案（含博士后）131卷，学生档案1378卷。

顺利完成干部人事档案专审工作。全面推进干部人事档案专项审核工作。人事部与党委组织部有效协同配合，培训精干力量，推进档案初复审；使用档案专审系统，在计算中心大力支持下开发校内审核模块，提供信息化保障；开展三轮审核，确保问题查缺准确。经初审、复审，高质量完成档案专审工作，共完成专项审核3000多卷，后续将继续推动材料补充工作。

大力推进档案数字化、信息化建设。实现人事综合信息管理系统"档案管理"模块升级改造。2022年7月人事系统"档案管理"模块全面改版升级，新增或改版5个模块，包括"档案管理""档案状态查询""档案接收""散材料接收""档案转出"，将人事档案的接收、归档、转递、状态查询，全流程均在线上完成，由过去依靠纸质材料交接整理变成办公系统线上交接管理，查询方便、责任明确、统计准确。实现"学生档案管理系统"改版升级。2022年7月毕业季前完成升级改版，新增"历年毕业生档案转出查询"和"历年新生归档材料查询"两大模块，实现院系自主查询本单位历年毕业生学生档案转递信息和历年新生归档信息，方便院系及档案管理办公室查询掌握学生档案转递情况，特别是院系可通过短信将学生档案转递信息反馈咨询学生，更好地服务于学生档案管理工作。

（余　跃、王丽君、刘一儒、张　辉、李　珊、王　华、尹海云、赵鹏沄、范德尚、项　燕、陈　晨）

【**抗击新冠肺炎疫情工作**】作为全校教职工和家属区疫情防控工作组成员单位，贯彻落实上级和学校的疫情防控精神，抓实抓细教职工疫情防控工作。1.加强组织领导，响应应急处置要求，组建教职工疫情防控应急工作专班。建立工作联动机制，不断完善应急工作流程，由专班领导和专班成员组建值班小队落实值班值守工作。先后制定《教职工疫情防控组应急处置预案》《教职工出入校管理的建议方案》《教职工网格化管理工作实施方案》等多个方案，确保应急状态下疫情防控工作有序进行。2.强化工作机制，落实教职工疫情防控措施。不断完善"教职工—专项联络员—二级单位—教职工疫情防控组—学校"五级教职工健康信息报送体系，做好涉疫风险排查，对于涉疫人员严格落实管控措施并做好服务保障，全力阻断疫情传播。加强远端管控，严格落实离京审批责任制，严格进出京、进出校管理，切实把好校门关。发挥核酸检测的"探针"作用，及时发现潜在的疫情风险，不断压实二级单位责任，依托大数据组开发的核酸检测系统，实现核酸检测工作的精细推进、提醒，提高教职工核酸检测完成率。组建疫情防控党员教职工志愿服务队，提供各类志愿服务2741人次，志愿服务时长14,000多小时。稳步推进疫苗接种工作，全年共组织9批次教职工疫苗集中接种，在京教职工疫苗接种率为96.6%，加强针接种率达到94.1%。通过一系列扎实有效工作，坚决捍卫校园安全。

（余　跃、王丽君、刘一儒、张　辉、李　珊、王　华、尹海云、赵鹏沄、范德尚、项　燕、陈　晨）

【附表】

表 8-1　2022 年校本部全职人员分布表

| 总计 | 教学科研 | 党政/行政管理 | 实验工程 | 图书出版 | 财会审计 | 卫生技术 | 中小幼教 | 工勤 |
|---|---|---|---|---|---|---|---|---|
| 5292 | 2885 | 923 | 500 | 236 | 111 | 93 | 365 | 179 |

（余　跃、王丽君、刘一儒）

表 8-2　2022 年校本部全职人员职称分布表

| 专业技术职务 | 人数 | 百分比 |
|---|---|---|
| 正高级职务 | 692 | 13.1% |
| 其中：教授 | 572 | 82.7% |
| 副高级职务 | 1223 | 23.1% |
| 其中：副教授 | 532 | 43.5% |
| 中级职务 | 1222 | 23.1% |
| 初级职务 | 275 | 5.2% |
| 无 | 177 | 3.3% |
| 老体制小计 | 3589 | 67.8% |
| 新体制 | 1703 | 32.2% |
| 合计 | 5292 | 100% |

（余　跃、王丽君、刘一儒）

表 8-3　2022 年校本部中国籍教师民族分布表

| 民族 | 汉族 | 满族 | 回族 | 蒙古族 | 土家族 | 朝鲜族 | 壮族 | 其他少数民族 |
|---|---|---|---|---|---|---|---|---|
| 人数 | 2754 | 42 | 21 | 14 | 11 | 9 | 6 | 28 |

（余　跃、王丽君、刘一儒）

表 8-4　2022 年校本部教师学历分布表

| 学历 | 博士 | 硕士 | 本科及以下 | 合计 |
|---|---|---|---|---|
| 人数 | 2716 | 137 | 32 | 2885 |

（余　跃、王丽君、刘一儒）

表 8-5　2022 年校本部全校增员分布表

| 总计 | 小计 | 教学科研 | 党政/行政管理 | 实验工程 | 图书出版 | 财会审计 | 卫生技术 | 中小幼教 |
|---|---|---|---|---|---|---|---|---|
| 总计 | 249 | 175 | 39 | 13 | 5 | 2 | 2 | 13 |

（余　跃、王丽君、刘一儒）

表 8-6　2022 年校本部增员来源及学历分布表

| | 合计 | 应届毕业生 | 留学回国（含外籍） | 国家机关和地方调入 | 博后留校 | 其他 |
|---|---|---|---|---|---|---|
| 合计 | 249 | 58 | 89 | 65 | 31 | 6 |
| 博士 | 191 | 19 | 87 | 48 | 31 | 6 |
| 硕士 | 54 | 39 | 2 | 13 | | |
| 学士 | 4 | | | 4 | | |

（余　跃、王丽君、刘一儒）

表 8-7  2022 年校本部录用应届毕业生分布表

|  | 总计 | 教学科研 | 党政/行政管理 | 实验工程 | 图书出版 | 财会审计 | 卫生技术 | 中小幼教 |
|---|---|---|---|---|---|---|---|---|
| 总计 | 58 | 5 | 35 | 5 | 3 | 2 | 0 | 8 |
| 博士 | 19 | 5 | 9 | 3 | 1 | 0 | 0 | 1 |
| 硕士 | 39 | 0 | 26 | 2 | 2 | 2 | 0 | 7 |

（余　跃、王丽君、刘一儒）

表 8-8  2022 年校本部引进人员（非应届生）分布表

|  | 总计 | 教学科研 | 党政管理 | 实验工程 | 财会审计 | 图书出版 | 卫生技术 | 中小幼教 |
|---|---|---|---|---|---|---|---|---|
| 总计 | 191 | 170 | 4 | 8 | 0 | 2 | 2 | 5 |
| 博士研究生 | 172 | 169 | 1 | 2 | 0 | 0 | 0 | 0 |
| 硕士研究生 | 15 | 0 | 2 | 4 | 0 | 2 | 2 | 5 |
| 大学本科 | 4 | 1 | 1 | 2 | 0 | 0 | 0 | 0 |

（余　跃、王丽君、刘一儒）

表 8-9  2022 年校本部减员分布表

| 减员分类 | 小计 | 教学科研 | | | 其他人员 | | | | | | |
|---|---|---|---|---|---|---|---|---|---|---|---|
| | | 正高 | 副高及以下 | 新体制 | 党政管理 | 工程实验 | 图书出版 | 财会 | 卫生技术 | 中小幼教 | 工勤 |
| 离退休 | 191 | 49 | 27 | 21 | 14 | 9 | 11 | 4 | 6 | 11 | 39 |
| 其他减员 | 81 | 12 | 20 | 26 | 17 | 1 | 1 | 0 | 1 | 3 | 0 |
| 合计 | 272 | 61 | 47 | 47 | 32 | 17 | 13 | 5 | 6 | 19 | 41 |

（余　跃、王丽君、刘一儒）

# 医学部人事管理

【发展概况】 教职工队伍状况。截至 2022 年 12 月 31 日，医学部在职事业编制教职工总数 13,381 人（含医学部本部、第一医院、人民医院、第三医院、口腔医院、第六医院、肿瘤医院，其中医学部本部 1486 人。

教职工培训。2022 年 9 月至 12 月，人事处举办新上岗专任教师培训，45 名教师参加培训，培训围绕师德师风、教学科研管理政策、教学科研工作开展等内容进行，邀请院士、学术带头人、学校领导、相关职能部处负责人等讲述相关内容，帮助新上岗专任教师尽快适应角色。12 月，人事处联合医学继续教育学院举办"北京大学医学部管理人员综合能力提升班"，来自医学部本部及六家直属附属医院共计 483 名管理人员参加培训学习。

人事调配管理。1.医学部本部在职事业编制人员增减情况。新增 44 人，按新老体制分，新体制 26 人（教研系列 16 人，研究技术系列 7 人，教学系列 3 人）；常规体制 18 人（教辅岗 8 人，管理岗 10 人）。按入职方式分，接收留学回国人员 8 人，京外调入 3 人，京内调入 4 人，军转干部 1 人，接收出站博士后 15 人，接收应届毕业生 13 人。在职减员 61 人，其中调出等 14 人，退休 47 人。2.附属医院接收人员情况。接收应届毕业生 328 人。接收留学回国人员 17 人。接收军转干部 2 人。3.京外调干工作。申报 2 名京外调干计划，已获批 1 人。4.解决夫妻两地分居工作。2022 年创建账户 42 人，收到批复 15 份。

师资培养与学术梯队建设。截至 12 月 31 日，医学部有中国科学院院士 6 人（其中兼职 1 人），中国工程院院士 12 人（其中兼职 3 人），发展中国家科学院院士 1 人，百千万人才国家级人选 17 人，国家海外高层次人才引进计划（不含青年项目）入选者 2 人，国家海外高层次人才引进计划（青年项目）35 人，国家高层次人才特殊支持计划入选者（不含青年拔尖人才）20 人，青年拔尖人才入选者 22 人，长江学者特聘教授 22 人，特岗学者 3 人，青年学者 9 人。

截至 12 月 31 日，医学部共有教研系列教师 268 人，其中医学部本部 219 人、附属医院 49 人。教授 60 人（本部 55 人），长聘副教授 31 人（本部 29 人），预聘副教授 18 人（本部 7 人），助理教授 159 人（本部 128 人）；教学系列 22 人，其中教学教授 2 人、教学副教授 6 人、讲师 12 人、教学助理 2 人；研究技术系列 34 人，其中研究员 6 人、副研究员 11 人、助理研究员 17 人。

2022 年（2021 年 12 月至 2022 年 9 月），医学人才专家

小组会议共审议并同意引进教研系列教师38人，其中教授3人、长聘副教授3人、预聘副教授5人、助理教授27人；引进研究技术系列8人，其中研究员2人、副研究员2人、助理研究员4人。完成18位预聘制老师的中期评估，其中优秀8人、良好6人、合格3人、不合格1人；完成6位研究技术系列届满评估，其中5人同意续聘。共有6位预聘制教师启动Tenure评估，5人晋升为长聘副教授、1人未通过；1位长聘副教授晋升为教授。教学系列职位审议专家小组共审议并同意引进教学系列教师2人，讲师1人、教学助理1人；届满评估合格并续聘6人。

2022年医学部共有27位老体制教师纳入新体制教师管理，其中老体制教授转为教研系列教授3人，老体制副高通过Tenure评估晋升为长聘副教授3人，转为教研系列预聘副教授6人、助理教授15人。

为优化人才队伍结构，大力提升临床医学学科竞争力和北大医学影响力，经11月21日医学部第90次（2022年第38次）党政联席会审议批准，印发《北京大学医学部关于加强附属医院科研队伍建设的指导意见（试行）》，在附属医院实施预聘-长聘制管理。纳入该体系的教师是医院科研工作的骨干力量，肩负医学学科建设、人才培养、科学研究和社会服务的重要使命，承担引领学科发展、培养创新人才、开展创新研究和科技转化的责任。

加强联合聘任工作，协助推进新时代教学改革。根据《北京大学医学部学术骨干联合聘任管理办法（试行）》（北医〔2017〕部人字191号），截至2022年12月，医学部学院-医院联合聘任专家18位。

2022年，医学部共有21人获得各类奖教金，其中5人获得"杨芙清-王阳元院士奖教金"，3人获得正大奖教金、1人获得"王选青年学者奖"，10人获得"仲外医学基金"，2人获得"林松年杰出青年学者奖"。经医学部推荐、北京大学评审、批准，第三医院董尔丹、药学院叶新山获得"国华杰出学者奖"。

2022年，为11人办理因公出境审批手续。同时，由于疫情影响，部分老师无法按原计划出国研修，为11人办理出国留学资格有效期延长或变更留学单位手续。

**专业技术职务/职位评聘**。根据各单位队伍现状及学科发展要求，确定晋升比例，宏观控制队伍结构。2022年，医学部共有711人申报高级专业技术职务，经各级评审后，544人（含代评21人）通过。

完成《北京大学医学部专业技术职务评审聘任条例》的修订。为加快北大医学的双一流建设，培养造就一支高素质的专业技术人才队伍，经北京大学医学部学术委员会审议，医学部第87次（2022年第35次）党政联席会同意，完成对《北京大学医学部专业技术职务评审聘任条例》的修订，新的条例自2023年1月1日起执行。

**教职工年度考核**。2022年年底医学部共有在职职工1491人、博士后243人参加年度考核，7人因故未参加考核。经个人总结述职、各单位测评公示、医学部公示等程序，确定169人考核结果为"优秀"，1501人考核结果为"合格"，64人考核结果为"不确定档次"。

**国家通用岗位聘任**。专业技术岗位聘任。2022年度专业技术岗位聘任工作与高级专业技术职务评聘工作同期进行，四级及以下的专业技术岗位按照文件规定的条件由各单位直接聘任；二、三级岗位由各单位根据条件，结合工作需要和实际贡献推荐人选，经医学部、北京大学学术委员会审议，通过学校聘任。2022年新增专业技术二级岗位18人，三级岗位65人，医学部现有专业技术二级岗位289人，专业技术三级岗位531人，专业技术四级岗位592人。

管理岗位聘任。2022年医学部及附属医院共新聘五级管理职员6人，六级管理职员19人，七级管理职员46人，八级管理职员28人。2022年管理岗位聘任工作完成后，医学部及附属医院管理职员共聘任1033人，其中医学部本部340人。

**工资与福利**。重点人才支持。发放博雅讲席教授津贴、特聘教授津贴发放285.5万元；发放青年长江奖励津贴、青年学者津贴、医学部人才奖励计划津贴共计614万元。

在职职工、离休职工待遇调整。2022年2月对全校教职工基本工资以及离休职工基本离休费进行待遇调整，调整1317人，从2021年10月起进行补发，共计补发281万元，在职职工平均增资412元/月，离休职工平均增资710元/月。

社会保险。（1）积极稳妥推进事业单位养老保险改革，完成社会保险正常缴纳工作。2022年9月央保中心启动退休人员2022年待遇调整工作。核算退休人员养老金待遇调整数据，并做好解释工作。2022年共新纳入央保统筹参保136人，中断缴费87人，暂停待遇42人，变更发放账户8人，办理退休48人。2022年6月，央保中心开启事业编制合同制人员北京市企保转央保工作，截至年底，已完成数据确认工作，预计2023年完成事业编制合同制人员北京市企保转央保工作。2022年央保中心缴费基数设置绩效上限，12月申报缴费基数1803人，基数较上一年度下调约60%，在单位、个人缴费均大幅下调情况下做好解释工作。（2）北京市社会保险。2022年，北京大学医学部共办理社保参保142人，社保减员146人，核定北京社保缴费基数1781人，外籍参保1人，兼职参保2人，养老、医疗参保5人，办理退休5人，申报工伤2人，申请抚恤金1人。（3）协助附属医院进入央保工作。按照中央国家机关事业单位养老保险中心工作部署，2022年5月已经开展超编单位纳入央保中心统筹工作。按照工作安排，医学部四家超编单位已经按照相关要求提交审核材料。

**博士后工作**。博士后进出站及在站人员结构。2022年办理博士后进站242人，其中医学部本部102人，附属医院140人。办理博士后出站152人（含退站14人）。截至2022

年12月31日，医学部9个博士后流动站累计招收博士后1823人，累计出站（含退站）1186人，在站634人（与工作站联合92人）。在站634名博士后中医学部本部277人，附属医院在站357人；科研型博士后464人，临床型博士后170人；男性277人，女性357人。

博士后在站管理。（1）博士后考核评估。2022年完成4批次260人考核评估。（2）博士后基金申报和资助情况。组织318人申请中国博士后科学基金第71批、72批面上资助、第15批特别资助站中、第4批特别资助站前，共获批66人，获资助额637万。2022年医学部63位博士后获得青年科学基金项目资助、3位博士后获得面上项目，立项数比2021年增加29.4%，占医学部立项数的18.8%；项目经费总额1961万元，比2021年增加59.3%。（3）各类国家计划申报情况。完成"博新计划"的组织和申报，30人申请8人获批。完成国家"博士后国际交流计划引进项目"两个批次的申报，12人申报5人获批。申报"博士后国际交流计划"派出项目3人，1人获批；申报"博士后国际交流计划"学术交流项目1人，1人获批。（4）完成医学部博雅博士后项目的申报和评审。2022年共有41位博士后获得医学部博雅博士后项目资助。（5）博士后主要科研成果。2022年博士后发表高水平英文论文294篇、中文论文38篇、申请专利35项。（6）与工作站联合招收博士后。讨论同意4家博士后科研工作站与医学部联合招收博士后事宜，2022年共招收工作站联合博士后31人。

制度修订。（1）12月，《北京大学医学部博士后研究人员管理工作实施办法》（北医〔2022〕部人字142号）修订发布，从2023年1月1日起执行。（2）发布《关于调整博士后薪酬福利待遇的通知》（北医〔2022〕部人字140号）。

博士后发展成就奖评选。经医学部批准，新设北京大学医学部博士后发展成就奖，2022年是第一届，共评选10位发展成就奖。后续该奖将每5年评选一次、每次评选5人。首届发展成就奖获得者为张勇民、屠鹏飞、张幼仪、彭双清、万有、刘民、张晓辉、李子禹、岳伟华、张光鹏。

非事业编制人员管理。非事业编制人员管理。截至2022年12月31日，人事处备案的非事编职工共647人。其中2022年入职180人，离职137人，办理续签92人次。647人分布于45个二级单位，涉及教学、教辅、专技及工勤岗位。其中劳动合同86人，劳务合同141人，劳务派遣420人。

开展2022年度非事编职工年度考核。共有37家二级单位共505人参加年度考核（劳务派遣职工和劳动合同制职工全员参加）。共评出优秀53人，合格437人，基本合格2人，不确定档次13人。

非事业编管理系统投入使用。非事编人员管理系统相关板块投入使用。入职管理、合同管理、离职申请环节实现线上线下结合办理。

人才服务与培训中心工作。人事代理工作。截至2022年12月31日，在人才中心实行人事代理关系的七家附属医院（第一医院、人民医院、第三医院、口腔医院、肿瘤医院、第六医院、国际医院）及医学部本部共10,805人。

合同管理工作。截至12月31日完成毕业生聘用合同签订294人、调入人员聘用合同签订139人，各单位续签合同2029人，其中签订无固定期限合同189人。

档案管理与服务。2022年，医学部本部在库档案为5625卷。2022年度接收档案121卷，转出档案73卷，鉴别、登记、归档各类材料4590份，查借阅档案456人次，复印档案材料35人次。

附属医院事业编制教职工和博士后人事档案管理。（1）2022年共接收档案693卷（其中毕业生档案303卷、博士后档案203卷，调入人员档案187卷）；共转出档案139卷。截至12月31日在库档案9716卷，其中在站博士后档案292卷。2022年度共完成七家附属医院（同上）万余份档案材料整理归档工作；办理夫妻、父母投靠、升学、护士医师注册等复印材料、开具证明信等档案相关事宜1158人次。（2）档案室搬迁及改造。2022年1月，人才中心搬迁到现址（科创楼西侧平房）。同时对现有两个档案室进行安监、防火、防水、防虫鼠害等改造，尽最大可能符合卫健委人才对人事档案库房提出的"十防"要求。（3）启动档案信息化管理系统。2022年下学期开始，启动卫健委人才档案系统信息采集工作。经过前期与系统开发公司技术人员的沟通，现已将北医工作站所有在库人员（不含博士后）人员基本信息导入系统，并已经完成2022年新接收档案的全部信息采集工作。接下来将继续推进此项工作，实现工作站存档档案的全面信息化。

信息化建设。2022年，上线新入职教职工转单系统和非在编人员管理系统。情防控期间，建立并不断完善防疫信息系统建设，依托各单位教职工防疫专员队伍，在全口径教职工名单基础上，登记人员出入校权限，人员健康信息/涉疫信息，人员核酸检测信息等模块。

（白砚华、程晓英、李　洁、栗昭霞、
张　航、张　勇、张振民）

【附表】

表 8-10 2022年医学部教职工基本情况一览表

| 人员及分布 | 医学部本部人数（比例） | 医学部人数（比例） |
|---|---|---|
| 在职总人数 | 1486 | 13,381 |
| 其中：医疗教学研究 | 714（48.05%） | 5983（44.71%） |
| 管理 | 348（23.42%） | 1058（7.9%） |
| 其他专技 | 372（25.03%） | 6156（46.01%） |
| 工勤 | 52（3.5%） | 184（1.38%） |

（白砚华、程晓英、李　洁、栗昭霞、张　航、张　勇、张振民）

表 8-11 2022年医学部教师队伍专业技术职务、年龄结构统计表

| 职称 \ 年龄 | ≤35岁 | 36—45岁 | 46—55岁 | ≥56岁 | 合计 |
|---|---|---|---|---|---|
| 正高级 | 2 | 240 | 636 | 548 | 1426 |
| 副高级 | 138 | 982 | 497 | 111 | 1728 |
| 中级 | 1186 | 796 | 176 | 21 | 2179 |
| 初级 | 598 | 35 | 13 | 0 | 646 |
| 合计 | 1924 | 2053 | 1322 | 680 | 5979 |

（白砚华、程晓英、李　洁、栗昭霞、张　航、张　勇、张振民）

表 8-12 2020年至2022年医学部教师队伍学历结构统计表

| 年份 \ 学历 | 博士 人数 | 博士 比例 | 硕士 人数 | 硕士 比例 | 本科及以下 人数 | 本科及以下 比例 | 合计 |
|---|---|---|---|---|---|---|---|
| 2020 | 4365 | 76.85% | 1017 | 17.90% | 298 | 5.25% | 5680 |
| 2021 | 4431 | 75.86% | 973 | 16.66% | 437 | 7.48% | 5841 |
| 2022 | 4631 | 77.45% | 971 | 16.24% | 377 | 6.31% | 5979 |

（白砚华、程晓英、李　洁、栗昭霞、张　航、张　勇、张振民）

表 8-13 2022年医学部专业技术职务申报及通过情况

| | 申报 | 报医学部 | 上学科组会 | 提交医学部学术委员会 | 通过评审 | 总通过率 |
|---|---|---|---|---|---|---|
| 本部 | 40 | 25 | 24 | 18 | 18 | 40% |
| 附属医院 | 556 | 278+165 | 277+165 | 270+165 | 270+165 | 78.24% |
| 教学医院 | 92 | 92 | 83 | 73 | 73 | 79.35% |
| 国际医院 | 23 | 19 | 19 | 18 | 18 | 78.26% |
| 合计 | 711 | 579 | 568 | 544 | 544 | 76.51% |

（白砚华、程晓英、李　洁、栗昭霞、张　航、张　勇、张振民）

# 离退休工作

【发展概况】 组织结构。北京大学离退休工作实行两级服务管理工作体制。北京大学关心下一代工作委员会秘书处挂靠离退休工作部。离退休工作部下设综合办公室、离退休事务管理办公室、老干部活动中心、关工委秘书处办公室四个科室，其中综合办公室与人事部综合办公室合署办公。

队伍建设。离退休工作部在编工作人员6名。领导班子一正一副，部长马春英，副部长陈默。截至2022年12月31日，北京大学校本部共有事业编制离退休教职工5624人，其中离休干部71人。2022年新增退休人员175人。年龄分布上，90岁及以上的离退休教职工有388人，占总人数的6.9%，80至89岁的离退休教职工有2034人，占比36.2%，

70—79岁的离退休教职工有1430人，占比25.42%。校本部的99家单位有离退休教职工，其中离退休人数超过300人的有1家，人数在200至299人的有10家，人数在100至199人的有4家。

政治学习。8月15日，学校第十四次党代会胜利闭幕后，离退休工作部与离退休党代表集体学习传达北京大学第十四次党代会精神，共同探讨新时代离退休工作高质量发展途径。10月16日，党的二十大胜利开幕，离退休工作部集体观看学习，组织老同志收听收看，拍摄访谈老同志代表学习党的二十大报告精神感想体会，发布《欣逢盛事俱欢颜——北京大学离退休教职工观看热议党的二十大开幕会（一）》《桑榆齐赞新征程：北京大学离退休教职工观看热议党的二十大开幕（二）》《桑榆共赞新征程——党的二十大报告在北大老同志中引发强烈反响》等系列报道。10月17日下午，离退休工作部再次集中学习党的二十大报告，并整理编印《党的二十大学习资料汇编》等部内学习资料。

精准精细帮扶。根据二级单位申报情况开展特困帮扶工作，全年特困帮扶补助总额170万元。2022年，为5622名校本部离退休教职工购买老年人意外伤害险28.11万元，为342名90岁以上离退休教职工发放长寿补助68.4万元。

走访慰问。完善慰问工作机制，及时向二级单位下拨离退休人员活动费，指导二级单位开展走访慰问工作。开展"敬老庆双节 献礼二十大"系列活动，欢度国庆、重阳双节。

发挥老同志作用。拍摄制作《信仰的力量——北大老同志喜迎二十大》系列主题片15集。5月份，围绕神舟十三号载人飞船返回舱成功着陆专题，邀请地球与空间科学学院教授焦维新开设《载人航天与空间站》网络直播课。

服务保障。10月下旬，离退休工作部组织开展"献礼二十大 奋进新征程——北京大学老年艺术作品线上展"，近百位离退休教职工展出自己创作的书画、摄影、手工艺作品。

信息化建设。建立健全老同志精准服务台账，进一步规范离退休工作内容及流程，完成离退休工作管理系统第三期建设，增设完善"困难补助""工作报送""学术贡献年度统计"等版块。

疫情防控。认真贯彻落实上级疫情防控政策，把关心关爱离退休老同志的健康作为工作重点。按照要求定期统计离退休教职工疫苗接种、核酸检测等工作，做好宣传动员和提醒工作。在疫情集中爆发期，建立24小时应急机制，统筹推进全校离退休教职工的疫情防控、医疗救助等工作。

开展口述史工作。对学校亲历重大事件的老同志进行口述访谈，整理访谈文稿，保留录像录音，为老同志抢救性保留珍贵记忆和重要史料，传承老同志的智慧、经验和精神品格。2022年采访19人，拍摄时长30余小时。自2017年以来累计采访150多名老同志，整理录音稿400多万字，拍摄视频素材300多小时。

关工委工作。制定《中共北京大学委员会关于加强和改进新时代关心下一代工作委员会工作的意见》，开展二级关工委组织调整工作，校本部新调整、组建二级关工委34个。开展老同志精神传承访谈，组织青年同学到老同志家中进行访谈，先后看望老教授濮祖荫、周公度、阎国忠等，青年学生给老同志送去关怀，并认真聆听、记录老同志们的回忆和讲述，构建"老同志关心下一代，青年人关心老同志"的双关格局。2022年，北京大学关工委、北京大学第三医院关工委、北京大学口腔医院关工委获评"北京教育系统关心下一代工作先进集体"；杨辛、黄宗良、岳素兰被评为"北京教育系统关心下一代最美五老"；陈默、李红被评为"北京教育系统关心下一代工作先进工作者"；北京大学关工委被评"北京教育系统关心下一代信息宣传先进集体"；陈凯被评为北京教育系统"北京教育系统关心下一代信息宣传先进个人"。

（张慧君）

【持续开展各项评选工作】 2022年，北京大学开展第二届离退休教职工学术贡献奖评选工作，共有来自30个单位的187位离退休教职工参评，参评有效期内共发表论文1001篇、著作191部、专利19项。受疫情影响，表彰工作延至2023年举行。2022年，离退休工作部开展第四届老有所为先进个人评选工作。经评审委员会审议，确定获奖建议名单"学习之星"14人，"健康之星"6人，"乐为之星"14人，另有医学部独立评选建议名单10人。受疫情影响，表彰活动延至2023年举行。

（张慧君）

# 医学部离退休工作

【发展概况】 组织结构。医学部离退休工作处（以下简称"离退休工作处"）是医学部党政领导下负责离退休人员管理和服务工作的职能部门，内设综合办公室1个科级机构。主要职责是落实离退休人员政治和生活待遇、加强离退休人员思想政治建设、做好离退休人员服务管理及关工委秘书处相关工作。2022年，离退休工作处有工作人员3人，其中处长1人，副处长1人、综合办公室主任1人。2022年4月，学校任命郭艾花为离退休工作处处长。

基本情况。截至12月31日，医学部（含附属医院）有离退休人员6627人，其中离休干部82人，退休人员6545人。医学部本部有离退休人员1629人，其中离休干部26人，退休人员1603人。有离退休人员活动中心（简称"活动中心"，下同）1个，离退休人员社团21个，正式注册会员212人。

学习贯彻党的二十大精神。10月16日，组织全体离退休同志（本部离退休党支部书记在离退休工作处集中）收听收看党的二十大开幕会，11月2日、11月7日，分别组织关工委系统、离退休系统工作人员线上收听收看教育部关工委、北京市委教工委离退休干部处特邀顾海良、王炳林作"深入学习习近平总书记党的二十大报告精神""新飞跃新征程——学习党的二十大精神"专题报告，为离退休党员发放《中国共产党章程》和党的二十大报告单行本等。

思想政治引领。认真学习贯彻中办《关于加强新时代离退休干部党的建设工作的意见》，组织离退休同志线上收看中组部开展的"系统总结新时代、全面布局新征程、锚定奋斗新目标、继续创造新局面"等多场专题报告，组织离退休同志代表参加北大党代会、北大医学高质量创新发展论坛等会议和活动，为离退休党员发放《习近平讲党史故事》等学习资料，使离退休同志全面了解世情国情党情校情新变化，不断增强"四个意识"、坚定"四个自信"、做到"两个维护"。对照《北京高校党建和思想政治工作基本标准》，全面梳理落实情况，深入查找漏点不足，及时补齐短板弱项，按时完成支撑材料。组织二级单位梳理近3年来离退休党建工作亮点和经验做法，选送3个单位的经验材料上报北京市委教工委。

服务管理。围绕10个服务项目，对2020年11月以来二级单位"一对一"精准服务105名离休干部情况进行梳理分析，了解存在问题、困难与不足，共同商讨解决问题的方式方法。加强505名空巢独居老同志关爱帮扶，联合组织部策划组建在职党员先锋队，为空巢独居老人结对服务，与社区联合为高龄空巢老同志安装联讯机器人30台。关心关注离退休同志身心健康和生活状况，完成医学部本部全体离退休同志节日慰问品发放、健康体检以及意外伤害保险续保相关工作。向101名生活困难离退休同志发放补助金22万元，走访慰问生病住院离退休同志30名。认真审核、及时上报并落实好49个离退休党支部150名委员工作补贴。配合推进离退休同志到5所直属附属医院便捷就医及北医家属区适老化电梯加装工作。

文体活动。组织离退休同志开展"礼赞北大医学，喜迎110周年 讲好北医故事，赓续厚道精神"文稿、书画摄影作品征集活动；组织离退休同志参加北京市委教工委开展的"丹心永向党，喜迎二十大"主题党日活动、"喜迎二十大，永远跟党走"书画摄影、健身项目展示、文艺展演、主题诵读以及"中国共产党人精神谱系"等不同主题线上作品征集活动；组织参加教育部"大美校园"作品征集展示活动等，征集到的170多幅作品在离退休人员活动中心展出，并将其中52幅优秀作品上报北京市委教工委和北大离退休工作部，充分展现离退休同志爱党爱国爱校热情和永远跟党走的坚定信念。

发挥作用。认真学习贯彻中央办公厅、国务院办公厅《关于加强新时代关心下一代工作委员会工作的意见》，组织关工委系统工作人员参加教育部、北京教育系统关工委开展的学习培训，组织召开医学部关工委系统工作会，研究确定关工委班子成员联系二级关工委工作分工，加强对二级关工委工作的指导。增加7名特聘专家，推荐15名特聘专家进入北大关工委专家委员会，作为青年学生思想政治工作的重要力量。关工委委员和特聘专家积极参加医学部学生工作有关会议和活动，增进对青年学生的了解。组织参加教育部关工委"读懂中国"活动，共收集7篇征文和2个视频上报北大，其中特聘专家俞光岩为青年学生讲述"入党初心、党性修养及北医厚道精神内涵"主题活动在北京教育系统关工委公众号进行推送；北大医院提交的《站在最前线》文稿获教育部2022年"读懂中国"活动优秀征文。组织参加教育部"高校银龄教师支援西部计划"，2名银龄教师支援石河子大学，圆满完成教学科研任务。组织开展"老有所为"先进个人评选、关心下一代工作先进集体和先进个人评选活动，举办"老有所为"先进个人事迹展，激励全体离退休同志为学校发展建设、为党和国家事业发展贡献智慧和力量。

疫情防控。严格执行并及时向离退休同志传达北京市、北京教育系统和学校不同时间段疫情防控政策，教育引导离退休同志认真落实防控措施，全力做好疫情防护；坚持值班值守、按期核酸检测，积极参加校园疫情防控志愿服务；成立离退休人员疫情防治工作专班、制定工作方案并认真落实；为离退休人员发放口罩、血氧仪、布洛芬等防疫物资；对离退休人员接种新冠疫苗、新冠阳性、危重症等情况摸清底数、建立台账，对退休院士、离休干部、有基础疾病等重点人群落实"一人一策"、跟进服务，协调做好离退休人员重病住院和救治工作，帮助离退休人员平稳度过新冠病毒感染高峰期；协助做好去世人员后事料理工作；耐心做好对校区封控有情绪离退休人员思想工作，协助解决离退休人员不能入校缴交网费电话费、取药和报销医药费等实际问题，为北医社区开展核酸检测提供全力保障服务，助力校园疫情防控工作。

自身建设。离退休工作处工作人员积极参加学校党委组织部、人事处和工会举办的各类学习培训，在处内创建学习园地，网站改版升级、丰富学习内容，多措并举加强日常学习。组织离退休系统工作人员参加北京市委教工委开展的线上专题报告会、"争做新时代'四有'老干部工作者"主题征文和"我为老干部工作高质量发展献一策"等活动，推荐2篇征文和1个提案上报北京市委教工委。梳理完善离退休工作管理制度，废止《关于北京大学医学部离退休教职工经费使用管理暂行规定》（2016年），制定《北京大学医学部教职工荣誉退休制度》《北京大学医学部在职领导干部联系离退休干部实施意见》；核查报废超期服役办公设备。继续加强信息化建设，动态维护好离退休人员信息库。

（王　雪）

【关爱帮扶空巢独居老同志】　对医学部505名空巢独居离退休同志情况进行摸底统计，调研了解北京航空航天大学、北京师范大学等周边高校服务空巢老人情况，了解附近大树养老、保利静和养老等机构服务内容和收费情况，完成调研报告、提出帮扶建议；将医学部24小时服务电话告知空巢独居离退休同志，以便及时寻求帮助；与组织部联合策划组建在职党员先锋队，为空巢独居老人结对服务，制定《关于医学部本部在职青年党员先锋队"一对一"个性化精准服务"空巢"独居离退休同志的实施方案（试行）》；与社区联合为高龄空巢老同志安装联讯机器人30台。

（王雪）

# 财务工作

【发展概况】 财务总体情况。截至2022年底，学校资产合计达到451.33亿元，负债合计95.05亿元，净资产总额356.28亿元。2022年学校固定资产、无形资产均保持稳健趋势。

财务收支情况。2022年学校收入总额173.96亿元，其中财政拨款收入51.84亿元，财政拨款是学校办学财力的重要来源，为弥补办学经费的不足，促进学校的可持续发展，在保证正常教学、科研工作的前提下，学校充分利用自身条件，开展各种社会服务，2022年学校事业收入65.84亿元，其中科研事业收入44.72亿元，达到历史新高。

2022年，学校总支出为174.41亿元，比上年有所增长，主要是学校加大对昌平新校区建设投入力度。学校支出预算安排上始终以教学、科研为核心，资金投向明确，教育事业支出与科研事业支出是学校最大的两项支出，分别占总支出的63%和29%，支出结构与事业发展需要高度匹配。

机构设置。学校财务管理机构由财务部、国有资产管理委员会办公室、后勤财务核算中心、医学部计划财务处四个校内正处级建制二级单位组成。财务部设有业务科室9个，具体包括：审核办公室、理科楼群财务室、出纳办公室、工薪与学生奖助金管理办公室、科研经费管理办公室、计划办公室、管理办公室、综合办公室和派驻中心。

党建工作。截至2022年12月，财务部党总支党员共计82人，含在职党员69人（其中，预备党员2人）、退休党员12人；2022年，确定入党积极分子1名，列入发展对象1名。各支部在总支指导下按规定程序对支部委员会委员进行调整增补，明确分工，进一步加强基层党组织规范化管理，落实党建主体责任。2022年，财务部2名同志荣获"2021年度安全管理先进个人"称号，3名同志荣获"2022年度机关作风建设优秀个人"，财务部计划办公室获评"2022年度机关作风建设先进集体"。2022年组织党员干部深入学习贯彻党的二十大、北京市第十三次党代会和学校第十四次党代会精神，组织参观"喜迎二十大 奋进新时代——北京大学改革发展十年成果图片展"；集体收看党的二十大开幕会、新一届中共中央政治局常委同中外记者见面会视频直播；参加机关党委、后勤党委联合举办的党的二十大精神报告会；召开专题理论辅导会邀请中央党校马克思主义学院专家王巍教授作二十大精神解读专题报告等。学习期间，党员干部向党支部报送学习体会数十篇，在各支部微信群分享官方宣传材料，持续掀起学习热潮。

预算管理。实施预算管理一体化是全面深化预算管理制度改革的核心内容，为加快预算管理一体化建设按计划落实落地，财务部一方面与上级部门沟通，做好政策解读。邀请财政部、教育部领导来学校调研，在"磨合期"为学校争取主动；另一方面在校内牵头负责学校预算管理一体化实施工作领导小组的筹建工作，协调有关部门和单位做好预算管理一体化系统专网接入和测试等技术准备工作，确保在系统压力测试、项目入库、预算编制等重要环节按时按点、高质量完成任务。

收入管理。2022年，财务部完成学历制学费立项17项、非学历教育收费480项、服务性及其他收费32项、非科研合同备案48项。非学历教育项目（不含变更）立项总金额5.19亿元。严格按照高等学校信息公开要求，进行教育收费公示，并组织全校开展教育收费自查工作，共计自查校内73个部门（单位）的教育收费工作情况，包括教育收费制度完善情况、教育收费项目和标准、教育收费依据、教育收费公示和监督情况等，实现100%全覆盖自查，并对学生及家长反映强烈的突出问题进行重点关注，形成《北京大学2022年教育收费检查工作报告》上报北京市教育委员会。

票据管理。2022年，财政电子票据系统和增值税电子票据系统运行稳定。共开具非税收入电子票据9万余张，资金往来结算电子票据约2万张，增值税电子票据2万余张，捐赠电子票据388张。各类电子票据在全校各单位全面推广，对校内各项开票数量大，开票时间集中的收费项目起到很大的支撑作用，并减少人员聚集和接触。2022年核销非税电子票据11万余张，捐赠电子票据397张，核销财政纸质票据78万余份，1.5万本。

税务工作。2022年，财务部完成增值税等12个税种纳税申报工作。依法上缴各项税款6629.30万元，其中增值税3948万，资源税（水资源+地热）1270万，房产税741万，办理进项税抵扣816万元。落实各项税收减免政策，免税销售额2.4亿元，累计节约税款约606万元。配合税务机关各项专项调查，提供调查材料，规避税务风险。2022年度水土保持补偿费、人防工程异地建设费、矿产资源使用费划转税务部门征收，财务部按要求完成相关税源登记和费用缴纳。

财务综合服务平台。2022年，财务综合服务平台共处理网报预约单22万笔，金额55亿元，其中，日常报销9.6万笔，金额13.6亿元；薪酬劳务7.4万笔，金额17.4亿元；差旅费7251笔，金额5029万元；资产1万笔，金额5.7亿元；预付款6276笔，金额13.3亿元；试剂平台9981笔，1.2

亿元；内部交易 1.1 万笔，金额 2.2 亿元；会议费 1032 笔，金额 759 万元。2022 年，根据广大师生的意见建议，财务综合服务平台先后增加财务智能客服网页版、智能报销、境外汇款网报、薪酬零投递等新功能，同时建立规范的授权与审核体系。

**收费平台**。截至 2022 年底，收费平台已开通 96 个单位主管的缴费项目 706 个，2022 年线上缴费总笔数 59 万笔，交费总金额 3.7 亿元。其中，微信缴费笔数 44.2 万笔，缴费金额 2.1 亿元；支付宝缴费笔数 8.3 万笔，缴费金额 1.4 亿元；开具票据 3.9 万张。

**财务风险控制**。在简政放权、完善制度和优化服务基础上，建立财务稽核制度，利用财务风控系统进行专项检查稽核，从而防范财务风险和强化财务监督。不定期对凭证规范性进行随机稽核，确保经济科目使用正确和支出手续齐全完备，提高会计核算质量；结合审计和经费监管重点，定期编制财务稽核月报，涵盖三公经费、零余额资金使用等方面，确保资金使用的合规性；根据国家、学校相关财务规章制度"红线"和业务流程风险点完成部分项目支出稽核报告，针对发现的问题向经费主管部门或项目负责人发送项目支出风险提示，并对后续整改进行追踪反馈。

**科研经费"放管服"**。2022 年，财务部联合科学研究部、社会科学部、先进技术研究院、科技开发部等科研管理部门，按照国务院办公厅《关于改革完善中央财政科研经费管理的若干意见》（国办发〔2021〕32 号）要求，结合学校实际情况，先后修订《北京大学理工科民口科研项目资金管理办法》（校发〔2021〕268 号）、《北京大学技术合作项目及经费管理办法》（校发〔2021〕256 号）、《北京大学国防科研经费管理办法》（校发〔2022〕89 号）等 4 个科研项目经费管理制度。间接费方面 2022 年 10 月完成首批国家自然科学基金项目间接经费调整工作，共涉及 300 余个项目，共计调增间接经费总额 1750 余万元，调增的间接费完全用于课题组间接费用及科研绩效支出。预算方面调整 3500 余个项目的设备费、劳务费、业务费等预算科目管理模式，赋予科研人员更大自主权。

**科研结余资金管理**。2022 年为落实中央财政科技经费结余资金管理改革要求，盘活结余资金，加快结余资金使用进度，财务部联合科学研究部、社会科学部、先进技术研究院，结合各类科研项目特点，在充分征求学院意见的基础上，先后制定《北京大学理工科民口科研项目结余资金管理规定》《北京大学人文社会科学纵向科研项目结余资金管理规定》，允许项目组结题后使用三年，三年后由院系统筹安排，不断健全学校科研经费管理体系。同时，为做好下年度预研基金结转准备，完成 2 万余存量科研项目财务数据梳理工作。

**参与国家科研经费管理政策制定**。为提升政策研究水平、提升学校财务人员在国家科技政策制定工作的参与度，财务部参与科技部等部门科技政策研究课题。2022 年，联合学校科研部共同承担科学技术部委托的《科技计划项目跨境资金管理监督问题和建议研究》课题，借鉴境外资金跨国、跨境支持科研项目的全流程管理，针对国家建立更大范围的中央财政科研经费跨境使用和监管机制开展研究，并提出具有可操作性的意见建议。

**人员薪酬与学生奖助金管理**。2022 年财务部完成校内工资转卡 186,667 人次，校内薪酬转卡 117,165 万人次，校外劳务转卡 85,852 万人次；完成学生奖学金、物价补及三助转卡 528,267 人次（其中：为 2022 级毕业生退费 21,922 人次），与学工部对接，为返校学生发放核酸检测补贴费用 16,191 人次；为合同制员工发放生育津贴，生育费用、补充医疗保险等 630 人次；完成 2022 级研究生及本科生新生银行卡制卡工作，新生银行卡成功制卡 7084 张（其中研究生新生制卡 4183 张，本科生新生制卡 2901 张），完成学生人员信息维护 40,500 万余人次；协调银行办理留学生境外账户汇款奖学金、特殊困难补助等 900 人次。

**社保及住房公积金管理**。2022 年财务部累计办理全校职工住房公积金汇缴及补缴 110,000 人次；为教职工办理住房公积金年度缴存基数变更；为 200 名教职工单独调整缴存基数。2022 年收回二级独立法人单位和校内独立核算单位返还工资 1670 万元，返还北京市社保 152 万元，返还事业单位养老保险和职业年金 3862 万元。

**国有资产管理**。2022 年四个季度国有资产管理委员会办公室处置已达使用年限固定资产原值共计 13,900.98 万元，处置未达使用年限固定资产 16 批次，共计 5084 台件，原值合计 823.97 万元。2022 年共完成科技成果转化评估项目备案 37 项，完成所属企业的资产评估项目备案 1 项。

**建设项目投资评审**。2022 年，学校建设工程投资评审办公室（设在国有资产管理委员会办公室）通过竞争性磋商为学校建设工程造价咨询服务项目选择北京中咨鉴工程造价咨询有限公司、致同（北京）工程造价咨询有限责任公司和建银工程咨询有限责任公司作为咨询服务的供应商。投资评审办公室 2022 年度评审批复（1000 万以上工程项目经北京大学建设工程投资评审小组会议审议通过）基建工程部、总务部、动力中心等工程管理部门报审的 76 个建设工程投资项目。

**后勤财务服务**。结算中心办公室是财务部面向学校后勤等单位的服务窗口，2022 年受疫情影响，结算中心持有资金总量以及收入、支出较去年同期有所下降。2022 年收入总额下降 19.22%；支出总额下降 11.8%，银行存款总额下降 12%。2022 年结算中心大力推广校内无现金收款功能，截至 2022 年 12 月，在校内后勤单位共部署各类收费工具 97 个，进一步提升服务质量。

（金　田、郭秀云、黄　蕾、王阿乐、杨欣梅、钱　萍、魏江林、胡晓丽、刘兆香、徐　曼）

【"校园缴费平台"全新升级】 2022年6月，学校校园缴费平台全面升级。新版本增加交费端票据在线查看下载功能，实现校内门户账号登录、项目线上申请、"一键式"开票、智能入账申请、线上退费、自动对账生成报表等功能，解决收费、开票、入账多系统操作问题，真正做到收入全流程一站式线上办理。

（魏江林）

【持续推进科研拨款分配"线上一体化"开发】 经过两年多的持续建设，财务部与科研主管部门的科研经费管理系统实现对接，2022年已初步建成集科研经费预借票据、经费拨款入账、预算调整、决算查询等业务为一体的全流程线上管理服务平台，在提升效率的同时，基本实现科研、财务、票据等系统数据的互联互通。2022年，财务部联合计算中心以师生反馈为导向，持续优化预借票据平台功能，增加项目负责人手机端审核、退换票一键办理等功能，进一步完善客户端口各项功能。同时，集中力量开启后台数据智能管理、历史数据融合、"票据+拨款+汇款"一体化等管理端功能建设，持续提高科研经费拨款分配业务工作效率。

（王阿乐、杨欣梅）

【加强科研项目监督管理】 为配合国家科技管理部门及审计监督部门做好科研项目监督管理工作，财务部配合相关科研主管们及课题组做好审计对接工作。2022年度接待各类审计50余次。2022年7月至8月，按照国家审计署教育审计局开展国家自然科学基金委员会经济责任审计相关要求，财务部对接科研主管部门、审计室等部门，对学校承担2018年以来国家自然科学基金3000余项目账务信息进行梳理，并配合审计室接待国家审计署工作人员开展现场审计，提交相关财务数据资料。

（王阿乐、杨欣梅）

【智能财务报告正式上线】 财务分析与决策系统建设在高校会计职能由核算型向管理型、服务型转变的趋势下，对提升财务分析与决策能力，提高财务治理水平具有重要意义。2022年1月，智能财务报告正式上线，首次一键生成含结构分析、趋势分析、部门经费余额、收支情况、现实支付能力等内容的部门年度财务报告，进一步提高财务数据使用效能，帮助二级单位通过数据驱动决策。

（魏江林）

【开展资产出租出借情况摸底工作】 2022年11月，根据教育部《关于开展直属高校、直属单位资产出租出借情况摸底工作的通知》要求，国有资产委员会办公室组织附中、附小、深圳研究生院、软件与微电子研究院、医学部以及设备部、房产部、校史馆、档案馆、图书馆、网络与信息化管理委员会办公室等校本部资产归口管理部门开展学校资产出租出借摸底调查工作。在各单位全面梳理相关情况的基础上，国有资产委员会办公室汇总形成《北京大学资产出租出借情况摸底报告》《北京大学资产出租出借情况摸底调查表》，按要求上报教育部。

（胡晓丽）

【落实个人所得税最新政策】 2022年度财务部贯彻落实个人所得税最新政策，采取线上线下多渠道服务措施，协助职工完成个人所得税年度汇算工作。2022年完成个人所得税明细申报49万人次，累计维护人员税务信息近15万人，接收师生专项附加扣除信息近5.5万人次。持续落实高级专家、科技成果转化现金奖励个人所得税优惠政策，完成科技成果转化现金奖励个税减免97人次，个税减免金额近470万元。与科技开发部协作，新增办理科技成果转化股权奖励暂不征收个人所得税备案业务，2022年完成3个项目的税务备案。落实年终奖个税优惠政策，做好个人养老金个税减免政策的宣传和系统对接工作，与税务机关沟通解决师生个税方面的疑难问题，确保国家的税收优惠政策真正惠及全校师生。

（王阿乐、杨欣梅）

【"双线"报销保运行】 2022年5月，受疫情影响校园封闭管理期间，财务部采用"校内+校外"双线配合模式开展核算工作。针对薪酬劳务业务，居家办公职工通过"堡垒机"远程制单，完成后由驻校老师打印、审核。为破解师生"审批难"的困境，编制并发布《疫情防控期间如何线上审批报销单》线上审批操作指南，整理并总结出不同情形下可以采用的线上审批模式及系统操作方法，引导师生利用信息化便利解决经费报销问题，减少人员流动和聚集。同时成立校外临时报账点，将工作人员按照接送单组、制单组、审核组进行分工，接力处理各类核算业务，保证疫情期间业务办理时效，确保教学科研正常开展，校园服务平稳运行。

（黄蕾）

【智能报销系统上线】 2022年度财务部成立智能报销系统建设小组，耗时6个月，累计组织召开31次系统建设谈论会，于2022年7月正式上线智能报销系统。该系统可利用光学字符识别等技术，自动识别、查验发票等各类票据，根据票据内容与历史报销数据进行算法模拟、智能填报报销单，提升报销效率、减轻经办人员工作量。同时，通过内置报账规则，进行智能稽核，有效降低超标、违规报销的可能性，提高财务报销的准确性及安全性。智能报销系统支持手机端、PC端双通道，全流程线上审批，财务报账彻底实现移动办公，压缩师生报账的时间及空间成本。

（黄蕾）

## 医学部财务工作

【发展概况】 机构设置。医学部计划财务处（以下简称"计财处"）下设六个科室：预算管理办公室、核算管理办公室、薪酬管理办公室、科研管理办公室、综合管理办公室和国有资产管理办公室。部门在职事业编制人员21人，劳务派遣制人员7人。

**党风廉政建设工作。** 计财处党支部以党的政治建设为统领，以学习贯彻党的二十大为主线，推进党建和业务深度融合。领导班子带头遵守《中国共产党廉洁自律准则》、带头贯彻落实党风廉政建设主体责任，以模范行动带动全体财务人员不断筑牢廉洁自律防线。组织党员集中观看警示教育片《零容忍》，引导党员强化廉洁自律意识。针对财务管钱的岗位，持续完善经费、资金管理各项制度；运用科学管理方式，建立试剂采购、工程支出联查机制，结合凭证自查、稽核，查找廉政风险点，联合审计、纪委共同监督。注重以理论学习指导实际工作，申报医学部纪委组织的廉政教育研究课题，获得2项重点课题资助。在抗击新冠肺炎疫情的斗争中，计财处全体15名党员参加校园及社区的核酸检测志愿服务200余次，服务时长超过500小时。作为医学图书馆专班成员单位，11名党员参与图书馆工地24小时值班值守，服务时长264小时。

**争取政策和资金支持。** 2022年医学部总收入创历史新高，财政拨款恢复到疫情之前水平。在高校财政拨款下行的形势下，医学部在改善基本办学条件专项、生均拨款、教改专项、留学生经费管理绩效拨款方面均得到教育部特别支持，同时新增十四五期间优质医学项目申报。深度开展"银校合作"，争取合作资金用于楼宇建设、设备购置、操场修缮、购买疫情防控物资、支持奖教学金、学生活动等各方面，缓解学校预算压力，增强师生获得感，推动校园智慧化、智能化建设。

**预算管理工作。** 在新冠肺炎疫情的影响下，继续贯彻中央"过紧日子"的要求，按照党委进一步挖潜，为学校改革发展、稳定工作提供物质保证的要求，重点支持"人才引进、科研创新、学科建设、教学改革、立德树人"五个方面中心工作，优化经费支出结构，提升资源配置效益，实施差异化支持，让教学科研过好日子。在国家监管政策紧收、布局预算一体化的形势下，面对41个预算单位、257个预算项目、13个资金来源形成的500个资金调控点，与各部门反复沟通，通过精细化管理，确保花好每一分钱，保障重点项目资金顺利执行。

**疫情期间财务保障工作。** 第一时间搭建远程办公平台，利用智能报销系统实现"零接触"投递报销，微信群24小时全天候管家式服务，驻校24小时提供窗口服务，一对一帮助无法入校人员及时申报劳务、完成年度汇算清缴、提取个人公积金、外专劳务汇款等。保障疫情新形势下财务各项工作平稳运行，解决师生需求。

**推进预算一体化工作。** 顺利完成一体化系统网络设置、系统压力测试、基础信息数据填报、2023年一上部门预算编报、一体化系统设备资产数据迁移及前期各项准备工作，为2023年全面应用预算一体化系统打下良好基础。

**接管饮食服务中心财务工作。** 根据学校指示，2022年起全面接管医学部饮食服务中心财务工作。重新梳理财务流程，规范财务岗位职责，升级财务核算管理系统，消除金融风险、防范廉政风险。

**参与基金会财务管理工作。** 梳理医学部全部捐赠项目合同及收支情况。会同基金办牵头完成医学部2022年中央高校捐赠配比专项资金申报工作，制定医学部捐赠配比专项资金申报流程及部门分工职责，提高医学部捐赠配比资金申报比率。

**设备更新改造贷款工作。** 与银行沟通解贷款政策，测算医学部未来还款能力。建立微信群，实时答疑解惑，配合医学部学科办、医学部设备与实验室管理处捋顺校内、校外流转手续，梳理配套经费采购设备的付款凭证。最短时间内开设银行账号，缩短设备采购贷款、还款手续。

**财务信息化建设。** 财务信息化建设坚持以"经济活动路线更清晰、资金管理更透明、师生体验更便捷"为目标，财务内部管理与高质量服务师生两手抓，取得显著成效。智能报销系统正式上线，标志着财务信息化进入"人工智能"和"物联网"时代；会议、培训报名缴费平台上线，实现线上报名、便捷缴费、开票入账一站式服务；财务共享中心全新上线是财务数字化转型的关键举措，整合多个财务系统，升级多个模块，实现财务业务"一门式"服务。

**科研财务助理队伍建设。** 起草医学部科研财务助理制度实施方案，从"管理体制""部门分工""岗位设置""薪酬管理""人才队伍建设""考核与激励"六大方面制定具体细则。组织培训、修订编写《科研经费政策汇编》、制定科研财务助理培训方案；定期开展科研财务助理专场培训、线下答疑；财务助理微信群、财务咨询微信群全时顺畅沟通。科研财务助理队伍由初建时的87人扩增至250余人，队伍构成逐渐由以学生为主转变为各PI均配备有专职财务助理。

**国有资产管理工作。** 按照财政部和教育部的要求，做好工程款支付及资产管理相关工作。作为医学图书馆、学生宿舍建设专班成员、基础建设处招标工作小组成员，深度参与工作。牵头相关部门完成医学部三区14号楼、游泳馆两个基建项目的竣工财务决算及财务决算审计工作。按时完成医药科技楼、图书馆两个基建项目的在建工程暂估入账工作。截至2022年底，医学部不存在挂账不消号的基本建设工程，资产均已按期上报。

**基层调研工作。** 坚持每两周一次与教学科研人员座谈，听取意见，促进提升。全年深入院系调研24次，访谈一线教师科研人员100余人；职能部门调研21次，牵头部门沟通会130余次。全年多渠道宣传财务政策21次，开展专项财务培训25次。"想师生之所想，行师生之所嘱"，努力降低财务专业壁垒，为师生提供精准的财务服务。

**附属医院财务管理工作。** 加强与附属医院财务的沟通，处理好学校财务和医院财务工作的关系。定期召开附属医院总会计师例会，在定期资金存放招投标、公立医院薪酬改革实施方案、预算一体化、设备更新改造贷款、争取财政政策方面形成合力。制定附属医院继续教育培训网上缴费流程，开通医院网上开票权限，将附属医院继续教育收入全部纳入医学部统一收取。

（马文韬）

## 对外交流

【发展概况】 机构设置。国际合作部是执行涉外政策、协调对外交流与合作事务的职能部门，主要职责包括：研究国际发展战略；制定学校对外交流合作规划；协调学校对外活动，推动双边和多边学术交流，为学校各单位的教学、科研国际交流提供信息并协助联系；负责重大外事接待活动及校级出访活动的策划及实施；拓展学校与海外高校、科研机构、政府团体、国际组织的合作，并负责校际交流计划的统筹管理；负责学生海外交流项目的统筹规划和协调管理；归口管理全校各类外国留学生、港澳台学生、交换学生、研究学者、交流学者；归口管理来华外国专家的聘请、报批、管理和服务等事务；审核报批国际会议，举办北京论坛；审核报批境外办学、中外合作办学项目；申报审批教职工和学生出国出境，协助师生办理因公出国护照、签证；归口管理北京大学孔子学院日常事务；负责学校交办的其他对外交流合作事务。

国际交流。1月4日，学校与白俄罗斯国立大学召开线上会议，两所大学以及来自中白两国政府机构的代表就中白科教交流分享经验。1月5日，学校与芝加哥大学线上会晤，并举行北京大学芝加哥中心在线揭牌仪式。1月19日，举办中国教育国际交流协会国际艺术教育专业委员会成立大会暨首届国际艺术教育交流与合作研讨会。4月21日，学校与圣母大学召开线上会议，续签两校合作备忘录。5月24日至25日，书记郝平参加国际研究型大学联盟2022校长年会并发言。7月27日，学校与新西兰八所大学代表在线举行《关于北京大学新西兰中心继续运作的谅解备忘录》签署仪式。8月23日至24日，校长龚旗煌赴贵州参加2022"中国-东盟教育交流周"开幕式。11月11日，举行由"亚洲校园"中国秘书处举办的"亚洲校园+"项目专员赋能计划培训会。11月18日，"中意慈善论坛"第二期（2022—2025年）合作备忘录签署仪式于中国北京与意大利罗马双会场连线举行。11月24日，为纪念中国与以色列建交30周年，邀请以色列外交官埃亚尔·普罗珀博士（Eyal Propper）作题为"中国与以色列合作30年及未来之路"的讲座。12月6日，结合线上线下，举行共议数智时代的教与学：耶鲁-中国大学校长交流会。12月7日，阿卜杜勒·阿齐兹国王公共图书馆北京大学分馆理事会第六次会议以网上视频形式在分馆会议室召开。12月8日，线上举行首届中俄同类大学联盟论坛。根据教育部部署牵头筹建数智教育发展国际大学联盟。推进北京大学—哈佛大学数字人文博士后项目；推进中日大学校长论坛"中日联合人才培养"项目；推进第二期中日青少年交流计划和推进"亚洲校园"秘书处、"亚洲校园"第三期项目建设；推进学校芝加哥中心、中俄数学中心、欧盟经济与战略研究中心建设。

人才国际培养工作。2022年，在境外参加校际交流项目131人，在线参加校级交流项目59人。新签续签学生交换协议及奖学金协议10个，包括东京大学、京都大学、慕尼黑工业大学、弗吉尼亚大学、首尔国立大学等。续签暑期项目协议2个，为斯坦福大学IHP暑期项目和斯坦福大学UGVR暑研项目。组织第三届国际组织机构宣讲咨询活动。申请国家项目和政府间项目/国际组织课程，为学生提供更多选项。遴选国际组织实习人员，各1人获得联合国儿基会、妇女署实习资格，20人入选"创新型人才国际合作培养项目"，6人入选"国际组织实习项目"及"国际组织后备人才培养项目"，5人入选"国别与区域研究人才支持计划"。

外国专家工作。聘请校级外国专家243人。围绕国家重大战略需求实施国家外国专家项目30项，其中平台类项目10项，人才类项目20项，申请获批科技部经费545万元。举办"北京大学海外名家讲学计划""北京大学高端学术讲学计划""北京大学大学堂顶尖学者讲学计划"等项目活动。建设"北京大学国际学者在线服务平台"，搭建学校国际学者信息服务窗口和网上办事大厅。协同人事部和法律事务办公室，形成校发文件《北京大学外籍教师管理办法（修订稿）》及实施细则（校发〔2022〕136号）。

国际会议。2022年，主办、承办、协办50场国际学术会议（含在线会议）。重要会议包括："北京论坛2022——共创人类文明的未来：信任、对话与合作""希格斯物理研讨会2022""比较视角下的中国产业政策支出国际研讨会""北京大学——开罗大学中阿人文论坛暨第五届中阿文明对话会""中美高级别战略政策研讨会：俄乌局势分析"等。

因公交流。因公出国出境717人次（含办理出访手续在线参加国际会议）。因公赴港澳台95人次（含办理出访手续在线参加国际会议）。

汉语国际推广工作。2022年，9所孔子学院和46所孔子课堂。举办18场人文论坛，涉及西班牙、以色列、埃及、日本、英国、澳大利亚等多个国家。3月，早稻田大学孔子学院召开理事会议。4月，联合中外人文交流研究基地举办"中外人文交流论坛暨孔子学院学术文化季"活动。12月，柏林自由大学孔子学院召开理事会议。柏林自由大学孔子学院与汉诺威莱布尼茨孔子学院共同承办第20届"汉语桥"世界大学生中文比赛德国赛区决赛。朱拉隆功大学孔子学院与汉考国际联合主办《等级标准》工作坊。希伯来大学孔子学院举办"孔子学院日"活动。开罗大学孔子学院举办"文化交流与传播工作坊""第十三届全埃汉语教学研讨会"等活动。

**涉外和港澳台疫情防控工作。**担任学校疫情防控涉外和港澳台组、学生返校涉外和港澳台专班的牵头单位。根据国家和学校统一部署,动态调整学校涉外和港澳台防疫政策,将常态化疫情防控工作作为最重要的政治任务之一,制定涉外和港澳台组工作方案,统计外籍和港澳台师生数据,整理疫情防控简报,购置和发放防疫物资。疫情高发和重要会议期间,组织员工在校值班值守,做好特殊时期的疫情防控、安全稳定、关心关爱和管理服务工作,及时解决外籍和港澳台师生面临的各类问题。

**外籍和港澳台师生参加冬奥会、冬残奥会。**组织6名港澳台学生作为冬奥志愿者参与工作,体教部台籍教师陈文成牵头组建台湾青年冬奥城市志愿者服务队。组织10名留学生担任赛事志愿者,6名留学生参加开幕式节目表演,37名留学生以观众身份参加冬奥会开闭幕式、冬残奥会开闭幕式以及部分赛事。组织10余位外国专家观看开幕式、闭幕式和比赛。

**外事工作队伍的政治建设。**3月11日,举办新媒体管理与运营专题培训会,围绕新媒体的媒介特点和传播策略、管理制度和工作规程等进行分享交流。6月20日,与学校出版社党委共同开展"牢记嘱托 踔厉奋发 再立新功——学习习近平总书记给南京大学留学归国青年学者重要回信精神联合主题党日活动",未来技术学院副院长刘颖教授作题为"奋斗赓续梦想 信仰照亮未来"的辅导报告。8月,成立专项工作小组,落实学校第十四次党代会嘉宾参会工作,完成154名出席和列席嘉宾的邀请和接待。8月9日,国际合作部组织学校第十四次党代会精神集体学习会,围绕学习第十四次党代会精神结合单位业务进行交流。9月30日,国际合作部组织"重温奋斗史 喜迎二十大 奋进新时代 启航新征程"主题党日活动,前往香山革命纪念馆参观学习。10月14日,与材料科学与工程学院开展联合党日活动,共同参观"喜迎二十大 奋进新时代——北京大学改革发展十年成果图片展"。10月16日,国际合作部集体收看党的二十大开幕会,第一时间展开学习讨论。10月18日,国际合作部召开外事系统党的二十大精神集体学习会。10月23日,收看第二十届中央政治局常委同中外记者见面会。

**加强顶层设计和建章立制。**加强学校党委对外事工作的领导,做好顶层设计,理顺体制机制,优化涉外使领馆活动、境外非政府组织活动、二级单位国际暨港澳台合作申请的申报审批,不断完善"党委领导、分工负责、协同审批、归口管理"工作机制,健全与高水平教育开放相适应的高校外事管理服务体系。依托学校安全稳定工作体系,改进涉外涉港澳台安全稳定工作机制。9月,召开全校外事暨港澳台工作会,传达落实教育部和北京市关于加强外事暨港澳台管理工作的相关政策,完善工作体系,提升治理能力。

(陈峦明、王 萌)

【**学习贯彻党的二十大精神和习近平总书记回信贺信精神**】集体观看党的二十大开幕会、二十届中央政治局常委同中外记者见面会,动员外籍和港澳台师生收看党的二十大开幕会,组织交流并整理心得体会材料,形成《学习习近平同志代表第十九届中央委员会向第二十次全国代表大会所做报告材料汇编》。组织学校外事系统集体学习党的二十大精神,结合二十大报告重要内容和学校国际合作事业,研讨用二十大报告指导学校不断加快和扩大新时代教育对外开放。贯彻落实党的二十大精神,用"实施科教兴国战略,强化现代化建设人才支撑""坚持和完善'一国两制',推进祖国统一""促进世界和平与发展,推动构建人类命运共同体"等内容,指导国际和港澳台工作。2022年是习近平总书记给北大留学生们回信及给南南合作援助基金和南南合作与发展学院成立5周年贺信1周年。国际合作部学习贯彻习近平总书记回信贺信精神,推动来华留学教育内涵式发展。

(陈峦明、王 萌)

【**北大来华留学教育70周年系列活动**】6月17日,学校与教育部中外语言交流合作中心联合举办首届"全球视野下的中国研究"国际青年学生学者论坛。来自42个国家、48所国内外高校的200余位学者学生参会。论坛共收到来自27个国家18所高校的留学生学者稿件66篇,最终评选出15篇优秀论文。7月8日,"要看银山拍天浪,开窗放入大江来——新中国北大来华留学教育70周年纪念展"启幕仪式在学校百周年纪念讲堂四季庭院举行。展览以史料档案和展陈实物,展现70年来北大留学生教育的前进轨迹与成绩,并设置云上展厅。7月8日,新中国北大来华留学教育70周年纪念大会在学校英杰交流中心阳光大厅举行。北大来华留学教育事业作出卓越贡献的教师代表,留学生工作离退休干部代表,学校各院系和职能部门主管领导,兄弟院校代表,及留学生和校友代表等200余人参加。大会包括"70年·师恩"致敬表彰环节。

(陈峦明、王 萌)

【**举办北京论坛(2022)**】11月18日,第十九届北京论坛——北京论坛(2022)在钓鱼台国宾馆开幕,本届论坛以"文明的和谐与共同繁荣——共创人类文明的未来:信任、对话与合作"为主题。来自教育部、北京市上级政府部门,中外语言交流合作中心、中国国际中文教育基金会、中国教育国际交流协会、国家留学基金管理委员会、联合国教科文组织全国委员会秘书处、海外学人中心等兄弟部门,以及新西兰、埃及等10个国家大使使节和非洲联盟驻华代表出席开幕式。本届北京论坛下设12个分论坛和1个海外分论坛。12个分论坛主题分别为:全球安全治理:理论与实践、文明的交界面:生态与族群的历史反思、80亿人口:全球人口格局与经济、社会、文明的可持续发展、空气、气候与健康、中国古代都城与东亚城市的发展、万年以前的"全球化"：早期现代人的扩散、交流与适应、新形势下能源转型新思考、全球健康：数字转型与发展鸿沟、高质量发展、"双碳"目标与国土空间规划、出版融合发展"走出去"、国际经验与中国实践：企业社会价值评估、三十而立：全球视野下的中韩关系。海外论坛为"北京大学—芝加哥大学联合论坛：应对气候与能源的挑战"，下设六个分议题，包括"环境法规""人文思考""企业参与""人类健康""清洁能源"和"气候生态系统"。

（陈峦明、王　萌）

【北京大学第十九届国际文化节】 11月6日，北京大学第十九届国际文化节在百周年纪念讲堂广场举行。本届文化节以"同世界·共梦想·和未来"为主题，上级单位领导、兄弟部门及院校代表，北大校内外的中外师生参加。开幕式当天，举办主题游园会和"兰园四季"健身活动，其中主题游园会的48个展台覆盖五大洲的37个国家和地区。本届国际文化节系列活动包括留学生汉语演讲比赛、留学生十佳歌手大赛、国际美食制作体验活动、国际观影会、音乐剧学院奖、法学院国际周、来华70周年晚会。

（陈峦明、王　萌）

## 医学部对外交流

【发展概况】 2022年，医学部国际合作处坚持以习近平新时代中国特色社会主义思想为指导，深入学习贯彻党的第十九届四中、五中、六中全会精神，以二十大精神为指导，建立健全长效机制，发挥党组织的战斗堡垒作用，紧紧围绕学校"双一流"和"北大医学"建设的总体目标，攻坚克难，以国家重大战略需求为指引，充分开发和利用海外资源，服务于学校医教研"三位一体"协同发展。

交流合作。2022年医学部因公出国和赴台港澳地区手续审批共计63批86人次，其中，赴台港澳人员50人次。办理因公证照手续51人次。因公临时出国（境）申报及审批系统正式投入使用。办理长期外籍专家新聘手续2人次，延期手续3人次，复工复产返京手续2人次。申报举办国际会议9次。进行境外非政府组织合作项目备案15次（其中有9项正在进行）。审批教职工参加外方主办的线上国际会议34批53人次。

举办各类高质量线上联合研讨会，继续深化国际科研合作，打造高水平医学领域国际合作示范平台；努力推进"北京大学医学部—澳门理工大学护理书院"建设与发展，以实现培养国际高水平护理人才和学科建设双赢，助力粤港澳大湾区建设，有力助推相关学科发展和人才培养工作。

2022年医学部与美国密西根大学医学院、日本顺天堂大学、泰国玛希隆大学、《自然》杂志等签署4项合作交流协议，双方将在科研合作、人员互换、资源共享等方面开展合作。

学生海外交流。2022年虽受疫情影响，但医学部以培养具有全球视野的高层次国际化医学人才为目标，通过开展学生线上交流、拓展合作渠道、推动虚拟国际化等措施，打开工作新局面。医学部推进北京大学医学部—密西根大学医学院全球卫生学生线上交流、俄罗斯第五届国际青年"康复+"方案设计大赛（在线）、亚洲大学联盟-马来亚大学海外学习（在线）等项目。

2022年，医学部执行并新申请国家留学基金委（CSC）项目，包括北医-南加州大学康复治疗专业研究生教育师资培训项目（CSC创新型人才国际合作培养项目）派出5人；北医-南加州大学康复治疗专业研究生教育师资培训项目申请新一期CSC创新型人才国际合作培养项目；医学部与英国伦敦国王学院、英国曼彻斯特大学、荷兰伊拉姆斯大学等名校探讨MD-PhD双博士学位创新型人才国际合作培养项目等。

党建工作。2022年国合处党支部和领导班子多次举行专题讨论，研读二十大报告，感悟报告中蕴含的领悟思想伟力。研讨将二十大精神落到实处，为北大医学国际合作交流事业做出贡献。

（杜晓鹏）

【对接国家"一带一路"倡议系列举措】 响应国家"一带一路"倡议，切实服务国家战略，展现教育交流合作新担当，发挥北大牵头成立并建设的"中国—东盟高校医学联盟""中国—东盟公共卫生科技合作中心"的引领和战略协同作用，申请和实施亚洲合作资金项目和国家科技部对发展中国家常规性科技援助项目。依托中国—东盟高校医学联盟，在教育部的支持和推荐下，医学部于2021年成功申请"亚洲合作资金项目"，2022年利用2021年项目结余资金用于支持《东盟国家卫生发展与国际合作政策研究》和《公共卫生安全导论》两书的完善和出版。此外还完成IQVIA部分健康相关数据的购买，用于支持后续科学研究。科技部"中国-东盟公共卫生科技合作中心建设"项目顺利开展并为中心建设奠定坚实基础。项目具体目标是为东盟部分国家提供公共卫生技术援助，提高本地区公共卫生技术研发能力，建设中国-东盟长期可持续公共卫生科技合作平台。9月30日，科技部国际合作司一级巡视员续超前、亚非处处长肖蔚和副处长乔健访问医学部，与医学部领导就"中国—东盟公共卫生科技合作中心"建设进行座谈会。国合处协调，由北大向科技部发函申请成立中心，科技部于2022年底回函，表示同意支持学校建设"中国—东盟公共卫生科技合作中心"。

（杜晓鹏）

【"北京大学医学部-澳门理工大学护理书院"项目】 港澳台办公室对接卫健委、教育部、国务院港澳办、中央政府驻澳门联络办及澳门理工大学，继续推进"北京大学医学部—澳门理工大学护理书院"的建设与发展。对接国务院港澳办，2022年2月至11月派出授课教师18人次，项目管理人员5人次。对接卫健委，在卫健委大力支持下申请专项研究项目"澳门护理人才培养模式研究"，探索服务粤港澳大湾区的护理人才培养创新模式。对接澳门理工大学，每年三期协调落实该项目"运行成本及合作支撑费用"，用于反哺学校相关学科建设。

（彭 芸）

【国家级国际联合研究中心建设】 发挥国家级国际联合研究中心的平台作用，坚持以高质量发展为主题，推动更高水平医学科研国际合作，2022年联合开展国际合作科研项目33个，启动国际战略合作伙伴基金（医学类）项目24个，促成实质性合作；2022年通过视频会议等形式继续深化有组织的国际科研合作，发挥国家级国际联合研究中心的平台作用。先后发布北京大学医学部-密西根大学医学院转化医学与临床研究联合研究所联合研究常规项目、肿瘤专项和青年学者项目的申请通知。此外还完成科技部2021年度报告、教育部国际合作联合实验室验收工作。

（刘 源）

## 实验室与设备管理

【发展概况】 组织架构。实验室与设备管理部（以下简称"实设部"）负责仪器设备的国有资产管理、仪器设备的招标与采购、大型科学仪器的可行性论证、大型科学仪器开放共享与使用管理、大型科学仪器公共平台的建设与管理、仪器创制与关键技术研发的相关工作组织，负责进口仪器设备免税、境外赠送及临时性科教用品进出口等，负责全校实验室技术安全、环境保护和辐射防护相关工作，负责全校实验室建设与管理、实验技术队伍建设与管理、同教务部共同负责实验教学改革与各级实验教学示范中心评建工作。此外，还是中国高等教育学会实验室管理工作分会秘书处、教育部高等学校国家级实验教学示范中心联席会秘书处的挂靠单位。2022年实验室与设备管理部下设6个办公室和2个挂靠单位，分别为：综合办公室、设备管理办公室、采购管理办公室、实验室管理办公室、进口管理办公室和家具管理办公室以及2个挂靠单位：北京大学环境保护办公室暨辐射防护室和设备器材采购供应中心。2022年部内共有工作人员29人，其中事业编制人员15人，劳动合同制人员14人。

实验室建设。2022年，全校共有实验室197个，实验室总面积23.98万平方米，开设教学实验项目1585项。其中，校本部实验室共100个，使用面积17.75万平方米，开设教学实验项目1444项，实验教学工作量171.48万人时（详见附表《2022年北京大学实验室基本情况一览表》）。

中央高校改善基本办学条件专项。2022年学校共执行"中央高校改善基本办学条件专项-设备购置类"经费6285.47万元。其中校本部执行2605.47万元，医学部执行3680.00万元。

实验技术队伍建设。截至2022年，校本部共有实验技术人员368人，其中，正高级工程师32人，高级工程师/高级实验师194人，工程师/实验师135人。2022年，新评聘正高级工程师2人，高级工程师11人，工程师5人，助理工程师/实验师2人。

校级奖励。为鼓励实验技术人员的积极性和创造性，促进实验技术水平的不断提高，每逢偶数年，组织一次北京大学实验室工作先进集体和先进个人评审。2022年，共评选出北京大学实验室工作先进集体10个，北京大学实验室先进个人30名。

实验教学建设。2022年，实验室与设备管理部负责执行的实验教学改革经费共支持10个院系的21项实验教学改革项目，内容涵盖虚拟仿真项目开发、实验技术人员发展调研等，执行经费总额75.08万元。

仪器设备管理。2022年，学校在用仪器设备总量为386,494台，价值人民币103.91亿元（校本部309,377台，价值人民币80.42亿元；医学部77,117台，价值人民币23.49亿元），其中40万元以上大型仪器设备3052台，价值人民币46.88亿元（校本部2248台，价值人民币36.64亿元；医学部804台，价值人民币10.24亿元）。2022年，北京大学新增1000元以上仪器设备37,677台，价值人民币7.7亿元。其中校本部新增23,595台，价值人民币5.69亿元；医学部新增7177台，价值人民币1.41亿元。2022年，新增40万元以上大型仪器设备180台，价值人民币2.87亿元，其中校本部新增137台，价值人民币2.41亿元；医学部新增43台，价值人民币0.46亿元（详见附表《2022年新增40万元以上大型仪器设备一览表》）。

2022年全校共报废仪器设备21,787台件，原值1.54亿（其中校本部19,861台，原值1.25亿元），为学校回收设备残值178.85万元（其中校本部151万元）。

大型仪器设备管理。为做好大型仪器设备的使用与管理，2022年实验室与设备管理部共组织50万元以上大型设备可行性论证242台/套（其中校本部178台/套）。

2022年，北京大学大型仪器开放测试基金完成第30期结题验收，本期共开放设备250台/套，完成课题1386项，使用基金706.51万元，测试机时33,649,338（含33,128,383 CPU小时数），测试样品数26,357,567件，成果涉及SCI论文923篇，专利105项，专著20部，相关人才培养1815人。

2022年，继续推进校内仪器设备的开放共享，除第30期大型设备开放测试基金900.0万元外，北京大学大型仪器设备测试服务总收入1.53亿元（其中校内测试服务收入1.26亿元，校外2703.8万元）。

2022年，完成相关仪器设备信息报送，包括向科研设施与仪器国家网络管理平台报送全校1278台（其中校本部1128台）50万元以上大型仪器设备数据，报送内容包括全校设备概况统计、大型设备基本信息、运行使用状况、维护管理情况、集约化管理情况、科技创新成效、开放共享情况、共享服务成效、组织管理情况以及国家重点实验室开放共享成效等。

**校级公共平台建设**。为促进公共平台各项工作的科学化、规范化与公开化，强化平台建设人员的管理理念，实验室与设备管理部于2022年组织完成校级公共平台年度绩效考评，根据公共平台绩效考评指标体系，从公共性、科研能力、管理机制、队伍建设、平台特色等方面全面检验各平台的管理与服务。

2022年，"仪器创制与关键技术研发基金"完成第八期项目评审和执行工作，22个项目获得年度仪器创制基金支持，项目经费合计220万元。

**家具资产管理**。依据《北京大学家具资产管理暂行办法》，结合学校的实际情况，完成家具资产从购置需求、入账审核、调拨转让、直至报废的全过程的管理与服务工作。2022年在用家具资产总量为367,024件，总价值为4.21亿元；2022年全校新增家具20,828件，新增总值1901.45万元；全校共报废家具6565件，原值合计747.40万元。

**设备/家具采购管理工作**。实验室与设备管理部按照国家和学校相关法律法规要求，提供仪器设备招标采购、进口免税等相关服务。2022年共组织设备招标266次，中标金额共计9.74亿元；办理单一来源采购51次，共计1.63亿。2022年办理科教用品免税合同627个，免税合同金额折合人民币9.39亿元，按平均税率20%计算，为学校免除设备进口税款约1.88亿元。2022年共签订国内采购合同（10万元及以上）1421个，共计金额7.57亿元；共签订外贸合同669个，共计金额7.76亿元。

**开展实验室安全教育工作**。2022年与院系合作组织开展实验室安全系列讲座21次，累计培训师生约4150人次，2560余人次通过"实验室安全教育与考试系统"完成线上学习和考试。此外还开展实验室"安全生产月"活动。

**开展实验室安全检查**。包括日常巡查、专项检查和全校检查，形成"点-线-面"多层次、全覆盖的安全检查体系。2022年共组织全校范围的大检查6次，已于年底完成的第四轮实验室、设备和安全巡查共巡查18个实验室，及时要求各实验室限期整改并提交整改报告。

**试剂管理**。试剂管理平台保持稳定运行。平台拥有用户数量14,629个（其中校本部平台用户11,229个），试剂平台厂商828家（其中校本部431家）；2022年订单量约21万个，采购金额约2.65亿元（其中校本部1.76亿元）；共组织处理实验室危险废物479.92吨（其中校本部281.8吨），实验动物废弃物7.6吨。

**持续加强辐射安全管理**。2022年度办理辐射安全许可证延续、变更、重新申领手续，并完成与医学部辐射安全许可证合证工作，完成24台射线装置的台账变更手续，开展辐射工作人员个人剂量检测和辐射工作场所环境剂量检测工作。

**改善实验室安全条件**。2022年，为部分楼宇密闭实验空间（如超净室）加装消防报警装置，开展部分实验室气路检修维护工作；为开展化学实验的学生配备护目镜200余副；为公共楼宇的实验室增配17台危险化学品应急柜。

**制度化建设**。为提高效益，规范管理，2022年修订完成《北京大学仪器设备采购管理办法》（校发〔2022〕47号）、《北京大学仪器设备招标投标管理办法》（校发〔2022〕48号）和《北京大学进口科教用品管理办法》（校发〔2022〕49号）。

**党建工作**。实验室与设备管理部建立学习教育常态化机制，由部门领导班子认真组织本单位党史学习教育，部门领导为部内全体党员和入党积极分子讲党课，深入解读党的二十大精神。

**其他工作**。实验室与设备管理部是国家级实验教学示范中心联席会秘书处（以下简称联席会）和中国高等教育学会实验室管理工作分会秘书处（以下简称实验室分会）挂靠单位。2022年联席会组织召开国家级实验教学示范中心建设暨改革创新研讨会交流培训活动，参会人数近700人。实验室分会组织召开多次分会理事长工作会议（含线上），并举办2022年高校实验室安全管理研讨会，参会人数近600人；协助中国高等教育学会举办第57届中国高等教育博览会；组织第五届高校实验室建设与发展主论坛，听众超1000人；2022年7月在中国高等教育学会换届大会上，北京大学赵进东院士和刘克新教授被选为学会常务理事。

（张　媛、王洋洋、张黎伟、张宇波、
荆明伟、石　铄、李恩敬）

**【推动昌平新校区公共平台建设工作】** 学校"十四五"规划中明确提出把全力支持新工科建设作为完善学校科技创新体系的重要内容，力争通过"十四五"时期的发展，实现覆盖前沿学术研究、关键技术攻关、国家重大工程的新工科人才培养、学术研究、成果转化的快速发展。昌平新校区是学校加快推进新工科建设的重要载体，是学校"双一流"建设的重要组成部分。作为推进新工科建设的主阵地，截至2022年底，昌平新校区已有材料科学与工程学院、集成电路学院、电子学院、智能学院、计算机学院、能源研究院等多家学院和研究机构入驻。为优化资源配置、提高学校建设经费使用效益、避免仪器设备分散重复购置、最大限度满足相关学科科研需求，同时加强工程实验实践教学，有力支撑学校工程学科人才培养，2022年10月经学校研究决定，在昌平新校区成立材料加工与测试校级公共平台、微纳工艺校级公共平台（含纳光电子加工与测试平台）、工程训练中心校级实验教学平台。截至2022年底，部分平台已启动工程设计和建设、设备采购等工作，其他相关工作亦有序推进中。

（张黎伟、张楠楠）

【实现实验室安全分类分级管理】 为提高学校实验室安全管理效率，实验室与设备管理部按照实验室涉及危险源危害程度，将全校实验室进行分级，不同级别实验室按不同办法进行安全管理。截至2022年底，借助试剂管理平台化学品采购和存储情况，第一阶段已在实验室安全检查系统中予以体现，包括实验室信息牌上标注管理级别，设定实验室检查频次等。

（李恩敬、刘雪蕾、李悦天、赵小娟）

【搭建实验教学资源共享平台】 为推动学校虚拟仿真实验课程等在线实验教学资源的建设、应用与共享，开发建设"北京大学实验教学资源共享与管理平台"。截至2022年底，平台已有在线课程视频和虚拟仿真课程243个，正在进一步应用测试中。平台正式上线后，将逐步实现学校优质实验教学资源的集中展示、集中管理、集中维护，不仅降低人力和物力投入，将部分优质项目向外推介，也进一步提升学校在全国相关学科内的影响力，充分发挥学校应有的示范和引领作用。此外，为促进资源共享，提升师生虚拟仿真资源的利用和自主开发能力，2022年底启动"北京大学虚拟仿真公共实验室"建设。

（王洋洋、张媛、贾娜娜）

【加强各校区实验室安全管理】 2007年，校本部和医学部分别办理辐射安全许可证，2022年为统一管理，合并为一个辐射安全许可证，实现辐射安全管理的深度融合。此外，为保证各校区间实验室安全管理和服务水平的均衡，在调研新校区实验室建设需求的基础上，2022年推进昌平新校区试剂周转中心建设，截至2022年底，已完成试剂周转中心图纸设计，并监督落实怀柔科学城校区生物安全与辐射安全管理要求。

（李恩敬、刘雪蕾、李悦天、赵小娟）

【开展安全为主题的联合党建活动】 保卫部、实验室与设备管理部联合相关院系，如环境科学与工程学院、电子学院等单位，开展"党员争先示范·共建安全校园""喜迎二十大，安全健康向未来"为主题的联合党建活动。活动包括校园安全教育讲座暨安全知识竞赛，联合攻坚解决实际安全问题，安全服务和应急演练等。通过系列活动，现场解决院系实验室安全管理遇到的难题和困难，提升师生安全意识，熟练掌握应急技能。

（李恩敬、刘雪蕾、李悦天、赵小娟）

【附表】

表8-14 2022年北京大学实验室基本情况一览表

| 序号 | 单位 | 实验室个数 | 实验室使用面积（m²） | 教学实验（21—22学年） | | | 仪器设备 | | | |
| --- | --- | --- | --- | --- | --- | --- | --- | --- | --- | --- |
| | | | | 实验个数 | 实验时数 | 实验人时数（万） | 数量 | 金额（万元） | 其中20万元以上大型设备 | |
| | | | | | | | | | 数量 | 金额（万元） |
| | 全校 | 197 | 239,806 | 1585 | 28,039 | 275.21 | 255,891 | 742,571.47 | 56,414.51 | 386,021.9 |
| 1 | 数学科学学院 | 2 | 2100 | 42 | 1623 | 8.21 | 3910 | 5757.03 | 38 | 1496.41 |
| 2 | 工学院 | 9 | 27,776 | 94 | 3271 | 7.06 | 10,930 | 39,080.64 | 223 | 24,377.26 |
| 3 | 物理学院 | 14 | 32,641 | 200 | 1263 | 12.87 | 24,776 | 146,799.85 | 936 | 103,767.34 |
| 4 | 化学与分子工程学院 | 13 | 21,140 | 139 | 1197 | 21.03 | 19,528 | 77,901.77 | 651 | 54,937.54 |
| 5 | 生命科学学院 | 8 | 25,729 | 209 | 873 | 6.92 | 15,924 | 83,260.61 | 486 | 61,435.8 |
| 6 | 地球与空间科学学院 | 6 | 6755 | 134 | 945 | 1.89 | 7490 | 20,448.25 | 148 | 10,484.93 |
| 7 | 心理与认知科学学院 | 5 | 3157 | 85 | 1239 | 3.54 | 2631 | 5369.45 | 48 | 2565.47 |
| 8 | 中国语言文学系 | 1 | 80 | 6 | 750 | 1.13 | 2887 | 2532.24 | 4 | 150.92 |
| 9 | 新闻与传播学院 | 1 | 275 | 7 | 208 | 0.92 | 770 | 920.23 | 1 | 58 |
| 10 | 考古文博学院 | 1 | 1200 | 29 | 2306 | 5.15 | 3814 | 6666.09 | 50 | 2470.95 |
| 11 | 光华管理学院 | 1 | 450 | 44 | 142 | 1.05 | 10,127 | 8475.23 | 17 | 597.22 |
| 12 | 法学院 | 1 | 780 | 8 | 720 | 1.44 | 2227 | 2105.67 | 2 | 139.8 |
| 13 | 教师教学发展中心 | 1 | 601 | 0 | 0 | 0 | 6262 | 4876.04 | 4 | 121.51 |

（续表）

| 序号 | 单位 | 实验室个数 | 实验室使用面积（m²） | 教学实验（21—22学年） | | | 仪器设备 | | 其中20万元以上大型设备 | |
|---|---|---|---|---|---|---|---|---|---|---|
| | | | | 实验个数 | 实验时数 | 实验人时数（万） | 数量 | 金额（万元） | 数量 | 金额（万元） |
| 14 | 生物医学前沿创新中心 | 1 | 2000 | 0 | 0 | 0 | 3756 | 23,948.63 | 160 | 16,485.07 |
| 15 | 体育教研部 | 2 | 180 | 13 | 88 | 0.54 | 2032 | 2170.46 | 10 | 542.57 |
| 16 | 信息科学技术学院 | 2 | 3937 | 226 | 4295 | 86.89 | 2907 | 3241.96 | 465.65 | 12 |
| 17 | 集成电路学院 | 1 | 7181 | 12 | 70 | 0.13 | 4054 | 1721.96 | 1245.46 | 135 |
| 18 | 计算机学院 | 7 | 10,029 | 11 | 542 | 3.61 | 7039 | 14,320.77 | 3587.17 | 78 |
| 19 | 智能学院 | 1 | 1422 | 1 | 32 | 0.03 | 2149 | 5087.34 | 1696.04 | 37 |
| 20 | 电子学院 | 7 | 8228 | 14 | 532 | 0.71 | 7081 | 41,176.76 | 28,359.78 | 361 |
| 21 | 王选计算机研究所 | 1 | 1100 | 0 | 0 | 0 | 1222 | 3471.31 | 26 | 917.95 |
| 22 | 人口研究所 | 1 | 587 | 0 | 0 | 0 | 407 | 325.9 | 1 | 26 |
| 23 | 教育学院 | 1 | 300 | 4 | 100 | 0.05 | 1460 | 1208.2 | 3 | 101.78 |
| 24 | 计算中心 | 2 | 3261 | 0 | 0 | 0 | 22,229 | 19,293.63 | 79 | 7745.83 |
| 25 | 图书馆 | 1 | 140 | 0 | 0 | 0 | 3947 | 10,328.79 | 84 | 4060.64 |
| 26 | 城市与环境学院 | 3 | 4116 | 120 | 1465 | 5.32 | 8952 | 19,182.95 | 191 | 8922.42 |
| 27 | 环境科学与工程学院 | 4 | 6326 | 15 | 804 | 1.87 | 8302 | 29,220.16 | 226 | 17,840.49 |
| 28 | 未来技术学院 | 2 | 5544 | 24 | 313 | 0.21 | 5993 | 26,125.72 | 16805.41 | 212 |
| 29 | 教务部 | 1 | 500 | 7 | 291 | 0.91 | 184 | 370.65 | 3 | 119.75 |
| 30 | 基础医学院 | 63 | 20,559 | 88 | 2387 | 82.9 | 20,669 | 50,641.3 | 339 | 22,103.59 |
| 31 | 药学院 | 9 | 24,563 | 8 | 855 | 7.2 | 13481 | 36,480.79 | 266 | 21,163.31 |
| 32 | 公共卫生学院 | 14 | 4700 | 12 | 1192 | 8.36 | 7681 | 11,864.23 | 73 | 3501.99 |
| 33 | 护理学院 | 1 | 1266 | 16 | 338 | 2.99 | 2742 | 3263.76 | 11 | 865.82 |
| 34 | 医学人文学院 | 3 | 1612 | 0 | 0 | 0 | 2843 | 3907.12 | 20 | 1627.39 |
| 35 | 医药卫生分析中心 | 1 | 1500 | 6 | 162 | 0.24 | 687 | 11,418.91 | 50 | 8739.06 |
| 36 | 实验动物科学部 | 1 | 5000 | 0 | 0 | 0 | 10,838 | 4133.67 | 20 | 881.33 |
| 37 | 中国药物依赖性研究所 | 1 | 947 | 0 | 0 | 0 | 1177 | 2023.81 | 20 | 738.29 |
| 38 | 信息中心 | 1 | 570 | 0 | 0 | 0 | 1272 | 6773.26 | 29 | 2232.03 |
| 39 | 生物医学工程系 | 1 | 600 | 0 | 0 | 0 | 662 | 2760.67 | 17 | 1456.74 |
| 40 | 精准医疗多组学研究中心 | 1 | 555 | 0 | 0 | 0 | 216 | 2904.9 | 16 | 2388.17 |
| 41 | 医学技术研究院 | 1 | 399 | 11 | 36 | 2.04 | 633 | 1010.76 | 3 | 123.50 |

（王洋洋、贾娜娜、李　卿、俞赤卉、袁　园）

表 8-15  2022 年北京大学新增 40 万元以上大型仪器设备一览表

| 序号 | 设备名称 | 单位 | 序号 | 设备名称 | 单位 |
|---|---|---|---|---|---|
| 1 | 高温分子束外延系统 | 物理学院 | 43 | 透射电子显微镜 | 生命科学学院 |
| 2 | 大容量高重频靶体重载机构 | 物理学院 | 44 | 200kV 场发射透射电子显微镜 | 生命科学学院 |
| 3 | 耦合超导磁体系统 | 物理学院 | 45 | 主动消磁器 | 生命科学学院 |
| 4 | 无液氦超导磁体低温系统 | 物理学院 | 46 | 主动减震台 | 生命科学学院 |
| 5 | 紫外曝光系统 | 物理学院 | 47 | 主动减震台 | 生命科学学院 |
| 6 | 晶圆键合系统 | 物理学院 | 48 | 流式细胞仪 | 生命科学学院 |
| 7 | 低温位移台 | 物理学院 | 49 | 直接电子探测相机 | 生命科学学院 |
| 8 | 相位噪声分析仪 | 物理学院 | 50 | 高真空镀膜仪 | 生命科学学院 |
| 9 | 无液氦变温超导磁体系统 | 物理学院 | 51 | 高真空冷冻光电关联显微镜系统 | 生命科学学院 |
| 10 | 无液氦变温超导磁体系统 | 物理学院 | 52 | 冷冻双束扫描电子显微镜 | 生命科学学院 |
| 11 | 扫描电迁移率粒径谱仪 | 物理学院 | 53 | 高通量多参数细胞分析系统 | 生命科学学院 |
| 12 | 闭循环显微低温系统 | 物理学院 | 54 | 全自动超多标组织成像分析仪 | 生命科学学院 |
| 13 | 显微共焦拉曼光谱仪 | 物理学院 | 55 | 磁盘阵列 | 地球与空间科学学院 |
| 14 | 可编程 200KV 高稳直流电源系统 | 物理学院 | 56 | 磁盘阵列 | 地球与空间科学学院 |
| 15 | 微波模拟信号发生器 | 物理学院 | 57 | 信号放大器 | 心理与认知科学学院 |
| 16 | 服务器 | 物理学院 | 58 | 光学热膨胀仪 | 考古文博学院 |
| 17 | 尾气处理装置 | 物理学院 | 59 | 模块化机房 | 光华管理学院 |
| 18 | 声光可编程色散滤波器 | 物理学院 | 60 | LED 显示屏 | 政府管理学院 |
| 19 | 无液氦低温超导磁体系统 | 物理学院 | 61 | LED 显示屏 | 体育教研部 |
| 20 | 分子束外延系统（二手） | 物理学院 | 62 | 磁盘阵列 | 教师教学发展中心 |
| 21 | 热蒸镀膜设备 | 物理学院 | 63 | 服务器 | 王选计算机研究所 |
| 22 | 半导体器件分析仪 | 物理学院 | 64 | 光学测量仪 | 前沿交叉学科研究院 |
| 23 | 超连续谱光源 | 物理学院 | 65 | 脑功能视听觉刺激系统 | 前沿交叉学科研究院 |
| 24 | 废气净化装置 | 物理学院 | 66 | 喷管自动更换平台 | 工学院 |
| 25 | 高重频短脉宽激光器系统 | 物理学院 | 67 | 静风洞喷管 | 工学院 |
| 26 | 阻抗分析仪 | 物理学院 | 68 | 可调谐窄线宽钛宝石激光器 | 工学院 |
| 27 | 相位调制型椭圆偏振光谱仪 | 化学与分子工程学院 | 69 | 高温高压微观物理模拟装置 | 工学院 |
| 28 | 亚微米紫外图形制备系统 | 化学与分子工程学院 | 70 | 磁盘阵列 | 图书馆 |
| 29 | 磁控溅射系统 | 化学与分子工程学院 | 71 | 300mm 晶圆高低温超低噪声半自动/自动测量探针台 | 集成电路学院 |
| 30 | 电感耦合等离子体发射光谱仪 | 化学与分子工程学院 | 72 | 微波信号发生器 | 集成电路学院 |
| 31 | 半导体纳米材料气相沉积仪 | 化学与分子工程学院 | 73 | 高带宽混合信号示波器 | 集成电路学院 |
| 32 | 低温强磁场电子学测量系统 | 化学与分子工程学院 | 74 | 波形发生器 | 集成电路学院 |
| 33 | 超级微波消解仪 | 化学与分子工程学院 | 75 | 半导体特性分析系统 | 集成电路学院 |
| 34 | 广角动静态电位光散射系统 | 化学与分子工程学院 | 76 | 宽带微波-RF 时域分析系统 | 集成电路学院 |
| 35 | 快速纯化液相色谱系统 | 化学与分子工程学院 | 77 | 器件电流波形分析仪 | 集成电路学院 |
| 36 | 高速激光共聚焦显微镜 | 化学与分子工程学院 | 78 | 椭偏仪 | 集成电路学院 |
| 37 | 凝胶渗透色谱仪 | 化学与分子工程学院 | 79 | 单片清洗机 | 集成电路学院 |
| 38 | 光学平台 | 化学与分子工程学院 | 80 | 自动匀胶显影机 | 集成电路学院 |
| 39 | MCT 探测器 | 化学与分子工程学院 | 81 | 单片去胶机 | 集成电路学院 |
| 40 | 毛细管电泳系统 | 化学与分子工程学院 | 82 | 自动匀胶显影机 | 集成电路学院 |
| 41 | 激光器 | 生命科学学院 | 83 | 矢量网络分析仪 | 集成电路学院 |
| 42 | 正置荧光显微镜 | 生命科学学院 | | | |

(续表)

| 序号 | 设备名称 | 单位 | 序号 | 设备名称 | 单位 |
|---|---|---|---|---|---|
| 84 | 任意波形发生器 | 集成电路学院 | 124 | 服务器 | 未来技术学院 |
| 85 | 五指灵巧手 | 计算机学院 | 125 | 全人体 TOF PET-CT 成像装置 | 未来技术学院 |
| 86 | 服务器 | 计算机学院 | 126 | 倒置荧光显微镜 | 未来技术学院 |
| 87 | 磁控溅射薄膜沉积系统 | 电子学院 | 127 | 单分子荧光分析仪 | 生命科学中心 |
| 88 | 电子束曝光系统 | 电子学院 | 128 | 快速纯化液相色谱系统 | 生命科学中心 |
| 89 | 超连续谱光源 | 电子学院 | 129 | 磁盘阵列 | 生命科学中心 |
| 90 | 高灵敏近红外面阵探测器 | 电子学院 | 130 | 飞秒激光器 | 生命科学中心 |
| 91 | 半导体参数分析仪 | 电子学院 | 131 | 多通道电生理信号采集分析系统 | 生命科学中心 |
| 92 | 单频连续钛宝石激光器 | 电子学院 | 132 | 荧光定量 PCR 系统 | 生命科学中心 |
| 93 | 瞬态吸收光谱仪 | 城市与环境学院 | 133 | 实时荧光定量 PCR 仪 | 生命科学中心 |
| 94 | 倒置荧光显微镜 | 城市与环境学院 | 134 | 多导睡眠测量仪 | 生命科学中心 |
| 95 | 旋转盘撞击采样器 | 环境科学与工程学院 | 135 | 多导睡眠测量仪 | 生命科学中心 |
| 96 | 三重四级杆电感耦合等离子体质谱联用仪 | 环境科学与工程学院 | 136 | 多通道电生理信号采集分析系统 | 生命科学中心 |
| 97 | 电感耦合等离子体发射光谱仪 | 环境科学与工程学院 | 137 | 多通道电生理信号采集分析系统 | 生命科学中心 |
| 98 | 激光诱导荧光系统 | 环境科学与工程学院 | 138 | 生物大分子晶体衍射高辉度微焦斑转靶 X 光机 | 药学院 |
| 99 | 快速超高共聚焦显微镜 | 现代农学院 | 139 | 荧光导航手术与近红外免疫治疗系统 | 药学院 |
| 100 | 二维无掩膜光刻系统 | 生物医学前沿创新中心 | 140 | 高端综合心肺听诊模拟系统 | 北京大学第三医院 |
| 101 | 流式细胞仪 | 生物医学前沿创新中心 | 141 | 超级智能分娩模拟人 | 北京大学第一医院 |
| 102 | 倒置荧光显微镜 | 生物医学前沿创新中心 | 142 | 虚拟支气管镜训练系统 | 北京大学人民医院 |
| 103 | 全内反射荧光显微镜 | 生物医学前沿创新中心 | 143 | 高端综合智能无线模拟病人 | 北京大学第六医院 |
| 104 | 单分子实时测序系统 | 生物医学前沿创新中心 | 144 | 实时荧光定量 PCR 仪 | 北京大学人民医院 |
| 105 | 服务器 | 人工智能研究院 | 145 | 等离子空气消毒机 | 北京大学人民医院 |
| 106 | 低温原子力磁力显微镜 | 材料科学与工程学院 | 146 | 体视荧光工作站 | 基础医学院 |
| 107 | 超薄液晶/高分子复合材料的卷对卷加工试验装置系统 | 材料科学与工程学院 | 147 | 流式细胞仪 | 药学院 |
| 108 | 废气净化设备 | 材料科学与工程学院 | 148 | 运动心肺测试系统 | 医学人文学院 |
| 109 | 共聚焦偏振谐波成像光谱仪系统 | 材料科学与工程学院 | 149 | 多关节等速力量测试评价训练系统 | 医学人文学院 |
| 110 | 实验生物 x 射线数字成像系统 | 未来技术学院 | 150 | 循环测试训练系统 | 医学人文学院 |
| 111 | 超连续谱光源 | 未来技术学院 | 151 | 流式细胞仪 | 基础医学院 |
| 112 | 气浮隔振平台 | 未来技术学院 | 152 | 三重四极杆串联液质联用仪 | 药学院 |
| 113 | 快速纯化液相色谱系统 | 未来技术学院 | 153 | 可视化免染蛋白印迹检测系统 | 北京大学第一医院 |
| 114 | 纳秒可调谐 OPO 激光器 | 未来技术学院 | 154 | 超景深多功能荧光显微镜 | 基础医学院 |
| 115 | 高功率飞秒光纤激光器 | 未来技术学院 | 155 | 新生儿模拟病人 | 北京大学第三医院 |
| 116 | 彩色多普勒超声诊断仪 | 未来技术学院 | 156 | 精子分析仪 | 北京大学第三医院 |
| 117 | 彩色多普勒超声诊断系统 | 未来技术学院 | 157 | 自动感觉神经测试仪 CPT | 北京大学第一医院 |
| 118 | 紧凑型超高分辨显微镜 | 未来技术学院 | 158 | 内窥镜诊疗模拟训练系统 | 北京大学第一医院 |
| 119 | 服务器 | 未来技术学院 | 159 | 综合困难气道训练考核系统 | 北京大学第三医院 |
| 120 | 倒置显微镜 | 未来技术学院 | 160 | 分选型流式细胞仪激光器套件（405nm/561nm） | 北京大学肿瘤医院 |
| 121 | 组织多标全景成像分析系统 | 未来技术学院 | 161 | 超景深多功能荧光显微镜 | 基础医学院 |
| 122 | 单纵模连续输出激光器 | 未来技术学院 | 162 | 可变工作频率磁共振谱仪系统 | 医学技术研究院 |
| 123 | 超快飞秒激光器 | 未来技术学院 | 163 | 空调系统 | 基础医学院 |

（续表）

| 序号 | 设备名称 | 单位 |
|---|---|---|
| 164 | 全自动活细胞荧光显微成像系统 | 北京大学国际癌症研究院 |
| 165 | 高清晰极速三维活细胞成像系统 | 基础医学院 |
| 166 | 超速离心机 | 药学院 |
| 167 | 超导变频磁体 | 医药卫生分析中心 |
| 168 | 失超保护及系统集成 | 医药卫生分析中心 |
| 169 | 低温制冷机 | 医药卫生分析中心 |
| 170 | 循环压力辅助生物反应器 | 精准医疗多组学研究中心 |
| 171 | 气体离子化离子源 | 精准医疗多组学研究中心 |
| 172 | 正倒置一体荧光显微镜 | 北京大学第一医院 |
| 173 | 步入式笼盒清洗机 | 实验动物科学部 |
| 174 | 步入式笼盒清洗机 | 实验动物科学部 |
| 175 | 步入式笼盒清洗机 | 实验动物科学部 |
| 176 | 多功能检测仪 | 北京大学第一医院 |
| 177 | 电子万能测试系统 | 北京大学第三医院 |
| 178 | 细胞能量代谢分析系统 | 基础医学院 |
| 179 | 流式细胞仪 | 医药卫生分析中心 |
| 180 | 倒置荧光显微镜 | 基础医学院 |

（李 卿）

## 医学部实验室与设备管理

【发展概况】 组织结构。医学部设备与实验室管理处（简称"设实处"，下同）是医学部设备采购与实验室管理的归口管理部门，主要包括三部分职能：一是负责医学部的各类设备采购、进口设备免税办理、大型仪器设备使用管理、教学仪器设备维修维护等相关事宜；二是负责医学部实验室建设的服务支撑、实验室安全相关、实验用品询购与供应、危险化学试剂管理等；三是负责医学部仪器设备和家具类的固定资产管理工作。设备与实验室管理处下设3个办公室：综合办公室、设备管理办公室、实验室管理办公室。

队伍建设。2022年设实处共有职工23人，其中正式在编职工17人，合同制员工6人。高级职称4人，中级职称人员8人。

制度建设。加强实验室安全管理，发布《北京大学医学部实验室安全准入实施细则（试行）》（北医〔2022〕部设实字3号）、《关于调整北京大学医学部实验室安全防护委员会的通知（北医〔2022〕部设实字88号）》、《关于调整北京大学医学部放射防护委员会的通知（北医〔2022〕部设实字89号）》、《北京大学医学部实验室安全分类分级管理实施细则（试行）（北医设实〔2022〕处字22）》、《北京大学医学部试剂管理平台协议供货商管理办法（北医设实〔2022〕处字10号）》，修订《北京大学医学部试剂管理平台供货协议》。加强采购管理，印发《关于落实〈北京大学家具资产管理暂行办法〉的通知（北医设实〔2022〕处字4号）》，将家具的招标限额调整到50万，办公家具实现定点采购。继续健全内部控制体系，加强制度建设。

资产管理。截至2022年底，医学部共有仪器设备、家具及软件107,936台件，总值为24.45亿元；40万元以上大型科学仪器设备713台，价值9.30亿元；新增1000元（含）以上仪器设备、家具及软件13,831台，价值1.99亿元，其中，新增40万元以上大型仪器设备43台，价值0.46亿元。2022年完成3059台件仪器设备、家具及软件的处置减账工作，原值0.32亿，为学校回收设备残值27.85万元。完成教育部、财政部、国管局以及学校和医学部各类数据统计报表上报工作。

大型仪器设备效益管理。推动预约共享平台上大型仪器设备维修基金管理工作，针对一般教学、科研类设备，共完成6台设备维修审批。组织第31期"大型仪器开放测试基金"申报工作，批准课题10个，获批基金50,000元。完成医学部及附属医院608台大型仪器设备2021学年度使用情况调查及93台件设备复核工作，督促各部门认真查找原因进行整改。完成150台50万元以上大型仪器设备共享情况数据上报。

实验室管理工作。完成原钴源室库房建设工作，完善一般危化品库管理流程，启用一般危化品库。完成剧毒化学品暂存库报警等电子系统调试工作。启动科技楼一般危化品专用储存室建设调研工作并完成招标。落实放射性物质管理规定，完成9批次同位素审批和购买，完成2022年辐射工作场所环境监测、取得免疫细胞辐照室和放射废物库的劳保所安评报告，完成本部与医学部辐射安全许可证的合证办理工作。完成757笔管制类化学品订单审批，办理52批次易制毒购买证、采购发放2459升易制毒试剂，购买180批次易制爆化学品；完成精神麻醉化学品购买3批次。完成易制爆库房安评工作；迎接海淀区药监局检查并根据要求完成整改。

处置废旧试剂及服务支持工作。组织清运实验室产生危险废物198.12余吨，其中剧毒废物报废3批共30.46公斤，一般含汞废物163.8公斤，处置费用400.6512万元；完成药物依赖所、神科所过期精麻试剂固体324.05克、液体149毫升及1131个空瓶的报废工作；清运危废库房92公斤未知物（经鉴定成分为金属钠），清除库房重大安全隐患。继续开展12年以上电加热设备免费更新工作，协助办理特种设备许可证10台。免费为实验室提供1200个盛装硅胶塑料桶，200

个气体钢瓶帽。加强实验室气体管理，继续推行气体钢瓶租赁制度，办理租赁钢瓶 61 只，报废钢瓶 55 只，更换 8 个危废集装箱灭火器，完成库房 52 个灭火器的压力检查；印刷发放 1.8 万余张安全信息牌及各类实验室安全标识、3 套宣传展板和易拉宝及 7000 份废液桶成分标识。

2022 年组织开展 4 次实验室安全检查、20 余次不定期抽查及 1 次辐射安全专项检查、1 次特种设备安全检查，着重加强实验室搬迁中的安全检查，每次检查均及时向各学院进行反馈并提出整改建议，各学院根据检查情况在规定的时间内完成整改并提交整改报告，注重整改实效，形成实验室安全检查的闭环。迎接北京市公安局、环保督察组、教育部、卫健委等管理部门检查，督促各学院进行逐项整改，并为学院提供技术支持及条件保障。重大活动期间，顺利完成各阶段"四停一封"任务，及时发现和排除安全隐患，避免安全事故发生，确保学校教学科研工作有序开展。

加强对实验室安全员培训。组织师生参加教育部、卫健委和生态环境局组织的高校实验室安全培训。多次组织线下讲座及在线培训，提高相关人员的安全技能。举办实验室安全海报评选活动，提高师生的安全意识，夯实实验室安全管理基础。

试剂采购与管理工作。继续完善"北京大学医学部试剂管理平台"功能、审批流程及微信小程序；加强供货商管理是 2022 年平台的主要工作之一。设实处印发《北京大学医学部试剂管理平台协议供货商管理办法》（北医设实〔2022〕处字 10 号），修订《北京大学医学部试剂管理平台供货协议》，与 300 多家供货商签订书面协议备案存档。4 月、10 月供货商申请入围 51 家，审核后入围供货商 46 家；2022 年退出供货商 16 家；开具服务费发票 358 张，押金条 47 张。

截至 2022 年 12 月底，医学部试剂管理平台师生用户 3400 余人，课题组 587 个，入驻供货商 397 家，已完成 5 次集中结账，结算金额 8535 余万元，自主结账 461 笔约 333 万元，大额订单现场三方验收 2 笔。一年来，平台管理员通过电话、QQ 群、微信群、邮件等途径提供客服咨询，共处理公邮 1324 封，撰写发布各类平台通知 30 余份，博士后出站查账及审核 80 余人，审批系统外采购订单 716 笔，处理退货仲裁订单 63 个、投诉处理 26 起。

设备采购管理工作。2022 年组织设备招标 94 次 94 包，中标金额共计 3.41 亿元，其中进口招标 2.29 亿元，国内招标 1.12 亿元。通过招标和谈判，为学校节省经费约 670 万元。办理科教用品免税 117 项，免税合同金额折合人民币 2.47 亿元。签订 496 项价值 1.93 亿元国内采购合同（5 万元及以上）和 117 项价值 2.47 亿元的外贸合同。完成 64 台件 2 批次的大型仪器设备论证工作，总金额为 2.96 亿元。完成医学部 2023—2024 年度招标代理公司遴选工作。完成 8753 台件价值 4.86 亿元的 2023 年新增仪器设备填报工作。完成四个季度向海关报送的关于附属医院免税设备情况的报告。

贴息贷款购置设备工作。10 月，启动贴息贷款购置设备工作。设实处完成各项目的采购意向公示、论证、招标、合同签订流转，协助各二级单位完成财务借款手续，按照银行规定，提交各项目的采购文件。至 12 月底共计签订合同 58 份，实际签约金额为 223,531,426 元。

（张惠玲、俞赤卉、姚婧婧）

【优化报废仪器设备处置流程】 2022 年 4 月，试运行"北京大学仪器设备报废竞价系统"，探索网上报废仪器设备的竞价拍卖工作，减少参与竞价拍卖的公司人员在校园内聚集，优化报废仪器设备的处置流程，提高报废处置效率，同时努力提高拍卖仪器设备的残值。2022 年完成 5 次线上拍卖，回收残值 27.85 万元。

（俞赤卉）

【举办实验室安全海报评选活动】 2022 年 4 月至 9 月，医学部设实处联合学工部、团委举办实验室安全海报评选活动，活动得到医学部广大师生们的关注和支持，共收到 23 名师生的投稿作品 39 份，经 5.5 万余人次的微信线上投票和 8 名专家评审，最终评选出一等奖 1 个、二等奖 3 个、三等奖 5 个、优秀奖 6 个、创意奖 2 个、纪念奖 8 个。

（俞赤卉）

【医学部仪器设备采购管理系统启动】 2022 年 1 月，"医学部仪器设备采购管理系统"正式启用。新系统实现了采购计划、采购过程、合同流转、到货验收等全流程电子化，设备采购由线下审批全面转为线上审批。新系统还扩展设备采购的竞价功能，不仅节约采购资金，也促进自行采购的阳光透明。系统全年完成设备采购 4.49 亿元。

（姚婧婧）

【继续推动大型仪器共享管理平台建设】 2022 年继续推进大型仪器共享管理平台建设，提高大型仪器的开放共享和使用效率。大型仪器共享管理平台实行学校统筹管理，院系/所/中心以子平台形式整合加入的多级管理模式，提供仪器的运行管理、数据统计、预约使用、送样测试、计费查询等多种功能支撑。2022 年以基础医学院神经生物学系和药物依赖研究所为试点纳入平台体系。

（张惠玲）

# 网络安全与信息化管理

【发展概况】 机构设置。网络安全和信息化委员会办公室（以下简称"网信办"）是北大网络安全和信息化委员会的常设办公机构，是学校网络安全和信息化工作的归口管理部门，负责学校网络安全管理、信息化建设规划、校务数据共享管理、互联网资源审批管理、网络舆情监测协调、网络信息素养宣传教育与互联网发展应用研究，负责相关业务的政策制定、规划实施、综合协调和监督评估。网信办挂靠党委办公室校长办公室，设置资源管理办公室、项目规划办公室、综合协调办公室，承担校务信息数据管理工作小组办公室职能。网信办现有员工6人，其中事业编制5人，劳动合同制员工1人。

网络安全管理。加强网络安全工作统筹部署，4月21日组织召开北京大学网信工作小组会议，10月7日组织召开北京大学网络安全工作部署会。组织完成各单位《网络安全责任书》签署，完成各单位网络安全队伍信息变更、网站和信息系统年度审核，组织各单位进行网络安全检查、网络安全年度总结及先进单位、先进个人评选。组织开展常态化网络安全监测预警与整改，对学校各级各类网站和信息系统进行监测，发布预警信息并督促责任单位整改。清理"双非"网站、僵尸网站和测试网站。加强移动互联网App网络安全管理，开展App风险整改专项工作，督促各App主管单位落实网络安全责任。协同计算中心组织网络安全攻防演练，对学校网站及信息系统进行安全探测和模拟攻击，发现并整改网站和信息系统安全风险。开展两次"钓鱼邮件"演练，加强宣传工作，提升师生网络安全意识。完成3个新建信息系统网络安全等级保护定级备案，完成5个信息系统网络安全等级保护测评。开展网络安全信息监测，搜集整理并定向报送210期《网络舆情简报》，搜集整理并定向发送140期《每日网安简讯》。组织完成网络安全工作队伍2022年在线培训和网络安全年度总结，评选出10个"2022年度网络安全工作先进单位"、10个"2022年度网络安全工作优秀团队"、24位"2022年度网络安全工作先进个人"。

网信项目管理。完成2021年18项网信项目结项，支撑学校运行管理服务、网络安全、健康校园、管理信息化建设及学生就业服务等校园信息化应用场景。统筹2022年校本部和医学部网信项目立项，经网信工作小组论证、学科建设支撑委员会审批，立项网信项目16项，预算额度1201万元，其中校本部15项，预算801万元，医学部1项，预算400万元。持续推进设备采购类校银合作项目建设，2022年共立项12项，预算总额度2348.0294万元，其中，中国工商银行支持4项，预算额度1057.65万元；中国农业银行支持8项，预算额度1290.3794万元。

网信资源管理。组织开展大型软件（非科研）购置审批，2022年审批85项购置申请，总金额2768.7万元。加强软件资产建账管理，2022年审批软件建账申请283项，总金额2923.7万元，完成软件资产建账系统与基金会系统、财务系统的数据对接，配合国有资产管理委员会办公室对软件类无形资产进行核对盘点及数据上报。完善信息系统编码工作机制，配合学校机构编制委员会工作安排，为碳中和研究院、现代中国人文研究所配置单位编码。

校务数据管理。进一步完善校务数据共享审批管理常态化机制，服务各领域数据应用需求，2022年为22家二级单位提供48次数据共享服务，支撑识别认证、信息服务、业务融合等业务开展。落实教育部工作要求，开展核心重要数据认定，梳理数据大类14项，确定核心数据1项，重要数据4项，并将认定结果报送教育部。推进校务数据与北京健康宝数据对接共享，服务疫情防控，方便学校师生员工入校管理，维护学校数据权益。制定校务数据深化应用推进方案，协同计算中心、实验室与设备管理部、城市与环境学院、华为公司，推进燕云通试点项目，在本地化即时通讯、校园风险预警、校园资源分布等方面开展应用探索。

网信应用试点与项目推广。牵头进行国家部委网信应用试点的申报和组织落实，2022年，网信办协同计算中心、教师教学发展中心申报的"北京大学5G专网建设及智慧教学创新应用"通过工业和信息化部、教育部评审，获得试点立项；网信办协同计算中心申报的"北京大学基于三网融合的IPv6智慧校园应用示范"项目，通过教育部评审，获得试点立项。牵头协调学校科研成果进行世界互联网大会成果申报、参展数字中国峰会。协调工学院程承旗教授等课题组参加第五届数字中国建设峰会，协调地球与空间学院毛善君教授的"面向智能化开采的煤矿时空信息处理关键技术与应用"申报"世界互联网领先科技成果发布会活动"领先科技成果。

宣传与信息工作。协调北京大学新闻网、北京青年报、教育部网络安全相关公众号，做好北京大学网信重大举措及网信队伍风采的多渠道立体化宣传，网信办微信公众号"未名赛博空间"发布45期专题推送。总结网信办及学校网信工作进展，向党委办公室校长办公室报送32期《网信办工作动态》，向学校领导及各单位党政主要领导报送9期《北大网信工作动态》。牵头组织开展国家网络安全宣传周校园活动，9月5日至11日，协同保卫部、学生工作部、计算中心、青年研究中心（网教办）等单位，围绕"网络安全为人民，网络安全靠人民"主题，进行活动动员和网络安全宣传，开展网络安全知识答题、新生网络安全培训、志愿网维等活动。

（闫保桦）

【虚拟货币"挖矿"动态清零】3月29日，学校召开党委常委会，对虚拟货币"挖矿"治理工作进行专题研究，网信办、计算中心汇报虚拟货币"挖矿"监测情况和治理工作方案，工作方案获得常委会审议通过。网信办、计算中心按照常委会决议，多措并举进行虚拟货币"挖矿"治理。组织建设方面，4月7日，推动学校发文成立北京大学虚拟货币"挖矿"治理领导小组，统筹领导"挖矿"治理工作。制度建设方面，根据国家及北京市关于"挖矿"治理有关文件精神，结合学校实际，制定《北京大学虚拟货币"挖矿"治理工作方案》。机制建设方面，统筹协调网络安全人才队伍，在"挖矿"判定、核查整改、违规处理等环节明确工作流程，加强工作协同，完善治理工作机制。宣传教育方面，网信办微信公众号发布"挖矿"科普推送，协同计算中心通过校内门户、邮件系统向全校师生发送"挖矿"科普知识和防范措施。6月起，在相关部门开展的监测中，学校连续20次未被监测到虚拟货币"挖矿"活动，实现虚拟货币"挖矿"活动的连续清零。截至2022年底，学校未被再次监测到虚拟货币"挖矿"活动，成功实现虚拟货币"挖矿"动态清零。

（闫保桦）

## 计算中心

【发展概况】 组织机构。截至2022年底，计算中心共有职工104人，其中，正式在岗职工68人，返聘8人，劳动合同制15人，劳务派遣制13人。事业编教职工中，正高级职称9人，副高级职称37人，中级职称17人，初级职称5人；具有硕士及以上学历的人数60人，占中心总人数88.2%，其中具有博士学位的10人。2022年中心新入职2人，退休1人。

科研工作。计算中心在研项目包括国家发改委"未来网络试验设施国家重大科技基础设施"项目、科技部"科技创新2030新一代人工智能重大项目""统一规范的人工智能算子标准研究"课题、广东省科技厅"广东省重点研发计划""面向AI超算原型机的核心技术研发"项目等16项。完成"一种基于区块链的学校证书发布验证方法、系统和装置"等6件专利申请，以及"北京大学基金会财务信息门户系统"等5件软件著作权申请。2022年共发表论文25篇，其中核心期刊9篇，三大检索收录论文15篇。

党建工作。计算中心组织领导班子成员开展"习近平在中国"系列主题学习，阅读《习近平在厦门》《习近平在福建》等多部书籍。计算中心党支部积极参加校工会组织的运动会、教工联谊、健康徒步、教师沙龙等活动，广泛组织形式多样、群众喜闻乐见的合唱、联欢、摄影比赛、乒乓球比赛等文体活动，丰富教职工文化生活。

成人教育。完成成人教育毕业生的论文指导、成绩评定、学位授予等工作，为1000余名远程及夜大在校生完成注册、授课、答疑、考试、阅卷等一系列工作。

奖励荣誉。2022年，计算中心获得集体奖1项、个人奖17项。计算中心获得北京2022年冬奥会、冬残奥会北京大学志愿者工作突出贡献集体的荣誉称号，10名同志获得北京2022年冬奥会、冬残奥会北京大学志愿者工作突出贡献个人称号，4名同志分别被评为北京市保密工作先进个人、安全管理先进个人、招生工作先进个人和实验室先进个人。

校园网公共服务建设。升级改造燕园校区公共服务及教学科研楼宇的信息网络建设，优化和升级校园网基础设施。2022年上半年，计算中心完成校本部与医学部之间网络融通，在校本部无线网体系中增加医学部无线网选项，医学部师生上网体验得到大幅提升。同时，两校区间IPv6实现互联互通，夯实两校区数字基础设施。2022年度，计算中心完成第一、二、三、四教室楼等7栋教学楼宇的公共教室网络改造以及办公楼、红四楼等8栋等办公楼宇的网络改造，并配合燕南园基建改造完成全部光缆入地工程，共安装无线AP 894台、网络交换机235台，实现教学区域千兆到桌面、无线WiFi6全覆盖，保障学校智慧教学。

持续优化校园网主干网络结构，让网络传输更快速、更稳定和更安全。主要工作包括：扩大校园网扁平化结构覆盖范围，包括家属区及学生宿舍区；完成34台核心汇聚设备的版本升级及配置优化；对校园网IPv4出口链路进行优化与改造，根据网络流量特征调整出口路由策略、细化出口流量控制粒度，防止个别用户滥用校园网情况发生，有效节约校园网出口带宽；实施电信通10G链路扩容，联通10G链路扩容，校园网IPv4总带宽增至55.5Gbps；校园网40G网关系统上线，单节点网络吞吐量从10Gbps提升至40Gbps，将访问控制、流量统计、端口控制及无感知认证等功能融为一体。

配合新校区健康驿站的建设，完成马池口校区俊8和俊9号楼、200号校区1号楼和4号楼的临时网络搭建工作。实现各楼宇与园区核心的光缆铺设、有线网络和无线网络安装调试，共安装20台交换机，709颗ap，覆盖约700个房间。

配合财务部完成国家预算一体化连网工作。通过专线接入教育部国家电子政务外网，财务部、医学部、附属中学、附属小学、软件与微电子学院等单位已通过北大节点接入国家电子政务外网，有力提升相关单位的工作效率。

优化和增强智慧校园云计算平台的保障能力，主要工作包括：完成1200余台虚拟服务器梳理、优化和管理运维，对核心存储进行优化，保障关键业务和存储资源的有效使用；实现数据库备份系统的远程复制，将Oracle数据库的数据备份复制到不同机房，进一步提升数据存储安全；对北大网盘进行优化运维，网盘每日新增数据量超过1TB，极大方便师生的文件共享与存储；对托管服务器进行梳理，已清理不再使用或欠费的托管服务器35台，新增托管服务器37台，托管服务器总量达410台。

升级改造校园网机房，为智慧校园的高质量建设和发展打下坚实的基础，主要完成工作包括：改造完成校园网汇聚机房，采用微模块改造校园网30楼、35楼学生区网络汇聚节点；新建王克桢楼网络汇聚节点；建设完成机房环境监控系统，可对校园网核心及汇聚节点的温湿度、UPS和机房工作状况进行实时监控；完成图书馆校园网节点的升级改造，重新布局设备机柜，完成电力改造；改造升级校园网核心机房的UPS设备2台，教育网北大主节点机房新增1组微模块机柜。

智慧校园应用服务建设。根据学校各业务领域的发展与实际需求，推进校园卡、学生、人事、科研等重要应用系统建设，提升学校智慧校园应用水平，推进学校各业务领域工作效率与管理质量的提升。

2022年，电子校园卡支持机型不断扩充，功能持续拓展。9月计算中心与北京市政交通一卡通公司联合开通"北大电子交通卡"服务，为北大同学在线办理学生交通卡提供便捷渠道，也使北大NFC校园卡迅速支持华为、苹果等一系列主流机型。师生可通过手机NFC实现身份认证、餐饮消费及乘坐市政交通等一系列功能，获得师生广泛好评。

大额资金审批系统正式上线，截至10月已完成近400项大额资金审批业务，累计金额超过5亿元，提升办公效率，有效减少校内人员流动，保障疫情防控期间学校行政办公的顺利运转。

响应校医院需求，在校内门户上线检查报告查询业务模块，新增CT、核磁、B超、内镜等多项检测报告的线上查询功能，给学校师生提供更多便捷服务。

三院门诊便捷报销平台于年初正式上线，2022年为8615人次师生报销发票两万五千多张，金额超千万元。在此基础上，计算中心响应学校推进本部和医学部深度融合发展的部署，于2022年7月完成平台的升级扩充，使两校区师生都能通过统一平台使用便捷报销服务。

**学生综合信息管理系统完成多维度升级**。主要完成：北医研究生统一选课平台建设完成，实现北医学生、本部学生，学籍学生和辅修双学位学生的统一平台选课；以学生心理咨询服务为中心的北大学生心理健康咨询管理系统顺利上线；考务管理系统上线，提供考试基础库、考试计划、考场编排、监考资格审核等一体化功能，提升考试中心考务管理的信息化水平；配合学校本科生教学改革，成绩录入系统试点成绩记录等级制，实现百分制、合格制与等级制三种成绩录入方式并存；配合研究生培养方案升级，培养方案增加公共必修课的限定与判断，公共必修课管理更加规范。

**人事系统开发建设持续推进**。主要工作包括：设计和实现新版人事系统的内容框架，新建"人事档案管理""人事通用岗位管理""人事985职员和职员岗位管理"等功能模块；医学部人事系统升级优化，可与人事部同步使用新功能；新增"学术成果奖管理"和"工作报送"功能模块，为离退休部提供管理支撑；多项业务功能进行调整、完善和优化，包括完善人事科级任免、博士后经费冻结功能、年薪制岗位和薪级体系、调整人事系统专业代码、完善工会福利发放、工会会费代缴、调整家具系统的校级和院级管理等。

档案专审系统顺利上线，协助人事部、组织部完成98个单位2501人的档案确认和专项审核工作。系统从人事档案、干部任免审批表、年度考核、人事采集信息等多个数据源头抽取和整理职工基本信息、学历学位、简历、主要亲属四大类数据，面向个人用户、院系管理员、学校管理员提供三级权限管理，严格控制数据权限，确保档案信息的严谨性和安全性。通过信息系统手段，干部数据在规范性、完备性和准确性方面得到明显改善。

PKU树洞完成服务端、WEB系统、App以及管理系统的开发，全面改进用户认证和访问控制机制，增加一系列新功能，在增强系统安全性的同时，提升系统性能和用户体验。

**审计数据分析平台正式上线**。平台采集各历史阶段的财务数据，并对数据进行分类、关联、汇总等预处理，转换为面向联机分析的数据库。平台可从项目类别、支出经济分类、部门、人员等多个维度进行统计分析，实现部门经费收支、非专项收支、部门收入分配统计、资金流向分析等功能。此外，平台还对接天眼查第三方企业数据，对资金流向进行关联分析和警示，为各类专项审计提供有力支撑。

**财务凭证电子化平台上线试运行**。学校作为试点，在通过安全可控的电子文件技术实现财务票据数字化方面做出探索。教工户口管理系统上线，通过信息化手段对教职工集体户口迁入、借用、归还和迁出的全流程进行管理。学校巡视整改管理系统上线试用，具备巡视问题反馈、问题整改填报、整改进度统计等功能，有效提升办公效率，提供准确数据分类和统计，为扎实做好巡视"后半篇文章"提供信息化支持。科研系统完成多项改造与优化，于2022年6月正式上线运行。系统升级后实现多笔到款的拨款业务、暂存业务逻辑，增加消息推送开关功能、基金委项目的查询及导出功能，为教育部的审计工作提供支持。

在系统升级与维护方面，完成财务系统、房产系统、工薪系统、设备管理信息系统、医学部设备管理系统、学科建设管理信息系统、院系档案管理系统、公费医疗系统、办公系统、基金会OA系统以及教育部公费医疗系统和校园自助机系统的功能模块改进与升级，有力提升学校各管理服务单位的信息化服务水平与能力。

**以信息化手段赋能学校疫情防控**。2022年根据上级单位及学校疫情防控的工作部署，计算中心自主开发核酸应检尽检系统、教职工出入校审批系统、学生"云战疫"系统、园区移动闭环管理系统、重点健康人员管理、"八指"数据管理、健康台账、核酸天数异常提醒、北大健康宝等信息系统。截至11月2日，核酸检测管理系统已支持学校89轮次的全员核酸检测工作，提供校内核酸检测登记服务249万人次，校外核酸检测登记服务91万人次，校内抗原检测登记服务10万人次，准确、及时的数据管理和统计有效提升疫情防控的工作效率和管理针对性。

9月初根据北京教育系统疫情防控工作领导小组的工作要求，作为学校疫情防控大数据组的牵头单位，计算中心组织技术力量完成与北京市教委平台全员数据同步对接。每日与市教委平台交换包括医学部在内的8万余条人员信息。截至11月2日，已累计获取健康宝健康数据、核酸检测、疫苗接种1500万条。此外，利用对接数据信息，每日下午向核酸天数已达3天但还未进行检测的师生发送微信消息，提醒师生及时进行核酸检测。每天晚上将3天及3天以上的核酸应检人员名单通过邮件发送至各单位管理员，并通过微信提醒相关负责人，助力各单位做好核酸检测的督促工作，有效提升核酸三天一检的检测率。

根据疫情形势和防控要求，建立校内人员轨迹台账、健康台账和宿舍台账，新建一键核查、核酸异常提醒、"八指"数据查询、扫码入楼查询以及防疫数据"一日一报"查看等多项功能。通过校园行为轨迹数据快速追踪疫情线索，定位密接人员，快速定位同宿舍同学、同楼层同学和同楼同学，系统已应用于学校疫情防控应急演练。

搭建防疫大数据指挥平台，为疫情防控提供精准数据来源和指挥决策依据。初步建成的疫情防控指挥大屏可集成实时数据9大类60余项，实时抓取核酸应检尽检系统、学生"云战疫"系统、重点健康人员管理、健康台账、北大健康宝等信息系统数据，数据源丰富准确、实时更新，为精准、高效构筑学校疫情防控安全屏障提供技术支撑。

12月，为保障疫情期间学生考试的顺利进行，中心利用腾讯会议北京大学教育版，完成本科生和研究生的期末考试监考任务，共支持28个院系的在线考试786场，在线考试35,631人次，同一时间段最高并发65场，实现所有在线考场、全部考生的单机位或双机位的视频监考，圆满完成期末的在线考试保障任务。

**高性能平台建设**。2022年计算中心推进位于昌平新校区"未名二号"高性能计算集群的建设。集群搭建已初步完成，该集群具备17,280核心、峰值计算能力达1479Tflops、存储容量达4.5PB。集群于12月初上线运行，可为学校提供更加充沛的计算资源，提升学校高水平科研计算的能力和水平。

截至2022年底，学校高性能计算平台包含有"未名一号""未名生科一号""未名大数据一号""未名教学二号"等四套集群在线运行，计算总核心数达14,064个，峰值计算能力为1680Tflops，可用存储容量达11,084TB，已支持451个项目，项目总金额累计达28.77亿万元。2022年计算中心顺利完成高性能计算平台数据库备份系统的远程复制部署，对现有四个集群的系统软件版本及防护能力进行升级与改造，增强数据安全。平台部署的二次认证模块极大地增加平台安全性；平台所支持的VSCode、RStudio、JupyterLab等可视化软件为师生使用提供便利；高性能计算门户的开发取得重大进展，并在中南大学、国家天文台等单位完成部署测试；高性能调度器研发有所突破，可执行复杂任务的运算，取得原创性成果。

2022年度高性能计算平台接收致谢论文138篇，其中Nature系列文章14篇，包含1篇Nature主刊；PRL 1篇；PNAS 1篇，JACS 2篇。截至2022年6月21日，累计收到致谢文章660篇，其中Nature系列文章66篇，包含12篇Nature主刊；Science 2篇、Cell 2篇、PRL 7篇；PNAS 2篇、JACS 13篇。其中Nature主刊致谢文章在全国高校同类平台中遥遥领先。

**网络安全建设**。2022年根据北京市虚拟货币"挖矿"整治的工作要求，计算中心加强网络安全技术能力建设，拓展威胁情报消息渠道，对虚拟货币"挖矿"行为进行综合研判提前采取阻断措施，在校内建立应急通报和处置机制，规范治理流程，实现虚拟货币"挖矿"行为动态清零。封禁"矿池"IP地址1.1万个、DNS黑名单9600多条，在上级单位连续20多轮检测中未发现学校存在"挖矿"活动。

2022年5月计算中心成功组织第二次全校范围的网络安全攻防演练，演练历时14天，发现若干重大安全隐患。通过多方协调和努力，所有问题均已整改。本次攻防演练显著提升各部门对网络安全的重视程度，有效减少高危安全隐患对校园网的威胁。

进一步加强全校范围的网络安全治理工作，多层次推进网络安全运维和治理工作，筑牢网络安全防线，全面提升学校网络安全管理水平和能力。主要工作包括：对重要安全漏洞第一时间响应，减少暴露风险；加强渗透测试和安全扫描的力度，覆盖网站备案系统中1800多个网站，对全校范围主机进行弱密码检测和主机漏洞检测；对网站及信息系统实施源代码扫描共计75次；推进邮件双因素认证进展，开展VPN双因素认证测试；对网站备案流程进一步梳理，完善网站白名单和审批流程；推进主机安全防护系统的实施，已安装191台主机，将网络安全防护延伸至主机端；完成网站备案年审工作，清理46个不再使用的网站，学校备案网站数量达1879个；针对学校3个三级系统、3个二级系统，开展网络安全等级保护测评工作，进一步加强对全校重要信息系统的网络安全和数据安全防护；组织开展网络安全意识讲座、网络安全大讲堂、网络安全周答题、网络安全学科交叉沙龙以及网络安全专题培训会，全面加强师生对网络安全知识和安全意识的理解和认知。

**微机教学机房服务和运行服务**。进一步加强微机教学平台、视频会议、网络直播、网络保障、北大网盘、网站群、数据平台、统一认证、正版软件、CARSI联邦认证、用户服务等工作的服务水平和能力，为学校各领域工作提供强有力的信息化支撑与保障。

微机教学实验平台完成全校计算机上机教学任务25万小时，完成机房软硬件更新及环境改造，持续为学校和社会提供各项业务、考试及赛事的技术服务，包括研究生政治阅卷、招办体育特长生线上招生、2022物理卓越计划考试、强基计划招生考试、全国英语四、六级口语考试、德福Daf口语考试等。

为学校重要视频会议提供技术支持与保障，包括：教育部及北京市委视频会议226次约313小时、学校办公视频会议75次约170小时、各类国际交流、校内重大活动的视频会议或直播技术支持62次约92小时。

对学校各类重要工作提供网络直播、网络保障和刷脸签到服务，包括：冬奥会志愿者服务、第十四次党代会、毕业典礼、开学典礼、校园开放日、暑期学校、迎新工作等。

北大网盘在全校范围内广泛使用，活跃用户数超过4万，用户存储数据量达到1PB，每日新增数据量超过1TB。北大邮件系统为全校师生、校友及31个院系提供电子邮件服务，用户总数达15万，活跃用户超6万，邮箱总量94TB。正版软件平台提供微软、MATLAB、Adobe等10大类软件，年访问量36.5万次，下载29.2万次，为日常办公和科研工作提供切实助力。统一身份认证平台对接全校449个应用系统，平台实施全生命周期管理，2022年度为各系统累计提供1.22亿次认证与授权服务。数据共享平台在2022年度新增48个数据集的订阅推送，共为22个部门提供139个数据集订阅推送服务，共计12.6万余批次，12亿条数据。人脸信息标准库已存储人脸照片11万余张，自2021年公安标准库验证3万余人，人脸识别授权8万余人，对接校门、楼门、宿舍门进行人脸识别。网站群平台2022年度新建网站28个，支持学校各单位网站608个，其中的98%已迁入学校网站群。支持IPv6的网站总量达543个，2022年度通过技术升级完成48个网站的IPv6改造。

推进教育网联邦认证与资源共享基础设施CARSI发展，面向国内大专院校提供资源与认证服务。2022年度CARSI平台新增9家公司的16款产品，CARSI资源数达到227个，分别来自88个厂家，有37所高校新加入CARSI联盟，联盟的学校数量达到672所。

计算中心62751023用户服务热线接听17,452个用户电话，回拨用户5164次，派出工单2277件，上门服务1821次，及时响应用户咨询、提供技术解答，为建设师生满意的智慧校园提供有力保障。

党政工团行政工作。完成安全保卫、财务往来、人事管理、宣传交流、员工体检、活动组织等各项行政事务，重点提升规范管理、加强沟通、培育营造中心文化等诸多方面，顺畅群众反映渠道，加大各项工作的公示公开力度，发挥群众的监督作用。

（杨雪、杨眉）

## 医学部网络安全与信息化管理

【发展概况】 中心概况。医学部网络安全与信息化技术中心负责医学部网络、电话、校园卡、水控设备运行及网络安全、信息化建设的技术服务工作。中心正式成员16人，专业技术人员15人，工人1人，专业技术人员中博士学位1人，硕士学位7人，本科学历5人，大专学历2人；教授级高级工程师1人，高级工程师3人，工程师9人，主管技师1人，技术员1人。

中心管理服务器370余台，管理网站和系统410余个，校园网络接入信息点数量24,338个，主干带宽40Gbps，出口带宽11Gbps。电子邮件系统用户数19,134；管理信息系统数据量约610G；管理有效校园卡35,564张；管理电话1900余部，年话务量30万次；管理水控设备约1070台，年维修约500次。

中心设立24小时服务电话2999，2022年电话接待人次7223，人工收费5723笔，网上收费62,848笔，校园卡及网络服务4779人次，配合科技楼入驻，迁移电话120部，外出维修416人次。

中心建设。中心坚持"三重一大"民主决策，恪守党风廉政要求，克服网络安全形式严峻、信息化保障工作任务繁重的困难，落实冬奥会、党的二十大重要时间节点的网络安全保障工作，保障校园信息网络安稳运行，落实巡视整改任务。中心党支部注重党员的教育，组织观看党的二十大会议直播，学习习近平总书记所做的《高举中国特色社会主义伟大旗帜，为全面建设社会主义现代化国家而团结奋斗》的报告，深入学习贯彻党的二十大精神。

网络服务。校园网络接入信息点数量24,338个，主干带宽40Gbps，2022年校园网出口带宽从10.5G扩容至11.5G，疫情期间，为保障线上教学顺利进行，带宽最大扩容至22.5G，学生宿舍、图书馆、科技楼二期等网络建设共增加网络信息点4460个，安装无线AP1065颗，安装各类网络交换机150台。升级无线网络控制器、无线汇聚设备，增强校园网络承载和容灾能力，优化上网认证系统、邮件服务、域名服务、DHCP服务完成医学部中央预算一体化政务专网建设，保障专网稳定运行。完成学校疫情防控会议、医学部二级党委党员大会、第七届教职工代表大会、开学典礼、毕业典礼、北大医学办学110周年系列活动等多场次视频直播活动。为医学部师生核酸检测、住院医师规培考试、本科毕业考试、研究生二阶段毕业考试等重要活动提供现场网络保障。配合学校疫情防控工作，开发建设防疫信息管理系统，与健康宝数据对接，利用健康宝大数据实现人员信息管理等功能，为常态化疫情防控工作提供大数据支持，实现校园智慧抗疫。为健康观察区、勤园职工宿舍、26号楼地下室职工宿舍等区域开通校园网服务，集中为家属区8、9、10号楼新配租的职工统一安装校园网络。

信息服务。实现医学部与本部无线网账号互通，医学部师生可在本部免费上网。优化完善综合服务平台服务，升级邮箱自助服务应用，完善博士后管理服务系统，开发学生喜报应用、科研决算查询服务、工资卡变更应用以及合同制职工薪资查询应用，推出出国（境）审批系统建设和使用，优化完善新生图像采集系统功能，完成2022级新生报到现场人像采集、人像比对及人证比对工作。升级办公OA系统校外访问功能，上线移动端办公OA服务，方便疫情期间居家办公。拓展网上支付服务，新增加课程缴费、补办公交卡缴费等6个收费项目。完善"医信随行"APP功能，升级研究生成绩查询、学生钱包等应用，为毕业生公费医疗报销专场提供扫码签到服务。扩展统一身份认证服务，新接入图书馆研修间预约管理系统等5个应用系统，共为约80个应用系统、6万余个信息网络用户提供认证服务。完善数据中心服务，扩大数据共享服务范围，新增44个数据共享接口，共提供550余个数据共享接口服务。

配合医学部人事处完成非在编人员管理系统开发建设，改版升级人事管理系统，部署上线人员拟进系统。协助部医院便捷报销系统部署建设，提供数据共享技术支持。升级统一报名缴费平台，支持继续教育学院和医教中心的培训、会议缴费，完成新平台一期开发建设。配合设实处，完成资产系统5次升级，完成新设备采购系统的部署及接口对接。

**网络信息安全**。落实"医信随行"APP安全风险问题整改，提升APP安全性。统筹推进学校主页、统一身份认证、网关计费等70余个业务系统及网站升级https协议访问。升级校园网出口防火墙和数据中心防火墙、webvpn服务，提升安全性能。顺利做好冬（残）奥会、党的二十大等5次重要时期网络安全保障工作。完成网站、信息系统备案年审工作，梳理信息资产。国家网络安全宣传周期间，开展以"网络安全为人民，网络安全靠人民"为主题的网络安全培训、网络安全问卷活动。按照教育部统一部署及大学统一要求，全力整治"挖矿"行为，实现医学部"挖矿"清零。对重要系统进行深入检查整改，完成等保2.0测评、数据安全测评及密码安全测评。接手BM机房建设工作，配合学校BM机房升级改造，完善机房运行制度、管理制度，梳理设备台账，协助计算机运行维护。

**校园卡服务**。管理有效校园卡从30,346张增加至35,564张，配合校园卡升级，改造刷卡设备，配合实施二维码付款、NFC消费模式。配合学生宿舍楼改造，建设宿舍1号楼、4号楼、研究生公寓校园卡浴室水控系统。支持餐厅家属区外卖点、移动餐车校园卡消费。配合德园餐厅改造，完成校园卡网络改造调整。

**电话通讯**。支撑1900余部话机，年话务量30万次的通讯服务，服务医学部校区、产业园校区；配合科技楼各单位入驻，迁移电话120部。

（魏 仿）

# 审计工作

【发展概况】 审计室（内控办）是负责全校内部审计工作、内部控制管理工作的职能部门，审计室内设财务审计、管理审计、工程审计三个办公室，内控办内设综合管理室。现有在编人员12人，合同制人员2人。

**财务、管理审计**。为防范学校风险、增加价值，促进完善学校治理，提高资源使用效益，财务、管理审计紧密围绕学校发展战略，开展卓有成效的审计工作。

审计项目开展情况。2022年，审计室完成对27个单位和事项的财务、管理审计，涵盖250个审计项目，涉及审计金额为607余亿元（审计总收入和独立核算单位资产），审计过程中提出书面审计建议64条，审计发现问题涉及金额26.54亿元（学校财经管理往来款问题25亿余元）。其中经济责任审计24项，提出书面审计建议58条，审计金额145亿余元，审计发现问题涉及金额26亿余元。

**建设工程审计**。2022年工程审计以"防范风险、全面覆盖、突出重点"为目标，按照教育部的要求，对学校建设工程开展全过程管理审计，在建设项目的事前、事中和事后各层面充分发挥内部审计职能，节约建设资金，防止出现违规违法问题。

加强建设工程造价审计。围绕学校昌平新校区、怀柔多模态、化学院E区大楼和工学院2号楼等在施建设工程开展前期招标控制价审计、施工过程大额变更洽商审计，对已竣工肖家河教工住宅项目、文史楼改造工程、生命科学科研大楼及实验室改造工程等开展竣工结算审计。

2022年共完成各所属单位送审工程造价审计项目200项，出具审计意见书142份，提出造价审计建议125条。送审金额总计18.24亿元、审定金额17.75亿元、审减金额4911万元、审减比例2.7%。

做好建设工程招标和付款审计。2022年共对103份建设工程招标文件、58份经济合同和32份工程月度付款进行审计，对所属各单位送审的招标文件提出审计建议百余条。在月度付款审计中，审减金额总计131万元。通过招标和付款审计，监督学校工程管理部门严格履行基本建设程序，检查建设资金使用的真实性和合规性，提出加强管理的建议，达到维护学校财政资金安全使用的目的。

加强工程建设领域廉政风险防范，完成多模态跨尺度生物医学成像设施工程审计调查及整改工作。提交《北京大学多模态跨尺度生物医学成像设施工程审计调查报告》《整改落实工作报告》，为学校平稳实现大设施机构和主要负责人调整提供专业意见，为实现既定造价和工期目标保驾护航。

加强对学院自主实施项目竣工结算审计。发现管理薄弱环节并在竣工结算环节给予专业支持挽回损失，针对审计发现拆分合同肢解工程问题，以发出审计建议书等方式提示风险、督促整改。加强50万元以下免抽竣工结算项目的审计监督，通过竣工图纸、结算价格审核发现疑点后，组织现场踏勘，对6个项目送审总额250万元，审减43万元，平均审减率17%；另有9个项目也存在不同程度的问题。通过工程审计，发现和避免施工单位高估冒算给学院造成损失，有力支撑和服务院系。

推动工程管理内部控制机制建设。参与学校基本建设相关制度起草工作，督促职能部门制定《北京大学修缮工程管理办法》《北京大学基本建设工程变更管理办法》。

加强对咨询机构监督管理。组织中介机构年度考核合同续签工作。对于考核末位机构，通过约谈、减少项目等方式督促整改。发挥咨询机构工程造价专业支撑作用，对重点项目委托造价咨询机构全过程审计监督，协助工程管理部门实现造价、工期控制目标。针对肖家河住宅5亿元以上竣工结算审计项目，由工程审计办公室决定承接中介机构，改为部务会集体决策，部务会全体成员听取中标事务所述标、质询答辩等方式，遴选出业务匹配单位负责，提升重大事项决策的广泛性、科学性。

内部控制管理工作。加强内控建设是学校建设世界一流大学、完善学校治理体系的重要工作。学校领导高度重视内控建设，指导内控办4月组织召开学校2021年内部控制报告编报工作培训会，分管校领导做动员讲话；5月召开学校内控建设领导小组会，审议通过《北京大学内部控制报告》并上报教育部，校长对学校内控建设做出指示；9月审计室与内控办共同向校长和党委副书记、纪委书记专门汇报审计、内控工作，接受学校领导的检查和指导。

落实内控建设领导小组会议精神，内控办先后走访财务部、法律办、设备部、总务部、图书馆、物理学院、光华管理学院等单位，通过视频会议形式与清华大学等校外单位进行调研，形成《关于学校招标采购情况的调研报告》和《关于学校合同管理情况的调研报告》，在领导小组会上进行汇报。参与《北京大学采购管理办法》的讨论修改工作。

审计整改工作。组织召开2022年度经济责任审计工作联席会议，通报2021年经济责任审计情况，审核2022年经济责任审计计划，对审计发现重大问题及其整改情况进行研讨。召开附中经济责任审计发现问题整改专题会议，主管校领导带队赴附中调研整改进度并进行专门指导，提出工作要求。2022年7月，审计室（内控办）对2017年以来审计发现问题及整改情况进行梳理，并于2022年12月，对2017年以来审计发现问题开展整改情况"回头看"检查。

审计结果运用工作。开展教育部通报审计发现问题自查整改工作，联合14个职能部门对18个问题进行自查，并就"小金库"、违规发放津补贴、擅自对外出租出借、违规使用公车等重点问题在全校所有二级单位范围内开展自查和核查。联合继续教育部在学校开展办学管理风险提示宣讲会，学校各学院主管继续教育工作副院长和经办人参会。加强与纪委监察室的协作配合，2022年度转纪委问题线索3项，协助纪委调阅资料9项。

审计信息化建设工作。完成学校审计数据分析平台第一期财务审计数据分析系统建设，并通过验收。该平台实现凭证查询、收支分析、公司关联高管查询、财务风险控制等功能。启动第二期管理审计数据分析系统建设，拟对接独立核算单位财务系统和其他各业务系统。

工程审计系统与工程管理系统全流程一体化运行。工程审计系统2019年开发完毕并在审计室内部运行，2022年下半年基建工程部部分数据通过系统直接送审，实现跨部门一体化运行的设计目标。未来，在完善自身审计系统功能的同时，还将督促基建工程部不断扩展线上业务，丰富数据仓库、实时动态管理。

统筹外部审计工作。完成教育部2021年预算执行审计延伸审计征求意见反馈、整改等工作，组织协调校内各部门研讨审计发现问题，督促与审计署沟通协调，督促校内各单位整改，召开多次沟通协调会议，牵头上报教育部、审计署有关审计问题反馈意见、整改等各类正式文件3份，其他各项资料27份。

完成接待审计署对国家自然科学基金委经济责任审计延伸审计，组织科研部、财务部等部门对接审计，已提供相关资料五批次共57份。

完成对接北京市审计局对北京国际科技创新中心重点项目推进及资金投入情况专项审计调查，已提供相关资料一批次共2份。

上级交办工作。2022年，审计室在确保本校审计工作保质保量完成的同时，承担教育部交办的任务，充分发挥北大审计在教育审计中的标杆作用。承担并较好完成教育部交办的北京林业大学党委书记、校长经济责任审计工作。参与教育部2021年度内部控制报告审核汇编工作、高校一些领域专项清理整顿核查工作、中国教育基金会捐赠配比评审工作等。三是参与审计署对中央部门预算执行审计、联合国审计工作等。四是承担中国教育审计学会秘书处工作，审计室主任兼任教育审计学会秘书长，审计室2名人员兼职承担秘书处工作

审计（内控）工作队伍建设。2022年共有9人参加专业后续教育。财务管理和工程审计组织多次集体业务学习交流会，并与兰州大学、北京邮电大学、北京市教委审计处、清华大学开展集体学习交流会议，就数据式审计理念与审计数据分析平台、经济责任审计、事务所管理等事项进行探讨。

发挥工会小组作用，活跃部门内部氛围，增强职工凝聚力。王宇同志被推荐为学校机关作风建设先进个人。

部门党建工作（含党风廉政建设）。加强理论学习，深化党史教育。审计室（内控办）坚持以习近平新时代中国特色社会主义思想为指导，将二十大精神的学习贯彻作为领导班子首要的政治任务来抓，将工作重心统一到二十大精神的学习贯彻上来，及时组织全体工作人员收看二十大开幕式及闭幕会。以领导班子理论中心组学习为载体，坚持将政治理论学习作为部务会第一议题制度，采取逐章研读、领学研讨、个人自学、听取讲座等方式，深入学习领会党的十九大、二十大精神、北京市第十三次党代会精神、北京大学第十四次党代会精神。

通过参观展览、主题党日、讲党课、组织生活会、支部联学等方式，开展多种形式的支部活动，提高党支部活动

的思想性，组织参观香山革命纪念馆、参观学校校史馆、参观学校改革发展十年成果展等。促进党史学习教育向纵深发展，引导党员干部和职工用习近平新时代中国特色社会主义思想武装头脑、指导工作，提高党支部凝聚力战斗力，推动审计工作高质量发展。采取多种途径和方式深入学习贯彻二十大精神，传达学习学校第十四次党代会精神，党支部组织全体党员集体观看二十大开幕式和政治局常委见面会，通过微信、邮件等发送学习材料，以方便大家自学。完善支部组织建设，及时补选支部宣传委员。支部申请机关党委创新立项项目获批。

（张 婷）

## 医学部审计工作

【发展概况】 工程管理审计。2022年，医学部审计室配合医药科技园区综合楼、综合游泳馆、图书馆改扩建、学生宿舍改造、田径运动场改造等学校重点教学民生工程建设，同时对20万以下工程实施常态化抽审，开展工程管理审计267项（设计概算审计6项、招标文件及控制价审计42项、合同审计37项、变更洽商审计62项、付款审计87项、竣工结算审计33项），审计资金9.43亿元，审减1608.35万元，提出审计意见863条。疫情防控常态化下，建立线上审计模式，做好审计监督服务，保障国拨经费项目顺利完成。召集18次工程审计协调会，对工程建设提出意见和建议。针对管理需求，多次组织审计人员开展工程管理审计专题学习，研学强审，拓展审计思路。

经济责任审计。按照中办国办《党政主要领导干部和国有企事业单位主要领导人员经济责任审计规定》、《北京大学经济责任审计规定》、中国内部审计协会新修订的《第3204号内部审计实务指南——经济责任审计》，面向职能部门、学院、附属医院不同对象制定有针对性的经济责任审计方案，梳理修订经济责任审计工作程序、管理规范。根据审计计划，完成总务处、科研处、护理学院、公共卫生学院干部经济责任审计项目。召开医学部审计中心研讨会，筹备附属医院院长经济责任审计工作。持续跟踪职能部门、学院、医院经济责任审计整改进度，发送管理建议和进一步整改通知，以内部控制、风险防控建设为抓手，推进主责单位对账销号。加强关键少数监督，帮助解决问题，为学校及有关单位资金、资产、资源管理使用提出合理化建议。

内部控制相关工作。2022年5月，组织各有关单位完成财政部2022年度内控报告编报工作，通过组织参与大学内控培训辅导，宣传内控理念，提高内控报告编报质量。按照大学工作部署要求，持续拓展重点领域内控建设，围绕医学部招生、科研经费、合作办学、基建后勤、财务资产等重点领域，推进总务处、基建处等部门内控建设。根据大学下发的《经济活动易发问题提示清单》，组织医学部各职能部处、学院、直属单位共41家单位开展政策宣传，针对自查反馈结果，与有关直属单位沟通指导其完善内控机制。2022年11月，针对教育部通报的直属高校和直属单位审计过程中发现主要问题，进一步组织医学部各单位开展自查整改工作，进一步加大相关领域风险防控和治理力度。

专项工作。针对新医改形势下医院管理新情况新特点，多次召开医学部审计中心沟通会，联动各附属医院审计负责人开展审计理论与实践研讨，走访调研经济责任审计工作，推进各附属医院审计整改取得显著成效。配合学校管理需求，参与医学部预算、收费、投资评审、北大医学办学110周年等重大经济决策事项咨询，开展医学部银行存款对账单月度审签、科研经费审签及其他专项工作。接待国家自然基金委延伸审计等相关工作。

党建工作。学习贯彻党的二十大、北京市第十三次党代会、北京大学第十四次党代会精神，通过集体收看直播、召开专题讲座、开展研学强审活动、组织知识竞赛等多种方式，在学懂弄通做实习近平新时代中国特色社会主义思想上下功夫，将研究型审计理念贯穿工作始终，切实加强党风廉政建设、审计职业精神和专业能力。服务医学部疫情防控大局，党政领导班子团结一致、冲锋在前，支部全体党员参与医学部核酸登记、抗原检测、社区服务、新生接站、图书馆建设专班及审计室24小时值班值守等不同工作，在关键时刻体现坚守担当，在统筹疫情防控要求和审计事业发展中交出合格答卷。

（张 莹）

## 昌平新校区管理

【发展概况】 机构设置。2022年，昌平新校区管理委员会办公室（简称"新校区管委办"）积极推进"三定"方案、部门延伸管理等工作。9月6日，学校发布《关于昌平新校区管理委员会办公室机构编制调整的批复方案》，完成了新校区管委办机构和编制调整。11月1日，学校发布《关于进一步加强和完善北京大学新校区初创阶段建设和管理工作的意见》，确定对新校区进行延伸管理的指导原则。

4月19日，校发〔2022〕76号文件，免去殷雪松的昌平新校区管委办主任职务，任命李航为昌平新校区管委办主任；10月4日，校发〔2022〕181号文件，免去贺飞的昌平新校区管委办常务副主任职务；11月29日，校发〔2022〕208号文件，任命郭少军为昌平新校区管委办副主任。新校区管委办领导班子成员共有七人，李航为昌平新校区管委办主任，张剑岷、王文彦、周锋、胡运起、刘金秋、郭少军为昌平新校区管委办副主任。新校区管委办设4个内设机构，分别为综合办公室、运行保障办公室、发展联络与对外宣传办公室和200号校园管理办公室，事业编制人员11名，劳动合同制41名，劳务聘用人员20名，退休返聘人员2人，离退休人员8名。

新校区管委办重视制度建设，严格执行学校和办公室的各项规章制度；进一步完善以主任办公会议为基础的议事决策制度，截至12月31日，共召开主任办公会议45次，研究议题412项；规范单位用工管理制度，修订了5项劳动合同制基本管理制度。在新校区管委办内部，推进管理工作科学化、制度化、规范化，在工作研讨会中组织公文写作、档案整理等专题讲座，梳理日常工作遇到的问题，提升干部职工的文书写作、档案整理能力；形成电子文件归档整理的工作机制，提升工作规范性，确保工作留痕留底、有据可查，出现问题可追溯可问责。领导班子认真落实学校相关职能部门工作要求，完成内设机构调整、聘期考核和合同续签、聘用合同变更、合同解除及退休手续办理、劳动合同制人员招聘等工作。

交流合作。新校区管委办与昌平区各委、办、局及马池口镇政府做好沟通对接工作：对接昌平区科委，完成固定资产投资数据材料的统计上报；与新工科建设办公室配合，参加北京大学-昌平产教融合创新中心建设方案的讨论和调研；对接马池口镇政府，配合完成城管科检查、卫星图片消片、平原造林等相关工作。

与校内、外各部门沟通对接，代表学校完成了与北京吉利学院六批次的正式资产交接，完成资产报废等工作；对接基建工程部等校内相关单位，参与完成第二批启动楼宇改造方案的前期设计，保证2022年10栋楼宇和2处景观顺利开工改造。

党建工作。新校区管委办按照党中央和上级党组织的决策部署，学习贯彻落实党的二十大精神。在党的二十大召开期间，新校区管委办党支部组织全体党员集体观看中国共产党第二十次全国代表大会开幕式、中国共产党第二十届中央政治局常委同中外记者见面会，参观"喜迎二十大 奋进新时代——北京大学改革发展十年成果图片展"，认真聆听并学习二十大报告。10月27日，张锦副校长在新校区主持学习贯彻党的二十大精神座谈交流会，领学党的二十大精神。

新校区管委办全体同志认真学习习近平总书记在中国共产党第二十次全国代表大会上的报告，学习习近平总书记在十九届中央政治局第三十五次集体学习时的重要讲话、在十九届中央纪委六次全会上的重要讲话、在中央党校（国家行政学院）中青年干部培训班开班式上的重要讲话、在中共中央政治局第三十七次集体学习时的重要讲话、给中国冰雪健儿的回信、在北京冬奥会及冬残奥会总结表彰大会上的重要讲话、给南京大学留学归国青年学者的重要回信、在湖北武汉考察时关于"把科技的命脉掌握在自己手中"的重要讲话、在十九届中共中央政治局第四十次集体学习时的重要讲话、给《大公报》创刊120周年的致信、《习近平论宣传思想工作（2022年）》《习近平论党风廉政建设和反腐败斗争（2022年）》《习近平的教师情》、在党的十九届七中全会第二次全体会议上的讲话、在陕西延安和河南安阳考察时发表的重要讲话、在中央经济工作会议上的讲话、在中共中央政治局民主生活会上的讲话等。在管委办主任办公会议和党支部会议上专题讨论二十大精神学习教育，及时组织跟进学习习近平总书记最新重要讲话精神，将思想政治建设、学习教育常态化。

疫情防控常态化工作。新校区管委办全面贯彻落实中央精神和教育部、北京市的要求，按照学校部署，把新冠疫情防控作为重要工作，抓紧抓实，把持续打赢疫情防控阻击战作为重大政治任务。根据国家、北京市疫情防控相关工作要求和学校通知精神，成立新校区疫情防控工作领导小组，多次组织召开疫情防控领导小组会议及疫情防控专题工作会议，编制《北京大学昌平新校区2022年秋季学期新冠肺炎疫情防控工作方案》《北京大学昌平新校区管理委员会办公室新冠肺炎疫情应急处置预案》《北京大学昌平新校区2022年秋季学期师生返校工作方案》等，出台防疫物资采购、发放和登记管理规定，坚决做到方案明确、流程清晰、组织有序、责任夯实。新校区管委办积极协调新校区内各单位，按照最新防控指引，落实网格化管理，加强校门和物流管理，加强重点部位环境消杀和通风工作，加强核酸检测与督促提醒，将200号校园2号楼、新校区俊园8号楼和9号楼作为学校健康驿站使用。200号2号楼健康驿站自9月13日至12月14日，先后运行了三期次，共接待707名学生入住进行健康观察或隔离治疗，接待学校工作组人员35人次，负责统筹协调、住宿退宿办理、布草更换、物资补充、楼外垃圾清运、核酸样本运送及应急保障等各项工作，协助处理各类突发事件10起，办理弹窗、流调等涉疫核查30余次，解决工作组及学生提出的各类需求40余次；做好防疫物资管理、健康观测、疫苗接种、信息数据排查报送等各项重点工作。疫情期间，新校区管委办党员干部坚守工作岗位，驻扎在新校区，保障新校区在疫情封控期间的正常运行，在疫情防控第一线发挥了模范带头作用。

接待校内各单位到新校区举办会议及培训。新校区管委办积极承接校内各单位到新校区举办会议及培训，请他们走进新校区，了解新校区，为新校区建设出谋划策，共同建设新校区。2022年，新校区先后接待物理学院、经济学院、材料学院、化学学院及党委组织部、学生工作部等校内单位举办培训会议共9次。

（张益豪）

【完成冬奥志愿者驻地保障工作】 新校区管委办为入驻的348名冬奥志愿者和101名工作人员提供保障服务。昌平新校区被评为"北京2022年冬奥会和冬残奥会服务保障贡献集体"，新校区管委办被学校评为"北京大学北京2022年冬奥会、冬残奥会志愿者工作突出贡献集体"，17名干部职工被评为突出贡献个人。

（张益豪）

【2022年迎新系列活动】 2022年新校区迎来集成电路学院、计算机学院、电子学院、智能学院等14个院系的500余名新生，新校区管委办全体员工圆满完成迎新保障工作。在师生入驻后，顺利开展新校区"劳动育人"实践活动、"月满新校区，情系未名水"中秋茶话会等活动。新校区管委办将"接诉即办""未诉先办"的原则做实做细，对学生提出的服务问题建立工作台账，并定期梳理清零；协调相关部门召开座谈会，畅通学生意见反馈渠道，切实解决师生在教学科研、班车运行、餐饮服务、文化娱乐、体育活动、公寓管理等方面关切的问题；对接餐饮中心，在馨园食堂二层开设民族风味档口；协调校园服务中心、计算中心及相关院系，开发班车预约系统，理顺班车运行机制；实现新校区各类体育设施面向全体师生免费开放预约使用；增加快递点、汽车车棚等便民服务设施，对老旧服务设施升级改造。

（李灵樨）

【校领导到新校区调研】 9月1日上午，校党委书记郝平、校长龚旗煌到新校区调研。副校长王博，党委副书记、纪委书记顾涛，党委副书记、副校长宁琦，副校长董志勇、张锦，以及有关职能部门负责人，入驻新校区的电子学院、计算机学院、集成电路学院、智能学院负责人等陪同调研。校领导一行考察了新校区投入使用的教师公寓、食堂、学生宿舍等地，校领导表示，要规划建设好新校区，推动解决长期制约北大发展的空间问题，新校区是主校区的延伸，要做好延伸服务、延伸支撑，保障好师生的学习、工作和生活，让老师们愿意到新校区来。

（张益豪）

【2022级研究生新生开学第一课】 9月1日上午，学校举行2022年研究生新生开学第一课暨培养说明会。校长、研究生院院长龚旗煌在新校区国际报告厅主讲研究生新生开学第一课，副校长、教务长王博主持，党委副书记、纪委书记顾涛，副校长、总务长董志勇，副校长、深圳研究生院院长张锦出席，校本部、医学部全体2022级研究生及教师代表在新校区国际报告厅主课堂和各院系分课堂同步听课。龚旗煌以"研在北大，志在家国——新时代北大研究生的使命担当"为题主讲研究生新生开学第一课。

（张益豪）

【推进智慧校园建设】 2022年，新校区新立5座铁塔，实现校园室外三家运营商4G、5G信号全覆盖；完成厚德楼、信德楼室内5G分布系统建设；实现学生公寓、教师公寓、食堂等楼宇有线电视入户；推进联通电话光缆敷设；实现有线网络升级、无线网络覆盖范围增加，校园一卡通系统同校本部系统融合；推进智慧公寓系统、泰能酒店管理系统与智能门锁的对接和联调；更新升级200号校园中水站运营监管平台；推进学生公寓微信售水售电系统开发；完成4号和6号学生公寓及厚德楼刷脸门禁和人脸识别闸机的安装及系统调试。

（王文彦）

【万华楼奠基仪式举行】 9月23日，材料科学与工程学院于建院两周年之际，在新校区举行北京大学万华楼奠基仪式。烟台市委副书记、市长郑德雁，万华化学集团股份有限公司党委书记、董事长廖增太，北京大学副校长、中国科学院院士张平文，北京大学副校长、总务长董志勇等参加仪式，共同见证历史性时刻。大会由北京大学副校长、深圳研究生院院长、材料科学与工程学院院长、中国科学院院士张锦主持。

（张益豪）

# 怀柔科学城校区（科技创新研究院）工作

【发展概况】 组织机构。10月，学校研究决定，任命贺飞为北京大学怀柔科学城校区筹建办公室主任，免去李航的北京大学怀柔科学城校区筹建办公室主任职务。办公室定编5人，实际在编工作人员3名。主任贺飞，副主任俞挺。

党建工作。组织开展政治理论学习，学习贯彻习近平新时代中国特色社会主义思想和党的二十大精神。学习习近平总书记重要讲话、重要回信24次。党的二十大召开后，第一时间落实学校党委部署，深入学习贯彻二十大精神。与国家生物医学成像科学中心联合举行座谈会，就学习贯彻党的二十大精神，推进多模态跨尺度生物医学成像设施（以下简称"成像设施"）建设举行专题座谈会，联合国家生物医学成像科学中心、成像设施建设指挥部办公室开展主题党日活动，联合哲学系科学技术哲学教研室开展"科技创新治理体系现代化建设"社会调研活动等。

召开党支部会议、开展主题党日活动30次，研究议题45项，传达和学习党的各项路线方针政策、进行党内民主议事等；召开党史学习教育专题民主生活会和组织生活会，开展批评与自我批评和民主评议党员；5次研究党风廉政建设，4次研究意识形态工作。获批党建创新立项"未名一雁栖工作坊"，邀请各重点项目一线科研工作者参加活动10余次，倾听群众呼声，解决实际问题。

怀柔科学城校区筹建工作。发挥办公室综合协调作用，推动怀柔科学城校区重点项目建设、管理和申报，做好服务保障。沟通协调怀柔区、怀柔科学城和校内有关部门，组织召开成像设施工作小组会议和专题会，研究解决楼宇连廊建设、市政配套建设、财务执行、不动产权证办理、竣工验收手续办理等重点难点问题，推动基建工程克服疫情等不利因素影响，于11月完成基建工程竣工验收，项目建设全面转入设备安装调试的新阶段。会同国家生物医学成像科学中心、北京激光加速创新中心、轻元素量子材料交叉平台团队与怀柔区、怀柔科学城有关部门就项目设备安装入场方案反复磋商协调，解决重点项目设备安装受疫情影响难题。

健全成像设施管理体制机制，推动未来发展。落实巡视整改要求，在人才引进、团队组建、研究生招生等方面积极协调校内有关部门，争取政策支持和资源倾斜。落实校领导要求，全力推进依托成像设施设立研究院工作。筹备组织第二届"怀柔论坛"和"全国生物医学成像科技创新联盟"，聚焦"生物医学成像技术创新与产业发展"推动创新链与产业链融合。参与协调成像设施专项审计、预研场地启用、物业选聘、楼宇空间分配、展示与科普功能设计等重点工作。

加快北京市交叉研究平台建设步伐。协调北京激光加速创新中心洁净间装修复工、设备安装临时用电、轻元素平台概算批复、洁净间装修缺口等重难点问题，督促怀柔科学城公司加快基建工程进度，截至2022年底已经完成工程施工。就《北京怀柔综合性国家科学中心交叉研究平台运行经费补助实施细则（试行）》反馈修改意见并被采纳。组织团队申报国家自然科学基金怀柔区域联合基金，轻元素平台获批1项重点项目；组织团队申报北京市科技计划怀柔科学城成果落地专项，轻元素平台获批1项。

推进后备项目申报立项。协调致函市政府，恳请支持成像设施二期探针平台项目立项，得到市领导批示。支持项目可研报告编制工作，参与学校和北京市发改委、怀柔科学城管委会、共建企业的密集磋商，各方于2022年10月达成共识，明确基建管理由北大负责、与成像设施统一运行管理、企业负责的公共服务子平台试行市场化运营等关键问题。协调怀柔方面预留成像设施东侧20亩土地作为项目建设用地，纳入怀柔区2023年用地计划。

与成像科学中心联合牵头撰写《我国重大科研基础设施和大型科研仪器管理使用中存在的突出问题及对策建议》，被上级单位采用。参与程和平院士向国家科教工作领导小组专题汇报《生命科学的大科学时代》准备工作。多次组织校领导与北京市有关部门、怀柔区、怀柔科学城领导交流访问活动。推动重点项目宣介工作，扩大社会影响。新华社、《人民日报》、人民网、光明网、科学网等主流媒体多次报道，《北京日报》两次在头版报道成像设施建设进展。北大官微发布《北大新布局》《北大大设施，竣工！》，浏览量10万+。协调重点项目周边城市客厅C地块规划征求意见有关事宜，协调餐饮、住宿、交通、子女入学等后勤保障工作。

综合工作。落实学校关于人事、财务、年鉴、安全保卫、交通、保密等各项工作要求，确保办公室平稳运行。落实疫情防控责任。持续研究部署疫情防控工作，组织办公室同志住校值守、参加志愿服务，确保校园防疫安全。

（俞　挺）

【多模态跨尺度生物医学成像设施工程竣工仪式】 11月3日，"十三五"国家重大科技基础设施——多模态跨尺度生物医学成像设施工程竣工仪式在怀柔科学城举行。第十一届全国政协副主席、中科院生物物理所王志珍院士，北京大学校长龚旗煌院士，中科院生物物理所阎锡蕴院士，北京大学常务副校长、医学部主任、北京大学第三医院院长乔杰院士，北京大学未来技术学院教授、成像设施首席科学家、国家生物医学成像科学中心主任程和平院士，新华社北京分社副社长、总编辑李斌，北京城建集团董事长陈代华，怀柔科学城党工委委员、管委会副主任丁明达，以及北京大学有关部门和院系负责同志，承建北京市交叉研究平台项目的负责同志，教师和学生代表，中科院生物物理研究所、怀柔科学城等有关部门同志，工程设计、施工、管理、监理等参建单位的负责同志共同参加竣工仪式。与会嘉宾共同为成像设施标识揭幕，并合影留念。会前，与会嘉宾集体参观"看见生命力——多模态跨尺度生物医学成像设施工程"专题展览。多模态跨尺度生物医学成像设施是《国家重大科技基础设施建设"十三五"规划》确定的10个优先建设项目之一，是生物医学成像领域由我国科学家首倡的大科学工程。北京大学为项目法人建设单位，中科院生物物理研究所为共建单位。项目总投资为17.17亿元，其中国家投资13.67亿元，北京市投资3.5亿元。建设地点为北京市怀柔科学城核心区，建设用地100亩，新增建筑面积72,000平方米。成像设施于2018年立项，2022年11月实现基建工程竣工。

（熊斌武）

# 创新创业工作

【发展概况】 组织结构。创新创业学院（以下简称"双创学院"）是国家级创新创业学院建设单位，国家大众创业万众创新示范基地建设统筹单位，既是人才培养单位也是学校职能部门，负责北京大学创新创业教育与实践相关政策的制定与实施，统筹规划全校创新创业资源，探索可持续发展的创新创业课程体系及教育模式。

4月19日，学校任命刘德英为创新创业学院院长。2022年10月4日，学校任命郑英姿为创新创业学院副院长（试用期一年）。学院现有院长1名，副院长1名，兼职工作人员3名，学生助理22名。学院内设教育与培养中心、实践与发展中心、宣传与调研中心和综合办公室。

政治学习。组织全院师生认真学习党的二十大精神，开展系列学习、宣讲、宣传活动。10月16日晚，摘录报告当中有关教育、科技、人才、创新创业与青年工作的重要论述，在学院公众号"北大创新创业"上进行宣传。10月18日，召开全院学生助理大会，结合学院工作，宣讲党的二十大精神。10月23日，刘德英院长为集成电路学院2022级研究生党支部作了《学习党的二十大报告：谈青年科技工作者的使命与担当》的主题报告。10月24日，学院组织参观"喜庆二十大，奋进新时代——北京大学改革发展十年成果图片展"。11月8日，与前沿交叉学科研究院老师交流二十大精神与创新创业。

制度建设。坚持例会制度，每两周召开一次学院办公会，院长、副院长参加，其他骨干列席，明确"三重一大"事项必须经过学院办公会讨论决策。学院行政管理工作推行AB角制度，常规工作均安排两名学生助理同时负责，相互补台，互为备份，同时指定专门的教职工指导，确保工作不掉链子。健全学院各项工作管理权限，在设备部设立家具负责人，变更设备负责人；在保卫部开通预约入校权限；与党办校办沟通在学校OA系统中补充学院公章电子版；与科技开发部沟通设立横向课题管理员和账户；与财务部沟通备案报销电子审批权限；从学生工作部申请到学生助理名额，开通学生助理管理权限，并参与学工先进单位的评审工作；与教务部沟通确定本科教学负责人和管理员并开通有关权限等。

开设双创课程。依托校内专业院系老师，开设7门双创类专门课程。学院从课程前期选课指导、中期课程组织、后期课程宣传等各个环节入手，给学生提供既有理论高度、又有实践意义的双创课程体验。2022年度开设的"生命科技前沿与产业创新""创新创业大讲堂"和"体育文化和创新精神"等三门课，线上线下参与人数达500人以上，讲座宣传与回顾推送，累计点击量达数万。比如丁宁等世界冠军在课堂上分享赛场拼搏与创新精神，鼓舞学生创新创业的勇气，在校内引起热烈反响。"生命科技前沿与产业创新"被评为北京高校就业创业金课。10月，根据教育部高等教育司的要求，从现有双创课程资源中遴选制作了三门双创微课程上报，包括：光华管理学院黄涛教授主讲的课程"从创意到创新创业"，体育教研部刘伟教授主讲的课程"走进冠军讲堂，领悟乒乓魅力"，中共二十大代表、乒乓球奥运冠军丁宁主讲的"不止胜负"。

全国双创示范基地建设。北京大学是第二批全国大众创业万众创新示范基地建设单位，由双创学院承担具体的建设任务。2022年学院承担了"校企行"以及"精益创业带动就业"两个专项行动，形成了"六个一批"的工作基础：创立一批专业校企结对机构、扩建一批创新创业孵化器、搭建一批创新创业交流平台、宣传一批校内优秀创业项目、培养一批双创青年学生人才、建设一批双创公选课程。按时按质完成上级部门要求的月调度数据统计、相关双创新闻上报、典型案例总结等日常基地运行工作。

组织双创赛事。坚持以赛促教、以赛促学、以赛促创的理念，学院紧锣密鼓推进各项大赛组织，包括第八届中国国际"互联网+"大学生创新创业大赛、"京彩大创"北京大学生创新创业大赛等。其中"互联网+"大赛取得国赛四金一银一铜的突破性好成绩，"京彩大创"大赛中包揽冠亚季军。

参与双创培训。组织、参与多项双创教育相关培训，提升双创服务能力。11月6日至11日，学院派人参与北京市委组织部和北京市科协组织的"提升科技创新素养能力"线上出国（境）专题脱产封闭培训班，参与教师被选为结业典礼学员代表发言。组织参加12月9日至10日由中国高等教育学会举办的"高校创新创业教育师资能力提升培训班"等。

营造双创生态。积极支持引导校内各类双创组织发展，提供相应的指导与帮助，支持北京大学创业训练营、北京大学校友青年CEO俱乐部等校友组织的双创工作。牵线搭桥协助创业校友相互之间开展业务合作，促进北大创业者携手共进。引导北京大学学生创新学社等学生社团发展，关注学生需求，帮助解决创新创业学生遇到的实际困难与问题。指导创新学社开展第四届首都大学生双创大赛，联动教育基金会协助其寻求企业赞助解决大赛资金难题等。

（林琨、刘草西）

【入选首批国家级创新创业学院建设单位名单】经过高校自主申报、省教育厅公示推荐、教育部审核，8月31日，教育部公布了国家级创新创业学院、国家级创新创业教育实践基地建设名单，双创学院入选首批国家级创新创业学院。此次认定的国家级创新创业学院建设单位共有100所高校，其中，北京市有北京大学、北京航天航空大学、北京理工大学、北京邮电大学、北京科技大学、北京工业大学等6所高校。

（林琨）

【创新创业示范基地参与2022全国双创周活动】9月15日，"全国大众创业万众创新活动周"在安徽合肥举行，李克强总理在北京人民大会堂视频出席仪式并发表重要讲话，宣布活动周启动。"北大双创示范基地项目"经过答辩汇报，顺利通过专家组评审，最终从数千个项目中脱颖而出，成功入选此次主题展示，并被活动组委会安排在A-01号展位。李克强总理通过视频，巡检了包括北大展台在内的部分参展项目，勉励大家锐气不减、精进不怠，创出更多新成果。

活动周以"创新增动能，创业促就业"为主题，采用线上线下相结合的方式，在安徽省合肥市主会场，以及全国各省、自治区、直辖市及计划单列市、新疆生产建设兵团同步开展。双创周期间，合肥主会场进行了主题展示，设5个展区，共展出160余项创新创业典型案例和最新成果。在北大创新创业示范基地的展位上，播放着由双创学院、北大团委联合拍摄的双创宣传片《青春梦，创新梦》，展板文字主要介绍了北大创新创业示范基地的亮点及成果，在展示台上摆放着北大创业代表团队们的创业成果。

（林琨）

【第八届"互联网+"大学生创新创业大赛获佳绩】11月10日至13日，第八届中国国际"互联网+"大学生创新创业大赛全国总决赛在线上举行。学院通过前期广泛宣传、重点动员各项目参赛，中期邀请13名创业者和投资专家进行专业辅导，以及比赛前夕为参赛团队提供一对一的贴心服务，确保北京大学在第八届"互联网+"大赛中取得历史最好成绩。此次比赛，全校共有12个项目晋级北京赛区复赛决赛，其中3个项目进入主赛道十强，1个项目进入青年红色筑梦之旅赛道十强，十强项目总数位居首都高校首位。在全国总决赛上，北京大学6个项目入围，获得四金一银一铜，"深势科技"项目还将角逐全国总冠军，金奖数为历年之最，并首次在红旅赛道获得金奖。

（林　琨）

【在首届"京彩大创"赛事中包揽冠亚季军】 9月16日，在中关村国家自主创新示范区展示中心会议中心，首届"京彩大创"北京大学生创新创业大赛总决赛暨颁奖典礼举行，经过15支晋级总决赛的大学生创业团队激烈的角逐之后，代表北京大学参加总决赛的4支团队，最终分获冠亚季军，其中"面向跨尺度、大规模分子体系的AI for Science计算平台"项目获得冠军，"火星人智能物联网及编程系统"项目以及"骨科内植物未来技术平台"项目并列获得亚军，"多用途水－空跨界质航行器"项目获得季军。北京大学获得最佳组织奖。

在此次赛事组织报名过程中，双创学院联动校内各个单位，同时利用校友资源多方动员项目报名，最终挑选出35个优质项目报名，经过市级初赛、复赛、决赛，最终于总决赛取得优异成绩。在此前的比赛中北大有18支创业团队获"百强创业团队"荣誉称号，13支创业团队获北京大学生创新创业"百粒'金种子'项目"称号，在决赛中的获奖总数居首都高校首位。

（林　琨）

# 工会与教代会工作

【发展概况】 思想政治建设。在政治思想建设方面，北京大学工会通过多种方式深入学习贯彻习近平新时代中国特色社会主义思想，学习贯彻落实党的二十大精神、北京市第十三次党代会精神、北京大学第十四次党代会精神。积极组织党员干部线上线下集中收看中国共产党第二十次全国代表大会召开盛况。党支部举行二十大报告学习系列活动，由各位党员分别对不同章节进行分析解读，领悟报告精神，分享学习体会。

举办党的二十大报告精神主题讲座，邀请马克思主义学院党委书记孙蚌珠教授就如何学习宣传贯彻二十大精神进行深入解读。组织工会干部、党员干部共100余人现场参加；300余位工会干部、党员干部线上听取报告。以"喜迎二十大、奋进新时代"为主题，开展形式多样的教职工活动。

扎实履行立德树人的根本使命。将思想政治工作贯穿服务教职工全过程，弘扬劳模精神、劳动精神，宣传先进典型，进行价值引导。

充分发挥桥梁和纽带作用，根植群众、贴近群众，力求关注教职工诉求，保障教职工权益，帮助教职工解决实际困难，不断增强广大教职工的满意度和幸福感。

学校民主管理。召开教代会、工代会年会，与会代表听取学校工作报告、财务工作报告，审议教代会、工会工作报告和教代会提案工作报告，并围绕学校各项事业发展、校园民生等议题进行分组交流，提出意见和建议。完成教代会提案工作，全年征集28件提案，参与代表共计259人次，内容涉及教学管理、学科规划、思政教育、人事管理、职业发展、后勤保障等方面。立案18件，转为建议9件。评选优秀提案、提案办理奖。继续推进二级教代会制度建设。开发具有普适性的二级教代会提案系统，已在学校网上办事大厅上线，为基层单位提供支持。

教职工队伍建设。坚持多措并举，服务教职工全面发展。选拔优秀选手参加全国青教赛，组织试讲会，邀请全国赛、北京赛评委和具有丰富教学经验的老教师现场辅导。平民学校2022年招收学员115名，探索线上线下结合新模式，为医学部学员提供在线学习平台。通过调研对课程设置进行调整，增设兴趣小组活动。组织青年教师沙龙，包括"我在燕园学校史""我在燕园看文物""我在燕园看植物"系列学习活动及"徒步长城忆先烈"户外活动，促进青年教师交流。

切实维权服务。调解劳动人事争议，接待教职工来访。及时为职能部门和相关利益群体搭建沟通平台，畅通表达渠道，协调、推动解决问题，包括教职工便捷医疗报销问题、教职工子女就学问题等。加强人文关怀和心理疏导，举办心理健康系列讲座，首期"睡眠与健康管理"讲座吸引线上线下共420余位听众参加。为教职工提供普惠性、常态性、精准性服务。招标电子商务平台，实现近万名会员慰问品线上选兑；慰问品发展至多种套餐和几百种单品，满足教职工多样化需求。做好"两节"慰问和各项日常慰问工作。为教职工提供通讯、医疗、大客户购车、普惠保等生活服务信息，办理"京卡·互助服务卡"。

深化帮扶济困机制。开展"两节"送温暖活动，为在职患重病或家庭有特殊困难的教职工送去慰问金。2022年工会"爱心基金"接受捐赠35.9万元，看望慰问教职工9人，共计资助善款23.5万元。为2位在职身故教职工遗属申请"首都教职工爱心基金"帮扶金。完成教职工京卡互助保险申报工作，女工互助保险投保1539人。通过雏鹰公益社为教职工子女课后活动提供经费、人力和场地上的支持。"六一"期间举办"快乐阅读，健康成长"亲子阅读荐书活动。三月举办女教职工校园定向健步走活动，1500余位女教职工参加；组织编织中国结和制作纸雕冰墩墩手工活动，丰富女教职工业余生活。做好日常抗疫防疫宣传工作，安排防疫专项资金。

开展群众性文体活动。一月举办"强体魄迎冬奥"北京大学教职工校园定向健步走，1200余名教职工参加。与体育教研部等单位合作，举办首届冬季运动会暨滑雪比赛、冰上运动会。组织教职工参加校运动会，共有67支代表队6000余人次参赛，创历史最高。首次从教职工中选拔队员组成舞龙队。1522名教职工参加团体操演出，组成"心连心"团队。教师节期间，组织书法作品邀请展；组织教职工校园红色文化定向徒步活动，1220余名教职工组队参加。组织开展教职工羽毛球赛、乒乓球赛、网球赛等比赛，促进团队建设。持续加强对社团建设的支持，新成立教职工射箭、古筝协会，满足教职工多样化需求。

开展线上摄影作品征集展示活动，鼓励教职工广泛参与。推出"珍藏光影瞬间，讲述与冬奥的故事"摄影作品征集活动、"一起向'味'来"教职工线上厨艺作品展示活动、教职工摄影作品线上展，共收到作品两千余幅，展现教职工热爱生活的精神风貌。

组织4次教职工校园清洁志愿服务活动。组织心肺复苏急救培训，提高教职工急救自救意识和基础技能。

自身建设与基础工作。严格执行"三重一大"决策制度，对"三重一大"事项按照集体领导、民主集中、个别酝酿、会议决定的原则，充分发挥民主，通过集体讨论，以校工会主席办公会形式集体做出决定；或根据具体情况，制定草案报由教代会执委会、工会常委会、工会委员会或学校党委行政及上级工会审议。

适应学校事业发展新趋势，有序拓展工会组织覆盖面。推进新建单位成立工会组织，做好合同制职工、外籍和港澳台职工入会和会籍管理工作，吸纳人事部备案劳务派遣人员直接加入学校工会，助力校园和谐。实现计征合同制职工工会经费，纳入用人成本统一扣缴，增加合同制会员活动经费每人每年300元。

进一步激发基层工会活力。设立专项奖励经费，开展基层工会示范活动立项，类别包括：民主管理、队伍建设、服务保障、校园文化、共享共建。促进基层工会交流，推动工会工作创新发展。

加强工会干部队伍建设，开办工会干部能力素养提升培训班，设置政策理论、校史校情、能力素养、交流实践四个课程模块，第一期共60余位学员报名。在基层工会场地开展活动，鼓励工会干部互相观摩，取长补短。

评选表彰工会系统先进集体、优秀个人、好新闻奖。为8家基层工会申报北京市总工会职工暖心驿站称号。

完成工会网站改版工作。持续推进工会管理与服务信息系统建设，分阶段开发各业务模块。促进工会业务流程的不断优化，减轻基层工会干部负担，为广大会员提供更加精准便利的服务。

规范财务和资产管理，落实新工会财会制度。

（张 莹）

【第七届教职工代表大会第四次会议】1月8日，北京大学第七届教职工代表大会第四次会议、第十九届工会会员代表大会第四次会议在英杰交流中心阳光厅举行，会议补选了第七届教代会执委会委员、第十九届工会委员会委员校领导班子成员，288名教代会代表参加会议。

郝平作题为"团结奋斗，守正创新，高质量建设中国特色世界一流大学"的工作报告。校长助理、总务长董志勇作学校财务工作报告。校党委副书记、工会主席安钰峰作题为"以教职工为中心，深化改革创新，开创新时代教代会工会工作新局面"的教代会、工会工作报告。《北京大学第七届教职工代表大会第三次会议提案工作报告》《2021年北京大学工会收支决算说明》以书面形式提交大会审议。会议对3位"优秀提案奖"获得者、9个"提案办理奖"获奖单位进行表彰。校领导分别为获奖单位代表和获奖者颁奖。

经到会代表无记名投票，常务副校长、教务长龚旗煌补选为第七届教职工代表大会执行委员会委员，督查室副主任田越补选为第十九届工会委员会委员。经教代会执委会、工会委员会全体会议选举，龚旗煌当选第七届教职工代表大会执行委员会主任，田越当选为第十九届工会委员会副主席。

下午，与会代表分为16个小组，讨论了学校工作报告、财务工作报告，审议通过了教代会、工会工作报告和教代会提案工作报告，并对学校工作提出意见建议。各代表组组长就分组讨论情况进行汇报，龚旗煌出席会议，安钰峰主持。

（李慧宁、张莹）

## 医学部工会工作

【发展概况】2022年，在医学部党委领导、行政支持和广大教职工积极参与下，医学部教代会、工会以习近平新时代中国特色社会主义思想为指导，认真学习宣传贯彻党的二十大精神和习近平总书记关于工人阶级和工会工作的重要论述，学习贯彻北京市第十三次党代会精神、北京大学第十四次党代会精神，进一步落实中国工会十七大和北京工会十四大等重要会议精神，贯彻落实上级工会和学校的工作部署，主动融入学校中心工作，服务学校发展大局，用心用情服务教职工，在疫情防控常态化形势下，推动教代会、工会工作取得新进展，为推进北大医学发展作出了应有贡献。

加强教职工思想政治引领。学习宣传贯彻党的二十大精神。医学部工会以学习宣传贯彻党的二十大精神为主线，制定《党的二十大学习工作方案》，组织开展有特色的教职工活动。10月，组织医学部工会系统干部集中观看党的二十大开幕会，并召开交流座谈会讨论学习。组织工会系统干部参加北京大学工会干部能力素养提升班、学校第十四次党代会和党的二十大报告精神宣讲。11月，组织开展"学习二十大，奋进新征程"医学部工会系统干部线上学习答题活动和医学部工会系统30年教龄职工健步走活动。组织工会干部赴中国共产党历史展览馆学习参观活动。

创设主题开展活动。医学部工会围绕"北大医学办学110周年"策划主题系列活动。3月至8月，联合医学部档案馆通过"北医教工微语"公众号平台，组织实施20期"知校·爱校·荣校"校史知识线上每周答题活动，教职工参与人数达4.4万余人次，评选出年度学习标兵及学习达人1955人，先进集体4个；3月和5月，分别开展了"北大医学办学110周年——我与北医的故事"和"亲情送温暖 携手战疫情——征集教职工一封家书"2次征文活动；4月至12月，开展"致敬·北大医学110年"第十八届"权益杯"专项活动，24项活动获批立项，经过评审其中10项活动被评为"权益杯"精品活动；9月，举办"北大医学办学与我"主题摄影展活动；10月26日，于庆典日举办"喜庆二十大，厚道百十载"北大医学办学110周年师生大步走活动；11月，组织开展"喜庆二十大 厚道百十载——知校·爱校·荣校"知识竞赛活动；12月，与宣传部、团委共同承办"誓言·选择"——致敬北大医学办学110周年特别节目。

组织学习培训与参观实践。医学部工会举办工会系统干部培训，传达学习北京市第十三次党代会精神、北京大学第十四次党代会精神，结合工会业务提升需求，在暑期开展《新工会法与工会章程》《职工之家建设》《工会经费规范化使用》的三个线上专题报告学习及答题活动，提高工会干部理论水平和业务能力。7月，联合国内合作委员会组织医疗专家赴密云开展北大医学助力乡村振兴义诊志愿服务活动。9月至11月，组织参加北京大学工会干部能力素养提升班，并通过理论学习和专业培训。

推进职工民主建设。发挥教代会作用。4月，召开医学部第七届四次教代会，审议医学部主任工作报告和教代会、工会工作报告，表彰医学部七届三次教代会优秀提案奖和提案落实奖。并围绕北大医学改革发展等内容进行分组讨论，提出意见和建议43条。按照"三会一满意"提案工作机制，落实提案各环节工作，2022年医学部七届四次教代会共征集提案25件，其中立案12件，转为意见建议13件，于2023年1月完成提案答复、落实和满意度反馈工作，提案答复率100%，满意率100%。

发挥专门委员会作用。医学部部、院两级教代会各专门工作委员会加强自身建设，认真履行职能，积极开展各项工作。文体工作委员会积极参与并推动医学部"同心助发展，健康伴我行"职工健康促进工程实施，提案工作委员会与相关部门配合共同推进教职工便捷就医和新增体检项目等提案的落实，福利工作委员会在组织各种送温暖慰问、协助解决教职工子女入学入托等工作中发挥积极作用。

搭建职工诉求沟通平台。医学部工会建立教职工与职能部处定期沟通机制，为教职工第一时间了解情况、表达诉求搭建交流平台，也为职能部处开展调研、征求意见畅通渠道。如：与幼儿园联合召开北医幼儿园入学情况说明会，与保卫处联合召开医学部交通安全管理沟通会和医学部电动汽车充电站建设沟通会等。

选树创先争优先进典型。医学部工会积极开展选树活动，宣传先进典型、先进事迹，鼓励教职工立足岗位创先争优，弘扬劳模精神、劳动精神和工匠精神，营造崇尚劳模、学习劳模、争当劳模的良好氛围。以"巾帼建功"为主题，评选表彰医学部"女教职工之星"6人、"优秀女教职工"25人、"天使之星"14人。经过逐级推荐，人民医院赵一馨获首都劳动奖章。9月，举办"赓续厚道荣光，践行医者担当——讲述我们的故事"活动。通过各类活动发挥先进典型的示范引领作用，集中展现榜样人物风采。

聚焦维权服务。实施职工健康促进工程。医学部工会启动实施"同心助发展，健康伴我行"医学部职工健康促进工程，从"健康文化""健康运动""健康心理"三个维度出发，提高教职工的健康素质。在"北医教工微语"开设职工健康科普栏目，推送健康科普文章25期；落实"白衣天使守护基金——文艺演出项目"，依托该项目的实施，支持医护人员文体活动的开展，开通21期线上职工健康讲堂，吸引近2万人次观看；举办"杏林学苑"兴趣班，鼓励支持各群体协会开展丰富多彩的线上线下活动；推动实施教职工个人体育活动扫码积分，参与积分的教职工达3000余人次；举办医学部系统教职工足球联赛和教职工校友篮球联赛。

推动普惠制服务全覆盖。医学部工会和医院管理处共同协作，在附属医院的支持下，开通了医学部教职员工转诊到6家附属医院的转诊和预约号源的绿色通道，并在2022年教职工健康体检中增设胸部CT和HPV检查项目，满足教职工体检多样化需求。协助13,180名和10,556名教职工办理重大疾病、女职工特殊疾病互助保障计划入保和续保手续，投保金额合计约158万余元，协助71名教职工办理出险赔付，赔付金额183万余元。为医学部本部教职工发放节日福利品、生日慰问及普惠制慰问等1.1万余人次，共计281余万元。看望慰问大病住院、婚丧、生育、特殊岗位、劳模先进、离退休等职工累计达2400余人次，慰问金额33.9万余元。

积极为教职工搭建福利优惠、保障平台。组织教职工参与疫情保障泰康赠险工作。携手大中电器，开展"心系职工情 温暖进万家"公益补贴活动。携手中国移动，开展优惠套餐办理活动，现场办理校园卡和副卡170余张。为医学部本部2036名教职工办理了公园电子年卡。

提供精准多样化的服务。欢迎新职工，举办"相聚，一起向未来"——2022年医学部新职工联谊暨社团协会招新活动。关注女性，举办"厚道传承 巾帼担当"——迎接北大医学办学110周年女教职工座谈会，激励广大女教职工在平凡的岗位上建功立业。关心单身教职工，为单身教职工搭建交友平台，组织参加市总婚协、市教育工会主办的3场高校教职工专场联谊活动。关爱职工子女，开展"童心抗疫 绘画传情"庆"六一"亲子绘画活动。

提升服务职工水平。加强工作规范化管理。医学部工会围绕学校新一轮"双一流"建设，不断深化工会改革创新，通过制度建设不断完善工作机制，保障工会工作的健康有序发展。2022年医学部工会修订并完善了《北京大学医学部工会系统评选先进集体和先进个人管理办法（修订版）》《北京大学医学部"女教职工之星""优秀女教职工""天使之星"评选的管理办法》等8个管理制度并编印了新版工作制度；通过调研撰写《北京大学医学部院级工会委员联系工会小组制度》（草案）。

深化职工之家建设。医学部工会不断完善"教工之家"建设机制，扩大基层建家的覆盖面，注重发挥各级模范职工之家、职工小家的示范引领作用，以建家促发展、以建家促服务。2022年，医学部工会系统荣获"北京工会示范职工之家"5个。15个分工会、工会小组被评为2022年"北京工会职工暖心驿站"。9个分工会、工会小组通过验收，荣获"北京大学模范职工小家"称号。

提升工会精准服务水平。医学部工会坚持把调查研究贯穿工作谋划、决策和执行全过程，把调研成果转化为解决问题、改进工作的实招硬招，不断提升精准服务水平。2022年医学部工会理论调研有11个课题立项，经过前期调研、中期检查和结题汇报，评选出理论调研报告一等奖2个、二等奖3个、三等奖6个。编印了《2022年工会理论论文集》。

充分利用工会宣传平台。医学部工会充分利用工会微信公众号、工会网站、橱窗、教工之声等媒体渠道，广泛宣传党的二十大精神、党的政策方针、抗击新冠肺炎、北大医学建设成就以及工会工作亮点活动、典型事例、典型人物。

（刘穗燕、董惠华、胡 畔）

【做好工会服务保障工作同心抗疫情】 积极开展疫情防控专项慰问工作。2022年，医学部工会重点做好北京冬奥、首都疫情保障服务。寒假期间，看望慰问了冬奥服务保障、图书馆建设专班、新冠疫苗接种、学生返乡接送等相关人员1000余人次。5月，慰问疫情期间值守校园教职工2300余人次。9月至10月，慰问疫情期间24小时值班人员近50人次。11月，慰问援藏抗疫人员62人次。全年开展特殊时期送温暖慰问3900余人次，慰问金额近70万元。

充分发挥工会组织服务教职工作用。医学部工会系统启动"三级联动"机制，开通信息报送机制，及时了解各单位工会工作情况和教职工情况，加强工作协同配合，为教职工做好服务保障。医学部工会开展"三个一"活动：写"一封家书"、打"一个电话"、参与"一项活动"。"三个一"活动的开展让各级工会及时了解教职工的生活情况和急需解决的问题、困难等，更有针对性地为教职工纾难解困，在疫情特殊时期，广大教职工通过参与工会开展的各类线上文化体育活动和健康讲堂，锻炼了体魄，缓解了压力。

主动作为解决教职工诉求和困难。5月以来，首都疫情防控形势严峻复杂，医学部工会了解到疫情期间多家附属医院教职工因交通管控导致上下班通勤遇到困难的情况，紧急与北京市卫健委、西城区卫健委、海淀区卫健委和滴滴公司协商，最快速度将相关医护人员信息报备至卫健委，通过滴滴约车平台进行免费约车，解决了第一医院、人民医院、第三医院家住丰台的444位职工上下班通勤困难的问题。

（刘穗燕、董惠华、胡 畔）

【创新线上工作模式】 医学部工会创新工作模式，2022年，医学部工会在信息化Ⅰ期、Ⅱ期建设的基础上，进行了工会信息化Ⅲ期建设。新增3个模块，包括办公OA，工会经费管理，工会慰问申请管理等模块，同时完善了问卷调查（Ⅱ期）模块。利用微信工作群、线上线下视频会议等方式落实各项工作。在"北医教工微语"开设"知校·爱校·荣校"校史知识线上每周答题活动和"职工健康科普"专栏。推动实施教职工个人体育活动扫码积分，激励职工积极参与体育活动。12月底，开展"百十新征程 奋进新时代"2022年医学部工会系统云表彰会。

（刘穗燕、董惠华、胡 畔）

# 共青团工作

【发展概况】 优化组织结构。2022年，北京大学团委（以下简称"校团委"）下设综合办公室、组织部、宣传调研部、研究生与青年工作部、学术科创部（创新创业中心）、学生团体部、文化体育部（北京大学学生艺术总团秘书处）、社会实践（志愿者工作）部（挂靠：学生课外活动指导中心秘书处，2022年北京冬奥会、冬残奥会场馆联络办公室）、对外交流合作部、权益部等10个科室。

实践活动。2022年，校团委持续构建由"思政实践""力行计划""乡村振兴青年志愿先锋计划""嘉里调研""嘉种计划"等项目组成的社会实践网络，引领青年深入基层、奉献青春。推动思政实践课程化、学分化、精品化，累计设立286个思政教育实践基地，组建上千支课程团队，覆盖1万余人次本科生，由院系党委书记、院长亲自带队，专业教师随队讲授，到革命老区、改革前沿、基层一线开展实践调研，足迹遍布全国34个省区市，读好"国情"书、"基层"书、"群众"书。研究生"力行计划"定制化、服务化，征集实践岗位超1200个，累计3500余人次参与，募集交通、住宿、保险、补贴等社会资源折合超3000万元。2022年，北京大学"力行计划"与26个省（市、自治区）的118个实践基地接洽，与19个省（市、自治区）的67个实践基地合作。积极拓展"乡村振兴青年志愿先锋计划""嘉里集团郭氏基金会扶贫调研项目""嘉种计划大学生乡土实践夏令营""明师培养计划"等品牌活动，鼓励北大学子深入乡村、身向基层、躬身建设。

"五育并举"工作。校团委积极推进理念求实求新，结合主流热点，相继邀请《无尽攀登》《狙击手》《钢铁意志》《万里归途》等主旋律电影主创团队走进北大。首创"北京大学青年宣讲骨干人才培训计划"，不断壮大北京大学博士生讲师团。持续开展"冠军讲堂""劳动六讲"系列报告，国庆假期开展"国庆周"系列劳动实践活动和"同行驻心意·青春启华章"国庆嘉年华。联合创新创业学院、北京协同创新研究院推出《产品设计》《技术解析》《创新创业大讲堂》等9门"双创"类专门课程。持续优化"挑战杯"学术文化月，推出"导师大讲堂""科创达人风采秀""科创学术成果展""科创参访""课外学术竞赛颁奖典礼"等学术科创活动，掀起校园创新创业风潮。2022年"挑战杯"参赛作品数量超过1100项，3支团队获"挑战杯"市赛特等奖，6支团队晋级国赛，北大捧得"优胜杯"，获评"优秀组织奖"。"互联网+"赛事取得长足进步，2022年报送的54个项目中，22个项目分获一、二、三等奖，创历年新高。以新动能涵养青年，举办十佳歌手大赛、中秋歌会、国庆晚会、"一二·九"师生歌会、新年晚会等累计50余场高品质学生文艺演出，累计超过20万人次参与，成功举办第19届国际文化节，展示近40个国家和地区的风土人情，打造北大特色校园文化。

（户国栋、罗登科）

【服务保障北京2022年冬奥会和冬残奥会】 北京大学团委以最高标准服务保障北京2022年冬奥会和冬残奥会。在志愿者上岗前，开展"冰新一代·一起向未来"冬奥志愿者成长培训营，系列活动包括骨干培训、冬奥大讲堂、冬奥青春赋能主题讲座、消费演练与急救培训等。赛事服务期间，相继推出《冬奥思政画报》《雪燕周记》等140余篇系列新闻稿件、《我们依然在路上》等35项主题教育视频、25万字《我的冬奥日记》等书籍。春节期间，开展"云上迎春晚，一起向未来"冬奥志愿者云上春晚、"贺新春·迎冬奥·庆百年"冬奥五环主题教育和"学理论筑信仰，庆冬奥贺新春"寒假主题教育。1月20日，北京2022年冬奥会和冬残奥会北京大学志愿者出征仪式在邱德拔体育馆举行。1月30日，国际奥委会主席巴赫前往国家会议中心OFA（奥林匹克大家庭助理）办公室参观，与北京大学"冰新一代"冬奥志愿者交流。2月14日，国际奥委会北京2022年冬奥会协调委员会主席胡安·安东尼奥·萨马兰奇为北京大学"冰新一代"志愿者送上祝福。"双奥"期间，北京大学团委共联动校内28家职能部门成立8个工作组，组织保障630名志愿者、57名赛时实习生、15名开幕式演出人员在北京、延庆、张家口两地三赛区的8个重要场馆完成近200场比赛的保障任务，收到北京冬奥组委等23个单位发来的感谢信。北京大学冬奥志愿服务团队、第三医院崇礼院区、第三医院3个集体荣获北京2022年冬奥会和冬残奥会"突出贡献集体"称号，是表彰中荣膺奖项最多的高校。微博话题"王亚平丁宁寄语冬奥志愿者""王亚平冰新一代太空连线""双向奔赴！志愿者歌唱祖国任子威感动落泪"引发社会广泛关注，北大志愿者事迹各类微博话题、主题视频浏览阅读量累计近3亿，人民日报、光明日报、新华社新闻等主流媒体专题报道北大"冰新一代"110余篇，中央电视台、北京电视台10余次播放北大冬奥志愿者专题节目，产生良好的正向引导效应、社会反响效应、校园育人效应。

（李晓丹、徐国旺、罗登科）

【庆祝中国共青团成立100周年系列活动】 5月3日，"诗诵百年青春志，领航时代新征程"北京大学2022年五四青春诗会在静园草坪举办。2022年为中国共青团成立100周年，诗会寺歌篇目的选择紧扣党史团史学习教育，植根中华传统文化，集中展现不同时期北大青年的精神风貌。5月4日上午，"五四薪火耀红旗，青春百年启新篇"北京大学庆祝建团100周年暨迎接党的二十大主题升旗仪式在静园草坪举行，54位青年学生代表用54秒时间托举五星红旗，将国旗缓缓传递入场，象征五四精神与爱国情怀在新一代北大青年中不断传承赓续；同日下午，"青春接力，与你相约"北京大学2022年五四青年节主题歌会在静园草坪举办，五四特别版纪念歌曲让学生与革命先辈穿越时空再相逢，唱响历史传承与青春担当，献礼共青团百年峥嵘岁月。5月10日上午，49名北大青年师生代表来到人民大会堂参与庆祝中国共青团成立100周年大会，现场聆听习近平总书记对广大青年学子的殷切寄语。与此同时，北京大学全校55个基层团组织远程收看此次直播，并开展理论学习，分享心得体会。

（罗登科、王　剑）

【学习贯彻党的二十大精神】 党的二十大开幕当日，校团委、各基层院系团委组织学生党员、团员通过网络、电视等渠道认真聆听和学习党的二十大报告。自党的二十大开幕以来，北京大学团委通过专家领学、集体共学、专业融学、持续深学等方式，同上一堂"大思政课"。举办3期"学习党的二十大精神"系列报告会，持续构建"党委—团委—支部—团员"一键直连机制，党团指令、宣推信息"15分钟"直达，确保理论学习全覆盖。建设"北大共青团系统学习重要讲话精神纪实""青年党员说"等系列专栏，动员团员参与青年大学习，连续10余期获评"北京市团组织参与人数排行榜"第一名。举办多场先进事迹报告会，邀请"八一勋章"获得者、排雷英雄战士杜富国等为青年学生讲述不平凡的英雄故事，累计覆盖师生2万余人次。开展"喜迎二十大，永远跟党走——理论六讲""青年发展沙龙""国是论坛"等系列报告，邀请各领域专家学者进行深度分享。

（王　剑）

【校园疫情防控】 校团委紧密围绕学校党委的指示要求，5月起组建疫情防控学生党员先锋队、团员青年突击队，燕园、学院路、昌平、大兴、万柳、圆明园6大校区同频联动，核酸检测、抗原检测、宿舍楼垃圾分类点、食堂引流、快递点提示、线上流调6大志愿岗位紧密合作，组织志愿者累计达2万名，参与工作超160天，志愿服务400余班次，志愿服务时长超3.5万小时，服务对象累计近300万人次，将学校为全体学生协调的1.2万余个"最美北大人"口罩、2千余箱饮品和制作的4万张《疫情防控温馨提示卡片》发放到学生手中。

校团委将疫情防控志愿服务纳入志愿服务课程体系中，实现学分化、规范化、制度化，真正提升育人实效。邀请北京大学第一医院李六亿等医疗工作者为防疫志愿者做专题系统培训，保证服务过程安全科学。设立志愿服务专项工作组，联动校医院、保卫部、后勤和50余家院系搭建移动空调屋12顶，精心设计制作"最美志愿者"口罩和《致敬医护人员》主题海报、易拉宝等激励物资近3万件。成立疫情防控新闻宣传工作组，推出"凝聚青春力量·践行青年使命"专题报道，被光明日报、中国青年报等主要媒体报道千余次。

（徐国旺）

【开展乡村振兴青年志愿先锋计划】 校团委推出"乡村振兴青年志愿先锋计划"，在既有的"力行计划"基础上进一步聚焦"三农"问题，鼓励北大学子到基层一线去担苦、担难、担重、担险，在实践中增长智慧才干，在奋斗中锤炼意志品质，打造懂农业、爱农村、爱农民的青年"三农"工作队伍。2022年，北京大学团委与各实践基地通力合作，克服疫情困难，北京平谷团、四川马边团、四川阿坝团、山东济宁微山团、山东日照团等首批"乡村振兴青年志愿先锋计划"实践团队成果喜人，乡村调研（包括实践走访、成果参观、产业调研）累计424次，开展主题宣讲活动48次，累计时长达90小时，影响受众约6千人；开展各类志愿活动（乡村支教、直播带货等）64次，累计志愿时长达327.5小时，影响受众达35,790人；乡村调研涉及乡镇产业基地、特色企业以及其他场馆中心达270个；产出调研报告103篇，累计字数达315,534字；开展乡村入户访谈33次，产出访谈报告5篇，累计字数达19,606字。

（徐国旺、杨　森）

【举行杜富国先进事迹报告会】 9月16日下午，校团委在百周年纪念讲堂举办"八一勋章"获得者、排雷英雄杜富国先进事迹报告会，引领北大青年学习英雄事迹、弘扬英雄精神。青年师生代表在现场聆听英雄模范的先进事迹，十余家院系设立直播分会场，全校团员青年和北大附中（高中部）团员、入团积极分子等线上参与学习。报告会共响起47次热烈掌声。报告会前，校党委书记郝平、校党委副书记宁琦会见报告团一行。报告会现场，4名北大学子带来北京大学团委原创歌曲《谁是最可爱的人》首发演唱，用歌声赞美英雄精神，用真情致敬英雄模范。随后，杜富国与报告团成员以访谈对话形式为北大师生带来一场别开生面、感人肺腑的励志分享会，聚焦"浴火重生"主题，分"我是你的眼，我是你的手""内心独白，灵魂对话""你温暖了我，我照亮了你""感恩奋进一起来，人人都是杜富国"4个篇章，全面展示杜富国征战生死雷场、勇闯人生难关的英雄事迹。报告团还与青年师生代表举行交流座谈会，北大青年分享参会的激动心情与深切感受，纷纷表示要以杜富国为榜样，传承英雄血脉，书写无愧于时代的青春答卷。系列报告会纳入北京大学第38期高级团校、第38期研究生骨干研修班、2022级研究生新生骨干"1000+"领航培养计划和"圆梦先锋"骨干培养计划中。

（王　剑）

【开设《创新创业大讲堂》公选课】 校团委联合创新创业学院面向全校学生开设《创新创业大讲堂》公选课。本课程为创新创业方法课，邀请知名企业家、创新创业领域专家学者分享解析企业真实案例。2022年受邀嘉宾包括高校教授、业界精英、"互联网+"国赛评委等，具有丰富的创业项目指导经验和创新创业实践经历，为学生带来不同维度、不同视角下的"双创"讲座课。学年课程涵盖人工智能、处理器芯片与数字化创新等主题，强化企业家精神的感染力，引导学生在科技大变革背景下，思考加速技术转移转化、实现社会经济价值的原理与方法。学生深入了解学科和产业发展热点与前沿话题，增进专业认知、提升专业认同，进一步明确符合自身志趣的发展方向，有朝一日付诸实践。

《创新创业大讲堂》积极响应"大众创业万众创新"号召，活跃校内"双创"氛围，为北大学子投身"双创"实践提供理论支持。系列课程立足时代前端，带领学生领略新时代的机遇与挑战，全方位培养学生发现与实践的能力，鼓励学生把握未来发展风向标，受到学生一致好评。

（贺　凌）

【开展国庆主题教育晚会】 在中华人民共和国成立73周年和党的二十大即将召开之际，为丰富留校过节学生的假期生活，校团委精心筹备和组织一系列国庆主题教育活动。10月1日晚，校团委举办2022年国庆主题教育晚会。郝平、陈宝剑、王博、孙庆伟、宁琦等校领导与40余位院系党政领导干部冒雨全程陪同千余名师生观看演出。晚会节目综合歌唱、舞蹈、武术、手语、朗诵和创意编排，以丰富的表现形式演绎爱国主义这一鲜明主题，凝聚起磅礴的青春力量，展现出蓬勃的青春风采，彰显出炽热的家国情怀。"未名怀远志，青春颂华年"，整场晚会充分展现莘莘学子希望祖国繁荣富强的拳拳爱国心、不负韶华拼搏奋斗的熊熊报国志和敢为人先的使命意识与担当精神。晚会结尾，合唱团和全体演职人员、观众一同合唱《我和我的祖国》，将晚会气氛推向高潮。在"以美育人，以文化人"的氛围中引导学生感悟北大人的家国情怀，营造爱党爱国热烈氛围。

（罗登科、方周诺亚）

【开展"奋进新征程·永远跟党走·喜迎二十大"思政实

践课程】 2022年思政实践课程以"奋进新征程·永远跟党走·喜迎二十大"为主题,设置"用脚步丈量祖国大地""用眼睛发现中国精神""用耳朵倾听人民呼声""用内心感应时代脉搏"四条主线,采取"线上线下协同实践"和"线上实践"开展模式。在学校党委领导下,校团委联动习近平新时代中国特色社会主义思想研究院、马克思主义学院、教务部和各院系,引领北大学子在社会实践大课堂中"把对祖国血浓于水、与人民同呼吸共命运的情感贯穿学业全过程、融汇在事业追求中"。

300余位思政课教师、专业教师担任授课教师,32个开课院系(含医学部)50余人次院系党委书记、院长参与授课,280余位马克思主义学院和其他各院系研究生党员担任助教;250余支课程团队、3600余名2021级本科生奔赴25个省市探访革命遗址,追忆先烈,赓续红色血脉;走入城镇乡野,访谈先进,见证乡村振兴;参访祖国大好河山,感受时代脉搏。

(徐国旺)

## 医学部共青团工作

【发展概况】 组织结构。医学部团委下设综合办公室、组织部、宣传部、青工部、社团部、社会实践与志愿者工作部6个科室,现有在编人员5人。

思想引领工作。在党的二十大开幕当日,组织各学院、医院等基层团组织团员青年、新生团校暨初级党课学员、团支书培训班学员、研究生新生骨干领航培养计划、各团学组织骨干等学生群体第一时间收看直播,会后进一步组织召开专题学习座谈会;组织团学骨干收看中国共产党第二十届中央政治局常委同中外记者见面会直播,学习总书记重要讲话精神;"国旗下的教育"相关专题活动中,学生代表为师生们诵读人民日报二十大专题社论文章;邀请北京大学博士生讲师团讲师进行党的二十大精神专题课程宣讲。组织各学院、医院等基层团组织团员青年及团学骨干代表共同收看庆祝建团百年大会直播,持续体悟新时代的青年使命。通过升旗仪式充分发挥国防教育、校史文化、合唱团等多家学生社团专业优势,有机融入总书记讲话精神学习及北大医学人在党和国家发展中的故事讲述等,创新观众入场、旗手出旗、活动留念等环节设置,将爱国主义教育融入活动细节、现场体验及分享传播中。

针对疫情形势下大量学生寒假期间留守校园的实际情况,为缓解留校同学的乡愁和压力,让留校的师生可以更好共同度过传统佳节,策划并推出"陪你过大年"系列校园活动,以过年期间的传统节日节点和迎接北京冬奥会为主线,包括腊八节制作手工、小年写福字、除夕同守岁、大年初一发福袋、正月十五元宵灯会等等,用多彩活动丰富在校生活,用点滴陪伴温暖整个校园。持续开展北大医学青年系列校园强身计划。"@青春 医起跑"北大医学青年强身计划通过常规夜跑、挑战计划、主题专场等多样形式和丰富内涵,在师生中积累下较好的口碑。在常规夜跑的基础上,结合北京冬奥会等育人工作的关键时间节点,通过设置相关主题挑战计划,有机融入爱党爱国、爱校荣校的重要元素;主题专场灵活创新,在弘扬传统文化、贴近青年喜好的过程中,做到育人细无声。

宣传阵地建设工作。继续发挥新媒体宣传优势,统筹规划"北医团委""北京大学医学部学生会""北京大学医学部研究生会""北医青协"等团属媒体建设,同时联合各基层团组织微信公众平台,共同打造青年思想新阵地。

组织育人工作。继续推进三级团校培养模式,打造有医学特色的青年马克思主义者培养工程。依托"初级团校、高级团校、团支部书记培训班"的三级团校培养体系,从新生入校即展开开性教育,分层次、多节点对青年学生全面开展思想政治教育。采取多种形式全面开展第十一期高级团校课程培训,举办读书学习交流会、组织参观学生公寓提升项目和图书馆改造项目施工现场,团学骨干们在分享中巩固理论学习成果,在参观与实践中亲身见证和感受校园设施日新月异的变化。第十一期、第十二期团支部书记培训班顺利举行,在团史、日常团务知识、工作方法以及团日活动开展方面对团支部书记进行系统培训,提升能力、规范建设。10月至12月,医学部第三十五期新生团校暨初级党课成功举办,邀请学工部、宣传部、纪委、组织部的相关领导分四次为团校学员专题授课,进一步夯实理想信念。进一步深化"创先争优"等竞赛活动,全面推进基层组织建设。为了进一步调动基层组织的积极性、主动性和创造性,在医学部广大团员青年中形成学习先进、争做先锋的良好氛围,2022年医学部级"创先争优"竞赛活动顺利开展,多个集体、个人荣获团内各类荣誉称号。

实践育人工作。在持续推进大学生暑期社会实践的基础上,继续同步探索完善思想政治实践课程。在符合疫情防控要求前提下,7月初至8月底,医学部共青团系统以"青春百年心向党,奋进喜迎二十大"为主题开展暑期社会实践活动,千余名师生、线上线下相结合,分主题、多层次,深入城镇乡野、走进基层一线。拓展志愿服务领域,打造长效化、体系化志愿服务品牌以"微志愿"为服务理念,依托青年志愿者协会和相关志愿服务类社团,结合"3·5学雷锋纪念日"、"12·5国际志愿者日"等重要时间节点,通过继续举办"汇聚点滴温暖,共倡文明之风"医学部公益志愿服务周等专题活动,持续加强校内服务项目建设,不断拓展参与人群、服务空间和服务范围。年初,按照上级统一工作安排,圆满完成北京冬奥会及冬残奥会志愿者相关工作。5月开始,在学校统一部署下,立足于校园核酸检测服务的工作实际，积极与学院形成工作合力，第一时间启动党员先锋队、团员突击队的青年志愿服务，1000余人参与、持续160多天，先后在部医院、科技楼、体育馆分4班次开展，圆满完成全校师生的核酸检测扫码、秩序维持、贴纸发放等工作。

校园文化建设工作。指导学生会、研究生会、青年志愿者协会、各类学生社团，完善自身建设的同时，打造高品质的文体活动。以团中央相关文件精神为纲，从机构设置、人员产生等方面持续推进学生会、研究生会深化改革，分别选举产生医学部第三十届学生会主席团、第三十九届研究生会主席团、第十九届青年志愿者协会会长团。学生会在成功举办传统品牌活动"北医杯"体育联赛、医学生pro讲座、迎新分享会等的基础上继续推陈出新，围绕北大医学办学110周年，推出"百十春秋 医脉相承"主题线下活动、"打卡'你与北医的故事'""镜间留忆 百十共迎"线上主题活动以及秋季校园井盖主题绘画等系列庆祝活动，同时，立足同学实际需求，打造宿舍文化节、校园共享单车、"医卡通"等特色活动，积极引导青年健康生活、全面成长。研究生会聚焦研究生群体切实需求，推出学术系列沙龙线上分享活动，同时打造"朋辈引领计划"医学生成长规划系列活动，涵盖"榜样同行"之学业成长、"前人指路"之职业规划和"职海护航"之法规宣讲等三大主题，并联合医学类院校研究生会共同发起校际生物医学类青年学者讲座活动。举办医学部十佳餐饮服务人员评选大赛，引导关注校园内食堂服务人员；举办夏日毕业云歌会，重温同窗岁月、畅享师生情谊。围绕北大医学办学110周年，举办主题不定项越野、投稿征集、"'数'说北大医学"系列推送等活动，为母校庆生的同时助力良好校园氛围营造。结合重要育人契机，各基层团组织开展特色各异的学习教育活动。基础医学院"回望百十年 重走北医路"主题思政实践活动，药学院"学校史，迎国庆"定向越野活动，公共卫生学院"医路欢歌 卫来有你"歌曲展演活动，护理学院"墨韵新征程 献礼二十大"文艺作品展览活动，医学人文学院"喜迎二十大 庆祖国华诞 颂百十北医"校园新地标合影打卡活动，第一医院"不忘初心跟党走 建团百年正青春"中国共产党历史展览馆参观活动，人民医院"聚合磅礴之力，贡献'人民'力量"学习党的二十大精神交流会，第三医院"老少同行跟党走"主题团日活动等等，引导广大青年团员持续增强信仰、信念、信心。

组织开展"冠军训练营"系列体育文化活动。医学部共青团系统联合医学人文学院体育与健康系，依托学生会、研究生会、学生社团，组织开展排球、羽毛球、艺术体操等多场"冠军训练营"系列体育文化活动，在冠军讲述中感悟体育精神及其背后的爱国主义精神，在互动教学中增强体育兴趣、提升素质能力。

党建工作。团委党支部共有党员5人，以抓好思想政治工作为重点，长期坚持"三会一课"重要制度，按期召开相关会议，认真落实上级党组织工作部署要求，严格党风廉政建设各项要求，进一步夯实战斗堡垒作用。支部先后组织全体党员及团学骨干共同收看第十三届全国人大第五次会议开幕式、北京冬奥会冬残奥会总结表彰大会、庆祝中国共产主义青年团成立100周年大会、党的二十大开幕、第二十届中央政治局常委同中外记者见面会等。共同录制"话初心颂党恩 践使命绘蓝图"主题讲述视频；联合教育处党支部共同开展北京大学第十四次党代会精神学习交流活动等，持续加强党性教育。

（郭雪）

【北京冬奥会冬残奥会系列活动】 医学部共青团系统组织开展北京冬奥会冬残奥会系列活动，推出冬奥主题系列推送，内容涵盖冬奥历史、项目、运动员介绍等，帮助校内师生了解冬奥背后的故事。圆满完成北京冬奥会及冬残奥会志愿服务相关工作，医学部66名学生、12名教师多批次顺利返校。在此基础上，围绕习近平总书记给中国单板滑雪运动员苏翊鸣回信精神、在北京冬奥会冬残奥会总结表彰大会上的重要讲话精神，结合师生的服务实践、成长感悟，先后两次组织冬奥志愿者代表、驻地保障教师代表等召开集体学习座谈，持续发挥冬奥精神和志愿精神影响力，上好冬奥大思政课。

（郭雪）

【北大医学办学110周年系列活动】 围绕北大医学办学110周年，医学部共青团系统组织开展系列主题活动。前期，各团学组织结合自身特色开展北大医学历史回顾、校园生活打卡、主题视频征集等线上预热活动；10月26日早上组织"国旗下的教育"北大医学办学110周年专题升旗仪式；随后，开展徐诵明老校长追思纪念活动；中午，由各团学组织主办的手写祝福、趣味答题等形式多样的庆生活动顺利开展；晚间，组织"@青春 医起跑"创意助跑庆生专场活动；组织110余名师生参与绘制北医百十历史画卷。此外，还结合主题涂鸦墙和宣传栏橱窗全方位营造爱校荣校的良好文化氛围。

（郭雪）

# 机关党建

【发展概况】 组织架构。机关党委是学校党委领导下的基层党组织，履行机关基层党建工作和全面从严治党主体责任，在机关发挥政治核心和监督保障作用。截至2022年底，机关党委共有36个党支部，其中在职党支部31个，离退休党支部5个；共有794名党员，其中正式党员793名，预备党员1名。党员中，在职党员581名，离退休党员213名。机关党委同时领导机关工会和机关团总支的工作。

队伍建设。机关党委设专职书记1名，专职副书记1名，兼职副书记1名（2022年底暂空缺），党委委员11名（2022

年底暂空缺 4 名），专职组织员 1 名。机关工会设主席 1 名，副主席 3 名，机关团总支设书记 1 名，副书记 3 名。

**制度建设。**制定和完善《机关党委工作职责》《机关党委书记岗位职责》《机关党委副书记岗位职责》《机关党委落实全面从严治党主体责任清单》《机关党委关于进一步规范机关党群团组织信息发布工作的规定》《机关党委落实意识形态工作责任制工作办法》等工作制度。

**合理设置支部。**指导党委巡视办公室、机关党委、教务长办公室分别设立独立党支部，推动党建与业务紧密结合、相互促进。因所属党员极为特殊导致难以正常开展组织活动，将人才交流与培训中心党支部调整为退休党支部。

**阵地建设。**2022 年，编辑并向各党支部发出《机关党委会议纪要》11 期，《机关党群团工作信息》8 期，在各平台发布党建工作相关宣传文稿共 60 篇，制发机关党发文件 59 份。勺园会议区流动展廊举办荣获 2021 年学校和机关"两优一先"表彰的集体与个人图片展。

**党建评优。**机关党支部获评北京大学基层党建创新立项（2022）普通项目 10 个；机关党委荣获"2022 年度北京大学宣传工作突出贡献奖"。

**群团评优。**机关有 7 人获评"2021 年度北京大学优秀工会干部"；18 人获评"2021 年度北京大学优秀工会积极分子"。《感受伟大祖国综合实力、探寻北京冬奥"智慧服务"——机关党委、机关工会联合组织赴北京冬奥村参观调研》《机关工会荣获"北京市教育工会先进教职工小家""北京大学模范教职工之家"》2 篇稿件荣获学校工会好新闻奖（文字类），《疫情之下更显珍贵 繁忙之余团建放松——北京大学 2021 年机关趣味运动会举行》《"百年辉煌，百圈环湖"——北京大学师生举行庆祝建党百年环未名湖百圈接力跑》2 篇稿件里的图片荣获学校工会好新闻奖（图片类）。

**其他评优。**机关党委获评"学校 2022 年度年鉴工作先进单位"荣誉称号（该称号的评选规则为：学校 200 余个单位中共评选 20 个），组稿人获评"学校年鉴工作优秀个人"。机关同志荣获 2020—2021 学年优秀德育奖 60 名，优秀班主任 141 名，班主任标兵各 21 名；2022 年度奖教金 18 人，教学管理奖 8 人。

**干部培训。**2022 年，机关 12 名年轻同志参加"北京大学年轻干部理想信念与政治素养培训班"；20 名正科级干部参加"北京大学中青年骨干研修班"。4 人参加北京大学教职工党性教育读书班（发展对象培训班），5 人参加北京大学党的理论培训班（预备党员培训班），3 人参加北京大学政治素养提升班（新转正党员培训班）。

**文体活动。**在 2022 年度学校运动会上，机关工会包揽团体总分第 2、7、9、10 名；获得入场式风采展示奖。在教职工羽毛球锦标赛中，机关获得甲组第 2 名、乙组第 8 名。在"三·八"国际劳动妇女节再次开展机关燕园玫瑰校园徒步活动，共有机关 18 个部门的 340 位教职工参加活动。9 月 17 日，举办机关第二届亲子定向徒步活动；9 月 30 日，举办机关新入职教职工素质拓展活动；10 月 5 日，举办"奔跑在未名，机关动起来"教职工环湖跑特别行动；10 月 21 日，举办"与你结缘"机关单身教职工素质拓展活动等。

**安全管理。**机关党委在 2022 年《北京市保守国家秘密条例》知识竞赛答题活动中获"学校优秀组织奖"。机关部门获评北京大学"2021 年度安全管理标准化建设先进单位"1 个，"安全管理建设先进单位"2 个；获评北京大学"2022 年度网络安全工作优秀团队"4 个，"先进个人"7 名。

**党风廉政建设。**4 月 13 日，制定《机关党委落实全面从严治党主体责任清单》。9 月 9 日，迎接校党委副书记、纪委书记、国家监察委驻北京大学监察专员顾涛调研机关党委全面从严治党与党风廉政建设情况。10 月，调研兄弟高校设立机关纪委情况并形成调研报告。针对机关关键领域、重点部门存在的廉洁风险和突出问题持续开展调研。2023 年 2 月 8 日，机关党委召开领导班子民主生活会。

**作风建设。**组织开展 2022 年度机关作风建设先进集体、优秀个人评选表彰工作，共评选出 22 个先进集体、46 名优秀个人、2 个提质增效建议先进集体和 2 个提质增效优秀建议奖。开展机关干部职工情况问卷调查，2022 年收到有效问卷 483 份，占在职人员的 80.6%，同比增长 50% 左右。认真落实学校领导指示批示精神，对 5 年来机关干部职工所集中反映的问题进行梳理，逐项分析年度比例变化情况、工作进展情况，并进一步提出改进与努力方向。加强信息化建设，在校内门户首页放置机关各部门服务指南链接；从机关开始推动上线"北京大学学生社团指导老师登记审批系统"、测试"讲座活动申请查询系统"，努力让网络多跑路、师生少跑腿。协调改善勺园行政办公区域的交通秩序，设置单行线，完成地面停车位重新划线，安装 6 个充电桩，增设 13 个新机动车停车位。开展"追忆先烈"清明主题活动；在教师节前后，组织慰问 30 年教龄教职工。为机关离退休党员提供报刊订阅 138 人次。组织提供长期、临时生活困难党员帮扶补助，提供教职工福利补助，走访慰问共 105 人次。

**学习贯彻党的二十大精神联学共建活动。**党的二十大召开以来，机关党委带领所属各部门党组织，认真学习、深入贯彻、全面落实党的二十大精神，把学习宣传贯彻党的二十大精神作为当前和今后一个时期的首要政治任务。机关各级党组织在机关各部门之间、机关与教学科研单位和研究机构之间、机关系统与后勤系统之间、本部机关与医学部机关之间、机关干部与在校学生之间积极开展高层次、深程度、广范围的党的二十大精神主题联学共建活动，充分发挥机关部门单位业务多元、服务面广的优势，以党的政治建设为统领，推动党建工作和业务工作深度融合，不断增强学习的吸引力、感染力，着力提升学习的针对性、实效性。

（郑方圆）

**【线上线下结合召开机关党代会】** 2022 年，学校召开第十四次党代会。机关党委拥有近八百名党员，是学校选举单位中党员数量较多的党委之一。按照上级要求，需要召开机关党员代表大会并选举产生出席学校十四次党代会的党代表。机关党委和所属各党总支、党支部一同，在疫情严峻时期，克服难以线下开会的困难，分别于5月23日、7月19日两次召开机关党代会，以线上、线下相结合的方式圆满完成了机关党代会的各项议程，完成了党代表推荐选举工作、两委委员推荐提名工作、党代表增补工作。

（郑方圆）

【机关交流沟通系列活动】 2022年起，机关党委组织开展"互学互鉴、共同进步、提质增效、加快创建"机关交流沟通系列活动，进一步落实坚持并创新机关沟通机制的整改方案和学校党委巡察反馈意见的整改方案，积极回应机关干部职工在历年问卷调查中所集中提出的强烈建议，建立机关交流机制和沟通平台。2022年举办了三期活动，分别邀请科学研究部部长谢冰教授讲解北大理工科科研概况专题，社会科学部部长强世功教授讲解"以有组织的科研推动建构中国特色哲学社会科学体系"专题，学科建设办公室主任陈鹏教授讲解"以党的二十大精神为指引，高质量推进新一轮'双一流'建设"专题。系列活动加强了机关各部门之间、校内不同系统之间的沟通交流与配合协作，推动共筑干事创业的良好氛围，收到良好效果。

（郑方圆）

【机关党员干部积极参加志愿服务】 2022年疫情期间，在学校核酸检测压力持续增大、人手极度短缺的情况下，机关各部门从主要负责人到科室主任、再到刚刚入职的新人同志，共有727人次以极大热情投入到为期7个月之久的志愿服务工作之中，为确保学校出色完成阶段性疫情防控任务做出机关的积极贡献。12月，机关党委开展2023年全国硕士研究生招生考试北京大学考点的监考人员征集动员工作。2023年全国硕士研究生招生考试期间正处于各地疫情上升期，学校面临考务人员短缺、防疫压力巨大等困难。机关党委迅速研究制定工作方案、明确分配名额、发出专项通知，机关各部门及挂靠单位、群团组织闻令而动，129名机关同志迎难而上、向险而行，积极报名参加监考工作，确保了北大考点招生考试的顺利举行。

（郑方圆）

【开展党的二十大报告学习测试】 12月，机关党委联合机关工会开展党的二十大报告学习测试，积极引导机关党员干部群众学习研读党的二十大报告和党章，认真领会党的二十大提出的新思想新论断、作出的新部署新要求，提高政治能力和工作水平。此次学习测试精心设计了50个题目，全面覆盖到党的二十大报告15个部分中每一个部分的核心内容。截至12月20日，机关党委所覆盖的各职能部门及挂靠单位、群团组织共有647位党员干部群众参加了测试，21个部门、单位的在职人员参测率为百分之百。在职党员带头参测，比例达到90.90%，6名近期发展对象和20名入党积极分子积极参测。此外，还有29名离退休老党员、63名群众、3名共青团员、7名民主党派成员自愿参测。机关同志们态度端正、学习认真、答题准确，获得满意者有344人，占参测总人数的53.20%；所有参测同志的成绩都达到90分以上（多次参测取最好成绩），优秀率达到100%。

（刘旭东、朱博雅、郑方圆）

# 后勤党建

【发展概况】 组织结构。后勤党委负责后勤系统党建和思想政治工作。截至2022年12月，后勤党委共有6个党总支、26个党支部，其中在职党支部16个、混编党支部1个、离退休党支部9个。党员（含预备党员）509人，其中，在职党员278人、离退休党员229人、组织关系暂存2人。

学习贯彻党的二十大精神。深入开展喜迎和喜庆党的二十大主题教育实践。制定学习宣传实施方案，通过与机关党委、直属单位党委联合共建，开展升国旗等主题党日，邀请专家解读会议精神，组织各类参观学习培训座谈，与校办产业党工委编辑学习成果汇编等，分两个阶段有序开展系列学习宣传和教育实践。

学校第十四次党代会的筹备及服务保障工作。后勤党委与总务部牵头成立后勤工作专班，建立相关部门协作联动机制，共同完成各项会议筹备及服务保障任务。总结后勤党委五年来在党的建设、综合改革等方面的重要成果和发展经验，组织各单位做好相关宣传报道，为开好党代会营造良好氛围。

疫情防控工作。坚守防疫一线，持续统筹做好后勤疫情防控和安全稳定工作。牵头后勤保障组，向学校报送40余期防疫简讯和相关情况汇报。配合做好敏感区域巡查检查工作。严防宗教渗透，确保重要会议期间校园安全稳定。协调后勤系统各单位1000余人次参与重要时间节点的值班值守工作。后勤纪委做好疫情防控常态化下的监督工作，包括物资采购、冷链食品储存、重点环境消杀等。

5月积极做好学校疫情防控闭环管理及驻校保障，建立和完善后勤系统疫情防控工作方案，深入排查安全隐患，督促各单位制定整改落实方案。通过应急演练总结经验、完善应急预案，保卫师生生活和校园安全。11月至12月，做好校园闭环管理期间工作的同时，及时掌握员工的思想状态及心理状况，做好慰问关怀工作，确保后勤服务保障工作有序开展。

党的建设。1.政治建设、思想建设。（1）坚持正确的政治方向和舆论导向，牢固树立"四个意识"，带领基层党组织和广大干部职工自觉在思想上政治上行动上同以习近平同志为核心的党中央保持高度一致，执行好学校决策部署。

（2）规范党务工作细则。指导基层党组织进行支部设置和完成换届。截至12月底，完成21个党组织的换届工作。（3）持续了解和做好党员干部思想政治工作，做好思政评估，服务后勤队伍建设。2.组织建设、作风建设。（1）坚持民主集中制、"三重一大"制度。截至12月底，共召开27次党委会，党政配合，团结协作，集体议事。（2）持续做好党委委员、纪委委员联系基层制度。（3）规范党的组织工作，提高工作质量。制作入党志愿书党委审批栏印章，统一规范模版，推进组织工作标准化、规范化。顺利完成2021年度后勤基层党组织书记抓基层党建工作和纪检委员抓纪检工作述职评议考核工作。（4）开展加强干部作风建设、提高服务保障能力工作。（5）指导党支部做好管理服务党员和基层党建工作。按照计划完成12名党员发展、17名预备党员转正工作，26名同志参加党性教育读书班，21名新转正党员参加政治素养提升班，接转组织关系64人次，做好党内统计工作。规划并合理分配存量经费，积极支持各党组织开展活动。做好2022年度"光荣在党50年"纪念章颁发工作、共产党员献爱心捐款工作。完成14人2022年生活困难党员帮扶补助申报以及离退休工作补贴发放工作。3.纪律建设、党风廉政建设。坚持全面从严治党，切实提高"一岗双责"的履职能力。后勤党委支持后勤纪委认真做好试点工作，加强纪检委员队伍建设，组织警示教育，邮件发送全面从严治党和警示教育资料，组织签订廉政承诺书，指导各党组织完成廉政文化墙的建立并实现后勤系统全覆盖，推进各单位廉政风险防范管理，加强制度建设和干部廉洁教育。制定《后勤纪委党组织纪检委员抓纪检工作述职评议考核会工作方案》，首次建立党总支及直属党支部向后勤纪委述职的机制。同时也指导党总支开展党支部纪检委员向党总支纪检委员述职的工作。并将纪检委员述职报告整理成册，进一步增强基层纪检委员的责任意识。4.制度建设。突出制度治党，以党章、党规、党纪为基本遵循，结合基层实际出台相关措施办法，开展谈心谈话，稳步推进制度建设。

*系列学习培训*。2022年，组织开展后勤系统治理能力现代化系列学习培训共15讲，强化员工理想信念，提升员工综合素养。

*理论研究工作*。继续推动后勤系统党员干部理论研究工作。2021年度理论研究课题26个项目均已通过专家评审，2022年启动征集理论文章和第二期理论研究课题选题立项工作，课题23个。

*文化建设工作*。1.继续与学校新闻网、微信公众号合作，20余名后勤优秀党员和普通劳动者的事迹成果得到广泛宣传；聚焦党的二十大和学校党代会，推出系列报道。2.做好网络意识形态管理，管好网站、各类"号"。3.坚持三全育人，创新后勤育人模式。通过参加师生座谈会，促进学生参与式管理和后勤服务质量提升。参与制定学校劳动教育实施方案，落实"劳动月"。4.围绕立德树人根本任务，制定北京大学后勤系统等服务保障单位2022年评优表彰方案，并稳步推进各项工作，选树最美后勤人物和团队。

*统战工作*。通过双周统战工作现场会，加强经验交流，夯实基层统战工作基础。开展线上统战知识竞赛，提升统战素养，增强统战能力。紧密团结民主党派同志，通过同心论坛达成政治共识，积极邀请民主党派同志走入红色基地、走进科技企业等，后勤系统推选的一位民主党派同志获评首届同心奖。

*离退休党员及女党员工作*。1.离退休党建活动采用菜单式可选式，以就近就便的方式，解决离退休党员资源有限、年龄大、组织支部活动困难的问题。在疫情严峻时，开展的"银发战疫云分享"、"迎冬奥 展银发 虎虎生威"、线上讲述后勤新发展、"银发与祖国花朵"等丰富的线上党建活动，让老党员既可以安心居家感受美好生活，也可以发挥先锋模范作用。线下组织银发首钢园实践教育活动、高新企业和国家重点实验室实践教育活动等。2.组织带领妇女党建联络员为女党员组织联合主题党日，开办多期"彩虹初心课堂"系列党课，开展"科技创新 巾帼先行""巾帼童心永向党"等联合主题党日，贯彻习近平总书记提出的家教家风建设指示精神，其中，"喜迎冬奥一起向未来"系列活动视频被中华全国妇女联合会公众号采用。

*指导支持群团工作*。1.支持后勤工会开展各项工作。如学校双代会代表履行好职责，组织后勤职工参加文体活动、每月发放生日礼包、职业技能大赛等。2.指导支持后勤团委开展工作，建设团结上进的后勤青年职工群体。

*加强离退休党建工作*。离退休党建活动采用菜单式可选式，以就近就便的方式，解决离退休党员资源有限、年龄大、组织支部活动困难的问题。在疫情严峻时，开展的"银发战疫云分享"、"迎冬奥 展银发 虎虎生威"、线上讲述后勤新发展、"银发与祖国花朵"等丰富的线上党建活动，让老党员既可以安心居家感受美好生活，也可以发挥先锋模范作用。

（徐 悦）

【开展二十大主题教育实践】 8月3日至7日，直属单位党委与后勤党委组成联合实践团前往江苏南通和苏州进行实地调研；8月8日至12日，后勤党委、纪委联合直属单位党委，结合后勤新发展党员、新入职职工"双新"培训，赴山东济宁干部政德教育学院开展理想信念实践教育；9月至12月，后勤系统启动第三轮升国旗仪式，结合活动，在职支部开展国旗下演讲、过政治生日、"强国复兴有我"等形式多样的主题宣传教育。此外，各离退休支部开展走访慰问、送学到家、"老有所为、老有所乐"作品展等，做到党员群众全覆盖，立足本职，以出色工作迎接党的二十大。同时，聚焦一线员工典型，开展先进人物宣传。在北大官微、燕园微后勤及各单位媒体平台，及时报道和广泛宣传后勤优秀党员和普通劳动者的事迹、成果等，充分展现后勤围绕立德树人强化思想政治教育。

10月16日、23日，后勤系统基层党组织通过线上与线下、集体与个人相结合的形式，组织收听收看开幕式和第二十届中央政治局常委同中外记者见面会的情况，会后后勤系统各单位积极提交学习心得体会近百篇；10月20日，后勤系统党员干部及群团组织代表集体参观了位于北京大学图书馆的"喜迎二十大 奋进新时代——北京大学改革发展十年成果图片展"；10月25日下午，后勤党委、后勤纪委组织党员干部、新发展党员、群团组织代表等40余人赴圆明园廉政文化基地参观学习；10月28日，后勤系统召开学习贯彻党的二十大精神座谈会。校党委书记郝平，校党委常委、副校长、总务长董志勇，学校相关职能部门、后勤党政群团组织负责人、一线及离退休党员代表参加会议；10月31日，机关党委、后勤党委在国际关系学院秋林报告厅联合举办理论学习中心组（扩大）专题学习党的二十大精神报告会，邀请习近平新时代中国特色社会主义思想研究院常务副院长、马克思主义学院教授孙熙国做理论辅导；10月31日，后勤党委组织离退休党员来到首钢园，让广大离退休党员深刻感受新时代首都城市的新发展；11月3日，后勤党委组织后勤党委委员、党总支及直属支部统战委员、统战骨干、党派同志及部分特邀代表赴北京台湾会馆开展教育实践活动，推动后勤统战工作；与学校校办产业管理委员会办公室联合，将学习成果集结成册，交流互学，融合共进，认真总结，不断巩固和提升学习成效。

（徐 悦）

**【开展后勤系统等服务保障单位的2022年评优表彰工作】** 为深入学习贯彻党的二十大精神，扎实推进落实学校第十四次党代会精神，充分发挥后勤系统等服务保障单位优秀个人及先进集体的示范引领作用，有效提升后勤治理体系和治理能力现代化水平，由后勤党委牵头开展后勤系统等服务保障单位的2022年度评优表彰相关工作。最终，780人获个人荣誉、100个集体获团队荣誉。

（徐 悦）

# 直属单位党建

**【发展概况】** 组织结构。直属单位党委共有计算中心党支部、档案馆党支部、教育基金会党支部、教师教学发展中心党支部、校史馆党支部、歌剧研究院党支部、燕京学堂党支部、校友会党支部、幼儿园党支部、幼儿园离退休党支部、首都发展研究院党支部等11个党支部。截至2022年底，党委共有党员289人，分属于11个党支部，其中正式党员272人，预备党员17人；女党员199人，少数民族党员21人，学生党员41人（含组织关系暂存），离退休党员78人。2022年共发展党员15人（燕京学堂6人，幼儿园5人，歌剧研究院2人，校友会2人），完成预备党员转正16人，死亡1人，总人数比上年度增加4人。

政治建设。2022年，直属单位党委坚持把政治建设摆在首位，深入学习贯彻党的十九届六中全会、第二十次全国代表大会、北京市第十三次党代会以及北京大学第十四次党代会精神，坚持把思想建设作为基础性建设，毫不放松抓好疫情防控和安全管理工作，大力推进基层党组织的思想建设、组织建设、作风建设、制度建设和反腐倡廉建设，努力推动党建工作与下属十个行政单位的各项业务工作深度融合，为各直属单位工作任务的完成提供了坚强有力的组织保证。

思想建设。2022年，党委班子及各党支部以集中学习和自学等方式，认真学习贯彻党的十九届六中全会精神和党的二十大精神。上半年，党委为各支部发放《党的十九届六中全会〈决议〉学习辅导百问》一书，组织党员学习党的第十九届中央委员会第六次全体会议公报，还邀请了国家发展研究院党委书记、教育部长江学者特聘教授、国家杰青基金获得者余淼杰为师生党员讲授了主题为"新发展格局下的中国经济"的报告。二十大召开期间，党委组织下属各单位的班子成员、党员、团员以及师生代表在二体地下报告厅集体收看了党的二十大开幕式和二十届中共中央政治局常委同中外记者见面会的现场直播，认真学习领会习近平总书记所作的二十大报告，组织党员认真学习党章的修改部分，并将新党章及时发放到全体党员手中。此外，首都发展研究院还以学习贯彻二十大精神为主题，主办了"贯彻二十大精神，促进国家现代化建设"专家座谈会，邀请了来自北京大学、中国社科院、南开大学等多所高校和科研院所的近百名专家学者及师生参会；档案馆和校史馆支部联合举办了学习党的二十大精神主题座谈会，计算中心、歌剧研究院等支部分别组织党员前往图书馆参观了"喜庆二十大 奋进新时代——北京大学改革发展十年成果图片展"，党委也多次组织集体理论学习，组织党员以支部为单位集体观看《荣光与梦想》国家大剧院合唱团音乐会。

作风建设。直属单位党委认真落实思想政治和师德师风考察评估主体责任，在各部门职称（职务）评聘、岗位聘用、年终考核、招生录取、评奖评优等方面，结合各单位的师德师风和思想政治考察情况，对相关人员的思想政治和师德师风情况进行认真考察审议和全面把关。2022年全年，党委共完成思想政治及师德师风审议95批次。9月8日上午，党委以"弘德乐教，立己达人"为主题举办庆祝教师节暨师德师风建设座谈会，老中青三代教职工代表欢聚一堂，一起学习了北京大学第十四次党代会及暑期战略研讨会的会议精神，并就各自的工作和成长经历交流了对师德师风建设的理解。

主题党日活动。为进一步拓展党员视野，提高党支部的凝聚力、战斗力，直属单位党委分别组织各支部党员开展了主题鲜明的党日活动。为了迎接党的二十大胜利召开、学习贯彻北京大学第十四次党代会精神，8月3日至7日，直属单位党委与后勤党委组成联合实践团，组织18名党员代表前往江苏南通和苏州进行实地调研。

此外，计算中心组织领导班子成员开展"习近平在中国"系列主题学习，购买和阅读了《习近平在厦门》《习近平在福建》等多部书籍；歌剧研究院党支部联合团支部开展了"燕园红色古迹寻踪"主题党团日活动，使党员进一步丰富对校史的了解，升华对燕园的深厚情怀。

**党员发展。** 2022年，直属单位党委秉承优良传统，充分发挥支部书记、单位领导、老党员的模范带头作用，积极引导德才兼备的职工向党组织靠拢。对于递交了入党申请书的教职工，通过落实"点对点联系人"和"入党积极分子定期考查"制度，充分发挥支委、党小组长的"传帮带"作用，在思想上与他们谈心、交心，在工作、学习上给予支持和帮助，在生活上给予关心和照顾，使他们健康、稳步地成长和成熟起来。2022年党委共发展党员15人（其中燕京学堂6人，幼儿园5人，歌剧研究院2人，校友会2人），完成预备党员转正16人，既有在校学生，又有一线教学管理人员和专业技术骨干。

**党代会选举。** 为保证学校十四次党代会的顺利召开，直属单位党委认真贯彻执行民主集中制，把充分发扬党内民主、坚持走群众路线贯穿于代表选举工作的全过程，采取自下而上、上下结合、反复酝酿、逐级遴选的办法进行，严格按照学校要求和工作时间表，克服疫情造成的困难，通过线上与线下结合的方式多次召开党委会、党委扩大会和全体党员大会，圆满完成了直属单位党代表的选举工作和两委委员提名推荐工作，选举董晓华、张蓓、李宇宁、余浚四位同志为北京大学第十四次党代会代表。

**先进表彰。** 为进一步营造提振信心、鼓舞干劲、凝聚力量、弘扬先进、选树典型的浓厚氛围，2021年，直属单位团委根据学校要求，讨论并申报幼儿园团支部为北京大学优秀团支部。燕京学堂的万宇瑶被评为北京大学优秀团支书，曾继儒被评为北京大学优秀团干部，歌剧研究院的姜洪钰被评为北京大学优秀团员。

**群团组织。** 直属单位党委坚持党政工共建，充分发挥工会在机关建设、服务和维护职工合法权益中的重要作用，努力为全局职工办实事、解难题、送温暖。2022年，各支部不仅积极参加校工会组织的运动会、教工联谊、健康徒步、教师沙龙等活动，还广泛组织形式多样、群众喜闻乐见的合唱、联欢、摄影比赛、乒乓球比赛等文体活动，丰富了教职工的文化生活。同时，直属单位工会也积极协调安排，先后组织了教职工摄影比赛、趣味拔河比赛、门头沟红色遗址参观等多项活动，构建了团结和谐的良好工作氛围。12月，为增强直属单位的凝聚力、增进各部门之间的交流和了解、生动全面展现全体教职工崭新的精神风貌，党委特组织了面向各单位的短视频展示活动。计算中心、教育基金会、教师教学发展中心、燕京学堂、歌剧研究院、首都发展研究院、附属幼儿园、档案馆和校史馆等单位通过组织人员、精心整合、巧妙融入创意，将各类素材剪辑制作而成视频。视频内容涵盖直属单位下属各单位2022年度的工作、学习以及工会活动情况，收集了大量图文并茂、音色俱佳的照片和音像等素材。

支持团委建设和青年工作。在党委的领导和支持下，直属单位团委先后组织团员参加了学校的英模事迹报告会、国庆节升旗仪式、"志愿讲师团"报名选拔、"一二·九"歌会等多项重要活动，在加强自身建设、提高青年工作活力、完善推优入党工作等方面不断创新，积极配合党支部和行政领导班子完成了各项工作。

**抗击疫情。** 5月至6月，党委积极组织各单位党员干部冲锋在前、主动请战、坚守岗位，当好学校防疫"守门人"。来自计算中心、教师教学发展中心、幼儿园的近百名教职工积极响应号召，长时间留守学校工作一线，为保障学校各项教学、管理工作正常有序运转做出了突出贡献，充分发挥了党员在特殊时期、困难时期的关键作用。同时，许多师生也挺身而出、积极报名，承担了大量志愿服务工作。41名幼儿园教职工组成"数据流调志愿组"协助燕园街道完成疫情数据流调，拨打电话记录达1600余条；燕京学堂、幼儿园、歌剧研究院的团员成立了校内志愿服务组，两个月内为食堂管理、核酸检测等志愿服务方位提供服务70余人次。为保障一线服务的师生身体健康，党委积极组织购买KN95口罩13,600个，及时发放到各单位，并积极关怀投身志愿服务的同志，为他们提供爱心工作餐和防疫物资，为疫情期间坚守岗位、无私奉献的40余名教职工每人发放200元慰问金。

**离退休工作。** 为做好离退休教职工工作，9月29日，直属单位党委以"喜迎二十大、欢度重阳节"为主题组织退休教职工开展交流座谈，使退休教职工和党员欢聚一堂，畅谈国家的伟大发展成就，分享学校的改革发展成果，听取退休教职工对党委工作的建言献策，并为2022年"光荣在党五十年"的5位老党员颁发了纪念章和纪念品。

**党员爱心捐款。** "共产党员献爱心"捐献活动是首都广大党员发挥先锋模范作用，体现党的先进性，弘扬中华民族扶贫济困传统美德、展示北京精神的特色活动。根据校党委组织部文件精神，直属单位党委在11个党支部的全体党员中开展捐款活动。活动共收到来自114名党员和48名群众的捐款18,677元，捐款金额为历年之最。

**困难党员帮扶。** 为更好地建立健全党内激励、关怀、帮扶机制，直属单位党委积极配合学校党委完成生活困难党员帮扶补助工作，申报三位同志为校级困难补助对象，两位同志为党委级困难补助对象，共发放慰问金13,000元。10月，计算中心党支部的退休党员突发重病、昏迷不醒，在校医院接受治疗，党委及时关怀慰问，为其发放慰问金，送去了党组织的温暖。

（杨　雪）

# 产业系统党建

**【发展概况】** 组织结构。截至2022年12月31日，产业党工委共有党委7个，党总支11个，党支部107个，联合党支部1个；党员1441名，含预备党员5名。

政治建设。2022年，在学校党委的坚强领导下，产业党工委领导班子以习近平新时代中国特色社会主义思想为指导，积极贯彻落实党的二十大、北京市第十三次党代会和学校第十四次党代会精神，认真落实学校党委行政各项决策部署，坚持以党建促发展，充分发挥党组织作用，进一步推进校企改革、巡视整改、制度建设等重点任务。10月，产业党工委组织产业系统党员干部集体收看党的二十大开幕式、闭幕式和二十届中共中央政治局常委同中外记者见面会，认真学习党的二十大报告和习近平总书记在记者见面会上的重要讲话，并交流学习体会。部署安排各基层党组织积极开展集体学习，组织产业系统党员干部集体参观"喜迎二十大 奋进新时代——北京大学改革发展十年成果图片展"等活动。

7月31日，北京大学第十四次党代会召开，大会选举产生了中国共产党北京大学第十四届委员会和中国共产党北京大学第十四届纪律检查委员会。在大会召开前，产业党工委在学校党委组织部的指导下，认真做好大会选举"三上三下"各项工作，顺利召开产业系统党员代表大会，选举出产业系统参加学校第十四次党代会的5名代表。党代会结束后，产业系统理论中心组及时组织学习传达，产业党工委书记李宇宁给产业系统100多名新党员和入党积极分子讲党课，学习传达党代会精神。

巡视整改。产业党工委领导班子高度重视中央巡视整改工作。积极化解资产公司债务和担保风险，推进解决方正整改遗留问题。7月，学校成立了由副校长董志勇为组长，产业党工委、产业办、法律办、医学部相关领导为副组长的方正集团专项工作专班，制定工作方案，与方正集团投资人洽谈战略合作事宜，逐步推进落实各项工作。继续推进校办企业改革工作。截至2022年底，校企改革工作已进入基本完成，全面进入收尾阶段。2022年，完成全民所有制企业科实和无线电厂改制工作，积极推进青鸟集团、未名集团、燕园天地科技等企业的脱钩剥离工作。违规办学清理工作基本完成。产业党工委、产业办成立专班工作组，持续督促青鸟集团、培文公司和新世纪公司相关责任人严格落实学校相关要求，协调合作方推进违规办学更名摘牌工作。完成党建进章程工作。2022年，继续推进完成包括国土规划院公司在内的20家保留企业党建进章程工作，其中，由于北大先锋、北大英华的党组织关系在地方，产业党工委积极协调，与所在地方党组织共同推动完成党建进章程。

基层党建。2022年，产业党工委不断推进基层党组织规范建设。1.结合方正司法重整，积极推进方正集团党组织整建制划转工作。产业党工委领导班子与平安集团相关领导进行洽商，共同推进方正集团离职未转出党员组织关系的转出工作，2022年以来，产业党工委与方正党委协同配合，已完成100多名党员的转出工作。2.做好基层党支部组织建设。做好基层党组织书记年度述职，批准产业办党支部、科技园党支部、国土空间规划院公司党支部、资产经营公司党支部和离退休党支部的成立及换届改选工作，进一步充实党务工作队伍。3.组织党员加强政治理论学习，5月，产业党工委召开理论中心组扩大会议，集体学习习近平总书记在中国人民大学考察时的重要讲话精神，进一步明确服务学校中心工作的价值导向。6月，为产业系统党员购置《习近平关于注重家庭家教家风建设论述摘编》等学习资料。

制度建设。产业党工委、产业办坚持以巡视整改为契机，不断完善相关制度和内控机制。起草修订了《北京大学校属企业管理办法》等重要规章制度，并已经校长办公会和常委会批准执行。产业党工委领导班子高度重视制度建设工作，10月，在副校长董志勇的指导下，成立了产业系统制度建设工作专班，起草了《北京大学校办产业系统党政联席会议事规则（征求意见稿）》等制度文件，不断推进完善制度体系和治理体系。同时，产业党工委和产业办、驻产业纪检组、资产公司协同配合，严格执行民主集中制和"三重一大"决策制度，督促下属企业按章办事，严格执行相关制度。

疫情防控。2022年，产业党工委牵头调整了产业系统疫情防控工作领导小组，完善了产业系统疫情防控工作方案和应急处置预案。产业党工委领导班子积极参加北京市疫情防控和安全稳定调度会，累计参会数十次，坚持防疫信息报送不间断，累计牵头编制产业系统防疫工作专刊近40期，产业党工委和纪检组多次到企业开展疫情防控检查。在5月、6月学校封校期间，产业党工委领导人员住校值班值守近一个月时间。9月19日至10月23日，产业党工委牵头组织产业系统工作人员全天候值班值守。由于受疫情和经济影响，2022届毕业生就业压力较大，产业党工委牵头组织了北大资产经营公司、北大出版社、北大先锋、北大英华、北大软件等公司联合举办北大专场招聘会，为北大毕业生拓展就业机会，共提供就业岗位66个。

（马军长）

后勤管理与保障

# 总务工作

**【发展概况】** 总体介绍。总务部是学校的行政职能机构，是学校教学科研中心工作和各项日常工作正常运转的后勤保障部门。部门主要职责是坚持"为教学科研和师生员工提供优质服务"的宗旨，以"做好保障服务和实现安全稳定"为根本目标任务，根据学校建设和发展的需要，制定后勤保障服务规划和总务系统工作计划；按照"小机关、多实体、大服务"的管理运行模式，协助学校，管理监督协调服务总务系统各中心做好各项后勤保障服务工作；做好和政府有关部门及校外业务单位的接口衔接工作。2022年，北京大学总务部下设综合办公室、计划管理办公室、运行管理办公室、人事办公室、房屋维修管理办公室5个办公室。北京大学爱国卫生运动委员会办公室、北京大学公务用车管理工作小组办公室与北京大学绿化委员会办公室常设于总务部。

运行管理工作。总务部与会议中心、餐饮中心、动力中心、公寓服务中心、校园服务中心协调分工合作，全力做好后勤保障服务工作，完成5项2022年度重点工程与多项修缮工程。

完成昌平新校区冬奥志愿者住宿及食堂区域的硬质隔离措施安装、场地平整及美化等项目，确保志愿者区域完全隔离；持续落实"厕所革命"，完成理教15个卫生间、45甲学生宿舍12个卫生间、图书馆西楼16个卫生间的整体提升改造工程，总面积约1450平方米，提升卫生间品质和舒适度；对校内老旧破损道路进行维修，完成47楼南侧步道、学五食堂西侧至44楼南侧、快递点区域、讲堂东侧、燕东园等区域道路的维修工程，面积约5000平方米，保障出行安全；配合做好校园重点区域的封闭式管理，完成博雅国际酒店周边硬质隔离设施的安装、校医院北侧增加护栏、畅春园东院北侧硬质隔离及步道拆除等相关工作，确保校园各项防疫措施落实到位；完成多个区域环境综合整治项目，包括王克桢楼新建自行车棚，学五东广场景观二期，燕南园卫生间拆除、建筑物外立面粉刷及围护拆除、花坛改造、道路维修等项目，提供更加舒适的校园环境。

完成讲堂配电室增容改造、集中供暖锅炉房3号锅炉维修、万柳学区锅炉大修等水电暖基础设施项目；毕业生宿舍粉刷及空气治理、45甲学生宿舍楼基础设施维修改造、41楼学生宿舍盥洗室吊顶及给水管道更换、34B及48楼学生宿舍一层护栏更换、勺园学生宿舍楼消防设施改造、38、39、45楼自行车棚改造、学生宿舍楼限位器工程、学生宿舍安装智能吹风机插座、33楼常温水饮水机更新改造、畅春新园直饮水机设备更换、畅春新园及畅春园学生宿舍加装晾衣杆等公寓楼宇项目；松林餐厅装修改造、学五及农园食堂屋顶防水维修、畅春园及学五食堂洗碗机更新、学五及艺园食堂外墙粉刷、中关园食堂加装楼梯、圆明园食堂粉刷及基础维修等食堂项目；理教基础设施维修、部分教学楼饮水机更新及常温水改造等教学楼宇项目；燕东幼儿园东侧地面修缮、蔚秀幼儿园电路改造、燕东及蔚秀幼儿园应急疏散指示和应急照明更换、基础设施综合维修等幼儿园项目。

实施吕志和楼挡水墙1至4号口调整工程、北侧汽车坡道改造工程、燕园大厦一层地质博物馆布展、国家发展研究院2号院、7号院及8号楼等装修改造项目、中关新园1号楼中央空调维修改造、7号楼5层装修改造、9号楼防水改造、附属中学自行车棚建设及道路维修等其他项目，改善办学条件，提升安全性和舒适度。

推进实施供水管网渗漏报警项目五期、43楼五层智能化照明改造、理教智能照明系统改造、畅春园垃圾站改造、厨余垃圾处理设备投入使用，减少能源和水资源的消耗，实现餐厨垃圾就地处理，建设节约型绿色校园。

房屋维修工作。做好日常零修工作，2022年共完成房屋零散维修1700余项，对建筑水泥屋檐、墙体粘贴瓷砖开裂、脱漏等现象进行排查、清除、维修；汛期前对家属园区进行屋面清理、防水层和雨水管检修，汛中做好各类房屋漏雨维修工作。

配合公寓服务中心完成畅春园60号楼5至6层博士后公寓标准间装修改造；完成校内124个有监控的外置式防盗窗拆除；完成电话室楼卫生间改造、校史馆西侧广场排水渠建造工程；汛期完成家属区阳台及屋顶漏雨维修318项，并实施新太阳楼宇地下室漏雨维修、理科一号楼、二号楼多处屋面防水维修、技物楼西小院后勤职工宿舍楼屋面防水维修等工程；配合燕园街道办事处开展市容环境改善工作，完成燕东园、蔚秀园、畅春园多处居民楼外墙破损修补和楼道清理粉刷。

开展房屋安全排查。对校园内及校园周边楼宇开展外墙皮排查，及时清除松动墙皮，对楼顶落叶杂物开展清理，防止冬季雪后堵塞雨水管道，造成房屋漏水。

预算管理及经费保障。配合完成2023年度中央高校改善基本办学条件专项资金项目申请工作，在项目收集、文本编制、项目申报和现场评审等环节，就送审项目的可行性、必要性及经济性充分研讨，确保校园区域基础设施及配套系统维修改造（四期）、校园区域水电外线及配套改造（四期）等所有送审项目顺利通过教育部审核。

与后勤各中心及附属幼儿园充分沟通需求，综合考虑维修项目的合理性、经济性，制定完成2023年度专项维修计划。同时，根据后勤各中心2023年度运行资金需求，结合服务保障实际情况，坚持"有所为，有所不为"，聚焦学校主责主业，始终将"少花钱、多办事、不浪费、出效益"的原则贯穿于预算工作的全过程，确保总务系统2023年度运行经费预算的申报工作实事求是、稳妥可靠。

2022年总务部各类工作涉及预算资金约3亿元，及时完成各类型资金的拨付，不断完善专项资金用款申请、运行经费拨付等环节，为各类后勤服务保障、疫情防控、工程建设、节能减排提供及时的资金支持，并做好资金使用的统计及审核工作，确保每笔支出资金流向明确、账目清晰。

2022年上半年，面对国内极端严峻复杂的疫情防控形势，学校相关部门开展大量工作。为对相关疫情防控提供及时的资金支持，牵头开展疫情防控经费申请，对后勤系统、校医院、保卫部、人事部、学工部、团委、计算中心以及圆明园校区共15个单位对在此次疫情防控工作中的投入进行统计，在各单位申报基础上，召开多次经费审核专题会，明确审核原则，严把申报项目品类，严控资金总额。该项工作的完成，助力学校阶段性打赢此次校园疫情防控战。

制度建设。北京大学第1037次校长办公会研究决定，由总务部牵头进一步修订完善《北京大学公务用车管理办法（试行）》。修订过程中先后在公车管理工作小组成员单位内开展多轮意见征询，充分考虑成员单位诉求及学校公务用车实际情况，并与法律办就文本进行充分磋商，修订后的办法于十四届党委常委会第14次会议审议通过。新办法的实施将进一步加强学校公务用车管理工作的规范化、精细化、科学化水平。

按照学校统一安排，由总务部牵头制定《北京大学采购管理办法》。修订中与纪委办公室监察室、法律事务办公室、财务部、国有资产管理委员会办公室、实验室与设备管理部、基建工程部、审计室等相关部门保持沟通，先后形成16个版本，重点解决学校采购工作开展的组织架构设计、职权划分及统筹协调问题。

节能工作。继续坚持执行北京大学用水用电全额收费的市场运作机制，将节约能源纳入到市场经济的轨道。2022年是执行全额收费办法的第21个年头，也是执行学生宿舍"定额管理，计量收费"制度的第17个年头。全年水电费总支出11,146万元，总收费14,818万元，收支基本平衡，略有节余。

为积极推进绿色学校建设，落实节能减排工作，促进校园建设全面、协调、可持续发展，2022年完成各类能源资源节约项目共计9项，项目投资总额2115万元，主要项目如下：

校园区域水电外线及配套改造（三期），对建设年度相对较远的蔚秀园等区域，更新电缆、变压器等电力设施，保障电力系统安全，提高能源利用效率；理科教学楼LED照明无线智能改造，根据环境照度及人员活动情况对照明设施进行有效控制，有效降低能源消耗；百周年纪念讲堂配电室增容改造工程，更换原高能耗的变压器设备，对高、低压配电柜等进行更新，提高供电可靠性及能源利用效率；居民电表改造三期工程，更换承泽园、蔚秀园等居民区原老旧电表，总计2168块，替换为具有远传功能的电表，实现手机端远程缴费，提高能源消费计量的信息化、智能化水平；水泵更换项目，更换学生宿舍及教学楼区域7台老旧污水泵，更换供暖循环泵7台，提高设备效能和可靠性；万柳园区围墙灯更换，采用太阳能节能灯77个，年节约电能约1.1万千瓦；供水管网渗漏报警平台五期工程，在前四期基础上，新增探漏仪124台、通讯用基站3台，完善校园南区和燕东园区域设备，及时发现管道漏点并上报，减少供水管网的水资源浪费；万柳园区供暖锅炉大修工程，更换2台循环泵，2台补水泵，对软化水系统的填料进行更换，循环水泵功率从75KW将至45KW，提升能源利用效率；家园食堂软化水系统改造，通过增加电磁阀、更换水阀和管道、更换树脂等措施，实现软化水系统平均每月节约用水558吨，消除了软化水系统的"水锤效应"，确保系统安全运行，延长设备使用寿命；食堂不锈钢成型灶更新工程，将学五食堂二楼（合利屋）、艺园二楼、圆明园食堂、松林餐厅共25台砖砌灶拆除清理，更换为一级能效的不锈钢成型灶，有效提升天然气使用率。

健全学校节能工作机构，制定节能工作计划。配合国家机关事务管理局、教育部等上级节能主管单位完成公共机构能源资源消费状况分析报告（2021年度）；完成北京大学2022年度碳核查，并按照北京市生态环境局要求完成重点碳排放单位2022年度履约工作；按照北京市发改委要求完成北京大学能源利用状况报告，配合发改委进行北京大学"十四五"重点用能单位节能目标责任考核；配合北京市节能监察大队完成重点用能单位年度专项节能监察，并顺利通过相关检查；结合"十四五"期间节能规划及工作目标，积极借助"外脑"，引入专业机构重点对燕北园供暖系统进行锅炉能效检测及节能专项分析；根据北京市发改委、北京市质监局、北京市财政局共同下发的《关于推进在京万家企业和市级考核重点用能单位能源管理体系和碳排放管理体系建设工作的通知》要求，继续完成学校能源管理体系年度认证工作；根据北京市海淀区人民政府关于印发《海淀区节能减排专项资金管理办法》的通知要求，完成2022年度海淀区节能改造项目专项资金申报工作，共申报海淀区节能补贴专项资金64.78万元；配合北京市发改委、北京市教委、北京市统计局、北京市节水办完成各类能源资源消费情况的统计、调研及报送工作。

按照北京市教委、北京市发改委关于部署绿色学校创建工作相关要求，协调全校21个相关单位开展绿色学校创建行动达标工作，汇总整理绿色学校创建相关资料，完成绿色学校创建行动达标自评价，积极做好专家现场评估准备工作；组织召开北京大学2022年度节能节水工作会议，对学校能源资源消费及节能节水工作开展情况进行介绍，并对下一年度节能节水工作进行讨论与计划；加强节能宣传，积极配合各级政府的能源管理部门及市区节水办在世界节水日、全国节水宣传周及节能宣传周开展节水、节能宣传。

队伍建设工作。完善人事管理制度，加强用工管理，做好舆情处置。强化政治建设，严格落实意识形态责任制，及时排查后勤用工管理和人员风险点，制定和落实风险防控措施。结合学校严格审核劳动合同制岗位设置和规范劳动合同制人员聘用和管理的实际情况，2022年共计批复会议中心9个招聘指标，餐饮中心、动力中心、公寓服务中心、校园服务中心26个招聘指标，完成招聘入职会议中心5人、餐饮中心6人、动力中心8人、公寓服务中心4人。

组织工程技术（后勤/产业）学科组职称评审，1人晋升正高级高级工程师，基建工程部范杨和任慧（转系列）、会议中心张嘉柚晋升工程师（中级）。

做好总务部在职人员人事工作。加强领导班子和干部队伍建设，做好班子、干部述职测评和年度考核，民主生活会和重要事项报告。做好月考勤考核、985岗位考核和续聘、聘期考核和续聘、年度考核等相关手续。事业编制人员参加年度考核17人，合格17人。做好劳动合同制人员年度考核，劳动合同制人员参加年度考核4人，其中合格4人。做好总务部独生子女互助医疗、生日庆祝会等薪酬福利。做好总务部机关干部的各种培训、考核、通用岗位申请、职称职务晋升、续聘、薪酬福利以及职工人事问题协调解决。

协调服务总务系统中心做好在职人员人事工作。加强干部队伍建设，配合组织部为中心配备正、副职干部，协调做好中心领导班子、干部述职测评和年度考核，民主生活会和重要事项报告，新上岗干部试用期满考核。深化后勤队伍改革，在学校总体招聘指标非常紧张的情况下，申报招聘计划，完成招聘事业编制人员5名。组织中心科室干部招聘，完成通用岗位聘任。完善聘期考核和续聘、年度考核等程序。协调中心事业编制人员调动、各种考核、职称职务晋升、续聘、工资返还以及职工人事问题协调解决。在学校人事部的帮助下，和中心一同面对合同制职工管理中出现的新问题，处理好相关诉求和劳动纠纷问题。依托各单位组织职工培训，技能大赛，参加平民学校，实施激励机制等。在做好上述工作的同时，特别注意加强好干部、管理、技术骨干和一线职工队伍建设，构建精干高效可靠的后勤队伍。

做好离退休人员服务工作。做好总务部离退休职工沟通、慰问、生活特困帮扶、支部活动等。协调服务总务系统中心做好离退休人员服务。学校组织的离退休人员政治学习、工资调整政策、活动经费、特困职工补助等，及时向离退休人员传达和发放。结合总务特点，加强对离退休人员思想政治学习、生活福利方面的关心，协助离退休党支部开展相关工作，加强对生活困难和遇有难事的离退休人员的关心帮助，并做好年底慰问工作。

组织人事干部培训，进一步提高人事干部工作水平。

综合工作。坚持后勤领域"人""物""环境"同防。做好医用外科口罩、N95口罩、消毒片、手持测温设备等各类防疫物资的采购储备，结合上级要求及疫情防控形势动态调整库存，为在校学生和后勤保卫一线员工及时足额发放口罩。把控采购流程，相关环节做好记录，确保资金使用规范安全，各类物资库存清晰、配发有序。统筹各单位落实服务保障场所及重点部位的标准化消杀、清洁、通风措施。坚持一线员工核酸检测和重点场所重点部位环境采样，确保应检尽检、不落一人。学校封闭管理后，每日做好后勤系统闭环内人员核查统计，动态更新数据，做到摸清家底、心中有数，并就保供稳价等工作开展情况按时向上级报告。快速落实北京市高校食堂停止堂食的防控要求，完成一批可重复使用餐盒的购置并面向闭环内后勤员工发放。发挥校友和社会力量，代表学校接收防疫物资、生活物资捐赠，提前制定接收和分配方案，确保各类物资提早落位，有序配发。协同保卫部进一步规范物流缓冲区管理，最大限度避免"物传人"风险。对闭环内员工加强正面引导，落实个人责任，通过发放电子餐卡等形式做好坚守在岗后勤员工的慰问工作。

发挥系统集成作用。完成总务长办公会等会议的筹备、议题收集、会议纪要报送工作。协调后勤各单位做好"51500全天候服务热线"值班值守，为师生提供全方位、一体化、全天候的后勤服务响应。在校园封闭管理、重要活动筹备、开学保障等重点时间节点，坚持做好住校值守，做好突发事件的应急处置。定期组织召开师生座谈会，就校园热点问题与师生代表进行深入、充分的讨论，对师生意见和建议进行回应，营造"师生共建"的校园氛围。积极开展新时代爱国卫生运动，制定垃圾分类、无烟校园、制止餐饮浪费相关工作，倡导文明健康、绿色环保的校园生活方式。

重大活动服务保障综合协调。包括学校第十四次党代会、迎新及开学典礼、校运会、毕业校会及毕业典礼、校领导班子暑期研讨会、国际文化节等，根据总体要求及实际情况制定工作方案，完成现场服务、水电保障、环境整治、临时搭建等保障任务。协调相关中心做好常规化核酸检测点帐篷、桌椅、临时电路的架设，确保相关设备设施完善正常运行。毕业生离校期间和12月初，做好"护燕归航，安全返乡"送站服务行李搬运调度，解决离校生实际困难。

学生活动空间拓展规划与后勤员工圆明园校区搬迁。为满足学生活动需求，改善员工住宿环境，经学校审议分阶段腾退校内地下空间集体宿舍，用于学生活动空间建设。总务部牵头做好住宿统计及搬迁统筹工作，对人数统计、人员分布、消防安全、设备实施等情况进行摸底，协调房产部及总务五个中心，开展多次实地调研，集中研讨，结合整体规划方案、消防改造可行性、活动空间需求、圆明园校区宿舍分布、各单位工作性质等因素，统筹考虑并共同制定搬迁方案。2022年保卫部、幼儿园、后勤各单位共600余名员工由燕园校区地下室搬迁至圆明园校区。

信息化与宣传。管理总务部网站，定期更新网站内容，发布相关信息动态至校园门户及总务部网站。做好地理信息公共服务平台、后勤系统办公OA系统、后勤人事管理信息系统、能源消费统计系统的运行维护，提升工作效率。运营"燕园微后勤"微信公众号，发文130余篇，总用户数达到15,000余人，党的二十大期间发布《后勤系统召开学习贯彻党的二十大精神座谈会》等多篇报道，为学习贯彻党的二十大精神创造良好宣传氛围，此外"聚焦党代会 喜迎二十大""北大后勤人""北大后勤人·瞬间"等系列报道也受到师生好评，展现后勤人精气神，充分发挥后勤育人功能。管理未名BBS总务部账号，对向总务部相关工作提出的意见建议进行及时了解、答复、处理。

离任审计。审计室开展对总务部综合管理情况及行政主要领导人员经济责任审计，总务部对财务、招投标、合同、制度、资产等情况进行整理，配合做好相关工作。

（钱　群）

【深入学习宣传贯彻党的二十大精神】　总务部以习近平新时代中国特色社会主义思想为指导，认真领悟党的二十大提出的新思想新论断、作出的新部署新要求，从中深刻领悟"两个确立"的决定性意义，增强"四个意识"，坚定"四个自信"，做到"两个维护"。通过线上与线下、集体与个人相结合的形式，组织收听收看开闭幕式和第二十届中央政治局常委同中外记者见面会的情况，召开学习贯彻党的二十大精神座谈会，组织参观北京大学改革发展十年成果图片展，参加后勤党委组织的解读党的二十大专题讲座、参观圆明园廉政文化基地、首钢园、台湾会馆等一系列学习参观活动。班子持续发挥党建引领作用，把提升政治判断力、政治领悟力、政治执行力摆在提高能力素质、改进工作作风的首位，自觉加强政治历练，增强政治自制力，使讲政治的要求从外部要求转化为内在主动。坚持以人民为中心的发展思想，将增进师生员工的安全感、幸福感、充实感作为主要目标，不断提升后勤人员专业技能水平和劳动精神。

（钱　群）

# 会议中心

【发展概况】　组织结构。会议中心是1999年9月正式组建的专业化服务实体，组建时下设办公室、对外交流中心、百周年纪念讲堂管理部和勺园管理部，2003年8月增设中关园留学生公寓建设项目部。2007年4月学校批准会议中心设立中关新园管理部，撤销原中关园留学生公寓建设项目部。2008年4月会议中心综合办公室开始实体运行，2008年底成立中心财务办公室。2022年9月任命胡新龙为会议中心主任，副主任孙战龙、李榕、冯治国、张勇。

业务发展。2022年会议中心完成"中国共产党北京大学第十四次党员代表大会""北京冬奥会""冬残奥会医疗保障人员表彰大会""学习贯彻党的二十大精神理论座谈会"等学校重大活动服务保障。全年共计完成1700余场大中小型会议，参加活动累计超过11万人次，接待中外宾客超过1.3万人次、各类团队290批次；策划、引进演出和讲座23场、电影48场、线上直播近85场203小时，服务师生观众7.6万人次；全年各餐厅累计为师生提供用餐服务超过46万人次。

对外交流中心承办"第四届弯曲芳香化合物国际会议""第八届中华文化论坛""北京论坛（2022）"等重要学术会议，会务承办呈现出环节多、新需求多的特点。其中"北京大学万华楼奠基仪式"和"北京大学医学部图书馆启用仪式"，两项典礼仪式首次在昌平新校区和医学部校区承办；接手学校办公楼、红四楼、治贝子园三处接待场所的运行管理工作。讲堂结合香港回归25周年、建军95周年、党的二十大召开等重大节点，策划开展主题电影系列放映活动，开展"大讲堂艺术影院"系列展映活动18场，推出"戴锦华教授导赏系列"10场，引进昆曲、歌剧演出等高雅艺术品牌项目；联合元培学院、学生资助中心推出五门"大讲堂艺术实践课"，面向2022级新生举办"美育月"活动，推出亲子艺术实践课堂，继续举办新生开放日、毕业生拍照打卡等，搭建北大讲堂Online直播平台；开办艺术主题咖啡厅，承接院系单位的学术交流活动；争取长江家具、李莹校友等社会捐赠，与中国音乐学院、中国电影博物馆等建立密切联系；承接校园文创，讲堂获得北京大学文创开发和纪念品店运营资质，在等待学校正式授权和正式移交的窗口期，配合校产办做好北京文博雅创文化有限公司改制交接等工作，统筹谋划文创运行工作机制，明确产品研发定位，拓展供应商渠道，规划甄选文创设计品类，为后续选品和合作方甄选的开展夯实基础。勺园、中关新园餐厅在巩固餐饮品牌的基础上，挖掘校内需求，策划"年夜饭""下午茶""京味美食节""墨西哥美食节"等节日主题特色餐饮活动，推出校园夜市，开设便民早午晚餐；继续推出"北大版"中秋月饼礼盒，承接后勤系统职工制作生日大礼包、开展亲子烘焙活动等。勺园配合完成燕南园整体环境提升改造项目，初步形成涵盖总览引导牌、文化解说牌、人行指引牌、楼栋号等的导视系统，并完成试点安装。

在为师生办实事上，中心四个管理部结合业务特点，毕业季期间，讲堂策划推出毕业生拍照留念活动；迎新季期间，勺园为方便"轮椅女孩"王馨瑶在北大的学习生活，对宿舍房间进行无障碍改造；传统节日期间，中关新园举办中外师生迎新春、元宵节、端午节体验等活动；勺园学生公寓公共区域配置自助共享打印机、中关新园完成电动自行车扫码充电桩升级改造等。

硬件改造。会议中心2022年实施施工项目78个，其中自筹资金项目57个。对外交流中心开展英杰楼宇和会议场地安全隐患系统排查和维修；帕卡德公寓地埋暖气管道抢修施工，加装烟感主机通信模块；勺园完成9号楼装修改造工程，并开始接待宾客入住，启动勺园7、8号楼整体装修；中关新园完成园主题餐厅工程改造等。

队伍建设。2022年会议中心共有员工806人，其中学校编制员工51人（干部16人、工人35人）。2022年学校编制员工退休4人。

2022年会议中心聘任内设一级机构助理及以上人员6人；随着统一化中心人事管理逐步建立，构建中心三支骨干队伍和三条晋升通道的人力资源管理机制趋于完善，推动薪资管理权限分级管理，优化特殊绩效管理办法。

2022年会议中心组织培训588课时，8480人次受训，26人在职进修大专及以上课程。组织员工参加学校评优活动。开展新员工培训和中高级岗位培训，各管理部开展各具特色的业务培训和技能竞赛。组织员工参加"北京市第十二届商业服务业技能大赛"，5人在决赛中取得优异成绩，中关新园管理部餐饮部怡园中餐厅领班张家宗获餐饮服务员项目第三名，勺园管理部餐饮部勺园西餐厅西点领班张浩获烘焙项目第三名，勺园管理部西餐厅前台副经理路艳丽获咖啡师项目第五名，中关新园管理部辰光厨房厨工宋连杰西式烹调项目金奖，勺园管理部餐饮部勺园中餐厅服务员宋慧娇获餐厅服务员项目第七名。举办员工座谈会，组织员工参加平民学校学习，改善员工住宿条件，坚持慰问老党员、困难职工和坚守一线在岗员工等。继续举办中心工会品牌活动"迎国庆联欢会"，成立书法、太极拳兴趣小组，策划申报"童画北大""北大送我全家福""来自北大的爱"三项活动的"温馨一家人"示范活动，策划组织"生活帮手"系列讲座，从如何进行个税申报到怎样欣赏艺术歌曲、从如何保持健康沟通到怎样进行压力管理，为会员们工作生活提供帮助。组织员工参加学校运动会、"三八妇女节"活动、"迷你马拉松"、"迷你运动会"、"红色团建"等文体活动，持续丰富员工生活。

**党建工作。** 2022年会议中心共有6个党支部，党员114人，发展6名党员，7名预备党员按期转正，14名入党积极分子暂列入2023年党员发展计划。中心党总支和所属5个在职党员支部完成换届工作。

中心党总支开展包括党的二十大精神、北京市十三次党代会精神、北大十四次党代会精神等学习活动。中心党政联席会把学习重要会议、文件精神作为一项固定议题，逐篇研读和集体讨论，率先垂范领会文件精神。开展形式多样的学习参观和党日活动，如集中收看"中国共产党第二十次全国代表大会开幕会"，举行静园"升国旗"主题党日活动，参观"奋进新时代"主题成就展，集体观看歌剧《周恩来》、昆曲《瞿秋白》、影片《悬崖之上》等红色影剧，"共读一本书"学习活动等。同时，理论结合实际，申请学校党建研究课题《"体验、体味、体会"三步法——关于以红色艺术资源激发党员学习教育活力的实践创新研究》，以及后勤系统四项研究课题。

为推进党建与业务深度融合，《会议中心党总支委员会会议制度》明确将干部事项列为议事范围，重新修订《会议中心干部选拔任用工作规程》，将党管干部工作落到实处，为推动中心高质量发展打下坚实基础。第六期青年骨干训练营结营，开启第七期青年骨干训练营；策划组织专场抗疫故事报告会，讲述中心党员干部、积极分子在疫情防控工作中的先进事迹；推荐12名疫情防控工作先进典型人物、多次安排征集检测志愿者，助力学校防疫工作。

**内部管理。** 2022年会议中心在财务整合基础上，推动设立中心人事办公室和中心工程办公室，加快会议中心整体融合进程；开展内外宣传，在学校官微、新闻网、校报等各类渠道刊发稿件72篇，围绕"劳动育人"出版图书《劳动最光荣——燕园里奋斗者的故事》，推出"新时代奋斗者情景故事会"活动，让劳动者成为主讲人，将课堂设在劳动一线，累计开展14场。做好二十大期间安全保障组织动员和隐患整改工作；组织月度安全检查，完善安全风险预警机制和应急预案；创新安全教育形式，举办中心安全知识线上答题竞赛；配合卫生、食药、城管等行业相关监管部门专项检查和年审；做好疫情防控和诺如病毒防控工作。

对外交流中心理顺英杰交流中心会场、岛亭贵宾室和会场、体斋办公场所、帕卡德公寓、燕南园55号院、办公楼、红四楼、治贝子园，8处场所场地管理机制、6种服务模式的工作体系。讲堂梳理各岗位作业指导书，组织专业技能培训，调整技能等级考核内容，持续推进"一专多能"；优化绩效考核办法，推出"季度之星"评选和展示活动；健全专项组工作机制。勺园、中关新园从2022年1月1日起实行合署办公，两个管理部下设基本相同的一级部门，干部互兼互任，相同功能统一管理，特色业务继续保持，实行优势互补、资源共享。根据新制定的《勺园、中关新园管理部管理人员内部聘任暂行办法》，组织并完成内部聘任的相关考核，聘任范围涉及各部室二级部正副职和主管共三个职级40个岗位。

**荣誉表彰。** 2022年会议中心荣获2022年度网络安全工作先进单位，中心综合办公室王悦亭获评2022年度网络安全工作先进个人；张胜群、郑明明、张洪建、王春艳、赵淑华、郑英杰、宋继伟、张亚萍、朱庆华、赵丽平、刘桂云荣获北京2022年冬奥会、冬残奥会北京大学志愿者工作突出贡献个人。

（由晓婷、梁 爽）

【疫情防控工作】 会议中心始终严格落实学校各项防疫要求，积极应对多轮疫情的冲击，排查涉疫人员、梳理人员台账，强化出入校权限管理，取消线下各类会议和艺术活动，做好政策解读、防疫温馨提示，关注各渠道的舆情监测等；充分发挥两园合署的优势统筹调配支援力量开展抗疫工作，主动关心关爱一线员工，及时帮助解决实际困难；设立无接触卸货验收缓冲区，设置核酸检测点，并开展志愿服务。

2022年，会议中心多次经历疫情防控保障服务考验。勺园、中关新园成立服务专班，为学校涉疫师生健康观察提供全天候服务；承担驻校值守教职工住宿接待任务，并派驻服务团队到博雅酒店做好酒店到校园闭环的服务保障。全年共接待学校值班用房安排2895人次，勺园、中关新园合力支撑服务部分校内单位的布草更换洗涤、在建工程工人用餐和学生宿舍空调维修等任务。

作为健康观察的主责部门之一，会议中心始终保持高度的责任感，中关新园9号楼和4号楼相继成为健康驿站、健康观察点，全年累计接待在住留学生、港澳台、中高风险地区（返京即返校）返校师生、密接次密接及阳性患者等5590人次。5月起，中关新园动态调整园区出入权限，实行校园和社区分区精准防控管理模式；多次组织疫情应急防控演练和专项培训，在学校专家组和校医院指导下，逐步优化工作流程，新编制《勺园和中关新园新冠肺炎疫情应急处置工作预案》《特殊时期呕吐物处理流程及工作细则》《疫情防控消杀工作标准实施细则》等。健康观察期间，提供定制特惠盒饭套餐，代收外卖与快递服务；节日期间升级菜品，主动问候和赠送慰问品。

（梁　爽、林　峰）

【圆明园校区运行管理】根据学校总体工作部署，为顺利推进燕园地下空间腾退，改善后勤职工住宿条件，经总务长办公会多次研究决定由讲堂负责圆明园校区运行管理工作。讲堂克服经验少、人手紧等困难，履行管理主体责任，顺利完成与继续教育学院的交接工作，并与海淀区职业学校、青龙桥街道等属地单位建立联系，为校区后续运行夯实基础。

初期为加快校区升级改造建设速度，确保后勤职工顺利入住，讲堂一方面组建、融合骨干队伍，制定完善管理制度和业务流程，一方面牵头开展基础设施更新改造，提升校区整体环境。梳理制定校区管理规范和入住协议、设计搬迁方案，集合讲堂各部室力量成立专项工作组，统筹宿舍分配和协助入住办理，并联合餐饮中心、校园服务中心等单位商讨食堂运行、班车安排模式等事宜，提升校区服务水平。积极开展基础设施更新改造，三个多月共完成工程改造近二十项，使校区整体面貌焕然一新，11月600余名职工陆续入住园区。为营造温馨、舒适的校区环境，召开宿舍管理员座谈会，广泛听取意见建议，及时调整管理服务方式，探索真正符合校区发展新路径；开辟室内乒乓球、健身房、棋牌室等活动空间，策划组织形式多样的娱乐活动，丰富员工业余文化生活；为晚上下班归来的员工准备姜汁可乐等暖心举措，得到了广泛好评。随着校区管理服务机制的逐步建立和不断完善，在充分发挥经验优势基础上，继续做好校区管理和挖潜增效工作。

（梁　爽、李宝柱）

# 餐饮中心

【发展概况】食堂规模。2022年，餐饮中心管理食堂16个（学一食堂、艺园食堂、燕南食堂、学五食堂、农园食堂、畅春园食堂、勺园食堂、佟园食堂、松林食堂、中关园食堂、家园食堂、成府园食堂、万柳食堂、圆明园校区食堂、昌平200号校区食堂、昌平新校区馨园食堂），总建筑面积达8万平方米，就餐餐位1.19万个；除燕南食堂在改造修缮外，其余均正常运行。随着家园、馨园等大型食堂的持续稳定运行，师生就餐舒适度大幅提升。

人员情况。截至2022年底，餐饮中心共有员工1165人，比2021年（1215人）减少50人，人才队伍结构持续优化。其中：在职事业编制职工38人，占员工总数的3.3%；事业编制返聘职工3人，占员工总数的0.3%；校劳动合同制职工98人，占员工总数的8.4%；劳务派遣制职工420人（包括劳务聘用人员），占员工总数的36%；合作经营及劳务外包单位员工合计569人，占员工总数的48%，其他人员（小时工及第三方）46人，占员工总数的3.9%。

营业收入。2022年1月至12月，伙食营业总收入2.37亿元，受疫情影响，比2021年（2.43亿元）减少0.06亿元，降幅2.47%，收支尚未平衡，经济运行面临较大压力。

食材采购。2022年，食品原材料采购总量合计2427.12万斤，受疫情影响，比2021年减少528.02万斤（2021年采购总量2955.14万斤）。餐饮中心坚持大宗食材采购均来自北京高校直供基地和北京高校伙食联合采购平台，平台采购量占全年采购总量的83.19%。

伙食补贴。全年伙食补贴支出总额共计1759.57万元，受部分食材价格持续高位运行影响，比2021年增加215.06万元（2021年为1544.51万元）。其中，使用北京市和学校平抑资金约1696.24万元；使用自有资金补贴约63.33万元。

硬件改造。为保证食堂生产加工正常运行，全年对学五、学一、松林、艺园、家园、馨园、圆明园、燕南等食堂实施了不同程度修缮或设备更新，投入基础设施改造、设备购置费用约1562万元（其中：餐饮中心自筹212万元、基金会捐赠经费180万元、总务部及总务长机动金371万元、新校区出资49万元、教育部修购经费750万元）。

疫情防控。餐饮中心慎终如始做好常态化新冠疫情防控，严防严控诺如病毒，持续压紧压实主体责任，餐饮中心防控工作组和食堂督导组深入食堂一线，加强上下联动，认真履职尽责，确保食堂各项防疫措施有力、有序、有效落实。采取务实而灵活的防疫措施，根据疫情发展形势，适时更新细化防疫方案，制定针对疫情防控不同阶段的各级供餐预案。自11月16日燕园主校区出现首例"阳性"病例以来，餐饮中心迅速响应，为7栋学生宿舍楼、3个健康驿站累计送餐12,000余份，同时重启万柳5折优惠、餐车运营等，餐饮保障多项举措有效缓解了紧张、焦躁情绪。

党建工作。"以党建带团建，以党建促管理"。餐饮中心党建工作中，突出抓政治建设、抓领导骨干、抓基层基础。领导班子成员积极参加学校组织的各项培训，带头讲政治，将政治理论学习纳入党政联席会的固定议程，深刻把握"两个确立"的决定性意义，不断增强"四个意识"、坚定"四个自信"、做到"两个维护"，锤炼忠诚干净担当的政治品格。利用重大工作任务或重要时间节点，加强员工的思想政治教育，在2022冬奥志愿者保障重大任务及学习贯彻党的二十大精神过程中，共有24名员工郑重地向党组织提交了入党申请书，比2021年增长91.6%；2022年有3名业务骨干光荣加入中国共产党。加强制度建设，防范化解风险。2022年，餐饮中心根据工作实际和需要，制定和修订了各项工作制度10余项。

（翁习文）

【冬奥餐饮保障】 1月13日下午，召开北京冬奥会和冬残奥会餐饮中心服务保障"味戍队"出征动员部署会。中心精心选派经验丰富的管理和服务团队26人，组建"味戍队"冬奥保障专班，奔赴昌平新校区冬奥驻地，闭环管理近90天，圆满完成餐饮服务保障任务。中共党员、运行保障室主任王传成和生产采购部副主任喻春明担任领队，负责总协调和运行保障工作。中式烹调高级技师、高级营养配餐师、农园食堂厨师长文斌作为团队负责人，负责餐饮品质、后厨管理工作。农园食堂经理助理吴伟作为服务负责人，负责前厅服务、人员管理工作。农园三层的厨师和服务团队全体出征，并调派小北面包房和其他食堂、科室相关工作人员承担中西式面点、食品安全、采购维修等工作。同时，"味戍队"队员还分为闭环内和闭环外服务，并配合昌平马池口镇、市场监督所领导以及民警、保安、保洁等工作人员共同助力冬奥服务。

（翁习文）

【毕业美食专享】 6月18日至6月20日，6月28日至6月30日，餐饮中心、研代会常代会、学生会常代会，校本部、医学部各院系团委、学工办为2022届毕业生发放"2022年毕业季美食专享券"，凭"专享券"在活动窗口选择毕业生专供单品，享受5折优惠，打包幸福回味。

（翁习文）

【时食健康饮食】 餐饮中心自7月起，在北大餐饮中心官方公众号陆续推出小暑、夏至、秋分、立冬等二十四时令饮食习俗介绍。每期提供不同时令进食的建议指导——"春省酸增甘以养脾气，夏省苦增辛以养肺气，长夏省咸以养肾气，秋省辛增酸以养肝气，冬省咸增苦以养心气。"同时，结合食堂原有菜品推陈出新，夏至时节勺园食堂推出凉拌鸡丝荞麦面、学一食堂推出蚕豆扒丝瓜，立冬时节举办"暖冬特供美食周"，九所食堂共推出香菇鸡焖饭等五十余道菜品。"时食记"将中国传统饮食习俗与现代营养学知识有机融合，既有助于师生随自然季节变化获取新鲜、营养丰富的食物，保证健康的多样性和身体机能的协调平衡。

（翁习文）

【"校园农场"建设】 9月，餐饮中心联合北大"林歌"计划志愿服务团队和北大耕读社，在产业生态学、绿色校园实践、农业种植等课程老师的指导下，在家园食堂四层露台发起"校园农场"建设活动——以自然生态方式种植大白菜，将成熟无公害有机大白菜作为食堂食材，加工成各类美味佳肴，回馈师生。最后"变废为宝"，将被挑剩的白菜仔细收集好送往堆肥桶，用作堆肥的原料，推动北大"可持续校园"愿景的实现。

（翁习文）

【校园美食文化节】 10月1日至4日，"调味燕园"——北京大学2022国庆校园美食文化节在北京大学燕园主校区、医学部、昌平新校区同时举行，来自9所高校——清华大学、中国人民大学、北京交通大学、北京航空航天大学、北京理工大学、中国农业大学、北京林业大学、北京师范大学、中国石油大学（北京）的大厨同台竞技，为全校师生贡献了一场美食盛宴，美食节期间各高校共推出55道菜品，各高校专窗累计用餐35,000人次。

（翁习文）

【"松林包子铺"回归】 2005年3月22日，松林快餐正式对外营业，是校内首家营养快餐店，以传统面食包子为主，配以粥类、煎蛋等小吃，又被称为"松林包子铺"，是北大几代学生的回忆。2022年11月3日，"松林包子铺"在经过更新改造后，重新开业，在保留经典的三丁包、生煎包、鲜肉包等美食外，新增梅干菜肉沫包、香芹猪肉包等品种，再次成为北大必吃的"网红打卡点"。

（翁习文）

## 动力中心

【发展概况】 组织结构。动力中心主要负责全校水、电、暖的供给和服务保障工作。包括水、电、暖管网的建设运行和检修维护、夏季防汛抢险、校园零星维修、水、电、暖收费及节能管理、浴室服务、校内公共区域的物业服务等，为学校教学科研提供坚实的动力保障。动力中心下设9个科室：水管科、电管科、供暖运行科、综合办公室、财务室、节能收费科、计划修缮科、物业管理办公室（自设）、工程管理办公室（自设）。

2022年动力中心共有员工246人，其中事业编制职工54人，劳动合同制职工159人，劳务派遣制员工25人，退休返聘员工8人。2022年共有9名事业编制职工退休，1名事业编制职工入职，1名事业编制职工调出。2022年11月，学校任命于虹为北京大学动力中心主任，免去李钟的北京大学动力中心主任职务。

运行保障工作。2022年，全校供水量436万吨，供电量1.97亿度，供暖面积265.5万平方米。浴室洗浴280万人次，日均洗浴8061人次，单日最高可达12,573人次。全年共收取水费1480万元，电费13,338万元，供暖费1559万元。全年累计接打报修电话10.2万次，完成水电暖浴维修服务约3.42万次，用户回访满意度达99.9%。

给水排水系统。负责北京大学校本部及家属区室外给排水管线的巡视检查工作，完成室外管网抢修25次；全年分两次进行校内外污水排放口水质检测，对污水预处理设施进行彻底清掏并监督其日常养护工作。参与学校迎新工作，提前制作浴卡5614张。全年共处理上水报修5714单、污水报修7073单、浴室报修797单、金木工种综合维修3320单，及时达到98%以上。

电力系统。保障110kV电站全年8700余小时无间断运行，110kV电站、10kV开闭站全年无人为操作事故。对全校电气外线和设施设备巡视检修，完成校园电网保护校验工作，共检测中高压开关检测206台、低压开关检测350台。电力系统维修跑票全年共计11,522张。

供暖系统。对全校供暖系统进行夏季常规检修，对锅炉、水泵、热网监控系统等进行例行维保，完成供暖系统室内外检修66项，供暖设备维护保养18项；供暖系统维修跑票全年共计2031张。

物业维修。对校内公共区域物业设施、消防设备和电梯进行检修维护；公共教室空调新风系统进行消毒。疫情期间坚持做好办公楼、教学楼电梯日间消毒工作。保障校区和家属区近90万平方米消防水管网的运行管理。

水电暖基础设施建设。2022年动力中心承担并完成学校水、电、暖专业的各类大小新建、改造、维修工程153项。其中水专业共计完成各项工程83项，工程造价共计2000余万元；电专业共计完成各项工程34项，工程造价共计1500余万元；暖专业共计完成各项工程36项，工程造价共计1180余万元。

党建工作。动力中心党总支开展"建功新时代 服务新征程"系列主题党日活动，全体党员通过各种形式观看党的二十大开幕会、第二十届中共中央政治局常委同中外记者见面直播，认真学习贯彻落实党的二十大精神，坚持以习近平新时代中国特色社会主义思想为指导，更加紧密团结在以习近平同志为核心的党中央周围，深刻领悟"两个确立"的决定性意义，增强"四个意识"、坚定"四个自信"、做到"两个维护"。深刻理解教育是国之大计、党之大计，深入落实立德树人这一根本任务，持续推进"中国特色、世界一流"大学建设。

疫情防控。2022年，中心根据北京市和学校防疫政策，适时制定调整动力中心防疫工作预案。中心领导和各一线科室在疫情严重时期实行AB岗分区值守制。A岗人员由一名中心副主任带队，进校封闭管理，负责校内水电暖运行保障工作；B岗人员留在校外中心场区，由中心主任带队，负责校外各单位及家属区的水电暖运行服务保障工作和人员备岗工作，校内A岗位出现运行人员减员，立即由校外B岗进行补充，全力确保学校水电暖运行保障工作安全可靠。疫情期间，动力中心全力做好职工的心理疏导和物资保障工作，为一线职工发放防疫物资，为全体职工发放健康礼包，为退休职工邮寄"爱心抗疫礼包"。

（李　海）

【第十四次党员代表大会保障工作】 7月31日，中国共产党北京大学第十四次党员代表大会在百周年纪念讲堂隆重开幕。动力中心物业管理办公室承担了三天、两个主会场的部分后勤保障工作，包括消防中控楼宇值守、水电和空调保障等。提前制定详细的值守计划，完善布控点位，踩点调试设备，有序排查隐患，调试空调温度与开机时间，对勺园、文史楼进行新风系统调试等精准服务措施，与外协单位通力合作，与会务人员同步沟通，及时调整设备运行状态，确保会议圆满结束。

（李　岩）

【疫情保障专班】 5月，燕园校区疫情防控形势严峻，中心研判后立即成立校内动力服务保障专班，解决校园封闭管理后保障人员无法流动服务的困难。截止12月23日，专班共完成搭建新帐篷28顶，拆除帐篷36顶，维修被大风刮坏帐篷22顶，拆装灯具32盏、插座44套、数百米电气线路、电源电缆和配电箱，拆装空调25台，运输沙袋12车，清理现场垃圾2车，为学校疫情防控工作提供了强有力的服务保障。

（李　海）

【智能化改造】 7月，"配电室综合智能改造（三期）工程"顺利完成，已基本实现了对全校10KV系统的在线监测功能。通过本次升级改造，可以实时了解所有10KV配电室内各设备的运行状况，实时获取开关柜的电流、电压、温度等关键参数，实时推送故障信息。同时，各站内还安装有视频监控系统，运行人员可随时查看配电室现场情况。

（谢克凡）

【锅炉供暖大修】 北京大学集中供暖锅炉房为主校区供暖热源，现有2012年建成的29MW燃气热水锅炉4台，2019年3月供暖期间发现锅炉漏水，原因为锅炉内部对流管束腐蚀，2022年夏季对3#锅炉本体进行了大修，具体工作为：拆除锅炉本体炉墙等部件和管道、阀门、仪表等附件，对锅炉全部对流管束进行更换，拆除后耐火混凝土对炉膛积灰进行清扫，并对拆除的耐火混凝土进行现浇恢复。由于锅筒和对流管束等受压本体是锅炉最为核心的部件，直接关系到锅炉的安全性和可靠性，中心加强施工过程管理，严格验收程序，严控工程质量，确保锅炉改造后安全稳定运行。

（何　佳）

【燕南园环境提升】 2022年，动力中心配合做好燕南园环境整治提升工程，完成燕南园水电暖部分改造项目。对燕南园区域的综合外线整体更新改造，新做球墨铸铁管和钢塑复合管为各楼座供水，更换老旧水泥污水管为HDPE双壁波纹管，进一步保障园区的生活用水、排水需求，可靠电源保障及冬季供暖需求。

（史　海）

【昌平新校区保障】 2022年，动力中心完成昌平新校区楼宇的配套外线改造工程及管廊一期建设，按照学校对新校区的总体规划，完成管廊一期的建设并按需及时完成改造楼宇的配套动力外线、路灯等，为师生使用的教学楼、宿舍楼及食堂提供动力保障。

（史　海）

【催缴水电欠费】 4月26日第1055次校长办公会会议，同意成立水电费欠费收缴专班，限期做好欠费清缴工作。自5月起，动力中心召开24次线上线下专题工作会，与19家重点欠费单位商议了欠费缴纳工作，确定还款计划和预付费表计安装实施方案。截至12月1日，共收回水电欠费5130万元，欠费回收率为61.1%。同时，中心已完成生命科学学院、环境科学与工程学院、集成电路学院、临湖科技公司、博雅酒店等同意安装预付费电表单位的预付费电表安装工作。

（王翌铭）

【职工技能大赛】 4月11日至4月15日，动力中心举办"喜迎五一劳动节，争当技术尖兵"职工技能大赛，共112名职工报名参赛，其中42名职工获奖。结合服务保障工作专业，大赛设置了给排水管工、高压电工、低压电工、电焊、司炉、软水、空调电梯维修、水电表维修、吊车驾驶、综合服务等十项技能比赛。通过技能大赛，展示服务形象，提高本领技能，实现以点带面，提高服务质量，促进更好为师生服务。

（李　海）

## 公寓服务中心

【发展概况】 机构设置。公寓服务中心内设机构包括学生公寓办公室、教师公寓办公室、万柳公寓办公室、综合办公室和财务办公室。

服务范围。在学校学生公寓管理委员会的领导下，按照学校招生计划，协调落实国内（包括港澳台）本科生住宿安排。燕园校区学生宿舍34栋，建筑面积23.6万平方米，宿舍7482间，住宿学生20,900人。在学校教职工住房管理委员会的领导下，承担教师公寓、博士后公寓的周转住宿服务。教师公寓（含博士后公寓）1800多套（间），居住教职工（含博士后）1100余人。万柳公寓建筑面积10万平方米，住房953套（间），住宿硕士研究生3000余人，教职工近400人。

队伍建设。从事学生公寓、教师公寓和万柳公寓服务保障的干部员工共有310人，其中管理和专业技术人员40余人，综合服务保障一线员工200余人。公寓中心干部职工225人，包括学生宿舍楼长105人，卫生保洁近30人，综合服务、工程维修、运行保障、安保等50余人。服务外包单位员工（卫生保洁和消防中控等）85人。

切实做好疫情防控工作。按照上级有关部门和学校疫情防控要求，落实各项疫情防控措施，根据疫情变化，调整完善工作方案和应急预案，切实做好新冠疫情防控和诺如病毒防控。做好学生公寓楼内卫生保洁和公共场所的消毒消杀，入楼登记和体温监测。与保卫部、学工部、校医院等沟通协调做好万柳园区防控管理、核酸检测等事项。对接属地社区，协调师生疫情防控事项。做好办公楼会议服务、卫生保洁和环境消杀，严格落实防控措施。加强楼长、保洁员一线员工培训，接种疫苗和定期核酸检测，配备配齐防护物资。会同学工部、保卫部、教师工作部、燕园街道等部门做好畅春园东院疫情防控工作。

学生公寓管理。做好毕业生退宿和文明离校工作。2022年燕园校区春季毕业离校144人，暑期毕业离校退宿本科生2941人，硕士生522人，博士生1302人，医学部730人，共计5639人。

暑期宿舍搬迁调整工作。降转和延期本科生350人、延期硕士生98人进行宿舍调整，硕转博提前入住208人，直博生3人间调整2人间搬迁493人，共计调宿1149人。

暑期宿舍维修检修。清理保洁毕业生宿舍1724间，更换门锁，清洗窗帘，家具床铺检修6000多套，空调清洗7000多台。配合总务部完成45甲楼整体装修改造，宿舍维修粉刷1600多间。

协调落实新生住宿方案，做好迎新入住。本科生3057人，医学部727人，博士生1640人，硕士生52人，选留、双培及交换生等165人，共计5641人。代购并搬运本科新生卧具3000余套。

积极开展爱国卫生运动和宿舍文化建设。指导"北大燕窝"开展宿舍文化建设活动，积极参与垃圾分类，结合劳动育人，参加宿舍安全卫生检查。会同学工部开展"安全文明卫生宿舍"和"示范学生宿舍"评选和宿舍教育，落实全方位育人。

加强学生公寓安全与消防管理。会同保卫、学工等部门加强用电、电器等安全检查，排查整治各类消防安全隐患。开展安全专项工作，组织消防演练，加强安全教育。做好值班值守和62756163全天候公寓服务热线。

教师公寓管理。完成中级职称教职工教师公寓入住及调整。2月启动，4月完成集中调配。申请审核及公示147人，144人选房入住。2022年日常入住和调整公示114人，选房入住75人。

逐步改善教师公寓的条件和配套服务。继续推进畅春园青年公寓60楼装修改造工程。

提升博士后公寓保障服务。2022年博士后进站入住43人，出站退房92人。做好房屋粉刷维修和卫生保洁，优化服务流程。

配合房产部做好肖家河四区、旧有住房二次配售以及人才房腾退工作。肖家河四区腾退教师公寓130人。

做好腾退房源的安全管理和维修工作。定期巡查，确保汛期和供暖季安全。及时启动腾退房源粉刷维修工程，完成粉刷检修203套。

**万柳公寓管理。** 北京大学万柳学区管理服务团队获得由中国教育后勤协会组织评选的"2021年度最美后勤人"荣誉称号。

做好毕业生退宿离校和新生入住服务。2022年毕业生离校退宿1103人，动员帮助零散床位同学进行宿舍搬迁调整。硕士研究生新生入住804人，圆明园校区搬迁入住硕士研究生205人。

做好教师公寓入住和退房服务。2022年青年教师入住116人，调整退房173人。

房屋及配套设施维修检修，提升住宿条件。粉刷检修学生宿舍272间、教师公寓198间，清洗空调1500多台，更换部分宿舍家具。完成学思堂自习室改造工程，更新桌椅书架300余件。启动中心花园改造，完成鲜花种植和部分区域硬化。

排查维修设备设施，确保园区安全稳定运行。全年处理师生各类报修7600多次；完成园区室外污水管线更换工程、更新四区、五区防水2251平方米、更换园区消防水龙带350套；完成3台锅炉及附属设施大修工程；更新食堂燃气管道及燃气报警设备；检修配电站低压设备。

进一步提升服务育人和文化建设。动员师生参与园区管理服务，开展体育文化月、摄影比赛等活动，评选2022年万柳荣誉居民5人。加强队伍建设，开展心理、运动、健康多主题讲座和培训活动，提升员工综合能力。

落实精细化管理和服务。万柳前厅和"万柳大家庭"微信全天候24小时提供服务，及时解决师生问题。坚持每月开展园区安全卫生检查，发现问题及时整改。公众号全年推送160余条，开展疫情防控、消防、防诈骗等宣传教育20余次。

**党建工作。** 深入学习贯彻习近平新时代中国特色社会主义思想和党的二十大精神、北京市第十三次党代会和北京大学第十四次党代会精神及工作部署，不断增强"四个意识"、坚定"四个自信"、做到"两个维护"。组织党员集体观看党的二十大开幕会及中国共产党第二十届中央政治局常委同中外记者见面会。通过观看直播、集中学习、分享体会、参观研讨、走访实践、楼长板报展等多种形式，感悟非凡成就，凝聚奋进力量。

努力践行服务育人和立德树人宗旨，把思想政治工作和后勤服务保障工作紧密结合起来，深化为师生服务的理念，结合新时代劳动教育，开展后勤课题研究。

加强党支部建设，发挥先锋模范作用。组建党员先锋队，积极投入迎新接站、疫情防控、应急保障等"急难险重"工作任务，发挥示范引领作用。4月，为切实做好万柳园区防控工作，学校党委批准成立了北京大学万柳园区临时党支部。在学校党委领导下，学校有关部门的支持下，园区党支部凝聚抗疫合力，发挥战斗堡垒作用，切实做好疫情防控和服务保障，守护了万柳园区安全。

认真做好学校党委巡察反馈意见的整改落实，把为师生"办实事，解难事"，落实到服务保障工作全过程。积极配合后勤党委、人事部、房产部等，切实做好中央巡视反馈整改事项，不断改善师生住宿条件，提升服务育人能力和方法。

加强制度建设。制定修订了公寓服务中心关于意识形态工作责任制、党风廉政建设责任制实施细则、廉政风险防控、内部控制手册等规章制度和办法。把党风廉政建设、思想政治建设和作风建设贯穿班子建设始终，规范领导班子民主生活会有关制度，贯彻党的群众路线，反对"四风"。认真执行领导干部个人有关事项报告、述职述廉制度。加强以贯彻民主集中制为核心的制度建设，严格执行"三重一大"决策制度和党风廉政建设责任制等各项规定。

（管晓宁、张伟、唐晓雪、李慧娟）

【万柳园区疫情防控】 为做好万柳园区疫情防控工作，万柳园区增设园区学生工作办公室和安全保卫办公室；成立万柳专班，由校领导任组长，成员单位包括人事部、学工部、国际合作部、保卫部、后勤党委、总务部、餐饮中心、公寓服务中心（特殊用房管理中心）、校医院等，各单位增派干部加强工作力量；成立临时党支部，发挥先锋作用。协调各方资源，同心协力顺利完成万柳园区疫情防控工作。调整工作机制，提高响应能力。所有工作力量下沉一线，加强服务力量。加强值班值守，畅通师生与学校沟通渠道。建立风险防范和矛盾化解联动机制，提前预估风险，做好预案，共同配合妥善解决。完善防控和应急预案，建立健全园区网格化管理模式。关注师生需求和思想动态，院系领导带队慰问万柳公寓在住师生家属，特殊用房管理中心走访住户老师了解居住需求。提供优质便利服务。增设核酸采集点；食堂增开特色档口延长营业时间，推出特价打折套餐，增设餐车；开通"燕园-万柳"班车；开放园区所有公共空间，满足师生学习、面试、考试需要；组织团购送菜；延长健身馆服务时间；提供送餐、送快递到门等特殊需求服务。开展活动丰富师生生活，组织"接力青春，你我同行"学生户外挑战赛、集体观看欧冠决赛，开展k歌、桌游、解压室、童年游戏、包粽子、儿童节游园等活动。

（唐晓雪）

【万柳学思堂改造升级】 位于万柳学区三区二层的学思堂是同学们日常自习的重要场所，但因设施陈旧已不能满足使用需求。为此，公寓服务中心邀请景观学院同学在意见征集基础上对学思堂布局进行整体设计，在北京大学中公教育基金和"小舍大家"宿舍文化发展基金的支持下，利用2021—2022学年寒暑两个假期完成学思堂硬装、软装等改造。同时，在全园区征集选书人，选出 1500 余本图书，北京大学出版社、丘平老师等单位和个人也捐赠扩充图书数量和类目，并改造后的学思堂于 2022 年开学当天正式投入使用。北大校友书画协会也捐赠 79 副墨宝为学思堂启用增色。此次学思堂改造升级，景观设计学院、万柳师生联合党支部、万柳学生联合会参与了室内设计、书单征集、规则制定等多项工作。

（郭舒娅）

【附表】

表9-1　2022年公寓服务中心学生公寓基本情况一览表

数据统计时间：12月31日

| 序号 | 楼号 | 宿舍间数 | 宿舍间型（人） | 住宿人数 | 学生类别 | 建筑年代 | 建筑面积（㎡） | 宿舍面积（㎡） |
|---|---|---|---|---|---|---|---|---|
| 1 | 28 | 289 | 4 | 1130 | 男本 | 2016 | 9592 | 20.5 |
| 2 | 29 | 161 | 4 | 352 | 男本硕 | 2015 | 6063 | 20.8 |
| 3 | 30 | 160 | 4 | 632 | 女本 | 2015 | 6054 | 20.8 |
| 4 | 31 | 275 | 4 | 1058 | 女本 | 2015 | 9642 | 20.8 |
| 5 | 32 | 288 | 4 | 1056 | 女本 | 2016 | 9592 | 20.5 |
| 6 | 33 | 152 | 4 | 565 | 女本 | 1998 | 5894 | 20.4 |
| 7 | 34 | 239 | 4 | 897 | 女本硕 | 1999 | 8290 | 20.4 |
| 8 | 35 | 305 | 4 | 1140 | 男女本 | 2016 | 9592 | 20.5 |
| 9 | 36 | 228 | 3—4 | 696 | 男本硕博 | 2003 | 8065 | 21.9 |
| 10 | 37 | 246 | 4 | 971 | 男本 | 2003 | 8319 | 21.9 |
| 11 | 38 | 196 | 4 | 764 | 男本 | 2004 | 6941 | 18.8 |
| 12 | 39 | 247 | 4 | 888 | 男本硕 | 2004 | 8206 | 18.8 |
| 13 | 40 | 216 | 4 | 643 | 男本 | 2005 | 7676 | 21.9 |
| 14 | 41 | 208 | 3—4 | 330 | 女硕博 | 2005 | 8203 | 21.9 |
| 15 | 42 | 193 | 3—4 | 380 | 男硕博 | 2005 | 6698 | 21.9 |
| 16 | 44 | 158 | 4 | 609 | 男女本 | 2014 | 5406 | 18.9 |
| 17 | 45 | 227 | 2—3 | 511 | 女硕博 | 1985 | 6285 | 14.2 |
| 18 | 45甲 | 221 | 4 | 855 | 男本 | 2000 | 7735 | 22.8 |
| 19 | 45乙 | 233 | 4 | 919 | 男本 | 2003 | 8423 | 22.8 |
| 20 | 46 | 220 | 2—3 | 558 | 男博 | 1985 | 6034 | 14.2 |
| 21 | 47 | 193 | 2—3 | 450 | 男女博 | 1985 | 5450 | 14.2 |
| 22 | 48 | 194 | 2—3 | 411 | 女博 | 1985 | 5450 | 14.2 |
| 23 | 畅春园60甲 | 78 | 2 | 153 | 女博 | 2007 | 2252 | 15.4 |
| 24 | 畅春园61甲 | 71 | 2 | 138 | 男博 | 2007 | 2041 | 15.4 |
| 25 | 畅春园63 | 189 | 2 | 360 | 男博 | 2005 | 5460 | 14.7 |
| 26 | 畅春园64 | 161 | 2 | 310 | 男博 | 2007 | 4530 | 15.4 |
| 27 | 畅春园65 | 202 | 2 | 355 | 男女博 | 2007 | 5308 | 15.4 |
| 28 | 畅春新园1号 | 339 | 2 | 667 | 男博 | 2005 | 9241 | 17.1 |
| 29 | 畅春新园2号 | 397 | 2 | 771 | 男博 | 2005 | 10,526 | 17.1 |
| 30 | 畅春新园3号 | 472 | 2 | 920 | 女博 | 2005 | 12,494 | 17.1 |
| 31 | 畅春新园4号 | 363 | 2 | 700 | 男女博 | 2005 | 9745 | 17.1 |
| 32 | 勺园1号 | 123 | 2 | 243 | 男博 | 1981 | 3320 | 13.6 |
| 33 | 勺园3号 | 122 | 2 | 239 | 女博 | 1981 | 3320 | 13.6 |
| 34 | 勺园4号 | 116 | 2 | 229 | 男博 | 1981 | 3534 | 13.6 |
| 总计 | | 7482 | | 20,900 | | | 235,381 | |

（尹瑜瑾）

表 9-2　2022 年教师公寓、博士后公寓基本情况一览表

数据统计时间：12 月 31 日

| 类别 | 园区 | 套（间）数 | 人数 | 备注 |
|---|---|---|---|---|
| 教师公寓 | 畅春园及承泽园 | 473 | 115 | 3 居 43 套<br>2 居 17 套<br>1 居 66 套<br>标准间 347 间 |
| | 蔚秀园 | 177 | 131 | 4 居 1 套<br>3 居 1 套<br>2 居 165 套<br>筒子楼单间 10 间 |
| | 朗润园 | 7 | 7 | 4 居 4 套<br>3 居 3 套 |
| | 燕东园（含清华园） | 142 | 103 | 4 居 4 套<br>3 居 4 套<br>2 居 85 套<br>1 居 49 套 |
| | 中关园 | 366 | 170 | 4 居 1 套<br>3 居 157 套<br>2 居 62 套<br>1 居 146 套 |
| | 燕北园 | 145 | 125 | 3 居 129 套<br>2 居 16 套 |
| | 万柳公寓 | 375 | 368 | 4 居 5 套<br>3 居 42 套<br>2 居 110 套<br>标准间 218 间 |
| | 合计 | 1685 | 1019 | |
| 博士后公寓 | 畅春园 | 72 | 25 | 标准间 |
| | 承泽园 | 70 | 53 | 2 居 |
| | 中关园 | 36 | 27 | 1 居 |
| | 合计 | 178 | 105 | |
| 公寓总计 | | 1863 | 1124 | |

（张　伟）

表 9-3　2022 年万柳公寓基本情况一览表

数据统计时间：12 月 31 日

| 房屋类型 | 使用人 | 房间数量 | 人数 | 备注 |
|---|---|---|---|---|
| 学生公寓 | 专业硕士 | 128 间 | 463 人 | 4 人间 |
| | 学专硕混住 | 6 间 | 22 人 | 4 人间 |
| | 学术硕士 | 738 间 | 2225 人 | 4 人间 |
| | 直博生 | 4 间 | 9 人 | 3 人间 |
| 教师公寓 | 教职工 | 218 间 | 232 人 | 标准间 |
| | | 366 间（157 套） | 136 人 | 2 居 110 套<br>3 居 42 套<br>4 居 5 套 |
| | 院系和部门用房等 | 116 间 | / | |
| 总计 | | 953 套（间），折合 1576 间 | | |

（唐晓雪）

# 校园服务中心

【发展概况】 组织机构。2022年，校园服务中心内设五个科室，包括：综合办公室、绿化环卫管理科、综合事务管理科、车辆管理科、财务办公室。中心领导班子成员：主任1人、副主任2人。

队伍建设。校园服务中心在岗各类人员共222人，其中：事业编制人员28人（含财务部派驻会计1人、人事关系在校办产业管理委员会办公室1人、人事关系暂存中心3人），劳动合同制人员82人，劳务协议人员13人，劳务派遣、劳务外包人员99人。离退休人员292人。2022年，通过招聘，新增事业编制人员1人。2022年，劳动合同制人员离职3人，达到退休年龄6人，续签无固定期限合同2人、续签固定期限合同5人。2022年，新增离退休职工3人，离退休职工病故5人。

做好后勤系统等服务保障单位评优表彰推荐工作。中心推荐"最美基层党组织"1个、"最美服务团队"4个、"科学管理奖"6人、"匠心服务奖"8人、"立德树人奖"8人、"勤奋敬业奖"7人、"文明和谐奖"7人、"青年岗位能手奖"1人。

依据《校园服务中心评优表彰管理办法》，做好中心年度评优表彰工作。中心评选表彰"最美班集体"4个、"最美勤务员"6人、"最美绿化工"5人、"最美保洁员"5人、"最美驾驶员"5人、突出贡献奖6人、突出奉献奖30人。通过评优表彰，在内部形成赶超比拼、学习先进、创造佳绩的良好氛围，向校内外弘扬后勤员工爱岗敬业、服务奉献、争创一流的工作作风，激励中心广大干部、员工攻坚克难、开拓奋进。

积极通过校内招聘、社会招聘等方式，引进事业编制、劳动合同制管理、专业技术人才，并从中心现有骨干中培养管理人才，努力配齐管理干部队伍。2022年，通过校内招聘方式，聘任1名车辆管理科副主任；通过社会招聘方式，招聘1名专业技术人员；通过内部招聘方式，聘任1名车辆管理科行政主管。

持续加强分级分类培训，提升队伍综合素质。为培养干部队伍创新能力，提升管理队伍的管理水平，强化全体员工的专业技能，促进中心整体工作全面发展，采取多种方式，开展各类培训共计10余次。组织制度解读培训会；开展全员核酸检测应急演练暨帐篷搭建比武、保洁消杀、林木修剪及养护技术、驾驶员安全及礼仪等专项培训；组织人员积极参加北京教育系统新冠等传染病防控工作专题培训。

党建工作。校园服务中心党总支设置三个党支部，党员共68人，其中：第一党支部25人、退休一支部33人、退休二支部10人。党组织关系不在后勤党委的党员5人。2022年，预备党员转正2人，确定发展对象1人，入党积极分子2人。加强党建引领。在防控新冠疫情、诺如病毒防控、校门封闭管理、东门大草坪、燕南园改造、品质校园建设、极端极寒天气扫雪铲冰、应急事件处置等各项工作中，党组织始终发挥政治核心、战斗堡垒作用，干部、党员带头，全体员工团结一心、共同奋斗，确保各项工作圆满完成。加强党支部规范化建设。落实党建工作主体责任，规范开展"三会一课"、组织生活、主题党日、党组织书记党建工作述职评议等，夯实基层党建基础，做好组织保障。加强监督检查。持续坚持"清单式管理，销账式管控"工作模式。加强干部队伍建设。着重培养干部抓落实的能力，把抓落实情况与干部选拔任用、从严管理、正向激励等密切结合。加强防范化解重大风险。落实意识形态工作责任制，确保安全稳定。

按照学校党委、后勤党委部署，组织中心党员干部群众以集体、个人观看等多种形式观看党的二十大开幕式、中国共产党第二十届中央政治局常委与中外记者见面会等，引导大家深入理解二十大报告中的新思想新论断新部署，结合工作实际谈体会谈落实。将学校党委学习传达党的二十大精神大会、学校党委、后勤党委组织的各种学习的精神及时传达至中心干部、员工，组织参观北大改革发展十年成果图片展，召开中心学习党的二十大精神专题座谈会，迅速将思想和行动统一到党的二十大精神和部署上来。贯彻落实党的二十大精神，结合实际工作，开展一系列为师生员工办实事活动。

工会工作。积极维护职工权益。继续完善用工管理，尊重和保障职工合法权益。做好困难职工帮扶和节假日送温暖、慰问等工作。为10名生活困难职工申报年底"送温暖"补助；做好学校工会国庆、中秋和年底慰问工作；关爱、看望生病职工，为职工解决实际困难。开展关心关爱员工的工作和活动。不断改善员工住宿条件，按照学校统一部署，积极稳妥地完成圆明园校区宿舍搬迁工作。在学校封闭管理期间，购买防疫和防暑降温物资慰问闭环职工，组织员工开展"强体魄 共抗疫"活动。组织员工参加学校运动会、羽毛球锦标赛及中心劳动技能大赛。做好工会系统先进集体和优秀个人评选工作。

安全管理。健全组织机构，落实管理责任。调整中心安全工作小组成员，中心主任担任组长，全面负责中心意识形态、保密、消防、交通、治安、网络安全等各项安全稳定工作；各科室负责人是科室安全管理第一责任人，分解落实安全管理责任制，做好本科室的安全管理工作。2022年，推荐2人参评学校"安全管理先进个人"。

业务工作。校园绿化美化。完成绿地养护约85万平方米、湖面清洁约10万平方米、道路清扫约38万平方米的运行保障任务。做好危险、枯死树木处置工作，持续加大对校园和家属区高大乔木、生长年份较老的乔木的日常巡查力度，共处置危险树木280余株。做好美国白蛾等病虫害防治工作。自6月初开始，安排专人坚持每日实地巡查和数据报送，持续加强区域内监测巡查力度并组织实施查防一体作业，通过诱捕器、释放生物天敌、剪除网幕和喷洒药物等方式，多措并举，对易发区域和树种进行全覆盖防治作业，共处理涉及白蛾虫害树木100余株。完成校园花卉布置工作。在"五一"、"七一"、学校第十四次党代会、"十一"、党的二十大召开期间等重要时期，在校园重要景观区域布置特色花坛和绿植。根据立地条件设计适合的花卉种植形式，在俄文楼东侧、遥感楼南侧、28楼西侧设置宿根花卉花境，在办公楼西侧广场摆放冬季花坛。完成化粪池清掏服务工作。全年清掏约2400余车次。完成垃圾清运工作。全年清运绿化垃圾约380车次，清运无主垃圾约400车次，建筑渣土280余车次；全年共计消纳其他垃圾约5700吨，燕北园的其他垃圾桶站全年清运约1.8万余桶。做好绿化垃圾和厨余垃圾处理工作。4月初绿化垃圾粉碎处理设备投入使用，9月底厨余垃圾处理设备交付使用。

校园修缮及工程建设。完成南门至教育学院主干道两侧绿地景观工程、学生宿舍29号及30号楼之间绿地景观工程、西门北侧牡丹园喷灌系统改造工程、28楼周边绿地喷灌系统改造工程、红一楼北侧停车场地面修缮工程、勺园9号楼门前绿地恢复工程、圆明园校区绿化改造工程、校园东侧围墙修缮工程、46楼南侧挡土墙维修工程、勺园5号楼及车棚周边地面修缮工程、教育学院门前绿地挡土墙修缮工程、英杰讲堂邱德拔广场地面修缮工程等30项工程建设任务。共计改造绿地约2万平方米，维修道路约1700平方米，维修围墙约1300平方米。

保洁服务。完成教学区约8万平方米的保洁及消杀工作，包括300余间教室、100余个卫生间、2万余个座位；完成学校近60余所院系日常保洁及服务工作；完成文史楼、理教等教学楼玻璃清洁工作；完成三教地面养护工作。在学校闭环管理期间，严格遵守防疫要求，开展防疫工作，营造安全温馨的教学环境。

饮水机维护。完成学校宿舍楼、教学楼、部分办公楼100余台饮水机的日常巡检及保洁工作；协同相关部门完成200余台饮水机的初步维修及报修工作；协调饮水机厂家完成每年两次的维修保养工作；配合总务部完成理教等楼宇18台饮水机和畅春新园3台纯水机的安装工作；完成饮水机水质抽样检测工作，做到公共教室点位全覆盖。

校园环境及公共卫生间巡查及查号台工作。建立健全巡查工作机制，加大巡查力度，不留死角，及时发现解决校园环境问题。做到小问题随时发现随时解决，涉及多部门的问题上报给校园环境巡查调度组协调解决。将校园分为东、中、西三片区域，由专人负责巡视。全年发现建筑垃圾、卫生死角、无主垃圾、建筑破损、公共卫生间设施设备损坏等问题1000余项，建立各单位物业通讯录，并及时与相关部门协调解决问题。完成查号台人员值守工作。

车辆运行服务。进一步规范车辆使用管理。按照要求，进一步梳理车辆维修流程，确保定点维修的要求落到实处；完成在用车辆油卡（中央国家机关政府集中采购）专用卡的办理工作。完成吉利捐赠车辆的接收和后续工作。统一车辆在车管部门的登记信息。持续加强安全教育和培训工作。先后开展夏季行车安全、驾驶服务礼仪、重大时间节点行车安全等近10次安全教育培训。完成北京冬奥会冬残奥会、学校第十四次党代会、迎新、"护燕归航"、校区班车、家属区班车、疫情期间车辆服务等各类车辆保障。全年累计行驶里程五十余万公里，安全无事故。

其他工作。完成500余张学生公交卡新办和补办工作。完成毕业季、迎新期间3000余件学生行李的寄存和发放工作。配合爱卫会开展灭蚊蝇、灭鼠、灭蟑螂等工作。配合绿委会做好春季防花粉过敏、大风天气及时清理枯枝、雨雪天气及时清理积水及扫雪铲冰等极端天气应急处置工作。配合学校相关部门完成理教卫生间设备设施、一教整体装修的升级改造工作。配合开展教学楼环境检测工作。配合考试中心、计算中心等单位完成各类考试的服务保障工作。

综合管理。行政管理。进一步加强固定资产管理。制定《校园服务中心仪器设备管理实施细则》《校园服务中心家具资产管理实施细则》，开展固定资产账物相符及资产报废工作。进一步加强档案管理。规范中心档案室建设，指定专人负责档案管理。按照分类管理的要求，收集整理各类档案资料。进一步规范合同管理。制定《校园服务中心合同管理办法》，明确相关工作流程、审批权限及各项管理要求等。进一步规范各类会议纪要管理。中心党政联席会、中心办公会、科务会，以及各专班会议，均指定人员负责会议纪要撰写。全年共撰写各类会议纪要100余份。

财务管理。日常工作包括出纳、制单、审核、预算、决算、银行对账及上报各类财务报表等基础工作。疫情防控期间，保障资金供应，确保各类防疫物资采购到位。完成2022年预算执行和2023年预算申报工作。2022年，学校对校园环境和品质的要求继续提升，多个综合治理项目施行，全年预算高位运行，定期召开预算执行会，对照预算申报内容，分类通报预算执行情况。通过预算执行会，总结前期资金使用情况，调整优化下一步资金使用计划，确保预算资金使用的科学合理。

人事管理。严格贯彻落实学校和中心各项人事管理制度，完善和细化人事工作管理流程，进一步规范中心劳动合同和劳务协议管理。加强人员管理，妥善处置人员离职、保险处置等人事工作。完成年度重点工作，包括招聘、考勤、通用岗位聘任、晋升、聘期考核、年度考核、绩效激励等各项工作。进一步细化人事管理工作，建立人员台账、离京审批台账、人员健康管理台账，进行每日人员统计等。结合疫情防控、校门管控等，建立人员出入校审批机制。加强新入职员工政审，及时掌握员工思想状况。

离退休工作。加强离退休职工党建和思想政治工作。及时将学校相关要求传达至离退休职工，引领其始终坚持党的领导，贯彻落实党中央、上级党委和学校党委各项决策部署，始终坚定跟党走。中心党总支将学习党的二十大精神、习近平总书记重要讲话精神、北京大学第十四次党代会精神、收听收看直播、撰写感想等重要工作部署及时通知至离退休职工，引领老同志们全面贯彻落实习近平新时代中国特色社会主义思想，贯彻落实党的二十大精神。运用多种方式，提升离退休职工的政治思想水平。中心党政负责人带队到老党员、老同志家走访慰问，宣讲党和国家的政策、学校及后勤的发展变化。组织"喜迎二十大 奋进新征程"校园服务中心离退休党员"老有所为 老有所乐"作品展。为老同志订阅思想学习和健康生活的报刊，进一步促进老有所学、老有所为、老有所乐。做好离退休职工服务管理工作。用心用情做好服务，为老同志办实事、解难事。坚持落实走访慰问制度，在"七一"、国庆节、重阳节、元旦、春节等重大节日集中走访看望离退休职工，尤其是老党员、90岁以上职工、困难职工等，让老同志充分感受到组织的关爱和集体的温暖。用好离退休人员活动经费，精心组织活动和慰问。积极申请学校特困补助和做好补充商业保险，不断完善保障体系。积极为离退休职工做好防疫方面的服务保障。做好接种新冠疫苗的动员工作、数据统计工作及日常疫情防控信息的通知、排查、安全提醒等工作。在11月以来感染者增多、防控形势严峻的情况下，高度重视离退休老同志的防疫安全和各项健康服务，召开会议专题部署相关工作，设立离退休人员疫情防治专项工作组和应急服务热线，了解离退休人员健康等各方面情况，关注独居、生病等特殊困难群体，及时将学校筹集的捐赠品发放给离退休人员，帮助离退休职工平稳度过疫情流行期。

冬奥保障。根据学校统一部署，选派7名政治合格、素质过硬、作风优良的保洁人员，组成保洁服务团队，为北京大学昌平新校区冬奥志愿者驻地开展为期3个多月的服务保障工作。团队发扬团结互助、连续奋战、共同奋斗的优良传统，圆满完成任务，受到后勤兄弟单位和学校学工部门的认可和好评。中心获评北京大学北京2022年冬奥会、冬残奥会志愿者工作突出贡献集体。

（张丽娜、朱滨丹、熊蕾、张可、
徐景龙、李楠、郭红星、吴江）
（张丽娜、张可）

【疫情防控工作】 按照疫情防控要求，做好常态化防控工作。做好校园环境、公共教室、部分办公楼宇、班车及师生用车等的清洁、消毒。配合相关部门做好重要活动的环境清洁、消毒。随时处置突发情况的环境清洁、消毒。完成学校和疫情防控后勤保障组安排的各项临时突发工作。在学校闭环管理期间，中心派出队伍完成楼宇开荒保洁工作，并先后选派30余人次赴健康驿站开展服务保障工作。员工们以严谨的工作态度、严格的工作程序、专业的工作标准完成相关工作任务，得到了驻地师生的认可和好评。三是中心干部按照要求参加教育部、北京市教工委、学校等各级疫情防控会议，及时传达相关会议精神，确保中心管理骨干准确掌握疫情防控最新形势、政策要求及相关措施，为精准防控打下坚实基础。

（张丽娜、朱滨丹、张可）

【推进品质校园建设】 中心领导班子科学统筹，合理安排精品工程建设项目。2022年，完成了燕南园绿化恢复工程和东侧门工地生活区绿化恢复工程等重点工程项目。在学校党委和行政统一部署下，在分管校领导亲自指挥和安排下，在后勤系统相关单位通力合作下，中心干部、员工利用暑期疫情窗口期，加班加点，接续奋斗，高质量如期完成工程建设任务。

（张丽娜、李楠）

# 医学部总务工作

【发展概况】 机构设置。医学部总务处下设8个办公室和9个中心（2023年1月，新设立产业园管理办公室和科技楼管理办公室），承担医学部房产管理、教室及会议服务、水电气暖供应、餐饮服务、修缮维护、绿化卫生、运输服务、医疗保障、幼教服务和社区服务等后勤保障任务。截至2023年2月，共有事业编制人员89人，非事业编制人员330人。

基本建设工程项目。2022年完工项目总建筑面积6.12万平方米，总投资3.6亿元，累计完成投资2亿元。其中，图书馆项目（1.3万平方米）总投资1.68亿元，均为医学部自筹资金，累计完成投资1.39亿元，10月19日完成验收并投入使用。医学科技楼科研平台（30,000平方米）、仪器平台（5400平方米）、动物实验室（5400平方米）项目总投资1.67亿元，累计完成投资11,678万元。

学生宿舍提升项目。改造总面积约34,000平方米，2022年年初教育部下拨专项修购资金7885.41万元，后经过调项转入资金856.36万元，总计拨付资金8741.77万元。截至2022年底完成学生宿舍8号楼及青年公寓27号楼、学生宿舍4、1、3号楼、研究生公寓楼（原赢家酒店）的改造工程，博士后公寓项目正在施工，城内宿舍北楼改造项目申报2023年校级预算520万。

校园基础设施项目。下拨金额924.38万元，其中教育部专项修购资金14.78万元，医学部校级预算909.6万元。其中部医院平房改造、水电表计量改造均已完成，家属区加装电梯等项目正在施工。

品质校园建设项目。批复金额2434万元，其中修购资金945万。校门改造（410平方米）、操场改造（18,723平方米）、逸夫楼（504.12平方米）、中心实验楼（6800平方米）、德园（840平方米）、会议中心讲堂（1877.15平方米）、校园道路（9300平方米）等改造项目均已顺利完工。

服务保障。完善服务质量监控及管理。加强施工、生产安全管理，做好校园水、电、暖运行保障及校园环境修缮、改造、美化工作。保障供水、供电平稳运行，为师生教研生活护航，加强水电节能管理，建设绿色节约型校园，完成七十余项房屋修缮改造工程，工程范围覆盖教学楼、行政楼、学生公寓、教师公寓、多楼宇卫生间、家属区外墙、家属区供水管线、自行车棚等，全面保障家属区和校内各类用房安全及防疫安全，提升安全感和舒适度。

全年完成校园8万平方米日常清扫、生活垃圾清运，疫情防控日常消杀及重大活动前消杀；做好全校及三院、六院等所有生活垃圾集中收取、转运；坚持校园春夏秋三季的洒水降温、降尘；全校秋冬季落叶的及时清扫、清运工作。在北大医学办学110周年和党的二十大召开前后，加强校园环境卫生的巡视与清扫，为学校各类活动会议、开学典礼、英语四六级考试、学生社团及二级单位等悬挂横幅、海报百余条。

完成学生食堂后厨设备的更新、跃进厅食堂后厨基础设施改造、德园餐厅的装修改造、后厨燃气设备设施的维护与更新；2022年，为北大医学办学110周年系列活动、服务医学部八家选举单位产生北京大学第十四次党员代表大会代表、学校毕业典礼及迎新活动、5.12国际护士节表彰暨晚会、播放电影等提供优质会务服务；努力加快"品质教学楼"建设进程，改善硬件设施，提升学习环境和自习体验，定期进行多媒体设备维护，为教育教学保驾护航；幼儿园兼顾线上线下课程，努力做好职工子女教育服务工作。

餐饮部门多措并举，精准管理，有序停止、逐步恢复堂食，增设餐车、不断推出优惠上新，惠及师生，力保民生，坚持为家属区提供服务。不断提升餐饮专业技能，践行工匠精神，以实际行动为北大医学办学110周年献礼。

完成肖家河教工住宅四区原房腾退收房工作，共收回9套住房（3套校内、6套校外）；完成北京大学旧有住房配售选房工作，最终81人申购成功。对学生宿舍1、3、4、5、6、8号、中南、留北、原赢家酒店等室内家具更换2498件、直饮水机更换23台；学生宿舍1、3、4、8号楼、中南楼累计更新电子门锁653套；积极推动教职工公寓配租，解决青年教师的住房困难问题。2022年，组织5次教职工公寓配租集中现场选房，5次人才房配租，1次教工宿舍配租，及多次零散博士后公寓分配工作。

2022年5月出台《北京大学医学部公用房管理实施细则》。2022年6月至12月，全面梳理确认PI名单、逐一核实房屋面积和应缴费金额，持续推进医学部公用房的收费工作，最终完成100%的收费工作。完成746间公用房房屋交接，共计30,181.48平方米，涉及12幢楼宇。收回国家卫生健康委医药科技发展中心11间房（267.28平方米）、国家健康卫生委医院管理研究所10间房（380.55平方米）、卫健委卫生发展研究中心25间房（728.77平方米）。

运输服务中心先后开通医学部—北大本部闭环班车、医学部—北大本部学生通勤班车、医学部—博雅酒店闭环班车、医学部—北大医院闭环班车等多条线路。2022年5月，多次往返北京站、北京西站、朝阳站、首都机场和大兴国际机场等，顺利完成"护燕归航"服务任务。

校园安全生产。强化安全检查力度，检查范围涉及各类办公场所、宿舍、教室，对水泵、高压站、锅炉房、电路、防汛设施等运行状况进行检查，预防紧急故障发生。

开展安全生产月活动。各部门、各合作单位定期开展安全生产自查，并提交自查报告，总务处校园管理办公室作为安全管理部门牵头进行现场检查评比，并结合自查、检查结果进行安全生产月活动总结。

加强食品安全监督工作，确保食品卫生安全。坚持食品采购索票索证制度，接、验货时严格按照防疫要求进行消杀。后厨涉及到用火、用电、用气安全，提高职工针对安全隐患的防范意识。

（王心彤）

【校园环境提升改善】 2022年总务处涉及国家专项修购资金项目8项，涉及资金约9495万元；学校校级预算项目9项，涉及资金约1388.6万元；其他类型项目4项，涉及资金约1287万元。2022年，学生宿舍1、4、8号整体改造、中南楼、学生宿舍5、6号楼局部修缮，累计改造828间学生宿舍、1615张床位，改造率32%。同时，改造逸夫楼9间教室（包括6间智慧教室、1间PBL教室、1间音乐教室），改造面积达819㎡，改造122间教室的多媒体系统，新增20余个自习区位。利用暑期35天时间完成建筑面积18,723㎡的操场改造；校区西门、南门升级改造、校园道路重铺、中心实验楼、医学大讲堂等硬件设施焕然一新。

（王心彤）

【"接诉即办"工作】 "接诉即办"，坚持服务好师生的"吃住行"。德园餐厅旧貌换新颜；农大名厨进驻跃一餐厅，与师生欢度国庆美食节；家属区电梯加装稳步推进；旧有住房配售有序开展；全力推进公房收费；2022年共改造修缮教师公寓140套，及时组织分配各类教师公寓累计172套，有效缓解教职工住房困难，保证学校房屋资源有效利用；草岚子宿舍区引进健身器材、饮水机等设施，满足学生疫情期间日常所需；生理、生化楼改造筹划先行。不遗余力提升师生幸福感、获得感和安全感。

（王心彤）

【全力保障疫情防控】 坚持做好防疫物资采购与管理，每日对各类防疫物资库存进行盘点，确保科学储备、及时发放、动态补充。定期召开医学部防疫物资采购小组会议，集体决策、科学管理。2022年，共计办理229笔支付手续，防疫物资采购金额686万元。部医院承担医学部师生核酸采样工作。全年开展重点人群核酸采样、每日20%核酸采样、区域核酸采样、全员核酸采样、常态化核酸采样，共开展347天，人员样本采集 731,130 人，环境样本采集 940 个。上门核酸 360 次、人员采样 4418 人、环境采样 94 个。完成新冠疫苗接种工作。2022 年共组织 5 次新冠疫苗集中接种，服务人群涵盖全校师生及北医幼儿园儿童，共安全完成接种新冠疫苗 467 人次。

（王心彤）

# 房地产管理

【发展概况】 组织机构及队伍建设。截至 2022 年底，房地产管理部共有 7 个内设办公室：综合办公室、住房管理办公室、公用房与土地管理办公室（人民防空办公室）、房改办公室、校园规划与可持续发展办公室、校园置换与腾退办公室（校园配套服务办公室）、文物保护与管理办公室。事业编制人员 19 人，劳动合同制人员 2 人，2022 年度因退休、离职、调动，减少事业编制人员 2 人。2022 年 9 月完成支部换届。房地产管理部获得北京大学 2022 年度"宣传工作优秀组织奖"。

公用房调配与管理。在公用房分配与调整方面，根据公用房配置领导小组及学校有关决议，完成社会研究中心、医学部预科、物理学院、国际合作部等单位科研和办公空间调配事务共 27 项，使用面积 7719 平方米，保障教学科研和行政办公工作顺利开展；完成理科 3 号楼改造搬迁周转保障工作，协调制定工学院 2 号楼、化学 E 区新大楼入驻使用方案；收回朗润园 158 号院闲置用房，电教大楼、资源宾馆等协议到期及产业用房共计 11,237.87 平方米，空间存量著提升。在优化空间使用规划方面，启动燕园大厦、理科 5 号楼、方正大厦、勺园行政区、圆明园校区等十项公房调整方案，通过"辗转腾挪"对公房资源进行优化配置。在推进昌平新校区建设方面，加强延伸管理，推进资产购置手续办理，完成全部 73 栋建筑物交接，共计 43.9 万平方米。在加强地下空间管理方面，启动燕园校区 3.55 万平方米地下空间改造计划，逐步将 1100 名后勤员工搬迁至圆明园校区，校内腾退的地下空间改造后将主要用于学生活动，切实改善学生和后勤员工的学习、生活条件。在推进不动产证登记方面，搜集整理相关材料，持续推进方正大厦、中关园、燕东园、怀柔科学城校区不动产登记工作，解决部分历史遗留问题，完成测绘备案、权籍调查、权属审核工作，为后期学校土地房屋建设利用提供支撑保障。

住房日常管理工作。2022 年共办理转单 138 份，住房调查 160 份，各类证明 82 份，共计 380 份。新增访问学者公寓 7 套，现有总数达 120 套。单位临时租借房在册协议 49 份，外户福利承租住房登记 419 户。

肖家河教师住宅配售后续工作。召开肖家河人才房分配领导小组会，组织新一轮人才房配售，共计 14 人排队选房。与肖家河丙队转长聘人员签订正式购房合同，共操作 2 批，签约 33 人。在肖家河四区原房回购方面，完成教职工腾退原已购公有住房（共计 47 套）的回购工作。

推进老旧小区改造。2022 年 6 月，配合燕园街道，完成中关园南区 505 楼等 19 个单元老旧小区智慧门禁改造工程。10 月，与黄庄 803 甲乙楼家委会配合，联合总务部维修办，以个别单元为试点实施老旧小区上下水管线更换及公共楼道粉刷检修工程。

校园腾退与置换工作。对燕南园 63-2 住户房屋进行腾退，并完成安置和补偿工作。在拆迁安置住户安置住房售房工作方面，取得国管局关于原冰窖平房 12-2 号搬迁户燕北园 2 套安置住房的批复，向国管局上报原燕南园 63-2 搬迁户燕北园 2 套安置住房。

校园配套服务管理。全年始终保持生活配套服务疫情防控常态化管理与督导，持续推进日常监督检查机制。每周对商铺重点区域开展巡查工作，根据要求组织商铺上岗员工参加核酸检测和环境样本检测。在 5 月份、11 月份校园封闭管理期间，安排 100 余位配套服务员工住校值守，确保防疫安全，保障校园生活和物资供应稳定。完成配套服务区域的多轮漏水与汛期抢修、空调电梯等设备设施维护等工作。完成相关物业的考核、管理、续聘工作。完成 45 甲地下消防设施改造维修。招募新一期学生监督员，组织上岗培训、日常例会。组织召开第八次公用房出租招标领导小组会议。通过会议决策，完成 2022 年到期各配套服务单位合同评估与续签工作。按照教育部、北京市要求，完成校内配套服务单位 6 个月租金减免工作。完成二教、三教、理教 10 台自动售卖机招商租赁项目；完成二教、三教、理教、29 楼地下一层 5 台自助打印机招商租赁项目；完成历史学系、生命科学学院、燕京学堂、集成电路学院、建筑与景观设计学院、物理学院 7 台自动售卖机招商租赁项目；完成新媒体研究院、历史学系、生命科学学院、物理学院、集成电路学院 5 台自助咖啡机招商租赁项目；完成畅春新园 1、2、3、4 楼，畅春园 60 甲、61 甲、63、64、65 楼 87 台自助洗衣机、12 台自助烘干机、15 台自助洗鞋机招商租赁项目。组织完成"2022 年迎新大卖场"、"毕业季"和"双十一"快递集散专项工作。

房改工作。成本价回购 2 套蓝旗营住房、2 套五道口遗留住房。在按协议价回购学校周边不宜上市区域住房产权证办理方面，已取得 6 套住房的不动产权证书，有 1 套等待国管局批复。在教职工住房补贴的核算和发放相关工作方面，为 784 名教职工启动住房补贴，并建立住房信息纸质档案。按照财政部、教育部要求，编制完成 2023 年学校住房改革支出预算编制和上报。共计办理 105 户已购公有住房的上市出售、夫妻共有、房屋继承及法判遗赠等相关工作。向中央在京单位职工住房档案管理信息系统上传 115 户职工信息和职工住房信息。开具住宅专项维修资金结余情况查询结果告知单共计50户。对超标住户进行超标处理共计10户。

校园规划。组织召开4次校园规划委员会会议，完成燕南园景观规划设计调整方案、昌平新校区校园规划调整方案、北小营西河（北大新校区段）生态修复提升工程设计方案、昌平新校区南门工程立项及设计方案、昌平新校区部分楼宇粉刷立项及方案、理科3号楼改扩建工程设计方案、承泽园西所修缮及景观环境整治工程立项及设计方案等30余项议题的审议、研究和通报工作。其中重大事项上报校长办公会审定。加强校园规划委员会建设，根据校园规划委员会近年实际运行状况及管理经验，调整校园规划委员会委员名单，并启动《北京大学校园规划委员会工作职责及议事规程》修订工作。规范校园建设项目管理，2022年共为光华老楼改扩建、昌平校区现代农学院与先进技术综合科研大楼建设、昌平新校区万华楼建设、承泽园西院修缮、治贝子园修缮、朗润园160号院修缮等6个修缮、改造、建设项目出具规划条件。配合相关单位，参与电动自行车充电柜、勺园食堂北侧道路拓宽、政管大楼南侧绿地改造、附中东门外建设自行车棚、禄岛改造、"三山五园"水系规划北大周边水系调研、昌平新校区科创用地、加强校园防盗窗管理等10余个项目的调研和论证工作。

文物保护与管理。形成《北京大学历史建筑管理条例（试行）》初稿。修复燕南园石碑。参与西门外恩佑寺、恩慕寺山门周边环境整治工作。继续推进文物数字化工作。与校团委联合举办"第一届燕园手绘地图大赛"，更新传统校园地图。在分管校领导的带领下，持续推进挂甲屯区域合作共建项目，与市规自委、海淀区、海淀镇等政府部门沟通，形成《挂甲屯区域概念规划方案》初稿。

（张　豫、于　潇、郭　超、赵　悦、
于　斐、唐　琳、夏旭东）

【房地产收回工作】 2022年4月21日，北京大学与北大方正集团有限公司签署《方正大厦腾退协议》，协议明确方正集团应于2023年1月1日将方正大厦整体无偿交回学校。协议签署后，学校迅速成立工作专班，房产部作为牵头单位会同各有关部门妥善做好方正大厦收回筹备工作，为进一步推动学校各项事业发展提供坚实的资源保障，具体如下：1. 完成方正大厦不动产证办理，产权方为北京大学。2. 确定过渡期物业选聘工作，启动方正大厦新物业服务招标工作，确保楼宇管理平稳交接。3. 联合学校动力中心、保卫部、基建工程部等部门，2022年12月31日前完成房屋腾退、建设档案及大楼附属设备设施接收。

（于　潇）

【旧有住房配售工作】 2022年4月12日至14日，旧有住房配售集中签约、交费、入住工作顺利进行，已有271名购房教职工完成各项手续办理、喜迁新居。

在旧有住房配售房屋产权办理方面，向中央在京单位职工住房档案管理信息系统上传252套旧有住房数据。对31户原承租公有住房按房改成本价计算房价，签订买卖契约及回购协议等。在旧有住房原房回购方面，组织选购旧有住房且有原已购公有住房的5户教职工现场办理原已购公有住房回购的授权委托公证，签订回购协议等，2022年下半年已完成回购工作。

（赵　悦、于　斐）

【校园空间拓展工作】 根据新校区建设进度及基建工程部申请，及时审议昌平新校区建设项目，合理论证、调整新校区总体规划，为新校区建设提供支撑。推进挂甲屯区域空间拓展工作，与海淀区、中关村科学城、海淀镇等政府部门积极沟通，召开多轮校内研讨会，组织校内规划设计单位编制概念规划方案。参加海淀体育馆、化工五院等处校园周边资产租赁或购置前期沟通。

（夏旭东）

【燕南环境提升工作】 2022年暑期完成燕南园环境提升工程主体实施工作。根据学校关于加强燕南园的规划、保护、传承和利用的相关要求，在总务长办公会统筹协调下，成立领导小组和7个专项工作组分工合作推进工程，并发动校内专家学者、广大师生和园内居民积极参与。此次工程共腾退4处用房，拆除约600平方米临建违建，打开园内11处围墙、栅栏，对园内道路、建筑、设施和绿化进行更新修整，对文物进行修缮，对基础设施进行整体升级改造，并建立导视系统，禁行机动车辆。

（夏旭东、唐　琳）

【附表】

表9-4 2022年北京大学房屋基本情况汇总表（不含医学部、大兴校区）

| 指标名称 | 本学年校舍建筑面积 | 本学年增加面积 | 本学年减少面积 | 在施校舍建筑面积 |
| --- | --- | --- | --- | --- |
| 总计 | 2,508,592.24 | 18,234.24 | 241 | 95,682 |
| 一、教学及辅助用房 | 740,482 | 0 | 0 | 95,682 |
| 教室 | 64,525 | 0 | 0 | 0 |
| #艺术院校专业课教室 | 0 | 0 | 0 | 0 |
| 实验实习用房 | 352,701 | 0 | 0 | 91,972 |
| 专职科研机构办公及研究用房 | 173,078 | 0 | 0 | 3710 |
| 图书馆 | 74,364 | 0 | 0 | 0 |
| 室内体育用房 | 40,793 | 0 | 0 | 0 |
| 师生活动用房 | 11,845 | 0 | 0 | 0 |
| 会堂 | 22,703 | 0 | 0 | 0 |
| 继续教育用房 | 473 | 0 | 0 | 0 |
| 二、行政办公用房 | 100,005 | 0 | 0 | 0 |
| 校行政办公用房 | 37,408 | 0 | 0 | 0 |
| 院系及教师办公用房 | 62,597 | 0 | 0 | 0 |
| 三、生活用房 | 804,328 | 0 | 241 | 0 |
| 学生宿舍（公寓） | 394,430 | 0 | 0 | 0 |
| 食堂 | 67,605 | 0 | 0 | 0 |
| 单身教师宿舍（公寓） | 138,902 | 0 | 0 | 0 |
| 后勤及辅助用房 | 203,391 | 0 | 241 | 0 |
| 四、教工住宅 | 306,180 | 0 | 0 | 0 |
| 五、其他用房 | 557,597.24 | 18,234.24 | 0 | 0 |

（于 潇）

表9-5 2022年北京大学土地基本情况汇总表（含昌平、医学部、大兴）

| 序号 | 资产名称 | 土地面积 |
| --- | --- | --- |
| 1 | 昌平区十三陵镇泰陵园村东南侧 | 1938 |
| 2 | 昌平区十三陵镇西山口村南苗圃 | 11,260 |
| 3 | 昌平区十三陵镇西山口村南 | 3935 |
| 4 | 昌平区十三陵镇北京大学昌平园区 | 346,296 |
| 5 | 海淀区北京大学中关园 | 160,200.68 |
| 6 | 海淀区海淀路50号 | 2150.52 |
| 7 | 海淀区海淀路46号 | 1548.05 |
| 8 | 海淀区海淀路36号 | 589.44 |
| 9 | 海淀区海淀路38号 | 777.79 |
| 10 | 海淀区万柳大学生公寓 | 23,557.61 |
| 11 | 北京大学4-7公寓 | 15,732.44 |
| 12 | 海淀区骚子营北京大学燕北园 | 94,472.54 |
| 13 | 北京大学畅春园 | 60,644.06 |
| 14 | 海淀区中关村19号楼 | 663.66 |
| 15 | 海淀区中关村23号楼 | 651.55 |
| 16 | 海淀区中关村26号楼 | 1045.24 |
| 17 | 海淀区中关村25号楼 | 1017.84 |
| 18 | 北京大学燕东园 | 185,073.08 |
| 19 | 北京大学蔚秀园 | 84,851.11 |
| 20 | 北京大学承泽园 | 58,748.41 |

（续表）

| 序号 | 资产名称 | 土地面积 |
|---|---|---|
| 21 | 海淀区海淀路 44 号 | 132.61 |
| 22 | 海淀区中关村北二条 3 号 | 13,182.95 |
| 23 | 海淀区海淀路 5 号 | 1,016,971.11 |
| 24 | 海淀区蓝旗营教师住宅小区 | 25,323.84 |
| 25 | 海淀区大泥湾北大附中 | 55,485.32 |
| 26 | 海淀区北京大学畅春新园学生宿舍 | 19,999.94 |
| 27 | 海淀区中关村北二条街 7 号 | 1527.07 |
| 28 | 海淀区北河沿 3 号楼 | 581.68 |
| 29 | 海淀区上地朱房 | 7529.8 |
| 30 | 海淀区教养局 10 号 | 353.8 |
| 31 | 海淀区苏家坨镇金仙庵 | 16,779.39 |
| 32 | 海淀区苏家坨镇金仙庵朝阳院 | 6667 |
| 33 | 海淀区苏家坨镇寨口村 44 号 | 1681.83 |
| 34 | 东城区黄米胡同 7 号 | 837 |
| 35 | 东城区黄米胡同 9 号 | 400 |
| 36 | 东城区礼士胡同 141 号 | 375.2 |
| 37 | 东城区东高房胡同 21 号 | 3093 |
| 38 | 昌平区南口镇太平庄村 | 6667 |
| 39 | 昌平区十三陵镇北京大学昌平园区污水处理池 | 120 |
| 40 | 海淀区蓝旗营教师住宅小区商建 | 5964.45 |
| 41 | 海淀区北京大学簸斗桥学生宿舍 | 7774.67 |
| 42 | 海淀区北京大学成府园 | 102,212.3 |
| 43 | 大兴区工业开发区金苑路 24 号软微学院 | 40,000.03 |
| 44 | 塞罕坝机械林场 | 10,000 |
| 45 | 医学部 | 392,305 |
|  |  | 2,791,118.01 |

（于 潇）

# 基建工作

【发展概况】 基建工程部岗位编制为 32 人，截至 2022 年底，在编人员 23 人（含肖建办实际工作 1 人）。其中部长 1 人，副部长 3 人，综合办公室 2 人，前期管理办公室 2 人，计划办公室 4 人，维修管理办公室 5 人，工程建设办公室 5 人。在编人员中正高级职称 1 人，副高级职称 6 人，中级职称及以下 16 人。截至 2022 年底，基建工程部党总支共有党员 43 人，其中：一支部（在职）党员为 21 人（含肖家河建设办 4 人），退休支部党员为 21 人。

基建投资计划与完成情况。截至 2022 年底，在建项目（包括新建、改造项目）共有 27 项，建设总规模 511,605 平方米，计划总投资 211,719 万元。其中新建项目 4 项，建筑面积 167,682 平方米，计划总投资 112,786 万元；改造项目 23 项，建筑面积 343,923 平方米，计划总投资 98,933 万元。

截至 2022 年底，新建项目累计完成基建投资 45,425 万元，其中完成中央预算内资金 24,582 万元，完成自筹资金 19,314 万元，完成其他资金 1527 万元。维修改造工程投资 55,739 万元。

工程前期报批情况。2022 年度处于前期报批及设计阶段的主要新建项目有 6 项，分别是：理科 3 号楼改扩建、光华管理学院大楼 1 号楼改扩建、昌平校区现代农学院与先进技术综合科研大楼、昌平校区环境风洞、昌平校区高超静风洞、昌平校区 35KV 变电站工程等。

1. 理科三号楼改扩建（约 26,341 平方米）项目为学校重点推进项目，自 2021 年 12 月取得教育部立项备案后，2022 年度已完成结构检测和地质勘察现场工作；报建工作取得文物局批复意见、人防专家论证意见，并申请了人防易地建设，完成绿建降星专家会以及室内装修效果方案设计，目前全部施工图设计工作已完成。

2. 光华管理学院大楼 1 号楼改扩建工程（约 27,938 平方米）于2022年1月校园规划会审议通过，目前先行启动结构检测工作，并已取得规划初审意见，完成了文物影响评估报告基础编制工作。

3. 昌平校区现代农学院与先进技术综合科研大楼工程（约86,900平方米）于2022年3月校园规划会重新审议立项，基建工程部重新编制项目建议书报送教育部，开展并完成了方案征集工作，目前已取得项目建议书批复。

4. 昌平校区环境风洞项目（约3710平方米）完成了投评申报并取得批复，取得工程招投标工作、工程施工许可证等。

5. 昌平校区高超静风洞项目（约1072平方米）接续2021年度工作，2022年取得规划会商意见，设计工作进入施工图设计阶段。

6. 昌平校区35KV变电站项目（约1704平方米）接续2021年度工作，2022年原改扩建方案变为新建方案，立项申请已取得教育部备案的函以及规划会商意见，设计工作已进入施工图设计阶段。

2022年度处于设计阶段的改造项目分别是镜春园79号甲及西院（禄岛）修缮工程、朗润园160号院及万众苑修缮工程、治贝子园修缮工程、五四体育室外运动场翻修工程、勺园8号楼改造工程、勺园7号楼改造工程、农园食堂装修工程、圆明园校区5、6号楼装修工程、北大科技园创新中心A座一、二、三层装修工程、人文社科数智化研究基地用房装修工程、小白楼装修工程（工会用房）、承泽园西所修缮工程、昌平校区4号学生宿舍改造工程、燕南园65号院修缮工程、朗润园164号院修缮工程、校内地下空间装修改造等；昌平新校区包括3#教学楼（纳光电子中心、能源研究院）改造工程、1#学生餐厅（碳基电子中心）改造工程、1#教学楼改造（智能学院）工程、4#教学楼改造（电子学院）工程、1#、2#新学生宿舍改造（行政办公）工程和1#、2#、3#学生宿舍改造（行政办公）工程、7、8、9#学生宿舍改造工程、昌平新校区1#食堂改造工程、室外游泳池及配套改造工程、昌平新校区风雨操场改造工程、昌平新校区10、11、12、21号学生宿舍装修改造工程、北小营西河（北大昌平新校区段）生态修复提升工程一期、昌平新校区6#教学楼改造（材料学院）工程等。

2022年完成新建和大型改造工程类招标项目主要有32项。其中，施工19项：燕园大厦四层装修工程；第一教室楼、燕南美食食堂改造工程；燕南园50号院修缮工程；昌平校区环境风洞（大气模拟及观测平台等2项）；昌平新校区1#阶梯教室、3#教学楼、1#学生餐厅改造工程；昌平新校区1#、2#、3#学生宿舍及1#、2#新学生宿舍改造工程；昌平新校区部分楼宇粉刷工程；昌平新校区14、15、16、22#学生宿舍室内外粉刷工程；第一体育馆室外足球场翻修工程；镜春园79号甲及西院（禄岛）修缮工程；化学学院E区大楼室外景观工程；北小营西河（北大昌平新校区段）生态修复提升工程一期（校内部分）；圆明园校区5、6号楼装修工程；昌平新校区1#、4#教学楼改造工程；北大科技园创新中心A座一、二、三层装修工程；工学院与交叉学科大楼2#楼室外绿化景观工程；工学院与交叉学科大楼2#楼能源站工程；勺园7、8号楼改造工程；昌平新校区1#食堂及7#、8#、9#学生宿舍改造工程。

监理7项工程，包括：第一教室楼、燕南美食食堂改造工程；昌平校区环境风洞（大气模拟及观测平台等2项）；昌平新校区1#阶梯教室、3#教学楼、1#学生餐厅改造工程；昌平新校区1#、2#、3#学生宿舍及1#、2#新学生宿舍改造工程；昌平新校区1#、4#教学楼改造工程；勺园7、8号楼改造工程；昌平新校区1#食堂及7#、8#、9#学生宿舍改造工程。

设计6项工程，包括：昌平新校区1#、2#新学生宿舍（行政办公）改造工程；昌平新校区1#、2#、3#学生宿舍（行政办公）改造工程；附属中学体育馆二期及综合楼；昌平新校区1#食堂改造工程；理科3号楼改扩建工程；北小营西河（北大昌平新校区段）生态修复提升工程。

**工程建设情况**。2022年度竣工工程包括：化学学院E区大楼（22,493平方米）、多模态跨尺度大设施项目（72,000平方米）、动物中心A座改造（1082平方米）、微纳电子大厦B1工艺千级超净间装修改造（1980平方米）、勺园9号楼装修改造（4994平方米）、昌平新校区室外运动场改造（11,534平方米）、王克桢楼18、19层装修（1154平方米）、燕园大厦四层（教发中心）装修（1111平方米）、理科三号楼连廊改造（2531平方米）、第一教室楼改造（3363平方米）、燕南园50号修缮（250平方米）、昌平新校区14#15#16#22#学生宿舍室内粉刷（124,138平方米）、昌平新校区部分楼宇粉刷（64,256平方米）、昌平新校区南门工程（110平方米）、圆明园校区5、6号楼粉刷（5236平方米）、一体室外足球场翻修（12,415平方米）、镜春园79号甲及西园（禄岛）修缮（494平方米）共计17项。

2022年度在施工程包括：工学院与交叉学科2号楼（69,479平方米）、昌平校区环境风洞（3710平方米）电教大楼改造（11,470平方米）、昌平新校区1#、2#、3#学生宿舍及1#、2#新学生宿舍改造（38,998平方米）昌平新校区1#阶梯教室、3#教学楼、1#学生餐厅改造（22,547平方米）、燕南美食修缮（3887平方米）、北小营西河（北大昌平新校区段）生态修复提升工程一期（校内部分）（41,073平方米）、昌平1#教学楼、4#教学楼改造（25,674平方米）、朗润园160号院级万众苑修缮（4071平方米）、北大科技园创新中心A座一二三装修（2628平方米）。

**工程结算审核情况**。完成38项工程结算审核工作，分别为北京大学餐饮综合楼、未名湖燕园建筑-办公楼文物建筑修缮工程、生科实验室改造工程、北大附中东楼改造工程、文史楼改造工程、廖凯原地下一层局部及342报告厅装修工程、燕园大厦一、二、六装修工程、附小电梯加建工程等，其中送审35项，施工单位上报结算金额49,510万元，审核后送审金额42,806万元，审减6704万元。

完成48个项目招标控制价编制协调工作，为燕南美食食堂改造工程、第一教学楼修缮工程、圆明园校区5、6#楼装修工程、镜春园79号甲及西院（禄岛）修缮工程、勺园7、8号楼改造工程、昌平1#阶梯教室、3#教学楼、1#学生餐厅工程、昌平新校区1#、2#、3#学生宿舍改造工程（行政办公）和昌平新校区1#、2#新学生宿舍改造工程（行政办公）、昌平新校区1#教学楼改造工程（智能学院）、昌平新校区4#教学楼改造工程（电子学院）等，并在咨询公司初稿基础上内部审核并报校审计，控制价编制金额为94,342万元。

完成221份合同签订，其中包括昌平新校区1#、2#、3#学生宿舍及1#、2#新学生宿舍改造、昌平新校区1#阶梯教室、3#教学楼、1#学生餐厅改造、第一教室楼燕南美食改造等施工、监理合同共计160份，签订勘察设计合同61份。

2022年开展13个项目的竣工财务决算工作，包括经济学院综合楼、多功能后勤综合楼、环境科学大楼、附小体育馆、北达资源学生食堂、科技成果转化中心、人文大楼、附中体育馆一期及教学北楼、东校门工程、密闭式清洁站、物理西楼、生命科学科研大楼、附中北校区综合楼等。完成多功能后勤综合楼、环境科学大楼、北达资源学生食堂、人文大楼、附中体育馆一期及教学北楼、密闭式清洁站、物理西楼7项竣工财务决算。

（黎 黎、汪 竞、高 丹、王佳曦、范 杨）

## 肖家河项目建设

【发展概况】 组织机构。肖家河项目建设办公室（以下简称"肖建办"）是北京大学肖家河教工住宅项目建设领导小组的办事机构，专职负责肖家河教工住宅项目的报批、拆迁、规划设计和工程建设全过程的组织协调与管理工作，直到项目全部建成并交付校内相关产权机构管理为止。肖建办内设综合管理部、前期管理部、建设管理部、造价合约部、财务部5个部门，有事业编制人员4人，事业编制退休返聘员工1人，合同制员工18人，劳务协议员工1人。

投资计划完成情况。2022年度年初投资计划57,337万元，由于基础设施建设费及竣工项目结算等项支出尚不具备支付条件，2022年底根据教育部要求按实际完成情况调整资金计划为11,569.53万元。2022年实际完成投资6,489.50万元。到2022年底累计完成投资682,928.50万元。

手续办理工作进展。积极协调规划部门对回迁住宅部分开展规划图纸报规审核和实体建筑规划核实、核验工作。经过大量沟通协调，完成以下具体工作：1.取得市规自委同意还建商业用地采取协议出让方式办理土地手续的意见；2.取得同意将代征绿地范围内部队和地铁已建成设施调出项目用地范围的意见；3.取得同意居住公共服务设施指标调整内容；4.取得同意将回迁住宅部分列入海淀区历史遗留不动产台账，对合法部分予以统筹推进解决办理不动产权证的意见；5.取得全部回迁住宅部分《建设工程规划许可证》和《建筑工程施工许可证》，并委托第三方机构开始结构安全检测；6.取得北京市住建委核发的《建设项目备案通知书》；7.取得教工住宅E"、幼儿园和托老所地块《土地权属审查告知书》和《国有建设用地划拨决定书》；8.签订《北京市宅基地房屋拆迁置换补偿协议书》1份和签订幼儿园地块内《清洁站拆迁补偿协议》；9.教工住宅部分规划手续和小区名称核准手续、通邮手续、落户手续、不动产权证手续等都在协调推进中。

还建商业竣工。2022年在新冠肺炎疫情持续影响的情况下，还建商业竣工验收，与管护接管无缝对接。因还建商业已停工多年，给复工生产带来重重困难，肖建办根据确定的工作总方针，以保竣工为目标，在工作中坚持实事求是的原则，考虑工程停工的实际情况，从维护学校利益的角度出发，积极推动复工复产。复工后又克服了因疫情影响导致的人、材、机进场困难等诸多因素，密集地组织完成各专业验收和检测工作，在10月初接受了住建部门组织的验收工作，顺利完成了还建商业的竣工验收和消防验收。过程中安排还建商业管护单位提前参与其中，为竣工验收与管护工作的无缝对接创造了条件。

电力施工进展情况。圆明园西路西侧11号电力井是向回迁住宅东区供电及还建商业双路供电的关键节点。2022年继续推进土建施工。在地下隧道施工时，克服了施工作业时间短、地下水位上涨、有限空间作业、雨季影响、相关部门经常性要求停工等不利条件，以发电专班会议为抓手，实现了新建隧道与现状市政电力隧道和肖家河变电站的贯通。

回迁住宅发电准备工作。2022年8月及10月海淀区政府副区长马光耀两次组织相关单位召开会议，专题讨论协调。肖建办建立问题发电受阻居民诉求台账，梳理并逐条跟踪解决，为回迁东、西区的电力施工和发电创造条件。经过对回迁住宅防水的全面检查、精细化的维修后，回迁住宅的漏水问题基本得到解决。及时将手续办理等工作进展进行宣传和说明。协调临时电维保单位积极与物业公司配合，保证冬季用电高峰期和夏季用电高峰期的用电安全和平稳，未发生突发供电事故。

住宅维保工作。2022年肖建办继续做好教工住宅维保期的各项工作，想办法解决教职工关注的急难愁盼问题。维保工作小、碎、散、杂，需要协调业主、物业、施工单位等各方关系，肖建办从业主角度出发，急业主所急，想业主所想，积极解决业主提出的各种问题和各种诉求。同时，配合政府相关部门做好12345市民热线的回复和解释工作；配合学校相关部门推动阁楼违建恢复和核实工作。

**工程结算工作**。2022年，肖建办守土有责，团结协作，层层把关，完成了F地块教工住宅（二区）、G地块教工住宅及附属配套工程（一区）、E'地块教工住宅（三区）等主体工程结算初审，并报送学校审计室审核。2022年工程结算审减成果显著，施工方申报竣工结算共计17.95亿元，经肖建办严格把关组织审核后审减2.61亿元，平均审减率14.55%，报学校审计室审定后的平均审减率为2.2%，保障工程结算质量，实现投资控制目标。截至2022年底肖家河项目共完成五个地块约74万平方米的工程结算审核，并报送学校审计室审定。其中三个地块40.3万平方米竣工结算审计已经完成，与施工方办理完成了结算工作。

**幼儿园地块建设筹备工作**。2022年4月下旬，幼儿园用地范围内旧垃圾楼完成拆除，组织污染土调查单位再次开展外业和内业工作，协调环保部门组织专家评审会议，并取得批复意见。2022年底正在办理规划许可证和施工许可证、完善设计施工图纸深化等各项工作。同时与总包单位积极协商处理延迟开工等事宜。

**制度建设工作**。2022年根据学校要求，制定了肖建办"回应师生诉求工作办法"，明确组织架构、工作原则和工作机制，及时听取并回应师生诉求，切实提升师生获得感和满意度，有效提高服务保障和应急处置能力，维护校园安全。定期更新维护制度体系，对肖建办人事管理制度进行全面梳理，提交主任办公会审议通过，保证规章制度常用常新。

**积极防控新冠疫情**。不断建立健全防控体系和防控机制，坚决贯彻执行政府和学校的防控政策与防控措施。适应疫情防控常态化需要，修订了肖建办"疫情防控预案"；根据现场办公区的实际情况，制定了"现场办公区疫情防控管理办法"，加强宣传，提高认识，统一思想，明确分工，落实责任，确保防控工作全覆盖、无死角、无漏洞。

（白利明、李　猛、刘学志、李国华、<br>郭春发、苗　峰、肖彬彬）

# 医学部基建工作

【**发展概况**】　**组织结构**。医学部基建工程处是负责医学部校区基建工程和大型房屋修缮工程项目的管理部门，主要职能包括编制和实施校园建设总体规划、中长期建设规划和年度建设计划；负责新建、改建、扩建工程以及大型房屋修缮等建设工程项目的质量、进度、成本和安全等全过程管理工作。下设综合办公室、招标造价管理办公室、建设管理办公室共3个科室。有在编人员10人、返聘人员1人、非在编人员7人。科级及以上干部包括：处长余也，副处长何素丽、田广，综合办公室主任彭光苗，招标造价管理办公室主任王雪菲，建设管理办公室主任姚希、副主任韩丽。

**综合事务**。2022年4月，组织全处签订目标责任书，优化绩效考核方案。5月，完成1名非在编行政人员离职手续，3月至7月完成招聘组织，引进造价专业人员、行政管理人员各1名。配合图书馆项目建设，完成建设专班会议纪要共15期、项目进度周报42期以及24小时值班安排等事务。

**党建工作**。基建工程处党支部现有党员10人，其中在编人员9人，入党积极分子1人。2022年在后勤党委的正确领导下，紧紧围绕处室工作职能开展支部工作。每月召开支部委员会，学习、传达相关文件精神，执行上级党组织的决议，讨论支部活动组织及安排。支部活动力求将党务理论与工作实际相联系，通过集中学习和组织生活，提升党员干部管理能力和工作积极性。通过召开党员大会、支委会，开展各项理论学习、主题党日、组织生活会等支部活动，坚持完善"三会一课"制度，持续深入学习贯彻习近平新时代中国特色社会主义思想及精神，不断巩固"不忘初心、牢记使命"主题教育成果，开展一系列党史学习教育活动，学习贯彻二十大会议精神。同时，落实党风廉政建设责任制，抓好党建和意识形态工作。

**工会工作**。基建工程处工会小组现有会员15人，其中事业编制会员10人，非事业编制会员5人。同时负责9名离退休老师相关福利工作。具体工作如下：会员会费缴纳，节假日福利品、生日券、公园年票、防暑降温茶等统计发放、体检；购买职工保险（重大疾病险和女工险）、新冠肺炎特别保险、北京普惠健康保；慰问生病职工2名；完成事业编制子女小升初、幼升小；组织职工积极参加医学部、后勤工会举办的各项活动。协助离退休处、后勤工会完成离退休教师相关工作，包括进校政策传达及人员信息核查报备、免费流感、肺炎疫苗接种报名、共同居住人情况统计、新冠阳性人员统计等。

1人获北京大学医学部优秀工会工作积极分子、1人获北京大学医学部优秀女教职工。

**建设项目情况**。2022年重大工程建设项目进展顺利。在北大医学办学110周年、图书馆建馆100周年之际，图书馆项目2022年10月竣工验收；图书馆电增容9月15日完成发电，保障图书馆验收和运行；医药科技园区综合楼一期第一阶段主体工程进入质保期，基建处组织施工保障队伍应对入驻使用中各类需求调整及质保工作，第二阶段科研平台工艺工程、动物实验室工艺工程、仪器平台工程均提前完工，为大批入驻使用创造条件。

2022年教育部修购专项项目包括：动物实验室工艺工程及设备采购、教学科研楼改造工程一期（生理、生化楼）、西片区供热管线工程、医学图书馆自动书库软件及设备采购、学生宿舍改善提升项目一期（大公寓）、学术交流及艺术演出空间家具采购等共六个项目，总投资5553.8万元，预算执行率100%。完成2023年修购专项申报。

积极参与怀密医学中心项目前期推进工作的调研、程序梳理、预算申报和手续对接，与怀密医学中心工作专班共同组织完成怀密医学中心规划设计方案国际征集，在医学部尚属首次，意义重大。在资格预审完成后即取得各家设计方案，为项目后续申报工作争取了时间，采用线上线下结合的评审模式，邀请院士和知名专家参加方案评审，同时邀请师生代表投票，广泛征求意见，评审工作圆满完成。得益于北大医学的影响力，该项目以同期同类项目中较低的资金投入，取得预期成果。

按照学校部署，全力推动完成田径运动场改造工程招标工作，过程中，恰逢北京市标办受疫情影响暂停一切业务，经与标办积极沟通，该项目作为重点项目于复工后第一批启动相关工作，于7月初完成招标，最大限度争取了宝贵的暑期施工时间。

推进完成综合游泳馆、医药科技园区综合楼一期工程等的结算审计，并推动完成图书馆、医学科技楼第二阶段等结算编制报审，同时参与完成三区14号楼改扩建工程和综合游泳馆工程竣工财务决算报告编制。

研究生公寓改造项目按照学校部署，根据功能需求调整施工图设计，完成施工监理招标。3月底正式开工建设，改造面积6000多平方米，包含外墙粉刷、外窗更换、楼内基础设施改造、电梯、消防及水电系统更新等，6月底完工，7月初通过竣工验收。竣工验收后该楼作为疫情期间学生健康观察区立即投入使用。

（彭光苗、王程程、王砚迪）

【医学部图书馆项目通过验收】 医学部图书馆项目自2021年7月23日正式开工建设，历经14个月，于2022年10月19日通过验收。医学部图书馆建筑13,000平方米，施工难度高，危险系数大，工艺复杂（包含拆除工程、深基坑工程、高大模板、塔吊装卸等）。为了让师生能够尽早使用图书馆，工期由原计划的24个月大幅缩减，工期压力大；同时，项目实施还面临新冠肺炎疫情反复起伏，劳动力短缺，材料进京难等诸多问题。在临时党支部、专班的指导下，各参建单位充分发挥科学引导、技术为先的原则，通过对各项方案研究论证，依靠持续的科学管理，以技术为导向，采取分区分层交叉作业、平行施工、穿插施工、合理调整施工工序、串联改并联、24小时不停机，在后期装饰装修阶段作业面铺开后，通过大量上人等多种方式提高建设速度。根据图书馆项目建设时间要求，配套电增容项目时间节点较原计划大大提前。2022年1月完成供电方案审批，4月完成施工设计，5月完成供电施工招标，6月至8月完成供配电设备生产、施工安装并通过供电部门的验收，9月15日完成发电，保障图书馆正常验收和运行。2022年10月26日，图书馆重启仪式顺利在馆内举行。

（彭光苗）

【医药科技园区建设】 2022年，园区主体工程竣工验收后进入质保期，大楼投入使用近一年，楼层入住已达97%，入驻人数逾千。质保期内，基建处组织施工单位数十人建立保障队伍，驻守现场，与大楼管理办、物业齐心协力，第一时间应对、解决使用中出现的各类问题，累计处理问题上千条，为科研工作正常开展保驾护航。（1）北京大学医学科技楼科研平台工艺工程。施工单位加班加点，提前2个多月，于2022年初完成项目建设。项目竣工验收后，配合大楼管理办完成各科研平台顺利入驻。（2）北京大学医学科技楼公共仪器平台工程。北楼1到3层为大型公共仪器平台，总建筑面积6000平方米，使用单位为国重实验室和分析仪器中心。该项目建设功能复杂，包含各类精密仪器室、洁净间及4度冷室等，在楼宇通风条件不足、设备仪器使用条件要求温度、湿度及洁净度高等条件下，通过统筹管理，高质量完成建设。项目3月开工，6月底顺利通过消防、质量验收。（3）动物实验室工艺工程。为配合学校整体教学科研使用需求，在保安全保质量的前提下，倒排工期，协调组织，交叉作业，于2022年3月底提前85天建设完成。4月配合动物部完成设备安装，调整现场的通风和弱电接口。8月22日，动管办进行动物设施验收，项目取得合格证书。动物房繁育、隔离免疫、实验、饲养区域陆续投入使用，形成对原有动物房的有力补充和提升。（4）北京大学-云南白药国际医学研究中心室内改造。项目位于科技楼西楼8-10层，总建筑面积约5400平方米。基建处安排专业人员统筹协调从设计到施工现场的管理，并协助办理工程验收等各类手续。2022年2月开工，11月竣工验收并投入使用。

（彭光苗）

# 社会服务与联络

# 国内合作

【发展概况】 机构设置。国内合作委员会办公室是在北京大学国内合作委员会领导下，统筹协调全校各单位开展国内合作事务，承担对口支援西部地区高校工作和国家定点帮扶政治任务的部门。国内合作办下设对外合作办公室与对口支援办公室。

其中，对外合作办公室主要负责为学校与中央和地方各级政府、军队、企事业单位开展高层互访、合作洽谈提供协调和保障；推动以学校名义签订校地战略合作协议或专项协议，并积极有效落实；承担学校领导安排部署的其他校地合作事务，助力国家经济社会发展和学校长远发展。

对口支援办公室主要负责对口支援新疆石河子大学和西藏大学的具体工作，承担对口支援两所高校团队秘书处工作职责；定点帮扶云南省大理白族自治州弥渡县，助力脱贫地区乡村振兴；承担上级单位安排部署的其他帮扶、支援工作，有效落实中央支持民族地区、脱贫地区发展的政策。

2019年，国内合作办加挂扶贫工作办牌子，进一步强化定点帮扶相关工作；2022年，国内合作委员会办公室（扶贫工作办公室）更名为国内合作委员会办公室（帮扶工作办公室）。

校地合作。2022年，国内合作办以服务国家战略、服务地方需求、服务学校"双一流"建设为工作导向，校地合作取得良好进展。

合作交流方面，协调校领导出访济南、烟台、威海、福州、莆田、南平、鄂尔多斯、长沙等地，对接保障无锡、莆田、南通、贵州、唐山、济南、青岛、烟台、威海、北京市昌平区等地领导来访，推进校地合作；与无锡签署市校战略合作协议，积极推动与安徽、贵州、武汉、济南等地开展新一轮战略合作事宜，对接地方发展需求；与昌平、中关村、怀柔、浦江等国家实验室签署战略合作协议，推进与苏州、张江等国家实验室合作事宜，参与构建国家战略科技力量；与国家机关事务管理局签署合作协议，争取国管局对北大教职工住房的保障支持，拓展重要外部资源；与北京理工大学签署战略合作协议，推进与国防科技大学合作事宜，实现校际优势互补；持续深化与中国气象局、中国地质调查局、国家博物馆等重点单位合作，为北大相关学科建设拓展重要外延；持续拓展校企合作，与中国工商银行、宁波银行、万华化学等重点企业签署合作协议，推动与中铝集团开展全方位科研合作对接，争取产业界对北大办学支持；与烟台万华化学集团共建联合研发中心，与鄂尔多斯共建北京大学鄂尔多斯能源研究院，与成都高新区共建北京大学成都前沿交叉生物技术研究院，与武汉共建北京大学武汉人工智能研究院，与无锡共建北京大学长三角未来技术生命健康研究院、北京大学无锡EDA研究院，推进与济南共建北京大学城市软实力研究院（济南），推动创新链与产业链深度融合；根据教育部要求和学校部署，牵头开展北京大学异地科研机构治理整顿工作，对功能定位不清、效益不高、风险较大的异地科研机构进行了全面整顿，取得积极成效；根据教育部指示要求，推动雄安研究生院建设，切实服务国家战略。

协议审议方面，共召开国内合作委员会会议7次，审议议题39项，相关协议经学校校长办公会、党委常委会审议批准后签署执行。

调查研究方面，先后赴工学院等13个院系开展调研，深入了解院系学科建设情况与国内合作需求，吸收院系对于学校国内合作工作的意见与建议。通过调研，国内合作办起草了4期调研工作简报，梳理出36项重点任务，并形成工作分工机制，帮助院系解决急难愁盼问题，相关工作得到了学校主要领导批示肯定。

对口支援。国内合作办作为组长单位重点帮扶石河子大学、西藏大学，按传统支持内蒙古大学、烟台大学，根据部省合建要求对接山西大学、云南大学、南昌大学等高校。2022年，持续做好石河子大学、西藏大学与北大的日常联络工作，确保信息通达、工作顺畅。在疫情防控常态化形势下，做好石河子大学交换生项目的保障工作，解决学生在校期间遇到的各类问题。做好光华管理学院王立彦教授支持西藏大学相关课题的拨款和研究对接工作。做好与研究生院的沟通，帮助两校申请对口支援博士生指标及开展招录工作等。做好学校"银龄计划"实施方案的设计并按年度推进相关工作。保持与山西大学、云南大学、南昌大学的联络对接，协调部省合建工作任务。协调保障省合建工作专项调研，为云南大学发展把脉问诊。

定点帮扶。2022年，国内合作办认真贯彻落实中央和上级乡村振兴的部署和安排，完成巩固拓展教育脱贫攻坚成果的任务，高质量推进定点帮扶工作。

助力特色产业发展。联系现代农学院在弥渡县开展品种试种开发，农业技术改良等帮扶工作；设立农民合作社发展基金，积极支持弥渡农业合作社高质量创新发展；围绕电商平台创新，对接优质宣传资源和流量渠道，打造弥渡电商品牌；继续实施农村小额担保贷款项目，为农民创业提供信贷支持。协调校友资源，聘请青海校友会、湖北校友会会长为弥渡县乡村振兴产业发展顾问，并设立电商产业发展基金，为弥渡县产业发展"把脉问诊"。

提升教育发展水平。持续推进弥渡县"博雅自强班建设"，2022届高考一本进线率提高1个百分点。协调方正证券、乡村发展基金会和教育部学生素质中心开展高中骨干教师培训计划，对弥渡县9个学科40余名骨干教师进行专题培训，带动师资水平提升。协调真爱梦想基金会，开展"梦想课堂""去远方"游学等项目，在开拓学生视野的同时留住优质生源。组织各院系实践团深入弥渡中小学与当地学子进行交流，促进学生全面发展。

扎实推进美育建设。在弥渡设立乡村振兴美育专家工作站，并协调艺术学院院长彭锋教授担任首席专家，指导建设"小河淌水少年合唱团"。协调考古文博学院党委书记陈建立教授多次深入弥渡，开展田野调查，关注白子国历史研究问题，组织实施冶金实验考古暑期课程。策划设计将弥渡城隍庙改造为北京大学乡村振兴研究基地，以提升弥渡文化氛围。

生动讲好帮扶故事。协调中国教育电视台《育见》栏目专访学校主管帮扶工作的张平文副校长，录制《北大发挥跨学科优势 激发内生动力推进乡村振兴》专题片，打造和推广弥渡的良好形象。联动艺术学院，策划播出中央电视台《北京大学推进乡村美育 助力弥渡乡村振兴》专题报道，反映"小河淌水少年合唱团"的发展故事。

聚焦乡村生态建设。联系中国城市规划设计研究院等相关合作单位，研究弥渡农村污水治理可行方案，指导部分农村因地制宜实施污水治理项目。协调环境、规划等院系投入技术力量，助力弥渡县实施"水美乡村"水系治理项目、"一河一路"景观打造项目等生态治理修复项目，将村庄发展规划与学校教学科研相结合。

抓好特色帮扶项目。继续推出"乡村振兴千万带头人培养计划"，打造乡村人才学习的稳定渠道和平台，分批分类精准施训。截至2022年底，培养计划已开展两期，一期"党政综合管理班"培训学员1826人、二期"产业领军人才班"培训学员1725人，覆盖全国29个省市自治区，116个市州，209个区县旗，地点包括了国家160个乡村振兴重点帮扶县、教育部直属高校和部省合建高校定点帮扶县。

2022年度帮扶的主要数据指标已全部达到预期。其中，对定点帮扶县直接投入帮扶资金439.6万元，引进帮扶资金1240万元，培训基层干部1045名、技术人员450名，购买脱贫地区农产品465万元，帮助销售脱贫地区农产品3500万元。

党建工作。2022年，国内合作办党支部坚持以习近平新时代中国特色社会主义思想为指导，学习贯彻党的二十大、二十届一中全会、十九大和十九届历次全会精神，北京市第十三次党代会精神，北京大学第十四次党代会精神，领会其精神实质和丰富内涵，深刻理解"两个确立"决定性意义。5月31日，集体学习总书记给南京大学留学归国青年学者的回信；8月31日，集体学习北京大学第十四次党代会精神；9月22日，集体学习习近平在省部级主要领导干部"学习习近平总书记重要讲话精神，迎接党的二十大"专题研讨班上发表的重要讲话；10月16日，集体收看中国共产党第二十次全国代表大会开幕会，学习习近平同志代表十九届中央委员会所作的报告；10月23日，集体收看中国共产党第二十届中央政治局常委同中外记者见面会，学习领会习近平总书记代表新一届中央领导集体发表的重要讲话精神。

为深入学习领会党的二十大精神，办公室党支部开展形式多样的主题党日活动。10月11日，为迎接党的二十大胜利召开，党支部全体同志赴北京大学图书馆，参观"喜迎二十大 奋进新时代——北京大学改革发展十年成果图片展"；10月26日，党支部与科技开发部党支部、大数据分析与应用技术国家工程实验室党支部联合举办党的二十大精神学习活动；11月2日，党支部与能源研究院、科学研究部、研究生院、人事部、科技开发部、学科建设办公室、地球与空间科学学院、工学院能源与资源工程系等党支部开展"全面深刻理解二十大精神，学习领悟国家能源发展战略"主题党日活动。

（西 鹏）

【校领导率团赴山东推进省校合作】 8月14日至15日，校党委书记郝平率团访问山东，拜会山东省委主要领导，就进一步深化省校合作交流洽谈，并赴济南、烟台等地推动有关合作事宜。副校长、总务长、经济学院院长董志勇，副校长、深圳研究生院院长、材料科学与工程学院院长、中国科学院院士张锦陪同访问。

8月15日，郝平一行在济南拜会了山东省委书记李干杰。郝平表示，北大将进一步发挥学科与人才优势，结合山东经济与产业特色禀赋，共同打造更多标志性合作项目，让北大的"双一流"建设与山东的高质量发展携手并进。李干杰希望省校双方进一步巩固和拓展务实合作，重点围绕人才交流、原始创新、成果转化、高等教育、医疗卫生等领域，融通省校资源、创新合作机制、打造合作典范，共同为国家和区域发展贡献力量。

在济南期间，郝平还与山东省委常委、济南市委书记刘强和市委副书记、市长于海田举行了会谈。8月14日，郝平一行还到访烟台市，出席了北京大学-万华化学战略合作签约暨联合研究中心揭牌仪式。烟台市委副书记、市长郑德雁和万华化学集团股份有限公司董事长廖增太等领导出席活动。

（西 鹏）

【"乡村振兴千万带头人培养计划"第二期启动】 8月18日，"乡村振兴千万带头人培养计划"第二期启动仪式暨第一课在北京大学举行，并于线上同步直播。教育部发展规划司副司长晁桂明，国家乡村振兴局政策法规司副司长阮昌益，北京大学党委常委、副校长、中国教育发展战略学会教育帮扶专委会理事长、中国科学院院士张平文，北京大学光华管理学院院长刘俏出席仪式并致辞。活动由北京大学光华管理学院党委书记马化祥主持。晁桂明在致辞中指出，首期"乡村振兴千万带头人培养计划"计划就入选了2021年直属高校服务乡村振兴创新试验培育项目，成为高校帮扶联盟工作的典型案例。他期待"乡村振兴千万带头人培养计划"第二期的启动将从更广的范围继续有效助力乡村振兴人才培养。阮昌益在致辞中指出，北京大学携手高校教育帮扶联盟、中国教育发展战略学会等单位推出的培养计划符合乡村振兴领军人才培养的现实需要。他相信培养计划的实施一定能够为脱贫地区培养造就一批产业发展的"领头雁""拓荒牛"。张平文在致辞中指出，深化教育帮扶、助力乡村振兴是北京大学和高校教育系统各单位的光荣使命。当前，北大积极探索在服务教育系统帮扶和全国乡村振兴战略大局方面开展工作，"乡村振兴千万带头人培养计划"就是其中之一。刘俏介绍，学院把"三农"问题作为重要的研究方向，希望能以研究成果服务国家乡村振兴的战略全局。此次培养计划，光华将努力培养一批兼具广阔视野和建设能力的乡村产业振兴人才。启动仪式结束后，张平文讲授第一课。

（刘爽健）

【校领导率团赴福建看望在闽青年人才并推进省校合作】 8月19日至22日，校长龚旗煌率团访问福建，拜会福建省委主要领导，参加福建省引进青年人才座谈会，召开北京大学在闽青年人才座谈会，并赴福州、莆田、南平等地看望引进生和推动校地合作。校党委副书记、副校长宁琦，校务委员会副主任叶静漪陪同访问。

8月19日，龚旗煌一行赴福建省福州市拜会福建省委书记尹力。龚旗煌表示，双方已签署两轮校地战略合作协议，北大将继续充分发挥自身优势，输送更多优秀人才扎根福建，推动更多优秀成果落地福建，为福建的高质量发展贡献更多北大力量。尹力希望进一步加强省校全方位、多领域务实合作，鼓励更多优秀北大师生到福建干事创业，推动省校合作取得更为丰硕的成果。

当日下午，龚旗煌与北京大学在闽青年人才座谈。龚旗煌为2012届引进生代表颁发"北大选调生工作十周年"纪念章。他希望引进生们坚定理想、不忘初心，扎根基层，勇于担当，坚持学习、知行合一，坚持锻炼、强健体魄，在建设新福建的伟大征程上实现精彩人生。

8月20日上午，龚旗煌参加福建省引进青年人才座谈会。

在闽期间，龚旗煌一行还赴福州、莆田、南平等地调研，拜会地方主要领导，看望北大引进生，推动校地合作事宜。在福州，龚旗煌会见了福建省委常委、福州市委书记林宝金和市委副书记、市长吴贤德；在莆田，龚旗煌会见了莆田市委书记付朝阳和市委副书记、市长林旭阳；在南平，龚旗煌会见了南平市委书记林瑞良。

（西鹏）

【北大定点帮扶弥渡县调研督导会议】 11月22日，国内合作办组织召开北京大学定点帮扶弥渡县调研督导会议，对弥渡在帮扶中遇到的新情况和新问题进行交流探讨，以进一步推进定点帮扶年度任务落地，巩固脱贫攻坚成果。会议采取线上线下结合的方式开展。

校党委常委、副校长、中科院院士张平文出席会议并主持。弥渡县委书记舒进、学校参与定点帮扶工作的相关院系及职能部门领导、北大附中、医学部国内合作办及学校在弥渡挂职干部陈贵兵、田定方参会。

舒进指出，一直以来，北京大学始终对弥渡的发展给予高度重视和鼎力支持，有力推动了弥渡县脱贫攻坚与全面推进乡村振兴战略，为实现经济社会高质量发展提供了强大动力。希望北京大学能下一步工作中，继续在重点工作和重大项目上对弥渡给予关注、帮助和支持。

陈贵兵介绍学校巩固拓展脱贫攻坚成果同乡村振兴有效衔接相关工作情况。他指出，一直以来，北大各院系、部门都发挥自身优势参与开展帮扶工作，通过资源统筹智力帮扶等方式与弥渡县各乡镇建立起全方位的深入合作关系，帮助弥渡县实现高质量跨越式发展。

张平文在总结讲话中指出，党的二十大对新时代新征程"三农"工作作出了新的重要部署。助力乡村振兴是党中央交给北大的光荣政治任务，也是北大服务国家战略、增进民生福祉的重要契机。北大将借助"10+10名誉村长"工作模式，继续深化院系同帮扶乡镇的紧密联系，聚焦乡村人才和产业振兴，不断激发弥渡未来发展的长久内生动力。

（刘爽健）

# 首都发展研究院

【发展概况】 首都发展研究院（以下简称"首发院"）按照学校总体部署，在北京市和北京大学的双重领导下，强化首都高端智库功能，积极服务首都经济社会发展，作好北大与北京市对接的桥梁与纽带，依托北大人文社科多学科优势为北京市乃至京津冀提供智库服务。

平台建设。首发院成立以来，作为北京市和北大共建的平台，在整合北大资源服务首都经济社会发展方面发挥了重要的作用。在新的历史条件下，首发院更加重视北京大学首都高端智库（以下简称"首都高端智库"）平台的建设。

2022年，首都高端智库为完成北京市交办的重大研究项目，首发院在全校范围内盘活研究首都的资源，很好地完成了相关研究。首都高端智库特聘研究员制度在2022年持续发挥作用，大大促进了北大首都智库"小核心、大网络"的运作，初步形成全校范围内多元稳定的高水平首都智库人才队伍。2022年，北京大学社科部智库办继续借助全校的决策咨询征稿平台为首都高端智库决策咨询面向全校征集约稿，动员全校力量服务首都发展决策，大大调动了全校教师的积极性。2022年，首都高端智库持续研究改进项目的组织管理工作，部分项目成果获得上级领导批示，被北京市重要内参所采纳。

9月24日，中关村全球高端智库联盟（以下简称"智库联盟"）举行理事大会暨第一届理事长会议第三次工作会议。来自中国、德国、法国、韩国、马来西亚、美国、日本、塞尔维亚、印度等9个国家和地区、55家智库联盟理事单位、80余名参会代表出席会议。依据智库联盟章程有关规定，对候选理事单位、候选副理事长单位进行投票表决和审议。经理事大会表决通过，北大首发院当选中关村全球高端智库联盟副理事长单位，围绕"联盟2023年工作计划"，首发院将为推动智库联盟内部交流合作向常态化、制度化转变，提升全球智库协同创新能力建言献策，贡献智慧。

**能力建设。**首发院领导干部以身作则，组织首发院全员认真学习中国共产党第二十次全国代表大会的会议精神，贯彻落实习近平总书记重要讲话精神，在积极组织理论学习和深入讨论的同时，与首发院岗位职责紧密结合起来。

2022年，为配合北京市、北京大学新冠疫情防控工作，首发院疫情防控应急机制持续发挥作用，疫情防控信息申报联络人每天按时申报防控信息，按时参加学校疫情防控工作会，传达学校有关疫情防控的精神，要求首发院员工严格遵守学校疫情防控工作的各项规定，以及属地防控的各项规定，做好首发院疫情期间轮岗值班工作，以保证首发院科研和管理工作顺利进行。

9月9日，首发院主管副校长张平文同志到首发院调研。张平文同志听取了首发院院长李国平的工作汇报，了解了首发院发展历程、运行机制及人员构成、能力建设与研究成果、社会服务、合作与交流、近期工作安排与设想，也听取了首发院工作人员对首发院发展的意见。张平文同志充分肯定了首发院的工作，首发院是北大联系北京市的重要单位，工作越来越重要，学校要把首发院建设好。张平文同志就首发院工作尤其是理顺首发院体制机制、加强和北京市的对接等方面提出了具体要求。

2022年，在北京市和北京大学的共同支持下，首发院围绕服务首都经济社会发展开展工作，在首发院领导班子带领下，首发院在综合协调管理、课题研究、政策咨询等方面的能力得到了加强和提升。在首都高端智库理事会的直接领导下，首都高端智库在参与政府重大决策咨询、完成市委交办任务、制度建设、首都文化品牌打造等多方面共同发力，完成了既定任务。

开发"京津冀协同发展决策辅助数据系统"。为加强首都高端智库决策咨询研究信息系统建设，2022年首发院联合龙信数据（北京）有限公司研制开发了"京津冀协同发展决策辅助数据系统"，为首发院的决策咨询和首都高端智库研究工作提供了有力的数据支撑和分析工具，同时也系统整合了首发院的智库产品、智库成果。

2022年，首发院行政管理更加规范和完善，办公例会制度、院长办公会制度日益健全。首发院党支部和首发院工会在北大直属机关党委和工会的领导下，积极开展和参与北大直属机关党委和工会组织的各项活动。

**整合北大力量服务首都和京津冀发展。**加强北京大学首都高端智库制度建设。在首都高端智库课题研究、征稿、学术交流活动等方面，首发院通过与社科部智库办密切联系，面向全校教师，动员全校力量服务首都发展决策，大大调动了全校教师的积极性。2022年首都高端智库持续研究改进智库项目的组织管理工作。经过5年的积累，首都高端智库在首都发展研究领域逐步聚集了校内相关领域研究的资深专家，为智库项目的开展起到了重要作用，在2022年智库项目组织研究中，更加注重发挥各位专家的特长。安钰峰教授团队提交的《2022冬奥会背景下推动北京建成一流国际体育中心城市研究——基于体育场地设施的合理布局》，龚六堂教授提交的《提升北京市农业劳动生产率，改善城乡差距，促进共同富裕》，李国平教授团队提交的《关于解决现代化首都都市圈建设中几个突出问题的建议》等均获得了上级领导的批示。

首都高端智库动员全校力量承接2022年度理事会重大决策咨询项目7项，项目包括：北京、上海、粤港澳大湾区高水平人才高地建设比较研究（指导单位：市委研究室）；统筹推进"疏整促"专项行动与北京城市更新的创新模式研究（指导单位：市政府研究室）；北京生活性服务业转型提质研究（指导单位：市政府研究室）；北京数字经济研究（指导单位：市政府研究室）；北京校外体育场地规划建设管理研究（指导单位：市委研究室）；北京科技企业外迁现象跟踪分析和应对研究（指导单位：市科委）；北京市普惠托育服务发展研究（指导单位：市委研究室）。

2022年提交了《新时期打造首都体育产业元宇宙创新试验区的建议》《首都特色城市更新报告》《北京建设国际科创中心要增强其国际性、开放性和市场化水平》等多篇研究报告，智库重大项目课题组在《经济日报》《光明日报》以及《北京日报》发表多篇文章，包括《构建数据基础制度安全网》《激发数据新要素的牵引力》《服贸会汇聚中国高质量发展新动能》《织密金融数据安全防护网》等。此外，不同课题组分别在北京市科委（中关村管委会）、北京市参事室、北京市社区体育协会、大兴区城市管理指挥中心、北京市政务服务中心、天通苑体育馆等开展了大量的调研工作。

2022年在以往研究组织基础上，更加注重补强智库重大研究项目支撑，相关智库课题设置注重与重大研究项目的匹配度。从智库项目管理组织方面，更加规范完善了智库项目从立项评审，开题，中期，推进会等的程序规范，加强了智库项目专家研讨会的组织与召开，加强了智库项目的调研工作。

此外，首发院继续发挥学科优势，在持续首都及京津冀区域协同发展，城市与区域管理领域重大基础性问题开展调查研究工作，采取自设课题形式予以委托研究。鼓励院里教职工积极参与首都发展的调查研究工作。最终采取自设课题形式立项9项智库课题，研究内容包括首都城市更新与城市治理综合研究、北京建设国际领先的科技创新中心综合研究、北京中轴线申遗与国家文化中心建设综合研究、北京人口结构与布局优化综合研究、北京现代化经济体系建设与高质量发展综合研究、京津冀区域协同治理综合研究、北京数字经济发展路径研究、北京市通州区与河北廊坊北三县一体化高质量发展综合研究、《首都发展报告2023》研制及出版等。

2022年，首发院不断拓宽成果转化渠道，积极与北京市各委办局以及相关机构，民主党派进行合作。首发院作为第三方对北京五年规划进行评估，评估成果《2021年度北京城市体检第三方综合研究报告》为《北京城市总体规划实施体检报告（2021年度）》中被部分采纳，2022年11月北京规自委专门致函首发院感谢。

沈体雁教授团队提交的《首都特色城市更新研究报告》为《北京市"十四五"时期城市更新规划》提供了支撑，部分内容被采纳，2022年12月北京规自委专门致函首发院感谢。

2022年8月，唐晓峰教授提交的《中轴线南段申遗问题》，8月李虹教授提交的《关于创新非常态下大社区管理体系，进一步提升首都疫情防控效果，保障经济社会安全有序运行的建议》等报告均获的上级领导批示。

首发院瞄准国家和首都发展的重大需求，积极促进成果转化，李国平教授和刘帅博士提交的《北京打造种业之都的问题与对策》研究获上级批示，之后会同北京市农村局进行了相关成果的推进转化工作。

首都高端智库继续整合校内重要智力资源为首都乃至国家发展决策提供智力支撑。3月李国平教授出席马建堂主持的"现代化强国座谈会"。12月李国平教授代表首发院，由北京市政府参事室推荐参加了市长政府工作报告征求意见会。

《北大首都智库》2022年刊印4期，自创刊以来共刊印了20期。

**打造"北京大学国子监大讲堂"文化品牌。** 2022年，由于受新冠疫情影响，"北京大学国子监大讲堂"和"北京大学国子监大讲堂国职讲堂"暂停了面授课程。为了满足学员线上学习的需求，国子监大讲堂在暑假期间进行了课程的补录工作，共计录课18讲，内容涉及北京历史与文化、书画鉴赏、音乐鉴赏等。2022年，首发院与北京大学出版社继续合作，国子监大讲堂市民读本《京华往事二》出版发行。

**国际合作和交流。** 2022年首发院国际合作的主要工作包括配合中国区域科学协会加强与国际区域科学协会的合作，参与区域和国际学术交流活动；扩展国际合作渠道，和英国剑桥大学等国际知名大学建立紧密合作关系，开展包括"碳中和"和可持续领导力等方向的合作，支持我国"碳达峰"和"碳中和"发展目标。2022年由于新冠疫情影响，进出境受到限制，一定程度影响了国际合作的进程，首发院仍然通过各种线上沟通机制，维护国际合作关系，并根据国内区域与城市发展和管理的需求，开拓新的合作方向。

（程　宏）

【"北京大学首都发展月月谈"论坛】 "北京大学首都发展月月谈"是由北京大学党委统战部、社会科学部、首都发展研究院联合策划推出的品牌论坛，旨在聚合北京大学校内外智力资源为国家和首都的发展贡献北大力量，提供北大智慧和北大方案。10月26日，由北京大学党委统战部、社会科学部支持，首都发展研究院主办的"贯彻二十大精神，促进国家现代化建设"专家座谈会在北京大学举行。本次专家座谈会是"北京大学首都发展月月谈"的首秀。来自北京大学、中国社科院、南开大学、河北经贸大学等高校和科研院所的近百名专家学者及师生以线上线下的形式参加了本次会议。北京大学党委常委、副校长张平文院士出席并致辞。会议由北京大学社会科学部副部长兼智库中心管理办公室主任王栋教授主持。来自马克思主义理论、国际关系、政治学、经济学、人口学、环境科学等多个学科领域的专家学者，从不同的学科视角出发，对"中国式现代化"的理论贡献和实现路径进行深入阐释。国务院参事、中国科学院院士、环境科学与工程学院院长朱彤教授、国际欧亚科学院院士、中国社会科学院生态文明研究所党委书记杨开忠教授、北京大学国际关系学院副院长张海滨教授、北京大学人口研究所所长陈功教授、北京大学中共党史研究中心主任程美东教授、北京大学首都发展研究院院长、首席专家李国平教授等与会的专家学者结合各自的专业领域，分享了学习党的二十大报告的心得体会。

（程　宏）

【北京大学首都发展新年论坛】 为更好的把脉首都发展，为京津冀区域协同发展提供智力支持，首发院自2016年开始举办北京大学首都发展新年论坛，截至2022年底已成功举办了七届。2022年1月8日，北京大学首都发展新年论坛（2022）在北京大学隆重召开。论坛以"构建新发展格局与京津冀协同发展"为主题，采取线上线下相结合的方式召开。来自北京大学、中国科学院、中国人民大学、南开大学、首都经贸大学、河北经贸大学、中国城市规划设计研究院、北京市城市规划设计研究院以及北京市、河北、天津等大学科研院所和政府机构的专家学者参加了本次论坛。嘉宾分别对关于现代化都市圈建设中几个误区，我国区域协调中的问题，现代化首都都市圈空间协同治理，我国东部三大城市群数字经济服务业对比，"十四五"时期北京老旧小区改造政策研究创新，中国首都圈：挑战与应对，新时代中国开发区发展路径与模式，京津冀交通一体化：历程、现状和展望，进一步加强现代化首都都市圈建设分享了各自的研究成果和见解。京津冀之声、光明日报、经济日报、北京日报、《前线》杂志社、中国网、搜狐网等提供媒体支持，搜狐城市提供网络直播。京津冀之声提供了全程采访录制。来自首都及全国各地高校、研究院所、政府机构等研究人员和学生代表300多人线上参加了此次论坛，2.1万人观看了网络直播。

（程　宏）

# 医学部国内合作

【发展概况】 组织结构。2022年4月，北京大学医学部国内合作委员会办公室成立，为医学部独立建制的正处级职能部门，工作职责为在医学部国内合作委员会领导下，统筹协调医学部各单位开展国内合作事务，承担对口支援高校工作和国家定点乡村振兴的政治任务；同时在怀密医学中心项目领导小组的领导下，统筹推动怀密医学中心建设。

内设综合办公室与怀密医学中心建设办公室。综合办公室主要负责统筹协调医学部各单位开展国内合作事务，为医学部与中央部委、地方政府、企业、高校、科研院所及军队开展高层互访、合作洽谈提供协调和保障；推动以医学部名义签订战略合作协议或专项协议，并积极有效组织落实；负责医学部国内合作委员会的日常工作，执行委员会各项决议，对医学部国内合作工作进行综合协调和管理监督；同时承担对口支援高校工作和国家定点扶贫、乡村振兴的政治任务。怀密医学中心建设办公室主要负责统筹推动怀密医学中心建设，执行怀密医学中心项目领导小组关于怀密医学中心规划建设的决议决定。与国家发改委、教育部、北京市、密云区等政府部门之间做好联络对接，在项目用地选址、土地划拨、建筑设计、申报立项、资金筹集等方面开展工作。

**党建工作**。领导班子带头，全体同志观看二十大开幕会、闭幕会以及二十届中共中央政治局常委同中外记者见面会视频直播，认真学习党的二十大报告及新修改的《中国共产党党章》。参加北京大学学习传达党的二十大精神大会、教育部直属系统传达学习党的二十大精神大会、北京市教育工委党的二十大精神宣讲报告会，全面深刻领会党的二十大和二十大报告的重大意义。

**制度建设**。制定《北京大学医学部国内合作管理办法》（北医〔2022〕部字101号），废止《北京大学医学部国内合作委员会工作条例（试行）》（北医（2016）部字194号）及《北京大学医学部规范附属医院对外合作管理办法（试行）》（北医〔2018〕部字21号）。

**校地合作**。协调医学部领导出访滨海新区、宁波、泰州、福州、莆田等地，大力推进校地合作。调整完成深圳北京大学香港科技大学医学中心领导小组及医学部与泰州市校地战略合作委员会。签署《北京大学医学部 莆田市人民政府医疗健康领域战略合作框架协议》《北京大学医学部 莆田市人民政府 北京大学口腔医院 莆田学院附属医院合作共建莆田市省级区域医疗中心协议》《北京大学医学部 莆田市人民政府 北京大学肿瘤医院 莆田学院附属医院合作共建莆田市省级区域医疗中心协议》，依托莆田学院附属医院共建省级区域医疗中心。

**国家区域医疗中心建设**。北京大学第一医院宁夏妇女儿童医院、北京大学口腔医院三亚分院、北京大学肿瘤医院内蒙古医院入选第三批国家区域医疗中心建设项目；北京大学人民医院青岛医院、北京大学第六医院河南医院入选第四批国家区域医疗中心建设项目。截至2022年12月，北大医学6家直属附属医院已有8个国家区域医疗中心项目获批。

**医联体建设**。发挥三级医院专业技术优势及带头作用，构建分级医疗、急慢分治、双向转诊的诊疗模式，积极推动医联体建设布局。第三医院与北京大学医院等32家医疗机构签署北京市海淀中东部医联体协议，与北京市昌平区中西医结合医院等6家医疗机构签署北京市专科医联体协议。口腔医院与昌平区霍营社区卫生服务中心签署北京市口腔专科医联体合作协议。肿瘤医院与大兴区人民医院等17家医疗机构签署肿瘤专科医联体协议。

**对口支援**。公共卫生学院郭岩教授、第三医院张幼怡教授参加石河子大学"高校银龄教师支援西部计划"，积极参与石河子大学医学院社会医学与卫生事业管理、心血管学等学科及人才团队建设，支持教育教学、科学研究、研究生联合培养等工作。肿瘤医院与云南省弥渡县人民医院建立远程医疗协作关系，通过开设远程联合门诊、远程会诊等线上诊疗服务，实现对弥渡县域肿瘤患者从门诊、检查、住院、康复等就医全流程的线上指导与支持，每周开展1-2次的常态化的远程培训，临床、护理、医技及行政管理相关科室的专家定期开展学术讲座。

（邢沫、曹菁、王鹏）

【**推进怀密医学中心建设**】 明确怀密医学中心事业规模及功能定位。3月，教育部发展规划司复函《关于同意北京大学学院路校区及怀密医学中心功能定位于事业规模分布的函》，同意怀密医学中心事业规模及功能定位。怀密医学中心立足怀柔科学城的国际科技创新中心定位，整体布局北大医学的主体功能，重点围绕创建世界一流医学教育、前沿交叉学科研究和创新转化中心的目标，一体化建设教书育人、科学研究、临床研究相关平台及机构。怀密医学中心承载北大医学70%的事业规模。

明确怀密医学中心项目选址及规划条件。6月，北京大学与密云区人民政府签署怀密医学中心项目建设协议，约定选址用地、土地开发建设补偿费、土地交付等有关事项。怀密医学中心总建设用地面积约1048亩，宗地四至分别为：北至云西七街，西至西统路，东至云西三路，南至规划云西支十二街；其中一期建设用地约500亩，宗地四至分别为：北至云西七街，西至西统路，东至云西三路，南至规划云西支十二街。北京大学常务副校长、医学部主任乔杰院士，密云区委副书记、区长马新明代表双方签署项目建设协议。北京大学党委常务副书记、医学部党委书记陈宝剑，密云区委书记余卫国等见证签约。

8月，北京市委市政府同意怀密医学中心项目选址，一期项目位于怀柔科学城东区南部地块现状西统路东侧，规划总用地面积约47.47公顷，其中建设用地面积约33.56公顷，代征城市道路用地约11.75公顷，代征城市绿地约2.16公顷。规划用地性质为A31高等院校用地、A4体育用地及A2文化设施用地，规划地上建筑控制规模约48.91万平方米。同月，怀密医学中心通过"多规合一"协同平台初审。

深化完善设计方案。完成怀密医学中心规划设计方案国际征集。3月11日，举办规划设计方案国际征集应征设计方案评审会，经王建国院士、孟建民院士等多位院士、专家组成的专家组评审，北京市建筑设计研究院有限公司、哈尔滨工业大学建筑设计研究院、天津华汇工程建筑设计有限公司等3家设计单位入围。根据校内师生代表及专家委员会评审意见，确定北京市建筑设计研究院有限公司为中选单位。8月，北京市规划和自然资源委员会复函同意怀密医学中心设计方案。举办北京大学怀密医学中心规划设计方案专题展，全面展示怀密医学中心应征设计方案。

稳步推进土地划拨，进行立项前期准备。9月19日，完成一期建设土地道路定线。9月26日，完成一期建设土地钉桩。10月9日，完成启动区建设土地权属审查。10月18日，完成一期建设土地地类认定。

（邢沫、曹菁、王鹏）

# 科技开发

【发展概况】 组织结构。科技开发部是学校职能部门，负责学校科技开发、成果转化与技术转移工作，是教育部高等学校科技成果转化和技术转移基地、国家知识产权示范高校、国家技术转移示范机构和首批高校专业化国家技术转移机构建设试点单位。2011年4月，学校为加强产学研工作，成立产业技术研究院，与科技开发部合署办公。根据实际工作需要，科技开发部/产业技术研究院内设知识产权办公室、经费与信息办公室、企业管理办公室、异地科研机构管理办公室、技术转移中心和综合办公室6个办公室。2022年有工作人员23人，其中事业编制人员8人，劳动合同制人员15人，获研究生（硕士、博士）学历人员19名，大学本科学历人员4人，获得中、高级职称人员18人。

党风廉政建设。科技开发部认真开展党风和廉政建设，坚决贯彻党的群众路线，坚决执行民主集中制。党支部多次召开全体会议，学习领会党的二十大精神、北京市第十三次党代会精神、北京大学第十四次党代会精神，认真学习党的重要文件，认真学习贯彻习近平新时代中国特色社会主义思想，坚持学习习近平同志系列讲话，将学校党委决策部署的各项要求自觉融入部门的日常工作中，牢固树立"四个意识"，坚定"四个自信"，做到"两个维护"，自觉在思想上政治上行动上同以习近平同志为核心的党中央保持高度一致。坚持加强党的建设，坚持从严治党，全体成员严格执行中央关于"八项规定"的要求，认真纠正"四风"，班子成员严格执行廉洁自律准则，严格执行办公用房、出差、会议等方面的待遇规定。严格落实民主集中制与"三重一大"制度，决策过程做到科学、民主、透明、公开。科技开发部根据学校要求制定内控手册，防范各类风险。

党建工作。科技开发部党支部坚决贯彻落实党中央的各项决议、学校党委的决策部署，重点学习落实党的二十大精神、北京市第十三次党代会精神、北京大学第十四次党代会精神等，2022年党支部组织开展16次"党的二十大"等主题学习和参观活动，开展32次"每周一学"线上微党课学习。党支部与学校科学研究部、学科建设办公室、国内合作委员会办公室、现代农学院、大数据分析和应用技术国家工程实验室、能源研究院及异地科研机构等多家单位联合开展支部联学活动。

疫情防控。按照学校整体部署，科技开发部新冠疫情防控工作小组积极传达和落实学校的各项防疫要求，保障部门工作的正常运转，支持与服务学校科研人员开展横向科研和成果转化工作。在6月份北京疫情期间，科技开发部参与疫情防控科研管理小组，班子成员驻校开展工作。在党支部的带领下，科技开发部积极动员全体工作人员参与学校疫情防控志愿服务，累计参与学校核酸检测志愿服务工作30余人次。

校企合作。科技开发部配合学校新工科建设，推进与行业龙头企业合作，建立联合研发平台，充分发挥科研人员的作用，共同解决产业的高端技术问题与行业关键技术，同时培养创新型人才，促进学科建设，形成稳定、持续的高质量合作。2022年科技开发部代表北京大学与中国石油天然气集团有限公司、中国电信集团有限公司、万华化学集团股份有限公司、北京字跳网络技术有限公司、上海概伦电子股份有限公司和深圳市腾讯计算机系统有限公司等企业合作建立校企联合研发平台16个，合作经费38,100万元，合作领域涉及新能源、电子信息技术、新材料、人工智能、大数据等，2022年各校企联合研发平台到款总计8891.43万元。根据《北京大学校企联合研发平台管理办法（试行）》（校发〔2020〕306号）有关规定，科技开发部开展对校企联合研发平台跟踪管理，建立研发平台年度报告机制，2022年收集年度运行报告59份，充分了解当年在运行研发平台的承担项目情况、经费到校情况、国际合作情况、人才培养情况和取得成果情况、下一年工作计划等。

异地科研机构。围绕地方产业布局、经济转型升级及社会民生需求，北京大学陆续与地方政府共建多家异地科研机构，开展产学研合作。截至2022年12月31日，北京大学累计成立19家异地科研机构，其中2022年新成立4家：3月，北京大学与长沙市人民政府、长沙高新区管委会共建北京大学长沙计算与数字经济研究院；4月，北京大学与中国（上海）自由贸易试验区临港新片区管理委员会共建北京大学上海临港国际科技创新中心；11月，北京大学与武汉市人民政府共建北大武汉人工智能研究院；11月，北京大学与鄂尔多斯市人民政府共建北京大学鄂尔多斯能源研究院。2022年各异地科研机构到校经费共计1.22亿元。

**科技成果挖掘与商业化。** 2022年科技开发部持续开展对学校项目系统性收集整理、入库分析、发布对接、基金投资等成果转化工作，截至年底，北京大学科技成果转化基金（工商注册为"北京元培科技创新投资中心（有限合伙）"，简称"元培基金"）召开投决会25次，决议项目38个，已完成投资项目28个，总投资金额5.22亿元。其中，12个教职工项目投资金额1.78亿元，7个校友项目投资金额1.42亿元，9个社会项目投资金额2.02亿元。元培基金通过汇集政府、学校、社会投资机构等各方力量，激发学校科研人员对于科技成果转化的热情与积极性，推动学校原始创新成果转化，促进国家科技创新能力提升。

**技术入股。** 根据《北京大学技术入股管理办法》，科技开发部不断完善技术入股流程，2022年首次建立合作方尽职调查制度，首次建立团队内收益确认法律文书，首次实施科技成果转化暂不征收个人所得税备案。为了管理好科技成果作价入股形成的股权，通过《出资协议》的具体条款，保障北大权益、明确股权退出路径、防范系统风险。2022年，科技开发部以21项知识产权作价共6743.84万元，吸引资本8844万元，负责实施5个技术入股项目（以备案时间为准），包括：成立2家新公司，正在注册2家新公司，完成对1家合作公司以知识产权作价进行增资入股。另外，2021年完成学校备案流程的技术入股项目：以集成电路学院王润声"一种提取带陷阱耦合效应的随机电报噪声信号的方法"等4项专利技术和2项非专利技术作价入股项目于2022年成立新公司。自2019年《北京大学技术入股管理办法》生效以来，科技开发部以79项知识产权作价共27,605.13万元，吸引资本107,657.64万元，负责实施了12个技术入股项目，包括：成立6家新公司，正在注册4家新公司，对2家合作公司以知识产权作价进行增资入股（1家已完成）。

**技术合同管理。** 科技开发部为校内科研人员提供投标、进出款技术合同签订等相关法律事务咨询，履行北京大学横向技术合同及其它相关合同的法律审核职责，在推进合作的同时控制风险。2022年科技开发部签订合同770项，合同额141,750.82万元，其中进款合同706项，合同额136,794.19万元；出款合同64项，合同额4956.63万元。其中合同额在100万元以上的进款合同共有142项，合同额121,185.59万元，占到进款合同额88.58%。与北京市相关单位签订进款合同共计324项，合同额38,362.05万元。进款合同按合同类型分：技术开发合同306项，合同额44,486.76万元；技术服务及咨询合同323项，合同额12,706.76万元；技术转让合同15项，合同额14,079万元；技术许可合同26项，合同额891.67万元。联合实验室合同16项，合同额38,100万元；其它类别合同20项，合同额26,530万元。2022年，办理技术合同登记148个，涉及金额47,306.43万元，其中免税合同140个，涉及免税的合同额46,775.45万元，合同免税额1362.39万元。

**经费管理。** 科技开发部经费管理严格执行按项目管理的原则，在工作中不断完善规范已有工作流程和科研管理系统；完成北京大学职务科技成果转化现金奖励的公示和领取工作；在防范风险的同时，为院系教师提供服务。2022年，技术合同到款共计65,459.26万元，其中技术开发合同到款48,570.89万元，技术许可合同到款169.2万元，技术转让合同到款3315.7万元，技术服务与咨询合同到款9770.22万元，其他合同到款3633.25万元。根据《北京大学职务科技成果转化现金奖励管理办法》，2022年科技开发部完成24个项目的科技成果转化现金奖励公示，公示金额1272.80万元；科研人员领取科技成果转化现金奖励101人次，涉及项目27项，领取金额共计945.21万元。

**专利情况。** 2022年度北京大学（包括有关独立法人单位）共申请专利1817项，其中申请国外专利53项；授权专利2323项，其中授权国外专利74项。2022年专利权利人为"北京大学"的申请专利844项，其中国外专利37项；授权专利1018项，其中国外专利50项。

**企业整改。** 2022年科技开发部继续推进下属企业清理整改工作，45家需整改企业中已完成与视同完成34家（按照当年统计口径），保留1家，上报学校2家，4家已经进入或即将进入挂牌程序，4家启动法律手段退出。

（刘淑媛、廖峥华）

【**知识产权管理**】 2022年，科技开发部持续完善知识产权全流程管理机制，制定并发布了《北京大学职务科技成果披露管理办法》（校发〔2022〕30号）和《北京大学专利工作管理办法》（校发〔2022〕134号），初步建立学校知识产权管理制度体系。建设信息化管理平台，"北京大学知识产权管理系统"于6月22日正式上线运行，为知识产权管理工作提供便利和支撑，落实了国家政策中对于职务科技成果披露和专利申请前评估的要求。开展常态化知识产权培训，联合北京大学科学技术协会、图书馆、知识产权信息服务中心共开展5次知识产权专题培训，年度累计参与培训达1240人次；并开展两次学校管理办法及知识产权管理系统专题培训。承接北京市知识产权局"供给侧专利转化运用促进专项"，重点推进专利开放许可试点工作，进一步探索专利运营模式，到2022年底，北京大学在中国技术交易所累计公开发布45项开放许可专利。4月26日，科技开发部组织召开北京大学知识产权论坛，世界知识产权组织、教育部、国家知识产权局及科学技术部等领导均对北京大学的知识产权和成果转化工作给予充分肯定，推动增强全校师生知识产权意识，营造良好知识产权氛围。加强知识产权专业化人才建设，与国家知识产权局专利局建立人才交流机制，国家知识产权局向学校派驻知识产权专员指导学校知识产权相关工作。

（刘淑媛、廖峥华、王磊）

【**加强异地科研机构管理**】 2022年北京大学继续推进异地科研机构建设工作，制定《北京大学异地科研机构管理办法

（试行）》（校发〔2022〕232号），将异地科研机构建设纳入学校总体发展规划。学校成立异地科研机构工作领导小组，组长由分管副校长担任，成员单位包括党委办公室校长办公室、党委组织部、科学研究部、社会科学部、人事部、国内合作委员会办公室、科技开发部、校办产业管理委员会办公室、学科建设办公室、法律事务办公室、医学部，小组办公室设在科技开发部。为规范异地科研机构的建立和管理，科技开发部成立异地科研机构管理办公室，主要工作职责是：参与新异地科研机构的合作谈判，审核协议与管理办法，受理成果转化申请，系统梳理异地科研机构参控股公司，按季度汇编发布机构信息专刊，支持申请国家各种专项项目、课题与人才计划，组织开展专题培训。

（刘淑媛、廖峥华）

【**做好各项国家试点工作**】 作为国家知识产权局、教育部遴选的首批"国家知识产权示范高校"、教育部高等学校科技成果转化和技术转移基地、科技部与教育部首批高等学校专业化技术转移机构建设试点单位，科技开发部持续推动上述国家试点工作。以技术转移机构专业化建设为工作抓手，夯实已有的工作基础，在制度体系建设、机制体制创新、校地产学研合作、校企联合研发平台建设、科技成果转化基金、高价值专利培育运营及知识产权管理、职务科技成果作价入股股权的形成与管理、全流程贯通管理机制等方面，都取得了系统进展。

（刘淑媛、廖峥华）

【**建设北京大学上海临港国际科技创新中心**】 4月，北京大学与中国（上海）自由贸易试验区临港新片区管理委员会共同组建北京大学上海临港国际科技创新中心。科技开发部成立临港科创中心筹建小组，努力克服疫情重大影响，组建管理团队，设计运行模式，制定管理办法，完成民非机构、平台公司、基金管理机构注册，梳理项目进行储备，走访合作投资机构，参加项目建设答辩，举行临港政策宣讲，开展室内设计与装修招标工作等。北京大学上海临港国际科技创新中心依托北京大学在理、工、医等领域的学科优势和人才资源，聚焦大健康、大信息等领域，围绕产业链部署创新链、资金链、人才链、服务链、政策链等，着力突破关键核心技术而产出更多原创成果，通过深度培育与精准投资，推动科技成果转化，孵化高科技企业。

（刘淑媛、廖峥华）

【**附表**】

表10-1　2022年北京大学签订的进款技术合同统计表

（合同额单位：万元）

| 院系 | 技术开发 | | 技术转让 | | 技术许可 | | 技术服务与咨询 | | 联合实验室 | | 保密协议和共同投标协议等 | | 合计 | |
|---|---|---|---|---|---|---|---|---|---|---|---|---|---|---|
| | 合同数 | 合同额 | 合同数 | 合同额 | 合同数 | 合同额 | 合同数 | 合同额 | 合同数 | 合同额 | 合同数 | 合同额 | 合同数 | 合同额 |
| 材料科学与工程学院 | 8 | 3087.26 | 1 | 20 | 2 | 400 | 4 | 197.72 | 3 | 12,500 | 2 | 20,000 | 20 | 36,204.98 |
| 大数据分析与应用技术国家工程实验室 | 6 | 6344.5 | 0 | 0 | 0 | 0 | 5 | 516.5 | 0 | 0 | 0 | 0 | 11 | 6861 |
| 电子学院 | 13 | 1208.76 | 2 | 390 | 1 | 40 | 4 | 55.51 | 0 | 0 | 0 | 0 | 20 | 1694.27 |
| 集成电路学院 | 40 | 3797.81 | 1 | 10 | 0 | 0 | 9 | 288.61 | 1 | 1000 | 3 | 0 | 54 | 5096.42 |
| 计算机学院 | 69 | 6208.26 | 0 | 0 | 3 | 9.8 | 10 | 255.8 | 4 | 7600 | 2 | 0 | 88 | 14,073.86 |
| 能源研究院 | 5 | 10,352.87 | 0 | 0 | 0 | 0 | 3 | 244.96 | 1 | 10,000 | 0 | 0 | 9 | 20,597.83 |
| 人工智能研究院 | 3 | 152 | 0 | 0 | 0 | 0 | 1 | 15 | 0 | 0 | 0 | 0 | 4 | 167 |
| 生物医学前沿创新中心 | 0 | 0 | 1 | 30 | 0 | 0 | 0 | 0 | 0 | 0 | 0 | 0 | 1 | 30 |
| 未来技术学院 | 10 | 890.9 | 1 | 100 | 1 | 0 | 3 | 261 | 0 | 0 | 1 | 1500 | 16 | 2751.9 |
| 智能学院 | 20 | 1817.29 | 0 | 0 | 0 | 0 | 3 | 25 | 2 | 2000 | 0 | 0 | 25 | 3842.29 |
| 中国社会科学调查中心 | 0 | 0 | 0 | 0 | 0 | 0 | 1 | 8 | 0 | 0 | 0 | 0 | 1 | 8 |
| 北京国际数学研究中心 | 2 | 235.4 | 0 | 0 | 0 | 0 | 1 | 36 | 0 | 0 | 0 | 0 | 3 | 271.4 |
| 科技开发部（包含产业技术研究院） | 1 | 8.4 | 0 | 0 | 0 | 0 | 3 | 197.92 | 0 | 0 | 2 | 5030 | 6 | 5236.32 |
| 城市与环境学院 | 0 | 0 | 0 | 0 | 0 | 0 | 48 | 1099.37 | 0 | 0 | 0 | 0 | 48 | 1099.37 |
| 创新创业学院 | 0 | 0 | 0 | 0 | 0 | 0 | 1 | 5 | 0 | 0 | 0 | 0 | 1 | 5 |
| 地球与空间科学学院 | 22 | 1838.71 | 0 | 0 | 0 | 0 | 50 | 2267.01 | 0 | 0 | 0 | 0 | 72 | 4105.72 |

（续表）

| 院系 | 技术开发 | | 技术转让 | | 技术许可 | | 技术服务与咨询 | | 联合实验室 | | 保密协议和共同投标协议等 | | 合计 | |
|---|---|---|---|---|---|---|---|---|---|---|---|---|---|---|
| | 合同数 | 合同额 | 合同数 | 合同额 | 合同数 | 合同额 | 合同数 | 合同额 | 合同数 | 合同额 | 合同数 | 合同额 | 合同数 | 合同额 |
| 法学院 | 1 | 93 | 0 | 0 | 0 | 0 | 0 | 0 | 0 | 0 | 0 | 0 | 1 | 93 |
| 分子医学研究所 | 1 | 350 | 0 | 0 | 0 | 0 | 1 | 140 | 0 | 0 | 0 | 0 | 2 | 490 |
| 工学院 | 15 | 988.53 | 0 | 0 | 0 | 0 | 22 | 1312.77 | 0 | 0 | 3 | 0 | 40 | 2301.3 |
| 光华管理学院 | 1 | 10 | 0 | 0 | 0 | 0 | 0 | 0 | 0 | 0 | 0 | 0 | 1 | 10 |
| 化学与分子工程学院 | 11 | 993 | 6 | 13080 | 3 | 30 | 19 | 532.74 | 1 | 1000 | 1 | 0 | 41 | 15,635.74 |
| 环境科学与工程学院 | 9 | 417.25 | 1 | 300 | 2 | 20 | 46 | 2717.87 | 0 | 0 | 0 | 0 | 58 | 3455.12 |
| 计算中心 | 2 | 152 | 0 | 0 | 0 | 0 | 3 | 262.5 | 0 | 0 | 0 | 0 | 5 | 414.5 |
| 建筑与景观设计学院 | 2 | 382.72 | 0 | 0 | 0 | 0 | 6 | 155.6 | 0 | 0 | 0 | 0 | 8 | 538.32 |
| 教育学院 | 0 | 0 | 0 | 0 | 0 | 0 | 1 | 59 | 0 | 0 | 0 | 0 | 1 | 59 |
| 经济学院 | 0 | 0 | 0 | 0 | 0 | 0 | 1 | 36 | 0 | 0 | 0 | 0 | 1 | 36 |
| 考古文博学院 | 0 | 0 | 0 | 0 | 0 | 0 | 23 | 330.9 | 0 | 0 | 0 | 0 | 23 | 330.9 |
| 科维理天文与天体物理研究所 | 0 | 0 | 0 | 0 | 0 | 0 | 1 | 5 | 0 | 0 | 0 | 0 | 1 | 5 |
| 前沿交叉学科研究院 | 3 | 50 | 0 | 0 | 0 | 0 | 1 | 5 | 0 | 0 | 0 | 0 | 4 | 55 |
| 软件工程国家工程研究中心 | 10 | 390 | 0 | 0 | 0 | 0 | 4 | 37 | 1 | 1000 | 1 | 0 | 16 | 1427 |
| 软件与微电子学院 | 1 | 141.11 | 0 | 0 | 0 | 0 | 1 | 40 | 1 | 1000 | 0 | 0 | 3 | 1181.11 |
| 生命科学学院 | 6 | 832.07 | 1 | 40 | 8 | 242.47 | 12 | 121.92 | 0 | 0 | 0 | 0 | 27 | 1236.46 |
| 数学科学学院 | 4 | 229.51 | 0 | 0 | 0 | 0 | 2 | 88 | 0 | 0 | 2 | 0 | 8 | 317.51 |
| 王选计算机研究所 | 18 | 1177.04 | 0 | 0 | 2 | 22 | 2 | 20.6 | 0 | 0 | 2 | 0 | 24 | 1219.64 |
| 物理学院 | 15 | 1856.42 | 1 | 109 | 1 | 55 | 27 | 970.46 | 2 | 2000 | 1 | 0 | 47 | 4990.88 |
| 现代农学院 | 2 | 200 | 0 | 0 | 0 | 0 | 0 | 0 | 0 | 0 | 0 | 0 | 2 | 200 |
| 心理与认知科学学院 | 5 | 266.95 | 0 | 0 | 0 | 0 | 4 | 398 | 0 | 0 | 0 | 0 | 9 | 664.95 |
| 信息管理系 | 0 | 0 | 0 | 0 | 0 | 0 | 1 | 20 | 0 | 0 | 0 | 0 | 1 | 20 |
| 信息科学技术学院 | 1 | 15 | 0 | 0 | 0 | 0 | 1 | 0 | 0 | 0 | 0 | 0 | 2 | 15 |
| 中国语言文学系 | 0 | 0 | 0 | 0 | 2 | 52.4 | 0 | 0 | 0 | 0 | 0 | 0 | 2 | 52.4 |
| 总计 | 306 | 44,486.76 | 15 | 14,079 | 26 | 891.67 | 323 | 12,706.76 | 16 | 38,100 | 20 | 26,530 | 706 | 136,794.19 |

（苏 雯）

表10-2 2022年度科技开发部技术合同到款

（单位：万元）

| 院系 | 技术开发 | 技术许可 | 技术转让 | 技术服务与咨询 | 其他 | 合计 |
|---|---|---|---|---|---|---|
| 物理学院 | 5029.17 | 0 | 259 | 659.58 | 0 | 5947.75 |
| 科技开发部 | 0 | 0 | 0 | 54.6 | 90 | 144.6 |
| 集成电路学院 | 5558.72 | 0 | 210 | 282.61 | 0 | 6051.33 |
| 计算机学院 | 7466.42 | 28.8 | 0 | 282.94 | 243.25 | 8021.41 |
| 大数据分析与应用技术国家工程实验室 | 2903.25 | 0 | 0 | 282.05 | 0 | 3185.3 |
| 地球与空间科学学院 | 902.17 | 0 | 0 | 1963.97 | 0 | 2866.14 |
| 工学院 | 961.53 | 0 | 0 | 667.87 | 0 | 1629.4 |
| 环境科学与工程学院 | 334.41 | 0 | 390.5 | 1614.02 | 0 | 2338.93 |
| 化学与分子工程学院 | 1833.38 | 0 | 636.21 | 527.44 | 0 | 2997.03 |
| 信息科学技术学院 | 2007.5 | 0 | 0 | 0 | 0 | 2007.5 |
| 现代农学院 | 100 | 0 | 0 | 0 | 0 | 100 |
| 软件工程国家工程研究中心 | 542.04 | 0 | 0 | 54.56 | 0 | 596.6 |

（续表）

| 院系 | 技术开发 | 技术许可 | 技术转让 | 技术服务与咨询 | 其他 | 合计 |
|---|---|---|---|---|---|---|
| 城市与环境学院 | 21.21 | 0 | 0 | 1077.84 | 0 | 1099.05 |
| 电子学院 | 1147.12 | 0 | 770 | 75.01 | 0 | 1992.13 |
| 生命科学学院 | 751.38 | 80 | 236.7 | 82.47 | 3000 | 4150.55 |
| 王选计算机研究所 | 655.64 | 12 | 130 | 75.6 | 0 | 873.24 |
| 数学科学学院 | 376.63 | 0 | 0 | 6.4 | 0 | 383.03 |
| 软件与微电子学院 | 714.01 | 0 | 0 | 50 | 0 | 764.01 |
| 能源研究院 | 2767.39 | 0 | 0 | 374.2 | 0 | 3141.59 |
| 智能学院 | 1401.55 | 0 | 0 | 97.5 | 0 | 1499.05 |
| 材料科学与工程学院 | 11,225.26 | 0 | 420 | 190.51 | 0 | 11,835.77 |
| 北京国际数学研究中心 | 461.68 | 0 | 0 | 18 | 0 | 479.68 |
| 计算中心 | 161.3 | 0 | 0 | 536 | 0 | 697.3 |
| 未来技术学院 | 579.28 | 0 | 183.29 | 133.9 | 300 | 1196.47 |
| 心理与认知科学学院 | 126.13 | 0 | 0 | 137.8 | 0 | 263.93 |
| 考古文博学院 | 3 | 0 | 0 | 317.9 | 0 | 320.9 |
| 建筑与景观设计学院 | 135.8 | 0 | 0 | 85.45 | 0 | 221.25 |
| 人工智能研究院 | 243.47 | 0 | 0 | 39 | 0 | 282.47 |
| 教育学院 | 0 | 0 | 0 | 24 | 0 | 24 |
| 前沿交叉学科研究院 | 62.6 | 15 | 0 | 5 | 0 | 82.6 |
| 经济学院 | 0 | 0 | 0 | 36 | 0 | 36 |
| 信息管理系 | 24 | 0 | 20 | 0 | 0 | 44 |
| 海洋研究院 | 14.85 | 0 | 0 | 0 | 0 | 14.85 |
| 光华管理学院 | 10 | 0 | 0 | 0 | 0 | 10 |
| 中国语言文学系 | 0 | 33.4 | 0 | 0 | 0 | 33.4 |
| 中国社会科学调查中心 | 50 | 0 | 0 | 8 | 0 | 58 |
| 创新创业学院 | 0 | 0 | 0 | 5 | 0 | 5 |
| 科维理天文与天体物理研究所 | 0 | 0 | 0 | 5 | 0 | 5 |
| 生物医学前沿创新中心 | 0 | 0 | 60 | 0 | 0 | 60 |
| 合计 | 48,570.89 | 169.2 | 3315.7 | 9770.22 | 3633.25 | 65,459.26 |

（朱　梅、程　吉）

表10-3　2022年度北京大学签订的100万元以上技术合同

| 项目名称 | 合同类别 | 项目人 | 合同对方 | 单位（院系） | 合同额（单位：万元） |
|---|---|---|---|---|---|
| 北京大学-万华化学（宁波）有限公司科技合作协议 | 其它 | 邹如强 | 万华化学（宁波）有限公司 | 材料科学与工程学院 | 20,000.00 |
| "COMPOUNDS AS PU.1 INHIBITORS"等两件专利（申请）权转让 | 专利权转让 | 雷晓光 | 浙江星浩澎博医药有限公司 | 化学与分子工程学院 | 12,600.00 |
| 北京大学与万华化学集团股份有限公司共建"北京大学-万华化学联合研究中心" | 联合实验室 | 邹如强 | 万华化学集团股份有限公司 | 材料科学与工程学院 | 10,000.00 |
| 战略合作协议基础研究项目 | 联合实验室 | 金之钧 | 中国石油天然气集团有限公司 | 能源研究院 | 10,000.00 |
| 北京大学与北京大学鄂尔多斯能源研究院共建"北京大学鄂尔多斯能源研究院北京基地"协议书 | 技术开发 | 杨雷 | 北京大学鄂尔多斯能源研究院 | 能源研究院 | 10,000.00 |
| 北京大学与北大计算与数字经济研究院共建"北京大学计算与数字经济研究院北京基地" | 技术开发 | 张平文 | 北大计算与数字经济研究院 | 大数据分析与应用技术国家工程实验室 | 6000.00 |

（续表）

| 项目名称 | 合同类别 | 项目人 | 合同对方 | 单位（院系） | 合同额（单位：万元） |
|---|---|---|---|---|---|
| 中国（上海）自由贸易试验区临港新片区科技创新型平台建设和运营 | 其它 | 姚卫浩 | 中国（上海）自由贸易试验区临港新片区管理委员会 | 科技开发部 | 5000.00 |
| 北京大学与中国电信集团有限公司共建"北大-中国电信大数据联合实验室" | 联合实验室 | 刘云淮 | 中国电信集团有限公司 | 计算机学院 | 5000.00 |
| 烯碳相变热管理纤维材料 | 技术开发 | 张锦 | 中国石油天然气集团有限公司 | 材料科学与工程学院 | 2504.00 |
| 北京大学材料科学与工程学院彤程发展基金项目捐赠协议 | 联合实验室 | 周欢萍 | 北京大学教育基金会 | 材料科学与工程学院 | 1500.00 |
| 关于未来技术合作的协议 | 其它 | 肖瑞平 | 无锡市科学技术局 | 未来技术学院 | 1500.00 |
| 面向数字孪生网络的极低资源动态全网测量技术项目 | 技术开发 | 崔斌 | 华为技术有限公司 | 计算机学院 | 1246.30 |
| 北京大学与保定中创燕园公司共建"北大-中创宽禁带半导体联合实验室"的合作协议 | 联合实验室 | 沈波 | 保定中创燕园半导体科技有限公司 | 物理学院 | 1000.00 |
| 北京大学与北京八分量信息科技有限公司联合建立"区块链与隐私计算联合实验室"协议书 | 联合实验室 | 沈晴霓 | 北京八分量信息科技有限公司 | 软件与微电子学院 | 1000.00 |
| 北京大学与杭州阿里妈妈软件服务有限公司共建"北大-阿里妈妈人工智能创新联合实验室" | 联合实验室 | 宋国杰 | 杭州阿里妈妈软件服务有限公司 | 智能学院 | 1000.00 |
| 北京大学与山西万千智慧科技产业发展有限公司共建"北大-万千智慧资源环境与新材料联合实验室"合作协议 | 联合实验室 | 王习东 | 山西万千智慧科技产业发展有限公司 | 材料科学与工程学院 | 1000.00 |
| 北京大学与上海概伦电子股份有限公司共建"北大-概伦EDA创新联合实验室" | 联合实验室 | 王润声 | 上海概伦电子股份有限公司 | 集成电路学院 | 1000.00 |
| 北京大学与北京北大软件工程股份有限公司共建软件智能技术联合实验室 | 联合实验室 | 张世琨 | 北京北大软件工程股份有限公司 | 软件工程国家工程研究中心 | 1000.00 |
| 中广核研究院有限公司 北京大学 共建"北京大学-中广核研究院 极端环境材料联合实验室"合作协议 | 联合实验室 | 付恩刚 | 中广核研究院有限公司 | 物理学院 | 1000.00 |
| 北京大学与字节跳动共建智能媒体联合实验室 | 联合实验室 | 马思伟 | 北京字跳网络技术有限公司 | 计算机学院 | 1000.00 |
| 北京大学 上海弘玑信息技术有限公司共建"超级自动化联合实验室" | 联合实验室 | 马修军 | 上海弘玑信息技术有限公司 | 智能学院 | 1000.00 |
| 北京大学与江苏国源先进仪器技术研究院有限公司共建"北大-连云港国源先进仪器联合实验室"合作协议 | 联合实验室 | 马玉国 | 江苏国源先进仪器技术研究院有限公司 | 化学与分子工程学院 | 1000.00 |
| 北京大学 北京智芯微电子科技有限公司共建"北大-北京智芯视觉智能校企联合实验室"合作协议 | 联合实验室 | 贾惠柱 | 北京智芯微电子科技有限公司 | 计算机学院 | 1000.00 |
| 基于硅基光电子技术的200G高速光通信引擎 | 技术开发 | 王兴军 | 飞昂创新科技南通有限公司 | 电子学院 | 700.00 |
| 2x2 cell超导加速模组研制 | 技术开发 | 林林 | 中国科学院大连化学物理研究所 | 物理学院 | 660.00 |
| 高速模拟信号处理技术合作项目 | 技术开发 | 盖伟新 | 华为技术有限公司 | 集成电路学院 | 623.15 |
| 北京大学与深圳腾讯计算机系统有限公司联合建立"北大-腾讯协同创新实验室"三期合作协议书 | 联合实验室 | 崔斌 | 深圳市腾讯计算机系统有限公司 | 计算机学院 | 600.00 |
| 京津冀国家技术创新中心 北京大学 共建"京津冀国家技术创新中心超分辨成像前沿实验室"协议 | 技术开发 | 陈良怡 | 北京协同创新研究院 京津冀国家技术创新中心 | 未来技术学院 | 500.00 |
| RNA分子环化技术及核酸递送技术研发和相关应用 | 技术开发 | 魏文胜 | 圆因（北京）生物科技有限公司 | 生命科学学院 | 500.00 |

（续表）

| 项目名称 | 合同类别 | 项目人 | 合同对方 | 单位（院系） | 合同额（单位：万元） |
|---|---|---|---|---|---|
| 二氧化碳制冷制热工艺技术服务 | 技术服务 | 张信荣 | 杭州中和利华新能源有限公司 | 工学院 | 500.00 |
| 成都市细颗粒物和臭氧污染协同防控综合解决方案研究项目合同-pku1219 | 技术服务 | 张远航 | 成都市生态环境局 | 环境科学与工程学院 | 449.80 |
| 成都市细颗粒物与臭氧污染协同防控一市一策项目 | 技术服务 | 张远航 | 北京大学科技开发有限公司 | 环境科学与工程学院 | 447.10 |
| "一种新型异质结构的制备方法及其锂电池负极应用"等四项专利申请权转让 | 专利权转让 | 黄富强 | 上海锂凰科技有限公司 | 化学与分子工程学院 | 400.00 |
| 西南区域环境空气质量预测预报中心能力提升 | 技术服务 | 李歆 | 四川省生态环境监测总站 | 环境科学与工程学院 | 395.00 |
| 加速器中子源科学平台ECR离子源 | 技术开发 | 彭士香 | 西安交通大学 | 物理学院 | 388.70 |
| 一种二维光子晶体微腔 | 专利权转让 | 彭超 | 微源光子（深圳）科技有限公司 | 电子学院 | 380.00 |
| 风云三号05星空间环境分系统磁强计巨磁阻传感器 | 技术开发 | 宗秋刚 | 中国科学院国家空间科学中心 | 地球与空间科学学院 | 358.00 |
| 补充协议-北京大学分子医学研究所-和其瑞医药（南京）有限公司共建"北大-和其瑞分子医学协同创新实验室"协议书 | 其它 | 肖瑞平 | 和其瑞医药（南京）有限公司 | 分子医学研究所 | 350.00 |
| 发展可编程碱基编辑以诱导细胞焦亡的免疫原性癌症疗法 | 技术开发 | 陈鹏 | Boehringer Ingelheim International GmbH | 化学与分子工程学院 | 350.00 |
| 112G SerDes（Die2Die）原型机合作项目 | 技术开发 | 盖伟新 | 北京奕斯伟计算技术股份有限公司 | 集成电路学院 | 335.00 |
| 新型微结构高性能导热材料项目 | 技术开发 | 白树林 | 华为技术有限公司 | 材料科学与工程学院 | 329.60 |
| Urban Flow服务技术研究项目（三期） | 技术开发 | 许立言 | 华为技术有限公司 | 建筑与景观设计学院 | 307.97 |
| 能源大数据前沿技术研究服务项目 | 技术服务 | 文再文 | 杉数科技（北京）有限公司 | 大数据分析与应用技术国家工程实验室 | 300.00 |
| 基于氮化稼器件的10MHz频率以上开关电源模块关键技术研发 | 技术开发 | 王金延 | 东科半导体（安徽）股份有限公司 | 集成电路学院 | 300.00 |
| 无人机和地面走航车碳检测技术 | 技术秘密转让 | LISHAOMENG | 北京唯思德科技有限公司 | 环境科学与工程学院 | 300.00 |
| 一种锂离子电池富锂锰基正极材料的磷、钨共掺杂改性制备方法等专利许可 | 专利实施许可 | 夏定国 | 珠海冠宇电池股份有限公司 | 材料科学与工程学院 | 300.00 |
| CO2驱油与封存地应力动态模拟技术研究 | 技术服务 | 邸元 | 中国石油化工股份有限公司胜利油田分公司勘探开发研究院 | 工学院 | 300.00 |
| 112G Cable高密模组TDNA测试技术 | 技术开发 | 盖伟新 | 华为技术有限公司 | 集成电路学院 | 283.25 |
| 强流直线加速器初步设计 | 技术服务 | 陆元荣 | 北京核力同创科技有限公司 | 物理学院 | 279.50 |
| 深圳市承接城市大数据的计算理论和方法的产业化应用研究项目成果转化合作协议书 | 技术开发 | 陈宝权 | 深圳市勘察研究院有限公司 | 智能学院 | 270.00 |
| 一带一路战略背景下的外派员工心理健康行为特征模型探索与实践项目 | 技术服务 | 姚翔 | 中国石油国际勘探开发有限公司 | 心理与认知科学学院 | 252.00 |
| 开封市大气VOCs污染特征、来源与臭氧生成潜势 | 技术服务 | 谢绍东 | 中科三清科技有限公司 | 环境科学与工程学院 | 251.00 |
| 新型填充技术高校合作项目委托开发合同 | 技术开发 | 韩德栋 | 华为技术有限公司 | 集成电路学院 | 247.20 |
| CERNET主干网北大核心节点运维 | 技术服务 | 张蓓 | 中国教育和科研计算机网络中心（清华大学） | 计算中心 | 240.00 |
| 一带一路地震监测台网项目辽宁省地震局单位工程科学台阵观测服务项目 | 技术服务 | 宁杰远 | 辽宁省地震局 | 地球与空间科学学院 | 237.30 |

（续表）

| 项目名称 | 合同类别 | 项目人 | 合同对方 | 单位（院系） | 合同额（单位：万元） |
|---|---|---|---|---|---|
| 面向领域特定的查找算法研究项目 | 技术开发 | 杨 仝 | 华为技术有限公司 | 计算机学院 | 236.90 |
| 单晶氮化铝薄膜生长技术合作项目 | 技术开发 | 杨学林 | 华为技术有限公司 | 物理学院 | 230.72 |
| 稀疏计算与训练加速 | 技术开发 | 许 超 | 华为技术有限公司 | 智能学院 | 223.51 |
| 面向计算社会科学研究的智能数据分析平台 | 技术开发 | 陈 薇 | 北京大学（青岛）计算社会科学研究院 | 计算机学院 | 220.00 |
| 面向复杂社会计算的人工智能算法研发 | 技术开发 | 陈 薇 | 北京大学（青岛）计算社会科学研究院 | 计算机学院 | 220.00 |
| 用户心理创新体验人因研究项目 | 技术开发 | 陈立翰 | 华为终端有限公司 | 心理与认知科学学院 | 219.70 |
| 智慧天然气销售服务软件研发—基于RPA+AI的智慧燃气机器人技术研究与应用 | 技术开发 | 马修军 | 昆仑数智科技有限责任公司 | 智能学院 | 218.00 |
| 语言驱动的视频理解与生成研究 | 技术开发 | 孙 栩 | 华为技术有限公司 | 计算机学院 | 214.91 |
| 反应堆结构关键材料辐照损伤计算模型研究及计算软件开发 | 技术开发 | 段慧玲 | 中国核动力研究设计院 | 工学院 | 212.00 |
| Bidirectional Transformation for EDSL II | 技术开发 | 胡振江 | 华为技术有限公司 | 计算机学院 | 206.00 |
| 高性能钠离子电池电解液的开发研究 | 技术开发 | 陈继涛 | 苏州祺添新材料有限公司 | 化学与分子工程学院 | 200.00 |
| 射频模拟电路仿真工具迭代验证项目 | 技术服务 | 叶 乐 | 深圳华大九天科技有限公司 | 集成电路学院 | 200.00 |
| 类脑智能与听觉分析/合成技术研究 | 技术开发 | 曲天书 | 南京未来脑科技有限公司 | 智能学院 | 200.00 |
| 新型CRISPR/Cas蛋白的鉴定及其功能研究 | 技术服务 | 熊敬维 | 忻佑康医药科技（南京）有限公司 | 未来技术学院 | 200.00 |
| GeoSOT-T电信服务网格标准技术合作 | 技术开发 | 程承旗 | 华为技术有限公司 | 工学院 | 196.45 |
| 中广核研究院有限公司 北京大学 共建"北京大学-中广核研究院 极端环境材料联合实验室"合作协议—铅铋堆包壳材料离子辐照性能研究 | 技术服务 | 付恩刚 | 中广核研究院有限公司 | 物理学院 | 196.00 |
| 基于博弈分解的纳什均衡求解研究项目 | 技术开发 | 邓小铁 | 华为技术有限公司 | 计算机学院 | 192.61 |
| 基于DPU集群的流式计算及调度系统化项目 | 技术开发 | 吴文斐 | 华为技术有限公司 | 计算机学院 | 191.58 |
| 延安气田上古生界成储机理及成藏主控因素研究 | 技术服务 | 刘扣其 | 陕西延长石油（集团）有限责任公司（延长油矿管理局）油气勘探公司 | 能源研究院 | 189.90 |
| 基于半光滑牛顿方法的求解器 | 技术开发 | 文再文 | 华为技术有限公司 | 北京国际数学研究中心 | 185.40 |
| 靶向脂质纳米颗粒（LNPs）递送技术的开发 | 技术开发 | 程 强 | 星锐医药（苏州）有限公司 | 未来技术学院 | 180.00 |
| 自然保护区综合科学考察 | 技术服务 | 刘鸿雁 | 河北塞罕坝国家级自然保护区管理中心 | 城市与环境学院 | 179.50 |
| 北京市平原区地下水环境背景值调查研究 | 技术服务 | 鲁安怀 | 北京市生态环境监测中心 | 地球与空间科学学院 | 177.20 |
| 固定源VOCs特定组分在线监测方案及核心组件的设计开发 | 技术开发 | 董华斌 | 武汉日臻环净科技有限公司 | 环境科学与工程学院 | 175.00 |
| 荣耀 北京大学计算摄像长期框架合作开发项目工作任务书 | 技术开发 | 施柏鑫 | 荣耀终端有限公司 | 计算机学院 | 172.26 |
| 磁导丝智能控制系统 | 技术开发 | 杨金波 | 北京思博慧医科技有限公司 | 物理学院 | 170.00 |
| 华为终端有限公司-北京大学基于场景理解的决策与驱动合作协议-地图高效构建技术研究项目 | 技术开发 | 陈宝权 | 华为终端有限公司 | 智能学院 | 167.89 |
| 基于结构化数据的华为技术文档智能生成关键技术研究及应用技术合作项目 | 技术开发 | 冯岩松 | 华为技术有限公司 | 王选计算机研究所 | 164.80 |
| 深水崎岖海底复杂浅层影响机理及保幅频率、振幅恢复技术研究 | 技术开发 | 马坚伟 | 中海石油（中国）有限公司海南分公司 | 地球与空间科学学院 | 158.51 |

（续表）

| 项目名称 | 合同类别 | 项目人 | 合同对方 | 单位（院系） | 合同额（单位：万元） |
|---|---|---|---|---|---|
| 面向急性髓系白血病治疗的多靶点植物免疫蛋白RDR1低耐药抗肿瘤药的临床前开发 | 技术开发 | 杜鹏 | 北京协同创新研究院 | 生命科学学院 | 155.00 |
| 华为技术有限公司与北京大学数学联合实验室框架协议——【轻量化图DB高效并发控制算法研究项目】 | 技术开发 | 邹磊 | 华为技术有限公司 | 大数据分析与应用技术国家工程实验室 | 154.50 |
| 连续汗液监测系统出汗率和钙离子传感器模块研发 | 技术开发 | 郑雨晴 | 北京协同创新研究院 | 集成电路学院 | 154.00 |
| 阿尔金、西昆仑与塔里木盆地南缘盆山耦合研究 | 技术开发 | 程丰 | 大庆油田有限责任公司勘探开发研究院 | 地球与空间科学学院 | 152.44 |
| 高效联合固氮菌株的分离、鉴定及优化 | 技术开发 | 杨建国 | 北京量维生物科技研究院有限公司 | 现代农学院 | 150.00 |
| 可降解Mg-Ca系合金材料加工 | 技术服务 | 郑玉峰 | 北京纳通医疗科技控股有限公司 | 材料科学与工程学院 | 150.00 |
| 高效催化合成生物质基羧酸类聚合物单体的研究 | 技术开发 | 刘海超 | 中国石油化工股份有限公司 | 化学与分子工程学院 | 150.00 |
| 铝蜂窝芯材粒子辐照试验 | 技术服务 | 李久强 | 中国空间技术研究院 | 化学与分子工程学院 | 150.00 |
| 塔里木盆地北部震旦系-寒武系沉积储层特征与成储机制研究 | 技术开发 | 刘波 | 中国石油化工股份有限公司西北油田分公司 | 地球与空间科学学院 | 144.20 |
| 数据面查找与测量算法研究项目 | 技术开发 | 杨仝 | 华为技术有限公司 | 计算机学院 | 142.14 |
| 系统权限模型安全技术合作项目二期 | 技术开发 | 沈晴霓 | 华为技术有限公司 | 软件与微电子学院 | 141.11 |
| 类脑技术前沿研究项目 | 技术开发 | 蔡一茂 | 京东方科技集团股份有限公司 | 集成电路学院 | 140.30 |
| 补充协议 | 其它 | 赵扬 | 南京昕瑞再生医药科技有限公司 | 分子医学研究所 | 140.00 |
| 高酸性气田集输管道泄露微震实时监测与报警技术 | 技术开发 | 何川 | 中国石油化工股份有限公司 | 地球与空间科学学院 | 140.00 |
| 华为终端有限公司-北京大学基于场景理解的决策与驱动合作协议-数字角色3D驱动技术研究项目 | 技术开发 | 陈宝权 | 华为终端有限公司 | 智能学院 | 136.99 |
| 雄安新区深部结构探测项目（三次） | 技术服务 | 宁杰远 | 河北雄安新区管理委员会应急管理局 | 地球与空间科学学院 | 134.80 |
| NPU软硬协同搜索合作项目 | 技术开发 | 梁云 | 华为技术有限公司 | 集成电路学院 | 133.90 |
| 大容量、可编程PIM软硬框架建模项目 | 技术开发 | 杨玉超 | 华为技术有限公司 | 集成电路学院 | 132.36 |
| 基于双模态信息目标检测的智能化面波噪声压制技术 | 技术开发 | 宁杰远 | 中石化石油物探技术研究院有限公司 | 地球与空间科学学院 | 130.00 |
| 北京大学财务管理系统二期 | 技术开发 | 张蓓 | 上海复翼软件开发有限公司 | 计算中心 | 127.00 |
| 华为终端有限公司-北京大学基于场景理解的决策与驱动合作协议-智能体决策技术研究项目 | 技术开发 | 刘利斌 | 华为终端有限公司 | 计算机学院 | 125.66 |
| 面向能源大数据的数联网标识解析与数据可信流通技术研究 | 技术开发 | 黄罡 | 国家电网有限公司大数据中心 | 计算机学院 | 125.00 |
| 毫米波无线感知技术合作项目 | 技术开发 | 张大庆 | 华为技术有限公司 | 计算机学院 | 123.60 |
| 生态系统碳汇卫星遥感估算技术服务 | 技术服务 | 范闻捷 | 北京中科锐景科技有限公司 | 地球与空间科学学院 | 120.00 |
| 核药探针实验及影像评价服务 | 技术服务 | 刘志博 | 北京药明博锐生物科技有限公司 | 化学与分子工程学院 | 120.00 |
| 抗体核药实验及影像评价服务 | 技术服务 | 刘志博 | 北京药明博锐生物科技有限公司 | 化学与分子工程学院 | 120.00 |
| 基于光谱的科研与教学仪器 | 技术开发 | 郑俊荣 | 北京青木子科技发展有限公司 | 化学与分子工程学院 | 120.00 |

(续表)

| 项目名称 | 合同类别 | 项目人 | 合同对方 | 单位（院系） | 合同额（单位：万元） |
|---|---|---|---|---|---|
| 有机液体储氢技术研发与工业示范 | 技术开发 | 马丁 | 中国石油化工股份有限公司 | 化学与分子工程学院 | 120.00 |
| NFC锁相环和天线自调谐技术研究 | 技术开发 | 廖怀林 | 北京中电华大电子设计有限责任公司 | 集成电路学院 | 120.00 |
| 流级SLA测量系统技术合作项目二期项目 | 技术开发 | 杨仝 | 华为云计算技术有限公司 | 计算机学院 | 115.36 |
| 华为-北大智能媒体技术合作框架协议-【基于元素组成的小样本学习关键技术研究】 | 技术开发 | 黄铁军 | 华为技术有限公司 | 计算机学院 | 113.30 |
| 新疆汉唐军镇设施年代学研究 | 技术服务 | 吴小红 | 新疆维吾尔自治区文物考古研究所 | 考古文博学院 | 110.00 |
| "一种基于qPlus的光耦合扫描探针显微镜"等两项专利的转让 | 专利权转让 | 江颖 | 中科艾科米（北京）科技有限公司 | 物理学院 | 109.00 |
| 狄拉克源场效应晶体管热化 | 技术开发 | 司佳 | 华为技术有限公司 | 电子学院 | 108.15 |
| 生态及遥感监测运维项目-热异常遥感监测 | 技术服务 | 任华忠 | 北京市生态环境监测中心 | 地球与空间科学学院 | 106.76 |
| 基于神经符号方法的数学推理框架研究项目 | 技术开发 | 张铭 | 华为技术有限公司 | 计算机学院 | 105.68 |
| 网络领域大规模运维对象关系推理项目 | 技术开发 | 邹磊 | 华为技术有限公司 | 王选计算机研究所 | 105.06 |
| 高波特通信时钟恢复模拟技术 | 技术开发 | 盖伟新 | 华为技术有限公司 | 集成电路学院 | 105.06 |
| 系统安全动态信息收集分析框架技术合作项目 | 技术开发 | 李锭 | 华为技术有限公司 | 计算机学院 | 103.72 |
| 面向在线应用的智能参数调优技术合作项目 | 技术开发 | 崔斌 | 华为技术有限公司 | 计算机学院 | 103.25 |
| 基于通用网内聚合服务的分布式计算 | 技术开发 | 吴文斐 | 华为技术有限公司 | 计算机学院 | 101.76 |
| 网络Sketch误差理论及典型场景应用研究项目 | 技术开发 | 杨仝 | 华为技术有限公司 | 计算机学院 | 101.56 |
| 西南地区农业水资源管理与蒸散发遥感应用 | 技术开发 | 崔要奎 | 重庆智水工程设计咨询有限公司 | 地球与空间科学学院 | 101.00 |
| 高通量、低时延媒体传输算法技术合作项目 | 技术开发 | 张行功 | 华为云计算技术有限公司 | 王选计算机研究所 | 100.30 |
| 《人工智能在产业互联网应用的联合研究》之补充采购合同 | 技术开发 | 孙基男 | 北京北明数科信息技术有限公司 | 软件工程国家工程研究中心 | 100.00 |
| 补充协议-基于区块链技术的无接触式污染物交接服务平台 | 其它 | 王韬 | 浙江蓝景科技有限公司 | 计算机学院 | 100.00 |
| 光抽运铯原子钟研制 | 技术开发 | 齐向晖 | 德隆联创（北京）科技有限公司 | 电子学院 | 100.00 |
| 电离层数据产品算法02包 | 技术服务 | 张东和 | 航天宏图信息技术股份有限公司 | 地球与空间科学学院 | 100.00 |
| "Mg-Si-Ca-Zn系镁合金及其制备方法和应用"等两项中国专利权许可 | 专利实施许可 | 郑玉峰 | 北京纳通医疗科技控股有限公司 | 材料科学与工程学院 | 100.00 |
| 面向自动驾驶业务场景的目标检测与语义分割大模型设计与训练优化 | 技术开发 | 王勇涛 | 浙江驿栈网络科技有限公司 | 王选计算机研究所 | 100.00 |
| 局部多点触觉反馈系统项目 | 技术开发 | 裴永茂 | 京东方科技集团股份有限公司 | 工学院 | 100.00 |
| 阿里大规模图预训练系统 | 技术开发 | 宋国杰 | 广东神马搜索科技有限公司 | 智能学院 | 100.00 |
| 基于RGB-DVS多模态图像视频画质增强研究 | 技术开发 | 施柏鑫 | 上海商汤智能科技有限公司 | 计算机学院 | 100.00 |
| 5-羟甲基胞嘧啶检测技术优化升级 | 技术开发 | 伊成器 | 合肥中科金臻生物医学有限公司 | 生命科学学院 | 100.00 |
| 阻变存储器器件特性理论分析与建模 | 技术开发 | 王宗巍 | 昕原半导体（上海）有限公司 | 集成电路学院 | 100.00 |
| 考虑多级断面耦合约束的规模化储能集群与新能源协同调控技术研究 | 技术开发 | 王剑晓 | 国网冀北电力有限公司电力科学研究院 | 大数据分析与应用技术国家工程实验室 | 100.00 |
| 用于急性肾损伤的药物组合物 | 专利权转让 | 赵扬 | 南京昕瑞再生医药科技有限公司 | 未来技术学院 | 100.00 |

（苏雯）

表10-4  2022年技术入股项目表

(单位：万元)

| 时间 | 成果名称 | 技术领域 | 院系 | 项目负责人 | 成果作价 | 吸引资本 |
|---|---|---|---|---|---|---|
| 1月11日 | 通用化科学诊疗一体化大数据平台 | 电子与信息技术、生物医药 | 软件工程国家工程研究中心 | 黄雨 | 811 | 3184 |
| 3月25日 | "一种实现低浓度氨氮废水短程硝化的自动控制装置与方法"等3项专利作价入股 | 能源与环保 | 深圳研究生院 | 刘思彤 | 340 | 660 |
| 4月12日 | "一种基于一阶贝塞尔光束的STED超分辨显微镜及调节方法"等9项专利及专有技术应用于光芯片、量子芯片项目 | 电子与信息技术、生物医药 | 物理学院 | 杨宏 | 4015 | 1000 |
| 4月12日 | 缺陷和界面调控固体材料及应用 | 新材料 | 化学与分子工程学院 | 黄富强 | 777.84 | 2000 |
| 10月26日 | 硅电容三明治结构加速度计 | 电子与信息技术 | 集成电路学院 | 高成臣 | 800 | 2000 |
| 合计 | | | | | 6743.84 | 8844 |

(张炜炜)

表10-5  北京大学2022年专利申请受理、授权情况统计表

| 专利权人 | 受理申请 | | | 授权专利 | | |
|---|---|---|---|---|---|---|
| | 合计 | 其中国内申请 | 其中国外申请 | 合计 | 其中国内授权 | 其中国际授权 |
| 北京大学 | 844 | 807 | 37 | 1018 | 968 | 50 |
| 北京大学深圳研究院 | 159 | 153 | 6 | 210 | 190 | 20 |
| 北京大学深圳医院 | 104 | 104 | 0 | 205 | 205 | 0 |
| 北京大学第三附属医院 | 393 | 392 | 1 | 521 | 521 | 0 |
| 北京大学第二附属医院 | 110 | 110 | 0 | 156 | 156 | 0 |
| 北京大学第一附属医院 | 61 | 59 | 2 | 81 | 80 | 1 |
| 北京大学口腔医院 | 144 | 137 | 7 | 124 | 121 | 3 |
| 北京大学第六医院 | 2 | 2 | 0 | 5 | 5 | 0 |
| 北京大学软微学院 | 0 | 0 | 0 | 3 | 3 | 0 |
| 合计 | 1817 | 1764 | 53 | 2323 | 2249 | 74 |

说明：检索时间：2022-12-31，来源：智慧芽
1、表中"北京大学"统计的是专利权人含有"北京大学"的全部专利
2、其他北京大学附属独立法人单位，统计是减去与"北京大学"共有权利的专利数

(雷丽)

表10-6  北京大学2022年院系专利统计表

| 单位 | 申请专利 | | | 授权专利 | | |
|---|---|---|---|---|---|---|
| | 总计 | 其中 | | 总计 | 其中 | |
| | | 国内 | 国外 | | 国内 | 国外 |
| 城市与环境学院 | 9 | 9 | 0 | 10 | 9 | 1 |
| 地球与空间科学学院 | 33 | 33 | 0 | 33 | 33 | 0 |
| 现代农学院 | 1 | 1 | 0 | 0 | 0 | 0 |
| 未来技术学院 | 26 | 26 | 0 | 23 | 23 | 0 |
| 工学院 | 108 | 108 | 0 | 75 | 75 | 0 |
| 化学与分子工程学院 | 43 | 40 | 3 | 90 | 80 | 10 |
| 环境科学与工程学院 | 19 | 19 | 0 | 32 | 31 | 1 |
| 生命科学学院 | 34 | 20 | 14 | 32 | 27 | 5 |

（续表）

| 单位 | 申请专利 | | | 授权专利 | | |
|---|---|---|---|---|---|---|
| | 总计 | 其中 | | 总计 | 其中 | |
| | | 国内 | 国外 | | 国内 | 国外 |
| 数学科学学院 | 12 | 12 | 0 | 2 | 2 | 0 |
| 王选计算机研究所 | 27 | 27 | 0 | 32 | 32 | 0 |
| 物理学院 | 50 | 50 | 0 | 91 | 91 | 0 |
| 心理与认知科学学院 | 0 | 0 | 0 | 0 | 0 | 0 |
| 信息科学技术学院 | 0 | 0 | 0 | 0 | 0 | 0 |
| 集成电路学院 | 107 | 105 | 2 | 90 | 85 | 5 |
| 电子学院 | 76 | 76 | 0 | 92 | 89 | 3 |
| 计算机学院 | 69 | 67 | 2 | 113 | 108 | 5 |
| 智能学院 | 16 | 16 | 0 | 22 | 22 | 0 |
| 前沿交叉学科研究院 | 2 | 2 | 0 | 5 | 5 | 0 |
| 软件工程中心 | 28 | 28 | 0 | 31 | 31 | 0 |
| 材料科学与工程学院 | 29 | 29 | 0 | 37 | 37 | 0 |
| 医学部 | 72 | 65 | 7 | 73 | 70 | 3 |
| 其他 | 83 | 74 | 9 | 135 | 118 | 17 |
| 合计 | 844 | 807 | 37 | 1018 | 968 | 50 |

（王 磊）

表10-7　2022年北京大学在运行异地科研机构表

| 名称 | 成立时间 | 所在地 | 主责院系 |
|---|---|---|---|
| 北京大学东莞光电研究院 | 2012年11月 | 广东省东莞市松山湖高新技术产业开发区 | 物理学院 |
| 北京大学（天津滨海）新一代信息技术研究院 | 2014年8月 | 天津市滨海新区 | 软件工程国家工程研究中心 |
| 北京大学生命科学华东产业研究院 | 2017年2月 | 江苏省启东市经济开发区 | 生命科学学院 |
| 北京大学分子工程苏南研究院 | 2017年5月 | 苏州市常熟市高新技术产业开发区 | 化学与分子工程学院 |
| 浙江省北大信息技术高等研究院 | 2018年4月 | 浙江省杭州市萧山区 | 计算机学院/联合集成电路学院 |
| 北京大学现代农业研究院 | 2018年5月 | 山东省潍坊市峡山生态经济开发区 | 现代农学院 |
| 北京大学分子医学南京转化研究院 | 2019年5月 | 江苏省南京市江北新区 | 未来技术学院 |
| 北京大学长三角光电科学研究院 | 2020年1月 | 江苏省南通市创新区 | 物理学院 |
| 北京大学（青岛）计算社会科学研究院 | 2020年5月 | 山东省青岛市黄岛区 | 人工智能研究院/北京大学计算社会科学研究中心 |
| 北京大学文化传承与创新研究院（抚州） | 2020年7月 | 江西省抚州市临川区 | 艺术学院 |
| 北京大学宁波海洋药物研究院 | 2020年9月 | 浙江省宁波市北仑区 | 北京大学药学院、天然药物及仿生药物国家重点实验室 |
| 北京大学威海海洋研究院 | 2020年10月 | 山东省威海市威海经济技术开发区 | 海洋研究院 |
| 北京大学重庆大数据研究院 | 2021年3月 | 重庆市高新区 | 大数据分析与应用技术国家工程中心 |
| 北京大学南昌创新研究院 | 2021年5月 | 江西省南昌市青山湖区 | 工学院 |
| 北大医学部（泰州）医药健康产业创新中心 | 2021年10月 | 江苏省泰州市医药高新区 | 医学部 |
| 北京大学长沙计算与数字经济研究院 | 2022年3月 | 湖南省长沙市岳麓区 | 大数据分析与应用技术国家工程中心 |
| 北京大学上海临港国际科技创新中心 | 2022年4月 | 上海市浦东新区 | 科技开发部 |
| 北京大学武汉人工智能研究院 | 2022年11月 | 湖北省武汉市东湖新技术开发区 | 人工智能研究院 |
| 北京大学鄂尔多斯能源研究院 | 2022年11月 | 内蒙古鄂尔多斯市康巴什区 | 能源研究院 |

（刘淑媛）

# 校办产业管理

【**发展概况**】 北京大学校办产业管理委员会办公室（以下简称"校产办"）根据教育部和学校的统一部署，领导班子成员直接分工负责，持续推进学校直接和间接持股企业的校企改革工作，协调北大资产经营有限公司、北大医学部产业办、科技开发部等学校多家单位所涉及企业进行整体校属体制改革。

校企改革。2022年是校企改革攻坚收尾关键阶段。根据教育部批复的北京大学校企改革方案，校产办组织北大资产经营有限公司、科技开发部、医学部产业办按方案推进，各负其责，督导校企改革进度，实时向学校及教育部更新进展，协调解决各类疑点难点。

截至2022年12月，学校纳入校企改革的844家企业，已经完成改革684家（其中清理关闭56家，脱钩剥离611家，保留管理17家），视同完成24家，完成率84%左右。全民所有制改制作为国企三年行动计划的要求之一，进入攻坚克难阶段，顺利完成了44家全民所有制企业的清理或改制。

制度管理。校产办秉承"源于北大、回报北大"理念，2022年组织所属企业共上交学校1.1亿元。为加强对校属企业的管理，开始执行《北京大学校属企业管理办法》《北京大学校属企业国资管理办法》《北京大学企业工资总额管理办法》《北京大学校产管理委员会工作规则》等制度，这些制度对校属企业从企业设立、高管任免、企业薪酬、企业借贷、担保、国资流程、日常监督、企业考核等方面进行了规范。

创新创业。2022年，北大科技园全国园区累计服务在园在孵企业638家，举办"创启未来"等优质科创活动209场次，引进高端人才70人，培育高新技术企业84家，完成优质企业"千帆"专题报道11篇。相较2021年，北大科技园在园企业数量增长6%，其中世界500强企业、上市企业、高新技术企业、科技型中小企业数量增长23%；园内企业共集聚科技研发人员2200余人，研发机构数量增长26%；园区合作的科技服务机构数增长28%，企业科技服务和园区科创活动次数分别增长56%、29%。北大孵化器承办北京市科委"科技新星"系列活动44场，吸引近300名科技人才参与交流。先锋·加速器服务优质企业项目17家；培育服务4家科技企业入选2021年中国独角兽企业名单。

成果转化。2022年，北大科技园各园区企业共计申请专利983个，拥有专利及著作权量6847个，科技成果转化26个，技术合同交易额超4亿元；开设《创新与产业》"北大科技成果"专栏，线上推广北京大学科研成果24项；北领·技术转移学院开办全国性"2022绿色低碳高级班"，广聚百余名技术转移人才培训、实践与交流。

创新示范。2022年，"扬州智能服务机器人应用体验中心"签约落地，中心建设于扬州北大科技园，旨在打造区域级智能服务机器人综合服务平台。包头北大科技园与内蒙古锦溪科技股份有限公司合作成立共享设备服务平台，通过免费提供共享厂房空间，引入各类高端智能制造设备，面向初创企业和大学生创业提供小试、中试研究，提供科技研发和技术创新支持。

（刘俊英、周福民）

【**全国首个钢铁行业变压吸附供氧团体标准发布**】 12月28日，中国金属学会发布了《高炉炼铁变压吸附供氧技术要求》（T/CSM-44-2022）团体标准并于当日起实施。这是由北京北大先锋科技股份有限公司作为主要起草单位拟订的全国首个针对钢铁行业高炉富氧采用变压吸附（VPSA）供氧的技术标准，有利于推动我国变压吸附制氧装置设计工作的规范化进程。该标准规定了变压吸附制氧技术应用于高炉炼铁中的术语和定义、原理与流程、应用分类、技术要求、基本操作与防护措施，适用于采用变压吸附制氧技术为高炉炼铁提供氧气设施的设计及运行，钢铁行业中的热风炉、加热炉和焦炉等采用富氧燃烧的工业窑炉可以参照使用。

（兰 娜）

【**北大法宝合规义务库荣获2022智慧检务创新产品**】 11月，由法治日报社举办的"2022政法智能化建设创新案例和论文征集宣传活动"，智慧法院创新案例、方案、产品、论文获奖结果公布，北京北大英华科技有限公司（北大法宝）喜获佳绩。合规义务库搭建以知识为建设核心，将法律法规、规章制度与具体业务流程相关联，提炼各部门各项业务必须遵守的条款，将合规要点与具体岗位、风险及控制措施相关联、相匹配，形成各岗位合规要点。北大法宝专注于法律大数据与人工智能的产品研发，在检察院合规领域积极开拓技术创新，与检察院客户一道研发智能合规场景应用，在满足基本管理流程及大数据共享的基础之上，基于统一知识中心平台，整合检察院内外部数据资源，搭建智能中台，拓展智能化应用场景，建设以知识化、智能化、场景化为目标的学习型、交互型新平台。

（姚 娟）

【**北大科技园创新应用场景项目**】 2022年，北大科技园与人民创投、妙笔智能联合共建的"人民网智慧党建体验中心"项目再上创新新台阶。1月，项目入选中央网信办网络传播局、人民网联合发布的《2021内容科技发展报告》典型案例。9月，项目与同仁堂实现合作，智慧党建创新场景在中医药领域实现落地应用。"人民网智慧党建体验中心"整体承建的"同仁堂党建引领中医药文化传承与创新展示中心"通过数字化技术输出中医药文化。

2022年，响应南京江宁开发区高新园"加速科技服务业集聚"的要求，北大科技园孵化企业伊灵灵伊提供"1+1+N"的数字化产业服务整体解决方案，为政府、园区、企业提供精准招商、产业规划、人才引进、技术转移、政策匹配、项目申报、创业融资、企业孵化等全方位一站式优质服务，助力南京产业培育。"南京数字科技产业服务平台"自上线以来沉淀3000余条对接项目信息，通过融合线上线下服务体系，自主培育华助自动化技术、海汇装备科技等高新技术企业，引进深发科技、鑫昇腾科技等优质企业。截至2022年底，产业数据库已汇聚优质企业5000万家（4万家上市公司），核心专利1亿件，创新机构2万家，产业政策10万条，经济信息500万条，投资数据100万条，支撑招商策略制定、优企挖掘及企业全流程服务。

（包红梅）

# 医学部产业管理

【发展概况】 党建工作。医学部产业一直以来都把理论学习放在首位，深入开展党的二十大精神、习近平总书记重要讲话和指示批示精神学习，第一时间组织全体党员群众通过多种渠道收听收看党的二十大开幕会直播，跟踪学习二十大报告，营造良好学习氛围；分层分类广泛开展二十大精神学习，先后召开党政领导班子理论中心组和党总支委员（扩大）会，开展专题学习，党总支书记吕廷煜以"信念是一条终将开花的路"为题讲授主题党课；各支部以二十大精神为主题，组织形式多样的党日活动，党员、积极分子和广大群众结合自身岗位工作，讲思考谈感悟，将学习实践引向深入。

以巡视、巡察反馈整改为契机，以加强党的基层组织建设为核心，指导下属企业完善公司章程（增加党基层组织建设相关内容），着力推进党建工作与业务工作深度融合，充分发挥党总支的领导核心、政治核心作用，基层党组织战斗堡垒作用和党员先锋模范作用，确保党的领导、党的建设在校办产业改革中得到充分体现和切实加强。

为了建立健全决策执行监督机制，充分发挥党组织的领导作用、董事会的决策作用、监事会的监督作用、经理层的经营管理作用，结合新改制企业实际情况，产业党总支申请并获批一项医学部党建创新立项课题《新改制企业党建工作探讨》，通过相关政策学习和培训、问卷调查、个别访谈、小组讨论、实地考察等调研方式进行研究，形成《国有企业党建学习材料汇编》和研究报告。

产业承担着学校国有经营性资产保值增值的重大责任，全面落实"三重一大"和"一岗双责"制度，贯彻民主集中制，重大事项由党总支委员会前置讨论、党政联席会集体决策。以党风廉政建设责任制为抓手，将党风廉政建设工作与业务工作同研究、同部署。2022年，产业党总支分别获得北京大学组织部和医学部纪委两项研究课题《医学部产业纪检监察工作初探》，旨以调研课题为抓手，与企业一起学习提高纪检方面的规定和政策，加强企业廉洁从企意识。注重廉政宣传教育常态化，紧盯突出问题与重要时间节点，做好关键岗位人员廉政教育。

统战、工会、离退休工作。支持民主党派工作，发挥党外知识分子的作用和优势，鼓励引导他们积极参政议政、建言献策。产业工会组织丰富多彩的文化活动，维护职工权益，建设和谐产业。产业还十分重视离退休工作，关心老同志，为他们提供细致周到的服务，如保险登记、福利品发放、体检安排、困难补助申请等，定期开展送温暖活动。产业在"七一"前夕走访慰问老党员及生活困难党员，在重阳节期间走访慰问高龄、生病住院的老同志，切实把温暖落到实处。

所属企业体制改革。医学部所属企业体制改革共涉及37家企业，经过全面清查摸底、制定改革方案和分类组织实施三个阶段，截至2022年底，已依法清理关闭企业16家，脱钩剥离企业2家，保留管理企业10家，共35家企业的改革任务已完成或视同完成。

下属保留企业的运营情况。出版杂志板块，医学出版社本年度完成出书品种526种，造货码洋1.50亿元，净发货码洋1.05亿元，销售收入7301万元，经营利润2186万元。2021年度中宣部、教育部社会效益考核中再次荣获优秀等级，成绩99分；4种教材入选2022年北京高校优质本科教材，56种教材入选教育部职业教育教材信息库，3种教材入选"十四五"职业教育河南省规划教材，4种图书入选2022年农家书屋重点出版物推荐目录项目库，4个国家出版基金资助项目结项。此外，出版社围绕北大医学办学110周举办了一系列的活动：启动了"本科临床医学专业教材第5轮""高职专科"十四五"护理专业"双元"规划教材第2轮"、高等教育自学考试护理学专业教材第2轮等全国性教材项目的修订再版工作；成功举办了高等医学教育改革与发展高峰论坛暨本科临床医学专业教材建设研讨会、第二届"护理教育教学研究与师资培训论坛"。

文创中心助力北大医学文化建设，产品上新35种，销售数量5.7万余件，组织开展IP形象征集、北大医学110周年特辑上新等活动，并积极做好110周年校友返校活动服务。

《中国妇产科临床杂志》社有限公司2022年营业收入419万元，经营利润21万。公众号用户数比上年增加10%，年阅读量超28万次。英文版GOCM国际影响力逐步提升，2022年分别被Scopus数据库收录和Google Scholar收录。

《中国介入心脏病学杂志》社有限公司2022年营业收入214万。为庆祝北大医学办学110周年，宣传科学家精神，期刊封底刊载优秀科学人物8期；公众号用户数比上年增加28%，年阅读量超16万次。

《中国糖尿病杂志》社有限公司2022年营业收入3937万元，经营利润319万。公司积极打造我国糖尿病防治研究的科研交流平台，成功组织以线上交流方式的"糖胖病"学术论坛，累计线上参会十多万人次；继续全面推广在线阅读和订阅并不断进行升级改造，微信公众号用户数比上年增加

8%，年阅读量超14.5万次。

教育培训板块，2022年度，医大时代教育集团预期收入2370万元，其中医大时代收入预计1200万元，医大爱思唯尔收入预计1170万元。围绕北大医学办学110周年，医大时代教育立足"服务北医"定位，侧重为校内提供高质量支持服务，重点完成慕课制作、宣传片和奖项申报视频制作等业务，提供演播室直播到现场支持直播服务，拓展综合会议服务和会展服务，并面向合作伙伴提供教学平台整体开发业务。根据校企体制改革"回头看"相关要求，安全有序推进下属子公司"北京医大云通信息技术有限公司"关停工作。

经营性资产管理。2022年产业上交医学部资金1562万元，其中所属企业上缴利润772万元，清算蒙特因公司医学部收回投资184万元，产业相关房租收入606万元。

科技成果创新转化工作。服务为本，常规工作成绩稳中有升。技术转让金额再创新高。截至12月底，医学部完成技术转让、许可14项，签约金额6118.63万元。技术转让涉及专利27项。转让项目入账金额2989.03万元。附属医院完成技术转让、许可43项，签约金额33,102.01万元。技术转让涉及专利74项；转让项目入账金额3000万元。医学部及附属医院共计完成技术转让、许可57项，签约金额39,220.64万元；技术转让涉及专利共计101项；转让项目总计入账金额5989.03万元。医学部完成技术合同登记12项。完成国有资产评估备案14项；完成521.97万元现金奖励，发放人数18人，节省税额约139.60万元。

校企横向科研稳步推进。截至12月底，医学部签署横向课题合同（企业与非企业）为544项，签约额约为23,199.68万元，到账金额约为17,200.22万元。附属医院签署横向课题合同（企业与非企业）为559项，签约额约为27,787.25万元，到账金额约为10,773.94万元。医学部及附属医院共计签署横向课题合同（企业与非企业）1103项，签约额约为50,986.93万元，到账金额约为27,974.16万元。

知识产权管理细致专业。截至12月底，医学部共计审阅各类专利、软件著作权相关文件210余项。2022年度医学部专利申请65项，专利授权69项。通过数据库做好专利的数据分析，帮助科研团队申请中国（中关村）知识产权保护中心和中国（北京）知识产权保护中心快速预审。附属医院专利申请数为767项，授权数为960项，软件著作权为42项。医学部及附属医学院共计专利申请数为832项、授权数为1029项、软件著作权为45项。

截至12月底，医学部签署联合实验室6项，签约金额19,000万元，到款3850万元。附属医院签署联合实验室11项，签约金额16,700万元，到款2160万元。医学部及附属医院共计签署联合实验室17项，签约金额35,700万元，到款6010万元。

继续开展科技成果转化工作服务的培训，2022年帮助医学部建立了一支覆盖各相关部门、学院、临床医院共计68人的技术经纪人队伍。切实提高工作人员的业务能力和水平，打造复合型团队共同发力以促进科技成果转化。

成果转化工作。2022年为医学部累计创造产学研合作签约额近4亿。

新冠病毒抗原检测试剂盒获批，体现科学抗疫。基于"北大-亚辉龙感染性疾病分子诊断联合实验室"的平台，在北京大学科研团队的帮助下，对亚辉龙原有新冠病毒抗原检测试剂盒进行了优化提升，产生了共有知识产权，并获得国家药品监督管理局的注册批准。具有北京大学自主知识产权的抗原检测试剂盒的上市，体现北大医学抗击疫情的科研实力，是北大医学科技成果转化服务国家重大需求的使命和担当。

首届创新转化大赛、智慧健康创新展成功举办，庆祝办学110周年。为挖掘医学部及附属医院具有创新潜力的科技成果，搭建北大医学产学研合作平台，推动医工结合、医企联动，发起创新转化大赛，于2021年10月启动，得到了各学院、医院的大力支持和社会各界的广泛关注，共收集医学部及各附属医院66个创新项目。决赛前网络投票访问次数超71万次，累计投票数17万票。决赛全程网络直播，线上累计观看量超过百万。赛后获得百洋医药集团科技成果转化奖励公益捐赠200万×10年。北大医学智慧健康展于7月在科创中心开展，共展出30余个科技创新成果，接待嘉宾观众970余人。

联合实验室集体签约，单笔签约创历史记录。为推动北大医学创新发展，提高科技成果转移转化成效，9月28日与转化大赛总决赛同步举办北大医学校企联合研发平台集体签约仪式。北大医学部与10家企业进行了校企联合研发平台集体签约，并举办了揭牌仪式。本次签约金额累计逾亿元。

（王莹）

【中国泛癌种早筛早诊队列PANDA研究项目】11月1日，医学部与诺辉健康举行中国泛癌种早筛早诊队列PANDA研究项目（Pan-cancer Early Detection in China，简称"PANDA"）启动和联合实验室揭牌仪式。中国泛癌种早筛早诊队列PANDA研究项目是全球首个覆盖DNA、RNA和蛋白质全维度以实现液体活检泛癌种筛查和早期诊断的突破式创新。双方签署研发金额1亿元，未来转化分红1亿元以上。是截至2022年底单笔签约金额最大的北大医学校企联合研发平台。

（沈娟）

【首届创新转化大赛总决赛暨校企联合研发平台集体签约仪式】9月28日，北大医学办学110周年系列活动——北大医学首届创新转化大赛总决赛举行。北大医学首届创新转化大赛于2021年10月启动，得到了各学院、医院的大力支持和社会各界的广泛关注，共收集医学部及各附属医院66个创新项目，分为生物医药组和医疗器械组两组。经过严格激烈的初赛和半决赛的层层选拔，26个优质项目晋级决赛，生物医药组和医疗器械组分别为13个。决赛包括赛前网络投票、路演展示、评委现场打分三个环节。投票访问次数超71万次，累计投票数超17万票。决赛全程网络直播，得到了热烈反响，线上累计观看量超过百万。

（沈 娟）

【中国首个核医学诊断1类新药临床Ⅲ期试验结果发布会】 1月7日，中国首个核医学肿瘤显像诊断1类新药99mTc-3PRGD2，也是国际上第一个用于SPECT显像诊断的广谱肿瘤显像剂，临床Ⅲ期试验结果发布会举行。99mTc-3PRGD2的临床试验达到了主要终点和次要终点。王凡教授从我国实际国情出发，聚焦SPECT药物的研制，带领团队用二十年的时间，从细胞到组织到小鼠试验，从化学修饰到核素标记，最后到临床转化，研制出用于SPECT显像的肿瘤显像药物，使中国在核医学SPECT药物研制方面处于国际领先地位。

（沈 娟）

# 出版工作

【发展概况】 经营状况。生产经营状况和财务指标虽低于疫情前2019年同期水平，但部分财务指标同比2021年有所增长。全年实现印制码洋7.96亿元，净发货洋3.82亿元，销售收入4.30亿元，利润6769万元；累计向国家缴纳各种税费3646万元；上交学校利润3050万元（含音像出版社50万元）。截至2022年底，出版社总资产11.10亿元，资本保值增值率103.84%，资产负债率8.25%，财务状况保持良好。

图书出版。2022年出版纸质图书3585种次（新书893种，重印2692种次）。新书中，教材新书321种，学术新书412种，大众新书160种。教材（含教学参考书）新书和学术新书占新书品种比例为82.08%，大众新书品种占比17.92%。

队伍建设。队伍规模保持基本稳定，截至2022年末，出版社在职职工372人，其中硕士研究生以上学历201人，占全社职工人数比例为54.03%；正高级职称23人、副高级职称59人、中级职称144人，中级及以上职称占全社职工人数比例为60.75%。2022全年共招聘25人，其中编辑类岗位招聘19人，非编辑类岗位招聘6人。

重点项目。2022年出版社共获批各类基金项目资助款496.55万元。"中国刑法评注""解读发展中经济体协同发展机制：全球双环流视角""中国古代文体学发展史""中外物理学精品书系（三期）""新型显示前沿科学技术丛书"等5个项目获国家出版基金立项。国家社科基金后期资助项目立项23种。"知识分类与中国近代学术系统的重建""俄罗斯文学'莫斯科文本'与'彼得堡文本'研究""古希腊悲剧在中国的跨文化戏剧实践研究"3个项目获批国家哲学社会科学成果文库。"儒藏（精华编）（三期）""甲骨文摹本大系""甲骨刻辞类纂新编"等6个项目入选"2021—2035年国家古籍工作规划重点出版项目（第一批）"。

教材建设。（1）65种选题入选北京大学立项教材，其中课程思政教材5种、数字化教材7种；18种教材被评为2022年北京大学优秀教材；完成设计"北京大学规划教材"系列LOGO，梳理确定北京大学规划教材书目清单。（2）完成20种教材申请复核纳入"十四五"职业教育国家规划教材的工作；完成46种"十四五"职业教育国家规划参评教材的修订完善工作。（3）组织完成4787种在销在用教材的内容排查工作；按照教育部要求完成职业教育国家规划教材专项排查和修订复核工作；按照教育部教育考试院要求完成52种自考教材的专项插图排查工作；按照教育部要求完成大中小学教材教辅插图排查整改工作；按照中宣部要求组织完成中小学教辅和未成年人读物排查整改工作；规范教材问题登记处理机制，建立问题登记处理档案。（4）完成全国大中小学教材调查统计增补工作，补报262种教材信息。（5）在教育部教育考试院领导下开始新一轮自考教材建设工作，并完成其中29种自考教材的启动建设工作。（6）2种教材申报人力资源和社会保障部2022年全国技工教育规划教材。（7）完成3种中国经济学教材的出版备案和送审工作。（8）完成教材征订工作，共约1200种教材参加2023年春、秋两季征订。（9）主动服务北京大学"双一流"建设，探索建立将思政内容融入教材的长效机制，积极参与北京大学的课程思政建设，实现思政教育与专业知识有机融入，"北京大学课程思政丛书"之《经济学科课程思政教学设计》于2022年4月出版，当年实现重印。

海外合作与交流。2022年引进版权44项，输出版权107项，实现版税收入超过100万元。探索国际出版合作高质量发展途径，北大版图书在伦敦书展、法兰克福书展、利雅得书展、保加利亚书展顺利展出，"走出去"图书海外影响力进一步提升，输出版权语种继续增加，首次输出斯瓦希里语、缅甸语等语种。《一带一路：区域与国别经济比较研究》阿拉伯文版荣获2022年开罗国际书展最佳翻译奖，《东亚儒学问题新探》韩文版荣获2022年韩国世宗图书学术图书奖，《中国历史十五讲》多语种版权输出获评"'一带一路'出版合作典型案例"，《中华文明史》多语种译本亮相"奋进新时代"主题展。全年共获得各种"走出去"项目立项15项，其中"经典中国国际出版工程"4项、"丝路书香工程"10项、"向港澳台出版发行中文繁体版图书资助"1项。

数字出版。2022年制作电子书729种，实现销售收入305万元。数据库建设、在线教育平台、数字化教材建设和数字化营销推广等方面都取得新进展。"儒藏（精华编）数字化平台（一期）"在线数据库完成平台主体结构建设，上线248种古籍文献，项目通过了全国古籍整理出版规划领导小组办公室组织的专家验收。《大仓文库》数据库主要文献数据采集完成。博雅云学堂在线教育平台上线发布的课程超过20门。中国传媒大学购买"语言学纲要"数字化课程作为线上教学资源；"新时代劳动教育理论"成为北京大学本科在线学习必修课。

信息化建设。出版社ERP系统中最重头的子系统——编辑编务系统，历经近两年的开发建设，于2022年8月成功上线，运行良好，为下一步ERP系统的持续改进奠定了基础。智能编校云舒系统完成升级改造，有效提升了编辑工作效率。

党建工作。2022年发展党员2名，预备党员按期转正4名，转入组织关系9名，转出组织关系3名，减员4名（去世），年底实有党员205名。

根据北京市和学校的防控政策并结合出版社工作特点，精准施策，动态调整疫情防控要求，加强办公区防控措施管控，严格审批职工离京申请，组织动员职工接种新冠疫苗，落实特殊时期核酸检测要求，确保职工生命安全，为生产经营有序开展保驾护航。

坚持党委管大局、把方向、促发展，全年召开党委会21次，党政联席会10次。贯彻落实民主集中制原则，"三重一大"决策制度，坚持党委会前置研究企业重大生产经营事项、重要管理制度，坚持党管干部、党管人才原则，严格落实干部选拔任用和人才培养工作机制。党委书记履行党建第一责任人职责，落实管党治党主体责任，党政班子成员履行"一岗双责"，有效搭建起层层负责的党风廉政建设责任体系和意识形态工作责任体系，把党风廉政建设、意识形态管控与业务工作同部署、同考核。坚持落实中央八项规定，坚决纠正"四风"不止步，精简会议，提高效率，狠抓落实。坚持党委委员深入联系党支部，加强对党支部工作的指导，督促落实"三会一课"，加强组织发展工作，不断优化党员队伍结构。

社党委理论学习中心组带头开展集体学习，校党委书记和主管副校长参加出版社"学习贯彻党的二十大精神主题座谈会"，带动各党支部、各部门结合岗位工作，深入学习领会党的二十大精神、习近平总书记重要讲话和指示批示精神，以及北京大学第十四次党代会精神，坚持把理论学习、贯彻落实中央和上级党组织的决策部署作为贯穿编辑出版各项工作的一条主线，不断提升工作本领。

出版社党委积极创造条件与学校院系和职能部门联合开展党建活动：与国际合作部联合开展"牢记嘱托 踔厉奋发 再立新功——学习习近平总书记给南京大学留学归国青年学者重要回信精神"主题党日活动；与信息管理系联合开展"加强出版国际化，传播中国声音，贡献中国智慧——学习北大第十四次党代会精神"主题党日活动；与社会科学部联合开展"喜迎二十大，奋进新时代——参观北京大学改革发展十年成果图片展"主题党日活动；组织编辑人员参加北大机关党委举办的"以有组织的科研推动构建中国特色哲学社会科学体系"和"以党的二十大精神为指引，高质量推进新一轮'双一流'建设"讲座。

出版社荣誉。2022年出版社继续在教育部社科司组织的"图书出版单位社会效益评价考核"中获评优秀。全年图书共获各级各类奖项71项，其中省部级奖项55项，其他奖项16项。《几多心影：叶嘉莹讲十家词》入选2022年向全国青少年推荐百种优秀出版物，《书写"中国气派"——当代文学与民族形式建构》获得第六届"啄木鸟杯"中国文艺评论年度优秀文艺论著，《海洋变局5000年》获得首届"盐田海洋图书奖"。

公益捐赠。2022年出版社共捐赠图书4170册，码洋578,883.8元：（1）新疆大学868册，码洋116,295.60元；（2）石河子大学868册，码洋116,295.60元；（3）北京大学图书馆2434册，码洋346,292.60元。组织党员（含入党积极分子和群众）"七一"献爱心捐款23,481.1元。为北京大学工会爱心基金捐款44,700元（个人捐赠24,700元、出版社捐赠20,000元）。全年累计捐款捐物共计647,064.9元。

重大纪事。4月8日，学校研究决定，任命夏红卫为北京大学出版社党委委员、书记，王明舟因年龄原因不再担任北京大学出版社党委书记职务。12月27日，学校研究决定，任命汲传波为北京大学出版社总编辑，张黎明因年龄原因不再担任总编辑职务。

（陈　健、卢骑骁）

【《儒藏》"精华编"（中国部分）282册全部出版】《儒藏》"精华编"是《儒藏》工程的一部分，收录传世文献、出土文献及海外文献，并进行全面整理。传世文献收录先秦至清末有代表性的、重要的儒家经典和反映儒家思想、体现儒家经世做人原则的典籍。出土文献主要收录近代以来出土的儒学典籍。海外文献主要收录日本、韩国、越南三国所藏汉文儒家典籍。到2022年5月，经过近20年的艰苦努力，"精华编"（中国部分）完成了全部编辑出版工作。《儒藏》"精华编"（中国部分），共282册（收录512种文献，实际装订成325册），总字数约2亿字，是国内已经完成的规模最大的古籍整理项目。

（马辛民）

# 筹资与基金管理

【发展概况】　组织结构。教育基金会（以下简称"基金会"）成立于1995年，是在中国政府民政部正式登记注册的高教领域非营利性组织，是中国成立最早、运行最完善、发展最迅速的大学基金会之一。理事会是基金会的决策机构。第七届理事会由24名理事组成。秘书处设有亚洲事务部、欧美事务部、项目管理部、投资事业部、财务部、行政部、品牌文化部、法务与信息办公室等8个办事机构。现有工作人员39人，其中在编人员18人，社会招聘签订劳动合同19人，聘任退休人员2人。基金会设党支部，现有党员25人、预备党员3人，胡俊任党支部书记。基金会设投资委员会，王博任投资委员会主任。

**总体业务**。基金会实现总收入11.43亿元，其中捐赠收入8.33亿元、投资收益3.08亿元，其他收入0.02亿元；总支出7.79亿元，公益支出7.67亿元。获批国家财政配比资金0.85亿元。基金会净资产约79.76亿元，比上年末增长4.79%。

**筹资工作**。2022年，基金会努力克服严峻的筹资环境挑战，服务学校发展战略，筹资工作取得新进展。基金会全年共签署捐赠协议及捐赠函434份，签约金额逾9亿元。

自年初以来，基金会紧扣学校发展战略，以人才队伍建设、基础学科拔尖人才培养、新工科、新医科、新文科、新农科等为筹资重点，筹集"小米创新发展基金"和"小米博雅青年学者项目"、"大北农现代农学院发展基金"、"九坤教育发展基金"、"医学部91杏林助学基金"等多笔大额捐赠，为"物理卓越人才计划"、"数学博士研究生拔尖人才培养计划"等基础学科创新人才培养项目筹得支持，促成字节跳动支持北大数字人文发展，为学校加快推进"双一流"建设提供有力支持。

基金会以金融投资行业为重点，探索区域筹资新模式，长三角创新试点取得新突破，打造以"协同发展"为理念的创新型筹资项目；加强投筹联动，深化"基金会+"策略，充分运用信息化手段开展筹资拓展，首次承办北京论坛企业社会责任分论坛；秉持"服务学校发展、服务院系发展"并重的原则，全程参与、陪伴和指导院系筹资工作的开展，调动院系筹资自主性，服务学校学科布局与院系可持续发展。

**投资工作**。2022年，国内外经济环境复杂多变，国内资本市场大幅下跌。受此影响，基金会整体资产市值出现较大波动，但合理有效的资产配置，使得基金会整体资产的回撤仍然在预期的风险目标之内，资产总市值高于基金会投资本金，投资风险总体可控。具体举措包括：

持续关注市场风险，持续跟踪市场变化，数次对投资资产进行压力测试并及时向投资委员会汇报，保持在悲观市场情绪下的战略定力。特别是提前大幅降低地产行业的风险敞口，相关投资风险得到有效控制。

深化资产配置研究，稳步推进年度配置计划。深化资产配置宏观研究，完成权益管理人的选聘工作，推进股权母基金的配置，持续进行新策略和资产的研究与发掘，不断优化整体资产配置结构。

投资事业部经学校批准正式设立，组织架构进一步优化，投资能力与风险控制能力持续提升。

**北美工作**。2022年，面对国际形势复杂变化、国际交往长期受疫情影响等多重因素叠加，基金会以维护北大海外筹资平台安全为主线，加强风险预判与风险防范。根据学校关于涉外工作的要求，研究制定风险预案；圆满完成北美基金会2021年度审计工作，审计结果为历年最好；完善理事会专职委员会章程等，进一步提升机构的公信力、合规性和品牌影响力。

积极拓展捐赠来源，帮助院系申请海外基金会资助，保持稳定发展的态势。2022年，北美基金会到账捐赠资金618万美元；向北大拨出捐赠资金989万美元，较去年增长54%，创历史新高；账面资产3942万美元，保持资金的稳定性。

面对中美大国博弈呈现出的新趋势，主动克服交流受阻的困难，积极促进中美交流，支持北大数字人文研究中心与哈佛费正清中国研究中心的合作项目，保持北大与北美有限交流渠道的畅通；持续多年全面支持北大芝加哥中心的发展运行，全力服务北大国际化发展战略。

**项目与财务管理工作**。2022年，基金会直接发放师生奖励、补助金逾9000万元，转拨学校基建工程款、科研资金、各类人员经费、燕京学堂经费等4.3亿元，转医学部项目捐赠款2.3亿元，转深研院项目捐赠款440万元。公益支出占上年度净资产的比例超过10%，已经连续多年高位支出，成为校级和院系级财政的重要补充力量。

为支持学校师资队伍建设和人才培养事业，2022—2023学年，基金会已落实的面向全校师生的各类奖励项目计划均有增长：讲席教授2795万元（同比增长188万），奖教金1204万元，博雅青年学者奖510万元；学生综合素质奖学金计划发放1883.6万元（同比增长365万元），保障性助学金计划发放1374.2万元（同比增长159万），国际交流奖学金、新生奖学金等专项奖学金681万元。特别是学生奖助金逆势增长，奖励金额和人数都较上一年取得可喜进步。

加大力度支持人工智能和智慧医疗、"双碳"减排、脑科学研究、数字人文交流等领域的前沿交叉研究与跨学科研究。以百度基金为例，项目鼓励和支持以人工智能、智慧医疗等领域的前沿探索，服务北大"新工科"战略。百度基金已开展两届，捐赠到账资金2亿元。首届资助的19个项目已顺利结题，共有新申请专利53项，授权相关发明专利38项，获得软件著作权25项，部分成果已转化，其中周永胜教授的项目成果转化产品应用至全球120个国家和地区，项目执行期内直接创造经济效益1.79亿元。

加强项目和财务管理，基金会坚持以"规范、创新、服务"为导向，通过建设信息管理系统、制定必要的工作流程文件，更好地指导、服务项目执行单位设立和执行捐赠项目，实现全流程的线上服务；依托信息管理系统，不间断地处理各类咨询和业务办理，保障项目在特殊时期的正常运转，也为院系提供更为便捷化的服务。以财务核算为基础和核心，严格、规范地开展财务管理工作，完成年度例行审计和学校审计室对基金会的审计工作，配合完成中央财政配比资金的公益项目核查工作及学校审计室对多个校内单位的经济责任审计工作。

内部建设。基金会高度重视境外非政府组织活动备案工作，共完成备案27项，备案金额1.33亿元，涉及6个国家和地区的18家组织，2022年完成活动报告33份。年初获批国家财政配比资金0.85亿元，2022年国家财政配比申报项目266项，申报金额5.24亿元；2009年以来累计为学校争取近23亿元的财政资金支持。

积极探索多种类型非货币资产捐赠的接收和管理，进一步加强和完善对于实物捐赠、房产捐赠、股权捐赠、信托捐赠等捐赠形式的合规性研判和风险分析，争取捐赠资产能够更加安全有效的接收并充分发挥各类捐赠资产对于学校教育事业发展的支持作用，为资源拓展保驾护航。

社会评价和信息宣传工作。基金会严守意识形态、网信安全、信息公开三道红线，严格落实意识形态工作责任制，高效、及时、准确地做好新闻发布和信息公开工作，提升社会公信力和影响力。社会评价继续保持全国领跑，蝉联第十九届（2022）中国慈善榜"年度榜样基金会"荣誉称号，为全国唯一上榜高校基金会；"白衣天使守护基金"获评年度慈善项目，也是唯一入选的高校公益项目。

党建工作。2022年，基金会党支部深入学习贯彻习近平总书记系列重要讲话和党的十九届六中全会精神，不断推进党的建设，认真落实党史学习教育制度化常态化要求，加强党员学习，建设学习型组织；党的二十大召开后，迅速组织开展学习、宣传和贯彻二十大精神相关活动，弘扬伟大建党精神，坚决把思想和行动统一到二十大精神上来。

作为2022年的重要工作，通过组织周密、形式丰富、内容多样的学习活动，高质量高标准地开展党史学习教育、思想政治理论学习和业务能力学习。2022年以来，已组织开展十余次学习活动，包括党课、党日活动、党史学习、业务培训、线下自学等。

严格落实"三会一课"制度，一般于每个月第一周周五下午召开支委会，每个月第四周周五下午组织开展党日活动，每季度召开党员大会。多次组织主题党日活动，包括组织集体观看二十大开幕式、闭幕式，参观"喜迎二十大奋进新时代——北京大学改革发展十年成果图片展"展览，秘书长、支部书记讲授专题党课，参加专题讲座等。同时，为扎实理论学习基础，支部每个月专门编辑学习资料，为党员、干部开展理论学习研讨提供保障。坚持标准，规范做好发展党员工作。认真组织和开展职员聘任、岗位晋升等的思想政治和师风师德考核。始终重视加强党风廉政建设，严格执行"八项规定"，坚决抵制"四风"问题，营造风清气正的环境。

（马宇民）

【基金会获中国慈善榜两项荣誉】 5月30日，第十九届（2022）中国慈善榜暨《2021中国慈善捐赠发展蓝皮书》正式发布。北京大学教育基金会蝉联年度榜样基金会，成为入选机构中唯一的高校基金会；"白衣天使守护基金"获评年度慈善项目。北京大学企业家俱乐部白衣天使守护基金由北京大学企业家校友在全国齐心协力抗击新型冠状病毒肺炎疫情的紧要关头发起，于1月28日在北京大学教育基金会捐赠设立。秉持着"白衣天使守护病患，我们守护白衣天使"的朴素心愿，白衣天使守护基金旨在全力支持北京大学附属医疗体系医护人员抗疫救灾，并长期支持和守护广大医护人员，帮助北大医学发展，服务健康中国战略，更致力于为全社会尊重和善待医务工作者发出来自北大的积极呼吁。中国慈善榜由国家民政部主管、中国社会工作联合会主办的著名公益媒体《公益时报》社于2004年创立，每年编制发布。

（马宇民）

【邵根伙捐资设立大北农现代农学发展基金】 4月29日，邵根伙博士向北京大学捐赠仪式在临湖轩举行。大北农国际集团董事长邵根伙捐资设立北京大学大北农现代农学发展基金，支持北京大学现代农学院教育事业发展。校领导班子成员，原校长、现代农学院名誉院长许智宏等共同出席。邵根伙表示，中国农业迎来前所未有的发展大机遇，坚信双方携手合作，将加速大北农迈向全球第一的农业科技企业的步伐，为中国成为屹立世界之巅的农业强国作出应有的贡献。许智宏指出，"北大农"与"大北农"的优势互补，将为推动农业科技创新和企业增效，为中国的农业现代化、社会主义新农村建设贡献力量。邵根伙、北京大学现代农学院院长刘春明、教育基金会秘书长李宇宁共同签署捐赠协议。校长郝平代表学校向邵根伙颁赠感谢状，许智宏为邵根伙颁发现代农学院耕读书院导师聘书。

（王婷）

【小米捐资设立创新公益基金和博雅青年学者项目】 2022年，小米捐资1000万元设立北京大学小米博雅青年学者项目，捐资5000万元设立北京大学小米创新公益基金，支持北京大学的发展建设。2月24日，小米博雅青年学者项目捐赠仪式在北京大学临湖轩举行。这是继2020年捐资设立小米奖助学金之后，小米公益基金会再次助力北大人才培养。4月26日，北京大学小米创新公益基金捐赠签约仪式在北京小米科技园举行。此次捐赠旨在推动北京大学在集成电路、心理与认知等领域的前沿研究和科技创新，培养一批能够在相关学术研究领域和业界引领未来的高水平、创造性、复合型人才。雷军表示，希望通过本次捐赠，小米将助力北大的新工科建设，从而推动产业变革与科研创新成果的转化。

（马宇民）

【联合必和必拓启动"碳与气候"博士研究生未名学者项目】 3月28日，必和必拓与北大教育基金会、研究生院宣布联合设立北京大学必和必拓"碳与气候"博士研究生未名学者项目。北大从事碳减排与气候变化领域相关研究的全日制博士研究生均可申请。由研究生院任命的7名校内外成员将组成评审委员会，经考核和评审，产生获奖人选。评审委员会将优先选拔科研能力突出、研究工作极富创造性的博士研究生，为其提供奖学金。在发放奖学金的基础上，该项目每年还将举办获奖学生年度学术交流会，促进碳减排与气候变化等相关的政策、技术、经济等领域的学术交流。

（马宇民）

【北京论坛（2022）社会价值分论坛成功举办】 11月19日，"北京论坛（2022）"分论坛"国际经验与中国实践：企业社会价值评估"通过线上方式举行。本场分论坛由韩国SK集团和北京大学教育基金会共同主办，邀请国内外学者与企业界嘉宾从不同维度和视角共同探讨企业社会价值，重点关注企业社会价值的量化管理，以期为国内外企业更好地履行社会责任、创造社会价值提供有益的参考。SK集团社会价值委员会委员长李亨熙以视频方式致辞。他希望以此分论坛为契机，推广优秀的研究方法，促进实现进一步合作，大家共同努力为未来的可持续发展时代和应对新的社会问题做出里程碑式的贡献。北京大学副校长、教务长、教育基金会副理事长王博感谢企业界、北大校友和朋友们对北大长期的关注与支持，并表示这是他们为高等教育、为全社会和全人类所承载的一种责任。分论坛上，六位专家学者先后发表主题演讲。各位专家学者还就社会价值量化管理的重要性及方法论和中国企业社会价值货币化测量的可行性等展开深入探讨。

（王 婷）

【九坤投资捐资设立北京大学九坤教育发展基金】 7月4日，九坤投资（北京）有限公司捐资设立北京大学九坤教育发展基金，用于设立北京大学九坤博雅讲席教授、经济学院九坤讲席教授、九坤博雅青年学者、九坤奖学金、九坤优秀辅导员等项目，重点支持基础学科和新工科领域的师资队伍建设和人才培养工作。捐赠仪式在北京大学临湖轩举行。九坤投资创始合伙人兼投资总监姚齐聪校友、创始合伙人兼首席执行官王琛，北京大学党委书记郝平，副校长张平文等参加仪式。郝平对九坤投资长期以来对北大教学科研事业发展所给予的宝贵支持表示衷心感谢，希望未来北大与九坤能够进一步增进交流、互相支持，携手并肩、共同发展。姚齐聪希望基金的设立为加强北大高水平科技人才队伍建设、培养基础科研的科学家贡献力量。王琛与北京大学教育基金会秘书长李宇宁共同签署捐赠协议。郝平代表学校向九坤投资颁授北京大学杰出教育贡献奖。

（王 婷）

【附表】

表10-8 2022年北京大学校级社会捐赠讲席教授及博雅青年学者奖项目

| 项目名称 | | |
| --- | --- | --- |
| 黄廷方博雅讲席教授 | 吴先红博雅讲席教授 | 金光博雅讲席教授 |
| 李兆基博雅讲席教授 | 方正博雅讲席教授 | 康德博雅讲席教授 |
| 陈明刘卿讲席教授 | 徐淑希讲席教授 | 瑞声慕课讲席教授 |
| 王宽诚讲席教授 | 李兆基讲席教授 | 学而思博雅青年学者奖 |
| 九坤博雅青年学者奖 | 小米博雅青年学者奖 | |

（刘楠楠）

表10-9 2022年北京大学校级社会捐赠奖教金项目

| 项目名称 | | |
| --- | --- | --- |
| 兴证全球基金奖教金 | 国华杰出学者奖 | 黄廷方/信和青年学者奖 |
| 嘉里集团郭氏基金树人奖教金 | 曾宪梓优秀教学奖 | 王选青年学者奖 |
| 中国工商银行奖教金 | 杨芙清-王阳元院士奖教金 | 中国民生银行奖教金 |
| 正大奖教金 | 蔡元培美育奖教金 | 北京银行奖教金 |
| 宝钢奖教金 | 陈明、刘卿伉俪奖教金 | 树仁学院奖教金 |
| 宝洁奖教金 | | |

（胡旸、禹洁）

表 10-10  2022 年北京大学校级社会捐赠奖学金项目

| 项目名称 | 项目名称 |
| --- | --- |
| 廖凯原奖学金 | 西南联大国采奖学金 |
| 秦宛顺靳云汇奖学金 | 休斯顿校友会奖学金 |
| 华泰证券科技奖学金 | 唐有祺—张丽珠奖学金 |
| 工商银行工银星辰奖学金 | 舒琦奖学金 |
| 汾酒集团公益奖学金 | 冈松奖学金 |
| 兴业银行奖学金 | 西南联大奖学金 |
| 李彦宏奖学金 | 三菱日联银行奖学金 |
| 福光奖学金 | 鸿升奖学金 |
| 李惠荣奖学金 | 费孝通奖学金 |
| 董氏奖学金 | 林超地理学奖学金 |
| 金龙鱼奖学金 | 季羡林奖学金 |
| 苏州工业园区奖学金 | 潮商会十一兄弟奖学金 |
| 广药王老吉奖学金 | 共雅奖学金 |
| 永赢基金奖学金 | 吴育庭奖学金 |
| 奔驰奖学金 | 龙元长泽奖学金 |
| 小米一等奖学金 | 张昀奖学基金 |
| 小米奖学金 | 钟天心奖学金 |
| 苏州育才奖学金 | 田村久美子奖学金 |
| 相城高新育才奖学金 | 欧阳爱伦奖学金 |
| 杨芙清-王阳元院士奖学金 | 吴达元-陈穗翘奖学金 |
| 戴德梁行奖学金 | 西南联大曾荣森奖学金 |
| 永旺奖学金 | ESEC 奖学金 |
| 三星奖学金 | 顾温玉生命科学奖学金 |
| 深交所奖学金 | 社会育才张海燕奖学金 |
| 电科十四所国睿奖学金 | 张其成奖学金 |
| 华为奖学金 | 黄昆-李爱扶奖学金（庄绍华奖学基金） |
| 宏信奖学金 | 乐森璕-白顺良奖学金（庄绍华奖学基金） |
| 君远奖学金 | 沈同奖学金（庄绍华奖学基金） |
| POSCO 奖学金 | 谢培智奖学金 |
| 章文晋奖学金 | 张景钺-李正理奖学金 |
| 中国航天科技集团 CASC 奖学金 | 西南联大吴惟诚奖学金 |
| 佳能奖学基金 | 方树泉奖学基金 |
| 杨辛荷花品德奖 | 侯桂芳-李计忠奖学金 |
| SK 奖学金 | 芝生奖学金 |
| NITORI 国际奖学金 | 灵均领航奖学金 |
| 松下奖学金 | 中国光谷奖学金 |
| 宝钢奖学金 | 海闻奖学金 |
| 中国石油奖学金 | 九坤奖学金 |
| 大成国学奖学金 | 燕创资本奖学金 |
| SPRIX 奖学金 | 招商证券奖学金 |
| 1997 级 MBA 奖学金 | 嘉里郭氏基金奖学金 |
| 三菱商事国际奖学金 | 丁石孙-桂琳琳优秀学生奖学金 |

| 项目名称 |
| --- |
| 高通奖学金 |
| 王沈亚昭奖学金 |
| 李信麟奖学金 |
| 陈守仁国际交流奖学金 |
| 唐仲英德育奖学金 |
| 韩国学奖学金 |
| 林护新生奖学金 |
| 明德新生奖学金 |
| 黄如论新生奖学金 |
| 陈明、刘卿侊俪新生奖学金 |
| 秦宛顺靳云汇强基计划奖学金 |
| 明德校友博雅奖学金 |
| 鄢万韬博雅奖学金 |
| 李龙堂-杜淑敏博雅奖学金 |
| 杜淑敏博雅奖学金 |
| 学而思博雅奖学金 |
| 俞敏洪海外交流奖学金 |
| 黄廷方/信和优秀学生海外交流奖学金 |
| 冠昊海外交流奖学金 |
| 杨锦方海外交流奖学金 |
| 广药王老吉海外交流奖学金 |
| 阿里山海外交流奖学金 |

（杜鹃）

**表10-11　2022年北京大学校级社会捐赠助学金项目**

| 项目名称 |
| --- |
| 罗氏慈善基金罗定邦励志奖学金 |
| 新鸿基地产郭氏基金北京大学励志奖学金 |
| 张明为助学金 |
| 霍宗杰助学金 |
| 北大之友—张荣发基金会助学金 |
| 迈普资本助学金 |
| 黄奕聪侊俪助学金 |
| 碧桂园助学金 |
| 北京大学-华为技术有限公司励志奖学金 |
| 方晴励志奖学金 |
| 郑格如助学金 |
| 戴勤助学金 |
| 李震熊助学金 |
| 黄如论助学金 |
| 新鸿基地产郭氏基金北京大学励志奖学金—双学位奖学金 |

| 项目名称 |
| --- |
| 奔驰助学金 |
| 三峡励志奖学金 |
| 社会育才助学金 |
| 中国研修班同学会助学金 |
| 民荣助学金 |
| 灵均成长助学金 |
| 中国乡村发展基金会新长城助学金 |
| 黄乾亨助学金 |
| 中国石油奖学金 |
| 王胜地励志助学金 |
| 燕创资本助学金 |
| 刘淑清助学金 |
| 天涯路助学金 |
| 喜来健助学金 |
| 徐建成助学金 |
| 李先林助学金 |
| 小米助学金 |
| 永赢基金助学金 |
| 兴诚助学金 |
| 中国宋庆龄基金会中国海油大学生助学基金 |
| 香港校友会博雅助学金 |
| 丽世闻道助学金 |
| 南加州校友会奖学金 |
| 许戈辉助学金 |
| 金鑫助学金 |
| 燕创资本励志奖学金 |
| 鸿升奖助学金 |
| 中研紫荆助学金 |
| 国宏奖学金 |
| 季羡林助学金 |
| 潮商会十一兄弟助学金 |
| 共雅助学金 |
| 吴育庭助学金 |
| 龙元长泽助学金 |
| 8308助学金 |
| 方氏育才助学金 |
| 杜洪林孔晓棠医学助学金 |
| 智慧助学金 |
| 成舍我纪念奖学金 |
| 田村久美子助学金 |
| 程思远奖学金 |

（刘楠楠）

# 校友工作

**【发展概况】** 机构设置。校友工作办公室（以下简称"校友办"）是代表学校凝聚、联络和服务海内外广大校友和各类校友组织的职能部门。以"构建校友永远的精神家园"为理念，"凝聚、服务校友"为核心使命，依靠互联网的新技术手段和学校各院系、各校友组织的力量，提升联络、宣传和服务能力，完善内部治理促进组织发展、规范社团管理、夯实信息基础、推动校友活动品牌化、精细精准服务，为学校"双一流"建设事业作出贡献。在职事业编制职员7人，劳动合同制职员10人。主任李文胜，校友会执行副会长邓娅，副主任赵文莉、李存峰。内设行政部、信息部、联络与发展部、活动与服务部、合作与运营部。

党建工作。认真学习贯彻党的二十大精神。2022年10月16日至22日，校友办积极组织全体人员收听收看大会开幕式、二十届中央政治局常委同中外记者见面会等重要会议和实况转播，通过专题学习讨论、参加专题辅导报告会等方式组织大家结合校友办工作实际认真学习领会党的二十大精神核心要义，对大会内容进行学习讨论。2022年7月31日，北京大学第十四次党代会召开，校友办及时组织学习第十四次党代会报告，部署党员参观北京大学成就展，结合学校新发展新成就学习领会习近平总书记关于高等教育和北京大学的重要讲话、指示批示精神。

领导班子讲政治，坚定践行"四讲四有"，牢固树立"四个意识"，坚定"四个自信"，坚决做到"两个维护"，坚持捍卫"两个确立"，不断提高政治判断力、政治执行力和政治领悟力。认真落实学校党委行政决策部署、加强党的政治建设、落实全面从严治党责任、执行民主集中制和"三重一大"决策制度，以习近平新时代中国特色主义思想指导校友工作，牢牢把握校友工作发展的政治方向。

疫情防控。全面落实疫情防控各项措施。制定《校友工作办公室2022年春季学期疫情防控工作方案》和《校友工作办公室疫情防控应急预案》等制度；定期召开疫情防控工作小组会议，及时、准确、全面传达学校防疫相关政策、通知部署；购置应急物资，确保防疫工作任务具体、明确，人员保障到位；发挥领导干部带头作用，认真做好带班值班工作；建立离返京人员台账，严格职工离京、返京管理，严格入校审批；确保教职工和其他人员按时完成核酸检测，及时上报特殊情况；按照上级部署，及时调整优化疫情防控措施，科学应对疫情挑战。

内部治理。顺利通过校友会年度财务审计和民政部、教育部开展的年度检查；认真履行议事决策程序和内部监督机制，严格执行会员代表大会、理事会（常务理事会）、监事会制度；围绕换届方案、主要拟任负责人报备，积极推动和落实北京大学校友会第十次会员代表大会筹备工作；完善制度建设，制定《北京大学校友会分支机构管理办法（试行）》，修订《北京大学校友会章程》《北京大学校友会财务管理办法》《校友工作办公室内部规章制度文件汇编》，统筹协调激发校友工作活力，保障社团组织健康有序发展；持续推进《高校校友组织法律风险研究》重大课题，加强对校友工作理论与学术研究，课题顺利通过中期检查；积极做好中国高教学会校友工作研究分会秘书处工作，秉持"学术立会为根、服务兴会为本、规范办会为纲、创新强会为要"的理念，积极组织会员单位开展学术活动和课题研究，不断提升服务会员单位的能力，加强组织建设，提升管理水平，加强会员单位之间的交流合作、推进创新发展。

校友组织。截至2022年12月，共有备案校友组织135个，其中地方校友组织（含港澳台地区）50个，海外校友组织33个，院系校友组织30个，行业、兴趣类校友组织22个。

走访调研。走访上海、苏州、南京、芜湖、青海、云南、宁夏、湖北、山东、青岛、无锡等校友会，看望校友、参加活动，其中多次赴云南省大理白族自治州弥渡县考察调研，举行北京大学校友企业家弥渡乡村振兴座谈会，凝聚北大校友力量，助推学校定点帮扶工作，助力弥渡乡村振兴发展。

参加院系和行业兴趣类校友活动，通过多种途径，巩固与校友、校友组织、校友企业的日常互动和联络关系。

服务校友。日常服务做精做细，从点、线、面三个维度开展校友服务。建立重点校友信息库，夯实服务基础；通过生日慰问、《北大人》邮寄、拜访探望、举办校友座谈会等方式使校友服务常规化、制度化；积极支持行业兴趣类校友组织开展各项活动；

持续做好校友卡和《北大人》杂志的推广发行工作。截至2022年底，共打印邮寄校友卡15,788张，《北大人》杂志发行量7000余册。

品牌项目推陈出新。2022年继续开展"校友终身学习计划"，共计推出11期新课程，主题包括北京冬奥开幕式技术支持、碳中和、元宇宙与区块链、电影艺术鉴赏、中国哲学思想、中国语言和语言规划、科学应对新冠疫情等，累计观看量310万人次。持续推出"写春联，送祝福"、"小北大人画北大"、"老年校友慰问"、"校友单身联谊活动"等面向不同校友群体的服务活动，用热情激情温暖校友、凝聚校友。

信息网络建设。截至2022年底，校友数据库已累计收录39.3万条数据，有效联络率73%以上；"北大校友"小程序累计注册用户12.97万，电子校友卡累计办理9.16万张。

宣传工作。建立校友工作信息报送机制。通过《北大校友动态》、《北大校友信息》、《北大校友工作简报》，及时发布校友发展信息、校友重要言论观点和学术文章，报道校友工作动态。

围绕国家发展、学校发展，以及校友会重点工作、重要活动事件等，强化主题宣传，讲好北大故事、校友故事。推出两会校友言论、喜迎二十大、124校庆、2022毕业季、迎新送新等专题，开设"乡村教育领域的北大人""社会公益领域的北大人""北大音乐人"等校友人物专题，用校友的发展诠释校友群体的进步，引领向上向善的力量。创新推出"燕园绘事"等探索性项目，以鲜活生动的故事和表达搭建校友与母校、与校友会情感沟通的桥梁。

2022年，校友网发布各类文章843篇；校友会微信服务号、北大人微信订阅号粉丝近23万，累计阅读量突破110万次。编辑出版《北大人》《北京大学校友通讯》等刊物。

在2022年度北京大学宣传思想工作中荣获年度"宣传工作优秀组织奖"。

**捐赠项目**。凝聚校友力量，支持学校发展。在校友办的积极联络和引导协调之下，2022年多位校友踊跃支持母校发展。诺辉健康董事长朱叶青校友捐赠500万元人民币设立北京大学基础教育诺辉教育发展项目，出资2亿元人民币与医学部开展重大科研合作。校友高尔夫协会汇聚众人力量，设立"北京大学校友高尔夫协会学生发展基金"。王立新校友、王胜地校友等捐赠支持"百年传习 北大梦——北大校友原创音乐会"，纪念北大音乐传习所成立百周年，传续一代代北大校友的文化夙愿与家国情怀。12月30日，由北京大学校友会主办的"百年传习·北大梦"纪念音乐传习所百周年北大校友原创音乐会举行，超五十万人次在云端参与了这场音乐盛宴。另有多位校友联合捐赠支持2022北大全球金融论坛，助力地方经济发展，引领金融向上向善。北京大学金融校友联合会发起募集的"北京大学秦宛顺靳云汇奖学金"在首届全国高校基金会公益项目评选中荣获优秀公益项目。

校友办积极携手资助中心探索开展"母校-校友协同育人"活动，挑选推荐60余位校友担任成长导师、引航导师，支持资助中心"北京大学燕园领航校友导师项目"。与资助中心共同策划"燕园忆——青春光影"活动，邀请校友摄影俱乐部校友为60余位家庭困难新生拍摄燕园的第一张照片，传承学长关爱，母校情怀。经校友办联络推动，黄智舜校友"燕园领航"项目后续资金如期到位，有力支持资助中心工作开展。2022年校友办荣获"北京大学学生资助工作先进单位"。由校友办牵头申报的"北京大学全球大学生创新创业中心"项目在"第二批北京高校大学生创业园高校分园绩效考核"中再获优秀。

（赵文莉、李存峰、申一博、袁远、
黄赟、陈韩梅、张莹、田萌）

【**北京大学123周年校庆系列活动**】4月至5月，北京大学校友会、校友工作办公室策划组织北美校友大会、未名论坛、北大人全球线上跑、校庆云祝福、校庆档案征集互动、NFT校庆纪念卡首发、元宇宙燕园初体验、全球校友组织云庆生等线上线下形式多样的建校124周年校庆校友系列活动。20余家国内地方校友组织、10余家海外校友组织、近10家行业兴趣类校友组织先后举办校庆系列活动，共庆母校华诞。多家院系校友组织从校友需求出发，依托院系特色资源，为校友们提供形式多样的校庆活动选择。

5月4日，校友会携手蓝色光标为广大校友准备了一份特别的礼物，北大校友专属校庆系列数字艺术品（NFT），活动发布后，超过23,000名校友报名参加。校庆日当天，定制版校庆纪念卡5000张在10分钟抢光，一塔湖图校庆纪念卡15,000张在56分钟全部领完。除校友专属的校庆纪念卡之外，还推出一套多枚"纪念徽章"数字艺术品（NFT），该系列徽章选取了北京大学具有代表性风景和建筑，面向校友和社会大众开放购买。

4月30日至5月4日，北京大学校友会主办、北京大学校友会户外运动分会承办，各地方、海外校友会和学校部分院系共同参与的"北京大学建校124周年全球北大人线上跑"活动成功举办。共有6400余位海内外北大校友参加线上跑活动，由地方、海外校友会和部分院系共同组成45支跑团，足迹覆盖北京、天津、广东、山东、广西、四川、深圳、南京、青岛等省市。美国、法国、英国、泰国、瑞士等亦留下海外北大人奔跑的身影。

5月4日，北京大学校友会联合校友企业tatame元宇宙虚拟在线活动空间，探索云游燕园元宇宙沉浸式体验。通过这扇虚实穿梭的"任意门"，校友们得以重温燕园光影，与同窗好友在元宇宙相逢。

5与4日，北京大学校友会、校友工作办公室联合北京大学雏鹰社发起庆祝北京大学建校124周年"小北大人画北大"绘画作品征集活动，邀请北大校友带着自己的孩子共同回忆、描绘孩子心目中的北大，为小北大人们提供发挥才艺与展示的平台。活动发布后，得到了世界各地的北大人与小北大人们的热烈响应，积极参与，分享他们的一幅幅精彩作品。从未名湖到博雅塔，从图书馆到西门，白天黑夜、春夏秋冬，小北大人们的"绘画足迹"遍布燕园各个角落、各个时节，组成了一幅色彩斑斓的燕园画卷。活动共收集百余幅作品，并于2022年6月2日公开展示。

校庆期间联合校内宣传平台有节奏、有重点发布校庆相关文章60余篇，重点打造《云上时光机》《82级校友时光之旅》《北大人专属表情包》等多个原创宣传项目，并推出校庆文创设计《燕园·二十四节气》，从宣传角度营造热烈、共享地校庆氛围。

（张莹、赵琥、陈韩梅、黄赟、
齐雅丽、袁远、王玮、姬媛媛）

【**毕业季系列活动**】7月7日，线上召开北京大学2022届毕业生校友联系人见面会，动员、培训毕业生校友联系人，启动"一同传承"项目。北京大学校友会、校友工作办公室与学生工作部已连续八年联合开展毕业生校友联系人和毕业生微信群活动，帮助应届毕业生校友与当地校友会建立联系，对接地方、海外各校友会应届毕业生数据。

动员各校友组织开展"迎新送新"活动。自6月起，河南、山东、浙江、福建、湖北、新疆、云南、四川、天津、南京、青岛、深圳、大连、沈阳、洛阳、徐州、东莞、安徽、无锡、西安、湖南、江西、马来西亚、新加坡、日本、英国、华盛顿、匹兹堡、纽约、圣地亚哥、北加州、费城、新英格兰等30余家校友会，通过交流座谈会、报告会、联欢会等多种形式举办"迎新送新"主题活动。

联合学生就业指导中心推出"我的职场第一课"校友职场导师系列视频推送、"迎新季"新校友人物系列报道等优质内容20余篇，重点关注年轻校友职业发展、事业成长。

6月6日，以"一路同行"为主题，开展"一份纪念""一起分享""一同传承""一路友帮""一份祝福"的活动，为毕业生校友提供线上和线下多种申领校友卡及NFT纪念卡，开通终身免费的校友专属邮箱，组建"海内外毕业生校友联系群"，组织毕业生群主召开线上会议，为毕业生校友与海内外校友会搭建双向奔赴的平台，联合多家校友企业和热心校友，为毕业生校友提供衣食住行多方面的专属福利和优惠，毕业生校友参与分享北大毕业照获得精美纪念品等。

（张莹、赵琥、陈韩梅、张伊凡、黄赟、齐雅丽）

【第九届北京大学北美校友代表大会】为凝聚北美校友力量、交流海外校友工作经验、推进校友工作发展、助力新时代母校建设，北京时间5月8日至9日，第九届北京大学北美校友代表大会举行。会议包括未名论坛、北美校友工作研讨会等环节。北京大学校长郝平，中国驻旧金山总领事馆代总领事潘庆江，北京大学副校长、北京大学校友会常务副会长王博，北京大学原副校长、北京大学校友会常务副会长王杰等出席大会。

5月9日，未名论坛采取线上与线下相结合的方式举行，北京、旧金山两地设线下会场，校内学者、校友代表聚焦科技、人文、生命科学、半导体等前沿领域和热点话题进行分享与探讨，来自北美地区及全球各地的300余名校友代表参会。会议期间，5月8日召开北美校友工作研讨会，17家北美校友会的35位主要负责人围绕"疫情新常态下的校友工作"展开研讨。

（黄赟、齐雅丽）

【《北大校友信息》二十大校友代表言论专辑】10月16日至22日，中国共产党第二十次全国代表大会在京召开。北京大学校友会号召各地校友会党支部认真学习贯彻党的二十大精神，通过举办学习贯彻党的二十大精神报告会，举办专家座谈会等形式，深入学习党的二十大精神。北大师生、校友认真学习领会党的二十大精神核心要义，围绕所学专业、结合实际工作对大会内容进行广泛学习讨论，为学校"双一流"建设、服务国家发展建言献策。校友办积极配合学校对师生、校友学习情况进行广泛宣传，形成浓厚的思想舆论氛围。信息部整理党的二十大校友代表名单，通过搜集、整理新华社、人民日报等主流媒体对北大校友言论观点的报道，形成言论专辑。

（陈韩梅、张伊凡）

## 医学部校友工作与基金管理

【发展概况】组织结构。2022年3月起，严格按照民政部、教育部的要求，先后起草换届方案、多轮工作通知等文件，完成换届方案等材料向教育部报备等工作；联系33家校友会分会、12家学院医院、以及医学部内相关单位等，完成79名理事候选人和121名会员代表的联系和材料收集；总协调会议当天的会务安排；10月25日，北医校友会第七届会员代表大会暨第七届理事会第一次会议通过线上线下的方式圆满召开，产生新一届机构负责人，会长：柯杨；常务副会长：方伟岗；副会长：徐善东、段丽萍、王维民、肖渊、朱树梅；秘书长：孙莉莉。

筹资工作。2022年新签捐赠项目54项，签约金额10,207.15万元，包括庄涛校友5000万、付钢校友2000万、宋岳洪先生1000万、胡澜校友110万等。积极指导二级单位，依托学科优势，结合北大医学办学110周年，开展筹资工作，包括"北京大学基础医学院校友奖助金""北大药学发展基金""公共卫生学院立德树人发展项目"等。

奖学金设立。起草《关于推进北大医学医护人员关爱基金、北京大学李小凡白衣天使关爱基金落实的建议》，并在医学部副主任肖渊带领下赴学工部调研，成功推动了医学部荣誉级"厚道"奖学金的设立。

基金项目设立。完成"医学部91杏林助学基金""百洋医学科技创新与成果转化基金""公共卫生学院宋岳洪基金项目"等捐赠项目设立工作；完成"淑范医学教育科研基金""世界一流大学基金""世纪金源医学基金""发树医学发展基金"等捐赠资金转账工作。

其他工作。完成民政部全国性社会团体2021年度检查工作，教育部、民政部开展的全国性社会团体、国际性社会团体分支（代表）机构专项整治行动工作等；7月，举办北医校友篮球俱乐部成立仪式，推动北医校友户外运动分会成立的筹备工作有序开展；完成百年北医历程展中"校友和基金"工作相关文字图片的整理；完成2022年毕业生校友卡办理和发放、校友贺信制作和返校校友接待等工作。

校友庆祝活动。制作"学院路38号，我们永远的家"校友云游校园主题视频，截止12月底观看人数近4万。推出"打卡学院路38号"项目，截止12月底参与人数逾4000。制作学校和校友会领导祝福校友视频2条，广泛用于校友活动中，取得很好反响。开展"感恩北大医学，倍增助力110"主题活动，截止12月底逾千人参与，捐赠款逾70万元。举办多场校友庆祝活动，1月3日举办北医校友篮球俱乐部新年参观厚道北医人展；7月20日召开北医校友企业交流座谈；7月23日举办北医校友篮球俱乐部和北大青年CEO俱乐部篮球友谊赛；8月21日举办校友户外运动共庆迎北大医学办学110周年活动；以及多场医学部领导会见校友活动等。

（冯江星、权小维）

**【北医杰出校友论坛及相关评选表彰】** 10月25日，举办北医杰出校友论坛，钱煦、田伟、王松灵、王存玉等4位杰出校友做主题报告，线上线下参会人数近7万。北京大学原常务副校长、医学部原常务副主任，美国医学科学院外籍院士，北医校友会会长柯杨教授；北京大学常务副校长、医学部主任、北京大学第三医院院长、中国工程院院士乔杰教授和医学部领导班子成员、校友代表、各学院、医院、相关职能部门的师生员工等出席论坛。开展北医杰出校友和优秀校友表彰活动，评选出6位杰出校友和73位优秀校友，其中杰出校友有：林蕙青、田伟、王松灵、胡毅、许捷、庄涛；10月25日北京大学党委常务副书记、医学部党委书记陈宝剑在北医校友会第七届会员代表大会开幕式上宣读《关于表彰北医杰出校友和优秀校友的决定》。

（冯江星）

**【校友回家主题月活动】** 与学院和校友分会（群体）联合举办8场校友回家主题月活动，共组织近1400名校友线下回到校园，逾35万人次通过云相册直播观看当日活动和学院路38号院的发展变化。10月29日活动由基础医学院承办，10月30日活动由北医校友会外运动爱好群体承办，11月5日活动由口腔医学院承办，11月6日活动由药学院承办，11月12日活动由公共卫生学院承办，11月13日活动由护理学院承办，11月19日活动由北医校友会85分会承办，11月20日活动由医学人文学院承办。

（冯江星）

医　　院

# 医院管理

【发展概况】 工作职责。医院管理处(以下简称"医管处")是医学部附属医院的行政管理部门,承担着各附属医院医疗管理、监督与协调工作,是北京大学医院管理研究中心、中国医院协会大学附属医院分会的日常办事机构。在职在岗职工7人,工作内容包括:北京大学、医学部与医院的对接工作;对口联系国家卫生健康委员会、北京市卫生健康委员会等上级行政部门,并协调完成各项医疗工作和疫情防控工作;与学校有关部处沟通、合作,协调做好附属医院、北京大学校医院和医学部医院(以下简称"部医院")有关工作;对附属医院进行医疗质量监督和干部培训,建立工作平台整合北大医学优势医疗资源;协调处理各类医疗来信来访;完成各项干部保健任务。

党建工作。医管处按照北京大学和医学部党委工作部署,扎实推进党建工作,深入学习贯彻习近平总书记重要讲话和党的二十大精神,深入了解习近平总书记关于人才培养、科教兴国、推进健康中国、增进民生福祉、提高人民生活品质等重要报告内容和新论述;学习《中国共产党普通高等学校基层组织工作条例》和北京大学第十四届党代会精神等,增强"四个意识"、坚定"四个自信"、做到"两个维护"。

明确对照检查重点问题,每一位党员干部积极参加组织生活会、讲党课、学习心得分享;通过贯彻新发展理念,努力提升履职尽责的能力,提高对管理理论的学习和运用,通过多调研走访了解,为临床工作提出行之有效的工作方法。按照学校中央巡视整改工作要求,医管处内部明确分工、责任到人,提前完成牵头的全部19条整改内容。

疫情防控。履行归口管理单位职责,针对北京疫情特点,医学部领导及时分析研判疫情防控形势发展变化,动态调整督导重点,到医院实地督导9次,召开疫情防控会议10次,发文督导6次,组织封控应急预案演练1次,参加医院疫情防控调度会,对防控工作给予指导和建议,并协助调配院感和流调专家和人员;各医院在此期间对发现的问题立行立改,及时通报需要解决的困难,充分交流,相互借鉴经验,共渡难关。

为响应国家及北京市疫情防控工作部署,北京大学人民医院和第三医院共派出62名骨干医护人员参加北京市第二批援藏方舱医疗队,于8月26日至10月29日在西藏自治区拉萨市开展为期69天的疫情防控工作,圆满完成任务后结束隔离、胜利凯旋。11月11日、14日,医学部领导前往隔离酒店看望并慰问医疗队员。

负责学校社会医疗服务组工作,上报防疫工作简报42期;1月21日至12月27日,每天上报医疗服务工作量报表、物资报表、发热门诊报表;5月17至7月7日,每日汇总封控隔离人员报表、外派核酸人员及采样量报表等;11月28日至年底,每日上报附属医院医疗救治工作和医疗资源相关情况,并综合研判医院情况形成指导意见。

成立北京大学疫情防控专家组,共8位专家,对校园疫情防控给出多项防控意见和建议。多次召开北大校医院、部医院疫情防控工作会,邀请疫情防控组组长李六亿主任指导防控工作。11月16日至20日,医管处协调院感专家、流调人员及北京大学第一医院、人民医院和第三医院491人次采样队员,5天累计为近8万人次完成核酸采集,最大程度保证防疫效率和校园安全。

部医院18人采样队伍全年为师生完成约73万余人次核酸检测;组织全校师生新冠疫苗接种4轮,接种465人次,幼儿园新冠疫苗接种98人次。疫情政策调整后,12月11日,紧急建立24小时发热门诊,配备急需药品,接诊发热患者323人次,紧急开通了24小时电话咨询服务;在校内健康驿站值班值守35天,并提供24小时电话咨询和药物指导;关心关爱突出贡献的老专家,为医学部5名院士建立了健康台账并主动送去防疫药物。

附属医院基本情况。十家附属医院总床位数12,675张,门诊17,162,537人次,与去年相比减少5.82%;急诊1,311,555人次,与去年相比减少0.62%;出院640,170人次,与去年相比减少0.38%;手术265,253人次,与去年相比减少8.88%;各家医院平均住院日都进一步缩短。

十家附属医院医生总人数8504人,其中主任医师1604人,占18.86%;副主任医师1923人,占22.61%,主治医师3129人,占36.79%。护士总人数12,935人,其中主任护师65人,占0.5%;副主任护师245人,占1.89%;主管护师3442人,占26.61%;护师5129人,占39.65%;护士1437人,占11.11%。

医学部医疗工作会。4月2日,医管处组织召开医学部2022年医疗工作会,为各附属医院搭建交流沟通平台。会议特邀国家卫健委疫情应对处置工作领导小组专家组组长、清华大学健康中国研究院院长梁万年和国家医保DRG技术指导组组长、北京市医保事务管理中心主任郑杰分别就现代医院管理和国家医保CHS-DRG付费进行了主旨分享,六家附属医院根据各自特点分别进行专题汇报,相互交流经验,提升医院管理水平,推动医院高质量发展。

大学附属医院高质量发展高峰论坛。12月10日,在北大医学办学110周年之际,中国医院协会大学附属医院分会和北京大学医学部医管处联合举办大学附属医院高质量发展高峰论坛。来自国内高水平大学附属医院的管理者、院士教授和知名学者相聚云端,探讨大学附属医院高质量发展领域的前沿政策与卓越实践,240万余人次线上观看直播。

援藏工作。全年共派出19名援藏专家,涉及15个临床学科,1个医技科室和3个管理专业;其中高级职称

13人，占援藏队员的68%。"组团式"援藏工作开展七年来，经过多方努力，各项工作稳步推进，援藏专家对自治区人民医院展开全方位的对口帮扶与指导，医院在医疗救治、学科建设、人才培养、医院管理等方面均取得了显著成效。

7月12日，在逸夫楼209报告厅召开北京大学医学部第八批"组团式"援藏医疗队员欢送会；8月26日，为圆满完成一年援藏工作的第七批"组团式"援藏医疗队举办迎接仪式。第八批援藏队员在与第七批援藏队员交接过程中即遭遇西藏出现的严重新冠疫情，第八批援藏队员充分发扬缺氧不缺精神的崇高信仰，冒着进藏不到两周时间、身体还未适应高原缺氧条件的巨大风险，积极响应自治区党委、卫生健康委及自治区人民医院的号召，立即展开以抗击新冠疫情为主的医教研管等相关工作。

护理工作。5月11日，在第111个国际护士节即将到来之际，北大医学办学110周年系列活动——北京大学"5·12国际护士节"表彰大会在医学部会议中心礼堂举行，授予31名护士长、122名护士2021年度北京大学医学部优秀护士长、优秀护士称号。整合北大系统手术室不良事件案例，推进《手术室护理风险管理案例分析》实用手册出版。

附属医院行风建设。推动成立北京大学医学部医疗行风建设工作领导小组和工作小组，领导小组由主管医疗的副主任和医学部党委副书记、纪委书记任组长，成员由相关部门负责人及附属医院医疗行风建设领导小组组长、副组长组成，工作小组办公室设在医管处。发布《北京大学加强行风建设工作意见》和《北京大学医学部关于附属医院医疗行风问题工作衔接会商机制》，规范医疗行风问题研究处置流程，建立整体推进的行风建设工作机制，全年共处理医疗信访31件次。

中国医院协会大学附属医院分会工作。3月17日，中国医院协会大学附属医院分会第四届委员会换届选举大会在中国医院协会大会议室以线上线下相结合的方式召开，会议选举产生中国医院协会大学附属医院分会第四届委员会委员78位、常务委员25位、副主任委员8位，北京大学第一医院院长刘新民当选为主任委员。9月8日，张骞秘书长主持召开中国医院协会大学附属医院分会第四届常委会第一次会议，刘新民主任委员介绍常委会成立的初心和肩负的使命，表示将协同常委会全体成员结合分会自身特点，积极开展工作，不断创新思路。12月10日，中国医院协会大学附属医院分会第四届委员会全体成员在线参加全体委员会议，通报2022年度分会工作，审议通过2023年度工作计划。

中央保健工作。按照中央保健局总体部署要求，组织协调相关医院完成两会及二十大医疗保障工作，组织完成中央保健课题申报立项工作。整合北大医学干保资源，充分发挥平台优势。

启动附属医院医疗院长例会。附属医院医疗院长例会，以问题为导向，每季度召开一次，针对不同阶段各医院关注的问题，涉及疫情防控、医疗救治、政策执行等方面，根据会上形成的共识，整理会议纪要并发文各医院遵照执行，加强各医院之间及院校之间的联系沟通。

（李　清、夏　静）

【第二届北京大学青年医师评选及颁奖活动】 8月18日，为庆祝即将到来的第五个中国医师节，"医者厚道，薪火相传"主题活动暨第二届北京大学青年医师奖颁奖大会在北京大学医学科技楼一层报告厅举行。共评出北京大学杰出青年医师获奖者6名、北京大学优秀青年医师获奖者18名，评出北京大学杰出青年医师提名奖3名、北京大学优秀青年医师提名奖9名。特邀北大医学六家医院的老专家代表（北大医院朱学骏教授、人民医院祝学光教授、北医三院陈明哲教授、口腔医院俞光岩教授、肿瘤医院李萍萍教授、第六医院王玉凤教授）与学校领导和嘉宾共同为获奖医师颁发荣誉证书。

（李　清、夏　静）

【各附属医院冬奥会、冬残奥会医疗保障工作】 4月9日，北京大学2022年北京冬奥会、冬残奥会医疗保障人员表彰大会在百周年纪念讲堂举行，对获得荣誉的集体和表现突出的个人进行表彰。共有351名医疗保障人员获得"北京大学北京冬奥会、冬残奥会医疗保障先进个人"称号、206名医疗保障人员获得"北京大学北京冬奥会、冬残奥会医疗保障优秀个人"称号。北京大学八家在京医院累计近1000人次参与到医疗保障工作中，六家附属医院成为冬奥保障定点医院。

（李　清、夏　静）

【推进医学部职工便捷就医工作】 自2020年底医学部离退休职工三院便捷就医工作开展以来，运行平稳，在挂号、就诊、缴费全流程体现便捷，过程中就发现的问题，医管处协同部医院、离退休办与北医三院积极沟通，不断优化创新，正在与北医三院共同论证124名特病离退休老师实现便捷就医的可能性，尽可能满足老同志需求。在医学部领导大力支持下，除北京大学第三医院外，医学部增加转诊三所附属医院，其中两所综合医院：北京大学第一医院、北京大学人民医院；一所专科医院：北京大学口腔医院。对符合转诊、预约条件的教职工公费医疗患者可预约三所附属医院号源。

（李　清、夏　静）

【提升医学部部医院管理能力和服务水平】 统筹提升部医院日常管理工作，优化流程，提升医疗服务质量。改善就诊环境，完成危房改造，扩大药品目录，为学校各类活动提供医疗保障等。提供便民服务，在家属区提供静脉采样服务、公费医疗报销服务，为患者送药到社区、快递到家，在校园封闭期间解决约100余慢性病患者进校就诊开药困难的问题，组织毕业生、离退休人员公费医疗报销专场解决就诊报销需求，组织社区义诊。

（李 清、夏 静）

【公费医疗报销便捷化】 自 2021 年 11 月 29 日北京大学公费医疗线上报销正式上线以来，根据学校对公疗线上报销分步走的指示精神，先由本部运行平稳后向医学部延伸推动，经过医学部医管处、北大计算中心、北医三院、北大校医院、部医院、医学部网信中心、医学部财务处等多部门通力协作，成立工作专班，于 2022 年 7 月实现医学部公费医疗线上报销试运行，系统运行平稳，预计 2023 年初正式实施。2022 年底，启动推进医学部师生在北大校医院就诊实现公费医疗实时报销。

（李 清、夏 静）

【附表】

表 11-1 北京大学十家附属医院医疗数据统计表（2022 年 1 月至 12 月）

| 机构名称 | 实际床位（张） | 总诊疗人次数（人次） | 门诊人次数（人次） | 急诊人次数（人次） | 出院人次数（人次） | 手术人次数（人次） | 出院者平均住院日（天） |
|---|---|---|---|---|---|---|---|
| 第一医院 | 1805 | 2,567,013 | 2,380,644 | 186,369 | 88,493 | 38162 | 5.80 |
| 人民医院 | 2659 | 2,860,476 | 2,684,897 | 175,579 | 114,115 | 44,967 | 6.80 |
| 第三医院 | 2332 | 4,350,601 | 4,067,025 | 283,576 | 145,302 | 80,704 | 4.65 |
| 口腔医院 | 173 | 1,695,335 | 1,616,127 | 79,208 | 6930 | 6552 | 6.40 |
| 肿瘤医院 | 798 | 721,226 | 721,226 | 0 | 89,609 | 15,970 | 2.81 |
| 第六医院 | 345 | 372,531 | 367,028 | 5503 | 3909 | 0 | 31.24 |
| 深圳医院 | 1800 | 2,736,782 | 2,595,079 | 141,703 | 99,456 | 40,926 | 5.35 |
| 首钢医院 | 906 | 748,986 | 670,964 | 78,022 | 30,867 | 8458 | 7.59 |
| 国际医院 | 950 | 1,021,212 | 944,047 | 77,165 | 31,733 | 16,207 | 6.78 |
| 滨海医院 | 907 | 1,399,930 | 1,115,500 | 284,430 | 29,756 | 13,307 | 8 |
| 总计 | 12,675 | 18,474,092 | 17,162,537 | 1,311,555 | 640,170 | 265,253 | — |

（李 清、夏 静）

表 11-2 北京大学附属医院医护人员数据统计表（2022 年 1 月至 12 月）

| 机构名称 | 医生人数及级别 | | | | | 护士人数及级别 | | | | | | |
|---|---|---|---|---|---|---|---|---|---|---|---|---|
| | 总计 | 主任医师 | 副主任医师 | 主治医师 | 住院医师及其他 | 总计 | 主任护师 | 副主任护师 | 主管护师 | 护师 | 护士 | 护理员及其他 |
| 第一医院 | 1144 | 257 | 305 | 374 | 208 | 2013 | 0 | 23 | 731 | 928 | 207 | 124 |
| 人民医院 | 1247 | 283 | 292 | 422 | 250 | 2238 | 5 | 24 | 463 | 826 | 128 | 792 |
| 第三医院 | 1851 | 327 | 394 | 600 | 530 | 2861 | 9 | 34 | 442 | 870 | 305 | 1201 |
| 口腔医院 | 835 | 137 | 175 | 374 | 176 | 1002 | 3 | 17 | 385 | 396 | 175 | 26 |
| 肿瘤医院 | 640 | 145 | 165 | 211 | 119 | 927 | 3 | 13 | 224 | 485 | 202 | 0 |
| 第六医院 | 124 | 21 | 18 | 55 | 30 | 176 | 1 | 2 | 63 | 73 | 15 | 22 |
| 深圳医院 | 1098 | 255 | 270 | 460 | 113 | 1322 | 39 | 105 | 582 | 464 | 132 | 0 |
| 首钢医院 | 545 | 47 | 114 | 213 | 171 | 824 | 1 | 20 | 270 | 277 | 86 | 170 |
| 国际医院 | 481 | 56 | 85 | 268 | 72 | 824 | | 1 | 153 | 308 | 83 | 279 |
| 滨海医院 | 539 | 76 | 105 | 152 | 206 | 748 | 4 | 6 | 129 | 502 | 104 | 3 |
| 总计 | 8504 | 1604 | 1923 | 3129 | 1875 | 12,935 | 65 | 245 | 3442 | 5129 | 1437 | 2617 |

（李 清、夏 静）

# 第一医院

【发展概况】 组织架构。医院设有临床科室35个、医技科室11个、研究科室1个、职能处室28个。5月11日，成立宣传中心（副处级）和城南院区综合办公室（副处级）。5月24日，撤销健康管理中心下设的体检办公室。6月3日，成立门诊部、运营管理处和国内合作处，以上机构均为医院正处级职能处室。7月12日，党院办下设三个科级建制：综合室、文秘室、信息调研室。9月8日，同意成立采购中心。医院积极整合医疗资源，6月11日正式开通周末医疗服务，7月21日实施"无纸化"办公。

队伍建设。顺利完成党政班子调整和换届。4月27日，召开全院干部大会，姜辉任党委书记。10月17日，举行新一届行政班子任命宣布会，杨尹默任院长、党委副书记，杨莉、王鹏远、李航、李建平、张凯任副院长，李敬伟任总会计师。

医院共有职工4773人，其中正式职工3878人（在编3538人、编外340人），派遣制职工895人；医疗岗位1143人，护理岗位2012人，医技岗位200人，药剂岗位87人，管理岗位150人；正高级职称289人，副高级职称390人。

学科建设。临床医学一级学科整体进入国家双一流建设学科，医院拥有国家临床医学研究中心1个，国家卫生健康委重点实验室1个，教育部重点实验室1个，国家药监局重点实验室1个，北京市重点实验室5个，药物临床试验专业34个，医疗器械临床试验专业26个。

教学工作。落实立德树人根本任务，把学生思政工作融入教育教学全过程，开展"五个一"暖心活动、科学研究技能系列培训、就业指导讲座等学生活动。研究生2020级科研型博士班、2021级科研型博士班、八年制2018级临床一班获得北京大学"示范班集体"，2019级临床一班获得北京大学"先进班集体"。3人获批博士研究生创新基金，3人获得北京大学优秀博士论文，1人获得北京市优秀博士论文，1人获得北京市应急管理领域优秀博士研究生。全国皮肤组织病理学新进展学习班获北京大学继续教育精品项目。住院医师结业考试总体通过率95.50%，转博率56.14%。

在全市新冠疫情处于高位态势的背景下，在党委的倡导下组织开展"五个一"暖心活动，为全体医学生们提供温情关怀，彰显教育温度。以包括专硕、八年制学生在内的所有住院医师为教学对象，大幅上调基本绩效，切实加强生活保障。分阶段加强八年制和研究生科研训练，强化培养各环节评价审核力度，加强集体开题、中期审核、预答辩、答辩和学位审核的监督，严格论文盲审结果审核，保障培养和论文质量。加强教学学术，深化国际合作，完成内科和儿科住培项目国际认证前期资料准备工作，EPAs（Entrustable Professional Activities，置信职业行为）系列相关研究引领国内医学教育，并且得到国际广泛关注。

科研工作。获批国家高水平医院临床研究和成果转化能力试点，开展了一批高质量临床研究和成果转化孵育项目，并极大提升科研硬件，建成交叉研究中心和院级样本库，获批科技部人类遗传资源保藏资质。国家、省部市、校级科研课题152项，经费22,473.61万元，其中国家自然科学基金53项，经费2481.9万元。共发表中文论文619篇，其中统计源期刊论文530篇；发表SCI收录论文689篇。出版书籍42部。获批各类科技奖励11项。授权专利77项，转化16项。

杨莉、迟春花、李海潮牵头国家重点研发计划项目；姜玉武获批国家自然科学基金区域创新发展联合基金重点支持项目；王广发获批首都特色临床诊疗技术研究及转化应用重点项目。吕继成、张宏团队临床研究在JAMA杂志刊登，张宁团队机制研究在Nature杂志发表。黄娅茜获国家万人计划青年拔尖人才称号；金红芳获树兰医学青年奖和屠呦呦青年学者奖；邓健文、张月苗获北京市科技新星。吕继成团队研究成果成为潜在1类新药获得转化。

医疗工作。医院实有床位数1805张，床位使用率78.5%，较上年减少5.8%。门急诊量人次2,567,013，其中门诊量人次2,380,644，较上年减少5.3%；急诊量人次186,369，较上年减少3.1%。出院患者人次88,493，较上年减少7.0%；住院病人手术量38,100例次，较上年减少7.6%。四级手术量11,356例次，占比29.8%，微创手术量9825例次，占比25.4%。出院者平均住院日5.79天，较上年平均减少0.11天。开通互联网医疗服务、建立多个MDT（Multi-Disciplinary Treatment，多学科会诊）团队、自主创新机器人手术等医疗前沿技术。

检验科、感染疾病科获批2022年度北京市重大疫情防治重点专科建设项目；组织评选第一届"北大医院青年医师奖"、第一届"北大医院高质量发展-医疗技术创新奖"。荣获中国医院STEM排名护理学第10名。作为国家卫健委护理标准专业委员会秘书处挂靠单位，组织4项标准制定并牵头1项标准撰写。护理团队荣获2022年度北京市"先进护理团队"称号。

将安全质量管理和装备效益管理作为工作重点，并重新调整医学装备立项方法，创建不同类型医学装备的绩效评价及考核体系。完成HIS系统（Hospital Information System，医院管理信息系统）门急诊及住院区域切换工作。完成门诊UKey版及手机扫码版电子签名系统上线，推进门诊无纸化工作。"患者360视图"上线。通过互联网复诊医保验收，通过医保启用个人帐户及工伤患者医嘱共享验收。通过互联网医院资质评审。

继续落实"国家医保药品目录调整"和"国家组织药品集中采购和使用"工作，保障药品供应。在DRGs（Diagnosis Related Groups，疾病诊断相关分组）付费机制下临床药师发挥重要作用，促进抗菌药物、抗肿瘤药物、解热镇痛药等临床合理应用。由国家卫健委医政司指导、健康报社主办的

"2021年度推进合理用药榜单"发布，药学部获"学科团队"称号，崔一民教授获"年度人物"称号。崔一民教授团队获批黑龙江省科技厅"揭榜挂帅"科技攻关项目。

落实CHS-DRG（China Healthcare Security Diagnosis Related Groups，国家医疗保障按疾病诊断相关分组）实际付费工作，按政策要求进行新技术除外支付项目报送，完善分析模型；持续监测总额预付数据，引导临床优化结构，向质量管理转型；落实医保基金检查整改和自查自纠工作；落实医保"互联网+"服务、医疗服务项目改革、药品耗材带量采购、工伤医嘱共享等政策调整。

成立北京大学第一医院干部保健工作委员会。圆满完成干部保健医疗、健康体检以及一些党和国家重大会议活动的医疗保障任务及国家卫生健康委保健局各项医疗保健任务。

**党建工作。** 医院共有6个党总支，84个党支部，其中在职党支部61个（临床医技43个，行政18），离退休党支部10个，学生党支部13个。党员共计2189名，其中在职1347名，离退休599名，学生243名。完成9个党总支/党支部换届工作，新发展党员43名。督促党支部严格规范组织生活，落实"三会一课"，并不断创新活动形式。加大支部书记培训力度，丰富培训形式；落实党委委员联系支部制度，强化以查促改。

学习贯彻党的二十大精神。医院党委组织全院党员干部和学生认真学习讨论党的二十大报告，第一时间召开理论学习中心组学习传达党的二十大精神；邀请医学部原党委书记刘玉村教授及马克思主义学院孙来斌教授解析二十大报告。下发《关于做好北京大学第一医院党的二十大精神学习贯彻的通知》，以明确一个目标、举办两场报告、启动三条路径、推出四项举措的"1234"学习思路，在全院形成了学习贯彻党的二十大精神的热烈氛围。组织各基层党组织在学习贯彻中促进医院党建与业务有机融合，以高质量党建引领推动医院高质量发展。医院共有30多人参与党的二十大会议保障，圆满完成各项保障任务。姜辉书记、肾脏内科周福德主任、泌尿外科姚林主任作为卫生健康行业代表接受《新闻联播》节目采访。

党建引领推进医院高质量发展。落实党委领导下的院长负责制，完成医院行政领导班子换届工作。健全医院党委会、党政联席会议事决策机制，结合实际情况修订《中共北京大学第一医院委员会讨论决定事项清单及程序》，进一步明确党委会的议事决策范围。明确中心院区、城南园区、密云院区"一体两翼"布局，并将城南院区建设提升到战略发展高度。推进新体制建设，筹备人才工作会，研究制定人才发展基金计划，评选青年医师奖，激发人才动力。对干部职工开展廉政教育，营造风清气正的干事创业环境。邀请科主任、支部书记参与"圆桌论坛"，与一线职工座谈，为管理困局提建议。设立"医疗技术创新奖"，鼓励医疗技术创新。设立宣传中心，以"聚焦医院发展、深入临床一线，拓展宣传平台、立足服务社会"为重点，自觉承担起举旗帜、聚民心、育新人、兴文化、展形象的使命任务。开通官方微信视频号及抖音号；积极开展多期"管理干部谈发展""值班日记""2022成果扫描"等系列活动，探讨医院发展和科室建设。严格落实党委委员联系支部制度，出台支部书记工作例会制度，开展创建党建工作样板支部活动，贯彻落实党支部参与科室重大事项决策制度，夯实基层战斗堡垒。党委书记为学生上好"开学第一课"，举行授白大衣仪式和文体活动，并推出加强教师思想政治和师德师风建设等若干举措。

**交流合作。** 5月，获批国家妇儿区域医疗中心暨北京大学第一医院宁夏妇女儿童医院。7月，北京大学第一医院太原医院正式签约揭牌，申报第五批国家区域医疗中心；第八批医疗人才"组团式"援藏医疗队6名队员进藏。9月，组建国家医疗队赴山西省开展巡回医疗任务。12月，中组部第十批援疆干部开展援疆工作；与8家北京市城乡对口支援单位签订协议并展开工作。此外，对口河南兰考县中心医院、安徽临泉县人民医院，通过加强临床专科建设、培养合格专业人才、提高医院管理水平等方式提升县级医院的医疗服务能力。

**疫情防控。** 医院勇担使命、多措并举筑牢疫情防控坚固防线。从5月到12月，共计派出10批次医疗队217人，前往北京小汤山方舱医院、忠诚定点医院、扶正定点医院、回民定点医院以及朝阳区隔离点等地支援新冠肺炎救治工作。组建医疗队外派支援护士148人；核酸外采19,471人次，累计采样量4,438,256人次；完成第四剂新冠疫苗接种835人。积极响应国家及北京市卫健委要求，12月统筹新开4个病区，收治新冠肺炎重症患者床位扩容至295张，完成急诊诊室、留观病床扩容等工作，举办重症诊疗能力提升培训班，全力保证患者医疗救治。

**安全保卫。** 医院火灾预防、危化品管控、年租车办理等各项工作执行到位，全年接报警电话297次，安检查处违禁品1012件，消防检查21,900次，发现隐患396处，督促整改292处，联合西城消防支队完成"一警六员"培训考核996人次，组织各类消防演习和线上培训147次，办理电动车通行证1432人次，无害化处置危险废物4.126吨。

**基建后勤。** 城南院区工程正进行精装修施工，预计2023年完成项目建设工作。城南院区项目荣获第十一届龙图杯全国BIM大赛二等奖及北京市QC（Quality Control，质量控制）一等奖1项、二等奖3项。完成全院综合物业维修保障及房屋修缮工作、机电设备安全运行保障和日常维保工作、各项零修和改造项目成本控制工作。完成科研楼西区改造工程、妇产科两间产娩一体产房改造工程、门诊检验科打包机配套改造工程等项目。以节支增效为目标，狠抓制度建设，重点加强耗材管理，加强外包公司监管。以服务医患为宗旨，开通企业微信一站式后勤服务应用，完善网格化物业管理和院内配送业务。提高5G通信质量，改善学生宿舍条件，安装自行车充电桩等。

（邓　俊、刘佳帅、张悭悭、陈　梅、咸　晴）

【完成冬奥保障任务】 1月17日，医院冬奥保障医疗队共计47人正式出征，前往首都体育馆参与北京冬奥医疗保障工作。在近一个月的冬奥保障过程中，医疗队员严格遵守闭环管理各项制度要求，克服种种困难，为运动员和各利益相关方提供优质的医疗服务。面对疫情防控的严峻形势，严格落实各项防控措施，做到团队"零感染"。

（史　楠、武骁飞）

## 人民医院

【发展概况】 基本情况。医院设有45个临床科室，13个医技科室，6个科研平台，13个研究所和研究中心，26个行政职能处室。在用3个院区，筹建1个院区，编制床位1948张。白塔寺院区建筑面积2.2万平方米，西直门院区建筑面积11万平方米，通州院区一期建筑面积11.9万平方米，雄安院区正在建设中。

截至年底，人民医院在岗职工总数4833人，其中正式职工2591人、合同制职工2242人；医生1247人、护士2238人、医技人员701人、研究人员83人、管理人员223人、其他技术人员271人、工人70人。

学科建设。医院拥有1个国家医学中心，1个国家临床医学研究中心，1个国家疑难病症诊治能力提升工程项目，19个国家卫生健康委临床重点专科建设项目，1个教育部工程研究中心，2个北京市医疗服务与保障能力提升项目，2个北京市临床重点专科建设项目，1个北京市临床重点专科培育项目，2个北京市临床重点专科卓越项目。

教学工作。医院现有博士生导师114名，硕士生导师109名。依托教育部临床实践教学指导分委员会和全国高校附属医院临床实践教育联盟，加强基地教学投入、培育骨干教师、分层建设实践课程、拓展临床教学资源、强化临床实践培训、建立全程评价体系，建立"六位一体"临床医院教育教学新体系，并将成果推广普及到多所医院。实现育人才、推名师、强基地、定标准、促评价的效果。该成果获得北京市教育教学成果二等奖。

科研工作。医院负责、参加获批的科研项目共计746项，已获科研基金总额4.66亿元，创历史新高。其中，科研项目569项，金额3.4亿元；临床试验177项，金额1.25亿元。获批国家自然科学基金35项，总直接费用资助额度为3663万元；获批科技部国家重点研发计划项目5项，资助经费近1.20亿元。

医院共有156项专利获得授权，其中发明专利39项，有4项专利进行了成果转化，总金额达530万元。发表SCI论文831篇，其中JCR Q1区发表331篇，中科院1区发表68篇，影响因子10分以上96篇。医院作为第一完成单位获得各类科技成果奖9项，包括6项项目类奖项和3项人物类奖项。血液科莫晓冬副教授和胸外科陈克终副教授立项2项临床与转化医学研究专项。呼吸睡眠医学科韩芳教授与北京壹智科技股份有限公司就研究方向、目标和合作形式达成一致，共同建设"北京大学人民医院-壹智科技睡眠医学联合研发中心"，经费总额1000万元人民币。

医院的临床流行病学与卫生统计学服务平台作为北京市临床研究质量促进中心，圆满完成北京市卫生健康委委托的14项2020年立项首发立项课题的核查工作，及2022年度北京市临床研究质量督查工作。"创伤救治与神经再生教育部重点实验室（北京大学）"建设项目通过教育部科学技术与信息化司的验收评估。"中国医学科学院血液恶性疾病诊治关键技术创新单元"顺利通过中国医学科学院组织的中期评估。

血液科裴旭颖医师入选北京市科技新星。风湿免疫科何菁教授、血液科赵翔宇教授、创伤骨科张培训教授获得北京市科技新星交叉课题资助。胸外科李浩主治医师入选2023—2025年中国科协青年人才托举工程。消化内科徐俊助理研究员、血液科朱晓璐主治医师入选北京市科协青年人才托举工程。

医疗工作。全年门急诊就诊患者2,860,476人次，出院患者114,115人次，住院患者手术量45,808台，开放床位2429张，病床使用率87%，平均住院日6.74天。

3月26日，医院全面开放周末门诊；7月2日遴选28个科室开放周末全天门诊，同期增加优势学科的出诊单元，使"长板更长"。全年共增加24个四级科室，107个专业号别，2022年底出诊单元数2959/周，较年初增长856个，截至2022年底，门诊量达到2,684,897人次。

党建工作。医院党委设有6个党总支，62个教职工党支部，4个离退休党支部和7个学生党支部。共有党员1997名，其中在职党员1418名、离退休党员354名、学生党员225名。23个党支部完成换届，成立创伤救治中心党支部、临床营养科党支部，原医务处党支部、医保护理党支部调整为医务护理党支部、医疗保险处党支部。按照"双带头人"培育标准，选配配强支部书记与支委。12月18日顺利召开医院党委第四次代表大会，会议选举产生新一届委员会和新一届纪律检查委员会。党代会后召开新一届委员会、纪律检查委员会第一次全体会议，选举产生了新一届党委书记、副书记及纪委书记、副书记。肝研所党支部获批北京大学党建工作样板支部。

深入学习贯彻党的二十大精神。医院党委及时组织全体党员和教职员工收看、收听党的二十大开幕直播，将学习党的二十大精神作为党委会首要议题和理论中心组的专题内容组织集体学习活动。各支部通过"三会一课"和主题党日活动，组织党员干部原原本本、逐字逐句学习党的二十大报告、党章以及习近平总书记的重要讲话精神。

医院党委制定并下发《关于在疫情防控工作中进一步发挥党组织战斗堡垒作用和共产党员先锋模范作用的通知》，要求各支部扛起疫情防控政治责任，树牢战"疫"信心，组织党员干部承担急难险重任务，彰显党员本色。根据疫情防控工作需要分别成立支援朝阳汇园酒店医疗队临时党支部、赴拉萨支援疫情防控医疗队临时党支部、急诊楼医疗队临时党支部、小汤山方舱闭环医疗队临时党支部、新国展方舱医疗队临时党支部。制定《人民医院新冠肺炎疫情防控一线临时党支部工作计划》，进一步明确临时党支部的工作职责范围，指导临时党支部在抗疫一线规范开展组织生活，充分发挥党组织的战斗堡垒作用。

围绕医院中心工作，以实现患者满意、员工满意、社会满意和国家满意为总体目标，制订《北京大学人民医院"四满意"优质服务管理工作办法》，形成较为成熟的院风院貌整顿、"医院大使"服务、"接诉即办"等践行"四满意"目标的工作模式，全方位助推医院高质量发展。

**群团工作**。医院呼吸科分工会、血研所分工会、肝研所分工会获评北京总工会暖心驿站，重症监护科工会小组获评北京大学模范职工小家。医院现设有各级模范职工小家22个，暖心驿站8个。

在中国共产主义青年团成立100周年之际，在全院青年团员中发起"艰苦奋斗 拼搏创新 我为医院做贡献"的倡议，成立11支青年突击队，鼓励青年团员为医院发展献计献力。积极开展"创先争优"与"号、手"创建活动，医学影像团支部荣获北京大学医学部青年文明号，创伤骨科团支部居家宝获评北京大学医学部青年岗位能手。8位青年医师荣获"北京大学青年医师奖"。

**疫情防控**。8月，医院积极响应北京市卫生健康委员会号召，派出31名精锐医护人员，与兄弟医院共同组建北京市支援拉萨医疗队驰援拉萨。杨帆副院长受北京市卫健委派，担任北京市支援拉萨医疗队领队。经过69天的奋战，创下"最快接管方舱、最快形成战斗力、最快高效运转"的"三最"记录，成为最后一支坚守岗位和最后一支撤离拉萨的外省医疗队，为拉萨抗击疫情贡献"人民力量"和"人民智慧"。

医院全力配合北京市疫情防控整体部署，参与设计、建设北京新国展方舱医院，作为首批医疗队牵头单位率先进舱。11月13日，医院遴选89名精锐骨干医护人员火速集结，出征新国展方舱医院。截至12月12日闭仓，由医院牵头管理的W1舱累计收治2615名患者，全部治愈出院。

12月，医院按照北京市疫情防控政策的具体部署，保障人民群众医疗救治需求，不断总结经验，探索出"全院统筹、集中力量、分层救治、科间联动"的工作模式，积极拓展ICU床位，培训医护人员，购置重症救治设备，保障危重症患者及时救治，收治急诊危重症患者数量在北京市排名第一。

**对外合作**。医院派出重症医学科吕杰、胸外科陈克终、麻醉科张冉、消化内科王俐、神经外科刘志、继续教育处张旭光六位专家组成第八批"组团式"援藏医疗队。儿科贾月萍主任医师作为中共中央组织部选派的第22批博士服务团成员，前往云南大学附属医学院开启为期一年的支援工作。继续与河北阜平县医院、河北怀安县医院、江西于都县人民医院三家医院保持对口帮扶关系，先后派出赴三地的基层锻炼医疗队共计5个批次，派出队员共计30人次，不断提高受援地区卫生服务水平。

医院重点推进国家区域医疗中心建设，响应优质资源下沉的政策号召，包括与山东省人民政府合作共建的人民医院青岛医院项目（获批第四批国家区域医疗中心），与石家庄市人民政府合作共建的人民医院石家庄医院项目（申报第五批国家区域医疗中心），与云南省人民政府合作共建的人民医院云南医院项目（获第三批国家区域医疗中心（辅导类））。3月，与张家口市怀来县政府签订了合作协议，托管怀来县医院更名为北京大学人民医院怀来院区，并于7月1日正式开诊。

**文化建设**。医院成立文化建设领导、顾问与工作小组，召开专题研讨会从"人民人"奋斗过程中挖掘凝练"拼搏创新、艰苦奋斗、无私奉献"的百年精神内涵。擦亮医院三张文化名片——伍连德、白塔寺院区主楼和Central Hospital标识。

夯实意识形态管理责任，有序规范思想阵地管理，拓展传播渠道，构建全媒体宣传矩阵，多渠道全方位营造医院文化宣传氛围。配合医院重点工作，增设"四满意""提质增效""通州院区""疫情防控"和"组团式援藏"专题，刊登相关报道。通过简报、《信息汇编》、院刊、《重阳风光》、医院官方微信公众号、官方网站、官方微博、制作宣传短视频和微电影等方式，充分发挥官方网站、官方微信、官方微博、官方杂志和社会媒体等整合传播优势，打造医院正能量宣传氛围。

**建设管理**。3月，医院成立招标采购中心，提升招标采购活动的规范性。在运营处构架下建立采购论证办公室，对采购的必要性、可行性、学术价值、预算编制和成本效益等进行分析评价，从源头上对招标采购活动进行管理。全年组织公开招标48次，院内招标27次，包括医疗设备、信息服务、设备维保及其他服务项目，累计金额36,878.2116万元；完成医院获批国家及北京市多个财政项目的招标工作；完成395项货物、服务招采，为医院节约1600万元，90%货物项目的维保由3年增加为5年，部分项目保修达到8至10年。

通州院区二期项目选址于一期项目东侧，初步确定建设项目方案，规划用地约65亩，总建筑面积约11.1万平方米。同时推动雄安院区筹建工程，规划床位1536张，建筑总规模约29.04万平方米，项目已取得雄安新区批复的用地预审和选址意见书、雄安新区床位批复、雄安新区批复的社会稳定风险评估报告，通过国家卫生健康委项目可研报告专家评审会。初步形成以西直门院区和白塔寺院区为核心院区、通州院区和雄安院区为两翼的空间布局。

（张瑞琨）

【推动建设紧急医学救援基地】 5月，医院正式获批成为国家紧急医学救援基地，并成为唯一中央级国家紧急医学救援基地。围绕"创伤急救、中毒救治、感染性疾病、核辐射救治"等相关专科内容，完成联合救治能力建设，组建专业化、规范化、信息化、现代化的国家紧急医学救援队伍，确保可承担各类突发公共卫生事件紧急救援救治任务。

（张瑞琨）

【通州院区病房启用及国家医学中心建设】 2月7日，通州院区病房全面启用，实现通州院区全学科发展和服务区域全疾病谱覆盖。门诊楼内镜中心、介入诊疗中心、研究型病房投入使用，新增10间手术室和第二台核磁设备，病理科开展常规病理检查。通州院区稳步推进药学部PIVAS（Pharmacy Intravenous Admixture Services，静脉药物配置中心）区域、血液科层流病房、门诊楼门厅改造等工作。在北京市政府、通州区政府及相关委办局的大力支持下，人民医院国家医学中心建设项目已完成建设规模及选址等前期论证工作，正在办理用地手续。项目规划建设用地面积约4.21公顷，拟建总建筑面积约11.10万平方米。

（张瑞琨）

【积极推进学生/学员同岗同酬】 医院制定《临床轮转学生/学员同岗同酬管理办法》，8月，全面实施临床学生/学员基本奖金和绩效奖同岗同酬制度，对参与临床工作的委培住院医师、自主培训住院医师、委培住院医师、专业学位研究生和八年制二级学科阶段学生等，要求科室按照工作量参照同年资同科室住院医师的奖金水平对轮转学员进行绩效奖金分配，同时医院给予轮转科室相应补贴。

（张瑞琨）

## 第三医院

【发展概况】 组织架构。医院设有37个临床科室、17个医技科室、26个行政职能处室、4个直属分院区（第二门诊部、党校院区、机场院区、北方院区）和5个托管分院区（海淀院区、延庆医院、延安分院、崇礼院区、秦皇岛院区）。3月16日，医院健康医学中心楼正式启用。健康医学中心配备了先进的医疗设备，包括全球首台AI深度赋能的高端磁共振和世界最大孔径的磁共振等设备。

队伍建设。2022年，医院设有37个临床科室、17个医技科室、26个行政职能处室、4个直属分院区（第二门诊部、党校院区、机场院区、北方院区），5个托管分院区（海淀院区、延庆医院、延安分院、崇礼院区、秦皇岛院区）。共有在岗职工7174人，正式编制职工3468名，合同制职工3706名；其中医生1858名，研究人员188人，护士2861名，医技（含图书、营养）994名，药剂206名，管理223名，财会213名，工程158名，工勤473名。

教学工作。医院全年共完成584名医学生9781.5学时的教学任务。40名临床医学生毕业并获得学士学位，28名八年制临床医学生毕业并获得临床医学博士学位。培养在读研究生608人，129人通过学位论文答辩获得学位。在岗博士生导师129人，在岗硕士生导师108人，在培住院医师和专科医师571人，接收各类进修人员1099人，获批各级继续教育项目共164项。

成立教材管理委员会，获批2022年北京大学教材研究与建设基地，《女性生殖系统与疾病（第2版）》荣获北京大学优秀教材、2022年北京高校"优质本科教材课件"重点项目。根据历年培训青年教师储备后备人才相关教学材料整理教学课题《医心师道——新医科高素质师资培养体系的探索与实践》，获得北京大学教学成果特等奖、北京市高等教育教学成果特等奖。

乔杰院士获北京市首届优秀研究生指导教师及第六届"北京市高等学校青年教学名师奖"，骨科周非非获第二届北京高校教师教学创新大赛三等奖。八年制学生王鼎予获北京大学学生五·四奖章，临床2016级3班获北京大学班级五·四奖杯。11名教师获北大荣誉称号，9名教师获医学部荣誉称号。

科研工作。医院在"2021年中国医院科技量值（STEM）排名"中位列第9名；在"中国医院五年总科技量值（ASTEM）排名"中位列第6名；在复旦大学医院管理研究所"2021年中国医院及专科声誉排行榜"中综合排名第14名，专科声誉排名第12名，八个专科进入"专科综合排行榜"前十位，生殖医学、临床药学位列全国第1名。

成立5个院企联合研发平台，资助金额1.1亿元。医院申请专利396项，授权525项，其中116项发明专利授权，实现首次破百。完成转化合同17项，涉及50项知识产权，转化金额5613万元。

医院以第一作者或通讯作者发表英文论文810篇，其中以第一作者第一单位发表669篇。在 Lancet Global Health、Signal 和 Cell Discovery 等期刊（IF ≥ 10）发表高水平论文70篇。SCI学科影响因子前1/10的期刊论文153篇，在全国医疗机构排名中列第21名，较2020年上升9位。

11月，乔杰院士当选发展中国家科学院院士。2名临床科研人员获国家自然科学基金杰出青年科学基金项目，1人获北京市杰出青年科学基金项目，1人获中国科协青年托举人才称号，3人获北京市科技新星计划项目。

11月，乔杰院士团队《卵成熟障碍性疾病发病机制及干预新策略研究》项目荣获北京市科学技术进步奖一等奖；眼科张纯教授团队《青光眼精准诊治体系的建立及应用》项目荣获北京市科学技术进步奖二等奖。12月，运动医学科余家阔教授团队《细胞移植组织移植人工关节植入治疗膝难治运动损伤临床研究和转化》项目荣获高等学校科学研究优秀成果奖二等奖。多项研究分别获得中华医学科学技术奖、华夏医学科学技术奖以及北京医学科技奖。

**医疗工作**。医院实有床位2332张。门诊服务量406.7万人次，较上年降低4.5%；急诊服务量28.4万人次，较上年增加15.8%；出院患者14.5万，较上年降低5.2%；手术患者8.1万例次，较上年降低5.8%。平均住院日4.65天，术前平均住院日1.60天。

建设形成妇科生殖和骨运康2个中西医结合优势专科群；中医科与肿瘤化疗科、放疗科、药剂科等科室合作，形成中医特色的防治一体化中西医结合诊疗方案，获批2022年度北京市中医妇科专业"十四五"中医重点专科提升计划"并超类"项目；医学影像专业荣获北京市临床重点专科建设项目。

国家产科专业质控中心在全国质控工作年度评估中荣获第2名。北京市临床药学、临床麻醉、职业健康检查/职业健康监护和人类辅助生殖技术4个质控中心获评北京市年度"优秀质控中心"，位列北京市前10名；2021年度新承接的北京市康复质控中心排名提升22名，位列北京市第14名。

持续开展单病种质量管理专项工作，实现多维度指标动态监测，获批国家卫生健康委医院管理研究所"2022年医疗质量循证管理持续改进研究项目"。加强手术平台精益管理、深化深静脉血栓管理、严格抗菌药物管理、重点人群医疗救治工作等，多方位保障高水平的医疗质量安全。

医院共43个科室和专业开通互联网诊疗业务，852名医生开通互联网医院权限，APP患者端新增注册用户数118.8万，累计完成专家咨询人数超34万。在北京市率先推出"发热诊疗专栏"，为出现新冠相关症状患者提供首诊诊疗和药品寄送服务，线上接诊2.76万人次，互联网处方8549单，药品配送6523份。

持续加强医联体精细化管理，深挖专科团队与基层全科团队精准对接，组建专家领衔的家医团队，构建骨质疏松、慢阻肺、运动康复等慢病管理的"专全结合"新诊疗模式，努力提升基层服务能力，在全市61家医联体核心医院2022年综合评价排名第一。

推进临床营养建设，获批国家卫健委医管所"综合临床营养服务模式探索"方向临床营养科建设试点单位。强化无痛医院建设，倡导"悉心关爱 舒享无痛"诊疗理念，搭建规范院科两级疼痛管理体系。开展无痛诊疗、分娩镇痛、围术期镇痛项目。持续推进49支MDT（Multi-Disciplinary Treatment，多学科会诊）团队内涵建设，增设特色病种如胎盘植入、四肢骨缺损、炎症性肠病等，为患者提供一站式服务。开展探索骨关节日间手术模式；开设放疗日间病房，优化日间化疗病房运行模式，年度出院患者6364人。

**党建工作**。截至2022年底，医院共有7个党总支，101个党支部，共计2498名中共党员；新发展党员73名，其中职工61人、学生12人，培养入党积极分子94人。

深入开展党的二十大精神的学习研讨，制定《北京大学第三医院关于学习宣传贯彻中国共产党第二十次全国代表大会精神的实施方案》；各支部积极开展二十大精神专题学习的"三会一课"和主题党日活动。经过"三下三上"各阶段严格选拔，新一届党委委员和纪委委员在1月正式上任。3月，构建完成医院职工党支部考评指标体系，并顺利开展针对2021年支部工作情况的测评。4月，呼吸内科党支部入选"第三批全国党建工作样板支部"培育创建单位。8月，启动中层干部换届工作，按照选任程序顺利完成全院53个临床医技科室和26个职能处室的干部换届选聘工作。11月，医院学生党总支研究生10班党支部入选北京大学党建工作样板支部建设立项名单。

急诊科通过北京市级青年文明号主题活动评审，于6月正式挂牌"北京市青年文明号"。院团委获2022年度"北京大学医学部先进团委"荣誉称号；院工会获评北京工会示范职工之家。

贯彻落实全面从严治党主体责任和监督责任，持续开展科室落实"三重一大"专项检查，建立"纪·廉讲堂"宣教体系，通过党支部纪检委员"每季一课"、医院纪委委员讲授继教课程和"行风教育进科室"推进医院廉洁文化建设。

**交流合作**。长期公派出国学习交流4人。

**疫情防控**。疫情期间，加强预检分诊、开辟专用诊区接诊涉疫人员，累计完成20余万管样本的核酸检测，妥善处置涉疫事件。从2022年12月7日至2023年1月30日，全院累计收治新冠病毒感染患者3561人；亚重症病房共收治1630人，其中重型/危重型患者893人，65岁以上患者占比91%；急诊接诊2.89万人次，其中重症1750人次。

12月，急诊和发热门诊患者数骤增，医院统筹做好疫情防控和危重症患者救治工作，组建专科临床团队和护理团队，迅速建设筛查方舱和快捷发热门诊方舱，扩充重症、亚重症床位，开展互联网发热首诊，最大限度保障孕产妇、透析、肿瘤等特殊群体就医需求。重症病房由8个增至28个，床位由216张增至823张，其中重症救治床位占35%。增加配置各呼吸支持类设备186台，体征监护类设备212台，吸氧装置640个，全力保障临床重症救治设备使用。

医院全年总计外派2.35万人次支援院外疫情防控，组建援吉核酸检测国家医疗队、援拉萨方舱医疗队、小汤山方舱医疗队、新国展方舱医疗队和大兴方舱医疗队等队伍，完成各类核酸检测、核酸采样、京内及海外疫苗接种保障、隔离点医疗服务等任务。

（李文君、邢　冉）

【入选高质量发展试点单位】 紧抓高质量发展试点机遇，成立党政主要领导挂帅的工作领导小组，引领方向，推进工作落实到位。召开多场专题研讨会，邀请权威专家评审献策，通过反复论证，制定质量发展试点实施方案，从加强党的全面领导、建设高水平的临床学科、开展前沿科技创新、打造高质量的人才队伍、实现科学化精细化管理、提供一流的医疗服务和推进智慧化医院建设七个方面入手。依托骨科学科群、运动医学学科群、妇产疾病学科群、生殖医学学科群、循环疾病学科群、肿瘤学科群、神经疾病学科群、消化疾病学科群、急危重症学科群、器官移植学科群和中西医协同学科群为主体的十一大学科群建设推动医院高质量发展。3月，医院入选国家卫健委确定的全国14家公立医院高质量发展试点单位；与国家卫生健康委、北京市人民政府签署共建高质量发展试点医院合作协议。9月，国家卫健委公布2021年度三级公立医院绩效考核结果，医院连续四年获评A++等级，在全国1355家西医类综合医院中位列第6名。

（李文君）

【国家自然科学基金项目破百】 2022年医院获批国家自然科学基金103项，其中，乔杰院士牵头的基础科学中心项目获得6000万元资助，实现医院基础科学中心国家自然科学基金立项零突破。全院获批国家自然科学基金区域联合重点项目1项、重大项目课题1项；面上项目45项，青年科学基金项目51项。

（李文君）

【荣获"冬奥、冬残奥"突出贡献集体】 北京冬奥会、冬残奥会期间，作为全国唯一一家同时负责北京、延庆和张家口三个赛区医疗保障工作的定点医院，本部及崇礼院区分别荣获"北京冬奥会、冬残奥会突出贡献集体"称号，受到党中央、国务院表彰，延庆院区荣获"北京2022年冬奥会、冬残奥会北京市先进集体"称号。300名个人荣获各级荣誉，其中6人获得省部级先进个人称号。

（仰东萍、郭婧博）

## 口腔医院

【发展概况】 队伍建设。医院设有临床科室15个、医技科室8个、职能部门19个、下属分支医疗机构5个。现有在岗职工2809人（在编905人、编外1904人），其中正高级职称160人、副高级职称254人、中级职称1021人、初级职称993人。办理博士后入站37人。获批国家"博士后创新人才支持计划"1人，国际交流引进计划1人，博雅博士后3人，博士后基金资助10项，北京大学和医学部优秀博士后各1人。新增国家自然科学基金委创新研究群体1人，国家自然科学基金委杰出青年科学基金1人，"国家高层次人才特殊支持计划"青年拔尖人才1人，中国科协"青年人才托举工程"3人，北京市科技新星1人。

学科建设。启动新一轮一流学科建设，落实放权改革任务，设定建设目标。完成北大医学顶尖学科及学科群发展专项"口腔材料医学+数字医学+再生医学学科群"项目论证。印发《北京大学口腔医院校企联合研发平台管理办法（试行）》《北京大学口腔医院院企联合研发平台管理办法（试行）》，签署校企/院企联合实验室协议4项，合同金额4200万元。

承接国家发改委和国药局医疗器械检验检测能力建设项目，实现3700平方米科研基础条件的升级改造；新落成的医学部科技楼投入使用，口腔医院获批实验面积300平方米，用于搭建临床医学+X研究平台。口腔人工智能医疗器械临床试验中心成功入围工业和信息化人工智能医疗器械创新任务揭榜单位。国家口腔疾病临床医学研究中心完成科技部绩效评估，获评优秀。国家卫生健康委员会口腔医学计算机应用工程技术研究中心在国家卫生健康委重点实验室"十三五"期间运行情况评估中获评优秀。

教学工作。截至12月，医院在院本科生（含八年制）273人；研究生444人（含统招、非全日制）；住院医师和专科医师147人；进修生124人，总计988人。188名学生毕业，其中口腔医学八年制33人、五年制45人、六年制海外班7人、硕博士研究生103人（博士64人、硕士39人），就业率100%。

全年完成本科生（含八年制）理论课33门次、989学时，授课教师231人（539人次）；前期实习21门次、6861.5学时，指导教师179人（1833人次）；生产实习指导教师58人，4347学时/生。总学时数达12,197.5学时（包含理论课、提高课、前期实习和生产实习）。研究生理论课30门次、841学时，授课教师361人次；前期实习课6门次、180学时，指导教师118人次。

成立院级口腔医学教育发展中心，推进教学改革创新。制定2022年口腔医学八年制和五年制培养方案。完成研究生培养方案新一轮修订，融入劳动教育内容。设立院级课程思政示范课程，推动各教研室主动加强课程思政建设。各教研室以"微课"形式录制微视频，收集课程思政案例47例，已录制13例微课。正式实行五年制/八年制"博学计划"、研究生"博远计划"。

获批2022年教育部首批虚拟教研室建设试点1个，第四届全国高校混合式教学设计创新大赛一等奖1项，北京市高等教育教学成果奖一等奖1项，北京市课程思政示范课程1门，北京市高等学校教学名师1名，8位老师获评北京市课程思政教学名师和团队，虚拟仿真实验教学创新联盟首批实验教学虚拟教研室建设试点1个，虚拟仿真实验教学创新联盟实验教学应用示范课程1个。

科研工作。医院申请项目359项，共获资助111项，总计9743.3万元。其中国家自然科学基金33项，共获资助3026万元；国家重点研发计划课题9项，共获资助3396万元；北京市自然科学基金18项，共获资助636.5万元；首都医学发展科研专项9项，共获资助317万元；北京市科技计划课题3项，共获资助800万元；北京大学和医学部级项目共13项，共获资助667万元。

医院作为第一作者单位发表SCI期刊收录文献351篇，最高影响因子32.086；非第一单位通讯作者或共同一作单位SCI论文37篇。申请专利135项；授权专利125项；签订成果转化协议8项，473.21万元。出版著作8部，其中教材1部、编著1部、专著3部、译著3部。医院获高等学校科学研究优秀成果奖（科学技术）一等奖1项、中华口腔医学科技奖一等奖及三等奖各1项、北京市科技奖二等奖1项。

**医疗工作**。医院全年门急诊人次169.53万，较上年下降5.7%，日均5572人次。全院实有开放椅位673台，总院实有开放椅位359台，第一、二、三、四、五门诊部分别实有椅位168台（含C楼46台）、73台、39台、21台和13台，根据教学椅位调整统计椅位497台。全年入院6879人次，较上年减少13.8%；完成手术6552例次，较上年减少13.1%。医院五个病区开放床位173张，床位使用率70.2%，较上年减少13.0%；平均住院日6.4天，较上年减少0.1天；床位周转40.1次，较上年减少13.9%。完成日间手术46例次。

北京市启动医疗服务价格改革期间，开展专业科室项目研讨7次、全院培训5次。受国家卫生健康委委托，医院牵头起草的17个口腔相关病种诊疗指南（2022年版）于10月发布。

新增远程医疗服务合作单位1家，共99家，包括签署远程医疗合作协议单位49家、北京市医联体帮扶单位43家、北京市儿童"三保健"项目帮扶单位7家，开展远程医疗服务共计180例次。作为北京市口腔专科医联体牵头单位，在海淀区口腔专科医联体的基础上组建北京市口腔专科医联体，成员单位共43家。建立口腔专科医联体影像/口腔特殊项目检查转诊通道和疑难病例信息化转诊平台，核心医院共完成上下转诊1865例次，其中影像转诊1274例次、疑难病例转诊591例次。签订《与北京市中关村医院紧密型医联体合作协议书》，试点开展核心医院北大口腔医院——中关村医院紧密型医联体合作。口腔颌面外科医联体病房实际床位数57张，开放床位数30张；现有医师6人、护士13人。从8月15日正式成立至12月31日，出院177人，病床使用率21.41%，平均住院日4.95天。

推进国家口腔医学质控中心工作，"北京大学口腔医院国家级口腔医疗质量安全数据直报系统（Ⅰ期）"项目在全国1302家哨点医疗机构中开展首次数据填报。完成《2022年国家医疗质量与安全报告——口腔医学部分》。

完成国家口腔医学中心工作平台建设，包含多中心协作管理、远程医疗和双向转诊、口腔人才联合培养、多中心临床研究、口腔疾病防治、适宜技术推广和培训及举办全国性口腔医学发展工作会议等八大功能模块。完成国家口腔医学中心口腔修复、牙体牙髓、口腔颌面外科专科联盟成立备案管理工作。

**党建工作**。医院设有职工党支部42个，1个离退休党总支（6个离退休党支部），1个学生党总支（10个学生党支部）。党员1290名，其中在职党员847名、离退休党员221名、学生党员222名。

深入学习党的二十大精神，制定《关于深入学习宣传贯彻党的二十大精神的通知》。学习贯彻北大第十四次党代会精神。胜利召开医院第四次党代会。持续推进全面从严治党工作。

入选"全国党建工作标杆院系"培育创建单位，正畸研究生党支部获批北京大学"样板支部"。获中国科协2021—2025年度"全国科普教育基地"认定。《倡导口腔健康文化，做权威、生动的趣味科普》获2022年国家卫生健康委"健康促进医院优秀案例"。许桐楷获得第九届全国科普讲解大赛一等奖和"十佳科普使者"称号。

**群团工作**。发挥教代会作用，提案审查工作委员会共审议代表提案25件。完成6名民主党派新成员的发展考察工作；制定党委领导联系党外人士名单；完成邓旭亮全国政协委员推荐考察工作。民建会员王磊荣获2022年度民建中央定点帮扶工作先进个人。加强基层团建，22名学生团员推优入党，1名职工团员入党。开展百年共青团·五四青春长跑、"喜迎二十大 青春志愿行"门诊咨询志愿服务活动等；推进学生科普社团建设，"Hello，小北"科普社团荣获2022年度北京大学优秀志愿者团体。赴内蒙古乌鲁木齐学生社会实践团获2022年"青年服务国家"首都大中专学生暑期社会实践优秀团队。离退休人员536人，退休专家阎燕老师参加国家卫健委离退局与海南省卫生健康委联合举办的第七轮"京医老专家智力支援海南"项目。

**交流合作**。医院设有4个国际学者培训中心。全年线上会议审批36人次。与日本朝日大学口腔卫生士学校举行护理专场在线会议4次；联合四川大学华西口腔医（学）院、日本东北大学、韩国首尔国立大学、韩国延世大学、泰国朱拉隆功大学以及印度尼西亚大学作为"亚洲校园+"成员共同举行线上国际会议。

口腔颌面外科章文博挂任西藏自治区人民医院口腔科主任，开启为期1年的援藏工作；第一门诊部张勇挂任新疆维吾尔自治区人民医院口腔科副主任，开启为期1年的援疆工作。作为世界卫生组织国内唯一的口腔医学领域合作中心，医院全程参与《全球口腔健康状况报告》的调研、编写和审核等相关工作。继续承接北京市卫健委和民政局组织的"孤残儿童手术康复明天计划"和中华慈善总会的"微笑列车"惠民服务工作，共完成15例残疾儿童的唇裂、腭裂修复术以及唇腭裂继发畸形（植骨、鼻唇畸形、腭咽闭合不全等）

修复术。免费培养进修生8人，包括西藏对口支援单位3人、中华口腔医学会"西部行"计划2人、贵州省"黔医人才计划"3人。

签订《海南省人民政府与北京大学口腔医院合作共建国家口腔区域医疗中心协议》。与昌平区人民政府签订《战略合作框架协议》，拟共建国家口腔医学中心；与莆田学院附属医院合作建设莆田市省级区域医疗中心；与保定市第二医院签订《口腔专科医疗联合体合作协议书》，成立口腔专科医联体；推进北京国际门诊部、顺义天竺门诊部等筹建工作，空间分别为5961平方米和2278平方米。

开展全国三级公立医院绩效考核工作，全国公立医院绩效考核管理平台公布2020年及2021年三级公立医院绩效考核（国家监测指标）评价结果，评价等级均为A。修订完善临床医技科室目标责任制考核方案及指标，模拟运行绩效应用方案。

疫情防控。组建58批核酸采样队，派出医务人员12,715人次，累计采样约518万人次。及时调整医院防控政策，设立发热诊室，并派出2批共18名医护人员支援大兴方舱和海淀院前急救等工作。

继续教育。获批继续医学教育项目国家级/市级共65项，获批北京市区县级项目27项，举办北京市区县级项目13项，培训学员2739人。医院进修结业150人，招收进修生新学员189人。口腔颌面外科国家专培基地招收5名专科医师。在培住院医师及专培医师（含二阶段培训人员）共计147人，其中纳入北京市住院医师规范化培训（原一阶段培训）69人、纳入医学部住院医师二阶段培训8人、纳入医学部专科医师培训68人（包括纳入国家专科培训队8人）、纳入国家专科医师培训（外单位社会人）2人。

管理服务。持续开展数字化智慧财经平台建设，助力医院运营管理新模式。《优化新时代卫生健康统计工作队伍建设策略》成为国家卫生健康统计工作高质量发展揭榜单位，获国家卫生健康委"公立医疗机构经济管理年"活动优秀单位。完成适龄电梯更新项目的招标采购、门诊楼新风机组改造、负压抽吸系统更新项目的招标采购、院区老旧设施及管道的更新等。完成BIM（Building Information Modeling，建筑信息模型）可视化系统的第一阶段建设运行。制订《关于使用财政贴息贷款进行医疗设备更新改造采购工作方案》并推进项目执行。

【举办建院80周年系列活动】 11月6日，医（学）院建院80周年学术活动举行，包括1场主活动和10个二级分会场活动；同期开设建院80周年自主创新展区。以建院80周年为契机，建设医院院史馆，举办校友返校和优秀校友评选活动，并通过贯穿全年的系列活动展示医院八十载文化建设和教育教学成果。北大口腔建院80周年高峰论坛于6日上午启动，五位特邀嘉宾作报告，1.5万余位观众通过线上线下结合方式参加。张震康介绍了"口腔医学在医学中的地位及其重要性"；土存玉分享了"厚道为本、创新求实"的科研精神；王松灵阐释了牙颌发育模式及分子机制；董尔丹分享了对健康促进与全球卫生挑战、科学发展与创新引领和数据驱动的健康科技管理内容方面的思考；柴洋阐述了在颅颌面生长发育和干细胞介导的组织再生等方面的系列研究。6日下午，来自美国哈佛大学牙学院、四川大学华西口腔医学院、上海交通大学口腔医学院、空军军医大学口腔医学院、武汉大学口腔医学院等12所院校的青年学者作大会报告，分享了课题组的最新科研进展。11月4日至9日，各学科还组织了系列学术活动共庆北大口腔建院80周年。

（王明亮、王 冕）

【医院第四次党代会召开】 4月8日，中共北京大学口腔医（学）院第四次党员代表大会召开。大会的主题是：以习近平新时代中国特色社会主义思想为指导，全面贯彻党的十九大以及十九届中央历次全会精神，认真贯彻北大医学发展战略，持续落实党委领导下的院长负责制，紧紧围绕医（学）院中心工作，以建设全国党建标杆院系为抓手，全面落实立德树人、为人民口腔健康服务、科技自立自强的根本任务，培养能够担当国之大任的新时代口腔医学卓越人才，带领医（学）院走上高质量发展道路，为早日跨入世界一流口腔医学学科前列而不懈奋斗。北京大学党委常务副书记、副校长，医学部党委书记陈宝剑，校党委组织部长宁琦，北京大学党委组织部常务副部长霍晓丹，北京大学医学部党委常务副书记徐善东等领导嘉宾出席大会。院党委书记周永胜代表上届党委向大会作了题为《踔厉奋发 笃行不怠 建全国党建标杆院系 创世界口腔一流学科》的工作报告。大会选举产生中共北京大学口腔医（学）院第四届委员会委员11人、第四届纪律检查委员会委员5人。

（于海森）

【服务保障北京冬奥】 在北京冬奥会、冬残奥会期间，医院组成25人的闭环内团队和近百人的院内服务保障团队。在北京冬奥村，18名医务人员为村内全体运动员、教练员和工作人员提供口腔医疗保障，制作运动护齿。在国家体育馆，3名医生在由医院牵头研制的科技冬奥专项"口腔颌面创伤移动诊疗方舱"中提供冰球项目的服务保障。在张家口云顶滑雪公园，2名医生作为中国第一批滑雪医生参与雪道救援保障任务。在北京大学第三医院崇礼院区，1名医生参与口腔颌面创伤运动员的救治，1名辅导员为冬奥志愿者提供保障服务。

（王 冕）

【三亚分院入选国家区域医疗中心建设项目】 5月，口腔医院三亚分院入选第三批国家区域医疗中心建设项目，这是国家首次在口腔医学领域设立国家区域医疗中心。三亚分院项目位于海南省三亚市海棠湾，项目总用地面积6.95万平方米，拟设置150张牙椅，编制床位100张，涵盖全部口腔医学专业。以建设"面向海南、服务华南、辐射东南亚的省内领先、国内一流、国际知名"的国家口腔区域医疗中心为目标，做好国家区域医疗中心建设工作，实现优质口腔医疗资源合理布局和扩容下沉。

（高 敏）

【国家工程研究中心揭牌】 4月15日，"创新驱动健康口腔 转化引领高质量发展"学术研讨会暨国家工程研究中心揭牌仪式·创新联合体成立大会在口腔医院报告厅举行。会上"口腔生物材料和数字诊疗装备国家工程研究中心"正式揭牌，由83家成员单位、46家企业组成的国家工程研究中心创新联合体宣布成立，将协同口腔医学院校、企业，进一步加强协作，推动产学研用深度融合。中国卫生信息与健康医疗大数据学会会长金小桃，北京大学常务副校长、医学部主任乔杰院士，北京大学心血管研究所所长、口腔生物材料和数字诊疗装备国家工程研究中心第三届理事会理事长董尔丹院士等领导嘉宾和口腔医院全体院领导一同出席大会。在与会领导和嘉宾的见证下，金小桃和乔杰共同为国家工程研究中心揭牌。乔杰在随后的致辞中表示党中央把科技自立自强作为国家发展的战略支撑，医学部将口腔材料医学、数字医学和再生医学整合为学科群，国家工程研究中心作为我国口腔医学领域和北大医学唯一的国家级工程研究中心，肩负着引领我国口腔行业发展的重任。金小桃希望与会同仁更加科学地把握新发展阶段，坚定贯彻新发展理念，共同推动我国口腔医学事业的迅猛发展，为加快推进"健康中国"战略，夺取全面建设社会主义现代化国家新胜利贡献力量。成立大会后，"创新驱动健康口腔 转化引领高质量发展"学术研讨会举行，有1.3万余位来自国际和国内的口腔专家学者通过线下线上等方式参会。

（李 梦）

# 肿瘤医院

【发展概况】 组织架构。医院设有36个临床科室、14个医技科室、18个基础科室和29个行政职能科室（含独立亚科）。新成立综合研究型病房、资产管理处。

队伍建设。医院在岗职工2632人，其中正式职工1205人，合同制职工1393人，按在职职工管理的博士后34人。晋升高级职称65人，其中正高19人，副高46人；有中国工程院院士1名，长江学者3名，北京学者2名，教授44名，副教授92名；正式职工中有正高级职称者167名，副高级职称者267名，中级职称者542名，初级职称者213名。新引进教学科研系列教师46人。共23人次入选各级各类人才项目6项，沈琳获评北京市有突出贡献的科学、技术、管理人才，1人获高层次留学人才回国资助，王胤奎入选北京市科技新星计划，王维虎、朱旭和斯璐入选北京市医管中心"登峰计划"，齐长松、董德左、朱海滨、薛冉、洪保安、徐达、代杰、张嘉扬、刘小锋、杜丰、刘特立、陈鹏举、郏博、王硕、陈杨和吴清楠入选北京市医管中心"青苗计划"。

学科建设。医院有国家重点学科——肿瘤学（2002年），两个国家临床重点专科——肿瘤学和病理学（2013年），两个北京市卫生重点学科——乳腺癌（1998年）和胃癌（1999年），一个北京市卫生扶植学科——介入医学（1999年），一个首都医学发展科研基金重点学科——实体瘤超声诊断（2001年）；恶性肿瘤发病机制及转化研究教育部重点实验室、恶性肿瘤转化研究北京市重点实验室、"上消化道肿瘤"北京市国际科技合作基地；1个抗肿瘤新药及新技术研发北京市工程研究中心（2021年），1个放射性药物国家药监局重点实验室（2021年），1个国家原子能机构核技术（放射性药物研发与临床应用）研发中心（2021年），1个科技部转化医学与临床研究国际联合研究中心（参与）。

教学工作。医院在院研究生366人，其中全日制研究生336人，非全日制研究生5人，同等学力研究生25人。毕业后继续教育规模共计127人，在培住院医师25人，专培/二阶段医师102人。

科研工作。年度获得科研经费首次突破1亿元。获批立项科研项目148项，其中国家级43项，获批经费10,980万元（财政经费6491万元）。国家自然科学基金获资助共28项，其中重大研究计划集成项目1项，联合基金1项，面上项目18项（含子课题1项），青年基金8项。获得科技部重点研发计划项目1项，课题6项，子课题5项，国家外国专家项目2项，国家社会科学基金子课题1项。其他各类课题获资助105项，科研经费合计3238.3万元。以第一完成单位获得中华医学科技奖一等奖1项，中国抗癌协会科技奖二等奖1项。获授权专利63项，医院以科技成果转化签订了4份技术转让合同，成交金额3070万元。主持发布国内指南4项，专家共识2项；参与发布国际指南1项，国内标准1项，国内指南14项，专家共识10项，2项成果分别被2项美国NCCN（National Comprehensive Cancer Network，美国国立综合癌症网络）指南引用。

2月，消化肿瘤内科护士长张丽燕等9位护理骨干受邀参加国际癌症护理护士学会主办的2022年国际癌症护理大会（线上），作了10项癌症护理领域的口头专题报告；放疗科高级工程师张艺宝受邀参加由香港理工大学举办的线上医学物理职业介绍日活动。2月至3月，胸外一科陈克能主任团队与俄罗斯国家医学研究放射中心 P. Herzen 莫斯科癌症研究所胸腹肿瘤外科 Andrey B. Ryabov 主任团队举办了关于食道癌和肺癌诊治的线上学术交流会。3月，季加孚教授、沈琳教授受邀在线参加2022年国际胃癌大会，并作学术报告。5月，胃肠肿瘤中心四病区与俄罗斯国家医学研究放射中心胸腹肿瘤外科联合举办关于全腹腔镜下远端胃切除术的线上学术交流会。7月，泌尿外科杨勇主任团队与俄罗斯国家医学研究放射中心 P. Herzen 莫斯科癌症研究所外科副主任、泌尿外科教授 Nikolay Vorobyev 团队进行了关于肾癌和前列腺癌诊治的线上学术交流会。9月，俄罗斯国家医学研究放射中心主办全俄肿瘤学家大会"For Life"学术论坛（All Russian Oncologists Congress - Forum "For Life"），胸外一科陈克能主任、胃肠肿瘤中心四病区苏向前主任、泌尿外科杨勇主任、肝胆胰外二科副主任医师吕朋受邀作关于我国食道癌、胃癌、泌尿系统肿瘤和腹膜后肉瘤诊治及研究进展学术报告。11月，与香港理工大学以线上线下相结合的方式联合举办"第二届国际医学物理教育研讨会"。12月，放疗科高级工程师（医学物理师）张艺宝受邀参加国际原子能机构骨转移癌姑息放疗培训班。

**医疗工作。** 全年出院89,598人次，床位周转112.39次，床位使用率85.95%，平均住院日2.81天。住院手术13,173例，其中，三级手术占比49.37%，四级手术占比36.03%，日间手术1522例。全年临床用血总量4639单位。其中自体输血73人次，共255.3单位。开设临床路径科室22个、病种113个，入径率72.46%，完成率99.58%。全年门诊预约挂号率100%。医院药占比40.75%，其中门诊药占比46.21%、住院药占比36.58%。门诊抗菌药处方比例1.04%，住院抗菌药使用率7.03%，住院抗菌药使用强度14.87DDD。

新增患者"北肿云病历"APP上查看影像资料、门诊诊室、药房、检查候诊排队情况功能；实时推送患者诊疗信息，为患者提供诊疗日历、后续诊疗安排和智能化个性化服务，新增内镜、病理、药学检测报告自助打印，线下门诊病历自助打印等服务。实现住院检查自动预约、手术安全核查单电子归档、全院电子病历内涵质控；全流程改造门诊注射系统。完成消化肿瘤、黑色素瘤、食管癌、纵膈病种管理系统推广应用和结直肠癌病种新版系统升级。完成医保个人账户封闭系统升级，上线个人账户封闭功能，启用DRG（Diagnosis Related Groups，疾病诊断相关分组）结算业务，医保系统并入国家医保信息平台；完成全院门诊患者WIFI网络建设和应用，患者就医导航系统的软硬件规划、实施、调试及与患者App集成等上线工作。组织信息集成平台信息安全保护等级第三级备案测评，取得备案证明和测评报告。完成软件资产清查、整理、整改工作，开机扫描率在北京市属医院中排第一。8月，参加北京市网信办举办的"北京市重大网络安全事件应急演练"，获得技术满分，在北京市卫健系统综合排名第二名。

**党建工作。** 医院有48个教职工党支部，2个离退休党支部，7个学生党支部；共有党员1121名，其中在职党员837名、离退休党员118名、学生党员160名、其他6名。年内发展党员39名，包括5名具有高级职称人员和7名研究生。39名预备党员转正。组织45名预备党员参加专项培训。成立国家药物临床试验机构党支部，胸外二科党支部、研究生4个党支部成员完成改选。修订《党支部工作手册填写指南》，并检查全院党总支、党支部《支部工作手册》落实情况。

开展迎接党的二十大系列活动。基础一党支部、基础二党支部、基础三党支部、基础四党支部荣获医学部"喜迎党的二十大，为党旗增辉"优秀主题党日活动二等奖，胃肠肿瘤中心一病区党支部、乳腺中心党支部荣获优秀奖。征文活动共收到83篇作品，评选出11篇优秀征文。召开"喜迎二十大 为党旗增辉"庆祝中国共产党成立101周年大会。印发《关于做好学习贯彻党的二十大精神的通知》。将理论学习和传达上级精神作为第一议题，组织6次理论学习中心组学习；召开党史学习教育专题民主生活会，制定整改清单20项。召开党委会26次，党史学习教育专题民主生活会1次。成立医院人才工作领导小组，制定《北京大学肿瘤医院人才发展战略规划》。

胃肠肿瘤中心一病区党支部入选北京大学2022年党建工作样板支部创建名单。制定《中共北京大学临床肿瘤学院委员会2022年落实全面从严治党主体责任清单》，在新员工中开展入职反腐倡廉培训。在重要时间节点发布《节日期间严明纪律要求的通知》及警示案例。修订《贯彻落实意识形态工作责任制实施办法》《社交媒体平台管理办法》和《舆情信息管理及不良舆情事件应急预案》。出版"同心抗疫克时艰"医院抗击新冠肺炎疫情纪实专刊。全年网络发稿304篇，合作广播节目18期，开展直播科普节目85期。

**群团工作。** 举办"冰墩墩，梦飞扬"冬奥系列活动。举办庆"三八""女医尚法"线上系列活动。举办第十一届"力透杯"青年医师硬笔书法比赛，编辑出版《〈"厚道石"说〉第十一届"力透杯"青年医师优秀文章作品集》。自创歌曲《"厚道石"说》庆祝北大医学办学110周年。线上召开第十届职工代表大会第六次会议。

**交流合作。** 开展2项国家区域医疗中心试点建设项目（云南、内蒙古）、3项对口支援项目（京蒙、京宁、京沈）、1项北京市肿瘤专科医联体项目（16家成员单位）、1项海淀区肿瘤专科医联体项目（23家成员单位）、1项远程医疗协作网项目（24个省市98家医疗机构）、1项心理社会肿瘤学专科联盟（38家成员单位）和2项技术合作项目的管理工作。派出专家1285人次，服务门诊患者46,890人次，住院患者11,087人次，会诊603人次，开展手术4900例；临床病理项目13,178项，临床检验项目819项；远程会诊1045例，远程教学56次，培训12,054人次；接收61人进修；双向转诊患者3594人次。

派出1人对口支援北京市房山区第一医院，派出1人对口支援拉萨市人民医院，派出1人对口支援青海红十字医院。派出医疗人员144人次，接种量9137人，核酸检测3546人次，采样量1,263,132例次；派出10支医疗队153名队员支援海淀区疫苗接种；应急处置保障任务医疗人员4人次，保障量91人次。选派中西医结合及老年肿瘤科韩淑燕、乳腺肿瘤内科严颖、胃肠肿瘤中心二病区何流、肾癌黑色素瘤内科鄢谢桥和胃肠肿瘤中心四病区张成海，赴青海省红十字医院、石河子大学医学院第一附属医院、和田县人民医院、拉萨市人民医院、房山区第一医院承担援建任务。

（姚勇）

【一重大研究计划集成项目成功获批】 12月23日，肿瘤医院季加孚教授团队与中科院自动化研究所、中国人民解放军空军军医大学第一附属医院、浙江省肿瘤医院及北京大学医学部药学院等单位联合申报的国家自然科学基金委肿瘤演进与诊疗的分子功能可视化研究——重大研究计划集成项目成功获批。研究将首次构建胃癌重要的分子分型MSI-H/dMMR亚型的肿瘤免疫微环境图谱及阐释治疗前后肿瘤微环境的动态演化机制；首次使用我国首创并原研的创新药物AK104（PD-1/CTLA-4双特异性抗体）治疗这一亚型胃癌，为胃癌治疗首次脱离化疗而单纯使用免疫治疗奠定相应的理论基础；首次将人工智能技术、免疫微环境的关键分子标志物的核素标记可视化技术及多组学临床信息相结合，并构建临床可用工具，将复杂的免疫微环境更加直观地呈现在临床医生面前；有助于改善MSI-H/dMMR胃癌患者生存率，为临床诊疗提供重要循证医学证据。

（顾芳慧）

【肢端和黏膜黑色素瘤研究取得新成果】 4月，郭军教授团队基于目前世界上最大的黏膜黑色素瘤队列在 Ann Surg Oncol 期刊率先提出黏膜黑色素瘤国际分期新标准。6月，在美国ASCO大会上，郭军教授团队共10项研究入选，其中"卡瑞利珠单抗联合阿帕替尼和替莫唑胺一线治疗晚期肢端黑色素瘤的Ⅱ期临床研究"以口头报告的形式重磅公布，方案是国内外已报道的晚期肢端黑色素瘤有效率最高的一线治疗方案。7月，ESMO官方期刊、国际肿瘤学顶级期刊 Annals of Oncology（IF=52）在线发表郭军教授团队关于黏膜黑色素瘤辅助治疗的最新成果，该研究为全球探索黏膜黑色素瘤最佳辅助治疗方案提供了新的高等级循证医学证据。

（刘晨）

【首次揭示"食管癌前病变进展"的基因组学早期预警标志物】 6月，国际病理学领域权威期刊 The Journal of Pathology（IF:9.883）发表了柯杨教授团队题为《Absence of NOTCH1 mutation and presence of CDKN2A deletion predict progression of esophageal lesions》的研究报告。依托该课题组在我国食管癌高发区开展的大规模食管癌人群筛查队列（"ESECC研究"，NCT01688908）开展巢式病例对照研究，系统挖掘食管癌前阶段基因改变特征标志物与最终癌变结局之间关联，首次发现"NOTCH1基因突变水平降低"与"CDKN2A基因缺失增加"可有效预测病变进展为癌的整体风险，为实现"食管癌内镜筛查后的精准监测"提供了重要科学证据。

（何忠虎）

【牵头一项国际多中心、Ⅲ期临床试验】 3月，研究成果发表在《英国医学杂志》（British Medical Journal）上。这是首个由中国研究者领导的、针对全球食管鳞癌的一线免疫治疗联合化疗的研究，并且在研究设计上涵盖两种食管鳞癌常用化疗方案，贴合不同国家或地区晚期食管癌治疗的临床实践，更加接近真实世界情况，证明了信迪利单抗联合不同化疗方案治疗食管鳞癌的普适性。5月，研究成果被收录入CSCO食管癌诊疗指南，信迪利单抗联合化疗作为Ⅱ级推荐（1A类证据）成为食管癌的标准治疗手段，奠定了免疫联合化疗在一线食管癌治疗中的地位，对于中国晚期食管癌患者生存期的延长和生存质量的改善具有重要指导意义。

（章程）

# 第六医院

【发展概况】 教学工作。牵头完成国家卫生健康委《住院医师规范化培训专业基地标准》《住院医师规范化培训内容与标准》；临床医学八年制《系统精神病学》教改课程落地，实现基础-临床融合式精神医学本科教学；进一步深入挖掘提炼专业课程蕴含的德育元素与德育功能，将专业授课中知识传授与价值引导进行有机统一，研究生必修课《精神病学》获批医学部课程思政示范建设项目；教学改革与探索研究创新高，获批10项各级教育教学研究课题；住培基地建设持续提升，顺利通过北京市卫生健康委评审，获批"北京地区住院医师规范化培训临床实践能力考核基地"。

科研工作。医院连续十三年获评中国医院"精神医学综合排行榜""专科声誉排行榜"精神医学专科第一名；第七次获得中国医院科技量值精神病学学科年度第一名，并获得五年总科技量值精神病学学科第一名；陆林院士牵头的科技创新2030-重大项目"脑疾病临床研究大数据与样本库平台建设"稳步推进，多项国家级科研平台日益优化，进一步助力脑科学与类脑研究领域的研究水平提升；落实新一轮"双一流"放权改革要求，顺利启动精神病与精神卫生学顶尖学科建设。医院共计发表SCI论文158篇，其中高影响因子（IF>10）论文11篇，取得历史性突破。陆林院士牵头的"本能行为及其相关精神疾病的机制和干预研究"基础科学中心项目获国家自然科学基金委员会批复立项，是我国精神疾病领域首个基础科学中心。

"精神分裂症药物疗效个体化差异的遗传研究"项目获教育部高等学校优秀成果奖（自然科学奖）二等奖。项目针对抗精神病药物疗效和不良反应的个体化差异，开展中国首个多中心药物基因组学研究，开创性地发现了精神分裂症发病机制的新易感基因，明确多个突触传递基因与药物疗效关联，同时找到抗精神病药引起代谢不良反应的潜在新靶点，并借助动物模型阐明多个疗效易感基因的潜在功能和药理机制，为实现精神分裂症客观诊断和个体化治疗提供有力科学依据，具有创新性和应用价值。课题组代表论著发表在 Nature Genetics、Lancet Psychiatry、Molecular Psychiatry 等杂志。

医疗工作。截至 12 月，医院共完成 367,028 人次门诊量，其中普通门诊 233,517 人次、专家门诊 97,275 人次、特需门诊 30,733 人次、急诊 5503 人次。入院总人次 3764，出院总人次 3909，平均住院日 31.24 天。全面加强"精神病学"重点专科建设，结合我国精神疾病诊断及治疗现状，打造多学科一体化诊疗模式，进一步推进神经内科、呼吸内科、中医、心理治疗和物理治疗等学科在精神疾病诊疗中的作用，形成了以精神科为核心的多学科协同服务模式，满足患者就医需求。布局完善研究型病房建设，建立完善的临床研究平台和支撑保障体系，打造高水平临床研究创新团队，设置 24 张专用床位和 18 张共用床位，通过 I 期临床试验、精神卫生转化临床研究和各类创新型研究，全面提升临床研究能力、质量以及转化应用能力。加大信息化建设投入，提升信息化建设水平，第六医院互联网医院建设顺利获批，医院服务范畴进一步扩大；智慧医院建设启动，医院服务号、智慧心理服务平台等服务平台高效运转，信息化便民惠民效果逐渐体现，医疗服务进一步改善，群众的就医体验稳步提升。

党建工作。掀起党的二十大精神学习热潮，印发《北京大学第六医院党委关于认真学习宣传贯彻党的二十大精神的通知》，制作并发放《学习贯彻党的二十大精神辅助材料》；组织全院党员、群众集中观看中国共产党第二十次全国代表大会开幕会并进行学习研讨；医院党委通过党委理论学习中心组学习、各党支部通过主题党日活动等多种形式切实开展二十大精神学习，并组织党章专题学习；党政领导分别在《中国医学论坛报》和《中国政协报》等刊物上发表学习贯彻党的二十大精神的重要论述。

学习贯彻北京市第十三次党代会精神，坚决把思想和行动统一到市委的决策部署上来；召开全院党员大会，选举产生两名党代表参加北京大学第十四次党代会，深入学习北京大学第十四次党代会精神。

加强思想政治和意识形态工作，不断加强党委理论学习中心组学习，深化网络学习，筑牢思想舆论阵地；把好各类工作的思想政治关；开展思政教育活动，进一步提升师生员工对医院的文化认同和情感认同；关注师生的思想动态，及时了解并帮助解决遇到的困难；加强医院领导与党外人士的联系工作，积极培育统战工作先进典型。

强化基层党建工作，加强党支部书记队伍建设，建强"双带头人"教师党支部书记队伍，开展支部书记述职评议考核，严格落实"三会一课"等制度，定期检查支部工作手册，规范支部建设及管理，规范主题党日活动的开展，做好党员 E 先锋维护、党员发展及管理工作。

深化全面从严治党，修订《医院党委落实全面从严治党主体责任清单及附表》，领导班子定期研究、部署、检查和报告分管范围内的管党治党工作情况，要求党政班子成员、中层干部等签订《北大六院落实党风廉政建设主体责任承诺书》，进一步提高各类人群的廉洁意识；开展干部廉洁教育，围绕《中华人民共和国监察法》等进行培训和解读，持续推动廉政从业入脑入心。

牢固树立总体国家安全观，调整更新医院安全稳定领导小组和工作小组的成员和职能，进一步强化组织保障；做好教职工和学生的安全教育，并在党委会、支部书记会等专题学习国家安全教育相关内容；做好涉及境外资金资助的教育培训项目、科研项目的政治审查；进一步加强院内安全保卫以及安全生产的管理工作。

交流合作。在国内，积极响应国家号召，对口支援、帮扶二十余家精神卫生机构，长期派驻 1 名党员干部在乌鲁木齐第四人民医院开展援疆工作，先后派出十余位专家赴延安市第三人民医院开展技术帮扶，并积极接收各合作单位人员来院进修，开展 14 期"海淀区精神专科医联体系列培训活动"、17 期"2022 年中国精神专科医院服务能力提升全国巡回培训"，举办"国家精神疾病医学中心首届高质量发展论坛"等，充分发挥"国家队"的技术、人才和管理优势，加快推进国内各精神卫生机构及医联体内医院的医教研防管水平和服务能力。

在河南省政府的支持下，充分发挥国家精神疾病医学中心的辐射引领作用，积极推动国家精神卫生优质医疗资源的扩容和区域均衡布局，作为输出医院与新乡医学院第二附属医院共建国家区域医疗中心。10 月，国家发展改革委、国家卫生健康委、国家中医药管理局联合印发《第四批国家区域医疗中心建设方案要点》，北京大学第六医院河南医院顺利获批国家区域医疗中心建设项目，进一步打造除北京、上海外的精神卫生事业发展的第三个高地。

在国际上，医院不断拓展与国际知名高校在精神卫生及脑科学领域的合作，践行人类命运共同体理念，如：在北京大学医学部 110 周年校庆之际，邀请来自伦敦国王学院等多所院校的专家共话临床医学建设；举办"2022 年国际精神疾病进展学术会议"，邀请来自哈佛大学医学院、多伦多大学等多所国内外知名高校的专家学者，共同探讨精神疾病等脑疾病的最新研究进展；组织院内师生积极参加第九届中韩日国际精神病学研讨会，交流最新科研成果；陆林院士作为国际麻醉品管制局委员，积极参加联合国国际麻醉品管制局相关工作。

疫情防控。医院领导班子将疫情防控工作作为年度重点任务主抓，坚决扛起主体责任，深入一线调研，坚持靠前指挥，认真分析梳理院感防控薄弱环节，细化院感防控措施，提高实战操作水平。定期组织召开疫情防控领导小组和工作小组会议，研究疫情防控热点问题，随时调整疫情防控方案和应对措施，并坚持"快"字当头，落实落细各项防控任务，带领全院职工坚决打赢疫情防控阻击战，院内职工及患者"零感染"。在做好院内疫情防控工作的同时，切实担负起"国家队"的使命，在西安疫情防控吃紧时期，派出4名专家组成国家心理救援队，指导当地心理救援和疏导工作；在北京市朝阳区、顺义区等疫情防控关键时期，先后派出10余批次200余人次支援核酸筛查采样任务，共计完成采样约7万人次；先后派出4人完成朝阳区集中隔离点支援任务，2人完成方舱支援任务。

公共卫生服务。承担国家精神卫生项目办工作，协助和参与国家卫生健康委制定心理援助和精神卫生相关政策文件，全年项目总投入经费219.71亿元，工作已覆盖全国所有区县。截至12月底，全国登记在册患者675.18万人，平均严重精神障碍报告患病率、在册患者管理率、规范管理率等均稳步提升。加强信息化建设，指导全国21个省级精神卫生平台投入使用国家严重精神障碍信息系统。

重大公共卫生精神卫生工作全面铺开，继续协助国家推进全国精神卫生和心理健康促进工作，全人群全生命周期服务网络进一步健全；强化中西部精神卫生防治，参与相关地区精神卫生防治工作和精神障碍社区康复培训，培训覆盖省、市、县、街（镇、乡）各级精神卫生相关人员。

心理科普和健康教育。医院现有11个自助团体，涵盖进食障碍、强迫症、抑郁症和老年痴呆等疾病，医院定期安排专家进行医学科普，同时由团体内患者及家属分享心得体会，实现自助互助。通过院内展板、电子显示屏与官网、微信公众号、视频号等途径，开展线上线下全方位立体化的科普宣传工作。

医院拥有5位首批国家卫生健康委科普专家、10位第三批北京健康科普专家和1位中国科协科普中国专家，在北京冬奥会、冬残奥会期间，及世界睡眠日、世界精神卫生日、阿尔兹海默病日等重要时间节点，医院专家主动为媒体提供线索，挖掘新闻亮点，推出涵盖文章、漫画、直播等系列科普宣传活动，如整理编写第六医院《聊聊"心理"话》2022年世界精神卫生日特刊等，并围绕抑郁障碍、双相情感障碍、精神分裂症、失眠、儿童心理问题等方面进行科普，进一步提高公众的心理健康水平。

（白　杨）

【国家精神疾病医学中心落户第六医院】 7月，国家卫生健康委员会网站发布《国家卫生健康委关于设置国家精神疾病医学中心的通知》，决定在北京市以北京大学第六医院和首都医科大学附属北京安定医院为联合主体设置国家精神疾病医学中心，在上海市和湖南省分别以上海市精神卫生中心、中南大学湘雅二医院为主体设置国家精神疾病医学中心，共同构成国家精神疾病医学中心，形成南北协同、优势互补的模式，这是国家首次在精神疾病领域设立国家医学中心。

（白　杨）

【基础科学中心项目获批立项】 9月28日，"本能行为及其相关精神疾病的机制和干预研究"基础科学中心项目获得国家自然科学基金委员会立项批复，项目由陆林院士领衔，浙江大学段树民院士、胡海岚教授、李晓明教授和北京大学时杰教授带领团队成员共同组成。项目集中和整合国内优势团队和科研资源，瞄准国际科学前沿，有望在本能行为研究领域取得国际领先的原创性成果，培养高水平中青年领军人才，形成国际一流的学术高地。

（白　杨）

【入选首批临床研究国家级质量评价和促进中心】 10月，国家卫生健康委科教司发函，在7个领域试点建设临床研究国家级质量评价和促进中心（以下简称"质促中心"），医院入选为首批质促中心精神健康和疾病领域的承担单位。医院将致力于精神疾病临床研究规范化建设，推进临床研究技术标准制定实施，开展研究者和管理人员培训，促进行业交流协同，为行业发展提供技术指导，为行政管理提供有力的专业技术支撑，推动精神卫生事业持续发展。

（高菲菲）

【国家卫生健康委精神卫生学重点实验室获评优秀】 10月26日，国家卫生健康委公布委属重点实验室"十三五"运行情况评估结果，在参加评估的84家委属实验室中，包含精神卫生学重点实验室在内的16家实验室获评优秀。作为国家卫生健康委国内唯一的精神病学专业实验室，精神卫生学重点实验室针对严重危害我国人民健康的重大精神障碍开展系列创新研究并取得丰硕成果，在 *Nat Genet*、*Lancet Psychiatry*、*JAMA Psychiatry*、*Am J Psychiatry*、*Mol Psychiatry* 和 *PNAS* 等杂志发表SCI收录学术论文360余篇。

（卢天兰）

## 深圳医院

【发展概况】 组织架构。医院占地面积5.9万平方米，目前总建筑面积近22万平方米。编制病床1600张，医院实际开放床位1800张，下设56个临床医技科室。此外，还拥有规划床位2500张的深圳市新华医院、规划床位800张的深汕人民医院以及深汕门诊部和华为门诊部，形成"一院多区双门诊"的发展格局。

队伍建设。全院员工3567名，其中卫生技术人员占81.6%，高级职称人员868名，硕博研究生825名，并新增北京大学医学部教授5名、副教授3名；现有北京大学医学部教授16名、副教授23名、研究员2名、副研究员2名。以引进、培养+拔高为方针，建立登峰人才（108名）、临床实用型人才（64名）和护理后备人才（20名）等管理人才培养体系。引进妇产科、泌尿外科、儿科、核医学科4名学科带头人，12名专家获深圳医疗卫生特聘高层次人才称号，101名博士或博士后加盟医院。选拔62名实用型临床医学人才，其中16名骨干人才在特殊应急期临危受命，担当重任。高水平医院建设以来，医院高层次人才数量突破百名，实现倍增。

**学科建设**。在2021年度全国三级公立医院绩效考核中进入全国百强、获评A+等级，位列全国第53位、深圳市第1位。至此，医院已连续4年在"国考"中入围全国百强，且总得分与全国、全省排名均有所提升。入选广东省公立医院改革和高质量发展示范单位

普外科、骨科等学科新晋广东省临床重点专科，妇产科申报深圳市妇产生殖医学临床研究中心；重症医学、整形外科、血液科、生殖医学、皮肤科、老年医学、口腔科、健康管理、检验医学、妇产科、超声医学和病理科等12个专科入围2021年度华南地区专科声誉排行榜提名。4个"三名工程"团队获得第二轮续签。

**教学工作**。目前医院有北京大学医学部硕士生导师35人，博士生导师9人，2022年新增北京大学医学部硕士生导师7人、博士生导师1人；7个专业获得北京大学医学部专科医师培训基地称号。考取北京大学医学部同等学力研究生住培医师4人。妇产科、肾内科、急诊科、肿瘤科获批市专科医师规范化培训基地。医师资格考试通过率88.51%，结业考核通过率97.74%。

**科研创新**。获国家自然科学基金立项22项，获市自然科学基金重点项目9项，获批1个市级重点实验室（骨科疾病与生物材料研究）和2个市重大公共服务平台（细胞治疗和生育力保护），纵向课题和GCP（Good Clinical Practice，药物临床试验管理规范）立项数大幅增长，科研总经费突破1亿元；发表SCI收录论文192篇，最高影响因子38.104分。医工结合、产学研一体，国家重点研发计划项目子课题"多功能动态实时三维超声成像系统"填补国内高端医学超声诊断设备领域空白；入选国家人工智能医疗器械临床试验平台单位。创新开设临床研究科研门诊，投资1400万元支持临床研究院内立项，落户深圳市口腔疾病临床研究中心、深圳市临床研究质控中心，获深圳首个NIH（National Institute of Health，全国健康协会）国际多中心临床研究立项，临床研究领跑深圳。强化与深圳北京大学香港科技大学医学中心深度融合，智能化生物样本库获国家科技部人类遗传资源保藏许可。8个学科入围2021年度STEM科技量值百强。

**医疗服务**。全年门急诊量278.5万人次。互联网医院诊疗量达到48,650人次，较上年增长342%。出院量99,456人次，较上年增长2.27%；平均住院日降低至5.37天，CMI（Case Mix Index，病例组合指数）值达到1.48。手术及操作例数7.37万人次，较上年上升2.53%；四级手术占比25.51%，微创手术占比27.72%，日间手术量突破5000台。急诊抢救12,513人次，较上年增长11.20%。健康管理12,587人次，较上年增长101.13%。深圳市最新型号PET-CT落地医院，助力肿瘤精准治疗；免疫细胞治疗晚期肿瘤、生育力保护等前沿治疗渐成技术品牌，实施深圳首例商用CAR-T细胞治疗；开展全国首例晚期卵巢癌患者"冻卵+冻卵巢组织"手术，在深率先完成经导管Mitraclip二尖瓣钳夹术。积极推进"五大中心"建设，多学科成功救治21楼坠楼严重创伤的6岁女童，缔造生命奇迹。获评市卫健委"危重孕产妇救治中心先进单位"。探索院科组三级核算，启动5个示范点，率先探索建立以治疗组为单位的质控管理新体系，助力亚专科发展。开展精益医疗管理项目，ERAS（Enhanced Recovery After Surgery，加速康复外科）覆盖38个病种；危险上消化道出血救治成功率接近99%；VTE（Venous Thromboembolism，静脉血栓栓塞）项目入选2022年度中国现代医院管理典型案例，团队入选《健康报》2022年度优秀学科团队。病理科在深率先通过CNAS-ISO15189医学实验室认可。挂牌4个"广东省名医护士工作室"，新增6个省级专科护士培训基地。获得国家卫健委医疗质量循证管理持续改进研究项目，第十届全国医院品管圈大赛一、二、三等奖6项，入围"广东省十佳科普基地"，落户"国家级体育运动损伤防治科普基地"。

**党建工作**。医院现有57个党支部，1307名党员。顺利完成全院党支部集中换届和架构调整。"315党建赋能工作模型"在市直机关党建创新项目决赛中获得二等奖。顺利完成青、妇换届工作和工会委员增补。坚持党建引领文化建设，围绕"患者满意，员工幸福"办院宗旨，持续深化"HOME"模型建设内涵，让"家"文化深入人心，职工凝聚力和认同感进一步提升。抓好执纪监督主责主业，关口前移，探索建立"三级联防联控"纪律监督体系长效机制。构建大宣传格局获多项荣誉。在国家、省、市媒体发布新闻340多篇，项目获得健康品牌传播精品案例一等奖、健康科普类图文类作品一等奖等荣誉。

**交流合作**。医院先后举办第四届中国（深圳）智慧医院高峰论坛、中国医疗保健国际交流促进会生殖医学分会2022学术年会暨第六届华夏生殖医学论坛、第二届鹏城急诊急救技术能力综合培训高峰论坛等大型学术会议。申报举办各级继续教育项目71项，员工外出参加学术会议968人次，国内外进修22人次。15批次、合计约120人次国内同行来院参观交流、外单位来院进修达到115人次。筹备举办2022年CHINC大会深圳专场暨第四届中国（深圳）智慧医院高峰论坛，展示"数智治理、提质增效"的智慧医院深圳样板，线上线下6.5万人参会，线下参观超过2000人，其中市级代表团8个。

**智慧医院**。成立全国首家医院内设的智慧医院研究院。建设以院长驾驶舱为代表的院—科系列管理系统，新增应用场景30多个，实现院-科两级管理全流程多维可视化数据治理。以电子病历七级建设为契机，推进与福田两家医院的市

区联动区域医联体建设，顺畅上下转诊渠道，丰富电子病历应用功能和场景。开发人工智能精准导诊功能，目前点击量约 12 万人次。

社会服务。将疫情防控融入日常工作，发挥医院发热门诊前哨作用，筑牢医院安全屏障；外派 7000 多人次支援大规模核酸采样近 120 万人次，医院核酸检测 25.4 万人次；先后派出医护骨干近 400 人次入驻河套应急医疗点、坝光国际隔离酒店，支援香港和广州方舱医院开展医疗救治，支援市内流调，获颁"中央援港应急医院项目优秀单位"。2022 年底，面对新冠疫情，医院迅速进入应急状态，上下齐心，在减员 70% 的情况下，平稳应对药品、重症、设备等紧缺；开设 7 个综合病区收治危重症患者，在近 1 个月时间内累计诊治新冠感染患者近 4 万人次。对口帮扶的龙川人民医院通过中国心衰中心认证，紫金人民医院创建创伤中心，田东人民医院入选全国"千县千院"，喀什人民医院分院顺利建成启用。开展"我为群众办实事"改善医疗服务系列行动，助力无偿献血公益事业，231 名医务人员参与义务献血，献血量达 81,050ml，在市卫生系统中位列第一位。

（陈 涛）

【门急诊楼扩建项目封顶】 8 月 8 日，在医院开院 23 年周年之际，门急诊楼扩建项目主体结构正式封顶并举行封顶仪式。该项目建设是医院年度重点工作，项目位于院区西南侧，由市政府投资，市工务署建设，中建科工施工。项目土建总投资 1.94 亿元，总建筑面积 1.91 万平方米，地上建筑 6 层，地下建筑 3 层。项目旨在解决门急诊超负荷运转大，缓解用房紧张等难题，优化医疗流程，提升急危重症、急诊急救、下级医院转院患者接诊和救治能力，预计 2023 年第一季度投入运营。

（李梦园）

【成立智慧医院研究院和超算中心】 3 月，成立"北京大学深圳医院智慧医院研究院"，促进医院打造智慧医疗、智慧服务、智慧管理"三位一体"的智慧化研究型高水平医院，打造面向大湾区的医信结合、医工结合的"产、学、研、转"一体化研究模式，发挥医院智慧化研究型医院的先行示范作用。此外，医院还投资建设国内医院中整体算力和设备规格最高的超算中心。该中心基于 5G+ 智慧医疗健康平台和浪潮 AI station 打造"5G+ 元脑"的智慧医院综合服务云，可为"AI+ 诊疗"，"AI+ 管理"以及"AI+ 服务"的区域型智慧医院提供支撑。

（李梦园）

【深圳市新华医院项目主体结构封顶】 7 月，深圳市新华医院项目主体结构举行封顶仪式，预计 2023 年 9 月交付，2024 年 3 月试业运营，北京大学深圳医院将作为运营管理单位。项目投资 43 亿元，总建筑面积大约 50.9 万平方米，规划床位 2500 张，停车位 2500 个。作为深圳市政府全额投资的重大民生项目，项目设计理念先进，功能完备，是深圳市打造健康中国"深圳样板"的重要部署，建成后将成为粤港澳大湾区首屈一指的集医、教、研于一体的现代化区域医疗中心。

（李梦园）

# 首钢医院

【发展概况】 组织架构。医院全年机构 / 科室共 75 个，新增门诊部、修复重建外科和毛发诊疗科 3 个科室。医院占地面积 65,610.07 平方米、建筑面积 139,106.9 平方米。

队伍建设。医院在职职工中编制内人员 922 人、合同制人员 961 人、派遣人员 69 人，其中正高级职称 57 人、副高级职称 167 人、中级职称 624 人、初级职称 617 人。执业医师 486 人，注册护士 732 人。护理人员中具有大专及以上学历者占 98.36%、本科及以上占 34.56%，有专科护士 100 人（包括重症监护、手术室、急诊、肿瘤、器官移植等专科护士）。加大人才引进力度，全年引进学科带头人 6 名，打造医院特色诊疗服务；顾晋院长被评为石景山区"景贤计划"顶尖人才、王宏宇副院长被首钢集团评为"二级科学家"。

医学教育工作。承接北京大学医学部 2018 级生物医学英语专业 36 名学生临床教学任务、2017 级西藏大学医学院 19 名临床医学生和其他院校临床、口腔、医技 79 名学生的实习任务。新增北京大学临床检验诊断学硕士研究生授权点，新增北京大学硕士研究生导师 3 人，新增新疆医科大学博士生导师 2 人。录取研究生 9 人。

申报各级继教项目 140 项，获批国家级继教项目 6 项、市级项目 49 项、区级项目 51 项；举办国家级继教项目 5 项，市级项目 19 项，区级项目 24 项，院级项目项共计 67 项。举办第十一届青年教师教学基本功比赛，完成教学查房督导 35 次；获批医学部教育教学研究课题 1 项、医学部学生工作系统课题 1 项；成功组织医教协同会、研究生教育教学工作研讨会和援藏医学教育研讨会等活动。

科研工作。获批立项 15 项纵向科研课题，其中国家级 4 项（国家自然科学基金项目 3 项、中国医学科学院资助项目 1 项）、省市级 8 项（其中北京市自然科学基金 1 项，北京市首都卫生发展科研专项 4 项、北京市卫生健康科技成果和适宜技术推广项目 3 项），共获资助经费 285.3 万元，医院匹配经费 128.3 万元。横向课题立项 9 项，经费 201.42 万元。年内结题 80 项，年底在研课题 89 项。获专利 5 项。

医疗工作。全年出院 30,870 人次，床位周转 33.53 次，床位使用率 70.50%，平均住院 7.61 天。卫技人员与开放床位之比为 1.60：1，执业医师与开放床位之比为 0.54：1，病房护士与开放床位之比为 0.41：1。住院手术 8404 例，其中三级手术占 34.45%、四级手术占 47.89%，日间手术 624 例。初产剖宫产率 29.71%。开展临床路径的科室 25 个、病种153个，入径率44.04%，完成率78.78%。全年临床用血总量10,385单位，其中自体输血191人次433单位。预约挂号占门诊总人次的64.64%。本地医保门诊685,477人次、次均费用648.4元，医保出院21,416人次、次均费用23,269.06元；异地医保出院4842人次、次均费用30,917.53元。重症医学床位（包括ICU、CCU、EICU、MICU、NICU、PICU等）38张。医院药占比（即药品收入占医疗业务总收入的比率）35.49%。门诊抗菌药物处方比例0.57%，急诊抗菌药物处方比例14.38%，住院患者抗菌药物使用率29.58%，抗菌药物使用强度为30.23DDD。

党建工作。共有党支部16个（其中在职党支部15个，离退休党支部1个），党员464人。医院党委认真学习宣传贯彻党的二十大精神以及习近平总书记系列重要讲话精神，聚焦医院重点工作抓党建促发展，有效推进党建工作与业务工作深度融合。强化党委理论中心组学习，严格落实"第一议题"制度；印发《中共首钢医院有限公司委员会关于认真学习宣传贯彻党的二十大精神的工作安排》，及时将学习党的二十大会议精神最新要求落地落实，各党支部召开学习二十大知识竞赛、党课、学习交流分享会等形式多样的主题党日活动。

严格落实全面从严治党主体责任，制定年度任务安排和责任清单；加强基层党组织建设，15个党支部按期完成换届；定期对党支部党建工作进行督导检查，及时反馈整改；通过制度培训、制定相关模板等，不断提高党支部规范化水平；开展制度建设培训，制定制度修订工作计划626条。

畅通信访渠道，成立"接诉即办"工作领导小组，设立办公室，搭建工作架构，明确部门职责，梳理工单处理流程，组织开展相关制度性文件培训，增强管理人员对"接诉即办"及信访工作的责任意识，及时有效地解决问题。积极发挥群团组织作用，凝聚发展合力，通过多个层面、多种形式对涉奥闭环人员、疫情防控一线人员等开展走访慰问，及时传递组织温暖，提升职工获得感和幸福感。

疫情防控。高效推进疫情防控和救治工作，先后抽调5700余人次参与定点医院、方舱、隔离点等工作，顺利完成10万余人次核酸采样工作；组织专家对疑似、危重症新冠阳性患者会诊300余次；积极落实"新十条"政策，充分调配院内资源，紧急扩容急诊、发热门诊区域，增加危急重症收治病区，医务人员带病坚守岗位，全力救治急危重症患者、降低病死率，保障人民群众生命安全。

全年外派隔离点18批次，共114人次；急救转运1批次，共3人次；支援市级（赵子臣处长带队）、区级方舱医院（杨布仁院长带队）2批次，共31人次；流调10批次，共26人次；PCR（Polymerase Chain Reaction，聚合酶链反应）检验2批次，共5人次；长期提供疫苗注射服务，共3420余人次接种。

交流合作。医院牵头的医联体及专科联盟包含17家医院（北京康复医院、北京首钢特钢有限公司泰康医院、古城卫生社区服务中心、金顶街卫生社区服务中心、老山卫生社区服务中心、苹果园卫生社区服务中心、首钢矿山医院、八大处中西医结合医院、同心医院、南宫社区卫生服务站、西黄村社区卫生服务站、杨庄社区卫生服务站、赵山社区卫生服务站、海特花园社区卫生服务站、邯钢医院、首钢水钢总医院、首颐中医医院）。医院加入的医联体及专科联盟有：北京口腔医院专科联盟，同仁医院耳鼻喉专科联盟，中日医院呼吸专科医联体。对口支援与扶贫协作的单位有：内蒙古赤峰市宁城县中心医院，内蒙古莫旗人民医院，包头一机医院。顺利完成服贸会医疗保障任务。8月至9月服贸会期间，医院共派出7人支援保障医疗站，日均服务2.5万人次，共计接诊51人次（工作人员42人次、观众9人次）。

（王翠萍）

【圆满完成冬奥和冬残奥会医疗保障工作】 医院累计派出医务人员40余人次完成保障任务，协调院内各部门（处室）130余人参与冬奥闭环内、外工作人员救治工作。作为定点医疗保障医院，负责保障首钢滑雪大跳台、北京冬奥总部场馆、石景山区、丰台区涉奥酒店及集中驻地，收治闭环内普通患者、闭环外发热患者、闭环外普通患者，共接诊132人次。派驻医疗队至北京冬奥会总部场馆进行医疗保障。期间共接诊317人次，急诊出诊服务2次，转诊首钢医院冬奥专区33人次，采集公务核酸1264人次，并多次进行总部场馆各服务领域急救培训总结及急救竞赛。冬奥期间还支援石景山区涉奥核酸阳性无症状相关人员隔离酒店。医院下属社区卫生服务中心及西十中心医务室为冬奥总部工作人员提供新冠疫苗接种及定期核酸采样服务。派驻医疗队为闭环内新冠核酸阳性无症状感染者隔离酒店提供医疗服务保障。

（叶青）

【获批"国家科技部人类遗传资源保藏行政许可"】 10月9日，医院生物样本库获批中国人类遗传资源保藏行政许可（国科遗办审字〔2022〕BC0111号），成为全国299家生物样本库获批行政许可单位之一。医院生物样本库于2017年2月正式成立，占地约175平方米，截至2022年底样本存储区总库容量约32万份（包括超低温存储区24万份，深低温8万份）。为了此次审批，样本库团队依据法规制度和管理条例要求，逐条完善、修订了申报方案，更新了一系列管理体系文件包括涉及样本保藏相关管理制度78项，技术操作规范近50余项、纪录表格及相关档案150余项。

（邓龙华）

## 国际医院

【发展概况】 队伍建设。医院现有全职医生477人，其中副主任医师级别以上核心专家142人。全年引进副主任医师以上核心岗位专家5人；招聘应届毕业生82人，其中硕士及以上学历17人。选拔任用中青年干部35人，院级干部4人，启动职称评审改革工作，开放专业技术职务高级职称晋升通道。

学科建设。建立学科建设办公室，形成科研教育部牵头职能部门协同工作模式。确立以肿瘤中心、妇产中心、神经中心、心脏中心、骨科中心及健管中心等六大学科建设为重点导向，其他学科持续稳定协同的学科发展方向。肿瘤中心开放日间化疗病房并获批国家癌症中心肝癌规范诊疗质量控制试点单位；神经内科成立癫痫中心；妇产科成立盆底中心；骨科中心强化"微创化、智能化"发展方向；健康管理中心开展专科体检项目。

教学工作。接收五年制本科生，完成4005学时本科生教学任务。4月30日，获批北京大学医学部妇产科（产科）、肿瘤内科、核医学科专科医师规范化培训基地资质。7月至12月，通过基层社区医生临床研修平台接收昌平区基层社区研修医生9名，研修范围涉及心血管内科、中医科、儿科、内分泌科、皮肤科等科室。10月，院务会通过医联体成员单位进行提议，全年接收海淀区东北部医联体成员单位进修医生3名；昌平区医联体成员单位进修医护人员6名。

科研工作。全年立项各类课题42项，其中作为依托单位获批国家级课题1项，北京市课题5项。以第一作者或通讯作者发表SCI收录文章71篇，平均影响因子4.55；其中第一作者单位SCI收录文章33篇。以第一作者单位发表中国科技论文统计源期刊收录文37篇。以医院为专利申请人的专利申请5项，授权专利7项，其中发明专利1项，实用新型专利6项。伦理委员会年审项目541项，加入北京市伦理审查互认联盟。

医疗工作。扩展专病门诊类别，增开11个专病门诊、亚专科门诊。启动急诊应收尽收专项工作，急诊留观抢救床增至40张，建立急诊留观患者分流评价指标体系，实施分流情况与床位实时状况可视化管理方案，全面展现急诊留观运行、专科收治和全院各专科床位资源数据，床位使用率超过100%的天数由79.78%下降至58.25%。启动日间诊疗病房，开放假日全天门诊，假日日均门诊量1449人次，开放周末内镜、泌尿外科夜间门诊与夜间碎石。打通医联体单位就医流程，提前21天开放号源，全年平台放号量180万个，与17家医联体单位建立患者双向转诊通道，推进医联体内60余项检验项目合作与结果互认。加速互联网医疗建设，来自31个科室的156位医生、护师、药师及康复师在线出诊。3月10日，获批北京市产前诊断医疗机构资质，于6月正式开诊，标志着医院产科具备完善的围产期服务能力。11月4日，获批北京市母婴友好医院。12月8日，通过北京市老年健康和医养结合服务指导中心线上验收。

全年点评门急诊处方14.7万人次，点评住院医嘱3万条，监控运行病历3万余份、提醒预警1800余份，抽检点评病例4500余条。开展运行病历质控重点督导工作，运行病历抽甲级率由92%上升至99%。规范诊疗行为，修订医院临床路径，全院35个科室针对137个病种制定1212个临床路径。组织220例多学科会诊；完成国内首例应用Fabulous支架主动脉夹层内脏动脉重建手术，切除罕见19公斤巨大肿瘤；完成医院首例ECMO（Extracorporeal Membrane Oxygenation，体外膜肺氧合）支持下甲状腺未分化癌侵及气管合并困难气道手术；开展北京第三例散光矫正型三焦点人工晶状体植入术。全年完成3751例新技术备案，审批通过48项。

召开16次医疗质量与安全管理委员会会议，完成25项案例讨论，全年接收不良事件589例，完善不良事件管理及分析制度，建立不良事件根因分析机制，制作临床人员不良事件分析归类表，形成不良事件反馈改进机制。优化护士分层管理方案，细化基于清单的三级指标下各维度评价考核方式及合格标准，使护士能级评价更加客观科学。动态调整护士581人次，其中配合医院"六大中心"护士人力调整237人次，结合医院新开病区、合并病区等举措，共调整护士长8人，护士122名，保障各项临床工作顺利进行。根据北京市老年友善医院检查指标，组织老年护理专科护士进行老年患者护理相关培训3项，培训100余人次，梳理老年患者吞咽评估项目并在内科试运行。开展线上护理咨询服务，为具有母乳喂养、新生儿保健及伤口造口等5类问题的群体提供线上咨询服务，及时解决患者相关问题。

完成医疗系统电子签章改造和电子文书归档管理系统。完成电子病历5级评级改造，实现手术交接电子化、手术分级全流程、电子病历分级审签、病历内涵质控等业务提升。优化患者服务体验，优化高端疫苗预约和商业保险患者服务预约系统，落地日间诊疗病房、夜间门诊等业务系统支持。经北京市医疗保险事务管理中心批准，自6月2日起医院增补为北京医保A类定点医疗机构。

党建工作。党政班子密切配合，坚持"三重一大"决策，抓基层、打基础、固根本，完善党政齐抓共管的工作机制，认真部署学习贯彻落实党的二十大精神各项工作。发挥隔离点医疗队临时党支部战斗堡垒作用和党员先锋模范作用。坚持用"科普惠民党建品牌的创建"引领医院中心工作，与大型企事业单位开展主题党日活动、组织线下会诊活动。

疫情防控。全年召开疫情防控工作会议81次。先后6次修订《新型新冠病毒感染防控和医疗管理工作预案》，制定并修订《北大国际医院发生新冠肺炎疫情封闭控制应急预案》，制定优化《封管控区患者就诊及转运流程》，下发疫情防控文件21则；全年开展新冠感染防控知识培训10余次，培训考核8次，专题督导检查31次；组织以突发感染疫情为场景的模拟演练；开发"在院患者及陪护家属核酸检测识别辅助工作"和"中高风险地区及出现病例地区人员排查"等智慧化工具。全年协调8975人次支援核酸采样，644人次支援新冠疫苗接种，164人次入驻集中隔离点及方舱医院；外派12名疾控中心流调人员，5名方舱医院及实验室检测人员；外派9名医护人员支持二级综合医院新冠肺炎防护与救治工作。

管理服务。完善全预算管理体系，实现预算编制、预算监控、预算考核三大体系相辅相成，优化医院资源配置，提高医院管理水平和经营效率。开展核算标准化工作，细化核算收入来源和类型等，对各科室成本进行系统化、精细化分摊，形成医院特有全成本核算管理机制。安装病房卫生间照明感应装置，全年节约用电6.9万度；完成3台内区准运塔填料更换，年节能量约6.61吨标准煤，年节约成本约4.3万元；稳定运行光伏电站，全年发电量77.9万KWh，年节能量约95.74吨标准煤。采取把控科室大额申领数量需求、实施以旧换新、提升科室满意度等管理手段，全年非医材万元消耗约为38.74元，较上年减幅6%。3月15日起，入院患者开始按照DRG（Diagnosis Related Groups，疾病诊断相关分组）实际付费，医院初步建立起以DRG为抓手的科学管理模式。

安全保卫。成立安全保卫委员会，制定《医院安检管理制度》，修订《涉医案例事件应急预案》；建立一支10人应急队伍，实行24小时应急值班工作机制。医院实施全封闭管理，4个出入口均设置安检设备；医院内护士站、急诊诊室重要部位配备一键式报警装置240个，重要出入口增设10个点位人脸识别系统。完善污物管理体系，规范流程环节管理，全年安全处置医疗废物375吨，无重大不良事件。全年开展机电设备相关应急演练17次，消除应急电源系统安全隐患21项，处理突发事件23起，增设燃气报警装置56点位，全年无重大安全生产事故。

医德医风与行风建设。10月，制定并发布《北京大学国际医院行风建设管理制度（试行）》，将行风建设纳入医院年度工作目标及党风廉政建设目标责任中。开拓廉洁微课堂、微视频和廉洁微刊等新载体，在医院院报开设廉政专栏，在官网、公众号发布行风建设警示材料，邀请国家卫健委专家围绕"医疗领域行业作风管理政策与案例分析"进行专题讲座。贯彻落实《医疗机构工作人员廉洁从业九项准则》学习宣教工作，通过进科室宣贯的形式提升临床医技科室全体员工的思想认识，提高自律意识，确保守住底线、不越红线。

完成冬奥医疗保障任务。2月24日，医院抽调46名一线医护人员组成北京大学国际医院冬奥医疗保障队，经过32天坚守，零差错、零感染顺利完成冬奥医疗保障工作。3月21日，医院收到北京冬奥会奥组委和防疫工作组感谢信，感谢医院冬奥保障团队为各国参赛运动员提供国际化医疗保障工作。

（王　迎）

【优化诊疗服务】 9月22日，医院开展日间诊疗服务，制定患者准入、病房管理等日间诊疗相关制度，规范完善日间诊疗使用范围、诊疗流程；建立紧急抢救预案及急诊绿色通道，保障日间诊疗患者安全；建立随访机制，为患者提供诊疗后指导服务，提高服务效率，方便患者就医。为提升全院各科室床位使用率，设计开发"床位使用情况数据可视化看板"系统，实时监测科室床位使用情况，为床位动态调配、床位调整提供决策支持。11月11日，医院以高分顺利通过验收，完成北京市120院前急救站建设。

（秦英芳）

【成立医教研联盟】 1月以国际医院为中心，与北京大学医疗康复医院、北京大学医疗潞安医院、北京大学医疗淄博医院、北京大学医疗海洋石油医院和北京大学医疗株洲恺德心血管病医院共同组成医教研联盟。通过信息互联、互通、共享，促进优质医疗资源合理流动，让患者在家门口就能享受同等优质的医疗服务，逐步建设1+5+N医教研联体模式。"1"是由国际医院牵头，"5"为北京大学医疗产业集团其余五家医院为支撑，"N"代表中长期积极拓展综合医院联盟，提升全国影响，服务全国患者。

（王　迎）

# 滨海医院

【发展概况】 组织结构。医院共有33个临床科室、11个医技科室、22个行政职能处室、3个群团组织、31个专业委员会、18个教研室、1个临床实训中心、2个研究机构；10个国家级临床住院医师规范化培训基地；1个天津市重点实验室，1个天津市医学重点建设学科、1个天津市医学重点发展学科；10个滨海新区医学重点学科、3个滨海新区医学重点建设学科、2个滨海新区医学重点发展学科。

队伍建设。全院职工1615人，其中在编1010人、非在编605人；博士24人、硕士407人；高级专业技术人员221人。引进高层次人才3人，紧缺人才3人，普通人才71人，政策性安置1人，卫生专业技术人才占比91.3%。3月14日，经中共天津市滨海新区委员会组织部研究决定，免去夏萍副院长职务，退休。7月30日，经天津市滨海新区人民政府决定，李晓文任副院长。8月29日，经天津市滨海新区人民政府决定，免去杨万杰副院长职务。9月21日，经天津市滨海新区人民政府决定，高翔任副院长（试用期一年）。

学科建设。受新冠疫情持续影响，北大医学部各学科专家采用线上与线下相结合模式有序开展共建工作；充分发挥线上医疗优势，进行远程医疗指导、会诊、讲课、查房、讨论等工作，并建立科室核心组网络会议制度。开展多种形式的帮扶和支持，全面促进对口科室医、教、研水平的提升。医院全年共参与教学317次，主持病房查房315次，会诊

510次，开展术前讨论32例，临床质控督导305次、质量分析研讨218次、护士长培训11次。

推动实现"院有强项、科有特色、技有专长"。继续加强对儿科学和普通外科学2个天津市医学重点学科建设经费的投入，设立重点学科建设领导小组，落实重点学科专项支持方案。12月14日，通过滨海新区第四周期医学重点学科建设项目评审，医院儿科学、普通外科学、心血管病学、骨外科学、重症医学、神经病学、小儿内科学、小儿外科学、妇产科学和神经外科学被确定为滨海新区医学重点学科；麻醉学、病理学、泌尿外科学被确定为滨海新区医学重点建设学科；内分泌病学与代谢病学、眼科学被遴选为滨海新区医学重点发展学科。

**教学工作。**全年接收外院进修医师共计31人，派出进修学习人员6人。完成北京大学医学部检验系28名学员为期9周理论课教学任务。2月，闫玉兰获"2021年度天津市优秀住培管理工作者"称号，阎丽荣获"2021年度天津市优秀住培指导教师"称号。

**科研工作。**获批国家专利9项、国家自然科学基金项目面上项目1项，天津市科技局科研项目2项、天津市卫健委科技项目7项、天津市护理学会项目1项，滨海新区卫健委科技项目11项。运行药物临床试验项目36项，新承接立项项目14项；运行器械临床试验项目总计10项，新承接立项项目4项。发表国内核心期刊论文11篇、SCI论文20篇。持续推进天津市博士后创新实践基地工作建设。充分发挥中心实验室在科研上的核心作用，与临床科室和护理团队签署战略合作协议，探索着眼临床实际需求、多学科合作、解决临床科研实际问题的科研模式，促进医学科技成果在临床实践中的转化和应用，真正形成科研"取自于临床，服务于临床"的新发展格局。

**医疗工作。**完成门急诊量243.42万人次，较上年增长55.4%；出院病人2.98万人次，较上年增长3.3%。完成各类手术和操作27,637例，较上年减少0.5%；其中四级手术4639例，较上年增长8.8%；平均住院日8.0天，平均病床使用率73.6%。疾病病种数2659个，手术病种数1245个。

加强急诊绿色通道建设，完善急救网络，着力提升医护人员的临床救治能力，打造高效急救医疗服务体系，提升抢救与转运能力，加快胸痛、卒中、创伤、危重孕产妇救治、危重新生儿救治和房颤等中心建设。提升重大急性病医疗救治质量和效率，平均急诊检查时间缩短至28分钟，平均抢救时间缩短至60分钟内，创伤救治成功率提高至97%，重症创伤者死亡率由5.5%下降至2.8%。

充分利用5G+通讯技术，提升远程医疗服务水平，发挥信息系统对医联体的支撑作用，持续推动医联体加分级诊疗工作。医院成立脂肪肝诊疗中心、肺结节中心、胃癌MDT（Multi-Disciplinary Treatment，多学科会诊）、乳腺癌MDT、糖尿病足中心和血糖中心等部门，不断推动向"以患者为中心"的多病共治模式转变。

严格落实医疗核心制度，完善医疗质量控制指标体系，严把质量安全关。重点关注手术患者并发症发生率、Ⅰ类切口手术部位感染率等指标。发布院内《β内酰胺类抗菌药物皮肤试验管理办法》《超说明书用药》等文件，开展院内药物使用监测工作，提升临床合理用药水平。进一步优化中医专病门诊，增加直线偏光、穴位埋线、温灸等特色治疗项目，充分发挥中医药"未病先防、即病防变、瘥后调理"的优势。参与危重病治疗、新冠感染防治等工作，促进中西医结合发展，力争达到"标本兼治"的更优疗效。

全面深入推进智慧医院建设，9月5日，经天津市滨海新区卫生健康委员会批复同意医院开设互联网医院；10月13日，通过天津市滨海新区行政审批局审批，医院独立设置互联网医院，互联网医院信息系统覆盖36个科室、近百名医生；11月1日，国家卫生健康委统计信息中心认定医院2021年度国家医疗健康信息互联互通标准化成熟度测评结果为四级甲等。完善医院病案无纸化归档系统，基本实现院内全院信息共享，门急诊诊断标准化及电子病历工作稳步推进，诊断标准化率达97%。

2月25日，天津市滨海新区卫生健康委批复同意医院增设临床细胞分子遗传学诊疗科目；4月21日，经滨海新区行政审批局批准，同意医院增设核医学专业（门诊）、临床细胞分子遗传学专业。9月，通过PCCM（Pulmonary and Critical Care Medicine，呼吸与危重医学科）咳喘药学服务门诊的线上认证评审，在PCCM咳喘药学服务门诊项目中，被中国医师协会呼吸医师分会、中国药学会药学服务专业委员会、中华医学会呼吸病学分会评为"标准化门诊"。12月30日，天津市滨海新区卫生健康委批复同意医院增加临床心理专业（门诊）。

制定《2022年护理质量分析改善计划》，加强护理质量管理。逐步建立以岗位需求为导向、以岗位胜任力为核心的护士培训制度。启动护理工作标准化实施工程，加强临床护士"三基三严"培训，坚持立足岗位、分类施策，切实提升护士临床护理服务能力。加强新入职护士和护理管理人员培训。护士总数726人，其中在编护士249人、合同制护士477人；护士中有硕士学位7人、本科学历419人。

**党建工作。**医院设有党支部49个，共有在职党员425名、离休党员2名。13名预备党员转为正式党员，新发展预备党员8名。召开党委会46次，领导班子述职述廉评议考核1次，党支部书记党建工作述职会1次，组织理论中心组学习15次，集体研究党建工作32次，集体专题研究廉政行风工作8次，开展党组织书记讲党课92次。深入学习贯彻党的二十大精神，持续抓好党委理论学习中心组和领导班子集体学习。积极组织开展全院党员集中教育轮训，开展学习二十大精神及党章解读党课，开展党徽党旗条例培训，组织观看红色电影。深入开展"迎盛会、铸忠诚、强担当、创业绩"主题学习宣传教育实践活动，共查摆问题414个，已全部整改。开展医药领域腐败问题集中整治工作，加强廉政教育培训，实行"五要五不准"承诺，制定《党委领导班子年度落实全面从严治党主体责任任务清单》《党风廉政建设工作责任分工》《党风廉政谈话制度》等，签定《岗位廉政建设责任书》。全年刊发各类信息600余条。

**疫情防控**。医院不断优化预检分诊诊疗流程，规范隔离病房管理；完善发热门诊建设，严格落实闭环管理，修订各项制度、流程、应急预案20余项。累计完成大规模核酸筛查任务109次，派出医务人员3.2万余人次。提升核酸检测效率，医院核酸检测基地24小时最高完成近35万人次核酸检测，承担滨海新区近五分之一检测量。成立60岁以上老年人疫苗接种攻坚组，累计派出专家及医护团队200余人次，累计接种1500余剂次。组建医疗队支援天津市海河医院、一中心医院水西院区、海滨人民医院、汉沽医院、空港医院、津南医院、黄河道医院等单位，累计派出450余人次。4月2日，组建管理、医疗、护理等专业共18人医疗队执行援沪抗疫任务。8月12日，组建医疗、护理等专业共15人医疗队执行为期18天的援琼抗疫任务。8月18日，选派检验科1人赴西藏昌都开展核酸检测支援工作。11月18日，接管汉沽方舱医院作为新冠救治定点医院，截至12月18日累计收治新冠感染者664人次。

医院作为天津市战区中心医院之一，同时也是滨海新区牵头单位，联合辖区11家片区医院，统筹辖区内各级医疗机构，充分发挥与医联体合作优势，做好分级诊疗、分类管理、上下联动，实现稳定期患者下转，指导基层医疗卫生机构做好高风险人群的健康监测和及时转诊服务，落实首诊负责制和急危重症抢救制度，为急危重症患者提供医疗救治和生命保障。科学有序应对就诊人数激增，实现全院"一盘棋"、"三诊合一"，统筹全院床位，合理收治患者。自"新十条"颁布以来，发热门诊接诊10,575人次，急诊内科接诊7814人次，呼吸科门诊接诊6498人次，儿科三诊7422人次，新入院1992人次。

**医疗援助**。6月21日，选派放射科刘圣源赴雄安新区安新县人民医院开展为期六个月的医疗援助工作。8月4日，选派妇产科张俊萍、普外科李永元赴青海省黄南州人民医院，开展为期一年六个月的医疗援助工作。8月12日，选派心内科李英、放射科于晓坤赴甘肃省天水市张家川县中医院，开展为期一年的医疗援助工作。11月6日，选派普外科马亮亮随中国（天津）援刚果（布）第29批医疗队赴非洲刚果（布）黑角市卢旺基里医院执行为期一年的医疗援助工作。医院作为青海省黄南藏族自治州人民医院定点扶持单位，稳步推进高原特色医学研究所初期筹建准备工作，就高原地方病、蒙藏医药等展开系统研究。坚持选派优秀医疗专家援助黄南州医院，致力于填补技术空白、培养专业人才、提升学科建设水平，力争实现"大病、急病不出黄南"的目标。

**行政管理**。深化公立医院综合改革，深入开展基于RBRVS（Resource-Based Relative Value Scale，以资源为基础的相对价值比率）评估系统的绩效改革，建立内涵丰富的绩效考核评价体系和薪酬分配机制，完善符合医院实际的薪酬制度和奖励性绩效考核办法，制定各科室目标责任书，促使职工参与医院发展由"相对被动型"向"全面主动型"转变。完成疾病诊断相关分组（DRG，Diagnosis Related Groups）付费试点医院实际付费启动工作。逐步推进门诊"慢特病"异地就医直接结算。门急诊留观政策落地实施。完成医保三目升级及相关目录维护工作。申报天津市医保移动支付资质和互联网支付资质。优化财务管理模式，加强内部控制，提高预算编制与控制精细度，实现成本核算数据与结果的精细化。完成普外科、消化内科、检验科、营养科、病理科等科室部分医疗服务项目自主定价。开通电子供应链融资渠道支付货款，提升资金的周转速度与使用效益。加大审计监督力度，完善内控建设，防范经济运行风险。规范合同管理，全过程监督经济合同，保证合同版本的唯一性和可靠性，提高合同会签和合同使用效率。9月23日，医院被国家卫生健康委医院管理研究所评为"医疗器械临床使用管理规范标准项目管理规范基地"。强化风险防范意识，每日现场巡查，定期开展应急演练，组织全面安全生产巡查12次、专项安全生产检查10次、安全生产培训9次、重点部位点对点消防安全培训10次。开展入院安检工作，集中改进院内污水处理、医疗废弃物处置等工作。积极开展国家安全教育日普法等宣传活动。保卫处荣获"天津市2021年度单位内部治安保卫工作成绩突出集体"。

**基本建设**。加快推进新扩建及改造工程项目实施进度，取得项目可行性研究报告批复、初步设计及概算批复等。已完成医院部分科室搬迁、老旧房屋拆除手续办理、原门急诊楼和第二住院部拆除工作。成功申报中央预算内资金，落实建设资金1.4亿元。完成南、北院区控规指标整体调整，于12月取得天津市规划和自然资源局颁发南、北院区（土地部分）不动产权证，其中南院区用地面积59,516.8平方米，北院区用地面积5532.9平方米。

（宋迎、任亮）

【**建设生态城医院**】 3月7日，医院与中新天津生态城管委会签署合作协议，全面接管生态城医院，建设天津市第五中心医院（北京大学滨海医院）生态城医院。滨海新区区委副书记、区长单泽峰，生态城管委会主任王国良共同见证；生态城管委会副主任杨勇和北京大学滨海医院党委书记兼执行院长杜新平代表双方签约并互换签约文件；滨海新区卫生健康委党委委员殷柏林主持仪式。此举进一步优化滨海新区医疗资源配置、深挖医疗服务潜力、激发健康滨城活力；合作共建后，北京大学滨海医院将对生态城医院实行一体化管理，通过输入专家技术资源、强化人才梯队建设，进一步提升生态城医院医疗服务能力，推进滨海新区卫生健康事业迈上更高水平。7月1日，北京大学滨海医院入驻生态城医院仪式正式举行。

（宋　迎、任　亮）

## 校医院

【发展概况】　组织架构。校医院现设有55个临床、医技、职能和管理科室，口腔科、体检科、血液透析室为医院特色科室。10月，完成北京大学昌平新校区医务室医疗机构设置审批。

队伍建设。现有职工361人，其中在编职工91人，劳动合同制人员252人；卫生技术人员320人，其中医师138人，护士140人；正高级职称5人，副高级职称46人。全年调入2人，退休5人。开展业务讲座、培训24场次，全院327人完成医学类在职继续教育学习，达标率100%。完成医师执业变更注册3人次，多执业机构备案26人次，护士执业延续注册10人次，执业地点变更1人次。

教学工作。继续承担本科生"大学生健康教育"公选课授课。北京大学红十字会开展急救大讲堂普及急救知识4次，参与师生万余人；开展线上、线下防艾教育、主题宣传6次；组织在校师生开展无偿献血，354名师生捐献全血85,900ml。

科研工作。参加国家自然科学基金、国家卫健委、北京大学、各省市级项目共计5项，涉及临床应用、慢病管理、以及环境与医学等交叉学科。

医疗工作。全年门诊32.3万人次，日均门诊1306人次；急诊7.0万人次；发热门诊2740人次；住院286人次；健康体检39,330人次，发现教职工健康重大问题并追访1274人，筛查确诊肿瘤41人；为无社会养老保障老人及精神疾患病人免费体检208人次；门诊心理诊疗3618人次、精神疾病类诊疗4425人次；口腔科共接诊7.9万人次，开展牙齿种植、植骨、牙周等手术561例，激光治疗22例，为附中、附小及幼儿园小朋友进行免费口腔检查及操作共1774人次，其中涂氟1774人次、氟化泡沫检查1774人次，窝沟封闭132人次（牙数245颗）；透析54人，全年透析9853人次；新冠核酸门诊检测14,228人次。

院长业务查房12次，门诊病历、住院病历及处方督导、检查24次，护理查房12次，有针对性组织召开医疗质量管理会议10次，医疗应急演练2次，全年住院甲级病历合格率100%。

北京大学各附属医院共19个专业学科派出专家为师生提供诊疗服务，专家诊区出诊专家共计57人，出诊单元368个，接诊学校师生3809人次。

党建工作。全年发展党员2名，预备党员转正7名，转入组织关系3名。至年底共有160名党员。党政班子带领全体员工肩负起北大师生基本医疗保障和学校公共卫生服务的重担，坚持以服务师生、服务患者为医院工作出发点和立足点，深入学习贯彻党的二十大精神、北京市第十三次党代会精神和学校第十四次党代会精神，把师生、患者的健康作为首要任务，克服医院发展中遇到的重重困难，完成各项工作任务，特别是在疫情防控、重要会议和重大活动服务保障工作。

围绕医院中心任务开展党建，落实党员学习教育。把学习宣传贯彻党的二十大精神作为当前和今后一个时期的首要政治任务，及时组织医院党政班子成员、全院党员、干部、职工集中收听收看党的二十大开幕会和新一届中央领导班子新闻记者见面会，党委书记带头讲党课，做领学报告。组织开展系列主题鲜明的党日活动和理论学习。在4-6月初校园实施封闭管理期间，成立临时党支部，围绕疫情防控，始终把战斗堡垒扎在防疫工作的最前沿，确保党旗始终飘扬在抗疫一线。加强支部建设，严格落实"三会一课"制度，积极开展支部评议和民主评议工作，认真开展党员评优。

严格落实全面从严治党主体责任，持续做好中央巡视和学校内部巡视整改，制定和提交"医院党委落实全面从严治党主体责任清单"，不断完善制度建设，规范管理。严格执行"三重一大"民主集中制，严格落实医院党风廉政建设责任制。在医院职工中认真开展"廉洁教育"，签订"医务人员廉洁行医承诺书"。开展党风廉政建设警示教育，强化干部、职工纪律意识和规矩意识，筑牢廉政建设和廉洁行医的"防火墙"。严格落实意识形态责任制，关注职工思想动态。

加强医院党组织自身建设。定期召开党政联席会、医院党委会和支部书记例会，全年召开党委会、支部书记例会36次，党委理论学习中心组集体学习6次，党政联席会18次。严格组织程序，认真做好北京大学出席党的二十大代表初步候选人推荐提名、北京市第十三次党代会代表推荐提名和北京大学第十四次党代会代表选举、"两位委员"选举工作。朱建华、云虹作为党代表出席学校第十四次党代会。

群团工作。医院工会小组现有15个，会员338人。工会关心在职医务人员生活，开展送温暖活动，组织爱心捐款，解决职工困难。在重阳节、春节等重要节日慰问医院离退休职工。利用医师节、护士节开展慰问活动，组织医院职工"喜迎二十大，环雁西湖骑行"、首次组织职工参加学校羽毛球比赛等活动，增强团队精神，提升凝聚力。

疫情防控。组建289人核酸、抗原采样、标本转运及实验室检测队伍，承担冬奥会志愿服务、学校大规模、突发疫情、健康驿站等核酸采样检测工作，在北京高校乃至全国高校是唯一一家由校医院独立完成核酸检测全部过程的高校，保障核酸采集全过程安全和质量保证，是学校实现"校自为战"的重要组成部分，全年完成学校全员核酸检测累计337万人次。在多次重要会议或活动中开展抗原快速筛查检测工作。会同校计算中心结合高校防疫工作特点，联合开发"燕康"核酸检测系统，可实时动态掌握校内人员核酸检测进度、保证持非身份证证件师生的健康宝及时更新结果、能够第一时间发现试管"空管"错误，保证核酸采样效率和检测质量。

组建应急处置小组，对校内发生的突发疫情及早进行流调、人员环境采样、消杀等工作，尽可能降低疫情次生风险。现场处置校内涉疫情类事件23次，参加学校各类活动医疗保障80人次。加强院感防控，完善门诊预检分诊以及发热门诊、急诊等岗位就诊流程，对发热门诊区域合理规范布局，配置发热专用方舱CT。

2022年底，随着疫情防控政策调整，发热病人、老年肺炎患者短时间内急剧增加，医院及时调整工作，第一时间面向学校师生、社区居民及家庭医生签约患者近5万多人公布24小时咨询电话，开通网上咨询、指导居家用药，安抚、疏导师生居民度过疫情高峰，缓解发热门诊就医挤兑现象。紧急扩展门急诊输液空间，增加留观床位，调配全院医护力量支持发热门急诊、病房工作，做到应治尽治、应收尽收。

医院党委第一时间成立离退休人员疫情防治专项工作组，因时因势主动作为，及时向离退休职工公布24小时应急电话，畅通信息交流渠道，主动摸排医院离退休职工健康状况，做到"心中有数"，关心空巢独居、特困、重病等重点人群，做到"一人一策"，为全院离退休职工配发口罩、抗原试剂、体温计等，帮助离退休教职工平稳度过新冠流行期，共同守护老同志生命健康。

**日常卫生医疗保障**。对学校师生进行疫苗接种，接种麻腮风疫苗2951人次、甲肝疫苗169人次、乙肝疫苗140人次、水痘疫苗190人次、乙脑疫苗121人次；为师生接种九价HPV疫苗2902人次、四价HPV疫苗297人次。完成肺结核密接排查工作7次，共筛查115人。完成大学生疑似肺结核防病、隔离14人次。继续开展教职工家属区医疗巡诊服务，开展家庭巡诊及上门医疗服务38人次。医务人员参加学校重大活动医疗保障服务共计92人次。

**公费医疗管理**。全年学校公费医疗拨款1亿元、医事服务费1200万元，北京市拨款6413.6万元，总支出1.64亿元；公费医疗住院报销2041人次、报销金额4465万元，门诊报销19,731人次、报销金额2758万元，其中通过北京大学公费医疗便捷报销平台报销10,050人次、报销金额876万元，便捷报销平台签约师生8136人次。

**社区医疗工作**。医院承担社区卫生服务中心常规公共卫生服务职责，同时在疫情防控中参与涉疫社区人员排摸、检疫和隔离人员观察等工作。全年预防接种24,419人次，一类疫苗17,842人次，二类疫苗6577人次；对24个单位外来务工人员接种麻腮风疫苗163人次、流脑A+C疫苗136人次；为多类人群接种流感疫苗，其中老人969人次，成人1259人次，医护人员170人次，附中402人次，附小1830人次，肺炎疫苗33人次。对辖区重点人群传染病流行病学调查234人次，访视率100%。与燕园街道共同对涉及新冠重点人群进行管理，上门核酸采样共计15,010人次。

医院全年对辖区居民、师生进行家庭医生签约服务43,824人，重点人群签约人数6535人，其中"四类慢病"签约5886人；建立辖区居民健康档案59,077份，老人健康档案7658份；签约服务共计130,799人次。对辖区65岁及以上老年人进行社区卫生健康管理4424人；规范管理高血压病人5200人；规范管理糖尿病病人2298人；规范管理冠心病病人1802人；规范管理脑卒中病人1065人；慢性病人规范管理率87%。

医院辖区0-6岁儿童健康管理人数353人，健康管理率98.5%；儿童系统管理人数342人，系统管理率96.8%；纯母乳喂养率71.43%；医院辖区产妇人数160人，围产儿数162人，产妇产后访视率100%，住院分娩率100%，高危孕产妇141人，高危管理率100%，孕妇早检率100%，孕妇早建册率93.75%，产妇检查率100%。

全年对辖区共开展健康教育大课堂7次，举办12场健康咨询活动，更换宣传栏12次，医院网站发布健康科普文章30篇，涵盖传染病防治、慢病管理、疾病预防等内容。

**医改工作**。3月，医院在前期试点基础上进一步实施住院患者DRG结算数据工作，全年医保患者住院DRG结算测试12人次；4月，医院全面推行医用耗材阳光挂网采购和常态化集中带量采购工作；8月，医院开展医保结算环境安全升级自测工作，执行北京市基本医疗保险个人账户定向使用业务工作的相关要求，同步实施北京市新医保平台上线切换；9月，医院开通本市职工医保个人账户资金定向使用、个人账户资金家庭共济业务；12月，医院同步完成第三批非国家医保药品目录药品品种调整工作。

**基础设施建设**。新购置彩色超声诊断仪、电子计算机断层扫描仪、蒸气灭菌器、聚合酶链式反应仪等医疗设备；新增固定资产938万元。

**行风建设**。紧扣国家政策要求，围绕医院大局，在具体工作中展现医院行风建设良好风貌，为师生健康保驾护航。收到师生患者表扬信22封，锦旗8面；患者满意度98%。

（姜天乐）

其他单位

# 图书馆

【发展概况】 组织结构。2022年图书馆领导班子成员：馆长陈建龙，党委书记郑清文，副馆长别立谦、刘素清、童云海、姚晓霞、祝帅（挂职），党委副书记周春霞。10月，学校任命祝帅为副馆长（挂职），任期一年。

6月至9月，启动并完成图书馆组织机构调整、中心正副主任岗位聘任、及2022年图书馆部分馆员岗位聘任工作。图书馆内设8个业务部门、2个管理部门、和6个挂靠机构。业务部门分别为：知识资源服务中心、文献资源服务中心、古籍资源服务中心、特藏资源服务中心、协同服务中心、数据服务中心、计算服务中心、研发服务中心。管理部门包括项目管理中心、综合管理中心，其中综合管理中心下设7个办公室，分别是：人事与馆员发展办公室、用户关系办公室、后勤保卫办公室、分馆管理办公室、科研管理办公室、受赠与合作办公室、综合办公室。挂靠机构分别为：中国高等教育文献保障系统管理中心（CALIS, China Academic Library & Information System）、中国高校人文社会科学文献中心（CASHL, China Academic Humanities and Social Sciences Library）、教育部高等学校图书情报工作指导委员会秘书处、中国图书馆学会高等学校图书馆分会、北京大学数字图书馆研究所、北京大学亚洲史地文献研究中心。

党建工作。图书馆党委共有党员179人，其中在职党员119人（含合同制党员17人），离退休党员60人。2022年发展党员1名，入党积极分子4名。图书馆党委设立教工党支部9个。9月，完成支部调整、支部换届工作。开展党支书抓基层党建述职评议考核工作；获批2项基层党建创新立项项目：《强化党建引领，促进协同增效，推进李大钊文献资源数据平台建设》和《党史研究专题期刊文献整理、分析及资源库建设》。

队伍建设。截至2022年底，图书馆共有事业编工作人员148人，合同制工作人员69人。事业编工作人员中正高级职称21人、副高级职称55人、中级职称64人。全馆工作人员中，博士学历27人，硕士学历123人，本科学历49人。2022年入职15人，退休5人。

开展"能力建设年"工作，完善专业馆员培训体系建设。2022年度参训馆员37人，开展讲座培训46场。建立创新激励体系，设立馆员"4A创新力优胜奖"，优化图书馆"五四"创新力报告会制度。召开第十五届图书馆"五四"科学报告会、寒暑假发展研讨会。启动图书馆重大实验项目招标和研发工作，组织第二届图书馆创新案例评选活动。

学习、宣传和贯彻党的二十大和学校第十四次党代会精神。完善图书馆党委理论学习中心组学习制度，每月开展一次领导班子集中学习研讨。整理挖掘馆藏革命文献资源，完成《革命文献图录》整理工作。探索大钊阅览室思想政治教育模式，推进党史学习教育常态化、长效化。与党委宣传部联合举办"喜迎二十大 奋进新时代——北京大学改革发展十年成果图片展"。

疫情防控。2022年5月16日至6月6日，11月16日至12月11日，学校进一步加强出入校管理，图书馆严格落实各项疫情防控规定，组建"馆员志愿者队伍"留校驻守，发扬不怕吃苦、连续作战精神，坚持在服务岗位一线，同时保证线上服务正常运转。图书馆首次在十一法定节假日期间提供楼内服务，保障师生需求。

馆舍管理。做好馆舍环境的消杀，严控临时人员和车辆出入校的清查工作。制定《图书馆夜间安全保卫值班工作方案》，安排馆员夜间常态化驻馆值守。调整东西区空间功能布局，完成西区导视系统设计制作与安装工作、西区卫生间的整体改造更新。

资源建设。2022年，总馆新入藏中外文图书12万6千余册。完成图书馆2022年度中外文纸本书刊招标工作。推进各院系资源建设小组参与文献资源建设，召开"2022年度北大图书馆大套书采购论证会"，完成大套书采购88种（3399册）。探索"主动联系和征集"业务模式，拓展捐赠途径和方式。2022年接受捐赠普通中文图书10,390册、外文图书2804册，接受古籍、特藏捐赠93册，接受燕京大学北京校友会捐赠人民币100万元，用于开展对燕京大学及其相关的文献史料的整理、揭示、研究、保存等工作。

文献资源组织与揭示。2022年，总馆完成图书编目78,472种（126,187册），其中中文图书56,527种（101,782册）、外文图书21,945种（24,405册）。完成杜维明赠书等的编目和特藏中心西文善本回溯编目7524册。开展本馆数据库与CALIS数据库的重复数据、简编数据、不规范数据的清理工作。

启动馆藏10万册未编古籍、25万册民国旧藏书刊的清点与编目工作，截至2022年12月已清理出部分明刻善本、珍贵特藏及名家专藏。完成邓广铭赠书的编目审校共计354种6458册，其中善本55种507册。推进东亚汉籍教学项目，开展日本版古籍目录整理3084种，其中稿抄本261种、刻本1764种、活字本76种、其他版本（影印、铅印、石印、油印等）983种。朝鲜本目录215种。

参加CALIS联合目录建设工作，中文、西文、日文、俄文、小语种书目数据以及馆藏数据上载量在全国高校中均名列前茅，中文、西文原始编目数据提交量在CALIS各成员馆中均名列第一。

总分馆建设。7月7日，线上线下同步召开北京大学文献保障与信息服务发展委员会2022年工作会议，推动文献保障与信息服务体系的建设与完善。

开展分馆古籍文献编目审校工作，完成儒藏分馆全部线装书编目审校工作。完成25家分馆自助文印设备的巡检和系统升级。建立全校分馆图书专用信息化设备故障报修表单登记制度及检修流程规范。走访外国语学院、数学等院系分馆开展调研，调研整理业务需求。助力附小分馆申报2022年IFLA第19届图书馆营销奖，获全球第二名。

**古籍与特藏保护整理。**完成李氏专藏清刻本破损调查3800余册及清稿抄本修复专题的科学分析工作。完成名家阅览室所有名家著作和藏书的核对工作，完成371个名家简介名牌设计与展示工作。继续从特藏未编书中发掘珍贵特藏文献。

**馆藏资源数字化与专题数据库建设。**完成大仓数据库的扫描工作，继续深入开发大仓数据库。推进柳风堂旧藏拓片数字化工作，发布拓片图像2100余幅。完成《北大日刊》《北大周刊》等特藏资源扫描及核对工作，启动子民图书室藏书等革命文献扫描工作。

**全面服务学校"双一流"建设。**为高层次人才的论文查收查引和科技查新需求开辟绿色通道服务，2022年完成查收查引累计2089人次，查询文献近13,000篇。探索开展科研人员流动情况分析。结合"双一流"建设，开展研究态势分析、研究前沿分析、院系发文分析、个人成果分析、期刊发文分析。

协同科技开发部落实《北京大学国家知识产权试点示范高校建设工作方案》，开展系列知识产权讲座服务和世界知识产权日活动，发布北京大学专利信息季（年）报。

开展社会化的情报服务工作，开展中石化智能油气田方面的技术领域分析。推进中关村知识产权促进中心的高校知识产权信息服务共建项目，开展面向中关村高新企业的知识产权服务。

**协同育人。**推进古籍、特藏资源嵌入式教学服务，嵌入刘玉才教授"东亚汉籍专题研究"研究生课程。与院系的专业论文写作课程合作，参与外国语学院"批判性思维与学术写作"、哲学系"哲学阅读与写作"等课程的教学。开设全校通选课"电子资源的检索与利用"。

优化拓展"带班图书馆员"服务，编制《带班图书馆员服务指南》，为2022级88个新生班级配备了专属馆员，实现了校本部所有本科新生班级全覆盖。

2022年，线上线下举办"一小时讲座"共99场，参加人次达13,874；院系专场讲座32场，参加人次为1282；科学报告厅和艺术鉴赏厅共组织讲座/活动64场，参与8031人次；推出"软件达人"系列主题微视频7个。

**校园文化建设。**举办"共读《中华文明史》"阅读文化节系列活动，评选未名读者之星、改版《北京大学阅读报告》。举办"百年前北京大学学术系列展1922"、"灵气所钟——山东临朐红丝砚历史文化展"，开展"大美课堂"之生物之美、化学之美、数学之美系列讲座，举办毕业季、迎新季系列活动，打造校园文化矩阵。建立常态化图书馆志愿服务活动运营体系，完成图书馆视觉设计工作室的换届与招新工作，指导图书馆之友社团运营，推进用户关系发展。

**信息化建设。**构建以用户为核心的一站式读者服务生态系统，提供资源获取一站式服务。推进虚拟化平台建设、综合信息管理平台建设、北大图书馆图片视频资源平台建设、知识产权信息服务平台建设、学科情报订阅服务管理平台建设。上线使用双流通模式下的新一代图书馆知识资源管理服务平台小程序。为物理学院定制开发成果数据管理与评估平台，支撑学科服务与教学科研。

推进数字资源长期保存项目，完成国家数字科技文献保存体系（NDPP）北大节点工作，开展Elsevier SD数据库专项工作，完善北京大学图书馆长期保存工作安全管理体系。

**科研工作。**2022年，图书馆（总馆）科研项目总数为15项，其中新立项7项，新完成4项。全年拨入图书馆（总馆）的科研经费共138万元。图书馆（总馆）共有成果80项，其中学术期刊论文73篇，其他文献（会议论文、标准规范、研究报告、报纸及其它等）7项。

**社会服务。**制作馆藏珍贵文献高仿品参加中国国家版本馆落成典礼展览。受教育部委托，为雄安新区大学园图书馆项目提供咨询服务，助推雄安数字图书馆建设和发展。举办"数据资源增值服务研讨会暨CALIS第二十届引进数据库培训周"、中国高校人文社会科学文献中心（CASHL）2022年中心馆馆长联席会议，举办教育部高等学校图书情报工作指导委员会主任会议、2022年高校图书馆发展论坛、教育部高校图工委第五次工作会议。按照全国信息与文献标准化技术委员会有关要求，设立文献存储要求与保存条件分技术委员会秘书处。完成《图书在版编目数据》（CIP）标准修订。完成《中国高校人文社会科学文献中心建设和运行管理办法》《中国高校人文社会科学文献中心经费管理办法》的修订。

（邵亚雄）

**【北京大学2022年阅读文化节】** 图书馆自2012年开始举办庆祝"世界读书日"系列活动，每年围绕不同主题开展专题讲座、举办阅读摄影展和阅读马拉松等活动。2022年图书馆举办以"书香迢递，斯文在兹：共读《中华文明史》"为主题的阅读文化节，通过内容丰富、形式多样的活动让不同学科的同学通过阅读深入了解中华五千多年的文明史，体悟中华文化魅力，增强文化自信和民族自豪感。4月22日，北京大学2022年阅读文化节开幕式暨《中华文明史》主题讲座在图书馆科学报告厅举办。图书馆馆长陈建龙对活动的理念创新和内容升级进行系统介绍，并以视频方式为本届阅读文化节主题、学术巨著《中华文明史》一书进行导读。北京大学团委记户国栋等为2021年度北京大学"未名阅读之星"获奖者颁奖。北京大学副校长王博做"'六经'与儒家秩序的构建"主题讲座。

2022年阅读文化节开展贯穿全年的系列阅读文化活动，举办数十场以传承中华优秀传统文化为主题的讲座，综合评选"未名阅读之星"并进行表彰，联合发布《北京大学学生阅读报告》，举办系列展览、中华文明知识竞赛及丰富多彩的读者体验活动。

（邵亚雄）

【邓广铭藏书捐赠仪式暨邓广铭先生诞辰115周年纪念活动】 3月16日上午，"史家关钥，学术津梁——邓广铭藏书捐赠仪式暨邓广铭先生诞辰115周年纪念活动"在北京大学古籍图书馆阅览室举行。校长郝平、副校长孙庆伟、教育基金会秘书长李宇宁、图书馆馆长陈建龙等出席仪式。邓广铭先生之女邓可蕴女士、邓小南教授，以及历史学系、中国语言文学系、哲学系及人文社会科学研究院师生代表到场参加此次活动。捐赠仪式由图书馆副馆长别立谦主持。

陈建龙在致辞中向邓小南教授和邓可蕴女士的慷慨相赠、嘉惠学林表示感谢，并介绍图书馆接收邓广铭藏书的相关情况。邓小南讲述父亲邓广铭先生与北京大学图书馆的不解之缘。随后，陈建龙与邓可蕴、邓小南签订捐赠协议，李宇宁向邓小南颁发感谢状，孙庆伟向邓可蕴、邓小南颁发受赠证书。郝平代表北京大学向邓可蕴女士、邓小南教授及其家人的无私捐赠表示感谢。仪式结束后，郝平、陈建龙陪同邓可蕴、邓小南以及到会专家学者前往图书馆古籍书库参观邓广铭藏书，并合影留念。

此次赠书总计353种、6458册，其中善本55种、507册，保存完好，具有重要的文物价值和极高的文献价值，版本类别涵盖明、清至民国的刻本、抄本、活字本、石印本等多种形式，内容主要是宋代史籍和宋人文集，部分赠书还有邓先生的批校，其中批校满纸的《涑水记闻》和《续资治通鉴长编》颇能反映先生的学术取向，善本中有明刻本《慈溪黄氏日钞分类》等稀见古籍文献。

（邵亚雄）

【组建馆员志愿者队伍】 5月16日至6月6日、11月16日至12月11日，学校落实各项疫情防控规定，严格控制出入校管理。图书馆动员全体馆员，组建"馆员志愿者队伍"，由馆长陈建龙带队，入住图书馆，驻守读者服务岗位一线，同时保证线上服务正常运转，确保全年照常开门服务。驻馆期间，图书馆平均每日服务入馆读者6117人次，比去年同期高出10%。日均接待现场咨询100余人次、电话咨询50余人次，完成送书到楼服务量近30本，平均每日处理文献传递10余单、馆际互借图书10余本；古籍特藏服务正常开展。10月1日至3日，为满足疫情期间用户需求，图书馆周六日照常开馆，为在校师生提供入馆服务。

驻馆期间，图书馆成立"疫情防控与坚守服务工作专班"，每晚由馆长牵头开会研究解决师生关切的问题，及时调整全馆服务政策与方式。调整校外师生还书政策，接收闭馆分馆还书，邮递还书方案，维修自助还书机，解决研修专座使用，制订图书馆毕业季工作方案，全力为读者提供最好的服务。

（邵亚雄）

【获2022年高校知识产权信息服务中心联盟优秀案例一等奖】 11月23日，由教育部高等学校科学研究发展中心、国家知识产权局公共服务司指导，高校知识产权信息服务中心联盟主办的"第五届高校知识产权信息服务中心联盟年会暨高校知识产权信息服务研讨会"线上举行。北京大学高校国家知识产权信息服务中心报送的《北京大学知识产权在线服务平台——在线联动 协同创新的知识产权在线自助服务探索》服务案例获一等奖。图书馆协同服务中心副主任王怡玫作为中心代表在大会研讨环节作案例分享报告。

该案例是协同服务中心面向高校知识产权全流程的实际需求，利用信息化的数字赋能手段，开展专利信息服务的实践成果之一。北京大学知识产权在线服务平台由图书馆协同科技开发部联合完成，平台以校内师生的实际需求为导向，提供一站式的知识产权信息服务。平台包括北京大学知识产权信息服务、北京大学知识产权管理服务两大主要模块，涉及依附其开展的知识产权教育、专利咨询、专利分析等服务内容，借助信息化手段建立起服务科技成果创造、保护、管理、运用全流程的在线服务体系。

（邵亚雄）

【在线召开2022年高校图书馆发展论坛】 11月3日，2022年高校图书馆发展论坛在线开幕。论坛由中国图书馆学会高等学校图书馆分会、中国高等教育文献保障系统（CALIS）管理中心、中国高校人文社会科学文献中心（CASHL）管理中心、北京大学图书馆主办，广西大学图书馆承办。来自国内高校图书馆和相关行业的嘉宾、学者、馆长及馆员代表共约1500人在线参会，观会6000余人次。会议主题为"图书馆高质量发展与现代化建设"。本次论坛开设四个分论坛，分别就"面向学科发展的资源建设与服务协同""以用户为中心的服务创新与管理优化""图书馆数字化转型与智慧服务体系建设""图书馆联盟合作与新发展格局构建"四个分主题及其它与图书馆高质量发展相关的内容，由36位高校图书馆领域的专家学者和科技情报、信息技术等领域的专家发表主旨演讲。11月4日上午举行"馆长圆桌会议"，就高校图书馆如何构建更加友好的高质量发展生态、图书馆馆员队伍建设如何树立"人才是第一资源"等内容进行研讨交流。

（邵亚雄）

【研究制定《北京大学图书馆章程》】 2022年底，图书馆研究制定《北京大学图书馆章程》。章程是图书馆治理体系和治理能力现代化的基本要求，是图书馆依法办馆、履行公共职能的基本准则，也是制定内部管理制度及规范性文件、实施办馆和管理活动、开展社会合作的基本依据。章程按照上级和学校有关规定，载明北京大学图书馆的历史特征、机构性质、发展定位、使命目标、体制机制、基本职能、人员组成、内设机构、业务体系、社会责任等内容。章程已经全馆教代会讨论、党委会审议、党政联席会审定。章程的制定是对图书馆长期以来实践经验的系统总结，标志着图书馆治理体系现代化基本制度的确立和治理能力现代化的新进展。

（邵亚雄）

【附表】

表 12-1 北京大学图书馆 2022 年度新增文献资源统计

| 项目 | | 中文 | | 外文 | | 总计 | |
|---|---|---|---|---|---|---|---|
| | | （册/份/个） | （种） | （册/份/个） | （种） | （册/份/个） | （种） |
| 实体资源 | 普通图书 | 61,430 | 111,513 | 17,096 | 17,848 | 78,526 | 129,361 |
| | 期刊 | 1937 | 1937 | 851 | 851 | 2788 | 2788 |
| | 报纸 | 67 | 67 | 21 | 21 | 88 | 88 |
| | 学位论文/博士后出站报告 | — | — | — | — | 7673 | 7673 |
| | 拓片 | — | — | — | — | 233 | 233 |
| 电子资源 | 多媒体 | — | — | — | — | 65 | 81 |
| | 数据库 | — | 197 | — | 213 | — | 410 |
| | 电子期刊 | — | 40,088 | — | 38,252 | — | 78,340 |
| | 电子报纸 | — | 468 | — | 975 | — | 1443 |
| | 电子图书 | — | 1,007,320 | — | 587,041 | — | 1,594,361 |
| | 电子学位论文 | — | 10,664,344 | — | 940,000 | — | 11,604,344 |

注：①普通中文图书：包含内地版普通中文图书、年鉴方志、线装书籍、港台图书。

（邵亚雄）

表 12-2 2018 年至 2022 年北京大学图书馆读者服务总体情况统计

| 统计项目 | 2018 | 2019 | 2020 | 2021 | 2022 |
|---|---|---|---|---|---|
| 入馆人次 | 1,216,252 | 1,363,290 | 771,221 | 1,803,164 | 1,645,961 |
| 纸本借阅册次 | 719,639 | 760,298 | 476,674 | 704,399 | 568,560 |
| 馆际互借/文献传递（篇次/册次） | 17,949 | 19,056 | 13,257 | 20,797 | 18,268 |
| 信息服务业务量（个） | 1335 | 1469 | 1671 | 2090 | 2273 |
| 信息素质教育服务场次 | 134 | 128 | 120 | 167 | 131 |
| 电子资源检索频次 | 334,906,836 | 155,542,783 | 102,537,685 | 181,668,574 | 203,482,579 |
| 电子资源全文下载篇次 | 42,129,113 | 131,090,741 | 120,375,926 | 121,675,797 | 648,370,521 |
| 多媒体资源在线检索与点播频次 | 5,009,937 | 4,858,721 | 4,581,074 | 1,067,263 | 676,229 |

注：①因爱如生古籍数据库变更服务方式，仅提供全文复制，无法全文下载。2022 年电子资源全文下载篇次的统计中将该库数据进行剔除。

（邵亚雄）

表 12-3 2022 年度图书馆开展校园文化建设系列活动统计表

| 序号 | 时间 | 主讲嘉宾 | 主题 | 活动系列 |
|---|---|---|---|---|
| 1 | 3月18日 | 朱凤瀚 | 朱凤瀚讲《先秦的政治文明》（"甲骨文与商文明"） | 《中华文明史》系列讲座 |
| 2 | 3月29日 | 陈苏镇 | 陈苏镇讲《秦汉魏晋南北朝的物质文明》（"汉代的豪族"） | 《中华文明史》系列讲座 |
| 3 | 4月22日 | 王 博 | 王博讲《先秦的精神文明》（"六经与儒家秩序的构建"） | 《中华文明史》系列讲座 |
| 4 | 4月28日 | 韩 巍 | 韩巍讲《先秦的物质文明》（"黄土与青铜——中国早期文明之魂"） | 《中华文明史》系列讲座 |
| 5 | 10月11日 | 张 帆 | 张帆讲《隋唐至明中叶的物质文明》（"近世"的酝酿、产生和曲折延续：隋唐宋辽金元的社会变化） | 《中华文明史》系列讲座 |
| 6 | 10月25日 | 陈少峰 | 陈少峰讲《隋唐至明中叶的精神文明》（"致虚极、守静笃"的道德文明） | 《中华文明史》系列讲座 |
| 7 | 11月11日 | 阎步克 | 阎步克讲《秦汉魏晋南北朝的政治文明》（秦唐间的政治体制轨迹：中轴线与螺旋线） | 《中华文明史》系列讲座 |
| 8 | 12月8日 | 张春海 | 张春海讲《隋唐至明中叶的政治文明》（华夏制度文明在"断裂"下的延续与重生） | 《中华文明史》系列讲座 |
| 9 | 3月25日 | 邱振中 | 王铎与书法中的"先在" | 走近中国书法系列讲座 |
| 10 | 4月8日 | 祝 帅 | 老北大与中国书法研究 | 走近中国书法系列讲座 |
| 11 | 4月19日 | 祁小春 | 古籍版刻书迹例说 | 走近中国书法系列讲座 |
| 12 | 4月29日 | 刘 恒 | 清代的碑学及其影响 | 走近中国书法系列讲座 |

(续表)

| 序号 | 时间 | 主讲嘉宾 | 主题 | 活动系列 |
|---|---|---|---|---|
| 13 | 4月18日 | 范 凡 | 戊戌变法与开书藏——中国近代图书馆的产生 | "图书馆员开讲啦！"系列讲座 |
| 14 | 11月3日 | 栾伟平 | 北大图书馆藏晚清妇女报刊概览 | "图书馆员开讲啦！"系列讲座 |
| 15 | 12月 | 邹新明 | 西文图书中的清末图像 | "图书馆员开讲啦！"系列讲座 |
| 16 | 12月 | 戴锦华 | 戴锦华领读《微物之神》 | "第三届阅读马拉松"教授领读系列 |
| 17 | 3月 | 吴 飞 | 吴飞领读《古代社会》 | "第三届阅读马拉松"教授领读系列 |
| 18 | 4月 | 贺桂梅 | 贺桂梅领读《毛泽东诗词欣赏》 | "第三届阅读马拉松"教授领读系列 |
| 19 | 10月 | 雷少华 | 雷少华领读《棉花帝国：一部资本主义全球史》 | "第三届阅读马拉松"教授领读系列 |
| 20 | 10月 | 罗 炜 | 罗炜领读《中国心灵》 | "第三届阅读马拉松"教授领读系列 |
| 21 | 11月 | 孙飞宇 | 孙飞宇领读《金翼》 | "第三届阅读马拉松"教授领读系列 |
| 22 | 11月 | 王洪喆 | 王洪喆领读《奇云：媒介即存有》 | "第三届阅读马拉松"教授领读系列 |
| 23 | 3月18日 | 顾红雅 | 燕园草木之美 | 大美课堂之生物之美 |
| 24 | 3月25日 | 罗述金 | 虎年观虎 | 大美课堂之生物之美 |
| 25 | 4月1日 | 唐 平 | 自然摄影 | 大美课堂之生物之美 |
| 26 | 4月8日 | 李 晟 | 飞羽之美——我们身边的鸟儿 | 大美课堂之生物之美 |
| 27 | 4月15日 | 张 蔚 | 蝴蝶之美——拟态的奥秘 | 大美课堂之生物之美 |
| 28 | 4月22日 | 刘轶群 | 扫描电镜下的生物之美 | 大美课堂之生物之美 |
| 29 | 9月23日 | 郭 强 | 生命科学与视觉传达 | 大美课堂之生物之美 |
| 30 | 10月7日 | 李广伟 | 生长的艺术 | 大美课堂之生物之美 |
| 31 | 10月21日 | 孟世勇 | 方寸之间的大千世界 | 大美课堂之生物之美 |
| 32 | 11月4日 | 陈 兴 | 诺贝尔化学奖解读：因简单而美丽的点击化学与生物正交化学 | 大美课堂之化学之美 |
| 33 | 11月11日 | 王 杰 | 音乐与数学 | 大美课堂之数学之美 |
| 34 | 11月11日 | 吴钊、彭锋、陈均 | 古琴音乐发展与审美标准 | 大美课堂之中华传统艺术之美 |
| 35 | 9月28日 | 尹 力 | 专利基础知识及技术交底书撰写。 | 2022年度北京大学知识产权专题培训 |
| 36 | 10月21日 | 范腾腾 | 睡眠健康管理 | 心理健康系列讲座 |
| 37 | 11月7日 | 闫 萍 | 专利挖掘及技术交底撰写 | 2022年度北京大学知识产权专题培训 |
| 38 | 5月4日至9月1日 | | 灵气所钟——山东临朐红丝砚历史文化展 | 展览 |
| 39 | 10月4日开展 | | 喜庆二十大 奋进新时代——北京大学改革发展十年成果图片展 | 展览 |
| 40 | 全年 | | 中华文明史书展 | 书展 |
| 41 | 4月至9月 | | 阅读马拉松+年度之书书展 | 书展 |
| 42 | 10月 | | 线上书展：2022年诺贝尔文学奖得主安妮·埃尔诺著作推荐 | 书展 |
| 43 | 2022全年 | | 陆续放映《孔子》《梁山伯与祝英台》《李时珍》《八仙的传说》《红楼梦》《卧虎藏龙》《百鸟朝凤》《红娘》等与中国传统文化相关的影片。 | 影展 |
| 44 | 全年不定时 | | 雕版印刷体验 | 文化体验系列活动 |
| 45 | 全年不定时 | | "我在北大修古籍"——古籍修复展示 | 文化体验系列活动 |

（邵亚雄）

# 医学图书馆

【发展概况】 组织结构。医学图书馆设有6个部室，分别是综合业务办公室、采访编目部、系统部、流通阅览部、信息咨询部、数据部（筹）。设有3个虚体机构，分别是全国医学外国教材中心、中国高等教育文献保障系统全国医学文献信息中心（CALIS, China Academic Library & Information System）、北京大学医学信息咨询中心。

综合改革重点工作。医学图书馆采购电子资源使用统计分析报告，优化配置数据库资源，分析数据库基本情况、期刊列表以及资源分析。研究电子期刊数量、全文总使用量及刊均全文使用量，总结影响因子较高和使用频率高的电子期刊，分析今后发展重点。

队伍建设。2022年，医学图书馆共有事业编职工42人，其中正高级职称3人，副高级职称11人，中级职称24人。全馆职工硕士学位26人，本科学历10人。2022年退休2人。现任馆长张大庆。

党建工作。医学图书馆党支部现有正式党员22人。支部40岁以下党员14人，占比63.6%，35岁以下党员6人，占比27%，女性党员20人，男性党员2人。王金玲任支部书记兼纪检委员，张燕蕾任宣传委员兼统战委员，殷蜀梅任组织委员。2022年，在北京大学党委的领导和医学部机关党委的指导下，医学图书馆党支部以习近平新时代中国特色社会主义思想为指导，学习宣传贯彻党的二十大精神，围绕医学图书馆业务做好新馆建设、疫情防控开展工作。2022年，受新冠肺炎疫情影响，党支部采用网络视频会议和微信群等非聚集形式进行政治理论学习和组织生活，传达机关党委精神、组织党员学习和活动。在疫情防控方面，2022年支部多人参加医学部及家属区核酸检测先锋队工作、肖家河家属区核酸检测及送菜工作，5月初至6月8日承担疫情防控住校值班任务，9月至10月承担疫情防控电话值班任务，11月至12月承担疫情防控住校值班任务。

资源建设。2022年，对印刷性资源进行保障建设，对电子资源进行重点建设，继续开展捐赠资源建设。在电子资源建设方面，延续"先评估、后订购"方针，着重保障学科建设的必备资源，对已订购的电子资源使用状况进行分析，宣传推广，提高资源利用率。在纸质资源建设方面，以读者需求为主，结合馆藏建设学科分布规划，采购重点学科、交叉学科以及有收藏价值的书刊。2022年9月，图书馆通过网站对医学图书馆单一来源数据库续订进行了采购公示。2022年，医学图书馆新增外文图书751册，中文图书5026册、期刊7615册。医学图书馆作为高校图书馆数字资源采购联盟（DRAA, Digital Resource Acquisition Alliance of Chinese Academic Libraries）的牵头馆之一，承担医学文献数据库的组团责任，组织完成11个数据库的集团采购，每个数据库的引进都经过试用、评估、谈判及订购环节。在全国范围内开展馆际互借与文献传递工作。

校园文化建设。2022年，根据疫情防控要求，医学图书馆利用网上平台，以官方网站、官方微信、微博为媒介，开展服务师生的各类型阅读推广、文献知识推广活动，发布《北大医学阅读报告》。建立"医启"读书会，在三八节期间与工会联合开展荐书活动，启迪师生热爱读书，形成良好读书氛围。

读者服务。2022年，医学图书馆完成60份医药卫生科技查新报告，130份论文收录引用报告，470人次学位论文查重。对师生开展各级各类培训，累计完成多种文献检索教学任务126学时，培训学生151人次。

知识服务。2022年，医学图书馆以文献计量学、情报分析为抓手，提升和发展学科知识支撑服务，为公共卫生学院提供2017—2022年各系所中心和学科群进行科研产出分析，发布《北大医学科研产出计量报告》。

社会服务。医学图书馆受阜外医院委托完成《中美心血管研究战略分析》报告，字数2万字，收集数据资料共400M。受中国医学装备协会眼科专业委员会邀请，对中外眼科学研究进行比较分析，主要内容包括比较中外眼科学近十年的研究产出、高被引论文等。

建设北大医学机构知识库。北大医学机构知识库（以下简称"机构库"）以动态可视化方式展现北大医学的科研成果，为北京大学医学学科评价、学术竞争力评价、个人学术水平评价等提供决策依据。2022年，机构库累计上载条目18万余条，全文7万余篇，浏览总量250万余次，全文下载总量9万余次。

建设重大传染病史数据库。重大传染病史数据库建设主要包括数据库结构建设、结构优化、数据获取、数据清洗、数据组织与数据导入。数据来源包括各大中外文论文数据库、国家图书馆学位论文数据库、数十所图书馆的书目信息、豆瓣影视作品信息、原新冠肺炎信息收集小组积累的传媒信息、在馆纸本书电子化资源等。2022年，数据库共导入数据近48万条，部分含有全文。

疫情防控工作。2022年，医学图书馆疫情防控常态化，开展24小时读者网络、邮箱、电话咨询服务。图书馆馆员参与建设专班的日常24小时值班和暑期值班，疫情期间的住校工作和24小时服务机制。

（翁蕾鸣）

【新馆建设】 2022年2月，医学图书馆成立新馆建设组，分为整体规划与标识系统、设备与技术支持、家具与物业、回迁与入库、馆庆与展示六个工作组。10月10日，图书馆跃进厅临时馆闭馆，启动新馆书刊回迁工作。10月10日中午，在新馆东门台阶前举办图书馆试运行倒计时暨"医书之缘"学生志愿服务团成立仪式。10月20日，图书馆新馆舍设计验收。为认真贯彻落实学校决策部署，保障图书馆试运行平稳推进，根据10月11日北京大学医学部图书馆项目建设专班会会议要求，成立图书馆项目运行专班。10月26日，图书馆新馆在医学部办学百十周年之际重启，并举办重启仪式。

（翁蕾鸣）

【北大医学百年教材数字化及资源的长期保存】 2022年，医学图书馆基于现有医学教材馆藏，辅以全国图书馆联合编目中心数据，遴选百年来北大医学所使用过的医学教材，将这些教材文本内容和题录信息分别电子化，建立北大医学电子教材专题数据库，对数据进行分析挖掘，回顾百年来北大医学教育的发展演变，分析北大医学百年教材的发展趋势，探究教材发展规律。

（翁蕾鸣）

# 档案馆

【发展概况】 历史沿革。北京大学档案馆（简称"档案馆"，下同）源于京师大学堂文案处，该处兼管文书和档案工作。民国时期，设立总务处文牍课，全面负责文书和文案归档保管工作。直至1956年，学校仍保留总务处文牍科。1958年11月，成立北京大学机要室性质的文书档案室，为校党委办公室内设机构。1975年，文书档案室由六院迁到现址，并归集散落在红一楼等处的学校历史档案，转为真正意义上的文书档案室。1982年12月，北京大学综合档案室成立，为处级建制。1993年5月，北京大学综合档案室更名为北京大学档案馆，其后学校将原教学行政处学籍档案科划归档案馆，馆藏结构更加完整。1999年，北京大学进行管理体制改革，档案馆成为学校直属单位。

组织结构。北京大学档案馆是学校档案工作的职能部门和永久保存、提供利用本校档案的科学文化事业机构，下设收集指导、管理利用和技术编研三个办公室。档案馆在职人员12人，其中高级职称2人，中级职称10人。另有兼职人员2人，返聘人员1人。4月8日，学校任命张向英为档案馆副馆长。

档案治理体系建设。2022年，档案馆以新修订的《中华人民共和国档案法》为核心，认真落实中办、国办《"十四五"全国档案事业发展规划》，按照《电子档案单套制管理一般要求》（DA/T92—2022），结合档案馆现行文件政策与档案信息管理系统，完善档案管理相关制度，拟定《北京大学档案管理办法》（草案）、《北京大学文书档案归档实施细则及整理要求》《北京大学学籍档案归档实施细则及整理要求》《北京大学声像档案实施细则及整理要求》《北京大学档案管理系统权限及账号管理办法》《北京大学档案馆档案复制品使用协议》《北京大学档案馆、校史馆馆务会议议事规则》等多项管理制度、技术和工作规范，从"收、管、藏、用"四个环节梳理档案业务工作流程，建立健全制度规范体系，推进档案治理体系和治理能力现代化。

档案资源体系建设。档案馆馆藏档案共分为北京大学、国立西南联合大学、国立北平大学、日伪占领区的"国立北京大学"、燕京大学五个全宗；分为党政、学籍、科研、基建、出版、会计、声像、人物、实物、设备十个门类。现存档案总计372,888卷（件），排架长度4139.15延米。

1. 常规档案收集工作。2022年，全校各归档单位共移交档案27,010卷（件），入库上架12,923卷（件）。其中已归档党政管理类档案8418卷（件），学籍档案13,552卷（件），声像档案1695卷（件），基建档案44卷（件），科研档案92卷（件），人物档案2672卷（件），已故人员档案493卷（件），会计档案26卷（件），实物档案7卷（件），归档总数较上年增长51%。在上述各类档案材料中，电子档案归档量达到784GB，较上年上涨212%。

2. 档案征集与整理工作。档案馆以"丰富馆藏、完善结构、突出馆藏特色"为工作思路持续开展档案征集工作，除接收各方零散捐赠外，还接收邓广铭捐赠档案2571件；完成林庚手稿41卷（件），王力日记21卷（件）、手稿29卷（件）及照片7000余张的分类、除尘、修复、编页等工作。

3. 疫情防控专题档案收集与整理工作。2022年5月，学校疫情防控工作领导小组对防疫工作组进行调整，新增各校区防控组、科研组和党建组，档案馆防控档案专项工作小组及时更新档案员信息、防控档案工作方案、防控档案归档指南等文件，并对防控档案的收集整理和移交做出具体安排。

4. 王文泉捐赠照片档案整理工作。2022年，档案馆继续对王文泉捐赠照片档案展开统计、整理、复核和挂接工作。截至12月底，已完成181卷（7656张）纸质照片的识别、整理、编目、挂接与复核工作；710卷（31,491张）电子照片的题名修订、批量复核、系统挂接、入库工作，合计110.21GB。

档案利用体系建设。2022年，档案馆围绕学校中心工作，在疫情防控常态化的条件下，结合档案利用需求，开展"预约式"和"无接触式"相结合的服务模式，确保档案利用服务不断线。

1. 常规档案利用服务。档案馆持续优化利用环境，简化利用程序，开放邮箱、邮寄等多种档案利用渠道，努力为广大利用者提供便捷服务。2022年，共接待各界档案用户1127人次，调阅档案4742卷（件）。其中，档案系统利用386人次，利用档案2723卷、15,149件；现场查档利用741人次，利用档案2019卷（件）；复印档案3000张，拍摄档案273张，扫描档案690张；制作档案仿真件95件。

2. 专题档案利用服务。档案馆深入挖掘档案资源，为学校各部门院系的学科史研究、学术研究项目提供档案支持，与北京大学外国语学院、北京大学信息管理系等签订长期合作协议。2022年重点为北京大学研究生院、信息管理系、体教部、马克思主义学院、地球与空间科学学院等院系史研究提供专题档案利用服务；针对校内各类学术课题项目，如北大早期校报史研究、北京大学招生口述史研究以及《百年法学》《地理学大事记》《老照片·我的大学》《从大饭厅到大讲堂》等书籍的编撰工作提供档案支持；协助社会学系"群学大义 辉光日新——庆祝北京大学社会学系重建40周年展览"、考古文博学院"守正出新 笃行致远——北京大学考古百年、新中国考古专业教育七十年纪念展"、国际合作部"新中国北大来华留学教育70周年纪念展"、工学院"纪念周培源先生诞辰120周年系列活动——北京大学力学专业建立70周年庆祝大会"、经济学院"建院（系）110周年庆祝活动"、会议中心"从大饭厅到大讲堂主题展览"等活动收集档案素材，答好深耕北大红色档案、传承北大红色基因、赓续北大红色血脉这一时代命题。

**档案安全体系建设**。档案馆牢固树立"安全底线思维"，建立全面、可靠的档案安全防范体系，重点落实安全责任制，确定安全管理工作小组名单，定期分析、查遗堵漏，排查隐患，提升档案应急管理能力。2022年，档案馆更换UPS蓄电池，完成建筑消防设施和电器防火设备的消电检测工作，建立消防安全管理工作方案和安全隐患台帐并实时记录问题事项，定期对全馆重点部位进行自查，发现隐患及时上报，确保各项安全管理工作更加规范，落实更加具体细致。

2022年，档案馆获批建设专用涉密库房空间80平方米，用以存储涉密和机要档案，解决涉密存储空间的规范问题。积极筹划昌平新校区馆舍建设。7月，档案馆成功获批"档案馆服务器等硬件设备采购项目"，实现大容量数据存储和图像处理功能，有效确保档案数据的安全存储。

**档案信息化工作**。2022年，档案馆全面贯彻新发展理念，运用信息化手段推动档案工作理念变革和方法创新。

1. 推进档案系统升级与业务系统数据对接工作。档案馆继续推进档案管理系统（二期）建设，开展档案管理系统与办公自动化系统对接工作。3月，完成首批"OA（Office Automation,办公自动化）"数据在线归档；4月-12月，完成五次数据联调和归档测试，为2023年OA数据归档工作做好准备。

2. 建立档案灾备和保全系统，保障档案数据安全。为保证馆藏电子档案的真实性、完整性、可靠性和可读性，档案馆组织建设"北京大学电子档案数据保全系统"，实现档案系统中全部电子数据的实时监测、实时预警、实时保全、实时修复和统计分析。通过系统、文件备份双引擎，满足不同文件类型的数据备份的需求。

3. 建立档案征集活动管理系统，抢救散失档案资料。为丰富档案馆藏，强化档案管理，抢救散失档案，档案馆将征集工作从线下拓展到线上，着力打造"档案整理活动管理系统"。该系统旨在便捷地开展档案捐赠活动，为收集散存在个人手中的学校重要资料搭建信息沟通的桥梁。系统自5月上线以来，已开展"北京大学历届校庆照片、文稿征集活动"和"校领导、知名校友致辞、讲话、演说征集活动"，为弘扬北大文化、传承北大历史起到重要的助推作用。

4. 档案数字化工作稳步推进。档案馆克服疫情带来的影响，坚持推进档案数字化工作，目前已完成教务部、研究生院等重要部门文书、学籍档案的数字化工作共计122卷，3500页。

**档案宣传与编研工作**。2022年，档案馆认真贯彻落实习学校关于加强重要、珍贵档案整理研究工作的指示，充分利用现有馆藏资源，开展档案编研与文化宣传工作，形成了一大批有高度、有深度、有温度，具有广泛传播力和影响力的档案编研成果和文化精品。

1. 举办档案展览，宣传北大精神。2022年，档案馆成功举办"历史无声 档案有痕——档案馆馆藏档案精品展"，用红色档案解读学校教育改革创新的成功密码；联合北京大学校史馆推出"严复任北京大学校长110周年纪念展""抱虚——纪念赵宝煦先生百年诞辰专题展"；与北京大学人文社会科学研究院、北京大学中国古代史研究中心联合主办"邓广铭诞辰115周年学术纪念展"。将相关主题的档案素材整合集中展示，弘扬北大精神，促进档案文化教育、宣传和交流。

2. 开展档案文献编研工作，发挥档案历史与学术价值。2022年，档案馆积极参与学校党建课题，成功申报并完成《北京大学历次党员代表大会研究》项目；组织编纂《京师大学堂档案文献汇编》，选取100件馆藏京师大学堂创建和发展过程中形成的重要文献，分为"京师大学堂的创办""大学堂所属各部""教学与管理"三个部分，集中展现京师大学堂，作为清末中国的最高学府和最高教育行政机关，行使教育部职能，统管全国教育的历史原貌，充分体现北京大学"激发忠爱、开通智慧、振兴实业"，"端正趋向、造就通才"的初心与使命。

档案馆结合档案专业特点和工作实际，编撰完成《北京大学二十八位学部委员馆藏档案专题目录汇编》《北京大学档案馆学生助理培训手册》《北京大学档案管理利用简报》，从资源、技术、服务等不同角度总结经验，合理安排，为全面提高档案管理水平，为档案管理工作进一步规范化、科学化、专业化奠定基础。

档案馆以公众号、订阅号为抓手，开展多种形式的档案宣传工作，发布推送文章十余篇，包括《"团结起来，振兴中华！"》《跟着档案去旅行——北大建筑篇》《谁谓睡狮终不醒乎——运动会之京师大学堂篇》《2022年"6·9"国际档案日——北大档案馆邀您走近〈档案法〉》《那时北大，蔡元培、徐志摩等对毕业生如是说》等。2022年9月起，档案馆重点打造"昔档今忆"栏目，完成"小平您好"、国立北京大学复员北平开学典礼、第一次学生代表大会、档案中的北大足球等8篇推送，有效提升北大档案的社会影响力。

3. 参加"国际档案日"宣传活动。围绕国家档案局"喜迎二十大·档案颂辉煌"宣传主题，档案馆开展北京大学"国际档案日"系列宣传活动，包括专题讲座、有奖问答、主题征文以及校友征集等内容。

4. 与校内单位合作开展档案文化宣传工作。为传播校园文化，构筑北大记忆共同体，档案馆与北京大学校友会、校友工作办公室联合，面向全体1982级本科校友发起"时光贺卡"活动，活动中共制作数字贺卡1437件，通过档案的形式向每一位1982级校友送上一份专属的入学四十周年纪念礼物。

档案工作人员队伍建设。2022年，档案馆加强档案队伍建设，提高档案人员专业素质和履职本领。梳理全校各归档单位及档案员信息。档案馆对全校归档单位进行重新摸排和梳理，在原有99家归档单位的基础上，增加近年来新组建单位21家纳入归档工作；更新全部120家归档单位的档案员信息和分管领导信息，完善新纳入归档工作单位的机构代码和各单位新增档案员的档案系统操作权限。

党建工作。档案馆全体党员干部加强政治理论学习，把学习贯彻党的二十大精神落实到日常工作中。10月，党委常委、副校长孙庆伟参加档案馆学习党的二十大精神主题座谈会，带领档案馆全体党员干部就如何做好新时期档案工作进行深入学习。档案馆支部全年共组织观看在线直播10次，党课专题学习2次，集体学习研讨5次，主题党日参观学习4次，专题民主生活会1次。档案馆馆长余浚带头讲党课，把理论学习贯穿于党史学习教育的全过程，以"领导带头学、党员常态学"全覆盖多层次的学习体系，不断推进党史学习教育走深走实。

工会工作。2022年，档案馆、校史馆联合建立职工之家，组织多场丰富多彩的活动：为每一位员工制作生日祝福视频，举办档案馆二代"六一节"才艺竞赛活动，组织乒乓球、八段锦等体育运动，组织中秋教师节主题活动，为会员拍摄职业照等，营造温馨快乐的团队文化。12月，档案馆、校史馆工会承办直属单位党委、工会短视频大赛，作品《我爱我家》荣获一等奖。

（郭　鹏、贾永刚）

【全校文书档案员培训会】10月，档案馆组织以"存史资政育人"为主题的年度文书档案归档业务培训会。全校107家单位的142位文书档案员参加培训。本次培训会改变以往集中召开一场大会进行培训的模式，根据单位性质分为6场举行，每场半天，期间不仅安排归档工作培训，还设计实物档案观赏、精品档案参观讲解和面对面交流等丰富的内容。为配合本次培训会，档案馆还首次开发以馆藏档案为主要元素的帆布袋、纸抽盒、手账本等文创品分发给档案员。通过本次交流培训和观摩学习，各单位档案员进一步熟悉了归档业务的具体流程，增强了档案意识，有效提升从事档案工作的荣誉感和使命感。

（郭　鹏）

【"历史无声，档案有痕——北京大学档案馆馆藏档案精品展"】为发掘档案馆馆藏中的珍贵档案，充分发挥档案精品的宣传和教育价值，彰显北京大学的历史底蕴和档案馆的丰富馆藏，档案馆于10月4日至6日举办"历史无声，档案有痕——档案馆馆藏档案精品展"。本次展览以时间轴为序，分为京师大学堂、国立北京大学、国立西南联合大学、复员后的北京大学、新中国成立后的北京大学五个部分，生动展现北京大学砥砺奋进的奋斗历程和伟大成就，深刻诠释北大人不断取得胜利的成功密码和力量所在。展览包括京师大学堂毕业文凭、教育部附送蔡元培校长简任状的函、北京大学建筑计划鸟瞰图在内的珍贵档案20余件，这些档案反映百余年来北京大学创建、变迁、发展、建设的历程，承载着北大的记忆，是北京大学重要的资产，具有极其重要的史料价值和学术价值。

（郭　鹏）

【与外国语学院签署外国语言文学学科史档案编研合作协议】10月18日，档案馆与外国语学院签署外国语言文学学科史档案编研合作协议。档案馆馆长余浚，副馆长张向英、贾永刚，外国语学院党委书记李淑静、院长陈明、党委副书记王恒、宋阳，副院长付志明、吴杰伟、王丹，外国语学院图书分馆馆长张晓雁参加签约仪式。档案馆是北大最重要的文献保管和文化记忆机构，馆藏档案文献资源对于开展学科史研究具有重要的历史与学术价值，双方通过创新合作机制，促进资源共享，在共建电子数据库、数字人文等方面进一步深入合作，共同推动档案文献在外国语言文学学科史研究领域的创新应用，向学术合作的广度和深度进军。

（郭　鹏）

# 医学部档案馆

【发展概况】机构调整。2022年8月，医学部档案馆新入职1名合同制应届毕业生。

档案管理及信息化。2022年，医学部档案馆共接收1614卷，提供查借阅服务430人次，调阅1745卷（不含照片档案）。配合医学部、各附属医院、校外单位完成人事档案专项核查补档工作。继续推进馆藏档案数字化工作，7月，完成历史档案数字化工作。

校史工作。2022年，医学部档案馆与工会合作开展校史知识答题活动，档案馆负责题库建设，一共组织20期，参与人数约4.4万人次。2022年，医学部档案馆在机关党委和机关团总支的支持下招募培训机关教职工校史讲解员，在工会和团委的支持下招募培训《厚道行医——北大医学办学110周年特展》讲解员。配合学校完成北大医学办学110周年校友返校讲解接待工作，全年共完成讲解接待200多场次。

党建工作。2022年，医学部档案馆把党的政治建设摆在首位，加强思想理论武装，实施党建带群建，将党建与业务相结合，努力做好群团工作、统一战线工作，践行档案工作者"为党管档，为国守史，为民服务"的重任。2022年新接转一名应届毕业合同制党员党组织关系。

（陈　丽）

【北大医学办学 110 周年相关工作】 2021 年 6 月，在北京大学企业家俱乐部白衣天使守护基金的支持下，医学部设置了"现代医学博物馆建设计划"，以北京大学医学部档案馆为主体，协调医学人文学院、工会、宣传部、设备与实验室管理处、人事处等部门人员，组成现代医学博物馆筹备组开展工作。2022 年 4 月 9 日，现代医学博物馆筹备组策划制作《国外名医手迹展》在科技楼二层开展。8 月 18 日，医学部档案馆策划制作新版《百年北医历程展》重新开展。8 月 23 日，《百年北医历程展》云展厅上线。10 月，画册《北大医学发展的十年》完成设计制作并出版印刷。4 月，现代医学博物馆筹备组设计发布"北京大学现代医学博物馆建设计划"课题，以课题的形式收集与北大医学相关实物和故事，共有 17 项课题获得立项，7 月完成结题评审工作。9 月，现代医学博物馆筹备组开始策划医学博物馆展览。10 月 23 日，《厚道行医——北大医学办学 110 周年特展》作为北大医学办学 110 周年重点活动在图书馆地下二层开展。

（陈　丽）

# 校史馆

【发展概况】 展馆概况。校史馆的核心工作是校史展览、校史研究以及校史文物的征集管理。展馆共三层，建筑面积 3100 平方米，包括专题展厅、"今日北大——北京大学发展成就展"、"百年北大——北京大学百年校史陈列"与"北京大学杰出人物展"，设有多媒体教室、休息区、影视厅等。校内 28 楼设有"北大生活"陈列展。

机构设置。校史馆内设研究室及综合办公室，综合办公室兼管藏品库和图书资料室（北京大学图书馆校史馆分馆）。编制 6 人，现在职 5 人、返聘 3 人、兼职 2 人。4 月 8 日，学校对档案馆校史馆领导班子进行调整，任命张向英为档案馆副馆长、校史馆副馆长，免去刘晋伟的档案馆副馆长、校史馆副馆长职务。调整后的档案馆校史馆领导班子成员包括馆长余浚、副馆长张向英（兼职）、贾永刚（兼职）、刘静。校史馆党支部包括在职及退休党员 11 人。党支部书记为林齐模，兼纪检委员、宣传委员；组织委员为杨琥。

党建工作。深入学习贯彻党的二十大精神、习近平总书记重要讲话和指示批示精神，全面提高政治站位，坚持全面从严治党。全馆人员坚持以习近平新时代中国特色社会主义思想为指导，深入学习贯彻党的二十大精神、北京市第十三次党代会精神、北京大学第十四次党代会精神，深入学习贯彻习近平总书记关于教育重要论述，特别是视察北大时的重要讲话精神及给北大师生校友的回信贺信等，贯彻落实学校党委各项决策部署，确保政策精神切实深入指导校史馆工作的各方面，探索创新校史工作在学校立德树人根本任务和"双一流"建设中发挥作用的方式方法。馆领导班子认真落实党政同责、一岗双责制度，高度重视意识形态工作，将党建工作放到首位，以党建工作指导业务工作，以党建工作促进各项工作顺利积极推进。充分发挥校史馆党支部的战斗堡垒作用，认真组织召开民主生活会，全面落实"三会一课"制度，推进党史学习教育常态化、制度化。坚持集体领导、集体决策，实行民主集中制，坚持馆务公开。优化调整馆务会设置，确立由档案馆校史馆馆长、副馆长组成的馆务会为最高决策机构，修订馆务会议规则并坚持馆务会制度，坚持《档案馆校史馆馆务会议议事规则》《档案馆校史馆领导班子落实"三重一大"制度的实施办法》《档案馆校史馆财务工作规则》《档案馆校史馆馆务公开制度及实施办法》。重视领导班子建设，提倡讲担当、重实干的工作作风。重视党风廉政建设工作，认真执行八项规定精神，切实贯彻学校党委关于党风廉政建设的各项要求。认真遵守学校财务制度，坚持"收支两条线"，不设"小金库"。

展览筹办。以服务学校立德树人根本任务和"双一流"建设为目标，积极筹办专题展览，创新展览互动形式，持续推动线上展厅建设，不断丰富线上展览资源。5 月至 8 月，与档案馆联合举办"严复与北京大学——严复任北京大学校长 110 周年纪念展"。8 月至 11 月，与北京大学人文社会科学研究院、中国古代史研究中心、档案馆联合推出"博学于文，行己有耻——邓广铭诞辰 115 周年学术纪念展"。12 月，与党委宣传部、国际关系学院、政府管理学院、档案馆联合举办"抱虚——纪念赵宝煦先生百年诞辰专题展"，展示回顾赵宝煦先生根植于北大的学问与人生。加强数字化建设，在实体展览的基础上开展"信仰百年，初心如一——北京大学与中国共产党的建立""博学于文，行己有耻——邓广铭诞辰 115 周年学术纪念展""抱虚——纪念赵宝煦先生百年诞辰专题展"等专题展览的线上展厅建设，多渠道呈现承载着北大精神和先生风范的宝贵财富。

参观接待。2022 年，专场接待 2022 级本科新生 3388 人、"领航计划"及部分院系研究生新生千余人、新入职员工近 200 人。共接待校内外观众 9178 人次，涉及 235 个参观团组，包括海军政治工作部一行、空军政治工作部一行、军事科学院政治工作部一行、全国总工会党组成员一行等学校重要参观团队。5 月，经北京教育系统关工委和教育部关工委推荐，入选第五批全国关心下一代党史国史教育基地名单。

继续做好志愿讲解员队伍建设，坚持日常开馆义务值班、节假日临时接待讲解补助等制度，确保每一个预约团队都能获得讲解接待。5 月至 6 月，组织志愿讲解员录制发布"信仰百年，初心如一——北京大学与中国共产党的建立"专题展览讲解视频。9 月至 10 月，面向全校公开招聘第十四批志愿讲解员，89位报名师生中共80位通过面试。10月29日，培训工作通过线上与线下相结合的方式全面启动，组织实施并圆满完成讲解技巧培训、校史知识培训、校史展览精讲、校史讲解示范及校史专题培训等工作。

校史研究与宣传。稳步推进校史研究与宣传工作，厚植爱校爱党爱国情怀。继续与北大校刊合作"校史探微"专栏，刊发《蒋梦麟与西南联大的建立》《北大料理李大钊身后事》《略说北大"红楼"历史沿革》《北京大学校名的由来》《漫话未名湖》等5篇文章。研究人员撰写朱光潜、马衡等先生专题文章。配合校史展览和研究工作，不断优化校史馆微信公众号的运营和维护，提升关注度、打造知名度。2022年，校史馆微信公众号累积关注量提升，粉丝数由3000+增至5000+。

文物征集与管理。2022年，共接收7人次捐赠的校史实物10件（套），校内单位移交的礼品或展藏品117件（套），购入或获赠校史相关图书资料10套（册）。配合捐赠及专题展览，继续开展馆藏文物的数字化工作，重点推进赵宝煦先生捐赠资料整理及其数字化，完成扫描百余件组。招聘学生助理专项参与党史校史研究室的资料移交整理工作。

疫情防控。抓紧抓实抓细新冠疫情防控工作。遵照执行学校疫情防控工作各项要求，馆领导班子成员坚守一线，带头值守，确保校史馆有效有序运行，及时传达并积极部署学校疫情防控工作精神及要求，及时跟进并统计上报疫情防控相关数据及资料，做好在职、离退休、返聘教职工及物业服务人员的管理和服务工作，严格执行预约入校审批、临时出入证办理、白名单系统报备及常态化核酸检测等安全管理工作，确保场馆服务符合新冠疫情常态防控工作相关要求，保障参观服务安全有序、消杀全面到位，保证场馆运行维护稳定和展览参观接待质量。

业务支持。服务学校发展，为学校及各单位的重要工作和重要项目提供资料支持、学术支持及工作支持。2022年，陆续为党委宣传部、深圳研究生院、国际合作部、中国语言文学系、工学院等校内单位以及青岛市委宣传部、西泠印社、《江淮文史》编辑部、常州三杰纪念馆、雨花台烈士纪念馆等校外单位提供展览、资料、拍摄或审稿支持。

内部管理。重视安全保卫工作，连续21年做到"十无"达标。按照《北京大学二级单位安全管理标准化建设细则》进行日常管理，根据微型消防站管理标准配备人员和设备。定期维保自检，人防与技防紧密结合，保证正常的参观秩序和藏品安全，确保校史馆各项工作的正常运转。执行学校安全稳定各项工作要求。在关键时刻和重要节点，馆领导班子成员坚守岗位、积极预判、妥善安排，坚持群策群力，带领全馆人员提升安全稳定意识、筑牢安全稳定防线。

图书资料。图书资料室现有图书4400册、报刊56册，其中中文图书3900种4119册、中文刊131种156册、工具书109种130册。

（张　鑫）

【严复任北京大学校长110周年纪念展】 5月4日至8月14日，"严复与北京大学——严复任北京大学校长110周年纪念展"在校史馆首层专题展厅展出。展览由校史馆、档案馆联合主办，由中国农业银行北京市分行独家协办，得到故宫博物院、福州阳歧严复纪念馆、福州阳歧严复纪念馆北京分馆、北京大学财务部、北京大学图书馆等多家单位的支持。展览分为"精研西学、兴教育才""主持译局、传播新知""出掌大学、革新校务""维系北大、保存学术"四个部分，将百余张图片和数十件实物相结合，立体地呈现出严复先生与北京大学的历史渊源和在历史转折时期为北京大学作出的杰出贡献，旨在追思纪念北大先贤，激励新时代的北大人坚守初心使命、传承北大精神、为中华民族伟大复兴作出更大的贡献。

5月4日上午，展览开幕式在校史馆序厅举行。与会领导嘉宾为京师大学堂匾额揭幕，北京大学副校长孙庆伟，故宫博物院副院长朱鸿文，中国农业银行北京市分行副行长王延田分别致辞。展览期间，展出"大学堂"匾额原件并以此为IP打造多款精美文创产品。同期配合学校毕业季活动推出毕业主题打卡及趣味抽奖活动，现场参与人数达1300余人。

（张　鑫）

【邓广铭诞辰115周年学术纪念展】 8月29日至11月6日，"博学于文，行己有耻——邓广铭诞辰115周年学术纪念展"在北京大学校史馆首层专题展厅展出。展览由北京大学人文社会科学研究院、中国古代史研究中心、校史馆、档案馆联合主办。展览分为"沐浴'五四'之光""烽火流徙中执著探求""曲折中的探索""动荡岁月的坚持""在复出的岁月里"五个部分，以图片、文字、实物和多媒体相结合的方式进行专题展示，并特别展出邓广铭先生女儿邓可蕴女士、邓小南教授收藏的百余件邓广铭先生珍贵手稿资料，回顾邓广铭先生的治学道路及学术贡献，展现邓广铭与母校北京大学的学术情缘，彰显邓先生"博学于文，行己有耻"的精神品格，旨在激励广大师生砥砺品格、踔厉奋发、不忘初心、勇毅前行。

8月29日上午，邓广铭诞辰115周年学术纪念展开幕式暨邓广铭手稿资料捐赠仪式在校史馆序厅举行。第十、十一届全国人大常委会副委员长，第十二届全国政协副主席韩启德，北京大学原党委副书记、常务副校长郝斌，北大人文社科资深教授、历史学系原主任、中国古代史研究中心原主任马克垚，北京大学党委书记郝平，北京大学党委常委、副校长孙庆伟，邓广铭先生的女儿邓可蕴、邓小南等嘉宾出席展览开幕式暨手稿资料捐赠仪式。

参观学习该展览是北京大学新生入学教育的重要环节之一，也是北京大学党校干部培训和北京大学工会青年教师沙龙的课程之一。展出期间，共接待观众6159人次，接待2022级新生4400余名。

（张　鑫）

# 燕园街道办事处

【发展概况】 机构设置。燕园街道办事处是北京大学和海淀区政府共建的街道办事处，是学校二级单位，履行学校职能部门职责；同时作为海淀区政府派出机构，按照《北京市街道办事处条例》规定，在燕园辖区内履行公共服务、城市管理和社会治理等相关职能。内设6个办公室、1个综合执法队，以及社区服务中心。下辖中关园、燕东园、畅春园、蔚秀园、承泽园、燕北园和校内7个社区居委会。辖区内户籍人口约4万人。

4月8日，学校任命胡新龙为北京大学燕园街道党工委委员、书记，免去杨学祥的北京大学燕园街道党工委书记、委员职务。10月4日，任命姜晓刚为北京大学燕园街道党工委委员、书记，免去胡新龙的北京大学燕园街道党工委书记、委员职务。10月26日，任命崔龙为北京大学燕园街道办事处副主任（试用期一年）。

党建工作。燕园街道办事处共有党员376人，2022年预备党员转正5人，接收预备党员6人，确定发展对象5人，确定入党积极分子6人。面向预备党员、新转正党员分别开设党的理论知识培训班和政治素养提升班，组织发展对象参加党性教育读书班。印发《燕园街道党工委基层党支部工作指导手册》。开展党支部书记抓基层党建述职评议工作。召开燕园街道党代表会议，完成各级党代会代表及候选人推荐提名工作。组织4次市区人大代表联系选民活动，收到条例（草案）建议14条、民生实事项目线索29条。开展为期一个月的人大代表"回家站听意见"系列活动。党建引领疫情防控工作，持续落实好各项任务，筑牢学校疫情防控首道防线。开展学习贯彻北京市第十三次党代会、北京大学第十四次党代会精神专题学习会，组织收听收看党的二十大开幕会和第二十届中央政治局常委同中外记者见面会。开展学习贯彻党的二十大精神座谈会、百姓宣讲、社区主题活动等。发挥街道、社区优势，主动参与学校思政育人工作，服务学生成长成才。与人口所、建筑与景观设计学院、环境科学与工程学院、城市与环境学院、心理与认知学院、政府管理学院及校团委共建学生实践基地，每年到街道、社区实习实践的学生达千余人次。积极参与学校劳动课建设，培育服务社会、回馈社会的奉献精神，提升第二课堂的思想政治教育效果。

平安建设。2022年启动社会面等级防控12次、发动群防群治力量3万人次。在党的二十大、冬奥会冬残奥会、全国"两会"、北京市第十三次党代会和北京大学第十四次党代会等重大活动、重要节假日等重要时间节点，完成安全保障工作，全面摸排风险点，有效防范及时化解矛盾纠纷，筑牢意识形态安全防线。

持续加强辖区消防四个能力建设，完成3个社区微型消防站改造。在承泽园社区电动车棚试点加装喷淋系统，多次被海淀区新闻媒体报道。2022年，对重点领域安全监管检查覆盖率达100%，发现安全隐患381处，整改率达100%。辖区消防零火情、安全生产事故零发案，群租房发生率和12345投诉率均为0，位居海淀区第一名。在2022年度区政法委综合考核的平安指数中，燕园街道持续位居全区前列。

社区建设。在硬件建设方面，完成承泽园道路整治、燕东园路面修复、中关园南区加装智慧门禁、蔚秀园文化广场改造。落实大城管管理体制，处理业务平台接收案件1876件，社区网格自查案件4427件，进一步提升社区环境质量。在软件建设方面，优化诚和敬养老驿站运营，承接巡视探访项目，对辖区内100多名空巢独居老人定期探访。街道家庭养老床位签约数量350个，月度服务户数超过250个。街道社区社会组织孵化基地已备案105个社区社会组织、15支品牌组织。2021年当选首届"全国示范性老年友好型社区"称号的畅春园社区，其经验总结作为北京市唯一创建经验案例列入2022年全国典型案例汇编；承泽园成功入选2022年度"全国示范性老年友好型社区"。

民生保障。加强街道政务服务中心建设，新增国际语言标识、配备电子助视仪，新设7个社区政务服务站，方便居民就近办理业务。"一网通办"全年服务38,210人次。为辖区快递网点站安装10组电动车充电桩，满足两新群体切实所需。坚持民有所呼我有所应，接诉即办工作名列全区前列。对接协作对口帮扶项目并请发改委预审，60万元帮扶资金全部到位，三家村路面铺设沥青工程已建设完成并投入使用。

精神文明建设。依托新时代文明实践所、站组织开展群众文体、科普活动40余场，受益5000多人次。以喜迎二十大胜利召开为契机，紧扣新时代文明建设主题，开展"文润古今 书香燕园"全民阅读系列活动。通过"邻里节""市民艺术节""强国复兴有我"百姓宣讲等活动积极培育弘扬社会主义核心价值观。持续有力开展文明城区创建工作，完成市、区文明城区测评问题整改435项。规范管理维护各类宣传阵地，更新更换公益广告。依据2022年测评体系新指标，优化辖区内的新时代文明实践所站，增加文明实践元素。

服务经济工作。组织召开服务企业交流座谈会。开展诚信主题宣传活动进企业社区53家。重点服务企业102家，走访挽留3家，"扫楼"行动走访61家，核实异地纳税16家。完成统计报表1140张，开展住户调查样本大轮换，完成季度、年度人口抽样，劳动力调查384户1056人，就业失业状况调查35户81人。专项统计检查3家，法人单位经营情况核查53家。

【学习宣传贯彻党的二十大精神】 2022年，全面加强党建引领，深入学习宣传贯彻党的二十大以及北京市党代会、学校党代会精神，做好党的二十大各项安全保障工作。组织党员干部群众收听收看党的二十大开幕会和第二十届中央政治局常委同中外记者见面会。10月28日，街道党工委召开学习贯彻党的二十大精神座谈会，北京大学党委常委、副校长孙庆伟出席会议并讲话。组织各社区文明实践站开展"强国复兴有我"百姓宣讲活动共20余场。以"喜迎二十大"为主线线上线下开展健步走、志愿服务、主题参观等宣传、教育、文体活动。与北京大学博士生讲师团合作，依托新时代文明实践站，筹备开展"二十大"主题宣讲活动。

（张盈、张静）

【承泽园社区入选2022年度"全国示范性老年友好型社区"】10月24日，国家卫生健康委、全国老龄办公布了2022年"全国示范性老年友好型社区"名单，燕园街道承泽园社区名列其中。自2021年畅春园社区被评为首届全国示范性老年友好型社区以来，燕园街道已有两个社区入选。承泽园社区是北京大学家属区，始建于1988年，属于老旧小区，社区面积5.87万平方米，2022年底常住人口约1000人，其中60岁以上占比50.9%；80岁以上占比35%；90岁以上老人多达56人，老龄化程度非常高。2016年开始，燕园街道和北京大学在承泽园社区开始适老化改造工程。先后完成住宅楼100%无障碍改造、单元门禁改造、地下管线更换改造。承泽园社区内居民楼均为三层，不符合国家现有加建电梯的政策，承泽园社区组建了一支由保安队、巡防队组成的志愿者队伍，随时帮助行动不便的老人上、下楼。2022年，燕园街道争取政府项目，对社区路面进行全面升级改造，并将"海绵城市"理念贯穿在该改造工程中。通过梳理交通流线、主路铺装沥青、楼间铺设透水砖、新建植草沟、砌筑景观坐凳、增设彩色步道、扩增停车点位、完善照明设施、明晰各类标识，实现人车分流，提升了安全性与舒适度，社区环境焕然一新。

承泽园社区致力于为老服务建设，设立太极拳队、老年合唱队等文体团队，开展居民代表大会、会客议事厅，鼓励老年人融入社会、参与社区管理。整合周边资源，联合北京大学爱心社、北京大学医院、南开大学医学部、睿搏社工事务所、诚和敬养老驿站、至美基金会等力量，建立"为老服务队"，分别从生活助老、精神助老、精准帮扶助老、科普助老、文化助老等五个方面入手，开展系列志愿项目。街道还邀请北京大学人口研究所、建筑与景观设计学院、体育教研部、政府管理学院、环境科学与工程学院、工学院等单位的师生共同参与到创建中。

（张盈、张静）

【疫情防控与服务保障】在2022年疫情防控工作中，街道按照市、区和学校要求，严格落实疫情防控各项任务。街道监督组对疫情防控开展全面监督。做好社区卡口管理，逾万人次参与社区卡口值守，受北京市、海淀区表扬。完成区域核酸检测35场，街道职工全员参与，节假日无休，服务近30万人次。协调设置畅春园、中关园2个社会化核酸检测点位，平均每日采集3000人左右。快速完成校内家属区硬隔离分区管理及解释安抚工作。完成大数据核查任务123,633条，购药追访任务14,870人次，转运2239人次，社区管控4623次，814位密接次密接人员处置工作。成立燕园街道8小时疫情处置专班，与市、区8指对接，实行24小时值班值守，提升学校疫情应急处置整体效率。12月中旬后，全力做好辖区老年人防疫就医和日常生活服务保障工作，各社区24小时值守，开展全天候巡视探访，建立老年人尤其是高龄、独居、有基础病等特殊人群的台账。统筹推进辖区各类群体新冠疫苗接种工作，累计接种122,497剂次。

持续做好辖区复工复产及市场防疫工作，保障居民正常工作生活秩序。畅春园社区商业e中心等各社区便民商业网点疫情期间持续营业，全年累计服务447,305多人次。辖区内7家商务楼宇、143家企业、59家"七小场所"、58个冷库、4家在施工地均有序运营。

【推进接诉即办相关工作】燕园街道办事处高度重视接诉即办工作，协调校内单位组建燕园地区"接诉即办"工作组。主要领导包案督办，推行案件"双派单"机制，由街道科室和社区居委会共同承担办理任务。组织培训，每周一次接诉小结，每月一次平台操作培训，开展专题研讨，根据多发案件特点，研究解决共性问题。2022年，燕园街道受理市级直派、转派个人诉求、企业诉求共1095件，内容涵盖疫情防控、环境保护、设施维修、园林绿化、老旧小区改造、民生保障等热点项目，响应率100.00%、解决率84.87%、满意率89.70%。在全市343个街乡镇指派诉求排名中，6次位列全市第一；直派加转派综合成绩97.85分，在全区29个街镇中排名第1，并荣获2022年度北京市接诉即办先进集体。

（张盈、张静）

## 燕园社区服务中心

【发展概况】组织机构。燕园社区服务中心（以下简称"社区中心"）成立于1999年，是在学校领导下开展社区服务的实体单位，实行独立核算、自负盈亏、自我积累、自我发展、自我完善。

党建工作。9月28日，社区中心党支部全体党员、入党积极分子及干部职工赴延庆区平北抗日烈士纪念园开展"喜迎二十大·永远跟党走"主题党日活动，参观红色教育基地，瞻仰烈士纪念碑，寻访红色足迹，传承革命精神。组织党员和干部职工收听收看二十大开幕会、闭幕会、二十届中央政治局常委同中外记者见面会。中心领导班子参加学校党委举办的学习传达党的二十大精神大会、专家座谈会、专题辅导报告。组织召开干部职工学习贯彻党的二十大精神座谈会。

党风廉政建设工作。按照学校党委的工作部署，围绕社区服务中心工作和改革发展稳定大局，落实党风廉政建设责任制，坚持"一岗双责"。认真执行教育部文件精神，规范公用房出租行为，严格履行审批备案手续。

疫情防控工作。2022年，疫情形势反复多变，社区中心有力有序做好疫情防控工作，筑牢疫情防控安全防线。

加强社区服务人员防控管理，不让服务人员成为流动的病毒传播源。组织全部服务人员参加疫苗接种，定期查验登记服务人员健康宝、行程码、核酸检测结果等，规范服务人员出返京管理，建立工作台账。疫情期间社区服务工作基本不中断，没有发生服务人员入户感染的情况。

加强社区公共服务场所防控管理。社区中心理发店、宾馆、超市、便利店等公共服务场所人员复杂，按照上级要求，社区中心开展疫情防控宣传，引导商户严格执行各项防疫措施，制定详细的日常检查表、消杀记录表，签订《疫情防控承诺书》。建立日常巡查机制，对所有营业商户进行防疫巡查督导，发现问题现场整改，平均每周对经营场所巡查2次，发现并整改问题19次。在社会面防控放开前，社区中心负责监管的公共服务场所未发生群体疫情。

做好疫情期间社区保供应保民生工作。组织超市发超市为畅春园师生提供网上购物和送货到小区服务，解决师生购物难题。在校内朗润园、燕南园家属区全封闭期间，组织临时菜车入校为教职工和居民售菜。主动向海淀区商务局申请物资支援，为108户255名受封控居民免费提供爱心蔬菜包。

参与学校和街道的疫情防控工作。在疫情高峰期，社区中心领导和干部职工下沉社区一线，参与燕园街道和北京大学的区域核酸检测工作、大数据核查工作、涉疫人员转运工作、密接次密接人员处置工作、海淀区和街道8小时专班工作、阳性人员追查处置工作等。

便民服务热线。社区便民服务热线（62752492）始终坚持人工值守，提出服务热线接诉即办一刻钟标准，快速解决居民困难。便民服务热线平台提供家政服务、家电维修服务、家庭装修维修服务等60余项生活服务项目。坚持实行服务价格公示制，年底将服务价格在各社区居委会进行公示，随时接受社区居民监督和征询。2022年中心新增主管道维修等疑难服务项目，全年累计接听便民服务热线达5000余人次。坚持服务回访制度，加强服务质量监督，电话回访居民千余人次。

社区便民服务日活动。构建居民家门口的社区服务体系，着力办好"便民零距离·服务无极限"便民服务日活动，此项活动连续两年列入海淀区政府年度民生实事项目，已经成为燕园地区品牌服务项目。2022年，因北京市疫情反复，为解决辖区老年家庭在疫情期间急难愁盼的生活问题，自7月以来，中心探索社区为老服务新模式，针对社区老龄家庭，优先服务独居、空巢、高龄、患病等特需家庭，精心策划组织"孝亲敬老·服务到家"主题社区便民服务季活动，为辖区老龄家庭提供免费及特惠清洗油烟机87台、空调39台、进社区免费磨刀1063把等服务，为疫情下的社区老年人带来了全新的服务体验。

智慧社区暨智慧养老服务中心建设。智慧社区服务平台以北大离退休教职工和社区居民信息数据为基础，搭建北京大学智慧社区暨智慧养老服务中心，为老年家庭配置可视化、更友好的用户终端，提升社区服务的效率和水平，改善燕园社区老年人的服务体验。

社区便民商业网点建设。按照《海淀区提升消费能级提高生活品质三年行动计划（2019—2021）》的工作部署，补齐服务项目短板，实现8项社区基本便民商业服务功能全覆盖。燕园街道七个社区已建成蔬菜网点11个、便利店（超市）8个、美容美发店5个、家政服务中心1个、便民维修点6个，实现了五项基本便民服务功能覆盖；同时在各社区便民店试点"e袋洗"线上线下相结合的洗染服务模式。

社区便民商业服务。疫情期间鼓励和引导社区菜店、理发店等商户克服收益严重下滑困难，坚持经营，不间断为居民提供便捷服务，保障着教职工和居民日常生活。其中超市发畅春园商业e中心全年正常营业，累计服务超过31万人次；各社区便民菜店和理发店全年累计服务超过10万人次；社区蔬菜直通车全年入社区售菜50余次。2022年，每周三在北大校内社区开展的"便民蔬果楼下买，我为群众办实事"项目活动频次调整为每周两次，全年服务75次，服务人员达到5000多人次，切实提升校内居民的购物便利度。校内理发店继续开展理发进社区活动，为因疫情封控的中关新园留学生、圆明园校区学生、社区行动不便的老年人提供上门理发1000余人次，解决疫情期间理发难的问题。

下属企业改制工作。2022年5月完成下属企业北京北大燕欣科技发展中心的审计，于8月17日顺利完成公司制改革工作。

（李　晶）

# 附属中学

【发展概况】　基本情况。2022年，北京大学附属中学（简称"北大附中"，下同）分三址办学，分别为黄庄本部校区、惠新校区和畅春园校区。3个校区总占地面积9.34万平方米，总建筑面积17.12万平方米，运动场地面积2.16万平方米。图书馆藏书12万余册；电子图书和数据库与北京大学图书馆共享，另有自采数据库2个。固定资产总值11,982万元，全年教育经费投入30,339万元。学校信息化经费投入1150.6万元，拥有笔记本电脑730台，台式机825台，平板电脑649台，网络多媒体教室155个，"信息技术"课程2课时/周。教职工624人，其中高级职称137人、中级职称160人，专任教师472人，包括特级教师3人、北京市骨干教师3人，本科以上学历（含本科）599人。开设教学班189个（初中65个、高中124个）。毕业1276人（初中534人、高中742人）；招生1389人（初中497人、高中892人）；在校生4525人（初中1898人、高中2627人），包括寄宿生649人。高中录取分数线650分（海淀区），应届高考本科上线率100%。

北大附中实行多元自主发展模式，开展因材施教的课程体系。初中部突出附中特色，实现学生"全面发展、特色发展、个性发展"。高中部设有六大学院，行知学院、元培学院、博雅学院、未名学院、道尔顿学院、树人学院根据学生不同发展方向提供多元课程。书院归属学院一体化管理，推进导师制建设，促进教育教学一体化。加强家校合作，形成教育合力，促进学生健康成长。

6月，根据国家"公参民"（公办学校举办或者参与举办民办义务教育学校）规范治理工作部署以及海淀区教委相关安排，北大附中实验学校自2022年开始停止招生。原有在校生（民办）学籍转入北大附中，9月初完成学籍转换工作。其他"公参民"相关工作按照海淀区教委和北京大学要求逐步推进。

12月，北大附中新官网上线，新官网以北大红为主色调，视觉元素采用附中文化符号银杏叶。内容聚焦附中各部门新闻大事件，介绍各学院、书院组织架构与文化建设，多维度展示附中教育教学与学科教研突出成果，讲好附中故事，宣传学校育人理念和特色。

**教学工作与课程建设**。初中部探索适合学情的育人策略，形成以年级组为核心的学生管理模式，年级组长每周召开干部会汇报年级工作，各年级工作各有侧重，形成特色。初一重常规培养，初二重自主规划，初三重质量提升。围绕2022年版《义务教育课程方案和课程标准》初中部聚焦新课标，着力提高育人能力与水平，开设科技、艺术、体育、学科拓展四大类，99门选修课程，共有76位老师承担选修课程工作。

高中部形成"一体两翼"学科课程体系，"一体"是行知学院课程体系，涵盖课标九门学科课程；"两翼"是元培学院和博雅学院课程，分别指向理科和文科深度学习及优秀生培养。一体贯通高考，两翼探索突破。在课表结构方面，落实学期制课程，加强学科教学，各学科在学期制课程规划下重构课程设计，在新课表课时要求下制定新的教学规划，课程目标、课程内容、课程评价。在信息化方面，统一教学管理模块，配备教学终端平板。

元培学院完成课程资源积淀和线上化平台建设，同步推动线上线下混合式学习模式，提供充分的自主学习空间，支持跨年级学习。在初高贯通的关键环节"高零年级"建设包含必修和选修的衔接课程体系。必修课程包括人文必修、理科必修、体育以及实践课程。选修课程包括人文选修、理科选修、学科竞赛以及艺术课程。针对衔接班学生开发与学科体系相结合的研究性学习课程。面向初高学段整体规划，向初三、高一、高二年级开设13门研究性课程，课题涉及数学、物理、化学、生物、计算机、工程学等学科，对课内的重难点知识进行深入研究，帮助学生理解知识、运用知识。

博雅学院重新定位，目标是培养人文学科领域具有发展潜能的学生，在常规学科教育的基础上开设文史专属课程"创意写作"和大学先修课程"中国古代史"，同时和北京大学中文系和北大招生办公室建立联系，以学科讲座和课程的方式，支持博雅人文基地发展。

预科部在教学中聚焦学科本质、挖掘现实情境、突出价值引领、注重思维培育，结合学情开展高质量教学工作。学科首席、课程首席团队在部门统筹指导下，从学情分析、课堂教学、试题命制、个性化指导等方面持续发力。预科部教师结合学生特点，聚焦学情、分层教学、抓住课堂、做好落实，切实提升学生分数。在德育工作中，首席导师、导师在部门整体规划下与任课教师形成工作合力，挖掘学生潜力，重视规则教育，培养学生"四大能力"，重视家校沟通，培养高备考素养的高三家长。

树人学院（三中心：艺术中心、信息技术中心、体育中心）探索艺体技学科与其他学科的渗透融合，树立综合、立体、融合的大课程观；突破学科之间的限制，汲取不同学科的知识和营养；在培养学生的科学素养、艺术审美和体育精神的同时，协同培养数理素养和人文情怀，进而实现学生的全面发展。

**学生培养**。元培学院开展"拔尖创新"与"综合发展"培养模式，语文、英语学科引入元培学院人文贯通课程体系，理科研究性学习课程横向联系荣誉课程，加强与高校协同培养科技人才。数学、物理、化学组申请的"北大附中创新人才培养项目"获得2021—2022学年"海淀区普通高中特色课程"称号。作为北大附中拔尖人才培养的重要一环，北大附中元培学院衔接班开设综合实践课程——元培大讲坛。

道尔顿学院与北京大学化学与分子工程学院正式签约共建"创新研究实践联合培养基地"，打造"具有家国情怀、国际视野、面向未来的领军人才"。2022年暑期开始，道尔顿学院学生有机会参加北京大学国际暑期学校。

德育方面，学校实施全员导师制，学生成长中心坚持做有原则、有力度、有温度的教育。践行学校"全员育人""全校园育人"基本理念，每个月对应学校德育活动主题在学院教学和书院活动中广泛培育和践行社会主义核心价值观，落实学校教育核心理念；通过军训培养学生国防安全意识、团队精神；通过每周升旗活动深化爱国主义、集体主义、社会主义教育；在中国共产主义青年团成立100周年之际，团委带领各支部团支书组织全体团员观看习近平总书记大会上发表重要讲话。

**升学情况**。2022年参加国内高考学生560人，高考成绩再创新高。在拔尖创新人才培养上取得突破：北大清华录取人数创近五年新高，650分、600分以上的高分段人数较2021年分别增长43.9%和29.9%。

出国方向学生共计113人，其中95名国际部学生，18名本部出国学生，累计收到国外大学录取通知书近300份。美国藤校和前十的录取通知共计6份，有两位同学被牛津大学录取。

**党建工作**。2022年，北大附中现有教职工党员376人，其中在职教职工党员264人，离退休党员112人。设教职工党支部9个，其中含离退休党支部1个，2022年，发展党员1人，转正党员6人。

北大附中党委第一时间组织全体党员和教职员工收听收看党的二十大开幕式，集体学习二十大报告精神；党委理论学习中心组以"学习二十大精神，踔厉奋进新征程"为主题组织开展二十大专题学习会，全体党政班子、党支部书记、学科长教师代表、团委书记参加会议，围绕科教兴国战略和学校课程建设、教师队伍建设、学生德育培养与爱国主义教育等方面交流报告学习体会。

各支部积极开展践行二十大精神教育活动：初一初二支部在国庆之际开展主题为"奋进新征程，建功新时代"摄影作品展示活动，向党的二十大献礼；行政后勤支部和行知道尔顿支部组织"题字银杏叶，唱响主旋律"系列活动，在银杏叶上书写理想信念，过塑永久保存，与中心支部联合学唱红歌《永远跟党走》《党的恩情永不忘》，并进行MV录制；由树人学院发起，各支部联合响应，共同参与校本部"红动起来"拔河比赛，凝聚党员向心力，激发大家团队合作精神；预科党支部举办"学党史 唱红歌 颂恩情"活动，学唱歌曲《领航》；元培博雅支部集中学习二十大报告内容，体悟会议精神。

北大附中党委把学习二十大精神与深入贯彻落实中央巡视整改反馈意见相结合，进一步规范附中合作办学工作。结合集团校发展新形势，按照中央巡视整改意见，依据北京大学指导意见制定《北大附中教育集团校长联席会制度》，为促进解决集团化办学过程中遇到的困难和障碍，加强集团内部优势互补和特色传承，切实提升北大附中教育品牌的品质和办学质量提供咨询保障。

**工会和离退休工作。**开展"送温暖工程"，继续开设书法、掐丝画、健身氧操、健身减脂、古琴、歌唱技巧、娃娃合唱团等文化课程活动，及时把组织的关怀和温暖送到有困难的教职工身边。坚持中秋、国庆、春节等重大节日附中党政领导和工会干部与留守职工一起过节的传统，11月为因疫情不能返家的住校职工以及物业保洁人员发放慰问品，新年前夕与他们欢度新年。在党委和工会支持下，解决离退休教工的困难，2022年先后为离退休困难教工申请补助18,000元，为离退困难党员申请补助15,000元，年底疫情高发时期为离退休职工发放药品，为病重人员联系安排住院事宜。工会看望附中刘美德、贾世起两位老校长，向曾经为附中教育事业做出贡献的老教师表达关怀与感激。

**疫情防控。**面对2022年新冠疫情复杂形势，附中党委统一思想、认清形势，根据疫情防控实际情况，制定《北大附中疫情防控应急预案（2022）》，不断修订《〈北京大学附属中学新冠肺炎疫情防控〉工作手册》，明确责任、完善机制，科学研判形势，利用学校线上平台优势推动线上线下同步教学。为深化防疫工作要求，线下教学时预科部对原有班级进行拆班调整，学生在南楼、西楼进行教育教学活动。保障线上教学同时，各部门开展线上家校沟通，关注居家学生身心健康。

**交流合作。**持续加强国际友好校，包括挪威、日本、英国、法国、德国等国和港澳台地区姊妹校交流合作，借助多样化网络平台开展丰富的主题交流活动。秋季，由教育部支持、北京大学主办的"亚洲青少年交流计划"第二期项目启动，六所中日高中共计150名学生参加。

为落实北京大学对山西垣曲中学、黑龙江尚志中学、云南弥渡县第一中学等三所县中的托管帮扶工作，附中启动了2022年秋季"名师大讲堂"，语文学科长张明老师通过线上平台为1000多名师生做了高考备考讲座。甘肃庆阳市、北大附中台州分校、北大附中海口分校、天津东丽湖未来学校近百名语文教师共同在线收看讲座。

（张 蓉）

【**召开教师干部大会**】 3月16日，在附中图书馆报告厅召开教师干部大会，宣布北京大学关于北大附中校长的任职决定。北京大学党委常委、常务副校长、教务长龚旗煌出席大会并讲话，党委组织部部长宁琦、常务副部长霍晓丹及北大附中党政班子、教师干部代表参会。会议由北大附中党委书记王亚章主持。宁琦代表北京大学党委组织部宣读任职决定，马玉国担任北大附中党委委员、副书记、校长。

（张 蓉）

【**召开暑期战略研讨会**】 8月27日至28日，召开北大附中2022年暑期战略研讨会。会议以中国共产党北京大学第十四次党员代表大会的胜利召开为契机，以"苦练内功、提升品质，凝心聚力、再创辉煌"为主题，聚焦新的发展阶段下学校在教学和管理等方面工作的重点与挑战。大会分为专题报告、学科长工作汇报、部门工作汇报和全校教职工大会四个单元。附中党政班子成员、校本部干部、各学科长、初中部校区干部、惠新校区干部、党支部书记、教代会代表、分校校长书记等参加会议。北京大学党委常委、副校长、中国科学院院士张锦，北京大学中文系主任、教授、博士生导师杜晓勤受邀为本次研讨会作专题报告。

（张 蓉）

【**成立教师发展中心及建立学科长制度**】 北大附中持续建设教师成长平台，2022年7月成立教师发展中心及建立学科长制度，出台了《校内说课活动方案》《教师发展工作方案》《新教师培训活动方案》《课题管理初步方案》《继续教育培训方案》等。学科长制度是在学校促进部门融合、年级贯通的背景下建立的教学管理制度，由政治、语文、数学、英语、物理、化学、生物、历史、地理九门学科骨干担任学科长，核心工作是学科课程建设和学科队伍建设，同时加强部门间、学科间工作的协同与融合。学科长从自身学科教学实际出发，结合新高考改革下的新变化、新趋势与新挑战，聚焦学科课程建设与实施、队伍建设、学科教研、学生素养培育等方面，对各学科整体工作进行规划。2022年，教师发展中心主要完成三个方面工作：一是全学科实践"开学第一课"；二是"上好学年每一课"教师基本功系列培训课程；三是持续进行形成性评价全学科教学实践研究。

（张 蓉）

【学科竞赛取佳绩】 2022年，学科竞赛再创佳绩。全国中学生数学奥林匹克竞赛数学3人获得省级一等奖，8人进入北京市前100名。全国中学生物理奥林匹克竞赛5人获得省级一等奖，省级一等奖获奖人数海淀区第3名，北京市第4名，首次培养北大附中石景山学校学生1人获得省级一等奖。全国中学生化学奥林匹克竞赛3人获得国家银牌，12人获得省级一等奖，省队人数位列北京市第2名，省级一等奖人数北京市第3名。全国中学生生物奥林匹克竞赛3人获得省级一等奖，7人进入北京市前100名。全国中学生信息学奥林匹克竞赛获得全国决赛1金3银，位列北京市第2名。在丘成桐中学科学奖竞赛中，附中共收获一等奖2枚（物理金奖、生物优胜奖），二等奖1枚（生物二等奖）。

（张 蓉）

【获北京市基础教育教学成果奖一等奖】 2022年6月，由树人学院牵头，各部门通力合作完成的《"五育并举"导向下树人课程体系建构与实践路径》成果荣获北京市基础教育教学成果奖一等奖。北京市教育教学成果奖每四年评审一次，此次获奖，体现附中在"五育并举"导向下，培养全面发展的人才模式创新和教育教学改革方面所取得的成就，是附中在艺术、体育、技术三个领域高度重视和全力支持的结果体现。该成果是以"五育并举"理念为引领，通过对艺术、体育、技术课程进行重组再造，构建了一套完整课程体系，包括100多门模块课程，每门课程都有学科规划、课程目标、内容体系、拓展资源、评价工具及具体实施方案；健全了两项课程实施机制，俱乐部制和项目制相辅相成、互为依托。

（张 蓉）

【师生共赴"天空课堂"第三课】 10月12日，"天宫课堂"第三课在中国空间站开讲，神舟十四号飞行乘组航天员陈冬、刘洋、蔡旭哲担任太空科普课程活动的"太空教师"。主课堂首次选在中国科学院空间应用工程与技术中心——空间站任务地面系统的工作场地，附中生物老师柏叶作为主持人和11名附中同学来到地面主课堂与航天员天地联动，开启天宫探索之旅。

（张 蓉）

## 附属小学

【发展概况】 学校概述。2022年，北京大学附属小学（简称"北大附小"，下同）占地面积28,579平方米，校舍建筑面积33,899平方米，体育场（馆）面积11,647平方米。图书馆（室）藏书53,752册。固定资产总值5836.48万元。全部教育经费9657.72万元，教育部拨6062.72万元，市区教委拨非同级财政1461.28万元，自筹经费2133.72万元。信息化经费524.945万元，多媒体教室座位4427个，校园网出口总带宽200Mbps，数字资源量30TB，"信息技术"课程1课时/周，拥有计算机599台。普通教室62个，专用教室38个。教职工199人，本科以上学历199人。正高级职称1人，副高职称29人，中级职称138人，二级教师30人。专任教师170人，特级教师4人，北京市学科教学带头人3人，北京市骨干教师5人，海淀区学科带头人、骨干教师53人。开设教学班66个。2022年12月学生共计2435人，六年级毕业生372人，一年级新生406人。学校网址：http://www.bjdxfsxx.com。

德育工作。全面贯彻党的教育方针，坚持把"立德树人"放在重要的突出位置。推进特色述评，激励学生养成好品质、好习惯，形成北大附小独特的德育评价体系。推进心理健康教育，落实特殊儿童成长档案。班主任、学科教师、心理教师共同努力，为有特殊学习需要的学生提供个性化服务，为孩子们的成长保驾护航。"京城教育圈"发表尹超校长开学典礼讲话——"敢于学习，敢于筑梦，敢于超越，做最好的自己"；4位老师所带的中队被评为红领巾奖章集体三星章；1位老师所带的中队被评为红领巾奖章集体四星章；学校少先队大队被评为红领巾奖章集体四星章；1位老师荣获北京市立德树人研究成果一等奖；1位老师被评为海淀青年榜样；2位老师荣获海淀区"风华杯"班主任基本功大赛特等奖。

教学工作。基于新课标，立足核心素养，落实"双减"工作。抓好课堂主阵地，提高各学科教育教学水平。落实课堂教学教研工作，抓住学校常态课教学。通过大数据平台，对课堂教学进行深入分析，提升教学质量。研发学生综合评价方法，分析记录学生成长过程，营造有趣有效的课堂教学环境和乐学会学的实践空间。学校通过classin为教育教学提供直播教学平台，同时为更准确诊断课堂教学提供技术支持。在部级课例展示中，3人获精品课例；1人在教育部中小学骨干教师远程培训讲座授课；2人在2022年北京"小院士"科技教育活动中讲座授课；在北京市京教杯比赛中，3人获一等奖；在北京市基础教育优秀作业案例评比中，4人获得一等奖；在2022年第十届"世纪杯"市区级学科带头人和骨干教师教学基本功展示活动海淀区世纪杯教师基本功赛中，8人获录像课、案例、论文评比特等奖；45人获录像课、案例、论文一等奖；25人参加海淀区教师进修学校研究课、教材分析和专题讲座；在海淀区名师工作站课堂教学研讨活动中，3人获得一等奖。学校机器人团队获2022世界机器人大赛锦标赛VEX项目二等奖，2022世界机器人大赛锦标赛ENJOY AI项目二等奖。

科研工作。坚持课程育人，以课程为载体，设立跨学科主题实践活动，探索跨学科整体育人模式，推进教育综合改革，提升课程领导力。优化课程结构，整合必修课程，提升选修课程。学校开设"百家讲堂"系列，邀请大学教师、著名学者、各领域的专家走进附小，建设"北大附小生命发展课程"。在北京市基础教育成果奖评审中，尹超、何立新、庄严、王利宁、莫晖、王泓等人撰写的《创新人才早期培养的小学实践》荣获特等奖第一名；科学团队的《主题切入、资源支撑：小学科学课程实施体系的建构与实践研究》、英语团队的《立德树人背景下小学英语阅读教学培养思维品质的校本实践》以及美育团队的《让生命之花自由绽放——元培美育课程群的创新新建构与实践探索》获二等奖。尹超校长领衔的全国教育科学规划办教育部重点课题"核心素养下的生命发展课程建设研究"结题；贾宁老师的课题《"双减"背景下小学图书馆协同育人的策略研究》获北京市教育科学"十四五"规划2021年度"双减"专项课题结题。

国际交流。2022年5月至10月，学校五年级学生代表与新加坡公教中学附小学生代表结为笔友，互赠书信。11月，两校进行线上交流活动和笔友见面会，学校五年级全体师生400余人和新加坡公教中学附小五年级全体师生200余人共同参加了线上交流活动。

体验式培训。2022年，北大附小完成两期共36周的"浸润式培训"。在北京市教委和市基教二处的指导下，北大附小从2015年下半年开始承办市级中小学教师体验式培训项目。培训对象为北京各郊区（县）干部与部分骨干教师。培训方式为浸润、体验、交流、互助。学员食宿都在北京大学附属小学本部校内，由北大附小成长中心统一管理。

党建工作。北大附小党委组织全校师生集体观看二十大报告、中国共产党第二十届中央政治局常委同中外记者见面会，并进行讨论学习；围绕"学习二十大，奋进新征程"专题学习，通过线上、线下结合的方式参与学习，聆听北京大学马克思主义学院党建研究所所长王久高老师解读二十大精神；组织开展"我为师生办实事"活动，把学习二十大精神落在实处，深入人心。

基础建设。2022年7月，学校投资70余万元，利用暑假进行施工，完成学校滑雪机场地防雨、防风及水电改造工程，为学生在校内开展冰雪项目提供保障。8月，学校投资40余万元，利用暑假进行施工，完成学校体育馆艺术和体育文化浮雕的建设工程。10月，学校投资20余万元，利用节假日进行施工，完成了学校体育场照明系统的安装工程，为学生秋冬季课后服务的室外体育项目提供保障。

（刘　健、庄　严、贾　宁、高　晨、王利宁、王　杰、刘桂红）

【一教师担任北京冬奥会开闭幕式分场导演】 2022北京冬奥会期间，北大附小选派舞蹈教师田晴借调至冬奥组委工作，担任冬奥会开闭幕式分场导演一职，成为开幕式八位分场导演之一。担任《立春》《国旗传递》《冰雪五环》《致敬人民》《雪花》《奥林匹克颂》等文艺节目的执行导演工作。中央电视台"青年人才挑大梁"进行报道；在"人民日报·两会零时差"文化自信专栏和"人民日报五四青年节"专题进行分享；入选"喜庆二十大，奋进新时代——北京大学改革发展十年成果图片展"。

（刘桂红）

【一教师出版专著《为学生架设攀升的阶梯》】 2022年3月，任辉老师所著《为学生架设攀升的阶梯——基于创新素养提升的小学信息技术教学实践研究》一书由北京大学出版社出版，16开本，17.5印张，200千字。该书聚焦如何让学生成为"理想的"反思者，助力学生获得发现问题、解决问题的能力，形成整合的研究方法与思维模式，让学生在反思创造中获得发展，真正成为心智自由的学习者。

（庄　严）

# 附属幼儿园

【发展概况】 组织结构。北京大学附属幼儿园（简称"幼儿园"，下同）是北京市示范幼儿园、北京市社区儿童早教示范基地、北京市特殊儿童教育示范基地、海淀区干部教师培训基地、海淀区食品"A★★★"食堂单位。幼儿园一园两址，分别坐落于燕东园和蔚秀园家属区内，共占地14,571平方米，建筑面积9497平方米，儿童游戏场地面积8291平方米。2022年燕东、蔚秀两园有大、中、小三个年龄段共计32个教学班，在园儿童近千名，90%以上为教职工二代、三代子女。

2022年，幼儿园成立70周年。幼儿园继续完善办园条件，推动新园筹建工作。10月份，经校党委会审议通过后，幼儿园已与国家机关事务管理局、海淀区教委签订开办新馨园的三方协议，新馨园已正式从规划筹备转入到落地推进阶段。

2022年，幼儿园完成部分管理架构及人员补充工作，新聘后勤安全园长1名、业务园长1名、分园长2名、年龄组长3名、分园层级保健管理负责人2名。

队伍建设。截至2022年底，幼儿园教职工160名，其中事业编教职工23名，合同制教职工122名，15名退休返聘人员；另有保安9人。全体教职工100%具有合格学历及各岗位上岗证，其中市、区级骨干教师、学科带头人16名。

党建工作。幼儿园党支部在2022年完成4名预备党员转正和5名预备党员接收工作。幼儿园党支部党员总数达到56名。团支部共有团员46名（含12名年轻党员）。

2022年，幼儿园将迎接和学习贯彻党的二十大精神作为首要政治任务，通过采取集中学习和个人自学相结合的方式，认真学习领会党的二十大报告和党章，学习习近平总书记的系列重要讲话精神。暑假期间，按照直属单位党委安排，多位党员教师分赴江苏、山东参加红色教育和暑期实践活动，迎接党的二十大胜利召开。11月5日，组织30余名党员教师前往门头沟冀热察挺进军司令部旧址纪念馆，参加直属单位党委"传承红色薪火凝聚奋进力量——喜迎二十大 筑梦新时代"主题党日活动。11月15日，邀请直属单位党委书记董晓华来园讲"二十大报告与教育新发展，我的理解与思考"专题党课，为党支部学习贯彻党的二十大精神进行深入辅导，帮助全体党员深入理解内涵，精准把握外延。结合实际工作，将二十大精神的学习与师德建设，以及幼儿园立德树人的工作任务相联系，开展"我的教育故事"等各项党团组织活动。

师德建设。坚持党管人才要求，坚持师德师风第一标准和政治素质首要条件，不断强化教师思想政治工作，严格员工准入条件，坚决落实师德一票否决制。开展全覆盖的全员师德专题教育岗前培训和日常岗位培训，开展依法从教治学理论学习和实践，通过各种方式每月进行专题师德教育宣传，每学期初师德宣誓及为期一周的全体教师法律法规及师德专项培训活动。

保教工作。围绕幼儿园"七十年正青春"70周年园庆主题，探索如何以儿童视角组织园庆主题活动，开展园庆系列活动。在保教管理工作中，继续发挥分园管理队伍及班主任的作用，保教工作管理更加细化。疫情居家期间，教师每周设计不同主题的家庭教育指导活动，支持幼儿的发展需求。儿童身高体重合格率94.21%，体能测试优秀率82.1%，家长满意度99.36%。

结合疫情防控及传染病预防相关工作，发挥家委会的桥梁和纽带作用，继续开展线上线下相结合的多途径家园沟通交流。吸纳优秀的家长参与幼儿园的课题研究，促进家园深度融合。特殊时期，在确保安全健康的前提下，重点邀请伙食委员会家长代表进园参观交流。

疫情防控。深化落实"两案九制"，继续完善疫情防控相关制度，细化工作流程，加强重点环节演练，提高巩固防控能力。提前做好放假、开学等各类预案，加强与幼儿家长交流沟通，做好防疫物资储备等各项工作。在疫情防控重要时期，在党团员的带领下，全园共有96名教职员工参与社会面及北大校园等不同范围的抗疫志愿服务工作。同时，严肃防疫奖惩制度，对防疫工作落实表现优秀突出人员进行奖励。强化疫情防控常态化工作措施，坚持每天按时按要求完成师生疫情防控数据提交，建立完善幼儿园疫情防控信息手册和在园师生信息库。制定完善《幼儿园疫情防控常态化期间快递外卖安全管理办法》《幼儿园食品安全疫情防控处置预案》等多项制度文件。

教研工作。结合教师日常工作实践需求推进幼儿园教科研工作，发挥教科研对日常保教质量的支持作用，在推进园内现有5项市区级课题的基础上，首届"微研究"课题也取得了很大进展，解决了保教工作中重点问题，提高了教师的研究意识和专业能力。发挥特教资源中心职能，启动融合教师成长营项目，承接教育部及市区相关师资培训任务，加大融合教师培养，促进融合教育的高品质推进。

10月，幼儿园申报的北京市教师发展中心2022年北京市幼儿园干部教师培训科研课题《幼儿园融合教育中师幼互动质量提升的教师培训研究》，经过专家初审、复审后成功立项，被确定为重点课题。

卫生保健。2022年，卫生保健工作继续围绕疫情防控的中心任务，保障全体师生员工的健康和安全。组织全园教职工疫情防控、卫生保健等相关知识和流程的培训和学习，加强幼儿晨、午、晚检工作的管理和落实，强化班级卫生消毒工作，指导班级幼儿健康教育，关注幼儿卫生习惯的培养，做好幼儿保健工作的宣传和管理。幼儿园教职员工上岗体检率、儿童入托前以及定期体检率保持100%。

安全工作。幼儿园始终把安全工作放在首要位置，与全园每一名工作人员签订安全责任书，层层落实，责任到人。2022年，幼儿园继续完善安全制度体系，认真践行"两案九制"，继续实行封闭管理。在北京大学大力支持下，暑期期间完成幼儿园电路改造、安全警示灯改造、室内外地面铺设、室内外环境及基本设施补充修缮等多项园所硬件设备设施改造工作，完成幼儿饮水机、视频监控系统等重点设施设备的维修维护，保障安全运行使用。

（王燕华）

【新馨园合作办园签约仪式】 9月30日，北京大学附属幼儿园新馨园合作办园签约仪式在海淀区教委举行。中央国家机关公务员住宅建设服务中心、北京市海淀区教育委员会、北京大学相关职能部门及附属幼儿园负责人参会，会议由海淀区委教育工委书记王方主持。签约领导为海淀区教委副书记胡剑光、国管局住宅中心规划与监管处处长张强、北京大学附属幼儿园园长王燕华。见证领导为国家机关事务管理局住宅中心主任吴斌、住宅中心副主任朱军、北京大学国内合作委员会办公室主任康涛、北京大学附属幼儿园执行园长余丽。

（付传彩、余丽）

【获评教育部—联合国儿基会"海淀区示范基地园"】 为推动学前融合教育发展，作为教育部—联合国儿童基金会学前融合教育项目试点试验区，海淀区特教中心于10月12日举行第一期幼儿园融合教育种子教师培训班开班仪式。附属幼儿园被评选为教育部—联合国儿基会中国融合教育推进学前融合教育教师专业能力提升项目"海淀区示范基地园"。

（张玉萍）

【70周年园庆系列活动】 为庆祝幼儿园成立70周年，附属幼儿园组织开展"七十年正青春"70周年园庆主题活动，探索如何以儿童视角组织园庆主题活动，开展"我是燕园幸福娃"、园庆活动之"精彩运动会""园庆艺术节""幼儿园之最"等专项教研，以及园庆Logo、吉祥物设计等园庆系列活动。

（周紫攀）

# 在校院士名录

## 中国科学院院士

**数学物理学部**

姜伯驹　甘子钊　张恭庆　陈佳洱　杨应昌　文　兰　田　刚　赵光达　王诗宬　陈十一　欧阳颀　谢心澄　张平文
高原宁　汤　超　张继平　李家明　苏肇冰　徐至展　王恩哥　郑晓静　张维岩　鄂维南　陈松蹊　孙昌璞　邹冰松
万宝年　李政道（Tsung-Dao Lee）

**化学部**

黎乐民　刘元方　王　夔　张礼和　周其凤　黄春辉　吴云东　刘忠范　席振峰　张　锦　高　松　严纯华　姚建年
陈学思

**生命科学和医学学部**

翟中和　韩济生　韩启德　许智宏　方精云　赵进东　尚永丰　朱玉贤　程和平　陆　林　朱作言　谢晓亮（Xiaoliang Xie）

**地学部**

赵柏林　涂传诒　陶　澍　陈运泰　郑永飞　傅伯杰　郭华东　周忠和　吴立新　陈大可　张培震　郭正堂　金之钧
朱日祥　吴福元　朴世龙　朱　彤

**信息技术科学部**

杨芙清　王阳元　秦国刚　黄　琳　龚旗煌　黄　如　包为民　梅　宏　陆汝钤　郑志明　王怀民　崔铁军

**技术科学部**

倪晋仁　俞大鹏　魏悦广　彭练矛　叶恒强　方岱宁　芮筱亭　张　跃

**其他**

樊文飞　崔　琦（Daniel Chee Tsui）　约翰·霍普克罗夫特（John Edward Hopcroft）　Philippe Ciais

## 中国工程院院士

董尔丹　唐孝炎　张远航　高　文　陆道培　沈渔邨　郭应禄　庄　辉　詹启敏　乔　杰　王　俊　王陇德　李家彪
卢秉恒　马永生　王　浩　邬江兴　丁文华　余少华　吴汉明　邓铭江　陈祥宝　黄璐琦　徐建国　孙家广　姜保国
张改平　赵春江　欧阳晓平　罗智泉

## 哲学社会科学领域专业技术一级教授

陈平原　陈兴良　韩水法　荣新江　申　丹　王浦劬　阎步克　张　静　赵　辉　朱良志　朱苏力

（人事部）

## 具有正高级职称的教师及专业技术人员名单

### 数学科学学院

**教授**

艾明要　安金鹏　蔡金星　陈大岳　陈松蹊　邓明华　丁　帆　丁　剑　鄂维南　范辉军　房祥忠　冯荣权　甘少波
关启安　胡　俊　姜　明　蒋美跃　李　若　李铁军　李伟固　李文威　林作铨　刘力平　刘培东　刘若川　刘小博
刘旭峰　刘　勇　柳　彬　马尽文　马　翔　莫小欢　任艳霞　史宇光　宋春伟　孙　猛　汤华中　田　刚　王冠香
王家军　王　嵬　王正栋　吴　岚　夏壁灿　肖　梁　徐　恺　徐茂智　杨　超　杨家忠　杨建生　杨静平　姚　方
张继平　张志华　章志飞　周蜀林　周　铁　朱小华

**教学教授**

范后宏

### 物理学院

**教授**

班　勇　曹庆宏　陈　斌　陈志坚　陈志忠　戴　伦　杜瑞瑞　方哲宇　冯　济　冯　旭　付遵涛　高家红　高　鹏
高原宁　古　英　郭秋菊　何琼毅　胡小永　胡永云　华　辉　季　航　贾　爽　江林华　江　颖　蒋红兵　李定平
李新征　李　焱　李　智　廖志敏　刘　川　刘富坤　刘开辉　刘克新　刘雄军　刘玉鑫　刘运全　罗春雄　马伯强
马仁敏　马文君　马中水　毛有东　冒亚军　孟　杰　孟智勇　欧阳颀　彭良友　彭影杰　乔　宾　秦　庆　全海涛
冉广照　沈　波　史俊杰　舒　菁　宋慧超　孙庆丰　檀时钠　汤　超　唐　宁　王福仁　王宏利　王　健　王楠林
王若鹏　王新强　王宇钢　吴成印　吴学兵　肖立新　肖云峰　谢心澄　徐莉梅　徐仁新　许甫荣　许秀来　薛惠文
薛建明　颜学庆　杨金波　杨振伟　尹　澜　于彤军　俞大鹏　张国辉　张宏昇　张家森　张庆红　赵传峰　赵春生
赵　清　朱世琳　朱守华

**教学教授**

穆良柱

**研究员**

林　晨　吕　劲　彭士香　施均仁　吴　飙　赵子强

**正高级工程师**

葛愉成　陆元荣　全胜文　任晓堂　王洪庆　徐　军　杨　宏　杨学林　朱　昆

## 化学与分子工程学院

**教授**

白　玉　卞祖强　陈尔强　陈　鹏　陈　兴　翟茂林　范星河　盖　锋　甘良兵　高毅勤　郭雪峰　黄富强　黄建滨
黄岩谊　金长文　来鲁华　雷晓光　李美仙　李　娜　李　彦　李子臣　梁德海　林建华　刘春立　刘海超　刘　剑
刘志博　刘志荣　刘忠范　吕　华　马　丁　马玉国　裴　坚　彭海琳　齐利民　邵元华　沈兴海　施祖进　孙俊良
唐　淳　宛新华　王　初　王剑波　王颖霞　王　远　王哲明　吴　凯　吴云东　席振峰　夏　斌　徐冰君　徐东升
杨　震　余志祥　张俊龙　张文彬　张文雄　张新祥　张亚文　赵达慧　赵美萍　郑俊荣　邹德春

**教学教授**

李维红

**研究员**

陈继涛　杜福胜　沈志豪　孙聆东　王炳武　阎　云　张　洁　周恒辉　朱志伟

**正高级工程师**

谢景林　章　斐　周　江

## 生命科学学院

**教授**

柴　真　昌增益　陈建国　陈雪梅　陈章良　邓宏魁　范六民　高　宁　顾红雅　贺新强　纪建国　蒋争凡　焦雨铃
孔道春　李沉简　李　晴　李　毅　李毓龙　陆　剑　吕　植　秦跟基　秦咏梅　瞿礼嘉　饶广远　饶　毅
苏都莫日根　苏晓东　陶　伟　滕俊琳　佟向军　王世强　王忆平　魏文胜　吴　虹　伊成器　于　翔　张　博
张传茂　张　研　张泽民　赵进东　郑晓峰　朱玉贤　Carlos Fernando Ibanez Moliner

**研究员**

高　歌　何　航　朱丹萌　朱　健

**正高级工程师**

郝雪梅　彭宜本

## 城市与环境学院

**教授**

曹广忠　曾　辉　柴彦威　陈彦光　程和发　邓　辉　方精云　贺灿飞　贺金生　胡建英　李本纲　李双成　李有利
林　坚　刘　刚　刘耕年　刘鸿雁　刘文新　陆雅海　彭　建　朴世龙　沈泽昊　唐晓峰　唐艳红　唐志尧　万　祎
王红亚　王开存　王喜龙　王学军　王仰麟　王志恒　吴必虎　徐福留　张家富　赵鹏军　周　丰　朱东强

## 地球与空间科学学院

**教授**

曾琪明　陈鸿飞　陈秀万　陈衍景　传秀云　杜世宏　傅绥燕　关　平　郭庆华　郭召杰　韩宝福　洪　阳　侯贵廷
胡天跃　黄宝春　黄清华　季建清　江大勇　赖　勇　李江海　李培军　刘建波　刘全有　刘　瑜　卢海龙　鲁安怀
马坚伟　马学平　毛善君　宁杰远　秦　善　沈　冰　宋述光　宋晓东　孙元林　唐　铭　田　晖　王德明　王玲华
王彦宾　魏春景　邹　伦　吴朝东　许　成　张东和　张飞舟　张进江　张立飞　张显峰　张志诚　赵　里　周仕勇
朱永峰　宗秋刚

**教学教授**

陈　斌

**研究员**

范闻捷　盖增喜　李文博　林　沂　杨　雷　张　勇　邹　鸿

## 心理与认知科学学院

**教授**

方　方　甘怡群　韩世辉　李　量　苏彦捷　王　垒　魏坤琳　吴　思　吴艳红　谢晓非　余　聪

**教学教授**

耿海燕

## 建筑与景观设计学院

**教授**

汪　芳　俞孔坚

## 信息科学技术学院

**教授**
王志军

**教学教授**
陈江

## 电子学院

**教授**
陈景标　陈　清　陈徐宗　陈章渊　程　翔　党安红　郭　弘　侯士敏　胡薇薇　焦秉立　李红滨　李正斌　梁学磊
刘濮鲲　罗　武　彭练矛　宋令阳　王兴军　吴建军　夏明耀　徐洪起　许胜勇　叶安培　张　帆　张耿民　张志勇
赵建业　赵玉萍　周小计　朱柏承

**研究员**
杜朝海　李　斗　刘洪刚　刘　璐　王为民

**正高级工程师**
段晓辉　冯梅萍　金　野

## 计算机学院

**教授**
曹永知　陈向群　陈　钟　程　旭　崔　斌　邓小铁　段凌宇　高　军　高　文　郭　耀　郝　丹　胡振江　黄　罡
黄铁军　焦文品　金　芝　李　戈　李文新　李晓明　刘云淮　罗英伟　马思伟　穗志方　田永鸿　汪国平　汪小林
王捍贫　王厚峰　王腾蛟　王亦洲　谢　冰　谢　涛　许　进　张大庆　张　路　张　铭　周明辉

**研究员**
曹东刚　曾　炜　解晓东　李　胜　麻志毅　王　韬　赵俊峰

## 集成电路学院

**教授**
陈　兢　陈中建　程玉华　杜　刚　傅云义　郝一龙　何　进　金玉丰　康晋锋　李志宏　廖怀林　刘力锋　刘晓彦
王金延　王润声　王　玮　王　源　吴文刚　杨玉超　杨振川　于晓梅　张大成　张海霞　张锦文　张　兴

**研究员**

安 霞　蔡一茂　崔小欣　冯建华　盖伟新　韩德栋　何燕冬　鲁文高　张盛东　张 威

**正高级工程师**

高成臣　李 婷　王兆江　于敦山　赵前程

## 智能学院

**教授**

陈宝权　邓志鸿　封举富　李红燕　林宙辰　刘 宏　谭 营　童云海　王立威　吴玺宏　许 超　英向华　查红彬
张 岩　赵卉菁

**研究员**

陈 婧　马修军

## 工学院

**教授**

陈国谦　陈 璞　陈十一　陈 正　程承旗　楚天广　段慧玲　段志生　黄 迅　李存标　励 争　刘才山　刘谋斌
米建春　裴永茂　佘振苏　史一蓬　宋 洁　谭文长　唐少强　陶建军　王建祥　王健平　王金枝　王 龙　王启宁
王 勇　魏悦广　吴晓磊　肖左利　谢广明　熊春阳　杨 莹　杨 越　喻俊志　张信荣　郑 强

**研究员**

成 名　荣起国　孙文俊　王荽祥　杨剑影

## 王选计算机研究所

**教授**

彭宇新　孙 俊　邹 磊

**研究员**

郭宗明　汤 帜　万小军　赵东岩　周秉锋

## 环境科学与工程学院

**教授**

蔡旭晖　陈忠明　郭怀成　胡建信　胡　敏　黄　艺　籍国东　李文军　李振山　刘阳生　马晓明　倪晋仁　宋　宇
孙卫玲　童美萍　王　奇　温东辉　谢绍东　要茂盛　叶正芳　张剑波　张世秋　张远航　赵华章　郑　玫　朱　彤
李少萌

**研究员**

李天宏　刘　娟　刘思彤　梅凤乔　吴为中

**正高级工程师**

陆思华　曾立民

## 软件工程国家工程研究中心

**教授**

柳军飞　王　平　王亚沙　吴中海

**研究员**

黄　雨　李　影　张世琨　赵　文

## 材料科学与工程学院

**教授**

白树林　曹安源　郭少军　侯仰龙　孙　强　王　前　吴水林　夏定国　杨　槐　占肖卫　张艳锋　郑玉峰　周欢萍
邹如强

## 未来技术学院

**教授**

陈良怡　陈晓伟　戴志飞　何爱彬　刘　颖　任秋实　孙育杰　汪阳明　席建忠　席　鹏　肖瑞平　谢天宇　熊敬维
朱怀球

**研究员**

曹慧青　程和平　胡新立　雷　鸣　王显花　朱小君

## 中国语言文学系

**教授**

曹文轩　常　森　陈保亚　陈连山　陈平原　陈晓明　陈泳超　戴锦华　董　珊　董秀芳　杜晓勤　傅　刚　高远东
郭　锐　韩毓海　贺桂梅　胡敕瑞　计璧瑞　姜　涛　孔江平　孔庆东　李　简　李荣飞　李　杨　李宗焜　廖可斌
刘　萍　刘勇强　刘玉才　刘子瑜　潘建国　漆永祥　钱志熙　邵燕君　邵永海　孙玉文　汪　锋　王　岚　王丽丽
王韫佳　吴晓东　项梦冰　杨海峥　杨荣祥　叶　晔　于迎春　袁行霈　詹卫东　张　辉　张　剑　张　沛　张颐武
周　韧　周兴陆

**研究员**

顾永新

## 历史学系

**教授**

包茂红　董经胜　郭润涛　何　晋　侯　深　黄春高　黄道炫　金东吉　李伯重　李　维　李新峰　刘永华　陆　扬
罗　新　欧阳哲生　彭小瑜　荣新江　尚小明　唐利国　王　铿　王立新　王奇生　王新生　王元周　辛德勇
徐　健　阎步克　颜海英　叶　炜　昝　涛　臧运祜　张　帆　赵冬梅　赵世瑜　朱玉麒

## 考古文博学院

**教授**

陈建立　杭　侃　胡东波　李崇峰　倪润安　沈睿文　孙　华　王幼平　韦　正　魏正中　吴小红　徐怡涛　张　弛
赵　辉

## 哲学系（宗教学系）

**教授**

陈少峰　程乐松　丰子义　干春松　韩林合　韩水法　李　猛　李四龙　刘华杰　聂锦芳　孙尚扬　王　骏　王　颂
王彦晶　王中江　吴　飞　吴增定　先　刚　邢滔滔　徐　春　徐凤林　徐龙飞　杨立华　杨学功　仰海峰　张广保
张志刚　郑　开　周　程　朱良志　Roger Thomas Ames

**研究员**

李畅然　张丽娟

## 外国语学院

**教授**

薄文泽　查晓燕　陈岗龙　陈　明　程朝翔　褚　敏　丁　莉　董　强　段映虹　付志明　高峰枫　高一虹　谷　裕
黄燎宇　金　勋　李　政　林丰民　凌建侯　刘　锋　罗　炜　马小兵　毛　亮　潘　钧　彭　甄　钱　军　秦海鹰
申　丹　田庆生　王　丹　王　浩　王　建　王　军　王辛夷　王一丹　魏丽明　吴杰伟　杨国政　喻天舒　湛　如
张　薇　赵白生　赵桂莲　周小仪

**教学教授**

郭　童　柯彦玢　李奇楠　李淑静　林庆新　刘洪波

## 艺术学院

**教授**

陈旭光　陈　宇　丁　宁　顾春芳　李道新　李　洋　林　一　彭　锋　邱章红　向　勇
郑　岩

**教学教授**

白　巍　周映辰

**研究员**

雷　虹

## 对外汉语教育学院

**教授**

汲传波　李红印　刘元满　王海峰　辛　平　徐晶凝　杨德峰　赵　杨

**教学教授**

钱旭菁　施正宇

## 歌剧研究院

**教学教授**

戴玉强

## 国际关系学院

**教授**

查道炯　初晓波　翟　崑　丁　斗　贾庆国　孔凡君　李寒梅　李义虎　罗艳华　潘　维　庞　珣　唐士其　王　栋
王　联　王　勇　王正毅　韦　民　张海滨　张清敏　张小明　张植荣　朱文莉

**教学教授**

范士明　李扬帆　钱雪梅　于铁军

## 法学院

**教授**

常鹏翱　车　浩　陈端洪　陈瑞华　陈兴良　邓　峰　傅郁林　葛云松　郭　雳　何其生　贺卫方　蒋大兴　李启成
梁根林　凌　斌　刘剑文　刘凯湘　刘　燕　刘银良　马忆南　潘剑锋　彭　冰　钱明星　强世功　沈　岿　汪建成
汪　劲　王　成　王　磊　王锡锌　王　新　吴志攀　徐爱国　许德峰　薛　军　叶　姗　易继明　张　骐　张千帆
张守文　张　翔　赵　宏　朱苏力

**教学教授**

楼建波　湛中乐

**研究员**

李红海

## 信息管理系

**教授**

陈建龙　李广建　申　静　王继民　王　军　王延飞　王余光　张久珍　赵丹群　周庆山

## 社会学系

**教授**

方　文　李建新　刘爱玉　刘　能　卢晖临　卢云峰　陆杰华　马凤芝　邱泽奇　渠敬东　佟　新　王铭铭　熊跃根
张　静　周飞舟　周　皓　周　云

**教学教授**

李　康

## 政府管理学院

**教授**

包万超　高鹏程　何增科　句　华　李国平　陆　军　沈体雁　宋　磊　王丽萍　王浦劬　薛　领　燕继荣　杨立华
俞可平　郁俊莉　张长东　赵成根

**教学教授**

白　彦　白智立　黄　璜　田　凯

## 马克思主义学院

**教授**

陈培永　程美东　顾海良　郇庆治　康沛竹　李少军　李翔海　林　锋　林绪武　刘　军　宋朝龙　孙蚌珠　孙代尧
孙来斌　孙熙国　王文章　王在全　魏　波　宇文利　张　永　周良书

**教学教授**

张会峰

## 教育学院

**教授**

陈洪捷　陈晓宇　丁小浩　郭建如　贾积有　蒋　凯　刘云杉　施晓光　汪　琼　文东茅　吴　峰　阎凤桥　岳昌君
张晓黎　赵国栋

**研究员**

郭丛斌　卢晓东　秦春华

## 新闻与传播学院

**教授**

陈　刚　陈开和　陈汝东　胡　泳　李　玮　刘德寰　陆　地　陆绍阳　师曾志　吴　靖　谢新洲　许　静

**教学教授**

何　姝

## 体育教研部

**教授**
董进霞　何仲恺　赫忠慧　张　锐

**教学教授**
李　宁　刘　伟　钱俊伟　张　戈　张　剑

## 经济学院

**教授**
杜丽群　黄桂田　李　虹　李连发　李绍荣　刘　怡　秦雪征　施建淮　苏　剑　陶　涛　王曙光　王一鸣　王跃生
夏庆杰　杨汝岱　张　博　张　辉　张　延　章　政　赵留彦　郑　伟　周建波

**教学教授**
方　敏　蒋云赟　锁凌燕

**编审**
于小东

## 光华管理学院

**教授**
陈丽华　陈玉宇　符国群　黄　涛　贾春新　江明华　姜国华　雷　明　李辰旭　李怡宗　厉以宁　林莞娟　刘宏举
刘　俏　刘晓蕾　刘　学　刘玉珍　陆正飞　路江涌　马化祥　马　力　孟涓涓　彭泗清　任　菲　沈俏蔚　涂　平
涂云东　王　翀　王汉生　王　辉　王明进　翁　翕　徐　菁　徐信忠　杨云红　姚长辉　于鸿君　虞吉海　张红霞
张建君　张庆华　张晓波　张一弛　张　影　张　峥　张志学　赵龙凯　周黎安　周长辉

## 人口研究所

**教授**
陈　功　李涌平　穆光宗　裴丽君　乔晓春　宋新明

## 国家发展研究院

**教授**

傅　军　黄益平　雷晓燕　李力行　李　玲　林毅夫　马　浩　沈　艳　唐方方　汪　浩　徐晋涛　姚　洋　易君健
张　黎　张维迎　赵跃辉

**研究员**

范保群

## 基础医学院

**教授**

白　云　陈英玉　崔庆华　杜晓娟　方伟岗　葛　青　韩晶岩　韩文玲　孔　炜　刘昭飞　鲁凤民　罗建沅　马治中
毛泽斌　倪菊华　彭宜红　齐永芬　秦丽华　邱晓彦　邵根泽　孙露洋　谭焕然　田新霞　万　有　王　凡　王　玲
王文恭　王　应　王　韵　王月丹　邢国刚　徐国恒　杨宝学　杨吉春　尹玉新　云彩红　张　波　张　君　张　毓
张宏权　张炜真　张卫光　张晓伟　张永鹤　赵红珊　赵　颖　姜长涛　王嘉东

**教学教授**

康继宏

**主任医师**

常　青　贺慧颖　刘从容　刘翠苓　柳剑英　裴　斐　石雪迎

**研究员**

刘新文　祁　荣　尹艳慧　郑乐民　祝　虹

## 药学院

**教授**

蔡少青　姜　勇　李中军　梁　鸿　凌笑梅　吕万良　孟祥豹　齐宪荣　史录文　孙　崎　汤新景　屠鹏飞　王　超
王坚成　夏　青　徐　萍　杨晓达　杨晓改　杨振军　叶　加　叶　敏　叶新山　张　强　张　烜　张亮仁　张庆英
周德敏　周田彦　贾彦兴　焦　宁　林文翰

**研究员**

陈世忠　杜　权　付宏征　梁建辉　肖苏龙　刘振明　王学清　杨东辉

**编审**

黄河清

## 公共卫生学院

**教授**

安 琳　曹卫华　常 春　陈大方　邓芙蓉　郭新彪　郝卫东　何丽华　贾 光　李立明　刘继同　刘 民　吕 筠
马 军　马冠生　马迎华　孙昕霙　王 红　王 旗　王海俊　王培玉　王晓莉　王志锋　吴 明　吴 涛　许雅君
詹思延　张宝旭　张玉梅　朱文丽　郑志杰　李 勇　刘建蒙　武阳丰　陈 娟

**研究员**

贾忠伟　李可基　李智文　王琳琳　许 铭　叶荣伟

## 护理学院

**教授**

郭桂芳　李明子　陆 虹　路 潜　尚少梅　孙宏玉　王志稳

**教学教授**

侯淑肖

## 医学人文学院

**教授**

丛亚丽　官锐园　郭莉萍　刘大川　孙秋丹　唐文佩　王 岳　王 玥　吴任钢　张大庆　甄 橙

**研究员**

王红漫　谢 虹

## 第一临床医学院（第一医院）

**教授**

姜 辉　姚 晨　王素霞　王广发　李海潮　阙呈立　王蔚虹　戴 芸　洪 涛　李建平　张 岩　霍 勇　陈 明
蒋 捷　吴 林　高 莹　任汉云　张 宏　刘 刚　赵明辉　王 玉　陈育青　杨 莉　陈 旻　董 捷　张路霞
吕继成　崔 昭　师素芳　刘立军　刘梅林　刘新民　张卓莉　王维民　杨尹默　吴问汉　徐 玲　乔岐禄　汪 欣
刘玉村　潘义生　王鹏远　曹永平　李 岩　周利群　龚 侃　张 骞　虞 巍　林 健　李学松　吴士良　金 杰
席志军　王东信　邹英华　时春艳　魏玉梅　杨慧霞　温宏武　朱丽荣　周应芳　薛 晴　冯 琪　包新华　张月华
杜军保　姜玉武　熊 晖　侯新琳　吴 晔　叶乐平　丁 洁　王静敏　金红芳　杨志仙　杨艳玲　晏晓明　李海丽
杨 柳　潘英姿　才 瑜　秦 永　汪 旸　李 航　吴 艳　余 进　刘 伟　涂 平　李若瑜　袁 云　贾志荣

王朝霞　于岩岩　赵　鸿　王贵强　王　艳　张学智　高献书　吴世凯　郑　波　迟春花　张　宁　王雪英　崔一民
向　倩　徐小元　王薇薇　李　挺　姜　毅　于　峰

**主任医师**

陈　建　聂立功　张　红　马　靖　程　渊　王化虹　李俊霞　成　虹　田　雨　迟　雁　张宝娓　周　菁　盛琴慧
孟　磊　龚艳君　褚松筠　马　为　郑　博　张俊清　袁振芳　杨建梅　马晓伟　袁戈恒　吴红花　岑溪南　邱志祥
王文生　王茫桔　董玉君　李　渊　金其庄　周福德　苏　涛　许　戎　田清平　焦红梅　邓雪蓉　庄　岩　张　隽
田孝东　张澜波　叶京明　吴　涛　刘占兵　陈国卫　姜　勇　温　冰　柴卫兵　卢宏章　王　宇　孙浩林　米　川
邑晓东　李淳德　施学东　王　进　肖　锋　李　简　张诗杰　林　钢　龙志强　何志嵩　宋　毅　谌　诚　韩文科
蔡　林　张崔建　张晓春　王　刚　李　昕　肖云翔　张　凯　张　争　袁亦铭　彭　靖　张志超　杨新宇　耿志宇
曲　元　刘秀芬　李双玲　王　健　佟小强　张宪生　杨　敏　陈　倩　孙伟杰　孙　瑜　赫英东　肖冰冰　张　岱
赵　健　陶　霞　尹　玲　张　岩　陆　叶　于晓兰　徐　阳　毕　蕙　王　颖　姚　勇　梁芙蓉　常杏芝　王　芳
张　欣　张清友　闫　辉　陈永红　齐建光　肖慧捷　赵卫红　华　瑛　李　明　季涛云　汤泽中　刘雪芹　王　平
姚红新　蔡立新　吴　元　聂红平　李　骏　李　梅　荣　蓓　李晓清　王　军　钟　贞　王全桂　李天成　陈喜雪
杨淑霞　王爱平　王明悦　吕　鹤　高　枫　孙　葳　张　巍　孙永安　刘　冉　赵桂萍　刘凤君　孙伟平　伊志强
段鸿洲　张家湧　李　良　曾　争　陆海英　侯凤琴　徐京杭　张前进　李秀清　汪　波　熊　辉　王晓敏　冯驭驰
赵彩芸　李湘燕　肖江喜　孙晓伟　邱建星　秦乃姗　范　岩　付占立　董　颖　熊　焰　刘芳芳　王宁华　黄　真
邵玉红　陈路增　年卫东　戎　龙　屈晨雪　冯珍如　段学宁　崔文欣　孙洪跃

**研究员**

李六亿　潘　虹　戚　豫　李敬伟　程苏华　朱　厉　邓健文　刘　蓉　张春丽　杨　兴　李　岩　黄娅茜　韩　颖
李海霞　王　颖

**研究馆员**

黄明杰

**主任药师**

梁　雁　孙培红　赵　侠　周　颖

**主任护师**

丁炎明　耿小凤　王　群　张建霞　李　晶

**主任技师**

郝洪军　李雪迎　刘静霞　卢桂芝　杨宏云　闫存玲

**编审**

高雪莲

## 第二临床医学院（人民医院）

**教授**

白文俊　鲍永珍　常英军　陈　红　封　波　冯淬灵　冯　艺　高承志　高　杰　高　燕　高占成　郭淮莲　郭静竹

郭卫　韩芳　何菁　洪楠　黄晓波　黄晓军　纪立农　贾园　江倩　姜保国　姜冠潮　孔圆　李澍
栗占国　梁梅英　林剑浩　刘芳芳　刘海鹰　刘健　刘文玲　刘玉兰　刘元生　刘尊敬　鹿群　秦炯　曲进锋
饶慧瑛　申占龙　沈浣　石璇　苏茵　孙铁铮　孙秀丽　汤小东　王辉　王建六　王晶桐　王俊　王凯
王乐今　王秋生　王杉　王殊　王天兵　王屹　王志启　吴慧娟　徐涛　许克新　许兰平　许清泉　燕太强
杨帆　杨欣　叶雄俊　叶颖江　余力生　张建中　张俊　张培训　张小明　张晓辉　张学武　赵慧萍　赵明威
赵翔宇　赵晓涛　周翔海　朱凤雪　朱继业　朱家安　左力

**主任医师**

安海燕　安友仲　白文　蔡林　蔡美顺　蔡晓凌　曹宝平　曹晓光　曹迎明　曹照龙　曾超美　陈定宝　陈欢
陈坚　陈建海　陈江天　陈雷　陈亮　陈陵霞　陈宁　陈适　陈燕文　陈瑶　陈育红　陈彧　陈源源
陈周　程瑾　程琳　程翼飞　程湧　戴林　戴中　党育　丁荣晶　董霄松　杜娟　范存刚　付中国
甘良英　高健　高伟波　高志冬　耿京　关菁　郭惠杰　郭鹏　郭杨　郭远　韩红敬　韩学尧　何晋德
何燕玲　赫崇军　侯宪如　胡浩　华文浩　黄磊　姬涛　贾晋松　贾玫　贾月萍　江浩　姜可伟　蒋京军
焦洋　金仲田　静媛媛　鞠辉　赖悦云　李帮清　李大森　李广学　李河北　李厚敏　李晓　李剑锋　李明武
李琪　李清　李清乐　李茹　李纡　李涛　李伟　李文海　李晓　李新宇　李学斌　李艺　李永杰
李玉慧　李运　李照　梁斌　梁汉生　梁建宏　梁旭东　梁勇　刘波　刘春兰　刘国莉　刘杰　刘捷
刘靖　刘军　刘淼　刘鹏　刘如恩　刘士军　刘栩　刘彦国　陆爱东　路瑾　罗樱樱　马慧　马凯
马庆春　马鑫　马艳良　马玉良　苗榕生　穆新林　倪磊　潘芳　裴秋艳　齐慧君　钱彤　乔青　曲华毅
曲星珂　任泽钦　申金霞　沈丹华　沈凯　石红霞　史艺　隋锡朝　隋准　唐顺　田莉　王波　王朝华
王传林　王东　王福顺　王豪　王鸿懿　王婧　王龙　王宓　王旻　王茜　王强　王雪梅　王雁
王昱　王悦　王智峰　王子函　韦洮　魏俊　吴春波　吴彦　吴燕　夏瑞明　谢启伟　邢志敏　熊建
熊六林　徐海林　徐燕　许俊堂　薛峰　闫晨华　严荔煌　燕宇　杨波　杨京晶　杨力　杨明　杨荣利
杨申淼　杨松娜　杨晓东　杨毅　叶华　尹东辉　尹虹　尹慕军　于文贞　元力　袁晓培　岳志红　张超
张大方　张殿英　张海澄　张红　张乐萍　张黎明　张立红　张前　张韬　张挺杰　张万蕾　张熙哲　张晓红
张晓鹏　张晓蕊　张学民　张圆圆　赵超　赵红　赵辉　赵慧颖　赵永平　赵昀　郑宏伟　钟朝辉　周波
周城　周殿阁　周景儒　周静　周蓉　周足力　朱继红　朱天刚　朱卫华　朱宇　祝洪澜　左英熹

**研究员**

昌晓红　陈红松　戴谷音　郭建萍　韩娜　胡凡磊　黄锋　黄旅珍　李翠兰　李小平　梁公文　刘艳荣　秦亚溱
阮国瑞　邵晓凤　孙晓麟　殷晓峰　郁卫东　赵晓甡　赵越

**主任药师**

方翼　封宇飞　冯婉玉　顾健　黄琳　于芝颖　张春燕　张海英

**主任护师**

李晓丹　王泠　吴晓英　应菊素　张海燕

**主任技师**

霍明瑞　李岩　柳鹏　马丽萍

**编审**

李静然　尚永刚　王黛

## 第三临床医学院（第三医院）

**教授**

敖英芳　常　春　陈亚红　陈跃国　陈仲强　迟洪滨　崔立刚　崔　鸣　丁士刚　段丽萍　冯　云　樊东升　付　卫
高　炜　郭红燕　郭向阳　韩鸿宾　韩启德　洪　晶　洪天配　黄永辉　江　东　姜　辉　姜　亮　景红梅　郎　宁
李　东　李　东　李东明　李　华　李　民　李　蓉　李危石　李学民　李在玲　李昭屏　李子健　凌晓峰　刘剑羽
刘晓光　刘忠军　卢　剑　马彩虹　马芙蓉　马潞林　马青变　么改琦　穆　荣　齐　虹　齐　强　乔　杰　沈　宁
宋志强　孙永昌　唐熠达　田　华　田　耘　汪　涛　王贵松　王海燕　王俊杰　王淑敏　王　涛　王　薇　王　颖
王永清　王　悦　魏　瑗　吴玲玲　邢　燕　修典荣　徐　明　徐　雁　徐迎胜　徐　智　薛丽香　杨　军　杨　孜
余家阔　袁慧书　原春辉　曾　岩　翟所迪　张　纯　张树栋　张　夔　张永珍　张　喆　赵　捷　赵立波　赵荣生
赵扬玉　赵振民　郑丹侠　周　方　周非非　周丽雅　周谋望　朱　曦　祖凌云　闫丽盈

**主任医师**

毕洪森　布　娟　蔡　宏　曹宝山　常　虹　陈宝霞　陈朝文　陈慧瑾　陈　文　陈晓勇　崔国庆　崔丽艳　邓晓莉
刁垠泽　丁艳苓　董　菲　窦宏亮　冯杰莉　冯新恒　冯学峰　傅　瑜　高洪伟　葛庆岗　龚　熹　顾　芳　郭丽君
郭秦炜　郭昭庆　韩江莉　韩庆烽　韩彤妍　何　莲　和　岚　洪　锴　洪　颖　侯纯升　侯小飞　胡跃林　黄红拾
黄　毅　霍则军　姬洪全　贾东林　江　凌　江　萍　姜　薇　焦　晨　柯　嘉　黎远皋　李　比　李　锋　李海燕
李红真　李华军　李　军　李　蕾　李　强　李水清　李天润　李卫虹　李小刚　李晓光　李　选　李　渊　李志刚
李子剑　梁华茂　梁　莉　凌云鹏　刘　彬　刘　承　刘俊秀　刘　楠　刘　平　刘　平　刘书旺　刘小璇　刘延青
刘　彦　刘　颖　刘余庆　刘瑜玲　刘仲奇　鲁　珊　路　明　栾景源　吕　扬　马力文　马少华　马　勇　马长城
孟秀丽　牛　杰　潘　滔　朴梅花　乔　蕊　邱伟强　申洪波　史成和　宋清华　宋世兵　孙垂国　孙建军　孙丽杰
孙　涛　孙岩秀　孙　宇　谭　石　唐　雯　唐子勇　田晓军　田彦杰　童笑梅　王爱英　王昌明　王常观　王　超
王　成　王　飞　王伽略　王国良　王海宁　王　皓　王继军　王　健　王健全　王　军　王立新　王　丽　王丽娜
王少波　王圣林　王　松　王天成　王文慧　王　霄　王晓华　王晓晔　王新利　王新宇　王雪梅　王　妍　韦　峰
魏　玲　邬海博　吴奉梁　吴　松　吴长毅　夏有辰　夏志伟　肖春雷　肖　健　肖卫忠　肖文华　谢京城　谢志强
胥　婕　徐　懋　徐顺霖　徐伟仙　徐　艳　许艺民　许永根　薛红宇　薛　艳　闫　辉　闫　明　闫秀娥　闫　燕
杨文领　杨雪松　杨渝平　姚　炜　伊　敏　于　淼　袁　炯　曾　鸿　曾　辉　张春雷　张凤山　张福春　张洪宪
张华纲　张　静　张　克　张　坤　张　立　张立华　张立强　张　莉　张　龙　张璐芳　张卫方　张英爽　张玉梅
张　钰　张　媛　张　运　张志山　赵金霞　赵　军　赵　磊　赵连明　赵　琳　赵素焱　赵　威　赵衍斌　甄秀梅
周庆涛　朱　红　朱　丽　朱　昀　庄洪卿　庄申榕

**研究员**

常翠青　邓　敏　董尔丹　谷士贤　耿　力　计　虹　姜　雪　金昌晓　李海燕　李树强　林　丛　梁晓龙　秦泽莲
沈　韬　宋纯理　田　婵　王慧卿　胥雪冬　许　锋　闫　石　杨　莉　张小为　张幼怡　周洪柱　周　瑞

**主任药师**

刘　芳　杨　丽　杨毅恒

**主任护师**

郭　莉　胡晋平　李葆华　罗永梅　朴玉粉　宋东红　苏春燕　童素梅　王攀峰　袁晓宁　张会芝　周玉洁

**主任技师**

贾珂珂　游　珂

**研究馆员**

田新玉

## 口腔医院

**教授**

| 蔡志刚 | 单小峰 | 邓旭亮 | 邸萍 | 董艳梅 | 傅开元 | 甘业华 | 高雪梅 | 谷岩 | 郭传瑸 | 韩冰 | 韩冬 | 侯建霞 |
| 胡文杰 | 华红 | 贾绮林 | 江久汇 | 姜若萍 | 姜婷 | 李斌斌 | 李翠英 | 李刚 | 李铁军 | 李巍然 | 李自力 | 梁宇红 |
| 林野 | 刘鹤 | 刘宏伟 | 刘燕 | 刘宇 | 刘云松 | 栾庆先 | 马莲 | 毛驰 | 孟娟红 | 聂琼 | 欧阳翔英 | 彭歆 |
| 秦满 | 孙玉春 | 谭建国 | 唐志辉 | 王晓燕 | 卫彦 | 魏世成 | 夏斌 | 徐莉 | 徐韬 | 许天民 | 闫志敏 | 伊彪 |
| 俞光岩 | 岳林 | 张杰 | 张磊 | 张益 | 赵玉鸣 | 郑树国 | 周彦恒 | 周永胜 |

**主任医师**

安金刚　安娜　曹烨　陈洁　陈立　崔念晖　丁云　樊聪　韩劼　何秉贞　和璐　贺洋　胡炜
胡秀莲　黄明伟　姬爱平　纪志农　江泳　姜霞　晋长伟　康军　李健慧　李良忠　李蓬　李彤彤　李小彤
梁成　刘峰　刘建彰　刘筱菁　刘怡　刘亦洪　刘玉华　柳登高　路瑞芳　罗奕　骆泉丰　马琦　马文利
潘洁　潘韶霞　邱立新　荣文笙　施捷　释栋　司燕　苏家增　孙凤　孙燕楠　孙志鹏　佟岱　王恩博
王晓霞　王秀婧　王宇光　王泽泗　王祖华　王尊一　魏松　寻春雷　杨旭东　杨亚东　于晓潜　张汉平　张豪
张雷　张立　张清　张笋　张伟　张晓　张宇　张祖燕　赵奇　赵燕平　赵亦兵　郑磊　周崇阳
周爽英　周团锋　朱洪平

**研究员**

陈峰　林红　刘杰　单艳华　王衣祥　张学慧　周传香

**主任药师**

赵电红　郑利光

**主任护师**

李秀娥　王春丽　杨悦　李雅瑾

**主任技师**

陈智滨　吴美娟

**教授级高级工程师**

王勇

## 北京肿瘤医院

**教授**

陈晋峰　陈克能　邓大君　顾　晋　郭　军　韩淑燕　郝纯毅　季加孚　柯　杨　李惠平　李子禹　梁　军　林冬梅
刘宝国　刘　巍　潘凯枫　沈　琳　苏向前　孙应实　唐　磊　王维虎　王晓东　王雪鹃　王子平　吴　楠　武爱文
解云涛　邢宝才　严　昆　杨　薇　杨　勇　张　彬　张　宁　张小田　张志谦　詹启敏　朱　旭　孔　燕　李　囡
鲁智豪　宋玉琴　王　崑　斯　璐　盛锡楠　陆哲明　步召德

**主任医师**

安彤同　毛丽丽　蔡　勇　陈　辉　陈冀衡　陈衍智　陈　晓　迟志宏　崔传亮　崔　明　崔　湧　邸立军　杜　鹏
樊征夫　范志毅　方　健　高顺禹　高　嵩　高雨农　何自静　季建英　贾　军　李　健　李　洁　李金锋　李　明
李　萍　李　燕　李永恒　李忠武　陆　明　廖盛日　林宁晶　陆爱萍　郭建海　欧阳涛　彭亦凡　齐丽萍　钱红纲
周　军　宋国红　孙　红　孙　艳　孙　宇　谭宏宇　唐丽丽　涂梅峰　王洪义　王宏志　王玉艳　熊宏超　高　敏
卫　燕　吴　齐　吴　薇　吴晓江　肖绍文　薛　冬　薛卫成　杨　跃　姚云峰　尹珊珊　于会明　张　霁　张连海
张晓东　赵爱莲　赵　军　郑　虹　郑　文　朱步东　朱　军　谢　彦　龚继芳　刘卫平　曹　崑　卓明磊　于文斌
王　嘉　于　玲　石安辉　应志涛　王晰程　刘佳勇　梁　震　范照青　邢加迪　李士杰　王　林　徐海峰　马少华
张晓燕　阎　石　陕　飞　詹天成　余　荣　张成海　魏　炜　董　军

**研究员**

胡亚洲　隈铁夫　贾淑芹　吴健民　邢　沫　许秀菊　徐国兵　杨　志　张焕萍　刘军燕　何忠虎　邢　蕊　朱　华
仲西瑶　闫雪冬　陈　杰　何英剑

**主任药师**

杨　锐　张艳华

**主任护师**

陆宇晗　张丽燕　张　红

**主任技师**

沈　靖　赵　威

**教授级高级工程师**

吴　昊

## 第六医院

**教授**

黄悦勤　刘　靖　钱秋谨　司天梅　孙洪强　王华丽　于　欣　岳伟华　石　川　孙　黎　王力芳　曹庆久

**主任医师**

程　嘉　丛　中　董问天　孔庆梅　李雪霓　刘　粹　刘　琦　马　弘　马燕桃　孙新宇　唐登华　唐宏宇　田成华
王希林　王向群　闫　俊　姚贵忠　原岩波　张鸿燕　黄薛冰　钱　英

**研究员**

李晓霓　陈冬雪　汪向东　杨　莉　苏允爱　阎　浩　李秀华

**主任护师**

耿淑霞

**主任技师**

党卫民

## 北京国际数学研究中心

**教授**

董　彬　方博汉　葛　颢　刘　毅　文再文　谢俊逸　许晨阳　袁新意　周晓华

## 前沿交叉学科研究院

**教授**

韩敬东　张　藜

**研究员**

霍晓丹

## 现代农学院

**教授**

邓兴旺　何跃辉　黄季焜　刘承芳　罗仁福　王金霞　张改平　盛　誉

**研究员**

李　磊　钱伟强

## 人工智能研究院

**教授**

朱松纯

## 科维理天文研究所

**教授**
东苏勃　Luis Chi Ho

**研究员**
李立新　于清娟

## 中国教育财政科学研究所

**教授**
刘明兴　王　蓉

## 中国社会科学调查中心

**研究员**
陈欣欣　丁　华

## 生物医学前沿创新中心

**教授**
白　凡　汤富酬　谢晓亮　许锦波

**研究员**
王冠博

## 全球健康发展研究院

**研究员**
胡玉坤

## 党委办公室校长办公室

**教授**
陈宝剑　董志勇　龚旗煌　郝　平　宁　琦　乔　杰　孙庆伟　王　博　张　锦

**研究员**
安钰峰　叶静漪

## 纪委办公室监察室

**教授**
邹　惠

## 党委组织部

**研究员**
刘旭东

## 党委宣传部

**研究员**
任羽中

## 保密委员会办公室

**研究员**
冯支越

## 教务长办公室

**教授**
孙　华

## 教务部

**研究员**
金顶兵

## 社会科学部

**研究员**
王周谊

**编审**
刘曙光　郑　园

## 研究生院

**研究员**
蔡　晖

## 人事部

**研究员**
窦书霞　贾爱英　刘　波

## 财务部

**研究员**
郑　庄

## 国际合作部

**研究员**
郑如青

## 总务部

**教授**
杨爱民

## 基建工程部

**正高级工程师**
李　钟

## 科技开发部

**研究员**
姚卫浩

## 校友工作办公室

**教授**
李文胜

**研究员**
邓　娅

## 继续教育学院

**研究员**
杨学祥

## 怀柔科学城校区筹建办公室

**研究员**
贺　飞

## 工会

**研究员**
张宝岭

## 图书馆

**研究馆员**
别立谦　陈凌　崔海媛　范凡　关志英　李云　刘大军　刘素清　聂华　汤燕　王波　肖珑　姚晓霞
张春红　张明东　周义刚　朱本军　邹新明

## 计算中心

**教授**
董晓华

**正高级工程师**
陈光　陈萍　李庭晏　马皓　王倩宜　张蓓　种连荣

## 出版社

**编审**

杜若明　冯益娜　符　丹　高秀芹　林君秀　马辛民　孙　晔　王立刚　王　原　杨立范　张　冰　张凤珠　张弘泓　张　涛　周雁翎

**研究员**

夏红卫

## 校医院

**主任医师**

关雪琳　李卫菊　沈　嵩　云　虹

## 附属中学

**正高级教师**

王　铮

## 附属小学

**正高级教师**

尹　超

## 餐饮中心

**教授**

姚静仪

## 方正集团

**研究员**
蒋必金

**正高级工程师**
黄肖俊　汪岳林　王国印

## 未名集团

**研究员**
张　华

## 青鸟集团

**研究员**
杨　明

**正高级工程师**
叶智勇

## 医学部党政机关、后勤、直属及产业

**教授**
方　海　刘晓云　孟庆跃　高　嵩　魏勋斌　陆　林　时　杰　钟　凯　郝元涛

**教学教授**
李　辉

**主任医师**
张素敏

**研究员**
蔡景一　程化琴　崔　爽　戴　清　邓艳萍　樊建军　范春梅　郭艾花　刘穗燕　王　青　王翠先　王军为　徐白羽
徐善东　殷晓丽　张凤云　张　蕾　朱树梅　肖　渊　陈斌斌　郭敏杰　张红梅　王子军　汪海波

**研究馆员**

王金玲　谢志耘　张燕蕾

**主任技师**

田　枫　吴后男　袁　兰　周淑佩　邹霞娟　钟丽君

**编审**

冯智勇　王凤廷　曾桂芳　张其鹏　药　蓉　任延刚

（人事部、医学部人事处）

## 2022年逝世人员名单

| 姓名 | 单位 | 出生年月 | 去世年月 |
|---|---|---|---|
| 刘雪林 | 物理学院 | 1935年9月 | 2022年1月 |
| 果锁珍 | 校园服务中心 | 1948年2月 | 2022年1月 |
| 赵汝敖 | 环境科学与工程学院 | 1937年5月 | 2022年1月 |
| 袁明秀 | 生命科学学院 | 1939年8月 | 2022年1月 |
| 汤侠声 | 哲学系 | 1928年9月 | 2022年1月 |
| 麻玉清 | 附属幼儿园 | 1935年9月 | 2022年1月 |
| 张合义 | 物理学院 | 1930年11月 | 2022年1月 |
| 闫国翰 | 地球与空间科学学院 | 1938年8月 | 2022年1月 |
| 徐稚芳 | 外国语学院 | 1932年6月 | 2022年1月 |
| 茹炳根 | 生命科学学院 | 1936年2月 | 2022年1月 |
| 常桂琴 | 物理学院 | 1944年10月 | 2022年1月 |
| 郭秋花 | 计算中心 | 1963年8月 | 2022年1月 |
| 张志君 | 动力中心 | 1934年2月 | 2022年1月 |
| 曹玉珍 | 校医院 | 1932年11月 | 2022年1月 |
| 金海民 | 外国语学院 | 1942年1月 | 2022年2月 |
| 何瑞田 | 出版社 | 1929年2月 | 2022年2月 |
| 赵富全 | 房地产管理部 | 1930年1月 | 2022年2月 |
| 王银第 | 物理学院 | 1938年11月 | 2022年2月 |
| 高鸿亮 | 物理学院 | 1931年9月 | 2022年2月 |
| 陈旭林 | 北大青鸟 | 1950年6月 | 2022年2月 |
| 杨紫烜 | 法学院 | 1934年1月 | 2022年2月 |
| 范大灿 | 外国语学院 | 1934年3月 | 2022年2月 |
| 华惠芬 | 生命科学学院 | 1932年8月 | 2022年2月 |
| 赵永和 | 化学与分子工程学院 | 1937年7月 | 2022年2月 |
| 张　录 | 信息学院 | 1944年2月 | 2022年3月 |
| 谢衷洁 | 数学科学学院 | 1935年10月 | 2022年3月 |
| 王红生 | 历史学系 | 1951年4月 | 2022年3月 |
| 周俊业 | 法学院 | 1935年8月 | 2022年3月 |
| 张殿魁 | 餐饮中心 | 1935年4月 | 2022年3月 |
| 王桂琴 | 地球与空间科学学院 | 1934年9月 | 2022年3月 |
| 何佩伦 | 化学与分子工程学院 | 1935年2月 | 2022年3月 |
| 于淑满 | 校园服务中心 | 1929年1月 | 2022年3月 |

（续表）

| 姓名 | 单位 | 出生年月 | 去世年月 |
|---|---|---|---|
| 胡德焜 | 数学科学学院 | 1938 年 10 月 | 2022 年 3 月 |
| 马 斌 | 历史学系 | 1927 年 11 月 | 2022 年 3 月 |
| 孟广新 | 地球与空间科学学院 | 1935 年 3 月 | 2022 年 3 月 |
| 李秀琴 | 外国语学院 | 1932 年 7 月 | 2022 年 3 月 |
| 夏学之 | 北大附中 | 1934 年 3 月 | 2022 年 3 月 |
| 刘素苓 | 校医院 | 1932 年 12 月 | 2022 年 3 月 |
| 段 晴 | 外国语学院 | 1953 年 5 月 | 2022 年 3 月 |
| 王志伟 | 经济学院 | 1948 年 10 月 | 2022 年 3 月 |
| 黄文生 | 工学院 | 1934 年 10 月 | 2022 年 4 月 |
| 刘凤金 | 北大附中 | 1933 年 1 月 | 2022 年 4 月 |
| 邵美成 | 化学与分子工程学院 | 1931 年 4 月 | 2022 年 4 月 |
| 倪葆龄 | 化学与分子工程学院 | 1930 年 11 月 | 2022 年 4 月 |
| 闫成忠 | 对外汉语教育学院 | 1930 年 1 月 | 2022 年 4 月 |
| 郑秀英 | 餐饮中心 | 1941 年 5 月 | 2022 年 4 月 |
| 楼海龙 | 生命科学学院 | 1933 年 12 月 | 2022 年 4 月 |
| 翟淑怡 | 校医院 | 1933 年 8 月 | 2022 年 4 月 |
| 张丽霞 | 研究生院 | 1932 年 4 月 | 2022 年 4 月 |
| 傅宜燕 | 地球与空间科学学院 | 1939 年 8 月 | 2022 年 4 月 |
| 周 韵 | 物理学院 | 1929 年 9 月 | 2022 年 4 月 |
| 白秀英 | 保卫部 | 1937 年 10 月 | 2022 年 4 月 |
| 矫左羽 | 马克思学院 | 1929 年 6 月 | 2022 年 4 月 |
| 邹积清 | 地球与空间科学学院 | 1940 年 12 月 | 2022 年 5 月 |
| 何桂琴 | 餐饮中心 | 1935 年 11 月 | 2022 年 5 月 |
| 陈慧英 | 化学与分子工程学院 | 1928 年 4 月 | 2022 年 5 月 |
| 孟昭晋 | 信息管理系 | 1938 年 12 月 | 2022 年 5 月 |
| 刘 栋 | 中国语言文学系 | 1939 年 12 月 | 2022 年 5 月 |
| 谷 雪 | 国际合作部 | 1978 年 11 月 | 2022 年 5 月 |
| 马卫军 | 北大附中 | 1933 年 2 月 | 2022 年 5 月 |
| 王世玉 | 化学与分子工程学院 | 1938 年 9 月 | 2022 年 5 月 |
| 杜 荣 | 对外汉语教育学院 | 1920 年 7 月 | 2022 年 5 月 |
| 刘志雄 | 电子学院 | 1936 年 10 月 | 2022 年 5 月 |
| 赵鸿儒 | 地球与空间科学学院 | 1931 年 10 月 | 2022 年 5 月 |
| 尹春兰 | 动力中心 | 1940 年 2 月 | 2022 年 5 月 |
| 张茂清 | 组织部 | 1934 年 1 月 | 2022 年 5 月 |
| 李效忠 | 人才交流中心 | 1951 年 11 月 | 2022 年 5 月 |
| 朱印康 | 人事部 | 1942 年 6 月 | 2022 年 5 月 |
| 金忠尧 | 北大青鸟 | 1940 年 3 月 | 2022 年 6 月 |
| 郄战生 | 出版社 | 1937 年 6 月 | 2022 年 6 月 |
| 刘 生 | 北大青鸟 | 1944 年 1 月 | 2022 年 6 月 |
| 弓孟谦 | 经济学院 | 1932 年 3 月 | 2022 年 6 月 |
| 张祥龙 | 哲学系 | 1949 年 8 月 | 2022 年 6 月 |
| 吴振云 | 社区服务中心 | 1962 年 12 月 | 2022 年 6 月 |
| 侯建军 | 地球与空间科学学院 | 1955 年 2 月 | 2022 年 6 月 |
| 刘黛黛 | 基建工程部 | 1930 年 7 月 | 2022 年 6 月 |
| 彭望英 | 房地产管理部 | 1955 年 2 月 | 2022 年 6 月 |
| 禹仲举 | 环境科学与工程学院 | 1936 年 4 月 | 2022 年 6 月 |

(续表)

| 姓名 | 单位 | 出生年月 | 去世年月 |
| --- | --- | --- | --- |
| 余光志 | 工学院 | 1938 年 1 月 | 2022 年 6 月 |
| 张玉贵 | 北大附中 | 1933 年 7 月 | 2022 年 6 月 |
| 姚其鑫 | 社会学系 | 1937 年 1 月 | 2022 年 7 月 |
| 元以勤 | 北大附中 | 1937 年 6 月 | 2022 年 7 月 |
| 祝总斌 | 历史学系 | 1930 年 1 月 | 2022 年 7 月 |
| 王占山 | 出版社 | 1930 年 3 月 | 2022 年 7 月 |
| 李景春 | 保卫部 | 1926 年 1 月 | 2022 年 7 月 |
| 赵玉泽 | 动力中心 | 1937 年 11 月 | 2022 年 7 月 |
| 杨凤玲 | 物理学院 | 1938 年 7 月 | 2022 年 7 月 |
| 邵 珂 | 图书馆 | 1954 年 9 月 | 2022 年 7 月 |
| 徐金成 | 动力中心 | 1944 年 7 月 | 2022 年 7 月 |
| 刘贵茹 | 生命科学学院 | 1932 年 3 月 | 2022 年 7 月 |
| 朱玉茹 | 校医院 | 1929 年 12 月 | 2022 年 7 月 |
| 姚湘琴 | 生命科学学院 | 1934 年 4 月 | 2022 年 7 月 |
| 雷国林 | 保卫部 | 1936 年 9 月 | 2022 年 7 月 |
| 汪劲武 | 生命科学学院 | 1927 年 4 月 | 2022 年 7 月 |
| 严绍璗 | 中国语言文学系 | 1940 年 9 月 | 2022 年 8 月 |
| 王习东 | 材料科学与工程学院 | 1961 年 2 月 | 2022 年 8 月 |
| 陈 悦 | 教育学院 | 1929 年 6 月 | 2022 年 8 月 |
| 吴宗国 | 历史学系 | 1934 年 5 月 | 2022 年 8 月 |
| 张学敏 | 保卫部 | 1955 年 11 月 | 2022 年 8 月 |
| 唐振芳 | 设备部 | 1925 年 6 月 | 2022 年 8 月 |
| 朱亮璞 | 地球与空间科学学院 | 1931 年 10 月 | 2022 年 8 月 |
| 姚 贵 | 出版社 | 1932 年 7 月 | 2022 年 8 月 |
| 胡 军 | 哲学系 | 1951 年 8 月 | 2022 年 8 月 |
| 李联陞 | 会议中心 | 1942 年 10 月 | 2022 年 8 月 |
| 杨永骝 | 国际关系学院 | 1930 年 9 月 | 2022 年 8 月 |
| 张安乐 | 北大附中 | 1954 年 10 月 | 2022 年 8 月 |
| 李淑珍 | 工学院 | 1936 年 12 月 | 2022 年 8 月 |
| 崔建华 | 校园服务中心 | 1953 年 11 月 | 2022 年 8 月 |
| 杜锦珠 | 生命科学学院 | 1926 年 3 月 | 2022 年 9 月 |
| 韩淑娟 | 校园服务中心 | 1930 年 3 月 | 2022 年 9 月 |
| 冯庆荣 | 物理学院 | 1946 年 4 月 | 2022 年 9 月 |
| 张注洪 | 历史学系 | 1926 年 12 月 | 2022 年 9 月 |
| 李爱英 | 出版社 | 1946 年 5 月 | 2022 年 9 月 |
| 李之年 | 工学院 | 1945 年 2 月 | 2022 年 9 月 |
| 刘金荣 | 出版社 | 1950 年 2 月 | 2022 年 9 月 |
| 王淑文 | 教发中心 | 1940 年 7 月 | 2022 年 9 月 |
| 杜芝兰 | 生命科学学院 | 1929 年 10 月 | 2022 年 9 月 |
| 方振凤 | 计算机学院 | 1954 年 8 月 | 2022 年 9 月 |
| 赵贵槐 | 生命科学学院 | 1928 年 6 月 | 2022 年 9 月 |
| 李建国 | 物理学院 | 1944 年 9 月 | 2022 年 9 月 |
| 李醒尘 | 哲学系 | 1937 年 7 月 | 2022 年 9 月 |
| 赵毓莊 | 保卫部 | 1939 年 1 月 | 2022 年 10 月 |
| 谢凝高 | 城市与环境学院 | 1934 年 12 月 | 2022 年 10 月 |
| 赵茂勋 | 国际合作部 | 1926 年 8 月 | 2022 年 10 月 |

(续表)

| 姓名 | 单位 | 出生年月 | 去世年月 |
|---|---|---|---|
| 陈为民 | 经济学院 | 1942 年 1 月 | 2022 年 10 月 |
| 张国福 | 法学院 | 1930 年 10 月 | 2022 年 10 月 |
| 刘 俊 | 餐饮中心 | 1931 年 10 月 | 2022 年 10 月 |
| 吴凤林 | 北大青鸟 | 1928 年 10 月 | 2022 年 10 月 |
| 刘陇昌 | 生命科学学院 | 1942 年 7 月 | 2022 年 10 月 |
| 武恩德 | 动力中心 | 1924 年 2 月 | 2022 年 10 月 |
| 杜淑敏 | 计算机学院 | 1930 年 5 月 | 2022 年 10 月 |
| 高玉德 | 电子学院 | 1927 年 10 月 | 2022 年 10 月 |
| 李保山 | 北大青鸟 | 1941 年 6 月 | 2022 年 10 月 |
| 王玉英 | 校园服务中心 | 1934 年 8 月 | 2022 年 10 月 |
| 吴君明 | 基建工程部 | 1936 年 12 月 | 2022 年 10 月 |
| 谢庆奎 | 政府管理学院 | 1943 年 7 月 | 2022 年 10 月 |
| 寇淑岺 | 北大青鸟 | 1935 年 1 月 | 2022 年 11 月 |
| 徐凤全 | 出版社 | 1937 年 10 月 | 2022 年 11 月 |
| 刘玉珂 | 北大青鸟 | 1951 年 8 月 | 2022 年 11 月 |
| 陆彬良 | 出版社 | 1931 年 12 月 | 2022 年 11 月 |
| 王建华 | 物理学院 | 1953 年 10 月 | 2022 年 11 月 |
| 丁安如 | 外国语学院 | 1934 年 6 月 | 2022 年 11 月 |
| 贾梅仙 | 考古文博学院 | 1943 年 1 月 | 2022 年 11 月 |
| 杨贺松 | 对外汉语教育学院 | 1931 年 8 月 | 2022 年 11 月 |
| 唐有祺 | 化学与分子工程学院 | 1920 年 7 月 | 2022 年 11 月 |
| 赵光武 | 哲学系 | 1931 年 11 月 | 2022 年 11 月 |
| 蔡益鹏 | 生命科学学院 | 1925 年 4 月 | 2022 年 11 月 |
| 马玉清 | 地球与空间科学学院 | 1927 年 1 月 | 2022 年 11 月 |
| 封世辉 | 中国语言文学系 | 1939 年 8 月 | 2022 年 11 月 |
| 蔡沐培 | 经济学院 | 1930 年 3 月 | 2022 年 11 月 |
| 周曾铨 | 生命科学学院 | 1935 年 12 月 | 2022 年 11 月 |
| 李贵培 | 外国语学院 | 1927 年 11 月 | 2022 年 11 月 |
| 卢金鑫 | 方正集团 | 1966 年 3 月 | 2022 年 11 月 |
| 李德和 | 保卫部 | 1937 年 8 月 | 2022 年 11 月 |
| 李燕敏 | 会议中心 | 1955 年 1 月 | 2022 年 11 月 |
| 杨 根 | 考古文博学院 | 1933 年 8 月 | 2022 年 11 月 |
| 孙绍芳 | 计算中心 | 1943 年 3 月 | 2022 年 12 月 |
| 范绪箕 | 物理学院 | 1921 年 10 月 | 2022 年 12 月 |
| 符淮青 | 中国语言文学系 | 1936 年 7 月 | 2022 年 12 月 |
| 陈建华 | 北大青鸟 | 1953 年 3 月 | 2022 年 12 月 |
| 蔡晓明 | 生命科学学院 | 1930 年 2 月 | 2022 年 12 月 |
| 吴荔明 | 城市与环境学院 | 1934 年 8 月 | 2022 年 12 月 |
| 耿素云 | 计算机学院 | 1937 年 10 月 | 2022 年 12 月 |
| 吴树香 | 图书馆 | 1930 年 3 月 | 2022 年 12 月 |
| 王福堂 | 中国语言文学系 | 1934 年 4 月 | 2022 年 12 月 |
| 于钟莲 | 国际合作部 | 1928 年 4 月 | 2022 年 12 月 |
| 刘世林 | 北大青鸟 | 1937 年 12 月 | 2022 年 12 月 |
| 范荷芳 | 外国语学院 | 1929 年 4 月 | 2022 年 12 月 |
| 张学莲 | 北大附小 | 1938 年 11 月 | 2022 年 12 月 |
| 刘书池 | 餐饮中心 | 1933 年 10 月 | 2022 年 12 月 |

(续表)

| 姓名 | 单位 | 出生年月 | 去世年月 |
| --- | --- | --- | --- |
| 任友谅 | 外国语学院 | 1940 年 2 月 | 2022 年 12 月 |
| 曹凤岐 | 光华管理学院 | 1945 年 7 月 | 2022 年 12 月 |
| 宋行长 | 物理学院 | 1938 年 12 月 | 2022 年 12 月 |
| 俞允强 | 物理学院 | 1937 年 4 月 | 2022 年 12 月 |
| 安维华 | 国际关系学院 | 1935 年 2 月 | 2022 年 12 月 |
| 王德和 | 集成电路学院 | 1938 年 2 月 | 2022 年 12 月 |
| 桂裕芳 | 外国语学院 | 1930 年 9 月 | 2022 年 12 月 |
| 侯文达 | 体育教研部 | 1935 年 12 月 | 2022 年 12 月 |
| 王建朋 | 出版社 | 1953 年 11 月 | 2022 年 12 月 |
| 杜采云 | 国际关系学院 | 1929 年 10 月 | 2022 年 12 月 |
| 慈云祥 | 化学与分子工程学院 | 1926 年 10 月 | 2022 年 12 月 |
| 周黎丽 | 图书馆 | 1955 年 12 月 | 2022 年 12 月 |
| 何洁蘅 | 图书馆 | 1929 年 4 月 | 2022 年 12 月 |
| 章立源 | 物理学院 | 1931 年 2 月 | 2022 年 12 月 |
| 史均尧 | 物理学院 | 1936 年 11 月 | 2022 年 12 月 |
| 李艳莲 | 北大附中 | 1937 年 9 月 | 2022 年 12 月 |
| 郭云田 | 化学与分子工程学院 | 1926 年 5 月 | 2022 年 12 月 |
| 苗利华 | 北大青鸟 | 1928 年 10 月 | 2022 年 12 月 |
| 罗晓春 | 外国语学院 | 1954 年 2 月 | 2022 年 12 月 |
| 包科达 | 物理学院 | 1935 年 2 月 | 2022 年 12 月 |
| 孙蓉珠 | 法学院 | 1931 年 11 月 | 2022 年 12 月 |
| 臧啟家 | 地球与空间科学学院 | 1934 年 7 月 | 2022 年 12 月 |
| 夏 田 | 餐饮中心 | 1941 年 4 月 | 2022 年 12 月 |
| 李兆权 | 教发中心 | 1941 年 7 月 | 2022 年 12 月 |
| 邵 津 | 法学院 | 1927 年 4 月 | 2022 年 12 月 |
| 闫玉中 | 哲学系 | 1953 年 6 月 | 2022 年 12 月 |
| 李 易 | 外国语学院 | 1924 年 7 月 | 2022 年 12 月 |
| 施来荣 | 北大青鸟 | 1939 年 5 月 | 2022 年 12 月 |
| 赵东震 | 设备部 | 1934 年 4 月 | 2022 年 12 月 |
| 万兴龙 | 北大青鸟 | 1935 年 10 月 | 2022 年 12 月 |
| 李中新 | 宣传部 | 1942 年 12 月 | 2022 年 12 月 |
| 李铁良 | 化学与分子工程学院 | 1942 年 10 月 | 2022 年 12 月 |
| 李振清 | 餐饮中心 | 1933 年 11 月 | 2022 年 12 月 |
| 朱照宣 | 工学院 | 1930 年 7 月 | 2022 年 12 月 |
| 潘国华 | 马克思学院 | 1932 年 4 月 | 2022 年 12 月 |
| 武国华 | 中国语言文学系 | 1946 年 2 月 | 2022 年 12 月 |
| 薛仰琴 | 化学与分子工程学院 | 1931 年 2 月 | 2022 年 12 月 |
| 郭锡良 | 中国语言文学系 | 1930 年 8 月 | 2022 年 12 月 |
| 沈 鹏 | 继续教育部 | 1937 年 1 月 | 2022 年 12 月 |
| 唐国有 | 物理学院 | 1938 年 12 月 | 2022 年 12 月 |
| 刘 德 | 社区服务中心 | 1943 年 9 月 | 2022 年 12 月 |
| 岳化志 | 出版社 | 1933 年 10 月 | 2022 年 12 月 |
| 金祥林 | 化学与分子工程学院 | 1940 年 6 月 | 2022 年 12 月 |
| 张志芳 | 校医院 | 1923 年 3 月 | 2022 年 12 月 |

**医学部**

| 姓名 | 单位 | 出生年月 | 去世年月 |
| --- | --- | --- | --- |
| 左桂英 | 医学部实验动物科学部 | 1944 年 12 月 | 2022 年 1 月 |
| 王世易 | 基础医学院 | 1932 年 8 月 | 2022 年 1 月 |
| 王慧贞 | 基础医学院 | 1931 年 12 月 | 2022 年 1 月 |
| 祁连润 | 北京大学第一医院 | 1933 年 6 月 | 2022 年 1 月 |
| 李晋珍 | 北京大学第一医院 | 1921 年 7 月 | 2022 年 1 月 |
| 王秀华 | 北京大学第一医院 | 1939 年 6 月 | 2022 年 1 月 |
| 苗万祐 | 北京大学人民医院 | 1937 年 8 月 | 2022 年 1 月 |
| 李玉山 | 北京大学人民医院 | 1945 年 1 月 | 2022 年 1 月 |
| 范德瑞 | 北京大学人民医院 | 1932 年 11 月 | 2022 年 1 月 |
| 马 平 | 北京大学人民医院 | 1953 年 4 月 | 2022 年 1 月 |
| 刘新华 | 北京大学人民医院 | 1929 年 10 月 | 2022 年 1 月 |
| 张漱宁 | 北京大学第三医院 | 1934 年 7 月 | 2022 年 1 月 |
| 周 芳 | 北京大学口腔医院 | 1965 年 8 月 | 2022 年 1 月 |
| 倪霞琴 | 北京大学肿瘤医院 | 1929 年 11 月 | 2022 年 1 月 |
| 葛韵琴 | 基础医学院 | 1923 年 12 月 | 2022 年 2 月 |
| 唐毓英 | 基础医学院 | 1930 年 10 月 | 2022 年 2 月 |
| 刘士贤 | 医学部总务处 | 1931 年 3 月 | 2022 年 2 月 |
| 柳 萍 | 医学部图书馆 | 1933 年 7 月 | 2022 年 2 月 |
| 闫国通 | 医学部设备与实验室管理处 | 1942 年 5 月 | 2022 年 2 月 |
| 吴士健 | 北京大学第一医院 | 1939 年 10 月 | 2022 年 3 月 |
| 李 仪 | 北京大学第一医院 | 1921 年 10 月 | 2022 年 3 月 |
| 周家琴 | 北京大学第一医院 | 1931 年 5 月 | 2022 年 3 月 |
| 刘凤久 | 北京大学第一医院 | 1941 年 11 月 | 2022 年 3 月 |
| 胡碧华 | 北京大学第一医院 | 1936 年 3 月 | 2022 年 3 月 |
| 阙美秋 | 北京大学人民医院 | 1928 年 10 月 | 2022 年 3 月 |
| 张之虎 | 北京大学第三医院 | 1930 年 10 月 | 2022 年 3 月 |
| 董圣洁 | 北京大学第三医院 | 1937 年 3 月 | 2022 年 3 月 |
| 左世斌 | 北京大学第三医院 | 1927 年 2 月 | 2022 年 3 月 |
| 金丽莉 | 北京大学口腔医院 | 1971 年 2 月 | 2022 年 3 月 |
| 张 华 | 北京大学口腔医院 | 1952 年 6 月 | 2022 年 3 月 |
| 康孟华 | 北京大学肿瘤医院 | 1956 年 2 月 | 2022 年 3 月 |
| 徐桂珍 | 医学继续教育学院 | 1935 年 3 月 | 2022 年 4 月 |
| 王玉芳 | 北京大学第一医院 | 1937 年 11 月 | 2022 年 4 月 |
| 张培英 | 北京大学第一医院 | 1953 年 4 月 | 2022 年 4 月 |
| 王克家 | 北京大学人民医院 | 1949 年 12 月 | 2022 年 4 月 |
| 许 栋 | 北京大学人民医院 | 1971 年 7 月 | 2022 年 4 月 |
| 林 宪 | 医学部设备与实验室管理处 | 1954 年 5 月 | 2022 年 5 月 |
| 田石泉 | 北京大学第一医院 | 1930 年 7 月 | 2022 年 5 月 |
| 杜 信 | 北京大学第一医院 | 1929 年 11 月 | 2022 年 5 月 |
| 邢银池 | 北京大学第一医院 | 1930 年 12 月 | 2022 年 5 月 |
| 孙 洁 | 北京大学第一医院 | 1949 年 6 月 | 2022 年 5 月 |
| 周德芝 | 北京大学人民医院 | 1928 年 5 月 | 2022 年 5 月 |
| 徐成斌 | 北京大学人民医院 | 1931 年 1 月 | 2022 年 5 月 |
| 刘桂兰 | 北京大学人民医院 | 1948 年 12 月 | 2022 年 5 月 |

（续表）

| 姓名 | 单位 | 出生年月 | 去世年月 |
|---|---|---|---|
| 张雅军 | 北京大学第三医院 | 1967年10月 | 2022年5月 |
| 王淑贞 | 北京大学第三医院 | 1939年1月 | 2022年5月 |
| 刘淑娟 | 北京大学第三医院 | 1937年7月 | 2022年5月 |
| 靳淑英 | 北京大学第三医院 | 1935年3月 | 2022年5月 |
| 王悦玲 | 医学部党委宣传部 | 1926年6月 | 2022年6月 |
| 冯小荣 | 医学部计划财务处 | 1944年12月 | 2022年6月 |
| 焦改记 | 北京大学第一医院 | 1937年11月 | 2022年6月 |
| 刘俊英 | 北京大学第一医院 | 1932年12月 | 2022年6月 |
| 王嘉麒 | 北京大学第一医院 | 1938年9月 | 2022年6月 |
| 李华恩 | 北京大学人民医院 | 1931年12月 | 2022年6月 |
| 屈国孝 | 北京大学人民医院 | 1952年3月 | 2022年6月 |
| 李崇延 | 北京大学第三医院 | 1935年12月 | 2022年6月 |
| 戴国豪 | 北京大学第三医院 | 1927年5月 | 2022年6月 |
| 张慧影 | 北京大学肿瘤医院 | 1928年8月 | 2022年6月 |
| 李吉友 | 北京大学肿瘤医院 | 1941年6月 | 2022年6月 |
| 谢淑珍 | 基础医学院 | 1930年8月 | 2022年7月 |
| 王德成 | 基础医学院 | 1933年4月 | 2022年7月 |
| 刘玉芝 | 公共卫生学院 | 1925年3月 | 2022年7月 |
| 肖水芳 | 北京大学第一医院 | 1962年7月 | 2022年7月 |
| 董露影 | 北京大学第一医院 | 1933年4月 | 2022年7月 |
| 郭婧华 | 北京大学第一医院 | 1925年2月 | 2022年7月 |
| 王维贵 | 北京大学第一医院 | 1937年10月 | 2022年7月 |
| 虞积仁 | 北京大学第一医院 | 1933年11月 | 2022年7月 |
| 王保全 | 北京大学第一医院 | 1947年8月 | 2022年7月 |
| 胡秋葵 | 北京大学第一医院 | 1940年10月 | 2022年7月 |
| 林雁声 | 北京大学人民医院 | 1936年1月 | 2022年7月 |
| 倪 莹 | 北京大学第三医院 | 1940年6月 | 2022年7月 |
| 张国兴 | 北京大学第三医院 | 1950年11月 | 2022年7月 |
| 张永成 | 医学部保卫处 | 1934年5月 | 2022年8月 |
| 贺东奇 | 医学人文学院 | 1958年11月 | 2022年8月 |
| 张之骙 | 医学部教育处 | 1918年4月 | 2022年8月 |
| 沈宝铨 | 北京大学第一医院 | 1932年6月 | 2022年8月 |
| 闫爱玲 | 北京大学人民医院 | 1956年2月 | 2022年8月 |
| 罗运亮 | 北京大学第三医院 | 1931年4月 | 2022年8月 |
| 王淑琴 | 北京大学第六医院 | 1932年2月 | 2022年8月 |
| 杨 桂 | 医学人文学院 | 1929年5月 | 2022年9月 |
| 赵翠兰 | 医学部总务处 | 1935年1月 | 2022年9月 |
| 夏 明 | 基础医学院 | 1961年2月 | 2022年9月 |
| 欧阳宗馨 | 基础医学院 | 1929年2月 | 2022年9月 |
| 杨祥福 | 医学部党委组织部 | 1933年6月 | 2022年9月 |
| 马惠芳 | 医学部图书馆 | 1927年5月 | 2022年9月 |
| 谢竹藩 | 北京大学第一医院 | 1924年1月 | 2022年9月 |
| 林培德 | 北京大学第一医院 | 1928年2月 | 2022年9月 |
| 孟祥久 | 北京大学人民医院 | 1936年6月 | 2022年9月 |
| 杨永南 | 产业管理办公室 | 1952年2月 | 2022年10月 |

（续表）

(续表)

| 姓名 | 单位 | 出生年月 | 去世年月 |
|---|---|---|---|
| 鲍学根 | 医学人文学院 | 1939 年 10 月 | 2022 年 10 月 |
| 姜惠本 | 北京大学第一医院 | 1943 年 11 月 | 2022 年 10 月 |
| 蒋安惠 | 北京大学第一医院 | 1929 年 4 月 | 2022 年 10 月 |
| 窦淑英 | 北京大学人民医院 | 1952 年 12 月 | 2022 年 10 月 |
| 董德祥 | 北京大学人民医院 | 1935 年 6 月 | 2022 年 10 月 |
| 朱兴荣 | 北京大学第三医院 | 1944 年 11 月 | 2022 年 10 月 |
| 白 利 | 北京大学口腔医院 | 1923 年 10 月 | 2022 年 10 月 |
| 罗和春 | 北京大学第六医院 | 1931 年 1 月 | 2022 年 10 月 |
| 高 璇 | 公共卫生学院 | 1962 年 2 月 | 2022 年 11 月 |
| 楚学智 | 医学部产业管理办公室 | 1940 年 9 月 | 2022 年 11 月 |
| 戴英岐 | 医学部总务处 | 1944 年 1 月 | 2022 年 11 月 |
| 夏咏梅 | 基础医学院 | 1964 年 9 月 | 2022 年 11 月 |
| 洪黛玲 | 护理学院 | 1941 年 7 月 | 2022 年 11 月 |
| 梁乃谦 | 北京大学第一医院 | 1929 年 1 月 | 2022 年 11 月 |
| 宁继祖 | 北京大学第一医院 | 1950 年 10 月 | 2022 年 11 月 |
| 李锦云 | 北京大学人民医院 | 1936 年 12 月 | 2022 年 11 月 |
| 金清尘 | 北京大学第三医院 | 1930 年 5 月 | 2022 年 11 月 |
| 潘淑娟 | 北京大学口腔医院 | 1951 年 7 月 | 2022 年 11 月 |
| 郭子健 | 北京大学口腔医院 | 1993 年 1 月 | 2022 年 11 月 |
| 侯德燕 | 北京大学肿瘤医院 | 1935 年 10 月 | 2022 年 11 月 |
| 闫上明 | 北京大学肿瘤医院 | 1946 年 1 月 | 2022 年 11 月 |
| 刘家良 | 北京大学第六医院 | 1935 年 9 月 | 2022 年 11 月 |
| 曹家琪 | 公共卫生学院 | 1924 年 5 月 | 2022 年 12 月 |
| 卢春林 | 公共卫生学院 | 1936 年 12 月 | 2022 年 12 月 |
| 童坦君 | 基础医学院 | 1934 年 8 月 | 2022 年 12 月 |
| 钱宝林 | 医学部总务处 | 1932 年 4 月 | 2022 年 12 月 |
| 张士兰 | 医学部图书馆 | 1928 年 9 月 | 2022 年 12 月 |
| 吴志儒 | 医学部设备与实验室管理处 | 1937 年 5 月 | 2022 年 12 月 |
| 代学勋 | 基础医学院 | 1931 年 9 月 | 2022 年 12 月 |
| 赵玉栋 | 医学继续教育学院 | 1935 年 8 月 | 2022 年 12 月 |
| 孔昭运 | 医学部总务处 | 1931 年 8 月 | 2022 年 12 月 |
| 丛 铮 | 基础医学院 | 1926 年 12 月 | 2022 年 12 月 |
| 史俊山 | 医学部网络安全与信息化技术中心 | 1936 年 11 月 | 2022 年 12 月 |
| 关桂珍 | 医学部工会 | 1931 年 12 月 | 2022 年 12 月 |
| 赵炳华 | 护理学院 | 1931 年 11 月 | 2022 年 12 月 |
| 刘佩珂 | 医学部审计室 | 1927 年 12 月 | 2022 年 12 月 |
| 谷梅玲 | 医学部设备与实验室管理处 | 1938 年 7 月 | 2022 年 12 月 |
| 李 颖 | 医学部人事处 | 1966 年 9 月 | 2022 年 12 月 |
| 尹 民 | 医学部学生工作部 | 1920 年 8 月 | 2022 年 12 月 |
| 王在庸 | 公共卫生学院 | 1935 年 8 月 | 2022 年 12 月 |
| 魏树礼 | 药学院 | 1934 年 2 月 | 2022 年 12 月 |
| 冯炳城 | 医学人文学院 | 1929 年 8 月 | 2022 年 12 月 |
| 张远仲 | 医学教育研究所 | 1933 年 11 月 | 2022 年 12 月 |
| 林克椿 | 基础医学院 | 1926 年 4 月 | 2022 年 12 月 |
| 张树彬 | 北京大学第一医院 | 1931 年 2 月 | 2022 年 12 月 |

(续表)

| | | | |
|---|---|---|---|
| 毛兰影 | 北京大学第一医院 | 1931年3月 | 2022年12月 |
| 周永昌 | 北京大学第一医院 | 1937年9月 | 2022年12月 |
| 苗连仲 | 北京大学第一医院 | 1938年11月 | 2022年12月 |
| 叶 青 | 北京大学第一医院 | 1936年12月 | 2022年12月 |
| 殷秀珍 | 北京大学第一医院 | 1933年12月 | 2022年12月 |
| 彭先忠 | 北京大学第一医院 | 1928年4月 | 2022年12月 |
| 于广兰 | 北京大学第一医院 | 1942年7月 | 2022年12月 |
| 夏同礼 | 北京大学第一医院 | 1938年4月 | 2022年12月 |
| 赵爱云 | 北京大学人民医院 | 1936年9月 | 2022年12月 |
| 周锟英 | 北京大学人民医院 | 1934年1月 | 2022年12月 |
| 郭洪岩 | 北京大学人民医院 | 1935年9月 | 2022年12月 |
| 孙宝善 | 北京大学人民医院 | 1931年1月 | 2022年12月 |
| 王惠芬 | 北京大学人民医院 | 1941年9月 | 2022年12月 |
| 王静毅 | 北京大学人民医院 | 1928年10月 | 2022年12月 |
| 贵宗娟 | 北京大学人民医院 | 1932年12月 | 2022年12月 |
| 陈正惠 | 北京大学第三医院 | 1941年11月 | 2022年12月 |
| 傅又刚 | 北京大学第三医院 | 1956年5月 | 2022年12月 |
| 李淑珍 | 北京大学第三医院 | 1935年9月 | 2022年12月 |
| 韩 瑛 | 北京大学第三医院 | 1937年12月 | 2022年12月 |
| 刘赓年 | 北京大学第三医院 | 1923年4月 | 2022年12月 |
| 邱玉玲 | 北京大学第三医院 | 1953年1月 | 2022年12月 |
| 毛文秀 | 北京大学第三医院 | 1930年2月 | 2022年12月 |
| 阎玉荣 | 北京大学第三医院 | 1937年4月 | 2022年12月 |
| 李素英 | 北京大学口腔医院 | 1932年2月 | 2022年12月 |
| 唐慕洁 | 北京大学口腔医院 | 1931年7月 | 2022年12月 |
| 俞兆珠 | 北京大学口腔医院 | 1940年3月 | 2022年12月 |
| 鄂 征 | 北京大学肿瘤医院 | 1925年1月 | 2022年12月 |
| 盛秀英 | 北京大学肿瘤医院 | 1936年3月 | 2022年12月 |
| 王婉新 | 北京大学第六医院 | 1950年1月 | 2022年12月 |
| 李从培 | 北京大学第六医院 | 1925年1月 | 2022年12月 |

(人事部、医学部人事处)

## 2022年授予的名誉教授名单

| 姓名（中文） | 姓名（外文） | 职业与现职务 | 授予时间 |
|---|---|---|---|
| 吉姆·麦克唐纳 | Jim McDonald | 英国思克莱德大学校长 | 2022年1月13日 |

(学科建设办公室)

# 党发、校发文件目录

# 2022年部分党发文件目录

| | | |
|---|---|---|
| 党发〔2022〕1号 | 关于中共北京大学第三医院第四次党员代表大会和新一届委员会第一次全体会议、纪律检查委员会第一次全体会议选举结果的批复 | |
| 党发〔2022〕2号 | 关于王艳超、王逸鸣职务任免的通知 | |
| 党发〔2022〕3号 | 关于杨晓雷、朴文丹职务任免的通知 | |
| 党发〔2022〕4号 | 关于校办产业党工委班子调整的通知 | |
| 党发〔2022〕5号 | 关于唐金楠免职的通知 | |
| 党发〔2022〕6号 | 关于唐金楠免职的通知 | |
| 党发〔2022〕7号 | 关于唐金楠、陈刚职务任免的通知 | |
| 党发〔2022〕8号 | 关于中共北京大学中国语言文学系党员大会和新一届委员会第一次全体会议选举结果的批复 | |
| 党发〔2022〕9号 | 关于钱俊伟、安钰峰职务任免的通知 | |
| 党发〔2022〕10号 | 关于孙傲伊、郭琦职务任免的通知 | |
| 党发〔2022〕11号 | 关于调整学校领导班子成员分工安排的通知 | |
| 党发〔2022〕13号 | 关于第七届教职工代表大会执行委员会第八次全体会议选举结果的批复 | |
| 党发〔2022〕14号 | 关于工会第十九届委员会第四次全体会议选举结果的批复 | |
| 党发〔2022〕15号 | 关于北京大学党委巡察办公室更名的通知 | |
| 党发〔2022〕17号 | 关于马玉国任职的通知 | |
| 党发〔2022〕18号 | 中共北京大学委员会关于加强和改进新时代关心下一代工作委员会工作的意见 | |
| 党发〔2022〕19号 | 关于调整学校保密委员会组成人员的通知 | |
| 党发〔2022〕20号 | 关于邹鹏、田丽任职的通知 | |
| 党发〔2022〕21号 | 关于何晋、徐健职务任免的通知 | |
| 党发〔2022〕22号 | 关于调整北京大学人才工作领导小组的通知 | |
| 党发〔2022〕23号 | 关于表彰北京冬奥会、冬残奥会医疗保障先进个人、优秀个人的决定 | |
| 党发〔2022〕24号 | 关于林思聪免职的通知 | |
| 党发〔2022〕25号 | 关于林思聪免职的通知 | |
| 党发〔2022〕26号 | 关于苏晖阳任职的通知 | |
| 党发〔2022〕27号 | 关于夏红卫、王明舟职务任免的通知 | |
| 党发〔2022〕28号 | 关于胡新龙、杨学祥职务任免的通知 | |
| 党发〔2022〕29号 | 关于表彰北京2022年冬奥会、冬残奥会志愿者工作突出贡献集体和突出贡献个人的决定 | |
| 党发〔2022〕30号 | 关于中共北京大学口腔医学院、口腔医院第四次党员代表大会和新一届委员会第一次全体会议、纪律检查委员会第一次全体会议选举结果的批复 | |
| 党发〔2022〕32号 | 关于成立中共北京大学未来技术学院委员会的通知 | |
| 党发〔2022〕33号 | 关于朱怀球免职的通知 | |
| 党发〔2022〕34号 | 关于刘晋伟免职的通知 | |
| 党发〔2022〕35号 | 关于马思伟任职的通知 | |
| 党发〔2022〕36号 | 关于刘军华任职的通知 | |

| | | |
|---|---|---|
| 党发〔2022〕37 号 | 关于罗定生任职的通知 | |
| 党发〔2022〕38 号 | 关于霍晓丹职务调整的通知 | |
| 党发〔2022〕39 号 | 关于张晓黎、阎凤桥职务任免的通知 | |
| 党发〔2022〕40 号 | 关于印发《北京大学统一战线系统深入开展"喜迎二十大，奋进新时代"主题教育活动实施方案》的通知 | |
| 党发〔2022〕41 号 | 关于石长翼、刘德英职务任免的通知 | |
| 党发〔2022〕42 号 | 关于成立中共北京大学体育教研部委员会的通知 | |
| 党发〔2022〕43 号 | 关于樊志、陈征微职务任免的通知 | |
| 党发〔2022〕44 号 | 关于郭琦、郭艾花职务任免的通知 | |
| 党发〔2022〕45 号 | 关于张红梅、郭琦职务任免的通知 | |
| 党发〔2022〕46 号 | 关于赵姗、张红梅职务任免的通知 | |
| 党发〔2022〕47 号 | 关于姜辉、潘义生职务任免的通知 | |
| 党发〔2022〕48 号 | 关于吕廷煜、陈娟职务任免的通知 | |
| 党发〔2022〕49 号 | 关于王军为、朱树梅职务任免的通知 | |
| 党发〔2022〕50 号 | 关于王博等职务任免的通知 | |
| 党发〔2022〕52 号 | 关于张庆东、房玉元免职的通知 | |
| 党发〔2022〕53 号 | 关于王杨任职的通知 | |
| 党发〔2022〕54 号 | 关于王兴军任职的通知 | |
| 党发〔2022〕55 号 | 关于王明慧、石长翼职务任免的通知 | |
| 党发〔2022〕56 号 | 关于张念梅、胡新龙职务任免的通知 | |
| 党发〔2022〕57 号 | 关于温俊君、田越职务任免的通知 | |
| 党发〔2022〕58 号 | 关于廖万平、石长翼职务任免的通知 | |
| 党发〔2022〕59 号 | 关于石长翼免职的通知 | |
| 党发〔2022〕60 号 | 关于进一步发挥全校党组织战斗堡垒作用和共产党员先锋模范作用，坚决落实党中央决策部署，巩固疫情防控成果的通知 | |
| 党发〔2022〕61 号 | 关于同意成立北京大学肖家河家属区临时党总支的批复 | |
| 党发〔2022〕62 号 | 关于同意成立北京大学万柳园区临时党支部的批复 | |
| 党发〔2022〕63 号 | 关于同意成立五道口嘉园教工住宅区临时党支部的批复 | |
| 党发〔2022〕64 号 | 关于李子禹任职的通知 | |
| 党发〔2022〕65 号 | 关于廖万平任职的通知 | |
| 党发〔2022〕68 号 | 关于调整学校领导班子成员分工安排的通知 | |
| 党发〔2022〕69 号 | 关于李宇宁任职的通知 | |
| 党发〔2022〕70 号 | 关于吕晓明免职的通知 | |
| 党发〔2022〕71 号 | 关于印发《北京大学关于学习贯彻习近平总书记给中国冰雪健儿重要回信精神的实施方案》的通知 | |
| 党发〔2022〕74 号 | 关于印发《中共北京大学委员会巡视工作实施办法》的通知 | |
| 党发〔2022〕75 号 | 关于王新强、孙庆伟职务任免的通知 | |
| 党发〔2022〕76 号 | 关于印发《北京大学学习贯彻习近平总书记在中国人民大学考察时的重要讲话精神任务分解方案》的通知 | |
| 党发〔2022〕77 号 | 关于印发《北京大学领导班子带头抓思政课建设工作办法》的通知 | |
| 党发〔2022〕78 号 | 关于张存群、蔡晖职务任免的通知 | |
| 党发〔2022〕79 号 | 关于贾爱英等职务任免的通知 | |
| 党发〔2022〕80 号 | 关于调整学校领导班子成员分工安排的通知 | |
| 党发〔2022〕82 号 | 关于印发中国共产党北京大学第十四次党员代表大会党委工作报告的通知 | |
| 党发〔2022〕83 号 | 关于转发中共北京市委组织部《关于中共北京大学第十四次党员代表大会和第十四届委员会第一次全体会议、第十四届纪律检查委员会第一次全体会议选举结果的批复》的通知 | |
| 党发〔2022〕84 号 | 关于余淼杰免职的通知 | |

| 党发〔2022〕85 号 | 关于印发《北京大学学习宣传落实北京市第十三次党代会精神工作方案》的通知 |
| --- | --- |
| 党发〔2022〕86 号 | 关于陈宝剑、宁琦职务任免的通知 |
| 党发〔2022〕87 号 | 关于宁琦、王博职务任免的通知 |
| 党发〔2022〕88 号 | 关于吴艳红等职务任免的通知 |
| 党发〔2022〕89 号 | 关于陈子豪任职的通知 |
| 党发〔2022〕90 号 | 关于张佳利免职的通知 |
| 党发〔2022〕91 号 | 关于印发《北京大学关于加强教师思想政治和师德师风建设的若干举措》的通知 |
| 党发〔2022〕93 号 | 关于雷晓燕任职的通知 |
| 党发〔2022〕94 号 | 关于严敏杰、魏中鹏职务任免的通知 |
| 党发〔2022〕96 号 | 党关于姜晓刚、胡新龙职务任免的通知 |
| 党发〔2022〕97 号 | 关于吴旭、任羽中职务任免的通知 |
| 党发〔2022〕98 号 | 关于裴坚、马玉国职务任免的通知 |
| 党发〔2022〕99 号 | 关于李喆、吴艳红职务任免的通知 |
| 党发〔2022〕100 号 | 关于杨尹默、刘新民职务任免的通知 |
| 党发〔2022〕101 号 | 关于中共北京大学基础医学院第四次党员代表大会和新一届委员会第一次全体会议选举结果的批复 |
| 党发〔2022〕102 号 | 关于中共北京大学药学院第一次党员代表大会和新一届委员会第一次全体会议选举结果的批复 |
| 党发〔2022〕103 号 | 中共北京大学委员会关于深入学习宣传贯彻党的二十大精神的通知 |
| 党发〔2022〕104 号 | 关于马麟、陈子豪职务任免的通知 |
| 党发〔2022〕105 号 | 关于刘鹏、杨柠泽职务任免的通知 |
| 党发〔2022〕106 号 | 关于孙启明任职的通知 |
| 党发〔2022〕107 号 | 关于印发《中共北京大学委员会深入学习宣传贯彻党的二十大精神任务分解方案》的通知 |
| 党发〔2022〕108 号 | 关于同意成立北京大学肖家河家属区一区临时党支部的批复 |
| 党发〔2022〕109 号 | 关于魏姝任职的通知 |
| 党发〔2022〕110 号 | 关于魏姝免职的通知 |
| 党发〔2022〕111 号 | 关于刘明乾、姚静仪职务任免的通知 |
| 党发〔2022〕112 号 | 关于刘明乾免职的通知 |
| 党发〔2022〕113 号 | 关于匡国鑫免职的通知 |
| 党发〔2022〕114 号 | 战疫时刻，致全校党组织和党员的一封信 |
| 党发〔2022〕115 号 | 关于同意成立北京大学中关新园一号楼临时党支部的批复 |
| 党发〔2022〕116 号 | 关于宋洁、孙智利职务任免的通知 |
| 党发〔2022〕117 号 | 关于陈云超、王一涵职务任免的通知 |
| 党发〔2022〕118 号 | 关于查晶、汲传波职务任免的通知 |
| 党发〔2022〕119 号 | 关于任羽中、查晶职务任免的通知 |
| 党发〔2022〕120 号 | 关于苏鸿、詹思延职务任免的通知 |
| 党发〔2022〕121 号 | 关于陈磊、曹菁职务任免的通知 |
| 党发〔2022〕122 号 | 关于中共北京大学人民医院第五次党员代表大会和新一届委员会第一次全体会议、纪律检查委员会第一次全体会议选举结果的批复 |
| 党发〔2022〕123 号 | 关于张新平、付帅职务任免的通知 |
| 党发〔2022〕124 号 | 关于李铄任职的通知 |
| 党发〔2022〕125 号 | 关于李鸿等职务任免的通知 |
| 党发〔2022〕126 号 | 关于调整学校领导班子成员分工安排的通知 |

# 2022年部分校发文件目录

| | |
|---|---|
| 校发〔2022〕1号 | 关于杨晓雷、朴文丹职务任免的通知 |
| 校发〔2022〕2号 | 关于刘乐坚免职的通知 |
| 校发〔2022〕3号 | 关于成立北京大学国际机器学习研究中心的通知 |
| 校发〔2022〕4号 | 关于成立北京大学国家生物医学成像科学中心的通知 |
| 校发〔2022〕5号 | 关于北京大学校友工作办公室机构调整的通知 |
| 校发〔2022〕7号 | 关于表彰北京大学2021年度安全管理先进单位和先进个人的决定 |
| 校发〔2022〕8号 | 关于成立国家体育总局—北京大学体教融合研究院的通知 |
| 校发〔2022〕9号 | 关于印发《北京大学本科教学审核评估工作方案》的通知 |
| 校发〔2022〕10号 | 关于成立北京大学本科教学审核评估工作组织机构的通知 |
| 校发〔2022〕11号 | 关于印发《新冠肺炎疫情防控出入校等级响应方案》的通知 |
| 校发〔2022〕12号 | 关于燕京学堂副院长调整的通知 |
| 校发〔2022〕13号 | 关于新闻与传播学院行政班子任职的通知 |
| 校发〔2022〕14号 | 关于高文、黄如职务任免的通知 |
| 校发〔2022〕15号 | 关于周黎安、于鸿君职务任免的通知 |
| 校发〔2022〕17号 | 关于人民医院（第二临床医学院）行政班子任职的通知 |
| 校发〔2022〕18号 | 关于国家生物医学成像科学中心班子任职的通知 |
| 校发〔2022〕19号 | 关于王栋等任职的通知 |
| 校发〔2022〕20号 | 关于同意吴联生辞去相关职务的通知 |
| 校发〔2022〕21号 | 关于吴联生免职的通知 |
| 校发〔2022〕22号 | 关于生物医学前沿创新中心班子任职的通知 |
| 校发〔2022〕23号 | 关于刘鸿雁任职的通知 |
| 校发〔2022〕29号 | 关于现代中国人文研究所班子任职的通知 |
| 校发〔2022〕30号 | 关于印发《北京大学职务科技成果披露管理办法》的通知 |
| 校发〔2022〕32号 | 关于计算语言学教育部重点实验室学术委员会主任任职的通知 |
| 校发〔2022〕33号 | 关于马玉国任职的通知 |
| 校发〔2022〕34号 | 关于建筑与景观设计学院、景观设计学研究院班子任职的通知 |
| 校发〔2022〕39号 | 关于成立北京大学非学历教育领域专项整治工作领导小组和工作小组的通知 |
| 校发〔2022〕42号 | 关于方成任职的通知 |
| 校发〔2022〕43号 | 关于方成免职的通知 |
| 校发〔2022〕44号 | 关于郭艾花任职的通知 |
| 校发〔2022〕45号 | 关于汤超任职的通知 |
| 校发〔2022〕46号 | 关于张黎任职的通知 |
| 校发〔2022〕47号 | 关于印发《北京大学仪器设备采购管理办法》的通知 |
| 校发〔2022〕48号 | 关于印发《北京大学仪器设备招标投标管理办法》的通知 |
| 校发〔2022〕49号 | 关于印发《北京大学进口科教用品管理办法》的通知 |
| 校发〔2022〕52号 | 关于何晋免职的通知 |

| | |
|---|---|
| 校发〔2022〕59 号 | 关于张进江免职的通知 |
| 校发〔2022〕60 号 | 关于黄涛任职的通知 |
| 校发〔2022〕61 号 | 关于夏红卫免职的通知 |
| 校发〔2022〕62 号 | 关于张西峰、刘力平职务任免的通知 |
| 校发〔2022〕63 号 | 关于杨学祥、章政职务任免的通知 |
| 校发〔2022〕64 号 | 关于北京大学扶贫工作办公室更名的通知 |
| 校发〔2022〕65 号 | 关于成立北京大学结束现代远程教育（网络教育）试点工作领导小组和工作小组的通知 |
| 校发〔2022〕66 号 | 关于蒋晓涛、黄宗英职务任免的通知 |
| 校发〔2022〕67 号 | 关于曲一铭、佟萌职务任免的通知 |
| 校发〔2022〕68 号 | 关于张向英、刘晋伟职务任免的通知 |
| 校发〔2022〕69 号 | 关于赵文莉、张向英职务任免的通知 |
| 校发〔2022〕70 号 | 关于陆俊林等任职的通知 |
| 校发〔2022〕71 号 | 关于崔斌、郭耀任职的通知 |
| 校发〔2022〕72 号 | 关于王玮等任职的通知 |
| 校发〔2022〕73 号 | 关于陈宝权等任职的通知 |
| 校发〔2022〕74 号 | 关于潘锋等职务任免的通知 |
| 校发〔2022〕75 号 | 关于刘承芳任职的通知 |
| 校发〔2022〕76 号 | 关于李航、殷雪松职务任免的通知 |
| 校发〔2022〕77 号 | 关于刘德英任职的通知 |
| 校发〔2022〕78 号 | 关于张胜群、张西峰职务任免的通知 |
| 校发〔2022〕79 号 | 关于周黎安免职的通知 |
| 校发〔2022〕80 号 | 关于姜长涛、王嘉东职务任免的通知 |
| 校发〔2022〕81 号 | 关于国际机器学习研究中心班子任职的通知 |
| 校发〔2022〕82 号 | 关于聘任国家卫生健康委员会口腔医学计算机应用工程技术研究中心学术委员会主任及委员的通知 |
| 校发〔2022〕83 号 | 关于理学部班子任职的通知 |
| 校发〔2022〕84 号 | 关于信息与工程科学部班子任职的通知 |
| 校发〔2022〕85 号 | 关于经济与管理学部班子任职的通知 |
| 校发〔2022〕86 号 | 关于社会科学学部班子任职的通知 |
| 校发〔2022〕87 号 | 关于经济与管理学部班子任职的通知 |
| 校发〔2022〕89 号 | 关于印发《北京大学国防科研经费管理办法》的通知 |
| 校发〔2022〕91 号 | 关于徐明、王坚成职务任免的通知 |
| 校发〔2022〕92 号 | 关于潘义生、吕廷煜职务任免的通知 |
| 校发〔2022〕93 号 | 关于孙智利、张新祥职务任免的通知 |
| 校发〔2022〕94 号 | 关于张磊等任职的通知 |
| 校发〔2022〕96 号 | 关于王兴军等任职的通知 |
| 校发〔2022〕97 号 | 关于张念梅免职的通知 |
| 校发〔2022〕98 号 | 关于张念梅免职的通知 |
| 校发〔2022〕100 号 | 关于成立北京大学医学部国内合作委员会办公室的通知 |
| 校发〔2022〕101 号 | 关于成立北京大学医学部学科建设办公室的通知 |
| 校发〔2022〕102 号 | 关于细胞增殖与分化教育部重点实验室领导班子任职的通知 |
| 校发〔2022〕103 号 | 关于邢沫任职的通知 |
| 校发〔2022〕104 号 | 关于成立北京大学疫情防控专家组的通知 |
| 校发〔2022〕106 号 | 关于北京大学肿瘤医院（北京大学临床肿瘤学院、北京肿瘤医院、北京市肿瘤防治研究所）行政班子任职的通知 |
| 校发〔2022〕107 号 | 关于杨燕华免职的通知 |
| 校发〔2022〕115 号 | 关于表彰2022届优秀毕业生的决定（研究生） |
| 校发〔2022〕116 号 | 关于表彰2022年度北京大学优秀博士学位论文获得者及其导师的决定 |

| | |
|---|---|
| 校发〔2022〕121号 | 关于人工智能研究院班子部分成员调整的通知 |
| 校发〔2022〕122号 | 关于许铭、郑志杰职务任免的通知 |
| 校发〔2022〕123号 | 关于调整北京大学各学部学术委员会的通知 |
| 校发〔2022〕124号 | 关于表彰2022届优秀毕业生的决定（本科生） |
| 校发〔2022〕125号 | 关于公布2022年度北京大学教材建设立项名单的通知 |
| 校发〔2022〕126号 | 关于公布2022年北京大学数字化教材建设立项名单的通知 |
| 校发〔2022〕127号 | 关于公布2022年北京大学教材研究与建设基地遴选结果的通知 |
| 校发〔2022〕128号 | 关于公布2022年北京大学课程思政教材建设立项名单的通知 |
| 校发〔2022〕129号 | 关于公布2022年北京大学优秀教材名单的通知 |
| 校发〔2022〕130号 | 关于曹广忠、彭建职务任免的通知 |
| 校发〔2022〕133号 | 关于成立北京大学出版研究院的通知 |
| 校发〔2022〕134号 | 关于印发《北京大学专利工作管理办法》的通知 |
| 校发〔2022〕135号 | 关于成立北京大学青藏高原研究中心的通知 |
| 校发〔2022〕137号 | 关于沈冰任职的通知 |
| 校发〔2022〕138号 | 关于陈鹏、王新强职务任免的通知 |
| 校发〔2022〕140号 | 关于王树华免职的通知 |
| 校发〔2022〕141号 | 关于张存群、蔡晖职务任免的通知 |
| 校发〔2022〕142号 | 关于蔡晖、黄俊平职务任免的通知 |
| 校发〔2022〕143号 | 关于黄俊平等职务任免的通知 |
| 校发〔2022〕146号 | 关于王博、龚旗煌职务任免的通知 |
| 校发〔2022〕147号 | 关于公布北京大学2022年教学奖和教学管理奖获奖名单的通知 |
| 校发〔2022〕150号 | 关于余淼杰免职的通知 |
| 校发〔2022〕151号 | 关于胡新龙、张胜群职务任免的通知 |
| 校发〔2022〕153号 | 关于表彰2022年度北京大学实验室工作先进集体和先进个人的决定 |
| 校发〔2022〕154号 | 关于表彰2021—2022学年获奖教师的决定 |
| 校发〔2022〕155号 | 关于授予郭函菲、季策等539人2022—2023学年度博士研究生校长奖学金的决定 |
| 校发〔2022〕156号 | 关于肖云峰、陈鹏职务任免的通知 |
| 校发〔2022〕157号 | 关于武艳任职的通知 |
| 校发〔2022〕158号 | 关于王志恒任职的通知 |
| 校发〔2022〕159号 | 关于刘颖任职的通知 |
| 校发〔2022〕160号 | 关于廖晓玲免职的通知 |
| 校发〔2022〕161号 | 关于孙华、王小玥职务任免的通知 |
| 校发〔2022〕162号 | 关于成立北京大学碳中和研究院的通知 |
| 校发〔2022〕163号 | 关于成立北京大学中共党史党建研究中心的通知 |
| 校发〔2022〕164号 | 关于增补北京大学疫情防控专家组成员的通知 |
| 校发〔2022〕167号 | 关于邹如强、张锦职务任免的通知 |
| 校发〔2022〕168号 | 关于崔庆华任职的通知 |
| 校发〔2022〕169号 | 关于李宇宁等职务任免的通知 |
| 校发〔2022〕170号 | 关于何忠虎任职的通知 |
| 校发〔2022〕171号 | 关于成立北京大学癌症整合组学前沿科学中心的通知 |
| 校发〔2022〕172号 | 关于印发《北京大学教师校外兼职管理办法》的通知 |
| 校发〔2022〕177号 | 关于国际战略研究院班子任职的通知 |
| 校发〔2022〕178号 | 关于李钟、白利明职务任免的通知 |
| 校发〔2022〕179号 | 关于李昀任职的通知 |
| 校发〔2022〕180号 | 关于贺飞、李航职务任免的通知 |
| 校发〔2022〕181号 | 关于贺飞免职的通知 |
| 校发〔2022〕182号 | 关于祝帅任职的通知 |

| | |
|---|---|
| 校发〔2022〕183号 | 关于郑英姿任职的通知 |
| 校发〔2022〕184号 | 关于第一医院（第一临床医学院）行政班子任职的通知 |
| 校发〔2022〕185号 | 关于聘任国家中医药管理局中药配伍减毒重点研究室主任及副主任的通知 |
| 校发〔2022〕186号 | 关于印发《北京大学本科招生委员会章程》的通知 |
| 校发〔2022〕187号 | 关于表彰2021—2022学年招生工作优秀工作者、先进个人的决定 |
| 校发〔2022〕188号 | 关于碳中和研究院班子任职的通知 |
| 校发〔2022〕190号 | 关于聘任国家原子能机构核技术（放射性药物研发与临床应用）研发中心主任和副主任的通知 |
| 校发〔2022〕191号 | 关于进一步加强和完善北京大学新校区初创阶段建设和管理工作的意见 |
| 校发〔2022〕192号 | 关于印发《北京大学研究生基本学术规范及管理办法》的通知 |
| 校发〔2022〕195号 | 关于崔龙任职的通知 |
| 校发〔2022〕196号 | 关于程旭任职的通知 |
| 校发〔2022〕197号 | 关于于虹、李钟职务任免的通知 |
| 校发〔2022〕198号 | 关于印发《北京大学公务用车管理办法（试行）》的通知 |
| 校发〔2022〕200号 | 关于成立北京大学材料加工与测试中心校级公共平台的通知 |
| 校发〔2022〕201号 | 关于成立北京大学工程训练中心校级实验教学平台的通知 |
| 校发〔2022〕202号 | 关于成立北京大学微纳工艺校级公共平台（含纳光电子加工与测试平台）的通知 |
| 校发〔2022〕203号 | 关于区域与国别研究院班子任职的通知 |
| 校发〔2022〕204号 | 关于北京大学新一届校务委员会组成人员的通知 |
| 校发〔2022〕205号 | 关于匡国鑫免职的通知 |
| 校发〔2022〕208号 | 关于郭少军任职的通知 |
| 校发〔2022〕209号 | 关于姜国华、马玉国任职的通知 |
| 校发〔2022〕210号 | 关于聘任国家中医药管理局中药配伍减毒重点研究室学术委员会成员的通知 |
| 校发〔2022〕211号 | 关于王晓如免职的通知 |
| 校发〔2022〕212号 | 关于欧阳晓玲、陈丹职务任免的通知 |
| 校发〔2022〕213号 | 关于张黎明免职的通知 |
| 校发〔2022〕214号 | 关于安钰峰任职的通知 |
| 校发〔2022〕215号 | 关于成立北京大学数据空间技术与系统研究中心的通知 |
| 校发〔2022〕216号 | 关于聘任创伤救治与神经再生教育部重点实验室主任及学术委员会成员的通知 |
| 校发〔2022〕218号 | 关于乔宾、程旭职务任免的通知 |
| 校发〔2022〕223号 | 关于印发《北京大学实体研究机构管理办法》的通知 |
| 校发〔2022〕224号 | 北京大学关于表彰2022年度优秀博士后的决定 |
| 校发〔2022〕225号 | 关于付帅任职的通知 |
| 校发〔2022〕226号 | 关于汲传波任职的通知 |
| 校发〔2022〕227号 | 关于曹菁任职的通知 |
| 校发〔2022〕228号 | 关于李岩免职的通知 |
| 校发〔2022〕229号 | 关于丁磊、戴清职务任免的通知 |
| 校发〔2022〕230号 | 关于成立北京大学继续教育工作委员会的通知 |
| 校发〔2022〕231号 | 关于印发《北京大学非学历继续教育管理办法》的通知 |
| 校发〔2022〕232号 | 关于海洋研究院班子任职的通知 |
| 校发〔2022〕232号 | 关于印发《北京大学异地科研机构管理办法（试行）》的通知 |
| 校发〔2022〕234号 | 关于李杨、姜晓刚职务任免的通知 |
| 校发〔2022〕235号 | 关于李杨、姜晓刚职务任免的通知 |
| 校发〔2022〕236号 | 关于宋鑫、于菲任职的通知 |
| 校发〔2022〕237号 | 关于周静任职的通知 |
| 校发〔2022〕238号 | 关于陈懿任职的通知 |
| 校发〔2022〕239号 | 关于杨越、宋洁职务任免的通知 |

（党委办公室校长办公室）

表彰与奖励

# 集体和教师奖励

### 2022年北京大学获北京市优秀教师奖名单

| 获奖者 | 单位 |
| --- | --- |
| 贺灿飞 | 城市与环境学院 |
| 刘 川 | 物理学院 |
| 潘剑锋 | 法学院 |
| 王 前 | 工学院 |
| 吴 凯 | 化学与分子工程学院 |
| 杨哲峰 | 考古文博学院 |
| 章志飞 | 数学科学学院 |
| 周黎安 | 光华管理学院 |
| 宗秋刚 | 地球与空间科学学院 |

（人事部）

### 2022年北京大学获北京市优秀教育工作者奖名单

| 获奖者 | 单位 |
| --- | --- |
| 傅绥燕 | 地球与空间科学学院 |

（人事部）

### 2022年北京大学获北京市高等学校教学名师奖名单

| 获奖者 | 单位 |
| --- | --- |
| 刘鸿雁 | 城市与环境学院 |
| 丁 宁 | 艺术学院 |
| 王久高 | 马克思主义学院 |
| 周永胜 | 口腔医学院 |

（教务部）

## 2022年北京大学获北京市高等学校青年教学名师奖名单

| 获奖者 | 单位 |
|---|---|
| 刘 哲 | 哲学系 |
| 秦雪征 | 经济学院 |
| 周非非 | 北京大学第三医院 |

（教务部）

## 2022年北京大学获北京市教育教学成果奖名单

| 序号 | 成果名称 | 成果完成者 | 所在单位 | 奖项 |
|---|---|---|---|---|
| 1 | 建设世界一流数学人才培养高地——北京大学基础数学拔尖人才培养创新与实践 | 田 刚　范辉军　刘若川　戴 波　王 崧　张 婧 | 北京大学 | 特等奖 |
| 2 | 经典、语言与跨学科相融合的新人文拔尖人才培养北大模式 | 李四龙　吴天岳　何 晋　彭小瑜　孙庆伟　程苏东　漆永祥　王 鑫　赵华敏 | 北京大学 | 特等奖 |
| 3 | 医心师道——新医科高素质师资培养体系的探索与实践 | 乔 杰　高 炜　沈 宁　刘东明　王 妍　韩江莉　谷士贤　汪 恒　李 颜　袁文青　张 祺　张爱京 | 北京大学 | 特等奖 |
| 4 | 基于虚拟仿真的线上线下混合式地学本科课程教学改革 | 张进江　郭艳军　刘建波　陈 斌　张志诚　秦 善　周勇义 | 北京大学 | 一等奖 |
| 5 | 新工科国际化创新人才培养体系建设 | 段慧玲　陈 正　宋 洁　王启宁　杨 越　熊春阳　李咏梅　唐少强　王建祥 | 北京大学 | 一等奖 |
| 6 | 新文科背景下北京大学中文系拔尖创新学生培养模式的改革与实践 | 宋亚云　杜晓勤　贺桂梅　陈平原　袁毓林　吴晓东　刘玉才　詹卫东　金 锐　程苏东 | 北京大学 | 一等奖 |
| 7 | 国别和区域研究复合型人才分层分类培养体系的创新与实践 | 宁 琦　陈 明　吴杰伟　王 丹　黄燎宇　付志明　孙建军　吴冰冰　宋 扬　王斯秧 | 北京大学 | 一等奖 |
| 8 | 规模化提升教师教学能力的路径探索——"教师能力提升MOOC"八年实践 | 汪 琼　韩 筠　吴 博　冯 菲　沈书生　张筱兰　刘 徽　谢幼如　尚俊杰　焦建利　张 冉　张忠月　高瑜珊　王 宇　刘 玲　李雪言 | 北京大学　高等教育出版社有限公司<br>南京师范大学　西北师范大学　浙江大学<br>华南师范大学　国家开放大学 | 一等奖 |
| 9 | 打破壁垒，促进交叉，尊重选择——多层次跨学科人才培养体系创新与实践 | 龚旗煌　傅绥燕　王海欣　冯雪松　董 礼　陈 虎　冯倩倩 | 北京大学 | 一等奖 |
| 10 | 经济学专业思政建设的路径与实践 | 董志勇　崔建华　张 辉　锁凌燕　张亚光　秦雪征　宋芳秀　王宜然 | 北京大学 | 一等奖 |
| 11 | 基于数据视角的北大医学本科教育教学质量评价体系建设 | 王维民　谢阿娜　李 曼　王媛媛　蔡景一　马莉萍　周 舒　艾 君　贾娜丽　刘玉峰　高 波　王景超　李 峰 | 北京大学 | 一等奖 |
| 12 | 健康中国战略背景下医学高层次应用型人才培养体系构建与探索实践 | 段丽萍　姜 辉　崔 爽　王 青　徐 明　王志锋　沈 宁　王凤清　律 颖　李晨曦　杨 英　侯淑肖　杨延砚　汪佲宁 | 北京大学 | 一等奖 |
| 13 | "立体化、专题式、多样态"高校思政课铸魂育人教学体系的改革创新 | 陈培永　孙蚌珠　宇文利　孙熙国　孙代尧　程美东　李少军　魏 波　王在全　王成英　王久高　史春风　黄俊立　张会峰　贺大兴 | 北京大学 | 一等奖 |
| 14 | 以思政教育为魂、学科交叉为导、数字技术为线，培养新时代口腔医学创新人才 | 周永胜　郭传瑸　李铁军　刘云松　王 勇　侯建霞　董美丽　王 冕　刘 杰　颉慧菲　邓嫒嫒 | 北京大学 | 一等奖 |

(续表)

| 序号 | 成果名称 | 成果完成者 | 所在单位 | 奖项 |
|---|---|---|---|---|
| 15 | 教学相长:"助教-助学"人才培养模式的探索与实践 | 苏彦捷 方 方 邵 枫 | 北京大学 | 一等奖 |
| 16 | 产教深度融合的创新型软件工程技术领军人才培养体系探索与实践 | 杨芙清 吴中海 李 影 王 平 张 兴 陈向群 林慧苹 张世琨 沈晴霓 | 北京大学 | 一等奖 |
| 17 | 从实求知:"五位一体"的田野教学体系建设 | 周飞舟 刘爱玉 卢晖临 田 耕 王 娟 | 北京大学 | 一等奖 |
| 18 | 立足国家发展需求,开创和引领金融数学应用人才培养 | 吴 岚 杨静平 黄 海 徐 恺 何洋波 程 雪 李东风 | 北京大学 | 一等奖 |
| 19 | 调研实现融会贯通:"政法社"本科联合培养项目探索交叉学科建设 | 俞可平 何增科 严 洁 费海汀 马 啸 曹政杰 | 北京大学 | 一等奖 |
| 20 | 新理念 新模式 新途径——支撑和引领产业发展的高层次软件人才培养体系 | 卢 苇 邢薇薇 吴中海 王建民 臧斌宇 张 莉 丁刚毅 邝 坚 朱 青 骆 斌 朱志良 罗钟铉 毛晓光 陈志刚 郑江滨 周世杰 张玉志 陶文源 王忠杰 赵一鸣 尹建伟 陈华平 李肯立 廖明宏 肖 侬 李国徽 王振宇 崔立真 耿 新 洪 玫 龚怡宏 陈铭松 杨 博 李 兵 文俊浩 宋庆国 李青山 姚绍文 | 北京交通大学 北京大学 清华大学 上海交通大学 北京航空航天大学 北京理工大学 北京邮电大学 北京工业大学 南京大学 东北大学 大连理工大学 国防科技大学 中南大学 西北工业大学 电子科技大学 南开大学 天津大学 哈尔滨工业大学 复旦大学 浙江大学 | 一等奖 |
| 21 | 地方高校汉语言文学优势专业拔尖人才培养模式探索与实践 | 左东岭 马自力 刘尊举 杜晓勤 胡卓玮 宋亚云 | 首都师范大学 北京大学 | 一等奖 |
| 22 | 面向新兴产业,科教融合,集成电路设计人才培养的探索与实践 | 张晓林 王志功 刘荣科 杨华中 王志军 刘开华 曾孝平 吴陈滨 曹先彬 张有光 杨昕欣 周 强 赵 琦 刁为民 | 北京航空航天大学 东南大学 清华大学 北京大学 天津大学 重庆大学 高等教育出版社 | 一等奖 |
| 23 | 创新导向的计算机学科拔尖人才培养体系建设 | 郭 耀 边凯归 李文新 邓志鸿 侯士敏 董晓晖 张 霞 李 享 杨韫利 | 北京大学 | 二等奖 |
| 24 | 构建核心能力,促进自主学习:面向创新人才培养的有机化学实验教学体系建设 | 张奇涵 王婕妤 边 磊 李 田 关 玲 徐烜峰 | 北京大学 | 二等奖 |
| 25 | 以博士生资助体系改革为牵引的研究生教育培养机制创新 | 龚旗煌 姜国华 胡晓阳 张 林 温 蕊 来天平 高志同 | 北京大学 | 二等奖 |
| 26 | 跨学科、实践性、国际化的中国研究人才培养 | 袁 明 范士明 陆 扬 陈长伟 郭 雳 刘国恩 张世秋 吴 靖 哈 巍 程乐松 王曙光 余淼杰 刘 晨 郭 菲 左 婧 | 北京大学 | 二等奖 |
| 27 | 大班"知著"、小班"见微"——光华管理学院《经济学》课程建设 | 刘 俏 王 辉 陈玉宇 龚六堂 周黎安 孟涓涓 翁 翕 张庆华 颜 色 林莞娟 | 北京大学 | 二等奖 |
| 28 | 产教融合、层次互补、创新拔尖、实践育人:集成电路人才培养体系建设 | 黄 如 王 源 张 兴 蔡一茂 王 玮 张大成 贾 嵩 刘晓彦 刘力锋 | 北京大学 | 二等奖 |
| 29 | 国际视野下的陶瓷考古人才培养体系创新与实践 | 秦大树 崔剑锋 丁 雨 杨哲峰 刘 未 | 北京大学 | 二等奖 |
| 30 | 实习、练习与科研——世界史本科创新人才培养体系建设 | 李 维 彭小瑜 董经胜 李隆国 唐利国 庄 宇 | 北京大学 | 二等奖 |
| 31 | 深化医教协同,以需求和胜任力为导向的专科医师规范化培训体系构建与实践 | 姜 辉 杨 英 段丽萍 毛节明 李海潮 徐 智 王建六 沈 宁 齐建光 洪 楠 李铁军 沈 琳 司天梅 李 蓉 汪偌宁 崔 爽 李 烨 王 颖 董美丽 | 北京大学 | 二等奖 |
| 32 | 重温度、精专业、强创新——以专业素养和创新能力为核心的护理人才培养模式 | 尚少梅 王志稳 金晓燕 侯淑肖 吴 雪 王 艳 李明子 孙宏玉 陆 虹 孙玉梅 江 华 张进瑜 庞 冬 李湘萍 丁炎明 王 冷 李葆华 李秀娥 李 珂 魏征新 | 北京大学 | 二等奖 |
| 33 | 人文和科学素养兼修:基于学科交叉的城乡文化遗产综合实践调查教学创新 | 汪 芳 陈彦光 冯 健 贾金柱 | 北京大学 | 二等奖 |

(续表)

| 序号 | 成果名称 | 成果完成者 | 所在单位 | 奖项 |
|---|---|---|---|---|
| 34 | 学科融合、集成发展：国家安全学教学体系建设 | 唐士其 祁昊天 归泳涛 于铁军 王缉思 王逸舟 张海滨 张清敏 查道炯 董昭 华梅然 节大磊 韩华 范士明 刘莲莲 | 北京大学 | 二等奖 |
| 35 | "才斋讲堂"：跨学科课程教学育人新模式与创新人才培养新路径的改革实践 | 姜国华 贾爱英 瞿毅臻 常钺 何峰 李爽 | 北京大学 | 二等奖 |
| 36 | 以学生成长为中心的大学英语专题化、模块化、多样化课程体系建设 | 李淑静 田剪秋 马乃强 马小琦 张敏 钱清 刘红中 柯彦玢 黄必康 张华 余苏凌 茚卫彤 李莉春 冯利 吴芊 高艳丽 于龙珠 苏勇 张雁 刘瑾 董欣 王雷 闻钧 王静文 梁波 宋海波 卢炜 陈冰 于莹 沙筱薇 刘小侠 许娅 徐溯 梅申友 张红波 郑芳 | 北京大学 | 二等奖 |
| 37 | 北京大学本科通识核心课程"美索不达米亚艺术与文明" | 贾妍 | 北京大学 | 二等奖 |
| 38 | 重实践，强能力，育人才——建立高校附属医院临床实践教育教学新体系 | 王建六 陈红松 姜冠潮 刘婧 高杰 陈江天 朱凤雪 曾超美 冯艺 杨欣 付瑶 张晓蕊 隋准 程琳 安海燕 陈哲 曾庆奇 梁书静 徐燚 张潇潇 石淑宵 | 北京大学 | 二等奖 |
| 39 | 民俗学 | 王娟 | 北京大学 | 二等奖 |
| 40 | 厚基础、强实践——智能数据时代应用统计人才培养的创新探索 | 房祥忠 艾明要 邓明华 耿直 李东风 | 北京大学 | 二等奖 |
| 41 | 突出公共管理专业特色、融合思政与科研实践，积极推进本科学生培养 | 田凯 严洁 赵成根 白智立 包万超 句华 白彦 宋磊 杨立华 黄璜 万鹏飞 沈体雁 刘伦 曲晓妍 | 北京大学 | 二等奖 |

(教务部)

## 2022年北京大学入选北京高校优秀本科育人团队名单

| 团队名称 | 带头人 | 单位 |
|---|---|---|
| "中国古代文学史"团队 | 常森 | 中文系 |

(教务部)

## 2022年北京大学入选北京高校优质本科教材课件名单

| 序号 | 院系 | 项目名称 | 主编 | 出版社 | 类型 | 项目类型 |
|---|---|---|---|---|---|---|
| 1 | 第三医院 | 女性生殖系统与疾病（第2版） | 乔杰、徐丛剑、李雪兰 | 人民卫生出版社 | 教材 | 重点 |
| 2 | 物理学院 | 理论力学 | 刘川 | 北京大学出版社 | 教材 | |
| 3 | 工学院 | 机器人引论 | 谢广明、李宗刚、夏庆锋 | 北京大学出版社 | 教材 | |
| 4 | 哲学系 | 中国哲学十五讲 | 杨立华 | 北京大学出版社 | 教材 | |
| 5 | 法学院 | 中国法律史讲义 | 李启成 | 北京大学出版社 | 教材 | |

(教务部)

## 2022年北京大学获北京高校"优质本科课程"名单

| 序号 | 院系 | 课程名称 | 主讲人 | 课程类型 | 项目类型 |
|---|---|---|---|---|---|
| 1 | 数学科学学院 | 应用随机过程（实验班） | 章复熹 | 专业课 | 重点 |
| 2 | 生命科学学院 | 生物信息学方法 | 高歌 | 专业课 | |
| 3 | 外国语学院 | 英语阅读（在线） | 李淑静 | 公共课 | |
| 4 | 社会学系 | 社会调查与研究方法 | 邱泽奇 | 专业课 | |
| 5 | 国家发展研究院 | 社会经济调查数据分析 | 赵耀辉 | 公共课 | |
| 6 | 基础医学院 | 创新思维训练课程 | 王韵 | 专业课 | |

（教务部）

## 北京大学2022年度教学成就奖名单

| 姓名 | 院系 |
|---|---|
| 刘玉鑫 | 物理学院 |
| 钱志熙 | 中国语言文学系 |
| 邱泽奇 | 社会学系 |

（教务长办公室）

## 北京大学2022年度教学卓越奖名单

| 姓名 | 院系 |
|---|---|
| 唐志尧 | 城市与环境学院 |
| 刘先华 | 信息科学技术学院 |
| 先刚 | 哲学系 |
| 王正毅 | 国际关系学院 |
| 孟涓涓 | 光华管理学院 |
| 李蓉 | 第三临床医学院 |

（教务长办公室）

## 北京大学2022年度优秀教学团队奖名单

| 单位 | 团队名称 | 带头人 |
|---|---|---|
| 生命科学学院 | 《生物化学》全英文授课教学团队 | 昌增益 |
| 信息科学技术学院 | 《计算概论C》教学团队 | 刘志敏 |
| 工学院 | 《材料力学》教学团队 | 励争 |
| 中国语言文学系 | 《现代汉语》教学团队 | 郭锐 |
| 政府管理学院 | 《政治学原理》课程组 | 燕继荣 |
| 基础医学院 | 《人体解剖学》教学团队 | 张卫光 |

（教务长办公室）

## 北京大学 2022 年度教学优秀奖名单

| 获奖者 | 单位 | 获奖者 | 单位 |
| --- | --- | --- | --- |
| 蒋达权 | 数学科学学院 | 张元元 | 地球与空间科学学院 |
| 安金鹏 | 数学科学学院 | 法文哲 | 地球与空间科学学院 |
| 蒋美跃 | 数学科学学院 | 何淑嫦 | 心理与认知科学学院 |
| 房祥忠 | 数学科学学院 | 甘怡群 | 心理与认知科学学院 |
| 冯 旭 | 物理学院 | 唐大仕 | 信息科学技术学院 |
| 肖立新 | 物理学院 | 于 民 | 信息科学技术学院 |
| 张华伟 | 物理学院 | 高 军 | 信息科学技术学院 |
| 陈 基 | 物理学院 | 李 斗 | 电子学院 |
| 马滟青 | 物理学院 | 张大成 | 集成电路学院 |
| 吴成印 | 物理学院 | 史一蓬 | 工学院 |
| 吕 华 | 化学与分子工程学院 | 杨延涛 | 工学院 |
| 刘 岩 | 化学与分子工程学院 | 吴建国 | 工学院 |
| 王婕妤 | 化学与分子工程学院 | 林慧苹 | 软件与微电子学院 |
| 吴 凯 | 化学与分子工程学院 | 雷 霆 | 材料科学与工程学院 |
| 朱 戎 | 化学与分子工程学院 | 郑 玫 | 环境科学与工程学院 |
| 罗冬根 | 生命科学学院 | 邱兴华 | 环境科学与工程学院 |
| 秦跟基 | 生命科学学院 | 陈 雷 | 未来技术学院 |
| 姚锦仙 | 生命科学学院 | 郭 锐 | 中国语言文学系 |
| 李湘盈 | 生命科学学院 | 周兴陆 | 中国语言文学系 |
| 张 研 | 生命科学学院 | 孔江平 | 中国语言文学系 |
| 卢晓霞 | 城市与环境学院 | 刘玉才 | 中国语言文学系 |
| 曹广忠 | 城市与环境学院 | 刘红中 | 外国语学院 |
| 刘 晨 | 历史学系 | 樊 星 | 外国语学院 |
| 党宝海 | 历史学系 | 李宛霖 | 外国语学院 |
| 郭卫东 | 历史学系 | 王爱华 | 外国语学院 |
| 邓振华 | 考古文博学院 | 岳远坤 | 外国语学院 |
| 王 恺 | 考古文博学院 | 李道新 | 艺术学院 |
| 倪润安 | 考古文博学院 | 唐宏峰 | 艺术学院 |
| 赵 悠 | 哲学系 | 赵 杨 | 对外汉语教育学院 |
| 王 骏 | 哲学系 | 王海峰 | 对外汉语教育学院 |
| 王 晨 | 歌剧研究院 | 黄文彬 | 信息管理系 |
| 陈沐阳 | 国际关系学院 | 李常庆 | 信息管理系 |
| 梅 然 | 国际关系学院 | 卢云峰 | 社会学系 |
| 左亦鲁 | 法学院 | 卢晖临 | 社会学系 |
| 彭 錞 | 法学院 | 严 洁 | 政府管理学院 |
| 俞 祺 | 法学院 | 田 凯 | 政府管理学院 |
| 陈若英 | 法学院 | 封世蓝 | 马克思主义学院 |
| 李红海 | 法学院 | 钟启东 | 马克思主义学院 |
| 张晓君 | 光华管理学院 | 王文章 | 马克思主义学院 |
| 张 宇 | 光华管理学院 | 谭焕然 | 基础医学院 |
| 贾春新 | 光华管理学院 | 徐国恒 | 基础医学院 |

（续表）

| 获奖者 | 单位 | 获奖者 | 单位 |
|---|---|---|---|
| 虞吉海 | 光华管理学院 | 张亮仁 | 药学院 |
| 张丹丹 | 国家发展研究院 | 魏雪涛 | 公共卫生学院 |
| 邢剑炜 | 国家发展研究院 | 王 艳 | 护理学院 |
| 李文新 | 元培学院 | 郭桂芳 | 护理学院 |
| 张 敏 | 深圳研究生院 | 金红芳 | 第一临床医学院 |
| 章 政 | 经济学院 | 倪彦彬 | 第二临床医学院 |
| 朱南军 | 经济学院 | 朱晓璐 | 第二临床医学院 |
| 宋芳秀 | 经济学院 | 丁士刚 | 第三临床医学院 |
| 焦晨曦 | 体育教研部 | 释 栋 | 口腔医学院 |
| 张 冉 | 教育学院 | 顾 锋 | 航天临床医学院 |
| 王洪喆 | 新闻与传播学院 | | |

（教务长办公室）

## 北京大学 2022 年度教学管理奖名单

| 获奖者 | 单位 | 获奖者 | 单位 |
|---|---|---|---|
| 蔡贤川 | 数学科学学院 | 杨 忱 | 现代农学院 |
| 郝 贞 | 数学科学学院 | 李迎飞 | 深圳研究生院 |
| 戚 莉 | 化学与分子工程学院 | 王瑞娥 | 继续教育学院 |
| 许文君 | 城市与环境学院 | 冯海波 | 继续教育学院 |
| 李 享 | 信息科学技术学院 | 卢海娣 | 继续教育学院 |
| 张 霞 | 信息科学技术学院 | 初彬司 | 继续教育学院 |
| 丁雪芹 | 信息科学技术学院 | 谷丽娜 | 继续教育学院 |
| 苑湘崎 | 工学院 | 高政辉 | 继续教育学院 |
| 李 曼 | 工学院 | 于瑞霞 | 教务部 |
| 赵泽宇 | 软件与微电子学院 | 谢 宁 | 教务部 |
| 牛贵娥 | 中国语言文学系 | 董南燕 | 教务部 |
| 王小溪 | 考古文博学院 | 刘佰军 | 研究生院 |
| 叶恩红 | 外国语学院 | 温 蕊 | 研究生院 |
| 孙 黎 | 艺术学院 | 瞿毅臻 | 研究生院 |
| 彭 茜 | 法学院 | 何瑞昊 | 继续教育部 |
| 杜雪娇 | 法学院 | 王洋洋 | 实验室与设备管理部 |
| 曲晓妍 | 政府管理学院 | 李若淼 | 计算中心 |
| 张诗琪 | 政府管理学院 | 曾 腾 | 教师教学发展中心 |
| 李延国 | 政府管理学院 | 刘佳帅 | 第一临床医学院 |
| 石钧岩 | 马克思主义学院 | 徐 燚 | 第二临床医学院 |
| 张炜悦 | 马克思主义学院 | 张爱京 | 第三临床医学院 |
| 高 煦 | 教育学院 | 汪 恒 | 第三临床医学院 |
| 李敬敬 | 体育教研部 | 翁宁娟 | 口腔医学院 |
| 张锟之 | 经济学院 | 唐 妮 | 精神卫生研究所 |

(续表)

| 获奖者 | 单位 | 获奖者 | 单位 |
|---|---|---|---|
| 徐丽红 | 光华管理学院 | 黄慧贤 | 海淀医院教学医院 |
| 辛灵梅 | 光华管理学院 | 张雪原 | 医学部研究生院 |
| 熊小丽 | 光华管理学院 | 王 丹 | 医学部教育处 |
| 胡成花 | 人口研究所 | 李 烨 | 医学部继续教育处 |
| 荀筱雨 | 国家发展研究院 | 王 蓉 | 燕京学堂 |

（教务长办公室）

## 2022年北京大学优秀教材名单

| 序号 | 教材名称 | 主编姓名 | 主编单位 | 教材适用层次 | 出版单位 |
|---|---|---|---|---|---|
| 1 | 组合数学 | 冯荣权、宋春伟 | 数学科学学院 | 本科生、研究生 | 北京大学出版社 |
| 2 | 数值最优化方法 | 高 立 | 数学科学学院 | 本科生 | 北京大学出版社 |
| 3 | 概率与统计（第二版）（概率论分册、统计学分册） | 陈家鼎、郑忠国 | 数学科学学院 | 本科生 | 北京大学出版社 |
| 4 | 理论力学 | 刘 川 | 物理学院 | 本科生 | 北京大学出版社 |
| 5 | 广义相对论 | 陈 斌 | 物理学院 | 本科生、研究生 | 北京大学出版社 |
| 6 | 中国历史地理十五讲 | 韩茂莉 | 城市与环境学院 | 本科生 | 北京大学出版社 |
| 7 | 物联网应用与解决方案（第2版） | 张飞舟、杨东凯 | 地球与空间科学学院 | 本科生 | 电子工业出版社 |
| 8 | 变态心理学 | 钱铭怡 | 心理与认知科学学院 | 本科生 | 北京大学出版社 |
| 9 | 心理与行为科学统计（第二版） | 甘怡群、张轶文、郑 磊 | 心理与认知科学学院 | 本科生、研究生 | 北京大学出版社 |
| 10 | 材料力学（第三版） | 殷有泉、励 争 | 工学院 | 本科生 | 北京大学出版社 |
| 11 | 唐诗宋词十五讲（第三版） | 葛晓音 | 中国语言文学系 | 本科生、研究生 继续教育 | 北京大学出版社 |
| 12 | 中国古代小说史叙论 | 刘勇强 | 中国语言文学系 | 本科生 | 北京大学出版社 |
| 13 | 佛教基础三十讲 | 姚卫群 | 哲学系 | 本科生、研究生 | 商务印书馆 |
| 14 | 宗教学是什么（第二版） | 张志刚 | 哲学系 | 本科生、研究生 | 北京大学出版社 |
| 15 | 乌尔都语基础教程（第一、二、三、四册） | 孔菊兰 | 外国语学院 | 本科生 | 北京大学出版社 |
| 16 | 英语散文史（16世纪以前至19世纪浪漫主义时期分册、19世纪维多利亚时代至20世纪分册） | 黄必康 | 外国语学院 | 本科生 | 外语教学与研究出版社 |
| 17 | 基础菲律宾语（第一、二、三、四册） | 第一册：吴杰伟、史 阳<br>第二册：黄 轶、史 阳<br>第三册：史 阳、黄 轶<br>第四册：史 阳、黄 轶 | 外国语学院 | 本科生 | 北京大学出版社 |
| 18 | 美国文化与社会十五讲（第二版） | 袁 明 | 国际关系学院 | 本科生 | 北京大学出版社 |
| 19 | 英美刑法 | 郭自力 | 法学院 | 本科生、研究生 继续教育 | 北京大学出版社 |
| 20 | 空间计量经济学（第二版） | 沈体雁、于瀚辰 | 政府管理学院 | 本科生、研究生 继续教育 | 北京大学出版社 |
| 21 | 消费者行为学（第四版） | 符国群 | 光华管理学院 | 本科生、研究生 | 高等教育出版社 |
| 22 | 高级财务管理（第三版） | 陆正飞、朱 凯、童 盼 | 光华管理学院 | 研究生 | 北京大学出版社 |

（续表）

| 序号 | 教材名称 | 主编姓名 | 主编单位 | 教材适用层次 | 出版单位 |
|---|---|---|---|---|---|
| 23 | 组织行为学（第4版） | 陈春花、曹洲涛、宋一晓、苏 涛等 | 国家发展研究院 | 本科生、研究生 | 机械工业出版社 |
| 24 | 核医学（第9版） | 王荣福、安 锐 | 第一医院 | 本科生 | 人民卫生出版社 |
| 25 | 临床流行病学（第5版） | 黄悦勤 | 第六医院 | 研究生 | 人民卫生出版社 |
| 26 | 女性生殖系统与疾病（第2版） | 乔 杰、徐丛剑、李雪兰 | 第三医院 | 本科生、研究生 | 人民卫生出版社 |
| 27 | 口腔颌面外科学（第3版） | 郭传瑸、张 益 | 口腔医学院 | 本科生 | 北京大学医学出版社 |
| 28 | 公共卫生与预防医学导论 | 李立明 | 公共卫生学院 | 本科生 | 人民卫生出版社 |
| 29 | 护理教育理论与实践（第2版） | 孙宏玉、范秀珍 | 护理学院 | 研究生 | 人民卫生出版社 |

（教务部）

## 2022年北京大学入选北京市课程思政示范课程、教学名师和团队名单

| 课程思政示范课程 | 课程思政教学名师和团队 | 开课院系 | 授课对象 |
|---|---|---|---|
| 生理学 | 王世强、罗冬根、柴 真、罗金才、白书农、周 辰 | 生命科学学院 | 本科生 |
| 社会保险 | 蒋云赟、郑 伟、锁凌燕、袁 诚、刘 冲 | 经济学院 | 本科生 |
| 中国哲学 | 郑 开、杨立华、孟庆楠 | 哲学系 | 本科生 |
| 太极拳 | 王东敏、柴云龙、冯凯杰、吴定锋、钱俊伟、户国栋、陈 功、张 蕾 | 体育教研部 | 本科生 |
| 口腔修复学 | 周永胜、刘云松、谭建国、张 磊、潘韶霞、杨亚东、韩 冬、吕珑薇 | 口腔医学院 | 本科生 |
| 发展心理学专题 | 苏彦捷 | 心理与认知科学学院 | 研究生 |
| 护理研究 | 王志稳、吴 雪、王翠丽、王 艳、周宇彤、万巧琴、许蓓蓓、李 楠 | 护理学院 | 研究生 |
| 依法行政理论与实务 | 白 彦 | 继续教育学院 | 继续教育 |

（教务长办公室）

## 2021年北京大学课程思政示范课程名单

| 序号 | 课程名 | 开课院系 | 授课对象 | 课程负责人 | 教学团队 |
|---|---|---|---|---|---|
| 1 | 近代物理实验 | 物理学院 | 本科生 | 周路群 | 周路群、蒋莹莹、荀 坤、冉书能、贾春燕、季 航、薛建明、杜红林、吴孝松、叶 堉、刘开辉、王思广、赵子强、张双全等 |
| 2 | 热学 | 物理学院 | 本科生 | 欧阳颀 | 欧阳颀、穆良柱、刘玉鑫、高原宁、全海涛、曲 波、张海君 |
| 3 | 现代天文学 | 物理学院 | 本科生 | 王 然 | 王 然、王 科 |
| 4 | 普通物理实验 | 物理学院 | 本科生 | 李 智 | 李 智、杨 景、廖慧敏、刘春玲 等 |
| 5 | 原子物理学 | 物理学院 | 本科生 | 刘玉鑫 | 刘玉鑫、高原宁、刘运全、徐仁新 |
| 6 | 生理学 | 生命科学学院 | 本科生 | 王世强、罗冬根 | 王世强、罗冬根、柴 真、罗金才、白书农、周 辰 |

（续表）

| 序号 | 课程名 | 开课院系 | 授课对象 | 课程负责人 | 教学团队 |
|---|---|---|---|---|---|
| 7 | 人类的性、生育与健康 | 生命科学学院 | 本科生/研究生 | 姚锦仙 | 姚锦仙、程 红 |
| 8 | 生物化学 | 生命科学学院 | 本科生 | 昌增益 | 昌增益、秦咏梅、肖俊宇、张 哲、陈晓伟 |
| 9 | 研究生科学研究规范训练 | 生命科学学院 | 研究生 | 郑晓峰 | 郑晓峰、吴 虹、刘德英、朱 健、李 程、蒋争凡、张 研、李毓龙、张 蔚、郝雪梅 |
| 10 | 层序地层学 | 地球与空间科学学院 | 研究生 | 董 琳 | 董 琳 |
| 11 | 生理心理学实验 | 心理与认知科学学院 | 本科生 | 邵 枫 | 邵 枫、苏彦捷 |
| 12 | 实验心理学 | 心理与认知科学学院 | 本科生 | 吴艳红 | 吴艳红、耿海燕、张俊云 |
| 13 | 发展心理学专题 | 心理与认知科学学院 | 研究生 | 苏彦捷 | 苏彦捷 |
| 14 | 软件工程 | 软件与微电子学院 | 本科生 | 朱郑州 | 朱郑州、李伟平、褚伟杰 |
| 15 | 基层传播理论与方法 | 新闻与传播学院 | 研究生 | 张慧瑜 | 张慧瑜 |
| 16 | 田野考古实习 | 考古文博学院 | 本科生 | 沈睿文 | 沈睿文、孙庆伟、曹大志、张 弛、秦 岭、张 海、杨哲峰、倪润安 |
| 17 | 文化遗产学概论 | 考古文博学院 | 本科生 | 孙 华 | 孙 华、张剑葳 |
| 18 | 感悟考古 | 考古文博学院 | 本科生 | 孙庆伟 | 孙庆伟、沈睿文 |
| 19 | 中国哲学 | 哲学系 | 本科生 | 郑 开 | 郑 开、杨立华、孟庆楠 |
| 20 | 哲学导论 | 哲学系 | 本科生 | 李 猛 | 李 猛、刘 哲、王中江 |
| 21 | 世界社会主义概论 | 国际关系学院 | 本科生 | 孔凡君 | 孔凡君、项佐涛 |
| 22 | 中国政治概论 | 国际关系学院 | 本科生 | 雷少华 | 雷少华 |
| 23 | 中国国际战略的理论与实践 | 国际关系学院 | 研究生 | 翟 崑 | 翟 崑、张高原 |
| 24 | 社会保险 | 经济学院 | 本科生 | 蒋云赟 | 蒋云赟、郑 伟、锁凌燕、袁 诚、刘 冲 |
| 25 | 经济改革与发展专题 | 经济学院 | 研究生 | 张 辉 | 张 辉、董志勇、方 敏、锁凌燕、张亚光、郝 煜、蒋云赟、吴泽南 |
| 26 | 风险评估与管理 | 经济学院 | 研究生 | 刘新立 | 刘新立 |
| 27 | 法律实务—诊所式法律教育 | 法学院 | 本科生/研究生 | 杨晓雷 | 杨晓雷、路姜男、潘剑锋、张 平、叶静漪、刘哲玮 |
| 28 | 信息素养概论 | 信息管理系 | 本科生 | 张久珍 | 张久珍 |
| 29 | 社会工作概论 | 社会学系 | 本科生 | 鄢盛明 | 鄢盛明、熊跃根 |
| 30 | 中国治理及经验 | 政府管理学院 | 研究生 | 燕继荣 | 燕继荣、张长东、马 啸、彭莹莹 |
| 31 | 依法行政理论与实务 | 继续教育学院 | 继续教育 | 白 彦 | 白 彦 |
| 32 | 阿拉伯报刊文选（一） | 外国语学院 | 本科生 | 林丰民 | 林丰民 |
| 33 | 太极拳 | 体育教研部 | 本科生 | 王东敏、柴云龙、冯凯杰、吴定锋 | 王东敏、柴云龙、冯凯杰、吴定锋、钱俊伟、户国栋、陈 功、张 蕾 等 |
| 34 | 体适能 | 体育教研部 | 本科生 | 赫忠慧 | 赫忠慧、邢衍安、王丽文 |
| 35 | 计算概论C | 信息科学技术学院 | 本科生 | 唐大仕 | 唐大仕、钱丽艳、邓习峰、郭 炜 |
| 36 | 辅助器具与福祉科技 | 人口研究所 | 研究生 | 陈 功 | 陈 功、张 蕾、刘 岚、张雅璐 |
| 37 | 中国近现代科技史 | 前沿交叉学科研究院 | 研究生 | 张 藜 | 张 藜、王 新 |
| 38 | 航空航天概论 | 工学院 | 本科生 | 杨剑影 | 杨剑影 |
| 39 | 现代工学通论 | 工学院 | 本科生 | 段慧玲 | 段慧玲、陈 正、张 婧、孙智利 |
| 40 | 综合自然地理学 | 城市与环境学院 | 本科生 | 蒙吉军 | 蒙吉军 |
| 41 | 野外生态学 | 城市与环境学院 | 本科生 | 朱 彪 | 朱 彪、唐志尧、吉成均 |
| 42 | 声乐演唱与表演 | 歌剧研究院 | 本科生 | 李 鸿 | 李 鸿、白 洁 |
| 43 | 人体解剖学 | 基础医学院 | 本科生 | 张卫光 | 张卫光、郭 琦、陈春花、方 璇、刘怀存、丁慧如、闫军浩、王 珂 |

(续表)

| 序号 | 课程名 | 开课院系 | 授课对象 | 课程负责人 | 教学团队 |
|---|---|---|---|---|---|
| 44 | 免疫学 | 基础医学院 | 本科生 | 王月丹 | 王月丹、初 明、王丽珺、张 君、夏朋延、薛殷彤、徐晓军、王平章 |
| 45 | 生物化学 | 基础医学院 | 本科生 | 易 霞 | 易 霞、马利伟、倪菊华、云彩红、俞文华、贾竹青 |
| 46 | 药理学 | 基础医学院 | 本科生 | 李 慧 | 李 慧、谭焕然、杨宝学、毛一卿、崔翔宇、潘 燕、周 虹、崔素颖、梅 帆 |
| 47 | 神经系统 | 基础医学院 | 本科生 | 王 韵 | 王 韵、张 瑛、万 有、吴 俊、栾丽菊、王 君、常 青、李亦婧、张 嵘、李 慧、崔素颖 |
| 48 | 重要传染病病原学研究进展 | 基础医学院 | 研究生 | 鲁凤民 | 鲁凤民、陈香梅、杨恩策 |
| 49 | 有机化学 | 药学院 | 本科生 | 王 欣 | 王 欣、娄清华、李树春、李 庆 |
| 50 | 化学生物学概论 | 药学院 | 研究生 | 董甦伟 | 董甦伟、张礼和、周德敏、汤新景、夏 青、刘 涛、王 晶、黎后华、马 明、余四旺、张力勤、洪森炼 |
| 51 | 医药政策专论 | 药学院 | 研究生 | 史录文 | 史录文、管晓东、陈 敬、海沙尔江·吾守尔、傅孟元 |
| 52 | 白话流行病学 | 公共卫生学院 | 本科生 | 王胜锋 | 王胜锋、詹思延、李立明、吴 涛、孙 凤 |
| 53 | 流行病学研究方法1 | 公共卫生学院 | 研究生 | 詹思延 | 詹思延、胡永华、詹思延、刘 民、吕 筠、吴 涛、高文静、唐 迅、孙 凤、余灿清、武轶群 |
| 54 | 妇产科护理学A | 护理学院 | 本科生 | 陆 虹 | 陆 虹、朱 秀、侯 睿、刘 军、李晓丹、卢 絜 |
| 55 | 儿科护理学A | 护理学院 | 本科生 | 陈 华 | 陈 华、杨园园、任利华 |
| 56 | 护理学导论 | 护理学院 | 本科生 | 王 艳 | 王 艳、尚少梅、王志稳、金晓燕、吴 雪、张 岩、周宇彤、王翠丽 |
| 57 | 基础护理学（上） | 护理学院 | 本科生 | 张 岩 | 张 岩、金晓燕、王志稳、尚少梅、王 艳、吴 雪、周宇彤、王翠丽、王 冷、袁小宁、赵 艳、万巧琴、韩凤萍、管 静、李 珂 |
| 58 | 护理研究 | 护理学院 | 研究生 | 王志稳 | 王志稳、吴 雪、王翠丽、王 艳、周宇彤、万巧琴、许蓓蓓、李 楠 |
| 59 | 高级健康评估 | 护理学院 | 研究生 | 孙玉梅 | 孙玉梅、路 潜、李湘萍、陆 悦、金三丽 |
| 60 | 大学计算机 | 医学人文学院 | 本科生 | 齐惠颖 | 齐惠颖、王 静、王路漫、王 晨、郭建光、白星月 |
| 61 | 儿科学 | 第三临床医学院 | 本科生 | 韩彤妍 | 韩彤妍、王晴晴、黄春玲、原晋芳、张 娟、潘维伟、陆丹芳、刘子源、张雅慧 |
| 62 | 妇产科学 | 第三临床医学院 | 本科生 | 乔 杰 | 乔 杰、李 蓉、梁华茂、赵扬玉、马彩虹、郭红燕、魏 瑷、王 妍 |
| 63 | 急诊医学概论及新进展 | 第三临床医学院 | 本科生 | 马青变 | 马青变、郑 康、李 辉、王 斌、郑亚安、葛红霞、李 硕、张玉梅、郭治国、怀 伟、杜兰芳、刘韶瑜、李 姝、田 慈、高 勇 |
| 64 | 临床科研课题设计与实施 | 第三临床医学院 | 研究生 | 曾 琳 | 曾 琳、赵一鸣、曾 琳、李 楠、陶立元、石岩岩、张 华、王晓晓、褚红玲、卓 琳 |
| 65 | 口腔修复学 | 口腔医学院 | 本科生 | 周永胜 | 周永胜、刘云松、谭建国、张 磊、潘韶霞、杨亚东、韩 冬、吕珑薇 |
| 66 | 口腔颌面外科学 | 口腔医学院 | 研究生 | 彭 歆 | 彭 歆、张 益、俞光岩、郭传瑸、蔡志刚 |

（教务长办公室）

## 2022年北京大学获国家杰出青年科学基金资助名单

| 单位 | 姓名 |
| --- | --- |
| 物理学院 | 贾 爽 |
| 物理学院 | 马仁敏 |
| 物理学院 | 马文君 |
| 物理学院 | 刘永岗 |
| 物理学院 | 唐 宁 |
| 物理学院 | 方哲宇 |
| 化学与分子工程学院 | 刘 剑 |
| 化学与分子工程学院 | 刘志博 |
| 化学与分子工程学院 | 贾桂芳 |
| 城市与环境学院 | 万 祎 |
| 城市与环境学院 | 周 丰 |
| 地球与空间科学学院 | 沈 冰 |
| 地球与空间科学学院 | 王玲华 |
| 电子学院 | 王永锋 |
| 电子学院 | 张志勇 |
| 光华管理学院 | 翁 翕 |
| 光华管理学院 | 孟涓涓 |
| 北京国际数学研究中心 | 张 磊 |
| 北京国际数学研究中心 | 葛 颢 |
| 北京大学第三医院 | 于 洋 |
| 北京大学第三医院 | 李 默 |
| 数学科学学院 | 郭 帅 |
| 生命科学学院 | 杜 鹏 |
| 科维理天文与天体物理研究所 | 江林华 |
| 集成电路学院 | 叶 乐 |
| 未来技术学院 | 陈 雷 |
| 前沿交叉学科研究院 | 齐 志 |
| 北京大学口腔医院 | 卫 彦 |
| 医学部药学院 | 汪贻广 |

（科学研究部）

## 2022年北京大学获国家优秀青年科学基金资助名单

| 单位 | 姓名 |
| --- | --- |
| 化学与分子工程学院 | 朱 戎 |
| 化学与分子工程学院 | 周 雄 |
| 化学与分子工程学院 | 樊新元 |
| 医学部基础医学院 | 周 源 |
| 医学部基础医学院 | 郭宇轩 |
| 数学科学学院 | 吴朔男 |
| 地球与空间科学学院 | 任华忠 |
| 环境科学与工程学院 | 戴瀚程 |

（续表）

| 单位 | 姓名 |
|---|---|
| 光华管理学院 | 董韫韬 |
| 经济学院 | 吴泽南 |
| 生物医学前沿创新中心 | 曹云龙 |

（科学研究部）

## 北京大学荣获2021年度北京市科学技术奖名单

| 奖励类别 | 获奖等级 | 单位排序 | 完成人 | 项目名称 | 单位 |
|---|---|---|---|---|---|
| 进步奖 | 1 | 1 | 张信荣、马 进、殷喜德、田 健、郑秋云、邵 懿、赵宝国、司春强、李 爽、徐树伍、陈 煜、胡 欢、剧成成、周 丹、王冠邦 | 大型二氧化碳制冷及其跨临界全热回收关键技术与应用 | 工学院 |
| 进步奖 | 1 | 1 | 乔 杰、庞艳莉、赵 越、姜长涛、严 杰、齐新宇、严智强、李 蓉、袁 鹏、闫丽盈、王 洋、王 颖、王丽娜、甄秀梅、刘 平 | 卵成熟障碍性疾病发病机制及干预新策略研究 | 第三医院 |
| 自然奖 | 2 | 1 | 谭 营、郑少秋、王改革、李骏之、徐威迪 | 计算智能方法研究及其应用 | 智能学院 |
| 自然奖 | 2 | 1 | 雷晓光、黎后华、高 磊、洪本科、刘伟龙 | 功能导向天然产物合成 | 化学与分子工程学院 |
| 自然奖 | 2 | 1 | 吕 劲、屈贺如歌、姚裕贵、王洋洋、高政祥、史俊杰、杨金波、罗光富、宋志刚、钟红霞 | 二维晶体管理论 | 物理学院 |
| 自然奖 | 2 | 1 | 刘 瑜、王姣娥、李海峰、邬伦、董 磊、黄 洁 | 基于多源地理大数据的社会感知理论与方法 | 地球与空间科学学院 |
| 自然奖 | 2 | 1 | 李学松、慈维敏、周利群、巩艳青、何世明、熊耕砚、张 雷、关 豹 | 尿路上皮癌创新防诊治研全流程体系的建立 | 第一医院 |
| 进步奖 | 2 | 1 | 陆 剑、吕雪梅、吴仲义、崔 杰、钱朝晖、唐小鹿、应若晨、阮永森 | 新冠病毒谱系划分及进化动态分析体系的建立及应用 | 生命科学学院 |
| 进步奖 | 2 | 1 | 许天民、韩 冰、陈 贵、林久祥、姜若萍、陈 斯、苏 红、陈贤刚、张晓芸、宋广瀛 | 生理性支抗控制理论的创建及正畸高效矫治体系研发与推广应用 | 口腔医院 |
| 进步奖 | 2 | 1 | 张 纯、王亚星、洪 颖、索玲格、潘 哲、魏 炜、戴婉薇、周吉超、宋思佳、陈旭豪 | 青光眼精准诊治体系的建立及应用 | 第三医院 |
| 突出贡献中关村奖 | | | 谢晓亮 | | 生物医学前沿创新中心 |
| 杰出青年中关村奖 | | | 肖云峰 | | 物理学院 |

| 奖励类别 | 获奖等级 | 单位排序 | 完成人 | 项目名称 | 校内单位 |
|---|---|---|---|---|---|
| 自然奖 | 1 | 1 | 张泽民、任仙文、胡学达 等 | 肿瘤浸润T细胞的单细胞图谱 | 生物医学前沿创新中心 |
| 发明奖 | 1 | 1 | 孙玉春、王 勇、周永胜 等 | 复杂口腔修复体的人工智能设计与精准仿生制造 | 口腔医院 |
| 进步奖 | 1 | 1 | 王俊杰、黄明伟、刘 博 等 | 放射性粒子微创治疗肿瘤体系建立与临床应用 | 第三医院 |
| 自然奖 | 2 | 1 | 周治平、王兴军、胡飞飞 等 | 低功耗小型化硅基光电子器件机理与关键技术 | 电子学院 |
| 发明奖 | 2 | 1 | 李 戈、金 芝、张 霞 等 | 智能化软件开发关键技术-需求知识建模与代码自动推荐研究与应用 | 计算机学院 |
| 进步奖 | 2 | 1 | 张世琨、马 森、高 庆 等 | 大规模跨语言代码安全检测技术及应用 | 软件工程国家工程研究中心 |

（科学研究部 刘 超 整理）

# 北京大学获2022年度"高等学校科学研究优秀成果奖（科学技术）"名单

| 奖励类别 | 获奖等级 | 单位排序 | 完成人 | 项目名称 | 单位 |
| --- | --- | --- | --- | --- | --- |
| 发明奖 | 特等 | 1 | 王 凡、史继云、贾 兵、朱朝晖、刘昭飞、李 方 | 用于肿瘤精准诊治的核医学药物 | 基础医学院 |
| 自然奖 | 1 | 1 | 郭少军、骆明川、赖建平、吕 帆、季东晓、孙英俊 | 金属能源催化材料创制与催化性能调控 | 材料科学与工程学院 |
| 自然奖 | 1 | 1 | 占肖卫、林禹泽、白会涛、王嘉宇、代水星 | 稠环电子受体光伏材料 | 材料科学与工程学院 |
| 自然奖 | 1 | 1 | 瞿礼嘉、钟 声、顾红雅、葛增祥、黄清配、柳美玲、王志娟、郝丽宏、张 俊 | 被子植物雌雄互作调控育性的分子机制 | 生命科学学院 |
| 自然奖 | 1 | 1 | 胡 俊 | 弹性力学问题自适应非标准有限元方法 | 数学科学学院 |
| 自然奖 | 1 | 1 | 肖云峰、董春华、曹启韬、邹长铃、龚旗煌 | 对称破缺微腔光物理与应用 | 物理学院 |
| 自然奖 | 1 | 1 | 叶 敏、乔 雪、余四旺、季 帅、宋 玮、向 诚、匡 易、陈 宽 | 中药药效成分的全景式研究策略及其在甘草中的应用 | 药学院 |
| 自然奖 | 1 | 1 | 汤富酬、乔 杰、文 路、闫丽盈、郭 帆、周 帆、朱 平、郭红山、李 琳、李 莉、李 蓉、任一昕、袁 鹏、廉 颖 | 基于单细胞功能基因组学的人类生殖系细胞发育的表观遗传调控研究 | 生物医学前沿创新中心 |
| 自然奖 | 1 | 1 | 方 方、罗 欢、张喜淋、陈霓虹、毕泰勇、陈 娟、贾建荣、宋 坤、蔡 鹏 | 人类视觉认知的增强及其机制 | 心理学院 |
| 自然奖 | 1 | 1 | 马 丁、林丽利、石 川、周 武、张 晓 | 碳化钼催化剂上的低温水活化和制氢过程 | 化学与分子工程学院 |
| 发明奖 | 1 | 1 | 张盛东、廖聪维、张 敏、韩德栋、焦海龙、王 漪 | 显示屏栅驱动薄膜晶体管集成电路技术 | 深圳研究生院 |
| 进步奖 | 1 | 1 | 邓旭亮、卫 彦、张学慧、杨小平、蔡 晴、宁成云、徐明明、刘雯雯、黄 颖、何 颖、郭亚茹、江圣杰、白云洋、吴宇佳、郭雨思、郑晓娜、李文静 | 口腔硬组织修复材料仿生设计制备和临床关键技术 | 口腔医院 |
| 自然奖 | 2 | 1 | 曹永平、杨 昕、孟志超、刘 恒、王 瑞、吴 浩、塔兰特·居马 | 骨关节病发病机理的研究 | 第一医院 |
| 自然奖 | 2 | 1 | 李忠奎、段志生、程 斌 | 集群系统完全分布式协同控制及应用 | 工学院 |
| 自然奖 | 2 | 1 | 沈 冰、郎咸国、周传明、黄康俊 | 雪球地球冰期的环境效应 | 地球与空间科学学院 |
| 自然奖 | 2 | 1 | 李子刚、尹 丰 | 新型稳定多肽的生物医学应用 | 深圳研究生院 |
| 自然奖 | 2 | 1 | 岳伟华、张 岱、郁 昊、阎 浩、张峰嵘、李 俊、卢天兰、王力芳 | 精神分裂症药物疗效个体化差异的遗传研究 | 第六医院 |
| 自然奖 | 2 | 1 | 王坚成、张 强、张 烜、刘晓岩、汪贻广、王学清、张 华、何 冰 | 基于非免疫微环境调控的肿瘤化疗联合给药策略 | 药学院 |
| 进步奖 | 2 | 1 | 余家阔、曲绵域、田得祥、于长隆、江 东、龚 熹、王 健、王永健、王海军、林 霖、刘 阳、陈有荣、原福贞、许冰冰、张继英 | 组织细胞微创移植和微创关节置换在治疗膝关节难治损伤中应用推广 | 第三医院 |
| 青年奖 | | | 郭 帅 | | 数学科学学院 |
| 青年奖 | | | 杨 越 | | 工学院 |
| 青年奖 | | | 杨玉超 | | 集成电路学院 |

（科学研究部 刘 超 整理）

### 北京大学 2022 年度获批北京市杰青项目名单

| 序号 | 姓名 | 所在单位 |
| --- | --- | --- |
| 1 | 雷 霆 | 材料科学与工程学院 |
| 2 | 陈 基 | 物理学院 |
| 3 | 刘国全 | 药学院 |
| 4 | 梁晓龙 | 第三医院 |

（科学研究部 杨凌春 整理）

### 北京大学获"何梁何利基金科学与技术进步奖"名单（2021 年和 2022 年）

| 姓名 | 单位 |
| --- | --- |
| 张平文 | 数学学院 |
| 霍 勇 | 第一医院 |
| 高 文 | 计算机学院 |
| 郑晓瑛 | 全球健康发展研究院 |

（科学研究部 刘 超 整理）

### 北京大学获 2022 年度"科学探索奖"名单

| 序号 | 姓名 | 领域 | 单位 |
| --- | --- | --- | --- |
| 1 | 江 颖 | 数学物理学领域 | 物理学院 |
| 2 | 袁新意 | 数学物理学领域 | 国际数学中心 |
| 3 | 雷晓光 | 化学新材料领域 | 化学学院 |
| 4 | 李柯伽 | 天文和地学领域 | 科维理所 |
| 5 | 马思伟 | 信息电子领域 | 计算机学院 |

（科学研究部 刘 超 整理）

### 北京大学获 2022 年达摩院青橙奖名单

| 序号 | 姓名 | 单位 |
| --- | --- | --- |
| 1 | 邵立晶 | 科维理所 |

（科学研究部 刘 超 整理）

(续表)

## 北京大学获 2022 年度科技新星名单

| 序号 | 申请人 | 院系 |
| --- | --- | --- |
| 1 | 王宗巍 | 集成电路学院 |
| 2 | 刘 畅 | 工学院 |
| 3 | 朱毅鑫 | 人工智能研究院 |
| 4 | 赵丽宸 | 物理学院 |
| 5 | 黄小帅 | 生医系 |
| 6 | 王 凯 | 基础医学院 |
| 7 | 刘 璐 | 第六医院 |
| 8 | 潘 恒 | 第三医院 |
| 9 | 司文喆 | 第三医院 |
| 10 | 周 鑫 | 第三医院 |
| 11 | 邓健文 | 第一医院 |
| 12 | 张月苗 | 第一医院 |
| 13 | 夏丹丹 | 口腔医院 |
| 14 | 裴旭颖 | 人民医院 |
| 15 | 王胤奎 | 肿瘤医院 |

(科学研究部 杨凌春 整理)

## 北京大学 2021—2022 学年优秀德育奖名单

| 姓名 | 所在单位 | 姓名 | 所在单位 |
| --- | --- | --- | --- |
| 牛 贺 | 数学科学学院 | 余昌华 | 国家发展研究院 |
| 穆良柱 | 物理学院 | 杨瑷瑄 | 教育学院 |
| 刘 岩 | 化学与分子工程学院 | 张 蕾 | 人口研究所 |
| 谢夏青 | 生命科学学院 | 张 藜 | 前沿交叉学科研究院 |
| 刘心怡 | 地球与空间科学学院 | 陈 威 | 工学院 |
| 刘兴华 | 心理与认知科学学院 | 宋宛儒 | 城市与环境学院 |
| 褚伟杰 | 软件与微电子学院 | 吕 丽 | 环境科学与工程学院 |
| 王 祯 | 新闻与传播学院 | 李佳伦 | 新媒体研究院 |
| 庄 宇 | 历史学系 | 王金霞 | 现代农学院 |
| 赵小雯 | 考古文博学院 | 占肖卫 | 材料科学与工程学院 |
| 史 雨 | 哲学系 | 席 鹏 | 未来技术学院 |
| 田田叶 | 国际关系学院 | 李中军 | 药学院 |
| 丁 雪 | 经济学院 | 张卓莉 | 第一临床医学院 |
| 翁 翕 | 光华管理学院 | 王建六 | 第二临床医学院 |
| 傅程榆 | 法学院 | 张汉平 | 口腔医学院 |
| 徐 扬 | 信息管理系 | 薛 冬 | 临床肿瘤学院 |
| 黄嘉成 | 社会学系 | 朱俊炜 | 学生工作部 |
| 白 彦 | 政府管理学院 | 王丽雅 | 学生工作部 |
| 琴知雅 | 外国语学院 | 赵子昕 | 学生工作部 |

(续表)

| 姓名 | 所在单位 | 姓名 | 所在单位 |
|---|---|---|---|
| 赵 诺 | 马克思主义学院 | 邱 放 | 学生就业指导服务中心 |
| 柴云龙 | 体育教研部 | 李 鑫 | 学生就业指导服务中心 |
| 刘 晨 | 艺术学院 | 肖亚宁 | 青年研究中心 |
| 李 猛 | 元培学院 | 张佳宁 | 学生资助中心 |
| 王 刚 | 深圳研究生院 | 李婷婷 | 学生心理健康教育与咨询中心 |
| 张文佳 | 深圳研究生院 | 范滕滕 | 学生心理健康教育与咨询中心 |
| 乔冠一 | 信息科学技术学院 | 王豪坤 | 学生心理健康教育与咨询中心 |
| 谭云华 | 电子学院 | 赵靖州 | 学生心理健康教育与咨询中心 |
| 罗定生 | 智能学院 | 李晓丹 | 校团委 |
| 赵前程 | 集成电路学院 | 雷 霆 | 校团委 |
| 于 丹 | 计算机学院 | 罗登科 | 校团委 |

(学工部)

## 北京大学2021—2022学年优秀班主任标兵名单

| 姓名 | 所在单位 | 姓名 | 所在单位 |
|---|---|---|---|
| 刘保平 | 数学科学学院 | 杨 柳 | 深圳研究生院 |
| 彭士香 | 物理学院 | 秦艳龙 | 信息科学技术学院 |
| 李 琦 | 化学与分子工程学院 | 张皓月 | 国家发展研究院 |
| 熊文涛 | 地球与空间科学学院 | 沈文钦 | 教育学院 |
| 庄 宇 | 历史学系 | 邓伍兰 | 前沿交叉学科研究院 |
| 锁凌燕 | 经济学院 | 王启宁 | 工学院 |
| 粘怡佳 | 法学院 | 李 晗 | 基础医学院 |
| 尹 旭 | 外国语学院 | 苟宝迪 | 药学院 |
| 李 旸 | 马克思主义学院 | 韩江莉 | 第三临床医学院 |
| 王东敏 | 体育教研部 | 杨 歌 | 医学部学工部 |
| 闫姗姗 | 对外汉语教育学院 | | |

(学工部)

## 北京大学2021—2022学年优秀班主任名单

| 姓名 | 所在单位 | 姓名 | 所在单位 |
|---|---|---|---|
| 张力今 | 数学科学学院 | 张凡姗 | 深圳研究生院 |
| 毋泽鹏 | 数学科学学院 | 胡 晨 | 深圳研究生院 |
| 黄 海 | 数学科学学院 | 晏介中 | 深圳研究生院 |
| 郑春鹏 | 数学科学学院 | 杨文波 | 深圳研究生院 |
| 黄 得 | 数学科学学院 | 王 巍 | 深圳研究生院 |
| 王思广 | 物理学院 | 马 郓 | 信息科学技术学院 |
| 马仁敏 | 物理学院 | 黄芊芊 | 信息科学技术学院 |

(续表）

| 姓名 | 所在单位 | 姓名 | 所在单位 |
| --- | --- | --- | --- |
| 李　铮 | 物理学院 | 王金延 | 信息科学技术学院 |
| 冯　旭 | 物理学院 | 边凯归 | 信息科学技术学院 |
| 吴孝松 | 物理学院 | 孙　伟 | 信息科学技术学院 |
| 李湘庆 | 物理学院 | 范星盛 | 信息科学技术学院 |
| 张　帆 | 物理学院 | 解晓鹏 | 电子学院 |
| 王凌越 | 物理学院 | 宋国杰 | 智能学院 |
| 辛广伟 | 生命科学学院 | 鲁文高 | 集成电路学院 |
| 王青松 | 生命科学学院 | 刘先华 | 计算机学院 |
| 白　雪 | 生命科学学院 | 刘　岚 | 人口研究所 |
| 王宏蕊 | 生命科学学院 | 蔡旻恩 | 前沿交叉学科研究院 |
| 李金虎 | 生命科学学院 | 谢　芹 | 前沿交叉学科研究院 |
| 崔要奎 | 地球与空间科学学院 | 许　可 | 前沿交叉学科研究院 |
| 唐　铭 | 地球与空间科学学院 | 郭季豪 | 前沿交叉学科研究院 |
| 张　勇 | 地球与空间科学学院 | 袁子峰 | 工学院 |
| 谢　伦 | 地球与空间科学学院 | 王圣凯 | 工学院 |
| 王　淼 | 心理与认知科学学院 | 周欢萍 | 工学院 |
| 林金龙 | 软件与微电子学院 | 李本纲 | 城市与环境学院 |
| 莫　同 | 软件与微电子学院 | 彭书时 | 城市与环境学院 |
| 丁　玉 | 软件与微电子学院 | 马　亮 | 城市与环境学院 |
| 陈开和 | 新闻与传播学院 | 冯　健 | 城市与环境学院 |
| 高　冀 | 中国语言文学系 | 王宇凡 | 城市与环境学院 |
| 丛治辰 | 中国语言文学系 | 刘思彤 | 环境科学与工程学院 |
| 邓振华 | 考古文博学院 | 戴瀚程 | 环境科学与工程学院 |
| 彭明浩 | 考古文博学院 | 谢曙光 | 环境科学与工程学院 |
| 邢滔滔 | 哲学系 | 李　鸿 | 歌剧研究院 |
| 陆俏颖 | 哲学系 | 路　露 | 建筑与景观设计学院 |
| 于铁军 | 国际关系学院 | 白麒钰 | 新媒体研究院 |
| 梅　然 | 国际关系学院 | 杜岩松 | 燕京学堂 |
| 程环宇 | 国际关系学院 | 杨建国 | 现代农学院 |
| 崔建华 | 经济学院 | 张俊杰 | 南南合作与发展学院 |
| 李少然 | 经济学院 | 崔　悦 | 材料科学与工程学院 |
| 石　菊 | 经济学院 | 朱怀球 | 未来技术学院 |
| 许云霄 | 经济学院 | 李和君 | 未来技术学院 |
| 宋晓军 | 光华管理学院 | 孙琳琳 | 基础医学院 |
| 向昊天 | 光华管理学院 | 刘怀存 | 基础医学院 |
| 阮宏勋 | 光华管理学院 | 柏　豪 | 基础医学院 |
| 陈若英 | 法学院 | 曹继祥 | 基础医学院 |
| 楼建波 | 法学院 | 朱　滨 | 基础医学院 |
| 戴　昕 | 法学院 | 赵　晶 | 基础医学院 |
| 李媛媛 | 法学院 | 向宽辉 | 基础医学院 |
| 张　翔 | 法学院 | 耿晓强 | 药学院 |
| 李胜利 | 信息管理系 | 彭春晓 | 公共卫生学院 |
| 张　帆 | 社会学系 | 朱燕萍 | 公共卫生学院 |
| 刘　霖 | 政府管理学院 | 张　娜 | 公共卫生学院 |
| 杨　一 | 政府管理学院 | 方　海 | 公共卫生学院 |
| 潘桂英 | 外国语学院 | 王志稳 | 护理学院 |

（续表）

| 姓名 | 所在单位 | 姓名 | 所在单位 |
| --- | --- | --- | --- |
| 李海鹏 | 外国语学院 | 邓 俊 | 第一临床医学院 |
| 冯 硕 | 外国语学院 | 陈晓雯 | 第一临床医学院 |
| 秦海鹰 | 外国语学院 | 钱晓伟 | 第二临床医学院 |
| 谢侃侃 | 外国语学院 | 张海莹 | 第二临床医学院 |
| 宋文志 | 外国语学院 | 徐 双 | 第二临床医学院 |
| 葛奇蹊 | 外国语学院 | 王思源 | 第二临床医学院 |
| 王 渊 | 外国语学院 | 何 旋 | 第三临床医学院 |
| 闫梦梦 | 外国语学院 | 霍 刚 | 第三临床医学院 |
| 刘庆霖 | 马克思主义学院 | 李 颜 | 第三临床医学院 |
| 董丽慧 | 艺术学院 | 邓绍晖 | 第三临床医学院 |
| 郭一杰 | 元培学院 | 王雪涵 | 口腔医学院 |
| 魏 伟 | 元培学院 | 张 佩 | 临床肿瘤学院 |
| 石欣然 | 元培学院 | 陈蔚然 | 精神卫生研究所 |
| 李泊桥 | 元培学院 | 王 欣 | 中日友好医院 |
| 张 健 | 深圳研究生院 | 苏静静 | 医学人文学院 |
| 卢 菲 | 深圳研究生院 | 吴晓冉 | 口腔医学院 |
| 王 前 | 深圳研究生院 | 涂尚宇 | 医学生预科办公室 |
| 朱再春 | 深圳研究生院 | | |

（学工部）

## 2021—2022学年度北京大学九坤优秀辅导员获奖名单

| 姓名 | 所在单位 | 姓名 | 所在单位 |
| --- | --- | --- | --- |
| 段 锐 | 哲学系 | 吴 扬 | 智能学院 |
| 付晓飞 | 软件与微电子学院 | 解 明 | 艺术学院 |
| 胡康琪 | 对外汉语教育学院 | 徐金灿 | 新媒体研究院 |
| 李 鸿 | 歌剧研究院、校团委 | 许 凝 | 青年研究中心 |
| 刘东奇 | 历史学系 | 叶威惠 | 地球与空间科学学院 |
| 石运佳 | 学生资助中心 | 张昕扬 | 国际关系学院 |
| 孙 明 | 政府管理学院 | 陈晓雯 | 第一临床医学院 |
| 谭卓立 | 城市与环境学院 | 段瑞阳 | 公共卫生学院 |
| 王 剑 | 校团委 | 高明月 | 第四临床医学院 |
| 魏 朋 | 计算机学院 | 宋 艳 | 药学院 |

（学工部）

## 北京大学获2022年首都劳动奖章名单

| | |
| --- | --- |
| 中国语言文学系 | 陆 胤 |
| 人民医院 | 赵一馨 |

（工会）

## 北京大学获全国三八红旗手名单

| | |
|---|---|
| 工学院 | 段慧玲 |
| 化学与分子工程学院 | 李　彦 |
| 肿瘤医院 | 沈　琳 |
| 未来技术学院 | 刘　颖 |

## 北京大学获北京工会职工暖心驿站名单

中国语言文学系工会
哲学系（宗教学系）工会
政府管理学院工会
机关工会党委宣传部工会小组
机关工会财务部工会小组
机关工会继续教育部工会小组
后勤工会会议中心分工会
直属单位工会教育基金会工会小组
第一医院大内科分工会
第一医院核医学科工会小组
第一医院放疗科工会小组
人民医院血研所分工会
人民医院呼吸内科工会小组
人民医院肝研所工会小组
第三医院骨科分工会
第三医院生殖医学中心分工会
第三医院运动医学科分工会
口腔医院急诊科工会小组
口腔医院护理部工会小组
口腔医院颌面外科一病区工会小组
肿瘤医院检验科工会小组
肿瘤医院淋巴瘤科工会小组
肿瘤医院医务处工会小组

（工会）

## 北京大学工会工作特别贡献奖名单

| | |
|---|---|
| 校工会 | 刘杉杉 |
| 物理学院工会 | 贾春燕　颜　莎　聂瑞娟 |
| 生命科学学院工会 | 唐　汶 |
| 地球与空间科学学院工会 | 黄宝玲 |
| 工学院工会 | 朱凤荣　刘　文 |
| 外国语学院工会 | 林　琼 |

| | |
|---|---|
| 附属中学工会 | 张立剑　冯璐 |
| 第一医院工会 | 张园 |
| 第三医院工会 | 贾易木　刘飞 |
| 第六医院工会 | 严静　赵爽 |
| 基础医学院工会 | 朱永红 |
| 药学院工会 | 冉福香 |
| 医学部机关工会 | 杨韶军 |
| 医学部后勤工会 | 汪红 |

（工会）

## 北京大学工会工作贡献奖名单

| | |
|---|---|
| 地球与空间科学学院工会 | 王新茹 |
| 工学院工会 | 夏定国　王昕昕 |
| 深圳研究生院工会 | 胡薇 |
| 图书馆工会 | 胡希琴 |
| 第一医院工会 | 刘晓静 |
| 第三医院工会 | 宋纯理　杨渝平　由德勃　范京红　张宏伟　胡博　刘晶　薛林南　王巍　杨云燕　马建勋　刘卫华　张志红　王亚云　周金萍　邢燕　潘维伟　张研红　路璐　赵春霞　李杨　侯小艳　梁瀛　赵东芳　尚燕春　葛洪霞　葛宝兰　张晶明　吴思沂　邢剑　张文　孙蕾　叶剑飞　王群　王琛　叶珊　姜海珍　孙瑛　徐慧玉　李红霞　葛志平　米湘琦　宋涯含　李宇轩　王慧　李其辉　李炳震　周吉超　张蓓　马瑞生　李靖　张双　杨芳　马爽　田金　孙华　张丽丽　王攀峰　彭小平　温剑　吴自宁　任朋　吴化平　杨旭　齐婷　杨楠 |
| 肿瘤医院工会 | 王玥妮　刘硕 |
| 公共卫生学院工会 | 王胜锋 |
| 护理学院工会 | 许扬 |
| 医学部后勤工会 | 王静　于学琴 |

（工会）

## 2021年度北京大学模范工会主席名单

| | |
|---|---|
| 数学科学学院工会 | 周铁 |
| 物理学院工会 | 贾春燕 |
| 化学与分子工程学院工会 | 杜福胜 |
| 城市与环境学院工会 | 刘萍 |
| 心理与认知科学学院工会 | 毛利华 |
| 中国语言文学系工会 | 杨强 |
| 外国语学院工会 | 倪丽慧 |
| 政府管理学院工会 | 严洁 |
| 新闻与传播学院工会 | 许静 |
| 光华管理学院工会 | 张洁 |
| 直属单位工会 | 崔建 |

| | |
|---|---|
| 药学院工会 | 吕万良 |
| 公共卫生学院工会 | 闫 蕾 |
| 医学部后勤工会 | 江书省 |

（工会）

## 2021年度北京大学优秀工会干部名单

| | |
|---|---|
| 数学科学学院工会 | 包志强　崔文慧 |
| 物理学院工会 | 刘黎黎　张志科　陈 莉 |
| 化学与分子工程学院工会 | 孙荣华　关 妍　吴 菁　牛佳莉 |
| 生命科学学院工会 | 张湘波　董 志　杜立颖　许海芬　张 博　刘轶群 |
| 城市与环境学院工会 | 付晓芳　曹广忠 |
| 地球与空间科学学院工会 | 郝瑞霞　张 波　赵 欣 |
| 心理与认知科学学院工会 | 赵 心 |
| 信息科学技术学院工会 | 王晶云　王 媛　邓习峰　韩德栋　刘洪禹　金莲玉　韩 临 |
| 工学院工会 | 张兰英　包旭云 |
| 软件与微电子学院工会 | 庞 莹 |
| 环境科学与工程学院工会 | 江 颖　王荣婧 |
| 中国语言文学系工会 | 李 岚 |
| 历史学系工会 | 张 静 |
| 考古文博学院工会 | 俞莉娜 |
| 哲学系（宗教学系）工会 | 李少华 |
| 外国语学院工会 | 张冬梅　潘桂英　张一宁　李 宁 |
| 艺术学院工会 | 李志华 |
| 对外汉语教育学院工会 | 郭素琴 |
| 国际关系学院工会 | 姜 璐 |
| 法学院工会 | 党淑平　曹志勋 |
| 信息管理系工会 | 韩圣龙 |
| 社会学系工会 | 周玉婷 |
| 政府管理学院工会 | 田 珺 |
| 马克思主义学院工会 | 张会峰 |
| 教育学院工会 | 李少鹏　武心奉 |
| 体育教研部工会 | 周正卿　萧文革 |
| 经济学院工会 | 肖治合　张译元 |
| 光华管理学院工会 | 徐敏亚　郭 懿　周林颖 |
| 国家发展研究院工会 | 张宇伟　沈成铃　裴微微 |
| 深圳研究生院工会 | 赵亚波　严建花　王俊敏　邢 琰　覃 峨　刘素芳　屈政伟 |
| 机关工会 | 朱博雅　蒋 锴　罗 俊　郭美慧　张 疆　曲一铭　刘雪蕾 |
| 后勤工会 | 王悦亭　钱 群　李春亮 |
| 直属单位工会 | 李志刚　陆晨源　王肖群　林 源　张 月　郭 强 |
| 继续教育学院工会 | 邹 欣　王 琪　李虹瑾 |
| 图书馆工会 | 徐茹雪　王昊贤　龙智惠 |
| 出版社工会 | 薄 珊　卢旖旎 |
| 校医院工会 | 肖家莲　刘春玉　牛 清 |

| | |
|---|---|
| 附属中学工会 | 梁立新 张丽萍 赵彦芳 赵 春 |
| 第一医院工会 | 戴 悦 刘凌宇 刘媛媛 任 翼 汪 波 闫 欢 |
| 人民医院工会 | 尹东辉 韩 娜 刘 健 李 沂 陈 源 张 鹏 |
| 第三医院工会 | 张祖辉 常 亮 姜 硕 金 雪 胡晋平 杨海娥 |
| 口腔医院工会 | 高雪梅 刘 萌 宋晓芳 王立铮 |
| 肿瘤医院工会 | 刘 晶 黄晓蕾 祁 萌 王 楠 |
| 第六医院工会 | 骆 蕾 乔玉苹 |
| 基础医学院工会 | 李宇华 屠 静 |
| 药学院工会 | 黄河清 张 华 |
| 公共卫生学院工会 | 杨 健 李宏田 |
| 护理学院工会 | 杨 萍 |
| 医学人文学院工会 | 王 岳 |
| 医学部机关工会 | 冯秋蕾 刘文玲 易 慧 |
| 医学部后勤工会 | 王 静 于学琴 |
| 医学部产业工会 | 孙 斐 |

（工会）

## 2021年度北京大学优秀工会积极分子名单

| | |
|---|---|
| 数学科学学院工会 | 张 磊 丁一文 |
| 物理学院工会 | 林丽颖 孙 祎 张双全 吕 律 |
| 化学与分子工程学院工会 | 张兴华 高 珍 邵 宇 |
| 生命科学学院工会 | 黄以绮 万 芊 |
| 城市与环境学院工会 | 汪 淼 |
| 地球与空间科学学院工会 | 聂晶晶 |
| 信息科学技术学院工会 | 刘 阳 徐松青 范京涛 张 铭 |
| 工学院工会 | 李咏梅 谢金翰 聂 勇 李欣桐 赵 妮 熊春阳 张珊珊 |
| 王选计算机研究所工会 | 冯 洁 |
| 软件与微电子学院工会 | 宋西国 |
| 环境科学与工程学院工会 | 季秀华 |
| 历史学系工会 | 侯亚杰 |
| 考古文博学院工会 | 曲彤丽 |
| 哲学系（宗教学系）工会 | 贾红波 |
| 艺术学院工会 | 高晨昱 |
| 对外汉语教育学院工会 | 孔令跃 |
| 国际关系学院工会 | 许 亮 |
| 法学院工会 | 鲁昕鑫 |
| 社会学系工会 | 迟孟昕 |
| 马克思主义学院工会 | 胡 静 |
| 新闻与传播学院工会 | 魏 波 |
| 体育教研部工会 | 侯笑妍 |
| 经济学院工会 | 王 熙 |
| 光华管理学院工会 | 厉 行 李 琦 |

|  |  |
|---|---|
| 国家发展研究院工会 | 王翀 |
| 深圳研究生院工会 | 李明明　刘薇 |
| 机关工会 | 傅苏红　乔康　刘月玲　石运佳　李健　曹璐　刘晓峰　刘雨薇　李萌　孙翀　郭秀云　陈家玉　钱萍　徐小夏　崔喆　马志远　李雪娜　熊斌武 |
| 后勤工会 | 李宁汀　于虹　赵华　蒋湘萍　魏莉雅　张可　任金革　姚叶菲　于立鹏　仵昊　徐丹丹　于雪松　王永强　李慧娟　王义萍　蔡少凡　黄斌鹏 |
| 直属单位工会 | 王倩宜　龙新征　张芳芳　贾晓纯　秦辉东　杨烁　路遥　陈淑红　杜鹏　田萌　许锐　王哲　金龙泽 |
| 图书馆工会 | 宋庆生　张小岭 |
| 出版社工会 | 程汝　潘晓莉　魏奕元　于娜　赵苏 |
| 校医院工会 | 曹进环　王晓飞　梁晨　李卫菊 |
| 附属中学工会 | 冯海君　李晓璐　张涛　张志豪　汪颖　庞剑　曲贵祥 |
| 第一医院 | 陈路增　迟春花　李建平　李良　王向宜　张学智 |
| 人民医院 | 王静　贾晓君　朱优红　崔玉贤　衣海鸿　李振军 |
| 第三医院 | 孙艺谋　韩玉婷　周珊　王梦迪　孔洁　宁哂非 |
| 口腔医院 | 王迪　王勇　伊彪　苑东 |
| 肿瘤医院 | 高顺禹　王剑英　卓明磊　王宏志 |
| 第六医院 | 迟锐　辛春雨 |
| 基础医学院 | 王光熙　杨恩策 |
| 药学院 | 关注　王煦 |
| 公共卫生学院 | 宋逸　陈博 |
| 护理学院 | 陆虹 |
| 医学人文学院 | 李远达 |
| 医学部机关工会 | 陈菲　王通 |
| 医学部后勤工会 | 程红　周雪莲 |
| 医学部产业工会 | 王楠 |
| 教工合唱团 | 聂瑞娟　李鸿 |
| 教工健美操团 | 潘丽娜　仲秋　吴婧 |
| 教工舞蹈团 | 金丽佳 |
| 教工体育舞蹈团 | 王柏荣 |
| 教职工足球协会 | 马睿 |
| 教职工网球协会 | 李玉新 |
| 教职工户外健身协会 | 武洁颖　朱守华 |
| 教职工篮球协会 | 赵伟男 |
| 雏鹰公益社 | 肖彬彬　吴越　胡俊 |
| 教工围棋协会 | 陆元荣 |
| 教职工自行车协会 | 郭银龙 |
| 教职工羽毛球协会 | 程燕杰　田越 |
| 教职工瑜伽协会 | 张树玲　张冰洁 |
| 未名太极社 | 秘密　谢海江 |
| 教职工昆曲古琴协会 | 杜鸿　王亮鹏 |
| 燕园印社 | 张岩 |
| 教职工毽球协会 | 徐烜峰 |
| 教职工排球协会 | 贺平 |

（工会）

# 教师奖教金

## 国华杰出学者奖

| 姓名 | 单位 |
|---|---|
| 魏悦广 | 工学院 |
| 汤 超 | 物理学院 |
| 彭小瑜 | 历史学系 |
| 陈瑞华 | 法学院 |
| 董尔丹 | 第三医院 |
| 叶新山 | 药学院 |

## 黄廷方/信和青年杰出学者奖

| 姓名 | 单位 |
|---|---|
| 肖 梁 | 数学科学学院 |
| 叶 堉　张 霖 | 物理学院 |
| 樊新元 | 化学与分子工程学院 |
| 张 蔚 | 生命科学学院 |
| 周 阳 | 心理与认知科学学院 |
| 苏 岩 | 新闻与传播学院 |
| 陈沐阳 | 国际关系学院 |
| 高 彧 | 光华管理学院 |
| 阎 天 | 法学院 |
| 凌 鹏 | 社会学系 |
| 李婷婷 | 外国语学院 |
| 陈 轩 | 艺术学院 |
| 连宙辉 | 王选计算机研究所 |
| 朱 琼 | 教育学院 |
| 杨延涛 | 工学院 |
| 王乐业 | 计算机学院 |
| 魏贤龙 | 电子学院 |
| 李 歆　崔 悦 | 环境科学与工程学院 |

## 曾宪梓优秀教学奖

| 姓名 | 单位 |
|---|---|
| 房祥忠 | 数学科学学院 |
| 孟 策　宋慧超 | 物理学院 |
| 张奇涵 | 化学与分子工程学院 |
| 姚 洋 | 国家发展研究院 |
| 雷少华 | 国际关系学院 |
| 朱晓阳 | 社会学系 |
| 田 凯 | 政府管理学院 |
| 拱玉书 | 外国语学院 |
| 白雪秋 | 马克思主义学院 |

| 姓名 | 单位 |
|---|---|
| 王海峰 | 对外汉语教育学院 |
| 张铭 | 计算机学院 |
| 侯士敏 | 电子学院 |
| 彭书时 | 城市与环境学院 |
| 胡敏 | 环境科学与工程学院 |
| 陈良怡 | 未来技术学院 |

## 中国工商银行奖教金经济学杰出学者奖

| 姓名 | 单位 |
|---|---|
| 王跃生 | 经济学院 |

## 中国工商银行奖教金经济学优秀学者奖

| 姓名 | 单位 |
|---|---|
| 麻志明 | 光华管理学院 |
| 卢锋 | 国家发展研究院 |

## 中国工商银行奖教金优秀教师奖

| 姓名 | 单位 |
|---|---|
| 李柯伽 | 物理学院 |
| 沈兴海 | 化学与分子工程学院 |
| 顾红雅 | 生命科学学院 |
| 覃建旗 | 地球与空间科学学院 |
| 童佳瑾 | 心理与认知科学学院 |
| 任强 | 光华管理学院 |
| 张骐 | 法学院 |
| 李广建 | 信息管理系 |
| 李建新 | 社会学系 |
| 刘伦 | 政府管理学院 |
| 林庆新 | 外国语学院 |
| 张权 | 马克思主义学院 |
| 张冰 | 体育教研部 |
| 沈艳 | 国家发展研究院 |
| 王利平 | 教育学院 |
| 郭超 | 人口研究所 |
| 裴剑锋 | 前沿交叉学科研究院 |
| 周超 | 工学院 |
| 李有利 | 城市与环境学院 |
| 蔡旭晖 | 环境科学与工程学院 |
| 王金霞 | 现代农学院 |

## 中国工商银行奖教金优秀管理奖

| 姓名 | 单位 |
|---|---|
| 王菲 | 化学与分子工程学院 |
| 李庭晏 | 计算中心 |
| 王文彦 | 昌平新校区管理委员会办公室 |
| 李卫菊 | 校医院 |

## 王选青年学者奖

| 姓名 | 单位 |
|---|---|
| 朱瑞 | 物理学院 |
| 贺剑 | 法学院 |
| 毛明超 | 外国语学院 |
| 钟超 | 基础医学院 |

## 嘉里集团郭氏基金树人奖教金

| | |
|---|---|
| | 数学科学学院 |
| 王家军 | |
| | 物理学院 |
| 戴　伦 | |
| | 化学与分子工程学院 |
| 徐东升 | |
| | 生命科学学院 |
| 陈建国 | |
| | 经济学院 |
| 袁　诚 | |
| | 光华管理学院 |
| 涂云东 | |
| | 外国语学院 |
| 陈松岩 | |
| | 工学院 |
| 王　勇 | |
| | 集成电路学院 |
| 林亦波 | |
| | 城市与环境学院 |
| 朱东强 | |

## 嘉里集团郭氏基金树人奖教金优秀辅导员奖

| | |
|---|---|
| | 电子学院 |
| 王一涵 | |
| | 心理与认知科学学院 |
| 李　欣 | |
| | 外国语学院 |
| 王　恒 | |
| | 艺术学院 |
| 王　蓓 | |
| | 经济学院 |
| 锁凌燕 | |
| | 中国共产主义青年团北京大学委员会 |
| 俞荔琼 | |
| | 学生工作部 |
| 李婷婷　李晓瑭 | |
| | 医学部学生工作部 |
| 佟　巍 | |
| | 第三医院 |
| 李　颜 | |

## 杨芙清-王阳元院士奖教金特等奖

| | |
|---|---|
| | 计算机学院 |
| 黄铁军 | |

## 杨芙清-王阳元院士奖教金优等奖

| | |
|---|---|
| | 物理学院 |
| 陈剑豪 | |
| | 软件与微电子学院 |
| 刘宏志 | |
| | 国际关系学院 |
| 陈绍锋 | |
| | 政府管理学院 |
| 金安平 | |
| | 外国语学院 |
| 赵华敏 | |
| | 艺术学院 |
| 顾春芳 | |
| | 信息科学技术学院 |
| 王志军 | |
| | 集成电路学院 |
| 郑雨晴 | |
| | 电子学院 |
| 李艳萍 | |
| | 软件工程国家工程研究中心 |
| 王　平 | |
| | 北京国际数学研究中心 |
| 周珍楠 | |
| | 基础医学院 |
| 陈英玉 | |
| | 第一医院 |
| 李建平 | |
| | 人民医院 |
| 高　燕 | |
| | 第三医院 |
| 丁士刚 | |
| | 口腔医院 |
| 蔡志刚 | |

## 正大奖教金

| | |
|---|---|
| | 数学科学学院 |
| 郭　帅 | |

| 姓名 | 院系 |
|---|---|
| 郭志彬 王剑威 | 物理学院、化学与分子工程学院 |
| 吴 凯 | 化学与分子工程学院 |
| 张小明 | 国际关系学院 |
| 张鹏飞 | 经济学院 |
| 刘东进 | 法学院 |
| 熊跃根 | 社会学系 |
| 郑 萱 | 外国语学院 |
| 唐 彦 | 体育教研部 |
| 张文贤 | 对外汉语教育学院 |
| 张 冉 | 教育学院 |
| 徐 克 | 工学院 |
| 王宗巍 | 集成电路学院 |
| 肖梦梦 | 电子学院 |
| 戴林琳 | 城市与环境学院 |
| 韩 凌 | 环境科学与工程学院 |
| 侯 睿 | 护理学院 |
| 徐振雷 | 医学人文学院 |
| 苏允爱 | 第六医院 |

### 北京银行奖教金

| 姓名 | 院系 |
|---|---|
| 章复熹 | 数学科学学院 |
| 林 晨 赵鹏巍 | 物理学院 |
| 朱志伟 | 化学与分子工程学院 |
| 韩 华 | 国际关系学院 |
| 张元鹏 | 经济学院 |
| 李启成 | 法学院 |
| 化柏林 | 信息管理系 |
| 张 健 | 政府管理学院 |
| 刘红中 章 文 | 外国语学院 |
| 袁睿超 | 体育教研部 |
| 陈默涵 | 工学院 |
| 李 戈 | 计算机学院 |
| 任全胜 | 电子学院 |

### 宝钢奖教金特等奖

| 姓名 | 院系 |
|---|---|
| 段慧玲 | 工学院 |

### 宝钢奖教金优等奖

| 姓名 | 院系 |
|---|---|
| 王颖霞 | 化学与分子工程学院 |
| 童云海 | 智能学院 |
| 吴 腾 | 电子学院 |
| 王长松 | 城市与环境学院 |

### 蔡元培美育奖教金

| 姓名 | 院系 |
|---|---|
| 臧寅垠 | 心理与认知科学学院 |
| 陆绍阳 | 新闻与传播学院 |
| 杨柳新 | 马克思主义学院 |
| 李 洋 | 艺术学院 |
| 曹安源 | 材料科学与工程学院 |

## 树仁学院奖教金

**物理学院**
聂　绩

**信息管理系**
王益明

**外国语学院**
张嘉妹

**教育学院**
马莉萍

**计算机学院**
常宝宝

## 宝洁奖教金

**化学与分子工程学院**
马玉国

**计算机学院**
周明辉

**电子学院**
王　胜

**北京国际数学研究中心**
李欣意

## 兴证全球基金奖教金杰出青年奖

**化学与分子工程学院**
罗佗平

**生命科学学院**
胡家志　王青松　肖俊宇

**地球与空间科学学院**
乐　超　李　梅　李文博　孙作玉　张贵宾　张海明

**中国语言文学系**
白一瑾　陈宝贤　程苏东　丛治辰　董秀芳　范晓蕾
高　冀　蒋洪生　李国华　李子鹤　陆　胤　宋亚云
宋作艳　吴西愉　詹卫东　赵　彤　周　韧　朱　彦

**历史学系**
陈莹雪　崇　明　党宝海　付　马　韩　巍　刘　晨
毛亦可　苗润博　唐利国　吴靖远　庄　宇　昝　涛

**考古文博学院**
曹大志　陈建立　邓振华　丁　雨　何嘉宁　李云河
徐怡涛　赵　昊

**哲学系（宗教学系）**
陈斯一　程乐松　程　炜　李麒麟　刘　哲　孟庆楠
宁晓萌　王彦晶　吴　飞　吴天岳　先　刚　赵　悠

## 兴证全球基金奖教金师德优秀奖

**心理与认知科学学院**
邵　枫

**光华管理学院**
赵龙凯

**法学院**
张智勇

**对外汉语教育学院**
徐晶凝

**集成电路学院**
王　源

**智能学院**
宋国杰

**北京国际数学研究中心**
刘　毅

**未来技术学院**
熊敬维

## 兴证全球基金奖教金优秀管理奖

**物理学院**
吴桃李

**光华管理学院**
滕　飞

**前沿交叉学科研究院**
赵瑞颖

**党委组织部**
方晓晖

## 民生银行奖教金

**心理与认知科学学院**
李芳敏

**社会学系**
崔　佳

**政府管理学院**
赵　恺

**外国语学院**
张冬梅

**餐饮中心**
王晓如

**会议中心**
李　榕

**动力中心**
马志永

| | | | |
|---|---|---|---|
| | 党委宣传部 | 李　萌 | 研究生院 |
| 陈　波 | 保卫部 | 李存峰 | 校友工作办公室 |
| 顾天培 | 人事部 | 张存群 | 科学研究部 |
| 陈　晨 | 财务部 | 贾永刚 | 档案馆 |
| 钟裕民 | | | |

（人事部）

# 学生奖励

## 2022年度北京市优秀博士学位论文奖

| 作者姓名 | 院系名称 | 论文题目 | 导师姓名 |
|---|---|---|---|
| 于晓彧 | 生命科学学院 | STING相分离器负调控天然免疫 | 蒋争凡 |
| 吕泽杰 | 化学与分子工程学院 | 稀土促进不饱和底物的还原与转化研究 | 席振峰 |
| 任燕 | 物理学院 | 污染过程湍流作用机理及细颗粒物输送研究 | 张宏昇 |
| 李天然 | 化学与分子工程学院 | 二维硒氧化铋/氧化物异质结的可控构筑和器件应用 | 彭海琳 |
| 李晓蓉 | 法学院 | 论经济数字化背景下市场国征税权基础的构建 | 张智勇 |
| 李耀龙 | 物理学院 | 金属和二维材料表面电子超高时空分辨研究 | 龚旗煌 |
| 吴靓 | 医学部 | 膜联蛋白A1在糖尿病肾病中的保护作用及机制研究 | 陈旻 |
| 宋思捷 | 信息科学技术学院 | 基于骨架特征学习的动作识别与生成研究 | 郭宗明 |
| 张启明 | 生命科学学院 | 基于单细胞技术刻画肝癌和结直肠癌肝转移的细胞动态图谱 | 张泽民 |
| 陈震鹏 | 信息科学技术学院 | 基于泛在交互文本的用户情境解析技术研究 | 梅宏 |
| 武旭同 | 城市与环境学院 | 黄土高原社会-生态系统变化及驱动机制 | 傅伯杰 |
| 姚泽凡 | 化学与分子工程学院 | 共轭高分子的多级组装与有序微结构的研究 | 裴坚 |
| 贺长栋 | 医学部 | O-糖基修饰对多肽自组装以及SynGAP蛋白相分离的调控研究 | 董甦伟 |
| 倪逸偲 | 哲学系 | 原初经验的构造问题：前期谢林的先验存在论研究 | 先刚 |
| 黄巧莉 | 心理与认知科学学院 | 人类序列工作记忆的动态神经机制及其调控 | 罗欢 |
| 梁子彬 | 工学院 | 金属有机骨架衍生磷基纳米材料的结构组分调控及其电化学储能研究 | 邹如强 |

（研究生院）

## 2022年度北京市优秀博士学位论文提名奖

| 作者姓名 | 院系名称 | 论文题目 | 导师姓名 |
|---|---|---|---|
| 马娇娇 | 中国语言文学系 | 晋察冀：解放区文艺的地方经验与生产机制（1937—1945） | 陈平原 |
| 王志轩 | 信息科学技术学院 | 物联网端低功耗IC芯片与新型晶体管协同研究 | 王阳元 |
| 王禹 | 医学部 | 仿生纳米材料复合重组Periostin蛋白促进肌腱再生修复的研究 | 周彦恒 |
| 孙国正 | 地球与空间科学学院 | 华北克拉通东部中-新太古代花岗岩与岩石圈热状态研究 | 刘树文 |

(续表)

| 作者姓名 | 院系名称 | 论文题目 | 导师姓名 |
|---|---|---|---|
| 李　唯 | 考古文博学院 | 文化、环境、聚落与生业：沙颍河平原史前社会的考古学综合研究 | 严文明 |
| 李睿恒 | 外国语学院 | 伊拉克库尔德问题研究（1958—2003） | 吴冰冰 |
| 陈国度 | 数学科学学院 | 曲面上（ε, n）- 补集的存在性与有界性 | 许晨阳 |
| 林颖倩 | 光华管理学院 | Econometric Analysis of Transformation Cointegration Models | 涂云东 |
| 赵云鹏 | 环境科学与工程学院 | 厌氧氨氧化菌群代谢互养及其调控机制研究 | 刘思彤 |
| 赵厚宇 | 医学部 | 磺脲类降糖药与恶性肿瘤关联分析中控制时依性混杂的研究设计与分析策略 | 詹思延 |
| 郝以鑫 | 地球与空间科学学院 | 地球与巨行星辐射带电子加速机制 | 宗秋刚 |

（研究生院）

## 2022年度北京市优秀导师

| 单位名称 | 姓名 |
|---|---|
| 数学科学学院 | 田　刚 |
| 工学院 | 王　龙 |
| 环境科学与工程学院 | 胡　敏 |
| 法学院 | 陈兴良 |
| 政府管理学院 | 王浦劬 |
| 外国语学院 | 申　丹 |
| 第三临床医学院 | 乔　杰 |
| 药学院 | 焦　宁 |

（研究生院）

## 2022年度北京市优秀导师团队

| 院系 | 负责人 | 团队成员 | 备注 |
|---|---|---|---|
| 物理学院 | 龚旗煌 | 刘运全、肖云峰、胡小永、古　英、吴成印、何琼毅、朱　瑞 | |
| 集成电路学院 | 黄　如 | 黎　明、蔡一茂、王润声、叶　乐、杨玉超、黄芊芊 | 高精尖创新中心 |
| 生物医学前沿创新中心 | 谢晓亮 | 白　凡、高毅勤、黄岩谊、刘　颖、乔　杰、汤富酬、魏文胜、肖俊宇、张泽民 | 高精尖创新中心 |
| 工学院 | 魏悦广 | 刘谋斌、裴永茂、励　争、韦小丁 | 高精尖创新中心、北京实验室 |

（研究生院）

## 2022年度北京大学优秀博士学位论文（99篇）

| 作者姓名 | 院系名称 | 论文题目 | 导师姓名 |
|---|---|---|---|
| 沈舜麟 | 数学科学学院 | 从量子多体系统到非线性薛定谔方程的导出及唯一性 | 章志飞 |
| 李 忠 | 数学科学学院 | 动力系统的机器学习理论 | 鄂维南 |
| 邵凌轩 | 数学科学学院 | 稀疏观测的函数型数据分析 | 姚 方 |
| 张喜悦 | 数学科学学院 | 基于认证技术的深度学习系统可信性保障 | 孙 猛 |
| 梁逸舟 | 数学科学学院 | 线性化爱因斯坦-比安基方程的保结构有限元方法 | 胡 俊 |
| 黄 玉 | 物理学院 | 气候过程相互作用的量化及其机理研究 | 付遵涛 |
| 金 瑜 | 物理学院 | 质子滴线外 Mg 同位素的多质子发射研究 | 华 辉 |
| 李海龙 | 物理学院 | 磁性拓扑材料中的相变与输运研究 | 谢心澄 |
| 邢传阳 | 物理学院 | 关于 WIMP 暗物质的危机与拓展的研究 | 朱守华 |
| 孙唯佳 | 物理学院 | 恒星自转和双星对星团和星族的影响 | 邓李才 |
| 刘上锋 | 物理学院 | AlN 薄膜及 UV-LED 的 MOCVD 外延生长研究 | 王新强 |
| 方一奇 | 物理学院 | 强场物理中光子角动量的测量、转换以及调控 | 刘运全 |
| 张一凡 | 物理学院 | 载能离子对二维材料的掺杂及辐照损伤研究 | 薛建明 |
| 陈豪敬 | 物理学院 | 微腔光频梳带宽、效率及应用研究 | 肖云峰 |
| 郭伟军 | 化学与分子工程学院 | 碳化铁模型催化剂研究 | 吴 凯 |
| 许世臣 | 化学与分子工程学院 | 竖直石墨烯阵列的控制制备及其在热界面材料中的应用研究 | 张 锦 |
| 韩 雨 | 化学与分子工程学院 | 基于共价抗体的靶向蛋白质降解与抑制 | 陈 鹏 |
| 孔令然 | 化学与分子工程学院 | 高氧化二萜类天然产物的不对称全合成研究—碳正离子关环和环氧重排策略的双重应用 | 罗佗平 |
| 郑黎明 | 化学与分子工程学院 | 悬空石墨烯的可控制备及电镜成像应用研究 | 彭海琳 |
| 段东斑 | 化学与分子工程学院 | 纳米材料用于增强放疗和肿瘤诊疗一体化的研究 | 刘志博 |
| 熊 苗 | 化学与分子工程学院 | 共轭聚合物掺杂效率的调控方法研究 | 裴 坚 |
| 王 冠 | 化学与分子工程学院 | 化学小分子重编程人体细胞为多潜能干细胞及过程机制分析 | 邓宏魁 |
| 牛延革 | 分子医学研究所 | 钠-葡萄糖共转运蛋白抑制剂的结构机制研究 | 陈 雷 |
| 姚静斐 | 分子医学研究所 | IRX3 调控巨噬细胞炎症促进肥胖及胰岛素抵抗的机制研究 | 邱义福 |
| 张延松 | 生命科学学院 | 必需氨基酸改善非酒精性脂肪肝病的机制研究 | 朱 健 |
| 张宏晨 | 生命科学学院 | 应激条件下相分离调控转录的分子机制研究 | 孙育杰 |
| 杨 敏 | 生命科学学院 | 单细胞时空转录组解析小鼠妊娠早期子宫内膜动态变化 | 杜 鹏 |
| 陈亚杰 | 地球与空间科学学院 | 日冕磁场与等离子体参数诊断的正演研究 | 田 晖 |
| 黎晏彰 | 地球与空间科学学院 | 自然硫光催化活性及其合成甲酸和氨的界面电子转移机制研究 | 李 艳 |
| 陈姗姗 | 地球与空间科学学院 | 城市地表热辐射建模与温度反演方法研究 | 任华忠 |
| 王嘉澍 | 心理与认知科学学院 | 基于心理账户理论的沉没成本认知神经机制研究 | 李 健 |
| 王萧依 | 中国语言文学系 | 宋诗自然观研究 | 李 简 |
| 王平夷 | 中国语言文学系 | 鄂渝陕交界地区方言研究 | 项梦冰 |
| 杜以恒 | 中国语言文学系 | 《仪礼》版本研究 | 顾永新 |
| 陈烨轩 | 历史学系 | 东来西往——8 至 13 世纪初期海上丝绸之路贸易史研究 | 荣新江 |
| 王 静 | 历史学系 | 清代士人闹考与诉求表达 | 尚小明 |

(续表)

| 作者姓名 | 院系名称 | 论文题目 | 导师姓名 |
|---|---|---|---|
| 姚念达 | 历史学系 | 尼克松政府的环境外交与美国国际环境治理领导地位的建立 | 王立新 |
| 周逸航 | 考古文博学院 | SI-ARGET ATRP加固饱水木质文物研究 | 胡东波 |
| 赵新侃 | 哲学系 | 关于规范性判断的错误论：一种辩护 | 韩林合 |
| 李健芸 | 哲学系 | 《延平答问》与朱子哲学的展开 | 杨立华 |
| 高兴 | 哲学系 | "巴蒂然"社会——中缅边境南览河流域的"巴蒂然"仪式研究 | 孙尚扬 |
| 范佳睿 | 国际关系学院 | 重构权力结构：马六甲海峡多边安全合作治理模式研究 | 翟崑 |
| 沈博 | 经济学院 | 商战思潮在近代南洋华人社会中的发展与实践 | 张亚光 |
| 王璐 | 经济学院 | 结构转型与农业农村发展 | 杨汝岱 |
| 陈泽阳 | 光华管理学院 | 现金贷市场的行为偏误 | 孟涓涓 |
| 纪铭 | 光华管理学院 | 领导完美主义对下属工作结果的影响：机制及边界条件 | 王辉 |
| 张帆 | 工学院 | 数据驱动下的复杂随机系统决策优化问题研究 | 宋洁 |
| 彭雨晨 | 法学院 | 地方金融监管权配置研究 | 郭雳 |
| 孔杨 | 法学院 | 法律对生殖系基因提升的规制 | 张骐 |
| 曹金羽 | 社会学系 | 世俗的帷幕 | 方文 |
| 王菁 | 外国语学院 | 由"眼"至"灵"：夏多布里昂游记中的"记忆"问题 | 杨国政 |
| 叶芳芳 | 外国语学院 | 跨语言的想象与重写——中国古代女性诗歌俄译文本研究 | 彭甄 |
| 张玉杰 | 马克思主义学院 | 马克思主义幸福观研究 | 秦维红 |
| 唐静菡 | 艺术学院 | 1979首都国际机场壁画群研究 | 翁剑青 |
| 陶源盛 | 电子学院 | 硅基集成微波光子器件与系统研究 | 王兴军 |
| 吴林东 | 集成电路学院 | 面向图像识别应用的忆阻器脉冲神经网络研究 | 蔡一茂 |
| 卢丽强 | 计算机学院 | 面向张量应用的数据流分析与硬件架构设计 | 梁云 |
| 张文涛 | 计算机学院 | 大规模图神经网络关键技术研究 | 崔斌 |
| 郑雅菁 | 计算机学院 | 脉冲视觉的视网膜编码模型与超高速应用研究 | 黄铁军 |
| 陈东阳 | 教育学院 | 高校与创新驱动发展：基于新建校区的准实验研究 | 哈巍 |
| 刘凌宇 | 教育学院 | 接受高等教育对健康的影响研究——基于个体和代际的视角 | 蒋凯 |
| 伊宗裔 | 前沿交叉学科研究院 | 利用细胞内源ADAR蛋白实现RNA单碱基编辑 | 魏文胜 |
| 赵天军 | 前沿交叉学科研究院 | 理性设计新一代不致痒的FXR激动剂用于治疗慢性肝病 | 李毓龙 |
| 章盛祺 | 工学院 | 基于热比拟的展向旋转槽流研究 | 陈十一 |
| 刘文斌 | 工学院 | 金属循环塑性与晶界裂纹萌生的理论模型 | 段慧玲 |
| 汪毅卿 | 工学院 | 高温与低温化学反应及碳烟生成对层流燃烧过程的影响 | 陈正 |
| 许涛 | 工学院 | 多智能体系统静态与动态事件驱动控制研究 | 段志生 |
| 韩孟光 | 城市与环境学院 | 亚热带季风常绿阔叶林树木细根性状及根际过程研究 | 朱彪 |
| 席毅 | 城市与环境学院 | 全球变化对自然湿地时空格局的影响 | 彭书时 |
| 王琛智 | 城市与环境学院 | 中国主要农作物病虫害变化及其对气候变化的响应 | 王旭辉 |
| 孟文君 | 城市与环境学院 | 中国农村生活燃料使用的环境健康影响及干预效果 | 陶澍 |
| 安民得 | 环境科学与工程学院 | 中国主要甲烷氯化物排放估算研究 | 胡建信 |
| 蒋青松 | 环境科学与工程学院 | 基于深度强化学习的湖泊动态补水优化决策方法研究 | 刘永 |
| 李能旭 | 材料科学与工程学院 | 高质量钙钛矿薄膜可控制备及高性能光伏器件 | 周欢萍 |
| 何启瑜 | 基础医学院 | 戊型肝炎病毒慢性感染免疫抑制兔模型的建立、致病性和防治研究 | 王玲 |

(续表)

| 作者姓名 | 院系名称 | 论文题目 | 导师姓名 |
|---|---|---|---|
| 刘博文 | 基础医学院 | 肺组织来源外泌体鉴定及其远端调控功能研究 | 尹玉新 |
| 游铠强 | 基础医学院 | 基于组学实验与序列特征的相分离蛋白性质度量方法 | 李婷婷 |
| 黄 红 | 第一临床医学院 | 25-羟基胆固醇参与类风湿关节炎发病机制及托法替布对类风湿关节炎患者血脂代谢影响的研究 | 张卓莉 |
| 姚伟健 | 第一临床医学院 | 缺血再灌注肾损伤关键效应巨噬细胞亚群鉴定及干预研究 | 杨 莉 |
| 龚 潘 | 第一临床医学院 | 睡眠中癫痫性电持续状态疾病谱的电临床、遗传学及机制研究 | 杨志仙 |
| 罗翔升 | 精神卫生研究所 | 注意缺陷多动障碍患者视觉搜索早期感知相关脑电生理活动特点 | 孙 黎 |
| 靳龙阳 | 第二临床医学院 | 碳青霉烯耐药肺炎克雷伯菌 VI 型分泌系统遗传结构、转录调控和宿主相互作用研究 | 王 辉 |
| 黄庆山 | 第二临床医学院 | 免疫细胞浸润在骨肉瘤药物治疗效果评估中的作用及机制 | 郭 卫 |
| 景泽昊 | 第三临床医学院 | 抗肿瘤 3D 打印钛合金载药骨替代物的构建及评价 | 刘忠军 |
| 马佰凯 | 第三临床医学院 | 角膜上皮细胞来源的 PEDF 在干眼中发挥抗炎作用的机制研究 | 齐 虹 |
| 杨 阳 | 临床肿瘤学院 | 核蛋白 PPP1R26 通过同时调控糖酵解和上皮间充质转化促进肝癌进展 | 邢宝才 |
| 于 慧 | 临床肿瘤学院 | BTK 抑制剂联合免疫治疗在 B 细胞淋巴瘤中的研究 | 朱 军 |
| 万竹青 | 口腔医学院 | 温敏性水凝胶复合近红外光响应药物序列释放支架在骨再生中的应用 | 周永胜 |
| 杜杨格 | 口腔医学院 | 细胞周期蛋白 CDC20 在骨组织再生中的作用和机制研究 | 周永胜 |
| 韩雨廷 | 公共卫生学院 | 中国成人心血管代谢性共病的生活方式与死亡风险研究 | 李立明 |
| 樊俊宁 | 公共卫生学院 | 中国中老年人群生物学年龄测量指标衰弱指数的构建、评价及其影响因素研究 | 吕 筠 |
| 邱 旭 | 药学院 | 惰性碳碳键断裂氮化反应研究 | 焦 宁 |
| 秦 波 | 药学院 | 吲哚生物碱 N-carbomethoxy-10,22-dioxokopsane, epikopsanol-10-lactam, 10,22-dioxokopsane 和 N-methylkopsanone 的多样性全合成 | 贾彦兴 |
| 林 萌 | 药学院 | 基于 CRISPR 的 CD47 阻断与 IL-12 产生的多功能递送系统抗肿瘤免疫的研究 | 齐宪荣 |
| 王子龙 | 药学院 | 黄芩 C-/O-糖基转移酶的功能表征与催化机制研究 | 叶 敏 |
| 吉云鹏 | 药学院 | PPAP 家族 Hyperforin 和 Pyrohyperforin 的不对称全合成研究 | 黎后华 |
| 冷敏敏 | 护理学院 | 基于知识图谱的失智老人照护方案智能推荐系统的构建及可用性评价 | 王志稳 |
| 王鼎予 | 第三临床医学院 | 人同种异体半月板移植的长期临床疗效与软骨保护作用的回顾性队列研究 | 余家阔 |
| 王丹丹 | 口腔医学院 | CXCR4 高表达细胞膜囊泡负载姜黄素靶向促进抗炎作用的研究 | 夏 斌 |

(研究生院)

## 2022年北京大学获北京市普通高等学校优秀毕业生名单（春季）

### 数学科学学院
夏明洋

### 物理学院
郎　永

### 生命科学学院
姚升泽

### 心理与认知科学学院
王嘉澍

### 软件与微电子学院
杨　润　赵　峰

### 中国语言文学系
倪志佳

### 哲学系
李寒冰

### 国际关系学院
杨德力

### 社会学系
张雨晴

### 外国语学院
王逊佳

### 对外汉语教育学院
谭坤明

### 深圳研究生院
敖巧巧　杨　欢

### 信息科学技术学院
申　博

### 教育学院
寇焜照

### 前沿交叉学科研究院
申　辉

### 工学院
朱文清

### 城市与环境学院
王　巍

### 分子医学研究所
黄　东

### 歌剧研究院
黄　萌

### 基础医学院
刘泽林　刘　慧

### 药学院
冯　波

（学生工作部）

## 2022年北京大学获北京市普通高等学校优秀毕业生名单（夏季）

### 数学科学学院
欧阳泽轩　张　澄　戴悦浩　陈子浩　梁渝涛　梁圣通
于　灏　王艺纯　吴清玉　杨潇博　沈舜麟　罗姗姗
罗　霄　王炜飚　许　东　杨晓宇　李婉箐　蔡　媛

### 物理学院
孙唯佳　庄明阳　杨晓宇　张志斌　方一奇　马文龙
敖雨田　马骏超　朱锦平　陈豪敬　高宇辰　周谭吉
陈天扬　王晨冰　王次天　权　衡　张湛川　杨佳宇
杜卓晨

### 化学与分子工程学院
姚雅婷　尚游皓　孙鹏伟　张瑞琦　李珺浩　崔若瑶
程　熠　肖　熠　许世臣　杨　晨　郑黎明　鲜东帆
苏鼎凯

### 生命科学学院
张芷瑄　何天恩　黄　越　景智文　何仁喜　王　迪
王湘铭　谢良福　王江月　邓玄宇

### 地球与空间科学学院
杨泽坤　张维昱　杨　烯　包　涵　冯雨宁　黎晏彰
刘航宇　韦春婉　邢超超　叶雨光　曾　晖

### 心理与认知科学学院
范　莹　陈一笛　赵　楠　强　薇　陆　凝　杜宇晖

### 软件与微电子学院
程　玄　许文君　李　润　杜鹏远　张恬恬　毕在然
童长柯　姜　冉　张东伟　代腾宇　贺居斃　郝东阳
李成程　李　唯　房存宝　叶明聪　董春涛　王　欢
宋向群　郭明广　陈建新　张钧轶　冯　添　黄　绮
严丽君　李昊政　龚周闯宇　张　倩　邹　烨

### 新闻与传播学院
张新阳　周　弘　马晓龙　廖元植　王　刚　程子健
邰　敏　赵　赫　丁伟伟

### 中国语言文学系
杜以恒　左怡兵　李林倩　覃芬芬　隋雪纯　叶唯简

| | | | | | |
|---|---|---|---|---|---|
| 陈 琪 | 胡诗杨 | 黄亦陈 | 王子辰 | 赵佩汶 | 蔡千千 |
| 安子瑜 | 满运玖 | | | | |

**历史学系**

| | | | | | |
|---|---|---|---|---|---|
| 迟 源 | 吕诗怡 | 裴 蕾 | 王怀轩 | 王 静 | 王一哲 |
| 徐一臻 | | | | | |

**考古文博学院**

| | | | | |
|---|---|---|---|---|
| 王子寒 | 乔 杨 | 缴婧然 | 胡毅捷 | 曹芳芳 |

**哲学系**

| | | | | | |
|---|---|---|---|---|---|
| 李洁睿 | 魏长祺 | 邓凯达 | 山 冲 | 黄培宏 | 林凯杨 |
| 姚裕瑞 | 赵新侃 | | | | |

**国际关系学院**

| | | | | | |
|---|---|---|---|---|---|
| 王昱博 | 孔金磊 | 马 璐 | 李卓青 | 韦冲霄 | 史幸炜 |
| 唐 川 | 汪安迪 | 徐海博 | 张 鹏 | 尼婧瑶 | 卜思涵 |
| 李偲宁 | 冯溢昕 | | | | |

**经济学院**

| | | | | | |
|---|---|---|---|---|---|
| 黄晨楠 | 金佳琪 | 姜舒鹤 | 陆承启 | 钱含章 | 杨昀霏 |
| 张心怡 | 邓舒灵 | 郝宁宣 | 胡峻熙 | 钟 尧 | 韩 笑 |
| 刘朝煜 | 沈 博 | 王瀚洋 | | | |

**光华管理学院**

| | | | | | |
|---|---|---|---|---|---|
| 刘浩宇 | 洪 扬 | 曾 进 | 黄翘楚 | 房子湲 | 李泽健 |
| 朱景琛 | 魏名湖 | 牟睿迪 | 卢伊豪 | 陈瑞珏 | 张一帆 |
| 曹成龙 | 吴岸林 | 陈思远 | 袁程悦 | 吴明轩 | 白礼晴 |
| 程 宇 | 温中卉 | 杨 柳 | 王 巍 | 方倩玉 | 黄 翔 |
| 刘小溪 | 赵 乘 | 刘晨冉 | 郑翔宇 | | |

**法学院**

| | | | | | |
|---|---|---|---|---|---|
| 王丰泉 | 雷雨鑫 | 陈昆澍 | 姜宇昕 | 周奕彤 | 曹婧怡 |
| 单靖轩 | 蔡欣利 | 贾平煊 | 张方方 | 赵 涵 | 于楚涵 |
| 赵雪杉 | 王梦迪 | 韩 杨 | 林钰芳 | 张思慧 | 张倩红 |
| 金妍君 | 周 露 | 卢奕吟 | 涂丞浩 | 关天鸿 | 邓人玮 |
| 景丹妮 | 任竞怡 | 张东晓 | 单葆威 | 鲁纳雯 | 周 雷 |
| 彭雨晨 | | | | | |

**信息管理系**

| | | | | | |
|---|---|---|---|---|---|
| 张 歌 | 柴 腾 | 孟高慧 | 金笑缘 | 李雨佳 | 曾子欣 |

**社会学系**

| | | | | | |
|---|---|---|---|---|---|
| 刘 芹 | 付 翔 | 贾国超 | 李泓博 | 闫晓丹 | 王 恒 |
| 林 上 | 胡雨蝶 | 董佳晨 | | | |

**政府管理学院**

| | | | | | |
|---|---|---|---|---|---|
| 马朵朵 | 张逸凡 | 吴昱晨 | 童天阳 | 赵思远 | 张 开 |
| 何 瑾 | | | | | |

**外国语学院**

| | | | | | |
|---|---|---|---|---|---|
| 张可佳 | 张玉琢 | 许源睿 | 陈 越 | 刘 畅 | 纪博琼 |
| 张宇溪 | 尹楷珺 | 熊珊儿 | 顾 臣 | 曲翔前 | 孟 瑶 |
| 张 怡 | 范若孜 | 张泽宙 | 沈 悠 | 叶芳芳 | |

**马克思主义学院**

| | | | | |
|---|---|---|---|---|
| 姜如雪 | 雷 洲 | 毛俊欢 | 王振乾 | 王 拯 |

**体育教研部**

| |
|---|
| 姚芳虹 |

**艺术学院**

| | | | | |
|---|---|---|---|---|
| 罗雯婧 | 李维则 | 景蓝天 | 李尽沙 | 解丰宁 | 张渝佳 |

**对外汉语教育学院**

| | |
|---|---|
| 徐瑷依 | 韩晓明 |

**元培学院**

| | | | | | |
|---|---|---|---|---|---|
| 缪 辰 | 郁 一 | 蒋萧同 | 杨礼铭 | 龚雯艺 | 崔博飞 |
| 吕嘉欣 | 李沛泽 | 谭世茵 | 张佳苗 | 秦 沅 | 辛青融 |
| 卢鹏举 | 肖正康 | 张 博 | | | |

**深圳研究生院**

| | | | | | |
|---|---|---|---|---|---|
| 胡罗丹 | 叶 峰 | 刘峰林 | 陈 诺 | 黄加耀 | 张 粲 |
| 任俞睿 | 张仲超 | 白 波 | 孙 然 | 邵绮凡 | 罗可雨 |
| 任舒艳 | 黄伟源 | 李轶伟 | 赵鹿鸣 | 陈希阳 | 林 睿 |
| 刘仁博 | 隋国才 | 石 菡 | 沈廷威 | 曹继中 | 丁翔宇 |
| 张习之 | 林诗怡 | 何金泽 | 杭诗敏 | 郁 茜 | 王子涵 |
| 丁一斌 | 雷美芳 | 刘嘉莹 | 陈 曦 | 林子明 | 陈 靓 |
| 郭倩汝 | | | | | |

**信息科学技术学院**

| | | | | | |
|---|---|---|---|---|---|
| 余 翔 | 周哲健 | 许欣航 | 顾超颖 | 刘俊豪 | 史代璟 |
| 李沛坤 | 余连风 | 陈嘉乐 | 任轩笛 | 潘樾阳 | 刘昭辰 |
| 黎善达 | 游震邦 | 朱子仪 | 郭资政 | 杜毕安 | 郑元昊 |
| 郑凌骁 | 陈旭雯 | 丁 睿 | | | |

**国家发展研究院**

| | | | |
|---|---|---|---|
| 崔荣钰 | 任昶宇 | 欧德赟 | 刘赞辉 |

**教育学院**

| | | |
|---|---|---|
| 卜尚聪 | 陈东阳 | 乐惠骁 |

**人口研究所**

| | |
|---|---|
| 刘尚君 | 吴怡杰 |

**前沿交叉学科研究院**

| | | | | | |
|---|---|---|---|---|---|
| 李明哲 | 胡 晗 | 赵 艳 | 刘晓婷 | 谢 娟 | 伊宗裔 |
| 郑吕钦 | 李辰威 | | | | |

**工学院**

| | | | | | |
|---|---|---|---|---|---|
| 汪毅卿 | 张 帆 | 刘文斌 | 张天昊 | 王泽坤 | 李双宇 |
| 朱昱东 | 王毅然 | 袁境阳 | 金永康 | 何晓雯 | |

**集成电路学院**

| | |
|---|---|
| 缪立明 | 吴林东 |

**计算机学院**

| | | | | | |
|---|---|---|---|---|---|
| 陈方平 | 刘炳言 | 罗子渊 | 苗旭鹏 | 张文涛 | 赵 菁 |

**智能学院**

| | | |
|---|---|---|
| 王 科 | 杨朝晖 | 李祥泰 |

**电子学院**

| | | | |
|---|---|---|---|
| 金 明 | 吴天昊 | 王艺东 | 胡敬植 |

**城市与环境学院**

| | | | | | |
|---|---|---|---|---|---|
| 陈雪琦 | 陈宇昂 | 门亚泰 | 徐 癸 | 银浩博 | 程浩然 |
| 万 婕 | 于欣源 | 韩孟光 | 李湘怡 | 孟文君 | |

**环境科学与工程学院**

| | | | | |
|---|---|---|---|---|
| 安民得 | 陈成康 | 香雪莹 | 李 萌 | 聂齐越 |

### 建筑与景观设计学院
揭　华
### 新媒体研究院
潘京叶　邹薪羽　石　林
### 燕京学堂
刘彦君　何依然　罗含艺　许湛一
### 现代农学院
刘文文
### 材料科学与工程学院
李能旭　张炜钰
### 分子医学研究所
牛延革
### 基础医学院
李易为　何启瑜　陈雨菲　赵超然　陈钊铭　吕娇云
### 药学院
吉云鹏　姜钱晨　吕传宇　吕子睿　许青霞　赵眉眉
刘　睿　林雨星　周　越　凌鑫宇　陈　宽　王子龙
蒙骏鸿
### 公共卫生学院
李艳辉　韩雨廷　马　雪　刘光奇　林昊翔　张佳伟
苏米亚·艾合买提江
### 护理学院
于　淼　冷敏敏　秦爱凝　郭晨明　侯天姣　乔佳收
### 医学人文学院
陈雪扬　龙天音　曾　治
### 第一临床医学院
李新飞　黄　红　张喆楠　李佳润　亢　倩　刘伟康

陈雪晶　赵妍妍　孙蓬飞
### 第二临床医学院
胡梦涵　解晋茹　高嘉翔　靳龙阳　袁玉松　王　君
杨文博　范　源　戴一博　刘思宁
### 第三临床医学院
姜　海　肖士渝　颜　昕　陈颖彤　马佰凯　路永衢
王鼎予
### 口腔医学院
郭燕宁　陈嘉怡　刘承驾　韩　烨　王丹丹　王思仪
韩奕能　杜志豪　苏　琳
### 临床肿瘤学院
焦　曦　李晨光　刘子宁　田洪瑞
### 精神卫生研究所
阙建宇　罗翔升
### 第四临床医学院
肖　丹　朱莉雯　张苏欣
### 第五临床医学院
刘鑫宇
### 中日友好临床医学院
王子禛　李沛哲
### 航天临床医学院
张　利
### 深圳医院
关书远

（学生工作部）

# 2022年北京大学优秀毕业生名单（春季）

### 数学科学学院
夏明洋
### 物理学院
孙月香　郎　永
### 化学与分子工程学院
李纪元
### 生命科学学院
姚升泽　张　坤　劳可敬
### 地球与空间科学学院
赵守江
### 心理与认知科学学院
王嘉澍
### 软件与微电子学院
马　聪　杨　润　赵　峰

### 中国语言文学系
倪志佳　高银美
### 哲学系
李寒冰
### 国际关系学院
杨德力　林湘凝　俞涵璐　李云龙
### 光华管理学院
代　晴
### 社会学系
张雨晴
### 政府管理学院
李志斌
### 外国语学院
王逊佳

### 对外汉语教育学院
谭坤明

### 深圳研究生院
爱　莎　　敖巧巧　　杨　欢

### 信息科学技术学院
申　博　　邱赫梓　　高　山

### 教育学院
寇焜照

### 前沿交叉学科研究院
申　辉　　米青天　　王世伟　　左琳彧

### 工学院
俞　玥　　朱文清　　尚世龙

### 城市与环境学院
王　巍　　赵　袁

### 环境科学与工程学院
肖　瑶

### 分子医学研究所
黄　东　　欧宇辉

### 歌剧研究院
黄　萌

### 基础医学院
刘泽林　　武玉飞　　刘　慧　　成彧宁　　张　楠　　马子涵
于佳弘

### 药学院
冯　波　　夏虓林

### 口腔医学院
万竹青

（学生工作部）

# 2022年北京大学优秀毕业生名单（夏季）

### 数学科学学院
赵　芯　　徐林霄　　张喜悦　　金子捷　　罗姗姗　　罗　霄
林秋实　　沈舜麟　　杜歌阳　　邵凌轩　　俞　炳　　马敬翔
吴俊威　　许　东　　苏丽莉　　刘　震　　杨晓宇　　李婉箐
马赛玥　　蔡　媛　　王肖楠　　吴　姚　　王炜飚　　杨明瀚
陈宇轩　　倪弘康　　欧阳泽轩　　焦宇翔　　杨向谦　　杨　舍
张　澄　　吴大维　　黄钰涵　　黄俊智　　戴悦浩　　宋子昂
陈子浩　　梁渝涛　　梁圣通　　于　灏　　周　川　　陈泓宇
刘抒睿　　李艺康　　张至隆　　王艺纯　　吴清玉　　刘泽楠
杨潇博　　何雨桐　　冯梓轩　　冀文龙　　李一笑　　沈城烽
蔡格非

### 物理学院
孙唯佳　　庄明阳　　余捻坤　　杨晓宇　　张志斌　　方一奇
黄　玉　　彭宇轩　　马文龙　　姜中景　　钱祉源　　闫姣婕
宋昀轩　　李倩惠　　敖雨田　　白世伟　　马骏超　　朱锦平
邓妙怡　　雷　柱　　胡　远　　蔡冉冉　　赵洲峤　　杨　洁
马佳辰　　樊　勇　　陈豪敬　　葛　军　　张春风　　梁　博
谭　奕　　高宇辰　　周谭吉　　薛泽洋　　陈天扬　　王晨冰
李凌霄　　张瀚凯　　颜子涵　　王次天　　沈定宇　　李曰覃
权　衡　　龚德炜　　李曜辰　　严　涵　　宋稚中　　乔　舸
刘星宇　　张湛川　　杨佳宇　　刘浩波　　郭理涵　　杜卓晨
王楚才　　伍彦西　　郭洋帆

### 化学与分子工程学院
于　跃　　贾凤艳　　祝　淼　　许世臣　　高　博　　郑博元
杨　晨　　刘　莹　　李海生　　王程博　　苏鼎凯　　杨向飞
蔡思良　　肖　熠　　刘俊杰　　程　熠　　郑黎明　　白晴文
鲜东帆　　王李玎　　欧阳冬晨　　牛　潇　　王雪峰　　刘翼维

姚雅婷　　刘立昊　　柯　瀚　　尚游皓　　王泽锟　　孙鹏伟
白光晟　　李珺浩　　付　锐　　何嘉炜　　崔若瑶　　李　叶
林潇涵　　牛天昊　　夏宗溥　　王宇哲　　杜骏豪　　张瑞琦

### 生命科学学院
杨俊生　　何仁喜　　张心怡　　郭　珍　　王　迪　　陆　琪
王湘铭　　郝　宸　　孙雨傲　　郭仲龙　　唐小鹿　　谢良福
叶　琳　　张博远　　周正旸　　何天恩　　王江月　　钟煜炜
黄　越　　刘懿阳　　景智文　　丁轶菲　　陈心语　　张　迈
李泽楷　　李高远　　张艺凡　　张芷瑄

### 地球与空间科学学院
聂宇靓　　黄建东　　许　伟　　包　涵　　李　昂　　周辰傲
叶雨光　　刘航宇　　林晓娜　　高　雪　　曾　晖　　孟浩瀚
王修远　　陈良玺　　韦春婉　　宋彦辰　　刘　标　　邢超超
冯雨宁　　钱　峰　　徐　严　　黎晏彰　　王秀君　　杨　烯
张佳乐　　张维昱　　周浩宇　　林嵩懿　　张洺玮　　杨泽坤
吴子祺　　钱　航　　陈修远　　徐　玥　　贾天依　　邓玄宇
王子龙

### 心理与认知科学学院
范　莹　　陈一笛　　吴桃宇　　赵　楠　　陈　超　　杨心玥
招颖诗　　黄安麟　　陈　率　　陈　超　　胡文宽　　黄馨茹
李　响　　陈书田　　陆翔宇　　廖姝垚　　申雨禾　　李依朋
强　薇　　陆　凝　　杜宇晖　　陈雯青

### 软件与微电子学院
杨　寒　　董春涛　　张　倩　　严丽君　　龚彦韬　　白艳芳
郭明广　　冯　茜　　王明辉　　赵　媛　　李春昊　　吉　祥
丁　晗　　叶明聪　　房存宝　　朱诗瑶　　孙祎婧　　程　玄
尹　心　　岳晓琴　　卜　凡　　陈凝画　　王　洁　　王　欢

| 冯添 | 王福升 | 朱洪敏 | 张守谦 | 张恬恬 | 李赛 | 夏天然 | 陈晞 | 李卓青 | 吴艺哲 | 冯溢昕 | 尼婧瑶 |
| --- | --- | --- | --- | --- | --- | --- | --- | --- | --- | --- | --- |
| 鲍怡然 | 李成程 | 黄绮 | 李昊政 | 杜鹏远 | 李显赫 | 佘宜轩 | 徐海博 | 关山越 | 朱国文 | 王子铭 | 唐川 |
| 任锦峰 | 李亚宣 | 童冰鑫 | 陈蓓蓓 | 吴迪 | 宋向群 | 马璐 | 赵婉睿 | 林嵩 | 胡恩泽 | 张昭璞 | 汪安迪 |
| 秦天育 | 许文君 | 陈建新 | 张从青 | 杨玥 | 龚周闯宇 | 杨子彦 | 邱敬甯 | | | | |

### 经济学院

| 童长柯 | 马子熠 | 贺居葵 | 陈雨萨 | 徐锦畅 | 许泽宇 |
| --- | --- | --- | --- | --- | --- |
| 刘高原 | 邹烨 | 薛如峥 | 张津婵 | 杨智勇 | 伊亚玎 |
| 李思钦 | 王力田 | 李润 | 张映荷 | 贺韬 | 郝东阳 |
| 代腾宇 | 陈南霄 | 张钧轶 | 满孝增 | 刘丛科 | 张东伟 |
| 陈欣荣 | 周慕贤 | 韩采薇 | 李涛 | 陈姝姝 | 喻朋 |
| 刘雨峰 | 陈静茹 | 李唯 | 陈海旭 | 毛诗炜 | 宋泠萱 |
| 姜冉 | 肖云 | 毕在然 | 金雪 | | |

| 刘朝煜 | 王璐 | 王瀚洋 | 吴瀚然 | 沈博 | 张小可 |
| --- | --- | --- | --- | --- | --- |
| 王莹 | 韩笑 | 宋珺 | 王雪 | 邓舒灵 | 赵启宁 |
| 彭凡嘉 | 李心怡 | 谭宁 | 董婧延 | 郝宁宣 | 郭一帆 |
| 王含 | 王敬一 | 朱彤 | 钟尧 | 胡峻熙 | 宋若冲 |
| 姜舒鹤 | 黄虹文 | 王嘉露 | 钱含章 | 江钟凌 | 刘心悦 |
| 王正刚 | 黄晨楠 | 张亚楠 | 余骁扬 | 吴凌云 | 伏笠萱 |
| 贺灿春 | 陈江娜 | 胡阳子 | 马粮宗 | 陆承启 | 杨昀霏 |
| 金佳琪 | 贾梦辰 | 王若霖 | 宫凯 | 陈晓宇 | 张心怡 |
| 尹靖雨 | | | | | |

### 新闻与传播学院

| 张新阳 | 陶婷婷 | 王刚 | 麻爱 | 王秋鹏 | 朱政德 |
| --- | --- | --- | --- | --- | --- |
| 李若泓 | 周弘 | 钟龙辉 | 马晓龙 | 邹慧玲 | 廖元植 |
| 肖吉雅 | 孙乐怡 | 伍雪怡 | 徐潇云 | 邨敏 | 邱吉 |
| 赵赫 | 丁伟伟 | 张可玉 | 吴思怡 | 郭雯雯 | 顾漪雯 |
| 程子健 | 刘颖 | 连晋宏 | | | |

### 光华管理学院

| 王腾慧 | 张玥 | 刘小溪 | 王陈豪 | 刘晨冉 | 赵乘 |
| --- | --- | --- | --- | --- | --- |
| 张思思 | 苗露阳 | 王晓宇 | 白礼晴 | 方倩玉 | 黄成 |
| 赖名宇 | 黄林 | 黄翔 | 王巍 | 张立宁 | 林秋晨 |
| 吴明轩 | 秦颖 | 滕刘雨秋 | 张婧婧 | 刘津汀 | 袁程悦 |
| 程宇 | 乐兆颖 | 杨柳 | 侯诗琪 | 吴岸林 | 吴越 |
| 温中卉 | 梁俊豪 | 周昊昱 | 张诗媛 | 曹成龙 | 陆文睿 |
| 李颖 | 陈思远 | 司徒琳璟 | 庄学衡 | 美玉 | 邸仕庭 |
| 靳坤阳 | 张俊锋 | 郑翔宇 | 汪思韦 | 芮意 | 张雯婷 |
| 魏名湖 | 曹雅俊 | 洪诗琪 | 李利峰 | 朱婧涵 | 刘耀阳 |
| 常晨 | 卢伊豪 | 黄翘楚 | 陈瑞珏 | 孙祥晨 | 师梦迪 |
| 曾进 | 王文杰 | 孙海廷 | 洪扬 | 刘浩宇 | 储云飞 |
| 李泽健 | 朱景琛 | 房子溦 | 王佳漪 | 赵佳琦 | 余昊洋 |
| 肖思辰 | 张一帆 | 宋雨泓 | 杨雅淇 | 牟睿迪 | 文艺涵 |
| 肖凯元 | 向洪腾 | 陈哲儒 | 郑辰筱 | 方清源 | 王俊杰 |

### 中国语言文学系

| 江怡 | 尹常乐 | 杨宸 | 马尚 | 杜以恒 | 左怡兵 |
| --- | --- | --- | --- | --- | --- |
| 张彧 | 李林倩 | 刘祎家 | 覃嘉欣 | 石子萱 | 张晋业 |
| 覃芬芬 | 李菁晶 | 王昱 | 张泽宇 | 隋雪纯 | 陈晓蓓 |
| 叶唯简 | 陈琪 | 兰宇 | 韩玉忠 | 林怡萱 | 胡诗杨 |
| 胡映安 | 陈绚 | 袁诗意 | 唐琳 | 周子涵 | 葛畅 |
| 黄亦陈 | 王子辰 | 鲁沛怡 | 赵佩汶 | 陈嘉仪 | 何沛倬 |
| 刘茗 | 蔡千千 | 安子瑜 | 满运玖 | 张一夫 | 王睿临 |
| 楼雨欣 | 常修辞 | 阿部美佳 | 李泽西 | 鲁彧 | |

### 法学院

| 金飞艳 | 柯达 | 周雷 | 郭远 | 黄贤达 | 吴林昊 |
| --- | --- | --- | --- | --- | --- |
| 陈伟 | 孙圣斌 | 吴韵凯 | 周露 | 徐梦瑶 | 邓人玮 |
| 王昕扬 | 王岩泽 | 况雨艳 | 汪稼祺 | 彭雨晨 | 林钰芳 |
| 景丹妮 | 刘艺茜 | 邹杨 | 曹榕 | 张倩红 | 赵高雅 |
| 汪笑帆 | 卢奕吟 | 关天鸿 | 姚雨 | 李峥 | 喻成源 |
| 杨雪琪 | 张东晓 | 涂旭辉 | 彭千钰 | 石丽颖 | 姚远 |
| 单葆威 | 陈英齐 | 任竞怡 | 李耀 | 徐士雯 | 张方方 |
| 赵涵 | 丁晨妍 | 凌骏达 | 崔馨月 | 蔡云飞 | 熊晶 |
| 高杨帆 | 杨宁 | 鲁纳雯 | 钱子威 | 向文浩 | 于楚涵 |
| 姜贺文 | 赵雪杉 | 宋家旺 | 刘思慧 | 韩杨 | 涂丞浩 |
| 杨柯宁 | 周振汉 | 王梦迪 | 李范伟 | 金妍君 | 刘佳冲 |
| 扶琬萍 | 蔡欣利 | 周奕彤 | 李想 | 王森南 | 龙奕昕 |
| 贾平煊 | 雷雨鑫 | 刘名卿 | 石小琦 | 姜宇昕 | 刘沥璟 |
| 许滢程 | 陈昆澍 | 覃书棋 | 王世佳 | 殷卓琳 | 胡煜阳 |
| 杨舒淼 | 曹婧怡 | 项怡CHEN | 单靖轩 | 王丰泉 | |
| 于潇砚 | 王溯之 | 刘昱池 | 韩正 | 张芷琪 | 毛瑜晨 |

### 历史学系

| 刘瑞 | 王一哲 | 赵可馨 | 丁雨婷 | 裴蕾 | 徐一臻 |
| --- | --- | --- | --- | --- | --- |
| 杨晶晶 | 李正一 | 李丽晴 | 王静 | 马巧蓉 | 吴悦 |
| 那仁达赖 | 孙一苇 | 朱敏 | 刘荷月 | 何梓萱 | 王珊珊 |
| 王怀轩 | 周靖蕾 | 迟源 | 吕诗怡 | 李昊龙 | |

### 考古文博学院

| 胡毅捷 | 周逸航 | 何康 | 曹芳芳 | 王子寒 | 曹羽 |
| --- | --- | --- | --- | --- | --- |
| 周珂帆 | 王卓 | 蒲萍 | 向雪映 | 薛雅丽 | 何一苇 |
| 李月 | 乔杨 | 缴婧然 | 王凤歌 | | |

### 哲学系

| 赵新侃 | 周龙辉 | 孙海科 | 姚裕瑞 | 邓佳 | 王子剑 |
| --- | --- | --- | --- | --- | --- |
| 王勋 | 孙婷 | 赵梦钰 | 王玥 | 山冲 | 钟孔鹭 |
| 林凯杨 | 王昊玉 | 丁观国 | 黄培宏 | 李健芸 | 王晓倩 |
| 张哲鹏 | 吴悦凡 | 郑中华 | 史凌志 | 邓凯达 | 孙安妮 |
| 李洁睿 | 许圣卓 | 魏长祺 | | | |

### 国际关系学院

| 范佳睿 | 卜思涵 | 韦冲霄 | 孔金磊 | 李冠儒 | 陈旖琦 |
| --- | --- | --- | --- | --- | --- |
| 张添之 | 欧阳瑞泽 | 胡力丹 | 李偲宁 | 钟兆雯 | 赖雯燕 |
| 王昱博 | 朱睿 | 周可 | 张鹏 | 杨宇田 | 王哲夫 |
| 严展宇 | 陈楠 | 蒋文锦 | 史幸炜 | 陆选慧 | 郭冬妍 |

### 信息管理系

| | | | | | |
|---|---|---|---|---|---|
| 柴 腾 | 张 歌 | 于梦月 | 丁 一 | 普哲缘 | 孟高慧 |
| 王馨悦 | 钱运杰 | 金笑缘 | 钱志超 | 王祥雨 | 曾子欣 |
| 李雨佳 | 李昱勇 | 董婧文 | 邓泽琨 | 沈喻非 | |

### 社会学系

| | | | | | |
|---|---|---|---|---|---|
| 高孟然 | 刘 芹 | 徐春蕾 | 康 昕 | 付 翔 | 贾国超 |
| 曹金羽 | 张雪洽 | 扎西顿珠 | 李泓博 | 张可欣 | 李永霞 |
| 周 茜 | 闫晓丹 | 和文毓 | 刘一杉 | 张雅茜 | 王 恒 |
| 林 上 | 陈雨琪 | 胡雨蝶 | 董佳晨 | 张宇昕 | 叶安琪 |
| 姜 丰 | 姜晓琨 | 徐新苑 | 李佳锦 | | |

### 政府管理学院

| | | | | | |
|---|---|---|---|---|---|
| 毛文峰 | 钱维胜 | 刘展宏 | 何 瑾 | 王超晨 | 汤文博 |
| 郭 晨 | 龚雪梅 | 张津萌 | 何家唯 | 朱玉慧兰 | 张 胜 |
| 张伟楠 | 洪润琪 | 张逸凡 | 张 开 | 童天阳 | 赵思远 |
| 周艳灵 | 翁霆威 | 韩 嘉 | 吴昱晨 | 马朵朵 | 蒋铭权 |

### 外国语学院

| | | | | | |
|---|---|---|---|---|---|
| 乐 恒 | 马 骧 | 王 菁 | 沈 悠 | 叶芳芳 | 叶素颖 |
| 马 萍 | 郭 锐 | 周 孟 | 顾 臣 | 曲翔前 | 甄若琳 |
| 李俊霖 | 杨林睿 | 刘飞燕 | 胡 榕 | 孟 瑶 | 张 怡 |
| 柳 媛 | 李雨凝 | 鞠雅图 | 段洵美 | 王鲁葳 | 范若孜 |
| 魏浩东 | 张泽宙 | 陈双羽 | 刘钊希 | 张可佳 | 张玉琢 |
| 孙若绮 | 徐寒冰 | 卢思颖 | 许源睿 | 姜思涵 | 陈 越 |
| 马子函 | 吴松阳 | 余舟飏 | 王嘉璐 | 宋若瑾 | 刘 畅 |
| 钱文婧 | 张开信 | 纪博琼 | 张宇溟 | 尹楷珺 | 吴 同 |
| 熊珊儿 | 邵中天 | 方江晨 | | | |

### 马克思主义学院

| | | | | | |
|---|---|---|---|---|---|
| 陈 婷 | 毕 秋 | 孔令珂 | 史锡哲 | 李思齐 | 王 拯 |
| 曹 晋 | 田 苹 | 王乔申 | 王振乾 | 毛俊欢 | 靳 璐 |
| 雷 洲 | 吴银萱 | 姜如雪 | 何宇欢 | | |

### 体育教研部

姚芳虹

### 艺术学院

| | | | | | |
|---|---|---|---|---|---|
| 李 卉 | 李尽沙 | 陈舒萍 | 王文笛 | 江 禾 | 李 辉 |
| 解丰宁 | 张渝佳 | 刘卓尔 | 贾 璇 | 吴宛妮 | 杜 宇 |
| 葛 戈 | 罗雯婧 | 李维则 | 景蓝天 | 王欣萌 | 江佳璐 |
| 颜 丽 | | | | | |

### 对外汉语教育学院

| | | | | | |
|---|---|---|---|---|---|
| 陈 晨 | 任月明 | 韩晓明 | 徐瑷依 | 胡佳怡 | 许保瑞 |
| 严 鑫 | 谢瑞萍 | | | | |

### 元培学院

| | | | | | |
|---|---|---|---|---|---|
| 刁怡文 | 喻圣豪 | 辛青融 | 吴小希 | 张宇航 | 陈儒航 |
| 吴祺政 | 肖正康 | 卢鹏举 | 黄子炎 | 毛思清 | 王一格 |
| 李逸飞 | 张佳苗 | 缪 辰 | 朱江彬 | 高 淳 | 王与点 |
| 张 帆 | 阿依帕丽·艾尼瓦 | 刘雨筝 | 周琦珩 | 王安然 | |
| 伍修毅 | 汪 涵 | 李沛泽 | 毛澍霖 | 陈庆雨 | 杨礼铭 |
| 吕嘉欣 | 杨越奇 | 崔博飞 | 蒋萧同 | 郁 一 | 郭子介 |

| | | | | | |
|---|---|---|---|---|---|
| 赵奕涵 | 秦 沅 | 朱婷宇 | 谭宇豪 | 谭世茵 | 龚雯艺 |
| 杜晨喆 | 王 霖 | 陈涵玥 | 王 洋 | 张云鹏 | 刘端锐 |
| 张 博 | 张烜铭 | 吴浪宇 | | | |

### 深圳研究生院

| | | | | | |
|---|---|---|---|---|---|
| 张雨晴 | 任俞睿 | 朱 波 | 郭泽正 | 康照东 | 王 茜 |
| 陈恺文 | 何金泽 | 徐元正 | 李佳辉 | 赵鹿鸣 | 杭诗敏 |
| 陈希阳 | 陈世杰 | 罗可雨 | 李梦雅 | 邱惠民 | 赵亦欣 |
| 何翘楚 | 张习之 | 张雨晴 | 张心悦 | 石 菡 | 王子涵 |
| 张 法 | 马 奕 | 郭倩汝 | 曹继中 | 袁哲峰 | 林诗怡 |
| 黄芝琪 | 张 惠 | 丹宇卓 | 邵绮凡 | 刘 嬿 | 付思慧 |
| 由 迪 | 孙 然 | 沈廷威 | 刘 俐 | 吴生森 | 张亦弛 |
| 黄铿华 | 陈 曦 | 阙槿楠 | 周 驰 | 骆子珩 | 田宁子 |
| 张 翔 | 王雅茸 | 刘峰林 | 杨 鑫 | 周康柱 | 丁收香 |
| 苗子凌 | 吴 峥 | 胡罗丹 | 戴天骄 | 王语嫣 | 严 川 |
| 何文韬 | 陈争妍 | 张 懿 | 陈 靓 | 罗朝婧 | 林 睿 |
| 计紫藤 | 王佳伟 | 陈 诺 | 王倩怡 | 王赫麟 | 张艺明 |
| 叶 峰 | 王 渊 | 丁翔宇 | 谢泽韬 | 刘仁博 | 李晨阳 |
| 玉鑫霖 | 郁 茜 | 沈 倩 | 谢森锴 | 林子明 | 章缇萦 |
| 邵 阳 | 梁 震 | 吴若昕 | 武晓钰 | 雷美芳 | 张 粲 |
| 李 恩 | 张仲超 | 黄加耀 | 钱 微 | 卜灿华 | 张红荔 |
| 丁一斌 | 谢 巍 | 王 睿 | 陈 冬 | 黄伟源 | 李轶伟 |
| 白 波 | 任舒艳 | 王 宁 | 宗晓萌 | 谢子晗 | 常 青 |
| 隋国才 | 孔荟洁 | 李柳萱 | 苏 昕 | 刘嘉莹 | |

### 信息科学技术学院

| | | | | | |
|---|---|---|---|---|---|
| 余 翔 | 高铭齐 | 岑仕鹏 | 何依波 | 艾雨霏 | 葛 非 |
| 周哲健 | 岳韶华 | 许欣航 | 朱大卫 | 顾超颖 | 黄鑫懿 |
| 魏新明 | 仲殷旻 | 杭心语 | 钟郅能 | 刘俊豪 | 袁新钰 |
| 刘 臻 | 史代璟 | 李国祥 | 郭明非 | 刘 鹏 | 郑书泓 |
| 张文炜 | 李沛珅 | 姜 腾 | 张馨伦 | 李 聪 | 高 一 |
| 余连风 | 聂恺辰 | 陈嘉乐 | 任轩笛 | 潘樾阳 | 刘昭辰 |
| 黎善达 | 游震邦 | 杨昊翔 | 王子恒 | 张远鹏 | 唐浩然 |
| 张凌宇 | 朱子仪 | 李佩轩 | 耿云腾 | 郭资政 | 杜毕安 |
| 宋沛荻 | 马亦骁 | 顾宇晨 | 李翰禹 | 耿逸芃 | 郝世博 |
| 张泽辰 | 肖元安 | 刘俊麟 | 李保霖 | 廖佳珑 | 徐雨晨 |
| 郑元昊 | 郑凌骁 | 陈旭雯 | 丁 睿 | | |

### 国家发展研究院

| | | | | | |
|---|---|---|---|---|---|
| 任昶宇 | 王诗卉 | 阴美琪 | 欧德赟 | 张春峰 | 沃 迈 |
| 杨笑寒 | 胡毅喆 | 成瑞林 | 崔荣钰 | 程 垚 | 徐鸿诚 |
| 刘赞辉 | | | | | |

### 教育学院

| | | | | | |
|---|---|---|---|---|---|
| 柴亦林 | 王钰茹 | 李 波 | 乐惠骁 | 欧阳嘉煜 | 张心悦 |
| 卜尚聪 | 张沛康 | 陈东阳 | 王 静 | | |

### 人口研究所

| | | | | | |
|---|---|---|---|---|---|
| 刘尚君 | 崔牛牛 | 魏 玥 | 吴怡杰 | 陆晓敏 | |

### 前沿交叉学科研究院

| | | | | | |
|---|---|---|---|---|---|
| 尹健行 | 雷 阳 | 陆昊阳 | 熊海清 | 刘晓婷 | 汪 璐 |

伊宗裔　赵　艳　王曼柳　高子晴　郭　行　郑吕钦
李辰威　王子阳　李　楷　朱　耀　赵学亮　李明哲
胡　晗　常瑞恒　韩　愉　谢　娟　林　哲　马　晋
杨　晨

### 工学院

熊佳铭　张　昱　李　珍　汪毅卿　张　帆　许　涛
张仕琦　李美琪　刘文斌　张　驰　王冠邦　龙　浩
章盛祺　倪庆雯　张慧敏　张仕鹏　李双宇　谢书猛
杨祖堤　朱昱东　张天昊　王泽坤　周宇珂　王焱民
王毅然　帅　郁　刘映竹　陈彦润　李重霄　孙宗元
张常喜　袁境阳　金永康　何晓雯　朱炉军　谢锦宸

### 集成电路学院

缪立明　段庆熙　李君实　邹青云　周文博　吴林东

### 计算机学院

常　远　白宗磊　陈方平　黎　洋　赵　菁　苗旭鹏
胡志明　刘炳言　郑雅菁　黄　婧　冯秩健　王春萌
罗子渊　毕　箫　赵光香　张文涛　孙泽宇

### 智能学院

杨朝晖　李祥泰　王　科　蔡佳晋　马晓君　张云庚
孙溢凡　荀向阳

### 电子学院

田　畅　吴天昊　左铭青　胡敬植　金　明　吕逢娇
赵鑫洋　冯雨龙　马方舒　陈荟萃　王艺东　何琦琛

### 城市与环境学院

项松林　申嘉澍　孟文君　王　铮　胡　静　郑君健
韩孟光　万　婕　余颢凡　程浩然　张子墨　王　婷
王德政　赫文琦　汤慧桢　徐　帅　于欣源　郑钞月
李湘怡　席　毅　张倩茹　李龙盛　王祎勋　陈雪琦
李京怡　门亚泰　陈宇昂　赖雨亲　马云骢　高玉涵
银浩博　崔　宇　臧书凝　陈昱龙　王名扬　徐　?
张斯琦

### 环境科学与工程学院

安民得　陈成康　姚　媛　廖可人　张梦雅　蒋青松
香雪莹　韦铭志　马若绮　李　萌　穆　钰　林鹏昇
石家豪　聂齐越　杨佳炜　吉祥玉

### 分子医学研究所

牛延革　许柏林

### 建筑与景观设计学院

吴　莹　揭　华　付宏鹏　薛鹏程

### 新媒体研究院

石　林　熊悠竹　刘梦瑶　邹薪羽　冼芷卉　向灵柯
潘京叶　张　沐

### 燕京学堂

阎若琦　许湛一　刘彦君　廖思潭　林雨虹　王馨怡
戴之依　何依然　叶永高　洪靖旖　罗含艺　王琳琳
冯玮欣

### 现代农学院

刘文文

### 材料科学与工程学院

张　腾　贾博宇　张炜钰　李能旭　张珂新　朱　敏

### 基础医学院

陈映丽　崔若冰　李易为　何启瑜　陈雨菲　赵超然
齐雪涛　邱志维　向　瑞　黄　阳　黄歆梅　游铠强
古丽妮尕尔·安外尔　陈钊铭　吕娇云　李欣洁
李颜行　吴　聘　汤韫祎　曹　峰

### 药学院

热合木哈力·哈加依　詹雨琪　刘晨睿　李韶威
李远非　蒙骏鸿　张　鑫　姜钱晨　吉云鹏　刘明丽
魏琦佳　武　霞　吕传宇　吕子睿　王玺贤　邱　旭
苏晓璇　许青霞　郭　翔　朱思思　赵眉眉　郑舒泽
周小清　南笑珂　袁　硕　刘　睿　闫　仪　林雨星
陆　遥　段嘉伦　李依佳　林　萌　董文靓　黄　涛
周　越　胡　杨　马闻箫　凌鑫宇　张美琪　史宁宁
李海伟　范明华　陈　宽　王子龙

### 公共卫生学院

徐佳琳　鲁欣然　张婉雪　苏米亚·艾合买提江
珠　娜　彭远舟　张佳伟　叶　欣　孙　言　冯黄于飞
刘光奇　林昊翔　云青萍　陈　娟　方嘉堃　李艳辉
陈曼曼　马　雪　汪亚萍　刘佳和　刘翰谕　韩冰峰
杜　敏　韩雨廷　孙一鑫　王小文　樊俊宁　许　璐

### 护理学院

冷敏敏　龚兵艳　胡寅初　于　淼　赵小燕　钱　敏
肖红梅　蓝敏艳　秦爱凝　潘　扬　赵彩芸　乔佳收
李翔宇　侯天姣　刘涵予　张　容　贾鑫磊　郭晨明
张宜竹　左传隆　王宇强

### 医学人文学院

陈雪扬　高迪思　赵嘉琳　龙天音　国泽宇　詹佳欣
曾　治　左　右　代恒森　聂智杰

### 第一临床医学院

李新飞　王姊娟　温妤婕　张文浩　马嘉翼　刘应南
黄　红　张喆楠　李佳润　亢　倩　刘伟康　陈雪晶
赵妍妍　孙蓬飞　朱伟杰　辛晟梁　王　斌　龚　潘
吕博洋　刘　真　王金贵　岳涛华　陈志茂　王诗琪
邓威威　越　雷　曹业迪　王洛依　李俊猛　姚伟健

### 第二临床医学院

胡梦涵　解晋茹　沙娜·哈勒木别克　张志远　袁　睿
卓　睿　高嘉翔　刘显平　符师宁　程　功　蔡震宇
陈成龙　戴一博　房琼璇　冯彩珍　靳林煜　范　源
姜之歆　黄庆山　靳龙阳　刘佳雨　刘思宁　刘思尧
娄景冰　田　昭　王　君　杨文博　杨长江　袁玉松
赵志庆　周星宇　孙　康　张　鹏　赖金惠　森本智惠子

### 第三临床医学院

宋元秀　刘　昕　肖士渝　陈颖彤　肖若陶　路永衢

| 魏枢华 | 梁　伟 | 张　淦 | 颜　昕 | 姜　海 | 廖宝莹 |
| 马佰凯 | 郝　然 | 翟晓丹 | 褚雅歆 | 丁国成 | 刘钰君 |
| 王鼎予 | 刘雨诗 | 付佳钰 | 王银浩 | 陈旭豪 | |

**口腔医学院**

| 陈俊鹏 | 陈　鹏 | 郭燕宁 | 吴政达 | 赵　昳 | 陈嘉怡 |
| 陈思睿 | 金默然 | 李　悦 | 刘承驾 | 牛　钦 | 杨一帆 |
| 韩　烨 | 李淑芳 | 隋慧萍 | 王　丹 | 王丹丹 | 杜杨格 |
| 李晓婵 | 王思仪 | 韩奕能 | 于　敏 | 杜志豪 | 冯诗阳 |
| 苏　琳 | 薛　江 | 张馨元 | | | |

**临床肿瘤学院**

| 白秀梅 | 程思远 | 郭晓轶 | 姜彬彬 | 焦　曦 | 李晨光 |
| 梁琳琳 | 刘子宁 | 石晋瑶 | 田洪瑞 | 王帅亮 | 杨文蕾 |
| 杨　阳 | 于　慧 | 周　欣 | | | |

**精神卫生研究所**

| 阚建宇 | 岳鑫鑫 | 罗翔升 | 林靖宇 | 张安易 | 马运东 |

**第四临床医学院**

| 肖　丹 | 白　帆 | 朱莉雯 | 张苏欣 | 余沐洋 | 刘万利 |
| 陈文政 | 何睿哲 | 蔡荣辉 | | | |

**第五临床医学院**

| 丁一鸿 | 刘小荃 | 林伊雯 | 刘鑫宇 | 张　泽 | 刁振丽 |
| 卓钟灵 | 樊静雯 | | | | |

**中日友好临床医学院**

| 李沛哲 | 高文文 | 张朴丽 | 吕　爽 | 王子禛 | 马　骁 |
| 郭璇骏 | 文星喜 | | | | |

**第九临床医学院**

| 徐龙薇 | 汪雕雕 |

**航天临床医学院**

| 张　利 | 乔笑莹 | 张　乐 | 王莹洁 | 彭贤龙 | 陆　璐 |

**回龙观临床医学院**

| 王蕾蕾 |

**首都儿科研究所**

| 孟　莉 |

**北京地坛医院**

| 孙卓群 |

**解放军 306 医院教学医院**

| 陆盛宇 |

**三〇二临床医学院**

| 穆秀颖 |

**深圳北京大学香港科技大学医学中心**

| 姚玉芳 | 关书远 |

**中医药临床医学院（西苑）**

| 王一帆 |

**第八临床医学院**

| 郭芷均 | 李雅秀 | 刘泳妤 |

（学生工作部）

# 2021—2022 学年北京大学获北京市三好学生名单

| 姓　名 | 专　业 | 年级 |
| --- | --- | --- |
| 范哲睿 | 数学与应用数学 | 2019 |
| 洪嘉妮 | 凝聚态物理 | 2018 |
| 杨天骅 | 物理学 | 2019 |
| 黄超然 | 物理化学 | 2019 |
| 张克嘉 | 生理学 | 2018 |
| 张子晗 | 摄影测量与遥感 | 2019 |
| 李钰灵 | 基础心理学 | 2021 |
| 王　京 | 电子信息 | 2021 |
| 苗　苗 | 广播电视学 | 2020 |
| 徐　刚 | 中国现当代文学 | 2021 |
| 胡新东 | 世界史 | 2020 |
| 胡　沛 | 考古学 | 2018 |
| 刘润东 | 哲学 | 2019 |
| 杨雨洁 | 政治学（比较政治学） | 2021 |
| 金楚楚 | 保险学 | 2019 |
| 宋　扬 | 金融学 | 2019 |
| 白　雪 | 法律硕士（非法学） | 2020 |
| 李　滕 | 法学 | 2020 |

| 姓　名 | 专　业 | 年级 |
| --- | --- | --- |
| 刘佳霖 | 大数据管理与应用 | 2019 |
| 肖志文 | 社会学 | 2019 |
| 漆袁雯 | 公共管理（公共政策） | 2021 |
| 夏铁木 | 阿拉伯语 | 2019 |
| 阎晓阳 | 科学社会主义与国际共产主义运动 | 2021 |
| 张艺璇 | 艺术学理论 | 2020 |
| 肖　霄 | 整合科学 | 2020 |
| 董子航 | 环境工程 | 2020 |
| 翟夏宇 | 经济学（国家发展方向） | 2019 |
| 曹晓婕 | 教育经济与管理 | 2022 |
| 张承蒙 | 人口学 | 2021 |
| 李子尧 | 数据科学（数学） | 2019 |
| 董豪泽 | 理论与应用力学 | 2019 |
| 罗　金 | 微电子学与固体电子学 | 2018 |
| 王炫之 | 计算机软件与理论 | 2020 |
| 曲威名 | 计算机科学与技术（智能科学与技术） | 2021 |
| 李希仁 | 通信与信息系统 | 2020 |
| 王　蕾 | 自然地理与资源环境 | 2019 |

(续表)

| 姓 名 | 专 业 | 年 级 |
|---|---|---|
| 张锦博 | 环境科学与工程（环境管理） | 2021 |
| 温 静 | 戏剧（歌剧艺术） | 2020 |
| 赵 晴 | 中国学（政治与国际关系） | 2021 |
| 李占淼 | 材料物理与化学 | 2018 |
| 陈思行 | 临床医学 | 2021 |
| 龚礼栋 | 系统生物医学 | 2018 |
| 赵家明 | 基础医学 | 2019 |
| 许依诺 | 基础医学 | 2020 |
| 张涵煦 | 临床药学 | 2018 |
| 张宇萱 | 药学 | 2019 |
| 柯雅蕾 | 预防医学 | 2018 |

| 姓 名 | 专 业 | 年 级 |
|---|---|---|
| 来晓真 | 社会医学与卫生事业管理 | 2019 |
| 张 琪 | 护理学 | 2020 |
| 文侃骁 | 马克思主义基本原理 | 2021 |
| 龙 斌 | 医学影像技术学 | 2021 |
| 周庆庆 | 临床医学 | 2017 |
| 张小帅 | 内科学（血液病） | 2020 |
| 韩耕愚 | 临床医学 | 2015 |
| 王嘉怡 | 口腔医学 | 2017 |
| 郑科人 | 肿瘤学 | 2020 |
| 刘宁宁 | 精神病与精神卫生 | 2018 |
| 葛宇峰 | 骨外科学 | 2020 |

（学生工作部）

## 2021—2022 学年北京大学获北京市优秀学生干部名单

| 姓 名 | 专 业 | 年 级 |
|---|---|---|
| 高楚姗 | 汉语言文学 | 2019 |
| 代旸凡 | 数学与应用数学 | 2019 |
| 龙 媛 | 教育经济与管理 | 2021 |
| 武健宇 | 计算机软件与理论 | 2019 |
| 李泽廷 | 汉语言文学 | 2020 |
| 柏艾辰 | 政治学理论 | 2021 |
| 高子妍 | 汉语国际教育硕士 | 2020 |
| 许慧娟 | 新闻与传播硕士 | 2021 |
| 陈诗雨 | 国际经济与贸易 | 2020 |
| 王子涵 | 广播电视学 | 2020 |

| 姓 名 | 专 业 | 年 级 |
|---|---|---|
| 王恩泽 | 地质学（石油地质学） | 2020 |
| 陆薪莲 | 基础心理学 | 2021 |
| 韩佳衡 | 计算机科学与技术（智能科学与技术） | 2021 |
| 王子正 | 材料学 | 2020 |
| 曹梦奇 | 流行病与卫生统计学 | 2020 |
| 冯碧聪 | 肿瘤学 | 2020 |
| 葡苗苗 | 中西医结合临床 | 2021 |
| 刘歌瑶 | 基础医学 | 2019 |
| 许栋梁 | 化学生物学 | 2019 |
| 姚然然 | 内科学（风湿免疫） | 2020 |

（学生工作部）

## 2021—2022 学年北京大学获北京市先进班集体名单

| 院系 | 班级 |
|---|---|
| 信息科学技术学院 | 2021 级本科生 6 班 |
| 心理与认知科学学院 | 2020 级本科生班 |
| 外国语学院 | 2020 级蒙古语本科生班 |
| 环境科学与工程学院 | 2021 级博士生 2 班 |
| 物理学院 | 2019 级大气与海洋科学系研究生班 |
| 元培学院 | 2020 级本科生 4 班 |
| 法学院 | 2020 级本科生 3 班 |
| 马克思主义学院 | 2021 级本科生班 |
| 城市与环境学院 | 2020 级本科城规班 |

(续表)

| 院系 | 班级 |
| --- | --- |
| 考古文博学院 | 2021级本科生班 |
| 新闻与传播学院 | 2021级本科生班 |
| 经济学院 | 2021级本科生5班 |
| 第一临床医学院 | 2021级科研型博士班 |
| 公共卫生学院 | 2019级预防2班 |
| 基础医学院 | 2020级临床4班 |
| 基础医学院 | 2021级临床3班 |
| 医学人文学院 | 研究生2班 |

（学生工作部）

## "北京大学学生年度人物·2022"获奖名单

| 姓名 | 院系 | 年级 |
| --- | --- | --- |
| 甘轲晗 | 体育教研部 | 2020级硕士生 |
| 冯禹昊 | 城市与环境学院 | 2017级博士生 |
| 刘宁宁 | 精神卫生研究所 | 2018级直博生 |
| 杜怡然 | 中国语言文学系 | 2019级本科生 |
| 张小帅 | 第二临床医学院 | 2020级硕士生 |
| 张令仪 | 元培学院 | 2019级本科生 |
| 张涵抒 | 新闻与传播学院 | 2019级本科生 |
| 林织星 | 物理学院 | 2019级本科生 |
| 韩耕愚 | 第三临床医学院 | 2015级八年制博士生 |
| 董晨晖 | 经济学院 | 2017级本科生 |

（学生工作部）

## "北京大学学生年度人物·2022"提名奖学生名单

| 姓名 | 院系 | 年级 |
| --- | --- | --- |
| 李昌晋 | 软件与微电子学院 | 2020级博士生 |
| 宋晓莉 | 燕京学堂 | 2021级硕士生 |
| 屈文鑫 | 哲学系 | 2022级博士生 |
| 王炎庆 | 法学院 | 2017级本科生 |
| 郝晨晨 | 前沿交叉学科研究院 | 2020级博士生 |

（学生工作部）

## 2021—2022学年北京大学"示范班集体"获奖名单

| 院系 | 班级 |
| --- | --- |
| 数学科学学院 | 2021级本科生7班 |
| 物理学院 | 2019级大气与海洋科学系研究生班 |
| 物理学院 | 2021级本科生5班 |
| 生命科学学院 | 2017级研究生3班 |
| 生命科学学院 | 2018级研究生4班 |
| 心理与认知科学学院 | 2020级本科生班 |
| 新闻与传播学院 | 2021级本科生班 |
| 中国语言文学系 | 2021级硕士生班 |
| 中国语言文学系 | 2020级本科生班 |
| 历史学系 | 2020级本科生班 |
| 考古文博学院 | 2021级本科生班 |
| 哲学系 | 2021级本科生班 |
| 国际关系学院 | 2021级硕士班 |
| 国际关系学院 | 2021级博士班 |
| 经济学院 | 2021级本科生5班 |
| 经济学院 | 2019级本科生金融学班 |
| 光华管理学院 | 2021级商业分析硕士班 |
| 法学院 | 2020级本科生3班 |
| 法学院 | 2021级法律硕士（非法学）4班 |
| 社会学系 | 2021级本科生班 |
| 政府管理学院 | 2021级本科生班 |
| 外国语学院 | 2020级蒙古语本科生班 |
| 外国语学院 | 2020级阿拉伯语本科生班 |
| 马克思主义学院 | 2021级本科生班 |
| 艺术学院 | 2021级本科生班 |
| 对外汉语教育学院 | 博士生班 |
| 元培学院 | 2020级本科生4班 |
| 元培学院 | 2019级本科生4班 |
| 深圳研究生院 | 新材料学院材料物理与化学专业2020级硕博班 |
| 深圳研究生院 | 汇丰商学院2021级金融3班 |
| 信息科学技术学院 | 2021级本科生6班 |
| 教育学院 | 2021级硕士班 |
| 工学院 | 2020级本科理力班 |
| 智能学院 | 2021级机器感知研究生班 |
| 电子学院 | 卫星班 |
| 城市与环境学院 | 2020级本科城规班 |
| 城市与环境学院 | 2020级博士班 |

（续表）

| 院系 | 班级 |
| --- | --- |
| 环境科学与工程学院 | 2021级博士生2班 |
| 歌剧研究院 | 2020级研究生班 |
| 新媒体研究院 | 2021级硕士班 |
| 材料科学与工程学院 | 2018级博士班 |
| 医学部 | 2020级临床1班 |
| 医学部 | 2020级临床4班 |
| 医学部 | 2021级临床3班 |
| 医学部 | 2019级预防1班 |
| 医学部 | 2019级预防2班 |
| 医学部 | 营养与食品卫生学系研究生班 |
| 医学部 | 儿童与青少年卫生学研究生班 |
| 医学部 | 医学人文学院研究生2班 |
| 医学部 | 2018级临床1班 |
| 医学部 | 2020级科研博士班 |
| 医学部 | 2021级科研博士班 |

（学生工作部）

## 2021—2022学年北京大学"先进班集体"获奖名单

| 院系 | 班级 |
| --- | --- |
| 数学科学学院 | 2021级硕士1班 |
| 数学科学学院 | 2020级本科4班 |
| 数学科学学院 | 2021级本科5班 |
| 数学科学学院 | 2021级本科生3班 |
| 物理学院 | 2020级本科1班 |
| 物理学院 | 2021级本科2班 |
| 物理学院 | 2021级本科3班 |
| 化学与分子工程学院 | 2021级本科1班 |
| 化学与分子工程学院 | 2020级本科1班 |
| 化学与分子工程学院 | 2021级本科生2班 |
| 化学与分子工程学院 | 2019级研究生班 |
| 生命科学学院 | 2020级生化分医班 |
| 生命科学学院 | 2020级本科生理细胞班 |
| 地球与空间科学学院 | 2021级本科1班 |
| 地球与空间科学学院 | 2021级本科5班 |
| 地球与空间科学学院 | 2020级本科生1班 |
| 地球与空间科学学院 | 2021级本科生2班 |

(续表)

| 院系 | 班级 |
| --- | --- |
| 心理与认知科学学院 | 2021级本科生班 |
| 心理与认知科学学院 | 2021级博士生班 |
| 软件与微电子学院 | 2021级英杰三苑 |
| 软件与微电子学院 | 2021级燕南二苑 |
| 软件与微电子学院 | 2021级燕南四苑 |
| 软件与微电子学院 | 2021级英杰（科技）一苑 |
| 软件与微电子学院 | 2021级MEM一苑 |
| 新闻与传播学院 | 2021级学硕班 |
| 新闻与传播学院 | 2021级专硕班 |
| 中国语言文学系 | 2021级本科生班 |
| 中国语言文学系 | 2021级博士生班 |
| 历史学系 | 2021级本科生班 |
| 历史学系 | 2021级博士生班 |
| 考古文博学院 | 2021级硕士班 |
| 考古文博学院 | 2021级博士班 |
| 哲学系 | 2021级硕士班 |
| 哲学系 | 2021级博士班 |
| 国际关系学院 | 2021级本科班 |
| 国际关系学院 | 2020级本科2班 |
| 经济学院 | 2020级本科国际经济与贸易系 |
| 经济学院 | 2021级税务硕士 |
| 光华管理学院 | 2021级本科4班 |
| 光华管理学院 | 2021级金融硕士班 |
| 光华管理学院 | 2021级全日制国际MBA班 |
| 光华管理学院 | 2021级本科生1班 |
| 法学院 | 2021级法律硕士（非法学）1班 |
| 法学院 | 2021级法律硕士（非法学）2班 |
| 法学院 | 2020级博士班 |
| 信息管理系 | 2021级博士生班 |
| 信息管理系 | 2021级本科生2班 |
| 信息管理系 | 2021级硕士生班 |
| 社会学系 | 2021级学术硕士班 |
| 社会学系 | 2021级社会工作硕士A班 |
| 政府管理学院 | 2020级博士班 |
| 政府管理学院 | 2021级硕士班 |
| 外国语学院 | 2019级俄语本科生班 |
| 外国语学院 | 2021级俄语本科生班 |
| 外国语学院 | 2021级西班牙语本科生班 |
| 马克思主义学院 | 2021级硕士生1班 |
| 马克思主义学院 | 2021级博士生1班 |

（续表）

| 院系 | 班级 |
| --- | --- |
| 体育教研部 | 2020级硕士班 |
| 体育教研部 | 2021级硕士研究生班 |
| 艺术学院 | 2020级本科班 |
| 艺术学院 | 2021级博士班 |
| 对外汉语教育学院 | 2020级汉语国际教育硕士生班 |
| 对外汉语教育学院 | 2021级汉语国际教育硕士生班 |
| 元培学院 | 2021级1班 |
| 元培学院 | 双学籍飞行学员班 |
| 元培学院 | 2020级3班 |
| 深圳研究生院 | 国际法学院2021级法硕4班 |
| 深圳研究生院 | 城市规划与设计学院2020级城规班 |
| 深圳研究生院 | 国际法学院2021级2班 |
| 信息科学技术学院 | 2020级8班 |
| 信息科学技术学院 | 2020级4班 |
| 信息科学技术学院 | 2021级4班 |
| 信息科学技术学院 | 2019级本科生1班 |
| 国家发展研究院 | 2020级本科生班 |
| 国家发展研究院 | 高年级研究生班 |
| 国家发展研究院 | 2021级研究生班 |
| 教育学院 | 2020级教育博士（EDD）班 |
| 人口研究所 | 2021级专硕班 |
| 人口研究所 | 2020级学硕班 |
| 前沿交叉学科研究院 | 2020级生医班 |
| 前沿交叉学科研究院 | 2021级CLS2班 |
| 前沿交叉学科研究院 | 2021级CLS1班 |
| 前沿交叉学科研究院 | 2021级科技医史班 |
| 工学院 | 19博求实班 |
| 工学院 | 21博力行1班 |
| 工学院 | 2020级本科力工源班 |
| 集成电路学院 | 微电子系统集成芯片研究生班 |
| 计算机学院 | 计算机网络所班 |
| 计算机学院 | 计算机系统结构研究生班 |
| 城市与环境学院 | 2020级本科人文班 |
| 城市与环境学院 | 2021级硕士人文班 |
| 环境科学与工程学院 | 2021级本科生班 |
| 环境科学与工程学院 | 2020级本科生班 |
| 建筑与景观设计学院 | 2021级全日制风景园林硕士班 |
| 新媒体研究院 | 2021级博士班 |
| 新媒体研究院 | 2020级博士班 |
| 燕京学堂 | 2021级硕士2班 |

(续表)

| 院系 | 班级 |
| --- | --- |
| 燕京学堂 | 2021级硕士3班 |
| 现代农学院 | 2021级博士生班 |
| 医学部 | 2021级临床一班 |
| 医学部 | 药学2020级4班 |
| 医学部 | 研究生二班 |
| 医学部 | 研究生三班 |
| 医学部 | 英语（医学英语）2020级本科班 |
| 医学部 | 护理学院2021级1班 |
| 医学部 | 2019级临床1班 |
| 医学部 | 2018级临床3班 |
| 医学部 | 2019级临床3班 |
| 医学部 | 研究生10班 |
| 医学部 | 口腔修复研究生班 |
| 医学部 | 2021级研究生班 |

（学生工作部）

## 2021—2022学年北京大学"示范学生宿舍"获奖名单

| 宿舍 | 院系 | 成员 |
| --- | --- | --- |
| 畅春新园3号楼330 | 教育学院 | 曹宇莲、冯沁雪 |
| 35楼407 | 元培学院 | 乔欣然、刘福兴、郑浩、靳博雅 |
| 万柳公寓2区506C | 外国语学院 | 孔昱、毛凤麟、周桂榕、姜莹 |
| 勺园3号楼-3-3305 | 艺术学院<br>马克思主义学院 | 李睿康、丁广昊 |
| 41楼526 | 化学与分子工程学院 | 张润弘、张楠、张子璇 |
| 32楼307 | 外国语学院 | 于悦、徐明佳、童思齐、王哲雯 |
| 勺园1号楼5-1510 | 考古文博学院<br>哲学系 | 钟俊宁、杨军洁 |
| 42楼417 | 政府管理学院 | 韩毅、钱文杰、陈俊江、任超 |
| 45乙楼332 | 信息科学技术学院 | 宁致远、张子苏、高奕鹏、陈宇杰 |
| 36楼221 | 法学院 | 李国浩、肖睿、钱图、李想 |
| 35楼509 | 元培学院 | 赵栩顗、叶雨青、王葭、袁梓晴 |
| 32楼454 | 新闻与传播学院 | 许雅迪、刘慧莹、曾曼、周雯婷 |
| 35楼429 | 元培学院 | 李泓锦、邵子丰、韩坤朗 |
| 32楼209 | 国家发展研究院<br>信息管理系<br>新闻与传播学院 | 张芷若、范皓敏、韦杨珂、赵思琪 |
| 万柳公寓3区334 | 国际关系学院 | 王胤兆、王振鹏、王知山、夏苏伟 |

（学生工作部）

## 第十三届北京大学"学生五·四奖章"获奖学生名单

| 姓名 | 院系 | 年级 |
|---|---|---|
| 郭资政 | 信息科学技术学院 | 2018级本科生 |
| 王鼎予 | 第三临床医学院 | 2014级八年制博士生 |
| 李子尧 | 前沿交叉学科研究院 | 2019级博士生 |
| 隋雪纯 | 中国语言文学系 | 2019级硕士生 |
| 张翊轩 | 哲学系 | 2019级博士生 |
| 吴清玉 | 数学科学学院 | 2018级本科生 |
| 安倬玉 | 第二临床医学院 | 2017级本科生 |
| 刘钊 | 城市与环境学院 | 2020级博士生 |
| 郑世胜 | 深圳研究生院 | 2020级博士生 |
| 胡若成 | 生命科学学院 | 2018级博士生 |

（学生工作部）

## 第十三届北京大学"班级五·四奖杯"获奖班级名单

| 院系 | 班级名称 |
|---|---|
| 物理学院 | 2019级本科生1班 |
| 心理与认知科学学院 | 2019级本科生班 |
| 历史学系 | 2019级本科生班 |
| 哲学系 | 2019级硕士生班 |
| 政府管理学院 | 2020级本科生班 |
| 马克思主义学院 | 2020级博士生2班 |
| 元培学院 | "双学籍"飞行学员班 |
| 工学院 | 2019级本科机器人工程班 |
| 第三临床医学院 | 2016级临床三班 |
| 药学院 | 研究生四班 |

（学生工作部）

## 第十一届"北京大学十佳学生党支部书记"名单

| 姓名 | 院系 | 年级 |
|---|---|---|
| 丰润芝 | 深圳研究生院国际法学院 | 2020级硕士 |
| 毛俊欢 | 马克思主义学院 | 2020级硕士 |
| 龙媛 | 教育学院 | 2021级硕士 |

(续表)

| 姓名 | 院系 | 年级 |
|---|---|---|
| 毕 悦 | 经济学院 | 2019级博士 |
| 吕芳卉 | 哲学系 | 2020级硕士 |
| 许晓庆 | 药学院 | 2019级硕士 |
| 李佳斌 | 地球与空间科学学院 | 2020级硕士 |
| 姜晓珺 | 社会学系 | 2018级本科 |
| 郭佳琦 | 物理学院 | 2019级博士 |
| 颜 丽 | 艺术学院 | 2018级本科 |

（学生工作部）

# 2021—2022学年北京大学学生个人奖励获奖名单

### 三好学生标兵

**数学科学学院**

杨成浪　周国庆　刘洪飞　蔡振豪　段剑儒　魏易凡
聂宇辉　忻宇辰　史庭潇　范哲睿　林鸿斌　何世航
黄凤麟　冯宣瑞　陈怿阳　唐博文　王若禹　黄婧扬
肖行健　朱竞宇

**物理学院**

段晓苇　张　璐　盛珊珊　洪嘉妮　王姝婧　傅　杨
刘殊恒　张戈辉　吴泽峰　余修铭　苏士皓　李成翊
王任飞　骆　超　张　璐　谷平凡　庄钰晨　戴天祥
杨怀远　贡晓荀　张哲伦　刘雨霖　何沛一　王子铭
叶沈镛　程谋阳　卢志垚　杨天骅　朱乘风　李　享
王　程　吴天可

**化学与分子工程学院**

范慧敏　黄可闻　张　攀　黄志贤　李子安　张羽萱
王雪丽　黄超然　袁　昊　程祥松　魏旭炎　艾宇航
李恒宇　王　瀚　王世豪　李嘉颢　王康安　黄章毅
李皓宇　叶晨熙

**生命科学学院**

吴则开　覃艺芝　宋　璞　刘春浩　黄新平　张克嘉
李其昀　唐慧贤　丁　力　陈晓宇　赵樟贻　唐宇巍
蔡清远　杨霄翔　马启为　鲁彬悦　何海鉴

**地球与空间科学学院**

陈雪倩　衣可心　王瑞敏　张子晗　刘帅奇　樊文智
张　驰　刘　佳　姜金廷　罗哲楷　马千一　贺群超
苏　遨　陈　啸　秦　昊

**心理与认知科学学院**

刘远泽　曹　毅　李钰灵　陆冰婕　赵志睿　欧阳韵妍

**软件与微电子学院**

毋　忧　沈梦岚　张子晴　王　京　王　奕　栾淋渝
张栩铮　罗晟泽　罗子衿　刘丁一　李卓识　屈　含
陈信鹏　孙启东　涂　嬁　孙新栋　屈新宇　彭　婷
侯冠旺　刘　珂　孟子杰　陈　光　张迩瀚　邹明明
王睿鑫　唐海铭　刘泽逸

**新闻与传播学院**

张文杰　杜翊铭　荣沐华　姜　倩　苗　苗　甘鹏祺
金姝含

**中国语言文学系**

谢文君　殷　玥　罗乙童　曹艺舰　刘贝嘉　程浩芯
徐　刚　李雨轩　周　天　宋　喆　詹　艺　胡天宇
周方绮　朱旭东　刘珈延　田　原

**历史学系**

余　越　潘米奇　施世泉　宋上上　王　琛　徐伟喆
黄心铭　胡新东　王昱程

**考古文博学院**

胡　沛　肖　芮　李松阳　王薞荃　洪逸凡　赵一诺

**哲学系**

王一鸣　高　源　杨军洁　康峻川　屈文鑫　黄运畅
刘润东　聂畅来　仲冠宇

**国际关系学院**

刘庆龙　王胤兆　周　真　吴焕琼　杨雨洁　张睿阳
孙雨馨　王雲霖　吴楚格　胡　媛　何佳倍　王祁祁
谢锦伟　沈　诺

**经济学院**

闫　昱　艾美彤　谢婷婷　朱宇轩　张文佳　姚于超
张昊骞　金楚楚　刘万雄　柳昀瀚　付博文　孙泽辉
闫天傲　范一含　任妍乐

### 光华管理学院

| | | | | | |
|---|---|---|---|---|---|
| 董卉宁 | 李元哲 | 张昆贤 | 胡华清 | 雷咏荃 | 曲铁男 |
| 伍书缘 | 韩　雪 | 王思远 | 韩政沅 | 钟艳琦 | 杨雨鑫 |
| 李剑雄 | 宋　扬 | 杨滨澳 | 杨泽浩 | 周昊明 | 姜梦琪 |
| 黄咏佩 | 蔡雨彤 | 郭宇晨 | 车天翊 | 程文奇 | 李敏之 |

### 法学院

| | | | | | |
|---|---|---|---|---|---|
| 杨　浩 | 潘　宁 | 盛　俊 | 王璐瑶 | 何世秘 | 白　雪 |
| 姚　瑶 | 靳澜涛 | 李舒豪 | 周思伟 | 卢俊妃 | 郑安琪 |
| 王思庆 | 胡皓然 | 李馥含 | 姚子健 | 金　容 | 王钰凯 |
| 郑晏陶 | 曾德明 | 李　滕 | 张旭冉 | 江雅婕 | 张梓萌 |
| 赵君豪 | 耿祯芷 | 刘　容 | | | |

### 信息管理系

| | | | | | |
|---|---|---|---|---|---|
| 陆滢竹 | 陈丹蕾 | 刘佳霖 | 刘映彤 | 高　锜 | 杜咏曦 |

### 社会学系

| | | | | | |
|---|---|---|---|---|---|
| 周逸然 | 黄钰婷 | 谷俞辰 | 秦　滔 | 肖志文 | 侯安琪 |
| 喻铃茜 | | | | | |

### 政府管理学院

| | | | | | |
|---|---|---|---|---|---|
| 漆袁雯 | 李雪纯 | 刘丛丛 | 张可安 | 张洪鸣 | 郭敏川 |
| 陈家琪 | 周星宇 | 芦家溪 | | | |

### 外国语学院

| | | | | | |
|---|---|---|---|---|---|
| 胡昕怡 | 黄佳瞳 | 毛文丽 | 邓纬琳 | 宣奔昂 | 胡　颖 |
| 郭靖媛 | 阿娅古兹·木合亚提 | | 惠　婧 | 冯祺洋 | |
| 曾玥珂 | 夏铁木 | 嵇真妍 | 戴蓉瑄 | 张馨尹 | 陈静霖 |
| 许政哲 | 陈　响 | 赵逸之 | | | |

### 马克思主义学院

| | | | | |
|---|---|---|---|---|
| 阎晓阳 | 林修能 | 蓝睿妮 | 张兆涵 | 董　慧 |

### 体育教研部

赵伯楠

### 艺术学院

| | | |
|---|---|---|
| 张艺璇 | 严婧瑞 | 董晴晴 |

### 对外汉语教育学院

| | |
|---|---|
| 王亚敏 | 刘　恬 |

### 元培学院

| | | | | | |
|---|---|---|---|---|---|
| 宋昊坤 | 周　添 | 邵奕佳 | 张令仪 | 高云浩 | 蒋祖志 |
| 王杜宸 | 万竞天 | 刘睦达 | 杨　旭 | 张　奕 | 肖　霄 |
| 王安琪 | 唐明川 | 周书珺 | 范欣乐 | 巫致远 | 潘凝心 |
| 钱炜楠 | | | | | |

### 深圳研究生院

| | | | | | |
|---|---|---|---|---|---|
| 王骥驰 | 郁明佳 | 李沁芯 | 王霈萱 | 丁飞龙 | 俞婧一 |
| 郑世胜 | 王　晗 | 周婉君 | 牟　冲 | 曾灵娉 | 黄　敖 |
| 季昊铖 | 张洪攀 | 刘昊阳 | 刘发扬 | 钱　韵 | 郑佳佳 |
| 翟思涵 | 张惠宇 | 钱妍菲 | 董子航 | 孙凡博 | 郭　洋 |
| 李文豪 | 邵明帅 | 王华棋 | 马赵铭 | 曹　蒙 | 杨伊晴 |
| 卿志能 | 赵丽君 | 刘　姝 | 冯华昊 | 高思琴 | 马明辉 |
| 莫潇晗 | 周清扬 | 冯筱箐 | 李安华 | 汤希珍 | 李　威 |
| 刘艺萱 | 李吉业 | | | | |

### 信息科学技术学院

| | | | | | |
|---|---|---|---|---|---|
| 宋怡馨 | 陈天朗 | 唐　楠 | 郭和毓 | 秦　昊 | 李沿橙 |
| 陈齐治 | 吴悦欣 | 韩　勤 | 王逸安 | 覃义方 | 董欣然 |
| 锺　正 | 孙诗卉 | 潘泽伦 | 钟婷婷 | 许嘉文 | 曹修齐 |
| 王立楹 | 向昱行 | 张泽一 | 孟嘉豪 | 刘勋鹏 | 胡晋侨 |
| 唐正举 | | | | | |

### 国家发展研究院

| | | | | |
|---|---|---|---|---|
| 田瑞泽 | 胡诗云 | 翟夏宇 | 聂弘宇 | 姜子涵 |

### 教育学院

| | | |
|---|---|---|
| 王文静 | 张　鹏 | 曹晓婕 |

### 人口研究所

张承蒙

### 前沿交叉学科研究院

| | | | | | |
|---|---|---|---|---|---|
| 齐　烨 | 张亭亭 | 李杨立志 | 宋其涛 | 荆兆坤 | 付禹豪 |
| 江文宏 | 邹卓宁 | 梁　爽 | 杨　军 | 师亚波 | 王琪润 |
| 李子尧 | 叶子凌锋 | 薛冰聪 | 邹文卉 | 胡思梦 | 尹静宜 |

### 工学院

| | | | | | |
|---|---|---|---|---|---|
| 许得豪 | 吴　东 | 李媛媛 | 武明信 | 荣光耀 | 李庆美 |
| 曹　璐 | 安　钰 | 王博涵 | 袁作楹 | 邱　昊 | 黄奕喆 |
| 李济泽 | 董豪泽 | 周益萱 | 陈家麈 | 郎青林 | 张艺馨 |
| 王奕博 | | | | | |

### 集成电路学院

| | | |
|---|---|---|
| 罗　金 | 周　晔 | 刘云飞 |

### 计算机学院

| | | | | | |
|---|---|---|---|---|---|
| 高　坤 | 陈宏崟 | 王炫之 | 李　佳 | 李　磊 | 段沛奇 |
| 代达劢 | 沈　彧 | 冉德智 | | | |

### 智能学院

| | | | |
|---|---|---|---|
| 唐业辉 | 杨天猛 | 刘岱宗 | 曲威名 |

### 电子学院

| | | | | |
|---|---|---|---|---|
| 黄　琪 | 方先松 | 江逸凡 | 李希仁 | 张子文 |

### 城市与环境学院

| | | | | | |
|---|---|---|---|---|---|
| 贺　勇 | 张亦晨 | 刘　钊 | 刘亚歌 | 熊　瑞 | 马　雪 |
| 郑淑绣 | 詹子歆 | 王　蕾 | 王菀婧 | 张一铭 | 汪　涛 |
| 周子杰 | 梁皓朝 | | | | |

### 环境科学与工程学院

| | | | | | |
|---|---|---|---|---|---|
| 刘福洋 | 陈柳州 | 李金城 | 陈　龙 | 张锦博 | 王瀚喆 |
| 李叶同 | | | | | |

### 歌剧研究院

温　静

### 建筑与景观设计学院

袁　艺

### 新媒体研究院

隋　垚

### 燕京学堂

| | |
|---|---|
| 赵　晴 | 宋晓莉 |

### 现代农学院

周　涵

### 材料科学与工程学院
李占淼　张　琨

### 未来技术学院
郭　倩　汪　冬　白云飞

### 基础医学院
刘雪松　殷　悦　龚礼栋　原　梦　叶恺轩　李之夏
吴　睿　史钰琨　韩子川　宋若辰　鲍雨桐　陈思行
侯佳毓　刘羽辰　卓莹莹　高昱华　赵家明　孔　纯
伍　铤　冯相晔　许依诺　陈依灵　赵梓墨　吴兴源
杨丰瑞　白文斌　胡亦桐　李芝谕　刘　畅　张嵩林
余师剑　冯金秋　富烨楠　高浩萌　单文心　陈玟君
胡雨萌

### 药学院
姚　璐　包纯洁　申卫国　张　梦

### 护理学院
张　琪　李雨轩　陈　竹

### 第一临床医学院
陈　凯　樊碧娆　张　璐　周庆庆　金怡婧　邓睿逸
刘耀琨　王琦琦　刘幸子　刘　想　朱振鹏　刘艺琪
江　路　孙兆男

### 第二临床医学院
宋宇轩　王培宇　张小帅　钟丰耘　袁晓秋　卢柯嘉
郑文韬　黄　齐　李翔倩　林易霖　宓嘉辉　王婧元
钟灵芝

### 第三临床医学院
韩耕愚　董芮岚　邱卫鹏　杜凯玥　马　俊　孟祥彬
杨　萍　曹亚磊　向　乾　陈　锐　张方雪　刘芬婷
孙希雅　郭翼宁

### 药学院
李信宇　高长乐　徐自启　门艳晨　张宇萱　汪晓娅
陈毓凌　赵恪锐　胡志斌　李步垚　董伟东　李佩珊
张涵煦　陈　敏　潘宇飞

### 公共卫生学院
杨子铭　柯雅蕾　王鑫宇　王　璐　游以勒　国汐如
李璐迪　党佳佳　周　双　王裕新　王雪纯　王宗斌
郭　怡　来晓真　尹　宁

### 护理学院
陈一扬　陈雅楠　宋玉格　王　阔　方雨希

### 医学人文学院
王若兮　陈洁莹　李雪彬　黄黎烜　王　鞠　文侃骁

### 医学技术研究院
聂广坤　龙　斌

### 口腔医学院
陈欢欢　苏兰馨　王嘉怡　赵光普　张玮钰　李语晨
张婧琳　蒋文婷　陈一铭　赵　菡　俞歆蕾　陶安琪
毛雅晴

### 临床肿瘤学院
樊笑晗　郏科人　刘添齐　热依扎·努尔苏力坦
万　萌

### 精神卫生研究所
卢　喆　刘宁宁

### 第四临床医学院
陈燕超　房彦名　葛宇峰

### 第五临床医学院
谭颖婷　崔　燕

### 中日友好临床医学院
马昊雯　宁小荔　王倩倩

### 航天临床医学院
黄久天

### 回龙观医院
勾梦壮

### 深圳北京大学香港科技大学医学中心
肖湛松

### 首都儿科研究所
陈叶诗

### 台港澳学生
游卓華　陈正晖

## 三好学生

### 数学科学学院
陈　琪　辜睿皓　李新宇　孙纬地　洪　韬　季　策
张　祥　杨钦宇　李通宇　杨德鼎　何开泰　喻星纯
林诗韵　肖新宇　韩如冰　刘　昱　陈宇凡　杨晨曦
杨宇轩　袁弘睿　王　辰　赵朝熠　胡文杰　罗　月
陈慧萍　陈泽坤　李　佳　刘海阳　李昭晨　黎威辰
叶馨阳　金则宇　齐文轩　刘雅菁　赵康甯　谢添雨
李师铨　欧阳铭晖　王　莹　夏晨曦　林　挺　赵美涵
刘　震　杜　斌　陈　凡　王泽宇　梁思威　李朴恒
张奕恺　谷肇兴　金及凯　赵文浩　徐嘉骛　郭　纬
孙云泽　陈乐恒　李章颂　陈博文　李东晨　熊穗宁
李盛石　刘方霁　凌琬怡　李翊昆　李夏鲲　景虹皓
段钦瀚　敖睿成　陈钇冰　刘　遥　黄启昀　徐啸宇
郭宇扬　梁力元　康　铮　孙谌劼　刘枭男　谭宜安
陈　航　程锐诚　胡永乐　唐语阳　尹　顺　费雨缪
依　嘉　刘俊杰　李彦捷　曹宇淇　程梓恒　吴宇阳
詹可尧　刘宇扬　郝思越　邹海军　温家睿　刘陈成
李晨毅　魏泽明　王涵宿　詹子鹏　李鸣翀　黄金洲
杨新叶　徐启恒　刘明昊　吕一恒　吴魏木菲　禄子宸
王晨宇　韦　晨　郭泓辰　吴秉阳　刘宇东　王子一点
杨力源　李新宇　陈锐韬　金晟治　李　佳　赵佳滢
王　彬　苏语诺　娄峻赫　刘锴昭　郭胜涛　王家民

程子劼　何　俊

## 物理学院

| | | | | | |
|---|---|---|---|---|---|
| 刘丹烁 | 王朕铎 | 祝　亮 | 薛朝航 | 刘　洲 | 张光帅 |
| 孔德锋 | 黄逸婧 | 周佳欣 | 史芳菲 | 武　媚 | 刘振禹 |
| 杨　童 | 宫　明 | 脱心宇 | 黄　嘉 | 王子鹏 | 时若晨 |
| 刘　畅 | 何任川 | 田晓青 | 劳怡楠 | 胡天晨 | 关　鑫 |
| 吴葆春 | 周紫薇 | 潘　琮 | 刘国栋 | 张舒童 | 余雪佳 |
| 李　娜 | 陈　皓 | 聂靖昕 | 时　铭 | 宋易知 | 高　勇 |
| 吕　岩 | 黄　月 | 李文秀 | 张也阳 | 张　明 | 李荣生 |
| 任颖慧 | 王家宝 | 魏广昊 | 吕建锋 | 姜朋佐 | 闫明羽 |
| 韩尔逊 | 黄志远 | 梁中宇 | 齐慧欣 | 范家豪 | 彭梓洋 |
| 吴　迪 | 许峰玮 | 赵　双 | 高　峰 | 方永康 | 刘　裕 |
| 郭懿萱 | 杨涵崴 | 茹星语 | 王　舜 | 叶兴国 | 李衢智 |
| 李佳怡 | 李聪乔 | 李昱泽 | 潘志伟 | 吴蒙蒙 | 赖燕红 |
| 陆　易 | 李　可 | 池昱霖 | 张丹丹 | 李　昊 | 朱　杰 |
| 潘　宇 | 邹士涛 | 廖　琨 | 刘千锐 | 郭金辉 | 孟家伟 |
| 王　昊 | 张　凯 | 徐嘉钰 | 戚嘉杰 | 李曙琨 | 王宇飞 |
| 刘　杰 | 欧　仪 | 吴振鹏 | 刘越峰 | 陈紫雯 | 黎顺德 |
| 潘江辉 | 刘伽晨 | 郝立宇 | 汪品源 | 刘冠宇 | 申尚昆 |
| 王卿赫 | 李延东 | 王一杰 | 杨一龙 | 孙　文 | 刘子涵 |
| 梁　栋 | 杨天一 | 张子熠 | 余旭东 | 王俊谌 | 王泽人 |
| 沈　可 | 要昌雨 | 李永康 | 邓文泰 | 许兆晖 | 吴伟霖 |
| 蒋　锐 | 马宇琦 | 陈贝乐 | 张舒涛 | 李尊祺 | 戴天翔 |
| 吴嘉晟 | 严　周 | 母道明 | 吴熙楠 | 陈佳炜 | 杨　轩 |
| 冯杰超 | 卢　韬 | 张芳瑞 | 刘泫天 | 吴梓豪 | 文雨涵 |
| 王梓钰 | 张明杰 | 郭雨轩 | 冷　骏 | 朴泰骏 | 胡杰瑞 |
| 高光启 | 袁竞择 | 鄢　维 | 蔡　雄 | 陈煜星 | 李逸晨 |
| 柳天昊 | 汤齐宇 | 魏　欣 | 吴翔昊 | 易琴砚 | 满来福 |
| 刘乐天 | 梅文聪 | 许　睿 | 胡靖东 | 顾睿哲 | 喻翼航 |
| 周立杭 | 孟子颜 | 侍恺悦 | 方尤乐 | 李立捷 | 艾逸文 |
| 李博熙 | 杨一秋 | 冯禹铭 | 黄一鸣 | 鲍雷栋 | 周文杰 |
| 严文松 | 于宸峥 | 魏子淇 | 曹陈华睿 | 罗启源 | 陈沐阳 |
| 高可人 | 康泽新 | 郭子煊 | 刘宇堃 | 王晨岩 | 陈力佳 |
| 肖明暄 | 黎旭扬 | 章弘毅 | 郑梓翔 | 仝佳驹 | 韩佳恒 |
| 戚焕隆 | 侯圣贤 | | | | |

## 化学与分子工程学院

| | | | | | |
|---|---|---|---|---|---|
| 刘德佳 | 梁杰锋 | 张锦文 | 高子睿 | 王倩雯 | 周雪涵 |
| 杨远帆 | 孔　娅 | 李　昊 | 丁静怡 | 张亦弛 | 孙啸尘 |
| 李　逸 | 孙晗力 | 陈　含 | 华汪德 | 陈煜楠 | 焦宇晨 |
| 邓梦平 | 肖超玲 | 王以诚 | 张子璇 | 尹致远 | 陆泽康 |
| 聂韩秋 | 谢明澍 | 刘环宇 | 韩世怡 | 张芮兰 | 霍培吾 |
| 张少君 | 白旭东 | 梁舒瑜 | 李　悦 | 翁超群 | 林　畅 |
| 梁晓阳 | 张　茜 | 刘若娟 | 孙　荣 | 吴东山 | 蔡国鸿 |
| 杨可心 | 于梦诗 | 王常伦 | 程香月 | 詹佶睿 | 魏　瑶 |
| 梁　轩 | 王卓琦 | 胡悦聪 | 吴昊天 | 李世蕴 | 黄智强 |
| 张泽岳 | 赵效乐 | 王　婕 | 付鹏翔 | 李芯仪 | 李佳烨 |

| | | | | | |
|---|---|---|---|---|---|
| 许义飞 | 杨钰垚 | 陈季俞 | 袁　元 | 张　航 | 蔡奕腾 |
| 李欣雨 | 李瑞杰 | 孟闻涛 | 沈　扬 | 张玉柔 | 冯来仪 |
| 王慎行 | 王右葭 | 郭一凡 | 王思涵 | 李易敏 | 张益海 |
| 张　蒙 | 喻琪锐 | 罗伟梁 | 丁文好 | 张行远 | 赵兆麒 |
| 鲁承昊 | 祝晨旭 | 曹　畅 | 毕诚奥 | 任培哲 | 任可沅 |
| 陈硕航 | 杨广青 | 李林曦 | 佘新宸 | 刘晓宇 | 徐　臻 |
| 余安琪 | 李　想 | 李昭阳 | 胡奕杰 | 沈天放 | 施惟明 |
| 苏　亚 | 孙艺航 | 吴杨皓天 | 郁子轩 | 赵鹏傲 | 邓　逸 |
| 杨镱轩 | 武承文 | 蔡浩然 | 邵　原 | 赵思诚 | 杜欣煜 |
| 和沛淼 | 李一杰 | 田宇齐 | 刘飞宇 | 陈越周 | 高泽人 |

## 生命科学学院

| | | | | | |
|---|---|---|---|---|---|
| 牛佳浩 | 李　琪 | 宝　颖 | 刘子怡 | 王龙腾 | 王艺橙 |
| 王祎铭 | 沈　凤 | 吴大木 | 刘静言 | 黄　钰 | 陈　红 |
| 潘　倩 | 杨　甜 | 谢　思 | 容玉琳 | 刘天旭 | 秦世尚 |
| 张梦凌 | 王书玉 | 陈　欣 | 何　清 | 陈坷璇 | 刘　艺 |
| 杨　璐 | 孙朝黎 | 胡若成 | 庄　元 | 吴顺康 | 杨　琪 |
| 宋珂鑫 | 申钰荥 | 唐元桃 | 徐　昇 | 许杞钦 | 徐翔宇 |
| 祁淑悦 | 张思煜 | 扈　琪 | 兰广毅 | 勾润宇 | 康锦瑞 |
| 徐　泽 | 董　浩 | 张一帆 | 卫　敏 | 徐艺源 | 王雅琦 |
| 胡雪莹 | 杨锦民 | 王　洁 | 白　雪 | 黄莹莹 | 刘振宇 |
| 彭兰慧 | 王宣宁 | 李子煜 | 包丽君 | 魏　然 | 李雪桐 |
| 王洪光 | 冉云帆 | 岳博卿 | 张晨妍 | 赵允执 | 唐皓轩 |
| 顾臻宜 | 张子乐 | 高尹伟业 | 朱泓宇 | 王天泽 | 苗桐菲 |
| 谷思霖 | 钟弘博 | 刘会览 | 潘灵捷 | 李　坤 | 李英楠 |
| 谢武韬 | 周振翼 | 何东宸 | 李帛翰 | 陈鑫鹏 | 苏洪波 |
| 刘苏瑶 | 龙姝芷 | 朱嘉悦 | 张一驰 | 梁雅琳 | 李　桉 |
| 陆　昊 | 廖晨蔚 | 王艺儒 | 尹　涵 | 刘奕宇 | 丁一尘 |
| 王韵瑞 | 张　丹 | 赵舶言 | 周义简 | 战阳阳 | 邹瀚琳 |

## 地球与空间科学学院

| | | | | | |
|---|---|---|---|---|---|
| 吴珍珠 | 赵　聪 | 陈　傲 | 丁晓楠 | 古大祥 | 黄保有 |
| 关旭同 | 乔锦燃 | 黄天正 | 于进鑫 | 梁　琳 | 张志亮 |
| 温景充 | 任春美 | 石永祥 | 李臻超 | 王　超 | 单　冰 |
| 杨子珍 | 朱星宇 | 杨　帆 | 张晓玉 | 程俊毅 | 薛纪岩 |
| 王坤喜 | 钱安娜 | 冯　琳 | 王泽鑫 | 姚照原 | 石爱国 |
| 尹赣闽 | 谢凌璐 | 章源隆 | 江欣余 | 谭　奎 | 王　晗 |
| 姚明涛 | 王未骐 | 常啸寅 | 李佳妮 | 尹晓菡 | 尹泽藩 |
| 朱思宇 | 兰春元 | 陆威帆 | 邰梦豪 | 李　童 | 温　涛 |
| 邢潇月 | 赵　青 | 张　旗 | 杨斯棋 | 运乃丹 | 张宇琳 |
| 邓杨兰朵 | 章文博 | 范朝熙 | 刘小舟 | 张建学 | 刘贤雨 |
| 张俊龙 | 袁　源 | 陈浩良 | 郑楷颢 | 沈宇宁 | 王浩宇 |
| 柳勤攀 | 陈昌宁 | 史策方 | 裴　炎 | 王维宁 | 姚　芃 |
| 王之鑫 | 傅世豪 | 罗骏宸 | 钟　涛 | 侯旭森 | 高钰杰 |
| 张　开 | 王韦煊 | 邹闻捷 | 裴丹琳 | 庞　帅 | 顾梓劼 |
| 谭逸晨 | 李国桢 | | | | |

## 心理与认知科学学院

| | | | | | |
|---|---|---|---|---|---|
| 陈苏雅 | 黄　晖 | 李炳灿 | 王　婷 | 朱敏帆 | 王一伊 |

| | | | | | |
|---|---|---|---|---|---|
| 鞠芊芊 | 娄春淼 | 陈梁杰 | 王 倩 | 王 坤 | 王晓斐 |
| 刘秋琪 | 胡子昱 | 莫智平 | 高世欢 | 吴颖晟楠 | 罗明浩 |
| 兰起丽 | 马 钰 | 罗嘉琦 | 周小钺 | 宋思潼 | 张 聪 |
| 赵尚澄 | 朱亦婷 | 罗静秋 | 罗焱丰 | 那文泽 | 陈 珍 |
| 唐靖怡 | 梁书天 | 姜 洋 | 庞飞扬 | 张 双 | |

### 软件与微电子学院

| | | | | | |
|---|---|---|---|---|---|
| 王新阳 | 郭文琛 | 张婉莹 | 曹 静 | 王淳铮 | 王 尧 |
| 王晓东 | 谢璐忆 | 司书正 | 杨智昊 | 宋春桥 | 程晓坤 |
| 曹 暾 | 陈莘瑞 | 方志增 | 王嘉锡 | 肖卓铧 | 陶坤鹏 |
| 吴惠铭 | 陈 曦 | 高逸飞 | 舒鹏怀 | 杨嘉成 | 汪旭鑫 |
| 黄德明 | 刘 婧 | 陈煜斌 | 罗 易 | 夏文博 | 冯启航 |
| 范乾一 | 姜艳丽 | 李泽众 | 薛司悦 | 郑荟鑫 | 马 圆 |
| 苗丽文 | 李 悠 | 吕子晗 | 王伯兴 | 吕雪飞 | 武鸣鹤 |
| 李柔萱 | 钱 煜 | 赵晓亮 | 罗伍阳 | 黄 奎 | 乔 宇 |
| 颜 瑞 | 雷燕姿 | 宋苗苗 | 张 妍 | 许浩然 | 时 林 |
| 谢逸冰 | 蔡莹莹 | 吴文芳 | 向 圣 | 杜庭师 | 李圣力 |
| 吴丹丹 | 李 晨 | 刘坤斐 | 何钊进 | 李倚玲 | 王 欢 |
| 王炳森 | 李昊冉 | 李 杰 | 刘灵均 | 罗 佳 | 高伟男 |
| 吴 凡 | 陈少华 | 杨泽伟 | 张娄峰 | 吴 昊 | 陆大炜 |
| 李 壮 | 王子扬 | 寇力云 | 陈佳源 | 卢 悦 | 吴福健 |
| 杨 硕 | 段浩敏 | 陈天宇 | 郭 鑫 | 张志昊 | 王忠良 |
| 曾林藩 | 李颖凡 | 潘子雄 | 陈树霆 | 张一然 | 黄驰琳 |
| 林 翔 | 李留明 | 周 聪 | 汪海昕 | 王朝晖 | 杨秉泉 |
| 杨笑岚 | 何熠宽 | 赵 前 | 张伊凝 | 吴雅妮 | 张煜妍 |
| 范明威 | 李欣然 | 冯诗佳 | 唐 勇 | 程宇锋 | 王飞宇 |
| 楼锦程 | 张煊怡 | 付烨齐 | 张怡昕 | 王 晗 | 王思宁 |
| 张梦桥 | 姜欣睿 | 赵凯阳 | 李宏岩 | 王 睿 | 颜 超 |
| 陈柏何 | 陈 珏 | 安泊伟 | 冯 硕 | 尚敬捷 | 黄月天 |
| 丁 盛 | 柳 丹 | 阮诗赟 | 侯肖一 | 史 阔 | 吴林瀚 |
| 谭周兴 | 卢丰玉 | 刘冰玉 | 姜博瀚 | 刘明皓 | 廖福源 |
| 马康丽 | 黄金枝 | 朱 妍 | 田宏利 | 汪雨佳 | 言晨怡 |
| 赵永健 | 赵 园 | 陈远哲 | 李子涵 | 赖雨宣 | 李 楠 |
| 戴雪莉 | 吴书培 | 孙 骏 | 周海婷 | 吕钰婷 | 章 珺 |
| 郑佳楠 | | | | | |

### 新闻与传播学院

| | | | | | |
|---|---|---|---|---|---|
| 王子宁 | 孙庆坤 | 凌羽乔 | 刘时雨 | 许茂楠 | 苏惠琦 |
| 洪 欣 | 孙 硕 | 王佳音 | 陈涵清 | 季思岑 | 刘纯懿 |
| 吴卓颖 | 李昱洁 | 胡佳琪 | 葛家诺 | 郝欣怡 | 王璐瑶 |
| 张涵抒 | 高子涵 | 李文斐 | 赵绮萱 | 李易蓉 | 许雅迪 |
| 陈 艺 | 宋方凝 | 王子语 | 李敏卿 | 宋美琪 | 李 睿 |
| 王敏嘉 | 文天昳 | 福川美希 | 李晴晴 | 何兴盛 | 罗方妤 |
| 徐江玥 | 唐雨婷 | 刘孟其 | 刘子绮 | 白阿荣 | |

### 中国语言文学系

| | | | | | |
|---|---|---|---|---|---|
| 黄馨怡 | 贾 璇 | 陈昭玉 | 朱建强 | 薛舒丹 | 刘馨遥 |
| 张鸿鸣 | 丰子翔 | 陈 诺 | 王 翊 | 陈 腾 | 王 景 |
| 刘 瑞 | 王 悦 | 张入梦 | 黄雨倩 | 赖倩婷 | 杨 壮 |
| 靳姝菲 | 蔡坤铭 | 祁 晶 | 朱家碧 | 沈婧伊 | 马英杰 |
| 夏 寅 | 盖 琳 | 陈启远 | 苏 晗 | 胡行舟 | 王佳明 |
| 王敏琪 | 张佳伟 | 孙慈姗 | 吴晋邦 | 王思远 | 冼诗晴 |
| 黄冬萍 | 徐志鸿 | 施科宇 | 程格格 | 吴晨昕 | 葛睿祺 |
| 刘雨晴 | 阚萧阳 | 高凯歌 | 杜怡然 | 章旻辰 | 谷雨霖 |
| 付 雯 | 陈思睿 | 赵炳亮 | 姚 月 | 朱佳木 | 徐艺轩 |
| 王少坤 | 林牧阳 | 张远玥 | 陈晓彤 | 于梦姝 | 彭 佳 |
| 颜一澄 | 谢懿涵 | 刘心怡 | 朱瑞泽 | 周冠麟 | 杨琳悦 |
| 陈雪琳 | 蔡霈慈 | 李叔炫 | 陈金琳 | 陈奕舟 | 吴雨睿 |
| 杨宇熙 | 马 赛 | 李星霓 | 陆子熹 | 禹 航 | 夏欣欣 |
| 朱施蓉 | 侯佳彤 | 李欣莲 | 杨钦青 | 钟 于 | 林沁萱 |
| 陈韵如 | 李心颖 | 马萌辉 | 李欣远 | 钟春晖 | 王奕宸 |
| 綦桓誉 | 李祁珈 | 龚 悦 | 游 毅 | 邵铖希 | 龚乾秋 |
| 程佳俊 | 陈瑜嘉 | 张岱安 | 黄采利 | | |

### 历史学系

| | | | | | |
|---|---|---|---|---|---|
| 周聪琪 | 朱东法 | 严世伟 | 朱丁睿 | 李 佳 | 陆 昆 |
| 姜瑞雯 | 张学骞 | 唐嘉雨 | 卫子轩 | 李屹轩 | 马文忠 |
| 曾芬甜 | 盛差偲 | 林晓萍 | 赵静涵 | 丁旭辉 | 许俊拯 |
| 孟楷卓 | 徐紫悦 | 杨一帆 | 宛 盈 | 马海若 | 曹蜀阳 |
| 柯子蕴 | 张锦宇 | 张易和 | 岳靖芝 | 潘欣源 | 陈文鼎 |
| 张晨琳 | 张 悦 | 姜 源 | 傅晓雯 | 王安然 | 邱春水 |
| 翟浩帆 | 文云昊 | 戴 路 | 詹建雨 | 蒋一丁 | 曾钰程 |
| 刘沐含 | 馬安妮 | 张 众 | 张晋森 | 周思铭 | 曹一凡 |
| 马逸静 | 郭咏涵 | 李嘉奕 | 彭益凡 | 冉欣然 | 张荻豪 |
| 李文琳 | | | | | |

### 考古文博学院

| | | | | | |
|---|---|---|---|---|---|
| 黄一哲 | 马成科 | 崔孟龙 | 唐欣宜 | 马仁杰 | 赵雅婧 |
| 贾明浩 | 周雪琪 | 何晓歌 | 王正原 | 李卓朋 | 杨 朔 |
| 骆一飞 | 阮可欣 | 宋 瑞 | 李超颖 | 洪宇涵 | 戴 恬 |
| 房雯婧 | 徐雪琨 | 单佳璐 | 王冰颖 | 张艺铭 | 杨晓勇 |
| 钟宛彤 | 方译敏 | 杨梓芊 | XU ANN YOUDUO | | 孙仪荷 |
| 杨晨玥 | 何艾菲 | | | | |

### 哲学系

| | | | | | |
|---|---|---|---|---|---|
| 崔致凤 | 释胜威 | 牛牧晨 | 关 欣 | 杜敬婷 | 姜明佳 |
| 谢安琪 | 何楷篁 | 洪思敏 | 郝董凡 | 程乙惠 | 赵明晗 |
| 关祥睿 | 张 航 | 邵 风 | 汪 康 | 肖 京 | 张翊轩 |
| 郭舟澳 | 黄恺文 | 孙兆程 | 熊江韬 | 成佳雯 | 彭晓艺 |
| 张雨楠 | 徐会利 | 徐慧敏 | 张 峥 | 汪柔竹 | 孙雨东 |
| 陈波蓉 | 金贝格 | 李民哲 | 于 展 | 田浩宇 | 王子路 |
| 张展铭 | 林 琨 | 蒋凡一 | 卫苏豫 | 黄 艳 | 陈雨坪 |
| 谢雨萱 | 孔祥诚 | 张嘉赫 | 罗颢霆 | 马安骏 | 李嘉奕 |
| 周鲍琳 | 李静怡 | 操顺慈 | | | |

### 国际关系学院

| | | | | | |
|---|---|---|---|---|---|
| 石京晶 | 于子涵 | 廖 舟 | 杨紫茵 | 张沛喆 | 孟 碧 |
| 黄 浩 | 孙 锐 | 贾诗慧 | 李冰洁 | 倪狂澜 | 李锦熙 |
| 黄元叙 | 鲁 畅 | PLUMMER, GREGORY LUC | | | 陈 涵 |

| | | | | | | | | | | | |
|---|---|---|---|---|---|---|---|---|---|---|---|
| 胡 悦 | 王 菲 | 黄 巨 | 赵修杰 | 顾 峰 | 蒋 端 | 武席萱 | 万芷伊 | 温佳琳 | 温佳琪 | 贾文博 | 欧 洋 |
| TANG, SOPHIE | 陈志颖 | 江智璇 | 涂针华 | 刘汇荟 | | 刘穆欣 | 吕 杨 | 陈 晓 | 李 易 | 孙嘉豪 | 念思辰 |
| 于佳航 | 陈 勇 | 包晓东 | 王 冉 | 范静远 | 齐 艳 | 宋佳峰 | 王子韩 | 周方维 | 王郝鹏瀚 | 刘柏序 | 杜浦阳 |
| 向宇婷 | 安明嘉 | 李文婷 | 戴嘉欣 | 陈正海 | 杨嘉明 | 蒋天骋 | 张嘉仪 | 陈 阳 | 阚紫嫣 | 郭屹杉 | 田庆之 |
| 陈子立 | 侯雨飞 | 张庭颢 | 王蕙仪 | 黄祎曼 | 崔浩彤 | 储子禾 | 徐俐欣 | 李靖怡 | 冯睿容 | 杨巧诗 | 吕金泰 |
| 李 瑛 | 辛雨蔚 | 宋欣怡 | 王雅萍 | 刘金禹 | 甘婉滢 | 陈昱东 | 尹欣然 | 王译萱 | 侯泽宇 | 何国通 | 周 睿 |
| 钱美利 | 陈相宇 | 王禹潼 | 史 珊 | 刘苏蒙 | 曹彦磊 | 周之于 | 林 搏 | 黄小鹏 | | | |
| 刘琳婕 | 胡齐齐 | 郭微笑 | 刘嘉文 | 何文君 | 林佳怡 | | | *法学院* | | | |
| 康 乾 | 赵心怡 | 吕昌洪 | 马一凡 | 彭雨桐 | 钟舒铃 | 朱亦纯 | 杨超凡 | 杨清宇 | 徐嘉茜 | 初依依 | 马尧力 |
| 孙致远 | 刘宜航 | 代 娜 | 余嘉欣 | 何承阳 | 张 弛 | 杨雨菁 | 张晓韵 | 吕 爽 | 沈 磊 | 杨睿婷 | 马舒鹏 |
| 张陈钰 | 王 一 | 王 博 | 成超涵 | 连凯丽 | 朱璐彤 | 郑悠然 | 刘 凝 | 陈子奇 | 戴 维 | 潘美慧 | 张 猛 |
| 胡佳禾 | | | | | | 吴仁浩 | 许 赞 | 张艺晗 | 刘禹岑 | 冯颖琪 | 弓泽华 |
| | | *经济学院* | | | | 李 想 | 陈 蕊 | 王奕博 | 王杞酮 | 魏儒淇 | 穆柏宇 |
| 李德轩 | 赵一凡 | 宋奎壁 | 罗轩媛 | 施 瀚 | 苏品一 | 徐 璐 | 杨尚卿 | 叶胤祎 | 吕子辉 | 游亚新 | 韩双双 |
| 杨鼎寓 | 于可心 | 林志晟 | 韩博昱 | 彭雯静 | 王毅航 | 陈雨欣 | 陶艳鸿 | 倪闻清 | 吴 桐 | 杨城新 | 聂清雨 |
| 杜 霞 | 毕 悦 | 吴国维 | 郭雨蕙 | 倪芳彬 | 王庆祝 | 冯令泽南 | 刘杰勇 | 刘 琦 | 张鑫鑫 | 谌钰冰 | 林溢呈 |
| 徐沛翔 | 未甜甜 | 刘安澜 | 程宇畅 | 安梦洁 | 张浩田 | 冯思邈 | 徐 蕾 | 杨茹萱 | 谢雪倩 | 岳芳好 | 林嘉乐 |
| 马望博 | 袁洛琪 | 杨悦斐 | 李亦丁 | 吴心泓 | 林 澜 | 吴应娟 | 周旺旺 | 任一桐 | 王晓臻 | 周笑笑 | 马欣佚 |
| 许苡萱 | 董 可 | 章欣蕊 | 贺伟桓 | 谭谨捷 | 黄卓楷 | 武恒辛 | 谢雨桥 | 安 楠 | 谢嘉琦 | 戴江樊 | 柳人文 |
| 杨思齐 | 张知来 | 李烺宁 | 林君彦 | 陆瑾颜 | 张纪泽 | 李 昕 | 孙璐伟 | 郝煜东 | 辜凌云 | 章晓涵 | 周博华 |
| 宣雨辰 | 王子衿 | 陈励天 | 郭鸿儒 | 刘 辰 | 李知仪 | 鲁雨锦 | 顾一琳 | 高泽欣 | 孙 洋 | 王玲琪 | 彭瑞柯 |
| 苏睿昕 | 唐浴歌 | 董一格 | 居江山 | 刘义婷 | 张延安 | 潘億佳 | 魏 婉 | 董雅玲 | 方 萌 | 肖彦青 | 王可欣 |
| 李雨哲 | 陈姝婷 | 梁鎧彤 | 杨 昊 | 郑晨昕 | 黄靖涵 | 陈嘉敏 | 耿 直 | 苏 宇 | 姚欣汝 | 范正阳 | 莫 志 |
| 梁芷菀 | 董 睿 | 陈凯运 | 邱煜舒 | 塔佳宜 | 刘潇阳 | 严秋斯 | 贾婉欣 | 辜宝钰 | 尚博文 | 杨子潇 | 易玻而 |
| 代维镇 | 朱瑞妮 | 郭少瑛 | 方 磊 | 文星朗 | 陈佳艺 | 张语嫣 | 赵星亦 | 陈 诺 | 王启钥 | 娄志超 | 刘 祺 |
| 田美晗 | 王铱瑞 | 朱倍乐 | 陈王奕 | 程鸿润 | 姚盛迪 | 王 刚 | 王志朋 | 娄佳璐 | 邱晟堃 | 吕卉卿 | 张雯一 |
| 韩天一 | 祁轩宇 | 冯译萱 | 孟祥骐 | 高 萌 | 汤奕敏 | 曾琼娇 | 俞琳慧 | 杜婉铮 | 郝良瑀 | 江宇剑 | 陈方媛 |
| 李睿琪 | 陶星宇 | 陈思凝 | 黄嘉恩 | 王安妮 | | 苏奕翔 | 唐晨雪 | 赵泽宇 | 张嘉柔 | 翁千喻 | 吴诗贝 |
| | | *光华管理学院* | | | | 钟苓云 | 徐欣彤 | 翟欣悦 | 马 越 | 李 远 | 芮泽华 |
| 张公伯 | 姚昕言 | 许 姜 | 李松楠 | 袁旋宇 | 林 凯 | 赵心怡 | 赵冠芸 | 刘芮青 | 马延茹 | 党万豪 | 蔡文蕙 |
| 冯业倩 | 邓 涵 | 冯 羽 | 麦东仁 | 童培峰 | 杨 帆 | 齐卓宁 | 董蔚顾 | 冯 鼎 | 徐子涵 | 赵田恬 | 王思桐 |
| 陈 昊 | 周欣雨 | 时昊天 | 张 越 | 游伊慧 | 李尚宸 | 任子慧 | 黄文琪 | 王鑫雨 | 方碧玉 | 段 飞 | 郭子靖 |
| 卢昱周 | 高曦含 | 王为久 | 王亚南 | 刘 笛 | 王天翼 | 程宇轩 | 李祎琳 | 刘泽然 | 王悦怡 | 秦心语 | 鲁天姿 |
| 何博文 | 刘城彬 | 敖 弦 | 邓晨曦 | 冷星烨 | 刘碧华 | 潘云月 | 韦东鹏 | 邢维挺 | 曹 敬 | 李羿臻 | 陈柏中信 |
| 王梓莘 | 周梓洵 | 王小璐 | 赵家祥 | 杨惠玫 | 廉欣然 | 吴奕琳 | 肖 睿 | 付沐瑶 | 王思影 | 唐语妍 | 林三易 |
| 亓颢博 | 诸宇灵 | 李 洒 | 王欣悦 | 翟颖佳 | 刘元喆 | 黄一鸣 | 蔡亚丁 | | | | |
| 陈逸飞 | 谢思远 | 李适源 | 马长宙 | 张凯伟 | 屈 韵 | | | *信息管理系* | | | |
| 廖雨墨 | 马嘉宁 | 钱 成 | 周思宇 | 朱梦君 | 焦天旭 | 张恂达 | 李思彤 | 唐雪梅 | 苏 鹏 | 王昕阳 | 许家伟 |
| 于 敏 | 魏 茜 | 叶天瑶 | 李博文 | 蒋 肭 | 徐铭威 | 徐 涛 | 刘智锋 | 袁 钺 | 陈晓龙 | 陈洪侃 | 施 裴 |
| 蔡天霖 | 邱小桐 | 李佳清 | 胡 蕾 | 张 瀚 | 柳 杨 | 金 帆 | 宋明炬 | 刘冠麟 | 王 捷 | 王宇轩 | 雷佳琪 |
| 李晓萌 | 杨 毅 | 倡骅羽 | 何晟豪 | 赵玉婷 | 史毛馨 | 王昊扬 | 韦杨珂 | 冯 冉 | 许少峰 | 赵思琪 | 卢欣雨 |
| 徐雅菁 | 雷 染 | 阎思宇 | 耿晨希 | 卢君彦 | 彭斯卓 | 张珈茹 | 毕荣岚 | 张梦祎 | 陈 丞 | 王文博 | 于汉清 |
| 铁 星 | 段思羽 | 陈心怡 | 曾晓乙 | 马思怡 | 孟雨晴 | 刘宴伶 | 税远志 | 李奎良 | 田逸凡 | | |
| 高培皓 | 李悦铭 | 王若菌 | 鲍文楚 | 李雨航 | 高 歌 | | | *社会学系* | | | |
| 何天佑 | 李劭仪 | 殷志健 | 刘纬逸 | 陈义卓 | 李明霏 | 徐海东 | 陈伶娜 | 王依娜 | 许天怡 | 陈培正 | 王思凝 |
| 黄詠億 | 刘芯彤 | 竺俪叶 | 彭高欣 | 陈彦好 | 刘云冲 | 刘文博 | 彭书婷 | 何奇峰 | 苏 婕 | 郑鉴玲 | 徐毅萌 |
| | | | | | | 代 颖 | 潘修明 | 孙洁开 | 罗聪聪 | 宋丹丹 | 陆兵哲 |

毛思宇 车文华 龙嘉毅 黄一飞 苏 方 张伊杨
张萌萌 张一祎 王玥娇 戚政烨 钟 玥 杨茜茜
欧阳振雄 张琪钰 张可昕 黄昕昕 郅宇轩 王年廉
陈子珊 程思璇 孟 洲 刘芮园 宫昌昊 郭家硕
陈炫齐 陈雨涵 程 骁

### 政府管理学院

梁贞情 张 肃 张晓彤 强宇豪 盛婷竹 周礼为
蒋光明 王格非 张 莹 黄河瑨 尚俊颖 孙照哲
杨皓然 兰 天 蒲思丞 亓宗亘 叶可欣 张睿超
张 竹 王艺樾 刘 宽 董佳欣 张唯一 姜霁洋
马佳磊 田心怡 赵 威 陈方林 吕 爽 谭 蓉
黄秀梧 叶人豪 李悦闻 自艺玮 黄筠茹 黄献尹
孟咏然 李治林 孟亚男 何亚霖 常容若 林胤志
梁泳榆 崔博涵 任超凡 颜 璐 杨欣雨 党小雨
王 麒 刘 鑫 李霁韬 李梓骏 马皓熙 赵天博
李佳艺

### 外国语学院

宋心怡 赵美园 黄 畅 于佩宏 吴章翰 段金秀
吴 可 王思雨 王 烁 林寅巧 张皓莹 吴颖杰
饶 畅 胡 玥 邹艾安 林汉钊 杨景丹 沈思玥
何 杨 常 悦 张可音 王梦笛 籍春蕾 刘浩哲
王乐乐 陶叶茂 马宇晨 陈俐利 向 伟 柳贺玮
陈弘毅 骆 琳 范筱雨 张陆晨 茹梦荧 张 越
刘 佳 冯晓婧 张若枫 陈一帆 陶 然 毛凤麟
庞佳雨 李雯娅 宋 茜 鲁奕迅 俞文沁 王羿捷
陈雪扬 刘子婧 陈靖泽 屈怡萱 嵇舟玥 卢思薇
赵祎麟 孙之尧 李如斐 刘昕阳 刘成武 巴桑拉姆
陈静茹 邹雪旸 刘 畅 李佳怡 黄怡如 周心宁
张雨欣 蔡昊桓 徐韵玮 郑惠文 翁 楠 成亚宁
孙雨筠 刘思彤 齐洹呈 邓晨钰 丁瑞元 王心怡
姚晶鑫 于丰杭 杨雨橦 宋佩悦 崔心怡 马潇冉
刘昱含 王娅楠 付馨月 朱光宇 殷若楠 余美伦
刘嘉瑷 刘博文 侯亦凡 吴天鹏 徐瑾铭 魏家朋
孙宇汀 朱孟沂 陈雨亭 宋佳琦 李子菡 张文昊
金坤妍 黄毓韬 牛雅婷 黄佳晟 承行健 李达镐
李程阳 朱雨珂 毛嘉伟 彭孙本兴 居辰琦 陈郭君
宗小莉

### 马克思主义学院

高晓晨 向威霖 赖信添 赵睿夫 林扬千 陈晓仪
王怡颖 包倩文 奚佳梦 陈艺文 柏林童 杨 光
秦雨欣 丁亚迪 叶山·叶尔布拉提 王先鹏 陈沛绅
黄煜权 徐影彤 梁泽谕 霍秀毅 张蓝天 李升亿
杨弟福 闫欣彤 王 璞 王嘉航 王艺瑾 陈思丞

### 体育教研部

甘轲晗 曹靖宜 雷 健 王嘉艺

### 艺术学院

朱子彤 李斯扬 屈欣悦 高逸凡 李琮珩 倪文涵
薛精华 李 晶 龚娅雯 康逸侨 罗玥沁 蔡 烁
刘婉瑶 方铭玉 胡博铖 丁芷宁 李林蓓 吴 彤
司惟中 肖楠之 朱姝浩 胡虞婧 元婧钰 杨星竹
冯 元 宋贝雅 邓茗予

### 对外汉语教育学院

陈柯环 韩佳蓉 郭青青 赵 美 刘佳蕾 唐文菊
姚昭璞 李 琪 曾令媛 段苏桐 赵云迪 苏梦蝶

### 元培学院

陈 本 刘睿杰 宁泓博 刘一君 黄卢宇杰 杨周锦
周昊泽 马正禾 柳茁野 杨紫霄 高彤明 任则燊
涂睿安 黄怀璞 吴 玥 牛雪滢 窦心怡 郁冰皓
刘宇轩 杜辛昊 晏世伟 李卓然 刘雅轩 吴宇轩
荣雪滢 吴阁垚 郭佳晨 徐沛然 赵 珑 邓志鹏
李成蹊 王启晗 叶 航 刘 航 林昊苇 姜振航
张京瀚 李维一 许新哲 丁小溪 朱建华 单仁良
倪焜峰 宋子睿 张广欣 赵浩男 夏暄智 余俊杰
李松晓 田雪昀 李柔嘉 范佳仪 徐可点 张释之
贾思盈 贺筱汀 刘益涵 刘子芊 林润澜 盖云天
石瀚郁 朱培瑜 古云天 李傲骋 李宗远 刘翰溥
熊辰浩 朱子云 刘 澍 豆佳豪 王 震 高 骞
冀 伟 林奕妙 陈智坚 符牧晨 唐楚玥 郑亚博
叶梦超 王子卓 石馨瑶 李松毅 张卓然 许海同
司一淳 刘子涵 陆祉璇 周姜宏 陈一格 赵祎阳
袁梓晴 高雅菲 吴晗菲 邓 思 曹珂凡 肖逸凡
杨 数 戴锦阳 王柯然 闫钰乔 王智豪 刘 臻
杨彩航 张天晔 秦陈鑫 余 悦 朱昱堃 徐 畅
佟永鑫 管振宇 李博正 黄正东 刘思瑞 曹 苗

### 深圳研究生院

李一迪 刘瑞昕 宋恒旭 王乐涛 唐梦雪 赵长斌
曹 博 詹美苗 张一凡 牛 犇 钟青萌 张 潇
万子珊 郑圣楠 张东亮 葛思嘉 叶耀坤 李浩田
罗 媛 吕梦晗 葛 晖 王宸宇 张 莹 成崏端
苏 诺 王 毅 尤晓莹 何慕宇 樊桢汇 凌昌隆
杨茂林 王雨润 李 想 王媛蕾 秦思宇 李志杰
曾宇航 范雪宁 王闻章 张若楠 曹文亚 张方青
黄 芳 江鏦倩 陈兆儒 许经纬 张昇永 郑 斐
王梓静 储 君 余佳豪 雷 雨 刘雨晨 孙 博
宋智博 阳芬芳 周伟岷 李庄子 邓文君 封宇泽
马骏锐 张子铭 陈娅琦 易腾云 张 彤 朱智欣
李 文 刘 豪 王雨晴 王 韬 任沁琦 周 骞
高冬琳 卓灏铭 李周霖 陈若宇 刘一鸣 林奕宏
游毅晖 彭 丰 段德豪 孙伊琳 孔嘉琪 钱书茗
陈可为 舒子豪 丁泽乔 张天航 廖桂标 邱敏敏
陈东升 李煜东 张子璇 林 浩 王明璇 李然好

| | | | | | | | | | | | |
|---|---|---|---|---|---|---|---|---|---|---|---|
|张雅萍|邹锴璐|朱金麟|刘声浩|张歆渝|胡金浩|张灵馨|俞　也|毕杰骁|陈之俊|张泽彬|王嘉瑞|
|彭　瑞|田晋川|王晓枫|刘燚姝|李宇宁|陈世炎|隋哲宇|杨　浩|詹　喆|黄　煜|邹灵萱|张家梁|
|毕子珑|陈文婷|贾　威|蒋　莹|邱文静|张孜铭|陶子杰|叶杨轶|陈冠霖|岳　镝|李鸿瑞|冯皓宇|
|郑　奕|陶宇晟|薛岚天|汪艺晗|丁奕丹|李慧聪|刘智瀚|罗兆丰|郭子荀|蒋轩林|叶博文|白天宇|
|胡雪阳|虎佳明|侯肃敏|李雪虹|李柏松|赵燕妮|王乾旭|杨　铠|吴永彤|王展鹏|吕秋实|陈　宇|
|江立翔|吴静黎|冯　宁|靖红艳|魏姝馨|唐书博|孙少凡|周诣超|胡天瑜|尹骄洋|王瑞环|马文晗|
|苏雨琦|王　雪|宋晓楠|张　雪|李裕仁|李雪尘|田宇轩|庄嘉毅|满子庆|谢安喆|张昊博|郝　昕|
|符纯阳|郭天宇|李汭桦|谢静芬|蔡荣明|刘　欣|王嘉林|连　烨|石显杰|曹思诺|高子博| |

**国家发展研究院**

| | | | | | |
|---|---|---|---|---|---|
|李　健|杨　硕|牛英博|宋　菲|鲁大铭|曹高峰|
|蔡家纯|罗宇航|刘自珍|曹　丹|陈　韵|潘向向|
|陈家楠|李　昊|魏淑芬|招梓枫|黑若琳|魏嘉男|
|王馨祺|王彦超|周　彤|姚天希|黄中垣|陈羌羌|
|程雅涵|郭昱江|包仕涵|陈傲霜|陆文祺|骆泳岐|
|苏嘉誉|王　宁|杨彦妍|龚　然|周丹丽|廖　柯|
|徐舒昂|胡敏强|陈　静|陈裕鹏|张紫宇|谢新月|

| | | | | | |
|---|---|---|---|---|---|
|佘可欣|朱永华|王婕茹|沓钰淇|程丹旭|梁哲铭|
|杜浩锋|莫怡青|王心怡|江弘毅|何寅涛|赵家琪|
|丁相元|吴　双|周雨琢|朱珈毅|张煜率|何俊杰|
|赵惠媛|岳旻昊|高竞舸|刘佩涵|柴　懿|李　锐|
|张一丹|冯婷玉|李健锋|周卓翔| | |

**教育学院**

| | | | | |
|---|---|---|---|---|
|胡明昊|卢雨晴|盛友又|王盛乾|龚帅灵|孙亚楠|
|任　帅|LUFUNGULO, ENALA SHARON|万博绅| | | |
|季楚煊|金红昊|谢心怡|顾菲菲|张懿丹|张　琨|
|牟春晖|孙　正|徐浩天|周均奕|沙桀民|仲彧欣|
|闫思宇|陈昂轩|何元皓|戴文仪|赵　悦| |

**人口研究所**

| | | | | |
|---|---|---|---|---|
|李佳佳|胡曦元|林是琦|许文虎|黄成烨|袁典琪|
|范韬仪|童　妍| | | | |

**前沿交叉学科研究院**

| | | | | | |
|---|---|---|---|---|---|
|卢如森|高　原|李　昂|卞薇洁|谢维新|夏　梵|
|关国业|雍自昊|冯志恒|刘秉尧|陈冠鹏|李　军|
|郑　茜|周　帆|徐　波|苏　峰|商倩楠|郭富生|
|杜绍康|张欣怡|杭雨奇|林大超|王　妍|宫艺邈|
|刘冬林|王雅伟|吴　曦|董利婷|申子楚|罗　莎|
|钱啸宇|刘　宇|李　璇|杨志贤|陈诗嫚|闫永昌|
|郑永博|孙　琪|王鼎岳|杨振霖|邓钰华|李　文|
|褚天昊|吴　希|汪海洋|王凡灏|戴宇琛|杨鑫跃|
|刘天妍|何则锐|董和鑫|龚宝琦|傅升赾|李思航|
|杜浩伟|杨文恺|尹子昊|陈佳森|何佳莹|邢　通|
|王凯华|邱文卓|张　旭|杨稼琳|张司文|党　瑜|
|高　欣|赵紫荆|李尚阳|李　昂|仉　迪|王祖辉|
|江浩林|刘　潇|田广梅|田卓灵|毕可言|张盛萍|
|王　涛|黄思源|俞　易|毕潇晗|贾长昊|刘兆阳|
|魏东东|乔若琳|包　鹏|高　祥|谢嘉伟|张文心|
|席　蕾|何雨峰|石有为|王远非|杨　昊|张旻昊|
|袁睦苏|于　潇|谢豫豪|任奕璇|陈思硕|姜淮钧|
|张雯倩|张厚煜|金　阳| | | |

**工学院**

| | | | | | |
|---|---|---|---|---|---|
|秦晓宇|莫程康|王　博|倪子川|陈　芳|朱琛瑶|
|洪　瑶|陈为彬|刘美静|陈　鹏|谢明宇|高园园|
|吕晓旭|李俊毅|马小杰|吴佳峰|隋昊男|潘　杰|
|盛　渝|李昊辰|王天童|吴悦童|解文月|张仙月|

**信息科学技术学院**

| | | | | | |
|---|---|---|---|---|---|
|徐为伯|朱睿冬|陈　沁|江毓敏|石淳安|刘文睿|
|徐正博|张柏舟|熊伟民|董丰豪|陈睿博|罗文浦|
|李　杰|陈奕奇|李浩雨|王一鸣|卢浩然|范皓年|
|艾　皓|罗宇标|彭相源|朱天翔|徐治荃|陆　翔|
|张佳航|李家琪|丛宇宁|张　桃|李兴陇|蒋思源|
|肖晓旻|郭艺君|朱成轩|姚哲文|刘珈征|王启迅|
|沈思绮|严　汩|娄宇珂|徐希彦|王宏扬|李　畅|
|段可飞|黄柏舟|王　颖|余安澜|彭亦男|李思哲|
|房　正|马圣杰|刘俊琦|万维康|曹梦媛|李其威|
|吴　越|崔　璠|杨泽斌|李诗阳|栾耀晖|王海宇|
|俞江瑞|苏俊源|李明轩|南　希|张克昌|鄢泽楠|
|解　同|孙谱贺|林　晟|项庭轩|孙亦非|许一先|
|吕航桄|谭亦轩|张荟萱|耿浩然|孙绍聪|连　祥|
|张业鑫|罗浩华|黄兆鋆|李佳衡|周雨扬|罗润冬|
|王　昊|韦锡宇|陈　嘉|汪思涵|张　驰|杨宗骏|
|喻浩南|向星雨|文国睿|邓欣宇|陈奕阳|尹清扬|
|熊雅娇|葛佳鑫|程志超|叶力多斯·肖开提|梁世谦| |
|黄嘉萌|凌宿寒|刘立今|金健翔|张子苏|杜宇凡|

| | | | | | | | | | | | |
|---|---|---|---|---|---|---|---|---|---|---|---|
|杭念之|于 歌|徐 浩|陈 坤|张华山|王 焱|俞庆水|杨博飞|郑宇坤|李雨欣|卓云霞|彭荣熙|
|杜宇航|李竹媛|王楠哲|郑志学|沈炜煜|沈达文|张宏锦|解宇阳|王玥瑶|黄文璇|余姝颖|彭若男|
|李航宇|盛兆华|田浩朋|沈一岚|邓月喜|张非驰|黄 言|王舜奕|夏 沛|杨 其|袁丹丹|胡 涛|
|孔领锐|钱佳琛|宾远为|安蕾科|程 杪|郭兴召|徐 浩|洪蒲滨|杨 晨|赵星光|邱衍衔|赵芮梓|
|梁定国|周子烨|吴梦维|段 飞|饶诗杭|王彦达|李子涵|杨 丹|张会倩|黄天耀|仲贝翎|袁雨寒|
|林家榛|李超慧|任耘霄|靳宇飞|李滨洪|王绍安|杜文瑞|李宗燃|薛雨坤|王雨清扬|王宇佳|裴音哲|
|万 卓|余丽华|魏新光|管明阳|何志晨|阮玉藏|杨焯斯|赵 桐|侯勇企|刘 畅|张嘉硕|张 珺|
|路登辉|肖 维|乔 硕|任绍持|周昊天|张清扬|傅启玥|傅文铮|江欣越|许智程|聂铭志|陈乐璘|
|黄睿哲|解博杰|林闽淇|刘成健|高 涵|高 远|周珂伊|魏月荣|周昭君|王 欣|黄耀邦| |

环境科学与工程学院

| | | | | | |
|---|---|---|---|---|---|
|李沛洋|吴宛婧|唐子力|罗 铁|李佳睿|朱永健|
|陈俊康|马千里|张成谦|张宇辰|杨怿萌|庄晨洁|
|史舒衡|王一诺|戴昊羽|吴骐锋|刘一萱|周天舒|
|徐康迪|郭柯言|赵彤阳|陈启维|刘厚成|刘锦琪|
|钱骏飞|陶炫臻|渠成锐|欧阳勇成|周子锐|陈国赐|
|谢箫扬|许云寒|王天睿|任泓旭|王晓睿| |

集成电路学院

| | | | | | |
|---|---|---|---|---|---|
|张逸舟|范梦绮|杨宇驰|张 斌|刘柯钦|刘力桥|
|杨凌濛|党丙杰|李和倚|薛 畅|王忠岩|路英明|
|申子龙|赵松涵|朱哲政|李 琪|叶秉奕|张作栋|
|任英杰|徐伟凯|杨俊杰| | | |

计算机学院

| | | | | | |
|---|---|---|---|---|---|
|张子祺|符芳诚|陈光耀|罗懿行|雷 萌|王鹤媛|
|林 凯|戴永兴|刘陈晓|石屹宁|崔修萍|倪星宇|
|洪雨辰|王培懿|董谨豪|陈彦骐|吉如一|丁 刚|
|赵义凯|朱景琛|陈浩煌|许科诺|赵 睿|张 星|
|李 拙|许润昕|朱擎天|邢其正|陈俊达|刘 欢|
|徐浩洋|刘锦怡|王利朋|崔玉杰|金旭统|赵哲昊|
|张超贺|王东凯|方 维|金玉杰|楼轶维|甘云冲|
|徐大亮|刘子瑞|赵逸凡|赵永强|唐宇豪|罗钧宇|
|贾杉杉|贾云杉|孙奕灿|陈炤桦|张家硕|陈嘉尊|
|杨凯程|吴钰晗| | | | |

智能学院

| | | | | | |
|---|---|---|---|---|---|
|胡 琳|李明杰|宋默弦|高 翔|许灵筠|樊泽嘉|
|郭一潇|郭一铎|肖命清|唐嘉祥|陈美琪|刘 潇|
|王 波|赵海腾|冯贤兵|周 矗|何翎申|李彦增|
|赵 辉|陈小康|王奕文| | | |

电子学院

| | | | | | |
|---|---|---|---|---|---|
|李繁弘|陈心羽|陈思飞|崔静怡|郭 旭|刘一凡|
|何一丹|张 超|邓若琪|张宗鲲|李亦欣|缪健翔|
|陈彦钧|赵晗汀|杨若傲|钟明俊|沈碧涛|林衍旎|
|黄子蔚|王博闻|张浩波|葛 松|鲁旭彤|田孜孜|
|石 萌|田凯元|宋琨鹏|周绍元| | |

城市与环境学院

| | | | | | |
|---|---|---|---|---|---|
|董立铮|贾映亭|张艺伟|杨家帅|侯 雨|郑惠宁|
|黄红梅|彭 晓|曾良恩|张雯逍|李春江|李昕昱|
|王 欢|杨 晨|王 锴|王演习|王翔宇|程雪雁|
|兰天涵|李文韬|丁家祺|杨 璐|徐子涵|陈凯杰|

| | | | | | |
|---|---|---|---|---|---|
|柳金明|张启明|靳茜芃|周建行|陈秀利|戴一双|
|游秀琪|李 政|秦疆洲|李 洋|刘禹含|谢理淳|
|姜明栋|张 璐|周 琦|张 扬|宋 锴|艳 艳|
|刘晓瑞|李溪智|梁恩航|程 杭|张子睿|李佳瑞|
|吴 凯|董奇奇|危 婕|吕轶韬|朱志郅|段翰生|
|夏千淞|李天宇|郝 韵|袁 静| | |

歌剧研究院

| | |
|---|---|
|高一琳|刘子渝|

建筑与景观设计学院

| | | | | |
|---|---|---|---|---|
|张启璇|张謦文|詹昂铄|徐浩义|章佳茵|

新媒体研究院

| | | | | |
|---|---|---|---|---|
|赖 钰|黄盈佳|李丁一|傅居正|李 彤|赵竞鹤|
|齐思贤|陈 晨|狄 蓉| | | |

燕京学堂

| | | | | |
|---|---|---|---|---|
|康晓蒙|杞 迪|张嘉莉|冯慧迪|于昊辰|邱喆倩|
|孙 雯|陆丹琦|张佳宇|林西孟|黄慧欣| |

现代农学院

| | | | | |
|---|---|---|---|---|
|黄启旺|郑荔丹|丁雅文|刘 静|苏晏宁|朱安丰|

材料科学与工程学院

| | | | | | |
|---|---|---|---|---|---|
|沈祎恒|曾 怡|罗小进|王静静|赵 博|余中辉|
|李 昂|牛红雨|刘逸群|蔡 锋|朱莉杰|侯昌盛|
|李 淳| | | | | |

未来技术学院

| | | | | | |
|---|---|---|---|---|---|
|屈 帅|王子晨|莫燕权|付允哲|高 姝|王康伟|
|纪明君|胡毅成|刘希丹|龙 星|关美玲|胡雅婷|
|郭淳光|徐晨晨|杨峻博|李 慧|张 源|韦 淼|
|张晨阳|朱 磊| | | | |

基础医学院

| | | | | | |
|---|---|---|---|---|---|
|赖鑫源|朱芳蕊|程全成|胡璐妮|刘莉萍|陈汇元|
|洪 毅|李焯维|刘嘉睿|沈嘉豪|杨浩天|陈美凝|
|门明畅|厉朝玲|龚则羽|赵月航|张 同|张容川|
|肖俊良|礼子桐|廖培雯|王若宁|李纳川|徐博轩|
|王心骆|韩雨琪|王挥冈|孔英浩|武文霄|陈 娜|
|黄梓敬|陈子睦|刘思茹|邹明瑞|弓佳彤|张芸凡|
|郭嘉弦|史翔君|张雅桐|刘 瀛|陈立挺|任雪仪|
|王明坤|毛 狄|童一城|衡彦熹|王雨葳|杨 贾|

| | | | | | | | | | | | |
|---|---|---|---|---|---|---|---|---|---|---|---|
|陈 瑞|侯晓彤|丁 棹|张雍骏|杜信纬|马文豪|耿 泽|李源浩|尚 兵|侍一强|杨月麟|秦学文|
|牟泽霖|邢岱雯|王梦洋|兰可馨|曾玉燚|王怡亭|张馨月|鲍杨讴捷|张亚群|赵 款|张 瑜|孙 辉|
|杨博肆|杨紫元|姬崇峻|林金明|孙晟佳|刘桐语|黎 奇|霍童雨|刘凝丰|陈 雷| | |

**公共卫生学院**

| | | | | | |
|---|---|---|---|---|---|
|赵明扬|李 宁|钱奕辛|刘天一|周芸璐|章连心|
|罗 茜|刘 雨|张越洋|吴 昱|马潇菁|欧阳健|
|肖雨欣|李梅宏|王婧懿|吴 鸽|秦艺萱|朱贞匀|
|郭思齐|李欣怡|桂 克|何俊铭|段昕玮|姚舜泽|
|张忠喆|李 欢|程雅宁|许庆勃|徐 赫|郝文琴|
|李天昊|陈志祎|唐怡雯|朱荣祎|焦培杰|侯锦雯|
|郭明烨|杨喻涵|汤睿婕|沈宇航|郑荔文|吴一鹤|
|耿向阳|余佩隆|管伯颜|唐绍伦|刘忆宁|孙嘉瑜|
|郝宝栋|郝悦迪|李 鹰|张嘉俊|董芷娆|宋嘉祎|
|王心怡|杨汇盈|董芷辰|邱梓峰|李志学|刘欣童|
|付镇恺|黄奕瑄|王晋豪|杨乐源|李若愚|丁 婧|
|王 晨|董 赛|胡晓丹|夏威夷|李思童|李宇菲|
|刘思源|李佳禾|庞华程|魏积羽|张天骥|李于斌|
|邵祺睿|商嘉恒|何诗玙|张祉昱|董彦雷|谢家兴|
|樊易简|黄竟逸|贾舒童|王翔秋|陈昭雨|张可滢|
|石逸雯|曹艺兰|梁力宁|汪 涛|王子璐|周 珺|
|王玉洁|郑雄炜|刘佰韬|杨昕迪|李 攀|孙小婕|
|刘延涛|于昕尧|顾智强|张雅茸|赵 杰|赵小豫|
|刘浩云|周泽南|黄佳浩|靳丽雪|李兮爔|宋占明|
|张奕潇|赵子恒|孙艳荣|冯天歌|谷 瑞|冷鸣鸿|
|李 鑫|李文强|罗 茜|王佳乐|夏莉莎|张剑锐|
|邝 鸣|张光泽|赵兴语|韩雨非|卢 珊|高 彩|
|熊梦瑶|张庆义|邱天琪|郑俊玮|李君昭|刘舒婷|
|田 越|孙小砚|王昱普|方志强|秦乐怡|盛 杰|
|王琪凯|杨瑞祥|韩 煜|吴晓斌|杨 亮|韩倩影|
|卢 刚|孟繁一|苏坤旂|曹天骄|谢婷婷|王小乙|

| | | | | | |
|---|---|---|---|---|---|
|杨 帆|汪睿彤|刘婕妤|王万州|胥嘉钰|曹桂莹|
|孙秋芬|郭安琪|谢宇航|杨思涵|张永胜|谢子俊|
|梁 剑|张 鑫|陈真心|王腾坤|张依林|赵雪彤|
|李萌恩|叶 子|朱 正|高 鹏|谭小玉|陈媛媛|
|程 思|吴昀效|霍姗姗|宋树摇|邓 洁|马一迪|
|蒋宇玲|苏彩霞|连昕瑶|陈子砚|巫 婷|马一瑞|
|史洪静|赵圆圆|蒋泽宇|苏 灿|吴奕菲|王 杰|
|郑泳祺|曹 慧|张欣怡|徐庆松|宋雨潼|李敏瑞|
|宋嘉璐|张若粟|杨若澜|赵 伟|尹艺舒|叶欣瑶|
|马艺文|王佳欣|李淑雅|刘嘉骏|奚梓玮|康陈萍|
|邢云昆|马 声|徐韵涵|吕瑾茛|董一丹|张文楼|
|刘 珊|秦宸媛|杨若彤|李嘉江慧|吴 俣|刘 巧|
|于 欢|于玥琳|张云静|李玥颖|纳继根|康良钰|
|安 航|朱荣嘉|闫翔宇|喻 唯|唐泽昱|李 娜|
|马继炎|陈 平|闵鹤葳|安明扬|张海军|刘笑晗|
|王延赏|程陶朱|李明月|白亚爽|孙 波|韩沛恩|
|方一安|王若愚|池睿欣|郭凯威|尤 美| |

**护理学院**

| | | | | | |
|---|---|---|---|---|---|
|孙 月|路 瑶|衣荟洁|王 翠|黄秀秀|于家琪|
|张世芳|籍萌萌|张雅婷|杨雅洁|杨万通|梅冬里|
|王玉洁|李佳荟|刘敬怡|栗墨涵|李 拓|李欣蕊|
|韩广琪|宋庆丽|郭 洋|应又又|王 笑|孙筱雨|
|张 译|任源源|张耀成|祝培根|王怡宁|谢宇航|
|陈紫婷|周子怡|谢弋戈|李佳帅|刘瑜灵|宋 鑫|
|马小凤|周心怡|赵舸争|黄姝瑜|高刚强|曾子兴|
|谢 奕|侯丁淳|胡 倩| | | |

**医学技术研究院**

|杨 灵|

**第一临床医学院**

**药学院**

| | | | | | |
|---|---|---|---|---|---|
|邢佰颖|张逸晨|孙家琦|刘思瑾|张佳仪|曾伟宏|
|于 浩|景彦博|容 毅|林思雨|杜梁婷|杭 奕|
|田小禾|郭心语|王 怀|路曾忆|陈思琪|元启涵|
|侯永康|蔡 蕾|许文灏|李昊亭|任儒楠|刘 扬|
|衣楚潇|章子慧|张芳慧|杨 龙|邓鑫鑫|刘诗琪|
|刘海韵|王 雪|陈奕萱|杨学颖|袁瑞欣|张清云|
|陈嘉欣|王岳珩|孙乾翔|董 洁|韩宇轩|吴泓仪|
|晋崇毓|冯赫宣|白雅超|陈奕璇|和 妍|薛婧琳|
|陈 炎|陈丽红|魏兰婷|闫瀚丹|姜芷若|梁宇健|
|王铁桥|刘亦乔|彭 菁|孙奕辰|唐淑缘|龙语纯|
|袁 涛|张智焜|代 航|秦贤进|曾 杰|马欣源|
|王立娜|王 槊|王 标|孙千惠|华诗雨|张晓雯|
|陈丽华|李 岩|陈洪玮|王竟康|张 静|侯杏子|
|罗倩微|张一凡|崔仕贺|付川询|王景茹|夏鹤铭|
|赵瑞阳|杨 晔|杨宜靓|卢 安|姜 丹|王瑞麟|
|杨瑶瑶|赵宇璇|宋茵茵|宫 珺|张鑫炎|董良镇|

| | | | | | |
|---|---|---|---|---|---|
|江星元|张慕秋|栗静谊|闫钜岑|杨 凡|刘文玮|
|冷方达|昝金灿|陈元翀|贺依林|李嘉琪|薛亦伟|
|李贞娴|王汇中|卢彦宇|刘宇廷|朱 林|王雨昕|
|胡佳奇|邵方珂|胡 可|杜新雨|孙一心|康 昕|
|赵 杨|张一鸣|高倚天|龚琳云|陈乐然|刘德海|
|李承龙|郭志荣|陶 荣|储莹明|张克楠|宋晓婷|
|秦含宇|焦苤如|杨吴平|闫梦瑶|郑 航|张 驰|
|王淑娴|胡建文|牛 悦|姚子平|谭晓辉|张 玲|
|樊书菠|张泽丹|褚翔宇|荣浩天|贾晓芬|肖 宇|
|宋卓燃|李 敏|刘 博|张启迪|赵 雪|初旭珺|
|王福琳|包道日娜|于佳希|潘家莉|康玉琦|栾明月|
|朱 军|陈楚云|刘艺丹|王国军|马燕军|邓 禹|

| | | | | | |
|---|---|---|---|---|---|
| 张培恒 | 于超见 | 李笑湲 | 陈娜萍 | 王　鑫 | 何代钧 |
| 何　炫 | 朱然律 | | | | |

### 第二临床医学院

| | | | | | |
|---|---|---|---|---|---|
| 吴冶君 | 沈梦竹 | 孙迪雅 | 任佳昕 | 金一辰 | 李兴丽 |
| 李子郁 | 马云柯 | 吴昊天 | 张经纬 | 张梦雨 | 李慕紫 |
| 齐飞扬 | 童科婷 | 王　颂 | 韦曦华 | 冯成洁 | 张文涵 |
| 林泓莹 | 陈　月 | 满都拉 | 张洋洋 | 聂语莹 | 赵　明 |
| 师千与 | 韩天晓 | 左　炜 | 邓睿歆 | 李佳曦 | 曾巧珠 |
| 王振帆 | 梅凤尧 | 李　赫 | 曹勋红 | 冯瑞玲 | 李依敏 |
| 蔡景升 | 曾星月 | 程嘉渝 | 樊　爽 | 高梦鸽 | 高　悦 |
| 谷馨怡 | 郭　辰 | 郭　磊 | 韩雅婷 | 何玉坤 | 李　晨 |
| 李浩然 | 李思莹 | 李　旭 | 李祖寅 | 刘艳华 | 孟师慧 |
| 任军香 | 宋晓东 | 孙世俊 | 万乔浩 | 王博浩 | 王　洁 |
| 王一帆 | 王知任 | 辛雨薇 | 徐　楠 | 许　昊 | 杨晓晶 |
| 杨　振 | 袁燕萍 | 张丰识 | 张　蒙 | 张雯昕 | 赵　瑞 |
| 钟育晟 | 朱　琳 | 马晓迪 | 靳　睿 | | |

### 第三临床医学院

| | | | | | |
|---|---|---|---|---|---|
| 苏　同 | 曲瑞泽 | 高冠英 | 汪星霖 | 蔡如意 | 孙　彤 |
| 刘耘充 | 张展奕 | 张庄宜 | 代妮妮 | 夏华钦 | 林志禹 |
| 葛逸盟 | 朱一川 | 李驿馨 | 樊　笑 | 游环宇 | 舒　帆 |
| 解紫钧 | 胡枫艺 | 郑翊君 | 吕郑昕 | 杨　晴 | 黄　鑫 |
| 饶腾铂 | 虞　乐 | 李宗霖 | 张诗雯 | 王航乐 | 程　天 |
| 赵亚宁 | 陆泓雨 | 段湘悦 | 包　洁 | 边经纬 | 姜雅菲 |
| 徐　媛 | 李静林 | 张　涛 | 吴振超 | 任薪璐 | 刘硕子 |
| 李　琪 | 张存正 | 何继德 | 王　凯 | 吴雅倩 | 雷继安 |
| 方杨毅 | 王鑫光 | 李卓夫 | 李君禹 | 翟书珩 | 赵永昭 |
| 林甲亮 | 袁筑慧 | 刘凯茜 | 叶　景 | 熊士凯 | 刘镕阁 |
| 赵凯旋 | 单红英 | 向欠欠 | 付　琳 | 刘源瀛 | 黄翠玉 |
| 孙梦星 | 陈琪琪 | 段经玮 | 孙高磊 | 王佳佳 | 王宇辰 |
| 宋思佳 | 赵晓瑞 | 张　颖 | 于昊哲 | 周一凡 | 王奇政 |
| 孙素会 | 张勇跃 | 刘　珂 | 吴睿麒 | 曹　源 | 黄　昕 |
| 霍俊艳 | 周　帅 | 夏恺璘 | | | |

### 航天临床医学院

| | | | | | |
|---|---|---|---|---|---|
| 李知非 | | | | | |

### 医学人文学院

| | | | | | |
|---|---|---|---|---|---|
| 王妍婷 | 陈泓君 | 李天宇 | 赵新奥 | 李昕璇 | 李智婧 |
| 管晓龙 | 熊海娟 | 邹佳函 | 王　畅 | 陈秋岑 | 刘方方 |
| 郑璐彤 | 廖　健 | 金益楠 | 周晨枫 | 王丁熠 | 董睿晴 |
| 胡晨阳 | 陶思晴 | 王馨钥 | 李兆同 | 张　琨 | 莫小聪 |
| 靳亚男 | | | | | |

### 医学技术研究院

| | | | | | |
|---|---|---|---|---|---|
| 苏子悦 | 杨姝涵 | 赵博毓 | 徐楚风 | 王佳俊 | 徐若妍 |
| 范玉琢 | 郑　绩 | 董正坤 | 谭　媛 | | |

### 口腔医学院

| | | | | | |
|---|---|---|---|---|---|
| 程雅雯 | 徐欣然 | 张浩筠 | 田雅婧 | 吴　彤 | 程凯远 |
| 李　穗 | 许砚耕 | 郭　婧 | 王慧敏 | 朴　阳 | 吴丽琨 |
| 魏尔凡 | 闫嘉乐 | 刘镱仪 | 田怡雪 | 苏昕宇 | 朱凯茜 |

| | | | | | |
|---|---|---|---|---|---|
| 李嘉文 | 张芮初 | 李佳铭 | 赵笠君 | 耿晨昕 | 吴　珂 |
| 陈宇可 | 李思颖 | 朱祺玥 | 周含章 | 任思忆 | 史昕萌 |
| 曾乐水 | 李翔宇 | 郭睿祎 | 陈嘉琦 | 董子汾 | 王雨涵 |
| 杜　硕 | 任惠惠 | 于　洋 | 贾淑媛 | 张　杰 | 王　旭 |
| 何汶秀 | 吴爽爽 | 刘　建 | 关筱媛 | 仇雯颉 | 郑静蕾 |
| 于　敏 | 刘航伯 | 顾冉丽 | 李　扬 | 温奥楠 | 陈　诺 |
| 叶心仪 | 杨　帆 | 孙倩男 | 白如水 | 赵宁睿 | 庄紫瑶 |
| 耿　菁 | 李紫昕 | 黄　昕 | 陈良伟 | 董丽莹 | 汉镇源 |
| 王羽佳 | 张艺欣 | 唐祖南 | 李睿柳 | 钟奕伟 | 李志政 |
| 仝雁行 | 韩　畅 | 闻一凡 | 李　潇 | | |

### 临床肿瘤学院

| | | | | | |
|---|---|---|---|---|---|
| 陈琳茜 | 杜雨晴 | 范泽楠 | 甘雪君 | 高梦婷 | 行　溥 |
| 黄　安 | 姜岩涛 | 蒋枋利 | 金秋雨 | 孔祥星 | 刘　松 |
| 刘雁飞 | 毛璐宁 | 秦　婧 | 石景怡 | 孙晓岩 | 唐小欢 |
| 王　红 | 王　琦 | 王梦圆 | 吴家金 | 夏邵君 | 尹周一 |
| 于　灏 | 张　静 | 赵　堃 | 刘　华 | 王一丁 | 种晓艺 |
| 张哲宁 | | | | | |

### 精神卫生研究所

| | | | | | |
|---|---|---|---|---|---|
| 祝喜梅 | 黄泽韬 | 张益梦 | 王　哲 | 张诗雨 | 高　雪 |
| 王文辰 | 吴艳坤 | 张献强 | 王　宁 | 徐沛琳 | 张康福茜 |
| 冯筱扬 | 张可心 | | | | |

### 第四临床医学院

| | | | | | |
|---|---|---|---|---|---|
| 刘净峰 | 曾靖涵 | 李姝润 | 李　畅 | 张澍泉 | 陈瀚玮 |
| 李雨萌 | 邓　润 | 吴云希 | 陈志远 | 焦辰波 | 钱　源 |
| 王意扬 | 刘艳东 | 陈　曦 | 葛腾辉 | 高嘉琪 | 赵　阳 |

### 第五临床医学院

| | | | | | |
|---|---|---|---|---|---|
| 王沛然 | 毛亦爽 | 韩　雪 | 张宇强 | 林坤展 | 刘俊智 |
| 郭佩瑶 | 刘晓乐 | 高丹妮 | 张裔麒元 | 杨　帆 | 郑子天 |

### 中日友好临床医学院

| | | | | | |
|---|---|---|---|---|---|
| 陈雪龙 | 潘逸缙 | 刘祖杰 | 刘逸辰 | 张怡璇 | 韩　乐 |
| 叶子翔 | 黄　琴 | 任岩松 | 杨红霞 | 王　淇 | 牛小倩 |
| 胡晏宁 | 叶清华 | 王晓晖 | | | |

### 第九临床医学院

| | | | | | |
|---|---|---|---|---|---|
| 田　壮 | 郝　琪 | 吴合亮 | | | |

### 航天临床医学院

| | | | | | |
|---|---|---|---|---|---|
| 郝梦迪 | 王乐怡 | 吕心遇 | 许敏慧 | 李美瑶 | 宋　宁 |

### 民航医学院

| | | | | | |
|---|---|---|---|---|---|
| 贾晨晖 | | | | | |

### 回龙观医院

| | | | | | |
|---|---|---|---|---|---|
| 仝景慧 | 李　娜 | 王雪莲 | 杜若南 | | |

### 深圳北京大学香港科技大学医学中心

| | | | | | |
|---|---|---|---|---|---|
| 吴文琪 | 张　宇 | 刘　苏 | 蔡明均 | 陈　敏 | 林素雯 |

### 地坛医院

| | | | | | |
|---|---|---|---|---|---|
| 张瑚丹 | 林妍洁 | | | | |

### 第八临床医学院

| | | | | | |
|---|---|---|---|---|---|
| 博尔术 | 沈启贤 | | | | |

### 302临床医学院（解放军总医院第五医学中心）

王文鑫　张　珊

### 解放军306医院

岳　圆

### 首都儿科研究所

孙　蕊　田　宇　陈苏云

### 中医药临床医学院（西苑）

魏康康

### 台港澳学生

黄丞贤　黄皓蕾　聂珮玟　赵绮文　潘丽珊　王淑盈
林芝漫　张赢中　蔡伊婷　张海琪　陈珏成　王宗沂

## 优秀学生干部标兵

#### 数学科学学院
刘俣伽　代旸凡

#### 物理学院
龚欢欢

#### 化学与分子工程学院
陈　恒

#### 地球与空间科学学院
王恩泽

#### 心理与认知科学学院
陆薪莲

#### 软件与微电子学院
刘欣铭

#### 新闻与传播学院
王子涵

#### 中国语言文学系
李泽廷

#### 哲学系
吕芳卉

#### 国际关系学院
罗天灵

#### 经济学院
陈诗雨

#### 光华管理学院
周榕涵

#### 法学院
李昊恩　蒋豪展

#### 信息管理系
张　鑫

#### 社会学系
王邵希

#### 政府管理学院
柏艾辰

#### 外国语学院
吴婴琦

#### 马克思主义学院
郭子暄

#### 艺术学院
于小航

#### 对外汉语教育学院
高子妍

#### 元培学院
高楚姗

#### 深圳研究生院
温济恺

#### 教育学院
龙　媛

#### 前沿交叉学科研究院
王耀正

#### 工学院
张赫宇

#### 集成电路学院
万　基

#### 计算机学院
武健宇

#### 智能学院
韩佳衡

#### 电子学院
卫昱宏

#### 城市与环境学院
彭昭宇

#### 环境科学与工程学院
贾翔宇

#### 新媒体研究院
许慧娟

#### 材料科学与工程学院
王子正

#### 基础医学院
刘歌瑶　刘家好

#### 药学院
张钦溟　许栋梁

#### 公共卫生学院
曹梦奇

#### 医学人文学院
吴焱斌

#### 第一临床医学院
蔺苗苗

#### 第二临床医学院
姚然然

### 第三临床医学院
郭怀珠

### 口腔医学院
韩潇

### 临床肿瘤学院
冯碧聪

### 第五临床医学院
闫明静

## 优秀学生干部

### 数学科学学院
刘子愉　詹雨桐　卢煜腾　张滢心　王子彧　张蔚峻
黄启亮　覃旦妮　刘向益

### 物理学院
叶璐璐　刘文莉　李秋卉　韩博　张鹏　孙瑞宁
葛慧琳　林中冲　林织星　纪涛　华成豪　陈宇骁
牟伟豪　王子健

### 化学与分子工程学院
靳汝湄　孙萌泽　张金霞　于珮瑶　瞿杨　刘茜
韩昊东　赵泽华　曾志炜　陈震宇

### 生命科学学院
李曼　张学斌　万苗苗　畅杰　赵淦　汤矗
陈佳璐　周远　徐浩棋

### 地球与空间科学学院
程楚捷　张晓媛　郭鹏　耿力　王凯　曹仁君
孙久雯

### 心理与认知科学学院
袁金玉　陈丹然　杨柳依依

### 软件与微电子学院
张情　宋昕宇　金少宁　张子铮　李博远　汪钦霆
徐福佳　阳家勋　陈博言　张欣蕊　黄蓉　朱一帆
李鹏超

### 新闻与传播学院
周灵　孙佳贺　刘慧莹

### 中国语言文学系
顾甦泳　刘文欣　李楠　钟馥蔓　吴纪阳　李宇轩
韩美林　司宛玉　胡雅洁　钱龙　尹润秋

### 历史学系
于悦　徐铖　许卓越　杨溢　张朋钰

### 考古文博学院
胡岳枫　李嘉妍　何心玥

### 哲学系
韩雪梅　王怡宁
赵宇博　聂昕怡

### 国际关系学院
于雅茹　冯金宇　施芷君　雷欣洋　付少青　韩东旭

### 经济学院
张宇鹏　杨竣皓　毕嘉鑫　姚相禹　郭兆一　王嘉

王玡戈

### 光华管理学院
王璐　郭宁　韩天雪　魏钊　高远　陈昊阳
张滋城　李佳欣　黄粲然　朱容立　张荷悦　秦若琳

### 法学院
陈伟宁　李鹏博　铁婧可　马鸣蓝　赵捷　马海棋
何冰杰　于雪纯　姜森元　张一　陈欣怡　任芷谊
来美星　高世莹　王楚笛

### 信息管理系
闫佳慧　张家烁　罗世亿

### 社会学系
吴文馨　孙秉一　陈伊涵　孟祥婕

### 政府管理学院
史俊杰　韩朵　高昕阳　艾迪娜·米尔艾克拜尔

### 外国语学院
康美玲　冷雁　杨曦　彭嘉婷　谢冠廷　扈琪佳
覃芷枫　唐儒雅

### 马克思主义学院
周勇平　官宸庆

## 体育教研部
牛建华

### 艺术学院
徐之波

### 对外汉语教育学院
曹玉鸽

### 元培学院
杨梵　吴伯涵　刘霄　段俐竹　程欣然　郭笑天
乔欣然　郑天宇　张润博

### 深圳研究生院
吴锦鸿　刘淞月　王尧　朱晨　杨毅　苗前名
薛浩宇　徐聪怡　米广宇　孟嘉轩　韩尚昆　张睿圆
程亚璐　艾佳宁　许深琛　周俊宁　傅晨坤　丰润芝
佟相达　黄毅宁　冯源

### 信息科学技术学院
孙昉　梁芸　周子璇　吕杭哲　李劲杉　朱正轩
钟作奇　陈梓达　许苑　冀映彤　徐致远　程凯

### 国家发展研究院
潘洋洋　李泓孛

### 教育学院
何丽琼　曹宇莲

### 人口研究所
宋泽

### 前沿交叉学科研究院
王泽华　韩思成　朱威　李晓丹　廖述筠　丁雪婧

郝晨晨　刘　畅

### 工学院
楼　雨　高晨皓　翟锦鹏　王俊杰　王兆阳　孙润轩
冯毅隆　刘玮明　瞿朱毅　林奕成

### 集成电路学院
李海霞

### 计算机学院
王业鑫　孟冠亚　李　航　时　旻

### 智能学院
郭嘉琰

### 电子学院
李唱白

### 城市与环境学院
张　豪　刘迎陆　李梦真　余犀雨　张涵森　罗雪纯
黄　喆　张可欣

### 环境科学与工程学院
顾　昕　张　溪

### 歌剧研究院
葛景宏

### 建筑与景观设计学院
韩静怡

### 燕京学堂
唐恬悦

### 现代农学院
吕欣欣

### 未来技术学院
金录嘉　孙艳杰

### 临床肿瘤学院
廖　浩

### 基础医学院
尹　畅　李　珂　王嘉祥　杨　墨　朱玉洁　吴朝旭
马开颜　那日泰　杨子涵　管允鹤　苏浩然　宋华杰
顾启馨　周　芳　张　航　张竞心

### 药学院
张文新衍　闻安达　耿　硕　吴　洋　朱泽航　吴　迪
赵增璐　穆冠群　李卓越

### 公共卫生学院
张浩宇　高誉阳　唐煜川　闫温馨　江南宇　窦宇琪
李振珲

### 护理学院
宋　颖　许可怡　王　力　弓　政

### 医学人文学院
陈　诺　陈　琰

### 医学技术研究院
高腾鹜

### 第一临床医学院
夏雨奇　何　阳　谭程浩　周佐邑　陈　钊　刘光年

### 第二临床医学院
刘书行　王若萱　安倬玉　丛方远　王玉坚　余志龙

### 第三临床医学院
李宇轩　柏佳丽　张志达　刘　欢　丁　灵　王　虎

### 口腔医学院
陈潇凛　郭昕然　卢金金　王　叙　朱丽莎

### 精神卫生研究所
廖云丹

### 第四临床医学院
周　湘

### 中日友好临床医学院
刘敬文

### 航天临床医学院
李宇婧

### 深圳北京大学香港科技大学医学中心
丁玉珍

## 优秀科研奖

### 数学科学学院
袁　铮　姜杰东　杨　帆　李泳欣　周传赛　蔡晓榕
朱玉茹　邓宇昊　孙　杨　徐紫怡　石宝明　曹鸿艺
李　干　徐再廷　宋寅翀　朱　玲　赵　远　叶亚楠
陈弈霖　黄立强　赵瑞琦　赵天琪　马辰辰　胡　喜
张红贞　刘其程　何秋妍　阳雨欣　曹润初　梁　晨
王泽芊　罗鼎宸　鲁一逍　彭强威　吴乘洋　栾晓坤
孙鎏磊　郭　鹏　谢中林　胡心怡　罗　昊　豆旭桉
孔繁淏　邱　添　苑之宇　张宁馨　朱依诺　宛　惠
王锦东

### 物理学院
熊昌睿　杨丹可　程奕涵　秦　汉　黄瀚霄　陈晓炯
唐石安　贺一珺　张　凡　蔡子东　武晓圆　孔　浩
蒋耀湘　闫秋辰　刘田颖　陈家豪　林伟胜　邵俊翔
柴文咪　郑宇凡　朱红村　王文伟　何　霄　徐文正
茅钰才　卫茁睿　郭启隆　蒋楚翘　张　帆　韩颖达
曹雄辉　成　星　黄志豪　蔡孟初　单凌霄　韩美芸
黎旭翔　程　雪　王　爽　李　辉　张玉佩　彭　靖
李　想　许昌龙　谭　涛　朱鹏飞　林　杰　潘　卓
胡豪杰　郭振宁　袁　帅　乔伟亮　邓　森　晏　炀
何春雨　周湖棉　王知雨　何　平　施杨帆　赵沐钧
齐世超　李阮存　王晓晓　李　础　朱锐雪　马　啸
李智博　贺　勇　罗冯平　马腾昊　田喜水　洪健松
陈　涛　尹德尧　周鑫池　陈浩然　刘心萌　刘语晨
李秋阳　毛　岳　夏亚东　王李鹏　吴雨心　陈夏琨
贾豪彦　高智颖　杨文凯　陈　越　王　彤　徐诗睿
肖　铅　邹　瑜　高　鑫　吴学志　耿　磊　陈　鹏

| | | | | | | | | | | | |
|---|---|---|---|---|---|---|---|---|---|---|---|
| 储子昊 | 关　喆 | 陈正昊 | 王显进 | 闫梦石 | 王　玮 | 吴嘉伟 | 王嘉树 | 周芯宇 | 高嘉洪 | 张学臻 | 徐　航 |
| 方静云 | 陈焕卿 | 盖　跃 | 姚　璐 | 穆翔树 | 师加林 | 侯远樵 | 熊淑萍 | 郭祉轫 | 李昌荣 | 高宇航 | 李星宇 |
| 王天一 | 陈　旸 | 王啸洋 | 吕澈秋 | 田铭圣 | 李典杰 | 赵泽严 | 裴召文 | | | | |

### 心理与认知科学学院

| | | | | | |
|---|---|---|---|---|---|
| 杨鹏程 | 刘　雷 | 徐　深 | 彭惠妮 | 董志文 | 王钰莹 |
| 罗　敏 | 梁　坤 | 霍腾宾 | 冯逸汝 | 包佳敏 | 马金金 |
| 孙　楚 | 蒲　玥 | 潘学飞 | 陈彦儒 | 王研维 | 朱焕雅 |
| 刘广芳 | 杨天宸 | | | | |

（续上表左列）

| | | | | | |
|---|---|---|---|---|---|
| 刘科阳 | 徐忠祥 | 王婷婷 | 杨　爽 | 赵利利 | 徐霖强 |
| 薛院院 | 王　凡 | 王明钊 | 朱禹宣 | 刘牧鑫 | 王彧辰 |
| 魏天恒 | 初纯光 | 尹高成 | 刘　星 | 王惠美 | 倪　磊 |
| 冯　佐 | 戴一新 | 尤一龙 | 靳先旭 | 崔步坚 | 魏　康 |
| 许　晟 | 穆书奇 | 杨嘉嘉 | 李其泽 | 秦　勉 | 王家齐 |
| 王俊达 | 牛沛然 | 殷知骏 | | | |

### 化学与分子工程学院

| | | | | | |
|---|---|---|---|---|---|
| 朱子琦 | 肖旖杨 | 周澍瑶 | 方培玉 | 李　硕 | 杜鸿旭 |
| 刘芷君 | 陈思聪 | 马子腾 | 闫树鹏 | 林豪禹 | 赵　雪 |
| 蔡明志 | 林学宇 | 丁　丽 | 谢思宇 | 何玥颖 | 陈昱光 |
| 刘　真 | 莫依天 | 张　宁 | 孙怀洋 | 齐　浩 | 亓金婉 |
| 郑莘荷 | 秦学涛 | 管林泉 | 邵　毅 | 李明瑶 | 王茂林 |
| 高啸寅 | 缪代禹 | 李元培 | 王　欣 | 杜天屹 | 朱一帆 |
| 任柯欣 | 范祎宁 | 刘海洋 | 陈子昕 | 郭晓玉 | 杨世楚 |
| 秦娇娇 | 华雨彤 | 简繁冲 | 鲍志成 | 郭丽慧 | 李昀之 |
| 顾　婷 | 赵　雅 | 韩建军 | 曹若辰 | 赵　健 | |
| 库尔邦尼沙·卡德尔 | | 于乐飞 | 王　怡 | 辛俊洁 | |
| 贺　鑫 | 王德九 | 柴正祺 | 黄宗煜 | 彭程远 | 李　锦 |
| 吴柏华 | 祁　祺 | 金杨亚男 | 杨子凡 | 刘少丞 | 赵锐驰 |
| 杨冠涛 | 夏筱茜 | 邹名之 | 王世伟 | 曹宇辉 | 石向辉 |
| 陆传捷 | 王维洲 | 吕辉达 | 陆铭远 | 黄　旭 | 李兆竣 |
| 吴钒瑞 | 江剑飞 | 赵雅鹏 | 蔡鑫榆 | | |

### 新闻与传播学院

| | | | | | |
|---|---|---|---|---|---|
| 陈　沫 | 董浩宇 | 刘　娜 | 郑玉阳 | 冯韦隽 | 郭　航 |
| 孙延凤 | 张雯玥 | 江凡瑄 | 刘雨青 | 王　珂 | |
| 娜菲莎·艾尼 | | 马　洋 | 李　好 | | |

### 中国语言文学系

| | | | | | |
|---|---|---|---|---|---|
| 俞明雅 | 缑清睿 | 李紫璇 | 孙浩浩 | 许　婷 | 熊丽萌 |
| 潘　悦 | 贺文翰 | 程珊珊 | 殷思源 | 魏　榕 | 蔡翔宇 |
| 王佳琪 | 席云帆 | 杨心宇 | 肖钰可 | 徐　梦 | 邱晓枫 |
| 吴益威 | 张永新 | 张佳玲 | 张鹤天 | 马晓炎 | 杨思思 |
| 赵　昕 | 毛玥晖 | 张丰楚 | 谭　天 | 孔妍文 | 欧阳梦陶 |
| 李泽栋 | 魏珞宁 | 王婧雯 | 张佳婧 | 任晓珊 | 周彦汝 |
| 林子昕 | 卢　瞳 | 丁洁心 | 王亭苏 | 黄竞仪 | 江健行 |
| 徐莫迟 | 王闻萱 | | | | |

### 历史学系

| | | | | | |
|---|---|---|---|---|---|
| 陈非儿 | 王　溥 | 姜　阳 | 王弘毅 | 殷　乐 | 邝文彬 |
| 隗　敏 | 郑　鑫 | 张临希 | 肖　威 | 汪国彰 | 于子轩 |
| 罗亦宗 | 赵怡晨 | 查少琛 | 张诗淇 | 郭埔嘉 | 林一翀 |
| 李柏杨 | 尹佳宁 | 陈　琪 | 李奕潮 | | |

### 生命科学学院

| | | | | | |
|---|---|---|---|---|---|
| 卢良芝 | 刘谱蓝 | 徐佳俊 | 王春慧 | 刘烨丹 | 邓　飞 |
| 杜丽萍 | 赵蕴智 | 马华峥 | 范　昱 | 王睿宇 | 刘鸣章 |
| 吴烘贵 | 吕钰麟 | 江静媛 | 王梦媛 | 王　信 | 崔英姿 |
| 姚　红 | 张志莹 | 李雪霖 | 黄　颖 | 王荣羿 | 王啸天 |
| 胡在锋 | 张晓婷 | 李可骄 | 田　峰 | 武振鹏 | 王珊珊 |
| 程怡茹 | 王　宁 | 宋一帆 | 应若晨 | 王子朝 | 王　菁 |
| 陈静霞 | 周　阳 | 张丽雅 | 宋玮良 | 阿依江·伊斯马衣 | |
| 杨玉琪 | 彭　婷 | 周晨倩 | 李文昊 | 张　莹 | 韦佩君 |
| 陶奕含 | 刘　翌 | 刘　番 | 卢祖儿 | 张　雨 | 郭琛月 |
| 王　维 | 苏逸凡 | 储竞仪 | 张泽梁 | 李锦华 | 张丁峥嵘 |
| 焦冠中 | 刘欣宇 | 李田浩 | 张　阳 | 李　雨 | 饶希晨 |
| 杨培文 | | | | | |

### 考古文博学院

| | | | | | |
|---|---|---|---|---|---|
| 彭思宇 | 何　静 | 谷煜农 | 徐艺菁 | 龚梓桑 | 戴　伟 |
| 周昕语 | 蒋子谦 | 李含笑 | 肖红艳 | 周秋彤 | 尤文浩 |
| 冉智宇 | 韩诣深 | 余冰娇 | 于保田 | 何　燕 | 魏艳如 |
| 郭佳思 | 杜心怡 | 郑昭琪 | 田陈馨 | 魏婧柯 | |

### 哲学系

| | | | | | |
|---|---|---|---|---|---|
| 毕　冉 | 廖新媛 | 唐静怡 | 覃树成 | 孙皓佳 | 赵紫微 |
| 祁　玥 | 何绍锦 | 陈静仪 | 梁舒娅 | 麦日排提·麦合木提 | |
| 陈晗倩 | 张　愉 | 刘　彬 | 戚文秀 | 唐　艺 | 宣平安 |
| 赵　璧 | 董玉知 | 马　臻 | 宫婧溪 | 徐明博 | 刘一辰 |

### 国际关系学院

| | | | | | |
|---|---|---|---|---|---|
| 胡　然 | 孟子祺 | 赵建伟 | 李博轩 | 钟　点 | 刘近墨 |
| 刘婧文 | 罗梦蝶 | 徐　高 | 刘思宇 | 王书宁 | 谢进韬 |
| 姚周越 | 崔鸿飞 | | | | |

### 经济学院

| | | | | | |
|---|---|---|---|---|---|
| 柯俊强 | 黑　烨 | 吕泽众 | 沙学康 | 胡　洋 | 洪杰生 |
| 钟睿煊 | 崔茜婷 | | | | |

### 地球与空间科学学院

| | | | | | |
|---|---|---|---|---|---|
| 吴自华 | 陈星渝 | 刘　波 | 刘志扬 | 张逸伦 | 肖万博 |
| 张　昊 | 许金涛 | 熊　璐 | 曹　琰 | 蒋一然 | 武晓环 |
| 唐荣贞 | 李家春 | 豆方鹏 | 杜晓宇 | 祝奇文 | 徐　昱 |
| 冯　迪 | 姜　晓 | 薛莅治 | 蒋晨琛 | 楼夏寅 | 白璐斌 |
| 顾书纶 | 李炳鑫 | 陈玉滢 | 李佳斌 | 白　璐 | 杨子浩 |
| 姜凯文 | 许午川 | 张静宜 | 刘立超 | 武于靖 | 华思博 |
| 姚　瑶 | 付雁芳 | 刘永欣 | 马为为 | 杨　状 | 庄子仪 |

### 光华管理学院

| | | | | | |
|---|---|---|---|---|---|
| 姚心觉 | 杜　君 | 汤泰劼 | 钱留杰 | 李孟哲 | 段丙蕾 |
| 刘汝晗 | 陆哲皓 | 刘　雯 | 彭拓宇 | 朱云轩 | 张　正 |
| 刘　岳 | 王可昕 | 郑　毅 | 鲍文杰 | 王子琳 | 王　萱 |

| | | | | | | | | | | | |
|---|---|---|---|---|---|---|---|---|---|---|---|
| 张梅兰 | 孙静文 | 相佩蓉 | 闫晗 | 高原 | 王慷楷 | 黄培 | 郭浩 | 付佳 | 焦彦欣 | 陈婧怡 | 杨东超 |
| 潘奕飞 | 杨广鑫 | 李沁 | 廖静莹 | 陈煦畅 | 张沁萱 | 黄健 | 王资越 | 汤路杨 | 包蓉 | 陈云皓 | 林伊婷 |
| 马鑫 | 吴也林 | 侯嘉奕 | 陈宇琦 | 应倩 | 孙小倩 | 晋雪茹 | 班渺棍 | 王颖 | 陈贝贝 | 傅家仪 | 蔡虎 |
| 刘存芳 | 王昊 | 秦峰 | 肖天哲 | 薄日佳 | 刘志威 | 易行 | 范小晴 | 林博智 | 吉普照 | 李佳鹏 | 丁芮 |
| 杨璐 | 王子昕 | 谢昕伶 | 毕珂 | 孙岩 | 张汇韬 | 韩恒霄 | 徐沈阳 | 李钰 | 杨超 | 何冬一 | 白鹤 |
| 徐小璇 | 李润丰 | 朱林染 | 张子玥 | 初佳慧 | 高晗 | 江聪 | 付楠楠 | 贾怡宁 | 周长春 | 杨敬垒 | 冯晋如 |
| 陈之珺 | 张辰雨 | 梁宇畅 | 金宇烽 | 王乐 | 陈润欣 | 张鑫洋 | 杨大卫 | 张琛 | 廖晓云 | 蔡雨兴 | 谈心妤 |
| 郭雅婷 | | | | | | 陈海灵 | 郑思晗 | 司子黄 | 李柯涵 | 喻润一 | 杨邦 |

法学院

| | | | | | |
|---|---|---|---|---|---|
| 刘殊瑜 | 李晓璇 | 郭晓艳 | 卢泉 | 孟孜谦 | 朵悦 |
| 汪家雨 | 李昊林 | | | | |

| | | | | | |
|---|---|---|---|---|---|
| 王振乾 | 徐冬梅 | 宋晓宇 | 翟勇琪 | 陈泳良 | 程梦钧 |
| 黄嘉俊 | 王小权 | | | | |

信息科学技术学院

信息管理系

| | | | | | |
|---|---|---|---|---|---|
| 蔡文君 | 王林旭 | 李龙渊 | 刘珊 | 彭晗琦 | 段思宇 |
| 王一涵 | 马雨萌 | 唐陆禛 | 陈淑芬 | 凡怡婷 | 陈伊旸 |
| 傅彦萌 | 宜宣 | 刘桂林 | | | |

| | | | | | |
|---|---|---|---|---|---|
| 赵泠然 | 刘一廷 | 章梓立 | 张殊培 | 刘星宇明 | 幸京睿 |
| 王益明 | 周裕涵 | 宋宇晗 | 朱浩桐 | 李隽哲 | 李博宇 |
| 时方朔 | 何妍 | 高润雄 | 柳浩 | 俞跃江 | 陆宇鹏 |
| 郭嘉睿 | 薛晨皓 | 张添瑀 | 陈厚沣 | 李柄辉 | 李经纬 |
| 黄佳辉 | 沈镭 | 唐嘉珺 | 葛尊铭 | 杨智超 | 胡宇轩 |
| 金子越 | 刘华秋 | 李昊洋 | 徐铸 | 范毅 | 黄柘铣 |
| 凤大骅 | 耿逸然 | 傅珂琳 | 罗文 | 冀佳男 | 张泽楷 |
| 汤宸名 | 姚骏奕 | 余卓成 | 赵家旺 | 林子铖 | 周天宝 |
| 徐向灿 | 许仕熠 | | | | |

社会学系

| | | | | | |
|---|---|---|---|---|---|
| 姜凤姝 | 李圳虎 | 任春旭 | 李由君 | 曹润泽 | 唐梓钧 |
| 陈红宇 | 汪斌 | 李白 | 温舒雅 | 肖上上 | 杨楠 |
| 盛禾 | 麻秋枫 | 张蕴洁 | 央金拉姆 | 李雨萱 | 王朗宁 |
| 杜朵云 | 于博轩 | 陈丽娜 | 谷诗洁 | 张宇一 | 赵新灏 |
| 郑熙颖 | 续昊岩 | | | | |

政府管理学院

| | | | | | |
|---|---|---|---|---|---|
| 杨艺 | 李沅曦 | 曾扬 | 应验 | 钟点 | 梁梦 |
| 保瑞 | 刘雅玄 | 朱婷 | 吕慧敏 | | |

国家发展研究院

| | | | | | |
|---|---|---|---|---|---|
| 傅培轩 | 季煜 | 林婕彤 | 喻淼 | 丁煦宁 | 范皓敏 |

人口研究所

| | | | | | |
|---|---|---|---|---|---|
| 裴赫铭 | 王一然 | 郭姿乐 | 刘欣 | 张孝栋 | 黄甜歌 |
| 马璐岩 | | | | | |

外国语学院

| | | | | | |
|---|---|---|---|---|---|
| 韩之江 | 郭艺华 | 宋一瑄 | 汪柳云 | 孙淼 | |
| 图尔荪·克麦尔尼亚孜 | | 范宗朔 | 王梓 | 罗畅 | |
| 袁婧 | 赵婉雪 | 郑家祺 | 马伊菲 | 袁晓喻 | 刘竹君 |
| 高可心 | 吴易非 | | | | |

前沿交叉学科研究院

| | | | | | |
|---|---|---|---|---|---|
| 余正清 | 谢雨晨 | 叶灿 | 张妤彤 | 潘昊阳 | 杨诗祺 |
| 段晓岑 | 付红烨 | 孔思明 | 陈诗源 | 柏亚君 | 曹磊 |
| 卢铁湛 | 孙法家 | 王瑞祥 | 翟浩田 | 曹露 | 龚岩岩 |
| 林艳霞 | 喻可琢 | 刘梦娜 | 卫潇茗 | 拉毛切忠 | 年欣欣 |
| 陈嘉伟 | 赵星楠 | 徐磊 | 王超名 | 徐瑞健 | 李金平 |
| 闫文卿 | 宋永前 | 张楠 | 张楠 | 关嘉良 | 肖天贺 |
| 薛晓慧 | 蒋振寰 | 王宏云 | 许鹏选 | 王玉倩 | 王伟泽 |
| 李铮然 | 覃彦钊 | 韩炳 | 李雨辰 | 郑宇 | 蔡溥阳 |
| 康凯 | 丁佳伟 | 杜俊达 | 谷晟 | 孙壬梁 | 唐非 |
| 周钰 | 黄硕 | 王建堃 | 尹珍元 | 郭雯雨 | 李雨哲 |
| 邵田玉 | 雷孟 | 杨明宇 | 王彦琦 | 王小文 | 王一杰 |
| 刘梓辰 | 刘嵩 | 邱姗 | 赵浩芸 | 樊凡 | 蒋玥凤 |
| 刘纪端 | 肖叶 | 胡潇月 | 张铎 | 吴子欣 | 陈奉 |
| 郁宇航 | | | | | |

马克思主义学院

| | | | | | |
|---|---|---|---|---|---|
| 尚娜娜 | 张蕊 | 肖楠 | 郭文杰 | 黄博一 | 林亚楠 |
| 殷淑茸 | 冯嘉馨 | | | | |

体育教研部

| |
|---|
| 曾睿 |

艺术学院

| | | | | | |
|---|---|---|---|---|---|
| 郑雨琦 | 宋雪莹 | 于明阳 | 王一楠 | 郑博航 | 裴慧恩 |
| 张瑾瑜 | 姜欣宜 | 钱羽然 | 吴双君 | | |

对外汉语教育学院

| | | | | | |
|---|---|---|---|---|---|
| 刘薇 | 钟妍璐 | 邱夏 | 王璐 | 陈圆 | 王婉昕 |
| 杜月明 | | | | | |

元培学院

| | | | | | |
|---|---|---|---|---|---|
| 伍子睿 | 王霄钰 | 张旭阳 | 杨晓龙 | 吴俊毅 | 项昱然 |
| 章至枰 | 张天明 | 肖舒凡 | 胡毓炫 | | |

工学院

| | | | | | |
|---|---|---|---|---|---|
| 钟颖 | 刘莹 | 王璇 | 韩泉峰 | 林俊丞 | 魏炫坤 |
| 孙北奇 | 司济沧 | 张林森 | 曹禹凡 | 王国丞 | 顾若衡 |
| 撒普尔 | 黄朝晖 | 修继冬 | 瞿佳楠 | 刘晓超 | 武琦 |
| 郑君政 | 李文珂 | 孟德颖 | 白楠 | 王萌 | 周旭 |
| 曹港辉 | 常泽泽 | 徐瑞宇 | 刘凤鸣 | 曾冯庆阳 | 陈硕 |

深圳研究生院

| | | | | | |
|---|---|---|---|---|---|
| 丁伟 | 王宏渤 | 陈天一 | 卢仪蕊 | 孙若涵 | 吴浩然 |
| 乔雪姣 | 毛晓晓 | 胡妤婕 | 朱颖 | 王正大 | 王梓淼 |
| 刘思宇 | 张子昂 | 黄晨星雨 | 鲁蒙佳 | 毛鹏 | 杨丁豪 |

| 徐明 | 宋健 | 戎开雨 | 付家琪 | 衣兰波 | 何天浩 |
| --- | --- | --- | --- | --- | --- |
| 邢家诚 | 杨帅 | 许红威 | 殷越凡 | 黄涛 | 陈新江 |
| 刘世豪 | 王文晖 | 姜传洋 | 翟宇凡 | 段明宇 | 王健伟 |
| 周旭 | 程溪 | 雷禹秋 | 周雨晴 | 吴磊 | 林京龙 |
| 张润祺 | 闫易 | | | | |

### 集成电路学院

| 高程武 | 袁锐 | 郭业昌 | 刘明昊 | 凌尧天 | 王浩彬 |
| --- | --- | --- | --- | --- | --- |
| 单林波 | 陈旺楠 | 张泊洋 | 项泽华 | 胡逸轩 | 刘影 |
| 孙梓轩 | 杨昊璋 | 湛绍泉 | 史晓艺 | 苏畅 | 乔鑫 |
| 于达程 | 钟毅 | 王锜深 | 赵攀 | 王识清 | 张致同 |

### 计算机学院

| 屈笑如 | 谢旭 | 沙赛 | 沈剑豪 | 高笑涵 | 张云帆 |
| --- | --- | --- | --- | --- | --- |
| 温金凤 | 郝晓辰 | 张海林 | 王玉 | 谷典典 | 吴睿海 |
| 彭晗 | 常卓 | 邢铭哲 | 赵衍琛 | 任抒怀 | 肖文鑫 |
| 朱耀宇 | 张家瑞 | 蒋建平 | 熊家欣 | 尹英达 | 张之远 |
| 张煌昭 | 杨程旭 | 任荟文 | 李鹏泽 | 张文杰 | 韩佳良 |
| 叶志晟 | 刘泽群 | 蒋鸿达 | 翁书晨 | 常建慧 | 翟云鹏 |
| 谢睿峰 | 程建新 | 张雅坤 | 袁昊琦 | 徐瑞帆 | 黄浩峰 |
| 尹茜 | 孙可 | 赵怡浩 | 马雷璇 | 张启 | 张祎轩 |
| 吴宜谦 | 马辛宇 | | | | |

### 智能学院

| 陈骁宇 | 尚明宇 | 朱泽宇 | 郭晓鹏 | 董一鸣 | 胡楠 |
| --- | --- | --- | --- | --- | --- |
| 蔡德润 | 谭绍聪 | 王好庆 | 谢星宇 | 严祚宇 | 孙陈希 |
| 栗楠 | 田沛 | 陈浩澜 | 汪文靖 | | |

### 电子学院

| 李荟 | 牛尊 | 韩昌灏 | 崔健 | 曾书豪 | 海亚龙 |
| --- | --- | --- | --- | --- | --- |
| 王文伯 | 李思琦 | 王婉仪 | 赵一心 | 余奕壕 | 张洪瑞 |
| 姜建峰 | 王卓 | 魏子义 | 刘洋 | 仝玉恺 | 赵梅惠 |
| 赵瑾 | 张宸博 | 魏凡粟 | 彭鹏 | 王誉儒 | 李颢宇 |
| 陈佳源 | 刘海洋 | 张佳 | 田昀 | 张佳瑞 | 焦响 |

### 城市与环境学院

| 徐超伟 | 冯禹昊 | 李昱君 | 刘銮 | 邱婴芝 | 董建权 |
| --- | --- | --- | --- | --- | --- |
| 高瑜堃 | 万山铨 | 谷逢雨 | 简小虎 | 韩秉均 | 申雨禾 |
| 罗智瀚 | 潘佳敏 | 习皓 | 云国梁 | 薄岩 | 罗全星 |
| 宋文起 | 江颂 | 倪晓凤 | 谢金芯 | 贾雯奕 | |
| 吾拉哈提·阿达力别克 | | 葛文东 | 郭佳宏 | 许伟麟 | |
| 罗明宇 | 韩子言 | 李彦熙 | 张致远 | 汤旭涛 | 孔德华 |
| 刘学邦 | 王真 | 刘光昕 | 于淼 | 魏健 | 周颖 |
| 索鑫浩 | 胡明峰 | 邢冉 | 葛孟帅 | 郭文哲 | 易丽瑾 |
| 魏天星 | 高远 | 万丹 | 张紫瑶 | 赵千惠 | 赵云迪 |
| 张恒 | 肖远洋 | 王启仁 | 邓贻丹 | 丁香 | 郑陌通 |
| 罗依婷 | 蔡雨辛 | 杜诗颖 | 姜雯晔 | 万姝其 | |

### 环境科学与工程学院

| 杨善卿 | 陈赟丹 | 廖胤皓 | 陈景川 | 刘小萌 | 吴雅珍 |
| --- | --- | --- | --- | --- | --- |
| 孙延鑫 | 张思露 | 陈安娜 | 马腾 | 贾利霞 | 聂辰颐 |
| 孟鑫 | 刘冰 | 陈伟东 | 戎海凤 | 俞颖 | 易可欣 |

| 何鑫 | 李浩楠 | 张少轩 | 葛艳丽 | 贺龙坤 | 李品间 |
| --- | --- | --- | --- | --- | --- |
| 唐甜 | 郑茹 | | | | |

### 新媒体研究院

| 高尘镁 | 任碧萱 | 林彦君 | 程馨仪 | 张潇鹤 | 陈晨 |
| --- | --- | --- | --- | --- | --- |
| 史睿 | 罗龙翔 | | | | |

### 燕京学堂

| 王雨菲 | 曾继儒 | 高思成 |
| --- | --- | --- |

### 现代农学院

唐雅琳

### 材料科学与工程学院

| 陆恒 | 潘双嫄 | 张泽慧 | 林芳旭 | 孙威 | 纪宇帆 |
| --- | --- | --- | --- | --- | --- |
| 蒋译霆 | 付加田 | 洪旭峰 | 张晨欣 | | |

### 未来技术学院

| 马中天 | 张雪薇 | 费圆 | 李映林 | 李佳鑫 | 侯家恒 |
| --- | --- | --- | --- | --- | --- |
| 孙宇 | 邓雅楠 | 李嘉懿 | 赵天宇 | 刘敏 | 高孟娣 |
| 王静 | 何潇 | 李向上 | 陈文莉 | 李新萌 | 陈媛媛 |
| 曾爽 | 李睿 | 徐昕璇 | 杨晔 | | |

### 基础医学院

| 冉丹阳 | 孙亮亮 | 王文质 | 倪良玉 | 易靖坤 | 傅韵洁 |
| --- | --- | --- | --- | --- | --- |
| 陈禹同 | 李海爽 | 唐晓伟 | 胡雪嫣 | 余坚祺 | 冼伟 |
| 熊芮 | 张雨琪 | 李忱震 | 施婵懿 | 王建泽 | 杨韩 |
| 段梦园 | 郭鹏利 | 郝文燕 | 马娟 | 唐荣淳 | 王卓琳 |
| 赵晔 | 方金玉 | 翟超 | 董志刚 | 龚泽 | 侯松 |
| 李晗笑 | 王晓瑞 | 吴佳玉 | 姚启扬 | 朱梓铭 | 郭雪飞 |
| 韩梦维 | 任小雨 | 叶御威 | 张春蕾 | 徐杨恺 | 何瑶 |
| 乔攀爽 | 李雪 | 樊响 | 姜金艳 | 刘昭迪 | 袁佳佳 |
| 张希寅 | 郑雅文 | 陈柯宇 | 关苏敦 | 胡万金 | 马艺蕾 |
| 秦森 | 申凌翰 | 孙玺汶 | 樊锐 | 纪翔文 | |
| 阿卜杜热西提·阿卜来提 | | | 段军毅 | 马燕芳 | 王旭阳 |
| 张世强 | 胡梦蕾 | 李岸青 | 杨若琳 | 刘佳瑞 | |

### 第五临床医学院

杨兵

### 药学院

| 廖为明 | 丁旭阳 | 王朴疏 | 柳大可 | 张俊 | 张祥 |
| --- | --- | --- | --- | --- | --- |
| 李健 | 许建飞 | 朱铭辉 | 张荣学 | 徐国峰 | 张宇 |
| 汪洋 | 刘啸昂 | 郑汝秋 | 郭华 | 韩鹏杰 | 丁梦 |
| 王岩航 | 郭星辰 | 杨倬 | 刘蕴玥 | 赵会春 | 程璇 |
| 王昭景 | 佟欣诺 | 罗铭钰 | 刘婕 | 程韫韬 | 万方劼 |
| 汤明媚 | 杨昶 | 彭祎玮 | 刘宵钰 | 杜可欣 | 雍灵 |
| 李思聪 | 李文慧 | 贺诗雨 | 张姣 | 朱玥桢 | 王兴 |
| 常丽颖 | 常满霞 | 韩伯阳 | 漆心怡 | 汪鑫晨 | 王靖亚 |
| 张缘洁 | 左翼 | 张扬 | 韩搏云 | 赵茜 | 苏惠飞 |
| 崔英贤 | 周佳静 | | | | |

### 公共卫生学院

| 肖翰 | 周虎子威 | 鲁鸿 | 李子慧 | 杨树涵 | 饶颖婷 |
| --- | --- | --- | --- | --- | --- |
| 张依航 | 陈智伊 | 王婉琪 | 赵潮波 | 邓贞志 | 王晓霞 |

| | | | | | | | | | | | |
|---|---|---|---|---|---|---|---|---|---|---|---|
| 陈 力 | 师 嫡 | 陈 敬 | 马 尚 | 刘西瑶 | 姜玫婕 | 伏世杰 | 贡子琦 | 刘佳明 | 马晓琨 | 祁子凡 | 孙 壮 |
| 徐志虎 | 杨 腾 | 史佳琪 | 冯菁楠 | 王敬元 | 阎爽博 | 王 冰 | 王刚健 | 王雪莹 | 魏天笑 | 翁文杰 | 肖烨翡 |
| 巩 超 | 王鑫培 | 杨晴晴 | 范 梦 | 张珊珊 | 孙 栋 | 臧 璠 | 张峰浩 | 张健维 | 张雅欣 | 赵鑫雅 | 朱焕博 |
| 刘春语 | 胡一祯 | 陈林一 | 佟明坤 | 马雨佳 | 彭和香 | 侯兴国 | 刘慧敏 | 王昱骄 | | | |
| 陈慧婷 | 白 易 | 满塞丽麦 | 庞梓溪 | 朱蕴卿 | 谢明珠 | | | 精神卫生研究所 | | | |
| 黄宁浩 | 杨君婷 | 杜润茗 | 董雪洁 | 吴一波 | 陈博天 | 高煦平 | 刘倩溶 | 赵驿鹭 | 郑浩浩 | 熊 静 | 庞 滔 |
| 张晓悦 | 商伟静 | 赵婧雨 | 周益国 | 程昊哲 | 任嘉宁 | 王露莼 | 冯 源 | 王倩文 | 田俊斌 | 蒋立昕 | 郑 月 |
| 周 娜 | 付亚群 | 胡明政 | 黄 宁 | 李 玭 | 朱淑静 | 王铭洽 | 郑翔宇 | 郑垚楠 | | | |
| 史涵旭 | 黄晓婕 | 叶湾韵 | | | | | | 第四临床医学院 | | | |
| | | 护理学院 | | | | 焦中禹 | 陈佳升 | 孙正则 | 魏绮珮 | 张建宇 | 徐忠宁 |
| 刘琴琴 | 陈可欣 | 严惠茹 | 安 然 | 曾 雯 | 刘沛源 | | | 第五临床医学院 | | | |
| 王崇锟 | 吴夏鑫 | 周 佳 | | | | 尉 然 | 刘 晔 | 邢珍珍 | 马亚情 | | |
| | | 医学人文学院 | | | | | | 中日友好临床医学院 | | | |
| 金斯琪 | 吴襄仪 | 陈 帅 | 张 雪 | 龙俊羽 | 甘 霖 | 刘余昊 | 李文然 | 靳琦文 | 刘 东 | 甄凯元 | 吕 宽 |
| | | 医学技术研究院 | | | | 周元琛 | | | | | |
| 杨楚峤 | 高梓翔 | 左健为 | | | | | | 第九临床医学院 | | | |
| | | 第一临床医学院 | | | | 夏一凡 | | | | | |
| 曹 奇 | 廖双璐 | 张钰洋 | 邓心未 | 高田敬 | 王 祥 | | | 航天临床医学院 | | | |
| 李金澎 | 张道宁 | 阿迪斯 | 陈洪丞成 | 周津羽 | 满 谦 | 黄思成 | 徐 琳 | 杜佳宁 | 郑墨涵 | | |
| 王瑞雪 | 徐丽清 | 潘少容 | 李 政 | 李 磊 | 李子涵 | | | 回龙观医院 | | | |
| 黎莹斯 | 张 晗 | 张 钰 | 杨 琦 | 闫 唯 | 邱永康 | 马瑞华 | 李红娜 | | | | |
| 刘 畅 | 梁天宇 | 况 煌 | 万嘉洋 | 张嘉莹 | 唐雨薇 | | 深圳北京大学香港科技大学医学中心 | | | | |
| 卢 慧 | 何宇辉 | 王亚杰 | 谭康安 | 李 聪 | 魏珊辰 | 吴月光 | | | | | |
| 刘嘉慧 | 邢哲聿 | 徐亚威 | 张雅楠 | 刘子麟 | 杜晓娟 | | | 首钢总医院 | | | |
| 龙 迪 | 韩一凡 | 赵文颖 | 付 佳 | 张 蒙 | 夏倩倩 | 陈 捷 | | | | | |
| 孙留玉 | 董亚萍 | | | | | | | 地坛医院 | | | |
| | | 第二临床医学院 | | | | 邱雅若 | | | | | |
| 李嘉辰 | 林铭浩 | 郭思雨 | 汪毅仁 | 荆翔湘 | 何翊姣 | | 302临床医学院（解放军总医院第五医学中心） | | | | |
| 黄 婷 | 张 恒 | 蔡 娥 | 陈 谱 | 郝庆沛 | 何子豪 | 翟兴冉 | | | | | |
| 李思琦 | 潘信安 | 王晨一 | 王乃迪 | 王舒意 | 杨丽萍 | | | 首都儿科研究所 | | | |
| 张安汝 | 张 钰 | | | | | 宋国超 | | | | | |
| | | 第三临床医学院 | | | | | | 台港澳学生 | | | |
| 鲜昊城 | 高 熙 | 李 菲 | 蔡珠兰 | 郑惠玲 | 程 卓 | 邱善涌 | 吴亭宜 | | | | |
| 曲 超 | 胡元裕 | 陈正阳 | 黄架旗 | 窦新雨 | 杨子欢 | | | | | | |
| 熊晨奥 | 陈 磊 | 杨 静 | 张智昱 | 王安鸿 | 张朴尧 | **学习优秀奖** | | | | | |
| 叶臻泓 | 郭倩颖 | 李晓丹 | 卢敏贞 | 张秩荻 | 申 展 | | | | | | |
| 于 辉 | 张公杰 | 贾睿璇 | 曾 兰 | 王杰栋 | | | | 数学科学学院 | | | |
| | | 口腔医学院 | | | | 陈芷芮 | 朱容宇 | 苏 华 | 杜 航 | 范晓乐 | 邵凯诚 |
| 江雨荷 | 虞千瑶 | 李 威 | 吕季喆 | 吴伟强 | 孙雨哲 | 张友榕 | 傅浩桐 | 卓景彬 | 庞逸轩 | 魏 涛 | 马允轩 |
| 时诗晴 | 刁 畅 | 陈梓柠 | 柴笑寒 | 叶津辰 | 刁 婧 | 解尧平 | 吴雨桐 | 韩善禹 | 王楚惟 | 杜天祺 | 詹皓翔 |
| 李 骋 | 高胜寒 | 李文锦 | 郭雨晴 | 柯怡芳 | 黄晨燕 | 艾 瑞 | 龚诚欣 | 黄至晗 | 徐昱旻 | 王圣阳 | 高国荃 |
| 王逸君 | 薛 阳 | 周宜坤 | 吕航苗 | 吴晓岚 | 李华智 | 英乃文 | 徐汉林 | 黄彦齐 | 王业成 | 王彬楠 | 周书涵 |
| 秦 臻 | 付 敏 | 张奥博 | 祝 宁 | 陈 震 | 张欣宁 | 刘子宁 | 熊奕然 | 刘力铭 | 张师悦 | 王子秀吉 | 董一航 |
| 侯 磊 | 李玉冰 | 王 玺 | 董浩然 | | | 何芊杜 | 李昊辰 | 肖庆成 | 钟蕙颖 | 谢长啸 | 汪元正 |
| | | 临床肿瘤学院 | | | | 何熠辉 | 方星竹 | 丘瑞岑 | 梅文九 | 谭乐之 | 贾南山 |
| 白跃宗 | 陈 檑 | 陈凤麟 | 程新新 | 邓子倩 | 丁欣韵 | 陈嘉和 | 张一航 | 饶 睿 | 童 尧 | 杨宛霖 | 丁真爱 |

| | | | | | | | | | | | |
|---|---|---|---|---|---|---|---|---|---|---|---|
|王泊宁|王修远|杨泽萱|丁嘉麟|伍思亦|王可为|杨城冉|吴佩鸿|宾奕颉|林炤求|李一萌|康桢宇|
|张沛祺|仝本然|朱家启|王彦喆|艾佳皓|苏　睿|贾骏琪|邢子骏|李晨奥|何东闻|任梓榘|黄哲鎏|
|安宇珂|孙昱洋|王羽飞|张与乐|陈恺一|张裬祥|宋　瑞|杨子祺|卢垕泽|叶泽航|魏元甲|王志洋|
|郭尧昱|许哲涵|孙亦青|张　昊|张佳奕|盖景初|张甘霖|范佳骏|綦敬仟|孙家骥|李肖洋|谢浩恩|
|刘浩然|应骏达|戴世捷|杨子熠|潘逸声|钱　茂|涂宇凡|王嘉熙|李柯毅|卿敬凡|苏俊伟|向品逸|
|李良驹|李睿健|刘凌锋|郭　桢| | | | | | | | |

心理与认知科学学院

| | | | | | |
|---|---|---|---|---|---|
|张佳雨|苏嘉宝|刘祎钒|丁怡婷|黄俊超|杜舒淇|
|德吉央拉|查玥彤|曹艺博|蒋林峰|袁梦婵|李咏馨|
|李建贤|徐旨健|滕文佳|贾仁和|张阳鸣熙|孙楚越|

## 物理学院

| | | | | | |
|---|---|---|---|---|---|
|徐呈浩|张烨冰|崔　琪|武添彧|唐云潇|周　全|
|杜潇飞|韩　非|何承芝|高逸辰|石家儒|祁昊洋|
|曹　珂|张子羲|邓一炜|苏彦铭|刘新奕|李　骁|
|胡踵书|伍　岳|陈　湘|赵柏恒|刘宇翔|刘行健|
|施童耀|智伟峰|张兆龙|潘程扬|游　畅|陈　鹏|
|刘子荣|王子晨|张钰坤|杨德鸿|李佩钊|张天宇|
|苏莞童|甘景涵|张育博|罗佳聪|元绍冰|唐维恒|
|滕一鸣|李世昌|马高行|王子谦|张诗阳|张意飞|
|邹子航|胡　逸|吕　喆|张栋泽|谭歆桐|李吟翔|
|赵英淳|王子瑜|谢松青|姜丹阳|江谨伶|黄映舟|
|张　弛|徐子浩|李旨航|张宇博|罗弈麟|陶嘉逸|
|李弈成|张玮喆|施梓瀚|张浩阳|李昀桓|王　心|
|周致远|周启轩|张镇涛|杨翰彬|张　瑜|金　鑫|
|戚大为|周天宇|孔　硕|韩永琰|陈思远|张嘉骏|
|杨家宁|奚志远|李家成|徐　捷|毕飞宇|张益萌|
|常家怡|刘泽阳|游诗韬|孙澜瑗|童雅菲|石芮泽|
|尹奕涵|伍俊霖| | | | |

软件与微电子学院

| | | | | | |
|---|---|---|---|---|---|
|方　瑶|于　浩|丁亚伟|李　伟|徐涌鑫|周亚标|
|翟胜方|吴修宇|邵文宇|段嘉欣|马清川|覃子秋|
|张燕婷|秦源泽|张　领|徐　宁|刘天睿|方　莹|
|王楚微|陈佳桦|麦辉煜|张皓杰|于明月|周子茗|
|熊雪妍|孟浩然|丁坤博|肖宇晗|邹佩聂|夏青江|
|周子博|杜雯汐|安震威|高　恺|石　力|王心韵|
|田睿智|张钰昆|高可儿|王宸宇|王佳琦|胡成成|
|林文富|梁文博|王帅帅|郑　倩|马文霞|王璐荧|
|冉顶平|邓涵子|朱勇辉|杜雨欣|瞿蓉芳|樊宇宸|
|牛　奔|黄百健|刘　莎|夏　潇|李骁原|李虎霏|
|杨辰涛|袁　想|董彦池|张志强|马建露|符一鸣|
|张宇轩|杜德翔|吴　夏|黄信楷|蔡扬航|谢　博|
|沈福祯|梁亦宁|崔哲远|曹　蕾|石佳玉|冯钊阳|
|叶泳峻| | | | | |

## 化学与分子工程学院

| | | | | | |
|---|---|---|---|---|---|
|袁晨悦|杨　帆|王琦贤|黄一晗|江　鑫|李　鑫|
|张玉菁|王丽莹|郑家胤|钱伊琳|李梓焓|章笑研|
|孙一宸|杨逸鹄|柏敬尧|邓皓洋|曹淞琪|朱俞帆|
|谭湘雨|王思远|桑子洋|漆　煜|苏奕安|易麟汶|
|朱选昊|薛炜之|姚文青|张景泓|胡淙澜|宁劲松|
|许博非|赵博源|李宇宸|何俊葳|郑宇泽|王博文|
|王文俊|傅尔加|李忠睿|阚立言|郭冠廷|张子游|
|赵博涵|张兆骥|张子璇|梅馨元|万笑含|吴承达|
|王子涵|张青欣|王鑫尧|金　瞳|周　锐|孙　鹏|
|林宇晗|赵子文|刘天冉|王子宸|白奕飞|胡羽扬|
|李云舒|袁　欣|孙蔚然| | | |

新闻与传播学院

| | | | | | |
|---|---|---|---|---|---|
|孙　畅|吴昱含|陈宇绮|陆召洋|张光裕|闫　杭|
|王珏薇|尹诗琪|钟欣琪|李汝佳|刘紫薇|吴文意|
|李叶舟|辛含芝|马银岭|康芮菡|罗榆姗|卢婉婷|
|吴晓彤|庞　萱|孟令蕙|周雯婷|罗鑫萍|童　玥|
|闫子颖|陈　仪|梁美仪|张喜若|钱嘉欣|徐沐恩|
|张全杰|谢冰妍|彭小峰|魏怡如|冯心虹|李多娟|
|何雪宁| | | | | |

## 生命科学学院

| | | | | | |
|---|---|---|---|---|---|
|汪家震|杨奕凯|王嘉琪|姚舒扬|张聿辰|吴寒羽|
|田　鹭|李泽凡|徐慧琳|易馨阳|王一帆|张庭瑞|
|林语涵|梁亦轲|张鑫雨|程业翔|邹济平|李锦柔|
|王瀚烨|方加铃|王乐成|徐梦泽|李嘉禾|杨子豪|
|张心怡|元绍鹏|龙俊琰|易鼎程|石子昂|吴永麒|
|杜斯凝|高月郝| | | | |

中国语言文学系

| | | | | | |
|---|---|---|---|---|---|
|诸玿志|李承熹|李泓霖|逯婧扬|王启星|卢多果|
|刘以宁|吴辰宣|孟睿哲|张　枭|黄冬笑|李　红|
|李雅杰|李雨轩|曹　悦|柳嘉怡|林明宗|邓皓文|
|钱喻晓|胡育文|刘雨佳|张雨童|王欣蕊|杨子巍|
|周小丫|林婧涵|王涵思|袁续航|匡敏嘉|王　淏|
|薛　南|陈乐萱|庄巧宜|张伶丽|米川爱佳|方　文|
|李恬恬|陈佳豪|李思娴|刘佳然|杨伊涵|王诗情|
|陈凯迪|李沐熹|温宁馨|陈子儒|吕瑞捷|薛天爱|
|金安娜|陈雨诺|刘蕴婵|黄可欣|王金悦|李哲晗|
|张嘉怡|郑沐涵|刘芝贤|余　钺|陈若瑶|王昕玥|
|徐才佳|吴奕茹| | | | |

## 地球与空间科学学院

| | | | | | |
|---|---|---|---|---|---|
|鲍　毅|陈晓桐|朱伟鹏|殷格格|姜颜笑|周川野|

历史学系

| | | | | | |
|---|---|---|---|---|---|
|雷　军|席卿循|邓哲承|廖俊贤|赵凯欣|王健宇|

| | | | | | | | | | | | |
|---|---|---|---|---|---|---|---|---|---|---|---|
| 黄博文 | 周天羽 | 费欣然 | 李怡青 | 张宇宁 | 王芊入 | 张浩然 | 王雅梦 | 俞施喆 | 陈天琪 | 王瀚萱 | 韩 韧 |
| 张子怡 | 张欣雨 | 许淳涛 | 袁之杨 | 史瑀昕 | 邓尹莹 | 潘奕辰 | 杨子夏 | 李禹泽 | 黄滨郦 | 付金悦 | 司逸群 |
| 鹿馨雅 | 郑欣悦 | 赵宇轩 | 孙羚蓣 | 李伊茗 | 陈之瑶 | 徐子舒 | 冯心雨 | 赵哲民 | 傅芷晴 | 谢 易 | 吴岳泽 |
| 杜文萱 | 李姝坦 | | | | | 张化齐 | 刘芫琪 | 杨其乐 | 陆嘉棋 | 严 哲 | 冯雨新 |

### 考古文博学院

| | | | | | | | | | | | |
|---|---|---|---|---|---|---|---|---|---|---|---|
| 吴琪瑶 | 陈珂尧 | 侯奕君 | 于清雅 | 李丛吟 | 陈安琪 | 崖 蓉 | 李天娇 | 秦恺钰 | 孔思义 | 董开妍 | 杨凯丞 |
| 董高睿 | 梁语溪 | 缪佳荟 | 李子宜 | 陈楠润 | 张星然 | 苏钰雯 | 李芯童 | 徐一晗 | 吴勇桦 | 梁 峰 | 邓钦文 |

### 哲学系

| | | | | | | | | | | | |
|---|---|---|---|---|---|---|---|---|---|---|---|
| 王 栋 | 钟晨宁 | 马卓文 | 黄秋怡 | 石 莹 | 王 清 | 陈邓一 | 祝逸伦 | 王欣悦 | 赵君鑫 | 李嘉豪 | 胡金阳 |
| 高晓梦 | 李易雨簏 | 侯剑韬 | 魏清华 | 吕 骏 | 庄 昱 | 陶耘宏 | 颜睿安 | 胡沛骅 | 杜春临 | 阎芃寰 | 刘子健 |
| 许 睿 | 张钟玥 | 张恺璇 | 吕 凡 | 何 颖 | 李沛阳 | 王 昊 | 原紫昂 | 齐颢博 | 苏冠颐 | 赵煜宁 | 周子琦 |
| 杨远哲 | 黄展扬 | 董思涵 | 吕欣远 | 王舒扬 | 何 桢 | 王国诚 | 张晓宇 | 张 朔 | 罗 乐 | 周子然 | 熊南熙 |
| 别懿姝 | 马万腾 | 杨君逸 | 于金文 | 王思丁 | 杨文可 | 刘斯甲 | 陈思成 | 张馨尹 | 俞 涛 | 张馨钰 | |
| 陈 翔 | | | | | | | | | | | |

### 国际关系学院

### 法学院

| | | | | | | | | | | | |
|---|---|---|---|---|---|---|---|---|---|---|---|
| 杨 靖 | 沃 土 | 隋雪濛 | 马相伯 | 熊 岚 | 方 瀚 | 邹沁芮 | 谢鸿雁 | 陈俊良 | 李晓松 | 徐自若 | 赵悦旭 |
| 陈晓双 | 方凯乐 | 刘以潇 | 向珂妍 | 段雅蓉 | 周镕哲 | 朱建海 | 马平川 | 苏晖阳 | 龙泓任 | 薛 嫡 | 李 媛 |
| 尹 珂 | 曾柳湄 | 曹艾璇 | 邵卓然 | | | 黄威铭 | 侯倩怡 | 卢伟杰 | 陈 景 | 侯晨馨 | 张 琪 |
| TIMOTHY SEOW WEI SIONG, | | | 宋仪萱 | 同子怡 | | 吴雅洁 | 王 娟 | 胡淑敏 | 董 颖 | 辛 婕 | 袁艺丹 |
| 廖利财 | 王诗语 | 黄汉轩 | 陈安童 | 任潇依 | 傅盈彧 | 赖晗语 | 孙 萌 | 张馨月 | 蒲 毅 | 熊 颖 | 陈彦冰 |
| 彭卓越 | 鲁 晨 | 赵 拓 | 吴乐妍 | 李宜秦 | 董新张 | 刘欣源 | 南红玉 | 王秋豪 | 钱 懿 | 刘路午 | 张心颜 |
| 依 多 | 马 超 | 余柔萱 | 张芹瑜 | 冯倩菲 | 张 昕 | 郭至立 | 姜王豪 | 叶慧敏 | 吴佼弈 | 陈嘉微 | 王翰斌 |
| 张雯婧 | 朱宣羽 | 苏 宇 | 张 冲 | 张文瑾 | 范钶烨 | 苑梦觉 | 梁嘉驰 | 汪怡雯 | 张展旗 | 高 羽 | 袁博文 |
| 薛连超 | | | | | | 宋彦飞 | 饶逸雯 | 徐彬喆 | 袁易鑫 | 袁志昊 | 岳怡晨 |

### 经济学院

| | | | | | | | | | | | |
|---|---|---|---|---|---|---|---|---|---|---|---|
| 唐昱阳 | 李怡然 | 赵煦风 | 崔 颖 | 杨 帆 | 何 冰 | 陈玮聪 | 林德鑫 | 吴 凡 | 陆家颐 | 孙晴岩 | 赵伊然 |
| 陈雅坤 | 朱 虹 | 王 也 | 黄昱程 | 张 玲 | 刘睿媛 | 潘钰澄 | 解彦梓 | 王 玥 | 王艺璇 | 宋亚容 | 郭悦悦 |
| 李晨光 | 敖雨萌 | 杨雨晴 | 汪欢颜 | 黄 溢 | 刘书宁 | 杨斐词 | 张 婕 | 孙玮蔓 | 陈凌霄 | 陈漳林 | 李瑞杰 |
| 鲍嘉晖 | 黄兆瑞 | 茅陈斌 | 陈洲扬 | 朱彦頔 | 欧阳芷一 | 杨钊承 | 郑 厚 | 蒋 露 | 马 悦 | 贺韵锦 | 朱禹臣 |
| 鲍俊霖 | 邝江浩 | 史晨菲 | 田子昂 | 孔祥瑜 | 秦 范 | 方思洋 | 李渝桃 | 方 怡 | 徐士涵 | 张 柠 | 史宇新 |
| 朱晨晨 | 邹卓群 | 崔 卓 | 何子颖 | 吕佳宸 | 曹泽龙 | 朱新宇 | 谢 颖 | 梁朱祥 | 樊之暄 | 杨冰冰 | 叶宇晨 |
| 周欧辰 | 陈雄杰 | 任尉菡 | 潘 琳 | 龙凤琴 | 李昱槿 | 鲁欣冉 | 温家珺 | 杜亦奕 | 于千城 | 孙源培 | 张美静 |
| 程欣然 | 杨 潇 | 孙翊程 | 张 棋 | 赵睿诚 | 赖端仪 | 李霄骁 | 张雅涵 | 杨佳敏 | 钟清影 | 余佳依 | 畅梗睿 |
| 林芸莹 | 田浩冬 | 周 畅 | 万冠宇 | 张容博 | 崔心怡 | 潘雨涵 | 董 磊 | 张锡川 | 郑凯洋 | 李佳怡 | 盛叶琪 |
| 刘 炼 | 周溪又 | 张圣一 | 刘晓雨 | 王昕怡 | 郭恒昌 | 王文雅 | 符羽禾 | 王文翠 | 李静桐 | 黄琬婷 | 李林珂 |
| 刘丹妮 | 华园浩 | 郭若菲 | 杨雅涵 | 安思成 | 周景怡 | 刘蔚琦 | 陆 瑶 | | | | |
| 何顺然 | 吴和昕 | 梁逸凡 | 马钰林 | 黄晨阳 | 林怡恺 | | | | | | |

### 信息管理系

| | | | | | | | | | | | |
|---|---|---|---|---|---|---|---|---|---|---|---|
| 李迎春 | 余 懿 | 刘津昊 | 杨云帆 | 郑圣译 | 刘 澎 | 潘 忠 | 熊千韵 | 杨淑楠 | 唐星龙 | 禹淑彬 | 殷沛宇 |
| 安晨瑞 | 曾 权 | 尤馨艺 | 黄咏薇 | 张希雅 | 王一迪 | 肖 怡 | 祝嘉淇 | 李 晓 | 向 妮 | 张 恺 | 徐天华 |
| 余静怡 | 吴子涵 | 周宇圣 | 杨晗琪 | 施婧怡 | | 胡 良 | 冯如茵 | 王佳佳 | 周凯乐 | 杨佳琪 | 金语轩 |
| | | | | | | 田昊鑫 | 冉晓雅 | 陈文妍 | 肖 萧 | 刘姚静宇 | |

### 光华管理学院

### 社会学系

| | | | | | | | | | | | |
|---|---|---|---|---|---|---|---|---|---|---|---|
| 丁坤鹏 | DAI, HUI LING | | 邹琬凝 | 束文超 | 王亦飞 | 杨乾宇 | 徐燕婷 | 邬浩然 | 赵小妹 | 何星乐 | 蒋 谦 |
| 贺 焉 | 袁溯阳 | 韩洪硕 | 胡致铭 | 孙沁怡 | 费羽洁 | 周芯宇 | 张正涛 | 赵骏翱 | 薛嘉棋 | 潘文欣 | 王子昂 |
| 廖涌屹 | 覃柯萁 | 张煜豪 | 鲁曦楠 | 程骥翔 | 王纪洲 | 乔澄宇 | 雷 培 | 杨 言 | 康亦文 | 郭炜湄 | 翟晨希 |
| 金慧雯 | 季笑羽 | 巩梦婕 | 齐高宇 | 温雅璇 | 蔡逸飘 | 吕 灵 | 曾绍芸 | 周敬轩 | 李缘宏杰 | 苟钟月 | 孟晨曦 |
| 王沐姚 | 邱澍萌 | 贾子又 | 梅竞丹 | 胡升鹏 | 寸特彬 | | | | | | |

### 政府管理学院

| | | | | | |
|---|---|---|---|---|---|
| 李梅杰 | 袁佳薇 | 杨浩天 | 纪 怡 | 徐怡雯 | 左万水 |
| 唐睿清 | 陈雨昕 | 曹一楠 | 唐力博 | 田欣鹭 | 祝若琰 |
| 徐璐琳 | 安 琪 | 江泽茹 | 周珊羽 | 周 源 | 叶阳明 |

| | | | | | | | | | | |
|---|---|---|---|---|---|---|---|---|---|---|
| 唐子叶 | 王泽众 | 张竞月 | 杨翊帆 | 冯永欣 | 陈 庆 | | | | | |
| 王亦涵 | 李佳颖 | 丁诗怡 | 黄 蓉 | 罗开叶 | 沈深文 | | | | | |
| 陈颖慧 | 蔡朗睿 | 宋依乔 | 任春萱 | 康歆然 | | | | | | |

### 外国语学院

| | | | | | |
|---|---|---|---|---|---|
| 林 曜 | 洪洁颖 | 周 淇 | 史天健 | 张文雯 | 李琼璐 |
| 张译尹 | 杨 晨 | 肖钰涵 | 黄博典 | 赵彬宇 | 李颖异 |
| 吴小红 | 史家兴 | 李绪格 | 刘小坦 | 匙可佳 | 郭佳蕾 |
| 姜 蕾 | 邢 旭 | 邹佳宁 | 程 露 | 马浩成 | 曹天奕 |
| 王 鼎 | 张永杰 | 李欣雨 | 李欣蔓 | 黄辉平 | 戎子艺 |
| 方子添 | 沈子添 | 王宏宇 | 周子萱 | 么醒辰 | 陈雨桐 |
| 苏仁心 | 崔永骐 | 钱祎佳 | 郎朗天 | 李香书 | 高 远 |
| 孙焕博 | 徐季然 | 刘松瑀 | 梁国铃 | 郝元隆 | 汪晨欢 |
| 范一苇 | 陈佳琪 | 陈淑晖 | 宫祎隽 | 齐 纪 | 王士豪 |
| 郑乐涵 | 何童杰 | 刘涵怡 | 杨瑾瑜 | 徐艺汭 | 杨蕊嘉 |
| 阚子亦 | 李芳瑜 | 马草原 | 刘若楠 | 朱雅婷 | 倪蕴蕙 |
| 李泰毅 | 黄一航 | 应林琪 | 段馨苑 | 陈 开 | 毛禹池 |
| 魏煜宸 | 姜雨玥 | 郑一苇 | 孙睿阳 | 夏旖芸 | 刘家腾 |
| 王予琦 | 周芷青 | 江嘉骝 | 陆佳怡 | 孙予欣 | 俞欣怡 |
| 孙一宸 | 李杭蔚 | | | | |

### 马克思主义学院

| | | | | | |
|---|---|---|---|---|---|
| 石琳琳 | 吴 迪 | 邬欣欣 | 黄 敏 | 孟思宇 | 李上蓉 |
| 朴泓谕 | 陈亚岚 | 胡云飞 | 汪亚宁 | 杨与时 | 李祥宇 |
| 蒋燕冰 | 赵 欢 | | | | |

### 体育教研部

| | | | |
|---|---|---|---|
| 谢 卉 | 张家伟 | 许奕昕 | 张泽铖 |

### 艺术学院

| | | | | | |
|---|---|---|---|---|---|
| 陈 都 | 程 思 | 王艺儒 | 彭小纯 | 张嘉琪 | 郑文媛 |
| 宋振华 | 赵文嫡 | 谭 好 | 曾诗涵 | 金瑞珍 | 孟冠如 |
| 赵欣格 | 陈 泳 | | | | |

### 对外汉语教育学院

| | | | | | |
|---|---|---|---|---|---|
| 郑甜甜 | 李超然 | 黄琪玥 | 江昱黎 | 吴春盈 | 杨彦彤 |
| 刘 琪 | | | | | |

### 元培学院

| | | | | | |
|---|---|---|---|---|---|
| 李鸿宇 | 张兴飞 | 裴昭远 | 程如健 | 马司南 | 黄晗奕 |
| 陈可盈 | 高禹观 | 王培铭 | 李千知 | 胡 月 | 李樂彤 |
| 吉祥瑞 | 辛呈颖 | 王焜昀 | 赵橙阳 | 邵美璇 | 郭梦阳 |
| 张翔宇 | 田丞然 | 李彬懒 | 韦楚韵 | 刘译文 | 刘迪莹 |
| 赵劲鹏 | 高 畅 | 王力帆 | 刘 畅 | 熊江凯 | 洪力舟 |
| 薛寒玉 | 周俊宇 | 赵思瑞 | 任方舟 | 李一骁 | 叶子琦 |
| 边昱佳 | 马舒畅 | 刘俊宇 | 李秉芮 | 范骁丁 | 邓廷锋 |
| 杜佳欣 | 文许豪 | 黄湘榆 | 倪嘉怡 | 甄元琪 | 班世锟 |
| 戴也苹 | 余 添 | 朱宝汇 | 刘语鑫 | 沈星戎 | 卞议德 |
| 孟梓墨 | 赵宇轩 | 赵邦森 | 曹 杰 | 杨宗霖 | 张皓天 |
| 冯文祎 | 谢骁涵 | 林宝森 | 李鹏辉 | 赵奕钦 | 杨子然 |
| 韩卓衡 | 王泽溥 | 谢飞扬 | 吴彦雪 | 江孟泽 | 马池程 |
| 谭 超 | 谭丽波 | 钭李烽 | | | |

### 深圳研究生院

| | | | | | |
|---|---|---|---|---|---|
| 梁凤婷 | 原 禹 | 余雁南 | 岳 敏 | 崔佳冕 | 蒋 伟 |
| 钟君彦 | 孙如梦 | 王之需 | 王瑞芸 | 李 泽 | 丁 雪 |
| 陈 琪 | 沈逸凡 | 李立天 | 金辰曦 | 姚祥铭 | 张宇晗 |
| 李英奇 | 牛 晨 | 王诗琦 | 袁 远 | 孙昊哲 | 李翔宇 |
| 刘东航 | 邢焙钧 | 高昕卉 | 蔺天野 | 詹宇鹏 | 王子奕 |
| 白如玉 | 国欣然 | 何清仪 | 王晓菡 | 张慧君 | 姜爱华 |
| 甘淑铭 | 潘豪孜 | 陈雨欣 | 冯心语 | 李心舒 | 张莹莹 |
| 孙唯一 | 杜 晨 | 金 鑫 | 王佳豫 | 王 缘 | 刘 星 |
| 王潇晗 | 赵玉聪 | 徐 航 | 夏士勇 | 杨雨魁 | 彭 莹 |
| 陈峻标 | 易建阳 | 阙 姗 | 刘发谦 | 吴昊雨 | 陈滢珺 |
| 张博驰 | 陈思佳 | 白一涵 | 陈慧娴 | 李梦超 | 马倩倩 |
| 王永昊 | 王翼阁 | 王怡萱 | 蒲 实 | 叶 芝 | 刘子瑜 |
| 吴 瑭 | 郭博菲 | 郭静文 | 贝阿朵 | 马驰昊 | 郑翰卿 |
| 蔡 任 | 黄自盛 | 戴亚敏 | 董嘉璇 | 王 体 | 张泽周 |
| 安禹豪 | 朱 虹 | 赵胜男 | 张佳颖 | 林 涵 | 阮 洁 |
| 辛逸飞 | 胡苏明 | 端木泽雨 | 唐起玥 | 于晨阳 | 彭思维 |
| 王 琪 | 杨羚彤 | 刘一夫 | 詹钛煌 | 陈国捷 | 马咏晴 |
| 张琬若 | 陈晓瑶 | 朱春鹏 | 郑文迪 | 李欣茹 | 黄钰澜 |

### 信息科学技术学院

| | | | | | |
|---|---|---|---|---|---|
| 张 灏 | 谢宇飞 | 白康博 | 林 啸 | 徐凯风 | 宋铭宇 |
| 杨雨桐 | 铁宸睿 | 林轶凡 | 辛世计 | 李 政 | 杜雨时 |
| 黄轩拓 | 庄敏学 | 杨宇翔 | 吴 臻 | 罗运泽 | 马双唯 |
| 王子旭 | 刘恩嵩 | 吕念远 | 孙天翊 | 王柳蕙 | 吴泓霖 |
| 郑子豪 | 周嘉辰 | 焦 点 | 王乐安 | 侯树顿 | 陈喆桓 |
| 尹嘉奕 | 李天驰 | 沈子楠 | 张明韬 | 邓朝萌 | 周 宇 |
| 赵衍麟 | 戴舒羽 | 湛江鸥 | 徐蕊琦 | 马名轩 | 魏 鑫 |
| 赵春山 | 王逸凡 | 汪逸阳 | 徐浩哲 | 刘子航 | 毛瀚燚 |
| 李梦涵 | 虞 何 | 杨骏骁 | 肖 逸 | 王泊闻 | 吴嗣昊 |
| 贾逸帆 | 于 悦 | 吴传铖 | 于 程 | 许珈铭 | 孟禹铭 |
| 赵雨薇 | 刘瑞哲 | 谭云鹏 | 潘骏跃 | 吴清月 | 刘方岳 |
| 王奕淞 | 李泽昊 | 陈智扬 | 苏博文 | 郝俊霖 | 时有恒 |
| 史 亮 | 徐嘉阳 | 王思远 | 董凡可 | 陈滨琪 | 赵恩涵 |
| 刘炳阳 | 姚力远 | 罗天阳 | 刘易青 | 徐若航 | 印陈阳 |
| 张泽钰 | 沈大为 | 郭一尘 | 蔡健洋 | 王在佶 | 支沁喆 |
| 郭唯杰 | 刘佳奇 | 梁永健 | 申高昂 | 秦 沛 | 谢开怀 |
| 王 浩 | 董 顺 | 胡 阳 | 高毓风 | 林伟程 | 鲁浩然 |
| 张海墨 | 徐一茗 | 李天祺 | 方 屹 | 陈力炯 | 刘宇政 |
| 陈奇之 | 李家成 | 丁宏骏 | 薛琪乐 | 胡凯闻 | 黄 荟 |
| 乔天硕 | 孙睿涵 | 孙昇航 | 张龄心 | 刘胜与 | 吴孟周 |
| 屠学畅 | 郭城志 | 薛泽皓 | 刘浩然 | 李弘杰 | 王 储 |
| 蔡鑫豪 | 梁昱桐 | 贾天宇 | 张 伟 | 徐艺峰 | 赵潇晗 |
| 刘景祺 | 徐英皓 | 连可为 | 李恩典 | 程歆乐 | 王 创 |

### 国家发展研究院

| | | | | | |
|---|---|---|---|---|---|
| 宁江源 | 许诗淇 | 李宗霖 | 董燕飞 | 马 丁 | 郑雅文 |
| 刘珍岑 | 钟卓宏 | 王心媛 | 黄乐瑶 | 吴龚添 | 林轶凡 |

孙毅凡　郑得耀　陈宇轩　潘　阳　匡浩鑫　游清宇
蔡睿杰　黄添羽

### 教育学院
裴维珍　KAPITO, KINGSLEY　张文杰　刘怀亚
胡伟奇　夏宇锋　冷先狄　邱　飞　陈心航　胡梦圆
方程煜　钟泽凯　刘雪婷　赵菁菁　徐子杰　林　璐
黄泓奇　吕佳忆　LU, TIFFANY

### 人口研究所
杨雯鑫

### 前沿交叉学科研究院
白林鹭　马昕蕾　张　驰　邵楚云　李轩昂　董文杰
张潇逸　孙至诚　谢　瑾　王清仪　李　琛　全文智
赵馨宇　山川枝子　姜易坤　虞嘉成　潘书廷　江禹璇
袁苏凡　彭　坤　蒋雨恒　张天宇　贺礼兵　赵诗卉
陈　蒙　毛燕超　王子威　薛凌峰　凌　敏　张绍然
张　暄　朱泽峰　王启盼　常梦茹　罗　策　郁桂花
袁铭泽　刘印天　裴　蕾　马毅骢　岳君佳俞　张若禹
金亦腾　吴宁然　吴　晗　白羽贝

### 工学院
薛智天　刘　钊　周恺锐　王　钰　宋淮桐　杨金宇
刘炽杭　玄　宁　周孙鹏　刘培宇　徐万新　袁屹宁
谢嘉烨　崔家齐　王博男　谢　周　张景岩　张育赫
初泓旭　冯　维　张星辰　方习之　储冶奇　单子康
潘振梁　李海越　张继之　赵朗添　赵启渊　高建鑫
雷千里　张运嵩　于　畅　王德运　孙建斌　喻雄武
黄光毅　李骏逸　韩　萱　安庭毅　陆　煌　朱宣霖
朱乐豪　张文翰　王超艺　杨家骅　赖宇洋　吴秉宪
潘浩然　费　扬　张城玮　伍千航

### 计算机学院
李　悦　张炜奇　夏　宇　刘宇航　陈锦伟　张旭升
邓彬玥　肖纪帆

### 智能学院
谢　睿　贾瑞琪　史梦芝

### 电子学院
郑东升　管鹏鑫　周简硕　王佳乐　田佳民　席美琦

### 城市与环境学院
金元凯　吴语萱　常静楠　黄悟优　刘　刚　罗　杰
肖婉琛　顾雪怡　刘　涛　鞠欣洁　周佳怡　侯轶凡
李东航　赵林楠　张雨桐　陈雨灏　张　愈　刘润轩
陈威同　李诺基　张艺凯　黄彦钧　陈子松　朱俊羽
袁怡康　刘　博　王顾言　刘　立　徐嘉苗

### 环境科学与工程学院
崔国栋　刘安齐　房　晨　贺子畅　耿昊阳　王玉树
袁夏雨　李　筱　周昊洋　刘大卫　李　昊　张　壮

### 歌剧研究院
赵心怡

### 建筑与景观设计学院
魏姗姗　方远炀　卞辰龙　舒业硕

### 新媒体研究院
沈述宜　蒋　科　傅依菲　吴悦莹

### 燕京学堂
王义柏　姜天潇　韩玮瑶　孙德宁　罗　培　阮登道

### 现代农学院
庄宇萌　蔡舒怡　李松泽

### 材料科学与工程学院
杜鹏虎　李一涛　王航超　熊　丰

### 基础医学院
沈牧天　李佳怡　李中天　杨　杰　熊首航　侯松延
金若逸　王一存　徐定杰　金逸凡　杨泽昆　朱芷瑶
刘向勤　权铃舒　周欣妍　罗一鸣　高　端　马　喆
杨　骞　任翰桢　张益铭　叶　铨　张可心　吕　波
常　靖　胡金桃　潘星辰　田小柯　段智馨　姜　锦
温　鑫　徐　皓　刘　洋　王子墨　周程凯　温钦喆
颜　丽　徐丽莹　王英博　郭天泽　李楠楠　郭聪婷
熊宇麒　陈柏荣　覃漾玉　刘雯军　陆丹娟　黄燕玲
穆嘉伟　周　琼　芮婧钰　唐宗立　彭　睿　黄子盛
郭城浩　陈奕凝　赵音琪　黄振坤　殷　琪　马月夕
倪悦然　曾金妹　曹艺平　马浩翰　刘雾霄　贾思琪
孙灿灿　李泽平　冯　尧　杨一澄　高子涵　周子琦
徐欣婕　聂骏男　张延妍　李芝妍　谢伟峰　赵馨悦
古琦龙　曹卓涵　毛　乐　谢孜为　杨　奥　李佳一
王丹锐　叶晨曦　蔡熙颖　顾庭菲　栾　硕　刘安竹
李文燕　孙铭阳　王　媛　琚　研　侯一然　蔺雅琦
徐诗榕　高雅斐　唐果菓　李　筱　王艺莹　张雅慧
翁逞浩　任婧怡　解博文　连子荷　李泽祥　李美伦
麻宇曦　陆有群　李淑灿　杨兴雯　李义晓　张　磊
陈锦萱　张文佳　安永盼　赵惠聆　霍嘉欣　燕星月

### 药学院
刘柯妘　韩　帅　赵佳伟　马起宇　胡彬斌　刘艺硕
雷定伟　刘惟嘉　赵正阳　陈吉春　罗金环　李冠南
王敬文　龙思捷　向林涵　王乐童　符林波　张荣赓
焦晓佳　陈伟琪　郭　畅　马博文　王高立　王之行
张成宁　万淳钰　谭传臻　李兆珽　张崇霄　张与晗
雷　蕾　王海心　郑玲丽　武信聪　贾振宇　莫　锐
毕一龙　熊天瑞　姜益浩凡　方一安　周步舒　邹建霖
米景璇　陈　雨　李雨航　齐瑞川　肖心语　严荣丁
龙劲辰　薛翌哲　孙　旭　李紫鹏　杨　辉　孙乐斌
陈　鑫

### 公共卫生学院
谌虹宇　王子良　林梓诺　陈薪宇　吴阳惠　苗天翼
郑佳仪　李昊泽　付张萍　蔡　珊　石珺怡　丁滢方
蒋家诺　李澳琳　王　坤　王玉婷　张　珊　龙　超

| 蒋东霞 | 黄雅婷 | 梁俊豪 | 罗喆鑫 | 刘梦泽 | 马秦怡 |
| 杨昕昱 | 张石默 | 董子奇 | 李 彤 | 张权赫 | 田镓境 |
| 吴骏鑫 | 刘家辉 | 赵天鸣 | 罗梅梅 | 陈典庆 | 刘瑜泽 |
| 倪墨俊 | 吴顺喆 | 余东侠 | 杨 政 | 李盈姿 | 王佳炜 |

### 护理学院

| 张力川 | 符 鑫 | 沈傲梅 | 杜亚格 | 王 岸 | 张赛胜 |
| 吴文辉 | 罗应斌 | 杨 艺 | 赵二璐 | 平卓敏 | 张雅雯 |
| 杨心晴 | 曾小凤 | 龙安彤 | 韦海珊 | 杨凯茜 | 张星雨 |
| 陈泳怡 | 胡力天 | 赵严言 | 王 亚 | 李庭芳 | 郑雅心 |
| 俞雯婷 | 侯雨初 | 周李菲 | 杨映锴 | 董艳蓉 | 马欣雨 |
| 梅凌寒 | 塔吉古丽·吾普尔 | | 麦德纳姆·热合曼 | | |
| 陈怡诗 | 郑如梦 | 陈佳悦 | 李佳晋 | 薛中来 | 杨逸凡 |
| 全思扬 | 张灵儿 | 廖文怡 | 黄双妮 | 刘娅婷 | 陈 星 |

### 医学人文学院

| 康佳立 | 郭锦涛 | 潘伊蕊 | 党 昕 | 吕雨濛 | 董仟禧 |
| 张高洁 | 李宣璇 | 张之豪 | 姬家旻 | 王玉琪 | 刘启满 |
| 张子悦 | 张晓辉 | | | | |

### 医学技术研究院

| 李雅欣 | 张 楠 | 钟双阳 | 肖一凡 | 刘英姿 | 刘 琪 |
| 高天姿 | | | | | |

### 第一临床医学院

| 张孟钦 | 应沂岑 | 魏静姝 | 丁 卯 | 靳可欣 | 张祥凝 |
| 谭舒眉 | 申思远 | 陶子豪 | 张本妥 | 李 键 | 陈荟竹 |
| 叶俐俐 | 常羽茜 | 焦 好 | 张咏白 | 寿佳音 | 惠 淼 |
| 时铭蔚 | 张春波 | 姚 航 | 王小飞 | 司凤磊 | 张瑞琪 |
| 袁昌巍 | 刘泽川 | 黄海文 | 吕品超 | 陈飞飞 | 窦伟冬 |
| 陈小娜 | 文新艳 | 李锴印 | 毛元敏 | 王 琪 | 陈宏宇 |

### 第二临床医学院

| 贺宇晨 | 焦若阳 | 廖欣意 | 王昊翔 | 曾雨晴 | 陈 龙 |
| 宋兆瑞 | 陈 杨 | 苏布德 | 丁一珊 | 付璐凡 | 赵悦欣 |
| 石庆阳 | 丁朝伟 | 任佳雨 | | | |

### 第三临床医学院

| 蚁梓希 | 郑丹蕾 | 杨泽希 | 杨 臻 | 王红梅 | 董文欣 |
| 李泽丽 | 朱玲玲 | 陈芳漫 | 李彦璋 | 张渝昕 | 侯翔宇 |
| 窦 赟 | 李高楠 | 李子涵 | 刘姝婉 | 卞 雯 | 张方超 |
| 王金敏 | 李 想 | 刘昱婷 | 刘恩硕 | 苏丹丹 | 李思萱 |
| 吴 越 | 王子尧 | 张 苑 | 孙芝璇 | 张 楠 | |
| 地娜·解思思别克 | | 刘思雨 | 陈纪元 | 赵昊悦 | 岳立豪 |
| 丁 凤 | 刘馨谣 | 魏牧谦 | 陈 颖 | 刘 超 | 谢鹏昕 |
| 陈 斯 | 樊 静 | 吴 薇 | 吴宗龙 | 姜照宇 | 段佩辰 |
| 邢 永 | 倪佳俊 | 马瑾瑾 | 吴捷颖 | 康 宁 | 李昕阳 |
| 王小熙 | 蔡雨晗 | 陈伟璇 | 荆大兰 | 李婧懿 | 倪 铭 |
| 赵伟丽 | 王 卉 | | | | |

### 口腔医学院

| 汤 瑶 | 丁 玲 | 王瑞洋 | 郭晓雯 | 张莉欣 | 曾立婷 |
| 肖宇嘉 | 马一明 | 崔婧一 | 袁彤瑶 | 王梦薇 | 李萱韬 |
| 王玉婷 | 赵小乐 | 高楚琪 | 刘 玥 | 蔡佳伟 | 李倩雯 |
| 邓晨钰 | 徐一帆 | 王 浩 | 马聪颖 | 朱静琪 | 刘 智 |
| 乔艳春 | 余奕臻 | 康 妮 | 王忠禹 | 黄 燕 | 张 畅 |
| 刘 蓓 | 任晓萌 | 郭倩云 | 李诗艺 | 卢妍惠 | 陈 莹 |
| 张婉欣 | 张 馨 | 崔雅娟 | 孙昕仪 | 王启博 | 叶国华 |
| 赵珺如 | 朱 慧 | | | | |

### 临床肿瘤学院

| 郭正望 | 韩 璇 | 黄 仪 | 琚梦楠 | 梁梓南 | 刘佳鑫 |
| 齐忠慧 | 孙佳文 | 王丰源 | 王稼祥 | 卫毛毛 | 张嘉宁 |

### 精神卫生研究所

| 李祥雪 | 徐晨阳 | 娄思佳 |

### 第四临床医学院

| 周永康 | 黄道锋 | 任 伟 | 贾世杰 | 张浩天 | 郑宗昊 |
| 尹东娟 | 马颖宏 | 姚舒蔓 | 王昊伟 | 肖闻洲 | 张奕峤 |
| 赵宗璇 | 臧新伟 | 李青耘 | 李秋雅 | | |

### 第五临床医学院

| 韩慧明 | 董恩甫 | 李雨桐 | 郭永盛 | 宋琉琪 | 王 佳 |
| 戚 曦 | | | | | |

### 中日友好临床医学院

| 彭 为 | 王广学 | 党韩寒 | 管云帆 | 刘孟琪 | 宋融融 |
| 葛舒童 | 郭紫玉 | 宗 琛 | 马昌裕 | 胡艳芳 | |

### 第九临床医学院

| 李梦洁 | 赵 鑫 | 王小雪 |

### 航天临床医学院

| 胡益宇 | 刘佳蓉 | 周佳慧 | 李明璐 |

### 民航医学院

| 修小艺 |

### 回龙观医院

| 陈海滔 | 辛 闻 | 昝思妍 |

### 深圳北京大学香港科技大学医学中心

| 葛巧俐 | 张升伟 | 魏智强 | 杨 晴 | 吴佳丽 | 汤敏丹 |
| 吕春雨 | | | | | |

### 地坛医院

| 韩金育 |

### 第八临床医学院

| 于嘉至 |

### 302 临床医学院（解放军总医院第五医学中心）

| 吕采红 |

### 解放军 306 医院

| 范博雅 |

### 首都儿科研究所

| 何学佳 |

### 中医药临床医学院（西苑）

| 杨 珍 |

### 台港澳学生

| 吕文玉 | 马维玲 | 伍美珊 | 黎晓莹 | 许博钧 | 胡婉珩 |

古倩恒　林泽栋　陈港莲　殷佩诗　徐郁威　黄月祺

## 学术创新奖

### 数学科学学院
汪　铃　王一飞　周胜铉　王铭泽　谢楚焓　孔鼎问

### 物理学院
傅　杨　卫茁睿　时若晨　刘殊恒　李　想　张戈辉
吴泽峰　胡豪杰　张也阳　张　明　梁中宇　潘　宇
孟家伟　戴天祥　王子铭

### 化学与分子工程学院
鹿建华　杨子煜　成丹阳　钟守超　刘子琦　方煜恢
金国庆　陈梦琪　唐　麒

### 生命科学学院
陈　迪　赵晶蒌　陆文勋　谢昊伶　钱统瑞　杨经纬
孙含笑　刘宝琳　辛昌昌　滕德群

### 地球与空间科学学院
王非翊　谢凌璐　刘帅奇　温　涛　邢潇月　赵玫桐
裴召文

### 心理与认知科学学院
陈梁杰　曹　毅　李钰灵

### 软件与微电子学院
陶　冶　孙瑞泽　杜鹰鹏

### 新闻与传播学院
刘纯懿

### 中国语言文学系
丰子翔　张佳玲　程浩芯　孙慈姗　吴晋邦　李雨轩
宋　喆

### 历史学系
徐伟喆

### 考古文博学院
李松阳

### 哲学系
王一鸣　杜敬婷　高　源

### 国际关系学院
石京晶　于子涵

### 经济学院
韩博昱　杜　霞　吴国维　秦　范

### 光华管理学院
董卉宁　李孟哲　段丙蕾　张昆贤　胡华清　马　鑫
亓颢博　伍书缘　翟颖佳

### 法学院
杨超凡　潘　宁　刘　凝　吴　桐　靳澜涛　刘杰勇
林溢呈　莫　志　姚子健

### 信息管理系
李文琦　袁　钺

### 社会学系
何奇峰　孙秉一

### 政府管理学院
李沅曦　蒋光明　应　验　保　瑞　陈方林

### 外国语学院
宋心怡　韩之江　宣奔昂　陶叶茂

### 马克思主义学院
林修能

### 艺术学院
倪文涵　李　晶

### 对外汉语教育学院
邱　夏

### 元培学院
刘翰溥

### 深圳研究生院
由林青　许经纬　郑世胜　邓文君　牟　冲　季昊铖
钱　韵　牛英博　韩　颖　鲁大铭　邵明帅　王华棋
曹　蒙　卿志能　赵丽君　陈海灵　孙亚楠　莫潇晗
赖根明　李吉业

### 信息科学技术学院
章梓立　李浩雨　秦　昊　蒋思源　王启迅　曹修齐
刘昊文

### 国家发展研究院
朱永华　莫怡青

### 教育学院
谢心怡　王天骄

### 人口研究所
刘　杰

### 前沿交叉学科研究院
齐　烨　邹卓宁　王琪润　王陈昊志　胡思梦　尹静宜
刘哲彤　陈　翔

### 工学院
洪　瑶　马小杰　吴佳峰　王楠哲　荣光耀　安　钰
王博涵　袁作楹　邱　昊

### 集成电路学院
刘柯钦　叶秉奕

### 计算机学院
符芳诚　李　丰　周　哲　翁书晨　贾杉杉

### 智能学院
唐业辉　刘岱宗

### 电子学院
方先松　詹芳媛

### 城市与环境学院
贺　勇　张亦晨　刘　钊　张雯逍　张　豪　彭若男
徐　浩

### 环境科学与工程学院
刘福洋　周　琦　陈　龙

### 新媒体研究院
罗龙翔

### 现代农学院
梁　潇

### 材料科学与工程学院
曾　怡

### 未来技术学院
林兆晗

### 基础医学院
程全成　刘莉萍　殷　悦　胡璐妮　龚礼栋　原　梦
刘雪松　朱芳蕊　刘佳瑞　赖鑫源

### 药学院
邢佰颖　姚　璐　包纯洁　张逸晨　申卫国　孙家琦
刘思瑾　张　梦

### 公共卫生学院
杨　帆　汪睿彤　刘婕妤　王万州　胥嘉钰　曹桂莹
孙秋芬

### 护理学院
陈　竹　张　琪　李雨轩　孙　月

### 医学技术研究院
杨　灵

### 第一临床医学院
江星元　陈　凯　曹　奇　闫钇岑　栗静谊　张慕秋
马玉帛

### 第二临床医学院
吴冶君　宋宇轩　王培宇　沈梦竹　张小帅　孙迪雅

### 第三临床医学院
高冠英　曲瑞泽　韩耕愚　苏　同　杨　帆　马凯明
闫文强

### 临床肿瘤学院
廖　浩　张哲宁　白跃宗

### 第五临床医学院
杨　兵

### 航天临床医学院
李知非

### 基础医学院
王欣欣　毛祥娣　周昊毅

### 医学人文学院
韩　啸　胡　蝶

### 口腔医学院
吴季霖　王飞龙　邓菁菁　陈凡凡　赵　笑　蔡鑫嘉

### 精神卫生研究所
苏思贞

### 第四临床医学院
李尚哲

### 中日友好临床医学院
许文清

### 深圳北京大学香港科技大学医学中心
李国庆

## 五四体育奖

### 物理学院
李丹阳　黄天行

### 国际关系学院
徐天赐

### 元培学院
段　蕾

### 智能学院
陈泰言　褚孝杰

## 实践公益奖

### 物理学院
孔小双　万兆懿　任宇轩

### 化学与分子工程学院
李昭玥　金　雨　王　泰　刘瀚元　安孝彦　黄　何
吴芷涵

### 地球与空间科学学院
马　犇　孟庆港　郑剑磊

### 心理与认知科学学院
刘彦韬　唐雨辰　张子瑶　陈增良　王　蕊　宿佳菁

### 新闻与传播学院
马　宸　陆文汐　高雨荷

### 中国语言文学系
黎新禹　陈诗梵　岳聪微　陈璟灿　陈楚楚　方珉期

### 历史学系
王　栋　刘　浩　姜煜颖　郭文昌　欧凌风　彭雅章
刘　璇　黄文昕

### 考古文博学院
陈思涵

### 国际关系学院
林冠廷　王凯璇　王振鹏　尚孟韩　潘凌子　霍宸雷
刘仁雪　邓思涛　袁子晴　赵瀚冰　陈昕扬　王则予
罗俊莹　余永钦　王夏越　许大为　王靖宇　林小毅
石华飞　陈子谦　浦琬迪　蒙春政　崔雨佳　王若萱
蔡心怡

### 经济学院
裴家乐　吴　梦　刘栩嫣　徐　可　杨　晓

### 光华管理学院
刘伟骐　戚耀文　蔺笑晗　吴祖明

### 法学院
朱恬逸　朱　青　蔺绍春　杨　琳　托　娅　杨　寒
李默涵　张　旭　张宇珂　马丽婷　吕紫妍　谭子滢
范紫烁　张亦宇　袁浩佳　林雨弦　诸绮月　尹　佳
林　荻　出云芊　岳　倩

### 信息管理系
刘志博

### 社会学系
匡怡郦　王雪丁　张若欣　王天行

### 政府管理学院
云美丽　张可欣　陆　遥　刘　爽

### 外国语学院
苏泰霖

### 马克思主义学院
覃夫杰　石先梅　郭文杰　何二龙　刘　钎　宋舒扬

### 体育教研部
张兴梅

### 艺术学院
王佳萱　史蕊蕊　张宇辰　彭广岳　王　昕　夏智翔
宋德馨　翟与宁　李卓宜　邹京驰　樊思雨　詹欣荣
马乐妍　姚苏元　王君宇　邱兆涵　韩坤朔　李智杰
杨龙艺　武华豪　姚久一　杜雨阳　王　葭　杨可逸
罗圣尧　徐　欢　田枕林　王　冯　杨孟菲　唐雪松

### 深圳研究生院
蒋　婕　董津汁　石　鑫　焦近朱　吴　限　廖　辉
陈宇翔　张健慧　程芳菲　黄俊杰　刁悦平　易靖雄
张诗萌　龙嘉骞　张姝宇　鲁博雅　王翌鑫　杨海斌
任笑笑　邵　慧　安桐瑶　杨辉宇

### 信息科学技术学院
魏斯桐　叶昊洋

### 国家发展研究院
邵雨卉　陈思宇　江南雨　詹承燕　王方瞳

### 工学院
张念民　杨　拓　范瑞凯　韩鑫明　张　璇　郑宇婷
汪浩喆　肖秋阳　张霖淞

### 集成电路学院
吴敬一

### 计算机学院
董青秀

### 城市与环境学院
谢　杨　范晓琳　方文楚

### 建筑与景观设计学院
姜天姿　刘　源

### 燕京学堂
肖颖彤　穆伯扬

### 现代农学院
张航宇

### 材料科学与工程学院
叶子明

### 未来技术学院
李雅宁

### 基础医学院
马思涵　王伟轩　杨耘舒　陈凯玉　危鑫亿　全书漫
黄驿茗　傅培洁　兰麒锋　关卓越　司筱芊　郑　微
熊畅贤　张天旭

### 药学院
陆梓仪　吴颖涵　张锦华　叶晨欣　楚新当　韩丛笑
蔡育纯　任俊吉

### 公共卫生学院
李肖彤　李文衍　张耀云　戚景博　周　一　余　凤

### 医学人文学院
陈芷君　王传扬　陈　侃

### 医学技术研究院
白一彤　郑本超

### 第一临床医学院
孙志明　李　源　郭子濛　高　渊

### 第二临床医学院
朱澳璇　高汉林　孙一杰　苏佳琦　赵一鸣　袁婧楚
周泽臻　朱冯赟智　邓　进　毕静怡　陈　辰　陈海明
丁　奇　冯睿钦　郭　悦　李佳睿　李　娜　刘百怡
刘　思　唐蕴荻　王　璐　王子龙　魏生彩　邢晓燕
杨亚亭　杨　瑶　张哲栋　周翠艳　周婧睿　何　晴
王文香　王　涵　丁梦婷　刘梅歌　曹雷茗

### 第三临床医学院
裴昱强　马艳秋　郑仲杰　习　羽　刘　宇　焦　琳
穆巴拉克·伊力哈木　段宇鹏　裴文迪　陈　凯
阿依江·加马力丁

### 口腔医学院
张真伟　李玉玮　李芮迪　周芯竹　孟延泽　孙　娇
吴思妤　周　境　王鹿鸣

### 临床肿瘤学院
李清扬

### 中日友好临床医学院
赵起健
杨　旭

### 第八临床医学院
吕易非

### 首都儿科研究所
廖家樱

### 台港澳学生

| 黄思如 | 张雅乔 | 朱钧熙 | 曾芷莹 | 徐钰倩 |

## 社会工作奖

### 数学科学学院

| 白瑞祺 | 王鹏翔 | 李忆 | 邹声钰 | 刘麒轩 | 葛佳迪 |
| 翟雨瑶 | 彭展翔 | 靳显麟 | 张志豪 | 苏海杰 | 刘子琦 |
| 林宇轩 | 陈泓睿 | 谢杰 | 邵泽磊 | 郎柏鸣 | 胡宇轩 |
| 李健宁 | 房奕嘉 | 富润一 | 杨溢杰 | 曲诤博 | 蔡银鹏 |
| 胡适宇 | 叶飞越 | 李慕沙 | 袁霄 | 孙亦文 | 卢天泽 |
| 韩家弘 | 郑怡卓 | 付恒宇 | 蒋鹏 | | |

### 物理学院

| 任阳泽 | 陈震 | 张双乐 | 郭佳琦 | 邢仲宸 | |

### 化学与分子工程学院

| 史策 | 郭正旺 | 王馨怡 | 范嘉瑞 | 高传旭 | 赵润涛 |
| 余笑轩 | 董孝哲 | 王骥一 | 陈可当 | | |

### 生命科学学院

| 郭瑞欣 | 陆明傲 | 胡大超 | 李广垚 | 吕晓琦 | 胡艳妃 |
| 余思涵 | 李媛媛 | 初漠嫣 | 董甜 | 王宏蕊 | 王治 |
| 刘恺文 | 杨芷涵 | 邓悦林 | 韩雪松 | 王祎洁 | 严素 |
| 赵芸霏 | 蔺可昕 | 高慧泽 | 滕若溪 | 牛小凡 | 徐元桢 |
| 李哲 | 张昕奕 | 王露涵 | 朱瑾煜 | 吴仁杰 | 刘轲 |
| 万洲 | 张志园 | 张馨元 | 江桐 | 贾维宸 | 张美伊 |
| 郭翌炜 | 马佳昊 | 顾正熙 | 樊宜萱 | 李昱涵 | |

### 地球与空间科学学院

| 王淑真 | 栾天翔 | 李震 | 郭瑞 | 李佳益 | 林飞宇 |
| 姚佳逸 | 邓玉 | 王召平 | 王冉再 | 汤璧岫 | 赵琰喆 |
| 芦思洁 | 丁聪 | 张哲玮 | 赵轩 | 杨棋 | 滕正 |
| 项廷彦 | 彭雪洋 | 刘芯羽 | 黄儒豪 | 朱学麟 | 杨嗣鹏 |

### 心理与认知科学学院

| 王一雷 | 张卓然 | 程艺帆 | 万佳铭 | 王中傲 | 张佳璇 |

### 软件与微电子学院

| 凌淑媛 | 郭竑睿 | 李宗阳 | 魏克名 | 廖德成 | 闻舒磊 |
| 李思柯 | 邓子元 | 李昌晋 | 赵宇丹 | 陈宇航 | 张超 |
| 李欣萌 | 李星全 | 王晓雪 | 蔡晴 | 李明浩 | 刘军杰 |
| 韩雨晨 | 詹楚云 | 孙国强 | 许晓丹 | 杨慧 | 何宇航 |
| 夏鹤明 | 佟桐 | 汤倩 | 曹俊 | 陈浩源 | 穆秋同 |
| 张朝阳 | 吴建兵 | 王婉童 | 宋涛 | 张洋荣 | 殷晗晖 |
| 丁思琪 | 蔡广业 | 李昂 | 单宇琪 | 郑田田 | 陈扬 |
| 孙浩翔 | 管秀月 | 孙新洋 | 陆燕妮 | 刘鎏 | 樊云帆 |
| 李紫嫣 | 李飞宏 | 谢弘涵 | 张权 | 耿肇辰 | 帅兵 |
| 方格翔 | 刘天吉 | 倪婧 | 陈月楼 | 舒思行 | 吴裕铖 |
| 何小兰 | 王睿彤 | 杨犇 | 魏华 | 吕品 | 周桢礼 |
| 李旺 | 李雨知 | 卢治中 | 张希林 | 丁琦 | 吴金莲 |
| 黄俊杰 | 王瑞旭 | 蒋瑞平 | 羊汝鸣 | 吴俊琦 | 李浩哲 |

| 罗哲 | 秦爽 | 张芊 | 李超 | 陈鹏旭 | 邹宗毓 |
| 魏镜浩 | 朱永顺 | 王泽坤 | 王旭 | 杨冰逸 | 董瑞 |
| 张韬阳 | 康子罗 | 邱雨亭 | 谭雅仙 | 朱伟浩 | 罗靖渝 |
| 黄晟 | 胡子逸 | 孟祥狄 | 陈岳 | 宋伟男 | 孙守利 |
| 周子砾 | 熊仕松 | 武金彪 | 孙逸文 | 董敏男 | 陈安宁 |
| 张乐薇 | 张瑜恒 | 孙海卿 | 冯坤钰 | 徐宁 | 向广宇 |
| 王德君 | 侯丹 | 刘丹蕾 | 赵浩天 | 付睿韬 | 王政丹 |
| 崔晗硕 | 张飞 | 赵春飞 | 刘洪毅 | 黄瑞瑶 | 王菁妍 |
| 陈禹锡 | 董子宁 | 赵心毓 | 徐伟辰 | 王俊杰 | 胡龙威 |
| 张佳 | 李晓杰 | 姚朝乾 | 卢赞 | 石鑫蓉 | |

### 新闻与传播学院

| 梁沁 | 熊洪锐 | 吴陈阳 | 李姗姗 | 姜乃文 |

### 中国语言文学系

| 张亿 | 刘扬 | 刘雅琦 | 吕思婷 | 胡海洋 | 孟曦 |
| 邵妍 | 王小海 | 王羽端 | 高飞 | 郑涵颖 | 任书漫 |
| 韩恩宠 | 陈卓 | 潘宇涵 | 曹卓星 | 李卓琳 | 那可 |
| 张晨昱 | 郑辰 | 庞翔升 | 黄柏泓 | 苏泽琦 | 任琳燚 |
| 宋海玉 | | | | | |

### 历史学系

| 任姝欢 | 解鑫宇 | 刘泽辉 | 顾菱洁 | 汪舒帆 | 董依冉 |
| 吕成敏 | 刘天怡 | 王娇 | 陈榕欣 | 谭晴文 | 赵洲洁 |
| 黄思文 | 华淑琳 | 曾婷苇 | 张钰菁 | 赖庆涛 | 张了了 |
| 刘蜀湘 | 刘雨彦 | | | | |

### 考古文博学院

| 徐僖婧 | 吕雪妍 | 范宗祥 | 祁焕春 | 李青 | 夏宁梓 |
| 莊佳蓉 | 白欣雨 | 黄佳雨 | | | |

### 哲学系

| 李晨光 | 张蕴文 | 盖畅 | 蒋泽人 | 洪哲泓 | 王维昊 |
| 吴易浩 | 林佳涵 | 王敬淇 | 张沛钰 | 梁旖凌 | 黄梁远卓 |
| 郭宇璇 | 唐诗 | 毕程 | 范芸菲 | 张冀阳 | |

### 国际关系学院

| 李安迪 | 王伟杰 | 张颖妤 | 胡煜 | 赵泽兴 | 王青 |
| 王云亭 | 廉昌学 | 崔日美 | 覃诗雯 | 刘彤 | 曹渊清 |
| 袁俊义 | 张谦 | 李丽敏 | 马逸飞 | 李佳宸 | 王婧宇 |
| 王一同 | 李佳璇 | 于子涵 | 高远 | 殷嘉彤 | |

### 经济学院

| 李皓宇 | 梁雅诗 | 贾泽诚 | 张静明 | 马明瑞 | 郭清松 |
| 陶佳敏 | 廖芳 | 黄竞麗 | 张宇翔 | 张行健 | 张远航 |
| 王钰潇 | 谭勍翱 | 罗弘浩铭 | 吕伯龙 | 梁怿 | 万敏 |
| 艾合提巴尔·艾地力斯 | | | | | |

### 光华管理学院

| 孙中泰 | 陈澈 | 倪卓林 | 连天 | 冷学琪 | 陈思钰 |
| 宿洪彬 | 薛智尹 | 毕宇倩 | 王潇 | 田一岑 | 梁昕怡 |
| 李梦林 | 刘韫滕 | 苏梦兰 | 张泽炜 | 王昊翔 | 张雅琳 |
| 吴睿晨 | 何冰睿 | 许依莹 | 苏玮婧 | 曹航 | 王天晓 |
| 陈思盈 | 王丁 | | | | |

### 法学院

| | | | | | |
|---|---|---|---|---|---|
| 李婉玉 | 杨 璐 | 王雪乔 | 尚俊旭 | 杨佳璇 | 王松正 |
| 郭 婕 | 李美琪 | 张大原 | 范珀宁 | 冯心茹 | 孙思危 |
| 郭 雨 | 吴咏雪 | 王明志 | 王 泽 | 房 宽 | 刘建业 |
| 韩 阳 | 闫小霜 | 杨逸飞 | 潘 宇 | 范桁端 | 陈泽航 |
| 伍烨婷 | 张钧松 | 李一枭 | 杜亚东 | 谢 婧 | 宋佳欣 |
| 宋泽毅 | 赵仙凤 | 尚 万 | 陈宇凡 | 赵静远 | 吴依妮 |
| 邓凯夫 | 木一凡 | 孙 琳 | 刘育珅 | 刘林青 | 刘润浩 |
| 陶 溥 | 沈林桐 | 巫旖梦 | 张 弛 | 吴 渊 | 周恬恬 |
| 路子亨 | 吕卓航 | 马一凡 | 杨雨晴 | 龙 雨 | 田春芝 |
| 薛 颖 | 杨双庆 | 程梦丽 | 孙晓丽 | 刘睿希 | 韦星合 |
| 杜金阳 | 杨崟荫 | 段小龙 | 徐佳鑫 | 陈怡州 | 李蕙宇 |
| 刘若凡 | 凌湘宇 | 曾新乔 | 闵祥洲 | 李 明 | 段钦馨 |
| 黄奕扬 | 刘恒钰 | 余多多 | 韩凯儒 | 付佳霖 | 申佳苓 |

### 信息管理系

| | | | | | |
|---|---|---|---|---|---|
| 庞 娜 | 王 俊 | 张 霄 | 代芷涵 | 许心愿 | 王雨辰 |

### 社会学系

| | | | |
|---|---|---|---|
| 彭滢睿 | 沈 适 | 李思妍 | 杨乐萱 |

### 政府管理学院

| | | | | | |
|---|---|---|---|---|---|
| 欧阳航 | 俞涵琪 | 钟明熹 | 韩 舒 | 高誉耀 | 蔡思远 |
| 黄一诺 | 潘 湃 | 李宗健 | 梅文强 | 榎本耕己 | 吴相卿 |
| 白 菊 | 郑 玥 | 马歆怡 | 王 哲 | 李丽佳 | 郭子霆 |
| 黄振轩 | 蒲天娇 | 商海顺 | 席添悦 | 苏家瑷 | 南思妍 |

### 外国语学院

| | | | | | |
|---|---|---|---|---|---|
| 王子元 | 吴双思 | 刁慧琳 | 陈奕霖 | 陈凤竹 | 杨清元 |
| 孙书宇 | 周 璟 | 崔紫微 | 吴 琪 | 白晓璐 | 李 慧 |
| 朱 彤 | 郎振坡 | 王胤斐 | 刘 娜 | 项晓萱 | 殷一果 |
| 白佳玉 | 周桂榕 | 董 林 | 孔 昱 | 李博涵 | 石冰清 |
| 吴成芳 | 高昱扬 | 沈佳言 | 蒙慧泽 | 林欣琦 | 邓述荣 |
| 张雅文 | 连 旭 | 武铭钰 | 张叶舟 | 李汶谕 | 李 含 |
| 惠晨原 | 李嘉文 | 黄元初 | 吴小龙 | 魏佳骏 | 周张弛 |
| 韩衍宇 | 林怀瑾 | 岑偲仪 | 周天宇 | 吴 迈 | 褚亦婷 |
| 吕 斌 | 李红玫 | 严 镜 | 李依诺 | 梁天昊 | 吕若风 |

### 马克思主义学院

| | | | | | |
|---|---|---|---|---|---|
| 程天民 | 谢文涛 | 石柱邦 | 樊文翔 | 王泰程 | 张 月 |
| 朱美霖 | 张耕耀 | 柯伟鹏 | 李文凯 | 李文鑫 | |

### 艺术学院

| | | | | | |
|---|---|---|---|---|---|
| 高 琰 | 李睿康 | 胡月月 | 徐乐怡 | 汪逸飞 | 王舒扬 |
| 李 哲 | | | | | |

### 对外汉语教育学院

| | |
|---|---|
| 尹 越 | 王敏虹 |

### 元培学院

| | | | | | |
|---|---|---|---|---|---|
| 肖卜凡 | 朱晗宇 | 单惟童 | 费 沸 | 李瑷希 | 苏泺健 |
| 刘江宁 | 陆荣达 | 曾致霖 | 罗筱溪 | 徐 嘉 | 岳师孟 |
| 崔彭禹 | 刘溯晨 | 王任飞 | 吴泉霖 | 周 ? | 周清源 |
| 孙照城 | 李 哲 | 李 瑾 | 杜思娴 | 沈 鋆 | 张菀芯 |

| | | | | | |
|---|---|---|---|---|---|
| 季 杰 | 贺伶柳 | 黄泓冰 | 曹吕林 | 张佳禾 | 苗可欣 |
| 祝才烨 | 曲宣任 | 邓绥豪 | 李育君 | 付雅轩 | 吴家涵 |
| 张书豪 | 刘庆阳 | 粟天雨 | 刘福兴 | 李梦舒 | 王仕滠 |
| 张梓瑶 | 张立群 | 苏 翔 | 欧阳乐泉 | 庞熙哲 | 赵御玟 |
| 牟湛存 | 巩思远 | 余东扬 | 刘一蔚 | 何建武 | 占昊伟 |
| 罗庆翰 | 牛佳博 | | | | |

### 深圳研究生院

| | | | | | |
|---|---|---|---|---|---|
| 侯运楠 | 李欣烨 | 罗程建 | 刘栖萍 | 吴方珂 | 陈雨红 |
| 何 阳 | 李 哲 | 尚怡辰 | 詹家鳍语 | 陈 晨 | 徐 歆 |
| 何明钰 | 李曼佳 | 曾凡博 | 张惠雯 | 胡景宣 | 陈凌飞 |
| 王荣亚 | 陈 甜 | 王婉婷 | 李思函 | 王思雯 | 肇中群 |
| 李子超 | 郑艺璇 | 顾君盈 | 于凡淇 | 曾逸萱 | 陈天一 |
| 贺加贝 | 梁义棋 | 郑文铝 | 张骐山 | 姚雨薇 | 吴雨情 |
| 韩亚君 | 叶雨笑 | 李 晨 | 罗子博 | 唐林昊 | 杜晨晖 |
| 何绮雯 | 徐鹤鸣 | 葛 瑶 | 刘安诺 | 王思言 | 杨子峻 |
| 应宗珣 | 刘星遥 | 沈雪傲 | 宋研霏 | 熊宫涛 | 苏泽美 |
| 薛雅文 | 刘倩含 | 肖 楠 | 侯智中 | 张 威 | 陈 静 |
| 王冠华 | 杨 婕 | 胡伟晨 | 许思萱 | 王希菘 | 陈予珂 |
| 张 志 | 王缃铮 | 张一彬 | 陈 颖 | 王泽仪 | 贾慧君 |
| 姚赐琴 | 马秋志 | 宋凯宏 | 韩续美子 | 张纪元 | 吕雪晴 |
| 程 斌 | 王铭强 | 刘文洲 | 王 晨 | 杨轲云 | 任思艺 |
| 王宇涵 | 吴 昊 | 王 婷 | 林博思 | 张炳乾 | 陈珏如 |
| 常心馨 | 古 佳 | 张晓轩 | 汪瑞佳 | 王 冠 | 张纯瑀 |
| 田宇鸿 | 耿岱琳 | 黄凡非 | 张 喆 | 徐臻协 | 王 彤 |
| 魏小乔 | 吴雨蔚 | 蒋金伕 | 陈泉村 | 王晓明 | 刘云飞 |
| 赵丹妮 | 徐建军 | 张赵博涵 | 闫卓娅 | 袁 林 | 张志颖 |
| 毛俊祺 | 许晴晖 | 杨 乐 | 黄靖雄 | 张太立 | 柯梦林 |
| 李文畅 | 邬剑洋 | 陈梓灵 | 毕圆梦 | 夏源琼 | 李文轩 |
| 王鸿鑫 | 吴慧敏 | 苏润彤 | 任一帆 | 张梓汐 | 贺才真 |
| 石 桐 | 罗 贝 | 刘 威 | 郭荣琛 | 何家豪 | 姜 波 |
| 孟佳伟 | 郭小春 | 汪 铁 | | | |

### 信息科学技术学院

| | | | | | |
|---|---|---|---|---|---|
| 杨婧雯 | 王非石 | 邓闵月 | 孔子琛 | 王澄宇 | 袁一滔 |
| 郭俊毅 | 孙凌宇 | 张开元 | 易庭甄 | 陈厚锦 | 袁愉清 |
| 徐以舒 | 张 旭 | 杜佳琪 | 路涛玮 | 陈 林 | |

### 国家发展研究院

| | | | | |
|---|---|---|---|---|
| 邓 坤 | 陈妍汀 | 张 杭 | 范炘宜 | 丁静远 |

### 教育学院

| | | | | | |
|---|---|---|---|---|---|
| 杨 璐 | 臧 悦 | 林凤仪 | 林 琨 | 冯沁雪 | 王潇语 |
| 赵玥颖 | | | | | |

### 人口研究所

| | | |
|---|---|---|
| 崔王殊 | 李安琪 | 曾宇钰 |

### 前沿交叉学科研究院

| | | | | | |
|---|---|---|---|---|---|
| 陆 天 | 宁妮娜 | 舒家悦 | 宫 啸 | 娄 玲 | 王陈昊志 |
| 孟芸竹 | 雷家伟 | 殷金琦 | 李琬其 | 王泰惟 | 彭 友 |
| 陈竑屹 | 韩书朋 | 易荻雅 | | | |

### 工学院

| | | | | | |
|---|---|---|---|---|---|
| 邵世轩 | 阮善信 | 李 坤 | 桑明琪 | 杨凯茗 | 王永义 |
| 黄 硕 | 刘祥涛 | 关家顺 | 孟 钊 | 马英歌 | 赵明幽 |
| 吴季泽 | 周惟於 | 武文斌 | 吴 政 | 艾秋媛 | 邱昕宇 |
| 王潇北 | 谢恺煜 | 包云龙 | 王英男 | 贾惠琳 | 赵春源 |
| 练芷瑄 | 杨子仪 | 李一川 | 李易源 | 王 骥 | 程小雅 |
| 廖 阔 | | | | | |

### 集成电路学院

许清梅　唐 睿

### 计算机学院

| | | | | | |
|---|---|---|---|---|---|
| 郭晓熙 | 段浩诚 | 陈天宇 | 苏 睿 | 丁健豪 | 赵浩森 |
| 宋振华 | 石 晶 | 刘昱亨 | 何逸飞 | 张宇宸 | 唐丽娟 |
| 迟 威 | 杜涵文 | 李展昆 | 宋非凡 | 管圣杰 | 王紫格 |

### 智能学院

罗煜楚　贾 丁　黄传崴　胡新宇　韩 畅　丁 菲

### 电子学院

高 俊

### 城市与环境学院

| | | | | | |
|---|---|---|---|---|---|
| 黄含玥 | 陈昱阳 | 张泽宇 | 谷尔雪 | 简钰清 | 翁许湘 |
| 李亦秦 | 王祖钐 | 赵子潇 | 王昕怡 | 杨东桦 | |

### 环境科学与工程学院

| | | | | | |
|---|---|---|---|---|---|
| 冯一鸣 | 王新涛 | 李心珏 | 李欧阳 | 吴 坤 | 刘能胜 |
| 李 伟 | 汤 睿 | 石益路 | 朱 颖 | 燕书欣 | 徐明榜 |
| 吴 昊 | 彭思阳 | 石明旭 | | | |

### 歌剧研究院

刘子湘

### 建筑与景观设计学院

张罡成

### 燕京学堂

王凯旋　万宇瑶　苏 适　赵娅男

### 现代农学院

李婉君　王天祺　王雪融

### 材料科学与工程学院

邓欣雨　张文舒

### 未来技术学院

彭 琪　贾荟琳　曹景和　管媛媛

### 基础医学院

| | | | | | |
|---|---|---|---|---|---|
| 李翠香 | 尹泽芃 | 范馨月 | 孙晨哲 | 韩瑞华 | 王思杰 |
| 倪星蓝 | 李佳文 | 李嘉怡 | 韩梦然 | 牛振宇 | 于 琪 |
| 翟元赫 | 胡蓝心 | 王娅洁 | 李若凡 | 张梦婷 | 陈 欢 |
| 吴 岩 | 李昕彤 | 李平洋 | 钟子锐 | 靳旭升 | 武文高 |
| 于诗淼 | 孙盈哲 | 杨梦雨 | 伍宇晴 | 刘海茵 | 安红光 |
| 王乐瑄 | 耿世进 | 杨心悦 | 高贤达 | 白启元 | 徐艺玮 |
| 刘锟泽 | 周昱衡 | 庄婉萍 | 刘晓艺 | 许芳迪 | 杜乐天 |
| 李华阳 | 郑逸涵 | 付艺文 | 隗 静 | 李晓慧 | 朱舜天 |
| 王 怡 | 陈屹坤 | 詹雯静 | 赵天婧 | 温璐茜 | 陈玥彤 |

| | | | | | |
|---|---|---|---|---|---|
| 邹怡然 | 封宇轩 | 焉灼琪 | 王亚凡 | 李依蒙 | 李 畅 |
| 李紫凡 | 陈泽同 | 钟明霞 | 周璜琪 | 张肇泽 | 马巾茜 |
| 王瑞琦 | 杨 乾 | 李 琼 | 郭烨琦 | 郑 旦 | 何小雨 |
| 周析巧 | 吴志军 | 高尔可 | 程 曦 | 严靖雅 | 游子龙 |
| 刘芳林 | 王誉颖 | 鲍昱卉 | 熊雨菲 | 孙培博 | 邱翔宇 |
| 卢晓晴 | 王梧冰 | 张轩汇 | 张知晗 | 孙文熙 | 王逸凡 |
| 訾嵩涵 | 党彬菲 | | | | |

### 药学院

| | | | | | |
|---|---|---|---|---|---|
| 姜艳茹 | 王李瑶 | 和钰吉 | 马永超 | 艾 奔 | 谢乐怡 |
| 苏永健 | 刘钦国 | 陈金信 | 王 辉 | 雷新宇 | 任姣娜 |
| 李子曦 | 韦世龙 | 朱雅璇 | 黄欣宇 | 张子涵 | 邱千伟 |
| 肖玉玲 | 徐之艺 | 陈如亿 | 方忻岚 | 王 睿 | 张文莉 |
| 韦力心 | 徐 萌 | 杨近江 | 陈松岳 | 姜振楠 | 王雅涵 |
| 许成豪 | | | | | |

### 公共卫生学院

| | | | | | |
|---|---|---|---|---|---|
| 陈新斗 | 魏丽瞩 | 赵研妍 | 范 举 | 钟美龄 | 太 皓 |
| 黄天彧 | 窦子昂 | 张骁彧 | 吕 轩 | 贺舒瑶 | 蒋文清 |
| 马 涛 | 张亚丽 | 王 坤 | 吕 韵 | 郭 佳 | 刘皓冉 |
| 王 婷 | | | | | |

### 护理学院

| | | | | | |
|---|---|---|---|---|---|
| 黄奇芳 | 轩文萍 | 兰 悦 | 欧阳慧丽 | 张宇涵 | 罗结冰 |
| 钟婉匀 | 石乐佳 | 莫婉莹 | 赵湘萍 | 侯博天 | |
| 加依达尔·胡安 | 高 桥 | | | | |

### 医学人文学院

| | | | | |
|---|---|---|---|---|
| 乔佳琪 | 赵 凯 | 于明智 | 赵一霖（男） | 赵一霖（女） |
| 朱晨曦 | 孙君瑶 | 张雨阳 | 顾亦梧 | 袁 艺 | 赵吉儿 |
| 张玉洁 | 何昕玥 | 袁洁铃 | | | |

### 医学技术研究院

买吾兰江　罗纪龙　兰飞鸿　魏子伊

### 第一临床医学院

| | | | | |
|---|---|---|---|---|
| 夏楚钰 | 杨博涵 | 宋佳茹 | 赵春霞 | 郭睿霖 | 应文伟 |
| 杨 尧 | 吴宇财 | 樊亚楠 | 吴 莹 | | |

### 第二临床医学院

| | | | | | |
|---|---|---|---|---|---|
| 白姝臻 | 余思越 | 吕程程 | 乌 寒 | 郁 彬 | 王冰冰 |
| 杨霖健 | 薛子璇 | 黄博轩 | 安宇昂 | 肖泽睿 | 王伯阳 |
| 侯雪钰 | 霍黎明 | 刘业发 | 孙宇彤 | 魏超楠 | 杨舒雅 |
| 郑佳睿 | 侯 森 | 张平安 | 赵 龙 | | |

### 第三临床医学院

| | | | | | |
|---|---|---|---|---|---|
| 张 咪 | 张雨欣 | 张 静 | 雷俊财 | 侯超凡 | 陈玉杰 |
| 王超鑫 | 孟德轩 | 宋庆法 | 黄宗耀 | 田梦圆 | 张 曦 |
| 裴敏玥 | 苏 扬 | 杨文至 | | | |

### 口腔医学院

| | | | | |
|---|---|---|---|---|
| 任鸿宇 | 徐凯歌 | 殷雨辰 | 郑丽鹏 | 张健训 | 李慕桐 |
| 包媛元 | 许惢顿 | 陈 晨 | 李晓晴 | 邱 林 | |

### 第五临床医学院

邓汉璋　曹 洋　罗晓扬

| | | | |
|---|---|---|---|
| 王宏胤 | 航天临床医学院 | 杨　睿 | 外国语学院 |
| 马进申普 | 第八临床医学院 | 贾添杰 | 艺术学院 |
| 任永颖 | 首都儿科研究所 | 许曦然 | 智能学院 |
| 吕佩欣 | 台港澳学生 | 秦晟煜 | 材料科学与工程学院 |
| | | 高　凌 | 公共卫生学院 |
| | | 毛渤淳 | 口腔医学院 |

**红楼艺术奖**

江宇梁　　中国语言文学系

（学生工作部）

毕业生名单

# 本科生毕业生名单

## 一、概况

2022届本科及第二学士学位毕业生毕业审查和学历证书发放工作，在各院系和教务部的共同努力下，于7月初基本结束，现已总结统计完毕。

北京大学校本部2022届应届普通本科毕业生总数3055人，经审查：

——本科毕业2988人，其中毕业并获得学士学位2979人（含软件工程二学位70人），毕业但不符合授予学位条件的9人。

——本科结业53人，其中53人可按规定在两年内修满学分申请换发毕业证书，符合学位授予条件的，可授予学士学位（含软件工程二学位2人）。

——专科毕业10人。

——肄业1人。

——结业已换双证3人。

北京大学校本部2022届外国留学生应届毕业生274人，经审查：

——本科毕业258人，其中毕业并获得学士学位258人。

——本科结业13人，其中13人可按规定在两年内修满学分申请换发毕业证，符合学位授予条件的，可授予学士学位。

——专科毕业1人。

——肄业2人

2022届校本部本科毕业并获得学士学位（不含结业换证）的共计3237人，具体分布如下：

——法学学士481人（含留学生66人）；

——工学学士196人（含留学生3人）

——管理学学士223人（含留学生49人）；

——经济学学士381人（含留学生37人）；

——理学学士1311人（含留学生10人）；

——历史学学士112人（含留学生8人）；

——文学学士417人（含留学生62人）；

——艺术学学士53人（含留学生20人）；

——哲学学士63人（含留学生3人）。

北京大学医学部2022届应届普通本科毕业生总数826人，经审查：

——本科毕业818人，其中毕业并获得学士学位的815人。

——本科结业7人，肄业1人，其中7人可按规定在二年内修满学分申请换发毕业证书，符合学位授予条件的，可授予学士学位。

北京大学医学部 2022 届外国留学生应届毕业生 62 人，经审查：

——本科毕业 44 人，其中毕业并获得学士学位 44 人。

——本科结业 18 人，可按规定在二年内修满学分申请换发毕业证，符合学位授予条件的，可授予学士学位。

北京大学医学部 2022 届港澳台应届毕业生 26 人，经审查：

——本科毕业 25 人，其中毕业并获得学士学位 24 人。

——本科结业 1 人，可按规定在二年内修满学分申请换发毕业证，符合学位授予条件的，可授予学士学位。

北京大学医学部本科毕业并获得学士学位的共计 883 人，具体分布如下：

——理学学士 249 人；

——医学学士 595 人；（含港澳台、留学生 68 人）

——文学学士 39 人；

学校共授予 700 人双学士学位，有 118 人辅修毕业。其中：

——法学院法学专业辅修 11 人；

——工学院生物医学工程专业双学位 1 人；

——光华管理学院工商管理专业辅修 7 人；工商管理专业（创新创业管理方向）双学位 38 人；

——国际关系学院国际政治专业双学位 23 人（含早稻田大学项目 13 人），辅修 1 人；国际政治专业（国际政治经济学方向）双学位 6 人；国际政治（国际组织与国际公共政策方向）专业双学位 5 人，辅修 2 人；外交学专业双学位 3 人，辅修 1 人；

——国家发展研究院经济学专业双学位 385 人，辅修 46 人；

——化学与分子工程学院化学专业双学位 3 人，辅修 2 人；

——经济学院金融学专业辅修 4 人；

——考古文博学院文物保护技术专业双学位 4 人，辅修 1 人；文物与博物馆学专业辅修 1 人

——历史学系历史学专业双学位 15 人，辅修 1 人；

——社会学系社会学专业双学位 35 人，辅修 6 人；

——生命科学学院生物科学专业双学位 5 人；

——数学科学学院数学与应用数学专业双学位 21 人，辅修 2 人；

——外国语学院印地语专业辅修 2 人；朝鲜语专业辅修 1 人；法语专业辅修 1 人；

——物理学院物理学专业双学位 11 人，辅修 4 人；天文学专业双学位 1 人；

——心理与认知科学学院心理学专业双学位 53 人，辅修 11 人；

——信息管理系信息管理与信息系统专业双学位 2 人；

——信息科学技术学院电子信息科学与技术专业双学位 1 人；计算机科学与技术专业双学位 18 人，辅修 4 人；智能科学与技术专业双学位 1 人；微电子科学与工程专业辅修 1 人；

——艺术学院艺术史论专业双学位 34 人，辅修 2 人；

——哲学系哲学专业双学位 7 人；

——中国语言文学系汉语言文学专业双学位 28 人，辅修 7 人。

## 二、校本部普通本科毕业生授予学士学位名单

**法学学士学位 415 人**

### 人类学专业 7 人
覃莉雯　陈劲松　陈迈特　梁馨仪　刘瀚林　侯雨莲
董佳宁

### 国际政治专业 30 人
董鸿锦　祝艺源　李双双　王博涵　王浩然　王紫恒
王子铭　王治颖　陈　炜　马　上　章　煦　陈仕玥
张婉怡　侯舒婷　马岳达　王浩然　张　力　段佳欣
陈欣旭　卢建璋　卢睿聪　张文静　钱伟鹏　梁家瑞
彭　勃　华思琦　张静敏　刘恩晴　陈　晞　潘奕晨

### 国际政治（国际政治经济学方向）专业 72 人
余鸿博　杨雪微　郭冬妍　叶子茵　史幸炜　彭书涵
王婉伊　彭可人　吴艺哲　冯溢昕　余薇帆　寇雨琦
崔丹宁　佘宜轩　陈佳颖　关山越　朱国文　尹雪琼
陈　旭　常佳艺　马　璐　方依琳　赵婉睿　林　嵩
胡恩泽　丁嘉阳　吕维一　施　雨　孟　鼎　李禹墨
丁一佳　李卓青　张昭璞　安子谦　孟书萱　黄咏祺
唐丽莎　夏天然　颉家辉　王戈南　汪安迪　杨子彦
王楚楚　郑凌峰　谢牧尧　卢嵩嵩　乔心妍　李晨希
王浸伊　张行戈　袁　菁　樊　华　黄天怡　黄智豪
卢　聪　季鸾洁　侯　钦　蒋文锦　黄昱茗　李嘉馨
鍾琳娜　邱敬甯　杨正颖　唐森茂　唐　川　戴斯骐
辛青融　黄宇昕　环　妍　李心雨　于芝香　郑方一

### 国际政治（国际组织与国际公共政策方向）专业 15 人
迪拉拉·吾斯曼江　郑铃滢　陆选慧　吴焕璋　尼婧瑶
刘禹辛　司焓渝　谢智愚　马璐帆　冯欣琪　陈翊慧
朱斯妤　刘宇坤　刘雨萌　徐海博

### 外交学专业 6 人
陈　楠　马鹏娟　赛娜木阿依·斯迪克　胡浩琛
江依彬　符杰惠

### 政治学、经济学与哲学专业 25 人
毛思清　张皓天　王沛骅　吕汶桧　朱江彬　栾咏欣
唐　远　张雪琛　郭子介　梁家铭　古宇昕　喻圣豪
范烨涛　肖正康　于家睿　吴小希　李垣龙　宋韦霆
田非凡　赵　珣　华钰炜　黄子炎　缪　辰　龚歆睿
秦　沅

### 政治学与行政学专业 12 人
向雪琴　刘子辉　牛　昊　张译文　张　开　马瑞云
蒋培源　张逸凡　刘子瑄　韩　嘉　王昭莹　张太鑫

### 法学专业 173 人
刘芳菲　朱旭茹　姚紫琪　刘沛松　梁伊美　陈晓薇
张漫溪　陈晓东　梁珊妍　郭心然　蔡宛汝　岑明洋
王丰泉　杜赛楠　于潇砚　董睿博　龙　潜　王溯之
张　敏　孙隆德　陈润瑶　张铭晨　宋依璠　陈法钧
陈开心　胡昕宇　鲁姝婷　周奕彤　李　想　王森南
胡洪美　王一格　徐楚烟　万从江　敖琢旸　龙光然
刘文浩　何健民　禤璐瑶　任志平　林睿祺　王婉依
赵海若　扶琬萍　赵曼秋　蒋文珺　吴菲儿　李澍尧
仇尚卿　李　浩　张彤彤　陈　哲　白宏源　雷雨鑫
王玉鹏　王渻颖　周可嘉　朱　铃　金子馨　陈　桐
刘雯雯　石雨辰　刘名卿　王予君　石小琦　王倩滢
马海波　姜宇昕　何沐阳　刘阳禾　刘虹坊　孟子涵
姜　培　王柯欣　龙奕昕　王宏泽　贾平煊　史若兰
南樱花　张宇桐　邢　澜　王与点　方浩彬　李彭卓尔
李佳君　查　拉　田欣源　郭育魁　夏浩酉　许世更
颜　铭　王　琳　许滢程　陈桢喆　彭梓越　伊唯军
张骁哲　段南星　郭子渊　王　琰　覃书棋　王世佳
刘贺庆　殷卓琳　刘士豪　王嘉宁　胡煜阳　杨舒淼
许　佳　李彦卓　黄　薇　田雨函　黎　凯　罗璋岘
朱琳晨　赵海琰　周孟佳　田金阳　项怡　CHEN
段　楠　刘梦媛　任子阳　邓思琪　夏国成　赵雅平
朱　焓　孟　格　万　鹭　刘尔晴　王　妍　黄　滔
张宇航　单靖轩　曾亦辰　杨华琦　侯麟美　王允文
李怡然　刘昱池　简　丹　王清扬　李佳欣　丁琳玲
韩　正　王嘉鹏　张芷琪　汪科璇　曹靖怡　常馨予
闫淳溪　张敬德　左天奕　吴　陈　吕可欣　权　悦
宋雨霏　赵浴辰　张海馨　朱雨昕　高　淳　毛瑜晨
蔡欣利　刘沥璟　陈昆澍　茹子洁　涂婉婷　段　琰
段诗霖　张新宇　于朋元　阿依帕丽·艾尼瓦
坎安·多力坤　迪娜·拜哈孜

### 社会学专业 64 人
梅可意　张蓁宜　宋雨萌　余　航　叶安琪　姜　丰
王鹤立　金珍姬　任丹华　雷轶洋　彭秋玉　王　晨
姜晓琨　关雅心　徐新苑　雷靖轩　李佳锦　刘　喜
蔡颖娜　黎雅雯　唐欢乐　谭心怡　张宇昕　廖靖萱
王　恒　林　上　高　源　覃雨蓉　陈雨琪　王　迪
张雨绚　蒋萧同　格桑曲珍　刘　旋　熊　南　李　芊
邵俊凌　胡雨蝶　董佳晨　夏晓琪　张雅茜　田　苊
闵　锐　杨钰鑫　廖思雨　戴嘉雯　刘一杉　李秋月
文　雯　张小玉　朱　磊　曹艺露　赫一诺　池雨泉
谭嘉唯　秦文慧　冯　鑫　卢梓玉　杨涵钰　何　润
龚惠卓　白雨琪　邓朋滔　阿依波塔·叶尔肯

### 社会工作专业 2 人
雷成靖　洛绒措

### 马克思主义理论专业 9人

刘幸波　张　娇　陆少艳　何宇欢　刘纪元　庄　晨
王帅宇　张子琪　姜如雪

## 工学学士学位 193人

### 城乡规划专业 13人

管敏辰　黄　凝　陈雪琦　陆　莹　罗业典　李贺诚
张世恬　毛守城　张馨元　陈霄依　张佳琪　王祎勋
李佳瑞

### 工程力学（工程结构分析方向）专业 6人

陈博文　林锦铭　李伟韬　陈　旭　储永铭　谢锦宸

### 机器人工程专业 10人

李恒毅　黄江勇　曹宇曦　郎沛橦　周康杰　徐　磊
俞竟威　袁境阳　史天泽　唐一洋

### 材料科学与工程专业 16人

塔爱博　温　欣　翁广安　黄禹森　李辰洋　杨益海
骆家阳　李思妍　王　玥　张常喜　梁馨元　李嘉晟
金永康　潘熙然　陈　辰　陈彦润

### 环境工程专业 7人

蒋徐琳　谢成瀚　杨宇龙　石家豪　徐　妍　李正茂
曹义彬

### 生物医学工程专业 9人

赵　耀　陈　励　张怡婧　王毅然　郑　博　王焱民
雷珞琳　王雅琦　何新宇

### 能源与环境系统工程专业 9人

于永泉　闵天赞　徐栾哲　林天舒　何晓雯　朱炉军
张育恒　丁新龙　李佳明

### 航空航天工程专业 5人

李重霄　吕帅良　邵嘉杭　黄　腾　杨仲一

### 航空航天工程（航空科学与技术方向）专业 25人

赵鸿博　余兴旺　王　洋　张桐珲　张云鹏　曹海菁
杜一陇　荀悦鑫　赖泓宇　梁亚军　刘端锐　翟继龙
张　博　张烜铭　周　挺　朱凌睿　刘龙跃　马恩旺
邱小桐　王宇航　吴浪宇　肖景轩　肖　峥　杨世龙
陈　翔

### 软件工程专业 80人

王　蒙　李昭希　姜宏霖　陈　静　孙一辰　刘宇涵
刘振阁　何圣芝　彭　瑞　闻铭远　程海涛　陈　诗
明英杰　文胜熙　王子昂　姜鑫宇　彭　巍　谢云丽
丁江颖　陈若愚　傅彤瑶　吴国媛　林方宇　张于谦
宋泠萱　谢雨航　陆甄敏　陈海旭　刘海云　周杨洋
陈　鹏　时天行　张　楠　陈彦冰　郭宇桐　辛旻汛
杨懿坤　刘　勇　姜　冉　欧阳添荣　肖　云　黄　琦
马艺宁　张嘉琪　庞蕴名　王释然　韩祎然　张睿诚
毛诗炜　张学思　徐道诚　陈江源　曹　灿　杨振宇
王雪岑　尹　健　毕在然　李霖峰　赵晓浩　金　雪
梁泽鹏　谢一平　敖海航　汪　胜　陈立千　肖羽童
王炳璋　李　唯　华子日　李梓瑞　马亦骁　谢翔宇
李翼龙　谭淑敏　李知霖　罗浩铭　杨林峰　刘竟择
王泽楷　陈小灵

### 通信工程专业 1人

王　浩

### 集成电路设计与集成系统专业 12人

杨佑铭　张腾予　黄之闻　高继航　胡沐辰　陈宇轩
何家齐　俞哲儒　赵仕耿　薛万杰　余夏婷　李远哲

## 管理学学士学位 174人

### 会计学专业 36人

赖万华　刘潇华　都运成　董峻玮　李洇尘　李智冰儿
曾　琪　张蓓蓓　马鑫融　王凤姣　李灵艺　刘慧杰
勾艺霖　冉馥菲　韩瑞颖　龚晟源　侯玫君　张新悦
黄佩芝　陈　昱　谷星月　赵奕涵　杨　萍　曹宇涵
申璐久芳　徐陆圆　陈豆豆　胡健吉　张晓艳　张延玉
郑家如　曾夏青　余昊洋　潘　璐　李扬帆　史　佳

### 信息管理与信息系统专业 37人

秦姝言　王　睿　薛　睿　张元哲　邓泽琨　金政君
黄　雄　田诗艺　郑文蛟　王资奋　王岩楷　武瑜轩
钱志超　王祥雨　庞上智　马　强　李雨佳　陈科锜
李　珂　李　珂　季佳雯　周伟烨　韦书逸　周起斌
刘富康　周一帆　董婧文　方　舟　周书弘　陈彦如
姜　雪　赵若云　李国栋　张育铭　丁朝军　沈科杰
阿不都莫明·阿不都肉苏

### 图书馆学专业 8人

柳紫琪　张　涵　沈喻非　张丽晨　张　充　唐震怡
苏　洋　熊璐瑶

### 城市管理专业 8人

赵子鞍　龙　嘉　邱瑞禧　王祎凡　苏泽慧　任绍铭
周　玥　尤力吐孜阿依·玉山

### 大数据管理与应用专业 7人

伊力亚尔·乃比江　金笑缘　李昱勇　方博文　曾子欣
顾伟业　钱运杰

### 工商管理专业 9人

周辰龙　张宸瑄　曹雅俊　龚雯艺　曹浩轩　宋雨泓
梅秋实　肖凯元　陈　添

### 市场营销专业 27人

陈天姝　蒋可旖　陆皓然　宋宇星　王　添　孟　想
陶　臻　樊金宜　张汇珩　柳政良　郭家萌　王嘉雨
四郎拉姆　纪宇琦　刘慕颖　杨雅淇　彭文怡　谷松润
向洪腾　陶紫璇　郑辰筱　郭卯镕　买祎然　陈颖瑶
邵宇昕　黄中杰　张文韬

#### 行政管理专业 42 人

| | | | | | |
|---|---|---|---|---|---|
| 张伟楠 | 陈皓月 | 金 铭 | 贾 旭 | 丁月迪 | 夏辰阳 |
| 刘沅沅 | 蒋铭权 | 黄筠怡 | 何浩源 | 赵思远 | 陈卿妍 |
| 邓祥龙 | 童天阳 | 罗婉莹 | 张榕哲 | 林小马 | 沙 菲 |
| 尚贵强 | 邹心怡 | 王 洁 | 石泽航 | 王 维 | 吴昱晨 |
| 李修贤 | 马朵朵 | 周艳灵 | 张筱琪 | 王闽瑄 | 翁霆威 |
| 韩志杰 | 蒲海燕 | 朱佩佩 | 余丽平 | 洪润琪 | 岳秦名 |
| 熊景洋 | 侯雨杉 | 刘志雄 | 张 胜 | 伍胤荣 | 马子烨 |

### 经济学学士学位 344 人

#### 保险学专业 38 人

| | | | | | |
|---|---|---|---|---|---|
| 宋若冲 | 刁怡文 | 向紫薇 | 琚 普 | 张逸飞 | 赵志超 |
| 董晨阳 | 左承惠 | 伏笠萱 | 贺灿春 | 黄思齐 | 唐靖云 |
| 黄炜炜 | 刘劼珂 | 李昭伦 | 张若楠 | 杜品辉 | 包文静 |
| 李佳凝 | 许天朗 | 赵 辰 | 东煜喆 | 王冰漪 | 张一鸣 |
| 单纪琳 | 陈晓宇 | 梁予昕 | 智雯昕 | 杨昀霏 | 李润泽 |
| 王瑀珩 | 王彦霏 | 孙舒羽 | 林惠怡 | 矫静浩 | 任王宸 |
| 马腾飞 | 张议文 | | | | |

#### 国际经济与贸易专业 27 人

| | | | | | |
|---|---|---|---|---|---|
| 张徐晓意 | 马乐天 | 刘三琪 | 杨 瑞 | 虞辰涵 | 陈江娜 |
| 黄虹文 | 陶雨晴 | 张思宇 | 胡 晓 | 韩 晗 | 罗浚瑄 |
| 胡新元 | 张亚楠 | 张紫煊 | 罗孟昕 | 贾梦辰 | 张婉琳 |
| 田佳怡 | 牛羽凡 | 吴鸿楷 | 沈心如 | 姜舒鹤 | 张心怡 |
| 周 丹 | 古扎丽努尔·吾甫尔 | | 图尔荪古丽·依明尼亚孜 | | |

#### 经济学专业 24 人

| | | | | | |
|---|---|---|---|---|---|
| 江海浪 | 姜帅宇 | 赵佳雯 | 柴佩亨 | 刘时健 | 穆亚琳 |
| 张培元 | 王正刚 | 周怡恒 | 孙咏洁 | 宫 凯 | 刘可欣 |
| 王晓阳 | 张慧婷 | 李雅潇 | 谯靖瀚 | 杨昊瀛 | 南瑶君 |
| 王鹿鸣 | 廖梓烨 | 朱梦丹 | 李琼瑶 | 张霄扬 | 李佳润 |

#### 经济学（国家发展方向）专业 25 人

| | | | | | |
|---|---|---|---|---|---|
| 胡毅喆 | 王 莱 | 管雨婷 | 徐鸿诚 | 张若妍 | 肖 扬 |
| 徐文哲 | 冯千洵 | 王明森 | 程 垚 | 段榕涛 | 刘松睿 |
| 王 锐 | 邱昱程 | 崔荣钰 | 周子焜 | 郑柳依 | 刘赞辉 |
| 张禹洋 | 黄光波 | 张清发 | 陈艺多 | 成瑞林 | 姚熠辉 |
| 邱 爽 | | | | | |

#### 财政学专业 41 人

| | | | | | |
|---|---|---|---|---|---|
| 王 璐 | 黄晨楠 | 韩婵媛 | 王宇帆 | 余骁扬 | 朱开笛 |
| 朱柄昱 | 唐连务 | 周毅成 | 颜 昆 | 杨岱宗 | 江宇洋 |
| 余忠倪 | 吕嘉欣 | 陈 力 | 田舒涵 | 张菲尔 | 刘珑鑫 |
| 李 梅 | 黄洪翔 | 孙安琪 | 赵雯琦 | 王佳曦 | 周湘灵 |
| 王若霖 | 赵 叶 | 刘心悦 | 杜祎宇 | 邵睿思 | 解新元 |
| 金佳琪 | 林雨虹 | 叶舒扬 | 唐梓衡 | 胡兴灿 | 程裕元 |
| 贾宝如 | 康正怡 | 高艺琼 | 徐淑芳 | 贾雯淇 | |

#### 资源与环境经济学专业 3 人

| | | |
|---|---|---|
| 佘金燚 | 邹逸菲 | 尹靖雨 |

#### 金融学专业 186 人

| | | | | | |
|---|---|---|---|---|---|
| 王 霖 | 武芮伊 | 钟婧雯 | 林剑丹 | 覃秋万 | 崔博雄 |
| 吴凌云 | 王依婷 | 钱含章 | 李辰洋 | 符邦龙 | 黄素素 |
| 吴逸涵 | 伍修毅 | 古璐琳 | 李沛泽 | 杨雨润 | 陈祥熠 |
| 王丁立 | 陈庆雨 | 余劼航 | 胡阳子 | 陈 淼 | 王 洋 |
| 李坤骏 | 李晔伟 | 蒋 莱 | 李文骁 | 王嘉露 | 谈天韵 |
| 戴懿婷 | 叶刘杭 | 徐毓阳 | 魏名湖 | 张馨语 | 严韵竹 |
| 李金儒 | 熊 萱 | 王文杰 | 李熙臣 | 刘玥妍 | 刘 畅 |
| 陈淑敏 | 孙海廷 | 肖安彤 | 陈绮纯 | 王 宇 | 武轶男 |
| 刘 娜 | 李 达 | 洪 扬 | 许 昊 | 毛思文 | 许乃钰 |
| 王厚杰 | 蔡明峻 | 罗雪儿 | 曾符坤 | 常 晨 | 陈雨菲 |
| 卢伊豪 | 黄翘楚 | 刘黎靓 | 陈瑞珏 | 刘浩宇 | 陈乐谣 |
| 伊慧澄 | 徐敬涵 | 王宇轩 | 陈芷妍 | 董非凡 | 洪诗琪 |
| 朱诗润 | 倪逸鸣 | 李利峰 | 钱硕夫 | 朱婧涵 | 马粮宗 |
| 陆承启 | 孔誉浩 | 田凯丰 | 安夏茹 | 吴 浩 | 江钟凌 |
| 严 易 | 孙祥晨 | 张艺璇 | 王俊杰 | 周 言 | 王文涵 |
| 谭润东 | 刘耀阳 | 高 源 | 毕千喜 | 董博文 | 孙倚帆 |
| 李子睿 | 李轩瑶 | 林 臻 | 张晋恺 | 靳 雁 | 曾 进 |
| 谢雨曦 | 曾文玥 | 马若奕 | 周琦珩 | 孙启越 | 郁 一 |
| 何昊宸 | 段 歌 | 山祺昕 | 陈儒航 | 周 洋 | 余曼卿 |
| 郭羽丹 | 殷克非 | 闫 萌 | 张君曼 | 李明亮 | 罗诗蕾 |
| 王天怿 | 牟睿迪 | 徐瑾宁 | 李卓阳 | 江翼帆 | 刘霖修 |
| 王天嗣 | 文艺涵 | 彭伊凡 | 吴京海 | 储云飞 | 李泽健 |
| 朱景琛 | 李皓月 | 侯依桐 | 袁景昭 | 刘思亚 | 李文心 |
| 陈奕洋 | 王佳漪 | 赵凡语 | 余子旭 | 任浩文 | 陈哲儒 |
| 王佳盈 | 傅芃予 | 王骥凯 | 徐纪元 | 胡 扬 | 张思成 |
| 张富强 | 王馨茹 | 周宇柯 | 孙 晓 | 胡雨桐 | 尹哲良 |
| 卢鹏举 | 彭潘杰 | 刘沛松 | 佘岚冰 | 安淞灏 | 赵佳琦 |
| 肖思辰 | 方清源 | 黄仁卓 | 张嘉杰 | 付 煜 | 张一帆 |
| 王文郅 | 宋美慧 | 李怡暄 | 史润辰 | 刘佳睿 | 李 虎 |
| 冉珂雨 | 付启航 | 高 祺 | 房子溇 | 周昊玥 | 邓鳳翔 |
| 黄纵横 | 张瀚庭 | 邱中怡 | 张博涵 | 师梦迪 | 江林安 |

### 理学学士学位 1301 人

#### 人文地理与城乡规划专业 24 人

| | | | | | |
|---|---|---|---|---|---|
| 孙文昊 | 于一丁 | 叶 随 | 彭枝燊 | 陈昱龙 | 王凤清 |
| 王名扬 | 杨涵清予 | 张天硕 | 何德洁 | 张慧新 | 彭佳辉 |
| 张斯琦 | 吴蓝蓝 | 侯华丽 | 田 野 | 陈思宇 | 李燕莹 |
| 兰 岚 | 苏浩然 | 苏 博 | 罗玉娥 | 徐 奂 | 雷馨雨 |

#### 信息与计算科学专业 31 人

| | | | | | |
|---|---|---|---|---|---|
| 范腾霄 | 周星宇 | 倪弘康 | 邵约翰 | 徐文波 | 徐中炜 |
| 赵振华 | 吴大维 | 吴正诚 | 马致远 | 王津昊 | 梁圣通 |
| 沈城烽 | 黄千瑀 | 吴 恒 | 董婉萍 | 华奕轩 | 朱志涛 |
| 汪宇蓬 | 罗逸凡 | 汤光霁 | 张凯勃 | 马宇菲 | 吴清玉 |
| 俞建江 | 伍天一 | 文浩博 | 熊子睿 | 徐浩轩 | 于 灏 |
| 何波澔 | | | | | |

### 化学专业 113人

| | | | | | |
|---|---|---|---|---|---|
| 李硕学 | 白鸿熙 | 张泽睿 | 孔华康 | 汪毅嵩 | 王希元 |
| 李锦宜 | 蒋思远 | 牛潇 | 聂翊宸 | 秦俊龙 | 张雪 |
| 刘翼维 | 姚雅婷 | 尚游皓 | 王琨皓 | 王崇斌 | 王泽锟 |
| 孙鹏伟 | 王夕旋 | 付逸瑄 | 王延泽 | 余显康 | 洪辉龙 |
| 李珺浩 | 樊辰凯 | 谢俊忠 | 霍佳音 | 漆楹烽 | 金乐洋 |
| 刘扬 | 吴辰昊 | 曾子华 | 陆浩成 | 谈博文 | 付锐 |
| 翁培壹 | 连飞越 | 蒋宇飞 | 钟书辰 | 耿祥瑞 | 郭文翔 |
| 张艺涵 | 张一诺 | 王佳宁 | 徐哲 | 唐浩毅 | 胡朝元 |
| 沈辰熹 | 范培科 | 傅林轲 | 夏宗溥 | 孙晨耕 | 葛峰 |
| 王宇哲 | 李彦衡 | 杜骏豪 | 张瑞琦 | 许珵淏 | 刘乃夫 |
| 蔡家豪 | 黄若怡 | 程诺 | 王应泽 | 杜嘉仪 | 田景昊 |
| 林潇涵 | 李维一 | 许准 | 朱嘉杰 | 张瑞阳 | 韩易 |
| 白雨辰 | 向李圆 | 李隽仁 | 丘伟杰 | 芮宇辰 | 查砚馨 |
| 卿炯程 | 宋怀雨 | 常睿 | 张天予 | 马思齐 | 李煜昊 |
| 王一咏 | 魏鑫 | 蒋然 | 刘泠风 | 张书剑 | 祝祺 |
| 邱子龙 | 王铁 | 李慕尧 | 于中天 | 刘馨怡 | 李介然 |
| 安皓昀 | 贺泽宇 | 王铁晗 | 姚缘 | 赵沁乐 | 赵文硕 |
| 欧阳冬晨 | 徐若森 | 周泽堃 | 何岳灿 | 王梓涵 | 阴泽浩 |
| 李炳其 | 李叶 | 郭昊哲 | 王俊杰 | 李文斐 | |

### 化学生物学专业 16人

| | | | | | |
|---|---|---|---|---|---|
| 胡瑞华 | 易琮伟 | 王雪峰 | 刘立昊 | 柯瀚 | 祝印月 |
| 伍树 | 冯健龙 | 周伟杰 | 胡皓然 | 张希文 | 崔若瑶 |
| 张佐 | 陈祖杰 | 刘宸钧 | 闪晔 | | |

### 古生物学专业 1人

余婷钰

### 地球化学专业 4人

| | | | |
|---|---|---|---|
| 王秀君 | 胡昭阳 | 王点兵 | 王子龙 |

### 地球物理学专业 10人

| | | | | | |
|---|---|---|---|---|---|
| 杨烯 | 姚圆 | 张雨桐 | 路瑞鹏 | 刘祺 | 丁鸿扬 |
| 周浩宇 | 李政泽 | 张奕驰 | 曾兆邦 | | |

### 地理信息科学专业 31人

| | | | | | |
|---|---|---|---|---|---|
| 张洺玮 | 杨泽坤 | 戴梦得 | 杨致远 | 杨帆 | 董永 |
| 兰鹤鸣 | 冷涛 | 赵睿 | 朱俊锴 | 田雨沛 | 徐玥 |
| 毛子宸 | 何垚 | 成湘哲 | 肖明珠 | 杜浩德 | 魏江南 |
| 胡梦雨 | 叶文龙 | 张维昱 | 罗樾 | 叶瑞麟 | 马睿平 |
| 林嵩懿 | 彭乃杰 | 杨子江 | 戴文滔 | 谢东兴 | 刘以恒 |
| 张云翔 | | | | | |

### 地质学专业 16人

| | | | | | |
|---|---|---|---|---|---|
| 汪宝新 | 宋婉婷 | 刘晓光 | 郑高峰 | 王嘉臻 | 马右任 |
| 陈龙 | 钱航 | 陈修远 | 余旺 | 张昌虎 | 邓玄宇 |
| 刘天乐 | 郑澳男 | 贾天依 | 赵瑄 | | |

### 大气科学专业 13人

| | | | | | |
|---|---|---|---|---|---|
| 贺震昱 | 刘浩波 | 陈任翔 | 阮义龙 | 孙中夏 | 李沐谦 |
| 乔舢 | 李泽龙 | 许田 | 权衡 | 宋心仪 | 万智翔 |
| 王宇杰 | | | | | |

### 天文学专业 19人

| | | | | | |
|---|---|---|---|---|---|
| 王齐悦 | 顾德广 | 陈慧玲 | 黄浩淼 | 曾维预 | 王云鹤 |
| 刘禹杉 | 张健星 | 冯齐康 | 刘卓楷 | 邹家航 | 刘兆轩 |
| 康亚城 | 张亦松 | 林伊人 | 严涵 | 王旻宇 | 刘振涛 |
| 马泽宇 | | | | | |

### 应用化学专业 2人

| | |
|---|---|
| 李奕辰 | 陈姿伃 |

### 微电子科学与工程专业 24人

| | | | | | |
|---|---|---|---|---|---|
| 王嵩珉 | 王佳鑫 | 余连风 | 魏新明 | 范安骏逸 | 赵文涛 |
| 艾雨霏 | 高一 | 虞晨曦 | 伦理 | 周粤佳 | 魏羽龙 |
| 李牧恩 | 王铭珺 | 冯泽泽 | 史代璟 | 谢晓鑫 | 王治江 |
| 赵祎琪 | 傅博毅 | 李柯汛 | 刘雨欣 | 许欣航 | 朱奕航 |

### 心理学专业 57人

| | | | | | |
|---|---|---|---|---|---|
| 陈超 | 胡文宽 | 唐为 | 陆翔宇 | 张力丹 | 刘可欣 |
| 廖姝垚 | 申雨禾 | 王路石 | 马润升 | 陈韵笛 | 潘建伟 |
| 陈健柏 | 刘李 | 林荟颖 | 陆思瑶 | 覃天悦 | 汪涵 |
| 周暖暖 | 陈书田 | 林逍屹 | 程宇昂 | 汤一可 | 吴问骋 |
| 张天炜 | 李响 | 沙廷珺 | 刘玉昕 | 王书涵 | 江庄圯 |
| 郭子欣 | 李依朋 | 邓逸雯 | 周尤庆 | 强薇 | 辛梓彤 |
| 牛润萱 | 陆凝 | 范天懿 | 陈雯青 | 杜宇晖 | 梅子杰 |
| 徐瑞恒 | 黄咏茵 | 彭黛怡 | 符博涵 | 黄征 | 徐赫 |
| 刁开元 | 苗子壮 | 曾宝熠 | 宋扬 | 陈彩霞 | 张文佳 |
| 田鸿韬 | 黄馨茹 | 杨馥溶 | | | |

### 数学与应用数学专业 107人

| | | | | | |
|---|---|---|---|---|---|
| 黄俊智 | 戴悦浩 | 曹玉纯 | 董晋汐 | 杨世哲 | 魏昕 |
| 黄楚昊 | 程一宸 | 陈天择 | 彭永坚 | 刘润声 | 谭健翔 |
| 丁麟 | 张鹤群 | 池卓倪 | 黄钰涵 | 朱昇瞳 | 郭子棋 |
| 田翊 | 樊普 | 宋嘉瑞 | 黄柏贺 | 欧阳泽轩 | 吴蔚琰 |
| 周天 | 焦宇翔 | 施奕成 | 胡云棚 | 杨向谦 | 杨舍 |
| 于惠施 | 徐培石 | 张澄 | 李云隆 | 胡灏远 | 陈晓越 |
| 于青藤 | 林家梁 | 洪昕 | 张质源 | 陈尧 | 张天越 |
| 梁渝涛 | 申武杰 | 郭若一 | 李震之 | 冯旭阁 | 彭祖泽 |
| 张乐 | 陈向涛 | 罗智康 | 程琦航 | 虞家伟 | 刘抒睿 |
| 孙鹏淳 | 杨鹏 | 戴梓洋 | 蒋雨轩 | 龙雨晴 | 汤继尧 |
| 冯煜阳 | 吴雨澄 | 刘其灵 | 赵翘楚 | 蔡格非 | 关震岳 |
| 周启航 | 颜冠霞 | 沈林宜 | 黄硕董 | 杨泓暎 | 林左 |
| 王思危 | 詹宇飞 | 胡智晟 | 刘泽楠 | 侯悦石 | 缪雨来 |
| 朱婷宇 | 沈家河 | 贾竞寒 | 何天成 | 江志楠 | 赵沁涵 |
| 程佳文 | 范明辉 | 呙雨杭 | 姚舜天 | 朱子亦 | 熊昱滔 |
| 詹赜源 | 程恒轩 | 李文烨 | 李一笑 | 张昊坤 | 王炜皓 |
| 张江昊 | 冯梓轩 | 沙熠 | 朱子晗 | 陈宇漠 | 陈宇轩 |
| 王首樵 | 宣涵潇 | 赵昕曈 | 谢鹏志 | 别力克江·木合亚提 | |

### 数据科学与大数据技术专业 50人

| | | | | | |
|---|---|---|---|---|---|
| 陈涵玥 | 明仪 | 徐紫云 | 靳海慈 | 丁泓馨 | 姜和丰 |
| 李百乘 | 李永康 | 朱文浩 | 刘展鹏 | 杨礼铭 | 郑名礼 |
| 李铮 | 赵品学 | 宫子康 | 杨哲 | 陈嘉晨 | 唐靖轩 |

| | | | | | | | | | | | |
|---|---|---|---|---|---|---|---|---|---|---|---|
| 刘铭超 | 杨至文 | 侯雨廷 | 李元鹏 | 白皇远 | 薛烨诚 | 王楚才 | 王瀛琦 | 王法杰 | 娄琴剑 | 赵　珂 | 夏昊煜 |
| 谢滨键 | 李　渊 | 张馨伦 | 李　华 | 张浩然 | 冉何晴 | 杜卓晨 | 董勃言 | 郭理涵 | 刘雨轩 | 梁　博 | 于明鑫 |
| 谭世茵 | 丁乾坤 | 寇一雯 | 吴　洲 | 李坤泽 | 孙方圆 | 陆仲豪 | 荀　鼎 | 徐旭阳 | 蔡紫菁 | 伊儒乐 | 孙　硕 |
| 丁钊翰 | 袁　昊 | 魏铭岑 | 李思源 | 崔德方 | 刘雨辰 | 冯　烯 | 王行致 | 罗嘉雯 | 吴范岚 | 孙治宇 | 付大为 |
| 王舒恺 | 张玉婷 | 李云济 | 陈子维 | 兰伟泰 | 田　野 | 宋飞彤 | 王逸飞 | 黄江城 | 杨佳宇 | 伍彦西 | 韩硕璠 |
| 赵希远 | 热合玛·阿不力克木 | | | | | 张瀚凯 | 潘世豪 | 李辰剑 | 张书樵 | 陆辰飞 | 傅雪砚 |
| | | | | | | 陈宇畅 | 刘沁纭 | | | | |

整合科学专业 17 人

| | | | | | |
|---|---|---|---|---|---|
| 毛科航 | 陈佩宁 | 张瑞霖 | 李博彦 | 廖智钊 | 谭宇豪 |
| 邹永基 | 林　影 | 任刘豪 | 姚梓晗 | 武朔南 | 张任子墨 |
| 李泰然 | 蒋永诚 | 韩无极 | 陈珂旸 | 崔博飞 | |

环境科学专业 57 人

| | | | | | |
|---|---|---|---|---|---|
| 李龙盛 | 张　帅 | 陈宇昂 | 孙家祥 | 王诚劼 | 高　宁 |
| 汪　旖 | 林子南 | 张　烨 | 门亚泰 | 陈　婷 | 郁丁旸 |
| 吴　迪 | 李京怡 | 李健鹏 | 唐雅金 | 杨　帆 | 丁　茜 |
| 张淑婕 | 孙国留 | 尹佳芃 | 王冀璇 | 林鹏昇 | 程　勤 |
| 冯　宸 | 江　科 | 吉祥玉 | 肖逸龙 | 王翰辰 | 欧阳雪菲 |
| 蔡鸿伟 | 孙玉如 | 娜日玛 | 万子超 | 徐晨阳 | 钟沛文 |
| 索钡予 | 赖雨亲 | 马云骢 | 高玉涵 | 李梓萌 | 吕广硕 |
| 焦小乔 | 朱雅琪 | 胡靖飞 | 臧书凝 | 聂齐越 | 杨佳炜 |
| 董千里 | 吴祺政 | 马晓丫 | 史毅夫 | 黄若愚 | 王奕沣 |
| 陈膺浩 | 苏比努尔·艾尼瓦尔 | | 巴波尔·伊斯坎德尔 | | |

智能科学与技术专业 72 人

| | | | | | |
|---|---|---|---|---|---|
| 陈昊翔 | 马　畅 | 王鸿铖 | 沈诗禾 | 李　浩 | 季雨田 |
| 杨溢鑫 | 罗梓璋 | 聂恺辰 | 邱康怡 | 马　源 | 王欣灏 |
| 刘　旸 | 岳鹏云 | 叶炜宁 | 姜　度 | 张誉泷 | 李子恒 |
| 夏仲禹 | 马驰腾 | 姜　恒 | 耿逸芃 | 韩汶辰 | 王　悦 |
| 祁　晟 | 张泽辰 | 石元峰 | 吴之瑜 | 金　珂 | 邵能涛 |
| 姜泓臣 | 樊智宁 | 李佩轩 | 耿云腾 | 李琦玥 | 许明达 |
| 郑钦源 | 钟灏峰 | 蔡凌晟 | 陈旭雯 | 陈子杰 | 杜毕安 |
| 杨君维 | 巫子辰 | 贺子凡 | 安　帅 | 马逸扬 | 吴东航 |
| 俞　越 | 杨昊翔 | 李　铄 | 费　凡 | 宋子健 | 张凌宇 |
| 朱子仪 | 李典泽 | 郑凌骁 | 张屹洋 | 周子淼 | 严　锦 |
| 施亦凡 | 周一川 | 朱家祺 | 王　舒 | 胡　欣 | 莫文韬 |
| 冯　涌 | 郑明航 | 金浩杰 | 蒋雪莹 | 奚佳琪 | 李萌烨 |

理论与应用力学专业 24 人

| | | | | | |
|---|---|---|---|---|---|
| 谭　畅 | 陆云雷 | 孙宗元 | 王衍之 | 张世炫 | 薛　睿 |
| 赵　隆 | 张斯澄 | 陈奕豪 | 周宇珂 | 张去非 | 包　淳 |
| 谈任飞 | 帅　郁 | 王维汉 | 赵鹏宇 | 刘映竹 | 张益宁 |
| 赵东方 | 刘　威 | 张硕勋 | 江炜烨 | 王霆浩 | 邵明宇 |

材料化学专业 15 人

| | | | | | |
|---|---|---|---|---|---|
| 文亦质 | 白光晟 | 李泽炜 | 金　彬 | 穆禧龙 | 张瑞涵 |
| 王启超 | 袁长峰 | 陈舒仪 | 何嘉炜 | 杜泓霖 | 牛天昊 |
| 向亦凡 | 张钰瑞 | 周俊杰 | | | |

生态学专业 22 人

| | | | | | |
|---|---|---|---|---|---|
| 田　缘 | 郑逸飞 | 赵　懂 | 康鑫瑞 | 郭祥龙 | 叶　琳 |
| 冯勖卿 | 朱雨琳 | 田　佳 | 谢心韵 | 姚　乐 | 陈尔骏 |
| 王文林 | 赵　溧 | 崔　宇 | 张景淇 | 张晶晶 | 陈昱锜 |
| 于　越 | 王程冉 | 王江月 | 林龙翔 | | |

物理学专业 146 人

| | | | | | |
|---|---|---|---|---|---|
| 李玉童 | 徐多多 | 罗逸群 | 杜晨喆 | 董小龙 | 王涵与 |
| 秦贺铮 | 段之宜 | 王赞辰令 | 葛浩煜 | 王之昱 | 刘中原 |
| 李海洋 | 游子昱 | 吕嘉昊 | 胡泽昕 | 林旭辰 | 李　晗 |

生物技术专业 6 人

| | | | | | |
|---|---|---|---|---|---|
| 王玄之 | 朱望宁 | 马晓昀 | 景智文 | 王昊天 | 陈宁聪 |

生物科学专业 82 人

| | | | | | |
|---|---|---|---|---|---|
| 陈天扬 | 王晨冰 | 韩泓波 | 金　涛 | 王　锦 | 张崇钊 |
| 陈祎泓 | 陈亦欣 | 刘煜樟 | 胡锦浩 | 周壮壮 | 张世辰 |
| 李江一 | 索靖尧 | 赵瑞博 | 张帅鸣 | 张云开 | 郭洋帆 |
| 陈泽宇 | 李凌霄 | 李一帆 | 高宇辰 | 周　昶 | 张正熙 |
| 周谭吉 | 李星桥 | 唐天泓 | 张宇昊 | 傅兆瑢 | 石靖源 |
| 黄　麒 | 薛泽洋 | 韩泽尧 | 黄俊翔 | 王逸云 | 陈一丹 |
| 董泽昊 | 顾周洲 | 刘金禹 | 诸天晨 | 李子余 | 胡泽州 |
| 宋稚中 | 陈润恺 | 张　皓 | 于子轩 | 刘星宇 | 张湛川 |
| 陈汉博 | 许安冬 | 李俞辰 | 谭　奕 | 张若晨 | 杜思敬 |
| 周耿栋 | 周俊霖 | 费　凡 | 陈一凡 | 沈定宇 | 俞思濛 |
| 唐蔚然 | 李曰罩 | 罗　然 | 颜子涵 | 梁靖云 | 彭　康 |
| 王次天 | 陈路逸 | 黄力昂 | 龚德炜 | 王方成 | 蔡逸凡 |
| 华　凌 | 张京鹏 | 姚　旺 | 李辰童 | 雷原正 | 胡秉逸 |
| 李源昊 | 刘东禹 | 张世龙 | 李曜辰 | 鲍翔润 | 杨济泽 |
| 王子航 | 赵贤觉 | 张思洋 | 艾腾宇 | 张良琦 | 曹子倪 |

| | | | | | |
|---|---|---|---|---|---|
| 蔡子鎏 | 郭雨阳 | 张　帅 | 刘靖远 | 陈思怡 | 萧丽娜 |
| 王正华 | 张芷瑄 | 任熠辰 | 金泽楷 | 黄理想 | 张瑀卓 |
| 郭修齐 | 王睿辰 | 和昱辰 | 毛澍霖 | 徐子开 | 轩辕乔 |
| 陆润炜 | 王博恩 | 冯子琦 | 杨少轩 | 李科睿 | 魏　瞳 |
| 张卓豪 | 杜海若 | 侯凯元 | 覃博祥 | 刘懿阳 | 徐春生 |
| 赵霄美 | 项泽铭 | 李蔚霆 | 钟煜炜 | 吴曼绮 | 黄　越 |
| 尉若彤 | 王瑶璘 | 辛媛媛 | 余安祺 | 马奕辰 | 张博远 |
| 周正旸 | 张天一 | 何天恩 | 龚　浩 | 文　杰 | 耿　岚 |
| 张　彪 | 王　源 | 丁轶菲 | 李滢萱 | 陈心语 | 梁泽仁 |
| 杨昊宸 | 肖　襄 | 陈廷翰 | 金　虹 | 张　迈 | 官志权 |
| 姜百翼 | 王云松 | 袁诗博 | 陈劢远 | 李泽楷 | 罗　炅 |
| 金　岩 | 吴中璇 | 李高远 | 朱玟能 | 李宇轩 | 孙嘉钦 |
| 高　开 | 张艺凡 | 崔　琛 | 丁雅妮 | 迟家明 | 贺婉卓 |
| 姜治仲 | 朱擎国 | 杨越奇 | 刘欣萌 | | |

### 电子信息工程专业 44 人

| | | | | | |
|---|---|---|---|---|---|
| 徐 晨 | 李泓臻 | 汪 俊 | 葛 非 | 朱绯彤 | 岳韶华 |
| 时 豫 | 顾超颖 | 余 洋 | 李润朋 | 赵津晶 | 段 韧 |
| 胡馨元 | 杜松阳 | 吕俊珂 | 李旭坤 | 马伊楠 | 姜 腾 |
| 王雨江 | 谢聿潇 | 李贤玮 | 王一平 | 娄泰荣 | 孙煜洋 |
| 闫 彧 | 江行健 | 詹新桐 | 卢江楠 | 林熠伟 | 杨承旭 |
| 张秉傲 | 石 亿 | 郭明非 | 郑 羽 | 王天昊 | 张笑语 |
| 杨 垄 | 张文炜 | 成天琦 | 米元博 | 邓丁凡 | 胡 蕊 |
| 鲍思辰 | 王 京 | | | | |

### 电子信息科学与技术专业 23 人

| | | | | | |
|---|---|---|---|---|---|
| 马玉娇 | 周哲健 | 黄鑫懿 | 周欢愉 | 刘 臻 | 陈雨凡 |
| 郑震宇 | 南虚怀 | 陈希凡 | 吕奕腾 | 陈俊亦 | 李 硕 |
| 黄溪明 | 胡纪迎 | 李国祥 | 张天泓 | 李沛珅 | 潘 灯 |
| 张凌霄 | 刘 鹏 | 王炳元 | 吴城阳 | 刘啸天 | |

### 空间科学与技术专业 13 人

| | | | | | |
|---|---|---|---|---|---|
| 陈佳黎 | 余若兰 | 李文妍 | 赵庆元 | 王 权 | 吴昱川 |
| 张佳乐 | 徐世阁 | 吴子祺 | 冯子健 | 王游龙 | 陈冬可 |
| 李痛快 | | | | | |

### 统计学专业 54 人

| | | | | | |
|---|---|---|---|---|---|
| 李乔波 | 池方琦 | 姚嘉敏 | 于凯旭 | 朱心一 | 俞志远 |
| 韩 笑 | 李昊泽 | 李承昊 | 王浩翔 | 宋子昂 | 陈子浩 |
| 王子豪 | 王宇轩 | 王昺皓 | 杨晓枫 | 周 川 | 温 刚 |
| 陈泓宇 | 杨 茗 | 江政昊 | 何雨桐 | 何沛予 | 李艺康 |
| 冯语凡 | 张 平 | 吴百濠 | 王梓晗 | 杨佳明 | 郭天瑜 |
| 张至隆 | 林京锟 | 袁慧华 | 王艺纯 | 徐 洋 | 刘原实 |
| 王佳泓 | 杨潇博 | 汪禄衡 | 雍 洋 | 杨诗琪 | 周心语 |
| 张锐麒 | 杨逸舟 | 邢芳榕 | 陈远洲 | 魏 澜 | 冀文龙 |
| 王潇逸 | 李正浩 | 万抒展 | 王子铖 | 王 钶 | 余龙林 |

### 自然地理与资源环境专业 3 人

| | | |
|---|---|---|
| 杨庚宸 | 银浩博 | 张健伦 |

### 计算机科学与技术专业 205 人

| | | | | | |
|---|---|---|---|---|---|
| 李文威 | 王昕兆 | 孙宇辰 | 许 涵 | 严 帆 | 叶行健 |
| 褚顾佳 | 徐崟桢 | 潘樾阳 | 刘牧耕 | 罗 进 | 陈 冬 |
| 郑乃千 | 吴瑾昭 | 李佳实 | 熊云帆 | 陈嘉乐 | 任轩笛 |
| 夏景涛 | 吴耀轩 | 仲殷旻 | 杭心语 | 刘雅琪 | 王子健 |
| 张宇博 | 郝辰麒 | 王之睿 | 钟郅能 | 刘又铭 | 刘俊豪 |
| 刘雨俊 | 袁新钰 | 何思齐 | 林树桢 | 区子锐 | 王子龙 |
| 黎善达 | 游震邦 | 李 臻 | 何沐阳 | 程芷怡 | 吴宇恒 |
| 吕孟韬 | 张 栩 | 陈安琪 | 苏浩南 | 刘昭辰 | 彭小鹏 |
| 谭钧尹 | 何依波 | 周宇轩 | 蒋 康 | 吴秉阳 | 曹力升 |
| 刘宇晗 | 缪瑞杰 | 李 臻 | 金 晶 | 李翰禹 | 汤博文 |
| 李琦煜 | 黄天宁 | 崔轩宁 | 贾志东 | 唐雯豪 | 尹训健 |
| 朱大卫 | 徐雨晨 | 张宇萱 | 郑元昊 | 方浩旭 | 彭江祎 |
| 徐晨铭 | 许轩卓 | 张弋丰 | 钱博翀 | 郝世博 | 蒋 励 |
| 张文阳 | 肖元安 | 程 羽 | 何润之 | 叶心怡 | 徐诚伟 |
| 陈嘉毅 | 吕 蓝 | 盛则昂 | 孟榆涵 | 陈煜锋 | 姚一茗 |
| 沈琚伟 | 岳 亮 | 刘俊麟 | 王维率 | 山芝涵 | 郭曜齐 |
| 肖宇朔 | 李保霖 | 邱元辰 | 向雨新 | 冯睿杰 | 黎文浩 |
| 廖佳珑 | 李 畅 | 文泓宇 | 冯宇涛 | 黄海晨 | 徐子遥 |
| 李 聪 | 王蓝绅 | 熊伯君 | 熊乾钦 | 王 帅 | 周佳颖 |
| 郭资政 | 杨思祺 | 袁天远 | 欧阳玉成 | 严丽君 | 黄孝谨 |
| 丁 睿 | 刘云蛰 | 陆宇凡 | 罗翠铃 | 洪逸森 | 宋沛荻 |
| 严宇婷 | 顾宇晨 | 姚子炀 | 江彦泽 | 郑书泓 | 李舒辰 |
| 贾子菡 | 韩宇栋 | 李睿涵 | 曹和景 | 竺沈涵 | 胡雨桐 |
| 蔡思琪 | 洪玮昕 | 周永隆 | 王子恒 | 马康淇 | 赵 妍 |
| 张远鹏 | 唐浩然 | 张 开 | 李宗佳 | 严明义 | 史 记 |
| 胡舟径 | 黄臻祺 | 陈官厅 | 王宇鑫 | 董 晨 | 李宁健 |
| 常文辉 | 张文博 | 卜 通 | 朱创举 | 杨昊明 | 王一轩 |
| 唐行方 | 孙 萌 | 武博文 | 夏宇龙 | 林汇平 | 刘 凡 |
| 阎宇豪 | 孙昊楠 | 罗 昊 | 胡欣妍 | 易 普 | 李韵祺 |
| 王胤博 | 刘文涛 | 陈沁宇 | 刘易鑫 | 周鑫渝 | 杨 晨 |
| 郭小美 | 黄锦松 | 周思源 | 张 垚 | 曹奕远 | 牟星名 |
| 叶则亨 | 苏鹏程 | 何嘉诚 | 陆宇暄 | 高邱杨 | 邹苏南 |
| 余 翔 | 高铭齐 | 唐溯珧 | 陆 璞 | 岑仕鹏 | 宗博特 |
| 张海鹏 | 陈浩天 | 谷 丰 | 龙 晟 | 肖有为 | 丁明朔 |
| 奴力夏提·芒尼可 | | | | | |

## 历史学学士学位 104 人

### 世界史专业 20 人

| | | | | | |
|---|---|---|---|---|---|
| 戴晨希 | 周 妍 | 谢筠婷 | 杨 杰 | 张毓祺 | 张 雍 |
| 杨 璨 | 孙一苇 | 周靖蕾 | 沈雨奇 | 李天泽 | 吕诗怡 |
| 文 岩 | 肖舒月 | 朱筱晗 | 方含章 | 靳逸萱 | 吴 悦 |
| 王怀轩 | 刘林翰 | | | | |

### 历史学专业 42 人

| | | | | | |
|---|---|---|---|---|---|
| 马潇艺 | 张小乔 | 乔明珠 | 朱 敏 | 刘荷月 | 孙驭坤 |
| 孙润泽 | 蒋馨雨 | 王珊珊 | 田嘉慧 | 何尚坤 | 李逸飞 |
| 郭 秦 | 杨晨宇 | 杨炎韬 | 周天绮 | 郎宇轩 | 粟 琪 |
| 杜天宇 | 那仁达赖 | 于欣然 | 李 蒙 | 李昊龙 | 李潆盈 |
| 栾绍泰 | 郑雅心 | 郭荣翔 | 刘瑰琦 | 迟 源 | 汪亭妤 |
| 任建鑫 | 蔡洋桦 | 孟 瑶 | 朱婉婷 | 马巧蓉 | 何奕琼 |
| 王娇培 | 郝思嘉 | 王禹涵 | 王艺洁 | 张荣凯 | 李建龙 |

### 外国语言与外国历史专业 6 人

| | | | | | |
|---|---|---|---|---|---|
| 何梓萱 | 熊 艺 | 覃李莎朗 | 刘立杰 | 叶心远 | 武嘉言 |

### 外国语言与外国历史（考古学方向）专业 3 人

| | | |
|---|---|---|
| 何一苇 | 李欣蔓 | 张行健 |

### 文物与博物馆学专业 4 人

| | | | |
|---|---|---|---|
| 薛雅丽 | 陈全星 | 陈 晨 | 李思潼 |

### 文物保护技术专业 3 人

| | | |
|---|---|---|
| 卫珉璇 | 乔 杨 | 谢林岑 |

### 考古学专业 15 人

| | | | | | |
|---|---|---|---|---|---|
| 丁忠敏 | 向雪映 | 黄秀香 | 李辛夷 | 曲仕钰 | 姜芷婧 |
| 周恺歆 | 周含章 | 李馥先 | 刘文转 | 于进洋 | 张越婷 |

李　月　　胡　静　　何晨雨

考古学（文物建筑方向）专业 11 人

蒲　萍　　王志成　　张文鼎　　王凤歌　　毛少羿　　缴婧然
王悦荻　　李孟儒　　赵佳罗　　王波雯　　王欣桐

## 文学学士学位 355 人

俄语专业 11 人

苏群超　　乔　莹　　吴梦岚　　陈　越　　郭浩宇　　管小淳
姜怡杨　　张浩然　　杜姝格　　梁思敏　　吴　云

印度尼西亚语专业 8 人

吴勉琪　　陈禹丞　　朱海怡　　陈蕊伊　　尹楷珺　　谭博特
陈钰兵　　魏梦煊

古典文献学专业 9 人

侯佳钰　　许开彦　　曾　程　　黄亦陈　　张佳苗　　晏咏蝶
张宏钊　　张一夫　　闫泽宇

外国语言与外国历史专业 1 人

余舟飏

广告学专业 38 人

张静谊　　席晓婷　　张可玉　　徐潇云　　周爱迪　　叶童欣
孙乐怡　　黄哲楷　　徐雪歌　　汪　彪　　陈　翊　　单易婕
邱　吉　　王曦玉　　赵　赫　　王嘉宇　　丁伟伟　　张馨匀
张　静　　张　帆　　郭雯雯　　刘珂亦　　顾漪雯　　李宇凡
仵孙禹　　黄　雪　　胡　曼　　顾　晶　　苏战华　　邱渝湘
梁子健　　李　政　　程子超　　时炎炅昊　　陈家沛　　王今朝　　何巧云　　阿迪拉·阿不力米提

广播电视学专业 14 人

刘　奕　　王迪瑶　　邬　敏　　张濒心　　崔庆涛　　伍雪怡
王寓澄　　金美姊　　刘　颖　　何秋莹　　徐一凡　　安　妮
姬向群　　廖梓吟

应用语言学专业 6 人

刘　茗　　向红静　　侯依杨　　阮文洁　　吴福钱　　孙林霈

德语专业 15 人

宋智杰　　吴松阳　　周　砚　　叶瑞麒　　范斯文　　王嘉璐
孙　戬　　李乐航　　窦宇鹏　　马子函　　向奕雯　　杨宇涵
姚以升　　赵文清　　路　畅

新闻学专业 14 人

朱　笛　　宋雪飞　　吴彩华　　李　玫　　吉雨涵　　吴思怡
毛岚清　　陈梓阳　　程子健　　王绍桓　　陆伊蔓　　杨靖彤
王梓妍　　祖丽皮亚·艾斯卡尔

日语专业 23 人

张　峰　　李　瑶　　张袭杰　　纪博琼　　曾昭牧吾　　黄舒蔚
龙文萱　　赵雅茜　　杨雨琦　　孙正岩　　于　艳　　尹金婉儿
周　洁　　刘仟翔　　肖子豪　　杜佳霖　　潘梦童　　丁依云
黎维君　　秦　越　　刘钊希　　李玥阳　　翰城吕思情

朝鲜语专业 11 人

杨　飘　　徐丽博　　徐雨雪　　赵诗濡　　吴加琪　　熊泽伦
周　星　　王子文　　张可佳　　赵心浩　　张宇溟

汉语言专业 21 人

张婧霖　　陈嘉仪　　何沛倬　　张家宁　　王鸿娇　　胡昳安
李博宇　　周子涵　　江永山　　万玲琍　　常修辞　　叶轶群
林子桦　　郑　好　　徐　萌　　余　翌　　张宇昕　　吴雪玲
李不言　　张俊逸　　王　琨

汉语言文学专业 80 人

兰　宇　　韩玉忠　　陈　琛　　王安然　　鲁沛怡　　赵佩汶
卢荣荣　　鲍佳音　　周天怡　　陈子萱　　周玮佳　　贾瑞炫
刘彦漱　　彭馨雨　　史浩然　　李涵宁　　林　洋　　吴奇壕
陈　绚　　盖佳悦　　杨　圆　　孙可心　　李思羽　　罗　璇
马　骁　　杨抒晴　　赵鸿兴　　胡诗杨　　樊　君　　雷来才
汤婧琪　　袁诗意　　周君柔　　唐　琳　　陈昱晓　　马啸泛
张雪妍　　葛　畅　　郑莉娇　　项　涵　　朱乃欣　　王　玥
王子辰　　邰佳依　　吕懿伟　　张子汐　　雷　璐　　刘雨筝
杨　特　　成怡然　　翁诗琳　　蔡千千　　赵嘉宇　　黄　喆
安子瑜　　彭　博　　满运玖　　楼雨欣　　柯子衿　　楊傅節
韓宝莉　　吴心明　　宋雅妮　　王睿临　　谭永琦　　陈　婷
孙沛青　　潘舒婷　　赵雅琪　　赵兰昕　　张卓辉　　赖家瑀
陈竞立　　王筱蔓　　夏泽君　　张诺娅　　林怡萱　　朱洁冰
牛璐瑶　　赵婧涵

法语专业 15 人

林育楠　　吴千蕊　　岳　叙　　曹梦婷　　王雨菡　　陈珠岚祥
王双翼　　宋若瑾　　何易非　　罗诗曼　　朱欣宇　　张正林
陈双羽　　向佰玉　　迪力夏提·艾尔肯

泰语专业 10 人

隆孟君　　施小艺　　张雪宁　　吴　同　　陈宣伊　　杜若衡
刘冰清　　刘语笛　　熊珊儿　　王与肖

缅甸语专业 1 人

王秋逸

英语专业 38 人

王卓远　　吕伊平　　覃斯欣　　张雨菲　　张玉琢　　向自蹊
何奇睿　　卢嘉桁　　屈思秦　　孙若绮　　吉　利　　吴　斐
赖贞汝　　卢思颖　　许源睿　　张心怡　　宋汶瑾　　徐寒冰
戴佳宁　　李霁原　　周悦峤　　吴思宏　　汪鑫蓉　　姜思涵
石雨溪　　崔婷茹　　周诗悦　　李美辰　　杨红云　　孙田月
曲乐翔　　刘辉辉　　王玥彬　　周大力　　吴鉴霖　　周川惠
安虹燕　　卫宇晴

葡萄牙语专业 14 人

李武陶文　　任菲菲　　罗　棠　　王韵涵　　丁家慧　　杨凯雯
邵中天　　方江晨　　陈丹青　　梁立言　　董瀚元　　王燕竺
刘绍恩　　邝韵婷

西班牙语专业 13 人

刘雨萱　　徐沛琳　　穆　飚　　杨　鎏　　姜　硕　　方伊秋
张宇辰　　刘　畅　　钱文婧　　齐乐然　　徐一冉　　张雅涵

娄晓景

### 阿拉伯语专业 13 人
廖泳康　张开信　辛　梅　熊乐芸　贾子衿　张宜鹏
杨子辉　谢瑞麟　仲麦祺　吴　汉　吴　优　宋元钰
赖丹鸿

## 艺术学学士学位 33 人

### 广播电视编导（戏剧影视文学方向）专业 4 人
王文枭　王耀乾　任晋辉　漆　园

### 艺术史论专业 10 人
吴宛妮　杜　宇　谢　颖　王子畅　景蓝天　王欣萌
李沅璞　牛瀚淳　栾琬婷　葛　戈

### 艺术史论（文化产业管理方向）专业 19 人
陈　媛　谭亦婷　颜　丽　王　淇　罗雯婧　吴之浜
吴洁娜　张可欣　姜佳昕　靳晓凤　宋　澜　江佳璐
李维则　钱若冰　李佳宜　洪瑜擎　路子杰　郑雨涵

葛尔格

## 哲学学士学位 60 人

### 哲学专业 56 人
田中惠　方周诺亚　杨素素　吴希言　郭傲雪　常一笑
邓凯达　王舒逸　朱晚亭　洪　昕　刘贞远　董昭言
孙炜博　赵瑞祺　罗隆丽　胡焱文　方肖宁　龙　涵
王天浩　史凌志　李逸云　侯宇璐　胡睿欣　王致远
王姝茗　唐　闻　李洁睿　吴梦涵　蒲知临　郑圣宇
刘思诺　王炫懿　韩思璇　曹　颖　王　岑　丛　荣
王伊姗　郑　朴　康瑞濛　孙安妮　刘亨元　王逸微
袁德泓　毕礽婧　吴悦凡　王康桥　林丛宇　张雨鹃
张靖涵　郑中华　郭　然　张哲鹏　罗临风　王琼雪
郑　鑫　魏长祺

### 宗教学专业 4 人
王晓倩　刘芳萌　许圣卓　黄靖琳

# 三、校本部本科留学生授予学士学位名单

## 历史学学士学位 8 人

### 世界史专业 2 人
何　波　沈东熹

### 历史学专业 3 人
朴棋培　刘安纳　李河民

### 外国语言与外国历史（考古学方向）专业 1 人
吕嘉欣

### 文物保护技术专业 1 人
陈芸虹

### 考古学专业 1 人
诸泳材

## 哲学学士学位 3 人

### 哲学专业 3 人
李容宰　吴淑玲　郭政昱

## 工学学士学位 3 人

### 软件工程专业 3 人
赵俊皓　枚辉煌　丁瑀琎

## 文学学士学位 62 人

### 广告学专业 13 人
庄丽莎　蒋世爱　连晋宏　张欣琪　吴芳裕　施诺蕾娜
曾　恬　洪正香　金敬桓　郑熙晚　徐晨烨　金铉卓
尹载珉

### 广播电视学专业 9 人
郭智景　蒋承延　李詠琪　苏家琦　麦佳琦　洪嘉仪
陈瑞敏　金辉来　朴智秀

### 汉语言文学专业 40 人
孙炅吾　鲁亦菲　崔程程　陈志轩　黄玫瑰　杨慧莹
林勇希　鹤田沙耶　鲁　彧　黄时恩　陈子衿　陈勤捷
邓　琪　林怡吟　宋娟范　阿部美佳　李淳恩　郑奎叡
李泽西　杨梓婧　韩昭贞　陈嘉敏　金智慧　辛志娟
李婉婷　闵智暎　朴智媛　刘　珺　卞准雯　柳昇延
崔素荣　金善洪　蔡德菲　金旼宣　魏彗舟　朱艺珍
白昇珪　揭　茜　吴昭弦　濑村杏奈

## 法学学士学位 66 人

### 国际政治专业 13 人
洪乐馨　杨凯睃　符传壮　林叶子　庞逸明　远山凌

金志盈　崔冈盛　邱娟娟　中马健一　妮琪咪咪雷曼
本田奈奈惠　海老泽翔

### 国际政治（国际政治经济学方向）专业 14 人

金显峻　周欣宜　刘雅琳　黄靖雯　范亦静　汤米林赛
金瑞娟　罗海伦　安宝美　潘珖瑀　文準英　廖子章
郭导勋　李正勋

### 国际政治（国际组织与国际公共政策方向）专业 2 人

任瑞雪　刘树加

### 外交学专业 3 人

白一奉　金真瑀　陈晗玥

### 政治学、经济学与哲学专业 3 人

张序年　李钟源　张慧琳

### 法学专业 15 人

蔡如意　潘子晴　蔡佳轩　玛　莎　黄亚莉　金宇航
韩知熹　冯安娜　刘小虎　李承娥　金慧仁　李佳垠
王小凡　陈婷蓉　张本百合子

### 社会学专业 16 人

周禹任　姜贤昱　李睿璐　冯海涛　申玹瑞　贡布扎布
文熙媛　崔冈景　金东铉　曹雪儿　郑翠仪　李昇宪
金愉真　郑仑昊　罗智勋　郑承柱

## 理学学士学位 10 人

### 地理信息科学专业 1 人

陈葆茵

### 心理学专业 2 人

杭佳茗　李艺林

### 数据科学与大数据技术专业 1 人

叶俊良

### 环境科学专业 1 人

李洪官

### 生物科学专业 3 人

李隆安　张伟健　马　丁

### 计算机科学与技术专业 2 人

王翰翔　木村裕辉

## 管理学学士学位 49 人

### 会计学专业 1 人

田家明

### 信息管理与信息系统专业 12 人

韩泰俊　程禧茗　权赫宰　山口英雄　张文军　林丽琪
陈琦赟　谢　源　金嘉瑛　留美琪　权九泽　申志成

### 城市管理专业 3 人

吴佳嘉　韩泰景　金秀知

### 大数据管理与应用专业 1 人

李山雨

### 工商管理专业 23 人

何嘉寶　李珍羽　米　廉　林意康　叶玲茹　刘以恒
贝妮娜　费一诺　孟　念　卢家宝　杨正龙　谢吉安
庞伊莱　欧海德　钟承恩　何文森　桑恩泽　林　梦
苏妮灿　韩丽莎　路思雄　马四维　弗洛里安·施瓦策

### 市场营销专业 8 人

过天天　严舒舰　李金妃　甄嘉杰　洪楷摈　郭雯昕
黎世伟　秦宗云丹尼

### 行政管理专业 1 人

刘　允

## 经济学学士学位 37 人

### 保险学专业 2 人

黄筱琦　语　谦

### 国际经济与贸易专业 14 人

杨佳霖　李颖柔　藤村静香　山口玲奈　黄惠真
南宫辉　金模楒　卢承国　卓明勋　徐太贤　申弘旲
张需汛　朴演钟　安映炫

### 经济学专业 1 人

杨擘航

### 资源与环境经济学专业 1 人

张瀚仁

### 金融学专业 19 人

林　予　叶　弘　金英景　娜　米　刘地耀　陈可为
张时嘉　朴智敏　金允炷　郑秀瑛　朴相炫　阿　努
陈华翔　李名曼　陈可靖　金真明　金必焕　刘芷倩
遠藤友美惠

## 艺术学学士学位 20 人

### 广播电视编导（戏剧影视文学方向）专业 7 人

金梦珠　陈泽源　文熙卿　裘秀彬　李东奎　曹鐄珉
安慧仁

### 艺术史论（文化产业管理方向）专业 13 人

金铉洙　袁乙民　齐嘉妮　尹　泉　金到炫　李程润
达　莎　王安娜　李侑珍　金坂昭　郑玟容　金艺智
刘博文

## 四、校本部2021年毕业、2022年授学士学位名单

**校本部2021年毕业、2022年授学士学位学生名单17人**

生物医学工程专业2人

王文熠　倪　灿

汉语言专业1人

覃　蔚

西班牙语专业1人

刘佳玥

法学专业2人

徐斐然　周子越

化学专业4人

钱熙来　雷之韵　孙　硕　段朝辰

化学生物学专业1人

蒋　柘

数学与应用数学专业1人

田晨霄

材料化学专业2人

高靖松　王湘杰

统计学专业1人

侯喆文

计算机科学与技术专业1人

胡海林

行政管理专业1人

郑秋怡

## 五、校本部2020-2022年结业、2022年换发证书名单

**本科结业换发毕业证书授予学位证书91人**

### 历史学学士学位2人

历史学专业1人

伍立志

考古学专业1人

李铢彬

### 哲学学士学位1人

哲学专业1人

王　誉

### 工学学士学位8人

材料科学与工程专业1人

陈管联

航空航天工程（航空科学与技术方向）专业1人

蔡俊锟

软件工程专业6人

时　焱　何　辉　林宇哲　徐露露　潘胜远　姜鲲鹏

### 文学学士学位6人

古典文献学专业1人

刘　瑶

广告学专业1人

劉勵穎

汉语言文学专业1人

郭　筠

英语专业2人

沈　聿　崔铭航

菲律宾语专业1人

夏树岚

### 法学学士学位8人

国际政治专业2人

吴含蕊　爱辽娜

国际政治（国际政治经济学方向）专业1人

李斯泳

国际政治（国际组织与国际公共政策方向）专业1人

朝乐门

外交学专业1人

吴俊泳

　　　　政治学、经济学与哲学专业1人
玄志焕
　　　　　　法学专业1人
弥西勒
　　　　　　社会学专业1人
刘玉林

### 理学学士学位53人

　　　　信息与计算科学专业3人
丁嘉源　贝泰睿　孙景波
　　　　　　化学专业8人
丁义值　张舒钧　刘茗锦　汤志中　周名哲　张　弨
周宇柯　周学兴
　　　　化学生物学专业1人
张金雨
　　　　地球物理学专业1人
赵佳迪
　　　　　地质学专业2人
侯相至　侯松林
　　　　　天文学专业3人
于津川　程泳钦　丁若愚
　　　微电子科学与工程专业1人
孟梁昊
　　　　　心理学专业1人
王　煜
　　　数学与应用数学专业6人
曾仁杰　谭华为　梁　焘　许航瑞　詹立宸　郑啟源
　　　智能科学与技术专业6人
许广悦　钱潇羽　李锺奕　刘智耿　荣明尧　周　迈
　　　　　材料化学专业1人
胡　逍
　　　　　　物理学专业3人
姜　旭　杜文权　王　令

　　　　　环境科学专业1人
钱子硕
　　　　理论与应用力学专业3人
宋子卓　张　秦　牛子辰
　　　　　生物科学专业5人
宫华泽　张子依　李家璇　易　澍　李鸿基
　　　　　统计学专业2人
宋铭源　代睿哲
　　　计算机科学与技术专业6人
徐昕宇　丁一开　王悦峰　刘子祯　黄玉鑫　杨春序

### 管理学学士学位5人

　　　　　会计学专业3人
张晓蔓　田紫森　田竞爽
　　　信息管理与信息系统专业2人
阿布都扎依尔·阿不力米提　全荣俊

### 经济学学士学位6人

　　　　　经济学专业1人
杨胜涛
　　　　　财政学专业2人
赖健欣　周　辉
　　　　　金融学专业3人
李子冬　郭瑾艺　陈潇涵

### 艺术学学士学位2人

　　　　　艺术史论专业1人
王雅婷
　　艺术史论（文化产业管理方向）专业1人
郑海邻

## 六、医学部毕业生授予学士学位名单

### 1、普通全日制本科生授予学士学位815人

#### 文学学士39人

　　　　英语（医学英语）专业39人
马世泽　聂智杰　詹佳欣　陶　曼　熊华仪　喻宜情
张彦春　龙天音　戴峰飞越　邹宇凡　潘黎姿　翟鑫嘉
符振生　金琪灵　傅淼婷　曾　治　李　君　张　霜
代恒森　邓添艺　王婷钰　张乾坤　彭权明　王宇程
国泽宇　李浩然　宋　菲　靳嘉琪　刘润青　张皓楠
申智中　李　佳　刘春淼　刘春宇　范婧璇　赵嘉琳
张卜予　左　右　麦丽克扎提·麦麦提明

## 理学学士 249 人

### 医学检验技术专业 40 人

张 鹏　邢健杰　樊柯岗　孙 康　徐 阳　刘笑鸣
黄克诚　李 岳　卓 睿　闫航宇　努尔扎特·胡尔曼
木拉提江·买买提　胡梦涵　张晓扬　张 叶　马鑫琳
李 彬　王 浩　何丽娜　解晋茹　冯卫民　王天一
于利美　王 延　潘常青　张志远
阿吉艾克拜尔·达吾提　夏依旦·阿力木
皮尔代吾斯·尤山塔依　迪达尔·塔拉乃特
得力努尔·沙尔合提　达布西力特　阿木吉力特
沙娜·哈勒木别克　依沙克江·赛麦提　阿衣包它
艾克德·阿力甫　阿哈力·阿赛提　叶尔那尔·哈再斯汗
袁 睿

### 药学专业 121 人

郑存勇　龚 桐　宣 弘　熊 菲　王 微　罗金环
蔡 蕾　高同飞　李冠南　叶果世涵　汪全鑫
陈倩倩　刘芮闻　王敬文　李昊亭　许文灏　杨舒惠
王子涵　杨 恒　卞思琪　金郑曈　黄昱淞　郑鸿儒
王泓野　侯永康　詹雨琪　李文懿隆　李藏贵　刘殊石
戴明昊　韦尚卓　郑嫄诚　吴琛彤　熊 明　刘晨睿
王铭桢　刘钦国　苏永健　任儒楠　王浩宇　苏晔宇
吴圣庆　龙思捷　吴 洋　刘 扬　魏同萱　翟 祺
陈洁欣　韦耀巍　曹天淼　朱岳峰　耿 硕　林 军
李子怡　汪李丽　张淇凯　张涵波　陈鸿圣　吴意强
许 航　暴天宇　陈妍珊　滕雨璐　陈金信　衣楚潇
曹 泽　杨训方　谢元哲　向林涵　孔 尧　章子慧
李远非　王乐童　陈思宇　门艳晨　符林波　姚明菊
汪思源　蒙骏鸿　许文怀　李韶威　张芳慧　强 博
朱立心　史昌明　晋嘉琪　翟勇博　姚盼竹　杨 龙
要驭飞　边嘉璐　焦晓佳　廖梓天　刘海韵　柴进择
王 辉　张劲松　胡楚麟　雷新宇　邓鑫鑫　庞子晨
黄 璐　张一驰　包 晗　张荣赓　齐治平　张润馨
王昱超　高辰飞　龚礼玉　胡哲瑜　陈定一　刘诗琪
付翔宇　热合木哈力·哈加依　卡米然·艾合买提
阿拉法特·阿不都万里　开地尔娅·阿不都热合曼
丹尼娅·叶斯涛　迪丽苏娅尔

### 护理学专业 88 人

张意珊　靳颜蔚　邢润蕾　温松海　吴高钰　邹行健
左传隆　胡耕雨　冉光权　黄诗琪　陈佳玥　李 爽
王宇强　李晨馨　马梓伦　蒙泽娥　李文江　蓝敏艳
魏 君　田 雯　程宇新　李维康　王雪宁　周高颖
何春怡　王 汇　武瑞燕　梁瀛珊　王 莉　张茗俣
秦爱凝　武斯静　魏昱如　冯政明　李 想　范双荣
李 澜　王照宇　甄艺雅　师赛龙　左 欣　范千骅
李晨琛　罗金燕　潘 扬　王 凡　赵彩芸　皮若及
周龙辉　乔佳收　莫火儿　宋瑛铭　张 艺　王辰予
李翔宇　石沂冉　敖 露　罗少焓　雷 馨　陈 莲
王晓炫　王 潇　张邵博　黄天笑　李思岐　陆镜明
龙 丹　熊彦辰　汤昱暄　何维新　侯天姣　陈中阳
刘涵予　魏智蕊　何绍彧　张 容　崔霄一　张李碧
张子怡　蒲厚权　雷 琛　贾鑫磊　杨宪暇　张宜竹
郭晨明　陆小金　张思光　陈江锋

## 医学学士 527 人

### 临床医学专业 265 人（不含台港澳及留学生）

彭治荣　刘宇廷　吴羽嘉　李 源　齐俊博　郑宇航
代孔旭　刘祎萌　马 琳　王汇中　段宝枫　丁 卯
马 瑶　靳 敏　李韦嘉　闫 石　李嘉琪　李东敏
李贞娴　李心楠　刘星语　陈思鹭　胡明辉　张宏伟
霍怡萱　陈钦钲　李梦石　吴庆淑　周雪琮　梅佳熔
靳可欣　戴至豪　李精枨　刘子婧　张健澄　陈彩博
阿迪斯　孙周杰　何 阳　杨书绮　杜 喆　赵王睿智
刘 琪　周庆庆　马知行　李振宇　李子玉　谢昊泰
王婧漪　闫奥辉　洪海恒　卢彦宇　杨子萱　张道宁
芮守玮　彭贤龙　薛亦伟　夏楚钰　钟俊峰　王佳雯
杨霖健　石庆阳　王莹洁　赵悦欣　张瑞钰　靳 健
王世阳　孔海臣　师千与　云泽辉　陈怡然　李浩正
王鹏程　陈文佳　李佳曦　邓睿歆　张泽宇　方亚宇
刘庆红　薄琳琳　陈克伟　吴依凡　王子洋　王梦娜
卞冬晓　韩天晓　何子扬　赵宇政　余卓阳　裴子硕
陆 璐　王一帆　薛子璇　曾宇欣　林海淼　林冰冰
汪毅仁　张思畅　侯广豪　安倬玉　孙晓婉　吴春华
柳尚桂　贺立宇　赵 燕　吴漫琪　崇 杉　袁婧楚
周泽臻　左 炜　李天翼　廖章正　王凯玥　平广捷
李高楠　李炎城　刘姝婉　李昕航　陈子瑞　樊 笑
舒 帆　秦 锐　倪坤明　李子涵　朱一川　刘博涵
倪 强　王晓宇　孟翔宇　李 想　齐晨璐　陈泓钵
唐大伟　游环宇　黄 欣　梁双依　孙 浩　李驿馨
耿嘉懿　令泽琨　邹博亮　朱 超　张政男　张方超
窦 赟　解紫钧　李振威　王金敏　李 潇　葛逸盟
刘东林　刘峙皑　邱卫鹏　柯心怡　张刚强　白 昊
仲 憬　王雨萌　陈一诺　孙 澳　张安标　赵梓岐
金慧莹　卞 雯　吕嘉欣　黄浩歌　朱莉雯　张 乐
刘竞琰　彭雅婷　李慧敏　钟志辉　陈文政　王俊雨
张冬晶　程安琪　刘万利　高璐阳　贾涵芝　余沐洋
杨一诺　乔笑莹　李明媚　胡 玥　刘思晗　胡汝锐
张晋荣　邓凯歌　朱源棚　陈 彤　刘乔雨　陈海源
袁 帅　汪垚卓　何睿哲　孔思敏　白 瑞　张曦公
廖文瑜　张苏欣　闫芳旭　符宗宇　张 利　王学文
杨 璇　刘定超　张 可　杜 鹃　蔡荣辉　曹兴辉

| | | | | | |
|---|---|---|---|---|---|
| 谢嘉慧 | 胡建鹏 | 涂　超 | 胡耀文 | 杨　洋 | 王彦儒 |
| 李玉龙 | 冯巾娣 | 姚凯烽 | 邱婉宁 | 张子航 | 孙慕宁 |
| 李金羽 | 胡维宪 | 周　艳 | 崇聆涛 | 周　锐 | 刘鑫宇 |
| 丁一鸿 | 栾潇溢 | 彭姚蝶 | 葛河威 | 张　波 | 陈　鑫 |
| 吕雨涵 | 邓宇轩 | 刘　畅 | 王荣飞 | 吴家琛 | 王众正 |
| 林正挺 | 巩春杰 | 漆玉州 | 付宇航 | 张宜可 | 包嘉璐 |
| 刘小荃 | 覃思远 | 刘美兰 | 刘东昊 | 林伊雯 | 周佳卉 |
| 朱紫星 | 王泽怡 | 马　骁 | 王世琦 | 梁仕潮 | 刘根铮 |
| 陈泓宇 | 徐亚奇 | 张　超 | 邓飞越 | 王子禛 | 米鸿忻 |
| 郭璇骏 | | | | | |

预防医学专业82人

| | | | | | |
|---|---|---|---|---|---|
| 喻兆峰 | 梁梓铧 | 张婉雪 | 余诗俊 | 许欣然 | 岳芷涵 |
| 马玉鑫 | 贾雅雯 | 崔康龙 | 杨　帆 | 李梦瑶 | 王宏博 |
| 王　燕 | 王　明 | 肖　翰 | 李丹彤 | 黄　镇 | 郭菀芊 |
| 朱　正 | 孙文俊 | 曾芷青 | 万时雨 | 付张萍 | 李乔晟 |
| 蔡先明 | 张成杰 | 赵禹碹 | 鲁　鸿 | 陶　南 | 周虎子威 |
| 郭煌达 | 李　媛 | 高辰旭 | 韦柳媚 | 邹思雨 | 高　鹏 |
| 魏婷婷 | 张　奕 | 刘雪东 | 张　奕 | 刘晓雯 | 陈媛媛 |
| 刘玥彤 | 田思帆 | 闫　铎 | 徐佳琳 | 刘　飞 | 郭呈华 |
| 温家兴 | 杨　洲 | 肖伍才 | 石珺怡 | 缪　珂 | 曲　畅 |
| 文　彰 | 杨贝妮 | 吴昀效 | 蔡　珊 | 靳惠子 | 申贵元 |
| 林雨欣 | 周天一 | 赵田杰 | 闫温馨 | 程　思 | 林书剑 |
| 林　芝 | 邢云飞 | 宋丽霞 | 叶徐丰 | 靖　婷 | 腊　彬 |
| 刘佐坤 | 黄吉科 | 陈迈克 | 车晓玉 | 谭小玉 | 鲁欣然 |
| 杨智凯 | 林炜楠 | 王雨竹 | 阿合米尔·阿布都马那甫 | | |

基础医学专业95人

| | | | | | |
|---|---|---|---|---|---|
| 李楠楠 | 于　腾 | 邹　鑫 | 陈雨旸 | 王旖旎 | 王泽宇 |
| 刘博昊 | 刘志扬 | 缪　嵘 | 闫昊一 | 钟碧涛 | 霍思函 |
| 陈　展 | 李云超 | 张丹阳 | 汪一诺 | 田亮亮 | 肖　健 |
| 钱　言 | 李前辰 | 王可蓥 | 霍阳博 | 黄国强 | 孙伟棋 |
| 张曼泽 | 郭聪婷 | 袁荻森 | 邵世豪 | 于诗淼 | 董俊玮 |
| 李　鑫 | 金岳圻 | 潘子航 | 李新梁 | 闵佳洁 | 林浩东 |
| 樊林玮 | 牟家男 | 丛一楠 | 赵依轩 | 张博伦 | 刘岳琪 |
| 廖铁犁 | 赵骏珲 | 欧怡纯 | 吴宇霏 | 张桂鹏 | 杨丰赫 |
| 杨秀杰 | 梁逸森 | 饶紫嫣 | 熊宇麒 | 孙世祺 | 李传生 |
| 孙盈哲 | 梅　益 | 雷　顾 | 蔡司卿 | 汪　艳 | 田文宇 |
| 李易为 | 张文茜 | 侯予甲 | 刘天旭 | 孙　源 | 王　玺 |
| 黄文偈 | 鲁锡霖 | 陈柏荣 | 陆丹娟 | 王一凡 | 李佳宇 |
| 高文轩 | 宋奕璇 | 张席龙 | 房　璐 | 丁金辉 | 王世钰 |

| | | | | | |
|---|---|---|---|---|---|
| 崔若冰 | 王昭彬 | 陈凡楷 | 蔡　葵 | 李晓菲 | 陈映丽 |
| 杨婧琛 | 王学康 | 覃漾玉 | 魏雨竹 | 黄恩泽 | 刘雯军 |
| 王羽晴 | 魏同华 | 宋　瑞 | 冯　璐 | 唐　硕 | |

口腔医学专业85人

| | | | | | |
|---|---|---|---|---|---|
| 金　煜 | 刘航宇 | 张垚君 | 任钰莹 | 吴伟强 | 王嘉怡 |
| 宗艳妮 | 张韬博 | 王婧妍 | 廖亦可 | 耿祎然 | 李成业 |
| 江松伦 | 张怀舟 | 刘润麒 | 郭　婧 | 苏兰馨 | 杨　静 |
| 徐凯歌 | 席裕明 | 常　洋 | 李晓瑞 | 曾立婷 | 王浩鹏 |
| 李佳琦 | 张　煜 | 朱芳钰 | 孙　杨 | 吕季喆 | 孙雨哲 |
| 张　博 | 肖宇嘉 | 黄明虎 | 刘　踱 | 刘昕宇 | 董佳芸 |
| 王慧敏 | 李　想 | 陈俞彤 | 高若凡 | 白静轩 | 马舒蕾 |
| 方媛媛 | 李　威 | 吴丽琨 | 朴　阳 | 杨流畅 | 陶君杰 |
| 杨程雨 | 李当然 | 陈嘉阳 | 刘苑晴 | 涂　雅 | 顾晨扬 |
| 刘仪洲 | 李林蔓 | 王雪蒙 | 陈锐进 | 邓敏婷 | 胡　潇 |
| 袁梦宁 | 张文伊 | 陈金妍 | 秦庆钊 | 牛　钦 | 李珂欣 |
| 高雨童 | 杨一帆 | 陈国林 | 付　杨 | 金默然 | 陈思睿 |
| 刘承郅 | 林　深 | 曹武玲 | 黄竑远 | 赵虹乔 | 白天一 |
| 李怡萱 | 李　悦 | 苏芊芊 | 徐少嘉 | 张陈辰 | 陈嘉怡 |
| 李云鹏 | | | | | |

### 2、港澳台及留学生获得学士学位68人

医学学士68人

临床医学专业39人（留学生）

| | | | | |
|---|---|---|---|---|
| 文星喜 | 张玉丽 | 李杰夫 | 永山翔平 | 山城侑也 |
| 玉元克昌 | 河西吕音 | 神谷优仁 | 赤池周 | 古田大辅 |
| 李阳仙 | 兼纲诗乃 | 安谷野花 | 高菊乃 | 木村优美 |
| 森永瑞希 | 东贤博 | 王楚一 | 严　聪 | 大山旭 | 刘宛姗 |
| 翁阳一 | 崔贤植 | 马进明 | 李　松 | 白彩璘 | 小林美佳 |
| 凯　拉 | 李佩佩 | 芭　努 | 李绿熙 | 李瑞龙 | 克里斯特 |
| 肯尼迪 | 洪哲明 | 斧崎美希 | 大渊卫人 | 岩田谕彦 |
| 比嘉华乃子 | | | | |

临床医学专业23人（港澳台）

| | | | | | |
|---|---|---|---|---|---|
| 杨芮礼 | 董　航 | 杜卓翰 | 卢彦伶 | 黄贞华 | 阮慧慧 |
| 冼翊光 | 刘祐瑜 | 林伯铮 | 李元元 | 陈柏翰 | 郭芷均 |
| 吴永健 | 谢宛行 | 罗怡安 | 刘泳妤 | 黎智泉 | 李雅秀 |
| 李泰裕 | 洪于心 | 陈欣雅 | 黄志威 | 吴斌硕 | |

口腔医学专业5人（留学生）

| | | | | |
|---|---|---|---|---|
| 李贤垈 | 卢径旻 | 严丽娜 | 李裕俊 | 金正儿 |

## 七、医学部2021年及以前结业、2022年授学士学位学生名单（20人）

**临床医学专业5人（留学生）**
古　丽　小野雷未　本乡恭丞　高登佑男　金柳谦

**临床医学专业1人（港澳台）**
吴御齐

**口腔医学专业1人（留学生）**
莫妮卡

**药学专业6人**
宁　杰　程天宇　韩雨竹　吴　标　阿勒合尔　张昕然

**英语（生物医学英语）1人**
高　阳

**护理学专业2人**
张　颖　格桑英曲

**临床医学专业3人**
孙安昊　张亚楠　蒋劲男

**口腔医学专业1人**
雷斯阳

## 八、医学部2021年毕业、2022年授学士学位学生名单（5人）

**药学专业5人**
王怒飞　吴丰卓　王和玉　王梦心　周斯加

## 九、校本部获得双学位证书及辅修毕业名单

### 1. 校本部学生获得双学位证书567人

**历史学学士学位19人**

*文物保护技术专业4人*
许　准　白雨辰　李文斐　崔若瑶

*历史学专业15人*
许珵淏　王点兵　马　骁　晏咏蝶　彭　勃　王戈南
李佳润　许世更　郭子渊　董睿博　杜　宇　陈　媛
曾宝熠　胡哲瑜　张昕然

**哲学学士学位7人**

*哲学专业7人*
梁泽仁　丁一佳　赵浴辰　石小琦　刘贺庆　揭　茜
王羽晴

**工学学士学位1人**

*生物医学工程专业1人*
乔　杨

**文学学士学位28人**

*汉语言文学专业28人*
沙　熠　付　锐　姚　圆　张荣凯　郭　秦　张婉怡
陈　楠　刘沥璟　吕可欣　熊璐瑶　高　源　熊　南
徐新苑　刘雨萱　贾子衿　纪博琼　刘欣萌　王炳元
苏鹏程　朱大卫　杨春序　侯天姣　陈定一　符振生
曾　治　宋　菲　岳芷涵　董　航

**法学学士学位56人**

*社会学专业35人*
伍雪怡　刘　颖　陈　翊　丁伟伟　张诺娅　夏泽君
陈　绚　王　玥　常修辞　孙驭坤　何梓萱　刘思诺
韩思璇　马鹏娟　陈晓宇　张博涵　樊金宜　姜　培
陈法钧　李雨佳　钱运杰　周艳灵　蒲海燕　陈蕊伊
尹楷珺　陈钰兵　张雪宁　宋　澜　赵海琰　赵兰昕
李逸飞　路子杰　陈昱龙　李佳瑞　连晋宏

*外交学专业3人*
郭洋帆　陈梓阳　张袭杰

*国际政治（国际组织与国际公共政策方向）专业5人*
周靖蕾　许源睿　李霁原　陈珠岚祥　周虎子威

国际政治（国际政治经济学方向）专业6人

孟 瑶　邓凯达　佘金燚　姚以升　吴勉琪　秦爱凝

国际政治专业7人

栾绍泰　戴晨希　沈雨奇　王嘉璐　潘梦童　黄子炎
陈迈克

## 理学学士学位114人

计算机科学与技术专业18人

俞建江　王子铖　何雨桐　梁　博　黄俊翔　陈润恺
李辰剑　王楚才　杜浩德　李宇凡　宋美慧　金笑缘
梁馨元　陈膺浩　孙家祥　赖雨亲　吴　迪　叶徐丰

电子信息科学与技术专业1人

张景淇

生物科学专业5人

于中天　钟书辰　刘思亚　刘　畅　刘诗琪

物理学专业11人

张质源　李炳其　尚游皓　孙晨耕　文亦质　王璠璘
李文骁　岳　亮　姚　乐　陈雨旸　孙伟棋

智能科学与技术专业1人

李晔伟

数学与应用数学专业21人

姚　旺　李　叶　李蔚霆　钱　航　林荟颖　郭羽丹
吴凌云　李　达　东煜喆　贺灿春　张馨语　刘浩宇
张富强　黄仁卓　岳鹏云　刘赞辉　于　越　王翰辰
江　科　饶紫嫣　杨　洲

心理学专业53人

魏铭岑　傅雪砚　唐蔚然　安皓昀　李彦衡　李奕辰
易琮伟　杨少轩　魏　曈　张卓豪　朱雨琳　林丛宇
胡睿欣　黄昱茗　赵佳雯　伏笠萱　张议文　王文涵
毕千喜　曹雅俊　沈科杰　周伟烨　曾子欣　朱佩佩
王卓远　卫宇晴　杨宇涵　范斯文　杜佳霖　王　璐
孙舒羽　贾子菡　金永康　张晶晶　过天天　金宇航
张丹阳　张曼泽　李佳曦　薛子璇　卞　雯　陈文政
焦晓佳　何丽娜　邹宇凡　代恒森　邓添艺　国泽宇
赵嘉琳　杨　帆　肖　翰　李丹彤　陈嫒嫒

天文学专业1人

叶刘杭

化学专业3人

朱玟能　任熠辰　王瀛琦

## 管理学学士学位40人

工商管理（创新创业管理方向）专业38人

郭文翔　姬向群　张静谊　刘珂亦　单易婕　贾瑞炫
蒋馨雨　王炫懿　夏天然　冯溢昕　林　嵩　刘昱池
沙　菲　蒋铭权　石雨溪　熊泽伦　朱海怡　董瀚元
吴之浜　葛尔格　谭世茵　刘啸天　吴蓝蓝　吴芳裕
李昇宪　刘　允　袁乙民　魏昱如　李翔宇　陈江锋
汪一诺　韩天晓　吴庆淑　黄克诚　梁梓铧　周天一
王雨竹　王和玉

信息管理与信息系统专业2人

何天恩　李泽楷

## 经济学学士学位268人

经济学专业268人

陈宇轩　李云隆　宣涵潇　刘泽楠　程恒轩　王炜皓
缪雨来　范腾霄　沈城烽　韩　笑　陈泓宇　杨　茗
王艺纯　李正浩　余龙林　冯　烯　顾周洲　李　晗
张世辰　李江一　索靖尧　李曜辰　宋飞彤　秦贺铮
张思洋　伍彦西　李沐谦　万智翔　贺震昱　刘浩波
周泽堃　吴辰昊　曾子华　张一诺　唐浩毅　傅林柯
李介然　陈祖杰　文　杰　冯子琦　侯凯元　官志权
姜治仲　金　岩　李高远　张芷瑄　田雨沛　马睿平
杨泽坤　周浩宇　陈修远　陈　龙　刁开元　黄馨茹
李　响　张力丹　王路石　李依朋　牛润萱　范天懿
杜宇晖　程子健　邱渝湘　汪　彪　顾　晶　郭雯雯
马啸沄　杨炎韬　郎宇轩　朱　敏　王珊珊　任建鑫
孙一苇　张毓祺　吕诗怡　张越婷　王天浩　郭傲雪
罗隆丽　黄智豪　史幸炜　郭冬妍　徐海博　王浩然
陈　旭　常佳艺　张昭璞　安子谦　汪安迪　杨子彦
王婉伊　李　想　李　浩　刘名卿　许滢程　张骁哲
黎　凯　项怡CHEN　单靖轩　于潇砚　孙隆德
王嘉鹏　陈晓东　张育铭　王资奋　薛　睿　张元哲
李昱勇　文　雯　张雅茜　林　上　李　芊　叶安琪
姜晓琨　伍胤荣　黄筠怡　赵思远　邓祥龙　翁霆威
邹心怡　李修贤　夏辰阳　苏泽慧　龙　嘉　周悦崃
张玉琢　宋汶瑾　陈　越　马子函　路　畅　吴松阳
李乐航　穆　飚　杨　鎏　齐乐然　张宜鹏　周　星
吴　同　吴浩娜　张可欣　姜佳昕　罗雯婧　李维则
钱若冰　谭亦婷　颜　丽　孟子涵　李一帆　王凤清
李宇轩　汪　涵　赵品学　王奕沣　姜　腾　江行健
冯泽泽　胡沐辰　张天泓　李　聪　褚顾佳　刘俊麟
廖佳珑　徐雨晨　刘竟择　宋子健　张泽辰　薛　睿
江炜烨　王衍之　谭　畅　黄禹森　杨益海　徐　磊
李恒毅　郎沛橦　李重霄　雷珞琳　银浩博　侯华丽
陈思宇　孙文昊　于一丁　张天硕　徐　癸　何德洁
张慧新　张斯琦　雷馨雨　崔　宇　汪　旖　林子南
王诚劼　索钒予　马云骢　高玉涵　黄若愚　欧阳雪菲
孙玉如　苏比努尔·艾尼瓦尔　朱雅琪　臧书凝
徐晨阳　黄　凝　罗业典　张佳琪　张世恬　毛守城

| | | | | | | | | | | | |
|---|---|---|---|---|---|---|---|---|---|---|---|
|陈霄依|石家豪|曹义彬|林鹏昇|万子超|聂齐越|孙一茗|朱亦清|司媛媛|王汉柏|张羽扬|张若宇|
|杨佳炜|吉祥玉|肖逸龙|侯喆文|郑秋怡|冉光权|耿琦丰|张宇轩|石睿尧|吴金洋|刘子路|牛梓蓉|
|陈佳玥|罗金燕|赵彩芸|莫火儿|敖露|雷馨|杨嘉琪|周思宇|房雨沁|邓钱良|韩济民|沙巍然|
|黄天笑|熊彦辰|陈中阳|贾鑫磊|崔霄一|左传隆|杨中雅|刘梓涵|夏鱼洋|胡可可|戴雨辰|秦卓凡|
|孙源|鲁锡霖|杨婧琹|陈映丽|梅益|李云鹏|金威铄|闫舒宁|徐成坤|余胜前|姜泓任|王心蕊|
|乔笑莹|蔡蕾|李冠南|詹雨琪|李远非|程勤|李浩铭|王文鹤|陈子轩|潘登|梁昊|钱楷|
|冯卫民|戴峰飞越|潘黎姿|翟鑫嘉|彭权明|王宇程|谭瑶|任晓楠|蔡世崇|孟现路|田稼禾|王瑞洋|
|张皓楠|李佳|李梦瑶|王燕|朱正|万时雨|丁相元|李雨涵|林在恺|魏祎然|吴沛阳|吕朋钊|
|刘晓雯|刘飞|郭呈华|肖伍才|林书剑|林芝|张梦洁|张天佐|张晓波|李梓欣|董逸帆|陈远航|
|黄吉科|鲁欣然|杨贝妮|鲁鸿|苟悦鑫| |瞿天乐|周家豪|毛昕雨|李泽君|刘光伟|成军玮|
|卡米然·艾合买提|阿合米尔·阿布都马那甫| | | | |孙毅昂|肖绘羽|魏然|胡瑞芳|张宝丰|罗轩仪|
| | | | | | |郭家琪|阮山|林世铧| | | |

### 艺术学学士学位 34 人

#### 艺术史论专业 34 人

|  |  |  |  |  |  |
|---|---|---|---|---|---|
|张瑞阳|王宇哲|张文佳|汤一可|周尤庆|金美姊|
|席晓婷|成怡然|柯子衿|李潔盈|袁德泖|龙涵|
|李怡暄|四郎拉姆|纪宇琦|买祎然|向洪腾|陶紫璇|
|王恒|姜丰|关雅心|何浩源|卢嘉桁|戴佳宁|
|吕伊平|卢思颖|刘辉辉|窦宇鹏|陈宣伊|李泓臻|
|李京怡|王祎勖|王辰予|吴宇霏| | |

### 2. 早稻田大学项目获得双学位证书 16 人

#### 法学学士学位 16 人

##### 国际政治专业 16 人

|  |  |  |  |  |
|---|---|---|---|---|
|霜野莉沙|张之胤|梅本湧馬|陈思润|伊藤和幸|
|井上翔滋|加藤玉绪|张馨雪|田中優太|山之井亮|
|野口大智|星野由佳|芹澤美希|山崎杏实|市原拓海|
|三浦慎之介| | | | |

### 3. 外校学生在校本部获得双学位证书 117 人

#### 经济学学士学位 117 人

##### 经济学专业 117 人

|  |  |  |  |  |  |
|---|---|---|---|---|---|
|杨洪睿|章子琪|陈筱颖|刘洋|张祥熠|王肇凯|
|曾睿哲|罗天派|江雨枫|黄雯婷|贾丁玮|张泽|
|李宜芳|李紫青|陆君言|徐润陶|周启帆|罗章瑞|
|左树亭|曹家豪|潘位力|王钰琪|胡铭宇|黄晓雨|
|易旎|牛伊宁|李昌强|陈鸿绪|邓娜雯|李由|
|杨俣晟|毛乾宇|刘紫瑜|汪彦卓|王裕华|姚添泽|
|卞铖|朱博文|卢一凡|谢蕙名|夏浩原|叶晨曦|
|薛雨萌|江南|张泰瑜|杨祎然|方艺霖|宋明慧|

### 4. 校本部辅修毕业 118 人

#### 法学学士学位 21 人

##### 国际政治专业 1 人

刘语笛

##### 国际政治（国际组织与国际公共政策方向）专业 2 人

金梦珠　吴汉

##### 外交学专业 1 人

魏梦煊

##### 法学专业 11 人

|  |  |  |  |  |  |
|---|---|---|---|---|---|
|李明媚|张意珊|黄惠真|蒋可旖|李天泽|钱伟鹏|
|王鹿鸣|王琼雪|杨素素|张俊逸|周妍| |

##### 社会学专业 6 人

|  |  |  |  |  |  |
|---|---|---|---|---|---|
|郜敏|何依波|李洁睿|殷卓琳|张娇|张静|

#### 管理学学士学位 7 人

##### 工商管理（创新创业管理方向）专业 7 人

|  |  |  |  |  |  |
|---|---|---|---|---|---|
|郭曜齐|洪正香|何奇睿|李泽西|麦佳琦|施诺蕾娜|
|赵诗濡| | | | | |

#### 经济学学士学位 50 人

##### 经济学专业 46 人

|  |  |  |  |  |  |
|---|---|---|---|---|---|
|曾木思|张富杰|孙德淼|唐雪茗|黄文力|许翌琛|
|戴润天|崔鲲|李依婥|陈泓予|范琛衔|潘书翰|
|饶羽琴|翁雨涵|白馨瑶|张洁瑜|廖棱锐|刘汀|
|张晴鹤|蒋宗灵|腊彬|王可鎏|邢云飞|陈嘉乐|
|陈宇漠|丁明朔|丁茜|方博文|方舟|符博涵|
|何沛予|冀文龙|姜和丰|门亚泰|宋心仪|孙鹏淳|
|孙鹏伟|唐靖轩|王睿|吴清玉|许明达|张澄|
|张去非|张弋丰|赵文硕|郑元昊| | |

金融学专业4人

何沐阳　李隆安　潘樾阳　张伟健

**理学学士学位24人**

化学专业2人

胡昭阳　邹家航

微电子科学与工程专业1人

刘其灵

心理学专业11人

王　汇　张婉雪　孔华康　唐溯珧　王涔颖　王鸿铖
王齐悦　王泽锟　尹金婉儿　张雨菲　朱柄昱

数学与应用数学专业2人

黎善达　吴昱川

物理学专业4人

黄鑫懿　李锦宜　王崇斌　张泽睿

计算机科学与技术专业4人

林潇涵　邵约翰　杨诗琪　蔡鸿伟

**历史学学士学位3人**

历史学专业1人

刘钊希

文物与博物馆学专业1人

侯佳钰

文物保护技术专业1人

陈雪琦

**文学学士学位11人**

印地语专业2人

洪润琪　张雨鹃

朝鲜语专业1人

樊　华

汉语言文学专业7人

刘佐坤　詹佳欣　崔铭航　梁家铭　苏　洋　谢瑞麟
杨庚宸

法语专业1人

龚歆睿

**艺术学学士学位2人**

艺术史论专业2人

高若凡　林子桦

## 十、医学部学生在校本部获得双学位证书及辅修毕业名单

**1、医学部学生获得双学位证书95人**

**历史学学士学位1人**

历史学专业1人

胡哲瑜

**哲学学士学位1人**

哲学专业1人

王羽晴

**文学学士学位7人**

汉语言文学专业7人

董　航　符振生　曾　治　宋　菲　岳芷涵　侯天姣
陈定一

**法学学士学位3人**

国际政治专业1人

陈迈克

国际政治（国际政治经济学方向）专业1人

秦爱凝

国际政治（国际组织与国际公共政策方向）专业1人

周虎子威

**理学学士学位23人**

心理学专业17人

陈文政　邹宇凡　代恒森　邓添艺　国泽宇　赵嘉琳
李佳曦　薛子璇　卞　雯　张丹阳　张曼泽　杨　帆
肖　翰　李丹彤　陈媛媛　何丽娜　焦晓佳

数学与应用数学专业2人

饶紫嫣　杨　洲

### 物理学专业2人

陈雨旸　孙伟棋

### 生物科学专业1人

刘诗琪

### 计算机科学与技术专业1人

叶徐丰

## 管理学学士学位10人

### 工商管理（创新创业管理方向）专业10人

梁梓铧　陈江锋　黄克诚　吴庆淑　韩天晓　汪一诺
周天一　王雨竹　魏昱如　李翔宇

## 经济学学士学位48人

### 经济学专业48人

乔笑莹　刘　飞　郭呈华　李远非　陈中阳　戴峰飞越
潘黎姿　翟鑫嘉　彭权明　王宇程　张皓楠　李　佳
李云鹏　孙　源　鲁锡霖　杨婧璨　陈映丽　梅　益
李梦瑶　王　燕　朱　正　万时雨　刘晓雯　肖伍才
林书剑　林　芝　黄吉科　鲁欣然　杨贝妮　鲁　鸿
冉光权　陈佳玥　罗金燕　赵彩芸　詹雨琪　莫火儿
敖　露　雷　馨　黄天笑　熊彦辰　贾鑫磊　崔霄一
左传隆　冯卫民　蔡　蕾　李冠南
阿合米尔·阿布都马那甫　卡米然·艾合买提

## 艺术学学士学位2人

### 艺术史论专业2人

吴宇霏　王辰予

## 2、医学部辅修毕业10人

### 汉语言文学专业2人

詹佳欣　刘佐坤

### 法学专业2人

张意珊　李明媚

### 心理学专业2人

张婉雪　王　汇

### 经济学专业3人

王可銮　邢云飞　腊　彬

### 艺术史论专业1人

高若凡

（教务部）

# 研究生毕业生名单

# 硕士毕业生名单

### 数学科学学院

白庆源　班颖哲　蔡湘泽　蔡依茹　蔡　媛　曹华斌
曹　勐　邓思圆　典伟贞　董祎婧　范中瑾　方　程
费　越　顾　纯　桂亦鑫　韩　洋　何方涛　洪俊伟
胡家伟　胡金鑫　黄峄凡　黄昕睿　贾子健　姜志承
姜卓池　康益豪　李林峰　李盛玉　李婉箐　梁邵博
林锦锋　刘溪恒　刘谢威　刘玉衡　卢瑞彬　卢　锴
陆绎顺　马敬翔　马赛玥　梅铭扬　蒙希然　孟文放
潘帅印　潘　昊　乔春艳　秦济楠　曲梓安　史凯轩
宋锦浩　宋英齐　苏丽莉　苏　文　孙浩然　孙　伟
孙邈源　汪　俊　王持乙　王　冲　王红梅　王肖楠
魏　瑾　吴俊威　吴　姚　毋轩琦　萧浩樑　肖　立
徐敬洲　徐子建　许　东　许天远　许　翔　许准阳
薛　钦　杨鸿远　杨家豪　杨晓宇　殷嘉俊　张家驹
张　磊　张文超　张子良　张倩瑜　张淞源　张琪琛
赵　磊　钟欣然　周靖淇　周　括　周　涛　朱　豪
闫欣怡　竺仕鹏

### 物理学院

付俊宁　顾建男　韩锦涛　吉　源　蒋　洪　鞠筱林
李　凯　梁子寒　廖龙勇　刘鹏飞　刘润生　陆文龙
罗　深　马　骋　马佳辰　孟　宇　申泽清　石佳辰
宋泽国　苏鑫杨　粟恒奕　谭智威　王世磊　吴雨桥
咸以宁　薛云峰　杨宗蒙　张同舟　左羽生　闫语真

### 化学与分子工程学院

彭鸿鹏　岳铁强　张布雨　郑秋阳

### 生命科学学院

蔡　斌　宫丽娟　郭晓晴　吉雅晴　劳可敬　李方圆
李　悦　李子卿　祁铱格　王思策　肖　亚　杨宝萍

张二禾　张　坤

### 地球与空间科学学院

曹寒冰　曹玉璐　陈良玺　陈天翔　冯　莹　高山松
高　雪　葛　潇　耿晓状　郭春安　何雨情　侯炳旭
呼其图　黄　杰　姜　展　姜卓君　康童健　孔文苑
孔　悦　李　冲　李芳洲　李霖龙　李宣宇　李寅煌
林晓娜　刘博涵　刘磊鑫　刘旭芳　刘旭林　刘泽宇
刘　滢　龙　江　马子麟　孟浩瀚　庞　骁　齐鹏越
秦珺峰　宋彦辰　苏克凡　王　琳　王盟楠　王修远
王雪琴　王　迎　王　琦　杨　帅　袁明泽　曾　晖
张赖和　张思源　赵明乐　郑毅权　郑芸蕾　周　航

### 心理与认知科学学院

鲍默涵　曹　童　陈　超　陈　率　杜一焱　方大杉
韩星瑶　贺雯琪　侯曦寓　胡湘越　黄安麟　蒋书淇
解小乔　金　珊　巨睿琳　孔令航　李佳璐　李　瑞
李帅琪　李　宇　刘　晨　刘嘉宝　刘雅洁　刘　竹
刘　昊　买云贤　潘夏夏　强晓薇　秦一鸣　孙若铭
田光辉　王嬿嬿　王　丹　王佳萌　王凯凯　王　禄
王远方　王月绮　王　毓　王姝婷　王　琦　徐晨媛
杨露萌　杨心玥　殷竹婷　曾桓珂　张　聪　张琬婷
招颖诗　赵　楠　周家圆　朱湘仪　尕尔王初

### 软件与微电子学院

安军蓓　安欣星　霸元婕　白艳芳　薄纯玉　鲍怡然
毕海滨　毕　磊　边楚雅　卜　凡　卜凌云　蔡博洋
蔡迪雅　蔡嘉宇　蔡奕丰　曹茂琴　曹天旸　曹文迪
曹羽竞　常少中　常　悦　畅校玉　陈保旺　陈斌斌
陈长鑫　陈呈祥　陈　程　陈冬冬　陈虹雨　陈宏慧
陈健忠　陈建新　陈静茹　陈钧磊　陈檬檬　陈明华
陈明镜　陈南霄　陈凝画　陈　烁　陈天越　陈　望
陈　希　陈夏润　陈小龙　陈欣荣　陈旭东　陈雪丽
陈亚子　陈艺捷　陈　颖　陈雨萨　陈宇婷　陈则宇
陈哲雯　陈政翰　陈忠毅　陈卓雅　陈蓓蓓　陈姝姝
陈玮乾　陈昱桥　陈皓煜　程　人　程新迪　程　玄
程　跃　程智雅　程媛媛　程　璐　崔春妮　崔　航
崔靖伟　崔　林　崔龙龙　崔晓璐　崔宇博　崔倩倩
戴国兴　戴启宇　代腾宇　代玉川　单梦婷　单新浩
邓博文　邓佳喜　邓　洁　邓　茂　邓善亮　邓思平
邓宇凡　翟永刚　丁珊珊　丁　帅　丁顺利　丁湛钊
丁　晗　董　航　董进刚　董少龙　董　妍　杜嘉诚
杜嘉卓　杜鹏远　杜晓敏　杜彦霏　杜　洋　杜尧帝
杜一诗　杜英杰　杜志强　段　兵　段元杰　樊志鹏
范文浩　范友铭　范雨童　范馨泽　房存宝　冯　添
冯晓钰　冯　茜　冯钰捷　符　豫　傅凯彤　傅智毅
高凡斐　高亨利　高佳皓　高　健　高凌哲　高鹏程
高崎方　高　谦　高　强　高天昊　高晓月　高哲玲
高梓瑞　戈　通　龚驰遥　龚俊琦　龚立勋　龚　林

龚彦韬　龚园媛　龚周闯宇　关　博　郭恒志　郭慧敏
郭　杰　郭晋贤　郭俊超　郭明广　郭　润　郭文希
郭肖岚　郭雨洁　郭雨桐　郭云龙　郭子鸣　韩　博
韩采薇　韩琴韵　韩　松　韩逸璇　韩　宇　杭锦泉
郝东阳　郝　帅　何金鸿　何首呈　何小溪　何艳利
何依璇　贺居夔　贺　韬　洪舒林　洪　瑶　侯传嘉
侯立森　胡开阳　胡　蓉　胡叶舟　胡悦阳　胡兆杰
黄安静　黄　聪　黄　浩　黄晶晶　黄乐一捷　黄佩佩
黄若洲　黄天波　黄一天　黄　宇　黄泽金　黄　婕
黄　婷　黄　绮　黄榕青　惠　康　姬　烨　吉　祥
季　闯　季　平　季　昕　贾丽春　贾　檬　姜昌领
姜　俊　姜　硕　姜倩倩　姜　鑫　江小伟　江　烨
蒋　宁　蒋悦紫晗　蒋钰钊　解　宇　解智康　金　晓
金星光　靳鹏鹏　靳　旭　晋为夷　景　致　康雅平
孔冠桥　孔庆涛　寇森杰　赖明生　兰　迪　雷　航
雷建辉　雷亚星　雷玉泉　类延聪　黎炜桁　李喆宇
李　灿　李成程　李春昊　李丹蕾　李德才　李　鼎
李东平　李方宇　李　放　李奉恩　李凤祥　李观箭
李　航　李浩然　李合一　李鸿儒　李　辉　李慧强
李惠锋　李冀仲　李佳正　李家龙　李竞吾　李　娟
李军梦　李凯轩　李　蕾　李　磊　李　龙　李龙翔
李　玫　李　攀　李　普　李仁宇　李　润　李　赛
李尚虹　李士林　李淑根　李思钦　李　松　李　涛
李伟亮　李伟晗　李文晗　李　霞　李显赫　李向阳
李晓然　李亚男　李亚宣　李延铖　李艳鸽　李　莹
李勇博　李雨萌　李宇航　李玉婷　李云健　李泽琛
李拯先　李志达　李中伟　李淄博　李子超　李子悦
李祖荣　李　倩　李瑛杨　李昊政　李　晗　李　铮
历　程　梁佳俊　梁建新　梁明明　梁清源　梁晓青
梁孝冲　梁梓豪　梁钜永　梁　靓　廖远辉　林　斌
林春妍　林函盈　林亮宏　林　鹏　刘　珣　刘　波
刘博文　刘博睿　刘　策　刘　畅　刘　晨　刘晨旭
刘丛科　刘存展　刘祎萱　刘　迪　刘凤斌　刘高原
刘　恒　刘鸿达　刘华兴　刘惠佳　刘嘉欣　刘剑辉
刘　宽　刘连帆　刘曼姝　刘秋娜　刘　然　刘珊珊
刘世阳　刘世英　刘守高　刘斯奇　刘相岑　刘晓静
刘晓萌　刘晓晴　刘星意　刘　杨　刘一丁　刘英杰
刘永政　刘永志　刘雨峰　刘雨青　刘宇浩　刘源杰
刘云涛　刘　赵　刘臻豫　刘　政　刘宗玺　刘　珏
刘　昕　刘晟荣　刘　烨　柳晓春　龙舒新　隆非非
娄玉山　娄姗姗　芦雪菲　卢　意　卢泳臻　卢正欢
鲁　力　路学林　陆九愚　陆奎元　陆泽瑞　陆雯珺
吕美林　吕　洋　罗　帆　罗桂芝　罗　玲　罗　敏
罗思亓　罗　星　罗颖彤　罗梓毓　骆红云　马　博
马　聪　马军涛　马　骏　马　宁　马瑞祥　马胜帅
马思孔　马雅琪　马子熠　马芸菲　马婧元　满孝增

| | | | | | |
|---|---|---|---|---|---|
| 梅格致 | 孟利明 | 孟越 | 孟昭泰 | 苗森 | 明珂宇 |
| 牟军华 | 聂超 | 宁胜楠 | 牛雪 | 牛严 | 牛艺璇 |
| 欧阳林秋 | 欧阳奕晖 | 潘健楠 | 潘南冰 | 潘沁园 | 潘志豪 |
| 庞泽南 | 裴冲 | 彭风顺 | 彭佳 | 彭俊 | 彭宇清 |
| 蒲果 | 漆王宇 | 齐新源 | 钱立桉 | 强力 | 乔岩 |
| 乔睿婕 | 秦琴 | 秦天育 | 秦迅 | 曲志颖 | 屈小哲 |
| 冉然 | 任春玉 | 任锦峰 | 任晶 | 任钦 | 任庭玉 |
| 任晓彤 | 任屹 | 任兆希 | 任紫薇 | 任珂凝 | 阮国峰 |
| 申袁岳 | 沈佳瑜 | 沈苏明 | 沈鑫圆 | 施惠杰 | 石江城 |
| 石迎 | 时绍森 | 史杰 | 史蕾 | 史鹏飞 | 司徒博阳 |
| 宋超 | 宋晨晨 | 宋世宽 | 宋向群 | 宋鑫 | 苏芮冉 |
| 隋伟宽 | 孙玥 | 孙彬 | 孙博轩 | 孙袆婧 | 孙计 |
| 孙继华 | 孙丽环 | 孙腾辉 | 孙通成 | 孙文宇 | 孙晓明 |
| 孙彦韬 | 孙悦 | 孙正 | 孙智 | 孙璐倩 | 谭佳莹 |
| 谭佳展 | 谭刘 | 谭雨璇 | 唐杰 | 唐培津 | 唐冉 |
| 唐瑜 | 陶宇清 | 田开宇 | 田林矗 | 田明鑫 | 田冉 |
| 田毅 | 童冰鑫 | 童长柯 | 万漪萍 | 汪格尔 | 汪旭 |
| 汪子淳 | 汪子喻 | 汪倩 | 王安琪 | 王保雨 | 王碧芳 |
| 王冰月 | 王博 | 王陈果 | 王成才 | 王冲 | 王储 |
| 王淳颖 | 王祎 | 王飞 | 王飞 | 王福升 | 王海峰 |
| 王汉华 | 王恒睿 | 王宏博 | 王欢 | 王甲 | 王建勇 |
| 王江丰 | 王江伟 | 王洁 | 王玖令 | 王可欣 | 王雷 |
| 王磊 | 王立夫 | 王力田 | 王林 | 王美颖 | 王明辉 |
| 王明君 | 王明明 | 王木 | 王沛锋 | 王鹏 | 王秋颖 |
| 王如宇 | 王少鹏 | 王升 | 王帅 | 王硕 | 王思成 |
| 王天舒 | 王天佑 | 王天宇 | 王天宇 | 王文祥 | 王文一 |
| 王晓宇 | 王辛未 | 王旭昊 | 王雪 | 王雪迪 | 王雅迪 |
| 王亚东 | 王亚男 | 王亚星 | 王洋洋 | 王一萌 | 王一鸣 |
| 王一竹 | 王茵 | 王羽倬 | 王愿 | 王月 | 王泽昱 |
| 王臻 | 王政 | 王志丹 | 王志明 | 王志远 | 王筑 |
| 王子恒 | 王子健 | 王莺歌 | 王泓洋 | 王灏 | 王缤 |
| 王韬略 | 魏大同 | 魏康健 | 魏良 | 魏梦媛 | 魏永乐 |
| 魏玉霜 | 温少邦 | 文映博 | 文韵章 | 翁远 | 沃昕宇 |
| 吴冰欣 | 吴春林 | 吴丹丹 | 吴迪 | 吴光宾 | 吴宏凯 |
| 吴柯良 | 吴鹏飞 | 吴瑞丽 | 吴天祥 | 吴添颜 | 吴维嘉 |
| 吴晓莹 | 吴欣雨 | 吴绪瑶 | 吴友琴 | 吴智超 | 吴垠 |
| 吴昊 | 武明漳 | 伍安琪 | 伍汝杰 | 习雨璇 | 夏朝荣 |
| 夏海峰 | 向鹏 | 肖达仁 | 肖俊伦 | 肖宇凡 | 肖子洋 |
| 谢成淋 | 谢豪 | 谢佳宏 | 谢青耀 | 辛柏松 | 辛越 |
| 邢亚琪 | 邢琦 | 徐畅 | 徐春静 | 徐芳 | 徐锦畅 |
| 徐磊 | 徐林 | 徐鹏涛 | 徐谦 | 徐校 | 徐英博 |
| 徐源 | 徐玮建 | 许佳豪 | 许泉 | 许若琳 | 许文涵 |
| 许文君 | 许泽宇 | 薛登月 | 薛佳 | 薛锦华 | 薛强 |
| 薛如峥 | 严丽君 | 颜宇辰 | 燕鹤 | 杨玥 | 杨晨露 |
| 杨慧岭 | 杨俊勇 | 杨凯茹 | 杨科元 | 杨柳 | 杨蕊 |
| 杨润 | 杨守建 | 杨树宝 | 杨文逸 | 杨新远 | 杨洋 |

| | | | | | |
|---|---|---|---|---|---|
| 杨逸雷 | 杨勇健 | 杨宇婷 | 杨政 | 杨智勇 | 杨洲 |
| 杨瑛 | 杨桦桉 | 杨梓廷 | 杨皓文 | 姚贵斌 | 药嘉璋 |
| 要曙丽 | 叶佳琦 | 叶江月 | 叶明聪 | 叶璐 | 伊亚玎 |
| 殷旭洲 | 殷智斌 | 尹思菁 | 尹心 | 应哲宇 | 游禹韩 |
| 于海 | 于化海 | 于雷 | 于然 | 于振洋 | 于子安 |
| 余东浩 | 余弦 | 余涯 | 俞浙超 | 喻朋 | 袁慧玲 |
| 袁家振 | 袁亚冲 | 袁野 | 袁正光 | 岳天畅 | 岳晓琴 |
| 曾若潇 | 曾双 | 曾巡 | 曾源 | 曾月清 | 曾子舰 |
| 曾毓宁 | 战虹宇 | 战瑛 | 章嘉麟 | 章正严 | 张喆 |
| 张喆轩 | 张罂 | 张冰 | 张才艺 | 张成名 | 张程宇 |
| 张从青 | 张东伟 | 张国栋 | 张海滨 | 张涵诣 | 张浩勇 |
| 张浩淼 | 张鸿林 | 张红 | 张华珺 | 张嘉耀 | 张剑飞 |
| 张津婵 | 张久帅 | 张钧轶 | 张君兰 | 张磊 | 张领 |
| 张敏 | 张明轩 | 张培勇 | 张奇 | 张任超 | 张珊珊 |
| 张守谦 | 张硕 | 张天齐 | 张天宇 | 张恬恬 | 张彤彤 |
| 张文默 | 张翔 | 张晓琳 | 张晓璐 | 张雪霁 | 张艳青 |
| 张一帆 | 张颖 | 张映荷 | 张雨 | 张雨 | 张裕欣 |
| 张园园 | 张越 | 张越 | 张正东 | 张知晓 | 张子开 |
| 张倩 | 张馨予 | 张骞 | 张妍 | 张琦 | 张昕 |
| 张钰婧 | 张雯茜 | 张鑫 | 张鑫 | 赵冰 | 赵春竹 |
| 赵峰 | 赵莲 | 赵明谦 | 赵明睿 | 赵帅 | 赵朔 |
| 赵薪蕾 | 赵新洁 | 赵杨 | 赵一宁 | 赵英豪 | 赵勇 |
| 赵宇聪 | 赵宇航 | 赵玉媛 | 赵裕隆 | 赵泽涵 | 赵正阳 |
| 赵媛 | 郑超凡 | 郑浩然 | 郑凯 | 郑可建 | 郑晓宇 |
| 郑妍 | 钟靖 | 钟文瑞 | 钟悦愧 | 仲崇硕 | 周彧祺 |
| 周灿 | 周飞 | 周国英 | 周慧敏 | 周佳杰 | 周力 |
| 周亮 | 周曼 | 周慕贤 | 周前 | 周盛扬 | 周文韬 |
| 周小云 | 周延 | 周勇利 | 周泽园 | 周增雨 | 周昭育 |
| 周志杰 | 周烨 | 朱海燕 | 朱洪敏 | 朱君楷 | 朱丽娟 |
| 朱仁博 | 朱荣 | 朱诗瑶 | 朱晓晨 | 庄俊超 | 卓佳佳 |
| 邹烨 | 左世豪 | 左伟 | 佐菲 | 闫涵 | 闫珂 |
| 阙琪 | 滕飞 | 睢子恒 | 褚悦 | 覃虎金 | |

### 新闻与传播学院

| | | | | | |
|---|---|---|---|---|---|
| 陈昱坤 | 程奕茹 | 崔磊 | 丁子珺 | 冯羽茜 | 高金铭 |
| 郭亚伟 | 韩旭 | 洪志芸 | 侯硕 | 侯旭东 | 黄楚涵 |
| 贾雨心 | 李若泓 | 李雪娇 | 李雪敏 | 李鑫岩 | 廖元植 |
| 林宜家 | 刘乐 | 麻爱 | 马晓龙 | 明淳露 | 莫慧娟 |
| 潘柳言 | 彭冠瑜 | 彭嵩娉 | 平凡 | 屈怡春 | 邵晓欣 |
| 苏琦 | 孙一鹏 | 孙薇 | 台倩 | 陶婷婷 | 王刚 |
| 王秋鹏 | 王晓露 | 王治钧 | 王芷嫣 | 魏嘉萌 | 吴瑕 |
| 肖吉雅 | 谢政涵 | 辛嘉荷 | 徐升 | 徐雪婷 | 许景敏 |
| 许信 | 杨为方 | 姚逸 | 叶琬滢 | 张瑞钰 | 张天威 |
| 张泽昕 | 张紫荆 | 张毓祺 | 张珂珍 | 赵福珩 | 郑娸薇 |
| 钟龙辉 | 钟楠 | 周弘 | 周雨飞 | 朱战缘 | 朱政德 |
| 邹慧玲 | 邹彤 | 闫铭新 | 阙佳欣 | 褚诗雨 | |

### 中国语言文学系

| | | | | | |
|---|---|---|---|---|---|
| 陈俊好 | 陈思潭 | 陈晓蓓 | 陈琪 | 董宁宁 | 董少瑀 |

郝德娜 贺天行 黄芷欣 孔 奇 赖蔚晨 李佳媛
李林倩 李芃蓓 李思凝 李 颖 李 卓 李菁晶
梁静仪 廖香玉 刘旭都 罗 倩 母尚帆 冉 娜
石子萱 隋雪纯 孙健航 田 淼 万美豪 汪雅琪
王德馨 王靖婷 王艺霏 王 越 王紫薇 王 昱
魏舒忆 谢璐阳 叶唯简 张 帆 张 洁 张晋业
张泽宇 赵汗青 郑靖垚 郑行飞 郑 芩 钟灵瑶
奚邦荣 覃芬芬 覃嘉欣

### 历史学系
劉延禧 呂惠娥 楊培欽 陈静山 陈思危 戴 汭
黄妤彦 季昊亮 江海杰 蒋康杰 蓝 草 李丹阳
李丽晴 李正一 李 馨 李 顿 刘楚煜 欧阳钰宜
裴 蕾 任柏宗 任新亚 宋 毅 汪 政 王 敬
王 竣 吴雪琪 徐一臻 杨晶晶 曾 婧 张恩齐
张欣妍 张 哲 张志杰 周颜开

### 考古文博学院
安 玉 曹 羽 常睿婕 成芷菡 丁子慧 杜 桥
杜星雨 李博含 陆敏慎 铁 莹 汪 慧 王楚喻
王 卓 王子寒 吴寒筠 杨丹侠 姚睿彤 羽紫琪
张雅榛 赵玉琦 钟静益 周珂帆 周 钰 連泳欣

### 哲学系
陈方旭 陈玟妤 丁观国 樊晓畅 郭雪晴 韩亦笑
黄培宏 黄钰城 李尚蓉 李杨扬 李庄威 李奕丞
李 宸 李 睿 林凯杨 刘力恺 刘馨云 龙世毅
陆一凡 聂元竹 潘楚璇 秦云飞 山 冲 孙雨晴
孙 婷 谭瑾懋 田竟杰 汪大伟 王 玥 王若瑾
王书文 王昊玉 薛紫月 杨致东 余晓辉 曾秦瑶
曾 图 詹心怡 张晋旗 张舒晴 张欣洁 张雅琳
赵洛仪 赵梦钰 郑 怡 钟孔鹭 左宁宇

### 国际关系学院
巴丽娜尔·海若拉 毕 成 卜思涵 曹君畅 车 畅
陈 畅 陈金玉 陈 利 陈吴俊钰 陈希平 陈旖琦
程 成 丁建齐 付禹璇 高清宇 高婧雯 郭靓德
韩 旭 郝 詠 洪慧秦 胡力丹 黄晓纯 黄彦钧
贾 楠 简妤蓁 姜乃心 靳以腾 赖雯燕 李偲宁
李安坤 李冠儒 李家福 李 想 李玉婷 李政鋆
李自清 梁莉莉 林雅雯 刘诗朗 刘一然 刘紫乐
卢俊余 马瑄蔚 马 骏 马舒腾 牟昕彤 欧阳瑞泽
乔 博 秦 烁 秦文龙 沈弋琳 孙 雯 唐一鸣
陶 萌 田 恬 田芯芯 王博通 王贤良 王 欣
王至月 王劭轩 王 玮 王昱博 魏程程 吴俊妤
吴松霖 谢慧敏 谢泽中 杨德力 杨秋周 殷慧瑾
游昌鑫 余胜龙 张建仕 张 鹏 张添之 张 影
张 雯 赵牧野 钟兆雯 仲九真 周 可 朱佳慧
朱 睿 郦 昌 闫耀民

### 经济学院
安若楠 蔡浩文 陈 明 陈湘竹 陈 愚 陈哲越
陈智辉 邓舒灵 翟 翟 董 亮 董泓宇 董婧延
樊宇成 冯 卉 高舒曼 龚袁媛 郭一帆 郭菁璞
郝宁宣 胡峻熙 黄 鹏 焦毅磊 康瀚文 李晨希
李 滴 李涵渊 李心怡 李忆涵 李羽莎 李奕威
李妤轩 林 晨 刘荣泽 刘 威 刘晓璇 刘一婷
刘琢玮 刘怡君 刘熠炜 龙辉洋 卢 赫 陆 扬
罗 杰 马竟凌 潘靓慧 裴雨婷 彭凡嘉 齐恒昕
祁靖文 秦 筝 邱炜函 任玥蓉 石宝菱 宋 珺
宋思宇 宋雨潇 宋远航 孙单丹 孙可然 孙 琦
谭 宁 唐 博 王 博 王长伟 王飞宇 王 含
王浩舒 王敬一 王君怡 王 妮 王日钦 王向虹
王 雪 王智坤 王 昕 吴丹阳 谢 阳 杨奕成
尹晨桥 于启昊 曾 炯 张栋杰 张可心 张天铭
张致毅 张芮侨 张菀玲 张焱欣 赵启宁 赵 婧
赵煜豪 郑祺鑫 钟 尧 周简之 周嵩尧 朱启晗
朱 彤 朱宇希 邹腾辉 左阳航

### 光华管理学院
艾冬刚 安 朝 安 辰 白礼晴 毕 达 毕瀚文
边 凯 边亚宁 卜彩霞 蔡丹平 蔡鹏飞 蔡仁逸
蔡诗诗 操思嘉 曹昌军 曹成龙 曹国栋 曹 伟
曹雅薇 曹银弟 曹仲一 曹 睿 查泓夯 常培育
常诗瑶 常增磊 常子超 陈安琪 陈 晨 陈飞帆
陈海彬 陈洪川 陈家达 陈君诺 陈 丽 陈 亮
陈 琳 陈庆峰 陈 然 陈顺发 陈思远 陈思睿
陈 涛 陈 伟 陈晓蓉 陈新亮 陈星宇 陈 雄
陈雅莉 陈 阳 陈 颖 陈永进 陈羽楠 陈玉国
陈 悦 陈赵杰 陈 振 陈志刚 陈 倩 陈姝含
陈 睿 陈 睿 陈 睿 程 芳 程 龙 程 宇
池海东 储奕宇 崔佳琳 崔佳梅 崔萌萌 崔智坤
戴 娟 戴元成 代 超 代明慧 代 晴 代绍荣
代尊利 淡龙龙 邓 超 邓 亮 邓振英 翟培韬
丁建东 董 栋 董光亮 董 俊 董 腾 董小珊
董肖明 董 雪 董 潇 董羿江 杜嘉瑞 杜 涛
杜宛晏 杜 伟 杜晓晖 杜小华 段培华 段宇轩
樊家栋 范海烁 方长兴 方虹雨 方 兴 方艺璇
方倩玉 封 强 冯 超 冯 军 符静云 符 迅
傅家骏 傅小然 付浩博 付 佳 付新源 付 鑫
高 兵 高楚寒 高楚涛 高春慧 高 飞 高广慧
高 航 高 梅 高舜洁 高 杨 高肇冬 高振宇
葛 振 葛至富 葛 泓 耿继龙
古海尔尼沙·木丽吐尔汗 顾正阳 顾昀浩 关 鑫
管宝全 管金伟 郭 淳 郭 美 郭庆璐 郭 帅
郭 欣 郭星辰 郭岩松 郭佑存 郭召林 郭 钰
韩 宾 韩 冬 韩 非 韩良波 韩 亮 韩灵慧

| | | | | | | | | | | | |
|---|---|---|---|---|---|---|---|---|---|---|---|
| 韩毅斌 | 韩 禹 | 韩 悦 | 韩 筠 | 郝景然 | 郝 祥 | 邱 健 | 邱莉琴 | 邱永海 | 邱子芳 | 曲 光 | 屈立亮 |
| 郝一阳 | 何蔼怡 | 何江帆 | 何 敏 | 贺 牛 | 贺煜弘 | 屈树群 | 饶晶晶 | 任 雯 | 任鑫洋 | 戎可嘉 | 阮寅夏 |
| 洪 岩 | 侯 磊 | 侯秋昊 | 侯诗琪 | 胡 迪 | 胡广明 | 若文瑛 | 商 维 | 尚志华 | 邵宏杰 | 邵艳薇 | 沈家益 |
| 胡浩天 | 胡恒广 | 胡鸿志 | 胡继东 | 胡剑锋 | 胡 敏 | 沈健民 | 沈艳婷 | 盛 珺 | 盛黎阳 | 盛文毅 | 施莹璐 |
| 胡森标 | 胡 威 | 胡巍纳 | 胡亚鹏 | 黄 成 | 黄家禹 | 施悦飞 | 石岱辉 | 史蔚安 | 史翎羽 | 舒亚杰 | 司马屹杰 |
| 黄健恒 | 黄 杰 | 黄杰净 | 黄 林 | 黄清波 | 黄世澋 | 司徒琳璟 | 宋浩然 | 宋 军 | 宋科强 | 宋萨仁高娃 | |
| 黄碗青 | 黄 伟 | 黄伟鹏 | 黄 翔 | 黄晓翔 | 黄 芯 | 宋踏雪 | 宋涛炜 | 宋智海 | 宋岚琛 | 孙 博 | 孙 辰 |
| 黄益国 | 黄 宇 | 黄云飞 | 黄运辉 | 黄志红 | 黄志伟 | 孙海淇 | 孙 洁 | 孙乐久 | 孙理科 | 孙琳琳 | 孙 妙 |
| 黄 怡 | 黄 婷 | 霍 江 | 吉 延 | 季绍飞 | 计友强 | 孙 鹏 | 孙卿东 | 孙唯宸 | 孙文化 | 孙晓蓉 | 孙学佳 |
| 纪 恩 | 纪 芸 | 贾思思 | 贾卓玮 | 简 嘉 | 姜博熹 | 孙 勇 | 孙友良 | 孙 昊 | 孙 鑫 | 谭安然 | 谭海波 |
| 姜 俐 | 姜文宇 | 江 浩 | 江 南 | 蒋金迪 | 焦显杰 | 谭建民 | 谭煜东 | 汤礼华 | 汤鹏飞 | 唐志超 | 唐 潇 |
| 金虎光 | 金 华 | 靳坤阳 | 晋艳伟 | 经 晶 | 景 圣 | 唐 睿 | 陶弘亮 | 田 庚 | 田广亚 | 田萌萌 | 田万桂 |
| 景 馨 | 柯雪利 | 况文川 | 赖依曼 | 乐君波 | 乐兆颖 | 田 雨 | 田昊然 | 同睿宁 | 拓云峰 | 万保辉 | 万炳诚 |
| 冷高峰 | 冷佳隽 | 黎 宁 | 李湉漪 | 李 彬 | 李 斌 | 万浩圆 | 万 剑 | 万 颖 | 汪宝妹 | 汪昆宁 | 汪若曦 |
| 李 冰 | 李炳亮 | 李博乐 | 李春光 | 李祐安 | 李 刚 | 汪珈瑜 | 王大刚 | 王祎薇 | 王丹颖 | 王 芳 | 王方友 |
| 李冠如 | 李广宇 | 李桂叶 | 李洪发 | 李 辉 | 李继开 | 王国征 | 王海屹 | 王翰坤 | 王 浩 | 王 浩 | 王浩崧 |
| 李 佳 | 李 娇 | 李 杰 | 李洁筠 | 李晶晶 | 李 靖 | 王洪轩 | 王 虎 | 王 辉 | 王 佳 | 王 健 | 王景熠 |
| 李俊伟 | 李 乐 | 李 蕾 | 李 亮 | 李凌鹏 | 李铭姌 | 王 静 | 王敬哲 | 王 军 | 王凯玉 | 王 坤 | 王 磊 |
| 李佩宣 | 李沛达 | 李鹏程 | 李仁权 | 李 爽 | 李思敏 | 王 磊 | 王利康 | 王俐力 | 王淋锋 | 王 宁 | 王 鹏 |
| 李 伟 | 李文兵 | 李文静 | 李现其 | 李 翔 | 李向欣 | 王 鹏 | 王 鹏 | 王 青 | 王若雷 | 王森琳 | 王 生 |
| 李小溪 | 李 啸 | 李新宇 | 李 旭 | 李亚霖 | 李艳芳 | 王 舒 | 王思聪 | 王松涛 | 王 巍 | 王 伟 | 王文霞 |
| 李义成 | 李 颖 | 李 勇 | 李玉凤 | 李玉玲 | 李泽维 | 王文彦 | 王文战 | 王晓琛 | 王心璐 | 王秀梅 | 王 雪 |
| 李 哲 | 李志磊 | 李媛萍 | 李 楠 | 李昕蔚 | 连兴坤 | 王艳芳 | 王雨佳 | 王雨亭 | 王 羽 | 王志鹏 | 王子豪 |
| 练力菌 | 梁家源 | 梁加琦 | 梁俊豪 | 梁亦研 | 梁远曦 | 王子萱 | 王薇淇 | 王 琰 | 王虔琳 | 韦程元 | 韦志刚 |
| 廖珂颖 | 林 达 | 林 海 | 林 建 | 林建峰 | 林建兴 | 魏 明 | 魏思宁 | 魏亚军 | 魏志勇 | 卫瑞超 | 温 巍 |
| 林 敏 | 林娜娜 | 林秋晨 | 林晓霞 | 林莹莹 | 林郁相果 | 温中卉 | 吴岸林 | 吴 凡 | 吴 佳 | 吴 俊 | 吴骏廷 |
| 林 鑫 | 刘 宝 | 刘 斌 | 刘 灿 | 刘大军 | 刘 芳 | 吴琳光 | 吴明轩 | 吴 沁 | 吴人杰 | 吴 霞 | 吴 翔 |
| 刘 锋 | 刘富良 | 刘 海 | 刘汉文 | 刘家仪 | 刘加勇 | 吴一瑕 | 吴育权 | 吴 越 | 吴昊坤 | 武皓月 | 席军涛 |
| 刘 江 | 刘金飞 | 刘津汀 | 刘 静 | 刘俊辉 | 刘黎春 | 席晓炜 | 夏 勃 | 夏春芳 | 夏国卿 | 夏姗薇 | 夏 鑫 |
| 刘丽芝 | 刘凌丽 | 刘鲁彬 | 刘美序 | 刘 觅 | 刘 青 | 相 颖 | 向志远 | 肖 峰 | 肖 甫 | 肖 凯 | 肖 攀 |
| 刘 然 | 刘 瑞 | 刘 亭 | 刘 彤 | 刘 伟 | 刘文汉 | 肖 飒 | 谢 佳 | 谢唯伟 | 谢 维 | 谢 翼 | 谢元德 |
| 刘秀慧 | 刘 学 | 刘雅迪 | 刘亚惠 | 刘 毅 | 刘尹博 | 辛 涛 | 邢璧琳 | 熊文楷 | 熊小丽 | 徐 超 | 徐 浩 |
| 刘永峰 | 刘 勇 | 刘雨衡 | 刘宇飞 | 刘园园 | 刘智林 | 徐 靖 | 徐俊杰 | 徐全全 | 徐若嘉 | 徐 涛 | 徐田元 |
| 刘子豪 | 刘子健 | 刘尊昌 | 刘漪多 | 刘宸源 | 刘宸晖 | 徐万启 | 徐文超 | 徐雅巍 | 徐 靓 | 许洪霞 | 许嘉润 |
| 刘 婧 | 刘璐瑶 | 刘 睿 | 刘钰菁 | 柳 娜 | 柳扬波 | 许龙飞 | 许强强 | 许 雪 | 许吟斐 | 许志毅 | 薛寒冰 |
| 龙宏喜 | 龙佳骏 | 龙 坚 | 卢 奕 | 鲁 毅 | 陆文睿 | 薛志文 | 严福州 | 严思慧 | 颜俊玲 | 燕立功 | 燕斯娴 |
| 陆新恒 | 陆 蕤 | 吕伟志 | 吕正德 | 罗红萍 | 罗 涛 | 杨本华 | 杨超琪 | 杨朝雾 | 杨成琳 | 杨成煜 | 杨东文 |
| 罗 毅 | 罗 友 | 罗宇华 | 罗兆勇 | 骆宾海 | 马国强 | 杨 峰 | 杨 根 | 杨冠蓝 | 杨恒丽 | 杨济源 | 杨嘉诚 |
| 马建勇 | 马 劲 | 马秋瑜 | 马 群 | 马旭浩 | 马运峰 | 杨 劲 | 杨静宜 | 杨 丽 | 杨丽莎 | 杨 柳 | 杨明川 |
| 马忠林 | 毛建新 | 孟德远 | 孟繁伟 | 孟 华 | 孟 雪 | 杨时锐 | 杨希中 | 杨艳华 | 杨勇才 | 杨玉丹 | 杨昭力 |
| 孟宇翔 | 孟雯婷 | 米佳乐 | 苗 琳 | 苗露阳 | 苗 萌 | 杨子凌 | 杨莞姣 | 杨 玺 | 姚越铮 | 姚 鑫 | 冶 林 |
| 苗润轩 | 莫妮亚 | 慕 安 | 穆方正 | 穆圣庭 | 倪 望 | 叶方方 | 叶 俊 | 叶凌希 | 叶天比 | 叶 翔 | 易俊何 |
| 倪倩倩 | 聂巧明 | 牛 博 | 牛 伟 | 欧阳艳丽 | 潘定晟 | 银 飞 | 尹惠萍 | 尹 宁 | 于丹丹 | 于海杰 | 于济铭 |
| 潘君怡 | 潘祖辉 | 潘荟廷 | 裴晋峰 | 裴 甜 | 裴新阳 | 于秋也 | 于晓波 | 于 洋 | 于增华 | 虞雯蕴 | 余 洋 |
| 裴志强 | 彭寒兵 | 彭 剑 | 彭 胜 | 彭志成 | 蒲松涛 | 余 跃 | 郁 杰 | 袁程悦 | 袁 栋 | 袁铭阳 | 袁先成 |
| 钱深圳 | 钱 婷 | 乔雪峰 | 乔雪莹 | 秦 升 | 秦 颖 | 袁钰钦 | 岳立哲 | 岳中生 | 曾凡振 | 曾鲁哲 | 章宇哲 |

张　斌　　张滨义　　张　超　　张　驰　　张崇远　　张　东
张刚涛　　张光明　　张海丰　　张　慧　　张　杰　　张　杰
张　进　　张晶涛　　张靖怡　　张俊锋　　张　磊　　张立宁
张立伟　　张　迈　　张萌萌　　张　宁　　张仁藏　　张瑞铃
张若晨　　张诗媛　　张释文　　张　涛　　张天成　　张天意
张王轲　　张往海　　张　维　　张维维　　张　伟　　张文选
张晓阳　　张小亮　　张兴尔　　张学斌　　张艳梅　　张一凡
张伊欣　　张羽婕　　张圆圆　　张曰宗　　张振军　　张正权
张志辉　　张竹梅　　张蔺波　　张婧婧　　张　颢　　张雯佳
张雯婷　　赵宝忠　　赵海林　　赵　辉　　赵　磊　　赵连成
赵　鹏　　赵前亮　　赵圣阳　　赵思阳　　赵喜明　　赵宇龙
赵豫立　　赵　鑫　　郑　蕾　　郑灵怡　　郑梦迪　　郑珊珊
郑舒文　　郑祥福　　郑　月　　郑皓哲　　周嘉明　　周　杰
周松叶　　周　翔　　周晓红　　周欣吾桐　周　雅　　周益良
周应培　　周昊昱　　周　歆　　朱冰涛　　朱浩然　　朱洁琼
朱　磊　　朱梦迪　　朱胜佳　　朱滔琦　　朱亚普　　朱亚巍
朱　艳　　朱　颖　　朱　勇　　朱宇铮　　朱中伟　　邹彦琳
邹毅涛　　邹宇凯　　邹　鑫　　左　楠　　邱仕庭　　郅婉琳
芮　意　　闫　乐　　闫　涛　　闫茜芮　　栾仲曦　　晏　琴
滕刘雨秋　竺旭东

### 法学院

安　邦　　柏开杰　　包思雨　　毕歆悦　　蔡云飞　　蔡峥敏
曹佳蕙　　曹汶强　　曹　榕　　陈柏维　　陈　纯　　陈海雯
陈　豪　　陈金浩　　陈潞潞　　陈　敏　　陈　尚　　陈诗宇
陈　文　　陈文正　　陈　旭　　陈英齐　　陈卓唯　　陈馨儿
陈葆心　　陈　潇　　陈镘羽　　程　浩　　程嘉珞　　程万里
程晓雨　　崔佳雄　　崔智浩　　崔馨月　　单葆威　　邓人玮
狄　瑞　　丁晨妍　　董　行　　杜新坤　　段雾芮　　樊一江
范晓寒　　方静文　　方军伟　　方贤慧　　方鑫汇　　冯丽羽
冯培霞　　冯晓肖　　高　飞　　高靖锋　　高文华　　高　翔
高雅洁　　高杨帆　　高子茹　　古衍玲　　顾劼宁　　关天鸿
郭红梅　　郭汪书仪　郭晓庆　　郭笑多　　郭雅颂　　郭玉瑶
海伦娜　　韩　杨　　郝德超　　郝　鹏　　何远涵　　何志伟
何婧涵　　洪亦默　　洪　颖　　侯彦君　　胡冬乐　　胡思琪
胡雅雯　　黄　晶　　黄　琳　　黄　强　　黄沁思　　黄　甜
黄伟铭　　黄彦文　　黄　颖　　黄致韬　　黄智杰　　黄子高
黄　楠　　霍　爽　　籍　蕾　　季培霖　　纪　娟　　贾　烁
贾维康　　简　意　　姜　聪　　姜贺文　　姜　珊　　姜腾淏
江桦华　　蒋雨琦　　金巧巧　　金盈盈　　金　妍　　金妍君
景丹妮　　景南静　　孔何一　　况雨艳　　雷昌宇　　黎婉菲
黎学成　　李川三　　李范伟　　李枫楠　　李　涵　　李　红
李佳琦　　李　娟　　李　琳　　李漫钧　　李沛东　　李秦洋
李清芳　　李　帅　　李甜甜　　李微微　　李　旭　　李燕琪
李阳阳　　李瑶瑶　　李　耀　　李育萱　　李正朔　　李紫薇
李子逸　　李菁菁　　李　峥　　李　怡　　李珈仪　　李昀真
练映霞　　梁宏懿　　梁芷澄　　廖君秋　　廖晓曦　　林楚月

林　洁　　林　玲　　林轩墨　　林子韬　　林钰芳　　凌骏达
刘　珺　　刘传泰　　刘丰仪　　刘佳冲　　刘建昊　　刘静远
刘　磊　　刘林让　　刘　茹　　刘思彤　　刘文君　　刘晓梦
刘雪飞　　刘　燕　　刘艺轩　　刘艺茜　　刘悦宁　　刘泽文
刘　樟　　刘　薇　　刘弈辰　　刘怡澜　　刘　昊　　刘　昱
刘睿卿　　刘雯鑫　　柳昊芃　　龙虹宇　　龙腾辉　　芦思明
卢梦婕　　卢　月　　卢奕吟　　鲁纳雯　　陆保林　　陆　兴
吕佳臻　　吕志威　　罗超文　　罗　欢　　罗妙琳　　马东毓
马慧阳　　马　铭　　马铭鸿　　马　维　　马小芳　　马欣然
马展泽　　马智玲　　马　骁　　马　輓　　毛承乐　　毛文昊
毛颖达　　梅奕来　　梅玮凌　　苗文卿　　明昱含　　莫　聘
莫语霏　　聂洋城　　努尔沙吾列·木拉里　　　　潘　玲
潘　然　　潘世豪　　彭千钰　　彭艳玲　　皮罗茜　　齐国平
钱子威　　钱　璇　　秦测皓　　邱楚原　　邱若凡　　任竞怡
桑英轩　　申清可　　沈　忱　　沈宜之　　石丽颖　　史大为
舒　心　　宋家旺　　宋　明　　宋珊珊　　宋梓铭　　宋熠雯
苏诗芮　　苏怡嘉　　孙静怡　　孙圣斌　　孙世昱　　孙　榕
谭政昌　　汤　娅　　唐　波　　唐文扬　　唐　妍　　陶立梅
陶清文　　陶雅雯　　涂旭辉　　涂丞浩　　汪稼祺　　汪笑帆
王丹琳　　王丁丁　　王佳蔚　　王　界　　王君菲　　王路瑶
王梦迪　　王若男　　王　珊　　王显宁　　王晓琪　　王小玉
王笑宇　　王　新　　王心玮　　王岩泽　　王艺涵　　王艺璇
王义艾　　王子彧　　王馨田　　王　琛　　王　璇　　王　梓
王昕扬　　王　晟　　韦　亨　　韦子鉴　　韦筱茹　　魏　青
魏姝昱　　文晶洁　　吴　佳　　吴佳琪　　吴　健　　吴梦婕
吴　彤　　吴笑铭　　吴延波　　吴韵凯　　吴子豪　　吴昊玥
武晓龙　　夏宁曼　　夏天珈　　向秋枫　　向文浩　　向晓羽
肖　瑶　　肖　莹　　谢丹怡　　谢　立　　谢文媛　　熊　晶
熊丞蔚　　徐　改　　徐慧镕　　徐梦瑶　　徐启航　　徐　蕊
徐士雯　　徐　选　　徐弋涵　　徐梓双　　许　航　　许文杰
许盈盈　　许菀庭　　薛　梨　　薛榆淞　　颜海晏　　杨　丁
杨建垒　　杨静萱　　杨柯宁　　杨　宁　　杨　冉　　杨淑榆
杨天宇　　杨雪琪　　杨一鸣　　杨玉冰　　杨玉洁　　杨玉婷
杨子傲　　杨子仪　　杨骐玮　　姚景阳　　姚鹏邦　　姚　雨
姚　远　　叶筱雪　　易娇艳　　游斯媛　　游以琳　　游宇凌
于楚涵　　郁欣蕾　　喻成源　　袁承鹏　　袁若溪　　苑婧文
曾令萱　　张宝佳　　张博洋　　张陈溪　　张　聪　　张东晓
张方方　　张浩楠　　张　华　　张嘉琦　　张洁宇　　张津剑
张京华　　张　霖　　张　沁　　张秋月　　张　然　　张瑞涵
张世杰　　张斯羽　　张思慧　　张思阳　　张素素　　张　亭
张笑祎　　张旭阳　　张雪纯　　张　燕　　张一凡　　张翼翔
张映雪　　张雨萱　　张羽飞　　张玉琢　　张子昂　　张倩红
张　怡　　张　琪　　张琪琪　　张钰函　　张翮翮　　赵晨昊
赵高雅　　赵　涵　　赵加帮　　赵开新　　赵　冉　　赵　欣
赵雪杉　　赵蓓蓓　　赵怡冰　　赵舫慧　　郑平平　　郑志冲
郑姝妍　　钟富琦　　仲倩萍　　周纪荟　　周恩旭　　周宫炜

周会沅　周　露　周维洁　周　悦　周振汉　周政扬
周子川　周子琪　朱俊钢　朱康宇　朱林啸　朱一叶
朱哲坤　朱昱然　诸葛瑞雨　邹　杨　逯　旗

### 信息管理系

蔡竹娟　曹　旺　柴　腾　陈洪璞　陈欣悦　翟雪容
丁　一　高嘉骐　高　正　贺梦洁　李佳纯　李佳红
刘贞伶　刘晗月　罗永航　孟高慧　普哲缘　绳琳静
田佳懿　王馨悦　武征宇　杨　蕊　叶禹彤　余　慧
张成真

### 社会学系

曹桂祥　常俊霞　陈记新　陈继华　陈　立　陈迎港
单　凯　杜思齐　范东平　傅昌洵　付　翔　韩书捷
和文毓　何美怡　何笑漪　黄康佳　贾国超　康　昕
李常君　李晓雨　李永霞　李泓博　李　铮　梁　成
刘　建　刘雪伶　刘亚蓉　刘叶琪　刘圆圆　刘梓云
鲁海洋　吕士龙　茅雨薇　穆晨哲楠　倪芜顿　聂矜诚
邱灵芳　邱　冉　曲　晨　任　悦　孙亚楠　王东宇
王梦星　王　鑫　文薇薇　乌兰图雅　吴秋婷　徐春蕾
许娅美　杨　锐　杨　卓　杨镓萁　俞　彬　扎西顿珠
章宇瑛　张可欣　张　帅　张雪洽　张　月　张紫阳
赵龙伟　赵启琛　郑梦媛　周　茜　朱　䶮　岑欣仪
闫晓丹

### 政府管理学院

倖　睿　艾　宁　比丽克孜·奥布力喀斯木　柴江辉
柴　振　常仁豪　常笑嘉　陈民禾　陈振东　陈　睿
程健洲　程　莉　楚亚楠　邓　楠　董佩琪　董向东
董占山　杜　威　樊子荣　范雪汝　冯　鹏　冯星然
符致烁　付叶子　高　蕾　高　挺　高玉荣　龚诗然
龚雪梅　郭　晨　郭　锐　郭晓禹　郭一波　郭　征
韩　超　韩佳静　韩思岐　韩玉琪　韩鑫毅　何高君
何家唯　何诗婷　洪加仑　侯户娟　胡泽量　胡泽琛
黄浩丰　黄　科　黄　琳　黄　晗　吉雄飞　贾碧瑶
姜　丹　姜子怡　江　天　蒋　鸣　金光浩　靳羽萌
郎福泽　雷　铭　黎　欣　李　犇　李东霖　李嘉玥
李佳琦　李凯鹏　李龙翔　李敏哲　李　宁　李　宁
李　强　李沁梦　李善敏　李淑婷　李　翔　李晓云
李　新　李星昱　李雪琦　李雅姝　李照青　李淞怀
李　妍　李璐晗　李　钊　李　鑫　连春阳　梁　霞
林路懿　刘　丹　刘海燕　刘华宇　刘　进　刘　斯
刘天宇　刘晓聪　刘欣奕　刘心初　刘雪涛　刘　颖
刘展宏　刘琪琪　刘　钰　柳博文　龙飞飏　楼政杰
芦　洁　吕遵超　罗　磊　罗能敏　罗中源　马楷原
马　悦　马　婕　孟　宁　孟庆辉　米拉·巴合提
聂晓蕾　潘莹莹　庞雪寒　庞瑶瑶　彭浩齐　岳
热依拉·斯迪克　任明明　任　毅　阮　杰　桑丽琼
沈渡洋　沈涵文　沈天宇　施金慧　施珂欣　石　雪

司　楠　苏益鑫　孙道明　孙浩文　孙　凯　孙美瑶
孙　娜　孙　武　孙翔宇　孙雨亭　孙志洋　汤文博
唐博谦　唐德源　唐努尔·巴合特　田　野　汪　鹏
王超晨　王程澄　王　法　王赫宁　王　宏　王嘉繁
王佳莹　王　俭　王立超　王柳寒　王　奇　王思濛
王　涛　王童乐　王伟巍　王肖和美　王雪洁　王一健
王亦丁　王玉磊　王子翾　王　茜　王婧靓　王　珂
魏波清　魏仁华　魏　莹　卫桥春　吴思桐　吴亚慧
吴雨欣　伍佳乐　夏江浩　夏　君　夏　添　相亚宇
项　捷　肖　遥　肖　雨　谢翰林　谢丽丹·艾赛提
谢斯尧　熊　熙　徐　晨　徐海霞　徐　洁　徐　振
徐灏哲　许　颖　薛孟维　薛　源　杨　华　杨　磊
杨　磊　杨丽君　杨　笑　杨亚江　杨雁泽　杨毅明
杨　月　姚雪晴　姚倩茹　姚睿广　叶　菲　易思齐
阴瑜薇　尹娜敏　游　佳　于红濮　余　振　余卓恒
俞　通　袁家轩　岳　阳　曾年伟　战智慧　章　融
章月铭　张嘉怡　张津萌　张　晶　张梦雨　张　谦
张庆伟　张　蕊　张天昊　张文涛　张　雪　张耀之
张亦煊　张翌阳　张莹莹　张雨喜　张玉洁　张　越
张芷道　张　琪　张梓凌　赵乔非　赵四方　赵腾龙
赵欣同　赵艳秋　赵臻哲　郑　艺　郑婷婷　周荣程
周志航　朱敬重　朱　帅　朱玉慧兰　朱增祺　左　杰
左泠岑　闫　宽　逄凯宇　臧　丹　臧旖晗

### 外国语学院

白云鹰　曹雨婷　陈洪锋　陈若铭　陈思秦　陈一杭
程海莉　淳钰钧　崔奕雄　戴汉宸　戴　妮　单雅泽
但　然　邓晨予　段洵美　樊雪媛　范若孜　奉煜坤
傅岳竹　傅子宸　巩　洁　顾　臣　郭　锐　韩亚欣
何俊德　胡　榕　黄欢忠　黄田依　黄　月　姜秀春
金　灵　鞠雅图　匡碧蓉　赖雨琦　李佳琦　李俊霖
李木子　李　宣　李雨凝　李玉青　李毓琦　李　睿
刘飞燕　刘高辰　刘嘉诚　刘科迪　刘　伟　刘振威
刘子辰　柳　媛　路　邈　陆佳媚　罗梓丹　马　萍
马　月　孟　瑶　倪利涛　庞瑞麒　彭　源　钱　烨
邱彦哲　曲翔前　任红锦　任孝严　阮雪瑶　阮怡群
邵梦琪　施奇君　史　婕　司倩哲　孙　启　谭雪冉
汤奇翰　王静思　王　君　王鲁葳　王世遇　王笑然
韦伊宁　魏凡鸣　魏浩东　邢佳瑞　徐　静　徐　彤
徐震垚　许淋淋　严春薇　杨长青　杨林睿　杨艺绚
杨泽琳　殷瑞浓　张　灿　张金鸣　张心怡　张信云
张雅迪　张泽宙　张　怡　张　璐　张梓轩　赵　婕
甄若琳　周　孟　朱晓姝　朱芷萱

### 马克思主义学院

曹　晋　陈丽君　陈梦凡　代博文　邓科佳　翟悦茹
樊欣婷　冯　歌　高晨慧　高若云　葛　灿　何　瑾
靳　璐　蓝静雯　雷　洲　李　晨　李秀兰　林雪菲

| 刘玥 | 刘泽强 | 毛俊欢 | 孟胜彦 | 牟金霞 | 潘砚迪 | 党艺飞 | 邓超 | 邓航 | 邓晴心 | 邓欣禾 | 邓燕凤 |
| --- | --- | --- | --- | --- | --- | --- | --- | --- | --- | --- | --- |
| 邵显越 | 施皓烽 | 石柳柳 | 石文斌 | 田苹 | 王博森 | 邓彦宇 | 邓振怀 | 邓珂雅 | 邓曦 | 翟景俊 | 丁海波 |
| 王灿鑫 | 王乔申 | 王瑞 | 王振乾 | 王睿 | 吴狄 | 丁佳灿 | 丁尽琼 | 丁俊杰 | 丁科翔 | 丁收香 | 丁吴军 |
| 吴银萱 | 杨赋桂 | 杨婷婷 | 姚伟 | 姚晓华 | 尹倩倩 | 丁翔宇 | 丁一斌 | 丁宇 | 董政武 | 豆敏 | 杜博闻 |
| 余征宇 | 袁颖 | 曾俊杰 | 张仕第 | 张雪 | 张英伦 | 杜尊铭 | 段晓琳 | 段选 | 樊凯嘉 | 樊锴 | 范欢杰 |
| 张皓宇 | 赵春呈 | 赵司南 | 周思吟 | 周思妍 | 周汀兰 | 范家琦 | 范凌冲 | 范维扬 | 方贵斐 | 方晓睿 | 方尧 |

### 体育教研部

| 何嘉勇 | 洪晨璐 | 宋娅 | 孙帅 | 王涛 | 吴磊 |
| --- | --- | --- | --- | --- | --- |
| 姚芳虹 | | | | | |

（续右栏）方逸涵 方雨婷 冯圣阳 冯旭 冯毓萱 冯泃
伏财勇 付康妮 付思慧 付彦达 付玉婷 甘在良
高洁 高楷文 高世成 高天琦 高雨格 高远
葛传福 龚晨印 荀华君 顾宁洁 顾庞 顾宇婷
顾嵩 关淳雅 关梦骄 关小松 郭思彤 郭威
陈阳 陈周悦 陈瑾 范敏 封煜靖 冯立君　郭威 郭泳霖 郭泽正 郭子轩 郭子毓 郭倩汝

### 艺术学院

| 毕凯茜 | 毕月蓁 | 陈燚 | 陈舒萍 | 陈蔚修 | 陈需雅 |
| --- | --- | --- | --- | --- | --- |
| 陈阳 | 陈周悦 | 陈瑾 | 范敏 | 封煜靖 | 冯立君 |
| 耿游子民 | 顾佳绮 | 官佳琦 | 郭舟 | 海洋 | 韩禹 |
| 何凌云 | 洪语铭 | 胡婉凝 | 胡迎香 | 黄彬彬 | 黄子豪 |
| 贾希阅 | 贾璇 | 姜若寒 | 江禾 | 解丰宁 | 雷雨萌 |
| 李辉 | 李静茹 | 李兰 | 李明珠 | 李瑞琪 | 李雪源 |
| 梁思远 | 刘华 | 刘锦潞 | 刘思文 | 刘夏青 | 刘之湄 |
| 刘卓尔 | 吕凯源 | 罗雪 | 马思慧 | 牟晓晨 | 欧璐欣 |
| 平逍遥 | 钱嘉琪 | 任慧 | 苏办 | 孙浩然 | 孙颖 |
| 唐迪 | 王璠 | 王欢 | 王霜晖 | 王文笛 | 王晓菲 |
| 杨志远 | 叶思慧 | 叶雨晨 | 易美昕 | 张澈 | 张晨 |
| 张海军 | 张慧羽 | 张明浩 | 张渝佳 | 张钰滢 | 赵晨霄 |
| 郑君 | 郑凯雯 | 周虹 | 周蕾 | 周亚荣 | 周怡甸 |
| 栾晓芸 | | | | | |

### 对外汉语教育学院

| 陈姵彣 | 陈韬瑞 | 富聪 | 贺知宇 | 洪菀蔚 | 胡晶莹 |
| --- | --- | --- | --- | --- | --- |
| 李享 | 林钲青 | 刘婉清 | 马郢 | 牛杨杨 | 彭乐梅 |
| 任月明 | 师倩倩 | 师瑜 | 宋爽 | 孙书琦 | 谭坤明 |
| 陶琳 | 万婧 | 王靖 | 王玺 | 向雅婕 | 谢瑞萍 |
| 徐瑷依 | 许保瑞 | 严鑫 | 张丹萌 | 张健哲 | 张璞 |
| 赵洪玉 | 钟瑶慧 | | | | |

### 深圳研究生院

| 艾敦义 | 艾宪 | 安军军 | 白慕豪 | 鲍振宇 | 鲍琪 |
| --- | --- | --- | --- | --- | --- |
| 毕圣 | 玻澜 | 卜灿华 | 蔡旻铮 | 蔡占元 | 蔡志伟 |
| 曹艾瑜 | 曹继中 | 曹雪冰 | 曹宇辉 | 曹芸芹 | 曹瑾瑜 |
| 曹晟 | 查珺珺 | 常青 | 陈旻 | 陈晨 | 陈迪 |
| 陈戈 | 陈国平 | 陈豪杰 | 陈慧丽 | 陈家宁 | 陈杰 |
| 陈俊铭 | 陈柯良 | 陈立崧 | 陈露 | 陈诺 | 陈启远 |
| 陈诗蔚 | 陈世杰 | 陈天柘 | 陈伟荣 | 陈文键 | 陈希阳 |
| 陈晓燕 | 陈眩杰 | 陈雅园 | 陈艳菲 | 陈燕弥 | 陈一洋 |
| 陈艺中 | 陈迎 | 陈雨晴 | 陈湛 | 陈争妍 | 陈正昕 |
| 陈之昊 | 陈志清 | 陈志昊 | 陈挚 | 陈茁 | 陈倩婷 |
| 陈菁 | 陈恺文 | 陈浣明 | 陈婕 | 陈桦 | 陈曦 |
| 陈靓 | 成颗 | 程东俊 | 程若楠 | 程星莹 | 程茜 |
| 初亭瑶 | 丛菡 | 崔长生 | 崔逸璇 | 戴蕾 | 戴僡玥 |
| 戴迈凡 | 戴天骄 | 戴心 | 代晓霜 | 丹宇卓 | 单朔 |

| 党艺飞 | 邓超 | 邓航 | 邓晴心 | 邓欣禾 | 邓燕凤 |
| --- | --- | --- | --- | --- | --- |
| 邓彦宇 | 邓振怀 | 邓珂雅 | 邓曦 | 翟景俊 | 丁海波 |
| 丁佳灿 | 丁尽琼 | 丁俊杰 | 丁科翔 | 丁收香 | 丁吴军 |
| 丁翔宇 | 丁一斌 | 丁宇 | 董政武 | 豆敏 | 杜博闻 |
| 杜尊铭 | 段晓琳 | 段选 | 樊凯嘉 | 樊锴 | 范欢杰 |
| 范家琦 | 范凌冲 | 范维扬 | 方贵斐 | 方晓睿 | 方尧 |
| 方逸涵 | 方雨婷 | 冯圣阳 | 冯旭 | 冯毓萱 | 冯泃 |
| 伏财勇 | 付康妮 | 付思慧 | 付彦达 | 付玉婷 | 甘在良 |
| 高洁 | 高楷文 | 高世成 | 高天琦 | 高雨格 | 高远 |
| 葛传福 | 龚晨印 | 荀华君 | 顾宁洁 | 顾庞 | 顾宇婷 |
| 顾嵩 | 关淳雅 | 关梦骄 | 关小松 | 郭思彤 | 郭威 |
| 郭威 | 郭泳霖 | 郭泽正 | 郭子轩 | 郭子毓 | 郭倩汝 |
| 郭潇 | 国宏宇 | 韩典杉 | 韩寒 | 韩青周 | 韩擎 |
| 韩书楠 | 韩笑 | 韩毓 | 杭诗敏 | 何海珊 | 何金泽 |
| 何曼文 | 何翘楚 | 何清 | 何文韬 | 何宇 | 何中玉 |
| 何谕 | 何隽贤 | 贺丹 | 贺庆 | 贺夏雨 | 洪宏峰 |
| 洪佳菁 | 侯雪峰 | 侯彦伟 | 胡偲妍 | 胡家彬 | 胡剑雄 |
| 胡钧 | 胡磊 | 胡立林 | 胡罗丹 | 胡仁杰 | 胡天锐 |
| 胡晓宇 | 胡逸凡 | 胡嫒 | 胡婷 | 虎晨 | 花卫 |
| 华雨 | 还雪婷 | 黄楚璇 | 黄德权 | 黄登峰 | 黄芳 |
| 黄江英 | 黄沛荣 | 黄天骄 | 黄维铭 | 黄文 | 黄晓晴 |
| 黄小娴 | 黄学楷 | 黄樱 | 黄有超 | 黄越 | 黄增宇 |
| 黄镇城 | 黄芝琪 | 黄姿鸿 | 黄紫荆 | 黄祉霖 | 黄铮 |
| 黄铿华 | 惠浦 | 霍垚光 | 吉淳 | 计紫藤 | 贾士钊 |
| 姜若云 | 姜舜尧 | 姜芸 | 江冰森 | 江东源 | 江舒盈 |
| 蒋锦艳 | 蒋凌睿 | 蒋明明 | 蒋琼 | 蒋绍垟 | 蒋西麟 |
| 蒋锡春 | 蒋先逞豪 | 蒋英杰 | 焦琳 | 焦文 | 焦中罡 |
| 金亿杰 | 金玉婷 | 金子茗 | 经建军 | 景波 | 康晓雪 |
| 康欣悦 | 康照东 | 亢颖 | 柯锴 | 孔晓宇 | 孔子尚 |
| 孔荟洁 | 赖飞宇 | 赖亚文 | 蓝英 | 兰李亮 | 兰天阳 |
| 郎悦岑 | 雷美芳 | 冷天作 | 黎冬梅 | 黎建 | 李波光 |
| 李晨阳 | 李春妍 | 李凡平 | 李方闻 | 李飞飞 | 李耕 |
| 李更新 | 李国凡 | 李浩 | 李浩 | 李浩治 | 李鸿潘 |
| 李画儿 | 李冀龙 | 李佳辉 | 李家文 | 李进江 | 李柯尧 |
| 李兰兰 | 李磊 | 李黎 | 李榴心 | 李柳萱 | 李梦雅 |
| 李明月 | 李默宇 | 李宁煌 | 李培 | 李柔莹 | 李善浩 |
| 李双 | 李思墨 | 李思琪 | 李天相 | 李挺 | 李文斌 |
| 李文静 | 李晓渊 | 李欣怡 | 李许婕 | 李岩 | 李杨 |
| 李艺 | 李永超 | 李予李 | 李雨默 | 李雨珊 | 李玉彤 |
| 李玉晓 | 李志伟 | 李治龙 | 李卓遥 | 李子怡 | 李倩 |
| 李嫣 | 李祎延 | 李睿祯 | 李罡 | 李铠杨 | 梁碧晨 |
| 梁峰 | 梁斯盛 | 梁先辉 | 梁艺 | 梁震 | 廖富凯 |
| 廖萌 | 廖若凡 | 廖映聪 | 林翰泽 | 林浩茹 | 林楷彬 |
| 林莉莉 | 林琳 | 林敏 | 林锐佳 | 林诗怡 | 林威宏 |
| 林伟成 | 林小韵 | 林雪娇 | 林哲民 | 林哲宇 | 林子明 |
| 林子璇 | 林玮映 | 林睿 | 刘嬿 | 刘爱丽 | 刘保良 |

| | | | | | | | | | | | |
|---|---|---|---|---|---|---|---|---|---|---|---|
| 刘 彬 | 刘斌斌 | 刘 畅 | 刘 迪 | 刘 凡 | 刘 丰 | 吴凯特 | 吴李杰 | 吴立渝 | 吴若昕 | 吴生森 | 吴文颖 |
| 刘峰林 | 刘付匀 | 刘鹤立 | 刘宏晋 | 刘花美 | 刘嘉莹 | 吴晓庆 | 吴晓月 | 吴旭东 | 吴学鲜 | 吴一凡 | 吴雨亭 |
| 刘嘉颖 | 刘佳星 | 刘家佑 | 刘家麟 | 刘剑刃 | 刘金钊 | 吴 峥 | 吴 瑾 | 武德浩 | 武晓钰 | 武卓远 | 夏富坤 |
| 刘 娟 | 刘 凯 | 刘 丽 | 刘 俐 | 刘 朋 | 刘 萍 | 夏 韵 | 夏志丹 | 肖彩凤 | 肖 萌 | 肖梦华 | 肖少平 |
| 刘仁博 | 刘仕怡 | 刘树钰 | 刘 涛 | 刘添兵 | 刘夏榕 | 谢长青 | 谢 芳 | 谢建辉 | 谢建平 | 谢建平 | 谢锦汉 |
| 刘小芳 | 刘小华 | 刘 忻 | 刘 星 | 刘亚东 | 刘一宾 | 谢森锴 | 谢 巍 | 谢 燕 | 谢 意 | 谢泽韬 | 谢子晗 |
| 刘一鸣 | 刘颖青 | 刘宇驰 | 刘宇杰 | 刘原吉 | 刘泽坚 | 谢宗霖 | 谢昕睿 | 邢彦琰 | 邢 煜 | 熊 玥 | 熊博文 |
| 刘 舟 | 刘卓远 | 刘子妍 | 刘 昕 | 柳勤瑾 | 楼梦茜 | 熊国皓 | 熊 启 | 熊桢妩 | 徐必鹏 | 徐国人 | 徐浩然 |
| 娄 攀 | 卢俊杰 | 卢 鹏 | 路一凡 | 陆成斌 | 陆法国 | 徐赫雄 | 徐金浩 | 徐 凯 | 徐 凯 | 徐荣景 | 徐小龙 |
| 陆印超 | 陆雨田 | 陆悦芸 | 吕 宏 | 吕晶磊 | 吕张劼 | 徐新华 | 徐心萌 | 徐逸昉 | 徐 莹 | 徐元正 | 徐园钧 |
| 吕瑾瑾 | 罗朝婧 | 罗化军 | 罗佳仪 | 罗可雨 | 罗抒晴 | 徐运铎 | 徐 婷 | 徐琬璐 | 徐鸞凤 | 许伯宁 | 许家慧 |
| 罗 一 | 罗 毅 | 罗翌桐 | 罗子卿 | 罗睿紫 | 骆子珩 | 许灵铭 | 许牧楠 | 许秋子 | 许心怡 | 许艳花 | 薛程友 |
| 马 闯 | 马 飞 | 马浩然 | 马剑峰 | 马 建 | 马静君 | 薛黎曦 | 薛网娟 | 薛泽宇 | 严 惊 | 严 川 | 颜露蓓 |
| 马良秋 | 马 锐 | 马思远 | 马一中 | 马依暄 | 马 奕 | 颜梦琪 | 杨百祥 | 杨 标 | 杨程鹏 | 杨国浩 | 杨涵麟 |
| 马 淼 | 毛 美 | 毛星童 | 苗付厂 | 苗子凌 | 穆 榕 | 杨寒玥 | 杨 开 | 杨 柳 | 杨 凝 | 杨 冶 | 杨伊墨 |
| 倪诗雨 | 倪文凡 | 倪效龙 | 倪 叶 | 聂雨萱 | 聂志勇 | 杨 越 | 杨子润 | 杨滟预 | 杨 婧 | 杨 璇 | 杨 楠 |
| 宁苒宇 | 牛荣康 | 牛志军 | 欧阳旖旎 | 潘 琼 | 潘 雯 | 杨 鑫 | 阳茂战 | 阳 维 | 阳雨露 | 姚敦山 | 姚 佳 |
| 庞 博 | 庞巧云 | 庞青龙 | 庞文博 | 彭 慧 | 彭 俊 | 姚沁雪 | 姚苏芮 | 姚羽思 | 姚云川 | 叶 峰 | 叶光亮 |
| 彭俊峰 | 彭康婧 | 彭 帅 | 彭思雨 | 蒲启迪 | 蒲舒逸 | 叶海仪 | 叶 豪 | 叶 豪 | 叶裕佳 | 易 平 | 易宇轩 |
| 戚润东 | 漆星宇 | 钱朝婷 | 钱 蓉 | 钱淑萍 | 秦佩云 | 殷 倩 | 阴楚晴 | 尹伦琴 | 尹 宁 | 尤子心 | 由 迪 |
| 秦诗瑶 | 青 高 | 丘学祐 | 邱惠民 | 邱 柯 | 屈 统 | 于海泳 | 于丽烨 | 于少华 | 于脱颖 | 于汪仟 | 余海洋 |
| 权鹤阳 | 权嘉璐 | 饶雯君 | 任嘉曦 | 任乐萱 | 任 前 | 余鸣洋 | 余 攀 | 余 弦 | 余卓璇 | 余芷冰 | 俞价慧 |
| 容子豪 | 沙艳华 | 上官森 | 尚韵依 | 邵 帅 | 邵文静 | 玉鑫霖 | 郁 茜 | 喻方桦 | 袁贵灿 | 袁 浩 | 袁家奇 |
| 邵 阳 | 邵绮凡 | 沈芳羽 | 沈廷威 | 沈 倩 | 石吉军 | 袁 琳 | 袁 梦 | 袁 普 | 袁欣然 | 袁 野 | 袁哲峰 |
| 石 天 | 石 菌 | 史崇光 | 史显通 | 舒云天 | 帅 芳 | 袁 媛 | 袁晟伟 | 苑嘉轩 | 岳林霞 | 曾东萍 | 曾嘉彦 |
| 水阿西 | 宋浩然 | 宋品皓 | 宋 伟 | 苏建欣 | 苏 军 | 曾美玲 | 曾培恒 | 章佳文 | 章 园 | 章缇萦 | 章昕乔 |
| 苏 颖 | 苏 昕 | 隋国才 | 孙宝磊 | 孙博宇 | 孙静博 | 章筱童 | 张冰清 | 张炳禄 | 张 波 | 张 弛 | 张 驰 |
| 孙克道 | 孙立宇 | 孙梦玥 | 孙 然 | 孙 瑞 | 孙 天 | 张楚婧 | 张传峰 | 张 法 | 张峰旗 | 张耿涛 | 张翰林 |
| 孙祥睿 | 孙晓霜 | 孙欣鹏 | 孙 洋 | 孙乙尧 | 孙于谦 | 张鸿飞 | 张红荔 | 张 惠 | 张家瑞 | 张 杰 | 张 洁 |
| 孙 悦 | 谭 乐 | 谭 媛 | 汤寒林 | 汤立其 | 唐 波 | 张 津 | 张锦珊 | 张经纬 | 张抗抗 | 张可远 | 张 翀 |
| 唐 齐 | 唐书池 | 唐树宏 | 唐 瑶 | 唐耀星 | 陶 乐 | 张 凌 | 张 曼 | 张梦莹 | 张培栋 | 张 平 | 张奇辉 |
| 陶履方 | 田洪刚 | 田嘉音 | 田宁子 | 田 威 | 田 野 | 张齐学 | 张沁雪 | 张善朴 | 张盛祺 | 张昕雨 | 张桐川 |
| 万 烜 | 万紫荆 | 万芷萱 | 汪 洋 | 汪 越 | 汪志喜 | 张威风 | 张 巍 | 张伟峰 | 张文宏 | 张习之 | 张 翔 |
| 王珺菁 | 王 博 | 王博儒 | 王 郴 | 王辰晔 | 王晨昱 | 张翔宇 | 张晓艺 | 张晓玉 | 张心悦 | 张兴旺 | 张修羽 |
| 王 凡 | 王飞琼 | 王海芹 | 王汉钧 | 王浩苇 | 王赫麟 | 张艺明 | 张亦弛 | 张应鸿 | 张 盈 | 张雨晴 | 张宇佳 |
| 王宏乾 | 王 虎 | 王华茂 | 王佳良 | 王佳伟 | 王佳鑫 | 张宇翔 | 张 越 | 张 蕴 | 张泽伟 | 张哲宇 | 张正一 |
| 王坚强 | 王金纯 | 王 晶 | 王 康 | 王可心 | 王 磊 | 张圳豪 | 张馨宝 | 张 懿 | 张 菁 | 张珂茹 | 张 瑾 |
| 王立智 | 王 力 | 王 林 | 王茂竹 | 王沛晗 | 王鹏飞 | 张韬航 | 张韬略 | 张梓清 | 张皓然 | 赵 彪 | 赵 兵 |
| 王书博 | 王 帅 | 王文亮 | 王 霞 | 王旭菲 | 王雅茸 | 赵 畅 | 赵 飞 | 赵 丰 | 赵冠南 | 赵嘉欣 | 赵 晶 |
| 王雅雯 | 王亚伟 | 王一冰 | 王一帆 | 王一凡 | 王一苇 | 赵鹿鸣 | 赵 普 | 赵 奇 | 赵少波 | 赵舒婷 | 赵舒婷 |
| 王易东 | 王语嫣 | 王玉晴 | 王 渊 | 王振兴 | 王振宇 | 赵苏婷 | 赵恬静 | 赵婉玉 | 赵一佳 | 赵亦欣 | 赵子禹 |
| 王紫蕾 | 王子涵 | 王子旺 | 王子贤 | 王子雄 | 王倩怡 | 赵婵媛 | 郑 华 | 郑锦怡 | 郑林淼 | 郑奇波 | 郑伟宏 |
| 王 茜 | 王菁华 | 王 珂 | 王 玺 | 王琮元 | 王 梓 | 郑玉衡 | 郑宗源 | 郑昊学 | 钟德智 | 钟华韵 | 钟穆将 |
| 王梓成 | 王梓颖 | 王楠鑫 | 王胧佩 | 魏春阳 | 魏晓嵘 | 钟小平 | 周 炳 | 周策瑾 | 周 驰 | 周春寅 | 周季同 |
| 魏 新 | 魏 薇 | 魏怡然 | 魏煜航 | 魏麟懿 | 温海浩 | 周佳惠 | 周康柱 | 周 蕾 | 周琳浩 | 周千竣 | 周 瑞 |
| 温开妍 | 温斯琪 | 温永森 | 吴嘉彤 | 吴金涛 | 吴静静 | 周申文 | 周舒涵 | 周思政 | 周心灿 | 周宜诺 | 周雨恒 |

| | | | | | |
|---|---|---|---|---|---|
| 朱海菁 | 朱鸿锦 | 朱华鹏 | 朱 桓 | 朱丽雯 | 朱梦婷 |
| 朱 彤 | 朱晓慧 | 朱亚光 | 朱 莹 | 朱玉博 | 朱子玉 |
| 朱 婧 | 祝 河 | 祝慧娟 | 祝晓蒙 | 祝兴智 | 祝艺倩 |
| 庄铭楷 | 庄奕佳 | 资小东 | 宗晓萌 | 宗艳洁 | 邹爱红 |
| 邹春波 | 邹东安 | 邹海明 | 邹建军 | 邹 奕 | 佟 岩 |
| 谌 薇 | 邹紫荆 | 闫润华 | 闫喜龙 | 阚建明 | 阚槿楠 |
| 逯 丰 | 皓 天 | 覃楚珺 | 覃 旭 | | |

### 信息科学技术学院

| | | | | | |
|---|---|---|---|---|---|
| 李 真 | 李奕凝 | 刘梦源 | 汤 旋 | 王炜程 | 叶 根 |
| 叶子巍 | | | | | |

### 国家发展研究院

| | | | | | |
|---|---|---|---|---|---|
| 蔡大波 | 陈 航 | 陈华东 | 陈四化 | 陈素英 | 陈 涛 |
| 陈玉栋 | 陈 臻 | 陈之宸 | 戴 虹 | 代恩虎 | 邓享平 |
| 丁海华 | 丁华明 | 丁少华 | 丁晓姝 | 杜 康 | 段振乐 |
| 樊亚静 | 冯 刚 | 高伟刚 | 古红霞 | 顾 瑾 | 郭 彪 |
| 郭 冰 | 郭炳泽 | 郭 航 | 郭 亮 | 郭佩琪 | 郭晓勇 |
| 郭小男 | 韩文昊 | 韩 勇 | 洪晓莹 | 侯小宁 | 胡 捷 |
| 黄柏文 | 黄海燕 | 黄立才 | 黄 琦 | 姬美伊 | 贾行令 |
| 蒋 昊 | 解海中 | 金银实 | 康彦龙 | 郎丽娜 | 雷 东 |
| 雷永辉 | 冷雨璇 | 黎嘉辉 | 黎佳林 | 李进超 | 李 敏 |
| 李明煜 | 李曙光 | 李伟东 | 李 欣 | 李星宇 | 李钟伟 |
| 梁 珂 | 廖飞英 | 林彦佐 | 林 毅 | 刘 畅 | 刘 峰 |
| 刘 涵 | 刘 恒 | 刘思强 | 刘廷超 | 刘 扬 | 刘梓航 |
| 刘 鑫 | 卢鹏宇 | 吕金荣 | 吕蔚嬿 | 吕 罡 | 罗小云 |
| 马 飞 | 马 莉 | 马立杰 | 马立凯 | 牟鸿禹 | 聂琢宇 |
| 欧春谷 | 欧德赟 | 潘 峰 | 彭乐陶 | 蒲新宇 | 秦 冕 |
| 任 嘉 | 任 剑 | 沈欣欣 | 史 琪 | 孙 鹏 | 孙婷婷 |
| 屠 博 | 万 磊 | 王海强 | 王 进 | 王晶晶 | 王克越 |
| 王文文 | 王新韬 | 王延春 | 王逸鸣 | 王悦梅 | 文 娜 |
| 文武斌 | 沃 迈 | 吴 蒙 | 吴 顿 | 徐臻阳 | 徐志豪 |
| 许春晖 | 许金凤 | 玄 威 | 严长春 | 延姣阳 | 杨 辉 |
| 杨金富 | 杨浚治 | 杨立贺 | 杨 蓉 | 杨 朔 | 杨 巍 |
| 杨 阳 | 杨 勇 | 杨壮远 | 易 涛 | 阴美琪 | 尹 恒 |
| 于秀志 | 余世菊 | 余云龙 | 袁海杰 | 岳建军 | 张宝山 |
| 张彩萍 | 张春峰 | 张达明 | 张慧雯 | 张佳玮 | 张剑青 |
| 张金龙 | 张来生 | 张 力 | 张 蒙 | 张希静 | 张志契 |
| 赵 磊 | 赵世东 | 赵向阳 | 赵珍珍 | 赵中平 | 周春瑜 |
| 周 芳 | 周 夏 | 周 延 | 朱佳庆 | 朱家裕 | 朱文珺 |
| 朱文勇 | 朱仲琳 | 瞿 娜 | | | |

### 教育学院

| | | | | | |
|---|---|---|---|---|---|
| 柴亦林 | 陈方舟 | 丁传磊 | 范一筱 | 冯 静 | 何奕霖 |
| 洪志玥 | 黄剑英 | 黄祥瑞 | 李 波 | 李孟泽 | 陆远梅 |
| 罗林瑶 | 马静雅 | 莫子又 | 倪晓畅 | 秦国浩 | 荣赛波 |
| 施 悦 | 孙 菲 | 唐曼云 | 田明周 | 王 静 | 王婧玫 |
| 王钰茹 | 吴思谨 | 姚张卓玥 | 姚智超 | 詹 婧 | 张涵露 |
| 张孟夏 | 张语菡 | 张鑫焱 | 赵雪松 | 周铭翻 | 朱 婧 |

### 人口研究所

| | | | | | |
|---|---|---|---|---|---|
| 陈雪倩 | 陈禹江 | 陈婷蔚 | 崔牛牛 | 傅杭宇 | 郭东旭 |
| 赖虹妤 | 李秉宸 | 林进龙 | 刘 源 | 刘运铎 | 陆晓敏 |
| 彭求实 | 宋金婷 | 王羽佳 | 王倩云 | 魏 玥 | 吴怡杰 |
| 徐超凡 | 杨昌恒 | 尹书山 | 张 月 | 张 晔 | 赵 蔓 |

### 前沿交叉学科研究院

| | | | | | |
|---|---|---|---|---|---|
| 鲍 杰 | 蔡懿韬 | 常 辰 | 常瑞恒 | 陈登博 | 陈 鑫 |
| 迟骁灵 | 范睿博 | 郭士琪 | 韩 愉 | 胡 晟 | 胡 晗 |
| 黄 港 | 姜智胜 | 金泽文 | 孔志恒 | 李明哲 | 李一博 |
| 李雨芮 | 廖开元 | 林殷年 | 林 哲 | 刘嘉澍 | 柳学富 |
| 卢卓成 | 罗睿轩 | 马 晋 | 苗孟琦 | 彭念念 | 秦文涛 |
| 任卓涵 | 沙梦吟 | 邵 洲 | 申鸿怡 | 宋一苇 | 苏嘉俊 |
| 孙汉源 | 孙天琪 | 田贵宇 | 王秋皓 | 王蓄锐 | 王 尧 |
| 吴 聪 | 吴 昊 | 徐 谦 | 徐 祺 | 薛 犇 | 杨明钰 |
| 杨一帆 | 章 喆 | 章文杰 | 张 京 | 张向辉 | 赵世双 |
| 赵学亮 | 赵 奕 | 周 蒙 | 朱钱超 | 朱 耀 | 亓宗帅 |
| 闫凌壑 | | | | | |

### 工学院

| | | | | | |
|---|---|---|---|---|---|
| 安 之 | 车成鹏 | 陈龙冬 | 陈翔宇 | 范佳佳 | 方文轩 |
| 房昱安 | 付 猛 | 顾丽坤 | 郭春艳 | 郭自伟 | 郝嘉懿 |
| 侯智博 | 黄靖文 | 纪弘焱 | 江 季 | 蒋昕鹏 | 康家赫 |
| 雷 扬 | 李根强 | 李妙璇 | 李仁星 | 李双宇 | 李 阳 |
| 李卓根 | 李昕芮 | 李 羿 | 林良琰 | 林诗颖 | 刘二伟 |
| 刘慧杰 | 刘佩红 | 刘希同 | 刘津灿 | 吕明曦 | 马 哲 |
| 孟丽丽 | 倪庆雯 | 潘蕾屹 | 庞维青 | 齐 峰 | 钱雨梅 |
| 任姣姣 | 阮 江 | 石江锋 | 史立学 | 唐骥骅 | 田莎莎 |
| 汪世平 | 汪斯雅 | 王长胜 | 王海江 | 王 嘉 | 王铭浩 |
| 王 雅 | 王亚新 | 王 扬 | 王宇涛 | 王潆爽 | 吴 航 |
| 吴丽丽 | 武星红 | 伍翘楚 | 夏多舜 | 肖 婷 | 谢书猛 |
| 熊 敏 | 熊万启 | 徐 凯 | 徐延昊 | 徐玮卿 | 许望东 |
| 许 勇 | 薛浩晨 | 杨宏涛 | 杨明亮 | 杨书淮 | 杨祖堤 |
| 叶华锋 | 游云飞 | 于建杰 | 袁东杰 | 战祥捷 | 章松涛 |
| 张慧敏 | 张 亢 | 张仕鹏 | 张 翔 | 张 预 | 张 圆 |
| 张圆圆 | 张晏纶 | 赵丹青 | 郑江涛 | 仲维礼 | 周云柯 |
| 周 振 | 朱大勇 | 朱涤沙 | 朱昱东 | 闫之正 | 覃瑞寒 |

### 集成电路学院

| | | | | | |
|---|---|---|---|---|---|
| 戴雪玉 | 李铁松 | 刘景怡 | 马康维 | 宿小磊 | 王敬一 |
| 邹青云 | | | | | |

### 计算机学院

| | | | | | |
|---|---|---|---|---|---|
| 毕 箫 | 陈 静 | 崔牧原 | 单中原 | 董 宇 | 冯 斌 |
| 冯存光 | 冯秩健 | 郝嘉琨 | 何炆轩 | 侯 忱 | 胡 扬 |
| 黄 婧 | 黄韫文 | 金 典 | 李 冰 | 李晨阳 | 李圣韬 |
| 李 伟 | 李希贤 | 李 睢 | 刘 坤 | 刘渊强 | 刘兆鹏 |
| 刘 淦 | 龙汀汀 | 罗子渊 | 饶思敏 | 申思杰 | 税天晓 |
| 宋博宁 | 苏 超 | 孙靖渊 | 王竖宇 | 王 朝 | 王 成 |
| 王春萌 | 王剑锋 | 王鹏霄 | 王书文 | 王宇轩 | 王兆植 |

吴　欣　　薛岚天　　杨　阳　　于晓彭　　张德皓　　张悦枫
赵恒昶　　郑　婳　　周仕林　　邹　佩　　臧振宇　　褚文达

### 智能学院
白天昊　　蔡佳晋　　程　旖　　方　帅　　房　晨　　胡含哲
胡景博　　黄　璨　　姜　峰　　柯　楠　　李明泽　　李勇刚
马晓君　　彭　劲　　徐　晟　　尹瑾瑜　　于筱涵　　岳成磊
张明亮　　赵展渤　　钟易澄　　邹钰笛

### 电子学院
陈荟萃　　丛周宇　　高翘楚　　郭付贵　　郭宗仁　　何琦琛
胡添翼　　黄鑫鑫　　荆　森　　刘佳欣　　刘约翰　　柳　晔
卢方周　　马方舒　　沈哲伦　　宋瑞祥　　孙梦真　　孙群林
万　斌　　王鹏锦　　王天浩　　王艺东　　王智亭　　徐博文
徐邵行　　许帅龙　　杨伯威　　杨庆龙　　张华龙　　张　磊
周家士　　臧晗旸

### 城市与环境学院
陈靖儿　　陈相吾　　陈晓雪　　程浩然　　代二战　　范志佳
冯　硕　　郭爱伦　　郭　旋　　何　鑫　　赫文琦　　金　丹
李君怡　　李鹏程　　李　瑞　　李诗琪　　李修颉　　李泽坤
梁琛瑜　　任雨萱　　时婧玥　　孙立彪　　孙牧晨　　索朗巴珍
汤慧桢　　汤　鑫　　唐菱珮　　陶　佳　　陶建维　　万　婕
王　博　　王德政　　王抚景　　王嘉伟　　王霖飞　　王珍熹
王　潇　　王　婷　　吴昌贤　　萧浚晏　　徐　帅　　徐耀亚
严　亮　　杨　琼　　叶翔宇　　于欣源　　余颢凡　　俞　璐
詹　鹏　　张　格　　张婉莹　　张应鹏　　张子墨　　张琛浩
赵超楠　　赵　福　　赵红阳　　赵文杰　　赵　晔　　郑钞月
郑树杰　　周雨岚

### 环境科学与工程学院
陈文君　　段长宇　　关茜妍　　郭　鹏　　胡晶程　　胡俊梅
梁　悦　　刘阆霄　　刘元洋　　穆　钰　　王敏妃　　韦铭志
温胜超　　香雪莹　　张晨昕　　张　峰　　张　群　　钟　寰

### 分子医学研究所
莫家明　　王子豪

### 歌剧研究院
安　鑫　　陈　晨　　黄　萌　　刘丽君

### 建筑与景观设计学院
艾则木　　陈俊朋　　付宏鹏　　高振柱　　郭　静　　胡一凡
黄可青　　惠子煜　　姜河之是　揭　华　　李嘉宁　　李　彤
李万卷　　李小娟　　刘晋源　　卢文杰　　吕明伟　　明　卉
尚珍宇　　宋晓云　　田超越　　汪芝辰　　王甘祎　　王　琳
王若飞　　王　璐　　吴　莹　　许艺芋　　薛鹏程　　袁博勋
张　坤　　张一弛　　张　鑫　　郑心怡　　钟洁岚　　朱　可
朱　汐

### 新媒体研究院
常祥宾　　崔晓欢　　范慧湄　　范小军　　冯笑盈　　顾宇蕾
郭　祎　　郭　浪　　李方妤　　李　想　　林嘉盈　　林　莉
刘梦瑶　　刘　翔　　鲁栾子健　欧阳好璐　潘京叶

青芳宇　　史脉一　　王雅涵　　闻楚奇　　夏瑞敏　　向灵柯
杨智舟　　尹秋舒　　张惠君　　张嘉媛　　张致斌　　赵字祯
周星玉　　邹薪羽　　冼芷卉　　阚馨仪

### 燕京学堂
陈美琳　　陈舒婷　　戴之依　　冯玮欣　　何依然　　洪靖旖
雷耀翔　　梁智堂　　廖思潭　　林雨虹　　刘歌风　　刘瑞文
刘彦君　　刘洋汐　　罗含艺　　汪雪倩　　王琳琳　　王　帅
吴君仪　　徐欣怡　　许湛一　　阎若琦　　张宏达　　周陈成

### 材料科学与工程学院
白　羚　　陈薪钢　　程进前　　王静怡　　许蕙怡　　于树磊
钟妮芳　　朱　敏　　覃木林

### 基础医学院
曹　峰　　陈功烈　　陈慧宇　　陈张鑫　　陈钊铭　　邸士鸣
耿学好　　郭慧颖　　韩炳轩　　韩文雯　　胡克新　　金宇鑫
李含笑　　李丽丽　　李明娟　　李欣洁　　李颜行　　廖蕴晰
林晓瑞　　刘存伟　　刘佳怡　　刘诗贺　　刘艳华　　刘玉梅
刘长允　　吕娇云　　缪颖琪　　彭安康　　史倩文　　宋亚荣
汤韫祎　　王　磊　　王　硕　　王振斌　　王子月　　吴　聘
吴志栋　　武　潇　　肖　圣　　徐丽娟　　尹厚庆　　张力凡
张玉莹　　张兆昱　　朱佳馨　　祝传达　　宗　艺
米丽·米那多拉　　沙木哈·巴合提别克
孜巴古丽·吾布力卡斯木

### 药学院
白亦臻　　保　琦　　柴　跃　　陈和祺　　陈　坤　　陈　铭
陈小琴　　陈新怡　　程博洋　　程文慧　　代君健　　代荣恒
邓晨昀　　董　航　　董慧雯　　董文靓　　董　鑫　　董　秀
杜浩鑫　　范平安　　范淑敏　　房　凡　　房　萌　　高义博
顾佳慧　　郭成凤　　郭楚宁　　郭叙言　　郭泽峰　　韩蕙泽
郝梦娇　　和子超　　胡　靖　　胡潇月　　胡　杨　　黄　涛
黄雅群　　贾　彤　　简伟哲　　江瑶瑶　　姜钱晨　　金嘉莹
兰少杰　　蓝　茅　　黎　想　　李安南　　李　浩　　李嘉嘉
李梦雅　　李若茗　　李欣懿　　李依佳　　李奕言　　梁晓敏
廖　媛　　林雨星　　刘　冰　　刘当亮　　刘建雄　　刘　萌
刘明丽　　刘思彤　　刘西洋　　刘雅文　　刘　洋　　刘聿砚
刘智超　　娄婷婷　　罗兆祥　　吕博晨　　吕　恬　　马天昊
马翊宁　　毛文涛　　南笑珂　　钱浩楠　　任蒙蒙　　任钰歆
宋心怡　　苏凌宇　　苏晓璇　　孙嘉旭　　孙　毅　　谭　畅
唐颖蔚　　涂心宇　　王　淙　　王冠儒　　王光雪　　王　函
王林林　　王孟洋　　王鹏宇　　王秋风　　王天宇　　王　伟
王玺贤　　王骁潇　　王　昕　　王亚冲　　王亚帅　　王一帆
王　媛　　魏琦佳　　吴奉宪　　吴俊荣　　武　霞　　夏虓林
徐　帅　　许晓庆　　颜晨嘉　　杨　波　　杨　金　　叶效明
易婧芸　　易延亮　　阴润鑫　　于爱晨　　于　晶　　喻胜锋
袁　硕　　袁　田　　翟　琳　　湛　鹏　　张恩瑶　　张竟文
张乐凡　　张仁为　　张守祺　　张文馨　　张　鑫　　张梓曜
赵眉眉　　郑舒泽　　郑天歌　　郑钰琳　　郑哲涛　　周小清

周　瑜　朱贵旺　邹　晶　邹　优

赵伊雪　赵依含　周家欣　周嘉欣　周子珍　朱　蝶

### 公共卫生学院

### 第二临床医学院

曾雪扬　陈董泽　陈　璐　陈曼曼　陈美君　陈明隆
陈思源　陈思远　陈暐烨　陈　曦　陈阳阳　单丹萍
杜　敏　段宇祺　樊理诗　范晓琪　冯黄于飞　高雅晴
葛建鸿　谷　雨　寒　露　贺冰洁　洪昱廷　黄琬桐
江宛谕　姜　萍　金　旭　柯　骧　李　晨　李　斐
李璟媛　李静文　李梦诗　李倩倩　李文涛　李贤哲
李晓怡　李雨橦　李玉欢　李远骋　梁志生　蔺俊杰
刘凤琪　刘光奇　刘翰谕　刘佳和　刘健新　刘　林
刘秋萍　刘　爽　刘思辰　刘文文　刘艳萍　刘　宇
刘云飞　龙漫漫　娄　珂　鹿　璐　罗凤琪　罗　颜
吕希霖　马　宁　马璇璇　马　雪　马　莹　牛洁琼
潘　烺　潘雨晴　彭远舟　綦军帅　钱开焕　秦　伟
施宏波　苏鹤轩　苏明阳　孙　京　孙　言　谭雨薇
涂　舒　万中尚　汪　涵　汪亚萍　王伽婷　王慧煜
王嘉豪　王俊人　王廉皓　王　瑞　王　硕　王文秀
王晓芸　王秀娟　王言频　王月清　王兆坤　王振余
王子尧　韦　婵　魏添添　温俏睿　文　婧　吴曼琪
徐凌璐　徐影影　许仙峰　薛恩慈　闫泽玉　杨　晨
杨明芳　叶　晨　于　雪　于亚航　袁　杰　袁宁蔓
张柏松　张丁元　张国欢　张佳伟　张家赫　张靓因
张明轩　张萍萍　张翔宇　张晓晗　张晓玄　张　欣
张　玥　张祖洪　赵润茏　郑　可　周明珠　周斯亮
朱　瑶　朱亚如　巴哈白克·江吐鲁
苏米亚·艾合买提江

宝　梅　蔡浩雁　曾松录　陈思童　陈文倩　陈宣竹
陈彦丽　程镕琪　戴一博　董天慧　窦　豆　范泽颖
付皓丽　耿佳旭　郭一学　韩馨瑶　黄诚睿　黄诗恩
解　鹏　赖金惠　李晶欣　李启程　李文頔　李雪宁
李雪薇　李亚婷　林婷如　刘　昊　刘　洁　刘思宁
娄景冰　卢亚辉　马　路　马昕茜　潘梓末　彭　喆
齐志丹　屈　展　苏家荣　唐菽谦　田佳宜　田　昭
王洁琼　王　君　王　璐　王朋飞　王青伟　王一麟
王资隆　魏　朵　翁诗佳　谢　阳　许　倩　杨长江
杨子瑶　于春子　张焕芝　张金珠　张文婷　张　阳
赵慧敏　赵璐璐　周荣锋　周星宇

### 第三临床医学院

艾丽娅　程建星　褚雅歆　丁芃冰　杜明泽　范文洋
冯　姗　郭　雯　何家文　胡风铃　李　琛　李彤昕
李依桐　李晟华　廖宝莹　刘　昕　刘钰君　闵树元
倪任华　曲江雪　孙　尚　孙笑笑　唐书翰　唐泽清
王春杰　王俊雁　王思雨　魏广超　乌雅罕　吴　桐
吴张立　谢宛裔　徐梦红　许振涛　薛艳梅　杨　翠
杨婷婷　杨雨怡　苑润雪　翟晓丹　张　波　张　丽
张路路　张淑涵　张腾瑞　张　旺　张馨媛　郑　栩
钟泓颖　周宇航

### 积水潭医院

曹翔宇　黄朋举　赵　斌　邹宣瑜

### 口腔医学院

### 护理学院

蔡　颖　杜媛媛　段亚晨　耿家依　顾嘉鑫　侯银萌
胡慧玲　胡寅初　金仕达　黎秋宏　李　策　李　欣
马雪倩　潘海浩　钱　敏　孙秋雨　孙心宁　王梦琪
王文玉　韦小夏　肖红梅　闫静欣　杨　敏　于　淼
张慧晶　张　静　张秋雯　张　彤　张　园　张悦洋
赵小燕

安　伟　曹世陶　陈叔芹　戴　好　高一珂　韩春山
郝小文　黄鸣明　李红光　李凯一　李明钊　李　楠
李淑芳　李月华　刘春晖　马珂楠　马雨琪　秦志明
任少毓　石宇彤　孙瑞青　汤玉芳　项　东　薛　江
延　涵　杨慧丽　叶嘉慧　张　鹤　张　杰　张临雪
张凌云　张文卿　张笑寒　张馨元　赵健霄　郑　璇
仲若情　周莹莹　朱灵丽

### 医学人文学院

### 精神卫生研究所

郭　锐　林克文　吕　恒　吕　燕　宋珍玉　宋卓君
卫宏阳　赵　杏　郑佶祺

陈　云　傅　朝　洪梦玥　李明珠　卢政安　梅冬蕾
孟天骄　邱孙伟　王咏诗　夏舜尧　谢晨妹　邢晓曦
叶淑玲　赵荔阳

### 第一临床医学院

### 临床肿瘤学院

阿比囡扎　白纯碧　陈林滔　陈书迪　陈彤桦　陈志茂
程　燕　池东璇　付豪永　关舒文　郭美玉　和瑞菊
侯　欢　花　蓉　黄雨澄　江一方　姜学慧　解洛莹
柯唯心　李嘉雯　李俊猛　李艳芬　李　源　李　政
刘沛霖　刘千祺　刘　珊　刘鑫鑫　卢宇轩　吕梦轩
莫小倩　莫宇佳　钱金钦　秦利霞　屈嘉豪　苏泳娴
覃　珊　万雅兰　王　斐　王君宇　王　爽　王翔宇
谢　硕　辛甜宇　熊盛炜　胥函君　颜世锐　杨宇晴
姚子豪　应子奇　张　冲　张一丁　赵　康　赵妍妍

陈贤芳　代晨玥　樊　桦　傅佳雷　海艳茹　李晨光
李　丹　李　欢　李　梦　李秋余　李彦豪　梁琳琳
刘嘉城　刘骄杨　刘一博　罗　瑶　马　宾　农元能
贠泽蕙　袁　涛　张嘉恩　张凌瑷　张一繁　禚　娜

### 北京医院

陈　皓　陈　莹　刁振丽　李　一　米雪景　牛　洁
邵嵘焱　宋禹霏　张　鹏　张冉冉　张晓宇　张远东
张　越　张　泽

### 中日友好医院

| | | | | | |
|---|---|---|---|---|---|
| 陈　悦 | 德格金 | 付　豪 | 高　敏 | 高文文 | 高　璇 |
| 高　扬 | 黄　涛 | 贾　强 | 姜伟浩 | 李沛哲 | 李杨琛 |
| 李智卓 | 梁　燕 | 刘秀秀 | 孙海燕 | 徐　坤 | 徐晓虹 |
| 张朴丽 | 张　媛 | 郑旭敏 | | | |

### 世纪坛医院

| | | | | | |
|---|---|---|---|---|---|
| 何彩莲 | 胡文哲 | 黄博洋 | 林万程 | 宋明俊 | 唐　雪 |
| 汪雕雕 | 严炫晖 | 张建鲁 | | | |

### 航天中心医院

| | | |
|---|---|---|
| 王　宇 | 吴　怡 | 赵子晗 |

### 首都儿科研究所

| | | | | |
|---|---|---|---|---|
| 李　杰 | 汪亚南 | 尹　彤 | 张　樊 | 张丽娜 | 张　艳 |

### 民航总医院

| | |
|---|---|
| 安红萤 | 陈文娇 |

### 深圳医学中心

| | | | | | |
|---|---|---|---|---|---|
| 曾黛琳 | 曾进标 | 关书远 | 郭春磊 | 韩馨乐 | 黄三玲 |
| 李　旭 | 李云河 | 栾慧杰 | 王佳煜 | 王梦欣 | 吴　霞 |

许家成　姚玉芳

### 首钢医院

刘　月

### 地坛医院

| | | | | |
|---|---|---|---|---|
| 曾　湛 | 李方园 | 马　媛 | 孙卓群 | 王芯栎 | 肖　静 |

### 解放军第三〇二医院

| | | | | |
|---|---|---|---|---|
| 刘哲睿 | 罗　婧 | 王国雪 | 王红敏 | 王巧玲 | 余滢滢 |

### 解放军第三〇六医院

芦文俊　陆盛宇

### 回龙观医院

洪江月　罗　阳

### 西苑医院

卢梦雄　周维通

### 国际医院

李向冀

（研究生院）

# 博士毕业生名单

### 数学科学学院

| | | | | | |
|---|---|---|---|---|---|
| 包诗界 | 陈　亮 | 陈文集 | 崔　畅 | 刁旭昊 | 杜歌阳 |
| 杜予聪 | 高一帆 | 何臻睿 | 黄翔宇 | 姜　帆 | 蒋海立 |
| 金子捷 | 兰　天 | 李　弨 | 李长彦 | 李鹏程 | 李晓燕 |
| 李　忠 | 李昊坤 | 梁逸舟 | 林秋实 | 柳昊明 | 罗　霄 |
| 罗姗姗 | 邵凌轩 | 沈舜麟 | 沈铮阳 | 王恒亮 | 王鲁琦 |
| 王炜飚 | 吴大庆 | 吴志昂 | 夏飞黄 | 夏明洋 | 肖传福 |
| 谢宗楷 | 徐林霄 | 杨明瀚 | 杨　莹 | 叶志强 | 游培廷 |
| 余　豪 | 俞　炳 | 喻旭东 | 张　亮 | 张喜悦 | 赵　芯 |
| 赵　钰 | 钟　巍 | 周　航 | 周　琳 | 周　圆 | 朱　果 |
| 朱　力 | 邹亚君 | 亓　帅 | | | |

### 物理学院

| | | | | | |
|---|---|---|---|---|---|
| 阿里木·肉孜 | 安　莹 | 敖雨田 | 白世伟 | 蔡冉冉 | |
| 陈豪敬 | 陈华强 | 陈俊延 | 陈立坤 | 陈灵锋 | 陈　实 |
| 陈思玥 | 陈　艺 | 陈毅勇 | 程博伟 | 崔增琪 | 邓妙怡 |
| 丁冬冬 | 杜　娟 | 杜婉莹 | 樊　勇 | 方一奇 | 葛　军 |
| 葛　伟 | 顾理想 | 郭见青 | 郭　桐 | 韩家兴 | 贺阿信 |
| 侯　爵 | 胡亚超 | 胡　远 | 黄思维 | 黄天奇 | 黄　玉 |
| 棘广跃 | 贾尚瞳 | 姜金辰 | 姜中景 | 江丙炎 | 金　瑜 |
| 郎　永 | 郎　睿 | 雷　柱 | 李东彧 | 李海龙 | 李　明 |
| 李如梦 | 李思璇 | 李　洋 | 李跃辉 | 李倩惠 | 李　飒 |
| 李　铎 | 梁明诚 | 梁　昊 | 廖临谷 | 刘百银 | 刘清元 |
| 刘上锋 | 刘士琦 | 刘　硕 | 刘星辰 | 刘雅卉 | 刘允启 |
| 刘志鑫 | 刘　潇 | 刘媛琪 | 刘　晗 | 刘罡宏 | 芦春洋 |
| 吕　超 | 马驰川 | 马骏超 | 马文龙 | 孟　聪 | 宁远航 |
| 牛锐锐 | 牛文奇 | 欧阳东明 | 彭宇轩 | 齐少勉 | 钱焰军 |
| 钱祉源 | 强　雨 | 乔春源 | 任静静 | 石蓓蓓 | 舒　苏 |
| 宋　锐 | 宋昀轩 | 苏　悦 | 孙唯佳 | 孙月香 | 谭海月 |
| 唐宇辉 | 万伟平 | 王东阳 | 王　晶 | 王梦真 | 王　雪 |
| 王子潇 | 王　淼 | 王　睢 | 魏嘉琪 | 吴明阳 | 吴赵龙 |
| 武新宇 | 夏世城 | 向鹏展 | 肖　杰 | 谢　雨 | 信子鸣 |
| 邢传阳 | 熊运城 | 徐贤钧 | 徐　艺 | 徐永琪 | 徐正蒙 |
| 许　傲 | 薛海鹏 | 颜子翔 | 杨　辉 | 杨　洁 | 杨晓宇 |
| 杨　珩 | 姚思齐 | 余捻坤 | 余晓阳 | 张　策 | 张春风 |
| 张吉东 | 张开元 | 张　萌 | 张　宁 | 张　爽 | 张威东 |
| 张肖涵 | 张一凡 | 张雨晴 | 张泽昊 | 张志斌 | 赵起悦 |
| 赵诗琪 | 赵忠海 | 赵洲峤 | 赵　晟 | 郑　沄 | 郑　伟 |
| 郑文壮 | 周　斌 | 周　蒙 | 周瑞琳 | 周远志 | 朱道泉 |
| 朱帝兆 | 朱锦平 | 庄明阳 | 邹广源 | 邹作恒 | 邬　超 |
| 闫　青 | 闫姣婕 | 臧之昊 | 晁雪傲 | 晁　越 | 胥　恒 |

### 化学与分子工程学院

| | | | | | |
|---|---|---|---|---|---|
| 艾达尔·木合塔尔 | 白晴文 | 蔡思良 | 蔡泽伦 | 曹翔剑 | |
| 陈柏桦 | 陈加芯 | 陈俊艺 | 陈顺鹏 | 陈　旭 | 陈学敏 |
| 陈泓霖 | 程　熠 | 段东斑 | 樊　星 | 方　晶 | 方煜新 |
| 付　强 | 高　博 | 郭富成 | 郭伟军 | 郭雨婷 | 郭　纵 |
| 韩　雨 | 何　芃 | 洪成彬 | 胡　静 | 胡静远 | 胡　杨 |
| 黄乔靖 | 黄士志 | 贾凤艳 | 贾国栋 | 姜　蓓 | 孔令然 |
| 赖书畅 | 李博文 | 李海生 | 李纪元 | 李其易 | 李树森 |

| | | | | | |
|---|---|---|---|---|---|
| 李爽笑 | 李 威 | 李文涛 | 李 遥 | 廖培龙 | 林康杰 |
| 刘 东 | 刘俊杰 | 刘尚琳 | 刘士博 | 刘文哲 | 刘 莹 |
| 柳 笛 | 卢 鹏 | 马瑞瑞 | 彭 洁 | 盛 建 | 时文婧 |
| 时燕琳 | 史亚鑫 | 宋楚乔 | 宋培哲 | 苏鼎凯 | 苏 航 |
| 孙宝川 | 孙佳玲 | 唐 乾 | 童瑜洁 | 王程博 | 王 聪 |
| 王嘉禹 | 王 进 | 王静一 | 王 俊 | 王李玎 | 王路宁 |
| 王子宁 | 王 珏 | 王 鑫 | 魏 蓉 | 吴 斌 | 鲜东帆 |
| 肖新宇 | 肖 熠 | 熊 苗 | 徐梦欣 | 徐 珍 | 许铃鸿 |
| 许世臣 | 许晗宇 | 薛 玥 | 薛晨羽 | 杨超然 | 杨 晨 |
| 杨巍璐 | 杨向飞 | 杨昱升 | 杨钰莹 | 姚兴奇 | 叶方俊 |
| 尹海静 | 于 跃 | 于正游 | 袁 琼 | 张聪聪 | 张 威 |
| 张晓晨 | 赵 莎 | 赵延涛 | 赵 越 | 郑博元 | 郑黎明 |
| 郑亚丽 | 钟欣颖 | 周 同 | 周彤辉 | 祝 淼 | 郑丽配 |
| 阚雪雁 | | | | | |

**生命科学学院**

| | | | | | |
|---|---|---|---|---|---|
| 柏东生 | 曹智杰 | 代园祎 | 杜郑威 | 段泽林 | 高 晋 |
| 高俊鹏 | 郭 珍 | 郭仲龙 | 郝 宸 | 何仁喜 | 何 苑 |
| 侯赛莹 | 纪成功 | 江润东 | 来卓元 | 兰婧秋 | 李洪涛 |
| 李静一 | 李 墨 | 李欣雅 | 李炎梦 | 李宇露 | 李 颁 |
| 梁文洁 | 刘 洋 | 刘子扬 | 刘 璐 | 陆 平 | 陆 琪 |
| 毛雨诺 | 宁少楷 | 戚 志 | 邵光灿 | 石静远 | 石 源 |
| 宋子豪 | 孙 东 | 孙梦杰 | 孙雨傲 | 唐 敏 | 唐小鹿 |
| 田 武 | 王 博 | 王 迪 | 王 欢 | 王 露 | 王美文 |
| 王 蕊 | 王湘铭 | 王晓婷 | 王 尧 | 王一琰 | 魏如雪 |
| 相 楠 | 谢良福 | 徐 华 | 杨策励 | 杨 杜 | 杨俊生 |
| 杨 敏 | 杨明轩 | 杨双双 | 姚升泽 | 印 蕾 | 于书玉 |
| 于璐璐 | 岳 顿 | 张楚杰 | 张凤宇 | 张宏晨 | 张心怡 |
| 张延松 | 张 鑫 | 赵 燕 | 郑 静 | 郑馨慧 | 周 蓉 |
| 朱辰麒 | 朱 丹 | 朱淑怡 | 卓婉清 | | |

**地球与空间科学学院**

| | | | | | |
|---|---|---|---|---|---|
| 白 帆 | 白明坤 | 包 涵 | 蔡万园 | 曹新文 | 柴 珺 |
| 陈思雨 | 陈亚杰 | 陈姗姗 | 邓 焱 | 翟天雷 | 范云松 |
| 封晓雪 | 冯 庚 | 冯雨宁 | 甘 露 | 高 涵 | 胡 玲 |
| 胡 哲 | 黄建东 | 黄思涵 | 姬 翔 | 姜莎莎 | 姜伟民 |
| 焦梦瑶 | 匡光喜 | 冷佳宣 | 黎晏彰 | 李 昂 | 李 勃 |
| 李长海 | 李辰卿 | 李成龙 | 李文莹 | 李晓蓉 | 李延飞 |
| 李 巽 | 梁上林 | 廖 闻 | 刘宝剑 | 刘 标 | 刘芳芳 |
| 刘翰林 | 刘航宇 | 刘君茹 | 刘清华 | 刘诗琦 | 刘子璇 |
| 刘 晖 | 吕平洋 | 罗清清 | 罗 毅 | 洛 怡 | 马博文 |
| 聂宇靓 | 宁铄现 | 钱 峰 | 秦婉莹 | 曲 畅 | 石乾雄 |
| 史振伟 | 宋珏琛 | 苏晓婉 | 孙明光 | 孙翌馨 | 唐洪钊 |
| 唐建洲 | 汪诗舜 | 王艺凝 | 韦春婉 | 吴晨光 | 辛洪录 |
| 邢超超 | 徐 严 | 许 晨 | 许 伟 | 许月怡 | 严 薇 |
| 叶雨光 | 殷亚磊 | 于世航 | 袁志伟 | 张方华 | 张 磊 |
| 张 炎 | 张艺山 | 赵浩男 | 赵鹏飞 | 赵守江 | 郑智嘉 |
| 周辰傲 | 周 易 | 朱 莹 | 左正康 | 黄博宏 | |

**心理与认知科学学院**

| | | | | |
|---|---|---|---|---|
| 陈一笛 | 杜雅楠 | 范 莹 | 胡艺箫 | 黄志邦 | 江曜民 |
| 蒋婧琪 | 李芳敏 | 李朋丽 | 刘悦琳 | 刘 赞 | 芦 莉 |
| 聂 舒 | 史琳玉 | 宋亚男 | 王嘉澍 | 王梦圆 | 王牧之 |
| 王雪娜 | 王 也 | 吴桃宇 | 郑 清 | 周柯秋成 | |

**软件与微电子学院**

| | | | | |
|---|---|---|---|---|
| 董春涛 | 付 彬 | 侯元伟 | 李 聪 | 马俊明 | 潘克峰 |
| 潘晓菲 | 王 敏 | 杨 寒 | 杨洪章 | 杨仕锋 | 张程博 |
| 张 明 | 张 通 | 张有明 | 赵宇轩 | 朱晴晴 | |

**新闻与传播学院**

| | | | |
|---|---|---|---|
| 单 寅 | 杨 雪 | 张新阳 | 周凌宇 |

**中国语言文学系**

| | | | | |
|---|---|---|---|---|
| 吴玟瑾 | 张祐睿 | 曹亚北 | 陈彬彬 | 陈 朗 | 杜以恒 |
| 黄鸿秋 | 黄 紫 | 黄 璜 | 姜西良 | 江 怡 | 金梦城 |
| 李晶晶 | 李 娟 | 李燕君 | 刘祎家 | 刘竟成 | 刘启民 |
| 刘翔宇 | 鲁方昕 | 陆浩斌 | 马 尚 | 倪志佳 | 邱 明 |
| 盛立言 | 孙巧智 | 谭雪晴 | 唐晦嘉 | 王平夷 | 王萧依 |
| 王晓娟 | 王雨童 | 王 鑫 | 魏胜昆 | 魏域波 | 尉雯琪 |
| 吴 楚 | 夏宇阳 | 向筱路 | 许典琳 | 杨 洁 | 杨 帅 |
| 杨 宸 | 叶述冕 | 尹常乐 | 张 彧 | 赵兵兵 | 赵陕君 |
| 郑佳琳 | 郑 洁 | 郑易林 | 周怡彤 | 周昕晖 | 朱兆斌 |
| 左怡兵 | 陳俊諭 | | | | |

**历史学系**

| | | | | |
|---|---|---|---|---|
| 陈 耕 | 陈 希 | 陈烨轩 | 丁雨婷 | 付家慧 | 高峻峰 |
| 高 明 | 郭 妍 | 侯雨辰 | 黄明浩 | 寇博辰 | 李伟玉 |
| 李振宇 | 刘东庆 | 刘 瑞 | 马麟贺 | 任超逸 | 孙晓斌 |
| 谭学超 | 王 静 | 王一哲 | 吴奇俊 | 吴晓丰 | 肖艺伟 |
| 徐维焱 | 杨园章 | 姚念达 | 于志霖 | 展可鑫 | 张江波 |
| 张照阳 | 张志建 | 赵可馨 | 郑亚萌 | 蔺志刚 | |

**考古文博学院**

| | | | | |
|---|---|---|---|---|
| 曹芳芳 | 常钰熙 | 陈天然 | 韩蕙如 | 郝春阳 | 何 康 |
| 贺逸云 | 胡毅捷 | 李 凯 | 林怡娴 | 刘 念 | 刘天歌 |
| 刘逸堃 | 刘 薇 | 娃斯玛·塔拉提 | 王 玥 | 王静雪 | |
| 杨月光 | 周 静 | 周逸航 | | | |

**哲学系**

| | | | | |
|---|---|---|---|---|
| 崔春秋 | 邓 佳 | 高 兴 | 高正乐 | 韩慧云 | 郝鹏程 |
| 何 鑫 | 雷泌阳 | 李寒冰 | 李佳轩 | 李健芸 | 李文艳 |
| 李 璐 | 吕菁楠 | 马晓见 | 平慧江 | 齐晓晨 | 苏 杭 |
| 孙海科 | 汪 伟 | 王冠霖 | 王 强 | 王 硕 | 王 天 |
| 王晓旭 | 王 勋 | 王燕彬 | 王子剑 | 魏 峰 | 夏 语 |
| 徐丽婕 | 徐 羽 | 杨尚辉 | 姚裕瑞 | 张与弛 | 张宇飞 |
| 张宇杰 | 张 瑜 | 张焱森 | 赵新侃 | 赵 越 | 赵 悦 |
| 赵占居 | 周龙辉 | | | | |

**国际关系学院**

| | | | | |
|---|---|---|---|---|
| 陈型颖 | 戴元杰 | 杜艳娇 | 范佳睿 | 金 磊 | 孔金磊 |
| 李美良 | 李帅宇 | 刘舒天 | 罗 楠 | 宁团辉 | 韦冲霄 |

魏子杰　严展宇　杨黎泽　张俊威

### 经济学院

陈玥卓　程俊霞　杜文强　樊凯欣　韩　笑　蒋少翔
李　想　林雪芬　刘朝煜　刘陆宇　刘天权　沈　博
王　晶　王开元　王立夫　王　蓉　王　帅　王艺霖
王　莹　王瀚洋　王　璐　吴唱唱　吴瀚然　薛　莹
杨凯迪　杨　曦　余　爽　张明哲　张小可　张芯悦
郑梦圆　周凌云　周心怡　周泳光　周　圆　周之瀚
朱子阳

### 光华管理学院

柴闫明　陈安霓　陈泽阳　陈贞竹　成　月　郭麦菊
何东良　黄倩瑶　黄　楠　季晓得　纪　铭　姜　含
姜怡辰　李梦雨　李　荣　李银银　廖　琳　刘晨冉
刘洪林　刘小溪　刘赓源　刘曦绯　马思佳　邵如琛
盛晓菲　唐艺桐　汪思韦　王陈豪　王俐珍　王　琳
王腾慧　王晓宇　王宇晴　王　众　王竹葳　王媛媛
许　尧　杨楚笛　叶　磊　于莎莎　余伊琦　张　玥
张东芳　张思思　赵　乘　郑翔宇　闵亦杰

### 法学院

陈　伟　初　萌　崔　斌　傅哲明　郭　远　韩龙河
韩仁洁　贺泳杰　黄贤达　江海洋　蒋心培　金飞艳
柯　达　孔　杨　李　烁　李文婧　李兆轩　梁挪亚
刘继烨　刘　宁　刘思艺　刘　颖　卢长青　卢森通
鲁谷辰　马铭骏　潘　程　彭雨晨　钱子瑜　孙骥韬
汪　蓓　王　涛　王彦光　王子晨　魏昀天　吴蔽余
吴柯苇　吴林昊　徐方亮　徐　美　严　立　杨博文
余　希　张晓媛　郑淑凤　钟嘉儿　周　雷

### 信息管理系

陈　瑜　衡明明　李秀敏　李　妍　唐　超　王　萍
王莞菁　谢妍妍　许雅晴　于梦月　张　歌　张婵娟
赵菲菲　朱本军　宗何婵瑞　邹明罡

### 社会学系

曹金羽　高孟然　韩礼涛　李会肖　刘　梅　刘　芹
刘蔚玮　马志谦　谭　威　涂　翔　涂　真　王小兰
乌日汉　吴　越　谢　勇　徐健吾　杨　勇　张文杰
张雨晴

### 政府管理学院

欧阳家庆　陈　威　初程程　郭宏樟　何　瑾　李　强
李志斌　廖梓豪　刘　阳　毛文峰　钱维胜　苏鹏飞
王　晨　王丹彤　王晶晶　吴泽民　邢昌新　徐　祯
张湘姝　周银圣　邹昀瑾

### 外国语学院

宝德楞　边慧媛　陈　健　迟琳琳　段　南　方　芳
贺晓璇　胡俊麟　胡旖忱　贾　斐　姜　筠　孔　雀
乐　恒　李　静　刘名扬　刘艳瑛　刘贻伟　马　骧
沈　悠　师小磊　史敏岳　王逊佳　王　菁　文　晶
夏玲玲　徐　驰　许婷婷　杨海利　叶芳芳　叶素颖
殷成竹　袁广涛　袁　媛　张　娜　张馨元　赵　耀
邹文新

### 马克思主义学院

毕　秋　曹得宝　曹江川　陈春根　陈　婷　成泽东
郭俊丽　胡　蝶　黄钟钡　贾一航　孔令珂　李　冰
李并柯　李　宁　李思齐　刘　力　刘照峰　刘　妍
龙章模　马青青　宁　悦　饶一鸣　史锡哲　史　楠
宋　壮　王　凡　王　静　王舒婷　王　拯　王子旋
魏琰琰　夏少光　徐　昊　杨　芳　杨雅杰　余欢欢
张若辰　张夏蕊　张玉杰　赵子萌　邡薪颖

### 艺术学院

黄兆杰　李典峰　李　卉　李尽沙　马梦莹　普泽南
曲康维　唐静菡　汪茹芸　王慧敏　徐俊菲　阳　露
于小喆　于悠悠　张　雁　赵凯欣　周正汉　朱亮亮
闫　楚

### 对外汉语教育学院

陈　晨　傅晓莉　韩晓明　胡琬莹　庞恋蕴　杨鸿禄
张　烁　赵　蓉　周启红

### 深圳研究生院

敖巧巧　蔡　翔　曹婷婷　陈城杰　陈　冬　陈　锐
凡　华　冯佳洁　韩飞朋　何开武　黄伟源　黎安定
李　典　李　恩　李惟芬　李晓凤　李轶伟　刘云星
刘瀛浣　龙健宇　陆正昌　马小燕　宁皎邑　钱　微
唐　璇　王高鹏　王　冠　王　江　王墅塾　王素静
王跃娜　王振华　王宗良　王　睿　韦祥赞　吴福松
肖有智　徐炳琳　徐红坤　姚军军　尹佳伟　于利荣
禹心郭　员　苗　张　栋　张礼杰　张雨晴　张仲超
赵融通　周欢欢　朱亚楠　邹　鹏

### 信息科学技术学院

陈逸人　高　山　黄伟波　梁晶晶　刘　波　刘　畅
刘天林　刘晓滨　吕国成　邱赫梓　申　博　石　伟
宋　涛　杨　冰　杨　欢　曾有为　张俊超　邹逸雄

### 国家发展研究院

陈方豪　陈叙同　陈歆昱　樊仲琛　高　珏　黄和清
李　硕　刘佳佳　刘　潇　聂　卓　任昶宇　王诗卉
王　雪　许　多　杨涵墨　杨笑寒

### 教育学院

卜尚聪　曹　帆　陈东阳　陈　洁　陈素婷　陈葆华
成　蕾　樊　敏　冯　菲　冯雨央　冯治国　高　斌
高树唐　高雪姮　郭二榕　郭欣悦　郝　杰　郝晓伟
何爱芬　户国栋　黄　翔　金剑苞　寇焜照　乐惠骁
李成铖　李　柯　李琳璐　李亚琦　连晶晶　廖来红
林英杰　刘凌宇　刘　敏　刘彦军　卢海燕　欧阳嘉煜
秦艳龙　邱文琪　屈　静　沈健平　谭颜宇　王家齐
王　军　王双琳　吴嘉琦　武　超　谢秀兰　杨涵深

张　华　张沛康　张心悦　赵今巾　赵灵双　赵　鹏
郑玮斯　朱旺力

### 人口研究所

胡　刚　林威霞　刘尚君　刘向国　任嘉庆　苏彬彬
王翔宇　王玉德　赵亚楠

### 前沿交叉学科研究院

安　健　巴合提亚尔·胡瓦提别克　蔡其峰　车金腾
陈国庆　陈俊豪　陈丽敏　陈新佳妮　成　林　丁　典
董冰洁　范珏雯　方　利　傅　偲　甘婷婷　高珮芬
高子晴　郭　行　郭倩倩　郭潇潇　郭梓聪　何以琳
侯英萍　胡定之　黄　雯　景　淼　雷　阳　李伯源
李辰威　李嘉欣　李建伟　李　军　李　楷　李　宁
李　冉　李瑞琦　李　晓　李晓博　李艳英　李扬扬
李　倩　梁如琪　梁中新　廖雅兰　刘碧玮　刘春宏
刘　晓　刘晓艳　刘晓婷　刘雪飞　刘赪阳　陆昊阳
吕中石　罗颖洁　毛昭敏　米青天　潘冀佳　乔　枫
任乐姣　赛力克·塔巴拉克　尚文浩　邵心阳　申　辉
沈虹宇　沈雯婷　司　思　宋　婧　隋秀文　孙浩源
孙立媛　孙　悦　陶言梦　田　超　万　毅　汪　璐
王晨璐　王楚然　王　磊　王曼柳　王萌萌　王世伟
王晓彤　王子阳　王妍妍　吴姝芳　夏培雪　晓　娜
谢　娟　熊海清　熊婉迪　徐米琪　徐淑慧　许　锴
杨　晨　杨　梅　杨　铭　伊宗裔　尹健行　尹俐力
袁　锋　曾　欣　张剑寒　张　默　张微微　张正元
赵天军　赵　艳　赵一恒　赵雨亭　赵悦楷　郑立恒
郑吕钦　郑亦嘉　支　丽　周　栩　朱道也　朱珊珊
左琳彧　邱　斌

### 工学院

白玉琦　蔡文久　陈欣怡　陈雪君　陈岩亮　陈子威
党向新　邓　伟　段汝棣　冯夕萌　付雪峰　高静丽
耿鲁超　耿慕峰　顾丁炜　郭先文　郝瑶瑶　黑　玉
胡一航　贾文浩　姜梦成　姜　伟　李灿灿　李海月
李建元　李锦涛　李可佳　李　莉　李　立　李美琪
李　奇　李荣昌　李　珍　李子圆　林中亚　刘文斌
刘小军　刘心武　刘宇佳　刘宇泽　刘馨月　刘　璐
龙　浩　孟凯鑫　南晓娅　邱　彬　任媛媛　塞　嘉
尚世龙　石　莹　史朝义　史美程　史明涛　苏成帅
苏　航　孙晓彤　孙伽略　谭　洁　谭云舒　唐鹏飞
童文文　汪毅卿　汪溥顿　王博仑　王成才　王冠邦
王强中　王秋吟　王泽环　王泽坤　吴大卫　吴晋芳
吴钧杰　熊佳铭　许　涛　杨朋英　于佳明　俞　玥
袁天宇　章盛祺　张瑀涵　张　驰　张　帆　张广杰
张开端　张　磊　张妮丝　张　青　张仕琦　张天昊
张　网　张闻熙　张馨运　张　昱　张　炜　赵　堃
周伟涛　周志涛　朱广沛　朱文凯　朱文清　朱学东
阚思仪　於之杰

### 集成电路学院

鲍　霖　曹　林　陈黎暄　陈阳阳　程垒健　程　琪
丁向向　段庆熙　冯玉林　何　蔼　黄加耀　浑婷婷
姜皓云　匡毅松　李君实　李小康　刘美华　刘泽学
邱常沛　沈正坤　宋嘉豪　田仲政　王　娅　吴林东
向　潇　徐丽莹　许　佳　杨　可　杨勖讓　于博成
余润泽　赵天夏　周文博　缪立明

### 计算机学院

白宗磊　常　远　陈方平　顾容之　郭怡欣　胡志明
金　钊　黎　洋　李柏蓉　李佳宁　李家宁　李　静
李　洋　刘炳言　刘道畅　刘　芳　刘振华　卢丽强
罗超然　孟学苇　苗旭鹏　任宣丞　任俞睿　苏　静
孙泽宇　王晓阳　王　婧　魏子庄　文　亮　巫思杏
吴振豪　向耀程　杨东明　杨文元　袁之航　章嘉玺
张齐勋　张文涛　张玉槐　张紫薇　张　粲　赵光香
赵　菁　郑　力　郑雅菁　周建祎　周洋洋　朱　林
兹　海　琚　玮　臧祥浩

### 智能学院

陈汉亭　陈　旭　高　莘　高　飙　苟向阳　韩健红
李祥泰　李逸峰　李云涛　刘　冰　马　涛　孙溢凡
王　科　王　欣　王逸之　吴雨婷　杨朝晖　杨　磊
张云庚　佟　新　瞿经纬

### 电子学院

常鹏媛　陈子豪　戴彤宇　但　林　丁余东　范富荣
冯雨龙　高子超　郭　平　郭新新　韩丰远　贺　轩
胡敬植　黄　燕　贾骏驰　金　明　金怡丰　孔　华
李志伟　刘　芳　刘沛西　刘天宇　刘亚勤　刘　震
吕逢娇　秦　忻　陶　林　陶源盛　田　畅　王鹏飞
吴天昊　肖　伟　徐　榛　杨　帆　杨娜娜　杨　宇
殷立征　张　力　张子璇　赵鑫洋　朱洪飞　左铭青

### 城市与环境学院

安永睿　柴康妮　陈瑞超　陈　迎　陈　韬　丛树琪
戴景钰　段　阳　方乐祺　冯立洲　高晨舸　韩孟光
韩　胜　胡　静　胡　秀　黄玖菊　柯心然　雷华蕊
李湘怡　李　宇　李枝坚　廖奕楠　刘晴日　刘同彦
罗彩访　马浩嘉　孟文君　欧阳明　钱思蔚　邱思静
任舒艳　沙　威　申嘉澍　沈鹏珂　孙元丰　王丽智
王　巍　王文宇　王艺臻　王臻真　王　茜　王琛智
王　铮　武睿琳　席　毅　项松林　肖　亮　徐晨珂
袁玉玺　张倩茹　张鑫雨　赵　旭　赵　袁　郑君健
周尚哲

### 环境科学与工程学院

安民得　白　波　蔡宇杰　曹润泽　陈成康　陈建妃
高顶学　高　越　何　潇　蒋青松　旷　宇　李博抒
李春萌　李　萌　李盛结　李晓旭　李心月　李姝乐
廖可人　廖文玲　卢昕悦　马若绮　牛　庚　潘珏君

| | | | | | |
|---|---|---|---|---|---|
| 秦龙君 | 秦璇 | 邵岩 | 史咲颀 | 史湘莹 | 宋欢 |
| 苏志国 | 孙美 | 汪琦 | 王辉 | 王宁 | 王婷 |
| 王轶博 | 肖瑶 | 熊富忠 | 徐一凡 | 徐薇 | 许臻瀛 |
| 杨茜 | 姚媛 | 叶晨朔 | 尤明涛 | 张彬 | 张梦君 |
| 张梦雅 | 张瑞杰 | 郑琰 | 周昊 | 朱波 | 缪如倩 |

### 分子医学研究所

| | | | | | |
|---|---|---|---|---|---|
| 曹旸 | 方欢 | 郭文君 | 黄东 | 蒋晓涵 | 李晨 |
| 李杰 | 牛延革 | 欧宇辉 | 王英凡 | 许柏林 | 薛凯丽 |
| 姚静斐 | 张俊霞 | 张晓姗 | 赵宏 | 郑丽霞 | |

### 新媒体研究院

| | | | | | |
|---|---|---|---|---|---|
| 杜燕 | 葛东坡 | 郭巧敏 | 李煜 | 潘援 | 石林 |
| 宋琢 | 温婧 | 谢宁 | 熊悠竹 | 应武 | 周安安 |

### 现代农学院

| | | |
|---|---|---|
| 樊德 | 李丛冉 | 刘文文 |

### 南南合作与发展学院

| | | | | | |
|---|---|---|---|---|---|
| 东海 | 贾光智 | 江辉 | 蒋希薇 | 刘莹 | 吕婷婷 |
| 汪涛 | 王兴顺 | 许云程 | 杨泽世 | 晏小刚 | |

### 材料科学与工程学院

| | | | | | |
|---|---|---|---|---|---|
| 曹亚萍 | 高磊 | 郭海长 | 贾博宇 | 李能旭 | 邱天杰 |
| 尚秋宇 | 申晨 | 沈丹妮 | 石金铭 | 石雨萍 | 孙杰 |
| 唐彦群 | 吴迎雷 | 吴奕增 | 薛佩瑶 | 袁小婷 | 张腾 |
| 张珂新 | 张炜钰 | 赵丽云 | 赵雪微 | | |

### 基础医学院

| | | | | | |
|---|---|---|---|---|---|
| 白婧如 | 白芯瑜 | 常祥文 | 陈博 | 陈丹丹 | 陈虹 |
| 陈雨菲 | 陈云 | 成彧宁 | 崔春梅 | 代荣波 | 邓靖程 |
| 范天睿 | 高佳宁 | 高林 | 管芮 | 郭雪媛 | 何启瑜 |
| 胡标 | 胡志文 | 胡子茜 | 黄歆梅 | 黄阳 | 霍燕斐 |
| 焦影倩 | 李琴 | 李小为 | 李秀 | 李云飞 | 梁朝朝 |
| 梁源 | 刘博文 | 刘词航 | 刘瀚 | 刘慧 | 刘江萍 |
| 刘诗濛 | 刘向阳 | 刘泽林 | 刘宗然 | 罗创维 | 吕那云 |
| 马宁宁 | 马子涵 | 齐雪涛 | 祁放 | 邱志维 | 邵东兴 |
| 邵广莹 | 邵杉 | 石林青 | 宋宸 | 宋佳 | 苏志洁 |
| 孙儒雅 | 唐园钧 | 汪继印 | 王娣 | 王佳昕 | 王谨 |
| 王倩倩 | 王淑园 | 王天卓 | 王雪梅 | 韦雪梅 | 吴崇阳 |
| 武玉飞 | 夏冯雨 | 夏华微 | 向瑞 | 肖黎明 | 徐枫 |
| 闫晗 | 杨广杰 | 杨丽君 | 游铠强 | 于广鑫 | 于佳弘 |
| 原旸 | 张凡 | 张金露 | 张楠 | 张涛 | 张婷 |
| 张雅茸 | 张怡 | 张银连 | 张羽 | 张钟玉 | 章琳琪 |
| 赵超然 | 赵玮 | 钟启航 | 周一然 | 邹军 | |
| 古丽妮尕尔·安外尔 | | | | | |

### 药学院

| | | | | | |
|---|---|---|---|---|---|
| 白光灿 | 曹亚飞 | 陈超阳 | 陈宽 | 杜祎甜 | 段嘉伦 |
| 范明华 | 冯波 | 耿彤彤 | 郭芳 | 郭翔 | 胡华杰 |
| 吉云鹏 | 匡易 | 李海伟 | 梁文君 | 林萌 | 凌鑫宇 |
| 刘睿 | 陆遥 | 吕传宇 | 吕子睿 | 马闻箫 | 马学洋 |
| 秦波 | 邱旭 | 尚展鹏 | 史宁宁 | 孙筱禹 | 王琛 |

| | | | | | |
|---|---|---|---|---|---|
| 王翩翩 | 王淑慧 | 王忠宇 | 王子龙 | 魏佳良 | 许青霞 |
| 闫仪 | 杨璨羽 | 姚烨 | 袁宁 | 张红亮 | 张美琪 |
| 张帅强 | 张新然 | 赵楠 | 赵玮璇 | 郑浩然 | 周双 |
| 周瑜珍 | 周越 | 朱思思 | | | |

### 公共卫生学院

| | | | | | |
|---|---|---|---|---|---|
| 安美静 | 陈娟 | 程志浩 | 丁素琴 | 杜婧 | 樊俊宁 |
| 方嘉垄 | 高迪 | 韩冰峰 | 韩李臻 | 韩雨廷 | 景文展 |
| 黎泽明 | 李艳辉 | 李永杰 | 林昊翔 | 林燕铭 | 刘梦圆 |
| 刘舒丹 | 龙昌茂 | 牛薇 | 庞一鸣 | 任中夏 | 孙庆华 |
| 孙一鑫 | 王程荣 | 王童 | 王小文 | 吴俊慧 | 吴天晨 |
| 武欣 | 许璐 | 杨淞淳 | 叶欣 | 俞浩 | 云青萍 |
| 张伋 | 张健 | 张涛 | 赵春霞 | 郑湃 | 周峰 |
| 周书铎 | 周雅琳 | 周仪 | 珠娜 | | |

### 护理学院

| | | | | | |
|---|---|---|---|---|---|
| 龚兵艳 | 侯罗娅 | 季丽丽 | 靳帅 | 冷敏敏 | 李晨阳 |
| 李春男 | 李如雪 | 鲁寒 | 乔晓霞 | 臧瑜 | |

### 医学人文学院

| | | | |
|---|---|---|---|
| 陈帅锋 | 陈雪扬 | 高迪思 | 韩萌 | 庞芳芳 |

### 第一临床医学院

| | | | | | |
|---|---|---|---|---|---|
| 蔡奥捷 | 蔡金秀 | 曹守金 | 曹业迪 | 陈睿 | 陈雪晶 |
| 陈哲晖 | 程浩 | 程艳娇 | 崔珺 | 邓泂 | 邓威威 |
| 杜毓菁 | 额·图娅 | 方舒 | 甘良雨 | 龚潘 | 郭璎漫 |
| 何国华 | 贺丹 | 黄红 | 黄秋月 | 姬静 | 亢倩 |
| 赖俊恺 | 李傲林 | 李丹阳 | 李芳媛 | 李佳润 | 李倩倩 |
| 李秦汉 | 李育蓉 | 林明杰 | 林紫珊 | 刘嘉懿 | 刘明珠 |
| 刘伟康 | 刘晓 | 刘真 | 吕博洋 | 马开访 | 马明明 |
| 宁英泽 | 牛雪阳 | 彭意吉 | 邵锦 | 舒心宇 | 宋蔚林 |
| 宋正阳 | 孙佳玉 | 孙蓬飞 | 孙雯 | 孙姿君 | 谈丹丹 |
| 覃瑶 | 谭宁 | 王安琪 | 王斌 | 王晖 | 王杰 |
| 王金贵 | 王丽媛 | 王洛依 | 王诗琪 | 王伟 | 王亚如 |
| 王梓 | 魏丹 | 谢木 | 辛晟梁 | 邢辰 | 徐昊 |
| 许晗 | 杨欣雨 | 杨艳鹏 | 姚伟健 | 叶小云 | 于姣 |
| 袁茉 | 袁飘柳 | 岳涛华 | 越雷 | 展翘 | 张尚卿 |
| 张小娇 | 张喆楠 | 张卓 | 赵旭彤 | 朱培秋 | 朱伟杰 |
| 庄乐 | | | | | |

### 第二临床医学院

| | | | | | |
|---|---|---|---|---|---|
| 白明欣 | 毕陶然 | 才艺 | 蔡震宇 | 陈成龙 | 陈达 |
| 陈琪 | 陈绪丰 | 范源 | 方继侠 | 房琼璇 | 冯彩珍 |
| 高蕾 | 郭一凡 | 韩敬丽 | 韩芃 | 侯林 | 黄河溯源 |
| 黄庆山 | 姜之歆 | 金兴 | 靳林煜 | 靳龙阳 | 雷澍 |
| 李慈 | 李晖 | 李辉 | 李莉 | 李璐瑶 | 李梦洋 |
| 李杨 | 李洋 | 李勇剑 | 林健静 | 刘菲菲 | 刘凤琪 |
| 刘洪江 | 刘慧萍 | 刘佳雨 | 刘若阳 | 刘思尧 | 刘松洋 |
| 刘献辉 | 刘小扬 | 刘芸 | 马宁 | 马艺 | 孟繁琪 |
| 牛丽婷 | 邱李 | 邵树铭 | 沈博强 | 苏丽娜 | 孙丽媛 |
| 孙雪岩 | 陶天畅 | 王文伦 | 王熙鹏 | 王严 | 吴利新 |

| 肖蓉心 | 谢文勇 | 熊玮珏 | 徐　超 | 徐　昕 | 杨丹丹 |
| 杨丰菁 | 杨文博 | 杨　阳 | 于诗然 | 袁玉松 | 张萌萌 |
| 赵红艳 | 赵玉超 | 赵志庆 | 钟　华 | 周　灵 | 朱崇元 |

### 第三临床医学院

| 蔡宪杰 | 曹时亮 | 陈显达 | 陈颖彤 | 崔智勇 | 代文立 |
| 丁国成 | 冯　娜 | 高　爽 | 关　馨 | 官　剑 | 郭欣桐 |
| 郭亚兴 | 哈拉哈提 | 郝　然 | 何　为 | 贾　斐 | 姜　海 |
| 金　丹 | 景泽昊 | 鞠延娇 | 匡重伸 | 李佳欣 | 李廷翠 |
| 李照华 | 梁　伟 | 刘剑芳 | 刘佩玲 | 刘容均 | 柳小珍 |
| 路永衢 | 罗智超 | 马佰凯 | 马浚仁 | 门　鹏 | 秦　萌 |
| 饶亚飞 | 尚　志 | 宋一凡 | 宋元秀 | 孙利红 | 田英轮 |
| 王黛黛 | 王帅星 | 王　硕 | 王同霞 | 王　莹 | 魏枢华 |
| 吴　楠 | 肖若陶 | 肖士渝 | 徐　坦 | 徐晓芬 | 薛灿灿 |
| 颜　昕 | 杨　子 | 于海江 | 余　婷 | 岳　威 | 翟　帆 |
| 翟楠榕 | 张保良 | 张　淦 | 张丽娇 | 赵静雯 | 赵梦林 |
| 麦合木提·麦麦提敏 |

### 积水潭医院

| 白　帆 | 曹晏维 | 冯　啸 | 蒋徽豪 |

### 口腔医学院

| 白鹤飞 | 白　爽 | 曾丽君 | 陈雪慧 | 陈宇星 | 邓立迪 |
| 丁美丽 | 杜　菡 | 杜杨格 | 杜志豪 | 方高峰 | 冯诗阳 |
| 高晓磊 | 郭厚佐 | 韩　烨 | 韩奕能 | 胡孟龙 | 黄文斌 |
| 贾梦琪 | 寇玉倩 | 李海振 | 李　杰 | 李　晶 | 李晓婵 |
| 李梓萌 | 梁姗姗 | 刘　飞 | 刘　浩 | 刘　敏 | 刘晓筱 |
| 娄新哲 | 马慧敏 | 马全诠 | 潘怡湘 | 齐　璇 | 乔　桥 |
| 苏　琳 | 隋慧萍 | 孙崇珂 | 唐　哲 | 田月明 | 万竹青 |
| 汪　鑫 | 王超飞 | 王晨新 | 王　丹 | 王丹丹 | 王　梅 |
| 王明月 | 王思仪 | 温兴龙 | 吴宗熙 | 邢艺晓 | 尤　柱 |
| 于　敏 | 袁莎莎 | 臧　婧 | 张国昊 | 张佳音 | 张　岩 |
| 赵　凯 | 赵雅宁 | 赵　訚 | 朱梦琪 | 宗　晓 |

### 精神卫生研究所

| 陈　宇 | 郭良坤 | 黄冰洁 | 李　娜 | 林靖宇 | 林易玮 |
| 罗翔升 | 马运东 | 彭　睿 | 阚建宇 | 汤欣舟 | 汪子琪 |

| 王丽琦 | 王　婷 | 杨　扬 | 岳鑫鑫 | 张安易 | 张　莹 |
| 朱　冉 |

### 临床肿瘤学院

| 白秀梅 | 陈江波 | 陈慕华 | 陈善梅 | 陈一然 | 程思远 |
| 迟凯文 | 崔力坤 | 董　智 | 杜　鑫 | 高弘烨 | 关广民 |
| 管　真 | 郭晓轶 | 郭永海 | 韩子翰 | 姜安娜 | 姜彬彬 |
| 焦　曦 | 金成根 | 李苗苗 | 李　雪 | 李　阳 | 梁　凡 |
| 刘宝将 | 刘美辰 | 卢巧媛 | 马晓晓 | 彭　琳 | 戎卓娜 |
| 商庆丰 | 盛雪晴 | 石晋瑶 | 宋庆如 | 孙俪绮 | 唐黎瑞 |
| 田洪瑞 | 田　慧 | 万琪婷 | 王瀚阳 | 王敏敏 | 王　杉 |
| 王帅亮 | 王亚旗 | 韦静涛 | 武文慧 | 徐江丽 | 许　畅 |
| 薛国强 | 杨　迪 | 杨文蕾 | 杨　阳 | 杨　勇 | 于　欢 |
| 于　慧 | 余见洪 | 袁洪范 | 张嘉扬 | 张　凯 | 张霖惠 |
| 张　琪 | 赵　笛 | 赵婷婷 | 周传永 | 周　仁 | 周　欣 |

### 北京医院

| 安　童 | 樊静雯 | 张小奕 | 卓钟灵 |

### 中日友好医院

| 李　青 | 吕　爽 | 邵为朋 | 孙聪睿 | 吴亚新 | 肖慧娟 |
| 尹腾飞 | 张立宁 |

### 世纪坛医院

| 蒋　珺 | 王　亮 | 徐龙薇 |

### 首都儿科研究所

| 孟　莉 |

### 深圳医学中心

| 曹聪聪 | 邝昊悦 | 赵　斌 |

### 北京地坛医院

| 张　雨 |

### 解放军第三〇二医院

| 李华杰 | 穆秀颖 |

### 回龙观医院

| 刘思佳 | 王蕾蕾 | 殷　怡 | 赵　青 |

### 西苑医院

| 陈　莉 | 王一帆 |

# 留学生研究生毕业生名单

**硕士毕业生名单**

#### 数学科学学院
Wang Ken（新加坡）
Zhang, Vena April（美国）

#### 心理与认知科学学院
Benesch, Balduin Florentin（德国）
Hong, Skylar（加拿大）

Tong, Ke Xin（马来西亚）
Yang, Yimo（澳大利亚）

#### 工学院
Huntrakul, Chayutpon（泰国）
Tian, Meilu（美国）

#### 中国语言文学系
Doron, Yonathan（以色列）
Suzzane Foong, Sock Han（马来西亚）

Pan, Yi Sin（马来西亚）
Tsyuy, Tsinkhua（乌克兰）
Koh, Yee Ting（马来西亚）
Zhang, Xiaoyin（加拿大）

### 历史学系

Tchigladze, Otari（格鲁吉亚）
Chien, He Zhi（马来西亚）

### 外国语学院

Yanagimoto, Kana（日本）
Tomkins, Jacob Roy（澳大利亚）
Chaemchanchanok, Pakkaporn（泰国）

### 艺术学院

Fung Cen, Kim Wa（委内瑞拉）
Kim, Yumin（韩国）
Lee, Joeun（韩国）
Xu, Si Ran（加拿大）
Chung, Jaeryun（韩国）

### 对外汉语教育学院

Chee, Kai Xin（马来西亚）
Hu, Cristina（巴西）
Heng, Hui Yi（马来西亚）
Hartanto Gunawan（印度尼西亚）
Min, So Jeong（韩国）

### 歌剧研究院

Wang, Nuowen（加拿大）

### 国际关系学院

Adefarasin, Oluwasola Oluwayemisi（英国）
Bogs, Anton Gerd（德国）
Gacira, Pierre（布隆迪）
Fuhr, David Emanuel（德国）
Devlin, Francis Michael（英国）
Gretler, Linda（瑞士）
Moran, Edward Benjamin（英国）
Han, Sunga（韩国）
Mckenzie, Holly Louise（英国）
Ng Si Hong（新加坡）
Jaszczyk, Waldemar Wiktor（英国）
Kim, Hanna（韩国）
Kim, Soorim（韩国）
Gauter, Anne-Caroline Jeanne Paulette（法国）
Collache, Adrien Jacques（法国）
Kellerhof, Leonie Kim（德国）
Proietti, Costanza（意大利）
Lee, Dohyeon（韩国）
Lee, Yoon Ha（韩国）
Obermann, Johannes Magnus（德国）

Lim, Shannon Leonora（马来西亚）
Fowler, Lucy Elizabeth（澳大利亚）
Roh, Hayong（韩国）
Wigmore, Rosie Jess Crowley（英国）
Mcdiarmid, Sean Lewis（英国）
Adlakha, Mayank（印度）
Mugabo, Mubarak（乌干达）
Sartori, Ilaria（意大利）
Basak, Saptarshi（印度）
Lusini, Sofia（意大利）
Aguayo Garcia, Maria Teresa（墨西哥）
Thebault, Victoire Marie（法国）
Wang, Kailun（美国）
Ong, Sue Chen（新加坡）
Wang, Zhefu（加拿大）
James, William Peter Innes（英国）
Vopni, Ryan（加拿大）
Marcus Chee Kar Lok（新加坡）
Collin, Phoebe Marcella（印度尼西亚）
Huang, Lina（阿根廷）
Yang Tom Yutian（澳大利亚）
Yu, Han Lu（加拿大）
Parapob, Sasicha（泰国）
Zhang, Yanan（加拿大）
Zhao, Feisha（加拿大）
Netercastano, Hugoalbert（瑞典）
Pearce, Jade Si Lu（美国）

### 法学院

Choi, Ip Ian（葡萄牙）
Kowinthanaphat, Supakarn（泰国）
Yan, Xiao Han Karoling（加拿大）
Zhao, Yan Zhou Michael（加拿大）
Mendez Carrizo, Flavio Gabriel（巴拿马）

### 信息管理系

Balugo, John Clark Harvey（菲律宾）

### 政府管理学院

Amiry, Mwanamridu Jumaa（坦桑尼亚）
Thevenin, Antoine Louis Raphael（法国）
Miotti, Andrea（意大利）
Bouamria, Meriem（阿尔及利亚）
Bendjedou, Benalia（阿尔及利亚）
Chen, Cheng Hao（加拿大）
Taing, Chyseng（柬埔寨）
Ratjirot, Aekkawat（泰国）
Muratore, Daniel Nicolas（法国）
Ndemanyisho, Agnes James（坦桑尼亚）

Enkhbayar, Telmuun（蒙古）
Ngata, Malumbo Absoni（坦桑尼亚）
Taitt, Aliah-Rose（巴巴多斯）
Selakhun, Kongkrit（泰国）
Zin Mar Htun,（缅甸）
Koo, Minhoi（韩国）
Kalaf, Ahmed Abdi（埃塞俄比亚）
Kibunja, Jackson Kamau（肯尼亚）
Nkhwimba, Gift Oscar（马拉维）
Ikondere, Melissa（乌干达）
Lattanatay, Kingpakai（老挝）
James, Gustav Aaron（美国）
Lye, Kit Wan（新加坡）
Malleck, Julia Simone（美国）
Isabelle Li Siyun（新加坡）
Masoud, Kassim Shaib（坦桑尼亚）
Malombe, Lucia（肯尼亚）
Milanzi, Basuta Crinyon（坦桑尼亚）
Mo, Grace Xiaoyi（英国）
Nieto Robayo, Juan David（哥伦比亚）
Nom, Komsan（柬埔寨）
Obora, Rhenson Nanjero（肯尼亚）
July（缅甸）
Saurombe, Rebecca（津巴布韦）
Nsengimana, Samuel（卢旺达）
Wang, Chuyun（加拿大）
Soudachanh, Vilakone（老挝）
Moon, Haeri（韩国）
Xu, Hanyang（加拿大）
Palumbo Smith, Vincent Anthony（美国）
Ye Naing Htet,（缅甸）
Zafar, Abu（孟加拉国）

### 教育学院
Low, Yee Hui（马来西亚）

### 新闻与传播学院
Pozhidaeva, Alexandra（俄罗斯）
Tam, Seewen（比利时）

### 新媒体研究院
Hu, Yaline（荷兰）
Huang, Carolina Sofia（阿根廷）
Mak, Tammy（南非）
Wen Chen, Yessica（巴拿马）
Yan, Mo（俄罗斯）
Zhang, Sarah Vin-Xin（澳大利亚）
Zhang, Mu（加拿大）
Jung, Da Hee（韩国）

### 经济学院
Huang, Luciana（阿根廷）
You, Nicole（加拿大）
Tseng, Samuel Chia Shiung（美国）
Chzhen, Sya In（乌克兰）
Zhu, Angela（巴西）

### 光华管理学院
Awalt, Peter（美国）
Abdualiyeva, Aisha（哈萨克斯坦）
Chan, Amy Victoria（加拿大）
Chen, Yunxi（澳大利亚）
Perez Rendon, David（哥伦比亚）
Pham, Khanh Huyen（越南）
Hwang, Rick Sui Shyang（澳大利亚）
Gong, Chun（新加坡）
Furuya, Rikuo（日本）
Gu, Ru Yi（加拿大）
Rezende Macedo, Rafael（巴西）
Ji, Lucy Li（加拿大）
Kim, Gyeongguk（韩国）
Kim, Hyojin（韩国）
Ke, Xiao Peng（加拿大）
Lai, Ming Yii（马来西亚）
Nai, Chen Huang（马来西亚）
Li, Jia Chen（加拿大）
Ekandjo, Kristofine Kawitongonwa（纳米比亚）
Li, Yanming（美国）
Li, Sutianne（加拿大）
Liang, Xin（加拿大）
Lau Ching Yong, Xavier（新加坡）
Liu, Shuo（加拿大）
Lekwiwat, Ploypailin（泰国）
Perea Mintegui, Amaia（西班牙）
Park, Kyuri（韩国）
Qin, Xinyi（新加坡）
Swusdinaruenart, Sikarin（泰国）
Su, Yan（美国）
Hongsmatip, Kanin（泰国）
Wang, Mia（澳大利亚）
Wang, Yujing（加拿大）
Wang, Zhixiang（加拿大）
Vigerbaeck, Ove Robin William（瑞典）
Xie, Si Ting（加拿大）
Xie, Yuanyi（加拿大）
Albert, Njoo（印度尼西亚）
Yeung, Chi Ho（新加坡）

Yun, Seokhyeon（韩国）
Yin, Yijun（加拿大）
Chuang, Xue Hng（新加坡）

### 国家发展研究院

Peng, Elisabeth Xuewei（德国）
Tu, Hongwei（澳大利亚）

### 南南合作与发展学院

Ashraf Mohmad Alian Aliemat（约旦）
Dzhailoobaeva, Aiperi（吉尔吉斯斯坦）
Nawaf Irteiman Eitan Alsarhan（约旦）
Al-Hamedi, Ahmed Nasser' Abdallah Nassir（阿曼）
Orshulyak, Olesya（乌兹别克斯坦）
Abdi-Fatah Abdillahi Doubad（吉布提）
Gautam, Govinda Prasad（尼泊尔）
Jallow, Ouley（冈比亚共和国）
Khaldoun Moh'D Abdel Rahman Malkawi（约旦）
Musa, Lawali（尼日利亚）
Lehula, Matsoanelo（莱索托）
Kilassa Umberto, Michael[刚果（金）]
Saikhanbayar, Nomunzaya（蒙古）
Sande, Naomi Osuka（肯尼亚）
Chilisa, Sally（博茨瓦纳）
Saleem, Hiba（叙利亚）
Myo Sandar Naing（缅甸）
Suwan, Himadrish（印度）
Coetzee, Tuna Kaleinasho Pauline（纳米比亚）
Tazvivinga, Victor（津巴布韦）
Hashange, Hilma Auma（纳米比亚）
Mukinga, Eugene Nasilele（赞比亚）
Ammar, Zakaria（阿尔及利亚）

### 燕京学堂

ZakliczyŃska, Katarzyna Anna（波兰）
Okamoto, Kishou（日本）
Bukowski, Elise Claire（美国）
Anderson, Josh Elliot（英国）
Albe, Ignacio（阿根廷）
Bian, Maya Alexis（美国）
Cai, Julia Lily（美国）
Tan, Bryan Kwang Shing（新加坡）
Mavis Tan Shi Hui（新加坡）
Tan Yuan Zeng, Ashley（新加坡）
Dooly, Sophia Toffolo（美国）
Debello, Hadley Noel（美国）
Van Putten, Hendrik（比利时）
Fiala, Lukas Dieter Karl（奥地利）
Featherston, Ryan Ellis（美国）
Grossman, Joshua Martin（美国）
Hurtado, Adela Marie（美国）
Fung, Joshua Sze Kiun（马来西亚）
Oikawa, Jun（日本）
Schroeder, Michael Xaver Giuseppe（德国）
Krawczyk, Robert Michael（英国）
Kedia, Vedika（印度）
Khatri, Raunab Singh（尼泊尔）
Jarosz, Matthias Jozef（英国）
Libby, Jacob Cooke（美国）
Ramakers, Sylvie Linda Anne（荷兰）
Levine, Isaac Thomas（美国）
Romero, John Henriksen（加拿大）
Stankovikj, Bozhidar[马其顿（北马其顿共和国）]
Mpemba, Jacob Zecha（肯尼亚）
Moeller, Ben Alexander（德国）
Muraveva, Anastasiia（俄罗斯）
Nazir, Haider Asif（美国）
Lyall, Nicholas Hunter Morgan（澳大利亚）
Bertolini, Mattia（荷兰）
Voncujovi, Sena（日本）
Kohyama, Kaori（日本）
Snelling, Julian Frederick（加拿大）
Stapleton, Theodore Joseph（英国）
Spanbauer, Calvin Lewis（美国）
Wambugu, Wanjiru（肯尼亚）
Wong, Emmanuella Vanessa Savina（印度尼西亚）
Ukubereyimfura, Claudine（卢旺达）
Konig, Elias Maria Andreas（德国）
Wang, Casey（美国）
Sant'ana Wainer, Pedro（巴西）
Kartscher, Merle Maria（德国）
Leao Ursi, Gabriel（巴西）
Yang, Lucy Ling（美国）
Morozova, Paulina（俄罗斯）
Yip, Michael（英国）
Turan, Yusuf（土耳其）
Sandbrink, Kai Jappe（德国）
Taneja, Milind（印度）
Hwang, Minwoong（韩国）

### 公共卫生学院

Mutesi, Christine Fortunate Rebecca（乌干达）
Tembo，Elijah（赞比亚）
Kpaka, Rashid Bundu（塞拉利昂）

Ngegba, Esther Debora（塞拉利昂）

### 深圳研究生院

Potapieff, Elena, Ghislaine（法国）
De Clerck, Ilse（比利时）
Balcke, Til Andreas（德国）
Chen, Ze Guang（加拿大）
Mboje, Dinah Kishagha（肯尼亚）
Mustafayev, Eldayag（阿塞拜疆）
Gui, Lin（巴西）
Ramsl, Piet（德国）
Hong, Sean Carlo（菲律宾）
Wu, Siu Jung（芬兰）
Kim, Wonsang（韩国）
Kakira, Muhammad Nura（尼日利亚）
Japhet Peter Lihanjala（坦桑尼亚）
Mutyambizi, Gillian Jean（津巴布韦）
Lim, Kee En（马来西亚）
Kristin（印度尼西亚）
Lin, Lin（美国）
Lam, Min Hao（马来西亚）
Ringeling, Inge Isabel（荷兰）
Lu, Guanjin（加拿大）
Korablin, Mikhail（俄罗斯）
Mainali, Sashanta（尼泊尔）
Merchiers, Michiel Gerrit A（比利时）
Meikle, William Scott（美国）
SabovÁ, NatÁLia（斯洛伐克）
Phan, Vanessa（德国）
Angelet, Pierre Damien J.（比利时）
Perazzitti, Lorenzo Maria（意大利）
Hue, Kok Chung（马来西亚）
Sayed, Ahmed Mohamed Abdelraheem（埃及）
Moin, Adel（荷兰）
Soardo, Giosue（意大利）
Kurbanova, Tatiana（俄罗斯）
Kahwegere, Crispin Stanley（坦桑尼亚）
Khan, Shahabaz（尼泊尔）
Meunier, Arthur Jean Armand（法国）
Cen, Michelle（新西兰）

### 第二临床医学院

Morimoto Chieko（日本）
Kim Hanna（韩国）
Wang Carolinej（美国）

### 第三临床医学院

Qais Ahmad Baheen（阿富汗）

## 博士毕业生名单

### 物理学院

Khan, Muhammad Saddique Akbar（巴基斯坦）

### 地球与空间科学学院

Ullah, Sana（巴基斯坦）

### 计算机学院

Abba Garba（尼日利亚）
Zhang, Fan（澳大利亚）

### 工学院

Landry, Corey（美国）
Mohasan, Muhammad（巴基斯坦）

### 材料科学与工程学院

Hassan, Arzoo（巴基斯坦）
Younis, Umer（巴基斯坦）
Maqbool, Muhammad（巴基斯坦）
Cheng Kok Suen, Cheng Kok Suen（马来西亚）

### 中国语言文学系

Ko, Eun Mi（韩国）
Kim, Ha Na（韩国）
Lai Chin Ting（马来西亚）
Lee, Jeongha（韩国）
Golez, Luka（斯洛文尼亚）
Dongsung Shin（韩国）
Kijima, Chiharu（日本）
Siew, Wen Jia（马来西亚）
Chen Fan Jing（马来西亚）

### 历史学系

So Joyce Joy Dick（澳大利亚）
Cheng Yi Meng（新加坡）

### 哲学系

Turner, Kevin James（美国）
Oh, Hyunjung（韩国）

### 外国语学院

Kim, Ki Su（韩国）
Kwon, Seola（韩国）

### 对外汉语教育学院

Jaturawattana, Sukpansa（泰国）

### 国际关系学院

Kim, Dohoon（韩国）
Lin, Gary（美国）
Sun, Wei（意大利）
Suh, Soo Jung（韩国）

### 法学院

Baek, Jiyeon（韩国）

### 政府管理学院
Fan, Ya Xi（加拿大）

### 教育学院
Deng, Weida（加拿大）
Doi, Kenichi（日本）

### 南南合作与发展学院
Ahmed, Mohammed Abdu（埃塞俄比亚）
Beyene, Tsegay Berhane（埃塞俄比亚）
Fandi Yousef Fandi Omeish（约旦）
Thompson, Philip Banahene（加纳）
Haji, Haji Gora（坦桑尼亚）
Reem Fawaz Kassab Alshakhanbeh（约旦）
El Azami, Hicham（摩洛哥）
Sichoongwe, Kiru（赞比亚）
Tahir, Getachew Adem（埃塞俄比亚）
Wolde, Alemnew Mekonnen（埃塞俄比亚）
Makhetha, Leseko Simon（莱索托）

附　　录

# 校历

## 第一学期

一、新生报到
本科部新生：8月18日
校本部研究生新生、港澳台及留学生本科新生：9月1日
本科部新生：9月6日
医学部研究生新生：8月30日
深圳研究生新生：8月18日至8月20日
校本部本科生、港澳台本科新生（体检）：9月7日至9月12日
医学部研究生新生体检：9月2日至9月4日

二、2021级本科新生军训：8月21日至9月2日

三、教职工上班：8月30日
新生开学典礼：9月9日
医学部新生开学典礼：9月2日
深圳研究生院新生开学典礼：9月2日

四、上课
校本部：9月13日
医学部、研究生院：9月6日
本科新生、研究生新生：9月13日

五、在校本科生注册：9月6日
医学部、研究生院：9月13日至9月17日
深圳研究生院：9月13日至9月17日
深圳研究生新生：9月6日公休、课程照常进行。

六、中秋节
9月18日至19日公休，课程照常进行。
9月20日上课，教职工上班。
9月21日中秋节、放假，全校停课。

七、国庆节
10月1日至7日放假，全校停课。
10月8日上课，教职工上班。
10月9日至10日公休，课程照常进行。

八、校本部秋季运动会：10月16日

九、校学位评定委员会会议：10月22日

十、停课复习考试
校本部、医学部：1月3日至16日
深圳研究生院：1月10日至23日

十一、校学位评定委员会会议：1月7日

十二、学生寒假
校本部、医学部：1月17日至2月20日
深圳研究生院：1月17日至2月20日

十三、教职工轮休
校本部、医学部：1月24日至2月20日
深圳研究生院：1月24日至2月20日

元旦放假按待国务院办公厅公布2022年节假日安排后另行通知。学校相关专项工作时间由有关部门另行通知。

## 北京大学 2021—2022 学年校历

### 第一学期（2021.8.15—2022.1.16）

| 周次 | 月 \ 星期日 | 一 | 二 | 三 | 四 | 五 | 六 | 日 |
|---|---|---|---|---|---|---|---|---|
| | 八月 | 16 | 17 | 18 | 19 | 20 | 21 | 22 |
| | | 23/30 | 24/31 | 25 | 26 | 27 | 28 | 29 |
| 1 | 九月 | 6 | 7 | 8 | 9 | 10 | 11 | 12 |
| 2 | | 13 | 14 | 15 | 16 | 17 | 18 | 19 |
| 3 | | 20/27 | 21/28 | 22/29 | 23/30 | 24 | 25 | 26 |
| 4 | 十月 | 4 | 5 | 6 | 7 | 8 | 9 | 10 |
| 5 | | 11 | 12 | 13 | 14 | 15 | 16 | 17 |
| 6 | | 18 | 19 | 20 | 21 | 22 | 23 | 24 |
| 7 | | 25 | 26 | 27 | 28 | 29 | 30 | 31 |
| 8 | 十一月 | 1 | 2 | 3 | 4 | 5 | 6 | 7 |
| 9 | | 8 | 9 | 10 | 11 | 12 | 13 | 14 |
| 10 | | 15 | 16 | 17 | 18 | 19 | 20 | 21 |
| 11 | | 22/29 | 23/30 | 24 | 25 | 26 | 27 | 28 |
| 12 | 十二月 | 6 | 7 | 8 | 9 | 10 | 11 | 12 |
| 13 | | 13 | 14 | 15 | 16 | 17 | 18 | 19 |
| 14 | | 20 | 21 | 22 | 23 | 24 | 25 | 26 |
| 15 | | 27 | 28 | 29 | 30 | 31 | 1 | 2 |
| 16 | 2022年一月 | 3 | 4 | 5 | 6 | 7 | 8 | 9 |
| 17 | | 10 | 11 | 12 | 13 | 14 | 15 | 16 |
| 18 | | 17 | 18 | 19 | 20 | 21 | 22 | 23 |

校本部、医学部上课时间
第一节 8:00—8:50　第二节 9:00—9:50　第三节 10:10—11:00
第四节 11:10—12:00　第五节 13:00—13:50　第六节 14:00—14:50
第七节 15:10—16:00　第八节 16:10—17:00　第九节 17:10—18:00
第十节 18:40—19:30　第十一节 19:40—20:30　第十二节 20:40—21:30

## 第二学期

一、上课：2月21日
二、教职工上班：2月21日
三、在校学生注册
校本部、医学部：2月21日至2月25日
深圳研究生院：2月21日至2月22日
校本部运动会：4月22日至4月24日
医学部运动会：5月21日

四、劳动节及校庆
4月30日，公休，课程照常进行。
5月1日劳动节，放假，全校停课。
5月2日至3日，校庆相关单位上班，全校停课。
5月4日，校庆日，全校停课。
5月5日至6日，放假调休，全校停课。
5月7日至8日，公休，课程照常进行。

五、停课复习考试
校本部、医学部：6月13日至26日
深圳研究生院：6月27日至7月10日

六、学生暑假
校本部：6月27日起
医学部、深圳研究生院：7月11日起

七、校学位评定委员会会议：7月1日办理离校手续

八、校本部、医学部：7月4日至8日
深圳研究生院：7月4日至7日

九、毕业典礼：7月5日至6日
医学部毕业典礼：7月2日

十、校本部暑期学校：7月4日至8月7日

十一、教职工轮休
校本部、医学部：7月11日起
深圳研究生院：7月13日起

清明节、端午节放假按待国务院办公厅公布2022年节假日安排后另行通知。学校相关专项工作时间由有关部门另行通知。

### 第二学期（2022.2.21—2022.7.10）

| 周次 | 月 \ 星期日 | 一 | 二 | 三 | 四 | 五 | 六 | 日 |
|---|---|---|---|---|---|---|---|---|
| | 二月 | 7 | 8 | 9 | 10 | 11 | 12 | 13 |
| | | 14 | 15 | 16 | 17 | 18 | 19 | 20 |
| 1 | | 21/28 | 22 | 23 | 24 | 25 | 26 | 27 |
| 2 | 三月 | 7 | 8 | 9 | 10 | 11 | 12 | 13 |
| 3 | | 14 | 15 | 16 | 17 | 18 | 19 | 20 |
| 4 | | 21/28 | 22/29 | 23/30 | 24/31 | 25 | 26 | 27 |
| 5 | 四月 | 4 | 5 | 6 | 7 | 8 | 9 | 10 |
| 6 | | 11 | 12 | 13 | 14 | 15 | 16 | 17 |
| 7 | | 18 | 19 | 20 | 21 | 22 | 23 | 24 |
| 8 | | 25 | 26 | 27 | 28 | 29 | 30 | 1 |
| 9 | 五月 | 2 | 3 | 4 | 5 | 6 | 7 | 8 |
| 10 | | 9 | 10 | 11 | 12 | 13 | 14 | 15 |
| 11 | | 16 | 17 | 18 | 19 | 20 | 21 | 22 |
| 12 | | 23/30 | 24/31 | 25 | 26 | 27 | 28 | 29 |
| 13 | 六月 | 6 | 7 | 8 | 9 | 10 | 11 | 12 |
| 14 | | 13 | 14 | 15 | 16 | 17 | 18 | 19 |
| 15 | | 20/27 | 21/28 | 22/29 | 23/30 | 24 | 25 | 26 |
| 16 | 七月 | 4 | 5 | 6 | 7 | 8 | 9 | 10 |

深圳研究生院上课时间
第一节 8:00—8:50　第二节 9:00—9:50　第三节 10:10—11:00
第四节 11:10—12:00　第五节 13:30—14:20　第六节 14:30—15:20
第七节 15:40—16:30　第八节 16:40—17:30　第九节 18:30—19:20
第十节 19:30—20:20　第十一节 20:30—21:20

# 北京大学 2022—2023 学年校历

## 第一学期（2022.8.29—2023.1.1）

| 周次 | 日/月 | 星期一 | 二 | 三 | 四 | 五 | 六 | 日 |
|---|---|---|---|---|---|---|---|---|
| | 八月 | 15 | 16 | 17 | 18 | 19 | 20 | 21 |
| | | 22/29 | 23/30 | 24/31 | 25 | 26 | 27 | 28 |
| 1 | 九月 | 5 | 6 | 7 | 1 | 2 | 3 | 4 |
| 2 | | 12 | 13 | 14 | 8 | 9 | 10 | 11 |
| 3 | | 19/26 | 20/27 | 21/28 | 15 | 16 | 17 | 18 |
| 4 | | | | | 22/29 | 23/30 | 24 | 25 |
| 5 | 十月 | 3 | 4 | 5 | 6 | 7 | 1 | 2 |
| 6 | | 10 | 11 | 12 | 13 | 14 | 8 | 9 |
| 7 | | 17 | 18 | 19 | 20 | 21 | 15 | 16 |
| 8 | | 24/31 | 25 | 26 | 27 | 28 | 22/29 | 23/30 |
| 9 | 十一月 | 7 | 1 | 2 | 3 | 4 | 5 | 6 |
| 10 | | 14 | 8 | 9 | 10 | 11 | 12 | 13 |
| 11 | | 21/28 | 22/29 | 16 | 17 | 18 | 19 | 20 |
| 12 | | | | 23/30 | 24 | 25 | 26 | 27 |
| 13 | 十二月 | 5 | 6 | 7 | 1 | 2 | 3 | 4 |
| 14 | | 12 | 13 | 14 | 8 | 9 | 10 | 11 |
| 15 | | 19 | 20 | 21 | 15 | 16 | 17 | 18 |
| 16 | | 26 | 27 | 28 | 22/29 | 23/30 | 24 | 25 |
| 17 | 2023年一月 | 2 | 3 | 4 | 5 | 6 | 31 | 1 |
| 18 | | 9 | 10 | 11 | 12 | 13 | 7 | 8 |
| | | 16 | 17 | 18 | 19 | 20 | 14 | 15 |
| | | | | | | | 21 | 22 |

### 第一学期

一、新生报到
本科新生（含港澳台及留学生本科新生）：8月28日
研究生新生（含港澳台及留学生研究生新生）：8月29日
深圳研究生新生：8月22日

二、新生体检：8月29日至9月6日
2022级本科生军训：另行安排

三、教职工上班：8月29日

四、新生开学典礼：9月4日
医学部新生开学典礼：9月3日
深圳研究生院新生开学典礼：8月25日

五、上课：
校本部：9月5日
医学部：在校本科生9月5日
本科新生、研究生：8月29日
深圳研究生院：8月29日

六、中秋节
9月10日、中秋节，放假，全校停课。
9月11日、公休，课程照常进行。
9月12日、补休，全校停课。

七、国庆节
10月1日至3日，公休，放假，全校停课。
10月4日至7日，上课，课程照常进行。
10月8日至9日，公休、调休，全校照常上班。

八、校本部秋季运动会：9月24日

九、校学位评定委员会会议：10月21日

十、停课复习考试
校本部、医学部：12月19日至12月31日
深圳研究生院：12月26日至1月8日

十一、校学位评定委员会会议：1月6日

十二、学生寒假
校本部、医学部：1月2日至2月19日
深圳研究生院：1月9日至2月19日

十三、教职工轮休
校本部、医学部：1月9日至2月19日

元旦放假安排待国务院办公厅公布2023年节假日安排后另行通知。学校相关专项工作时间由有关部门另行具体通知。

## 第二学期（2023.2.20—2023.7.9）

| 周次 | 日/月 | 星期一 | 二 | 三 | 四 | 五 | 六 | 日 |
|---|---|---|---|---|---|---|---|---|
| | 二月 | 6 | 7 | 8 | 9 | 10 | 11 | 12 |
| | | 13 | 14 | 15 | 16 | 17 | 18 | 19 |
| | | 20/27 | 21/28 | 22 | 23 | 24 | 25 | 26 |
| 1 | 三月 | 6 | 7 | 8 | 2 | 3 | 4 | 5 |
| 2 | | 13 | 14 | 15 | 9 | 10 | 11 | 12 |
| 3 | | 20/27 | 21/28 | 22/29 | 16 | 17 | 18 | 19 |
| 4 | | | | | 23/30 | 24/31 | 25 | 26 |
| 5 | 四月 | 3 | 4 | 5 | 6 | 7 | 1 | 2 |
| 6 | | 10 | 11 | 12 | 13 | 14 | 8 | 9 |
| 7 | | 17 | 18 | 19 | 20 | 21 | 15 | 16 |
| 8 | | 24 | 25 | 26 | 27 | 28 | 22 | 23 |
| 9 | 五月 | 1 | 2 | 3 | 4 | 5 | 29 | 30 |
| 10 | | 8 | 9 | 10 | 11 | 12 | 6 | 7 |
| 11 | | 15 | 16 | 17 | 18 | 19 | 13 | 14 |
| 12 | | 22 | 23 | 24 | 25 | 26 | 20 | 21 |
| 13 | | 29 | 30 | 31 | | | 27 | 28 |
| 14 | 六月 | 5 | 6 | 7 | 1 | 2 | 3 | 4 |
| 15 | | 12 | 13 | 14 | 8 | 9 | 10 | 11 |
| 16 | | 19/26 | 20/27 | 21/28 | 15 | 16 | 17 | 18 |
| 17 | 七月 | 3 | 4 | 5 | 22/29 | 23/30 | 24 | 25 |
| 18 | | 10 | 11 | 12 | 6 | 7 | 1 | 2 |
| | | | | | 13 | 14 | 8 | 9 |
| | | | | | | | 15 | 16 |

### 第二学期

一、上课：2月20日

二、教职工上班：2月20日

三、在校学生注册
校本部、医学部：2月20日至2月24日
深圳研究生院：2月20日至2月21日

四、校运动会
校本部、医学部运动会：4月21日至4月23日
深圳研究部运动会：5月14日

五、劳动节及校庆
4月29日至30日，公休、课程照常进行。
5月1日至3日，放假调休，全校停课。
5月4日，校庆相关单位上班、全校停课。
5月5日，放假调休，全校停课。
5月6日至7日，公休、课程照常进行。

六、停课复习考试
校本部：6月12日至6月25日
医学部：6月26日至7月9日
深圳研究生院：6月19日至7月2日

七、学生暑假
校本部：6月26日起
医学部：7月10日起
深圳研究生院：7月3日起

八、校学位评定委员会会议：6月30日

九、办理离校手续：7月3日至7月7日

十、毕业典礼：7月4日至7月5日
校本部毕业典礼：7月3日
医学部毕业典礼：7月1日
深圳研究生院毕业典礼：7月3日至8月6日

十一、教职工轮休：7月10日起

清明节、端午节放假安排待国务院办公厅公布2023年节假日安排后另行通知。学校相关专项工作时间由有关部门另行具体通知。

### 校本部、医学部上课时间

| | | | |
|---|---|---|---|
| 第一节 8:00—8:50 | 第二节 9:00—9:50 | 第三节 10:10—11:00 |
| 第四节 11:10—12:00 | 第五节 13:00—13:50 | 第六节 14:00—14:50 |
| 第七节 15:40—16:30 | 第八节 16:40—17:30 | 第九节 18:30—19:20 |
| 第十节 18:40—19:30 | 第十一节 19:40—20:30 | 第十二节 20:40—21:30 |

### 深圳研究生院上课时间

| | | | |
|---|---|---|---|
| 第一节 8:00—8:50 | 第二节 9:00—9:50 | 第三节 10:10—11:00 |
| 第四节 11:10—12:00 | 第五节 13:30—14:20 | 第六节 14:30—15:20 |
| 第七节 15:40—16:30 | 第八节 16:40—17:30 | 第九节 18:30—19:20 |
| 第十节 19:30—20:20 | 第十一节 20:30—21:20 | |